KURT PAHLEN
OPER DER WELT

SV INTERNATIONAL / SCHWEIZER VERLAGSHAUS ZÜRICH

Alle Rechte vorbehalten
Nachdruck in jeder Form sowie die Wiedergabe durch Fernsehen
Rundfunk, Film, Bild- und Tonträger oder Benutzung für Vorträge
auch auszugsweise nur mit Genehmigung des Verlags

© 1981 by SV international, Schweizer Verlagshaus AG, Zürich
4., neu überarbeitete und ergänzte Auflage, 1987
Druck und Bindung: May & Co., Darmstadt
Printed in Germany

ISBN 3 7263 6516 8

Inhaltsverzeichnis

Prolog des Verfassers 7
Vorwort zur neuen Ausgabe 9
Die Oper 11
Die Komponisten und ihre Werke 26
Nachtrag 670
Komponistenverzeichnis 686
Opernverzeichnis 706
Kleine Bildgeschichte der Oper 720
Verzeichnis der Bildquellen 720

Den Opernliebhabern auf den höchsten Rängen (die man in manchen Ländern – und wahrlich nicht grundlos – »das Paradies« nennt) widme ich brüderlich dieses Buch, das in unzähligen »paradiesischen« Opernnächten entstanden ist.
Kurt Pahlen

Prolog des Verfassers

Ich liebe die Oper. Diese Liebe ist fast so alt wie ich selbst. In meiner Heimatstadt Wien dreht sich alles um die Oper; man spricht über sie in den höchsten Kreisen wie unter den Marktfrauen, und ein Straßenbahnschaffner könnte eher über seine Route im Zweifel sein als über die »einzig richtige« Besetzung einer Mozart- oder Wagneroper. Man kritisiert den Direktor, weiß genau, wer am Vorabend welche Rolle und wie er sie sang. Nicht umsonst spricht Österreichs großer Heimatdichter Anton Wildgans, die Musikbegeisterung verklärend, von einem »Volk der Tänzer und der Geiger«. Als ich geboren wurde, war Gustav Mahlers Opernleitung schon Geschichte geworden; das von ihm zehn Jahre lang geleitete, herrliche Haus strahlte in hellstem Glanze (den nicht einmal der Erste Weltkrieg wesentlich verdunkeln konnte) und erschien jedem Wiener als der einzige, wahre, natürliche Mittelpunkt der Welt. Als meine kleinen Finger über die Tasten zu stolpern begannen, suchten sie Opernmelodien aus dem Gehör zusammen, die im Hause meiner Eltern täglich stundenlang erklangen, wenn namhafte Opernsänger den Rat und die meisterliche Begleitung meines schon jung hochgeehrten Vaters, Richard Pahlen, suchten, der dann so früh verstarb. Wenn ich ihre Stimmen aus dem teppichgedämpften Musikzimmer vernahm, dann verbanden sie sich in meiner Phantasie, dank der Erzählungen meiner Mutter, zu Visionen strahlender Theater voll Lichterglanz und Wohlklang, mit Feen, Rittern, Geistern und schönen Frauen, wie sie in meinen Märchenbüchern vorkamen. Als ich sieben Jahre alt war, durfte ich zum ersten Male die geheiligten Räume der Oper betreten; es war ein Ballettnachmittag mit »Puppenfee«, »Sonne und Erde« und »Wienerwalzer«. Ich sehe ihn heute noch vor mir. Eine neue Welt war für mich aufgegangen.
Als Musikstudent verbrachte ich ungezählte Abende in der Wiener Oper. Auf der höchsten, der vierten Galerie, versteht sich; auf dem Stehplatz, den wir »Eingeweihten« allerdings zumeist in ein hartes, aber seliges Sitzen auf den Stufen verwandelten. Vier, fünf Opernbesuche wöchentlich bildeten die Regel. Wie oft ich jedes »klassische« Werk gehört habe, kann ich nicht mehr nachzählen. Wir sahen das Haus kaum, es interessierte uns nicht, wer anwesend war oder gar welche Toiletten »man« trug. Wir blickten in unsere Partituren, die bis in die letzte Einzelheit auswendig zu lernen unser Ehrgeiz war, und erhoben uns nur hie und da, um einen Blick auf die Bühne zu werfen, oder, mit besonderem Interesse, auf den Kapellmeister, wenn eine »schwere« Stelle bevorstand, deren Meisterung wir ihm abschauen wollten. Jeder von uns hatte einen Bleistift in der Hand, teils um Aufzeichnungen zu machen, vor allem aber, um ihn, mehr oder weniger verschämt, in einen Dirigentenstab umzuwandeln. Nichts entging uns, keine Intonationsschwankung, kein Atmen an unrichtiger Stelle, kein Fehler des Orchesters, keine Eigenwilligkeit des Dirigenten. Ohne aufs Programm zu blicken, hätten wir jederzeit gewußt, wer da unten am Pult saß: ob es Richard Strauss war oder Weingartner, Schalk oder Clemens Krauß. In jedem von uns lebte der glühende Wunsch, eines Tages an ihrer Stelle zu stehen, den Sprung zu machen aus den Höhen der vierten Galerie hinab an den Platz des Dirigenten, der alle Fäden des magischen Opernablaufs in seinen starken, weisen Händen hielt. So nah erschien uns das leuchtende Ziel und doch so fern, so fast unerreichbar, wie manchmal im Traume die Dinge sind, wenn man durch endlose Gänge, über unabsehbare Wege schreiten muß, um ein Ziel zu erreichen, das greifbar vor uns liegt. Und wie im Traum war der Weg von unserem »Winkel der Sachverständigen« (wie wir ihn bescheiden nannten, bevor wir merkten, was uns alles noch fehlte, um wirklich etwas von Opern zu verstehen) zum leuchtenden Ziel des Dirigentenpultes lang und voller Hindernisse. Als ich meine Studien abgeschlossen hatte, ergab es sich, daß ich im Rahmen der Wiener Volkshochschulen ein Opernstudio gründen konnte, das weit über seinen geplanten Aufgabenkreis hinauswachsen und zu einem richtigen Operntheater en miniature werden sollte. Komponisten vertrauten uns Erstaufführungen an, und der Direktor der Staatsoper, Felix Weingartner, saß oftmals in dem schmucklosen Vorstadtsaal, um unserer Arbeit zu applaudieren und junge Stimmen anzuhören. Es war eine schöne Zeit, obwohl um uns der Welthorizont sich zu verdüstern begann.
Theater des In- und Auslandes fingen an, mich einzuladen. Es waren zu Beginn keineswegs die führenden. Aber ich stand am Pult und genoß in vollen Zügen den Rausch der Oper, das Fluten und Zusammenklingen von Orchester und Singstimmen. Zwanzig Jahre nach meiner Studienzeit, nach

den jugendlichen Abenden voll unvergeßlicher Begeisterung, durfte ich am Dirigentenpult der Wiener Oper stehen. Es war nicht mehr das gleiche Haus, dieses war den Bomben des Zweiten Weltkrieges zum Opfer gefallen und erstand erst langsam wieder aus den Trümmern. Aber es war doch die Wiener Oper; ihr Geist war lebendig geblieben. Als ich den Raum betrat, blickte ich unwillkürlich aufwärts: Ich suchte meine Kameraden, suchte mich selbst auf der höchsten Galerie. Saßen da wieder Junge wie damals wir, Partitur auf den Knien und mit dem Bleistift vor sich hin dirigierend? Ich grüßte sie im Geiste. Sie dachten bestimmt nicht daran, daß sich an diesem Abend einem älteren Bruder der Traum seines Lebens erfüllte.

Ich habe ungezählte Opernhäuser in vielen, vielen Ländern erlebt, habe manche Vorstellung selbst geleitet. Vielleicht war es das, neben meiner nie verleugneten glühenden Liebe zur Oper selbst, was den Bürgermeister von Buenos Aires auf den Gedanken brachte, mir die Direktion des großartigen Teatro Colón anzuvertrauen. Schade, daß die Führung dieses akustisch, künstlerisch und baulich so herrlichen Hauses damals nur »regierungslänglich« vergeben wurde, was ein Planen auf weite Sicht unmöglich macht. Aber trotzdem war es nicht nur für mich eine wertvolle Erfahrung, sondern, wie ich glaube annehmen zu dürfen, der Beginn des Wiederaufstiegs dieser Bühne nach einer Epoche längeren Tiefstands.

Und dies alles mochte wiederum der Grund sein, warum einer der bedeutendsten Verlage Lateinamerikas ein Opernbuch von mir wünschte. Es entstand der Grundstock des Bandes, den der Leser in der Hand hält. Aber er hat auf seinem Wege von Amerika nach Europa gewaltige Änderungen erlebt. Nicht nur sprachliche! Die stürmische, echte Opernrenaissance, die Europa in der Periode nach dem Zweiten Weltkrieg erlebte, veranlaßte eine Erweiterung des Inhalts, die einer völligen Neufassung gleichkommt. Während in meiner Studienzeit ein Opernrepertoire von siebzig bis achtzig Werken gepflegt wurde, stehen heute zwei- bis dreimal so viele Opern auf dem Spielplan der internationalen Theater. Neues wird eingefügt; aber in noch verstärktem Maße erinnert man sich vergessener Stücke. Immer tiefer geht man in die Vergangenheit hinab. Zum ersten Male, seit es eine Oper gibt, steht ein guter Teil ihrer Geschichte lebendig auf den Bühnen. Gewiß, selbst die heutige Fülle von gespielten Werken entspricht nicht einmal einem Prozent der Opern, die im Verlaufe von bald vier Jahrhunderten das Rampenlicht erblickten und deren Gesamtziffer von einer Statistik mit der beinahe unfaßbaren Zahl von 59000 angegeben wird. Aber es ist doch bewundernswert, daß dem heutigen Liebhaber Werke aus Renaissance, Barock, Rokoko, Klassik, Romantik und vielen modernen Strömungen auf Bühnen und Schallplatten erreichbar sind, ein Zustand, von dem frühere Generationen nicht einmal geträumt haben dürften.

Die Opernkunst ist heute eine der internationalsten, die es gibt. Unser Buch soll die gesamte Welt der Oper, die Oper der Welt, zeigen. Bin ich selbst doch ein unsteter Wanderer durch die Welt, auf den Bahnen der Musik. Das Schicksal hat mich Heimatgefühl in zwei Erdteilen erwerben lassen, hat zahlreiche Städte der Alten wie der Neuen Welt zu meinen Arbeitsplätzen gemacht: als Schaffender, als Lehrender, als Ausübender, als Leitender – und immer als Lernender. Gerade auf dem Gebiete der Musik ließe sich in idealer Weise zeigen, wie der »Weltgedanke« in unserem Jahrhundert zu großartiger Verwirklichung gelangt. Zeitalter der Raketen und der Düsenflugzeuge, aber auch Epoche der Schallplatte, des Rundfunks und Fernsehens. Jeder erlebt, wo immer er wohnt, die Geschehnisse der ganzen Welt. Oper ist heute ein Genuß für alle geworden. Freuen wir uns dieser Entwicklung mit ihren ungeahnten Möglichkeiten! Sprechen wir voll Stolz von einer wahren Opernwelt, in der Werke und Künstler allen Menschen der Erde gehören können!

Vorwort zur neuen Ausgabe

Lieber Leser,
beinahe zwei Jahrzehnte, nachdem »Oper der Welt« erstmals in deutscher Sprache erschien (kurz vorher hatte ich die spanische Ausgabe vollendet), machte ich mich nun daran, den Inhalt auf den neuesten Stand zu ergänzen und vielfachen mir nötig erscheinenden Verbesserungen zu unterziehen. Der Wunsch, mit dem ich diese Neuausgabe begleite, unterscheidet sich jedoch in nichts von jenem, der mich zur ursprünglichen Niederschrift beseelte: dem Opernliebhaber einen Leitfaden in die Hand zu geben, mit dessen Hilfe er in das Zauberreich des Musiktheaters eindringen, sich in ihm orientieren könnte. Der Opernliebhaber: Das bedeutet heute einen noch viel weiteren Kreis als in den Erscheinungstagen der ersten Ausgabe. Die »Opernrenaissance«, die nach dem Zweiten Weltkrieg – eigentlich überraschend – einsetzte, ist ungebrochen, ja verstärkt weitergegangen. Das Fernsehen, diese im sozialen Bereich umwälzendste Neuerung unserer Epoche, hat die (von mir in früheren Büchern erwartete) Möglichkeit von Live-Übertragungen aus Musiktheatern zu nutzen begonnen und damit breite Schichten erreicht, die vorher niemals mit der Oper in Berührung gekommen waren. Die Verfilmung von Opern und Balletten taucht immer häufiger auf und beweist neben steigendem künstlerischen Interesse auch die in unserer heutigen Welt so wichtige »kommerzielle« Bedeutung dieses Gebietes. Ein alter Traum erfüllt sich: Musik, Oper nicht für eine relativ kleine Zahl von fachlich und sozial »Auserwählten«, sondern Oper für immer mehr Menschen, für »Alle« ...
An jedem Abend gehen, rund um den Erdball, tausend Vorhänge in tausend Musiktheatern auf. Zehntausende von Sängern lassen ihre Stimmen erklingen, Hunderttausende von Musikern ihre Instrumente, Millionen von Hörern erleben Rausch, Zauber, Spannung, aber auch Problematik des Opernspiels. Rechnen wir Schallplatte, Rundfunk, Fernsehen dazu, erhöht ihre Zahl sich auf Dutzende von Millionen. Über die Bedeutung des Genres als künstlerischer, sozialer und wirtschaftlicher Faktor muß also kein Wort verloren werden, sie liegt klar auf der Hand. Aber von anderem wäre zu sprechen. Das einst blühende Operngeschäft ist zu einem materiellen Sorgenkind geworden. Länder, Städte, Gemeinden, in den USA Privatpersonen müssen millionenhohe Zuschüsse leisten, um den Betrieb der Opertheater aufrecht zu erhalten. Es würde zu weit führen, die Ursachen der beständigen, nicht vermeidbaren Defizite aufzuzeigen. Sie liegen nicht auf dem Gebiet der hohen Gagen, die heutige Spitzensänger beziehen (und die übrigens auch in früheren Zeiten bei den Berühmten und Prominenten nicht niedriger waren); sie stammen vielmehr aus der (durchaus erfreulichen) Erhöhung der Entlöhnungen für Orchester, Chor, Ballett, sowie aus der (an sich weniger erfreulichen, wenn auch kaum vermeidbaren) Aufblähung der Verwaltungsapparate. Opernspiel ist weltweit geworden und durch die Erleichterung der Verkehrsverbindungen ungeheuer kompliziert.
Bei der Betrachtung des heutigen Musiktheaters wäre es wohl falsch, einige Faktoren und Probleme beiseite zu lassen, mit denen der Opernfreund sich heute immer wieder konfrontiert sieht und die zeitweise zu Polemiken, ja Kämpfen führen, die aus der Kunstchronik auf das Gebiet der Tagespolitik, der Polizeirubriken, der Gesellschaftsdiskussionen übergreifen. Die Oper stand in vielen ihrer Epochen (längst nicht in allen!) im Rufe, »elitäre Kunst« zu bieten, unerschwinglich, aber auch unverständlich für »das Volk«. Davon kann heute kaum die Rede sein, unsere obigen Zahlen beweisen es. Trotzdem ist es in den jüngsten Jahrzehnten mehrfach zu »Aufständen« gegen die Oper gekommen: in den Sechzigerjahren zogen protestierende Mengen am 7. Dezember, dem traditionellen Eröffnungstag der Scala, vor deren Gebäude in Mailand und wurden gegen die Opernbesucher tätlich. Die »Prima« findet nach wie vor statt, der »Erfolg« der Rebellierenden besteht aber darin, daß deren Besucher keine luxuriösen Abendtoiletten, keinen auffallenden Schmuck mehr bei dieser Gelegenheit zur Schau stellen; und recht allgemein die bis dahin gern gehandhabte »Etikette« der Kleidung in den meisten Opernhäusern stillschweigend abgeschafft wurde ... Die Krawalle, mit denen Jugendliche in der Stadt Zürich im Jahre 1980 begannen, nahmen am ersten Abend das Opernhaus zum Ziel, wo sich in jenem Augenblick die eleganten Besucher zu einer Vorstellung der Juni-Festwochen einfanden. Die Folgen – neben eingeschlagenen Fensterscheiben und beschmutz-

ten Festanzügen – waren eher seltsam: Bei der längst geplanten und unmittelbar bevorstehenden Volksabstimmung über einen hohen Zuschuß zum Theaterumbau siegten deren Verfechter überraschend klar, so als wollte die Mehrheit den Bezweiflern der Opernkultur beweisen, daß es sich hier um keine »Klassenfrage« handle.

Ernster aber präsentiert sich im gegenwärtigen Zeitpunkt wohl eine andere Frage, die unmittelbar an die Existenz der Oper zu rühren scheint: Die letzten Jahre bringen eine besorgniserregende Häufung von Fällen, in denen sensationslüsterne Regisseure Meisterwerke »neu auslegen«, umgestalten, mit neuen Inhalten zu versehen suchen. Gewiß: Theater ist stets aktuell, hat die Verpflichtung, nicht nur »kulinarisch« zu sein (ein Modewort, das gedankenloses Genießen beinhaltet), sondern zum Mitdenken, Miterleben aufzufordern. Doch gibt es einen notwendigen Respekt vor dem großen, dem wertvollen, dem Meisterwerk, das umzudeuten kein Anlaß und kein Recht vorliegen. Hier, und wohl nur hier, liegen die Gefahren für das Opernspiel, für die nun bald vierhundertjährige Oper an sich.

Daß ein Leben mit Musik ein reicheres, erfüllteres, schöneres Leben darstellt als ein unmusisches Dasein, ist ein alter, nie ernsthaft in Zweifel gezogener Wahrspruch. Wir leben in einer verstandesgemäß orientierten Zeit, in einer Epoche des Denkens, des Intellekts, der Berechnungen, ja der Vernunft – so unvernünftig ihre Ergebnisse auch oftmals aussehen mögen. Vielleicht ist auch die Zeit des »reinen Genießens« (für eine Weile wenigstens) vorbei. Doch zur Kunst, zur Musik führt, wie wahrscheinlich überall hin, ein doppelter Weg: der des Gefühls und jener der Vernunft. Stefan Zweig sagte einmal von jemandem, er kenne »nur den mühelosen, also nie den wirklichen Kunstgenuß«. Das könnte ein Motto für unser Buch sein; es will dem Leser auf doppeltem Wege nahen: dem des sinnlichen Genießens der Schönheit und dem des verstandesmäßigen Erfassens der Werte, die in einem Werk, einer Oper liegen.

Natürlich ist dieses Buch nicht »objektiv«. Kann ein Buch über Musik überhaupt »objektiv« sein, kann man über irgendetwas, das man liebt, »objektiv« schreiben oder sprechen? Dieses Buch ist, wie alle meine Bücher, aus der Praxis erwachsen: aus dem Dirigieren von Opern, aus der Mitarbeit an unzähligen Aspekten des heutigen Opernlebens, aus Hunderten jährlicher Vorträge (besser: Plaudereien) an Operntheatern über Fragen und Probleme dieser einzigartigen Kunstform. Die Oper ist vielfältig wie das Leben selbst, das sie zu spiegeln sucht. Sie ist keine museale Kunst und wird es hoffentlich nie werden. Und so ist auch dieses Buch über die Oper kein »objektives« Buch geworden, das lediglich »Fakten« aneinanderreiht. Nein, es spiegelt die lebendige Form der Oper in den sehr subjektiven, gefühlsbetonten, durchaus diskutablen Meinungen

Ihres Freundes

Kurt Pahlen
Männedorf/Zürichsee

Die Oper

Bunt wie das Leben selbst ist die Oper, sein Spiegelbild. Die Sinnlichkeit oder Nüchternheit ihrer Melodien, die Durchsichtigkeit oder Beladenheit ihrer Harmonien, das rauschende oder sachliche Klanggewand, in das sie sich kleidet, alles das enthüllt ein Bild der Zeit, in der sie geschaffen, und den geistigen, kulturellen, seelischen Zustand der Gesellschaft, für die sie geschrieben wurde. Ihre Figuren, ihre dramatischen Konflikte, ihre Schauplätze geben uns ein beredtes Zeugnis für die Lebensweise und Kunstauffassung ihrer Entstehungsperiode, klarer als irgendeine andere Kulturäußerung vielleicht. Und tatsächlich: keine Kunstgattung hat das Interesse, ja die Leidenschaft der Menschen so tief erregt wie die Oper.
Oper – das bedeutet in erster Linie die Verschmelzung von Poesie und Musik. Eine Vereinigung, die nur sehr selten restlos gelingt. Viel ist über die verschiedenen Grade, aber auch Arten und Ideen ihrer gegenseitigen Durchdringung im Laufe der Jahrhunderte geschrieben und gestritten worden. Zwei Großmeister derselben Epoche hatten entgegengesetzte Auffassungen darüber: Während Mozart (in einem Brief an den Vater) meint, der Text habe in jedem Augenblick gehorsamer Diener der Musik zu sein, erklärte Gluck seinen eigenen Schaffensprozeß (und das ist seine Grundidee der Oper) als den eines Malers, der lediglich einer vorher vorhandenen, grundlegenden Zeichnung – dem Text – die Farbe hinzufüge. Aber die Oper ist noch mehr als eine Fusion von Poesie und Musik. Um mit Wagners Ideal des »Gesamtkunstwerkes« zu sprechen, muß bei der Oper die Mitwirkung der Theaterkunst – Licht, Farbe, Schauspiel –, aber auch des Tanzes als lebenswichtig angesehen werden. Oper ist also Synthese. Synthese, die sich nur in Meisterwerken reibungslos vollzieht.
Mögen auch ihre Elemente nicht so scharf getrennt sein wie Feuer und Wasser, eine echte Verschmelzung von Wort und Ton stellt stets etwas Problematisches dar. Sie mag im kleinen Lied völlig verwirklicht werden, wo ein Stimmungsbild eingefangen, ein dichterischer Gedanke durch die Musik unterstrichen, intensiviert wird. Theoretisch scheint es uns kaum möglich, ein vollgültiges Drama zu schaffen und es ebenso restlos in eine Oper zu verwandeln. Praktisch ist es gelungen: das beweist die Geschichte der Oper. Es liegt hier also ein Fall vor, in dem das Genie einiger Schöpfernaturen die Fesseln, die Grenzen der Theorie gesprengt hat, zum Glück und zur Freude jener großen Menschenmassen, die sich zur Oper bekennen.
Das erste Werk, das einer Oper ähnlich sah – wobei wir nur den okzidentalen Kulturkreis im Auge haben, also ähnliche Bildungen in China, Japan, Siam usw. außer acht lassen, die im übrigen mit unserer Oper kaum mehr als Äußerlichkeiten gemein haben –, stammt aus dem Jahre 1285. Es wurde von Adam de la Halle verfaßt, dem »Buckligen von Arras« oder, freundlicher, dem »letzten Troubadour«. Es heißt »Le jeu de Robin et de Marion« und besteht aus einer Reihe von Gesängen, die auf eine Anzahl von Personen verteilt sind und eine einfache szenische Handlung begleiten. Es mußte wohl ein Troubadour sein, das heißt, ein Romantiker, der dieses erfand. Nur ein solcher konnte es versuchen, eine Brücke zu schlagen zwischen der Realität von Personen, die Alltägliches besprechen, und der Musik, die stets etwas Irreales an sich hat. Die Figuren Adam de la Halles – wie noch viel später die Bühnengestalten Mozarts etwa oder Beethovens, Lortzings, auch noch Bizets – sprachen, wie gewöhnliche Menschen dies zu tun pflegen, erhoben aber gleich darauf ihre Stimmen – zumeist wenn ein tieferes Gefühl sie anwandelte – zum Gesang, um ein wenig später wieder in das gesprochene Wort zurückzufallen. Damit stellte sich die neue Kunstform von selbst außerhalb jeder Logik; aber dieser Verzicht wurde mehr als aufgewogen durch die kühne Verbindung von Schauspiel, Poesie und Musik, die seit damals aus dem europäischen Bewußtsein nicht mehr verschwunden ist.
Was Adam de la Halle tat, war aber vermutlich keineswegs seine eigene Erfindung. Aus dem Schoße des Volkes selbst scheint ihm die Inspiration gekommen zu sein, Theaterspiel mit Gesang zu verbinden, was bei der engen Verknüpfung der Troubadour- und Minnesängerkunst mit dem volkstümlichen Element leicht erklärlich ist. Beide haben uralte Quellen bei allen Völkern der Menschheit. Auf europäischem Boden gab es schon in frühen christlichen Jahrhunderten Spiele mit Musik, die als ferne Vorläufer der Oper gelten können. Die Kirche selbst förderte das Theater, mit dessen Hilfe sie dem noch naiv denkenden Menschen viel klarer »Gut« und »Böse«, Sünde, Tod, Teufel, Hölle,

Paradies vordemonstrieren konnte als von der Kanzel herab. In diese Mysterienspiele, Passionen, »autos sacramentales«, geistlichen Schauspiele usw. war, soweit wir wissen, viel Musik eingestreut: Posaunen verkündeten das Jüngste Gericht, süßklingende Instrumente stellten den Gesang der Engel dar. Sicherlich sang auch die eine oder die andere der handelnden Personen ein Lied.
Und doch waren weder dieses mittelalterliche Theater noch die Turniere und Feste, die mit Musik umrahmt wurden, noch das kleine Spiel Adam de la Halles Opern im heutigen Sinne. Selbst das klassische Theater Griechenlands mit seiner höchstentwickelten und zweifellos musikdurchsetzten oder -untermalten Dramatik kannte keine unserer Oper vergleichbare Form. Ebenso wenig läßt das, was wir vom asiatischen, zum Teil sehr alten Theater kennen, einen Vergleich mit unserer Opernkunst zu. Diese ist vielmehr eine einmalige und recht eigenartige Schöpfung, die dem Hirn und Herzen einiger fortschrittlicher und bewundernswerter Männer entsprang. So besitzt also die Oper einen Geburtsort, eine klare Vaterschaft und ein Geburtsdatum.
Der Geburtsort war Florenz. Die Väter: einige hochkultivierte Renaissancemenschen, Dichter, Gelehrte, Musiker, Kunstliebhaber, die davon träumten, für ihre Zeit die seit bald zweitausend Jahren versteinerte griechische Tragödie zu neuem Leben zu erwecken. Die Versammlungen dieser »Camarata fiorentina« fanden in den neunziger Jahren des 16. Jahrhunderts ihren Höhepunkt. Die Geschichte ließ hier die Todesdaten der letzten Großmeister der Hochpolyphonie (Orlando di Lasso, Palestrina) mit der Geburtsstunde der »neuen« Musik zusammenfallen, die ihren klarsten Ausdruck in der Oper finden sollte. Die Schöpfungsstunde der Oper ist oftmals beschrieben worden; in meiner »Musikgeschichte der Welt« habe ich versucht, dem Laien diesen so eigenartigen Prozeß zu schildern. Wie da aus einem Mißverständnis – der irrtümlichen Annahme, die Griechen hätten die handelnden Personen des Dramas singen lassen – eine ganz neue und ungeheuer lebenskräftige Form erwuchs; wie die faszinierende Kombination von Dichtung und Musik zuerst die obersten Kreise in den Palästen, hernach die breiten Massen in den ersten Operntheatern begeisterte; wie die junge Oper sich über ganz Italien und bald in andere Länder Europas ausbreitete: das bildet das vielleicht erregendste Kapitel der neueren Musikgeschichte.
Das erste Opernwerk in unserem Sinne dürfte »Dafne« gewesen sein; der Text stammt von *Rinuccini*, die Musik von *Peri*. Die Aufführung im Palaste des Grafen Bardi zu Florenz fand im Jahre 1594 statt. Leider ging die Partitur verloren. Das erste erhaltene Werk des neuen Genres ist die 1600 am gleichen Ort uraufgeführte »Euridice« der gleichen Autoren. Etwas gänzlich Neues hatte in die europäische Musikgeschichte seinen Einzug gehalten.
Es ist begreiflich, daß die ersten Opern durchwegs klassische, vor allem griechische, mythologische Stoffe behandeln; ging es ja, wie wir sahen, darum, die antike Tragödie zu erneuern. Noch viele Jahre lang wird die Oper keine anderen Stoffe als diese kennen. Ihre »Aktualisierung« erfolgt erst später und unter dem Druck des Volkes. Dazu mußte die Oper eine äußerst wichtige soziale Wandlung durchmachen. In ihrer Geburtsstunde war sie Erbauung für eine geistige und kulturelle Elite, die sich nach Hellas, in die große Epoche antiker Vollendung zurückträumte. Im Jahre 1637 kam ein findiger venezianischer Impresario auf die Idee, Opern öffentlich, in einem eigens errichteten Theater (San Cassiano war sein Name) für ein bunt zusammengewürfeltes, zahlendes Publikum zu spielen. Seit damals bietet das Opernhaus einen fesselnden sozialen Querschnitt durch die Gesellschaftsschichten aller Länder: eine Hof- (später Präsidenten-) loge, Parkett und Logen für die oberen Bevölkerungskreise und eine immer volkstümlichere Abstufung die Ränge hinauf. Ebenso interessant wie diese Skala ist die Tatsache, daß die Oper jahrhundertelang der wohl einzige Platz ist, an dem sich Abend für Abend Kaiser, Könige, Kardinäle, Fürsten, Wissenschaftler, Künstler, Bankiers, Kaufleute, Militärs, Geistliche, kleine Bürger und »Volk« treffen und in gleicher Glut und Begeisterung für die gleiche Sache entbrennen, an dem, selbst bei Meinungsverschiedenheiten, Klassengegensätze keine Rolle spielen, wo aber mehr Leidenschaften entfesselt werden als bei allen anderen Manifestationen der Kunst. Die Oper ist ein italienisches Gewächs. Gewiß, sehr bald zeigen auch andere Völker Interesse an ihr, doch ziemlich lange Zeit hindurch wird dieses nur durch Gastspiele italienischer Operntruppen befriedigt werden können. Italienische Operngesellschaften kreuzen die Alpen, spielen in Salzburg, gelangen bis Polen. An vielen Stellen – wie in der schönen Stadt an der Salzach – gibt es noch gar kein Theater dafür: So breiten die Italiener ihre Kunst eben an Sommerabenden im Park und in den Gärten aus.

Gewiß, heute bedeutet Opernbesuch keineswegs mehr das gleiche wie im 17., im 18., ja sogar noch im 19. Jahrhundert. Es ist alles geregelter, aber auch lauer geworden. Geblieben ist das festliche Gefühl, das der schöne, imposante Raum in uns auslöst (wenn auch diesem Gefühl durch die Nüchternheit der modernen Opernbauten viel äußerliche Inspiration entzogen wird), geblieben die Freude am Klang, an den Stimmen. Aber die Zeit der Kämpfe um Werke, um Stile, um Sänger ist vorbei. Viele Jahrzehnte ist es her, seit sich das letzte Mal nach Schluß einer Opernvorstellung ein improvisierter Massenzug, eine Fackeldemonstration durch die Straßen bewegte; seit einer Primadonna »die Pferde ausgespannt wurden« (die PS des Düsenflugzeuges sind hierfür nicht geeignet); seit eine reisende Operntruppe von Räubern überfallen und nach einem kurzen Konzert mit allen Ehren und ihrer gesamten Habe ehrerbietig entlassen wurde. Kurz, seit aus der romantischen, abenteuerlichen Wunderwelt der Oper der organisierte »Betrieb« von heute wurde. Und doch, gerade in der Oper schlägt der ewig abenteuerliche, ewig romantische Geist des Menschen der Sachlichkeit auch noch heute gerne ein Schnippchen; etwas vom alten Zauber geistert immer noch um die Oper, erweckt sie, die oft Totgeglaubte, immer wieder zu neuem, zu glanzvollstem Leben.

Doch wir sind weit vorausgeeilt. Soeben standen wir noch vor den Toren des Teatro San Cassiano in Venedig. Bald schossen die Opernbühnen aus dem Boden wie drei Jahrhunderte später die Kinos. Acht, neun, zehn Theater in der gleichen Stadt Italiens waren keine Seltenheit. Natürlich gab es nicht genug Werke: man schrieb sie schnell, oft ohne genug Zeit zu finden, auf Qualität oder gar Originalität viel Wert legen zu können, nicht anders wie bei der Massenproduktion von Filmen in den Pionierjahren des Kinos. Ganz von selbst gewann der Darsteller, der Sänger die Oberhand über den Autor – auch hier wieder eine dem Filmschaffen durchaus bekannte Erscheinung –, der »Star« mit seiner Ausstrahlung, aber auch seinen Launen, mit dem Zauber der Persönlichkeit war geboren und macht sehr bald Dichtern, Komponisten und Impresarios schwer zu schaffen. Jahrzehntelang, wir sagten es schon, war die Oper eine rein italienische Erscheinung; hier war sie geboren und von hier aus ergriff sie von anderen Ländern Besitz. In Paris wie in Wien und St. Petersburg spielte man Generationen hindurch Oper in italienischer Sprache, mit italienischen Sängern (oder ausländischen Interpreten, die sich dieser Sprache einwandfrei beim Singen bedienen konnten). Schwer hatten die ersten »nationalen« Opernversuche gegen diese Hegemonie anzukämpfen, obwohl sie in verschiedenen Hauptstädten, oftmals aus politischen Gründen, gefördert wurden. Langsam nur entstand eine deutsche, eine französische, eine englische Oper, später eine russische, eine tschechische, eine schwedische usw. (Unser Leser findet die Daten dieses Entwicklungsgangs am Ende des Buches, wo versucht wird, diese historische Evolution mit den Premierenjahren der wichtigsten Opernwerke aller Völker nachzuzeichnen.)

Mit der Oper verbreitete sich das musikalische Feld Europas bedeutend. Nun war also zu den älteren Stützpunkten der Kirchenmusik und des Palastkonzertes ein dritter Grundpfeiler gekommen: das Musiktheater. Weitere hundert Jahre später wird das öffentliche Konzert begründet werden, und es entsteht jener musikalische Zustand, der bis zu Beginn unseres Jahrhunderts vorherrscht. Seitdem haben Kirchenmusik und Hauskonzert viel von ihrer Bedeutung verloren, während Schallplatte, Radio und Television ganz neue Aspekte erschlossen.

Doch zurück zu den Anfängen der Oper. Aus den ersten Jahren besitzen wir ein interessantes Dokument: »L'anfiparnasso«, ein musikalisches Werk von Orazio Vecchi, in dessen Vorwort der Autor theoretische Gedanken über die neue Kunstform ausspricht. Er glaubt, daß die alte Mehrstimmigkeit in der Oper eine gewisse Rolle spielen könnte; aber die Entwicklung war stärker als die Theorie, die Zeit war der Polyphonie ungünstig gesinnt. Die Oper verlangte eine Musik, die individuelle Gefühle ausdrücken konnte, und das war etwa bei einem fünfstimmigen Madrigal nicht der Fall. Sie verlangte auch eine klare Deklamation, ohne die eine echte Dramatik unmöglich ist; auch die war im Stimmengeflecht der Polyphonie nicht vorhanden gewesen. So wurde der neue monodische Stil, die Vorherrschaft einer einzigen Melodie, die sich auf Harmonien, auf Akkorde stützte, durch die Oper zur dominierenden Richtung. Monteverdi, der in Messen und Madrigalen der Polyphonie noch breiten Raum gibt, verwendet in seinen Opern nahezu nur die melodische Einstimmigkeit. Er wurde zum ersten »Klassiker« der Oper (und zu einem der bedeutendsten Komponisten aller Zeiten); seine ernste, strenge, ja herbe Vertonung antiker Stoffe unter genauer Wahrung des Textes macht uns selbst heute noch, nach so langer Zeit, starken Eindruck. Und doch sind seine

Dramen von späterer Opernidee recht weit entfernt: sie bestehen aus sehr langen Einzelgesängen, die in fast statischer Form von den nahezu unbewegten Personen vorgetragen werden. (Strawinsky knüpft in seinem »Oedipus Rex« an diese klassische Opernform fesselnd an.)

Es ist begreiflich, daß das Publikum, das seit 1637 die Theater füllte und ganz andere ästhetische Forderungen an das Schauspiel stellte als die Camarata von Florenz oder die ersten »Klassiker«, die Oper von Grund auf veränderte. Der Weg, auf dem es dazu kam, ist grotesk. Der Impresario merkte sehr bald, daß die »statische« Oper mit mythologischen Themen nur einen kleinen Sektor von Besuchern interessieren konnte. Hingegen gab es im damaligen Venedig Volksschauspiele genug, Karnevalsschwänke, Lustspiele um Colombine, Harlekin und die anderen Figuren der »commedia dell'arte«, die der Masse stets gefielen; was lag näher, als eine solche populäre »Einlage« zwischen zwei Akte der »opera seria« (der ernsten Oper) einzuschieben? Man nannte sie »Intermezzi«, und sie hoben tatsächlich die Kasseneinnahmen der Theater. Doch auch sie stellten keine Lösung dar, da viele Zuschauer bald nur noch zum Intermezzo kamen und vor der ernsten Oper die Flucht ergriffen. Dann erstand die rettende Idee (die Hofmannsthal und Strauss ein wenig in ihrer »Ariadne auf Naxos« nachgebildet haben): aus dem Nacheinander wurde ein gleichzeitiges Abrollen von Ernst und Heiter. Zudem entdeckte man (vielleicht in Rom), daß die Oper sich keineswegs sklavisch an klassische Stoffe, an Mythologie und griechische Geschichte halten müsse. Warum sollte sie nicht »zeitnah« sein, lebensechte Gestalten auf die Bühne bringen und beliebte Lustspielfiguren zur Abwechslung einmal singen lassen? Es entstand die Opera buffa (heitere Oper) und bald darauf die Opera semiseria (die halbernste Oper, ein Mischgenre, zu dem zum Beispiel Mozarts »Don Giovanni« gerechnet wurde, da Leporellos komische Figur zu den dramatischen Szenen in wirksamem Kontrast steht).

Das Publikum verlangte nicht nur mehr »Handlung«, mehr Unterhaltung, mehr Aktualität; es verlangte auch eine möglichst eingängige Melodik. Man wollte aus dem Operntheater Melodien trällernd nach Hause gehen. Und es verlangte bald auch die stimmliche Höchstleistung, ja die Kehlkopf-Akrobatik, der sich besonders die hohen Soprane und die Kastratenstimmen hingaben. Die Komponisten mußten die wichtigsten Arien ihrer Werke »nach Maß« herstellen, für den betreffenden Sänger, der die Rolle kreieren sollte. (Noch in Mozarts »Entführung aus dem Serail« sind deutlichste Spuren dieses Zustands festzustellen).

Die Geschichte der Oper stellt eine andauernde Pendelbewegung dar. An dem einen Extrem finden wir die Begründer der Oper und ihren ersten Klassiker, Monteverdi, ihren hohen Respekt vor dem Drama, ihre Unterstreichung, Deutlichmachung des Textes, ihre Forderung nach Ausdruck, der aus dem Wort gewonnen wird. Auf der anderen Seite die schrankenlose Herrschaft des Belcanto, des stimmlichen Virtuosentums, der eingängigen, nicht mehr textgebundenen Melodik, der Vernachlässigung dramatischer und textlicher Forderungen über dem Wuchern der Musik. Sinnenfreudigkeit, Lust am rein Ästhetischen ziehen die Oper stets zum zweitgenannten Pole hin. Dann tauchen Reformatoren auf – unbewußte und absichtsvolle – und suchen das musikalische Schauspiel neuerlich nahe seinen ursprünglichen Idealen anzusiedeln.

Die Reformideen richten sich in erster Linie gegen die Vernachlässigung des Dramas. In Glucks Opern wird der Leser ganz klare Beispiele hierfür finden; dieser deutsche Komponist wollte das Musikdrama zur edlen Einfachheit, zur menschlichen Größe, zur echten Tragik im hellenischen Geiste zurückführen, von denen es sich in der »napolitanischen Epoche« sehr weit entfernt hatte. Aber die Opernerneuerer bekämpfen auch die immer klarer gewordene stilistische Zerrissenheit des Genres. Seit nämlich Operngesang mit Virtuosentum gleichgesetzt wurde, erstarkten die zu Arien und geschlossenen Ensembles zusammengefaßten Partien gegenüber den »nebensächlichen«, handlungsfördernden (eigentlich dramatischen), über die der Komponist mit Hilfe des Rezitativs, eines schnellen Sprechgesangs ohne melodische, harmonische oder rhythmische Bedeutung (der zudem bald zur völligen Formelhaftigkeit erstarrt war) hinwegeilte. Schwerpunkte der Oper waren lediglich die Arien, hie und da noch ein Duett oder ein anderes »arios« gesungenes Ensemble. Alles andere war Beiwerk und wurde vom Publikum früherer Jahrhunderte, dem es an Erziehung und Respekt in heute unvorstellbarem Ausmaße mangelte, zur Konversation, zum Zeitvertreib und Promenieren im damals noch nicht von festen Stuhlreihen besetzten Parkett benützt. Erst eine neuerliche Arie, von einem beliebten Sänger dicht an der Rampe in den Saal geschmettert und mit hundert oft improvisierten Nuancen versehen, erzwang wieder Ruhe und Aufmerksamkeit der bunten Zuhörerschaft. Das Rezitativ hingegen war ein notwendiges Übel, um die Handlung des Stückes so schnell als möglich voranzutreiben. Es wurde nicht einmal vom Orchester begleitet, sondern einfach durch Akkorde von einem Tasteninstrument, dem Cembalo, gestützt, dem höchstens ein Violoncello oder ein Kontrabaß beigegeben wurde. Doch einige weiterblickende Komponisten erkannten, daß man an manchen Stellen zur Erhöhung der dramatischen Wirkung das »trockene«, das Secco-Rezitativ, zu einem orchesterbegleiteten, dem Accompagnato-Rezitativ, umwandeln könne, in dem der Gesang zwar weniger melodiös als in der Arie war, aber eine schärfere Pointierung und damit einen verstärkten Ausdruck ermöglichte. Aber selbst zwischen dem Accompagnato-Rezitativ und den ariosen Teilen klaffte immer noch ein Graben. Er wurde erst im 19. Jahrhundert beseitigt: beide Partner mußten einander Konzessionen machen. Die Oper Verdis und das Musikdrama Wagners haben den Zwiespalt überwunden, ihre Melodieführung ist nicht mehr die rein virtuose früherer Zeiten, sondern ein melodiöser, den Text unterstreichender Gesang. In unserem Buch wird das an den betreffenden Stellen klar werden. Aber noch sind wir im 17., im 18. Jahrhundert. Die Ausstrahlung der italienischen Oper über Europa hin gleicht einer wahren Eroberung, einem Siegeszug. Stiche aus alter Zeit zeigen die bejubelte, aber auch neugierig (und ein wenig mißtrauisch) betrachtete Ankunft des Opernensembles in zahllosen Städten; ihre gefeierte Abreise, bei der es zu Begeisterungsausbrüchen (und dem Bruch nicht weniger Herzen) kam. Italienische Operntruppen finden wir schon 1618 in Salzburg (in einem der frühesten Freilichttheater übrigens), 1626 in Wien, 1627 in Prag. Zu Mitte des Jahrhunderts haben sie sich in Paris, Dresden und München festgesetzt. Bald reisen sie bis Rußland, Skandinavien und England, nach Spanien und Portugal. Sie errichten zuerst ein europäisches, später ein wahres Weltreich der Oper.

Doch diese Ausbreitung bewirkt, wie jede Eroberung, zwei Dinge. Einerseits eine immer deutlichere Anpassung an das örtliche Milieu; andererseits einen immer stärkeren Widerstand nationaler Kräfte. Die Opposition richtet sich keineswegs, oder nur sehr selten, gegen die Oper als solche, sondern, ganz im Gegenteil, auf die Gründung einheimischer Bühnen zum gleichen Zweck.

Deutschland, Spanien und Frankreich glückt dieser Schritt zuerst, England folgt bald nach. In jedem dieser Länder weist die »nationale« Oper eigene, charakteristische Züge auf. Die deutsche Oper beseitigt vor allem das (typisch italienische) Rezitativ zugunsten des gesprochenen Dialogs. Das bedeutet für den Menschen lateinischer Länder einen Stilbruch: Menschen, die eben noch in gewohnter Form miteinander reden, beginnen plötzlich zu singen. Doch mußte die Logik geopfert werden – soweit von Logik in der Oper überhaupt die Rede sein kann –, da das Sprechsingen des Rezitativs in deutscher Sprache eine noch größere Unnatürlichkeit darstellt. Merkwürdigerweise aber schafften auch die Franzosen in ihren Opern das sogenannte »Secco-Rezitativ« ab, den nur von einem Tasteninstrument gestützten schnellen Sprechgesang; noch charakteristischer allerdings ist ihr großzügiger, oft maßloser Ausbau der tänzerischen Szenen, des Balletts, das in seiner Art nicht weniger handlungshemmend ist als die Koloraturkünste der Italiener. (Noch Wagner wird, zwei Jahrhunderte später, dieser wahren Ballettsucht in der Oper Tribut zahlen müssen, als er die sogenannte »Pariser Fassung« seines »Tannhäusers« herstellt). Unbeachtet vom übrigen Europa entsteht in Spanien schon sehr früh ein interessantes Musiktheater, dessen ernster Richtung kein langes Leben beschieden war, während die heitere, lokalgefärbte »Zarzuela« mehrere glänzende Blütezeiten bis zum heutigen Tage erlebt hat. Kurz ist auch Englands Operngeschichte. Sie fällt praktisch mit dem knapp bemessenen Lebenslauf Purcells zusammen, nach dessen Tode England zwar weiterhin opernfreudig bleibt, aber Werke und Schöpfer aus dem Ausland bezieht. Händel wird Purcells Nachfolger, und hundert Jahre später feiert Weber hier Triumphe.

In Italien selbst vervielfältigt sich das Opernleben. Zu Ende des 17. Jahrhunderts gibt es keine Stadt, selbst unter denen von geringerer Bedeutung, die nicht begeistert Oper spielte. Die erste Welle der venezianischen Barockoper – mit Monteverdi an der Spitze – ist abgeklungen, aber immer noch steht die Lagunenstadt in vorderster Reihe. Rom ist bedeutend geworden, besonders auf dem Gebiet der komischen Oper. Florenz, Mantua, Bologna wetteifern im Kampf um eine führende Stellung. Aber die Herrschaft fällt gegen Ende des ersten Opernjahrhunderts Italiens sinnenfreudigster Stadt, Neapel, zu. Hier kommt der Gesang zu seiner höchsten Entwicklung, hier entsteht die Belcanto-Oper, mit ihrem Glanz phantastischer Stimmen und mit ihrem Niedergang der Dramatik.

Die Oper war, nach der Strenge Monteverdis, hier bei ihrem anderen Extrem angelangt. Alessandro Scarlatti, Provenzale, Pergolesi, Leo, Jomelli: nur einige wenige Namen aus der Überfülle von Gestalten, die zwei Generationen lang das Weltzentrum der Oper in die Stadt am blauen Golf bannen. Wer nun von irgendwo kommt, um Opernkunst zu lernen, muß nach Neapel gehen. Hasse tut es, und wird zum neapolitanischen Komponisten: Händel nimmt hier das technische Rüstzeug in sich auf, mit dem er bald darauf in den Norden Europas, nach England, gehen sollte; Gluck schließlich erlebt diese südliche Opernwelt mit steigender Kritik und gelangt durch sie zu seinen Reformideen.

Textbuch und dramatischer Vorwand wurden in Neapel immer mehr, immer leichtfertiger über Bord geworfen: nur die Musik triumphierte (sogar der kleine Mozart wird davon noch einen aus seinem Werk nicht auszulöschenden Eindruck davontragen) und selbst deren Gesetze wurden nicht selten denen des virtuosen Ziergesanges geopfert. Von der hohen Idee der Operngründer war kaum noch etwas übrig geblieben. So konnte es nicht ausbleiben, daß kritischere Geister sich nach einer neuerlichen Vertiefung des Musiktheaters sehnten. Kritischere Geister: das ist zum guten Teil gleichbedeutend mit Angehörigen nachdenklicherer, unsinnlicherer Völker, die noch dazu im Theater eine moralische Anstalt sehen wollten. Gluck war es in erster Linie, auf den dies alles zutrifft. Er suchte die Oper zu ihrer ursprünglichen erhabenen Größe, zu ihrer schlichten Einfachheit in der Darstellung tiefer menschlicher Gefühle zurückzuführen. Seine Reformbestrebungen lösten Aufsehen und Kämpfe aus; bezeichnenderweise nicht in Wien, wo er sie zuerst lancierte, ohne auf Verständnis zu stoßen, sondern im kritischeren Paris, wo es zu wahren Theater- und Straßenschlachten zwischen »Gluckisten« und »Piccinisten« kam, Anhänger eines (übrigens sehr guten) italienischen Meisters. (O glückliche Zeiten, da man um künstlerischer Ideale willen Barrikaden errichtete und stürmte!)

Im Heimatland der Oper war von der Auswirkung der Gluckschen Ideen so gut wie nichts zu spüren. Das 18. Jahrhundert zeigt die italienische Oper immer noch auf dem Gipfel der Popularität. Gewiß, in manchen Gegenden Europas ist ihre Vorherrschaft schwächer geworden, aber die Welt ist noch groß genug, um für jedes verlorene Gebiet zwei neue zu erobern. Sinnenfreudigkeit, Gesangskunst bleiben nach wie vor die Leitsterne der südlichen Komponisten. Einige von ihnen nähern sich allerdings der inzwischen entstehenden bedeutsamen »grande opéra« Frankreichs, mit ihrem ungeheuren Prunk und ihren historischen oder pseudohistorischen Szenen. Doch wird diese Tendenz erst zu Ende des 18. Jahrhunderts sichtbar werden, wenn der allgemeine Zug nach Paris einsetzt, von dem noch zu sprechen sein wird.

Johann Christian Bach und Mozart zieht es noch nach Italien, da sie Orientierung suchen. Letzterer ist noch ein Kind, aber die italienische Opernschule ist unerläßlich für den, der eine Weltkarriere anstrebt. Bachs Sohn begeht mit dieser Reise (die zudem noch den Übertritt zum Katholizismus bringt) eine Art Fahnenflucht. Aber wo findet er in deutschen Landen einen wahren Opernbetrieb? Hamburg hat ihn eine Zeitlang besessen: von 1678 bis 1738 ist hier Oper gespielt worden. In Wien gibt es ein volkstümliches Singspiel (das in Mozarts Meisterwerken »Die Entführung aus dem Serail« und »Die Zauberflöte« unerwartete und eigentlich gänzlich unproportionierte Gipfelpunkte erreichen sollte), aber Oper, richtige Oper – was die Zeit darunter verstand – fand man, immer noch, nur in Italien.

Wenige Jahrzehnte später ist dies anders geworden. Drei Großmeister des italienischen Belcantostils – Rossini, Donizetti, Bellini – zieht es aus ihrer Heimat fort, nach Paris. Dort leben auch andere italienische Opernkomponisten von Bedeutung: Cherubini, Spontini. Dorthin strebt, nach Anfängen in seiner Heimat und Italien, der Deutsche Meyerbeer. Paris wird für eine Zeitlang zum Opernzentrum der Welt.

Gleichzeitig erfährt die deutsche Oper einen mächtigen Auftrieb. Beethovens »Fidelio« erregt zwar seinerzeit kein Aufsehen, aber der Wunsch weiter Volksschichten nach einem deutschen Musikschauspiel wird immer dringlicher. Weber beginnt ihn zu erfüllen, mit seinem »Freischütz« vor allem. Spohr, Marschner, Flotow, E. T. A. Hoffmann, Lortzing ebnen die Wege, bis um die Mitte des 19. Jahrhunderts das Genie des deutschen Musiktheaters aufsteht, das die Grundfesten des internationalen Musiklebens erbeben läßt: Richard Wagner.

Aber so sehr Wagner auch die Augen aller Welt auf sich zog, wäre es doch falsch, alles übrige

Operngeschehen seiner Zeit nur in bezug auf ihn zu betrachten. Sowohl in Italien wie in Frankreich gab es Meister, die ohne seine Beeinflussung zu höchsten Stufen der Musikdramatik gelangten: Verdi und Bizet. Und Wagners Wirken fällt gerade in die Zeit der bedeutendsten nationalen Musikbestrebungen, in der zahlreiche Völker Europas, und bald auch Amerikas, eigene Wege entdecken und zu gehen beginnen. Rußland bringt eine gewaltige Generation hervor, die an den Propheten Glinka anknüpft: Mussorgski, Tschaikowsky, Rimsky-Korssakoff. Den Tschechen erstehen Großmeister wie Smetana, Dvořák, Janáček. In Spanien weist Felipe Pedrell seinen Jüngern Albéniz, Granados, de Falla eine neue Zukunft. Auch England erwacht nach langem Schlafe. Die Renaissance, die um die Mitte des 20. Jahrhunderts in Erscheinung treten wird, bahnt sich an.

Die Abenteuerzeit der Oper ist mit dem 18. Jahrhundert langsam abgeklungen. Vielfach reicht sie noch einige Jahrzehnte weit in das 19. Jahrhundert hinein. Aber die wachsende bürgerliche Kultur mit ihrem Drang nach Organisation, nach festen Grundlagen für alles, nach Planung, weist auch dem Musiktheater einen anderen Platz an als den, von dem aus es seine Eroberungszüge durch die Welt unternommen hatte. Die Opernhäuser werden städtisch oder staatlich, fürstlich, königlich, kaiserlich. Der Monarch, der Landesherr oder die Behörden beschützen, verwalten, bezahlen sie. Das Operntheater wird nun überall zu einem Mittelpunkt der Städte. Jede Stadt, die etwas auf sich hält, erbaut ein solches, selbst wenn kaum einer ihrer Bewohner Sinn und Zweck eines solchen Gebäudes kennt (wie es in einigen asiatischen Ländern, aber auch im brasilianischen Manaus zu Ende des 19. Jahrhunderts der Fall war). Der Opernbetrieb wird zu einem festen Defizitpunkt im kaiserlichen, königlichen, fürstlichen, städtischen oder staatlichen Budget. Wo früher private Impresarios reich wurden, wenn sie Operntheater verwalteten, ja selbst, wenn sie mit erstklassigen Ensembles samt Chor und Orchester weite Reisen unternahmen, gibt es nun nur noch Verlustbilanzen. Der Grund liegt vor allem in Pensionsfonds, Krankenversorgungen und anderen sozialen Einrichtungen, die frühere Jahrhunderte nicht kannten; nicht aber in den Gagen der Stars, die sich in ihrer schwindelnden Höhe nicht verändert haben seit den Tagen der Malibran, Lind, Sontag, Tamagno, Caruso, Schaljapin, Patti und zahlreicher anderer.

Wagner verwirklichte, auf dem Höhepunkt seines triumphalen Lebensabends, eine Idee, die von vielen als größenwahnsinnig empfunden wurde, aber zutiefst im Wesen seines Werks begründet liegt, und die bis heute nicht aufgehört hat, Früchte zu tragen. Er errichtete ein Festspielhaus, in dem ausschließlich sein Musiktheater gepflegt werden sollte und unter Umständen, die dem gewöhnlichen Opernbetrieb entgegengesetzt waren. Zu Ende des 19. Jahrhunderts begann das »Maschinenzeitalter« seine Wirkungen auf Lebensform und Psyche der Menschen zu projizieren. Nach einem »gehetzten« Tage abends in eine Oper zu gehen, mochte für viele Entspannung bedeuten, wie ein warmes Bad etwa, aber man konnte keine volle Aufnahmefähigkeit erwarten, wie ein Wagnersches Musikdrama sie erfordert. Darum wollte der Bayreuther Meister eine Stätte schaffen, an der ein festlich gestimmtes, dem Alltag entrücktes, geistig und seelisch vorbereitetes Publikum zum vollen Erfassen des Kunstwerkes gelangen konnte. Die Illusion sollte zudem vollkommen sein. Das Orchester wurde überbaut, der Zuschauerraum nach dem Vorbild der griechischen Theater, also stufenförmig ansteigend, angelegt. Man trat in ein anderes Reich ein, in eine Art Zaubertempel.

Die Festspielidee hat sich im 20. Jahrhundert gewaltig ausgebreitet. Man hat gewissermaßen die Natur und den »genius loci« zum Mitspielen aufgefordert. In den Thermen von Caracalla, in Mozarts Geburtsstadt Salzburg, in Glyndebourne, an hundert anderen Stellen hat die Oper neue Heimstätten gefunden, was nicht nur auf Pläne der Fremdenverkehrsförderung, sondern auf ein tiefes, innerliches Bedürfnis des modernen Menschen zurückzuführen ist.

Schwerer als diese teilweise äußerliche Entwicklung ist die innerliche der Opernstile während der letzten zwei oder drei Generationen nachzuzeichnen. Aber das betrifft nicht nur die Oper, es betrifft die Kunst im allgemeinen. Mit dem Ersten Weltkrieg ging eine Epoche zu Ende, und die Kunst, dieser feinfühlige Seismograph, registrierte – schon eine gute Zeitspanne vorher – die unterirdischen Beben im Gemäuer unserer Zivilisation. In den zwanziger Jahren war Ernüchterung die Losung. Man beschuldigte die Romantik, für die Vernebelung der Gehirne, den Betrug der Herzen verantwortlich zu sein. Also ging es nun gegen die Romantik. War die Oper nicht ein echt romantisches Erzeugnis? Man sagte ihr Ende voraus: sie entspräche nicht mehr der Zeit.

Doch die Oper war lebensfähiger, als es selbst ihre begeistertsten Anhänger für möglich hielten.

Gewiß, sie mußte sich eine Unzahl von Experimenten gefallen lassen, man kurierte an ihr herum in der falschen Ansicht, sie sei krank. Wie Felsen aus früheren Tagen ragten noch Richard Strauss und Pfitzner in die neue Zeit. Neben ihnen versuchte Hindemith sich in Aktualitäten, Kurt Weill in gesungener Sozialkritik, Strawinsky in Verschmelzung von Ausdruckstanz mit gesprochenem Wort und Gesang, Křenek in Einbeziehung von Jazzelementen, schließlich Orff in primitiv-kultischem Theater. Jeder der zahlreichen Opernkomponisten hatte eine eigene Formel zur Rettung des Genres. Daneben aber gab es immer noch die »reine Oper«, der das Experimentieren fern lag: Alban Berg schuf »Wozzeck«, Paul Hindemith rang sich zu »Mathis, der Maler« durch, Jaromir Weinberger gelang »Schwanda, der Dudelsackpfeifer«.

Heute gibt es keinen einheitlichen Opernstil. Konnte man um 1850 von einer vorherrschenden romantischen Strömung sprechen, um 1890 den Durchbruch des Verismus oder Naturalismus konstatieren (mit Mascagni, Leoncavallo, Puccini, d'Albert, dem jungen Richard Strauss), so gibt es heute keinen gemeinsamen geistigen oder musikalischen Sammelpunkt. Zerrissen wie die Zeit, gärend, aber ungebrochen geht die Oper unserer Zeit einer noch völlig verhüllten Zukunft entgegen. Neue Elemente sind aufgetaucht, deren Wichtigkeit nicht unterschätzt werden darf. Gab es in den Jahren um 1930 die ersten eigens für den Rundfunk geschriebenen und auf diese neue Art des Hörens zugeschnittenen Opern, so entstehen ein Vierteljahrhundert später die ersten Fernsehopern. (Gian-Carlo Menottis »Amahl und die nächtlichen Besucher«, die ergreifende Weihnachtslegende um ein gelähmtes Kind, dürfte die früheste gewesen sein).

Auch andere Neuerungen werden in steigendem Maße der Oper zugeführt. 1930 verwendet Darius Milhaud in seinem »Christophe Colomb« einen Film, der dem Bühnengeschehen parallel abläuft. 1959 unterstreicht der Schwede Karl-Birger Blomdahl Szenen seines durch den Sternenraum jagenden Raketenschiffes durch elektronische Musik (Oper »Aniara«) und findet so für diese nicht mehr »menschlich« wirkenden neuen Klänge eine ideale Verwendung. Aber im gleichen Jahre vollendet Benjamin Britten ein vollromantisches Werk, seinen »Sommernachtstraum« nach Shakespeare, mit einem großen Mond über einem duftenden Zauberwald, in dem Menschen und Geister spielen und lieben. Kann man sich größere Gegensätze vorstellen?

Vom festlichen Schauspiel zum »Lehrstück«, von der erschütternden Tragödie zum besinnlichen Spiel oder zur zwerchfellerschütternden Komödie, vom feierlichen Heldenepos zum Alltagsspiegel, von der Gesellschaftskritik zum Phantasieprodukt: die Oper ist ein weites Land. Sie in ihren wichtigsten Äußerungen zu überschauen soll Aufgabe unseres Buches sein. Bunt wie das Leben, sagten wir zu Beginn. Und ebenso unberechenbar. Aber auch ebenso schön, so fesselnd, so interessant.

Und nun: Vorhang auf! Das Spiel kann beginnen!

Was man in einem Opernhause sieht und hört

Die Sänger. Lange Zeit hindurch betrachtete man sie überhaupt als das einzige, was in einer Opernvorstellung Gewicht und Wert hat. Von den beiden Komponenten, die nach unserer heutigen Anschauung gleichmäßig in ihnen verkörpert sein sollen – der sängerischen und der schauspielerischen – wurde nur die erstere beachtet. Als man Rossini fragte, was zu einer Opernkarriere vonnöten sei, antwortete er: »Stimme, Stimme und wieder Stimme.« Heute würden kein Komponist und kein Theaterdirektor eine solche Antwort erteilen. Ob hier der Film wesentlich zur Änderung der Auffassungen beigetragen hat, bleibe dahingestellt, sei aber angedeutet. Heute verlangen wir gutes Aussehen und innerliches, dramatisch durchpulstes Spiel. Zu Mozarts Zeiten gab es in Wien eine prominente Sängerin, die einäugig und alles eher denn gut gestaltet war; sie entfesselte durch ihre Gesangskunst Beifallsstürme. Wäre das heute möglich? Vielleicht, wenn wir es mit einer mitreißenden Schauspielerin zu tun hätten und ein kluger Direktor ihr die rechten Rollen auszusuchen wüßte. Daß es verschiedene Stimmgattungen gibt, weiß jeder Opernbesucher. Hinzuzufügen wäre: unserer Zeit. Denn im 18. und auch noch bis weit ins 19. Jahrhundert hinein waren viele der Unterscheidungen, die uns selbstverständlich sind, nicht vorhanden: die meisten der großen Primadonnen waren sowohl in der Sopran- wie in der Altlage zu Hause und verfügten über einen Stimmumfang von weit über zwei Oktaven mit gleichmäßiger Stärke. Wir leben in einer Welt der Spezialisierung, und so ist es nicht verwunderlich, daß auch der Operngesang in steigendem Maße zum Spezialistentum neigt. Man unterscheidet längst nicht mehr nur die hohen von den mittleren und tiefen Stimmen: Sopran-Mezzosopran-Alt bei den Frauen, Tenor-Bariton-Bass bei den Männern. Innerhalb dieser Gruppen gibt es nun wieder eine Reihe von Unterteilungen, die sich vor allem auf die Ausdrucksfähigkeit des Sängers beziehen. Unter den Sopranistinnen unterscheidet man die Koloratur-, die lyrische, die dramatische Stimme und die Soubrette; unter den tieferen Frauenstimmen den Mezzosopran, den Spielalt, den tiefen Alt; Tenöre können lyrisch und dramatisch (oder heldisch) sein, aber es gibt auch Buffo- und Spieltenöre; bei den tiefen Stimmen findet man den lyrischen, den Charakter-, den Helden- und den Kavaliersbariton sowie den Spielbaß und den seriösen Baß. Die Grenzen zwischen diesen Unterabteilungen sind zumeist sehr verwischt. Eine lyrische Sopranistin kann mit zunehmendem Alter zur dramatischen Sängerin werden; aber auch eine Mezzosopranistin kann sich zur dramatischen Sopranistin hin entwickeln. Das ist allerdings der einzige Registerwechsel, der vorzukommen pflegt. Vielleicht hört man noch hie und da von einer Parallelerscheinung: Ein Heldenbariton kann zum Heldentenor werden, aber das kommt viel seltener vor und kann auf einen ursprünglichen Fehler in der Stimmdiagnostik zurückzuführen sein oder auf den akuten Mangel an Heldentenören, der hohe Einnahmen und vermehrten Ruhm verspricht. Damit sind wir bei einem wunden Punkt des heutigen Opernspiels angelangt: Die Natur produziert nicht in gleicher Proportion alle in der Oper notwendigen Stimmlagen. Altistinnen und Tenöre scheinen beinahe vom Aussterben bedroht. Was mag die Ursache sein? Niemand könnte das beantworten; nur einer langwierigen gemeinsamen Untersuchung eines Musikers und eines Arztes ist es vielleicht möglich, dem Geheimnis auf die Spur zu kommen. Praktischen Wert hätte es wahrscheinlich nicht, denn man kann Stimmlagen (oder »Register«) nicht willkürlich ändern. Außer durch das äußerst drastische Mittel der Kastration, das der italienischen Oper des 18. Jahrhunderts einige ihrer berühmtesten »Tenöre« verschaffte, aber in neueren Zeiten glücklicherweise gänzlich verschwunden ist. Die Bezeichnung der einzelnen Stimmgattungen gibt schon einen Hinweis auf ihre Eigenart: Die lyrische Sopranistin hat eine weichere, süßere, lyrischere Stimme als die durchschlagskräftigere »Dramatische« oder gar ihre Steigerungsform, die »Hochdramatische« (die der Opernfachmann wieder in »italienisch-hochdramatische« und »Wagnersängerinnen« einteilen kann). Von einer Stimme im allgemeinen verlangt man stets zwei Dinge: natürlichen Wohlklang und tadellose Schulung. Der Mangel der letzteren zeigt sich oftmals nicht sofort (es gibt verblüffende »Naturstimmen«), sondern in einem frühen Nachlassen der Stimme. Denn die gute Schulung, die »Technik«, verleiht der Stimme nicht nur Geläufigkeit, Geschmeidigkeit, Festigkeit, Ausdrucksfähigkeit, Wandlungsmöglichkeiten, sondern auch Ausdauer. Und man unterschätze die Anstrengung des Opernsingens nicht! Sie ist an Energieverbrauch den schwersten physischen Arbeiten gleichzusetzen. Eine Wagnerrolle – etwa Tristan oder Isolde oder Hans Sachs – »durchzuhalten«, das heißt, mit gleichem Stimmglanz von Anfang bis zum Ende (»gegen« ein Orchester von annähernd hundert Musikern) zu singen, dazu gehört eine ungeheure Widerstandskraft sowohl des Kehlkopfes als des gesamten Körpers. Der erste Tristan starb, jung noch, kurz nach der Premiere; die damaligen Sänger waren an solche Anstrengungen noch nicht gewöhnt! Zum Gesang tritt nun, wie wir zu Beginn sagten, das Spiel. Wir verlangen vom Opernsänger eine dramatische Vertiefung, eine wahre Gestaltung seiner Rolle, so als handle es sich um einen Schauspieler. Mit dem An-die-Rampe-Treten und Arien-Schmettern früherer Zeiten ist es heute nicht mehr getan. Die Oper stellt Menschen dar, nicht singende Puppen! Doch unterschätzen wir die früheren Sänger nicht! Es gab sicher geborene Schauspieler unter ihnen. Oder war weniger Dramatik notwendig, um das Publikum von einst zu packen? Sind wir verwöhnt von hochgezüchtetem Theater und wertvollen Filmleistungen? Es ist kaum anzunehmen, daß ein Theatermensch wie Verdi gleichgültiges oder gar schlechtes Schauspielern gestattet hätte. Einiges weitere darüber wird im Kapitel über den Regisseur noch zu sagen sein.

Das Orchester. Das gleiche sinfonische Orchester, das in den Konzerten zu hören ist, bestreitet auch die Begleitung einer Oper. Das heißt: die »Besetzung« wechselte von Epoche zu Epoche. Aber in unserer Zeit ändert sie sich sogar von Komponist zu Komponist, je nach dem von ihm bevorzugten Stil. Mancher arbeitet noch mit dem großen Orchester der Spätromantik, wie Wagner und Richard Strauss es auf ihren Höhepunkt führten; andere ziehen das kleine, durchsichtige, kristallklare Kammerensemble vor. Im normalen Opernorchester, wie im Orchester der Sinfoniekonzerte, gibt es drei

Gruppen von Instrumenten: Bläser, das Schlagzeug und die Streicher. (Das ist ihre Anordnung in der Partitur, aus der der Kapellmeister dirigiert.) Zu den ersteren gehören: Flöten, Oboen, Klarinetten, Fagotte, Hörner, Trompeten, Posaunen und Tuba. Bei moderneren Werken können noch Englischhorn, Saxophon, Baßklarinette, Kontrafagott hinzukommen; in manchen Dramen Wagners werden die sogenannten Wagner-Tuben, die eine Abart der Hörner sind, benutzt. Im Schlagwerk finden wir in erster Linie die Pauken; aber oftmals treten auch Triangel, Trommeln, Becken, Tam-Tam, Glocken hinzu, bei Opern in spanischem Milieu (»Carmen« etwa) Kastagnetten, bei italienischen Volksszenen das Tambourin. Die Streicher sind unveränderlich durch erste und zweite Geigen, Bratschen, Violoncelli und Kontrabässe vertreten, wobei je nach Größe des Theaters und Epoche der gegebenen Oper die Zahl schwankt: Mozart benötigte viel weniger Streicher als Wagner, Rossini weniger als Verdi. In modernen Opernwerken erscheint – vorläufig ausnahmsweise – die vierte, eben erst erfundene Klanggruppe im Orchester: die elektronischen Instrumente. Honegger verwendet diesen Klang – als »Ondes Martenot« – in »Jeanne d'Arc au bûcher« (Johanna auf dem Scheiterhaufen); die erste Oper, die weitgehend elektronische Musik verwendet, ist »Aniara« des Schweden Blomdahl. (Beide Werke werden in unserem Buch besprochen.) Die Qualität des Orchesters ist begreiflicherweise für das Niveau einer Opernvorstellung von ausschlaggebender Bedeutung. Aber sie hängt, ebenso wie die Größe des Ensembles, von zwei wichtigen Faktoren ab: von der Größe des Theaters und von seinen Finanzen. In einem kleinen Hause wäre es unsinnig, ein großes Orchester zu unterhalten (d. h. ein solches von mehr als etwa 40 Musikern); das bedeutet, daß solchen Theatern schon durch diese Tatsache die Aufführung von Opern, die größere Orchester verlangen – Wagners Werke, »Salome«, »Elektra«, »Der Rosenkavalier« von R. Strauss, »Pelleas und Melisande« von Debussy usw. – verwehrt oder nur durch Ergänzung des instrumentalen Klangkörpers möglich sind. Doch kann diese Vermehrung der Zahl von Musikern nicht uferlos geschehen, da dem Orchester ja nur ein beschränkter Raum zur Verfügung steht. Je weiter man diesen Raum ausbreitet, desto kleiner wird das Parkett; je teurer also eine Aufführung, desto geringer die Einnahmemöglichkeiten. Wir haben das Orchester unter die Dinge gesetzt, die man in einem Opernhause sowohl sieht als auch hört; doch müssen wir hier sofort eine Ausnahme erwähnen. In Wagners Bayreuther Festspielhaus sitzt das Orchester in einem verdeckten Raum, auch der Dirigent ist nur von der Bühne aus, nicht aber vom Publikum her sichtbar. Es ist eigentlich unbegreiflich, wieso diese Anordnung sich niemals weiter ausbreiten konnte; ist es doch ein Unding, vor einer Szene, die etwa einen Märchenwald, eine Wüste oder eine mittelalterliche Stadt darstellt, fünfzig oder hundert Männer vor erleuchteten Pulten sitzen und eine mit der Handlung in nichts übereinstimmende Tätigkeit ausüben zu sehen. Auf diese Art kann die Illusion, die jedem Theater anhaften soll, niemals vollständig erzielt werden. Trotzdem behalten alle Opernhäuser das sichtbare Orchester bei, obwohl Bayreuth bewiesen hat, daß der Klang durch die Verdeckung keine Einbuße erleiden muß.
Der Chor: Wie das Orchester gehört auch der Chor zum Gesamtbild eines Opernabends; es gibt zwar chorlose Opern, aber sie sind stark in der Minderheit. Die Zahl der Chorsänger, die ein Theater ständig beschäftigt, hängt von den gleichen Faktoren ab, die wir beim Orchester genannt haben. Kommt es also zu Aufführungen von Werken, die Massenchöre erfordern (etwa Wagners »Meistersinger von Nürnberg« oder Mussorgskis »Boris Godunow«), so müssen »Zuzügler« engagiert werden. Der Opernchor wird normalerweise in die vier Hauptgruppen geteilt, die wir bei der Besprechung der Stimmregister erwähnten: Sopran, Alt, Tenor und Baß. Erst neuere Werke komplizieren auch die Chorpartien und verlangen eine stärkere Unterteilung. Die Verwendung des Chores kann äußerst mannigfach sein. Im Prinzip aber können wir sie auf zwei Grundtypen reduzieren: den Chor als Spielfaktor, wobei er so wie die Solisten in die Handlung einbezogen und dramatisch eingesetzt wird, und den Chor – nach altgriechischem Vorbild – als erzählenden und betrachtenden Faktor, wofür ihm ein Platz an der Seite, im Hintergrund oder im Orchesterraum zugewiesen werden kann. Das zwanzigste Jahrhundert liebt diese Art der Chorverwendung besonders, sie gehört wesentlich zur Idee des »epischen Theaters«. Der Chor pflegt im allgemeinen das Schmerzenskind der modernen Spielleiter zu sein; im Kapitel über die Regie soll darüber noch einiges gesagt werden. Hier sei nur vorweggenommen, daß eine chorische Massenszene von größter dramatischer Wucht sein kann, aber daß umgekehrt ein schlecht singender, schlecht agierender Chor die Aufführung entscheidend zu schädigen imstande ist.

Was man in einem Opernhause sieht, aber nicht hört

Der Dirigent. Er ist der sichtbare Chef einer Vorstellung, der Feldherr gewissermaßen, dessen Willen während der Aufführung alles bedingungslos untertan ist. Seine Vormachtstellung ist keineswegs alten Datums. Zu Haydns und Mozarts Zeiten gab es ihn – in modernem Sinne – überhaupt noch nicht: Damals wurden die Opern vom Cembalo aus geleitet, das heißt, der Kapellmeister, der die Einstudierung besorgt hatte, begleitete während der Vorstellung auf dem alten Tasteninstrument. Es lief beinahe alles »von selbst«; denn die damaligen Opern kannten noch kaum musikalische Komplikationen (was nicht mit stimmlichen verwechselt werden darf); für das Aushalten einer Fermate genügte eine Kopfbewegung des Kapellmeisters und für die Ritardandi gab es Normen, die jeder Musiker beherrschte. Mit dem Beginn des 19. Jahrhunderts ändert sich das. Die Werke werden schwieriger, die Orchester wachsen und lassen das Cembalo überflüssig werden. Der Dirigent postiert sich an einem zentralen Platz und macht sichtbare Armbewegungen, die dem Klangkörper – Solisten, Chor, Orchester – eine Fülle musikalischer Details übermitteln. Seine »Aufwertung« kommt schon äußerlich zum Ausdruck: In früheren Zeiten kaum oder überhaupt nicht genannt, nimmt sein Name in unserem Jahrhundert einen führenden Platz auf dem Plakat und Programm ein. Die technische Vervollkommnung der heutigen Orchester hat gerade jenen Teil seiner Tätigkeit überflüssig gemacht, der einst sein Hauptanliegen war: das Taktschlagen. Hingegen gehörte es eine Zeitlang zu seinen Obliegenheiten, einige auf seinem Pult angebrachte Knöpfe zu betätigen; mit deren Hilfe gab er das Zeichen zum Öffnen des Vorhangs, zum Beispiel nach einem Orchestervorspiel oder einer Umbaupause. Heute übernimmt die Elektronik viel von den »nebenamtlichen« Aufgaben des Dirigenten. Ein hinter der Bühne singender Chor muß nun auch nicht mehr über »Zwischenstationen« dirigiert werden, sondern folgt – eventuell mit einem Hilfsdirigenten – dem Fernsehbild des Dirigenten, das auf einem Monitor erscheint. Der Dirigent widmet sich in erster Linie der musikalischen Interpretation eines Werkes; das ist mehr eine geistige als eine dirigiertechnische Aufgabe. Die Einstudierung ist ja längst abgeschlossen. Der Dirigent hat sie geleitet und überwacht. Die Korrepetitoren und der Chordirektor sowie ein Studienleiter waren seine wichtigsten Helfer dabei. Alle unterstehen seinem Willen, seiner Auffassung des »Stils«, in dem das Werk aufgeführt werden soll. Je weiter zurück es in die Geschichte geht, desto vielfältiger sind die Probleme, die er zu bewältigen hat; man kann etwa Mozart auf mancherlei Weise interpretieren, realistischer, rokokohafter, spielerischer usw. Und diese Interpretation darf nicht dem Sänger überlassen bleiben; in den vom Dirigenten als richtig erkannten Stil haben sich Sänger, Chor, Orchester, ja sogar das Ballett, einzupassen. Und über ihn müssen sich die beiden wichtigsten Männer des Opernspiels einig sein: der Dirigent und der Regisseur. Es ginge nicht an, daß sich z. B. die Inszenierung eines Werkes in naturalistischer, die musikalische Wiedergabe in impressionistischer Richtung bewegte. Der Dirigent beschließt auch noch über einige andere Dinge: In vielen Werken werden »Striche« angebracht, das heißt, einige Teile gekürzt. Welche, das bestimmt er. Sein Wort ist bei der »Besetzung« einer Oper – das heißt: bei der Zuteilung der Rollen an die Sänger – von ausschlaggebender Bedeutung, wenngleich dies einer der Punkte ist, die in einer Unterredung zwischen ihm, dem Leiter des Theaters und dem Regisseur besprochen zu werden pflegen. Ein wahrer Dirigent »begleitet« die Sänger nicht, er »führt« sie; und ein guter Dirigent führt sie so, daß sie es nicht merken, aber trotzdem das Gefühl haben, sie hätten an ihm eine feste Stütze.
Der Bühnenbildner. Die wenigsten Opernbesucher legen sich Rechenschaft darüber ab, welche Bedeutung das Bühnenbild für den Gesamteindruck der Aufführung hat. Immerhin ist das Verständnis hierfür in unserer Zeit stark gestiegen. Der Bühnenbildner, dem oftmals auch der Entwurf der Kostüme übertragen ist, arbeitet in engster Gemeinschaft mit dem Regisseur. Das geht zumeist so vor sich, daß nach ihrer beider Betrauung durch den Leiter (Direktor oder Intendant) des Hauses eine Besprechung Klarheit über die wichtigsten Punkte schafft: In welcher Zeit spielt das Werk, in welchem Milieu, welcher Gesellschaftsschicht? Ist es Historie, Sage, Märchen? Ernst, halbernst, ironisch, heiter? Düster oder freundlich? (Dies ist nur eine kleine Auswahl der grundlegenden Fragen.) In weiteren Besprechungen gibt der Regisseur an, wie die Dekorationen beschaffen sein sollten, der Idee seiner Inszenierung gemäß: massiv oder nur angedeutet – etwa mit Vorhängen oder kleinen Versatzstücken –, ja vielleicht gar nur projiziert. Sollen sie massiv sein, also richtig gemalte,

aus Material hergestellte Dekorationen (Kulissen und Hintergrund), dann muß jede Bewegung bedacht sein, die der Regisseur den Sängern vorschreiben wird; kurz, es darf diesen Bewegungen kein Hindernis in den Weg gelegt werden. Bühnenbildner zu sein, erfordert die Kunst eines Malers und die Kenntnisse eines Theatermannes. Und auch die Herstellung der Kostüme ist eine Wissenschaft, genau wie die Auswahl der Möbel und die Darstellung von Häusern, Straßen, Plätzen.

Das Ballett. Das Ballett ist älter, viel älter als die Oper. Diese bezog es, als sie ihre Form suchte und fand, darin ein. Die Rolle des Tanzes in der Oper schwankt von Epoche zu Epoche, ja sie ist sogar ländermäßig verschieden. Es ist bekannt, daß eine französische Oper des 19. Jahrhunderts ohne Ballett kaum existierte und jedenfalls keinen Anspruch auf Erfolg in Paris erheben konnte. Nun ist es aber gar nicht so einfach, eine dramatische Motivierung für den Einbau eines Balletts in eine Oper zu finden. Verdi läßt in »Aida« die Sklavinnen einen malerischen Tanz vollführen, wobei Mitglieder des Herrscherhauses Zuschauer sind; Gounod gestaltet die Walpurgisnacht in Goethes »Faust« zu einem großen, getanzten Bacchanal aus; Wagner muß seinen »Tannhäuser« für die Pariser Aufführung von 1861 in der Weise bearbeiten, daß ein Ballett darin Platz finde, und er tut es so, daß er die erste Szene – im Zauberreich der Venus – mit sinnlichen Tänzen erfüllt; in Rossinis für Paris geschriebenen »Wilhelm Tell« tanzen die Schweizer Bauern einen Reigen; Weber (»Der Freischütz«) sowie Wagner (»Die Meistersinger von Nürnberg«, Festwiesenbild) schließen altdeutsche Tänze in die Partituren ein, Meyerbeer erfand für seinen »Prophet« sogar einen Schlittschuhtanz. Schon Mozart läßt »wilde Tiere« zu Papagenos Glockenspiel tanzen, und Weinberger veranstaltet in der Hölle seines »Schwanda« einen ebenfalls durch ein Zauberinstrument erzwungenen Tanz der Teufel. So stellt also die Einbeziehung größerer, geschlossener Tanzszenen in die Oper zeitweise eher eine Regel als eine Ausnahme dar. In unserer Epoche erhalten Bewegungschor, Pantomime, tänzerischer Ausdruck verstärkte Bedeutung im Musiktheater. (Wir sehen hier vom reinen Ballett als Kunstform ab, da es nicht in den Rahmen unseres Buches gehört. Es besitzt eine überreiche Geschichte und eine teilweise höchst wertvolle Literatur. Wir behandeln den Bewegungschor hier nur als Bestandteil der Oper. Moderne Werke bieten heute oft interessante Mischformen zwischen gesungenem, gesprochenem und getanztem Theater. Von der Oper mit Balletteinlage gelangen wir zur Ballett-Oper, übrigens nicht zum ersten Mal in der Geschichte: die Franzosen kultivierten diese Form im Versailles der Könige namens Ludwig. Heute treten Wort und Bewegung wiederum gleichberechtigt zum Gesang, in einer neuen Auffassung des »Gesamtkunstwerks«, das über die Idee Richard Wagners bedeutend hinausgeht. Nahezu alle Musiktheater verfügen über Tanztruppen – oder moderner: Bewegungschöre –, deren numerische und künstlerische Bedeutung natürlich genauso schwankt (oder fast noch mehr) wie die von Gesangschor und Orchester. Sie zu vernachlässigen wird von Tag zu Tag unmöglicher; einmal, weil sie zur Auflockerung der Handlung in Barockopern eine steigende (der historischen sicherlich entsprechende) Bedeutung gewinnen; zum andern, weil die moderne Oper in steigendem Maße die Bewegung der Musik gleichzustellen versucht.

Was man in einem Opernhause nicht sieht und nicht hört

Der Regisseur. Der Leser wird fragen, warum wir den Bühnenbildner zu dem gezählt haben, was man in der Oper sieht, aber nicht hört, und den Regisseur nun zu jenen rechnen, die weder gesehen noch gehört werden. Im Grunde genommen bleiben sie beide dem Publikum verborgen, ihre Leistung hingegen steht sichtbar vor dem Zuschauer. Und trotzdem wollen wir damit einen kleinen Unterschied andeuten. Das »Bild« – Arbeit des Bühnenschöpfers – zwingt zur Betrachtung: die Arbeit des Regisseurs hingegen soll unauffällig, unaufdringlich, unsichtbar sein. Fast könnte man es negativ fassen: nur eine schlechte Regieleistung dürfte bemerkt werden, die gute hingegen müßte sich im restlosen Wohlbefinden des Beschauers äußern, sofern noch gute sängerische Leistungen hinzukommen. Der Regisseur ist der Mann, der das gesamte Bühnengeschehen bewegt. Frühere Epochen kannten ihn gar nicht: trotzdem begeisterte sich das Publikum für die Oper. Man überließ die Sänger ihrem eigenen schauspielerischen Talent. Entweder war dies viel größer als heute (woran mit Recht gezweifelt werden darf), oder aber der szenische Ablauf einer Oper interessierte das

Publikum nicht. Dieses kam, um große und schöne Stimmen zu hören; je öfter ein Sänger an die Rampe trat, um nahezu unbeweglich und nur auf den stimmlichen Effekt bedacht mit einer Arie die Hörer mitzureißen, desto sicherer war der Erfolg des Opernabends. Heute ist das anders. Wir verlangen ein sinngemäßes »Spiel«, ein echtes Theater, einen ununterbrochenen künstlerischen Szenenablauf, auch in der Oper. Die Bedeutung des Regisseurs ist in den letzten hundert Jahren gewaltig gewachsen, so wie die des Dirigenten, – und vielleicht sogar noch mehr. Einer der ersten wirklichen Regisseure scheint Richard Wagner gewesen zu sein: jede Anmerkung in seinen Partituren deutet darauf hin; jede Bewegung jeder Gestalt, jedes Licht, jeder Schatten, alles hatte seine Bedeutung. Und alles stand genau mit der Musik im Einklang. Im richtigen Augenblick hatte Siegmund das Schwert aus dem Stamme zu ziehen – nämlich dann, wenn im Orchester das Schwertmotiv zu seinem stärksten Leuchten aufflammte –, im rechten Moment Brünnhilde hinter der schützenden Mauer ihrer Schwestern vor Wotan hinzutreten, im genauen Takt des Orchesters muß Isolde dem im Dunkel harrenden Tristan mit dem Schleier winken. Hier liegen schon einige der Grundaufgaben des Regisseurs. Seine Führung der Personen, ja selbst die Beleuchtung, die er vorschreibt, hat aus dem Geiste der Musik heraus zu erfolgen. Um welch herrlichen Effekt etwa – der aber viel mehr als »Effekt« in einem äußeren Sinne darstellt – bringt sich der Regisseur des »Rosenkavalier«, wenn er den glanzvollen Auftritt Octavians im zweiten Akt nicht mit dem Augenblick des stärksten Strahlens des Orchesters zusammenfallen läßt! Aus dem Geiste der Musik: das hat, in einer Oper die Grundlinie der Regie zu sein. Bleibt der Regisseur in diesem Rahmen, so werden die künstlerischen Freiheiten, die er sich nehmen darf, niemals das Wesen des Werkes antasten oder gar zerstören, wie es im heutigen Musiktheater leider so oft der Fall ist. Mehr noch als der Dirigent hat der Regisseur es in den letzten Jahrzehnten verstanden, sich von einer unbeachteten Hilfsrolle in den Mittelpunkt des Geschehens vorzuspielen. Nicht immer mit legitimen Mitteln; oftmals auf Kosten der künstlerischen Substanz und mit der betonten Absicht, die Dinge »anders« zu machen als gewohnt. Das mag in manchen Fällen seine Berechtigung haben, da das dramatische Spiel in der Oper lange Zeit hindurch in geradezu grotesker Weise vernachlässigt war. Aber bei diesem Streben vom Geiste der Musik abzuweichen, dramatische Abläufe zu verändern, Epochen und Schauplätze zu vertauschen, geht nicht an. »Ariadne auf Naxos« (Richard Strauss) ins 20. Jahrhundert zu verlegen – wie bei den Salzburger Festspielen 1979 – bedeutet ein von vorneherein gescheitertes Unternehmen: denn wenn »der reichste Mann von Wien«, wie er bei Hofmannsthal heißt, um die Mitte des 18. Jahrhunderts bei einem jungen Komponisten eine Oper bestellt, dann wird dieser ein Werk im Barockstil schreiben, so wie R. Strauss es eben komponiert oder stilistisch wenigstens angedeutet hat; im 20. Jahrhundert aber wäre das Resultat dieses Auftrags ein wesentlich anderes. Dieses eine Beispiel mag für viele, sehr viele andere stehen. Zahlreiche Regisseure lassen ihre Inszenierungen nicht in der Epoche spielen, die das Textbuch ausdrücklich verlangt, sondern ... in der Lebenszeit des Komponisten. Warum? Wo ist auch nur der mindeste Hinweis auf eine solche Möglichkeit zu entdecken? Da spielt dann »Othello« nicht im 15., sondern im 19. Jahrhundert – wie in der Münchener Staatsoper 1978 – und die Kostüme der venezianischen Botschaft werden grotesk. Will der Regisseur vielleicht zeigen, daß der Stoff der blinden Eifersucht zeitlos, immer aktuell ist? Das hätte einen Sinn, aber rechtfertigt es die gewaltsame Änderung eines Grundkonzepts der Oper? Wir wollen auf dieses, in unserer Epoche viel diskutierte Thema nicht weiter eingehen – was wäre nicht alles über die Bayreuther Experimente zu sagen! Aber zu übergehen sind solche Regietaten in ihrer heutigen Brisanz keineswegs.

Die Aufgabe des Regisseurs ist wichtig und schwierig. Er sorgt nicht nur für den dramatischen Ablauf der Handlung, er legt den einheitlichen Stil der Wiedergabe fest. Hierzu gehört nicht nur eine genaue Kenntnis der schauspielerischen Möglichkeiten in einer Oper, sondern auch der Musik selbst. Der gute Regisseur muß ein Mann umfassender Bildung und Kultur sein, muß sich durch ungewöhnliche Sensibilität auszeichnen; nicht zuletzt äußert sich dies in der Beleuchtung, die auf der modernen Bühne ungeahnte Wichtigkeit und tausendfache Möglichkeiten erhalten hat. Bekannt ist die Neigung vieler heutiger Regisseure zur Unterbelichtung der Bühne; viele scheuen das grelle Tageslicht (das aber in vielen Opernszenen geradezu zur Handlung gehört) und begnügen sich, die Hauptpersonen aus dunklem Rahmen herauszuleuchten, einem Rembrandtschen Bild ähnlich. Die Beleuchtung des zweiten »Tristan«-Akts stellt ein echtes Problem dar: dunkelblaue Liebesnacht, helle Sommernacht nördlicher Breiten, Dunkel der Leidenschaft, das alle Einzelheiten verbirgt? Wäre die Szene zehn Minuten lang, man fände leichter eine gute Lösung; aber sie dauert über eine volle Stunde! Das bedeutet, daß hier Veränderungen vor sich gehen müssen, um jede Monotonie auszuschließen. Wie hell darf oder soll der letzte »Figaro«-Akt beleuchtet werden, um einerseits die nächtliche Stimmung im Park, voll Geheimnis und Erotik, wiederzugeben, andererseits aber den Hörer und Zuschauer doch die Personen erkennen zu lassen, die da ihr Verwechslungsspiel treiben? So stellt dem denkenden Regisseur jede Oper Fragen und oftmals Probleme ohne Ende. Beantwortet, löst er sie richtig, dann gewinnt sein Schauspiel echtes Leben, packt, fesselt so sehr, daß man wie gebannt nicht nur zuhört, sondern auch zusieht, und ... die Arbeit des Regisseurs überhaupt nicht bemerkt.

Der Korrepetitor. Er ist der musikalische Einstudierer. Er sitzt täglich stundenlang am Klavier und bringt den Solisten ihren »Part«, ihre Rolle bei. Er ist gewissermaßen der Soldat, der den Marschall-, will sagen, den Dirigentenstab, im Tornister trägt. Jeder Kapellmeister hat einmal so angefangen, oder sollte es haben, denn wirklich kennen lernt man die Werke nur beim oftmaligen Korrepetieren oder Einstudieren. Der Korrepetitor muß ein guter Klavierspieler sein, denn wenn auch oftmals bei seiner Arbeit kaum mehr als das musikalische »Gerüst« benötigt wird, so erfordert das Spielen einer komplizierten Partitur doch viel handwerkliches Können. Sind einmal die Solopartien einstudiert, dann muß einer der Korrepetitoren bei den Bühnenproben assistieren, d. h. er muß das fehlende Orchester ersetzen, während der Regisseur die Bewegungen festlegt, die Ensembles »stellt« usw. Am Abend hat er »Bühnendienst«; er muß Einsätze hinter der Bühne geben (wenn eine Person etwa schon zu singen beginnt, bevor sie auftritt und so den Dirigenten nicht erblicken kann), er muß es Mitternacht schlagen lassen (was in vielen Opern verlangt und zumeist mit einem glockenähnlich klingenden Instrument hinter der Bühne ausgeführt wird), er muß eventuell Klavier, Celesta oder Cembalo hinter der Bühne spielen, wenn ein Sänger ein Saiteninstrument in der Hand hat und so tut, als spiele er selbst – wie etwa in Don Juans »Ständchen« bei Mozart. Immer hinter der Bühne! Wie schön dann, wenn einmal der Kapellmeister im letzten Augenblick krank wird (natürlich nicht schwer) und man eine Vorstellung »übernehmen« muß, d. h. darf! Manche Karriere hat so begonnen ...

Wir sollten eigentlich die Schlußworte all den unsichtbaren Helfern einer Opernaufführung widmen, die mit ihrer rastlosen Arbeit am Gelingen mitarbeiten: den Bühnenarbeitern, den Beleuchtern, den Malern, den Schneidern, Schustern, den Vorhangziehern, den Garderobieren. Auch einer anderen, sehr wichtigen Persönlichkeit: dem Souffleur! (In Italien nimmt dieser sogar beinahe den Rang eines zweiten Kapellmeisters ein: er hat einen Rückspiegel, durch den er die Bewegungen des Dirigenten beobachtet und genau »abnimmt«; der Sänger, der in großen Theatern den Dirigenten nur fern und vielleicht verschwommen sieht, richtet sich nach dem Takt, den der »Mann im Kasten« schlägt, nach den Einsätzen, die dieser ihm gibt, und nach allen Zeichen, die er ihm ungeniert machen kann.) Und dem Inspizienten! Er ist ebenfalls ein wichtiger Mann, denn er gibt den Sängern das Zeichen zum Auftreten, sorgt aber auch für viele andere Dinge. Was alles zum Betrieb eines Opernhauses, und gar eines großen, gehört, davon macht sich der Laie keine Vorstellung. Und sicherlich ist das ganz gut so. Er soll sich freuen und genießen und sonst nichts. Aber als kleine Beigabe möchte ich ihm sagen, daß die Werkstätten, in denen die schönen Bühnenbilder gemalt werden, eine Größe von mehreren tausend Quadratmetern Bodenfläche besitzen müssen; daß ein Bestand von zehn-, zwanzig-, ja dreißigtausend Kostümen und Schuhpaaren durchaus keine Ausnahme bildet; daß es Theater mit einem Personal von rund tausend Personen gibt.

Und so gilt unser letztes Wort dem Manne, der alles überblicken, lenken, leiten, künstlerisch einsetzen muß: dem Direktor (wie man ihn in der Schweiz, in Österreich und vielen anderen Ländern nennt) oder Intendanten (wie er in Deutschland heißt). Er soll kultiviert, energisch und diplomatisch sein, soll Geschichte und Literatur der Oper kennen und beherrschen, soll organisatorisches Genie besitzen, Menschenkenntnis und prophetisches Gefühl für Begabung. Er soll nie die Nerven verlieren, selbst wenn alle anderen um ihn den höchsten Grad des »Theaterfiebers« erreicht haben. Die Anforderungen an diesen Leiter der Oper sind in den letzten Jahrzehnten immer stärker gestiegen. Die Bildung eines Ensembles ist äußerst schwierig geworden, da alle irgendwie prominenten Sänger, Regisseure und Kapellmeister zahlreiche Gastspiele in anderen Ländern und Erdteilen zu absolvieren haben, abgesehen von Film-, Rundfunk- und Fernsehverpflichtungen, vertraglichen Ferien, unpäßlichen Tagen und die durch steigende Überbelastung bedingten Krankheitsurlaube. Dazu aber wächst das Repertoire von Jahr zu Jahr, sowohl durch Einbeziehung neuer Werke wie durch Ausgrabung alter, wobei das erstere sich heute als wesentlich schwieriger erweist als das letztere. Die neuen Opernwerke stoßen in den allermeisten Fällen auf den instinktiven Widerstand des Publikums, das sich in seiner Mehrheit mit moderner Kunst (eines so schwierigen, komplizierten Zeitalters wie des unseren) nicht befreunden kann, das Theater und vor allem die Oper als Ort des »Vergnügens«, der Zerstreuung, auch der seelischen Aufrichtung betrachtet. Hingegen ist unter den Tausenden vergessener Werke aus früheren Zeiten noch manche Perle zu heben, die Interesse zu wecken vermag. Über diese Tatsachen wird oft genug und immer wieder polemisiert: Hier aber ist nicht der Ort dazu, hier seien sie lediglich festgestellt. Heute eine Oper zu führen, erfordert Kenntnisse auf zahlreichen Gebieten: juristischen, administrativen, werbetechnischen, psychologischen und künstlerischen. Auf allen sollten dem Leiter gute Mitarbeiter zur Seite stehen. Er wird aber auch, wie heute selbstverständlich, Computer einsetzen, um das oft äußerst verzwickte Puzzle des Opernspiels zu meistern. Der Computer muß allerdings vor allem mit den richtigen Daten »gefüttert« werden, was eine Wissenschaft, ja beinahe eine Kunst für sich ist. Und doch bleibt er, glücklicherweise, nur Hilfsmittel. Im Theater regiert der Mensch. Von 8 bis 11 Uhr abends kann man keine Elektronenkehle singen, keinen Roboter dirigieren lassen. Und auch der Leiter eines Opernhauses kann durch keinen Apparat ersetzt werden. Denn er muß vor allem, was der Computer nicht kann: die Oper lieben.

Charles Adolphe Adam

1803–1856

Adam, am 24. Juli 1803 in Paris geboren – also gleichaltrig mit Berlioz – und dort am 3. Mai 1856 gestorben, war ein zu seiner Zeit äußerst erfolgreicher Komponist, der es bis zum Konservatoriumsprofessor und Operndirektor in seiner Heimatstadt brachte. An Zahl der Aufführungen – vor allem seines »Postillon von Lonjumeau« und »Si j'étais roi«, sowie seines Balletts »Giselle«, aber auch seiner »Nürnberger Puppe« und des »Königs von Yvetot« – stellt er nicht wenige als »bedeutender« angesehene Komponisten in den Schatten. Er war ein frühreifes Talent, das in seiner musikalischen, aus dem Elsaß stammenden Familie rechtzeitig erkannt wurde. Weite Reisen führten ihn als Klaviervirtuosen bis Berlin, Petersburg, Italien. Er war ein einfallsreicher Melodiker, ein sehr guter Techniker, seine Musik ist liebenswürdig, einfach, natürlich und volkstümlich. Daß sie populär wurde, ist weniger verwunderlich, als daß die gestrenge Jury ihr den Rompreis zusprach.

Der Postillon von Lonjumeau

Komische Oper in drei Akten. Text von Adolphe de Leuven (Pseudonym für Adolf Graf von Ribbing) und Léon Lévy Brunswick.
Originaltitel: Le Postillon de Lonjumeau
Originalsprache: Französisch
Personen: Chapelou, Postillon, später Sänger an der Oper unter dem Namen Saint Phar (Tenor), Madelaine, später »Frau von Latour«, Wirtin, seine Frau (Sopran), Bijou, Schmied in Lonjumeau, später unter dem Namen Alcindor, Chorist der Oper (Baß), Marquis de Corey, Kammerherr (Bariton), Bourdon, Chorsänger (Baß), die Kammerzofe der Frau von Latour, Landleute, Gäste, Sänger.
Ort und Zeit: Der erste Akt spielt im Dorfe Lonjumeau, im Jahre 1756, der zweite und dritte zehn Jahre später im Landhause der Frau von Latour bei Fontainebleau.
Handlung: Chapelou ist Postillon im kleinen Lonjumeau und hat sich mit Madelaine soeben verheiratet, als er von dem zufällig durchreisenden Marquis de Corcy, Intendant der königlichen Oper in Paris, als glänzender Tenor entdeckt wird. Er beweist dies durch ein populär gewordenes Lied. ① Ohne seine junge Frau zu verständigen, bricht er in die Hauptstadt auf, wo er bald als Opernsänger zu Ruhm kommt. Zehn Jahre später begegnet ihm »Madame de Latour«, seine Madelaine, die er nicht mehr erkennt und die in der Zwischenzeit Geld und Titel geerbt hat. Er verliebt sich in sie und will eine Scheinhochzeit arrangieren, um sie zu besitzen; Bijou, ehemals Schmied im Heimatdorf Chapelous, jetzt Chorsänger an der Pariser Oper, soll diese Scheinhochzeit vorbereiten. Frau von Latour (Madelaine), durch den Marquis von dieser List unterrichtet, vereitelt es. Sie läßt einen wirklichen Priester holen, der sie mit »Saint Phar« – wie Chapelou sich nun nennt – traut. Er schwebt jetzt in tausend Ängsten, daß seine Doppelehe entdeckt werden könnte. Nun folgt die netteste Szene der Oper: Madelaine spielt in der Dunkelheit die Doppelrolle ihrer selbst und Madame Latours. Chapelou wird der Bigamie

angeklagt, worauf die Todesstrafe steht. Doch in einer Spieloper kommt es nicht zum äußersten: zudem kann man niemanden anklagen, der zweimal die gleiche Frau geheiratet hat ...

Textbuch: Ein hübscher, nicht sehr glaubhafter Einfall und die übliche, sehr routinierte, aber wirksame und geschickte Durchführung. Beide Autoren waren erfahrene Theaterleute.

Musik: Die Ouvertüre war ein beliebtes Stück unzähliger Konzerte früherer Zeiten; mit dem Klang der Posthörner und dem Knallen der Peitsche des Postillons führt sie uns stimmungsvoll in die Welt der Handlung ein. Außerordentlich beliebt wurde das Postillonslied »Freunde, vernehmet die Geschichte«, in dem der Tenor mit einer ungewöhnlichen Höhe (bis zum D!) und Leichtigkeit der Stimme paradieren muß. ① Das Terzett, das dem »Bigamisten« den Tod verheißt, ist äußerst witzig.

Geschichte: Das Werk wurde am 13. Oktober 1836 in Paris uraufgeführt. Wenige Monate später war es bereits in deutscher Sprache in Berlin zu hören (3. Juni 1837) und bedeutete Adams ersten internationalen Erfolg.

Si j'étais roi ...

(Deutsch: »König für einen Tag« oder »Wenn ich König wär ...«) Romantisch-komische Oper in drei Akten. Textbuch von A. d'Ennery und J. Brésil.

Originalsprache: Französisch
Personen: Der König von Goa (Bariton), Prinz Kadoor (Baß), Zephoris, Fischer (Tenor), Prinzessin Nemea (Sopran), Zelide, Schwester des Zephoris (Sopran), Pifear, Fischer (Tenor), Küstenaufseher, Arzt, Minister, Sklaven.
Ort und Zeit: In einem phantasieausgeschmückten Goa (Indien, jahrhundertelang portugiesischer Besitz), um 1520.
Handlung: Der arme Fischer Zephoris hat einst die Prinzessin Nemea gerettet, aber der schurkische Prinz Kadoor weiß diese Tat sich selbst zuzuschreiben. Voll Trauer fühlt der Fischer, wie schwach er doch gegenüber den Mächtigen ist, nicht einmal Kadoors Betrug kann er enthüllen! Bevor er am Strande einschläft, schreibt er in den Sand: »Wenn ich König wär ...« Der König findet ihn so und macht seinen Wunsch auf einen Tag lang wahr. Zephoris erwacht im Palast, findet sich schnell in seine neue Rolle und beginnt tatkräftig zu regieren. Er erläßt äußerst verständnisvolle Sozialgesetze, besonders zum Schutze der armen Fischer, entlarvt den Verräter Kadoor, der mit den eindringenden Portugiesen im Bunde steht, und will Nemea heiraten, die nun die Wahrheit weiß. Aber gerade jetzt hat der wahre König genug des Spiels; Zephoris wird neuerlich eingeschläfert und wacht vor seiner Hütte auf. Bevor Kadoor ihn töten kann, greift der nun gewarnte König ein, besiegt die Invasoren und gewährt dem Retter des Landes, Zephoris, die Hand seiner Tochter.

Textbuch: Eine nette Idee, die nach guter Lustspielmanier verarbeitet ist, aber auch eine tiefergehende Behandlung vertragen könnte.

Musik: Oftmals hat man dieses Werk als einen Vorläufer der Offenbachschen französischen Operette bezeichnet. Es hält sich tatsächlich zwischen den Genres, ist nicht ganz Oper, aber auch nicht Operette. Am ehesten kann man es mit dem gleichzeitigen deutschen Singspiel in Beziehung setzen. Die Musik ist eingängig, nicht immer sehr originell, aber stets angenehm; die Ouvertüre ist sogar mehr, sie ist ein glänzendes Musikstück voller Grazie. ②

Geschichte: In seiner 1853 vollendeten Selbstbiographie (»Souvenirs d'un musicien«) schildert Adam die Entstehung dieser Oper. Im Jahre 1852 wurde die Opéra Nationale wieder eröffnet, und der Direktor hatte sich an eine Reihe junger Komponisten gewendet, »Si j'étais roi« in Musik zu setzen. Aber keiner übernahm die Aufgabe, da ihnen die zur Verfügung stehende Zeit zu kurz erschien. Verzweifelt erschien der Direktor bei Adam, der die Oper zusagte. Das war am 28. Mai. »Aber am 15. Juni beginnen die Proben«, sagte der Direktor. »Eh bien, versammeln Sie die Künstler an diesem Tag!« antwortete Adam. Er beendete den ersten Akt am 9. Juni, begann am 15. Juni zu proben und setzte am 31. Juli den Schlußpunkt unter die Partitur. Am 4. September 1852 fand die Premiere statt. Außerhalb Frankreichs hielt der Erfolg nicht so lange an wie im Vaterlande. Aber hundert Jahre später beginnt »Si j'étais roi ...« von neuem das Publikum zu unterhalten. Den Komponisten von »Giselle«, wo die Geister der Toten noch recht lebendig einen ganzen Akt tanzen, hätte eine solche Auferstehung nicht gewundert.

Eugen D'Albert
1864–1932

Zwischen dem Ort seiner Geburt, Glasgow, und dem seines Todes, Riga, lag für D'Albert die ganze Welt. Er durchschweifte sie als mitreißender, blendender Klaviervirtuose, aber auch auf der Suche nach immer neuen Eindrücken, die den ewig unruhigen, rastlosen Geist fesseln könnten. Der Lisztschüler wollte mehr sein als einer der gefeiertsten Virtuosen aller Zeiten. Er komponierte – übrigens alle seine Opern in deutscher Sprache – ohne Unterlaß. Das Musiktheater verdankt ihm 24 Opern recht verschiedenen Stils. Am ehesten wäre sein Werk dem Verismus und Expressionismus zuzurechnen, doch auch spätromantische Züge fehlen nicht. Zum Komponistenruhm führte ihn vor allem »Tiefland« (1903), in etwas geringerem Maße »Die toten Augen« (1916). Deren äußerst starker und verbreiteter Erfolg zog viele Aufführungen der »Abreise« (1898) und des reizenden Einakters »Flauto solo« mit sich. Erwähnenswert ist sein »Golem« (1926), in den hebräische Melodien wirkungsvoll verarbeitet sind, sowie seine »Schwarze Orchidee« (1928), in der rund um ein nordamerikanisches Thema Jazzelemente verwendet sind. Auch der nachgelassene »Mister Wu« ging über viele Bühnen.

Tiefland

Musikdrama in einem Vorspiel und zwei Aufzügen. Text, nach dem katalanischen Schauspiel »Terra baixa« (Tiefland) des Angel Guimerá, von Rudolf Lothar.
Originalsprache: Deutsch
Personen: Sebastiano, ein reicher Grundbesitzer (Bariton), Tommaso, Gemeindeältester (Baß), Moruccio, Mühlknecht (Bariton), Marta (Mezzosopran), Nuri (Sopran), Pedro, ein Hirt (Tenor), Nando (Tenor).
Ort und Zeit: Auf den Höhen und in einem Tal der katalanischen Pyrenäen, Ende des 19. Jahrhunderts.
Handlung: Zwischen drei Menschen und zwischen zwei Welten spielt dieses Drama sich ab. Das reine, klare Hochland steht dem engen, dumpfen Tiefland gegenüber. Hier lebt Sebastiano und zwingt die junge Marta, seine Geliebte zu sein. Als er aber Geld benötigt und eine reiche Frau heiraten will, muß er, um nicht auf Marta verzichten zu brauchen, der Welt eine Komödie vorspielen. Er ruft den Tölpel Pedro von seiner Alm herunter, um ihm Marta anzutrauen und ihnen die Mühle als Wohnsitz zu geben, in der er weiterhin ein- und auszugehen denkt, wie es ihm beliebt. Marta, die Pedro zuerst verachtet, da sie meint, er habe sich von Sebastiano zu so schmutzigem Spiel kaufen lassen, erkennt, als sie zum ersten Male mit ihm allein sprechen kann, die Lauterkeit seines Charakters. Sie widersetzt sich Sebastianos Weisung, ihn selbst in dieser ihrer Brautnacht zu empfangen und bleibt bei dem Hirten, dessen fast kindliches Glück über die vermeintliche segensreiche Wendung seines Schicksals sie tief rührt. Im letzten Akt verlangen Martas Gewissensbisse immer stärker nach einer ehrlichen Lösung, in der sie auch Tommaso bestärkt. Pedro gerät, als er die Wahrheit erfährt, außer sich und will Marta töten. Doch die beiden jungen Menschen haben schon eine tiefe Zuneigung zueinander gefaßt und denken an gemeinsame Flucht ins Hochland. Sebastiano vertritt ihnen den Weg; seine reiche Heirat ist gescheitert, da der ganze Ort ihre wahren Hintergründe durchschaut hat. Nun will er Marta wieder allein für sich haben. Doch Pedro ist nicht mehr der Tölpel, als der er ins Tal herabgestiegen war. Furchtlos tritt er dem Feind entgegen, und wie einst einen Wolf, der ihn auf den Höhen angefallen hatte, so erwürgt er nun nach furchtbarem Zweikampf den verhaßten Sebastiano. Dann reicht er Marta die Hand und zieht mit ihr hinauf in die Berge, in die kristallene Luft der Almen, hoch über aller menschlichen Niedertracht.
Textbuch: Eine interessante Problemstellung, eine packende Durchführung im Stile des damals auf seinen Höhepunkt gelangten Naturalismus. Der katalanische (auf Tenerife geborene) Schriftsteller und Dramatiker Angel Guimerá (1847 bis 1924) wurde mit diesem Stück – im

Original: »Terra baixa« aus dem Jahre 1896 sowie mit »Mar y cel« (Meer und Himmel) in Europa bekannt. Der Operntext ist äußerst geschickt hergestellt und kann als Muster seiner Gattung gelten.

Musik: »Tiefland« mag kein durchgehend wertvolles Musikstück sein, aber es ist eine glänzende Oper, es ist blutvolles Theater voll packender Melodien, mißreißender Szenen und wirkungsvoller Instrumentation. D'Albert paßte sich den verschiedensten Stilen überraschend gut an, nahm aus der Folklore der von ihm dargestellten Länder, was ihm gut zur Charakterisierung paßte und hatte den so notwendigen Instinkt für dramatische Wirkungen. Schon die Quartenfolge, mit der die Oper beginnt, ① ist ein echter Einfall, der die klare Gebirgsluft malt im Gegensatz zum Tiefland, dem der Komponist einige sinnlich-schwüle Themen unterlegt. Tanzrhythmen sind der katalanischen Volksmusik entnommen, werden aber hier nicht einfach koloristisch verwendet, sondern dramatisch in die Handlung eingebaut. Auch inniger Lyrik ist D'Albert fähig, wie Pedros rührendes Werben um Marta zeigt. Äußerst plastisch wirkt der große Schlußgesang: »Hinauf in meine Berge!«, der Jubel Pedros, in den Marta und das Orchester voll einstimmen.

Geschichte: Die Uraufführung in Prag, am 15. November 1903, war kein deutlicher Erfolg. Erst die Umarbeitung aus der anfangs dreiaktigen Fassung in die jetzige Form, die den Ablauf strafft, brachte dem Werk, von der Erstaufführung in Magdeburg am 16. Januar 1905 an, stärkere Anerkennung, die sich rasch zu einem wahren Triumph – wenn auch vorwiegend im deutschen Sprachgebiet – steigerte.

Die toten Augen

Bühnendichtung in einem Akt, Vor- und Nachspiel von Hanns Heinz Ewers und Marc Henry.

Die Handlung ist in wenigen Sätzen erzählt: Myrtocle, die schöne Gattin des römischen Gesandten in Jerusalem, des häßlichen Arcesius, ist blind. Maria von Magdala führt sie, nachdem alle Heilmittel versagt haben, zu Jesus, der ihr durch ein Wunder das Augenlicht wieder gibt. Aber nur zu bald versteht sie seine prophetischen Worte: »O Weib, wahrlich ich sage dir: ehe die Sonne zur Neige geht, wirst du mir fluchen!«; denn sie hält den gutgewachsenen Hauptmann Galba, auf den ihr Blick zuerst fällt, für ihren Gatten. Arcesius erwürgt Galba in rasender Eifersucht und eilt verzweifelt davon. Jetzt erst erfährt Myrtocle, daß dieser »Mörder«, dieses »hinkende, mißgestaltete Ungeheuer« der Mann sei, den sie jahrelang abgöttisch geliebt hat. Ihr Entschluß ist schnell gefaßt. Sie blickt in die Strahlen der untergehenden Sonne und kehrt so freiwillig in die ewige Nacht ihrer Blindheit zurück. Arcesius führt sie behutsam und tief erschüttert in ihr Haus zurück. Die Musik deutet an, daß das einstige Glück nicht zer-

stört sei. Die Rahmenhandlung des Vor- und Nachspiels ist symbolisch: ein Hirt geht ein verlorenes Schäflein suchen und findet es.
Textbuch und Musik sind sehr gut gemacht, aber eben kaum mehr als das. Alles ist auf Wirkung berechnet, wird dadurch grell und oftmals unwahr. Trotzdem gibt es manche schöne Stelle. Dem Melodiker d'Albert stand stets eine Fülle von Einfällen zur Verfügung. Die Singstimmen sind glänzend behandelt, das Orchester klingt berückend. Die Uraufführung in Dresden am 5. März 1916 fand starken Beifall. Die Oper ging über viele Bühnen, wurde aber rascher vergessen als »Tiefland«. Immerhin ist das Werk selbst in der Zeit nach dem Zweiten Weltkrieg noch mehrmals auf deutschen Bühnen aufgetaucht.

Franco Alfano

1876–1954

Hochgeehrt in Italien, oft aufgeführt in allen von den Italienern beherrschten Musikländern, beruht Franco Alfanos Weltgeltung doch in erster Linie auf seiner Beihilfe an einem fremden Werk: er war es, dem Puccinis unvollendet hinterlassene »Turandot« zur Bearbeitung übergeben wurde. So gut entledigte er sich dieser ehrenvollen Aufgabe, daß die Nähte zwischen Puccinis und seiner Handschrift unsichtbar verlaufen. Hätte Toscanini bei der Uraufführung nicht an der Stelle abgebrochen, wo Puccini in tödlicher Krankheit nicht mehr fortsetzen konnte... kaum jemand hätte ahnen könne, wo Alfanos inspirierte und sachverständige Einfühlung begann.
Alfano hat eine Reihe bedeutender Opernwerke geschaffen. Der 1876 in Posillipo bei Neapel geborene Komponist – der Professor in Bologna, Turin und Rom sowie Intendant des Teatro Massimo, des Opernhauses von Palermo war – errang seinen ersten durchschlagenden Erfolg im Jahre 1904 mit »Resurrezione«, einer Oper nach Tolstois »Auferstehung«. Das Werk wurde von zahlreichen Bühnen vieler Länder gespielt und zeigt einen melodiösen, stark empfindungsgetränkten Stil, der dem Verismus eng verbunden ist. Zehn Jahre später findet »L'ombra di Don Giovanni« (Der Schatten Don Juans) Beachtung, aber erst »Sakuntala« (1921) und »Madonna Imperio« (1927) schlagen stärker ein. Dazwischen liegt die Premiere von »Turandot«. Nochmals zu großer Höhe erhebt Alfano sich in seinem vielleicht reifsten Bühnenwerk, dem »Cyrano de Bergerac«, nach der ergreifenden Komödie gleichen Namens von Edmond Rostand. Die Premiere fand im Jahre 1936 in Rom statt und brachte dem damals sechzigjährigen Musiker – der auch mit Orchesterwerken, Balletten und Kammermusik hervorgetreten war – eine nationale Huldigung ein, die seine Stellung unter den italienischen Opernkomponisten endgültig bestätigte. Er war inzwischen vom Naturalismus zu einem nicht weit von Respighi angesiedelten Impressionismus übergegangen, dem schöne Stimmungsbilder gelingen, ohne die schwungvolle Melodie einzubüßen. (Siehe auch S. 670.)

Daniel François Esprit Auber

1782–1871

Heute mehr geschichtliche Gestalt als lebendiger Opernschöpfer (morgen kann eine neue Welle die »grande opéra«, die ihm so viel verdankt, wieder hinaufspülen) war Auber einer der Großen des französischen Musiklebens seiner Zeit und ein international hochberühmter Name. Cherubini (den Beethoven unter allen Opernkomponisten seiner Zeit am tiefsten verehrte) überzeugte den jungen Kaufmann von seinem starken musikalischen Talent. Der aus normannischer Familie stammende, in Caen Geborene war bereits über 30 Jahre alt, als er sein erstes Bühnenwerk aufführte. Eine Reihe von komischen Opern brachte ihm (heute vergessene) Erfolge, bis ihm im Jahre 1828 mit »La muette de Portici« der ganz große Wurf gelang, so aufwühlend, daß dieses Werk sogar zum Ausgangspunkt einer politischen Revolte wurde, von der später die Rede sein soll. Mit einem Schlage stand Auber in der vordersten Reihe der Schöpfer einer neuen Gattung: Diese »Stumme von Portici« bildete, gemeinsam mit Rossinis »Wilhelm Tell« und Meyerbeers »Robert, der Teufel«, den triumphalen Durchbruch der »grande opéra«, des echt französischen Genres der Kolossaloper mit großen Chören, Balletten, historischem Hintergrund, heroischen Gesten, scharf herausgearbeiteten Spannungsmomenten, zündenden Melodien, die aus dem Theater schnell auf die Straße übersprangen. Danach knüpfte Auber an seine früheren Werke an und erzielte mit einer reizenden Lustspieloper, »Fra Diavolo«, einen weiteren Welterfolg (1830). Erwähnen wir noch, daß er 1833 ein Werk, »Gustav III. oder Der Maskenball«, komponierte, das Thema also, das später Verdi in seinem »Maskenball« zu einem anhaltenderen Triumph gestalten sollte. »Der schwarze Domino« (1837) unterstrich noch einmal Aubers Stellung, aber von da an zehrte er vom früheren Ruhme. Er wurde 1842, nach Cherubinis Tode, Direktor des Pariser Konservatoriums und starb hochbetagt während der bewegten Kommunetage in Paris. Sein Gesamtwerk für das Theater umfaßt 47 Opern.

Die Stumme von Portici

Große historische Oper in fünf Akten. Textbuch von Eugène Scribe und Germain Delavigne.
Originaltitel: La muette de Portici
Originalsprache: Französisch
Personen: Alfonso, Sohn des Vizekönigs (Tenor), Elvira, spanische Prinzessin (Sopran), Lorenzo, Alfonsos Vertrauter (Tenor), Selva, Offizier (Baß), Masaniello, neapolitanischer Fischer (Tenor), Fenella, seine Schwester (stumme Rolle), Fischer, Edelleute, Volk.
Ort und Zeit: In Neapel und Portici, im Jahr 1647.
Handlung: Alfonso, der Sohn des neapolitanischen Vizekönigs, hat das stumme Fischermädchen Fenella verführt. Nun soll er die spanische Prinzessin Elvira heiraten, und Fenella muß darum in den Kerker. Sie entweicht und erkennt den Geliebten im Hochzeitszuge. Während sie die Braut Elvira um Schutz anfleht, wollen die Wachen sie ergreifen, aber das aufgebrachte Volk, das sich überall gegen die Tyrannei zusammenrottet, erzwingt ihre Flucht. So gelangt Fenella zu ihrem Bruder, dem Fischer Masaniello, der der Führer der Aufständischen ist. Jetzt kommt zu dessen politischen Rebellionsgedanken noch ein persönliches Motiv: Rache dem Verführer! Auf dem Markt von Neapel entsteht Tumult, Masaniello gibt mit der Erdolchung eines Offiziers das Zeichen zum Aufstand. Im losbrechenden Kampf fliehen Alfonso und Elvira; sie suchen Zuflucht in Masaniellos Hütte. Der Rebell, erschüttert von den Ausschreitungen seiner eigenen Leute, sagt den Flüchtlingen seinen Schutz zu und verteidigt sie gegen die Aufständischen. Während die Behörden den Fischer für diese Tat auszeichnen und belohnen, ist er für die Volksmassen zum Verräter geworden. Sein Waffengefährte Pietro gibt ihm Gift, das seinen Wahnsinn zur Folge hat. Alfonso hat Truppen gesammelt und führt sie zum Entscheidungskampf gegen die Rebellen. Noch einmal erwacht Masaniello und stellt sich an die Spitze der Freiheitskämpfer. Er rettet im Toben der Schlacht Elvira das Leben, wird aber von seinen eigenen Leuten ermordet. Fenella erklimmt einen Felsen und stürzt sich ins Meer.
Textbuch: Es mag schwer sein, dieses Libretto vom heutigen Standpunkt aus zu beurteilen. Versetzen wir uns aber, so gut wir können, in die damalige Psyche, so fühlen wir, daß die geballte Dramatik und die Aneinanderreihung kämpferischer und erregender Szenen den Ereignissen der napoleonischen Zeit entsprechen. Scribe (1791–1861) erfaßte wie kaum ein anderer die Atmosphäre jener Epoche, seine Romane zeugen davon ebenso wie seine Textbücher für Auber und Meyerbeer. Verurteilen wir dieses Libretto nicht, es war in seiner Art packend und nicht unwahrscheinlicher als manches Hollywood-Drehbuch heute. Sein originellster Zug besteht wohl in der Betrauung einer Stummen mit der Hauptrolle, eine in der Oper seltsame und ungewöhnliche Idee (auf die in unserer Zeit Menotti ähnlich in seinem »Medium« zurückgekommen ist). Fenella wird von einer ausdrucksstarken Schauspielerin dargestellt, eventuell von einer Tänzerin oder einer (in manchen Balletten vorhandenen) Mimin oder Pantomimin.
Musik: Mitreißend – das wäre das rechte Wort. Wie aus einer Barkarole eine Rachehymne wird,

wie der Haß eines Volkes gegen seine Tyrannen fast in jeder Note mitschwingt, wie die Masse musikalisch in packenden Chören charakterisiert wird (deren orchestrale Einleitung wir bringen ①), das verrät die Hand eines wahrhaft Inspirierten und eines echten Könners dazu. Die vorherrschenden Marschrhythmen wären selbst heute noch imstande, revolutionäre Wirkung zu tun. Daneben steht gewiß einiges »Veraltete«, wenn man dieses gefährliche Wort anwenden will. Wieviel »Veraltetes« wird wieder »modern«!

Geschichte: Der 29. Februar 1828 brachte dem Werk in Paris einen stürmischen Premierenerfolg. Später war dieser Oper ein besonderes, ein vielleicht einmaliges Schicksal beschieden, ein Schicksal, das weit über das eines Musikwerkes hinausgeht oder, besser gesagt, von diesem abliegt. »Die Stumme von Portici« wurde zum Anstoß, zum Fanal einer Revolution, eines Völkerkampfes. Bei der Erstaufführung in Brüssel, am 25. August 1830, geriet das anwesende Publikum in sich immer mehr steigernde Erregung. In dem stummen Mädchen der Auberschen Oper glaubte es das Symbol der eigenen unterdrückten Nation verkörpert zu sehen. Kaum war das Spiel auf der Bühne beendet, als die Menschen in rasendem Tumult auf die Straße stürzten. Schnell griff die Erregung um sich, eine rasch wachsende Menge ging zur Tat über: sie stürmte den Palast des Polizeidirektors, drang in das Justizministerium ein, verwüstete die Druckerei des Regierungsblattes. Diese wilde Nacht wurde der Ausgangspunkt der belgischen Revolution, die das Land von der damaligen holländischen Oberhoheit abtrennen und unter Leopold I. zum eigenen Königreich ausrufen konnte. Eine Oper hatte den Anstoß gegeben, – und kurioserweise die Oper eines Ausländers und noch dazu eines Mannes, dem revolutionäre Attitüden und Gedankengänge sehr ferne lagen. Unter den oft verblüffenden Zusammenhängen von Kunst und Politik ist dies eines der interessantesten und leicht faßlichsten Kapitel.

Fra Diavolo

Komische Oper in drei Akten. Textbuch von Eugène Scribe.
Originaltitel: Fra Diavolo
Originalsprache: Französisch
Personen: Fra Diavolo, unter dem Namen eines »Marquis de San Marco« (Tenor), Lord Kookburn, ein reisender Engländer (Bariton, eventuell Tenor), Pamela, seine Gattin (Mezzosopran), Lorenzo, Offizier bei den römischen Dragonern (Tenor), Matteo, Gastwirt (Baß), Zerline, seine Tochter (Sopran), Beppo und Giacomo, Banditen (Tenor und Baß), ein Bauer, ein Soldat, Dragoner, Gäste.
Ort und Zeit: In einem Dorf der Umgebung von Terracina (Italien), um 1830.
Handlung: Soeben hat der berüchtigte Wegelagerer Fra Diavolo einen alten reisenden Engländer und seine hübsche junge Gattin im Reisewagen ausgeplündert. Die Überfallenen flüchten sich in den Gasthof Matteos, wo gerade eine Gruppe Dragoner fröhliche Lieder singt. Sie sind ausgesandt, um den Räuber Fra Diavolo, der die Straßen unsicher macht, zu fangen. Unter ihnen befindet sich Lorenzo, der das Wirtstöchterlein Zerline liebt, sie aber an einen reicheren Nebenbuhler zu verlieren fürchtet. Der von Lord Kookburn ausgesetzte hohe Preis auf den Kopf des Räubers und die Wiederbringung des gestohlenen Gutes entfacht seinen Diensteifer in besonderer Weise. Die Dragoner machen sich auf und bringen tatsächlich etwas von den entwendeten Gegenständen zurück. Gleichzeitig betritt ein distinguierter Fremder den Gasthof, ein »Marquis de San Marco«. Es ist Fra Diavolo persönlich, der die Engländer bei Nacht weiter auszurauben hofft.

Bei der Ausführung dieses Vorhabens kommt es allerdings zu mehreren teils heiteren, teils bedrohlichen, teils pikanten Zwischenfällen. Zu den letzteren gehört, daß der Räuberhauptmann mit zweien seiner Untergebenen, im Zimmer Zerlines versteckt, zusehen muß, wie das reizende junge Mädchen sich entkleidet und zu Bett geht. Zu den bedrohlichen, daß plötzlich Alarm geschlagen wird, da das Gerücht auftaucht, es seien Banditen in der Nähe; zu den heiteren, daß der »Marquis de San Marco« den Verfolgern lächelnd entgegentritt und um Verschwiegenheit über sein »galantes Abenteuer« bittet. Der Lord und Lorenzo sind gleichermaßen aufgebracht, da die Frage offenbleibt, wem das Werben des noblen Fremden galt: Pamela oder Zerline? Der Räuber weiß sich geschickt aus allen Verwicklungen zu befreien.

Doch sein Sieg währt nicht lange. Er hat seinen Kumpanen Weisungen gegeben, wie am nächsten Tage das Wirtshaus zu überfallen sei. Deren Weinlaune aber lockert die Zungen und läßt sie auch das Liedchen singen, das Zerline beim Schlafengehen vor sich hinträllerte. Lorenzo zwingt sie nun, das verabredete Zeichen zu geben. Fra Diavolo geht in seine eigene Falle. Als er fliehen will, wird er von Lorenzo erschossen. Dessen Heirat mit Zerline steht nun, dank des Lohnes Lord Kookburns, nichts mehr im Wege ...

Quelle: Fra Diavolo hat wirklich gelebt: er war ein kühner Kämpfer, der, je nach der Einstellung seiner Biographen, als »Bandit« oder als »Guerillakrieger« bezeichnet wird. Er wurde, 46jährig, von den Franzosen gehängt.

Textbuch: Im Jahre 1808, zwei Jahre nach dem Tode des historischen Fra Diavolo, wurde in Paris ein Schauspiel »Fra Diavolo, chef des brigands dans les Alpes« aufgeführt. Ihm entnahm der unerschöpfliche Scribe einige Ideen, wobei er auch den Roman »Gil Blas« von Lesage benützte (nach dem sowohl Lesueur wie Méhul 1793 und 1795 je eine Oper »La Caverne« komponiert hatten). Scribes Libretto hält sich in flüssigem Konversationston, weist theatermäßig ausgezeichnete Szenen sowie viel Witz und Geist auf. Fra Diavolo ist als amüsanter Wegelagerer geschildert, von Politik – die in seinem Leben eine Hauptrolle spielte – ist keine Rede.

Musik: Prickelnd, witzig, melodiös, charmant müßte man sie nennen. Die Charakterisierung der so verschiedenartigen Personen ist gut gelungen. Wieder sind – wie in der »Stummen von Portici« – die Chöre besonders hervorzuheben. »Fra Diavolo« ist eine echte französische Spieloper, eine (trotz des tragischen Schlusses, der übrigens manchmal abgeändert wird) opéra comique, in der die Musiknummern von reichhaltigem Dialog unterbrochen werden. Es steckt genug Geist und gute Musik in diesem Werk, um seine langanhaltende Wirkung zu erklären. Die stellt sich allerdings nur ein, wenn das Stück – wie es sich bei diesem Milieu geziemt – wie aus der Pistole geschossen, von glänzenden Sänger-Schauspielern in wirbelndem Tempo gespielt wird.

Geschichte: Die Uraufführung fand zwei Jahre nach der »Stummen von Portici«, am 28. Januar 1830 in Paris statt; sie bedeutete den Beginn einer Welteroberung, von der selbst heute noch etwas zu spüren ist.

Samuel Barber

1910–1981

Arturo Toscanini machte – in den Jahren vor dem Zweiten Weltkrieg – den damals noch sehr jungen, in West Chester (Pennsylvanien/USA) am 9. März 1910 geborenen Barber bekannt, als er dessen »Adagio für Streicher« in New York, auf weiten Tourneen und bei den Salzburger Festspielen dirigierte. Obwohl die Fachkritik viel am durchaus tonalen, spätromantischen Klangbild Barbers auszusetzen fand, verbreitete seine Musik sich schnell. Verhältnismäßig spät betrat er den Weg des Musiktheaters. Mit seiner Oper »Vanessa«, deren Libretto der dramatisch hochbegabte Komponist Gian-Carlo Menotti schrieb, erzielte Barber einen starken, auf viele Städte der Welt ausstrahlenden Bühnenerfolg. So erhielt er den ehrenvollen Auftrag, zur Eröffnung des neuen Gebäudes der Metropolitan Opera in New York (16. September 1966) ein Werk zu komponieren. Er schuf hierfür, auf der Grundlage des Shakespeare-Dramas, »Anthony and Cleopatra«, ohne weitere Verbreitung zu finden. Barber starb im Frühjahr 1981 in New York.

Béla Bartók
1881–1945

Der größte ungarische Komponist aus der ersten Hälfte unseres Jahrhunderts ist überraschend schnell ein »Klassiker« geworden. Unbekümmert von Tagesparolen ging er den Weg eines echten Musikanten, verlor niemals den engen Zusammenhang mit den Volksmelodien seines Vaterlandes und schuf einen eigenen Stil, der mit der Tonalität sehr frei umgeht, ohne sie völlig aufzugeben, und seine wichtigsten Impulse vielleicht aus dem Rhythmischen empfängt. Bartóks stärkste Leistungen liegen außerhalb unseres Buches, auf dem Gebiete der Orchester- und Instrumentalmusik im allgemeinen. In den Bereich der Bühne begab er sich mit zwei Ballettpantomimen (»Der holzgeschnitzte Prinz«, 1916, und »Der wunderbare Mandarin«, 1919) sowie mit der kurzen Oper »Herzog Blaubarts Burg«. Der Komponist wurde am 25. März 1881 in Nagyszentmiklós in Südungarn geboren und starb am 26. September 1945 in bedrückender Emigration in New York.

Herzog Blaubarts Burg

Oper in einem Akt. Textbuch von Béla Balász.

Der Dichter hat hier nichts weniger als die Grundfragen des menschlichen Lebens und den ewigen Kampf der Geschlechter in eine seltsame, nur von zwei Gestalten getragene Handlung gefaßt. Judith ist, von glühender Liebe getrieben, Blaubart auf sein Schloß gefolgt. Hier erlebt sie alle Geheimnisse der menschlichen Seele, die ihrer Jugend noch fremd waren. Sie erbittet von dem Geliebten die Schlüssel zu sieben düsteren Türen und öffnet eine nach der anderen. Eine Folterkammer liegt hinter der ersten, aber es sind Blaubarts eigene Qualen, die hier eingeschlossen sind; eine Waffenkammer eröffnet sich ihr hinter der zweiten Türe, mit dem Rüstzeug des Mannes zum täglichen Lebenskampf. Eine Schatzkammer offenbart sich ihr hernach, aber an allen Kleinodien klebt Blut: Nichts kann der Mensch auf dieser Erde erringen, ohne zu verletzen. Dann blickt Judith in einen herrlichen Garten, der hinter der vierten Türe verborgen ist; aber als sie näher hinschaut, ist die Erde, der Bäume und Blumen entsprießen, blutgetränkt. Die Sicht auf ein weites Land zeigt die fünfte Tür; blendendes Licht strömt herein, ① aber eine Wolke, die darüber hinzieht, scheint düstere, ja blutiggefärbte Schatten zu werfen. Ein See liegt hinter der sechsten Tür: es sind die Tränen, die geheimen Schmerzen eines Lebens. Immer zögernder überreicht Blaubart der drängenden Judith die Schlüssel. Immer mehr sehnt er sich danach, sie in seine Arme zu schließen und durch ihre Liebe der Vergangenheit entfliehen zu können. Doch Judith, aus Neigung zu diesem seltsamen Manne (der doch nur das Urbild des Mannes an sich ist) und vielleicht im ewig weiblichen Wunsch, ihn zu erlösen, verlangt auch noch den letzten Schlüssel. Und so entdeckt sie im siebenten Gemach Blaubarts frühere Frauen: die Geliebte seines Morgens, seines Mittags, seines Abends. Während Blaubart ihr den Sternenmantel und das Diadem der Nacht anlegt, reiht Judith sich in den Zug ihrer Vorgängerinnen ein. Blaubart bleibt so allein zurück, wie er immer war und sein wird.

Es ist keine Oper im herkömmlichen Stil mehr. Es gibt keine Ouvertüre, keine Arien, keine Ensembles. Der junge Bartók steht im Geburtsjahre dieser Oper (1911) begreiflicherweise dem Impressionismus Debussys nahe. Die feinen Orchesterfarben, die seltsamen Klänge, die tiefe seelische Vorgänge beleuchten, die intensive Deklamation, das alles ist gleichzeitig Erbe des Impressionismus und doch eigenstes Gut Bartóks, der mit dieser lange unerkannt gebliebenen Oper ein Meisterwerk geschrieben hat. Die Uraufführung in Budapest am 24. März 1918, im letzten Kriegsjahr, war eine Tat. Publikumsoper im gewöhnlichen Sinne wird das tiefe Werk nie werden; vielleicht aber ein Meilenstein des Musiktheaters unserer Zeit.

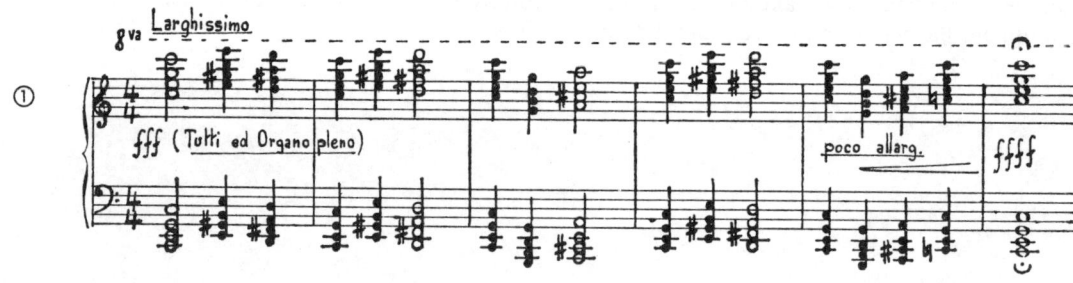

Ludwig van Beethoven
1770–1827

Als das wahrscheinliche Geburtsdatum Beethovens gilt der 16. Dezember 1770, vor allem weil die Taufe – der einzige dokumentarisch verbürgte Tag bei seinem Lebensbeginn – am 17. Dezember stattfand. Er war der Sohn eines Tenors am Bonner Hof, der als Mensch so mittelmäßig wie als Künstler war; seine Mutter galt als bescheiden und herzensgut. Mit acht Jahren wurde er in einem Konzert als Pianist dem Publikum vorgestellt, wobei dem ehrgeizigen Vater sicher das illustre Beispiel Mozarts vor Augen stand (weshalb er in den Ankündigungen seinen Sohn um zwei Jahre verjüngte, ein »Irrtum«, den der Betroffene kurioserweise erst viele Jahre später bemerkte). Haydns Besuch in Bonn änderte Beethovens Lebensweg entscheidend. Der berühmte Komponist, während der Englandtournee auf dem Gipfel seiner Weltgeltung, ermutigte den unbekannten Einundzwanzigjährigen, nach Einsicht in dessen Manuskripte, die Reise nach Wien zu wagen, wo er selbst ihm in der Karriere eines Musikers behilflich sein wolle. Der österreichische Aristokrat Graf Waldstein, Musikliebhaber und -kenner, der Beethoven in Bonn nähergetreten war, ermöglichte dessen entscheidende Fahrt vom Rhein an die Donau. Er organisierte deren materiellen Teil, versah Beethoven mit Empfehlungsbriefen an Wiens höchste Familien und schrieb in sein Reisetagebuch die prophetischen Worte, der junge Musiker möge »durch unermüdlichen Fleiß Mozarts Geist aus Haynds Händen« empfangen. In Wien beginnen für Beethoven nun die glanzvollsten Jahre seines Lebens: Konzerte in Palästen, Freundschaft mit nicht nur einflußreichsten, sondern vor allem äußerst kultivierten Persönlichkeiten, leichter Gelderwerb durch Druck und Verkauf seiner Werke sowie durch Privatstunden in reichen Häusern. Doch das Schicksal wollte es bekanntlich anders. Beethoven mußte einsam werden, um innerlich zur Reife zu gelangen, zu den gewaltigen, welterschütternden Werken. Die Taubheit war der erste Schlag, der ihn in diese Richtung trieb, mancher andere, bekannte und unerkannt gebliebene, folgte. Die Natur und die Musik bildeten bald – er hatte soeben erst die Dreißig überschritten – seine einzige Welt. Er ist als der größte Dramatiker unter den Sinfonikern in die Geschichte eingegangen; auch seine Klavierwerke, seine Kammermusik, ja alles, was er schuf, atmet dramatische Spannung. Es konnte nicht ausbleiben, daß Beethoven sich auch dem Musikdrama zuwendete. Und doch, gerade dieses von ihm so heiß ersehnte Gebiet leistete seinem Eindringen den härtesten Widerstand. Nur eine einzige Oper schrieb er, und diese kostete ihn mehr Jahre seines Lebens, mehr verzweifeltes Ringen um die Form und den Ausdruck, mehr Bitternis und Enttäuschung als alle seine anderen Kompositionen. Dreimal mußte »Fidelio« auf der Bühne erscheinen, in immer wieder veränderter Fassung, bis er seinem Schöpfer annähernd als Verwirklichung seines hohen Ideals erschien. Es gibt noch andere Beiträge Beethovens zum Musiktheater: die Ballette »Die Geschöpfe des Prometheus« und »Die Ruinen von Athen«, einige Ouvertüren zu Schauspielen (unter denen die zu »Coriolan« bedeutend ist), die Bühnenmusik zu »Egmont« (mit der großartigen Ouvertüre). Aber Beethovens wahre Sehnsucht nach dem Musikdrama lebt in »Fidelio«. Nie wieder ist er nach diesem Werk zum Theater zurückgekehrt. Vielleicht war er enttäuscht darüber, daß es zwischen Wort und Ton doch nur in den höchsten Augenblicken eine wirkliche Übereinstimmung, eine restlose Ergänzung geben konnte. Vielleicht aber fühlte er, daß zum Ausdruck der stärksten, innerlichsten Dramatik die Bühne nicht unerläßlich sei: in seiner »Neunten« hat er es bewiesen. »Fidelio« blieb also eine Ausnahme im Leben und Schaffen Beethovens. Während Gluck und die zeitgenössischen Italiener dem Musiktheater ganz und Mozart ihm zur Hälfte verschrieben waren, gehörte ihm Beethoven nur am Rande an. Der Taube, Einsame starb am 26. März 1827 in Wien, dessen Ehrenbürger er seit 1815 war. Man beerdigte ihn wie einen König.

Fidelio

Oper in zwei Akten. Text nach dem französischen Drama »Leonore« von Jean Nicolas Bouilly, deutsch von J. Sonnleithner, St. Breuning und G. F. Treitschke.

Originaltitel: »»Fidelio«. In den ersten beiden Fassungen: »Leonore oder die eheliche Liebe«
Originalsprache: Deutsch
Personen: Don Fernando, Minister (Baß), Don Pizarro, Gouverneur eines Staatsgefängnisses (Bariton), Florestan, ein spanischer Edler, Gefangener (Tenor), Leonore, seine Gattin, unter dem symbolischen Namen »Fidelio« (Sopran), Rocco, Kerkermeister (Baß), Marzelline, seine Tochter (Sopran), Jaquino, Pförtner im Gefängnis (Tenor), zwei Gefangene (Tenor und Baß), gemischter Chor und Männerchor.
Ort und Zeit: In einem spanischen Staatsgefängnis nahe von Sevilla. Zweite Hälfte des 18. Jahrhunderts, während der Regierung Carlos III.
Handlung: Zu diesem seinem einzigen Bühnendrama komponierte Beethoven nicht weniger als vier Vorspiele. Die ersten drei, genannt »Leonoren-Ouvertüren« Nr. 1, 2 und 3 sind in der endgültigen Fassung beiseitegelassen und durch die sogenannte »Fidelio-Ouvertüre«, in E-Dur, ersetzt. ①
Sie ist wirksam und schön, kann es aber an dramatischer Kraft kaum mit der dritten Leonoren-Ouvertüre aufnehmen. Viele Theater spielen deswegen (und auch aus anderen Gründen, die sofort erläutert seien) die »Dritte Leonore« vor dem letzten Bild der Oper, eine Tradition, der besonders die Wiener Hofoper unter Gustav Mahler den Weg bereitete. Zu ihrer Verteidigung (deren sie bedarf, da sie einen Eingriff in ein Meisterwerk darstellt) läßt sich anführen, daß sie das vielleicht großartigste Teilstück rettet, das Beethoven für diese Oper schuf, daß sie mit sinfonischen Steigerungsmitteln den dramatischen Ablauf des Bühnenstückes gewissermaßen zusammenfaßt und daß sie eine (bei älteren Inszenierungen) oftmals störend empfundene Lücke oder Pause zwischen der Kerkerszene und dem majestätischen Schlußbild auf geradezu ideale Weise zu vermeiden imstande ist. Dagegen ließe sich sagen, daß nach erfolgter Befreiung (in der Kerkerszene) die Musik uns nochmals die nun überwundenen Gefühle erleben läßt und der großartige Effekt des fernen Trompetensignals, das die rechtzeitige Ankunft des Ministers und damit die Errettung andeutet, durch die nunmehrige Wiederholung in der Leonoren-Ouvertüre eher abgeschwächt als verstärkt wird. Im übrigen wollen wir hier nicht in die Polemik eingreifen, die um diese Tradition seit Jahrzehnten im Gange ist.

Der Vorhang hebt sich und zeigt uns ein Stübchen in der Wohnung des Kerkermeisters Rocco. Dort hört Marzelline, dessen Tochter, mit sichtbarem Widerwillen, die Liebesgeständnisse Jaquinos. Sie denkt unaufhörlich an Fidelio, den neuen Helfer ihres Vaters, der kürzlich ins Haus kam. Sie ahnt nicht, daß sich hinter dieser Verkleidung Leonore verbirgt, eine Edeldame, die verzweifelt nach ihrem verschollenen, wahrscheinlich von politischen Feinden eingekerkerten Gatten, Florestan, sucht. Rocco sieht mit Wohlgefallen die Neigung seiner Tochter zu dem fleißigen, ernsten Fidelio und verspricht seine Hilfe bei der Eheschließung. Bis hierher bewegt die Musik sich völlig in den Geleisen des damals üblichen Singspiels, das schlichte Menschen, volkstümliche Typen, alltägliche Szenen in eingängigen Melodien darstellt. Das Duett Jaquino-Marzelline und die Arie Marzellines besitzen einfache, fast volkstümliche Melodik und werden durch gesprochene Dialoge miteinander verbunden (typisches Merkmal des Singspiels – später in der Operette fortgesetzt – und im Gegensatz zur italienischen Praxis, die an seine Stelle das halbgesungene Rezitativ setzt). Bis hierher ahnt niemand, zu welch dramatischer und musikalischer Höhe, zu welch menschlicher Aussage sich dieses Werk bald aufschwingen wird. Ein Hauch hiervon berührt uns in der folgenden Musiknummer, dem wundervollen Quartett, in welchem Fidelio, Marzelline, Jaquino und Rocco ihren Gedanken nachhängen. Ihre Schicksalsverbundenheit äußert sich in der Form eines freien Kanons, der alle Beteiligten mit der gleichen Melodie, zu verschiedenen Zeitpunkten, beginnen läßt, hernach aber jedem seine eigenen Gefühle zugesteht. ②
Die darauffolgende Arie Roccos wird vielfach kritisch betrachtet und, da sie in einer der Fassungen des Werkes vom Komponisten selbst gestrichen wurde, auch manchmal weggelassen. Sie bedeutet zwar vielleicht einen nochmaligen Rückfall in die Singspiel-Atmosphäre, kann aber doch zur Charakterisierung des Kerkermeisters einiges beitragen. Sie erweist ihn als gutmütigen, aber in erster Linie materiell motivierten Mann, der in dieser »Goldarie« Geld und Glück in unlösbaren Zusammenhang bringt. Hierauf wird die Handlung fortgesetzt. Leonore trägt Rocco ihren tiefsten Herzenswunsch vor: ihm bei seiner schweren Arbeit, vor allem in den tiefsten Verliesen, helfen zu dürfen. In Wahrheit: dort nach ihrem verschollenen Gatten su-

chen zu können. Nach dem Terzett, das diese Frage behandelt, tritt Pizarro auf, der Gouverneur der Staatsgefängnisse, die düstere Gestalt des Werkes. Seine erste Arie bewegt sich noch durchaus in den Bahnen des typischen Haß- und Racheausbruchs damaliger Opernmusik. Aus Briefschaften, die Rocco seinem Vorgesetzten bei dessen Ankunft überreicht, erfährt Pizarro, daß der Minister sich auf eine überraschende Inspektionsfahrt begeben habe, also in kürzester Frist wohl auch in diesem Gefängnis auftauchen werde. Pizarro muß schnell handeln. Sein Todfeind, den er seit zwei Jahren einem elenden Sterben in Finsternis und Hunger aussetzt, darf nun keine Stunde länger leben, wenn Pizarro nicht seine Entdeckung riskieren will. Sein Haß gegen diesen Feind steigert ihn in immer rasendere Wutausbrüche, so daß selbst den Wachen, die ihn aus einiger Entfernung beobachten, unheimlich wird. Rocco wird gerufen, und er erhält den Befehl, den bewußten Gefangenen zu töten. Der Kerkermeister lehnt sich, wohl zum ersten Mal in seiner bestimmt vorbildlichen Beamtenlaufbahn, auf: morden gehöre nicht in den Kreis seiner Pflichten. Dann solle er drunten im Verlies, in dem der Gefangene schmachtet, ein Grab ausheben; dann wolle Pizarro kommen, um die Tat zu vollbringen. Eine Börse mit Goldstücken besiegt Roccos letzten Widerstand. Aus einem Versteck hat Leonore die erregte Unterhaltung der beiden Männer beobachtet. Sie ahnt, daß hier Entscheidendes geplant wird. Sie befürchtet Böses, da sie Pizarro kennt. Kaum ist dieser abgegangen, stürzt sie hervor. Angstvoll ertönt ihr Schrei: »Abscheulicher, wo eilst du hin?« ③, aus dem Beethoven eine der dramatisch packendsten, erschütterndsten Arien der Operngeschichte formt. Sie erreicht einen innigen, lyrischen Höhepunkt in der E-Dur-Melodie »Komm, Hoffnung, laß den letzten Stern, den letzten Stern der Müden nicht erbleichen«, und sie faßt endlich den heroischen Entschluß: »Mich stärkt die Pflicht der treuen Gattenliebe.«

Auch die nächste Szene gehört zu den Perlen der Partitur. Auf die inständigen Bitten Leonores und Marzellines gestattet Rocco den Gefangenen einen kleinen Spaziergang im Kerkergarten. Die psychologische Einfühlung Beethovens ist bewunderswert: schüchtern, ängstlich, vom hellen Tageslicht zuerst geblendet, kommen die Unglücklichen aus den Verliesen hervor, heben leise und zaghaft zu singen an, bis die wachsende Freude ihre Stimmen anschwellen läßt. ④ In diesen Gefangenenchor ist die Szene eingebettet, in der Rocco Fidelio den Entschluß Pizarros mitteilt, und daß es ihrer beider Pflicht sei, schnell ein Grab im tiefsten Keller auszuheben. Ungeheure Erregung bemächtigt sich Leonores: wird es das Grab ihres Gatten werden? Pizarro

38

tritt selbst auf und stellt Rocco barsch zur Rede. Obgleich dieser auf des Königs Namenstag hinweist, zu dessen Feier er den Gefangenen die kleine Vergünstigung eines kurzen Spaziergangs gewährt habe, müssen die Unglücklichen wieder in ihre Kerker zurück. Ihr ergreifender Abschiedsgesang an das Tageslicht verklingt, während der Vorhang langsam fällt.

Das Orchestervorspiel zum zweiten Akt schildert das furchtbare Dunkel, die grauenvolle Stille, in der Florestan in einem kaum zugänglichen Verlies in Ketten liegt. Es geht in den Gesang Florestans über, der in einem ausdrucksvollen Rezitativ und einer äußerst schwierigen Arie seiner immer noch lebendigen Hoffnung Ausdruck gibt. Er träumt von Leonore, die ihn, einem Engel gleich, »zur Freiheit ins himmlische Reich« führen werde. ⑤ Dann sinkt er erschöpft auf den Stein zurück und schlägt die mit schweren Ketten gefesselten Hände vors Gesicht.

Rocco und Leonore gelangen in das Verlies und beginnen das Grab zu schaufeln. Hier greift Beethoven zu einem seltenen Ausdrucksmittel: dem Melodram, dem gesprochenen, vom Orchester sparsam untermalten Dialog. Nach dem anschließenden Duett, das ihre Arbeit begleitet, erwacht der Gefangene. Er fragt den Kerkermeister nach dem Namen des Gouverneurs. Es ist Pizarro, erfährt er, der Mann, dessen schändliche Taten er aufzudecken wagte. Rocco gewährt ihm einen Schluck Wasser, Fidelio reicht ihm ein Stück Brot. Mit einer innigen Melodie, die ein wenig an ein Thema des Violinkonzerts erinnert, dankt der Gefangene. Die Szene weitet sich zum Terzett.

Die makabre Arbeit ist getan. Rocco verständigt Pizarro, und die beiden Todfeinde stehen einander gegenüber. Waffenlos und durch monatelange Leiden geschwächt der eine; dolchbewehrt und skrupellos der andere. Aber als Pizarro Florestan ermorden will, wirft Leonore sich dazwischen: »Töt erst sein Weib!« In diese Spannung bricht wie ein Lichtstrahl das Trompetensignal vom fernen Turm, das die Ankunft des Ministers ankündigt. Pizarro hat das Spiel verloren, die treue Gattenliebe, die keine Opfer scheut, hat gesiegt. Das letzte Bild, feierliche Massen vor dem Gefängnis, eine edle Ansprache des Ministers, ⑥ der gerührt seinen alten Freund Florestan in die Arme schließt und Pizarro der gerechten Bestrafung zuführt. Der unendliche Jubel des liebenden Paares und der ergriffenen Menge ist hier mehr als ein konventioneller Opernschluß: es ist eine Botschaft.

Quelle: Die »Rettungsopern« waren eine Folgeerscheinung der Französischen Revolution. Der französische Dramatiker Jean Nicolas Bouilly war als Richter vertraut mit den Fragen der politischen Verfolgung. Es ist sehr wahrscheinlich, daß sein Theaterstück »Leonore« auf eine tatsächliche Begebenheit zurückgeht; es wurde mehrfach vertont, so von Pierre Gaveaux (1798), Ferdinando Paër (1804) und Simon Mayr (1805), doch hat sich keine dieser Opern halten können.

Textbuch: Das Libretto zu Beethovens Oper ging durch viele Hände. Zuerst wurde es, nach dem französischen Original, von dem Wiener Theatermann Joseph Sonnleithner entworfen. Die zweite Fassung wurde von Beethovens treuem Freunde Stephan Breuning überarbeitet. Endlich wurde, für die dritte und endgültige Fassung, der Text durch Georg Friedrich Treitschke nochmals grundlegend verbessert. Schließlich konnte man sagen, daß nur die Idee noch mit dem französischen Werk übereinstimmte, deren Durchführung aber fast völlig anders geworden war. Das Textbuch mag Schwächen aufweisen, aber sie fallen nicht ins Gewicht. Was Beethoven begeisterte und zu einem Meisterwerk anregte, war die große Grundidee: die Befreiung von der Unterdrückung, der Triumph der Menschlichkeit. Und hier bot das Libretto ihm genau das, was er wollte und brauchte.

Musik: Beethoven war niemals das, was man gemeinhin einen Opernkomponisten nennt. Primadonnentum, »wirkungsvolle« Arien, melodische Schönheit um ihrer selbst willen und nicht im Dienste der Idee, unterhaltsame Szenen, das alles interessierte ihn nicht. Darum sind auch manche Musiknummern des »Fidelio« kaum mehr als Schablone; gewiß, auch in ihnen leuchtet manchmal das Genie, der Titan durch, aber sie bleiben doch im Rahmen des üblichen Singspiels, das im damaligen deutschen Sprachgebiet und besonders in Wien alljährlich in einigen Dutzend neuer Werke auf die Bühne gestellt wurde. Kommt aber der Augenblick, in dem das Drama Beethoven zu erregen beginnt, so ist auch unmittelbar seine Löwenpranke da, seine ungeheure innere Kraft, seine vulkangleich hervorbrechende Menschlichkeit. An keinem anderen Werk hat er so viel gearbeitet wie am »Fidelio«; zwölf Jahre, drei Fassungen, vier Ouvertüren, Tausende von Skizzen, ungezählte Äußerungen beweisen es. Wagner nannte ihn, der doch nur ein einziges Bühnenwerk geschrieben hatte, den Vater des deutschen Musikdramas. Die große Arie Leonores, der Gefangenenchor, die Kerkerszene bestätigen es zur Genüge. »Fidelio« ist keine Oper im üblichen Sinne, so wie die Neunte keine Sinfonie nach den Schulregeln ist; bei beiden steht der musikalische Ausdruck nicht im Dienste der ästhetischen Regeln, sondern einer großen Idee. Wer nicht von dieser Idee durchdrungen ist, kann kaum ein guter Florestan, niemals aber eine Leonore nach Beethovens Sinne werden. Beide Rollen sind von Schwierigkeiten durchsetzt, die den damaligen Sängern als fast unüberwindlich erscheinen mußten; auch heute gehört Leonore zu den Prüfsteinen der dramatischen Soprane. Florestan bietet kaum weniger Schwierigkeiten: eine im gesanglichen beinahe undankbare, aber dramatisch für eine starke Persönlichkeit geschriebene Rolle. Die übrigen – Pizarro, Rocco, Marzelline, Jaquino – entsprechen den üblichen Operntypen jener Zeit. Von großer Bedeutung ist die Arbeit des Regisseurs und des Bühnenbildners: Enge, Elend und Bedrückung des Kerkers müssen zum Ausdruck kommen, um die Befreiung in vollem Glanze strahlen zu lassen. Für den Dirigenten gehört »Fidelio« zu den wahrhaft großen Aufgaben. Ein inneres Feuer muß ihn erleuchten, ein echter Humanismus ihn erwärmen.

Geschichte: Die ersten Skizzen gehen auf das Jahr 1803 zurück (sind also älter als die gleichnamigen Werke von Paër und Mayr). Die erste Fassung wurde am 20. November 1805 im Theater an der Wien uraufgeführt; die Aufnahme war sehr kühl, und die Oper wurde nach dem dritten Male abgesetzt. Die französischen Offiziere der Besatzungsarmee Napoleons, die den größten Teil des Theaters füllten, verstanden vom Text und wohl auch von deutscher Musik so gut wie nichts. Beethoven machte sich sofort, mit Breuning, an eine Umarbeitung. So kam das Werk am 29. März 1806 – immer noch mit dem Titel »Leonore oder die eheliche Treue« – abermals zur Aufführung, gefiel aber wiederum nicht sehr; da Beethoven sich außerdem in der Abrechnung seines Anteils übervorteilt glaubte, verlangte er nach der zweiten Aufführung die Rückgabe seiner Partitur. »Fidelio« schien damit endgültig vom Spielplan verschwunden. Doch als acht Jahre später einige in Pension gehende Theaterangehörige sich dieses Werk – des inzwischen berühmt gewordenen Komponisten – zu ihrer Benefizvorstellung wünschten, willigte Beethoven ein, versah das von Treitschke textlich überarbeitete Stück mit einer neuen Ouverture (jener in E-Dur), der erweiterten Arie Florestans, dem neu hinzugefügten Melodram und einem ausgestalteten Finale. Und so erlebte »Fidelio« nun am 23. Mai 1814 einen vollständigen Triumph. Die Oper ist seit damals wohl über alle namhaften Bühnen der Welt gegangen, wenn auch die lateinischen Länder im allgemeinen längere Zeit brauchten, um ihre Werte und Schönheiten voll zu erfassen. Ihre dramatischen Prinzipien lagen zu weit vom Belcanto-Stil der italienischen Zeitgenossen entfernt. »Fidelio« ist nicht nur zur Verherrlichung der Gattenliebe, sondern vor allem zur Botschaft der Freiheit geworden.

Vincenzo Bellini

1801–1835

Bellini bildet mit Rossini und Donizetti das leuchtende Dreigestirn am Himmel der Belcanto-Oper; er ist zugleich Italiens echtester Romantiker. In deutschen Opernbereichen unterschätzte man ihn lange Zeit gewaltig; in Büchern kam er, wenn überhaupt, als »Vorläufer Verdis« vor, auf den Bühnen selten zu Wort. Eine Ausnahme bildete gelegentlich »Norma«, von der sich mancher deutsche Musiker, so etwa Wagner, begeistert zeigte. War Bellini ein zu »nationaler« Komponist Italiens, vielleicht ein südliches Gegenstück zum sehr »deutschen« Lortzing? Es wäre ungerecht, ihn so zu beurteilen. Seine Melodik, der stärkste Teil seiner Kompositionen, mag zwar »echt italienisch« sein, aber sie ist allen – abendländischen – Völkern der Erde verständlich und erfühlbar. Zudem hat dieses Italienertum der Melodie jahrhundertelang die Opernwelt beherrscht. Die besten Werke

Bellinis gehören, wie die seines Rivalen Donizetti – ganz zu schweigen vom dritten Meister dieses Dreigestirns, Rossini – zum internationalen Repertoire. Mag auch das eine oder andere darin verblaßt sein, einige seiner schönsten Melodien können nicht verblassen, so wie der Glanz eines Diamanten sich nicht verflüchtigt. Bellini besaß die wunderbare Gabe der reinen Melodie, eines der seltensten Geschenke der Inspiration. Er wußte seine edelsten Tonfolgen so vollendet in die menschliche Kehle zu legen, daß jeder echte Sänger sie zu interpretieren wünscht. Es gelangen ihm Musikstücke von bleibender Schönheit. Ohne die geeigneten Stimmen sollte allerdings kein Theater an die Wiedergabe einer Bellini-Oper gehen.

In Catania, auf Sizilien, kam Bellini am 1. November 1801 zur Welt. In Neapel studierte er Musik, dann aber entwickelten die Kreise seines – kurzen, sehr kurzen – Lebens sich immer weiter nach Norden (während bei Donizetti, etwa gleichzeitig, die entgegengesetzte Entwicklung festzustellen ist: der Norditaliener wird vorwiegend im Süden berühmt). Nach mehreren Anfangserfolgen kommt es zum stürmischen Durchbruch im Jahre 1831. Knapp nacheinander erleben »La Sonnambula« (Die Nacht- oder Schlafwandlerin) und »Norma« aufsehenerregende Premieren, bei denen einige der berühmtesten Sänger jener Epoche mitwirken. Zwei Jahre später finden wir Bellini in Paris, wo sich das Opernleben der Zeit zu konzentrieren beginnt. In Paris leben Rossini, Spontini, Cherubini, Donizetti, die Deutschen Meyerbeer, Offenbach, Flotow neben einer stattlichen Schar französischer Komponisten wie Auber, Boieldieu, Berlioz, Adam, Halévy, Hérold und manchem anderen. Doch Bellinis Tage in Paris sind kurz bemessen. Heine hat ihn uns in seinen klug beobachteten, aber zumeist sehr boshaften Schilderungen festgehalten. Mit »I Puritani« erringt er noch einen starken Erfolg. Dann unterbricht der frühe Tod am 24. September 1835 seine glänzende Laufbahn. Man beerdigt ihn auf dem Père Lachaise, wo 1849 sein Freund Chopin in ein – ebenfalls frühes – Grab in seiner Nähe versenkt werden wird. Genau ein Jahr nach Bellinis Tod stirbt übrigens seine vielleicht großartigste Interpretin, die erst 28jährige Sängerin Maria Malibran. Im Jahre 1876 wird Bellinis Leichnam exhumiert und in die Heimatstadt Catania überführt. (Siehe auch Nachtrag S. 670.)

Die Nachtwandlerin

Oper in drei Akten (vier Bildern). Textbuch nach E. Scribe von F. Romani. Zu Beginn des gleichen Jahres (1831), das Bellinis Meisterwerk »Norma« bringen sollte, wurde am 6. März in der Mailänder Scala, mit der berühmten Giuditta Pasta in der Titelrolle, die in weniger als zwei Monaten komponierte »Nachtwandlerin« (La Sonnambula) uraufgeführt. Der nicht sehr glückliche Text hat dieses Werk so wie die musikalisch schöne, aber dramatisch schwache Oper »Die Puritaner« zum seltenen Gast außerhalb Italiens verkümmern lassen. Bei »La Sonnambula« handelt es sich um ein schlafwandlerisch veranlagtes Mädchen, Amina, dem aus dieser unbewußten Eigenschaft mannigfache Verwirrungen in ihrem Brautstand mit Elvino erwachsen. Sie wird, da man sie im Gemach des Schloßbesitzers Rudolf findet, als ehrlos betrachtet, aber ein neuerlicher Anfall von Nachtwandel erlöst sie von allem Verdacht und führt sie endgültig in die Arme ihres Bräutigams. Bellini ist ein prachtvoller Melodiker, der allerdings zur vollen Wirksamkeit vollendeter Belcantosänger bedarf. In einer schönen Aufführung ist »La Sonnambula« heute noch ebenso erfreulich wie vor hundert Jahren, ja beglückend im Schmelz und der nicht aufdringlichen echten Süße eines längst verlorenen Melos. Dieses Werk bedarf einer großen Sopranistin für die Titelrolle.

Norma

Lyrische Tragödie in zwei Akten (vier in der zweiten Fassung). Libretto von Felice Romani, nach einem Drama von Louis Alexandre Soumet.
Originaltitel: Norma
Originalsprache: Italienisch
Personen: Pollione, römischer Prokonsul in Gallien (Tenor), Oroveso, Oberpriester der Druiden (Baß), Norma, seine Tochter, Priesterin (Sopran), Adalgisa, eine junge Priesterin (Sopran oder Mezzosopran), Clotilde, Normas Freundin (Sopran), Flavio, Polliones Freund (Tenor), die Kinder Normas und Polliones, Krieger, Priesterinnen.

Ort und Zeit: Gallien, von den Römern besetzt, das letzte vorchristliche Jahrhundert.

Handlung: Die Ouvertüre nimmt den Stil des Werkes voraus: die Harmonien und Rhythmen sind einfach, ja primitiv; aber die Melodien besitzen Schönheit und natürlichen Schwung.

Im heiligen Hain der Gallier spielt der erste Akt (der in der ersten Fassung des Werkes als »erstes Bild« des zweigeteilten ersten Aktes bezeichnet war). Das Volk erhebt seine Stimme zum Gott Irminsul; um Befreiung von den Römern fleht es, die das Land besetzt halten. Als die Gesänge verklingen und die Menge sich zerstreut, nahen Pollione und Flavio. Der Prokonsul ist seit Jahren der Geliebte der Priesterin Norma, die verblendet von ihrer Leidenschaft zu dem Römer ihr Keuschheitsgelübde gebrochen und ihm zwei Kinder geboren hat. Doch Pollione gesteht seinem Freunde nun, daß er nicht um Norma zu sehen hierhergekommen sei, sondern um der jungen Priesterin Adalgisa willen, in die er sich verliebt habe. Die Freunde ziehen sich zurück, als der Gong ertönt und die Gallier neuerdings zum Gebet sammelt. Alles ruft nach Norma; kraft ihres Amtes soll sie es sein, die den Galliern die rechte Stunde zum Aufstand gegen Rom verkünden wird. Norma tritt feierlich in den Kreis; in einer der großartigsten Arien, die die Oper aller Zeiten kennt, erhebt sie ihr Gebet zur »casta diva«, der keuschen Mondgöttin. ①

Noch sei der Augenblick nicht gekommen, so kündet Norma ihrem Volke. Doch ihr majestätischer Stolz bricht zusammen, als sie allein, nur von wenigen Priesterinnen begleitet, zurückbleibt. Wie soll sie den Zwiespalt lösen, der in ihr wütet? Die Liebe zu Pollione und der Haß gegen sein Volk sind unvereinbar. Langsam betritt sie den Tempel. Nur Adalgisa verharrt auf der Szene. Auch sie ist von tiefer Unruhe befallen. Pollione naht sich ihr, beschwört sie, ihm nach Rom zu folgen, wo ihrer beider ein schönes Leben warte. Adalgisa verspricht, mit ihm zu fliehen.

Der zweite Akt (oder zweites Bild des ersten Aktes) versetzt uns in das Haus Normas, wo die Priesterin mit ihrer treuen Freundin Clotilde die Kinder hütet, die sie, ohne daß die Welt davon weiß, Pollione geboren hat. Norma ahnt Böses und bangt um die Liebe des Römers. Da naht Adalgisa und gesteht der reiferen Gefährtin die Stürme, die in ihrem Herzen toben, die Liebe, die sie Tempel und Vaterland zu verlassen, zu verraten treibt. Norma erbebt, sie erinnert sich ihrer eigenen Vergangenheit. Kein unlösbares Band binde Adalgisa in der Heimat; frei solle sie tun, was die Liebe von ihr fordere. Das ist Normas Wahrspruch. Das Duett der beiden Frauenstimmen ist von ergreifender Inbrunst. Pollione ist in das Haus getreten. Als Norma Adalgisa nach dem Namen ihres Geliebten fragt, streckt diese nur die Hand gegen den Römer aus: »Er ist es.« Aus Normas gestammelten Schreckensrufen, aus Polliones Verwirrung erkennt die junge Priesterin die Wahrheit. Von ferne ruft der heilige Gong zu einer Entscheidung. Norma geht, mit einem Racheschwur im Herzen.

Zu Beginn des dritten Aktes (ersten Bildes des zweiten Aktes in der ersten Fassung) hat sich Norma zu einem schweren Entschluß durchgerungen: sie will sich und die Kinder töten, um dem Glück Polliones und Adalgisas nicht im Wege zu stehen. Aber sie vermag es nicht, die unschuldigen Wesen dem Tode zu überantworten. Sie fleht Adalgisa an, sich der Kinder anzunehmen, wenn sie selbst nicht mehr am Leben sein werde. Doch Adalgisa nimmt Normas Opfer nicht an. In einem klangschönen, von dramatischem Schwung getragenen Duett der beiden Frauenstimmen gelobt Adalgisa, Pollione zu entsagen. ②

Das letzte Bild wird durch kriegerische Chöre der Gallier eingeleitet, die zum Kampfe gegen Rom rüsten. Norma erwartet fieberhaft die Antwort, die Adalgisa ihr von Pollione bringen soll; zu ihrem Schrecken erfährt sie aus Clotildes Mund, daß der Prokonsul sich weigere, zu Norma zurückzukehren und Adalgisa mit Gewalt aus dem Tempel entführen wolle. In höchstem Zorn schlägt Norma dreimal auf den Gong: es ist das Zeichen zum Kriege. Die Gallier ergreifen Pollione, der sich in den Tempel schleichen will, und schleppen ihn vor Norma. Die Szene zwischen beiden ist ein neuerlicher Höhepunkt der Partitur. ③

Pollione will nicht nachgeben. Er zieht den Tod vor. Norma ruft ihr Volk zusammen und verkündet, daß eine Priesterin ihrem Schwur untreu geworden. Gewissensbisse bestürmen sie: wie kann sie eine Unschuldige anklagen, während sie selbst jahrelang die Gesetze des Tempels mißachtete? Pollione zittert um Adalgisa, als das Volk in wilden Rufen den Namen der Verräterin fordert. Da nimmt Norma langsam die Priesterkrone vom Haupt: »Ich bin es.« Entsetztes

Schweigen liegt über dem weiten Platz. Doch die Verräterin muß sterben, auch wenn es Orovesos Tochter und die höchste Priesterin ist. Ihrem Vater vertraut sie die Kinder an. Dann steigt Norma auf den Holzstoß, der entzündet wird. Nun versteht Pollione die wahre Größe der Frau, die er verraten wollte. Er reißt sich los und sucht den Tod an ihrer Seite, in den sühnenden Flammen.

Quelle: Eine Episode aus den gallisch-römischen Kriegen, von dem französischen Dramatiker Louis Alexandre Soumet zu einer Tragödie verarbeitet.

Textbuch: Wirkungsvoll im Sinne der heroischen Oper des 19. Jahrhunderts. Große Leidenschaften, theatralische Gesten, unausweichliches tragisches Ende. Ein Hauch von echter Großartigkeit schwebt über dem Ganzen.

Musik: Sie entspricht genau dem, was wir eben vom Textbuch sagten. Manches klingt uns – nach anderthalb Jahrhunderten – ein wenig hohl, manches ist gewöhnlich, manches übertrieben oder zu süßlich. Aber daneben stehen grandiose Szenen und Augenblicke, die erschüttern und bewegen; wahre Höhepunkte der Opernkunst, von einem wunderbaren Melodiker ersonnen. Harmonie und Rhythmik waren Bellinis starke Seite nicht, aber im melodischen Schwung hat er wenige Rivalen zu fürchten. Allerdings: »Norma« muß von ganz großen Opernstimmen gesungen werden, um volle Wirkung zu erzielen. Eine fast übermenschliche Stimme, ein bezwin-

gendes dramatisches Genie, – das erwarten wir von der Trägerin der Titelrolle. Norma ist die letzte, die höchste Bestätigung für einen dramatischen Belcanto-Sopran. Es gibt ihrer wenige in unserem Jahrhundert, die sich der Galerie der unsterblichen Normas würdig anreihen können. Und neben einer solchen Norma kann natürlich keine schwache Adalgisa, kein mittelmäßiger Pollione bestehen (dessen Name auf deutschen Bühnen manchmal in Sever geändert wird).
Geschichte: »Norma«, die achte der elf Opern Bellinis, wurde am 26. Dezember 1831 in Mailand uraufgeführt. Giuditta Pasta war die erste Norma, Giulia Grisi die erste Adalgisa, später selbst eine große Norma. Was für Opernzeiten waren das! Alljährlich neue Werke von Rossini, Donizetti, Meyerbeer, Bellini, Spontini! »Normas« Triumph war berauschend; in wenigen Jahren kannten alle Theater der Welt das Werk, selbst New York (1841) und Buenos Aires (1849). Maria Malibran, Jenny Lind, Lilli Lehmann und zuletzt Maria Callas waren einige der berühmtesten Vertreterinnen der Titelrolle.

Richard Rodney Bennett
1936

Der am 29. 3. 1936 in Broadstairs/Kent geborene englische Komponist schuf mit »A Penny for a Song« eine sehr vergnügliche Lustspieloper auf ein Textbuch von Colin Graham, der ein Stück von John Whiting für das Musiktheater adaptierte. Es geht um die (niemals erfolgte) Invasion Englands durch Napoleon, die in Dorset, einem Dorf am Meer, durch zwei spleenige Brüder lustige Verwirrungen hervorruft. Der Uraufführung in Londons Sadler's Wells Theatre am 31. Oktober 1967 folgte bereits am 26. Januar 1968 die erste deutsche Wiedergabe (in der witzigen Übersetzung Kurt Hermanns) in München, wo sich das Werk in G. Rennerts Inszenierung unter dem Titel »Napoleon kommt« eine gute Weile erfolgreich im Repertoire hielt.

Alban Berg
1885–1935

Berg war, wie Anton von Webern, Arnold Schönbergs Schüler und Freund in Wien. Er blieb in Österreichs Hauptstadt, als Schönberg fortging, schrieb im stillen und nahezu unerkannt seine Werke und ahnte, so wenig wie seine Freunde, daß man zwanzig Jahre nach seinem Tode diese enge Kameradschaft dreier – ungleicher, aber von ähnlichen Ideen erfüllter – Männer als »zweite Wiener Schule« bezeichnen würde (wobei die erste keine geringere als die Haydns, Mozarts, Beethovens und Schuberts gewesen war). Berg wurde am 9. Februar 1885 in Wien geboren, gehörte also zu jener Generation, der eine durchgreifende Revolution auferlegt war. Er war ein Zeitgenosse Sigmund Freuds (von dessen Wohn- und Arbeitsraum ihn nur wenige Schritte trennten), Karl Kraus', Kafkas; er erlebte den Zusammenbruch von Regimes, Klassen, Dogmen und Systemen im Politischen, Sozialen und Künstlerischen. Neuland zu suchen, und sei es auch unter Verzicht auf jeden äußeren Erfolg: das erscheint ihm hohe Aufgabe. Altes, Überkommenes als nicht mehr tragfähig anzusehen: das ist sein Weg. Der Weg, der – um einen wunderbaren Brief Bergs an seine damalige Braut und spätere treue Lebensgefährtin Helene zu zitieren – zu den »neuen Meeren« (Nietzsches) führt, zu den »höchsten Bergspitzen«, der vorbeigeht an all den kleinlichen Zielen dieser Welt und auf dem »Titel und Würden und Orden und Ehrengräber« keine Bedeutung haben. Er war kein Theoretiker, sondern ein Musiker und ein Dramatiker. Er bewies es mit »Wozzeck«, einem der stärksten Werke des neueren Musiktheaters. Seine zweite Oper, »Lulu«, konnte er nicht mehr vollenden, ließ sie aber in aufführungsfähigem Zustand zurück. Im Lauf der Jahrzehnte hatte das Publikum sich daran gewöhnt, dieses Wedekind-Drama mit musikalischen Lücken im dritten Akt aufgeführt zu hören. Dann erfolgte 1979, eigentlich ziemlich überraschend und inmitten einer äußerst heftigen Polemik, an der sich Bergs Witwe, sein Verleger sowie zahlreiche Musikverständige beteiligten, die Erstaufführung der von dem Wiener Komponisten Friedrich Cerha aus Skizzen Bergs vollendeten Fassung (in der Pariser Oper, der bald deutsche Bühnen folgten). Alban Berg, den seine langsame, sehr durchdachte und ausgefeilte Arbeit am Schaffen eines numerisch großen Werkes hinderte, starb im Alter von 50 Jahren am 24. Dezember 1935 in Wien.

Wozzeck

Oper in drei Akten (fünfzehn Szenen). Textbuch nach dem gleichnamigen Drama Georg Büchners von Alban Berg.
Originalsprache: Deutsch
Personen: Franz Wozzeck, Soldat (Bariton), der Tambourmajor (Tenor), Andres (Tenor), der Hauptmann (Tenor), der Arzt (Baß), Marie, Wozzecks Lebensgefährtin (Sopran), ihr Kind (Kinderstimme), Margarethe (Alt), zwei Handwerker (Baß und Tenor), ein Narr (Tenor), ein Soldat (Tenor), Volk, Musiker, Soldaten, Kinder.
Ort und Zeit: In einer deutschen Garnisonsstadt – ohne nähere Angabe –, zu Beginn des 19. Jahrhunderts. (In der Partitur ist keine Zeitangabe zu finden; aber es dürfte den Absichten des Komponisten entsprechen, wenn die Handlung etwa in die Epoche des Dichters Büchner (1807–1831) verlegt, das Milieu aber so zeitlos wie möglich dargestellt wird).
Handlung: Wozzeck ist ein einfacher Soldat, arm, gutmütig, voll Lebensangst und Unsicherheit; eine gequälte Kreatur, der das Leben alle Freuden zu verwehren scheint. Mit rührender Liebe hängt er an Marie, seiner Lebensgefährtin, der er das mühsam ersparte Geld übergibt, und an seinem Kinde, dem er in dumpfem Gefühl ein besseres Los bereiten möchte. Zu Zärtlichkeiten und wortreichen Gefühlsäußerungen ist in solchem Armeleutemilieu kein Platz. Die erste Szene der Oper zeigt Wozzeck bei seiner täglichen Morgenbeschäftigung: er muß den Hauptmann rasieren. Der versucht, gut gelaunt und leutselig an diesem Tage, mit seinem stets stummen und wie gehetzten Untergebenen in ein Gespräch zu kommen. Aber mit jedem seiner Worte verschüchtert er den scheuen Wozzeck noch mehr. Vergeblich trachtet der arme Soldat, dem satten, dünkelhaften Vorgesetzten seine Lage auseinanderzusetzen: die Armut, die auf allem lastet, das uneheliche Kind, die Sorge um alles. Auch in der darauffolgenden Szene kommt diese Grundstimmung drückend zu Tage: Wozzeck schneidet in der Abenddämmerung mit seinem Freunde Andres Schilf im Weiher am Stadtrand. Fröhlich singt Andres, aber Wozzeck glaubt sich von Gespenstern umgeben, ahnt Unheil. Indessen steht Marie vor ihrem Hause und sieht dem Vorbeiziehen der Militärkapelle zu, an deren Spitze der eitle und von allen Frauen als Ausbund männlicher Schönheit angestaunte Tambourmajor marschiert. Er lächelt Marie zu, die sich seinem Eindruck nicht entziehen kann. Während sich die Nachbarin über diese »Unmoral« verbreitet, geht Marie in die armselige Stube, um ihren kleinen Jungen in Schlaf zu singen. ① Wozzeck kommt heim, ist aber verstört und eilt bald wieder fort.

Im folgenden Bild sehen wir ihn vor dem Arzt stehen, der mit ihm absurde Experimente anzustellen pflegt; Wozzeck ist für ihn kein Mensch, sondern ein »casus«, durch den er berühmt zu werden hofft. Er glaubt, einer neuen »Erkenntnis« auf der Spur zu sein, zu deren Erzielung der arme Soldat eine unmögliche Diät essen muß. Die sich immer stärker häufenden Symptome von Gestörtsein werden von dem Arzt mit höchster Befriedigung registriert. Von der Tragik dieses Menschen versteht er so wenig wie der Hauptmann. Spät – die armselige Straße schläft schon – geht der Tambourmajor vor Maries Hause vorbei. Die Frau steht vor der Tür. Sie widersteht nicht lange; das Elend, die Freudlosigkeit ihres Daseins hat sie im Grunde gleichgültig gegen alles gemacht. Der Tambourmajor ist so stark wie brutal; bald verschwinden sie in der dunklen Hütte.

Zu Beginn des zweiten Aktes sitzt Marie vor dem Spiegel und betrachtet sich im Schmuck der neuen Ohrgehänge, die sie vom Tambourmajor bekommen hat. Sie sieht Wozzeck nicht eintreten, der sie argwöhnisch betrachtet. Er gibt ihr das armselige Geld, das er unter Hohn, Spott und Erniedrigung beim Hauptmann und beim Arzt verdient hat. Dann geht er, nur wenig beruhigt durch Maries Ausflüchte über die Herkunft des Schmucks. Doch die Frau bereut das Vorgefallene, fühlt sich schmerzhaft schuldig. Auf der Straße begegnen sich Arzt und Hauptmann. Sie wechseln boshafte Phrasen, die aber doch stets im Rahmen bürgerlicher Wohlerzogenheit bleiben. Bald finden ihre Spitzfindigkeiten ein besseres Ziel: Wozzeck eilt vorbei. Warum hat der Kerl immer Eile? Warum rennt er »wie ein offenes Rasiermesser« durch die Welt? Ein guter Mensch läuft nicht, meinen die beiden hohen Herren übereinstimmend. Ob er nicht zufällig eines Soldaten Haar in seiner Suppe gefunden habe, fragt ihn der Hauptmann; eines Tambourmajors zum Beispiel? Oder auf einem Paar Lippen? Wozzeck scheint der Boden unter den Füßen zu wanken. Später begegnet er Marie auf der Straße; wild stürzt er auf sie zu, denn er glaubt sie in den Armen eines Anderen zu sehen. Marie windet sich wütend los. »Lieber ein Messer im Leib«, stammelt sie, »aber nicht geschlagen werden«. – »Der Mensch ist ein Abgrund«, fällt Wozzeck ein, und er erschauert vor sich selbst. In einem neuen Bilde wird die Schenke gezeigt, in der Marie mit dem Tambourmajor tanzt. Wozzeck schaut von einem entfernten Tische aus zu. Er sieht, wie Marie sich an den Tänzer schmiegt, und seine Verzweiflung steigt mit jedem Augenblick. Handwerker stimmen ein Lied an, ein Narr gesellt sich zu Wozzeck und glaubt, Blutgeruch zu spüren. Spät abends liegt Wozzeck wach auf seiner Pritsche in der Kaserne. Andres hört ihn wirr von einem Messer sprechen. Dann tritt der betrunkene Tambourmajor ein. Wozzeck kommt seiner übermütigen Laune gerade recht. Er fällt über ihn her, verspottet und schlägt ihn. Aber mehr als Prügel schmerzen die Worte, mit denen der Tambourmajor sich seiner Erfolge bei Marie brüstet.

Der dritte Akt beginnt mit einer schlichten, aber ergreifenden Szene im Hause Maries. Diese sitzt am Tisch, blättert im Evangelium und liest die Geschichte von der Ehebrecherin. Sie bittet Gott um die Gnade, die er Maria Magdalena gewährte. Wie ein Alpdruck hebt das nächste Bild an. Unter düsterem, wie von Sturmwolken umzogenem Himmel gelangen Wozzeck und Marie auf einem Spaziergang an das nächtlich dunkelnde Ufer des Sees. Blutrot geht der Mond auf. Wozzeck erscheint ruhig, wie schon lange nicht. Er küßt Marie. Dann schweigen sie lange. Plötzlich zieht er sein Messer aus der Tasche. Marie will davonlaufen, aber Wozzeck packt sie und stößt ihr die Klinge in den Leib. Dann eilt er fort, in die Schenke. Dort versucht er, mit Margarethe, der Nachbarin, zu tanzen.

Aber alle blicken auf ihn, dessen Hände mit Blut befleckt sind. Da stürzt er davon, zurück an den Ort der Tat. In höchster Erregung sucht er das Messer, das dort liegengeblieben ist. Er findet es, wirft es ins Wasser. Aber da er fürchtet, es läge zu nahe und könnte entdeckt werden, will er es nochmals suchen und weiter entfernt verstecken. So geht er in den See, tiefer und immer tiefer, bis er ertrinkt. Der Arzt und der Hauptmann glauben auf ihrem nächtlichen Spaziergang Geräusch aus der Richtung des Sees zu vernehmen und flüchten entsetzt. Am Morgen erzählt ein Kind, man habe Maries Leiche am Ufer gefunden. Die anderen Kinder unterbrechen ihren fröhlichen Reigen; alle wollen sich die tote Marie ansehen. Auch deren Kind, das lustig auf einem Steckenpferd reitet, eilt ihnen, ohne zu ahnen, was das alles bedeute, unter frohem »Hopp, hopp!« nach.

Quelle: »Wozzeck« ist eines der stärksten Dramen der deutschen Literatur. Das Genie, das es schrieb, Georg Büchner, starb vierundzwanzigjährig, im Jahre 1831 in Zürich.

Textbuch: Es ist nicht verwunderlich, daß ein Komponist des 20. Jahrhunderts, der zudem in psychologischen Fragen aufs feinste geschult war, gerade auf Büchner und auf dessen »Wozzeck« zurückgriff. Hier sind menschliche und soziale Faktoren meisterhaft ineinander verschlungen; das Drama der getretenen, gequälten Kreatur ist zugleich ein Drama des Milieus, der unentrinnbaren, grausamen Umwelt. Berg reduzierte die 24 Bilder des Büchnerschen Werkes auf 15, die er in drei Akte gliederte und die, mit dramaturgischer Meisterschaft behandelt, auf den Höhepunkt zustreben.

Musik: Am schwierigsten ist es, bei diesem Werk von der Musik zu sprechen. Denn sie besteht, abgesehen von ihrer »Illustrationsfähigkeit« – das will heißen: von ihrer Gabe, dramatische Situationen zu beleuchten, ja durchleuchten und zu verstärken – aus sogenannten »absoluten« Formen, die früher nicht mit Opernmusik verquickt wurden: Fugen, Inventionen, Suiten, Sonatensätzen, Variationen, Passacaglias. Um dem Leser nur ein kleines Bild zu geben, sei erwähnt, daß in der 4. Szene des 1. Aktes eine Passacaglia und ein Thema mit 21 Variationen in der Partitur stehen; daß die 2. Szene des 2. Aktes eine Phantasie und eine Tripelfuge verzeichnet und die 1. Szene des 3. Aktes ein Thema mit 7 Variationen und einer Fuge. Zudem bildet der 2. Akt in seiner Gesamtheit eine Sinfonie in 5 Sätzen. Absichtlich haben wir gesagt: »in der Partitur steht« und »verzeichnet«, nicht aber »hört man«. Denn diese »absoluten«, d.h. aus der Instrumentalmusik genommenen Formen sind für den Hörer nicht erfaßbar; nur der (musikalisch sehr geschulte) Leser der Partitur ist in der Lage, sie zu erkennen. Berg selbst hat dies genau gewußt und erklärt, daß niemand diese Formen wahrnehmen könne oder solle, da Wozzecks Schicksal ihn vom ersten bis zum letzten Augenblick ergreifen müsse. Wir stehen hier also vor einem Problem, das, wenn überhaupt, nicht im Rahmen dieses Buches erläutert werden kann: welchen Sinn hat es, absolute Formen anzuwenden, die niemand hören kann? Ja, die gar nicht als solche erkannt werden sollen? Die Antwort darauf ist interessant: Berg und seine Kameraden der gleichen Schule und Tendenz wollten auf diese Art dem »romantischen« Überschwang, dem Auseinanderstreben des rein lyrischen Musizierens Einhalt gebieten. Hier finden wir die in unserem Jahrhundert auffallend starke Tendenz nach »Ordnung« (ein »klassisches« Prinzip!), ja nach Wissenschaftlichkeit, die sich selbst auf die Gebiete der Kunst begibt. Bergs höchstes Verdienst ist es vielleicht, daß man die strenge Form, die Wissenschaftlichkeit dieser Musik nicht fühlt; daß man seiner Oper zuhören kann – ergriffen, aufgewühlt zuhören muß – ohne an Formstrenge, ja an Form überhaupt zu denken.

Rein harmonisch bietet »Wozzeck« interessante Gesichtspunkte; es gibt Szenen, in denen die Tonalität in romantischer Abwandlung noch deutlich lebendig ist, bei einigen könnte man von »freier Tonalität« sprechen, ② bei anderen ist die Atonalität erreicht. Es gibt Themen, die durch das gesamte Werk gehen, ja beinahe leitmotivisch im Sinne Wagners verwendet sind. Die Singstimmen sind fast durchwegs auf eine Art gesteigerten Sprechgesang festgelegt, der von starkem Naturalismus zeugt. Ein Teil der Wirkung dieses sicherlich schwierigsten Werkes, das sich in unserer Zeit die Gunst des Publikums zu erobern wußte, geht zweifellos auf Büchners starkes Drama zurück; aber Berg hat es verstanden, mit Hilfe seiner Musik großartig gelungene Stimmungsbilder heraufzubeschwören, und zwar nicht nur im Tragischen, sondern auch im Grotesken und Unheimlichen. Die Rollen sind durchwegs interessant, aber dramatisch, psychologisch, musikalisch und stimmlich äußerst schwer zu interpretieren.

Geschichte: »Wozzeck« wurde am 14. Dezember 1925 in Berlin unter der musikalischen Leitung Erich Kleibers uraufgeführt. Der Eindruck war unmittelbar und äußerst stark, aber einerseits verhinderte die Schwierigkeit der Wiedergabe eine sofortige weite Verbreitung, andererseits wurde Alban Bergs Werk wenige Jahre später unter die in Deutschland verpönte »Entartete Kunst« eingereiht. Nach dem Zweiten Weltkrieg brach sich »Wozzeck« entscheidend Bahn und erschien in steigendem Maße auf den Spielplänen der internationalen Bühnen.

Lulu

Oper in drei Akten. Textbuch, nach Frank Wedekinds Dramen »Erdgeist« und »Die Büchse der Pandora« von Alban Berg. Unvollendet hinterlassen, aus Alban Bergs nahezu vollständigen Skizzen 1979 zu Ende geführt von Friedrich Cerha.
Originalsprache: Deutsch
Personen: Lulu (Sopran), Gräfin Geschwitz (Mezzosopran), Theatergarderobiere (Alt), ein Gymnasiast (Mezzosopran oder Alt), der Medizinalrat (Sprechrolle, etwa in Baritonlage), der Maler (Tenor), Dr. Ludwig Schön, Chefredakteur (Bariton), Alwa, sein Sohn, Schriftsteller (Tenor), Tierbändiger eines Zirkus (Baß), ein Athlet (Baß), Schigolch, ein Greis (Baß), ein afrikanischer Prinz (Tenor), Theaterdirektor (Baß). Im unvollendeten Teil: Jack the Ripper (Sprechrolle).
Ort und Zeit: Nicht ausdrücklich angegeben, vielleicht, um Allgemeingültigkeit anzudeuten; die beiden ausgeführten Akte siedelt man am besten in einer preußischen Stadt um die Wende zum 20. Jahrhundert an; die Schauplätze der unvollendeten Teile sind Paris und London.
Handlung: »Lulu« ist die Oper der sexuellen Hörigkeit. Erotik, Sinnlichkeit, triebhaftes Verfallensein sind ihr einziges Thema. Im Vorspiel, das in einem angedeuteten Zirkus vor sich geht, wird nach Aufzählung anderer Tiere das »schönste, gefährlichste Raubtier« vorgeführt: das Weib. Seine Reinverkörperung ist Lulu. »Sie ward geschaffen, Unheil anzustiften, zu locken, zu verführen, zu vergiften und zu morden ... ohne daß es einer spürt«, sagt der Tierbändiger bewundernd von ihr. ① Die Manege ist das Leben, Lulu die Männerverderberin, Urtyp des Vamp, der Erniedrigung, Schmach, Schande, Tod über die bringt, die dem Zauber ihres Körpers, der Urgewalt ihrer Sexualität verfallen, die ihr Ehre, Geld, Ruhe, Glück, Leben freudig oder zähneknirschend zu opfern bereit sind. Nach dem symbolischen Zirkusbild treten wir in die Handlung ein. Lulu steht einem Maler Modell. Dr. Schön sieht zu, und man fühlt sofort den starken erotischen Kontakt, der den gesetzten Chefredakteur an dieses auf den ersten Blick fast kindliche Geschöpf bindet. Auch der Maler verfällt Lulus Reizen. Als sie allein im Atelier sind, will er sie umarmen. Kokett entzieht sie sich ihm und jagt ihn durch den ganzen Raum. Als er sie atemlos erreicht, klopft es an der Tür. Und als diese nicht sofort geöffnet wird, bricht der Medizinalrat, Lulus alter Gatte, gewaltsam ein. Er kann noch seinen Stock heben, aber dann stürzt er tot zu Boden. Während der Maler einen Arzt sucht, würdigt Lulu den Toten keines Blickes. Tänzelnd geht sie in den Nebenraum, um sich anzukleiden. Das nächste Opfer ist der

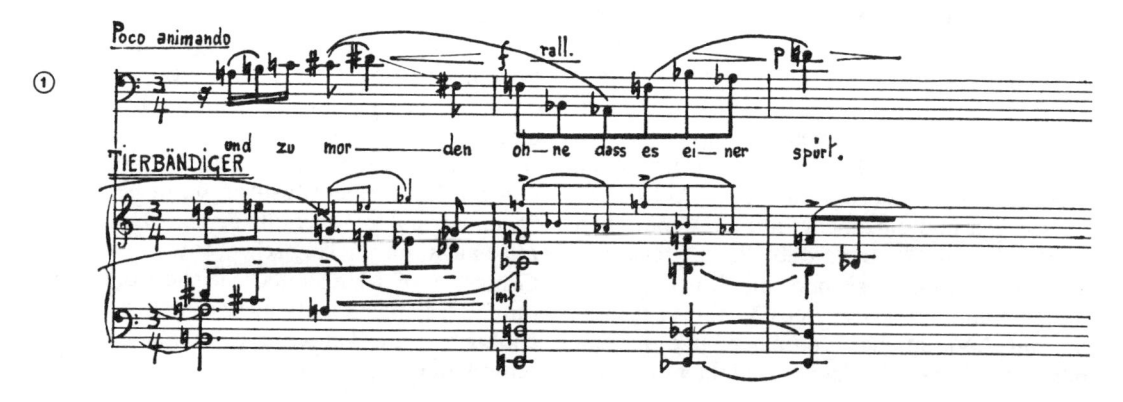

Maler. Dr. Schön hat ihn mit Lulu verheiratet, kann aber selbst seiner Geliebten nicht entsagen. Vor Jahren hat er sie, als halbes Kind noch, irgendwo aufgelesen, und er ist ihr rettungslos verfallen. Nun lebt der Maler mit ihr, ist schnell reich und berühmt geworden, aber Lulus Bindung an Schön und sein eigenes, immer verzehrenderes Gefühl für Lulu treibt ihn zum Selbstmord. Bevor ein Prinz in den Reigen eintreten und Lulu mit sich nach Afrika nehmen kann, wird Schön zu einer Entscheidung gezwungen. Er ist verlobt, steht knapp vor der Hochzeit mit einem bürgerlichen Mädchen. Aber Lulus Gewalt über ihn ist so groß, daß er mit seiner Braut das Theater betritt, in dem Lulu als Tänzerin auftritt. Kaum erblickt sie ihn von der Bühne aus, simuliert sie einen Ohnmachtsanfall. Schön eilt in ihre Garderobe. Und hier, in einer grauenhaften Szene, erniedrigt Lulu ihn so weit, daß er zu Papier und Feder greift und seiner Braut einen Absagebrief schreibt, den Lulu diktiert. Er heiratet Lulu und stürzt damit in immer tiefere Abgründe. Halb wahnsinnig vor Scham und Eifersucht belauscht er Lulu, entdeckt ihre vielfachen Beziehungen zu Menschen jeder Art. Die ganze Skala der Männlichkeit umschwirrt Lulu: vom lüsternen Alten über den kraftstrotzenden Athleten zum Gymnasiasten im ersten Pubertätsbeben; dazu der Kammerdiener, und zuletzt Schöns eigener Sohn, der immer fester umstrickt und geknebelt wird. Und als ob dies alles nicht genüge: die Gräfin Geschwitz, Mannweib und Lulu ebenso verfallen wie die Männer. Als auf dem Höhepunkt des (vollendeten Teiles des) Dramas Dr. Schön sich in Ekel und Überdruß – aber auch in nie ganz gestillter Begier – auf Lulu stürzt, die er von sie begehrenden Männern umringt im eigenen Hause antrifft, schreit er seine Verzweiflung über die abgrundtiefe Erniedrigung heraus: »Du Kreatur, die mich durch den Straßentod zum Martertode schleift ... du Würgengel ... du unabwendbares Verhängnis!« Worauf Lulu nichts anderes zu erwidern hat als: »Wie gefällt dir mein neues Kleid?« Rasend vor ohnmächtiger Empörung drückt Schön Lulu einen Revolver in die Hand. Glaubt er an einen letzten Rest von Scham oder Moral in diesem Geschöpf? Doch Lulu bringt sich nicht um: sie jagt ihrem Gatten fünf Kugeln in den Leib. Aus dem Krankenhaus des Gefängnisses wird Lulu durch die Selbstaufopferung der Gräfin Geschwitz befreit, des einzigen Menschen, der bis in den letzten, grauenvollsten Niedergang an Lulus Seite bleiben wird. Wer soll das nächste Opfer sein? Alwa sicherlich, Schöns Sohn, obwohl er weiß, daß das Sofa, auf dem er nun Lulu umarmt, das gleiche ist, auf dem sein Vater sein Leben unter ihren Kugeln ausgehaucht hat. Doch das liegt schon außerhalb des vollendeten Teils der Oper. Der Liebes-, der Todesreigen geht weiter. Lulu sinkt von Stufe zu Stufe, hinab in die Gosse. Paris: in Händen von Zuhältern und Erpressern. Zuletzt London: eine Dirne in einem armseligen Vorstadtzimmer, das die einstige Gräfin Geschwitz mit ihr teilt. Am Ende von Lulus Leben steht ein Sexualmörder. Jack the Ripper rächt gewissermaßen die Männer an diesem Weibsteufel, mit dem Messer zerfleischt er den tausendfach begehrten Körper. Er tötet auch die Geschwitz, die auf Lulus Todesschreie in das Zimmer eindringt.

Textbuch: In die tiefsten Abgründe einer kranken Gesellschaft leuchtet Frank Wedekind (1864 bis 1918) mit seinen damals Aufsehen erregenden Sexualdramen. Die Vorgänge in dem Libretto, das Alban Berg aus zwei seiner Stücke – »Erdgeist« und »Die Büchse der Pandora« – zusammengefaßt hat, sind abstoßend grauenvoll. Aber es steht eine Idee hinter ihnen. Lulu ist ein Symbol. Ihr Vergleich mit einem Raubtier ist das Entscheidende; auch dieses ist nicht »böse«, ebenso wenig wie Lulu es ist. Wagner nennt seine Kundry »Urteufelin«, »Höllenrose«; Lulu ist Kundry verwandt, aber nur dem einen Aspekt Kundrys, dem – wenn wir wollen – »negativen«. Ist Lulu ein weibliches Gegenstück zu Don Juan, wie manchmal behauptet wird? Dieser ist ein ewig und tragisch Suchender, ist durchwegs handelnde, aktive Figur; Lulu scheint eher das Gegenteil zu sein, ein grelles Licht, in das die Falter flattern, um zu verbrennen. Kann eine solche Gestalt, ein solcher Stoff zum Opernthema werden?

Musik: Alban Berg vollbringt es in bewundernswerter Weise, wenn auch oftmals jenseits der Grenze allgemeiner Verständlichkeit. Seine hier auf höchster Ebene angelangte psychologische, ja psychoanalytische Musik ist zwar rein theatermäßig wirksam, enthüllt ihre Tiefgründigkeit (die sich in tausend Nuancen fast unerschöpflich ausdrückt) aber nur nach eingehendem Studium. Berg ist hier einerseits der klar Disponierende, ja sogar Konstruierende, der Zwölftonmusiker, der Komponist »absoluter Formen« (die in die Partitur verarbeitet sind, aber – wie im »Wozzeck« – nur bei fachkundigster Betrachtung erkennbar werden), anderseits der oftmals vom Klang Faszinierte, vom Rhythmus Gepackte, von der Melodik Berauschte. In dieser Partitur steckt große Weisheit, aber auch tiefes Gefühl. Die Singstimmen sind von äußerster Schwierigkeit, besonders die Lulus erfordert nicht nur ungewöhnliche Höhe, sondern auch gewaltige Ausdruckskraft. Das Orchester ist aufs feinste differenziert und nur mit minutiöser Probenarbeit voll auszuschöpfen. Wie im »Wozzeck« stoßen auch in »Lulu« Extreme zusammen, die allerdings durch die starke Persönlichkeit des Komponisten nahtlos integriert erscheinen: sinnliche, manchmal noch fast spätromantische Klänge und orthodoxe Zwölftonfolgen. Wir stehen vor dem – zweifellos genialen – Tonwerk einer Übergangszeit; für den Musikstudierenden und den künftigen Historiker wird eine eingehende Analyse sich lohnen oder geradezu aufdrängen.

Geschichte: Berg vollendete zwei Akte, vom dritten lagen bei seinem Tode weitgehende Skizzen vor, sowie zwei längere Teile, die in eine oft im Konzertsaal erklingende »Lulu-Suite« integriert wurden: »Variationen« und »Adagio«. Jahrzehntelang wurde das Aufführungsproblem dieser Oper auf verschiedene Weise gelöst: mit Hilfe gesprochener Texte, mit Einblendung eines filmischen Ablaufs, unter Zuhilfenahme von Pantomime, stummem Spiel, Lichtbildern usw., die von Berg nicht vollendete Etappen von Lulus Leben (Paris, London) überbrückten. Der an sich naheliegende Versuch, das Werk aus den vorhandenen Entwürfen zu vollenden (so wie es bei Puccinis »Turandot«, bei Busonis »Dr. Faust« und manchen anderen erfolgreich geschehen war), wurde bei »Lulu« erst gegen Ende der Siebziger Jahre unternommen. Die Bearbeitung durch den Wiener Dirigenten und Komponisten Friedrich Cerha rief außerordentlich heftige und eigentlich überraschende Polemiken hervor, die sich in zahlreichen öffentlichen – und wahrscheinlich noch mehr privaten – Zusammenstößen der »Parteien« äußerte, die sich für Alban Bergs Nachlaß verantwortlich fühlten und ihre Argumente pro und kontra einer Vollendung der »Lulu« temperamentvoll vorbrachten. So wurde die Pariser Uraufführung der nunmehr durchgehend musikalischen dreiaktigen Fassung (24. Februar 1979) zu einer Weltsensation, die noch durch eine Live-TV-Übertragung unterstrichen wurde. In einigen Jahren wird diese Art der Aufführung zur Gewohnheit geworden sein, und über ihre Berechtigung dürfte dann nicht mehr polemisiert werden; im übrigen war eine solche Bearbeitung auch von jenen Erben Bergs gewünscht worden, die sich später gegen eine Fertigstellung durch Cerha wendeten. Bergs Witwe hatte sich an die prominenten Freunde ihres Gatten gewendet – darunter Webern und Schönberg –, mit der Bitte, diese Aufgabe zu übernehmen. Alle lehnten ab, wobei zu den sachlichen Gründen der besonderen Schwierigkeit durch die Notwendigkeit der Beibehaltung einer typisch Bergschen Schreibweise noch eine Gewissensfrage gegenüber dem toten Kameraden gekommen sein mag. Cerha, völlig mit dem (inzwischen historisch gewordenen) Geist der »Wiener Schule« vertraut, belegte seine Arbeit mit ausführlichen Berichten: eine Streitfrage kann als beigelegt gelten, wird aber sicherlich spätere sachverständige Betrachter interessieren. Für die Aufführungspraxis der schwierigen Oper dürfte in Zukunft wohl nur die Neubearbeitung, die voll »durchkomponierte« dreiaktige Fassung in Frage kommen.

Hector Berlioz

1803–1869

In Côte-St. André am 11. Dezember 1803 geboren, war Hector Berlioz eine zu Lebzeiten vielumkämpfte, aus späterer Sicht historische Rolle in der Musikgeschichte der Romantik zugedacht. *Enfant terrible* der französischen Tonkunst, phantastisch (nicht nur im Titel seines orchestralen Hauptwerks, der »Phantastischen Sinfonie«), prophetisch in revolutionierenden Neuerungen der Orchesterkunst sowie in der Anwendung von »Erinnerungsmotiven«, die er »idées fixes« nannte und die schließlich in Wagners Leitmotiven gipfeln werden; genial in seinen Leistungen, unausgeglichen – ja sogar absurd – in seinen Handlungen. In seinem bewegten, sich aber zumeist in bedrückten

Umständen bewegenden Leben war (wie das Dichterwort es ausdrückt) tatsächlich vom Erhabenen zum Lächerlichen nicht mehr als ein einziger, kleiner Schritt. In seinem von mehr Fehlschlägen als Erfolgen gezeichneten Dasein, das 66 Jahre währte und ihn nicht über untergeordnete Stellungen hinausbrachte, war von einer geglückten Opernaufführung keine Rede. Trotzdem gehörte dem Musiktheater ein guter Teil seiner Liebe. Es wäre auch falsch, seine diesbezügliche Produktion unter dem Hinweis abzutun, sie habe sich in anderthalb Jahrhunderten keinen Platz auf den Bühnen seines Vaterlands oder der Welt erobern können. Sie taucht immer wieder auf, wird von Feinschmeckern genossen, selten durch kluge Aufführungen den breiteren Kreisen zugänglich gemacht. Drei Werke müssen in den Kreis unserer Betrachtungen gezogen werden: »Benvenuto Cellini« (1837), für den Berlioz später die blendende Ouvertüre des »Römischen Karnevals« komponierte, die zweiteiligen »Trojaner« (1858) und das musikalische Lustspiel »Béatrice et Bénédict« aus dem Jahre 1862. Am 8. März 1869 starb Berlioz in Paris.

Die Geschichte des »Benvenuto Cellini« begann eigentlich schon 1834. Damals hatten der Textdichter Léon de Wally und Berlioz die Absicht, einige Episoden aus dem Leben des großartigen Bildhauers und Juweliers Benvenuto Cellini (1500–1571) zu einer Oper zu gestalten, deren Höhepunkt der Guß der Perseusstatue sein sollte. Sie zogen noch Auguste Barbier als literarischen Berater hinzu. Aber der Direktor der Opéra Comique in Paris lehnte das Textbuch ab, »um nicht die Musik eines Verrückten in seinem Hause zulassen zu müssen«, wie Berlioz schreibt. Als weiterer Helfer wurde später noch der ausgezeichnete Dramatiker Alfred de Vigny gewonnen, der allerdings in der Partitur ungenannt bleibt. Die Komposition war im Juli 1836 zur Hälfte, im April 1837 gänzlich beendet. Die Premiere fand am 10. September 1838 in der Pariser Oper statt. Der Durchfall war vollständig, so vollständig, daß zeitgenössische Berichte, die ihn »gut organisiert« nennen, sehr glaubwürdig erscheinen. Paganini soll nach der Uraufführung gesagt haben: »Wäre ich Direktor der Oper, ich würde noch heute diesen jungen Mann engagieren, mir drei weitere Opern zu schreiben; ich würde ihm das Honorar im voraus bezahlen und dabei noch ein glänzendes Geschäft machen.« Hat er recht gehabt? Auch Meyerbeer, Liszt, Bülow haben fest zu diesem Werk gehalten, in dem viele Schönheiten manchen Schwächen gegenüberstehen, das sich aber niemals auf dem Theater behaupten konnte. Vielleicht begegnet ihm aber einer oder der andere unserer Leser doch noch einmal irgendwo.

Wesentlich gewichtiger sind »Die Trojaner«, nicht nur um ihrer zeitlichen Ausdehnung willen, die der Komponist selbst auf acht Stunden veranschlagte. Berlioz hat sein Werk nie vollständig erleben dürfen. Das einzige, was zu seinen Lebzeiten geboten wurde, war eine (noch dazu verstümmelte) Aufführung des zweiten Teils in Paris am 4. November 1863. Zum ersten Mal vollständig erklang das Werk erst viel später, am 5. und 6. Dezember 1890, unter der Leitung Felix Mottls in deutscher Sprache am Karlsruher Hoftheater, mit den beiden »Die Einnahme von Troja« und »Die Trojaner in Karthago« betitelten Teilen. Der ursprüngliche Untertitel, »Poème lyrique«, war in »Heroischphantastische Oper« umgeändert worden. Die Prinzessin Karoline Sayn-Wittgenstein, Liszts Lebensgefährtin, hatte Berlioz den klassischen Stoff aus Vergils »Aeneis« vorgeschlagen. Mit Begeisterung begann er 1856, nachdem er zuerst den Text geordnet hatte, das große Werk. In einem Brief vom 20. Juni 1859 teilt er dann seine Vollendung mit. Die Musik ist stellenweise grandios, hält aber den gewaltigen Atem, den das Thema erfordert, nicht lückenlos durch. Vieles gemahnt an Gluck und seine Heraufbeschwörung der alten Griechen. Die edle Einfachheit der dramatischen Linien wie des musikalischen Ablaufs stehen deutlich unter seinem Einfluß. Der erste Teil des Dramas erzählt den Fall Trojas durch die List der Griechen, die das riesige hölzerne Pferd vor den Toren der Stadt zurücklassen, als sie zum Schein nach langer Belagerung sieglos abziehen; gegen die Warnungen der Seherin Kassandra wird das Pferd in die Stadt gezogen, und nur Aeneas mit einer kleinen Schar Getreuer entgeht dem Untergang Trojas. Im zweiten Teil gelangt Aeneas, der künftige Gründer eines »größeren Troja – Roms – in das von Dido regierte Karthago an Afrikas Nordküste. In den Armen der schönen Königin vergißt er eine Zeitlang seine Mission, an die er immer wieder durch ständig verstärkte Rufe (»Italien! Italien!«) gemahnt wird. Schließlich, als er endlich seinen Weg fortsetzt, läßt er Dido mit gebrochenem Herzen zurück. Bevor sie stirbt, sieht sie in einer Zukunftsvision die Eroberung Roms durch einen Karthager, Hannibal, aber auch die Zerstörung ihrer Stadt nach langen Kämpfen durch die Römer. Als herrliche Höhepunkte der Partitur können der Auftritt Andromaches, der Witwe Hektors und der (in der Oper als Selbstmord dargestellte) Tod Kassandras im ersten Teil, die königliche Jagdszene in Form eines Balletts, die nächtliche Siegesfeier der Karthager und das Liebesduett Dido-Aeneas im zweiten Teil bezeichnet werden. Alles in allem ein bedeutendes Werk, das vielleicht selten, aber doch immer wieder auf den Opernbühnen auftauchen wird.

»Béatrice und Bénédict« schließlich ist ein feines Lustspiel, zu dem Shakespeares »Viel Lärm um nichts« das Libretto hergab. Es endet mit der glücklichen Vermählung zweier Paare: eines, das sich schon lange danach sehnte, und ein anderes, das erst nach langem Kampfe dazu gebracht werden kann ...

Günter Bialas
1907

Der in Bielschowitz/Oberschlesien am 19. Juli 1907 geborene Günter Bialas begann nach Studienjahren in Breslau und Berlin seine Musikerlaufbahn in der Jugend- und Schulmusik, für die er zahlreiche Werke beisteuerte. Nebenbei schrieb er größere Werke (»Im Anfang«, ein Schöpfungsoratorium nach Martin Buber, Kantaten, Orchesterwerke) und wurde Kompositionsprofessor in Detmold und München. Dem Musiktheater wendete er sich erst zu, als er nahe den sechzig Jahren stand.

Die in Mannheim 1966 uraufgeführte Oper »Hero und Leander« ist Franz Grillparzers (1791-1872) »Des Meeres und der Liebe Wellen« (1831) entnommen; Eric Spieß hat den hochromantischen Stoff dieses bedeutendsten der klassischen österreichischen Dichter sehr gut für das Musiktheater bearbeitet, wobei er notwendige Straffungen vornahm und auch einige Personen wegließ, so daß die Grundlinie des leidenschaftlichen Liebesdramas stark zur Geltung kommt. Um die in einer Oper wichtigen Chorszenen zu gewinnen, legte er u. a. ein Epos des Musaios (aus dem 6. Jahrhundert) ein. Bialas steht in diesem Werk der Zwölftontechnik nahe, ohne sie orthodox im Sinne Schönbergs zu verwenden; seine musikantische Art, seine stets gegenwärtige melodische Inspiration behüten ihn stets und auch hier davor, intellektuell oder schulmäßig zu werden. Der Uraufführung folgte erst 1979 (in Augsburg) eine neuerliche Aufführung.

Zum ältesten poetischen Gut Europas gehört die novellenartige Liebeserzählung »Aucassin et Nicolette«, die um 1200 entstanden sein dürfte, also in der Zeit Walthers von der Vogelweide, Hartmanns von Aue, Gottfrieds von Straßburg, aber auch der französischen Troubadoure Bernart de Ventadorn, Chrétien de Troyes, Bertran de Born u. a. Die reizvolle Geschichte verarbeitete Bialas zu seiner zweiten Oper, die unter dem Namen des mittelalterlichen Poems erfolgreich 1969 in München erklang; den neuzeitlichen Text schrieb Tankred Dorst, der bekannte Dramatiker.

Dorst war es auch, der das Libretto für eine Märchenoper Bialas' verfaßte: »Der gestiefelte Kater« (Schwetzigen 1975). Hier ist aus Ludwig Tiecks Original ein äußerst verschlungenes, kompliziertes, vor allem aber intellektuelles Spiel geworden, das der ursprünglichen Musizierfreude des Komponisten wenig entgegenkommt. Die Partitur enthält trotzdem eine Fülle feiner Einzelheiten sowie viele Ironisierungen oder parodistische Zitate älterer Opernmusik, die ihre Wirkung nicht verfehlen. Das Hauptlied »Denn das Leben ist sowieso ...« verhilft dem Märchenspiel zu einer gewissen Volksnähe, die bei den besten Werken des Komponisten stets vordergründig und oft tragfähig im Spiel ist.

Julius Bittner
1874–1939

Dieser österreichische Komponist (der in seiner Heimatstadt Wien Richter war) hat eine Reihe echter Volksopern geschaffen, zu denen er sich selbst die oft guten, ja spannenden Texte schrieb. Man könnte ihn etwa einen Schönherr des Musiktheaters nennen, denn so wie des Tirolers dramatische Figuren, so sind auch die seinen aus dem erdgebundenen, triebhaften Leben des Volkes gegriffen, in natürlicher Weise geschildert und zu effektvollen Höhepunkten geführt. Es gibt immer wieder Melodien bei Bittner, innige, einschmeichelnde, aber auch dramatisch geladene, denen die technisch ausgezeichnete Instrumentierung Relief verleiht. Tänze und Lieder sind zahlreich eingestreut und machen die Werke in gutem Sinne volkstümlich.
Erwähnen wir zuerst das 1911 in Wien uraufgeführte Musikdrama »Der Musikant«. In ihm wird das Schicksal eines Musikers erzählt, dem ein Aristokrat die Geliebte entführt, aber eine Geigerin, die seinen Weg kreuzt, zeigt ihm die echtere, tiefere Liebe. Und als ihm die einstige Geliebte noch einmal begegnet, anstatt eines Heimatliedes aber nur noch italienische Arien singen kann, wird dem volksverbundenen Musiker die innere Entfremdung klar.
Aus dem gleichen Jahre (ebenfalls in Wien 1911 uraufgeführt) stammt der ungleich tragischere »Bergsee«. Hier wird der Hochgebirgsnatur Melodie verliehen, fast mehr als dem düsteren Geschick der Bauern, die, als sie steuereintreibende Soldaten in die Flucht schlagen und ihnen dabei in eine Schlucht folgen, von Gesteinsmassen, die das herabstürzende Wasser eines Bergsees vor sich herschiebt, verschüttet werden.
In Darmstadt (1916) schlug das Singspiel »Höllisch Gold« stark ein. Hier wird Teufelsspuk gegen reinen Glauben gestellt. Ein in Not geratenes Ehepaar muß sich trennen, damit der Mann durch auswärtige Arbeit ihre Existenz retten kann. Eine böse Nachbarin erfindet einen Ehebruch der jungen Frau, die sie dem Teufel als Opfer für seinen Seelenfang anpreist; in Wahrheit aber hat der Judenknabe Ephraim ihr nur das Geld, das sie nun rettet, gebracht, um ihr für einst erwiesene Güte zu danken. Als die Frau ihn dafür auf die Stirne küssen will, stürzt der Mann herbei, um sie zu töten. Aber ihr Gebet an die Jungfrau läßt einen dürren Dornbusch plötzlich Rosen treiben. Der Mann bittet seine treue Gattin um Vergebung, und der Teufel nimmt die böse Nachbarin in die Hölle mit.
Weniger erfolgreich waren »Die rote Gret« (1907), »Der Abenteurer« (1912), »Die Kohlhaymerin« (1921), »Das Rosengärtlein« (1923), »Mondnacht« (1928), während sein letztes Werk, »Das Veilchen« (Wien, 1934), das Mozarts gleichnamiges Lied zum Mittelpunkt hat, gewisse Qualitäten aufweist, die es zwar kaum zur Oper, sondern eher zum operettenähnlichen Singspiel machen, aber noch einmal das ursprüngliche Theatertalent Bittners beglaubigen.

Georges Bizet
1838–1875

Der tragische Georges (eigentlich Alexandre César Léopold) Bizet, ohne Zweifel Frankreichs größtes Operngenie, kam in Paris am 25. Oktober 1838 zur Welt. Er stammte aus einer Musikerfamilie, so daß es niemanden überraschte, als er mit 17 Jahren eine bezaubernde Sinfonie schrieb – die erst achtzig Jahre später gespielt wurde! Vielleicht war gerade das sein Unglück, daß nichts von dem, was er in seinem (kurzen) Leben tat, jemanden zu überraschen schien. Weder als er mit neunzehn Jahren den Rompreis gewann, noch als er mit fünfundzwanzig die schöne Oper »Les pêcheurs de perles« (Die Perlenfischer) komponierte. Auch nicht, als er 1863 die »Jolie fille de Perth«, 1872 die prächtige »Djamileh« schrieb, ja nicht einmal, als ihm mit 37 Jahren das Meisterwerk der französischen Oper, »Carmen«, gelang. Das Publikum des Premierenabends, des mit goldenen (oder schwarzen?) Lettern ins Buch der Oper einzutragenden 3. März 1875 bemerkte diesen historischen Moment gar nicht. Es nahm auch von der im gleichen Jahr erstmals erklingenden, nicht weniger genialen Bühnenmusik zu Daudets »L'Arlésienne« kaum Notiz. Und schließlich auch nicht in rechtem Maße vom frühen Tode Bizets, der nur drei Monate nach der »Carmen«-Präsentation, am 3. Juni 1875 in Paris erfolgte. Es ist müßig, mit Medizinern über dieses frühe Ableben zu diskutieren. Natürlich starb der Siebenunddreißigjährige nicht an der Gleichgültigkeit des Publikums, die er am 3. März erschreckend gefühlt haben muß; sie ist keine diagnostizierbare Todesursache. Die lautete selbstverständlich anders: Angina, wie er ihrer schon mehrere erlebt und überstanden hatte. Aber daß seine Widerstandskraft durch seelische Depressionen erschüttert und nur so diese Krankheit ihre nunmehr tödliche Kraft ausüben konnte, daran sollte heute kein Zweifel mehr bestehen. Seine und seines Werkes ganze Bedeutung wurde im Ausland erkannt, allerdings auch erst, nachdem er tot war. In Wien ging der Stern der »Carmen« leuchtend auf, Nietzsche wurde zu einem von Bizets begeistertsten Propheten, der seine »mediterran klare« Musik vor allem gegen die »dunkle Mystik« Wagners auszuspielen liebte. Auch gegen den anderen großen Zeitgenossen, Verdi, gälte es Bizet abzugrenzen. Er tat es wohl selbst: daß er einen fertiggestellten »Iwan der Schreckliche« der Öffentlichkeit vorenthielt (er wurde erst ein Jahrhundert später gefunden und 1951, übrigens erfolglos, auf die Bühne gebracht), könnte seinen Grund in einer gewissen »Italianità« dieser Partitur haben, die er als Gefahr für seinen eigenen Stil erkannte. Dieser war im Grunde »französisch« im besten Sinne, eigen und prachtvoll durchgebildet als Muster der restlosen Synthese zwischen Inspiration und technischer Meisterschaft, lateinisch temperamentvoll, pariserisch geistvoll und übernational empfindungsreich.

Die Perlenfischer

Oper in drei Akten. Textbuch von Michel Carré und Eugène Cormon. (Auf deutschen Bühnen zumeist in einer Neufassung von Günter Biro und Carl Prerauer.)

Bizets Liebe zu exotischen Themen und seine glänzende Fähigkeit, sie zu behandeln, werden in dieser Oper (»Les Pêcheurs de perles«) klar erkenntlich. Leider ist er hier an ein recht schwaches Libretto geraten, das ihn zwar nicht hinderte, einige Prachtstücke in die Partitur einzubauen (so vor allem eine Tenorarie, eine Baritonarie, ein Duett dieser beiden Männerstimmen ① und einige orchestrale Stimmungsmomente), wohl aber ist es einer weiteren Verbreitung dieser Oper im Wege gestanden. Der Inhalt besteht aus der Rivalität zweier Männer um die Gunst der schönen Priesterin Leila, die sie in einem fernöstlichen Brahmatempel kennengelernt haben. Um ihre Freundschaft nicht aufs Spiel zu setzen, sind Zurga und Nadir in ihre europäische Heimat zurückgekehrt. Doch als beide sich auf eine Reise nach Ceylon begeben (wo die Oper spielt), begegnen sie der dorthin berufenen Leila abermals; Leila hat inzwischen ein Keuschheitsgelübde abgelegt, um ihrer Aufgabe, die bösen Meerdämonen zu bannen, die den Perlenfischern schweren Schaden zufügen, gerecht werden zu können. Doch ihre und Nadirs Leidenschaft ist zu groß. Ihre Liebe wird entdeckt, und Zurga, der zum König der Fischer ausgerufen wurde, kämpft mit sich selbst: Schließlich siegt sein Edelmut, und er beschließt, Nadir und Leila zur Flucht zu verhelfen. Aber das Schicksal entscheidet anders; eine Springflut macht alles zunichte. Das Volk findet im zerstörten Perlenfischerdorf die Leiche Nadirs und fordert den Tod Leilas. Die Priesterin erklimmt einen Felsen und stürzt sich ins Meer. Dieses Textbuch wurde Bizet vom Direktor des Théâtre Lyrique vorgelegt und entsprach dem damals stark in Mode stehenden Hang zum »Exotismus«. Als Begründer dieser Richtung galt Félicien David (1810–1876), ein heute nur noch selten genannter Orientalist und Musiker, dessen sinfonisches Werk »Le désert« mit seiner Schilderung der Wüste, seinen Muezzinrufen und (recht einfachen) Klangimitationen den Anstoß zu einer Welle von »exotischen« Musikstücken gab. Das Interesse war schon weit früher vorhanden gewesen, in gewissem Sinne gehört Mozarts »Entführung aus dem Serail« ebenso dazu wie Webers »Oberon«, auch Werke von Gluck, Grétry u. a. könnten als Vorläufer genannt werden. Bizets »Perlenfischer« finden am 30. September 1863 trotz ihres exotischen Milieus keinen anhaltenden Erfolg. Nur Berlioz erkennt, daß es sich hier um »eine beträchtliche Anzahl schöner und ausdrucksvoller Musikstücke« handelt, »voll Feuer und mit reichem Kolorit«. Später nahmen sich große Sänger der Hauptrollen an, Carusos Interpretation des Nadir ist bis heute unvergessen.

Einige Teilstücke sind durch Schallplatte, Radio usw. weltbekannt geworden, aber es kommt selten zu Aufführungen der gesamten Oper. Bizet steht hier noch am Anfang.

Djamileh

Romantische Oper in einem Akt. Text von Louis Gallet.
Originaltitel: Djamileh
Originalsprache: Französisch
Personen: Harun, ein junger, reicher Türke (Tenor), Djamileh, eine seiner Sklavinnen (Mezzosopran), Splendiano, sein Lehrer und Faktotum (Bariton), ein Sklavenhalter, Sklaven, Musiker, Freunde Haruns, Nilschiffer u. a.
Ort und Zeit: Im Palast Haruns in Kairo, Vergangenheit.
Handlung: Djamileh ist Favoritin im Palast Haruns, der seine Sklavinnen schnell wechselt, um ihren Reizen nicht zu erliegen. Schlechte Erfahrungen seines Vaters haben ihn zu dieser Vorsicht veranlaßt. Nun soll Djamileh entlassen werden, die ihren Herrn so aufrichtig wie heimlich liebt und nun mit dessen lächerlichem, aber durchtriebenem Helfer Splandiano ein Komplott schmiedet: Wenn eine heue Favoritin gekauft ist, wird sie selbst an deren Stelle versuchen, im Palast zu bleiben. Während eines Banketts singt sie eine traurige Ballade, der Harun ein lebenslustiges Lied entgegensetzt, bevor er mit seinen Freunden zum Spiel geht. Bei seiner Rückkehr sucht er eine neue Favoritin unter den ihm zum Kauf angebotenen Sklavinnen aus. Splendiano betrinkt sich in der Vorfreude auf das nahezu sichere Scheitern von Djamilehs Plan, das die schöne Sklavin sicherlich in seine eigenen Armen treiben würde. Aber Djamilehs aufrichtige Liebe siegt, Harun ist von ihrer List und nun endlich auch von ihrer Person entzückt, und so wird aus ihnen ein glückliches Paar.
Textbuch und Musik: Ein nettes, sehr geschickt gemachtes Libretto stattet Bizet mit den wahren Perlen seiner musikalischen Erfindung aus. Eine reizende Lustspieloper, in der Nähe Offenbachs, Adams, Delibes, aber mit der unverkennbaren melodischen Linie des späteren »Carmen«-Komponisten.
Uraufführung: 22. Mai 1872 in Paris.

Carmen

Oper in vier Akten. Libretto von Henri Meilhac und Ludovic Halévy, nach der gleichnamigen Novelle von Prosper Mérimée.
Originaltitel: Carmen
Originalsprache: Französisch
Personen: Don José, gesprochen Chosé, Sergeant (Tenor), Escamillo, gesprochen Escamiljo, Stierkämpfer (Bariton), Dancairo und Remendado, Schmuggler (Tenor und Bariton), Zúñiga, gesprochen Súnjiga, Dragonerleutnant (Baß),

Moralès, Sergeant der Dragoner (Bariton), Carmen, Zigeunerin (Mezzosopran, eventuell auch Sopran oder Alt), Frasquita, gesprochen Fraskita, und Mercédès, Zigeunerinnen (Sopran und Mezzosopran oder Alt), Micaëla, Bauernmädchen (Sopran). Soldaten, Zigarettenarbeiterinnen, Schmuggler, Schankwirt, Zigeuner, Kinder, Volk.

Ort und Zeit: In Sevilla (Südspanien) und seiner Umgebung, um 1820.

Handlung: Das kurze Vorspiel führt uns mitten in Milieu und Drama hinein. Es wird von drei Themen beherrscht, die durchwegs von äußerster Plastik sind. Zuerst ein bewegtes, strahlendes Motiv. ①

Es ist stolz und leuchtkräftig wie der Himmel über Sevilla. Selten ist eine »hellere« Musik komponiert worden; die hier verwendete A-Dur-Tonart erinnert nicht nur an das zartere Lohengrin-Vorspiel Wagners (das erdentrückter ist, während die Einleitungstakte zu »Carmen« mit beiden Füßen auf dem von einer frohen Menge erfüllten Festplatz von Sevilla zu stehen scheinen), sondern fast noch mehr an andere berühmte A-Dur-Stücke: Beethovens lebensfrohe Siebente, Mendelssohns »Italienische Sinfonie« usw.

Das zweite Thema ist ein sieghaft-selbstbewußtes, es gehört dem Stierkämpfer Escamillo. Es ist nicht Bizets Schuld, daß es so ungeheuer populär, so tausendfach zitiert wurde und dadurch in Gefahr kam, »abgegriffen« zu wirken. Man höre es einmal, wie es richtig gesungen und gespielt werden soll, und niemand wird sich seiner stolzen Kraft entziehen können. ②

Das dritte Thema (und fast kommt man in Versuchung, von einem »Leitmotiv« zu sprechen) ist Carmen zugeteilt oder wenn wir wollen: der tragischen Schicksalsverkettung Carmen-José. Es ist das Motiv des Todes, der unentrinnbar das Ende dieser Leidenschaft bedeutet. Wer je in Carmen ein frivoles oder böses Weib gesehen hat, müßte allein durch dieses Thema eines besseren belehrt werden. ③

Der erste Akt versetzt uns auf einen Platz in Sevilla. Auf einer Seite befindet sich die Zigarettenfabrik, in der Carmen arbeitet, auf der anderen eine Wachstube. Eine Gruppe von Soldaten steht umher und betrachtet die Vorübergehenden. Ein junges, bäuerlich gekleidetes Mädchen tritt auf sie zu und fragt den Sergeant Morales nach Don José. Bald werde er mit der Wachablösung kommen, lautet die galante Antwort, der die Dragoner noch die Einladung, doch in ihrer Gesellschaft zu verweilen, hinzufügen. Doch Micaela eilt schon wieder fort. Eine Gruppe von Kindern marschiert, die Soldaten nachahmend und ein entzückendes Chorlied singend, auf den Platz. Don José rückt mit der neuen Wache an und erfährt durch die Kameraden vom Besuch des Mädchens. Das kann nur Micaela sein, die Spielgefährtin der Jugend, die treue Freundin aus den Bergen. Dann wird aller Aufmerksamkeit auf Carmen gezogen, die, herausfordernd in ihrer sinnlichen Schönheit und ihrer Macht über die Männer bewußt, auf die Szene tritt. Ihr Auftrittslied darf ein wahrhaftes Charakterporträt genannt werden. ④

Die Originalmelodie dieser »Habanera« stammt von Sebastian Yradier, dem Komponisten mehrerer berühmt gewordener Lieder in diesem kubanischen Rhythmus (so des berühmtesten: »La Paloma«). Aber was hat Bizet aus dieser einfachen Melodie gemacht! Ein Charakterbild und eine dramatisch geladene Szene. Carmen singt, um die Aufmerksamkeit des einzigen Mannes zu erzwingen, der sie nicht anblickt: José. Und als sie das Lied endet und von allen umschwärmt wird, wirft sie dem Sergeanten, der sie immer noch nicht beachtet, eine Blume ins Gesicht. Alles bricht in Lachen aus, – nur das Orchester nimmt an der Belustigung keinen Anteil: düster ertönt das Schicksalsmotiv, der nahe Tod kündigt sich an. Welch genialer Augenblick!

In Gedanken versunken blickt José auf die Blume. Da taucht Micaela auf, die traute Jugendfreundin aus dem gleichen fernen Bergdorf. Sie verscheucht seine Gedanken: sie bringt einen Brief von der Mutter, einen zärtlichen Liebesgruß. ⑤

Die Reinheit Micaelas läßt das sinnliche Bild der Zigeunerin verblassen. Die lichten Höhen der Heimat, das stille Tal, das Bild der Mutter erstehen vor der Seele Josés. Als Micaela sich auf den Heimweg begibt, vertieft er sich in den Brief, den sie ihm gebracht. Aber Lärm und Geschrei unterbrechen ihn. In der Fabrik ist ein Streit unter den Mädchen ausgebrochen, und Carmen hat eine andere Arbeiterin verletzt. Der Offizier entsendet José, um die Übeltäterin festzunehmen. Als sie vor Zúñiga geführt wird, antwortet sie auf alle Befragungen mit einem verführerischen, unverschämten Lied ohne Worte. Don José kann sich ihrem Eindruck nicht mehr entziehen. Als sie mit ihm allein vor der Wachstube bleibt, vollendet sie ihr Werk mit der »Seguidil-

57

⑦

La la la la la la la la
CARMEN

⑧

Andantino
p
La fleur que tu m'avais je - té - e Dans ma prison, m'était res - té - e....
DON JOSE
pp

⑨

Andantino
pp

⑩

Andante molto moderato
En vain pour é - vi - ter les ré-pon - ses a - mè - res, En vain tu mê - le - ras....
CARMEN
ppp

⑪

Andantino molto
Je dis - que rien ne m'é-pou-van - te Je - dis - hé - las! que je ré-ponds de moi;
MICAELA

la«, einem raschen, südspanischen Volkslied, in dem sie ihrem Geliebten Wonnen ohne Zahl verheißt. ⑥ José kämpft verzweifelt mit sich selbst. Aber dieser Verführung erliegt er.
Als der Offizier mit der Verhaftungsorder zurückkehrt, hat José schon den Entschluß gefaßt, Carmen entfliehen zu lassen. Die Folge ist seine eigene Verhaftung, seine Einkerkerung auf zwei Monate, seine Degradierung zum einfachen Soldaten.
Das Vorspiel zum zweiten Akt, bedeutungsvoll wie alle vier Vorspiele dieser Oper, bringt das spanische Volkslied von den »Dragonern von Alcalá« (das später Don José bei seinem Auftritt singen wird). Wir befinden uns nun in der berüchtigten Schmugglerschenke eines gewissen Lillas Pastia, gesprochen Liljas Pastia, von der Carmen so Verlockendes in ihrer Seguidilla zu erzählen wußte. Soldaten, Schmuggler, Zigeunerinnen tanzen und trinken hier ungezwungen. Carmen, Frasquita und Mercedes singen ein spanischen Melodien nachempfundenes Tanzlied. Carmen weist die Männer, die sie begehren, in ihre Schranken. Sie denkt an den Soldaten, der seine Freiheit für sie aufs Spiel setzte.
Jubelnder Tumult erhebt sich: der berühmte Stierkämpfer Escamillo kommt des Weges und kehrt ein. Den Begrüßungstoast erwidert er mit seiner bekannten Arie, die einen Stierkampf schildert und deren Refrain wir im Vorspiel zitiert haben. Auch Escamillo fühlt die starke Persönlichkeit Carmens; doch die Zigeunerin macht ihm, trotz des sichtbaren Wohlgefallens, das sie an ihm findet, keine Hoffnungen. Unter Hochrufen zieht der Stierkämpfer, von vielen Gästen begleitet, ab. Zuletzt bleiben die Schmuggler unter sich und schmieden neue Pläne. Bizet hat hier ein Quintett (Carmen, Frasquita, Mercedes, Dancairo, Remendado) eingestreut, das zu den Perlen der Partitur und der gesamten Opernliteratur gehört. Carmen entschuldigt sich, beim nächsten Streich nicht mit von der Partie sein zu können. Der Grund erscheint ihren Freunden unfaßbar: sie ist verliebt. Verliebt wie ein kleines Mädchen, das seinen Schatz erwartet. Spielerisch und kokett verliebt. Von ferne erklingt ein Lied. Carmen erkennt die Stimme; es ist José. Freudig bereitet sie sich auf seinen Empfang vor; mit Gesang und Tanz will sie ihn willkommen heißen, – hat er es nicht um sie verdient? Liebt sie ihn wirklich? Sie hat ihn, nach der kurzen Begegnung, wohl anders in Erinnerung als er wirklich ist. Sie fliegt in seine Arme, nötigt ihn Platz zu nehmen, will ihm ihre Künste und wohl auch ihre Reize vorführen, für die alle Männer stets entbrennen. José ist unerfahren im Umgang mit Frauen. Und gar mit einer solchen! Sollte es möglich sein, daß dieses herrliche Weib ihn liebe? Carmen strahlt, sie ist in ihrem Element. Und nun schickt der Himmel selbst die Begleitung zu ihrem Tanz! Der Klang der Trompeten aus der entfernten Kaserne mischt sich in ihr Lied als erregender Kontrapunkt. ⑦ José ist ernst geworden, unruhig. Carmen kann es zuerst nicht fassen: die Trompeten bedeuten Appell! Und Appell bedeutet Abschied! Ist ihr Soldat nicht eben erst gekommen? Gekommen, um mit ihr glücklich zu sein? Will sie ihn nicht alle Leiden der Kerkermonate vergessen lassen? Doch José ist aufgestanden, bereitet sich zum Gehen. Da schlägt Carmens Freude in Wut um, da erhält ihre Liebe den ersten, nie wieder zu heilenden Riß. Nun verspottet sie ihn, heiß und leidenschaftlich, wie sie ihn eben noch geliebt hat. In höchster Verzweiflung stürzt José zu ihren Füßen nieder. »Hier an dem Herzen treu geborgen ...« so beginnt jene als »Blumenarie« weltberühmt gewordene Szene, die zu einem der ergreifendsten Musikstücke der Opernliteratur gehört. ⑧ Es ist ein inniges Liebesbekenntnis, ein Sehnsuchtsschrei, nach grauen Kerkertagen, in die nur die Blume, die Carmen einst geworfen, einen Lichtstrahl entsandte. Der Schluß (harmonisch wundervoll) geht in ein ersticktes Schluchzen über (und in ein Nachspiel von ergreifender Schönheit).

Doch Carmen begnügt sich nicht mit Worten. Wenn José sie liebe, dann solle er es beweisen: alles aufgeben, um mit ihr das freie Leben der Schmuggler zu teilen. José kämpft einen schweren inneren Kampf. Die Entscheidung wird ihm von außen aufgezwungen. Sein Offizier kehrt überraschend in die Taverne zurück, im Wortwechsel mit José greifen beide zur Waffe. Die Schmuggler überwältigen sie, aber José kann nun nicht mehr in die Kaserne, in sein früheres Leben zurück. Die weitgeschwungene Melodielinie der »Freiheit«, die Carmen verheißt, erklingt großartig und vielversprechend.
Ein neues – das schönste – Zwischenspiel leitet den dritten Akt ein. Eine Flöte und eine Harfe singen von der Süße der südlichen Sommernacht in den andalusischen Bergen. ⑨
Die Schmuggler gelangen in ihren Unterschlupf zwischen unzugänglichen Bergen. Der Chor, den sie auf ihrem Wege anstimmen, ist von mei-

sterlicher Polyphonie. Carmen und José lagern ein wenig abseits von den Gefährten. Aber die Zeiten ihrer Liebe sind dahin, bittere Worte fallen zwischen ihnen. Wehmütig erinnert José sich, daß nahe dem Ort seine Mutter lebt, die ihn noch für ehrenhaft hält. Warum er nicht zu ihr gehe, fragt Carmen höhnisch. Dann begibt sie sich zum Platz, an dem Frasquita und Mercedes ihr künftiges Schicksal unter Lachen und Scherzen aus den Karten lesen. Auch Carmen ergreift die Karten, aber sooft sie auch mischt, ihr Tod steht unerbittlich in ihnen vorgezeichnet. ⑩
Die Schmuggler brechen auf und lassen José zur Bewachung des Lagers zurück. Zwischen den Felsen taucht Micaela auf; sie ist gekommen, José zur kranken Mutter heimzuholen. (In der Originalfassung geleitet ein ortskundiger Schäfer sie in die fast unzugängliche Felsenschlucht, was logischer erscheint als ihr auf den meisten Bühnen völlig unvorbereitetes Erscheinen an so geheimem Ort). Bizet hat Micaela hier eine Arie zugedacht, die in der Publikumsgunst eines der Hauptstücke der Partitur darstellt, dramatisch hingegen ein wenig unmotiviert anmutet. ⑪ Micaela erblickt zwischen den Felsen eine Gestalt. Sie erkennt José und will ihn rufen, aber da wird sie Zeugin einer erregenden Szene. Escamillo dringt, von Sehnsucht nach Carmen getrieben, in das verlassene Lager ein, wird von José entdeckt und mit einem Schuß beinahe getötet. Ein kurzes Zwiegespräch klärt die Situation zwischen den beiden Männern. Der einstige Soldat, der um Carmens Liebe willen das Heer verließ, doch nun im Begriffe steht, diese Liebe zu verlieren – so wird erzählt und so ist es dem Stierkämpfer zu Ohren gekommen – steht dem sieggewohnten Escamillo gegenüber. Mit den bloßen Messern fechten die beiden Rivalen einen Zweikampf auf Leben und Tod aus. Nur das Eingreifen Carmens rettet Escamillo. Seines Bleibens in diesem Versteck ist nicht länger, nicht ohne eine bedeutungsvolle Einladung zu seinem nächsten Stierkampf in Sevilla zieht er mit glühenden Blicken zu Carmen, die sie erwidert, weiter. Micaela wird entdeckt und hervorgezerrt. Sie fleht den geliebten Jugendfreund an, zur sterbenden Mutter heimzukehren. In ihm streiten die widersprüchlichsten Gefühle: die Liebe zur Mutter, die immer verzweifeltere Leidenschaft für Carmen. Die Eifersuchtsszene, die er der Zigeunerin macht, ist erschütternd. Dann geht José. Aus dem Tal herauf erklingt das Lied des Toreros. Carmens Antlitz hellt sich auf. Es ist das Schicksal, das sie ruft.
Voll Leben und Glanz ist das Vorspiel, das dem letzten Akt vorangeht. Es ist ein Abbild Spaniens, an einem strahlenden Festtag, mit seinen Tänzen und Liedern. Der Platz vor der Arena füllt sich mit buntgekleideten Menschen. Zuletzt erscheint, von bewundernden Zurufen begrüßt und im blendenden Gewand des Stierkämpfers, Escamillo, das Idol der Menge; an seinem Arme Carmen, stolzer, schöner, aber auch liebeerfüllter als je. Für einen Augenblick verrauschen Jubel und Hymnen, Escamillo und Carmen singen eine kurze, aber innige Melodie. Dann betritt der Torero die Arena, wo die Menge gespannt seiner wartet. Carmen verbleibt vor dem Tor. Einmal weil es uralte Tradition des Stierkampfs ist, daß die Gefährtin des Toreadors bei seinem Kampfe nie zugegen sein soll; zum andern aber auch, weil sie José, vor dessen Gegenwart sie gewarnt worden war, nicht fürchtet. Sie will ihn erwarten, um ihre neue Situation klarzustellen. José tritt ihr entgegen; sein Anblick erweckt mehr Mitleid als Angst, er ist heruntergekommen, ein Verlorener, Gehetzter, Verzweifelter. Mit letzter Inbrunst bittet er die Geliebte, zu ihm zurückzukehren, an seiner Seite ein neues Leben zu beginnen. Carmen weigert sich. Es ist ein ungleicher Kampf zwischen diesem vom Leben zerbrochenen Manne und dem strahlenden, in Liebesglut brennenden Weib; nur mit halbem Ohr hört sie auf das armselige Flehen Josés, ihre ganze Seele weilt bei dem andern, in der Arena, aus der die Schreie, das begeisterte Jauchzen der Menge dringt. Welche Szene! Nacktestes, brutalstes Theater, von Meisterhand gestaltet. Das Schicksals-, das Todesmotiv steigt im Orchester auf, mischt sich in das Triumphlied der Massen. Hoch reckt Carmen sich auf und empfängt den tödlichen Dolch Josés in ihr glühendes Herz. Die aus der Arena strömenden Menschen finden einen zerstörten, vernichteten Mann, der über der Leiche seiner einzigen Geliebten zusammenbrach.

Quelle: Der bedeutende französische Schriftsteller Prosper Mérimée (1803–70) schrieb unter dem Eindruck einer im Jahre 1830 unternommenen Spanienreise die Novelle »Carmen«, die 1845 zuerst in einer Zeitschrift (»Revue des deux mondes«), dann in Buchform erschien.

Textbuch: Die hervorragenden Theaterpraktiker Henri Meilhac (1831–97) und Ludovic Halévy (1834–1908) spürten die innere Dramatik des Stoffes auf, verwendeten einige Szenen aus Mérimées Novelle wörtlich, gestalteten aber wesentliche Einzelheiten um und neu. Sie erfanden nicht nur die Gestalt Micaelas, die sie zur Gegenspielerin Carmens machten, sie ließen viele Nebenfiguren weg (so einen Gatten Carmens), sie erfanden Schauplätze (wie die Stierkampfarena des letzten Akts), sie machten aus Carmens letztem Geliebten einen Torero (anstelle eines untergeordneten Stierkampfhelfers); vor allem aber schwächten sie das kriminelle Milieu Carmens deutlich ab (wobei nur der Schmuggel als gesetzwidrige Handlung übrigblieb) und werteten Carmens Charakter entscheidend auf (da sie nun nicht mehr, wie in der Novelle, Diebin und leichtfertiges Geschöpf, ja Anstifterin eines Mordes ist). Es entstand eines der besten Opernlibretti, die je vertont wurden: packend, spannungsreich, menschlich ergreifend, psychologisch fesselnd und folgerichtig, theaterwirksam.

Musik: Wir sagten es schon: eines der unvergänglichen Meisterwerke. Selten gelingt es einem Komponisten, gleichzeitig die große Linie und jedes noch so kleine Detail zu gestalten. Bizet erreichte es hier, und noch dazu in einem gänzlich persönlichen Stil, der weder Wagner noch Verdi hörig ist (was nur sehr wenige Musiker seiner Zeit fertigbrachten). Melodie, Harmonie, Rhythmus und Instrumentation sind gleichermaßen vollendet in Schönheit und Ausdruckskraft. Es gibt keinen leeren Takt, keine konventionelle Formel, kein mittelmäßiges Stück in der gesamten Partitur. Solostimmen wie Ensembles und Chöre sind von äußerster Wirksamkeit und innerer Wahrhaftigkeit. Man könnte es an hundert Stellen nachweisen. Welche Kraft besitzt – um nur ein Beispiel, und nicht einmal das stärkste zu nennen – die letzte Phrase des zum Mörder gewordenen José! Welche abgrundtiefe Verzweiflung liegt in diesen paar Noten! Welche innige Liebe im Vierten-Akt-Duett Carmen-Escamillo! Welche geistvolle Spitzbüberei im Schmugglerquintett! Welcher Haßausbruch in Josés Eifersuchtsszene zu Ende des dritten Aktes! Welche Meisterschaft der Landschaftsschilderung im Vorspiel zum gleichen Bild! Welcher Sinn für höchste Dramatik in dem Trompetenkontrapunkt zum Kastagnettentanz Carmens im zweiten Akt und in der grauenhaften Mischung des Todesmotivs mit dem Jubel der erhitzten Menge in der Arena im vierten Akt! Welche Zartheit lebt in den Orchesternachspielen des Duetts José-Micaela (1. Akt) und der Blumenarie Josés! Doch warum weiter aufzählen? Die Schönheiten dieser Partitur sind unerschöpflich. Und Bizet erwies sich – seltener Fall! – gleichzeitig als Lyriker, Dramatiker und Humorist von hoher Qualität.

Begreiflicherweise gehört die Titelrolle, Carmen, zu den begehrtesten des Opernrepertoires, so daß es uns nicht wundert, wenn sich außer Mezzosopranistinnen – in deren Bereich sie eigentlich gehört – auch Sopranistinnen und Altistinnen ihrer zu bemächtigen versuchen. Sie bietet wirklich viel für Schauspielerinnen geistigen Formats, denen zudem faszinierende Schönheit und interessante, wenn nicht sogar blendende Stimmittel zur Verfügung stehen. Drei weitere Rollen sind von ausschlaggebender Bedeutung: der dramatische Tenor Josés, der Kavaliersbariton Escamillos, der glockenreine Sopran Micaelas. Eine prachtvolle Aufgabe für einen Regisseur, eine lockende für einen phantasiebegabten Bühnenbildner und eine hinreißende für einen Dirigenten.

Geschichte: Bizet erwähnt 1872 erstmals einen Auftrag der Pariser Opéra Comique, aber der Stoff dürfte noch nicht bestimmt gewesen sein, da er von einer »heiteren Oper« spricht. Einzelheiten über die Arbeit an »Carmen« sind kaum bekannt geworden. Die Komposition dürfte 1874 vollendet gewesen, die Instrumentation innerhalb von nur zwei Monaten erfolgt sein. Die ersten Proben erfolgten im Oktober dieses Jahres. Orchester und Chor, aber auch einzelne Sänger protestierten mehrfach gegen die »Modernität« des Werkes. Bizet scheint sich unter deren Druck zu wichtigen Änderungen bereit gefunden zu haben. Ursprünglich scheint es außer Josés Blumenarie keine Sologesänge gegeben zu haben: zu »Habanera«, »Torerolied« und Micaelas Arie scheint Bizet sich erst während der Proben entschlossen zu haben. Doch nichts von alledem konnte den Premierenabend retten: am 3. März 1875 zeigte das Publikum sich befremdet, gleichgültig, kühl. Von einem offenen Mißerfolg zu sprechen, wäre falsch. Vielleicht wäre ein solcher vorzuziehen gewesen! Doch gerade diese von Akt zu Akt steigende Teilnahmslosigkeit stürzte den Komponisten in Verzweiflung, wie Augenzeugen uns berichtet haben. Drei Monate später war er tot. Der Freund Ernest Guiraud schuf Rezitative (anstelle der Prosastellen des Originals); so wurde das Werk, ins Deutsche übersetzt, in einer Fassung von Julius Hoppe (der unter dem Pseudonym D. Louis schrieb) und mit Textanfängen, die schnell populär, ja sprichwörtlich wurden (»Die Liebe von Zigeunern stammt«, »Auf in den Kampf, Torero« usw.) in der Wiener Hofoper am 23. Oktober 1875 stürmisch bejubelt; die Welteroberung, der nur wenige in der Operngeschichte an die Seite zu stellen sind, hatte begonnen. Die Rolle der Carmen wurde zu einer der meistbegehrten; an ihr versuchten sich in tausenden von Aufführungen alle großen – und auch zahllose weniger große – Sängerinnen, und zwar interessanterweise Vertreterinnen aller Stimmfächer, Sopranistinnen, Mezzosopranistinnen, Altistinnen.

Boris Blacher
1903–1975

Blacher, in China als Sohn deutsch-baltischer Eltern geboren, studierte in Deutschland, wo er auch stets tätig war und 1953 Nachfolger Egks in der Direktion der Berliner Hochschule für Musik wurde. Er starb 1975 als einer der meistgespielten Komponisten seiner Generation. Er hat sich oft und teilweise sehr erfolgreich mit dem Musiktheater seiner Zeit auseinandergesetzt. Manches hat ihn überlebt, seine »Theorie der variablen Metren« ist einer der vielen Versuche der »modernen« Musik geblieben, der sich bemühte, Ordnung in ein wachsendes Chaos zu bringen.

»Die Flut« entstand als Rundfunkoper, erlebte ihre Erstsendung (aus Leipzig) im Jahre 1946 und hat sich später auch auf Bühnen bewährt, wo sie mit etwa 40 Minuten Spieldauer ungefähr einen halben Theaterabend füllt. Heinz von Cramer schrieb das Libretto zu dieser Kammeroper in einem Akt, er verwendete dabei eine Idee Maupassants. Die Handlung spielt sich zwischen vier Personen ab: einem alten Bankier (Baß), seiner jungen Geliebten (Sopran), einem Fischer an einsamer Küste (Bariton) und einem jungen Mann (Tenor), der zur Reisegesellschaft des Bankiers und seiner Freundin gestoßen ist. Gemeinsam besichtigen der Bankier, seine Geliebte und der junge Mann ein Wrack, wo ein Fischer ihnen von der Sturmnacht berichtet, in der das Schiff am Felsen auflief und sank. Während der Erzählung beginnt das Wasser zu steigen, die Flut schneidet die Rückkehr des Bootes zur Küste ab und die Stimmung, die durch einen Eifersuchtsausbruch des Bankiers gegen den Fischer schon gereizt ist, wird nun immer gespannter. Die wachsende Gefahr versetzt den Bankier in Angstzustände, in denen er jedem möglichen Retter Bündel von Banknoten anbietet. Doch die Flut steigt zu schnell, um noch Hilfe vom Lande zu holen. Der Fischer und das Mädchen kommen einander menschlich immer näher, etwas bis dahin nie Gekanntes zieht das oberflächliche Großstadtgeschöpf zu dem naturnahen Manne. Auf dem Höhepunkte der Not beginnen die Wasser zu fallen. Der eben noch verzweifelte Bankier glaubt sich neuerlich Herr der Lage. Aber der junge Mann ersticht ihn, um ihn auszurauben. Das junge Mädchen wird wieder nüchtern, nach der kurzen, durch die Lebensgefahr verursachten Verzauberung: sie wird sich am Abend nicht, wie sie versprochen, mit dem Fischer zu einem neuen Leben finden, sie erkennt in dem jungen Manne, der die schwere Brieftasche des Bankiers in seinen Besitz gebracht hat, dessen Nachfolger. Geld war stets das einzige, das ihr Leben bestimmt hatte, und so wird es auch bleiben, nun die Gefahr vorbei, die Flut abgeebbt ist. Die Musik zu diesem Geschehen ist hart, knapp, herb und schneidend.

»Die Nachtschwalbe«, Text von Friedrich Wolf, uraufgeführt in Leipzig am 29. Februar 1948, ist ein Hintertreppenroman mit tieferem Sinn. Ein Polizeikommissar verhört ein junges Paar, das bei einer nächtlichen Razzia aufgegriffen wurde. Dabei muß er anhören, was die beiden jungen Menschen einander an Bitterem sagen; eine Erinnerung steigt in ihm auf: gerade so hat sich vor vielen Jahren eine Szene zwischen ihm und seiner verlassenen Geliebten abgespielt. Er erkennt, daß er selbst der Vater dieses jungen Mädchens ist; erschüttert sehnt er sich, gut zu machen, was noch möglich sei.

»Romeo und Julia« wurde bei den Salzburger Festspielen 1950 uraufgeführt. Das Werk steht zwischen Oper, Ballettpantomime und konzertanter Kantate; es enthält einige von Blachers interessantesten Szenen, doch klafft zwischen dem gefühlsgetränkten, romantischen Stoff und seiner sachlich-verstandesmäßigen, konstruktivistischen Behandlung eine unüberbrückte Kluft.

Das am 23. September 1952 in Berlin uraufgeführte und seitdem vielfach nachgespielte »Preußische Märchen« stellt eine amüsante Parodie dar. Heinz von Cramer schrieb ein witziges Textbuch, dessen Grundlage die »Köpenickiade« des Schusters Wilhelm Voigt darstellt, der bekanntlich, mehr aus Unmut über ungerechte behördliche Behandlung denn aus Geldgier, eine getragene Hauptmannsuniform erwarb und so verkleidet einen Trupp Soldaten auf der Straße anhält und »zu besonderer Verwendung« zum Rathaus von Köpenick bei Berlin führt, wo er die Stadtkasse »requiriert« und den Bürgermeister »verhaftet«. Es ist dies eine oft zitierte und gern in Bühnen- und Filmform gegossene Episode der preussischen Lokalchronik (Zuckmayer hat ein ergreifendes Theaterstück daraus gemacht), über die bekanntlich Kaiser Wilhelm II. das treffendste aller Urteile abgab: »Det macht uns keener nach!« Es versteht sich fast von selbst, daß Blacher in einer bei ihm fast unglaublichen, populären musikalischen Gestaltung Märsche der Kaiserzeit, Tänze und Schlager des alten Berlin zitiert und parodiert sowie allen möglichen, glänzend gemachten Schabernack treibt: so z. B. läßt er bei einem Ehepaar den Gatten, der nicht viel zu bestellen hat, Sopran, seine resolute Gattin aber Baß singen.

1953 versuchte Blacher, gemeinsam mit Werner Egk, ein Experiment: die »Abstrakte Oper No. 1« (der übrigens, nach unserem Wissen, keine No. 2 folgte). Dem französischen Dramatiker Eugène Ionesco ähnlich, der »Anti-Theater« schrieb, in dem der Text sinnlos geworden ist, versuchen es die beiden Musiker mit Bühnenstücken, in denen zusammenhanglose Silben zur Schilderung seelischer Zustände gesungen werden (»Angst«, »Liebe«, »Schmerz«, »Panik« lauten die Überschriften der einzelnen Bilder). Es sollen, laut Blacher, »ganz bestimmte Bewußtseinsschichten angesprochen, bestimmte Empfindungen ausgelöst und fest umrissene Bilder ins Bewußtsein projiziert werden«. Ohne auf »Fürstin Tarakanowa« (1941), »Rosamunde Floris« (1960), »Zwischenfälle bei einer Notlandung« (1966) und anderes näher eingehen zu können, seien noch zwei weitere Opern einer Besprechung unterzogen. Mit »200 000 Taler« greift Blacher auf eine der glänzenden Schilderungen des ostjüdischen Milieus durch Scholem Alejchem zurück: die verworrene Geschichte um das Los des Schneiders Schimele Soroker und um seine schöne Tochter, die von vielen Männern des armseligen galizischen Dorfes begehrt wird. Der Haupttreffer stellt alle vorherigen Rangordnungen auf den Kopf, – aber er beruht auf einer Fehlmeldung, die bald dementiert wird, und alles rückt in sein vorheriges Geleise zurück, unter den frommen Lobpreisungen Gottes, dessen Ratschluß zwar unerforschlich ist, der es aber mit den Menschen – vor allem mit seinem treuen Volke Israel – stets gut meint, ob er segnet oder züchtigt. Die Oper ist ein Auftragswerk, geschrieben für die Berliner Festwochen 1969; sie wurde in der Deutschen Oper am 25. September jenes Jahres uraufgeführt.

Mit »Yvonne, Prinzessin von Burgund« kehrt Blacher (1973) auf die Wuppertaler Bühne zurück, wo 1941 erstmals eines seiner Werke aufgeführt worden war. Dieses Mal vertont er ein – sehr schwarzes, aber fesselndes – Theaterstück des bedeutenden polnischen Dramatikers Witold Gombrowicz (der 1969 starb, also Blachers Vertonung nicht mehr erlebte). Den Inhalt des Werkes hat der Komponist mit folgenden Worten zusammengefaßt: »›Yvonne‹ ist die Geschichte eines Prinzen, der bei einem Spaziergang ein häßliches, abschreckendes Mädchen kennenlernt. Sich gegen das grausame und monotone Gesetz der Natur empörend, das junge Männer zwingt, lediglich schöne Mädchen zu lieben, beschließt der Prinz, sich in Yvonne zu verlieben. Aber da beginnen sich sonderbare Dinge zu ereignen. Die innere Welt der häßlichen Yvonne erweist sich als stärker. Nicht nur der Prinz, auch sein Vater, der König, und die Mutter, die Königin, ja der ganze Hof fühlen, daß Yvonne sie auf ihre Art sieht und empfindet, sie in ihre Entsetzlichkeit hineinzieht. Ihre Dekadenz provoziert, infiziert, kompromittiert. Angesichts dieser Unglücklichen fühlt sich jeder als Verbrecher und Sünder – bis sie schließlich alle mit vereinten Kräften morden«. Ein furchtbarer Stoff, der jeder »gefühlvollen« Musik spottet; Blacher steigert Yvonnes Außenseitertum noch durch Stummheit, er verändert auch andere Einzelheiten, so etwa den Tod Yvonnes, die bei ihm nicht durch Mord, sondern an einer Fischgräte stirbt, wenn auch um nichts weniger erwünscht als bei Gombrowicz. Suchte man eine Oper, die den Antipoden zu jenen der Hochromantik bilden könnte, hier ist sie. Blachers Musik ist eiskalt, ist analytisch, scheint gefühllos. Er hat es selbst sehr klar erkannt und dazu gesagt: »Wie ich selbst den Stil dieser Oper sehe? Die Antwort fällt kurz aus, ich entnehme sie einer Biographie über Stendhal und sein Hauptwerk, den Roman ›Rouge et Noir‹: Stendhal hat die Qualen der Leidenschaft in der Sprache Euklids ausgedrückt.« Kann man das?

Leo Blech

1871–1958

Leo Blech war ein Grandseigneur der Oper. Mehr noch: Er war eine lebendige Verkörperung der Opernkunst, der er in einer ungewöhnlich langen Laufbahn mit allen Fasern seines Herzens diente. Gewissenhafte Statistiken wollen wissen, er habe mehr als viertausendmal am Pult eines Opernhauses gestanden, davon etwa 2600mal in seiner geliebten Berliner Oper, aus der ihn die Nationalsozialisten vertrieben und in die er im Jahre 1949, nach einem schwedischen Exil, in unbeschreiblichem Triumphe heimkehrte. Unter seinen Bühnenwerken sei hier der reizenden Lustspieloper »Versiegelt« gedacht, die hunderte Male über zahlreiche Bühnen ging und vielen Menschen Freude bereitet hat. Das hat auch ihr Schöpfer in reichem Maße getan, in einem erfüllten Leben, das in Aachen begann und in Berlin endete; es ließ ihn zu einer Art Mythos werden.

Das Textbuch zu »Versiegelt« stammt von Richard Batka, der eine Idee von Raupach verarbeitete. Es ist eine Kleinstadtgeschichte, mit viel Witz erzählt, mit Situationskomik, Bewegung, Happy-End. Der Bürgermeister ist auf Frau Willmer nicht gut zu sprechen; ihr Sohn will seine Tochter heiraten – was ihm nicht paßt – und zudem soll er ihren alten Schrank pfänden lassen, was ihm Scherereien verursacht. Besonders, da er selbst sozusagen auf Freiersfüßen geht: die junge Witwe Gertrud hat ihm zwar noch ihr Jawort nicht gegeben, aber er hofft, es bei seinem nächsten Besuch zu erringen. Ausgerechnet zu Frau Gertrud schafft nun die Nachbarin Willmer den fraglichen Schrank, um ihn dem Arm der Obrigkeit zu entziehen. Doch diese, in der Person des Amtsdieners Lampe, schläft nicht und entdeckt das entzogene Objekt auf seinem neuen Platz. Er läuft ins Amt, findet den Bürgermeister nicht vor (der soeben zu Frau Gertrud auf Besuch kommt), kehrt zurück und versiegelt den Schrank, in den, um nicht entdeckt zu werden, der Bürgermeister sich rasch verkrochen hat. Doch ehe er sich zurückzieht, vernimmt man verdächtige Geräusche aus dem Schrank. Lampe eilt fort, um Alarm zu schlagen. Der Bürgermeister wird von den jungen Liebesleuten aus seiner unangenehmen Lage befreit, was seine künftige Opposition gegen deren Heiratsplan so gut wie unmöglich macht. Doch naht auch noch der Schützenmeister, der dem Bürgermeister nicht eben gut gesinnt ist; er hat von der boshaften Frau Gertrud erfahren, er könne seinen Gegner in einer unangenehmen Lage antreffen. Doch nun versteckt das junge Paar sich im Schrank und wird vom Schützenmeister entdeckt. Zwei Paare finden sich zuletzt: die jungen Leute und – da Gertrud nun endlich »ja« sagt – diese und der Bürgermeister. Die Musik ist reizend, glänzend gearbeitet, launig, unterhaltsam. Was will man mehr? (Oder: was wollte man mehr, als in den seligen, unproblematischen Friedenstagen von 1908 »Versiegelt« in Hamburg seine vergnügliche Premiere erlebte?)

Karl-Birger Blomdahl

1916–1968

Unser Buch darf aus mehreren Gründen nicht an der Oper »Aniara« vorbeigehen. Einmal, weil hier ein brennendes, ein ungeheures Zukunftsthema auf die Bühne gebracht wird; zum anderen, weil hier zum ersten Male die bisher nur experimentell, in kleineren Werken und ohne rechten Kontakt mit der breiten Öffentlichkeit verwendeten elektronischen Klänge zielbewußt zum Ausdruck einer außerirdischen Welt im großen Maßstabe eingesetzt sind. Diese Oper, Blomdahls »Aniara«, beruht auf dem gleichnamigen lyrischen Epos des schwedischen Dichters Harry Martinson. Er hat sie als Warnung an die Menschheit komponiert, so wie Martinson sein Epos zu diesem Zweck gedichtet hat. Aniara ist der Name eines riesigen Raumschiffes mit Tausenden von Passagieren, das auf dem Flug von der bereits radioaktiv verseuchten und teilweise verwüsteten und unbewohnbar gewordenen Erde zu einem anderen Planeten einen Defekt erleidet, von seinem Kurs abkommt und nun dazu verdammt ist, bis in alle Ewigkeit im Weltraum dahinzurasen. Ein ins Atomzeitalter transponiertes Fliegender-Holländer-Schicksal, das zudem noch – auch wieder unserer Zeit gemäß – von der individuellen Tragik in das Massenlos übertragen ist. Harry Martinson und Karl-Birger Blomdahl sind nicht nur »Pioniere der Poesie und Musik des Weltraumflugzeitalters« (wie sie anläßlich der großes Aufsehen erregenden Aufführungen ihrer Oper – zuerst in Stockholm, Hamburg, Edinburg, Brüssel – genannt wurden), sie sind Mahner, Rufer, vielleicht Propheten. Die Probleme, die das Werk darstellt, sind hochinteressant. Aber das kleinmütige Geschlecht der Menschen ist dem neuen, großen Schicksal nicht gewachsen: im Innern der Aniara toben entfesselte Lebensgier, Eitelkeit, Machtrausch, wie nur je auf der Erde. Blind scheint die Menschheit ihrer größten, ihrer vielleicht letzten Stunde entgegenzueilen. Die musikalische Gestaltung ist fesselnd und gibt den neuen darin eingesetzten Stilmitteln ihre tiefgründige Motivierung. Während sich im Innern des »Goldonder« (wie Martinson die Raumschiffe im interplanetarischen Verkehr nennt) Menschliches abspielt und menschlich gesungen und Musik gemacht wird, gibt der Blick in den Weltraum, wie er sich den Piloten darbietet, einen klar motivierten, überzeugenden Anlaß zur Einsetzung der Elektronenmusik. Hier singt nach uralter Dichtervision der Weltraum, klingen die Sphären. Neue, nie gehörte, nur in Träumen geahnte Klänge durchziehen den Raum. Vielleicht wird diese Art Musik im Jahre 2000 etwas »Gewöhnliches« geworden sein. Gestehen wir, daß sie uns Heutigen – besonders bei ihrer tiefsinnigen Anwendung in »Aniara« – Schauer durch das Blut jagt.

Felipe Boero

1884–1958

Als das Geburtsdatum der argentinischen Oper kann man das Jahr 1880 ansehen, aber mit spärlichsten Ausnahmen ist keines der über hundert Werke, die sie hervorgebracht hat, nach Europa gedrungen. Ihr Lebensbereich ist das glanzvolle Teatro Colón, das Opernhaus von Buenos Aires sowie die wenigen Bühnen, die im weiten Lande verstreut sind. Jahrzehntelang schreiben die argentinischen Musiker ihre Opern auf italienische Texte, da dies die »Opernsprache« ganz Lateinamerikas war. Erst Felipe Boero begann in der Landessprache zu komponieren. Seitdem ist eine nicht unbedeutende spanischsprachige Literatur in Argentinien und anderen Ländern Lateinamerikas auf die Operntheater gelangt. Boero schuf eine lange Reihe von Bühnenstücken, zumeist mit nationalen Themen, die ihn zum »Klassiker« der Oper seines Landes machen. Besonders »El Matrero« ist eine Volksoper geworden, die immer wieder in den Spielplan aufgenommen wird. Unter einem »matrero« versteht man in der Gauchosprache einen Banditen, einen Viehräuber. Und im Gauchomilieu, auf den weiten Pampas Argentiniens spielt diese Oper Boeros, deren Titel schwerlich mit einem einzigen, voll den Sinn erfassenden Ausdruck verdeutscht werden kann, so daß »Der Matrero« als beste Bezeichnung erscheint. Es ist eine etwa im ausgehenden 19. Jahrhundert spielende Geschichte von Liebe und Tod auf den unendlichen Ebenen, unter rauhen Menschen, die nicht gewöhnt sind, ihre Gefühle zu zeigen, die Geschichte von einem kühnen Räuber und einem unerschrockenen, bis dahin nie von der Liebe berührten Landmädchen, das sich nur im Sattel des Pferdes wohlfühlte und mit den Gauchos um die Wette ritt. Doch als der Fremde in die Hütte tritt, als er zur Gitarre greift und ihr zarte Lieder singt, fühlt sie etwas Neues, Ungeahntes in ihrem Herzen aufkeimen. Ein neuer Raub wird verübt, die Verfolgung aufgenommen und der Fremde als der langgesuchte Matrero entdeckt. In den Armen des Mädchens stirbt er, während die Gauchos stumm und verschlossen dabeistehen. Den starken Text hat der außerordentlich begabte uruguayische Dichter und Dramatiker Yamandú Rodriguez geschrieben, der in noch jungen Jahren in geistige Umnachtung verfiel. Die Musik Boeros mischt italienisierende Melodieelemente, veristische Akkorde und Klangeffekte mit argentinisch-folkloristischem Musikgut in geschickter Weise. Die Premiere des »Matrero« im Teatro Colón zu Buenos Aires am 12. Juli 1929 war ein Meilenstein in Südamerikas Musikgeschichte. Von den weiteren Opern Felipe Boeros, der in Buenos Aires geboren wurde und starb, seien genannt: »Tucumán« (1918), »Raquela« (1923), »Siripo« (1937), »Zincali« (1954).

François-Adrien Boieldieu
1775–1834

Heute nur noch Kennern ein Begriff, war der 1775 in Rouen geborene Boieldieu zu seiner Zeit und noch einige Jahrzehnte darüber hinaus einer der meistgespielten Opernkomponisten Frankreichs, einer der Hauptvertreter der »Opéra comique«, der Spieloper. Nach Aufführungen in seiner Vaterstadt kam er 1800 in Paris zu Wort. Aus privaten Gründen verließ Boieldieu seine Heimat und lebte sieben Jahre lang als Hofkomponist in St. Petersburg. »Der Kalif von Bagdad« brachte ihm den Durchbruch zum Ruhm, der mit »Johann von Paris« befestigt und der »Weißen Dame« über die Welt ausgebreitet wurde. Er erhielt eine Professur am Konservatorium und starb im Jahre 1834 in Jarcy bei Paris.

Die Weiße Dame

Komische Oper in drei Akten. Textbuch von Eugène Scribe.

Das Wort »Komische Oper« bedeutete in früheren Jahrhunderten keineswegs das gleiche wie heute; es wurde für einen leichteren Typ der französischen Oper gebraucht – eine Art Spieloper etwa, um einen deutschen Namen zu nennen –, bei dem das Sujet nicht so historisch, die Durchführung weniger pompös war. In »La Dame Blanche«, deren Handlung nach Schottland und ins Jahr 1759 verlegt ist, handelt es sich um eine »romantische« Geschichte, wie Scribe sie dutzendweise produzierte. Der letzte Erbe der schloßbesitzenden Familie von Avenel ist verschollen. Um ihm sein Erbe zu erhalten, lebt Anna, das Mündel des jetzigen habgierigen Verwalters ein seltsames Doppelleben. Sie ist die »weiße Dame«, die oftmals nächtlicherweile wie auf der Suche durch das Schloß geistert; sie war es aber auch, die während des letzten Krieges einen jungen Soldaten, der das Gedächtnis verlor, gesund gepflegt hat. Dieser ehemalige Soldat, der sich George Brown nennt, kommt in ein Dorf, nahe dem Schlosse Avenel, wo eben eine Taufe gefeiert wird. Von dem Pächter Dikson, in dessen Hause das Fest stattfindet, erfährt Brown einiges über Schloß Avenel, das am nächsten Tage versteigert werden soll. Dikson ist von der »weißen Dame« ins Schloß bestellt worden, aber George Brown erbietet sich, wie in einer Vorahnung merkwürdiger Dinge, an seiner Statt hinzugehen. Anna erscheint ihm in ihrer Verkleidung, erkennt sofort den Soldaten, den sie gepflegt hat, und trägt ihm auf, ohne sich zu erkennen zu geben, am nächsten Tage das Angebot des habgierigen Verwalters durch ein höheres unwirksam zu machen. Bei der Versteigerung tut George wie ihm geboten; das Schloß wird ihm zugesprochen. Inzwischen sucht Anna verzweifelt nach dem Schatz der Avenels, der verschwunden war. Sie findet ihn rechtzeitig, um ihn dem vermeintlichen »George Brown« auszuhändigen, in dem sie nun den rechtmäßigen Besitzer des Schlosses, den letzten Avenel, erkannt hat. Langsam kehrt diesem die Erinnerung an Kindheit und Eltern wieder, auch an Anna, die er dann heiratet. Zu diesem Textbuch schrieb Boieldieu eine leichte, melodiöse, technisch gute Musik. »La dame blanche« ging nach der Pariser Premiere am 10. Dezember 1825 über unzählige Theater der Welt. Die Opéra Comique war im Jahre 1862 bereits bei der tausendsten Aufführung angelangt. Nicht nur das Publikum, auch die Musiker schätzten das Werk sehr hoch ein. So meinte Weber, seit Mozarts »Figaro« sei keine komische Oper mehr wie diese geschaffen worden – und das war etwa vierzig Jahre her ...

Arrigo Boito
1842–1918

Arrigo Boito wurde am 24. Februar 1842 in Padua geboren. Sein Vater war ein italienischer Miniaturist, seine Mutter eine polnische Gräfin. Nach Besuch des Mailänder Konservatoriums begab er sich auf Reisen durch ganz Europa, die ihm viele Kenntnisse und einen umfassenden Überblick über die abendländische Kultur gaben. Nach der Rückkehr trat er in die Reihen der jungen Umstürzler, der »scapigliati« (Struwelköpfe), die mit ihren künstlerischen Ideen vor keiner Tradition haltmachten und sogar dem Volksidol Verdi kritisch gegenüberstanden. Boito, der sowohl mit musikalischem wie mit poetischem Talent begabt war, rang sich schon 1868 zu einem großen Werk durch; doch diese erste Fassung seines »Mefistofele« fiel durch, erst die zweite, sieben Jahre später, führte zum bedeutenden Erfolg. In der Folgezeit betätigte er sich vor allem als Librettist; von seinen vielen Textbüchern (für Franco Faccio, Mancinelli, Bottesini, Catalani und viele andere) erlebte nur »La Gioconda« in der Vertonung Ponchiellis einen durchschlagenden Sieg.
Eine neue, wahrhaft große Zeit brach für ihn an, als der Mailänder Verleger Ricordi ihn Mitte der Siebziger Jahre bei Verdi einzuführen wußte, den seine Klugheit ebenso beeindruckte wie die gemeinsame Liebe zu Shakespeare. Boito schuf mit Verdi eine Neufassung des »Simon Boccanegra«, vor allem aber die beiden Textbücher zu Verdis letzten Werken: »Otello« (1887) und »Falstaff« (1893), deren Libretti als absolut mustergültig bezeichnet werden müssen. Zu einem eigenen großen Musikwerk reichte es danach nicht mehr; nicht aus Zeitmangel, sondern aus vielerlei anderen Gründen konnte Boito seine zweite Oper »Nerone« (Nero) nicht vollenden. (Sie wurde erst 1924 aufgeführt und fand nur geringes Echo). Boito starb in Mailand am 10. Juni 1918.

Mephistopheles (Mephisto)

Oper in einem Prolog, zwei Teilen und einem Epilog, nach Goethes »Faust«, von Arrigo Boito.
Originaltitel: Mefistofele
Originalsprache: Italienisch
Personen: Mephisto (Baß), Faust (Tenor), Margarethe (Sopran), Martha (Alt), Wagner, Student (Tenor), Helena von Troja (Sopran), Pantalis (Alt), Nereus (Tenor). Himmlische Heerscharen, Cherubine, Bürger, Studenten, Bewohner der Unterwelt.
Ort und Zeit: In der deutschen Stadt Frankfurt am Main, im Himmel und an mehreren Phantasieorten, Mittelalter.
Handlung: Das Vorspiel führt uns in den Himmel. Die himmlischen Heerscharen loben den Schöpfer, aber unterbrechen ihre Jubelchöre, als Mephisto naht. Er ist der Geist des Bösen, der alles verneint, der aber doch – nach Goethes Wort – stets das Gute schafft, obwohl er das Böse will. Es ist der Teufel des Mittelalters, Ausdruck hoher Geistigkeit, würdiger Rivale Gottes, von dem er ein unlösbarer Teil ist. Er ist gekommen, Gott einen Vorschlag zu machen. Wenn es ihm gelänge, den alternden Philosophen Faust in Versuchung zu führen, so solle dessen Seele ihm gehören. Die himmlischen Heerscharen nehmen im Namen des Schöpfers den Pakt an. Dieses Vorspiel gehört dramatisch wie musikalisch zu den wertvollsten Teilen der Oper. Die dunkle Baßstimme Mephistos und die glänzend geführten Chöre durchdringen einander in geballtem Kontrapunkt.
Der erste Akt spielt am Ostersonntag in Frankfurt. Es ist ein milder Frühlingstag, das Volk spaziert und singt. Plötzlich taucht ein geheimnisvoller grauer Mönch auf, der allen ein wenig unheimlich erscheint. Auch Faust und sein Schüler beobachten die seltsame Gestalt, unter deren Schritt der alte Philosoph Funken zu sehen glaubt, doch Wagner beharrt darauf, daß es sich um einen Mönch und kein Gespenst handle.
Als Faust in sein Studierzimmer eintritt, folgt ihm ungesehen der Mönch. Der Philosoph vertieft sich in ein Buch, das ihn die Eitelkeit alles Irdischen erkennen läßt. ①
Dann tritt der graue Mönch vor ihn hin. Faust versucht vergeblich, die teuflische Erscheinung zum Verschwinden zu bringen. Mephisto ist nun

ein eleganter Kavalier, der behauptet, auf Fausts geheimen Wunsch gekommen zu sein. Wer er sei, will Faust wissen. Den »Geist, der stets verneint« nennt der Besucher sich selbst. ②
Hier sei er nun, zu Fausts Diensten. Auf Fausts Frage nach der Bezahlung weicht Mephisto höflich aus, doch der Alte beharrt darauf, er will den Preis für die angebotenen Dienste wissen. In dieser Welt diene er ihm, entgegnet der Teufel, doch in der anderen werde es umgekehrt sein. Faust erklärt sich einverstanden. Wenn es den Künsten Mephistos gelänge, ihm auch nur eine Stunde Glückes zu verschaffen, einen einzigen so wunderbaren Augenblick, daß er ausriefe: »Verweile doch, du bist so schön!«, dann solle seine Seele im Jenseits Mephisto verfallen sein. Der alternde Philosoph hofft, auf diese Art sich dem Geheimnis der Dinge nähern zu können, die seinen Forschungen bisher verschlossen waren. Mephisto aber will ihm die sinnliche Welt mit ihren Freuden und Genüssen zeigen. Er hüllt ihn in einen Zaubermantel, und beide entschweben der Studierstube.

Faust hat sich in einen schönen jungen Mann verwandelt, der der blonden und keuschen Margarethe den Hof macht. Mephisto und Faust ergehen sich im Garten mit Gretchen und deren Vertrauten Martha. Der Teufel weiß es so einzurichten, daß das junge Paar allein bleibt. In glühenden Worten gesteht Faust seine Liebe, und Margarethe erklärt sich bereit, ihn in ihre Kammer einzulassen, ja, sie will sogar ihre Mutter betäuben, um sich ganz der Liebe hingeben zu können.

Nach dieser realistischen, irdischen Szene, führt das Drama uns ins Reich des Mystischen. Auf dem Brocken, im Harz, feiern die Hexen ihre Orgien. Mephisto, der hier Herr ist, zeigt Faust sein Königreich: Teufel, Hexen, Geister, Gespenster, Irrlichter, unsichtbare Chöre, deren Stimmen aus Abgründen dringen. Seine Untergebenen überreichen Mephisto eine Kristallkugel, das Symbol der Erde, aber er zerbricht sie verächtlich an den Felsen. Plötzlich erscheint inmitten der nebligen, nächtlichen Szene das ferne Bild Gretchens, die einen blutigen Ring um den Hals zu haben scheint. Vergeblich sucht Mephisto, Faust durch Tänze und Höllenspuk abzulenken. Es zieht ihn mit Macht zu Margarethe zurück.

Im Kerker spielt die nächste Szene, wo Margarethe den Tod erwartet. Es wird ihr zur Last gelegt, ihre Mutter vergiftet und später ihr – und Fausts – Kind erwürgt zu haben. Aber sie weiß kaum noch etwas von dem, was um sie vorgeht. Ihr Geist hat sich verwirrt, in grauenhaften Visionen sieht sie den Knaben auf dem Meeresgrund. ③

Diese »Wahnsinnsarie« ist von bedeutender Ausdruckskraft und ein Glanzstück für dramatische Sopranistinnen. Faust dringt in den Kerker, um Margarethe zu retten. Aber diese erkennt ihn zuerst nicht. Dann wirft sie sich in seine Arme und glaubt, die ersten Zeiten ihrer jungen Liebe abermals zu durchleben. Mephisto drängt, der Morgen ist nah. Faust flieht, und Margarethe stirbt. Ein himmlischer Chor kündigt ihre Erlösung an.

Der vierte Akt ist dem zweiten Teil von Goethes Drama entnommen, der sonst von den Opernlibrettisten seltener herangezogen wird. Wir befinden uns im alten Griechenland, an den blauen Fluten des Ägäischen Meeres, in einem Reich der Liebe, dessen Herrscherin die trojanische Helena ist. In silberner Mondnacht erscheint die schönste Frau der Erde auf einer elfenbeinernen Barke, während Orchester und Chöre Hymnen auf die sinnlichen Freuden anstimmen. Mephisto hat Faust hierher gebracht; Helenas Schönheit soll ihn endlich zu dem Ausruf veranlassen, der ihn des Teufels Eigentum werden läßt. Helena hört Fausts Liebesbeteuerungen, in einem großen Duett träumen sie von einem gemeinsamen Leben in der herrlichsten Landschaft der Welt.

Der Epilog bringt uns ins Studierzimmer zurück. Gespannt erwartet Mephisto die Ergebnisse von Fausts Verwandlung. Aber der Philosoph hat das ersehnte Ideal des Seins nicht gefunden, weder in der reinen Liebe Gretchens, noch in der sinnlichen Welt Helenas. Ein bitteres Gefühl des Schmerzes ist alles, was in seiner Seele zurückblieb; das Ideal aber bleibt ein ferner Traum. Noch einmal versucht der Teufel, ihn zu verlocken, aber Faust hat sich selbst besiegt. Nur noch in die Zukunft der Menschheit geht sein Denken. Beim Klange himmlischer Chöre schläft er langsam, unter einem Blumenregen, über der Bibel für immer ein. Mephisto ist besiegt.

Quelle: Im Jahre 1587 erschien zu Frankfurt ein Volksbuch über einen gewissen »Doktor Faustus« (das vielleicht auf eine historische, um 1480 geborene Gestalt zurückgreift), in dem dieser Gelehrte, unbefriedigt von seinen Studien, den Teufel zitiert und mit ihm einen Pakt eingeht. Diese alte Legende wurde von zahlreichen Dichtern, Romanschreibern, Dramatikern aufgegriffen, die aufzuzählen hier zu weit führen würde. Die größte Bedeutung erlangte zweifellos die Fassung Goethes, dessen Drama in zwei abendfüllenden Teilen eines der stolzesten und tiefsten Werke des abendländischen Geistes darstellt.

Textbuch: Es ist begreiflich, daß dieses gigantische Werk eine starke Anziehungskraft auf Opernkomponisten ausübte (und noch ausübt). Auf Goethe stützen sich besonders zwei Werke: Gounods »Faust« und Boitos »Mefistofele«. Boito hat die metaphysischen Probleme begriffen und versucht, sie in seiner Oper auszudrükken. Er versteht etwas von Philosophie und von Okkultismus. Zudem geht er in seinem Textbuch äußerst respektvoll vor. Ja, man möchte fast sagen: zu respektvoll, um eine echte, von pulsierendem Leben erfüllte Oper zu schaffen. Philosophie und Musik scheinen unvereinbar. Aber Boitos Libretto ist wertvoll, literarisch ausgezeichnet und goethenah (was man von anderen Goethevertonungen – »Faust« von Gounod, »Mignon« von Thomas, »Werther« von Massenet usw. – weniger sagen kann).

Musik: Die Partitur ist etwas ungleichmäßig. Neben sehr schönen Szenen und höchst inspirierten Augenblicken gibt es andere von geringerem Wert. Manchmal erscheint Boito zu intellektuell, zu sehr Denker, zu wenig Vollblutmusikant. Er versucht, einige Wagnersche Ideen der italienischen Oper aufzupfropfen, aber das Ergebnis war ein wenig zwiespältig. Das »Vorspiel im Himmel« darf als einer der großartigsten Momente der Operngeschichte angesehen werden.

Es bedarf eines großen Bassisten, um diesem Werk gerecht zu werden, stimmlich, dramatisch

und geistig. In den Rollen Margarethes und Fausts finden sich schöne Melodien und dankbare Arien. Viel hängt von der Bühnengestaltung ab.
Geschichte: Boito war 26 Jahre alt, als sein »Mefistofele« – am 5. März 1868 – an der Mailänder Scala uraufgeführt wurde. Er hatte sogar erreicht, die ersten drei Vorstellungen selbst dirigieren zu dürfen. Den völligen Durchfall seines Werkes und seinen glühenden Wunsch, es sofort zurückzuziehen, konnte er nicht ahnen. Als Boito sah, daß sein »Mefistofele« in dieser Form unhaltbar war, ließ er ihn absetzen. Sieben Jahre lang arbeitete er die Oper um (unter anderem wurde Faust vom Bariton zum Tenor); dann brachte eine Neuaufführung in Bologna einen vollständigen Erfolg. Seitdem ging das Werk über alle wichtigen Bühnen der Welt, ohne allerdings die Popularität von Gounods Faust-Vertonung erreichen zu können.

Alexander Porfiriewitsch Borodin
1834–1887

Borodin gehört zu den fünf »Sonntagsmusikern« (wie sie sich selbst nannten), die sich 1862 zum (so gar nicht mächtigen) »Mächtigen Häuflein«, zur »Gruppe der Fünf« zusammenschlossen und in der Geschichte der nationalrussischen Musik eine revolutionäre Rolle spielten. Seine Gefährten waren Balakirew, Cui, Mussorgski und Rimsky-Korssakoff. Damals war Borodin 29 Jahre alt. Er war am 12. November 1834 in St. Petersburg geboren und stammte aus fürstlichem, vielleicht aus königlich kaukasischem Blut. Er studierte Chemie und Medizin, war mit 28 Jahren Professor, aber seine geheime Liebe gehörte, inmitten seines von wertvollem Dienst an der Wissenschaft und den Studenten erfüllten Lebens, der Musik. Wie wenig Zeit konnte er ihr widmen! Trotzdem entstanden zwei Sinfonien, zwei Streichquartette, die oft gespielte sinfonische Dichtung »Steppenskizze aus Mittelasien« und die Entwürfe zweier Opern, die beide unvollendet blieben, als Borodin am 27. Februar 1887 in St. Petersburg starb. Es handelt sich um die Ballettoper »Mlada« und um den großartigen »Fürst Igor«, der ausführlich behandelt werden muß. Zu Borodins Lebzeiten war es hauptsächlich Liszt, der sein Talent erkannte und förderte; der bescheidene Komponist selbst hätte kaum je an den Weltruhm geglaubt, der ihm nach dem Tode zuteil wurde.

Fürst Igor

Oper in einem Prolog und vier Akten. Libretto von Alexander P. Borodin und Wladimir Stassow.
Originaltitel: Knjas Igor
Originalsprache: Russisch
Personen: Fürst Igor von Sewersk (Bariton), Jaroslawna, seine Frau in zweiter Ehe (Sopran), Wladimir, Igors Sohn aus erster Ehe (Tenor), Fürst Galitzki, Jaroslawnas Bruder (Baß), der Khan Kontschak, Oberhaupt der Polowzen (Baß), Kontschakowna, seine Tochter (Alt), Skula und Erotschka, Höflinge Galitzkis (Baß und Tenor), Owlur, Wache der Polowzen (Bariton), die Amme Jaroslawnas (Sopran). Burschen und Mädchen, russisches und Polowzer Volk, Krieger, Höflinge, Sklaven.
Ort und Zeit: Die russische Stadt Pultivl und das Heerlager der Polowzen (oder Polowezer). Das 12. Jahrhundert.
Handlung: Die Ouvertüre führt stimmungsmäßig in Milieu und Drama ein; es erklingen die Themen, die wir später in der Oper aus dem Munde der Russen oder der östlichen Invasoren, der Polowzen, vernehmen werden. Der Prolog bringt eindrucksvolle Massenszenen: das Volk verabschiedet Igor, der auszieht, um die Polowzen zu bekämpfen. Zärtlich umarmt er seine Frau, die er dem Schutz ihres Bruders Galitzki empfiehlt. Die Sonne verdunkelt sich, und alle glauben an böse Vorzeichen. Aber Igor zieht frohgemut mit seinen Truppen aus den Toren von Pultivl.
Das erste Bild des ersten Aktes bringt ein Bankett im Palaste Galitzkis. Seit Igors Abschied

sind die Bande der Moral gefährlich gelockert, dem wüsten Treiben einiger Aristokraten gebietet nun niemand Einhalt. Zwei Deserteure aus Igors Heer sind angekommen und nehmen an Galitzkis Orgie teil. Eine Gruppe von Bauernmädchen erscheint und fleht um die Herausgabe einer geraubten Gefährtin. Die hohen Herren spotten ihrer nur, und Galitzki selbst brüstet sich der Tat. Das zweite Bild zeigt die weinende Jaroslawna, die seit langem keine Nachricht von ihrem Gatten hat. Würdevoll verlangt sie von ihrem Bruder die Rückgabe des geraubten Mädchens, aber die übermütigen Höflinge, fest überzeugt, daß Igor nicht wiederkäme, rufen Galitzki zum Herrscher aus. Knapp nachdem die Nachrichten von der Niederlage des Heeres angelangt sind, rötet sich der Himmel: es sind die brennenden Dörfer, durch die das feindliche Heer gegen die russische Stadt Pultivl zieht.

Der zweite Akt spielt im Heerlager der Polowzen. Igor und sein Sohn sind in Gefangenschaft geraten, aber der Anführer der Invasoren, der Khan Kontschak, behandelt sie respektvoll, ja mit steigender Freundschaft. Igor leidet aus Sehnsucht nach der Heimat, Wladimir hingegen hat sich in des Khans Tochter verliebt. Kontschak bietet seinen Gefangenen die Freiheit an, unter der einzigen Bedingung, nie wieder die Waffen gegen die Polowezer zu erheben. Igor kann den Pakt nicht annehmen, doch gerade diese Weigerung steigert die Achtung des mongolischen Khans vor dem tapferen Gegner noch mehr. Um seine Gefangenen aufzuheitern, befiehlt er ein großes Fest. Und in dieser blendenden Szene erklingen die berühmten »Polowezer Tänze«, Glanzstück für Orchester, Chor und Ballett von mitreißendem Schwung.

Auch der dritte Akt spielt im Lager der Polowzen. Täglich steigt die Zahl der russischen Gefangenen. Igor beschließt, einen Fluchtversuch zu wagen und bedient sich dabei der Hilfe Owlurs. Wladimir schwankt zwischen Liebe und Pflicht. Und ehe er sich entscheiden kann, wird der Ausbruchsversuch entdeckt. Igor entkommt, aber sein Sohn wird gefangengenommen, sein Leben ist bedroht. Doch Kontschakowna rettet ihn, und der Khan willigt in die Hochzeit der beiden jungen Liebenden.

Der vierte Akt bringt die Rückkehr Igors, der verkleidet als unbekannter Krieger plötzlich vor seiner Gattin steht. Während die Höflinge und Deserteure noch Spottlieder auf ihn singen, erkennt das Volk seinen Herrscher, und unter großartigen Jubelchören schließt die Oper.

Quelle: Ein historisches Ereignis, das um 1185 stattgefunden haben soll und von einem Mönch in einer Chronik der Taten Fürst Igors aufgezeichnet wurde.

Textbuch: Das Libretto, an dem Borodin selbst, gemeinsam mit seinem Freunde, dem prominenten Kritiker Stassow, arbeitete, leidet an einem gewissen Mangel an Dramatik. Die einzelnen Szenen sind eher lyrisch empfunden, haben epische Breite und schöne Momente. Man hat manchmal den Eindruck eines bunten Bilderbogens, nicht den eines Dramas.

Musik: Borodin war ein starker Melodiker. Zudem wußte er sowohl russisches wie orientalisches Volksgut äußerst geschickt zu verwenden. Er besaß Sinn für Größe, innige Lyrik, und Neigung zu Massenszenen (wie sein Freund Mussorgski). Es gibt prachtvolle Momente in dieser Partitur, voll warmem pulsierendem Leben und tiefen Gefühlen.

Igor ist eine kraftvolle, majestätische Persönlichkeit, die sich in Spiel und Gesang äußern muß. Wichtig ist die Arbeit des Regisseurs, des Bühnenbildners und des Choreographen, der aus den »Polowezer Tänzen« ein glutvolles Bild asiatischen Lebens gestalten muß. ①

Geschichte: Obwohl Borodin sich bereits 1869 mit »Fürst Igor« zu beschäftigen begann, konnte er die Oper nicht vollenden. Aber zum Glück hatte er seine Skizzen so oft den treuen Freunden Rimsky-Korssakoff und Glasunow vorgespielt, daß diese das Werk nach dem Tode des Autors ergänzen und vollenden konnten. Als Kuriosum sei erwähnt, daß zum Beispiel von der Ouvertüre keine einzige Note von Borodins Hand vorlag. Die Uraufführung erfolgte am 23. Oktober bzw. 4. November 1890 (je nachdem, ob wir den russischen oder gregorianischen Kalender anwenden) in St. Petersburg. Mit geringem Erfolg übrigens, was aber nicht verhinderte, daß das Werk bald und endgültig die wichtigsten Bühnen der Welt eroberte.

Jan Brandts-Buys
1868–1933

Brandts-Buys ist einer der ganz wenigen holländischen Opernkomponisten, die sich einen internationalen Namen schaffen konnten. In Zutphen geboren, lebte er nahezu sein ganzes Leben im deutschen Sprachgebiet und starb in Salzburg. Er hinterließ sieben Bühnenwerke: »Das Veilchenfest«, »Das Glockenspiel«, »Die Schneider von Schönau«, »Der Eroberer«, »Mi carême«, »Der Mann im Mond«, »Traumland«, die zumeist in Dresden oder Wien uraufgeführt wurden. Von ihnen hat sich lediglich die amüsante, teilweise parodistische, technisch ausgezeichnet gearbeitete Oper »Die Schneider von Schönau« gehalten.
In diesem (auf einen Text von Bruno Warden und J. M. Welleminsky) deutsch komponierten und am 1. April 1916 in Dresden uraufgeführten Werk kommen drei Schneider aus Schönau (mit den Namen Wiegele, Biegele und Ziegele) in den Phantasieort »Liebenzell«, wo sich die reiche, junge und hübsche Witwe Veronika wieder verheiraten will. Wie sie ihr den Hof machen und wie der Handwerksbursche Florian die lächerlichen Bewerber so lange zum besten hält, bis er selbst Veronikas Herz erobert hat, das ist der Inhalt der Oper. Es fehlt nicht an (zumeist boshaften) Anspielungen auf Wagners »Meistersinger«, an urkomischen Ensembles und an volkstümlich schlichten Melodien, so daß »Die Schneider von Schönau« sicherlich noch manches Mal dem spitzbübischen Florian neue Kleider anmessen und dabei den Namen ihres Schöpfers lebendig erhalten werden.

Walter Braunfels
1882–1954

Ein Nachromantiker von hohem Können, edlen Einfällen und nobler Haltung, aber ein »Spätgeborener«, dem »auf dieser Erde das Glück nicht hold« war, um mit Mahlers »Lied von der Erde« zu sprechen. Über seiner fruchtbaren Musikerexistenz lag nicht die Bitterkeit des Unbekanntseins, sondern das fast noch quälendere Bewußtsein des Nicht-richtig-Erkanntseins, der lauen Erfolge, des Achtungsapplauses. Braunfels wurde in Frankfurt am Main geboren und starb, nach langem politischem Exil, in das ihn der Nationalsozialismus trieb, heimgekehrt, in Köln, wo er eine Professur innehatte.
Unter seinen Werken wollen wir fünf Opern hervorheben, die sich nicht nur durch musikalische, sondern auch durch literarische Qualität auszeichnen. »Prinzessin Brambilla« (nach E. T. A. Hoffmann) wurde 1909 uraufgeführt und stellt ein liebenswürdig-anmutiges Bühnenstück dar, von dem der Autor später eine zweite Fassung herstellte. Am 30. November 1920 wurde Braunfels' bekannteste Oper, »Die Vögel«, zum ersten Male gespielt. Der Komponist selbst schrieb den Text, wobei er auf das gleichnamige Werk von Aristophanes zurückgriff. So entstand ein »lyrisch-phantastisches Spiel mit einem Vorspiel und zwei Aufzügen«, das den Ausflug zweier unzufriedener Menschen in das Reich der Vögel schildert. Dort stiften sie Unheil, da sie zum Bau einer Stadt und zur Rebellion gegen die Götter raten. Als die Götter siegreich bleiben, verweilt einer der Menschen doch noch im Vogelreich, er will nun nichts anderes mehr, als ihrem herrlichen Gesange lauschen. Märchenhaftes verwebt sich mit Parodistischem, Heiteres mit Traurigem. Auch die folgende Oper brachte (1924) Braunfels einen stärkeren, wenn auch keinen lange anhaltenden Erfolg: »Don Gil von den grünen Hosen«. Der Stoff stammt von einem der einfallsreichsten spanischen Klassiker, Tirso de Molina (1571–1648), und schildert eine ganz im Stile jener Zeit gehaltene Verkleidungs- und Verwechslungskomödie, die, gut gespielt, immer noch amüsant sein kann. Braunfels' Musik ist hier besonders inspiriert, abwechselnd innig und launig. Erst nach der Emigrationszeit erfolgte eine neue Uraufführung: »Verkündigung«, nach dem herrlichen Mysterientext Paul Claudels (1948). 1950 lernte man im Rundfunk die 1938 komponierte Oper »Der Traum ein Leben« nach Grillparzer kennen.

Cesar Bresgen
1913

Cesar Bresgen, in Florenz geborener Österreicher und einer der lebendigsten, vollblütigsten Tondichter seiner Generation, hat sich auf fast allen Gebieten der Musik erfolgreich umgetan. Frühzeitig erkannte er die soziale Aufgabe der Kunst, ihre gemeinschaftsbildende Kraft, ihre Fähigkeit zur Bildung und Veredelung einer neuen Gesellschaft. Seine besondere Fähigkeit im menschlichen und musikalischen Umgang mit Jugendlichen und Kindern brachte ihn zur segensreichen Beschäftigung mit diesen Gruppen zugedachten Werken. Die Betrachter, viel zu leicht zum Typisieren und Katalogisieren bereit, sahen infolgedessen in ihm in erster, wenn nicht gar ausschließlicher Weise einen »Jugendkomponisten«, dessen bahnbrechende Verdienste auf diesem Gebiet allerdings nicht in Frage gestellt werden können, aber nur einen Teil seines Wesens ausmachen.

Nach einem (unvollendet gebliebenen) bayerischen Singspiel »Der Goggolore« folgte das am 15. April 1942 in Straßburg uraufgeführte Singspiel »Dornröschen« auf ein Libretto von Otto Reuther, die am 7. Februar 1943 in Göttingen erstmals gespielte musikalische Komödie »Das Urteil des Paris« und dann, als wichtigste Arbeit jener frühen Epoche, die Oper »Paracelsus«, in deren Libretto Ludwig Strecker und der Komponist Originaltexte des Paracelsus verwoben hatten. Das abendfüllende Werk wurde 1943 von Karl Elmendorff an der Staatsoper Dresden einstudiert, aber der Brand des Theaters vernichtete das gesamte Material, so daß es zu keiner Uraufführung kam. Im Jahre 1948 erzielte Bresgen dann einen starken Erfolg mit der »Oper für große und kleine Leute«, betitelt »Der Igel als Bräutigam«, die in Eßlingen uraufgeführt, in einer überarbeiteten Fassung dann 1951 in Nürnberg erstmals gespielt wurde. Den Inhalt bildet das Märchen vom armen Fischerpaar, dem nach langer Ehe endlich ein Kind beschert wird, aber es ist ein Igel, der da in der Wiege liegt. Die »Eltern« müssen ihn aussetzen, da sie ihn nicht ernähren können, und er lebt unter den Tieren des Waldes, bis der König kommt und sich im Moor verirrt. Der Igel rettet ihn und soll zum Dank eine der Prinzessinnen heiraten. Seine Wahl fällt auf Goldherz, die nun ihrem Namen alle Ehre macht. Sie ist, wenn auch unter Tränen, bereit, des Vaters Versprechen zu erfüllen und seinen Retter, das Stachelier, zu heiraten. Das aber entpuppt sich im richtigen Augenblick als wunderschöner Prinz. Bresgens Musik ist einfallsreich, aber schlicht, wo sie es sein soll, und kunstvoll, ohne schwer zu werden.

Auch die Werke der folgenden Jahre sind in erster Linie den jungen Menschen gewidmet: »Brüderlein Hund« (Nürnberg, 1953) und »Der Mann im Mond« (Nürnberg, 1960), beide mit feinsinnigen Texten von Ludwig Andersen unter Mitarbeit des Komponisten, dazwischen eine »Insektenkomödie für Kinder« (»Nino fliegt mit Nina«), und auch später noch ähnliche Werke: »Die Schattendiebe«, ein »Singspiel für die Jugend« (Wien, 1962), »Bastian der Faulpelz« (Hamburg, 1966), »Die Stadthüpfer« (Villach, 1985). Es erhebt sich die Frage, ob nicht auch andere in dieser Zeit entstandene Werke irgendwie dem Musiktheater zuzurechnen wären: »Die Visionen des Mönch von Salzburg«, ein szenisches Oratorium nach Originalweisen Hermanns, genannt der »Mönch von Salzburg«; die oft und mit besonderem Erfolg gespielten »Visiones Amantis« mit dem erklärenden Untertitel »Der Wolkensteiner«, einem »ludus tragicus« (tragischen Spiel) über das Leben des Minnesängers Oswald von Wolkenstein, das beim Fest der Internationalen Gesellschaft für Neue Musik in Salzburg 1952 erstmals erklang und 1971 in Innsbruck, in Oper gewandelt, stärksten Widerhall fand. Auf das Gebiet der geistlichen Komödie und des Mysterienspiels begab Bresgen sich mit »Der ewige Arzt« (Schwyz, 1955), der »Christkindl Kumedi« (Salzburg, 1960), der »Salzburger Passion« (Salzburg, 1966), dem Osterspiel »Urständ Christi« (Erl/Tirol, 1970) und der Auferstehungskantate »Surrexit Dominus« (Erl/Tirol, 1974). Hinzu kommen noch mehrere Ballette, bei denen manchmal Sänger und Sprecher hinzugezogen werden.

Nach dieser reichen Ernte, zu der eine bedeutende Zahl von Werken auf anderen musikalischen Gebieten kommt, verspürt Bresgen neuerlich den Hang zur Oper, nach dem großen Schauspiel des Bildes und des Klangs, das, wie wenige andere, menschliche Schicksale zu schildern vermag. Zwei recht verschiedene Eindrücke führen ihn auf den Weg: die Novelle »Unter der Steinernen

Brücke« des bedeutenden österreichischen Romanciers Leo Perutz, und die (fast surrealistischen) Gemälde des Giuseppe Arcimboldo, der in Prag lebte und zum engsten Vertrauten des Kaisers Rudolf II. (1552–1612) wurde. Und so ging Bresgen daran, unter Einbeziehung historischer Figuren (des Kaisers, des Malers, des legendären Rabbi Löw, der schönen Jüdin Esther aus dem Prager Ghetto) ein dichterisch wertvolles Libretto zu schaffen, das sowohl Tragik und Dramatik, wie Liebreiz und Liebe darstellt: »Der Engel von Prag«. Eines jüdischen Kaufmanns Tochter und der Kaiser leben ihre Liebe, in die Schicksal und politische wie abergläubische Einflüsse sich einmischen; die Pest im Ghetto wird als Strafe für den Ehebruch ausgelegt, der »Engel von Prag«, Esther (die sich in ihrem Trancezustand keiner Sünde bewußt ist) stirbt den freiwilligen Opfertod, worauf es zur Versöhnung zwischen den gefährlich entzweiten Christen und Juden kommt. Eine Oper mit prachtvollen Szenen, in denen vier Hauptrollen schwere, aber dankbare Aufgaben zu bewältigen haben, und mit viel Chor, der teilweise in »antiker« Art – als Kommentator des Geschehens – verwendet ist. Die Musik zeichnet sich durch einen herben, fast holzschnittartigen Klang aus, was der mittelalterlichen Welt, die sie heraufbeschwört, voll entspricht. Die optischen Eindrücke, stark schon durch die Visionen des mittelalterlichen, herrlichen Prags, sollen nach dem Wunsch des Komponisten noch durch Projektionen der eindrucksvollen Originalbilder Arcimboldos verstärkt werden. (Uraufführung im Festspielhaus Salzburg, am 25. Dezember 1978).

Den Stoff seiner nächsten Oper entnahm Bresgen einer von Otfried Preussler bearbeiteten wendischen Sage: »Krabat«. Dies der Name eines Betteljungen, der einem Traume folgend sich als Lehrjunge auf einer Mühle verdingt. Er kommt in eine unheimliche Umwelt: der Meister wirkt finster, die anderen Burschen wortkarg, rätselhafte Dinge ereignen sich auf Schritt und Tritt. Bald erkennt Krabat, daß er in eine »Schwarze Schule« gekommen ist, wo die Verbindung mit dem Geisterreich unter geheimnisvollen Riten verwirklicht wird. Bald zieht der Meister auch den neuen Lehrling hinzu, wenn er um Mitternacht die Mühlknappen in der Zauberkunst unterweist. Doch Krabat lehnt sich innerlich immer stärker auf und kann schließlich mit Hilfe eines Dorfmädchens, das ihn liebt, und eines treuen Freundes den finsteren Müller besiegen, der mit seiner Mühle versinkt. Bresgens Musik steht hier wieder dem Singspiel nahe, er verwendet Motive aus der wendischen Folklore – jener Region zwischen deutschen und den südslawischen Regionen der alten Donaumonarchie, heute zum Teil zu Südkärnten/Österreich, zum Teil zu Jugoslawien gehörend – und schaltet gesprochene Szenen zwischen die Musiknummern.

Benjamin Britten

1913–1976

Benjamin Britten, am 22. November 1913 in Lowestoft/Suffolk an Englands Ostküste geboren, zählt zu den Großen in der Musikgeschichte des 20. Jahrhunderts; zugleich ist er wohl auch ein »Letzter«, der trotz (oder gerade wegen) seines gesunden Modernismus die Kontinuität der abendländischen Musikentwicklung nie aus den Augen verlor. Sein Lebenswerk ist hochbedeutend und umspannt alle Gattungen, kleine wie große Formen, vom Lied bis zum »War Requiem« (einem der ergreifendsten Oratorien unserer Zeit, in dem die Erschütterung des Zweiten Weltkriegs nachzittert), vom Instrumentalensemble bis zur Oper. Gerade auf diesem letzteren Gebiet muß seine Tätigkeit als entscheidend angesehen werden. Nicht nur ist es Britten gelungen, sein Land nach langer Unterbrechung unter die führenden Musiktheaternationen zurückzuführen, er hat auch Werke geschaffen, die vom Publikum aller Welt anerkannt und hochgeschätzt werden. Er studierte bei zwei namhaften englischen Musikern, John Ireland und Frank Bridge, fand aber, laut eigener Aussage, bei Purcell – dem letzten Meister der Insel, der unter die Großen der Musikgeschichte gezählt wird – und seiner hohen Barockkunst die Erkenntnis, »wie wundervoll dramatischer Gesang in englischer Sprache sein kann«. Mit seinem ersten Bühnenwerk »Peter Grimes« erlebte er 1945 überraschend schnell den Durchbruch zu internationalem Ruhm. Und nun schuf er Werk auf Werk für das Musiktheater, jedes anders und in seiner Art mustergültig: »Der Raub der Lukretia« (1946), »Albert Herring« (1947), »Die Bettleroper« (1948), »Wir machen eine Oper« (1949), »Billy Budd« (1951), »Gloriana«, Krönungsoper für Königin Elisabeth II. (1953), »Die sündigen Engel/ The turn of the screw« (1954), »Ein Sommernachtstraum« (1960), »Tod in Venedig« (1973). Um die Mitte der Sechziger Jahre interessierte Britten sich für neuartige Formen des Musiktheaters, die man auch als Wiederentdeckung sehr alter europäischer oder Neuentdeckung ostasiatischer für Europa nennen könnte; es sind »Parabeln« für wenige Solisten, Kammerchor und Kammerorchester oder gar Einzelinstrumente geworden. »Curlew River« kommt geistig aus der japanischen No-Tradition, »The Burning Fiery Furnace« aus dem biblischen »Gesang im Feuerofen«, »The prodigal Son« aus der Geschichte vom verlorenen Sohn, die zu den meistbehandelten Themen des mittelalterlichen Theaters gehört. Dieses Stück konnte, durch vieljährige mustergültige Aufführungen beim Carinthischen Sommer (Stiftskirche Ossiach, Kärnten/Österreich) auch in Mitteleuropa starke Beachtung erringen. Schließlich trat Britten auch den neuen Stilfragen der Fernsehoper näher. Er vertonte (nach Henry James) den in England erfolgreichen »Owen Wingrave«. Äußerst intensiv waren seine Bemühungen um ein Opernleben neuer Art in seinem Lande. Er gründete – neben dem traditionellen Opernhaus Londons, dem »Covent Garden« – die English Opera Group (1947) und ein Jahr später in Aldeburgh, wo er sich für den Rest seines Lebens niederließ, ein alljährliches Musikfest, das zu den inhaltlich wichtigsten Europas gehört. Sein Tod am 4. Dezember 1976 (in Aldeburgh/Suffolk) beraubte die Welt eines großen Musikers.

Peter Grimes

Oper in drei Akten und einem Prolog. Textbuch von Montagu Slater, nach einer Dichtung von George Crabbe.
Originaltitel: Peter Grimes
Originalsprache: Englisch
Personen: Peter Grimes, Fischer (Tenor), John, sein Lehrling (stumme Rolle), Witwe Ellen Orford, Lehrerin (Sopran), Kapitän Balstrode, früher in der Handelsmarine (Bariton), Auntie, Besitzerin des Gasthofs »The Boar« (Alt), zwei Mädchen, die in »The Boar« auftreten (Sopran), Bob Boles, Methodist und Fischer (Tenor), der Richter Swallow (Baß), Frau Sedley, Witwe eines Angestellten der Ost-Indischen Kompagnie (Mezzosopran), Reverend Horace Adams (Tenor), Ned Keene, Apotheker und Quacksalber (Bariton), Dr. Thorp (stumme Rolle), Hobson, Bote (Baß). Fischer, Volk.
Ort und Zeit: The Borough, ein Dorf an Englands Ostküste. Um 1830.
Handlung: Der Prolog führt uns – ohne Orchestervorspiel – in den Gerichtssaal, wo der Richter Swallow Peter Grimes anklagt, seinen Lehrjungen getötet zu haben. Die Stimmen werden hier von Britten in einer Art rezitativischen Gesangs geführt, der vom Orchester durch kurze, trockene Akkorde gestützt wird. Peter Grimes, menschenscheu und einsilbig, behauptet, der Lehrling sei in einer Sturmnacht auf hohem Meer umgekommen. Der Richter spricht den Fischer frei, aber die Zweifel an Grimes' Unschuld halten sich hartnäckig im Dorfe. Die Chöre, die bei Britten oft besondere Wichtigkeit erlangen – gewissermaßen als Beobachter oder »innere Stimmen«, nach Art der griechischen Tragödie –, treten hier bedeutungsvoll hervor. Peter bleibt allein zurück, aber Ellen gesellt sich ihm zu, die einzige im Ort, die ihm glaubt und Zuneigung zu dem seltsam schroffen Menschen hegt. Britten läßt die beiden ein Duett »a cappella« anstimmen, eine in Opern sehr selten anzutreffende Form.
Ein Orchesterspiel ertönt vor dem ersten Akt, wie auch vor den späteren Szenen. Hier verdeutlicht sich Brittens ganz eigene Art der Orchesterbehandlung, die fast wie bei Kammermusik stets durchsichtig bleibt.
Das Bühnenbild des ersten Aktes zeigt eine enge Gasse des Dorfes, die auf das Meer hinausführt. Das Meer ist der wahre Handlungsträger (ein wenig wie in Ibsens Drama »Die Frau vom Meer«). Man sieht die typischen Häuser Ostenglands, die Kirche, einen Laden, die Taverne. Es ist ein grauer Morgen, und die Fischerboote werden zum Auslaufen klargemacht. Die Chöre singen in A-Dur, aber das Orchester mischt andere Tonarten hinein, woraus eine seltsame Polytonalität entsteht, die den Eindruck von lastender Schwere, von hoffnungsloser Trostlosigkeit, in der alle Farben verlöschen, alle Umrisse

unscharf werden. Man glaubt ununterbrochen das Rauschen des Meeres zu vernehmen (und hier denkt man manchmal an den »Fliegenden Holländer«, so verschieden die Dramen und Epochen auch sind). Peter tritt auf, und die Dorfbewohner bezeugen ihm deutlich ihre Feindseligkeit. Vor dem herannahenden Gewitter flüchten alle in den Gasthof, nur er bleibt bei seinem Boot. Wieder gesellt Ellen sich zu ihm. Da niemand mehr mit ihm aufs Meer fahren will, verspricht sie, alles zu unternehmen, um einen neuen Lehrjungen für ihn zu suchen. Ein Gespräch mit Kapitän Balstrode löst Peters Zunge ein wenig, aber auch dieser geht bald in die Taverne. Ellen und Peter bleiben allein.

Das Zwischenspiel malt den Sturm auf dem Meere, und das Orchester unterstreicht auch die folgende Szene mit ähnlichen Phrasen. Wir befinden uns in Aunties Taverne, wo viele Menschen Zuflucht vor dem Unwetter gesucht haben. Peters Eintritt ruft fast eine Schlägerei hervor, doch ein altes, rechtzeitig angestimmtes Lied vermeidet das Ärgste. Als Ellen mit einem neuen Lehrjungen erscheint und Peter darauf besteht, diesen sofort in sein Haus mitzunehmen, kommt es neuerlich zu feindseligen Äußerungen.

Das nächste Zwischenspiel suggeriert uns einen hellen sonnigen Morgen. Es ist Sonntag, und die Glocken rufen zum Kirchgang. Ellen und der Lehrling nähern sich dem Strande, während die Luft von ihrem frohen Liede, von Orgelklang und einem feinen Orchesterschleier erfüllt ist. Während der Junge, ohne zu sprechen, ruhig im Sande spielt, bemerkt Ellen unter der abgenützten Wäsche Spuren von Mißhandlungen. Da kommt Peter und besteht darauf, auch heute zum Fischfang auszufahren, obwohl sie die ganze Woche auf dem Meere verbrachten. Ellen widerspricht ihm sanft, ① aber er reißt den Jungen mit Gewalt von ihrer Seite. Einige Nachbarn haben die Szene beobachtet, das Wort »Mörder« taucht hier und da auf, und die Spannung steigt. Endlich stürzt die Menge in der Richtung von Peters Haus fort.

Nach einem neuerlichen Zwischenspiel (in Form einer Passacaglia) befinden wir uns in Grimes' Hütte. Der Fischer verlangt immer neue Arbeitsleistungen von seinem Lehrjungen und schlägt ihn, wenn er nicht nachkommt. Von ferne hört man Stimmen: es sind die Dorfbewohner, die sich nähern. Dumpfe Trommeln begleiten ihren Schritt. Der Lehrjunge benützt die Gelegenheit, um aus der Hütte zu fliehen, Peter eilt ihm nach auf dem Wege zum Abgrund. Die Menschen haben das Haus erreicht, finden es aber leer. Balstrode ahnt die Wahrheit und läuft den Flüchtigen nach.

In die vom Mondlicht erleuchtete Dorfstraße dringt Tanzmusik aus Aunties Gasthof. Ellen tritt in höchster Angst auf, seit Stunden hat man keine Nachricht von Grimes und seinem Lehrling, die auf hoher See sind. Frau Sedley, eine der alten Klatschbasen des Dorfes, verbreitet beängstigende Gerüchte und erreicht es, daß wieder eine wütende Menge zu Peters Haus eilt. Inzwischen fällt Nebel ein. Man hört Sirenen vom Meer ertönen. Peter taucht auf, er ist dem Wahnsinn nahe. Vergebens sucht Ellen ihn zu beruhigen. »Welcher Hafen bietet mir Frieden?« wiederholt er unausgesetzt; es ist, verzerrt nun in höchster Angst, ein Satz aus seinem ersten Gespräch mit Ellen. Die Szene ist von beklemmendem Realismus. ② Zum zweiten Male wird man ihn für den Mörder seines Lehrjungen halten, der sich aus Angst vor ihm vom Felsen ins Meer gestürzt hat. Balstrode rät ihm, aufs Meer hinauszufahren und nie wieder zurückzukehren. Peter gehorcht. In der langsamen, grauen Morgendämmerung schicken sich die Fischer zu ihrer Tagesarbeit an, während eine Stimme vom Strand verkündet, daß auf dem Meer ein Boot kentere. Schwer und lastend geht der Morgen über The Borough auf.

Quelle: Der anglikanische Geistliche George Crabbe (1754–1832) hat in »The borough« (etwa: das kleine Dorf, der Flecken) eine Fischersiedlung an Englands Ostküste geschildert, jener Region also, aus der Britten stammt. »Den größten Teil meines Lebens habe ich an der Küste verbracht und meine Kindheit wurde gezeichnet vom tobenden Meer«, schreibt er selbst. Er war es, der den namhaften englischen Dramatiker und Filmautor Montagu Slater auf den Stoff aufmerksam machte, um aus seiner Feder das gewünschte Libretto zu erhalten.

Textbuch: Eine stimmungsmäßig außerordentlich starke und dichte Arbeit, glänzende Schilderung des bedrückenden, stets vom Rauschen des Meeres umrahmten Dorfs, in dem die Menschen einander nie ganz nahekommen können, so sehr sie sich vielleicht in einem tief verborgenen Winkel ihres Herzens auch danach sehnen mögen. Britten, der das Szenarium selbst entworfen hatte, arbeitete auch an der Textgestaltung mit und erhielt so das Libretto, das seiner dramatischen Auffassung und seiner Musik voll entsprach.

Musik: Nach einem schwächeren Versuch (»Paul Bunyan«) tritt uns hier Britten, vorher mit vielerlei Werken bereits erfolgreich bekannt geworden, zum ersten Mal als echter Dramatiker entgegen. Sein Stil ist neu, modern, pakkend, sehr gekonnt, klug ohne intellektuell zu sein, auf einer mittleren Linie zwischen Verismus und Impressionismus. Er verwendet Polytonalität, in gewissen Momenten auch sehr freie oder sogar Atonalität, wenn das Drama es verlangt, verläßt aber im Grunde die Tonalität niemals, da er in ihr das feste Rückgrat der abendländischen Musik erkannt hat. Ohne Brittens Musik als »schildernd« oder »programmatisch« bezeichnen zu können, ist ihr Stimmungsgehalt doch ungewöhnlich stark; selbst ohne Bühnenbild – etwa bei den Orchesterzwischenspielen – entsteht der Eindruck des Meeres, der elementaren Gewalten, der unentrinnbaren Schicksalhaftigkeit, der drückenden Monotonie, der dumpfen Enge zurückgestauter menschlicher Konflikte und Leidenschaften aus den Klängen, die Britten aus einer schier unerschöpflichen Palette von Farben hervorzuzaubern weiß. Mitunter wird sein Ton volkstümlich, ohne ins Folkloristische zu fallen: Es erklingt eine alte Fischerweise der Ostküste und setzt dem musikalischen Geschehen eine weitere Nuance hinzu.

Geschichte: Das Werk entstand im Auftrag der (US-)Koussevitzky-Stiftung, erlebte seine Uraufführung aber in Londons Sadlers Wells-Theater am 7. Juni 1945, nur einen knappen Monat nach der siegreichen Beendigung des Zweiten Weltkriegs. In diese Euphorie mischte sich der – ebenfalls begründete – Stolz über die Geburt einer neuen englischen Oper, der ersten von Weltrang seit dem Tode Purcells (1695!) oder dem letzten Bühnenwerk Händels, wenn man diesen als englischen Komponisten verstehen will, wie er selbst sich verstanden wissen wollte (1741!). Mehr als zwei Jahrhunderte schienen überwunden, in denen London zwar stets eine führende Musik- und Opernstadt war, aber über keine international anerkannten Tonschöpfer verfügte. Tatsächlich breitete sich Brittens Werk unmittelbar aus und darf zu den wenigen gerechnet werden, die aus der zeitgenössischen Produktion der zweiten Jahrhunderthälfte in das Repertoire der Theater vieler Länder überging.

Der Raub der Lukretia

Oper in zwei Akten. Textbuch von Ronald Duncan nach André Obeys »Le viol de Lucrèce«.
Brittens zweites Erfolgsstück, »The rape of Lucretia«, stammt aus gänzlich anderen geistigen Bezirken. Der Komponist entwickelt hier dementsprechend auch andere musikalische Formen, Klänge und Harmonien. Die Uraufführung im (Festspielort) Glyndebourne am 12. Juli 1946 brachte wiederum weltweite Beachtung und zahlreiche Aufführungen an ersten Bühnen. Die deutsche Übersetzung des Titels (den wir so wiedergeben, wie er für gewöhnlich angekündigt wird) ist irreführend: nicht um Raub handelt es sich (wie etwa bei den Sabinerinnen), sondern um Vergewaltigung. Die auf vier Bilder verteilte Handlung ist eigentlich eher episch als dramatisch behandelt, und ihr folgt Brittens Vertonung recht genau. Es wurde eine Kammeroper, die mit sparsamsten Mitteln gearbeitet ist; für den Chor stehen stellvertretend nur je eine Frauen- und eine Männerstimme, deren Einsatz in klassizistisch beobachtender Weise erfolgt, also völlig statisch, schildernd, erzählend, kommentierend, nach Art Strawinskys im »Oedipus Rex« und anderer Werke unseres Jahrhunderts.

Lukretia, die treue Gattin des römischen Feldherrn Collatinus, wird, da sie als einzige in der Hauptstadt zurückgebliebene Offiziersgattin untadelig keusch lebt, während des Feldzugs ihres Gemahls von dem zynischen und jeder Frauentugend spottenden Sohn des Tyrannen Tarquinius aufgesucht und nach Fehlschlagen seiner Verführungsversuche vergewaltigt. Lukretia kann die Kränkung nicht ertragen und gibt sich, nachdem sie ihren Gatten zurückgerufen und sich von ihm innig verabschiedet hat, den Tod.

Albert Herring

Heitere Kammeroper in fünf Bildern nach Maupassants Novelle »Der Rosenjüngling der Madame Husson« von Eric Crozier.
Britten läßt auf seine »Lukretia« neuerlich eine Kammeroper folgen, aber dieses Mal eine heitere, ja lustige. (Sie wird auf deutschen Bühnen oftmals als »Albert Hering« dargestellt, vielleicht weil zur Hauptgestalt klanglich »Hering« besser zu passen scheint als das energischere »Herring«). Der Inhalt ist in wenigen Worten erzählt: In einem kleinen englischen Städtchen soll eine Tugendkönigin gekrönt werden; da es aber an tugendhaften Mädchen zu mangeln scheint, beschließen die Obrigkeiten, ausnahmsweise einen jungen Mann zum Tugendkönig zu machen. Albert Herring scheint diesem Ideal völlig zu entsprechen. Selbst bei Banketten und Wirtshausbesuchen trinkt er nur Milch und Wasser. Aber bei seiner »Krönung« mischen ihm böse Hände Rum in die Limonade. Und um Albert Herrings Tugend ist es geschehen. Er läuft davon, und gerade als man den Verschwundenen als tot beweinen will, entdeckt man seine nächtlichen Abenteuer, die zwar immer noch recht harmlos sind, sich aber doch nicht in das Tugendbild fügen wollen, das Lady Billows, die Stifterin des Preises, sich gemacht hat. Die Musik Brittens ist unterhaltsam und witzig. Es wimmelt von Parodien und Zitaten (sogar das Liebestrank-Motiv aus »Tristan« wird bemüht), doch könnte man das Libretto vielleicht als gar zu harmlos und (typisch englisch?) naiv bezeichnen. Immerhin: um den weltumspannenden Erfolg können es viele andere, weniger einfache Stücke zweifellos beneiden. Die Uraufführung fand am 20. Juni 1947, wiederum im Festspielort Glyndebourne statt.

Die Bettleroper

Wie es nach dem Ersten Weltkrieg den deutschen Dramatiker Bertolt Brecht und den Komponisten Kurt Weill gelüstete, die 1728 in London aufgeführte Balladenoper vom Leben der Unterwelt, der Bettler und Zuhälter, zu modernisieren, so reizte es nach dem Zweiten Weltkrieg Benjamin Britten, ein Gleiches zu tun. Die Brecht-Weill-Fassung nahm den Namen »Dreigroschenoper« an und wurde zu einem der sensationellsten Welterfolge aller Zeiten, der in mehreren Verfilmungen und einer über 2000 Abende langen Serie von Broadwayaufführungen in New York ihre Höhepunkte fand. Britten hielt sich hingegen an den ursprünglichen Titel des Werkes von John Gay (mit Musik von Pepush): »The Beggar's Opera« (»Die Bettleroper«). Er bekundete auch in der Bearbeitung eine viel weitergehende Treue zum Original. Von den ursprünglichen 69 Liedern hat er 66 in seine Partitur aufgenommen, ein wenig aktualisiert und zeitgenössisch instrumentiert. Die sehr ausgedehnten gesprochenen Originaltexte wurden sinngemäß gekürzt, ohne dem Werk die satirische Schärfe, die sozialpolitische Angriffigkeit zu nehmen. Denn: so gut wie nichts hat sich in den fast zweieinhalb Jahrhunderten geändert, die zwischen Original und Neufassung liegen. Das mag tief beschämend sein, gehört aber nicht in unser Buch. Man amüsiert sich darum auch heute über Dinge, die gar nicht amüsant sein dürften, man freut sich über eine Oper, die eigentlich die Parodie einer Oper ist, man kennt die menschlichen Gestalten von Bettlern, Gangstern und Huren, die hier – anstelle der sonst in alten Opern üblichen Götter und Helden – auf der Bühne agieren. Von der charmanten Unmoral, wie sie hier präsentiert wird, ist nur der Charme inzwischen verschwunden, nicht die Unmoral. Brittens »Bettleroper« wurde am 24. Mai 1948 in Cambridge uraufgeführt und ist seitdem in vielen Sprachen über viele Bühnen gegangen. Das hätte John Gay sich kaum träumen lassen, als er ein »Proteststück« mit einer Opernparodie auf Händels großspurige Heroenwerke zu verbinden beschloß...

Wir machen eine Oper

Eine Unterhaltung für junge Leute in drei Akten. Textbuch von Eric Crozier.
Hier hat Britten – der stets eine besonders glückliche Hand für musikalische Pädagogik hatte – eine der reizendsten Jugendopern unserer Zeit geschrieben. Er bezieht das im Theater anwesende Publikum ein, das zum Mitsingen in einem improvisierten Chor aufgerufen wird. (So ereignet sich der seltene Fall, daß der Dirigent zeitweise der Szene den Rücken dreht und das Publikum dirigiert.) Die beiden ersten Akte zeigen, wie leicht es eigentlich ist, eine Oper zu machen. Die Bühne wird montiert, gemalt, die Rollen verteilt, studiert, die Kostüme angefertigt. Der dritte Akt bringt dann die kleine Oper selbst: es ist eine Vertonung von Dickens' »Kleinem Schornsteinfeger«. Das von einem auf Mindestmaß reduzierten Orchester begleitete Werk (Streichquartett, zwei Klaviere, Schlagzeug), in dem leichte Chöre eingebaut sind, hat seit seiner Uraufführung (1949) vielen Kindern, aber auch den Erwachsenen große Freude bereitet.

Billy Budd

Oper in drei Akten. Textbuch, nach Hermann Melvilles gleichnamiger Erzählung, von Forster und Crozier.
Düster – fast wie im »Peter Grimes« – ist manches in dieser Matrosenoper, die der damals schon weltberühmte Britten 1951 in London uraufführen ließ. Der fröhliche Billy Budd, gegen seinen Willen auf einem Kriegsschiff in Dienst, wird der Teilnahme an einer Meuterei bezichtigt. Seine Vorgesetzten glauben an seine Unschuld, aber Billy selbst setzt sich, wie stets, wenn er die Nerven verliert, ins Unrecht und erschlägt den Verleumder. Nun kann das Kriegsgericht nicht anders als auf Tod entscheiden. Dieses Werk, das viel Wertvolles enthält, hat sich im internationalen Opernleben nicht durchsetzen können.

Die Sündigen Engel
(The turn of the screw)

Oper in zwei Akten und einem Prolog. Text von Myfany Piper, nach einer Erzählung von Henry James.
Der Originaltitel dieser von manchem Kenner für Brittens stärkstes dramatisches Werk gehaltenen Oper lautet »The turn of the screw«. Bei deutschen Aufführungen wird zumeist der Name »Die sündigen Engel« verwendet, unter dem die Novelle Henry James', der der Stoff entnommen ist, übersetzt erschienen ist. (Eine wörtliche Übertragung, etwa »Die Drehung der Schraube«, »Das Anziehen der Schraube« ergäbe keine sinngemäße Bezeichnung, eher »Die Schicksalsschraube«, wie man manchmal liest.) Henry James, der große nordamerikanische Erzähler (1843–1918), hat hier ein düsteres, ins Übersinnliche spielendes Thema behandelt, dessen Verwendung als Opernstoff diskutabel erscheint: der Geist zweier Verstorbener übt auf die beiden Kinder, die ihnen zu Lebzeiten anvertraut waren, einen geheimnisvollen, vernichtenden Einfluß aus. Gegen ihn kämpft eine soeben ins Haus gekommene Erzieherin mutig und aufopfernd an. Es gelingt ihr, das kleine Mädchen zu retten, nicht aber den Jungen, der mit dem Geist des verstorbenen Dieners zu eng verknüpft und ihm zu stark verfallen war. Hier gibt es keine Rettung, sondern nur den Tod. Britten arbeitet wieder, wie bei früheren Wer-

ken, mit einem Kammerorchester kleinster Besetzung (13 Musiker) und weiß ihm eine kaum glaubliche Fülle von Stimmungen, seelischen und äußerlichen Schilderungen zu entlocken. Ein beklemmendes, seltsames, schwer zu realisierendes, aber packendes Musikdrama.

Ein Sommernachtstraum

Oper in drei Akten, nach William Shakespeare bearbeitet von Benjamin Britten und Peter Pears.
Originaltitel: A midsummernight's dream
Originalsprache: Englisch
Personen: Oberon, König der Elfen (Kontratenor, eventuell Alt), Titania, Elfenkönigin (Sopran), Puck, ein Elf (Sprechrolle), Theseus, Herzog von Athen (Baß), Hippolyta, Amazonenkönigin, seine Braut (Alt), zwei junge Athener, Lysander (Tenor) und Demetrius (Bariton), Hermia, in Lysander verliebt (Mezzosopran), Helena, in Demetrius verliebt (Sopran), sechs Handwerker aus Athen: Zettel, der Weber (Baß), Squenz, der Zimmermann (Baß), Flaut, der Bälgeflicker (Tenor), Schnock, der Schreiner (Baß), Schnauz, der Kesselflicker (Tenor), Schlucker, der Schneider (Bariton): Elfen.
Ort und Zeit: Ein Wald nahe von Athen und der Palast des Theseus in dieser Stadt. Die unbestimmte des Märchens, mit Anspielung auf das klassische Altertum.
Zeit: Das griechische Altertum, gemischt mit zeitloser Märchenatmosphäre.
Handlung: In Shakespeares unsterblichem Meisterwerk mischen sich im Ablauf einer lauen Hochsommernacht vielerlei menschliche und übermenschliche Geschehnisse, die er einfallsreich verknüpft und in seltsame wechselseitige Beziehung setzt. Dreierlei Welten stoßen aufeinander: die der Elfen, die der jungen Liebenden und die der biederen Handwerker. Die Elfen huschen, bunten Schmetterlingen gleich, unter dem dichten, sich traumhaft im Mondlicht regenden Laubdach; die Liebenden fühlen Sehnsucht und Verwirrung der Stunde, die in solcher Fülle und Wärme nur einmal im Jahr wiederkehrt; die Handwerker – oft recht irreführend »Rüpel« genannt, dieweil sie in Wahrheit harmlos, bescheiden und ehrerbietig sind – fühlen von dem Zauber der Nacht nichts, bis sie durch die spukvolle Verwandlung eines ihrer Kameraden bis ins Innerste erschreckt werden.
Die Elfen spielen, tummeln sich im geheimnisvoll nächtlichen Sommerwald. ① Oberon und Titania treten auf; sie sind um den Besitz eines Edelknaben in Streit geraten, aus dem die Geisterkönigin siegreich hervorgeht. Oberon beschließt, sich zu rächen und beauftragt seinen treuen Diener Puck, ihm ein Kraut zu verschaffen, dessen Saft, in das Auge eines schlafenden Wesens geträufelt, dieses in das erste Geschöpf verliebt macht, das ihm nach dem Erwachen begegnet. Puck begibt sich auf den Weg. Inzwischen tauchen vier junge Menschen aus Athen auf. Helena stellt Demetrius nach, der aber von ihrer Liebe nichts wissen will. Er liebt hingegen Hermia, doch diese zieht ihm Lysander vor.
Schließlich erscheint eine dritte Gruppe im Walde, über dem sich ein großer silberner Vollmond langsam und zauberhaft von Ost nach West bewegt: sechs brave Handwerker aus der Stadt, die nichts anderes suchen als einen ruhigen Platz, an dem sie das Theaterstück von Pyramus und Thisbe einstudieren und proben können, mit dem sie ihren Fürsten zu dessen bevorstehender Hochzeit überraschen wollen.
Sie haben begreiflicherweise von Literatur und Bühne keine Ahnung, und so verwandelt sich die tragisch-rührende Geschichte des klassischen Liebespaares in eine zwerchfellerschütternde Parodie. Zettel soll den Pyramus spielen, aber in seinem Übereifer möchte er am liebsten alle Rollen verkörpern, selbst den Löwen und den Mond, ja auch die Wand, die – in Ermangelung von Requisiten – von den Amateurdarstellern selbst wiedergegeben werden sollen. Flaut

verkörpert die Thisbe, Peter Squenz hat die Leitung inne. Er trägt seiner Truppe auf, die Rollen nun gut zu lernen. Doch bevor es noch zur weiteren Probe kommen kann, überfällt der Sommernachtszauber alle im Walde zufällig vereinten Lebewesen.

Puck lockt Zettel von den Gefährten fort und verleiht ihm einen riesigen Eselskopf. Dann träufelt er Titania, die sich zur Ruhe gelegt hat, den Saft ins Auge, der sie beim Erwachen in den ruhelos umherirrenden Zettel verliebt macht. Der Eselskopf, der eben noch die Gefährten entsetzt in die Flucht getrieben hat, stört die Elfenkönigin nicht im geringsten; sie ruft die Elfen herbei und befiehlt ihnen, dem neuen Herrn in allem dienstbar zu sein. Nach anfänglichem Staunen findet der brave Handwerker sich überraschend gut in seine neue hohe Stellung. Titania singt ihn in Schlummer, und die Dienerinnen fächeln ihm Kühlung zu. Oberon und Puck betrachten schadenfroh ihr Werk. Doch der Elfenbote hat das Zaubermittel auch bei den jungen Liebenden angewendet. Und nun scheint ein neuer heftiger Streit entbrannt zu sein. Was hat Puck getan? Er muß die Tropfen unrichtig verteilt haben. Lysander irrt Helena nach, die nicht an seine plötzliche Liebe glauben will, und Hermia weist Demetrius zurück und verlangt nur nach Lysander. Nur wenn die verzweifelten Paare, müde geworden, sich zur Ruhe legen, kann Puck seinen Irrtum wieder gut machen. So jagt er sie denn hin und her, bis sie niedersinken und einschlafen. Dann träufelt er Lysander, der neben Hermia in Schlummer fiel, die Tropfen ins Auge.

Langsam geht die Zaubernacht dem Morgen entgegen. Oberons Machtwort löst den Spuk. In Liebe findet er sich mit Titania. Lysander umarmt Hermia, Demetrius erkennt, daß er an Helenas Seite glücklich werden kann. Zettel erwacht, als seine Gefährten zurückkommen; er ist nun wieder ein Athener Handwerker, der manchmal an seinen Kopf greift, als suche er noch die langen Ohren, die er – wohl nur im Traum – besaß. Froh nehmen sie das Theaterstück von Pyramus und Thisbe (oder »Thibse«, wie die eifrigen, aber nicht sonderlich gebildeten Schauspieler dieses Stücks es auszusprechen pflegen) wieder auf, und wir erleben dessen urkomische Aufführung im letzten Bilde, das uns in den Palast des Theseus führt. Die Wirrnisse einer milden, zauberischen Sommernacht sind zu Ende ...

Quelle: Shakespeares gleichnamige Komödie.
Textbuch: Aus diesem Meisterwerk, das für ein Libretto, einen geradezu einmaligen Glücksfall bedeutet, haben der Komponist und sein Lebensgefährte (und bester Interpret) Peter Pears äußerst feinfühlig und geschickt ein bezauberndes Textbuch hergestellt, in dem sowohl die Lustspielelemente wie die romantischen Naturschilderungen und die Traumwirrungen enthalten und der Musik dienstbar gemacht sind.
Musik: Britten trennt meisterhaft die verschiedenen Ebenen seines Spiels. Für die Elfenwelt hat er zauberhafte Klänge bereit: hier herrschen Harfe, Celesta und delikate Streicherglissandi vor. Zum ersten Male beggenen wir in seinem Werk glühender Liebesmusik, mit der die Szenen der jungen Athener ausgestattet sind. In den Szenen der theaterspielenden Handwerker greift er manchmal zur Parodie, die sogar recht derb werden kann. Interessant ist die Besetzung Oberons mit einem Kontratenor, einer äußerst seltenen Stimmgattung; es handelt sich um eine in höchsten Regionen singende oder falsettierende Männerstimme, die nur im Notfall durch eine Altistin ersetzt werden sollte.
Geschichte: Shakespeares »Sommernachtstraum« hat die Komponisten viel öfter als man annimmt zur Vertonung gereizt. Keines dieser Werke konnte sich durchsetzen; vielleicht war die Dichtung an sich schon zu musikalisch oder zu wortreich, vielleicht verfügten frühere Zeiten auch nicht über die nötigen Klangnuancen, die ein so vielfach geschichtetes Stück verlangt. Nur Mendelssohns blühende Bühnenmusik, ein Geniestreich ersten Ranges, blieb für immer mit der unsterblichen Komödie verknüpft. Einer anerkennenden Erwähnung wert ist auch Carl Orffs fesselnde Bühnenmusik. Doch Brittens Oper scheint als erste (nach Purcells nur selten als Leckerbissen zu genießender »Fairy Queen«) das Problem einer durchgehenden Vertonung gelöst zu haben. Der in Aldeburgh, Brittens Wohnsitz, am 11. Juni 1960 erfolgten Uraufführung folgte eine schnelle Verbreitung über zahlreiche Bühnen der Welt.

Der Tod in Venedig

Brittens letzte Oper (Uraufführung: 1973 in Aldeburgh) wählt die berühmte Novelle gleichen Namens von Thomas Mann zum Vorwurf, dem der Komponist erstaunlich genau, vor allem im

Grundproblem, folgt: der rätselvollen, kaum in Worte zu fassenden Neigung oder Liebe des alternden deutschen Schriftstellers Gustav von Aschenbach zu dem blutjungen, überaus schönen polnischen Knaben Tadzio, mit dem er auf geheimnisvolle Weise verbunden wird, ohne jemals das Wort an ihn gerichtet zu haben. Die Musik weiß Beziehungen anzudeuten, seelischen Verbindungen nachzuspüren, die tief an letzte Rätsel des Unbewußten, des Unterbewußten rühren. Erwacht in dem reifen Mann, der seine Gattin vor längerer Zeit verloren und dessen Tochter sich ihm durch ihre Ehe entfremdet hat, ein neues, inniges Vatergefühl dem unbekannten Jüngling gegenüber, oder entdeckt er, erschreckt und doch zutiefst beglückt eine homoerotische Bindung, von deren bloßer Möglichkeit er nie etwas geahnt hat? Den Rahmen für die aus hundert äußerlichen wichtigen, aber auch unwichtigen Begebenheiten zusammengesetzten Handlung bildet Venedig mit seinen Lagunen, Inseln, Stränden, vergangenheitsträchtigen Palästen, internationalen Grandhotels, wo alle Sprachen der Erde durcheinanderklingen. Das Libretto führt durch nicht weniger als 17 Bilder; im letzten stirbt Aschenbach in seinem Strandsessel an einem Herzschlag, vielleicht weil er dem geliebten Tadzio in der Prügelei mit einem überlegenen Kameraden nicht zu Hilfe eilen kann, vielleicht weil sein Leben nun, da Tadzio mit seiner Familie vor der Abreise steht, die nahezu sicher ein Nimmerwiedersehen bedeutet, an einem Endpunkt angelangt zu sein scheint. Diese letzte Oper von insgesamt fünfzehn Brittens zeigt den Komponisten auf der Höhe der Meisterschaft, wenn auch nicht mehr im Vollbesitz der einstigen Inspiration. Lange, schwere Krankheit hat ihn zermürbt. Eine gewaltige Lebensarbeit lag hinter ihm; niemals ist er in ihrem Verlauf seinem Glaubensbekenntnis untreu geworden: »My job is to write music which is useful and for the living«, Mein Beruf ist, brauchbare Musik für die Lebenden zu schreiben. Wie einfach, wie gesund! So hätte auch Haydn sich ausdrücken können.

Paul Burkhard

1911–1977

Der am 21. Dezember 1911 in Zürich geborene Komponist Paul Burkhard hat sich bereits in jungen Jahren der Musik und dem Theater verschrieben. Musik studierte er am Züricher Konservatorium, die Theaterpraxis erwarb er sich am Stadttheater Bern (1932–34). Danach fungierte er mehrere Jahre sehr erfolgreich als Hauskomponist am Schauspielhaus Zürich (1939–1944), bis Hermann Scherchen ihn schließlich als Leiter des Studio-Orchesters bei Radio Beromünster engagierte. Bis zum Jahre 1957 hatte Paul Burkhard diesen wichtigen Posten inne, der ihm auch gelegentliche Gastspiele ermöglichte (Baden-Baden, München, Wien, Hamburg, London, Berlin u.a.). Seit 1957 lebte Paul Burkhard als freischaffender Komponist in Zell (Tößtal, Schweiz). Einen Welterfolg errang er mit der musikalischen Komödie »Feuerwerk« (1950), deren Hauptschlager »O mein Papa« überaus populär wurde. Weitere Werke für das Musiktheater waren »Hopsa« (Revue-Operette, 1936); »Dreimal Georges« (Operette, 1936); »Paradies der Frauen« (1938); »Casanova in der Schweiz« (komische Oper, 1942); »Tic-Tac« (1944); »Tingeltangel-Oper« (1951); »Spiegel, das Kätzchen« (musikalische Komödie nach Gottfried Keller, 1956); »Die kleine Niederdorfoper« (1954); »Die Pariserin« (1957); »Die Dame mit der Brille« (1962); »Bunbury« (nach Oscar Wilde, 1965); »Ein Stern geht auf aus Jakob« (Weihnachtsoper, 1970); in manchen davon steht er zwischen Oper und deren »leichterer« Schwester, der Operette.

Willy Burkhard
1900–1955

Im Jahre 1900 in Leubringen (Kanton Bern) geboren, hat Willy Burkhard sein gesamtes Leben in seiner Schweizer Heimat verbracht: von 1924–1933 in Bern, wohin er von den Studienaufenthalten in Leipzig, München und Paris zurückkehrte, dann krankheitshalber in Montana, im Tessin und vor allem in Davos, und von 1942 bis zu seinem Tode in Zürich, wo er Lehrer am Konservatorium war. Er erhielt den Komponistenpreis des Schweizerischen Tonkünstlervereins und den Musikpreis der Stadt Zürich. Sein reiches Werk umfaßt alle Gattungen und zeichnet sich stets durch tiefen Ernst und ein hohes Ethos aus. Zum bedeutendsten gehören die Oratorien »Das Gesicht Jesajas« und »Das Jahr« sowie seine einzige Oper, um deretwillen er in unserem Buch Aufnahme fand: »Die schwarze Spinne«. Der Weg Burkhards zur Gattung der Oper war lang und mit schweren Zweifeln gepflastert. Er hatte prinzipielle Einwände gegen sie, sowie Bedenken, daß seinem persönlichen Stil die besonderen Gesetze der Bühnenmusik nicht liegen könnten. Und dies, obwohl er sich zu einer Definition der Oper durchgerungen hatte, die seiner Eigenart weitesten Spielraum ließ: »Oper ist ein Bühnenstück, bei dem die Musik einen führenden Anteil hat.« Im Dezember 1945 erhielt er von Ferdinand Lion (dem Librettisten von Hindemiths »Cardillac«) ein Libretto für eine biblische Oper, »Die Prophezeiung«, zugesandt; aber nach langer Überlegung lehnte er die Ausführung ab. Wenige Monate später bekam er einen anderen Vorschlag in gleicher Richtung: Robert Faesi und Georgette Bohner hatten Jeremias Gotthelfs Novelle »Die schwarze Spinne« dramatisiert und wollten dazu in irgendeiner Art Burkhards Musik haben. Inhalt und Form fesselten den Komponisten gleichermaßen: der Entwurf gliederte den Stoff in zwei Ebenen, eine Rahmenhandlung und das eigentliche Drama. »Während die Taufgesellschaft vor dem Hause zusammensitzt, beginnt der Großvater von der schwarzen Spinne zu erzählen. Von einem gewissen Augenblick an wickelt sich die Geschichte sozusagen als Vision auf der Bühne ab, indem die Personen der Vergangenheit plötzlich auftreten und handeln ... So ergibt sich ein Wechselspiel von Epik und Dramatik, von Erzählung und Vision. Wie nun, wenn man Vision mit Musik gleichsetzen könnte?« So erzählte Burkhard und gibt uns damit die Erklärung zum Werden dieser formal seltsamen Oper, in der die gesprochene Rahmenhandlung mit dem gesungen und teilweise getanzten, pantomimisch zum Orchesterklang ausgedrückten Drama abwechselt.

Der Inhalt schildert die mittelalterliche bäuerliche Fron, durch die ein übermütiger Schloßherr seine Untergebenen dazu zwingt, ihm in Monatsfrist eine schattenspendende Buchenallee vor seinen Palast zu pflanzen. Als die Bauern über der Größe der Aufgabe verzweifeln, erscheint der Teufel in Gestalt eines Jägers und bietet seine Hilfe an; die Gegenleistung sei nichts anderes als ein ungetauftes, neugeborenes Kind. Entrüstet wenden die Dorfbewohner sich ab, nur ein junges Weib, die Lindauerin, läßt sich mit dem Versucher ein. Schließlich überredet sie die Bauern, die zudem hoffen, zuletzt den Teufel mit der Unterstützung der Kirche um seinen Lohn prellen zu können. Die Buchenallee wird fertig. Bei Gesang und Tanz wird das Ende der Arbeit, die nur mit des Teufels Hilfe zustande kam, gefeiert. Der Böse selbst erscheint und tanzt mit der Lindauerin. Als nun der Lohn gezahlt werden soll, irrt die Lindauerin vergeblich umher, um ein neugeborenes Kind zu rauben. Als es einmal fast soweit ist, wirft ein Priester sich dazwischen, entreißt der Räuberin das Kind und verwandelt sie, durch Besprengung mit Weihwasser, in eine schwarze Spinne. Als solche kriecht sie nun, pest- und todbringend durch den Ort. Zahlreiche Bewohner sterben, da entsinnt sich die Mutter des Kindes, das die Lindauerin fast entführt hätte, einer alten Mär. Und, nach deren Rat, ergreift sie nun, des sicheren Todes gewärtig, die schwarze Spinne und verschließt sie in einem Astloch, auf das sie einen Pfropfen preßt. Das Dorf ist gerettet; die Überlebenden stimmen dankbar einen feierlichen Schlußgesang an: »Der Tod ist verschlungen in den Sieg ...«

Die Uraufführung des bedeutsamen Werkes fand am 28. Mai 1949 im Programm der Zürcher Festwochen unter der Leitung von Paul Sacher statt, eine zweite Fassung am 30. Mai 1954.

Francis Burt

1926

Der in London geborene Komponist, der anderthalb Jahre lang in Afrika Militärdienst tat und dabei Gelegenheit hatte, fremde Rhythmen in sich aufzunehmen, trat frühzeitig mit der mitteleuropäischen Musikszene in Berührung und lebt heute in Wien. Im Juni 1960 führte die Württembergische Staatsoper Stuttgart seine erste Oper »Volpone« erstmalig auf. Das amüsante Theaterstück, das Shakespeares Zeitgenosse und bedeutender Rivale Ben Jonson über Mißstände und Typen seiner Zeit und seines Landes schrieb und das in Mitteleuropa vor allem in der Bearbeitung Stefan Zweigs bekannt wurde, liefert, textlich vom Komponisten selbst für die Musik zurechtgemacht (und von A. H. Eichmann ins Deutsche übertragen), den Rahmen für ein vergnügtes Spiel, in dem die turbulente Komödienhandlung allerdings nicht allzuviel Raum für Musik bietet. So stellt die Oper von Burt mehr eine lustige Untermalung der Situationen und die gute Deklamation des schnellen Sprechgesangs unter Beweis als den Einfallsreichtum oder die Fähigkeit zur Melodie. Eine Talentprobe, zweifellos, auf deren Fortsetzung man – im dürren Panorama des zeitgenössischen Musiktheaters – gespannt sein durfte.
Eine musikalische Weiterentwicklung brachte das interessante Ballett »Der Golem«, zu dem Erika Hanka und der Komponist selbst eine Handlung erfanden. Ihr liegt die alte jüdische Sage von einem künstlichen Menschen zugrunde. Ein weiser und mächtiger Rabbiner des Mittelalters schuf in einer Zeit der Verfolgung seines Volkes eine mächtige Lehmfigur in Menschengestalt, die er den »Golem« nannte. Ihr verlieh er durch das heilige Zeichen »Schem« Leben und unüberwindliche Stärke. Nach Beendigung der Notzeit nahm der Rabbiner dem Golem das »Schem« und beendete damit dessen Leben. Das Geheimnis, wie der Golem wieder zu erwecken sei, vererbte sich auf die Nachfolger des Rabbiners, doch beachteten sie dessen Weisung, von ihm nur in höchster Not Gebrauch zu machen. (Uraufführung: Hannover, 31. Januar 1965).

Ferruccio Busoni

1866–1924

Er war ein ganz eigenartiger Künstler, ein Feuergeist mit prophetischen Visionen, Mittler zwischen Italiens und Deutschlands Musikwelt, zwischen Romantik und Neoklassik, zwischen Empfindung und glasklarem, ja manchmal glashartem Verstand. Er sagte grundgescheite Dinge über den Sinn der Musik, über die Zukunft der Oper, über die Aufgabe der Künstler; er komponierte eine Reihe höchst fesselnder Bühnenwerke, wurde Führer einer avantgardistischen Bewegung und war zudem noch einer der brillantesten Klaviervirtuosen der internationalen Konzertsäle. In Empoli bei Florenz geboren – als Sohn eines italienischen Musikers und einer deutschen Pianistin – schlug er seinen Wohnsitz zumeist in Berlin auf. Dorthin kehrte er auch 1920, nach einem durch den Krieg bedingten Exil in der Schweiz, zurück. Er leitete bis zu seinem Tode dort eine Meisterklasse an der Akademie. An die Oper stellte Busoni die Forderung, sie »solle eine Scheinwelt schaffen, die das Leben entweder in einem Zauberspiegel oder in einem Lachspiegel reflektiert, und bewußt das geben, was im wirklichen Leben nicht zu finden ist. Lasset Tanz und Maskenspiel und Spuk miteingeflochten sein, auf daß der Zuschauer der anmutigen Lüge auf jedem Schritt gewahr werde und sich ihr nicht hingebe wie einem Erlebnis.« Und seine Idee, daß der Bühnendarsteller – Schauspieler oder Sänger – »spielen« und nicht erleben solle, rückt ihn über Jahrzehnte in die Strömungen nach dem Zweiten Weltkrieg, wo etwa Bertolt Brecht ähnliche Ansichten über Bühnenkunst äußert. »Geistiges Empfangen« wird für Busoni die Hauptforderung an den Zuhörer, also nicht sinnliches Miterleben, wie sie die Opernkunst seiner Zeit, der schrankenlose Verismus Italiens (Puccini, Leoncavallo, Mascagni) und Deutschlands (Richard Strauss: »Salome« und Elektra«) auf sein Panier geschrieben hatte.

Mit 22 Jahren beendete er eine nie aufgeführte Oper: »Sigrune«. Erst viel später (1912) gewann er mit »Die Brautwahl« erstmalig die Bühne. Es ist ein seltsames Werk, dessen Text er sich nach E. T. A. Hoffmanns gleichnamiger Novelle aus den »Serapionsbrüdern« selbst für die Bühne bearbeitet hat. Drei Männer bewerben sich um die Gunst eines Mädchens; sie sind einander völlig unähnlich, und jeder verfügt über einen »Helfer«, der in zwei Fällen aus »unwirklichen«, gespenstischen Sphären kommt. Das Werk ist einem breiteren Publikum nur schwer zugänglich, weist aber faszinierende Szenen und Ideen auf.

In Zürich erblickte (11. Mai 1917) seine Oper »Turandot« erstmalig das Rampenlicht. Sie verarbeitet den gleichen Stoff (nach Gozzi), den Puccini nur wenig später zu seiner letzten Oper gestaltete: die berühmten drei Rätsel, welche die chinesische Prinzessin Turandot ihren Freiern aufgibt (und die bei Busonis Textbearbeitung eine andere Deutung ergeben als im Werke Puccinis: abstrakte Begriffe gegenüber den sinnlichen bei Puccini). Der unbekannte Prinz errät sie als erster und rettet sich so vor dem Henker, der allen seinen Vorläufern das Leben nahm. Truffaldino, Chef der Palastdiener, belauscht den Schlaf des Prinzen, aber auch er kann den Namen des Fremden nicht erfahren; nur einer Freundin Turandots, Adelma, gelingt dies durch eine List. Doch im letzten Bild kann Turandot sich nicht entschließen, von diesem Wissen tödlichen Gebrauch zu machen: sie reicht Kalaf, dem nun nicht mehr unbekannten Prinzen, die Hand zum Lebensbunde. Es gibt, wie hier schon angedeutet, gewichtige Unterschiede zwischen der Textfassung Busonis und jener der Oper Puccinis. Natürlich ist Puccinis Werk pathetischer, hochdramatischer, von tieferer Spannung erfüllt, wie es Puccinis veristischem, wenn auch romantisch verklärtem Theaterblut entspricht. Busoni biegt den Stoff – seinen Ideen gemäß – mehr zu einer Spieloper um, mischt viel Heiteres, Groteskes (das bei Puccini auf die kurzen Szenen der drei Minister beschränkt bleibt), Spielerisches und Geistreiches in die das Tragische streifenden Szenen.

Auch die (gemeinsam mit »Turandot« in Zürich uraufgeführte) Farce oder Stegreifkomödie »Arlecchino« (Harlekin) geht damals ungewohnte Wege der Opernkunst, die aber gar nicht so neu sind, sondern nur auf eine Wiederbelebung der »commedia dell'arte« hinzielen, mit ihren grotesken Figuren Harlekin und Colombina und deren ebenso unwahrscheinlichen wie vergnüglichen Abenteuern. Und wie die alten italienischen Komödien, so schließt scheinbar auch diese kurze, einaktige Oper mit einem gesungenen Abschied vom Publikum, an dem sich alle handelnden Personen beteiligen. Doch fällt der Vorhang noch nicht: Mateo, ein viel zuviel lesender Schneider (in Bergamo, 18. Jahrhundert!), der über den Büchern sein Geschäft und seine junge Frau vergißt, ist so in ein Buch vertieft, daß er das Ende der Komödie nicht merkt. Im Hintergrunde beginnt Harlekin, der Schelm, der totgeglaubte, aufs neue mit der jungen Schneidersfrau zu tanzen und Zärtlichkeiten auszutauschen. Es beginnt gewissermaßen alles wieder von vorne ...

Busonis Hauptwerk ist ohne Zweifel sein »Doktor Faust«, eine »Dichtung für Musik in sechs Bildern«, deren Quelle nicht das Goethesche Drama, sondern das alte deutsche Puppenspiel bildet. Der Dichter-Komponist hat der Partitur eine bezeichnende Vorrede vorausgeschickt, in der es unter anderem heißt: »An das alte Mysterium anknüpfend, soll sich die Oper zu einer unalltäglichen, halbreligiösen, erhebenden, dabei anregenden und unterhaltsamen Zeremonie gestalten.« Er hat diese Faust-Oper nicht mehr vollenden können, sein Schüler Philipp Jarnach wußte dies aus den vorhandenen Skizzen stilgetreu zu tun. Die Uraufführung des bedeutenden Werkes fand in Dresden am 21. Mai 1925 statt. Die Handlung weicht ziemlich stark vom Goethe-Text – und damit natürlich auch von den Faust-Opern Gounods und Boitos – ab. Das wird aus einer kurzen Inhaltsübersicht klar: Im ersten Bild wird Faust in seiner Studierstube von drei geheimnisvollen Studenten besucht; im zweiten beschwört er den Teufel, doch Mephistos Bedingungen erscheinen ihm unannehmbar, bis dieser ihn gegen seine Bedränger beschützt und Faust für den Pakt gewinnt, der ihm dessen Seele für die Ewigkeit sichern soll. Im dritten Aufzug begegnen wir dem Bruder eines Mädchens, das Faust verführt und verlassen hat (Margarethe oder Gretchen, die aber in dieser Oper nicht vorkommt und auch nicht namentlich genannt wird); Faust fürchtet seine Rache und läßt ihn durch Mephisto aus dem Wege räumen; das vierte Bild führt uns in den Palast von Parma, wo Faust als Magier auftritt und berühmte Paare der Geschichte heraufbeschwört: Salomo und die Königin von

Saba, Samson und Dalila, Johannes und Salome. Die Herzogin verfällt dem Banne des Magiers, der mit ihr entflieht. In einer Wittenberger Schenke spielt das fünfte Bild, in der Faust aus seinem Leben erzählt und die ihm von Mephisto überreichte Leiche seines Kindes, das ihm die Herzogin von Parma geboren hatte, in ein Strohbündel verwandelt, das er verbrennt. Die drei Studenten des Beginns stehen plötzlich vor ihm und künden ihm den Tod um Mitternacht. Die Gestalt Helenas, die aus den Flammen hervorgetreten ist, entzieht sich seinen Händen. In der letzten Szene ist Faust auf der Flucht vor dem Tode; Gestalten seines Lebens tauchen als gespenstische Erscheinungen vor ihm auf. Noch einmal versucht er eine große Beschwörungszene. Beim Mitternachtsruf des Nachtwächters stürzt er tot zusammen, aber an seiner Stelle erhebt sich ein Jüngling, der, einen Blütenzweig in der Hand, leicht und sorglos davonschreitet. Mephisto holt den Leichnam ab, aber dem ewigen Willen Fausts, verkörpert in der Generationenfolge, kann er nichts anhaben. In diesem Werk nähert sich Busoni am engsten dem überlieferten Opernstil, und er beherrscht auch dessen Handwerk überzeugend. Immer ist er interessant, oftmals kühn. Auf seiner Palette ist das Lyrische gerade so zu finden wie das Unheimlich-Gespenstische, das Heroische wie das Volkstümlich-Tänzerische. Und doch: was mag die Ursache sein, daß seinen Opern der wahre Publikumserfolg fehlt? Die seine ist stets eine Kunst für Feinschmecker und für Intellektuelle, ja fast müßte man sagen: für eine geistige Elite.

Juan José Castro

1895–1968

Der in einer Vorstadt von Buenos Aires geborene Juan José Castro, der älteste dreier Musikerbrüder, gehört zu den besten Dirigenten Lateinamerikas und zu seinen interessantesten Komponisten. Er hatte einen Erfolg zu verzeichnen, der ihn in das helle Licht des Weltruhms stellte: im Jahre 1951 gewann seine Partitur der Oper »Proserpina und der Fremde« – als einzige ausländische neben 139 italienischen, nebenbei gesagt – den Großen Preis der Stadt Mailand zum 50. Todestag Verdis. In der Jury saßen prominente Musiker jener Tage (u. a. Honegger und Ghedini); der Geldpreis war hoch, aber noch wichtiger die Uraufführung an der »Scala«. Es war Castros zweite Oper.
Die erste hatte er nach einem glänzenden Lustspieltext des genialsten spanischen Dichters und Bühnenautors unseres Jahrhunderts, Federico Garcia Lorca, geschrieben. Sie heißt »Die wundersame Schustersfrau«, in spanischer Sprache (in der sie von Castro vertont wurde, da es auch seine Sprache ist): »La zapatera prodigiosa«. In zwei Akten schildert sie den unaufhörlichen Streit, mit dem die Schustersfrau ihrem friedfertigen Manne das Leben verbittert, bis er endlich das Weite sucht; und hernach, wie er später als Puppenspieler zurückkehrt und seine Frau völlig zum Guten verändert findet und alles in Frieden und Liebe zu enden ... scheint, bis die Schustersfrau wiederum Zank mit ihrem Manne beginnt. Und doch bleiben sie zusammen, da es nun einmal ihr Schicksal ist und aus dem noch viel einfacheren Grund, weil sie einander lieben. Castro hat eine flotte, vergnügliche Lustspielmusik modernen Gepräges geschrieben, in dem am Schluß die gefühlvolle Ader nicht fehlt. Die Uraufführung fand am 29. Oktober 1949 in Montevideo statt, wo Castro damals – als Emigrant infolge der politischen Situation seines Vaterlandes Argentinien – als Chefdirigent des Staatsorchesters tätig war.
Die zweite Oper, »Proserpina und der Fremde«, hat zwei Originaltitel. Der Textdichter Omar del Carlo (später Intendant des argentinischen Staatsschauspiels) und der Komponist schrieben sie in spanischer Sprache und nannten sie »Proserpina y el extranjero«; aber die Uraufführung fand am 17. März 1952 in der Mailänder Scala in italienischer Sprache statt (»Proserpina e lo straniero«). Die Handlung spielt in Argentinien, wobei die Proserpina-Sage ins Moderne transponiert wird; Schauplätze sind ein übelbeleumdetes Haus in Buenos Aires und die Pampas, die weiten Felder Argentiniens. Das symbolgeladene, ja -überladene Geschehen kommt der Musik nicht sehr entgegen und verlangt die Verwendung eines Chors nach griechischem Vorbild, der rund um die Bühne

postiert ist und Betrachtungen anstellt sowie den Parallelismus zwischen der Sage und dem modernen Geschehen aufrecht zu halten sucht.

Das dritte Opernwerk Castros beruht wiederum auf einem Text Garcia; Castro – wie der Deutsche Fortner zur gleichen Zeit, und auch andere Komponisten – wählte eines der poesiereichsten und zugleich dramatischsten Bühnenstücke des genialen Andalusiers: »Die Bluthochzeit« im Original: »Bodas de sangre«. Den Text werden wir bei Besprechung der Fortnerschen Oper näher beleuchten. Castro findet für manche Szenen herrliche Klänge, so für die Hochzeitschöre und für das unheimliche Waldbild, über dem schon der Tod hängt. In einer Beziehung hatte er es leichter als etwa Fortner: die spanischen Verse sind an sich schon Musik, voll unübersetzbaren Glockenklangs und im Deutschen kaum zu ahnender Urkraft. Die Premiere des Werkes, am 9. August 1956 im Teatro Colón von Buenos Aires bedeutete zugleich die triumphale Heimkehr Castros aus langjährigem Exil, in das ihn seine aufrechte Haltung gegen das Regime Peróns getrieben hatte.

Alfredo Catalani

1854–1893

Catalani ist heute noch den Italienern ein anerkennungsvoll genannter Name, manch eine seiner Melodien gehört zum dauernden Schatz der Opernliebhaber. Die Stoffe seiner beiden erfolgreichsten Werke entnahm dieser uritalienische Komponist jedoch dem deutschen Kulturkreis: »Loreley« und »La Wally«. 1854 in Lucca geboren (wo vier Jahre später auch Puccini zur Welt kam), studierte er in Paris und Mailand, wurde Professor und schließlich (als Nachfolger Ponchiellis, des berühmten »Gioconda«-Komponisten) Direktor des Mailänder Konservatoriums. In dieser Stadt starb er sehr jung, aber schon weit über die Grenzen seines Vaterlands hinaus gespielt und beliebt. Er gehört zu den Wegbereitern des Verismus, seine dramatische Melodie, sangbar und voll Schwung, entstammt der Spätromantik; so ist er seinen Zeitgenossen Leoncavallo, Mascagni und Puccini verwandt, neben die ihn ein längeres Leben vielleicht ebenbürtig gestellt hätte.

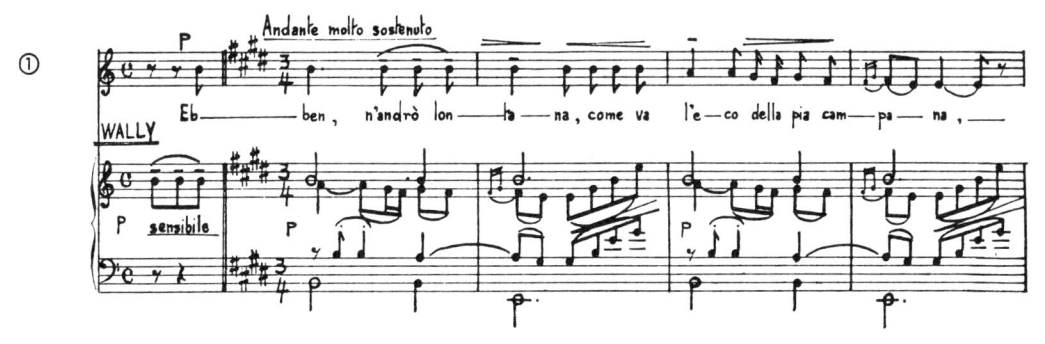

Nach drei weniger erfolgreichen Opern erlebt er mit »Loreley« (Turin, 1890) seinen ersten durchschlagenden Triumph. Die romantische Legende, die Heine zum Volkslied erhob, erfährt hier durch die Textdichter C. d'Ormeville und A. Zinardini eine dramatische Ausdeutung: der Edle Walter von Oberwesel ist mit Anna von Rehberg verlobt, sein Herz aber gehört einem armen Mädchen namens Loreley, das er eines Tages im Walde fand. Bei einer neuerlichen glühenden Begegnung gesteht er ihr, daß dies ihr letztes Zusammentreffen sein müsse, da seine Hochzeit mit einer Frau seines Ranges unmittelbar bevorstünde. Als er gegangen ist, steigen aus dem nahen Rhein die Nixen herauf und beginnen um das verlassene Mädchen zu tanzen. Sie versprechen ihm ein glänzendes Leben in den Tiefen des Flusses und ewige Schönheit, die allen Männern zum Verderben gereiche. Und so erscheint Loreley in berückendem Glanz bei der Hochzeit ihres Geliebten, der völlig verwirrt in ihre Arme stürzt. Der Verrat läßt die Braut sterben, treibt den Bräutigam irrend fort. Abends steht er im Walde, am Ufer des Rheins. Da steigen die Nixen an Land und umtanzen ihn. Er aber sieht nur auf dem gegenüberliegenden Felsen, auf dem im letzten Schein der Sonne Loreley mit goldenem Kamme ihr langes blondes Haar kämmt. Sie ruft ihn, um sich ihm ewig zu verbinden. Aber das Gesetz des Geisterreichs verbietet ihr, einem Sterblichen anzugehören. Walter stürzt sich, um zu ihr zu gelangen, in die Fluten des Stroms, in denen er umkommt.

Zwei Jahre später, am 20. Januar 1892, wurde Catalani der stärkste und anhaltendste Erfolg seiner Laufbahn durch »La Wally« zuteil, aber er konnte sich dessen nicht mehr lange erfreuen. Die deutsche Schriftstellerin Wilhelmine von Hillern schrieb einen Roman nach damaligem Durchschnittsgeschmack: »Die Geierwally«; aus ihm machte Catalani das Libretto zu seiner bekanntesten Oper. Es behandelt den Liebe und Haß seltsam mischenden Kampf zwischen einem Mädchen und einem Jäger; das Schicksal hat sie füreinander bestimmt, aber als sie sich endlich in höchster Ekstase befinden, reißt eine Lawine sie tot ins Tal hinab. Aus dieser Oper ist vor allem eine Sopranarie: »Ebben! Andrò sola e lontana ...« ① über das Bühnenwerk hinaus berühmt geworden.

Gustave Charpentier
1860–1956

Diesem wohl langlebigsten aller Opernkomponisten war lediglich ein einziger wahrer Erfolg beschieden: »Louise«. Er kam am 25. Juni 1860 in Dieuze (Lothringen) zur Welt, studierte in Tourcoing, in Lille und zuletzt in Paris, wo er Massenets Schüler war. Mit 27 Jahren gewann er den Rompreis. In Paris entdeckte er, gleich den Malern und Dichtern von Montmartre und der »rive gauche«, eine echte Pariser Note, die er in seiner Oper »Louise« zu einem riesigen Erfolg gestalten konnte. Seine Liebe zu Paris und zu den Armen führte ihn dann auf ungewöhnliche Wege: in den Vorstädten widmete er sich in dem von ihm gegründeten und geleiteten »Œuvre Mimi Pinson« der musikalischen Erziehung von Arbeiterinnen. Nie wieder war ihm ein über das Lokale hinausgehender Bühnenerfolg beschieden. Er starb, fast vergessen, am 18. Februar 1956 in Paris.

Louise

Musikalischer Roman in vier Akten (fünf Bildern). Libretto von Gustave Charpentier.
Originaltitel: Louise
Originalsprache: Französisch
Personen: Louise, eine Näherin (Sopran), ihr Vater (Bariton), ihre Mutter (Mezzosopran), Julien, Dichter (Tenor), Irma (Alt), Bürger, Bohemiens.
Ort und Zeit: Paris, Ende des 19. Jahrhunderts.
Handlung: Ein knappes Vorspiel baut sich auf der Liebesmelodie auf, die wir hernach aus Juliens Munde vernehmen werden. Er singt sie für Louise, seine Geliebte und Nachbarin in einem armen Viertel von Paris. Er bittet sie, mit ihm zu fliehen, denn ihre Eltern widersetzen sich ihrer Verbindung. Das Liebesduett ist voller Romantik. (Vier Jahre früher war Puccinis »Bohème« erschienen, mit einem ähnlichen Paar im Mittelpunkt und dem gleichen Milieu. Puccini aber blieb Italiener, selbst bei der Schilderung von Paris, während Charpentier »echtester« Pariser ist.) Die Mutter unterbricht die Szene. Sie und der Vater dringen in Louise, sich einen soliden Mann zu erwählen anstelle des Bohemiens Julien. Als Louise ihrem Vater aus der Zeitung vorliest, daß »ganz Paris im Festjubel der Frühlingssaison schwelge«, fällt ihr eigenes armseliges Leben in diesen vier Wänden wie eine Zentnerlast auf sie. Sehnsucht nach der Stadt, in der sie lebt, ohne sie zu erkennen, erfaßt sie. Das erste Bild des zweiten Aktes schildert einen Tagesanbruch auf Montmartre, Arbeiter, Arbeiterinnen, Polizisten, Nachtschwärmer, Straßenverkäufer beleben die Szene; alle sprechen einen Dialekt, der die »Akademie« erschrecken würde. Julien tritt mit seinen Freunden auf. Er ist trunken von dem Frühling seiner Stadt und denkt nur an eines: mit Louise zu fliehen, mit ihr zu leben. Er erwartet sie vor der Schneiderwerkstatt, in der sie arbeitet. Bald erscheint sie mit der Mutter, der sie fortwährend ermahnt. Juliens Vorschlag läßt sie erbeben; sie muß ihn überdenken. Sie macht sich aus seinen Armen frei und tritt in die Werkstatt.

Dort spielt das zweite Bild. Die Näherinnen plaudern und lachen – über das ewige Thema, die Liebe. Nur Louise schweigt. Ihre Gefährtinnen werden stutzig: sollte sie verliebt sein? Von der Straße her tönt ein Lied, die Mädchen eilen zum Fenster und werfen dem Sänger Kußhände zu. Louise hat die Stimme erkannt. Es ist Julien, der ihr von seiner Liebe singt. Doch der zweite Teil des Liedes ist bitter; er handelt von dem Mädchen, das sein Versprechen nicht hielt. Stumm und bleich sitzt Louise da, aber bald ist ihr Entschluß gefaßt. Sie steht auf, stürzt auf die Straße und in Juliens Arme.

Der dritte Akte führt in das kleine Haus, das Julien und Louise bewohnen. Das Licht der Dämmerung liegt auf den Dächern von Paris. Hier findet Charpentier für Louises übervolles Herz die innigste Melodie: »Depuis le jour...« Paris entzündet seine Lichter, Glocken schwingen in der klaren Luft. Ein Liebesduett krönt die Szene, eine begeisterte Hymne an das Leben.

Dann füllt das Häuschen sich mit Freunden, mit Bohemiens, die ein Fest improvisieren und Louise zur Königin des Montmartre krönen. Louises Mutter unterbricht die helle Freude: die Tochter möge heimkehren zu ihrem kranken Vater. Nur für kurze Zeit, verspricht Louise ihrem Geliebten. Im vierten Akt ist Louise abermals bei ihren Eltern. Alles, was sie dort umgibt, bedrückt sie: das freudlose Milieu, der Vater, der ein seltsames Lied singt, um sie an ihre Kindheit zu erinnern, die Mutter, die ihren unmoralischen Lebenswandel tadelt. Die Musik verdichtet sich immer mehr zu einem Hymnus auf Paris. Schließlich kann Louise nicht widerstehen. Sie kehrt in die Freiheit, in die Liebe zurück. Der Vater eilt ihr bis zur Treppe nach und schüttelt wütend die Fäuste: »Oh, Paris!«

Textbuch: Charpentier stimmt das Jubellied auf Paris an, die Freiheit der Bohème, die berauschende Liebe in Mansarden und Ateliers, den Zauber der engen Gassen. Aber er vergißt nicht, einen dramatischen Konflikt zu schaffen durch den Zusammenprall der Generationen, durch die Gegenüberstellung des lockenden Lebens und der Menschen, die ihm ewig den Rücken kehren.

Musik: Charpentier ist ein Melodiker, der aber auch genügend harmonische Finesse besitzt, um die Partitur anregend zu gestalten. Zu wahrer Höhe erhebt er sich in den Szenen, die Paris verherrlichen. Hier spricht echte Begeisterung aus seiner Musik. Viel Zärtlichkeit lebt in ihr und läßt über einiges hinwegsehen, was gewöhnlich und schwach ist. Theater, die über zwei ideale Interpreten für Louise und Julien verfügen – in bezug auf Jugend, gutes Aussehen, sympathisches Spiel und Stimme – können immer noch mit Aussicht auf ehrlichen Erfolg an die Wiederaufnahme dieser Oper gehen.

Geschichte: Die Uraufführung in der Pariser Komischen Oper am 2. Februar 1900 geriet zum stürmischen Triumph. Es folgten mehr als hundert Aufführungen im gleichen Jahr an derselben Stelle. Auch die Verbreitung über weite Teile der Welt erfolgte sehr schnell: 1900 New York, 1918 Buenos Aires.

Luigi Cherubini
1760–1842

Cherubini war einer der einmütig hochgeschätzten Musiker seiner Epoche. Beethoven hat ihm rückhaltlose Bewunderung gezollt, Goethe hat das Textbuch zum »Wasserträger« (der in vielem Vorbild des »Fidelio« wurde) als das ideale Libretto bezeichnet. Dieser Florentiner, der zum Pariser wurde – es ist der gleiche Werdegang, den etwa anderthalb Jahrhunderte vorher Lully durchgemacht hatte – war, dem Kosmopolitentum seiner Zeit entsprechend, ein Komponist in mehreren Sprachen: zuerst italienisch, dann französisch, einmal sogar deutsch (»Faniska«). Er wurde zum Interpreten der französischen Revolution, als deren tönendes Denkmal er den Typus der »Befreiungs-« oder »Rettungsoper« schuf, jenes musikalische Schauspiel, das den Heroismus des Volkes besingt, das Abschütteln des Tyrannenjochs, das siegreiche Aufstehen der zuvor Machtlosen gegen die Unterdrücker. Er war auch ein Theoretiker von hohem Können, Verfasser eines Kontrapunkttraktats, der auf Franzosen (Adam, Auber, Halévy), Italiener (Rossini vor allem) und Deutsche (Spohr, Weber, Mendelssohn) mit gleicher Stärke einwirkte. Er muß ein stolzer Mann gewesen sein, denn er hat nie die Gunst der Mächtigen gesucht, sondern in selbstbewußtem Vertrauen seine Zeit abgewartet (wobei ihm das Schicksal allerdings durch Gewährung langer Lebensdauer wesentliche Beihilfe leistete). Erst 1813 öffnete sich ihm die Pariser Oper, 1821 wurde er Direktor des Pariser Konservatoriums, obwohl er längst dank seiner Qualitäten für beides reif gewesen wäre. Zweimal nur verließ er seine Wahlheimat für längere Zeit. Drei Jahre (1805–1808) verbrachte er in Wien, und 1815 weilte er einige Monate lang in London, wohin er bereits einmal als junger Musiker, im Jahre 1784, gereist war. Sein Stil ist einfach und doch kunstvoll, kräftig und von tiefgehender Wirkung, eine geistige Verwandtschaft mit Gluck und seinen Reformwerken ist unverkennbar. Seine anhaltendsten Erfolge sind im französischen Repertoire zu finden. Lange Zeit galt »Les deux journées« (Der Wasserträger) als Musterbeispiel einer Revolutionsoper. Erst unser Jahrhundert hat auf andere Werke Cherubinis zurückgegriffen, so vor allem auf die großartige »Medea«. »L'hôtellerie portugaise« ist als vergnügliches Kammerwerk in manches Theater zurückgekehrt, auch »Anacréon« hat, neben seiner brillanten Ouvertüre, manchen Wert zu bieten. Es scheint nicht ausgeschlossen, daß gegen Ende unseres Jahrhunderts auch weitere Werke des einst so Hochberühmten wieder auf den Spielplänen von Theater, Rundfunk oder TV zu finden sein könnten. Seine anhaltendsten Erfolge sind im französischen Repertoire zu finden. »Les deux journées« war lange Zeit sein einzig überlebendes Werk. In unserer Epoche hat man auf »Médée« erfolgreich zurückgegriffen. Beide wollen wir etwas näher beleuchten. Hinzu kommt noch das reizende Lustspielwerk »L'hôtellerie portugaise«, das Kammerensembles heute gerne und mit großer Befriedigung wieder aufführen. Von »Anacréon« hat sich vor allem die glänzende Ouvertüre lebendig erhalten, aber auch das Drama selbst hat bei seiner Wiedererweckung Interesse gefunden. Und so ist es möglich, daß gegen Ende unseres Jahrhunderts diese und vielleicht weitere Werke des seinerzeit so Hochberühmten wieder im Repertoire der Opterntheater, Fernseh- und Rundfunkstationen zu finden sein werden.

Medea

Oper in drei Akten. Text von François Benoit Hoffmann.
Originaltitel: Médée
Originalsprache: Französisch
Personen: Medea (hochdramatischer Sopran), Jason, Führer der Argonauten (Tenor), Kreon, König von Korinth (Bariton), Krëusa, seine Tochter (Sopran), Neris, Dienerin Medeas (Alt), die beiden Kinder Jasons und Medeas (stumme Rollen), Begleiterinnen der Krëusa, Soldaten, Volk.
Ort und Zeit: Der Palast des Königs Kreon von Korinth, im sagenhaften griechischen Altertum.
Handlung: Einst, vor vielen Jahren, als Jason mit den Argonauten auszog, um das Goldene Vlies zu erringen, verband ihn in Kolchis ein

tiefer Liebesbund mit der dunklen, leidenschaftlichen Medea. Dieser – von den beiden Partnern verschieden bewerteten – Verbindung entsprangen zwei Kinder, die Jason in seine Heimat mitnahm. Nun ist er mit Korinths Königstochter Krëusa verlobt, und die Hochzeit ist festgesetzt. Quälende Ängste verfolgen Krëusa, das Bild der nie erschauten Medea martert sie; sie fürchtet ihr Kommen, ihre vielleicht immer noch nicht gebrochene Macht über den Geliebten. Vergebens sucht Jason sie zu beruhigen, Medeas Schatten liegt vom ersten Augenblick an tragisch über der Oper, die in der Sonne, im Jubel des korinthischen Volkes beginnt. Und dann steht Medea plötzlich da. Sie kommt zu fordern, was ihr gehört: die Kinder und den Mann, der ihr einst ewige Schwüre weihte. Doch Jason hält zu Krëusa, wenngleich er vor der einst Geliebten immer noch in unvergessener Leidenschaft erzittert. Kreon weist Medea aus der Stadt, aber in ihrem wilden Drang zur Rache demütigt sie sich und erfleht einen einzigen Tag Aufenthalt. Ein großartiges Duett mit Jason läßt furchtbare Entschlüsse in ihr reifen. Keine einzige Nacht soll Krëusa sich der Liebe des Gatten erfreuen, keinen Tag länger sollen die ihr geraubten Kinder Jasons Freude sein. Während festliche Chöre die Hochzeit ankündigen, sendet sie, als unterwürfiges Geschenk getarnt, der Braut ein vergiftetes Gewand. Und mit eigener Hand erdolcht sie ihre Kinder.

Textbuch: Das Libretto stammt von dem Pariser Musikkritiker François Benoit Hoffmann. Wenn es auch in diesem Genre eine Fülle von Vorbildern gab, muß man diesem Vorwurf doch eine besondere Größe zuerkennen. Ja, die Gestalt Medeas erscheint gerade in heutiger Sicht außerordentlich fesselnd; der rasende Haß, in den leidenschaftlichste Liebe umschlagen kann, ist mit antiker Wucht und Folgerichtigkeit gezeichnet.

Musik: Wir finden hier die »edle Einfachheit«, die Gluck fordert, es liegt jedoch manches von seinem klassischen Pathos darin. Die menschliche und die psychologische Vertiefung weist aber um Jahrzehnte voraus. Hier mag bezeichnend sein, daß selbst Brahms (dem Musiktheater nicht unbedingt zugetan) diese Oper »das höchste an dramatischer Musik« nannte.

Geschichte: Die Uraufführung fand im Jahre 1797 am Théâtre Feydeau in Paris statt. Die Hauptrolle erfordert die Anwesenheit einer überragenden Persönlichkeit, einer wahrhaft bühnenbeherrschenden Primadonna; und so war auch die Wiederaufnahme des Werkes im 20. Jahrhundert dem Auftauchen einer solchen wahren Primadonna zuzuschreiben, einer Sängergattung, die man beinahe für ausgestorben gehalten hätte: Maria Callas. Seitdem versuchen sich dramatische Sopranistinnen, die sich solcher überragender Wirkungen für fähig halten, an dieser Rolle, an einer der fesselndsten Gestalten der Opernliteratur.

Der Wasserträger

Oper in drei Akten. Textbuch von Jean Nicolas Bouilly.
Originaltitel: Les deux journées
Originalsprache: Französisch
Personen: Graf Armand, Präsident des Parlaments (Tenor), Constanze, seine Gemahlin (Sopran), Micheli, ein Savoyarde, von Beruf Wasserträger (Baß), Daniel, sein Vater (Baß), Antonio, Michelis Sohn (Tenor), Marzelline (Sopran), Semos, ein reicher Pächter (Tenor), Rosette, seine Tochter (Sopran), der Hauptmann der italienischen Truppen, ein junges Mädchen aus Gonesse, Soldaten.
Ort und Zeit: Paris und das nahe Dorf Gonesse, im Jahre 1617.
Handlung: Sie läßt sich einfach und sinngemäß dahin zusammenfassen, daß der Wasserträger Micheli seinen Wohltäter, den Grafen Armand und dessen Gattin aus allen Fährnissen politischer Verfolgung zu retten weiß, aber von Dank nichts wissen will, da sein höchster Leitsatz der »Dienst an der Menschheit« ist.
Textbuch: Das humanistische Ideal, die Befreiungsidee waren die Grundlagen, die Bouilly für dieses Libretto in Anspruch nahm. Es sei erwähnt, daß Beethovens »Fidelio« auf einem seiner Dramen aufgebaut ist, und auch, daß beiden Werken Mozarts »Zauberflöte« vorausging, die, wenn auch geschickt getarnt, Menschheitsgedanken – die damals revolutionär waren – in Musik setzte. Das Textbuch, das Cherubini von Bouilly erhielt, entsprach dem damaligen Geschmack, mutet uns heute aber zumindest teilweise recht primitiv an. Daß zwei illustre Geister wie Goethe und Beethoven dieses Libretto als »ideal« empfanden, sollte uns davor warnen, es »aus moderner Sicht« allzu hart zu beurteilen.
Musik: Cherubini ist hier menschlicher, irdischer als in »Medea«. Und trotzdem finden wir

auch hier die edle Einfachheit, die Gluck als höchstes Ziel seiner Opernreform gesehen hatte. Die Harmonien sind stark, die Chöre klingend gesetzt, die Instrumentation weist in die Zukunft. Mozarts Geist wird hier lebendig, die Geistesverwandtschaft zu Beethoven wird klar.
Geschichte: Die Premiere (Paris, 16. Januar 1800) wurde zum Ereignis, weit über die Grenzen Frankreichs hinaus. Fünf Jahre später besuchte Cherubini Wien, wo er begeisterte Anhänger besaß. Von dort aus hatte Beethoven ihm geschrieben: »Ich bin entzückt, sooft ich ein neues Werk von Ihnen vernehme und nehme größeren Anteil daran als an meinen eigenen. Kurz, ich ehre und liebe Sie.«

Jan Cikker
1911

Cikker, 1911 in Banská Bistrica geboren (das damals in einem »fernen« Winkel der österreichisch-ungarischen Monarchie lag), erlebte als Kind den ersten Weltkrieg, in dem sein Vater fiel, als Knabe die Unabhängigkeit seiner slowakischen Heimat und deren Zusammenschluß mit dem tschechischen Brudervolk zur Tschechoslowakei. Frühzeitig als musikalisches Talent erkannt, wurde Prag seine erste, Wien seine endgültige Ausbildungsstätte, Bratislava der Ort seines Wirkens als Komponist und Lehrer. Im 19. Jahrhundert hatte es kaum Komponisten eigener nationaler Prägung in seinem Lande gegeben; der erste, Jan Levoslav Bella, vertonte bezeichnenderweise Stoffe aus dem benachbarten und kulturell übermächtigen germanischen Kulturkreis. Der Gedanke einer völlig eigenständigen slowakischen Kunstmusik erwachte in unserem Jahrhundert und mit besonderer Intensität nach dem Zweiten Weltkrieg, in dem das Land schwer gelitten hatte. Der einheimische Dichter Stefan Hoza schrieb die Libretti zu zwei bahnbrechenden slowakischen Opernwerken: »Krutnava« (deutsch zumeist: Katrena) von Eugen Suchon (1949) und den Bühnenerstling Jan Cikkers, »Juro Janoschik« (1953). Seit damals hat Cikker Oper auf Oper vorgelegt und mit ihnen zum Teil weltweite Verbreitung erlangt. Er hat sich von der slowakischen, überaus reichen und schönen Folklore weitgehend freigemacht und gelangte zu einem traditionsverbundenen, gemäßigt modernen Stil von starker Ausdruckskraft. »Das tiefste und unerschöpflichste Thema war mir immer der Mensch«, hat er über sich selbst geschrieben, »der Mensch in Leid, Verzweiflung, Not und Tränen, mit Träumen und Sehnsüchten, voll Hoffnung und (manchmal) Güte. Ihm sind meine an Umfang größten Werke, die Opern, gewidmet.«
Cikkers erste Oper, »Juro Janoschik« (Juro Jánošik) erschien 1954 im Nationaltheater Bratislava. Sie stellt einen slowakischen Volkshelden aus dem frühen 18. Jahrhundert in den Mittelpunkt, eine Art Robin Hood, der gegen den ausbeuterischen Adel kämpfte und zur legendären, in vielen Sagen und Liedern verherrlichten Gestalt wurde. Das Libretto hält sich eng an die überlieferten, historisch belegten Tatsachen und läßt dem Komponisten viel Platz zum Einbau folkloristischer Melodien in Gesang und Tanz.
Die nächste seiner Opern, »Fürst Bajazid« (Beg Bajazid) schrieb Cikker im Jahre 1955 auf einen Text des bedeutendsten slowakischen Lyrikers Jan Smrek. Sie stellt ebenfalls eine historische Gestalt auf die Bühne: einen in seiner Kindheit aus der Slowakei von den Türken geraubten, von einem türkischen Fürsten adoptierten und zu seinem Nachfolger ernannten Tyrannen, der gegen seine eigenen ehemaligen Landsleute wütet, bis die Wiederbegegnung mit seiner Mutter ihn plötzlich alles Unrecht erkennen, alle Macht von sich werfen und den Rest seines Lebens als einfachen Mann auf der heimatlichen Scholle verbringen läßt. (1957)
Cikkers dritte Oper, deren Uraufführung in Kassel 1963 unter dem Titel »Abend, Nacht und Morgen« stattfand, entnimmt ihren Stoff der Weihnachtserzählung »Christmas Carol« von Charles Dickens und wurde nach ihrer Hauptperson vom Komponisten »Mister Scrooge« genannt. Hier hat Cikker den heimatlichen Boden verlassen und ist ins allgemein Menschliche vorgestoßen, das sich immer und überall ereignen kann; er zeigt die Möglichkeiten einer Läuterung auf (wie sie ihn schon

im »Fürst Bajazid« fesselte und besonders in »Auferstehung« in den Mittelpunkt der Handlung treten wird); der starrköpfige, hartherzige alte Geizhals Scrooge erkennt seinen unmöglichen, sinnlosen Lebenswandel und wird durch Reue und tätige Wiedergutmachung zum neuen, seinen Mitmenschen wertvollen Glied der Gesellschaft. (Siehe auch Nachtrag S. 673.)

Auferstehung

Oper in drei Akten (sechs Bilder und drei Intermezzi). Text nach Leo Tolstois gleichnamigem Roman gestaltet vom Komponisten.
Personen: Fürst Dimitri Iwanowitsch Nechludoff (Bariton); seine Tanten Sofia und Marja; Katarina Maslowowa genannt Katjuscha, ihre Pflegetochter (Sopran); Sergej, ein alter Diener; Ferapont Smelkoff, Kaufmann; Madame Kitajewowa, Bordellbesitzerin, sowie Mädchen und ein Kellner in deren Haus; Richter, Staatsanwalt, Verteidiger bei Gericht; zahlreiche weitere Personen, Gefangene, Bauern, Soldaten u. a.
Ort und Zeit: Rußland, in der zweiten Hälfte des 19. Jahrhunderts.
Handlung: Fürst Nechludoff, ein junger, skrupelloser Aristokrat, unterbricht die Reise an die Front im Hause seiner Tanten, wo er deren Pflegetochter Katjuscha verführt und verläßt. Vergebens ist sie ihm am nächsten Morgen auf den Bahnhof nachgelaufen. Sie wird aus dem Hause gejagt, als ihre Schwangerschaft entdeckt wird. Unter Not und drückender Sorge gebiert sie Nechludoffs Kind, das stirbt. Von der »Liebesnacht« bleibt ihr nichts anderes als ein Hundertrubelschein, den der längst zu neuen Abenteuern aufgebrochene Fürst für sie zurückließ. Katjuscha findet in ihrer Verzweiflung den Weg in ein Bordell, wo sie unschuldiges Werkzeug des Mordes an einem reichen Kaufmann wird. Vor Gericht gestellt, wird sie zur Deportation nach Sibirien verurteilt. Während der Verhandlung erkennt einer der Geschworenen sie; es ist Nechludoff, der aber nicht den Mut findet, etwas zu ihren Gunsten zu unternehmen. Das Gefühl seines nun doppelten Unrechts verläßt ihn nicht mehr. Er sucht Katjuscha im Gefängnis auf, wird aber von ihr, der tödlich Gekränkten und Verletzten, heftig abgewiesen, als er ihr die Ehe anbietet. Die Mithäftlinge, allen voran Simonson, ein politischer Gefangener, nehmen sich ihrer liebevoll an. Nochmals versucht Nechludoff, Katjuscha näherzukommen, sie zu retten; sie hat sich innerlich längst von ihm gelöst und ist bereit, ihr ungerechtes Schicksal bis zum Ende auf sich zu nehmen. Da wird Nechludoff seine Aufgabe klar. Er muß Katjuscha nach Sibirien folgen, seinem früheren Leben gänzlich entsagen und sich diesen Ärmsten der Armen widmen. Ein langer Zug Verurteilter marschiert in der sibirischen Einöde. Katjuscha ist völlig entkräftet. Mit letztem Bewußtsein, geschüttelt von Fieberschauern, erkennt sie Nechludoffs Ankunft. Dieser Liebesbeweis, den sie noch einmal in mädchenhafter Innigkeit erwidert, verklärt ihr Sterben, während die anderen Verurteilten trostlos ihren grauenhaften Weg fortsetzen.
Quelle: Leo Tolstois berühmter Roman »Auferstehung«, an dem er zehn Jahre lang, von 1889–99 arbeitete und der auf einer wahren Begebenheit beruht.
Textbuch: Cikker benützte für das Libretto keine der zahllosen Dramatisierungen, die Tolstois Roman erfahren hat. Er schuf seine eigene Fassung, in der die »Auferstehung« weniger einen christlichen als einen humanen Sinn erhält: Nechludoff wird zwar geläutert, durch die Erkenntnis seiner schweren Schuld zu einem neuen, reineren Leben gebracht, aber die wahre Erlösung erfolgt durch die echte, tiefe Liebe, die Katjuscha und ihn im Augenblick ihres Todes durchströmt. Tolstoi hat bekanntlich vier verschiedene Schlüsse für seinen Roman geschrieben; in die Druckausgabe nahm er, seiner eigenen Hinwendung zum Religiösen gemäß, jenen auf, in dem das Christentum eine entscheidende Rolle spielt. Cikker aber griff auf eine der früheren Fassungen zurück und findet den Sinn des Werkes in der zutiefst menschlichen Vereinigung des Paares, in der Überwindung des Todes durch die Liebe.
Musik: Cikker hat seine volle kompositorische Reife erlangt. Zu einer durchgehend spürbaren Inspiration tritt ein imposantes technisches Können. Als seine Vorläufer könnten Janáček und Alban Berg gelten. Cikker folgt keiner der zahlreichen Theorien, die so oft den Zugang zur zeitgenössischen Oper verstellen. Hier spricht ein Musiker sein Innerstes aus, wozu er – wie könnte es anders sein – die Klänge seiner Zeit

verwendet und zu Szenen von eindrucksvoller Kraft zusammenfaßt. Besondere Bedeutung erlangen die sinfonischen Zwischenspiele.
Geschichte: Cikker komponierte »Auferstehung« von 1959-1961. Die Uraufführung fand im Nationaltheater Prag am 18. Mai 1962 statt. Schnell verbreitete das Werk sich über zahlreiche europäische Bühnen, nicht zuletzt solche deutscher Sprache.
1969 folgte Cikkers Oper »Ein Spiel von Liebe und Tod«, vom Komponisten frei nach Romain Rolland gestaltet. Auch dieses Werk ist über die Grenzen der Tschechoslowakei hinaus gedrungen. Die in den Siebzigerjahren geschriebene Oper »Das Erdbeben in Chile« entstammt einer Novelle Heinrich von Kleists, die in den Jahren 1646/47 in Santiago spielt, in der damals noch spanischen Kolonie in Südamerika. Da verbietet ein reicher Patrizier seiner Tochter eine reine Liebe zum im Hause tätigen Lehrer. Ja er steckt sie, als sie von dem Geliebten nicht lassen will, in ein Kloster. Endlich, nach einem Jahr, findet dieser einen geheimen Zugang in den Klostergarten, wo es zu einer Liebesszene kommt. Als dieser Affäre ein Kind entspringt, muß Isabel vor ein Gericht, das sie zum Tode verurteilt. Doch die Hinrichtung wird durch ein furchtbares Erdbeben unterbrochen, das weite Teile der Stadt in Trümmer legt. Durch ein Wunder werden Isabel und mit ihr die treue indianische Dienerin Pepa gerettet, mit dem geliebten Lorenzo können sie in die nahen Berge fliehen, wo sie in einer stillen Hütte ein neues, einfaches, glückliches Leben zu beginnen hoffen. Doch eine Gruppe von Menschen, die der Katastrophe entronnen sind, dringt ein, erkennt die zum Tod Verurteilte, beschuldigt sie, die Gottesstrafe des Erdbebens heraufbeschworen zu haben und erschlägt sie. Kleist scheint sich in seiner Dichtung auf Kants Beschreibung des Lissaboner Erdbebens von 1755 gestützt zu haben; er arbeitete an seiner Dichtung von 1804 bis 1806. Cikkers Vertonung erfolgte in den Jahren 1976 bis 1978. Der Westen lernte die Oper, die 1979 den Unesco-Preis zugesprochen erhielt, bei den Wiesbadener internationalen Maifestspielen 1980 kennen.

Francesco Cilèa

1866–1950

Als Cilèa in Varazze starb, war er ein in Italien immer noch gefeierter, in der übrigen Welt aber längst vergessener Opernkomponist. Sein Ruhm beruhte auf zwei Werken (unter insgesamt acht Opern, von denen drei unveröffentlicht blieben), die um die Jahrhundertwende Aufsehen erregt hatten: »L'Arlesiana« (1897) und die in einem Wettbewerb des italienischen Verlages Sonzogno preisgekrönte »Adriana Lecouvreur« (1902), die auf vielen großen Theatern der Welt bedeutende Aufführungen erlebte und im Rahmen der Opernrenaissance nach dem Zweiten Weltkrieg eine vielbejubelte Wiederkehr nach jahrzehntelangem Vergessen feiern konnte, wenn eine Primadonna mit echter Ausstrahlung sich ihrer Titelrolle annahm (Renata Tebaldi war die erste). Cilèa, der an vielen Instituten lehrte, zuletzt Direktor des neapolitanischen Konservatoriums war (aus dem er selbst hervorgegangen war) und sich 1935 ins Privatleben zurückzog, war mit echter Melodie und starkem Theatertemperament begabt. In seinen besten Augenblicken reicht er sogar an Puccini heran.
In der »Arlesiana« – einem musikalischen Drama über den Stoff, dem vorher schon, allerdings nur als begleitende Bühnenmusik, Bizet unvergängliche Töne geliehen hat – findet Cilèa erstmalig seinen eigenen Stil. Das von Alphonse Daudet meisterlich getroffene Milieu der südlichen Stadt Arles und die unwiderstehliche sinnliche Kraft der schönen Arlesianerin, der Frédéric (bei Cilèa italianisiert: Frederico) verfällt, so daß er das ihm treu ergebene Dorfmädchen verläßt und schließlich im Selbstmord den einzigen Ausweg sieht, ist von Cilèa treffend nachgezeichnet und immer noch wirksam.
Seinen Höhepunkt erreicht er in »Adriana Lecouvreur«, der von Eugène Scribe und Ernest Legouvé erfundenen und von Arturo Colautti in ein italienisches Opernlibretto umgewandelten Ge-

schichte einer Schauspielerin und großen Tragödin an der Comédie Française. Ihre Liebe zu einem vermeintlichen Offizier, der in Wirklichkeit ein sehr hoher Aristokrat ist und zwischen der Leidenschaft zu Adriana und zu einer Herzogin schwankt, das prunkvolle Treiben am Hofe der französischen Könige – die Oper spielt 1739 – die Kontraste zwischen Frivolität und wahrer Empfindung, bilden den Inhalt der (wie oft bei Scribe reichlich überladenen und konstruierten) Handlung. Ihr Höhepunkt ist die Szene, in der Adriana, die bei einem Feste einen Racine-Monolog rezitiert, diesen in einen direkten Angriff auf ihre herzogliche Rivalin verwandelt. Deren Rache bilden vergiftete Blumen. An ihrem Duft stirbt Adriana, zutiefst gekränkt, gedemütigt und von allem zurückgezogen, in der Einsamkeit ihrer Behausung. Ein echter »Operntod«, da er durch die letzten Küsse des herbeigeeilten, ewig geliebten Maurizio verklärt wird.

Domenico Cimarosa
1749–1801

Eine wahre Hochflut von Cimarosa-Premieren kennzeichnet die Zeit nach dem Zweiten Weltkrieg. Ist es die Sehnsucht nach unbeschwerter Heiterkeit, die diesen Musiktypus wieder an die Oberfläche kommen läßt – gerade so wie etwa Goldonis Lustspiele und die »commedia dell'arte« im Sprechtheater – oder die Erkenntnis einer die Epochen überdauernden Meisterschaft? Cimarosa war zu seiner Zeit eine Weltberühmtheit, weit mehr als Mozart, dessen wahre Größe damals nur wirkliche Kenner ahnten. Er schrieb Oper auf Oper für die zahlreichen Theater Italiens, aber auch für Rußland (wo er von 1789 bis 1792 triumphale Erfolge einheimste) und für Wien, wo 1792 der bis heute nicht erloschene Riesenerfolg der »Heimlichen Ehe« (Il matrimonio segreto) begann. Im ganzen sind es weit über sechzig Bühnenstücke, die dieses gar nicht lange, aber bewegte Künstlerdasein hervorbrachte. Wieviele und welche davon lebensfähig sind, wagen wir hier nicht zu entscheiden, da es oft nur einer »Modernisierung« der manchmal recht primitiven Texte sowie einer glänzenden Aufführung mit Ensemblegeist bedarf, um zu konstatieren, wieviel Vergnügen in dieser spritzigen, gesund komischen, lebensfreudigen Musik stecken kann. Cimarosas erste Oper wurde in Neapel uraufgeführt, als der in dieser Stadt Geborene erst 23 Jahre alt war. Fünfzehn Jahre später war sein Ruf so gefestigt, daß er des berühmten Paisiello Nachfolge am Hofe der Zarin Katharina antreten konnte. Das rauhe Klima behagte ihm nicht, über Wien ging er in die Heimatstadt zurück, wo er in politische Wirren verwickelt wurde. Lange Zeit wurde behauptet, er sei wegen republikanischer Gesinnung zum Tode verurteilt, schließlich aber begnadigt und ausgewiesen worden. Anderen Versionen zufolge aber soll es zu keinerlei Urteil gekommen sein, sondern lediglich zum Unmut des Königs, als Cimarosa, der kurz zuvor, bei Ausrufung einer kurzlebigen Republik, eine Revolutionshymne komponiert hatte, nun wieder seinen alten Titel eines Hofkapellmeisters führte. Sei es, wie es wolle, er verließ Neapel und lebte noch einige Jahre bei geschwächter Gesundheit in Venedig, wo ihn der Tod überraschte, gerade als er – nach zahllosen »opere buffe« (Lustspielopern) – Geschmack an der ernsten Oper zu finden begonnen hatte.

Die Heimliche Ehe

Komische Oper in zwei Akten. Textbuch von Giovanni Bertati.
Originaltitel: Il matrimonio segreto
Originalsprache: Italienisch
Personen: Geronimo, ein reicher Kaufmann (Baß), Lisetta und Carolina, seine Töchter (Soprane), Fidalma, seine Schwester (Mezzosopran oder Alt), Graf Robisone (Bariton), Paolino, Buchhalter bei Geronimo (Tenor). Bei deutschen Aufführungen begegnet man mitunter den gleichen Personen unter anderen Namen: Geronimo wird zu Roms, der Graf heißt Tiefental, der Buchhalter Sander, des Kaufmanns Schwester Beatrice.

Ort und Zeit: In einer italienischen Stadt, zur Zeit Cimarosas, d. h. in der zweiten Hälfte des 18. Jahrhunderts.

Handlung: Ein reicher, ja sogar äußerst reicher Kaufmann hat zwei Töchter, die er in die »hohe Gesellschaft« verheiraten will. Ein Graf als Freier kommt ihm sehr gelegen. Doch dann beim Eintreffen dieser Persönlichkeit beginnen die Schwierigkeiten, an denen es bekanntlich in jeder echten »opera buffa« (Lustspieloper der Rokokozeit) nicht mangelt. Denn der Graf, dessen ursprüngliches Werben der älteren Tochter galt, entscheidet sich nun für die jüngere. Nun wäre das an sich noch kein Malheur (zumal er in diesem Falle sogar auf die Hälfte der stattlichen Mitgift zu verzichten bereit ist), wenn nicht ... Doch das stellt sich natürlich erst am Schluß heraus und sei darum noch nicht verraten. Vorerst soll der Buchhalter, der um eine Unterredung mit dem Grafen gebeten hat, um ihn um einen Gefallen zu bitten, diesem einen Dienst erweisen. Er soll Überbringer der Nachricht sein, daß der Graf nicht Lisetta, sondern Carolina heiraten möchte. Aber gerade das kann er unmöglich tun, wie wir bald begreifen werden. Auch eine ältere Dame ist noch da, wie sie stets in diesen Lustspielen vorkommt. Sie selbst fühlt sich noch keineswegs so alt – ja, sie will sogar den recht jungen Buchhalter ihres Bruders heiraten. – Nach Lustspielsitte beginnen nun die heimlichen Parlamente, das Lauschen vor Türen, die Mißverständnisse, ja auch die Verzweiflung (von der jeder weiß, sie löse sich bald in das unvermeidliche Wohlgefallen auf), die Tränen, die Bündnisse und Gegenbündnisse. Lisetta ist – begreiflicherweise – eifersüchtig, und als sie eine Männerstimme im Gemach ihrer Schwester zu vernehmen meint, ruft sie zum Skandal. Doch der wird nicht so schlimm, wie sie gehofft hat; man findet lediglich den Buchhalter bei Carolina. Und er ist ... seit mehreren Monaten Carolinas Gatte. Sie haben nur bisher nie gewagt, dem ehrgeizigen Herrn Papa davon Mitteilung zu machen. Diese »heimliche Ehe« löst den Knoten, bringt des Kaufmanns Segen, als der Graf doch noch die ältere Schwester heiratet. Enttäuscht bleibt nur das ältliche Fräulein zurück. Doch das ist in Buffo-Opern (und im Leben) zumeist so ungerecht vorgesehen.

Textbuch: Giovanni Bertati (1735–1815) war ein geschickter Mann, der glänzende Lustspiel-Libretti zu verfassen wußte. (Daß er auch anderes konnte, sei durch die Tatsache belegt, daß da Ponte sein »Don Juan«-Textbuch für Mozart auf einem seiner Dramen aufbaute.) Uns Heutigen fällt es schwer, derartige Buffo-Komödien zu beurteilen; unsere Zeit ist von jener zu verschieden. Aber wir ringen uns gerade heute zur

Erkenntnis durch, daß jedes Kunstwerk aus seiner eigenen, nicht aus unserer Epoche heraus verstanden und genossen werden muß. Bertatis Libretto gab zu einem Meisterwerk Anlaß: mehr darf und kann man nicht verlangen. Er hatte den Posten eines Hoftheaterdichters, den er in Wien bekleidete, zweifellos verdient.
Musik: Cimarosa unterstrich seinen Weltruhm mit dieser Partitur, die alle Forderungen einer Lustspieloper vollauf erfüllt. Vielleicht hat sie weniger Herz als die zur »Hochzeit des Figaro«, weniger Bosheit als die zum »Barbier von Sevilla«, aber sie steht in mancher Arie, manchem Ensemble diesen beiden höchsten Beispielen alter Lustspielopern nicht nach, was gesangliche Linienführung, kristallene Klarheit und übersprudelnde, in geistvolle Musik umgesetzte Laune anlangt. Froh über so viel unbeschwerten, problemlosen Wohlklang macht der bedrückte Mensch des Atomzeitalters »Ferien vom Ich« und amüsiert sich von Herzen.
Geschichte: In Mozarts letztem Lebensjahr (1791) erreichte Cimarosa, aus Rußland kommend, Wien. Es konnte nicht ausbleiben, daß Kaiser Leopold II. ihm den Auftrag zu einer Oper gab. Wenige Wochen nach Mozarts nahezu unbeachtetem Tode kam »Il matrimonio segreto« am Hofburgtheater, am 7. Februar 1792, zur Uraufführung. Die Chroniken berichten von einem solchen Tumult der Begeisterung, daß das gesamte Werk am gleichen Abend nochmals gespielt werden mußte!

Peter Cornelius

1824–1874

Mit seinen innig schönen »Brautliedern« und seinem »Barbier von Bagdad« hat Cornelius (geboren am 24. Dezember 1824 in Mainz und gestorben ebenfalls dort am 26. Oktober 1874) verdienten Nachruhm erworben. Er schloß sich mit Begeisterung der »neudeutschen« Richtung Liszts an, dessen Sekretär er eine Zeitlang war. 1858 ging er nach Wien und 1865 nach München, wo er Professor an der Königlichen Musikschule wurde. Seine späteren Bühnenwerke sind vergessen, seine Chöre hingegen leben zum Teil noch im Repertoire der deutschsprachigen Gesangsvereine. Er war als Dichter wie als Musiker ein gleich feinsinniges, edles Talent, dem vielleicht nur die Durchschlagskraft in Werk und Leben fehlte, um einen größeren Platz in der Musikgeschichte einzunehmen und internationale Geltung zu erringen.

Der Barbier von Bagdad

Komische Oper in zwei Aufzügen. Textbuch von Peter Cornelius.
Originalsprache: Deutsch
Personen: Der Kalif (Bariton), Baba Mustapha, ein Kadi (Tenor), Margiana, dessen Tochter (Sopran), Bostana, eine Verwandte des Kadi (Mezzosopran oder Alt), Nureddin (Tenor), Abdul Hassan Ali Ebn Bekar, Barbier (Baß), drei Muezzins, Sklaven, Diener, Volk.
Ort und Zeit: Bagdad, in den Tagen der Märchen und Legenden aus 1001 Nacht.
Handlung: Nureddins Hauspersonal ist tief betrübt, denn sein Herr ist aus Liebeskummer, seit er die schöne Margiana sah, in tiefste Melancholie verfallen. Doch als Bostana ihm die Einladung für ein Stelldichein mit der Angebeteten bringt, ist er sofort gesund und will sich schnell würdig zur Begegnung herrichten lassen. Er ruft Abdul Hassan Ali Ebn Bekar, den Barbier –, nein, den König aller Barbiere von Bagdad. Der bringt ihn mit endlosem Geschwätz zur Verzweiflung. Je eiliger es Nureddin hat, desto umständlicher erzählt er ihm von seiner gesamten Familie, von seinen fabelhaften Künsten. Zuletzt stellt er ihm gar das Horoskop, das zwar das Rasiertwerden als günstig erscheinen lasse, jedoch vor jedem Ausgehen aufs ernsteste warnt. Nureddin, der über den Zeitverlust verärgert ist, will den Barbier aus dem Hause werfen lassen, doch das hocherhobene Rasiermesser schreckt die Diener ab. Als Abdul Hassan sich erbötig macht, Nureddin auf dem gefährlichen Gange

zu begleiten, muß dieser zu einer List greifen, um ihm entfliehen zu können.

Im zweiten Akt sind der Kadi Baba Mustapha und seine Tochter Margiana gleich erwartungsvoll gestimmt. Der Vater erwartet einen Jugendfreund, den er als Gatten für seine Tochter ausersehen und der seiner Ankunft eine Truhe mit Schmuck vorausgesandt hat. Margiana aber freut sich auf die Begegnung mit Nureddin, die auch sofort stattfindet, als der Vater ausgegangen ist. ① Die Liebesstunde wird durch den polternden Kadi gestört, der bei seiner Rückkehr einen Sklaven auspeitscht, der eine wertvolle Vase zerbrochen hat. Auf das Wehgeschrei des Geschlagenen dringt der Barbier ins Haus ein, da er glaubt, es gehe – seinen Weissagungen gemäß – seinem »Schützling« Nureddin an den Kragen. Es entsteht ein großer Volksauflauf, der teils für, teils gegen den Kadi Stellung nimmt. Nureddin hat sich in den Schmuckkoffer verkrochen. Der Barbier klagt dem über so viel Lärm persönlich herbeieilenden Kalifen, daß der Kadi seinen Freund Nureddin getötet habe und in der Truhe versteckt halte. Der Kadi hingegen klagt den Barbier an, er wolle den Schatz seiner Tochter, der im Koffer sei, auf diese Art aus dem Hause bringen. Der Kalif läßt die Truhe öffnen, und der ohnmächtige Nureddin wird sichtbar. Rasch bringt ihn der Barbier mit einer Phrase aus dem Liebeslied auf Margiana, das Nureddin im ersten Akt gesungen hatte, zu sich. Der Kalif entscheidet, daß der »Schatz Margianas«, der im Koffer war – laut des Kadi eigenen Worten – nun von diesem als solcher behandelt werden solle: überglücklich stürzen Nureddin und Margiana einander in die Arme, die Hochzeit wird schleunigst vorbereitet. Der Barbier aber, den alle für verrückt halten, wird vom Kalifen in den Palast mitgenommen, wo er in Zukunft als Märchenerzähler einen Ehrenplatz einnehmen soll.

Quelle: Cornelius entnahm den Stoff den Erzählungen aus »1001 Nacht«.

Textbuch: Ein reizendes Libretto, ohne lärmende Derbheit, aber voll lächelnder, feiner Heiterkeit. Eine wahre Dichtung.

Musik: Ebenso wie das Textbuch voll Grazie, Liebenswürdigkeit, Poesie. Eine Musik für Kenner, für Liebhaber nobler, manchmal fast kammermusikalischer Wirkungen, fern jeder knalligen Operndramatik.

Geschichte: Die Partitur wurde 1858 fertiggestellt und unter Franz Liszts Leitung am 15. Dezember desselben Jahres uraufgeführt. Die Opposition gegen Liszt bereitete dem »Barbier von Bagdad« eine unverdiente Niederlage. Sie traf tatsächlich den berühmten Komponisten und Pianisten aufs tiefste: Liszt beschloß, die Leitung des Theaters niederzulegen und nie wieder in Weimar zu dirigieren. Mit Liszt verließ auch Cornelius nach dem Durchfall seiner Oper Weimar und übersiedelte nach Wien. Fast dreißig Jahre lang lag es wie ein Fluch auf diesem Werk. Erst 1885, elf Jahre nach dem Tode Cornelius', begann »Der Barbier von Bagdad« mit großem Erfolg in München eine Theaterlaufbahn, die das liebenswerte Stück vielen Menschen nahebrachte.

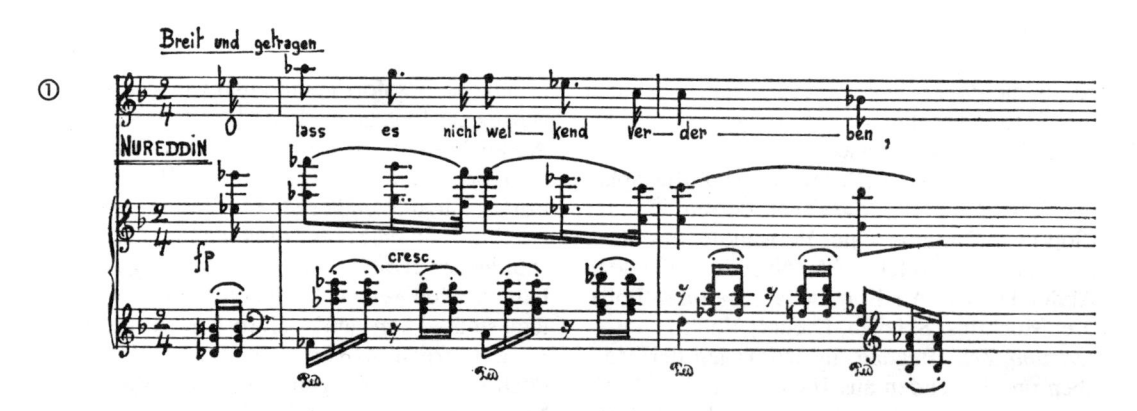

Luigi Dallapiccola
1904–1975

Dieser in Istrien geborene italienische Opernkomponist gehört zu den bedeutendsten Musikerpersönlichkeiten unserer Zeit. Er wurde, nach Studien in Florenz und ersten Anregungen durch Busoni, ein Anhänger Schönbergs; es gelang ihm, italienisches Melos und geballte Operndramatik restlos mit der Zwölftontechnik zu verschmelzen, wirkungsvoll und aufwühlend zu schreiben und die Theorie stets – wie es sein sollte – der Inspiration unterzuordnen. Seine beiden immer öfter auf der Bühne erscheinenden Opernwerke wurden ursprünglich für den Funk geschrieben. Daher sind sie äußerst konzentriert, wenig bildhaft und in erster Linie vom Akustischen her zu erfassen, zudem natürlich auch kürzer, als alte Bühnenstücke es zu sein pflegen. Doch bieten sie, von einem bedeutenden Regisseur inszeniert, stärkste theatralische Spannungsmomente, die im vollen Einklang mit der Musik genützt werden sollen.
Der einaktige »Nachtflug« (Volo di notte), am 18. Mai 1940 in Florenz uraufgeführt, greift auf ein Buch des tragisch umgekommenen, herrlichen französischen Dichters Antoine de Saint-Exupéry zurück, der selbst Flieger war. Hier wird eine in Südamerika spielende dramatische Szene aus dem Heldenzeitalter des Flugwesens dargestellt: in Buenos Aires werden aus verschiedenen Himmelsrichtungen Nachtflugzeuge erwartet, deren Post hier gesammelt und dann von einem Kurierflieger nach Europa gebracht werden soll. Der Chef der Luftdienste erlebt auf dem Flugplatz zuerst die Erzählung des soeben aus Chile gelandeten Piloten, der von schweren Stürmen über den Anden berichtet. Und hernach, durch Funkverbindung, die letzten Minuten der in Patagonien aufgestiegenen Maschine, der es an Brennstoff fehlt, um sich durch das schlechte Wetter bis nach Buenos Aires durchzukämpfen: Die Frau des Piloten, der die Patagonienmaschine steuert, erscheint, von Ahnungen geängstigt, im Büro des Chefs und vernimmt so die letzten, immer verzweifelteren und schwächeren Botschaften ihres Mannes. Beamte und Arbeiter, beeindruckt von der Katastrophe und der Tragödie der jungen Frau, bedrohen den Leiter des Flugdienstes. Doch unbeirrt steht der auf seinem Platz: für ihn geht es nicht um Fragen von Leben und Tod, sondern um die Idee des Fortschritts, der Zukunft, des Sieges über die Elemente, die eines Tages und nach vielen Opfern, dem Menschen untertan sein werden. Der starke, fest in unserer Zeit verwurzelte Stoff hat eine fesselnde musikalische Behandlung erfahren. Das menschliche Drama wird spürbar, jenseits jedes Realismus; die Abstufung zwischen opernmäßig-gesanglichen und dramatisch-rezitativischen Partien ist sehr interessant, die Instrumentation meisterhaft in ihrer Differenzierung.
Auch mit dem »Gefangenen« (Il prigioniero) greift Dallapiccola tief in das aufwühlende Geschehen seiner eigenen Zeit. Dieser Einakter – gestaltet nach »La torture par l'espérance« von Graf Villiers de L'Isle-Adam und »La légende d'Ulenspiegel et de Lamme Goedzak« von Charles de Coster – verschleiert die Aktualität allerdings, da er die knappe Handlung in der Zeit der Inquisition ablaufen läßt. Aber trotzdem ist diese Gefangenschaft die unserer Zeit, der Kerker ist unser Kerker, die Gewalt ist die gleiche, die Millionen Menschen unserer Tage ohnmächtig an sich selbst erleben mußten und an der sie seelisch und körperlich zugrunde gingen. Es ist die Urangst des Menschen vor Qual, Folter und Tod, die im 20. Jahrhundert nur die neuen Begriffe von Verbrennungsöfen und Gaskammern ihrem schauerlichen Arsenal einverleibt hat. Es ist aber auch die Urhoffnung des Menschen, die hinter der Angst lebt, der unbesiegbare Drang zur Freiheit, die Sehnsucht nach dem Sonnenlicht, nach der Wärme und Freude des Daseins. In dieser Oper ist beides, Angst und Hoffnung erschütternd gestaltet. Ein Gefangener wird von seinem Kerkermeister auf die grausamste aller Arten gequält: durch die immer wieder die Folter unterbrechende Aussicht auf Befreiung. Der Kerkermeister, der niemand anderer ist als der Großinquisitor selbst, flüstert dem Gefangenen hoffnungsvolle Worte zu: »Hoffe, mein Bruder ... Zu jeder Stunde mußt du hoffen, mußt leben, um hoffen zu können ...« Und der seelisch, geistig und körperlich schon fast zu Tode geschundene Mensch rafft seinen letzten Funken Lebenswillen zusammen, geht durch die wie absichtlich geöffnete Tür des Kerkers hinaus, hat die letzte Vision blühender Bäume und einer Welt in Freiheit. Dann empfangen ihn, hinter einer Wendung des Weges, den er sich mit äußerster Kraft dahin-

schleppt, die grellrote Gestalt des Inquisitors und die noch grelleren, blutigroten Flammen, die ihn verzehren werden. Es ist bezeichnend, daß dieses Werk im Jahre 1944 erdacht und geschaffen wurde, dem vielleicht schlimmsten Mordjahr der europäischen Geschichte.
Dallapiccola gestaltete es zuerst als Funkoper, deren Erstausstrahlung am 1. Dezember 1949 von Turin aus erfolgte. Unmittelbar danach gestaltete er sie zum Bühnenwerk um, das sich nach der Premiere in Florenz (1950) schnell auf viele Bühnen verbreitete. Dallapiccola, der in seiner Technik der »Wiener Schule« nahestand – er übernahm Schoenbergs Zwölftontheorie mit ähnlichen Freiheiten, wie Alban Berg sie sich nahm –, war ein starker Melodiker und vermochte es, stets die Inspiration über die Technik zu setzen. Man darf »Il prigioniero« als eines der eindrucksvollsten, aufwühlendsten Werke des Musiktheaters in unserem Jahrhundert bezeichnen.
Das Opern-Oratorium »Hiob«, das in Rom 1950 uraufgeführt wurde, ist das strengste Zwölftonwerk seines Schöpfers. Auch hier, in dieser biblischen Schilderung, ist Dallapiccola ein echtes Kind unserer Zeit, dem es gegeben ist, die »ewigen« Dramen aufzuspüren und dem heutigen Menschen mit heutigen Mitteln nahezubringen.
Auf einen eigenen, sehr schönen Text schuf Dallapiccola zuletzt die Oper in einem Prolog und zwei Akten »Odysseus« (Ulisse), die in der Deutschen Oper Berlin am 29. September 1968 ihre vielbeachtete, wenn auch kaum publikumswirksame Uraufführung erlebte. Es handelt sich um ein sehr komplexes Werk, in dessen Text Einschübe (von Aischylos, Thomas Mann, Hölderlin, James Joyce und dem heiligen Augustinus) in den von Homer übernommenen Grundstoff integriert werden. Viele »Racconti« (Rückblenden) erschweren dem Publikum das sichtbare Erfassen der vielschichtigen Handlung; fast wären Aufführungen in epischer, oratorienhafter Form vorzuziehen, da sie das Verfolgen der teilweise sehr schönen, trotz Dodekaphonik manchmal spätromantischen Musik wesentlich erleichtern würden.

Claude Achille Debussy
1862–1918

Selten gelangt ein Komponist zu einem so persönlichen Stil, der zugleich neuartig, ja revolutionär ist und dabei so unverkennbar sein eigen, wie Debussy. Er ist der Begründer und zugleich der wirksamste Vertreter des musikalischen Impressionismus, zu dem ihm die Malergeneration der Monet, Renoir, Manet in seinem Vaterlande das Vorbild (im wahrsten Sinne des Wortes) geliefert hat. So, wie diese die scharfen Umrisse auflösten, die Formen verschwimmen ließen, der Phantasie einen weiten Spielraum einräumten, mehr Stimmung malten als Gegenstände, gerade so komponierte Debussy. Er vertonte Farben, Stimmungen, Unaussprechliches; er löste die Melodielinie auf, er hielt den Rhythmus an, er machte aus funktionellen Harmonieketten zarte träumerische Klänge, eine wahre Zauberwelt. Er fand neue Stimmungen für die Sehnsucht, stiller und noch erdferner als Wagner in seinem »Tristan«, er gestaltete die Melancholie zur Grundfarbe seiner Stücke, den Symbolismus (wie er in den Dichtungen Mallarmés, Maeterlincks, Verlaines lebt) zum Inhalt der Werke. Kann es aber, nach all dem Gesagten, eine Verbindung, eine Brücke zwischen Impressionismus und Oper geben? Schließen diese Ideen einander nicht aus? Eine »statische« Oper, ganz auf Symbolen, auf Melancholie, auf Bildern aufgebaut? Debussy bewies mit »Pelléas und Mélisande« die Existenzmöglichkeit einer impressionistischen Oper. Aber dieses Werk blieb an den Theatern eine Ausnahme; höchstens Dukas' »Ariane und Blaubart«, Delius' »Romeo und Julia auf dem Dorfe«, Respighis und Szymanowskis Werke wären in diesem Zusammenhang zu nennen, doch von einem »Bühnenleben« ist bei ihnen – leider – keine Rede. Ansonsten kann man höchstens von impressionistisch beeinflußten Werken sprechen, kaum aber von impressionistischen; das bedeutet, daß wohl mancher Komponist zur Stimmungsmalerei impressionistische Klangfarben verwendet, aber so oft es die dramatische Handlung erfordert, zu »handfesteren« Mitteln seine Zuflucht nimmt.
Debussy kam am 22. August 1862 in Saint-Germain-en-Laye zur Welt. Im Pariser Konservatorium

gewann er mit seiner Kantate »L'enfant prodigue« den Großen Rompreis. Seine im Reglement vorgeschriebenen Sendungen aus Rom befriedigten weder die Jury noch ihn selbst. Vorzeitig kehrte er aus Italien heim, vertiefte sich in Wagner und Mussorgski. Sein durch und durch französischer Geist überwand den ersteren und milderte den zweiten dieser Einflüsse. Sehr früh gelangte er zu einem völlig eigenen Stil: »Der Nachmittag eines Fauns« und die »Nocturnes« beweisen es. Am reinsten aber sein Hauptwerk, die Oper »Pelléas und Mélisande«. Über sein Leben ist nicht viel zu erzählen. Menschenscheu von Natur aus, zog er sich immer mehr in die Einsamkeit zurück, war bei keinem »offiziellen« Anlaß zu sehen, empfing keine Ehren. Selten dirigierte er seine Werke selbst, eher noch im Ausland als in Frankreich. Er lebte ganz seinem Schaffen und in ständiger Angst, seine Ideen nicht ausführen zu können. Für die Bühne schuf er außer »Pelléas« vor allem das Mysterium »Das Martyrium des Heiligen Sebastian« (auf den Text Gabriele d'Annunzios) und drei Ballette: »Jeux«, »La boîte à joujoux« und »Khamma«. Debussy starb, während der Belagerung von Paris durch die Deutschen, am 25. März 1918. (Siehe auch Nachtrag S. 673.)

Pelléas und Mélisande

Lyrisches Drama in fünf Akten (dreizehn Bildern). Libretto von Maurice Maeterlinck.
Originaltitel: Pelléas et Mélisande
Originalsprache: Französisch
Personen: Arkel, König von Allemonde (Baß), Pelléas und Golo – oder Golaud –, seine Enkel (Tenor und Bariton), Yniold, Golos Sohn (Kinderstimme oder Sopran), Genoveva, Arkels Schwiegertochter, Mutter Golos und Pelléas' (Alt), Mélisande (Sopran), ein Arzt (Baß); Diener, Bettler.
Ort und Zeit: In einem Schloß am Meer, etwa legendäres Mittelalter.
Handlung: Die kurze Einleitung führt uns unmittelbar in Debussys so eigene unverkennbare Klangwelt ein, die man beinahe als »unwirklich« bezeichnen könnte. Der Vorhang geht auf: Auf einem Brunnenrand, inmitten einer Waldeslichtung, sitzt ein schönes Mädchen mit langen blonden Haaren. Golo, der sich auf der Jagd verirrt hat, kommt zur Quelle, auf der Suche nach einem verletzten Wild, das entschwand. Das Mädchen erschrickt, als er es anspricht. Es hat einen großen Schmerz erlitten, nennt ihn aber nicht. Es kommt aus fernem Land, sagt aber dessen Namen nicht. Eine Krone ist ihr in den Brunnen gefallen. Aber als Golo sich anschickt, sie zu suchen, weil er in ihr den Grund ihrer Traurigkeit zu erkennen glaubt, lehnt das Mädchen ab. Golo fragt sie nach ihrem Namen. »Mélisande«, antwortet sie. Es dunkelt, und Golo fordert sie auf, ihm in das Schloß zu folgen. Nach kurzem Zögern geht Mélisande mit dem Prinzen. Schon in dieser ersten Szene wird die Eigenartigkeit von Dichtung und Musik ganz klar. Die Dichtung ist voller Symbole, voll klingender Gleichnisse eines großen Poeten. Die Musik, von tiefster Lyrik erfüllt, undramatisch; die Gesangslinie ähnelt einem weichen, zauberhaft getönten Sprechgesang.

Die zweite Szene spielt im Schloß Allemonde. Alles ist düster hier, beklemmend und kalt, als dringe nie ein Sonnenstrahl ein. Genoveva liest ihrem Schwiegervater, dem König, einen Brief vor, den Pelléas von Golo erhielt; dieser berichtet, daß er sich vor Monaten mit dem geheimnisvollen Mädchen aus dem Walde verheiratet hat, das er tief liebt, ohne von ihr mehr zu wissen als am ersten Tage. Nun will er mit seiner Gattin heimkehren in das Schloß seiner Väter. Wenn der König gewillt sei, Mélisande aufzunehmen, so möge er ein Licht an der Küste entzünden, das Golo vom Schiffe aus wahrnehmen könne. Arkel willigt ein, obwohl er an eine Prinzessin als Frau für Golo gedacht hat, der seit langem Witwer ist und nur seinem kleinen Knaben Yniold lebt. Pelléas tritt ins Gemach; er will um Erlaubnis bitten, zu einem kranken Freund zu reisen. Aber der König bestimmt ihn, noch zu warten. Er soll es sein, der die Fackel entzündet, wenn Golo mit seiner jungen Gattin kommt.

Alle Szenen sind durch bedeutungsvolle Zwischenspiele verbunden. Sie atmen tiefe Melancholie und entstammen einem vorher nie gehörten geheimnisvollen Klangreich. Mélisande und Genoveva ergehen sich auf den düsteren Pfaden des alten Schloßparks. Pelléas kommt vom Meeresufer. Man hört ferne Gesänge von Fischern und Matrosen. Lichter von Schiffen gleiten durch die zunehmende Dunkelheit und lassen Ferne und Sehnsucht ahnen. Pelléas geleitet Mélisande auf den gewundenen Wegen zum

Schloß zurück. Sie hat die Arme voll Blumen. Als Pelléas seine baldige Abreise ankündigt, wundert sie sich wie ein Kind darüber.

Das nächste – vierte – Bild gehört zu den schönsten. Es spielt an einer Quelle im Park. Wie auf Schubert fast ein Jahrhundert früher, so übt auch auf Debussy das Wasser einen mystischen Zauber aus. Es ist nicht nur die unaufhörliche und doch immer andere Musik seines Rauschens; es ist seine unerklärliche Verbundenheit mit dem menschlichen Leben und Schicksal. Debussy malt die Musik der Quelle in wundervollen Tönen. ① Pelléas und Mélisande kommen. Die junge Frau setzt sich auf den Marmorrand und blickt in die Tiefe. Niemand – erklärt ihr Pelléas – hat je ihren Grund erschaut. »Aber etwas Glänzendes auf ihrem Boden müßte man doch leuchten sehen?« fragt Mélisande. Sie möchte den Wasserspiegel berühren, jedoch ihre Hände reichen nicht hinab; nur ihr langes Goldhaar streift ihn. Mélisande erinnert sich, daß es gerade so war, als sie Golo kennenlernte. Sie wollte nicht, daß er sie umarme. »Warum?« will Pelléas wissen. Weil sie etwas auf dem Grunde sah, antwortete Mélisande rätselhaft. Dann spielt sie wie ein kleines Mädchen mit dem Ring, den Golo ihr gab: sie wirft ihn in die Luft und fängt ihn wieder. Doch plötzlich fällt er in den Brunnen. Mélisande erschrickt. Was soll sie Golo sagen? »Die Wahrheit«, rät Pelléas.

Abermals ein schönes Orchesterzwischenspiel vor der nächsten Szene. Golo ist verletzt; sein Pferd strauchelte genau im gleichen Augenblick, in dem Mélisande den Ring verlor. Seine junge Gattin pflegt ihn. Plötzlich bricht sie in Tränen aus, aber ihre Erklärungen sind vage. Die Düsterkeit des alten Schlosses, seine Kälte... heute hat sie zum ersten Male ein Stück Himmel gesehen. Golo nimmt ihre Hände, spricht ihr gütig zu wie ein Vater einem kleinen Mädchen. Plötzlich bemerkt er das Fehlen des Ringes. Mélisande sagt nicht die Wahrheit: vielleicht habe sie ihn in der Grotte verloren, wo sie manchmal mit Yniold spiele. Golo wünscht, daß sie sich sofort aufmache, ihn zu suchen. Jetzt, in der Dunkelheit? Ja, jetzt. Wenn sie Angst habe, könne ja jemand sie begleiten, Pelléas zum Beispiel. »Ich bin nicht glücklich, ich bin nicht glücklich«, murmelt Mélisande, während sie aus dem düsteren Gemach geht. ②

Pelléas und Mélisande betreten die nächtliche Grotte, die geheimnisvoll und von seltsamem Reiz ist. Man hört – in wundervollen Orchesterfarben – das Meer rauschen. Im Schein ihrer Laterne bemerken sie drei Bettler, die auf den Felsen schlafen. Es herrscht Elend und Hunger im Lande. Tief beeindruckt von dieser Entdeckung sucht die junge Fürstin den Rückweg.

Die nächste Szene ist von tiefster Poesie erfüllt. In einer Sommernacht hat Mélisande das Fenster ihres Gemachs in einem Turm des Schlosses geöffnet. Sie singt eine seltsame Melodie. Pelléas nähert sich und blickt sie begeistert an. Er bittet sie, sie möge ihm die Hand entgegenstrecken, aber das Fenster ist zu hoch, als daß sie sich berühren könnten. Nur ihre offenen blonden Haare reichen hinab, die Pelléas liebkost und küßt. ③ Das Kommen Golos weckt sie wie aus einem Traum. Sie benähmen sich wie Kinder, ruft Golo aus, aber seine Stimme widerspricht seinen Worten.

Im folgenden Bild führt Golo Pelléas in die unterirdischen Verliese des Schlosses. Geruch von Fäulnis, Todesschatten ringsumher. Die Szene ist kurz, aber voll innerer Erregung. Bald kehren die Männer an die Erdoberfläche zurück; Pelléas atmet auf. Golo ermahnt ihn, nicht mit Mélisande zu spielen. Jede Erregung müsse von ihr ferngehalten werden, denn bald werde sie Mutter sein. Im Schloßgarten gehen Golo und sein Söhnchen Yniold. Der Vater fragt, was Pelléas und Mélisande täten und sagten, wenn sie mit dem Kind beisammen seien. Yniold antwortet voller Unschuld. Küßten sie sich niemals? Nie. Doch! Einmal haben sie sich geküßt, erinnert er sich. Und er zeigt dem Vater, wie. Sein Bart kratze, setzt er hinzu, und: wie grau sein Haar und Bart geworden seien! Golo hebt Yniold in die Höhe, damit er in das Fenster Mélisandes blicken könne. Ist sie im Zimmer? Ja, berichtet der Kleine. Allein? Nein, Onkel Pelléas ist bei ihr. Was tun sie? Nichts. Nichts. Sie blicken ins Licht, ohne die Augen zu schließen, setzt Yniold hinzu.

Die folgende Szene bringt eine kurze Begegnung zwischen Pelléas und Mélisande. Der Prinz war bei seinem Großvater, der von einer schweren Krankheit genesen ist und ihm geraten hat, eine Reise anzutreten. Ein letztes Mal will Pelléas Mélisande sehen, denn von dieser Reise denkt er nie wieder heimzukehren. Im Park also, nahe der Quelle... Arkel tritt auf; er ist um Mélisande besorgt, die er stets traurig sieht. Würde es ihr helfen, wenn er das Schloß so umbauen ließe, daß mehr, viel mehr Licht eindringe? Golo kommt und bricht einen fürchterlichen

①

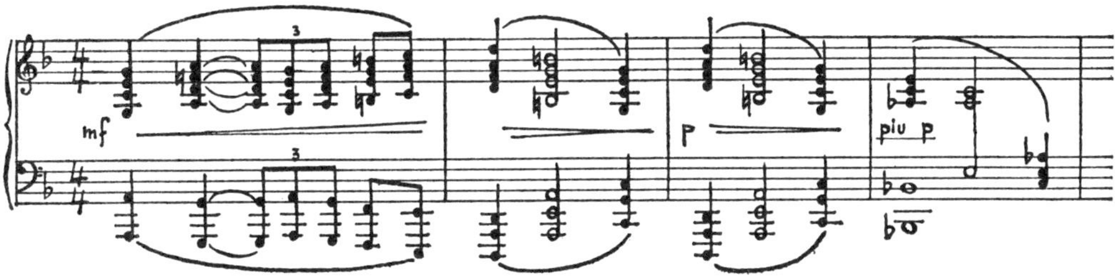
mf
p
piu p

②

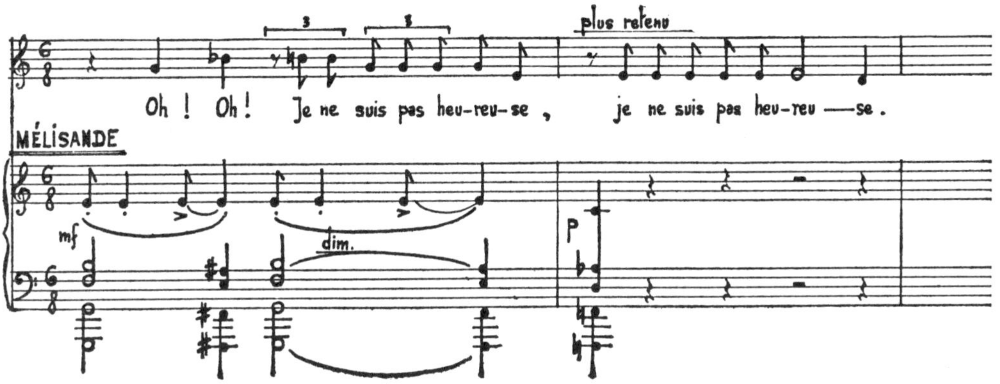
plus retenu
Oh ! Oh ! Je ne suis pas heu-reu-se , je ne suis pas heu-reu — se .
MÉLISANDE
mf
dim.
p

③

Je les tiens dans les mains , je les tiens dans la bou—che ...
PELLÉAS
PP
très expressif

④

Cédez
MÉLISANDE
Pour—quoi vais je mou—rir ? Je ne le sa—vais pas .
ff
dim.
piu dim.
P
cresc.

Streit mit seiner Gattin vom Zaune, in deren Verlauf er sie, in tödlichem Haß, an den langen Haaren durch das Gemach schleift. »Wäre ich Gott, ich würde mich des Herzens der Menschen erbarmen ...«, seufzt der Alte.

Das nächste Bild (das manchmal fortgelassen wird) zeigt den im Park spielenden Yniold. Er versucht, einen schweren Stein von der Stelle zu bewegen, um seinen goldenen Ball wiederzufinden. Ein Hirt kommt mit seiner blökenden Herde vorbei. Plötzlich verstummen die Tiere. Warum? will das Kind wissen. »Weil dies nicht der Weg zum Stall ist ...«, erwidert der Hirt geheimnisvoll und geht weiter.

Pelléas erwartet Mélisande an der Quelle. Die Nacht sinkt über den Park. Nach den ersten zögernden Worten bricht das nicht mehr vermeidbare Geständnis hervor: »Ich liebe Dich.« (Dieser Satz, der in kaum einer Oper fehlt, nimmt hier eine einmalige Ausdruckskraft an. Es ist, als spräche ihn Mélisandes Unterbewußtsein. Er klingt fast tonlos, ohne Melodienlinie, in eine Pause des Orchesters hinein.) Die Szene ist von unendlicher Zärtlichkeit getragen. Mélisande erblickt, wie aus einem Traum erwachend, Golo, der mit dem Schwert in der Hand naht. Die Liebenden bewegen sich nicht, gemeinsam erwarten sie den tödlichen Streich. (Hier, und nur für einen flüchtigen Augenblick, vereinigen sich ihrer beider Stimmen in einer Art Zwiegesang, den Debussy sonst – Wagners Prinzip bis in die letzte Konsequenz fortsetzend – als unnatürlich ablehnt.) Der Schlag trifft Pelléas' Haupt. Mélisande entflieht, von Golo verfolgt.

Im Schlafgemach Mélisandes spielt das letzte Bild. Von Arkel, Golo und einem Arzt umgeben, erwacht Mélisande aus langer Bewußtlosigkeit. Sie scheint sich an nichts zu erinnern. ④ Man öffnet auf ihren Wunsch die Fenster, damit sie die untergehende Sonne sehen könne. Golo fragt sie wie besessen aus, aber ihr reines Herz ist weit von allem Irdischen entfernt, das er wissen will. Einen letzten Blick wirft sie auf ihr eben geborenes Töchterlein, dann stirbt sie, wie in langsamer Entrückung aus allem Menschlichen. »Ein Leben endet, ein anderes beginnt ...«, sagt Arkel und nimmt das neugeborene Kind in die Arme.

Textbuch: Mit voller Absicht haben wir diesen tiefpoetischen, mit Symbolismen geladenen, ja fast überladenen Text ausführlich erzählt. Er liegt weit ab von den üblichen Opernlibretti jener Zeit. Maurice Maeterlinck (1862–1949) war einer der größten Vertreter jenes verträumten spätromantischen Stils, der dem malerischen und musikalischen Impressionismus verwandt war. Rilke, Verhaeren, Verlaine gehörten ihm an – um nur einige der Wichtigsten zu nennen – und seine beste Zeit war die Epoche um die Jahrhundertwende bis zum ersten Weltkrieg. Die Franzosen sprachen manchmal von »décadence«, was nicht ganz dem deutschen »Dekadenz« entspricht, da es – wenn überhaupt – viel weniger negativ gemeint ist. Es mag einen Diskussionspunkt geben, ob eine solche Dichtung die Grundlage eines Opernwerkes bilden kann. Zöge man einen rein logischen Schluß, man müßte mit einem klaren »Nein« antworten ...

Musik: Aber Debussy hat das anscheinend Unmögliche möglich gemacht, hat aus diesem völlig weltentrückten Libretto, das fernab allen musikdramatischen Stilen liegen müßte, ein musikalisches Wunderwerk geschaffen. Dazu konnte er nur einen ebenso träumerischen, transzendentalen musikalischen Stil finden, der zwar letzten, fernen Endes auf Wagners »Tristan und Isolde« zurückgeht, aber doch etwas gänzlich Neues darstellt. Hier durchdringen einander Wort und Ton bis in die tiefste Tiefe. Debussys sehnsüchtig schwermütige Musik, seine verträumten Harmonien, die so weit vom Alltag entfernt liegen, seine zauberhaften Klänge, die wie aus einer anderen Welt zu stammen scheinen, waren die ideale Ergänzung zu einem Poem, in dem die Worte nur die Hälfte von dem aussagen, was sie enthalten. Hier ist Debussy ganz er selbst und ganz Impressionist. Er löst das ewige Opernproblem der Vorherrschaft von Dichtung oder Musik durch eine einmalige Sprechgesangsmelodie. Daß diese bei nicht höchstwertiger Wiedergabe leicht monoton wirken kann, spricht nicht gegen sie. Dem Liebhaber üblicher Opern wird die Ausmerzung erregender Orchesterballungen, dramatischer Stimmeffekte, abwechslungsreicher Rhythmisierungen vielleicht seltsam vorkommen; aber wer sich in diese Klänge einleben kann, in die völlig innerliche Bewegung des Werkes, in den langen Sprechgesang, in dem jede Regung der Seele mitschwingt, der erlebt einen seltenen Genuß. Mit den Zwischenspielen zwischen den einzelnen Bildern hat Debussy wahre sinfonische Meisterwerke geschaffen, deren jedes Einzelne genau die Stimmung im Herzen der Personen widerspiegelt; es gab wenige so glänzende Psychologen unter den Komponisten, wie Debussy einer war.

Geschichte: Es ist bezeichnend, daß viele Musiker seiner Zeit Dichtungen Maurice Maeterlincks vertonten. Fauré und Schönberg komponierten – ohne voneinander oder von Debussy zu wissen – ebenfalls »Pelléas und Mélisande«, ersterer als Schauspielmusik, letzterer als sinfonische Dichtung. »Ariane und Blaubart« wurde von Dukas meisterlich in eine Oper verwandelt, Henri Février vertonte »Monna Vanna« und Albert Wolf »Der blaue Vogel«. Debussy lernte Maeterlincks Drama »Pelléas und Mélisande« im Jahre 1892 kennen und wünschte sofort, es in Musik zu setzen. Er trat mit dem Dichter in Verbindung, der ihm die Erlaubnis gab. Debussy respektierte den Wortlaut in einem weit über die sonstige Opernkomposition hinausgehenden Maße, aber konnte nicht umhin, der Länge des Schauspiels wegen einige Szenen fortzulassen. Dies und eine persönliche Frage (die Besetzung der weiblichen Hauptrolle, für die ursprünglich Maeterlincks Gattin in Aussicht genommen war) entzweite die beiden Männer, zwischen denen es zum völligen und heftigen Bruch kam. Debussy arbeitete zehn Jahre lang mit ganzer Hingabe an seiner Oper. Die Premiere fand am 30. April 1902 in Paris statt. Der Chef der Opéra Comique, André Messager, dem das Werk gewidmet ist, dirigierte; Mélisande war die berühmte Sopranistin Mary Garden. Der Erfolg war eindeutig, wenn auch keineswegs lärmend. Langsam eroberte das schwer darzustellende Werk die Bühnen der Welt. Immerhin gelangte es bereits 1908 nach Nord-, drei Jahre später nach Südamerika. Inzwischen hatten Dichter und Komponist Frieden geschlossen, in dem stolzen Bewußtsein, dem Musiktheater ein einmaliges Werk geschenkt zu haben.

Leo Delibes

1836–1891

Wieder ein Name, der unter den zwanzig oder mehr »großen« Komponisten nicht vorkommen mag, der aber jahrzehntelang einen festen und vielbeneideten Platz im internationalen Opern- und Ballettspielplan einnahm. Im ersteren behauptete er sich mit »Lakmé«, die unzähligen berühmten (und auch weniger bekannten) Koloratursängerinnen Gelegenheit zu verblüffenden und das Publikum hinreißenden Kunststücken bot. Und zu den beliebtesten Balletten der Weltliteratur gehören bis zum heutigen Tag Delibes' »Sylvia« und »Coppélia«. Auch die hübsche Oper »Le roi l'a dit« (Der König hat's gesagt) ist mitunter noch zu hören. Der Rest des Bühnenschaffens dieses in St. Germain du Val geborenen Komponisten – der insgesamt sechs Opern und einige weitere, vielleicht als Operetten zu qualifizierenden Werke schrieb – ist vergessen. Seine Laufbahn machte ihn zum Organisten in Paris, dann zum Chordirigenten an der Großen Oper, schließlich zum Professor des Konservatoriums und Mitglied der Akademie. Er starb, hochangesehen, in Paris, wo nahezu allabendlich eines seiner Werke in einem Theater zu hören war.

Lakmé

»Lakmé« gibt als Quelle Pierre Lotis »Le mariage de Loti« an, aber die Librettisten Edmond Gondinet und Philippe Gille sind mit dem Stoff sehr frei umgegangen. Es handelt sich um die Liebe zwischen der Inderin Lakmé und dem englischen Offizier Gerald. Dieser ist mit einem Regimentskameraden in die Nähe eines Tempels geraten. Obwohl darauf der Tod steht, verbleibt Gerald wie gebannt, zuerst vom Schmuck Lakmés, den das Mädchen abgelegt hat, dann von der hinreißenden Erscheinung ihrer selbst. Es ist eine Liebe auf den ersten Blick. Trotzdem versucht das Hindumädchen, den Fremden so schnell als möglich zu entfernen, da die sich nähernden Priester sein Leben bestimmt nicht schonen würden. Doch diese haben den Offizier bereits entdeckt. Er entkommt ihnen mit knapper Mühe, aber sie wissen, wie sie ihn bald fangen können. Das geschieht bei einem Volksfest, bei dem der Oberpriester, Lakmés Vater, als

Bettler verkleidet, seine Tochter zum Singen vor der Menge zwingt. (Hier enthält die Partitur die berühmt gewordene »Legende vom Paria«, eine dankbare Koloraturarie). Er weiß, daß Gerald in diesem Falle gehen wird. Tatsächlich nähert er sich und wird von den Priestern verwundet. Lakmé rettet ihn, pflegt ihn gesund und will sich ihm für immer verbinden. Aber das Pflichtgefühl des Soldaten ist stärker: Gerald zieht mit seinem Regiment in den Krieg. Der Abschied der Liebenden wird zur tragischen Szene: Lakmé vergiftet sich mit einer Pflanze. Sterbend reicht sie dem Geliebten Wasser aus der heiligen Quelle, wodurch er für den zur Rache herbeieilenden Priester unantastbar wird. (Uraufführung: Paris 14. April 1883).

Frederick Delius
1862–1934

Er war ein Einzelgänger, sein Leben lang; ein Einsamer (»das einzige Glück, das es wirklich gibt, ist das des Schaffens«), ein Spätromantiker mit impressionistischen Zügen, ein Weltbürger, der in keinem Lande, aber tief in der Natur verwurzelt war. Seine Eltern Deutsche, die vor seiner Geburt aus Chemnitz nach Bradford auswanderten, wo »Fritz« am 29. Januar 1862 im begüterten Hause seines nun industriell sehr erfolgreichen Vaters geboren wurde, aber bald für musische Interessen viel stärkere Neigungen zeigen wird als für kommerzielle. 1883 geht er, nach vielen Reisen in Europa, in den Süden der USA und wird in Florida Orangenpflanzer. Drei Jahre später macht er sich von allem frei und beginnt eine zweijährige Lehrzeit am Leipziger Konservatorium, wo er mit Grieg Freundschaft schließt. Für elf Jahre (bis 1899) wird Paris sein Wohnsitz, dann findet er im kleinen französischen Flecken Grez-sur-Loing (Department Seine et Marne) sein endgültiges Heim. Trotzdem hat er die französische Sprache nie geliebt, doch auch die englische hat ihn nur selten zum Komponieren angeregt. Das aber tat vor allem Nietzsche, nicht der Philosoph, sondern der Dichter des »Zarathustra«, nach dem er seine »Messe des Lebens« schuf. Die vielleicht bedeutendste seiner (fünf) Opern dürfte »Fennimore and Gerda« sein, die – relativ – bekannteste wurde »Romeo und Julia auf dem Dorfe« (»A village Romeo and Juliet«), an der er mehrere Jahre lang um die Jahrhundertwende arbeitete und die er 1901 vollendete. Sie wurde unter der Leitung von Fritz Cassirer (der für ihn den Text Nietzsches zur »Messe des Lebens« gestaltet hatte) am 21. Februar 1907 in deutscher Sprache an der Komischen Oper Berlin uraufgeführt. In der Folgezeit gab es durch sehr lange Zeit nur Aufführungen in englischer Sprache, bis das bis dahin in Mitteleuropa so gut wie unbekannte Werk durch Aufführungen in Zürich (1980) und Darmstadt (1981) erneut zur Diskussion gestellt und sehr positiv aufgenommen wurde. Delius starb im »tragischen Jahr« der englischen Musik (das auch den Tod Elgars und Holsts brachte) am 10. Juni 1934 in Grez-sur-Loing, nachdem er zwei Jahre zuvor Ehrenbürger seiner Heimatstadt Bradford und fünf Jahre vorher Ehrendoktor in Oxford geworden war. Aber um diese Zeit lebte der blinde und gelähmte Komponist schon seit langem ganz zurückgezogen von der Welt.

Romeo und Julia auf dem Dorfe

Am 28. Januar 1898 sendet Delius aus Paris seiner Gattin Jelka Rosen die berühmte Novelle »Romeo und Julia auf dem Dorfe« aus den »Leuten von Seldwyla« des Schweizer Dichters Gottfried Keller: sie möge es lesen und ihm sagen, ob sie hier einen Opernstoff sähe. Sie animierte ihn lebhaft dazu, und er dürfte zuerst an C. F. Keary als literarischen Mitarbeiter gedacht haben, mit dem er soeben (1897) die Oper »Koanga« vollendet hatte. Schließlich entschloß er sich, das Libretto selbst zu bearbeiten, um den Text seiner Musik nach eigenem Gutdünken anzupassen. In ihm kommen die Hauptgestalten der Geschichte Kellers vor: die beiden reichen Grundbesitzer Manz und Marti und deren zwei Kinder Sali und Vrenchen (oder Vreneli). Dazu der »dunkle (oder schwarze) Geiger« und eine große Fülle von seltsamen, oft geheimnisvollen Nebengestalten. Delius gliederte das poetisch feine und tiefsinnige Werk in 6 Bilder. Er zeigt die beiden Bauern, deren Gebiete durch ein Stück unbebauten Bodens, das »wilde Land«, getrennt sind, und die, beunruhigt durch den »dunklen Geiger«, der sie vor dessen Betreten warnt, da es rechtlich ihm gehöre, einander zu mißtrauen beginnen und schließlich in immer wildere Feindschaft geraten. Die jahrelange Fehde ruiniert beide, aber ihre Kinder sind in Liebe füreinander entbrannt. Sie treffen sich im »Niemandsland«, wo sie einmal von Marti überrascht werden, der sie zu trennen sucht, wobei er von Sali niedergeschlagen wird. Vreni sitzt noch einmal am Herd ihres Hauses, das verkauft wurde. Sali tritt ein und setzt sich zu ihr; vor dem Feuer schlafen sie in der Dämmerung ein; sie träumen beide, sie stünden vor dem Altar der Kirche ihres heimatlichen Seldwyla, um getraut zu werden. Sie erwachen und beschließen, fortzugehen, zuerst um ein wenig Frohsinn und Glück auf dem Markt in Berghald zu erleben. Dort werden sie bald erkannt und fortgetrieben. Nun nehmen sie ihren Weg zum »Garten des Paradieses«, einem verfallenen Besitztum, wo ihnen der Dunkle Geiger erscheint. Dieser will sie überreden, mit ihm auf Wanderschaft zu ziehen. Doch sie fürchten sich vor einem solchen Vagabundendasein. Aus der Ferne hören sie die Rufe der Bootsleute auf dem Fluß. Dorthin gehen sie und besteigen ein verlassenes Boot, das sie vom Ufer lösen und das langsam stromabwärts gleitet, sich immer mehr mit Wasser füllt und schließlich mit den beiden Liebenden versinkt.

»Romeo und Julia auf dem Dorfe«, nach Gottfried Keller, hieß bei Delius zuerst »The garden of Paradise«, und eines der schönsten Stücke, das in Konzerten gespielte Intermezzo »The walk to the Paradise Garden« (das zuletzt, wahrscheinlich 1906 entstand) spiegelt den romantisch-impressionistischen Charakter des Werkes besonders deutlich. Über das Datum der Vollendung der schönen Oper gehen die Meinungen auseinander. Auf der Originalpartitur steht »1900/01«, aber es gibt Zeugnisse dafür, daß Delius noch 1904 oder sogar 1905 daran arbeitete oder zumindest feilte. Delius komponierte die Oper, die von ihm den endgültigen Namen »A Village Romeo And Juliet« erhielt, in englischer Sprache.

Als die Uraufführung an der Komischen Oper Berlin (wo sie am 21. Februar 1907 stattfand) beschlossen wurde, mußte das Werk ins Deutsche (zurück-)übersetzt werden. In den drei Hauptrollen sangen Willi Merkel (Sali), Lola Artôt de Padilla (Vrenchen) und Desider Zador (Der dunkle Geiger). Es dirigierte Fritz Cassirer. Drei Jahre später, am 22. Februar 1910, erklang das Werk erstmals englisch (London, Covent Garden). Es trat dann, nach langem Vergessen, 1980 durch Aufführungen in Zürich und Darmstadt wieder in das Bewußtsein einer breiten Öffentlichkeit.

Paul Dessau

1894–1979

Der in Hamburg geborene Komponist durchlief eine rasche Kapellmeisterlaufbahn an deutschen Bühnen (Hamburg, Köln, Mainz, Berlin), bis das nationalsozialistische Regime ihn aus dem Vaterland, der Zweite Weltkrieg ihn aus Europa vertrieben. Er lebte von 1933–1939 in Paris, wo ihn der Schönbergapostel René Leibowitz in die Zwölftontechnik einführte. Schon damals komponierte der überzeugte Sozialist Texte von Bertolt Brecht, mit dem er alsbald in den USA Kontakt aufnahm. Die Zusammenarbeit führte zu einer Reihe von Bühnenmusiken zu bekannten Brecht-Dramen (»Furcht und Elend des dritten Reichs«, »Mutter Courage«, »Der gute Mensch von Sezuan«, »Der kaukasische Kreidekreis« u. a.) und gipfelte in Dessaus relativ später Hinwendung zur Oper mit der Vertonung von Brechts »Verhör des Lukullus«. Die Uraufführung fand in Frankfurt/Main 1952 statt. Eine zweite Fassung erklang 1960 in Berlin. Man könnte dieses Werk als Fortsetzung des »revolutionären Musiktheaters« der Zwanzigerjahre ansehen, in dem Kurt Weill, ebenfalls auf Brecht-Texte, einen neuen Stil versucht hatte: kurze, eindringliche, völlig unzimperliche Melodien, maschinenmäßig harte Rhythmen, zu Songs verdichtete Lehrsprüche des politischen Kampfes. Doch waren Dessau und Brecht über den Urtypus der Zwischenkriegszeit hinausgewachsen. Ihr Werk ist differenzierter, sowohl in den Gesangstypen wie in der Instrumentation; so etwa, wenn der Feldherr im Diesseits, im Prunk seiner Macht, von großem Orchester, namentlich von Blechgeschmetter begleitet wird, im Jenseits aber, wo nichts Äußerliches gewertet wird, erklingt nur ein dünnes armseliges Akkordeon, womit die ganze Leere schon klanglich treffend charakterisiert ist.

Der Inhalt dieser seltsamen Oper ist schnell erzählt. Sie beginnt mit dem prunkvollen Staatsbegräbnis des Lukullus, zu dem die Gleichgültigkeit des Volkes einen starken Kontrast bildet. In feierlichem Zuge schleppen die Sklaven ein Fries, in dem die Eroberungen und Heldentaten des römischen Feldherrn für die Nachwelt eingegraben sind. In den Lesebüchern lernen die Kinder von nun an die Schlachten des großen Mannes auswendig. Aber Lukullus gelangt inzwischen in das Schattenreich, ist empört, nicht sofort und höflich empfangen zu werden. Endlich steht er vor seinen Richtern. »Hast du einen Fürsprecher in den Gefilden der Seligen?« fragt ihn der Totenrichter. Lukullus nennt stolz den Namen Alexanders des Großen. »Ist nicht bekannt hier«, lautet die Antwort, »die Namen der Großen erwecken keine Furcht mehr hier unten. Hier können sie nicht mehr drohen. Ihre Aussprüche gelten als Lügen. Ihre Taten werden nicht verzeichnet. Und ihr Ruhm ist uns wie Rauch, der anzeigt, daß ein Feuer gewütet hat...« Auch die Taten des Lukullus sind im Schattenreiche unbekannt; der Feldherr bietet an, durch Sklaven den Fries bringen zu lassen, auf dem sie eingemeißelt sind. Doch dürfen Lebende hier eintreten? Ist ihnen nicht der Zutritt verwehrt? »Nicht den Sklaven. Sie trennt nur so weniges von den Toten...«, wird er belehrt. Der Fries wird gebracht. Lukullus brüstet sich der darauf verzeichneten Taten. Das Gericht beschließt, die dort im Triumphzug Abgebildeten persönlich vorzuladen. Denn »... immer noch schrieb der Sieger die Geschichte des Besiegten. Dem Erschlagenen entstellt der Schläger die Züge. Aus der Welt geht der Schwächere, und zurück bleibt die Lüge ...« Und dann beginnt das Verhör. Die Zeugen sagen gegen Lukullus aus, sprechen von seinen Zerstörungen und Gewalttaten. Er beruft sich darauf, nicht »für sich« in den Kampf gegangen zu sein. »Mich schickte Rom«, rechtfertigt er sich. Doch unter den Richtern steht ein ehemaliger Lehrer auf und fragt: »Wer ist Rom? Schickten dich die Maurer, die es bauen? Schickten dich die Bäcker und die Fischer und die Bauern und die Ochsentreiber und die Gärtner, die es nähren?« Die Stellung des Lukullus wird immer schwieriger. Nur zwei Schatten zeugen für ihn: sein Koch, den er nach Herzenslust kochen ließ, und ein Bauer, weil Lukullus den Kirschbaum aus Asien nach Rom brachte. Doch brauchte er achtzigtausend Mann, die auf Schlachtfeldern vermodern, um einen Kirschbaum zu bringen. Das Gericht befindet, daß dieser Preis nicht zu rechtfertigen sei. »Ins Nichts mit ihm!« hört man rufen, und immer stärker wird dieser Ruf, der das Urteil bedeutet: »Ins Nichts mit ihm und ins Nichts mit allen wie er!«

Auch das nächste Bühnenwerk Dessaus vertont einen Brecht-Text: die Oper »Puntila«, zu der einige Stücke aus der früheren Bühnenmusik zum gleichen Theaterwerk herangezogen und verarbeitet werden, erklang 1966 in der Staatsoper Unter den Linden, in Berlin-Ost, wo Dessau nun seit seiner Heimkehr aus dem amerikanischen Exil lebte. Dessaus (dritte) Gattin Ruth Berghaus errang mit einer glänzenden Inszenierung dem Werk einen starken Erfolg und sich selbst einen Namen als Regisseur. Für seine dritte Oper – »Lanzelot« – nahm Dessau ein Werk des russischen Dichters Jewgeni Schwarz (»Der Drachen«) zum Vorwurf. Der an sich schon sehr verworrene Text wird durch die Vertonung völlig unverständlich; zwar erkennt man, daß es sich um die Befreiung eines Landes von dem sie beherrschenden Drachen handelt, um die Heldentat eines Einzelnen, der gegen Korruption und Gewalt antritt, aber die Handlung führt über zahllose Nebenstationen, springt so willkürlich mit Zeit und Ort um, daß auch eine viel stärkere Musik als die Dessaus diese Oper kaum retten könnte. Die Uraufführung erfolgte, wiederum in Ost-Berlins Staatsoper, am 19. Dezember 1969. Als letzte Bühnenwerke seines Lebens schuf Dessau die Oper »Einstein« (Text von Karl Mickel), in der es, nach des Komponisten Aussage, »um die zentrale Frage des Gewissens eines Wissenschaftlers« geht, sowie die Vertonung von Büchners tiefsinnig-bezaubernder Komödie »Leonce und Lena«, die Thomas Körner (stark bearbeitet) zum Libretto formte. Die postume Uraufführung in der Deutschen Staatsoper (Ost-)Berlins am 24. November 1979 weckte gemischte Gefühle und Urteile, die zwischen »altersweise« und »altersschwach« lagen.

Carl Ditters von Dittersdorf
1739–1799

Dieser Zeitgenosse Haydns, Glucks und Mozarts war ein ausgezeichneter Musiker, Schöpfer von etwa hundert Sinfonien, vielen anderen Werken sowie von Opern – zumeist in der damaligen wienerischen Art des Singspiels –, von denen heute noch »Doktor und Apotheker« manchmal aufgeführt wird. Der in Wien Geborene hatte zahlreiche musikalische, aber auch andere Stellungen inne (so war er Forstmeister und Amtmann). Er war Michael Haydns Nachfolger als Kapellmeister in Großwardein, schlug aber die Nachfolge Gaßmanns als Wiener Hofkapellmeister im Jahre 1774 aus, vielleicht aus übergroßer Bescheidenheit, vielleicht um nur der Komposition zu leben, ein damals noch zu kühnes Unterfangen, das selbst im Falle Mozarts kaum glückte (mit dessen gleichzeitigem »Figaro« sein »Doktor und Apotheker« übrigens gerne verglichen wurde). Dittersdorf starb arm, auf dem Schlosse eines Mäzens, in der Nähe von Neuhof in Böhmen.
Von seinen ungefähr vierzig Bühnenwerken ist die komische Oper »Doktor und Apotheker« lebendig geblieben. Stephanie der Jüngere, Autor von Mozarts »Entführung aus dem Serail«, hat ihr zweiaktiges Textbuch verfaßt, nach einem französischen Vorwurf und ganz im Stil von hundert anderen ähnlichen Komödien, bei denen nur die Namen, vielleicht die Berufe, aber nicht die Situationen wechseln. Hier spielt sich alles im Bürgerlichen ab. Die Titelrollen sind volkstümliche Typen, deren grimmige Feindschaft ins Drastisch-Komische verzerrt ist. Was sie alles tun, um ihre einander liebenden Kinder nicht zueinander gelangen zu lassen, ist im Zeitgeist geschildert, wobei mit Verkleidungen, Verwechslungen, Überraschungen nicht gespart wird und zuletzt doch die Liebe siegt. Gottlob Stephanie, der sich als Bühnenschriftsteller zum Unterschied von seinem Vater »der Jüngere« nannte, besaß im damaligen Wien einen guten Namen. Er war maßgeblich am Aufschwung des deutschen Singspiels in der Donaustadt beteiligt, wo Joseph II., der »Toleranzkaiser«, seinen Wienern gute, wenn auch leichte musikalische Kost zukommen lassen wollte, als Ergänzung zur anspruchsvolleren italienischen Oper der Oberschicht. Dittersdorfs Musik ist im besten Sinne volkstümlich, voll entzückender Einfälle; seine hervorragende Technik (die manches seiner Stücke in Mozartnähe rückt) erlaubt ihm, neben Liedern und Arien auch Ensembleszenen zu schaffen, die über das Singspielhafte hinaus in das Reich der komischen Oper vorstoßen. Die Wiener Uraufführung am 11. Juli 1786 – zehn Wochen nach Mozarts »Figaro« – war ein voller Erfolg, dem eine rasche Verbreitung innerhalb des deutschen Sprachgebiets folgte.

Gaetano Donizetti
1797–1848

Gemeinsam mit Bellini und Rossini bildet Donizetti das leuchtende Dreigestirn am Belcantohimmel der großen Opernepoche 1820–1840. Es war eine romantische Zeit (Donizetti wurde im gleichen Jahre geboren wie Schubert), die zudem Freude am Prunk, am glänzenden Theater, an strahlenden Stimmen hatte. Donizetti kam in Bergamo am 29. November 1797 als Kind sehr einfacher Leute zur Welt. Im Jahre 1818 ging seine erste Oper über die Bretter. Dann reiste er durch halb Europa und schrieb bis zu vier Opern jährlich. Daß sie nicht bis ins tiefste und kleinste ausgefeilt sein konnten, versteht sich bei dieser Hast von selbst; es versteht sich aber auch aus der allgemeinen Oberflächlichkeit, mit der die italienischen Autoren der damaligen Zeit zu »produzieren« pflegten. Selbst Rossini, mit einer geradezu mozartischen Leichtigkeit des Schaffens begabt, mußte zu allerlei Kunstkniffen greifen (wie die mehrfache Verwendung einer Ouvertüre, das Ausfertigenlassen unwichtiger Partien durch Schüler oder Helfer usw.), um seinen Verträgen nachkommen zu können. So erging es auch Donizetti, der in 27jährigem Schaffen die unglaubliche Zahl von etwa 70 Opern schrieb. Wo er sich aber wirklich ins Zeug legte, gelang ihm Glänzendes: »Lucia di Lammermoor«, »Die Favoritin«, »Der Liebestrank«, »Die Regimentstochter«, und »Don Pasquale« beweisen, daß ihr Komponist sowohl den »großen« Theaterstil Meyerbeers mit seinem (manchmal etwas hohlen) Pathos beherrschte, wie auch den feinen, einfallsreichen Humor. Er lebte in Paris, das zu jener Zeit der Sammelplatz der bedeutendsten Opernkomponisten und eines der wichtigsten Musikzentren der Epoche war. Dort brach die Tragödie über ihn herein: Im vierzigsten Lebensjahr überfiel ihn der Wahnsinn. Ab 1845 war sein Zustand hoffnungslos. Man versuchte noch, ihn in die Heimat zu bringen (1847), aber er starb, ohne die Klarheit des Geistes wiedererlangt zu haben, am 8. April 1848 an der gleichen grauenhaften Krankheit, die das Leben Schumanns, Hugo Wolfs, Smetanas, Duparcs noch manches anderen großen Schöpfers zur Qual gemacht hatte. Donizetti besaß wie sein großer Rivale Bellini (dessen Auftauchen ihn zu immer intensiverem Schaffen, zu immer ausgefeilterer Arbeitsweise anspornte) die »Gabe der Melodie«, die Fähigkeit, musikalische Schönheit zu produzieren. Viele seiner Weisen sangen sich in die Herzen seiner Zeitgenossen und sind auch heute noch unverändert wirksam, wo wir sie, gelöst und restlos aufgeschlossen, mit all unseren Sinnen, nicht aber mit dem Verstand aufzunehmen bereit sind. (Siehe auch Nachtrag S. 674.)

Der Liebestrank

Oper in zwei Akten. Textbuch von Felice Romani.
Originaltitel: L'elisir d'amore
Originalsprache: Italienisch
Personen: Adina, eine reiche und kapriziöse Pächterin (Sopran), Nemorino, ein junger einfacher Bauer, der in sie verliebt ist (Tenor), Belcore, Sergeant der Garnison von Villaggio (Bariton), Dr. Dulcamara, reisender Quacksalber (Baß), Giannetta, Mädchen aus dem Dorf (Sopran), ein Notar, ein Soldat, ein Diener.
Zeit und Ort: In einem Dorf der Toscana, zu Beginn des 19. Jahrhunderts
Handlung: Ein kürzeres zweiteiliges Vorspiel führt in den ersten Akt ein. Die reiche und reizende Adina hat zwei Verehrer: den einfachen Landmann Nemorino, der zu schüchtern ist, um ihr seine Liebe zu gestehen, und den Sergeanten Belcore, der zur Einquartierung in ihr Haus befohlen ist und ihr sofort stürmisch den Hof zu machen beginnt. Neuerlich verspottet Adina den armen, sie treu liebenden Nemorino, dem ihre anzügliche Erzählung von einem Liebestrank, der einem gewissen Tristan die Liebe Isoldes verschafft haben soll, nicht aus dem Kopfe will. Da kommt ein vornehmer Reisewagen angerollt. Neugierig drängen alle Dorfbewohner sich hinzu. Er gehört einem Wunderdoktor Dulcamara, der seinen eigenen Ruhm in alle Winde preist und eine Fülle glänzender Mittel feilbietet. Nemorino fragt, ob es nicht einen Liebestrank gäbe? Natürlich hat Dulcamara auch einen solchen auf Lager. Er kostet allerdings Nemorinos ganze Ersparnisse und soll erst nach 24 Stunden wirken (wenn der »Wunderdoktor« nämlich wieder abgereist ist). Die ersten Folgen stellen sich jedoch sofort ein: der gewöhnliche Rotwein, um den es sich handelt, macht Nemorino ungewohnt lustig. Er singt und tanzt wie noch nie. Für Adina hat er plötzlich keinen Blick mehr. Daher beschließt diese aus Trotz und zum Schein, sofort den Sergeanten Belcore zu heiraten.
Als der Notar erscheint, erklärt Adina plötzlich, keine Eile mehr zu haben, obwohl ihr Verlobter am nächsten Morgen in den Krieg ziehen soll. Nemorino ist mit dem Mittel so zufrieden, daß er eine zweite Flasche kaufen will. Da er kein Geld mehr hat, verweigert Dulcamara sie ihm. Doch der nun aufgeweckte Nemorino weiß einen Ausweg: er läßt sich von Belcore zu den Soldaten anwerben und ersteht mit dem Handgeld eine zweite Flasche. Adina fühlt sich immer mehr zu ihm hingezogen, zumal sie glaubt, er wolle aus Verzweiflung über ihre Gleichgültigkeit in den Krieg ziehen. Nemorino aber zeigt sich noch abweisender als vorher, da er nun fest auf die Wirkung des Elixiers vertraut; hat er doch sogar eine heimliche Träne im Auge Adinas bemerkt! Diese besingt er in einer außerordentlich berühmt gewordenen Belcanto-Arie: »Una furtiva lagrima.« ①
Er wundert sich nun selbst über den glänzenden Erfolg des Tranks; alle Mädchen reißen sich um ihn, wollen in seiner Gesellschaft sein, umschmeicheln ihn. Sie haben – früher als Nemorino selbst – erfahren, daß dessen Onkel gestorben sei und ihn zum Erben seines großen Vermögens gemacht habe. Schließlich kann Adina, die auch noch nichts von Nemorinos Glück

① *Larghetto*
NEMORINO: U-na fur-ti-va la-grima negl' oc-chi suo-i spun-tò:

weiß, nicht mehr zusehen. Sie kauft ihn von den Soldaten frei und wirft sich in seine Arme, damit er nicht ins Feld ziehe. Belcore tröstet sich rasch. Der »Wunderdoktor« aber macht das beste Geschäft seines Lebens, da das ganze Dorf von dem großartigen Liebestrank haben will.

Textdichtung: Felice Romani (1788–1865) schrieb ein sehr vergnügliches Libretto voll Humor, Witz und sogar einer guten Dosis tieferer Bedeutung.

Musik: Obgleich »L'elisir d'amore« angeblich – Donizetti hat es nicht ohne Stolz so gesagt – in nur 13 Tagen komponiert worden sein soll, ist es ein kleines Meisterstück geworden, in dem sämtliche guten Eigenschaften des Komponisten – und das waren nicht wenige – zum Ausdruck kommen. Seine zärtlichen Melodien ergreifen den Hörer, wie es die von Bellini tun, manchmal blitzt es vor Geist wie bei Rossini (ohne dessen Ironie), manchmal ist die Dramatik seines Nachfolgers Verdi schon im Keim vorgebildet. Hier beweist er es, vielleicht zum ersten Mal in vollgültiger Weise. Hier ist er in vielen Szenen leicht und geistvoll wie Rossini, in anderen lyrisch empfindungsreich wie Bellini.

Geschichte: Die Premiere fand am 12. Mai 1832 in Mailand statt. Donizetti arbeitete das Werk noch zweimal leicht um. Es ist rasch über alle Theater der Welt gegangen und erfreut sich in der ganzen Opernwelt heute noch größter Popularität. Zu seinen berühmtesten Darstellern gehörte Caruso in der Rolle des Nemorino.

Lucia von Lammermoor

Tragisches Drama in drei Akten (sieben Bildern). Textbuch von Salvatore Cammarano, nach Walter Scott.
Originaltitel: Lucia di Lammermoor
Originalsprache: Italienisch
Personen: Lord Henry Ashton, italienisch Enrico, Herr auf Lammermoor (Bariton), Lucia, seine Schwester (Sopran), Sir Edgar Ravenswood, it. Edgardo (Tenor), Lord Arthur Bucklaw (Tenor), Raimund Bidebent, Erzieher und Vertrauter Lucias (Baß), Alisa, Lucias Begleiterin (Mezzosopran), Norman, Anführer der Lammermoorschen Garde (Tenor); Damen, Herren, Pagen, Soldaten.
Ort und Zeit: Schottland, zu Ende des 16. Jahrhunderts
Handlung: Eine alte Feindschaft entzweit die Familien Lord Ashtons, des Herrn auf Lammermoor, und Edgar Ravenswoods, dessen Vorfahren von den gewalttätigen Schloßherren Lammermoors ihrer Güter beraubt worden waren. Nun aber ist der Stern der Lammermoors im Sinken; Henry sieht die einzige Rettung in einer Heirat seiner Schwester Lucia mit Lord Bucklaw, einem mächtigen und reichen Adligen. Aber Lucia liebt Edgar, den letzten Ravenswood. Sie erwartet ihn im Schloßpark, an der Quelle, von der eine alte Legende berichtet, daß dort ein Ravenswood seine Geliebte getötet habe. Lucia entsinnt sich ihrer in einer schönen Arie. ①
Ihre Liebe zu Edgar gibt ihr freundlichere Gedanken ein. ② Bald kommt dieser selbst. Doch nur, um Abschied zu nehmen. Eine diplomatische Mission beruft ihn nach Frankreich. Die Verliebten erneuern ihre Schwüre über den Abgrund hinweg, der ihre Familien trennt. ③
Der zweite Akt spielt lange Zeit nach dem ersten. Ashtons Intrige zeitigt ihre Wirkung: Er hat die Briefe Edgars abgefangen und seiner Schwester lediglich ein gefälschtes Schreiben in die Hände gespielt, aus dem sie zu erkennen glaubt, daß der Geliebte ihr untreu sei. So hat sie denn nach langem Kampf und zur Rettung der Familie in die Ehe mit Bucklaw eingewilligt.

① **Larghetto** — LUCIA: Regnava nel silenzio alta la notte e bruna....

② **Moderato** — LUCIA: Quando rapito in estasi del più cocente ardore

③ **Moderato assai** — LUCIA: Verranne a te sull'aure i miei sospiri ardenti...

④ **Larghetto** — EDGARDO: Chi mi frena in tal momento? Chi tronco dell'ire il corso?
ENRICO: Chi raffrena il mio furore, e la man che al brando corse?

⑤ **Larghetto** — LUCIA: Alfin son tua, alfin sei mio.....

In einem Salon des Schlosses erwartet der Freier mit Ashton und den Gästen die Braut. Aber Lucia naht mit wirrem Blick und in Trauerkleider gehüllt, die sie mit dem kürzlichen Tode ihrer Mutter zu erklären sucht. Unter den Drohungen ihres Bruders setzt sie ihre Unterschrift unter das Heiratsdokument. Da erscheint Edgar im Türrahmen des Saales. Alle Leidenschaften lodern hoch auf und gipfeln in einem der Prunkstücke der italienischen Oper, in dem wahrhaft großartigen Sextett, das von den harmonisch geführten Stimmen der beiden Todfeinde Edgardo und Enrico eingeleitet wird. ④

Edgar ist gekommen, um Lucia wiederzusehen und Rechenschaft für ihr scheinbares Vergessen zu verlangen, dessen wahre Gründe er nicht kennt. Mit dem Degen in der Hand steht er da, im Palast seiner Gegner; aber wie vom Blitz getroffen verharrt er, als er erkennt, daß Lucia soeben ihre Unterschrift unter das Ehedokument gesetzt hat, das sie mit Lord Bucklaw vermählt. Raimund, im Priestergewand, vermag den Kampf zu verhüten. Edgar entreißt Lucia den Ring, den er ihr einst gegeben, und stürzt verzweifelt aus dem feindlichen Schloß.

In finsterer Gewitternacht sitzt er in den verfallenen Räumen seines eigenen Ahnenpalastes. (Erste Szene des dritten Aktes.) Henry Ashton erscheint, um ihn zum Duell herauszufordern. Im Morgengrauen wollen sie sich, bei der Gruft der Ravenswoods, schlagen. Tödlicher Haß erfüllt die beiden Männer; aber der bildet in der italienischen Oper jener Belcantozeit kein Hindernis, daß sie – wenn auch in hartem Marschrhythmus – miteinander ein melodiöses Duett anstimmen.

Die folgende Szene bringt den Höhepunkt des Dramas. Auf Lammermoor sind die Hochzeitsfeierlichkeiten in vollem Gange. Plötzlich berichtet der bleich hereinstürzende Raimund, Lucia habe soeben ihren Gatten ermordet. Unmittelbar darauf erscheint diese selbst, mit gelöstem Haar, im Nachtgewand, und mit allen Anzeichen völliger Sinnesverwirrung. Die berühmte Wahnsinnsszene nimmt ihren Anfang. Wer sie mit dem Maßstab moderner Psychologie beurteilt oder an ähnliche Augenblicke in Opern des 20. Jahrhunderts denkt (z. B. »Elektra«), findet sicherlich Anlaß zu kritischer Betrachtung. Aber vom rein musikalischen Standpunkt aus hat Donizetti hier eines seiner Meisterstücke geschaffen; es ist ein süßer, ein holder Wahnsinn, der Lucia liebliche Bilder und Melodien aus der Vergangenheit vor den umnachteten Geist gaukelt, der ihr die Illusion ihrer Vereinigung mit dem Geliebten schenkt. Eine wahre Überfülle prächtiger Melodien belebt die Szene, fern jedes grausamen Realismus', der seinen Einzug in die Oper erst Jahrzehnte später feiern wird; nichts Schreckliches trübt Lucias Umnachtung und des Hörers musikalisches Schwelgen. ⑤

Unruhig geht beim ersten Morgenstrahl Edgar vor dem Grab seiner Ahnen auf und ab. Er glaubt Lucia in diesen ersten Stunden ihrer jungen Ehe glücklich. Doch düstere Gesänge wehen von Lammermoor herüber, die Totenglocke ertönt. Atemlos naht Raimund: »Lucia weilt nicht mehr auf dieser Erde.« Da ersticht sich Edgar, um die Geliebte in froheren Gefilden wiederzufinden.

Quelle: Der hochromantische Roman Walter Scotts »Die Braut von Lammermoor«, Lieblingslektüre der Epoche.

Textbuch: Cammarano entnahm dem Roman die dramatischsten und theatermäßig wirksamsten Szenen. Das Ergebnis war ein Libretto voll blutiger Ereignisse, schauerlicher Begebenheiten, unstillbarer Leidenschaften – im Mittelpunkt eine Liebe, die den Tod nicht fürchtet. Es ist vom heutigen Standpunkt aus leicht, diesen Operntypus zu belächeln. Aber es wäre ungerecht; eine ganze Epoche hat sich von solchen Dramen erschüttern lassen. Und gerade unsere Zeit, deutlich von einer Nostalgiewelle ergriffen und Operntexten gegenüber toleranter als die vorangegangene, ist bereit, um schöner Musik willen auf Musikdrama, Tiefenpsychologie und existentielle Erwägungen zu verzichten.

Musik: »Lucia« ist Donizettis reifstes Werk auf dramatischem Gebiet. Sein Stil ist in gewissem Sinn primitiv, auch hier, wo er sich sichtlich zusammennimmt. Simpel sind oft die Harmonien, monoton manchmal die Rhythmen. Aber in der Melodie ist Donizetti ein Meister. Er findet, erfindet sie mit unfaßbarer Leichtigkeit, und wo es darauf ankommt, weiß er sie auch zu verarbeiten, wie etwa im berühmten Sextett! Man muß es einmal von erstklassigen italienischen Sängern gehört haben, um seine geniale Kraft ganz zu spüren. Es läßt die unmögliche dramatische Situation vergessen, man genießt in vollen Zügen diese Eingebung aus einer der Blütezeiten der Opern. Mit den »richtigen« Sängern, Belcanto-Künstlern höchsten Formats, verstehen wir die Begeisterung unserer Urgroßväter, ja wir können sie sogar heute noch miterleben.

113

Geschichte: Donizetti wußte, daß es galt, ein Meisterwerk zu schaffen, wollte er neben den immer entscheidenderen Triumphen seines Rivalen und geliebten Freundes Bellini bestehen. Es gelang ihm. Die Uraufführung der »Lucia« am 26. September 1835 im Teatro San Carlo in Neapel brachte ihm den ersehnten rauschenden Erfolg. Die Weltverbreitung dieses Werks ging schnell vor sich. Innerhalb weniger Jahre hörte ganz Europa diese Oper, 1841 bereits New York, 1848 Buenos Aires.

Die Regimentstochter

Komische Oper in zwei Akten. Textbuch von Saint-Georges und Alfred Bayard.
Originaltitel: La fille du régiment
Originalsprache: Französisch
Personen: Die Marquise von Maggiorivoglio (Sopran oder Mezzospran), Marie, Marketenderin (Sopran), Sulpiz, Sergeant (Baß), Tonio, ein junger Tiroler (Tenor), ein Haushofmeister, ein Notar, ein Korporal, Soldaten.
Ort und Zeit: In den Tiroler Bergen, zu Beginn des 19. Jahrhunderts.
Handlung: Marie ist als Kind von den Soldaten gefunden und aufgezogen worden; als Marketenderin zieht sie nun mit dem Regiment umher und kann sich ein anderes Leben nicht vorstellen. Sie hat sich in Tonio, einen jungen Tiroler verliebt, der sie vor einem Absturz in den Bergen bewahrte. Als Tonio sie heiraten will, erfährt er von Sulpiz, Maries Pflegevater, einem alten invaliden Haudegen, daß die »Tochter des Regiments« sich nur einem Angehörigen der Truppe vermählen solle. Also tritt er unter die Fahnen. Aber da taucht eine Marquise auf, erkennt Marie als lang gesuchte Verwandte und nimmt sie, zwecks »entsprechender« Erziehung auf ihr Schloß mit. Der Abschied fällt schwer und wird Anlaß zu einer melancholischen Arie. ① Nur Sulpiz darf mitkommen. Aber dessen Anwesenheit genügt, um Marie immer wieder an das einstige frohe und ungebundene Soldatenleben zu gemahnen, dessen Lieder sie viel lieber singt als die eleganten Arien des aristokratischen Salons. Es hat sich nun herausgestellt, daß Marie der Marquise Tochter ist; eine standesgemäße Ehe ist unvermeidbar geworden. Da kehrt Tonio, inzwischen Offizier geworden, mit seiner Truppe im Schloß ein. Er enthüllt vor versammelter aristokratischer Gesellschaft Maries »soldatische« Vergangenheit. Aus der Entrüstung über den so gar nicht gesellschaftsfähigen Beruf einer Marketenderin ergreifen die vornehmen Gäste die Flucht. Zurück bleiben die Soldaten, die Maries Eheschließung mit Tonio begeistert feiern.
Textbuch: Den beiden Librettisten muß eine unfehlbare Routine in der Abfassung wirkungssicherer Textbücher attestiert werden. Sie treffen

das Milieu, sie erfinden einen Konflikt, der sich an der Grenze zwischen Drama und Lustspiel geschickt dahinführen läßt, bis er, zumeist auf nicht sehr originelle Weise, gelöst wird. Aber man soll ihre Arbeit nicht unterschätzen, wenngleich sie mehr Handwerk als Kunst war.
Musik: Donizetti ist hier sehr ungleichmäßig. Man merkt, wie manche Szene ihn packt. Da wird er plötzlich zum großen Musiker, da gewinnt er aus einem einfachen Trommelrhythmus genialen Schwung, ② da erwacht seine lyrische Ader, und er singt eine prachtvolle Melodie, wie sie nur Begnadeten einfällt. Dazwischen steht Mittelmäßiges, einiges Billige, zu Billiges. Marie hat zwei Arien bekommen, die alle Sopranistinnen ein Jahrhundert lang entzückt haben; eine »Tyrolienne« – wie sie damals in Mode standen – ist ebenfalls sehr bekannt geworden.
Geschichte: Es scheint, als habe Donizetti auf einen Auftrag der Pariser Opéra Comique hin »La fille du régiment« in wenigen Tagen komponiert; wer seine Arbeitsweise kennt, wundert sich darüber nicht, vulkangleich brachen oft Werke aus ihm hervor, und die Feder kam kaum nach, dem Flug der Inspiration zu folgen. Die Uraufführung dieser (französischen) Oper fand in Paris am 11. Februar 1840 statt. Sie wurde bald in Deutschland (als »Regimentstochter«) sowie im Heimatlande des Komponisten (»La figlia del reggimento«) heimisch.

Don Pasquale

Komische Oper in drei Akten. Textbuch vom Komponisten, nach einer Komödie von Angelo Anelli.
Originaltitel: Don Pasquale
Originalsprache: Italienisch
Personen: Don Pasquale, ein alter Junggeselle (Baß), Dr. Malatesta, sein Freund (Bariton), Ernesto, Neffe Pasquales (Tenor), Norina, eine junge Witwe (Sopran), ein Notar (Baß).
Ort und Zeit: Rom, zu Ende des 18. Jahrhunderts.
Handlung: Eine längere Ouvertüre nimmt Melodien des Werks voraus, so die Arie der Norina »So anch'io la virtú magica«. ①
Dieses und die anderen hier in flüssigster Form verarbeiteten Themen führen uns in die Welt der komischen Oper ein.
Der alte Junggeselle Pasquale will die Heiratsabsichten seines Neffen Ernesto mit der jungen Witwe Norina durchkreuzen; er kennt sie zwar nicht, aber der Gedanke, daß sein Vermögen dann in ihre Hände übergehen könne, behagt dem Geizhals wenig. Vergeblich verlangt er von seinem Neffen, er möge ein reiches Mädchen wählen. Doch der Freund Dr. Malatesta weiß, wie gewöhnlich, Rat: warum heiratet Don Pasquale nicht selbst? Er sei doch ein Mann in den besten Jahren, und auf diese Art gehe Ernesto seines Anspruchs auf das Erbe verlustig. Pasquale ist entzückt von der Idee und läßt sich unschwer Malatestas »Schwester« Sofronia einreden, die im Kloster erzogen und ein Ausbund an Tugend sei. Es handelt sich in Wahrheit um niemand anderen als Norina selbst, die sich bereit erklärt hat, mitzuspielen, um auf diese Art zu ihrem geliebten Ernesto zu kommen.
Sofronia wird eingeführt. Sie ist die Sanftmut in Person, schüchtern, scheu, bereit zu jeder Hausarbeit und keinerlei Vergnügung gewöhnt. Der Ehevertrag wird aufgesetzt, die Hälfte von Pasquales Vermögen sowie weitgehende Vollmachten im Hause sollen sofort an die Gattin übergehen. Schon ist der Notar zur Stelle, es fehlt nur noch ein Zeuge. Als solcher wird Ernesto hinzu-

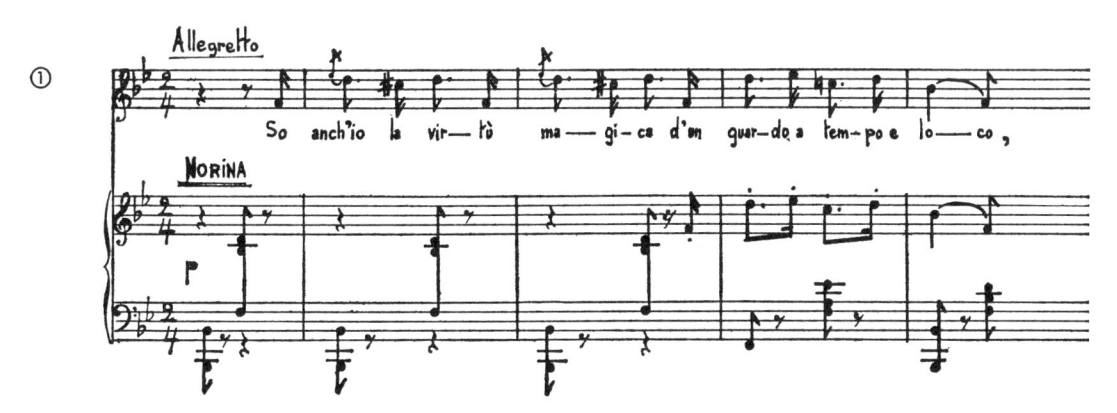

gezogen, der zuerst aufs tiefste empört ist, aber von Malatesta schnell ins Bild gesetzt wird. Kaum ist die Ehe geschlossen, als Sofronia sich sofort in das gerade Gegenteil von dem verwandelt, was Pasquale in ihr sah: sie wirft das Geld in ungeheuerlichster Weise zum Fenster hinaus, mißhandelt ihren Gatten, kokettiert mit Ernesto. Als sogar noch Verdacht gegen ihre Treue auftaucht, hat Pasquale nur noch den einen Wunsch, sie loszuwerden.

Nichts einfacher als das: Malatesta weiß abermals »Rat«. (Wie seltsam, daß in den Buffoopern diese Ratgeber nie ihren Kredit einzubüßen scheinen!) Man möge Ernesto mit Norina verheiraten; diese würde schon dafür sorgen, daß »Sofronia« das Leben im Hause unmöglich gemacht werde! Als Pasquale (endlich) merkt, daß er genarrt wurde, macht er gute Miene zum bösen Spiel. Er ist ja so glücklich, die Ruhe seines Junggesellenlebens überraschend zurückerobert zu haben!

Textbuch: Donizetti hat, als sehr geschickter Textdichter, eine Komödie seiner Zeit zu einem Opernstoff geformt. Die Personen, die da über die Bühne tollen, sind keineswegs originell, sie kommen in Hunderten von Lustspielopern vor: »Don Pasquale, altmodisch, geizig, leichtgläubig, eigensinnig, im Grunde gutmütig; Malatesta, ein Mann der Rat weiß, witzig, unternehmend; Ernesto, ein leidenschaftlicher Jüngling; Norina, impulsiv, ungeduldig bei Widerspruch, aber aufrichtig und empfindsam«, so hat Donizetti selbst sie uns geschildert. So oder so ähnlich gehören sie zum ewigen Rüstzeug der Commedia dell'arte und der Opera buffa: der ältliche Junggeselle, der Freund, der sich sowohl in die Rolle des Kupplers wie in die des »Befreiers« findet, das Mädchen, das sich aus einer »Unschuld vom Lande« im Handumdrehen in eine Xanthippe ärgster Sorte verwandelt. Die Situationen: überstürzte oder fingierte Heiraten, geplante aber durchkreuzte Enterbungen, Verkleidungen aller Art. O glückliche Zeit, die sich in unaufhörlichen Abwandlungen an derlei Späßen köstlich amüsieren konnte!

Musik: Von Krankheit bedrängt schrieb Donizetti hier sein musikalisch vielleicht reifstes Werk. Es steckt voller Einfälle, ist bezaubernd in Melodik und Ensemblekunst, ein Fest für die Stimmen. Hier hat die Oper eines ihrer Extreme erreicht: den Höhepunkt an sinnlichem Vergnügen, an Genuß, der an kein verstandesgemäßes Erfassen mehr gebunden ist. (Den Gegenpol bildet einerseits das Wagnersche Musikdrama, aber auch – und vielleicht noch mehr – die intellektuelle Oper unseres Jahrhunderts.)

Geschichte: Auch »Don Pasquale« ist, wie fast alles von Donizetti, in unglaublich kurzer Frist entstanden. Drei Opernwerke in einem Jahr, auch in diesem, dem vorletzten seines Schaffens! Diese Oper wurde im Italienischen Theater (Théâtre des Italiens) in Paris am 3. Januar 1843 uraufgeführt; eine Starbesetzung höchsten Ranges (Grisi, Lablache, Tamburini) verhalf dem Werk zu einem bejubelten Erfolg. Die Ausbreitung über die halbe Welt vollzog sich rasch. Donizetti konnte sich einige wenige Jahre im Glanze sonnen, Italiens (und damit der Welt) berühmtester Opernkomponist zu sein: Bellini war tot, der neue Rivale Verdi noch nicht über Italien hinaus bekannt, Rossini längst aus dem Theaterleben geschieden. Doch bald schon sollte Donizetti die geistige Umnachtung überfallen...

Weitere Opern Donizettis:

Aus der ungeheuren Zahl der Donizetti-Opern (ungefähr 70) verdienen neben den behandelten Werken noch mehrere eine kleinere Erläuterung. Sie erschienen in den Jahren der Renaissance des Musiktheaters, die nun seit dem Zweiten Weltkrieg unentwegt anhält, auf mancher Bühne und erwecken im neuen Publikum soviel Freude, daß man an eine Rückkehr ins Repertoire glauben kann.

»Die Favoritin«, 1840 in Paris uraufgeführt, kann in ihrer leidenschaftlichen Dramatik als deutliche Vorläuferin Verdis gelten. Das fünfbildrige Libretto stammt von Alfons Royer und Gustave Vaez, die eine Tragödie von Baculard-Darnaud zugrunde legten. Die Oper spielt im Jahre 1340 in Spanien, während der Kämpfe, die der kastilische König Alfonso XI. gegen die Araber führte. Sie mischt vielerlei Elemente, die ähnlich auch in mehreren Textbüchern von Verdiopern vorkommen: Fernando, der knapp vor seiner Priesterweihe steht, hat sich in eine schöne Unbekannte verliebt, die er nicht vergessen kann. Als er sie findet, glaubt er eine hohe Aristokratin in ihr zu erkennen. Es ist Leonore, die Geliebte, die Favoritin« des Königs, der an ihr festhält, selbst als sein ganzer Hof sich gegen diese Liaison ausspricht und der Papst mit der Exkommunizierung droht. Fernando hat das Priestergewand abgelegt und mit dem Soldatenrock vertauscht, um die Geliebte, deren wahres Leben er nicht kennt, zu erobern. Als Sieger über die Mauren kehrt er zurück und darf vom König eine Gnade erbitten. Der König gewährt ihm, aus staatspolitischen Gründen, die Hand Leonores; doch nun erkennt Fernando, welch grausames Spiel mit ihm gespielt wurde. Ein Brief, den die Geliebte ihm sendet, und in dem sie seine Verzeihung erfleht, gelangt nicht in seine Hände. Nur ein Weg bleibt ihm offen, nachdem er Orden und alle Titel dem König vor die Füße geworfen hat: zurück ins Kloster, um für immer die Welt zu vergessen. Aber Leonore ist ihm dorthin gefolgt, verkleidet und in tiefer Reue. Sie stirbt vor dem Kreuz, aber in den Armen Fernandos. Dieses Libretto, ganz nach dem Geschmack der beginnenden italienischen Romantik, ist voll wirkungssicherer Szenen, wo Donizettis lyrisch-dramatische Ader sich noch einmal glänzend bewähren kann. Zwei berühmte Tenorarien, vor allem aber die Mezzosopranszene »O mio Fernando« haben sich außerhalb der Oper erhalten, als diese jahrzehntelang vergessen war.

»Il campanello«, (Die Nachtglocke), nach einem Libretto von G. Vaez, müßte eigentlich als Farçe angesprochen werden. Der ältliche Apotheker Hannibal hat die junge und schöne Seraphina geheiratet und sie so dem stadtbekannten Herzensbrecher Enrico weggeschnappt. Doch dieser will seinem glücklicheren Nebenbuhler den Genuß der Hochzeitsnacht unmöglich machen, zumal im Morgengrauen der Apotheker, einer Erbschaft wegen, für einige Zeit verreisen muß. Enrico erscheint also in der Nacht mehrmals an der Türe des Apothekers und zieht die Nachtglocke: einmal als Opernsänger verkleidet, der rasch ein Mittel gegen Heiserkeit benötigt, dann als besorgter alter Herr, dessen Gattin erkrankt ist. Stets weiß er den verzweifelten Apotheker mit seinem Geschwätz so lange aufzuhalten, daß dieser das Schlafgemach seiner jungen Gattin nicht einmal betreten kann, bevor die Postkutsche abfahrbereit vor der Türe steht und Hannibal abreisen muß. Lediglich den Rat kann er seiner Frau geben, sich vom »campanello« (auch »campanello di notte«) nicht stören zu lassen und keinesfalls die Türe zu öffnen. In der Partitur, die Donizetti angeblich in einer einzigen Woche schrieb, stecken viel Charme und Witz, die auch heute noch wirksam sein können. (Uraufführung: Neapel, 1. Juni 1836.)

In »Rita« geht ein wenig mehr vor. Auch dieses Libretto, das vom Komponisten selbst stammt, ist in seiner Art recht amüsant. Die hübsche Besitzerin eines gutgehenden Gasthofs ist in zweiter Ehe mit dem tolpatschigen Beppe verheiratet, an dem sie sich für alles rächt, was ihr Gasparo, ihr erster Gatte, angetan hat. Schlug der sie, so schlägt sie nun Beppe; ließ der sie arbeiten und sich abmühen, so verlangt sie nun ein Gleiches vom armen Beppe. Da steht eines Tages der totgeglaubte Gasparo wieder vor ihr. Auch er hat Rita für tot gehalten und wollte nur ein Dokument holen, um sich im fernen Kanada neuerlich verheiraten zu können. Die beiden Männer beginnen nun zu kämpfen: nicht etwa, um die Frau behalten zu können, sondern im Gegenteil, um sie loszuwerden. Weder beim Kartenspiel (bei dem jeder zugunsten des anderen schwindelt), noch beim Losziehen gibt es eine Entscheidung. Bevor es zum Duell kommt, weiß Gasparo sich davonzumachen. Bei seinem Abschied ermahnt er Beppe, von jetzt an »der Herr im Hause« zu sein, wozu die nun recht gedämpfte Rita ihre Einstimmung gibt. Auf wie lange, das weiß niemand. Donizetti schrieb das Werkchen angeblich in einer Woche in Paris. Aber er hat es nie gehört, da es erst am 7. Mai 1860, ebenfalls in Paris, uraufgeführt wurde. Italien lernte es sogar erst 1876 kennen.

Auch einige der ernsten, tragischen Opernwerke Donizettis, die lange vergessen waren, sind in jüngerer Zeit wieder aufgetaucht und haben, mit richtigem Belcanto gesungen, ihre starke Wirkung auch in der Gegenwart bewiesen. Hierher gehört die frühe »Anna Bolena« (1831) auf ein Libretto des bedeutenden Felice Romani, sowie »Maria Stuarda« (1834), für die Donizetti das Textbuch frei nach Schiller bearbeiten ließ.

Ein so später wie unerwarteter Erfolg wurde der musikalischen Farçe »Viva la mamma!« zuteil, die Donizetti 1827 schrieb, also lange bevor sein Ruhm einsetzte. In diesem Jahr war er immerhin soweit, daß der mächtige Impresario der größten italienischen Theater, Domenico Barbaja, mit ihm einen Vertrag abschloß, der den Komponisten für zwölf Opern innerhalb von drei Jahren verpflichtete. Das war üblich und erst Verdi wird ein Vierteljahrhundert später von »Galeerenarbeit« sprechen. Eines dieser Stücke, das einaktige Lustspiel »Convenienze ed inconvenienze teatrali« (zu deutsch etwa: »Freuden und Leiden des Theaterlebens« oder auch »Sitten und Unsitten des

Theaters«), wurde von Donizetti selbst aufgrund einer Komödie von Antonio Sografi textiert. Es gelangte in Neapel am 21. November 1827 zur Uraufführung. Berlioz zeigt sich in seinen Memoiren begeistert davon. 1831, wahrscheinlich nach der Premiere in der Mailänder Scala (am 20. April dieses Jahres) gestaltete Donizetti das umwerfend komische Stück neu, machte es abendfüllend durch Einlage neuer Musiknummern und Ausdehnung der »Handlung«. Die dreht sich um eine Opernaufführung in Rimini, wo eine nicht gerade erstklassige Truppe gastiert. Deren Intrigen, Eifersüchteleien, Überheblichkeiten, Eitelkeiten werden in grotesker Weise zur Schau gestellt. Dazu kommen noch die – üblichen – finanziellen Schwierigkeiten des Direktors und eine Fülle anderer Zwischenfälle, die das Unternehmen an den Rand des Abgrunds treiben. Als Retterin entpuppt sich »mamma Agata«, die Mutter der »zweiten Sängerin«. Sie opfert dafür, einmal wieder auf den Brettern eines Theaters stehen zu dürfen, den Schmuck ihrer mehr erotischen als künstlerischen Vergangenheit.

Natürlich kannte Donizetti, der seine Opern von seiner Heimatstadt Bergamo bis Rom und Neapel spielen ließ, auf Empfehlung Rossinis für Paris schrieb, an allen Opernmetropolen aufgeführt wurde, das Kaleidoskop der Opernintrigen auf das beste. Es lag auf der Hand, die cantatrici der mannigfachen Bühnen auf den kleinen menschlich-allzumenschlichen Nenner zu bringen und sich möglicherweise selbst eine Rolle hineinzuschreiben.

Donizetti hat diese Prachtrolle nämlich für einen sehr tiefen Bassisten geschrieben. Vielleicht hat er sie selbst gesungen? Es wäre bei seiner Stimmlage nicht ausgeschlossen gewesen. Deutsche Bühnen spielen das Stück zumeist in der Übersetzung von Horst Goerges und Karlheinz Gutheim.

Das Stück galt über ein Jahrhundert lang als verloren; dann wurde es 1963 in der Musikbibliothek von Siena wiedergefunden und noch im selben Jahr bei den Musikfestwochen dieser Stadt aufgeführt. Wie viele Theater es bis heute nachspielten, ist kaum noch festzustellen. Es trug, so unbedeutend es im Vergleich zu Donizettis »großen« Opern sein mag, viel zur Renaissance dieses Meisters in der heutigen Welt bei. Und es ist tatsächlich bewundernswert, wie derselbe Mensch die tieftraurigsten und die überschäumend lustigsten Opern zu schreiben vermochte.

Paul Dukas

1865–1935

Nur ein einziges Werk hält im internationalen Musikleben das Andenken dieses außergewöhnlichen Musikers aufrecht: das sinfonische Gedicht »Der Zauberlehrling« nach Goethes berühmter Ballade. Sein Hauptwerk aber, die Oper »Ariane et Barbe Bleu« ist nur noch äußerst selten – zumeist in Frankreich – zu hören, würde es jedoch verdienen, im ständigen Repertoire der großen Musikbühnen zu stehen. Dukas wurde am 1. Oktober 1865 in Paris geboren, wo er 70 Jahre später, am 17. Mai 1935, starb. Sein Werk ist zahlenmäßig klein; äußerst selbstkritisch verbrannte er einige seiner größten Kompositionen, darunter auch eine Sinfonie. Erwähnenswert auch sein schönes Ballett »La Péri«, aus dem mehrere Stücke, zu einer sinfonischen Konzertsuite zusammengefaßt, manchmal im Konzertsaal erklingen.

Ariane und Blaubart

Lyrisches Drama in drei Akten (vier Bildern), Textbuch von Maurice Maeterlinck.
Originaltitel: Ariane et Barbe Bleu
Originalsprache: Französisch
Personen: Ariane (Sopran), Blaubart (Baß-Bariton), die Amme (Alt), die fünf früheren Gattinnen Blaubarts, Bauern.
Ort und Zeit: Blaubarts Schloß, der Phantasie oder Legende, mit Zügen des Mittelalters.
Handlung: Blaubart, dessen fünf Gattinnen der

Reihe nach verschwanden, hat zum sechsten Male geheiratet: die schöne Ariane. Die erbosten Bauern seines Bezirks suchen ihm diese neue »Beute« zu entreißen, aber Ariane verschmäht den Rat, dem auch die Amme sich anschließt, aus dem geheimnisvollen Schloß zu fliehen. Sie glaubt an Blaubarts Liebe und hat den Wunsch, das Rätsel um ihre Vorgängerinnen zu lösen. Blaubart vertraut ihr sechs Schlüssel aus Silber an; staunend steht die junge Frau vor sich immer mehr steigernden Reichtümern. Schließlich nähert sie sich der siebenten Tür, deren Öffnen ihr Blaubart, trotzdem er ihr deren goldenen Schlüssel übergab, verboten hat. Nach kurzem Kampf mit sich selbst öffnet sie auch dieses Gemach: ferne, wie unwirkliche Stimmen erklingen daraus. Da eilt Blaubart herbei, um seine Gattin zu töten, die schon in den ersten Stunden ihres Bundes sein Gebot übertrat. Die Bauern entreißen sie ihm und werden von Ariane beruhigt. Blaubart flieht aus seinem Schloß. In seiner langen Abwesenheit geht Ariane den geheimnisvollen Stimmen nach und findet in einer düsteren, gefängnisähnlichen Kammer die fünf verstoßenen Frauen Blaubarts. Sie bringt sie ans Tageslicht, ins Schloß. Dorthin kehrt Blaubart, schwer verletzt und von den Bauern in Fesseln gelegt, zurück. Ariane, die sein Urteil sprechen soll, erhebt zwar den Dolch, aber sie zerschneidet mit ihm die Stricke Blaubarts. Dann geht sie, ohne ihm angehört zu haben, davon – für immer. Die andern verharren an seiner Seite, bereit weiterzuleiden, wie es der Frau an der Seite des Mannes bestimmt zu sein scheint.

Textbuch: Maeterlinck ist ein Symbolist, der in Gleichnissen, in Bildern, spricht. Seine Dichtungen sind von hoher sprachlicher Schönheit und dichtestem Stimmungsgehalt. Sie kamen der Idee der musikalischen Impressionisten weitgehend entgegen. Debussy verwandelte – obwohl es kaum jemand für möglich gehalten hätte – »Pelléas und Mélisande« in eine Oper, die zwar weitab von allen bis dahin üblichen Regeln lag, aber doch bühnenmäßig wirksam wurde. Dukas versuchte das gleiche mit »Ariane et Barbe Bleu«, einem Werk, das fast noch mehr auf innere Haltung gestellt ist und nur wenige theatermäßig wirksame Szenen enthält.
Musik: Die Musik dieser Oper ist so mystisch wie die Dichtung es erfordert, aber doch nicht ganz so wie die Debussys. Sie ist irgendwie realer, ihre Farben sind leuchtender, brennender, die Melodien länger und sinfonischer Entwicklungen fähig (von denen »Pelléas« nahezu frei ist). Trotzdem ist »Ariane« eine impressionistische Oper, von wundervoll instrumentierten Geheimnissen erfüllt, von magischem Zauber, aus ergreifend gestalteter Legendenwelt. Ein seltsames Stück, von höchster Meisterschaft und Noblesse.
Geschichte: »Ariane et Barbe Bleu« kam erstmalig in der Pariser Opéra Comique am 10. Mai 1907 vor das Rampenlicht und fand äußerst günstige, ja begeisterte Aufnahme, die aber ihren Weg in die Welt nicht genügend erleichtern konnte, so daß diese Oper ein seltener Gast im internationalen Repertoire geblieben ist.

Antonin Dvořák

1841–1904

Unaufhaltsam hat sich das Werk des größten »böhmischen Musikanten«, dieses Urmusikers im echtesten Sinne, auf den Bühnen und Konzertpodien unserer Zeit Bahn gebrochen. Schon zu Lebzeiten konnte der am 8. September 1841 als Sohn eines Gastwirtes in Nelahozeves bei Kralup geborene Komponist sich ungewöhnlicher Erfolge und Wertschätzung erfreuen. Hans von Bülow dankte für die Zueignung einer Sinfonie mit den Worten: »Hochverehrter Meister! Eine Widmung von Ihnen – dem nächst Brahms gottbegnadetsten Tondichter – das ist eine höhere Auszeichnung...« Gottbegnadet: das ist das rechte Wort. Den Seinen gibt's der Herr im Schlafe. Ein solcher ist Dvořák gewesen, ein Mann vom Gemüt eines Schubert. Brahms erkannte ihn, Tschaikowsky war ihm ein begeisterter Freund. Die Universität Cambridge verlieh ihm den Ehrendoktor. In Prag galt er mit Recht als Erbe, als Vollender Smetanas und Mitbegründer einer tschechischen Kunstmusik, die über die Welt auszustrahlen befähigt war. Er begann als Orchestermusiker in seiner Heimat, erklomm Stufe auf Stufe, hatte mit immer neuen Werken Erfolg, wurde Lehrer am Prager Konservatorium. Von 1892 bis 1895 war er als Konservatoriumsdirektor in New York tätig, der erste bedeutende europäische Musiker, der sich in der Neuen Welt niederließ. Nach seiner Heimkehr war er berühmt. Er starb, geehrt und geliebt, in Prag am 1. Mai 1904. Vieles von seinen zehn Opern ist völlig vergessen, anderes wird nur noch in seinem Heimatlande gespielt. Aber einige seiner Bühnenwerke erobern sich doch einen immer festeren Platz im Weltrepertoire, mit Recht, denn es sind Meisterwerke höchsten Ranges unter ihnen. Den wichtigsten widmen wir den ihnen gebührenden Raum. Aber auch die Aufnahme des einen oder anderen hier nicht behandelten Werkes in den Spielplan würde wohl lohnen.

Demetrius (Dimitrij)

Oper in fünf Akten. Textbuch von Marie Cervinka-Rieger.
Die Textdichterin setzt gewissermaßen Puschkin-Mussorgskis »Boris Godunow« fort und hält sich dabei teils an ein tschechisches Demetriusdrama, teils an Schillers Fragment über den gleichen Stoff. Das Libretto ist voller Handlung, aber trotzdem opernmäßig nicht recht wirksam. Es bringt des »falschen Demetrius« Thronbesteigung, sein langsames, tragisches Erkennen aller menschlichen Kleinheit, Bösartigkeit, Habsucht rings um ihn her. Als er zuletzt erfährt, daß er nur eines Leibeigenen, nicht aber des Zaren Iwan Sohn ist, sich aber durch einen erneuten Eid Marfas, seiner vermeintlichen Mutter, auf dem Throne halten könnte, will er auf alles, zutiefst angeekelt und enttäuscht, verzichten. Da trifft ihn die tödliche Kugel des Verräters Schuiski, dem er soeben das Leben geschenkt hat.
Die Geschichte dieser Oper ist nicht sehr glücklich. Sie wurde am 8. Oktober 1882 im Neuen Tschechischen Theater in Prag, das an der Stelle des abgebrannten Nationaltheaters errichtet worden war, uraufgeführt, später mehrfach umgearbeitet (das erste Mal auf Betreiben des Wiener Kritikers Hanslick, der sich davon einen Erfolg über die Grenzen Böhmens hinaus versprach), aber trotz vereinzelter Aufführungen ist sie nie außerhalb Böhmens heimisch geworden, was sehr zu bedauern ist, denn musikalisch enthält das Werk viel Herrliches.

Der Jakobiner

Oper in drei Akten. Textbuch von Marie Cervinka-Rieger.
Mehrere Jahre lang trug sich Dvořák mit der Idee, diesen Stoff zu vertonen, zu dem ihn vor allem das darin dargestellte böhmische Volksmilieu hinzog. Er selbst sagte, daß in ihm alles vorkomme, was er selbst in seiner Kindheit und Jugend erlebt habe: »Die Leute, mit denen ich in Nelahozeves und Zlonice aufgewachsen bin, das lebensfrohe kleine Volk, das sich mit Gesang und Tanz belustigt, von Teufeln, Kobolden und Wassernixen zu erzählen weiß, mit dem Nachbar auf dem Marktplatz feilscht und versucht, den Gutsherrn und seine kleinliche Tyrannei mit List zu hintergehen ...« Das Libretto bringt die Heimkehr eines verschollenen Grafensohns, den inzwischen sein Bruder verleumdet und um seine Erbrechte gebracht hat; da das Stück zur Zeit der Französischen Revolution (aber in Böhmen) spielt, wird der ausgewanderte Sohn als Revolutionär, als Jakobiner hingestellt, weil auf diese Art der Erbschleicher sicherer zum Ziele zu kommen wähnt. Doch zuletzt klärt sich alles auf, der Böse wird verstoßen, der Heimkehrer und seine Gattin in alle ihre Rechte eingesetzt. Auch hier hat Dvořák wieder, wie schon einige Male vorher, die Fülle seiner Melodien über ein recht schwaches Libretto ausgebreitet (hierin ebenfalls Schubert verwandt). Ein Jahr lang (vom 10. November 1887 bis 18. November 1888) arbeitete er an dieser Oper, die am 12. Februar 1889 in Prag mit mäßigem Erfolg uraufgeführt wurde. Auch eine Neufassung von 1897 hatte wenig Glück. Erst etwa 40 Jahre später erkannte man die Schönheiten des Werks, das seitdem auch hie und da auf deutschsprachigen Bühnen aufgetaucht ist.

Katinka und der Teufel

Oper in drei Akten. Textbuch von Adolf Wenig.
Originaltitel: Čert a Káča
Originalsprache: Tschechisch
Deutsche Titelfassungen: »Die Teufelskäthe«, »Katja und der Teufel«, »Katinka und der Teufel«.
Personen: Katinka (Sopran), ihre Mutter (Mezzosopran), Jirka, ein Schäfer (Tenor), der Teufel Marbuel (Baß), Luzifer, der Höllenfürst (Baß), die Fürstin (Mezzosopran), der Höllenpförtner, der Hofmarschall, der Kämmerer, Bauern und Bäuerinnen, Teufel, Hofgesellschaft.
Ort und Zeit: In Böhmen, der zweite Akt in der Hölle, des Märchens.
Handlung: In einem Dorf lebt Käthe (oder Katinka oder Katja), äußerst bezaubernd anzusehen, aber ob ihres Mundwerks gefürchtet. So will auch keiner der Burschen mit ihr tanzen, nicht einmal der arme Jirka, dem sie so gut gefällt, der aber fürchtet, kein Glück bei ihr zu haben. Zugleich werden auf dem nahen Schlosse glänzende Feste gefeiert, zu denen die Bauern in Fronarbeit mühsam beitragen müssen. Der Verwalter ist grausam und hart, – so sehr, daß sogar die Hölle auf ihn und die verschwenderische Fürstin aufmerksam geworden ist und Marbuel als Berichterstatter Luzifers auf die Erde entsendet.
Marbuel begeht die Unvorsichtigkeit, Käthe auf dem Volksfest zum Tanze aufzufordern, ja sie sogar hernach zu überreden, auf »sein Schloß« mit ihm zu kommen. Käthe geht darauf ein, denn von den Burschen im Dorf will ja ohnedies keiner etwas von ihr wissen. Und als der arme Jirka zurückkehrt, nachdem er den Tanz früher verlassen hatte, sieht er gerade noch den fremden »Jägersmann« mit Käthe abziehen; er ist vom Verwalter entlassen worden und hat dessen Stock, mit dem dieser ihn schlagen wollte, zerbrochen; Käthe ist bald daraufgekommen, wer hinter dem Jägersmann steckt. Aber Angst hat sie nicht; im Gegenteil, bald ist es Marbuel, der Angst vor der zeternden Käthe bekommt. Die Teufel sind ob dieses Eindringlings entsetzt. Wenn sie Marbuel, auf dessen Rücken sie Einzug in die Hölle hielt, schon so völlig zähmen konnte, würde sie auch mit Luzifer wenig Erbarmen zeigen. Da kommt Jirka gerade zurecht: er soll den ungebetenen Gast auf die Erde zurückbringen. Luzifer hat das Urteil über die Unterdrücker gesprochen, doch Jirka weiß, daß die Fürstin im Grunde nicht böse und ihres leichtsinnigen Treibens müde ist. Und so kann er, trotz der Warnung Luzifers, den Verwalter mit einem scharfen Verweis davonkommen lassen und die Fürstin retten, die von nun an ein gerechtes Regime und eine Aufhebung der Leibeigenschaft verspricht. Vor dem Teufel hat Jirka keine Angst, er weiß, daß er den mit Hilfe Käthes jederzeit im Zaum halten kann. Mit frohen Tänzen, wie sie begonnen, schließt die heitere Oper.
Textbuch: Der Lehrer Adolf Wenig in Prag schuf ein Libretto, dessen Grundgedanken er dem »Böhmischen Märchenbuch« (1860) entnahm und das die in vielen Opern vorkommende Gestalt des Teufels reizvoll auf die Bühne zu bringen weiß. Es ist der gleiche Teufel, den auch dreißig Jahre später ein anderer tschechischer Komponist, Jaromir Weinberger, mit Polkas und Furiants beschwört: ein volkstümlicher Teufel gewissermaßen, mit durchaus menschlichen Eigenschaften und weit etwa von Mephistos Geistigkeit entfernt. »Čert« nennen die Tschechen ihn, haben aber für den »echten« Teufel, den wahrhaften Verkörperer des negativen Prinzips einen anderen Ausdruck (Dábel); und so kann es mit »Čert« gemütlich und lustspielhaft zugehen, was dem Librettisten hübsch gelungen ist, zumal auch die Gestalt Katjas oder Katinkas (eines Pendants zu vielen »Teufelsweibern«, die auf Opernbühnen ihr Unwesen treiben, aber auch zur gar nicht schweigsamen »Schweigsamen Frau« aus der Feder von Stefan Zweig und Richard Strauss) voll gelungen ist.
Musik: Ein solches Libretto kam Dvořák entgegen wie kaum ein anderes; hier ist er ganz Volkskomponist, hier läßt er sein unbändiges böhmisches Temperament voll aus, seine Tanzrhythmen nehmen kein Ende. Für lyrische Entfaltung bleibt allerdings kaum Raum in diesem turbulenten Stück, und das ist schade, denn vielleicht ist Dvořák nie so ergreifend, als wenn er innige Melodien schreibt.
Geschichte: Dvořák arbeitete an »Čert a Káča« während des Jahres 1898. Die Uraufführung fand am 23. November 1899 rauschenden Beifall und die Oper wurde im Inland rasch heimisch, während das Ausland sich ihr – wie im Falle aller Dvořákopern – nur zögernd und sehr spät erschloß.

Rusalka

Lyrisches Märchen in drei Akten. Textbuch von Jaroslav Kvapil.
Originaltitel: Rusalka (das tschechische Wort für Nixe)
Originalsprache: Tschechisch
Personen: Der Prinz (Tenor), der Heger (Tenor), eine fremde Fürstin (Sopran), Rusalka (Sopran), der Wassermann (Bariton), die Hexe Jezibaba (Alt), ein Jäger (Tenor), drei Elfen.
Ort und Zeit: Im Märchenland zur Märchenzeit.
Handlung: In einer schönen Sommernacht spielen die Nixen im Waldsee und necken den alten Wassermann. Eine von ihnen aber ist nicht mit dem Herzen dabei: Rusalka liebt den Prinzen, der häufig auf der Jagd hierher kommt, sie aber nicht bemerken kann, da sie für Menschenaugen unsichtbar ist. Ihre Sehnsucht geht danach, einen Menschenleib zu erlangen, ein Frauenschicksal zu erleben. Vergeblich sucht der erfahrene Wassermann sie von diesen Gedanken abzulenken. Rusalka wendet sich an die Hexe, die ihren Wunsch erfüllen kann, aber eine schwere Bedingung daran knüpft: Rusalka muß stumm bleiben. Doch nichts kann sie von ihrer Sehnsucht abbringen. Und so wird sie von dem Prinzen, der sich in sie verliebt, in sein Schloß mitgenommen. Aber dessen Liebe erkaltet allmählich, da er das schöne, fremde und stets stumme Wesen nicht verstehen kann. Einer Fürstin wird es leicht, ihn für sich zu gewinnen. Der Wassermann, der Rusalkas Leiden nicht mehr mit ansehen kann, reißt sie von des Prinzen Seite. Da erst wird diesem klar, daß er eine Erscheinung aus dem Geisterreich geliebt hat. Seine Sehnsucht erwacht von neuem und er schickt Boten aus, um Rusalka wiederzufinden. Diese irrt verzweifelt umher: aus dem Wasserreich ist sie ausgestoßen, ins Menschenreich kann und will sie nicht mehr zurück. Die Hexe zeigt ihr einen Ausweg. Wenn sie den Prinzen töte, werde sie erlöst und könne in die Tiefen des Sees heimkehren. Doch Rusalka liebt den Prinzen immer noch, und als er endlich sehnsuchtskrank an die Ufer des Sees kommt, will sie ihn retten. Er weiß, daß nun Rusalkas Kuß für ihn tödlich ist, aber er ersehnt dieses Ende. Im seligsten Augenblick seines Lebens stirbt er.
Textbuch: Rusalka ist eine uralte Märchengestalt. Sie taucht in der europäischen Literatur schon 1387 bei Jean d'Arras auf, in späteren Dichtungen begegnen wir ihr als Meerjungfrau, Undine, Melusine. Sie gehört einem Zwischenreich an, an dessen Existenz unter vielen anderen der geniale Naturforscher, Arzt und Heilkünstler Teophrastus von Hohenheim, genannt Paracelsus (1493–1541) fest glaubt. Rusalka ist, wie die Nymphen und Nixen, ein »Elementargeist«, mit Körper und Blut dem Menschenreich verbunden, jedoch ob ihrer Seelenlosigkeit der Geisterwelt verhaftet. Ihre Sehnsucht ist es, Mensch zu werden und lieben zu können wie eine irdische Frau, selbst um den Preis von Leid und Tod. Jaroslav Kvapil schrieb im Jahre 1899 das Libretto zu »Rusalka«, ohne noch zu ahnen, wer es komponieren werde. Er schuf ein wahrhaft märchenhaftes Buch, das zwar viele Einflüsse aufweist (besonders einen nicht in anderen Undinetexten vorhandenen: den Andersens), aber trotzdem einheitlich, schön und stimmungsvoll geriet.
Musik: Dvořáks großer Wunsch zielte darauf, einen durchschlagenden Opernerfolg zu erringen, vielleicht sogar wie Verdi echte Volksopern schreiben zu können. Vom Mai bis November 1900 arbeitete er an diesem seinem dramati-

schen Meisterwerk, das auf die Höhe der besten Opern aller Nationen gestellt zu werden verdient. Die Märchenstimmung des ersten und letzten Aktes ist wundervoll getroffen, hie und da ein wenig wagnerisch, aber doch in erster Linie tschechisch, mit tiefstem und feinstem Gefühl für echte Volkskunst. Mit ganzem Herzen muß Dvořák an seiner Rusalka gehangen haben, denn die Melodien, die er ihr in den Mund legte, sind ergreifend in ihrer lauteren Schönheit. Es ist überliefert, daß Dvořák zur Komposition dieser Oper sich täglich stundenlang an einem einsamen Waldteich bei Vysoká niederließ. Vielleicht war es eine Nixe, die ihm dort das herrliche »Lied an den Mond« ① eingab ...

Geschichte: Am 31. März 1901 fand die Premiere der Oper am Prager Nationaltheater statt; von ihrer Beliebtheit im Heimatland zeugt die Aufführungsziffer von 500, die im Jahre 1946 erreicht war (nur von zwei Smetanaopern, »Die verkaufte Braut« und »Der Kuß« übertroffen). Im Ausland ist sie weniger bekannt, aber wo immer sie erklingt, erobert sie die Herzen.

Iwan Dzershinski
1909–1978

Es mag verwunderlich sein, daß gerade auf dem Gebiet der Oper – der es dank ihrer Bildhaftigkeit am ehesten gelingen könnte, einen großen revolutionären Umschwung darzustellen – außerordentlich wenig aus der Sowjetunion nach Westen gedrungen ist. Innerhalb Rußlands hat das reiche Musik- und Opernleben eine Reihe von Werken hervorgebracht, denen aber allem Anschein nach überlokale Bedeutung mangelt. Im Ausland beschränkt die Kenntnis neuerer russischer Opern sich auf – wenige – Werke von Prokofieff (dessen bekanntestes: »Die Liebe zu den drei Orangen« seiner »westlichen« Zeit entstammt) und Schostakowitsch. Neben ihnen konnte zeitweise »Der stille Don« (oder »Am stillen Don«) über die Grenzen hinaus Aufmerksamkeit erwecken. Die Uraufführung im Kleinen Akademischen Theater in Leningrad am 22. Oktober 1935 machte den Namen Dzershinskis weiteren Kreisen bekannt. Dieser stammt aus Tambow, wo er 1909 geboren wurde. Er erhielt seine Ausbildung am Leningrader Konservatorium und versuchte, das ihm aus seiner eigenen Jugend vertraute Bauern- und Kosakenleben »am stillen Don« mit Hilfe von Volksmelodien und -rhythmen auf die Bühne zu bringen. Er benützte dazu den gleichnamigen Roman von Michael Scholochow, in dem vielleicht zum ersten Male ein großes Gemälde des Kosakenvolkes am Don oder Kuban gezeichnet wird. Die Oper enthält sechs Bilder. Sie schildert zuerst eine Kosakenhochzeit, dann Grigoris Flucht aus dieser erzwungenen Ehe; mit Aksinja geht er fort, die er schon immer geliebt hat. Aber damit büßt er seine Kosakenprivilegien ein und wird zum einfachsten Knecht. Der Krieg bricht aus, Grigori wird eingezogen, bald für tot gehalten. Sein und Aksinjas Kind stirbt; die Front löst sich auf, Grigori kehrt nach schwerer Verwundung heim, wo Aksinja die Geliebte eines Adligen geworden ist. Die Revolution bricht aus, das Volk erhebt sich, Feuerbrände lodern überall zum Himmel. Grigori erschießt seinen Nebenbuhler. Dann führt ein gewaltiger Schlußchor des aufständischen Volkes das Drama zu einem mitreißenden Höhepunkt, der manche seiner Schwächen vergessen machen kann. Dramatische wie musikalische Schwächen, denen einige gut gelungene Bilder als Aktivum gegenüberstehen, besonders in den Massenszenen, die durch echte Volkslieder veredelt werden.

Die späteren Opern Dzershinskis (»Neuland«, »Das Blut des Volks«, »Nadjeshda Swetlowa«, »Fürst Osero«) haben den Erfolg seines Erstlingswerks nicht mehr erreicht. Wegen dieses »Stillen Dons« aber wird Dzershinski in der Sowjetunion geehrt und manchmal auch im Ausland gespielt. Man hat ihn mit dem »sozialistischen Realismus« in Verbindung gebracht, auch mit der »Parteilinie«, aber es handelt sich doch vor allem um eine gelungene Volksoper, bei der das menschliche Element das politische stark überwiegt.

John Eaton
1935

Nordamerika besitzt sein eigenes Musikleben, das sich in jahrzehntelanger Entwicklung von Europa fortentwickelt hat, ohne diesen Ursprung verleugnen zu wollen. Besonders fühlbar wird dies auf dem Gebiet des Musiktheaters. Hier gibt es nur sehr wenige Opernhäuser, wie Hunderte von Städten der Alten Welt sie besitzen und über viele Monate des Jahres bespielen. Aber die zahllosen, zum Teil imposanten und großartigen Universitäten des riesigen Landes haben die Aufgabe der Musiktheaterpflege übernommen und führen sie, da sie von jeder materiellen Erwägung (wie Kartenverkauf, Gewerkschaftsprobleme, Subventionen usw.) frei bleiben, in einer (möglichst) objektiven Form durch, was zu zahlreichen Uraufführungen, Wiederentdeckungen, Förderungen unbekannter Komponisten führt. Nur ein winziger Bruchteil des hier Gebotenen hat allerdings die Chance einer weiten Verbreitung, eines Ausstrahlens nach New York oder in andere beachtete Zentren, geschweige denn einer Übernahme in eines der traditionellen Theater Europas. Wenn wir aus der Fülle des hier Gebotenen Einzelnes herausgreifen, so liegt hierin keine gewollte »Bevorzugung«, keine Bewertung gegenüber dem vielen anderen; es ist lediglich ein Aufmerksam-Machen, die Feststellung, daß es noch Anderes, sehr viel Anderes gibt, der Versuch, auch diese Welt des Musiktheaters in den europäischen Blickwinkel – wenn auch nur in geringstem Maße – einzubeziehen.
John Eaton ist Professor und Elektronik-Musiker der Indiana University in Bloomington, die zweifellos eines der hervorragendsten Musikinstitute der Welt besitzt. Er, Jahrgang 1935, fühlt sich seit langem zur Oper hingezogen, die er »die natürlichste Kunstform« nennt (ganz im Gegensatz zur weitverbreiteten Ansicht, gerade das sei die Oper nun wirklich nicht). Mit der Premiere seiner Oper »Danton und Robespierre« am 22. April 1978 war er bei seinem vierten Beitrag für das Musiktheater angelangt. Er hatte ursprünglich die Absicht, gemeinsam mit seinem Librettisten Patrick Creagh, einem irischen, zumeist in Italien lebenden Schriftsteller, die Tragik jeder Revolution an drei typischen Beispielen aufzuzeigen: aus den Gegensätzen ihrer wichtigsten Anführer wollte er dramatisches Musiktheater gewinnen: Danton und Robespierre, Trotzki und Lenin (oder Stalin), Fidel Castro und »Che« Guevara. Aber schließlich begnügten Creagh und Eaton sich mit dem schon oft in Dramen und Opern behandelten Stoff der Französischen Revolution. Gegenüber Giordano (»Andrea Chénier«) und von Einem (»Dantons Tod«) verwendet der Komponist hier eine völlig neue Tonwelt, in der natürlich produzierte Vierteltöne mit elektronischer Tonerzeugung gemischt wird. Das Werk ist äußerst schwierig aufzuführen, enthält mehr als 30 Rollen, verlangt ein Orchester von etwa 110 Musikern neben Synthesizer und Tonband: ein Beweis für die bewundernswerte Leistungsstärke eines Hochschulinstituts, das es ohne weiteres bei solchen Produktionen mit den größten professionellen Bühnen aufnehmen kann.
Am 1. März 1980 erfolgte dann, wieder an der Indiana Universität in Bloomington, die Uraufführung einer neuen, einaktigen Oper der gleichen Autoren Creagh und Eaton: »The cry of Clytaemnestra«. Das Textbuch beruht auf dem »Agamemnon« des Aischylos; es enthält jedoch Zutaten anderer griechischer Quellen der Klassik und betrachtet die Atridentragödie, die so oft dramatisiert und komponiert wurde, vom Standpunkt Klytemnästras aus. So beginnt die Oper mit einem langen Schrei, den Klytemnästra ausstößt, als sie in einem traumähnlichen Zustand sich des Opfers ihrer Tochter Iphigenie entsinnt; dann vermischen sich Szenen der Gegenwart mit solchen der Rückblende. Sie erklären den Geistes- und Seelenzustand der Königin wenige Tage vor der Rückkehr ihres Gatten Agamemnon aus dem Trojanischen Krieg.

Helmut Eder
1916

Der am 26. Dezember 1916 in Linz/Oberösterreich geborene Komponist hat Werke verschiedenster Sparten geschaffen und auch auf dem Gebiet der Oper erfolgreiche Beiträge zum zeitgenössischen Musiktheater erbracht. Er leitete ein Studio für elektronische Musik in seiner Heimatstadt, wurde dann Kompositionslehrer am Mozarteum Salzburg und ist mehrmals mit Preisen ausgezeichnet worden (1962 Förderungspreis des Österreichischen Staatspreises, 1966 Anton-Bruckner-Preis des Landes Oberösterreich, 1963 und 1968 Theodor-Körner-Preis für Musik, 1972 Würdigungspreis des Österreichischen Staatspreises). Er komponierte zahlreiche Bühnenmusiken für das Wiener Burgtheater und das Linzer Landestheater, die Ballette »Moderner Traum« (1957), »Anamorphosen« (1963), »Die Irrfahrten des Odysseus« (1965), sowie die Opern »Oedipus« (uraufgeführt am 30. September 1960 in Linz), die 1962 erstmals gezeigte Fernsehoper »Der Kardinal«, die am 29. April 1965 auf die Bühne des Linzer Landestheaters gelangte, »Konjugationen 3«, »Die weiße Frau«, »Der Aufstand« und »Georges Dandin«.

»Der Aufstand« (uraufgeführt in Linz am 2. Oktober 1976) entstand im Auftrag der oberösterreichischen Landesregierung, die der 350. Wiederkehr der Bauernerhebung von 1626 gedenken wollte. Den Text verfaßte die Dichterin Gertrud Fussenegger, der damit ein packendes, großenteils auch ein sprachlich eindrucksvolles Werk gelang; es weist über den Anlaß hinaus auf die Urquelle aller Empörung hinaus: auf Ungerechtigkeit, Unterdrückung, Machtgefälle, es bringt Freiheitssehnsucht und Verzweiflung ins Spiel, die aber an der Eiseskälte des politischen Spiels grausam scheitern. Eders Musik gehört keiner bestimmten Richtung an, verwertet Tonales wie Atonales, zitiert alte Bauern- und Volkslieder (»Es ist ein Schnitter, der heißt Tod«, »Trutz Tod«, »L'homme armé«), zuletzt sogar, neu textiert, zweimal Bach. Vieles bleibt Geräuschkulisse, wobei avantgardistische Effekte wirkungsvoll eingesetzt werden, aber die wahre Emotion des tragischen Stoffes nur selten durchbricht.

»Georges Dandin oder Der betrogene Ehemann« (Uraufführung: Linz, 6. Oktober 1979) wird vom Komponisten mit dem Wort »semiseria« bezeichnet, womit ein Zusammenhang mit der Oper des 18. Jahrhunderts angedeutet wird: »Dies mußte in der musikalischen Form, der Instrumentation und im melodisch-rhythmischen Duktus zu bewältigen versucht werden. Es finden sich demnach Liedformen, Arietten und Rezitative, die von ernst-dramatischem oder ironisch-parodistischem Gehalt erfüllt sind...«, schrieb Eder zur Einführung dieses Werkes, das nach Molières Komödie in deutscher Übersetzung von Auguste Cornelius (die, nebenbei bemerkt, die Schwester des »Barbier von Bagdad«-Komponisten Peter Cornelius war) durch Alfred Stögmüller in ein Opernlibretto verwandelt wurde. Stoff und Musik schwanken zwischen Posse, Lustspiel und tragischen Elementen, wecken Mitgefühl oder Lachen und lassen über menschliche Probleme nachsinnen, wie sie oft auf die Bühne gebracht wurden, aber unerschöpflich und unausschöpfbar sind.

Werner Egk
1901–1983

Der am 17. Mai 1901 in Auchsesheim geborene Werner Egk stand über Jahrzehnte hinweg gemeinsam mit seinem bayerischen Landsmann Carl Orff an führender Stelle unter den meistaufgeführten Opernkomponisten deutscher Zunge unserer Zeit. Er lebte, nachdem er verschiedene hohe Posten des Musiklebens innegehabt hatte, als freischaffender Künstler in München, dessen Staatsoper seinen Werken eine wahre Heimstätte bereitet hatte. In vorgerücktem Alter lebte Egk eine Zeitlang in der Schweiz, kehrte aber zuletzt nach Deutschland zurück. Seine Werke strahlten in die ganze

Welt aus und fesselten die Bewohner zahlreicher Länder. Manche seiner Opern darf zum ständigen Repertoire gezählt werden. Sein Stil ist höchst lebendig, vielgestaltig, gesund »modern«, ohne abwegig zu werden, oft urwüchsig. Er wußte um Theaterwirkungen und verstand es, sich selbst glänzende Textbücher zu schreiben. Er beherrschte das moderne Orchester mit höchstem Raffinement und nützte dessen Sinnlichkeit, aber auch seine parodistischen Elemente meisterlich aus.

Die Zaubergeige

Spieloper in drei Akten (sechs Bildern), nach Franz von Pocci unter Verwendung alter Barockdichtung, von Ludwig Andersen und Werner Egk.
Personen: Kaspar (Bariton), Gretl (Sopran), der Bauer (Baß), Ninabella (Sopran), Amandus (Tenor), Guldensack (Baß), Amalie (Alt), Cuperus (Baß), Fangauf (Tenor), Schnapper (Baß), der Bürgermeister (Tenor), Lakaien, Gerichtspersonen, Elementargeister, Volk.
Ort und Zeit: Im Märchenland, Märchenzeit.
»Ich beschloß im stillen, in meiner Oper weder zu philosophieren noch überhaupt die Musik als Symbol für Abstraktionen zu mißbrauchen, dafür eine möglichst einfache diatonische (den Tonleitern entnommene) Melodik zu schreiben ... weil ich denen, die das Einfache lieben, das Rührende als rührend, das Komische als komisch, das Gute als gut und das Schlechte als schlecht empfinden, ein Stück schreiben wollte, an dem sie sich freuen sollten ...« So schrieb Werner Egk, als er im Jahre 1935 sein erstes Bühnenstück »Die Zaubergeige« komponierte, der eine Rundfunkkantate »Columbus« vorausgegangen war (die wir in ihrer Theaterfassung besprechen werden). Er schuf, gemeinsam mit Ludwig Andersen (unter welchem Pseudonym sich der feinsinnige und theaterkundige Dr. Ludwig Strecker, Chef des alten Verlages Schott in Mainz verbarg) ein reizendes Textbuch, zu dem viele Volksmärchen aus früheren Jahrhunderten Pate standen, so wie sie Franz Graf von Pocci, eine der fesselndsten Münchner Theatergestalten (1807–1876) für sein Marionettentheater bearbeitet hatte.

Es handelt sich um die alte Mär von einem Zauberinstrument (wie ihrer zwei etwa in der »Zauberflöte« vorkommen), und von all den Verwirrungen, die es anzurichten imstande ist, wenn sein Gebrauch an eine Bedingung geknüpft ist: noch dazu an die, der Liebe entsagen zu müssen. Kaspar ist seiner Arbeit als Knecht auf dem Bauernhof überdrüssig und sehnt sich nach besserem Leben. Gretl, die Magd, die ihn liebt, will ihn halten oder mit ihm fortgehen. Aber da der Bauer nur einen von beiden ziehen lassen will, steckt sie dem Geliebten ihre einzigen drei Kreuzer in die Tasche und läßt ihn unter innigen Wünschen in die Welt gehen. Kaspar begegnet einem Bettler, dem er seine Kreuzer schenkt, ohne zu ahnen, daß er Cuperus, dem Herrn der Geisterwelt, gegenübersteht. Mit einem Schlage verwandelt sich alles: Kaspar befindet sich in einem wundervollen Reich, wo Cuperus ihm einen Wunsch freistellt. Kaspar wünscht sich eine Zaubergeige, mit deren Hilfe er die ganze Welt gewinnen könne. Er erhält sie, erprobt ihren Klang und kehrt zum Kreuzweg zurück, wo gerade der Wucherer Guldensack ein Lied auf die Macht des Goldes singt. Kaspar läßt ihn zum Klange seiner Geige so lange tanzen, bis er ohnmächtig hinstürzt. Während Kaspar davongeht, kommen zwei Wegelagerer und plündern den Wucherer aus, der beim Erwachen den Musikus für den Täter hält. Kaspar gelangt zu einem Schloß, wo die schöne Ninabella sich in ihn verliebt. Alle bewundern in ihm den berühmten Violinvirtuosen Spagatini, der hochangesehen und reich durch die Welt fährt. Gretl, die Ninabellas Zofe geworden ist, erkennt in freudigem

Schreck ihren geliebten Kaspar wieder, doch dieser muß sich kalt und ablehnend verhalten: so will es die Bedingung des Geisterkönigs. Auch gegen die Liebeswerbung Ninabellas muß er sich wehren, doch läßt er sich schließlich zu einem Kuß hinreißen. Da erscheint Guldensack, der ihn des Raubes anklagt. Kaspar will zur Geige greifen, aber diese gibt nun keinen Ton her. Er wird verurteilt, doch noch einmal erscheint ihm Cuperus, um seiner Geige die frühere Zauberkraft zurückzugeben. Vor allem Volk spielt Kaspar jetzt, und die beiden Vagabunden müssen ihre Schuld bekennen, so daß er freigesprochen wird. Nun ermahnt Cuperus ihn, das Liebesverbot nie wieder zu übertreten, denn ein zweites Mal könne er ihn nicht erretten. Doch Kaspar, der genug von der Welt gesehen und erfahren hat, gibt ihm die Zaubergeige zurück. In Zukunft gäbe es für ihn nur noch ein Glück, ein echtes und wahres Glück: die Liebe. Gretl strahlt über das ganze Gesicht, ihre treue Anhänglichkeit hat gesiegt.

Egk hat diese Märchenhandlung mit klingender, singender Musik ausgestattet. Wohl mischt er, seinem oft spöttischen Temperament folgend, vielerlei Parodistisches ein, aber Innigkeit und Einfachheit bleiben die Grundzüge dieser durch und durch gesunden Musik, so wie sie es auch des gesunden Textbuches sind. So lautet etwa Gretls Abschiedslied an ihren Kaspar: »Ich bitte deinetwegen / von Gott dir soviel Segen / als Kräuter auf den Feldern / Als Zweige sind in Wäldern / Als Fisch im Meere geh'n / Und Stern am Himmel steh'n.« Und der frohe Schlußgesang besagt: »Die Sonne muß scheinen, die Wolken verwehn, der Himmel muß ruhen, die Erde sich drehn. Der Reichtum, die Ehren, die können vergehn, die Lieb und die Treue muß ewig bestehn!«

Die Uraufführung fand am 22. Mai 1935 in Frankfurt/Main statt, von wo aus »Die Zaubergeige« sich schnell über viele deutsche Bühnen verbreitete. Am 2. Mai 1954 stellte Egk dann in Stuttgart eine Neufassung vor, bei der vor allem Instrumentations-Retouchen angebracht waren, aber auch einiges hinzukomponiert worden war.

Peer Gynt

Oper in drei Akten (9 Bildern). In freier Neugestaltung nach Ibsen von Werner Egk.
Personen: Peer Gynt (Bariton), Solvejg (Sopran), Ase (Alt), Ingrid (Sopran), Mads (Tenor), der Alte (Tenor), die Rothaarige (Sopran), drei Kaufleute (Tenor, Bariton, Baß), der Präsident (Baß), drei schwarze Vögel (Sopran), ein Unbekannter (Baß), der Hägstadtbauer (Baß), der Schmied (Bariton), der Vogt (Tenor), seine Frau (Alt), Hochzeitsgäste, Trolle, Schiffsbesatzung, Neger, Tänzerinnen, Tänzer.
Ort und Zeit: Norwegen und Mittelamerika, Mitte des 19. Jahrhunderts.

Wieder, wie schon in der »Zaubergeige«, tut Egk einen literarisch glücklichen Griff. Henrik Ibsens »Peer Gynt« enthält prächtige Elemente für eine opernmäßige Gestaltung: bunte Schauplätze vieler Länder, das sagenumwobene Trollenreich der skandinavischen Erdgeister, Abenteuer und Traum, weltliches Treiben und Sehnsucht, Liebe in höchster und in häßlicher Form. Doch Egk, selbst ein Literat, ja ein Dichter von hohen Werten, gestaltet des Norwegers phantastisches Spiel nach eigenem Sinn um.

Das erste Bild zeigt uns den Träumer Peer Gynt; er steht auf einer Anhöhe und blickt lange zu einer Wolke empor, voll Sehnsucht, so wie sie über die Welt hinfliegen zu können. Ein paar Männer gehen vorbei, wollen ihn zu einer Hochzeit mitnehmen, doch Peer ruft ihnen zu: »Ich tu, was ich will!« und versinkt wieder in seine Gedanken und Wünsche. Schließlich geht er doch zur Hochzeit, doch keines der Mädchen will mit ihm tanzen, da er als wild und seltsam gilt. Auch Solvejg, deren Lied ihn bezaubert, erschrickt vor ihm und geht heim. Die Braut hat sich eingeschlossen und will nichts vom Bräutigam wissen. Da erbietet sich Peer, der Prahler, sie ihm zuzuführen. Doch als er in ihr Gemach eindringt, entflieht er selbst mit ihr. Während sich alle zur Verfolgung aufmachen, fleht Ase, Peers Mutter, zu Gott für ihren ungestümen Sohn. Das nächste Bild spielt im Hochgebirge, wo der Bergalte, der König der Trolle, sich mit seiner rothaarigen Tochter über die Vergänglichkeit alles Irdischen lustigmacht. Die Rothaarige begehrt Peer Gynt, der des Weges kommt, zum Manne. Er weist sie zuerst schroff zurück, doch als sie Maske und Lumpen abwirft und blendend schön vor ihm steht, verfällt er ihr. Sie nimmt ihn mit sich ins unterirdische Trollenreich. Dort wird Peer ein großer Empfang bereitet, da er als künftiger König gilt. Doch das unflätige Treiben widert ihn an. Sein Widerstand wird immer stärker; und als seine Augen so geschnitten werden sollen, daß sie in Zukunft alles

127

nach Trollenart sehen müssen, verzichtet er auf Braut und Reich. Vor der sofort hereinbrechenden Rache der Geister schützt ihn sein Schrei: »Solvejg!« Gegen ihre Reinheit hat das Geisterreich keine Waffen. Auf einer Lichtung im Gebirge findet Peer sich wieder (ein wenig wie Tannhäuser, der plötzlich wieder auf Heimatboden steht, nachdem er dem unterirdischen Venusreich durch die Anrufung Marias entkommen war); dort baut er eine Hütte, doch das Trollenreich verfolgt ihn (auch Tannhäuser wird von Bildern aus dem Venusberg verfolgt). Die Rothaarige erscheint und bringt einen häßlichen Knaben mit, der angeblich Peers Sohn ist. Da stürzt er davon, irgendwohin in die Welt, obwohl Solvejg zu ihm gekommen ist, um sein Leben mit ihm in Liebe zu teilen. Mutter Ase hat ihr aus Peers Kindheit erzählt, wie sich schon damals Traum und Wirklichkeit so seltsam in seiner Seele gemischt hätten. Und so hat Solvejg, die ihn im stillen schon lange liebte, sich aufgemacht, um für immer bei ihm zu bleiben. Doch Peer jagt es in die Welt hinaus. Noch glaubt Solvejg, er gehe nur in den Wald, um Holz zu holen: »So bleib nicht zu lang, ich warte ... warte!«, ruft sie ihm nach. Ein Leben lang wird sie warten müssen auf seine Heimkehr, aber für die Liebe gibt es keine Zweifel.

Der zweite Akt beginnt mit dem fünften Bild, das uns in eine mittelamerikanische Hafenstadt versetzt. Peer ist ein millionenschwerer Kaufmann und Abenteurer geworden, der Gold in Mengen besitzt, Politiker besticht, Mächtige bewirtet und davon träumt, Kaiser der Welt zu werden. Da wird er von Betrügern um sein Geld gebracht, das Goldschiff, das sie ihm entwenden, explodiert beim Auslaufen aus dem Hafen. In einer Schenke findet sich Peer (sechstes Bild) nach diesem Schlage wieder. Eine Tänzerin, um die die Männer in wüsten Streit geraten, trägt die Züge der Rothaarigen. Der Wirt gleicht dem Trollenalten genau. Peer verliebt sich in die Tänzerin, die ihm den letzten Schmuck, den er besitzt, abnimmt. Sie will den Alternden, einsam in der Welt Umherirrenden beherrschen, demütigen, sie schlägt ihn, nachdem er ihr all seine Habe gegeben hat. Mit dem Kopf auf die Tischplatte gestützt, erlebt Peer in einer Pantomime, wie in einem Traum, seine Erniedrigung: in einer Art Vision treibt die Rothaarige, als Dompteuse verkleidet, die Männer in lächerlichen Posen vor sich her. In seiner Seele erwacht die Sehnsucht heimzukehren.

Der dritte Akt – siebentes Bild – zeigt einen niedergebrannten Wald in Peers Heimat. Drei schwarze Vögel versperren ihm den Weg, verspotten ihn und seine großen Träume. Plötzlich steht ein Unbekannter vor ihm. Peers Leiche zu holen, sei er gekommen, erklärt er. Denn wem im Leben nichts mehr zu tun bleibe, der sei tot. Peer behauptet, noch vieles tun zu wollen. Zuerst seine Mutter besuchen: zu spät, sie sei tot, erklärt der Fremde. Nach seinem Hof zu sehen: zu spät, längst gehöre er einem anderen, da Peer für tot erklärt worden sei. Doch wenn es einen Menschen gäbe, der noch irgendwo auf Peer warte, so wolle er ihn ziehenlassen, erklärt der Fremde. Vergeblich sucht Peer sich eines solchen Wesens zu entsinnen. Der Fremde nimmt ihn an der Hand und führt ihn fort, abwärts, immer tiefer abwärts. Schließlich gelangen sie in das Trollenreich. Dort soll er, da seine wilden und bösen Taten für ihn sprechen, zum König gekrönt werden. Zeugen treten auf: der Bräutigam, die entführte und verlassene Braut, drei Kaufleute aus Mittelamerika, denen er seine Lehren – sich mit den Starken vertragen, die Schwachen knechten – beigebracht hat. Schließlich tritt Ase auf, tieftraurig, von ihrem Sohn ohne Abschied verlassen worden zu sein, aber doch zu seiner Verteidigung bereit. Eine letzte Frist wird Peer gegeben, bevor er für immer dem Trollenreich angehören muß: wenn ein einziges Wesen auf der Erde gutes Zeugnis für ihn ablegen, ihn in Liebe aufnehmen würde, wäre er gerettet. Auf der Waldlichtung steht noch Peers Holzhaus. Davor sitzt Solvejg und singt. Peer kann die Worte nicht verstehen, und der Unbekannte, der ihn begleitet, deutet sie ins Gegenteil um: wo Solvejg von Liebe und Sehnsucht singt, erklärt er den Sinn als Haß und Fluch. Doch Peer will hierbleiben, den bittern Kelch bis zur Neige leeren. Der Fremde verschwindet. Voll Liebe erkennt Solvejg den Heimkehrer, auf den sie so lange gewartet. Wo er gewesen, müsse sie erraten, um wahrhaft vergeben zu können, meint Peer. Doch für Solvejg ist die Antwort leicht: »Die ganze lange Zeit warst immer du in meinem Glauben hier, in meinem Hoffen, Lieben stets bei mir!« Da kniet Peer nieder und legt seinen müden Kopf in Solvejgs Hände. Mild und in unendlicher Güte schenkt sie dem Rastlosen und endlich Heimgekehrten den lange ersehnten Frieden:

»Schlaf nun und ruh dich aus, du Mann und Kind!

①

Vergiß die harte Fahrt in fremdes Land;
schlaf und vergiß auch Meer und Sturm und Wind,
und leg die müde Stirn in meine Hand!
Vergiß das Meer, den Sturm, das fremde Land;
du bist so müd, schlaf nun, ruh dich nur aus,
und leg die müde Stirn in meine Hand.
Ich hüte deine Ruh, du bist zu Haus!« ①
Egk findet für Solvejgs Reinheit ergreifende Melodien, für das Trollenreich magisch schillernde Klänge, für die mittelamerikanische Episode exotische Rhythmen. Sein Orchester ist äußerst farbig und kann vielerlei ausdrücken: Sinnlichkeit, ländliche Einsamkeit, mondänes Treiben (mit jazzartigem Songrhythmus) und volksliedhaft ergreifende Liebe.
Die Uraufführung in Berlin am 24. November 1938 fiel in eine ungünstige Zeit: Europas Horizont verdüsterte sich zusehends, der Zweite Weltkrieg stand vor der Tür. Es war kaum der Moment, sich an schöngeistigen, ins künstlerische Märchenland weisenden Werken zu erfreuen. Erst nach Kriegsende erlebte »Peer Gynt« eine weite Verbreitung.

Columbus

Bericht und Bildnis, Textbuch unter Verwendung authentischer Dokumente und altspanischer Literatur von Werner Egk.
Personen: Columbus (Bariton), König Ferdinand (Tenor), Königin Isabella (Sopran), drei Räte (Bariton und Baß), Mönch (Baß), Herold (Bariton), Vorsänger (Tenor); zwei Sprecher, Soldaten, Auswanderer, Schiffsvolk, Räte, Geistliche, Indios, Volk.
Ort und Zeit: Spanien und Amerika, 1484 bis 1509.
Die Gestalt des visionären Entdeckers Amerikas – Christoph Columbus (oder spanisch: Cristobal Colón) – hat ungezählte Dichter auf den Plan gerufen, aber auch eine Fülle von Musikwerken inspiriert. Gerade in unserer Zeit ist wieder ein Interesse für den seltsamen Seefahrer aufgetaucht, der eine neue Welt fand, aber in Verzweiflung und Vergessenheit endete. Egk gestaltet seine Geschichte nicht in Opernform; er wählt eine Mittelform zwischen Oratorium und Bühnengeschehen. Nicht nur, weil die Entstehung seines Werks auf einen Rundfunkauftrag zurückgeht, in dessen Erfüllung sich das epische Element dem dramatischen als überlegen erwies. Nein, auch weil der Stoff, wie Egk ihn fühlt, zur Betrachtung anregt, zum »Bericht und Bildnis«, wie er im Untertitel schreibt. Auch diese Form – gerade wie der Stoff – ist unserer Zeit gemäß: das szenische Oratorium, die bühnenmäßig dargestellte Kantate sind zu starkem Eigenleben erwacht. Denken wir an Strawinskys »Oedipus rex«, an Honeggers »König David« und »Johanna auf dem Scheiterhaufen«, an Orffs »Carmina burana« und »Catulli Carmina«, an de Fallas nachgelassene »Atlantida«, um nur einige der bedeutendsten zu nennen. Diese Zwischenform stellt Probleme, die nicht leicht zu lösen sind; das Bild, die (spärliche) Bewegung, die oftmals pantomimische Ausdeutung des Geschehens ergänzen lediglich den Text und unterstreichen die Musik, während sie in der Oper diesen beiden Elementen gleichberechtigt an der Seite stehen.
Die Szenenfolge des Egkschen »Columbus« zeichnet das Geschehen der Jahre 1484–1506 nach: von des Columbus' Audienz beim spanischen König Ferdinand, der ihn abweist, über die Unterredung mit der Königin Isabella, die ihm vertraut und eine Flotte verspricht, über die Ratstagung, da alles gegen ihn aufsteht, bis zur Anwerbung, bei der kein Seemann sich zur Teil-

nahme bereit findet und so die Gefängnisse Insassen zu diesem Zweck abgeben müssen, und bis zur Ausfahrt nach Westen, um den vermeintlichen Seeweg nach Indien zu finden. Der zweite Teil bringt die Überfahrt – mit dem erlösenden Ruf: Land! Land! – und die Besitzergreifung von der neuen Erde. Der dritte Teil den Jubel in Spanien, dann die Verschwörung, den Verrat, die Heimbringung des Columbus in Ketten. Dem Sterbenden erscheint die tote Isabella: »Wie hast du gesagt, Columbus, vor vielen Jahren? Du wirst das Paradies auffinden, Columbus?« Der Seefahrer antwortet: »Ich sehe mein Paradies, inmitten der Insel ist ein Brunnen, der unaufhörlich fließt, ein Brunnen, dem Tag um Tag, dem Stunde um Stunde mehr Blut entströmt. Dieses Blut besudelt die Insel, das Meer ist rot von Española bis Spanien«. Isabel: »Hörst du nicht einen Laut der Freude in deinem Paradies, Columbus?« – »Ich höre nichts mehr...«, antwortet der »Admiral Indiens«, der an seiner Entdeckung verzweifelt. Doch der Chor beschließt das Werk mit einem tröstlicheren Ausblick: »Durch Christoph Columbus wurden die ungeheuren Länder entdeckt und der Herrschaft des Teufels Ongol entrissen. Es zogen aber ein an seiner Statt Habgier und Eigennutz, und es leerten sich die Schatzhäuser und es entvölkerten sich die Inseln und Länder. Wenn aber einer diesen Teufeln die Herrschaft streitig zu machen vermag, dann füllen sich die Schatzhäuser den blühenden Geschlechtern.«

Zur Darstellung dieses Stoffes bietet Egk Sänger für die Rollen des Columbus, des spanischen Königspaares, dreier Räte, eines Mönchs, eines Herolds und eines Vorsängers auf, verlegt aber die Diskussion zugunsten und zuwider des Columbus in gesprochene Dialoge, die stets auf jede Szene folgen. Wichtig ist, wie immer bei der Oratorienform, der Chor, der zumeist statisch behandelt wird und, dem griechischen Chor ähnlich, Bindeglied zwischen äußerem und innerem Geschehen, zwischen Handlung und Reflexion ist. Seiner Vorliebe für choreographische Abläufe huldigt Egk auch hier durch Einbau von getanzten Szenen, in denen sein starker rhythmischer Impuls sich entfalten kann. Zur altertümlichen Sprache und den historischen Dokumenten hat der Komponist einen passenden, die Vergangenheit musikalisch stark betonenden Stil geschrieben. Das Werk war ursprünglich als Rundfunkoper gedacht – es wurde 1932 vom Auftraggeber, dem Bayerischen Rundfunk, als »Weltliches Oratorium für Orchester, Soli, Sprecher und Chor ausgestrahlt –, am 13. Januar 1942 aber in einer ersten Bühnenfassung an der Frankfurter Oper gezeigt, wobei der Oratoriencharakter noch deutlich beibehalten war. Berlin zeigte im Jahre 1951 eine szenisch vor allem durch Pantomime aufgelockerte Fassung.

Circe

Oper in drei Akten (fünf Bildern). Textbuch, in freier Gestaltung nach Calderón de la Barca, von Werner Egk.

Oper als buntes Spiel sagenhafter und komischer Gestalten, mit Verwandlungen und Zaubertränken, mit lächelnden Lösungen voll Lebensweisheit, mit überlegener Ironie: das hat – nachdem es zur Barockzeit immer wieder auf die Bühne gebracht wurde – manchen Komponisten heutiger Zeit gefesselt. Auch Egk fühlt sich angezogen und schreibt im Jahre 1948 eine »Circe«, deren vorwiegend heiteren, nur manchmal ins Leidenschaftliche umschlagenden Stoff er dem Stück »El mayor encanto amor« (»Über allem Zauber Liebe«), eines der größten spanischen Klassiker, Pedro Calderón de la Barca, (1600–1681) entnahm, um ihn, wie stets, selbst für eigenen Gebrauch zu bearbeiten. Die Handlung dreht sich um das Circeabenteuer des Ulyß (wie er bei Egk genannt wird) oder Odysseus. Nach längerem Liebesspiel zwischen beiden kommt es zum echten Liebesausbruch. Die mächtige Zauberin beschützt den Seefahrer gegen alle Anschläge auf sein Leben; aber sie versteht ihn auch lange Zeit hindurch gegen die Klagen seiner Gefährten taub zu machen, die nach Griechenland heimkehren wollen. Schließlich ist es der Schatten Achills, der Ulyß zum Aufbruch mahnt. Noch schwankt Circe, ob sie das Schiff des Ungetreuen nicht an einen Felsen schmettern soll, aber sie gewährt ihm freie Fahrt in die Heimat, während sie und ihre Begleiterinnen sich zum Empfang eines neuen, jetzt gestrandeten Schiffs rüsten. Schön wie eben eine Zauberin und mit dem Zaubertrunk in den Händen geht sie dem neuen Abenteuer entgegen. Egk zeigt sich hier von einer ganz anderen Seite als in den vorhergegangenen Opern; vielleicht nimmt Circe in seiner Entwicklung eine ähnliche Stellung ein, wie »Ariadne auf Naxos« in der seines großen bayrischen Landsmannes Richard Strauss (der damals noch lebte): gedankenvolles, musikalisch edles, geistig kluges und technisch meisterliches Zwischenspiel. Es gibt hier Arien, Duette und alle möglichen anderen geschlossenen Musiknummern; es gibt Humor – sogar derben – und Ironie, aber auch Erleben und Mitfühlen, besonders in den Liebesszenen. »Circe« wurde an der Städtischen Oper Berlin am 18. Dezember 1948 uraufgeführt. Eine Neufassung erklang unter dem Titel »17 Tage und 4 Minuten« 1966 zum ersten Male.

Irische Legende

Oper in fünf Bildern. Textbuch, nach dem Drama »Countess Cathleen« des William Butler Yeats, von Werner Egk.
Personen: Cathleen (Sopran), Aleel, ein Dichter (Bariton), der Tiger (Bariton), der Geier (Tenor), zwei Eulen (Sopran und Alt), zwei Hyänen/zwei Kaufleute (Tenor und Bariton), zwei Hirten (Tenor und Baß), Erscheinung des verdammten Faust (Baß), Oana, Amme (Alt), Verwalter (Bariton), die Schlange (Tänzerin), Chor der Engel.
Ort: Irland in hist. Phantasiezeit.
Die Uraufführung dieses Werkes bei den Salzburger Festspielen am 17. August 1955 wurde von nahezu allen europäischen und zahlreichen überseeischen Rundfunkstationen ausgestrahlt, so daß eine Hörerziffer von vielen Millionen erreicht wurde, – ein Ereignis, von dem frühere Komponisten nicht einmal geträumt haben dürften. Sie legt Zeugnis von der Stellung ab, die der vierundfünfzigjährige Komponist sich auf dem Gebiet der Oper zu erobern verstanden hat. Ob allerdings gerade dieses Werk einer so weltweiten Ausstrahlung günstig war, ist eine andere Frage. Sein symbolhafter, mystischer Text kommt einem Anhören ohne bildhaften Eindruck kaum entgegen. Der irische Dichter Yeats (1865–1939) schuf die Mär von dem Kampf der Dämonen (in Tiergestalt) gegen die Menschen, die durch Angst und Hunger gezwungen werden sollen, ihre Seelen zu verkaufen. Die Unglücksbotschaft erreicht Cathleen und den Dichter Aleel während einer Liebesstunde; während der Dichter aus dem Lande fliehen will, beschließt Cathleen, der Katastrophe entgegenzuwirken, wozu sie ihr gesamtes Vermögen zu opfern bereit ist. Im Dämonenwald beraten sich die Tiere; die Hyänen berichten dem Tiger, daß der Seelenkauf gut vonstatten gegangen wäre, bis Cathleen sich dagegen erhoben habe. Man müsse den Dichter von ihrer Seite reißen, um ihren Widerstand zu brechen. Aleel wird im Schlafe entführt und dazu gebracht, sein Cathleen gegebenes Versprechen zu brechen. Cathleen widersteht den Dämonen immer noch, ja sie verleiht allen anderen Menschen Kraft zum Widerstand gegen die Not. Sie bricht erst zusammen, als sie vom Dichter erfährt, daß er sich an seinen Schwur nicht mehr gebunden erachte und für immer fortgehen werde. Da entschließt sich Cathleen zu einer großen Tat: sie bietet ihre eigene Seele den Dämonen zum Kauf an. Dafür soll die Hungersnot sofort ein Ende nehmen. Der Pakt wird angenommen und Cathleen von den Dämonen weggeschleppt. Als der Dichter zurückkehrt, verflucht er sich als Schuldigen an Cathleens Geschick. In einer Vision glaubt er, die entscheidende Schlacht um die Seele der Geliebten zu sehen: Engel und Dämonen kämpfen um sie. Er weiß, daß die Engel siegen werden, denn eine reine Seele kann nie dem Bösen verfallen. Dieses merkwürdige Werk wurde von Egk mit starker Differenzierung zwischen der Welt Cathleens und jener der Dämonen ausgestattet. Das Orchester verwendet viele Schlaginstrumente.

Der Revisor

Komische Oper in fünf Akten nach Nikolai Gogol.
Personen: Chlestkow (Tenor), Ossip, sein Diener (Baß), Stadthauptmann (Baß-Bariton), Anna, seine Frau (Alt), Marja, deren Tochter (Sopran), Mischka, Diener (Tenor), Postmeister (Tenor), Kurator (Baß), Richter (Baß), Dobtschinsky (Bariton), eine junge Witwe (Sopran), die Frau des Schlossers (Mezzosopran), ein Kellner (stumme Rolle).
Ort und Zeit: eine russische Kleinstadt, Mitte des 19. Jahrhunderts.
Mit dieser am 7. Mai 1957 bei den Schwetzinger Festspielen durch das Ensemble der Stuttgarter Oper uraufgeführten komischen Oper hat Egk eine Breitenentwicklung erreicht, wie sie nur recht wenigen zeitgenössischen Bühnenwerken beschieden sein dürfte. Innerhalb weniger Jahre stand sie auf Dutzenden von in- und ausländischen Opernhäusern im Repertoire, erweckte Lachen und Lächeln, amüsierte, regte zum Nachdenken an. Lassen wir den Komponisten

(der auch hier wieder, wie in allen seinen Werken, sein eigener Librettist ist, und, wie oft, nach einem hochwertigen literarischen Vorwurf) selbst zu diesem Werke sprechen: »Alexander Puschkin, der verehrte Freund des jüngeren Gogol (1809–1852), hat diesem Stoff zu seiner Komödie »Der Revisor« geliefert. Auf einer seiner vielen Reisen war er in eine Kleinstadt gekommen und seiner »Petersburger Physiognomie« wegen für den erwarteten Revisor gehalten worden. Gogol machte aus dieser Begebenheit ein umwerfend komisches Theaterstück und schuf damit gleichzeitig einen Spiegel der damaligen Gesellschaft, in dem sie sich nicht gerade zu ihrer Freude besehen konnte. Das Sprichwort »Schimpf nicht auf den Spiegel, wenn dein Gesicht schief ist« steht nicht ohne Grund als Motto über dem Ganzen. Während sich verbürgtermaßen Zar Alexander I. bei einer Vorlesung vor der Aufführung über das Stück noch außerordentlich amüsiert gezeigt hatte, verging ihm das Lachen Aug' in Aug' mit den Gestalten des Dichters bei der Uraufführung, und er soll damals gesagt haben: »Hier haben alle etwas abgekriegt – und ich am meisten.« An die Uraufführung im Alexandrinentheater in St. Petersburg schloß sich ein beträchtlicher Skandal an, und das Stück wurde mehr vom Thematischen als vom Ästhetischen her diskutiert. Die einen sahen fast nur noch den berechtigten Schlag gegen ein korruptes Regime, und die anderen empörten sich gegen die angeblich unverständliche und unwahre Darstellung gesellschaftlicher Zustände und behaupteten, daß der Autor nur das Häßliche gesucht und auf die Bühne gebracht habe ... Beflissene Regierungsschreiber erklärten rundweg, in ganz Rußland gäbe es keine Gestalt wie zum Beispiel diesen Stadthauptmann. Der tiefe Sinn für das Komische, das Begreifen des Menschlichen bis auf den Urgrund, die hinreißende Lebenswahrheit und die pralle Lebensfülle sind aber noch nicht die kostbarsten Qualitäten der Komödie. Mir scheint das Kostbarste daran zu sein, daß ihre Gestalten nicht verlorene, von uns abgetrennte, nur Gelächter und Ablehnung herausfordernde Wesen sind, sondern daß sie gleichzeitig Verständnis, Mitleid, ja sogar Sympathie erwecken. Selbst der Stadthauptmann, ein Erzgauner von hohen Graden, vermag uns trotz aller drastischen Komik und trotz aller negativen Züge seines Charakters noch zu rühren, ja zu erschüttern, wenn er, bis ins Tiefste aufgewühlt, vor allem Volk bekennt, daß seine Anschauung von sich selbst, von seiner Bedeutung, Überlegenheit, Klugheit, Macht und Großartigkeit lebenslang falsch war und daß er nichts anderes ist, als ein erbärmlicher Dummkopf, ein alter Esel, der einem Grünschnabel erbärmlich aufgesessen ist ...«

Damit ist eigentlich der Inhalt schon beinahe ganz gegeben. In einem russischen Provinzort der Zarenzeit verbreitet sich die Kunde, ein Revisor sei aus Moskau unterwegs, um inkognito die Zustände zu beobachten. Sofort fällt der Verdacht auf einen jungen Menschen, der in einem armseligen Gasthof abgestiegen ist, dort seine Rechnung nicht bezahlt, aber »großstädtisch« auftritt. Im Triumphzug wird er, sehr verdutzt zu Beginn, in das Haus des Stadthauptmanns geholt, wo es Bestechungen (von den Männern) und Liebesbezeugungen (von seiten der Gattin und Tochter des Hauptmanns) nur so regnet. Er amüsiert sich glänzend bei diesem seinem Charakter durchaus entgegenkommenden Abenteuer und nützt die Situation nach besten Kräften aus. Belustigt erzählt er in einem Brief davon, den er an einen Freund in der Hauptstadt schreibt. Auf dem Höhepunkt seiner »Macht« verlobt er sich mit der Tochter des Hauptmanns, der sich dieses doppelte Glück – die Verhinderung einer Untersuchung und den einflußreichen Schwiegersohn – viel Geld kosten läßt. Für letzteren wird es nun Zeit zu verschwinden, und so verabschiedet er sich »nur für einen Tag«, um »dringende Geschäfte zu erledigen«. Kaum ist er fort, wird der Brief an den Freund gefunden, den er versehentlich liegen ließ. Seine Wirkung kommt einer Bombe gleich. Doch die Explosion wird noch verstärkt. Der wahre Revisor ist angekommen und läßt die Behörden sofort zu sich bestellen, um eine genaue Untersuchung einzuleiten.

»Es liegt auf der Hand«, fährt Egk fort, »daß es unmöglich war, ein so wortreiches Stück Wort für Wort zu komponieren, ebenso unmöglich, die vierundzwanzig Personen des Sprechstücks und dazu noch den ganzen Chorus von Damen und Herren, Kaufleuten, Kleinbürgern, Bittstellern und anderen für die Oper einzurichten ... Es schien mir unmöglich, auf das russische Kolorit ganz zu verzichten. Man findet in der Musik deshalb eine Anzahl von streng diatonischen (den einfachen Tonleitern entnommene) Melodien, welche, wie die alte russische Volksmusik, tetrachordisch (viertönig) gebaut sind und nicht modulieren, ebenso ganze Szenen und Ensembles, denen solche Tonfolgen zugrunde liegen. Man findet aber selbstverständlich auch Musiknummern, die unabhängig von folkloristischen Vorstellungen und Einflüssen sind. Das Orchester besteht aus fünf Holzbläsern, fünf Blechbläsern, einem kleinen Streichkörper, Schlagzeug, Klavier und Harfe. Im übrigen war ich bemüht, in der Komposition den Charakter der Komödie zu wahren und den Gestalten Gogols ihre lebendige Wirkung zu erhalten, die sie bestimmt auch dann noch haben werden, wenn es nirgendwo auf der Welt mehr Schlamperei, Bestechung und Dummheit gibt.«

Da wir von diesem Idealzustand noch recht weit entfernt sind, kann Gogol-Egks »Revisor« mit stärkstem Verständnis rechnen: dem der persönlichen Erfahrung. Egk unterstreicht meisterhaft die Pointen Gogols, konzentriert wie ein glänzender Dramaturg, amüsiert wie ein geborener Lustspielmusiker, – obwohl er das, genau genommen, zum ersten Male im Leben ist.

Die Verlobung in San Domingo

Oper in zwei Akten. Textbuch, nach H. v. Kleist, von Werner Egk.
Personen: Jeanne (Sopran), Babekan, ihre Mutter, eine Mulattin (Alt), Hoango, ein Neger (Baß), Christoph von Ried (Tenor), Gottfried von Ried, sein Onkel (Bariton).
Ort und Zeit: Pflanzerhaus im französischen Teil der Insel San Domingo, 1803.

Eine Westindienfahrt im Jahre 1959 war für Werner Egk von äußerster Fruchtbarkeit; für den Konzertsaal erwuchsen aus ihr die »Variationen über ein karibisches Thema«, für das Musiktheater entstand endlich die längst geplante »Verlobung in San Domingo«, deren tropischen, landschaftlich so schönen und historisch so fesselnden Schauplatz der Komponist nun persönlich erlebte. Er selbst hat diese Erklärung zu seiner Oper abgegeben: »Die ›unerhörte Begebenheit‹, die Kleist in seiner Novelle ›Die Verlobung in St. Domingo‹ berichtet, spielt sich zu Anfang des 19. Jahrhunderts während eines grausamen Sklavenaufstandes in Haiti ab. Es ist eine Tragödie ›im Auge des Hurrikan‹, erzählt in einer explosiven Sprache, mit einer konzentrierten Ausdrucksgewalt und einer Bilderfülle, welche die jäh aufschießende Liebe des verlorenen Paares, einer Okterone (Mestizin aus schwarzem und weißem Blut) und eines Offiziers der französischen Armee vor dem wüsten Hintergrund eines auflodernden Rachetaumels und der Todfeindschaft zwischen Schwarz und Weiß darstellt. Der Stoff enthält eine betäubende Dosis von Brutalität, Exotik, Liebe und Haß in allen möglichen Verfinsterungen und dazu ein nicht zu übersehendes, höchst aktuelles Element. Der Aufstand von 1803 gegen die französische Herrschaft in San Domingo folgte der Proklamation von Freiheit, Gleichheit und Brüderlichkeit durch die Franzosen, so wie in unseren Tagen der Zusammenbruch der Kolonialherrschaft der Verkündigung der demokratischen Evangelien durch die Nordamerikaner folgte. Es war aber nicht der Gedanke der Aktualität, der mich bewog, die Novelle als Opernstoff in Betracht zu ziehen, auch nicht die literarische Qualität der Erzählung oder die Rasanz der Begebenheit allein und schon gar nicht die Mode der ›literarischen Oper‹ oder die Kleist-Mode von heute, sondern Impulse, die schon vor drei Jahrzehnten von der Arbeit an ›Columbus, Bericht und Bildnis‹ ausgelöst wurden. Die Novelle von Kleist, die, wie die Landung des Columbus, auf Haiti spielt, wurde für mich zum dichterischen Symbol für den Untergang dessen, was 1492 dort begonnen hatte. Die Bewohner von Haiti gaben den Franzosen 1803 schließlich die Antwort auf 1492 und auf den darauf folgenden Völkermord durch Hunger und Arbeit, welche die Indios den Spaniern nicht mehr geben konnten. Der Gedanke an die Kleist-Oper ruhte, bis er durch einen Besuch in Santo Domingo neue Nahrung bekam und bis ich 1959 vor der Kathedrale stand, die die Gebeine des Entdeckers beherbergt hatte, und vor den Überresten früher spanischer Befestigungen mit den in den Boden gesunkenen Mauern der Forts und den vom Gras überwucherten Kanonenläufen, die noch auf das Meer gerichtet sind, wie seit Jahrhunderten. Meine Phantasie wurde durch verblichene Dokumente der durch den Aufstand von 1803 begründeten schwarzen Herrschaft, durch geschriebene und gedruckte Edikte des ersten schwarzen Herrschers von Haiti, des legendären »roi Christophe«, durch die gewaltige Ruine seines befestigten Schlosses inmitten einer schwer zugänglichen tropischen Landschaft mächtig beflügelt. Ich war fasziniert von dem unmittelbaren Eindruck des Schauplatzes der Kleistschen Novelle, den der Dichter selbst nie gesehen hatte und durch die offenbare Genauigkeit der Beschreibung so vieler Umstände, die ihm nur vom Hörensagen bekannt sein konnten. Durch all dieses und durch die persönliche Berührung mit vielen Menschen, denen der Aufstand von 1803 das größte Ereignis der Geschichte ihrer Heimat bedeutet, hatte die Novelle einen erhöhten Grad von Wirklichkeit für mich angenommen. Als ich erst damit begonnen hatte, sie auf ihre Eignung zum Drama und zur Oper zu untersuchen, verwandelte sich Historie, Schauplatz und Symbol in unmittelbares Leben, das nach der Bändigung durch die strengen Gesetze der dramatischen Kunst verlangte. Mit der bloßen Aufeinanderfolge von Szenen in der erzählenden Art der Novelle war es nicht getan, um so weniger als mir der notwendige Verzicht auf Nebenhandlungen, folkloristische Ausschmückungen und auf jede Art unwesentlicher Zutat von Anfang an vorschwebte. Die Handlung der Oper umfaßt den knappen Zeitraum von 48 Stunden, spielt an einem einzigen Schauplatz und erfüllt beinahe und wie von selbst die Forderung nach den berühmten klassischen Einheiten. Durch die Beschränkung auf sieben Sänger, eine stumme handelnde Figur und zwei Komparsen ergaben sich nicht nur vier große Rollen, sondern abgesehen davon auch vier große Gesangspartien, die sich zu dem klassischen Quartett der Oper fügen, im Rahmen einer Handlung, die unaufhaltsam und unerbittlich ihrem tragischen Höhepunkt zusteuert.« Die Uraufführung der »Verlobung in San Domingo« (die übrigens wenige Jahre vorher Winfried Zillig ebenfalls zu einer Oper gestaltet hatte) fand unter besonderen Umständen statt: Sie war in die Eröffnungsfeierlichkeiten einbezogen, mit denen die wiedererbaute großartige Münchner Staatsoper im Herbst 1963 ihre Pforten öffnete.

Gottfried von Einem

1918

Gottfried von Einem, am 24. Januar 1918 als Sohn eines österreichischen Militärattachés in Bern geboren, wurde in Berlin Schüler und dann Freund Boris Blachers; noch nicht einmal ganz 30 Jahre alt, wurde er, gleichsam über Nacht, durch die äußerst erfolgreiche Uraufführung seiner Oper »Dantons Tod« bei den Salzburger Festspielen 1947 berühmt. Zwar konnte er mit den folgenden Opern (»Der Prozess«, 1953, und »Der Zerrissene«, 1964) keine vergleichbaren Triumphe verzeichnen, aber er festigte seine Stellung als führender Komponist und vor allem als Opernautor Österreichs. Mit dem »Besuch der alten Dame« erreicht er dann wieder (1971) ein sehr breites Publikum über viele Bühnen der Welt. »Kabale und Liebe« war (1976) die nächste, nicht sonderlich erfolgreiche Etappe. Bis hierher war Einems Tendenz zur »Literaturoper« offenkundig, sein Streben nach dem bedeutenden Dichter- oder Dramatikerwort, das er mit seiner überaus illustrativen Musik zu überhöhen suchte. Von dieser Bahn weicht das seltsame, bei den Wiener Festwochen 1980 im Theater an der Wien uraufgeführte Werk »Jesu Hochzeit« wesentlich ab, in dem die Textdichterin Lotte Ingrisch, Einems Gattin, ein komplexes mystisches Geschehen vor allem in starke Symbolik kleidet, die aber in einer gänzlich verfehlten szenischen Realisation nicht zum Ausdruck, also auch nicht zur Wirkung kommen konnte. Die Premiere war durch lange vorher angefachte und bis zur Siedeglut erhitzte theologische Polemiken an den Rand des Abbruchs gebracht worden. Einem, der sich seit langem aus dem »Musikleben« zurückgezogen hat, wohnt in einem entlegenen Winkel Österreichs, inmitten herrlicher Felder und Wälder, ganz seinem Schaffen hingegeben.
»Dantons Tod« ist nach dem Werk des genialen, jungverstorbenen Dramatikers Georg Büchner (1813–1837) durch Einems Lehrer Boris Blacher und den Komponisten selbst für die Opernbühne bearbeitet worden. Dabei wurden starke Straffungen vorgenommen und den Massenszenen ein gewisses Übergewicht verliehen. Das Werk bringt in sechs Bildern den Machtkampf zwischen Robespierre und Danton, der zugleich der Kampf zwischen der schrankenlosen Demagogie und dem Idealismus ist. Den Höhepunkt bildet eine stürmische Tribunalszene, bei der Danton zu imponierender Größe aufsteigt, aber von seinem Gegner mit Hilfe falscher Zeugen besiegt wird. Auf dem Wege zur Guillotine erklingt aus der Verurteilten Mund zur Melodie der Marseillaise: »Der Feind,

den wir am meisten hassen / der uns umlagert schwarz und dicht / ist der Unverstand der Massen / den nur des Geistes Schwert durchbricht.« In Einems Oper (die vielleicht als Musikdrama genauer bezeichnet wäre) ist das Ringen um einen neuen musikalischen Bühnenstil deutlich; in einigen Szenen – etwa dem Gerichtsbild – ist er großartig verwirklicht, streckenweise, besonders in den seltsamen rezitativen Sologesängen, weniger eindeutig gelungen. Besonders stark sind Chor- und Orchesterbehandlung, hier erreicht der Komponist mehrfach glänzende, aufwühlende Wirkungen. Die Uraufführung fand am 6. August 1947 bei den Salzburger Festspielen statt, die damit erstmalig einem zeitgenössischen Werk den Weg in die Öffentlichkeit bahnten, eine Praxis, die sich während mehrerer Jahre einzubürgern schien, dann aber aufgegeben wurde.

»Der Prozeß«, sechs Jahre später an gleicher Stelle uraufgeführt (17. August 1953), ist viel problematischer. Ja, man möchte diese »neun Bilder« beinahe einen Versuch am untauglichen Objekt nennen. Einem hat sich vorgenommen, einen der schwierigsten, surrealistischsten, allerdings auch erregendsten Romane unserer Zeit in Musik zu setzen. Franz Kafka (1883–1924) drückt in ihm ein furchtbares Thema aus: die Lebensangst, die Bedrückung des Menschen durch unsichtbare, aber gerade darum unüberwindliche Kräfte, die Gefährdung des Individuums durch die Allmacht des Staates, gegen den es keinen Rekurs, keinen Einwand, keine Gerechtigkeit gibt. Dreißig Jahre nach seinem Tode wurde Kafka, der fast unbemerkt gelebt und geschaffen hatte, plötzlich »modern«, Vorbild und Thema einer Generation. Aber sein Werk erschließt sich in Wahrheit nur wenigen, es ist dunkel, schwer verständlich, beklemmend. Um es in Musik zu setzen, müßte der Komponist über wahre Alptraumklänge verfügen (wie Richard Strauss sie in der allerdings viel kürzeren Klytemnästra-Elektra-Szene einsetzte) und diese einen ganzen Abend durchzuhalten imstande sein. Einem versucht es mit einer sehr raffinierten Instrumentation, vielleicht wäre hier eine Verwendungsmöglichkeit für Elektronik gegeben. Es geht darum, das Imaginäre, das sich anscheinend realer Vorkommnisse bedient, zu vertonen. Es ist die Verfolgung des Josef K., der in einen gar nicht existierenden Prozeß verwickelt wird; alle Kapitel sind Teilstücke eines Angsttraumes und so unzusammenhängend und doch so unlösbar miteinander verbunden wie die Bilder eines Traumes. Aus dem Dunkel tauchen Gestalten auf, unwirkliche und doch ganz reale, sprechen sinnlose und doch ungeheuer beängstigende Worte, tun absurde und trotzdem furchteinflößende Dinge, die an einer langen, unzerreißbaren Kette aufgereiht, in Nacht, Tod, Qual, Abgrund führen müssen. Ob dies ein möglicher Opernstoff ist?

Im »Zerrissenen« vertont Einem eines der entzückendsten Lustspiele seines großen Landsmanns Johann Nestroy. Ganz im Gegensatz zu den früheren Werken strebt er hier einen kammermusikalischen Klang an, sucht die Komik auf feinste Weise in Musik zu übersetzen. Seine besondere Liebe galt der Figur der Kathi, die mit ihrer herzerfrischenden Natürlichkeit die »Zerrissenheit« des Herrn von Lips zu heilen sucht.

Der Besuch der alten Dame

Lyrisches Drama in zwei Akten (vier Bildern).

Mit dem »Besuch der alten Dame« hat der prominente Schweizer Dramatiker Friedrich Dürrenmatt eines der großartigsten, aber auch furchtbarsten Theaterstücke unseres Jahrhunderts geschaffen, eine grauenhaft zynische Parabel über die Schlechtigkeit, den Egoismus der Menschen, die durchwegs bereit sind, alles, buchstäblich alles zu verkaufen, wenn der Preis ihnen genügend hoch erscheint. Clara Zachanassian – als Mädchen hieß sie noch nicht so, diesen Namen erhielt sie erst, als sie, um sich Macht zu verschaffen, einen alten, unvorstellbar reichen Ölmagnaten heiratete – rächt sich an denen, die ihr Leben zerstört haben: vor allem am Jugendgeliebten, der sie verleugnete, als sie ein Kind erwartete, der mit falschen Zeugen »bewies«, daß dieses Kind auch von anderen Männern stammen könne, der eine »gute Partie« machen wollte und Clara auf den Weg der Flucht aus dem Heimatdorf Güllen, ins Elend und in die Hoffnungslosigkeit trieb. Güllen, das schweizerdeutsche Wort für Jauche, ist ein Ort wie jeder andere. Als das Gerücht umgeht, die einst höhnisch und grausam vertriebene, verleumdete Clara kehre als steinreiche Frau zurück, wird alles aufgeboten, um sie zu empfangen: der Bürgermeister, der Gesangsverein. Man überbietet sich an Liebenswürdigkeit, als verlautet, eine großzügige Schenkung für den herabgekommenen Ort stehe in Aussicht. Zu einer solchen ist Clara tatsächlich bereit: eine Milliarde! Unvorstellbare Summe inmitten so viel dumpfer Kleinheit. Da knüpft Clara eine einzige Bedingung an die Schenkung: Sie will dafür den Kopf ihres Verführers und Beleidigers, des braven Bürgers Ill. Die Gemeinde ist empört, entsetzt. O nein, man verkaufe Ehre und Anstand nicht in Güllen, auch nicht für eine Milliarde! Man verkauft sie doch. Man findet die »moralische« Rechtfertigung dafür und dann tut man es. Die Mörder tanzen, im stolzen Bewußtsein ihrer edlen und den Ort rettenden Tat, einen Triumphtanz. Die Aufgabe Einems erscheint hier besonders schwer: Es ist ein Irrtum zu glauben, ein so starkes Drama trage sich, auch in der Vertonung, selbst. Seine Musik ist von beängstigendem Realismus, nicht nur die Szenenfolge wird vertont, sondern weitgehend die seelischen Vorgänge in den handelnden Personen. Auffallend und sicher durch die »Härte« des Themas gerechtfertigt, die starke Verwendung des Schlagzeugs. Die Uraufführung fand in der Wiener Staatsoper am 23. Mai 1971 statt, eine rasche Verbreitung über viele Bühnen folgte. Mit der »Alten Dame« hat Einem eine begehrenswerte Paraderolle für eine reife Mezzosopranistin geschaffen; ihr Spiel und Gesang soll dem Zuschauer den kalten Schauer über den Rücken treiben.

»Kabale und Liebe«, Friedrich von Schillers berühmtes Trauerspiel, wurde Einems nächste Oper (Uraufführung: Wien, 17. Dezember 1976). An der Textbearbeitung beteiligten sich Boris Blacher und Lotte Ingrisch. Sie kürzten Schillers Werk um nahezu die Hälfte, beließen aber die Szenen, die zur Vertonung bestimmt waren, in ihrem klassischen Wortlaut, mit Ausnahme einer Schlußszene des alten Miller, die von den Librettisten hinzugefügt wurde. Einem wollte seine Oper als »reine Kammeroper wie Mozarts Cosi fan tutte« verstanden wissen, doch reißt der Stoff ihn immer wieder zu viel realistischeren, wirklichkeitsnäheren Passagen hin, deren Verschmelzung nicht immer voll geglückt erscheint. »Wo nur seelische Momente wirken, übernimmt die Musik die Funktion der Sprache«, meint der Komponist programmatisch zu diesem Werk, oder vielleicht gilt dies sogar für sein gesamtes Bühnenschaffen. (Siehe auch Nachtrag S. 675.)

Georges Enescu

1881–1955

Der führende Violinvirtuose und bedeutende Komponist (der sich in Paris auf seiner internationalen Laufbahn Enesco nannte) stammte aus Rumänien und galt zu seinen Lebzeiten und bis zum heutigen Tage als dessen Nationalmusiker. Er wurde am 19. August 1881 in Liveni-Virnav, Bezirk Dorohoi, geboren, spielte von seinem vierten Lebensjahr an Geige, spielt während seiner Wiener Studienzeit mit acht Jahren erstmals öffentlich, bezieht mit 14 das Pariser Konservatorium und wird Kompositionsschüler von Gabriel Fauré. In wenigen Jahren wird er zum weltberühmten Violinisten. Seine Kompositionen haben es, mit Ausnahme der überaus populär gewordenen »Rumänischen Rhapsodien«, schwieriger, sich international durchzusetzen. In unser Buch gehört aus seinem reichhaltigen Oeuvre die Oper »Oedipus«, deren weite Verbreitung wohl vor allem durch den Umstand verhindert wurde, daß die Premiere am 13. März 1936 in eine Epoche stärkster politischer Spannungen und des drohend am Horizont aufziehenden Zweiten Weltkrieges fiel.

Es handelt sich hier um ein bedeutendes Opernwerk, das in französischer Sprache komponiert und in Paris uraufgeführt wurde, aber dessen spätere rumänische Fassung das Werk lebendig hielt, als die übrige Welt es nahezu vergessen hatte. Erst Auslandsgastspiele der Bukarester Oper belebten das Interesse an dieser Vertonung der altgriechischen Sage von neuem, und eine Renaissance des musikalisch wertvollen Stückes wäre durchaus denkbar. Es greift ziemlich genau auf das Drama des Sophokles zurück und geht den Stationen des tragischen Lebens mit starker Einfühlungsgabe nach:

der furchtbaren Weissagung bei der Geburt, der Knabe werde dereinst seinen Vater ermorden und seine Mutter heiraten, der Erziehung am Hofe von Korinth, dem (unbewußten) Vatermord am Kreuzweg, der (ebenfalls unbewußten) Hochzeit mit Jokaste, seiner Mutter, dem Sieg über die Sphinx, der Herrschaft im heimatlichen Theben, der Entdeckung der Verbrechen, der Selbstblendung. Am Ende steht eine Art von Verklärung: Der unbewußt schuldig Gewordene, Spielball tragischer Verkettungen, blickt nach innen und findet Frieden. Musikalisch ist dieser Leidensweg mit den Mitteln vergangener Zeiten gemalt: eher denen aus Enescus Studienzeit, als denen der Zwischenkriegsära. Ferne Einflüsse Wagners sind ebenso spürbar wie Anklänge an Mussorgski, an die französischen Impressionisten, aber alles ist zu einer eigenen Tonsprache gebunden, von der ein eigentümlicher Zauber ausgeht. Mag das meiste, was Enescu sonst schuf, verblaßt sein, die Oper »Oedipe« nimmt einen ehrenvollen Platz im bewegten, vielfältigen Schaffen unseres Jahrhunderts ein.

Manuel de Falla
1876–1946

Am 23. November 1876 kam Manuel Maria de Falla y Matheu in der andalusischen Stadt Cadiz zur Welt. Drei Jahre lang studierte er bei dem Propheten der spanischen Musik, Felipe Pedrell, der auch Granados und Albéniz orientierte. Nach der Erringung einiger Preise in seinem Vaterland ging Falla nach Paris, wo er von 1907 bis 1914 in enger Freundschaft mit Debussy, Dukas, Ravel, Strawinsky lebte. Beim Ausbruch des Ersten Weltkrieges kehrte er in die Heimat zurück, leitete verschiedene Orchester und komponierte. In sehr langsamer, stets mühevoller Arbeit schuf er die Werke, die ihm Weltgeltung verliehen. Einige sind für die Bühne bestimmt: »La vida breve« (Das kurze Leben, 1905), die Ballette »El amor brujo« (Zauberin Liebe oder Liebeszauber, 1915), »El sombrero de tres picos« (Der Dreispitz, 1919) sowie das seltsame Stück »El retablo del Maese Pedro« (Meister Pedros Puppenspiel, 1922), in dem sowohl Sänger wie Marionetten mitwirken und das eine Episode aus dem »Quijote« behandelt. Im Jahre 1939 wanderte Falla nach Südamerika aus, wo er im argentinischen Bergland von Córdoba, in Alta Gracia, am 14. September 1946 starb, ohne »Atlantida«, die Arbeit mehrerer Jahrzehnte, zum Abschluß bringen zu können. Die Uraufführung dieses seines größten Werkes erfolgte erst fünfzehn Jahre nach seinem Tode.

Das kurze Leben

Lyrisches Drama in zwei Akten (vier Bildern). Textbuch von Carlos Fernández Shaw.
Originaltitel: La vida breve
Originalsprache: Spanisch
Personen: Salud, Mädchen aus Granada (Sopran), ihre Großmutter (Mezzosopran), Carmela (Mezzosopran), Onkel Salvador (Bariton oder Baß), Paco (Tenor), Manuel, Carmelas Bruder (Bariton); Verwandte Carmelas und Pacos, Gäste, Verkäufer.
Ort und Zeit: Granada, zu Beginn unseres Jahrhunderts.
Handlung: Im Patio eines einfachen Hauses in Granada erwartet Salud ihren Geliebten Paco. Ferne Chöre geben der Szene den andalusischen Grundton, den Falla in vielen seiner Werke glänzend getroffen hat. Die Schmiede des volkreichen Stadtviertels Albaicin (dem Albéniz ein Klavierstück gewidmet hat) singen zu ihrer harten Arbeit; wie ein Leitmotiv wird es sich durch die Oper ziehen: »Unselig, wer zum Amboß bestimmt ist, anstatt zum Hammer ...« ①
Die gütige Großmutter sorgt sich um Salud, die so tief und echt liebt. Paco tritt ein, und ein Liebesduett vereint die beiden. Nur der Onkel Salvador weiß, daß Paco mit einem Mädchen aus reicher Familie verlobt ist. Die Großmutter hält ihn zurück, als er sich auf den Verräter stürzen will, der soeben wieder seine Treue zu Salud beschwört.

Das zweite Bild – vielleicht das schönste und poetischste des Werks – schildert den Sonnenuntergang über Granada, sonst nichts. Unsichtbare Chöre, ein durchsichtiges Orchester voll feinster, fast impressionistischer Farben; in der ganzen Szene wird kein einziges Wort gesungen oder gesprochen. Nur gesummte Melodien erklingen, voll Verzierungen, die an den uralten »cante jondo« erinnern, den die Araber ins Land brachten.

Der zweite Akt, der beinahe so handlungslos ist wie der erste, bringt den unvermeidlichen Zusammenstoß. Salud hat von der Hochzeit ihres Geliebten erfahren. Verzweifelt eilt sie zum Haus der Braut und erinnert in einem Lied Paco an seine falschen Schwüre. Der Ungetreue hört sie, während er an der Seite seiner Braut Carmela die Gäste empfängt. Schließlich treten auch Salud und ihr Onkel Salvador ein, seltsame Gäste unter den eleganten Persönlichkeiten. Für Salud gibt es nur eines: sterben. Paco tut, als kenne er sie nicht, erklärt sie für wahnsinnig. Salud nennt ihn ein letztes Mal zärtlich beim Namen, dann bricht sie sterbend zu seinen Füßen zusammen. Unselig, wer zum Amboß bestimmt ist...

Quelle: Ein Gedicht des spanischen Poeten Fernández Shaw, das dieser, auf Fallas Wunsch, zu einem Libretto umarbeitete.

Textbuch: Es handelt sich um eine Milieuschilderung, weniger um ein Drama im üblichen Sinne, mehr um Ausdruck von Gefühlen als um Handlung. Das Libretto besitzt manche schöne Szene, und vor allem ist die Hauptperson, Salud, mit großer Liebe gezeichnet. In Spanien überwiegt die Ansicht, Salud und keineswegs Bizets Carmen sei das echte Bild der spanischen Frau.

Musik: Es handelt sich um ein Jugendwerk Fallas, in dem Spätromantik und Impressionismus noch spürbar sind; die spätere Meisterschaft in einem durchaus eigenen Stil kündigt sich trotzdem schon deutlich an. Falla erstrebt vor allem Klarheit und hofft diese durch Sparsamkeit der Mittel zu erzielen. »Keine Note zuviel, keine zuwenig«, war schon damals sein Leitspruch, und dieser war ihm aufgegangen, als er, ein Knabe noch, ein Haydn-Werk gehört hatte. Die Chöre, Tänze und Orchesterzwischenspiele bilden die besten Stücke der Partitur; dort wo der Komponist Opernmusik im herkömmlichen Stil schreiben will, wie etwa im Liebesduett des ersten Akts, wird er konventionell.

Geschichte: Ein Wettbewerb der Königlichen Akademie der Schönen Künste in Madrid gab Falla Gelegenheit, »La vida breve« zu komponieren. Er arbeitete an dieser kurzen Oper vom Herbst 1904 bis zum Frühling 1905, während er sich gleichzeitig für einen pianistischen Wettbewerb vorbereitete. Er errang in beiden den ersten Preis. Trotzdem fand sich in seinem Vaterland kein Theater für sein Werk. Erst am 1. April 1913 wurde »La vida breve« im Kasino von Nizza uraufgeführt. Und am 30. Dezember des gleichen Jahres erzielte die Oper einen wahren Triumph an der Opéra Comique in Paris. Für diese Aufführung hatte Falla in die Hochzeitsszene – auf Rat des Dirigenten André Messager – einige Tänze und Chöre eingelegt, die das spanische Kolorit stärker herausstreichen. Madrid lernte das Werk am 14. November 1914 kennen.

Meister Pedros Puppenspiel

Oper in einem Akt für Marionetten (und Sänger). Text, nach Cervantes, von Manuel de Falla.
Originaltitel: El retablo del Maese Pedro
Originalsprache: Spanisch
Personen: Meister Pedro (Tenor), der ansagen-

de Junge (Kinderstimme, eventuell Sopran), Don Quijote (Baß), Marionettenfiguren, Zuschauer.
Ort und Zeit: Hof eines spanischen Wirtshauses im 16. Jahrhundert.
Handlung: Don Quijote, Spaniens »klassische« Romanfigur und eine der geistvollsten Schöpfungen der Weltliteratur, ist als Zuschauer bei einem Puppenspiel anwesend. Meister Pedro zeigt die Gefangenschaft der schönen Melisendra im Maurenland, wo ihr Gatte Gayferos sie endlich entdeckt und befreit. Der Ansager erläutert dem Publikum das Spiel der Marionetten, wobei ihm mancher Irrtum im auswendig gelernten Text unterläuft. Don Quijote weist ihn würdevoll zurecht, worauf das Spiel weitergeht. Schon sitzen Gayferos und Melisendra auf dem Roß, das sie der Freiheit zuführen soll, als im Schloß Alarm geschlagen wird. Dutzende von Arabern machen sich auf ihren flinken Pferden zur Verfolgung der Flüchtigen auf. Näher und näher kommen sie dem christlichen Paar. Da kann Don Quijote nicht mehr an sich halten. Wie stets vermengt er Spiel und Wirklichkeit, zückt das Schwert und beginnt Mohrenköpfe vom Leib zu trennen. Während Pedro schreiend den Verlust seiner Figuren bejammert, sendet Don Quijote den »glücklich Geretteten« einen Gruß nach, preist laut das edle Rittertum und entbietet eine respektvolle Huldigung an seine ferne Dulcinea, die Frau seiner Träume.
Textbuch: Den »Ritter von der traurigen Gestalt« auf die Bühne zu bringen ist seit dem Tode seines Schöpfers Miguel de Cervantes (1547–1616) immer wieder versucht worden. Auch Musikstücke in großer Zahl befassen sich mit diesem seltsamen Schwärmer, der Traum und Realität verwechselt, sie in tragikomischer Weise durcheinanderbringt. Für die Opernbühne ist Don Quijote ungezählte Male Modell gestanden; eines der schönsten Werke, die ihn zum Mittelpunkte haben, stammt von Massenet und wurde für den großen Schaljapin geschaffen. Falla wählte für sein »Puppenspiel« nicht mehr als eine einzige Episode aus. Der Text geriet ihm flüssig und äußerst zweckmäßig.
Musik: Falla hat seinen Höhepunkt erreicht: er hat Spaniens Musik die Welt geöffnet, seine Klänge sind bei strengem Hispanismus international gültig. Das Spaniertum dieser Musik drückt sich nicht in Verwendung von Folklore aus, sondern in einer reichen Erfindungsgabe in spanischem Geiste.

Geschichte: Die Idee zu diesem Spiel entstand, als Manuel de Fallas Freund, der geniale spanische Lyriker und Dramatiker Federico García Lorca in Granada ein Marionettentheater eröffnete. Die Arbeit an diesem Werk dauerte, Fallas minutiöser Schaffensweise gemäß, drei Jahre. Die letzte Partiturseite trägt den Vermerk: Madrid-Granada 1919–1922. Eine erstmalige konzertante Aufführung fand unter Fallas Leitung am 21. März 1923 in Sevilla statt; die bühnenmäßige Premiere im Palais der Fürstin Polignac in Paris, einer bedeutenden Mäzenin, am 25. Juni des gleichen Jahres.

Atlantis

Szenisches Oratorium oder szenische Kantate. Text, nach Jacinto Verdaguer, von M. de Falla.
Originaltitel: La Atlántida
Originalsprache: Spanisch, bzw. Katalanisch
Personen: Der Erzähler (Bariton), ein Knabe (Kinderstimme), Pirene (Alt), Herkules (stumme Rolle), ein Riese (Bariton), der Füher der Atlantiden (Tenor), Christoph Columbus (stumme Rolle), die Königin Isabel von Spanien (Sopran), die Plejaden, der Erzengel, eine Hofdame u. a.
Ort und Zeit: Auf der sagenhaften Insel Atlantis, rund um das Mittelmeer, später in Spanien und auf der Entdeckungsreise des Columbus, in legendärer Vorzeit und um das Jahr 1492.
Handlung: Den Verlauf der mannigfachen Begebenheiten dieser »szenischen Kantate« nachzuzeichnen ist äußerst schwierig. Es handelt sich um eine riesige Götter- und Heldensage, eine Art Edda etwa. Doch Falla hat sie auf sein Heimatland bezogen und so läßt er gewissermaßen die untergegangene Atlantis in Spanien wieder auferstehen. Spanien wird Erbe der alten, verschollenen Kultur, und mit Hilfe seines Geistes und Mutes dehnt es die Welt weiter aus, als sie je gewesen, noch jenseits der Atlantis. Um eine gewisse Einheitlichkeit in das vielfältige Geschehen des Werks zu bringen, zeigt Falla zu Beginn einen schiffbrüchigen Knaben, der auf einer Insel im Atlantischen Ozean die phantastischen Erzählungen eines Alten hört – eines wahren »Meergeistes«, wie Verdaguer von ihm sagte – und seitdem von der Ferne träumt. Der Knabe heißt Christoph Columbus und wird eines Tages, erwachsen, seine Träume wahrmachen. Der Alte erzählt ihm vom Brand der Pyrenäen, von

Rettung und Tod der Königin Pirene, von der Gründung der Stadt Barcelona, von des Herkules Kampf mit einem dreiköpfigen Ungeheuer (das bei Falla logischerweise dreistimmig singt), vom Wundergarten der Hesperiden, dem Spiel der Plejaden, von den übermütig frevelnden Bewohnern der Atlantis, von des Erzengels Todverkündigung an die sündige Insel und von deren Untergang in den Fluten des Ozeans. Den Schluß bildet Isabels Vision neuer Inseln jenseits des Ozeans, der Plan des Columbus, seine Ausfahrt, sein Triumph.

Textbuch: Jacinto Verdaguer (1845–1902) war der bedeutendste Dichter in katalanischer Sprache. Sein gewaltiges Versepos »L'Atlántida« enthält großartig geschaute Bilder und eine prächtige, romantisch schwungvolle Sprache. Wenn auch heute in mancher Beziehung »unmodern«, bildet das glanzvolle Heldengedicht ein ebenbürtiges Pendant zu ähnlichen Schöpfungen vieler bedeutender Nationen. Es ist begreiflich, daß Falla, der sich bis dahin stets mit relativ »kleinen« Dingen befaßt hatte (andalusische Volksszenen, eine Farçe um einen verliebten Corregidor, eine Episode des Quijote), lange Jahre daran dachte, ein in jeder Beziehung »großes« Werk zu schaffen und daß ihm dafür Verdaguers »Atlántida« ideal erschien.

Musik: Ein neuer, gänzlich anderer Falla steht in diesem Werk vor uns. Ein epischer, breiter Zug beherrscht das Ganze, man denkt (ohne daß in der Musik eine Ähnlichkeit bestünde) an Wagners monumentale »Tetralogie«. Das Schwergewicht liegt auf den Chören, die Solopartien sind äußerst klein, ja viele verzichten überhaupt auf Wort und Gesang, sie werden nur pantomimisch dargestellt. Ein bedeutendes Werk ohne Zweifel. Manche werden in ihm das Resumé eines Lebens finden, andere vielleicht die Spontaneität der Einfälle vermissen, die den früheren Falla charakterisierten. Obgleich weite Teile der Partitur von Ernesto Halffter ergänzt werden mußten (siehe »Geschichte«), ist die Einheitlichkeit doch weitgehend gewahrt. Einzelne Höhepunkte des Werks, wie etwa der Traum Isabels, werden die Zeiten überdauern, falls dies nicht dem ganzen Werk beschieden sein sollte.

Geschichte: Als Falla in den mittelargentinischen Bergen am 14. November 1946 starb, ließ er auf seinem Schreibtisch ein riesiges Paket eng beschriebener Notenseiten zurück. Es waren die Partiturskizzen zur »Atlántida«, an der er achtzehn Jahre lang gearbeitet hatte, ohne sie vollenden zu können. Die Entwürfe gelangten nach Spanien, wo nach langer Unentschlossenheit Fallas Schüler aus fernen Tagen, Ernesto Halffter (1905), selbst ein namhafter Komponist, mit der Fertigstellung der »Atlántida« aus dem massenhaft vorhandenen Material betraut wurde. Die Arbeit war eine äußerst schwierige und verantwortungsvolle, keinesfalls mit der wesentlich einfacheren Alfanos an Puccinis »Turandot« zu vergleichen. Manche der Szenen lag in mehrfacher, untereinander völlig verschiedener Ausführung vor, andere waren kaum mehr als angedeutet. Mit Spannung wartete die gesamte Musikwelt auf das Erscheinen des nachgelassenen Werks eines ihrer Großmeister. Endlich, am 24. November 1961, konnten die wichtigsten Bruchstücke in Barcelona konzertmäßig zu Gehör gebracht werden. Die szenische Uraufführung fand am 18. Juni 1962 an der Mailänder Scala in italienischer Sprache statt. (Der Partitur Fallas ist sowohl die katalanische Urfassung des Gedichts wie eine spanische Übersetzung unterlegt, so daß beide Sprachen als Originale für das Musikwerk gelten können.) Die erste Aufführung in deutscher Sprache ließ nur wenige Wochen auf sich warten, sie fand in der kurz zuvor eröffneten Deutschen Oper West-Berlins statt.

Friedrich von Flotow

1812–1883

Flotow, am 27. April 1812 auf einem mecklenburgischen Rittergut geboren, studierte in Paris bei Reicha und weilte auch in späteren Jahren oft und gern in der französischen Hauptstadt, wo er sich mit Offenbach anfreundete und dem jüngeren Kollegen hilfreich zur Seite stand. Er war ein feinsinniger Musiker, mit echtem Sinn für Humor begabt; er verstand es, die deutsche Spieloper mit französischem Esprit und italienischer Belcanto-Melodik zu durchsetzen. So sehr, daß die Tenorarie aus »Martha« zu einem der beliebtesten Stücke des italienischen Repertoires geworden ist, ja daß mancher Hörer, der sie italienisch gesungen hört, ihren deutschen Ursprung nicht einmal ahnt. Flotow lebte eine Zeitlang in Schwerin, hernach die wichtigsten Jahre in Wien. Am 24. Januar 1883 starb er in Darmstadt. Er schuf an die vierzig Opern, von denen sich zwei am Leben erhalten haben: »Alessandro Stradella« und »Martha«.

»Alessandro Stradella« steht in Flotows Opernliste an siebenter Stelle; sie ist, nachdem vier vorangegangene von ihm französisch komponiert wurden, auf den deutschen Text des damals vielgespielten Wilhelm Friedrich geschrieben, der in seinem Künstlernamen nur die Vornamen, nicht seinen Familiennamen Riese führte. Doch blieb auch in diesem Werk die enge Beziehung zu Frankreich gewahrt: Friedrich entnahm die Grundidee einer Pariser Komödie. Das Libretto schildert das abenteuerliche Leben des italienischen Komponisten Alessandro Stradella (1645–1682), von dem nicht viele, aber einige sehr schöne Musikstücke erhalten sind; eine Fülle von Legenden hat sich um den zweifellos interessanten Mann gerankt, und es fällt heute schwer, zu unterscheiden, was Wahrheit, was Dichtung ist. Glücklicherweise spielt das bei einem Operntext keine Rolle, bei dem Lebendigkeit, farbige Schilderung der Zeit und Charaktere, dramatische Höhepunkte das Wichtigste sind. Wir erleben Stradellas Aufenthalt in Venedig, wo ein Werk von ihm zur Aufführung kommen soll, mit ihm, dem zugleich hervorragenden Sänger, in der Hauptrolle, seine plötzlich aufflammende Liebe zur Braut eines mächtigen Mannes, seine Flucht mit ihr inmitten des Karnevalstrubels. Das Liebespaar gelangt nach Rom, verfolgt von zwei Banditen, die der reiche Venezianer zum Mord an Stradella geworben hat. Doch im musikliebenden Italien stehen Verbrecher von ihrer Tat ab, wenn sie das ausersehene Opfer mit ergreifender Stimme singen hören. Und der Anstifter selbst, der zuletzt nach Rom kommt, um die Ausführung seines Auftrages zu überwachen, vergißt seinen finsteren Plan, als Stradella sein berühmtes Marienlied (hier mit dem deutschen Text »Jungfrau Maria«) anstimmt. Allerdings scheint die Wirklichkeit mit dem Opernstoff nicht übereinzustimmen, denn Alessandro Stradella fiel – wahrscheinlich in Rom, im Jahre 1682 – einem Dolchstich zum Opfer, der von rasender Eifersucht geführt worden sein dürfte. Flotow hat in seine Oper Musikstücke Stradellas verarbeitet und auch sonst das Zeitkolorit bestens getroffen.

Martha

Romantisch-komische Oper in vier Akten. Textbuch von Wilhelm Friedrich.
Originaltitel: Martha, oder Der Markt zu Richmond
Originalsprache: Deutsch
Personen: Lady Harriet Durham, Ehrenfräulein der Königin (Sopran), Nancy, ihre Vertraute (Mezzosopran oder Alt), Lord Tristan Mickleford (Baß), Lyonel (Tenor), Plumkett, ein reicher Pächter (Baß), ein Richter, drei Mägde, Pächter, Diener.
Ort und Zeit: In und um Richmond (England), unter der Regierung der Königin Anna (1702–1714).
Handlung: Die Ouvertüre nimmt – wie es in diesem Genre üblich ist – einige Melodien der Oper vorweg, vor allem die breitgeschwungene des »Mag der Himmel euch vergeben«, hingegen nicht die beiden volkstümlichsten: die »Letzte Rose« und die der Tenorarie »Martha, Martha, du entschwandest«.

Lady Harriet und Nancy sind des einförmigen, gespreizten Hoflebens überdrüssig und machen sich den Spaß, begleitet von Lord Tristan, am Markt zu Richmond teilzunehmen, auf dem die Mädchen der Umgebung sich als Mägde auf die Güter und Höfe verdingen. Lyonel bewirtschaftet gemeinsam mit Plumkett ein Landgut, auf dem er als Pflegekind unbekannter Herkunft aufgewachsen ist. Während des fröhlichen Markttreibens, das den beiden Edeldamen sichtlich Spaß macht, verdingen sie sich, zum Scherz, wie sie immer noch glauben, an die beiden Freunde. Doch da sie das Handgeld angenommen haben, müssen sie nach dem Gesetz ihren neuen Herren folgen.

Der zweite Akt spielt auf Plumketts Gut. Dort machen die beiden Männer vergebliche Anstrengungen, ihren neuen Mägden bäuerliche Arbeiten beizubringen. Aber obwohl »Martha« (wie Lady Harriet sich nennt) und »Julia« (Nancy) nicht einmal spinnen können, wollen ihre

Herren sich doch nicht von ihnen trennen. Plumkett findet an Julia Gefallen und Lyonel erklärt Martha seine Zuneigung, wird aber zurückgewiesen. Martha singt die berühmt gewordene Romanze von der »letzten Rose des Sommers«, die, dem irländischen Melodienschatz entnommen, von Flotow hier äußerst geschickt eingebaut ist. ①

Die beiden Mädchen fühlen sich nun in ihren Rollen gar nicht wohl und sind aufs höchste erfreut, als Lord Tristan in der Nacht heimlich erscheint, um sie an den Hof zurückzubringen.

Im dritten Akt nehmen die Lady und Nancy an einer Jagd der Königin teil. In einem Dorfgasthof wird gerastet, und dort tauchen Lyonel und Plumkett auf. Sie erkennen ihre »Mägde« und bestehen auf deren Rückkehr. Die Lady weiß in der zunehmenden Verwirrung keinen anderen Ausweg als Lyonel für verrückt zu erklären und ihn festnehmen zu lassen. Da entsinnt Lyonel sich eines Ringes, den er von seinem Vater geerbt: ihn solle er, wenn er in Not geriete, der Königin zeigen. Plumkett, der seine »Julia« zurückhaben will und über das Spiel der Mädchen erbost ist, sorgt dafür, daß die Königin den Ring zu Gesicht bekommt. Es stellt sich heraus, daß Lyonel der Sohn des einst unschuldig verbannten Graf Derby ist.

»Martha« ist nun bereit, Lyonel die Hand zu reichen, aber der junge Gutsbesitzer ist über die grausame Behandlung durch die von ihm Geliebte in Melancholie verfallen. Er fühlt sich gedemütigt, und erst eine neuerliche Verkleidungskomödie bringt die beiden Paare zusammen, nun nicht mehr als Herren und Mägde, sondern als Brautleute.

Textbuch: Der Theaterdichter Friedrich Wilhelm Riese (1820–1879) verfaßte ein hübsches Libretto, bei dem ihm ein französisches Ballett »Lady Harriet ou La servante de Greenwich« (1844) zum Vorbild diente. Gute Situationen, eine flotte Entwicklung der Handlung, flüssige, zum Teil sogar ausgezeichnete Verse charakterisieren das Textbuch, das ein Mittelding zwischen deutscher Spieloper und französischer Opéra comique darstellt.

Musik: Auch Flotow steht zwischen diesen beiden Genres. Er hat zwar den Dialog völlig ausgeschaltet (den die Opéra comique immer noch beibehielt und der auch in den deutschen Werken dieser Zeit – Lortzing! – stets vorkommt), folgt aber in Melodik, Aufbau, schwerelosen

Ensembles mit eingestreuten dankbaren Arien beiden Vorbildern; weltberühmt – und zwar in italienischer gerade so wie in deutscher Sprache – wurde Lyonels Gesang von der »entschwundenen Martha«. ② Flotow hat reizende Ideen und volkstümliche Einfälle, doch die wohl schönste Melodie des Werkes entlieh er der irischen Folklore: »The Last Rose of Summer« (Die letzte Rose des Sommers), eine Volksweise auf einen Text von Thomas Moore, spielt mit ihrer lieblichen Melancholie in dieser Oper fast die Rolle eines Leitmotivs.

Geschichte: Nachdem Flotow in Wien mit »Alessandro Stradella« großen Erfolg gehabt hatte, erhielt er dort den Auftrag zu einem neuen Werk. Er setzte sich mit dem Librettisten in Verbindung, und in gemeinsamer Arbeit entstand »Martha«, die am 25. November 1847 im Theater an der Wien uraufgeführt wurde. Das Werk wurde rasch ein großer Erfolg.

Wolfgang Fortner
1907–1987

Der in Leipzig am 12. Oktober 1907 geborene und in Heidelberg am 5. September 1987 verstorbene Fortner gehört zu den meistbeachteten deutschen Komponisten der Gegenwart. Er war vielerorts in seinem Vaterlande tätig, in Heidelberg, Detmold, Freiburg, als einer der Leiter der Internationalen Ferienkurse in Darmstadt-Kranichstein. In das Gebiet unseres Buches gehören vor allem zwei seiner Schöpfungen (denen eine Schuloper »Creß ertrinkt« [1930] vorausgegangen war): »Bluthochzeit«, die ihn, nachdem er bereits auf nahezu allen anderen Gebieten vielgespielte Werke geschaffen hatte, über Nacht in die vorderste Reihe der deutschen Bühnendramatiker stellte, und »In seinem Garten liebt Don Perlimplin Belisa«. In beiden verwendet Fortner die Zwölftontechnik an, die von vornherein eine illustrative, textuntermalende Musik ausschließt. Er verwendet die Singstimme sehr differenziert: als Gesang, als Rezitation, sowie in verschiedenen Übergangsformen zwischen beiden. Im Gegensatz zum leidenschaftlichen Text scheint die Musik kühl zu bleiben, zu analysieren, wo Temperamente sich vermischen. Selbst Anklänge an die andalusische Folklore bleiben distanziert, fast wie der sachliche Text, der ein aufwühlendes Bild begleitet.

»Bluthochzeit« ist auf eines der stärksten Dramen komponiert, das die neuere spanische Literatur, ja das Weltschrifttum unserer Zeit hervorgebracht hat. Der im Bürgerkrieg tragisch ums Leben gekommene Federico Garcia Lorca hat es 1933 veröffentlicht. Hier sei nur am Rande vermerkt, daß es auch andere Musiker ungefähr gleichzeitig zur Vertonung angeregt hat: Neben Fortners Werk besteht vor allem eines des Argentiniers Juan José Castro (1895–1968). Fortner hat Garcia Lorcas Drama in der deutschen Übersetzung von Enrique Beck vertont, der versucht, dem immanenten Gesang in des Spaniers Worten gerecht zu werden. Der Inhalt ist mit wenigen Worten erzählt, aber ein Buch würde kaum ausreichen, die Nuancen, die verborgenen Schönheiten, den tiefen Sinn jedes Bildes, jedes Satzes aufzuzeigen. Altspanische Sippen- und Todfeindschaften spielen hinein, dunkle Triebe des Blutes, die plötzlich ausbrechen, geheimnisvolle, ja mystische Bindungen. Am Tage ihrer Hochzeit wird die Braut von ihrem früheren Geliebten entführt; bei der Verfolgung, die durch einen gespenstisch belebten Wald führt, ereilt den Täter die Rache, aber auch der Bräutigam kommt ums Leben. Das unentrinnbare Schicksal hat wieder einmal seine Opfer gefordert, ohne daß, in tiefstem Sinne, menschliche Schuld im Spiel war. In der Partitur gibt es neben Gesangs- auch Sprechrollen (der Bräutigam, der Brautvater, die Holzfäller im Zauberwald); ganz seltsam hat Fortner die Rolle einer Bettlerin, die den Tod symbolisiert, gestaltet: sie ist eine Chansonnière. Das Drama ist in drei Akte und sieben Bilder gegliedert, die durch bedeutsame Zwischenspiele stimmungs- und themenmäßig verbunden sind. Die Uraufführung fand an der Kölner Oper am 8. Juni 1957 statt.

»In seinem Garten liebt Don Perlimplin Belisa« entstand ebenfalls auf einen Text Federico Garcia Lorcas, als Kompositionsauftrag des Süddeutschen Rundfunks, der das Kammerwerk am 10. Mai 1962 im Schloßtheater Schwetzingen im Rahmen der alljährlich dort abgehaltenen Festspiele zur

Premiere brachte. »Was mich an Don Perlimplin so besonders gereizt hat, ist der Kontrast zwischen Lyrischem und Groteskem, die jederzeit miteinander verschmelzen können«, hat der Dichter gesagt und beides meisterlich in seinen »Vier Bildern« eines erotischen Bilderbogens in der Art eines Kammerspiels« ausgedrückt. (Auch hier sei wieder auf die in unserer Zeit besondere Gültigkeit der Lorcastoffe hingewiesen: »Perlimplin« regte ebenfalls mehrere Komponisten an, unter ihnen den Italiener Luigi Nono, der aus dem Drama das Ballett »Der rote Mantel« machte.) Don Perlimplin, ein weltunkundiger, älterer, aber gefühlvoller Herr heiratet auf Rat seiner Magd seine entzückende junge Nachbarin Belisa, die ihn bereits in der Hochzeitsnacht betrügt. Da sinnt Perlimplin auf einen Ausweg; als Liebhaber verkleidet, in einen roten, wallenden Mantel gehüllt, und vom Zauber des Unbekannten umflossen, umstreicht er das Haus – sein eigenes Haus! –, entflammt Belisas Neugier und Herz, erobert sie in fremder Gestalt. Dann gibt er sich selbst den Tod: der Gatte ersticht den Liebhaber, aber es ist die gleiche Person. So erzählt wird alles nüchtern, armselig, fast grotesk. Aber Garcia Lorcas »erotischer Bilderbogen« ist eine wunderbare Dichtung, voll jener dunkeltönenden Poesie (wie auch die Rilkes war), in der Liebe und Tod untrennbar miteinander verbunden sind. Ob Fortner der Musiker ist, gerade das in Töne umzusetzen, mag erst die Nachwelt entscheiden. Zum etwas eigenartigen Titel sei noch bemerkt, daß dieser im spanischen Original einen Reim enthält (En su jardin / ama Don Perlimplin / a Belisa), der im Deutschen verlorengeht.

Am 23. Oktober 1972 spielte die Deutsche Oper Berlin zum ersten Mal Fortners »Elisabeth Tudor«. Der namhafte Dichter Mattias Braun schuf aus dem historischen Zusammenprall der beiden Königinnen Elisabeth und Maria Stuart ein Libretto, das sich in wesentlichen Punkten vom berühmten Drama Schillers abhebt. »Die soziologische Schichtung des Stoffes (Aristokratie, Bürger, Proletariat)« – erklärt der Komponist – »die in den beiden Königinnen repräsentierten verschiedenen religiösen Welten und schließlich ihre persönlichen Affären mit ihrer Umwelt gewähren der musikalischen Interpretation vielschichtige Möglichkeiten. Vom gesprochenen Wort über den Sprechgesang bis zu musikalischen Großformen ... sind die Stufen der musikalischen Funktion für das Ganze bezeichnend.« Der historische Stoff, der u.a. von Donizetti in glühenden romantischen Farben vertont worden war, ist hier von einem der führenden Komponisten der zwölftönigen »Moderne« entgegengesetzt behandelt: analytisch, sachlich, nach außen gefühllos, kalt. Und gerade dort, wo die Komponisten vergangener Tage ihre stärksten dramatischen Einfälle einsetzten, da lassen die heutigen oft das Wort allein sprechen, die Musik schweigen. Fortner: »Die Kompliziertheit rhythmischer Reihen läßt die Einzelsilben in Worten manchmal auseinandertreten bis an die Grenze der Sinnverständlichkeit. Das ist Absicht. An den dramaturgischen Drehpunkten sorgt das gesprochene Wort für die Verständlichkeit der Handlung.« Die Frage, ob hier noch eine verfechtbare Theorie vorliegt, wird von späteren Generationen beantwortet werden müssen.

Die Uraufführung der Samuel-Beckett-Vertonung »That time« in Baden-Baden am 24. April 1977 zeigt Fortner auf einem immer unverstrickbarer in wohl unlösliche Probleme gehenden Weg. Es ist ein für Fachleute fesselndes Experiment, das für ein – selbst gebildetes – Opernpublikum völlig unverständlich bleibt.

Walter Furrer

1902–1978

Dieser Schweizer Komponist – geboren am 28. Juli 1902 in Plauen im Vogtland – gehört zu den »Stillen«, die unbeirrt ihren Weg gingen und Wertvolles schufen. Er studierte an der Ecole Normale de Musique in Paris bei Cortot (Klavier) und Nadia Boulanger (Kontrapunkt). Nach einigen Jahren Kapellmeisterlaufbahn ließ er sich in Bern nieder, wo er Chorleiter am Stadttheater und 1959 Gründer und Leiter eines ausgezeichneten Kammerchors am Schweizerischen Rundfunksender wurde. Nahezu alle seine wichtigeren Werke wurden in Bern uraufgeführt; dort starb er auch im Jahre 1978.

»Der Faun« wurde Furrers erster Opernerfolg. Er selbst hatte Motive Felix Timmermanns in höchst poetischer Weise zu einem zweiaktigen Textbuch verarbeitet, das eine seltsame, aber sehr schöne Mischung von Realistik und Märchen oder Fabelspiel darstellt. In einem Dorfe leben, von gefühllosen, gleichgültigen Menschen umgeben (die in den Gestalten des rohen Hans, der Mutter und – in gemäßigterer Form – des Pfarrers verkörpert sind) ein schönes, junges, taubstummes Mädchen und eine von keines Menschen Seele beachtete arme Irre. Diese singt ein merkwürdiges Lied über die Liebe eines Fauns und eines Dorfmädchens, sowie über die Geburt eines Kindes dieser beiden, eben des jungen Fauns, von dem die Oper handelt. Von den sie stark aufwühlenden Erlebnissen wurde ihr Verstand verwirrt, so daß sie bald überall als Irre verachtet wird. Nicht viel besser wird Lieschen, das taubstumme Mädchen, behandelt. Nun will die Mutter sie dem brutalen Hans verheiraten, auf den die Kranke einen rein körperlichen Reiz ausübt. Ein junger Faun kommt, auf der Panflöte spielend, ins Dorf. Und da geschieht das erste Wunder: Lieschen, allen irdischen Lauten taub, vernimmt seine Musik. Sie wendet sich ihm zu, ist beseligt von seiner Liebenswürdigkeit, seiner echten Herzlichkeit, die so sehr von allem absticht, was sie gewöhnt ist. Das Hinzukommen der Dorfbewohner vertreibt den Faun. Aber als er aus einem nahen Versteck sieht, wie unzart und häßlich Hans die Stumme behandelt, springt er herbei und entführt das Mädchen mit sich in den Wald. Dort spielt das zweite Bild: die Tiere sind um das junge Paar versammelt, und der Faun will mit ihrer Hilfe Lieschen zum Reden bringen. In einer komischen Szene versuchen Grille, Storch, Nachtigall, Amsel, Frosch und Krähe das Mädchen zu ihrer Art des »Gesangs« zu bekehren. Doch erst das große Liebeslied des Fauns, das Bekenntnis zu Gott Pan, erweckt Lieschens Gehör und Stimme. Leise zuerst, dann immer jubelnder stimmt sie in das Liebeslied ein. Die Bewohner des Waldes preisen das Wunder und die glückliche Stunde. Da fällt ein Schuß. Hans ist mit anderen Bauernburschen dem Faun gefolgt und streckt ihn nun mit einer Kugel nieder. Als sein Lied sterbend verklingt, sinkt auch Lieschen wieder zurück in ihre Taubheit von einst. Die herbeigekommenen Dorfbewohner stehen bewegt; aber im Grunde verstehen sie nichts von dem Vorgefallenen, begreifen nicht, daß das Erschließen dieser Mädchenseele, ihr Erwachen zum Leben, nur ein Akt tiefster Liebe war. (Uraufführung: Stadttheater Bern, 24. Januar 1947.)

In den Jahren 1949 bis 1952 arbeitete Furrer an seiner abendfüllenden vierakigen Oper »Zwerg Nase«, wobei die gleichnamige tiefsinnige Erzählung Wilhelm Hauffs ihm den Stoff lieferte. Es ist die Geschichte von dem Jungen, der von einem häßlichen Zwerg, den er einmal verspottet, zur Strafe in einen fernen Wald mitgenommen, dort ebenfalls in einen Zwerg umgestaltet und zu einem glänzenden Koch ausgebildet wird. Nach seiner Lehrzeit wird er in die Welt entsendet und erlebt an einem Königshofe bis zu seiner Entzauberung und tiefen Welterkenntnis märchenhafte, anscheinend komische, in Wirklichkeit aber sinnvoll symbolische Abenteuer.

Eines der stärksten Werke Furrers ist zweifellos die »Radiophantasie« »Der Schimmelreiter« (die aber durchaus in Bühnenfassung gedacht werden kann), meisterlich gestaltet nach Theodor Storms packender Erzählung. (Erstsendung: Radio Beromünster, 30. Oktober 1960.)

Im Jahre 1963 vollendete er die inzwischen mehrfach ausgestrahlte Radiooper »Quatembernacht«, ein Spiel von Leben und Tod, für Singstimmen, Sprecher, Chor und Orchester, auf einen Text Kurt Weibels, der sich auf eine alte Walliser Sage stützt. Zwei junge Menschen lieben sich, aber das Mädchen, Kathri, stirbt früh. Peter verläßt verzweifelt das Dorf und flieht in die Höhe, wo nach uraltem Volksglauben die Seelen der Verstorbenen der Erlösung entgegenharren. Seine »innere Stimme« sucht ihn zurückzuhalten und zum Leben zu retten. Nahe dem Gletscher wird er Zeuge eines gespenstischen Totentanzes in der Quatembernacht, der Nacht nach einem jener (4) Fast- und Läuterungstage, die in der Katholischen Liturgie eine besondere Rolle spielen und zum Teil auf vorchristliche Feste und Bräuche zurückgehen.

Er findet die Geliebte wieder und will für immer mit ihr gehen. Aber ihr Flehen, das ihn zum Leben ermahnt, und seine innere Stimme sind schließlich stärker als der Lockruf des Todes. Die Dorfbewohner finden ihn bewußtlos am Morgen. Er kehrt mit ihnen zurück, gefaßt und ruhiger: er wird sein Leben auf sich nehmen, im Gedanken an die unvergeßliche Tote.

George Gershwin
1898–1937

Gershwin war der erste Nordamerikaner, der mit einer Oper Welterfolg hatte. (In Lateinamerika war ihm der Brasilianer Carlos Gomes mit »Il Guarany« fast siebzig Jahre vorausgegangen.) Er war wohl auch der erste Komponist, dem eine restlose Verschmelzung von Jazz und sinfonischen Elementen gelang. Am 26. September 1898 wurde er in Brooklyn (New York) geboren. Frühzeitig war er ein beliebter Lieder- und Schlagerkomponist in den Vergnügungstheatern am Broadway. Eines Tages – zu Beginn des Jahres 1924 – erreichte ihn der Auftrag des Dirigenten Paul Whiteman, der ein »sinfonisches Jazzorchester« zu Konzertzwecken gegründet hatte, ein Werk für ihn zu schreiben; in wenigen Wochen entstand die überall begeistert aufgenommene »Rhapsody in blue«. Es folgten das Klavierkonzert in F, das vergnügliche Orchesterpoem »Ein Amerikaner in Paris« (ein Stück tönender Selbstbiographie) und schließlich, als wohl reifstes und schönstes seiner Werke, die Oper »Porgy and Bess«. Mit ihr gelangte etwas Neues ins Musiktheater: die nordamerikanische Volksoper, die mit der europäischen eng verwandt ist, aber auch mit dem Musical, mit dem sie sich vielfach überschneidet. Sie bringt den »american way of life« auf die Bühne, was immer man darunter verstehen mag, den »amerikanischen Traum« von Größe, Macht und Freiheit ebenso wie die Kehrseite der glänzenden Medaille, weißes wie schwarzes Leben. Hollywood zog den jungen, erfolgreichen Gershwin in seinen Bann, aber bevor er sich zu weiteren großen Werken – Filmopern etwa – sammeln konnte, starb er viel zu früh am 11. Juli 1937 an Gehirnkrebs.

Porgy und Bess

Drama in drei Akten (neun Bildern) von Du Bose und Dorothy Heyward. Mit Liedtexten von Ira Gershwin.
Originaltitel: Porgy and Bess
Originalsprache: Englisch (Amerikanisch, im *slang* der Neger in den Südstaaten der USA)
Personen: Porgy, ein verkrüppelter Bettler (Baß oder Bariton), Bess (Sopran), Crown (Bariton), Robbins (Tenor), Serena, seine Frau (Sopran), Jake (Bariton), Clara, seine Frau (Sopran), Maria (Alt), Sporting Life (Tenor), Frazier, Advokat (Bariton), Mingo, Peter, Lily, Annie, Sara, ein Angestellter einer Leichenbestattungsfirma, Polizei, Nachbarn usw. Alle vorkommenden Personen sind, mit Ausnahme eines weißen Detektivs oder Polizisten, Neger.
Ort und Zeit: Um 1920 in Catfish Row, einem herabgekommenen Küstenort im US-Staat South Carolina.
Handlung: Nach einem kurzen Orchestervorspiel im Jazzstil hört man einen Negerpianisten namens Jasbo oder Jazzbo Brown, eine legendäre Figur, deren Namen manchmal mit dem – nie geklärten – Ursprung des Wortes Jazz in Verbindung gebracht wird. (Er hat im letzten Viertel des 19. Jahrhunderts in New Orleans, der Wiege der Jazzmusik, gelebt und Blues gespielt.) Dann erklingt eine zauberhaft stimmungsvolle Melodie: eine Frauenstimme singt »Summertime« (Sommerzeit), ① und wir befinden uns in dem eigenartigen Ambiente von Catfish Row, früher feudalen Villen, von denen, nach Wegzug der weißen Besitzer, eine Gruppe von Negern Besitz ergriffen hat. Dort leben sie, lärmen, tanzen, singen, streiten, lieben, beobachten einander, während Scharen von Kindern spielen, lachen und weinen. Gershwin zeichnet ein glänzendes Genrebild dieses südlichen Lebens. Crown tritt mit seiner Geliebten Bess auf; er ist brutal, herrschsüchtig, sie naiv, lebenshungrig. Crown hat wieder einmal getrunken, er sucht Raufhändel, provoziert Streit mit Robbins und tötet ihn. In der allgemeinen Erregung ist Porgy anwesend, der gelähmte Beine hat, sich auf einem Wägelchen vorwärts schieben muß, aber in stiller Verehrung Bess liebt; auch Sporting Life ist zugegen, ein junger, im Sumpf der Weltstädte erfahrener Mann, der sofort Crowns Flucht ausnützt, um Bess zu einem »leichten« Leben in New York zu überreden. Aber das Mädchen widersteht seinen Verlockungen und sucht in der armseligen Behausung Porgys Zuflucht.
Rund um den aufgebahrten Leichnam Robbins'

singen die Neger ein ergreifendes Spiritual. Zuerst erscheint Polizei, um den Mörder zu finden, dann der Angestellte eines Beerdigungsinstituts, der übelgelaunt die armseligen fünfzehn Dollar entgegennimmt, die die armen Neger aufbringen können. Unter religiösen Gesängen geleiten die Bewohner von Catfish Row den ermordeten Robbins zu Grabe.

Eines schönen Morgens brechen alle zu einem kleinen Fest auf eine naheliegende Insel auf. Bess verabschiedet sich zärtlich von Porgy, dem sie sich täglich zugehöriger fühlt. Auf der Insel wird getanzt, immer wilder und ausgelassener, zum Klange der Trommeln, die nach echter Negermanier verwendet sind. Serena, die Witwe Robbins', wirft den Teilnehmern ihr zügelloses Betragen vor. Als zur Heimkehr gerüstet wird, bleibt Bess einen Augenblick allein; da tritt Crown aus dem Gebüsch, vertierter, gewalttätiger als je. Nach kurzem Kampf überwältigt er Bess und schleppt sie mit sich in den Wald.

Werktag in Catfish Row. Die Fischer rüsten sich, um aufs Meer hinauszufahren. Aus Porgys Wohnung hört man die Stimme Bess'; sie ist krank von der Insel zurückgekehrt und liegt seitdem im Fieber, das ihr gräßliche Szenen vorspiegelt. Mit rührender Sorgfalt umgibt sie der Bettler. Die Kranke erwacht und fleht ihn an, sie nie wieder in die Hände Crowns fallen zu lassen. Ihr Liebesduett wird durch die Sturmglocke unterbrochen. Ein Hurrikan ist im Anzug. Im Hause Serenas versammeln sich die Zurückgebliebenen, um von Gott Schutz für die auf dem Meer befindlichen Fischer zu erflehen. Gershwins Musik erreicht hier, mit prachtvollen Chorgesängen, einen stimmungsmäßigen Höhepunkt. Plötzlich tritt Crown ein, sucht die Gefährten von einst, aber alle rücken von ihm ab. Sein herausfordernder Gesang bildet einen wirksamen Kontrapunkt zu den Bittgesängen der Masse. Auf dem Wasser wird Jakes Boot einen Augenblick lang sichtbar, es kämpft verzweifelt gegen den immer heftiger tobenden Sturm an. Clara, die Frau Jakes, stürzt zum Strande hinab; Crown begleitet sie, nachdem er Bess angedroht hat, sie bald holen zu kommen. Jake ist in der Sturmflut umgekommen. Bess singt ein Wiegenlied für das Kind, das Clara in ihre Arme gelegt hat. Von neuem erscheint Crown und nähert sich drohend Bess; in einer stummen und nur vom aufs äußerste erregten Orchester unterstrichenen Szene stellt Porgy sich ihm entgegen und kann ihn nach verzweifeltem Kampfe töten. Als die Polizei kommt, verrät niemand den Täter. Porgy muß lediglich zur Identifizierung des Leichnams zur Behörde. Sporting Life benützt die neuerliche Gelegenheit, um Bess die Freuden New Yorks verlockend und in lebhaftem Kontrast zu dem dumpfen Leben von Catfish Row zu schildern.

Einige Tage später kehrt Porgy auf seinem Wägelchen aus der Nachbarstadt zurück. Mit tiefem Schmerz erfährt er, daß Bess fortgegangen sei, von Sporting Life für ein lasterhaftes Leben angeworben; sie habe es getan, weil sie glaubte, Porgy käme nicht wieder. Der Krüppel atmet auf: er hatte schon gefürchtet, sie sei tot, als sie nicht zu seiner Begrüßung herbeieilte. Wohin sie gegangen sei? Nach New York? Wo liegt New York? Tausend Meilen nordwärts? Porgy macht sich mit seinem armseligen Wägelchen auf den weiten Weg. Er wird die geliebte Bess finden, retten und mit sich heimbringen ...

Quelle: »Porgy« von Du Bose und Heyward, ein starkes Drama aus dem Negermilieu der Südstaaten der USA.

Textbuch: Die Autoren des Dramas erklärten sich freudig bereit, ihr Werk zu einem Libretto für Gershwin umzuarbeiten. Sie entledigten sich dieser Aufgabe mit größtem Geschick, schufen Raum für typische Negergesänge, besonders in Massenszenen. Unter Mitarbeit von Gershwins Bruder Ira – der in zahlreichen Liedern dessen Textdichter gewesen war – kam ein glänzendes, sehr originelles und modernes Opernbuch zustande, das dem musikalischen Theater Neuland zu eröffnen berufen war.

Musik: Gershwin steht auf dem Gipfel seiner Schöpferkraft; er hat sich zudem auf einer längeren Reise in die Negersiedlungen des Südens völlig in deren Musik eingelebt, handhabt Spirituals und Blues ② mit stärkster Einfühlung und gut angewendeter Jazz-Technik, ohne auch nur eine einzige folkloristische Melodie verwenden zu müssen. Es gelangen ihm ergreifende Sololieder, kleine Genrebilder (wie das Duett der Erdbeerverkäuferinnen) und große Chorszenen, Sentimentales wie Dramatisches. Die Instrumentation ist neuartig und zeigt die großen, später kaum je wirklich genutzten Möglichkeiten einer Synthese zwischen Jazz und Kunstmusik. »Porgy und Bess« ist eine echte Volksoper im guten Sinne, allen Rassen verständlich, und eines der wichtigen Bühnenwerke unseres Jahrhunderts.

Geschichte: Schwarze Sänger bestritten die Uraufführung, die am 30. September 1935 in Boston stattfand. Hernach war das Werk in langen Serienaufführungen in New York und anderen Städten Nordamerikas zu hören. Sehr bald begannen sich auch europäische Bühnen für »Porgy and Bess« zu interessieren, wobei sie nicht geringe Schwierigkeiten zu überwinden hatten – keine rassischen, versteht sich (mit Ausnahme des damaligen Hitler-Deutschland), wohl aber solche der verständnisvollen Angleichung an den echten, negerhaften Jazz-Stil. Die große Zeit dieser ersten US-Volksoper brach nach dem Zweiten Weltkrieg an. Eine Negertruppe aus diesem Lande reiste mit dem Stück jahrelang rund um die Erde, ein wahrer Triumphzug machte vor politischen Schranken nicht Halt und popularisierte das hervorragende Stück in kaum geahnter Weise.

Ottmar Gerster

1897–1969

Gerster, am 29. Juni 1897 in Braunfels a. d. Lahn geboren, besaß das Zeug zu einem echten Volksopernkomponisten in sich. Seine Musik ist stark und gradlinig, man merkt es ihr an, daß ihr Schöpfer viel auf dem Gebiet des Arbeitergesangs und der modernen Musikerziehung für die Massen gearbeitet hat. Hatte er mit »Madame Liselotte« nur vorübergehenden Erfolg, so konnte er sich mit »Enoch Arden« durchsetzen und breite Wirkungen erzielen, die sich in immer neuen Wiederaufnahmen dieser Oper bestätigten. »Die Hexe von Passau« (UA Düsseldorf 1941, Text von R. Billinger) fand ebenfalls viel Anerkennung, verbreitete sich aber zögernder. Eine Raimund-Oper – »Das verzauberte Ich« – (nach der Märchenkomödie »Der Alpenkönig und Menschenfeind«) fiel ab. Im Jahre 1963 brachte das Nationaltheater Weimar sein musikalisches Lustspiel »Der fröhliche Sünder«, das den Untertitel »Nasreddin« führt, zur Premiere.

»Enoch Arden«, die eindringliche, packende Verserzählung von Alfred Tennyson (1809–1892), hat viele Musiker inspiriert. Richard Strauss gestaltete sie im Jahre 1898 zu einem oft rezitierten Melodram. Das von Gerster verwendete Libretto stammt von Karl Michael von Levetzow und faßt die Tragödie des schiffbrüchigen, nach langen Jahren unerkannt heimkehrenden Seefahrers in vier Bilder. Das erste bringt den Abschied von der jungen, ihm erst kürzlich angetrauten Gattin, die er dem Schutz eines guten Freundes empfiehlt. Das zweite spielt in der Windmühle dieses Freundes. Zehn Jahre sind verstrichen, der Seemann ist verschollen; eine scheue Liebe aus der Jugendzeit ist im Freunde und in der Frau langsam wieder aufgeblüht und soll nun, da eine Flaschenpost die Nachricht vom Tode des Gatten zu bestätigen scheint, zur Eheschließung führen. Das dritte Bild versetzt uns auf eine Südseeinsel, auf der Enoch Arden als Schiffbrüchiger lebt. Er ist zum alten, müden, hoffnungslosen Mann geworden. Aber er denkt immer noch mit Wehmut an Frau und Heimat. Da taucht eine letzte, kaum mehr erwartete Rettungsmöglichkeit auf: ein Schiff sichtet ihn und bringt den seiner Sinne kaum noch Mächtigen an Bord. So kehrt Enoch Arden im vierten Bild heim, gerade an dem Tage, an dem sein Sohn, den er nie gesehen hat, zum ersten Male auf das Meer hinausfahren soll. Der Freund berichtet ihm, was sich in den langen Jahren seines Verschollenseins zugetragen hat. Enoch will die Frau über die Zukunft entscheiden lassen. Doch nachdem sie ihm begegnet ist, ohne ihn wiederzuerkennen, weiß er, daß er, so wie er gekommen, nun wieder gehen müsse, still und namenlos. Er sammelt schwere Steine in seinen alten Kapitänsmantel und watet, immer tiefer, in das ihm einst so vertraute Wasser der heimatlichen Bucht. Als man einen leisen Aufschrei zu hören meint, beruhigt der Freund die Frau: es sei nichts weiter als ein Möwenruf gewesen. Und auch der geht schnell unter im Jubel der Dorfbewohner, die Enoch Ardens Sohn aufs Schiff geleiten. Er wird ein Kapitän werden, wie sein Vater es war. Die Musik zu diesem Drama ist durchaus neuzeitlich und doch leicht erfaßbar, stark rhythmisch durchpulst und auf einzelne Musiknummern zugeschnitten, von denen jede ihren eigenen Charakter hat. Eine Art Leitmotiv – der Möwenschrei, der Gewalt und Ferne der Meere symbolisiert – zieht sich durch die ganze Oper. Die Uraufführung fand am 15. Oktober 1936 in Düsseldorf statt; seitdem haben über hundert Bühnen, in mehreren Ländern, das Werk gespielt.

»Die Hexe von Passau« entrollt ein großes Bild der deutschen Bauernkriege um 1525. Der bedeutende österreichische Dramatiker Rudolf Billinger hat in der »Hexe«, die in Wahrheit ein edles, stets zu Trost und Hilfe für alle Bedürftigen und Unterdrückten bereites Wesen ist, eine prachtvolle Gestalt geschaffen. Valentine Ingoldin – dies der Name der zu Unrecht Verfolgten – weigert sich, mit Hilfe einer aufgezwungenen Heirat die Niederschlagung des Hexenprozesses zu erreichen. So wird das Werk zu einem wahren Trutzlied aller Geknechteten, aber auch ein menschlich ergreifendes Stück von der Wandlung eines Tyrannen in einen wahren Volksführer. Es gibt packende Szenen in diesem Werk, so jene, in der die »Hexe« das Volk zu gemeinsamem, spontanem Gebet begeistert. Was an Gersters Musik immer wieder so stark berührt, ist ihre Natürlichkeit, ihre ungekünstelte Wahrhaftigkeit. Sie steht stets außerhalb der Diskussionen um den »Zeitstil«, sie gehört keinem »ismus« an, aber ist echte, empfundene und wirkungsstarke Opernmusik.

Alberto Ginastera

1916–1983

Des bedeutendsten südamerikanischen Komponisten, des Brasilianers Heitor Villa-Lobos Thron blieb nach dessen Tod im Jahre 1959 nicht lange verwaist. Längst hatte sich der Kontinent zu einem eigenen, in manchen Städten bedeutenden Musikleben durchgerungen, und im 20. Jahrhundert stieg die Zahl seiner Musikschöpfer rasch und vielversprechend an. Bald trat Alberto Ginastera durch eine Reihe internationaler Erfolge eine führende Position an. Der am 11. April 1916 in Buenos Aires geborene Argentinier durchlief schnell eine glänzende Laufbahn, die allerdings in zwei recht scharf voneinander getrennte Abschnitte geteilt werden kann: seine »folkloristische« Epoche, die ihm zahlreiche sehr bekannt gewordene Werke schenkte, und seine »absolute« Ära in der Spitzengruppe westlicher Avantgarde. In diese letzte gehören auch seine Opern, von denen die früheren verschiedentlich auch in Europa, zum Teil auf deutschsprachigen Bühnen, alle hingegen in den USA gespielt wurden. Er starb 1983 in Genf, wo er die letzten beiden Jahrzehnte gelebt hatte.

Sein erstes Werk für das Musiktheater war der am 24. Juli 1964 in Buenos Aires uraufgeführte »Don Rodrigo«. Er bringt auf ein äußerst intensives Textbuch des spanischen, lange Zeit als politischer Flüchtling in Argentinien ansässigen Dramatikers Alejandro Casona den zur Legende erhobenen Kampf der Spanier gegen die arabischen Invasoren auf die Bühne. Don Rodrigo ist niemand anderer als der »Cid«, der große Nationalheld, aus dessen Leben die Oper eine tragische Episode behandelt.

Vielschichtiger, umstrittener, aber auch faszinierender ist Ginasteras folgendes Opernwerk: »Bomarzo«. Der Herzog von Bomarzo, einem Dorf in der Nähe Roms, hat wirklich gelebt, war ein Renaissancefürst abenteuerlichen, gequälten und kurzen Lebens, ein Krüppel voller Träume und Visionen, die er in einem von ihm errichteten Steingarten gespenstisch auszuleben suchte. Der argentinische Schriftsteller Manuel Mujica Lainez besuchte die Reste der Monstren im Schloßpark und schuf ein Libretto, das sie gewissermaßen wieder zum Leben erweckt: der Herzog, der soeben vergiftet wurde, erlebt in Rückblenden sein phantastisches Leben noch einmal: ein Drama von »sex and crime«, wie der Komponist es (ein wenig ironisch) ausdrückte, wie es aber für das 20. Jahrhundert als typisch gelten kann. Die Musik, äußerst interessant und spannungsreich, verwendet die modernsten Errungenschaften der neuen Klangwelt. Ihres Inhalts wegen verbot die Regierung die Uraufführung der Oper in Buenos Aires. Sie fand in New York im Jahre 1967 statt, die europäische in Kiel am 27. November 1970 in deutscher Sprache. 1972 erfolgte in Washington die Uraufführung von Ginasteras Oper »Beatrice Cenci«, die aber wenig Verbreitung fand.

Umberto Giordano

1867–1948

In Foggia, nahe von Neapel, wurde Giordano am 27. August 1867 geboren. Als er beschloß, Opernkomponist zu werden, herrschte eben der Naturalismus auf den Theatern, den man in der Oper »Verismus« nennt. Es geht um die Darstellung des wirklichen Lebens mit seinen Härten und Grausamkeiten. Giordano errang mit seinem dritten Bühnenwerk »André Chénier« einen Sensationserfolg, als er noch nicht dreißig Jahre alt war. Aber er konnte diesen Triumph mit keinem anderen Werke mehr erreichen: »Fedora« (1898), »Siberia« (1903), »Madame Sans-Gêne« (1915) und »Das Mahl der Spötter« (1924) hielten sich nur beschränkte Zeit und lediglich in ihrem Heimatlande. Giordano starb am 12. November 1948 in Mailand. Dank »André Chénier« und der gelegentlich von Primadonnen wiederbelebten »Fedora« lebt sein Name neben denen seiner veristischen Kollegen Puccini, Leoncavallo und Mascagni.

André Chénier

Drama in vier Akten von Luigi Illica.
Originaltitel: Andrea Chénier
Originalsprache: Italienisch
Personen: André Chénier, Dichter (Tenor), Gérard, Lakai, dann Revolutionär (Bariton), die Gräfin von Coigny (Sopran), Madeleine, ihre Tochter (Sopran), Bersi, Mulattin, ihre Vertraute und Dienerin (Mezzosopran), Madelon (Alt oder Mezzosopran), Mathieu, ein *sans-culotte* (Baß), Pierre Fléville, Dichter (Baß oder Bariton), ein Spion (Tenor), eine Reihe weiterer Figuren von geringerer Bedeutung, Damen, Herren, Soldaten, Lakaien, Volk.
Ort und Zeit: Der erste Akt auf einem Landsitz, die anderen in Paris, der erste Akt knapp vor, die anderen während der Französischen Revolution.
Handlung: Fast ohne Ouvertüre – dem »veristischen« Brauch gemäß – beginnt das Drama auf dem eleganten Landsitz der Gräfin Coigny, nahe bei Paris. Gérard ordnet alles für einen großen Ball, aber seine Worte enthüllen Haß gegen seine Brotgeber und die oberflächliche Welt, in der sie leben. Die Gäste, die bald erscheinen, spre-

chen von der Revolution, die bevorstehen soll, doch sie machen sich über sie lustig. Von Fléville eingeführt, wird der junge Dichter André Chénier vorgestellt; aber er weigert sich, etwas zum besten zu geben. Eine Gruppe der Aristokraten führt ein bukolisches Spiel auf; ahnen sie wirklich nicht, daß sie auf einem Vulkan tanzen? Da ergreift Chénier das Wort. Er besingt das Vaterland, in dem er die neuen Prinzipien von Humanismus und Freiheit blühen sehen möchte. Als er endet, bricht ein großer Skandal los; Chénier muß sich entfernen, glaubt aber in den Blicken Madeleines Verständnis lesen zu können. Bald wird das Fest neuerlich unterbrochen. Von Gérard eingelassen, dringen Bauern in den Saal. Die Gräfin läßt sie gewaltsam vertreiben. Da legt Gérard seine Livrée ab und schlägt sich offen zum Volk, zur Revolution. Im Saal beginnt ungestört der Tanz von neuem ...

Fünf Jahre sind vergangen, wir stehen im Jahre 1794. Die Revolution ist über Frankreich hinweggebraust und noch weiß man nicht, wie sie enden wird. Chénier, vor kurzem noch Idol des Volkes, wird nun als verdächtig überwacht. Er sitzt auf der Terrasse eines Cafés in Paris. Anonyme Briefe kündigen ihm eine Gefahr an, aber er will nicht abreisen, ohne die Schreiberin ausfindig gemacht zu haben. Bersi, die Mulattin, nähert sich ihm, um ihm ein neues Schreiben zu übergeben. In ihm wird er um ein Stelldichein bei der Maratbüste gebeten.

Dort trifft Chénier Madeleine, die versteckt leben muß. Chénier ist ihre Hoffnung. Der Dichter nimmt sie in seine Arme, glühend gestehen sie einander ihre Liebe. Gérard tritt auf, der nun einer der Führer der Revolution ist. Seine Spione haben ihm von dieser Zusammenkunft Mitteilung gemacht. Chénier deckt Madeleines Flucht mit dem Degen. Gérard wird verletzt, aber da er selbst Madeleine liebt, die in Todesgefahr schwebt, weist er den Häschern eine falsche Fährte. Bald umringen ihn Volksmassen und drohen dem unbekannten Täter.

Der dritte Akt spielt vor dem berüchtigten Revolutionstribunal. Mathieu hetzt das Volk gegen innere und äußere Feinde auf, verlangt Opfer für den Sieg der Bewegung. Doch erst Gérards Worte gehen tiefer. Ein Spitzel teilt ihm mit, Chénier sei verhaftet worden und äußert die Meinung, nun werde auch bald Madeleine ins Garn gehen. Gérard schreibt die übliche Anklage: Verrat. In einer großartigen Arie zeigt Giordano seinen schweren inneren Kampf auf: Gérard weiß nur zu gut, daß Chénier im Sinne dieser Anschuldigung nicht verurteilt werden dürfe, denn sein Herz ist edel und rein, fern jeder niedrigen Handlung. Er ist kein »Feind des Vaterlands«. Gérard kämpft mit sich selbst; er hatte sich die große Revolution schöner erträumt, selbstloser. Madeleine erscheint, sie erfleht das Leben ihres Geliebten von dem Manne, der einst ihr Bediensteter war und sie immer noch glühend begehrt. Erschüttert hört Gérard ihre große Arie. ①

Es ist zu spät, die Anklage gegen Chénier zurückzuziehen. Aber Gérard beschließt, seinen Idealen treu zu bleiben: Madeleine nicht zu besitzen und vor dem Gericht die Falschheit seiner Klage zu gestehen. Die Sitzung ist kurz, den Angeklagten wird keine Gelegenheit zur Verteidigung gegeben. Nur Chénier darf sprechen. Nur flüchtig beeindruckt er die wilde, blutrünstige Masse. Der gefürchtete Öffentliche Ankläger Fouquier-Tinville ruft Gérard als Zeugen. Zum Staunen aller erklärt er, die Klage beruhe auf einem Irrtum. Die Menge glaubt ihn bestochen, das Urteil lautet: Tod für alle.

Im Gefängnis von Saint-Lazare spielt der vierte Akt. André Chénier hat die letzte Nacht über einem Gedicht zugebracht. Gérard kommt mit

Madeleine, die einen großen Entschluß gefaßt hat, zu ihm. Sie wird die Gewänder mit einer zum Tode Verurteilten tauschen und mit dem Geliebten sterben. Vergeblich sucht dieser, sie zum Leben zu überreden. Als am frühen Morgen der Kerkermeister die Namen der Opfer verliest, stehen André Chénier und Madeleine de Coigny Hand in Hand, um gemeinsam zum Schafott zu schreiten.
Quelle: Das Leben des französischen Dichters André Chénier (1762–1794), der in den Monaten seiner Kerkerhaft einige hochbedeutende Gedichte schrieb und sein bewegtes Leben auf der Guillotine endete.
Textbuch: Mit großem Theatergeschick schuf der äußerst routinierte Luigi Illica, einer der Meisterlibrettisten Puccinis, ein Opernbuch mit historischem Hintergrund, eines der zahllosen Dramen rund um die Französische Revolution. Der Stil entspricht dem jungen Naturalismus; in einigen Details ist dieses Libretto ein Vorläufer von »Tosca« (dessen Textbuch ebenfalls Illica, gemeinsam mit Giacosa schrieb), nur ist Scarpia ungleich grausamer als Gérard. Gut gekennzeichnete Personen, echte Dramatik und poetische Züge sind die Werte dieses Buches.

Musik: Giordano unterstreicht den Text mit bemerkenswerter Wirksamkeit; in den Augenblicken stärkster Spannung erhebt sein unleugbares Talent sich zu weitgeschwungenen, packenden Melodien. Seine Eingebungen sind nicht immer von edler Qualität – ein Vorwurf, der manchen erfolgreichen Opernkomponisten, besonders des veristischen Zeitalters treffen könnte –, aber das Werk als Gesamtes ist unleugbar stark und bewegend. Die »Improvisation« Chéniers auf dem Balle der Coignys, das Liebesduett des zweiten Akts, die Szene des Tribunals mit den Arien »Nemico della patria« und »La mamma morta«; Chéniers Verteidigung »Si, fu soldato« und das Schlußduett rechtfertigen den anhaltenden Erfolg der Oper.
Geschichte: Mit 27 Jahren schrieb der bislang nahezu unbekannte Giordano seine Oper »Andrea Chénier«, nach dessen Premiere in der Mailänder Scala (28. März 1896) war er ein berühmter Mann. Er blieb es bis zu seinem Tode, obwohl ihm (ähnlich wie Mascagni und Leoncavallo) kein gleicher Erfolg mehr beschieden war. »André Chénier« aber verbreitete sich über die ganze Welt: New York 1896, London 1903, Paris 1905.

Michail Glinka

1804–1857

Nachdem Glinka lange Zeit in den westlichen Musikgeschichtsbüchern nur noch die Rolle eines »Begründers der nationalrussischen Musik« innegehabt hatte, ist sein wichtigstes Werk – »Das Leben für den Zaren« oder »Iwan Sussanin« – auf zahlreichen internationalen Bühnen zu neuem und verdientem Leben erwacht. Der am 20. Mai 1804 (1. Juni nach westlichem Kalender) nahe von Smolensk geborene Komponist hatte erst 1833 den richtigen Mann gefunden, der ihn nicht nur in den theoretischen Fächern unterweisen, sondern ihm den wahren Weg zu eigener Gestaltung zeigen konnte: Siegfried Dehn in Berlin. »Die Sehnsucht nach der Heimat brachte mich allmählich auf den Gedanken, russisch zu komponieren«, schrieb er von einer seiner zahlreichen und weiten Auslandsreisen. Aber er mußte erst lernen, nicht nur russische Melodien zu verwenden, sondern einen Stil zu schaffen, in dem diese Melodien nicht wie aufgesetzte Lichter, sondern organisch integriert werden konnten. Webers »Freischütz«, der so meisterhaft »deutsche Atmosphäre« auf die Bühne brachte, wurde eines seiner Vorbilder. 1834 schreibt er: »Es scheint mir, daß ich fähig sei, unserm Theater ein Werk zu geben... bei dem das Sujet auf jeden Fall ein völlig nationales sein wird. Aber nicht nur das Sujet, auch die Musik. Ich will, daß meine Landsleute sich im Theater wie zu Hause fühlen.« In die Heimat zurückgekehrt, ging er auf die Suche nach einem solchen Stoff. Er fand ihn im Kreise der jungen Literaten Puschkin, Gogol, Shukowski, die ihn auf ein Werk des Direktors des Nationaltheaters aufmerksam machten: »Iwan Sussanin«. Es wurde von einem Sekretär des Zaren, dem deutschen Baron von Rosen, umgearbeitet, von Glinka komponiert und erzielte am 9. Dezember 1836 im Großen Theater von St. Petersburg – unter dem in »Das Leben für den Zaren« geänderten Titel – einen durchschlagenden, für Rußlands Nationaloper entscheidenden Erfolg. Von der oberen Gesellschaft zuerst als »Kutschermusik« abgelehnt, fand Glinkas Werk die begeisterte Nachfolgeschaft breiter Volkskreise und jener jungen Musiker, die davon träumten, Rußland seine »eigene« Tonkunst zu geben: Balakireff, Borodin, Cui, Mussorgski und auch Tschaikowsky, der sich in vielen seiner Briefe hochinteressant über Glinka ausläßt, dessen Bedeutung und starkes Talent er anerkennt, wenn er ihm auch »geringe Arbeitsfähigkeit«, ja notorische Faulheit, vorwirft. Berlioz und Liszt wurden bald die internationalen Förderer Glinkas, der mit seiner zweiten Oper »Ruslan und Ludmilla« (1842) nochmals einen schönen, wenn auch weniger internationalen Erfolg erzielte. Er starb am 15. Februar 1857 in Berlin.

»Das Leben für den Zaren« bringt erstmalig russische Menschen aus den untersten Schichten auf die Bühne. Sie singen echte Volkslieder, die sich einige Male bis zu großartigen Massenchören steigern. Der Inhalt der Oper ist äußerst einfach: Der Bauer Iwan Sussanin feiert die Hochzeit seiner Tochter; beunruhigende Nachrichten drohen das Fest zu unterbrechen; die Polen, eben erst aus Rußland vertrieben, sind abermals eingefallen. Sie wollen den neuen Zaren ermorden, umstellen das Haus Sussanins, von dem sie wissen, daß er dessen Aufenthalt kennt. Zum Schein geht der Bauer auf ihre Forderung, sie zu führen, ein; heimlich aber schickt er seinen Pflegesohn voraus, um den Zaren zu retten. Inzwischen führt Sussanin die Feinde in eine Eiswüste. Als sie sich genarrt sehen, erschlagen sie ihn, der sein Leben für den Herrscher geopfert hat. In Moskau wird dem Zaren gehuldigt, aber auch der Kinder des tapferen Bauern gedacht. Noch ein Wort zur Titelfrage. Das Stück, dem der Stoff entnommen ist, hieß »Iwan Sussanin«. Zur Uraufführung legte man Glinka nahe, sein Werk »Das Leben für den Zaren« zu nennen. Als man im sowjetischen Rußland an die klassische Operntradition anknüpfte, wurde auch Glinkas Oper, nun unter dem – historisch begründeten – Namen »Iwan Sussanin« wieder in den Spielplan gestellt. In der russischen Aussprache dieses Namens ist nicht nur das »s« in der Wortmitte, sondern auch der S-Laut am Anfang scharf. Man findet daher hie und da auf deutschen Bühnen die Schreibweise »Ssussanin«, die orthographisch in deutscher Sprache unmöglich ist, aber wenigstens zur richtigen Aussprache führt.

»Ruslan und Ludmilla« ist eine reizende Märchenoper, in der alte russische Sagen und Legenden verwoben sind. Russische Volkslieder beherrschen weite Teile der Partitur, aber – dem Texte angepaßt – tauchen Klänge aus Finnland, dem Kaukasus, Iran und Arabien auf. Das Libretto von V. F. Schirkow und K. A. Bakturin nach Alexander Puschkin gestaltet, beginnt mit der Entführung der reizenden Ludmilla inmitten eines Festes, das ihr Vater, Großfürst zu Kiew, ihr zu Ehren gibt. Den drei geladenen Freiern trägt der Vater die Suche des Mädchens auf und verspricht ihrem Retter die Hand seiner Tochter. Ruslan, ein Ritter, nimmt die Hilfe eines Zauberers in Anspruch; Farlaf, ein Abenteurer, wendet sich hingegen an die böse Fee Naina, die ihm den Rat gibt, abzuwarten, bis Ruslan Ludmilla aus den Händen des Entführers, des Zwerges Tschernomor, gerettet habe, um sie dann zu rauben. Auch der dritte Freier, der Poet Ratmir, gerät in Nainas Bande. Nach allerlei Abenteuern gelangt Ruslan in den Zaubergarten des Zwerges, der Ludmilla in einen tiefen Schlaf versenkt hat. Nach einem Zweikampf, in dem der Ritter Sieger bleibt, trägt dieser sie schlafend davon, da er sie nicht zu erwecken vermag. Doch als sie am Reiche Nainas vorbeikommen, wird Ludmilla entrückt; aber auch Farlaf kann sie nicht aufwecken. Mit Hilfe eines Ringes, den Ratmir Ruslan überbringt, kann Ludmilla gerettet und in das väterliche Schloß gebracht werden. Dort erwacht sie und umarmt Ruslan als ihren zukünftigen Gemahl. (Uraufführung: 27. November 1842 in St. Petersburg. Der Mißerfolg verhinderte eine Verbreitung, die erst viele Jahrzehnte später einsetzte. In das deutsche Sprachgebiet zog das entzückende Werk, mit einer Aufführung an der Staatsoper Berlin, sogar erst am 17. November 1950 ein.)

Christoph Willibald Gluck
1714–1787

Am 2. Juli 1714 kam in Erasbach (bei Waidenwang in der Oberpfalz) der Mann zur Welt, der einen heftigen Kampf gegen die verwahrloste italienische Oper seiner Zeit führen und als Reformator dieser Kunstform in die Geschichte eingehen sollte: Christoph Willibald (später: Ritter von) Gluck. Nach musikalischen Anfängen in Prag übersiedelte er 1736 nach Wien und später nach Italien, wo er mit der damals weltbeherrschenden neapolitanischen Schule in Verbindung trat. In diesem Stil sind auch seine ersten acht Opern gehalten. Die Melodie, der schöne Gesang waren die einzigen Forderungen, niemand dachte an den Sinn, die Logik oder gar die Ethik und Moral der Handlung. Fortgesetzt unterliefen den Textdichtern und Komponisten unmögliche Situationen, groteske Intrigen, oberflächliche Personenzeichnung. Auf Reisen nach Paris und London lernte Gluck die Werke Händels und Rameaus kennen; so war er mit allen Stilen der Oper vertraut, als er sich 1750 in Wien niederließ und bald darauf zum Leiter des Hoftheaters ernannt wurde.
Der Mensch schwebte ihm als idealer Opernstoff vor; der Mensch mit seinen tiefen und wahren Problemen, seinem Kampf mit sich selbst, mit einem übermächtigen Schicksal. War die Oper nicht ursprünglich, als ideale Wiederbelebung des antiken Dramas, in diesem Geiste erfunden worden? Hatte der große Monteverdi, ihr erster »Klassiker« nicht genau dasselbe Ziel angestrebt? Das Jahrhundert, das seit seinem Tode vergangen war, hatte den Absturz des Musiktheaters ins Alltägliche, Vulgäre, jedes tieferen Sinnes Entbehrende verschuldet. Wo war das Drama geblieben? Verflacht, kalt, leblos, schablonenhaft war es geworden; die Musik hatte sich zur Alleinherrscherin in einem Kunstwerk aufgeschwungen, das als ideale Synthese zweier oder gar aller Gattungen geträumt, gedacht worden war. Die Entwicklung ließ mehrere Ursachen erkennen: den sozialen »Abstieg«, der die Oper aus den Palästen und Kreisen des gebildeten Großbürgertums ins Volk, in die überall wie Pilze sprießenden öffentlichen Theater geführt hatte; die damit verbundene, kaum zu befriedigende Nachfrage nach neuen Werken, deren jährliche in Italien uraufgeführte Gesamtzahl in die Hunderte ging. Opernschaffen war ein Gewerbe geworden, ein Handwerk; wer dachte da noch an eine ideale Verbindung von Drama und Musik, an hohe ethische Ideale? Die Steigerung der Popularität verstärkte die Stellung der Starsänger, denen es immer leichter wurde, ihre stimmlichen Forderungen gegenüber den Komponisten durchzusetzen. Nicht alles war oberflächlich und schlecht, was Italien produzierte; aber der Massenkonsum hatte (dem Film zweihundert Jahre später vergleichbar) das allgemeine Niveau gedrückt, aus dem nur wenige Spitzenwerke herausragten.
Langsam reifte in Gluck der Reformgedanke. Er brauchte, um ihn verwirklichen zu können, in erster Linie den idealen Librettisten, der mehr sein mußte, als der damals übliche Textbuchschreiber: ein Dramatiker, ja ein Dichter. Gluck war bereit, mit ihm in völliger Gleichberechtigung zu schaffen, ja sich ihm, wo es notwendig wäre, unterzuordnen. Er erkannte, um seine eigenen Worte zu gebrauchen, daß »der Text der Zeichnung eines Bildes entspräche, dem die Musik gleichsam die Farbe hinzufüge.« Er fand in Raniero de Calzabigi den Mann der Feder, den er brauchte. Im Jahre 1762 kam ihr erstes gemeinsames Werk in Wien zur Uraufführung: »Orpheus und Euridice«, fünf Jahre später »Alceste«. In einer längeren gedruckten Vorrede zu diesem letzteren Werk erläuterte Gluck die Idee: Echte Empfindungen statt unbedeutender Intrigen, Einfachheit der Handlung, keine Verwirrung durch Nebenfiguren und Parallelführungen mehrerer Entwicklungen, wahre Poesie, Gesang als Ausdruck der Seele statt äußerlichen Virtuosentums. Die Wiener, die er anredete, verstanden nichts davon oder wollten nichts verstehen; zu tief lag ihnen die italienische Oper mit ihren leichtfaßlichen Sinnesgenüssen im Blut. 1769 versuchte Gluck es noch mit »Paris und Helena«, dann ging er nach Paris, wo seine einstige Schülerin Marie Antoinette, nun Dauphine von Frankreich, seine Beschützerin wurde.
Die französische Hauptstadt wurde nun zum Schauplatz eines heftigen Kampfes (der immerhin der in Wien gezeigten Gleichgültigkeit vorzuziehen war). »Gluckisten« traten für die Reformidee ein, während die Gegner sich um einen ausgezeichneten italienischen Komponisten namens Piccini scharten und so zu »Piccinisten« wurden. Man rief den Italiener, ohne daß er es selbst wollte, zum

Gegenpapst gegen den von ihm äußerst hochgeschätzten Deutschen aus (wie ein Jahrhundert später Brahms gegen Wagner). Der Kampf wurde keineswegs nur mit künstlerischen Waffen ausgetragen und steigerte sich leidenschaftlich bis zur offenen Theater-, ja sogar Straßenschlacht. Das waren Zeiten!

Gluck fand auch in Paris einen großen Mitarbeiter, den Dichter du Roullet, der zudem klug genug war, Glucks Kunst an einem klassischen französischen Meisterwerk Racines zu entzünden. So wurde im Jahre 1774 »Iphigenie in Aulis« zum Triumph. Es folgten die französischen Fassungen von »Orpheus« und »Alceste«. Mit »Armida« (1777) und mit »Iphigenie auf Tauris« (1779) erfocht Gluck die Siege, die entscheidend genannt werden können. Trotzdem wäre es ganz falsch, anzunehmen, daß die alte italienische Oper damit verschwunden oder nennenswert geschwächt worden wäre. Gluck begründete lediglich einen neuen (in Wirklichkeit alten, da von Monteverdi stammenden) Zweig, der bald zu Beethovens »Fidelio«, zu Weber, Wagner und Richard Strauss führen sollte. Aber vergessen wir nicht, daß in Piccinis Nachfolge Namen wie Rossini und Donizetti gehören. Weder das Geistige noch das Sinnliche können allein bestehen, die besten Opern sind ihrer beider Kinder.

Gluck kehrte ruhmbedeckt nach Wien zurück, wo er noch jahrelang als Grandseigneur im eigenen Hause lebte. Dort besuchte ihn Mozart, der über Opernkunst so ganz andere – italienische! – Ideen entwickelte, und doch verstanden sie einander oder hegten wenigstens Hochachtung vor der Kunst des anderen. Gluck starb am 15. November 1787, etwa zwei Wochen nach der Prager Uraufführung des »Don Giovanni« Mozarts, dessen Textbuch er bestimmt nicht gebilligt, dessen Musik er aber wohl bewundert hätte.

Orpheus und Euridice

Oper in drei Akten, Textbuch von Raniero de Calzabigi.
Originaltitel: Orfeo ed Euridice, Orphée et Euridice
Originalsprache: Erste Version Italienisch, zweite Französisch
Personen: Orpheus (Alt, in der zweiten Fassung Tenor oder hoher Bariton), Euridice, seine Gattin (Sopran), Amor, der Liebesgott (Sopran); Hirten, Furien, Bewohner der Unterwelt, Bewohner der elysäischen Gefilde.
Ort und Zeit: Sagenhaftes Griechenland; die Unterwelt und die Gefilde der Seligen (Elysium).
Handlung: Dem mythologischen attischen Sänger Orpheus ist die geliebte Gattin durch den Tod entrissen worden. Hirten und Nymphen trauern an der Leiche der von einer giftigen Schlange Gebissenen. Die Anfangschöre zeigen schon den Charakter des Werkes: klassische Einfachheit, edle Linien, ruhige Harmonien, große Würde. Orpheus erhebt seine Klage zu den Göttern. ①
Amor, der Liebesgott, aufs tiefste gerührt, überbringt ihm die Botschaft Zeus', des obersten Gottes. Wenn Orpheus es wage, ins Totenreich niederzusteigen, um seine Gattin wiederzugewinnen, so solle sie mit ihm ins Leben zurückkehren dürfen. Aber – schwerste Bedingung – er dürfe sie nicht anblicken, bis sie wieder die Oberwelt erreicht hätten. Orpheus nimmt die Aufgabe auf sich, und seine Arie (merkwürdig beladen mit Koloraturen und Verzierungen, vielleicht als Ausdruck der übergroßen Freude) beschließt den Akt.

Der zweite Akt spielt im düsteren, unterirdischen Totenreich. Furien und Geisteserscheinungen wollen Orpheus den Zugang verwehren, aber sein Gesang bezwingt sie alle. Nach einem kurzen Aufenthalt in diesem Reiche der Schatten – der Anlaß zu Ballettszenen gibt – gelangt Orpheus in die elysäischen Gefilde. Eine süße Melodie – der »Reigen der seligen Geister« – malt diese Landschaft höchster Ruhe und Schönheit. ② Auch hier sind wiederum, dem Brauch der Zeit folgend, choreographische Szenen eingestreut. Euridice lebt unter den seligen Geistern und besingt dieses – im antiken Sinne – himmlische Leben. Orpheus tritt auf und nimmt sie, ohne sie anzublicken, bei der Hand. Gemeinsam beginnen sie den Rückweg.

Sie befinden sich noch auf dem Wege, wenn der Vorhang zum dritten Akt aufgeht. Euridices Freude ist einer tiefen Niedergeschlagenheit gewichen; sie verzweifelt an der Liebe ihres Gatten, der sie nicht ein einziges Mal angeblickt hat.

Viel lieber würde sie im Totenreich bleiben als ungeliebt an Orpheus' Seite zu leben. Lange hält Orpheus die Qual aus, aber sie wird übermächtig; er bricht Zeus' Gebot und blickt seine Gattin liebevoll an. Das grausame Schicksal erfüllt sich unverzüglich: Euridice stürzt tot auf dem Wege zusammen. Die Klage Orpheus' besteht in einem der schönsten und berühmtesten Gesangstücke aller Zeiten (»Ach, ich habe sie verloren«). ③

Orpheus wünscht nun nur noch den Tod. Als er sich einen Dolch ins Herz stoßen will, hält Amor ihn zurück. Noch einmal erbarmen sich die Götter so tiefer Liebe. Euridice darf auf die Erde zurückkehren. Die letzte Szene bringt, in einem griechischen Tempel, Chöre und Tänze zu Ehren der Götter und der Liebe, die selbst den Tod besiegt.

Quelle: Die griechische Sage vom mythologischen Sänger und Musiker Orpheus, der mit seinen lyrabegleiteten Liedern wilde Tiere zu zähmen, Bäume, ja Steine zu rühren wußte, stellt die wohl stärkste Verherrlichung der Macht der Tonkunst dar. Sie wurde zu allen Zeiten zum Gegenstand von Kunstwerken gemacht: in der bildenden Kunst, in Dichtung, Drama und Film, natürlich in erster Linie in zahlreichen Opern – »Orpheus in der Unterwelt«, jene berühmte Parodie des Jacques Offenbach inbegriffen.

Textbuch: Ein Musterbeispiel an Einfachheit, Klarheit und edler Schönheit in klassischem Sinne. Hier erfährt das hunderte Male im Theater und besonders auf der Opernbühne behandelte Thema eine vollendete Bearbeitung.

Musik: Glucks Musik erreicht die restlose Übereinstimmung mit dem Text und den darin ausgedrückten Gefühlen. (Wobei sogar manchmal, in recht »moderner« Weise den wahren, oftmals unbewußten, unterbewußten Gefühlen mehr Glauben geschenkt wird als den Worten!) Die Gesangsverzierungen der damaligen Oper sind fast restlos ausgemerzt, eine klassische, klare Linie herrscht vor. Glucks Musik schildert nicht, sie drückt aus. Sie charakterisiert die Personen und ihre verschiedenen Temperamente äußerst sinnfällig.

Geschichte: Die erste – italienische – Version (noch gab es die Idee einer deutschen Oper kaum) wurde im Wiener Theater in der Hofburg am 5. Oktober 1762 uraufgeführt. Später, schon in Paris, revidierte Gluck die Partitur, wobei er verschiedenes änderte. So wurde aus dem in Wien von einer Frau gesungenen Orpheus eine Männerrolle (Tenor). Aber um die Mitte des 19. Jahrhunderts sang die berühmte Pauline Viardot Garcia – Schwester der nicht minder großen, jungverstorbenen Maria Malibran – den Orpheus mit so durchschlagendem Erfolg (obwohl sie eigentlich eine Sopranistin, allerdings mit einem prächtigen tiefen Register war), daß seit damals diese Rolle neuerdings von Frauen dargestellt wird, und zwar – ihrer natürlichen Lage wegen – von mittleren oder tiefen Stimmen. »Orpheus und Euridice« eroberte die Welt und dürfte die älteste der Opern sein, die sich ohne Unterbrechung im Repertoire erhalten hat. Zwar hat es in den zwei Jahrhunderten ihres Lebens nicht an »Bearbeitungen« gefehlt (so daß heute fast jedes Theater seine eigene Version zur Aufführung bringt), aber Glucks Musik glänzt und strahlt unvergänglich über alle Veränderungen und Umstellungen.

Alceste

Oper in drei Akten. Textbuch von Raniero de Calzabigi.
Originaltitel: Alceste
Originalsprache: Erste Fassung Italienisch, zweite Französisch
Personen: Admet, König von Thessalien (Tenor), Alceste, seine Gattin (Sopran), Herkules oder Herakles (Baß), ein Herold (Baß), Evander (Tenor), der Oberpriester des Apollo (Baß), die Stimme des Orakels (Baß), die Stimme Thanatos', des Todesgottes (Baß), Apollo (Baß), Geister der Unterwelt, Gefährtinnen der Alceste, Priester, Krieger, Volk.
Ort und Zeit: Thessalien, Griechenland, der Mythologie
Handlung: Nach der Ouvertüre hören wir den Chor, der die Götter um Heilung des schwer kranken Königs Admet anfleht. Alceste und ihre Kinder mischen ihre Stimmen in die Klagegesänge des niedergeschlagenen Volkes. Im Apollotempel wird das Orakel unter den vorgeschriebenen Riten befragt. Der Oberpriester verkündet, daß die einzige Rettung in der freiwilligen Opferung eines Menschen bestünde. Entsetzt flieht die Menge. Nur Alceste bietet ihr eigenes Leben zur Heilung des Gatten an. ①
Auch der zweite Akt beginnt mit großen Chören (die für Gluck das Bindeglied zur griechischen Tragödie bilden); das Volk dankt den Göttern für die Errettung des Königs. Admet ahnt nicht, welchem Opfer er sein Leben schuldet. Aber das veränderte Wesen seiner Gattin, die, in Einlösung ihres Versprechens, den Tod erwartet, bringt ihn zur Klarheit. Er will dieses Opfer nicht annehmen, denn ohne Alceste kann es für ihn kein Glück geben. So bereitet er sich, mit Alceste zu sterben, sie auf dem Weg ins Totenreich zu geleiten. Tiefe Niedergeschlagenheit bemächtigt sich des Volkes. Da erscheint unerwartet ein mächtiger Bundesgenosse, Herakles. Als er vom tragischen Lose des königlichen Paares erfährt, beschließt er, das Verhängnis zu verhüten. Alceste gelangt zu den Pforten des Totenreiches. Noch hindern die Stimmen der Geister sie am Eintritt; erst in der Abenddämmerung wird ihr Opfer angenommen werden. Admet holt seine Gattin ein und will an ihrer Statt sterben; oder, wenn die Götter es nicht zulassen sollten, mit ihr. Zum letzten Male fragen die Stimmen der Unterwelt Alceste, ob sie bereit sei. Ohne zu zögern bejaht sie. Aber als sie die Schwelle überschreiten will, stürzt der herbeigeeilte He-

rakles sich in den verzweifelten Kampf gegen die Furien. Der in einer Wolke erscheinende Apollo bekräftigt seinen Sieg und gewährt dem Königspaar das Leben. Große Jubelchöre schließen das Werk ab.

Quelle: Admet oder Admetos, König von Thessalien, war einer der Argonauten, jener Männer, die auf der »Argo« mit Jason ausfuhren, um in Kolchis das goldene Vlies zu erringen, und ein Liebling Apollos, dessen Herden er neun Jahre lang hütete. Alceste, Alcestes oder Alkestis, die schönste Tochter des Pellias, bot den Göttern ihr Leben, um das ihres Gatten Admet zu retten. Herkules, oder Herakles zählte den siegreichen Kampf gegen die Furien, die Admet und Alceste in das Totenreich führen wollten, zu seinen Heldentaten. Der letzte der großen griechischen Dramatiker, Euripides, bearbeitete diese mythologische Legende für das Theater (im Jahre 438 vor Christi Geburt).

Textbuch: Auch dieses Libretto kann als Musterbeispiel für die Reformbestrebungen angesehen werden. Die Massenszenen und Chöre nähern es der griechischen Tragödie an, die Handlung ist einfach, gradlinig und nobel, die Verse schön und dichterisch inspiriert.

Musik: In Glucks Partituren lebt etwas von der Weiträumigkeit des Barock. Solopartien und Chöre sind von großartiger Einfachheit. Eine Arie wie die der Alceste, »Divinités du Styx«, kann als Schulbeispiel einer klassischen Gesangsszene gelten. Etwas schwächer ist der Komponist lediglich in den Ballettszenen: hier hat man manchmal den Eindruck, er gehorche einer Modeforderung seiner Zeit.

Geschichte: Die italienische Version wurde im Wiener Theater in der Hofburg am 16. Dezember 1767 uraufgeführt. Die zweite Fassung, in französischer Sprache und für den Kampf gegen Piccini in Paris geschaffen, bringt wesentliche Änderungen in dramatischer und musikalischer Beziehung. Sie ist heute die von den meisten Bühnen vorgezogene, obwohl auch dieses Werk nahezu von jedem Regisseur neu bearbeitet wird.

Iphigenie in Aulis

Oper in drei Akten. Textbuch von Bailli Le Blanc du Roullet, nach »Iphigénie en Aulide« von Jean Racine.
Originaltitel: Iphigénie en Aulide
Originalsprache: Französisch

Personen: Agamemnon, König von Mykene (Bariton), Klytemnästra, seine Gattin (Mezzosopran), Iphigenie, beider Tochter (Sopran), Achilles, ihr Verlobter (Tenor), Kalchas, Oberpriester (Baß), Artemis (Sopran), Priesterinnen, Hofdamen, Bedienstete, Soldaten.

Ort und Zeit: Aulis, Stadt in Griechenland, im 12. vorchristlichen Jahrhundert, vor dem Trojanischen Krieg.

Handlung: Der Feldzug der Griechen gegen Troja soll beginnen; das Heer liegt in Aulis, wo es auf günstigen Wind für die Schiffe wartet. Aber König Agamemnon hat die Göttin Artemis beleidigt, ohne deren Hilfe die Flotte nicht ausfahren kann. Die Ouvertüre der Oper schildert in dramatischer Weise die Konflikte, die in ihr behandelt werden sollen: die Seelenqualen Agamemnons und den wilden Ruf der Griechen um günstigen Wind. Der Oberpriester Kalchas verkündet, daß nur das Opfer Iphigeniens, der Tochter des Königs, die Göttin besänftigen könne. Agamemnon versucht, dem furchtbaren Spruch zu entgehen; er will Iphigenie und ihre Mutter vom Lager fernhalten und greift darum zu einer Lüge: er stellt Achilles, Iphigeniens Verlobten, als treulos dar. Doch bei Ankunft der Frauen bereinigen die Liebenden das Mißverständnis in einem schönen Duett.

Der zweite Akt beginnt mit den Vorbereitungen zum Hochzeitsfest Achilles' und Iphigeniens. Aber ein Bote des Königs kündet, daß gegen den andauernden Zorn der Göttin kein anderes Mittel gefunden werden könne, als der Tod Iphigeniens. Klytemnästra bestürmt ihren Gatten, die Tochter nicht zu opfern und wendet sich an Achilles um Hilfe. Agamemnon, in größter Gewissenspein, beschließt, die Frauen nach Mykene zu senden, wo sie sich verbergen könnten, und sich selbst zu töten.

Im Zelt Agamemnons spielt der dritte Akt. Die Soldaten fordern immer stürmischer eine Entscheidung. Achilles fordert Iphigenie auf, mit ihm zu fliehen, und Klytemnästra erklärt sich bereit, anstelle ihrer Tochter zu sterben. Aber Iphigenie ist zum Tode bereit. Schon zückt der Oberpriester seinen Dolch, um den Willen der Göttin Genüge zu tun, als er ihren Willen wahrnimmt, vom Opfer abzusehen: der ersehnte Wind hat begonnen, mächtig die Segel der Kriegsschiffe zu blähen. Unter den Jubelrufen des Volkes schließt bei den meisten heutigen Aufführungen das Stück, während das Original mit der Hochzeit Achills und Iphigeniens endet.

Quelle: Euripides hat in einem seiner berühmten Dramen das Geschehen auf Aulis der Nachwelt überliefert. Auf ihm fußt Racine, der französische Klassiker (1639–1699), in seiner Fassung der historischen oder pseudohistorischen Vorgänge.

Textbuch: Du Roullet brachte mehrere wichtige Änderungen an Racines Version an. Er strich einige Personen, führte andere neu ein (Kalchas), steigerte (der Musik zuliebe) die Bedeutung der Massenszenen. Aber manches an seinem Libretto war so stark dem Zeitgeist verhaftet, daß es späteren Epochen schwer tragbar schien; dies war der Hauptgrund, weshalb Richard Wagner 1847 eine neue Fassung verfertigte. In ihr wird die mythologische Version wieder hergestellt, in der Artemis persönlich eingreift, Iphigeniens Opfer nicht annimmt und diese als Priesterin nach Tauris versetzt.

Musik: Es handelt sich um das revolutionärste Werk Glucks; sein dramatischer Ausdruck und seine psychologische Durchdringung sind großartig. Das besondere Interesse Wagners wird dadurch erklärt, aber darüber hinaus gibt es Ansätze zu leitmotivartigen Gebilden, die den Vollender des Musikdramas besonders interessieren mußten. Der große Monolog des Agamemnon und viele Chorpartien gehören zu den schönsten Stücken, die Gluck geschaffen hat. Die Rollen Agamemnons, Klytemnästras und Iphigeniens erfordern glänzende Sänger und erstklassige Schauspieler, die den Stil der griechischen wie der französischen Klassik mit ebensoviel Kunstverstand wie Phantasie zu beschwören wissen.

Geschichte: In den Jahren 1772/73 geschrieben, wurde diese »erste Iphigenie« am 19. April 1774 in der Pariser Oper (damals »Académie Royale de Musique«) uraufgeführt. Sie hatte die Spaltung des französischen Publikums und die historischen Kämpfe zwischen »Gluckisten« und »Piccinisten« zur Folge, die von da an jahrelang das Pariser Kunstleben beherrschten. Nachdem das Werk eine Zeitlang in Vergessenheit geraten war, holte Wagner es für seine Dresdner Bühne im Jahre 1847 hervor und schuf (während er am »Lohengrin« arbeitete) die oben besprochene Neufassung.

Armida

Große heroische Oper in fünf Akten. Textbuch, nach Torquato Tasso, von Philippe Quinault.
Originaltitel: Armide
Originalsprache: Französisch
Personen: Armida (Sopran), Rinaldo oder Renaud, Feldherr im Kreuzfahrerheer (Tenor), Hidorat, König von Damaskus (Baß), Aront, sein Feldherr (Bariton), Artemidor, Ubaldo, Furien, Dämonen, Nymphen usw.
Ort und Zeit: In Damaskus, das Jahr 1099 christlicher Zeitrechnung
Handlung: Die mächtige Königin von Damaskus, Armida, ist nicht nur blendend schön, sondern auch geheimer Zauberkünste mächtig. Heimlich liebt sie Rinaldo oder Renaud, den Kreuzfahrer, der gegen ihre Reize gleichgültig bleibt. Da verwandelt ihre Liebe sich in Haß. Rinaldo, der sich mit Gottfried von Bouillon, dem Führer des Kreuzzuges entzweit hat, geht eigene Wege und gelangt dabei in einen wundervollen Garten, den, um ihn zu fangen, Armida aus öder Wüste hervorgezaubert hat. Er schlummert darin ein; doch als Armida den Dolch auf ihn zückt, entbrennt sie noch einmal in Liebe und entführt den Ritter in ihr Schloß. Dort wird sie im Zusammenleben mit Rinaldo von allen Furien des Zweifels gepeinigt, die sie zwischen Liebe und Haß umherhetzen. Mühsam bahnen sich Rinaldos Kampfgefährten den Weg bis zu ihm. Sie werden durch Spukgestalten teils gelockt, teils abgewehrt. Endlich erreichen sie Rinaldo; aus ihren Händen nimmt er das Schwert entgegen, das ihn erneut in den Kampf um Jerusalem zurückführen wird. Nach kurzem Abschied entflieht er den Armen Armidas, die rachebebend ihr Zauberschloß zerstört und unter den Trümmern begraben wird.

Textbuch: Der Stoff ist dem berühmten Epos »Gerusalemme liberata« (Das befreite Jerusalem) Torquato Tassos (1544–1595) entnommen, wo er allerdings nur in Form einer der zahlreichen Nebenhandlungen vorkommt. Aus ihm gestaltete der französische Dramatiker Philippe Quinault (1635–1688), Lullys wichtiger Mitarbeiter, einen Opernstoff für diesen Meister unter dem Titel »Armide et Renaud«, den Gluck wörtlich übernahm, obwohl er eigentlich dem Grundcharakter seiner Werke recht ferne lag. Wollte Gluck einmal einen anders gearteten Operntext vertonen oder lockte ihn einfach die Psychologie der hier handelnden Personen: Armida, die zwischen Haß und Liebe, Rinaldo, der zwischen Liebe und Ehre hin- und hergerissen seelischen Martern ausgesetzt ist? Leider enthält »Armida« mehrere nebensächliche Episoden und keine überzeugend motivierte Ballettsze-

nen, die zwar von schöner Musik begleitet werden, aber dem dramatischen Ablauf (und damit dem Prinzip Glucks) Abbruch tun.
Musik: Da die Handlung in viele Szenen und Schauplätze gespalten ist, fehlt auch der Musik die große einheitliche Linie, die Glucks Werken der »Reformzeit« stets den Stempel aufdrückt. In manchem erreicht der Komponist Gipfelpunkte seines Schaffens. Seltsam mutet uns die hier auffallend oft gehandhabte Gewohnheit an, Bruchstücke aus früheren, ganz anders gearteten Opern wieder zu verwenden.
Geschichte: Der gleiche Stoff ist von fast unzähligen Komponisten vertont worden, so von Lully, Händel, Karl Heinrich Graun, Traetta, Jommelli, Salieri, Sacchini, und – nach Gluck – von Haydn, Cherubini, Anfossi, Zumsteeg, Righini, Rossini. Glucks Oper wurde am 23. September 1777 in Paris zum ersten Male gegeben, kurz vor des Meisters endgültiger Heimkehr nach Wien. Der Erfolg war stark, aber auch die Polemik, die ja Glucks Wirken vom ersten bis zum letzten Tag seines Pariser Aufenthalts stets begleitete und hohe Wellen schlug.

Iphigenie auf Tauris

Oper in vier Akten. Textbuch von Nicolas François Guillard, nach Euripides und einem Drama von Guymond de la Touche.
Originaltitel: Iphigénie en Tauride
Originalsprache: Französisch
Personen: Artemis (Sopran), Iphigenie (Sopran), Orest (Bariton), Pylades (Tenor), Thoas, König der Skythen oder Taurer (Baß), Priesterinnen, Tempeldienerinnen, Griechen, Skythen oder Taurer.
Ort und Zeit: Die Insel Tauris, Sitz der Skythen oder Taurer, im 7. vorchristlichen Jahrhundert.
Handlung: Auf Tauris lebt Iphigenie, nach ihrer Rettung in Aulis, als Priesterin der Artemis. Das Vorspiel zum ersten Akt stellt eine packende Naturschilderung dar: so als erhöbe sich an stillem Meeresufer langsam ein Sturm von gewaltiger Stärke. Gluck folgt hier einem Prinzip, das später Wagner in vielen seiner Dramen zur Regel machen wird: das Vorspiel stellt eine stimmungsmäßige Einführung in die unmittelbar folgende Szene dar, aber keine Ouvertüre im üblichen Opernsinne (in der die Hauptthemen des Werkes vorausgenommen werden). Iphigenie ruft, von großen Chören unterstützt, die Götter an. In Träumen hat sie das ferne Vaterland geschaut, hat den väterlichen Palast verfallen, den Vater selbst von einem wilden Tier zerfleischt gesehen, dessen Züge denen der Mutter grausam ähnlich waren. (Was der Traum ihr zeigte, war ein Spiegelbild der Wahrheit: Agamemnon wurde bei seiner Rückkehr aus Troja von seiner Gattin ermordet; sein Sohn Orest hat ihn gerächt, aber Blut auf Blut gehäuft, wie es Schicksal der tragischen Familie seit jenem fernen Tantalusverbrechen zu sein scheint) In einer großen Arie erfleht Iphigenie Erlösung durch den Tod.
Orestes und sein treuer Freund Pylades sind durch das Meer an die Gestade von Tauris geworfen worden. König Thoas, durch ein Orakel tief besorgt, beschließt, sie der Gewohnheit seines Landes gemäß zu töten, aber seltsame Vorzeichen beunruhigen ihn. Iphigenie soll das Menschenopfer vollziehen, doch sie weigert sich. Musikalisch ist die Szene bedeutungsvoll: der Gesang der Skythen wird durch schrille Piccoloflöten unterstrichen, und das Schlagen großer Trommeln verleiht den Massenchören einen wilden Charakter; die Phrasen im Munde der Griechen hingegen klingen weich und edel. Der zweite Akt, in der Vorhalle des Tempels, beginnt mit einer dramatischen Arie des Orest. Zu seiner Reue über Vergangenes gesellt sich nun das Bewußtsein, am bevorstehenden Tode seines Freundes schuldig zu sein. Vergebens sucht Pylades ihn zu beruhigen, die Erinnyen, die Furien oder Rachegöttinen der griechischen Mythologie, quälen Orest erbarmungslos. Nach gehetzten Phrasen, die seine innere Zerrissenheit ausdrücken, singt Orest plötzlich eine ruhigere Melodie (in A-Dur, auf Worte, die besagen, daß endlich der Friede in sein Herz zurückkehre); aber das Orchester – mit drohenden Posaunen und scharfen rhythmischen Schlägen – scheint diese Stille Lügen zu strafen. Als man Gluck über diesen scheinbaren Widerspruch befragte, soll er gesagt haben: »Orest lügt. Was er für Ruhe hält, ist nur Erschöpfung, aber die Furien schlafen nicht ... er hat doch seine Mutter erschlagen!« Ein hochinteressanter Satz, den man eher aus dem Munde eines heutigen Musikers erwarten würde.
Iphigeniens Erscheinung erhöht Orests Qualen neuerlich: er glaubt eine Vision der ermordeten Mutter zu erblicken. Die Priesterin fragt nach dem Vaterland und erkennt schaudernd, daß ihr

Traum die Wahrheit verriet. Keines der Geschwister erkennt das andere. Weinend muß Iphigenie das Opfer vorbereiten, das zugleich die Fortsetzung ihrer Sklaverei auf der Insel bedeutet. In Iphigeniens Gemächer führt uns der dritte Akt. Die Priesterin, durch eine geheimnisvolle Stimme in ihrem Inneren getrieben, hat beschlossen, dem Willen des Königs zu trotzen und einen der Fremdlinge zu retten. Ihre Wahl fiel auf den Unglücklicheren der beiden: Orest. Aber sie hat nicht mit der Treue der Freunde gerechnet; keiner will den anderen überleben. Und so ringt Iphigenie sich zum Entschluß durch, nicht nur beide fliehen zu lassen, sondern selbst mit ihnen in die Heimat zurückzukehren, mit dem Bild der Göttin Artemis, so wie ein Orakel es vorausgesagt hat. Sie befreit Pylades, damit er die anderen, auf der Insel verstreuten griechischen Gefangenen sammeln könne.

Schon ist Orest zum Opfer vorbereitet. Die Priesterinnen erwarten mit düsteren Gesängen den Augenblick, in dem Iphigenie dem Gefangenen den Todesstoß versetzen muß. Da erkennen die beiden Geschwister einander. Der König Thoas unterbricht die herzbewegende Szene; er hat erfahren, daß Iphigenie einen der Fremden entfliehen ließ und fordert nun wütend den sofortigen Tod des anderen. Vergebens will Iphigenie ihm erklären, daß sie ihren eigenen Bruder morden müsse. Im letzten Augenblick erscheint Pylades mit einer Gruppe griechischer Krieger, die in einem kurzen Kampf den König verwunden. Nun greift die Göttin Artemis selbst ein: sie verlangt, daß die Taurer ihre Statue den Griechen zurückgäben. Orests Schuld wird durch seine Reue als gesühnt erklärt, mit seiner Schwester und dem treuen Freunde Pylades tritt er die ersehnte Heimkehr nach Hellas an.

Quelle: Der französische Dichter Guillard stützte sich auf zwei Quellen: auf Euripides und auf den Dramatiker Guymond de la Touche; auf den ersteren mehr als auf den zweiten. Goethes gleichnamiges Drama wurde – in seiner ersten Fassung – am 6. April 1779 in Weimar zum ersten Male gegeben. Guillard und Gluck können es nicht gekannt haben, als sie an ihr eigenes Werk gingen. Die damalige Zeit war der Wiederbelebung der griechischen Sagenstoffe besonders zugetan.

Textbuch: Die Konzentration der Handlung, die Gluck sich als wichtiges Ideal seiner Reform vorgenommen hatte, erreicht hier einen neuen Höhepunkt. Nichts Überflüssiges lenkt die Aufmerksamkeit ab von der großen, wahrhaft tragischen Linie. Die Gestalt des Orest ist – selbst für moderne Psychologen – fesselnd gezeichnet. Auch Iphigeniens Figur besitzt Größe und Hoheit. Die Anrufung der Gottheit zur Lösung dramatischer Konflikte mag uns heute als zu leichte Lösung erscheinen, war aber ein völlig legitimes Hilfsmittel der damaligen Dramatiker.

Musik: Gluck hat die letzte und höchste Reinheit seines Stils erreicht. Die Melodielinie ist einfach und schön, die Harmonie edel, die Instrumentation eindrucksvoll. Eine Sängerin von hohem geistigem, musikalischem und schauspielerischem Niveau ist für die Rolle der Iphigenie unerläßlich. Auch Orest muß durch einen intensiven Künstler dargestellt werden. Gluck verwendet in dieser Oper Fragmente aus früheren Werken (im 2. Akt eine Melodie aus »La Clemenza di Tito«, im dritten eine aus der weit zurückliegenden »Antigona« und am Schluß einen Chor aus »Paris und Helena«). Ist ein solches Vorgehen dramatisch zu rechtfertigen? Wir lehnen es heute ab. Aber das gilt nicht für die Barock- oder Rokokooper (auch Mozart und Haydn taten es, von Rossini ganz zu schweigen), – jede Zeit hat ihre Auffassungen.

Geschichte: »Iphigenie auf Tauris« war das letzte und entscheidende Werk im künstlerischen Zweikampf Gluck-Piccini. Die Uraufführung am 18. Mai 1779 bedeutete den durchschlagenden Triumph des deutschen Meisters. Piccini hatte zu gleicher Zeit das gleiche Thema behandelt, aber Glucks Erfolg verhinderte eine Aufführung seiner Oper während mehr als zwei Jahren. In unserem Jahrhundert, das der Klassik und damit auch Gluck erneutes Interesse entgegenbringt, hat es verschiedene Bearbeitungen dieses Werkes gegeben, so eine »Neufassung« von Richard Strauss, gegen die viel einzuwenden ist, vor allem das Grundlegende: Warum völlige Umarbeitungen, wenn das Original durchaus theaterfähig ist?

Kleinere Opernwerke

Gluck ist lange Zeit hindurch nur als Schöpfer der »großen« mythologisch-heroischen Musikdramen in Erinnerung geblieben. Aber es gab eine gar nicht unwichtige Zeit seines Lebens, da er, sowohl durch äußere Lebensumstände gezwungen wie durch innere Neigung getrieben, in seiner Musik sehr heiter, lustig, ja derb-komisch sein konnte. Von 1755 bis 1764 war er in Wien tätig, wo seine Hauptaufgabe darin bestand, die französische komische Oper (damals noch eher Vaudeville und Operette, ohne daß dieser Name schon bestanden hätte) in ein österreichisches Genre zu verwandeln. Teils bearbeitete er, teils komponierte er, wobei die Grenze heute kaum noch festzustellen ist. Es entstand eine wahre Fülle reizender kleiner Werke, die durchaus nicht als »tot« oder »historisch« gelten müssen, sondern bei verschiedenen »Exhumierungen« der letzten Jahre recht vergnügliche Theaterabende bereiten konnten. Greifen wir einige zu kurzer Besprechung heraus:
»Der bekehrte Trunkenbold« (nach dem französischen Lustspiel »L'ivrogne corrigé« von Louis Ansaume) geht auf eine Fabel La Fontaines zurück. Ein allzu heftiger Liebhaber des Alkohols, der selbst in der Hölle noch Wein verlangt, wird auf amüsante Weise – und unter Hinzufügung einer Reihe lustiger Figuren und Geschehnisse – geheilt. Gluck erweist sich als glänzender Parodist, dem die Melodien volkstümlicher Prägung nur so im Handgelenk sitzen. Er imitiert Vaudeville-Rhythmen, italienische Opera buffa, streut sogar Wiener Volksmelodik ein, und würde man die Analyse weiter treiben, entdeckte man noch eine Reihe anderer Opernelemente, die noch nicht recht zum Gluck der späteren Reformwerke passen wollen. Uraufführung: Wien 1760.
»Der betrogene Kadi« (das französische Textbuch stammt von Guilleaume Le Monnier) imitiert »türkisches Milieu« (wie der damalige Europäer es sich musikalisch und auch sonst vorstellte, siehe Mozarts »Entführung«) mit allerlei Schlaginstrumenten. Ein auf Abenteuer ausgehender Kadi wird im eigenen Netz gefangen; anstelle des entzückenden Mädchens, von dem er träumt, wird ihm ein abschreckend häßliches Exemplar des sogenannten »schönen« Geschlechts in die Hände gespielt – so abschreckend häßlich, daß es in dieser kleinen Lustspieloper nur durch ... einen Mann dargestellt werden kann ... Uraufführung: Wien 1761.
»Die Pilger von Mekka« oder »Die unerwartete Begegnung« (nach dem Französischen des Le Sage: »Les pèlerins de la Mecque«), die am 7. Januar 1764 im Wiener Burgtheater uraufgeführt wurde, dürfte das bedeutendste dieser »kleinen« Werke sein. (Es entzückte u. a. Mozart, der Variationen über eine seiner Melodien schrieb und sie in Glucks Anwesenheit auf dem Cembalo spielte). Der Text ist »türkisch« und Mozarts (späterer) »Entführung aus dem Serail« recht ähnlich: Entführung – Entdeckung – Verzeihung sind auch hier die tragenden Handlungsmomente.

Hermann Goetz

1840–1876

Liebenswert, das wäre vielleicht das rechte Wort, wollte man mit einem einzigen Ausdruck Goetz' Talent umreißen, so wie es der richtige Ausdruck bei Cornelius ist, seinem Zeitgenossen, dem Komponisten des »Barbier von Bagdad«. Am 7. Dezember 1840 in Königsberg geboren, ließ sich Goetz mit 23 Jahren, als erste Anzeichen der Schwindsucht sich zeigten, in der Schweizer Stadt Winterthur nieder, wo er mit dem in der benachbarten Stadt Zürich vorübergehend hausenden Brahms Freundschaft schloß. Er lernte den Berner Dichter Joseph Viktor Widmann kennen, mit dem er Opernpläne schmiedete. Zuerst dachten sie an einen »Parsifal« (zehn Jahre vor Wagner), schufen aber schließlich »Der Widerspenstigen Zähmung«, die sich neben dem genannten Werk von Cornelius, neben Nicolais »Lustigen Weibern von Windsor«, neben Wolfs »Corregidor« und neben dem Besten, was Lortzing schuf, in den vordersten Reihen der deutschen romantischen Spielopern befindet. Am 3. Dezember 1876 starb der Komponist, in voller Jugend, in Hottingen/Zürich. Er konnte eine zweite Oper, »Francesca da Rimini«, nicht mehr vollenden.

Der Widerspenstigen Zähmung

Komische Oper in vier Akten. Textbuch, nach Shakespeare, von Joseph Viktor Widmann.
Personen: Baptista (Baß); Katharina und Bianca, seine Töchter (Soprane); Lucentio (Tenor) und Hortensio (Bariton), Freier Biancas; Petrucchio, Edelmann aus Verona (Bariton); sein Diener, ein Schneider, eine Witwe u. a.
Ort und Zeit: Padua und Verona, 16. Jahrhundert.
Handlung: Bianca, die umschwärmte Tochter eines reichen Edelmanns aus Padua, soll die Erlaubnis zur Heirat erst dann erhalten, wenn ihre ältere Schwester Katharina, einen Mann bekommen hat. Aber Katharina ist eine wahre Hexe, zänkisch, hochmütig, unverträglich, lieblos. Bis einer kommt, der so tut, als wäre er das alles in noch höherem Maße: Petrucchio. Brutal begegnet er ihren Launen, duldet keine Widerrede. Nach der Hochzeit führt er sie in sein Veroneser Haus, wo ihm kein Essen gut genug, kein Kleid schön genug für die »Angebetete« ist, die darum hungern muß und nicht ausgehen kann. Schließlich bricht sie zusammen. Der Mann ist stärker als sie. Aus ihrer Wut wird langsam Bewunderung, schließlich Liebe, die von Petrucchio, der nun die Maske ablegt, glühend erwidert wird.
Quelle und Textbuch: Shakespeares Meisterwerke haben die Opernkomponisten stets in starkem Maße zur Vertonung gereizt. Eine Liste erstellen zu wollen, nähme viele Seiten, ja ein kleines Buch in Anspruch. Eine nicht komplette Statistik zu Beginn unseres Jahrhunderts zählt viele Hunderte auf, zu denen inzwischen, in unserer besonders shakespeareverehrenden Zeit, viele weitere gekommen sind. »Romeo und Julia«, »Hamlet« und »Der Sturm« stehen hier wohl an der Spitze. Seltener sind Vertonungen der »Widerspenstigen Zähmung« (deren sich nun auch, mit vollem Gelingen das Musical bemächtigt hat: »Kiss me, Kate«). Widmann bearbeitete die Komödie mit starkem Gefühl für Musik, neben dem zeitweise turbulenten Ablauf gibt es lyrische Ruhepunkte, wie die romantische Oper sie brauchte und wie Goetz sie liebevoll zu nützen wußte.
Musik: Im Zeichen Wagners stehend und doch ihn nie kopierend, mit einem Zug zur festen geschlossenen Form, mit vielen Arien (denen nach alter Art Rezitative vorausgehen) und einer Fülle feinster Einzelheiten. Höhepunkte der Partitur sind vielleicht Lucentios Serenade, Hortensios komischer Auftritt, Petrucchios Erscheinen: »Sie ist ein Weib, für solchen Mann geschaffen wie ich!«; dann Katharinas Streitgesang »Ich will mich keinem geben«, der im Ausbruch »Ich möcht' ihn fassen, ich möcht' ihn zerreißen und möcht' ihn doch mein eigen heißen...« gipfelt, schließlich die entzückende »Unterrichtsstunde« mit Liebeszitaten aus Vergil und einer C-Dur-Tonleiter sowie das große, triumphale Schlußduett der einander nunmehr Liebenden.
Geschichte: Der Uraufführung im Mannheimer Nationaltheater am 11. Oktober 1874 war ein starker Erfolg beschieden; rasch schlossen sich andere Bühnen an: Wien, Berlin, Leipzig, München, Salzburg, Dessau usw. Es ist interessant, die ersten Kritiken durchzublättern. Selbst gefürchtete Federn wußten viel Gutes zu finden, so Eduard Hanslick, der seinen Artikel mit diesen Worten schließt: »Mit all ihren Vorzügen leidet die komische Oper von Goetz an dem deutschen Erbfehler: sie ist keine Theatermusik.« Hanslick hat im Grunde Recht behalten. Das Werk hielt sich nicht im Spielplan, sowenig wie Cornelius' »Barbier von Bagdad« und Wolfs »Corregidor«, die ebenfalls volkstümliche deutsche Spielopern sein sollten. Und doch kommen sie immer wieder hervor, stiften viel Freude und innere Befriedigung. Wie sagte Schumann so schön? »Es braucht nicht alles in der Welt gleich Furore zu machen und darf doch eines ehrenden Andenkens in der Kunstgeschichte gewiß sein«. Goetz verdient sogar mehr als bloß ein »ehrendes Andenken«.

Carlos Gomes
1836–1896

In Campinas, einer Stadt im brasilianischen Bundesstaat Sao Paulo, wurde dieser Begründer der Nationaloper seines Vaterlandes am 11. Juli 1836 geboren. Er erwies sich beim Musikstudium als so begabt, daß Kaiser Pedro II. ihn zur weiteren Ausbildung nach Italien schickte, wo er begreiflicherweise in den Bannkreis der – in Brasilien noch kaum existierenden – Oper und damit Verdis geriet. Er schrieb nun für das Musiktheater und fand mit seinem fünften Bühnenwerk, »Il Guarani«, in der Mailänder Scala am 19. März 1870 einen durchschlagenden Erfolg, dem auch Verdi applaudierte. Dom Pedro II. ließ das Werk aus dem Italienischen (in dem es komponiert wurde, obwohl der dichterische Urtext portugiesisch ist) in die Landessprache zurückübersetzen und zu seinem Geburtstag in Rio de Janeiro aufführen. Seit damals bedeutet »Il Guarani« Brasiliens unangefochtene Nationaloper. Gomes trat hernach noch mit weiteren Bühnenwerken auf den Plan: »Fosca« (1873), »Salvador Rosa« (1876), »Maria Tudor« (1879), seiner zweitpopulärsten Oper »O Scravo/Der Sklave« (1889) und zuletzt »Der Kondor«. Der Günstling des Kaisers fühlte sich bei Ausrufung der Republik (1889) nicht mehr wohl in der Hauptstadt; er beendete sein Leben als Konservatoriumsdirektor in der fernen Stadt Belém do Pará, am 16. September 1896.

»Il Guarany« (auch »Guarani«, jedenfalls mit Betonung auf der letzten Silbe) schildert eine Episode aus dem Kampf der europäischen Konquistadoren gegen die in Südamerika heimischen Guarani-Indianer. José de Alençar schrieb einen Roman gleichen Namens, aus dem das Libretto dieser Oper entstand; es ähnelt jenen, die Verdi in seiner mittleren Epoche vertonte. Kampf, Liebe, Intrige, Heldentod und exotische Tänze spielen die Hauptrolle; allerdings kommt hier das rassische Element hinzu, das so viele Opernkomponisten Lateinamerikas aus begreiflichen Gründen stets besonders gereizt hat.

Ein edler Indianer steht im Mittelpunkt, Pery, Häuptling eines Guaranistammes. Er liebt Cecilia, die Tochter Antonios de Mariz, eines portugiesischen Edelmannes, der gegen 1560 in der Nähe von Rio de Janeiro (damals ein winziger befestigter Platz am Ufer der Neuen Welt) auf seinem Schlosse residiert. Und der Indio verteidigt seinen Freund nicht nur gegen seine Stammesgenossen, sondern vor allem auch gegen eine Gruppe von weißen Verrätern. Bei einem Überfall der Indios fallen er und Cecilia in deren Hände. Der schönen Weißen bietet der Häuptling die Krone an, Pery aber soll getötet werden. Schon umtanzen die Indios in Ritualtänzen den für den Opfertod ausgewählten Platz (zu Klängen, die als rein italienisch bezeichnet werden müssen und in denen kein indianisches oder brasilianisches Element zu spüren ist). ①

Da macht die Königin zum ersten Male von ihrem neuen Rechte Gebrauch: sie gewährt dem zum Tode Verurteilten einen Aufschub und erklärt ihm in einem – ebenfalls mit italienischer Melodik getränkten – Duett ihre nie versiegende Liebe. Die Weißen kommen zurecht, der Kampf entbrennt aufs neue. Cecilia wird den Indianern entrissen, aber Pery verschwindet und wird für tot gehalten. Doch als die Indianer zum neuerlichen Angriff auf das Schloß rüsten und die Verräter glauben, ihr eigenes Leben retten zu können, indem sie Don Antonio ausliefern, erscheint der treue Pery. Er kennt als Einziger einen schmalen Durchgang, der nicht mehr als zwei Personen zur Flucht verhelfen kann. Er erhält die Taufe und die Hand Cecilias, mit der er in die endgültige Freiheit flüchtet. Don Antonio aber sprengt das Schloß in die Luft und stirbt gemeinsam mit den weißen Verrätern und den ersten eindringenden Indios.

Jakov Gotovač

1895–1982

Viel Volks-, aber sehr wenig Kunstmusik ist aus dem südslawischen Raum, dem Jugoslawien der neueren Geschichte, in die Weltliteratur eingegangen. Um so mehr seiner schönen Melodien leben in Meisterwerken des nördlich benachbarten Raumes: Haydn hat viele von ihnen in seine sinfonische und Kammermusik eingestreut, Beethoven das Hauptthema des ersten Satzes seiner Pastoralsinfonie (VI.) aus einem Volkslied dieser Region gestaltet. So ist es sicher nicht verwunderlich, daß die erste jugoslawische Oper, die einen durchschlagenden internationalen Erfolg zeitigte, fest auf der Volksmusik beruht: »Ero der Schelm«. Sie war 1935 in Zagreb uraufgeführt worden, gelangte am 3. April 1938 in Karlsruhe auf die erste ausländische Bühne und stand bald auf dem Repertoire von ungefähr 60 Theatern. Damit rückte ihr Komponist, der am 11. Oktober 1895 in Split (Dalmatien) geborene Jakov Gotovač, unter die namhaften Opernschöpfer. Bis dahin hatte er – der seit 1932 am Kroatischen Nationaltheater als Dirigent wirkte – schon mehrere Opern geschaffen: »Dubravka« (1928) und »Morana« (1930). Auf diese folgten, nachdem »Ero« ihm einen guten Namen gemacht hatte, »Kamenik« (1946), »Mila Gojsalića« (1952) sowie das Singspiel »Gjerdan« (1955), aber er konnte seinen großen internationalen Erfolg nicht wiederholen, es sei denn mit dem »Symphonischen Kolo«, einem brillant bearbeiteten Nationaltanz für großes Orchester (1935), der auch des öfteren für Ballettabende choreographiert wurde.

»Ero der Schelm« ist eine komische Oper in drei Akten, auf ein entzückendes Textbuch von Milan Begovic geschrieben. Es spielt zwar im Jugoslawien von heute, setzt aber eigentlich nur die uralte Schelmengeschichte von Ero fort, in dem das jahrhundertelang unterdrückte Volk sich gewissermaßen selbst porträtiert hat. Hier ist es Mitscha, ein Bauernbursche auf Brautschau, der sich für den eben vom Himmel gefallenen Ero ausgibt; er stellt die hübsche Djula auf die Probe, ob sie ihn (und nicht sein Geld) liebe. Dabei spielt er ihrem geizigen Vater und ihrer dummen Stiefmutter eine Reihe lustiger Streiche, bis er die Braut in sein Heimatdorf führen und zuletzt sogar noch den Segen der Braueltern erlangen kann. Sehr vergnüglich, sehr einfach, sehr volkstümlich ist das alles, gerade so wie die Musik, die mit Folklore nicht spart, aber glänzend mit ihr umzugehen weiß. Ob der Vergleich mit der »Verkauften Braut«, der hie und da laut wurde, angebracht ist oder nicht, sei nicht entschieden, ja nicht einmal erörtert. Es muß nicht jeder, der eine reizende slawische Volksoper zu komponieren weiß, ein Smetana sein!

Charles François Gounod

1818–1893

Gounod, der populärste Komponist der französischen Opernschule des 19. Jahrhunderts, kam am 17. Juni 1818 in Paris zur Welt. Früh zeigte sich sein musikalisches Talent, das er zuerst in der Richtung geistlicher Werke ausbilden wollte. Mit 21 Jahren gewann er den Großen Rompreis des Pariser Konservatoriums. In der Ewigen Stadt beeindruckte ihn Palestrinas geistliche Musik tief, und beinahe wäre er dem Priesterstand beigetreten. Aber seine dramatische Begabung ließ ihn den Weg zur Oper finden, auf dem er nach den Teilerfolgen der »Nonne sanglante« und des »Médecin malgré lui« mit »Faust« im Jahre 1859 einen entscheidenden Erfolg erzielte. Mit einem Schlage war Gounod zum Hauptvertreter der französischen Romantik geworden, Nachfolger Meyerbeers, Anführer einer Gruppe von Komponisten, zu der Thomas, Hérold, Halévy, Saint-Saëns und der junge Bizet zu zählen sind. In seinem weiteren Schaffen konnte Gounod zwar den »Faust«-Erfolg nicht mehr ganz erreichen, aber »Romeo und Julia« fand ebenfalls starke Verbreitung, und »Mireille« gilt Opernkennern als Gounods vielleicht feinstes Werk. »Philemon und Baucis«, »Die Königin von

Saba«, »Cinq-Mars«(nach dem Adligen dieses Namens, der 1642 hingerichtet wurde), »Polyeucte« und »Der Tribut von Zamora« erzielten vorübergehende, dem Ruhm ihres Komponisten zu verdankende »Achtungserfolge«. Gounod war ein glänzender Melodiker, zudem ein wahrer Kenner aller musikalischen Künste. Eine gewisse, machmal stark aufgetragene Süßlichkeit seiner Musik muß eher dem Zeitgeist als ihm zur Last gelegt werden.

Faust (Margarethe)

Oper in fünf Akten (sieben Bildern). Textbuch, nach Goethe, von Jules Barbier und Michel Carré.
Originaltitel: Faust
Originalsprache: Französisch
Personen: Faust (Tenor), Mephisto (Baß), Margarethe (Sopran), Valentin, ihr Bruder (Bariton), Brander oder Wagner (Bariton), Siebel (Mezzosopran, Sopran oder auch Tenor), Marthe Schwerdtlein (Mezzosopran oder Alt), Studenten, Soldaten, Bürger, Volk, Geister und Dämonen, Hexen, Teufel, Engel.
Ort und Zeit: Eine deutsche Stadt; die Walpurgisnacht auf einem Phantasieschauplatz, Mittelalter.
Handlung: Einer nicht sonderlich interessanten Ouvertüre folgt das erste Bild im Studierzimmer Dr. Fausts, der wieder eine Nacht – wie schon unzählige seines langen Lebens – über Büchern verbracht hat. Aber je mehr er studiert, desto verzweifelter erkennt er, daß er den großen Fragen des Lebens um nichts nähergekommen ist. In einem Anfall von Schwermut will er zum Giftbecher greifen, aber der frohe Gesang der Bauern, die Gott und die Natur preisen, hält ihn zurück. Faust beschließt, einen letzten Versuch zu wagen. Möge denn der Satan ihm beistehen! Und sofort ist dieser zur Stelle, verneigt sich, erklärt, Mephisto zu heißen. Faust weist ihn zurück, wird aber angesichts des weltmännischen Betragens seines Besuchers wankend. Mephisto befragt den Gelehrten. Was wünsche er? Reichtümer? Nein. Ruhm? Nein. Macht? Ebensowenig. Eines will er, das alles in sich schließe: Jugend. Mephisto verspricht es; um einen Preis, versteht sich. Daß Faustens Seele nach dem Tode ihm gehöre. Noch zögert der Gelehrte, da verleitet ihn die engelhafte Erscheinung eines jungen Mädchens, die Mephisto ihm wie ein fernes Bild verlockend zeigt, zur Annahme des Paktes. Wie er es ersehnte, verwandelt Mephisto ihn nun unter Zauberformeln in einen Jüngling. Auf, in die Welt!
Der zweite Akt bringt ein frohes Fest vor der Stadt, wo die Menge singt und tanzt. Lediglich Valentin zeigt ein ernstes Gesicht; er muß in den Krieg ziehen und seine junge Schwester Margarethe allein lassen. Siebel, der sie heimlich liebt, verspricht, ihr beizustehen. Valentin singt eine feierliche Abschiedsarie, die berühmt wurde. ①
Diesem gebetartigen Lied setzt ein plötzlich auftauchender, unheimlicher Gast sein eigenes entgegen. Alles erschauert vor der unheimlichen Weise, dem »Rondo vom goldenen Kalb«, das Mephisto da anstimmt. ②
Als er endet, prophezeit er Brander und Valentin baldigen Tod und sagt voraus, daß jede Blume, die Siebel berühren werde, sofort welken müßte. Er weist den Wein zurück, der ihm geboten wird, und läßt aus einem leeren Faß solchen von höchster Güte fließen. Dann trinkt er auf Margarethes Wohl. Valentin, bereits erregt wegen einer früheren Anspielung auf seine Schwester, fordert nun den Fremden zum Zweikampf heraus. Hohnlachend stellt Mephisto sich ihm und zerschlägt sein Schwert. Mit Zauberkünsten verhindert er das Vordringen der jungen Männer, die ihn bedrohen. Der Teufel! Ein Schreckensruf durchjagt die Menge. Gegen ihn gibt es nur eine Verteidigung: das Kreuz. Mephisto muß sich vor den umgekehrten Schwertern, deren Griffe Kreuze bilden, zurückziehen, aber er gelobt Rache. Faust tritt auf und ermahnt Mephisto, ihn so bald als möglich zu Margarethe zu führen. Es werde nicht leicht sein, ihre Liebe zu erringen, wendet der Teufel ein. Das Volk gibt sich neuerlich dem Tanz hin; Gounod hat zu dieser Szene einen schwungvollen Walzer geschrieben, der sehr populär geworden ist. ③ Dem jungen Mädchen nähert Faust sich alsbald mit dem Angebot, sie geleiten zu dürfen; sie lehnt verwirrt ab, will nicht »Fräulein« oder gar »schön« genannt werden, wie Faust dies soeben tat. Im Innersten geschmeichelt, wenn auch nach außen unnahbar, setzt sie ihren Weg fort. Faust wendet kein Auge mehr von ihr. Ein zärtliches, nie gekanntes Glücksgefühl hat sich seiner bemächtigt.
Der dritte Akt spielt im Garten vor Margarethes

① *Moderato*
Avant de quitter ces lieux,..
VALENTIN

② Le veau d'or est toujours debout,..
MEPHISTO

③ Tempo de valse

④ *Larghetto*
Salut! demeure chaste et pure, Salut! demeure chaste et pure.....
FAUST

Haus. Siebel hat einen Blumenstrauß gebracht, aber Mephistos Worte bewahrheiten sich: die Blüten welken schnell. Faust und Mephisto treten auf. Als sie Siebels Blumengabe sehen, entfernt Mephisto sich, um ein glänzenderes Geschenk zu bringen. Inzwischen singt Faust eine schöne Arie, die den Eindruck höchster Keuschheit und Reinheit schildert, den er hier an Margarethes Schwelle empfing. ④

Mephisto kehrt mit einem Schmuckkästchen zurück, das Faust vor Margarethes Tür stellt. Dann gehen die beiden Männer. Margarethe kehrt heim. Sie setzt sich ans Spinnrad und singt die altertümelnde Ballade vom König von Thule; aber sie unterbricht sich mehrmals, ihre Gedanken werden immer wieder durch die Erinnerung an den jungen Mann, der sie ansprach, unterbrochen. Da entdeckt sie das Köfferchen. Lange schwankt sie, aber dann siegt die Neugier. Sie legt den Schmuck an, während sie die ebenfalls sehr bekannte Melodie anstimmt, die man Juwelenarie nennt. Marthe, die Nachbarin, eilt herbei und bewundert die Juwelen. Da kommen auch Faust und Mephisto zurück. Letzterer nähert sich Frau Marthe und gibt vor, ihr letzte Grüße ihres im Felde verstorbenen Gatten zu überbringen. Während er ihr vielerlei erzählt und den Hof macht, kann er sie von dem jungen Paar entfernen, das in immer zärtlicheren Gefühlen zueinander entbrennt. Nach einem langen, melodiösen Liebesduett verabschieden sie sich. Margarethe steigt in ihr Gemach hinauf, dessen Fenster sie weit öffnet. Sie blickt dankbar zu den Sternen empor, während sie ihr Glück besingt. Faust belauscht sie aus den Büschen. Dann stürzt er zu ihr, in ihre weit geöffneten Arme. Durch den nächtlichen Garten hallt schaurig das Hohngelächter Mephistos.

Faust hat Margarethe verlassen, die ein Kind erwartet und verzweifelt der Bosheit ihrer Umgebung preisgegeben ist. In der Kirche sucht sie Trost. Aber in die heiligen Lieder der Chöre mischt sich stets die Stimme Mephistos, bis Margarethe in Ohnmacht fällt. Die Soldaten kehren heim; unter ihnen Valentin. Er hat von der Schande seiner Schwester gehört und will sie zur Rede stellen. Faust und Mephisto gelangen ebenfalls zu Margarethes Haus, wo Mephisto eine Serenade zur Gitarre singt. Valentin fordert die Männer zum Zweikampf. Faust ersticht, von Mephisto gedeckt, den Bruder seiner Geliebten. Nachbarn eilen herbei und hören den Sterbenden seine Schwester verfluchen.

Das erste Bild des fünften Aktes beschreibt die Orgien, die nach mittelalterlichem Glauben die Hexen in der Walpurgisnacht feiern. Auf dem felsigen Gebirge ist Mephistos Reich; mit der teuflischen Schönheit der Hexen sucht er Faust von seinen Erinnerungen abzulenken. Es ist dies der Augenblick eines glänzenden Balletts, das in keiner französischen Oper der damaligen Zeit fehlen durfte. Aber Faust kann Margarethe nicht vergessen.

Margarethe liegt im Kerker. Sie hat ihr Kind getötet, und jetzt verfällt sie immer tiefer dem Wahnsinn. Faust dringt ein, von Mephisto geführt. Mühsam erkennt Margarethe ihn, Erinnerungen der Liebesmelodien durchziehen das Orchester. Aber als Faust sie mit sich nehmen will, verfällt Margarethe abermals geistiger Umnachtung. Mephisto drängt, der Morgen naht, man hört Stimmen. Faust macht einen letzten Versuch, sich der Wahnsinnigen klar zu machen, aber da erlöst sie der Tod von ihren Leiden. Siegesgewiß ruft Mephisto »Gerichtet!«, aber himmlische Chöre übertönen ihn mit einem mild-leuchtenden »Gerettet!«

Quelle: Die mittelalterliche Legende von einem Weisen, Dr. Faust, der seine Seele dem Teufel verschreibt, um alles Versäumte nachholen und genießen zu können, aber auch um Klarheit über Fragen des Daseins zu gewinnen, hat zahllose Dichter und Schriftsteller angeregt. Goethes Fassung erhob sich zum Range eines der unsterblichen, höchsten Meisterwerke abendländischen Geistes. Der tiefgründige und doch theatergerechte Stoff hat auch viele Komponisten gelockt. Nennen wir hier nur die Faustopern von Boito, Berlioz, Spohr, sowie die moderneren von Busoni und Reutter, aber auch eine Reihe von Werken, in denen dieses Thema variiert wird (wie etwa in Strawinskys »Rake's progress«).

Textbuch: Solange man die Arbeit der Librettisten nicht mit Goethes Werk vergleicht, kann man ihr einiges Positive nachrühmen. Vor allem die geschickte Szenenführung, die Auswahl bunter und fesselnder Bilder, die Verteilung von dramatischen Höhepunkten und lyrischen Oasen. Von Goethe ist kaum mehr als eine äußerliche Handlung übriggeblieben, das Drama eines Kleinbürgermädchens, das rührt und bewegt. Der tiefe Sinn des »teuflischen« Elements ist völlig verloren gegangen (während es in Boitos »Mefistofele« stärker gewahrt werden konnte). Trotzdem (oder gerade deswegen): Eine in die Breite wirkende Oper mit dankbaren Rollen!

Musik: Auch Gounod ist weit von Goethes Drama entfernt, dessen Dämonie in keinem Augenblick zu musikalischem Ausdruck kommt. Aber er ist ein prächtiger Melodiker, er hat die große Gesangslinie und eine glänzende Orchestertechnik. Viele Stücke sind durch ihre leichte Faßlichkeit äußerst populär geworden und bis heute geblieben. Es ist so recht Musik für eine »grande opéra«, äußerst wirkungsvoll, von oft berauschendem Klange.

Geschichte: Die Entstehung dieser Oper stieß auf Hindernisse, weil knapp vor ihrer Vollendung ein Melodram auf das gleiche Thema in Paris aufgeführt und Gounod dadurch zur Unterbrechung gezwungen wurde. Der Theaterdirektor schlug ihm einen anderen Stoff vor. Später kam Gounod auf »Faust« zurück, vollendete seine Oper und führte sie am 19. März 1859 zum ersten Male im Théatre Lyrique auf. Das Publikum blieb kühl, es fand die Oper »zu deutsch«. Der Welterfolg nahm dann tatsächlich in Deutschland seinen Anfang, wo das Werk unter dem Namen »Margarethe« bald an allen Bühnen gespielt wurde. Zehn Jahre später arbeitete Gounod seine Oper für die Grande Opéra um, ersetzte den ursprünglichen Dialog durch gesungene Partien, fügte einen wirkungsvollen Soldatenchor und Valentins »Gebet« in die Partitur ein, die zu einem »Klassiker« der französischen Oper wurde. Die ganze Welt hat sie gespielt, Nordamerika seit 1863, Südamerika (Buenos Aires) seit 1866.

Mireille

Für manchen Kenner bedeutet »Mireille«, und nicht »Faust«, den wahren Höhepunkt in Gounods Bühnenschaffen. Doch gelangt diese Oper nur selten über die Grenzen ihres Heimatlandes hinaus; Bruchstücke daraus, vor allem eine walzerartige Koloraturarie der Titelgestalt, sind immerhin lange Zeit hindurch in vieler Munde gewesen. Von »Mireille« gibt es zwei Fassungen: eine erste, als die authentische angesehen, die tragisch endet und fünf Akte hat, und eine zweite, mit glücklichem Ausgang, in drei Aufzügen. (Bei den provenzalischen Festspielen kommt ausnahmslos die erste zur Aufführung, ganz nahe dem Platze übrigens, an dem die Handlung spielt.) »Mireille« ist ein provenzalisches Werk. Michel Carré hat seinen Inhalt einer der bedeutendsten provenzalischen Dichtungen dieser Gegend entnommen: »Mireio« des Nobelpreisträgers Frédéric Mistral, in provenzalischer Sprache verfaßt – das heißt, in der altehrwürdigen »langue d'oc« – und hernach als »Mireille« ins Französische übertragen. Carré wählt aus Mistrals Poem eine dramatische Handlung aus, in der die Liebe Mireilles zu dem armen Vincent zuletzt, wenn auch erst im Tode, über die Härte ihres Vaters triumphiert. Dabei verwendeten Dichter und Librettist provenzalische Sagen und Legenden und Gounod echte Volksmusik aus dieser malerischen Region Frankreichs.

Romeo und Julia

Aufführungsstatistiken zeigen, daß »Roméo et Juliette«, in der Vertonung Gounods, mit Hunderten von Aufführungen weit vorne in der Liste der meistgespielten Werke der Pariser Oper steht. Viele Jahre regelmäßig erfolgte die prunkvolle Saisoneröffnung der New Yorker Metropolitan-Oper mit diesem Werk. Adelina Patti sang jahrelang die Julia, zudem heiratete sie ihren Romeo vieler Vorstellungen. Das Textbuch, das sich mit überraschender Treue an Shakespeares Drama hält, stammt, wie das des »Faust«, von Jules Barbier und Michel Carré. Es erzählt in fünf Akten (sechs Bildern) die tragische Liebe des Veroneser Paares, das zum Sinnbild treuer Liebe und zum Stoff zahlreicher musikalischer Werke wurde. Auf dem düsteren Hintergrund der Sippenfeindschaft zweier mächtiger Familien des italienischen Mittelalters erblüht die Liebe Romeos und Julias, die von einem Priester heimlich getraut werden. Die Verbannung Romeos aus Verona reißt die Liebenden auseinander. Ihr Vater will Julia, von deren Eheschließung er nichts weiß, mit einem mächtigen Verwandten des Herzogs vermählen. Der Priester, der den Liebenden stets zur Seite stand, rät Julia, zum Schein Gift zu nehmen; so könne sie am ehesten ihrem Gatten in die Verbannung folgen. Julia befolgt seinen Rat. Doch Romeo, von der Nachricht über Julias vermeintlichen Tod erschreckt, kehrt nach Verona zurück, wo er neben der Aufgebahrten, nur Bewußtlosen, Gift nimmt. Da erwacht Julia. Ein letzter ergreifender Liebesgesang schlingt sein melodiöses Band um das Paar. Dann sinkt Romeo tot nieder, und Julia ersticht sich über seiner Leiche. Eine Reihe von Melodien hat sich außerhalb des Werkes verbreitet, so zwei Tenorarien Romeos, ein froher Walzer Julias und einiges aus den innigen Liebesszenen. (Uraufführung: Paris, 29. April 1867).

Paul Graener
1872–1944

Es war einmal ... ein deutscher Opernkomponist, dem viele Erfolge und doch nicht der Erfolg beschieden war; der ein großer Könner war, aber mit diesem Können nicht aufzutrumpfen wußte; der ein unstetes Musikantendasein führte (geboren am 11. Januar 1872 in Berlin, Musiklehrer in London und Wien, Direktor des Salzburger Mozarteums, Lehrer in München, Leiter des Sternschen Konservatoriums in Berlin, dann dort Professor einer Meisterklasse für Komposition an der Kunstakademie), das am 14. November 1944 endete, während diese Stadt in Schutt und Asche zerfiel, und der unzeitgemäß blieb, ein letzter Romantiker, ein Träumer. Und so sind Romantiker, Träumer seine besten Operngestalten, Träume und Sehnsüchte seine schönsten Opernszenen. Innig ist alles, wie aus vollem und, inmitten einer rauhen Umwelt, wehem Herzen.
Mit dem seinerzeit vielbeachteten »Don Juans letztes Abenteuer« (erste Fassung 1914, zweite 1934) begann Graeners Bühnenkarriere. Der Text stammt von Otto Anthes und bringt die Idee eines alternden Don Juan auf die Bühne, der zwar noch immer einen starken sinnlichen Reiz auf die Frauen ausübt, aber ihre Seele nicht mehr an sich zu fesseln weiß und sich schließlich ersticht. Nach einem antikisierenden »Theophano« (später »Byzanz« genannt) wendete Graener sich einem heiteren Sujet zu: »Schirin und Gertraude« (uraufgeführt am 28. April 1920 in Dresden) bringt, von Ernst Hardt gedichtet, die Geschichte des Grafen von Gleichen, der aus dem Morgenland eine türkische Frau mitbringt, sie aber seiner abendländischen Gattin wegen als Pagen verkleidet. Die beiden Frauen werden innige Freundinnen und kümmern sich um den Grafen fortan überhaupt nicht mehr. »Hanneles Himmelfahrt« (Dresden, 1927) kommt Graeners Eigenart besonders entgegen, da er mit seiner fast impressionistischen Klangpalette die traumhaften Stimmungen des Gerhart Hauptmannschen Spiels schön trifft. Am 13. November 1931 erlebte »Friedemann Bach« seine Uraufführung in Schwerin und konnte auf einigen Bühnen Interesse erregen. Rudolf Lothar schrieb – nach dem fesselnden, wenn auch anfechtbaren Roman Brachvogels über den »romantischsten« Sohn des großen Thomaskantors – ein Textbuch, das Graener viel Gelegenheit zum Musizieren in verschiedenen Stilen gibt. Schließlich schuf Graener einen »Prinz von Homburg« nach dem Schauspiel von Kleist (das zwanzig Jahre später den jungen Henze zur Vertonung reizte) und erlebte am 14. März 1935 einen letzten Premierenerfolg in Berlin.

Enrique Granados
1867–1916

Granados – einer der drei wichtigsten spanischen Komponisten der letzten hundert Jahre – wurde am 27. Juli 1867 in Lérida, Katalonien geboren. Gleich dem um sieben Jahre älteren Albéniz war er ein glänzender Pianist und (mehr noch als jener) ein ausgeprägter Romantiker. Mit dem um neun Jahre jüngeren Falla hatte er das gewissenhafte Ausfeilen und die zarte Feinheit der Empfindung gemein. Er schrieb im Jahre 1914 einen Zyklus von Klavierstücken, in dem er des Glanzes ferner romantischer Zeiten in Madrid gedachte, wie der große Goya sie meisterhaft in seinen berühmten Gemälden dargestellt hatte. Er nannte sie, diesem Inhalt entsprechend, »Goyescas«. Sie wurden in Spanien sehr bekannt, wie auch seine »Spanischen Tänze«, seine »Liebeslieder«, seine »Melodien im alten Stil« und einige seiner frühen Bühnenstücke, die man am ehesten der Zarzuela, der spanischen Spieloper, zurechnen kann. Im Gegensatz zu seinem Freunde Albéniz empfand er Abneigung gegen das Reisen, und die einzige große Fahrt seines Lebens sollte ihm zum Verhängnis werden. Er hatte aus dem Klavierzyklus »Goyescas« eine Oper gleichen Namens gemacht und war von der Metropolitan Oper in New York eingeladen worden, sein Werk dort selbst zu dirigieren. Bei seiner Rückkehr in die Heimat – er lebte als angesehener Lehrer in Barcelona – wurde das Schiff von einem deutschen Unterseeboot torpediert. Es heißt, daß Granados sich hätte retten können, aber sich nicht von seiner untergehenden Gattin trennen wollte. So fanden beide am 24. März 1916 in den Fluten des Atlantischen Ozeans den Tod.

Goyescas

Oper in drei Bildern. Textbuch von Fernando Periquet.
Originaltitel: Goyescas
Originalsprache: Spanisch
Personen: Rosario, Dame aus der hohen Gesellschaft (Sopran), Fernando, Offizier, ihr Bräutigam (Tenor), Paquiro, Stierkämpfer (Bariton), Pepa, seine Braut (Mezzosopran), Burschen und Mädchen.
Ort und Zeit: Madrid und Umgebung, um 1800, zur Zeit Goyas (1746–1828).
Handlung: Ein kurzes Orchestervorspiel führt in das Werk ein. Burschen und Mädchen spielen auf einer Wiese vor den Toren von Madrid, so wie Goya es auf einem seiner berühmten Bilder gemalt hat. Im Hintergrund die San Antonio-Kirche, links der Manzanaresfluß. Es ist ein sonniger Tag. Unter der Menge befinden sich Paquiro und Pepa. Der Stierkämpfer sinnt stets auf neue Abenteuer, und als einem Wagen eine vornehme Dame entsteigt, glaubt er seine Gelegenheit gekommen. Er erkennt Rosario, mit der er einmal auf einem zweifelhaften Ball getanzt hat. Paquiro schlägt ihr ein Stelldichein an ähnlichem Orte vor, aber der junge Offizier Fernando, der sich hier mit Rosario verabredet hat, hört seine Worte. Obwohl Rosario seine Eifersucht zu beschwichtigen sucht und ihn ihrer Liebe versichert, zeigt sie doch Lust, den von Paquiro vorgeschlagenen Ball zu besuchen. Pepa, die ihrerseits auf Paquiro eifersüchtig ist, nimmt sich vor, an ihrer vornehmeren Rivalin Rache zu üben.
Das zweite Bild bringt den Vorstadtball. Rosario trifft am Arm Fernandos ein, dessen hochmütiges Benehmen beim Volke Abneigung hervorruft. Die Stimmung wird immer gespannter. Fernando fordert Paquiro zum Duell heraus. Während Rosario aus einer Ohnmacht zu sich kommt und Fernando sich mit ihr entfernt, erklingt ein rasender Fandango im überfüllten Tanzsaal.
Im Garten ihres Palastes singt Rosario ein schwermütiges Lied vom »Mädchen und der Nachtigall«, eine der schönsten Eingebungen Granados'. ①
Sie erwartet ihren Bräutigam in einer warmen Vollmondnacht. Fernando trifft ein, aber Paquiro geht nahe auf und ab, um den Offizier an das Duell zu erinnern. Unter einem Vorwand entfernt Fernando sich von Rosario. Das Mädchen ahnt Böses, aber zu spät entdeckt sie die Wahrheit. Als sie den beiden Männern nacheilt, hört sie Fernandos Schrei. Sie kann den Verwundeten noch zur Bank im Garten bringen, wo er in ihren Armen stirbt.
Quelle: Die Gemälde Goyas aus der romantischen Epoche Madrids.
Textbuch: Auf einigen charakteristischen Figuren dieser Bilder fußend, erfand Periquet eine reichlich gewöhnliche Geschichte von Liebe und Eifersucht. Sein einziges Verdienst besteht in gewissen bunten Volksszenen, die gut geschaut sind.
Musik: Der Gedanke, die Klavierstücke, die Granados über einzelne Bilder Goyas geschrieben hatte, zu einer Oper umzuwandeln, ist diskutabel. Da es sich um zwei sehr verschiedene Genres handelt und zudem die Dramatik nie die

Stärke Granados' war, blieb diese Oper ein Mosaik aus fein inspirierten, lyrischen Stücken. Die besten Momente sind das oft gespielte »Intermezzo« voll glutvoller, prächtig instrumentierter spanischer Melodien, und das erwähnte Lied vom Mädchen und der Nachtigall.
Geschichte: Ursprünglich für die Pariser Oper bestimmt, die aber des Krieges wegen absagte, wurde »Goyescas« am 28. Januar 1916 mit großem Erfolg in New York uraufgeführt. Dort war, wenige Tage vorher und lediglich um einen szenischen Umbau zu überbrücken, das »Intermezzo« entstanden, das stürmisch bejubelt wurde und seinen Weg als glänzendes Konzertstück durch die Welt nahm. Die Oper aber blieb ein seltener, feiner Gast auf den Bühnen, selbst in ihrem Heimatlande, das der ernsten Opernkunst nicht sehr aufgeschlossen ist und nur die bunte Spieloper feiert, die stets betont national, ja zumeist lokal gefärbte Zarzuela.

Joseph Haas
1879–1960

Einen »Spitzweg der Musik« hat man einmal diesen (am 19. März 1879 in Maihingen, Bayern, geborenen) bedeutenden deutschen Musiker genannt, der auf dem Gebiet der religiösen Musik, des Oratoriums, des Lieds, des Orchesters, der Kammermusik und der Oper viel geleistet hat. Damit hat man vielleicht auf den zarten, ins Idyllische versponnenen Lyriker anspielen wollen, auf den liebevollen Maler der kleinen, ein wenig abseits des Zeitstroms gelegenen Dinge. Aber man wird Haas damit allein nicht gerecht; er ist mehr. In den Rahmen unseres Buches gehören seine beiden Bühnenwerke. Sie sind von den deutschen Theatern eine Zeitlang beachtet worden, ohne in breite Publikumsschichten vorstoßen zu können, obgleich in ihnen echte, liebenswerte Volksmotive – dichterische wie musikalische – geschickte Verarbeitung gefunden haben. Haas starb am 30. März 1960 in München.

Tobias Wunderlich

Oper in drei Aufzügen (sechs Bildern). Textbuch von Hermann Heinz Ortner und Ludwig Andersen.
Personen: Tobias Wunderlich, Holzschuhmacher (Bariton), die heilige Barbara (Sopran), die Zigeunerbarbara (Mezzosopran), der Bürgermeister (Baß) und mehrere Gemeinderäte, zwei Kunsthändler, Rosenzweig (Tenor), Mister Brown (Baß).
Ort und Zeit: Irgendwo in den deutschen Alpenländern, Gegenwart.
Handlung: Zwei Kunsthändler überbieten einander bei der Versteigerung einer spätgotischen Holzfigur, die bisher eine kleine Kirche in den Bergen schmückte und nun von dem geschäftstüchtigen Gemeinderat losgeschlagen werden soll. Mister Brown ersteigert sie, aber der Holzschuhmacher Tobias Wunderlich ist empört. Er nimmt Abschied von der heiligen Barbara und fleht sie um ein Wunder an. Da wird sie lebendig, steigt vom Sockel, gibt sich als Elisabeth Velbacherin zu erkennen, die vor vielen Jahrhunderten einem großen Meister Modell gestanden, und bietet sich an, Tobias als Magd in sein Haus zu folgen. Um die vermeintliche gestohlene Figur entbrennt ein großer Streit im Gemeinderat. Die Zigeunerbarbara kann sich rechtfertigen. Immer mehr Verdacht fällt auf Tobias, um dessen neue schöne Magd zudem viel gemunkelt wird. Tobias aber versucht sich, in der merkwürdigen Stimmung, in die das unfaßbare Erlebnis ihn versetzt hat, selbst als Holzschnitzer. Da bricht die rauhe, neidische Umwelt bei ihm ein. In Wut gebracht, vergißt er die Warnung der Heiligen und gibt ihr Geheimnis preis. Die Magd verschwindet, und von Stund an steht die Barbarastatue wieder auf ihrem Platze in der Kirche. Tobias jedoch gelingt ein Kunstwerk, eine wundervolle, innige Heiligengestalt. Der Schluß rückt das Mysterium dann in den Alltag zurück: Die Kirche wird ein vielbesuchter Wallfahrtsort, woraus wiederum die Gemeinde Ka-

pital zu schlagen sucht. Tobias lehnt zornig jede Ehrung, aber auch jeden Verkauf der von ihm geschnitzten Statue ab. Lediglich akzeptiert er die Offerte des geschäftstüchtigen Amerikaners Mister Brown, ihm alljährlich zehntausend Paar Holzschuhe abzunehmen, denn das ist sein wahrer Beruf.

Textbuch: Hinter dem Pseudonym Ludwig Andersen verbirgt sich der als Opernlibrettist bedeutende Dr. Ludwig Strecker, Mitinhaber des Verlags Schotts Söhne in Mainz. Er schuf die Handlung frei aus seiner Phantasie und gemeinsam mit dem Komponisten (»die Zeiten der geistigen Gemeinschaftsarbeit mit Dr. Strecker waren die glücklichsten meines Kunstschaffens«, sagt Haas) wurde das Textbuch gestaltet.

Musik: Volkstümlich einfache, dabei aber doch opernmäßig kontrastreiche Musik, in der das kirchliche Element und die religiöse Mystik besser gelangen als die manchmal ein wenig äußerlichen Parodien (der Kunsthändler, des Gemeinderats, des geschäftstüchtigen Wallfahrtstreibens). Schöne melodische Einfälle und klingende Instrumentation zeichnen auch dieses Werk aus. Haas selbst hat seine Opernidee wie folgt niedergelegt: »Schauspiel – Oper – zwei Welten, äußerlich und innerlich betrachtet. Im Schauspiel führt das Wort. Das Wort wendet sich an den Verstand des Zuschauers. Der Verstand gleicht, ordnet, faßt zusammen und strahlt erst dann seine Wirkung auf das Gefühl aus. Anders in der Oper. Hier befiehlt die Musik. Sie wendet sich unmittelbar an das Gefühl. Ja, noch mehr: sie unterstreicht bewußt die dargestellten Gefühlsäußerungen, die Maßlosigkeit der Leidenschaften wie die Zartheit der Empfindungen. Ungesagtes kann sie aussprechen. Unwahrscheinliches darstellen. Der ordnende, vergleichende, zusammenfassende Verstand wird durch die Stärke des Gefühls zurückgedrängt.«

Geschichte: Haas arbeitete an jedem seiner Opernwerke durchschnittlich 2½ bis 3 Jahre. »Tobias Wunderlich« wurde am 24. November 1937 in Kassel uraufgeführt.

Die Hochzeit des Jobs

Komische Oper in vier Akten (acht Bildern). Textbuch nach Carl Arnold Kortums »Jobsiade«, von Ludwig Andersen.

Personen: Hieronimus Jobs (Bariton), der Apotheker, zugleich Bürgermeister (Bariton), Mutter Lenchen, Wirtin einer Studentenkneipe (Mezzosopran), Kätchen, ihre Tochter (Sopran), Jakob, Nachtwächter (Tenor), Babe, seine Frau (Alt), der Tischlermeister (Baß), der Dekan der juristischen Fakultät (Baß), Studenten, Professoren, Ratsherren, Volk.

Ort und Zeit: Eine kleine süddeutsche Universitätsstadt, um 1800.

Handlung: Jobs ist ein verbummelter Student, aber ein kluger, witziger Kopf. Beim Examen fällt er durch, aber die Rede, die er daraufhin hält, ist voll Geist, Witz und echter Liebe zum Leben, das in schroffem Gegensatz zum trockenen Studium steht. Während Kätchen, die ihn liebt, auf Nachricht vom Examen wartet, erscheint der Apotheker, der einen teuflischen Plan gegen seinen Rivalen um des Mädchens Gunst schmiedet: Jobs solle – nachdem der Nachtwächter beseitigt würde – dessen Amt übernehmen und dessen alte Witwe heiraten. Erpressungen sind bei dem überaus verschuldeten Jobs leicht zu bewerkstelligen. Doch der Nachtwächter wacht zu früh aus einem betäubenden Schlaf auf, in den ihn ein Mittel des Apothekers versetzt hat. Zum Schein tritt Jobs sein neues Amt an, während die Studenten einen Vergeltungsplan gegen den Feind schmieden. Der gelingt, als nach der »Beerdigung« des Nachtwächters (der in Wahrheit für ein Schweigegeld aus der Stadt gegangen ist) Jobs die Witwe heiraten soll. Da bringen die Studenten einen Schrank mit dem lebenden Nachtwächter. Als Deus ex machina erscheint zudem ein Abgesandter des Hofes, der Jobs einen guten Posten anbietet, da die Rede, die er vor den Professoren anläßlich seines mißglückten Examens gehalten hatte, dem Landesherrn starken Eindruck gemacht habe. So endet alles gut: Jobs heiratet Kätchen und wird ein »großer« Mann.

Textbuch: Im Jahre 1784 erschien (zuerst anonym) ein »Jobsiade« betiteltes Buch, als dessen Verfasser hernach der Bochumer Arzt Carl Arnold Kortum (1745–1824) berühmt wurde. Es war eine Art »Eulenspiegelei«; Jobs war ein nicht zur Buchweisheit geschaffener, aber mit Mutterwitz begabter Student, dem eine Fülle vergnüglicher Erlebnisse zugeschrieben wurden. Kortum nimmt das zum Anlaß einer glänzenden Zeitsatire und einer liebevollen Menschenschilderung, in denen – fast nach Art alter Mysterienspiele – einzelne Personen Prinzipien verkörpern: Jobs ist ein »Hans im Glück«, Kätchen

»das liebende Mädchen« schlechthin, der Apotheker ist »der böse Geist«, der Tischlermeister in gewissem Sinne sein Gegenspieler, »der gute Geist«. Ludwig Andersen (Dr. Ludwig Strekker) schuf ein zugleich vergnügliches und tiefsinniges Textbuch, bei dem die Hauptgestalt dem Buch Kortums entnommen, die Handlung selbst aber frei erfunden ist.

Musik: Es ist wiederum eine problemlose Musik, ein frohes Musizieren, ein liebevolles Ausbreiten von Melodien über Personen und Situationen des Librettos. Haas komponiert ganz tonal, aber trotzdem nicht unzeitgemäß, nicht einmal »unmodern« (wenn es das überhaupt gibt); ja, er beweist geradezu, wieviele Möglichkeiten noch im tonalen System liegen. Sein technisches Können ist hervorragend.

Geschichte: Ende 1940 wurde die Komposition begonnen und am 6. Mai 1943 zu Ende gebracht. Für den 11. November dieses Jahres war die Premiere in Kassel vorgesehen, doch wurde das Theater wenige Tage vorher durch Bomben zerstört. Dresden übernahm dann die Uraufführung und führte sie – in schwerster Zeit und nahe seiner Zerstörung – am 2. Juli 1944 sehr erfolgreich durch. Der Ausbreitung des Werkes konnte die folgende Epoche des Zusammenbruchs nicht günstig sein. Erst nach Einzug ruhigerer Zeiten erlebte »Die Hochzeit des Jobs« eine Reihe von Aufführungen im deutschen Sprachgebiet. Ins Ausland hat bisher kein Werk von Haas dringen können, obwohl an Übersetzungen durchaus zu denken wäre.

Fromental Halévy

1799–1862

Halévy war einer der Großen im Bereiche der französischen »grande opéra«, erfolg- und einflußreich in Paris und mit seinem Hauptwerk, der Oper »Die Jüdin«, einer der meistaufgeführten Komponisten seiner Zeit, Professor des Konservatoriums, Mitglied aller wichtigen künstlerischen Institutionen seines Landes, zuletzt Förderer und Schwiegervater Bizets. Doch der zu seinen Lebzeiten und noch einige Jahrzehnte darüber hinaus Hochgefeierte büßte in unserem Jahrhundert nahezu alle Geltung ein. Seine Werke scheinen heute dem Vergessen anheimgegeben, so wie es bei vielem von dem, was das Zweite Kaiserreich hervorbrachte, der Fall ist. Zu verschieden ist unsere Zeit von jener; Prunk, äußerer Glanz, stimmliches Virtuosentum der »grande opéra« liegen uns fern. Auch die Sänger, die jenen Rollen gewachsen waren und sich mit ihnen wahrhaft identifizieren konnten, sterben aus. Trotzdem wäre es ungerecht, Halévy zu übergehen. Tausende von Malen hat sein Hauptwerk die Menschen erschüttert, hat Begeisterungsstürme auf allen großen Theatern der Welt hervorgerufen. Und sei es auch nur um dieses fernen Echos willen – das durchaus eines Tages von neuem Realität werden kann –, so wollen wir doch einige Worte über »Die Jüdin« sagen.
Eugène Scribe hat das Libretto zur »Jüdin« (La juive) nach allen Regeln der dramatischen Opernkunst seiner Zeit geschrieben: Schrecken ist auf Schrecken gehäuft, wild prallen Haß und Liebe aufeinander, maßlose Leidenschaften stürzen alle handelnden Personen in Verzweiflung und Tod. Auf einen historischen Schauplatz – das Konstanz der Hussitenkriege und des Reichskonzils – ist hier der tragische Konflikt mittelalterlichen Religionshasses verlegt. Zwischen Christen und Juden, unversöhnbar einander gegenübergestellt, wird das Drama entwickelt. Eleazar, der reiche Juwelier, hat eines Tages im brennenden, geplünderten Rom das Kind des späteren Kardinals Brogni gerettet und als eigene Tochter aufgezogen. Nun lebt Recha bei ihm, ohne ihre wahre Herkunft zu ahnen und ist wie ihr »Vater« und die kleine Gemeinde, die sich um ihn schart, treu dem jüdischen Gotte ergeben. Da tritt der Reichsfürst Leopold in ihr Leben, verkleidet als Jude, um sich ihr nahen, seine glühende Liebe erklären zu können, die sie bald ebenso leidenschaftlich erwidert. Doch der Fürst soll vor allem Volke der Prinzessin Eudora die Hand zur Ehe reichen. Während des festlichen Banketts überreichen Eleazar und Recha den von Eudora bestellten Schmuck, den sie am Vorabend in der Werkstatt des Juweliers ausgesucht hat. Was am Abend noch unklar blieb und doch ahnungsvoll Rechas Liebesglück trübte, wird nun klar: die Jüdin klagt den Fürsten vor aller Welt des Verrats

an, zeiht ihn und sich selbst des Verbrechens heimlicher Zugehörigkeit über die Grenzen der Religion hinweg. Der Tod steht darauf, und die Erregung ist ungeheuer, die sich aller Zeugen dieser Szene bemächtigt. Nun überstürzen sich die Ereignisse. In höchster Not steigt Eudora zu Recha in den Kerker hinab, um sie zum Widerruf ihrer Klage gegen Leopold zu bringen. Die Jüdin läßt sich nach langem Flehen erweichen; Leopold wird nur seiner Ehren und Stellung entkleidet und aus dem Reiche verbannt. Tiefer sitzt der Haß Eleazars. Zu oft im Leben ist er von erhitzten Volksmengen verspottet, bedroht, mißhandelt, beraubt worden. Er läßt den Kardinal Brogni, der zur Begnadigung bereit ist, wissen, daß seine Tochter seinerzeit nicht umgekommen, sondern von einem Juden gerettet worden sei, aber selbst dem vor ihm Knienden verrät er ihr ferneres Schicksal nicht. Erst als das Urteil an Recha vollzogen, als sie in einen Kessel siedenden Wassers gestürzt wird, läßt er Brogni erkennen, daß hier soeben nicht Recha, die Jüdin hingerichtet wurde, sondern des Kardinals seit Jahrzehnten verschollenes Kind. Stolz geht er darauf selbst in den Tod, unversöhnt und unversöhnlich, wie das alte Testament so manchen seiner Helden gezeichnet hat. Halévys Musik unterstreicht alle diese Vorgänge mit kundiger Theaterhand; vielleicht wäre »effektsicher« das rechte Wort für seine Musik, zumindest in unserer Sicht. Doch wer vermag zu beurteilen, wie weit echte Leidenschaft dem Komponisten die Feder geführt hat? Mancher »Effekt« – worunter wir etwas Äußerliches verstehen – geht auf die Rechnung der ersten Hauptdarsteller, deren Wirkungsbedürfnis der Komponist, wie es Brauch der Zeit war, weitgehend nachgab. Doch gibt es auch eine Reihe sehr schöner Musikstücke in der Partitur (die Arie Eleazars »Recha, als Gott dich einst zur Tochter mir gegeben« etwa), dazu glänzende Ensembles und Chöre. In der Uraufführung (Pariser Oper, 23. Februar 1835) sang der berühmte Tenor Adolphe Nourrit die »Bombenrolle« des Eleazar, die hernach lange Zeit meisterhaft von Leo Slezak verkörpert wurde und auch heute noch jeden dramatischen Tenor herausfordern dürfte.

Georg Friedrich Händel
1685–1759

Ein eigenartiges Schicksal war Händels Opern auf der Bühne beschieden. Hochgeehrt zu ihrer Zeit, fielen sie später einem immer dichter werdenden Vergessen anheim (während seine Oratorien, in beinahe entgegengesetzter Tendenz, sich immer mehr in das Bewußtsein der folgenden Jahrhunderte zu schieben wußten). Zu Beginn unserer Epoche stand keine einzige von ihnen im Repertoire der Theater; fünfzig Jahre später aber waren ihrer annähernd 25 aufgetaucht. Überflüssig zu sagen, daß kein einziger Komponist eine solche Fülle im zeitgenössischen internationalen Spielplan besitzt. Also eine richtige Händel-Renaissance? Es sah zu Anfang so aus, als wäre diese Bewegung mehr von den Wissenschaftlern und den Liebhabern alter Musik ins Leben gerufen worden, als einen Publikumsbedürfnis entsprungen. Die nach dem Zweiten Weltkrieg erstaunlich angewachsene Aufführungszahl von Händelopern zeugt aber doch von tieferer Wirkung. Es wird hernach darüber noch einiges zu sagen sein.
Es gibt mehr als 40 musikalische Bühnenwerke von Händel. Die frühesten entstanden auf seinem ersten Posten (er war am 23. Februar 1685 in Halle/Sachsen in einer nahezu unmusikalischen Familie geboren), an der Hamburger Oper, die nicht nur eine der ältesten und bedeutendsten Musikbühnen Deutschlands ist, sondern auch eine der »deutschesten«. Sie war es, neben anderen, heute zum Teil vergessenen, die die Idee einer Nationaloper gegenüber der ganz Europa beherrschenden italienischen Opernkunst verfocht. In den Dienst dieses Theaters, das von den damals prominenten Musikern Kusser und Keiser geleitet wurde, trat der siebzehnjährige Händel und erwies sich nicht nur als Geiger, sondern auch als Cembalist (dessen Aufgabe dem des späteren Kapellmeisters entsprach) und bald auch als Komponist erstaunlich fähig. Seine erste Oper, »Almira«, auf einen italienischen Stoff deutsch komponiert, wurde zu einem durchschlagenden Erfolg, der von dem der zweiten, dem verlorengegangenen »Nero«, aufsehenerregend wiederholt wurde.

Bald trieb es Händel in das Mutterland der Oper. In Italien komponierte er von 1706 bis 1710 Bühnenwerke, die in Neapel, Florenz und Venedig das Rampenlicht erblickten und ihren Schöpfer nicht nur im Fahrwasser, sondern schlagartig auf der Höhe der besten damaligen italienischen Komponisten zeigen.

Dann wollte er heimkehren. Aber Deutschlands Musikstätten boten dem kraftstrotzenden, in Weltmaßen denkenden Händel ein zu geringes Betätigungsfeld. Und so erkor er London zu seinem Wohnsitz, wo es zwar im Augenblick keine berühmten einheimischen Komponisten gab (Purcell war kurz vorher jung gestorben), aber das Musikleben von äußerster Lebendigkeit war. Händel lebte sich so ein, daß England zu seinem zweiten Vaterlande wurde. Die Frage einer »Zugehörigkeit« dieses wahrhaft kosmopolitischen Musikers ist schwer oder unmöglich zu entscheiden. Von 1711 an – und fast ein halbes Jahrhundert lang – muß man ihn zu England rechnen. Er anglisierte seinen Namen, den er bald nur noch »George Frederic Handel« schreibt, aber noch dreißig Jahre nach seiner Ankunft in London komponierte er seine Opern in italienischer Sprache. Englisch im Alltag, italienisch im Theaterleben, deutsch in vielen Briefen an alte Freunde jenseits des Kanals sowie auf häufigen Reisen zum Kontinent: das war Händels Leben. (Vielleicht ist auch das der tiefere Grund, der uns bewegen könnte, ihn »Haendel« und nicht »Händel« zu schreiben: um ihn ein wenig aus jeder Nationalidee herauszuheben.)

Italienische Oper war es, die er im Rahmen seiner drei Londoner Theaterunternehmungen pflegte. Italiener waren die meisten seiner Sänger, an ihrer Spitze erlebte er Triumphe und Niederlagen, Kampf, Zusammenbruch und Neuaufstieg. Die Geschichte seines Londoner Wirkens ist dramatisch, wie eigentlich alles, was dieser hünenhafte Mann in seinem Leben tat. Er war unter den großen Musikern sicherlich eine der kämpferischsten Naturen. Zweimalige schwere Debakel seiner Opernunternehmen konnten seine Willenskraft nicht lähmen, ja selbst körperliche Depressionen wurden von ihm in bewundernswerter Weise überwunden.

Seine Opern sind echtes Barocktheater. Sein pompöser Stil bevorzugte Götter und Helden auf der Bühne; er liebte prächtige Szenarien mit mythologischen Landschaften oder fernen Ländern. Majestätisch und prunkvoll war auch seine Musik, blendend ihr äußeres Gewand. Dahinter schlug ein gefühlvolles Herz, ja war stille Innigkeit zu finden.

Doch was den oberen Schichten gefiel, erweckte volkstümliche Parodien. Besonders eine davon, die »Bettleroper« von Pepusch und Gay (Modell der »Dreigroschenoper« Brechts und Weills sowie modernisiert von Britten), war offenkundig gegen Händels Opern gerichtet. In Massen strömte das Volk herbei, um anstelle langweiliger, von hohen Gefühlen (und noch dazu italienisch) singender »Helden« urplötzlich Gestalten auf Gestalten auf der Bühne agieren zu sehen, die der Polizeichronik zu entsteigen schienen und die genau die Sprache sprachen, die ihr Publikum verstand. Da wurden Dinge verhandelt, die sich bei Tag und bei Nacht im gegenwärtigen London (und nicht in des König Xerxes oder Kleopatras Ägypten) abspielten. Und als zuletzt gar »des Königs reitender Bote« erschien, um dem Erzverbrecher ein Vermögen sowie die Erhebung in den erblichen Adelstand anzubieten, da brüllte das Haus vor Lachen, auf Kosten der oberen Klassen, aber auch auf Kosten Händels, dessen Theater – es lag in unmittelbarer Nähe – Bankrott machte.

Doch das konnte einen eisenharten Mann wie diesen nicht erschrecken. Mit neuen Kräften stürzte er sich in den Kampf, schuf Oper auf Oper – mehrmals drei oder vier im gleichen Jahr! –, studierte sie ein, dirigierte sie und erlebte neuerlich alle Phasen, die im Theaterleben zwischen Sieg und Niederlage liegen. Doch im Jahre 1741 setzte er selbst und freiwillig einen Schlußpunkt unter sein Opernschaffen. Von nun an widmete er sich ganz dem Oratorium, was zugleich seine Lösung aus der italienischen Kunstwelt und sein endgültiges Aufgehen im Englischen bedeutete. Mit dem »Messias« gelang ihm bekanntlich eines der ewigen Gipfelwerke der Gattung. Stilistisch bedeutete der Wechsel von Oper zu Oratorium in jenem Augenblick viel weniger als zu Ende des gleichen oder gar im 19. Jahrhundert. Im Grunde genommen handelte es sich um sehr eng verwandte Genres, die einen Austausch ohne weiteres zuließen; und in Barockzeiten war zwar (genau wie heute) die Bühnentechnik hoch entwickelt und gestaltete wahre Wunderdinge von höchster Eindringlichkeit, aber die Oper war doch ein weitgehend »statisches« Kunstwerk, in dem die Szenen weit eher bildhaft als dramatisch dargestellt wurden. Lange und schwierige Arien ließen nur ein Minimum an Bewegung zu. Das »Geschehen« wirkte oftmals wie äußerliche Zutat: Göttererscheinungen erfolgten mit fast unglaublicher Wirksamkeit aus Wolkenhöhe, Vulkanausbrüche, tobende Gewitter, Feuersbrünste wurden dank komplizierter Maschinen zu überwältigenden Schauspielen, aber die wahre Dramatik lag in Wort und Musik und konnte daher im unbewegten Oratorium geradeso zum Ausdruck kommen wie bei bühnenmäßiger Darstellung. Gerade heute ist die Lage wiederum ähnlich: die Oper des 20. Jahrhunderts ähnelt zum Teil jener Händels, vor allem darin, daß auch sie (»Oedipus Rex«, »Johanna auf dem Scheiterhaufen«, »Atlantida« usw.) innerliche Dramatik der äußeren vorzieht und nahezu »statisch«, also oratorienhaft, wiedergegeben werden kann. Sicherlich erklärt diese augenfällige Parallelität zwischen Ideen des 18. und unseres Jahrhunderts einen Teil der Händel-Renaissance, wie überhaupt die ständige »Wiederkehr« von Kunstwerken in einem bestimmten (und vielleicht gesetzmäßig zu bestimmenden) Rhythmus. Mehr als zweihundert Jahre nach seinem Tode (er starb in London am 14. April 1759) ergreift, erschüttert uns vieles am Werke Händels, wie nur ein ewiges Kunstwerk es kann.

»Agrippina« wurde Händels entscheidender Erfolg während seiner italienischen Lehr- und Wanderjahre. Die Uraufführung fand in Venedig, an einem der letzten Tage des Jahres 1709, statt. der 24jährige Komponist zeigte eine bewundernswerte Stilbeherrschung, melodische Ausdruckskraft und interessante Harmonik. Das Textbuch stammt von Kardinal Grimani (Kirchenfürsten in dieser Art von Beschäftigungen waren damals nichts Außergewöhnliches) und schildert, nach Art der neapolitanischen Intrigenopern, den Kampf Agrippinas und Poppeas, von denen erstere ihren Sohn Nero, letztere ihren Geliebten Ottone auf den römischen Kaiserthron bringen will.

»Rinaldo« leitet Händels englische Tätigkeit ein. Wie gewöhnlich arbeitete der Komponist mit unglaublicher Geschwindigkeit: in vierzehn Tagen entstand die Partitur, der die Armida-Episode aus Torquato Tassos »Befreitem Jerusalem« zugrunde liegt (die später, unter vielen anderen, auch Gluck zu einer Oper inspirierte). Die Uraufführung fand am 24. Februar 1711 in London statt. Das (italienische) Textbuch stammt von Giacomo Rossi, nach einem Entwurf von Aaron Hill, Direktor des Queen's Theatre am Haymarket, der einer der interessantesten Männer des damaligen London und ein begeisterter Förderer Händels war. Wie weit die damalige Bühnentechnik gediehen war, möge eine zeitgenössische Beschreibung der »Rinaldo«-Premiere zeigen: »Ein erschreklicher Anblick eines entsetzlich hohen Berges, der von der Front der Bühne zur höchsten Höhe des alleräußersten rückwärtigen Teiles des Theaters ansteigt. Man erblickt Felszacken, Höhlen und Wasserfälle auf dem Berghang, und auf der Spitze erscheinen die leuchtenden Mauern des Zauberschlosses (Armidas), bewacht von einer großen Zahl von Geistern in unterschiedlicher Gestalt. Inmitten der Mauer sieht man ein Tor mit verschiedenen Bögen, die von Pfeilern aus Kristall, Azur, Smaragden und kostbarem Gestein aller Art getragen werden. Am Fuße des Berges entdeckt man die Höhle des Magiers ...«

»Radamisto« stellt ebenfalls einen Meilenstein auf dem Londoner Weg Händels dar. Er kehrte, nach einer Reise auf den Kontinent, im November 1719 nach London zurück, wo ihm die Leitung der neuen »Royal Academy of Music« übertragen worden war. Er eröffnete sie mit einem Werk des italienischen Komponisten Porta, ließ aber gleich darauf – am 27. April 1720 – seinen eigenen »Radamisto« spielen, der stärkstens einschlug, was sich in der (damals hohen) Ziffer von zehn Aufführungen sowie Wiederaufführungen in späteren Spielzeiten dokumentierte. Die Grundidee des von Nicolo Haym verfaßten Textbuches ist die Verherrlichung treuer Gattenliebe, ein Lieblingsmotiv der opera seria, wie dies am leuchtendsten wohl in Beethovens »Fidelio« zutage tritt. Die Motive der Handlung sind den Machtkämpfen der römischen Weltherrschaft in ihrer größten Ausdehnung entnommen, und das Zeitkolorit spiegelt die Epoche der Partherkriege (58–63 n.Chr.) wider. Die Handlung ist, der Barockoper gemäß, voll von Figuren, von Ereignissen, die allerdings zumeist zwischen den Szenen geschehen und von denen auf der Bühne nur berichtet wird. Händels Musik verleiht jeder Gestalt ein scharf umrissenes Profil und erhebt die damaligen sehr wortreichen, aber oft phrasenhaften Texte zu künstlerischer Höhe.

»Ottone, in deutschen Aufführungen zumeist »Otto und Theophano« genannt, entstammt – wie viele Opern Händels der Londoner Zeit – der Feder Nicolo Hayms, der von 1679 bis 1729 lebte. Es handelt sich um ein sehr gutes Libretto, dem eine frühere Fassung des italienischen Dichters Pallavicini (unter dem Titel »Theophano«) zugrunde liegt. Es war damals durchaus üblich, daß mehrere Komponisten sich an den gleichen Stoff wagten, ja sogar das gleiche Textbuch benutzten, manchmal, wie hier, eine Neufassung desselben, die andere Wesenszüge der Personen und unterschiedliche Szenen in den Vordergrund stellte. Händel hatte seinen »Ottone« wohl schon zu Beginn des Jahres 1722 komponiert, bewahrte ihn aber auf, um ihn mit der damals berühmtesten Sopranistin Francesca Cuzzoni herauszubringen. Die Primadonna langte Ende dieses Jahres in London an, zeigte sich aber Händels Musik gegenüber ablehnend; Komponist und Sängerin, beide von erregbarem Temperament, hatten schwere Zusammenstöße, die als oft zitierte Anekdoten in die Literatur eingegangen sind. So soll er, ein Hüne an Kräften, die Primadonna einmal so lange aus dem Fenster des Probenzimmers gehalten haben, bis sie sich seinen Anweisungen zu fügen versprach. Die Premiere fand am 12. Januar 1723 statt und gestaltete sich zu einem wahren Triumph Händels und der Cuzzoni. Ein damaliger englischer Musikschriftsteller vermerkte: »Die Händelschen Melodien werden zur musikalischen Sprache der Nation!« Die Ouvertüre des »Ottone« fand starke Verbreitung, und ebenso nahezu alle Arien des Werkes. Den Hintergrund der Handlung bietet der italienisch-germanische Hegemoniestreit des 10. und 11. Jahrhunderts. Er wird hier verklärt, wie es sowohl der absolutistischen Zeit, als auch der damaligen Operngewohnheit entsprach (während es in Wahrheit bedeutend weniger idealistisch zuging). Kaiser Otto II. ist mit der ihm persönlich unbekannten Tochter des Kaisers von Byzanz verlobt, die sich aber von ihm betrogen glaubt. Erst nach einer Entführung durch Seeräuber kommt es zur Vereinigung mit dem (in Wirklichkeit treuen) Bräutigam. Händels Musik rechtfertigt die Neuaufnahme des Werkes in unserer Zeit. Mit nur unwesentlichen Retuschen der Handlung und einer sinngemäß-dramatischen Wiedergabe kann der Erfolg nicht ausbleiben, sofern Sänger hoher Klasse zur Stelle sind.

»Julius Cäsar« (im italienischen Original »Giulio Cesare«, deutsch auch manchmal unter dem Titel »Cäsar in Ägypten« aufgeführt) ist Händels verbreitetstes Opernwerk. Als Verfasser des italienischen Textbuches zeichnet wieder Nicolo Haym. Cäsars Gestalt, und besonders seine ägyptischen Abenteuer – der Zusammenprall zweier Rassen, die Liebe zu Kleopatra, der faszinierendsten Frau der damaligen Welt –, sind oftmals Gegenstand opernmäßiger Behandlung geworden, doch keine der Cäsar-Opern hielt sich im Repertoire, aber auch die Oper Händels nur vorübergehend, trotz vieler Versuche im Lauf zweier Jahrhunderte. Jetzt kehrt sie, voll neuen Lebens, auf die Opernbühne zurück. Gerade am Falle dieses Werkes wäre es vielleicht angezeigt, über die Notwendigkeit, aber auch die Grenzen der Neubearbeitungen zu sprechen, denen Händels (und seiner Zeitgenossen) Bühnenwerke unterworfen werden, um sie unserer Epoche nahezubringen. Sie beziehen sich in erster Linie auf dramaturgische Raffungen und Neutextierungen, aus denen symbolische Anspielungen – an denen das Barocktheater überreich war – entfernt werden. Das Drama jener Zeit schweifte gerne von der Handlung ab, um aktuelle Huldigungen anzubringen oder allgemeine mythologische oder philosophische Betrachtungen anzustellen. Die Bearbeiter des 20. Jahrhunderts hingegen suchen den historischen Ablauf sicherzustellen und den Text ganz auf dramatische Wirkung zu stellen. Sie müssen allerdings das wichtigste Stilmerkmal unangetastet lassen: den Kontrast zwischen den vorwärtstreibenden, rezitativischen und den betrachtenden, lyrischen, das heißt ariosen Teilen. Für den heutigen Opernfreund ergibt sich so eine im tiefsten Grunde als »undramatisch« empfundene Spaltung, die aber durch musikalische Schönheiten in den ariosen, statischen Teilen aufgewogen wird. Erst das 19. Jahrhundert trachtete danach, diese Zweiteilung zu beseitigen; im deutschen Musikdrama proklamierte Wagner diese Forderung, in der italienischen Oper gelangte Verdi in seinem langen, folgerichtigen Entwicklungsgange zum gleichen Ergebnis. Unsere Zeit, die ein musikalisches Gut von mehreren Jahrhunderten lebendig zu erhalten trachtet, weiß auch der »alten« Oper Geschmack abzugewinnen, trotz ihrer Spaltung in dramatische und ariose Teile, der regiemäßig beizukommen sehr schwierig ist, doch immerhin eine lohnende Aufgabe darstellt.

Händel komponierte »Julius Cäsar« zu Ende des Jahres 1723; die Premiere fand am 20. Februar 1724 im Haymarket-Theater in London statt, wo der Komponist nicht nur Direktor, sondern auch Unternehmer (Impresario) und natürlich Dirigent war. Die Hauptrollen waren mit der Cuzzoni und Senesino, zwei ersten Sängern der Zeit, besetzt. Die Handlung setzt in dem Augenblick ein, in dem Cäsar ägyptischen Boden betritt und von Ptolemäus ein grauenhaftes Geschenk übersandt erhält: das abgeschlagene Haupt seines Widersachers Pompejus. Cäsar wäre kein Römer gewesen, hätte er einem Ägypter gestattet, eine solche Tat gegen einen Vertreter seines Weltreiches, sei es auch sein Todfeind, zu verüben. Huldvoll nimmt er die schöne Witwe des Ermordeten und den Sohn auf. Es ist der junge Sextus, der Rache für den Tod seines Vaters schwört. Die nächsten Szenen versetzen uns an den ägyptischen Hof, wo Ptolemäus und seine Schwester Kleopatra um die Macht kämpfen. Cäsars Eintreffen steht bevor: Ptolemäus erfährt aus dem Munde seines Abgesandten, mit welcher Empörung Cäsar seine Tat aufgenommen. Da stürzt Sextus herein, um den Ägypter zu töten, aber auf dessen Wink wird er von Bewaffneten gefangengenommen. Kleopatra, die beschlossen hat, den römischen Feldherrn zum Bundesgenossen für ihre Thronansprüche zu gewinnen, reist ihm entgegen und sucht – als »Lydia« verkleidet – das Herz Cäsars zu entflammen. Bei seinem Einzug in der ägyptischen Hauptstadt empfängt sie ihn, nun in ihrer wahren Gestalt, mit einem Liebesfest in ihrem Palast. Hier hat Händel eines der schönsten Musikstücke eingestreut, die Sopranarie, die in deutscher Nachdichtung mit den Worten »Es blaut die Nacht ...« beginnt. ① Cäsar ist wie geblendet und bereit, seine Macht und sein Leben der herrlichen Ägypterin zu Füßen zu legen. Doch Schwerterklirren, Feldgeschrei unterbricht die Szene – feindliche Massen dringen ein und zwingen den römischen Feldherrn, zuerst im Kampfe, dann durch einen kühnen Sprung von der Terrasse ins Meer, sein Leben zu verteidigen und zu retten. Während er für tot gehalten wird, setzt Ptolemäus seine Schwester gefangen und gerät mit seinem Minister und Ratgeber Achillas in Streit um Cornelia, die Witwe des Pompejus. In tödlichem Haß verbündet dieser sich mit dem Römer Sextus, beide vom gleichen Drang beseelt, den ägyptischen König zu ermorden. Die Rückkehr Cäsars, aus den Fluten gerettet, ändert die Lage. Dem im Kampfe tödlich verwundeten Achillas nimmt Cäsar den Ring des Befehlshabers vom Finger und entscheidet die entbrennende Schlacht zu seinen Gunsten. Sextus rächt den Tod seines Vaters an Ptolemäus. In einem Freudenfest setzt Cäsar Kleopatra zur Königin Ägyptens ein und besiegelt seinen eigenen Liebesbund mit ihr.

»Tamerlan« (Tamerlano) folgte 1724. Die wie »Julius Cäsar« von N. Haym textierte Oper bringt abermals einen Stoff mit exotischen Schauplätzen: den Konflikt zwischen dem Tatarenfürsten Tamerlan (Timur Lenk) und dem türkischen Herrscher Bajazet. Viele tragische Konflikte sind in die Handlung verwoben, hoch lodern die Leidenschaften, Bajazet verübt Selbstmord, um die von dem grausamen Tamerlan seiner Tochter zugedachte Schmach nicht zu überleben. Doch die edle Haltung des Türkenfürsten und seiner Tochter Asteria bringen den als Musterbeispiel der Unmenschlichkeit in die Geschichte eingegangenen Tataren zur Einsicht und zum Entschluß, in Zukunft gerecht zu regieren.

»Rodelinde« wurde am 20. Januar 1725 in London erstmalig gegeben. Wieder hatte Haym das Libretto verfaßt. Bertarich (Bertarido), König der Langobarden, wurde von dem Tyrannen Grimwald (Grimoaldo) vertrieben. Seine Gattin Rodelinde (Rodelinda) hält ihm höchste Treue, obwohl sie ihn tot glaubt und von Grimwald aufs heftigste bedrängt wird. Bertarich kehrt heimlich zurück, fühlt sich aber von Rodelinde verraten. Nach einer großen Erkennungsszene wird der König von dem Usurpator in den Kerker geworfen. Hier kommt es zu einer musikalisch bedeutungsvollen Arie Bertarichs, die gemeinsam mit einem im Siciliana-Rhythmus stehenden Stück Grimwalds, »Pastorello d'un povero armento« Höhepunkt der Partitur ist. Bertarich rettet seinem Feinde das Leben, worauf dieser endgültig auf Rodelinde verzichtet und dem rechtmäßigen König Krone und Reich zurückgibt. Wieder hat hier Händel die Gattentreue besungen und wieder ist ihm eine schöne Frauengestalt gelungen. Zu den edelsten Höhepunkten der Musik gehört das Vorspiel zum dritten Akt, in dem ein stimmungsvolles Stück aus Händels Concerto grosso in g-moll verarbeitet ist. ②

1726 vertonte Händel das Textbuch P. Rollis zur Oper »Scipione«. Die Handlung ist sehr einfach, ihre Durchführung aber, wie stets in der Barockoper, gespickt mit Komplikationen. Der römische Feldherr Scipio kehrt aus dem Kriege siegreich heim; als Beute bringt er zwei Frauen des besiegten Stammes zurück. In deren eine, Bérénice, hat er sich verliebt, prallt aber mit ihrem Bräutigam Lucejo zusammen, der verkleidet bis zur Gefangenen vorzudringen wußte. Erst nach heftigem inneren Kampf verzichtet der Römer zugunsten der älteren Rechte des Fremden.

»Alexander« (Alessandro) wurde am 5. Mai 1726 uraufgeführt, nachdem die Partitur am 11. April des gleichen Jahres abgeschlossen worden war. (Wie unglaublich kurz sind zu jenen Zeiten nicht nur die Fristen der Komposition, sondern auch die der Einstudierung! Sinfoniekonzerte fast ohne Proben sind sogar noch zu Beethovens Zeiten an der Tagesordnung. Opernpremiere mit vierzehntägiger Vorbereitungszeit alltägliche Erscheinungen!) Auch die Gestalt Alexanders des Großen ist, ebenso wie die Cäsars, keineswegs auf das Opernwerk Händels beschränkt geblieben. Der Librettist

P. Rolli hatte den Einfall, zwei große Frauenrollen einzuschließen, was zum sensationellen gemeinsamen Auftreten der beiden berühmten Primadonnen Cuzzoni und Bordoni führte, aber auch zu der nicht vorgesehenen Schimpf- und Prügelszene zwischen den beiden Starsängerinnen, für die Händel ein Werk mit zwei Frauengestalten bestellt und vertont hatte; sie stellten Rossana (Roxana) und Lisaura dar, die den großen Eroberer lieben und schließlich sogar bereit sind, sich ohne Eifersucht in seinen »Besitz« zu teilen, was zu einem prachtvollen Terzett mit Chor als Abschluß einer schönen Oper führt.

»Admetos« (»Admeto«) nimmt den Alkeste-Mythos als Grundlage, den Euripides wahrscheinlich erstmalig dramatisiert hat. (Gluck greift in seiner »Alceste« auf ihn zurück.) Die eigentliche Quelle für Händels Oper bildet das Drama »L'Antigona delusa d'Alceste«, das der italienische Dichter Aurelio Aureli im Jahre 1664 veröffentlichte; wer der Autor des Librettos war, ist ungewiß, es kann Haym oder Rolli, aber auch ein heute nicht mehr festzustellender Textdichter gewesen sein. Er übernahm von Aureli die für das Barocktheater typische Mischung von antiker Sage und »moderner« Intrigengeschichte. Es geht um den Thessalierkönig Admet, dem das Orakel den Tod verkündet, sofern sich nicht ein ihm nahestehender Mensch für ihn opfert; seine Gattin Alceste ist dazu bereit und steigt in die Unterwelt hinab. Sie wird von Herkules befreit, aber erst nach zahlreichen Verwicklungen finden sich die Gatten neuerdings in Liebe.

»Siroe« entstand in einer schweren Zeit Händels, da er versuchte, den drohenden Zusammenbruch seines Opernunternehmens durch vermehrtes Schaffen aufzuhalten. In einer einzigen Saison (1727/28) brachte er nicht weniger als drei eigene Opern zur Uraufführung: »Riccardo I« (die in England beheimatete und populäre Gestalt Richard Löwenherz'), »Siroe« und »Tolomeo«. Für »Siroe« (im Deutschen als Cyrus bekannt) verwendete er das vier Jahre früher erfolgreich von Leonardo Vinci vertonte Textbuch des jungen Pietro Metastasio, dem eine blendende Laufbahn als Dichter sowie vor allem als Librettist Hunderter von seinerzeit hochberühmten Opern bevorstand. Der römische Literat (1698–1782), der seinen ursprünglichen Familiennamen Trapassi in Metastasio hellenisierte, wurde zum Urbild des Barockschriftstellers. Er wurde 1730 Hofdichter in Wien – als Nachfolger des ebenfalls bedeutenden Apostolo Zeno – und spielte ein halbes Jahrhundert lang eine zentrale Rolle im Geistesleben der Epoche. Es gibt kaum einen Barockkomponisten, der sich für Bühne und Oratorium keines Textbuches Metastasios bedient hätte. Goldoni ergeht sich in Lobeshymnen über ihn, rühmt ihm »größtmögliche Vollkommenheit, reinen, eleganten Stil, flüssige, wohlklingende Verse, bewundernswerte Klarheit der Gefühle« usw. nach, was nicht verhinderte, daß ihn bereits die nächste Generation als »unecht«, als »hohl, bombastisch, gekünstelt« empfand. Der »Siroe«-Text behandelt die Geschichte des historischen Prinzen Cyrus von Persien in seinem Kampf um die ihm zustehende Thronfolge und um die Liebe Emiras und bringt, nach Barockart, eine Fülle von Intrigen und Verwicklungen bis zum guten Ende.

Zwischen dieser Oper und der folgenden, die wir besprechen wollen – da sie in unserer Zeit erneut auf der Bühne aufgetaucht ist –, liegt der Zusammenbruch und Neubeginn von Händels Londoner Opernunternehmen. »Poros« (»Poro«) verwendet wieder die Gestalt Alexander des Großen, nach einem Textbuch des täglich berühmter werdenden Pietro Metastasio, das unter anderen von Vinci und Hasse komponiert worden war. Die Händelsche Oper errang, ihres exotischen Milieus und ihrer glänzenden Musik wegen, am 2. Februar 1731 einen starken Erfolg. Metastasio gibt als Grundzüge der Handlung folgende an: »Das Hauptthema des Dramas ist der Edelmut, den, wie bekannt, Alexander der Große gegen Poros übte, den König eines Teils von Indien, dem er als wiederholt Besiegtem und Gefangenem das Reich und die Freiheit schenkte. Als Episoden sind eingefügt die Umtriebe der Cleofide, Königin eines anderen Teils von Indien, die, obschon in Poros verliebt, dennoch das Genie Alexanders für sich zu gewinnen wußte, um sich den Thron zu sichern ...« Es sei noch erwähnt, daß auch dieses Werk (wie das früher besprochene Drama »Alexander«) unter dem Namen »Alexander in Indien« aufgetaucht ist.

»Ezio« (1732) bringt, ebenfalls nach einem Libretto Metastasios, die Kämpfe des siegreichen Ezio, Feldherr des Tyrannen Valentinian von Rom, gegen seinen düsteren Gegenspieler Massimo. Wieder gibt es eine Fülle von Verleumdungen, Verwirrungen, Gefahren für Unschuldige, bis zum Triumph der Wahrheit, die in der Barockoper stets siegt. Über die oft recht schablonenmäßigen Texte hinaus ist Händels Musik von echtem Feuer durchpulst und enthält Bruchstücke, die Beethovens Ausspruch, Händel sei der größte Komponist aller Zeiten, verständlich machen.

»Acis und Galathea« müßte hier eingeschoben werden, da die dritte (und endgültige) Fassung aus dem Jahre 1732 stammt. Händel hatte die Sage, die zuerst bei dem in Sizilien geborenen griechischen Dichter Theokrit erscheint und dann von Ovid in seinen berühmten »Metamorphosen« aufgegriffen wurde, gleich zu Beginn seiner italienischen Lehrjahre kennengelernt. So entstand sein Spiel »Aci, Galatea e Polifemo«, das 1709 in Neapel aufgeführt wurde. Als er dann nach England kam, bearbeitete er das Werk und führte es in englischer Sprache auf. (Möglicherweise im Jahre 1720 auf Schloß Cannons bei London.) Abermals einige Jahre später scheint er gefühlt zu haben, daß die »große«, die Ausstattungs-, die Helden- und Götteroper, zu der er bereits so viele Werke beigesteuert hatte, an einem kritischen Punkt angelangt war und dem Publikum stets weniger sagte. Da ging er an eine dritte Bearbeitung von »Acis und Galathea« – wieder italienisch dieses Mal – in der die lieblich-tragische Hirtengeschichte eine dichterisch und musikalisch gleich schöne Fassung erfährt. Acis' und Galatheas Liebesstunde wird durch das Einbrechen des wilden Riesen Polyphem gestört. In einem Zweikampf tötet dieser Acis, worüber alle Hirten und Nymphen, ja die Natur selbst in Klage ausbrechen. Da verwandeln die Götter den toten Acis in einen Quell, der von nun an seine lebensspendende, liebevolle Mission im ganzen Tal ausübt.

»Orlando« gehört zur letzten Opernperiode Händels. Nicht daß sein Leben oder Schaffen sich dem

Ende näherte, er hatte nur das Oratorium mit seinen ihn besonders fesselnden musikalischen Möglichkeiten entdeckt und intensiv zu kultivieren begonnen. Bereits waren »Esther« und »Deborah« erschienen, das »Alexanderfest« ließ nicht mehr lange auf sich warten. Langsam, aber immer bestimmter wendete er sich von der Oper ab, vielleicht mehr aus Enttäuschung über den Wandel des Publikums und seines Geschmacks als über die Kunstgattung der Barockoper selbst. In »Orlando«, dessen Textbuch von dem Italiener Grazio Draccioli stammt, wird der von Ariost überlieferte Stoff des Zauberers Zoroaster behandelt, ein von zahlreichen Opernkomponisten bevorzugtes Thema (Vivaldi, Karl Heinrich Graun, Piccini, Steffani, Domenico Scarlatti usw.). Die verworrene Handlung bietet musikalisch reiche Möglichkeiten, da Händel seine außergewöhnliche Fähigkeit zur Schilderung arkadischer Idylle, von inneren Kämpfen zwischen Liebe und Pflicht, Liebe und Tatendurst, ja sogar von geistiger Umnachtung (einem beliebten, aber schwierigen Opernthema) beweisen kann. Er malt letztere hier durch den damals noch äußerst seltenen $5/8$-Takt, der gewissermaßen zum Ausdruck des Ungleichmäßigen, Labilen wird. Die Uraufführung fand in London am 27. Januar 1733 statt, weitere fünfzehn Aufführungen folgten, dann fand auch Händels drittes Opernunternehmen ein Ende.

Das Jahr 1735 brachte Händel zwei bedeutende Opernwerke, »Ariodante« und »Alcina«. Beide Themen stammen aus Ariosts »Orlando furioso«. In »Ariodante« stehen wir einer recht komplizierten Handlung gegenüber, in der vermeintliche Untreue einer Braut, Verkleidungen, Zweikämpfe, die als eine Art Gottesurteil angesehen werden, Intrigen eine ziemlich verworrene Rolle spielen, vor allem aber eine Hinneigung Händels zu stärkerer Chor- und Ballettverwendung zu spüren ist.

»Alcina« gehört zu den in unserer Zeit am öftesten »wiedererweckten« Opern Händels. Ihre prachtvolle Musik rechtfertigt das erneute interesse stärker als die sehr »barocke« Handlung, zu deren wahrem Verständnis es unserer Zeit wohl vor allem an echtem Gefühl für die Antike mangelt. Alcina ist eine mächtige Zauberin, der es gelungen ist, das Liebespaar Ruggerio und Bradamante zu entzweien. Nach langwierigen Kämpfen kommt es, wie in der damaligen Oper unumgänglich, zum glücklichen Ende. Eine Reihe großartiger Arien und Ensembles, von Tänzen – die in mehreren vorkommenden »Neubearbeitungen« variieren können – krönt diese Zauberoper, der adäquate Inszenierungen auch heute noch zu starker Wirkung verhelfen können.

»Xerxes« (»Serse«) ist eine der letzten, aber auch eine der lebensfähigsten Opern Händels. Sie wurde am 14. Februar 1738 in London erstmalig gegeben. In ihr findet sich die Melodie, die wahrscheinlich vor allen anderen im reichen Schaffen dieses Komponisten die verbreitetste genannt zu werden verdient: das sogenannte »Largo«, das mit den Worten »Ombra mai fù« anhebt. Was um sie herum geschieht, ist wieder echte Barockoper und als solche kaum dazu angetan, uns menschlich besonders nahe zu gehen. Es gibt Intrigen in Menge, aufgefangene Briefe, Verkleidungen, Liebe, Rache und ein »Happy-End«. Weder der geschichtlich bedeutende Perserkönig Xerxes (485 bis 465 v. Chr.), der mit einem gewaltigen Heer versuchte, Griechenland zu unterwerfen, noch der von Äschylos geschilderte geschlagene Feldherr sind in der Xerxesgestalt zu finden, die Händel vertont hat (und die von einem unbekannten Librettisten, wahrscheinlich nach einem bereits mehr als achtzigjährigen Textbuch von Nicolo Minato verfaßt wurde), sondern der verliebte Herrscher, der seine Braut zugunsten der seines Bruders aufgeben möchte. Er will durch ein Machtwort zur Erfüllung seiner Wünsche kommen. Doch seine Braut, die, als Hauptmann verkleidet, soeben aus einem Feldzug zurückkehrt, vereitelt seine Pläne. Zuletzt finden sich die Paare wie vorgesehen. Händel schlägt hier einen heiteren Ton an, ist lieblich, berückend in Melodie und Wohllaut, lächelnd und anmutsvoll wie selten. Das berühmte »Largo« wird von Xerxes gleich zu Beginn der Oper angestimmt, da er träumend unter einer Platane liegt. (Daß es sich eigentlich um ein »Larghetto« – also um ein etwas weniger langsames Zeitmaß – handelt, wird der verdienten Popularität des Stückes und des Namens, unter dem es bekannt wurde, keinen Abbruch tun.) ③

»Deidamia« schließt die lange Reihe Händelscher Opernwerke. Er komponierte das Werk im Oktober und November 1740 und führte es am 10. Januar 1741 in London erstmalig auf. Es waren böse Zeiten für den Komponisten, dem Feinde, Neider und Gleichgültige zusetzten. Seine Lust, Opern zu schaffen, konnte vermindert, ja gebrochen werden, nicht aber seine titanische Schaffenskraft und seine unversiegbare Inspiration. Mit »Deidamia« verabschiedet er sich, nach mehr als vierzig Werken, endgültig von der Bühne; das Werk entstand, als sechste Gemeinschaftsarbeit, mit dem Dichter Paolo Antonio Rolli und schildert eine Episode aus dem Trojanischen Krieg, beziehungsweise aus dessen Vorbereitung. Das Orakel hat verkündet, daß der Kampf nur mit Hilfe des Achilles gewonnen werden könne, und so machen drei griechische Fürsten sich auf, den Helden für den Feldzug zu werben. Bevor er mit dem Heer die Fahrt nach Troja antritt, wird seine Vermählung mit Deidamia, der Tochter des Königs von Skyros feierlich vollzogen. Der »listenreiche« Ulisse (Odysseus) – wie Homer ihn bekanntlich nennt – verzichtet auf die auch von ihm geliebte Prinzessin und gemeinsam ziehen die Helden (nicht ohne eine Reihe kämpferischer Arien) in den historischen, unzählige Male geschilderten und vertonten Krieg. Händels Musik fließt reich und edel; sie wird es nunmehr vor allem im Oratorium und in der Instrumentalmusik tun und ihrem Schöpfer so den führenden Platz sichern, an dem bis heute nicht gerüttelt wurde.

Mit den angeführten Werken ist die Zahl jener noch nicht erschöpft, die in den verschiedenen Wellen der Händel-Renaissance unseres Jahrhunderts – zumeist vorübergehend – auf den Bühnen erscheinen. Hier müßte etwa auch »Belsazar« genannt werden. Händel hat ihn ausdrücklich als Oratorium bezeichnet, aber seine dramatische Handlung hat immer wieder Theaterleute zu szenischer Darstellung gereizt. Hier erleben wir die aus der Bibel bekannte Geschichte des Königs der Babylonier, der sich im Machtrausch für unbesiegbar hält und die gefangenen Juden durch Entweihung ihres Gottes schmäht. Inmitten seines wüsten Festes erscheint die geheimnisvolle Zauberschrift an der Wand, die seine Gelehrten und Sterndeuter nicht zu lesen vermögen. Nur Daniel, ein junger jüdischer Sklave, erkennt ihren Sinn und bringt ihn dem König zu Gehör: Mene, mene tekel, upharsin, das bedeute: Des Reiches Tage sind gezählt, du warst gewogen und zu leicht befunden, dein Reich wird geteilt unter deine Feinde, Perser und Meder. Und so geschieht es noch in dieser gleichen Nacht.

Karl Amadeus Hartmann

1905–1963

Hartmann, am 2. August 1905 in München geboren, hat seiner Vaterstadt mit den Musica-Viva-Konzerten eine der fortschrittlichsten Konzertreihen Deutschlands geschenkt. Sie sind zum Experimentierplatz zahlreicher »moderner« Richtungen geworden, manche Anregung ist von hier ausgegangen. Hartmann, Schüler und Jünger Anton von Weberns und Autor zahlreicher sinfonischer Werke, hat nur einen Beitrag zum Musiktheater beigesteuert. Er hat in ihm, wie in seinem gesamten Schaffen, einen humanistischen Standpunkt vertreten, eine ethische Haltung von bedeutendem Wert, die gebührend anzuerkennen Pflicht kommender Generationen sein sollte. Hartmann starb in München am 5. Dezember 1963.

»Des Simplicius Simplicissimus Jugend« ist eine Kammeroper in drei Teilen, deren Text auf Grimmelshausens zeitgenössischem Dokument des Dreißigjährigen Krieges »Simplicius Simplicissimus« beruht. Nach ihm schuf der Dirigent Hermann Scherchen ein Szenarium und Wolfgang Petzet gemeinsam mit dem Komponisten ein Libretto. Das Orchester besteht aus fünf Streichern und je einer Flöte, Klarinette, Fagott, Trompete, Posaune, aus Xylophon und Schlagwerk. Das Werk schildert den Werdegang des einfältigen Bauernbuben Simplicius, der in das grausame Kriegstreiben gerät, dann von einem Einsiedler gerettet und erzogen, hernach von Landsknechten als Beutestück vor den Gouverneur geschleppt wird, der eben ein Fest feiert. Die Antworten des Burschen erwecken seinen Hohn, dann aber seine Aufmerksamkeit. Schließlich hat Simplicius eine Vision, die kurz danach Wirklichkeit wird: Die Bauern dringen ein und metzeln alle hohen Herren und Damen erbarmungslos nieder. Simplicius zieht weiter. Viele Parallelen zwischen jenem Menschenschlachten des 17. und dem »totalen Krieg« des 20. Jahrhunderts sind nicht zu übersehen. Dieses musikalisch wie formal eigenartige, aber eindringliche Bühnenwerk wurde, nachdem es bereits 1934 vollendet war, am 23. Oktober 1948 in Köln erstmalig aufgeführt.

Joseph Haydn
1732–1809

Haydn als Opernkomponist, das mag für manchen Musikfreund ein neues, unbekanntes, ja beinahe ungeahntes Kapitel sein. Wir kennen den österreichischen Meister als Schöpfer der klassischen Sinfonie, als Vater des Streichquartetts, als Bahnbrecher des deutschen Volksoratoriums (für das er die Anregungen in London erhielt, als er den Aufführungen Händelscher Werke beiwohnte). Aber seine Opern waren bis in unsere Zeit vergessen und verschollen. Gewiß, in seinen Biographien werden die Titel seiner Bühnenwerke genannt, wird von seiner intensiven Arbeit im Fürstlich Eszterházyschen Schloßtheater erzählt, es kommt wohl auch der Name seiner Geliebten vor, der jungen italienischen Sängerin Luigia Polzelli, die es verstand, ihren Musikdirektor so zu umgarnen, daß er sie, trotz der mittelmäßigen Leistungen, die ihr nachgesagt werden, nicht aus dem Opernensemble entlassen konnte. Alte Stiche sind vorhanden, die das bezaubernde Schloßtheater in vollem Betrieb zeigen, anläßlich eines Besuches der Kaiserin Maria Theresia aus Wien etwa, mit den bunten Dekorationen, den von Haydn einstudierten Sängern, dem Orchester, das in einer uns ungewohnten Aufstellung vor der Bühne sitzt, und mit dem Dirigenten, der noch nicht vor seinen Mitwirkenden steht, sondern sie am Cembalo sitzend »accompagniert«, wie man damals sagte. Rokoko-Oper, vergnügtes, galantes Spiel mit oder ohne tiefere Bedeutung, festliches Theater zu besonderen Anlässen, in italienischer Sprache, von einem zwar kleinen, aber gepflegten Ensemble dargeboten, dem der Fürstlich Eszterházysche Kapellmeister Franz Joseph Haydn durch beinahe dreißig Jahre vorstand.

Es gibt wohl an die zwanzig Opern oder opernähnliche Werke des Meisters, die ganz oder bruchstückweise erhalten sind. Manches – Opern, Spielopern, theatralische Hirtengedichte, Intermezzi, Marionettenstücke usw. – ist verlorengegangen. Doch wurden, nachdem die Forscher jede Hoffnung auf Wiedergewinnung des Verschollenen längst aufgegeben hatten, überraschende Funde gemacht. So tauchte um 1950 in Paris eine Abschrift der Marionettenoper »Philemon und Baucis« auf, von der es bis dahin nur Bruchstücke gab; und kurz danach kam in der Bibliothek der Universität Yale/USA eine Kopie der Oper »Vom abgebrannten Haus«, »Das abgebrannte Haus« (oder auch »Die bestrafte Rachgier«) zum Vorschein, die in der Folgezeit auch wieder auf verschiedene Bühnen gebracht wurde. Wie mag die Kopie nach Nordamerika gekommen sein, da anscheinend das Original und alle anderen möglicherweise vorhandenen Abschriften in Europa verloren gingen? Nun, Haydn erfreute sich schon zu Lebzeiten in den jungen USA außerordentlicher Verehrung, die vor allem durch die englischen Auswanderer gefördert wurde. Sein Name taucht auf den frühesten Konzertprogrammen Amerikas auf, zumeist zitiert als »Dr. Haydn« – sein Ehrendoktorat der Universität Oxford! – und oft genug mit dem Zusatz: »the great english composer«. Nicht alle Wiederentdeckungen dürften für Neuaufführungen vor großem Publikum in Frage kommen; es waren Gelegenheitsarbeiten für besondere Anlässe, für bestimmte Persönlichkeiten bestimmt, die nach Morzin, vor allem aber nach Eisenstadt und Esterháza zu Besuch kamen. Der Witz jedoch, der in so mancher Sinfonie Haydns zum Ausdruck kommt, würzt natürlich seine Opern in noch stärkerem Maße; seine vollendete Melodie gibt den Sängern dankbare Möglichkeiten. Die Naivität, die ein rührender Zug seines Gesamtwerkes ist, macht auch seine Bühnenwerke anziehend und bringt sie dem gefühlvollen Hörer aller Zeiten nahe. Und so ist es durchaus möglich, daß manches aus seiner Theaterproduktion sich auf längere Zeit in unserem Spielplan festsetzt. Sie ist in ihrer Gesamtheit ein Echo seiner Tätigkeit in Eszterházyschen Diensten. Im Jahre 1761 trat der am 1. April 1732 im niederösterreichischen Rohrau geborene Musiker seine Kapellmeisterstelle zu Eisenstadt an. Eine Dorfkindheit in großer Armut, ein jahrelanger glücklicher Aufenthalt als Sängerknabe in Wien, eine bittere Lehrzeit in der gleichen Stadt und ein erstes Engagement auf dem böhmischen Schloß des Grafen Morzin waren vorausgegangen. In den Jahren, die Haydn ganz »seinem« Fürsten widmete – winters in Eisenstadt, sommers auf Eszterháza in der ungarischen Puszta – stieg er zur Größe und zum Ruhm auf, langsam, stetig, unmerklich für ihn selbst. Als er nach fast dreißig Jahren, beim Tode des Fürsten, pensioniert wurde, ging er nach Wien. Dort hatte er auch noch Umgang mit

Mozart, der bald darauf jung starb und den Haydn als den größten Musiker seiner Zeit bezeichnete, und mit dem jungen Beethoven, den er in Bonn kennengelernt und zu einem Studienaufenthalt in Wien ermuntert hatte. Zweimal reiste er nach London, wo ihm höchste Ehren zuteil wurden. Sein Lebensabend in Wien stand unter dem Zeichen unbestrittenen Weltruhms. Während der napoleonischen Besetzung der Kaiserstadt ist er am 31. Mai 1809 gestorben.
Stellt »Acis und Galathea« noch eine der üblichen Schäferopern dar, wie sie zu Hunderten in Palästen und Schlössern der damaligen Zeit dargeboten wurden, so beschreitet Haydn mit »La Canterina« (zu deutsch: »Die Sängerin«) neue Wege. Anstelle von Heroen, mythologischen Gottheiten, weltfernen Legendenfiguren kommen echte Menschen mit ihren Schwächen, Eitelkeiten und Wünschen auf die Bühne. Hier ist es eine Sängerin, die von zwei Männern angebetet wird, einem Kapellmeister und einem Kaufmann. Sie nützt – nach dem Rat ihrer Mutter, die selbst einmal Bühnenkünstlerin war – die Situation weidlich aus und läßt sich mit Geschenken überhäufen. Das ist alles, und da das Stück sehr kurz ist, darf angenommen werden, daß es sich möglicherweise gar nicht um eine Oper handelte, sondern um eines jener »Intermezzi« heiteren Inhalts, wie sie seinerzeit zwischen die Akte einer großen, dramatischen Oper eingelegt wurden. Haydns Musik ist witzig, ja wahrhaftig lustig und melodiös wie immer; sie dürfte dem Fürsten und seinen Gästen viel Spaß gemacht haben.
Erst in den Sechzigerjahren wurde im österreichischen Benediktinerstift Seitenstetten (durch Alexander Weinmann) eine kleine Haydn-Oper entdeckt, die er selbst in seinen Aufzeichnungen auf verschiedene Weise aufgeführt zu haben scheint: »Die Erlösung«, »Die Erlösung vom Fluch der Götter« oder, weil ihm diese Titel vielleicht auf zu Ernstes hinzudeuten schienen, »Die Reise der Ceres«. Der Text stammt von Maurus Lindemayr, einem Mönch des (ebenfalls österreichischen) Klosters Lambach und ist im Dialekt dieser (oberösterreichischen) Gegend geschrieben; nur die Göttin Ceres selbst und ihre Dienerin sprechen hochdeutsch. Das kleine Singspiel ist (von Eva Badura-Skoda wiederhergestellt) beim »Fest in Hellbrunn« der Salzburger Festspiele 1977 zur Freude des Publikums – wohl nach mehr als 200 Jahren zum ersten Mal – gespielt worden. Es schildert, wie Ceres, die den Menschen die Kunst des Ackerbaus lehrt, durch die Welt reist und in einem Dorf von einem frechen Bauernsohn verspottet wird. Nach vergeblichen Warnungen wird er in einen riesigen Frosch verwandelt (im ursprünglichen Gedicht des Paters Lindemayr war es eine »Eydechse«, die aber wegen der besseren Darstellungsmöglichkeit auf der Bühne, vielleicht von Haydn selbst, in einen Riesenfrosch geändert wurde), über das ganze Dorf, das zu ihm hält, kommt eine Plage. Beide Strafen werden aufgehoben, als der so schwer Gestrafte Zeichen von Reue zeigt. Haydns Musik ist reizend, anspruchslos, aber durchaus nicht undankbar.
»Lo speziale« ist unter dem deutschen Namen »Der Apotheker« über viele Bühnen gegangen. Die Uraufführung fand in Eszterháza im Herst 1768 statt; ob es damals mehr als eine Aufführung gab, ist nicht festzustellen. Wiederholungen waren kaum üblich, da das stets ähnlich zusammengesetzte Publikum ein neues Werk einer Reprise vorzog und das Schaffen immer neuer Werke eben eine der Hauptaufgaben des Kapellmeisters darstellte. Das amüsante Textbuch stammt von keinem Geringeren als Carlo Goldoni (1707–1793), dem Meister der italienischen Komödie. Haydn vertonte es im Sommer 1768, gerade in den Monaten, in denen ein katastrophaler Brand das Schloß und manche Partitur des Meisters einäscherte. Es handelt sich um ein einaktiges Werk, das verkleidete Liebhaber, falsche Notare, entlarvte Mitgiftjäger, heiratslustige ältere Junggesellen zeigt; Typen und Rekurse, von denen ein wenig später Mozarts »Figaro« und ein halbes Jahrhundert darauf sogar Rossinis »Barbier von Sevilla« – die beiden Kronen des Genres – viele ihrer Wirkungen beziehen werden. Auf der Bühne steht der Apotheker Sempronio, der beschlossen hat, sein Mündel Grilletta zu ehelichen, damit deren reiche Erbschaft weder dem von ihr geliebten Mengone noch dem ihr nachstellenden »Weltmanne« Volpino in die Hände falle. Er läßt, zwecks Abfassung des Ehevertrages, einen Notar kommen, aber seltsamerweise erscheinen zwei (angebliche). Es sind Mengone und Volpino. Beide setzen natürlich ihre eigenen Namen in das Schriftstück. Doch Sempronio merkt den Betrug und wirft sie hinaus. Darauf erscheint Volpino in anderer Verkleidung. Als Abgesandter des Sultans soll er die Apotheke kaufen und Sempronio zum türkischen Hofapotheker machen. Als Vermittlerpreis wünscht er die Hand Grillettas. Mengone ist mißtrauisch geworden und entlarvt den Schwindler; zur Belohnung darf nun er Grilletta heimführen. Ein solches Sujet könnte uns heute

185

kaum hinter dem Ofen, oder besser gesagt: dem Fernsehapparat, hervorlocken, wenn nicht ein Meister vom Range Haydns die Musik hierzu komponiert hätte. Diese ist wiederum bezaubernd, voller Einfälle, geistreich, amüsant. »Wenn ich gute Opera hören will, muß ich nach Eszterháza gehen«, gestand Maria Theresia, Österreichs Kaiserin.

»La vera costanza« (Die wahre Beständigkeit) hat als »List und Liebe« in unserer Zeit fröhliche Auferstehung gefeiert, nachdem diese wirkliche Meisteroper Haydns etwa 180 Jahre lang in den Archiven schlief. Sie war dem Komponisten im Jahre 1776 aufgetragen worden und sollte in Wien glanzvolle Premiere erleben. Doch dort regierte im Musikleben eine kleine, aber mächtige italienische Clique (es ist dieselbe, die wenige Jahre später Mozart das Leben verbittert und seinen »Figaro« fast zu Fall bringt), der es gelingt, dasselbe Textbuch von einem ihrer Landsleute, Pasquale Anfossi, vertonen zu lassen und anstelle der Haydnpartitur zur Aufführung vorzuschlagen. Haydn zog daraufhin sein Werk zurück und studierte es drei Jahre später mit dem Ensemble im Schlosse seines Fürsten ein. Es handelt sich um eine Intrigengeschichte mit zahlreichen Verwicklungen, die von Francesco Puttini und Pietro Travaglia für die Bühne bearbeitet wurde. In ihrem Mittelpunkt steht die standhafte Liebe eines einfachen Mädchens, die schließlich gegenüber dem Ränkespiel höhergestellter Persönlichkeiten die Oberhand behält. Wenn man so will, eine kleine Vorwegnahme des Figaro-Themas, wo nicht nur Susanne den Gelüsten ihres Herrn trotzt, sondern überhaupt der Dienerstand einen bedeutsamen Sieg über den Adel davonträgt. Ein bemerkenswertes Sujet für eine so hocharistokratische Epoche. Aber vergessen wir nicht, daß die »Aufklärung« begonnen hat, daß das »Volk« in Leben und Kunst von Tag zu Tag bedeutsamer wird. Wieviele Betrachtungen (gar nicht musikalischer Art) ließen sich hier anknüpfen! Etwa die, daß die Lustspiele Beaumarchais' (des geistigen Vaters von Mozarts »Hochzeit des Figaro«) in Frankreich verboten wurden, daß aber die daraus hergestellte Oper Mozarts in Österreich gespielt werden durfte, und daß eine kurze Zeitspanne später die Wut des französischen Volkes sich für diese und andere Unterdrückungen blutigst und grausam rächte, während in Österreich das liberalere Regime nicht gestürzt wurde. Und im Schlosse des Fürsten Eszterházy durfte Haydns Oper gegeben werden, in der ein »Mädchen aus dem Volke« in seiner reinen Liebe dem Adel ein Beispiel gibt und gegen Palastintrige den Sieg davontragen kann! »La vera costanza« ist eine der ganz wenigen Haydn-Opern, die zu Lebzeiten des Komponisten weitere Verbreitung fanden: 1785 Preßburg, 1790 Wien, 1791 Paris, das sind einige der nachweisbaren Etappen.

»Il mondo della luna« taucht als »Die Welt auf dem Monde« manchmal auf den heutigen Bühnen auf. Selten dürfte ein naiveres Textbuch in Musik gesetzt worden sein. Wir mögen heute darüber lächeln (oder uns ärgern), aber für einen schönen Sommerabend auf Schloß Eszterháza reichte es, ja war vielleicht gerade das rechte, leichte, amüsante Spiel. Es wurde zur Hochzeit eines Eszterházyschen Fürstensohnes komponiert und erlebte im Rahmen der Festlichkeiten im August 1777 seine beifälligst aufgenommene Premiere. Von Hunderten ähnlicher Komödien unterscheidet sich diese nur dadurch, daß der »wichtigste« Teil ihres Geschehens nicht auf der Erde spielt, sondern auf dem Monde. Es gibt in diesem Stück Liebespaare, die wegen väterlichen Widerstandes nicht zusammenkommen können. Und es gibt ein Fernrohr, durch das Buonafede gerne den Mond betrachtet, ein reicher und – wie schon sein Name besagt – gutgläubiger Mann. Er läßt sich von dem angeblichen Astronomen Ecclitico zu einer Reise auf den treuen Trabanten der Erde verleiten. Wie einfach geht das vor sich! Keine Raketenflüge, keine schwierigen Berechnungen: nur ein Schlafmittel muß Buonafede nehmen, um beim Erwachen auf dem Monde zu sein, der in Wirklichkeit bloß sein eigener, von den Liebhabern seiner Töchter geschickt umgewandelter Garten ist. Dort gibt es Blumen und Tänzerinnen (was die moderne Wissenschaft noch nicht bestätigen konnte), und der kühne Mondreisende ist so begeistert, daß er sich ohne Schwierigkeiten das auf Erden unmöglich zu erzielende Jawort zur Vermählung seiner Töchter ablisten läßt. Als er die Täuschung endlich erkennt, macht er gute Miene zum gar nicht so bösen Spiel. Eine Lobeshyme auf den guten alten Mond schließt das vergnügliche Stück. Spätere Bearbeitungen haben am Text Veränderungen vorgenommen. So etwa die, daß Buonafede sich auf dem Monde noch weigert, seine Töchter mit ihren geheimen Liebhabern zu vermählen; erst die Drohung, ihn durch Bekanntmachung seiner lächerlichen Mondreise vor der Welt zu blamieren, ringt ihm schließlich das Jawort ab. Uns erscheint dieses »Heilmittel« schlimmer als die Krankheit selbst, so wie es bei vielen späteren Bearbeitungen alter Opern der Fall zu sein pflegt. Man sollte unseres Erachtens an solchen Stücken keine »Verbesserungen« anzubringen suchen, gerade in ihrer zeitgemäßen Naivität liegt der mögliche Reiz für den heutigen Hörer. Die Musik ist unbeschwert, reizend und mit vielen meisterlichen Zügen versehen; man soll sich über die grotesken Fagotte freuen, den durch Geigenläufe angedeuteten »sausenden« Mondflug Buonafedes bewundern, den mit einem Marsch einziehenden »Mondregenten« Respekt erweisen und im übrigen dieses »dramma giocoso« als Zeitdokument nehmen, dessen rührende Einfalt wir eher beneiden als belächeln dürften.

Erwähnen wir zuletzt noch die nicht restlos geklärte Existenz eines Bühnenwerks, das bei den Bregenzer Festspielen im August 1963 aus fast zweihundertjähriger Vergessenheit geholt wurde: »Die Feuersbrunst«. Der Ursprung dieses Singspiels konnte nicht festgestellt werden; einzelne Forscher verlegen ihn (wie Nowak) ins Jahr 1773, andere (wie Robbins Landon) glauben, es sei 1776/7 entstanden, wieder andere (van Hoboken) zweifeln an seiner Echtheit, zumal festgestellt wurde, daß die im einzigen Manuskript vorkommende Ouvertüre einer Sinfonie von Ignaz Pleyel entstammt. Immerhin scheint unter Haydns verlorengegangenen »Marionettenopern« (fernen Vorläufern von Fallas »Meister Pedro«) eine mit dem Titel »Die bestrafte Rachgier« oder »Das abgebrannte Haus« bestanden zu haben. Ein »L'incendie« überschriebenes Manuskript tauchte 1935 bei einer Pariser Auktion auf und gehört jetzt der Musikbibliothek der Universität Yale. Das Werkchen verdient nicht viel mehr als die Erwähnung, möglicherweise aus der Hand eines großen Meisters zu stammen; als pikantes Detail käme höchstens dazu, daß diese »Feuersbrunst«, zum Unterschied von vielen anderen Manuskripten Haydns, den großen Brand im Schloß Esterháza (1779) irgendwie überlebt haben muß.

Robert Heger
1886–1978

Dem im Elsaß beheimateten (in Straßburg am 19. August 1886 geborenen) Robert Heger war eine große Kapellmeisterkarriere beschieden, die ihn in die führenden Theater Deutschlands und Österreichs brachte (Wien, Berlin, München als Höhepunkte). Zugleich erlangte er auch als Opernkomponist Anerkennung. Der feine, im Herzen der Spätromantik verwandte und sein Handwerk bis ins letzte beherrschende Musiker stand stets ein wenig im Schatten anderer, die durchschlagskräftiger waren. Dennoch verdient er es, bei der Aufzählung der Opernwerke unseres Jahrhunderts nicht übergangen zu werden. Er ist ein Meister des Klanges, sein Orchester schillert in allen Farben; im Lyrischen, Gefühlsmäßigen ist er vielleicht mehr zu Hause als im Dramatischen, Sehnsucht mag ihm näherliegen als Dynamik. Als Librettist seiner Bühnenwerke verdient er auch dichterisch Beachtung. Nach einer in jüngeren Jahren (1919) uraufgeführten Oper, »Ein Fest auf Haderslev« folgte 1932 Hegers vielleicht bestes Bühnenwerk »Bettler Namenlos«, danach 1936 »Der verlorene Sohn« und 1951 »Lady Hamilton«.

»Bettler Namenlos«, am 9. April 1932 in München uraufgeführt, ist ein Odysseus-Drama: Es zeigt die Heimkehr des Verschollenen im Gewand eines namenlosen Bettlers und seinen Sieg über die sich in seinem Palast üppig breitmachenden Freier seiner Gattin. »Der verlorene Sohn«, am 31. März 1936 in Dresden uraufgeführt, schildert das Schicksal eines jungen Organisten, den es fort von Heim und Heimat in die Welt hinaus zieht. War in Hegers Odysseus-Oper vielleicht eine entfernte Verwandtschaft zu Richard Strauss festzustellen, den es immer wieder zu »klassischen« Stoffen zog, so wäre beim »Verlorenen Sohn« eine interessante Parallele zu Schrekers Oper »Der ferne Klang« zu finden. Allerdings besitzt nur die Problemstellung Ähnlichkeiten, nicht deren Lösung und schon gar nicht die Musik, die aus gänzlich entgegengesetzten Temperamenten strömt. Bei Heger schreckt ein sehnsüchtiger Dorfmusiker vor der »Karriere« in den lichterglänzenden, aber auch lastererfüllten Großstädten zurück, als ihm ein Traum bedeutet, der so ersehnte Weg würde ihn ins seelische Elend stürzen, von seinen Idealen unwiederbringlich fortziehen. Dem Untergang bei Schreker setzt Heger das rechtzeitige Erwachen aus dem Traum, den Sieg des gesunden Empfindens, den Triumph der Reinheit entgegen. Die Oper fand in politisch wirrer Zeit, die unaufhaltsam auf den Zweiten Weltkrieg zusteuerte, zu wenig Verständnis, machte aber den Hörern, die ihre Botschaft verstanden, um so tieferen Eindruck. Schwächer war die Aufmerksamkeit, die Hegers letztes Bühnenwerk, die schon 1939 komponierte, aber erst am 11. Februar 1951 in Nürnberg uraufgeführte »Lady Hamilton« erregte.

Hans Werner Henze
1926

In sehr jungen Jahren ist der am 1. Juli 1926 in Gütersloh geborene Hans Werner Henze zu einer führenden Stellung im deutschen Musikleben und zu internationaler Beachtung aufgestiegen. Er studierte bei Wolfgang Fortner, dann bei dem Theoretiker der Zwölftonbewegung René Leibowitz. Aber er band sich – ein wenig Strawinsky ähnlich – niemals an einen bestimmten Stil. Jedes seiner Werke experimentiert mit neuen Lösungen. Sie haben oft neben begeisterter Zustimmung auch schroffe Ablehnung erfahren, aber vielleicht ist gerade das ein Zeichen für ihre immer akute Lebendigkeit. Sein Leben, in frühzeitiger materieller Unabhängigkeit, verläuft während längerer Zeiträume in Italien, dessen klare, klassische Landschaft, dessen Sonne in manchem seiner Werke zu finden sind. Aber auch die Hoffnungslosigkeit, das Fremdsein von Mensch zu Mensch und die scheinbar dumpfe Sinnlosigkeit des Daseins, welche die Massen des 20. Jahrhunderts bedrücken, sind bei ihm zu finden: in Musik umgesetzt, die notgedrungenermaßen nicht »schön« sein kann, sondern rauh, grausam, verworren, rücksichtslos klingen muß. Ein guter Teil seiner Interessen gehört dem Musiktheater. Dem Ballett hat er eine Fülle von Beiträgen zugewendet (auch hier wieder Strawinsky verwandt), von denen vielleicht »Undine« der wichtigste sein dürfte. Eine seltsame »Oper für Schauspieler«, unter dem Titel »Das Wundertheater«, eröffnete im Jahre 1948 die Reihe seiner Musikdramen, von denen er zwei (»Der Landarzt«, 1951, und »Das Ende der Welt«, 1954) für den Rundfunk schuf. Von den abendfüllenden Stücken soll im einzelnen die Rede sein, da sie im heutigen Repertoire eine wesentliche Rolle spielen.
»Boulevard Solitude« stellt eine Modernisierung des Manon-Lescaut-Stoffes dar. Die Hauptpersonen heißen wie in des Abbé Prévost berühmtem Buch (aus dem Massenets und Puccinis »Manon«-Opern gemacht sind), auch die Haupteigenschaften dieser Personen sind die gleichen geblieben: Manon ist schön und leichtsinnig, ihr sinnlicher Einfluß auf Männer ist zuerst Spiel, reißt sie aber ins Verderben; Armand des Grieux kann sie trotz seiner reinen, tiefen Liebe nicht halten; Lescaut, ihr Bruder, ist eine Kuppler- und Zuhälternatur, die aus allem persönlichen Vorteil zu schlagen sucht. Die Librettistin Grete Weil hat diese Hauptzüge in unsere Zeit versetzt, hat aus der Postkutsche eine Eisenbahn gemacht, aus der Spielleidenschaft das Rauschgiftlaster, aus dem Kloster eine Universitätsbibliothek. Das im Original geschilderte, tragische Sterben Manons ist gestrichen. In dem von Henze vertonten Textbuch geht die zur Mörderin gewordene Manon, mit Handschellen gefesselt, stumm und fremd an des Grieux vorüber. Fremdsein, einander nicht mehr kennen, als hätte es niemals einen gemeinsamen Herzschlag gegeben: das ist zeitgemäßer als der doch immer noch romantische Tod der zur Dirne herabgesunkenen Manon in den Armen ihres ersten, immer noch und immer wieder geliebten Liebhabers des Grieux, wie Puccini und Massenet ihn ergreifend besungen haben. Alle Romantik ist aus diesem Libretto verschwunden. Häßliche, wüste, gemeine Schauplätze, niedrige Leidenschaften und Laster sind an ihre Stelle getreten. Der Boulevard Solitude, die graue Straße der Einsamkeit, ist die Hauptstraße der heutigen Welt geworden, auf der die Menschen aneinander vorübergehen, ohne sich zu erkennen, schattenhaft wie im Traum und doch klar und wach und grausam bewußt. (Uraufführung: Hannover, 17. Februar 1952.)
»König Hirsch« liegt in zwei Fassungen vor. (Die erste wurde in Berlin im Jahre 1956 uraufgeführt, die zweite 1963). Das Libretto stammt von Heinz von Cramer, der auf ein Märchenspiel des großen

venezianischen Dichters Carlo Gozzi (1720–1806) zurückgreift. Henze hat zu diesem Werke erklärt: »Die Wunder, die in der Legende von ›König Hirsch‹ vor sich gehen, die Idee der Metamorphose, der Gedanke einer grenzenlosen Freiheit, die über das Erträgliche hinausgeht, der Tod des Tyrannen und der Friede, das alles sind Motive, die dargestellt werden mußten ohne die geringste Verzerrung oder Perversion und ohne Trick. Der ›König Hirsch‹ ist weder als Märchenoper noch als Traumspiel gedacht und auch nicht als moderne Commedia dell'arte, wiewohl er von alledem etwas an sich hat. Mit seinem ganz einfachen Titel ›Oper‹ ist angedeutet, welche Disziplin angestrebt wird. Es handelt sich auch nicht um ein modernes psychologisches Drama. Das von wunderlichen Vorgängen erfüllte Szenarium lenkt anfangs von dem Realismus, der gemeint ist, ab, um dann doch am Ende bestärkend auf ihn hinzuwirken. Auch hinsichtlich des theatralischen Aspektes versuche man sich in der Freiheit und in der Auffindung der Schönheit.« Die äußerst symbolgetränkte und komplizierte Handlung erzählt von einem König, der den Weg der inneren Wandlung gehen muß, sie fern den Menschen sucht und in einem Walde findet, wo er sich in einen Hirsch verwandelt. Ganz zuletzt kehrt er zurück, tritt unter die Menschen, findet ein liebendes Mädchen, gewinnt seine ursprüngliche Gestalt zurück und wird nun in Glück und Frieden herrschen. Henzes Musik wandelt hier wirklich auf Opernspuren: es gibt Melodien (wenn auch modernster Prägung), die im Geiste einer Oper (einer italienischen Oper sogar) und nicht eines Musikdramas gesungen werden sollen und zu einer Art Arien aufgebaut werden. Die Instrumentationskunst Henzes ist verblüffend und ganz neuartig.

»Der Prinz von Homburg« bringt Henzes erste Auseinandersetzung mit einem historischen Stoff. Ingeborg Bachmann hat Heinrich von Kleists (1777–1811) gleichnamiges starkes Drama zu einem Libretto verarbeitet. (Wie Büchner ist auch Kleist in unserer Zeit auffallend »modern«.) Der verträumte Prinz wird in den Krieg gerissen. In der Schlacht von Fehrbellin schlägt er mit seiner Reiterei gegen ausdrücklichen Befehl los und wendet den Kampf zum Siege. Der Kurfürst aber läßt ihn wegen Ungehorsams vor ein Kriegsgericht stellen. Das Urteil lautet auf Tod. Der Prinz wird zur Kurfürstin und deren Nichte, Natalie von Oranien, die er liebt, geführt, um ihre Fürsprache zu erbitten. Natalie eilt zum Kurfürsten und erreicht, daß der Prinz begnadigt werde, unter der einzigen Bedingung, daß er das Urteil als Ungerechtigkeit ablehne. Das läßt ihn, trotz Natalies glühendem Flehen, seinen Fall überdenken und erkennen, daß er auf diese Weise sein Leben nicht erkaufen darf, denn das Urteil ist gerecht. Er ist zu sterben bereit. So erklärt er es dem Kurfürsten in Gegenwart der hohen Offiziere, die für ihn zu bitten gekommen sind. Stolz geht er in den Kerker zurück. Und als man ihn mit verbundenen Augen holt, schreitet er würdig zum Tode. Doch der Kurfürst, ihm innig zugetan, hat das Urteil zerrissen. Mit einem Siegerkranz, den Natalie ihm zugleich mit ihrem Verlobungskuß überbringt, erwartet der Hof den Prinzen von Homburg. (Uraufführung: Hamburg, am 22. Mai 1960.)

»Elegie für junge Liebende« wurde im Rokoko-Theater zu Schwetzingen von der Bayrischen Staatsoper München am 20. Mai 1961 erstmalig zu Gehör gebracht. Der Text der dreiaktigen Oper stammt von Wystan H. Auden und Chester Kallman (den Librettisten von Strawinskys »Rake's Progress«) und wurde von Henze in der deutschen Nachdichtung von Ludwig Landgraf vertont. Er verwendet ein subtiles Kammerorchester, in dem Xylophon, Vibraphon, Glocken, kleine Glöckchen, Celesta eine fast wichtigere Rolle spielen als die solistisch verwendeten Streicher und Bläser. Klavierklänge erscheinen in Bandaufnahme, und elektronische Tonmischungen werden eingeblendet. Text und Musik stehen seltsam zwischen Romantik und ihrer Parodie. Im Mittelpunkt des Stückes steht ein alternder, krankhaft von sich eingenommener Dichter, der von seiner Umgebung unaufhörlich Huldigungen verlangt und erwartet. Er ist mit seinem »Gefolge« in einem österreichischen Alpengasthof eingetroffen und wird am Bergtod eines jungen Liebespaares schuldig; doch auch der ist für ihn nichts weiter als ein völlig gerechtfertigter Tribut zur Vollendung eines neuen Werkes: »Elegie für junge Liebende« ...

Mit der komischen Oper »Der junge Lord« erzielte Henze einen durchschlagenden Erfolg, der schon am Premierenabend, dem 7. April 1965 in der Deutschen Oper Berlin feststand und durch zahlreiche Aufführungen weiterer Bühnen bestätigt wurde. Den Text schuf die bedeutende Dichterin Ingeborg Bachmann nach einer Parabel aus der Märchensammlung »Der Scheik von Alessandria und seine Sklaven« von Wilhelm Hauff (1802–27). Es wurde eine böse, aber doch nicht ganz lieblose Verspottung deutschen (und wohl internationalen) Kleinstädtertums. Ein englischer Gelehrter, der zu Anfang des 19. Jahrhunderts nach »Hülsdorf-Gotha« kommt, rächt sich an dessen spießbürgerlichen Bewohnern dadurch, daß er einen Zirkusaffen dazu abrichtet, einen »jungen Lord« zu spielen und mit seinen eifrig nachgeahmten »Extravaganzen« eine wahre gesellschaftliche Revolution anzurichten. Henzes Musik ist übersprudelnd komisch und witzig, glänzend gekonnt, wirbelt in fast durchgehendem Parlando-Singen dahin, hält nur ausnahmsweise zu geschlosseneren Nummern an, liebt vielstimmige Ensembles voll Parodie, weiß aus einem virtuos behandelten Kammerorchester zahllose Effekte zu ziehen und bei aller Modernität den Biedermeiercharakter der Epoche zu treffen.

»Die Bassariden«, ein Auftragswerk der Salzburger Festspiele, erlebte dort am 6. August 1966 seine Uraufführung. Die prominenten Librettisten W. H. Auden und Chester Kallman (die für Strawinsky das Textbuch zum »Rake's Progress« schufen) schrieben nach den »Bacchanten« des Euripides ein – leider reichlich dunkel gebliebenes und durch zahlreiche Episoden, Sprachkunststücke und schwierige psychologische Züge kompliziertes – Buch, das dem neuen »mediterranen« Lebensgefühl Henzes entgegenzukommen schien. Seit einiger Zeit hatte sich dieser erfolgreichste deutsche Komponist seiner Generation in Italien niedergelassen und begonnen, sich über vielerlei Probleme der Zeit tiefgründige und umstürzlerische Gedanken zu machen, die auch in seiner künstlerischen Produktion der folgenden Jahre deutlich zum Ausdruck kommen sollten. Er kehrt in diesem Werk zum Riesenorchester der Spätromantik zurück (dem er berückende Klangfarben abzugewinnen weiß, weswegen ein Kritiker vom »wiedererstandenen Richard Strauss« spricht), verwirft anscheinend die »modernen« Klänge jener Zeit zugunsten sangbarer Kantilenen, die aber mit Kraßheiten von schneidender Schärfe kontrastieren. Eine ununterbrochene Spieldauer von zweieinhalb Stunden erhöht noch die nicht geringen Anforderungen geistiger wie musikalischer Art, die das Werk an den Hörer stellt.

»Das Floß der Medusa« erweckte bei der öffentlichen Erstausstrahlung durch den Norddeutschen Rundfunk Hamburg am 9. Dezember 1968 einen Riesenskandal, der wohl vor allem der politischen Überraschung galt. Das Werk ist dem geistigen Führer einer lateinamerikanischen Revolution, dem Argentinier Ernesto Guevara, genannt »Che« (wegen dieses, für die Umgangssprache in der Stadt Buenos Aires charakteristische Wort, das überall seinen Ursprung sofort verriet) gewidmet, der eben im bolivianischen Urwald getötet worden war. Das Werk selbst stellt eine Anklage dar; es beruht auf einem historischen Ereignis, das sich im Jahre 1816 abspielte. Damals lief das französische Schiff »Medusa«, das zu Eroberungszwecken nach Afrika unterwegs ist, in Sichtweite der dortigen Küste auf ein Riff. Die Offiziere und einige der Oberschicht angehörigen Passagiere retten sich in die Boote, die ihrem Schicksal auf dem sinkenden Schiff preisgegebene Mannschaft baut ein Floß, das von den Booten im Stich gelassen wird, so daß die darauf befindlichen 154 Menschen durch Hitze, Hunger und das schließliche Sinken entsetzlich ums Leben kommen. Wenige Überlebende schildern das Schicksal der Geopferten: »Sie kehrten in die Welt zurück. Belehrt von der Wirklichkeit, fiebernd, sie umzustürzen.« Ein Werk des sozialen Protests, ein Schrei gegen Unrecht, Unterdrückung und Unmenschlichkeit. Die szenische Uraufführung erfolgte in Nürnberg am 15. April 1972; bei ihr, wie bei späteren Aufführungen, überwog die künstlerische Ratlosigkeit gegenüber einem schwer verständlichen Werk die politische Polemik.

Noch wesentlich komplizierter ist »Wir erreichen den Fluß« konzipiert, dessen Originaltext von Edward Bond »We Come to the River« betitelt ist. Ein riesiges Personal auf der Bühne, eine nur schwer zu bewältigende Vielfalt von Vorkommnissen und Visionen erschweren die Wiedergabe, die trotzdem äußerst eindrucksvoll gestaltet werden kann. Die wahre Bedeutung des überaus vielschichtigen Stückes erschließt sich nur nach intensivstem Studium. Henze selbst hat Erklärungen zu diesem Werk abgegeben; er erkennt, daß er im Laufe seines Schaffens in Gebiete vorgedrungen ist, die dem »gewöhnlichen« Opernbesucher längst nicht mehr zugänglich sind. Ohne hier auf die daraus ersichtliche Problematik näher einzugehen (die ein eigenes Buch erforderte), seien hier nur einige der Sätze des Komponisten zitiert: »Schauplatz I ist der im Vordergrund, er ist in erster Linie für Monologe gedacht und für die Welt der Unterdrückten und Leidenden, zu denen ich den General rechne als Menschen, der eine Bewußtseinskrise hat und ein Schicksal. Auf diesem Schauplatz erwartet der gefangene Deserteur seine Hinrichtung. Hier ängstigt sich die Frau des Soldaten 2 um ihren Mann... Auf der Grenze zwischen diesem und dem dahinterliegenden Schauplatz II meditiert der zum Irrsinnigen erklärte General und erleidet er, an einen Block gefesselt, sein Ende ... Auf Schauplatz II finden die zentralen Szenen statt, hier erfährt der General von seiner bevorstehenden Blindheit, die ihm die Augen öffnen soll. Hier trifft er seine Opfer, hier muß er sich mit seiner Vergangenheit auseinandersetzen. Hier wird er für wahnsinnig erklärt. Hier ist später der Hof des Irrenhauses, in dem die Kranken klagen und wo sie eine imaginäre Bootsfahrt zu einer Insel machen, die nicht existiert und die doch alles zu beinhalten scheint, was sie unter Hoffnung, Rettung sich vorzustellen vermögen. Vielleicht heißt diese Insel Utopia. Hier fällt der Gouverneur unter den Schüssen des Attentäters... Auf dem Schauplatz III, im weiteren Hintergrund, geschehen die größeren Grausamkeiten, die Hinrichtung des Deserteurs, die Ermordung der Frauen, finden die Parties der Oligarchie und der Kollaborateure statt. Hier feiert der Gouverneur seinen Amtsantritt, von hier aus befiehlt er die Ermordung der alten Frau und ihres Enkelkindes...« So differenziert wie die Handlung ist auch das Orchester, das bei der Begleitung jedes der drei Schauplätze andere Instrumente und andere Kombinationen von Klängen heranzieht. Das Werk kam 1976 englisch, 1977 deutsch zur Uraufführung. 1980 folgte die ursprünglich für die Kinder des Dorfes Montepulciano (in der Toscana) geschriebene Oper »Pollicino«, die später auch auf deutschsprachigen Bühnen – mehr ihres prominenten Autors als ihrer Qualität wegen – Aufnahme fand. Am 2. Juni 1983 spielte die Staatsoper Stuttgart in Schwetzingen zum ersten Mal »Die englische Katze«, eine musikalisch hervorragende, textlich leider sehr schwache Komödie Henzes, die der Librettist Edward Bond (nach Balzac) zur Gänze im Katzenreich ansiedelt, woraus sich viele reizende Details und boshafte Anspielungen auf die verderbte Menschenwelt ergeben.

Wilfried Hiller
1941

Der am 15. März 1941 im schwäbischen Weißenhorn geborene Wilfried Hiller leistet im Bayerischen Rundfunk Pionierarbeit für die zeitgenössische Musik. Als Komponist hat er schon viele Preise gewonnen, so 1978 das Villa Massimo-Stipendium und den Schwabinger Kunstpreis für Musik.
1967 kam er anläßlich eines Films mit dem seltsamen Maler-Dichter Alastair in Kontakt, der ihm seine Übersetzung der Briefe Maria Stuarts zeigte. Die Gestalt und die Situationen, in der die unglückliche Schottenkönigin diese Briefe verfaßt hatte, wurden in Hiller wieder lebendig, als die Bayerische Staatsoper Hiller für ihre Experimentierbühne um ein Werk bat. In Zusammenarbeit mit der Schauspielerin Elisabeth Woska entstand das musiktheatralische Werk »An diesem heutigen Tage«, das 1973 vom Zweiten Deutschen Fernsehen produziert, 1975 konzertant gegeben wurde und am 15. Juli 1979 im Rahmen der Münchener Opernfestspiele zur Aufführung kam.
Das interessante Werk beruht auf dem Satz Maria Stuarts »In meinem Ende liegt mein Anfang«, ausgesprochen lange, bevor er durch ihren Tod und Nachruhm prophetisch erschaute Wahrheit werden sollte. Das Stück, für eine Sing- und Sprechstimme mit Schlagzeug-Orchester, umfaßt sechs Szenen, in denen die Briefe verarbeitet sind, sowie zwei Sonette der Königin in französischer Originalsprache. Das Interesse war so stark, daß wenige Jahre später dasselbe Theater Hiller einen neuen Auftrag gab. So entstand das fesselnde Opernoratorium »Ijob«, das zu den stärksten Musiktheaterwerken unserer Zeit zählt. Es ist ein äußerst dramatischer Monolog, für den der Komponist einen »Tenor über sechzig Jahren« fordert, was zusammen mit einer wieder überaus sparsamen Instrumentalbegleitung eine höchst realistische Wirkung erzielt. Die Uraufführung fand in München statt, mit Lorenz Fehenberger in der Titelrolle. (Siehe auch Nachtrag S. 675)

Paul Hindemith
1895–1963

Hindemith, einer der bedeutendsten Komponisten unserer Zeit, hat in erstaunlicher Vielseitigkeit und unbestrittener technischer Meisterschaft Beiträge auf allen musikalischen Gebieten geleistet. Er wurde am 16. November 1895 in Hanau geboren, war mit zwanzig Jahren Konzertmeister an der Frankfurter Oper, gründete dann das ausgezeichnete »Amar-Hindemith-Quartett«, dem er als Bratschist angehörte. Er komponierte mit unglaublicher Leichtigkeit, war revolutionärer Avantgardist in den musikalischen (und politischen) Gärungsjahren nach dem ersten Weltkrieg, begeistert gefeierter Umstürzler, der seine eigene Idee von Atonalität verfocht. Für das Musiktheater hat er sich von Jugend an begeistert, doch sind seine ersten Versuche (»Mörder, Hoffnung der Frauen« und »Das Nusch-Nuschi«, beide 1921) nicht nur an den unvertonbaren Texten gescheitert. Auch mit »Sancta Susanna«, »Hin und zurück« und »Neues vom Tage« gelang ihm nichts Endgültiges. Dann aber kam plötzlich »Cardillac« (1926) und kündete den wahrhaft bedeutenden Komponisten an, der in dem jungen Rebellen schlummerte. Auch eine Kinderoper »Wir bauen eine Stadt« kann als zeitgerechter Wurf bezeichnet werden. Mit ihr schuf Hindemith ein Musterbeispiel des Lehr- oder Schulstücks, das damals seine erste Blütezeit erlebte. 1934 ging Hindemith ins Exil, nachdem seine Musik als untragbar für das Dritte Reich erklärt worden war. Nach einem längeren Aufenthalt in der Schweiz ließ er sich in Nordamerika nieder, wo er als Professor und als Komponist unermüdlich tätig war. Zürich war die Uraufführung seines reifsten und vielleicht bedeutendsten Werkes, »Mathis der Maler« vorbehalten. Und Zürich war es auch, das nach dem Zweiten Weltkrieg den unsteten Hindemith als Lehrenden in seine Mauern ziehen konnte. Das 1957 aufgeführte Kepler-Drama »Die Harmonie der Welt« fand nur geteilte Aufnahme (während die Orchestersuite daraus voll anerkannt wurde), hingegen erntete »Das lange Weihnachtsmahl« im Jahre 1961 starke Zustimmung, die auch seinem gänzlich anders gearteten »Mainzer Umzug« (zur 2000-Jahr-Feier dieser Stadt, 1962) zuteil wurde.

»Neues vom Tage« wurde im Jahre 1929 in Berlin uraufgeführt; es ist »Lustige Oper« betitelt, aber man könnte ebensogut von einer musikalischen Farce sprechen. Der Text von Marcellus Schiffer ist nur bedingt lustig und eher als schonungsloses Spiegelbild der damaligen Gesellschaft (oder einiger ihrer Kreise) anzuerkennen.

Ein älteres Ehepaar will sich nach einem wütenden Streit scheiden lassen; ein zufällig zu Besuch kommendes jüngeres Paar beschließt, da es sich dem Streit anschließt, ein gleiches. Um die Scheidung baldmöglichst zu erreichen, engagieren die jungen Leute einen »Scheidungsgrund« in Person eines darauf spezialisierten eleganten Herrn, dem nur das unvorhergesehene »Malheur« passiert, sich in die junge Frau wirklich zu verlieben. So weit, so gut. Aber dann gibt es Skandalszenen im Bad, öffentliche Ausschlachtung durch Presse und Klatsch, Gastspieltourneen, bei denen das ältere Paar seinen Ehekrach vorführen muß bis zu dem »sensationellen« Augenblick, in dem der »Scheidungsgrund« zum wirklichen Liebhaber wird und der Ehemann die berühmte Venusstatue eines Museums auf seinem Kopf zertrümmert. Hindemith, vielleicht belustigt, vielleicht nur versucht, sich auf dem Boulevardpflaster von Berlin 1929 einen lauten Erfolg zu holen, vergeudet ein paar hübsche Gedanken. Immerhin: als reine Farce gespielt, als Persiflage einer kranken Zeit, einer hektischen, neurotischen Schicht, kann »Neues vom Tage« vergnüglich wirken. Ein wehmütiges, trauriges Vergnügen, müßte man sagen.

Cardillac

Oper in vier Akten, Textbuch, nach einer Bühnenhandlung Ferdinand Lions, die auf E. T. A. Hoffmanns Novelle »Das Fräulein von Scuderi« zurückgeht, von P. Hindemith.

Originalsprache: Deutsch
Personen: Cardillac, ein berühmter Goldschmied (Bariton), seine Tochter (Sopran), sein Geselle (Tenor), die erste Sängerin der Oper

(Sopran), der Offizier (Baß), der junge Kavalier (Tenor), ein reicher Marquis (stumme Rolle), mehrere Gestalten der Lullyschen Oper »Phaeton«, Volk.

Ort und Zeit: Paris, das letzte Jahrzehnt des 17. Jahrhunderts.

Handlung: Im Morgengrauen läuft das Volk auf den Straßen zusammen. Wiederum ist ein Mord geschehen, wie schon mehrere, bisher ungesühnte in letzter Zeit. Die Wachen des Königs, mit allen Vollmachten ausgestattet, eilen herbei, aber der Täter ist neuerdings entkommen. Was mag seine Triebkraft sein? Es wird stets nur ein Schmuckstück geraubt, sonst nichts. Der Tag bricht an, die Menge verläuft sich langsam. Die Primadonna der Oper kommt, von einem jungen Kavalier begleitet, der sie um Liebe bestürmt, auf den Platz, an dem auch des berühmten Goldschmieds Cardillac Werkstatt liegt. Sie interessiert sich für den Mord; ihren Verehrer vertröstet sie, bis er ihr etwas brächte, was noch niemand ihr je geboten. Cardillac öffnet seinen Laden, und der Kavalier besieht seine wunderbaren Schmuckstücke. Ein Diadem erscheint ihm als das herrlichste Werk von allen. Lange wehrt der Meister sich dagegen, es zu verkaufen. Schließlich muß der reiche junge Mann es fast gewaltsam aus der Werkstätte entführen.

Die Sängerin sitzt mit dem ihr befreundeten Marquis am Tische in ihrem Hause. Sie beenden das Abendessen. Der Marquis verabschiedet sich, und die Primadonna singt ein nachdenkliches Lied vor sich hin. Dann löscht sie das Licht und begibt sich in das Nebengemach. Der junge Kavalier tritt ein, das Diadem unter dem Mantel versteckt. Nun folgt eine lange Pantomime: die Primadonna kommt zurück, erschrickt zuerst über die Anwesenheit des jungen Menschen, ist dann aber von seiner ehrlichen Anbetung gerührt und immer überzeugter, hier etwas zu erleben, was sie im Rausche ihrer Erfolge noch nie kannte. Sie nimmt ihn in ihre Arme und küßt ihn, ganz anders als kurz vorher den Marquis. Der Junge enthüllt das Diadem, dessen Steine geheimnisvoll im eindringenden Mondlicht glitzern. Die Sängerin setzt es auf ihr Haupt, beide bewundern die Pracht des Stücks, und die durch den Schmuck noch gesteigerte Schönheit der Sängerin bringt den Kavalier völlig außer sich. Sie sinken auf das Ruhebett nieder. Da setzt die Musik aus: durch das Fenster steigt eine maskierte Gestalt, springt zum Bett, erdolcht den Kavalier und entflieht mit dem Diadem.

In Cardillacs Werkstatt spielt der zweite Akt. Der Meister arbeitet mit dem Gesellen, der das Gespräch in ständig wachsender Besorgnis auf die unerklärlichen Morde bringt. Cardillac wird ein wenig unruhig. Als der Geselle ihn um die Hand seiner Tochter bittet, schlägt er es brüsk ab. Der Offizier der Wache tritt ein, berichtet von dem jüngsten Mord. Im Hause der Sängerin sei ein Kavalier erstochen worden. Er nimmt, trotz des Widerspruchs Cardillacs und seiner Tochter, den Gesellen fest, der bei dem Mord am Vortag am Tatort gesehen wurde und so den Verdacht auf sich lenkte. Während Vater und Tochter eine lange Auseinandersetzung haben, wird der Raum von Visionen belebt: die Primadonna erscheint, wie aus der Ferne gesehen, der junge Kavalier, doch beide besitzen nun mehrere Verkörperungen, die verschiedene Tätigkeiten in gespenstisch anmutender Weise ausführen. Bleiche Gestalten tragen, als wären sie Leichen, eine Fülle von Schmuck. Langsam erlöschen die Visionen, der Jüngling geht in die Gestalt Cardillacs ein, aus der er hervorgetreten war, die Primadonna in die der Tochter. Die Bühne bleibt dann einige Augenblicke leer, bis eine Gruppe von Sängern der Oper, darunter die Primadonna und der reiche Marquis, in die Werkstätte eintritt. Die Tochter bedient sie und zeigt unter anderen Stücken auch das Diadem, das der junge Kavalier der Sängerin überbracht hatte. Diese fällt bei dem Anblick in Ohnmacht. Als sie sich erholt, gibt sie einer Überanstrengung die Schuld. Neuerlich gut gelaunt, verlassen die Künstler den Laden, der Marquis trägt das Diadem mit sich. An ihnen vorbei huscht der Geselle in die Werkstatt. Er hat das Diadem gesehen und fragt entsetzt die Tochter, woher sie es genommen, da es doch am Vortag verkauft worden war. Er selbst ist den Wachen entkommen und schlägt seiner Geliebten schleunige Flucht vor, um so mehr, als das Auftauchen des Diadems ihm seltsame Wirrungen zu offenbaren scheint. Doch die Tochter will Cardillac nicht verlassen, und dieser selbst stellt sich dem Gesellen entgegen, als der ihm mit der Enthüllung droht. Niemand wird dem Entsprungenen glauben, der schon einmal falsches Zeugnis ablegte. Cardillac trotzt ihm, ungeachtet der Gefahr, die sich um ihn zusammenzieht, und weist ihn aus dem Hause. Dann beginnt er mit Besessenheit zu arbeiten. Doch als ihm plötzlich klar wird, daß das Diadem wieder in fremdem Besitz ist, stürzt er zu einem Schrank, entnimmt ihm Man-

193

tel und Maske, und eilt in die Dunkelheit der nächtlichen Straße hinaus.

Der dritte Akt spielt in der Académie Royale, der Vorläuferin der Pariser Oper, am Abend der Uraufführung von Lullys »Phaeton«. Man sieht die Bühne, auf der die Vorstellung stattfindet. Vor ihr sitzt das kleine Lully-Orchester in Kostümen der Zeit. Während die Oper abrollt, erscheint der Geselle und verlangt, die Primadonna zu sprechen. Er muß sich gedulden, bis sie von der Bühne kommt; dann warnt er sie in kurzen Worten vor einer Todesgefahr, in der sie schwebe und bittet sie, vor allem das Diadem abzulegen, das sie für die Hauptrolle der Oper trägt. Während die Oper – mit Lullys Originalmusik – glanzvoll weitergeht, kommt der Offizier auf der Suche nach dem Gesellen hinter die Bühne. Bald darauf tritt auch Cardillac auf, der sich, in schwarzem Mantel, hinter den Kulissen verbirgt. Plötzlich bemerkt ihn die Primadonna, die er wie gebannt anstarrt. Die Oper geht zu Ende, die Sängerin wird umringt. Doch sie schiebt alle beiseite, tritt auf Cardillac zu, der abseits steht, und überreicht ihm das Diadem, das er wie widerwillig und doch begierig nimmt. Ein tiefsinniges Duett eint diese beiden Künstler, die einander plötzlich nahe sind und völlig verstehen. Der Offizier beobachtet sie erstaunt aus einem Versteck. In einem unbewachten Augenblick entwendet er schnell das Diadem. Als Cardillac es nicht mehr neben sich sieht, stürzt er in rasender Verzweiflung davon. Der pausenlos anschließende vierte Akt zeigt ein an das Theater angebautes Café, in dem die Menge nach der Vorstellung sitzt. Cardillac tritt aus dem Bühnenausgang, sieht das Diadem in des Offiziers Hand und stürzt sich mit dem Dolch auf ihn. Da vertritt ihm der Geselle den Weg, entreißt ihm den Dolch und dem Offizier den Schmuck. Der Offizier wird verwundet, Cardillac taucht in der Menge unter. Als man ihn erkennt, wird er höflich zu den Tischen geladen, da niemand ihn verdächtigt. Der Verdacht fällt hingegen auf den Gesellen, der Diadem und blutigen Dolch in den Händen hält. Doch nun kann Cardillac nicht länger schweigen. In einem großen Wechselgesang mit dem Chor des Volkes richtet er sich zu hoher menschlicher Größe auf, verkündet seine Verbrechen, die ihm von einer unerbittlichen inneren Macht diktiert wurden. Die Menge erschlägt ihn, verständnis- und mitleidslos.

Quelle: E. T. A. Hoffmann, Dichter des Gespenstischen, Unterbewußten, schuf die packende Gestalt des Goldschmieds, der sich von seinen Meisterwerken nicht trennen kann, in der Novelle »Das Fräulein von Scuderi«, die 1820 erschien.

Textbuch: Ferdinand Lion schrieb das ursprüngliche Libretto. Es gelang ihm ein Werk voll Spannung und starken Situationen. Für die zweite Fassung arbeitete der Komponist das Textbuch bedeutend um. Nachdem er sich beim Text zum »Mathis« als sehr glücklicher Dramatiker erwiesen hatte, stellt er seine Fähigkeiten nun hier neuerlich unter Beweis, vor allem durch eine psychologische Vertiefung der Charaktere und theaterwirksame Visionen.

Musik: Zwischen den beiden Versionen liegt ein Vierteljahrhundert. Das erklärt zum guten Teil die bedeutenden Unterschiede. In den Zwanzigerjahren gehörte Hindemith zu den jungen Revolutionären, die gegen die Romantik Sturm liefen, und zu der zählten sie jede schildernde, also auch untermalende, Stimmungen unterstreichende Opernmusik. Musik mußte »absolut« sein, »objektiv«. So entstand die erste Fassung des »Cardillac«. In den langen Jahren, die bis zur Zweitfassung vergingen, machte Hindemith eine gewaltige innere und äußere Wandlung und Läuterung mit. Nun suchte er musikalisch die Psychologie, ja sogar das Geschehen des Dramas zu vertiefen, er ging »Stimmungen« keineswegs mehr aus dem Wege. Die Handlung rollt nunmehr in vier anstatt in drei Akten ab, neue Gestalten sind dazu gekommen. Die Frage, welche der beiden Fassungen vorzuziehen sei, kann nicht generell beantwortet werden: die erste ist der Geniestreich eines Stürmers und Drängers, die zweite das Meisterstück eines reifen Künstlers.

Geschichte: Die Premiere fand in Dresden am 9. November 1926 statt. Die zweite, endgültige Fassung, die wir unserer Analyse zugrundelegten, erklang zum ersten Male am 20. Juni 1952 in Zürich.

Mathis der Maler

Oper in sieben Bildern. Textbuch von Paul Hindemith.
Originalsprache: Deutsch
Personen: Albrecht von Brandenburg, Kardinal-Erzbischof von Mainz (Tenor), Mathis, Maler in seinen Diensten (Bariton), Lorenz von

Pommersfelden, Domdechant von Mainz (Baß), Wolfgang Capito, Rat des Kardinals (Tenor), Riedinger, ein reicher Mainzer Bürger (Baß), Hans Schwalb, Führer der aufständischen Bauern (Tenor), Truchsess von Waldburg, Befehlshaber des Bundesheeres (Baß), Sylvester von Schauenburg, einer seiner Offiziere (Tenor), der Graf von Helfenstein (stumme Rolle), Gräfin Helfenstein (Alt), der Pfeifer des Grafen (Tenor), Ursula, Riedingers Tochter (Sopran), Regina, Schwalbs Tochter (Sopran), Bürger, Soldaten, Mönche usw.

Ort und Zeit: In und um Mainz, in Königshofen, in der Martinsburg, im Odenwald, zur Zeit der Bauernkriege, in den zwanziger Jahren des 16. Jahrhunderts; das letzte Bild einige Jahre nachher.

Handlung: Als Vorspiel wird das »Engelkonzert« verwendet, das durch die sinfonische Mathis-Suite auch in Konzerten bekannt wurde. ① Es führt uns in die spätmittelalterliche Atmosphäre ein und in die Welt des großen Malers Mathias Grünewald, dessen Isenheimer Altar eines der unsterblichen Meisterwerke der Kunst ist. Hindemith verwendet hier herbe Polyphonie, deren harte Dissonanzen gleichzeitig altertümlich und modern wirken. Eine tiefreligiöse Stimmung liegt über diesem Stück, das zu den wichtigsten Musikwerken der Zwischenkriegszeit gehört.

Im Antoniterkloster zu Mainz ist Mathis (Mathias Grünewald) mit einer Wandmalerei beschäftigt. Es ist ein warmer Vorsommertag. Da wird heftig ans Tor geklopft, der verwundete Bauernführer Schwalb und seine Tochter Regina bitten um Unterkunft auf der Flucht. Während Schwalb sich ein wenig niederlegt, faßt Regina zu dem älteren gütigen Maler Vertrauen, ja singt ihm ein kleines Liedchen vor. Schwalb erwacht und macht Mathis Vorwürfe, wie er in so stürmischen, entscheidenden Zeiten abseits stehen und nur der Kunst leben könne. (Hier hat Hindemith eines der tiefgehendsten Probleme aller Zeiten, aber vor allem seiner eigenen aufgegriffen: das der persönlichen Verantwortung des Künstlers den umwälzenden Ereignissen seiner Epoche gegenüber.) Ein langes, bedeutendes Duett konfrontiert Schwalb und Mathis, eint sie aber in gewissem Sinne. Am Horizont tauchen Staubwolken auf, die Verfolger nahen. Der Maler gibt den Flüchtigen sein eigenes Roß und verspricht, von Schwalbs bewegten Worten über das Bauernelend erschüttert, von ganzem Herzen Hilfe. Die eindringenden Truppen unter Sylvester von Schauenburg finden den Feind nicht mehr vor und bedrohen die Mönche, die ihn pflegten, und Mathis, der ihnen furchtlos gegenübertritt.

Das zweite Bild spielt in einem Saal der Martinsburg zu Mainz, dem Sitz des Kardinals. Katholische und lutheranische Bürger begegnen sich, die Stimmung ist erregt und bald feindlich. Der auftretende Kardinal Albrecht stiftet vorübergehend Frieden. Er versucht, zwischen den Gruppen zu vermitteln, will auch von der anbefohlenen Bücherverbrennung nichts wissen. Doch muß er schließlich der Weisung Roms folgen. Froh begrüßt er Mathis, dessen Künstlertum er zu schätzen weiß. Der Maler wird von Schaumburg der Unterstützung der Aufständischen bezichtigt. Mathis leugnet nichts; er bittet den Kardinal, keine Truppen gegen die Bauern aufzubieten, ja sogar deren Partei zu ergreifen. Nie wieder, gesteht er, könne er einen Pinselstrich tun, es ist, als lähme ihn seiner Brüder Angstschrei. Albrecht steht erschüttert. Er nimmt Mathis gegen seine Ankläger, die ihn packen wollen, in Schutz. Dann entbindet er ihn seiner Verpflichtungen. Möge er gehen, wohin sein Herz ihn zieht.

Das dritte Bild zeigt das Bürgerhaus des reichen Riedinger zu Mainz. Seine protestantischen Glaubensgenossen versuchen hier, Bücher zu verstecken, um sie der bevorstehenden Verbrennung zu entziehen. Doch eindringende Landsknechte entdecken das Versteck schnell und schaffen die Bücher fort. Ein Brief Luthers an den Kardinal wird vertraulich Riedinger gezeigt. Der Kirchenfürst solle das Bistum zu einem weltlichen Fürstentum umgestalten, sich selbst verehelichen und so ein Beispiel in deutschen Landen geben. Riedinger und seine Freunde halten diese Wendung des liberalen Kardinals für durchaus möglich, zumal eine reiche Heirat dem stets in Geldnöten schwebenden Albrecht sehr gelegen wäre. Wer käme als Braut in Frage? Vor allem Ursula, Riedingers Tochter. Das Mädchen, aufs tiefste betroffen, sucht Schutz in des eintretenden Mathis' Armen. Sie liebt ihn seit langem, und die einjährige Trennung, während der er fern von ihr malte, hat ihre Gefühle nur verstärkt. Mathis wehrt ab. Alt sei er, viel zu alt für sie. Ursula entgegnet, daß es Mathis selbst gewesen sei, der sie den Geist erkennen, ihn über den Körper stellen lehrte. Ein prachtvolles Duett vereint das Paar, während von der Straße wildes Geschrei vernehmbar und bald auch Feuerschein sichtbar wird: Die Bücher gehen in Flammen auf. Mathis eilt in den Krieg, zu den geknechteten Bauern. Riedinger und seine Freunde kehren ins Haus zurück. Sie erheben ernst ihre Gläser auf den Sieg ihres Glaubens. Ursula hält in stummer Verzweiflung ein Glas, ohne zu trinken. »Was bin ich anderes in dieser Männerwelt als Werkzeug oder Spielball?« hat sie kurz zuvor gesagt, der Frauen schweres Los und Leid beklagend.

Die Bauern haben die Stadt Königshofen erobert, zerstört und geplündert. Nun führen sie unter grausamen Späßen und Liedern den Grafen zum Richtplatz, obwohl seine Gattin verzweifelt um sein Leben fleht. Mathis tritt auf, in schäbigem Kittel, abgehärmt und verwahrlost. Er wendet sich gegen die Rädelsführer. Kämpften sie nicht für das Recht? Empört hört er ihre rachedurstigen Reden an, sieht, wie sie sich an der Gräfin vergreifen. Da kommt Schwalb mit Regina; er bringt die Nachricht, daß die Truppen anrücken, und befiehlt jeden auf seinen Platz. Murrend nehmen die schlemmenden Bauern die Waffen, lustlos ziehen sie dem Heer entgegen. Vergebens sucht Schwalb, sie anzufeuern. Im Kampfe fällt er, die Bauern flüchten. Die Gräfin rettet Mathis' Leben, dem sie ihr eigenes verdankt. Allein bleibt der Maler auf dem Kampfplatz zurück, in einem großen Monolog bricht sich seine tiefe Bitterkeit Bahn. Als er taumelnd fortgehen will, bemerkt er die am Boden liegende Regina. Er hebt die Weinende auf und nimmt sie mit sich fort.

Im Arbeitszimmer Kardinal Albrechts rollt das fünfte Bild ab. Ursula ist in den Palast bestellt. Sie ist bereit, zur Rettung ihres Glaubens den Kardinal zu heiraten. Tief bewegt erkennt Albrecht die Größe des Mädchens. Er verzichtet auf das Opfer, aber zugleich auch auf seinen Hofstaat. Wie ein Eremit will er in Zukunft leben, um Gott wahrhaft dienen zu können.

Im Odenwald halten Mathis und die über den Tod ihres Vaters untröstliche Regina flüchtig Rast. Das Mädchen will weiter fliehen, doch Mathis, müde geworden, bringt sie durch seine Erzählung von den musizierenden Engeln zum Einschlafen.

Dann beginnt die Bühne in geheimnisvollem Lichte zu erstrahlen. Mathis sieht sich selbst in Gestalt des heiligen Antonius. Visionen ziehen an ihm vorüber; die Gräfin Helfenstein als Sinnbild des Reichtums und der Üppigkeit, der Domdechant als Kaufmann mit verbrämtem Mantel, Ursula zuerst als Bettlerin, dann als Verführerin, zuletzt als Märtyrerin, ein Gelehrter im Gewand Capitos, Schwalb in glänzender Kriegsrüstung, zuletzt Kardinal Albrecht als heiliger Paulus.

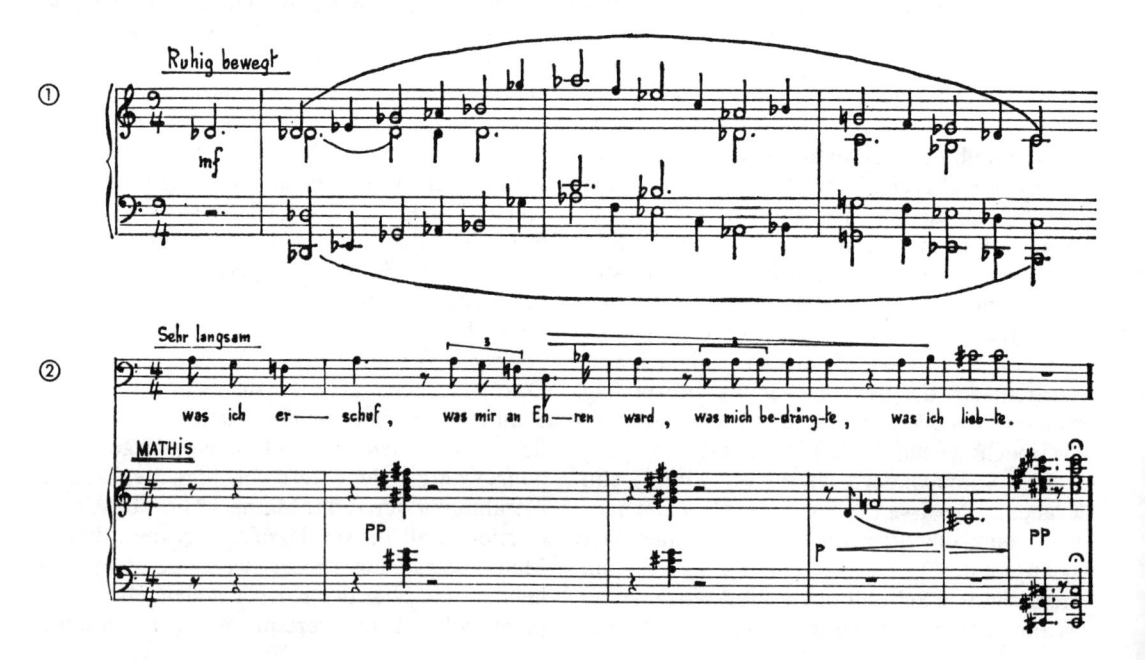

Das siebente Bild spielt in Mathis' Werkstatt zu Mainz. Er hat die Vision Gestalt annehmen lassen und daraus Altarbilder geschaffen. Ursula ist bei ihm und wacht bei der sterbenden Regina. Mit dem leise vor sich hingesummten Lied von den drei Engeln – das Mathis ihr im Odenwald gesungen – schlummert sie hinüber. Während eines Zwischenspiels wird es Tag. Albrecht kommt, bietet Mathis noch einmal alles, was weltliche Macht dem Künstler bieten kann. Doch der Maler hat mit dem Leben abgeschlossen. Er legt seine wenige Habe in eine Truhe, die Dinge, die ihm lieb waren, Maßstab und Zirkel, Farbe und Pinsel, eine goldene Kette, einige Bücher, zuletzt das Band, das er einst Regine gegeben und von der Sterbenden zurückerhalten. Über seinen leiblichen Tod hinaus wird das Werk für ihn zeugen. In stillem, edlem Verzicht klingt – pianissimo – das Werk aus. ②

Quelle: Das von Geheimnissen umgebene Leben des Schöpfers des herrlichen Isenheimer Altars. Hindemith identifiziert diesen als den Maler Mathis, der seit 1511 in Diensten des Mainzer Erzbischofs stand. In den Kunstgeschichten wird der Maler des Isenheimer Altars Mathias Grünewald genannt oder Mathis Gothardt-Neithardt. Er soll etwa von 1460 bis 1528 gelebt haben. Jahrhunderte lang waren seine Person und sein Wirken fast völlig in Dunkel gehüllt, so sehr, daß im Jahre 1598 der deutsche Kaiser nicht in der Lage war, den Namen des Schöpfers des Isenheimer Altars zu erfahren. Erst in neuerer Zeit ist mehr über diesen genialen Meister erforscht worden.

Textbuch: Hindemith hat sich hier als Dichter und als starker Bühnendramatiker überzeugend ausgewiesen. Er hat rund um die Gestalt des schöpferischen Menschen und seines Zwiespalts in der bewegten Zeit ein vielfarbiges Bild der Epoche geschaffen. Er hat aber darüber hinaus Menschenschicksale gestaltet, die uns bewegen.

Musik: Bewunderswert ist an diesem Werk vor allem die Verwendung von Harmonien, die zugleich »modern« und spätmittelalterlich klingen. Hier wird eine stilistische Verwandtschaft aufgezeigt, die hochinteressant und symptomatisch ist. Die starke Neigung des 20. Jahrhunderts – und besonders der Richtung, der Hindemith geistig angehört – zur Polyphonie, zum Kontrapunkt (»Zurück zu Bach!«) wird hier an einem geradezu idealen Objekt erprobt. Hindemith beherrscht die großen Formen wie nur sehr wenige seiner Generation. Er ist aber auch ein Musikdramatiker starken Ausdrucks, dem die Mystik genauso gelingt wie das reale Geschehen einer farbigen Bühnenhandlung.

Geschichte: »Mathis der Maler« entstand im Jahre 1934. Hindemith und seine Musik wurden im Dritten Reich immer mehr verfemt. Wer in diesem Textbuch genauer liest, findet manches, was sich auf Hindemiths Stimmung und Stellung in jener kritischen Zeit bezieht. Er setzt sich mit den tiefen Konflikten der Epoche und ihrem Widerschein im Leben und Schaffen des verantwortungsbewußten Menschen und Künstlers auseinander, er ringt mit sich und seiner anscheinend blind in den Abgrund taumelnden Umwelt. Es war klar, daß ein solches Werk im damaligen Deutschland nicht auf Aufführungen rechnen konnte. Die Schweiz sprang in die Bresche, und so erklang »Mathis der Maler« erstmalig am Zürcher Stadttheater, am 28. April 1938. Als erste deutsche Bühne führte Stuttgart die Oper nach dem Kriege, am 13. Dezember 1946, auf. Sie gilt heute als eines der wenigen überlebenden Musiktheater-Werke aus schwieriger Zeit.

Die Harmonie der Welt

Oper in fünf Aufzügen. Textbuch von Paul Hindemith.
Originalsprache: Deutsch
Personen: Kaiser Rudolf II., Kaiser Ferdinand II. – Sonne (Baß), Johannes Kepler, kaiserlicher Mathematiker – Erde (Bariton), Wallenstein, Feldherr – Jupiter (Tenor), Ulrich, Keplers Gehilfe, später Soldat – Mars (Tenor), Pfarrer Hizler in Linz – ein Regensburger Pfarrer – Merkur (Baß), Tansur – Saturn (Baß), Baron Starhemberg (Bariton), Christoph, Bruder Keplers (Tenor), Susanna – Venus (Sopran), Katharina, Keplers Mutter – Luna (Alt), die kleine Susanna, Keplers Töchterchen aus erster Ehe (Sopran), Soldaten, Volk, Sternbilder.
Ort und Zeit: In Prag, Württemberg, Linz, auf dem Starhembergschen Schlosse in Eferding, in Schlesien und Regensburg, von 1608 bis 1630.
Handlung: Tansur hat auf einer Prager Straße ein Gestell mit großen Bildtafeln aufgestellt, die den Kometen des Herbstes 1607 mit allen seinen Folgen zeigen. Volk steht herum und hört seinem marktschreierischen Gesang zu. Ulrich, Schüler und Gehilfe Keplers, gesellt sich zur Menge. Bald erscheint auch Wallenstein mit einigen seiner Offiziere. Tansurs Verkündigungen werden immer phantastischer, wobei Ulrich

ihn manchmal unterbricht. So erfährt Wallenstein, daß dieser in Keplers Diensten steht und bittet ihn sofort, bei seinem Herren ein Horoskop zu bestellen. Fühlt er doch, daß des Kaisers Zeit bald um sei und ihm selbst dann ein großer Aufstieg vergönnt sein könnte. Als er noch eine Weile mit Tansur plaudert, glaubt er in dem aufgeweckten und wortgewandten früheren Studenten einen Helfer für seine Pläne gefunden zu haben. Das nächste Bild führt auf einen nächtlichen Kirchhof in Württemberg, wo Katharina, die Mutter Keplers, im Grabe ihres verstorbenen Mannes wühlt. Entsetzt kommt ihr jüngerer Sohn hinzu. Sie will den Schädel ausgraben, ihn unter Zaubern zubereiten, in Gold fassen und zu einer Trinkschale machen. »Wer schlürft aus solchem Pokale ist für immer gefeit gegen geistige Selbstherrlichkeit«, verrät sie dem Sohn, und auf dessen Frage, wem sie diesen Schutz zugedenke, nennt sie Kepler. Vier Weiber haben die Szene belauscht und beschließen, die Mutter Keplers der Hexerei anzuklagen. Diese sieht unterdes in einer – auf der Bühne realisierten – Vision den Kaiser Rudolf in seiner Prager Burg. Er blickt zum strahlenden Sternenhimmel empor. Müde der weltlichen Dinge vertieft er sich in die Astronomie, die Kepler, der leise zu ihm getreten ist, ihm zu erklären sucht. Aber auch am Himmelszelt scheint ihm nur Chaos zu walten, worauf seinem großen Schmerzensausbruch Kepler bestürzt entgegensetzt: »Die Regel herrscht, von uns nicht erkannt«. In immer tieferer Verzweiflung gerät der Kaiser außer sich, greift Kepler tätlich an. Die Mutter fühlt dieses Geschehen und möchte ihm zu Hilfe eilen. Ihr Sohn Christian, dem diese Vision nicht zuteil wird, zieht die Schreiende vom Kirchhof fort. Auf des Kaisers Toben eilen Wachen herbei, die ihn überwinden und festhalten, bis er wieder zu sich kommt. Entsetzt geht Kepler heim. Dort sitzt er des Abends, vor einem Tisch voller Papiere, voller Meßgeräte. Seine kleine Tochter Susanna ist bei ihm. Sie ist traurig, seit die Mutter gestorben und das Brüderlein mit sich genommen hat. »Weshalb gingen wir nicht anderswohin, wenn die Mutter hier litt?«, fragt sie. »Wir sind nicht frei, bin dem Kaiser dienstbar«, antwortet Kepler gequält. Dann singt er, um sie aufzuheitern, ein kleines Lied, in das das Kind einstimmt. Keplers Gehilfe kommt; anstatt zu arbeiten, hat er sich selbst das Horoskop gestellt, das ihm große Dinge zu versprechen scheint. Gutmütig korrigiert ihn der Meister.

Das einzige, das er sieht, ist eine Soldatenlaufbahn, und gerade die haßt Ulrich am meisten. Beide beginnen zu arbeiten, bald aber diskutieren sie über die Wissenschaft und ihre letzten Erkenntnisse. Stimmen von der Straße her verkünden die Abdankung des Kaisers. Nun hält Kepler nichts mehr in Prag, er folgt einem Ruf nach Linz. Der zweite Aufzug spielt im Jahre 1613. Auf einer Ruinenstätte in Prag, in deren Erdlöchern noch Menschen hausen, will Wallenstein einen herrlichen Palast erbauen. Nachdem er befohlen hat, die Armen mit einer kleinen Abfindung fortzuschicken, berät er mit Architekten und Handwerkern das große Werk, das seinem Aufstieg den rechten Rahmen geben soll. Er weist Tansur an, ihm neue Truppen zu werben. Bald wird er im Reiche der Mächtigste nach dem Kaiser sein. Und unermeßlich reich dazu, denn seine Gattin, die über ein riesiges Vermögen gebietet, wird, wenn die Sterne die Wahrheit sprechen, ihm bald alles hinterlassen. Das nächste Bild zeigt Linz, an einem Sonntagvormittag im Frühling. Ulrich erblickt Susanna wieder, die Ziehtochter des Barons Starhemberg, mit der er in der Kindheit spielte. Kepler führt die Studenten in die Kirche. Tansur kommt auf dem Werbegang für Wallensteins Truppen hierher. In der Kirche bricht ein Streit aus, der sich dann auf dem Platz fortsetzt. Pfarrer Hizler verweigert Kepler das Abendmahl, da er in einer Glaubensfrage nicht mit ihm übereinstimmt. Susanna nimmt mutig die Partei des Gelehrten, der durch die Ausstoßung das Ende seiner Linzer Lehrtätigkeit gekommen sieht. Doch Starhemberg lädt ihn auf seine Güter ein, wo der Meister nur der Wissenschaft leben soll. Er ermutigt ihn, um die Hand Susannas anzuhalten, was Ulrichs Zorn herausfordert. In einer großen Liebesszene finden sich der nüchterne Gelehrte und das empfindsame, großdenkende Mädchen. Ulrich zieht den Soldatenrock an. Der dritte Akt führt uns zuerst wieder nach Linz. In einer friedlichen Sommernacht sitzt Susanna und liest die Bibel. Die kleine Susanna spielt und singt ein Lied an den Mond. Plötzlich erscheint Katharina in der Tür. Susanna empfängt sie liebevoll und geleitet sie in ein Gemach. Aber Katharina plant Böses gegen die Ehe ihres Sohnes. Das Kind wird Zeuge, als Kepler seiner Mutter Vorwürfe macht. Sie hätte nicht aus Württemberg fortgehen dürfen, wo ein Hexenprozeß gegen sie im Gange ist. Zudem sei sie auch in Linz nicht sicher. Und er weist sie aus dem Hause. Im nächsten Bild steht sie vor dem Gericht in Württemberg. Viele Anklagepunkte werden verlesen. Ihr eigener Sohn Christian zeiht sie, als Zeuge, der Grabschändung. Vergeblich beteuert Katharina ihre Schuldlosigkeit, das Gericht ordnet die Folter an. Da tritt, im letzten Augenblick, Kepler ein; er hat beim Tübinger Obergericht Niederschlagung des Prozesses erwirkt. Doch als man der Mutter nun die Fesseln abtut, erkennt er mit Schaudern, daß ihr Sinn nur darauf gerichtet ist, Zaubermittel zu finden. Kepler möge alles verlassen, seinen jungen Hausstand, sein Kind, seine Arbeit, und mit Katharina an dieses Werk gehen. Liebevoll, aber sehr fest und bestimmt weist der Astronom das weit von sich. Völlig gebrochen bleibt seine Mutter zurück. Die Ereignisse des dritten Aktes umspannen die Jahre 1616–1621; der vierte führt uns ins Jahr 1628. In seinem prunkvollen Palais nimmt Wallenstein, Herzog von Friedland, die Huldigungen bei einem rauschenden Fest entgegen. Tansur ist Hofmeister geworden, Ulrich Offizier. Wallenstein spricht seinen Offizieren gegenüber ernste Bedenken über den Gang des Krieges aus. Er bleibt allein, sein Krückstock entfällt ihm; Ulrich springt hinzu, ihn aufzuheben. Wallenstein tobt: was hat der Offizier hier zu suchen, soll er nicht auf seiner Wache sein? Mühsam beruhigen ihn Tansur und der eingetretene Kepler. Diesem gegenüber spricht Wallenstein nun von seiner tiefen Bewunderung des Werkes »Harmonie der Welt«, das Kepler veröffentlicht hat. Wenn diese Harmonie auf Erden zu verwirklichen wäre! Politik, Staatsgewalt, Armee, Völkergeschick ihr unterordnen! Wallenstein ergeht sich in großartigen Visionen; er bittet Kepler, in seinen Dienst zu treten, ihm in seinen ungeheuren Plänen behilflich zu sein. Er soll ein Haus in Sagan, auf den schlesischen Besitzungen des Herzogs bewohnen. Ulrich hat lauschend alles gehört; er fühlt sich erniedrigt und schwört Wallenstein Rache. Schauplatz zu Beginn des 5. Aufzuges ist Sagan im Jahre 1630. Susanna ist trotz Keplers Liebe und Zärtlichkeit nicht glücklich; sie fühlt seine tiefe Unrast, die ihn von Werk zu Werk, von Ort zu Ort treibt. Ulrich tritt plötzlich ein, er sieht zerlumpt, heruntergekommen aus. Gastfreundlich lädt Susanna ihn ein, aber er bricht, da er von Keplers Abreise nach Regensburg hört, bald wieder und mit bitteren Worten gegen die »Harmonie der Welt« auf. Im großen Saal des Regensburger Rathauses ist (1630) die Kurfürstentagung versammelt.

Mehr als elf Jahre Krieg verwüsten schon die Lande. Uneinigkeit, Zwietracht herrschen überall. Eine deutliche Strömung gegen Wallenstein zeichnet sich ab, dessen Sturz beschlossen ist. Die glanzvolle Szenerie verdunkelt sich ein wenig, im Vordergrund wird ein kleines Zimmer sichtbar, in dem Kepler krank auf einem Lager ruht. In fiebriger Erregung glaubt er zu den Fürsten zu sprechen. Dann meint er, einen Pfarrer auf sich zutreten zu sehen, der ihn als Ketzer behandelt. Und dann verwandeln sich Gestalten seines Lebens in Planeten und Sonnen. Es ist, als werde ein großartiges, barockes Himmelsgemälde sichtbar. Der Kaiser wird zur Sonne, Hizler zu Merkur, Susanna nimmt den Platz der Venus ein. Gleichzeitig erscheint ein Nebenschauplatz: auf der Burg zu Eger wird Wallenstein von Mördern, unter denen Ulrich ist, bedrängt. Kepler wird zur Erde, Katharina zum Mond. Mars (Ulrich), Jupiter (Wallenstein), Saturn (Tansur) gesellen sich dazu. Tierkreisbilder treten auf, die Milchstraße wird sichtbar, ein gewaltiger Sphärenchor erfüllt den Raum. Kepler erblickt im Tode die Harmonie der Welt.
Quelle: Das Leben des großen Astronomen Johannes Kepler (1571–1630), der in Weil der Stadt (Württemberg) geboren wurde und in Regensburg starb. Er veröffentlichte im Jahre 1619 als sein Hauptwerk »Die Harmonie der Welt«.
Textbuch: Hindemith entwirft – ähnlich wie schon in »Mathis der Maler« – ein großes Zeitgemälde um eine überragende Gestalt. War es dort ein Künstler, so ist es hier ein Wissenschaftler, der in das Zeitgeschehen gerissen wird. Wieder ist Hindemith ein bedeutender Gestalter; Szenenführung und Charakterzeichnung enthüllen einen wahren Dramatiker. Ob aber die Gestalt eines Wissenschaftlers sich als Zentrum einer Oper so sehr eignet wie die eines Künstlers, ist schwer zu beantworten. Manches bleibt spröde, auch textlich unzugänglich, wenngleich die rein menschlichen Augenblicke Hindemith sehr schön, ja ergreifend gelungen sind.
Musik: Der Komponist umspannt in diesem Werk eine ungeheure Weite. Vom kleinen Lied, ja dem Kinderlied, bis zur 21teiligen Passacaglia sind nahezu alle erdenklichen Musikformen vorhanden und mit Meisterschaft behandelt. Manchmal hat man allerdings das Gefühl, als flösse diese Musik nicht mehr so spontan wie bei Hindemiths früheren Werken, als herrsche in ihr ein stark spekulativer Zug vor. Herrlich sind die

instrumentalen Zwischenspiele sowie weite Chorteile. Man darf auf das Urteil gespannt sein, das die Nachwelt über dieses sicher bedeutende Werk fällen wird.
Geschichte: Dem Erscheinen der Oper ging eine Sinfonie gleichen Titels voraus, in der wichtige Gedanken des Dramas rein instrumental dargestellt und verarbeitet waren. Die Uraufführung der Oper fand bei den Münchner Festspielen am 11. August 1957 statt.

Das lange Weihnachtsmahl

In einer einzigen Szene von etwa fünfzig Minuten Spieldauer rollt eine Familienchronik ab. Thornton Wilder, der große nordamerikanische Dramatiker, hat sie verfaßt, und Hindemith übersetzte sie, um sie zu komponieren. Es gibt keine Handlung in diesem seltsamen Stück, nur ein langes Weihnachtsmahl, bei dem die Familie Bayard zu Tische sitzt. Dieses Mahl ist sozusagen die Summe von neunzig Weihnachtsessen, die die aufeinanderfolgenden Generationen der Bayards im Laufe von neunzig Jahren abhielten. Ein weihnachtlich gedeckter Tisch mit einem Truthahn darauf steht im Eßzimmer. Links und rechts sind Türen: die Türe des Lebens, durch die die neugeborenen Mitglieder der Familie hereingetragen werden, und die Türe des Todes, durch die jene hinausgehen, deren Zeit auf der Erde um ist. Wie in einer Zeitrafferaufnahme werden in diesem Stück neunzig Jahre durchlebt, so bemerkt die Regieanmerkung der Autoren, und dann heißt es: »Man ißt, mit nur vorgestellten Bestecken, nur vorgestellte Speisen.« Der Truthahn, der auf dem Tische steht, ist ein Symbol. Denn die Bayards essen regelmäßig, bei jedem Weihnachtsmahl, einen Truthahn. Nun sitzen sie im »neuen Hause«. Im Laufe des Essens kommen, freudig begrüßt, die Kinderfrauen und jungen Mütter mit den Neugeborenen von links; nach rechts gehen die Alten ab, unsicheren Schrittes. Neunzig Jahre ziehen vorüber, in Krieg und Frieden, in Freude und Schmerz, in Sorge und Überfluß. Immer sitzt ein Großvater oder eine Großmutter zuoberst, immer gibt es junge Bayards, die zum feierlichen Weihnachtsschmaus im Familienkreise zugelassen werden. Der Dialog ist alltäglich, ist der einer durchschnittlichen amerikanischen Familie von 1840–1930. Er ändert sich ein wenig, je nach Charakter und Temperament der verschiedenen Mitglieder, aber gewissermaßen als Refrain läßt Hindemith singen: »Wir reden vom Wetter, wir reden vom Schnee, von hellen Tagen und trüber Zeit, vom Wachsen der Kinder, von ihrer Lust, ihrem Weh ...« Vieles ist humoristisch in diesem Spiel, und doch schwebt stets eine tiefe Wehmut darüber. Man glaubt, das Verrinnen der Zeit zu spüren, die unendliche Kette von Ahnen zu Enkeln. Hindemith hat eine kristallklare Partitur geschaffen mit elf Solisten, ohne Chor und mit einem mittelgroßen Orchester (zwei Flöten, einer Oboe, einer Klarinette, einer Baßklarinette, zwei Fagotten, einem Kontrafagott, einem Horn, zwei Trompeten, zwei Posaunen, einer Tuba, einem Cembalo, mehreren Schlaginstrumenten, sechs Geigen, vier Bratschen, vier Cellos und drei Kontrabässen). Ein reifes, weises Werk, klug in seiner Schlichtheit, ergreifend in seiner Menschlichkeit. Hindemith dirigierte die Uraufführung, die am 17. Dezember 1961 im Mannheimer Nationaltheater stattfand.

Arthur Honegger

1892–1955

Nach dem ersten Weltkrieg schlossen avangardistische Musiker sich im damaligen Paris zur »Gruppe der Sechs« zusammen – fünf Franzosen (Milhaud, Poulenc, Auric, Durey und Germaine Tailleferre) und ein Schweizer: Arthur Honegger. Er stammte aus altem Zürcher Geschlecht und wurde am 10. März 1892 in Le Havre geboren, wo seine Eltern sich niedergelassen hatten. Seine musikalischen Studien begann er auf dem Zürcher Konservatorium und beendete sie in Paris. Sehr früh hatte er schon zu komponieren begonnen, war von den letzten Romantikern beeinflußt worden und mußte in den Jahren des künstlerischen Umbruchs mühsam seinen eigenen Weg suchen. Er verleugnete das Gefühl als Schaffensgrundlage nie; selbst dort, wo er Maschinen besingt – wie in

»Pacific 231« – oder den Sport (wie in »Rugby«), fehlt eine gewisse Empfindsamkeit nie, ein Humanismus, der die Erscheinungen der äußeren Welt mit wachen Sinnen aufnimmt, aber ihnen menschliches Gefühl einimpft. Honegger wurde zum Mittler zwischen der deutschen und der französischen Musikwelt, wenn er auch letzterer stets besonders nahestand. Er pflegte nahezu alle Musikgattungen, wobei ihm auf dem Gebiet der Sinfonie, der Kammermusik, des Oratoriums und der Oper so bedeutende Leistungen gelangen, daß man ihn unter die größten Musikschöpfer unseres Jahrhunderts einreihen darf. Immer wieder durch Aufenthalte in seiner Schweizer Heimat unterbrochen, lebte Honegger zeit seines Lebens in Paris, wo er auch, nach langer Krankheit, am 27. November 1955 starb.

Gehört der dramatische Psalm »König David«, 1921 geschrieben und auf der Lichtbühne von Mézières am Genfersee erfolgreich uraufgeführt, noch ganz der Oratorienform und damit dem Konzertsaal an (weshalb er auch in unserem Buch keine Berücksichtigung findet), so begann Honegger bald darauf für das Theater zu schaffen. Weder »Judith« (1925) noch »Antigone« (1927 vollendet) sind Opern im früher gewohnten Stil. Sie galten auch in den Jahren ihres Entstehens als Experimente. Doch die Zeit bestätigte ihre Gültigkeit und ließ sie, besonders »Antigone«, zum oft zitierten Zeugnis und Ausgangspunkt eines modernen Musiktheaters werden. Honegger unternahm auch einen Abstecher auf ein Gebiet, das zwischen Operette und Spieloper liegt. »Die Abenteuer des Königs Pausole« (Les aventures du Roi Pausole) wurden 1931 in Paris gespielt, gelangten erst ein Vierteljahrhundert später in Hamburg auf ein deutschsprachiges Theater und wurden Ende der Siebzigerjahre für das Schweizer Fernsehen verfilmt.

»Judith«, ernste Oper in drei Aufzügen (fünf Bildern), bringt, von René Morax, dem hochbedeutenden westschweizerischen Dichter in Bühnenform gebracht, die Geschichte der Jüdin, die aus dem belagerten Jerusalem, blendend gekleidet, in das Lager der Heiden aufbricht. Kummervoll und doch mit Hoffnung im Herzen öffnet der Oberpriester an der Spitze des Volkes ihr die Tore. In blauer Sommernacht rastet sie mit ihrer Dienerin an einer Quelle. Dann schreitet sie weiter zu den Zelten der Feinde. Holofernes, der Anführer, läßt sich an glänzender Tafel die Zeichen deuten. Sie lauten unklar, sprechen von Veränderung, nicht von Sieg. Doch vom Mahle und Weine erhitzt, sieht er Jerusalems Mauern geschleift und das verhaßte Volk ausgerottet. Da betritt Judith sein Gemach. Wild begehrt er sie, sinkt, nachdem er seinen Hofstaat entlassen, an ihrer Seite nieder. Im Schlafe schlägt Judith ihm das Haupt ab, kehrt nach Jerusalem zurück und veranlaßt die Hebräer, sofort einen Ausfall zu unternehmen, bei dem die Feinde in verworrene Flucht geschlagen werden. In die begeisterten Siegesgesänge mischt sich zuletzt seltsam ein einsamer Abgesang Judiths, die sich in ihr Haus zurückzieht, um sich fortan Gott zu weihen. Das im April 1925 in Paris beendete Werk wurde in Opernfassung zum ersten Male am 13. Februar 1926 in Monte Carlo aufgeführt, nachdem die konzertante Fassung am 11. Juni 1925 in Morax' »Théâtre du Jorat«, in Mézières, nahe dem Genfersee, gegeben worden war.

»Antigone« gehört der Epoche an, in der sich das Interesse führender Dichter und Musiker auf eine Wiedererweckung der Antike richtete. Während des Weltkrieges arbeiteten Claudel und Milhaud an der »Orestie« nach Aeschylos. 1920 schrieb Eric Satie, dessen eigenartiges Genie sich die »Gruppe der Sechs« zur Richtlinie genommen hatte, »Sokrates« auf den Text Platons. Sechs Jahre darauf beschäftigte Strawinsky sich mit dem »Oedipus Rex«, den Cocteau (geistiger Führer der »Sechs«) nach Sophokles bearbeitet hat. 1927 erschien Honeggers »Antigone«, an der er drei Jahre lang gefeilt hat. Sie nennt sich »tragédie lyrique«, rollt in drei Akten ab und wurde, so wie Strawinskys Werk, von Jean Cocteau nach Sophokles textlich bearbeitet. Das Thema ist bekannt: Oedipus, der unbewußte Mörder seines Vaters und tragische Gatte seiner eigenen Mutter – so wie das Orakel es vorausgesagt hatte – hat freiwillig seine unschuldig begangenen Verbrechen gesühnt; er hat sich die Augen ausgestochen und ist, von seiner Tochter Antigone geleitet, in den Wald der Eumeniden gelangt. Er hat vor seinem Abschied von Theben seine beiden Söhne Etéocle und Polynice ihres Bruderstreites wegen verflucht. Vergebens sucht Antigone, die beiden Jünglinge miteinander auszusöhnen; sie fallen beide im brudermörderischen Kampfe um die Krone Thebens. Kreon, Jokastes Bruder, der zum Herrscher ausgerufen wurde, läßt Etéocle feierlich begraben, verbietet dem Volke aber, das gleiche mit Polynice zu tun, der einen fremden Volksstamm zum Kampfe gegen seinen Bruder geführt hat. Antigone aber trotzt Kreons Befehl und raubt Polynices Leichnam, um ihn zu bestatten und vor dem Schimpf zu bewahren, den Kreon ihm zugedacht hat. Ismene, Antigones Schwester, weigert sich, bei dem pietätvollen Werk mitzuhelfen und sich gegen die königliche Gewalt aufzulehnen. Antigone wird vor Kreon geführt und verteidigt mit beredten, leidenschaftlichen Worten ihre Tat. Göttlichen Gesetzen habe sie gehorcht, die höher stünden als menschliche und seien es selbst die des Königs. Kreon verurteilt sie, lebendig begraben zu werden. Vergeblich fleht Hemon, der Kreons Sohn und Antigones Bräutigam ist, den wütenden Vater um Gnade an. Stolz und todesmutig nimmt Antigone ihr Schicksal entgegen. Ja, sie gönnt dem König nicht einmal, sie schwach oder im letzten Augenblick um Gnade bittend zu sehen. In dem unterirdischen Verlies erwartet sie den Tod nicht: sie geht ihm entgegen. Sie erhängt sich, nachdem sie ergreifenden Abschied vom Leben genommen hat. Kreon, von dem Seher Tiresias in Angst versetzt, will sie begnadigen; aber man findet sie tot, und über ihrer Leiche ersticht sich Hemon, des Königs Sohn. Auch dessen Mutter verübt Selbstmord, und Kreon zerbricht unter dem grausamen Geschick. Honeggers Musik zu diesem Geschehen ist von äußerster Dramatik; sie arbeitet mit Motiven, die den Personen der Handlung zugeteilt sind, aber anders behandelt werden als Wagnersche Leitmotive. Weite Strecken des Textes rollen rezitativartig ab, mit schnellster Deklamation, die dem Handlungsablauf etwas Geballtes, Atemloses verleiht. Dazwischen sind hie und da lyrische Ruhepunkte eingestreut, in denen die Kantabilität der Singstimmen in den Vordergrund tritt. Die Uraufführung fand im altberühmten Théâtre Royal de la Monnaie, dem Opernhaus von Brüssel, am 28. Dezember 1927, in französischer Sprache statt; wenige Tage später war das Werk bereits deutsch zu hören: das Stadttheater Essen führte es am 11. Januar 1928 auf.

Johanna auf dem Scheiterhaufen

Szenisches Oratorium in zehn Bildern. Dichtung von Paul Claudel.
Originaltitel: Jeanne d'Arc au bûcher
Originalsprache: Französisch
Personen: Jeanne d'Arc, die »Jungfrau von Orléans«; Bruder Dominik; die Könige von Frankreich und England; Regnault von Chartres; Wilhelm von Flavy; die Herzöge von Bedford und Burgund; Johann von Luxemburg; der Esel; Perrot; Mutter Weinfaß; Mühlenwind; ein Priester; der Zeremonienmeister; ein Herold; Symbolgestalten wie »Torheit«, »Hochmut«, »Geiz«, »Wollust« usw. (durchwegs Sprech- oder stumme Rollen, die eventuell tänzerisch gestaltet werden können). Gesangsrollen sind: Die heilige Jungfrau (Sopran), die heilige Margarethe (Sopran), die heilige Katharina (Alt), Porcus (Tenor), Asinus (Tenor), zwei Bauern (Tenor und Baß), zwei Herolde (Tenor und Baß), eine Kinderstimme, Gemischter Chor, Kinderchor.
Ort und Zeit: In der französischen Stadt Rouen, am 30. Mai 1431.
Handlung: Ein großes buntes Zeitgemälde, in dem Historisches sich mit überirdischen Erscheinungen mengt. Im ersten Bilde werden Stimmen im Dunkel laut; sie klingen schaurig, es ist Nacht, Einsamkeit liegt über allem. »Johanna! Johanna!«, erklingt es gespenstisch. Langsam wird es heller. Johanna steht auf dem Scheiterhaufen, an einen Pfahl gekettet, die Augen angstvoll und doch gläubig zum Himmel gerichtet. Bruder Dominik in weißem Gewande tritt zu ihr. Er hält ein großes Buch in den Händen, in dem Johannas Geschichte aufgezeichnet ist, aber nicht wie sie in ihrem eben abgeschlossenen irdischen Prozeß zur Sprache kam, sondern wie der Himmel sie gesehen und beurteilt hat. Bruder Dominik setzt sich zu ihren Füßen nieder und beginnt aus dem Buche vorzulesen, während – wie in filmischer Rückschau – Vergangenes lebendig wird. (Zweites Bild). Wir erleben die Schlußsitzung des Tribunals. Wütende Stimmen beschuldigen Johanna: »Hexe! Ketzerin! Abtrünnige!« Das Volk johlt, klagt sie an; es ist das gleiche Volk, das ihr zujubelte, als sie zu Felde zog, Orléans entsetzte und ihren König zu Reims krönte. Wie ist das möglich? Wie kann Gott das zulassen? Johanna ist erschüttert. Bruder Dominik liest weiter vor: nicht Menschen saßen über sie zu Gericht, sondern dumme, aber auch mitleidlose Bestien, die ihren Untergang wollten. Und nun sieht Johanna ihre Richter (viertes Bild): aber es sind nicht einmal die freien Tiere des Waldes, es sind die vom Menschen versklavten, ausgenützten, willenlos beherrschten. »Porcus«, das Schwein, führt den Vorsitz, Schafe sind die Beisitzer, Asinus (der

Esel) fungiert als Schriftführer. Im Hintergrund lauern Füchse und Schlangen. Tapfer weist Johanna die Anklage, mit dem Teufel im Bunde zu stehen, zurück. Aber die geraden Worte des schlichten Bauernmädchens werden verdreht und immer unkenntlicher gemacht, bis die Richter sie zu einem Geständnis umgelogen haben, das ihnen das Todesurteil erlaubt. Johanna verzweifelt (fünfte Szene) und fragt den Bruder Dominik, wieso ein solches Tribunal bestellt wurde und warum sie von ihm gerichtet werden durfte. Das war möglich, erklärt Dominik, weil die Mächtigen dieser Erde nicht mit Gott, sondern mit unterirdischen Mächten im Bunde stünden. Und über das Los der Menschen entscheide im Augenblick ein närrisches Kartenspiel, das von Satan gemischt werde. Das nächste Bild enthüllt nun dieses Kartenspiel, in dem vier Könige und vier Damen auftreten. Der König von Frankreich führt die Torheit zum Tanz; an der Seite des Königs von England schreitet Königin Hochmut; der Herzog von Burgund erscheint mit seiner Dame Geiz; der vierte König ist der Tod und seine Begleiterin die Wollust. Die Könige wechseln, aber die Damen verharren auf ihren Plätzen. Die »Buben« erscheinen, buhlen um ihre Gunst: der Herzog von Bedford, Johann von Luxemburg, Regnault von Chartres, Wilhelm von Flavy. Sie spielen, gewinnen, verlieren. Gespenstisch dreht sich das Glücksrad. Nicht um Geld geht es, es geht um Reiche, um Macht, um Menschen. Wie gebannt sieht Johanna von der Höhe ihres Scheiterhaufens in das tolle Treiben. Da beginnen (siebente Szene) Glocken zu läuten, der Spuk verweht ①; Johanna fragt: »Was tönen diese Glocken durch die Nacht?« Bruder Dominik erwidert: »Die Totenglocken.« Und Johanna ahnt: »Sie laden die frommen Seelen ein, für Jeanne d'Arc zu beten.« In der hohen Glocke erkennt Johanna die Stimme der heiligen Margarethe, in der tieferen die der heiligen Katharina; es sind die beiden Stimmen, die sie einst, im heimatlichen Domrémy, vom Felde wegriefen. ② Nun hört sie sie wieder, und sie klingen ihr lieblich und vertraut wie eh und je. Erinnerungen ziehen an ihr vorüber, nehmen Gestalt an. Volksfeste in der fernen Heimat, die Erscheinung des Erzengels Michael, der ihr das Schwert übergibt, das sie zur Rettung Frankreichs schwingen soll. Sie erlebt die Krönung in Reims noch einmal. An des Königs Seite schreitet sie in die festliche Kathedrale, vom Jubel umbrandet (8. Bild). Kriegsszenen tauchen nun auf, Schrecken, Verwüstung, Tod ringsum. Doch ein Kind singt – ist sie nun wieder daheim? Kinderstimmen lassen frohe Reigen zum Spiel ertönen. War alles nur ein Traum? (9. Bild.) Bruder Dominik hat das große Buch zu Ende gelesen, zugeklappt und ist gegangen. Johanna steht allein, an den rauhen Pfahl gebunden, auf dem Scheiterhaufen, um den sich fremde, feindliche Menschen zusammenscharen. Ein anderer Priester kommt, spricht zu Johanna, will sie zum Widerruf ihrer Taten bewegen, will sie bereuen lassen, was sie vollbracht. Aber sie erkennt einen Abgesandten des Teufels in ihm und weigert sich, zu widerrufen. Die Stimme der Heiligen Jungfrau spricht ihr Trost zu. Vor ihren Augen öffnet sich der Himmel, um sein Kind zu empfangen. Die Flammen züngeln um sie, ergreifen ihren Leib, aber fest blickt sie aufwärts in die Herrlichkeit, der ihre Seele entgegenschwebt. »Kurz ist der Schmerz, und ewig ist die Freude« hat Schiller diesen höchsten, letzten Augenblick gekennzeichnet. Auch Claudel findet poetische, mild versöhnende Worte für diese dunkle Stunde abendländischer, christlicher Historie.

Textbuch: Der französische Mystiker Paul Claudel (1868–1955) hat hier einen genialen Opernvorwurf geschaffen. Elemente des alten Mysterienspiels sind mit modernsten szenischen Möglichkeiten verschmolzen. Wie in einem mittelalterlichen Bilderbuch rollt die Geschichte des Bauernmädchens Johanna aus Domrémy, die am 30. Mai 1431 zu Rouen lebendig verbrannt wurde, vor uns ab. Aber nicht chronologisch wird das Werk aufgebaut, wie in Schillers »Jungfrau von Orléans« oder in Shaws dramatischer Chronik »Die Heilige Johanna«. Nach Johannas Tod auf dem Scheiterhaufen verläuft die Handlung nach rückwärts und wird teilweise ins Übersinnliche transponiert. Angst und Größe des armen Bauernmädchens sind erschütternd dargestellt, das Treiben der Welt und der Kräfte, die sie beherrschen, erscheinen wie in einem gigantischen Gemälde. Als Kunstform ist »Johanna auf dem Scheiterhaufen« etwas Neues und doch eigentlich Altes, ein faszinierendes, restlos gelungenes Experiment. Armin Schibler, Schweizer Opernkomponist der auf Honegger folgenden Generation, hat sich dazu (in seinem Essay »Zur Oper der Gegenwart«) folgendermaßen geäußert: »Das szenische Oratorium steht in der Mitte zwischen Musiktheater und textgebundener Musik – reizvoll wiederum durch den verstärkten Gehalt des Sprachlichen und damit des geistigen Gehaltes. In den glücklichsten Werken dieser Gattung (ich denke vor allem an Honeggers »Jeanne d'Arc au bûcher«) hat das Bedürfnis, nicht nur durch Musik an die Sinne, sondern auch durch das Wort an den ganzen Menschen zu appellieren, gültigen Ausdruck gefunden. Die Erinnerungen der Jeanne (einer Sprechrolle) werden als szenische Rückblendung dargestellt, was zur Endsituation ihres Lebens auf dem Scheiterhaufen einen doppelt ergreifenden Kontrapunkt bildet.«

Musik: Selten und nur in den glücklichsten Stunden der Operngeschichte ist von zwei Schöpfern eines musikalischen Bühnenwerks eine so restlos vereinheitlichte Leistung vollbracht worden wie hier von Claudel und Honegger. In diesem Werk kann der Musiker sich wahrhaft ausleben: Das Übersinnliche hat Raum neben dem grob Sinnlichen, das naive Kinderlied neben dem Totentanz, das wirre Spiel der Welt neben der Herzensreinheit. Es erklingen feierliche Choräle, die fanatisierte Menge johlt und brüllt, Sprechstimmen gehen unmerklich in Gesangsphrasen über, manches wird mimisch, pantomimisch, choreographisch ausgedrückt. Kinder singen ein altes ergreifendes lothringisches Lied. Schlichte Dreiklänge stehen neben verwirrenden Dissonanzen, aber beide sind höchst sinngemäß verwendet. Es ist die erste bedeutende Partitur, in die Klänge eines elektronischen Instruments (Ondes Martenot) verwoben sind. Ein sehr großes Orchester bietet zahllose Illustrationsmöglichkeiten; Jazzrhythmen sind zu finden, polyphone Chöre, gregorianischer Choral. Kaum jemals hat ein Komponist eine solche Vielfalt von Klängen und technischen Hilfsmitteln in einem einzigen Werk miteinander verbinden können. Bei ihrem Erscheinen war »Johanna auf dem Scheiterhaufen« ein schwer einzuordnendes Werk: Ein Oratorium? Eine Oper? Inzwischen ist dieser Typus des Musiktheaters fast allgemein angewendet worden. Wie in der Geburtsstunde der Oper, so verschwimmen auch jetzt die Grenzen, die Formen mischen sich, ein umfassenderes »Gesamtkunstwerk« als das von Wagner erträumte bahnt sich an.

Geschichte: Die Anregung zu diesem Werk ging 1935 von der berühmten Tänzerin Ida Rubinstein aus, der ein Tanzdrama vorschwebte, das nach mittelalterlicher Manier vor Kirchen gespielt werden könnte. Honegger vollendete die Vertonung im Jahre 1937. Eine konzertante Aufführung fand 1938 erstmalig in Basel statt. Als szenische Erstaufführungen sind die Wiedergaben in Orléans – bei den Jeanne d'Arc-Feierlichkeiten – im Mai 1939 und die Zürcher Première am 13. Juni 1942 anzusehen.

Engelbert Humperdinck
1854–1921

Humperdinck wurde am 1. September 1854 in Siegburg (Rheinland) geboren. Frühzeitig gewann er Preise und Stipendien, die ihm erlaubten, die Welt kennenzulernen. Er begegnete Wagner und konnte sich zeitlebens seinem übermächtigen Einflusse nicht mehr entziehen. Und so verschmolz – was in der Theorie schwierig scheint, ihm in der Praxis aber gelang – seine Eigenart, die zum Volkstümlichen, ja Kindertümlichen deutete, mit der Magie des Wagnerorchesters und anderen musikdramatischen Elementen. Im Jahre 1893 errang er mit »Hänsel und Gretel« den Triumph seines Lebens. Nun konnte er, zurückgezogen von jeder anderen Tätigkeit, am sonnigen Rhein ganz der Komposition leben. Erst viele Jahre später ließ sich der Komponist, von Max Reinhardt gerufen, in Berlin nieder, wo er lehrte und Schauspielmusik zu klassischen Dramen schrieb. Mit »Königskinder« war ihm 1910 nochmals ein beträchtlicher Erfolg beschieden. Er starb am 27. September 1921 in Neustrelitz (Mecklenburg).

Hänsel und Gretel

Musikalisches Märchen in drei Bildern. Textbuch von Adelheid Wette nach einem Märchen der Brüder Grimm.
Originalsprache: Deutsch
Personen: Peter, Besenbinder (Bariton), Gertrud, seine Frau (Mezzosopran), Hänsel und Gretel, beider Kinder (Alt, auch Mezzosopran, und Sopran), die Hexe (Mezzosopran), Sandmännchen und Taumännchen (Soprane), vierzehn Schutzengel, Kinder, Dorfbewohner.
Ort und Zeit: Des Märchens.
Handlung: Die Ouvertüre führt uns ins Märchenreich ein. Volkstümliche Melodien und Kinderlieder tauchen auf, in das strahlende Gewand eines sehr großen romantischen Orchesters gehüllt. In der bescheidenen Hütte des Besenbinders arbeiten Hänsel und Gretel, während der Abwesenheit der Eltern. Sie singen ein frohes Lied, aber plötzlich bricht der Junge in Weinen aus. Er ist müde, hat Hunger, aber es ist nichts zu essen da. Gretel erinnert ihn an den Spruch, daß je größer die Not, desto näher Gottes Hilfe sei. Mit einem Tänzchen sucht sie den Bruder zu zerstreuen, wobei eine reizende Kindermelodie ertönt. ①
Hänsel tanzt weniger graziös als Gretel, worüber beide viel lachen. Da erscheint die Mutter und weist die Kinder zornig zurecht. Als sie ihnen nachläuft, stolpert sie über den Milchtopf, der in Scherben geht. Nun gibt es überhaupt kein Abendbrot mehr. Die Kinder müssen sich sofort aufmachen und mit dem Körbchen im nahen Walde Beeren pflücken. Von Müdigkeit überwältigt, schläft die Mutter ein. Des Vaters Stimme wird aus der Ferne vernehmbar, er kehrt fröhlich heim, denn er hat heute alle seine Besen gut verkauft und bringt herrliches Essen. Er erschrickt sehr, als er die Kinder in dieser Dämmerstunde nicht zu Hause findet und erfährt, daß sie in den Wald gegangen seien. Wie leicht können sie sich verirren und der bösen Hexe begegnen! Die Musik, die bis hierher unbeschwert war, schildert nun düster die Geheimnisse des Waldes, so wie die deutsche Romantik sie für die Märchen erfand. Schnell beschließen Vater und Mutter, von bösen Ahnungen getrieben, die Kinder zu suchen.
Ein schönes Orchesterzwischenspiel leitet zum zweiten Akt über. Gretel sitzt auf weichem Moosboden und flicht eine Blumenkrone. Hänsel schwenkt freudig sein Körbchen voll süßer Erdbeeren. Ein Kuckuck läßt seinen Ruf er-

schallen, und die Kinder beginnen, zu seinem Takt, die Beeren zu essen. Die Sonne sinkt, und der Wald, eben noch freundlich und vertraut, wird fremd und feindlich. Wie sollen sie nun den Heimweg finden? Das Rauschen der Bäume, das Pfeifen des Windes, ja das Echo der eigenen Stimme schreckt sie. Sie rücken nahe zusammen, als sie ein Männlein auf sich zukommen sehen. Aber der Zwerg beruhigt sie: er sei ein Freund der Kinder, der Sandmann, der ihnen den sorglosen Schlummer brächte. Hänsel und Gretel strecken sich aus, singen ihr Abendgebet und schlafen ein. Die vierzehn Engel, die in ihrem Lied vorkommen, steigen nun tatsächlich vom Himmel herab und stellen sich rings um die schlafenden Kinder auf. Das Orchester wiederholt das Leitmotiv von Gottes Hilfe, die nahe ist, wo Not herrscht.

Auch das dritte Bild hat eine schöne Orchestereinleitung. Es ist nun Morgen geworden im Walde, die Engel sind verschwunden, und durch die Tropfen, die Taumännchen auf ihre Lider träufelt, wachen die Kinder auf. Verwundert erzählen sie einander ihre Träume: beide haben die Schutzengel gesehen. Als sie ihre Augen in die Richtung heben, wo die Engel verschwanden, bemerken sie dichten Nebel. Aber als dieser sich hebt, steht ein seltsames Häuschen dort. Ganz aus Marzipan und mit unzähligen Süßigkeiten behängt! Sie überwinden ihre Angst und gehen auf das Haus zu. Eine Stimme ertönt aus dem Innern des Häuschens. Oder war es der Wind? Die Kinder naschen weiter, bis plötzlich die Hexe in ihrer ganzen Häßlichkeit vor ihnen steht. Sie verzaubert Hänsel und sperrt ihn in einen Käfig. Gretel hingegen wird angewiesen zu arbeiten und ihren Bruder zu mästen, damit er einen guten Braten abgebe. Die Hexe vollführt einen wilden Freudentanz, muß aber, als Gretel sich beim Entzünden des Ofens absichtlich ungeschickt zeigt, selbst Hand anlegen. Das ist der Augenblick, auf den die beiden Kinder gewartet haben: mit einem Stoß befördern Gretel und der von ihr befreite Hänsel die Hexe in die Glut. Nun ist es an den Kindern, einen Siegestanz zu beginnen. Eine Explosion unterbricht ihn. Der Zauberofen ist in tausend Stücke zersprungen und hat zahlreiche Kinder, frühere Opfer der bösen Hexe befreit. Als nun der Besenbinder und seine Frau herbeieilen, froh, ihre Kinder heil wiederzufinden, beginnt ein Freudenfest aller. Aus den Resten des Ofens bergen sie einen großen Lebkuchen. Es ist die Hexe, die nun keine Kinder mehr essen wird. Zuletzt wird die Musik noch einmal besinnlich: »Wenn die Not aufs höchste steigt, Gott der Herr die Hand uns reicht...«

Quelle: Eines der bekanntesten Märchen der Brüder Grimm.

Textbuch: Die Schwester Humperdincks bearbeitete den Grimmschen Vorwurf und gestaltete eine sehr gelungene, echt romantische Kinderoper daraus. Prinzipiell wäre allerdings – von unserem heutigen Standpunkt aus, den man nur sehr bedingt anwenden darf – sehr viel zu dieser Art »kindertümlicher« Texte zu sagen, in denen Hexen Menschen verzehren, Wölfe Großmütter fressen usw. Stellen wir fest, daß hier ein sehr erfolgreiches neues Genre geschaffen wurde, dessen enorme Möglichkeiten bis heute noch viel zu wenig ausgenützt sind.

Musik: Wie beim Textbuch gibt es auch hier ein Für und Wider. Ein Meisterwerk, ohne Zweifel. Die gelungene Adaptierung eines Märchens für die Oper. Eine Kinderoper? Das ist zweifelhaft. Im Augenblick ihres Entstehens sicherlich. Heute denken wir ein wenig anders; eine derart sinfonische Musik, die wohl oder übel den Großteil des Textes unverständlich macht, widerspricht unserer heutigen Auffassung eines musikalischen Kinderstücks. Aber trotzdem ein prächtiges Werk, voll Melodien, die sich leicht und natürlich entfalten, voll ausdrucksstarken Harmonien, mit belebten, abwechslungsreichen Rhythmen und einer opulenten Instrumentierung. Tonmalerei in nobler Vollendung. Noch eines: Die Darstellung von Hänsel und Gretel müßte eigentlich wohl durch zwei größere Kinder erfolgen, – wo aber gibt es Kinderstimmen, die solche musikalischen Schwierigkeiten einwandfrei lösen können und genügend Kraft besitzen, um über ein Wagnersches Orchester hin hörbar zu bleiben? Also: zwei Frauen, die in Aussehen und Grazie so viel Kindliches wie möglich besitzen und dazu noch schön singen. Das ist die einzige praktisch mögliche, aber kaum die ideale Lösung.

Geschichte: »Hänsel und Gretel« wurde am 23. Dezember 1893 in Weimar, dirigiert von Richard Strauss, unter großem Jubel uraufgeführt. Diese erste Kinderoper fand rasche Verbreitung auf der ganzen Welt. Es dürfte wenige Opern geben, die in so viele Sprachen übersetzt wurden.

Die Königskinder

Märchenoper in drei Akten. Textbuch von Ernst Rosmer.
Originalsprache: Deutsch
Personen: Der Königssohn (Tenor), die Gänsemagd (Sopran), der Spielmann (Bariton), die Hexe (Alt), der Holzhacker (Baß), der Besenbinder (Tenor), der Ratsälteste (Baß), der Wirt, seine Tochter, ein Schneider, eine Stallmagd, Torwächter, Volk.
Ort und Zeit: Im Hellawald und in Hellabrunn (beide nur in der Phantasie bestehend), zur Märchenzeit.
Handlung: Im Walde steht eine Hexenhütte. Dort lebt die Gänsemagd mit ihrer Ziehmutter, der Hexe. Noch nie hat das junge Mädchen einen Menschen gesehen, aber es sehnt sich nach den Dingen, die es jenseits des Waldes geben muß. Da kommt ein schmucker Königssohn gegangen, und die beiden jungen Menschen finden Gefallen aneinander. Der Prinz will die Gänsemagd zu seiner Königin machen, aber Hexenspuk hält das Mädchen zurück. Der Königssohn schenkt ihr seine Krone, bevor er traurig Abschied nimmt. Als die Hexe aus dem Walde zurückkehrt, ahnt sie, daß ein Fremder da war. Wütend schließt sie das Mädchen in die Hütte ein. Nun kommt der Spielmann mit zwei Bürgern aus der Stadt, dem Holzhacker und dem Besenbinder. Sie sind ausgeschickt, um von der Hexe zu erkunden, wer, da der alte König gestorben ist, sein Nachfolger werden solle. Wer am Hellafesttage zu Mittag durch das Stadttor einzöge, der sei zum König erkoren, verkündet die Hexe. Die Abgesandten sind es zufrieden und kehren zurück. Nur der Spielmann bleibt und verlangt, die Gänsemagd zu sehen. Die Hexe wehrt sich zuerst, muß aber schließlich nachgeben. Trotz ihrer Verleumdung erkennt der Spielmann sofort, daß dies eine Königstochter und keine Gänsemagd sei, und noch viel weniger ein Henkerskind, wie die Hexe versichert. Der Spielmann unternimmt, das Mädchen zu entzaubern. Es gelingt ihm. Ein Stern fällt vom Himmel, und die Wunderblume erblüht. Rasch eilen sie davon.
Der zweite Akt spielt beim Stadttor von Hellabrunn. Müde ist der Köngissohn angekommen und weiß nicht weiter. Er ist ausgezogen, um die Welt zu erleben, aber er hat sein Herz im Walde bei der Gänsemagd verloren, und nun will er nicht fortwandern, bevor er sie nicht wiedergesehen hat. Die Tochter des Wirts verliebt sich in ihn, aber er weist sie zurück. Nur der Gänsemagd gehöre seine Liebe. Da wird sie sehr böse, schlägt ihn, und ihr Vater macht ihn zum Schweinehirten. Die Abgesandten kommen aus dem Hexenwalde zurück und verkünden die Weissagung. Unter großer Spannung wird zu Mittag das Stadttor aufgemacht. Hereinkommen der Spielmann und die Gänsemagd. Diese fällt dem Königssohn um den Hals, aber die wütende Menge bedroht alle drei, die sie für Schwindler hält, denn was sollten ein Schweinehirt, ein Spielmann und eine Gänsemagd mit dem künftigen König zu tun haben? Der Spielmann wird gefangengesetzt, das junge Paar aus dem Tore gejagt. Nur ein kleines Mädchen, das den Ereignissen zugeschaut hat, sagt zum verdutzten Ratsältesten: »Das ist der König und seine Frau gewesen!«
Der Winter ist über das Land gekommen. Die Königskinder irren umher und gelangen, todmüde und hungrig, zu dem einstigen Hexenhäuschen im Hellawalde. Die Hexe ist lange tot, man hat sie verbrannt, da ihre Worte sich als unwahr erwiesen. Nun lebt der verbannte Spielmann dort. Nur die Kinder aus der Stadt, die ihn lieben, besuchen ihn von Zeit zu Zeit. Sie bitten ihn, doch das junge Paar suchen zu gehen, das damals aus der Stadt vertrieben wurde. Er macht sich mit ihnen auf und durchstreift den Wald. Inzwischen sind der Holzhacker und der Besenbinder in seinem Hause eingekehrt. Und als der Königssohn mit seiner Gefährtin durch den Schnee gewandert kommt, können sie ihm nichts anderes anbieten als einen Laib Brot, den sie in der Hütte gefunden haben. Dankbar essen die Königskinder davon, aber es ist das tödliche Brot, das vor langer Zeit die damalige Gänsemagd im Auftrage der Hexe selbst gebacken hat. Und so kommen sie nicht mehr weit: Nahe der Hütte werden sie vom tödlichen Schlummer überwältigt. Leise und langsam fällt unaufhörlich der Schnee auf sie nieder. Als der Spielmann mit den Kindern kommt, erkennen sie die Krone, die der Königssohn im Tausch für das Brot in der Hütte gelassen hat. Aber ihre Hilfe kommt zu spät. Feierlich bringen sie die toten Königskinder in die Stadt, deren Herrscher sie hätten werden sollen.
Textbuch: Zum Unterschied von »Hänsel und Gretel« ist dies kein Märchen für Kinder, sondern für Erwachsene. Elsa Bernstein, unter dem Pseudonym Ernst Rosmer, schrieb das Libretto,

das ursprünglich ein Sprechstück war. Man merkt ihr die Zugehörigkeit zum Wagnerkreis deutlich an. Ihr Text ist symbolgeladen, ja -überladen. Es gibt viel dichterisch Schönes, manchen tiefen Gedanken, aber anderes bleibt äußerlich und gewollt.
Musik: Vielleicht hat Humperdinck hier sein Bestes geschaffen. Die Romantik dieses Librettos lag ihm sicherlich ebenso nahe wie die Gradlinigkeit des Kindermärchens. Zu jedem der drei Bilder (oder Akte) hat er prachtvolle Orchestervorspiele geschaffen, die er »Der Königssohn«, »Fest in Hellabrunn« und »Verdorben – gestorben« nannte. Mit liebevoller Musik ist der Spielmann ausgestattet, echt und ergreifend ist die Lyrik, mit denen die beiden Königskinder durch das Stück gehen.
Geschichte: Zuerst sollten es nur einige Lieder werden, die Humperdinck zu dem Theaterstück beisteuern wollte. Dann wurde ein Melodrama mit durchgehender, stark malerischer Musik daraus, das am 23. Januar 1897 erstmalig in München erklang. Doch immer noch war Humperdinck nicht befriedigt; er fühlte das Opernhafte des Stoffs und ging daran, aus den »Königskindern« eine echt romantische, eine Märchenoper zu machen. Ihre Premiere erfolgte in New York, am 29. Dezember 1910. Das Werk blieb, nach starken Anfangserfolgen, ein edler, aber nicht sehr häufiger Gast unserer Bühnen.

Jacques Ibert
1890–1962

Ein Zug Ravelschen Geistes liegt über den besten Werken Iberts, der mit der Oper »Angélique« internationalen Erfolg erzielte. Er schuf außerdem eine Art Offenbachiade. »Le roi d'Yvetot«, die Oper »Andromeda und Perseus«, mehrere Ballette, und, in Zusammenarbeit mit Honegger, die Oper »Der junge Aar« (L'aiglon) nach dem Drama von Edmond Rostand. Ferner sei seine Musik zum Schaljapin-Film »Don Quijote« erwähnt sowie seine Orchester- und Kammermusikwerke. Er war ein echtes Pariserkind. Dort wurde er am 15. August 1890 geboren, dort studierte er und gewann (im Jahre 1919) den Großen Rompreis des Konservatoriums, und dort lebte er – mit Ausnahme einiger Jahre, die er als Direktor der Villa Medici in Rom verbrachte, wo die Rompreisträger des Pariser Konservatoriums ihre Studien vervollkommnen – und in Paris starb er auch am 6. Februar 1962.

Angélique

Diese einaktige »Farce« spielt in einer kleinen Stadt, in welcher der Meister Bonifatius einen Porzellanladen mit dem bezeichnenden Namen »Das zerbrechliche Glück« besitzt. So ist auch sein eigenes Glück, wenn von einem solchen die Rede sein kann. Seine Frau, mit dem irreführenden Namen Angélique (= die Engelhafte!), mißhandelt ihn, wirft ihn aus seinem eigenen Hause, macht ihm das Leben zur Hölle. Ein guter Nachbar rät ihm, Angélique loszuwerden. Aber wie? Bonifatius ist bereit, sie dem ersten zu schenken, der sie haben will. Der Nachbar winkt ab. Geschenkt wird sie niemand haben wollen, das ist zu verdächtig: Besser wäre es, sie zu verkaufen. Tatsächlich tauchen nacheinander drei Käufer auf: ein Italiener, ein Engländer, ein Negerkönig. Aber alle drei bringen sie schneller wieder zurück. Der Teufel soll dieses Weibsbild holen! Und schon ist der Teufel da (der in Theaterstücken bekanntlich immer kommt, wenn man ihn zitiert), aber auch er muß vor Angélique kapitulieren, die in der Hölle im Nu das Unterste zuoberst gedreht hat. Nun bleibt Bonifatius nichts anderes mehr übrig, als sich aufzuhängen. Doch Angélique begreift nun endlich, oder tut so, als begriffe sie. Sie beginnt mit Bonifatius ein »neues« Leben. Und da das Stück – dessen Text von M. Nino stammt – nur einen Akt hat, läßt sich nicht nachprüfen, wie lange dieser idyllische Zustand andauert. Iberts Musik ist witzig, spritzig, vergnüglich wie das Textbuch, geistvoll und charmant. Und so wettert und poltert Angélique seit ihrer Premiere in Paris (28. Januar 1927) in vielen Sprachen über viele Bühnen.

Leoš Janáček
1854–1928

Äußerst spät erkannte die Welt das Genie des mährischen Komponisten Leoš Janáček, der am 3. Juli 1854 in Hochwald (Hukvaldy) zur Welt kam. Er studierte in Prag, Leipzig und Wien, ging aber bald gänzlich eigene Wege. In Brünn gründete er eine Orgelschule, von deren Ertrag er den größten Teil seines Lebens – in der Heimat nahezu und in der Welt völlig unbekannt – kärglich lebte. Wie kaum ein anderer Komponist vor ihm vertiefte er sich in die seiner Sprache eigene Melodie, auf den Tonfall jeder Alltagsphrase. Diese Kenntnisse brachte er in sein völlig originales Opernschaffen ein, das letzten Endes eine Stilisierung, einer Überhöhung der Sprache darstellt und in dem man, wenn überhaupt, nur einen Vorläufer erkennen, anerkennen kann: Mussorgski. Janáček war zudem ein vollendeter Kenner der slawischen, vor allem der mährischen Folklore, aber er wendete sie nicht mehr wie die ihm vorangegangenen tschechischen Meister Smetana und Dvořák an, in jener fast unbekümmerten Art, die sie so wortgetreu in die Kunstmusik übertrugen, wie sie allsonntäglich bei jedem bunten Volksfest erklingen. Nein, für ihn begann die – langsame, gewissenhafte, bei jeder Einzelheit liebevoll verweilende – Arbeit erst mit der restlosen Überführung jedes ihrer »Naturprodukte« in den Bereich der Kunst. Selbst als er seine »Jenufa« in Brünn uraufführte, zeigten sich kaum Folgen. Ein weiteres Dutzend Jahre mußte vergehen (zu den langen zehn, die er an diesem Werk gearbeitet hatte), bis eine Aufführung in Prag und zwei Jahre später eine – entscheidende – in Wien der Musikwelt den Namen des inzwischen über Sechzigjährigen bekanntmachte. Und so als begänne nun erst sein eigentliches Leben, gesellt sich zur neuen, kaum geahnten Schaffenskraft eine innige, vom Abendglanz des Lebens durchglühte Liebe, in deren Licht jetzt Werk auf Werk gewaltig und genial aus ihm hervorbricht. Wenn auch sein Wirken auf vielerlei kompositorischen Gebieten bedeutend genannt werden muß (seine »Sinfonietta«, seine sinfonische Dichtung »Taras Bulba«, seine Glagolitische oder Altslawische Messe, seine »Lachischen Tänze«, Kammermusik, Instrumentalstücke, Lieder), so beruht sein größter Ruhm – der ihm noch kurz vor dem Tode reich zuteil wurde – auf den Bühnenwerken, die im Repertoire der Welt ihren festen Platz gefunden haben. Er starb am 12. August 1928 in Mährisch-Ostrau. (Siehe auch Nachtrag S. 675)

Jenufa
(oder: Ihre Adoptivtochter)

Mährisches Musikdrama in drei Akten. Textbuch von Gabriella Preissová.
Originaltitel: Jeji pastorkyňa
Originalsprache: Tschechisch
Personen: Die alte Buryja (Alt), Laca (gesprochen Latsa) Klemen, ihr Stiefenkel (Tenor), Štewa (gesprochen Schtjewa), (Tenor) ihr Enkel, die Küsterin Buryja, Witwe, Schwiegertochter der alten Buryja (Sopran oder Mezzosopran), Jenufa, ihre Adoptivtochter (Sopran), der Vorarbeiter (Bariton), der Richter (Baß), seine Gattin (Mezzosopran), Karolka, beider Tochter (Mezzosopran), Dienstmädchen (Mezzosopran), Barena, Magd in der Mühle (Sopran), Jano, ein junger Hirt (Sopran), die Tante (Alt), Musiker, Bauern.
Ort und Zeit: Ein Dorf in Mähren, zu Ende des 19. Jahrhunderts.

Handlung: Vor der Mühle der alten Buryja spielt der erste Akt. Jenufa erwartet beklommen die Rückkehr Štewas aus der Stadt, wohin er zur Musterung ging. Würde er eingezogen, so wäre sie mit dem Kinde, das sie unter dem Herzen trägt, der Schande preisgegeben. Laca, Štewas Halbbruder, klagt diesen bitter an: hat er ihm doch zuerst die Neigung der alten Buryja, hernach die Jenufas entfremdet, an der er seit seiner Jugend in treuer Liebe hängt. Štewa kehrt heim, die Befreiung vom Militärdienst feiernd; der übermütige Štewa wirft Geld unter die Menge. Die Küsterin tritt dazwischen und will von der Heirat ihrer Ziehtochter mit diesem liederlichen Trunkenbold nichts wissen. Zuerst soll er ein Jahr lang beweisen, daß er auch ernst sein kann. Jenufa aber beschwört Štewa, sie so bald wie möglich zu heiraten, doch der Bursche hat es viel weniger eilig damit als das Mädchen. Er gelobt zwar, sie nie zu verlassen, schon um ihrer lieblichen, glatten Wangen nicht, aber seine

① *Moderato*
JENUFA: Tož u—mřel tož u—mřel můj chlap-čok ra-dost-ný,

② *Allegro*

Worte klingen nicht echt. Als er gegangen ist, tritt Laca aus dem Versteck hervor. Er hat alles mitangehört. Er will Jenufa warnen, will sie seiner eigenen echten, tiefen Liebe versichern, doch sie weist ihn schroff zurück. In rasender Eifersucht zerschneidet er ihr mit einem Messer das Gesicht, bricht aber sofort in tiefer Reue zusammen.

Im Hause der Küsterin spielt der zweite Akt. Alle Welt glaubt, Jenufa sei auf Reisen gegangen. Aber das Mädchen liegt versteckt in einer Kammer, wo sie bittere und glückliche Stunden erlebt hat. Sie ist Mutter von Štewas Kind geworden, aber der Vater hat es noch nicht sehen wollen. Er hat um die Hand der Richterstochter angehalten. Die Küsterin sinnt in qualvoller Sorge, wie sie die verzweifelte Lage meistern könne. Als einzige Lösung erscheint ihr die Beseitigung, der Tod des Kindes. Sie hat Štewa ein letztes Mal rufen lassen. Mißgelaunt kommt er, beschuldigt die Küsterin, die Hochzeit verschoben zu haben und spricht abfällig von Jenufa, die nun verunstaltet sei. Dann geht er wieder. Die Verzweiflung der Küsterin wächst. Als Laca sie besucht, wie oftmals jetzt, gesteht sie ihm die Wahrheit, Jenufa sei nicht verreist. Sie habe ein Kind geboren; aber – setzt die Küsterin hinzu, und hier wird ihr geheimster Wunsch Gedanke – das Kind sei tot. Nachdem Laca gegangen ist, faßt die Küsterin einen verzweifelten Entschluß. Sie benützt Jenufas Fieberschlaf, um das Kind aus dem Hause zu tragen und in den Mühlbach zu werfen. Jenufa sucht es nach ihrem Erwachen und kann die Worte der Ziehmutter, es sei vor zwei Tagen, als sie im Fieber lag, gestorben, nicht fassen. Geistesabwesend hört sie Laca zu, der sie um Verzeihung anfleht; immer wieder glaubt sie das Weinen des Kindes aus dem Mühlbach zu vernehmen. ①

Die Hochzeit Lacas mit Jenufa steht im Mittelpunkt des dritten, des dramatischsten Aktes. Der Richter ist mit seiner Familie erschienen; seine Tochter Karolka am Arme Štewas, der in wenigen Tagen ihr Gatte sein soll. Eine Gruppe junger Mädchen singt Jenufa ein frohes, unschuldiges Hochzeitsliedchen. Plötzlich beginnt die Küsterin irre zu reden. Während sie das Paar segnen soll, ertönen schrille Schreie von draußen. Im Mühlbach hat man die Leiche eines Kindes gefunden. Jenufa erkennt entsetzt die Kleider. Die Bauern bedrohen sie, aber da bekennt sich die Küsterin in einer großartigen Szene zu ihrer grausigen Tat. Sie allein hat das Verbrechen begangen. Štewas Niedrigkeit ist enthüllt, und Karolka wendet sich von ihm ab. Die Küsterin wird ins Gefängnis abgeführt. Laca und Jenufa bleiben im Hause, zutiefst bedrückt, aber nun in einer echten Liebe geeint, die aus dem Schmerz erwuchs.

Textbuch: Ein starkes, ländliches Drama, gut gezeichnet und wirkungsvoll auf die Bühne gebracht. Für die Vertonung mußte das ursprüngliche Theaterstück ein wenig gekürzt werden, was in sinnvoller Weise geschah.

Musik: Janáčeks Stil ist zu persönlich, als daß er in irgendeine Richtung einzuordnen wäre. Man könnte ihn naturalistisch nennen – im Geiste Mussorgskis –, er umschließt Elemente des Verismus, aber auch noch der Spätromantik. Seine Harmonik ist »modern«, ja in mancher Beziehung muß sie zur Zeit der »Jenufa« als bahnbrechend, avantgardistisch gewirkt haben. Sie steht im Dienste des »Ausdrucks«, der Seelenschilderung. Manchmal auch der äußeren Milieumalerei, ② vor allem dort, wo bäuerliches Leben auf die Bühne gebracht wird, wo die Typen aus dem Dorf gezeichnet werden, so wie der Komponist sie sein Leben lang gekannt und studiert hat. Der Folklore am nächsten kommt Janáček in den Tänzen des ersten Akts. Sie atmen pralles Leben, in ihnen schwingt mehr als das malerische Vergnügen mit. Die Dialoge folgen überraschend genau der Sprachmelodie: um es ganz zu erkennen und zu würdigen, müßte man das Werk in der Originalsprache hören; jede Nachbildung in einem fremden Idiom schwächt die Wirkung unrettbar ab. Trotz dieser Nachbildung des Lebens erhebt die Melodielinie sich in den großen Höhepunkten zur – fast »italienischen« – Kantilene, zur breitgeschwungenen, sinnlichen Melodie.

Geschichte: In den Ziffern der Jenufa-Aufführungen liegt die Tragik des Schöpfers: Zehn Jahre arbeitete Janáček an dieser Oper – inmitten einer traurigen Epoche, in die der Tod seiner Tochter fällt –, dann erfuhr er eine ihm tief kränkende Ablehnung aus Prag. In Brünn kam es zur Uraufführung (21. 1. 1904) und zu einigen wenigen Wiederholungen; die Musikwelt nahm keine Notiz davon. Erst am 26. Mai 1916 gelangte die Oper unter dem Titel »Jeji Pastorkyňa« (»Ihre Zieh oder Adoptivtochter«) an das Prager Nationaltheater, aber der Krieg verhinderte eine Verbreitung. Der von dem Werk begeisterte Schriftsteller Max Brod übersetzte es ins Deutsche (er entstammte dem sehr eigenständigen deutschen, stark mit jüdischen Elementen durchsetzten Bürgertum Prags, dem neben vielen anderen Männern von Bedeutung vor allem Rilke und Kafka zuzurechnen sind) und wurde in der Folgezeit einer der stärksten Verfechter Janáčeks. In seiner Fassung gelangte die Oper, nun unter dem unter dem deutschen Sprachgebiet eingebürgerten Titel »Jenufa«, an das Wiener Opernhaus (1918), von wo aus des nun mehr 64jährigen Komponisten Ruhm schnell ausstrahlte.

Die Ausflüge des Herrn Brouček

Nach dem Triumph der »Jenufa« ging Janáček zuerst an eine Neufassung seiner viel früheren Oper »Schicksal«, dann begann er ein Bühnenwerk voll Ironie und Parodie (die man ihm kaum zugetraut hätte). Der Stoff zu den »Ausflügen des Herrn Brouček« entstammt so ausschließlich der tschechischen Sagen- und Märchenwelt, dem slawischen Volkscharakter und der – im Westen kaum bekannten – Geschichte des Lebens an der Moldau, daß an einer tieferen Wirkung dieser Oper in anderen Ländern ein wenig gezweifelt werden muß. Der »Ausflüge« gibt es zwei, doch existieren sie nur in der Einbildung, oder besser gesagt, im Rausch des Herrn Brouček. Der erste führt auf den Mond, der zweite in die Vergangenheit, ins 15., »das größte Jahrhundert für die Tschechen«, wie der Komponist sagt. Das Textbuch beruht auf einer Dichtung von Svatopluk Čech, aber Janáček zog noch eine Reihe anderer Schriftsteller heran, um das Libretto in seinem Sinne gestaltet zu sehen. Der Inhalt ist völlig satirisch: Brouček ist der gewöhnliche Spießbürger, kleinlich, prahlerisch, feig. Das Leben auf dem Mond befriedigt ihn nicht, weil man sich dort weder betrinken noch ordentlich sattessen kann und überdies die Liebe nur platonisch existiert; noch weniger sagt ihm das 15. Jahrhundert zu, da es Mannesmut und Entschlußkraft erfordert, zwei Eigenschaften, die Herrn Brouček völlig abgehen. Janáčeks Musik ist äußerst modern für ihre Zeit; es gibt viel rezitierende Gesangslinien, kurze melodische Floskeln oder Motive, ein illustrierendes Orchester. Die Uraufführung erfolgte am 23. April 1920 in Prag.

Katja Kabanowa

Frühzeitig schon wendete Janáček seinen Blick nach Osten; war er doch ein glühender Slawe, der sich noch dazu durch intensive Sprach- und Sprachmelodiestudien der slawischen Welt immer stärker verbunden fühlte. Auf zwei Reisen lernte er 1896 und 1902 Teile Rußlands kennen. Er versenkte sich in seine Literatur, wobei ihn besonders die Stücke Alexander N. Ostrowskis (1823–1886) fesselten. Im Jahre 1919 sah er dann das »Gewitter« dieses großen Dramatikers in tschechischer Übersetzung durch Vincenc Červinka in einem Brünner

Theater wieder. Sofort beschloß er, diese Tragödie von Schuld, Selbstanklage und Sühne in Musik zu setzen. Seine Schaffenskraft belebte sich in jenen Tagen neu. Die ersten großen Erfolge waren ihm, dem weit über Sechzigjährigen, beschieden gewesen, und in seinem Herzen hatte die Liebe zu Frau Kamilla Stößel neue, kaum je geahnte Gefühle von inniger Zärtlichkeit erweckt. Von 1919 bis 1921 arbeitete der Komponist an dieser Oper, die nach seiner eigenen Aussage »die allerzarteste meiner Arbeiten sein wird«. Aber »Katja Kabanowa« ist nicht nur zart, sie ist von unheimlicher dramatischer Kraft erfüllt. sie ist »Musik aus der Tiefe des Herzens«, wie Max Brod, der Übersetzer und Förderer von Janáčeks Werk im deutschen Sprachgebiet, treffend gesagt hat. Sie behandelt das Drama der jungen, tiefempfindenden Katja, die an einen durchschnittlichen, ja schwächlichen, kühlen und ganz von seiner Mutter und den Standesvorurteilen beherrschten Mann verheiratet ist. Katja erlebt aufblühend die Liebe eines Mannes, der sie zu verstehen scheint, aber zuletzt doch nicht den entscheidenden Entschluß fassen kann, sie und sich selbst aus der tödlichen Umwelt zu befreien (so wie das zweite Liebespaar des Stückes, Menschen aus einfacher Umwelt, aber geradlinig und zum Glück entschlossen, es vermag). Die Naturgewalt eines hereinbrechenden Gewitters am Flußufer weckt in der Seele Katjas einen Sturm, einen so zerreißenden Zwiespalt der Gefühle, daß sie ihr ausweglos gewordenes Dasein durch einen Sprung in die Wolga endet. Schuldbewußtsein? Oder Protest gegen eine kalte, grausame Welt, die jedes Gefühl dem Zwang der »gesellschaftlichen Position« unterwirft? Hier spielen soziale Probleme hinein, Vorurteile, wie sie drückend auf dem Leben der russischen Landbewohner lagen. In Ostrowskis und Janáčeks Werk ist Katja eine Lichtgestalt, ihr Freitod kein düsteres Ende, sondern ein Aufruf zum wahren Menschsein. Besiegt bleiben die Lebenden zurück; die grausame Schwiegermutter Kabanicha, der willenlose Gatte Tichon, der reiche Kaufmann Dikoj. Janáček hat Katjas Leid erschütternd geschildert, ihr großer Schlußmonolog gehört unter die unvergänglichen Opernszenen. Die Musik ist durchwegs von mitreißender, oftmals überwältigender Schönheit und Ausdruckskraft. Sie schildert die Natur und ihre Gewalten, malt Gefühle in der Seele der Personen, schiebt russische Volksmelodien ein. Der Grundton ist düster, tragisch: unentrinnbares Schicksal. Die Uraufführung der »Katja Kabanowa« fand am 23. November 1921 in Brünn statt; sie ist seit damals über zahlreiche slawische Theater, aber in steigendem Maße auch über Bühnen des Auslands, vor allem des deutschen Sprachgebiets gegangen und hat tiefe Eindrücke hinterlassen.

Das schlaue Füchslein

Oper in drei Akten (neun Bildern). Text nach Rudolf Těsnohlídek von Leoš Janáček. (Originaltitel wörtlich übersetzt: »Die schlaue Füchsin«).
Originaltitel: Příhody Lišky Bystroušky
Originalsprache: Tschechisch
Personen: Die Menschen: Der Förster (Bariton), seine Frau (Alt), der Schulmeister (Tenor), der Pfarrer (Baß), Háraschta, ein Landstreicher (Baß), Gastwirt Pasek (Tenor), die Gastwirtin (Sopran), die Knaben des Försters. Die Tiere: Füchslein Schlaukopf (Sopran), Fuchs (Mezzosopran), Dackel, Hahn, Henne, Dachs, Specht, Mücke, Frosch, Grille, Heuschrecke, Eule, Libelle, die Fuchskinder und zahlreiche andere Tiere des Waldes.
Ort und Zeit: In einem Dorf und dem umliegenden Wald, irgendwann.
Handlung: Tier- und Menschenwelt greifen ineinander, es gibt Parallelen in Verhalten und Schicksal. Sommerliche Schwüle liegt über dem Walde, in dem der Förster sehnsüchtig des wilden, schönen Mädchens Terynka gedenkt, die so flüchtig in sein einförmiges Leben getreten war. Darüber schläft er ein. Eine Mücke umspielt ihn, weicht dem Sprung des Frosches aus, der aber, von dem auftauchenden Füchslein Schlaukopf erschreckt, auf des Schlafenden Nase hüpft. Die Leidtragende ist die Füchsin, die der Förster zu packen bekommt und mit sich nimmt. Im Försterhof wächst sie heran, von den Buben geneckt, von der Försterin gehaßt. Als sie sich einmal gegen den Spott zur Wehr setzt und eine Hose zerreißt, wird sie angekettet. Das ist ein trauriges Leben, das durch die Anbiederungen des Dackels und die dumme Gesellschaft der Hühner nicht besser wird. Vergebens versucht Schlaukopf, ihnen Würde und Freiheit zu predigen. Endlich erwürgt sie voll Wut den eingebildeten blöden Hahn. Die Försterin will sie töten, doch der Förster begnügt sich mit einer Tracht Prügel. Aber eine Füchsin läßt sich nicht schla-

gen: sie zerbeißt die Ketten und flieht. Im Walde sucht sie nach einer Wohnung. Der Dachsbau erscheint ihr gerade recht, aber dessen griesgrämiger Bewohner denkt nicht daran, ihr das Haus zu überlassen. Es kommt zu einem saftigen Streit, dem der ganze Wald begeistert zusieht. Füchslein bleibt Siegerin. Zur selben Zeit etwa sitzen in der Wirtsstube des Dorfes die gleichen Männer wie immer. Das Gespräch geht um das Zigeunermädchen Terynka, das im Orte viel Verwirrung stiftet. Zuerst versuchte sich der Schulmeister an ihrer Erziehung, nun denkt der Pfarrer, bei dem sie wohnt, sie sittlich zu heben. Zu spät. Terynka sieht Mutterfreuden entgegen und die Wut des Dorfes gegen die »Vagabundin« richtet sich nun auch gegen die Männer, die unter ihrem Bann zu stehen scheinen: Lehrer, Förster, Pfarrer. Auf dem Heimweg vom Gasthaus denken die drei an dieses seltsame Geschöpf, das so viel Unruhe ins Dorf und ihr Leben brachte. Der Förster entdeckt die Füchsin in der Nähe und verscheucht sie durch einen Schuß. Er will ihr nichts zu Leide tun, denn sie erinnert ihn merkwürdig an Terynka. Schlaukopf ist in den Wald zurückgekehrt, es ist eine wundervolle Frühlingsnacht. Sie begegnet dem stattlichen Fuchs und läßt sich dessen Werbung nur zu gerne gefallen. Die neidische Eule zetert über die »Unmoral«, und so müssen Fuchs und Füchsin vor das vom Specht würdevoll verwaltete Standesamt. Große Hochzeit bei Mondenschein. Fest für alle Waldtiere. Eine Zeit ist vergangen. Der Landstreicher Háraschta zieht durch den Wald; er hat für seine Hochzeit mit Terynka eingekauft. Die Füchse umkreisen ihn und spielen ihm einen Streich, der sie in Besitz der Leckerbissen aus Háraschtas Korb bringt. Wütend schießt der Landstreicher auf die Tiere: Füchsin Schlaukopf bleibt tot liegen. Im Gasthaus ist es heute einsam. Nur Schulmeister und Förster sind zugegen. Alle anderen sind bei der Hochzeit Terynkas und Háraschtas. Die Wirtin erzählt verwundert von dem schönen Fuchspelz, den der Landstreicher seiner jungen Frau geschenkt habe. Da weiß der Förster, daß seine Füchsin tot ist. Er geht in den Wald und legt sich zur Rast nieder. Ein junges Füchslein streicht über den Weg. Nein, es ist nicht mehr Schlaukopf, es ist eines ihrer Kinder. Und ein Fröschlein, das er fängt, ist gar schon des alten Frosches, der einst auf seine Nase sprang, Enkel. So geht das Leben im Walde weiter, erneuert sich mit jedem Frühling, so wie das Menschenleben immer weiter geht, unbekümmert um den Einzelnen...

Textbuch: Rudolf Těsnohlídek (1882–1928) war ein tschechischer Erzähler, dem mit diesem Stoff fast so etwas wie ein slawischer »Sommernachtstraum« gelang. Das Libretto wurde nach seiner Novelle von Janáček selbst bearbeitet. Der Ton ist urwüchsig, die Tiere benehmen sich nicht »menschlich« wie im Märchen, sondern durchweg tierisch, das heißt einfach, klug, vernünftig, ohne Hintergedanken. Und die Menschen handeln in durchaus nicht immer positivem Sinne menschlich, was geistvolle Kontraste, beim Zuschauer manchmal sogar ein wehmütiges Lächeln bewirkt.

Musik: Der Komponist äußerte mehrfach, daß er dieses Werk für sein bestes halte. Hier kann er seiner unbändigen Naturliebe nachgehen, kann aber auch seinem nie verstummenden Freiheitsdrang ein neues Denkmal setzen. Er kann tiefes Gefühl und feine Altersweisheit gleichzeitig komponieren. Die lebensechten Gestalten sind glänzend charakterisiert, die Musik »verniedlicht« nichts, malt nur, unterstreicht, erzählt eine wundervolle Geschichte von Wald und Liebe, und sie verbindet zwei Gestalten, die für den oberflächlichen Beobachter nichts gemein haben: die entzückende Füchsin und die sicherlich nicht weniger entzückende Terynka, die aber wohlweislich nicht auftritt.

Geschichte: Die Geschichte dieser Oper beginnt eigentlich im Februar 1920, als ein Zeichner namens Stanislav Lolek die Redaktion der Brünner »Lidové noviny« betrat und aus einer Mappe eine Reihe entzückender Skizzen aus dem Leben eines Fuchses hervorholte. Lange wußte niemand, was damit anzufangen sei, dann wurde der Redakteur Rudolf Těsnohlídek beauftragt, kurze verbindende Texte zu verfassen. Zähneknirschend – wie er selbst erzählte – ging er an die »unsinnige« Arbeit; aber als er in den Wald spazierte und sich von dessen Atmosphäre umfangen fühlte, wuchs seine Begeisterung. Er schrieb eine Novelle, die bei ihrem Erscheinen in der Zeitung Aufsehen erregte. Durch Zufall kam sie in Janáčeks Hände, der nicht mehr ruhte, bis er sie zur Oper umgestaltet und komponiert hatte. Die Uraufführung fand am 6. November 1924 in Brünn statt. Deutsche Theater folgten bald, wobei das Werk stets in einer nicht unwesentlichen Bearbeitung von Max Brod gegeben wurde, die versuchte, manches aus dem rein tschechischen Milieu ins Internationale zu transponieren. Im Jahre 1961 fertigte Walter Felsenstein eine Neuübersetzung an, die sich enger an das Original hält.

Aus einem Totenhaus

Diese »schwarze Oper« – nach des Komponisten eigenem Wort – ist sein letztes Bühnenwerk. Er hat es nicht mehr gehört. »In jedem Geschöpf ein Funken Gottes« steht als Motto über der Partitur. Es ist ein Glaubenssatz Janáčeks (wobei der große Tierliebhaber auch diese Geschöpfe des göttlichen Funkens für teilhaftig hält). Das »Totenhaus«, von dem hier die Rede ist, das ist genaugenommen das Zuchthaus von Omsk, in dem der große russische Dichter Fjodor M. Dostojewsky (1821 bis 1881) vier Jahre lang eingekerkert war, und das ihn zu seinen »Erinnerungen aus einem Totenhaus« inspirierte. Es ist aber in übertragenem Sinne Sibirien, wo im Zarenreich Tausende von Gefangenen schmachteten und nur einen einzigen Gedanken hatten: die Freiheit. Janáčeks letzte Oper kennt weder Handlung noch Helden in gewöhnlichem Opernsinne. Sie ist ein Kollektivdrama, das in epischer Form, in Erzählungen abrollt. Der Komponist übernimmt vieles wörtlich von Dostojewsky; hier – in den Aufzeichnungen eines erfundenen Alexander Petrowitsch Gorjantschikow – fand er die unbändige Freiheitsliebe, das Ideal menschlicher Würde, das soziale Gewissen, die Erklärung der »Schuld«, das Mitleid mit allen Erniedrigten und Beleidigten so klar gezeichnet, wie er ein Leben lang an sie geglaubt hatte. Er arbeitete an dieser Partitur zwischen Februar 1927 und Juni 1928, bis knapp vor seinem Tode also. Er vollendete sie, wenngleich viele Seiten lediglich in einer Art Stenographie hinterlassen wurden, die dann, wie so oft bei nachgelassenen Werken, zu verschiedenen Lesarten führte. Die Uraufführung fand am 12. April 1930 im Brünner Nationaltheater statt und hinterließ tiefen Eindruck, der durch spätere Aufführungen (manche sogar konzertant, was dem undramatischen Charakter des Werkes nicht zu widersprechen scheint) bestätigt werden konnte. Eine »Publikumsoper« ist hier wohl nicht entstanden, vielleicht aber eines der erschütterndsten Dokumente des Musiktheaters. Es gewinnt – nach Auschwitz – eine neue beklemmende Bedeutung, die Dichter und Komponist zum immerwährenden Mahnmal zu errichten wußten.

Leo Justinus Kaufmann

1901–1944

Die Fliegerbomben des Zweiten Weltkriegs töteten am 24. September 1944 in Straßburg den erst dreiundvierzigjährigen Musiker Leo Justinus Kaufmann, der eben erste Erfolge auf dem Gebiet der Oper zu erringen begonnen hatte. Der im oberelsässischen Dammerkirch am 20. September 1901 geborene Komponist hatte 1942 »Die Geschichte vom schönen Annerl« in Straßburg herausgebracht und damit – vom Krieg arg eingeschränkte – Aufmerksamkeit erzielen können. Zwei Jahre später kam es in der gleichen Stadt zur Uraufführung seiner neuen Oper »Das Perlenhemd«, auf die hier nachdrücklich hingewiesen sei.
»Das Perlenhemd« ist als »Stück für Sänger, Musiker, Schauspieler und Tänzer« bezeichnet, gehört also zu einer »gesamtkunsthaften« Gattung, die in der Zeit seit dem Ersten Weltkrieg die Komponisten in steigendem Maße beschäftigte. Kaufmann hat gemeinsam mit dem Dichter E. Bormann (der bereits an der »Geschichte vom schönen Annerl« mitgearbeitet hatte) eine chinesische Novelle musikgerecht gemacht und dabei einige der schönen Gesänge des Hafis eingestreut. Das Libretto erzählt von einem jungen Manne, der sich von seiner Braut verabschiedet, um in die Welt zu ziehen, und ihr zum Andenken ein Perlenhemd schenkt. Wenn die Mandelbäume wiederum blühen, will er zurückkehren. Aber es wird erneut Frühling und Sommer, ohne daß der Geliebte zurückkehrt. In

ihrem Garten geht die Braut spazieren. Die Zofe läßt einen fremden Kavalier, der sie bestochen hat, ein. Er erklärt der Braut seine Liebe, nimmt sie stürmisch in seine Arme. Ihr Widerstand erlahmt, das Perlenhemd gleitet von ihren Schultern. Als sie entsetzt flieht, nimmt er es auf und mit sich fort. In einer Schenke an der Straße treffen zwei Männer zusammen: der Bräutigam ist glücklich, nach einer zweijährigen Abwesenheit am nächsten Tage wieder daheim zu sein; der Fremde reist zu seiner Frau zurück, nachdem er auf seiner Fahrt ein wunderbares Abenteuer gehabt hat. Wie in Gedanken zieht er das Perlenhemd hervor. Entsetzt stürzt der junge Mann davon. Die Gattin des fremden Kavaliers tritt ein, es ist zu spät, das Perlenhemd zu verbergen. Er habe es ihr von der Reise mitgebracht, lügt der Fremde. Völlig geistesverwirrt ist der junge Mann heimgekehrt. Der Brautvater beschließt, seine Tochter einem anderen zu geben, einem hohen Regierungsbeamten, der sie am nächsten Tage mit sich in eine ferne Stadt nehmen wird. Die beiden Männer, der Bräutigam und der Fremde, irren um das Haus der Geliebten, sehnen sich nach ihr. Verschleiert tritt eine Frau aus dem Hause und folgt dem hohen Beamten. Doch als das Schiff die Segel hißt, springt sie ans Land zurück. Beide Männer kommen von verschiedenen Seiten herbeigeeilt, um sie in die Arme zu schließen. Der Kavalier kommt dem Jüngling zuvor. Aber da naht eine zweite Verschleierte aus dem Hause und geht auf den jungen Mann zu. Die Schleier fallen – der Kavalier hält seine eigene Frau in den Armen, die Braut steht ihrem einstigen Bräutigam gegenüber. Die fremde Frau hat das Perlenhemd zurückgebracht, als sie erfuhr, wem ihr Gatte es entführte. Mit einer Versöhnung und einem Loblieb auf die Liebe schließt die Oper, die sich einer zeitgemäßen und äußerst farbigen Tonsprache bedient. (Uraufführung: Straßburg, 1944).

Rudolf Kelterborn

1931

Bereits in jungen Jahren konnte sich der in Basel geborene Schweizer Komponist einen Namen machen; seine alle Gattungen umfassenden Werke wurden 1956 beim Schweizer Tonkünstlerfest, beim Fest der Internationalen Gesellschaft für Neue Musik in Stockholm, bei den Kranichsteiner Ferienkursen und in mehreren anderen Ländern gespielt. Der aus dem Konservatorium seiner Vaterstadt Basel hervorgegangene Musiker war nach 1960 Dozent für Komposition der Musikakademie Detmold, folgte 1968 einem Ruf an die Musikhochschule Zürich, deren Direktor er wurde, war von 1969 bis 1975 Chefredakteur der Schweizerischen Musikzeitung, wurde 1975 Leiter der Musikabteilung des deutschschweizerischen Rundfunks. »Die Errettung Thebens« stellt seine erste Oper dar. Er selbst schrieb den Text nach der griechischen Sage und deren Deutung in Aischylos' »Sieben gegen Theben«. Eteokles, König von Theben, ruft sein Volk zum bewaffneten Widerstand gegen die heranrückenden sieben Heere auf, die von seinem Bruder Polyneikes geführt werden. Er ersehnt den Frieden für seine Vaterstadt, erklärt aber den unentschlossenen Massen die Notwendigkeit dieses Krieges. Seine Schwester Ismene erinnert ihn an die tragische Prophezeihung des Vaters, deren Sinn sich erst zuletzt offenbaren wird. Während der König zu den Befestigungen geht, rufen Ismene und das Volk den blinden Seher Teiresias an. Der verkündet, daß die Stadt den Angreifern nur drei Tage lang trotzen könne. Auf das Wehklagen der Massen eröffnet er ihnen die Möglichkeit einer Rettung: ein Thebaner müsse sich von der Mauer herabstürzen. Eingeschüchtert und mutlos ziehen sich alle zurück. Doch einer, Menoikeus, ist bereit, »die Prüfung der Götter auf sich zu nehmen, sich so zu opfern, ruhmlos, allein aus Liebe zu dieser Stadt«. In der Nacht sieht er sich mit Visionen konfrontiert: Die Mütter der zum Sterben bestimmten Soldaten, ein (moderner) Staatsmann, ein politischer Häftling, ein Freiheitskämpfer und seine eigene Braut suchen ihn in mehrfachem Sinne zu beeinflussen. Beim Morgengrauen springt er in den Tod. Von diesem Augenblick an wendet sich das Schlachtenglück, die Thebaner werfen die Angreifer zurück und vertreiben sie schließlich endgültig. In ihrem steigenden Jubel messen die auf dem Tempelplatz zusammenströmenden Mengen den Sieg ihrer eigenen Tapferkeit zu. Der Opfertod Menoikeus' ist bereits vergessen. Doch eine Schreckensnachricht trübt die frohe Stimmung: der König ist gefallen. Im Höhepunkt der Schlacht trafen die feindlichen Brüder aufeinander; im Zweikampf töteten sie sich gegenseitig, wie es vor langen Jahren in der Prophezeiung des Vaters vorausgesehen wurde. Unter feierlichen Zeremonien soll Eteokles beerdigt, aber die Leiche des Polyneikes gnadenlos den Raubvögeln preisgegeben werden. Da tritt Antigone auf den Plan, Ismenes und der Toten Schwester. Vergebens ruft sie das Mitgefühl der Thebaner für Polyneikes an, fleht um seine Bestattung. Verächtlich wendet das Volk sich ab, zieht mit der Leiche des Königs in den Tempel. Aber Antigone wird auch dem anderen Bruder die letzte Ehre erweisen. Über ihren versöhnlichen Worten, die sich wie ein Schlummerlied über Polyneikes breiten, fällt der Vorhang. Nach Art der »epischen Oper« vollzieht sich nahezu nichts von dem dramatischen Geschehen auf der Bühne selbst; es wird lediglich berichtet, und die Ereignisse spiegeln sich in der Stimmung der sichtbaren Personen. Kelterborns Stil stellt einen Querschnitt durch viele moderne Ausdrucksrichtungen dar. »In meiner Musik spielen verschiedene Techniken (von seriellen Verfahren bis zu einer eng begrenzten Aleatorik) eine Rolle... Der Bogen spannt sich von oftmals meditativer Verhaltenheit bis zu dramatischer Expressivität, von (durch kompositorische Konstruktivität bedingter) Distanziertheit bis zu elementarer Direktheit« (Kelterborn, 1974).

Fast noch stärker als in dem vorhergehenden Werk zeigen diese Eigenschaften sich in »Ein Engel kommt nach Babylon«, dem eine überaus eigenartige Komödie von Friedrich Dürrenmatt zugrunde liegt. Es ist »ein Spiel um Gottes Gnade und Gerechtigkeit, weggerückt aus dem christlichen Raum in eine morgenländische Märchenwelt, die theologische und theatralische Naivität erlaubt... Da kann die leibhaftige Gnade eines Gottes von einem Engel auf die Erde gebracht werden: ein reines, strahlend schönes Mädchen mit dem Namen Kurrubi (Cherub), das Gott aus dem Nichts geschaffen und dem geringsten der Menschen bestimmt hat. Babylon, die mythische Großstadt, ist mit Wolkenkratzern, Euphrat-Kais und Gaslaternen ausstaffiert, um theatralisch zu unterstreichen, daß sie die Weltmetropole schlechthin ist (oder sich doch dafür hält). Denn daß jenseits des Libanon noch einige Dörfer liegen – Athen, Sparta, Karthago, Moskau, Peking – weiß König Nebukadnezar nicht...« (Aus dem Programmheft der Uraufführung im Opernhaus Zürich bei den Juni-Festwochen 1977). Die Hauptrolle des Bettlers Akki, eines einfallsreichen Bettlers (der übrigens zumeist spricht und nur dann singt, wenn er sozusagen »Theater« spielt) ist voll komödiantischer Möglichkeiten, auch sein Gegenspieler, der König Nebukadnezar und das Mädchen Kurrubi, sind zu großen Gestalten geformt, in denen viel menschliche Weisheit und Schwäche zutage tritt, was in einer opernmäßigen Vertonung nur schwer wiederzugeben ist; doch entstand ein Stück von großen optischen wie musikalischen Möglichkeiten, das sich vornimmt »Ausdruck (zu) sein jener Spannung zwischen dem Elend, der Not, Trauer und Angst unserer Zeit einerseits und den Schönheiten dieser Welt andrerseits; Ausdruck zwischen den Abgründen und den Aufschwüngen im menschlichen Leben« (Kelterborn). (Siehe auch Nachtrag S. 677)

Wilhelm Kienzl
1857–1941

Ein echter Volkskomponist und ein starker Musikdramatiker, das war Wilhelm Kienzl, der am 17. Januar 1857 in Waizenkirchen (Oberösterreich) geboren wurde, in Wien bis ins hohe Alter lebte und dort am 3. Oktober 1941 starb. Er besuchte als junger Musiker Richard Wagner in Bayreuth, machte dann Kapellmeisterkarriere in Amsterdam, Krefeld, Graz, Hamburg, München und lebte zuletzt freischaffend, nachdem einige Opern – vor allem »Der Evangelimann« – ihm eine sichere Position gegeben hatten. Sein Stil steht zwischen dem Realismus, der die Jahrhundertwende beherrschte, und einer nach-wagnerischen Romantik; ihr Hauptmerkmal bilden vielleicht die leicht eingänglichen, volkstümlich empfundenen Melodien.

Der Evangelimann

Musikalisches Schauspiel in zwei Aufzügen. Textbuch, nach Leopold Florian Meißner, vom Komponisten.
Personen: Friedrich Engel, Pfleger im Kloster St. Othmar (Baß), Martha, seine Nichte und Mündel (Sopran), Magdalena, ihre Freundin (Alt), Johannes Freudhofer, Lehrer in St. Othmar (Bariton), Matthias Freudhofer, sein jüngerer Bruder, Amtsschreiber im Kloster (Tenor), ein Schneider, ein Büchsenmacher, ein Nachtwächter, ein Bauernbursche, eine Lumpensammlerin, Mönche, Bauern, Knechte, Bürger, Kinder.
Ort und Zeit: Zuerst im Benediktinerkloster St. Othmar in Niederösterreich, um 1820; dann 1850 in Wien.
Handlung: Zwei Brüder, Johannes und Matthias Freudhofer lieben das gleiche Mädchen. Doch Martha ist nur Matthias, dem Klosterschreiber, zugetan; sein Bruder schwärzt ihn beim Vogt an und erreicht, daß Matthias davongejagt wird. Doch als er sich selbst darauf um das Mädchen bewirbt, wird er zurückgewiesen. Da zündet er das Kloster an und wälzt den Verdacht auf seinen Bruder ab, der angeblich aus Rache gehandelt habe. Vergebens sucht Matthias sich zu verteidigen, er wird zu Kerker verurteilt, wo er viele Jahre seines Lebens zubringen muß; Martha nimmt sich das Leben. Nach seiner Entlassung wird der alternde und müde Matthias Evangelist, »Evangelimann«; er predigt singend das Evangelium, indem er im Lande umherzieht. Einmal gelangt er in den Hof eines Hauses, aus dem ihm Magdalena, einst Marthas Freundin, entgegenkommt. Sie pflegt den todkranken Johannes, der von Schmerzen, aber mehr noch von Reue gefoltert wird. Matthias nähert sich seinem Lager und erfährt aus dem Geständnis des Bruders den wahren Sachverhalt, die Ursache seines zerstörten Glücks. Doch er verzeiht, keine menschlichen Schwächen leben mehr in ihm. Unter den Klängen des Chorals »Selig sind, die Verfolgung leiden um der Gerechtigkeit willen«, den die Menge von Matthias gelernt hat, stirbt Johannes.
Textbuch: Wie bei Leoncavallos »Bajazzo« beruht die Geschichte des »Evangelimanns« auf einer wahren Begebenheit. Kienzl las eines Tages im Buch des späteren Regierungsrates Leopold Florian Meißner »Aus den Papieren eines Polizeikommissärs« und begeisterte sich für die Geschichte vom unschuldig Eingekerkerten, der dann zum Evangelisten wurde und seine Mitmenschen die wahre christliche Nächstenliebe lehrte.
Musik: Zu dem rührenden Text machte Kienzl eine rührende Musik, die im Choral von den »Seligen, die Verfolgung leiden« einen wirksamen Höhepunkt erreicht. Aber es liegt auch Dramatik in diesem Werk, derbe und unkomplizierte Dramatik, die Milieu und Charaktere gut zur Wirkung bringt. Eine echte Volksoper aus der Zeit des Naturalismus.
Geschichte: Die Uraufführung, am 4. Mai 1895 in Berlin, bedeutete den Beginn großer Volkstümlichkeit für Autor und Werk, obwohl Kienzl nie wieder einen ähnlichen Erfolg erzielen konnte.

Der Kuhreigen

Rein musikalisch betrachtet ist dieses Werk wesentlich interessanter und stärker als der erfolgreichere »Evangelimann«.

Die Geschichte von dem braven, ein wenig verträumten Schweizersoldaten, der in die erregten Wogen der Französischen Revolution gerät, Heimweh nach seinen Bergen hat und vergebens versucht, eine adelige Dame vor der Hinrichtung zu bewahren, ist dramatisch und musikalisch sehr wirkungsvoll behandelt. Der »ranz des vaches«, der Kuhreigen, ist zu einem schönen Leitmotiv erhoben, in dem sich die Heimatsehnsucht der Schweizer spiegelt; ihm steht das Lied »Zu Straßburg auf der Schanz« gegenüber und natürlich auch die Marseillaise, die kein Komponist, der die Französische Revolution schilderte, sich je entgehen ließ. Die Uraufführung fand in Wien am 23. November 1911 statt. Ihr Erfolg ließ eine stärkere Verbreitung des Werkes erhoffen, zu der es aber nur im Anfang kam.

Wilhelm Killmeyer
1927

Mit dreißig Jahren erhielt der am 21. August 1927 in München geborene Komponist den Musikpreis seiner Heimatstadt. Bis dahin war er mit Liederzyklen, Instrumentalwerken, einer A-capella-Messe und einer »Kammermusik« für Jazzinstrumente hervorgetreten. In der Folgezeit fesselte das Musiktheater ihn mehr und mehr. Er schuf verschiedene Werke, die durchweg in nicht-traditionellen Formen gehalten sind: Ballettopern, eine musikalische Posse. Manches davon entstand in Zusammenarbeit mit dem namhaften Dramatiker Tankred Dorst.

Auf einen Text von Tankred Dorst hat Killmeyer »La Buffonata« gestaltet, ein gesungenes Ballett. Diese Kunstgattung ist keineswegs neu. Vielleicht kann man Orazio Vecchis »Anfiparnasso« (1597) als ihren Stammvater ansehen, wenn sie nicht sogar noch viel weiter ins Mittelalter zurückreicht. In neuerer Zeit hat vor allem Orff sich für sie interessiert und ihr in seinem »Trionfo« glänzende Möglichkeiten erschlossen. Auch Kurt Weills »Sieben Todsünden des Kleinbürgers« bleibe in diesem Zusammenhange nicht unerwähnt. In Killmeyers »Buffonata«, zu deutsch »Die Narrenposse«, wird die von Sängern gesungene Handlung gleichzeitig von Tänzern dargestellt. Vier Tänzer und eine Tänzerin wollen, in der Art der Commedia dell'arte, dem Publikum die »sieben Listen und Laster« der Frauen vorführen. Die Komödianten ziehen ein, Scaramuccio kündigt die Vorstellung an. Das erste Bild heißt »Colombina«. Drei Harlekine umwerben Colombina: einer stellt einen klugen Mann dar, der zweite einen reichen und der dritte einen alten. Aber Colombina will einen jungen, dummen und hübschen, der sie täglich dreimal prügelt. Das folgende Bild heißt »Lucia«; in ihm wird gezeigt, wie das Mädchen dieses Namens einen Bewerber während seiner Serenade mit einer kalten Dusche abschreckt. »Rosetta« ist die nächste. Sie wird einem alten, reichen Mann als Ausbund an Tugend geschildert. Aber sofort nach der Eheschließung entpuppt sie sich als wahre Hexe. Sie mißhandelt ihren Gatten und läßt, während dieser zerschlagen auf dem Boden liegt, ihre Liebhaber in das Haus. »Isabella« stellt sich krank und läßt von ihrem Vater einen Arzt rufen; der aber ist niemand anderer als ihr Liebster, der sie mit seiner Behandlung (sieben Mondscheinnächte, neun Serenaden, tausend Küsse) rasch gesund macht und von nun an vom Vater gerne im Hause gesehen wird. Es folgt »Zerbinetta«, über deren skandalöse Amouren die bösen Nachbarinnen sich den Mund zerreißen. »Lisetta« führt den dicken Freier an der Nase herum, um sich endlich, als er völlig erschöpft im Grase liegt, seiner zu erbarmen. »Camilla« betrügt ihren Gatten, bis dieser sie überrascht, verprügelt und in einen Käfig sperrt. Zuletzt will Scaramuccio alle sieben weiblichen Gestalten dem Publikum zum Abschied gemeinsam zeigen. Aber es stellt sich heraus, daß sie nur eine einzige sind. Nach Art der alten Commedia und der Buffo-Oper kommt es zu einem vergnügten Schlußtanz: »Nur ein Narr ist, wer liebt...« Killmeyers Musik ist sehr witzig und voll Schwung und guter Laune. Das kleine Werk fand nach seiner Uraufführung (konzertant am 21. Oktober 1960 im Süddeutschen Rundfunk Stuttgart; szenisch am 1. Mai 1961 in Heidelberg) starke Verbreitung.

Ihm folgte (am 9. Juni 1961 in München) die Uraufführung der »Tragedia di Orfeo«, ebenfalls eine Ballettoper, die direkt an die barocke Tradition anzuknüpfen sucht. Sie benutzt den Text Angelo Polizianos, verwendet Tänzer, Sänger und Sprecher und stellt die Episoden der Orpheussage kraß nebeneinander. Man glaubt sich ins 17. Jahrhundert versetzt, als der französische Philosoph René Descartes mit seinem Ballett »La naissance de la Paix« (zu Ehren der Schwedenkönigin Christina zum Ende des Dreißigjährigen Krieges, 1649 aufgeführt) eine neue Art von Musikschauspiel schuf, das in unserer Zeit erneut das Interesse der Musiker weckt.

In »Yolimba oder Die Grenzen der Magie« (Text von Tankred Dorst und dem Komponisten) haben wir es mit einer Groteske zu tun, einer Farçe, einer »Musikalischen Posse in einem Akt und vier Lobgesängen«. Ein Zauberer will die Liebe abschaffen; dazu konstruiert er eine so herrliche Frau, daß alle Männer sich in sie verlieben müssen. An dieser Liebe aber gehen sie zugrunde. Man erwarte kein »Lulu«-Drama, das ja ein ähnliches, wenn auch ins Tragisch-Ernste gewendetes Thema behandelt. In »Yolimba« sterben zwar noch viel mehr Männer als in Alban Bergs Oper, aber sie feiern am Schluß wieder Auferstehung (in irdischer Form), als Yolimba sich in den einzigen Mann verliebt, der – nur aus Schüchternheit – ihr seine Liebe nicht zu gestehen wagt. Eine glückliche Ehe entsteht. Die vier »Lobgesänge« gelten drei Berufen, deren Vertreter in die Handlung verflochten sind: der Post, der Polizei und der Müllabfuhr. Der vierte aber dem Ehestand.

Volker David Kirchner
1942

Volker David Kirchner wurde am 25. Juni 1942 in Mainz geboren und begann in sehr jugendlichem Alter zu komponieren. Er studierte am Konservatorium seiner Vaterstadt bei Günther Raphael, ging aber sehr bald eigene Wege, bei denen höchstens Bernd Alois Zimmermann (»Die Soldaten«) und Karlheinz Stockhausen Anregungen beisteuerten. Als Bratscher eines Kammerorchesters verdiente er seinen Lebensunterhalt, da er, trotz immer stärker einlaufender Aufträge sich nicht zum Schaffen verpflichten lassen wollte. Jedem seiner Werke sollte eine wahre Idee zugrunde liegen; und diese Idee will er mit einer entschlossenen Kehrtwendung vom herrschenden Intellektualismus wieder zur echten Emotion zurückbringen. Das war schon in der »Trauung« fühlbar, seiner ersten Oper, die 1974 komponiert, 1975 in Wiesbaden aufgeführt wurde. Mit seinen »Bremer Stadtmusikanten« bereicherte er das Repertoire der Kinder-Oper. Seinen künstlerischen Durchbruch erlangte er mit der zweiten Oper: »Die fünf Minuten des Isaak Babel«.

Die fünf Minuten des Isaak Babel

Das Leben des russisch-jüdischen Dichters Isaak Babel stellt einen erschütternden Fall vom Menschen im Räderwerk unheimlicher Gewalten dar. Im traurigen Ghetto von Odessa, der Moldawanka, 1894 geboren, kam er 1915 auf vielerlei Umwegen nach Petersburg, fand in Maxim Gorki einen Beschützer und Förderer, trieb sich (wie er in einer autobiographischen Skizze sagt) sieben Jahre umher, als die große Oktoberrevolution das alte Rußland auslöschte, war Soldat in Rumänien, arbeitete bei der Militärpolizei Tscheka, in Büros des neuen Staates, beteiligte sich an den Bürgerkriegshandlungen, in Budjonnis Kosakenarmee, war Reporter in Tiflis und befaßte sich seit 1924 mit größeren literarischen Arbeiten. Er wurde am 15. Mai 1939 verhaftet, verurteilt, ins Gefängnis und in ein Zwangsarbeitslager gesteckt, wo er im Zuge der Stalinschen »Säuberungen«, möglicherweise am 17. März 1941 umkam. Im Jahre 1954 wurde er »rehabilitiert«, wie so viele Tote, »da gegen ihn nichts vorlag«. Er lag nicht auf der offiziellen Parteilinie, das war sein Schicksal, wie es in jenen Jahren das Schicksal von Zehntausenden in vielen Ländern war. Walter Jens hat von ihm gesagt: »Kein Zweifel, Babel ist zeit seines Lebens Romantiker gewesen; es war ihm einfach unmöglich, die Revolution anders als ein herrlich-fremdes Schauspiel zu sehen.« Der im gleichen Jahre wie Kirchner geborene Schriftsteller Harald Weirich dramatisierte dieses Leben, in Visionen seiner letzten Station konzentriert. Das »szenische Oratorium«, das daraus entstand, weist zwölf Bilder auf, die in Form einer Rückblende dramatische Stationen aus Babels Leben schildern, aber auch seine Gedanken, Träume, seinen seelischen Zwiespalt und Zerfall. Ein ergreifendes Leben zwischen den Mühlsteinen der vielfachen, aber durchwegs brutalen Gewalten unserer Zeit, erschwert noch durch das jüdische, nie abstreifbare Schicksal. Die Uraufführung der »Fünf Minuten des Isaak Babel« erfolgte nahezu gleichzeitig in Wuppertal am 19. April 1980 und in Wiesbaden am 25. April 1980.

Giselher Klebe
1925

Der am 28. Juni 1925 in Mannheim geborene Komponist entstammt jener Generation, der Schönbergs Zwölftontechnik weder Geheimnisse noch den Reiz der Neuheit bietet. Er wendet sie nur noch an einigen Stellen seiner Werke an, kombiniert sie mit den Lehren Blachers, bei dem er in die Schule ging, und eigenen Methoden. In unermüdlicher Arbeit hat er Oper auf Oper geschaffen, die stets ein interessiertes, selten ein völlig befriedigtes Publikum fanden, aber dies ist nun einmal das Schicksal der Komponisten im fortschreitenden 20. Jahrhundert.
Sein Operndebut erfolgte mit den »Räubern« (Uraufführung am 3. Juni 1957 in Düsseldorf), deren Libretto der Komponist sich nach Schillers Jugenddrama selbst bearbeitet hat. Klebe erfindet zwei entgegengesetzte Zwölftonreihen, von denen die engstufige, chromatische dem Intriganten Franz, die weiträumige, offene dem Helden Karl gehört (also im Grunde genommen ein gar nicht so neues Prinzip); die Charakterisierung wird noch klarer durch die Instrumentation, wobei der »kalte« Klang von Harfe und Cembalo dem »bösen«, der Bläserklang dem »heroischen, guten« Prinzip zugeteilt ist, und Amalia durch den warmen Streicherklang als liebende Frau charakterisiert wird.
Klebes zweite Oper war die im Juni 1959, ebenfalls in Düsseldorf uraufgeführte Vertonung von Balzacs Erzählung »Le peau de chagrin«, die unter dem Titel »Die tödlichen Wünsche« über nicht wenige deutschsprachige Theater ging und den Komponisten noch sehr weitgehend im Fahrwasser der Dodekaphonik zeigt. Die Partitur ist, wie im vorhergehenden Werk, in einzelne »Musiknummern« aufgespalten, geht also bewußt auf »alte«, vorwagnersche Prinzipien zurück.
Zu Beginn der Theatersaison 1961 ließ die neuerbaute »Deutsche Oper« in Berlin, als eines ihrer Eröffnungsstücke, Klebes »Alkmene« zum ersten Mal erklingen. Wieder hat der Komponist mit Kleists »Amphitryon« auf ein großes Werk der Literatur zurückgegriffen. Die Gewichte wurden in seiner Bearbeitung allerdings, bei gleichzeitiger starker Kürzung, von Amphitryon auf die weibliche Hauptgestalt Alkmene verlegt.
Mit dieser Reihe in bedeutenden Theatern erstmalig und von mehreren anderen nachgespielten Opern – zu denen im Jahre 1959 noch eine weniger erfolgreiche »Die Ermordung Cäsars« (in Essen) kam – hatte Klebe sich in die vorderste Reihe der zeitgenössischen Opernkomponisten vorgearbeitet, ohne allerdings einen einzigen großen und nachhaltigen Publikumserfolg erzielt zu haben. An einem solchen hinderte ihn wohl in erster Linie die spröde Zwölftontechnik, die keine »echte« Melodie aufkommen läßt, den Singstimmen das unerläßliche kantable Element nimmt und über eine gedankliche Kühle nicht hinauskommt. In »Figaro läßt sich scheiden« wird das menschliche Schicksal stärker spürbar. Klebe findet aus der Theorie immer mehr zu einem eigenen Stil, bei dem allerdings auffällt, wie oft er gerade an den dramatisch und emotionell wichtigsten Stellen die Musik aussetzen läßt und zum gesprochenen Wort greift; bedeutet das nicht eine Bankrott-Erklärung der Oper, wenn sie in den Augenblicken stärkster Emotion nicht auf ihr Grund- und Urelement, die Musik vertrauen kann? In dieser Vertonung des genialen österreichischen Dramatikers

Ödön von Horváth (1901–38, während eines Gewitters von einem stürzenden Baum der Pariser Champs Elysées zu Tode getroffen) gelingt Klebe ein eigenartiges Stück Musiktheater, eine anrührende Komödie (»Alle meine Stücke sind Tragödien, sie werden nur komisch, weil sie unheimlich sind«, sagt Horváth), ein politisches Emigrantendrama, das, wie aus den Figuren geschlossen werden kann, nach der Französischen Revolution spielt, aber so zeitlos gestaltet erscheint, daß wir es uns in jede Zeit nach einem Umsturz versetzt denken können, so auch in unser Jahrhundert. Wir treffen alte Bekannte aus Mozarts »Hochzeit des Figaro«, aus Rossinis »Barbier von Sevilla« wieder, deren Schicksal der Dichter weiter verfolgt hat, über die Revolution hinaus, über das einigen von ihnen auferlegte Exil und in die neuen Lebensumstände einer veränderten Zeit. Die Oper endet bei der Aussöhnung der geschiedenen Susanne mit ihrem immer noch geliebten Figaro, nachdem sie eine Zeitlang in Cherubins Emigrantenlokal gearbeitet und dort den ins Ausland geflüchteten Grafen wiedergefunden hat; der hat, aus Armut zu einer unehrlichen Handlung verleitet, eine Gefängnisstrafe abgebüßt und kehrt nun in die Heimat zurück, wo Figaro, der nun Schloßverwalter geworden ist, ihm Asyl auf seinem einstigen Besitz gewährt. Vertriebenenschicksale, wie unser Jahrhundert sie – quer durch alle sozialen Schichten – zu Millionen gezeigt hat. Eine »Komödie«, die zu denken gibt, – fast zu viel für eine Oper ... (Uraufführung: Hamburg, 28. Juni 1963)

Mit Emigration, Entwurzelung, Kampf ums Überleben unter oftmals übermächtig drohenden Umständen beschäftigt Klebe sich auch in »Jakobowsky und der Oberst«. Wieder nimmt er den Text eines jener Literaten zum Vorwurf, die dieses Schicksal am eigenen Leib durchleben mußten: Franz Werfel (1890–1945) nannte dieses sein letztes Bühnenstück »die Komödie einer Tragödie« und brachte sie in den USA, wo er lebte, während des Krieges im Jahre 1944 zur Uraufführung: Klebe nahm sie zwei Jahrzehnte später wieder auf und vertonte sie, wobei ihm echte dramatische Wirkungen in der Schilderung des Gegensatzes zweier Welten und ihrer seltsamen Verknüpfung gelangen: ein polnischer Oberst und ein Jude, beide auf der Flucht vor dem gemeinsamen Todfeind, dem ganz Europa besetzenden deutschen Nationalsozialismus. (Uraufführung: Hamburg, 2. November 1965).

Für die Schwetziger Festspiele 1969 vertonte Klebe 1969 nach Goethe »Das Märchen von der schönen Lilie«.

In eine ganz andere Umwelt führt uns Klebes nächste Oper, aber wieder ist ein bedeutendes Theaterstück als Grundlage gewählt: des irischen Dichters John Millington Synge (1871–1909) »The Playboy of the Western World«. Klebes Operntitel ist kürzer und ironisch: »Ein wahrer Held« (Uraufführung: Zürich, 18. Januar 1975). Die Verdeutschung hatten Annemarie und Heinrich Böll vorgenommen, das Libretto der Komponist selbst verfertigt. Die (aus dem Jahr 1907 stammende) Tragikomödie ist, trotz der von Klebe angestrebten Wortdeutlichkeit, schwer in Musik zu übersetzen; die Psychologie der Hauptperson, die Verwicklungen um seine Tat, die den Feigen und Entschlußunfähigen, den Unnützen und Selbstsüchtigen zu einem vielseits bewunderten »Helden« machen, die Schilderungen aus einem irischen Dorf, über das der Dichter viel Ironie und bösen Spott ausgießt, bleiben beim Hören blaß. Die Konflikte werden faßlicher, wenn man die Partitur studiert; da gibt es Motive und Themen, die Personen und Dingen zugeordnet sind, also beinahe Leitmotiv-Funktion aufweisen. Aber sie sind zumeist kompliziert und schwierig zu erkennen, womit ihr eigentlicher Sinn hinfällig wird, ein Leiten, ein Führen des Hörers zum Verständnis zu bilden.

Klebe bleibt der »Literaturoper« treu: Eine Jungfrau von Orléans-Vertonung wurde zum nächsten Bühnenwerk: »Das Mädchen aus Domrémy«, frei nach Schiller, unter Einbeziehung von Prozeßakten aus dem Jahre 1431. Die Uraufführung erfolgte am 19. Juni 1976 in Stuttgart.

Friedrich Klose
1862–1942

Als Klose – am 24. Dezember 1942, über achtzig Jahre alt – starb, hatte er seinen Erfolg und Ruhm lange überlebt. Sein Werk ist heute vergessen, aber seine Oper »Ilsebill« enthält genug dichterische und musikalische Werte, um sie gelegentlich wieder hervorzuholen. Er gehörte der Spätromantik an, war Brucknerschüler gewesen und setzte in gewissem Sinne Wagners Ideen fort. In Karlsruhe am 29. November 1862 geboren, verbrachte er die Jahre 1916–1919 in Basel. Dann ging er nach München und Berlin, um 1920 endgültig in die Schweiz zu ziehen. In seinem Heim im Tessin, in Ruvigliana bei Lugano, ist er gestorben.

»Ilsebill« ist die vergnügliche und dabei tieferer Bedeutung nicht entbehrende Historie von der maßlosen Fischersfrau. Ihr Mann hat einen Fischkönig gefangen, ihm aber aus Mitleid das Leben geschenkt. Nun darf er sich wünschen, was er am meisten ersehnt. Doch an seiner Stelle spricht Frau Ilsebill ihre Wünsche aus. Zuerst einen Bauernhof, der sofort herbeigezaubert dasteht. (Hier ist – ein hübscher, geistreicher Zug – die Instrumentation schon um einen Grad reicher geworden: zu den Streichinstrumenten sind die Holzbläser getreten.) Doch als Ilsebill ein Ritterschloß sieht, beneidet sie das Burgfräulein um so prächtigen Besitz; sie spricht den Wunsch danach aus und sofort wird er ihr erfüllt. (Zu Saiten- und Holzblasinstrumenten treten nun die Blechbläser, was nicht nur den Klang bereichert – und so die stets reicher und mächtiger werdende Ilsebill charakterisiert – sondern auch eine Anspielung auf das Rittertum enthält, gerade wie früher die Holzbläser das ländliche Milieu schilderten.) Ist das Ritterschloß das höchste der irdischen Güter? O nein. Ilsebill erkennt staunend, daß über den Rittern strahlend die Macht der Kirche steht. Also will sie nun Kirchenfürstin werden, Kardinal zumindest. Doch da stürzt unter Krachen und Beben die Kathedrale ein (deren optischer Glanz durch Glockengeläute und Orgelklang unterstrichen wird), und Ilsebill steht plötzlich mit ihrem Manne wiederum in der bescheidenen Fischerhütte des Anfangs. Den Text dieser am 7. Juni 1903 in Karlsruhe uraufgeführten »Dramatischen Sinfonie in fünf Bildern« schuf Hugo Hoffmann nach einem plattdeutschen Märchen, das übrigens eine Generation später der Schweizer Othmar Schoeck nochmals vertonte (»Vom Fischer un syner Fru«).

Zoltan Kodály
1882–1967

Gemeinsam mit Bartók leistete der am 16. Juli 1882 in Kecskemét geborene Kodály Ungarns Beitrag zur großen Weltmusik des 20. Jahrhunderts. Wie Bartók ging auch er von der Folklore seines Heimatlandes aus. Seine Werke verteilen sich auf fast alle Gebiete des Musikschaffens; unser Buch muß die reizende Szene »Spinnstube« (1931/32) erwähnen sowie die Oper »Czinka panna« (1948), sich aber mit »Háry János« näher befassen, der eine Perle des internationalen Repertoires ist, oder wenigstens sein müßte. Die Musik – aus der Kodály eine Konzertsuite zusammengestellt hat – gehört zu den witzigsten, geistreichsten, blendendst instrumentierten, herzerfreuendsten Schöpfungen unserer Zeit.

Háry János – zu deutsch: Hans Hary – ist eine ungarische Münchhausenfigur, der Béla Paulini und Zsolt Harsányi bezauberndes Bühnenleben eingehaucht haben. Háry János ist ein Husar, der im Kriege die tollsten Abenteuer und Heldentaten erlebte, vom Soldaten der Grenzwacht zum Wachtmeister der kaiserlichen Garde avancierte und dann immer schneller Karriere machte, als Oberst Napoleon vor Mailand entscheidend besiegte und schließlich als General im

Triumph in Wien einzog. Allerdings geschah das alles nur in seinen Träumen, in Wirklichkeit ist er über den Grenzsoldaten nicht hinausgekommen. Doch seine Phantasie ist so lebhaft, daß der Unterschied zwischen Realität und Wunschtraum verschwindet. Beim Wein im Gasthaus von »Groß-Abony« schildert er den guten Freunden seine aufregende Geschichte, die sich mit glänzenden Situationen und einem wirklich einfallsreichen Dialog zugleich vor unseren Augen abspielt. Allerdings nur vor unseren Augen, nicht vor denen der Geschichte, die von alledem keine Ahnung hat. So entwickelt sich in »des Siegers Háry« Phantasie sein Dialog mit Napoleon etwa folgendermaßen:

Háry: Siehst du, hast du das notwendig gehabt? Die ganze Welt vollmachen, mit Napoleon hin, Napoleon her, alles auffressen wollen! Aber eigentlich kannst du ja nix dafür!
Napoleon (erfreut): Nicht wahr?
Háry: Ja, freilich! Mit den anderen Soldaten haben deine berühmten Grenadiere leichtes Spiel gehabt. Aber wenn der Husar kommt, dann ist Frankreich verloren!
Napoleon (traurig): Jetzt begreife ich alles.
Háry: Seine Majestät, der Herr Schwiegervater, hat schon Verstand gehabt, zu wissen, daß man zum Kriegführen Husaren nötig hat. Und darum sag' ich: Kannst nichts dafür. Denn woher willst du nehmen Husaren?
Napoleon (höflich): Dann bin ich eigentlich wirklich unschuldig. (Verbeugt sich.) Verzeihen Sie die kleine Störung!

Joonas Kokkonen

1921

Am großen Aufschwung, den die finnische Oper in den Siebzigerjahren unseres Jahrhunderts nahm – 14 Uraufführungen in einem Jahrzehnt –, hat Joonas Kokkonen bedeutenden Anteil. Der am 13. November 1921 in Iisalmi/Finnland geborene Komponist, der bis dahin u. a. mit 4 Sinfonien, einem Cellokonzert, geistlicher Musik, Instrumentalstücken, Liederzyklen und Kammermusik erfolgreich hervorgetreten war, mehrfach preisgekrönt wurde und im Musikleben seines Landes eine führende Rolle spielt, erlebte am 2. September 1975 die äußerst erfolgreiche Uraufführung seiner Oper »Die letzten Versuchungen« in der Finnischen Nationaloper zu Helsinki (mit dem großen finnischen Bassisten Martti Talvela in der männlichen Hauptrolle); seitdem bestätigte das Werk auch bei verschiedenen Aufführungen im Ausland (Stockholm, London, Wiesbaden, Zürich) seine ungewöhnlich starke Wirkung. Dabei kommt der Text (Lauri Kokkonen) dem Hörer nicht entgegen: Hier werden die Träume und Alpträume eines Sterbenden gespenstische, aber von tiefem mystischen Glauben getragene »Realität«. Paavo Ruotsalainen ist eine historische Figur, eine Art Luther des hohen Nordens, verehrt von den einen, als »verrückt« oder »töricht« verspottet von anderen. Er erlebte Visionen, fiel in Ekstasen, gründete eine religiöse Sekte, wanderte schließlich, von wilden Zweifeln zerrissen, über Hunderte von Kilometern nach Jyväskylä zu einem sagenhaften Schmied, der göttliche Offenbarungen besessen haben soll. Von da an stellt Paavos schweres, aber stets von Erleuchtungen durchzogenes Leben eine Kette äußerer und innerer Erlebnisse dar, die bildhaft in der Oper nachvollzogen werden, von der Todesstunde (im Jahre 1866) ausgehend und zuletzt wieder in sie zurückmündend. Die einzelnen Bilder werden durch kürzere oder längere, überaus eindrucksvolle Orchesterzwischenspiele verbunden, bei denen auch die glänzende Beherrschung des gewaltigen Klangapparats durch den Komponisten überzeugend zum Ausdruck kommt. Als eine Art Leitmotiv zieht sich ein Choral durch das Werk, dessen letztes Erklingen vor Paavos Sterben zu einer der gewaltigsten Szenen der neueren Oper gestaltet ist. Die Musik ist in keinem festen Stil gehalten: Sie ist tonal, wo sie Glauben und Liebe zu schildern hat, sie sprengt die tonalen Fesseln, wo es um innere und äußere Kämpfe geht (und folgt hier einer Linie, auf der man etwa Janáček, Berg, Britten ansiedeln könnte), sie gibt den Singstimmen prächtige, überaus ausdrucksvolle Entfaltungsmöglichkeiten. Das keineswegs leichte, aber dankbare Werk umfaßt zehn Gesangspartien, von denen der Komponist meint, keine sei »klein« zu nennen; als Hauptrollen sind Paavo (Baß) und seine verstorbene erste Gattin Riita (dramatischer Sopran) anzusehen, es gibt zudem Sprechrollen und starke Verwendung von Chor und Ballett.

Erich Wolfgang Korngold
1897–1957

Erich Wolfgang Korngold, am 29. Mai 1897 in Wien geboren, war ein kompositorisches Wunderkind. Seine »Schneemann«-Pantomime zog die Aufmerksamkeit auf den kaum ins Jünglingsalter Getretenen. Zwei starke Talentproben auf dem Gebiet der Oper (»Der Ring des Polykrates« und »Violanta«) zeigten den Neunzehnjährigen im Vollbesitz technischer Reife. Dann kam sein durchschlagender Erfolg: »Die tote Stadt«. Doch schon »Das Wunder der Heliane« war ein Abstieg, den eine prunkvolle Premiere der Wiener Staatsoper nicht zu bemänteln vermochte. Korngold übersiedelte nach Hollywood, wo er mit Reinhardt, dem genialen Theatermann (für dessen Berliner Glanzzeit er eine »Fledermaus«-Modernisierung vorgenommen hatte) im »Sommernachtstraum«-Film zusammenarbeitete, ohne glücklicherweise Mendelssohns Musik wesentlich anzutasten. Eigene Bühnenwerke waren ihm keine mehr vergönnt. Er starb am 29. November 1957 in Hollywood.
»Die tote Stadt« wurde auf ein Textbuch Paul Schotts komponiert, der sich auf den Roman »Bruges la morte« des belgischen Dichters Georges Rodenbach und dessen Dramatisierung »Le mirage« stützte. Die Atmosphäre der seit Jahrhunderten wie in Schlafesbanden liegenden »toten« Stadt Brügge ist wunderbar in Dichtung und Musik eingefangen. In einem der stillen alten Häuser lebt Paul, so wie seine Stadt ganz der Vergangenheit verhaftet; seine einzigen Gedanken gehören Maria, seiner jung verstorbenen Frau, von deren Andenken das Haus voll ist. Da taucht ein Mädchen auf, das der Verstorbenen äußerlich völlig gleicht. Paul erlebt an ihrer Seite eine seltsame, träumerische Stunde. Dann geht Marietta davon, enttäuscht, da sie ein Abenteuer erwartete, wie ihr Varietédasein es auf jeder Station zu bieten pflegt. Paul folgt ihr, gerät auf den Straßen seiner Stadt, die er lange nicht betreten, in Karnevalstrubel, in seltsam erregendes, sinnliches Menschengewühl. Er findet Marietta wieder, will sie endgültig für sich gewinnen, auch wenn er das Andenken der Toten aus dem Herzen, ihre Bilder aus seinem Hause reißen müßte. Aber als Marietta in ihrer verletzenden Gewöhnlichkeit von allem Besitz ergreifen will, erwacht Paul aus der verhängnisvollen Umschlingung. Er rafft sich auf und geht für immer fort. Fort aus der »toten« Stadt, die wie Ketten über seinem Dasein lag; die reine Liebe zu Maria begleitet ihn in ein neues Leben. Korngold hat in diesem Drama Puccinische Töne gefunden, weite Melodien, glühende Orchesterfarben. Zwei Bruchstücke – Mariettas Lautenlied (»Glück, das mir verblieb«) und die melancholische Serenade eines Pierrots (»Mein Sehnen, mein Wähnen, es träumt sich zurück«) – haben weit über die Oper hinaus Verbreitung gefunden. Die gleichzeitige Premiere in Hamburg und Köln (4. Dezember 1920) stellte einen echten, großen Erfolg dar. »Die tote Stadt« wurde eine der stärksten Erfolgsopern der Zwischenkriegszeit. Das nationalsozialistische Verbot wirkte sich noch weit in die Nachkriegszeit aus. Dann gab es eine Reihe von Neuinszenierungen, die auf eine Renaissance deuten ließe. Wie weit eine unromantische Zeit sich mit diesem spätromantischen Werk identifizieren kann, bleibt abzuwarten. Unleugbar bleibt die beträchtliche musikalische Gestaltungskraft, die echte Eingebung und die technische Fertigkeit des Komponisten. Und zutiefst anzuerkennen ist die stimmungsvolle Erfassung der »toten« Stadt, der träumenden, von Nebeln überwehten engen Kanäle Brügges mit den alten Häusern voller Geheimnisse und längst Legende gewordenen Erinnerungen.

Ernst Krenek
1900

Ernst Krenek wurde am 23. August 1900 in Wien geboren. Zwanzig Jahre später ging er mit seinem Lehrer Schreker nach Berlin, wurde ein Anhänger Schönbergs und war einer der umstrittenen Vertreter der »modernen« Musik; mit »Jonny spielt auf« wurde er, ohne es zu wollen, zum Stein des Anstoßes, zum »enfant terrible« der zeitgenössischen Kunst; aber auch zu ihrem meistgespielten Opernautor, da dieses Werk nicht nur innerhalb zweier Jahre 450mal an hundert Bühnen gespielt, sondern auch in achtzehn Sprachen übersetzt wurde. Als Krenek 1938 Europa verließ, um sich in den USA ansässig zu machen (wo er übrigens auf die originale – tschechische – Schreibung seines Namens verzichtete und aus Křenek das international leichter auszusprechende Krenek machte), hatte er an die 70 Werke veröffentlicht, die nahezu alle Genres umspannen. Seine besondere Liebe gehörte seit jeher dem Musiktheater. Er hat eine Reihe wichtiger Beiträge zur modernen Oper geliefert, denen besonders in der zweiten Nachkriegszeit von deutschen Bühnen starkes Interesse entgegengebracht wurde; doch konnte keines dieser Werke sich dauernd im Repertoire verankern. Krenek gehört zu den bedeutendsten Gestalten der gegenwärtigen Musik, sein klarer Verstand hat ihn auch als Verfasser von musiktheoretischen Schriften Wichtiges sagen lassen. Mit 22 Jahren schrieb er eine sozialrevolutionäre Oper: »Die Zwingburg«, wie es in den Jahren nach dem Ersten Weltkrieg in Mitteleuropa an der Tagesordnung war. Der Autor des Librettos (das anonym erschien) soll angeblich Franz Werfel gewesen sein. Sein eigener Textdichter wurde Krenek mit dem folgenden Werk, dem »Sprung über den Schatten« (1924). Etwa gleichzeitig entstand auf einen Text des bedeutenden österreichischen Maler-Dichters Oskar Kokoschka »Orpheus und Eurydike« (veröffentlicht 1926). Alles dies gelangte kaum aus den ziemlich engen Kreisen hinaus, die sich für die avantgardistische Kunst interessierten.

Das wurde mit einem Schlage anders, als 1927 »Jonny spielt auf« erschien und riesige Tumulte in zahlreichen Theatern verursachte. Es war für Krenek nicht viel mehr als ein vergnügliches Spiel gewesen, höchstens ein Ausweiten der musikalischen und szenischen Möglichkeiten (durch Einbau von Jazz, Maschinenmusik, einer Bahnhofshalle mit einfahrenden Zügen, eines Hoteldiebstahls usw.), kaum aber ein weltanschauliches Manifest, das die Überlegenheit der neuen Welt über die alte, der neuen Musikmittel (des jazzspielenden Saxophons in den Händen des Negers) über die »klassischen« (der Meistergeige in der Hand eines Violinvirtuosen) beweisen wollte. Als solches aber wurde »Jonny« – vielleicht um seines Triumphliedes »Nun ist die Geige mein!« ① – vielerorts empfunden, und da gerade die ersten Reaktionen gegen die im Gefolge des Ersten Weltkrieges entstehenden Zusammenbrüche von Moral und Tradition spürbar wurden, kam es zu heftigen Demonstrationen gegen diese Oper, die als Streitobjekt eigentlich recht ungeeignet war. Man kann sie als Persiflage einer Epoche bezeichnen, das wäre – gedanklich – das Höchste, was man ihr zugestehen kann. Viel besser wäre, sie als einfaches Spiel zu betrachten, in dem es bunt und lebendig zugeht, in dem die Romantik keineswegs verbannt ist (es gibt sogar einen singenden Gletscher in der Hochgebirgseinsamkeit) und in dem die Musik, trotz Jazz, keineswegs revolutionär ist. Bis dahin war Krenek ein Komponist gewesen, der mit den »Zeitströmungen« mitschwamm (die gerade in den zwanziger Jahren oft recht konfus waren, häufig sehr gewollt und, wie immer in derartigen Zusammenbruchszeiten, eher auseinanderstrebend als zusammenfassend und neuaufbauend), der manchmal »Neues um jeden Preis« wollte.

Aber sehr bald – er war noch keine dreißig Jahre alt! – setzte die Läuterung ein. Sie ging langsam vor sich. Zuerst gab es (1928) einen Einakterabend, der aus drei sehr verschiedenen Stücken bestand: »Der Diktator« (dem Thema angemessen von brutalem, effektgierigem Realismus), »Das geheime Königreich« (von seltsamer Romantik) und »Schwergewicht« (eine gelungene Sportparodie mit vielen witzigen Effekten).

Zwei Jahre später entstand (in Wien) das Bühnenwerk, das von vielen für Kreneks bedeutendstes angesehen wird: »Das Leben des Orest«. Es ist eine oftmals an die Grenze der Verzerrung gehende Mischung von griechischer Mythologie mit moderner Psychoanalyse, dank derer die niedrigsten Triebe – auch in niedrigster Umgangssprache – zutage kommen. Jede Epoche hat eine andere Einstellung zur Mythologie, und man kann die Tragödie des Atridenhauses auch wie das Vorstadtdrama einer Weltstadt des 20. Jahrhunderts darstellen. Das wollte Krenek (der selbst den Text zu seiner fünfaktigen Oper schrieb) vielleicht beweisen. Musikalisch bedeutet dieser »Orest« eine ziemlich deutliche Rückkehr zur Tonalität, wenngleich die Vielfalt der verwendeten Stilmittel sehr groß ist. Es gibt wieder Jazz (in der Jahrmarktszene), aber er wirkt keineswegs mehr sensationell; es gibt eine Art Romantik, es gibt Expressionismus; dem Ruf der Zeit nach Annäherung an das Oratorium folgt Krenek durch Einbau von statischen Chören. Aber am bezeichnendsten ist wohl der offenkundige Wunsch, »richtige« Oper zu machen, mit aufeinanderprallenden Leidenschaften, die sich in ariosen Partien äußern und Krenek sogar veranlaßten, dieses »Leben des Orest« mit dem Untertitel »Große Oper« (wie bei Meyerbeer und anderen Autoren tief im 19. Jahrhundert!) auszustatten. Die Uraufführung am 19. Januar 1930 in Leipzig brach dem Werke keine Bahn. Erst zwanzig Jahre später begann seine Verbreitung auf deutschen Theatern.

Das nächste Bühnenstück Kreneks brachte eine große Stilwandlung: er bekennt sich zum Zwölftonsystem, von dem er persönliche Varianten aufzuspüren sucht. Sein »Karl V.« ist darum ein viel schwerer verständliches Werk, dessen (in deutscher Sprache erfolgte) Uraufführung (Prag, Juni 1938) in eine politisch umdüsterte Zeit fiel und schließlich ohne Echo verhallen mußte. Die zweifellos dramatisch wie geistig und musikalisch bedeutende Schöpfung fand nach dem Zweiten Weltkrieg steigende Beachtung, ohne zur »Publikumsoper« zu werden: Zu schwierig sind ihre Problemstellungen, zu durchgeistigt – und dadurch weitgehend unsinnlich – stellt ihre Musik sich dem unvorbereiteten Hörer dar. Der Text, in dem der sterbende Kaiser Rechenschaft über sein Leben ablegt, stammt vom Komponisten selbst.

In langer Reihe treten zu düsteren Zwiegesprächen die Gestalten seines Lebens an Karls Totenbett. Er verteidigt sein reines Wollen, seine hohen Ziele und Ideale, erkennt aber schaudernd, wie oft sie sich in Unrecht und Unterdrückung wandeln mußten. Dieses Werk wurde zwanzig Jahre nach seiner Uraufführung erstmalig auf einer deutschen Bühne gespielt (Deutsche Oper am Rhein, Düsseldorf-Duisburg 11. Mai 1958). Daß Krenek auch in ihm Zeitfragen behandelt, wird aus seinen eigenen Worten klar: »Als Österreicher nicht nur meiner Abstammung nach, sondern auch aus Überzeugung, nahm ich in diesem Stück ausdrücklich Stellung zu politischen Problemen, indem ich den Universalismus des mittelalterlichen katholischen Reiches pries gegenüber den zersetzenden Kräften von Nationalismus, Materialismus und religiöser Gleichgültigkeit.«

Auf eine Kammeroper, die nicht einschlug – »Tarquin« (Köln, 1950) – folgte dann neuerlich ein interessantes Werk: »Pallas Athene weint«. Hier entwickelt Krenek in voller Breite das Thema der Freiheit, das ihn zeitlebens gefesselt hat. Pallas Athene beweint den Untergang der von ihr geliebten Stadt Athen, ihre Versklavung durch die Spartaner, aber auch ihren Mord an Sokrates. Der Weise erscheint im Elysium und erzählt, wie es zum Verlust der Freiheit kam. Er wendet sich nicht nur an die anderen im Jenseits versammelten Schatten, sondern auch an die »Nachgeborenen«, an die künftigen Generationen. »Lernt, wenn ihr könnt, zu vermeiden, was uns zu Fall gebracht!«, ruft er ihnen zu. Die Parallelen zur Gegenwart, die schon in »Karl V.« deutlich waren, werden hier in der gestaltenreichen komplizierten Handlung ganz klar. Diktatur und Demokratie stehen einander gegenüber, werden diskutiert, wobei die Endphase des Peloponnesischen Krieges und die europäischen Ereignisse von 1925 bis 1945 ineinander verfließen. Ob dieser Stoff »musikalisch« ist, ließe sich diskutieren. Es ist das Thema, das alle bewußten Schöpfer unserer Zeit zutiefst bewegt. Es geht um das Wichtigste: um die menschliche Freiheit. Die Uraufführung dieser aus einem Vorspiel und drei Akten (fünf Bildern) bestehenden Oper erfolgte am 17. Oktober 1955 in Hamburg.

Kreneks Schaffen ging unermüdlich weiter. Seine »zahlreichen Wandlungen, in denen sich der hektische Zeit- und Stilwandel dieses Jahrhunderts nachzuvollziehen scheint, hatten also, wie der innere Antrieb dazu in seiner rastlosen Entdeckernatur, in seinem persönlichen Naturell ein wirksames Regulativ. Es bewahrte ihn vor den Schwachheiten der bloßen Nachahmung und vor der Kraftmeierei übereifrigen Sektierertums ... Das ist eine bemerkenswerte Konstante im Charakterbild des Wandelbaren ...« (F. Saathen). Immer wieder erneuert sich sein Interesse für das Musiktheater. Die Oper »Das dunkle Wasser« entstand für US-Workshops und wurde deutsch erstmalig in Darmstadt am 27. August 1954 gegeben. Im Jahre 1957 brachte das Opernstudio der Universität Illinois/USA den »Glockenturm« zur Uraufführung, eine einaktige Oper auf den Text des großen Romanciers Herman Melville (1819–91); die deutsche Erstaufführung besorgte die Deutsche Oper am Rhein Düsseldorf-Duisburg am 2. Dezember 1958. Die TV-Oper »Ausgerechnet und verspielt« wurde vom Österreichischen Fernsehen am 25. Juli 1962 erstmals ausgestrahlt. »Der goldene Bock«, auf eigenen Text, erlebte seine Uraufführung an der Hamburgischen Staatsoper am 16. Juni 1964, erweckte aber kaum mehr als wehmütige Erinnerungen an den kraft- und geistvollen Musikschöpfer von einst. Und nichts anderes ist über die ein Jahr später ebenfalls in Hamburg erklungene Oper »Das kommt davon oder Wenn Sardakai auf Reisen geht« zu sagen.

Konradin Kreutzer

1780–1849

Viel gespielt zu seiner Zeit und dann langsamem Vergessen anheimgefallen, das ist – neben vielen Schicksalsgefährten – das Los Kreutzers. Er wurde am 22. November 1780 im Dörfchen Meßkirch im badischen Schwarzwald geboren und hatte während seines Lebens, das er ursprünglich der Medizin weihen wollte, eine Reihe von Kapellmeisterposten in weit auseinanderliegenden Städten inne: Stuttgart, Donaueschingen, Wien, Köln und zuletzt Riga, wo er auch am 3. Dezember 1849 starb. Von seinen fast drei Dutzend Bühnenwerken ist eigentlich nur noch »Das Nachtlager von Granada« – und auch dieses zumeist nur in Ausschnitten lebendig. Seine Männerchöre werden noch gern gesungen. Aber auf einem Gebiet wußte er zur Unsterblichkeit zu gelangen, ohne wahrscheinlich gerade in diesem Falle je daran gedacht zu haben. Sein siebenjähriger Aufenthalt in Wien (1833 bis 1840) als Hauskapellmeister des viele österreichischen »Volksstücke« spielenden Theaters in der Josefstadt vertonte er u. a. die Couplets zu Ferdinand Raimunds wundervoll wehmütigem *Original-Zaubermärchen* »Der Verschwender«. Hier steht das »Hobellied«, das in Kreutzers Vertonung zu einem »echten« Wienerlied geworden ist und darüber hinaus zu einer der ergreifendsten Gesangseinlagen des romantischen Theaters.
»Das Nachtlager von Granada« beruht auf einer historischen Begebenheit des Jahres 1550 und wurde von Karl Johann Braun von Braunthal nach einem Schauspiel des (Freischütz-Dichters) Friedrich Kind als Opernstoff bearbeitet (Uraufführung: Wien, 13. Januar 1834). Der Prinzregent und spätere Kaiser (Maximilian II.) weilt als Statthalter in Spanien, wo er sich eben auf der Jagd befindet; er wird von seiner Gefolgschaft getrennt und trifft das schöne Bauernmädchen Gabriele, das einen Burschen namens Gomez liebt, aber den düsteren Hirten Vasco heiraten soll. Der vermeintliche »Jäger« bittet um Nachtlager, das die Hirten ihm in einem alten maurischen Schloß bereiten; sie beschließen, den Fremden zu überfallen und zu berauben. Gabriele hat den Plan belauscht und sucht nun den Jäger zu wecken, zuerst durch Gesang, dann durch einen Stein, den sie durchs Fenster wirft. Der Fremde kann sich gerade noch gegen die Eindringlinge verteidigen, wobei Vasco den Tod findet. Zum Dank will er Gabriele belohnen, die aber nichts anderes erbittet als die Hand Gomez'. Seiner eigenen Gefühle nicht achtend, vereinigt der nun erkannte Statthalter das liebende Paar. Die Musik zu diesem einfachen Libretto ist singspielartig, recht melodiös und immer geschmackvoll. Sie erzielte große Popularität; die Baritonarie des Jägers »Ein Schütz bin ich« und vor allem die Chorszene »Schon die Abendglocken klangen« erlangten weite Verbreitung.

Robert Kurka
1921–1957

Als Sohn böhmischer Eltern wurde Robert Kurka am 22. Dezember 1921 im nordamerikanischen Cicero/Illinois geboren. Früh machte er sich mit Sinfonien, Konzerten, Kammer- und Chorwerken einen Namen. Seine einzige Oper konnte er nicht mehr vollenden, da er sehr jung – am 11. Dezember 1957, vor Vollendung seines 36. Lebensjahres – starb; sein Freund Hershy Kay machte sie aus den vorhandenen Skizzen bühnenfähig, und die Uraufführung in der New York City Center Opera am 23. April 1958 hinterließ so starken Eindruck, daß »Der brave Soldat Schweik« (oder »Die Abenteuer des braven Soldaten Schweik«) über viele Bühnen, vor allem des deutschen Sprachraums, ging.

Der Vorwurf zu dieser Oper stammt aus dem weltberühmt gewordenen Buch des tschechischen Schriftstellers Jaroslav Haschek. Der junge Kurka hat es in der nach Amerika mitgenommenen Bibliothek seiner Eltern gefunden und mit dem gleichen Vergnügen gelesen wie Millionen anderer Menschen »Die Abenteuer des braven Soldaten Schweik« bilden aber mehr als eine nur lustige Lektüre, und Schweik selbst ist weit über die Komik hinaus zu einem Symbol geworden. Es steckt eine gesunde Lektion Humanismus, Antimilitarismus, ja sogar eine gute Dosis Revolution in ihm. So war es auch gemeint und richtete sich gegen die alte Donaumonarchie. Der »brave Soldat Schweik« ist nämlich – während des Ersten Weltkrieges – ein so braver Soldat, daß die Befehle, die er übergenau ausführt, absurd werden. Sein übergroßer Ernst wirkt zum Schreien komisch, seine Aussagen und Reden, primitiv wie er selbst, ja sogar mitunter idiotisch, gefährden die Sicherheit des Reiches. Schweik ist eine Art Eulenspiegel des 20. Jahrhunderts, bauernschlau unter der Maske größter Biederkeit, gefährlich gerade dadurch, daß niemand ihn ernst nimmt. Aus dieser grotesken, aber liebenswürdigen und rührenden Gestalt machte der Textdichter Lewis Allan einen »Opernhelden«; er beließ ihm seine tschechische Nationalität – die Kurka mit Hilfe folkloristischer Anklänge noch unterstrich – und suchte einige seiner wirkungsvollsten Abenteuer zur Wiedergabe aus. Kurka wird der Satire des Stoffs gerecht, findet einen sehr persönlichen Stil – in dem ein wenig die Songtechnik Kurt Weills nachklingt – und instrumentiert lediglich für ein Blechorchester mit Schlagzeug von insgesamt 16 Musikern.

Erwähnt sei hier, daß der gleiche Stoff etwa gleichzeitig auch andere Bühnenbearbeitungen, darunter einige musikalische, erfuhr, und daß eine gleichnamige Oper des Italieners Guido Turchi im Jahre 1962 ihre Uraufführung an der Mailänder Scala erlebte.

Edouard Lalo
1823–1892

Es ist durchaus möglich, daß mit der zunehmenden Einigung Europas auch die Opernwerke der einzelnen Nationen mehr als bisher fremdsprachige Bühnen erobern könnten. Auf jeden Fall gehört Lalo – heute auf deutschen Musiktheatern unbekannt (und nur in Sinfoniekonzerten ob seiner »Spanischen Sinfonie« gelegentlich genannt) – in unser Buch, denn sein Beitrag zur französischen Oper, »Le roi d'Ys« ist bedeutend und erhält sich bis heute jenseits des Rheins mit fast unverminderter Beliebtheit. Lalo wurde am 17. Januar 1823 in Lille geboren, studierte in Paris bei Habeneck, dem berühmten Dirigenten, der Beethoven entscheidend in Frankreich durchsetzte, wurde Kammermusiker, hatte bei einem Opernwettbewerb im Jahre 1865 kein Glück (sei »Fiesque« wurde nur an dritte Stelle gesetzt), erhielt endlich 1881 von der Grande Opéra den Auftrag, ein Ballett zu schreiben und komponierte hierfür »Namouna«, das aber bei der Premiere keinen nennenswerten Erfolg hatte. (Im Parkett zeigte sich ein junger Musiker, Claude Debussy, trotzdem begeistert.)

Schließlich – es war bereits 1888 und Lalo 65 Jahre alt – gelang auch ihm der große Wurf: »Le roi d'Ys« wurde uraufgeführt und erlebte noch im selben Jahr achtzig Reprisen. In diesem Werk hat Lalo auf alte bretonische Legenden zurückgegriffen. Die beiden Töchter eines Königs lieben den tapferen Heerführer des Landes. Die Zurückgewiesene ersinnt schreckliche Rache, sie öffnet die Schleusen, und nur im letzten Augenblick kann die drohende Flut, die alles zu vernichten droht, gebannt werden. Lalos Tonsprache ist leidenschaftlich, romantisch, kann aber zart werden und steht etwa ebenbürtig neben Saint-Saëns, Fauré, Chabrier (was das Operntheater anbelangt), ein wenig hinter Bizet, Dukas, Massenet und Debussy. Sie zeigt technisch sehr gutes Niveau und erfreut, sooft sie erklingt, ohne allerdings sonderlich in die Tiefe zu dringen. Lalo starb am 22. April 1892 in Paris.

Franz Xaver Lehner
1904

Die deutsche Spieloper ist nicht tot. Selbst in der Epoche des konzessionslosen Zwölftonsystems, der »seriellen«Technik, von »konkreter«, elektronischer Musik, »kultischem« Theater, findet sie immer Förderer und Liebhaber. So ist Franz Xaver Lehner ein echt musikantisches Talent, dem dieser Stil flott von Hand und Herz geht. Er wurde am 29. November 1904 in Regensburg geboren, war zuerst Lehrer und Professor in seiner Heimatstadt, später in Würzburg und München.
»Die schlaue Susanne« bezieht ihr Libretto aus illustrer Quelle. Der spanische Klassiker Lope de Vega stand (in der Schlegelschen Übersetzung) hier Pate: eine typische Verwechslungsgeschichte mit allen nur denkbaren Verwicklungen, bei der zuletzt die »richtigen« Paare zueinander finden, nachdem sie zwei Akte lang durcheinandergewirbelt wurden. Lehner hat den richtigen Schwung dazu, und um hübsche Melodien ist er nie verlegen. (Uraufführung: Nürnberg, 13. Januar 1952.)
Nach dem »Geliebten Gespenst«, das 1954 in Würzburg erstmals über die Bühne geisterte, führt uns Lehner in eine kleine italienische Bergstadt zu Beginn des 20. Jahrhunderts. »Die kleine Stadt« bietet ein treffendes, wenn auch mitunter beißendes Bild von Kleinstadtatmosphäre. Das Textbuch wurde von dem früh verstorbenen Opernregisseur Herbert Wiesinger einer Erzählung Heinrich Manns entnommen. Im Laufe einer Nacht spielen sich in der »kleinen Stadt« tolle Dinge ab. Es ist allerdings auch eine besondere Nacht. Die »große Welt« kommt zu Gast und stiftet Verwirrung. Diese »große Welt« besteht zwar aus nichts anderem als einer wandernden Theatertruppe, aber für die kleine Stadt ist sogar das ein bedeutendes, ja verruchtes Abenteuer. Es geht um wichtige prinzipielle Dinge: darf die Moral der Bevölkerung durch Opernspiel gefährdet werden? Die Entscheidung kompliziert sich dadurch, daß ausgerechnet der erzkonservative Operngegner sich in die Primadonna verliebt. Seine dem Kloster versprochene Nichte tut ein gleiches mit dem Tenor der Truppe. Und weitere Ensemblemitglieder machen auf einige biedere Bürger einen tieferen Eindruck als nach deren Haltung im kleinstädtischen Alltag geschlossen werden könnte. Über der Operntruppe liegt der Zauber der Ferne, der Kunst, des Geheimnisses, der allerdings bei näherem Hinsehen in nichts zerfließt. Ein vergnügtes Spiel, das tiefere Augenblicke birgt und musikalisch sehr gut gemacht ist. (Uraufführung: Nürnberg, 22. Mai 1957.)
Das Münchner Gärtnerplatztheater brachte am 19. September 1958 »Die Bajuwaren« (Text von Hans Fitz) zur Uraufführung; dann kehrte Lehner mit »Die Liebeskette« zum Spanier Lope der Vega (1562–1635) zurück, dem die unfaßbare Zahl von mehr als 1500 Komödien nachgesagt wird, von denen etwa 500 erhalten blieben. Die Uraufführung fand am 16. Juni 1962 in Wiesbaden statt.

Ruggiero Leoncavallo
1858–1919

Leoncavallo gehört zu den – nicht seltenen – Komponisten, die ihren Ruhm einem einzigen gelungenen Werke verdanken. Wie soll man ihr Leben beurteilen? Tragisch, weil ihnen nach der plötzlich strahlend aufgehenden Sonne des Erfolgs nie wieder etwas ähnliches gelingen will? Oder glücklich, weil ein einziger Vorstoß genügte, ihnen einen Platz zu sichern, den Tausende in jahrzehntelangem Ringen nie erreichen konnten? Leoncavallo war erst ein unbekannter Pianist in Kaffeehäusern; dann leitete er Operntruppen, die durch die Provinzen Italiens zogen. Eines Tages fiel ihm ein, an dem Wettbewerb teilzunehmen, den der große Verlag Sonzogno für Kurzopern oder, besser gesagt, Opern in einem Akt ausgeschrieben hatte. Er konnte keinen Preis gewinnen, denn sein »Bajazzo« hat zwei Akte. Aber die Jury war tief beeindruckt und empfahl das Werk wärmstens zur Aufführung. Es wurde später mit der preisgekrönten »Cavalleria rusticana« Mascagnis zusammengespannt, und beide traten einen unvorstellbaren Triumphzug um die ganze Welt an. Leoncavallo schrieb dann eine ausgezeichnete »Bohème«, die von Gustav Mahler sogar der Puccinis vorgezogen wurde, eine »Zaza«, aus der sich einige Bruchstücke im Repertoire der italienischen Sänger hielten. Der deutsche Kaiser beauftragte ihn sogar mit einer Berliner Festoper (»Der Roland von Berlin«), aber als Leoncavallo am 9. August 1919 in Montecatini starb, war von allem – jedoch mit ungebrochener Kraft – nur sein »Bajazzo« übriggeblieben.

Der Bajazzo

Oper in einem Prolog und zwei Akten. Textbuch vom Komponisten.
Originaltitel: I pagliacci
Originalsprache: Italienisch
Personen: Canio, Leiter einer wandernden Komödiantentruppe, in der Komödie »Bajazzo« genannt (Tenor), Nedda, seine Frau, in der Komödie »Colombine« (Sopran), Tonio, Mitglied der Truppe, in der Komödie »Taddeo« (Bariton), Beppo, Mitglied der Truppe, in der Komödie »Harlekin« (Tenor), Silvio, ein junger Bauer (Bariton), Bauern.
Zeit und Ort: Montalto in Calabrien (Süditalien), an einem 15. August (Feiertag) in einem der Jahre zwischen 1865 und 1870.
Handlung: Ein berühmt gewordener »Prolog« leitet die Oper ein, eine originelle Form von gesungener Ouvertüre. Das Sprechtheater kennt – von Shakespeare bis Pirandello und weiter – ähnliche Einleitungen, die sich auf die Bühnenkunst des klassischen Griechenland berufen dürfen. In den Anfangszeiten der Oper vermischte sich wohl hie und da Gespieltes und Gesungenes in einer Art Vorspiel, aber seitdem das Musiktheater seine annähernd festen Formen entwickelte, ist von einem gesungenen Prolog nicht die Rede, bis Leoncavallo ihn mit origineller Eingebung schuf. Tonio tritt, als Clown des nachfolgenden Stücks im Stücke, vor den Vorhang und unterrichtet das Publikum, daß hier die Vertonung einer wahren Begebenheit vorliege, die ihren Theaterautor tief erschüttert habe. Die musikalischen Themen dieses Prologs sind außerordentlich bekannt geworden. Sie erscheinen rein instrumental, wie sie – neben gesungenen Stellen – ebenfalls vorkommen. Das erste kündigt gewissermaßen den Beginn des Spieles an. ①
Das zweite ist schmerzlich. Es gewinnt später in Canios Arie vom lachenden, aber innerlich verblutenden Bajazzo tragische Größe. ②
Das dritte ist ein Liebesthema, weich und süß; es wird eines der Hauptelemente im einzigen Liebesduett des Werkes bilden, wenn Nedda in die Arme Silvios flüchtet. ③
Drei »Leitmotive« – wenn auch nicht im Sinne Wagners, sondern nach Art der viel vordergründigeren veristischen Oper Italiens – dann gipfelt der Prolog in einer musikalisch weitgeschwungenen, sehr melodischen Gesangsphrase, in die der Bariton traditionsgemäß zwei in der Partitur nicht vorgezeichnete Spitzentöne (As und G!) einzulegen pflegt. ④ Unser Beispiel ① bringt lediglich den Beginn dieser vorletzten Sektion des Prologs, nicht jedoch ihren Höhepunkt. Nun ist alles gesagt, das Publikum vorbereitet, daß das

231

Werk sich Gedanken über Schmerz und Leid machen, das Herz des Menschen, das hinter jeder Gewandung lebendig schlage, enthüllen, Spiel und Leben unmittelbar miteinander konfrontieren, ja vermengen werde. Ein das Publikum immer wieder faszinierender Problemkreis ist da angekündigt.

Danach kann »das Spiel beginnen«, wie es im deutschen Text heißt. Der Vorhang, hinter dem Tonio verschwindet, teilt sich. Wir befinden uns in einem hellen süditalienischen Dorf, in das zu fröhlicher Musik eine wandernde Komödiantentruppe einzieht. Die Bevölkerung begrüßt sie und wird von Canio zum »Schauspiel« am gleichen Abend geladen. Tonio will Nedda vom Wagen helfen, aber der eifersüchtige Canio verdrängt ihn brüsk. Die Umstehenden lachen, halten es für einen Scherz der »Komödianten«. Die Dorfbewohner laden Canio zu einem Begrüßungstrunk. Tonio bleibt beim Wagen zurück. Jemand macht Canio scherzhaft darauf aufmerksam, daß jener vielleicht Neddas Nähe suche. Heftig fährt Canio auf; wenn er auch in den Komödien oftmals die Rolle des betrogenen Ehemannes spielen müsse, im Leben würde er eine solche Lage niemals dulden. ⑤

Die Heftigkeit Canios wundert die Bauern. Hat er von Töten gesprochen? Doch da lächelt er schon wieder, küßt Nedda auf die Stirn und geht ins Dorf. Die junge Frau schüttelt den Eindruck der beklemmenden Szene von sich; sie weiß gut, daß Canio sie zu töten imstande wäre. Sie liebt ihn nicht, sehnt sich nach Freiheit, nach einem anderen Leben. In einer großen Arie singt sie mit den Vögeln um die Wette, befreit sich innerlich vom schweren Druck, der auf ihr lastet: ⑥

Tonio hat sie belauscht. Sie ist sein unerreichbarer Traum. Nun nähert er sich ihr, bettelt um ein klein wenig Liebe. Aber Nedda lacht ihn aus. Will er ins Leben übertragen, was ihm auf der Bühne hie und da gestattet ist? Das solle er sich aus dem Kopf schlagen. Doch Tonio ist gereizt; mit Gewalt will er sie umarmen. Da nimmt Nedda eine Peitsche und läßt sie auf ihn niedersausen. Tonio schreit auf vor Schmerz und Kränkung. Er wird sich zu rächen wissen.

Silvio taucht aus dem Gebüsch auf. Nedda wirft sich in seine Arme. Nach der Drohung Canios und der plumpen Annäherung Tonios flüchtet sie zu dem Manne, auf dessen Liebe sie alle ihre Hoffnungen setzt. In einem überaus melodiösen Duett beschließen sie, noch heute zu fliehen. Sie ahnen nicht, daß Tonio sie belauscht hat und ins Dorf lief, um Canio zu holen. Der wutschäumende Ehemann kommt eben zur Verabschiedung der Liebenden zurecht: »Bis zum Abend ... und dann für immer vereint ...« Mit einem Sprung steht er vor ihnen, aber Silvio kann entfliehen. Vergeblich sucht Canio seiner Gattin den Namen des Nebenbuhlers zu entreißen. Nedda schweigt. Es naht die Stunde der Vorstellung, die Komödianten müssen sich bereit machen. Noch nie hat Canio es mit so schwerem Herzen getan. Während er in unendlichem Schmerz das Kostüm des Bajazzo, des Spaßmachers also, anlegt, singt er die weltberühmt gewordene Arie »Vesti la giubba« (Hüll' dich in Tand), die mit den Worten »Ridi, pagliaccio« (Lache, Bajazzo) das Drama zum erschütternden Höhepunkt führt. Es ist die Weise aller traurigen Bajazzos, aller schwermütigen Spaßmacher, aber auch all jener, die lachen müssen – unter Tränen. Und seit der legendären Wiedergabe durch Caruso endet diese Arie mit einem (im Notenbild nicht eingezeichneten) Schluchzen.

Eine Bühne ist für das Spiel der Komödianten aufgebaut worden. Bänke stehen davor. Tonio schlägt die Trommel im Dorf, um den Beginn anzuzeigen. Die Reihen füllen sich, auch Silvio findet sich ein, aber er bleibt abseits. Der kleine Vorhang wird geöffnet, das »Theater auf dem Theater« (ein immer wieder wirksamer dramatischer Behelf) hebt an. Nedda, als Colombine verkleidet, geht unruhig im Zimmer auf und ab, als erwarte sie jemanden. Von draußen vernimmt man das Ständchen Harlekins. Aber sie kann ihn nicht empfangen, denn der täppische Taddeo – von Tonio dargestellt – kehrt vom Markt zurück. Er bringt nicht nur das bestellte Huhn, sondern versucht auch, Colombine zu küssen. Diese weist ihn zurück – und das Publikum lacht. Endlich tritt Harlekin ein und vertreibt Taddeo, unter erneutem Lachen des Publikums. Dann singen Colombine und Harlekin von ihrer Liebe; ganz entrückt, gewahren sie die Rückkehr von Colombines Gemahl Bajazzo nicht. Als dieser die verhängnisvollen Worte vernimmt: »Bis zum Abend ... und dann für immer vereint ...« vergißt er seine Rolle, schreit auf, als habe ihn ein Dolch durchbohrt. Er stürzt sich auf Colombine, während Harlekin die Flucht ergreift. Im nächsten Augenblick kommt er zu sich, setzt die Komödie fort, mimt den eifersüchtigen Bajazzo. Die Zuschauer klatschen begeistert: was für Künstler! Welche Lebendigkeit des Spiels! Bajazzo will den Namen des Mannes wissen, mit dem seine Gattin ihn hintergeht. Er wird immer rasender durch das Schweigen Colombines. Wie wenige Stunden vorher Canio, so tobt nun Bajazzo: »Den Namen! Den Namen!!« Colombine versucht, die Szene in die Komödie zurückzuretten; sie singt die leichte Gavotte, die die Rolle vorschreibt. Aber Bajazzo kann ihr nicht mehr folgen. Einige applaudieren begeistert, aber andere fühlen etwas seltsam Beklemmendes in diesem Spiel. Canio rast, kann nicht mehr denken, es wird immer dunkler vor seinen Augen. Er kreist Nedda ein und stößt ihr den Dolch ins Herz. Tonio hat Beppo ferngehalten, der Böses ahnte. Und die Menschenmenge, die die Bühne umringt und in höchster Erregung aufgesprungen ist, verhindert Silvio am Vordringen. Einige fliehen entsetzt. Andere glauben noch, daß alles Spiel sei. Endlich kann Silvio die Bühne erreichen, aber Canios Dolch tötet auch ihn. Canio gleitet, geistesabwesend, zur Leiche Neddas nieder. Tonio tritt vor und spricht die klassisch gewordenen Worte: »La commedia è finita«, das Spiel ist aus ...

Quelle: Nach Angabe des Autors soll der geschilderte Vorfall sich tatsächlich in einem süditalienischen Dorfe abgespielt und sein Vater dabei als Richter gewirkt haben; die Geschehnisse blieben im Gedächtnis des Kindes haften und wurden Jahrzehnte später wieder in ihm lebendig.

Textbuch: Glänzend gelungene Synthese von Theater und Leben, wie sie vielen Dramatikern vorschwebte, aber nur selten erreicht werden konnte. Über dieses Textbuch könnte man sagen, es würde auch ohne Musik ein spannendes, erregendes Schauspiel abgeben.

Musik: Leoncavallos musikalische Phantasie entzündet sich an der Fülle von Situationen, die er selbst als Textdichter geschaffen hat. Er ist hier, auf dem knappen Raum von wenig mehr als einer Stunde, Lyriker und Dramatiker, Stimmungsmaler und Psychologe gleichzeitig. Ein Melodiker ausgeprägter Eigenart und persönlichem Ausdruck. Die Oper ist voll von Musikstücken, die berühmt geworden sind: der Prolog, die beiden Arien Canios (»Un tel gioco, credetemi« und »Vesti la giubba«), das »Vogellied« Neddas, deren Liebesduett mit Silvio, der packende Schluß. Eine der glänzendsten Opern des Verismus, deren Kraft bis heute nicht verblaßt ist.

Geschichte: Leoncavallos Drama, das der Bedingung der Einaktigkeit nicht entsprach und infolgedessen für den Wettbewerb selbst nicht berücksichtigt werden konnte, wurde seiner hohen Qualität wegen trotzdem zur Aufführung empfohlen – ein hervorragender Richterspruch! »I Pagliacci« gingen am 21. Mai 1892 erstmals über die Bretter des Teatro dal Verme in Mailand und wurden alsbald, zumeist gekoppelt mit »Cavalleria rusticana«, zu einem überwältigenden Welterfolg.

Rolf Liebermann

1910

Die Laufbahn dieses aus Manager- und Künstlerqualitäten seltsam und einmalig gemischten Komponisten ging in der zweiten Hälfte seines Lebens meteorhaft aufwärts. Sein Aufstieg vom musikalisch-organisatorischen Assistenten am Rundfunk Zürich zu einem der tatkräftigsten, visionärsten und klügsten Lenker des internationalen Musiklebens verbindet sich mit einem interessanten, einfallsreichen und wirkungsvollen Schaffen, das sich vor allem in Bühnenerfolgen ausdrückte. Er war immerhin schon 37 Jahre alt, als er mit dem »Furioso« für Orchester Erfolg hatte. In die Jahre 1952 bis 1954 fallen dann zwei Opern, die starke Wirkung ausüben, die 1955 uraufgeführte »Schule der Frauen« bringt es gar zu weltweiter Verbreitung. Zugleich beginnen die äußeren Veränderungen in Liebermanns Laufbahn. Er wird Leiter der Musikabteilung des Norddeutschen Rundfunks in Hamburg, springt von dort auf den Intendantensessel der Staatsoper in der gleichen Stadt und führt in ihr äußerst bewegte, von klarem Gestaltungswillen geprägte Zeiten herauf. Der zeitgenössischen Produktion räumt Liebermann nicht nur einen wichtigen Platz im Spielplan ein, er fördert sie auch durch zahlreiche Aufträge. Zu den geförderten Künstlern gehört nur einer prinzipiell nicht: er selbst. Die nächste Etappe seines Lebens sieht ihn an der Spitze der Pariser Oper, die er in kürzester Frist aus einem herabgekommenen Institut in eines der führenden Häuser der Welt verwandelt. Er strotzt nicht nur von Ideen, er weiß sie – was fast ebenso wichtig ist – sinngemäß, oft spektakulär zu verwirklichen. (Siehe auch Nachtrag S. 678)

Leonore 40/45

Opera semiseria in einem Vorspiel und zwei Akten (sieben Bildern). Textbuch von Heinrich Strobel.
Originalsprache: gemischt deutsch-französisch, je nachdem, welcher dieser Nationen die Personen angehören.
Personen: Huguette (Sopran), Germaine, ihre Mutter (Alt), Alfred (Tenor), Hermann, sein Vater (Baß), Lejeune (Baß), Monsieur Emile (Bariton), Musikliebhaber (Bariton und Alt), ein gebildeter Herr, eine Massenetschwärmerin, Kaffeehausgäste, Soldaten, Kellner.
Ort und Zeit: Deutschland und das im Verlauf der Ereignisse besetzte und wieder befreite Frankreich von 1940 bis 1945, wovon die Angabe 40/45 im Titel stammt – genauer genommen müßte es eigentlich heißen: von 1939 bis 1947.
Handlung: Im Vorspiel tritt Monsieur Emile vor den Vorhang. Er betätigt sich als Ansager, etwa wie Tonio es im »Bajazzo« tut, aber er ist mehr: er ist moderner Schutzengel. In großen Zügen verrät er, um was es in dem Stücke geht, gewissermaßen um die Neugier des Publikums anzufachen. Dann teilt sich der Vorhang. Auf einer Seite der Bühne sehen wir ein deutsches Heim; der Vater liest die Zeitung, aus dem Radiolautsprecher tönt eine Szene aus Beethovens »Fidelio«, die plötzlich durch den Mobilisierungsbefehl unterbrochen wird. Das gleiche geschieht auf der anderen Seite der Bühne, die uns Einblick in ein französisches Haus gewährt. Dann beginnt das Drama. Alfred, Sohn der deutschen Familie aus dem Vorspiel, ist mit den siegreichen Deutschen in Paris einmarschiert. Er liebt Musik über alles und besucht Konzerte. In einem solchen begegnet er Huguette, dem französischen Mädchen aus dem Vorspiel. Ihr gemeinsamer Hang zur Musik führt sie über Haß und Krieg hinweg zusammen. Aber die Kriegslage ändert sich, die Liebenden müssen sich trennen. Die Invasion der Alliierten ist geglückt, die Deutschen räumen Paris. Im zweiten Akt sehen wir Alfred in einem französischen Gefangenenlager. Nun greift der »Schutzengel«, Monsieur Emile, ein. Er verständigt Huguette vom Aufenthalt Alfreds, der inzwischen, dank seiner Kenntnisse, bei einem Instrumentenmacher zur Arbeit geschickt wurde. Reisen ist in Kriegszeiten aber unmöglich, und so bleibt dem Schutzengel nichts anderes übrig, als einen Zauberteppich auszubreiten und Huguette zu Alfred zu bringen. Der Krieg geht zu Ende, jedoch ein gespenstisches Gericht französischer und deutscher Bürokraten verweigert dem Liebespaar die Heiratserlaubnis, um die sie seit langem kämpfen. Da muß Monsieur Emile neuerlich eingreifen. Er überbringt einen »höheren« Befehl, Papiere mit »himmlischen« Siegeln darauf, gegen die das irdische Gericht machtlos ist. Die Treue hat gesiegt (wie schon der Titel andeutet, der seinen Namen von dem Musterbild der treuen Frauen, Beethovens Leonore, genommen hat); ein froher Chor beschließt das Stück.
Textbuch: Heinrich Strobel (1898–1970) hatte eine äußerst erfolgreiche Laufbahn hinter sich, als er sich mit Rolf Liebermann zum Verfassen von Opern verband: namhafter Kritiker und Musikschriftsteller, Leiter der Musikabteilung des deutschen Südwestfunks in Baden-Baden, dessen bahnbrechende Arbeit zugunsten der zeitgenössischen Komponisten in der zweiten Nachkriegszeit Aufsehen erregte, und schließlich ein Librettist voll geistvoller, neuartiger Einfälle. Sein Textbuch ist schon darum originell, weil es mit völliger Natürlichkeit zwei Sprachen verwendet. Auch die Idee des Schutzengels in zeitgenössischem Gewande ist hübsch und bedeutet ein tiefes Verstehen des Operngenres, von dem niemand Logik erwartet. Der Grundgedanke schließlich ist wertvoll. Unter Anrufung von Beethovens Fidelio-Leonore, Urbild der Treue und des Kampfes gegen ungerechte Mächte, sagt Strobel, daß es »immer wieder Frauen gibt, die der Narrheit der Welt den Mut ihres Herzens entgegensetzen«. Das Thema, wie zwei junge Leute, die zufällig auf verschiedenen Seiten einer von Menschen geschaffenen Grenze geboren wurden, über Haß, Zerstörung, Krieg,

Bürokratie, Engstirnigkeit, Gewalt und Unverstand zueinander finden, wird in manchmal parodistischer, ja kabarettistischer Form, zumeist aber in schönen, tiefen Szenen und Worten durchgeführt.

Musik: Liebermann besitzt für beides ein starkes Talent. Er entwickelt Geist, wie er wenigen Komponisten eigen ist; selbst wo er parodiert oder zitiert, wird er nicht banal oder billig, sondern wahrt »esprit«. Er kann aber auch lyrisch sein, mit weitgeschwungener Melodik und »großer« Operngeste. Er handhabt die Zwölftontechnik, der er sich sehr jung verschrieb, so souverän, daß sie völlig unkenntlich wird, Mittel zu höherem Zweck, so wie jede Technik es im Grunde sein soll.

Geschichte: Die Uraufführung in Basel am 25. März 1952 rief starkes internationales Interesse hervor, das sich in zahlreichen Wiedergaben an Bühnen verschiedener Länder äußerte, sogar in der sonst ausländischen Zeitgenossen schwer erreichbaren Mailänder Scala.

Penelope

Opera semiseria in zwei Teilen. Textbuch von Heinrich Strobel.
Originalsprache: Deutsch
Personen: Penelope (Sopran), Telemachos (Sopran), Leiokritos (Bariton), Eurymachos (Baß), Demoptolemos (Tenor), Ercole (Tenor), Achille (Bariton), der Podestà (Tenor), Odysseus (Bariton), Boten, Beamte.
Ort und Zeit: Nachmittag und Abend des 3649. Tages nach Beendigung des Trojanischen Krieges im Griechenland der hellenischen Sage; gleichzeitig die Parallelhandlung im modernen Italien, nach einem der großen Kriege des 20. Jahrhunderts.
Handlung: Seit zehn Jahren harrt Penelope treu der Wiederkehr ihres verschollenen Gatten Odysseus, der in den Trojanischen Krieg gezogen war. Viele Freier haben sich in dieser Zeit in ihrem Palaste eingefunden, aber sie hält sie hin, da sie immer noch auf eine wunderbare Heimkehr des einzig geliebten Mannes hofft. Um Zeit zu gewinnen, verspricht sie den Freiern, sich entscheiden zu wollen, sobald das Gewebe, an dem sie arbeite, fertig geworden sei. Aber heimlich trennt sie des Nachts wieder auf, was sie bei Tage gewebt. Endlich aber kann sie die Männer nicht länger warten lassen. Da hebt sie den Vorhang, der symbolisch die Zukunft verdeckt, und eine Szene aus dem 20. Jahrhundert wird sichtbar. Eine Penelope unserer Zeit, eine italienische Frau, deren Mann im Kriege vermißt wurde, hat zum zweiten Male geheiratet. Sie ist glücklich geworden, was von den beobachtenden Freiern aus der griechischen Legende günstig ausgelegt wird. Aber eines Tages kommt die Nachricht, ein Trupp lange verschollener Heimkehrer nähere sich dem Dorfe. Auch Ulisse, Penelopes Gatte, soll darunter sein. Alles strömt erwartungsfreudig auf den Marktplatz, in Penelopes Herz streiten die widersprechendsten Gefühle. Da erfährt sie von den Ankömmlingen, daß Ulisse knapp vor der Heimkehr gestorben sei. Während sie sich selbst anklagt und nach Hause eilt, erhängt sich ihr zweiter Gatte, um ihr die Rückkehr zum ersten leichter machen. In der Parallelhandlung aber geschieht das Gegenteil: Odysseus findet heim, aber er ist nicht mehr der Mensch Odysseus, es ist das Symbol, die verklärte Dichtergestalt Homers.

Textbuch: Wieder hat Heinrich Strobel einen durchaus ungewöhnlichen Operntext erfunden und gestaltet. Zwei Spielebenen geben dem Musiker wie dem Zuschauer ein reiches Feld von Eindrücken. Ihre Verschmelzung ist restlos gelungen, Antike und Moderne durchdringen sich, beweisen, daß der Mensch in tausend Jahren nicht anders geworden ist, daß er heute, wie damals und immer, nur ein Spielball für Herrschsucht, Machtgier und Ehrgeiz einiger weniger ist.

Musik: Die Autoren haben auch diesem Werk (wie dem vorangegangenen) den »klassischen« Untertitel »opera semiseria« gegeben: halbernste Oper also, gerade so wie Mozarts »Don Juan« etwa eingereiht ist. Liebermann hält sich an dieses Wort, verbindet Ernstes mit Spielerischem, Tragisches mit volkstümlich Gewöhnlichem. Viel Parodie ist in der Partitur enthalten: Parodie der drei »unmöglichen« Freier Penelopes. Parodie des falschen Pathos, mit dem der Podestà des Dorfes die späten Heimkehrer empfängt usw. Es gibt Arien, Duette, Ensembles, Chornummern, wie in einer »klassischen« Oper, und doch ist alles höchst zeitgemäß. Liebermann versteht, wie kaum ein anderer, krasse Gegensätze zu verbinden.

Geschichte: Nach dem Erfolg von »Leonore 40/45« wurde Liebermann aufgefordert, sein nächstes Werk bei den Salzburger Festspielen, die nach dem Zweiten Weltkrieg alljährlich eine Novität vorzustellen pflegten, einem internationalen Publikum zu präsentieren. So geschah es mit »Penelope« äußerst erfolgreich am 17. August 1954.

Die Schule der Frauen

Opera buffa in drei Akten. Textbuch nach Molières »L'école des femmes« von Heinrich Strobel.
Originalsprache: Englisch
Personen: Poquelin, genannt Molière, in der Oper auch die Rollen »Alain«, »Altes Weib« und »Henri« verkörpernd (Bariton), Arnolphe (Baßbariton), Agnes (Sopran), Horace (Tenor), Georgette (Alt), Oronte (Baß).
Ort und Zeit: Paris nach dem Tode Molières.
Handlung: Molière ist aus dem Olymp herabgestiegen, »aus reiner Neugier«, wie er erklärt, um zu sehen, wie »diese jungen Leute meine alte Komödie ›Die Schule der Frauen‹ als Oper zugerichtet haben«. Er geht langsam auf die Bühne, auf der ein Platz im alten Paris zu sehen ist. In einem Hause wohnt Arnolphe, ein älterer Junggeselle, in einem anderen die Waise Agnes, die er in einem Kloster erziehen ließ und von der Welt ängstlich fernhält, damit sie ihm eines Tages eine treue und unterwürfige Gattin werde. Am Rande der Bühne nimmt Molière nun Platz und beobachtet interessiert das Spiel, bis er selbst veranlaßt wird, mitzuspielen, »im zwanzigsten Jahrhundert«. Monsieur Arnolphe kehrt von einer Reise zurück und verkündet, die Zeit zu seiner Hochzeit mit Agnes sei endlich gekommen: Berechnung und Geduld fänden ihren Lohn. Da tritt Horace auf, ein sympathischer junger Mann, der Arnolphe überschwenglich begrüßt. Ist es doch der Sohn seines besten Jugendfreundes Oronte, der mit einem Brief seines Vaters in die Stadt gekommen ist. Oronte selbst befindet sich auf dem Wege nach Paris. Horace ist ihm nur ein wenig vorausgeeilt und hat gleich bei seiner Ankunft, das darf er dem Freunde seines Vaters doch in aller Verschwiegenheit anvertrauen, ein bezauberndes Abenteuer gehabt. Arnolphe schmunzelt, glaubt zuerst, er bekomme ein neues Kapitel für seine »chronique scandaleuse« zu hören. Aber rasch wird er ernüchtert: das Mädchen, das sich auf den ersten Blick in den überraschend ins Haus gekommenen Fremden verliebte, ist niemand anders als Agnes. Kaum ist Horace abgegangen, beginnt Arnolphe zu toben. Wie konnten seine Diener den fremden jungen Mann in seiner Abwesenheit ins Haus einlassen? Er beschimpft Georgette als bestechliche Kupplerin, aber der Diener Alain kommt auf mehrmaliges Rufen nicht zum Vorschein. Die handelnden Personen »erstarren« gewissermaßen auf der Bühne, werden zum Bild. Molière wirft rasch seine Allongeperücke ab und geht im Domestikengewand auf die Szene, um den fehlenden »acteur« zu ersetzen (bei ihm wäre so etwas nie vorgekommen!). Kaum betritt er sie, da lösen sich Arnolphe und Georgette aus der Erstarrung, und das Spiel geht weiter. Auch das Orchester hat diese »Erstarrung« mitgemacht: so oft Poquelin (Molière) das Wort ergreift, was nicht zum gespielten Stück gehört, wird er nur von einem anderweitig plazierten kleinsten Kammerensemble begleitet. Arnolphe beschimpft seine beiden Dienstleute, bis er müde wird. Dann raisonnieren diese beiden über des Alten Wut. Georgette kann sie sich nicht erklären, Alain erläutert sie in einem Gleichnis. Die Frau sei des Mannes Suppe und so, wie Georgette sicherlich jedem, der seinen Löffel in ihre Suppe tauchen wollte, einen Schlag auf die Hand versetzte, so duldete auch Monsieur Arnolphe, der Agnes als seine Suppe ansähe, nicht, daß Horace ... »Doch ist es nicht der Brauch in der vornehmen Welt?« fragt Georgette, worauf Alain kopfschüttelnd sagt: »Mit deiner Moral ist es übel bestellt!« Arnolphe kommt zurück, die Diener verziehen sich. Alain wird wieder Poquelin und zieht sich auf seinen Beobachtungsplatz vor der Bühne zurück.
Arnolphe befolgt nun ein Rezept, das er in einem alten Buch fand und das irritierte Nerven wieder in Ruhezustand zu versetzen vermag. Es besteht darin, das griechische Alphabet so lange aufzusagen, bis die erwünschte Wirkung eingetreten sei. Aber zum einen ist er darin nicht sehr sicher, zum andern verspürt Molière sichtbare Lust, mitzuspielen (und gar in der Rolle des Arnolphe, die er in seinem eigenen Stück so oft dargestellt hat!) – kurz und gut, es wird ein äußerst vergnügliches Duett daraus, bei dem Molière, vor der Bühne, zuerst noch souffliert, so oft Arnolphe steckenbleibt, doch bald aus voller Seele begeistert mitsingt. Dann, nur wenig beruhigt, läßt Arnolphe sein hübsches Pflegekind rufen. Er fragt sie, was sie in seiner Abwesenheit erlebt habe. Nach einigen unwichtigen Dingen erzählt sie, auf sein Drängen, vom Auftauchen des »schönsten jungen Mannes« vor ihrem Fen-

ster und bald darauf in ihrem Hause. Eine richtige Arie mit Koloraturen legt von ihrer naiven und charmanten Begeisterung beredtes Zeugnis ab. Dabei kommt es zu einem reizenden Zwischenfall; der junge Horace entsendet, nachdem er sich in das junge Mädchen am Fenster verliebt und von der Schönen ein Lächeln empfangen hatte, ein altes Weib in ihr Haus, um den Weg zu erforschen und vorzubereiten. Dieses alte Weib mimt Molière, der mit einem Kopftuch auf die Bühne kommt. Arnolphe will ihn, in rasender Eifersucht verprügeln, aber Molière fällt aus der Rolle und erklärt entrüstet, in seinem Stück kämen diese Schläge nicht vor. Arnolphe muß sich bereit erklären, das Stück nach des Autors Willen weiterzuspielen. Agnes setzt die Erzählung fort: wie Horace selbst in ihr Haus kam, wie sie einander herzten und küßten und wie ... und wie ... (sie wagt es nicht zu gestehen, und der vor Wut fast ohnmächtige Arnolphe muß im vorhinein verzeihen) der junge Mann ihre Haarschleife mit sich nahm. Arnolphe fällt ein Stein vom Herzen, aber rasch gehandelt muß sein. In einer sehr ernsten Ansprache macht er Agnes die Gefahr solchen »schwärmerischen Girrens« klar, erklärt, wie jeder Kuß in der Hölle gebüßt werden müsse. Nur in Ehrbarkeit seien solche Dinge erlaubt. Agnes hat gar nichts gegen diese Ehrbarkeit einzuwenden; wie erlange man sie? Durch die Ehe. Dann will sie schnellstens heiraten. Genau das gleiche will auch Arnolphe. Es gibt nur ein kleines Mißverständnis. Agnes meint, ihr Ehepartner werde jener schöne junge Mann sein. Arnolphe aber schiebt sich selbst an des lieblichen Bildes Statt. Er befiehlt Agnes, nun eingeschlossen im Hause zu verbleiben, bis alles so weit sei, niemandem zu öffnen und sollte es nötig sein, den Fremden durch einen Steinwurf zu vertreiben. Und so geschieht es zu Beginn des zweiten Aktes. Doch mit einem kleinen, von Arnolphe nicht vorausgesehenen Unterschied. Um den Stein, der ihn fast am Kopf trifft (denn Agnes ist ein gehorsames Kind), ist ein Zettel gewickelt, und darauf steht zu Horaces größter Freude, daß sie ihn glühend liebe und bitte, sie so rasch als möglich zu entführen, da »der Alte« sie heiraten wolle. Dieser Alte kommt hinzu und erfährt von Horace, der ihm immer noch traut, den Inhalt des Papiers. Der junge Mann bittet den »Freund seines Vaters«, ihm zu raten, wie er das Mädchen entführen könne. Arnolphe verspricht ihm Hilfe, um ihn zuerst einmal zu entfernen. Doch Horace geht nicht weit, nahe von Molière bleibt er stehen. Arnolphe ruft schnell seine Diener und schärft ihnen genauestens ein, daß sie – nicht einmal gegen Bestechung – Horace je wieder einlassen dürften und wie sie ihn verprügeln müßten, wenn er es wagen sollte. Sie tun dies mit großer Begeisterung sofort zur Probe bei Monsieur Arnolphe. Molière aber, der rasch wieder in das Kleid des Dieners Alain schlüpfen mußte, schickt den ganz in seiner Nähe stehenden Horace unverzüglich in Agnes' Haus, dessen Türe offenblieb. Dort singen die Liebenden ein ausdrucksvolles, wenn auch wortloses Duett, während sich Arnolphe auf die Auseinandersetzung mit Agnes vorbereitet.

Diese versteckt den Liebsten sofort, dann spielt sie ihrem Vormund eine glänzend geheuchelte Ergebenheitsszene vor (sie hat schnell gelernt, was das Leben erfordert). Aber unglücklicherweise weiß Arnolphe ja die Sache von Horace selbst und wütend schlägt er alles krumm und klein, bevor er empört geht. Agnes holt Horace aus dem Schrank, und sie küssen sich aus vollem Herzen. Mit einer verzweifelten Arie Arnolphes beginnt der dritte Akt. Obleich Molière persönlich eingreift und ihm das Unmögliche dieser Ehe vor Augen führt, will er auf Agnes nicht verzichten. Das Mädchen erscheint mit ihrem Liebsten auf dem Balkon. Die Flucht wird vorbereitet. Doch als Horace dann mit einer Leiter kommt, fallen die Diener, wie befohlen, über ihn her und prügeln ihn, so daß er ohnmächtig liegen bleibt. Arnolphe erschrickt: heute soll sein Freund Oronte eintreffen, wie soll er ihm diesen »Mord« an seinem Sohn erklären? Agnes eilt herbei und bricht beim Anblick des regungslosen Geliebten in eine köstliche, alte Opern glänzend parodierende, Rachearie aus. Horace erwacht, und die Liebenden beschließen die Flucht. Der Jüngling will Agnes vorläufig im Hause eines Freundes verstecken ..., ach, da kommt er ja wie gerufen! Es ist Arnolphe, von dem Horace immer noch nicht weiß, daß er der »Tyrann« des Mädchens und sein Rivale ist. Doch nun erfährt er es durch Agnes' verzweifelte Worte. Und schon hat der Alte sie gepackt und ins Haus gesperrt, aus dem sie glücklich entflohen zu sein glaubte. Jetzt naht Oronte. Er überbringt seinem Sohn die Kunde, daß er eine Braut für ihn erwählt habe; sie sei in seiner Nähe, noch heute könne die Hochzeit sein. Arnolphe atmet befreit auf. Nun erscheint »Monsieur Henri«, ein »Deus ex machina«, von Molière verkörpert. Er gibt sich als Vater des Mädchens Agnes aus (wobei die Erkennungsszene aus Mozarts »Figaro« parodistisch zitiert wird, in der Marcelline und Bartolo ihr Kind wiedererkennen). Er dankt Arnolphe für alles, was er dem Mädchen Gutes tat. Dieses solle nun die Gattin von Orontes Sohn werden. So sei es bestimmt. Arnolphe könne nichts besseres tun, als gute Miene dazu machen. Und (Anachronismus beiseite) mit einem glänzenden Sextett schließt das Stück auf eine Phrase von Beaumarchais, der zwar hundert Jahre nach Molière lebte, aber von der Sache (der Liebe wie dem Theater) beileibe nicht wenig verstand: Voulez-vous donner de l'esprit à une sotte, enfermez-la! Willst du den Scharfsinn eines Mädchens wecken, dann sperre es ein!

Textbuch: Brillante und geistreiche Modernisierung eines der berühmtesten Molièrelustspiele. Das persönliche Eingreifen des »klassischen« Autors in sein eigenes Stück ist unterhaltsam und stets motiviert. Das Erscheinen des »Deus ex machina« liegt in der Linie des Stücks (das Barocktheater liebte solche Lösungen) wie des Librettisten Strobel, der in ein wesentlich ernsteres Werk – »Leonore 40/45« – schon einen »Monsieur Emile« in ähnlicher Eigenschaft eingeführt hatte. Für die zeitgenössische Oper muß dieses Textbuch ein Glückstreffer genannt werden.

Musik: Liebermann macht sich diesen Glückstreffer voll zunutze. Eine echte Opera buffa, mitten im zwanzigsten Jahrhundert! Voll Melodie, Geist, Charme, Witz! Man lacht und lächelt, man fühlt mit, man schmunzelt über Parodien und amüsiert sich über dieses Spiel, das die Unsterblichkeit der Oper besser beweist als hundert gelehrte Abhandlungen. Der Komponist beherrscht sein Handwerk geradezu bewundernswert, alles fließt mit größter Leichtigkeit aus seiner Feder, ist modern und doch wohlklingend, melodiös und doch nicht banal, technisch glänzend und doch natürlich, gescheit und doch nicht intellektuell.

Geschichte: Textdichter und Komponist schufen »Die Schule der Frauen« im Auftrage der Louisville Orchestra Society (Kentucky/USA), die das Werk am 3. Dezember 1955 in englischer Sprache aus der Taufe hoben. Die Salzburger Festspiele brachten im August 1957 die europäische Erstaufführung. Am 18. Oktober 1957 erklang es in Duisburg zum ersten Male in Deutschland. Seitdem hat eine Fülle von Bühnen in vielen Ländern mit der »Schule der Frauen« durchschlagende Erfolge erzielt und den Hörern unwidersprochene Freude gemacht.

Gustav Albert Lortzing
1801–1851

Mag auch die Musik (mit Recht) eine internationale und übernationale Kunst genannt werden, so gibt es doch immer wieder Autoren und Werke, denen – trotz hinreichender Verdienste – eine Verbreitung über das Gebiet des eigenen Landes oder der eigenen Sprache hinaus nicht vergönnt ist. Hierfür bietet Lortzing ein besonders deutliches Beispiel. Ist seine Kunst wirklich so ausschließlich deutsch, daß andere Völker ihn nicht verstehen oder keinen Gefallen an seinen Opern finden könnten? Gewiß, er ist der vielleicht typischste Vertreter des deutschen Singspiels, das ein Gegenstück zur französischen Opéra comique, zur spanischen Zarzuela und zur italienischen Opera buffa bildet. Aber während von diesen Zweigen einige Früchte (besonders französische und italienische) auch anderswo genossen werden, blieb Lortzing auf den deutschen Sprachkreis beschränkt. Und selbst hier schwankte seine Beurteilung auffallend. In der ersten Hälfte unseres Jahrhunderts nahm die Zahl der Aufführung seiner Werke in den großen Theatern bedenklich ab; er wurde zeitweise als »Provinzautor« behandelt, an dessen naivem Stil die Zeit schonungslos vorübergegangen war. Aber dann setzte eine Reaktion zu seinen Gunsten ein, die die Lebensfähigkeit vieler seiner Werke deutlich erwies. Man erkannte jenseits des Lokalen, Zeitgebundenen, nur Niedlichen die dauernden menschlichen und musikalischen Werte. Geht es auch nicht an, Lortzing neben Mozart einzureihen, so darf sich sein »Wildschütz« etwa getrost »Bastien und Bastienne« zur Seite stellen (wenn auch nicht der »Zauberflöte«), seine »Undine« sich mit den besten romantischen Opern seiner Zeit messen. Wir haben heute wieder ein gewisses Verständnis für den von Lortzing vertretenen Singspieltypus, der eine entschwundene Zeit malt, ein zweifellos liebenswertes Biedermeier, dem auch Schubert entstammte (wodurch seine Fähigkeit zur Größe vollauf bewiesen ist). Lortzing besaß echten Humor, nicht zu unterschätzendes Können und unversiegliche Einfälle. Er kam in Berlin am 23. Oktober 1801 zur Welt. Seine Eltern wandten sich, in reiferem Alter, der Bühnenlaufbahn zu. So lernte der Sohn in unstetem Wanderleben Freud und Leid seines künftigen Berufs kennen. Im Jahre 1826 nahm er – obwohl er sich bereits als Opernkomponist versucht hatte – ein Engagement als Schauspieler in Detmold an. Sieben Jahre später wurde er Tenorbuffo in Leipzig. »Die beiden Schützen« wurden zu seinem ersten großen Erfolg, dem bereits wenige Monate später »Zar und Zimmermann« folgte. Die Aufnahme seiner weiteren Werke war ungleichmäßig, erst »Der Wildschütz« schlug zündend ein. Mittlerweile war Lortzing Dirigent am Leipziger Theater geworden, doch wurde er im Jahre 1845 entlassen. Magdeburg und Hamburg brachten in dieser seiner schwersten Zeit »Undine« heraus, seinen schönen Beitrag zur deutschen romantischen Oper. In Wien fand im Jahre 1846 »Der Waffenschmied« freundliche Aufnahme und damit sein Schöpfer neuerlich einen Posten als Kapellmeister. Doch wurde das Theater zwei Jahre später aufgelöst. Den Rest seines »Vagabundenlebens« (wie er selbst es bitter nannte) verbrachte Lortzing in ständigen Sorgen und auf der Suche nach ein wenig Ruhe zum künstlerischen Schaffen. Er fand sie nicht. In Berlin starb er am 21. Januar 1851 im Alter von nur 49 Jahren.

Die beiden Schützen

Komische Oper in drei Akten, Dichtung von Albert Lortzing.
Originalsprache: Deutsch
Personen: Amtmann Wall (Baß), Caroline, seine Tochter (Sopran), Wilhelm, sein Sohn (Bariton), Peter, sein Vetter (Tenor), Busch, Gastwirt (Baß), Suschen seine Tochter (Sopran), Gustav, sein Sohn (Tenor), Jungfer Lieblich, Haushälterin bei Busch (Alt), Schwarzbart, Wilhelms Freund (Baß), Basch, Unteroffizier (Baß), Soldaten, Invaliden, Volk.
Ort und Zeit: Ein deutsches Landstädtchen zu Beginn des 19. Jahrhunderts.
Handlung: Zwei Grenadiere kehren nach zehnjährigem Dienste heim: zuerst Wilhelm, den der Gastwirt Busch für seinen Sohn hält, was sich durch Papiere, die er im Tornister trägt, noch zu bestätigen scheint. (Daß diese nur bei einer Gasthausrauferei verwechselt wurden, schützt den »dramatischen« Knoten noch mehr). Er läßt sich den herzlichen Willkomm gefallen, zumal da er auf diese Art recht ungeniert Zärtlichkeiten mit seiner »Schwester« Suschen austauschen kann. Dann kommt Gustav, will seinen Vater begrüßen, wird aber von diesem als Betrüger angesehen und festgesetzt. (Zumal er Wilhelms Papiere im Tornister hat). Aber er findet gerade noch Zeit, Suschens Freundin Caroline den Hof zu machen. Als der herbeigerufene Amtmann Wall den »Betrüger« vernimmt, erkennt er ihn an Hand der Papiere als seinen eigenen Sohn, von dessen Existenz im Städtchen niemand etwas ahnt. Nun könnte die Sache sehr einfach geregelt werden, aber wir sind im Bereiche der Oper und noch dazu der Spieloper, in der jeder Autor versucht, seine Vorgänger an Verwechslungen und Verwirrungen zu übertreffen. Lortzing bietet viel Unterhaltsames und kaum Glaubliches hierzu auf, bevor er die »beiden Schützen« zuletzt ihren Vätern und Bräuten übergibt. Wilhelm küßt nun Suschen nicht mehr als Gustav sondern eben als Wilhelm, was den Küssen einen gänzlich anderen Reiz verleiht; und Gustav heiratet Caroline.
Textbuch: Lortzing benützte eine französische Vorlage, ein Vaudeville von G. Cords, »Les deux grenadiers«, wobei man, der Titelgleichheit wegen, nicht an Heinrich Heines erschütterndes Gedicht und schon gar nicht an Schumanns aufwühlende Vertonung denken darf. Eine Komödie, eine Posse fast, mit Situationskomik, die man nicht auf logische Zusammenhänge hin durchforschen soll. Zwei Stunden harmloser Unterhaltung.
Musik: Lortzing am Beginn seiner Laufbahn. Das Metier beherrscht er schon, aber seine Melodien werden später reifer, inniger werden. Er schreibt eine nette Ouvertüre, Lieder, Arien, Ensembles mit leichter Hand.
Geschichte: Die Uraufführung in Leipzig, am 20. Februar 1837, bedeutete Lortzings ersten großen Erfolg.

Zar und Zimmermann

Komische Oper in drei Aufzügen. Dichtung von Albert Lortzing.

Originaltitel: Zar und Zimmermann, oder Die beiden Peter
Originalsprache: Deutsch
Personen: Peter I. Zar von Rußland, unter dem Namen Peter Michaelow als Zimmermannsgeselle (Bariton), Peter Iwanow, ein junger Russe, Zimmermannsgeselle (Tenor), van Bett, Bürgermeister von Saardam (Baß), Marie, seine Nichte (Sopran), Admiral Lefort, russischer Gesandter (Baß), Lord Syndham, englischer Gesandter (Baß), Marquis de Chateauneuf, französischer Gesandter (Tenor), Witwe Brown (Alt), Soldaten, Diener, Zimmerleute, Matrosen u. a.
Ort und Zeit: Saardam in Holland, im Jahre 1698.
Handlung: Nach einer typischen Singspiel- oder komischen Opernouvertüre hebt sich der Vorhang über einem Arbeitsplatz auf den Schiffswerften einer kleinen holländischen Stadt. Ein fröhlicher Chor der Zimmerleute eröffnet das Stück. Auf Wunsch seiner Arbeitskameraden stimmt Peter Michaelow, der in Wirklichkeit der hier unerkannt lebende und Schiffsbau studierende Zar Peter I. von Rußland ist, ein Zimmermannslied an, zu dem der Chor den Refrain singt. Der folgende Dialog enthüllt des jungen Peter Iwanow, eines fahnenflüchtigen Russen, und Marias, des Bürgermeisters Nichte, Zuneigung, aber auch das Auftauchen verdächtiger ausländischer Gestalten im ruhigen Saardam. Jeder der beiden Russen glaubt, es gälte ihm: der Zar fürchtet, sein Inkognito nicht wahren zu können, und Peter Iwanow lebt in dem Wahn, sein Oberst lasse nach ihm fahnden. Der verkleidete russische Gesandte Lefort überbringt dem Zaren die Nachricht, daß in der Heimat Unruhen ausgebrochen seien, die sich die lange Abwesenheit des Herrschers zunutze machten. Peter I. beschließt, sofort heimzureisen. Da tritt der aufgeblasene und über alle Maßen dumme Bürgermeister van Bett auf; sein Lied mit dem Refrain »O, ich bin klug und weise und mich betrügt man nicht« ist eine reizende, sehr populär gewordene Parodie. Er hat den Auftrag bekommen, einen Fremden namens Peter in seiner Stadt zu suchen. Natürlich haut sein »Scharfsinn« wieder einmal daneben, und er hält Iwanow für den so dringend gesuchten Fremden, nachdem er alle auf der Werft arbeitenden Peter angesehen hat. Der englische Gesandte erscheint; er hat von seiner Regierung Wind bekommen, der Zar verberge sich hier. Wer könnte das besser herausbekommen als der Bürgermeister? Also verspricht er ihm 2000 Pfund Belohnung, wenn er ihm auf die Spur helfe. Van Bett macht die Verwirrung voll und hat ein nettes Duett mit Iwanov, der sich entdeckt fühlt, aber sich nicht weniger über die Freundlichkeit des Bürgermeisters wundert, der in ihm eine Staatsperson sieht. Marie kommt nochmals auf die Werft, von dem französischen Gesandten gefolgt, der ihr den Hof macht und von Peter Iwanow höchst unfreundlich behandelt wird. Alles rüstet zu einem Fest, das am Abend gegeben werden soll. Der französische Gesandte erreicht geschickt, daß der Zar sich verrät: sie vereinbaren eine Unterredung auf dem Fest. Dieses nimmt seinen Anfang unter lustigen Klängen.

Der zweite Aufzug spielt im Inneren einer großen Schenke. An einem Tische, an der Seite, sitzen die beiden Peter. Bald treten der russische und der französische Gesandte auf. Während der Bürgermeister dem ebenfalls erscheinenden englischen Gesandten den vermeintlichen Zaren in Gestalt Iwanows vorführt, schließt der wahre Zar einen Bündnisvertrag mit Frankreich. Als er die Vorschläge Chateauneufs studiert, gibt dieser, auf Maries Bitte, ein Lied zum besten: »Lebe wohl, mein flandrisch Mädchen...«. ① Lord Syndham trifft ein und setzt sich mit Peter Iwanow an einen Tisch. Der geschickt und witzig gemachte Dialog läßt nun abwechselnd Bruchstücke der beiden Gespräche von den verschiedenen Tischen vernehmbar werden. In einem kommt der Zar mit Frankreich zum Abschluß; im anderen ergeben sich die tollsten Mißverständnisse, da Iwanow sich der Fahnenflucht für überführt hält, von seinen Partnern hingegen als Staatsperson angesehen wird. Lortzing hat daraus ein bezauberndes Ensemble geschmiedet. Die Ankunft von Soldaten unterbricht es. In Saardam sind in letzter Zeit viele Arbeiter nach anderen Ländern geworben worden, und die Regierung wünscht das zu unterbinden. So müssen alle in der Schenke Befindlichen sich zu erkennen geben. Der Bürgermeister fällt beinahe in Ohnmacht, als sich die Anwesenheit dreier Gesandter herausstellt. Als er die beiden Peter verhaften will – den einen verteidigt der französische, den anderen der englische Gesandte als Zaren – kommt es zu allgemeinem Tumult, über

① *Con dolcezza* / pp

Le—be wohl, mein flan—drisch Mäd—chen, wi—der Wil—len muss ich fort;

dem der Vorhang fällt. Der wahre Zar entkommt.
Der dritte Aufzug spielt in der Halle des Stadthauses zu Saardam. Van Bett studiert mit einem Chor den soeben von ihm verfaßten Hymnus zu Ehren des Zaren ein. Die Szene ist grotesk, da auf die feierlichen Worte »Heil sei dem Tag, an welchem du bei uns erschienen« die komische Imitation eines Orchesterzwischenspiels »Dideldum, dideldum, dideldum« folgt. Der Zar tritt auf, trifft sich mit Marie, die äußerst besorgt ist: ihr Schatz Peter soll der Zar sein! Da könne er sie doch nicht heiraten? Der wahre Zar sucht sie zu trösten und macht sich einige Gedanken über den Unterschied seiner Sorgen mit dem Kummer dieser guten, einfachen Menschen. Er singt das äußerst bekannt gewordene Lied »Sonst spielt' ich mit Zepter, mit Krone und Stern«, dessen innige Schlußwendung »O selig, o selig, ein Kind noch zu sein« Zeugnis für des Komponisten tief volkstümliche Begabung ablegt. Die beiden Peter begegnen einander. Dem vermeintlichen Zaren hat der englische Gesandte ein Schiff und einen Paß zur Verfügung gestellt, mit denen er seinen angeblichen Feinden entfliehen soll. Der wahre Zar erbittet den Paß von ihm und verspricht dem völlig Verdutzten, sein Glück zu begründen. Zuletzt klärt sich alles auf, als der wahre Zar an Bord eines Schiffes gerührten Abschied von Saardam nimmt. Das Papier, das er Peter Iwanow übergeben, enthüllt seinen Rang, ernennt diesen zum kaiserlichen Oberaufseher und erlaubt seine Heirat mit Marie. Unter brausenden Hochrufen fährt Peter I. in sein Land heim.
Quellen: Peter der Große von Rußland war eine im Roman, in Theaterstücken und auch Opern beliebte Figur, lange bevor Lortzing sich ihn zum Helden seines Werkes erwählte. Eine kurze Liste nur der musikalischen Werke, die rund um diesen Herrscher geschaffen wurden, müßte die Komponistennamen Grétry, Weigl, Mercadante, Donizetti, Adam, Flotow, Meyerbeer nennen, ohne die weniger bekannten zu erwähnen. Lortzings direktes Vorbild aber war keines dieser Werke, sondern die Oper »Frauenwert« oder »Der Kaiser als Zimmermann« des Freiherrn v. Lichtenstein (in der er selbst oftmals auftrat) und das französische Lustspiel »Der Bürgermeister von Saardam« oder »Die beiden Peter« dreier Pariser Autoren.
Textbuch: Aus dem letztgenannten Werk übernahm Lortzing zwei Akte, der dritte Akt ist seine eigene, freie Erfindung. Das Libretto ist einfallsreich, amüsant, abwechslungsreich und liebenswürdig, wie es Lortzings Art ist.
Musik: Sehr gut gearbeitet, sowohl in den Chor- wie in den Ensemble- und Einzelszenen, ist »Zar und Zimmermann« eines der einfallsreichsten Werke seines Schöpfers. Es besitzt viel musikalische Komik (die seltener anzutreffen ist, als man meinen sollte), sehr hübsche Melodien. Ein Singspiel, wie es sein soll.
Geschichte: »Zar und Zimmermann« wurde in wenigen Monaten fertiggestellt und ging in Leipzig am 22. Dezember 1837 zum ersten Mal in Szene, zehn Monate nach den »Beiden Schützen«. Lortzing wirkte selbst mit und spielte die Rolle des »anderen« Peter. Das Werk wurde zu dem vielleicht am meisten gegebenen Singspiel Lortzings.

Der Wildschütz

Komische Oper in drei Akten. Textbuch nach August von Kotzebue von Albert Lortzing.
Originalsprache: Deutsch
Personen: Graf von Eberbach (Bariton), die

Gräfin, seine Gemahlin (Mezzosopran), Baron Kronthal, Bruder der Gräfin (Tenor), Baronin Freimann, eine junge Witwe, Schwester des Grafen (Sopran), Nanette, ihr Kammermädchen (Mezzosopran), Baculus, Schulmeister auf dem Gut des Grafen (Baß), Gretchen, seine Braut (Sopran), Pankratius, Haushofmeister auf dem gräflichen Schlosse (Baß), Diener, Jäger.

Ort und Zeit: Ein Schloß und ein nahegelegenes Dorf in Deutschland anfang des 19. Jahrhunderts.

Die Ouvertüre weist ein Merkmal auf, das völlig einmalig genannt werden muß. Während einer spannenden Orchester-Generalpause fällt hinter der Bühne ein Schuß. Er ist gewissermaßen das Leitmotiv der Oper und findet später in humorvoller Weise seine Aufklärung.

Im Dorfe wird fröhlich Verlobung gefeiert. Der ältliche Schulmeister Sebastian Baculus hat sich das reizende junge Gretchen erwählt, das ihn mehr aus Dankbarkeit und dem Wunsch, endlich unter die Haube zu kommen (sie ist schon 25 Jahre alt, also knapp davor, eine alte Jungfer zu werden!), nehmen will als aus Liebe. Die Gäste singen und tanzen, während ein Brief des Grafen dem Bräutigam zentnerschwer aufs Herz fällt. Er soll wegen Wildfrevels aus seiner Schulstellung entlassen werden; hätte er doch nur den Rehbock im Revier des Grafen nicht geschossen, mit dem er das Verlobungsmahl besonders üppig zu gestalten dachte! Was tun? Im Augenblick spielt er mit dem Gedanken, das hübsche Gretchen beim Grafen Verzeihung erbitten zu lassen. Doch als er sieht, daß seine Braut mit diesem Vorschlag sofort einverstanden ist, kommen ihm ernste Bedenken. Noch streiten die Brautleute über diesen Punkt, als zwei fremde junge Leute des Weges kommen. In Wirklichkeit sind es die Baronin Freimann, – mit einem wirkungsvollen Auftrittslied –, ① nach kurzer, unglücklicher Ehe Witwe geworden und auf dem Wege zum Schlosse ihres Bruders, des Grafen von Eberbach; ihr folgt die Kammerzofe Nanette. Sie sind als Männer verkleidet und geben sich als Studenten aus, einerseits um unauffälliger reisen zu können, andererseits aber auch, weil die junge Witwe jenen Baron Kronthal unerkannt ansehen will, von dem ihr Bruder ihr angedeutet hat, er käme als guter Heiratskandidat für sie in Frage. Die Baronin schlichtet den Streit zwischen Baculus und Gretchen, indem sie vorschlägt, selbst als Bauernmädchen verkleidet zum Grafen zu gehen. Dort werde sie die Rolle Gretchens gewiß gut spielen und die Verzeihung erlangen. Jagdhörner werden vernehmbar. Der Graf naht mit seinem Schwager, dem Baron Kronthal, und Gefolge. Als er sieht, daß ein ländliches Fest stattfindet, ist er sofort dabei. Die Mädchen gefallen ihm, seien sie nun vom Stande oder bäuerlicher Abkunft. Besonders Gretchen, die trotz des Verbotes ihres Bräutigams den Grafen begrüßt, und die nun wieder als Mädchen gekleidete Baronin erregen sein Wohlgefallen. So lädt er, kurz entschlossen, alle für den nächsten Tag auf sein Schloß ein.

Der zweite Akt sieht Baculus im Schloß, wo er eben dem Ende einer Sophoklesvorlesung der Gräfin beiwohnt. Das Personal sucht sich wachzuhalten und preist überschwänglich den »klassischen« Geist der Schloßherrin. (Hier liegt eine Parodie auf die seinerzeit überhand nehmende »Gräkomanie« vor, die groteske Formen annahm.) Baculus erhält vom Haushofmeister den Wink, sich mit griechischer Bildung auszuweisen, wenn er die Gräfin als Fürsprecherin gewinnen wolle. Rasch lernt der Schulmeister ein paar Zitate auswendig und scheint bereits die Schlacht gewonnen zu haben, als der Graf auftritt und sich unversöhnlich zeigt. Nun hat Baculus ein stärkeres Geschütz aufzufahren. Die Baronin, als »Gretchen« verkleidet, wird vorgeführt. Baron Kronthal, der bereits am Vorabend in schwärmerischer Liebe zu ihr entbrannt war, belagert sie nun, doch kommt ihm der schürzenjägerische Graf gefährlich in die Quere. Den Höhepunkt des Aktes bildet die Billardszene zwischen den beiden Rivalen, bei der in der Hitze des Gefechts die Lampe durch einen Stoß gelöscht wird. Die Finsternis verursacht blinde Verfolgungen, durch deren Lärm die Gräfin, aus dem Schlummer gerissen, mit Lichtern erscheint. Um dem »armen Mädchen« endlich zur Nachtruhe zu verhelfen – da eines Unwetters wegen an eine Heimkehr Baculus' und seiner vermeintlichen Braut nicht zu denken ist – lädt die Gräfin »Gretchen« auf ihr eigenes Zimmer ein. Der Schreck Baculus' ist groß, hält er die als »Gretchen« verkleidete Gräfin doch für einen Mann! Ehe er noch lange nachdenken kann, erscheint der Baron und bietet ihm Geld, falls er ihm die Braut abträte. Tausend, zweitausend, zuletzt fünftausend Taler. Der arme Schulmeister sagt zu. Der Akt schließt mit seiner vergnüglichen Arie »Fünftausend Taler«, in der er weniger an die Folgen der Verwirrungen denkt, die sich ergeben müssen, wenn alles ans Tages-

① *Allegro moderato*

Auf des Lebens raschen Wogen fliegt' mein Schifflein leicht dahin,

BARONIN

② *Andante*

Fünftausend Taler! Fünftausend Taler

BACULUS

licht käme, als an das große Vermögen, dessen Herr er nun in so unverhoffter Weise werden soll. ②

Im letzten Akt fallen die Masken: als Baculus sein Gretchen angeschleppt bringt, um sie gegen die vereinbarten 5000 Taler dem Baron zu übergeben, sieht dieser, daß es eine andere, als die er liebt, ist. Verzweifelt rät ihm der Schulmeister zu, nicht nur des Geldes wegen, sondern weil er immer noch daran glaubt, die Baronin sei ein Mann. Diese aber hat an Kronthal Gefallen gefunden, obwohl sie ihn für des Grafen Stallmeister hält. Als der Graf hinzukommt, sucht er die Baronin zu küssen und wundert sich, daß sie ohne Umstände darauf eingeht. Doch erfährt er sofort, daß es ein Geschwisterkuß war. Auch die Gräfin muß erkennen, daß der Baron Kronthal niemand anderer ist als ihr eigener Bruder, den sie jahrzehntelang nicht mehr gesehen und zuletzt unerkannt im Hause aufgenommen hatte. Der Schulmeister ist der einzige Betrübte an diesem Morgen. Sein Gretchen hat er endgültig eingebüßt, denn die will nach allem Vorgefallenen nichts mehr von ihm wissen. Die Stellung scheint auch verloren, doch da die ganze Schuljugend für ihn bittet, ist der Graf bereit, an diesem Freudentag Gnade vor Recht ergehen zu lassen. Im letzten Augenblick stellt sich zudem heraus, daß selbst dieser »Wildschütz« gar keiner ist. In der Finsternis hat er keinen von des Grafen Rehböcken erschossen, sondern seinen eigenen Esel ...

Quelle: August von Kotzebue (1761–1819) war ein fruchtbarer, seinerzeit beliebter und erfolgreicher Komödienschreiber. Eines seiner Stücke hieß »Der Rehbock oder die schuldlosen Schuldbewußten«. Es stammt aus dem Jahre 1815 und wurde in der Bearbeitung von Ilo v. Janko unter dem Titel »Und Böcke schießt man nicht« 1978 wieder in den Spielplan aufgenommen.

Textbuch: Lortzing hat das Sujet bedeutend verfeinert und eine Fülle eigener Ideen dazugetan. So ist die Billardszene seine eigene Erfindung, und vor allem hat er die Hauptgestalt grundlegend umgearbeitet. Der Schulmeister Baculus war von ihm ursprünglich als Parodie des Erziehungsreformators J. B. Basedow gedacht, der von 1724–1790 lebte und über den Goethe berichtet. Er hat dann von einer zu großen Deutlichkeit der Karikatur abgesehen, da er Basedows Verdienste – trotz seines skurrilen Wesens – nicht schmälern wollte. Auch die »klassische« Manie der Gräfin ist Lortzings Einfall. Das Libretto ist unterhaltsam, einfach und doch geschickt in seinen Verwirrungen.

Musik: Lortzing ist der echte Volkskomponist. Wenn man sein Talent so oft als »liebenswürdig« bezeichnet hat, so trifft diese Kennzeichnung voll und ganz zu. Er ist keines der großen Genies gewesen, aber eines der feinen Talente, denen äußerst gelungene Werke zu verdanken sind. »Der Wildschütz« ist vielleicht sein bestes. Es ist ein auch technisch glänzend gearbeitetes, stets nobles und erfreuliches Meisterstück.
Geschichte: Die Uraufführung der in den vorausgegangenen Monaten entstandenen Oper fand am Silvesterabend des Jahres 1842 im Leipziger Alten Theater mit stärkstem Erfolg statt. Im Jahre 1843 folgten Berlin und Dresden, und in wenigen Jahren nahezu alle deutschen Bühnen, ohne daß das und seine vielen anderen Erfolge an der traurigen materiellen Lage des Autors etwas hätte ändern können.

Undine

Romantische Zauberoper in vier Akten. Textbuch, nach Friedrich de la Motte-Fouqué, von Albert Lortzing.
Originalsprache: Deutsch
Personen: Bertalda, Tochter Herzog Heinrichs von Schwaben (Sopran), Ritter Hugo von Ringstetten (Tenor), Kühleborn, Wasserfürst (Bariton), Tobias, ein alter Fischer (Baß), Marthe, sein Weib (Alt), Undine, beider Pflegetochter (Sopran), Pater Heilmann (Baß), Veit, Ritter Hugos Schildknappe (Tenor), Hans, Kellermeister (Baß), Edle, Gesandte, Ritter, Pagen, Fischer, Geister, Nixen.
Ort und Zeit: In einem Fischerdorfe, im herzoglichen Schlosse und auf Burg Ringstetten am Rhein, etwa um die Mitte des 15. Jahrhunderts.
Handlung: Im Fischerdorf hat der Ritter Hugo von Ringstetten unfreiwillig mehrere Monate zugebracht, da das Wasser, das den umliegenden Zauberwald von der Welt trennt, über Nacht zu einer reißenden Flut angeschwollen war. Er hat sich in das Pflegekind des Fischerpaares verliebt, in die liebreizende, aber seltsame Undine, die eines Tages, vor vielen Jahren schon, plötzlich arm und frierend vor der Hütte des Paares stand, gerade an dem Tage, an dem ihr eigenes Kind spurlos verschwunden war. Nun, da die Wasser endlich fallen, naht die Stunde des Aufbruchs, aber Hugo will das Mädchen nicht zurücklassen und beschließt, sie zu heiraten. Eine seltsame Bemerkung Undines läßt ihn einen Augenblick aufhorchen. Keine Seele zu haben, beklagt sich das Mädchen, doch die Pflegeeltern, ein Pater und der Bräutigam weisen so unchristliche Rede sanft zurück. Ein Liebesduett besiegelt das Glück der jungen Leute; Hugo erzählt, wie er bei Hof in einem Turnier die Gunst der schönen Bertalda, des Herzogs Tochter, gewann. Doch sei sie stolz und hochmütig, und das wahre Glück könne er nur an der Seite eines so lieblichen, natürlichen Wesens finden, wie Undine es sei. Beim Hochzeitsfest erscheint der mächtige Wasserfürst Kühleborn; er läßt sich mit Hugos Knappen Veit in ein Gespräch ein, das er auf Bertalda und des Ritters vermeintliche Liebe zu ihr bringt. Der Knappe pflichtet ihm bei. Ist doch für ihn diese überstürzte Hochzeit mit dem Fischermädchen nichts weiter als eine Laune, ein flüchtiges Abenteuer seines Herrn. Mit tiefer Trauer vernimmt der Wassergeist solche Worte; Undine zu beschützen, nimmt er sich vor.

Bei der Ankunft im Schlosse enthüllt Undine ihrem Gatten das Geheimnis ihrer Herkunft. In einer großen Szene und Arie schildert sie ihm die mannigfachen und harmlosen Geister, die in allen Elementen hausen und dem Menschen freundlich und ähnlich seien; nur keine Seele besäßen sie, doch im liebevollen Zusammenleben mit einem Manne könne eine Nixe menschengleich werden und von ihm eine unsterbliche Seele empfangen. Würde Hugo sie nun zurückstoßen? Doch zärtlich schließt er sie in seine Arme. Bertalda kehrt von der Jagd heim. Dem schweren Schlag, den Geliebten an der Seite einer anderen zu sehen, begegnet sie mit scharfem Hohn und der Mitteilung, den König von Neapel ehelichen zu wollen, dessen Abgesandter um ihre Hand angehalten habe. Bei den nun einsetzenden Feierlichkeiten wird Undine um ein Lied gebeten, aber scheu und schüchtern, wagt sie nicht zu singen, obwohl Bertalda höhnisch meint, es müsse doch ein Leichtes sein, von Wasser und Fischen zu singen. Da tritt ein fremder Ritter vor, um ein Lied zum besten zu geben. Es ist Kühleborn, der in seiner neuen Verkleidung Undine nahe sein will. Sein Lied entlarvt die hochmütige Bertalda. Sie ist nicht mehr als eine Fischerstochter, des Tobias und der Marthe vor Jahren verschwundenes Kind. Wütend will Bertalda zuerst den Sänger strafen, die Höflinge rücken ihm zuleibe, aber mit jedem Augenblick wird dessen seltsame, achtunggebietende Größe klarer, und zuletzt bestätigt ein Dokument seine Worte. Von ihrer Höhe herabgeschmettert bricht Bertalda zusammen, während Kühleborn, von allen verfolgt, in die rauschenden Wasser eines Brunnens springt, in sein ureigenstes Reich hinab. Undine aber neigt sich mitleidvoll über die betäubte Bertalda.

Hugo und Undine haben Bertalda auf ihre Burg mitgenommen, wo sie nun mit ihnen lebt. Doch hat sie verstanden, des Ritters Herz von der Nixe abzuwenden, die sie als Zauberwesen dem immer noch Geliebten zu entfremden weiß. Eines Tages erklärt Hugo Bertalda seine Liebe und verstößt grausam die überraschend eintretende Undine. Da verdüstert sich die Szene, Wassergeister, von Kühleborn geführt, steigen herauf und schwören dem undankbaren Ritter Rache. Die vom Leid überwältigte Undine kehrt in die Fluten zurück, aus denen sie einst gekommen.

Der vierte Akt bringt Hugos Vermählung mit Bertalda. Aber um Mitternacht erscheint, von geheimnisvollem Licht umflossen, Undine. Während alle Gäste wie erstarrt dem Schauspiel zusehen, nimmt die Nixe den Ritter liebevoll in die Arme. Da stürzt der hohe Saal zusammen, Wasser überfluten ihn. Inmitten der Geister thront Kühleborn und empfängt in seinem unterirdischen Reich seinen Schützling Undine und den treulosen Ritter Hugo, dem er das Leben schenkt, damit er auf immer im Reiche der Wassergeister, bei Undine, bleiben könne.

Textbuch: Eine echte romantische Oper wurde hier vom Komponisten nach einem Vorwurf des Dichters Friedrich de la Motte-Fouqué entworfen. Dieser hatte den Stoff zuerst in einer Novelle ausgearbeitet und daraus später ein Libretto gemacht, das E. T. A. Hoffmann, unter dem gleichen Titel »Undine«, in eine Oper verwandelte. Die komischen Figuren des Lortzingschen Werkes, Veit und Hans, wurden von diesem frei hinzuerfunden, zweifellos, um den gewohnten Boden des Singspiels nicht ganz unter den Füßen zu verlieren. Mit Zauberspuk, außerirdischen Wesen, Geistererscheinungen und ihren Beziehungen zur Menschenwelt stellt dieses Libretto eine romantische Oper dar, wie sie in Deutschland zu Beginn des 19. Jahrhunderts hoch in Mode stand. Erst Wagner überwindet sie, aber auch er benützt noch zahlreiche ihrer Elemente (im »Fliegenden Holländer«, in »Tannhäuser«, in »Lohengrin«, die durchwegs Zeitgenossen von Lortzings Opern sind).

Musik: Trotz mancher Schönheit dieser Partitur wird die Grenze von Lortzings Talent deutlich sichtbar. Dämonie ist hier kaum anzutreffen, so notwendig sie zur Gestaltung der übernatürlichen Figuren (Undine und Kühleborn) auch sein mag. Am gelungensten sind wohl die eingestreuten Lieder, doch waltet auch in Undines Gesangslinie ein dramatischer Geist, der dem Werk – das zudem schön instrumentiert ist und wirklich romantischen Geist atmet – bei jeder Aufführung ein dankbares Publikum sichert.

Geschichte: Der poetische Undinestoff taucht oftmals in der Literatur auf, und viele Musiker haben sich von ihm packen lassen (Dvořáks schöne »Rusalka« gehört hierher, Tschaikowskys »Undine«, Henzes gleichnamiges Ballett und vor allem die Oper »Undine« des E. T. A. Hoffmann). Lortzing arbeitete während des Jahres 1844 an dieser Oper. Magdeburg führte sie am 21. April 1845 und Hamburg vier Tage später erstmalig auf.

Der Waffenschmied

Komische Oper in drei Aufzügen. Text von Albert Lortzing.
Originaltitel: Der Waffenschmied von Worms oder Liebhaber und Nebenbuhler in einer Person
Originalsprache: Deutsch
Personen: Hans Stadinger, berühmter Waffenschmied und Tierarzt (Baß), Marie, seine Tochter (Sopran), Graf von Liebenau, Ritter (Bariton), Georg, sein Knappe (Tenor), Adelhof aus Schwaben, Ritter (Baß), Irmentraut, Mariens Erzieherin (Mezzosopran oder Alt), Brenner, Gastwirt, Stadingers Schwager (Tenor), ein Schmiedegeselle (Tenor), Bürger, Bürgerinnen, Ritter, Schmiedegesellen.
Ort und Zeit: Worms, 16. Jahrhundert.
Handlung: In Meister Stadingers berühmter Schmiedewerkstatt arbeitet der als Geselle Konrad verkleidete Graf von Liebenau, um sich dieserart seiner geliebten Marie, Stadingers Tochter, leichter nähern zu können. Auch sein Knappe Georg hat sich als Schmiedegeselle verkleidet. Er teilt seinem Herrn mit, daß soeben in einem Reisewagen das Fräulein von Katzenstein angelangt sei, des Grafen frühere Braut. Nun muß es Liebenau mit Marie rasch zu einer Entscheidung bringen. Aus dem Nebengemach tritt Stadinger, zum Ausgehen bereit; er trägt Georg,

den er bevorzugt, auf, während seiner Abwesenheit darauf zu achten, daß nicht etwa wieder der Ritter, wie es schon vorgekommen, um das Haus schleiche und sich Marie zu nähern versuche. Zugleich verkündet er, daß am nächsten Tage, auf den sein 25jähriges Meisterjubiläum fällt, ein großes Fest stattfinden solle. Nach Feierabend geht »Konrad«, um sich schnell in seine Rittertracht zu werfen, während Georg seiner Lebensfreude in einer hübschen Arie »Man wird ja einmal nur geboren« Ausdruck gibt. Da tritt Stadingers Schwager, der Gastwirt Brenner, auf, in dessen Haus das Fräulein von Katzenstein und ihr Begleiter, der Ritter Adelhof, abgestiegen sind. Brenner erfährt von Adelhof, daß es der Wunsch der Ankömmlinge sei, den Gesellen Konrad schleunigst mit Marie zu verheiraten, damit diese nicht dem Ritter Liebenau in die Hände falle, der ein gefährlicher Verführer sei. Sie beschließen, die Sache sofort in die Wege zu leiten. Doch Stadinger und Marie sind nicht daheim, nur Irmentraut, die redselige Erzieherin ist da und beklagt sich, nachdem Brenner und Adelhof ihrem Wortschwall wenig Beachtung geschenkt haben, bitter über die Männer, in einer – stets aktuellen – Ariette: »Welt, du kannst mir nicht gefallen, hast dich förmlich umgekehrt; von den heut'gen Männern allen ist auch keiner etwas wert ...« ① Marie kehrt heim und erwartet den Ritter, der sich ihr allabendlich zu nahen sucht. Doch in der folgenden Aussprache mit ihm gesteht sie, daß sie einen anderen liebe ... nämlich den »Gesellen Konrad«. Ehe noch Zeit ist, die Sache aufzuklären, kommt Stadinger zurück, läßt das Haus nach dem Eindringling durchsuchen und ist nur schwer zu beruhigen. Endlich geht alles schlafen; Marie horcht noch an Konrads Tür und sehnt sich, ihm gute Nacht zu wünschen. Durch einen Fensterspalt sieht sie draußen nun die Gestalt des Ritters, der ihr nicht mißfällt. Doch im Widerstreit zwischen der Verlockung des Glanzes und dem treuen Herzen Konrads gibt sie diesem den Vorzug, ohne zu ahnen, daß der Zwiespalt nur der Verkleidungskomödie zuzuschreiben ist.
Der zweite Akt beginnt mit einer fingierten Eifersuchtsszene, die Konrad am nächsten Morgen Marie macht. Aber sie endet mit einer innigen gegenseitigen Liebeserklärung (wobei witzigerweise Marie die gleichen Worte verwendet, die sie am Abend vorher aus des Ritters Mund gehört: »Gern gäb' ich Glanz und Reichtum hin für dich, für deine Liebe ...«). Auf diese lyrische Szene folgen zwei groteske: zuerst, als Irmentraut, die die Küssenden überrascht, selbst allzugerne geküßt werden möchte. Und hernach, als der etwas beschränkte Adelhof kommt und Stadinger zu überreden sucht, seine Tochter dem Gesellen Konrad zu geben. Die Unterredung endet mit einem gewaltigen Verdruß. Stadinger entläßt Konrad auf der Stelle und beschließt, nachdem er einen Brief Liebenaus bekommen hat, in dem dieser ihn nochmals um Mariens Hand bittet, seine Tochter dem Gesellen Georg zu geben. Vergebens wehrt dieser sich dagegen; beim heutigen Fest soll die Verlobung bekanntgegeben werden. Adelhof kommt noch einmal zurück und verkündet nun seinen abgeänderten Auftrag. Nicht Konrad, sondern Georg solle Marie heiraten, so wolle es das Fräulein von Katzenstein, die ihn bezahle. Stadinger, nun froher gestimmt im Angesicht des bevorstehenden Festes, bei dem der Wein in Strömen fließen soll, lädt auch Adelhof auf den Weinberg ein.
Dort spielt das nächste Bild. Die Festmusik (sie beginnt mit dem Thema, das die Ouvertüre der Oper einleitete) gipfelt in frohen Chören. Hilferufe unterbrechen die Lustigkeit: Marie ist auf dem Wege zum Weinberg »überfallen« worden, doch Konrads Mut hat sie gerettet. Trotzdem will Stadinger nichts von ihrer Verbindung wissen; er verkündet, daß er seine Tochter nur Georg zur Frau geben wolle. Beide wehren sich aus Leibeskräften dagegen, und die Festesteilnehmer haben keine geringe Mühe, den Waffenschmied zu besänftigen.
Der dritte Akt beginnt mit einem reizenden Spinnlied Maries, das oft zitiert wurde: »Wir armen, armen Mädchen sind gar so übel dran; ich wollt' ich wär' kein Mädchen, ich wollt' ich wär' ein Mann ...« Stadinger läßt sich den Vorgang der versuchten »Entführung« erzählen und vernimmt die vereinten Bitten aller, Konrad mit Marie zu verheiraten. Da kommt Adelhof gelaufen, und schon sieht es so aus, als würde er neue Verwirrung anstiften, als Konrad sich ihm zu erkennen gibt und ihn an seine Ritterpflicht erinnert, ihn nicht im Stich zu lassen. Stadinger aber gibt immer noch nicht nach: Marie soll abreisen, Konrad aus dem Hause. Da erfolgt der letzte Schlag. Brenner ist nun vom Grafen mit einer höheren Summe bestochen und verkündet, ein Heer des Grafen nahe, um Marie gewaltsam zu entführen; zugleich trifft ein Schreiben des Stadtrats ein, man solle, um Unruhen zu verhüten, schnell Konrad mit Marie verheiraten. So

bleibt nun Stadinger nichts anderes übrig, als Ja und Amen zu sagen, Lortzing gewährt ihm – gleichsam als Trost – hier das sicher hübscheste Lied des Werkes: »Auch ich war ein Jüngling«. ②
Dann folgt schnell und mit dem üblichen Pomp das frohe Ende. Der Graf naht tatsächlich, mit Gefolge, aber in Liebe und um des Waffenschmieds Segen zu erbitten. Der macht gute Miene zur gelungenen Komödie, und auf die schöne Melodie des »Gern gäb' ich Glanz und Reichtum hin« findet das Stück ein echtes Happyend. Um so glücklicher, als es in diesen Opern gar nicht notwendig ist, Glanz und Reichtum wirklich hinzugeben, – das Schicksal begnügt sich mit dem bloßen Angebot.
Quelle: In seiner Detmolder Schauspielerzeit (1826–33) spielte Lortzing den Grafen Liebenau in einem Stück »Liebhaber und Nebenbuhler in einer Person« des heute vergessenen Wiener Schauspielers und Dichters Friedrich Wilhelm Ziegler (1760–1827).
Textbuch: Wie stets bediente Lortzing sich des Vorwurfs nur in den großen Linien, gestaltete ihn aber – und stets in positiver Weise – um. Es entstand hier ein Libretto, dem zwar in unserer heutigen Sicht kein dramatisches Eigenleben zugesprochen werden kann, das aber eine ideale Unterlage zu einer romantischen Spieloper lieferte.
Musik: Volkstümlich, frisch, ehrlich, ungekünstelt, restlos sympathisch, herzerfreuend, gewinnend, – das alles könnte man auch hier wieder, wie bei fast allen Werken Lortzings, bedenkenlos niederschreiben. Liebenswürdige Schilderung der Charaktere und der alten Bürgerzeit, tadelloses handwerkliches Können, melodiöse Eingebungen, die alle Voraussetzungen baldiger Popularität tragen: wer wollte von der Spieloper mehr?
Geschichte: Lortzing schrieb den »Waffenschmied« um die Wende der Jahre 1845–46. Er dirigierte sein Werk erstmalig am 30. Mai 1846 im altehrwürdigen, durch zahlreiche Beethoven-Uraufführungen unter seiner persönlichen Leitung geweihten Theater an der Wien, an das er schließlich als Kapellmeister engagiert wurde.

Die Opernprobe

Komische Oper in einem Akt. Textbuch von Albert Lortzing.
Originalsprache: Deutsch
Personen: Der Graf (Baß), die Gräfin (Mezzosopran), Luise, ihre Tochter (Sopran), Hann-

chen, Kammerzofe (Sopran), der alte Baron von Reinthal (Baß), Adolf von Reinthal, sein Neffe (Tenor), Johann, dessen Diener (Bariton), Diener.

Ort und Zeit: Ein gräfliches Schloß, im Sommer 1794.

Handlung: Im Schlosse des Grafen herrscht die Musik. Das geht so weit, daß selbst einfachste Befehle nicht in Prosa, sondern in rezitativischem Gesang gegeben werden und zudem alles, was dem Haushalt angehört, im Orchester mitzuwirken hat. (Hier macht Lortzing sich über eine Gepflogenheit in den Adelspalästen des ausgehenden 18. Jahrhunderts lustig, von der wir im Zusammenhang mit der Biographie Beethovens manches Zeugnis aus Wien besitzen). So kommt der junge Baron von Reinthal auf die naheliegende Idee, sich einem hübschen Mädchen, das er im Schlosse gesehen hat, als fahrender Sänger zu nahen. Er ahnt nicht, daß dieses Mädchen 1) die Tochter des Grafen und 2) gerade jene Frauensperson ist, um derentwillen er im Zorne von seiner Familie ging, die ihn mit einer ihm Unbekannten vermählen wollte. Hannchen, der Grafentochter Zofe und »Kapellmeisterin« des Schloßorchesters, durchschaut den jungen Sänger und dessen Diener sofort; Luise zeigt sich über die Mitteilung äußerst erfreut, denn der Fremde hat ihr – ob Sänger oder nicht – vom ersten Augenblick an gefallen. Adolf muß eine Probe bestehen, auf Grund derer der Graf ihn für eine Rolle in einer gerade einzustudierenden Oper auserwählt. Sein Diener Johann zeigt sich viel weniger gewandt im Singen, aber die beiden improvisieren ein Duett aus einer angeblichen Oper, die den Schloßherrn sehr interessiert. Als schließlich alles zur letzten Probe bereit ist, platzt der alte Baron von Reinthal in das bis dahin ganz im Sinne seines Neffen ablaufende Spiel. Er zeigt sich zuerst wütend über den Ausreißer, der noch dazu das Gewand eines fahrenden Sängers angezogen hat. In einem höchst ergötzlichen Duett stimmen Adolf und Johann den Alten milde. Zwei glückliche Paare sind das Ergebnis: Adolf heiratet mit größter Begeisterung Luise, das Mädchen, vor dem er ausgerissen ist. Und Hannchen nimmt Johann.

Textbuch: Das Libretto zur »Opernprobe« hat, wie die meisten der damaligen Opern und Singspiele, einen »Stammbaum«; zuerst gab es ein französisches Stück von Philippe Poisson, aus dem Johann Friedrich Jünger ein deutsches Lustspiel unter dem Titel »Die Komödie aus dem Stegreif« machte. Lortzing, mit seinem gesunden Bühneninstinkt, sah die musikalischen Möglichkeiten dieses grotesken »Theaters auf dem Theater« und gestaltete es geschickt zu einem reizenden Einakter.

Musik: Außer mehreren volkstümlich einfachen Melodien, die wir an Lortzing schätzen, enthält dieses Werk eine Reihe musikalischer Scherze (»gags« könnte man sagen, mit einem fast hundert Jahre nach Lortzing eingeführten Wort), sowohl vokaler wie instrumentaler Natur.

Geschichte: Welch grausamer Kontrast zwischen der Fröhlichkeit dieses Werkes und Lortzings Lage zu dessen Entstehungszeit! Zwar war er im Jahre 1850 an einer Berliner Bühne angestellt, aber langes Wanderleben und viele Hungerjahre hatten seinen Organismus geschwächt. Und auch künstlerisch war sein Wirken in letzter Zeit mehr als unbefriedigend gewesen. »Die Opernprobe« wurde in Frankfurt am Main am 20. Januar 1851 zur ersten Aufführung gebracht. Keiner der sich glänzend amüsierenden Zuhörer ahnte, daß in der gleichen Nacht der Autor, arm und elend, in Berlin starb ...

Mark Lothar

1902–1985

Der am 23. Mai 1902 in Berlin geborene Lothar setzt die Singspieltradition in liebenswerter, sehr gekonnter Form fort. Er war Schüler Wolf-Ferraris und bezog dann den Kapellmeisterposten an Schauspielhäusern (Berlin, München), was ihn zu vielen Bühnenmusiken veranlaßte. Doch der wahrscheinlich wichtigste Teil seines Schaffens gehört dem Musiktheater: »Tyll« (1928), »Lord Spleen« (1930), »Münchhausen« (1933), der besonders erfolgreiche »Schneider Wibbel« (1938), »Rappelkopf« (1958), »Der Glücksfischer« (1962), »Der widerspenstige Heilige« (1968), die Kinderoper »Momo« (1978) sind die Etappen seiner Laufbahn, zu denen noch eine Funkoper, eine Bearbeitung der Haydn-Oper »Die Welt auf dem Monde« und anderes kommen.

Dem »Schneider Wibbel« liegt Hans Müller-Schlössers gleichnamige Komödie zugrunde, die sich lange Zeit großer Beliebtheit erfreute. Sie schildert, wie sich ein an sich biederer Schneidermeister in einer alten Stadt am Rhein – aus eigentlich gar nicht patriotischen oder prinzipiellen Gründen – zu abfälligen Äußerungen gegen Napoleon hinreißen läßt, der (man schreibt das Jahr 1813) Deutschland besetzt hält. Er wird zu einer Gefängnisstrafe verurteilt, denkt aber nicht daran, sie wirklich abzusitzen; statt dessen sendet er seinen Gesellen Zimpel in den Arrest. Doch Zimpels anscheinend schwache Gesundheit hält diesen Tausch nicht aus, mit dem er sich ein hübsches Stück Geld zu verdienen hoffte. Er stirbt im Gefängnis, und damit beginnen die Komplikationen. Erstens muß Schneider Wibbel, gerührt und tief bewegt, seinem eigenen Begräbnis beiwohnen. Dann muß er ein verborgenes Leben führen, in einem Verschlag seines eigenen Hauses, aus dem seine Frau ihn, so oft sie allein sind, befreit. Aber wie es in einer Kleinstadt nun einmal geht: der »Witwe« werden Herrenbesuche nachgesagt, die anderen Gesellen werden mißtrauisch, und schließlich greift die Polizei ein. Wibbel wird entdeckt, von der »Witwe« schnell als Wibbels Bruder und ihr neuer Bräutigam ausgegeben. Aber da kommt die Nachricht von der Leipziger Völkerschlacht. Wibbel darf nun offen hervortreten, ja, wird als Napoleons Feind geradezu zum Volkshelden gestempelt.

Heinrich Marschner

1795–1861

Marschner bildet auf dem Wege der deutschen Romantik eine wichtige Etappe zwischen Weber und Wagner. Bei dem am 16. August 1795 in Zittau/Sachsen geborenen Komponisten kommt besonders das dämonische Element stark zum Ausdruck, ein Erbe des Stammvaters der deutschen Romantik, E. T. A. Hoffmann, das auch bei Weber (namentlich in der Wolfsschluchtszene des »Freischütz«) deutlich vertreten ist und bei Wagner in vielfacher Abwandlung eine Rolle spielt (Der fliegende Holländer, Ortruds Zauberkünste, der Venusberg, Isoldes magische Tränke, die Ringsymbolik, Kundrys Doppelleben usw.). Marschner lernte in seiner Jugend Beethoven in Wien kennen; er wurde Kapellmeister in Dresden, Leipzig und Hannover, komponierte zehn Opern, von denen zwei ihm Erfolg und Ruhm einbrachten, und starb am 14. Dezember 1861 in Hannover, wo er zwei Jahre vorher wegen seiner offen zur Schau getragenen liberalen Gesinnung vorzeitig pensioniert worden war. Obwohl sein Werk heute leider nur ausnahmsweise auf den Bühnen erscheint, haben bedeutende Musiker – so vor allem Pfitzner – sich sehr für seine Wiederbelebung eingesetzt.

Der Vampyr

Romantische Oper in vier Aufzügen. Text von August Wohlbrück (nach Byron).
Personen: Sir Humphrey (Baß), Malvina, seine Tochter (Sopran), Edgar Aubry, ein Verwandter (Tenor), Lord Ruthwen (Bariton), Sir Birkley (Baß), Janthe, seine Tochter (Sopran), George Dibdin, in Humphreys Diensten (Tenor), Emmy, des Gutsverwalters Tochter (Sopran); Landleute.
Ort und Zeit: Schottland, 17. Jahrhundert.
Der Vampyrglaube war vor gar nicht sehr langer Zeit weit verbreitet; ja er kommt heute noch bei manchen Völkern und Stämmen vor. Die Verwandlung menschlicher Wesen in blutsaugende Vampyre bildet einen oft verwendeten Stoffkreis für Romanciers und Dramatiker. So hat auch Lord Byron darüber ein Prosafragment verfaßt; Wilhelm August Wohlbrück, ein mit Marschner verwandter Regisseur, entnahm ihm die Handlung der Oper. Der menschliche Vampyr, Lord Ruthwen, muß drei junge Mädchen töten, um vom Herrn der Unterwelt nochmals eine Verlängerung seiner Erdenfrist zu erlangen (so wie im »Freischütz« Kaspar von »Samiel«,

dem Teufel, das gleiche verlangt und dafür neue Seelen ins Verderben stürzen muß). Bei zweien gelingt es dem unheimlichen Vampyr, doch das dritte Opfer wird durch das Schlagen der Kirchenglocke gerettet, da damit die dem Vampyr gesetzte Frist für die Überlieferung der Opfer an die Unterwelt abgelaufen ist. Ein Blitzschlag zerschmettert Ruthwen, während alle Beteiligten auf den Knien die göttliche Hilfe preisen. Marschners Musik enthält viele und bewundernswerte Höhepunkte (alle dämonischen und grauenerregenden Augenblicke, zum Beispiel die Szene, in der der verletzte Vampyr sich ins Mondlich schleppen läßt, um zu genesen); dem stehen lyrische Momente von großer Ausdruckskraft gegenüber und auch volkstümliche Szenen von einfacher Liedmelodik. Die Uraufführung war am 29. März 1828 in Leipzig.

Hans Heiling

Romantische Oper in drei Aufzügen und einem Vorspiel. Text von Philipp Eduard Devrient.
Personen: Königin der Erdgeister (Sopran), Hans Heiling, ihr Sohn (Bariton), Anna, seine Braut (Sopran), Gertrud, ihre Mutter (Alt), Konrad, Leibschütz (Tenor), Stephan, Schmied (Baß), Nikolaus, Schneider (Tenor).
Ort und Zeit: Böhmisches Erzgebirge, um 1400.
Die Dämonie ist auch hier das Hauptmotiv. Hans Heiling ist als Sohn der Geisterkönigin und eines Irdischen ein zwischen beiden Welten hin- und hergerissenes Wesen. Das Thema entstammt einer erzgebirgischen Volkssage und wurde von Theodor Körner dichterisch gestaltet. Einer der großen Theatermenschen jener Zeit (und aller Zeiten), Philipp Eduard Devrient, gestaltete den Stoff zu einem Opernlibretto für Mendelssohn. Aber es kam nicht zu dieser Vertonung. (Begreiflicherweise, müßte man eigentlich sagen; lagen doch Mendelssohn die hellen, frohen oder innig romantischen Themen näher.) So gelangte das Textbuch in die Hände Marschners, der sofort gepackt war. Die Oper – fast könnte man schon von einem Vorläufer des Musikdramas reden – ging am Abend des 24. Mai 1833 in Berlin zum ersten Mal über die Bühne, wobei Devrient die Hauptrolle darstellte. Die Handlung ist dämonisch und romantisch. Hans Heiling, im Zwischenreich zwischen Geistern und Menschen daheim, verzichtet auf seine übernatürlichen Kräfte, um ein Erdenmädchen zu freien. Doch die Geliebte zieht sich, zu seinem tiefsten, zerstörenden Schmerz, von dem ihr unwillkürliches Grauen einflößenden »fremden Manne« zurück und flüchtet in die Arme des Jägers Konrad. (Erst Senta in Wagners »Fliegendem Holländer« – wenige Jahre später – wird ihre Mission erkennen und die Erlösung des »fremden Mannes« vollziehen.) Bevor Hans Heiling blutige Rache üben kann, erscheint ihm seine Mutter; der Geisterkönigin gelingt es, den durch Verzweiflung Zerbrochenen ins Geisterreich heimzuholen, aus dem er nie hätte fortgehen sollen. (Auch Undine hätte es nicht sollen, wie überhaupt in der Romantik die geisterhaften und dadurch »reineren« Wesen bei ihrem Zusammenprall mit der Menschenwelt stets schmerzliche Enttäuschungen erleben.) Marschners Musik ist wiederum großzügig, ja großartig, in vielen Augenblicken genial, erschütternd, mitreißend, selbst heute noch, wenngleich es auch einige veraltete Partien in seinen Werken gibt.

Frank Martin
1890–1974

Dieser bedeutende westschweizerische Komponist, am 15. September 1890 in Genf geboren, am 22. November 1974 im holländischen Naarden gestorben, ist erst spät zur Musikbühne gelangt. Er war als sinfonischer und Kammermusik-Komponist längst bekannt, als er das Oratorium »Le vin herbé« schuf, das (wie so manches Werk unserer Zeit) sowohl konzertmäßig wie auf einer Bühne wiedergegeben werden kann. In seinem musikalischen Werdegang zeichnet sich eine Entwicklung ab, die etwa bei Debussy beginnt, von Strawinskys Einfluß berührt wird, sich mit der Zwölftontechnik Schönbergs und seiner Jünger auseinandersetzt, um schließlich zu einem strengen, höchst eigenen Stil zu gelangen, der sich mit zunehmender Reife vom Klanglichen her immer stärker löst, freier wird, ja von manchen als fast neo-romantisch bezeichnet wird. Frank Martin war von 1950 an Professor und dann Direktor der Kölner Musikhochschule, bis er sich zu völlig freiem Schaffen nach Holland zurückzog.

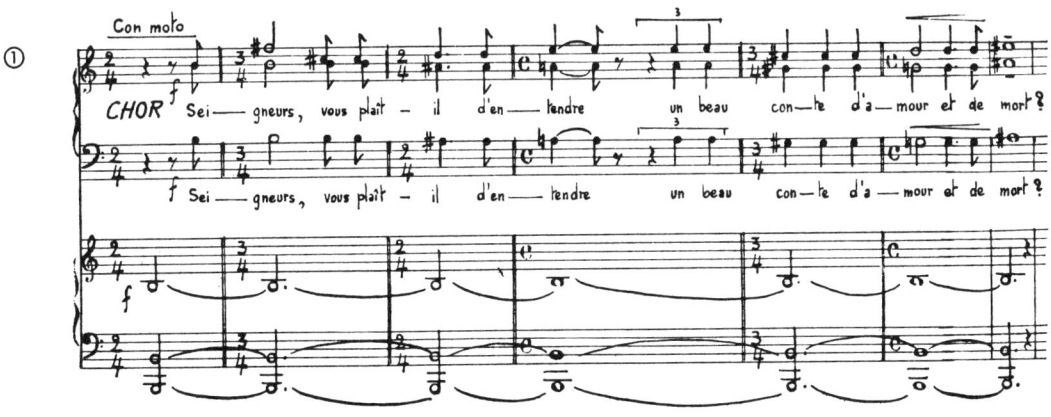

»Der Zaubertrank«, in seinem französischen Original »Le vin herbé« genannt, stellt eine moderne Fassung des »Tristan«-Stoffes dar. »Nach drei Kapiteln des Romans von Tristan und Isot« steht über der Partitur Martins, wobei hinzuzusetzen wäre: »des Gottfried von Straßburg«. Viele haben in Jahrhunderten diese alte Mär nachgedichtet und nachgesungen, die dann bei Richard Wagner eine neue Deutung, einen neuen Sinn bekam. Es scheint sich lange niemand mehr an den Stoff gewagt zu haben, bis der Franzose Joseph Bédier ihn für Frank Martin bearbeitete. Dessen Partitur ist für 12 Singstimmen (wobei der Chor inbegriffen ist!) und für sieben Streichinstrumente mit Klavier geschrieben. Das zeigt bereits, daß von dem romantischen, üppig-sinnlichen, berauschenden Klang der Wagnerschen Fassung bewußt abgegangen wurde. Ja, wer den Martinschen »Zaubertrank« richtig hören will, muß Wagners Oper vergessen können, so schwer dies jedem Musikliebhaber auch fallen dürfte. Ob allerdings der Musiker des 20. Jahrhunderts dem Urgrund der Sage nicht ebenso nahe kommt wie der Romantiker des 19. Jahrhunderts, das ist eine andere, schwer zu beantwortende Frage. Frank Martin schreibt kein Musikdrama im Wagnerschen Sinne und auch keine Oper, so wie man dieses Wort während mehrerer Jahrhunderte verstanden hat. Vielleicht kann der »Zaubertrank« mit dem Blättern in einem alten, sehr alten Bilderbuch verglichen werden, dessen Figuren sich plötzlich zu regen beginnen – ein wenig nur, um für kurze Zeit und wie hinter einem Schleier oder wie von einem Puppenspieler sanft geführt – ihr Leid, ihre Liebe zu Gehör zu bringen. Das Schwergewicht liegt nicht auf den Personen, sondern auf dem Chor, der oratorienhaft wie der altgriechische rund um das Geschehen oder unsichtbar in den Orchesterraum oder in die Kulisse postiert ist und nur aus wenigen, solistisch verwendeten Stimmen besteht. Er leitet das Spiel ein: »Ihr Herren, wollt ihr hören ein schönes Lied von Liebe und Tod? Das Lied von Tristan und Isot, der Königin? Höret zu, wie sie sich liebten in großer Lust, in großem Kummer, und daran starben den gleichen Tag, er durch sie, sie durch ihn.« ① So könnte eine handlungsreiche, dramatische Oper beginnen, denn Prologe, die mit einer knappen Vorschau auf den Inhalt das Interesse des Publikums reizen sollen, sind so alt wie das Theater selbst. Aber sofort, im ersten Bilde schon, erkennt man, daß dieses Werk gänzlich anders aufgebaut ist. Der Chor erzählt nun, ein völlig undramatischer Ton wird beibehalten. Er berichtet davon, wie Isots Mutter, ehe sie ihre Tochter zur Eheschließung mit König Marke in ein fernes Land entsendet, der treuen Dienerin Brangäne einen Zaubertrank überreicht, mit dem Auftrag, ihn nach der Hochzeitsfeier in des Paares Wein zu schütten, doch ja niemandem anderen einen Tropfen zu geben, denn (singt Isots Mutter) »jene, die gemeinsam davon trinken, werden sich lieben mit allen Sinnen und all ihren Gedanken immerdar, im Leben und im Tod«. Und der Chor wiederholt diese Sätze, bis sie geheimnisvoll ins Nichts verhallen. Das zweite Bild wird wiederum durch den Chor eingeleitet, der die Meerreise und Isots Traurigkeit beschreibt, je weiter die Küsten ihrer irischen Heimat zurückbleiben. Tristan tritt zu ihr: der Chor erzählt es, die Bühne kann es pantomimisch ausführen. Tristan, der ihren Verlobten Morolt erschlagen! Nun führt er sie »als Beute« in Markes Land. Wild stößt Isot ihn zurück, dann erst erfolgt ihr Aufschrei: »Ich Ärmste! Verflucht sei das Meer, das mich trägt! Verflucht auch sei dieses Schiff! Lieber den Tod in meinem Heimatland, als leben im Land König Markes!« Wie nahe stehen diese Worte jenen, die Wagners Isolde in der gleichen Situation singt, aber die Wirkung ist eine völlig andere. Hier wiederholt der Chor (während Isolde = Isot gewissermaßen wieder zur Figur erstarrt) fast gleichzeitig ihre Worte, als kommentiere er sie: »Ich Ärmste, klagte sie, ›verflucht sei das Meer ...‹« Das dritte Bild bietet ein treffliches Beispiel für die Technik dieses Werkes. Solostimmen des Chors erzählen, wie das Schiff eines Tages eine Insel anläuft und Isot mit einer sehr jungen Dienerin allein an Bord zurückbleibt. Schildert, wie Tristan sich ihr abermals naht und sie zu trösten sucht. »Da die Sonne brannte und Durst sie quälend befiel, verlangten sie zu trinken. Das Kind suchte einen Trank. Da fand es das Fäßchen, das einstens die Mutter Isots Brangäne gegeben. ›Hier habe ich Wein!‹ rief es ihnen zu. Ach, es war ja kein Wein, die Leidenschaft war's, es war bitt're Freude und Herzensnot ohne Ende und der Tod!« Brangäne tritt hinzu, erkennt, was vorgefallen. Sie ergreift den Becher, den Tristan und Isot schon gemeinsam geleert haben, wirft ihn verzweifelt ins Meer und klagt (nachdem alles vorherige ausschließlich vom Chor erzählt wurde): »O Jammer! Verflucht sei der Tag meiner Geburt und verflucht der Tag, an welchem ich dieses Schiff bestieg! Isot, Gefährtin, und Ihr, Tristan, Ihr habt getrunken euren Tod!« Das vierte Bild erzählt den Fortgang der Reise nach Tintagel, König Markes Reich (das bei Wagner Kornwall genannt wird). Tristan klagt sich bitter an. Nun begehrt er, Markes Neffe und Vasall, wie ein eigenes Kind aufgezogen und geehrt, die Gattin seines Beschützers, die ihn nie, nie wiederlieben darf. Doch auch Isot liebt ihn (fünftes Bild). Hassen wollte sie ihn, denn er hatte sie verschmäht und seinem Oheim zum Weibe erkoren, aber nun muß sie ihn lieben mit der ganzen Kraft ihres Herzens. Nur der Chor schildert diese plötzlich hereingebrochene Liebe. Viel bewegter ist das sechste Bild. Tristan und Isot stehen endlich einander gegenüber und vereinen sich im ersten Kuß. Brangäne will sich verzweifelt dazwischenwerfen, aber erkennt, wie sinnlos es wäre, das Unabwendbare verhindern zu wollen: »Denn durch meine Schuld aus dem verfluchten Becher habt ihr getrunken die Liebe und den Tod!« – »Komme denn der Tod!« antwortet Tristan. Und das Schiff fährt weiter in den sinkenden Abend hinein. Der zweite Teil weicht völlig von der Wagnerschen Fassung ab. Im dichten Walde, in den Tristan und Isot nach Entdeckung ihrer Liebe geflüchtet sind, werden sie eines Tages von König Marke schlafend gefunden. Aber ein scharfes Schwert trennt ihrer beider Körper. Als er dies sieht, kann Marke sie nicht töten, wie er es vorhatte. Er vertauscht Tristans Schwert mit seinem eigenen, damit die Erwachenden von seiner Anwesenheit erführen. Gesänge der Reue singt Tristan. Auch Isot fühlt ihre Schuld. Lange wandern sie wortlos durch den Wald, der ihnen Versteck und gemeinsames Leben war. Der dritte Teil ist »Der Tod« betitelt. Isot und Tristan haben sich getrennt; er ist in ein fernes Land gezogen und im Kampfe durch eine vergiftete Lanze verwundet worden. Da sendet er in höchster Not einen Gefährten zu Isot, sie zu rufen, und trägt dem Freunde auf: »Wenn ihr mir bringt Isot, die Königin, hißt das weiße Segel, und wenn ihr sie nicht bringt, so fahrt unter schwarzem Segel daher.« Nun harrt Tristan Tage und Nächte, immer elender, immer schwächer. Erst hält ein furchtbarer Sturm, dann eine Windstille Isots Schiff auf. Und als es sich endlich dem Lande naht, tritt eine andere Isolde, Isot die Weißhändige, zu ihm, die er einst auf seinen Wanderfahrten geheiratet und verlassen hatte. Sie konnte das Gespräch belauschen, das den Gefährten in Isots der Blonden Heimat aufbrechen ließ. Jetzt rächt sie sich, kündet dem Leidenden an, daß ein schwarzes Segel nahe. Tristan bricht zusammen und stirbt. Isot, die Blonde, steigt schnell vom Hafen aufwärts zur Burg, von den Dorfbewohnern angestaunt. Sie findet Tristans Leiche und die andere Isot an seiner Seite. Sie weist diese fort und stirbt, über den geliebten Mann gebeugt. Der Chor schildert, wie sie seinen Mund und sein Antlitz küßt, ihn eng an sich zieht, Leib an Leib, Mund auf Mund. »So gab sie ihre Seele auf, aus Schmerz um ihren Freund starb sie bei ihm.« (Die bis dahin harmonisch äußerst komplizierte Musik Martins löst sich hier wie durch das Licht aus einer anderen Welt in helles C-Dur auf). Dem Chor gehört der Abschluß: zuerst singt er von König Marke, der bei der Nachricht von Tristans und Isots Tod ihre Körper in kostbaren Sarkophagen in sein Reich bringen und beisetzen läßt. Dann erzählt er, wie aus Tristans Grab ein Brombeerstrauch blühte. Und zuletzt wendet er sich an das Publikum in einem Epilog. Der Schlußakkord des Werkes ist der reine Dreiklang in H-Dur. Wagners Liebestod verklingt in derselben Tonart, aber das ist vielleicht nur

Zufall ... Es wäre verlockend, diese beiden so verschiedenen »Tristan«-Opern zu vergleichen. Wagner hat das Geschehen stark vereinfacht, es gibt weniger Personen, keine andere Frau schiebt sich in die unweigerlich dem Tode zustrebende Verkettung Tristans und Isoldes. König Marke spielt eine passivere Rolle, während er bei Frank Martin den Verrat zuerst schwer bestraft, indem er Isolde zum Leben mit den Leprakranken verdammt. Bei Wagner ist eine Trennung der Liebenden – außer durch Gewalt – nicht mehr möglich; bei Martin versuchen sie, ihrer Liebe und damit dem Schicksal zu entgehen. Dieses Schicksal ist bei Wagner schärfer herausgearbeitet. Auch liebt Isolde Tristan hier schon vor dem Beginn der Seefahrt, aber da sie eine Vereinigung für unmöglich hält, gibt sie Brangäne den Auftrag, einen Todestrank zu mischen; Brangänes »Irrtum« kommt nur ihrem wahren, gewaltsam zurückgedrängten Wunsche entgegen. Bei Martin irrt eine junge Dienerin sich, hält für Wein, was in Wahrheit ein Trank ist, der denen, die ihn trinken, unlösbare Liebe und gemeinsamen Tod gibt. Aber größer noch als die Unterschiede in Handlung und Szenenführung sind die Gegensätze in der dramatischen Auffassung und in der Musik. Martins Werk gehört zu den »epischen« Opern, ist Strawinskys »Oedipus Rex« und Honeggers »Johanna auf dem Scheiterhaufen« (um nur zwei wichtige Stationen auf dem Wege dieses für unser Jahrhundert charakteristischen Stils zu nennen) verwandt. Rein musikalisch kontrastieren die Werke Wagners und Martins aufs äußerste, nicht nur darin, daß des letzteren Werk eben um fast ein Jahrhundert »moderner« in den Harmonien ist. Begnügen wir uns mit den angedeuteten Punkten, eine genauere Analyse des Falles würde den Rahmen unseres Buches sprengen. Die szenische Uraufführung des »Vin herbé« fand – zwei Jahre nach dem ersten konzertanten Erklingen – während des Salzburger Festspielsommers, im August 1950 statt.

Der Sturm

Es spricht für die ewige Gültigkeit Shakespeares, daß um die Mitte unseres zerrissenen und krampfhaft nach Neuem suchenden Jahrhunderts mehrere führende Komponisten seine Stoffe ihren Opern zugrunde legen: Sutermeister vertont »Romeo und Julia«, Britten »Sommernachtstraum«, Frank Martin »Sturm« (wobei es vielleicht bezeichnend sein mag, daß das Übergewicht auf den nichttragischen Stoffen liegt). Martin bedient sich bei seinem Unternehmen des ungekürzten Textes in der Schlegelschen Übersetzung. »Der Sturm« ist seine erste Oper im vollen Sinne dieses Wortes geworden. Es dürfte nicht uninteressant sein, zu erwähnen, daß er bei ihrer Uraufführung am 17. Juni 1956 in der Wiener Staatsoper 66 Jahre alt war. Wer in so reifen Jahren ein neues Gebiet betritt, muß einen starken Impuls hierzu fühlen. Zugleich spricht diese Tatsache aber auch für die Gattung an sich, die, in ihrer Lebensfähigkeit angezweifelt und in ihren Stilelementen diskutiert, sich zu einer neuen Blütezeit anschickt. Prospero ist ein Baßbariton, sein Gegenspieler Antonio ein Tenor, seine Tochter Miranda ein Sopran, der wilde und mißgestaltete Sklave Caliban ein Baß, dessen Stimme (wie die Fafners im »Siegfried«) durch Megaphon oder Mikrophon verstärkt werden kann, um »furchtbar« zu klingen; das alles liegt durchaus in der Norm der Oper; hingegen geht die Gestaltung des Luftgeistes Ariel neue Wege. Er wird auf der Bühne durch einen Tänzer dargestellt (auch Puck in Brittens »Sommernachtstraum« muß ein akrobatisch-tänzerisch geschulter Schauspieler sein!), während sein Gesang von einem Kammerchor aus der Kulisse oder dem Orchesterraum her interpretiert wird. Dadurch wird diese Geistererscheinung schon rein musikalisch den übrigen, menschlichen Figuren des Spiels gegenübergestellt und gleichzeitig durch Polyphonie gewissermaßen aufgespalten, unirdisch gemacht. Die Einbeziehung des tänzerischen Elements (nicht in Ballettszenen, wie sie die »grande opéra« so pomphaft, aber manchmal so unorganisch bot, sondern im Expressiv-, im Ausdruckstanz einzelner, in das dramatische Geschen gestellte Personen) ist eine Errungenschaft der modernen Oper, die wir bei Strawinsky, bei Henze, bei Schibler – um nur drei aus der großen Zahl der Komponisten zu nennen – in höchst interessanter Anwendung finden. Das Orchester des »Sturms« ist normal besetzt, aber auch hier gibt es eine charakteristische, »moderne« Nuance: ihm zur Seite steht ein kleines, gewissermaßen »luftiges« Kammerorchester, das die Szenen Ariels zu untermalen die Aufgabe hat.

253

① Adagio molto tranquillo
dolce
cantabile

Während der Ouvertüre ① erscheint, auf einen Vorhang projiziert oder malerisch dargestellt, Prosperos Insel, vom Meere aus gesehen. Vor dem gleichen Vorhang singt Prospero am Ende des Stückes den Epilog. Der Vorhang ist zu Beginn des Vorspiels hell beleuchtet, verdunkelt sich aber allmählich, als wäre ein Gewitter im Anzug. Es ist der Sturm, der sich im anschließend gespielten ersten Akt furchtbar über dem Schiff entlädt, auf dem Neapels König Alonso, Antonio, der unrechtmäßige Herzog von Mailand und Bruder Prosperos, sowie der weise alte Ratgeber Alonsos, Gonzalo, gemeinsam mit der Besatzung beten und gegen das Kentern kämpfen. Aber es ist alles vergebens, inmitten von Blitz und Donner (die genau in die Partitur eingetragen sind) sinkt der Segler.

Der zweite Aufzug zeigt uns die Zauberinsel, von der aus Prospero den Sturm entfesselte. In Sorgen tritt seine jugendliche Tochter Miranda zu ihm und beklagt das Los des Schiffes und seiner Insassen, doch Prospero beruhigt sie: niemandem sei etwas geschehen. Dann enthüllt er ihr die Vergangenheit, an die sie sich – ein Kind beinahe noch – kaum entsinnen kann. Als er selbst geheimen Forschungen oblag und so sein Herzogsamt über Mailand kaum wirklich ausübte, verbündete sein ehrgeiziger Bruder sich mit dem König von Neapel, Prosperos Feind, und gemeinsam stürzten sie den rechtmäßigen Herrscher, setzten ihn und seine kleine Tochter in ein Boot, das, mit Gonzalos Hilfe und von Gott gelenkt, an dieser Insel landete. Jahre sind vergangen, die Prospero durch eifriges Studium geheimer Künste und okkulter Wissenschaften klug verwendete; und nun haben die Sterne ihm das Anbrechen einer Glücksstunde in Aussicht gestellt. Seine Feinde wurden durch den mit Zaubermitteln ausgelösten Sturm gezwungen, sich an dieses Eiland zu retten. Während Miranda einschläft, beschwört Prospero den Luftgeist Ariel, der ihm untertan ist. Er naht mit tänzerischem Gehaben und erweckt den Eindruck, schwerelos zu sein. Hier ändern sich Licht und Musik mit einem Schlage. Zu neuen Aufgaben soll der Geist sich bereithalten. In eine Nymphe verwandelt, lockt er Ferdinand, den Sohn des Königs von Neapel, mit seiner Musik hinter sich her; der Jüngling folgt den weichen Tönen wie im Traum, während Ariel noch unsichtbar bleibt. Er erblickt Miranda, und die Liebe loht in beiden sofort auf. Doch Prospero scheint sich zu widersetzen, nennt Ferdinand einen Spion und bedroht ihn, so daß er seinen Degen zieht, ihn jedoch, durch ein Zauberwort gebannt, nicht führen kann. Prospero entwaffnet ihn und wirft ihn, zu Mirandas Schmerz, in ein Verlies. Aber er läßt das Publikum wissen (mit jenen »beiseite« gesprochenen Sätzen, die in alten Komödien so häufig sind und in modernen wiederum auftauchen), daß es in Wirklichkeit keineswegs bös gemeint ist und nur seinem Plane entspricht, den er im Bunde mit Ariel durchzuführen sucht. Der erste Auftritt im zweiten Akt bringt die aus dem Sturm ans Land Geretteten: König Alonso, seinen Bruder Sebastian, Antonio, Gonzalo und mehrere Herren vom Hof. Der König ist traurig, da er seinen Sohn vermißt und ihn ertrunken glaubt. Ariel tritt auf, Geige spielend und von den Männern unbemerkt: Er versenkt alle in Schlaf, mit Ausnahme von Antonio und Sebastian. Leise beraten diese, wie sie durch Verschwörung und Mord an den Schlafenden sich nun, nach Mailand, auch in den Besitz Neapels setzen könnten. Da weckt Ariel schnell die Schlummernden, die Antonio und Sebastian mit dem Schwert in der Hand vorfinden. Diese reden sich auf ein fürchterliches Gebrüll aus, das sie gehört haben wollen. Der König bittet alle, aufzubrechen und die Suche nach seinem verschollenen Sohn wieder aufzunehmen. Der zweite Auftritt bringt eine komische, echt Shakespearsche Szene zwischen einem Spaßmacher, einem Betrunkenen und dem Sklaven Caliban. Die folgende Szene gibt die gegenseitige Liebeserklärung Mirandas und Ferdinands wieder, der im Frondienst für Prospero schmachtet. Im nächsten Bilde treten wieder der betrunkene

Stephano, der Spaßmacher Trinculo und der Sklave Caliban auf, der Stephano überreden will, Prospero zu töten und selbst Herr auf der Insel zu werden, die einst, wie er sagt, sein Eigentum war. Ariel belauscht die Unterhaltung, die voller Komik ist. An einem anderen Punkt der Insel setzen die Geretteten die Suche nach Ferdinand fort. Da erscheint Ariel und verkündet den Schuldigen der seinerzeitigen Vertreibung Properos aus seinem Mailänder Herzogtum, daß nun die Strafe über sie hereinbräche.

Der erste Auftritt des dritten Aktes bringt die Vereinigung der Liebenden durch Prospero, der den Brautleuten zu Ehren durch Ariel eine Zauberszene vorführen läßt, einen berauschend schönen Tanz von Göttinnen und Nymphen. Dann rüstet er sich zur Abwehr des Anschlags von Caliban. Die drei Verschwörer sind nähergeschlichen, aber da sie in Prosperos Behausung eindringen wollen, entfesselt dieser eine Meute von Verfolgern, die sie in die Flucht schlagen. Zweite Szene: Prospero, von Mitleid mit seinen Feinden erfaßt, befiehlt Ariel, sie in seinen Zauberkreis zu bringen. Und nun folgt die Versöhnung, die große Schlußszene, in der Prospero großmütig allen Feinden vergibt und Ariel anweist, für guten Wind zu sorgen, auf daß er diese Insel verlasse und mit allen, die nun seine Freunde sind, nach Mailand heimsegle, nachdem aus Miranda und Fernando ein glückliches Paar geworden und Caliban, der Tölpel, freigelassen ist. Zuletzt soll Ariel selbst, der treue, dienstbare Luftgeist, für immer frei sein, wie er es verdient. Prospero entsagt allen Zauberkünsten, die er nur erlernte, um Unrecht wieder in Recht zu verwandeln. Mit einem Epilog verläßt er die Insel und verabschiedet sich vom Publikum.

Das Mysterium von der Geburt des Herrn

In diesem Spiel geht Frank Martin ganz auf das mittelalterliche Mysterium zurück. Den Text schuf Arnould Gréban in französischer Sprache (Le mystére de la Nativité). Die Handlung entwickelt sich auf drei Spielebenen: Himmel, Erde, Hölle. Alles ist wie aus Holz geschnitzt, primitiv und doch äußerst kunstvoll, und zudem von tiefster Gläubigkeit erfüllt. Die konzertante Uraufführung fand zur Weihnachtszeit des Jahres 1959 durch Ernest Ansermet im westschweizerischen Rundfunk statt. Acht Monate später gaben die Salzburger Festspiele – im August 1960 – den (allerdings etwas weltlichen) Rahmen für die szenische Erstaufführung. Martin erreicht in diesem Werk klangliche und stimmungsmäßige Höhepunkte, die seinen Rang unter den zeitgenössischen Schöpfern bestätigen.

Monsieur de Pourceaugnac

Zum ersten Male versucht sich Martin an einem Lustspielstoff. Molière hatte eine Gelegenheitskomödie geschrieben, die am 6. Oktober 1669 erstmalig in Anwesenheit Ludwig XIV. in Schloß Chambord gespielt wurde. Molière selbst stellte die Titelrolle, den aus seiner Provinzheimat in das intrigante Großstadtmilieu von Paris verschlagenen Monsieur de Pourceaugnac dar. Die ausdrücklich gewünschte Bühnenmusik steuerte der damals hochberühmte Hofkomponist Jean Baptiste Lully bei, der in einem phantastisch abenteuerlichen Leben zum Begründer der französischen Oper wurde. Nun hat, fast drei Jahrhunderte später, Frank Martin den gleichen Stoff zur komischen Oper verarbeitet, in der es geschlossene Musiknummern (viele nach Art der barocken Musik oder des Rokoko, also der Zeit, in welcher die schwankhafte Handlung spielt) und gesprochenen Dialog gibt. Das vergnügliche Werk, in dem auch Chor und Ballett ansprechende Aufgaben zu erfüllen haben, ist dem westschweizerischen Radio und seinem Genfer Direktor René Dovaz gewidmet und erlebte in dem neuen Genfer »Grand Théâtre« im April 1963 seine Uraufführung.

Bohuslav Martinu
1890–1959

Von den mehr als zwanzig Opern und Radioopern Martinus hat die Welt zu seinen Lebzeiten nur wenig Notiz genommen, trotz der Verbreitung, die andere seiner Werke gefunden hatten. Er wurde am 8. Dezember 1890 in Policka (heute Tschechoslowakei) geboren, wanderte aber aus seinem Vaterlande aus und lebte unstet, vielleicht aus eigener Veranlagung, teils aber durch die Bitternis der Zeit getrieben, in vielen Weltgegenden; in Paris, in Italien, in der Schweiz, in den USA. Er kehrte nie mehr in seine Heimat zurück, aber er blieb ihrer Musik sein ganzes Leben lang treu. Immer wieder tauchen in seinen Werken tschechische Melodien und Rhythmen auf. Martinu war nach dem Ersten Weltkrieg ein Avantgardist, später wandelte er sich zum Neoklassiker, dem auch romantische Züge nicht ferne lagen. Im deutschen Sprachgebiet wurden folgende seiner Bühnenstücke gespielt: »Julietta«, »Wovon die Menschen leben«, »Die Heirat« (nach Gogol, uraufgeführt 1954 in Hamburg), »Mirandolina«. Viel Verbreitung fand seine einaktige »Komödie auf der Brücke«, aber zu echter dramatischer Tiefe drang er vielleicht erst in seinem letzten Bühnenwerke durch, der »Griechischen Passion«, deren Uraufführung er nicht mehr erlebte. Er starb in Liestal bei Basel am 28. August 1959. Spät erst erkannte die Welt Martinus außerordentliche Bedeutung.

»Komödie auf der Brücke« ist ein vergnügtes Lustspiel in einem Akt. Den Text schrieb der Komponist selbst nach einer Vorlage des tschechischen Schriftstellers V.K. Klicpera. Den Schauplatz bildet eine Brücke, die in Kriegszeiten zwei feindliche Armeen trennt. Als Datum der Handlung ist die erste Hälfte des 19. Jahrhunderts angegeben. An jedem der beiden Brückenköpfe steht ein Wachtposten. Zuerst kommt das hübsche Mädchen Popelka gelaufen und will über die Brücke; der Wachtposten prüft ihren Ausweis und läßt sie passieren. Doch der Posten auf der anderen Seite verbietet ihr, weiterzugehen; und als sie zurück will, verhindert das der gegenüber wachehaltende Soldat, da der Ausweis wohl zum Verlassen, nicht aber zum Betreten seines Gebiets berechtige. Was bleibt ihr also übrig, als mitten auf der Brücke nach einer Hilfe zu spähen. Da kommt auch schon der Bierbrauer aus ihrem Dorf. Doch ergeht es ihm prompt ebenso. Im Niemandslande auf der Brücke muß er warten, bis sich irgend etwas an der Lage ändert. Immerhin vertreibt er sich die Zeit damit, daß er Popelka einen Kuß gibt, gerade in dem Augenblick, in dem deren Bräutigam zur Brücke kommt, um Popelka zu sehen. Der Krach zwischen den Brautleuten ist begreiflicherweise heftig. Da erscheint des Brauers Ehefrau, und Hans, der Bräutigam, erzählt ihr das Vorgefallene. Sofort dringt sie auf Scheidung, doch, wie solches anstellen? Zum Glück erscheint, lateinische Zitate murmelnd, der gelehrte Schulmeister; er ist in ein schwerwiegendes Problem vertieft: wie kann ein Reh aus einer Wiese entkommen, wenn diese von einer hohen Mauer umgeben ist, die es nicht zu überspringen vermag? Ein Offizier hat ihm dieses Problem in den Kopf gesetzt, und just in dem Augenblick, in dem er ihm die Lösung sagen wollte, ging der Waffenstillstand zu Ende, und der Offizier mußte zu den Waffen greifen. Nun sitzen alle fünf, jeder mit seinen Angelegenheiten beschäftigt, auf der Brücke und können weder vor noch zurück. Da beginnt es zu schießen, der Krieg nimmt seinen Lauf. Hans und Popelka rücken zusammen (wobei er ihr eine kleine Untreue gesteht) und auch der Brauer und seine Frau versöhnen sich (obwohl sie ihm ebenfalls eine kleine Untreue zu gestehen hat.) Der Schlachtlärm wird immer schlimmer, schon glauben alle, nicht mit dem Leben davonzukommen. Da ertönen Siegesrufe, der Krieg ist aus, der Weg ist frei, die beiden Paare gehen beglückt heimwärts, und der Schulmeister erfährt von dem vorbeikommenden Offizier endlich die Lösung: Das Reh kann nicht entkommen...

Die Grundidee ist hübsch. Sie ist im Geiste einer vergangenen Zeit durchgeführt; hier ist das zwangsweise Verweilen zwischen zwei kämpfenden Parteien, im Niemandsland, das Fehlen eines Dokuments, eines Passes, eines Stempels von der heiteren Seite her beleuchtet (nicht mit der Tragik unseres Jahrhunderts, die etwa Menotti in seinem »Konsul« so grauenhaft lebendig macht). Und wie aus einem anderen Jahrhundert mutet eigentlich auch die Musik an, vielleicht absichtlich. Die Harmonien sind »klassisch«, volksliedhafte Melodien sind in großer Schlichtheit eingestreut, Ensembles rollen vergnügt in gleichen Rhythmen ab.

Griechische Passion

Oper in vier Akten. Textbuch von Bohuslav Martinu, nach einem Roman von Nikos Kazantzakis.

Originalsprache: Französisch

Personen: Priester Grigoris (Baßbariton), Patriarcheas (Baßbariton), Ladas (Sprechrolle), Michelis, Sohn des Patriarcheas (Tenor), Kostandis, Gastwirt (Bariton), Yannakos, Händler (Tenor), Manolios, Schafhirt (Tenor), Nikolis, Hirtenknabe (Sopran), Andonis, Dorfbarbier (Tenor), die Witwe Katerina (Sopran), Panait (Tenor), Lenio, Braut des Manolios (Sopran), ein altes Weib (Alt), Priester Fotis (Baßbariton), Despinio (Sopran), ein alter Mann (Baß), Chor der Dorfbewohner, Chor der Flüchtlinge.

Ort und Zeit: Im griechischen Dorfe Lycovrissi, während der Türkenbesetzung.

Handlung: In Lycovrissi, einem Dorf an den Hängen des Sarikana-Berges, geht an einem strahlenden Ostersonntag die Messe zu Ende und das Volk strömt aus der Kirche. Der Priester Grigoris verkündet, daß für das nächste Mysterienspiel der Rat der Ältesten die Rollen verteilt habe. Kostandis wird den Apostel Jakob darstellen, Yannakos den Petrus spielen, Michelis den Johannes, die Witwe Katerina soll die Maria Magdalena verkörpern; Panait will sich mit der Rolle des Verräters Judas nicht abfinden und läuft davon. Manolios, ein junger Schafhirt, ist zum Darsteller des Jesus ausersehen und fühlt sich von dieser Aufgabe schmerzlich und freudig überwältigt. Als Lenio, seine Braut, sich zu ihm gesellt und ihm Liebesworte zuflüstert, hört Manolios sie nicht. Stumm steht er, in den Anblick der Natur versunken. Langsam bricht der Abend an, färbt das Gebirge sich violett, dann blau. Hinter der Szene wird ferner Gesang vernehmbar, der sich nähert. Es ist ein Psalm, aber Manolios glaubt, Schluchzen aus ihm heraushören zu können. Dann erscheint die Schar der Singenden, die ersten erreichen den Dorfplatz. Sie sind erschöpft und machen einen beklagenswerten Eindruck. An ihrer Spitze geht der Priester Fotis; erhoben trägt er ein Evangelium, ein Kirchenbanner wird im Zuge mitgeführt. Viele haben Handwerkszeug, Spaten und andere Lasten in den Händen. Grigoris tritt den Ankömmlingen entgegen, im Vollbesitz seiner Würde. Hochmütig fragt er seinen Amtsbruder Fotis, was dieser Zug bedeute. Dieser berichtet, daß er aus einem Dorfe käme, das von den Türken gebrandschatzt wurde. Vertriebene sind es, Flüchtlinge, Heimatlose, die um Hilfe bitten. Doch Grigoris fährt auf: »Priester, sag die Wahrheit: welche Sünde habt ihr begangen? Was habt Ihr getan, daß Gott euch in Ungnade stieß?« Doch andere Dorfbewohner bezeugen den Flüchtigen Anteil und Mitleid. Grigoris lenkt ein: »Was wollt ihr hier bei uns?« »Land« tönt es ihm aus den Kehlen der Vertriebenen entgegen, »Land, um wieder Wurzeln zu schlagen!« Lange Stille herrscht nach diesen Worten. Es ist, als erwarte Grigoris ein Zeichen vom Himmel. Da schreit Despinio, ein Mädchen des Flüchtlingszuges, auf und sinkt zu Boden. Grigoris ruft aus: »Die Antwort, die ihr verlangt habt, Gott selbst hat sie euch nun gegeben; hier ist die Antwort: Cholera!« Ungeheure Erregung bemächtigt sich aller, Grigoris und die Dorfbewohner entfernen sich ängstlich. Fotis ruft in die entweichende Menge: »Es ist nicht wahr, Brüder! Sie starb vor Hunger! Wir sind hungrig!« Doch nur wenige kehren um. Katerina ist die erste, die den Flüchtlingen zu Hilfe kommt. Dann nimmt Manolios sich ihrer an: »Vater, laßt euch nieder am Sarakina-Berg. Dort gibt es Wasser, der Berg ist voll dürren Reisigs ... ihr könnt Feuer machen, die Nächte sind noch kalt ...« In großem Ausbruch segnet Fotis diese Stunde: ein neues Leben wird für die Flüchtlinge erblühen. Im kleinen Haus des Yannakos spielt der zweite Akt. Der geizige Ladas kommt und schlägt Yannakos ein schmutziges Geschäft vor; er möge zu den Vertriebenen gehen und ihnen einen Tausch vorschlagen: Lebensmittel und Kleidung gegen das Gold und den Schmuck, den sie vielleicht bei sich führen. Die Szene wandelt sich.

Wir befinden uns vor dem Dorf, an der Quelle des heiligen Vasilis. Hoch steht die Sonne am Himmel. Manolios schöpft Wasser aus einem alten Brunnen und trocknet sich den Schweiß von der Stirne. Er blickt zum Sarakina hinauf, der in einen Schleier feurigen Rauches gehüllt ist. Plötzlich, nachdem er eine Weile in diesen Anblick versunken gestanden, schrickt er zusammen; es ist ihm, als werde er gekreuzigt: in seinen Händen, Füßen und im Herzen fühlt er den Schmerz. Katerina kommt des Weges, sie hat den Hirten gesucht und belauscht: jede Nacht träume sie von ihm, gesteht sie. Manolios bleibt kühl und fern. Katerinas verzweifelte Blicke folgen ihm, als er langsam den Berg hinanschreitet.

① Allegro moderato
dolce, p

Auf einem trostlosen Platz hat der Priester Fotis die Seinen gesammelt. Sie beginnen Erde auszuheben, um ein neues Dorf zu bauen. Ein sehr alter Mann ihres Zuges stirbt, und es ist ein gutes Omen für sie: »Wißt ihr nicht: ein Dorf hat nur Bestand, wenn in seinen Grundmauern ein menschliches Wesen eingesiegelt ist ...« Voll Entschlossenheit, aber auch voll Liebe beginnen sie, unter des Priesters Fotis Leitung, ihr neues Leben. Yannakos kommt zu ihnen, sieht ihr Tun und bereut sein Vorhaben; er gesteht dem Priester seine böse Absicht, gibt ihm das Gold, das Ladas ihm als Vorschuß zahlte, für den Aufbau des neuen Dorfes. Dann geht er erleichtert fort.

Des Nachts, in seiner Hütte, hat Manolios Visionen: der Priester Grigoris erscheint ihm – mit den Worten, mit denen er ihm vor wenigen Tagen die Rolle des Christus auftrug, die aber nun andere, tiefere Bedeutung gewonnen haben –, dann die Witwe Katerina, die ihn in Liebe ruft und ihr langes, schönes Haar ausbreitet, und zuletzt Yannakos, der ihn Lügner nennt, da er Christus sein will und an seine Heirat mit Lenio denke. Die Traumbilder verwirren sich schließlich, schreiend erwacht Manolios, der Hirtenbub Nikolis weicht entsetzt zurück. Lenio kommt, um ihren Verlobten ein letztes Mal vor der Hochzeit zu sprechen. Aber er ist seltsam, wie stets in letzter Zeit, wortlos geht er fort. Nikolis umarmt Lenio, die vom Klange seiner Hirtenflöte wie verzaubert ist. Die nächste Szene spielt in der Hütte Katerinas; Manolios tritt ein, aber die zuerst sinnlich erregte Katerina erkennt in ihm einen Gottgesandten. Als sei er schon Christus, den er im nächsten Passionsspiel darstellen soll. Und als er sie »Schwester« nennt, geht ein neues, nie gekanntes Gefühl durch ihr Herz. Nun wird sie wahrhaft zur Maria Magdalena. Im nächsten Bild sehen wir sie bergwärts gehen. Ihr einziges Schaf bringt sie den Flüchtlingen, damit deren Kinder Milch bekommen, um nicht Hungers zu sterben. Staunend erkennt Yannakos, der ihr begegnet, die Wandlung. Aus der Sünderin des Dorfes ist eine Büßerin geworden, aber sie ist froh und sicher, so wie Yannakos es ist, seit er die Versuchung des Geldes überwunden hat. Von fern her hört man zornige Stimmen näherkommen. Es ist der Priester Grigoris mit mehreren der reichen Bürger. Sie begegnen Manolios, der zu einer kleinen Schar spricht; es ist, als predige Jesus seinen Jüngern. Als Nikolis ihm verkündet, nun werde er und nicht Manolios Lenio heiraten, nimmt dieser es ohne jede Entrüstung auf; beschämt senkt Nikolis den Stab, den er zur Verteidigung in der Faust hält. Es wird Nacht. Im Schein der Sterne läßt Manolios sich nieder, ein kleiner Kreis von Männern ist um ihn, ein wenig abseits sitzt Katerina. Es ist wie eine Szene aus der Bibel.

Der vierte Akt bringt den tragischen Zusammenprall: Grigoris verflucht Manolios und stößt ihn aus der Gemeinschaft aus. Aber Manolios ist nicht mehr allein: die ihn erkannten, stehen zu ihm. Während der Hochzeitszeremonie Lenios und Nikolis' – Manolios will, nun ganz in seiner Christusrolle, die Flüchtlinge herbeiführen und sie am Überfluß des Dorfes Anteil nehmen lassen – kommt es zum Kampf. Grigoris hetzt die Dorfbewohner auf, und in kurzem Handgemenge tötet Panait, der den Judas spielen sollte, Manolios. Verwirrt zieht die Menge sich zurück. Da kommt die Schar der Flüchtlinge, geführt von Fotis, und kniet um Manolios Leichnam nieder, dem Katerina einen innigen Schlußgesang weiht.

Textbuch: Nikos Kazantzakis (1882 in Heraklion/Kreta geboren, 1957 in Freiburg/Breisgau gestorben) war ein bedeutender Dichter und Romancier. Ihm gelangen starke Schilderungen des neugriechischen Lebens, die in der Literatur unseres Jahrhunderts einen ehrenvollen Platz einnehmen. Seine eminent christliche Grundtendenz kommt vor allem im Roman »Der wiedergekreuzigte Christus« und in seinem Drama »Die Griechische Passion« zum Ausdruck, das Martinu für sein Textbuch verwendet hat. Es gelang ihm ein ungewöhnlich starkes Libretto,

dessen deutsche Übersetzung von Helmut Wagner und Karl Heinz Füssl stammt.
Musik: Dieses sein letztes Werk großen Ausmaßes erhebt Martinu unter die hervorragendsten Komponisten seiner Generation. Hier gibt es nicht nur ergreifende lyrische, sondern auch gewaltige dramatische Szenen. Der Kontrast zwischen dem liebenden Priester Fotis und dem zornigen Priester Grigoris kommt zu klarem musikalischen Ausdruck; die Wandlung Katerinas und besonders die Manolios', der sich aus einem unbedeutenden Schafhirten in die ihm zugedachte Rolle des Erlösers so hineinsteigert, daß er völlig von ihr durchdrungen wird, sind auch musikalisch glaubhaft geworden. Die Volksszenen haben starkes folkloristisches Kolorit. ① Martinu hat alles zu gestalten gewußt: das kleine griechische Dorf am Abhang des hohen Berges, die Gesänge und Flöten der Hirten, die religiöse Inbrunst, den klaren Himmel der Mittelmeerlandschaft, die zauberhaften Frühlingsnächte. Und mag auch vielleicht kein einheitliches Geniestück entstanden sein, so stellt doch »Griechische Passion« eines der fesselndsten Opernwerke unserer Zeit dar.
Geschichte: Zwei Jahre nach dem Tode Martinus und vier nach dem Hinscheiden von Kazantzakis stellte die Uraufführung der »Griechischen Passion« in Zürich eine würdige Trauerfeier für zwei große Komponisten unserer Zeit dar. Sie erfolgte in deutscher Sprache am 9. Juni 1961 in Zürich.

Pietro Mascagni

1863–1945

Es gibt nicht wenige Autoren, deren Ruhm auf einem einzigen Werk beruht; seltener ist, daß es sich dabei um das erste ihrer Laufbahn handelt. Bei Mascagni war es so, und »Cavalleria rusticana« genügte, um ihm einen führenden Platz in der Opernrichtung zu sichern, die man Verismus, musikalischen Realismus oder Naturalismus nennt. Er wurde am 7. Dezember 1863 in Livorno (Italien) geboren, dirigierte jung umherziehende Operntruppen von sehr geringem Niveau, ähnlich wie Leoncavallo, mit dem das Schicksal ihn bald in engste Verbindung bringen sollte. Dann ließ er sich in Cerignola als Musiklehrer und Dirigent der Blasmusik nieder, ein recht geringfügiger Posten für Italien und völlig unbedeutend für das internationale Musikleben. Dort gelang ihm der große Wurf: er beteiligte sich am Wettbewerb für einaktige Opern, den der bedeutende Mailänder Verlag Sonzogno im Jahre 1890 ausschrieb, gewann ihn und feierte mit seinem Erstlingswerk am Abend des 17. Juni 1890 im Teatro Costanzi zu Rom einen unbeschreiblichen Triumph, der sich rasch über alle Bühnen der Erde ausdehnte und ihm Weltruhm verschaffte. Von da an – der Autor zählte erst 26 Jahre – erwartete man jedes neue Werk aus seiner Feder mit starkem Interesse, aber es wollte ihm, trotz mancher ansprechenden, ja schönen Oper, nicht mehr so Durchschlagendes gelingen: »Freund Fritz« (1891), »Iris« (1898), »Isabeau« (1911), »Der kleine Marat« (1922), »Nero« (1935) waren die wichtigsten Etappen in seinem langen Leben, das bis zum Tode (2. August 1945 in Rom) vom Glanze der »Cavalleria rusticana« beschienen war.

Cavalleria rusticana

Oper in einem Akt. Textbuch von Giovanni Targioni-Tozzetti und G. Menasci, nach dem gleichnamigen Werk von Giovanni Verga.
Originaltitel: Cavalleria rusticana. Manchmal als »Sizilianische Bauernehre« ins Deutsche übersetzt, aber zumeist, und auf der ganzen Welt, unter dem italienischen Originaltitel gespielt.
Originalsprache: Italienisch
Personen: Santuzza, junges Mädchen aus einem sizilianischen Dorf (Sopran), Turiddu, junger Mann aus dem gleichen Dorf (Tenor), Lucia, seine Mutter (Alt), Alfio, Fuhrmann (Bariton), Lola, seine Frau (Mezzosopran), Dorfbewohner.
Ort und Zeit: Ein Dorf in Sizilien, der Ostersonntag eines beliebigen Jahres, zu Ende des 19. Jahrhunderts.
Handlung: Die frohe Stimmung eines Oster-

260

sonntags schwingt in den ersten Takten des Vorspiels, das auf dem Klang heller Glocken in der Frühlingsluft aufgebaut ist. Aber bald ist die Leidenschaft fühlbar, die das Drama vorwärts treiben wird. Hinter der Bühne erklingt Turiddus Liebeslied, das im Takt einer »Siciliana« die Schönheit Lolas besingt. ①
Dieses ungewohnte Einbauen einer Gesangsszene in die Ouvertüre bedeutet eine (damals) moderne Auflockerung dieser Musikform; es ist interessant, daß die beiden meistbeachteten Werke des Sonzogno-Wettbewerbs (»Cavalleria rusticana« und »Der Bajazzo«) den gleichen Versuch unternehmen, aus der üblichen Ouvertürenform herauszukommen: Leoncavallo durch den völlig gesungenen, programmatischen Prolog und Mascagni durch ein ambientierendes Lied, das zudem den tragischen Konflikt andeutet: die Liebe Turiddus zur Frau Alfios.
Die Szene stellt einen Platz in einem sizilianischen Dorfe dar. Auf der einen Seite die Kirche, auf der anderen das Haus, in dem »Mamma« Lucia mit ihrem Sohne Turiddu wohnt. Eine frohe Menge belebt den hellen Ostermorgen; sie singt mehrere Melodien, darunter einige, die geschickt der reichen sizilianischen Folklore entnommen sind. Santuzza tritt auf; sie fragt Lucia nach ihrem Sohne. Er sei am Vorabend um Wein in eine Nachbarstadt gegangen, antwortet die Mutter. Aber Santuzza glaubt es nicht; sie fürchtet, er weile bei Lola. Zweifel und Eifersucht martern sie. Da kommt der Fuhrmann Alfio. Mit einem Lied im Volkston besingt er seinen Beruf und die Reize seines jungen Weibes Lola. Die Menge auf dem Platz hat sich um ihn geschart und singt den Refrain mit. Lucia tritt aus ihrem Hause, Alfio bittet sie um einen Trunk. »Mamma« Lucia erwähnt, daß ihr Sohn nach Francofonte gegangen sei, um Wein zu holen. Alfio stutzt, hat er ihn doch am gleichen Morgen im Orte selbst gesehen. Feierliche Akkorde laden das Volk in die Kirche, der Orgelklang bietet einen schönen Kontrast zum fröhlichen Treiben auf dem Platze. Nur Santuzza bleibt zurück. Und in einer großen Arie gesteht sie Mutter Lucia ihren schweren Kummer: ②
»Als euer Sohn einst fortzog ...«
Turiddu war Lolas Geliebter gewesen. Als er aus dem Militärdienst zurückkam, fand er sie mit Alfio verheiratet. So wendete er sich Santuzza zu, die ihn innig liebt. Aber die kokette Lola umgarnt ihn immer wieder von neuem.
Turiddu tritt auf. Es verstimmt ihn sichtlich, Santuzza hier anzutreffen. Bald ist ein Streit ausgebrochen. Auf Santuzzas flehende Bitten hat der Jüngling nur kränkende Antworten. Das Duett steigert sich zu dramatischen Ausbrüchen. ③
Auf dem Höhepunkt des Streites geht Lola über den Platz. Ihr leichtes Liedchen und höhnisches Gehaben zeigen nur allzuklar die Schadenfreude, die sie empfindet. Ihr Triumph wird durch Turiddus Haltung unterstrichen, der sich von der zu seinen Füßen weinenden Santuzza losreißt, um Lola in die Kirche zu folgen. Santuzza verflucht ihren Geliebten mit der ganzen gekränkten Kraft ihres sizilianischen Herzens.
So findet Alfio sie. Und Santuzzas Bitternis bricht hervor. Sie beschuldigt Lola und Turiddu. Der Fuhrmann, eben noch ein froher, sorgenloser Mann, trifft einen schweren Entschluß. Nun vereint ein ebenfalls äußerst dramatisches Duett seine Stimme mit jener des Mädchens, die, Böses ahnend, ihre Worte schon bereut.
Den Übergang zum zweiten Bild stellt das berühmt gewordene »Intermezzo« für Streichorchester her, das sowohl bei offenem wie geschlossenem Vorhang gespielt werden kann. ④
Die Messe ist zu Ende, die Menge strömt aus der Kirche. Turiddu lädt seine Freunde zu einem Trunk ein.
Alfio nähert sich der Gruppe und begrüßt alle herzlich. Da will Turiddu ihm ein Weinglas anbieten, aber Alfio weist es brüsk zurück. Alle verstehen, was das bedeutet: Zweikampf auf Leben und Tod. Plötzlich wird Turiddu klar, was er begangen. Er nimmt von der Mutter Abschied (die hohen Geigen und die abgerissenen Phrasen spiegeln seine innere Zerrissenheit). Er bittet sie, Santuzza nicht im Stich zu lassen, und ehe »Mamma« Lucia noch begreift, was vorgeht, eilt er hinaus auf das Feld, wo Alfio ihn erwartet. Nach einigen Augenblicken höchster Spannung werden Schreie laut, die Turiddus Tod verkünden.

Quelle: Das gleichnamige Volksschauspiel des italienischen Dramatikers Giovanni Verga (1840–1922).

Textbuch: Ein bestgeeignetes Libretto für eine veristische Oper: das leidenschaftsgeladene Milieu, die Charaktere, die Konzentration auf wenige Stunden, der Kontrast von Ostermorgen und Todesahnung, von Volksmilieu und Orgelklang sind ausgezeichnet getroffen.

Musik: Wenngleich die Partitur nicht einheitlich genial genannt werden darf, ergreift ihr dramatischer Atem doch den Hörer unweigerlich. Die Singstimmen sind ebenso glänzend behandelt wie das Orchester. Beinahe fragt man sich (wie auch im Falle von Leoncavallos »Bajazzo«), woher der Komponist, so jung und aus so kleiner Umgebung kommend, eine solche Meisterschaft erwerben konnte.

Geschichte: Der Naturalismus (in der Musik »Verismus« genannt) beherrschte Theater, Literatur und Malerei jener Jahre. Alles sollte »wahrhaftig« sein, erlebt, vordergründig, aus dem Alltag gegriffen. Unter diesem Zeichen stand auch der Wettbewerb, den der Mailänder Verlag Sonzogno für einaktige Opernwerke ausgeschrieben hatte. Mascagni reichte »Cavalleria rusticana« ein, zwei durch ein orchestrales »Intermezzo« zu einem einzigen Akt verbundene Szenen, und sandte die Partitur ein. Er erhielt den ersten Preis. Und selten dürften sich die Preisrichter in so restloser Übereinstimmung mit dem Volkswillen befunden haben wie an jenem Abend des 17. Mai 1890, als eine jubelnde Menge im Teatro Costanzi in Rom die »Cavalleria rusticana« in den unmittelbar anbrechenden Weltruhm hob.

Jules Massenet
1842–1912

Massenet – mit seinem ganzen Namen: Emile Frédéric Jules Massenet – wurde am 12. Mai 1842 nahe bei St. Etienne, in Montaud, geboren. Mit neun Jahren studiert er am Pariser Konservatorium Klavier, später Komposition bei Ambroise Thomas, dem »Mignon-Komponisten. 1863 gewinnt er den Rompreis, ab 1878 ist er Professor, wo er einst Schüler war, und im Jahre 1896 bietet man ihm die Direktion an. Aber er zieht sich zurück, um ganz dem eigenen Schaffen leben zu können. Er wurde Frankreichs populärster Komponist seiner Zeit (ungleich mehr als der sich stets im Hintergrund haltende Debussy) und hatte mit einer langen Reihe von Opern wechselnde, zumeist aber bedeutende Erfolge: »Le Roi de Lahore« (1877), »Herodias« (1881), »Manon« (1884), »Le Cid« (1885), »Werther« (1892), »Thaïs« (1894), »Esclarmonde« (1889), »Le jongleur de Notre Dame« (1902), »Thérèse« (1907), »Don Quijote« (1910). Massenets Stil zeichnet sich durch eine äußerst reizvolle Mischung von Romantik, Verismus, moderner Psychologie, zärtlichen Melodien, pikanten Harmonien, glänzender Orchestertechnik und noch einigem mehr aus, wobei kleine Oberflächlichkeiten elegant unkenntlich gemacht werden. Er starb, hochgeehrt, am 13. August 1912 in Paris.

Manon

Oper (im Original: »komische Oper«) in sechs Bildern (vier Akten). Text von Henri Meilhac und Philippe Gille (nach einem Roman des Abbé Prévost).
Originaltitel: Manon
Originalsprache: Französisch
Personen: Manon Lescaut (Sopran), Poussette, Javotte, Rosette, ihre Freundinnen (Soprane), der Graf Des Grieux (Baß), der Chevalier Des Grieux, sein Sohn (Tenor), Lescaut, Vetter Manons, Garde-du-corps (Bariton), Guillot de Morfontaine, reicher und alter Lebemann (Tenor), de Brétigny (Bariton), ein Wirt (Baß), Sergeant, Gardisten, Pförtner, Reisende, Bürger, Spieler, Schauspielerinnen.

Orte und *Zeit:* Amiens, Paris, bei Le Havre, 1721.
Handlung: Vor dem Gasthof von Amiens, wo die Postkutschen halten, herrscht buntes Treiben. Lescaut erwartet seine Cousine Manon, um sie dem Wunsch ihres Vaters gemäß in ein Kloster zu geleiten. Aber das junge Mädchen erweist sich bei seiner Ankunft keineswegs einverstanden mit diesem Plan. Um wieviel lieber möchte sie »leben«, reich, umschwärmt, verwöhnt ob ihrer Schönheit sein! Lescaut benützt den kurzen Aufenthalt zu einem Spielchen mit Freunden, nicht ohne seiner ebenso entzückenden wie koketten Cousine in Wahrung der Familienehre größte Zurückhaltung aufgetragen

zu haben. Aber was tun, wenn ein junger und eleganter Kavalier plötzlich auftaucht und eine gegenseitige Liebe auf den ersten Blick entsteht? Es ist der Chevalier Des Grieux, Student und auf der Reise zu seinem Vater. Zwei musikalische Motive tauchen hier auf, die uns – gewissermaßen als Leitmotive der Liebe – durch die ganze Oper begleiten werden. ① ②

Ehe sie noch recht wissen, wie ihnen geschieht, ändern Des Grieux und Manon eigenmächtig die ihnen auferlegten Pläne und fliehen gemeinsam nach Paris, in ein vermeintliches Leben voll Zärtlichkeit und Freuden. ③

Dort spielt das zweite Bild. In einer bescheidenen Behausung leben Des Grieux und Manon ihrer Liebe, aber das junge Mädchen hat sich Paris eigentlich anders vorgestellt, – so wie sich eben junge Mädchen (auch im 18. Jahrhundert) Paris vorstellen, so lange sie nicht dort leben. Des Grieux hat soeben einen Brief an seinen Vater geschrieben, in dem er um dessen Segen zur Eheschließung mit Manon bittet. Da wird hart an die Türe geklopft: Lescaut dringt ein, gefolgt von seinem Freunde Brétigny. Skrupellos will er seine Cousine dem reichen Brétigny in die Hände spielen; so mimt er den beleidigten Hüter der Familienehre und nimmt nur widerstrebend den Inhalt von Des Grieux' Brief zur Kenntnis, während Brétigny Manon leise einlädt, zu ihm zu ziehen, da der alte Graf die Heirat ja doch nie erlauben und die Polizei den Chevalier bald abholen werde. Dieser glaubt alles geregelt und geht, den Brief zu befördern. Als Manon nun allein zurückbleibt, wird ihr das Herz schwer; sie ahnt, daß es Abschied zu nehmen gilt. Abschied von Des Grieux, von ihrem Heim, von dem kleinen Tisch, an dem sie so oft mit dem Geliebten gesessen. ④

Als der Chevalier zurückkehrt, findet er Manon in Tränen aufgelöst. Er versucht sie durch die Erzählung eines schönen Traumes von nicht endendem Liebesglück zu trösten. ⑤

Wieder ertönen Schläge an der Türe und zerbrechen die lichte, glückhafte Stimmung (die musikalisch besonders schön gelungen ist). Manon erschrickt; sie erinnert sich der Drohung Bréti-

④ **Andante**
Adieu, notre petite table, qui nous réunit si souvent!....
MANON

⑤ **Andante**
Enfermant les yeux je vois là-bas... une humble retraite
DES GRIEUX

⑥ **Moderato**
Profitons bien de la jeunesse, des jours qu'amène le printemps
MANON

⑦ **Sostenuto cantabile**
Ah! fuyez, douce image, à mon âme trop chère...
DES GRIEUX

⑧ **Andante**
N'est ce plus ma main que cette main presse? N'est ce plus ma voix?
MANON

gnys, von der sie dem Geliebten nichts gesagt hat. Des Grieux wird abgeführt, vor Manon breitet sich das verlockende Leben im Luxus aus, das Brétigny ihr versprochen hat.

Das dritte Bild zeigt eine gewandelte Manon: frivol, leichtsinnig, stadtbekannte Figur des Pariser Nachtlebens, um die sich die reichen Männer – hier Brétigny und Morfontaine – mit immer höheren Angeboten Konkurrenz machen. Die Szene, musikalisch und dramatisch von geringerem Interesse, gipfelt in einem Ballett und der bekannt gewordenen Gavotte Manons. ⑥

Auf dem Höhepunkt des Festes erfährt Manon, daß Des Grieux sich dem Priesterstand weihen wolle. Rasch bricht sie nach St. Sulpice auf, um ihren einstigen Geliebten wiederzuerobern.

Auf die rauschende Festmusik folgt in wirkungsvollem Kontrast die nur von Orgelklängen durchzogene Einsamkeit des Klosters. Der Novize hat soeben seine erste Predigt gehalten, bald soll er Priester werden. Inbrunst erfüllt sein Herz. Der Vater gibt sich mit dieser Lösung zufrieden. Doch Des Grieux quälen trotz allem noch Bilder aus der Vergangenheit, Gedanken an Manon, die er vergeblich zu verscheuchen sucht. ⑦

Da steht sie schon vor ihm. Lange widersteht er der Versuchung, erinnert sich, wie unglücklich er durch ihre Schuld wurde. Aber Manon weiß ihn von neuem zu erobern. Ist es nicht die gleiche Stimme, die gleiche zärtliche Hand, die ihn einst bezauberten? ⑧

Von neuem lodert die Leidenschaft auf. Noch einmal entfliehen sie gemeinsam. Im mondänen Trubel von Paris spielt das nächste Bild. Manon verleitet den Geliebten zum Spiel. Morfontaine fordert ihn heraus, verliert einen größeren Betrag und klagt ihn des Betrugs an. Inmitten eines Skandals erscheint die Polizei im Spielsaal. Der Graf Des Grieux kann seinen Sohn noch rechtzeitig retten, doch Manon wird als seine »Komplizin« abgeführt. Das letzte Bild zeigt die Straße nach Le Havre, von wo Manon gemeinsam mit anderen »Unerwünschten« nach Amerika deportiert werden soll. Dort wartet Des Grieux, um die Frau, die er immer noch liebt, zu retten. Doch die befreite Manon kann sich nicht mehr weiterschleppen, ihre Lebenskraft ist gebrochen. Ein letztes Duett voll süßer Erinnerungen vereint die Liebenden. Dann stirbt Manon in der Umarmung Des Grieux'.

Quelle: »L'histoire du Chevalier Des Grieux et de Manon Lescaut«, der berühmte (und großteils autobiographische) Roman des Abbé Antoine François Prévost d'Exiles behandelt die weitgehend historische Geschichte eines Liebespaars. Manon starb deportiert, wohin Des Grieux sie begleitete; er heiratete nach ihrem Tod dort. Der Stoff ist oftmals vertont worden; genannt seien eine vergessene Oper von Auber, ein Ballett von Halévy, die bekannte Oper von Pucini, in unserem Jahrhundert die Oper »Boulevard Solitude« von Henze.

Textbuch: Meilhac und Gille folgten dem Original von Prévost, mit Ausnahme der letzten Szene, die sie noch in Frankreich spielen lassen, während im Roman (und in Puccinis Oper) Manon erst nach der Landung in Amerika stirbt. Aus dem guten Roman wurde, was nicht immer der Fall ist, ein gutes Textbuch, in dem die echte Leidenschaft und das frivole Milieu, Spielsaal und Kirche, mondänes Treiben und der einsame Tod wirksame Kontraste bieten.

Musik: Massenet paßt sich dem Textbuch glänzend an. Seine Musik ist inspiriert, voll von Melodien, die vielerlei Gefühle ausdrücken, glänzend aufgebaut und brillant instrumentiert. Einige Szenen stellen Höhepunkte in seinem Schaffen – und in der französischen Oper – dar: die Traumerzählung Des Grieux', Manons Abschied vom kleinen Tisch ihres bescheidenen Liebesnestes, in dem sie mit Des Grieux glückliche Stunden verbrachte, dessen große Arie, mit der er im Kloster das immer wieder vor seine Seele tretende Bild Manons verscheuchen will, sowie mehrere Liebesduette.

Geschichte: Massenet begann sich im Jahre 1881 mit dem Stoff zu befassen. Er vollendete seine Oper innerhalb zweier Jahre, wobei er zeitweise im gleichen Hause in Le Havre arbeitete, in dem ein Jahrhundert früher der Abbé Prévost an seinem Roman geschrieben hatte. Die Oper wurde am 19. Januar 1884 in der Pariser Opéra Comique uraufgeführt, mit Marie Heilbronn – einer großen Künstlerin – in der Titelrolle. Sie sang sie unter ungeheurem Beifall etwa achtzig Mal. Nur ihr Tod unterbrach die Aufführungsserie, und Massenet zog es vor, das Werk vom Spielplan zu nehmen, als es von einer anderen Sängerin darstellen zu lassen. Hernach brannte die Opéra Comique ab, aber »Manon« war bereits von zahlreichen Bühnen der ganzen Welt übernommen worden. Erst zehn Jahre später kam sie an die Stätte der Uraufführung zurück, wo sie seitdem weit über tausendmal gegeben wurde.

Werther

Lyrisches Drama in vier Bildern, nach Goethes Roman »Die Leiden des jungen Werthers«, bearbeitet von Edouard Blau, Paul Millet und Georges Hartmann.
Originaltitel: Werther
Originalsprache: Französisch
Personen: Werther (Tenor), Albert (Bariton), der Bürgermeister Le Bailli (Baß), Johann und Schmidt, Freunde des Bürgermeisters (Tenor und Baß), Brühlmann (Bariton), Charlotte und Sophie, Töchter des Bürgermeisters (Sopran und Mezzosopran), Katharina (Mezzosopran), Freunde des Bürgermeisters, Kinder, Bürger u. a.
Ort und Zeit: Wetzlar, 1772.
Handlung: Der Bürgermeister bereitet mit den Kindern ein Weihnachtslied vor, aber die Probe verläuft unbefriedigend; wenn nur Charlotte da wäre, es ginge besser! Die Kinder lieben sie, wie alle Welt ihr zugetan ist. Schließlich beendet Le Bailli die Probe und geht mit seinen Freunden spazieren. Seine Tochter Charlotte, die wahre Seele des Hauses seit dem Tode der Mutter, vernimmt aus dem Munde ihrer Schwester Sophie, daß Werther, der junge Dichter, der seit einiger Zeit in der Stadt weilt, auf dem Ball erscheinen werde, mit dessen Vorbereitungen sie beschäftigt ist. Bald soll sie, einem Gelübde zufolge, das sie der sterbenden Mutter gab, Albert heiraten, einen ernsten jungen Mann aus der Stadt, der sich auf einer langen Reise befindet. Bei einem Besuch im Hause des Bürgermeisters beobachtet Werther mit tiefer Bewegung Charlottes Fürsorge für die kleineren Geschwister, ihre anmutigen Bewegungen, ihre Häuslichkeit; Stadt und Heim des Mädchens erfüllen ihn mit Zuneigung und Liebe. ① Auch das Mädchen fühlt sich seltsam zu der romantischen Erscheinung des Dichters hingezogen, ohne zu ahnen, daß diese Freundschaft sie in schwere Gewissenszweifel stürzen und Werthers Tod verursachen werde.
Der zweite Akt spielt an einem Sonntag auf dem Platz vor der Kirche. Die Bürger ergehen sich im Freien, einige trinken im Garten des Gasthauses. Seit drei Monaten sind Charlotte und Albert verheiratet; voll Zärtlichkeit kommen sie Arm in Arm daher und danken einander für das Glück, das sie genießen. Für Werther, der sie beobachtet, bedeutet jedes ihrer Worte einen Dolchstoß. ② Albert glaubt, den schmerzlichen Seelenzustand Werthers zu erkennen, aber dieser leugnet es. Sophie, in allem das Gegenstück zu ihrer Schwester Charlotte, sucht den Dichter mit ihrem Frohsinn aufzuheitern. Sie fordert ihn auf, mit ihr tanzen zu gehen, doch Werthers Melancholie will nicht weichen. Als er einige Worte mit Charlotte wechseln kann, fühlen beide ihre tiefe innere Bewegung. Die junge Frau bittet Werther abzureisen, aber sie bereut ihre Aufforderung sofort und setzt hinzu, er möge zum Weihnachtsfest zurückkehren.
Charlottes und Alberts Haus ist der Schauplatz des dritten Aktes. Charlotte ist allein, in tiefen Gedanken; sie liest die Briefe, die Werther ihr von allen Etappen seiner weiten Reise schrieb. Als Sophie zu Besuch kommt, kann die ältere Schwester sich nicht mehr beherrschen, ihr Schmerz um den Dichter kommt in einer schönen Arie (von den »ungeweinten Tränen«) zum Ausdruck. ③
Sophie ist gekommen, um die Schwester während der Abwesenheit ihres Gatten in das alte väterliche Heim einzuladen, wo sie sicherlich ihren Frohmut wiederfinden würde. Aber als Sophie gegangen ist, bricht Charlotte in Schluchzen aus und fleht um Gottes Hilfe. Da öffnet sich die Türe, und in ihrem Rahmen erscheint Werther, blaß und erschüttert. Gemeinsam erinnern sie sich an Dinge und Gefühle der Vergangenheit, an Klänge des Spinetts, an Verse ihres romantischen Lieblingsdichters Ossian. Charlotte bezwingt sich mit aller Kraft, aber Werther hat zu lange von diesem Augenblick geträumt, um ihn nicht voll auszukosten. Er umarmt Charlotte, die in ihr Gemach flieht. Vergebens klopft Werther an ihre Türe, es erfolgt keine Antwort. So geht er denn und weiß, daß es für ihn nur noch einen einzigen Weg gibt. Albert kehrt heim. Er sieht den Dichter aus seinem Hause kommen und findet seine Frau in großer Verwirrung. Bevor er noch fragen kann, wird ihm eine Botschaft Werthers überbracht. Er gehe, heißt es in ihr, auf eine lange Reise; ob der Freund ihm seine Pistole leihen könne? Albert läßt die Waffe dem Boten aushändigen, spricht aber kein Wort mit seiner Gattin, die in größter Angst den Sinn dieser »Reise« zu ahnen beginnt. Schließlich kann sie sich nicht mehr halten und stürzt aus dem Hause: gebe Gott, daß sie nicht zu spät komme ... Ein längeres Orchesterzwischenspiel beschreibt die Stille der Heiligen Nacht und die tobende Unruhe im Herzen Charlottes, die zu Werthers Hause eilt. Sie fin-

① O nature, pleine de grâce, reine du temps et de l'espace
WERTHER

② j'aurais sur ma poitrine pressé la plus divine, la plus belle créature...
WERTHER:

③ (Lento) Les larmes qu'on ne pleure pas, dans notre âme retombent toutes
CHARLOTTE

det ihn sterbend, die Kugel im Herzen. Nun sprengt die zurückgehaltene Liebe alle Dämme. Charlotte wirft sich über den erkaltenden Körper, kämpft vergeblich gegen den Tod. In den Zügen des Dichters erscheint ein zartes Lächeln des Glücks. Während von ferne Kinderstimmen die Weihnacht einsingen, haucht Werther seine gequälte Seele aus.

Quelle: Der Briefroman »Die Leiden des jungen Werthers« ist ein Meisterwerk des jungen Goethe und bedeutet einen der Höhepunkte der europäischen Literatur. Sein Erscheinen hatte eine Selbstmordwelle unter den unglücklich Liebenden zur Folge (wie später Wagners »Tristan und Isolde«). Was Goethe im Jahre 1772 in Wetzlar erlebte (und sich »von der Seele schreiben« mußte, um nicht Selbstmord begehen zu müssen), wurde zum klassischen Buch des tiefen Liebeserlebnisses, das keine Erfüllung finden kann.

Textbuch: Drei geschickte Librettisten – Edouard Blau, Paul Millet und Georges Hartmann – teilten sich in die Aufgabe, Goethes Buch zu einem Textbuch umzuformen. Es gelang ihnen, vieles von den Werten des Originals zu bewahren, wenn auch der Goethekenner mit dieser Bearbeitung nicht völlig einverstanden sein kann. Das Schicksal der Personen ergreift uns, die Kleinstadtstimmung ist liebevoll ausgemalt. Auch die für diesen Operntypus notwendigen lyrischen Ruhepunkte (Arien) wurden so geschickt eingebaut, daß sie sich gut in Goethes Intentionen fügen.

Musik: Massenet ist seit »Manon« noch gereift,

die Klänge des »Werther« klingen verinnerlicht, wie kaum ein früheres seiner Werke. Das an Spannungen und äußeren Ereignissen weniger reiche Textbuch zwingt die Musik zu intensivem Ausspinnen der Stimmungen, der Gesang ist – ohne an Belcantoschmelz und weiträumiger Melodielinie einzubüßen – in seelische Bereiche zurückgenommen. Wieder stechen einzelne Szenen durch ungewöhnlichen Gefühlsgehalt hervor: so etwa die Arie Charlottes »Les larmes qu'on ne pleure pas«, die Arie Werthers »Flieh, o flieh«, die stimmungsvolle Musik der Weihnachtsnacht. Die wohlklingende Partitur ist auch heute nicht veraltet, so ungnädig unsere Zeit auch mit manchem Kunsterzeugnis der Hochromantik umgegangen sein mag.

Geschichte: Über hundert Jahre war Goethes Briefroman alt, als Massenet sich für seine Vertonung interessierte. Er dachte natürlich an eine Uraufführung an der Pariser Opéra Comique, der Stätte seines »Manon«-Triumphes. Aber das Theater brannte ab, und so entschloß sich der Komponist, das Werk an einem Theater aus der Taufe zu heben, wo »Manon« auf vorbildliches Verständnis gestoßen war: der Wiener Hofoper. Dazu mußte der Originaltext der Oper ins Deutsche übersetzt (also, in bezug auf Goethe, rückübersetzt) werden, was Max Kalbeck bewerkstelligte. Am 16. Februar 1892 fand »Werther« in Wien ein verständnisvolles, wenn auch nicht restlos begeistertes Publikum. Auch dieser Oper war ein Welterfolg beschieden, bald gehörte sie zu den meistgespielten Stücken des französischen Repertoires.

Thaïs

Im internationalen Repertoire steht diese Oper Massenets an einem hervorragenden Platz. Daß sie sich auf deutschsprachigen Theatern nie völlig durchsetzen konnte, dürfte seinen Grund nicht in der »süßlichen« Musik haben, wie manchmal zu lesen steht, denn die war noch nie ein Hindernis für weite Verbreitung eines Musikwerkes; eher vielleicht darin, daß unsere Theater weniger auf den Starkult eingestellt waren und sind als die Frankreichs, Italiens, Nordamerikas, und »Thaïs« ist eine Staroper. Massenet komponierte die Hauptrolle für die blendende Sybil Sanderson; dann übernahm sie Mary Garden und führte sie jahrelang zum Triumph. Die geniale Maria Jeritza – prachtvoll in der Erscheinung, hinreißend im Spiel, betörend im Gesang – war vielleicht die letzte große »Thaïs« unserer Opernbühnen. Sie besaß die Sinnlichkeit, die Massenet hier in Musik gesetzt hat. Das Libretto (von Louis Gallet, der sich auf einen Roman von Anatole France stützt) handelt von der Venuspriesterin Thaïs, deren Orgien vierhundert Jahre nach Christi Geburt ganz Alexandrien in Raserei versetzen, und von Atanael, dem jungen Mönch, der sich aufmacht, um ihrem Treiben ein Ende zu bereiten. Thaïs, des hohlen Lebens müde, folgt der Gläubigkeit des Mönches, ersehnt ein neues, wahres Dasein und stirbt im Frieden eines Klosters, während Atanael, nun in Liebesraserei zu seiner schönen Bekehrten entflammt, sich grausam selbst des Betrugs und der Falschheit anklagt. Von den vielen Melodien, die Massenet über dieses Buch gebreitet hat, ist eine weltberühmt geworden: die sogenannte »Méditation«, die zuerst als instrumentales Zwischenspiel auftritt und im Finale den Tod Thaïs' begleitet. Die Uraufführung fand in Paris am 16. März 1894 statt (Opéra Comique), wo das Werk bis zum Zweiten Weltkrieg mehr als 600mal gegeben wurde.

Der Spielmann Unserer Lieben Frau

»Le jongleur de Notre-Dame« wurde zu einem neuen Triumph im Leben des erfolgsgewöhnten Massenet. Vielleicht als Antwort auf seine vielen Kritiker, die ihm »weiblich-sinnliche« Musik vorwarfen, vielleicht um einmal etwas ganz anderes zu schaffen, erwählte der Komponist dieses Mal ein Textbuch, in dem keine einzige Frauenrolle vorkommt (und Frauenstimmen nur in den Engelsszenen). Die Legende stammt aus dem Mittelalter, Gaston Paris hat sie aufgezeichnet und Anatole France ihr (in »Etui de nacre«) poetische Gültigkeit verliehen. Die Handlung der Oper, von Maurice Léna eingerichtet, ist einfach. Ein Spielmann (des 14. Jahrhunderts) ist seiner Tätigkeit auf Jahrmärkten müde, die ihm zudem nicht genug zum Leben einträgt. Er findet in einem Kloster Aufnahme, wo die Brüder sich der Malerei, Dichtung und Musik befleißigen, um der Heiligen Jungfrau würdige Werke zu schaffen. Nur dem Spielmann will kein solches Kunstwerk gelingen, so sehr sein Herz auch danach verlangt. Da geht er in die Kapelle und beginnt vor der Statue der Madonna seine volksnahen Tänze vorzuführen.

Empört wollen die eindringenden Mönche ihn züchtigen, doch die Jungfrau hebt schützend und segnend die Arme über den armen Spielmann, der mit seiner Einfalt ihr Herz gerührt hat.
Die Uraufführung fand am 18. Februar 1902 in Monte Carlo statt, dessen Theater sich die Premiere der letzten Werke des weltberühmten Komponisten zu sichern wußte.

Don Quijote

Von den zahllosen Dramatisierungen und Vertonungen, die Autoren verschiedener Zeiten und Zungen rund um den wundervollen (verspäteten) Ritter und (ebenso verspäteten) Träumer des Miguel de Cervantes y Saavedra (1547–1616) schufen, war – genau wie ihrem Helden – keiner viel Glück beschieden. Immerhin: Die letzte Oper Massenets ist nicht nur durch den großen Fjodor Schaljapin (am 19. Februar 1910 in Monte Carlo) aus der Taufe gehoben worden, was ihr weltweite Aufmerksamkeit sicherte, man hat sie auch bis in unsere Zeit immer wieder hervorgeholt, wenn es einen bedeutenden Bassisten gelüstete, die stimmlich wie darstellerisch gleich anspruchsvolle Rolle darzustellen. Die Veranlassung dieses, eigentlich ganz aus dem Rahmen der Massenetschen Bühnenmusiken fallenden Werkes war ein (heute vergessenes) Theaterstück von Jacques Le Lorrain, aus dem Henri Cain ein Libretto schuf, als der Leiter der Oper von Monte Carlo, der legendäre Raoul Gunsbourg eine Chance für sein Theater witterte. Massenet war bis dahin, nicht anders als sein Zeitgenosse und Rivale Puccini, zum musikalischen Porträtisten faszinierender oder liebenswerter Frauengestalten geworden, von denen viele geradezu sprichwörtlich geworden waren: Herodias, Manon, Charlotte, Thais ... Es heißt, er habe für jede von ihnen ein Modell gehabt (und geliebt). Sechzigjährig schuf er erstmals eine Oper ohne Frauen (»Le jongleur de Notre-Dame«), aber in seinem letzten Werk steht noch einmal eine weibliche Rolle von starkem Interesse, wenn auch nicht wie früher im strahlenden Mittelpunkt. Es ist Dulcinea, der ihr Schöpfer Cervantes eine seltsame Doppelrolle zugeteilt hat: einfachstes, ja sehr derbes, primitives Geschöpf aus dem Volke, und zum anbetungswürdigen Edelfräulein erhoben in der Phantasie des »Ritters von der traurigen Gestalt«. Jeder Bearbeiter des gewaltigen Romans mußte eine Auswahl aus den vielen Szenen treffen, die der Dichter zu einem großartigen Zeit- und Charaktergemälde zusammengefügt hat. In Massenets Oper sind es ihrer mehrere, während – nur wenig später – der Spanier Manuel de Falla in seinem »Retablo del Maese Pedro« sich mit einer einzigen Episode begnügt hat. Die Tragik des Don Quijote kommt bei Massenet ergreifend zum Ausdruck; die Sterbeszene des so seltsamen Helden gehört, nach Ansicht vieler Kenner, zum Erschütterndsten aus dem reichen Schaffen des Komponisten. Prachtvoll geriet auch die Charakterzeichnung des treuen, spitzbübischen »Knappen« Sancho Pansa, dem Massenet vergnügliche und dennoch rührende Züge verliehen hat: ein vollendetes Gegenstück zum »Ritter« Don Quijote, ein Realist, ja Materialist. Und dennoch liebt er seinen Helden, diesen Narren, der doch ein wahrer Edelmann ist, diesen Phantasten, der in einer längst untergegangenen Welt lebt. Während dieser seinen letzten Gruß an die ferne, in Wahrheit gar nicht existierende Dulcinea sendet, erkennt dieser sehr irdische Hanswurst die wahre Größe seines von allen verlachten Herrn. Auf diesen beiden Rollen (zweier Bässe verschiedenen Charakters) beruht die Oper, und jetzt gelingen dem nunmehr siebzigjährigen Massenet die wehmütigen, melancholischen ebensogut, wenn nicht sogar besser als die lebensstrotzenden, weltlichen Szenen.

Peter Maxwell Davies
1934

Der 1934 in Manchester geborene englische Komponist Peter Maxwell Davies scheint würdig in die Fußstapfen der »großen« Generation Benjamin Brittens, William Waltons, Michael Tippets, Lennox Berkeleys treten zu wollen, der Großbritannien nach ungefähr zweihundertjähriger Unterbrechung seine Rückkehr unter die führenden opernschaffenden Nationen verdankt. Wie bei Britten spielt das Meer auch in seinem Werk eine schicksalhafte Rolle, er gestaltet seine geheimnisvoll wechselnden Stimmungen in Tönen, seine Legenden und Sagen, die mit ihm verbundenen Menschen und deren Dasein. Er verbringt den Sommer auf den Orkney-Inseln, hoch im Norden Schottlands und an den äußersten Grenzen Europas (wo er übrigens 1977 in Kirkwall das inzwischen stark beachtete »St. Magnus-Festival« ins Leben rief). Und wie Britten (»The turn of the screw«) beschäftigt auch er sich, echt britisch, mit Spuk und Gespenstern, Geistern und rätselvollen Erscheinungen.

Eine ungeklärte und anscheinend unerklärliche Begebenheit liegt auch seiner im Sommer 1980 beim Edinburg-Festival uraufgeführten Oper »The Lighthouse« zugrunde. Sie hat sich rund um den Leuchtturm auf den Flannan-Inseln, die zu den Äußeren Hebriden gehören, im Jahre 1900 tatsächlich abgespielt: der Mannschaft des in regelmäßigen Abständen eintreffenden Versorgungsschiffes bot sich ein unerwartetes Bild: das Feuer des Leuchtturms erloschen, in dessen Innern alles in tadelloser Ordnung, aber von den drei stets hier weilenden Wächtern nirgends eine Spur. So lautet der Bericht, an dem Zweifel nicht auftauchen konnten, da in der unendlichen Einsamkeit des Meeres keine Zeugen vorhanden waren und der seltsame Vorfall niemals eine Erklärung, geschweige denn eine Aufklärung fand. Der Dichter-Komponist ist also frei, eine Deutung des Geschehens zu suchen. Er glaubt an einen kollektiven Wahnsinn, der die drei Männer inmitten eines grauenhaften Sturms überfiel und dem ihre durch lange Einsamkeit gestörte Psyche nicht gewachsen war. Sie glaubten wohl von Gespenstern umringt zu sein, das Brüllen eines wilden Tieres im heulenden Orkan zu vernehmen und stürzten, als das Schiff kam, der vermeintlichen Bestie entgegen, um sie zu vernichten. Hat die ankommende Schiffsbesatzung die Wahnsinnigen niedergemacht, als sie von ihnen angegriffen wurden? Ein unsichtbares Tribunal, das die Mannschaft im Vorspiel vernimmt, scheint auf einen solchen Verdacht zu deuten. Aber die Ereignisse lassen auch andere Deutungen zu. Maxwell Davies' Musik ist von stärkster Ausdruckskraft beseelt; kontinentale Kritiker nannten die Premiere im hohen Norden »atemberaubend«, und diese Eigenschaft verblieb dem Stück bei allen darauffolgenden Aufführungen in vielen Ländern, die »Atmosphäre von Verlassenheit und Entsetzen«, von grauenhaftem Sturm und tiefer Verzweiflung. (Siehe auch S. 673)

Gian-Carlo Menotti
1911

Dieser italo-amerikanische Dichterkomponist – am 7. Juli 1911 in Cadigliano (Norditalien) geboren und seit seiner Jugend in den USA ansässig – ist ebenso erfolgreich wie umstritten. Nicht, daß jemand seinen angeborenen Bühnensinn leugnen würde oder könnte; dazu liegen die Erfolgsziffern seiner Opern viel zu hoch. Sein musikalischer Stil (soweit man von einem solchen sprechen kann) ist es, der unter den Komponisten und Kritikern stärkste Opposition hervorruft. Er ist ein »Verist«, ein krasser Naturalist; aber er mischt seinen Realismus mit vielen anderen Elementen. Es gibt Menschen, die bei seinen Werken gar nicht zum Bewußtsein der Musik kommen, so sehr ist diese Dienerin an der Stimmung und dem dramatischen Geschehen seiner Opern geworden. Seine Stücke wären auch ohne Musik denkbar und möglicherweise annähernd so wirksam, gerade wie manche

Filme Musik so verwenden, daß sie kaum in Erscheinung tritt und nur im Unterbewußten des Beschauers wirkt. Filmmusik: ist hier nicht überhaupt ein vergleichender Standpunkt gegeben? Musik nicht als Selbstzweck, ja vielleicht nicht einmal als Hauptelement: untermalende, unterstreichende, stimmungsfördernde Klänge. Die Fachpresse geht mit Menottis Schöpfungen unsanft um, nennt ihre Musik eine kitschige Mischung von Puccini- und Richard-Strauss-Wirkungen (ohne deren Substanz), unverbindlich, routiniert, primitiv. Aber seine Opern sind über die bedeutendsten Theater der Welt gegangen, haben Millionen Menschen durch Rundfunk und Fernsehen ehrlich erschüttert oder spannend unterhalten. Sie haben Gegenwartsprobleme aufgezeigt und Anklagen erhoben, haben fesselnde, seltsame, oftmals am Rande der Gesellschaft lebende, aber stets blutvolle, ja packende Gestalten auf die Bühne gestellt. Menotti ist – um mit Wagners »Meistersingern« zu sprechen – ein »merkwürd'ger Fall«; möge die Nachwelt ihr Urteil über ihn fällen. Menottis Opern sind durchwegs in englischer (wenn man will: amerikanischer) Sprache geschrieben; doch dürften die Werke weniger Autoren unserer Zeit so schnell nach ihrem Erscheinen in so zahlreiche Sprachen übersetzt worden sein. (Siehe auch Nachtrag S. 680)

Amelia geht auf den Ball

Mit einer grotesken Oper (in einem Akt) begann Menotti seine Laufbahn. Amelia ist lebenslustig und will tanzen gehen. Aber ihr Gatte hat einen an sie gerichteten Liebesbrief entdeckt und will nun unbedingt den Namen des Absenders erfahren. Amelia ärgert sich sehr, nicht einmal wegen der Entdeckung, sondern wegen der dummen Situation, nun, zum Balle angezogen, lästige und wer weiß wie lange Verhöre über sich ergehen lassen zu müssen. Also entdeckt sie den Mieter der über der ihren gelegenen Wohnung als Briefschreiber. Sie möchte ihn gerne warnen, aber das Seil, mit dem er sich vom oberen Stockwerk herabläßt, reißt. Der Ehemann findet den Versteckten und bedroht ihn mit dem Revolver, der nicht losgeht. Wieder eine dumme Situation, da Amelia nichts sehnlicher wünscht, als endlich auf den Ball zu kommen. Doch die beiden Männer halten eine kavaliersmäßige Aussprache für angezeigt – bis Amelia die Geduld reißt und sie wütend eine Vase auf dem Kopf ihres Gatten zerschmettert. Dem herbeieilenden Polizeioffizier tischt sie eine unglaubwürdige Geschichte auf, von einem fremden Eindringling, der ihren Gatten niedergeschlagen habe. Der muß auf jeden Fall ins Spital, da er immer noch bewußtlos ist. Und der Liebhaber wird verhaftet, da Tatverdacht gegen ihn besteht. Doch nun gelangt Amelia zum Ziel. Der galante Polizist bringt sie persönlich auf den so heißersehnten Ball.

Menotti knüpft hier an die Schwerelosigkeit der alten Buffooper an, die er in ein modernes Gewand steckt, aber genauso wirbelnd und gutgelaunt (und unwahrscheinlich) abrollen läßt wie nur irgendein Autor des 18. Jahrhunderts. Menotti steckt voller Einfälle, beherrscht das Metier und will zu jenem Zeitpunkt noch nichts anderes, als sein Publikum unterhalten. Nebenbei persifliert er die Tanzwut unserer Zeit, auch Übelstände der gesellschaftlichen Situation, falsche Theatralik. (Uraufführung: 1. April 1937 in Philadelphia).

Die alte Jungfer und der Dieb

Wieder eine groteske Oper. Sie geißelt das Leben in einer nordamerikanischen Kleinstadt und die lächerliche, wenn auch irgendwie rührende Liebesbereitschaft der »alten Jungfer«. Miß Todd ist Vorsitzende von Vereinen aller Art, die das öffentliche Wohl im Auge haben. Aber als sie einen Landstreicher bei sich aufnimmt, glaubt sie in ihm einen Verbrecher, einen Gangster großen Formats zu erkennen und verfällt ihm so sehr, daß sie aus Liebe zu ihm zu lügen, zu betrügen, zu stehlen beginnt. Zuletzt, als sich die Harmlosigkeit ihres Gastes herausstellt, fühlt sie sich zutiefst hintergangen und läuft zur Polizei. Inzwischen geht der Landstreicher mit der Hausgehilfin durch und nimmt die Habseligkeiten der alten Jungfer mit. Miß Todd bricht zusammen, sie versteht die Welt nicht mehr... Wiederum schreibt Menotti ein ausgezeichnetes Libretto und eine zweckdienliche Musik voll Bühnenwirksamkeit. (Uraufführung: 11. Februar 1941 in Philadelphia.)

Das Medium

Menotti erzählt, daß er die Idee zu dieser Oper nicht erst 1945 faßte, als er daran ging, sie niederzuschreiben, sondern schon beim Erlebnis einer spiritistischen Séance im österreichischen St. Wolfgang. Seitdem wollte ihm das Thema nicht mehr aus dem Kopf, bis er eine Handlung erfunden hatte, die von seinem Theaterinstinkt beredtes Zeugnis ablegt. Er gliedert sie in zwei Akte, deren Gesamtspieldauer etwa eine Stunde beträgt. »Baba« oder Madame Flora nützt die menschliche Leichtgläubigkeit und deren Wunsch, übersinnliche Phänomene zu erleben, geschickt aus. Mit Hilfe ihrer Tochter Monica und eines stummen Zigeunerknaben Toby veranstaltet sie okkultistische Zusammenkünfte in ihrem Hause. An diesem Abend nimmt das Ehepaar Gobineau teil, dem Madame Flora mit Hilfe der Stimme Monicas schon des öfteren Kontakte mit seiner verstorbenen Tochter »im Jenseits« vorgespiegelt hat; ein ähnliches Anliegen beseelt Frau Nolan, die mit den Gobineaus erschienen ist. Die Lichter werden gelöscht, und alles funktioniert wie gewöhnlich. Toby bedient den einfachen Mechanismus, mit dessen Hilfe der Tisch sich bewegt, und Monica »erscheint«, von bläulichem Licht umflossen. Plötzlich aber schreit Madame Flora auf und unterbricht die Sitzung: eine kalte Hand habe sie im Finstern berührt, stammelt sie immer wieder. Die Gäste wenden sich verstört zum Gehen. Das »Medium« klagt sich selbst des Betruges an, spricht wirre Worte zu ihrer Tochter. Da fällt ihr Toby ein, sollte er es gewesen sein? Sie sucht ihn, findet ihn hinter dem Puppentheater in Trance versunken, aber sie glaubt ihm diesen Zustand nicht, den sie selbst so oft simulierte, und will ihn schlagen. Monica verteidigt ihren Freund, zu dem sie eine starke Zuneigung gefaßt hat.
Der zweite Akt spielt einige Tage später. Monica und Toby spielen, aber ihre noch fast kindliche Liebe kommt immer stärker zum Ausdruck. Madame Flora betrinkt sich; seit dem Vorfall während der Séance spricht sie dem Alkohol im Unmaß zu. Sie versucht, Toby das Geständnis zu entreißen, daß er es gewesen, der sie am Hals gepackt habe. Da läutet es: Das Ehepaar Gobineau und Frau Nolan kommen, um sich mit dem Geist ihrer verstorbenen Kinder in Verbindung zu setzen. Madame Flora, in völligem Zusammenbruch, erklärt ihnen, wie die »Geistererscheinungen« zustandegekommen seien; aber niemand glaubt ihr. Als die Gäste sich zurückgezogen haben, betrinkt das »Medium« sich von neuem und schläft ein. Toby schleicht herein, um nach Monica Ausschau zu halten. Durch eine ungeschickte Bewegung weckt er Madame Flora; er versteckt sich hinter einem Vorhang. Madame Flora erschrickt, als sie dessen leise Bewegungen beobachtet. Sie ruft mehrere Male, bekommt aber keine Antwort. Da nimmt sie einen Revolver und drückt ab. Ein Blutfleck erscheint auf dem Vorhang, dann stürzt Toby tot zu Boden. Madame Flora bricht in entsetzliches Wehklagen aus, daß sie einen Geist getötet habe. So endet dieses Grand-Guignol-Stück, das äußerst bühnenwirksam ist und glänzende Rollen enthält. Hier dient die Musik in erster Linie zur Unterstreichung der Effekte: der (falschen) okkultischen Stimmung, der scheuen Liebe Monicas, der begreiflichen Rührung der Eltern. Für den stummen Zigeunerjungen findet Menotti ergreifende Töne, die sein Seelenleben schildern. (Uraufführung: New York, am 8. Mai 1946.)

Das Telefon

Menotti hat diesen amüsanten Einakter als Ergänzung des »Mediums« zu einem vollständigen Theaterabend komponiert. Wenn jemand zeigen wollte, in welch absurder Weise wichtige Erfindungen oftmals mißbraucht werden, so müßte er nur diese kleine Oper zitieren. Wie schön erscheint Lucy so ein Telefon, durch das man die überflüssigsten Gespräche in ausgedehntester Form führen kann! Ben wird durch die immer telefonierende Lucy – sehr gegen seinen Willen – zu einer fast stummen Figur degradiert. Dabei hätte er ihr gerade jetzt etwas so Wichtiges zu sagen! Da ihr Apparat begreiflicherweise stets besetzt ist, erscheint er persönlich, um vor seiner bevorstehenden Abreise Abschied zu nehmen, ein kleines Geschenk zu überreichen und sein Anliegen vorzubringen. Aber dazu kommt er nicht, denn Lucy hat wichtige Telefongespräche zu erledigen. Zuerst mit einer Freundin: »Wie geht es dir? Und John? Und Jean? Und Ursula? Weißt du schon, daß Jane und Paul im Juli heiraten, ist das nicht komisch?« Und unter Lachen und Kichern (das Menotti hübsch und boshaft mit Koloraturen verstärkt) vergehen die Minuten. Gespräch mit einem Mann, der sich über bösartigen Klatsch beklagt: Empörung Lucys,

Anteilnahme, Versicherungen, Tränen. Ben steht da und kommt sich entsetzlich überflüssig vor. Endlich glaubt er, zu Wort zu kommen. Doch nein, zuerst muß Lucy dieses letzte Gespräch brühwarm ihrer Freundin am Telefon erzählen. Seufzend geht Ben weg: in die nächste Telefonzelle. Von dort aus ruft er Lucy an und kann nun endlich – endlich! – sein Anliegen vorbringen: ob sie seine Frau werden wolle? Lucy jubelt: gerne, sehr gerne! Das wird sie sofort allen Bekannten telefonisch erzählen; Ben möge sich ihre Nummer gut notieren ... Auch dieses kleine Buffo-Opernchen wurde auf dem New Yorker Broadway (am 18. Februar 1947) gestartet. In dieses »Unterhaltungsmilieu« (was durchaus kein negatives Urteil bedeuten soll) gehören Werke dieser Art, vor allem auch, weil in ihnen lange Serienaufführungen möglich (und wünschbar) sind. Doch mit seinem nächsten Werk, dem »Konsul«, ging Menotti völlig andere, eigentlich beinahe unvermutete Wege; aber genau genommen bleibt er sich auch in dieser tragischen Oper treu, legt er doch immer – oft in anscheinend spielerischer Form – den Finger auf eine offene Wunde seiner Zeit.

Der Konsul

Musikdrama in drei Akten (sechs Bildern). Textbuch von Gian-Carlo Menotti.
Originaltitel: The Consul
Originalsprache: Englisch
Personen: John Sorel (Bariton), Magda, seine Frau (Sopran), Johns Mutter (Alt), ein Agent der Geheimpolizei (Bariton), die Sekretärin des Konsulats (Mezzosopran), Kofner (Baß), eine alte Italienerin (Sopran), Anna Gomez (Sopran), Vera Boronel (Mezzosopran), Nika Magadoff (Tenor), Assan, Freund Sorels (Bariton).
Ort und Zeit: Irgendwo in Europa, Gegenwart, um die dreißiger Jahre unseres Jahrhunderts.
Handlung: Dieses »Drama der menschlichen Verzweiflung« (wie sein Autor es genannt hat) spielt auf zwei Schauplätzen. Der eine, arm aber erhebend, Symbol reiner Menschlichkeit, ist die Wohnung der Sorels; der andere, bedrückend in seiner geschäftigen Unpersönlichkeit, ja »Unmenschlichkeit«, ist das Konsulat einer nicht genannten Großmacht, wo jeder hilfesuchende Mensch zum »Fall«, zur Aktennummer wird und der Herr Konsul stets so beschäftigt ist, daß er keinen der in höchster Not nach ihm Verlangenden jemals empfangen kann. John Sorel ist ein Freiheitskämpfer in einem Diktaturstaat, der ebenfalls ungenannt bleibt: »irgendwo in Europa«. Der gesamte Apparat eines Polizeistaates überfällt ihn, zermürbt ihn, tötet ihn. Und tötet mit ihm seine tapfere Frau, sein Kind in der Wiege, in jenem Vernichtungswahn, jenem Blutrausch, die das grausamste aller Jahrhunderte entfesselt hat.

Im ersten Bild wird Sorel von seiner Frau vor der Polizei versteckt, die auf der Jagd nach den Teilnehmern geheimer Versammlungen Hausdurchsuchungen vornimmt. Als die Gefahr vorüber ist, nimmt er von seinen Lieben Abschied; er weiß, daß er sich nur noch durch eine Flucht über die Grenze retten kann. Das zweite Bild zeigt uns seine Frau Magda auf dem Konsulat einer ungenannten, territorial angrenzenden, als freiheitsliebend und daher als begehrtes Asylland für Verfolgte geltenden Macht. Sie ist gekommen, um die Einreiseerlaubnis für sich und ihr Kind zu holen: So schnell wie möglich will sie sich mit ihrem Mann in der ersehnten Freiheit treffen. Aber auf dem Konsulat ist alles ganz anders, als sie und Sorel es sich ausgemalt haben. Inmitten einer Schar Hilfesuchender muß sie lange warten. Dort sitzt eine ausländische Frau, entsetzlich verloren in einer Welt, deren Sprache sie kaum und deren Gesinnungshärte noch viel weniger versteht (ihre Tochter ist krank im anderen Lande, warum läßt man sie nicht sofort zu ihr?); dort sitzt der Herr Kofner, Urbild menschlicher Geduld, der seit Monaten auf das Visum wartet, das vielleicht nie kommen wird und das sein ganzes künftiges Leben bedeutet; Anna Gomez sitzt dort und Vera Boronel, ein geheimnisvolles Wesen die erstere, ein unbedeutendes die zweite (und gerade sie wird es sein, die zuletzt, als einzige das ersehnte Visum erhält, gerade sie, die es viel weniger notwendig braucht als die anderen); dann ist noch ein kurioser Mann da, der Zauberkünstler Nika Magadoff, der der Sekretärin des Konsuls seine verblüffenden Tricks vorführt, um vielleicht – vielleicht – doch zu dem ersehnten Visum zu kommen. Magda gerät in diese Gruppe. Sie will ihren dringenden Fall auseinandersetzen. Aber wem? Der Konsul ist nicht zu sprechen. Die Sekretärin sitzt wie ein lebendes und doch versteinertes Symbol vor seiner Türe. In kaltem, routiniertem Tone fragt sie. Die Umstände interessieren sie nicht. Aber ... es ist doch Magda Sorel, die Frau des Freiheitskämpfers! Das zählt hier nicht. Hier zählen Namen, Alter, Stand, ein Gesuch unterschreiben, das genau auszufüllen ist, noch eines, noch eines ... Wiederkommen, nach einer bestimmten, genau festgesetzten, durch nichts zu beschleunigenden Frist. Magda muß dies tun, genau wie die anderen. Die anderen armen Teufel, die machtlosen, die ins Räderwerk der Gewalten geraten sind. Und der Konsul ist nicht zu sprechen, die Sekretärin, an sich gar nicht böse oder schlecht, ist gefühllos geworden in jahrelanger Routine, abgestumpft gegen menschliches Elend, das zu lindern nicht in ihrer Macht, ja nicht einmal in der Macht ihres Chefs und vielleicht überhaupt keines einzelnen Menschen steht.

Das Drama muß nicht im Detail beschrieben werden. Es läuft grauenhaft zwangsmäßig ab, mitleidslos, unbarmherzig. Im Hause der Sorels erfolgt Schlag auf Schlag: die überfallsartigen Durchsuchungen, die raffinierten Verhöre, die Drohungen, der Tod des Kindes, der Mutter, die stündlich sich ins Unerträgliche steigernde Angst Magdas um den geflüchteten Mann, von dessen Schicksal sie keine Kunde hat. Dann wieder ein Besuch auf dem Konsulat, wo es »nichts Neues« gibt, wo Gespenstern gleich die Bittsteller auf einer Bank sitzen, wo die Sekretärin Akten ausfüllt und Maschine schreibt und der Herr Konsul nicht zu sprechen ist. Einmal zeigt der Zauberer seine Künste als Hypnotiseur: er versetzt alle die armen Teufel, deren Leben stille steht, in Trance und läßt sie sich langsam im Kreis bewegen. Wie Marionetten sind sie, an unsichtbaren Fäden, Puppen in der Macht höherer Gewalten. Es ist grauenhaft anzusehen.

Einmal kehrt John heimlich zurück. Er hat die lange Trennung nicht ausgehalten. Aber die Polizei ist schon zur Stelle. Man kann ihrer kalten Berechnung nicht entgehen. Als sie Sorel abführt, kann über sein Los kein Zweifel bestehen. Noch einmal läuft Magda auf das Konsulat, fleht, will erklären, bricht zusammen. Es ist eine der erschütterndsten Szenen des Welttheaters.

Dann kehrt sie heim und öffnet die Gashähne. Nur noch diesen Weg gibt es zu John und in die Freiheit. Während der Tod langsam von ihr Besitz ergreift, tanzen alle Gestalten ihrer letzten Tage einen Gespensterreigen rund um sie: die Sekretärin und Vera Boronel, Anna Gomez und der Zauberkünstler, die Mutter und John, der geduldige Herr Kofner und die alte Italienerin. Magdas Angst steigt aufs höchste. Wie durch Nebel sieht sie ihre Lieben verschwinden und kann ihnen nicht folgen. Die Sekretärin führt den Tanz an, den alle, im Zwielicht verschwimmend, zu einem seltsam unwirklichen Walzer tanzen. ① Das Telephon läutet, aber Magda hat keine Kraft mehr, den Hörer abzunehmen. Es läutet fort, als Magdas Stuhl umfällt und die Gequälte in den erlösenden Tod eingeht.

Quelle: Menotti erzählt, daß er die Idee zum »Konsul« bei einem Flug von Europa nach Nordamerika im Jahre 1947 hatte. Dort wurde er zum Augenzeugen einer Szene, in der eine alte, arme italienische Bäuerin von der Einwanderungspolizei durch Fragen, die sie nicht verstand und noch weniger beantworten konnte, gefoltert wurde. Er kam soeben aus einem zusammengebrochenen Europa, in dem erst jetzt, nach dem zweiten Weltkrieg und dem Zusammenbruch des Hitlerregimes, die ganze Brutalität ans Tageslicht kam, unter der weite Teile des Erdteils gelitten hatten.

Textbuch: So ist es nicht allzuschwer, das Diktaturland, in das Menotti die Handlung des »Konsul« verlegt, mit dem Deutschland des »Dritten Reichs« zu identifizieren. Das Land, das der Konsul vertritt und in das so schwer zu gelangen ist, kann jedes der Länder Westeuropas bedeuten. Das Libretto ist von atemberaubender Dramatik, es ist aber auch ein Dokument ersten Ranges, das in künftigen Tagen erschütterndes Zeugnis gegen unsere Epoche ablegen kann. Ein Anklagestück, wie es auf Opernbühnen höchst selten ist. Mag man über den Musiker Menotti verschiedener Meinung sein, als Theaterautor hat er mit dem »Konsul«

eine der wirksamsten Tragödien unserer Zeit geschrieben, einen flammenden Protest gegen Unrecht und Gleichgültigkeit.

Musik: Ist »Der Konsul« eine gehobene Unterhaltungsmusik – wie viele behaupten – oder ist er etwas anderes, ist er mehr? Hier verwachsen Sprache und Ton zu einer restlosen Einheit, hier unterstreicht die Musik die Handlung in wirkungsvollster Weise. Die Tonsprache ist gemäßigt, keineswegs avantgardistisch, die sangbare Melodie wird nicht verleugnet, die Dissonanzen sind mit dem Drama in Übereinstimmung gebracht, das heißt, sie finden ihre Motivierung im Bühnengeschehen, im grausamen Ablauf einer im menschlichen Sinne dissonanten Handlung. Aus einem Kammerorchester werden überraschende klangliche Wirkungen geholt. Sind es Wirkungen der musikalischen Substanz oder nur einer Kette geschickt angebrachter Effekte? Jedenfalls hat Menotti ein Zeitdokument geschaffen, hat die Fähigkeit der Oper, sich wirklichkeitsnaher Stoffe anzunehmen, überzeugend unter Beweis gestellt.

Geschichte: Das Textbuch wurde in den Jahren 1949 und 1950 mit zwei der bedeutendsten Kunstpreise der USA ausgezeichnet; dem Pulitzerpreis und dem der New Yorker Theaterkritiker. Die Premiere des »Konsul« fand am 1. März 1950 im Schuberttheater (Philadelphia) statt; vierzehn Tage später bereits folgte New York (Ethel Barrymore-Theater), und dann eroberte sich das Werk in schneller Folge die bedeutendsten Opernbühnen der Welt (Wiener Staatsoper, Mailänder Scala, Teatro Colón in Buenos Aires). Zahllose Städte haben dieses Dokument mit Ergriffenheit erlebt. Eine Generation ist seit seinem Entstehen vergangen; aber es hat von seiner entsetzlichen Aktualität nichts eingebüßt.

Die Liste von Menottis Werken hat sich seit seinem 50. Lebensjahr bedeutend verlängert. Sie scheinen allerdings nunmehr in Amerika verstärkte, in Europa aber eher abgeschwächte Wirkungen hervorzurufen. Hier werden sie künstlerisch oft angegriffen, obwohl ihnen niemand Theaterwirksamkeit mit durchaus legitimen Mitteln absprechen kann. 1956 erschien »Das Einhorn, die Gorgone und das Fabeltier«, 1958 die erfolgreichere »Maria Golovin«, 1963 »Der letzte Wilde« und »Labyrinth«, 1964 »Martins Lüge«, 1968 (in Hamburg) das lustige Kinderstück »Hilfe, Hilfe, die Globolinks!«, 1973 (in Triest) »The most important man«. Alle Texte sind auch weiterhin vom Komponisten selbst entworfen. Er mischt in ihnen realistisches Theater mit surrealistischem, Alltagsszenen mit Halluzinationen und Visionen. Seine Musik verwendet viele klangliche Neuerungen unserer Zeit, ohne von ihrem tonalen Gerüst zu lassen. Sie ist sehr gut für die Singstimmen wie für das Orchester geschrieben. Und sie bietet, immer wieder muß dies betont werden, handfestes Theater, das keiner langatmigen, theoretisierenden, unverständlichen Erläuterungen bedarf, um den Hörer und Zuschauer in Bann zu schlagen.

Amahl und die nächtlichen Besucher

Dieses entzückende Weihnachtsmärchen ist aus verschiedenen Gründen interessant. Einmal ist es wahrscheinlich die erste Oper, die nicht für eine Bühne, sondern für das Fernsehen erdacht und geschaffen wurde, zum anderen, weil in unserer Zeit die wirklich volks- und kindertümlichen Märchenspiele nicht sehr häufig sind; und schließlich auch, weil Menotti, äußerst erfolgreich ausgewiesen auf dem Gebiete satirischer, politischer, grotesker Stoffe, hier einen neuen Ton anschlägt, einen innigen, warmen Herzenston. Menotti erzählt – er ist auch in »Amahl and the night-visitors« sein eigener Librettist – die Geschichte einer armen Witwe und ihres verkrüppelten Kindes. Es ist Weihnachtsabend, Schnee fällt, und Stille breitet sich über die Landschaft. An das kleine Haus pochen drei seltsame, prächtig gekleidete Männer, in denen der phantasiebegabte kleine Amahl Könige zu erkennen glaubt. Seine Mutter versucht, ihnen das Gold zu stehlen, das sie bei sich führen. Sie lassen es geschehen, denn das Kind, zu dem sie gehen, bedarf keines irdischen Goldes. In Amahl erwacht eine große Sehnsucht. Würden ihn die Fremden nicht zu jenem Kinde mitnehmen? Wie schön muß es sein, wie gut, wenn die Männer in solchen Worten von ihm erzählen! Und da geschieht das Wunder: Amahl kann plötzlich gehen. Liebevoll nimmt er von seiner Mutter Abschied und zieht mit den Heiligen Drei Königen aus dem Morgenland zum Christuskind. Dabei spielt er lustig auf seiner Hirtenflöte, gerade wie zu Beginn der kleinen Oper, als er noch ein verkrüppelter Träumer war. Vielleicht stellt dieses kleine Weihnachtsmärchen einen künstlerischen Höhepunkt in Menottis

Laufbahn dar. Nie vorher war er so innig gewesen. Das nordamerikanische Fernsehen hatte ein Werk bei ihm bestellt, um es zum Weihnachtsabend 1951 ausstrahlen zu können. Es konnte nicht ahnen, daß es seitdem diese Sendung alljährlich in der gleichen weihevollen Stunde wiederholen muß. Aber auch das Theater griff nach der Oper: sie erlebte ihre Bühnenpremiere am 27. April 1952 in New York; seitdem hat sie vielen Kindern in der ganzen Welt Freude geschenkt und viele Erwachsene glücklich gemacht. Kann »Der Konsul« gegen die Grausamkeit, gegen die Unmenschlichkeit unserer Zeit Zeugnis ablegen, so beweist »Amahl und die nächtlichen Besucher«, daß Liebe und zartes Gefühl doch noch in vielen Menschenherzen wohnen.

Die Heilige der Bleeckerstreet

In dieser abendfüllenden Oper mischt Menotti eine Fülle dramatischer Elemente, von denen man einige als »typisch amerikanisch« ansprechen kann. Vielleicht ist überhaupt das »Amerikanische« ein Hauptzug in Menottis Schaffen; nicht, daß das, was er schildert, nicht auch anderswo denkbar wäre! Aber das Milieu, in das er die Geschehnisse verlegt, ist eben dasjenige seines Adoptivvaterlandes, und echt amerikanisch sind oftmals auch die Denk- und Handlungsweisen seiner Gestalten. Die »Heilige«, um die sich dieses Drama dreht, ist ein krankes Mädchen, das Visionen hat und in ihren fieberhaften Trancezuständen die Stigmata empfängt. Sie wird von den Bewohnern der Bleeckerstreet, dem Mittelpunkt des italienischen Viertels von New York, verehrt. Ihr einziger Wunsch auf Erden ist, Nonne zu werden und so symbolisch Christus angetraut zu sein, dem ihr ganzes Sinnen und Trachten gilt. Doch ihr eigener Bruder widersetzt sich diesem Gedanken aufs heftigste. Als er eine Bluttat begeht und vor der Polizei fliehen muß, erkrankt das Mädchen schwer. Sie fleht den Priester an, ihr bald den Schleier und den Ring zu gewähren, die Symbole ihrer Verlobung mit Jesus. Der Wunsch wird ihr gewährt, sterbend legt man ihr das himmlische Brautgewand an. Als »Heilige« stirbt sie. Rund um diese zentrale Idee rankt sich viel naturalistisches Beiwerk, sehr gut geschildert das Milieu, vor dem sich die Gestalt des jungen Mädchens um so reiner und größer abhebt. Auch mit der »Heiligen der Bleeckerstreet« hat Menotti einen interessanten Theaterabend geschaffen, bei dem die Musik völlig im Dienste des Dramas steht. (Uraufführung: an einem Broadwaytheater in New York, am 27. Dezember 1954.)

Der Held

Diese 1976 in Philadelphia uraufgeführte Oper stellt eine nach außen harmlose, in Wahrheit aber bittere Parodie oder Satire auf die USA, auf den »american way of live« dar, wie Menotti sie schon mehrmals auf die Bühne stellte. Der Inhalt ist grotesk: Amerika, das so oft zwischen Göttern und Götzen nicht unterscheiden kann, feiert seine »Rekordhalter« auf überschwengliche Weise; auch solche, deren »Leistungen« schlicht und einfach lächerlich sind. David Murphy, Muster eines kleinstädtischen Durchschnittsbürgers, schläft seit 10 Jahren und 7 Tagen. Wenig fehlt ihm, um den Weltrekord der Schläfer zu brechen. Gespannt wartet seine Stadt, ja die Welt auf dieses gewaltige Ereignis, zu dessen Feier bereits ein Denkmal bereit steht. Gattin Mildred weiß diesen Dauerschlaf in den Massenmedien gebührend auszuschlachten. Ein Arzt überwacht ihn, der Bürgermeister ahnt große Vorteile für sein Gemeinwesen. Aber da geschieht etwas völlig Unerwartetes: Cousine Barbara, als liebevolle Betreuerin und schon als kleines Mädchen in den älteren Vetter verliebt, empfindet nun, zu einem reizenden Geschöpf herangewachsen, diesen Rummel mit Presse und Touristen plötzlich als widerlich. Bevor sie sich davonmacht, küßt sie (nicht wie im Märchen, doch mit gleichem Erfolg) David, der seinem »Ruhm« entgegenschläft. Und David wacht auf. Große Verwirrung bei allen. Unhappy end: die mühsam aufgebaute, gut vorbereitete Murphy-Legende zerbricht, trotz Einweihung des Denkmals und Rede des Bürgermeisters. David umarmt Barbara und beschließt, nun mit eigener Kraft etwas Vernünftiges zu beginnen.

Giacomo Meyerbeer
1791–1864

Wahrscheinlich war beides übertrieben: die dominierende, fast unvorstellbare Machtposition, die Meyerbeer in der europäischen Oper seiner Zeit einnahm und die sich in den jahrzehntelang über seinen Tod hinaus dauernden zahlreichen Aufführung seiner Werke verlängerte, und ebenso der jähe Absturz in seiner Bewertung, wie sie sich seit dem Ende des Ersten Weltkriegs verbreitete. Er war, daran ist nicht zu rütteln, nicht nur ein hervorragender Komponist, sondern auch der echte, spektakuläre Repräsentant einer nicht immer ganz echten, aber spektakulären Epoche, des Zweiten Französischen Kaiserreichs, dessen Pomp und politische Bedeutung er auf das Musiktheater übertrug. Dabei war er nicht einmal Franzose: Er wurde am 5. September 1791 in Berlin geboren, studierte in Deutschland und ging dann nach Italien; sehr zum Verdruß seines Kameraden Weber, der im Gegensatz zu Jakob Liebmann Meyer Beer, der sich bald Giacomo Meyerbeer nennen wird, sehr national empfindet und so zum Begründer der deutschen Volksoper werden wird (»Der Freischütz«). Doch liegt in jenem Zuge nordischer Musiker nach Italien durchaus nichts Neues. Eine Wendung aber nimmt der Werdegang Meyerbeers, als er auch Italien verläßt, um sich im aufstrebenden Paris anzusiedeln. Dort öffnen sich ihm mit »Robert der Teufel« (1831) die Pforten zum Ruhm. 1836 verfällt die Stadt, und bald darauf die gesamte Opernwelt, in ein wahres Delirium über seine »Hugenotten«. Drei Jahre später begegnet ihm Richard Wagner, dessen Talent er – an Hand der Skizzen zum »Rienzi« – sofort erkennt und dem er starke Förderung angedeihen läßt. Das wird Wagner nicht hindern, den berühmten Landsmann bald heftig zu schmähen, wobei er ihn mit dem im Pariser Kunstleben sehr einflußreichen »Judentum« in einen Topf wirft. 1842 wird Meyerbeer mit dem neuen Titel eines Generalmusikdirektors an den preußischen Hof nach Berlin verpflichtet. Dort hat »Das Feldlager in Schlesien« trotz der »schwedischen Nachtigall« Jenny Lind in der Hauptrolle nur einen mäßigen Erfolg; so kehrt Meyerbeer 1847 nach Paris zurück und festigt seine Weltstellung mit »Der Prophet« (1849). »Der Nordstern« gefiel 1854 weniger, »Dinorah« wurde 1859 wiederum – wenn auch nur kurze Zeit – bejubelt. Sein vielleicht schönstes Werk konnte er nicht mehr vollenden: »Die Afrikanerin«. Er starb am 2. Mai 1864 in Paris. Die Franzosen hörten nie auf, ihn als einen der ihren zu betrachten, so wie sie es mit seinem Rivalen auf heiterem Gebiet, Jacques Offenbach, stets taten, der ebenfalls auf der anderen Seite des Rheins geboren war. Das fortschreitende 20. Jahrhundert degradierte ihn, vielleicht in einer allgemeinen antiromantischen Stimmung, zu einem Komponisten minderer Kategorie. Es übersah offenkundig, daß er ein glänzender, ein geborener Dramatiker war, daß ihm Szenen von ungeheurer Wucht und Stärke gelangen und daß seine melodische Erfindungsgabe höchst beachtenswert genannt werden muß. Neider haben seine Melodik italienisch, seine Harmonik deutsch, seine Rhythmik französisch genannt. Sein Pathos, das man je nach dem betrachtenden Standpunkt echt (weil es ehrlich empfunden ist) oder falsch nennen kann (weil es der szenischen Realität oft widerspricht), muß auf das Konto seiner Zeit und ihres stärksten Kristallisierungspunktes Paris gesetzt werden. Meyerbeer forderte viel von seinen Sängern (wie auch von den Bühnenbildnern und Musikern); für manche seiner großen Rollen begann es im 20. Jahrhundert allmählich an Interpreten zu mangeln, namentlich stellte sich ein Mangel an Heldentenören und dramatischen Mezzosopranistinnen ein. Rührte das Schwinden dieser Stimmen daher, daß die Opern, in denen sie bisher lohnende Betätigung fanden, aus dem Repertoire genommen wurden? Oder mußten die Opern vom Spielplan verschwinden, weil keine Sänger für sie zu finden waren? An eine (vielleicht gegenüber dem früheren Ruhm gedämpften) Renaissance Meyerbeers darf geglaubt werden. Wann sie einsetzen wird, kann jedoch niemand voraussagen.

Die Hugenotten

Große Oper in fünf Akten. Textbuch von Eugène Scribe und Emile Deschamps.
Originaltitel: Les Huguénots
Originalsprache: Französisch
Personen: Margarete von Valois, Königin von Navarra (Sopran), Urbain, ihr Page (Sopran), Graf von Nevers (Bariton), Graf von St. Bris (Baß), Valentine, seine Tochter (Sopran), Raoul von Nangis, Hugenotte (Tenor), Marcel, sein Diener (Baß), Soldaten, Edelleute, Katholiken, Protestanten (Hugenotten), Volk.
Ort und Zeit: In der Touraine und in Paris, im Monat August des Jahres 1572.
Handlung: Margarete von Valois hat sich, obwohl sie die Schwester des katholischen Königs Karl IX. ist, mit einem Protestanten verlobt und damit das Zeichen zur endgültigen Einstellung der religiösen Feindseligkeiten gegeben. So hat auch Graf Nevers keine Bedenken, den jungen hugenottischen Edelmann Raoul de Nangis in sein Haus zu laden. Dieser wird bei der Tafel aufgefordert, etwas zu erzählen; er berichtet von einer schönen Unbekannten, in die er sich, nachdem er sie von zudringlichen Studenten befreite, verliebt hat. Der Gastgeber wird ins Nebengemach gerufen, wo eine Dame ihn zu sprechen wünscht. Mit Schrecken erkennt Raoul durch einen offenen Spalt der Türe seine Unbekannte. Er weiß nicht, daß es Valentine, die Tochter des Grafen St. Bris und Verlobte Nevers' ist, die nun ihren Bräutigam um Lösung ihres Versprechens bitten will. Er fühlt sich im Innersten getroffen, wird aber gleich darauf durch einen Brief abgelenkt, den ein Page ihm überreicht. Darin wird er ersucht, mit verbundenen Augen zu einem Stelldichein zu fahren. Raoul folgt der seltsamen Einladung, während die Tafelrunde ihm staunend gratuliert, denn auf dem Brief erkennen sie Schriftzüge und Siegel der Königin. Raoul wird vor die Königin geführt, die ihn bittet, zur Bekräftigung des Religionsfriedens eine Katholikin zu ehelichen, eine liebe Freundin, der sie alles Glück wünsche. Parteigänger der Katholiken wie der Hugenotten betreten den Raum und schwören feierlich dem Kampfe ab. Dann wird Valentine hereingeführt: sie ist die schöne Unbekannte, und Raoul wäre überglücklich, sie heiraten zu können, wenn er sie nicht kurz zuvor tief verschleiert bei Nevers gesehen hätte. Ist es ein Spiel, das mit ihm getrieben wird? Soll er sich zu einer Komödie hergeben? Brüsk weist er die Heirat zurück. Nur mit Mühe kann ein neues Aufflammen des Kampfes zwischen den plötzlich wieder feindlichen Parteien vermieden werden. Raoul hat den Grafen von St. Bris, von dem er sich beleidigt wähnt, zum Zweikampf herausgefordert. Doch als er seinem Gegner gegenübersteht, fallen dessen Parteigänger in einem wohl vorbereiteten Überfall über ihn her. Aber seine eigenen Getreuen treffen im letzten Augenblick ein. Da erscheint die Königin und tritt zwischen die schon heftig kämpfenden Gruppen. Der Anschlag muß verraten worden sein. St. Bris will den Namen des Angebers erfahren und erkennt, als eine verschleierte Dame kommt und sich zur Rettung der Protestanten bekennt, seine eigene Tochter Valentine. Nun sieht Raoul seinen Irrtum ein, aber er kann ihn nicht mehr gutmachen, denn das Verlöbnis Valentines mit Nevers ist wieder hergestellt worden, und der Graf naht mit dem Hochzeitszuge, um seine Braut vor den Altar zu führen. Der vierte Akt – der spannungsgeladenste und großartigste dieses Werkes – spielt im Hause des Grafen Nevers. Raoul ist gekommen, um sich für immer von Valentine zu verabschieden. Verzweifelt glaubt er, nicht länger am Leben bleiben zu können. Eintretende Edelleute veranlassen ihn, zur Rettung der Ehre Valentines, Versteck in einem angrenzenden Gemach zu suchen. Von dort aus wird er Zeuge einer Verschwörung, die ihm das Blut in den Adern erstarren macht. Beim zweiten Ertönen der Abendglocken wollen die Katholiken über die Hugenotten herfallen und sie ohne Ausnahme ermorden. Der Graf Nevers weigert sich, diesem Mord zuzustimmen, aber St. Bris läßt ihn festnehmen und in feierlicher Weise die Waffen segnen. Bald begeben sich alle Verschwörer auf die ihnen zugewiesenen Posten. Raoul will so schnell als möglich das Haus verlassen, um seine Glaubensgefährten zu warnen. Doch Valentine versucht ihn zurückzuhalten. Sie erklärt ihm ihre Liebe und ihren innigsten Wunsch, ihn zu retten. Der Edelmann schwankt nur einen Augenblick: das Ertönen der Glocke mahnt ihn zu schnellstem Handeln. Der letzte Akt bringt den Kampf. Raoul ist zu einer Versammlung der Hugenotten geeilt, die er unverzüglich zu den Waffen ruft. Er wird von den Seinen getrennt, trifft sich aber auf einem Kirchhof mit seinem Diener und bald darauf mit Valentine, die ihm das Versprechen der Königin bringt, sein Leben zu schützen, wenn er zum katholischen Glauben

überträte. Raoul lehnt es ab. Da bittet Valentine ihn, sie bei den Hugenotten aufzunehmen und bis ans Ende an seiner Seite zu lassen. Die katholischen Krieger haben ihre Feinde in der Kirche und überall, wo sie ihrer habhaft werden konnten, niedergemetzelt. Valentine entkommt mit Raoul und Marcel; sie wollen sich bis zur Königin durchschlagen, aber eine Truppe Katholiken versperrt ihnen den Weg. Auf Anruf bekennen sie, Hugenotten zu sein. Eine Gewehrsalve streckt sie nieder, zu spät erkennt der die Truppe befehligende St. Bris, daß seine eigene Tochter das Leben an der Seite des von ihr geliebten Hugenotten ausgehaucht hat.

Quelle: Die grauenhafte »Bartholomäusnacht« vom 23. August 1572, in der die Hugenotten von den fanatisierten Katholiken in Paris niedergemetzelt wurden, ist in die Geschichte eingegangen.

Textbuch: Scribe, Autor zahlloser Opernlibretti, schlug Meyerbeer einige historische Stoffe vor, aus denen der Komponist »Die Hugenotten« auswählte. Wie kaum ein anderer Dramatiker jener Zeit, wußte Scribe glanzvolle, mit dramatischen Schicksalen geladene und Massen in Bewegung setzende Tragödien zu schreiben. Hier lehnte er sich an ein Werk (des »Carmen«-Dichters) Prosper Mérimées (1803–1870); kleinere Zutaten stammen von Emile de Saint Amand Deschamps.

Musik: Da das Textbuch den Neigungen Meyerbeers besonders entgegenkam, gelang ihm eine glanzvolle Partitur voll Spannung und Wirkung. Hier konnte er seine oft gerühmte Vielseitigkeit zeigen: für jeden der zahlreichen kontrastierenden Schauplätze findet er eindrucksvolle Melodien. Die musikalischen Mittel sind nicht immer sehr »gewählt«, aber stets plastisch und »dankbar« für Stimmen, Chöre und Solisten. Meyerbeer verwendet als Leitmotiv der Hugenotten den protestantischen Choral »Ein feste Burg ist unser Gott«. Besonders gelungen ist der vierte Akt, sowohl in der Verschwörungsszene und der Waffenweihe als auch dem anschließenden Liebesduett. Die Koloraturarie des Pagen gelangte zu großer Popularität.

Geschichte: Meyerbeer benötigte mehrere Jahre, um diese Partitur zu vollenden, an die er die größte Sorgfalt verwendete. So mußte die Uraufführung, die für das Jahr 1833 geplant war, immer weiter hinausgeschoben werden, bis sie schließlich am 29. Februar 1836 an der Pariser Großen Oper stattfand. Die Ausbreitung der »Hugenotten« ging schnell vor sich, aber stellte die politischen Machthaber jener Tage vor unangenehme Aufgaben. In vielen Ländern wollte man nicht an das Thema der religiösen Gegensätze rühren, weshalb die kämpfenden Parteien andere Namen und Gewänder anlegen mußten. Jahrzehntelang stand diese Oper Meyerbeers unter den meistgespielten Werken des internationalen Repertoires.

Der Prophet

Große Oper in fünf Akten (neun Bildern). Textbuch von Eugène Scribe.
Originaltitel: Le Prophète.
Originalsprache: Französisch.
Personen: Johann von Leyden, der »Prophet« (Tenor), Fides, seine Mutter (Mezzosopran), Berta, seine Braut (Sopran), Jonas, Mathisen, Zacharias, drei Wiedertäufer (ein Tenor, zwei Bässe), Graf Oberthal (Baß), Soldaten, Bürger, Bauern, Wiedertäufer.
Ort und Zeit: In Leyden (Holland) und in Münster (Westfalen), von 1534 bis 1536.
Handlung: Auf den Gütern des Grafen Oberthal ist eine bunte Bauernmenge versammelt. Fides überbringt der jungen Berta den Ring ihres Sohnes Johann, der um ihre Hand ersucht und sie am nächsten Tage heimführen will. Berta muß hierzu die Erlaubnis ihres Herren, des Grafen Oberthal einholen. Der aber verweigert sie nicht nur, sondern läßt das Mädchen und Fides durch seine Wachen aufs Schloß schleppen, während das Volk, von den Wiedertäufern angestachelt, sich gegen diesen neuerlichen Übergriff aristokratischer Willkür auflehnt und nur mit Gewalt von den Wachen zurückgehalten werden kann. In der Schenke Johanns zu Leyden sind drei Führer der Wiedertäufer eingekehrt und beobachten den frohen Tanz der Menge. Staunend betrachten sie die Ähnlichkeit Johanns mit dem Bilde König Davids, das an der Wand hängt. Sollte er der gottgesandte »Prophet« sein? Auf jeden Fall käme ihnen ein solcher im gegenwärtigen Augenblick politisch sehr gelegen. Johann erzählt ihnen den seltsamen Traum, den er hatte, weist ihre Deutung, es sei die Prophezeiung seiner Auserwählung aber zurück. Verzweifelt stürzt Berta herein, sie ist dem Grafen entflohen und versteckt sich in der Schenke. Oberthal hat sie verfolgt. Gäbe man ihm die Flüchtige nicht sofort heraus, werde Fi-

des getötet. In Johann entbrennt ein schwerer Kampf zwischen der Liebe zu seiner Braut und der Liebe zu seiner Mutter. Er übergibt schließlich Berta, stellt sich aber in unauslöschlichem Haß an die Spitze der Wiedertäufer gegen den Adel. Im Lager der Wiedertäufer spielt das dritte Bild. Die Szenen im winterlichen Walde und beim Schlittschuhlauf auf dem See erinnern an Bilder von Breughel. Der Krieg ist ausgebrochen. Das Schloß Oberthals ist erstürmt und zerstört worden. Das Heer der Wiedertäufer belagert Münster. Doch Johann, nun »der Prophet« genannt, gefürchtet von den Feinden, vergöttert von den Seinen, ist der Greuel müde. Ein im Lager aufgegriffener Fremder wird in sein Zelt geführt. Es ist Oberthal. Er berichtet, daß Berta sich durch einen kühnen Sprung in den Fluß seiner Macht entzogen und den Weg in die Stadt Münster eingeschlagen habe, wo er sie nun suchen und um Verzeihung anflehen wolle. Johann befiehlt, den Grafen nicht zu töten, sondern freizulassen. Die Empörung und Unzufriedenheit der Wiedertäufer nimmt gefährliches Ausmaß an. Da tritt der »Prophet« unter sie; die Macht seiner Persönlichkeit zwingt sie auf die Knie. Sie stimmen fromme Lieder an, die in einen begeisterten Triumphgesang übergehen. Auf dem Rathausplatz von Münster, das genommen wurde, preisen die Bürger des »Propheten« Herrlichkeit, aber wenn sie sich unbeobachtet wissen, fluchen sie ihm. Berta und Fides haben sich getroffen und beweinen gemeinsam Johann, den sie tot glauben. Auch sie verfluchen den »Propheten«, den sie für seinen Mörder halten. Das siebente Bild stellt den dramatischen (und musikalischen) Höhepunkt dar. Es bringt die großartige Krönungsfeierlichkeit Johanns im Dom. Sie wird jäh unterbrochen durch Fides' Schrei, die im Gekrönten ihren Sohn erkannt hat. Doch Johann darf das nicht zugeben, sein Nimbus beruht auf des Volkes Vorstellung seiner geheimnisvollen Herkunft. Er erklärt die alte Frau für wahnsinnig, erbietet sich aber, sie zu heilen. Er läßt die Lanzen seines Gefolges auf sein Herz richten und fragt Fides dann, ob sie ihn tatsächlich für ihren Sohn halte. Aus Angst um sein Leben verleugnet sie ihn in furchtbarer Seelenqual; die Menge preist das neue »Wunder« ihres »Propheten«. Im Gewölbe des Palastes zu Münster steht Johann seiner Mutter gegenüber. Oben in den Gemächern ist eine verdächtige Bewegung festzustellen; die Führer der Wiedertäufer, denen der Kaiser, der mit einem gewaltigen Heere heranrückt, Gnade zugesagt hat, wenn sie den »Propheten« ausliefern, sind zu diesem Verrat bereit. Berta betritt das unterirdische Gemach; sie weiß, daß dort Pulver liegt und will den »Propheten« in die Luft sprengen. Sie erkennt Johann, schwankt zwischen Liebe und Haß. Ohne einen Ausweg finden zu können, ersticht sie sich aus Verzweiflung. Das letzte Bild bringt das Siegesfest im Schlosse. Von Verrätern geleitet, dringt Oberthal an der Spitze der Truppen ein. Fides wirft sich in höchster Angst ihrem Sohn an die Brust. Aber der ist längst seines Lebens müde. Er hat das Pulver in Brand gesteckt. Nun vernichtet eine furchtbare Explosion das Schloß und alle seine Insassen.

Textbuch: Im Sinne der »grande opéra« ein großartiges Libretto. Ein menschliches Drama vor dem buntbewegten Hintergrund der sozialen, religiösen, politischen Kämpfe einer tragischen Zeit.

Musik: Hier ist Meyerbeer ganz in seinem Element. Er liebt Prunk, Massenaufzüge, Kriegslärm. Im »Krönungsmarsch« gelang ihm ein weit über die Oper hinaus berühmt gewordenes Stück. Die Arien mögen hie und da weniger »echt« sein, aber sie enthalten einprägsame Melodien und bieten den Stimmen hervorragende Möglichkeiten. Von höchster Wirksamkeit ist die Spannung der Mutter-Sohn-Begegnung im Dom, hervorragend der düstere Glanz der Wiedertäufer-Ensembles, lieblich die Schlittschuhläuferszene. Manches mag nur einen Schritt vom Kitschigen, vom Lächerlichen entfernt sein, aber es liegt unleugbare Größe und Erhabenheit über vielen Szenen dieser Partitur.

Geschichte: Die Uraufführung in der Pariser Oper am 16. April 1849 schlug weniger ein als die vorhergehenden Werke Meyerbeers. Aber auch dieses eroberte die Welt, bis es, zu Beginn unseres Jahrhunderts, in Ungnade fiel. Oder ist es vor allem das Fehlen geeigneter Stimmen – eines gewaltigen Johann von Leyden, einer mitreißenden Fides –, das den »Propheten« so selten auf den Theatern erscheinen läßt?

Dinorah

Zwei der erfolgreichsten Librettisten der französischen Oper jener Zeit, Barbier und Carré, schrieben für Meyerbeer das Buch zu seiner »Dinorah«, die manchmal in Frankreich unter ihrem Untertitel »Le pardon de Ploermel« aufgeführt wird. Auf deutschen Theatern ist das Stück nie heimisch geworden. Es enthält die unter dem Namen »Schattenwalzer« sehr bekannte Bravourarie für Koloratursopran, deren dramatische Situation Anlaß zu einer interessanten Diskussion geben könnte. Dinorah hat den Verstand verloren und irrt bei heftigem Gewitter allein in den Bergen umher, wo sie mit ihrem eigenen Schatten zu tanzen beginnt, als hielte sie den Geliebten im Arm. Meyerbeer gibt ihr eine liebliche Melodie in gleichmäßig schwebendem, weichem, sanftem Rhythmus und vertont so das zärtliche Bild, das sie in der Seele trägt, und nicht die Umnachtung, die sie umkrallt, ein Vorgang, der bei vielen »Wahnsinnsszenen« der Romantik gleicherweise festzustellen ist. Die Uraufführung fand am 4. April 1859 in der Pariser Opéra Comique statt.

Die Afrikanerin

Große Oper in fünf Akten (sechs Bildern). Textbuch von Eugène Scribe.
Originaltitel: L'Africaine
Originalsprache: Französisch
Personen: Don Pedro, Präsident des Königlichen Rates von Portugal (Baß), Don Diego, Ratsmitglied und Admiral (Baß), Ines, seine Tochter (Sopran), Don Alvaro, Ratsmitglied (Tenor), Vasco da Gama, Offizier der portugiesischen Flotte (Tenor), Selika, eine gefangene Inderin (Sopran), Nelusco, gefangener Inder (Bariton), der Großinquisitor (Baß), der Oberpriester Brahmas (Bariton oder Baß), Anna, Begleiterin der Ines (Mezzosopran), Matrosen, Priester, Offiziere.
Ort und Zeit: Lissabon, Indien und die dazwischen liegenden Ozeane, kurz vor 1500.
Handlung: Ines vertraut Anna ihre Liebe zu dem Marineoffizier Vasco da Gama an; nach seiner Heimkehr von der Entdeckungsfahrt will sie ihn heiraten. Doch ihre Hoffnung wird zerstört. Ihr Vater teilt ihr mit, daß sie auf Wunsch des Königs den Präsidenten des Rates, den alternden Don Pedro ehelichen soll. Im Rate verkündet Don Pedro die eben eingelaufene Nachricht, wonach die Schiffe der Expedition, die den Seeweg nach Indien suchen sollten, gescheitert seien. Nur ein Offizier habe sich, neben einigen Gefangenen, mit höchster Mühe retten können. Nun erscheint der Offizier selbst. Es ist Vasco da Gama. Gegenüber der von einigen Mitgliedern geäußerten Ansicht, man solle die Eroberungsfahrten aufgeben, vertritt er leidenschaftlich die entgegengesetzte Meinung; er selbst bringe, wie er erklärt, Beweise für die Existenz eines großen, reichen Landes hinter dem afrikanischen Festlande mit. Er führt Selika vor, die eine große Königin in ihrem indischen Heimatlande war, und den Sklaven Nelusco. Aber Don Pedro befiehlt, die geplanten weiteren Reisen einzustellen. Er möchte Vascos Pläne zu eigenem Vorteil ausnützen. Und so läßt er den jungen Offizier, der kühn zu Entdeckungsfahrten rät, in den Kerker werfen. Wochen sind vergangen. Mit Vasco da Gama schmachten Selika und Nelusco im Gefängnis. Die Inderin hat dem Offizier das Leben gerettet, als Nelusco ihn einmal im Schlafe ermorden wollte. Sie verrät ihm den genauen Seeweg in ihr Heimatland und hofft im stillen, ihn einmal mit ihm fahren zu können. Don Pedro steigt mit Ines in den Kerker hinab, denn nur unter der Bedingung von Vascos Freiheit will sie dem Ratspräsidenten ihre Hand gewähren. Don Pedro plant eine geheime Reise, die nach den von Vasco da Gama ausgearbeiteten Plänen ausgeführt werden soll. Dazu bestimmt er Nelusco, von dessen tödlichem Haß gegen alle Europäer er nichts ahnt, zum Steuermann. So spielt der dritte Akt auf hoher See. Nelusco führt die Flotte dem sicheren Verderben entgegen. Zwei Schiffe sind schon an den Klippen gescheitert, und das Flaggschiff steuert auf ein Felsenriff zu. Da wird ein Segler gesichtet, der rasch näher kommt; er führt ebenfalls die portugiesische Fahne. Vasco da Gama ist zur Rettung Don Pedros und seiner Gattin, die sich bei ihm befindet, ausgelaufen und hat sie dank Selikas Kenntnissen eingeholt. Doch Don Pedro glaubt dem jungen Offizier nicht und läßt ihn an den Mast fesseln. Ein plötzlich aufkommender Sturm schleudert das Fahrzeug nun auf die Felsen und löst die gefährlich aufgetauchten Probleme des Librettisten. Die indischen Küstenbewohner, von Nelusco herbeigeführt, metzeln alle Weißen nieder. Eine große Tempelzeremonie beschließt den Akt. Der vierte sieht die wieder in ihr hohes Amt eingesetzte Selika, die schwören muß, keinen Europäer auf dem Boden ihres Landes zu dulden. Da erfährt sie, daß der geliebte Vasco der Katastrophe entronnen ist. Als dieser das unbekannte Land betritt, bleibt er verzückt stehen. Meyerbeer hat ihm hier seine wohl schönste

① *Andantino con moto*

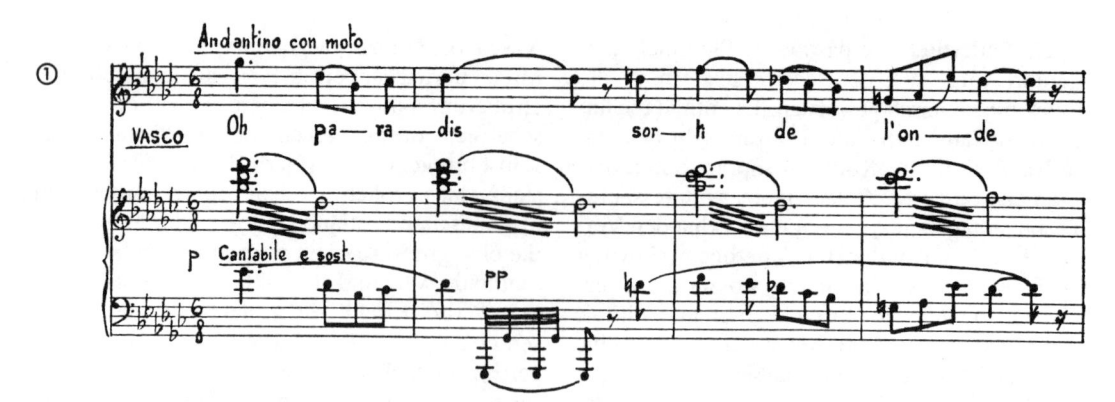

VASCO: Oh pa-ra-dis sor-ti de l'on-de

Cantabile e sost.

Arie in den Mund gelegt, voll süßer Melodie und wie vor Sonnenglut flimmernder Orchesterbegleitung: Land so wunderbar! ①

Auch Ines ist gerettet worden, aber beider Weißen haben sich die Inder bemächtigt und sie zum Tode bestimmt. Noch wissen sie nichts voneinander. Und als Selika, um Vasco zu retten, ihn als ihren Gemahl ausgibt, beschließt der Portugiese, dankbar und gerührt, für immer an ihrer Seite zu bleiben. Doch da werden die Schreie Ines' hörbar, die zum Tode zu den giftigen Düften des Manzanillabaumes geführt wird. Verzweifelt sucht er den Kreis der Eingeborenen zu durchbrechen. Selika fühlt, daß seine Liebe stets nur der weißen Rivalin gehören wird und befiehlt, beiden Leben und Freiheit zu gewähren. Auf Vascos Schiff kehren sie nach Europa zurück. Die Königin will ohne den Portugiesen nicht länger leben. Den Tod, der ihrer Nebenbuhlerin bestimmt war, nimmt nun sie auf sich: unter den Blüten des Manzanilla erwartet sie den Tod. Nelusco findet sie sterbend, in lieblichen Visionen, die sie langsam der Erde entrükken. Er, der sie heimlich immer geliebt hat, breitet seine Arme aus, in denen die Königin ihre Seele verhaucht.

Quelle: Das Leben des großen portugiesischen Entdeckers Vasco da Gama (1469–1524), der, im Gegensatz zu den Spaniern, von Europa aus nach Osten fuhr und seinem Lande ein Kolonialreich in Asien brachte.

Textbuch: 1838 übergab Scribe Meyerbeer das Textbuch, in dessen Mittelpunkt eine afrikanische Prinzessin stand, das also folgerichtig »Die Afrikanerin« betitelt war. Nach mehrjähriger Arbeit war der Komponist so unbefriedigt, daß er eine fast völlige Neufassung verlangte. So entstand das endgültige Libretto, das Vasco da Gama zum Helden und Indien zum Schauplatz hat. Nachdem der Entwurf eine Zeitlang »Vasco da Gama« geheißen hatte, wurde ihm der ursprüngliche Name »Die Afrikanerin« zurückgegeben, obwohl nun keine Afrikanerin, sondern eine Inderin darin eine Hauptrolle spielt. Und unter diesem Titel ging das Werk über Hunderte von Theatern, ohne daß der Irrtum jemals korrigiert worden wäre. Das Libretto an sich ist ausgezeichnet gemacht, wenn man an die Erfordernisse der »grande opéra« denkt. Es gibt exotische Schauplätze, dramatische Höhepunkte auf von Sturm gepeitschten, durch unbekannte Meere segelnden Schiffen, treue Liebe, Verrat, Zusammenprall zweier Rassen, geheimnisvolle Todesart durch Einatmen von Pflanzendüften, zwei schöne Rivalinnen – von denen eine weiß, die andere indisch bronzegetönt ist, beide kämpfend um die Gunst eines Seefahrers.

Musik: Meyerbeer hat hier sein Bestes gegeben. Ob das für eine einheitlich gute oder gar meisterhafte Oper ausreicht, sei hier nicht untersucht. Es gibt schöne Stellen in der »Afrikanerin«, die auch heute ihre Wirkung nicht verfehlen. Man höre nur »O Paradiso« (Land so wunderbar) von einem großen Tenor gesungen! Meyerbeer beherrschte alles, was es zu seiner Zeit an musikalischem Können gab. Seine Arbeit war äußerst gewissenhaft; manchmal wirft man ihr vor, sie sei mehr vom Verstand als vom Gefühl beherrscht worden. Seltsamer Vorwurf im 20. Jahrhundert, in dem das Gefühl weitgehend aus dem künstlerischen Schaffensprozeß ausgeschaltet erscheint!

Geschichte: Eine erste Fassung der »Afrikanerin« war 1842 beendet. Doch nahm Meyerbeer später die Arbeit neuerlich auf; er scheint sie erst am 1. Mai 1864, einen Tag vor seinem Tode, fertiggestellt zu haben. Das Werk wurde am 28. April 1865 in der Pariser Großen Oper aus der Taufe gehoben und übte stärkste Wirkung aus, die sich schnell ausbreitete.

Marcel Mihalovici
1898

Der in Bukarest gebürtige, rumänische Komponist lebt seit seiner Jugend in Paris. Er hat mehrere Opern aufgeführt, die besonders in Deutschland auf Interesse stießen. Auf einen französisch gesungenen *Orpheus* (Paris, 1938) folgten nach dem Zweiten Weltkriege mehrere deutsche Premieren: *Phädra* (1951, Stuttgart), *Die Heimkehr* (zuerst konzertant im Hessischen Rundfunk, danach szenisch an der Deutschen Oper am Rhein, Düsseldorf, 1954). Im Jahre 1961 brachte das Stadttheater Bielefeld ein interessantes Experiment aus seiner Feder: *Krapp* oder *Das letzte Band*. Hier erfand der avantgardistische Dramatiker Samuel Beckett ein Einpersonenstück, das durch spannende Ausnützung eines Tonbandeffektes zu hoher dramatischer Wirksamkeit gesteigert wird. Krapp hat Jahr für Jahr ein Tonband aufgenommen, auf dem er einen von ihm ins Mikrophon gesprochenen Bericht über die abgelaufenen Monate festhält. So hat er gewissermaßen sein Leben tönend aufbewahrt. Nun ist er alt, verbittert, mit sich selbst und der Welt zerfallen. Wieder ist ein Jahr um, und er sitzt in seiner Kammer vor den Aufnahmegeräten. Aber statt einen neuen Bericht zu sprechen, läßt er Bänder aus vergangenen Jahren abrollen und zerbricht an der Erkenntnis seines tragischen Niedergangs. Es gibt mehrere Opern mit nur zwei Personen. Es gibt auch eine mit nur einer einzigen: Cocteau-Poulencs *Geliebte Stimme*. Hier aber singt eine einzige handelnde Person gewissermaßen Duette mit sich selbst, mit ihrer eigenen, auf Tonband aufgenommenen Stimme, – ein höchst origineller Einfall. Das Orchester begleitet beide, den eben singenden Krapp, und seine Stimme auf dem Tonband. Der Darsteller des Krapp kann hier eine psychologische Meisterleistung vollbringen. Zu Beginn des Jahres 1963 fand in Braunschweig die Premiere der einstündigen komischen Oper *Die Zwillinge* statt; den Text schrieb der Pariser Kritiker Claude Rostand nach den *Menaechmi* des Plautus, die schon Shakespeare für die *Komödie der Irrungen* verwendet hatte. Die beiden Brüder werden vom gleichen Sänger wiedergegeben, was zwar der äußerlichen Ähnlichkeit dieses Zwillingspaares entgegenkommt, aber dem Darsteller ob der verschiedenen Charaktere eine keineswegs leichte Aufgabe stellt, die durch die geforderten Nuancierungen im Gesanglichen noch weiter erschwert wird.

Darius Milhaud
1892–1974

Dieser vielseitig schillernde, genialische, äußerst wandlungsfähige französische Komponist stammt aus altjüdischer Patrizierfamilie und wurde am 4. September 1892 in Aix-en-Provence geboren. Ein echter Provenzale, ein »Mittelmeermensch«, wie er sich selbst oft genannt hat, von lateinischer Klarheit, südlichem Temperament und französischem Esprit. Er studierte am Pariser Konservatorium. Nach dem Ersten Weltkrieg, in der Gärungsepoche aller Künste, geriet er unter den Einfluß des geistvollen Dramatikers und Poeten Jean Cocteau und des seltsamen Musikers Eric Satie. Eine Zeitlang verbrachte er als Attaché an der französischen Gesandtschaft in Rio de Janeiro, wo sein stets lebhafter Geist viel von der brasilianischen Folklore aufnahm. Zurückgekehrt schloß er sich mit Arthur Honegger, Francis Poulenc, Auric, Durey und Madame Tailleferre zur »Gruppe der Sechs« zusammen. Zu Beginn seiner schöpferischen Tätigkeit stand er ein wenig unter dem Einfluß Claude Debussys; dann fesselten ihn Arnold Schönbergs Theorien, aber er rang sich früh zu einem sehr eigenen Stil durch, der als Sehnsucht nach Formschönheit, Ausdruck der Lebensfreude und Anhängerschaft an positive Philosophien annähernd charakterisiert erscheint. Hinzu tritt noch ein stets vorhandener Hang zum Neuen, ein Wille zum Experiment, das Unbekanntes erschließen könnte. Sein Bühnenschaffen ist außerhalb seines Heimatlandes wenig bekannt geworden. Er begann mit einem Atridendrama (*Orestie*), das jahrzehntelang auf seine Uraufführung warten mußte; dann einem »satirischen Drama« namens »Protée« (1922), mit dem »gesungenen Ballett«, betitelt »Salade« (1924), und mit »Le train bleu« aus dem gleichen Jahr, im Untertitel »getanzte Operette« genannt. Nachhaltigeren Eindruck machte die Oper »Les malheurs d'Orphée« (1924). Als die Universal-Edition in Wien bei ihm eine Oper bestellte, lieferte er das knappe, neun Minuten dauernde Werk »L'enlèvement d'Europe«, was dem Verleger Kopfzerbrechen verursachte. Er regte an, das Stück zu einem Zyklus zu ergänzen. Milhaud tat dies durch zwei Opern gleicher Länge: »L'abandon d'Ariane« und »La délivrance de Thésée«. Und doch bildeten diese Beiträge zum Musiktheater keineswegs die kürzesten Einakter. Milhaud schuf auch »Minutenopern« von fast parodistischer Konzentration und Kürze. »Le bœuf sur le toit« wurde die bekannteste dieser Serie. Im Jahre 1927 schrieb er »Le pauvre Matelot«, und in den folgenden Jahren ging er vom Extrem der aphoristischen, fast kabarettistischen Kürze zum anderen Extrem über: »Christophe Colomb« ist episches Theater, breit ausgesponnen, betrachtend, lyrisch. Dann setzte er die Linie der »großen« Opern fort. In »Maximilian« (1932) schildert er das tragische Schicksal des unseligen Habsburgers auf dem mexikanischen Kaiserthron und seinen Tod in den Händen des indianischen Volksführers Juárez. Während des Zweiten Weltkrieges wanderte er nach Nordamerika aus, wo er bis 1948 blieb. Dort entstand »Medea«; nach seiner Heimkehr ein großangelegter »Bolivar« auf den Text Jules Supervielles, der den glänzenden Befreiungskampf Südamerikas unter der heldenhaften und staatsmännisch klugen Leitung Simon Bolivars sowie dessen bittere Enttäuschung und trauriges Ende schildert. Der junge Staat Israel beauftragte Milhaud mit einer Oper. Er komponierte auf biblische Texte einen interessanten »David«, der im Juni 1954 – in konzertanter Form – in Jerusalem erstmalig erklang. Die am 13. Juni 1966 in Genf erfolgte Uraufführung der Oper »*La mère coupable*« bringt das dritte Werk der berühmten Beaumarchais-Trilogie auf das Musiktheater, auf dem unter vielen Vertonungen vor allem die des »*Barbier von Sevilla*« durch Rossini und die der »*Hochzeit des Figaro*« durch Mozart leben, das dritte der Themen aber nur selten Komponisten zur Vertonung gereizt hat. Milhaud, eine der führenden Gestalten der Musik in seiner Zeit, starb am 22. Juni 1974 in Genf.

Die Orestie des Aischylos fesselte den einundzwanzigjährigen Milhaud, und mit diesem Drama begann seine so inhaltsreiche Verbindung zu dem großen Dichter Paul Claudel. Eine seltsame Freundschaft entspann sich; seltsam darum, weil kaum je die Vorbedingungen zu einer echten und tiefen menschlich-künstlerischen Beziehung schwieriger waren als hier zwischen dem katholisch-mystischen Poeten und dem jüdischen Komponisten, zwischen dem ins Geistige versponnenen Meister des Wortes und dem sinnlich mediterranen Leben aufgeschlossenen Musiker. Aber man lese nur den Briefwechsel dieser beiden Männer und man wird sich der Fruchtbarkeit dieses Gedankenaustausches bewußt, man erkennt die gemeinsame Urheimat künstlerischer Tat. Claudel hat des Aischylos unsterbliche Dramentrilogie nachgedichtet, in herrliche französische Verse gebracht, aber auch mit einem Schuß Christentum versehen, in dem die Erlösungsidee obenan steht. Milhaud begann die Komposition im September 1913 in Hellerau bei Dresden und arbeitete zehn Jahre lang an seinem Opernwerk, das die drei Teile (»*Agamemnon*«, »*Die Choephoren*«, »*Die Eumeniden*«) in einen einzigen Abend zusammenfaßt. In diese Jahre fällt die Berufung Claudels an die Botschaft Frankreichs in Rio de Janeiro, und der wichtige Brasilienaufenthalt Milhauds, den Claudel als Sekretär über den Ozean mitnimmt. Es war die Zeit des großen musikalischen Umbruchs, die Epoche, in der Strawinsky »Oedipus Rex« schrieb, in der das, was man später »episches Theater« nennen sollte, gegenüber dem realistischen, bewegten Operngeschehen die Oberhand behielt. So ist auch (obgleich die Chöre, die das Werk großenteils tragen, keineswegs statisch verharren müssen) Milhauds Atridenoper ein Versuch zur Wiederbelebung einerseits des antiken Dramas, anderseits der ersten Florentiner Opern von 1600. Es gibt hart skandierten Sprechgesang, der dem Wort den Vortritt läßt, es gibt starke Bildwirkung, es gibt zum Zerreißen gespannte Szenen, die nur rhythmisch durch Schlagzeug untermalt werden. Das bedeutende Werk blieb lange Zeit unbekannt. Erst am 24. April 1963, fast ein halbes Jahrhundert nach dem Beginn der Komposition, erklang es zum ersten Male, in voller Bühnenfassung, in der Berliner Deutschen Oper und gestaltete sich zu einem großen Triumph für den anwesenden, in der langen Zwischenzeit zu einem der führenden Musiker gewordenen, nun alten und schwerkranken Komponisten.

»*Les malheurs d'Orphée*« (Die Leiden des Orpheus), 1924, ist eine dreiaktige, wenn auch immer noch miniaturhaft angelegte Oper. Sie verdankt ihre Entstehung dem klugen Instinkt einer bedeutenden Mäzenin, der Fürstin Edmond de Polignac in Paris. Diese Dame machte in den ersten Nachkriegsjahren ihr Palais zu einer Pflegestätte moderner Musikströmungen, gab den jungen Talenten von damals wertvolle Aufträge und bevorzugte bewußt neue Formen, da sie die pompösen Riesengebilde in Oper und Orchester seit Wagner und Richard Strauss für überlebt hielt. Manuel de Falla und Igor Strawinsky komponierten für ihr Privattheater. Milhauds Stück erregte zu seiner Zeit starkes Aufsehen. Es beschäftigt nur zwei Personen: Orpheus und Eurydike. Dazu tritt ein (aus drei Personen bestehender) Chor der Zigeuner, ein ebenso zusammengesetzter Chor der Handwerker (der etwa die Rolle des antik-griechischen Chores spielt) und der ebenfalls dreistimmige »Chor der Tiere«. Das Orchester besteht aus je einem Instrument – Geige, Bratsche, Violoncello, Kontrabaß, Harfe, Flöte, Oboe, Klarinette, Baßklarinette, Trompete, Pauke und Schlagwerk. Die Handlung ist – soweit von einer solchen im Libretto von Armand Lunel überhaupt im üblichen Sinne gesprochen werden kann – in drei Akte geteilt, von denen der erste auf einem Dorfplatz in der Provence, der zweite auf einer nahen Waldlichtung, der dritte in der Behausung des Orpheus spielt. Sie schildert die Liebe des Orpheus, der hier nicht der zum Mythos gewordene thrakische Sänger ist, sondern ein provenzalischer Heilkundiger oder Dorfarzt, zu Eurydike, einer schönen Zigeunerin. Trotz seiner Heilkunst kämpft Orpheus vergeblich gegen den Tod seiner Geliebten, darin liegt seine Tragik, sein »malheur«. Bevor sie stirbt, empfiehlt sie Orpheus, ihren Gatten, der Fürsorge der Tiere, deren er sich oft hilfreich angenommen und die er singen und tanzen gelehrt. Mit einem kurzen Abschiedsgesang verläßt sie den Untröstlichen. Die Tiere, mit traurigem Gesange, begleiten sie zur letzten Ruhestätte; Orpheus folgt ihnen in tiefem Schmerz. Er nimmt seine Alltagsarbeit wieder auf, bereitet Heilkräuter wie zuvor. Da kommen die drei »Schwestern« der Verstorbenen. Orpheus nimmt sie liebevoll auf, will gemeinsam mit ihnen die Tote beweinen, aber die Zigeunerinnen stehen hier symbolisch für den Chor der Erinnyen, der Rachegeister oder, moderner gefaßt, des eigenen Gewissens. Sie töten Orpheus, der sich nicht wehrt, sondern die Vereinigung mit seiner geliebten Eurydike ersehnt. Was Milhaud und sein Textdichter Armand Lunel hier geschaffen haben, entspricht weitgehend dem epischen Theater, dem statischen, nur von inneren Entwicklungen getriebenen Geschehen, das in den zwanziger Jahren unseres Jahrhunderts einige hochinteressante Werke hervorbrachte, wie Strawinskys »Oedipus Rex« und Honeggers »Antigone«. »Weder der Pomp des mythologischen Theaters noch eine spöttisch-ironische Auslegung der alten Stoffe« ist hier zu finden (nach den Worten von Milhauds belgischem Biographen Paul Collaer); es ist eine neue Art, Oper zu machen, eine deutliche Reaktion auf das romantische Theater und die »grande opéra« mit ihrem äußerlich-dramatischen Ablauf. »Les malheurs d'Orphée« erklang erstmalig im Jahre 1924 in Privataufführung im Pariser Palais der Fürstin Polignac. Die eigentliche Premiere vor der Öffentlichkeit fand am 7. Mai 1926 im Théâtre de la Monnaie in Brüssel statt.

»*Esther von Carpentras*« ist die Frucht der Beschäftigung Milhauds mit einem wenig bekannten jüdischen Thema des Mittelalters und schildert, dichterisch wieder von Armand Luncl, einem Jugendfreund des Komponisten gestaltet, die Purimfeier der Juden in Carpentras, einer der vier »heiligen Städte« Frankreichs, die bis zur Revolution unter päpstlicher Herrschaft standen. Der junge Kardinalbischof, soeben aus Rom gekommen, gestattet den Juden ihr Osterspiel. Sein Sekretär aber rät, sie bei dieser Gelegenheit zwangszutaufen. Nun wird aber der Kirchenfürst in das biblische Spiel von der Königin Esther unbewußt einbezogen und gibt zuletzt der schönen Esther des Festes das gleiche Versprechen, das nach der Heiligen Schrift der König Ahasver ihrer fernen Namensschwester gab: sie dürften unbehelligt und ungetauft weiterhin im Lande leben. Die Juden stimmen Dankgesänge für ihre neuerliche Errettung an, und die Christen, unter Führung der Geistlichkeit, fallen in das Halleluja ein. So wiederholt sich, mit zeitgemäß veränderten Einzelheiten, unter Ludwig XV. die biblische Episode von der schönen Esther, der Pflegetochter Mardochais, die ihre Glaubensgenossen vor Ausrottung oder Untreue an ihrem Gott errettete. (Milhaud komponierte das Werk wahrscheinlich zur Gänze in den frühen Zwanzigerjahren, erlebte die Uraufführung aber erst im Februar 1938 an der Pariser Opéra Comique. Die erste der – sehr selten gebliebenen – deutschen Aufführungen fand in Darmstadt anläßlich der im März 1963 veranstalteten »Woche der christlich-jüdischen Brüderlichkeit« statt).

»*Le pauvre Matelot*« wurde auf einen Text Jean Cocteaus komponiert und am 12. Dezember 1927 in Paris uraufgeführt. Die Autoren nennen das Stück eine »Ballade in drei Strophen«; der Name mag andeuten, daß das an sich durchaus opernhafte Geschehen hier wie erzählend vorgetragen wird, bänkelsängerhaft, wie man es manchmal genannt hat. Das Drama spielt sich unter vier Personen ab, die in einer Hafenstadt der Gegenwart leben, dem »armen Matrosen«, seiner Frau, deren Vater und einem Freund. Die Frau wartet auf die Heimkehr ihres vor vielen Jahren aufs Meer hinausgefahrenen Gatten. Ein Freund wirbt um sie, ihr Vater möchte sie wieder verheiratet und glücklich sehen, aber sie will auf den Verschollenen warten. Dieser kehrt zurück, gibt sich jedoch nur dem Freunde zu erkennen, der ihn gastlich aufnimmt. Am nächsten Morgen geht er zu seiner Frau, erzählt, daß er ihren Gatten kenne, der lebe und bald heimkommen werde. Er sei allerdings arm, während er selbst vom Glück gesegnet worden sei. So gut gehe es ihm, daß er eine wertvolle Perlenschnur sein eigen nenne. Und er zeigt sie ihr. In dieser Nacht schläft er unerkannt in seinem eigenen Hause. In der Dunkelheit schleicht die Frau ins Zimmer und erschlägt ihn, um ihm die Perlenkette zu rauben. Ihrem entsetzten Vater erklärt sie, es geschähe nur, um ihrem Manne zu helfen, wenn er arm heimkehre. Rasch nehmen Vater und Tochter die Leiche auf und versenken sie ins Meer. Milhauds Musik ist bewußt einfach, ja oftmals primitiv. Sie enthält einen Schuß Exotik, da und dort sogar schlagerhafte Elemente, viel Tanzrhythmen. Es ist manchmal so, als stünde ein Volkssänger da und brächte eine schaurige Geschichte zum Vortrag: »Hört nur, was es alles gibt auf der Welt!« Und rund um ihn ist vielleicht Jahrmarktstreiben.

»*Christophe Colomb*« ist wahrscheinlich Milhauds bedeutendstes Werk und eines der wichtigsten unserer Zeit. Die ungeheuren Schwierigkeiten der Aufführung lassen es nur äußerst selten auf Bühnen erscheinen. Es hat 27 Szenen, beschäftigt fünfzig Sänger, erfordert, da auch Filmprojektion in das Geschehen eingebaut ist, einen vollendeten technischen Apparat. Der Text stammt von dem bedeutenden französischen Mystiker Paul Claudel (1868–1955), der nicht nur mit diesem Werk, sondern auch mit der von Honegger vertonten »Jeanne d'Arc au bûcher« stark auf das Musiktheater des 20. Jahrhunderts eingewirkt hat. Der Zeitströmung entsprechend, ist auch diese Kolumbus-Oper nicht unmittelbar erlebtes Drama, sondern erzählte, gespiegelte, diskutierte Historie. Wie in »Jeanne d'Arc« wird auch in »Christophe Colomb« aus einem Buch vorgelesen und so ein Rahmen geschaffen. Aber hier ist der Stoff noch weiter aufgespalten, denn es wird die Gestalt des Amerikaentdeckers schizophrenisch in zwei Figuren zerlegt. Er sieht – sichtbar auf der Bühne plaziert – sein eigenes Leben vorüberziehen, er meditiert, erlebt die Legendenbildung rund um seine Taten, erleidet Anklage und Verteidigung. Im Hintergrund oder oberhalb der Bühne rollt filmisch das Geschehen ab. Claudel hat die Taube zum Symbol seines Stückes ausersehen, da sie einerseits die französische Form des Namens des Seefahrers (Colomb) darstellt, andererseits zum Sinnbild des Heiligen Geistes im katholischen Glauben und zum Abbild des Friedens geworden ist. (Worin eine gewisse Schwierigkeit bei der Übersetzung des Werkes in andere Sprachen besteht.) Der Chor hat eine Doppelfunktion zu erfüllen. Einerseits ist er in den dramatischen Ablauf eingebaut, andererseits stellt er, nach antiker Art, den beobachtenden, kommentierenden Spiegel des Geschehens dar. Eine wahre Überfülle von Gestalten und Szenen löst das Werk in Einzelheiten auf, faßt es aber gleichzeitig zu einer höheren Einheit, zu einem grandiosen Gemälde äußerer und innerer Vorgänge zusammen. Wir erleben zuerst den alternden Entdecker, der sich müde, enttäuscht und siech in einer elenden Herberge zu Valladolid befindet. Er hört die Stimmen der Anklage gegen ihn, denen die Verteidigung antwortet. Mit dem Hilfsmittel der Rückblende, des »racconto«, mit dem namentlich der damals seine Weltmacht antretende Film arbeiten wird, erleben wir nun einzelne Etappen auf dem Lebensweg von Kolumbus. Der kindlichen Königin Isabel wird eine Taube überreicht. Noch ahnt sie nicht, daß sie eines Tages einem »Colomb« Flügel verleihen wird, um neue Welten zu entdecken. Der junge Kolumbus liest begeistert die Reiseberichte Marco Polos, träumt von Ländern jenseits der Meere. Die Taube Isabels umflattert ihn plötzlich, wird zu seinem Wegweiser. Bebend befragt er einen schiffbrüchigen Matrosen, dieser aber stirbt, ohne ihm die ersehnte Antwort auf die Fragen nach fernen Zonen beantworten zu können. Kolumbus will Schiffe ausrüsten, doch besitzt er weder Geld noch Gut; er muß die Gläubiger mit dem Versprechen von königlicher Hilfe abspeisen. Isabel betet in ihrer Kapelle; den Ring, den sie einst ihrer Lieblingstaube am Fuß befestigte, sah sie an des Kolumbus Hand wieder, des seltsamen Träumers und Visionärs, der zum Hof kam, um Hilfe zu erflehen. Da weiß sie, daß Gott diese Fahrt ins Ungewisse wünscht. Die Schiffe werden gerüstet und laufen aus. Aber ein schwerer Sturm stellt sich, von Dämonen und indianischen Göttern entfacht, den Karavellen »Santa Maria«, »Pinta« und »Niña« entgegen. Die Mannschaft beginnt zu meutern. Da läßt sich eine Taube auf dem Flaggschiff nieder, und vom Auslug erschallt die rettende Stimme: Land! Doch der Rausch der Entdeckung weicht bald der enttäuschten Ernüchterung. Der König berät sich mit seinen Ministern. Was hat die Entdeckung des Kolumbus genützt? In Ketten wird der kühne Seefahrer nach seiner vierten Reise heimgebracht. Der von ihm entdeckte Erdteil wird nach einem andern benannt. Arm, vergessen und krank wird Kolumbus freigelassen. Isabel ist tot, mit seinem Namen auf den Lippen gestorben. Und dann taucht wieder die elende Schenke von Valladolid auf, in der der Wirt ihn um Bezahlung drängt. Sterbend träumt er noch einmal von Isabel, die ihn um den Ring bittet; er aber sendet ihr sein einziges irdisches Gut, ein Maultier. In Licht getaucht erscheinen die Umrisse Amerikas, die Taube schwebt siegreich über der neuen Erde. Zu diesem mystischen Geschehen wäre unendlich viel zu sagen, manches, das den Rahmen unseres Buches überschreitet. Claudel hat ein christliches Drama geschaffen, hat Kolumbus als Träger des Kreuzes gesehen, von der Taube, dem Heiligen Geist geleitet, hat ihn als Weltverbinder im Sinne des Christentums gefeiert. Der Text, größtenteils von überwältigender dichterischer Schönheit, verfällt an einigen Stellen dunklem Symbolismus und (vom historischen Standpunkt) anfechtbaren Ideen. Milhauds Musik erreicht Höhepunkte, wie sie nur wenige Werke unserer Zeit aufweisen. Er verwendet alle Hilfsmittel: den nur noch rhythmisierten Sprechgesang, die impressionistische Auflösung der Formen in Klangbilder, statische Chöre von großer Kraft, songähnliche Melodien, Ariengesang. »Christophe Colomb« wurde für nahezu unaufführbar gehalten, kein französisches Theater wagte sich daran. Erich Kleiber aber erkannte alsbald die epochale Bedeutung des Werkes und brachte es in der von ihm geleiteten Berliner Staatsoper am 5. Mai 1930 heraus. Nur wenige große Bühnen konnten ihm bis jetzt in diesem Wagnis folgen.

David« wurde während der Jahre 1952/53 im Auftrag der Koussevitzky-Stiftung komponiert und dem Volke von Israel anläßlich des dreitausendsten Jahrestages der Hauptstadt Jerusalem gewidmet. In dieser Stadt erklang die Oper zum ersten Male (konzertant) am 1. Juni 1954; die szenische Uraufführung erfolgte an der Mailänder Scala am 2. Januar 1955. Milhaud hatte gemeinsam mit seinem alten Freund und Mitarbeiter Armand Lunel eine Reise nach Israel unternommen, und dabei war beiden die Vision einer biblischen, aber mit dem modernen Israel verbundenen Oper über das glorreiche Leben des Königs David erschienen. Sofort nach der Rückkehr in die USA, wo beide lebten, gingen sie an die Arbeit. Armand Lunel entwarf das Libretto, das die Geschichte Davids vom ersten Besuch des Propheten Samuel im Hause von Davids Eltern bis zur Krönung Salomons als Nachfolger Davids schildert. Es ist in fünf Akte (zwölf Szenen) gegliedert und wird von einem »Chor der Israeliten von 1954« kommentiert, der die Handlung beobachtet und die Parallelen zur modernen Geschichte des neuerstandenen Staates Israel zieht. Die Originalsprache des Werkes ist Französisch, aber gleichzeitig entstand eine hebräische Fassung, die dieser Oper einen Platz in der Musikliteratur des neuen Landes zuweist, ja den Beginn eines israelischen Musiktheaters bedeutet.

Richard Mohaupt

1904–1957

Der in Breslau am 14. September 1904 geborene Richard Mohaupt erregte am 10. Februar 1938 mit der in Dresden erfolgten Uraufführung seiner Oper »*Die Wirtin von Pinsk*« Aufmerksamkeit; ein neues deutsches Bühnentalent schien gefunden. Aber politische Gründe zwangen den Komponisten zur Emigration in die USA, wo er bis 1955 lebte, bevor er nach Europa zurückkehrte und sich in Österreich niederließ. Mit den »Bremer Stadtmusikanten« gelang ihm (1949) ein reizendes Stück für die Jugend aller Altersstufen, 1956 bearbeitete er die aus der Goldoni-Komödie »Mirandolina« abgeleitete Oper »*Die Wirtin von Pinsk*« neu. Am 3. Juli 1957 überraschte ihn in Reichenau/Niederösterreich der Tod über der Arbeit an der Vertonung von Schnitzlers Revolutionsstück »Der grüne Kakadu«, die am 16. September 1958 in der Hamburger Staatsoper erfolgreich über die Bühne ging. Eine »*Spartakus*«-Oper ist Fragment geblieben.

»*Der grüne Kakadu*«, eine geniale Dichtung des Wiener Dramatikers Arthur Schnitzler, spielt am 14. Juli 1789 in einem eigenartigen Pariser Lokal (»Zum grünen Kakadu«), in dem die Aristokratie sich in einem täuschend nachgemachten Unterweltsmilieu (wie man heute sagen würde) amüsiert. Aber nicht alles ist »Imitation«, und die hereinbrechende Revolution, die ersten Nachrichten vom siegreichen Sturm auf die Bastille sind echt, sehr echt. Wie Spiel und Ernst zuletzt unlöslich ineinander übergehen, das ist ein Meisterstück des Dichters. Mohaupt verwendet, wie er selbst sagte, »weder Marseillaise noch Ça ira noch Carmagnole«, auch gibt es keine Rokokoimitation, um die aristokratische Welt der damaligen Zeit zu schildern. Es ist eine echte, im guten Sinne moderne Oper voll starker Wirkungen geworden, die sowohl vom Text wie von der Musik ausgehen.

Stanislaw Moniuszko

1819–1872

Eine einzige Oper Polens taucht, selten genug, hie und da auf vereinzelten Bühnen der Welt auf. Es ist zugleich die erste der »nationalen« Opern, die bewies (so wie es in Rußland Glinkas »Das Leben für den Zaren«, Smetanas Bühnenschöpfungen in Böhmen, ja auch Webers »Freischütz« in Deutschland taten), daß auf echtem Volksgut in Lied und Tanz ein wertvolles Opernschaffen aufgebaut werden kann. Es war Moniuszkos »*Halka*«. Einer ihrer frühen Propheten wurde der deutsche Dirigent Hans von Bülow, der sofort nach der Uraufführung in der »Neuen Zeitschrift für Musik« schrieb: »Die Handlung beruht auf einem uralten, jedoch immer noch aktuellen Thema, nämlich dem Konflikt zwischen dem Herrn und dem Sklaven, dem Edelmann und dem Bauern, und besitzt infolgedessen eine beachtenswerte sittliche Tendenz. Halka, die Heldin des Dramas, ist als eine Vertreterin der unterdrückten Bauernschaft aufzufassen, und ihr tragisches Ende stellt eine Philippika gegen die feudalen Übergriffe dar. Man kann dem polnischen Volk zu seinem gegenwärtigen Liebling gratulieren.« Dieser »gegenwärtige Liebling« war Stanislaw Moniuszko, und seine Nationaloper, auf den Text Wlodzimierz Wolskis komponiert, lebt auch heute noch auf den slawischen Bühnen. Wolski gehörte der jungen polnischen Künstlergruppe an, die sowohl die nationale Unterdrückung wie die sozialen Mißstände bekämpfte. Das Halka-Poem schrieb er mit 22 Jahren (1846). Es schildert die tragische Liebe des Bauernmädchens Halka, das seinem aristokratischen Verführer so innig ergeben ist, daß es seine Eheschließung mit einer »standesgemäßen« Braut, die grausame und feige Täuschung durch den einzig Geliebten, die Entlarvung seiner Niedrigkeit nicht überleben kann. Moniuszko, der bis dahin vor allem Texte des großen polnischen Nationaldichters Adam Mickiewicz (1798–1855) vertont hatte – eine komische Oper »Die Zigeuner«, ein Oratorium, eine »Ode an die Jugend« – war vor allem mit einer Liedersammlung tief ins Volk gedrungen: darin vereinigte er 400 folkloristische Melodien mit eigenen Weisen (die inzwischen zu Volksliedern wurden). In »Halka« schreibt er einen romantischen Stil mit großen Arien, Duetten, Chören in schwungvoller, ein klein wenig italienischer und doch »nationaler« Manier, die dem Werke Popularität und Repräsentationskraft sichern sollte. Vorerst sah es allerdings nicht danach aus: Am 18. Januar 1848 mußte »Halka« konzertant mit Hilfe von Freunden in Wilna gesungen werden, da die Warschauer Oper sich verschloß. Erst zehn Jahre später, am 1. Januar 1858, kam es dort zur vielbejubelten Premiere des Werkes, mit dem die Geburtsstunde einer polnischen Oper eingeläutet wurde. Moniuszko wurde auf dem Gebiet des Musiktheaters, was Chopin für das Klavier bedeutete, wenn auch seine internationale Anerkennung in keiner Weise mit der Chopins verglichen werden kann. Er schuf außerdem »Die Gräfin« (1860), »Verbum nobile« (1861), »Das Gespensterschloß« (1863), »Paria« (1868). Doch »Halka« blieb sein größter Erfolg, der sich 1866 nach Prag, 1870 nach Petersburg ausbreitete. Berühmt starb der Komponist am 4. Juni 1872 in Warschau. Nicht so Wolski, der arm und unbekannt in Brüssel endete (1882): »Sooft ich an Halka denke, muß ich weinen. Ich habe dieses Kind meines Blutes und meiner Seele über alles geliebt. Landsleute sagen, daß ich gemeinsam mit Moniuszko unsterblichen Ruhm erlangen werde – doch nicht ich, sondern er wird der Unsterbliche sein, ich aber werde in Vergessenheit geraten ...«, steht in einem seiner Briefe.

Italo Montemezzi
1875–1952

Am 31. Mai 1875 wurde Italo Montemezzi nahe bei Verona geboren. Ein einziges Opernwerk machte ihn berühmt: »L'amore di tre re« (»Die Liebe der drei Könige«), das oftmals über alle Theater der lateinischen Welt ging, aber auch in Nordamerika beliebt war, wo der Komponist sich jahrzehntelang niedergelassen hatte. Er begann seine Laufbahn als Wagnerianer, wandelte sich aber später zum echten italienischen Belcanto-Komponisten, dessen Leitsatz lautete: »Musik ohne Melodie ist undenkbar.« Im »melodiösen Stil« war ihm auch der große Erfolg beschieden. Im Jahre 1943 beauftragte ihn der US-Rundfunk, eine einaktige Oper zu schreiben. Er griff auf »L'incantesimo« seines Landsmanns, des italienischen Dichters Sem Benelli (1877–1949) zurück, der übrigens auch der Autor der oft vertonten »Cena delle beffe« (Mahl der Spötter) ist. Zur szenischen Erstaufführung seiner »L'amore di tre re« genannten Oper, die aus der Radio-Kurzfassung zu abendfüllender Dauer entwickelt wurde, reiste Montemezzi in die alte Heimat, wo er am 15. Mai 1952 an seinem Geburtsort starb.

Die Liebe der drei Könige nimmt ein blutrünstiges, aber äußerst dramatisches Libretto Sem Benellis zum Vorwurf: Aus dem Norden sind Germanen in Italien eingefallen. Archibald, der sie führte, lebt nun alt und blind im Schlosse, während sein Sohn Manfred als Herrscher regiert. Dieser hat sich mit Flora, einer italienischen Prinzessin, verheiratet, die aber ihren früheren Verlobten Avito nicht vergessen kann. Mit Gewalt ist sie von dessen Seite gerissen und dem Eindringling angetraut worden, damit Avito nicht auf den ihm rechtmäßig zustehenden Thron gelangen könne. Heimlich trifft Flora den immer noch Geliebten, während Manfred fern auf Kriegszügen weilt. Der alte König Archibald belauscht sie, nicht um der gekränkten Ehre seines Sohnes willen, sondern da er selbst noch eine späte, unwiderstehliche Neigung zu Flora aufkeimen fühlt. Als er sie wieder einmal mit Avito zusammenweiß, stürzt er aus seinem Versteck hervor und erwürgt sie. Der heimgekehrte König Manfred läßt seine geliebte Gattin aufbahren. Aus der trauernden Menge tritt Avito und küßt den Mund der Toten, den Manfred mit einem Gift bestrichen hat. Doch auch dieser will nicht länger leben, auch er küßt die Verblichene und stirbt zu Füßen der Frau, die die verhängnisvolle »Liebe dreier Könige« war. (Uraufführung: Mailänder Scala, am 10. April 1913.)

Claudio Monteverdi
1567–1643

»Vater der Oper« müßte man Monteverdi nennen; denn, stand er auch nicht an ihrer (florentinischen) Wiege, so wäre die neue Kunstform doch ohne ihn kaum über ihr Kindesalter hinausgelangt und in stürmischem Anlauf zur meistbeachteten der Musikwelt geworden. Doch heute neigen wir dazu, dem am 15. Mai 1567 in Cremona geborenen (oder getauften) Meister noch weitere Ehrentitel zu verleihen: »Vater der modernen Musik« lautet einer von ihnen, wobei »modern« hier schlichtweg Neuzeit bedeutet. Diese Bezeichnung, die lange Zeit hindurch vielerseits Johann Sebastian Bach zugeteilt wurde, läßt sich, ohne die Bedeutung des deutschen Meisters auch nur im mindesten anzutasten oder zu schmälern, heute belegen und begründen. Vielleicht wäre es gerecht, Bach als den Vater, Monteverdi als dessen Vater, also als den Großvater zu bezeichnen. Unsere Zeit stößt in ihrem unbändigen Wissensdrang nicht nur nach vorne in unbekanntes Neuland, sie erweckt auch aus vergessener Vergangenheit Zusammenhänge und Werte, die das Panorama unseres Lebens (und unserer Kunst) erweitern und bereichern. Monteverdi ist mit Macht zurückgekehrt in den Kreis unserer Musikübung. Und wie immer wir unsere Bewunderung seiner überragenden Persönlichkeit ausdrücken wollen, eines steht außer Zweifel: Er zählt zu den größten Meistern aller Zeiten und Völker.

Viel Forschung mußte aufgewendet werden, um die heute bekannten Tatsachen seines Lebens ans Licht zu bringen. Doch wird alle Forschung der Zukunft nicht ausreichen, die Lücken in seinen Werken zu schließen, die widrige Zeitumstände und geschichtliche Unglücksfälle gerissen haben. Mit fünfzehn Jahren veröffentlichte er, sich als »Schüler Ingegneris« (des in Verona geborenen und in Cremona verstorbenen namhaften Komponisten Marco Antonio Ingegneri) bezeichnend, erste Werke. Um 1590 tritt er in die Dienste des herzoglichen Hofes zu Mantua, einer der kultiviertesten Pflegestätten der Musik in damaliger Zeit. 1602 macht ihn Vicenzo I. Gonzaga zum »maestro di cappella«. In das Jahr 1607 fällt die Großtat seiner ersten Oper, »Orfeo«. Ihr folgt ein Jahr später »Arianna«. Doch mit diesem Werk beginnen die Probleme unserer Monteverdi-Pflege: der Verlust unersetzlicher Manuskripte. So besitzen wir aus diesem zweiten Musikdrama des Meisters kaum mehr als das so berühmt gewordene »Lamento«, aber schon dieses gibt uns einen Eindruck in die Großartigkeit jener Musik, die das ganze Werk durchzogen haben dürfte. Wir kennen sie nicht und wissen auch über weitere Werke Monteverdis am Mantuaner Hof nicht Bescheid: Die Kriegsereignisse rund um diese Stadt, die 1630 geplündert und gebrandschatzt wurde, hat nahezu alles vernichtet. Da weilte Monteverdi allerdings längst nicht mehr in ihren Mauern. Nach dem Tode seines Gönners im Jahre 1612, nach der Entlassung durch dessen Nachfolger wurde er am 19. August 1613 durch einstimmige Wahl auf den wohl bemerkenswertesten Posten der damaligen abendländischen Musik berufen: Kapellmeister der Markuskirche in Venedig. Was Florenz für die frühe Renaissance gewesen war, bedeutete die Lagunenstadt für ihre letzte Blütezeit: eine Zusammenfassung höchster Leistungen, eine Geisteshaltung tatkräftigen Kulturbewußtseins. Monteverdi konnte seine Fähigkeiten hier voll entfalten. Neben die kirchliche Tätigkeit trat ebenbürtig die weltliche, die Komposition von Madrigalen und Opern (die damals noch nicht so hießen). Zu dieser Gattung gehören die beiden bedeutendsten Spätwerke, der 1641 uraufgeführte »Ritorno d'Ulisse in Patria« und die »Incoronazione di Poppea« aus dem Jahre 1642. Beide erlebten ihre Vorstellung nun nicht mehr in einem Palast; 1637 war in Venedig das erste Musiktheater (San Cassiano) der westlichen Welt eröffnet worden, die große soziale Umschichtung der Kunstgattung hatte begonnen. Manches private Unglück traf Monteverdi in diesen glänzenden, seinem Schaffen wie seinem Ruhm so überaus förderlichen venezianischen Jahren. Die geliebte Gattin starb, sein Sohn Massimiliano, Arzt in Bologna, geriet in die fast immer tödlichen Hände der Inquisition, aus denen ihn nur der berühmte Name des Vaters befreien konnte. 1631 wütete die Pest in Venedig. 1632 nahm der schon immer tief gläubige Meister die geistlichen Weihen, ohne allerdings je das Priesteramt auszuüben. Von der Welt hochgeehrt, starb er in Venedig am 29. November 1643. Spätere Operntheoretiker oder -reformatoren (wie Gluck und Wagner) berufen sich auf ihn. Im 20. Jahrhundert erwacht das Interesse an seinem Werke neu: Gian- Francesco Malipiero, Vincent d'Indy, Ottorino Respighi, Ernst Krenek, Carl Orff, Luigi Dallapiccola, Alfredo Casella, Walter Goehr stellten, von verschiedenen Standpunkten ausgehend, bühnengerechte Neufassungen her. Die umfassendste Renaissance – die gleichzeitig durch Rückgriff auf historische Instrumente und kühne Stildeutung neue Maßstäbe setzt – unternahm das Zürcher Opernhaus Ende der Siebzigerjahre, indem es unter der musikalischen Leitung von Nikolaus Harnoncourt und der Regie von Jean-Pierre Ponnelle die drei überlieferten Bühnenwerke neu gestaltete und ihnen noch jene Stücke aus dem Achten Madrigalbuch anfügte, die für eine theatralische Realisation gedacht sein dürften. Der ungeheure, in diesem Ausmaß kaum vorausgesehene Erfolg führte die Aufführungen in eine Reihe größter Opernhäuser und zur Verbreitung durch Film und Fernsehen. Mit einem Schlage war Monteverdi ins Bewußtsein eines breiten Opernpublikums gerückt.

L'Orfeo

Favola in musica (Musikalische Fabel oder Geschichte) in einem Prolog und fünf Akten. Text von Alessandro Striggio.

Originaltitel: L'Orfeo
Originalsprache: Italienisch
Personen: Die Musik oder Muse der Musik (Mezzosopran oder Sopran), Orfeo (Bariton oder Tenor), Euridice (Sopran), eine Botin (Mezzosopran oder Sopran), die Hoffnung (Mezzosopran oder Sopran), Proserpina (Mezzosopran oder Sopran), Caronte (Bass), Plutone (Bass), Apollo (Bariton), eine Nymphe (Sopran), Hirten, Geister, Schatten.
Ort und Zeit: Griechenland und die unterirdischen Regionen der Geisterwelt, in mythischer Vorzeit.
Handlung: Der Prolog spielt am Hofe des Herzogs von Mantua. Dort kündigt die Herzogin, als »Musica« (Muse der Musik) gekleidet, an, sie werde den versammelten Gästen eine Fabel erzählen. Als Thema wählt sie die Legende des Orpheus, dem mythischen Sänger, dessen Musik die wilden Tiere, die Steine, ja selbst die Mächte der Unterwelt zu rühren imstande war. Im 1. Akt feiern Orpheus und Euridice Hochzeit, Nymphen und Hirten umgeben und umtanzen sie in Freude. Vor der endgültigen Vereinigung sollen die beiden Liebenden sich noch einmal für kurze Zeit trennen, um den Segen und Beistand der Götter zu erbitten. Im zweiten Akt zieht Orpheus froh und singend durch Thrakien. Er denkt an die Zeit zurück, als er traurig hier weilte, da seine geliebte Euridice ihm ihr Jawort noch nicht gegeben hatte. Eine Botin tritt auf und verkündet, Euridice sei beim Blumenpflükken von einer giftigen Schlange getötet worden. Ohne Zögern macht Orfeo sich auf den Weg, die Geliebte, ohne die es kein Leben für ihn gibt, von den Mächten der Unterwelt zurückzuholen und bei ihr im Schattenreich für immer zu bleiben. Speranza (die Hoffnung) geleitet Orfeo auf diesem schweren Weg. Im dritten Akt hat er die Pforten des düsteren Reichs erreicht. Speranza muß ihn hier verlassen, so will es das Gesetz. Caronte weigert sich, Orfeo über den Fluß der Toten zu setzen; doch Orfeos Gesang kann er nicht widerstehen und fällt in sanften Schlummer. Orfeo selbst ergreift die Ruder und dringt in die den Irdischen verwehrten Gebiete vor. Im vierten Akt steht er vor dem Herrscher der Unterwelt. Proserpina, Plutos Gattin, erfleht selbst die Gewährung der Bitte des Sängers. Pluto willigt in die Rückkehr der beiden Liebenden auf die Erde. Er stellt nur eine Bedingung: Orfeo dürfe sich auf dem gesamten Weg in die Oberwelt nicht nach Euridice umwenden. Seine Standhaftigkeit wird auf schwere Proben gestellt; Furien umkreisen das Paar, bedrohen Euridice. In höchster Not wendet Orfeo sich ihr zu, da zerfließt ihr Bild in Nebel, für immer ist sie ihm nun verloren. Der fünfte Akt zeigt uns den fassungslosen Orfeo, der nun wieder in Thrakien lebt, dessen Geist aber unablässig Euridices in wildem Schmerz gedenkt. Endlich erbarmt Apollo sich seiner und entrückt ihn als Stern für ewige Zeiten zum Himmel. Bewegt preisen die Hirten seine treue Liebe und seine unvergängliche Kunst.
Quelle: Die unzählige Male besungene (und bildhaft dargestellte) Orpheus-Sage: Hohelied der Liebe, Symbol für die Macht der Musik.
Textbuch: Die Renaissance und der mit ihr eng verbundene Beginn der Opernkomposition sah in dieser Sage das ideale Thema für musikdramatische Gestaltung. Alessandro Striggio faßte die »Favola« in schöne Verse.
Geschichte: »L'Orfeo« wurde zu Beginn des Karnevals 1607, möglicherweise am 22. Februar dieses Jahres, im Palast von Mantua erstmalig und unter starkem Eindruck aufgeführt. Den Beginn des zweifellos glänzenden Festes, in dessen Rahmen die Uraufführung stattfand, machten Fanfaren, die Monteverdi für den Herzog Francesco Gonzaga, seinen Herrn, komponiert hatte. Da viele der vom Komponisten verwendeten Instrumente bald danach den »moderneren« wichen und in Vergessenheit gerieten, wurde das Werk in den späteren Zeiten zumeist mit einem Instrumentarium aufgeführt, das seine Schönheiten nicht restlos zur Geltung bringen konnte. Erst in unserer Zeit, im Zuge unseres tiefen und interessierten Eindringens in die fernen Epochen der Musikgeschichte, sind wir dazu gelangt, die alten Instrumente möglichst getreu nachzubauen. Wir spielen heute wieder Barockviolinen (die anstelle moderner Stahl- nur Darmsaiten verwendeten), Tenor-Violen, Piccolo-Geigen, Gamben, Violones, Chitarroni, Hakenharfen, Blockflöten verschiedener Stimmung, Schalmeien, Zinken oder Cornetti, Barockposaunen, Dulziane und natürlich Cembali. So gelingt uns eine weitgehende Annäherung an das Klangbild, das Monteverdi schuf und erstmals in dieser Oper eingesetzt zu haben scheint.

Arianna

Leider kann über dieses (vermutlich zweite) Opernwerk Monteverdis nicht mit der gleichen Ausführlichkeit berichtet werden wie über »L'Orfeo«, »Il ritorno d'Ulisse in patria« und »L'incoronazione di Poppea« – und zwar aus dem einfachen Grund, weil diese Partitur bis auf ein (allerdings bedeutendes) Bruchstück verlorenging. Die Uraufführung dürfte den Quellen zufolge am 28. Mai 1608 stattgefunden haben. Auch in dieser Oper bildet einer der berühmtesten altgriechischen Mythen die Grundlage des Werkes: die Klage der von ihrem Geliebten verlassenen Königstochter Ariadne. Einer der führenden Dichter der frühen Operngeschichte, Ottavio Rinuccini, schuf das Libretto für Monteverdi. Erhalten für die Nachwelt blieb lediglich der inzwischen sehr berühmt gewordene Klagegesang, das »Lamento« der Arianna, das mit den Worten »Lasciatemi morire« (Laßt mich sterben) beginnt. Der Komponist scheint die edle Melodie für eine seiner wertvollsten Erfindungen gehalten zu haben, denn wir besitzen dieses wahre Musterbeispiel klassischer Schönheit nicht nur als Sologesang mit Orchester, wie die Hauptdarstellerin ihn sicherlich in der Oper zu Gehör gebracht hat, sondern auch als fünfstimmiges A-capella-Madrigal, als typischen Renaissance-Salongesang, von Monteverdi selbst bearbeitet. Daß die Melodie zudem in einer geistlichen Parodie verarbeitet erscheint, sei nur am Rande vermerkt.

Il Combattimento di Tancredi e Clorinda
(Der Zweikampf Tankreds und Clorindas)

Torquato Tasso, einer der vollendetsten Dichter aller Zeiten und Völker, hat ungefähr mit 20 Jahren also 1564 – den Wunsch ausgesprochen, ein in jeder Beziehung »vollkommenes Epos« zu schaffen. Er schrieb »Das befreite Jerusalem«, das nicht nur die Bewunderung zahlloser Leser durch viele Generationen hindurch errang, sondern, öfter vielleicht als irgendeine andere Dichtung, in engste Beziehungen zur Musik trat, von Komponisten vertont wurde. Monteverdi wählte – wir wissen nicht genau, wann – die Episode des tragischen Zweikampfs zwischen dem christlichen Ritter Tankred und der schönen Heidin Clorinda. Der Kampf auf Leben und Tod findet vor den Mauern Jerusalems statt, zu nächtlicher Stunde und ohne Zeugen. Tankred weiß nicht, wen er bekämpft, ahnt nicht, daß es die Frau ist, die er seit der ersten Begegnung liebt. Als er der Sterbenden, von ihm Bezwungenen, das Visier öffnet, erkennt er die begehrte Feindin; Tasso spricht es nicht aus, aber zweifellos liebt auch Clorinda ihren Gegner. Vielleicht weil sie ahnt, daß nur im Tode ihre Vereinigung möglich werden könnte. Mit letzter Kraft erbittet sie von Tankred die Taufe, dann stirbt sie mit den Worten »S'apre il cielo, io vado in pace« (Der Himmel öffnet sich, ich gehe in Frieden), die vielleicht sogar noch ein Vierteljahrtausend später Ghislanzoni, den Textdichter von Verdis »Aida« zum wundervollen Schlußduett dieser Oper inspiriert haben dürfte. Monteverdi vertont Tassos Dichtung in Form eines großangelegten dramatischen Madrigals, fast einer Kantate, mit drei Personen, da gemäß dem Brauch der Zeit zu den beiden handelnden Personen noch ein »Erzähler« tritt. Er veröffentlichte diese herrliche Komposition – sicher erst viele Jahre nach ihrer Entstehung – in seinem letzten, 1638 publizierten Achten Madrigalbuch, dessen Inhalt er allgemein »Gesänge von Liebe und Krieg« nennt. »Il combattimento« enthält beides: Eine große, tragische Liebe, die todbringende Fehde.

Il ritorno d'Ulisse in patria
(Die Rückkehr des Odysseus in sein Vaterland)

Dramma in musica (Musikdrama) in einem Prolog und 3 Akten. Text unter Verwendung der »Odyssee« des Homer von Giacomo Badoaro.
Originalsprache: Italienisch
Personen: Die menschliche Gebrechlichkeit oder Schwäche (Tenor), Tempo, die Zeit oder Vergänglichkeit (Baß), Fortuna, das Schicksal oder Glück (Sopran), Amore, die Liebe (Sopran), Giove, Zeus (Baß), Nettuno, Neptun (Baß), Minerva (Mezzosopran), Giunone, Juno (Sopran), Ulisse, Odysseus (Tenor), Penelope, seine Gattin (Mezzosopran oder Sopran), Telemaco, Telemach, beider Sohn (Tenor), vier Freier der Penelope: Antinoo, Pisandro, Anfinomo, Eurimaco, Dienerinnen der Penelope, die Amme und ein Hirte des Ulisse, Stimmen aus dem Meer und vom Himmel.
Quelle: Homers Epen, ungefähr im 8. vorchristlichen Jahrhundert verfaßt: Die »Ilias« erzählt den Kampf um Troja, die »Odyssee« die ereig-

nisreiche, abenteuerliche, ergreifende Heimfahrt des Odysseus von Troja nach Ithaka, seiner griechischen Insel.

Textbuch: Aus der »Odyssee« übernimmt Giacomo Badoaro die letzten Gesänge und stellt sie zu einer reichgestalteten Chronik zusammen.

Handlung: Der Prolog schildert den Menschen als Spielball übermächtiger Gewalten, der Zeit, des Schicksals, der Liebe. Im ersten Akt beschwört Penelope in Gedanken, wie sie es wohl tausendmal schon getan hat, den ferne umherirrenden Gatten Odysseus, endlich heimzukehren. Eurimaco, einer ihrer Freier, wendet sich ihrer Dienerin Melanto zu. Neptun klagt vor Zeus die Feaci an, gegen seinen ausdrücklichen Befehl Odysseus nach Ithaka gebracht zu haben. Odysseus aber hat die heimatliche Insel nicht erkannt; die Wahrheit erfährt er durch Minerva, die ihn vorübergehend in einen Greis verwandelt, um ihn unerkannt in seinen Palast zu Penelope bringen zu können. Dort versucht Melanto vergeblich, Penelope, ihre Herrin, von den Gedanken an den wahrscheinlich verlorenen Gatten abzubringen und zu einer neuen Liebe zu veranlassen. Der alte Hirte des Odysseus, Eumete, besingt, von vielen verspottet, die Schönheit der Natur und ersehnt die Heimkehr seines Herrn. Da erscheint dieser, als Greis verkleidet und bittet um Gastfreundschaft, die Eumete ihm gern gewährt. Im zweiten Akt kehrt der abwesende Telemach nach Ithaka zurück; der fremde Greis sagt ihm die baldige Rückkehr seines Vaters voraus. Eumete wird zu Penelope entsandt, um auch ihr diese Botschaft zu bringen. Odysseus gibt sich seinem Sohn zu erkennen. Am Hof bedrängen die Freier Penelope, doch endlich sich für eine neue Liebe zu entscheiden. Sie geben ihr zu Ehren ein Fest mit Tänzen, einen sogenannten »Ballo« (wie ihn viele Renaissance-Opern enthalten). Eumete ist im Palast erschienen und kündet die Heimkehr des Telemach und des Odysseus an. Große Aufregung bemächtigt sich der Freier. Sie beschließen, Telemach zu töten. Eumete bringt den »Greis« in den Palast und wird dafür von den Freiern beschimpft. Penelope bittet die drängenden Freier um einen letzten Aufschub: wer den Bogen des Odysseus spannen könne, solle ihr Erwählter sein. Keinem gelingt es. Da versucht es auch der »Greis«, und er vollbringt den Kraftakt ohne Mühe. Er spannt den Bogen und erschießt die Freier. Im dritten Akt glaubt Penelope noch lange nicht daran, daß der fremde Greis ihr Gatte sein könne, obwohl Eumete und auch Telemach ihr dies versichern. Erst als der Fremde ihr Einzelheiten aus ihrem früheren gemeinsamen Leben zu schildern weiß und nun sogar die Decke des Ehebettes beschreibt, erkennt Penelope ihn und schließt ihn hochbeglückt in ihre Arme.

Geschichte: Waren »L'Orfeo« und »Arianna« noch Werke aus der »Feudalzeit« der Oper, zur ausschließlichen Vorführung in einem herzoglichen Palast und vor sehr gebildetem Publikum bestimmt, so gehören die beiden letzten Monteverdi-Opern, »Il ritorno d'Ulisse in patria« und »L'incoronazione di Poppea« bereits in eine neuere Formrichtung, die weitgehend auf das »Publikum« abgestimmt ist; denn seit 1637 ist die Oper aus den Palästen heraus- und in die neugegründeten Theater getreten, deren erste eben in jener Stadt standen, in der Monteverdi (seit 1613) tätig war: Venedig. Zwischen »Orfeo« und »Ritorno« liegen außerdem mehr als 30 Jahre: eine lange Frist, in der auch der Komponist sich gewandelt, neue Erkenntnisse angesammelt haben muß. Daß seine Musikdramatik trotzdem im Grunde die gleiche geblieben ist – die Darstellung der menschlichen »affetti« (der Affekte, Leidenschaften, Gefühle) – spricht für seine große Entwicklungslinie, für seine geschichtliche Größe. Die Partitur des »Ritorno d'Ulisse« galt 240 Jahre lang als verschollen, bis sie 1880 in der Staatsbibliothek Wien durch den Musikwissenschaftler Wilhelm Ambros gefunden und als »vermutliches Werk Monteverdis« erkannt wurde. Es gab noch Identifikationsprobleme, da einzelne Musikstücke mit solchen oder ähnlichen aus anderen Werken übereinstimmten. Nun hat Monteverdi in seinen späten venezianischen Jahren (er war weit über siebzig Jahre alt) mindestens fünf Opern komponiert, wahrscheinlich durch die große Nachfrage in den eben entstehenden Theatern angeregt. So ist es denn sehr wahrscheinlich, daß er, dem Brauch der Zeit gemäß, einige Stücke mit geändertem Text in die eine oder andere dieser Opern einfügte. Heute besteht über die Echtheit des »Ritorno« kein Zweifel mehr. Als Uraufführungsdatum können wir mit ziemlicher Sicherheit den Karneval 1641 annehmen, als Ort des ersten Erklingens das Teatro San Cassiano, das erste Opernhaus der westlichen Welt, wenn nicht der Welt überhaupt.

L'incoronazione di Poppea
(Die Krönung der Poppea)

Musikdrama in einem Prolog und drei Akten. Textbuch von Giovanni Francesco Busenello.
Originaltitel: L'incoronazione di Poppea (Il Nerone)
Originalsprache: Italienisch
Personen: Nero, Kaiser von Rom (Tenor), Ottavia, seine Gattin (Sopran oder Mezzosopran), Poppea (Sopran), Ottone (Kontratenor oder Bariton), Seneca (Baßbariton), Fortuna, Glücksgöttin (Sopran), Tugend (Sopran), Amor (Mezzosopran), Pallas Athene (Sopran), Merkur (Tenor), Diener der Ottavia, Dienerinnen der Poppea, Zechgenossen Neros, Soldaten, Schüler des Seneca, Volk usw.
Ort und Zeit: Rom, zur Zeit Neros.
Handlung: Nero, Roms mächtiger Kaiser, hat sich in Poppea verliebt, die um seinetwillen ihren früheren Geliebten Ottone verstoßen hat. Er beschließt, seine Gattin Ottavia zu verlassen und Poppea auf den Thron zu erheben. Seneca, der den Herrscher vor Unrecht warnt, muß sterben. Ottone wird von Ottavia gezwungen, Poppea zu ermorden. Hierzu versichert er sich der liebenden Gunst von Poppeas Dienerin Drusilla. Er sucht seinen Auftrag auszuführen, obwohl sein Herz zwischen der immer noch glühenden Leidenschaft und dem Haß des Verschmähten zerrissen wird. Er wirft Drusillas Mantel um und naht sich der schlafenden Poppea. Doch von der Stimme des Gottes Amor rechtzeitig geweckt, fährt Poppea aus dem Schlummer. Drusilla, deren Mantel erkannt wurde, wird gefangengenommen und nimmt, aus Liebe zu Ottone, alle Schuld auf sich. Da stellt Ottone sich selbst. Da er den mörderischen Plan gesteht, muß er auch seine Auftraggeberin entdecken. Nero, der mit wachsendem Erstaunen den Selbstanklagen Ottones und Drusillas gelauscht hat, die jeder den anderen vom Tode zu erretten suchen, wandelt das Urteil in Verbannung um, die sie miteinander teilen dürfen. Nun hat er einen Vorwand, um Ottavia zu verstoßen. Glücklich reicht er Poppea die Hand zum Bunde.
Quelle: Nachdem in den ersten Jahrzehnten der Opernkunst vor allem Themen aus der griechischen Mythologie zur Vertonung kamen, erweitert nun der Kreis der Stoffe sich durch den Einschluß der klassischen Historie. Hier ersteht die Zeit Neros und Senecas, das alte Rom zwischen 54 und 68 im ersten nachchristlichen Jahrhundert, wobei die geschichtlichen Daten nicht ganz genau wiedergegeben sind.
Textbuch: Der venezianische Advokat und Dichter Giovanni Francesco Busenello hat ein Libretto verfaßt, das eher als Dichtung denn als dramatischer Opernvorwurf nach unserem Sinne gelten kann. Noch gibt es nicht die schnellen Wechselreden und das aktive Eingreifen von chorsingenden, agierenden Massen. Der Text wird in langen Deklamationen formschön und in zahlreichen Wortvarianten und Wiederholungen zu Gehör gebracht.
Musik: Monteverdi kommt in diesem Werk nicht nur auf dem Höhepunkt seiner Laufbahn an, er gestaltet auch ein Musikdrama, das den lebenswichtigen Übergang vor der Florentiner, fast rein rezitativisch, arios gehaltenen Oper, zu der Barockoper mit ihren leidenschaftsdurchpulsten großen Arien schafft. Hier sind bereits geschlossene Musiknummern zu verzeichnen, die im Laufe der Zeit die lange rezitativische Deklamation zu durchsetzen, später völlig abzulösen berufen sein werden. Monteverdis Klänge sind stets edel, seine Harmonien klar ①.
Geschichte: »L'incoronazione di Poppea« ist Monteverdis letztes Bühnenwerk. Es erlebte seine Uraufführung im Teatro Grimano zu Venedig, im Herbst 1642. Auch dieses Werk galt Jahrhunderte hindurch als verschollen: es wurde erst 1888 (durch Taddeo Wiel) wiedergefunden, und schlagartig setzten die »Wiederbelebungsversuche« ein, die zahllose Fragen aufwarfen. Erst unsere Zeit – vor allem die erwähnten Aufführungen durch Harnoncourt und Ponnelle am Zürcher Opernhaus in den Siebzigerjahren – scheinen, soweit dies überhaupt möglich ist, den Werken der Renaissance und des Barock gerecht zu werden, da sie auch alte Instrumente einbeziehen, so wie Monteverdi sie verwendete. Auf jeden Fall geht es heute nicht mehr an, die auf uns gekommenen drei Opern dieses Meisters – aus den insgesamt ungefähr fünfzehn, die er verfaßt haben dürfte – als historisches, museales Gut zu betrachten; sie sind lebendige Kunst, die uns tief zu bewegen versteht.

Wolfgang Amadeus Mozart
1756–1791

Zweihundert Jahre nach seinem frühen Tode nehmen Mozarts Bühnenwerke in der internationalen Opernstatistik den führenden Rang neben Verdis Schöpfungen ein. Die gleiche Stellung besitzt er in der Sinfonie, in der Kammermusik, in der Instrumentalmusik, in der Kirchenmusik: Kein vielseitigeres Genie dürfte in der Geschichte der Musik zu finden sein. Daß er eine unglaublich große Anzahl meisterhafter Werke in einem Zeitraum von wenig mehr als zwanzig Jahren schaffen konnte, grenzt ans Wunderbare, aber viel größer noch wird das Wunder, bedenkt man, daß die schöpferischen Zeiten im Knabenalter einsetzten und ohne die mindeste Unterbrechung, in immer gesteigerter Form, bis zu Mozarts Tod reichten. Er wurde am 27. Januar 1756 als Sohn eines äußerst beachtenswerten Musikers, Leopold Mozart, in Salzburg geboren. Sein Genie zeigte sich so früh und deutlich, daß an seiner Laufbahn kein Zweifel aufkommen konnte; er teilte sie in jungen Jahren mit der kaum weniger begabten Schwester, dem »Nannerl«, so daß der Vater beide Kinder noch im zartesten Alter durch Europa zu führen begann. Man hat ihm dies später bitter vorgeworfen, ihn sogar an Mozarts frühem Tode mitschuldig erklärt. Doch er meinte, eine ihm von Gott anheimgestellte Aufgabe zu erfüllen, der zu entziehen er sich unmöglich für berechtigt halten konnte. Für das Opernschaffen Mozarts wurden die Italienreisen entscheidend. Vorher schon hatte er den lateinischen »Apollo et Hyacinthus« gleichsam als Schulaufgabe geschrieben, sowie bei einem Aufenthalt in Wien die an Intrigen gescheiterte »Finta semplice« sowie das deutsche Singspiel »Bastien und Bastienne« geschaffen. Italienische Opern, deutsche Singspiele: Er beherrschte beides von Kind an mit absoluter Vollendung. Als er 1770 nach Italien kommt, nimmt ihn begreiflicherweise die dortige Oper gefangen, die auf einem Höhepunkt steht und die Welt beherrscht. Daß er eingeladen wird, dem herzoglichen Theater in Mailand, dem Vorläufer der wenig später dort errichteten »Scala« ein Werk zu komponieren und diesen »Mitridate« selbst bei feierlicher Gelegenheit und an der Spitze eines siebzigköpfigen Orchesters zu dirigieren, stellt sicherlich den äußeren Höhepunkt seines jungen Lebens dar: Er ist jetzt 14 Jahre alt. Der Erfolg wirkt sich aus; auch in den kommenden Jahren und bei neuerlichen Italienreisen dirigiert er neue Werke aus seiner jugendlichen Feder: »Ascanio in Alba« folgt 1771, »Lucio Silla« 1772. Im gleichen Jahr schreibt er »Il sogno di Scipione« für die Salzburger Krönungsfeierlichkeiten des neuen Fürst-Erzbischofs Hieronymus Graf Colleredo. 1775 erfolgt die erste Mozart-Premiere in München, »La finta giardiniera«, drei Monate später spielt Salzburg erstmalig »Il re pastore«, beide dem Brauch der Zeit gemäß in italienischer Sprache. Die folgenden, äußerlich recht eintönigen Jahre in Salzburg entfernen Mozart ein wenig vom Opernleben. Erst mit einem neuerlichen Auftrag aus München kehrt er zu dieser ihm besonders gut liegenden Kompositionstätigkeit zurück. Sein »Idomeneo« bringt ihm am 29. Januar 1781 einen starken Erfolg, und dieser verleitet ihn dazu, seinen Urlaub von Salzburg unerlaubt weit zu überschreiten; die Folgen sind bekannt: Bruch mit dem alten Brotherrn, endgültige Übersiedlung Mozarts nach Wien. Dort erhält er fast unmittelbar vom Kaiser einen Theaterauftrag: Es wird das deutsche Singspiel »Die Entführung aus dem Serail« (1782). 1786 folgt »Le nozze di Figaro«, 1787 »Don Giovanni« (in Prag), 1790 »Così fan tutte«. Sein Sterbejahr 1791 beschert ihm sogar zwei neue Bühnenstücke: »Titus« als Krönungsoper für Prag, »Die Zauberflöte« für das Volkstheater »Auf der Wieden« in Wien. Mitten im langanhaltenden Erfolg der »Zauberflöte« stirbt Mozart, fast unbeachtet von Wien und der Welt, am 5. Dezember 1791. Wie viele der insgesamt zwanzig Bühnenstücke Mozarts auf den Theatern leben, ist schwierig zu sagen. Vor einer Generation noch hätte man ihre Zahl mit höchstens einem halben Dutzend angegeben: Inzwischen sind viele weitere Werke in den Gesichtskreis der Opernliebhaber gerückt: »Idomeneo« und »Titus« haben sich, von gelegentlichen Festspielaufführungen berühmt gemacht, zu echten Publikumsstücken entwickelt, »Così fan tutte«, vorher eher seltener und kaum je wirklich erfolgreicher Gast im Repertoire, hat sich einen festen Platz im Spielplan erobert. Die Schallplatte bringt nun eine Reihe früherer Werke heraus, und hier zeigt es sich, daß auch sie, in sorgfältiger Wiedergabe wohlgemerkt, durchaus lebensfähig und genußreich sein können.

Bastien und Bastienne

Das Jahr 1768 war voller Aufregungen für den kleinen Mozart und mehr noch für dessen Vater. Der Kaiser hatte zwar in Wien den Auftrag zur Oper »La finta semplice« erteilt, Mozart hatte sie komponiert, aber Intrigen sehr undurchsichtiger Art vereitelten die Aufführung, worüber Leopold sich viel mehr aufregte als sein Sohn. Der vergaß den Verdruß sofort, als ein prominenter Wiener Musikliebhaber, der Arzt Dr. Franz Anton Mesmer – ein weltbekannter Mann, da er den »tierischen Magnetismus« entdeckt hatte und in seine Heilmethoden einschloß – ihn um ein kleines Werk für seine Hausbühne bat. Rousseau hatte das Schäferspiel »Le devin du village« geschrieben, das 1752 Aufsehen erregte; es wurde imitiert und parodiert, so von Friedrich Wilhelm Weiskern (1710–1768), der sich an die Parodie »Les amours de Bastien et Bastienne« hielt, um für Mozart ein geeignetes Libretto zu schaffen. Geeignet? Dem Resultat nach müßten wir mit einem zweifelsfreien »Ja« antworten. Aber vergessen wir nicht, daß Mozart zwölf Jahre alt war: Kann ein zwölfjähriges Kind, und sei es das größte Musikgenie der Welt, Liebe und Eifersucht glaubwürdig schildern? Glücklicherweise war eine solche Schilderung in der Barockoper gar nicht notwendig, es genügten hübsche Melodien, und für gewisse Stimmungen gab es »Rezepte«, die Mozart genau kannte. So komponierte er denn voll Freude die kleine Geschichte des Dorfmädchens Bastienne, das von seinem Liebsten Bastien verlassen wurde und sich an den »Zauberer« Colas wendet. Glücklicherweise fühlt Bastien sich bei seinem Edelfräulein gar nicht so wohl, wie er vorgibt. Auch er sehnt sich zu Bastienne zurück. Colas veranstaltet ein großes Hokuspokus, das die beiden Liebenden wieder vereint (was ohne die »Zauberkünste« Colas ebenso, und vielleicht früher, eingetreten wäre). Zu diesem Nichts an Handlung macht nun Mozart eine überaus charmante, unglaublich »gekonnte« Musik, die auch den heutigen Hörer immer wieder entzückt.

La finta semplice

Im Juli 1768 vollendet der in Wien weilende Mozart – damals elfeinhalb Jahre alt – seine erste italienische Oper: »La finta semplice«. Sie ist ein glänzendes Musikstück, nicht weniger als 615 Seiten umfassend, mit 26 Arien in drei Akten, aber sie ist keine gute Oper. Wie sollte sie das auch sein? Ein Wunderkind wie Mozart kann, aus unergründlich geheimnisvoller Inspirationsquelle und auf der Höhe der Technik seiner Zeit wunderbare Musik komponieren, aber ein Elfjähriger kann die Gefühle, die er in einer Oper zu schildern, musikalisch auszumalen hat – die Geschlechterliebe, die Eifersucht, das raffgierige Streben nach materiellen Vorteilen und manches andere – glücklicherweise noch nicht nachvollziehen, nicht in der eigenen Seele, am eigenen Körper erleben. Und so bleibt diese glänzende Musik eben äußerlich, hervorragend »gemacht« und gestaltet, aber irgendwie eben doch nicht mehr als das. Das, und nicht die Intrigen, Enttäuschungen, Kämpfe rund um diese Oper, ist das Wichtigste an der Episode in seinem Leben, die mit dem Titel »La finta semplice« gekennzeichnet ist. Über diese Begleiterscheinungen ist ungewöhnlich viel geschrieben worden; über den kaiserlichen Auftrag zum Werk, über des Theaterintendanten Giuseppe Affligio, der Wiens Opernleben beherrschte und einen sehr zweifelhaften Ruf besaß, zweideutige Haltung, über Vater Leopolds Entrüstung, ob angeblicher Intrigen gegen seinen Sohn, an denen sich nahezu sämtliche Wiener Musiker schamlos beteiligt haben sollen, über seine Gegenoffensiven, über die diversen Verschiebungen der Aufführung, die schließlich überhaupt nicht zustande kam. Die höchst unerfreuliche Geschichte nimmt Dutzende von Seiten in den größeren Mozart-Biographien in Anspruch. Gesuche, Beschwerden, Audienzen, angebliche Untersuchungen gegen Affligio kommen darin vor, kaiserliche Befehle, die anscheinend nicht befolgt werden. Leopold Mozart war eine Kohlhaas-Figur: Er mußte unter allen Umständen recht behalten. Recht hatte er ja wahrscheinlich, aber seine kämpferische Art, es durchzusetzen, die auch vor scharfen Angriffen bis nahe an die Verleumdung heran nicht zurückschreckte, entfremdete wohl auch freundlich gesinnte Menschen eher, als daß sie sie für seine, das heißt Wolfgangs Sache gewannen. Ob nicht in dieser Wiener Episode von 1768 zum Teil der Keim jener kaum begreiflichen Ereignisse der Wiener Achtzigerjahre liegt, in deren Verlauf Mozart, verloren im Gewirr des Musiklebens, buchstäblich untergeht?

»La finta semplice«, deutsch zumeist unter dem

Titel »Die verstellte Einfalt« gegeben, ist ein seltener Gast auf den Opernthreatern geblieben, wobei sie oftmals nicht mit dem Originallibretto, sondern in Bearbeitungen aufgeführt wird, die eine reichlich schablonenhafte Handlung des mehrere Jahre in Wien wirkenden italienischen Librettisten Marco Coltellini (1719–1777) unserer Zeit ein wenig schmackhafter zu machen suchen. Hier in wenigen Worten der Inhalt des Originals: Die beiden »unmöglichen« Alten, frauenfeindlich der eine (Cassandro), ewig verliebt der andere (Polidoro), haben eine sehr schöne Schwester (Giacinta), die sie dem ungarischen Offizier Fracasso nicht zur Ehe geben wollen. Da schaltet sich die »verstellte Einfalt« namens Rosina ein, die Schwester Francassos, und führt die beiden Alten so an der Nase herum, daß sie schließlich einwilligen müssen. Rosina tut noch ein weiteres: auch das Dienerpaar Simone und Ninetta bringt sie glücklich unter die Haube. Eine typische italienische »Buffa«, eine komische, ja groteske, eigentlich nur als Opernparodie erträgliche Oper voll Verwicklungen, Verwechslungen, wie sie einfältiger kaum zu denken sind. Vielleicht hätte ein Italiener – Cimarosa, Paisiello, Rossini – daraus eine sprudelnde, den Hörer nicht zu Atem kommen lassende Commedia dell'arte gemacht. Wolfgang Mozart, elfjährig, komponiert einfach gute, teilweise sogar sehr schöne Musik zur Handlung, was aber nicht genug ist in einem solchen Fall. Daher gehört diese Oper, die in seinem Werkverzeichnis die Nummer 51 erhalten hat, zu den nur selten gespielten Werken. Zur Reife in diesem Genre fehlen dem Knaben noch einige Jahre, vor allem aber noch eine Menge Lebenskenntnis und Welterfahrung.

La finta giardiniera
(Die Gärtnerin aus Liebe)

Opera buffa in drei Akten. Text von Raniero di Calzabigi, bearbeitet von Marco Coltellini.
Personen: Don Anchise, Podestà von Lagonero (Tenor), Marchesa Violante Onesti, unter dem Namen Sandrina, als Gärtnerin verkleidet auftretend (Sopran), Contino Belfiore (Tenor), Arminda, edles Fräulein aus Mailand (Sopran), Cavaliere Ramiro (Mezzosopran, evtl. lyrischer Bariton), Serpetta, Kammerzofe (Sopran), Roberto, Diener, beim Podestà unter dem Namen Nardo tätig (Baß).

Ort und Zeit: Landgut des Podestà, ausgehendes 18. Jahrhundert.

Der bayerische Kurfürst bestellte 1774 eine Oper bei Mozart. Der zog als Textunterlage ein recht unbedeutendes Lustspiel Raniero de Calzabigis, des Gluck-Librettisten, heran, das bereits von dem namhaften Italiener Pasquale Anfossi (1727–97) vertont worden war. Der Erfolg von Mozarts Werk am 13. Januar 1775 in München war stark, aber es geriet bald in Vergessenheit. Der Mozart-Biograph Otto Jahn meint – und er drückt damit die Meinung des 19. Jahrhunderts aus –, Mozart hätte ein so konfuses und schwaches Libretto nie vertonen dürfen. Ihm hält Ernst Lert, ein erster Bühnenfachmann unserer Tage, entgegen, die Handlung sei gar nicht so unsinnig. Die Marchesa Violanta nimmt als Gärtnerin verkleidet Dienste im Hause des Bürgermeisters an, um ihren früheren Geliebten, den Grafen Belfiore, der dort als Bräutigam einer Nichte ein und aus geht, zurückerobern zu können. Der hält sie für tot, hat er sie doch selbst in einem Eifersuchtsanfall erstochen! Er ahnt nicht, daß sie gerettet wurde und ihm nun so nahe ist. Auch er liebt sie immer noch, während seine neue Braut einen anderen liebt. So steht denn nach einigen Verwicklungen dem glücklichen Ausgang nichts im Wege, wobei zudem noch viel Edelmut ins Spiel gebracht wird. Und wenn zwei »Hauptpaare« einander die Hände reichen, so muß dies auch ein Dienerpaar tun, wie es die soziale Gerechtigkeit des Feudalzeitalters und ihres Spiegelbildes, der Oper, will. Es wäre sinnlos, mit diesem Textbuch zu rechten, es entspricht der Epoche. Erstaunlich und eigentlich verwunderlich ist an ihm nur, daß es von Calzabigi stammt, der bei Gluck mit Vorliebe auf einfache, klare, edle Linie arbeitet, überflüssige Komplikationen verpönt und viel Wert auf das Innenleben der Personen legt. Diese Grundsätze hat er wahrscheinlich erst in der Zusammenarbeit mit dem »Reformator« Gluck angenommen. »La finta giardiniera« (deutsch zumeist: »Die Gärtnerin aus Liebe«, wobei »Die angebliche Gärtnerin« genauer, wenn auch als Titel weniger geeignet wäre) ist älter und war für die zeitgenössischen italienischen Komponisten genau das Richtige. Zu ihnen ist auch Mozart zu rechnen. Erst Kaiser Josephs Wiener Auftrag zur »Entführung aus dem Serail« wird einige Jahre später ihm selbst und allen Musikfreunden nördlich der Alpen beweisen, daß er das deutsche Singspiel ebenso meisterhaft handhabt wie die *opera buffa* und die *opera seria*. Seine Musik trägt in der »Finta giardiniera« schon die meisten Merkmale seiner »großen« Werke, einige Stellen muten an wie Vorahnungen seiner späteren Opern, vor allem des »Figaro«. Es gibt auch einige feinfühlige Kenner, die die Bedeutung dieses Werkes fühlen. So schreibt der Dichter Christian Daniel Schubart: »Auch eine opera buffa habe ich gehört von dem wunderbaren Genie Mozart; sie heißt ›La finta giardiniera‹. Genieflammen zucken da und dort; aber es ist noch nicht das stille Altarfeuer, das in Weihrauchswolken gen Himmel steigt, den Göttern ein lieblicher Geruch. Wenn Mozart nicht eine im Gewächshaus getriebene Pflanze ist, so muß er einer der größten musikalischen Komponisten werden, die jemals gelebt haben ...« An diesen Gedanken sei nur eine einzige Frage geknüpft: Kann Mozarts Musik je zum »stillen Altarfeuer« werden?

Il re pastore
(Der Schäferkönig)

Noch in das gleiche Jahr 1775 fällt eine weitere Mozartoper: »Il re pastore«. Erzherzog Maximilian Franz von Habsburg kam von einem Karnevalsbesuch bei seiner Schwester Marie Antoinette in Paris zurück. Er besuchte München und machte dann auf der Fahrt nach Wien zwei Tage in Salzburg Station. Der dortige Fürst-Erzbischof überwand mit einem Schlag seine Gleichgültigkeit – wenn nicht Abneigung – gegen die Oper, sowie seine Sparsucht. Dem hohen Gast aus Wien mußte etwas geboten werden, was seinen verwöhnten Ansprüchen genügen, ja, ihm vielleicht sogar beweisen könne, daß man in Salzburg Ungewöhnliches zu bieten vermag. Mozart wurde aufgeboten, von dessen internationaler Bedeutung man sich auch in seiner Vaterstadt einen vagen Begriff zu formen begann. Er mußte eine Oper schreiben. Als Text wurde, sehr wahrscheinlich ohne sein Zutun, ein altes Metastasio-Buch gewählt. Der große Wiener Hofdichter, Lieblingslibrettist der Barockkomponisten, lebte zwar noch, hochbetagt und verehrt, aber Mozart gehörte doch einer Generation an, die geistig und formal sich weit von seinen Idealen entfernt hatte. Pietro Metastasio hatte »Il re pastore« 1751, also vor Mozarts Geburt, für einen heute vergessenen italienischen Komponisten (Giuseppe Bonno) geschrieben und in der Folgezeit war das Stück, wie alle Texte aus so illustrer Feder, unzählige Male von Musikern verschiedener Länder vertont worden. Der (im Leben Mozarts eine nicht unbedeutende Rolle spielende) Baron Grimm in Paris hatte aus irgendeinem Grunde 1768 das Buch in der »Correspondence littéraire« besprochen. Mozarts Biographen stellen mit Erstaunen fest, daß für den Anlaß dieses hohen Besuches in Salzburg ausnahmsweise keine Kosten gescheut und wertvolle Opernkräfte – sowohl Sänger wie Instrumentalisten – aus dem nahen München engagiert wurden. Mozart vertonte in großer Eile die auf zwei Akte zusammengezogene »Festoper«, schrieb eine Ouvertüre und vierzehn Musiknummern und dirigierte sein Werk am 23. April 1775 in der Salzburger Residenz. Der Text ist in zwei Sätzen zusammenzufassen: Alexander der Große tritt dem Sohn eines von ihm entmachteten Königs entgegen, der als Schäfer lebt und nichts weiter sein will als der »König« seiner ländlichen Gefährten. Von der inneren Größe dieses Jünglings bezwungen, tritt Alexander nicht nur von den Forderungen zurück, die er an ihn stellen wollte, sondern begünstigt seine Heirat und gibt ihm wahren Königsrang. Mozarts Musik stand lange im Schatten der kommenden »großen« Opern; doch unsere Zeit findet wiederum Gefallen an Leckerbissen feinerer Art, – und das ist »Il re pastore« in der Tat geworden. Wie bei allen Werken dieser Epoche in Mozarts Leben müßte man wohl sagen, sie genügten allein und für sich, um ihrem Schöpfer den Rang zu sichern, den er heute genießt, außerdem runden sie sein Bild mit liebenswerten Einzelheiten ab, die wir nicht missen möchten.

Idomeneo

Große heroische Oper in drei Akten. Text von Abbate G. Varesco
Originalsprache: Italienisch
Personen: Idomeneo, König von Kreta (Tenor), Idamantes, sein Sohn (Alt), Elektra, Agamemnons Tochter (Sopran), Ilia, Tochter des Priamos (Sopran), Arbaces, Freund des Idomeneo (Bariton), Oberpriester (Baß).
Ort und Zeit: Kreta nach dem trojanischen Krieg.
Mozart ist 25 geworden. Schon beinahe zwanzig Jahre komponiert er. Und so bedeutet dieses Alter, das bei anderen Musikern als volle Ju-

gend gilt, bei ihm bereits Reife. Nun wendet er sich der griechischen Mythologie zu. (Gerade in jenen Jahren geht Gluck diesen gleichen Weg, aber er stellt an seine Textbücher ganz andere Ansprüche.) »Idomeneo« zeigt, wie weit Zeitgenossen voneinander entfernt, ja einander entgegengesetzt waren: Für Gluck ist das Libretto die grundlegende Zeichnung, der die Musik nur die Farbe verleiht; für Mozart hingegen muß »die Poesie stets der Musik gehorsame Dienerin« sein. Der Abbate Giambattista Varesco hat das Textbuch für Mozart zusammengestellt. Es behandelt den uralten Konflikt zwischen der Liebe und einem den Göttern geleisteten Schwur. Wir kennen ihn schon aus der Bibel, wo der Feldherr Jephta ein Gelübde tut und seine Tochter opfern muß. Hier ist es Idomeneo, König von Kreta, der in höchster Seenot dem Gott Poseidon gelobt, als Preis für seine Rettung den ersten Menschen zu opfern, der ihn bei seiner Heimkehr begrüße. Es ist sein Sohn Idamantes, der dem Vater entgegenläuft und so das Leben verwirkt hat. Der König versucht, dem Versprechen zu entgehen. Er will Idamantes außer Landes schicken. Aber nun zeigt Poseidon seine furchtbare Macht.

Das Barocktheater, dem solche Szenen besonders gut lagen und das technisch hervorragende Maschinen für Bühneneffekte zu konstruieren wußte, entfesselt einen entsetzlichen Sturm auf dem Meere und läßt Ungeheuer aus der Tiefe emporsteigen. Schon ist Idomeneo bereit, seinen Sohn dem zürnenden Gott zu opfern, da hindert ihn Ilia, die Idamantes liebt, daran. Sie erklärt sich selbst zum Sterben bereit. Der Gott nimmt aber diesen Tausch nicht an und schenkt beiden das Leben. Idomeneo dankt zugunsten seines Sohnes ab, der nun an der Seite seiner Gattin Ilia regiert.

Der Auftrag zu diesem Werk kam aus München, wo Mozart sechs Jahre zuvor mit »La finta giardiniera« einen beachtlichen Erfolg erzielt hatte. Dort saß ein Fürst, der ihm und der Musik sehr gewogen war, der einstige »Mannheimer« Karl Theodor, der schon aus seiner früheren Residenz ein europäisches Kunstzentrum gemacht hatte und nun im Begriffe stand, München zu besonderem musikalischem Glanz zu erheben. Er hatte den größten Teil der einstigen Mannheimer Hofkapelle mitgebracht, die mit ihren technischen Neuerungen – dem Crescendo und Decrescendo – berühmt und zum Vorbild aller Orchester geworden war. Auch seine besten Sänger waren mit ihm übersiedelt, unter ihnen übrigens auch Aloysia Weber, Mozarts erste Liebe, deren Schwester Constanze er nun bald heiraten wird. Er kommt also in ein gutes Theater, hat im großen Ganzen ein treffliches Ensemble zur Verfügung. Natürlich gibt es wieder »Kabalen«, Intrigen, unerfreuliche Szenen jeglicher Art – ist es Mozarts überragendes Genie, das seine Mitarbeiter oft und überall zu einer Art Auflehnung treibt oder ist er zu ironisch, zu kritisch? –, aber zuletzt geht, nach einer einwöchigen Verschiebung doch alles glatt. Er hat unter starkem Zeitdruck gearbeitet, wie immer. Als der Vater ihn, nicht lange vor der angesetzten Premiere und besorgt über das »Nichtstun« seines Sohnes fragt, wann er denn endlich mit der Komposition beginnen wolle, antwortet Wolfgang mit dem ebenso verblüffenden wie aufschlußreichen Satz: »Komponiert ist es längst, ich muß es nur noch niederschreiben...« Es war ihm durchaus zuzutrauen, ganze Opern im Kopf entworfen und behalten zu haben, bevor er daran ging, die erste Note zu schreiben. Der Vater, stets unübertrefflicher Mentor seines Wolfgang, mahnt aus Salzburg, befürchtet Schwierigkeiten, wie er sie oft genug und in vielen Ländern erlebt hat, rät klug: »Siehe nur das ganze Orchester bei guter Laune zu erhalten, ihnen zu schmeicheln und sie durch die Bank mit Lobeserhebungen Dir geneigt zu erhalten, denn ich kenne Deine Schreibart. Es gehört bei allen Instrumenten die unausgesetzte erstaunlichste Aufmerksamkeit dazu und es ist eben kein Spaß, wenn das Orchester wenigstens drei Stunden mit solchem Fleiß und Aufmerksamkeit angespannt sein muß. Jeder, auch der schlechteste Bratschist ist aufs Empfindlichste gerührt, wenn man ihn tête à tête lobt, und wird dadurch eifriger und aufmerksamer, und so eine Höflichkeit kostet Dich nichts als ein paar Worte...«

Am 29. Januar 1781 sitzen dann Vater Leopold und Schwester Nannerl stolz in einer Loge des Münchener Hoftheaters und erleben den Triumph Wolfgangs. Man soll diesen Sieg zwar in seiner wahren Bedeutung einschätzen – als die Anerkennung eines Meisterwerks – aber nicht überbewerten. Bei erfolgreichen Opernaufführungen gehörte nur ein recht kleiner Teil des Erfolges dem Komponisten. Dirigierte er selbst, wie es zumeist der Fall war, so hatte das Publikum immerhin Gelegenheit, ihm bei Betreten des Orchesterraumes (wo er sich ans Cembalo setzte) Beifall zu spenden, ihn mit Hochrufen auszuzeichnen. Ein Erscheinen inmitten der Sängerschar auf der Bühne gab es im allgemeinen noch nicht. Eine Zeitungsnotiz, die drei Tage nach der Premiere erschien, nennt Mozart überhaupt nicht, ergeht sich aber in Lobeshymnen auf die Ausstattung, die »einen wahren Hafen mit griechischen Tempeln« auf die Bühne brachte, »von unserem hiesigen berühmten Hofkammerrath Lorenz Quaglio geschaffen«. Mozart war allerdings nicht »hiesig« und eigentlich nur in Fachkreisen »berühmt«. Hiesig ist er übrigens nie recht geworden, nirgends. Berühmt, wirklich berühmt, erst viel später: nach seinem Tode.

Das Bühnenschicksal des »Idomeneo« gestaltete sich recht wechselhaft. Die Romantik wußte nicht viel mit ihm anzufangen. Das 20. Jahrhundert wertete ihn dann auf, stellte ihn unter die »großen«, die Meisteropern. Natürlich in originaler Form, von der einige Bearbeiter (so Richard Strauss mit dem Regisseur Lothar Wallerstein) oft recht erheblich abgewichen waren. Vieles in »Idomeneo« ist neu, nicht nur für Mozart. So etwa die schaurige, gewaltige Wirkung der Posaunen, die Mozart hier erstmals in der Oper verwendet (und ohne die später die Friedhofszene des »Don Giovanni« gar nicht denkbar wäre) und mit deren Hilfe das Orakel des Poseidon erst seine wahre überirdische Majestät erreicht. Weit vorgeschritten ist Mozart nun auch in der Kunst, Charaktere musikalisch zu definieren: etwa die wilde Elektra und die sanfte Ilia. Mozart hat, ohne es zu wollen, ja, ohne es auch nur zu wissen, einiges von Gluck angenommen. »Idomeneo« ist keine »Reformoper« im Sinne Glucks, aber sie steht dieser näher als den zeitgenössischen Italienern, ohne Zweifel. Vielleicht kann man ihn gar nicht mit Vergangenem vergleichen, sondern nur mit Zukünftigem. Mit Cherubini vielleicht und damit auch mit Beethoven ...

Die Entführung aus dem Serail

Singspiel in drei Akten. Text, frei bearbeitet nach Christoph Friedrich Bretzner, von Gottlieb Stephanie (d. J.).
Originalsprache: Deutsch
Personen: Der Bassa (Pascha) Selim (Sprechrolle), Konstanze (Sopran), Blondchen, ihr Kammermädchen (Sopran), Belmonte (Tenor), Pedrillo (Tenor), Osmin, Haremsaufseher (Baß). Frauen des Bassa Selim, Wachen.
Ort und Zeit: Das Reich eines orientalischen Pascha, ohne genaue Angaben seitens der Autoren, etwa 16. Jahrhundert.
Handlung: Die prächtige Ouvertüre ist dreiteilig gebaut. Zwischen zwei Prestoabschnitte (schneller Marsch mit ein wenig Schlagwerk, um »türkische« Atmosphäre nach dem Geschmack der Zeit zu erzeugen) ist ein gefühlvolles Gesangsthema in Moll eingeschoben, das nach Aufgehen des Vorhangs von Belmonte tatsächlich, nach Dur transponiert, gesungen werden wird. Er steht in einem schönen Garten, am Rande eines Meeres (des Mittelmeeres, höchstwahrscheinlich) und besingt das Glück, hier nach langer Trennung seine geliebte Konstanze wiederzufinden. ①

Osmin, durch seine Lächerlichkeit eine der lustigsten Gestalten der Opernbühne, erscheint. Er ist Haremswächter, dick, alt und zumeist in bitterster Stimmung. Trotzdem trällert er nun, während er Feigen pflückt, ein Liedchen über die Liebe, wie er sie versteht. Belmonte tritt auf ihn zu, aber es dauert eine Zeitlang, bis Osmin ihm Rede steht. Und als der Fremde nach Pedrillo fragt, ist es mit dem letzten Rest guter Laune bei Osmin vorbei. Er vertreibt Belmonte und ergeht sich dann in einer urkomischen Arie über die hunderterlei Arten von Folter und Tod, die er den Fremden allen und besonders jenen, die ihn in seiner Ruhe stören, von Herzen wünscht. ②

Pedrillo ist gekommen und hat die Wut Osmins zur Weißglut angefacht. Dann, als der dicke Alte endlich verschwindet und der spitzbübische Pedrillo ihm nachlächelt, verläßt Belmonte das Versteck, in das er vor dem Zorn Osmins geflüchtet war. Herr und Diener begegnen einander, die Freude ist groß. Pedrillo erzählt, was vorgefallen ist. Konstanze, Belmontes Braut, ist samt ihrer Dienerin Blondchen und Belmontes Diener Pedrillo auf einer Meerfahrt von Seeräubern gefangen und an den Pascha verkauft worden, wo alle drei sehnsüchtig ihrer Befreiung harren. Bewegt erfährt Belmonte von dem Schicksal seiner geliebten Konstanze, die der Pascha zu seiner Favoritin erkoren hat, doch sie bleibt ihrem Verlobten treu ergeben. Mozart hat hier für Belmontes Gefühle eine prachtvolle Arie geschrieben, in der das erregte Klopfen seines Herzens meisterhaften Ausdruck findet. ③

An Bord eines Schiffes kommt der Pascha (in dieser Oper zumeist »der Bassa« genannt) mit großem Gefolge an. Auch Konstanze begleitet ihn und erklärt, als er mit sanften, gütigen Worten den Grund ihrer nicht weichenden Trauer erkundet, daß sie ihren Bräutigam nie vergessen könne und wolle. In dieser Arie fordert Mozart – wie auch in den vorangegangenen Belmontes – höchste Gesangskunst nebst großem Tonumfang, zwei Bedingungen, die sonst bei Singspielen nicht in solchem Ausmaße nötig waren. In Konstanzes Arie finden wir übrigens (sicherlich dem Zeitgeist entsprechend) eine seltsame Mischung von schmerzlicher Melodie und perlenden Koloraturläufen. Noch einmal läßt der Pascha sich rühren und gewährt der Europäerin einen Aufschub, bevor er sie zu seiner Frau machen will.

Belmonte und Pedrillo nähern sich dem Pascha, dem der Neuankömmling als ausländischer Baumeister vorgestellt wird, der in seine Dienste zu treten wünscht. Es wird ihm gewährt, und selbst Osmin muß sich, nach einem letzten Widerstand, damit abfinden.

Zu Beginn des zweiten Aktes, im Garten des Palastes, lehrt Blondchen gut gelaunt den mürrischen Osmin ein wenig europäische Galanterie. ④ Diese Arie ist zwar in Singspielart gehalten, aber auch in ihr verlangt Mozart außerordentliche Stimmkünste neben vollendeter Grazie, die die Rolle des Blondchen auszuzeichnen hat. Osmin ist mit den europäischen Bräuchen gar nicht einverstanden. Frauen gehören in den Harem, unter festen Verschluß, und haben vor allem zu gehorchen, das ist und bleibt seine Meinung, wenn auch Blondchens scharfe Fingernägel und die Drohung, durch ihre Herrin eine Strafe für Osmin zu erreichen, ihre Wirkung nicht verfehlen. Nun tritt Konstanze auf, und Mozart hat ihr gleich zwei große Arien hintereinander in den Mund gelegt, von denen besonders die zweite ein Muster an Schwierigkeiten, aber auch an Großartigkeit genannt zu werden verdient; in ihr (der sogenannten »Marternarie«) versichert Konstanze dem in sie dringenden Pascha, allen Qualen tapfer widerstehen zu wollen, um dem einzig Geliebten in der Ferne treu zu bleiben. ⑤

Pedrillo trifft Blondchen und teilt ihr die großen Neuigkeiten mit: die Ankunft Belmontes, die Vorbereitungen zur baldigen Flucht. Kein Wunder, daß das Mädchen in ein Jubellied ausbricht: »Welche Wonne, welche Lust herrschet nun in meiner Brust!« Auch Pedrillo rafft sich zu einer Arie auf, die im Gegensatz zu seinem Charakter einen ganz heldischen Ton zeigt: »Frisch zum Kampfe, frisch zum Streite!« Daß der herbeikommende Osmin die frohe Stimmung Pedrillos höchst merkwürdig findet, versteht sich von selbst. Aber er findet sich in einer äußerst lustigen Szene bereit, von dem Wein zu versuchen, den Pedrillo ihm so verführerisch anbietet. Bacchus und die Mädchen sollen leben! Und Allah soll ein Auge zudrücken! Osmin trinkt immer mehr und wird immer ausgelassener, bis er, was Pedrillos Absicht war, betrunken einschläft.

Darauf steht dem Treffen der beiden Paare nichts mehr im Wege. Natürlich fehlen beim glücklichen Wiedersehen auch die Mißverständnisse nicht. Ist Konstanze wirklich ganz treu geblieben? Und auch Pedrillo möchte gerne wissen, ob sein Blondchen, das der Pascha dem dicken Osmin in Obhut gab, diesem nicht vielleicht doch Zärtlichkeiten gewährt habe? Während Konstanze ob solchen Verdachts in erschütterndes Weinen ausbricht, findet Blondchen, das Mädchen aus dem Volke, eine »schlagfertige« Antwort, d. h. eine gewaltige Ohrfeige, die – es geht nichts über sachliche Argumente – Pedrillo völlig überzeugt. Alles löst sich in Wohlgefallen auf, ein herrliches Quartett (mit teilweise kanonmäßigen Einsätzen) bringt den Höhepunkt des Aktes.

Nun heißt es, ans Werk zu gehen, die Entführung zu versuchen. Sie und ihr Scheitern füllen den größten Teil des dritten Aktes. Im Schutze der Nacht legen die Männer Leitern an den Palast. Belmonte hat noch eine schöne Arie, dann singt Pedrillo als Signal ein nur vom Streichquartett pizzicato begleitetes, reizendes Ständchen. Leise öffnen sich die Fenster, und schon sind die Mädchen herabgestiegen, als triumphierend Osmin mit Wachen erscheint. Die Entführung ist entdeckt, und Osmins Rachearie klingt wild, aber diese Wildheit ist begreiflich. Der Pascha kommt herbei, und alles scheint verloren. Doch der orientalische Fürst ist großmütig. Er schenkt Belmonte, der der Sohn eines alten Feindes ist, nicht nur das Leben, sondern gestattet ihm, mit Konstanze, Blondchen und Pedrillo in die Heimat zu segeln. »Wer so viel Huld vergessen kann, den seh' man mit Verachtung an«, lautet der Refrain des großen Schlußensembles, das die Oper krönt.

Quelle: »Orientalische« Themen waren große Mode, als 1769 in London eine Operette »The

① Andante — Hier soll ich dich denn sehen Constanze, dich mein Glück! BELMONTE

② Allegro con brio — Solche hergelauf'ne Laffen,...... OSMIN

③ Andante — O wie ängstlich, o wie feurig klopft mein liebevolles Herz BELMONTE

④ Andante grazioso — Durch Zärtlichkeit und Schmeicheln, Gefälligkeit und Scherzen BLONDCHEN

⑤ Allegro — Martern aller Arten, aller Arten, mögen meiner warten, KONSTANZE captive« in Szene ging, die Gefangenschaft und Befreiung einer Europäerin in einem Harem zum Thema hatte. Von dort übernahm der norddeutsche Dichter Christoph Friedrich Bretzner den Stoff und machte 1780 ein Libretto unter dem Titel »Belmonte und Konstanze« für den heute vergessenen Komponisten Johann André daraus.

Textbuch: Der Wiener Theatermann Gottlieb Stephanie der Jüngere überarbeitete, unter Mozarts aktiver Teilnahme, das in Berlin aufgeführte Werk von Bretzner und André im Sinne des Singspiels, das heißt unter anderem, mit Herausarbeitung der breiteren Partien (wie der Rolle Osmins vor allem). Das Ergebnis kann zwar nicht als hohe Dichtung angesprochen werden, wohl aber als äußerst zweckdienliches Libretto für einen vergnügten Theaterabend, der durch die Musik eines Genies vergoldet wird.

Musik: Für diese ist kein Wort zu groß. Ein Meisterwerk im einzelnen wie im gesamten. Nicht »gewaltig viele Noten«, wie der Kaiser mit leisem Vorwurf dem Komponisten vorhielt, sondern »gerade so viele, als nötig sind«, um Mozarts Antwort zu zitieren. Welche Differenzierung der musikalischen Sprache zwischen dem »hohen« Paar Belmonte-Konstanze und dem volkstümlichen Pedrillo-Blondchen! Gewisse Konzessionen scheint Mozart trotz allem gemacht zu haben. Die Rolle der Konstanze geht an Schwierigkeiten weit über das in Singspielen übliche Maß hinaus. Mozart schrieb sie »nach Maß« für die erste Trägerin der Titelrolle, Catarina Cavalieri (die auf einem Auge blind und von häßlicher Gestalt, trotzdem aber, ihrer Koloraturkünste wegen, ein Liebling der Wiener war) und wohl auch, um dem Kaiser zu beweisen, daß eine deutsche Oper mit hoher Gesangskunst wohl möglich sei. Es entstand ein kleines Wunderwerk an Wohlklang und musikalischer Schönheit, wie sie in diesem Genre kaum je erreicht worden sein dürfte. Allerdings steht dieses Werk weit über den üblichen Singspielen und kann durchaus als »komische Oper« angesprochen werden, wobei sie eher als Vorläufer von Weber, Lortzing, Nicolai, Goetz, Hugo Wolf denn als Oper nach Art eines Reichardt, Müller oder Winter gelten müßte.

Geschichte: Kaiser Joseph II. beauftragte Mozart mit diesem Werk, das im Zeitraum von der Mitte des Jahres 1781 bis Ende Mai 1782 entstand. Von der Leichtigkeit, mit der Mozart arbeiten konnte, erhält man einen besseren Begriff, wenn man hört, daß der erste Akt in drei und der dritte in weniger als drei Wochen komponiert wurde. Die Uraufführung erfolgte unter großem Jubel im Wiener Hoftheater am 12. Juli 1782. Es war eine der seltenen Gelegenheiten, bei denen Mozart in Wien öffentliche Anerkennung fand. Das Werk griff auch sehr schnell auf weitere Bühnen über: Leipzig, München, Mannheim, Frankfurt, Prag und viele andere spielten es bald, was dem Komponisten damals zwar Ehre, aber kein Geld einbrachte.

Der Schauspieldirektor

Personen: Frank, Schauspieldirektor (Sprechrolle), Eiler, Bankier (Sprechrolle), Buff, Schauspieler (Spielbaß), Herz, Schauspieler (Sprechrolle), Madame Pfeil, Schauspielerin (Sprechrolle), Madame Krone, Schauspielerin (Sprechrolle), Madame Vogelsang, Schauspielerin (Sprechrolle), Herr Vogelsang, ein Sänger (Tenor), Madame Herz, Sängerin (Sopran), Mademoiselle Silberklang, Sängerin (Koloratursopran)

Ort und Zeit: Saal einer kleinen Residenz um 1785.

Eine Komödie in einem Akt, die Gottlieb Stephan, genannt Stephanie der Jüngere (der Autor des Librettos zur »Entführung aus dem Serail«), aus dem Theatermilieu seiner Zeit geschöpft und recht vergnüglich zurechtgemacht hat. Mozart steuerte eine (ganz hervorragende und für dieses Werkchen fast überdimensionierte und zu bedeutende) Ouvertüre sowie vier Musiknummern bei. Der Auftrag kam vom Kaiser, der seiner Schwester und ihrem Gatten, die zu Besuch nach Wien kamen, eine Unterhaltung bieten wollte (»zu Ehren der k.k. Generalgouverneure der k.k. Niederlande«, wie es offiziell hieß). In der Orangerie des neuerbauten prächtigen Schlosses Schönbrunn fand das große musikalische Fest statt, bei dem (am 7. Februar 1786) zwei Musikwerke ihre Premieren erlebten: Die »Hauptoper« stammte von Antonio Salieri, dem in Wien mächtigsten Komponisten und stillschweigend anerkannten Oberhaupt einer »italienischen Partei«, die in Musikfragen allmächtig war, und hieß »Prima la musica, dopo le parole« (Zuerst die Musik, dann der Text, was eine Anspielung auf die Streitigkeiten um die Wichtigkeit dieser Bestandteile in der Oper bedeutete). Mozarts kleine Opernparodie war eine Zugabe, die aber große Heiterkeit hervorrief. Die Aufführung war sozusagen eine »Familienangelegenheit«: Aloysia wirkte mit, Mozarts einstige Liebe, sowie deren jetziger Gatte, der Hofschauspieler Joseph Lange, der sich hier – sicherlich sehr komisch – als Sänger versuchte und dabei von einem Fagott begleitet wurde. Der Inhalt macht sich über das Theater lustig. Der Schauspieldirektor, nach dem die kleine Oper (»Schwank mit Musik« wäre eigentlich das rechte Wort dafür) heißt, ist eben dabei, ein Ensemble zusammenzustellen. Buff, ein alter, erfahrener Bühnenkünstler (»Künstler« hier in Anführungszeichen), rät ihm, ein wenig von der Kunst ab- und dafür mehr auf das Geschäft zu sehen. Ebenso ist er gegen gute Stücke, die nur schwer Publikum finden. Gäbe es nicht genug andere? Dann hört der Direktor verschiedene Bewerber und Bewerberinnen an. Ein Bankier erscheint und verspricht, das Defizit zu tragen, wenn seine Freundin die Hauptrollen zugeteilt erhielte, zu denen sie (er zumindest zweifelt nicht daran und sie noch weniger) alle Eignung besäße.

Als die Gagenfrage besprochen wird, bricht der schon latent vorhandene Unmut aus. Es gibt – ganz theatermäßig – Krach. Der Direktor erklärt, unter solchen Umständen auf das Unternehmen zu verzichten. Da besinnt sich das Theatervölkchen: Nur in Eintracht kann die Kunst blühen! Es wird beinahe rührend. Zum Glück ist Buff da, der das alles längst nicht mehr ernst nimmt, aber doch noch seine persönliche Eitelkeiten hat (die beim Theater anscheinend erst mit dem Tode enden) und behauptet, er brauche nur ein o an seinen Namen zu hängen, um der erste Buffo seiner Truppe zu sein, weshalb er die Gesangskoloraturen der anderen sehr ergötzlich nachzuahmen versucht. Endlich wird auch dieser Zwischenfall beigelegt, einträchtig (bis wann?) gehen alle an die Arbeit. Mozart schüttet seinen unversieglichen Frohsinn über dieses Textbuch. Woher mag er ihn nehmen, da seine Sorgen täglich anwachsen und Enttäuschungen aller Art über ihn hereinbrechen? O wunderbares Genie, das so vom Alltag unabhängig ist! »Der Schauspieldirektor« hat eine Fülle von Bearbeitungen über sich ergehen lassen müssen. 1797 benützte Goethe die Musik Mozarts für einen ähnlichen Stoff, der in seinem Weimarer Theater gespielt wurde. Im Jahre 1845 hatte Ludwig Wilhelm Schneider, ein Schauspieler und Sänger, die Idee, ein neues Libretto zu verfassen, in dem Mozart persönlich auftrat, der mit dem Theaterdirektor (der nun Schikaneder genannt wird) die Komposition der »Zauberflöte« zu besprechen hat. Diese Fassung wurde 1931 von Wilhelm Zentner überarbeitet. Aber schon fünf Jahre später trat eine völlig neue, von Friedrich Gessner hergestellte, auf den Plan. Und das wird sicher nicht die letzte gewesen sein, obwohl wir heute auf dem Standpunkt stehen, alle Werke, bei denen es irgendwie möglich ist, in ihrer originalen Form aufzuführen. Und beim »Schauspieldirektor« ist dies, wie sich immer wieder erweist, durchaus möglich. Gegen einige zusätzliche Späße wird niemand etwas einzuwenden haben.

Figaros Hochzeit

Komische Oper in vier Akten. Textbuch, nach der Komödie Beaumarchais' »La folle journée« ou »Le mariage de Figaro«, von Lorenzo da Ponte.
Originaltitel: Le nozze di Figaro
Originalsprache: Italienisch
Personen: Der Graf Almaviva (Bariton), Gräfin Rosine, seine Gattin (Sopran), Susanna, deren Kammermädchen (Sopran), Figaro, Kammerdiener (Bariton), Cherubino, Page (Sopran oder Mezzosopran), Marzellina, Haushälterin (Mezzosopran), Don Bartolo, Arzt (Baß), Don Basilio, Musikmeister (Tenor), Antonio, Gärtner (Baß), Barbarina, seine Tochter (Sopran), Don Curzio, Rechtsgelehrter (Tenor), Bauernmädchen, Dienstleute.
Ort und Zeit: Das Schloß des Grafen Almaviva bei Sevilla, Spanien, 18. Jahrhundert.
Handlung: Die Ouvertüre ist ein geniales, spritzig dahinjagendes Presto, das zwar von Mozart kaum tonmalerisch gemeint ist, aber uns doch in die Stimmung dieses »verrückten Tages« einführt, an dem Beaumarchais die Handlung seines dramatischen Meisterwerkes abrollen läßt. ①

Das erste Bild spielt in einem Zimmer des Schlosses. Figaro nimmt gerade Maß, um zu wissen, wie er nach seiner Heirat mit Susanna hier die eheliche Stube einrichten könne. Er ist stolz und mit sich und der Welt zufrieden. Von hier aus kann er auf kürzestem Wege zu seinem Herren, dem Grafen, gelangen, wenn dieser seine Dienste benötigt; ebenso kann Susanna schnell zur Gräfin eilen, wenn diese sie ruft. Und so mißt er eifrig den Raum ab. Doch Susanna bremst seine Begeisterung: Auch der Herr Graf könne, mit wenigen Schritten, in dieses Zimmer gelangen, zu ihr, nachdem er den Diener mit einer Besorgung fortgeschickt habe. Denn Almaviva sucht, wie jedes Kind im Schlosse, mit Ausnahme Figaros anscheinend, weiß, Liebesabenteuer, nachdem er seiner Gattin Rosine ein wenig müde geworden zu sein scheint. Figaro fährt auf: Das wird ihm nicht gelingen! Jetzt erst soll er seinen Kammerdiener wirklich kennen lernen! Wenn er tanzen will, gut: Figaro wird ihm dazu aufspielen. ②

So beginnen die Intrigen dieses ereignisreichen Tages. Der Diener sagt seinem Herren den Kampf an. (Wir werden später, bei der Besprechung der geschichtlichen Stellung des Werkes, auf diese Tatsache noch zu sprechen kommen.) Der Graf will die Heiratserlaubnis für Figaro und Susanna noch hinauszögern, da er die reizende Kammerzofe zuerst gerne für sich selbst erobern möchte. Dabei bedient er sich verschiedener Personen: des alten intriganten Musikmeisters Basilio, Don Bartolos und Marzellinas, der Figaro einmal, als er in Geldschwierigkeiten war, trotz des beträchtlichen Altersunterschiedes die Ehe versprochen hatte, um so ein Darlehen von ihr zu bekommen. Susanna hört versteckt einiges von den geheimen Plänen gegen ihren Bräutigam an, und in einem ironischen Duett sagen die beiden Frauen einander viel von der gegenseitigen Abneigung, die sie empfinden. In Susannas Gemach tritt der Page Cherubino, der in alle Frauen des Schlosses jungenhaft verliebt ist. Er kommt, die Zofe um Fürsprache bei der Gräfin zu bitten, da der Graf ihn entlassen habe, als er ihn versteckt im Gemach Barbarinas fand. Susanna entdeckt er sein immer glühendes junges Herz in einer Arie, aus der man förmlich die Seufzer der noch nicht erlebten Liebe zu vernehmen meint. ③

Schritte auf dem Gang lassen den Pagen in ein Versteck kriechen. Es ist der Graf, der Susanna, die ihn vergeblich zu entfernen sucht, seine Liebe gesteht. Neue Schritte lassen auch den Grafen Unterschlupf hinter einem Möbelstück finden. Basilio naht, der Susanna im Sinne des Grafen zu beeinflussen sucht: auf jeden Fall verdiene ein Kavalier den Vorzug vor einem Pagen, von dem zudem das ganze Schloß wisse, daß er der Gräfin den Hof mache. Bei diesen Worten hält der Graf es in seinem Versteck nicht mehr aus. Welch peinliche Szene für Susanna, welche Genugtuung für den Intriganten Basilio! Der Graf ist wütend. Immer wieder Tratsch um diesen Cherubino! Hat er ihn doch erst kürzlich im Gemach Barbarinas getroffen; Almaviva zeigt, wie er ihn entdeckte. Und als er ein über den Stuhl geworfenes Kleid Susannas langsam hebt, findet er – genau wie bei Barbarina – den Pagen darunter versteckt. Es fällt dem Grafen schwer, sich zu beherrschen. Aber er muß bedenken, daß Cherubino seine Liebeserklärung an Susanna angehört hat. So ernennt er ihn zum Offizier, der so bald wie möglich zu seiner Truppe einrücken soll.

Kaum löst sich dieser Knoten ein wenig, als Figaro an der Spitze eines Huldigungszuges erscheint. Man will dem Grafen für seine Gnade danken, da er auf das alte Feudalrecht, die erste Nacht nach der Hochzeit mit der Braut verbringen zu dürfen, großmütig verzichtete. Das facht den Unmut des Grafen nur noch mehr an. Wie gerne setzte er es im Falle Susannas wieder in Kraft! Als Grandseigneur nimmt er die Huldigung entgegen, weigert sich aber, die gleichzeitig erbetene Einwilligung zur Hochzeit Figaros zu erteilen. Cherubino kommt, um sich zu verabschieden. Boshaft fordert der Graf ihn auf, seine Freundin Susanna zu küssen. Figaro weiß es zu verhindern und stimmt dieses eine Mal mit seinem Herrn darin überein, daß Cherubino möglichst rasch aus dem Schlosse entfernt werden soll. Er singt ihm eine ironische Arie, die auf seine künftige militärische Laufbahn Bezug nimmt. ④

Das folgende Bild spielt in den Gemächern der Gräfin. Die Musik nimmt einen veränderten Ausdruck an; sie folgt der Klage, der unter der Gleichgültigkeit und Treulosigkeit ihres Gatten leidenden Frau. ⑤

Figaro trägt einen Plan vor, der ihm die ersehnte Heiratsbewilligung bringen und gleichzeitig dem Grafen eine Lektion erteilen kann. Susanna soll dem Herrn ein Stelldichein im Schloßpark geben, bei dem aber anstatt ihrer der verkleidete Page erscheinen werde. Gleichzeitig solle der Graf in einem anonymen Schreiben erfahren, daß seine eigene Gattin am gleichen Ort eine Begegnung mit einem Ungenannten haben werde. Die Gräfin willigt traurigen Herzens in diesen Vorschlag ein, von dem sie hofft, daß Almaviva beschämt aus diesem Abenteuer in ihre Arme zurückkehren werde. Susanna hingegen amüsiert sich bei der Aussicht auf Verkleidung und Abenteuer. Cherubino wird gesucht, denn

① Presto — pp

② Allegretto
Si vuol ballare, Signor contino....
FIGARO

③ Allegro vivace
Non so più cosa son, cosa faccio, or di foco ora sono di ghiaccio......
CHERUBINO

④ Allegro
Non più andrai, farfallone amoroso, notte e giorno d'intorno girando......
FIGARO

⑤ Larghetto
Porgi amor qualche ristoro.....
GRÄFIN

er soll in diesem Komplott eine Mädchenrolle übernehmen. Er benützt die Gelegenheit sofort, um der Gräfin eine Liebeserklärung zu machen, die darüber hinaus allen Frauen gilt. ⑥

In Gegenwart der Gräfin probiert Susanna Cherubino die Kleider an. Dann geht diese für einen Augenblick ab, um etwas aus ihrem Zimmer zu holen. Plötzlich klopft es energisch an die Tür, die gegen alle sonstige Gewohnheit verschlossen ist. Der Graf! In erregtem Zustand zudem; sollte Basilio die Wahrheit gesprochen haben und dieser verdammte Cherubino überall dort anzutreffen sein, wo er nichts zu suchen hat? Schnell muß die Gräfin diesen – und noch dazu in nicht mehr voll salonfähigem Aufzug, da er eben beim Probieren ist – in einem angrenzenden Kabinett verstecken, ehe sie ihrem wütenden Gemahl in gespielter Seelenruhe öffnet. Voll Argwohn tritt der Graf ein, mühsam wahrt seine Gemahlin ihre Haltung. Sie sei völlig allein, beteuert sie, aber da fällt im Nebenraum ein Stuhl um. Almaviva stürzt zur Türe, aber auch diese ist verschlossen. Dieser Lärm? Sie habe nichts gehört, beteuert die Gräfin. Ach ja, fällt ihr dann ein, es könne Susanna sein, die vielleicht dort zu tun habe. Wenn es Susanna sei, so könne sie aufschließen oder wenigstens ihre Stimme hören lassen. Die Gräfin ist beleidigt. Seit wann zweifle ihr Gatte an ihrem Wort? Doch der Graf bleibt mißtrauisch; er geht, ein Werkzeug zum Öffnen der Türe zu holen. Und seine Gattin muß ihn, damit sie in der Zwischenzeit nichts an der Lage ändern könne, begleiten. Die Türe schließt er sorgfältig ab und nimmt den Schlüssel mit.

Schnell öffnet Susanna die Türe des Nebengemachs, läßt Cherubino zum Fenster hinausspringen und schließt sich selbst ein, nicht ohne vorher mit dem Pagen ein reizendes Duett gesungen zu haben. Das Ehepaar kehrt zurück, Rosines Erregung ist aufs höchste gestiegen. Sie gesteht ihrem Gatten die Wahrheit: Cherubino ist im Nebenraum eingeschlossen. Nun kann nichts mehr den Grafen zurückhalten, die Türe zu erbrechen, aber diese öffnet sich, und es erscheint ... Susanna. Verwirrt steckt der Graf den gezückten Degen wieder in die Scheide. Die Gräfin faßt sich und behauptet, dem Grafen nur die Schändlichkeiten seines Verdachts bewiesen zu haben. Schon kniet dieser nieder. Schon will er um Verzeihung bitten. Da tritt, gut gelaunt, Figaro ein, der nichts von dem Vorgefallenen ahnt; gleich nach ihm der Gärtner Antonio, wütend darüber, daß man soeben einen Menschen aus dem Fenster dieses Zimmers gerade auf seine schönen Blumen geworfen hat. Der Graf stutzt: Einen Menschen aus diesem Zimmer geworfen? Vielleicht sei er auch gesprungen, erwägt Antonio und verstärkt so den neuen Verdacht des Grafen. Figaro merkt, daß die Situation gespannt wird. Schnell bekennt er sich selbst zu diesem Sprung. Warum er gesprungen sei, will Almaviva wissen. Nun, er habe eben mit seiner Braut Susanna gekost, als das Kommen des Grafen ihn erschreckte. Wieder scheint alles bereinigt; nun, dann habe wohl er bei dem Sprung dieses Papier verloren? Antonio will es ihm geben, doch rasch fährt der Graf dazwischen und entdeckt, daß es das Offizierspatent Cherubinos ist. Mit höhnischer Überlegenheit nimmt er seinen Kammerdiener ins Verhör. Was ist das für ein Papier? Figaro sucht Ausflüchte: er habe alle Taschen voller Papiere ... Der Graf beharrt. Da erkennt die Gräfin in dem Papier Cherubinos Patent. Sie gibt Susanna ein Zeichen und diese gibt es sofort an Figaro weiter. O ja, nun erinnert sich dieser ganz genau: natürlich, dies ist Cherubinos Patent – wie hat er's nur vergessen können! Der Graf schluckt seinen Zorn hinunter. Wie kommt das Papier in Figaros Tasche? Ohne Verlegenheit erwidert Figaro, der Page und nunmehrige Offizier habe es ihm am Morgen gegeben, bevor er fortritt. Und wozu das? Neuerliche Verlegenheit, neues Auftrumpfen des Grafen. Und noch im richtigen Augenblick entdeckt die Gräfin, daß auf der Ernennungsurkunde das Siegel fehlt. Rasch geht diese Kunde zu Susanna und von dieser wieder zu dem ins Kreuzverhör genommenen Figaro. Der platzt mit dieser Kenntnis nun nicht etwa spontan heraus, nein, er kostet seinen Triumph weidlich aus; bescheiden macht er den Grafen darauf aufmerksam – mit Verlaub – daß Patente gesiegelt werden sollten. Einem Tobsuchtsanfall nahe, konstatiert der Graf, daß tatsächlich das Siegel vergessen worden ist. Almaviva scheint hoffnungslos geschlagen zu sein. Da erscheinen seine Verbündeten: Marzellina beschuldigt Figaro, das ihr gegebene Heiratsversprechen nicht eingelöst zu haben. Bartolo und Basilio bezeugen das. Der Graf verspricht, ein strenger und gerechter Richter dieses Falles zu sein. Solange die Sache nicht untersucht ist, könne von einer Heirat Figaros und Susannas keine Rede sein: Große Bestürzung allenthalben.

Der dritte Akt führt ins Gemach des Grafen, der

in einem melodiösen Duett Susanna für ein Stelldichein zu gewinnen sucht. Nach langem Zögern scheint das Mädchen einwilligen zu wollen, aber Almavivas Freude ist kurz, denn aus einigen Worten, die Susanna ihrem Bräutigam zuflüstert, glaubt er entnehmen zu können, daß ihm eine Falle gestellt werden solle. In einer Rachearie drückt er seine Entschlossenheit aus, über alle Hindernisse hinweg die Erfüllung seiner Wünsche zu erlangen. Bartolo und Marzellina treten nun mit einem Advokaten, Don Curzio, auf; Figaro soll eine große Summe Schadenersatz bezahlen, aber zur größten Überraschung aller stellt sich heraus, daß er der Sohn Marzellinas ist, der er als Kind geraubt wurde. Der Enthüllungen nicht genug: Bartolo entdeckt seine – weit zurückliegende – Vaterschaft. Eine große, rührende Erkennungsszene, bei der der Graf der einzige Verlierer ist, folgt. Als Susanna dazukommt, die inzwischen das »Lösegeld« für ihren Bräutigam beschafft hat, findet sie diesen in den Armen der »Rivalin« Marzellina. Aber ihr Zorn verfliegt schnell, als sie den Sachverhalt erfährt. Nun wird die Hochzeit festgesetzt, die sogar eine doppelte werden soll, denn auch Bartolo und Marzellina entschließen sich, spät, aber doch, ihre Beziehungen zu legitimieren.

Inzwischen erwartet die Gräfin, ohne von den Vorgängen etwas zu ahnen, die Ausführung des Plans. Sie singt eine wundervolle Arie über ihr entschwundenes Glück. ⑦

Die Sache erfährt eine leichte Änderung. Anstelle des Pagen wird die Gräfin, in Susannas Kleidern, im nächtlichen Park erscheinen. Um so größer soll die Beschämung des Grafen sein. Die Gräfin diktiert Susanna nun den Brief, in dem das Stelldichein vereinbart wird; dieses »Briefduett« gehört zu den stimmungsvollsten Gesangsszenen Mozarts. ⑧

Eine Gruppe junger Landmädchen bringt der Gräfin ihre Huldigung dar. Cherubino hat sich, von Barbarina verkleidet, unter sie gemischt und wird von Antonio entlarvt. Barbarina bittet für ihn beim Grafen: habe er ihr nicht, wenn er sie umarmte und küßte, versprochen, ihr jeden Gefallen zu tun? Der Augenblick für eine Erklärung ist angesichts der anwesenden Gräfin nicht günstig gewählt. Doch bevor es noch zu weiteren Verwicklungen kommen kann, tritt ein Festzug auf. Susanna und Marzellina erbitten vom Grafen die Erlaubnis zur Doppelhochzeit. Almaviva kann kaum noch einwenden. Susanna kniet vor ihm nieder, um von seiner Hand den »Jungfernkranz« aufs Haupt gesetzt zu erhalten. Dabei spielt sie ihm geschickt das Brieflein mit der Einladung zum Stelldichein zu. Er ritzt sich an der Nadel, kann seine innerste Befriedigung aber kaum verbergen. Unkomplizierter geht es bei Marzellina zu: Diese kniet vor der Gräfin, die sie – Ironie beiseite – mit einem ähnlichen Kranz schmückt. So kann denn endlich Hochzeit gefeiert werden!

In einer kleinen, eingeschobenen Szene kommt die niedliche Barbarina auf die Bühne (eine Art weiblichen Gegenstücks zum jungen Cherubino) und singt eine entzückende Arie. Sie sucht verzweifelt eine Nadel; es ist das Zeichen des Einverständnisses, das sie im Namen des Grafen Susanna überbringen soll. So erfährt Figaro, dem Barbarina in kindlichem Vertrauen alles erzählt, von dem geplanten Stelldichein seiner Braut mit dem Grafen.

Im nächtlichen Park spielt das letzte Bild. Gestalten schleichen durch die Finsternis. Figaro verwünscht alle ungetreuen Frauen, will Rache nehmen im Namen der betrogenen Männer. Susanna tritt auf und singt eine herrliche Arie (»Rosenarie«), die zu verschiedenen Überlegungen Anlaß bieten kann. Ist sie nun nicht mehr die schalkhafte Zofe, sondern in Vorfreude auf die endlich erreichte Hochzeit ganz liebende Frau? Will sie, wie sie sagt, hier des Geliebten harren, seine Stirn mit Rosen kränzen? Sehr glaubhaft ist es nicht, zu ernst, zu sentimental für die resolute, fröhliche Kammerzofe. Sollte es vielleicht wahr sein, daß Mozart auch diese Arie in die Partie der Gräfin geschrieben hatte, wie schon die beiden vorangegangenen (*Porgi amor* und *Dove sono*), mit denen die Rosenarie zumindest den edlen, empfindsamen Grundton gemein hat? Und daß er sie – da er die Darstellerin der Susanna zweifellos liebte – dieser in einer schwachen Stunde während der Probenzeit »widmete«? ⑨

Dann beginnen die Verwechslungen. Cherubino versucht Susanna zu küssen und ahnt nicht, daß es die Gräfin ist. Figaro, um sich an Susanna zu rächen, macht sich an die vermeintliche Gräfin heran. Eine Ohrfeige deckt ihm seinen Irrtum auf. Sie stammt unzweifelhaft von Susannas Hand. Schließlich wird der Graf tief beschämt, als er nach heißen Liebesschwüren erkennen muß, daß er nicht die Zofe, sondern die Gräfin vor sich hat, seine eigene Gattin. Nach diesem ganzen »Qui pro quo« (wie es 125 Jahre später im »Rosenkavalier« heißen wird), nach den Verwirrungen in der Dunkelheit, klärt sich alles auf. Es gibt – mit einer prachtvollen Melodie auf die Worte »Contessa, perdono!« – allgemeines Verstehen und Vergeben. Figaros Hochzeit wird nun sicher bald stattfinden. Im Schlosse des abenteuerlustigen Grafen Almaviva dürften für einige Zeit Frieden und Liebe einkehren.

Quelle: Zu diesem hier besonders interessanten Punkt schreibt der Berner Musikologe Fritz Hug folgendes: »Wer sich etwas um die geistige und literarische Vorbereitung der großen Französischen Revolution kümmert, stößt unfehlbar auf Pierre Augustin Caron, 1732 in Paris als Uhrmacherssohn geboren, 1799 als geadelter ›de Beaumarchais‹ ebenda gestorben, verarmt und ertaubt. Den Beruf des Vaters übte er nur kurze Zeit aus. Er war vielseitig begabt, Harfenspiellehrer der ›demoiselles‹, der Töchter Ludwigs XV., Literat, begehrter Causeur in den Salons, durch zwei Heiraten mit Witwen reich geworden. Zugleich galt er als Kritiker von sozialen, politischen und juristischen Mißständen durch seine beiden Bände »Mémoires«, denen Goethe den Stoff zu ›Clavigo‹ entnahm (Beaumarchais hatte in Madrid den Verführer seiner Schwester blutig bestraft), Verfasser von Lustspielen mit prickelnden Situationen und frechen politischen Anspielungen, die wie ein Lauffeuer von Salon zu Salon liefen. Da war einmal ›Le barbier de Séville‹, 1775 uraufgeführt, ein Jahr darauf von Paisiello, 1816 von Rossini zu einer Buffo-Oper gestaltet, und zum andern die Fortsetzung ›Le mariage de Figaro‹, 1781 entstanden, im gleichen Jahr also, in welchem in Wien ein Musikdomestik des Erzbischofs von Salzburg, ein gewisser Wolfgang Amadeus Mozart, durch den Grafen Arco mit einem Fußtritt zur Tür hinaus befördert wurde ... Das dritte Stück ›La mère coupable ou le nouveau Tartuffe‹ schlug keine Wellen. Die Memoiren Beaumarchais' aber wurden das, was man heute einen Bestseller nennt, und ›La folle journée ou le mariage de Figaro‹ enthielt einen gefährlichen Sprengstoff gegen das ›ancien régime‹, seine Vorrechte und seine Korruption in Verwaltung und Justiz. Zögernd, und erst auf viele Einflüsterungen hin, gab Louis XVI. das Stück zur Aufführung frei und ›tout Paris et Versailles‹ wollte es sehen. Es soll, einschließlich der am 27. April 1784 im Théâtre Français erfolgten öffentlichen Erstaufführung, mit immer unverminderter Anziehungskraft 68 Mal hintereinander gegeben worden sein. Sogar die Hofgesellschaft spielte es, im ›Petit Trianon‹, mit Marie-Antoinette als Gräfin. Man muß den Originaltext des Lustspiels kennen, um das Makabre dieser Situation ganz zu verstehen, die Ahnungslosigkeit dieser Gesellschaft, die ihre eigene Schande auf den Brettern preisgab und nicht im mindesten ahnte, wie nahe der Vulkan am Ausbruch war...«

Textbuch: Ausgerechnet ein österreichischer Hofpoet, Lorenzo da Ponte, machte aus »Le Mariage de Figaro« ein Libretto für Mozart! Er mußte natürlich dem Kaiser in der Wiener Hofburg versichern, daß kein Wort von Sozialkritik oder anderen gefährlichen Dingen darin stehenbleiben würde. Trotzdem ist diese Erlaubnis von höchster Seite, ja die Förderung des aus so revolutionärem Stoff gezimmerten Opernwerkes erstaunlich und irgendwie bewundernswert. Da Ponte nahm dem Libretto alle Schärfe, mit Ausnahme des Themas an sich! Denn dieses blieb eigentlich unverändert rebellisch: ein Diener nimmt den Kampf gegen seinen Herrn, einen Grafen, auf. Wenn Figaro vom »Tänzchen« singt, zu dem er dem Grafen aufspielen werde, so ist das nicht als revolutionäre Geste gemeint, sondern wohl als Aufforderung zum Zweikampf, bei dem andere Waffen als die üblichen zur Anwendung kommen sollen. »Der tolle Tag« (wie der Untertitel des Werkes lautet, den die Oper beibehalten hat) ist wirklich ein solcher, an dem eine schier unglaubliche Fülle von Verwechslungen, Intrigen, Bewerbungen, Mißverständnissen, Enthüllungen geschürzt und wieder gelöst werden, eine menschliche Komödie voll köstlicher Situationen, wie sie im damaligen Theater (und noch bis Feydeau und Labiche sowie Oscar Wilde) gesucht und geschätzt waren. Nachdem schon das Original von Beaumarchais genial war, kann auch das Textbuch von da Ponte meisterhaft genannt werden, so daß der oft gehörte Tadel, Mozart habe seine Vorlagen nicht klug und sorgfältig ausgewählt, hier völlig unangebracht ist.

Das Libretto zur »Hochzeit des Figaro« kann nicht anders als glänzend bezeichnet werden, es sprüht vor Witz und Geist. Unter den drei da Ponte-Libretti, die Mozart vertonte, ist dieses wahrscheinlich das beste. Zwar ist alles Wichtige bereits bei Beaumarchais vorhanden, aber da Ponte wußte, wie es für eine Oper nutzbar zu machen war, und das ist sein großes unbestreitbares Verdienst.

Musik: So konnte Mozart sich herrlich entfalten. Es gibt keine Stimmung, für die seine Musik nicht genau den richtigen Ton träfe: für den Liebeskummer, die Noblesse und Gefühlstiefe der Gräfin, für den zielbewußten, entwaffnenden, liebenswerten Übermut Susannas, für die hilflose (heute sagen wir: pubertäre), rührende Verliebtheit Cherubinos, für den stolzen, liebestollen, aber nicht bösen Hochmut des Grafen, für die wendige, gutmütige, schlaue Tüchtigkeit Figaros, für Basilios Intrigantentum und Marzellinas groteske Weiblichkeit, für Bartolos vom Leben zerzauste Selbstherrlichkeit und Barbarinas ahnungsvolles Jungmädchentum, für Antonios polternde Primitivität und Don Curzios stotternde Unterwürfigkeit. Die Melodien quellen ohne Unterlaß, auf jeder Partiturseite erblühen sie in makelloser Schönheit. Die Ensembles sind von geistvollem, oft atemberaubendem Schwung. Bewundernswert, wie Mozart inmitten all der Turbulenz immer wieder zu einem lyrischen Ruhepunkt findet.

Geschichte: Mozart schrieb »Le nozze di Figaro« in der unfaßbar kurzen Frist von knappen sechs Monaten. Über die Uraufführung im Wiener Hofburg-Theater am 1. Mai 1786 sind die verschiedensten Versionen im Umlauf. Von großem Erfolg bis an Durchfall grenzenden Mißerfolg ist alles zu lesen. Die letztere Meinung versteigt sich sogar manchmal zur Behauptung, Mozarts Werk sei von den bestochenen Sängern absichtlich schlecht interpretiert worden. Tatsache ist, daß Mozarts Partitur sehr schwierig ist und damals an die Grenze der Leistungsfähigkeit gereicht haben muß; dazu war noch die Probenzeit – wie immer in früheren Epochen – viel zu kurz, so daß bei den unvermeidlichen Unsicherheiten, vor allem wohl in den Ensembles, sehr leicht der Eindruck absichtlich schlechter Leistungen entstehen konnte. Heute müßte man bei objektiver Betrachtung Salieri, dem dies – wie noch vieles andere, so die „Vergiftung" Mozarts! – in die Schuhe geschoben wurde, nach bestem Wissen und Gewissen freisprechen. Wir wissen nicht nur, daß Mozart bis an sein Lebensende freundschaftlich mit ihm verkehrte, sondern auch, daß der italienische Meister Schubert ein vorbildlicher und uneigennütziger Lehrer war. Tatsache ist immerhin, daß Mozarts Werk auffallend schnell vom Spielplan abgesetzt wurde; ob dies auf Intrigen der italienischen »Partei« im Wiener Musikleben zurückzuführen oder einfach die Folge schwachen Publikumserfolges war, bleibe dahingestellt. Der wahre Siegeszug des Werkes ging nicht von Wien aus, sondern von Prag. Dorthin reiste Mozart zu Anfang des Jahres 1787 und dirigierte »Le nozze di Figaro« am 20. Januar persönlich, nachdem er, stürmisch umjubelt, bereits drei Tage früher einer Aufführung beigewohnt hatte. Der große, tiefgehende Erfolg in der böhmischen Hauptstadt verschaffte ihm einen Opernauftrag des dortigen Theaterdirektors: So entstand noch im gleichen Jahre der »Don Giovanni«, während »Figaro« schnell heimisch auf Deutschlands Bühnen wurde, wodurch das leidige Übersetzungsproblem auftauchte. Nicht nur, daß Lustspiele, deren Wirkung ebenso auf dem Wort wie auf der Situation beruht, schwer in andere Sprachen übertragen werden können, da die Pointen dann zumeist nicht genau an die gleichen Stellen wie im Original gesetzt werden können; ebenso schwerwiegend ist die Frage der Rezitative. Was im Italienischen selbstverständlich, wirkt im Deutschen unnatürlich. Ersetzt man aber die Original-Rezitative durch gesprochene Dialoge, erleidet die Musik dauernde Unterbrechungen, die ihrem schwungvollen und genau berechneten Abrollen ungünstig sein müssen.

Don Giovanni (Don Juan)

Oper in zwei Akten. Text von Lorenzo da Ponte.
Originaltitel: Don Giovanni (ossia: Il dissoluto punito)
Originalsprache: Italienisch
Personen: Don Juan, Don Giovanni (Bariton), Leporello, sein Diener (Baß), der Komtur (Baß), Doña Anna, seine Tochter (Sopran), Don Ottavio, Don Octavio, deren Bräutigam (Tenor), Doña Elvira, Edeldame aus Burgos (Sopran), Masetto, ein Bauer (Bariton), Zerline, seine Braut (Sopran), Bauern, Bäuerinnen, Musiker, Diener.
Ort und Zeit: Sevilla (Südspanien), um die Mitte des 17. Jahrhunderts.
Handlung: Das düstere d-Moll (bei Mozart nahezu immer zur Schilderung schicksalsschwerer, tragischer Stimmungen verwendet) der dramatisch bewegten Ouvertüre mutet wie eine Vorahnung der kommenden Vorgänge an. Die erste Szene spielt sich in der Nacht vor einem Palaste ab. Leporello geht mißmutig in Regen und Wind auf und ab; er muß Wache stehen, während sein Herr galante Abenteuer sucht. Seine keineswegs freundlichen Gedanken kommen in der berühmten Arie zum Ausdruck, deren Verdeutschung sprichwörtlich wurde: »Keine Ruh' bei Tag und Nacht.« ① Überstürzt verläßt Don Juan, von Doña Anna verfolgt, den Palast. Unter Hilferufen versucht sie, den frechen Eindringling zu erkennen. Ihr Vater, der greise Komtur, eilt herbei und wird nach kurzem Zweikampf von dem Flüchtenden erstochen. Don Juan und Leporello verschwinden in der Nacht. Anna läßt ihren herbeigeholten Bräutigam Octavio Rache schwören.

Ein wenig später halten Don Juan und Leporello in ihrer Flucht inne, und der Diener macht seinem Herrn seines Lebenswandels wegen bittere Vorwürfe. Aber der versteht ihn nicht: die Frauen lassen? Sind sie ihm doch so notwendig wie das Licht des Tages und die Luft, die er atmet. Sofort ist er wieder bereit, ein neues Abenteuer zu beginnen. Eine verschleierte Dame kommt des Wegs. Zu spät erkennt er, daß es eine seiner verlassenen Geliebten ist: Doña Elvira, Edelfräulein aus Burgos. Schleunigst sucht Don Juan sich aus dem Staube zu machen und überläßt Elvira seinem Diener und Vertrauten, Leporello, der nichts Besseres zu tun weiß, als ihr die Liste der von seinem Herrn verführten Frauen vorzulesen. Was nach außen komisch wirkt, ist im Grunde einer der bösesten Augenblicke der Opernbühne. Der so »harmlose« Leporello wird zum Dämon, der sich an den Qualen seines Opfers weidet. Merkt er es? Das »Register« ist lang und das Orchester bricht dabei immer wieder in kicherndes Gelächter aus: »In Italien 140, 231 in Deutschland, 100 in Frankreich, 91 in der Türkei, aber in Spanien, in Spanien schon 1003! Bauernmädchen, Edelfräuleins, Bürgerinnen, Gräfinnen, Baronessen, Prinzessinnen, Frauen jeden Rangs und Standes... Wie er es macht? Nun, das wißt Ihr ja selbst...« Die Registerarie ist zu einem Meisterstück menschlicher Bosheit und Schadenfreude geworden.

Die folgende Szene bringt die Vorbereitungen zu einer ländlichen Hochzeit, bei der der brave Bauer Masetto sich mit der reizenden Zerline vermählen soll. Don Juan kommt dazu und beginnt seine Verführungskünste bei dem lieblichen Landmädchen, nachdem er alle Festgäste eingeladen hat, das Ereignis in seinem Palaste zu feiern. Hier schreibt Mozart eine seiner wahrhaft verführerischen Melodien, weich, einschmeichelnd und doch aristokratisch (deutsch zumeist: »Reich mir die Hand, mein Leben«). ②

Schon erliegt Zerline dem Kavalier von Welt, als Elvira erscheint und sie über die falschen Versprechungen Don Juans aufzuklären beginnt. Dieser versucht dem Mädchen einzureden, Elvira habe den Verstand verloren, während er umgekehrt diese zu überzeugen sucht, es handle sich um einen Scherz. Ein wenig später begegnen Anna und Octavio dem Verführer und erbitten seine Hilfe bei der Suche nach dem Mörder. Großspurig verspricht es Don Juan, aber er zieht sich – nach einem meisterlichen Quartett – schleunigst zurück, da er plötzlich das Gefühl hat, Doña Anna habe ihn erkannt. Octavio sucht seine Verlobte in einer schönen Arie ③ zu beruhigen.

Freigiebig, mit großer Geste bewirtet Don Juan die Landleute; sein einziges Trachten ist, Zerline zu verführen. Ein als »Champagnerarie« be-

④ **Presto**
Fin-chè han dal vi-no cal-da la te-sta, u - na gran fe-sta fa pre-pa-rar.
DON JUAN

⑤ **Andante grazioso**
Bat-ti, bat-ti, o bel Ma-set-to, la tua po-ve-ra Zer-li-na;
ZERLINA

⑥ **Tempo di Minuetto**

⑦ **Allegretto**
Deh vie-ni al-la fi-ne-stra, o mio te-so - ro!
DON JUAN

⑧ **Andante grazioso**
Ve-drai, ca-ri-no, se sei buo-ni - no, che bel ri-me-dio ti vo-glio dar!
ZERLINA

rühmtes Trinklied Don Juans enthüllt seine »Grundsätze«: Wein, rauschende Feste, Tanz und immer wieder Frauen. ④
Zerline beruhigt ihren Bräutigam: gar nichts sei vorgefallen zwischen ihr und dem Kavalier (wobei sie verschweigt, daß das nur dem rechtzeitigen Dazwischentreten Elviras zuzuschreiben war). Wenn er sie aber strafen wolle, werde sie wie ein Lämmchen leiden. ⑤
Der Aktschluß gibt Gelegenheit zu einer großen Szene im Palaste Don Juans. Alle in das Drama verwickelten Personen treffen sich auf diesem Fest. Die innere Spannung zwischen ihnen wird klar, ja hörbar, obwohl Tanzmusik erklingt. Musikalisch bietet Mozart hier ein wahres Kabinettstück. Er kontrapunktiert drei verschiedene Tänze, drei Rhythmen, von denen das Menuett den berühmtesten darstellt – von drei Kapellen gleichzeitig gespielt. ⑥
Don Juan hat Zerline zu einem einsamen Pavillon locken können. Von dort her ertönt ihr Hilfeschrei. Als die Gäste zusammenströmen, versucht Don Juan, mit zweifelhaftem Erfolg, Leporello als den Schuldigen hinzustellen. Anna, Elvira und Octavio nehmen die Masken ab, Don Juans Position erscheint schwierig. Wieder einmal bleibt ihm nichts übrig als schleuniger Rückzug.
Der zweite Akt beginnt mit einem erneuten Streit zwischen Herrn und Diener, dem nur ein gefüllter Goldbeutel ein Ende bereitet. Leporello wird seinem Herrn bei einem neuen Abenteuer helfen. Warum dieser alle Frauen verrate? möchte Leporello noch wissen. »Einer treu bleiben bedeutet, die anderen betrügen«, vertraut ihm dieser an, der nie verstehen wird, warum die Frauen nicht ebenso denken wie er. Das neue Abenteuer wird durch Kleidertausch zwischen Don Juan und Leporello eingeleitet. Der Diener soll dergestalt Elvira fortlocken, während der Herr sich mit deren Kammerzofe vergnügt. Don Juan greift zur Mandoline und singt auf nächtlicher Straße sein Ständchen. ⑦
Masetto unterbricht das beginnende Abenteuer. Mit anderen Bauern ist er auf der Suche nach Don Juan, um ihn zu verprügeln. Dieser fühlt sich nun in Leporellos Kleidern einigermaßen gesichert, verspricht, mit von der Partie zu sein, verteilt die Männer »strategisch« auf verschiedene Straßen und verprügelt Masetto weidlich, als er endlich mit ihm allein bleibt. Den kläglich Mißhandelten muß Zerline trösten, die rasch herbeigeeilt ist. ⑧

Indessen sucht Leporello, in einer anderen Straße, sich Elviras zu entledigen. Da wird er von drohenden Männern umringt. Elvira sucht ihn zu verteidigen, da sie ihn für Don Juan hält, den sie immer noch liebt. Leporello gibt sich zu erkennen, und die Wut aller gegen seinen Herrn steigt noch höher. Octavio, der mit Anna hinzukommt, singt wieder einmal eine prachtvolle Arie (worin in dieser Oper seine einzige, allerdings schöne Tätigkeit besteht). In der zweiten Fassung des Werks – für die Wiener Aufführung – fügte Mozart zwei weitere Musiknummern ein: ein komisches Duett Leporello-Zerline und eine verzweifelte Arie Elviras.
Don Juan, immer noch in den Kleidern Leporellos, ist auf der Flucht über eine Friedhofsmauer gesprungen. Dort trifft er seinen Diener, der von Angst und Grauen über den Ort recht mitgenommen ist. Ganz anders Don Juan, der an neue Abenteuer denkt. Da wird sein frivoles Geplauder durch eine gespenstische, feierliche Stimme aus dem Jenseits unterbrochen. Dazu läßt Mozart Posaunen ertönen, wie er es, ebenfalls bei einer überirdischen Erscheinung, bereits im »Idomeneo« erprobt hatte. Don Juan zwingt den zitternden Leporello, die Inschrift auf einem mächtigen Grabmal zu lesen: »Den Mörder erwartet hier die Rache.« Es ist die Gruft des Komturs. Don Juan erschrickt nicht; zu den wenigen guten Eigenschaften, die er in diesem Textbuch zugesprochen erhält, gehört zweifellos der Mut. Nun befiehlt er dem bebenden Diener, die Statue zum Abendessen zu laden. Leporello kann den Satz nicht vollenden, Don Juan ergänzt ihn. Die Statue nickt mit dem Kopfe und antwortet: »Ja.«
In einer (dramatisch unnötigen) Szene zwischen Octavio und seiner Braut erhält Doña Anna Gelegenheit zu einer großartigen Arie. Dann beginnt, im Palaste Don Juans, das eigentliche Finale. Alles ist zu einem Fest bereitet: eine Musikkapelle, Tänzerinnen, Diener, Lichter, eine Tafel. Die Bühnenmusik intoniert verschiedene Stücke, um den einzigen Teilnehmer an diesem Fest in guter Stimmung zu halten: Don Juan, dessen ungebrochenen Appetit Leporello beneidet. Hat er denn vergessen, daß er die Statue zu Gast lud? Die Kapelle spielt eine leichte Melodie, die von Leporello kommentiert wird: »Una cosa rara.« Das heißt nicht nur soviel wie »Eine komische Sache« (wörtlich: eine seltsame Sache), sondern ist auch der Titel einer Oper (des in Wien lebenden Spaniers Vicente Martin y So-

ler), die im Vorjahr Mozarts »Figaro« im Erfolg überstrahlt hatte. Es hat sich im Laufe der Zeiten eingebürgert, daß Leporello hier eine anzügliche Bemerkung mache: »Wie heißt doch diese Oper?« oder »Lieber etwas von Mozart bitte!« Und tatsächlich zitiert die Bühnenmusik gleich darauf Figaros berühmt gewordenes Marschlied: *Non più andrai, farfallone amoroso.* Elvira tritt in höchster Erregung ein: Sie fleht ihren einstigen Geliebten an, sein Leben zu ändern, sie fühlt, daß ihm tödliche Gefahr drohe. Verächtlich weist Don Juan sie ab. An der Tür hält sie mit einem furchtbaren Schrei inne. Nicht anders ergeht es Leporello, der nach der Ursache ihres Erschreckens forscht. Don Juan selbst eilt herbei, und mit grandseigneuraler Geste bittet er den »steinernen Gast« herein. Doch der Rächer ist nicht zum Speisen gekommen. Er mahnt Don Juan zur Umkehr, zur Reue. Trotzig widersteht ihm dieser: sein Leben ändern? Niemals! Er ergreift die steinerne Hand, die sich ihm entgegenreckt, und stürzt tot zu Boden. Nach der Anweisung des Librettos, das auf der alten Legende fußt, wird Don Juan vom Abgrund, von den Flammen der Hölle verschlungen.
Hier ist das Drama zu Ende. Aber Opern der Barockzeit und des Rokoko enden nicht mit dem Abschluß der Handlung; sie verlangen nach einer Interpretation, einer Sinndeutung. Und so versammeln alle überlebenden Personen (Anna, Elvira, Zerlina, Octavio, Masetto, Leporello) sich auf der Bühne, um die Strafe des Himmels, das Ende des Bösewichts, die Wiederherstellung der Gerechtigkeit als »Moral« des Spiels zu preisen. Es ist bezeichnend, daß das 19. Jahrhundert diese letzte Szene zu streichen liebte und den »dramatischen« Schluß, die Höllenfahrt Don Juans als Ende vorzog. Erst unsere Zeit hat das Original wieder hergestellt und kann sich ein Abgehen von dieser Gepflogenheit kaum mehr vorstellen.
Quelle: Das Don-Juan-Thema hat tiefe Wurzeln in der europäischen Literatur, besonders in den lateinischen Ländern. Es stellt vielleicht überhaupt eines der »Grundthemen« dar, zu denen außerdem »Faust, »Don Quijote« und »Hamlet« gehören. Der Charakter des triebhaften Frauenverführers ist unzählige Male Stoff von Untersuchungen und Diskussionen, von Romanen, Dramen und auch Opern gewesen. Die Behandlungen schwanken zwischen der Darstellung eines ausgekochten Bösewichts und eines fast mystisch Besessenen. Als Modelle für Mozarts Oper kommen in erster Linie zwei klassische Werke in Betracht: »El burlador de Sevilla« (Der Verführer von Sevilla) von Gabriel Téllez, der unter dem Namen Tirso de Molina unsterblich wurde – gerade um seines Don Juan Tenorio willen – und des Italieners Giovanni Bertati »Steinerner Gast«.
Textbuch: Lorenzo da Ponte war Hofdichter in Wien, Abbé, aber gleichzeitig Sachverständiger in Liebesabenteuern. Trotzdem kann man sein Libretto zu Mozarts »Don Giovanni« keineswegs als gelungen bezeichnen. Zuerst drängen sich prinzipielle Einwände auf. Zwischen Don Juan und Casanova besteht ein gewaltiger Unterschied, ja sie sind in tieferem Sinne einander entgegengesetzte Gestalten. Während letzterer nur auf Genuß aus ist, sucht Don Juan in rasender Besessenheit eine Art Erlösung. Über diesen Unterschied sind viele kluge Dinge gesagt worden. Da Ponte aber vermengt die Begriffe zu sehr. Sein Don Juan nimmt wahllos; seine einzige Besessenheit ist die sexuelle, was ihn in die völlig triebhafte Sphäre hinabzieht. Aber selbst in dieser Eigenschaft ist seine Zeichnung kaum glücklich, denn die Szenen der Oper zeigen ausschließlich mißlungene Abenteuer (die mit seiner Flucht endende, versuchte Vergewaltigung Annas und das fast grotesk scheiternde Werben um Zerline) und das eines Edelmannes unwürdige Verhalten Elvira gegenüber. Hinzu kommt noch ein Totschlag an einem alten Manne, eine recht zweifelhafte Kumpanei mit dem eigenen Diener und mehrmalige Lüge. Zu wahrer Größe gelangt dieser angebliche Verführer und Frauenliebling erst am Schluß des Dramas. Vielleicht bei Juans Furchtlosigkeit in der Friedhofszene, jedenfalls aber beim stolzen Auftreten gegenüber dem »steinernen Gast« haben wir das bei diesem Thema so notwendige Gefühl, nicht einem mittelmäßigen Wüstling, sondern einem vom Ziel seines Lebens (*die* wahre Frau zu finden, die ihn erlösen könne) besessenen Edelmann gegenüber zu stehen. Gute Darstellung mag das von da Ponte gezeichnete Bild günstiger gestalten, aber das ändert an seiner wahren Beschaffenheit nichts. Daneben hat das Libretto aber auch gute Eigenschaften: die geschickte Verteilung von dramatischen und komischen Szenen, die gelungene Zeichnung Leporellos, die Wahl der Schauplätze. Die Charakterzeichnung der drei Frauen ist besser geglückt; unter den Männern bleibt Octavio äußerst blaß.
Musik: Daß »Don Juan« eine der genialsten

Opern aller Zeiten wurde, muß also nahezu einzig und allein Mozart zugeschrieben werden. Sein Genie bewirkt, daß man dem Schauspiel gebannt beiwohnt. Für seine Musik ist kein Lobeswort zu stark. Jede Nummer ist ein Volltreffer, voll Blut und Leben und zugleich voll Gefühl und höchster technischer Meisterschaft. Mozart beherrscht das Tragische wie das Komische, die Einzel- wie die Massenszenen, das Vokale wie das Instrumentale. Er charakterisiert seine Figuren mit bewundernswerter Überlegenheit. Einmalig die Behandlung der Stimmen: Nie ähnelt Zerlines Stil dem der Elvira oder der Anna, nie singt Don Juan in gleicher Weise wie Octavio, Leporello oder Masetto. E. T. A. Hoffmann empfand den »Don Juan« bereits als »romantisch«, wobei wir ihm in manchem beipflichten können; aber er enthält sogar einige fast veristische Züge, die im 18. Jahrhundert höchst erstaunlich anmuten. So vielfältig die Szenen und Personen ausgestaltet sind, eine restlose Einheit und Geschlossenheit hebt den »Don Juan« in die Kategorie der für ewige Zeiten beispielgebenden Meisterwerke.

Geschichte: Der glänzende Erfolg, den seine »Hochzeit des Figaro« nach der Wiener Enttäuschung in Prag gefunden hatte, veranlaßte Mozart, mit dem dortigen Theaterdirektor die Uraufführung eines neuen Werkes zu vereinbaren. Anfang 1787 wurde der Auftrag perfekt, im September des gleichen Jahres beendete Mozart seinen »Don Giovanni«, und am 29. Oktober wurde er zum ersten Male, unter begeistertem Beifall, gespielt. Die Ouvertüre soll erst unmittelbar vor der Premiere entstanden sein. Wien übernahm die Oper am 7. Mai 1788, aber nur wenige erkannten die wahre Bedeutung des Werkes, das in der Folgezeit mehrfachen Verboten – wegen »Unmoral« – ausgesetzt war (das Werk wurde aus diesem Grunde damals mit dem eindeutigen Untertitel »Der bestrafte Wüstling« aufgeführt), bevor es zum allgemein anerkannten »Klassiker« wurde.

Cosi fan tutte

Komische Oper in zwei Akten (acht Bildern). Textbuch von Lorenzo da Ponte.
Originaltitel: Così fan tutte (der in fast allen Ländern beibehalten wird)
Originalsprache: Italienisch

Personen: Fiordiligi und Dorabella, zwei Schwestern (Sopran und Mezzosopran, eventuell zwei Soprane), Ferrando, Bräutigam Dorabellas (Tenor), Guglielmo, Bräutigam Fiordiligis (Bariton), Don Alfonso (Baß oder Bariton), Despina, Zofe (Sopran), Soldaten, Diener, Volk.
Ort und Zeit: Neapel, 18. Jahrhundert.
Handlung: Nach einer echt italienischen Lustspielouvertüre öffnet sich der Vorhang über einer Wirtsstube. Die beiden Offiziere Guglielmo und Ferrando sitzen mit ihrem Freunde, dem alten Lebenskenner Alfonso beim Wein. Ein immer hitziger werdendes Gespräch über die Treue der Frauen ist im Gang. Alfonso vergleicht sie lächelnd mit dem arabischen Vogel Phönix. Man zitiert ihn gerne, aber niemand hat ihn je gesehen. Die Offiziere ereifern sich und verteidigen heftig ihre Ansicht von der unwandelbaren Treue ihrer Bräute Fiordiligi und Dorabella. Warum streiten? Don Alfonso macht einen Vorschlag: Eine Wette wird die Wahrheit an den Tag bringen. Die einzige Bedingung, die er stellt, ist, daß die Offiziere ganz nach seinen Angaben handeln müssen.

So beginnt eine Komödie der Verwirrungen. Alfonso überbringt den untröstlichen Schwestern die Nachricht, daß ihre Verlobten zu einem fernen Regiment abberufen worden seien. Gleich darauf dürfen diese sich noch selbst auf liebevollste Weise von den Bräuten verabschieden. Die Tränen und Schwüre ewiger Liebe beruhigen Guglielmo und Ferrando, entlocken aber Don Alfonso kaum mehr als ein Schmunzeln. Dieser hat sich inzwischen mit der Kammerzofe Despina ins Einvernehmen gesetzt. Das heißt, er hat sie an der Wette beteiligt, unter der Voraussetzung, daß sie auf seiner Seite mitspiele. Und wie gerne ist die schelmische Despina dazu bereit! (Wie ja überhaupt die Intrigen nahezu die einzige sichtbare Beschäftigung der Kammerzofen in den alten Lustspielen und Opern sind.)

Nicht lange nach dem »Abschied« müssen die Offiziere sich wieder im Hause ihrer Bräute einfinden. Aber nun sind sie nicht mehr Guglielmo und Ferrando, sondern zwei weitgereiste Geschäftsfreunde Don Alfonsos, reiche Kaufleute aus Albanien, die dieser den jungen Damen in allen Ehren zu präsentieren wünscht. Was kann er dafür, daß diese seltsamen, exotischen, aber (wie Despina versichert) interessanten und galanten Männer im Nu für die verlassenen Bräute entflammen? Guglielmo macht Dorabella den Hof, und Ferrando erklärt Fiordiligi seine verzehrende Liebe. Obwohl sie ihre Rollen sehr gut spielen, ernten sie nichts als kalte Ablehnung. (Worüber sie stolz und erfreut sind.) Doch Alfonso hat noch eine Fülle von Rekursen ins Treffen zu führen. Die »Fremden« müssen einen Selbstmordversuch fingieren. Der schnell herbeigeholte Arzt – niemand anderer als die verkleidete Despina – ordnet drastische Heilmittel an: Die Mädchen müssen erst die Hände, dann den Kopf der »Selbstmörder« halten, und als selbst das nichts nützt, verordnet sie einen Kuß. Doch Fiordiligi und Dorabella bleiben standhaft.

Der zweite Akt setzt den ersten fort: der gleiche Schauplatz, die gleichen Personen, die gleichen nur noch verstärkten Bemühungen seitens der »Fremden«. Despina schaltet sich wieder ein und predigt ihren Herrinnen eine leichtere, vergnügtere Lebensauffassung. ①

Die Belagerung der Treue durch die »Albaner« wird immer heftiger. Man spürt förmlich, wie die beiden Offiziere mit erhöhtem Feuer bei der Sache sind. Sie sind stolz auf ihre Bräute, zweifellos; aber zugleich ein wenig enttäuscht über sich selbst: Sind sie wirklich so schlechte Verführer? Dorabella scheint bereits zu wanken, Fiordiligi hält stand. Guglielmo führt eine herrliche Arie ins Treffen. ② Die Verteidigung erlahmt, die beiden Mädchen erklären sich zur sofortigen Eheschließung mit den »Fremden« bereit. Rasch wird ein Notar herbeigerufen: Es ist natürlich wieder die verkleidete Despina. Gerade als die Zeremonie ihren Anfang nehmen soll, kündigt Alfonso die überraschende Heimkehr der Offiziere an. Schleunigst verschwinden die »Fremden«, um kurz darauf als Guglielmo und Ferrando zurückzukehren. Nach einem Augenblick rührenden Wiedersehens (was sind die vier doch für Schauspieler!) fällt es den Männern nicht schwer, die mühsam versteckten Heiratsakte zu »entdecken«. Große Szene, edelmütige Verzeihung. Neue Liebesschwüre, Glück und seliges Vergessen. Ach ja, die Wette! Die Männer bezahlen, ohne daß die Mädchen es merken sollen, ihre Schuld an Alfonso. Alles ist wieder in schönster Ordnung. Wirklich?

Quelle: Der Kaiser selbst, trotz aller Bemühungen kein echter Frauenfreund, soll da Ponte eine Geschichte erzählt haben, die sich im damaligen Wien abgespielt haben soll: Zwei Männer stellten ihre Bräute auf die Probe, nachdem sie mit einem Freund auf deren Treue gewettet hatten. Joseph II. schlug seinem Hofdichter angeblich vor, ein Opernlibretto daraus zu machen.

Textbuch: Da Ponte tat es, und zwar so verwirrend, daß die Meinungen über sein Produkt hart aneinander gerieten. Anderthalb Jahrhunderte lang zeterten die einen, ein solches Textbuch sei eines Mozart unwürdig, er hätte es niemals vertonen dürfen. Da waren einmal die Moralisten, die das Thema an sich – die Treue der Frauen – nicht in so frivoler Weise behandelt wissen wollten. Für Beethoven stellte gerade diese durch nichts zu erschütternde Treue ein Glaubensbekenntnis dar; er verzieh seinem Abgott Mozart die Fehltritte des »Don Giovanni« und der »Cosi fan tutte« nur mit großer Selbstüberwindung. Nicht viel anders Wagner; war doch die Frauentreue und ihre Opferbereitschaft geradezu der Schwerpunkt, auf dem viele seiner Werke beruhten. Neben den Moralisten verwarfen auch andere Beobachter dieses Libretto: Es war dumm und völlig unglaubwürdig in ihren Augen. An eine solche Historie, in der zwei Mädchen ihre beiden Verehrer, mit denen sie wohl seit langem täglich zusammentrafen, trotz aller Verkleidung nicht wiedererkennen sollten, nein, das war einfach lächerlich. Beide Gruppen von Gegnern haben recht; realistisch aufgefaßt, ist ein solches Textbuch absurd. Und unmoralisch ist es auch, ohne jeden Zweifel, wenn auch vielleicht aus anderen Gründen als den offen zu Tage liegenden.

Da Ponte hat ein wahrhaft teuflisches Textbuch geschaffen – ein dämonisches, niederträchtiges, ja ein so gemeines, daß daran gezweifelt werden muß, ob Mozart es überhaupt verstand, als er seine göttliche Musik darüber ausgoß. Da Ponte aber verstand es bestimmt, er schuf es, wenn auch vom Kaiser angestiftet, mit vollem Bewußtsein. Da willigen zwei Männer, im ersten Augenblick gutgläubig und voll Idealismus, ein, ihre Bräute auf eine gefährliche Probe zu stellen. Sie halten diese für nicht gefährlich, aber jede Probe birgt Gefahren in sich. Dann werden sie dafür eingesetzt, die Mädchen zu verführen. Wollen Sie es oder wollen sie es nicht? Sie haben gelobt, alle Kräfte bei diesem Spiel einzusetzen. Erreichen sie ihr Ziel, dann verlieren sie die Wette. Je besser sie »spielen«, desto sicherer verlieren sie: eine groteske Situation. Und da ist noch etwas: Sie sind ja Männer (und noch dazu Italiener); gelingt es ihnen nicht, die Frauen zu verführen, die sie begehren, so ist das ein bedeutender Mißerfolg ihrer Männlichkeit, ihrer Verführungskunst, ihrer Attraktion, ihrer Unwiderstehlichkeit. Das Spiel stürzt sie in ein ausweglosses Dilemma. Ihr Sieg ist zugleich eine beschämende Niederlage.

Doch nicht genug damit. Wie steht es mit dem Ende, mit dem so ironisch proklamierten »happy end«? Die Männer verzeihen den Mädchen. Wie großmütig! Verzeihen aber (innerlich) die Mädchen auch den Männern? Davon wird nicht gesprochen, wer würfe im Jahre 1790 eine solche Frage überhaupt auf? Alles ist wieder in Ordnung? Der Schein trügt. In Wahrheit ist es nämlich anders, ganz anders. Wird beim nächsten Streit der Mann nicht im Brustton der Überzeugung vorwerfen können: Sei ganz still. Du bist eine Ungetreue! Und, noch schlimmer: Werden die beiden Männer vergessen können, daß sie nun einer anderen Frau den Hof gemacht, sie mit glühenden Liebesschwüren bedrängt haben? Kommen ihnen keine Gedanken, welche von beiden nun eigentlich »die Richtige« sei, die vorherige Braut oder die, bei der sie nun »Glück« hatten und die ihnen zweifellos gefiel, da sie doch so überzeugend spielen konnten? Wie immer man es dreht: ein teuflisches Textbuch. Keineswegs absurd, denn es geht ja nicht um Realismus. Unmoralisch, ja und noch dazu ausweglos, voller Probleme, die keine Lösung im Rahmen der Komödienleichtigkeit zulassen. »Cosi fan tutte« ist alles andere als ein »Lustspiel«!

Musik: Und an ein solches Libretto geriet Mozart! Er hätte bestimmt jedes genommen, denn er sehnte sich danach, endlich wieder für die Bühne komponieren zu können. Er brauchte zudem das Honorar dringendst. Vielleicht sah er nur die »hübschen« Situationen, die »*Cosi fan tutte*« ihm bot. Liebesszenen – die allerdings nur gespielt waren, die er aber vertonte, als wären sie echt –, komödienhafte Szenen verkleideter Personen, südliche Stimmung, Heiterkeit. So schüttete er seine strahlendste Musik, seine zärtlichsten Melodien darüber aus. Es wurde ein ununterbrochenes Schwelgen in Musik. Sechs Paraderollen dazu, denen an Stimmkultur und Darstellungsvermögen das Äußerste abverlangt wird. Was wollte er mehr?

Geschichte: Mozart schuf »*Cosi fan tutte*« in wenigen Wochen. Die Premiere fand im Wiener Hofburg-Theater am 26. Januar 1790, dem Vorabend von Mozarts 35. Geburtstag statt. Der Erfolg war mäßig. Eine (aus dem Jahre 1805 datierte) Besprechung der »Berliner Musikalischen Zeitung« ist interessant: »Das Thema dieser Oper ist eine Satire auf die so hoch gepriesene Treue des weiblichen Geschlechts und ein unschuldiger Scherz, der mit dem Ernst der Liebe getrieben werden soll. Daß dieser Beweis von der Untreue aller Mädchen nur als ein Scherz betrachtet wird, ist eben das Zarte in der ganzen Operette, und daß diese Untreue wieder so gut davon kommt, beweist den leichten schönen Sinn des Künstlers. Alles ist nur Maske,

Spiel, Scherz, Tändelei und Ironie...« Und Georg Nikolaus von Nissen, zweiter Gatte von Mozarts Witwe und sein erster Biograph, schreibt: »*Cosi fan tutte* oder Die Schule der Liebenden ist ein geniales, kunst- und lebensvolles Werk; sie ist die lieblichste und scherzhafteste Musik Mozarts, voll Charakter und Ausdruck. Die Finales sind unübertrefflich. Wenn man den schlechten Text dieser Oper betrachtet, so muß man über die Fruchtbarkeit des Mozartschen Genies erstaunen, welches fähig war, ein so trockenes, einfältiges Sujet zu beleben und solche Schönheiten hervorzubringen.« Obgleich also das 19. Jahrhundert diese Oper als »Scherz« einstufte, fühlten sich zahllose Theaterleute bemüßigt, den Text zu ändern, manchmal sogar der Musik völlig neue Verse zu unterlegen. Die Stärke der Musik bewirkte immer wieder, daß »Cosi fan tutte« von Zeit zu Zeit neu belebt wurde. Am 20. Februar 1790 war Kaiser Joseph gestorben, die lange Hoftrauer verursachte die Unterbrechung der eben erst – drei Wochen zuvor – angelaufenen Aufführungsserie. Auch späterhin hatte das Werk selten »Glück«; nur Kenner schätzten seine musikalischen Qualitäten hoch genug ein, um den aus vielerlei Gründen odiosen Text vergessen zu können. Doch auf einmal (man kann es kaum anders sagen), ganz plötzlich nach dem Zweiten Weltkrieg, war »Cosi fan tutte« zur Publikumsoper geworden. Eine Umfrage nach dem »Warum« ergäbe wahrscheinlich die unerwartetsten Resultate.

Titus

Opera seria in zwei Akten. Textbuch nach Metastasio von Catterino Mazzolà.
Originaltitel: La Clemenza di Tito
Originalsprache: Italienisch
Personen: Titus, römischer Kaiser (Tenor), Sextus, römischer Edler (Alt), Annius, sein Freund (Alt), Servilia, Schwester des Sextus (Sopran), Vitellia, Tochter des Kaisers Vitellius (Sopran), Publius, Führer der Leibwache (Baß).
Ort und Zeit: Rom im Jahre 79
Mitten in der Arbeit an der »Zauberflöte«, die ihm gewaltigen Spaß machte, erhielt Mozart – wahrscheinlich irgendwann im Laufe des Sommers 1791 – aus Prag den Auftrag der dortigen »Stände«, eine Krönungsoper zu Ehren Kaiser Leopolds II. zu schreiben. Es wurde niemals festgestellt, wieso diese Anfrage so spät erfolgte: die näheren Umstände der Betrauung blieben ungeklärt.
Mozart mußte annehmen, denn er benötigte das Honorar dringend. Der Stoff lag ihm kaum: eine alte Oper Metastasios, die nicht nur oft vertont worden, sondern recht »unmodern« geworden war. Doch ging es darum, die Güte und Milde eines Herrschers zu besingen, und dafür eigneten sich die hochtönenden Verse dieses großen Wiener Hofdichters vorzüglich. Caldara (1670–1736) hatte es vielleicht als erster vertont, nach ihm nahmen es Hasse, Gluck, Jomelli und andere auf.
Der sächsische Hofdichter Catterino Mazzolà hat den bereits über sechzig Jahre alten Text bearbeitet, aber wohl nicht erst für Mozart – denn dafür scheint die Zeit zu kurz. Ein weiteres Fragezeichen öffnet sich durch die Tatsache, daß eine der wichtigen Arien dieser Oper von Mozart bereits über ein Jahr zuvor (für Josefina Duschek) vertont worden war.
Leopold II. wurde traditionsgemäß in Prag zum böhmischen König gekrönt, und ebenso traditionsgemäß wurde bei solchem Anlaß eine neue Oper aufgeführt. So vertonte Mozart die rührende Geschichte des edlen Kaisers Titus, genauer: Flavius Vespasianus Titus (39–81), der von 79 an römischer Kaiser war. Er liebt Servilia, die Schwester des Sextus, und verzichtet deshalb auf die ihm zugedachte Vitellia, Tochter des Kaisers Vitellius.
Doch Vitellia will die Zerstörung ihres Kaisertraums rächen und stiftet den ihr völlig ergebenen Sextus zum Mord an Titus an. Der Kaiser bittet Sextus um die Hand Servilias. Dieser aber weiß, daß Servilia Annius liebt. Als der Kaiser dies erfährt, gibt er den Gedanken an Servilia auf und vereinigt sie mit dem Geliebten. Nun beschäftigt er sich neuerlich mit dem Plan, Vitellia zu heiraten. Doch bevor er ihr dies wissen lassen kann, hat sie Sextus zum Mordanschlag gegen Titus getrieben.
Der Kaiser entgeht dem Todesstreich, weil in diesem Augenblick ein anderer seinen Mantel trägt. Sextus wird verhört und schweigt hartnäckig. So wird er zum Tode verurteilt. Da bekennt Vitellia sich schuldig, um die Strafe mit ihm zu teilen. Titus aber begnadigt beide.
Die Uraufführung fand in Prag am 6. September 1791 statt. Mozart hatte einen Teil der Oper noch in Wien komponiert, einen weiteren sicherlich im Reisewagen, in dem er Ende August

319

mit Constanze und seinem Schüler Süßmayr nach Böhmen aufgebrochen war. In Prag hatte er selbst in fliegender Hast die geschlossenen Nummern geschrieben, während Süßmayr die Rezitative verfertigte. So war es bei den vielbeschäftigten Meistern der Epoche Brauch. Diese Kompositionsweise erinnert ein wenig an die Gepflogenheit der großen Maler, nur die Hauptfiguren selbst zu malen, die unwichtigeren aber den Schülern der »Werkstatt« zu überlassen. Trotz alledem wurde »Titus« eine musikalisch großartige Oper. Szenisch schwer belebbar, da sie vom Text her eher statisch als dramatisch ist. Doch in einige Arien legte Mozart seine höchste Inspiration und sein vollendetstes Können. Kaum war die Premiere unter mäßigem Beifall vorbei, saßen die Mozarts bereits wieder im Reisewagen. Wolfgang mußte nun in Wien schleunigst die Musik zur »*Zauberflöte*« vollenden, deren Uraufführung unmittelbar bevorstand. »*Titus*« schien unterzugehen; er wurde hie und da bei festlichen Gelegenheiten hervorgeholt. Das romantische Jahrhundert wußte recht wenig mit ihm anzufangen. Schon zählte man ihn definitiv zu den »historischen«, den musealen Werken von großem Wert doch geringer Lebenskraft, doch da geschah auch mit diesem Werk, wie mit so vielen, ein Wunder: Es wurde nach dem Zweiten Weltkrieg bei mehreren glänzenden Aufführungen – in Wien, bei den Salzburger Festspielen und in München – wiederentdeckt und führt seitdem ein quicklebendiges Bühnendasein.

Die Zauberflöte

Oper in zwei Aufzügen. Textbuch von Emanuel Schikaneder (mit möglichen Beiträgen von Ludwig Giesecke).
Originalsprache: Deutsch
Personen: Sarastro (Baß), Tamino, ein Prinz (Tenor), die Königin der Nacht (Sopran), Pamina, ihre Tochter (Sopran), drei Priester, dem Sarastro zugeteilt (ein Tenor, zwei Bässe), drei Damen im Gefolge der Königin der Nacht (zwei Soprane und ein Alt), drei Knaben (zwei hohe, eine tiefe Kinderstimme oder zwei Soprane und ein Alt), Papageno, Vogelfänger (Bariton), Papagena (Sopran), Monostatos, ein Mohr in Sarastros Reich (Tenor), zwei geharnischte Männer (Tenor und Baß), Priester, Gefolge.
Zeit: des Märchens.

Ort: An Phantasieschauplätzen, die ihren geistigen Mittelpunkt im »Weisheitstempel« des Sarastro haben und »wilde Felsenlandschaften« sowie andere nicht genau zu ortende Spielstätten aufweisen. Auch Sarastros Tempel dürfte nicht an einem geographisch bestimmten Platz gedacht (oder inszeniert) werden, so nahe auch der »Orient«, besonders Ägypten (in ferner Vorzeit) läge. Er ist »überall«, wo es Menschen zu höherer Erkenntnis lockt.
Handlung: Diese seltsamste aller Opern kann auf zweierlei Art erklärt werden: entweder als einfaches Spiel mit phantasieentsprungenen Gestalten, naiv in seiner Mischung von ernst und heiter, volkstümlich, exotisch. Oder aber als ein philosophisches Werk, dessen äußerst tiefer Sinn absichtlich verschleiert ist, so daß die Masse einen vergnüglichen Theaterabend erlebt, der Eingeweihte aber ein Lehrspiel über Gut und Böse, über menschliches Streben nach Vervollkommnung, über Auslese und Wahrheit, Seelenadel und noch vieles andere mehr.
Die handelnden Personen gehören verschiedenen Ebenen an und symbolisieren unterschiedliche Prinzipien. Im Mittelpunkt steht Sarastro, Oberpriester eines »Weisheitstempels«. Da er Isis und Osiris anruft, dürfen wir ihn in ein weit zurückliegendes Ägypten versetzen. Er ist ein »Eingeweihter«, ein geistiges Oberhaupt in okkultischem Sinne. Die Riten, die er pflegt, und die Ideale, die er vertritt, stimmen weitgehend mit denen der Freimaurerei und anderer Geheimbünde überein. (Mozart war Freimaurer, wie hier zu vermerken vielleicht nicht uninteressant ist.) In allem, was mit Sarastros mächtiger Persönlichkeit zusammenhängt, spielt die Zahl 3 – »heilige Zahl« der Geheimlehre – eine wichtige Rolle: Drei Knaben sind seine Herolde, drei Pforten hat sein Tempel, drei Akkorde künden sein Erscheinen an. Seine Gegenspielerin ist die »Königin der Nacht«. Sarastros Reich bedeutet Licht, Sonne, Wahrheit und Weisheit; das der Königin hingegen Dunkelheit, Unwissenheit, niedere Leidenschaften. Auch sie wird von drei Wesen begleitet, den »drei Damen«. Zwischen diesen beiden Reichen, die entgegengesetzte Pole verkörpern, bewegen sich die Menschen, die in zwei große Gruppen geteilt werden: in die, die nach Erkenntnis, nach wahrem geistigen Leben streben und imstande sind, sich über das Triebhafte zu erheben; und in die anderen, die sich mit dem materiellen Dasein und seinen gewöhnlichen Freuden begnügen. Die ersteren

symbolisiert der Prinz Tamino (wobei »Prinz« hier Geistesadel, nicht aristokratische Abstammung andeutet), die letzteren der Vogelfänger Papageno, der bezeichnenderweise selbst in Vogelfedern erscheint und keine höheren Ideale kennt als Essen, Trinken und »ein Weibchen«. Pamina, Tochter der Königin der Nacht, wird durch Liebe geläutert, ihr Weg führt sie vom nächtlichen, triebhaften Reich fort auf die Höhen der Erkenntnis, auf denen sie Taminos treue Begleiterin sein wird.

Die Ouvertüre ist ein wunderbares Musikstück. In ihr finden wir die symbolhaften drei Akkorde und ein bewegtes *Fugato,* in dem vielleicht – wenn solche Erklärungen bei Mozart überhaupt zulässig sind – der Kampf um die Vollendung des inneren Menschen charakterisiert wird. Dann öffnet sich der Vorhang, und wir befinden uns in einer Phantasielandschaft, in einer Art Zauberwald, in dem eine riesige Schlange Tamino verfolgt. (Die Schlange verkörpert im Okkultismus die Versuchung, die niederen Triebe.) Der Prinz stürzt ohnmächtig nieder, und die drei Damen töten das Reptil durch Speerwürfe. Sie bewundern wortreich die Schönheit des Jünglings. Als sie sich zurückziehen, erscheint Papageno, ein Naturbursche, der für die Königin der Nacht Vögel fängt und dafür Speise und Trank erhält. Er singt ein fröhliches Auftrittslied, das er hie und da durch die fünf Noten seiner Panflöte unterbricht. ①

Dem erwachenden Tamino gegenüber gibt er sich, nachdem er zuerst weidlich erschrocken ist, als der Töter der Schlange aus. Da kommen die drei Damen aufs neue: zur Strafe für seine Lüge bekommt Papageno ein Schloß vor den Mund. Dem Prinzen hingegen zeigen die Sendbotinnen der Königin der Nacht ein Mädchenbildnis.

Hingerissen besingt Tamino das Konterfei der liebreizenden Unbekannten. (Die herrliche Gesangsszene ist unter dem Namen »Bildnisarie« in die Operngeschichte eingegangen ②.)

Unter Blitz und Donner erscheint die Königin der Nacht, hoheits- und geheimnisvoll, sternen- und koloraturenübersät. Sie erzählt dem staunenden Tamino, daß ihre Tochter Pamina – deren Bild er in Händen halte – von einem »Bösewicht« namens Sarastro, geraubt worden sei. Gelänge es ihm, sie zu retten, dann solle sie seine Gemahlin werden. So zauberumwittert wie sie auftrat, verschwindet die nächtliche Königin. Ein reizendes Quintett entwickelt sich unter den Zurückgebliebenen, zu dem Papageno, ein großes Schloß vor dem Mund, nur mit gebrummtem »Hm, hm« beitragen kann, bis ihm die Strafe erlassen wird. Die drei Damen übergeben den beiden Männern Zauberinstrumente, die ihnen bei der gefahrvollen Reise in das Land Sarastros nützlich sein werden. Der Prinz erhält eine Flöte, Papageno, der von der Zumutung, sich in derart gefährliche Abenteuer einzulassen, nicht erbaut ist, ein Glockenspiel.

Die beiden Retter machen sich auf den Weg und nähern sich der Burg Sarastros; mannhaft Tamino, angstschlotternd Papageno. Dieser trifft unvermutet auf den Mohren Monostatos, der zu Sarastros Hofstaat gehört. Der Schwarze bemüht sich soeben um Pamina und möchte sie gar zu gerne küssen. Der Schreck, der Papageno in die Glieder fährt, wird nur von dem übertroffen, den Monostatos fühlt; jeder hält den andern für den Teufel. Papageno erholt sich nach kurzer Flucht. Wenn es schwarze Vögel gibt – und die kennt er aus seiner Tätigkeit ja sehr gut –, warum sollte es nicht auch schwarze Menschen geben? Er nähert sich dem Mädchen, das über die Nachricht, Retter zu ihrer Befreiung seien in der Nähe, sehr erfreut ist; und daß es gar noch ein schöner, junger Prinz sei, kann ihr Herz unmöglich kalt lassen. Ein reizendes Duett über die Liebe eint Paminas lyrischen Sopran mit Papagenos Buffo-Bariton, der plötzlich ernst und ebenfalls lyrisch wird. Ob hier die Autoren die Rangstufung ihrer Personen vergessen haben, oder ob Mozart einfach eine innige Melodie bei der Hand hatte: Ein naives junges Mädchen und ein primitiver Naturbursche besingen die Liebe als »göttlich«. ③

Tamino gelangt zu den Pforten eines Tempels. Es sind ihrer drei. Erstaunt blickt er sich um. Wo er die Zwingburg eines Tyrannen vermutete, findet er ein edles, sichtlich der Weisheit und Menschlichkeit geweihtes Bauwerk. Drei Knaben haben seinen Weg gebahnt und ihm zuletzt noch die freimaurerische Tugendformel zugerufen: »Sei standhaft, duldsam und verschwiegen!« Nun klopft er an eine der Pforten; ein schroffes »Zurück!« schallt ihm entgegen. Er versucht es bei der zweiten Türe und erhält die gleiche Antwort. Schließlich pocht er an das dritte Tor (womit wieder dem freimaurerischen Ritual Genüge geleistet wird). Ein Priester tritt feierlich hervor. Die folgende Szene ist nicht nur inhaltlich von Bedeutung, sondern weist auch musikalisch eine interessante Neuerung auf; Mozart verwendet hier das Rezitativ, dem wir sonst nur in italienischen, aber nie in deutschen Opern begegnen. Wer will, kann darin einen Ansatzpunkt des künftigen Musikdramas – bis Wagner! – erblicken. Mozarts Rezitativ ist melodiös und geschmeidig, es drückt die verschiedensten Stimmungen aus und umschließt sogar den zur Unterstreichung der mystischen Stimmung herangezogenen, unsichtbaren Männerchor, der gewissermaßen den Worten des »Sprecher« genannten Priesters Nachdruck verleiht. ④

Tamino steht völlig unter dem Eindruck der Majestät, die sich aus dem Ort und dem Gehaben des Priester zu einer Einheit zusammenfügt. Seltsame Worte geben ihm zu denken: »der Freundschaft Hand« müsse ihn ins Heiligtum einführen, damit er seinen höchsten Zweck, Pamina zu erlangen, erfüllen könne. Die Kampfeslust gegen den vermeintlichen Bösewicht Sarastro ist verflogen; Tamino ahnt die Existenz eines höheren, weisen Willens. Gedankenvoll verweilt er auf dem Platze, als der Priester gegangen ist. Er setzt die Flöte an die Lippen und spielt; die Wirkung zeigt sich sofort, allerlei Getier naht sich und lauscht freundlich. Schließlich antwortet Papagenos fünftöniges Pan-Flötchen dem Spiel Taminos, der forteilt, um seinen Begleiter zu finden, der vielleicht Pamina schon sah. Doch kaum ist der Prinz fort, laufen Pamina und Papageno aus anderer Richtung herbei, suchen Tamino, entdecken ihn aber nirgends und werden so von dem Mohren Monostatos überrascht, der sie frohlockend stellt. Papageno entsinnt sich seiner Zauberglöckchen, und siehe da, kaum hat er sie zum Klingen gebracht, als der Mohr und die herbeigeeilten Sklaven schon zu tanzen beginnen und sich dabei immer weiter entfernen. Feierliche Akkorde künden das Erscheinen Sarastros an. Pamina kniet vor ihm nieder, gesteht ihren Fluchtversuch und bittet um Vergebung. Sarastro erhebt sie milde. Seine Worte zeigen tiefes Verstehen, wenngleich er mit harten Worten über die Königin der Nacht und die Frauen im allgemeinen nicht spart, die männlicher Lenkung bedürften, um nicht »aus ihrem Wirkungskreis zu schreiten«. (Wieder ein freimaurerischer Gedanke, der bei einem reinen Männerbund begreiflich ist.) Nun bringt der übereifrige Monostatos auch Tamino zur Stelle. Auf den ersten Blick entbrennt die Liebe zwischen Pamina und ihm. Doch die Stunde der Vereinigung ist noch nicht gekommen. Sarastro hat höhere Pläne mit beiden: sie sollen »Prüfungen« bestehen, den Weg menschlicher Vervollkommnung beschreiten. (Abermals eine klare freimaurerische Idee: den neuaufzunehmenden Mitgliedern werden Prüfungen des Charakters auferlegt, bevor sie für »würdig« gehalten werden.) Feierliche Chöre, die Sarastros tiefe Weisheit preisen, schließen den Akt.

Im festlichen Sitzungssaale des innersten Tempels spielt das nächste Bild. Sarastro schlägt der versammelten Priesterschaft vor, Tamino den Weg der »Einweihung« zu führen. Die Versammlung geht nach freimaurerischem Ritus vor sich. Ein Mitglied der Gemeinschaft stellt die vorgeschriebenen Fragen: Besitzt Tamino Tugend? Verschwiegenheit? Wohltätigkeit? Sarastro bejaht. Pamina sei von den Göttern dem edlen Jüngling zur Gefährtin bestimmt. Darum habe Sarastro sie von der Seite ihrer Mutter nehmen müssen, die die wahren Werte des Lebens nicht erkennen könne. Mehrmals ertönen, als Zeichen des Einverständnisses, drei feierliche Posaunenakkorde. Einer der Priester bringt einen Einwand vor. Werde Tamino die schweren Prüfungen über sich ergehen lassen, da er doch ein Prinz sei? Sarastros Antwort ist für die damalige Zeit verblüffend: Tamino sei mehr als Prinz... »Er ist Mensch!« Hierauf erfleht er, in einer wundervollen Arie, die Hilfe der Götter für das junge Paar. ⑤

Tamino und Papageno werden in einen Vorhof des Tempels gebracht und vom Sprecher einem Verhör unterzogen. Der Prinz erklärt sich zu allen Prüfungen bereit, um der Weisheit teilhaftig zu werden und Pamina zu erkämpfen. Ganz anders Papageno, der von Prüfungen und strenger Lebensführung nichts wissen will. Nur die Aussicht auf »eine Papagena« macht ihn zugänglicher. Als erste Probe wird beiden strenges Stillschweigen auferlegt. Die drei Damen erscheinen und verheißen den Männern Unheil und Untergang. Papageno kann nicht an sich halten und läßt sich in ein Gespräch ein, in das er vergeblich den Prinzen hineinzuziehen sucht. Der Sprecher kehrt zurück, beglückwünscht Tamino zu seinem »männlichen« Betragen und setzt mit beiden Männern die Wanderung fort (hinter der wiederum ein freimaurerischer Gedanke steckt: der Weg der Läuterung und in übertragenem Sinne sogar die Seelenwanderung).

Abermals belagert der Mohr Monostatos die junge Pamina, wobei Mozart ihm eine reizende, echte Singspielarie geschenkt hat. Als er die im Schlaf liegende Schöne küssen will, erscheint mit Blitz und Donner die Königin der Nacht. Der Mohr flieht entsetzt, Pamina erwacht und wird von ihrer Mutter zur Rache an Sarastro angestiftet. (Die Arie, in der dies geschieht, ist mit Schwierigkeiten aller Art gespickt und führt bis in die äußersten Regionen der Koloraturstimme, ja bis zur – mehrmals wiederholten – höchsten Note, die überhaupt in einer berühmten Partitur Verwendung gefunden hat.) ⑥

Die Königin drückt ihrer Tochter einen Dolch in die Hand, mit dem sie Sarastro töten soll. Dann verschwindet sie. Monostatos hat das Gespräch belauscht; er entreißt dem Mädchen die Waffe und versucht wiederum, ihre Liebe zu erzwin-

⑤ *Adagio*
SARASTRO: O Isis und Osiris, schenket der Weisheit Geist dem neuen Paar!

⑥ *Allegro assai*
KÖNIGIN DER NACHT

⑦ *Larghetto*
SARASTRO: In diesen heil'gen Hallen kennt man die Rache nicht,

⑧ *Andante*
PAMINA: Ach, ich fühl's, es ist verschwunden, ewig hin mein ganzes Glück,

gen. Da erscheint Sarastro. Er weiß, was vorgefallen ist, aber er steht hoch über allem. Hier erreicht Schikaneders manchmal recht gewöhnlicher Text beachtenswerte humanistische Höhe: „In diesen heil'gen Hallen kennt man die Rache nicht, und ist ein Mensch gefallen, führt Liebe ihn zur Pflicht... In diesen heil'gen Mauern, wo Mensch den Menschen liebt, kann kein Verräter lauern, weil man dem Feind vergibt..." Und Mozart, der hier sein eigenes Wesen ausgedrückt findet, vergoldet diese Worte, dem Geist des deutschen Idealismus zugetan, mit einer seiner herrlichsten Melodien. ⑦

Danach löst sich die Handlung vorübergehend in kleinere Szenen auf. Die drei Knaben erscheinen, um dem Prinzen Mut zuzusprechen. Von den Speisen, die gebracht werden, rührt Tamino, dessen Gedanken auf höhere Ziele gerichtet sind, nichts an; um so freudiger tafelt Papageno, der über Herrn Sarastros Küche und Keller des Lobes voll ist. Pamina tritt auf, doch Tamino darf, seinem Gelübde gemäß, kein Wort an sie richten. Die schmerzliche Enttäuschung des Mädchens, das sich verschmäht, ungeliebt wähnt, führt zu einem der edelsten Stücke der Partitur, der Arie »Ach, ich fühl's, es ist entschwunden, ewig hin der Liebe Glück...«, in der Mozart ergreifend innige Töne gefunden hat.

Die Prüfungen nehmen ihren Fortgang. Sarastro führt die beiden Liebenden kurz zusammen, aber nur, damit sie einander für immer »Lebewohl« sagen. Indessen hat Papageno seine eigenen Erlebnisse. Er ruft in einem volkstümlich gehaltenen Lied (»Ein Mädchen oder Weibchen wünscht Papageno sich«) die ihm versprochene Papagena, wobei vom Glockenspiel in entzückender Weise Gebrauch gemacht wird. Ein altes Weiblein humpelt herbei, behauptet Papagena zu heißen und Papagenos Braut zu sein. Der schwankt zwischen Entrüstung und Hohn. Doch als sich Papagena in ein junges, äußerst anziehendes Mädchen verwandelt, wird sie schnell davongeführt, da Papageno sie noch nicht verdiene.

Pamina überläßt sich ihrer Verzweiflung. Wenn Tamino sie nicht liebt, hat das Leben keinen Wert mehr für sie. Bei ihrem Selbstmordversuch wird sie durch die drei Knaben gerettet. Und nun darf sie, in enger Umarmung mit dem Geliebten, diesen auf dem Wege der schwersten Prüfungen begleiten. Es gilt, die Feuer- und die Wasserprobe zu bestehen. Mutig geht das junge Paar durch diese symbolischen Stationen der höchsten Läuterung. Und dann kommt der große Augenblick, den die drei Knaben angekündigt haben: »Bald prangt, den Morgen zu verkünden, die Sonn' auf goldner Bahn, bald soll der Aberglaube schwinden...« Weit öffnen sich die Tore des Weisheitstempels.

Papageno ist weit zurückgeblieben. Er kann einen Pfad, dessen Sinn er nicht erkennt, nicht begehen. Nicht allen Lebewesen ist es gegönnt, zu den tiefen Erkenntnissen vorzudringen. Aber auch für die anderen kann es ein Glück auf Erden geben, wenn es auch einfacher, niederer Natur ist als das der Eingeweihten. Papageno hat beschlossen, seinem Leben ein Ende zu setzen, falls niemand sich seiner erbarme. Zu diesem Zweck zählt er, bevor er die Schlinge um den Baum anzieht, sehr langsam bis drei. Im letzten Augenblick erscheinen die drei Knaben und erinnern ihn daran, daß er ja die Zauberglöckchen besäße. Warum versucht er es nicht mit ihnen? Im Nu steht Papagena vor ihm, und in einem plappernden, lieblichkomischen Duett drücken sie ihren Wunsch nach vielen, vielen kleinen Papagenos und Papagenas aus. Ein größerer Kontrast als der zwischen dem Hauptpaar Pamina-Tamino und dem heiteren Paar Papageno-Papagena ist kaum denkbar; dort die höhere Existenz, das tiefe Erkennen eines Lebenssinnes, hier die triebhaften, menschlichen Freuden. Eine »Zauberposse« wird zu einem Problemstück. Symbolisch auch ist dessen Schluß. Die Nachtgestalten, die Königin und Monostatos, haben sich verbündet und dringen heimlich in den Tempel ein, um Sarastro zu töten. Doch das strahlende Licht siegt, die Macht der Finsternis zerbricht für immer.

Quelle: Wollte man alle tatsächlichen, denkbaren und möglichen Quellen der »Zauberflöte« anführen, es ergäbe einen vielseitigen Text. Sowohl Mozart – als aktives Logenmitglied – wie auch Schikaneder standen der Freimaurerei sehr nahe. Deren Gedankengut, mehr aber noch ein Teil ihres Rituals und ihrer Zeremonien waren damals weithin bekannt und besonders attraktiv dadurch, daß sie als »geheim« galten und in Kreisen praktiziert wurden, die dem »Volk« unzugänglich waren. Die »Priesterversammlung« in der »Zauberflöte«, die Befragungen, Prüfungen usw. sind klares Freimaurergut, das Schikaneder in den Text einbrachte. Natürlich gehört auch die Zahlensymbolik oder -mystik hierher. In dieser Oper spielt vor allem die Zahl 3 eine wichtige Rolle: 3 Damen, 3 Knaben, 3 Pforten, 3 Bläserakkorde, 3 Moralforderungen an den Kandidaten (»standhaft, duldsam, verschwiegen«), bevor er in den Bund der »Eingeweihten« aufgenommen werden kann. Doch gibt es neben diesen allgemeineren »Quellen« auch direkte Vorbilder für die »Zauberflöte«. So einen Roman »Sethos« des Abbé Jean Terrasson, schon 1731 erschienen, der viele Elemente der Mozart-Oper vorwegnimmt. Erwähnenswert ein Aufsatz des »Großmeisters« der österreichischen Freimaurerlogen, Ignaz von Born, vor allem aber die Werke des Dichters Christoph Martin Wieland (der zu den Lieblingsautoren Vater Mozarts gehört hatte, so daß sein Sohn sicherlich auch einiges davon gekannt haben dürfte). Von Wieland war 1789, also knapp vor der Entstehung der »Zauberflöte«, die Märchensammlung »Dschinnistan« erschienen, in der eine Erzählung »Lulu oder die Zauberflöte« heißt. Auch Wielands »Oberon« enthält Dinge, die durchaus Quellen des Mozartschen Werkes sein dürften. Schließlich sei noch auf starke Ähnlichkeiten hingewiesen, die Schikaneders Text mit einem Drama »Thamos« von Tobias Philipp von Gebler aufweist. Doch damit ist die Reihe der Vorbilder, Quellen oder Inspirationen noch lange nicht erschöpft.

Textbuch. Der Textdichter der »Zauberflöte« dürfte demnach ein belesener Mann gewesen sein. Schikaneder war es zweifellos. Er galt als glänzender Schauspieler und Theaterleiter, der nicht nur Shakespeare hervorragend interpretiert haben soll, sondern vielmals in seiner Laufbahn starken Instinkt für wertvolles Neues bewiesen hatte. Obgleich man ihm also den »Zauberflöten«-Text durchaus zutrauen könnte (stets in der Voraussetzung, es handle sich um ein ausgezeichnetes Libretto), ist immer wieder der Verdacht aufgetaucht, ein Teil davon – vielleicht sogar ein beträchtlicher oder gar der entscheidende – stamme nicht von ihm, sondern von Karl Ludwig Gieseke, der zu jener Zeit Inspizient und vielleicht eine Art »Dramaturg« des Theaters auf der Wieden, von Schikaneders Theater also, war. Beweise hierfür sind nie in zwingender Form erbracht worden, so daß wir daran, daß Schikaneder der geistige Urheber der »Zauberflöte« ist, nicht rütteln wollen. Ist hier ein »guter« Text so herrlich von Mozart vertont worden? Was ist nicht alles darüber geschrieben und diskutiert worden! Es gibt eine nicht wegzuleugnende Zahl von Widersprüchen, die einzeln aufzuzählen viel zu weit führen würde. Viele sind sehr schwerwiegend. Und hier gelangen wir zu einer Annahme, die nicht ohne weiteres von der Hand zu weisen ist: Während Schikaneder und Mozart an der »Zauberflöte« arbeiteten, im späten Frühling 1791, brachte eine Konkurrenzbühne die Komödie »Kaspar, der Zauberfagottist« heraus, eine der beliebten »Hanswurst-Possen«, in der ein böser Zauberer und eine gute Fee vorkommen. Genau das waren die beiden Gestalten der »Zauberflöte«, um deren Grundkonflikt sich alles drehte: die »Königin der Nacht« war ursprünglich edel und gut, der Zauberer Sarastro böse und gefährlich. Schikaneder wohnte dieser Premiere bei und stürzte unmittelbar danach in Mozarts Wohnung mit dem Ausruf, ihre Oper müsse sofort geändert werden. Der Komponist schüttelte nur den Kopf: unmöglich, denn der erste Akt sei schon fertig in Musik gesetzt. Worauf Schikaneder Mozart jedenfalls dazu brachte, innezuhalten, bis er ihm in den nächsten Tagen die geänderte Fassung zukommen lassen werde. Und so ist vom Ende des ersten Aktes an »Die Zauberflöte« gewissermaßen ein anderes, neues Stück geworden. So unglaublich das klingt, Anhaltspunkte hierfür sind vorhanden. Wäre in diesem Fall das Textbuch der »Zauberflöte« überhaupt als Ganzes zu beurteilen? Müßte man nicht sagen, es sei ein Stückwerk, das einfach seinen Zweck erfüllte, Gefäß für Mozarts Musik, Gegenstand einer kurzen Aufführungsserie an einem Wiener volkstümlichen Vorstadttheater zu werden? Wie konnte dann aber wiederum Goethe diesen Text so großartig finden, daß er ernstlich daran dachte – ja sogar daranging – einen »zweiten Teil« zu schreiben? Rätsel über Rätsel, Vermutungen, Schlüsse (und sicherlich auch Trugschlüsse): Über kaum einen anderen Operntext dürfte das in gleichem Maße zu sagen sein. Und doch verblaßt all dies gegenüber der Wirklichkeit; und diese Wirklichkeit besteht aus einem Textbuch, über das sich Millionen Menschen aufrichtig gefreut haben und weiterhin freuen. Man muß »Die Zauberflöte« wohl als das nehmen, was sie im Grunde ist: ein Volksmärchen, von dem keine wirkliche »Logik« verlangt oder erwartet werden sollte, in dem die Dinge bunt durcheinandergewirbelt werden wie sonst nur im Traum oder in der kindlichen Psyche. Ein gutes Textbuch? Ein unmögliches Textbuch? Ein einmaliges Textbuch!

Musik: Wer möchte glauben, daß diese strahlende, heitere, sonnige Oper im Schatten des Todes geschrieben wurde? Mit welcher Freude Mozart an diesem Singspiel arbeitete, geht aus vielen seiner Briefe hervor, besonders aus jenen, die er an seine Gattin Konstanze in das nahe bei Wien gelegene Baden richtete. Die Freude spürt man in jeder Partiturnummer. Die Arbeit ging leicht und schnell von der Hand. Nie ist Mozart reifer, gelöster gewesen, nie so sehr Herr über alle musikalischen Geheimnisse. Mit der »Zauberflöte« tat das deutsche Singspiel einen Riesenschritt vorwärts, es wurde auf den Weg des »Fidelio«, des »Freischütz« gebracht. Die Selbstverständlichkeit, mit der Mozart tiefe, ernste Szenen neben köstliche Komik stellt, volkstümliche Liedchen neben schwerste Koloraturarien und echte Belcantomelodik, hat in der Musikgeschichte kaum ihresgleichen. Hundert geniale Details ergeben ein einheitliches Werk, das Herz und Verstand gleicherweise erfreut.

Geschichte: Es wird überliefert, Schikaneder habe Mozart im Frühling 1791 den Vorschlag zu einer gemeinsamen Oper gemacht. Es gibt Quellen, die hinzusetzen, er habe den Komponisten geradezu angefleht, diese Aufgabe zu übernehmen, um sein in Schwierigkeiten geratenes Theater wieder zugkräftig zu machen. Davon kann schwerlich die Rede sein: Mozarts Stellung im damaligen Wien wäre für eine solche Rettungsaktion viel zu schwach gewesen. Auffallend ist, daß es bereits im Vorjahr einen Kontakt der beiden alten Bekannten Schikaneder und Mozart in einer schließlich mit der »Zauberflöte« verbundenen Frage gegeben hatte. Im Oktober 1790 schickte der Schauspieler und Theaterdirektor Schikaneder den Text eines lustigen Duetts an Mozart mit der Bitte um Vertonung: »Pa, pa, pa ...« Dachte er schon an Papageno als Theaterfigur? Wir wissen es nicht. Er zeigte sich mit Mozarts Komposition »ziemlich zufrieden«. Etwa im März 1791 begann dann die eigentliche Zusammenarbeit. Ob Schikaneder Mozart das gesamte Textbuch auf einmal überreichte, weiß man nicht. Kam es im Juni zur Unterbrechung aus dem oben erwähnten Anlaß, dem Auftauchen eines Konkurrenzwerkes? Auf jeden Fall mußte Mozart einige Wochen später die Arbeit an der »Zauberflöte« vorübergehend einstellen, da die Auftragsoper »Titus« für Prag sich mit äußerster Dringlichkeit vorschob. Sofort nach Rückkehr aus der Moldaustadt, Mitte September, legte er letzte Hand an die Partitur. Ouvertüre und Priestermarsch wurden knapp vor der Uraufführung eingefügt. Sie fand am 30. September 1791 im Theater auf der Wieden zu Wien statt und wurde stürmisch bejubelt. Der Erfolg stieg von Abend zu Abend. Viele Nummern mußten wiederholt werden. Mozart war bereits sehr krank, aber er ließ sich die Freude nicht nehmen, so oft er konnte, ins Theater zu gehen, ja selbst mitzuwirken. So berichtet er in einem Brief, er habe einmal das Glockenspiel im Orchester bedient und dabei den als Papageno gerade sein Lied »Ein Mädchen oder Weibchen« singenden Schikaneder in Schrecken versetzt; er habe einen Akkord gespielt, der nicht vorgesehen war, und so verdeutlicht, daß Schikaneder gar nicht selbst das Glockenspiel bediene, wie er glauben machte. Schikaneder aber, ein gewiegter Stegreifschauspieler, schlug mit der Hand auf die Glöckchen und rief ihnen zu »Halts Maul!«, worüber das Publikum und Mozart sehr lachen mußten. Das war ganz kurz vor des Komponisten Tode. Auch erzählt er, wie er einmal den berühmten italienischen Komponisten Antonio Salieri und dessen Freundin persönlich in die Vorstellung geleitete, wo der anerkannte Maestro gar nicht genug des Lobes äußern konnte. Der Triumph der »Zauberflöte« drückt sich auch in solchen Aufführungsziffern aus, wie Mozart sie in Wien niemals gekannt hatte. Am 20. November 1792 kündigte Schikaneder die »100.« an, die in Wahrheit erst die 89. war; am 22. Oktober 1795 feierte er die »200.«. Es war in Wirklichkeit die 135., aber auch das bedeutet eine stattliche Ziffer, und ein ganz klein wenig schwindeln dürfen Theaterdirektoren stets. Ein wahres »Zauberflöten«-Fieber brach nach dem Zweiten Weltkrieg aus. Die ungeahnten Möglichkeiten, die sich um jene Zeit den Regisseuren bot, mag viel dazu beigetragen haben, ein so vielgestaltiges Werk immer wieder von einem neuen Gesichtspunkt aus zu durchleuchten. Vor allem aber sind es die innersten Werte des Werkes selbst, die ein Altern nicht zulassen.

Modest Petrowitsch Mussorgski

1839–1881

Jede Studie über das Genialische im Musiker müßte Mussorgski als Kronzeugen heranziehen. Aber auch wer die Tragik des unverstandenen Schöpferdaseins beschreiben wollte, könnte kaum ein erschütternderes Beispiel finden als dieses Leben, das ein Dostojewski nicht grausamer hätte erfinden können. Für den Psychologen, für den Arzt bietet der »Fall« Mussorgski fesselndes Studienmaterial. Die Qual des zum Schaffen geborenen, ja gezwungenen Menschen, den die Macht seiner Visionen zu erdrücken droht, die Ohnmacht des kaum durchschnittlich geschulten Musikers gegenüber den unerhörten neuen, bahnbrechenden Ideen, die seine Phantasie ihm eingibt, die Einsamkeit, die eine unüberwindliche Schranke zwischen ihm und einer überwiegend hohlen Gesellschaft aufrichtet, die Flucht in den Alkohol, der Trost vorspiegelt, liebliche Bilder, die das Leben nicht zu bieten vermag, vor die lechzende Seele gaukelt – das zu schildern, müßte ein Leidensgenosse aufstehen, dem darüber hinaus die ganze Macht des Wortes zu Gebote stünde. Mussorgski wurde am 21. (nach gregorianischem Kalender 16.) März 1839 in Karewo, Gouvernement Pskow, im weiten zaristischen Rußland geboren. Sein Vater bestimmte ihn, wie dies unter dem kleinen Adel üblich war, zur militärischen Laufbahn. Der junge Offizier spielte in den eleganten Salons von St. Petersburg Klavier, wenn seine Kameraden und hübsche Damen ihn darum baten. Niemand konnte die spätere Tragödie dieses lebenslustigen jungen Mannes voraussehen. Eines Tages suchte und fand er Kontakt mit Mili Balakirew, um den sich die nach neuem Ausdruck suchenden revolutionären russischen Musiker scharten. Mit diesem sowie mit Cui, Borodin und Rimsky-Korssakoff bildete er die »Gruppe der Fünf«, das »Mächtige Häuflein«, wie sie sich selbst ironisch nannten. Ihr Ziel war die Schaffung einer wahrhaft russischen Musik, einer Kunstmusik, die aus den Kräften der Erde, aus den Gesängen der Bauern hervorwüchse. Mussorgski legte in diese Idee aber noch eine besondere Bedeutung. Schmerzlich fühlte er, wie einer kleinen, reichen Oberschicht, in deren glänzendem Dasein jedes soziale, aber auch jedes nationale Gefühl völlig fehlte, die dumpfe Masse des Volkes gegenüberstand, die »Erniedrigten und Beleidigten«, die Ausgebeuteten, die Geknechteten, die Vergessenen. Es zog ihn zum Volke. Er nahm seinen Abschied, nicht nur vom Heer, sondern von allem, was bis dahin sein Kreis gewesen war. In echt russischer Geste mußte er alles von sich werfen, um zu seinem wahren, eigenen Ich zu kommen. Nun wuchsen seine musikalischen Visionen riesengroß an. In einer armseligen Behausung (die er zeitweise mit Rimsky-Korssakoff teilte), erlebte er das Elend, die Hoffnungslosigkeit, die Gläubigkeit des Volkes, versuchte er, unter schweren Seelenqualen, seinen Gedanken musikalische Form zu geben. Doch was er gelernt hatte, reichte nicht dafür aus, große Opern, sinfonische Dichtungen, Liederzyklen zu Papier zu bringen. Der Wohnungsgenosse mußte helfend eingreifen, ausfeilen, instrumentieren. Mussorgski verfiel, in wachsender Verzweiflung, dem Alkohol. Wie er trotzdem, besessen von Schaffensdrang, gequält und gejagt, aber vielleicht unsagbar beseligt, große Meisterwerke, herrliche Liederzyklen schaffen konnte, gehört in das Gebiet des unerklärlichen Schaffenswunders. Bei nahezu allen seinen Entwürfen mußten helfende Hände, vor allem immer wieder die des treuen, selbstlosen Freundes Rimsky-Korssakoff, eingreifen, um durch Instrumentation, Ausfeilung, aber auch tiefergreifende Änderungen eine »zeitgemäße« Aufführungsmöglichkeit zu schaffen; daß diese Retouchen in späterer Zeit herber, vielfach negativer, wenn auch im Prinzip stets ungerechter Kritik ausgesetzt wurden, sei vorweggenommen. Manches an ihr ist technisch berechtigt, aber sollte verstummen vor der Hauptfrage: Was wäre ohne diese wahre Freundeshilfe aus den Manuskripten geworden? Stünde der Name Mussorgski heute in der Musikgeschichte und sogar unter ihren größten Schöpfernaturen? Mussorgskis Ende liest sich vollends wie der Schluß eines Dostojewski-Romans; er starb, nachdem er an seinem 42. Geburtstag unerkannt auf der Straße zusammengebrochen war, in einem Armenspital zu Petersburg am 28. März 1881.

Boris Godunow

Musikalisches Volksdrama in einem Prolog und vier Akten. Textbuch, nach einem historischen Gedicht von Puschkin, von Modest P. Mussorgski.

Originaltitel: Boris Godunow
Originalsprache: Russisch
Personen: Boris Godunow (oder Godunoff), Zar von Rußland (Baß), Fjodor und Xenia, seine Kinder (Mezzosopran und Sopran), die Amme (Mezzosopran oder Alt), Fürst Wassili Iwanowitsch Schuiski (Tenor), Schtschelkalow, Sekretär der Duma (Bariton), Pimen, Mönch (Baß), Grigori, Novize, später »der falsche Demetrius« (Tenor), Marina, Tochter des Woiwoden von Sandomir in Polen (Sopran oder Mezzosopran), Rangoni, Jesuit (Bariton oder Baß), Warlaam und Missail, Bettelmönche (Baß und Tenor), die Wirtin (Mezzosopran), ein Schwachsinniger (Tenor), Bojaren, Jesuiten, Bauern, Volk.
Zeit und Ort: Rußland und Polen, von 1598 bis 1605.
Handlung: Vor dem Kloster von Nowodjewitsch hat sich eine Volksmenge zusammengefunden. Auf geheimnisvolle Weise ist der noch kindliche Thronfolger Demetrius umgekommen, und Boris Godunow übt die Regentschaft über Rußland aus. Er war der Ratgeber des letzten Zaren (Fjodor I.), der vor einigen Jahren starb. Nun will er selbst zum Zaren gekrönt werden, obwohl seine Sendboten das Volk glauben machen, er wünsche den Thron nicht einzunehmen. Schon in dieser ersten Szene erkennt man, daß die Hauptperson des Dramas – im mindestens gleichen Maße wie Boris – das Volk sein wird. Die Menge kniet auf dem Platz und wird immer wieder mit der Knute gezwungen, für die Krönung Boris' Stimmung zu machen. Die Gesänge, die erklingen, sind zum Teil der uralten russischen Liturgie entnommen, ihre Mystik und Feierlichkeit mischt sich mit volkstümlicheren Wendungen, die Mussorgski eingestreut hat.

Das zweite Bild spielt vor dem Kreml in Moskau. Boris hat die Krone angenommen. Eine Volksmenge singt zu einer alten geistlichen Melodie. ① Godunow unterbricht die Lieder. Er erklärt, daß er gerecht herrschen und ein guter Landesvater sein wolle. Doch in die Hochrufe der Masse mischt sich in genialem Kontrapunkt die Reue des neuen Zaren, vor dessen Seele immer wieder das Bild des auf sein Betreiben, unter Mitwirkung des Fürsten Schuiski, ermordeten Kindes Demetrius, des Zarewitsch, auftaucht.

Nach diesen beiden Bildern des Prologs führt uns der erste Akt in eine Zelle des Klosters von Tschudowo, wo der alte Pimen in tiefer Nacht an einer Geschichte Rußlands schreibt. Er ist bis zur Krönung Boris' gekommen, als es Tag wird und neben ihm der Novize Grigori erwacht, der zum dritten Mal den gleichen seltsamen Traum gehabt hat: er steige eine steile Treppe in einem Turm hoch über Moskau hinan, sehe zu seinen Füßen Volk und Stadt und Land, doch stürze er dann herab. Der alte Mönch warnt ihn vor dem eitlen Treiben der Welt, das er ein Leben lang beobachtet habe. Er gibt seiner Angst um Rußland Ausdruck, die er hegt, seit das Land einen Mörder zum Zaren gekrönt habe. Grigori will mehr über Demetrius wissen; wie alt wäre er jetzt, wenn er lebte? »Gerade so alt wie du«, antwortet Pimen. Grigori wird nachdenklich.

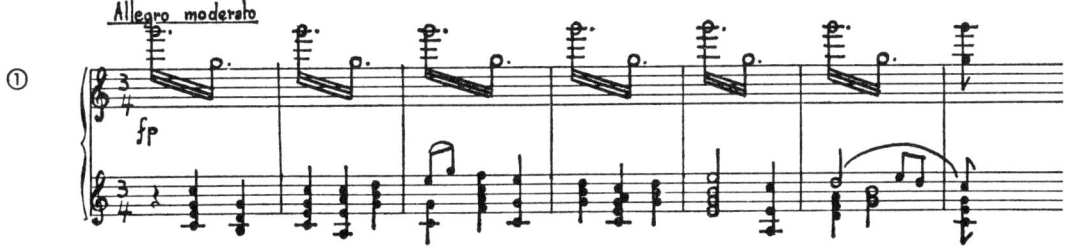

Eine Schenke nahe der litauischen Grenze. Die Wirtin singt Volkslieder, in die zwei wandernde Mönche, Missail und Warlaam, einstimmen. Grigori, der aus dem Kloster entflohen ist, taucht auf und will über die Grenze. Überrascht bemerkt er, daß sie bewacht ist. Man sucht einen Flüchtling aus Moskau. Soldaten treten in die Schenke, um den Haftbefehl bekanntzugeben, aber sie können nicht lesen. Grigori macht sich das zunutze und ersetzt, während er laut vorliest, seine eigenen Daten durch solche, die ungefähr auf Warlaam passen. Als die Soldaten diesen festnehmen wollen, entziffert der Alte selbst mühsam den Text. Doch während Grigoris Betrug klar wird, ist er schon über die Grenze geflüchtet.

Im Zarenpalast spielt das nächste Bild (zweiter Akt). Xenia beweint den Tod ihres Bräutigams, die Amme will sie mit einem fröhlichen Liede aufmuntern. Boris tritt ins Gemach. Mit Schmerz sieht er die Niedergeschlagenheit seiner Tochter, mit Stolz das Interesse seines kleinen Sohns für die russische Geographie. Er selbst ist bedrückt. Seit seiner Thronbesteigung herrschen Hunger, Krankheit und Aufruhr im Reiche. Das Gewissen läßt ihm keine Ruhe. Fürst Schuiski bittet, vorgelassen zu werden. Er bringt die Nachricht, daß von Litauen aus ein Abenteurer den Thron bedrohe; er gebe sich als Demetrius aus, als legitimer Thronerbe, der nicht tot sei, sondern sich retten konnte. Boris bricht in Wut aus. Zweifel an Schuiski bedrängen ihn, den er als Intriganten kennt; ihn hatte er seinerzeit zum Werkzeug des Mordes an Demetrius gemacht. Nun dringt er in ihn, und der Fürst muß ihm noch einmal die furchtbare Szene schildern, den Anblick der Leiche, das engelhafte Lächeln, das auf den Zügen des toten Zarewitsch lag. Als Schuiski sich zurückzieht, erlebt Boris einen Wahnsinnsanfall (der zu den großartigsten Szenen der Opernliteratur gehört). Grauenhafte Bilder verfolgen ihn, er stöhnt, stürzt nieder, leidet Höllenqualen. Glockengeläute macht seinen Irrsinn noch gespenstischer. ②

Der dritte Akt führt uns weit von Moskau fort und in ein anderes Milieu. (Dieses Bild wurde später eingefügt, wie bei der geschichtlichen Betrachtung erläutert werden wird.) Wir sind in Polen, in der Stadt Sandomir, wo Marina, die Tochter des Bürgermeisters, davon träumt, Zarin von Rußland zu werden. Schon hat sie den schwächlichen »Demetrius« – den entlaufenen Novizen Grigori – umgarnt. Im nächtlichen Park hören wir die einzige Liebesszene der Oper. Tanzmusik dringt vom Fenster herüber – es sind polnische Weisen, eine Mazurka darunter – während Demetrius der schönen Marina eine glänzende Zukunft verspricht. Der Jesuit Rangoni möchte sich mit dem künftigen Zaren verbünden, um das russische Volk vom orthodoxen zum katholischen Glauben zu bekehren. Er ist es, der Marinas Schritte lenkt, die auf die Eroberung Grigoris und hernach Rußlands gerichtet sind.

Der vierte Akt umschließt zwei Bilder, deren Reihenfolge in den verschiedenen Fassungen des Werkes vertauscht erscheint. Zumeist wird zuerst die Waldszene gespielt, in der eine Volksmenge hungriger, zerlumpter und aufständischer Bauern hoffnungsvoll die Ankunft des Demetrius erwartet. Warlaam und Missail stacheln das Volk gegen Boris auf, zwei Jesuiten werden am Leben bedroht; ein Schwachsinniger, der mit Buben um eine Kupfermünze rauft, ist ein Meisterstück der Charakterisierungskunst. An der Spitze seiner Truppen, hoch zu Pferde, kommt Grigori, der falsche Demetrius, vorüber und wird einem Messias gleich begrüßt.

Die Duma (oder Kaiserlicher Rat) ist versammelt, um den Feldzug gegen Demetrius zu beschließen. Schuiski unterrichtet ihre Mitglieder von der wachsenden geistigen Umnachtung des Zaren. Plötzlich erscheint dieser selbst in grauenhaftem Zustand. Visionen des ermordeten Kindes verfolgen ihn. Der alte Pimen wird vorgelassen, um von einem Wunder zu berichten, das sich am Grabe des ermordeten Kindes zugetragen habe. Nun umnebeln sich des Zaren Sinne völlig. Mit letzter Kraft ruft er seinen Sohn Fjodor zum Nachfolger aus. Dann legt er ein Büßergewand an. Einmal noch richtet er sich hoch auf, in alter Großartigkeit. Noch ist er der Zar Rußlands, stärker als der Verräter Schuiski, stärker als der falsche Demetrius. Danach stürzt er tot zu Boden.

Quellen: Aus zwei Quellen speist sich Mussorgskis Werk. Einmal aus Puschkins Drama (des russischen Dichters, dessen Stücke öfter als die eines anderen zur Vertonung herangezogen wurden), zum anderen aus Kasamsins »Geschichte des russischen Reiches«. Von den 24

Szenen, die Puschkin in seiner »dramatischen Chronik vom Zaren Boris« ausführt, wählte Mussorgski sieben aus.

Textbuch: Man muß Mussorgskis literarisches Talent fast ebenso bewundern wie sein musikalisches Genie. Einige Szenen erfahren durch ihn eine völlige Umgestaltung, vor allem jene, in denen das Volk in den Mittelpunkt tritt. Das Libretto stellt eine hochinteressante dramatische und psychologische Studie dar. Es erfuhr, wie auch die Musik, mehrfache Umarbeitungen, über die unter »Geschichte« eingehender berichtet wird.

Musik: Ein einmaliges Werk, revolutionär in seiner Entstehungszeit und so originell, daß man es keiner Richtung eingliedern, mit keiner Oper seiner Epoche vergleichen kann. Es besitzt eine ungeheure dramatische Kraft und ist voll fesselnder psychologischer Details; wo der Komponist sich zwangsweise der Konvention der traditionellen Oper annähern muß – im nachkomponierten »Polenakt« etwa – muß die Originalität ein wenig vermindert erscheinen; hier zeigt Mussorgski hingegen seine Fähigkeit einer echten melodischen, opernhaften Erfindung. Alle anderen Szenen sind harmonisch äußerst kühn, deklamatorisch von so starkem, bis dahin noch unbekanntem Realismus geformt, daß wir begreifen, wie die Zeitgenossen voll Unverständnis vor diesem Werk standen und selbst der treue Freund Rimsky-Korssakoff umzuarbeiten und zu »glätten« versuchte, was ihm zu revolutionär, zu unzulänglich und zu rauh erschien. Über diese Bearbeitung Rimsky-Korssakoffs ist viel diskutiert worden; vielleicht geht sie, vom heutigen Standpunkt betrachtet, zu weit. Aber sie stammt nicht nur von einem großen Musiker, der das gesamte technische Rüstzeug seiner Epoche besaß, sondern von einem wahren Freunde, der das Werk liebte und retten wollte.

Geschichte: Die erste Fassung schrieb Mussorgski von Oktober 1868 bis Dezember 1869, wobei er Teile aus früheren, unvollendeten Werken entnahm. Die Partitur wurde vom Direktorium des Kaiserlichen Theaters in St. Petersburg abgelehnt, »verblüfft von der Modernität und Ungewöhnlichkeit der Musik«, wie Rimsky-Korssakoff überlieferte. Die zweite Fassung stammt aus den Jahren 1871/72. In ihr wollte der Komponist einige Ratschläge des Direktoriums berücksichtigen. So fügte er den ganzen »Polenakt« ein, damit Raum für eine Frauengestalt und eine Liebesszene geschaffen werde. Aber auch andere Teile wurden grundlegend umgestaltet. Trotzdem lehnte man das Werk wiederum ab. Am 17. Februar 1873 kam es jedoch, nachdem »Boris Godunow« privat im Hause von Rimsky-Korssakoffs Braut gespielt und gesungen worden war, zu einer teilweisen Aufführung im Maryinsky-Theater in St. Petersburg: Die Gasthausszene sowie die beiden Bilder des Polenakts wurden, zusammen mit Bruchstücken aus »Freischütz« und »Lohengrin«, bei einer Wohltätigkeitsveranstaltung gegeben. Der Eindruck war so stark (und der Einfluß einer Mussorgski geneigten Sängerin so mächtig), daß endlich am 24. Januar 1874 die ganze Oper uraufgeführt wurde. Die Presse setzte sich heftig gegen, die Jugend ebenso heftig für das Werk ein, das zwanzigmal vor stets ausverkauftem Hause in Szene gehen konnte. Mussorgski hatte einige weitere Retouchen vorgenommen, so daß man von einer dritten Fassung sprechen kann. Nach seinem Tode bearbeitete Rimsky-Korssakoff den gesamten Nachlaß, aus dem besonders »Boris Godunow« ihm schwere Sorgen machte. Er schuf im Jahre 1896 abermals eine neue Version, bei der tiefgreifende Änderungen zu verzeichnen sind. Soweit sich diese auf die Instrumentation beziehen, dürfte ihre Berechtigung nicht zu bestreiten sein, denn Mussorgskis Originalpartitur klingt ein wenig spröde und dürfte auch den Wünschen ihres Schöpfers nicht entsprochen haben. Hören wir, wie sich der Bearbeiter (in seiner Autobiographie) rechtfertigt: »Es handelte sich darum, die unüberwindlichen Schwierigkeiten, die Härten der Harmonie und der Modulationen, den fehlerhaften Kontrapunkt, die Armut der Instrumentation und die allgemeinen Schwächen des Werkes, vom technischen Gesichtspunkt aus gesehen, zu beseitigen.« Aber immer noch ließ »Boris Godunow« Rimsky-Korssakoff nicht ruhen; im Jahre 1906 ging er daran, das Werk nochmals ganz zu überarbeiten, wobei möglicherweise die Meinungen Claude Debussys (eines begeisterten Mussorgski-Verehrers) und Paul Dukas' ins Gewicht fielen. Zwei Jahre lang – die letzten seines Lebens – verbrachte er mit der Oper seines längst verstorbenen Freundes. In dieser Fassung ging »Boris Godunow«, mit dem unvergeßlichen Fedor Schaljapin in der Titelrolle, über zahllose Bühnen der Welt. Aber nach dem Ersten Weltkrieg brach ein heftiger Streit um die Bearbeitungen Rimsky-Korssakoffs aus. Es war die Zeit, in der der Wunsch regierte, alle Musikstücke in ihrer Urfassung zu hören. Es kam zu jahrelangen, schriftlichen Polemiken, wobei der Bearbeiter scharf angegriffen wurde. Er habe Harmonien »verfälscht«, habe kühne Akkorde »geglättet«, habe selbst altrussische Lieder seiner eigenen spätromantischen Auffassung angepaßt, hieß es. Aber war es möglich, die »Urfassung« des »Boris Godunow« wieder herzustellen? Und war es wünschenswert? Der Bearbeiter hatte auch dramaturgisch tief in das Werk eingegriffen; eine Aufführung der Urfassung aber würde mehr als fünf Stunden dauern. (Dauern »Die Meistersinger von Nürnberg« und »Götterdämmerung« nicht mindestens ebenso lange?) Der sowjetische Staatsverlag gab 1928 die ursprüngliche Fassung heraus und verzeichnete darin die sorgsam wiederhergestellten Varianten, die der Komponist selbst vorgenommen hatte. Und dann ging im Jahre 1939 Dimitri Schostakowitsch daran, die Oper gänzlich neu zu instrumentieren; in der Struktur, Harmonik usw. ließ er sie unangetastet. Diese Fassung erklang 1959 erstmalig in Leningrad, 1960 an der New Yorker Metropolitan-Opera, 1961 in der Westberliner Oper. Ob mit ihr das »Boris«-Problem gelöst ist? Kaum. Denn immer noch schafft sich jede Bühne ihre eigene dramaturgische Fassung. Wie genial aber muß dieses Werk sein, daß seine Lebenskraft durch so viele Bearbeitungen nicht geschwächt wurde und heute leuchtender dasteht denn je!

Chowantschina (Khowantschina)

Musikalisches Volksstück in fünf Akten. Textbuch von Wladimir Stassow und Modest P. Mussorgski.
Deutsche Titelmöglichkeiten: »Khowantschina«, »Chowantschina«, »Die Fürsten Chowansky«
Originalsprache: Russisch
Personen: Fürst Iwan Chowansky (Baß), Fürst Andrej Chowansky, sein Sohn (Tenor), Fürst Wassili Golytzin (Tenor), der Bojar Schaklowity (Bariton), Dosifey, Oberhaupt der Altgläubigen (Baß), Marfa, eine junge Witwe (Mezzosopran), Emma, ein Mädchen aus der deutschen Vorstadt (Sopran), ein Schreiber, Altgläubige, Soldaten, Dienerinnen, Volk.
Ort und Zeit: Moskau im Jahre 1682.
Handlung: Das orchestrale Vorspiel schildert einen Sonnenaufgang über dem Fluß. Langsam erwacht das Leben, zuerst in der Natur, dann in den Straßen der Stadt Moskau. Glocken klingen in den hellen Morgen, die ersten Strahlen des Lichts fallen auf die goldenen Kuppeln der Kirchen. Dann geht der Vorhang über einer Volksszene auf. Die Strelitzen – eine Art Prätorianergarde, die um 1550 von Iwan IV. geschaffen wurde und seitdem stark heruntergekommen ist – lärmen wie gewöhnlich, verspotten Passanten. Schaklowity diktiert einem der auf der Straße amtierenden Schreiber einen Brief an den jungen Zaren Peter, in dem er diesen vor einer Verschwörung der mächtigen Fürsten Chowansky warnt. Ein junges Mädchen, Emma, aus der von Deutschen bewohnten Vorstadt, flieht vor der Verfolgung des Fürsten Andrej. Marfa, die früher die Geliebte des jungen Fürsten war, eilt herbei. Aber auch der alte Fürst erscheint und will Emma für sich behalten. Vater und Sohn stehen einander feindlich gegenüber. Das Oberhaupt der Altgläubigen, Dosifey, wirft sich dazwischen. Es gelingt ihm, Emma unter den Schutz Marfas zu retten. Im Palais des Fürsten Golytzin, des mächtigen Günstlings der Halbschwester des Zaren, prophezeit Marfa dem Hausherrn eine düstere Zukunft. Er erwägt, sich nach dem Wind zu drehen, der immer deutlicher den Zaren zu begünstigen scheint. Zwischen ihm und dem alten Fürsten Chowansky kommt es zu einer schweren Auseinandersetzung. Abermals erscheint Dosifey als Schlichter. Zu ihm flüchtet Marfa, die einem Anschlag Golytzins auf ihr Leben entrinnen konnte. Da wird bekannt, daß der Zar zum Schlage ausgeholt habe. Seine Rivalin und Halbschwester sei ihrer Macht beraubt, Golytzin nach Sibirien verbannt. Gegen die Fürsten Chowansky habe der Zar eine Untersuchung eingeleitet. Im nächsten Bild beklagt Schaklowity Zerrissenheit und Not des russischen Volkes. Überall herrsche Zwietracht, die Mächtigen seien nur auf eigenen Vorteil bedacht. Die Reiter des Zaren verfolgen die Strelitzen, die sich an ihren Anführer, den alten Fürsten Chowansky wenden. Aber der kann nichts mehr für sie tun, ohne sich gefährlich zu exponieren. Er zieht sich in sein Schloß zurück, wo seine persischen Sklavinnen ihn mit Gesang und Tanz unterhalten. Schaklowity tritt ein und überbringt ihm eine Einladung des Zaren, der seines Rates bedürfe. Chowansky schlägt die ihm kurz vorher überbrachten Warnungen Golytzins in den Wind und macht sich auf den Weg. Aber auf seiner eigenen Schwelle wird er vom Dolche Schaklowitys getroffen. Andrej Cho-

wansky, immer noch von Leidenschaft zu Emma verzehrt, will das Mädchen mit Gewalt der Obhut Marfas entreißen. Doch seine Strelitzen gehorchen ihm nicht mehr, da ihnen vom Zar Leben und Freiheit in Aussicht gestellt wurde. Gegen die Altgläubigen richtet sich das neue Regime in erster Linie; sie werden beschuldigt, mit ihrem starren Festhalten an der Vergangenheit sich dem Fortschritt zu verschließen. Dosifey ruft seine Glaubensgenossen zu freiwilligem Sterben auf. In einem Walde, nahe von Moskau, ist ein riesiger Holzstoß errichtet worden, auf dem sie unter heiligen Gesängen zu sterben gedenken. Marfa ist bei ihnen. Der junge Fürst Chowansky ist ihr gefolgt, um Emmas habhaft zu werden. Als er sieht, daß des Zaren Reiter den Ring um die Altgläubigen immer enger schließen, bereitet er sich vor, ihren Tod zu teilen.

Textbuch: Mehr ein Bilderbuch denn ein Drama. Bilder aus dem zügellosen Leben des russischen Adels, von der fanatischen Gemeinschaft der »Altgläubigen«, vom Kampf um die Macht, von Liebe und Haß. Die Textvorlage stammt von Wladimir Stassow (1824–1906), Musikschriftsteller, Kritiker und begeisterter Streiter für die Sache der »nationalen« Musik; er gehörte zu den wichtigsten Stützpunkten, die die »Gruppe der Fünf« im russischen Musikleben besaß. Mussorgski hielt sich nicht an Stassows Entwurf, er wurde – wie immer – zu seinem eigenen Textdichter. Ihm schwebte das Ideal einer echten Volksoper vor, in denen Massenszenen und große Chöre einen guten Teil der Handlung zu tragen hätten. Ob das so entstandene Libretto uns zu fesseln vermag, ist eine andere Frage. Aber sie tritt in den Hintergrund vor der Großartigkeit der Musik.

Musik: Mussorgski ist in »Chowantschina« kaum schwächer als in »Boris Godunow«. Besonders dort, wo er das Volk schildert, sein geliebtes russisches Volk, erhebt er sich zu erschütternder Kraft. Seine Schilderungen besitzen etwas ungemein Plastisches. Breitgeschwungener Gesang voller Ausdruck im Tragischen wie im Leidenschaftlichen kennzeichnet diese Oper. Mussorgskis echtes, tiefes Gefühl spricht aus jeder Phrase, jeder Melodie, es ist, als verströme er sein eigenes Herzblut. Er konnte dieses Werk nicht vollenden.

Geschichte: Mussorgski arbeitete an »Chowantschina«, nach Beendigung des »Boris Godunow«, von 1872 bis 1875. Dann gab er die Partitur auf, da sein Zustand ein geregeltes Arbeiten kaum noch zuließ. Mili Balakirew dirigierte in einem Sinfoniekonzert im Jahre 1879 einige Bruchstücke daraus. Nach Mussorgskis Tode nahm sich ein kühlerer Geist (wenn auch ein ungleich größerer »Könner«) dieser Skizzen an: Rimsky-Korssakoff. Geben wir ihm selbst das Wort: »...es gab viel zu ändern, einiges wegzunehmen und noch mehr hinzuzutun. Im ersten und zweiten Akt standen überflüssige Dinge, ja sogar Unmögliches, das den szenischen Ablauf behinderte. Im fünften Akt fehlte viel, er war nur skizziert. Der ›Chor der Altgläubigen‹, von dumpfen Glocken untermalt, wurde von seinem Autor in barbarischen Quarten- und Quintenparallelen begleitet; ich mußte alles ändern, was keine leichte Aufgabe darstellte. Im Schlußchor gab es nur die Melodie, die L.J. Karmalina Mussorgski gegeben hatte und die aus irgendeinem orthodoxen Liederbuch stammte...« Das mag genügen, es ist außerordentlich lehrreich. Der Konservative, der die Neuerungen des Revolutionärs nicht begreift, der Kultivierte, der eine Idee des Primitiven »barbarisch« nennt, der Könner, der »glättet« und kurzerhand ausstreicht, um das Werk »aufführungsreif« zu machen; und doch, die Tat eines wohlwollenden, ja liebenden und sogar bewundernden Freundes, der den ganzen Winter 1882/83 über diesen Seiten verbrachte. 1885 wies das Kaiserliche Theater in St. Petersburg das Werk zurück; im nächsten Jahre wurde es von einer privaten Gesellschaft aufgeführt. Als eigentliche Premiere wird zumeist die Petersburger Aufführung von 1911 betrachtet, als Fedor Schaljapin (in der Rolle des alten Fürsten Chowansky) die Oper im Kaiserlichen Theater sang. 1913 folgte die Pariser Oper, 1924 als erstes deutsches Theater Frankfurt am Main, 1926 die Mailänder Scala, 1928 Philadelphia.

Der Jahrmarkt von Sorotschintzi

Komische Oper in drei Akten, Textbuch, nach Nikolai Gogol, von Modest P. Mussorgski.
Originalsprache: Russisch
Personen: Tscherewik, ein Bauer (Baß), Chiwria, seine Frau (Mezzosopran), Parassja, beider Tochter (Sopran), Gritzko, ein junger Bauer (Tenor), Afanassi Iwanowitsch, Sohn des Popen (Tenor), der Gevatter (Bariton), Zigeuner, Gäste, Volk.

Ort und Zeit: Das ukrainische Dorf Sorotschintzi, irgendwann im 19. Jahrhundert.

Handlung: Auf dem bunten Jahrmarkt zu Sorotschintzi versucht der Bauer Tscherewik seinen Weizen zu verkaufen, um mit dem Erlös seiner hübschen Tochter Parassja einige der Wünsche erfüllen zu können, die sie wie alle Mädchen angesichts der ausgestellten Waren äußert. Ein alter Zigeuner spricht die Vermutung aus, der Teufel könne, so wie in den letzten Jahren auch, die Festesfreude stören, habe man ihn doch bereits, als rotes Wildschwein verkleidet, im Dorfe gesehen. Gäbe es denn gegen diese Einmischungen des Teufels gar kein Mittel? Doch, es gäbe eines, erklärt der Zigeuner, ein Sünder müsse auf frischer Tat ertappt werden! Während die Menge diesen Ausführungen lauscht, hat der junge Bauer Gritzko sich an Parassja herangemacht, die sich gerne mit ihm zu unterhalten scheint. Als ihr Vater zurückkehrt, schmeichelt Gritzko sich bei ihm ein, indem er seinen Weizen zu einem guten Preise abnimmt. Zugleich bittet er um die Hand Parassjas. Tscherewik hat nichts dagegen, wohl aber seine bessere Ehehälfte Chiwria. Und wenn Chiwria »nein« sagt, hat ihr Mann nichts mehr zu reden, und Gritzko also nichts mehr zu hoffen. Trotzdem schwören die Jungen, derweil der Bauer im Gasthaus sitzt und die Erzählung vom Teufel die Runde macht, einander ewige Liebe.

Das zweite Bild spielt im Hause Tscherewiks. Chiwria versucht, ihn möglichst bald fortzuschicken. Kaum ist er gegangen, und die Bäuerin hat ein Liebeslied beendet, erscheint der Sohn des Popen. Zuerst läßt er es sich sehr gut schmecken, um so mehr, als sein Vater – wie er erklärt – bei dem Geiz der Dorfbewohner nie satt zu essen habe. Dann kommen die Zärtlichkeiten, die er mit Chiwria auszutauschen gewohnt zu sein scheint. Doch werden sie durch die Heimkehr Tscherewiks unterbrochen. Der Sohn des Popen muß schnell versteckt und mit Kleidungsstücken zugedeckt werden. Der Bauer hat Gäste mitgebracht, und während sie sich beim Wein gütlich tun, kommt die Rede wiederum auf den Teufel und seine Besuche in Sorotschintzi. Bald ist allen so gruslig zu Mute, daß jedes Geräusch sie erschreckt. Da springt das Fenster auf – ein großer Schweinekopf wird sichtbar! Die Schreie der Anwesenden erschrecken den Popensohn derart, daß er aus seinem Versteck mitten in die Stube fällt. Lachend kommt der Zigeuner herein. Sein »Scherz« hat seine Wirkung nicht verfehlt, ein Sünder ist sozusagen auf frischer Tat ertappt worden. Damit ist Chiwrias Gewaltregiment zu Ende. Und als im letzten Akt Gritzko und Parassja von ihrer Liebe singen, gibt ihnen Tscherewik seine nun unumstößliche Einwilligung. Eine fröhliche Tanzszene, bei der alle jungen Leute des Dorfes einen schwungvollen Hopak ausführen, schließt die Komödie.

Textbuch: Nikolai Gogol (1809–1852) war einer der großen russischen Erzähler und Bühnenschriftsteller, der mit einigen seiner Werke Welterfolg erringen konnte. Er wußte die Sitten seines Volkes liebevoll und manchmal sarkastisch zu schildern, seine Typen sind stets lebensnah und oftmals bezwingend komisch. Mussorgski sah sich nach einem heiteren Thema um, nachdem er zwei düstere Dramen vertont hatte, aber seine Idee, eine echte Volksoper zu schreiben, hatte sich nicht geändert. Er bearbeitete Gogols Text selbst als Libretto.

Musik: Mussorgski verwendet hier viel Folklore, wobei man fühlt, wie nahe er ihr steht. Daß er auch über andere Töne verfügt, bedarf keiner Erwähnung. Ja, wenn er die Teufelserzählung mit so schaurigen Farben ausstattet, wie sie etwa seine »Nacht auf dem kahlen Berge« begleitet, glaubt man unversehens aus einem bäuerlichen Lustspiel in ein Drama versetzt zu sein. Die Musik ist lebensfroh, bunt und ungemein originell. Wie ganz wenige Komponisten besaß Mussorgski seinen eigenen Stil, der damals absolut einmalig gewesen sein muß und an den erst später bedeutende Musiker wie etwa Debussy und Janáček anknüpften.

Geschichte: Mussorgski konnte diese Oper, obwohl er fünf Jahre lang (1875–1880), immer wieder von Krankheiten und Alkoholexzessen unterbrochen, an ihr arbeitete, nicht vollenden. Eine Reihe von Szenen lag vor, doch die Partitur bedurfte einer eingehenden Bearbeitung und Ergänzung. Dieser nahm sich Cesar Cui an, der alte Gefährte aus dem »Mächtigen Häuflein«. In seiner Fassung gelangte die Oper im Jahre 1917 erstmalig auf eine St. Petersburger Bühne, ohne Erfolg zu finden. Daraufhin unterzog Rimsky-Korssakoffs Schüler Nikolai Tscherepnin das Werk einer tiefgreifenden Revision. In der neuen Form wurde »Der Jahrmarkt von Sorotschintzi« im März 1923 in Monte Carlo (in französischer Sprache) gespielt. Dies ist die Fassung, die heute nahezu ausnahmslos und mit großem Beifall gegeben wird.

Otto Nicolai

1810–1849

Der am 9. Juni 1810 in Königsberg (Ostpreußen) geborene Otto Nicolai war einer der glänzenden und namhaften Musiker seiner Zeit. Wenn heute das Schlußkonzert der alljährlichen Wiener philharmonischen Saison immer noch »Nicolai-Konzert« genannt wird, so mag das (obwohl viele den Ursprung dieses Namens kaum noch kennen) ein Beweis seines Wertes sein. Er begann in der Heimatstadt bei seinem strengen Vater zu studieren, entfloh aber mit 16 Jahren nach Berlin, wo er von ersten Musikern unterwiesen wurde. 1833 ging er als Organist an der preußischen Gesandtschaftskapelle nach Rom. (Was es damals doch für Posten gab!) Bald betätigte er sich auch als Dirigent und Komponist. Er schrieb Opern in zwei Sprachen: deutsch und italienisch, was zu jener Zeit schon sehr selten geworden war. Lagen doch Glucks und Mozarts Tage etwa ein halbes Jahrhundert zurück, und es gab nicht mehr viele, die Webers und Bellinis Sprache gleichmäßig in der Musik beherrschten. Nachdem er schon einmal vorübergehend in Wien gelebt hatte, kehrte er 1841 als Kapellmeister an die Oper dieser Stadt zurück. Noch im gleichen Jahre organisierte er deren Orchester zu einem konzertierenden Klangkörper – eben den »Wiener Philharmonikern« – dessen Weltruhm bis heute nicht verblaßt ist. Sechs Jahre später ging er nach Berlin, wo er Kapellmeister der Königlichen Oper und Leiter des Domchors wurde. Seine »Lustigen Weiber von Windsor« nahm er bereits halbfertig im Gepäck mit. Sie brachten ihm an seiner neuen Wirkungsstätte einen großartigen Erfolg. Doch dann griff das Schicksal in dieses von Siegen und Bitternis gemischte Leben: Nicolai starb, knapp 39jährig, am 11. Mai 1849 in Berlin.

Die lustigen Weiber von Windsor

Komisch-phantastische Oper in drei Akten. Textbuch, nach Shakespeare, von Hermann S. Mosenthal.
Originalsprache: Deutsch
Personen: Sir John Falstaff (Baß), Herr Fluth und Herr Reich, Bürger von Windsor (Bariton und Baß), Fenton (Tenor), Junker Spärlich (Tenor), Dr. Cajus (Baß), Frau Fluth (Sopran), Frau Reich (Mezzosopran oder Alt), Jungfer Anna Reich (Sopran), Bürger, ein Wirt, ein Kellner, Kinder.
Zeit und Ort: Windsor in England, Anfang des 17. Jahrhunderts.
Handlung: Die Ouvertüre stellt ein wahres sinfonisches Glanzstück dar, das auch außerhalb der Oper tausende Male erklungen ist. Mitreißend, stimmungsvoll, innig, brillant instrumentiert, bietet sie eine ideale Einleitung in die vergnügte, abwechslungsreiche Handlung des Werkes.

Mit einem Duett der beiden Frauen Fluth und Reich beginnt die Oper. Sie haben gleichlautende Liebesbriefe Falstaffs erhalten und sind nicht wenig entrüstet darüber. Doch Frau Fluth tritt dem Gedanken ihrer Freundin, den Vorfall den Gatten zu erzählen, entgegen. Da wäre ja der Spaß zu Ende, bevor man ihn noch recht erlebt habe. Nein, dem alten, dicken Schwerenöter müsse ein Streich gespielt werden. Während sie ins Haus Fluths treten, um den Plan zu besprechen, erfahren wir von den Schwierigkeiten, in denen sich Herr Reich in bezug auf die Wahl eines Schwiegersohnes befindet. Er verspricht seine Tochter Anna dem Junker Spärlich, der über ein großes Vermögen verfügt; doch ist der Franzose Dr. Cajus bereit, um sie zu kämpfen, aber am innigsten liebt Fenton sie, der arm ist und mit einem Appell an seine Gefühle den klug rechnenden Reich vergebens umzustimmen sucht.

In Fluths Hause spielt das zweite Bild. Alles ist zum »würdigen« Empfang des lächerlichen Verehrers vorbereitet. Motto: »Nichts sei zu arg, wenn's dazu diene, die Männer ohn' Erbarmen zu bestrafen. Das ist ein Volk – so schlecht sind sie, daß man sie gar genug nicht quälen kann!« Frau Fluth probt noch schnell, in einer komisch übertriebenen Arie, wie sie Falstaff empfangen will. Als er dann kommt, verläuft die Szene ein wenig anders, da der Ritter sofort zum Sturmangriff übergeht. Da stürzt Frau Reich herein – während Falstaff sich schnell hinter einen

Wandschirm rettet – mit der schreckerregenden Nachricht, Herr Fluth nahe sich wutschnaubend dem Hause, in dem er einen Liebhaber seiner Frau vermute! Schnell muß Sir John in einen bereitstehenden Wäschekorb gezwängt werden, den die Diener forttragen und auf Frau Fluths heimliche Weisung in den Fluß werfen. Inzwischen durchtobt der Ehemann, ehrlich entrüstet, das ganze Haus. Nichts ist zu finden, und reumütig bittet er seine Gattin um Verzeihung, die kunstgerecht alle Zustände der gekränkten, einer Ohnmacht nahen Ehefrau gespielt hat. Als Tyrann gebrandmarkt, steht Fluth vor der ganzen Stadt da.

Am Morgen des folgenden Tages sitzt Sir John in einem Gasthause und trinkt mit den Bürgern, wobei er das Lied »Als Büblein klein an der Mutter Brust« anstimmt. Dann erhält er den Besuch eines Herrn »Bach«, der ihn, da er als erfahrener Verführer bekannt sei, in einer Liebesangelegenheit um Rat fragen kommt. Der Gast behauptet, in eine Frau Fluth verliebt zu sein, die ihm aber, unter Anrufung ihrer Tugend, widerstehe; könne er ihr nun das Gegenteil nachweisen, etwa daß sie Sir Johns Drängen nachgegeben, wie anders stünden dann seine eigenen Aussichten! Falstaff, höchst geschmeichelt, erzählt dem Fremden, daß er sich gerade auf dem besten Wege zu dieser Eroberung befinde; gestern sei er dabei unterbrochen worden, da der Gatte – ein ausgemachter Dummkopf, wie er erfahren habe – heimgekommen sei und Sir John sich nur in einem Wäschekorb und durch ein unfreiwilliges, kaltes Bad habe retten können. Aber heute werde sie ihm nicht entkommen; schon nahe die Stunde des entscheidenden Stelldicheins.

Zähneknirschend, aber scheinbar hochbeglückt, geht der angebliche Mr. Bach (kein anderer als Herr Fluth) mit dem ungeduldig auf sein Abenteuer brennenden Sir John ab.

Eine Szene im Garten Reichs unterbricht die Haupthandlung. Fenton und Anna schwören einander neuerlich Liebe fürs Leben, wobei sie von Spärlich und Cajus belauscht werden. Ein reizendes Quartett ergibt sich aus der Situation.

In Fluths Haus durchwühlt der rasende Hausherr den Wäschekorb, in dem er Sir John vermutet. Doch heute ist nur Wäsche darin, die der Tobende umherstreut. Seine Helfer kommen, die er zur Rache aufgeboten: Spärlich, Cajus und Reich. Bevor sie noch das Haus durchsuchen, öffnet sich das Nebengemach, und Frau Reich führt eine uralte Frau heraus, die »Muhme der Magd«, der Fluth vor langer Zeit aller möglicher Zaubereien wegen das Haus verbot. In Wirklichkeit ist es der verkleidete Falstaff, der – im Falsett – seine Rolle als altes Weib spielt und von dem wütenden Fluth aus dem Hause geprügelt wird. Dann geht die Jagd los, mit dem gleichen negativen Ergebnis wie am Vortag.

Anna schreibt dem geliebten Fenton einen Brief, in dem sie ihn um Mitternacht in den Wald bittet, wo sie, als Titania verkleidet, ihn erwarten will.

Dorthin ist auch Falstaff bestellt worden. In des sagenhaften Jägers Herne Gewand soll er sich einfinden, um endlich zur ersehnten Liebesstunde mit Frau Fluth zu kommen. Doch dieses Mal sind nicht nur die Frauen, sondern auch die Männer von Windsor im Spiele. Sie sind eingeweiht worden von ihren im Grunde doch treuen Frauen und wollen nun dem dicken Ritter einen letzten, tollsten Streich spielen. Zauberhafte Atmosphäre umgibt das nächtliche Waldesdunkel (von der schönen Melodie untermalt, mit der die Oper beginnt).

Frau Fluth und Frau Reich treffen Falstaff an, der überglücklich ist, nun sogar zwei Frauen betört zu haben. Doch da erscheinen Elfen und Geister in lustigem Tanze. Sie geben vor, die Anwesenheit eines Menschen zu spüren. Sie suchen und finden Falstaff, der dem König der Geister, Herrn Reich, vorgeführt wird. Der Eindringling wird nun von »Mücken«, »Wespen«, »Fliegen« gepeinigt und mit dem Tode bedroht. Endlich klärt man ihm alles auf. Es waren die Streiche der lustigen Weiber von Windsor! Aber doch nicht alles geht so aus wie die Urheber des Planes wollten. Anna heiratet Fenton und nicht Spärlich. Unter frohen Chören, die sich an das Publikum richten, schließt die vergnügliche Oper.

Quelle: Shakespeares Komödie vom tragikomischen Sir John Falstaff und den listigen und lustigen Frauen von Windsor ist mehrmals mit Musik ausgestattet worden, doch sind alle diese Werke, die vor Nicolai liegen, vergessen (ein Singspiel von Peter Ritter, eines von Dittersdorf, eine Oper Salieris und eine englische von M. W. Balfe). Hingegen gelangte eine spätere Oper, der »Falstaff« Verdis, bekanntlich zu höchstem Weltruhm.

Textbuch: Der junge Mosenthal (1821–1877)

schrieb ein entzückendes Libretto, dem es allerdings an der Tiefe jenes, das Boito für Verdi schuf, mangelt. Doch hätte diese auch kaum in den Lustspielcharakter gepaßt, der damals die typisch deutsche Spieloper auszeichnete. Falstaff ist hier eine durchaus lächerliche Gestalt, was bei Boito-Verdi keineswegs der Fall ist (und bei Shakespeare natürlich auch nicht). Die Szenen sind lustig, dramatisch gut geschürzt, mit dem notwendigen Schuß Lyrik versehen. Die gesprochenen Texte sind auf ein Minimum reduziert und werden an vielen Bühnen sogar durch von Heinrich Proch nachkomponierte Rezitative ersetzt, was diese urdeutsche Spieloper (nicht sehr glücklich) der italienischen Opera buffa anzunähern sucht.

Musik: Sie ist geistvoll und inspiriert von Beginn bis zum Schluß. Glänzend gekonnt in jeder Beziehung, melodiös, stimmungsvoll. Eines der wenigen echten Lustspiele, die es auf der Opernbühne gibt! Nicolais Pech war es, daß Verdi sich an das gleiche Sujet machte und an Tiefe, an menschlicher Weisheit, an Genialität – nicht zuletzt auch durch den riesigen Altersunterschied! – dem jungen Ostpreußen weit überlegen war. Trotzdem ist Richard Strauss' Äußerung: »›Die lustigen Weiber von Windsor‹ sind eine hübsche Oper, der ›Falstaff‹ aber eines der größten Meisterwerke aller Zeiten« zwar objektiv vertretbar, aber ohne Zweifel zu scharf formuliert.

Geschichte: Ende 1845 begann Nicolai in Wien an diesem Werke zu arbeiten. Als die Hofoper eine Aufführung ablehnte, ging er nach Berlin, verabschiedete sich aber in einem Konzert der Philharmoniker mit Bruchstücken aus den »Lustigen Weibern von Windsor«. Die Premiere verzögerte sich bis zum 19. März 1849. Nicolai erlebte in der Berliner Königlichen Oper den letzten Triumph seines Lebens, das zwei Monate später erlosch.

Luigi Nono

1924

Ein revolutionärer Musiker, ein Neo-Humanist, ein Aufrüttler, ein Bekenner, das alles ist der am 29. Januar 1924 in Venedig Geborene, der jung Aufsehen erregte, zu Ansehen und Beachtung kam. Er fühlte sich in sozialem und politischem Sinne zeitgebunden wie kaum ein anderer Komponist seiner Generation. Gesinnungsmäßig setzt er gewissermaßen Weill fort, aber musikalisch kommt er aus einer ganz anderen Welt. Suchten jene Künstler, die »Maschinendichter« der zwanziger Jahre, »einfach« zu sein, harte und klare Melodien in die Köpfe zu hämmern, Maschinenrythmen in Kunstmusik zu übertragen, großflächig, plakatartig zu malen, sich volkstümlich-derb in Sprache und Ausdruck zu geben, Songstil für die Massen zu schaffen, so kommt Nono von Webern her, von Schönberg (der sein Schwiegervater wurde) und ist Kampfgefährte aller Experimentierer, aller »seriellen« Komponisten seiner eigenen Zeit, schreibt also Musik von ungeheurer Kompliziertheit, auf die kein früheres Gesetz anwendbar ist.

In seiner Oper »Intolleranza« – die auf den Bühnen auch anderer als lateinischer Städte mit diesem überall verständlichen, anklägerischen Titel aufgeführt wird – ist alles bis zu physisch wie psychisch schwer erträglichen Höhepunkten gesteigert, ja hochgepeitscht. Beruhen andere Kunstwerke auf der weisen, naturgegebenen Wechselwirkung von Ruhe und Erregung, von Lyrik und Dramatik, von Tragödie und Satyrspiel, so gibt es in »Intolleranza« nichts als die auf einem schwindelerregenden Höhengrat zwischen Leben und Tod verlaufende Verzweiflung, den rasenden Kampf gegen das Unrecht, die totale Vernichtung. Ein »Flüchtling« (wie er auf dem Theaterzettel einfach genannt wird), namenloses Mitglied der Millionenarmee der Entwurzelten, Heimatlosen, ein Fremder, ein »Fremdarbeiter« vielleicht, sehnt sich fort, wird denunziert, von den Schergen der Gewalt, der Diktatur gepackt, gefoltert. Flieht, gelangt in ein anderes Land, aber damit nicht in die Freiheit, sondern in die ebenfalls unmenschliche Maschine der Bürokratie, in das absurde System der Stempel und Akten, hinter denen längst jedes menschliche Gefühl, jede Persönlichkeit erstorben ist (Menotti hat es in seinem »Konsul« großartig-gespenstisch geschildert). »Eine Gefährtin« gesellt sich ihm zu, gemeinsam kämpfen sie gegen die steigende Flut der Unduldsamkeit, gegen den Haß, gegen die Atombombe, gegen die Ausrottung der Menschheit. Als der Horizont sich vor ihnen zu lichten scheint, reißt eine neue Sintflut alles mit sich fort in den Untergang. Zu dieser Idee von Angelo Maria Ripellino hat Nono Musik geschrieben. Ist es noch Musik? Überlassen wir die Beantwortung dieser Frage einer späteren Zeit. Es ist das Getöse unserer Welt, der Lärm unseres Lebens, der aus Verzweiflungsschreien, brüllenden Kommandostimmen, platzenden Bomben, grellen Propagandaslogans, johlender Grausamkeit, gemeinem Vergnügen grauenhaft gemischt ist. Sollen wir von einem solchen Zeitdokument »Melodie« verlangen, reine oder gar wohltuende Klänge? Nono hat etwas von einem Visionär. »Die Absicht ist edel und lauter und rein«, heißt es in Mozarts »Zauberflöte«; Nonos Absicht ist es auch. Es ist der Kampf, das Aufrütteln gegen jede Art von Intolleranza, von Unduldsamkeit, gegen jede Gewalt, jede Unterdrückung, jede Lüge, jede Versklavung, jede Zerstörung, gegen Diktatoren und Konzentrationslager, gegen Untergang durch Atombomben, aber auch gegen die tote »Ordnung« einer entmenschten Bürokratie. Die »Musik« zu diesem an sich großartigen, unbedingt zu bejahenden politischen Manifest ist neu, »unerhört« im wörtlichen Sinne. Sie mischt elektronische Klangballungen, die aus mehrfach im Raum verteilten Lautsprechern tönen, mit wilden Orchesterklängen, über die nur die Schreie der in höchsten Lagen geführten Singstimmen zeitweise schrill hinaustönen, ohne auch nur ein einziges Wort verständlich werden zu lassen. Wäre das die Idee – keine Sprache mehr zu verwenden, sondern nur allen Völkern und Rassen gemeinsame Urlaute, Urschreie, die aus Urangst, Urverzweiflung stammen – es wäre ein packendes Experiment. Aber es gibt einen Text (für dessen deutsche Übertragung man sogar einen Dichter wie Alfred Andersch bemüht hat), der völlig unverständlich bleibt inmitten des rasenden Tobens entfesselter, betäubender Klangmassen. Ein Aufruf an die Menschheit; aber er bleibt unklar, er geht im Gewirr unserer Zeit unter. Ist das der Sinn? Ist eine Sintflut das Ende unserer Epoche? Sind wir ausweglos im Grauen befangen? Ist die grelle Atombombenexplosion das einzige Licht unserer Ära? Kein Wunder, daß Nonos »Intolleranza« Leidenschaften aufrührt. Wäre unsere Epoche nicht innerlich so müde, so zerbrochen, diese seltsame »Oper« müßte Revolutionen entfesseln. Die bisherigen Aufführungen entfesselten nur Diskussionen. Die Premiere in Venedig (am 13. April 1961) verursachte einen riesigen Skandal, zu dem allerdings eine Gruppe politischer Gegner das meiste beitrug. Fast ein Jahr später kam es bei der deutschen Uraufführung in Köln zu neuerlichen Kundgebungen, die hier reineren Ursprungs waren und um Gültigkeit der künstlerischen Aussage gingen. Der Kampf im Zuschauerraum tobte lange. Die Gegner standen hier gegen die Musik, nicht gegen die Gesinnung. Kann »Intolleranza« aufgeführt werden und konventionellen »Beifall« hervorrufen? Es ist fast undenkbar, es wäre eigentlich eine Verkennung, eine Verkleinerung, eine Mißachtung der Botschaft. Doch Nono hat ihr künstlerische Form gegeben und sie vom Politischen auf eine andere Ebene gestellt, auf der Gesinnung nicht mit Können identifiziert werden darf. Und so rührt »Intolleranza« an Probleme, die zu diskutieren unser Buch – so faszinierend eine gründliche Auseinandersetzung wäre – nicht das Forum sein kann.

Jacques Offenbach
1819–1880

Am 20. Juni 1819 wurde der künftige Begründer und König der französischen Operette in Köln am Rhein als Sohn eines Musikers und jüdischen Tempelsängers namens Isaac Juda Eberst geboren, der seiner Vaterstadt Offenbach am Rhein wegen »der Offenbacher« genannt wurde und diesen Namen schließlich auch legal angenommen hatte. Jakob, der spätere Jacques, erhielt mit sechs Jahren den ersten Geigenunterricht, komponierte mit acht, begann mit neun auffallend begabt Violoncello zu spielen. 1833 bringt der Vater seine beiden Söhne – auch Julius ist musikalisch begabt – nach Paris. Jakob soll in das berühmte Konservatorium, doch dessen Ausländerverbot scheint die Aufnahme unmöglich zu machen. Der Direktor persönlich, der große Luigi Cherubini, ordnet eine Ausnahme für den jungen Kölner an. Doch dieser nimmt bereits ein Jahr später Abschied und tritt als Cellist ins Orchester der Opéra Comique ein. Im Jahre 1838 schließt er mit dem in Paris lebenden deutschen Komponisten Friedrich von Flotow Freundschaft. Er gibt das Orchester auf und schlägt sich mit Unterricht durch. 1844 heiratet er, wobei er zum Katholizismus übertritt. 1848 flüchtet er mit der Familie vor den Revolutionswirren nach Köln, wo er in einem Domkonzert mitwirkt. Zurückgekehrt nach Paris, wird Offenbach für einige Jahre Kapellmeister an der Comédie Française. Er komponiert nun seinen ersten aufsehenerregenden Erfolg: »Fortunios Lied«. 1855 ist er so weit, sein eigenes Kleintheater, die »Bouffes parisiens« eröffnen zu können. Indessen komponiert er unermüdlich und es entstehen, unter verschiedensten Gattungsbezeichnungen wie Bouffe, Opéra Féerie, Vaudeville, Musiquette usw. musikalische Lustspiele ironischen und parodistischen Inhalts, in denen man den Beginn der Operette sehen kann. 1858 wird »Orpheus in der Unterwelt«, 1864 »Die schöne Helena« zum Welterfolg. Keine Wirkung erzielte 1864 die Oper »Die Rheinnixen«, die in der Wiener Hofoper gespielt wird und die später in »Hoffmanns Erzählungen« so berühmt gewordene »Barkarole« enthält. Von den weiteren insgesamt 102 Bühnenwerken Offenbachs seien noch genannt: »Pariser Leben«, »Blaubart«, »Die Großherzogin von Gerolstein«, »La Périchole«, »Die Insel Tulipatan«. Offenbachs Musik ist immer witzig und geistvoll, seine Werke bedeuten Frohsinn, Ausgelassenheit, gesellschaftliche Satire, schonungslose Kritik an Zeitumständen. Die »Offenbachiade« wurde zum Begriff. Offenbach schildert die Zustände aus dem Paris seiner Zeit, boshaft, mit Ironie, aber nie ohne Verständnis und mit einer deutlicher Zuneigung. 1879 lädt er Freunde und Prominente zu einem Hauskonzert, in dem Bruchstücke aus einer ernsten Oper vorgeführt werden. Ein Jahr später arbeitet er, schwer krank, immer noch an ihr; als er am 5. Oktober 1880 stirbt, sind »Hoffmanns Erzählungen« nicht völlig abgeschlossen, werden dann aber, von Ernest Guiraud vollendet, zu einer beliebten und mit Recht bis heute immer wieder gespielten Repertoire-Oper.

Hoffmanns Erzählungen

Phantastische Oper in 3 Akten, Vor- und Nachspiel, von Jules Barbier nach dem Schauspiel von J. Barbier und Michel Carré über Erzählungen E. T. A. Hoffmanns.
Originaltitel: Les contes d'Hoffmann.
Originalsprache: Französisch.
Personen: Olympia – Giulietta – Antonia – Stella (evtl. von der gleichen Sopranistin darzustellen), Lindorf – Coppelius – Dapertutto – Dr. Mirakel (vom gleichen Bariton zu singen), Andreas – Cochenille – Pitichinaccio – Franz (vom gleichen Tenor zu geben), Hoffmann, Dichter (Tenor), Niklaus, sein Freund (Mezzosopran), Spalanzani (Tenor), Nathanael (Tenor), Crespel (Baß), Lutter (Baß), Hermann (Bariton), Schlemihl (Baß), Studenten, Damen, Herren, Diener u. a.
Zeit und Orte: Vor- und Nachspiel in Berlin; dazwischen Venedig und zwei ungenannte Städte, zu Beginn des 19. Jahrhunderts.
Handlung: Der Prolog führt uns in Lutters Weinkeller, dem Treffpunkt der Berliner Studenten in unmittelbarer Nähe des Theaters. Dort beobachtet der Stadtrat Lindorf, wie der Diener der Sängerin Stella einen für den Dichter Hoffmann bestimmten Brief bringt. Der hat nun, von weiten Reisen, aus vielerlei Abenteuern heimgekehrt, Lutters Weinstube zu seinem (viel zu oft frequentierten) Stammlokal gemacht, wohin ihm eine Gruppe junger Männer zu folgen pflegt, um seinen faszinierenden Erzählungen und Phantasien zu lauschen. Im Augenblick befinden sie alle sich noch im benachbarten Opernhaus, wo soeben der erste Akt von Mozarts Oper »Don Giovanni« zu Ende geht und die Diva Stella bejubelt wird. Nur Lindorf ist bereits in der Weinstube, wo er Stellas Diener abfängt; er wird in immer wieder veränderter Gestalt durch alle Erzählungen Hoffmanns gehen: sein böser Geist, ein Dämon, dem der Dichter im täglichen Leben nie beikommen konnte. Und noch ein Wesen ist im Spiel (es wird in mancher Fassung, fälschlicherweise, weggelassen, obwohl es zuletzt höchste Bedeutung erlangt): Hoffmanns Muse, seine Inspiration, seine Dichtkunst. Also auch sie, so wie Lindorf, kein völlig »reales« Geschöpf, eher Angehörige eines »Zwischenreichs«, wie die Romantik es oft auf die Bühne brachte. Lindorf will die schöne Stella besitzen, von der er weiß, daß sie

früher in irgendeiner Stadt die Geliebte Hoffmanns war. Nun sendet sie ihm einen Brief mit dem Schlüssel ihres Gemachs. Er kauft dem Diener beides ab, und so wird Hoffmann sich, wie fast jeden Abend, hier sinnlos betrinken. Lindorf kann seinen Triumph auskosten. Die Studenten füllen das Lokal, dann kommt, lärmend begrüßt, Hoffmann, wie immer von seinem Freunde Niklaus begleitet, in dem man eine irdische Verkörperung der Muse sehen kann (und der deswegen auch stets von einer Frauenstimme gesungen wird). Auf allgemeines Verlangen singt Hoffmann die Ballade vom »Klein Zack«, einem buckligen Zwerg. Doch seine Gedanken schweifen ab. Er denkt an Stella, die er in der Stadt weiß, und die Erinnerung an sie mischt sich mit Bildern anderer Frauen seiner Vergangenheit. Verwunderte Zurufe zeigen ihm, daß er statt des Krüppels ein herrliches Weib besingt; er kommt zu sich und beendet die burschikose Ballade, zu der die Studenten den Refrain singen. Doch deren Neugier ist geweckt. Sie beschließen, nicht ins Theater zurückzukehren, wo eben die Pause zu Ende geht, sondern Hoffmann zu lauschen, wenn er ihnen die Geschichte seiner Liebesabenteuer erzählen wolle. Punsch wird aufgefahren, die Spannung steigt. Und Hoffmann beginnt: »Die erste ... hieß Olympia!«

Nun erlebt der Hörer und Zuschauer Hoffmanns Erzählungen. Die Taverne verschwindet, und an ihre Stelle rückt das geheimnisumwitterte Zauberkabinett des Professors Spalanzani, dessen neueste Erfindung eine wundervolle Puppe ist, die singt und tanzt, sich graziös bewegt und so natürlich wirkt, daß man sie für ein junges Mädchen halten könnte. Besonders schön sind ihre Augen: die hat Coppelius beigesteuert, der sich aber von Spalanzani übervorteilt fühlt. Um die Täuschung vollkommen zu machen, verteilt der Professor Brillen an alle Besucher, die er zu einem Fest geladen hat. Hoffmann hat die Puppe von der Straße aus beobachtet und sich in sie verliebt. Als »Schüler« erlangt er Einlaß in das Haus des Zauberers, um sich dessen vermeintlicher Tochter Olympia nähern zu können. Diese wird heute den Gästen vorgestellt und entzückt alle Anwesenden mit ihrer Koloraturarie (die trotz lyrischer Melodie stets den Eindruck des Mechanischen macht und bei mehrmaligem Sinken der Stimme durch Aufziehen eines Uhrwerks im Rücken der Puppe wieder in Gang gesetzt werden muß). ①
Alle applaudieren der gelungenen Konstruktion, nur Hoffmann lebt im Wahn, ein lebendes Mädchen vor sich zu haben. Endlich kann er mit Olympia tanzen, und als sie auf sein stürmisches Werben mit dem mehrmals monoton ausgespro-

chenen »Ja« antwortet, glaubt er sich im Himmel. Doch ein Streit zwischen dem Zauberer und seinem Helfer Coppelius, den Spalanzani mit einem ungedeckten Scheck abfinden wollte, bringt das Ende Olympias, die von Coppelius (unzweifelhaft einer Inkarnation des im Vorspiel aufgetretenen Lindorf) zertrümmert wird. Hoffmann hat eine Puppe geliebt!
Mit der weltberühmten Barkarole beginnt der zweite Akt. Offenbach entnahm sie seiner älteren Oper »Die Rheinnixen«, die 1864 in Wien keinen Erfolg gehabt hatte. Nun ist sie zu einer großen venezianischen Szene ausgestaltet, ein prunkvolles, sinnliches Bild der Lagunenstadt.
②
Hoffmann hat sich in die Kurtisane Giulietta verliebt, ohne zu ahnen, daß diese ein Werkzeug des Teufels ist. In einem Spiegel fängt sie nicht nur das Bild, sondern auch die Seele ihrer Liebhaber ein, um sie dem Bösen, hier durch Dapertutto verkörpert, auszuhändigen. Schlemihl, ihr derzeitiger Geliebter, wird im Zweikampf von Hoffmann erstochen. Doch als der Dichter in die Gemächer Giuliettas eindringt, trifft er sie dort nicht an, sie fährt soeben mit einem anderen in einer Gondel auf die Lagunen hinaus. Die Barkarole verklingt leise, während Hoffmann mit seinem treuen Freunde Niklaus flieht.
Der dritte Akt führt uns in das bürgerliche Heim des Musikers Crespel, der seine Tochter Antonia vor der von der Mutter geerbten Schwindsucht retten will. Dazu muß sie dem heißgeliebten Gesang entsagen, dessen Talent sie ebenfalls von der Verstorbenen erbte, und sie muß von Hoffmann, den sie liebt, getrennt werden, denn der Dichter weckt, ohne von der Gefahr zu ahnen, in der sie steckt, immer wieder die Begeisterung für die Musik in ihr. Ein Wohnungswechsel in eine fremde Stadt scheinen den Beziehungen ein Ende gesetzt zu haben. Crespel ermahnt den Diener Franz vor dem Ausgehen, niemanden das Haus betreten zu lassen. Es dauert lange, bis der fast taube Alte versteht, aber selbst dann hat er – der sich in einer amüsanten Arie an seine »Blütezeit« erinnert – falsch verstanden und läßt Hoffmann ein. Leidenschaftlich stürzt Antonia in seine Arme, ein berauschendes, mitreißendes Duett vereint die beiden Stimmen. Der Vater kehrt heim, Hoffmann versteckt sich und wird so entsetzter Zeuge der folgenden Szene: Dr. Mirakel betritt den Raum, der gespenstische, dämonische Arzt, der Antonias Mutter »behandelte« und dessen Gegenwart Crespel nun als tödlich für seine Tochter empfindet. Verzweifelt kämpft der Vater, aber es ist unmöglich, sich des teuflischen Besuchers zu erwehren. Dieser stellt eine geheimnisvolle Verbindung zu der in ihr Zimmer geflüchteten

Antonia her, fühlt der Abwesenden den Puls, befragt sie, befiehlt ihr zu sprechen, zu singen. Mirakel begleitet ihr Lied ③ mit dem unheimlichen Klappern seiner Fläschchen. Endlich kann Crespel ihn hinausdrängen, aber der satanische Gast kehrt durch die Wand wieder und setzt den tollen Spuk fort. Mit letzter Anstrengung vertreibt Crespel den Eindringling abermals und geht, während ihn die Kräfte vollends verlassen, ab. Antonia erscheint, Hoffmann eilt ihr entgegen: Jetzt versteht er des Vaters Gebot, nie mehr zu singen. Schweren Herzens und ohne ihr die Wahrheit preisgeben zu können, fleht nun auch er Antonia an, dem Gesang für immer zu entsagen. Doch da erscheint Mirakel plötzlich wieder, Antonia hört seine Stimme und kämpft einen verzweifelten Kampf gegen seine Aufforderung, zu singen. Mirakel verhöhnt sie: Einer Liebschaft willen wolle sie auf die Kunst verzichten? Und sie wage es noch, die tote Mutter anzurufen, unter deren Bild Antonia niedergesunken ist? Die Mutter solle selbst entscheiden! Und aus dem geheimnisvoll aufleuchtenden Bild wird die Stimme der Toten vernehmbar, reißt Antonia in den Gesang mit, zu dem Mirakels düsterer Bariton einen unheimlichen Kontrapunkt webt. ④ Auf dem Höhepunkt des prachtvollen und zugleich schaurigen Terzetts bricht Antonia sterbend zusammen. Crespel kommt zu spät. Er hält die Sterbende in seinen Armen. Er will sich auf Hoffmann stürzen, den er für den Schuldigen hält. Hoffmann ruft nach einem Arzt: In der Tür steht Mirakel, fühlt Antonia den Puls. Das Mädchen ist tot.
Dies sind die drei Erzählungen Hoffmanns. Atemlos haben die Umstehenden gelauscht, längst sind die Krüge auf den Tischen nicht mehr berührt worden. Hoffmann, in Ekstase und vom Alkohol berauscht, bietet das Bild eines Unzurechnungsfähigen. Aus einiger Entfernung betrachtet ihn, nüchtern und kalt, Lindorf. Er gleicht auffallend Coppelius, Dapertutto, Mirakel: alle drei sind wohl nur Verkörperungen jenes Bösen, das Hoffmanns sämtliche Liebesträume zunichte gemacht hat. Stella öffnet die Tür, überblickt die Lage, ohne sie sich deuten zu können. Galant bietet Lindorf ihr seinen Arm und geleitet sie aus dem beschämenden Spektakel, das ihr einstiger Geliebter ihr bietet. Die Lichter verlöschen, die Menschen verlieren sich langsam. In mildem Glanze erscheint nun die einzige Frau, die Hoffmann nie enttäuschte und die ihn nun sanft in ihr Reich führt: die Muse.

Quelle: Ernst Theodor Wilhelm Hoffmann (1776–1822) war einer der führenden deutschen Dichter – aber auch Musiker, Komponist, Maler, Bühnenbildner, Karikaturist, Jurist, Staatsbeamter – in der Frühzeit der Romantik, zu deren Durchbruch er nicht wenig beitrug. Er änderte aus Mozartverehrung seinen dritten Vornamen in Amadeus und ging so als E. T. A. Hoffmann, aber auch als »Geister-Hoffmann« oder »Gespenster-Hoffmann« in die Geschichte ein. Seine Stärke war die Schilderung des Übersinnlichen, fast alle seine Werke grenzen an okkulte Bereiche, umkreisen das Skurrile, Unheimliche, Phantastische.
Textbuch: Die namhaften Pariser Bühnenautoren Jules Barbier und Michel Carré, begeisterte Anhänger Hoffmanns, brachten 1851 ein Werk auf die Bühne, in dem sie überaus geschickt, ja sogar inspiriert viele Gestalten aus den Schriften Hoffmanns zu einer gemeinsamen Handlung rund um den Dichter zusammenfügten. Offenbach ging das Stück, das er gesehen hatte, mehr als 20 Jahre lang nicht mehr aus dem Kopf. Dann beschloß er, es zu vertonen. Jules Barbier (1825–1901) unternahm es, das Theaterstück zum Libretto umzuarbeiten. Es entstand ein ungemein lebendiges, farbiges Libretto voll Handlung und Spannung, mit mancherlei übersinnlichen Erscheinungen, mit Spuk und Magie, aber auch mit Leidenschaft und Liebe, mit Spiel und Technik, Krankheit und Tod. Leider läßt sich nicht mehr einwandfrei feststellen, in welcher Reihenfolge das Originallibretto die Szenen setzte: Olympia-Antonia-Giulietta, oder Olympia-Giulietta-Antonia? Es gibt auch noch andere, nicht unbeträchtliche Varianten zwischen verschiedenen Versionen, die im Laufe von hundert Jahren auf die Bühnen gebracht wurden. Gleichviel: eines der stärksten Textbücher der Operngeschichte, eine Fundgrube für Regisseure und Bühnengestalter, war dem Theater gewonnen.
Musik: Erst in der Todesstunde, so könnte man beinahe sagen, enthüllte der Operettenkönig von Paris sein wahres Phänomen. Die Oper »Hoffmanns Erzählungen« läßt seine überschäumende Musizierfreude in reinsten Farben aufleuchten. Hier ist die melodische Eingebung stark wie nie zuvor bei ihm, die harmonische Arbeit durchdacht und feinsinnig. Hier ist er lyrisch und dramatisch – für Augenblicke natürlich und komisch, er kann es nicht lassen. Er ist sehr ernst, empfindsam, süß, sinnlich, je nach-

dem die Szene es verlangt. Er beherrscht die Arie ebenso sicher wie die kleineren und größeren Ensembles. Vieles ist genial, etwa die Passage, wo das Lied von Klein Zack aus der Schilderung des buckligen Zwergs in den Hymnus an die betörenden Reize der einstigen Geliebten übergeht; die buffoneske Szene des Dieners Franz, die wahrhaft gespenstische des Dr. Mirakel.

Geschichte: Am 18. Mai 1879 lud Offenbach zu einem Hauskonzert: Neben zahlreicher Prominenz waren die Direktoren der Pariser Opéra Comique und der Wiener Staatsoper erschienen, die Herren Carvalho und Jauner. Auf dem Programm standen viele bereits beendete Teilstücke aus der Oper »Hoffmanns Erzählungen«. Beide schien das Werk stark zu interessieren. Aber Offenbach konnte es nicht mehr beenden. Im August 1880 beschrieb er seiner Tochter die Details seiner Kompositionstätigkeit, woraus geschlossen werden kann, daß an der Oper noch wesentliche Teile fehlten. Offenbach war schwer krank und litt an Todesahnungen. Als er am 5. Oktober 1880 starb, ließ zwar die Familie verlautbaren, »Hoffmanns Erzählungen« seien vollendet und selbst für die noch fehlende Orchestrierung seien genaue Angaben des Verstorbenen vorhanden, aber diese Angaben sind durch neuere Untersuchungen stark ins Wanken gekommen. Jedenfalls wurde Ernest Guiraud eingeschaltet – der 1875 die Rezitative zu »Carmen« verfaßt hatte – und von der Familie beauftragt, das Werk »aufführungsreif« zu machen. Er entledigte sich seiner Aufgabe in hervorragender Weise. Und so gingen »Les contes d'Hoffmann« am 10. Februar 1881 über die Bühne der Pariser Opéra Comique. Allerdings vom Direktor-Regisseur Carvalho um den Giulietta-Akt gekürzt, der ihm »zu lang und verworren« schien.

Wenige Monate später, am 7. Dezember 1881 wurde das Werk zum ersten Mal in deutscher Sprache gespielt. Franz von Jauner, nun nicht mehr Direktor der Hofoper, war Leiter des »Ringtheaters« in Wien geworden, wo Offenbachs Oper mit Beifall aufgenommen wurde. Die zweite Aufführung war für den darauffolgenden Abend angesetzt; dieser 8. Dezember 1881 wurde zu einem der schwärzesten Tage der Theatergeschichte. Das Ringtheater brannte während der Vorstellung von »Hoffmanns Erzählungen« ab; es gab viele hunderte von Toten. Lange Zeit hindurch vereitelte der Aberglaube Aufführungen im deutschsprachigen Raum. Dann setzte sich das Werk hier ebenso, wenn nicht noch stärker durch als in der übrigen Welt. Das Gedenken Offenbachs zu seinem 100. Todestag brachte eine wahre Aufführungsflut gerade dieses seiner Werke, das eigentlich am wenigsten dem landläufigen Typus der »Offenbachiade« entspricht, aber ohne Zweifel sein tiefstes und schönstes Bühnenstück darstellt.

Carl Orff

1895–1982

Kein anderer deutscher Musiker seiner Generation hat ein so starkes, weltweites Interesse erweckt wie Carl Orff. Aber auch kein anderer ist so heftig umstritten wie dieser Neugestalter des Musiktheaters. Wie entgegengesetzt die Meinungen über ihn anfangs gewesen sind, geht aus kritischen Beurteilungen hervor: von »Rückfall in den Primitivismus«, »ödestem Mangel an Harmonie«, »entnervendem Einhämmern kunstlosester Phrasen«, »Negation der Musik« bis zum »genialen Schöpfer eines wahren Musiktheaters«, »würdigsten Wiedererwecker der Antike«, »Apostel eines neuen Lebensgefühls«, zur »mitreißenden Schöpfernatur« war die Rede. Man kann Orffs Werke lieben oder schroff ablehnen, beides kommt in höchster Intensität vor, aber man kann ihnen gegenüber schwer gleichgültig bleiben; und man muß erkennen, daß Orff einen völlig eigenen Stil besaß, der vom ersten Takt an in jedem seiner Werke erkenntlich ist. Der Volltreffer, den ein Werk wie »Carmina Burana« bei Hunderttausenden von Menschen aller Rassen und Völker erzielte, kann nicht von ungefähr kommen, kann nicht künstlich hervorgerufen oder durch Reklame aufgebauscht sein (die übrigens anderen Künstlern viel reicher zur Verfügung stand). Es handelt sich um das meistgespielte Werk unserer Zeit, nicht nur in allen Konzertsälen von New York bis Tokio, von

Buenos Aires bis Sydney, nein – was schwerer wiegt –, in unzählbaren Schulen und Universitäten bildet es die unbändige Freude der Ausführenden wie des Publikums. Freude! Das ist das große Wort. Etwas vom Beethovenschen »Götterfunken« ist darin, wenn wir von der Freude sprechen, die Orffs Musik auszulösen imstande ist. Sie ist elementar und übt elementare Wirkungen aus: neben der Freude, die Erschütterung etwa, das Gruseln, aber auch die Innigkeit. Als Elementarereignis steht seine Kunst außerhalb enger fachkritischer Beurteilung. Es gibt nun einmal Dinge, die einer nüchternen Analyse nicht standhalten. Ein kluger Beobachter hat einmal gesagt, von der Schönheit der Venus von Milo sei in ihrem Röntgenbild nichts zu erkennen. Orffs Werke besitzen jenes Etwas, das den sensiblen Menschen unwiderstehlich ergreift. Primitive Musik, wie seine Feinde sagen? Gewiß, primitive Musik. Aber primitiv heißt nicht nur simpel, einfältig (das heißt es sogar erst in zweiter oder dritter Instanz), es bedeutet: erstmalig, einmalig, aus einem Urzustand entwickelt. Und das sind Orffs Musik und Dichtung, die man nicht voneinander trennen kann. Theoretisch könnte jeder Musikschüler Orffs »Stil« nachahmen. Viele haben es versucht, ohne daß etwas dabei herauskam! Alle anderen, selbst die kompliziertesten Stile unserer Zeit, sind leichter nachzumachen als diese Einfachheit. Orff hat sich eine völlige Erneuerung des Musiktheaters vorgenommen. »Wer über Orff zu schreiben hat, muß die prinzipielle Bedeutung seiner Arbeit kennen, oder es hat keinen Zweck, daß er überhaupt die Feder ansetzt. Mit Orff rührt er an die Fundamente des Theaters, an mimischen Urstoff und an symbolische Weltdeutung, ans Elementarste und ans Sublimste, an reines Spiel und reinen Geist...« sagt K. H. Ruppel (mit ganz leichter Veränderung, die wir vorgenommen haben). Und: »Man wird Orffs Schaffen nicht gerecht, wenn man es ausschließlich unter musikalischen Gesichtspunkten betrachtet. Neben die Ursprünglichkeit seines Musikertums tritt gleichbedeutend die anregende Kraft seiner Ideen für das szenische Kunstwerk überhaupt, das im tönend bewegten Raum den singend und spielend bewegten Menschen als Gleichnis des Lebens widerspiegelt.« Wenn Orff vom »Urgrund Musik« spricht, so enthält dieses Wort ein Bekenntnis zur uralten Magie des Klangs. Für Orff ist die Bühne »magischer Raum« (Schneider-Siemssen). Und wie sollte man zur Magie kommen, wenn nicht auf dem Rückweg zur Primitivität? Gebärde, Wort, Tanz, Schlagzeug, Poesie, Bild: das alles erhält seine ursprüngliche – also »primitive« – Bedeutung zurück. So muß auf alles verzichtet werden, was seit damals geschah: die Modulation als harmonisches Ausdruckselement, rhythmische »Entwicklungen«, die aus der Kompositionstechnik gewonnen werden und nicht mehr »erlebt« werden können. Im Anfang war für Orff das Wort, nein: der Urlaut, denn dieser kennt keine Sprache, da er in allen Sprachen verständlich ist; hinzu kommt der ihm eingeborene Rhythmus, der zwingend und unerbittlich sein muß wie eine magische Kraft.
Orff wurde am 10. Juli 1895 in München geboren. Sein Lebensweg ist rasch nachgezeichnet: Studium an der Akademie für Tonkunst in seiner Vaterstadt, Korrepetitor und Kapellmeister in München, Mannheim und Darmstadt. Doch dann durchbricht er die übliche Musikerkarriere und gründet in München eine Bewegungs- und Tanzschule, wo er experimentieren kann. Er entwickelt seine eigenen Theorien über das rhythmische Grundelement jeder Musikalität (das er zum Baustein seines in seiner Bedeutung unmöglich zu überschätzenden »Schulwerks« machen wird), er findet Zusammenhänge zwischen Geste, Sprache und Musik, die seit Jahrhunderten verschüttet sind und im übergehemmten Menschen unserer Spätzivilisation eine ungeahnte Befreiung bewirken. Dann kommt – eigentlich ganz plötzlich und ungeheuer überraschend – seine szenische Kantate »Carmina Burana« (1937) und schlägt wie eine Bombe ein. Auf einmal ist der bis dahin nahezu Unbekannte in aller Munde. Er war 42 Jahre alt, als Werk für Werk aus ihm hervorbrach. »Carmina Burana« wurde durch »Catulli Carmina« und »Il trionfo di Afrodite« zum Tryptichon »Trionfi« ergänzt. »Der Mond« (1939), »Die Kluge« (1943), »Die Bernauerin« (1947), »Antigonae« (1949), »Oedipus der Tyrann« (1959) sind die Stationen einer konsequent eingehaltenen Entwicklung. Orff zog sich in die malerische Einsamkeit des Chiemsees zurück, wo er lange Jahre nur seinem Schaffen lebte. Dann riß ihn die weltweite Verbreitung seines »Schulwerks« neuerlich in den Strudel der Städte. Abermillionen von Kindern jauchzen ihm zu, denen er herrliche Wege zur Musik weist. Und siehe da: auch das »Schulwerk« liegt genau auf der Linie seines Schaffens, es öffnet den Zugang zu seinen Kompositionen, zeigt ihre unerbittliche Logik auf. Für manchen Skeptiker stellt Orff einen Endpunkt dar, für andere einen Neubeginn. »Merkwürdiger Fall« möchte man (mit den »Meistersingern«) ausrufen. Die Zukunft wird das Urteil sprechen.

Trionfi:
I. Carmina Burana

Cantiones profanae cantoribus et choris cantandae comitanibus instrumentis atque imaginibus magicis. (Profane Gesänge für Soli, Chöre, begleitende Instrumente und Bilder) Texte nach mittelalterlichen Vorlagen von Carl Orff.
Originaltitel: Carmina Burana
Originalsprachen: Ein stark verballhorntes Spätlatein und Mittelhochdeutsch
Gesangsstimmen: Eine Sopranistin, ein Bariton; einige Männerstimmen in kleinen Solis. Großer und kleiner Chor, Kinderchor.
Inhalt: Im Kloster Benediktbeuren schlummerten seit dem 13. Jahrhundert zahlreiche Gedichte und Lieder, die teils in stark korrumpierter lateinischer, teils in mittelhochdeutscher Sprache abgefaßt sind und von den fahrenden Scholaren jener Zeit, den sogenannten Goliarden, stammen. Sie wurden gegen Mitte des 19. Jahrhunderts unter dem Titel »Carmina Burana« (Lieder aus Beuren, Benediktbeuren) erstmalig herausgegeben, und Orff fand in ihnen eine prächtige Quelle für ein tänzerisch-szenisch-liedmäßiges Spiel, für das es schwer wäre, eine genaue Formbezeichnung zu finden. »Kantate« käme am nächsten; das Werk kann konzertmäßig dargeboten werden. Aber es darf auch bühnenmäßig gespielt werden, mit Ballett und Bewegungschor, in Kostümen und vor (vielleicht nur angedeuteten) Dekorationen, die das Rad der Glücksgöttin Fortuna darstellen. Sie ist es, die das Leben regiert, die den Frühling mit elementarer Gewalt ausbrechen läßt und in den Menschen Sehnsucht und Liebe erweckt. Das Werk ist eigentlich ein einziger Hymnus auf den Lebensgenuß, auf die Jugend, auf die Schönheit. Unbeschwert rollt das Spiel ab, ein Nehmen und Fassen, Drehen, Halten, Lassen, schicksalhaft gelenkt und ewig sich wiederholend wie der Frühling, wie die Liebe, wie das Wiedererstehen alles Lebendigen. Der erste Chor ist eine Anrufung Fortunas (in Latein); sein Inhalt ist der ewige Wechsel (in deutscher Übersetzung: »O Fortuna, deine Launen wechseln wie des Mondes Bild«). Ein Männerchor beklagt hierauf die Wunden, die das Schicksal uns schlägt. Dann beginnt das Loblied auf den Frühling. Eingängige Melodien, liedhaft schlicht geformt, ① beherrschen abwechselnd mit anderen, die wie frühchristlich-gregorianische Gesänge anmuten, das Werk. Es gibt keine Modulationen, alles ist primitiv und zwingend logisch. Die wichtigsten Klangfarben und -nuancen liefert das Orchester, in dem das Schlagwerk stark und äußerst differenziert verwendet ist. Das sechste Stück ist rein instrumental gehalten und trägt den althochdeutschen Titel »Uf dem anger« (Auf der Wiese). ② Es ist ein frohes, bewegtes, ein wenig mittelalterlich-derbes Tanzstück, das seinen rhythmischen Reiz aus dem Wechsel von vierzeitigen und dreizeitigen Takten zieht. Dann singen die Mädchen und rufen ihre Freunde, ihre Spiel- und Liebesgefährten herbei. Es blüht schon der Wald, alles grünt im Frühlingssonnenschein. (Floret, floret, floret silva), zuerst lateinisch, dann ins Mittelhochdeutsche übergehend: Gruonet der wald allenthalben.
Die Mädchen wenden sich (mittelhochdeutsch) an den Krämer: Er möge ihnen Farbe verkaufen, um die Wangen zu röten; so würden die jungen Männer schneller zu ihnen eilen ... Ein Reigen folgt, und dann das Liebeslied: »Chume, chum, geselle min« (Komme, komm, Geselle mein), ③ von zauberhaft zarter Tönung. Mit einem jubelnden »Were diu werlt alle min« (Wäre die Welt ganz mein) schließt der erste Teil. »In Taberna« (In der Schenke) spielt das zweite Bild. Hier sind es eine Reihe von Trinkliedern, die in oft recht derben, ausgelassenen Texten die kulinarischen Freuden in den Lebensgenuß einbeziehen. In diesem Teil kommen nur Männerstimmen vor. Ein Tenor besingt ironisch einen gebratenen Schwan, ein Bariton gibt ein Spottlied auf den Abt von »Cucanienis« (etwa »Kukkucksheim«) zum besten. Der dritte Teil führt uns wieder in das Reich der Liebe zurück. »Amor volat undique« lautet das erste Lied: Amor flattert überall. Ein stimmungsvolles Sopransolo, ein leidenschaftliches Werbelied des Baritons. Immer orgiastischer werden die Chöre. Burschen und Mädchen haben sich gefunden. Die Anrufung Venus' (»Ave formosissima«, Gegrüßt sei, Schönste) leitet in den letzten Gesang über. Es ist eine Wiederholung der Hymne auf Fortuna, mit der das Werk beginnt. Bei dieser szenischen Kantate ist es unmöglich, mit Worten ein Bild ihrer Wirkung zu geben. Orffs Musik erhebt die alten Gesänge in eine zauberhafte Atmosphäre. Er ist bald überschwänglich lebensfreudig, bald zart und innig, rhythmisch unerschöpflich im Einfall und von elementarer Urkraft durch die bei ihm typische Wiederholungstechnik einer klanglich-rhythmischen Urzelle. Vieles von dem, was »seinen Stil«

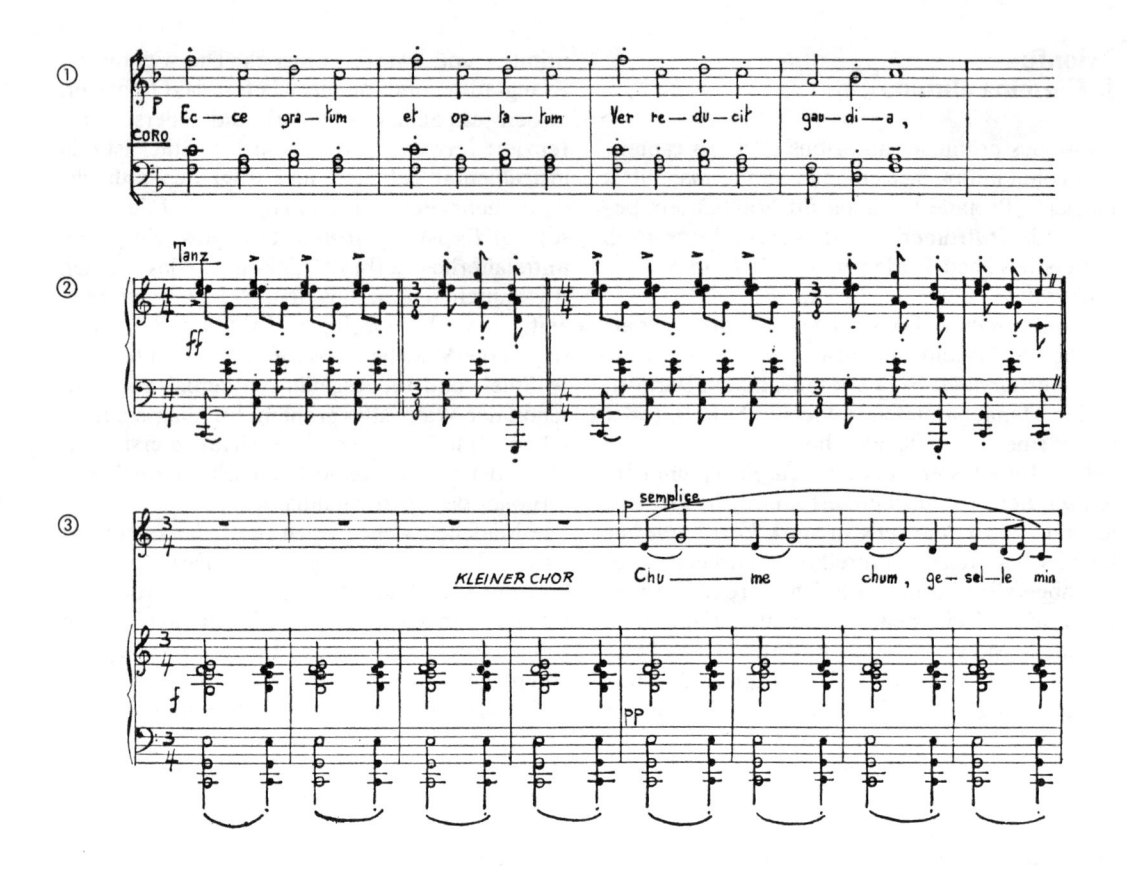

ausmachen wird, ist hier, in seinem ersten bedeutenden Werk schon klar vorhanden.

Die ganz neuartige Verwendung der reich besetzten Schlagzeuggruppe, der eine ungeahnte Fülle von Nuancen abgewonnen wird, die vollendete Verschmelzung von Wort und Ton (wobei eines sich völlig natürlich und bruchlos aus dem anderen ergibt), von Sprach- und Gesangsmelodie, das Primat des Rhythmus, aus dem gewissermaßen alles geboren wird, die Schwarz-Weiß-Malerei, die keine dynamischen Übergänge kennt und nach alter Manier die Kontraste hart nebeneinander stellt, das alles sind Züge, die man von »Carmina Burana« an als »echt orffisch« bezeichnen wird. Es ist stets etwas Holzschnittartiges in seiner Manier; trotzdem lebt alles, bewegt sich alles, ist in seiner scheinbaren Monotonie Träger faszinierendster Vielfalt.

Geschichte: Die Uraufführung als szenische Kantate fand am 8. Juni 1937 in Frankfurt am Main statt. Sofort nach Beendigung des Krieges trat das Werk einen Siegeszug um die Welt an. Es wurde später mit »Catulli Carmina« und »Il Trionfo di Afrodite« zum Triptychon »Trionfi« verbunden.

II. Catulli Carmina

Irgendwie den »Carmina Burana« verwandt und doch gänzlich anders gestaltet, schuf Orff wenige Jahre später das szenische Spiel (man könnte es auch »Madrigal-Kantate«, ja sogar »Madrigaloper« nennen) »Catulli Carmina«, was wörtlich aus dem Lateinischen übersetzt »die Gedichte oder Gesänge Catulls« heißt. In einer Rahmenhandlung versuchen Greise, des berühmten lateinischen Dichters Gaius Valerius Catullus' Liebesenttäuschung zu einer Warnung vor der Liebe im allgemeinen zu gestalten. Dann besingen Catull und die unter dem Namen Lesbia bekannt gewordene Patrizierin Clodia ihre Liebe, die mit der Untreue Clodias und dem schmerzlichen Verzicht Catulls endet, ohne allerdings deshalb die jungen Menschen von der Liebe abschrecken zu können. Hier spielen Chöre die Hauptrolle, Sologesang ist nur dem

Liebespaar zugeteilt, doch wird zumeist die Handlung von einem Tänzerpaar dargestellt, während der Gesang aus dem Orchesterraum ertönt. Orff gesellte dieses Stück den »Carmina Burana« zu und ergänzte beide später zum Triptychon »Trionfi«. (Uraufführung: 6. November 1943 in Leipzig.)

III. Il Trionfo di Afrodite

Hier besingt Orff abermals – zum dritten Male in diesem Triptychon – die Liebe, jetzt in einem magischen Ritual, in Ekstase, wie sie kaum je einem Musiker gelungen ist. In den lateinischen Text (für Orff bilden sämtliche Sprachen eine völlige Einheit, – ein Gedanke, der sein gesamtes Werk beherrscht) mischen sich griechische Worte (bei der Anrufung des Hochzeitsgottes durch die Jünglinge und Mädchen), das Orchester ist äußerst stark besetzt und weist zum Teil ungewohnte Instrumente auf (drei Klaviere, Gitarren, Glocken, Marimbaphon, Rasseln usw.), der Rhythmus ist von gewaltiger Urkraft, die Melodien kurz und hämmernd. Ein orgiastisches, ein rasendes Stück, das, wie seine Vorgänger, kaum als »Oper« zu bezeichnen ist, für das aber »szenische Kantate«, »szenisches Konzert« oder irgendein anderer Ausdruck nicht ausreicht. Orff schrieb »Trionfo di Afrodite« mehr als anderthalb Jahrzehnte nach »Carmina Burana«. Trotzdem bildete er aus diesem, aus »Catulli Carmina« und aus »Trionfo di Afrodite« einen Zyklus und nannte ihn (mit einem im Barocktheater und seinen mittelalterlichen Vorläufern gebräuchlichen Ausdruck) »Trionfi«. Es sind Triumphe der Liebe, die alle drei Male geschildert wird, jedes Mal in anderer Art, aber doch immer wieder in ihrer unbesiegbaren Kraft. Orff verwendet im letzten Teil der Trilogie Texte von Catull, Sappho und Euripides.

Die Uraufführung des »Trionfo di Afrodite« fand an der Mailänder Scala am 13. Februar 1953 statt; drei Wochen später, am 5. März 1953, erklang das Werk – konzertant – in München, am 10. März szenisch in Stuttgart.

Der Mond

Als »Kleines Welttheater« bezeichnet Orff dieses Märchenspiel, das er nach den Brüdern Grimm gestaltet hat. Zwei »Länder« sind auf der Bühne zu sehen, dazu gibt es noch ein »Oben« und ein »Unten«, den Himmel und die Hölle. In dem einen Lande ist es dunkel ①, im andern leuchtet der auf einem Baum aufgehängte Mond. Vier Burschen stehlen ihn und führen ihn ins andere Land mit. Als sie alt werden, will jeder ein Stück des Mondes mit sich ins Grab nehmen. Man tut ihnen den Willen und in der Hölle, wo sie sich treffen, setzen sie ihn wiederum zusammen. Da leuchtet er nun und verursacht ein völlig verändertes Leben. Während es dort vorher sehr still war, geht es nun zu wie auf der Erde, man rauft und liebt, man betrügt und spielt. Petrus steigt aus dem Himmel herab, um zu sehen, was los sei. Nachdem er zuerst selbst an dem Treiben teilgenommen hat, erkennt er, daß es so nicht weitergehen dürfe. Er nimmt den Mond mit sich in den Himmel hinauf und befestigt ihn an einem Stern. Ruhe kehrt in die Unterwelt zurück, und auf der Erde entdeckt ein Kind das neue Licht. »Da hängt ja der Mond!«, ruft es erfreut aus. Orff trifft die Märchenstimmung so vollkommen, daß man beinahe den Vertreter des »kultischen« Theaters in ihm vergißt; dies sind wohl seine beiden Seelen, und so verschieden sie scheinen, so bilden sie doch ein Ganzes. Märchenatmosphäre und tellurische Gewalten: beides wird in Orffs Werk lebendig. (Uraufführung: 5. Februar 1939 in München.)

Die Kluge

Die Geschichte vom König und der klugen Frau. Textbuch, nach einem Grimmschen Märchen, von Carl Orff.
Originalsprache: Deutsch
Personen: Der König (Bariton), der Bauer (Baß), seine Tochter (Sopran), der Kerkermeister (Baß), der Mann mit dem Esel (Tenor), der Mann mit dem Maulesel (Bariton), drei Strolche (Tenor, Bariton, Baß).
Ort und Zeit: Des Märchens.
Handlung: Der Bauer liegt im Kerker. Er hat auf seinem Land einen goldenen Mörser gefunden und ihn, entgegen dem Rat seiner klugen Tochter, dem König überbracht, der, ganz wie sie vorausgesehen, annimmt, er habe den Stößel unterschlagen. Auf des Königs Befehl muß der Bauer seine Tochter vor ihn bringen. Sie löst drei Rätsel und wird Königin. Zwei streitende Männer erscheinen in Begleitung dreier Strolche am Hof; der eine besitzt eine Eselin, der andere eine Mauleselin. Eines Nachts standen beide gemeinsam in einem Stall und am Morgen fand man ein Eselfüllen, das geboren worden war. Der Besitzer des Maulesels hat es an sich genommen, da es näher bei seinem Tier lag. Der König soll entscheiden. Doch der ist schlecht gelaunt, da er eben wieder im Spiel gegen seine Frau verloren hat. Er entscheidet gegen den Eselhalter, obwohl dieser sichtlich im Recht ist. Doch die »Kluge« kommt diesem zu Hilfe, verspricht ihm Rat. Und so sehen wir hernach den Herrn des Esels mit einem großen Fischnetz auf dem Boden herumkriechen. Dem erstaunten König antwortet er, er fische; wenn ein Maulesel ein Fohlen werfen könne, dann wäre es auch möglich, Fische auf trockenem Land zu fangen. Der König ahnt, daß diese Antwort nicht von ihm stammt, sondern ihm von der Königin eingegeben ist. Erbost weist er sie aus seinem Lande, gesteht ihr aber das Recht zu, mitzunehmen, was ihr am liebsten ist. Da mischt sie ihm einen Schlaftrunk und fährt ihn aus dem Schlosse. Als er wieder zu sich kommt, muß er über diesen Einfall lächeln. Wie klug sie ist! Doch sie wehrt ab: »Sag das nicht! Verstellung war's, ich hab mich nur verstellt. Klugsein *und* lieben kann kein Mensch auf dieser Welt!« ①
Quelle: Das Grimmsche Märchen von der »klugen Bauerstochter«.
Textbuch: Orff ist sein eigener Librettist und weiß Text und Musik in völlige Übereinstimmung zu bringen. Das Wort ist so primitiv und doch so raffiniert angewendet wie die Musik. Zu der hübschen Märchenhandlung hat Orff die Gestalten der Strolche hinzuerfunden, die ein wenig an die Rüpel in Shakespeares »Sommernachtstraum« erinnern, besonders wenn sie die Stallszene vor dem König darstellen.
Musik: Das märchenhafte Element ist wundervoll getroffen. So viel Anmut, so viel Natürlichkeit, so viel Komik (etwa in der Rolle der drei Strolche, die den Verlust der Ehrlichkeit auf Erden beklagen), so viel Melodie, so viel Klangzauber ist in sehr wenigen Bühnenstücken unserer Tage zu finden. Entzückt geht man aus dem Theater, froh gestimmt und die Welt mit freundlichen Augen betrachtend – und hat darüber hinaus noch genug Grund zum Nachdenken. Was will man mehr?
Geschichte: Nach der Premiere des »Mondes« begann Orff an der »Klugen« zu arbeiten. Es war in den Kriegsjahren 1941 und 1942. Diese Oper wurde in Frankfurt am 18. Februar 1943 aus der Taufe gehoben und verbreitete sich, besonders nach Kriegsende, mit großen Erfolg im deutschen Sprachraum. In anderen Ländern, wo Orff vor allem durch »Carmina burana« stark vertreten ist, brechen sich nach und nach auch andere seiner Werke Bahn. Hier bietet vor allem die Übersetzung ein gewichtiges Hindernis, denn mehr als jeder andere Komponist basiert Orff auf der Sprache, die bei ihm zur Triebkraft des tönenden Ablaufs wird.

Die Bernauerin

Dieses »bayrische Stück« in zwei Teilen liefert den Beweis, wenn es dessen bedürfte, daß Orff zu den stärksten Bühnendramatikern unseres heutigen Musiktheaters gezählt werden muß. Hier schildert er die Legende von der schönen

Badertochter Agnes Bernauer aus Augsburg, die, unter dem Vorwand der Hexerei, am 12. Oktober 1453 in der Donau ertränkt wurde. Es ist ein gesprochenes Theaterstück, mit Schauspielern – nicht Sängern – in den Hauptrollen. Und doch verwandelt die Musik, vor allem in den atemberaubenden Chören, dieses Drama in ein der Musikbühne zugehöriges Spiel. Wort und Ton fließen ineinander, unmerklich, unlösbar; niemand vermöchte zu sagen, wo die Sprache endet und die Musik beginnt. Orff ist gleich stark im Dramatischen, im Bildhaften und im Musikalischen. Wie aus alten Kirchenfenstern geschnitten ist alles, und doch voller Leben. Das Spiel beginnt in der Augsburger Badstube, wo der Thronerbe Albrecht von Bayern sich in die Badertochter Agnes Bernauer, »die Bernauerin« verliebt. Die Freunde raten ihm von dieser Liebschaft ab, die Bürger höhnen im geheimen, manche ahnen Unheil, aber der Herzog läßt nicht von seiner schönen Geliebten. Eine wunderbar innige Liebesszene zwischen Albrecht und Agnes, die sich in höchstem menschlichen Glück gefunden haben, folgt. Der Herzog hat die Bernauerin geehelicht, doch sein Vater trachtet danach, diesen Bund zu zerstören. Albrecht nimmt Abschied von Agnes, bald hofft er wieder bei ihr zu sein. Aber in der Münchner Staatskanzlei ist das Todesurteil für sie schon geschrieben; es wird Herzog Ernst zur Unterschrift vorgelegt. In einer Münchner Kirche hetzt ein Mönch die Menge gegen Agnes auf, es fällt das Wort »Hexe«. Noch sind die Freunde der Bernauerin in der Mehrzahl, aber die Verleumdung frißt sich in die Gemüter. Bewaffnete dringen in das Schloß, auf dem Agnes ihres Gatten harrt. Sie sollen sie als Hexe festnehmen. Doch sie zerreißt das Todesurteil und geht freiwillig mit, um sich zu verantworten. Was dann geschieht, schildert uns der Chor in einer erregenden, gespenstischen, shakespearewürdigen Szene. In einer wilden Ballade erzählen uns hexenartige Gestalten vom furchtbaren Schicksal der Bernauerin, die in die Donau gestoßen und grausam ertränkt wird. Albrecht kehrt zurück und sucht verzweifelt die innig Geliebte; flüsternd, wie vor Grauen verstummt, gibt der Chor ihm Auskunft ①. Wild tönt die Klage des Trauernden: »Wo ist die Bernauerin?« schreit er immer wieder in die gefühllos stummen Lüfte. Dann beschließt er den Feldzug nach München: Herzog Ernst soll für diesen Mord büßen. Aber jetzt, da er aufbrechen will, naht der Kanzler in schwarzer Rüstung: Der regierende Herzog ist tot. Albrecht stürzt zu Boden, während das Volk zusammenströmt, um ihm zu huldigen. Die Wolken öffnen sich leuchtend, und auf silberner Mondsichel wird Agnes sichtbar.

Diese Legende ist mit kompositionstechnisch einfachsten Mitteln dargestellt, die melodischen Phrasen sind kurz, die Rhythmen starr: die Wirkung ist unheimlich und packend in höchstem Maße. Niemand kann sich ihr entziehen, man fühlt: hier wirkt ein Meister, der mit zwingender Gestaltungskraft gesegnet ist. (Uraufführung: Stuttgart, 15. Juni 1947.)

Astutuli

Eine seltsame Synthese zwischen Sprech- und Musiktheater, gewissermaßen – wenn wir an das altgriechische Theater denken – das Satyrspiel zur Tragödie der »Bernauerin« und so wie diese in unverfälschter bayerischer Sprache geschrieben, zudem auch wieder unverkennbarer Orff, in teilweise derbsten Ausdrücken der bäuerlichen Volksschichten. Ein Gaukler, der in einem bayerischen Dorf erschienen ist, legt die »Astutuli« gründlich herein und macht sich davon, bevor sie in ihrer »Schlauheit« etwas bemerkt haben. Von dieser (vermeintlichen) Schlauheit haben sie den Namen, den Orff für sie erfindet, denn der kommt vom lateinischen »astutus«, das »schlau« heißt. Das lustige und doch eines tiefen Sinns nicht entbehrende Stück ist ganz aus dem Wortrhythmus heraus erfunden und gestaltet, setzt viel Schlagzeug ein, erhebt sich nur selten zu voll gestalteter Musik: eigentliche, stimmbare Instrumente kommen, außer Pauken, keine vor, die »8 bis 9 Spieler« bedienen eine wahre Fülle von Klangquellen, von denen nicht wenige (Bongos, Cymbeln, Steinspiel, mit Fingern am Rande zu reibende Kelchgläser, Rasseln, Kastagnetten, Ratsche, Windmaschine) seltene Gäste im Musiktheater sind, hingegen in Orffs »Schulwerk« eine bedeutende Rolle spielen. Hier ist also, und das erscheint wichtig, eine Brücke geschlagen, die gewissermaßen alles verbindet: Musiktheater, magische Urspiele, Bewegungs- und Tanztheater, Musikerziehung neuer Art, Volkstheater. Orff arbeitete an »Astutuli« während der Jahre 1945 und 1946, ließ aber sieben Jahre bis zur Uraufführung vergehen: diese fand in den Münchener Kammerspielen am 20. Oktober 1953 statt.

Antigonae

Ein Trauerspiel. Textbuch nach Sophokles (in der Übertragung von Friedrich Hölderlin).
Originalsprache: Deutsch
Personen: Antigonae (Sopran), Ismene, ihre Schwester (Sopran), Kreon, König von Theben (Bariton), Hämon, sein Sohn (Tenor), Tiresias (Tenor), ein Wächter (Tenor), ein Bote (Baß), Chor der Alten.
Ort und Zeit: Theben, im griechischen Altertum.
Handlung: Polyneikes ist im Kampf um Theben von seinem Bruder Eteokles getötet worden, der ebenfalls den Tod fand. König Kreon läßt Eteokles mit allen Ehren bestatten, befiehlt aber, daß der Leichnam des Polyneikes auf freiem Felde vermodere. Antigonae beschließt, diesem Befehl zu trotzen. Sie glaubt, mit den Göttern im Einklang zu handeln, wenn sie den Helden heimlich beerdigt. Aber sie wird erkannt und vor den König gebracht. Ruhig bekennt sie sich zu ihrer Tat. Der König verurteilt sie dazu, in einem unterirdischen Verlies eingemauert zu werden. Der blinde Seher Tiresias warnt Kreon: Seine Tat werde bald weitere Opfer fordern. Auch Hämon, Kreons Sohn, tritt für die mit ihm heimlich verlobte Antigonae ein. Der König will, nach langem Zögern, seinen Entschluß ändern. Aber es ist zu spät, Antigonae hat sich entleibt, und Hämon ist ihr in den Tod gefolgt. Auch die Königin tötet sich, als sie die Kunde erhält.
Textbuch: Orff folgt nahezu wörtlich der großartigen Nachdichtung, die Friedrich Hölderlin von Sophokles' Meisterdrama anfertigte.
Musik: Der Komponist lebt sich so sehr in diese legendäre vorchristliche Welt ein, daß seine Musik klingt, als wäre sie zu Sophokles' Zeiten entstanden, und wie wir uns griechische Musik vorstellen könnten. Es ist nichts »Europäisches« in ihr, nichts »Klassisches« oder »Romantisches«, im Sinne unserer Musiktradition. Es scheint uraltes Theater zu sein und ist doch modern. »Kultisches« Theater in höchstem Sinne. Das Wort wächst vom Sprechen unmerklich ins Singen hinein. Rhythmen werden eisern festgehalten, beschleunigen sich nur manchmal, wenn die seelische Spannung wächst. Chor und Orchester erzielen atemberaubende Wirkungen. Außer den Kontrabässen gibt es keine Streichinstrumente, hingegen 6 Klaviere, 4 Harfen, 6 Flöten, 6 Oboen (davon 3 Englischhörner), 6 Trompeten und die ungeheure Zahl von mehr als 60 Schlaginstrumenten, darunter viele exotische (indonesische und afrikanische).
Geschichte: Die Uraufführung fand am 9. August 1949 bei den Salzburger Festspielen statt.

Oedipus der Tyrann

Ein Trauerspiel. Textbuch nach Sophokles (in der Nachdichtung von Friedrich Hölderlin).
Originalsprache: Deutsch
Personen: Oedipus, König von Theben (Tenor), Jokaste, seine Gemahlin (Sopran), Kreon, deren Bruder (Sprechrolle), Tiresias, ein blinder Seher (Tenor), ein Priester des Zeus (Baß), ein Bote (Baß), ein Hirte, ein Diener. Männerchor. (Die

Stimmgattungen der Solisten sind nicht vom Komponisten angegeben.)
Ort und Zeit: Theben, in griechischer Vorzeit.
Handlung: Diese deckt sich mit Strawinskys »Oedipus Rex«. Theben wird von einer furchtbaren Seuche heimgesucht. Der König sendet zum Delphischen Orakel, dessen Wahrspruch lautet, man müsse den Mörder des früheren Königs Laios erforschen und strafen. Oedipus befiehlt die Suche. Er befragt auch den Seher Tiresias, der ausweichend antwortet. Der König zeiht ihn des Einverständnisses mit Kreon, der nach dem Throne trachte. Das bewegt Tiresias, alles zu sagen, was er weiß: Oedipus selbst ist der Mörder. Vergeblich sucht Jokaste ihres Gatten Sorgen zu zerstreuen; erinnert er sich doch, einst an einem Kreuzwege einen Alten getötet zu haben. War etwa Polybos von Korinth nicht sein leiblicher Vater? Ein Bote aus Korinth wird befragt, und die Wahrheit kommt immer klarer an den Tag. Oedipus wurde seinerzeit nicht, wie geheißen, im Gebirge ausgesetzt, sondern einem korinthischen Hirten anvertraut. Der übergab das Kind dem König, der es wie seinen eigenen Sohn erzog. Und so konnte sich das grauenhafte Orakel erfüllen: Oedipus tötete seinen Vater, den er, ohne ihn zu kennen, an einem Kreuzwege vor Theben erschlug, und heiratete seine eigene Mutter, Jokaste. Oedipus sticht sich, als er dies erfährt, die Augen aus und geht als blinder Bettler für immer fort aus Theben. Jokaste erhängt sich.
Textbuch: Die prachtvolle Sophoklesnachdichtung Hölderlins.
Musik: Auch hier müßte nahezu alles, was bei »Antigonae« gesagt wurde, wiederholt werden. Melodie und Rhythmus sind noch weiter vereinfacht und auf knappste Formeln gebracht. Das Sprechen überwiegt fast das Singen, aber zwischen beiden besteht kaum noch ein Unterschied. Orff hat »einen Schritt getan, der am weitesten von allen heute geläufigen Formen und Spielarten der szenischen Kunst wegführt und das Theater wieder unter die kultischen Gesetze stellt, die seinen abendländischen Anfang beherrschten«, schreibt Orffs klarsichtiger Biograph K. H. Ruppel.
Geschichte: Die Uraufführung fand am 11. Dezember 1959 in Stuttgart statt.

Prometheus

»Orffs Weg zurück führt von Sophokles zu Aischylos. Ging es in der ›Antigonae‹ und im ›Oedipus‹ um den im Ich gespiegelten, sich im ›Streit von Sprache mit Sprachlosem‹ bekundeten Mythos, so handelt es sich im ›Prometheus‹ um mythisches Geschehen schlechthin. Sprache wird zur Verkünderin mythischer Wahrheit. Wahrheit aber verlangt nach Unmittelbarkeit und schließt somit die Möglichkeit einer Übersetzung aus« (Andreas Liess). Weit zurück liegen die sinnlich-erregenden Klänge der »Carmina burana«, die entzückende Volkstümlichkeit von »Kluge« und »Mond«. Weit zurück liegt auch das primitive Mysterienspiel, wie Orff es in ergreifender, unmittelbar ansprechender Form in der »Comoedia de Christi Resurrectione« (uraufgeführt in Stuttgart am 21. April 1957) und dem weihnachtlichen Gegenstück zu diesem Osterspiel, dem »Ludus de nato Infante mirificus« (uraufgeführt ebenfalls in Stuttgart, am 11. Dezember 1961) gestaltet hat. »Prometheus« zeigt den alternden Meister auf dem einsamen Pfad der inneren, philosophischen Weltschau und Vollendung. »Im ersten und einzig erhalten gebliebenen Teil der Aischyleischen Prometheus-Trilogie geht es allein um das mythische Bild des aus Strafe für seinen Götterbetrug an den Felsen geschmiedeten Prometheus.« (A. Liess) Orff schildert, durchweg in altgriechischer Sprache, diese Strafe, deren Schwere sich in verschiedenen Szenen mit anderen Personen manifestierte; der angeschmiedete Prometheus ist ständig im Bild. Er hat den Menschen aus Mitleid für ihre Verlassenheit durch Zeus das Feuer und damit erst ein den Göttern annähernd ebenbürtiges, auch geistiges Leben gebracht. Dafür büßt er nun in entsetzlicher Weise, aber mit ungebrochenem Stolz und Mut, in der Gewißheit der guten Tat und des Endes, das es für Alles geben und das Alles sühnen muß. »Der aus Wissen, wie wissend leidende und untergehende Prometheus läßt erkennen, daß Annehmen des Leidens die einzige Freiheit des Menschen, der Tod seine einzige Gewißheit ist« (A. Liess). Das (nicht nur der »toten«, gar nicht toten Sprache wegen) so schwer wiederzugebende wie nur in intensivem Studium verständliche Werk wurde von Orff in den Jahren 1963 bis 1966 geschaffen. Es umfaßt ein riesiges, absolut »unorthodoxes« Instrumentarium: 4 Klaviere zu je 2 Spielern, 13 Flöten, 6 Oboen mit 2 Englischhörnern, 6 Trompeten, 6 Posaunen, 4 Banjos, 4 Harfen, Orgel, elektronische Orgel, 9 Kontrabässe, 7 Pauken, Trommel, Baskentrommel, 2 große Trommeln, davon eine mit Becken, 4 Xylophone, Baß-Xylophon, Glocken, Metallophone, Marimbaphon, chinesische Gongs, Holzblöcke, Maracas, Windmaschine, Donnermaschine, dazu mindestens ein Dutzend nur in afrikanischer und asiatischer Folklore verwendete Instrumente (O-Daiko, Taiko, Darabuka, Conga, Hyoshigi, Wasamba, Bin Sasara usw.). Die Uraufführung fand am 24. März 1968 in Stuttgart statt, nur wenige weitere Theater wagten sich an das gewaltige Werk, das zweifellos zu den stolzesten Zeugnissen abendländischen Geistes und seiner Urgründe in Mythos und alten Kulturen gezählt werden muß.

De temporum fine comoedia
(Spiel vom Ende der Zeiten)

In dieser auf eine einzige Stunde gerafften, trotz verschiedener Schauplätze pausenlosen Handlung wird ein ungeheures geistig-mythisch-mystisches Weltenpanorama aufgerollt, in dem es um das »Ende der Zeiten«, um den Untergang der Menschen und der »Welt« geht, also um eine Art Apokalypse. Wir vernehmen zuerst die Prophezeiungen der Sybillen, dann die Weissagungen der Anachoreten, zuletzt in großen chorischen Massenszenen (die eigentlich die einzig theatermäßig belebten Teile des Werkes sind, das ansonsten oratorisch-statisch abläuft) die »letzten Menschen« selbst. Luzifer, vor Urzeiten von Gott abgefallen und zu seinem Gegenspieler geworden, kehrt reumütig zu ihm zurück: sein dreimaliges »Pater peccavi« (Vater, ich habe gesündigt) führt zu mehr als nur zur Vergebung der Schuld, nämlich zu ihrem Vergessen, zu ihrem »Nicht-Stattgefunden-Haben«. Zuletzt ahnt man, nach dem Untergang der Erde mit allem, was aus ihr lebt, im Kreisen ewiger Konstellationen ein neues Licht, einen heraufdämmernden neuen Tag, einen Neubeginn, der jedem Ende immer wieder folgt. Hier nimmt auch das musikalische Geschehen, das bis dahin nahezu nur aus dem Wort (in verschiedenen Sprachen) geformt wird, eigenständige Bedeutung an. Das trotz seiner Kürze in Wahrheit gigantische Werk endet mit einem »unendlichen Kanon«, der zum Symbol, zur alle menschliche Anschauungskraft sprengenden Weltenvision wird. Die Größe und Vielfalt des hier verwendeten Orchesters ist dem Laien kaum verständlich zu machen: es sind in einer Partitur, wie sie kaum ein Vorbild aufweisen dürfte, allein weit über 100 Schlagzeuger mit Instrumenten aus allen Kulturkreisen der Erde vereinigt. Hier wird sogar das »Prometheus«-Orchester (siehe dort) überboten, was der Ausführbarkeit an »gewöhnlichen« Theatern begreifliche Grenzen setzen muß. Zum kaum irgendwo vorhandenen und äußerst schwierig zu beschaffenden Schlagzeug kommen 3 Klaviere, elektronische Orgel, 6 Flöten, 6 As- und Es-Klarinetten, 1 Kontrafagott, 6 Hörner, 8 Trompeten, Tuba, 3 Harfen, 8 Kontrabässe, ein Quartett aus Bratschen verschiedener Grundstimmung, Celesta, sowie ein weiteres Orchester aus 8 Piccoloflöten, 10 Trompeten, 4 Posaunen, 2 Klavieren, Kirchenorgel, Pauken, Crotalos, Glocken und Marimbaphon, dessen Klang von Magnetband zugespielt wird. Die Uraufführung fand bei den Salzburger Festspielen am 20. August 1973 statt, nachdem Orff an diesem Werk ganze zehn Jahre, von 1962 bis 1972, gearbeitet hatte.

Giovanni Paisiello
1740–1816

Giovanni Paisiello, auch Paesiello, ein Name, der vor nicht langer Zeit »museal« und nur den Kennern bekannt war, ist in unserer Zeit an vielen Orten wieder belebt und zur musikalischen Wirklichkeit geworden. Zu seiner Zeit war er ein überall berühmter, stürmisch gefeierter Komponist von mehr als 100 Opernwerken. Paisiello wurde am 9. Mai 1740 in Taranto/Tarent geboren. Er begann mit 24 Jahren seine Bühnenlaufbahn mit mehreren Theatererfolgen, ließ sich in Neapel nieder und schrieb Werk auf Werk mit leichter Hand und nicht versiegender Inspiration. 1776 lud ihn Katharina II. von Rußland an ihren Hof, wo er sein bekanntestes Werk, den »Barbier von Sevilla« auf den eben veröffentlichten Text von Beaumarchais komponierte (1782). Auf der zwei Jahre später erfolgten Heimkehr aus St. Petersburg machte er auf Einladung des österreichischen Kaisers Joseph II. in Wien Station und schrieb »Il Re Teodoro« auf den Text des Hofdichters Casti, allerdings mit nur mäßigem Erfolg, was seinem Ruhm indes keinen Abbruch tat. Gegen Ende des Jahrhunderts wurde er in die politischen Wirren gezogen, die auch Neapel nicht verschonten. Er folgte dem Hof nicht ins Exil, sondern blieb unter der kurzlebigen Revolution in seinen Ämtern, was ihm vom zurückkehrenden König übel vermerkt wurde. 1802 reist Paisiello auf Einladung Napoleons nach Paris, kehrt aber bald, von Heimweh getrieben, nach Neapel zurück. Seine letzten Lebensjahre scheinen freudlos und trüb verlaufen zu sein. Aus der Fülle seiner Opernwerke seien neben den genannten noch »La Molinara« (Die Müllerin, 1788) und »Nina« (1789) erwähnt; letztere geht manchmal unter dem Titel »La pazza per amore« (Das verliebte Mädchen, eigentlich: Die Liebestolle) über die Bühne. Musikgeschichtlich eine Sonderstellung nimmt sein »Barbier von Sevilla« auch noch aus dem Grunde ein, weil er Rossinis gleichnamiges Werk 1816 völlig scheitern ließ. Das Publikum nahm es dem jungen Mann der neuen Generation übel, den gleichen Stoff nochmals zu vertonen, den einer der berühmtesten Meister in Musik gesetzt hatte.

Krzysztof Penderecki
1933

Kaum ein moderner Komponist hat eine so steile Karriere durchlaufen wie der am 23. November 1933 in Debica/Polen geborene Krzysztof Penderecki. Er gewann bei einem Kompositionswettbewerb in seinem Vaterland mit drei (anonymen) Einsendungen die drei ersten Preise, spielte seit 1959 eine führende Rolle beim »Warschauer Herbst« und war nach 1960 eine der führenden Persönlichkeiten der Darmstädter Musikkurse, nachdem er mit dem avantgardistischen »Threnos« für 52 Streicher (»Zum Gedächtnis der Opfer von Hiroshima«) Aufsehen erregt hatte. Die Neuartigkeit seiner Klänge und Techniken, die in Notenwerten nicht niederzulegen sind, sondern »graphische Notation« verwenden, führte zu zahlreichen Nachahmungen in allen Ländern. Sein stärkstes Werk der Frühzeit dürfte die »Lukas-Passion« darstellen, eine Auftragskomposition des Westdeutschen Rundfunks Köln, die 1966 im Dom zu Münster uraufgeführt und noch im gleichen Jahr mit dem Großen Kunstpreis des Landes Nordrhein-Westfalen ausgezeichnet wurde. Sie erklang seitdem, trotz ihrer enormen Schwierigkeit, in zahlreichen Städten der Welt. Kurz danach begann Penderecki sich mit dem Musiktheater zu befassen. (Siehe auch Nachtrag S. 680)

Die Teufel von Loudun

Die französische Stadt Loudun gibt es, und die grauenerregenden Ereignisse, die Pendereckis Oper schildert, haben sich dort in den Jahren 1634 und 1635 in dieser Form abgespielt. Der englische Romancier Aldous Huxley (1894–1963) hat den Ablauf der Ereignisse rund um den Priester Urbain Grandier studiert und in seinem Roman »The devils of Loudun« niedergelegt. Aus dieser Schilderung hat der (ebenfalls englische) Dramatiker John Whiting (1917–1963) ein Theaterstück mit dem Namen »The devils« gestaltet. Diesem folgt Penderecki in seiner musikdramatischen Gestaltung des Stoffes. Erotische und politische Motive spielen zusammen, um den Probst der Pfarrgemeinde von Saint-Pierre-du-Marché in Loudun mit Anklage, Prozeß, Folterung und Verbrennungstod zugrunde zu richten. Dieser Pater Grandier war ein schöner Mann, der starken Erfolg bei den kleinstädtischen Frauen und ein Verhältnis mit einer Witwe hatte. So kam es, daß die Phantasie der Priorin des dortigen Ursulinenklosters, Soeur Jeanne »von den Engeln« sich in immer hitzigerer Form mit Grandier beschäftigte, und daß diese Gedanken bösartige Formen annahmen, als der Priester ihre Einladung, die Seelsorge ihres Klosters zu übernehmen, aus Rücksicht auf seine ohnedies schon übermäßige Beanspruchung in einem höflichen Schreiben ablehnte. Schwester Jeanne erhielt von da an in ihren immer wilderen Vorstellungen den Besuch Grandiers und steckte mit ihrer sexuellen Hysterie zahlreiche Nonnen an, die nun ebenfalls solche »Erscheinungen« hatten, bei denen Grandier mit anderen Dämonen im Bunde sie zu nächtlichen Orgien und wüsten Ausschweifungen verführte. Als die Priorin sich ihrem Beichtvater anvertraute, glaubte dieser zwar, einen klaren Fall von Massenhysterie vor sich zu haben, aber da Grandier sich eben um diese Zeit politisch mißliebig gemacht hatte, erstattete er Anzeige. Es kam zu den aus vielen Schilderungen bekannten (und bis heute praktizierten!) Szenen von Teufelsaustreibung (Exorzismus). Grandier hatte sich im Streit, den des Kardinals Richelieu Befehl zur Schleifung der Befestigungen von Loudun hervorrief, auf die Seite seiner Stadt, also gegen Frankreichs mächtigsten Mann gestellt. Sein Schicksal war besiegelt. Er wurde eingekerkert und »peinlich vernommen«, also gefoltert. Doch er blieb mutig bei der Beteuerung seiner völligen Unbeteiligtheit am Falle der »vom Teufel besessenen« Nonnen von Loudun. Auf seinen letzten Gang zur lebendigen Verbrennung muß er geschleppt werden, da man ihm in der Folter beide Beine gebrochen hat. Er stirbt furchtlos und betet im Tode für seine Verleumder und Feinde. Das letzte Bild der Oper zeigt Schwester Jeanne zusammengebrochen in Reue und Zerknirschung.

Das Werk stellt einen gewaltigen Bilderbogen mit einer Fülle von Personen dar: Der erste Akt besteht (in der Originalfassung) aus dreizehn, der zweite aus zehn, der dritte aus sieben Szenen, die Handlung beansprucht etwa ein Dutzend verschiedener Schauplätze. Die Uraufführung erfolgte am 20. Juni 1969 in der Hamburgischen Staatsoper. Eine zweite Fassung stammt aus dem Jahre 1972 und wurde unter Mitarbeit des polnischen Regisseurs Kazimierz Dejmek in Szene gesetzt.

Paradise Lost/Das verlorene Paradies

Für Chicago, wo am 29. November 1978 die Uraufführung stattfand, wählte Penderecki einen illustren Stoff – »Paradise Lost« von John Milton (1608–74) – der, nach zahllosen ähnlichen Versuchen, von seinem Landsmann, dem bedeutenden englischen Dichter Christopher Fry (*1907) dramatisiert worden war. Das Werk trägt nicht den Titel »Oper«, sondern das altertümliche »Rappresentazione«, mit dem Barock und Renaissance Schauspiele eher statischer, oratorienhafter Struktur bezeichneten. Das Thema ist die Erschaffung der Welt, der Garten Eden, die ersten Menschen, der Sündenfall, die Vertreibung aus dem Paradies. Fry hat aus den 1663 vollendeten, mehr als zehntausend Versen Miltons – einem der berühmtesten Werke seiner Zeit – etwa 1400 ausgewählt. Sie können als geistliches Oratorium oder in szenischer Form als Oper gespielt werden. Pendereckis Musik wendet sich hier hörbar von den früheren Radikalismen ab, gerät aber durch Einbeziehung vieler wörtlicher Zitate aus historischen Werken in ziemlich sinnlose Bezüge und in den Verdacht einer »Erschöpfung«, die allen Manierismen droht.

Giovanni Battista Pergolesi
1710–1736

Wer mit 26 Jahren stirbt und über Jahrhunderte hinweg in der Musikgeschichte einen ehrenvollen Platz einnehmen kann, muß ein Genie gewesen sein. Pergolesi war es. Sein »Stabat mater« für Frauenstimmen beweist es; ebenso einige seiner Lustspielopern, mit denen er zu einer der wichtigsten Gestalten der Frühgeschichte dieses Genres wurde. Über sein Leben und Werk sind in unserem Jahrhundert dankenswerte Studien angestellt worden. Die Familie hieß eigentlich Draghi, wurde aber Pergolesi genannt, »die aus Pergola«, wo am 4. Januar 1710 Giovanni Battista geboren wurde. Er vollendete seine in der Heimatstadt angefangenen Studien in Neapel, wo er gleichzeitig seine kompositorische Laufbahn begann. 1732 schrieb er, im Gedenken an das eben erlebte Erdbeben, eine zehnstimmige Messe. Im darauffolgenden Jahre komponierte er eine ernste Oper (»Il Prigioniero superbo«), in die er, nach Zeitgeschmack, ein heiteres Intermezzo einlegte; und diese kleine Komödie – »La serva padrona« – sicherte ihm die Unsterblichkeit auf dem Operntheater. Ja, es war ihr sogar beschieden, bei der Geburt der französischen komischen Oper die Rolle eines vielumkämpften Schlachtrufes zu spielen. Rund um sie entwickelten sich in Paris die heftigen Kämpfe zwischen »Buffonisten« und »Antibuffonisten«. Da war aber Pergolesi schon lange tot. Von seinen anderen Opern ist die Mehrzahl vergessen. Immerhin ist (1962) das Zwei-Personen-Lustspiel »Der Ehemann als Liebhaber« (Il geloso schernito) im deutschen Sprachgebiet wieder erfolgreich aufgetaucht. Pergolesi zog sich, bereits schwer brustkrank, 1735 nach Pozzuoli in ein Kloster zurück. Dort beendete er sein »Stabat mater« und starb am 16. März 1736. Es gibt mehrere Parallelen zu Mozart, das kurze Leben und das Armengrab sind die traurigsten. Erst hundert Jahre später brachte man eine kleine Gedenktafel in der Kirche an, zweihundert Jahre später gab man seine Werke heraus.

Die Magd als Herrin

Unter diesem Namen erscheint »La serva padrona« – uraufgeführt in Neapel am 28. August 1733 – manchmal auf unseren Theatern. Der Inhalt? Ein älterer Junggeselle ist seiner selbstherrlichen, wenn auch sehr hübschen Dienerin müde, will ihrem »Joch« durch eine Eheschließung entfliehen, wird aber, als Serpina selbst zu heiraten vorgibt (und zwar einen wilden Krieger, der sie tyrannisieren wird und der niemand anderer ist als der verkleidete Hausdiener) gerührt und bewogen, dem »armen Mädchen« selbst die Hand zum Ehebunde zu reichen, was nicht einmal die schlechteste Lösung ist. Dieses Nichts an Handlung reichte gerade für die beiden kurzen Szenen aus, die Pergolesi seinem »Intermezzo« gab und zu denen Gennaro Antonio Federico ein Textbuch schrieb. Es gibt nur zwei singende Personen, denn der Diener-Krieger-Bräutigam gestikuliert nur. Die Musik ist überquellend, melodiös, geistreich, lustig. ①
Wer genügend Naivität aufbringt – und es scheint seltsamerweise, als wäre dies bei vielen Menschen unserer Zeit der Fall – wird das kleine Werk herzlich genießen.

Jacopo Peri

1561–1633

Der in Rom geborene und hauptsächlich in Florenz wirkende Sänger und Komponist Jacopo Peri, *Principale direttore della musica et dei musici* seines Titels und Mitglied der *Camerata,* jener späthumanistischen, akademischen Vereinigung von Adeligen und Künstlern, die eine Erneuerung der italienischen Musik anstrebten, hat mit seinem *dramma per musica* »Dafne« (aufgeführt 1598, Musik verlorengegangen) einen gewaltigen Schritt in musikalisches und dramatisches Neuland getan. Mit dieser »Dafne« erhält die europäische Musiklandschaft ein völlig neues Gesicht, das europäische Theater ist nun um eine Gattung reicher, und ein völlig neuer Kunststil, später *Oper* genannt, tritt seinen Siegeszug an. Dichtung, Gesang, musikalische Untermalung und Spektakulum bilden die vier Grundelemente dieses Stils, und kaum ist die erste Oper aus der Taufe gehoben, da scheiden sich auch schon die Geister: Peri bevorzugt in seinem Werk den ausdrucksfähigen Gesang, die wortgetreue Deklamation (er sang den Orfeo in seiner 1600 zu Florenz aufgeführten »Euridice« selbst!), während sein Zeitgenosse Giulio Caccini, auch er Mitglied der *Camerata,* dem Ziergesang und dem melodischen Fluß huldigte, ohne der Wortdeutlichkeit beim Gesang große Bedeutung beizumessen.

Der Oper »Dafne« ist (wie bei Peris später entstandenen Oper »Euridice«) ein Drama des Dichters Ottavio Rinuccini zugrundegelegt, und so entwickelt sich das *dramma per musica* gleich in seinen Anfängen zum heißumstrittenen Kunstwerk: unentschieden die Frage, ob die Dichtung oder die Musik dominiere. Immerhin hatte Peri beim gemeinsamen Versuch mit den Mitgliedern der *Camerata,* die altgriechische Tragödie wieder zu beleben, mit seinen Opern eine revolutionäre Tat vollbracht und ist zum Schöpfer der neuzeitlichen Oper geworden. – Weitere Werke: »Arianna« (1608), »Tetide« (1608), »La guerra d'amore« (1616), »Adone« (1620), »Flora« (1620) u. a.

Hans Pfitzner

1869–1949

Dieser vielleicht letzte große Romantiker wurde, als Kind deutscher Eltern, am 5. Mai 1869 in Moskau geboren. Er begann seine Laufbahn als Kapellmeister verschiedener Theater, wurde Leiter musikalischer Vereinigungen und schließlich Kompositionslehrer einer Meisterklasse in Berlin. Wie seine gesamte Generation stand er anfangs im Banne Bayreuths; er ist der romantischen und germanischen Einstellung treu geblieben, wenngleich er sich zu einem persönlichen Stil durchrang. Dem Einbruch atonaler Tendenzen in die Musik des 20. Jahrhunderts stand er feindlich gegenüber und hat aus dieser Einstellung nie ein Hehl gemacht. Er wurde in heftige Polemiken verwickelt, in denen man, selbst wo er nicht im Recht war, den Glauben an seine Ideale und die Unbestechlichkeit seiner Musikliebe bewundern muß. Seine ersten Bühnenstücke zeigten ihn als stark von Wagner beeinflußten, weltfernen Komponisten: »Der arme Heinrich« (1895), »Die Rose vom Liebesgarten« (1901) sind von tiefer Poesie und voll echter Musik. Den eigenen Weg fand er mit »Palestrina« (1917), der ohne Zögern zu den wertvollsten und bedeutendsten Opernschöpfungen aller Zeiten gezählt werden darf. Pfitzner war ein Künstler, dem ein beglückender innerer Werdegang, aber kein Weltruhm beschieden war. Und nach dem »Palestrina« begann sogar ein unverkennbarer Abstieg. Es war, als habe Pfitzner sich in einem langen Dasein selbst überlebt. Die Neufassung des »Christelfleins« (1917) konnte sich nicht halten, und »Das Herz« (1931) wurde nur zum Achtungserfolg, der einem geehrten, aber keineswegs mehr volkstümlichen Meister gezollt wurde. Zu Ende des Zweiten Weltkrieges mußte Pfitzner als alter Mann mittellos umherirren, bis er in Österreich eine letzte Heimat fand. In Salzburg starb er am 22. Mai 1949.

Der arme Heinrich

Musikdrama in drei Akten. Text von James Grun.
Personen: Heinrich, deutscher Ritter (Tenor), Dietrich, einer seiner Mannen (Bariton), Hilde, Dietrichs Weib (Sopran), Agnes, ihre vierzehnjährige Tochter (Sopran), der Arzt-Mönch im Kloster von Salerno (Baß).
Ort und Zeit: Heinrichs Burg in Schwaben und (3. Akt) Kloster zu Salerno, um 1100.

Aus dem Hohen Mittelalter stammt die Mär vom schwerkranken Ritter, der nur durch das selbstlose Opfer eines reinen Mädchens gerettet werden kann.
Hartmann von Aue schrieb (um 1200) dieses Epos. Pfitzners Studiengefährte James Grun schuf daraus ein Libretto, dem der noch stark in Wagnerschem Banne stehende, junge Komponist seine romantische Musik lieh. Es entstand ein Musikdrama, dessen innerliche, tiefempfundene Tonsprache bis heute nichts von ihrem Werte eingebüßt hat, ja ihn, wie jedes echte Kunstwerk, niemals einbüßen kann. Für einen lauten Bühnenerfolg ist vielleicht alles zu episch, zu sehr auf seelische Entwicklung gestellt.
Agnes, die vierzehnjährige Tochter des Gefolgsmannes Dietrich und seiner Frau Hilde, beschließt, den todkranken Ritter Heinrich durch das Opfer ihres eigenen Lebens zu heilen. Schon schickt Agnes sich zum Sterben an, da erkennt Heinrich die Wahrheit und verzichtet auf Genesung: Doch diese wird ihm im gleichen Augenblick der Erkenntnis zuteil. Mit wiedererlangter Kraft erbricht er die Pforte und rettet Agnes. Gott hat ein Wunder getan, Heinrich wird ihm sein ganzes Leben lang dankbar sein.
Pfitzners Musik beschwört mittelalterliche Klänge, ist mystisch und voller Schönheit, wenn auch noch nicht völlig ausgeglichen. (Uraufführung: Mainz, 2. April 1895.)

Die Rose vom Liebesgarten

Romantische Oper in einem Vorspiel, zwei Akten und einem Nachspiel. Text von James Grun.
Personen: Sternenjungfrau (stumme Rolle), Siegnot, ein junger Edeling (Tenor), Minneleide (Sopran), der Nachtwunderer (Baß), der Waffenmeister (Baß), der Sangesmeister (Bariton), der Moormann (Tenor).
Ort und Zeit: In sagenhaftem Land zu sagenhafter Zeit.

James Grun und Pfitzner schreiten auf dem Wege der Romantik weiter. Aber ihr nächstes Werk ist voll dunkler Symbolik, voll schwerverständlicher Sprache. Ein junger Edelmann, Siegnot, wird zum Frühlingswächter des Liebesgartens bestimmt. Er erhält die Abzeichen seiner Würde: die unverwelkliche Rose, ein Schwert, einen goldenen Reif.
Vor dem Tore des Gartens taucht die Nymphe Minneleide auf, bezaubert Siegnot mit Tanz und Lied und läßt sich von ihm Rose und Reif schenken. Doch schreckt sie vor dem Eintritt zum Liebesgarten zurück, für den sie noch nicht reif ist.
Da erscheint der Nachtwunderer, düsterer Abgesandter aus höllischen Tiefen; nach kurzem Kampf mit Siegnot entführt er die Nymphe dorthin. Siegnot folgt ihnen und will Minneleide befreien. Diese wird noch einmal vor eine Prüfung gestellt. Vermag sie jetzt die Rose allein in den Liebesgarten zurückzubringen, so soll sie gerettet sein. Doch abermals versagt sie. Da fleht Siegnot zu den Schutzpatronen des Liebesgartens. Wie Samson im Tempel der Philister kehrt auch ihm die wunderbare Kraft im Augenblick der höchsten Not zurück. Er reißt die Säulen ein, krachend stürzt des Nachtwunderers Reich zusammen und begräbt alles unter sich. Nur Minneleide bleibt am Leben. Schweigend bringt sie die Rose und den toten Siegnot in den Liebesgarten zurück; das Leid hat sie geläutert, nun ist sie gereift. Die Schwerter der Wächter schrecken sie nicht mehr, auch der Tod nicht. Da verklärt sich alles, es wird licht, frühlingshaft wie zu Beginn.
Die Sternenjungfrau erweckt Siegnot und führt ihn an Minneleides Seite zu neuem Leben. Dieses Textbuch ist stark von Wagner beeinflußt (worauf schon die Namen der handelnden Personen deuten), aber es entspricht Pfitzners damaliger Eigenart in geradezu idealer Weise. Die poetischen Worte, deren Verständnis (auch wieder wie bei Wagner) oftmals gründlicher Deutungen bedarf, erwecken in dem Komponisten herrliche, gefühlsgetränkte Melodien. Die Symbole erhalten Leuchtkraft, eine keusche Innigkeit, vielleicht Pfitzners hervorstechendstes Merkmal, breitet sich über Gedanken und Handlung. Die »Liebesgartenmusik« ist sonnen- und frühlingsdurchtränkt wie keine andere seit Wagner (an dessen milden »Karfreitagszauber«

des »Parsifal« sie vielleicht anschließt), das Orchester strahlt und leuchtet in reinem, fast überirdischem Glanz.
Dieses Werk, das mehrfach neubearbeitet wurde, dürfte eines Tages auf unseren Theatern erfolgreich auferstehen. (Uraufführung: am 9. November 1901 in Elberfeld).

Das Christelflein

Spieloper in zwei Akten. Text nach Ilse von Stach vom Komponisten.
Personen: Das Elflein (hoher Sopran), das Christkindchen (Sopran), der Tannengreis, Knecht Ruprecht (Baß), Herr von Gumpach (Bariton), Frieder, sein Sohn (Tenor), Trautchen, seine Tochter (Sprechrolle), Frau von Gumpach (stumme Rolle), Jochen (Tenorbuffo), Franz (Baßbuffo), der Doktor (Sprechrolle), Diener bei Gumpach.
Ort und Zeit: Im Märchenland zur Weihnachtszeit.
Von einem Elflein im Walde berichtet dieses, von Pfitzner, nach einer Erzählung Ilse von Stachs gedichtete Märchen, das zur Weihnachtszeit manchmal auf deutschsprachigen Bühnen auftaucht. Das Elflein will zu den Menschen, und das Christkind nimmt es dorthin mit. Sie kommen zur Weihnachtsbescherung in ein Gutshaus. Eines der Kinder, das zarte Trautchen, ist krank, und das Christkind hat den Auftrag, es mit sich in den Himmel zu führen. Doch da schenkt das Elflein dem kranken Kinde seine eigene Seele. Froh nimmt Trautchen an den Spielen teil, während Christkind und Elflein in den Himmel entschweben. Ein liebliches Märchen mit sehr schöner, rein und tief empfundener Musik (Uraufführung der ersten Fassung: München, am 11. Dezember 1906. Die zweite, endgültige Fassung erklang erstmals, genau elf Jahre später, am 11. Dezember 1917 in Dresden).

Palestrina

Musikalische Legende in drei Akten. Textbuch von Hans Pfitzner.
Originaltext: Deutsch.
Personen: Papst Pius IV. (Baß), Giovanni Morone und Bernardo Novagerio, Kardinäle, Delegierte des Papstes (Bariton und Tenor), Christoph Madruscht, Kardinal-Fürsterzbischof von Trient (Baß), Carlo Borromeo, römischer Kardinal (Bariton), der Kardinal von Lothringen (Baß), Abdisu, Patriarch von Assyrien (Tenor), Anton Brus von Müglitz, Erzbischof von Prag (Baß), Graf von Luna, Beichtvater des Königs von Spanien (Bariton), der Bischof von Budoja (Tenor), Theophilus, Bischof von Imola (Tenor), Avosmediano, Bischof von Cadix (Bariton oder Baß), Giovanni Pierluigi, genannt Palestrina, Kapellmeister an der Kirche Santa Maria Maggiore in Rom (Tenor), Ighino, sein 15jähriger Sohn (Sopran), Silla, sein Schüler, 17jährig (Mezzosopran), der Bischof Ercole Severolus, Zeremonienmeister des Konzils von Trient (Baß oder Bariton), Kapellsänger, Kardinäle, Erzbischöfe, Bischöfe, Botschafter, Theologen aller christlichen Nationen, Soldaten, Diener, Volk. Außer diesen singenden Personen gibt es eine Reihe stummer Gestalten (zwei Päpstliche Nuntien, zwei Jesuitengenerale, der alte Diener Palestrinas usw.) sowie einige singende Erscheinungen: Lucrezia (Palestrinas verstorbene Gattin), neun große Meister der Tonkunst aus vergangenen Jahrhunderten, Engel.
Ort und Zeit: Der erste und dritte Akt in Rom, der zweite auf dem Trienter Konzil, im November und Dezember 1563.
Handlung: Vom Fenster der einfachen Behausung Palestrinas sieht man Türme und Dächer von Rom. An der Wand hängt das große Bild seiner verstorbenen Gattin Lucrezia. In der Abendstimmung versucht sich des Meisters Schüler, der junge Silla, an einem frivolen Liedchen im Stile der eben aufkommenden neuen, revolutionären musikalischen Strömung, die in Florenz ihren Sitz zu haben scheint. Dort will die Jugend anscheinend nichts mehr von der alten, strengen Polyphonie wissen, sie glättet den harten Kontrapunkt zu neuartigen Zusammenklängen, sie verwandelt das Madrigal in ein einstimmiges, instrumentenbegleitetes Lied. Silla denkt, den alternden Meister Palestrina zu verlassen und sich ganz dem neuen Musikstil zu widmen, der der Zeitenwende angemessen ist und zudem Erfolg verspricht. Noch wagt er nicht, es seinem Freunde Ighino, dem Sohne Palestrinas, zu gestehen. Der ist in letzter Zeit stets traurig, da er den Vater so niedergeschlagen sieht. Wieviel Ungerechtigkeit hat er erdulden müssen, und seit dem Tode der Mutter hat er keine Note mehr komponieren können! Silla will Ighino aufheitern; er singt ihm ein neues

Lied zur Geige; es klingt seltsam fremd in diesen alten, ganz der Kirchenmusik geweihten Räumen. Palestrina tritt ein. Sein Freund, der römische Kardinal Borromeo, begleitet ihn, und er wundert sich über die Klänge, die er soeben in diesem Saal vernommen. Doch Palestrina nimmt müde und nachsichtig die »neue« Musik in Schutz, der wohl bald die überalterte Polyphonie werde weichen müssen. Der Kardinal, Musikliebhaber und Verehrer von Palestrinas Werk, will davon nichts hören. Ist er doch gekommen, um dem Freund eine äußerst wichtige Mitteilung zu machen. Auf dem seit Jahren tagenden Trienter Konzil hat der Streit um die Musik heftige Formen angenommen; nicht ausgeschlossen, daß es vor seiner Beendigung noch zu weittragenden Beschlüssen auf diesem Gebiet kommen wird. Eine Gruppe hoher Würdenträger wendet sich immer schärfer gegen die gebräuchliche Kirchenmusik, die durch weltliche Einflüsse, durch Verwendung profaner Melodien, vor allem durch den Einbau gassenhauerischer Weisen stark gelitten habe. Der Augenblick scheint für Borromeo gekommen, mit einem großen, einem Meisterwerk diesen (teilweise leider begründeten) Vorwürfen zu begegnen und zu beweisen, daß solche Dekadenzerscheinungen keineswegs im Stil ihre Ursache habe und die polyphone Kunst nach wie vor zum Ausdruck heiligster Gefühle berufen sei. Ein solches Werk aber könne nur einer schaffen: Palestrina. ① Mit wehem Lächeln hört Palestrina den sich immer mehr ereifernden Freund an. Längst sei er nicht mehr der richtige Mann für ein so wichtiges, entscheidendes Unternehmen. Seit dem Tode Lucrezias fliehe ihn die Inspiration. Dann müsse er das Werk eben aus Pflichterfüllung schreiben! Der Kardinal beharrt, es ist ihm ungeheuer ernst um diesen Gedanken. Doch der Musiker schüttelt nur traurig den Kopf. Zu sterben ist sein einziger Wunsch. Ärgerlich verläßt Borromeo das Gemach. Während die Nacht sich langsam im Raume ausbreitet, verharrt Palestrina, den Kopf in die Hände gestützt, an seinem Arbeitstisch. Schatten umkreisen ihn, Lichter blitzen auf; langsam treten Gestalten hervor, unklar, nebelhaft, und doch mit sanft aus der Dunkelheit hervortretendem Antlitz. Allmählich erkennt Palestrina sie: Es sind die großen Meister der Vergangenheit, deren Stimmen er vernimmt: Der Künstler sei keineswegs frei; Diener sei er an Zeit und Werk. Gerufen werde er zum Schaffen, in Freud oder Leid. Während Palestrina beinahe angstvoll ihren schwerwiegenden Worten lauscht, erhellt sich Lucrezias Bild in mildem Dämmerschein. Ein Chor von Engeln umgibt sie. Süße Stimmen steigen zum Himmel empor. Und nun erstrahlt Lucrezias Sopran, überirdisch sich dem jubelnden Chor vermählend. Palestrina hat zu schreiben begonnen; es ist, als folge er einem himmlischen Diktat. Wie im Fieber fliegt seine Hand über das ausgebreitete Papier.

Es tagt über Rom. Die Glocken erwachen, und der Lärm beginnt die Straßen zu füllen. Ighino und Silla betreten den Raum und entdecken erstaunt den schlafenden Meister. Er muß über der Arbeit vom Schlummer überwältigt worden sein, denn der Tisch ist voll beschriebener Notenblätter, deren Tinte noch feucht zu sein scheint. Auf Zehenspitzen nahen die beiden Jungen. Palestrina hat eine Messe komponiert, eine ganze Messe in einer einzigen Nacht! Ein glückliches Lächeln verklärt seine Züge. Der Glockenklang des morgendlichen Roms schwillt an und stiller Jubel scheint die Stube zu erfüllen.

Zu diesem Akt bietet der zweite einen gewollten, scharfen Kontrast. Das Trienter Konzil, mit seinen glänzenden, bunten Würdenträgern, mit seinen politischen Kämpfen, mit seinen Glaubensstreitigkeiten, seinen Rivalitäten zwischen Menschen und Nationen ersteht großartig vor unserem Blick. Die Partei des Papstes will das Konzil so schnell wie möglich beenden. Machtkämpfe werden angedeutet, bei denen Königsthrone auf dem Spiele stehen, die protestantische Gefahr lauert im Hintergrunde, Unruhe, Streit, Intrigen überall. Borromeo erklärt, die Messe, die die Musik im Gottesdienst zu retten berufen sei, werde schon geschrieben; sei es auch durch Verhaftung, durch Folterung des Komponisten, das Werk müsse rechtzeitig beendet werden. Wenig scheint die Mehrzahl der Kirchenfürsten für diese Frage übrig zu haben. Bald sind wieder persönliche Ansprüche und Vorteile im Vordergrund. Bei neuen Unstimmigkeiten wird die Sitzung unter heftigen Szenen vertagt. Kaum haben die Würdenträger den Saal verlassen, da fallen die Bediensteten der verschiedenen Nationen in wildem Haß übereinander her.

Der dritte Akt führt in Palestrinas Stube zurück. Wir erfahren aus dem Munde seines Sohnes, daß der Meister am Morgen nach Borromeos Besuch verhaftet worden war. Aber Ighino und Silla haben sofort die frischbeschriebenen Notenblätter in den Vatikan getragen und damit Palestrinas Freiheit erkauft. Nun sitzt der Meister unbeweglich und beinahe geistesabwesend in seinem Lehnstuhl. Es ist die Stunde, zu der im Vatikan seine neue Messe erstmalig vor Kardinälen und Erzbischöfen, ja vor dem Papst selbst gesungen wird. Allmählich belebt sich die Straße, es werden Hochrufe laut, die näherkommen und anschwellen. In der Türe zu Palestrinas Raum steht plötzlich der Papst; er bietet dem Meister den Posten in der Sixtinischen Kapelle an, den man ihm vor langer Zeit weggenommen hatte. Borromeo stürzt dem Musiker zu Füßen und erbittet schluchzend seine Verzeihung. Palestrina reicht ihm versöhnlich die Hand und umarmt ihn. Die letzten Augenblicke gehören Vater und Sohn, bis auch dieser in überfroher Gebärde auf die Straße eilt, wo das Volk das neue, das größte Meisterwerk Palestrinas feiert. Der Komponist steht lange vor dem Bilde Lucrezias; dann geht er zu seiner Orgel und beginnt leise und innig auf ihr zu spielen. ③

Quelle: Von 1545 bis 1563 tagte das Trienter Konzil. Die Probleme der Kirchenmusik spielten in manchen seiner Sitzungen eine wichtige Rolle. Vielerlei Mißbräuche – Verwendung profaner Melodien, künstliche Komplikationen, Fehlen echter Gläubigkeit – hatten die mehrstimmigen liturgischen Gesänge in Verruf gebracht. Eine namhafte Gruppe von Würdenträgern war entschlossen, die Rückkehr zum Gregorianischen Choral durchzusetzen, was die Verbannung jeder anderen Musik aus dem Gottesdienst bedeutet hätte. Einige römische Kardinäle hingegen glaubten, daß die Mißbräuche sich ausmerzen ließen, ohne so einschneidende Maßnahmen zu ergreifen. Sie wendeten sich an

Giovanni Pierluigi, genannt Palestrina (nach dem Orte seiner Geburt, einer kleinen Stadt nahe von Rom), der von 1525 bis 1594 lebte und einer der größten Komponisten aller Epochen war. Er war eine Zeitlang im Dienste des Vatikan, bis er auf Grund eines Dekrets, das die Anstellung verheirateter Männer im päpstlichen Dienste verbot, ausscheiden und sich in anderen Kirchen Roms einen bescheidenen Lebensunterhalt suchen mußte. Palestrina arbeitete um jene Zeit tatsächlich an einer neuen Messe, der »Missa Papae Marcelli«. Ob deren Verquickung mit dem Konzil und der »Rettung« der polyphonen Musik in der katholischen Kirche historisch stichhaltig ist, kann kaum mehr festgestellt werden. Auf jeden Fall ist die Legende, die sich darum gerankt hat und die erzählt, Palestrina habe dieses Werk gleichsam unter dem Diktat der Engel in einer einzigen Nacht komponiert, so schön, daß sie verdient, für wahr genommen zu werden.
Textbuch: Aus diesem Material hat Pfitzner ein prachtvolles Opernlibretto gestaltet. Er spricht erhabene und poetische Gedanken aus, erfindet wirksame und bildhaft eindrucksvolle Theaterszenen und gestaltet, außer dem Drama des schaffenden Künstlers, ein buntes, von echtem Leben bewegtes Zeitgemälde.
Musik: Die Einheit zwischen Textdichter und Komponisten ermöglicht ein Meisterwerk, wie es nur selten geschaffen wird. Pfitzner verwendet Melodien des 16. Jahrhunderts, Musik von Palestrina, und verbindet sie so lückenlos mit seiner eigenen, daß ein nahtloses Gefüge entsteht, in dem Inspiration und Technik sich auf höchstem Rang die Waage halten. Selbst so »unmusikalische« Szenen, wie das Intrigenspiel des Konzils, sind voll gelungen. Ergreifend ist ihr Kontrast zur Einsamkeit Palestrinas und zu der wundervollen nächtlichen Szene des Engelgesangs.
Geschichte: Etwa fünfzehn Jahre lang hat Pfitzner die Idee zu dieser Oper beschäftigt. Am 13. August 1911 las er den Text seinen Freunden in München vor. Dann ging er an die Komposition, die am 24. Juni 1915 abgeschlossen war. Als Bruno Walter für den Sommer 1917 eine Pfitznerwoche in München plante, konnte der Komponist den »Palestrina« für die Eröffnungsvorstellung zur Verfügung stellen. Er wurde am 12. Juni 1917, unter allen Anzeichen eines starken Erlebnisses, erstmals gegeben.

Das Herz

Drama für Musik in drei Akten. Text von Hans Mahner-Mons.
Personen: Athanasius, Arzt (Bariton), Wendelin, sein Gehilfe (Sopran), der Herzog (Baß), die Herzogin (Alt), Geheimrat Asmus Modiger (Tenor), ein junger Kavalier (Tenor), Helge von Laudenheim (Sopran), Hoffräulein (Sopran).
Ort und Zeit: Süddeutsche Residenz, um 1700.
Das letzte Opernwerk Pfitzners vertont einen Text von Hans Mahner-Mons (Pseudonym für Hans Possendorf). Es ist eine Dämonengeschichte, in der ein Arzt versucht, mit übernatürlicher Hilfe die Grenzen seiner heilenden Kräfte zu überschreiten. Im Bunde mit der Teufelsverkörperung Asmodi rettet er den Sohn des Herzogs, dessen Herz bereits zum Stillstand gekommen war. Dafür muß er ein anderes Herz, das er aus einer Fülle menschlicher Herzen ausgewählt hat, dem Bösen nach Jahresfrist überlassen. Der Herzog gibt dem Retter in glücklicher Dankesbezeugung ein Hoffräulein zur Gattin. Auf einem Fest zu Ehren des Herzogs trifft der Arzt einen Geheimrat namens Asmus Modiger, der sich über den Pakt mit dem Dämon unterrichtet zeigt. Er will schweigen, wenn der Arzt ihm seine junge Frau für eine Nacht überläßt. Der Arzt will den »Geheimrat« töten, aber seine Waffe gleitet wirkungslos ab. Da erkennt er in Asmus Modiger den Teufel. In diesem Augenblick bricht die junge Frau tot zusammen: Ihr gehörte das Herz, das der Arzt vor Jahresfrist dem Dämon versprochen hatte, um überirdische Kräfte einzutauschen. Aber auch der damals gerettete Prinz stirbt zur gleichen Zeit. Der Fürst will den Arzt foltern und hinrichten lassen. Doch als er glaubt, der Verurteilte könne vielleicht noch einmal das Wunder tun und seinen Sohn erretten, verspricht er ihm Leben und Freiheit. Aber der Arzt will lieber sterben, als sich noch einmal an eines Menschen Herz vergreifen. Nach diesem Entschluß stürzt er tot zu Boden, jedoch Helge, die ihr Herz wiedergewonnen hat, entschwebt mit ihm zum Himmel. Das Werk ist der würdige Spätgesang eines reifen, weisen Meisters. (Uraufführung: 12. November 1931, gleichzeitig in Berlin und München.)

Ildebrando Pizzetti

1880–1968

Italiens bekanntester und wohl geschätztester Opernkomponist seit Puccini ist zwar mit seinen wichtigsten Werken auch ins Ausland gedrungen, hat sich aber nirgends im Repertoire halten können. Die Liste seiner Werke ist reich, sein Leben hat ihn in ruhiger Entwicklung zu den höchsten musikalischen Stellungen in seinem Vaterlande geführt. Der am 20. September 1880 in Parma Geborene wurde zuerst Kompositionslehrer am Konservatorium seiner Heimatstadt, wo er selbst soeben seine Studien beendet hatte; 1909 wurde er Professor, 1917 Direktor des Musikinstituts »Cherubini« in Florenz, 1923 des Instituts »Verdi« in Mailand, 1936 als Nachfolger Respighis Kompositionslehrer, später Präsident der berühmten Accademia Santa Cecilia in Rom. Pizzetti hat 1915 mit »Fedra«, nach d'Annunzio, seine Opernlaufbahn begonnen, die ihn von Anfang an in den Spuren der altitalienischen Klassiker zeigt; er denkt an eine Renaissance des Monteverdistils, an einen »Ausgleich« zwischen Wort und Musik. Im Jahre 1916 schrieb er selbst das Libretto zur biblischen Legende »Debora e Jaele«, an der er sechs Jahre lang komponierte (Uraufführung: Mailand und Hamburg, 1922); die wuchtigen Chorszenen hinterließen einen tiefen Eindruck. Sechs Jahre später dirigierte Arturo Toscanini an der Scala seine Oper »Fra Gherardo«, zu der der Komponist sich ebenfalls den Text selbst verfaßt hatte. So war es auch bei Pizzettis durchschlagendstem Erfolg, dem 1930 in Rom uraufgeführten »Lo straniero« (Der Fremde). 1935 folgte als Festaufführung des Maggio Fiorentino die Premiere von »Orseolo«, einer vom Komponisten selbst für die Bühne bearbeiteten Episode aus der blutgetränkten Geschichte Venedigs. Eine längere Unterbrechung war zum Teil auch den Kriegsjahren zuzuschreiben. Im Jahre 1947 erschien »L'oro«, das ebenso wie »Vanna Lupa« (1949) wenig Nachhall erweckte. Die folgenden Werke schrieb Pizzetti für den Rundfunk. Es waren dies »Ifigenia« (Rundfunkaufführung 1950, Theaterpremiere 1951) und »Cagliostro« (Rundfunk 1952, Theater 1953). Erst »La figlia di Iorio« (1954), neuerlich auf ein starkes Textbuch d'Annunzios, ging über die Grenzen des Heimatlandes hinaus. 1958 schließlich wurde der hochbetagte Meister bei der Uraufführung seiner Oper »Assassinio nella cattedrale« (Mord in der Kathedrale) in der Mailänder Scala liebevoll gefeiert. Auch dieses Werk fand im Ausland Echo, wobei T. S. Eliots Bühnenstück (»Murder in the cathedral«) wesentlich zu jenem Interesse beitrug, die das Alterswerk Pizzettis erweckte.

Amilcare Ponchielli

1834–1886

Ponchielli wurde am 31. August 1834 in der Nähe von Cremona geboren. Er studierte am Mailänder Konservatorium, wo er seine erste Oper schrieb. Dann wurde er Organist in Bergamo und Cremona, hier auch Kompositionslehrer (Puccinis unter anderen). Seine elf Opern brachten ihm einen klingenden Namen in Italien ein, und seine »Gioconda« verschaffte ihm Weltruf. Sein Stil steht zwischen Romantik und Verismus, ist sehr wirkungsvoll und enthält mehr sinfonische Elemente als die meisten Werke seiner italienischen Zeitgenossen. Daß der Gesang bei ihm dennoch zu seinem Recht, ja zu glanzvollen Höhepunkten kommt, sei besonders betont. Ponchielli starb in Mailand am 16. Januar 1886.

La Gioconda

Oper in vier Akten (fünf Bildern). Textbuch von »Tobia Gorrio« (Anagramm für Arrigo Boito), nach einem Drama von Victor Hugo.
Originaltitel: La Gioconda
Originalsprache: Italienisch
Personen: La Gioconda, Straßensängerin (Sopran), La Cieca, ihre blinde Mutter (Alt), Alvise Badoero, Inquisitor (Baß), Laura, seine Gattin (Mezzosopran), Enzo Grimaldo, Edelmann aus Genua (Tenor), Barnaba, Spion der Inquisition (Bariton), Zuane, Fährmann (Baß), Senatoren, Matrosen, Volk.
Ort und Zeit: Venedig, im 17. Jahrhundert.
Handlung: Die Ouvertüre nimmt Melodien der Oper vorweg, wie es Brauch der Zeit ist. Das erste Bild spielt vor dem Dogenpalast, im Karneval. Das Volk vergnügt sich. Barnaba sieht die Gioconda mit ihrer Mutter kommen. Er begehrt die junge und schöne Straßensängerin, aber diese liebt den Fürsten Enzo Grimaldo, der aus politischen Gründen im Exil leben muß. Als Barnaba von der Gioconda neuerlich zurückgewiesen wird, beschließt er, durch Erpressung sein Ziel zu erreichen. Er beschuldigt die blinde Alte, Giocondas Mutter, der Zauberei. Durch ihre Hexenkünste habe Zuane die Regatta verloren. Der Bootsmann wiegelt nun das Volk gegen die Blinde auf. Vergebens sucht der als dalmatischer Matrose verkleidete, heimlich zurückgekehrte Enzo sie zu beschützen. Da öffnen sich die Pforten des Dogenpalastes, Badoero erscheint an der Seite seiner Gattin Laura. Barnaba klagt die Blinde an, und der Inquisitor beschließt auf Drängen des Volkes, sie vor den Richter zu stellen. Verzweifelt versucht die Gioconda ihn umzustimmen, aber erst das Eingreifen Lauras erweicht ihn. Die Blinde schenkt ihr einen Rosenkranz und singt die berühmt gewordene Arie »Voce di donna o d'angelo«. (Eine Frauen- oder Engelsstimme.) ①

Laura hat Enzo in der Menge erkannt und die alte Liebe zwischen ihnen flammt von neuem auf. Barnaba hat beide beobachtet und nähert sich nun Enzo mit dem teuflischen Angebot, Laura heute nacht auf sein Schiff zu bringen. Enzo nimmt, trotz seiner Zweifel, an. Die Gioconda entdeckt Barnabas Doppelspiel und beschließt, den Geliebten zu retten.

Am Ufer des Meeres spielt der zweite Akt: Große musikalische Szene mit Chören, teilweise im Barkarolentakt; auf dem Höhepunkt Enzos prächtige Arie »Cielo e mar!«, das Paradestück aller großen Belcanto-Tenöre. ②

In einem Boot kommt Laura, um mit dem Ge-

liebten zu fliehen und fern von Venedig ein glücklicheres Leben zu beginnen. Enzo gibt die Befehle zur Abfahrt. Da erscheint die Gioconda; ihr erster Impuls ist, die Rivalin zu töten, doch Laura zeigt ihr den Rosenkranz, den ihr die blinde Mutter zum Dank für die Rettung vor der wütenden Volksmenge gegeben hat. Die Gioconda rettet nun Laura in ihrem eigenen Boot vor den nahenden Häschern Barnabas. Enzo kämpft einen verzweifelten Kampf gegen die Übermacht der feindlichen Schiffe; als er sich verloren sieht, steckt er sein Boot in Brand.
Im dritten Akt hat Badoero seiner untreuen Gattin den Tod geschworen. Barnaba hat alles enthüllt. Laura wurde verfolgt und gefangen. Nun soll sie einen Giftbecher leeren, den ihr Gatte ihr gegeben hat. Doch der im Palast weilenden Gioconda ist es gelungen, das Gift durch ein Schlafmittel zu ersetzen, das Laura nun nimmt. Während in den Sälen des Palastes ein blendendes Fest gefeiert wird, das Ponchielli mit dem schwungvollen »Stundentanz« ausgestattet hat, einer weltbekannten Ballettmusik – betrachtet Badoero den vermeintlichen Leichnam seiner Gattin. Dann verkündet er deren Selbstmord den Gästen. Mit einem Schrei reißt einer der Gäste sich die Maske ab und steht drohend vor dem Inquisitor: es ist Enzo. Er wird schnell von den Wachen überwältigt. Die Gioconda verspricht Barnaba, ihm angehören zu wollen, wenn er Enzo rette. Um einen doppelten Druck auf die Sängerin ausüben zu können, läßt dieser die blinde Mutter entführen.
Im Hause Giocondas spielt das letzte Bild. Die in tiefem Schlaf liegende Laura wird von Vertrauten gebracht. Enzo ist von Barnaba befreit worden, doch glaubt er Laura tot. Die Gioconda hat ihren Entschluß gefaßt: Sie wird Laura und Enzo vereinen, die in die Fremde fliehen müssen. Dann will sie sich selbst, anstatt Barnaba anzugehören, den Tod geben. Laura erwacht, und mit Enzo kniet sie vor der Gioconda, der die beiden Liebenden so viel verdanken. Als sie davoneilen, bricht das tragische Ende herein. Dem ins Gemach stürzenden Barnaba erklärt die Sängerin, sich für ihn schmücken zu wollen. So kann sie unbeachtet den Dolch ergreifen und in ihr Herz stoßen. Haßerfüllt schleudert der Spitzel ihr die Nachricht ins Gesicht, daß er ihre Mutter erdrosselt habe, aber die Gioconda hört ihn nicht mehr.
Quelle: Das Drama »Angelo, Tyrann von Padua«, von Victor Hugo.

Textbuch: Arrigo Boito, hier unter der ihn kaum verhüllenden Buchstabenumstellung »Tobia Gorrio«, nahm verschiedene einschneidende Änderungen an Hugos Werk vor, verlegte die Handlung von Padua nach Venedig und gab ihr den zugkräftigen, aber diskutablen Titel »La Gioconda«; das bedeutet, wie man weiß, »die Glückliche«, und man bringt es seit Leonardo da Vincis berühmtem Gemälde mit einem rätselhaften Lächeln um die Lippen in Verbindung. Von beidem ist in der Oper keine Rede. Hat Arrigo Boito vielleicht damit andeuten wollen, daß eine Straßensängerin – und das ist die von ihm vollends zur Hauptfigur gemachte dramatische Sopranistin – in Ausübung ihres Berufes lächeln müsse? Nun, gegen das Textbuch ließen sich, trotz der beiden illustren Väter, die es besitzt – Hugo und Boito – schwerere Einwände erheben. Es ist unglaubwürdig, hyperromantisch, effektsüchtig und hat doch so manchen Musiker zur Vertonung gereizt.
Musik: Victor Hugos »Angelo, Tyrann von Padua« ist deshalb mehrmals in Musik gesetzt worden. Zeitlich mit Ponchiellis Vertonung fällt die des Russen Caesar Cui zusammen, die zwei Monate vor der Oper des Italieners erschien, aber heute vergessen ist. Ponchiellis Musik hingegen erwies sich in ihrer Leidenschaft, Dramatik und melodischen Eingebung als dauerhaft. Manches davon hat sich in die Herzen der Opernliebhaber gesungen (»Voce di donna o d'angelo«, »Cielo e mar«, »Suicidio«) und ist heute, dank der Schallplatte großer Sänger, populärer denn je. Hinzu kommt noch der »Stundentanz«, der zu den beliebten Balletten aus Opernwerken zählt. Einige Passagen der Gioconda erinnern an Verdi; einiges läßt erkennen, was Puccini seinem Lehrer Ponchielli verdankt.
Geschichte: Die Siebzigerjahre waren reich an neuen Opern, die in die Geschichte eingehen sollten. Hierher gehören: 1870 »Il Guarany« von Gomes, der zur brasilianischen Nationaloper wurde, 1871 Verdis Aida, 1874 Mussorgskis »Boris Godunow«, 1875 Bizets »Carmen«, 1876 Wagners »Ring des Nibelungen« anläßlich der ersten Bayreuther Festspiele, 1879 Tschaikowskys »Eugen Onegin«; insgesamt ein bunter Strauß von Erfolgsopern, denen sich am 8. April 1876 in der Mailänder Scala Ponchiellis »Gioconda«, unter stürmischem Jubel aufgenommen, anschloß. Es hat seitdem keine namhafte Bühne der Welt gegeben, die nicht zu den dankbaren Aufgaben dieser Oper gegriffen hätte.

Francis Poulenc
1899–1963

In jungen Jahren war Poulenc Mitglied der »Sechs«, jener Pariser Gruppe, die sich um das skurrile Musikergenie Eric Satie und die avantgardistische Führerbegabung Jean Cocteaus scharte. Milhaud, Honegger, Auric, Durey und Germaine Tailleferre waren seine Gefährten. Die ein wenig ungleiche Gemeinschaft löste sich bald auf, Milhaud und Honegger erklommen führende Positionen im Musikleben ihrer Zeit, Poulenc erwarb steigende Achtung, wurde aber nur von Wenigen in seinem wahren Wert erkannt. Er war zuerst vor allem ein Meister der kleinen Form, der mit leichter, eleganter Hand Geistvolles schrieb, zur Parodie und Persiflage neigte und eine verblüffende Technik besaß, die »modern« war, ohne vor den Kopf zu stoßen. Doch eigentlich erst nach seinem Tode erkannte die Welt, daß in diesem Urpariser – »Mischung aus Lausbub und Mönch«, wie ihn ein Essayist genannt hat – ein echtes musikalisches Genie steckte. Prächtige Kammermusik, tiefbeseelte Chöre, in mystische Tiefen tauchende Kirchenwerke, Konzerte, Instrumentalmusik, Messen, Motetten usw. sind ihm zu danken, sowie eine der zweifellos schönsten Opern des Jahrhunderts: »Dialog der Karmeliterinnen«. Poulenc leistete noch zwei weitere Beiträge zum Musiktheater: die packende »Voix humaine« auf den dramatischen Monolog von Jean Cocteau, und die (frühere, viel schwächere) erotische Komödie nach Apollinaire »Les Mamelles de Tirésias«. Poulenc, am 7. Januar 1899 geboren, starb in Paris am 30. Januar 1963.

Gespräche der Karmeliterinnen

Oper in drei Akten (12 Bildern). Textbuch vom Komponisten, nach dem Drama »Die begnadete Angst« von Georges Bernanos, das auf dem Roman »Die Letzte am Schafott« von Gertrud von Le Fort beruht.
Originaltitel: Les dialogues des Carmélites
Originalsprache: Französisch
Personen: Marquis de la Force; Blanche, seine Tochter, genannt Schwester Blanche von der Todesangst Christi; der Chevalier de la Force, ihr Bruder; Madame de Croissy, genannt Mutter Henriette vom Namen Jesu, Priorin des Klosters der Karmeliterinnen; Madame Lidoine, genannt Mutter Therese vom Heiligen Augustin, Nachfolgerin der vorigen; Mutter Maria von der Inkarnation Christi, stellvertretende Priorin; Mutter Johanna vom Kinde Jesu, Älteste der Schwestern; die Schwestern Konstanze, Mathilde, Geralde, Claire, Antoine, Cathérine, Felicitas, Gertrude, Alice, Valentine, Veronika, Anna. Martha; der Beichtvater des Klosters; ein Arzt, Kommissäre der Revolution, Offiziere, Bürger, Bauern, usw.
Ort und Zeit: In dem Karmeliterinnenkloster von Compiègne und in Paris, während der Jahre der Französischen Revolution.
Handlung: In der Vorgeschichte des Dramas müssen wir auf den Krönungstag des Dauphins mit Marie-Antoinette zurückgreifen; an jenem Tage kam es auf den belebten Straßen von Paris zu einem kleinen Zwischenfall, in dessen Verlauf die Kutsche des Marquis de la Force von der aufgebrachten Menge bedroht wurde. Die Marquise, aufs höchste erschrocken, gebiert kurz nach der Rückkehr in das Palais eine Tochter, stirbt aber an der verfrühten Entbindung. Nun ist die damals unter so tragischen Umständen zur Welt gekommene Blanche de la Force fünfzehn Jahre alt. Sie ist von krankhafter Empfindsamkeit, und eine tiefe Lebensfurcht wurzelt in ihr. Wenn immer neue Meldungen über Volksaufstände eintreffen, kann zwar der alternde Marquis seine Ruhe behalten, aber Blanche wird heftig aufgewühlt. Als kurz darauf der Schatten eines Dieners sie erschreckt, stimmt der Vater dem Wunsche dieses überempfindlichen Kindes nach Eintritt in ein Kloster zu. Die Priorin des Karmeliterinnenklosters von Compiègne begrüßt Blanche und führt ihr Härte und Entbehrungen des dem Glauben gewidmeten Lebens vor Augen. Doch Blanche bleibt bei ihrem Entschluß und verkündet Mutter Henriette den Namen, den sie für ihr Klosterdasein gewählt hat: Schwester Blanche von der Todesangst Christi. Die Priorin erschrickt bei diesem Namen: sie selbst hatte ihn einst tragen wollen,

und zugleich wird ihr sein tiefer Sinn bewußt. Im Kloster ermahnt Blanche ihre fröhliche Kameradin Konstanze von St. Denis, ihrer Lustigkeit Zügel anzulegen, zumal die Priorin schwer erkrankt ist. Da erinnert sich Konstanze einer Vision, die sie der Gefährtin mitteilt: Sie habe sie beide jung sterben sehen. Blanche erschauert und verbietet Konstanze, je wieder davon zu sprechen. Die Tage der Priorin sind gezählt. Liebevoll segnet sie die an ihrem Todeslager kniende Blanche. Dann setzt das Delirium ein, das der Sterbenden schreckliche Bilder vor die Seele zu bringen scheint. Entsetzt suchen die jungen Schwestern nach einer Erklärung. Sollte dieser qualvolle Tod gar nicht der Tod der Priorin gewesen sein? Sollte sie im Tode die Angst einer anderen auf sich genommen haben, um diese andere in ihrer letzten Stunde davon zu befreien? Rund um das Kloster wütet die Revolution. Blanches Bruder kommt, um sich zu verabschieden. Er will seine Schwester zur Flucht verleiten, aber sie weiß stärker als jemals früher, daß ihr Platz hier ist. Auch der Beichtvater kommt zum Abschied: er muß, wie alle Priester Frankreichs, fliehen. Schon schlagen der Waffenlärm und die Rufe der Revolutionäre an die Pforten des stillen Klosters. Ein Befehl wird überbracht: Die Karmeliterinnen werden ausgewiesen. Die Nonnen versammeln sich noch einmal in der Klosterkapelle, die von eindringenden Volksmassen verwüstet worden ist – gerade so wie die sterbende Priorin es in ihrem Todeskampfe gesehen hat. Die neue Oberin nimmt das Gelübde des Martyriums ab. Nur Konstanze hat dagegen gestimmt, um Blanche davor zu bewahren. Sie bekennt sich zu ihrer Stimmabgabe, ist aber zum Sterben bereit, wie alle anderen. Doch kaum ist der Schwur abgelegt, flüchtet Blanche; sie hat entsetzliche Angst, das Gelübde nicht erfüllen zu können, da es über ihre Kraft geht. Sie eilt heim, aber das Palais ist geplündert, ihr Vater tot, hingerichtet von der Revolution. Die stellvertretende Priorin eilt zu Blanche, um sie in ihren Schutz zu nehmen, wie sie es der sterbenden Oberin versprochen hatte. Doch Blanche will bleiben. Als Bäuerin verkleidet hofft sie, die Revolution überleben zu können. Bei einem Gang durch die Straßen erfährt sie, daß ihre einstigen Schwestern in Compiègne verhaftet und auf dem Wege zum Schafott seien. In einer Zelle der Concièrgerie bereitet die Priorin sie auf den Märtyrertod vor; sie dankt Gott für die Gnade des Glaubenstodes und segnet die Karmeliterinnen. Die stellvertretende Priorin, Mutter Maria, die in bürgerlichen Kleidern in der Stadt weilt, hat ebenfalls, wie Blanche, vom bevorstehenden Tode der Karmeliterinnen gehört. Aber der Beichtvater stellt sich ihrem Wunsch, diesen Tod zu teilen, entgegen: Es sei offenkundig nicht Gottes Wille. Auf dem Platz der Revolution ist das Schafott errichtet. Unter den Klängen des »Salve Regina« betreten die Karmeliterinnen singend den Hinrichtungsort. Eine Schwester nach der anderen steigt auf das Gerüst. Nun kommt die Reihe an Konstanze. Da bricht sich jemand durch die gaffende Menge Bahn. Ruhig, gefaßt wie noch nie, beinahe heiter und sich ihrer Tat voll bewußt, tritt Blanche an Konstanzes Seite. Sie ist die letzte auf dem Schafott. Nun hat sie keine Angst mehr: Die Priorin hatte bei ihrem Tod Blanches Angst auf sich genommen.

Textbuch: Ein tief mystisches Geschehen ist hier von Gertrud von Le Fort niedergeschrieben, vom Pater Bruckberger und von Philippe Agostini szenisch bearbeitet und von dem Dichter Georges Bernanos endgültig gestaltet worden. Weit über alles Konfessionelle hinaus ergreift die menschliche Größe des Dargestellten.

Musik: Es war keine leichte Aufgabe, einerseits die innerliche Entwicklung der Hauptpersonen aufzuzeigen, andererseits in einem nahezu ausschließlichen Frauen-Stück die Gleichförmigkeit zu vermeiden. Poulenc ist beides meisterlich gelungen. Seine Melodie stammt – wie die in Debussys »Pelléas und Mélisande« – aus dem natürlichen Sprachakzent, so daß der Text in voller Klarheit und Verständlichkeit leuchtet. Zwischen den Bildern gibt es sinfonische Interludien von starkem Ausdrucksreichtum, in manchen Szenen prachtvolle Frauenchöre von oftmals überirdisch zarter Wirkung.

Geschichte: Georges Bernanos (1889–1948) schuf in seinem letzten Lebensjahre »Die begnadete Angst«, ein wahres Zeitthema, das hier zu positiver, christlicher Lösung gebracht wird. Poulenc fühlt sich durch den Stoff, der die Menschheit unserer Tage aufs tiefste angeht, erschüttert. Im Schatten des Zweiten Weltkriegs, inmitten des verwüsteten Europas und der beinahe noch rauchenden Verbrennungsöfen der Konzentrationslager, schrieb er die Oper des Glaubens, in der »die Angst der Gnade Platz macht«, wie er selbst es ausdrückte. »Gespräche der Karmeliterinnen« erlebte ihre Uraufführung am 26. Januar 1957 in der Mailänder Scala.

Sergei Prokofieff
1891–1953

Prokofieff (auch Prokofiew, Prokofjew geschrieben), neben Strawinsky der bedeutendste russische Musiker seiner Zeit – zu denen man in steigendem Maße auch Schostakowitsch zu zählen beginnt – wurde am 23. April 1891 in Sonzowka/Gouvernement Jekaterinoslav geboren. Er studierte zuerst bei seiner Mutter, dann an den Konservatorien von Moskau und Petersburg bei Liadow, Rimsky-Korsakoff, Tanejeff u.a. 1914 gewann er den »Rubinstein-Preis«, drei Jahre später verließ er Rußland, das in revolutionäre Wirren versank. Er bereiste Europa, lebte zeitweise in Deutschland, Paris und den USA, wo die Uraufführung seiner Oper »Die Liebe zu den drei Orangen« stattfand. Schnell brachte er es zu seiner führenden Stellung unter den Musikern seiner Generation, er bereiste als Klaviervirtuose, als Dirigent und Komponist zahlreiche Länder des Westens. Aber die lautesten Erfolge vermochten das Heimweh in ihm nicht zu übertönen. Und da die sowjetischen Behörden seiner Rückwanderung mit starkem Wohlwollen gegenüberstanden, übersiedelte er 1934 nach Moskau. Hier schuf er unermüdlich Werk auf Werk, vieles auch für die Bühne: zu den früheren Werken »Der Spieler«, »Die Liebe zu den drei Orangen« und »Der feurige Engel« gesellten sich nun »Semjon Kotko«, »Die Verlobung im Kloster«, »Krieg und Frieden« – Prokofieffs vielleicht epochalstes Werk –, »Die Geschichte eines wahren Menschen«, »Der Idiot« und die nachgelassene »Magdalena« (1980 posthum veröffentlicht) sowie die Ballette »Chout«, »Pas d'acier«, »Der verlorene Sohn«, »Auf dem Dnjepr«, »Romeo und Julia« – das schönste und berühmteste –, »Aschenbrödel« und »Die steinerne Blume«. Prokofieff schreibt einen blendenden, geistreichen, überaus melodischen, oftmals graziösen, manchmal karikierenden, rhythmisch stets bewegten Stil, der als durchaus persönlich bezeichnet werden muß und in keine Strömung einbezogen werden kann. Er ist ein ursprünglicher Musiker geblieben, natürlich, völlig ungekünstelt, unintellektuell. Sein Werk dürfte, es ist kaum zu bezweifeln, die Zeiten überdauern. Prokofieff starb, von der gesamten Musikwelt betrauert, am 5. März 1953 in Moskau.

Die Liebe zu den drei Orangen

Oper in einem Prolog, vier Akten und zehn Bildern. Textbuch von Sergei Prokofieff, nach Carlo Gozzis Bearbeitung eines alten orientalischen Märchens.
Originaltitel: L'amour des trois oranges und Liubow trem apelsinam
Originalsprachen: Französisch und Russisch
Personen: Der König eines Phantasielandes, in dem das Kartenspiel Nationaleigentümlichkeit ist (Baß), der Prinz, sein Sohn (Tenor), Prinzessin Clarissa, des Königs Nichte (Alt), Leander, Premierminister (Bariton), Truffaldino, Hanswurst am Königshofe (Tenor), Pantaleon, des Königs Vertrauter (Bariton), der Zauberer Tschelio, Beschützer des Königs (Baß), die Zauberin Fata Morgana, Beschützerin des Premierministers (Sopran), Linette, Nicolette, Ninette, drei Prinzessinnen (Alt, Mezzosopran, Sopran), Farfarello, ein kleiner Teufel (Baß), Esmeralda (Mezzosopran), eine Köchin, ein Herold, verschiedene Gruppen von Theaterliebhabern usw.

Ort und Zeit: Des Märchens.
Handlung: Die Oper hat ein kleines Orchestervorspiel und hernach eine lustige Einleitungsszene: Anhänger der Tragödie streiten mit solchen der Komödie über das Stück, das sie sehen wollen. Auch andere Gruppen geben ihre Meinung ab und gehen recht unsanft miteinander um. Als der Herold verkündet, daß der König des Treff-Landes (sein Abzeichen ist das Spielkartenzeichen des Treff) verzweifelt sei, weil sein Sohn in eine anscheinend unheilbare Melancholie verfallen ist, horchen alle gespannt auf; jeder glaubt, er werde »sein« Schauspiel zu sehen bekommen.

Und so beginnt das Märchen. Der Prinz muß zum Lachen gebracht werden. (Als der König in Weinen ausbricht, hat er heftige Kritiken der Komödienanhänger über sich ergehen zu lassen, die sich mit den anderen Gruppen des Vorspiels zu beiden Seiten der Bühne postiert haben.) Man ruft Truffaldino herbei, vielleicht heitert das von ihm veranstaltete Fest den Prinzen auf. Doch Leander, Premierminister und heimlicher Feind des Königs (sein Abzeichen ist das Pique des Kartenspiels) beschließt, alles zu sabotieren.

Ein Zwischenspiel, – zumeist vor einem Vorhang mit magischen Zeichen gespielt – zeigt uns die »höheren« Kräfte, die die Geschicke der hier handelnden Personen lenken. Tschelio und Fata Morgana spielen Karten; der Zauberer verliert, und so scheint sein Schützling, der König, verloren, während jenem Fata Morganas, dem Premierminister, gute Zeiten winken.

Die Prinzessin Clarissa will Leander anstiften, den Prinzen zu beseitigen, damit sie selbst den Thron erbe. Der Minister ersinnt »grausame« Arten, ihn zu töten: etwa, ihn »supertragische« Geschichten lesen zu lassen. (Die Idee bringt die Anhänger der traurigen und fröhlichen Kunst neuerdings in heftige Gemütswallungen.) Leander erklärt Clarissa, daß Truffaldino den Prinzen zum Lachen bringen wolle; die Prinzessin wünscht, daß man ihm eine Dosis Opium gebe, um das zu verhindern. Doch der Minister erklärt, das werde nicht nötig sein, denn die Zauberin werde in eigener Person zu dem Fest kommen, um zu verhindern, daß sich der Prinz erheitere.

In der nächsten Szene lernen wir den kranken Prinzen kennen. In langem, lächerlichem Nachtgewande, mit tausend Arzneien vor sich, »leidet« er sichtlich; Truffaldino versucht ihn zum Feste zu bringen, das soeben durch einen blendenden Marsch angekündigt wird. ①

Truffaldino leitet das Fest ein. Angesichts eines grotesken Tieraufzugs klatschen die Höflinge Beifall, aber der Prinz bleibt ernst. Es folgen Kunststücke aller Arten, jedoch des Prinzen Miene verzieht sich nicht. Da sieht Truffaldino Fata Morgana eintreten, und bei dem Zank und dem Handgemenge, die alsbald zwischen beiden ausbrechen, fällt die Zauberin nieder, wobei sie einen lächerlichen Anblick bietet. Da bricht der Prinz in ein lautes und langes Lachen aus. Aus Rache verwünscht Fata Morgana ihn: er solle sich in drei Orangen verlieben und sie überall verzweifelt suchen.

Der Prinz ist auf die Reise gegangen, von Truffaldino begleitet; er muß die Orangen finden. Farfarello möchte, auf Geheiß Tschelios, dem Prinzen behilflich sein, aber da Fata Morgana Siegerin war, kann er ihm lediglich einen Rat geben: die Orangen, wenn er sie finde, nahe einer Quelle zu öffnen. Ein längeres Orchesterzwischenspiel schildert des Prinzen Wanderung. Er gelangt zu einem Schloß, wo es einige Abenteuer zu bestehen gilt, vor allem mit einer Köchin, deren wildes Aussehen durch eine Baßstimme komisch unterstrichen wird. Endlich findet der Prinz die versprochenen Orangen, mühsam wälzt er die übernatürlich großen Früchte durch die Wüste. Truffaldino kann vor Durst nicht mehr weiter und öffnet zwei davon. Ihnen entsteigen Prinzessinnen, aber da keine Quelle in der Nähe ist, sterben Linette und Nicolette verschmachtend. Truffaldino ist geflohen. Der Prinz, der geschlafen hat, erwacht und beginnt zu ahnen, daß die dritte Orange sein Glück berge. Er öffnet sie, und es entsteigt ihr die Prinzessin Ninette. Liebe auf den ersten Blick eint das Paar. Aber auch Ninette muß sterben, wenn sie nicht sofort trinken kann. Glücklicherweise reichen die Zuschauer (es sind die Anhänger der Komödie) ihr schnell einen Trunk Wasser. Der Prinz will Ninette unverzüglich heim in seinen Palast führen; doch sie findet – echt weiblich – ihre Kleidung hierfür nicht geeignet. Ihr Geliebter bricht also allein auf, um bald mit fürstlichen Toiletten und einem Festzug zurückzukehren. Inzwischen aber erscheint Fata Morgana und verwandelt Ninette in eine Ratte. Und Esmeralda, die zu Fata Morganas und Leanders Partei gehört, nimmt Ninettes Gestalt an. Als der Prinz mit seinem Vater zurückkehrt, bemerkt er den Betrug, doch da er nichts beweisen kann, veranlaßt sein Vater ihn, sein Versprechen einzulösen. Mit Esmeralda muß er ins Schloß einziehen.

Ein neuerliches Zwischenspiel bringt Fata Morgana und Tschelio auf die Bühne, die einander mit Blitzen und Donnern zu übertreffen suchen. Wieder scheint die Zauberin die Oberhand zu behalten, als die Anhänger der Komödie eingreifen und sie in einen Turm sperren (da sie nicht zugeben können, daß das Stück böse ende).

Im großen Thronsaal soll der Prinz mit der vermeintlichen Ninette getraut werden. Aber auf einem der Stühle sitzt eine riesige Ratte. Panik bricht aus, doch der nun allmächtige Zauberer Tschelio gibt der echten Prinzessin Ninette ihre Gestalt wieder. Leander, Clarissa und Esmeralda werden von allen verfolgt, bis sie in eine Falle geraten, die Fata Morgana für ihre Feinde bereitet hatte. Der Prinz heiratet nun die echte Prinzessin, das Volk huldigt dem jungen Paar.

Quelle: Ein Märchen des berühmten venezianischen Dichters Carlo Gozzi (1720–1806): »Fiaba dell' amore delle tre melaráncie«, der seinerseits wieder Elemente orientalischer Legenden verarbeitete.

Textbuch: Einfallsreich und unterhaltsam, phantasievoll, graziös. Die Märchenhandlung wird aufgelockert durch die geistvolle Intervention von »Zuschauer-Gruppen« verschiedener ästhetischer Tendenzen, was zu witzigen Szenen und Aperçus Gelegenheit gibt.

Musik: Eine prächtige Partitur voll Inspiration und Können. Prokofieff ist ein Meister des Humors, ein glänzender Instrumentator und ein echter Melodiker. Er konnte eine der besten Opern unserer Zeit schaffen.

Geschichte: Bald nach seiner im Jahre 1918 erfolgten Ankunft in den Vereinigten Staaten von Nordamerika erhielt Prokofieff von der Chicago Opera Company den Auftrag, ein Werk zu komponieren. Er entledigte sich dieser Aufgabe in sechs Monaten. Aber da der Leiter dieser Bühne inzwischen gestorben war, wurde aus der geplanten Premiere im Jahre 1919 nichts. Erst zwei Jahre später wurde die berühmte Sängerin und Vorkämpferin für Opernwesen in den USA, Mary Garden, auf die Partitur aufmerksam, und so fand die Premiere am 30. Dezember 1921 im Auditorium von Chicago statt. »Die Liebe zu den drei Orangen« wurde in der französischen Fassung gespielt, die der Komponist gemeinsam mit Vera Janacopulos hergestellt hatte. Der Erfolg war mäßig, es kam lediglich zu drei Aufführungen. Hingegen eroberte eine sinfonische Suite, die einige der besten Stücke der Oper enthält, sehr schnell die Konzertsäle der Welt. Erst ein Vierteljahrhundert später, und mit fortschreitendem Ruhm des Komponisten, erkannten die Opernhäuser den Wert dieses außergewöhnlichen Werkes.

Weitere Opern:

Prokofieffs »Krieg und Frieden« zählt zu den bedeutendsten Werken der neueren Zeit, und es liegt wohl nur am riesigen Apparat und den gewaltigen Schwierigkeiten, die eine Einbürgerung dieser Oper auf den Theatern bisher verhindert haben. Das Werk ist für drei vollständige Abende berechnet und beschäftigt mehr als fünfzig Gesangssolisten. Der Text stammt, in recht genauer Anlehnung, aus dem gigantischen gleichnamigen Roman Leo Tolstois: Der große russische Dichter arbeitete an diesem seinem Hauptwerk von 1864 bis 1869 und studierte, oftmals an den Schauplätzen selbst, die Geschichte der napoleonischen Invasion und ihrer gesamteuropäischen Hintergründe und Auswirkungen von 1805 bis 1813. Das Kolossalgemälde, das er entwarf, hatte durch den Zweiten Weltkrieg eine neue patriotische Gültigkeit erlangt und die Vertonung seiner glutvollsten, ereignisreichsten Szenen lag nahe. Prokofieff hat, ganz im Geiste der »Literaturoper«, die inzwischen im Musiktheater gültig geworden war, keine »Auswahl« getroffen, kein »Libretto« hergestellt oder herstellen lassen, sondern das große Werk in möglichst großem Umfang und in betonter Originalitätstreue vertont, wobei ihm musikalische Bilder von überwältigender Aussagekraft gelangen. Einiges wäre über die Entstehung dieser Oper zu sagen: Prokofieff begann bereits 1941 an ihr zu arbeiten, also unmittelbar unter dem Eindruck der deutschen Invasion; er war damals mit vielen anderen Künstlern in das sicherere Tbilissi (Tiflis) evakuiert worden, wo er bereits 1942 »Krieg und Frieden« für beendet hielt. Aber er mußte noch mehrmals mit einschneidenden Umarbeitungen auf diese Partitur zurückkommen. Als er nach Alma-Ata zog, wo die wichtigsten Filmstudios untergebracht waren – für die Prokofieff viel Musik schrieb und wo manches seiner Werke aufgenommen wurde – nahm er die Partitur mit; das gleiche tat er, als er seinen Wohnsitz nach Kasachstan, dann nach Molotow verlegte. Im Oktober 1944 erklang die Oper erstmals mit Klavierbegleitung in einem Moskauer Privathaus; im Juni 1945 – der Zweite Weltkrieg war inzwischen in Europa beendet worden – konzertant im Konservatorium dieser Stadt. Doch bot das Werk in dieser seiner ersten Fassung starke dramaturgische Angriffspunkte. Obwohl der Komponist in den folgenden Jahren von Krankheit, auch von ihm nahegehenden Meinungsverschiedenheiten mit der politischen Führung seines Landes gequält wurde, kehrte er immer wieder zu diesem Werk zurück. Immer wieder kam es zu Teilaufführungen, aber eine Gesamt-Uraufführung kam nicht zustande. Seine Arbeit an »Krieg und Frieden« zog sich bis zu seinem Tode hin; er konnte eben noch eine gekürzte Fassung des überlangen Werkes vollenden.

Während die meisten anderen Opern Prokofieffs hier nicht näher behandelt werden können, da sie dem Publikum unserer Breiten weitgehend unbekannt sind (»Semjon Kotko« wurde während der Siebzigerjahre bei einem Gastspiel des Moskauer Bolschoi-Theaters in der Mailänder Scala zur Aufführung gebracht, erwies aber bei dieser Gelegenheit eher eine gewisse Fremdheit als eine »Unterlassungssünde« des Westens). Nur von der »Verlobung im Kloster« soll hier noch die Rede sein, einem satirischen Lustspiel aus den Jahren 1940/41. Es war, nach der »Liebe zu den drei Orangen« die zweite musikalische Komödie des Komponisten; aber es gibt grundlegende Unterschiede zwischen beiden. Eine Moskauer Literaturstudentin machte Prokofieff bald nach seiner Rückkehr aus der Emigration auf das Lustspiel des englischen Dichters Richard B. Sheridan (1751–1816), betitelt »La Duenna« aufmerksam, das 1775 erschienen war und in der Art der italienischen Commedia dell'arte die Zustände der Zeit lächerlich macht. »Das ist wie Champagner, daraus kann man eine Oper im Stile Mozarts oder Rossinis machen!« soll Prokofieff ausgerufen haben. Die Handlung spielt im 18. Jahrhundert in Sevilla und ist eine scharfe Satire, in der aber Gefühl, also echte Melodik, einen wichtigen Platz einnimmt; eine verwickelte Verkleidungs- und Verwechslungskomödie mit gutem Ausgang, die Liebenden werden vereint und sogar die älteren Personen, deren Habgier, Berechnung, List, Falschheit gründlich angeprangert wird, werden – nach vielem Ärger und Verdruß – doch noch irgendwie zufriedengestellt. Die Premiere am 3. November 1946 in Leningrad, zu der Prokofieff aus Gesundheitsrücksichten nicht reisen konnte, fand eine begeisterte Kritik aus berufenster Feder. Schostakowitsch schrieb: »Aller Wahrscheinlichkeit nach ist die ›Verlobung im Kloster‹ eines der lichtesten und lebensfrohesten Werke Prokofieffs. Die Oper atmet Frühlingsfrische und Jugend ... sie ist ein organisches, abgerundetes Werk, voll unmittelbarem Humor und einem breiten, gutmütigen und doch schelmischen Lachen. Wenn man sie hört, erinnert man sich an Verdis ›Falstaff‹: es ist dieselbe Unmittelbarkeit der Gefühle, vertieft durch die Weisheit eines großen Meisters ...«

Giacomo Puccini

1858–1924

Der größte italienische Nachfolger Verdis, der geniale »Komponist der kleinen Dinge« (als den er sich selbst sah), der liebevolle Musikant unvergeßlicher Frauengestalten voll Zärtlichkeit und hingebender Selbstverleugnung, Giacomo Puccini, wurde am 22. Dezember 1858 in Lucca geboren. Musiker zu werden, schien ihm vorausbestimmt, es lag in der Familie. Schon mehrere der Puccinischen Ahnen waren hochangesehene Kirchenkapellmeister in Lucca, ja zum Teil beachtete Komponisten gewesen. Er spielte als Kind schon Orgel, bezog dann das Mailänder Konservatorium, wo er Schüler Ponchiellis wurde. Mit 26 Jahren führte er seine erste Oper (»Le Villi«) auf, eine Art Undinenstoff, dem er auf romantische Weise nahte. Fünf Jahre später komponierte er einen hochinteressanten »Edgar«, der an einem schwachen Libretto litt. 1893 ist seine werdende Persönlichkeit schon klar in der Partitur der äußerst erfolgreichen »Manon Lescaut« zu spüren, die sofort mit der wenige Jahre vorher erschienenen »Manon« Massenets in einen harten Konkurrenzkampf trat. 1896 gelingt ihm der Durchbruch zu vollendeter Meisterschaft: »La Bohème«. Rasch erklimmt er nun ruhmreiche Positionen in Italien und alsbald auch im internationalen Opernleben. Dort zeigt sich allerdings bald, daß die Begeisterung des Publikums nur ganz selten von den Kritikern geteilt wird, die – noch Jahre nach seinem Tode! – stets an ihm zu nörgeln finden werden. Als ob die ins Gehör geradeso wie ins Gemüt gehende Melodie, als ob echtes Gefühl, das nur Gefühllose zur »Sentimentalität« abwerten wollen, Fehler wären! Puccini geht unbeirrt seinen Weg: 1900 »Tosca«, 1904 »Madame Butterfly« sichern ihm Weltruhm, zahllose Aufführungen, riesige Einnahmen. Die Musikgeschichte scheint den Dualismus früherer Zeiten fortsetzen zu wollen: Wie einst Verdi und Wagner einander gegenüberstanden, so ersteht nun eine ähnliche Konstellation durch Puccini und Richard Strauss, deren Opernwerke offen gegeneinander in Wettbewerb treten. Doch die Welt des Musiktheaters ist weit genug für beide, so wie sie, allen Kämpfen zum Trotz, es schon im 19. Jahrhundert war. Inzwischen war Nordamerika hinzugekommen, die Metropolitan Opera in New York stieg zu einem der führenden Institute der Opernpflege auf. Sie trat mit Puccini in Verbindung, und für sie schuf er 1910 seine »Fanciulla del West«. Dann wollte Wien eine Operette von ihm, und er ließ sich zu einem Vertrag überreden; aber als das Werk (»La Rondine«/Die Schwalbe) geschrieben war, war der Erste Weltkrieg ausgebrochen, von der Premiere eines Italieners in Österreichs Hauptstadt keine Rede mehr. Monte Carlo sprang in die Bresche. Schließlich schuf Puccini für die USA drei Einakter: ein veristischer, ein mystischer und ein komischer bildeten das »Triptychon« (1918), dessen Einheit (»Il tabarro/Der Mantel«, »Suor Angelica«, »Gianni Schicchi«) in der Folgezeit nicht immer respektiert wurde, so daß »Gianni Schicchi« viel höhere Aufführungsziffern verzeichnete als die beiden anderen. Über der Arbeit an »Turandot« kam Puccinis seit langem durch intensives Rauchen geförderter Kehlkopfkrebs zum Ausbruch. Eine Operation in Brüssel konnte ihn nicht mehr retten; dort starb er am 29. November 1924. Seine Beerdigung in der eigenen Villa von Torre del Lago gestaltete sich zum Triumph. »Turandot« war soweit beendet, daß der Freund Franco Alfano (Komponist vieler Opern, darunter einer schönen »Auferstehung«) aus vorhandenen Skizzen das Werk aufführungsbereit machen konnte. Puccini vollendete mit ihm ein reiches Lebenspensum; und er gliederte der Galerie seiner Frauengestalten gleich zwei weitere, letzte, große an: Manon, Mimi, Musette, Tosca, Butterfly, Minnie, Angelica, Lauretta, Turandot, Liu. Puccini gilt manchen Musikwissenschaftlern als »Verist«, also als musikalischer Naturalist oder Realist; doch dürfte in ihm stets die romantische Komponente ebenso stark gewesen sein. »Umanità, sopra tutto... umanità!« war sein Leitwort: Menschlichkeit, vor allem Menschlichkeit! Gibt es ein schöneres Motto für einen Künstler? Puccini war der Musikant der Liebe, der Innigkeit, der Zärtlichkeit, und die Menschen, die – wohl vom Lebensalltag enttäuscht – in seiner Musik ein bißchen Trost, ein wenig Wärme suchen, sie kommen gepilgert in die Vorstellungen seiner Opern. Zahllos ist sein Publikum rund um den Globus. Bei einer solchen Anziehungskraft (Puccini steht noch immer an der Spitze der Aufführungsziffern) ist es nahezu undenkbar, daß seine Beliebtheit je einmal abnehmen könnte.

Manon Lescaut

Lyrisches Drama in vier Akten. Textbuch, nach dem Roman des Abbé Prévost, von Marco Praga, Domenico Oliva und Luigi Illica.
Originaltitel: Manon Lescaut
Originalsprache: Italienisch
Personen: Manon Lescaut (Sopran), Lescaut, ihr Bruder, Sergeant (Bariton), Chevalier René Des Grieux (Tenor), Geronte (Baß), Edmond (Tenor), ein Wirt, ein Tanzmeister, ein Musiker, ein Sergeant, ein Kapitän, Studenten, Bürger, Volk.
Ort und Zeit: Die ersten Akte in Frankreich, der letzte in Nordamerika, 18. Jahrhundert.

Handlung: In Amiens wechselt die Postkutsche die Pferde. Es herrscht buntes Treiben, zumal die Studenten, mit Edmond an der Spitze, alle hübschen Mädchen mit Aufmerksamkeiten und Liedern bedenken. Des Grieux gesellt sich zu ihnen. Er ist von der Liebe enttäuscht, macht aber zum Scherz mit. Da fällt sein Blick auf Manon, die soeben mit der Postkutsche angekommen ist. Sie reist mit ihrem Bruder, dem Sergeanten Lescaut, der sie, nach dem Wunsch des verstorbenen Vaters, in ein Kloster bringen soll. Auf der Reise haben sie die Bekanntschaft des reichen Steuerpächters Geronte gemacht, der den Plan faßt, den Bruder in ein Spiel zu verwikkeln und inzwischen Manon zu entführen. Er läßt einen Wagen reservieren und bereitet alles vor. Aber Manon und Des Grieux haben sich sofort ineinander verliebt, und als Edmond, der Gerontes Plan belauscht hat, dem Chevalier davon Mitteilung macht, ist dieser es, der Manon zur Flucht überreden kann. Der zweite Akt spielt in Paris. Manon hat den mittellosen Studenten Des Grieux, der sie aufrichtig liebt, bald verlassen. Nun wohnt sie, dank Lescauts eigennütziger Vermittlung, im Palaste Gerontes. Doch immer noch gedenkt sie mit Wehmut dieses ersten und einzigen wahren Liebesabenteuers, das sie bisher erlebte. (Puccini gibt ihr hier die vielleicht schönste Sopran-Arie der Oper: »In quelle trine morbide«, in der schon klar und rein die später sprichwörtliche »Puccini-Melodie« aufblüht). ① Geronte überhäuft Manon mit Aufmerksamkeiten. Eben jetzt kommen Sänger und Musiker, um ihr ein Madrigal zu Gehör zu bringen. Aber die Gedanken Manons weilen fern. Auch dem Menuett, das er arrangiert, weiß sie keinen Gefallen abzugewinnen. Vielleicht ein Spaziergang durch die abendlichen Straßen von Paris? Geronte geht mit den Freunden voraus. In wenigen Augenblicken wird Manons Sänfte bereit sein. Doch da steht plötzlich Des Grieux im Türrahmen. Er ist gekommen, um sie zur Rede zu stellen, um ihr zu sagen, wie tief und bitter sie ihn gekränkt, als sie ihn ohne Abschied verließ.

Von neuem flammt die Liebe auf, in rasender Seligkeit stürzen sie einander in die Arme. Da kommt unerwartet Geronte zurück. Er geht zwar sofort wieder, als er alles überblickt hat, aber seine bösen, ironischen Worte deuten Unheil an. Nun müssen Des Grieux und Manon schnell fort, aber das Mädchen will möglichst viel von dem Reichtum, den sie verlassen soll, mit sich nehmen. Da kehrt Geronte schon mit Soldaten wieder. Aus Manons Mantel rollen Schmuckstücke zu Boden. Der Beweis des »Diebstahls« ist leicht erbracht. Manon wird ins Gefängnis geführt. Ein Orchesterintermezzo, das zum dritten Akt überleitet und den Titel »Die Reise nach Le Havre« führt, schildert ihre Gefangenschaft, Des Grieux' Verzweiflung, seinen Entschluß, sie zu retten oder ihr Schicksal zu teilen. Manon ist zur Deportation verurteilt worden und befindet sich auf dem Wege nach Le Havre. Dort spielt der dritte Akt. Lescaut und Des Grieux unternehmen noch einen Befreiungsversuch, aber er schlägt fehl.

Mit ihren Leidensgefährtinnen wird Manon auf das bereitliegende Schiff gebracht. Nur eine Hoffnung bleibt Des Grieux. Der Kapitän erlaubt ihm, als Matrose die Fahrt mitzumachen. Überglücklich eilt er an Bord, von wo aus Manon, tief erschüttert, Zeugin seines Entschlusses wird. In der unendlichen Steppeneinsamkeit Nordamerikas spielt der letzte Akt. Manon und Des Grieux schleppen sich erschöpft dahin. Sie sehen abgezehrt und ärmlich aus. Manon kann nicht mehr weiter, Fieber und Entkräftung machen ihrem jungen Leben ein Ende. Im letzten Abendschein stirbt sie, in den Armen des Geliebten.

Quelle: Unter vielerlei Schriften gelang dem französischen Abbé Antoine François Prévost d'Exiles (1697–1763) eine Geschichte, die zuerst nur als Anhang eines größeren Werkes gedacht war, sich aber als »L'histoire du chevalier des Grieux et de Manon Lescaut« selbständig machte und durch die packende Schilderung rasender Liebesleidenschaft inmitten einer dekadenten Gesellschaft vorrevolutionärer Zeiten ungewöhnlich berühmt wurde.

Textbuch: Viele Federn haben bei der Umwandlung des Prévostschen Originals in ein Libretto für Puccini mitgewirkt. Zuerst Marco Praga, der das Szenarium entwarf, dann der Dichter Domenico Oliva, schließlich Puccini selbst. Giulio Ricordi, der Verleger und tatkräftige Freund, griff ein und zog noch den namhaften Luigi Illica hinzu, der auf lange Zeit mit Puccini verbunden bleiben sollte. So entstand ein Textbuch, das als eine äußerst theatergerechte Bearbeitung des Stoffes gelten darf. Besonders wirkungsvoll gelang die letzte Szene, der Tod Manons in den öden Steppen der »Neuen Welt«. Hier unterscheidet sich dieses Libretto stark von jenem, das Massenet vertont hatte und in dem auch das letzte Bild in Frankreich spielt.

Musik: Die weiche, sinnliche, ans Herz rührende Melodie, die später als »typisch puccinisch« gelten wird, tritt hier bereits in voller Stärke auf. Bemerkenswert sind die Fortschritte der Instrumentation über die der Zeitgenossen hinaus: Puccini findet eigene Farben für die zarten Stimmungen, die manchmal dem (gerade aufkommenden) Impressionismus nahezustehen scheinen. Aber er kann, wo es notwendig wird, auch sehr dramatisch sein, Leidenschaft durch heftige Orchesterausbrüche unterstreichen. Der »eigene Weg«, den das Talent zu seiner Reife durchlaufen muß, liegt hier schon klar vorgezeichnet, ja, es gelingen bereits Szenen, die den künftigen Meister ahnen lassen.

Geschichte: Puccini las den Roman Prévosts im Frühjahr 1890 und entschloß sich sofort zur Vertonung. Er arbeitete an ihr gute zwei Jahre, teils in Vacallo (einem Schweizer Dorf bei Chiasso), teils in Mailand, in Lucca, schließlich in Torre del Lago. Die Premiere fand im Teatro Reggio zu Turin am 1. Februar 1893 statt und gestaltete sich zu einem durchschlagenden Erfolg. Die Ausbreitung des Werkes in Italien ging sehr schnell vonstatten. Im Ausland stieß sie mit dem Werk Massenets über das gleiche Thema zusammen, wobei sich starke geographische Unterschiede einstellten. Mitteleuropa und Frankreich hielten lange Zeit an Massenets Oper fest und entdeckten erst lange nach Puccinis Tod, daß die französische Manon keineswegs die italienische ausschließen müsse.

La Bohème

Vier Bilder nach Henri Murgers Roman »Scènes de la vie de bohème«, Textbuch von Giuseppe Giacosa und Luigi Illica.
Originaltitel: La Bohème
Originalsprache: Italienisch

Personen: Rudolf, ein Dichter (Tenor), Marcel, ein Maler (Bariton), Schaunard, ein Musiker (Bariton), Collin, ein Philosoph (Baß), Mimi (Sopran), Musette (Sopran), Benoit oder Bernard, der Hausherr (Baß), Parpignol, Spielzeugverkäufer (Tenor), Alcindor (Baß), Zollwächter, Soldaten, Kinder, Volk.
Ort und Zeit: Paris, etwa 1830.
Handlung: Der Vorhang geht ohne Orchestervorspiel auf. Es war dies ein vom Verismus eingeführter Brauch, den nicht nur die italienischen Werke jener Zeit, sondern u. a. auch »Salome« und »Elektra« von Richard Strauss aufweisen; Puccini hatte bereits seiner »Manon Lescaut« keine Ouvertüre vorausgeschickt und diese Praxis dann – außer bei »Madame Butterfly« – stets beibehalten.

Eine Art Leitmotiv des Bohemienlebens ① stellt uns die Mansarde hoch über dem Quartier Latin vor, wo Rudolf, der Dichter, und Marcel, der Maler arbeiten und leben, der Musiker, Schaunard und der Philosoph Collin ihre häufigen Besucher sind. Rudolf sitzt über einem Manuskript, Marcel führt den Pinsel, aber es ist zu kalt, um ruhig sitzen zu können. Rudolf muß ein Manuskript opfern, um das Feuer im Ofen ein wenig zu beleben. Die Armut lugt aus allen Ekken, aber sie kann dem Humor der Mansardenbewohner nichts anhaben. Collin kommt mit leeren Händen aus dem Leihamt zurück. Doch plötzlich wird die Türe aufgestoßen, und wie durch ein Wunder erscheint Schaunard mit Speisen, Wein, Zigarren, Brennholz. Ein verrückter Lord hat ihm aus irgendeinem lächerlichen Grunde eine größere Summe bezahlt. Nun können die Freunde vergnügt den Weihnachtsabend feiern, dessen erste Lichter schon in der Stadt angezündet werden. Doch eine schwere Gefahr taucht auf. Der alte Hausherr kommt, um die seit Monaten nicht bezahlte Miete einzutreiben. Die Freunde laden ihn zu einem Trunk ein, und der Wein löst Bernard die Zunge, so daß er weit zurückliegende, aber immer noch ersehnte Liebesabenteuer zum besten gibt. Die jungen Männer »empören« sich (ein Ehemann, der Mädchen nachstellt!) und werfen ihn in gut gespieltem Zorne hinaus, – ohne die Miete zu bezahlen, wie sich von selbst versteht. Dann beschließen sie einen Bummel durchs Quartier Latin. Nur Rudolf bleibt noch ein wenig, um seinen Artikel zu beenden. Doch die Inspiration gehorcht ihm nicht. Schüchternes Klopfen an der Türe unterbricht ihn: außer Atem tritt eine

Nachbarin ein, der der Luftzug auf der Treppe die Kerze ausgeblasen hat. Rudolf bemerkt ihre Schwäche, geleitet sie zu einem Stuhl und bietet ihr Wein an. Das Mädchen muß vor Mattigkeit die Augen schließen. Lange betrachtet der Dichter sie so. Welch entzückendes Gesicht trotz der wächsernen Blässe! Langsam kommt sie zu sich, entzündet ihre Kerze und verläßt mit einem Gruß die Mansarde. Doch sofort muß sie zurückkehren: sie hat den Schlüssel liegen lassen oder verloren. Wieder löscht die Zugluft ihr Licht, und da spielt Rudolf ein wenig Schicksal und bläst seine Lampe ebenfalls aus. Nur noch die fernen Lichter der Stadt erhellen die Mansarde, in der Puccini nun einer herrlichen Liebesszene musikalische Gestalt verleiht. Rudolf und das Mädchen suchen auf dem Boden tastend den Schlüssel; der Dichter findet ihn, aber wieder lenkt er den Lauf des Geschicks und steckt ihn zu sich. Dann berühren ihre Hände sich: Wie eiskalt ist die ihre! ②

Und als ob die Berührung ihrer Hände in diesen beiden Menschen geheime Herzkammern öffne, beginnen sie einander ihr Leben zu erzählen. Rudolf zuerst: von seinen Träumen, von seinen Phantasien. Breit strömen die Melodien dahin, alles ersehnte Glück des unbekannten Dichters liegt darin. Dann antwortet das Mädchen: Lucia heiße sie, doch nenne man sie Mimi. ③

Mit welcher Zartheit schildert Puccini jede Einzelheit von Mimis Erzählung! Näherin ist sie, Blumen stickt sie in Stoffe und Seide, dort in ihrer Mansarde. Schüchtern klingt es, als kämen die ersten Worte stockend aus ihrer Seele. Doch dann verwandelt sich ihre Erzählung in Melodie, erblüht voll inniger Wärme bei der Vorstellung der ersten Frühlingsstrahlen, sinkt wieder zurück in die kalte Wirklichkeit und endet mit einigen fast gesprochenen Worten: Nichts weiter wüßte sie von sich zu erzählen, möge der Nachbar die Störung entschuldigen. Doch Rudolf und Mimi können sich nicht mehr trennen. Sind sie doch zwei innerlich Einsame, die sich nun aneinander klammern, zitternd und unendlich beseligt. Eine Liebesmelodie eint ihre Stimmen, über dem fernen Kontrapunkt der Freunde und des weihnachtlichen Paris. Arm in Arm verlassen sie die Mansarde, um diesen Abend gemeinsam zu feiern.

Das zweite Bild schildert das festliche Treiben vor dem Kaffee Momus im Lateinischen Viertel. Tische sind aufgestellt, Straßenverkäufer rufen ihre Waren aus, Kinder und Soldaten beleben das bunte Bild. Die Freunde und viele andere Bohemiens ergehen sich froh und unbeschwert an diesem Abend. Rudolf hat Mimi ein rosa Häubchen gekauft; herzlich wird das verliebte Paar am Tisch Marcels, Collins und Schaunards empfangen. Doch als es zu einem Trinkspruch kommt, ruft Marcel nach einer Flasche Gift. Er hat an einem Nebentisch seine frühere Geliebte Musette entdeckt, die dort mit einem alten und lächerlichen Verehrer Platz genommen hat. Sie ist so kokett wie einst, aber auch ebenso entzückend; ihre berühmt gewordene Walzermelodie charakterisiert sie meisterhaft. ④

Auch Musette hat Marcel bemerkt, und die alte Liebe flammt in beiden neu auf. Musette entledigt sich listig ihres Begleiters und stürzt in die weit geöffneten Arme des Malers, der ein Triumphlied anstimmt, wobei er Musettes Walzermelodie übernimmt. Jubelnd verlassen alle das Lokal, mischen sich in die übermütige Menge, die auf Pariser Art das Weihnachtsfest begeht. Der alte Verehrer kehrt zum leer gewordenen Tisch zurück und muß jetzt die Zeche für alle bezahlen.

So wie das zweite Bild zum ersten, so bietet nun das dritte einen äußerst wirksamen Gegensatz zu den beiden ersten. An der Stadtgrenze, der »Barrière d'enfer« (und sie wirkt wirklich wie der Eingang zur trostlosen Unterwelt) geht die neblige Winternacht in eine graue, bedrückende, kaum merkliche Morgendämmerung über. Die verschlafenen Zöllner untersuchen die Körbe einiger Frauen, die zum Markt gehen. Alles atmet Kälte, Bedrücktheit, Beklemmung. Immerzu fällt der Schnee, und Puccini beschreibt das mit ein paar hohlen Quinten, in denen mehr Stimmung liegt als in vielen großen Orchesterstücken. ⑤

Im Hintergrund steht ein Wirtshaus, aber selbst dessen matter Lichtschein hat etwas Unwirkliches, Melancholisches an sich. Mimi tritt auf, unruhig, beklommen. Sie fragt nach dem Gasthof, in dem Marcel Wandbilder male. Vielleicht ist Rudolf dorthin geflohen, als er sie verließ? Der Maler tritt aus der Türe; voll Schrecken erkennt er sie. Ja, Rudolf ist bei ihm, im Morgengrauen zu kurzem Schlafe gekommen. Ein furchtbarer Hustenanfall quält Mimi. Ehe Marcel es verhindern kann, ist Rudolf zu ihm getreten und erzählt ihm die Wahrheit, die Mimi versteckt hinter einem Baume anhören muß: nein, es sei nicht die Eifersucht, wie er dem Freunde und auch Mimi gegenüber vorgegeben, die ihn fortgetrieben habe. Deren tödliche Krankheit bilde den Grund; er könne sie nicht leiden sehen, da ihm die Mittel fehlen, ihr zu helfen. Mimi müsse fort, wenn sie gerettet werden wolle, fort aus der kalten Mansarde, aus dem Elend. Sie würde ein besseres Leben finden, wenn sie ihn verließe. Ein neuer Hustenanfall verrät Mimis Gegenwart. Voll Liebe schließt Rudolf sie in die Arme. Innig und wehmütig strömen Gesang und Orchester. Nein, sie können sich nicht trennen; nicht jetzt in diesem grauenvollen Winter, in dem alles eng zusammenrückt. Nicht jetzt. Im Frühling vielleicht, aber sie glauben es beide nicht recht. Marcel ist fortgeeilt, als er aus dem Gasthaus das kokette Lachen Musettes vernahm. Ein prachtvolles Quartett krönt den Akt: voll zärtlicher Melodie für Rudolf und Mimi und mit dem geistvollen Kontrapunkt des wild streitenden Paares im Hintergrund, das einander alle erdenklichen Schimpfworte an den Kopf wirft.

Das letzte Bild führt uns in die Mansarde zurück. Vergebens versuchen Rudolf und Marcel zu arbeiten. Sie gedenken, in einem stimmungsvollen Duett, Mimis und Musettes, die vor langer Zeit von ihnen gingen. Wie es beiden im galanten Pariser Leben wohl ergehe? Die Freunde seufzen. Schaunard und Collin treten ein, und prompt erwacht die alte, unbeschwerte Fröhlichkeit. Die vier Bohemiens tanzen, fechten groteske Duelle aus, sind übermütig. Auf dem Höhepunkt ihres Lärmens wird die Türe aufgerissen. Musette steht da, atemlos von der Eile, mit der sie die Treppe nahm. Sie kündigt den Freunden die Ankunft der schwerkranken Mimi an. Schnell wird das Bett bereitet, Rudolf eilt der Geliebten entgegen. Bleich und sichtlich leidend tritt Mimi ein, zärtlich geleitet Rudolf sie zum Lager. Musette schirmt die Lampe ab, damit das Licht die Kranke nicht störe. Gerührt sieht Marcel die Güte seiner einstigen Geliebten. Collin beschließt, seinen Mantel ins Leihhaus zu tragen, um Mimi mit irgend etwas beistehen zu können; seine »Abschiedsarie« an dieses Kleidungsstück wurde von Puccini zu einem der glücklichsten Momente der Partitur gestaltet, voll feiner Pointen, wehmütiger Melodie und einer Dosis Humor. Schaunard geht ebenfalls, und Marcel verläßt mit Musette das Haus, um Besorgungen zu machen und einen Arzt zu rufen. Nun sind die Liebenden allein. Erinnerungen leben auf (und werden vom Orchester sanft ins Gedächtnis gerufen): Hier war es, an jenem Weihnachtsabend ... Der Schlüssel ging verloren ... Rudolf fand ihn ... der erste Händedruck der eiskalten Finger ... der erste Kuß. Melodien von einst durchziehen die armselige Mansarde. Marcel kehrt zurück; bald komme der Arzt, berichtet er. Musette bringt einen Muff. Nun werde sie nie mehr kalte Hände haben, lächelt Mimi. Und Rudolf wird immer bei ihr sein. Ja. Wie ruhig sie sich jetzt fühlt ... schlafen möchte sie ... schlafen. Und mit der Melodie vom eiskalten Händchen schläft Mimi leise ein und in den Tod hinüber.

Quelle: Im Jahre 1846 erschien in der Pariser Zeitschrift »Le Corsaire« der aufsehenerregende Fortsetzungsroman »Scènes de la vie de Bohème« von Henri Murger (1822–61). Er machte den Begriff »Bohème« populär, unter dem man nun das mehr oder weniger unbeschwerte, arme doch vorwiegend heitere Leben der Künstler auf dem Montmartre, im Quartier Latin und anderen typischen Pariser Vierteln zu verstehen begann. Die Gestalten, die er schildert, waren zum großen Teil »echt«, und es hat nicht an Nachforschungen gefehlt, ihre Identität und ihr wahres Schicksal festzustellen. Ob das Bild, das Murger von diesen Außenseitern der Gesellschaft entwarf, wirklichkeitsgetreu ist oder nicht, sei hier nicht untersucht. Zutiefst poetisch war es jedenfalls, noch dazu romantisch und ergreifend.

Textbuch: Die Textdichter Giacosa und Illica schreiben in einem Vorwort die Verdienste des Librettos bescheidenerweise Murger zu, dem sie folgten. Sie meinen damit nicht so sehr dessen Roman als die Bühnenfassung, die 1849 erschien. Aber in Wirklichkeit haben sie einiges und vor allem Wesentliches geändert. Die Hauptgestalt Mimi kommt bei Murger überhaupt nicht vor: deren Eigenschaften verteilen sich im Original auf verschiedene weibliche Figuren. Einen Rudolphe suchen wir bei Murger vergeblich, er heißt dort Jacques. Das erste Treffen zwischen Rudolf und Mimi (die bei Murger Francine heißt) spielt sich ein wenig (oder ist es mehr als ein wenig?) anders ab: Nicht der Mann findet den Schlüssel und versteckt ihn, sondern das Mädchen ... Jedenfalls gehört »La Bohème« zu den besten Textbüchern, die es im Opernbereich gibt. Die beiden Librettisten ergänzten einander in geradezu idealer Weise. War Giuseppe Giacosa (1847–1906) ein Dichter schöner Sprache und poetischer Bilder, so lag Luigi Illicas (1859–1919) Talent vor allem auf der Seite der Dramatik, der szenischen Gestaltung. Im übrigen soll es bei der Erarbeitung des Librettos oft recht stürmisch zugegangen sein, so daß Giulio Ricordi, der Verleger-Freund Puccinis, vermittelnd eingreifen mußte.

Musik: Puccini fand hier wohl den idealen Stoff für seine Veranlagung und Fähigkeit. Jede Einzelheit ist meisterhaft geschildert, die Herzenswärme der Melodien entzündet sich an einem menschlich mitfühlend gestalteten Text. Puccini überwindet den Verismus hier mit der innigen Melodie; er modernisiert die Romantik und gelangt zu dem Stil, der von nun an sein unverkennbares Eigentum sein wird. Eine wahre Meisterpartitur liegt hier vor, in der eine Überfülle wunderbar gelungener Einzelheiten sich zu einem herrlichen Ganzen verbindet. Es gibt – wie eben nur in Meisterwerken – keinen einzigen schwachen Takt, hingegen eine Reihe von Höhepunkten, die weltberühmt und ungeheuer populär geworden sind. Hierher gehören die beiden ersten Arien Rudolfs und Mimis (»Wie eiskalt ist dies Händchen« und »Man nennt mich nur Mimi«), beider Schlußduett des ersten Bildes, Musettes Walzer, das Quartett des dritten Bildes – das in seiner gesamten winterlichmelancholischen Grundstimmung nichts seinesgleichen hat – und, nach dem Duett Rudolfs und Marcels, die Sterbeszene Mimis.

Geschichte: Puccini hat keine Autobiographie hinterlassen. Aber gegen Ende seines Lebens hat er einem jungen Verehrer und Freund viel aus seinem Leben erzählt. Und so lesen wir in dessen Schilderungen (Arnaldo Fraccaroli, »Giacomo Puccini si confida e racconta«, G. Ricordi Milano 1957) folgende Erinnerung aus dem Jahre 1893: »An einem regnerischen Nachmittag, an dem ich nichts zu tun hatte, nahm ich ein Buch zur Hand, das ich nicht kannte: Henri Murgers Erzählung schlug wie ein Blitz in mich ein ...« Der Beschluß, aus diesem Buch eine Oper zu machen, erfolgte sofort. Im Herbst des gleichen Jahres 1893 traf Puccini in Mailand seinen alten Freund Leoncavallo, den erfolgreichen »Bajazzo«-Komponisten. Begeistert erzählte er dem Gefährten der harten Jugendjahre, daß er an einer neuen Oper arbeite: einer Vertonung von Murgers »Bohème«. Wild sprang Leoncavallo auf und machte einen gewaltigen Krach: Nicht nur, weil er selbst am gleichen Stoff arbeitete, sondern weil er vor einiger Zeit Puccini auf dieses Buch aufmerksam gemacht hatte, der aber keinerlei Interesse dafür zeigte. Puccini hatte die Sache längst vergessen, da ihm Leoncavallos Erzählung keinerlei Eindruck gemacht hatte und er sich unter Murgers Roman nichts vorstellen konnte. Aus den Freunden wurden im Nu Feinde. Das Wettrennen um eine »Bohème«-Oper begann. Puccini gewann es; sein Werk kam am 1. Februar 1896 in Turin zur Aufführung und verbreitete sich, trotz eher kühler Aufnahme bei der Premiere, sehr schnell. Am 6. Mai 1897 erfolgte dann die Uraufführung von Leoncavallos Oper, unter dem gleichen Titel, in Venedig. Sie geriet bald in Vergessenheit. Bei Puccinis Werk stand ein junger Dirigent am Pult, der sich glänzend bewährte. Er hielt dem Komponisten die Treue bis über das Grab hinaus und leitete 30 Jahre nach »La Bohème« auch noch die sensationelle Premiere der »Turandot«: Arturo Toscanini.

Tosca

Oper in drei Akten. Textbuch, nach Sardou, von Luigi Illica und Giuseppe Giacosa.
Originaltitel: Tosca
Originalsprache: Italienisch

Personen: Floria Tosca, berühmte Sängerin (Sopran), Mario Cavaradossi, Maler, ihr Geliebter (Tenor), Baron Scarpia, Chef der Polizei (Bariton), Angelotti, ein flüchtiger Revolutionär (Baß), ein Mesner (Bariton oder Baß), Spoletta, Polizeiagent (Tenor), Sciarrone, Polizist (Baß), Kerkermeister (Baß), ein Hirt (Kinderstimme oder Mezzosopran), mehrere stumme Rollen, darunter ein Kardinal, ein Folterknecht namens Roberti, ein Staatsanwalt; Damen, Soldaten, Volk.
Ort und Zeit: Rom im Juni 1800.
Handlung: Auch »Tosca« wird durch keine Ouvertüre eingeleitet. Drei wuchtige Harmonien im Orchester (B-Dur, As-Dur, E-Dur), laut, fast brutal, werden zum Leitmotiv des Schuftes Scarpia ①, nehmen aber auch etwas von der gewalttätigen Handlung voraus. (Der Dirigent Ferenc Fricsay glaubte in ihnen »die augenblendende römische Mittagssonne« zu erkennen.) Wir befinden uns in der Kirche S. Andrea della Valle in Rom. Auf einer Seite ist die Privatkapelle der Familie Attavanti, ihr gegenüber die Staffelei eines Malers mit einem überdeckten Gemälde. Angelotti, ein politisch Verfolgter, stürzt herein, er ist aus dem Staatsgefängnis entflohen und sucht den Schlüssel zur Kapelle, den seine Schwester, die Marchesa Attavanti für ihn versteckt hat. Kaum ist er eingetreten, als der Mesner erscheint, der Geräusche vernommen hat. Gleich darauf betritt Cavaradossi die Kirche, der dort an einem Madonnenbilde malt. Er gibt ihr die Züge der blonden Marchesa, der er öfter begegnet. Nun stellt er sich vor die Staffelei und betrachtet sein Werk, das er mit einem Medaillon seiner Geliebten, der berühmten Sängerin Floria Tosca, vergleicht. ②
Seine Arie schließt mit einem feurigen Liebesbekenntnis zu Tosca. Der Mesner bekreuzigt sich. Aus der Kapelle späht Angelotti, ob die Luft zur Flucht rein ist und erkennt freudig seinen Freund Cavaradossi, der gleich ihm von glühendem Haß gegen den Tyrannen Roms, Scarpia, erfüllt ist. Es werden Schritte vernehmlich, und Angelotti, dem Cavaradossi seinen Korb mit Eßwaren gibt, versteckt sich neuerlich. Die verschlossene Türe und des Malers Verlegenheit erwecken Toscas Argwohn, die ihren Geliebten besuchen kommt. Ein Orchestermotiv begleitet sie durch das ganze Drama. ③
Cavaradossi kann sie beruhigen; sie verabreden ein Stelldichein noch für den gleichen Abend, nach der Vorstellung, in der Tosca zu singen hat.

Doch Cavaradossi scheint zerstreut, und Toscas Verdacht erwacht aufs neue, um so mehr, als sie in den Zügen der Madonna die Ähnlichkeit mit der Marchesa von Attavanti feststellt. Doch der Maler schwört, nur sie zu lieben und verspricht, der Mutter Gottes schwarze Augen – wie die Toscas – zu malen. Kaum ist die Sängerin gegangen, als Angelotti aus dem Versteck hervortritt. Ein Kanonenschuß von der Burg erschreckt die Freunde. Die Flucht ist entdeckt worden. Wahrscheinlich sind bereits alle Straßen gesperrt. Cavaradossi weist dem Freund den Weg zu seinem Landhause, in dessen Brunnen er sich vor der Polizei verstecken könne. Nun belebt sich die Kirche; die Menge ist freudig erregt über eine Niederlage Napoleons. Auch Scarpia erscheint, um eine Spur des Flüchtlings zu finden. Er läßt alle Winkel durchsuchen. Dabei werden in der Kapelle der Attavanti ein Fächer der Marchesa sowie Cavaradossis Speisekorb entdeckt. Als Tosca zurückkehrt, um dem Geliebten Änderungen in ihrem Vorhaben für den Abend vorzuschlagen, benützt der teuflische Scarpia sehr geschickt des Malers Abwesenheit und die gefundenen Indizien, um Tosca, trotz ihres Abscheus gegen ihn, zu rasender Eifersucht anzustacheln. Sie eilt fort, um in Cavaradossis Landhaus das vermeintliche Liebespaar zu überraschen, Scarpias Häscher folgen ihr unbemerkt. Inzwischen hat das Te Deum begonnen. In seine feierlichen Klänge mischt sich der brutale Gesang Scarpias, der seinen beiden Zielen nahe scheint: den flüchtigen Feind zu fangen und die seit langem begehrte Tosca zu besitzen.

Im Palazzo Farnese, in den Gemächern des Polizeichefs Scarpia, spielt der zweite Akt. Ungeduldig erwartet er Nachricht von seinen Spitzeln. Aus den Prunksälen, in denen eine Siegeskantate unter Mitwirkung Toscas aufgeführt wird, dringen die Klänge in das Gemach, in dem nun Spoletta Bericht erstattet. Der Flüchtling ist nicht gefunden worden, aber Cavaradossi wurde als verdächtig festgenommen. Der Maler wird vorgeführt und leugnet alles, Scarpia bedroht ihn mit der Folter. Toscas Stimme wird immer klarer hörbar, wütend schließt Scarpia das Fenster. Das Verhör beginnt von neuem, aber Cavaradossi verrät keine Silbe. Tosca erscheint, ein Billet Scarpias hat sie herbestellt. Sie wirft sich in Cavaradossis Arme. Bevor der Maler in die Folterkammer geführt wird, kann er ihr zuflüstern, unter allen Umständen Stillschweigen zu bewahren.

Scarpia lädt die Sängerin weltmännisch ein, Platz zu nehmen; wie »gute Freunde« sollten sie plaudern, meint er. Aber rasch verwandelt die Szene sich in eine der grausamsten, abstoßendsten (wenn auch bestgemachten) der Opernbühne. Scarpia wird immer drohender. ④ Tosca beginnt zu zittern, als sie die Schmerzenslaute ihres Geliebten aus der angrenzenden Folterkammer hört. Nun kennt Scarpia kein Erbarmen mehr: Zu immer härteren Martern ruft er seine Helfer auf. Schließlich bricht Tosca zusammen: »Im Garten ... im Brunnen ...«, stammelt sie in höchster Not. Blutend, zerschunden wird Cavaradossi hereingetragen. Scarpia gibt mit lauter Stimme den Befehl zur Verhaftung Angelottis, der im Brunnen von Cavaradossis Hause zu finden sei. Cavaradossi kommt zu sich und überschüttet die Geliebte mit Vorwürfen. Ein Bote bringt die Nachricht von Napoleons Sieg bei Marengo. Der Maler richtet sich mit letzter Kraft auf und singt ein Triumphlied auf die Freiheit. Scarpia läßt ihn abführen, nun ist er Herr der Situation. Er fordert Tosca auf, mit ihm zu Abend zu speisen, seine Stimme wird weich, begehrlich. Die Sängerin versucht, das Leben des Geliebten mit Geld zu erkaufen. Verächtlich lächelt der Tyrann. Von schönen Frauen verlange er einen anderen Preis. Draußen kündet dumpfer Trommelwirbel Standgericht und Tod. Tosca fleht, aus tiefstem Herzen. Scarpia weiß sich Sieger: das Leben Cavaradossis für eine Liebesstunde. Wie lange hat er diesen Augenblick erwartet! ⑤

Tosca ist dem Zusammenbrechen nahe. Endlich scheint sie bereit, das Opfer zu bringen. Scarpia verspricht ihr dafür Pässe zur Ausreise aus Rom. Während er sich anschickt, die Papiere auszufüllen, kniet Tosca in entsetzlicher Herzensangst nieder, und ihrer Seele entringt sich ein herzschütterndes »Gebet«: »Nur der Schönheit weiht' ich mein Leben«. ⑥

Spoletta tritt ein und stattet die Meldung ab, Angelotti habe sich im Augenblick der Verhaftung das Leben genommen. Für die Hinrichtung Cavaradossis sei alles bereit. Toscas letzter Widerstand schwindet. Nun scheint Scarpia seine Befehle zu ändern. Die Hinrichtung solle nur zum Scheine erfolgen und der Maler nachher mit Tosca aus dem Lande fliehen. Die Sängerin hat jede Geste des verhaßten Feindes beobachtet, der die vermeintlichen Salvokondukte auszustellen scheint. Wie ein Raubtier ist sie nun, das mit letzter Kraft um etwas kämpft. Fast wie in Trance hat sie ein Messer von der Tafel genommen. Und als Scarpia sich ihr zuwendet, auf sie zugeht, um sie in seine Arme zu schließen, stößt sie das Messer tief in seine Brust. Der Tyrann stürzt, fleht noch mit erstickter Stimme um sein Leben. Tosca blickt ihn ohne Mitleid an, eiskalt und wie gefesselt von entsetzlicher Erregung. Endlich haucht Scarpia seine schwarze Seele aus, und Toscas Starre erweicht in einer fast versöhnlichen Melodie. ⑦

Aus den Fingern des Toten entwindet Tosca den Salvokondukt, der ihr und Cavaradossis Leben retten soll. Sie nimmt zwei Leuchter und stellt sie am Kopfende Scarpias auf den Boden. »Und vor diesem Manne zitterte ganz Rom«, flüstert sie, bevor sie den Saal verläßt.

Auf der Engelsburg spielt der dritte Akt. Der Morgen graut. Ein Hirt grüßt den werdenden Tag mit einem alten Volkslied. Glocken erwachen überall. Cavaradossi hat noch eine Stunde Leben vor sich. Er hat um Papier gebeten und schreibt einen Abschiedsbrief an Tosca. Die Erinnerungen formen sich zu einer der berühmtesten Tenorarien, die in rezitativischer Form beginnt (E lucevan le stelle / Und es blitzten die Sterne), um dann bei dem Gedanken an ihre Liebesstunden (O dolci baci / O süße Küsse) in eine weite, sehnsüchtige Melodie überzugehen. ⑧

Tosca erscheint, mit fliegenden Pulsen. Hastig erzählt sie das Vorgefallene. Cavaradossi kann es kaum glauben, blickt immer wieder ihre schönen, zärtlichen Hände an: ist es möglich, daß sie den Tyrannen Roms getötet haben? ⑨

Tosca unterweist hastig den Geliebten, wie er sich bei der Scheinhinrichtung zu verhalten habe; nun sei einmal er es, der schauspielerisches Talent zu beweisen habe. Das Gespräch der Liebenden wird durch die düsteren Trommeln unterbrochen. Das Todeskommando nimmt Aufstellung. Wie lange dauern die Vorbereitungen doch! Endlich, die Schüsse. Cavadarossi stürzt. Tosca fürchtet, er könne sich zu früh erheben, bevor die Soldaten abmarschiert sind. Dann ruft sie ihn, leise zuerst, dann immer lauter und ängstlicher. Sie läuft näher, sieht das Blut, das aus dem Herzen dringt. Scarpia, der Teufel, hat sie betrogen, die Erschießung war echt. Nahende Stimmen lassen sie den Kopf erheben, der auf des Geliebten Leiche gesunken ist. Des Tyrannen Häscher kommen, um sie zu fangen. Rasch erklimmt sie die Mauer und stürzt sich in die Tiefe.

Quelle: Das gleichnamige Drama Victorien Sardous (1831–1908), der in der Literaturgeschichte als Schöpfer und Meister eines blutrünstigen Theaters fortlebt.

Textbuch: Wenn wir das Genre als solches akzeptieren, müssen wir hier eines seiner glänzendsten Stücke erkennen: Spannung, wilde Leidenschaften, Grausamkeit, niedrigste Instinkte, aber theatermäßig glänzend gemacht, äußerst wirkungsvoll und durchaus glaubhaft. Es dürfte kaum ein »veristischeres« Libretto geschrieben worden sein.

Musik: Auch hier ist wieder, inmitten von Blut, Terror, Intrige, Platz für Poesie, ohne die Puccinis Musik einer ihrer wichtigsten Dimensionen beraubt wäre. Immer wieder fällt in jeder seiner Opern der starke Stimmungsgehalt jeder einzelnen Szene auf, sowie die trotz aller »Verismen« eigentlich romantische Melodielinie. Die Instrumentation verdient ein besonderes Ruhmesblatt, nirgends »deckt« sie den Sänger und doch ist sie stets voll Leben und Farbe. Drei »Bombenrollen« gibt es, in denen bedeutende Künstler alle Register ihres Könnens ziehen können: Tosca, Cavaradossi, Scarpia. Selten stehen blendende Stimmen, die hier verlangt werden, so sehr im Dienste der Dramatik wie in dieser Oper, welche dank Dirigent und Regisseur den Zuschauer und -hörer vom ersten bis zum letzten Augenblick atemlos in Bann halten muß, um volle Gültigkeit zu besitzen.

Geschichte: Puccinis Plan, Sardous Drama in Musik zu setzen, datiert von 1889, als er es, ohne Einzelheiten zu verstehen, mit Sarah Bernhardt in der Titelrolle in Mailand erlebte. Starke Bedenken gegen den Stoff ließen ihn aber immer wieder wankend werden. Erst nach vielen Jahren bat er seine Librettisten um eine Bearbeitung für die Opernbühne. Die Sache war nicht einfach, denn es galt, das Werk eines lebenden Autors umzuarbeiten. Sardou nahm an der Arbeit teil, stellte aber zum Teil absurde Forderungen; so etwa, Tosca solle sich von der Engelsburg in den Tiber stürzen, was selbst einem Weltmeister im Weitsprung unmöglich ist. Zuletzt aber gab der Starautor zu, daß das Opernlibretto ebenso wirksam sei wie sein Theaterstück. »Tosca« hatte bei der Uraufführung in Rom am 14. Januar 1900 einen riesigen Erfolg. Das Werk verbreitete sich so rasch, daß es bereits im folgenden Jahre bis New York, Mexiko, Chile gedrungen war!

Madame Butterfly

Tragödie einer Japanerin in drei Akten. Textbuch, nach dem Roman von John Luther Long und dem auf ihm beruhenden Theaterstück von David Belasco, von Luigi Illica und Giuseppe Giacosa.

Originaltitel: Madama Butterfly
Originalsprache: Italienisch
Personen: Madame Butterfly, mit ihrem eigentlichen Namen Cho-cho-san, eine junge Japanerin (Sopran), Suzuki, ihre Dienerin und Vertraute (Mezzosopran), F. B. Pinkerton, auf deutschsprachigen Bühnen Linkerton genannt, nordamerikanischer Marineoffizier (Tenor), seine Gattin Kate (Sopran), Sharpless, Konsul der USA (Bariton), Goro, Heiratsvermittler (Tenor), Fürst Yamadori (Tenor), Onkel Bonze, Priester (Baß), Butterflys Mutter, ein kaiserlicher Kommissär, ein Standesbeamter.

Ort und Zeit: Ein Haus auf einem Hügel oberhalb der japanischen Stadt Nagasaki, zu Beginn des 20. Jahrhunderts.

Handlung: Eine bewegte Ouvertüre, thematisch völlig unabhängig von der Oper, malt die Geschäftigkeit des Tages, an dem das Drama einsetzt. In einer malerischen japanischen Landschaft zeigt der Heiratsvermittler Goro dem amerikanischen Marineoffizier Linkerton das Häuschen, das dieser »auf 99 Jahre« zu erwerben gedenkt, mit dem Recht, den Vertrag jederzeit rückgängig machen zu können. Ebenso hat er auch ein junges Mädchen erworben, eine fünfzehnjährige Geisha aus Nagasaki, um mit ihr, die ihn aufrichtig liebt, die Farce einer »Ehe« zu vollziehen, bevor er wieder in sein Vaterland zurückkehren muß. Der Konsul seines Landes rät ihm von dem Abenteuer ab, das der unschuldigen, bezaubernden kleinen »Butterfly« nur Leid und Schmerz bringen könne. Doch Linkerton folgt seinem Rate nicht. Er erhebt sein Glas zu einem Trinkspruch, der mit den Noten der nordamerikanischen Nationalhymne beginnt. ① Der malerische Zug, der die Braut begleitet, kommt den Hügel herauf; Puccini verwendet hier Ganztonleiter (C-D-E-Fis-Gis-Ais-C) und aus diesen abgeleitete »übermäßige Akkorde« (wie z. B. C-E-Gis), die ein Gefühl von Exotik vermitteln und besonders im anschließenden Liebesduett zu schönster Wirkung gebracht werden ②.

Die Hochzeit erfolgt nach dem Brauch des Landes. Linkerton macht sie, halb belustigt, mit. Cho-cho-san ist mit ganzer Seele dabei. Sie liebt den jungen Marineoffizier mit der reinen Kraft ihres ahnungslosen Herzens. Sie erzählt ihm von ihrer Familie, berichtet von ihrem Vater, einem hohen Würdenträger des Mikado, der Selbstmord durch Harakiri beging, als er in Ungnade fiel. Von ferne hört man die Stimme des Onkel Bonze, der Cho-cho-san verflucht, weil sie zum Christentum übergetreten ist. Linkerton hat es nicht gewußt; langsam erkennt er, mit welcher Liebe dieses reizende Geschöpf an ihm hängt.

Die Nacht sinkt herab, ein weiter Himmel voller Sterne steht über den Lichtern der Stadt im Tal, über der Bucht mit ihren Schiffen, über dem kleinen Häuschen, in dessen Garten nun die junge Japanerin und der ausländische Offizier ihre Liebe in einem großen, überaus melodischen Duett besingen.

Drei Jahre sind vergangen. Linkerton ist seit langem fort; er hat versprochen, wiederzukehren. Butterfly malt sich seine Freude aus, wenn er nicht nur sie wiederfindet, sondern auch seinen kleinen Sohn, von dessen Leben er gar nichts ahnt. Nur die treue Suzuki weint und betet ohne Unterlaß. Sie ahnt den grausamen Verrat. Cho-cho-san hingegen gedenkt nur des glücklichen Tages, an dem das weiße Kriegsschiff wiederum in die Bucht von Nagasaki einlaufen wird. Ob sie den Hügel hinunter in seine Arme stürzen soll? Oder sich verstecken, um ihn zu überraschen, aber auch, um an der Freude des plötzlichen Wiedersehens nicht zu sterben? Mit unerschütterlichem Glauben hängt sie an dieser Vision, der Puccini ergreifende musikalische Form in einer großartigen Arie gegeben hat: Eines Tages sehen wir ... ③

Konsul Sharpless kommt zu Besuch. Madame Butterfly empfängt ihn mit feinen westlichen Manieren. Sie beklagt sich, daß Goro sie mit Heiratsvorschlägen plage; als ob er nicht wüßte, daß sie mit Linkerton aufs glücklichste verheiratet sei! Sharpless seufzt, er ist gekommen, um eine traurige Mission zu erfüllen. Er hat einen Brief Linkertons erhalten. Ehe er etwas über seinen Inhalt sagen kann, hat Cho-cho-san den Umschlag ergriffen und bedeckt ihn mit glühenden Küssen. Und von allem, was der Konsul behutsam auseinanderzusetzen beginnt, versteht sie nur eines: daß Linkerton auf dem Wege nach Nagasaki sei. Sharpless kann nicht weiterlesen. Butterfly überhäuft ihn mit Fragen, ist voll ungestümer Freude. Und die Ankündigung, daß der Offizier sich mit einer Amerikanerin verheiratet habe, die ihn auf der Fahrt begleite, würde die »kleine Frau Schmetterling« töten. Sharpless kann nur fragen, was sie wohl täte, wenn Linkerton nicht wieder zu ihr zurückkehre. Traurig erwidert die Japanerin: Zwei Wege blieben ihr, Geisha zu werden, wie früher, oder sterben. Der Konsul rät ihr, den reichen Fürsten Yamadori zu ehelichen, der sich um ihre Hand bemüht. Gleich darauf erkennt er, wie tief er Butterfly verletzt hat. Sie läuft in ihre Stube und bringt ein blondes Kind. Konnte Linkerton sie vergessen?

Und sein Kind? Sharpless, aufs tiefste erschüttert, fragt nach des Kindes Namen. »Schmerz« heiße es, so lange sein Vater abwesend sei; dann aber, wenn Linkerton heimkomme, werde es »Freude« heißen. Der Konsul verabschiedet sich; niedergeschlagen bleibt Cho-cho-san zurück. Aber sie will ihren Glauben nicht aufgeben. Da ertönt ein Kanonenschuß im Hafen. Butterfly und Suzuki sehen ein weißes Schiff herangleiten, so wie die kleine Japanerin es sich tausendmal ausgemalt hat. Das Sternenbanner flattert in der blauen Luft. Es ist die »Abraham Lincoln«, es ist sein Schiff! Fort ist alle Niedergeschlagenheit, Butterflys Herz jubelt. Von den Kirschbäumen pflückt sie alle Blüten und streut sie, mit Suzuki, zum Empfang im Zimmer umher. Das Haus soll so festlich und freundlich geschmückt sein wie damals, in der fernen Brautnacht. ④

Und nun harren sie, blicken hinab zur Bucht. In der Stadt werden die ersten Lichter entzündet. Stunde auf Stunde verrinnt wohl. Suzuki schläft ein, und auch das Kind träumt längst. Nur Butterfly steht aufrecht und schaut in die Richtung, aus der Linkerton auftauchen muß. Melodien aus dem ersten Akt erklingen, zärtliche Akkorde, Erinnerungen. Lind und lau ist die japanische Sommernacht. Von irgendwoher erklingt fern ein gesummter, sehnsüchtiger Chor. ⑤

Als der Morgen graut und Suzuki erwacht, läßt Cho-cho-san sich zu kurzem Schlummer überreden. Die Dienerin wird sie wecken, wenn Linkerton naht. Bald darauf tritt der Offizier an der Seite des Konsuls auf und nähert sich dem Hause. Suzuki bemerkt eine fremde Dame im Garten, faßt Verdacht. Sharpless bestätigt alles, es ist Linkertons Gattin. Suzuki bricht in Tränen aus. Wie soll sie das ihrer Herrin mitteilen? Linkerton empfindet Reue; mit bewegten Worten nimmt er Abschied von dem Häuschen, in dem er ein kurzes Glück genossen und ein Leben zerstört hat. ⑥

Butterfly ist erwacht. Sie bemerkt den Konsul. Noch hofft ihr Herz, Linkerton werde nun eintreten, um sie in die Arme zu schließen, oder halte sich vielleicht versteckt, um sie zu überraschen. Aber dann sieht sie die fremde Frau und Suzuki, die vor Weinen nicht reden kann. Cho-cho-san beherrscht sich mit aller Kraft, nur zwei Fragen will sie beantwortet haben: Lebt er? Ja. Und kommt er zu ihr zurück? Nie wieder. Nun begreift sie. Er ist gekommen, um das Kind zu holen. Würdevoll begegnet sie Kate, seiner

②

Largo
ppp

③

Andante molto calmo
BUTTERFLY Un bel dì, ve_dre_mo le_var_si un fil di fu_mo.....
pp

④

Andantino mosso
Scuoti quella fronda di ci_lie_gio e m'in.non_da di fior.....
BUTTERFLY
p

⑤

Moderadamente mosso

⑥

Dulce
Ad_dio o fio.ri.to a.sil di le_ti_zia e dà_mor....
PINKERTON
pp

»rechtmäßigen« Gattin. Dann verlangt sie, allein gelassen zu werden. Sie betet zum Gott ihrer Ahnen, betrachtet lange den Dolch ihres Vaters. »Ehrenvoll sterbe, wer nicht länger leben kann in Ehren«, steht darauf eingegraben. Suzuki muß ihr das Kind bringen, von dem sie bewegten Abschied nimmt. Dann ersticht sie sich. Sie hört noch die Stimme Linkertons, der nach ihr ruft, so wie sie es in unzähligen Nächten erträumt hat. Aber ihre Kraft reicht nicht mehr aus, sich ihm entgegenzuschleppen.

Textbuch: Der Nordamerikaner John Luther Long hatte mit seinem Roman »Madame Butterfly« großen Erfolg. David Belasco gestaltete ein Theaterstück danach, das ebenfalls zahllose Menschen erschütterte. Puccini reiste nach London, um es sich anzusehen. Er fühlte die »Musikalität« des Stoffes und, da er der Sprache nicht folgen konnte, seine Eignung zum Opernsujet. Sofort bat er seine Librettisten Illica und Giacosa, diese japanische Tragödie zum Operntext zu gestalten.

Puccini wünschte vor allem zwei Elemente des Stückes in den Vordergrund gerückt zu sehen: die Liebe und den Verrat. Das handlungsarme Stück mußte mit viel Stimmungsmusik gefüllt werden. Hier gelangten die Autoren zu einer (dann musikalisch gut zu nutzenden) Erweiterung des sehnsüchtigen Wartens der Japanerin auf die Wiederkehr Linkertons. Die erste Version der Oper war zweiaktig, aber sie war um nichts weniger menschlich und ergreifend als die spätere, dreiaktige.

Musik: Puccini steht auf einem (langen) Höhepunkt seiner melodischen Inspiration. Technisch beherrscht er alles, was die Musik seiner Zeit hervorgebracht hat. Er verbindet zarteste Poesie mit atemberaubender Dramatik. Hier gefällt er sich teilweise in »exotischen« Klängen, ohne auch nur eine einzige fernöstliche Wendung zu übernehmen. Er erzielt den ungewohnten Klang mit Hilfe der Ganztonleitern und der »übermäßigen« Akkorde, die wir (unter »Handlung«) zu erklären versucht haben. Mit denselben Hilfsmitteln arbeiten auch andere europäische Komponisten, wenn sie musikalisch den fernen Osten heraufbeschwören wollen; so etwa Gustav Mahler (im »Lied von der Erde«, dem chinesische Gedichte zugrunde liegen), Debussy, Lehar. Auch aus »Madame Butterfly« sind wieder einzelne Stücke besonders bekannt geworden; allen voran die Sopranarie »Un bel dì vedremo / Eines Tages sehen wir«, das Liebesduett zu Ende des ersten Akts, das »Blumenduett« der beiden Frauenstimmen, der stimmungsvolle Summchor, Linkertons kurze Abschiedsarie, Butterflys erschütternde Sterbeszene.

Geschichte: Puccini beendete die Partitur gegen Weihnachten des Jahres 1903. Die Premiere fand am 17. Februar 1904 in der Mailänder Scala statt und wurde trotz der großen Leistung der Sopranistin Rosina Storchio zu einem der unglücklichsten Abende, die in der Operngeschichte verzeichnet stehen. Der Mißerfolg war lärmend und beschämend. Der Komponist nahm hierauf kleine Änderungen vor. Gemeinsam mit den Librettisten stellte er nun eine dreiaktige Fassung her. Diese ging am 28. Mai des gleichen Jahres über die Bühne des Theaters von Brescia und fand stürmisch begeisterte Aufnahme, wobei Salomea Kruszelnicka die Titelrolle verkörperte. »Madame Butterfly« stellte lange Zeit Puccinis international meistgespielte Oper dar, die Hauptgestalt gehört zu den »Traumrollen« aller Sopranistinnen.

Das Mädchen aus dem goldenen Westen

Oper in drei Akten. Textbuch, nach einem Drama von David Belasco, von Guelfo Civinini und Carlo Zangarini.
Originaltitel: La fanciulla del West
Originalsprache: Italienisch
Personen: Minnie (Sopran), Jack Rance, Sheriff (Bariton), Ramirez oder Dick Johnson, Bandit (Tenor), ein Barkellner, Goldgräber, Räuber u. a.
Ort und Zeit: Ein Goldgräberlager in Kalifornien, Mitte des 19. Jahrhunderts.
Handlung: Im Goldgräberlager spielt die Schankwirtin Minnie eine besondere Rolle. Sie ist der gute Engel aller, bleibt dabei aber doch ein echtes »Mädchen aus dem Westen«, das meisterhaft reitet, den Revolver zu handhaben weiß und alle Tricks des Kartenspiels kennt. Das Milieu des »wilden« oder »goldenen« Westens, die grausame, gesetzlose, rücksichtslos aufwärtsstrebende Goldgräberwelt Kaliforniens ist glänzend getroffen. Für manchen dieser Männer bedeutet Minnie mehr. Sie lieben sie in ihrer rauhen Art und sehnen sich nach ihr. Ein Mann, der sich Dick Johnson nennt, betritt ihr Lokal. Sie kennen sich von früher und haben Gefallen aneinander gefunden. In Wirklichkeit ist er der berüchtigte Bandit Ramirez, der hier einen Raubzug plant, wo die Goldgräber ihre Funde aufzu-

bewahren pflegen. Die Kunde davon, daß der Räuber in der Nähe sein soll, geht bereits im Lager um, und der Sheriff setzt sich auf seine Spur. Minnie erkennt Ramirez, aber sie bietet dem Verwundeten Obdach, ja sie versteckt ihn in aufwallender Liebe, als der Sheriff ihm hart auf den Fersen ist. Doch aus der über der Wirtsstube gelegenen Kammer Minnies tropft das Blut des Banditen. Minnie wirft sich vor die Türe, durch die der Sheriff zu dem gesuchten Räuber gelangen will. Sie schlägt diesem ein Spiel vor: Der Einsatz ist das Leben Ramirez'. Minnie wendet verbotene Tricks an und gewinnt. Das Leben des Banditen gehört ihr. Doch bald darauf fangen die Goldgräber ihn und wollen ihn kurzerhand an einen Baum knüpfen. Wieder muß Minnie eingreifen. Sie erinnert jeden der Männer an das, was sie für ihn getan hat; sie ruft ihnen das Bibelwort vom reuigen Sünder ins Gedächtnis. Die rauhen Gesellen lassen sich von dieser innigen Fürsprache erweichen. Sie geben den Banditen frei, der mit Minnie fortzieht, um anderswo ein neues, besseres Leben zu beginnen.

Quelle: Lange bevor der Film sich des »wilden« Westens bemächtigte, tat der Roman dies. Und aus einem Buch von Bret Harte hatte David Belasco ein wirkungsvolles Bühnenstück gezimmert, das Puccini auf einer Amerikareise sah. Ihn mag der Kontrast der rauhen Umwelt und der prächtigen Frauengestalt der Minnie zur Vertonung gereizt haben.

Textbuch: Zwei jüngere Autoren, Carlo Zangarini und Guelfo Civinini, schrieben das Libretto wirkungssicher, mit guter Milieumalerei. Sie beließen dem Banditen den spanischen (hier wohl mexikanischen) Namen Ramirez, den sie allerdings in nordamerikanischer Verballhornung »Ramerrez« schreiben.

Musik: Kein »schwächerer«, ein neuer Puccini steht hier vor uns. Und doch sind alle Elemente dieser »typischen« US-Oper in seinen früheren Werken deutlich vorgebildet: der Konversationston, der melodisch und flüssig ist, die tonmalerischen Schilderungen, die hier besonders ausdrucksstark entwickelt sind, das Raffinement einer Orchestrierung, die abwechslungsreich und stets höchst klingend eingesetzt ist und doch in jedem Augenblick nach »echtem Puccini« klingt. Das Grundschema allerdings scheint ein wenig verändert: Die vorherigen Opern führten mit relativ kurzen Überleitungen von Arie zu Arie oder zum Duett, woraus sich, besonders bei den früheren Opernsitten vor allem Italiens, zahlreiche Unterbrechungen durch Applaus ergaben. In der »Fanciulla del West« ist diese Form zugunsten einer »Durchkomposition« nahezu völlig aufgegeben. So kommt es auch, daß aus dieser Oper nur eine einzige Arie gesondert gesungen wird: des Tenors »Ch'ella mi creda«, die zu den Perlen des »Wunschkonzert-Repertoires« gehört ①. Dagegen könnte man behaupten, daß die durch Musik hervorgerufene Spannung kaum je irgendwo stärker war als hier. Szenen aus dem »wilden Westen« mit Opernmusik untermalt: Das war etwas Neues. Hingegen stimmt die Behauptung, Puccini vertone hier »neue« Charaktere, wohl doch nicht ganz. Das Schema »Diva-Liebhaber-Intrigant«, das hier – mit einigen ungewohnten Charakterstudien – vorkommt, ist im Grunde bereits in »Tosca« vorgebildet. Eine starke Oper, die Puccini nach vier Werken, die seinen »Stil« endgültig festgelegt zu haben schienen, auf ungewohnten Pfaden zeigt. Gut aufgeführt, ist ihr das gespannte Interesse, aber auch die rein musikalische Freude der Hörer sicher.

Geschichte: Die große Sensation – Puccinipremiere in der »Neuen Welt« – verlieh am 10. Dezember 1910 der New Yorker Metropolitanoper den »Ritterschlag«, der ihr vielleicht in der Meinung alter Opernroutiniers noch gefehlt hatte. Sie bewies, daß sie so viel Positives in die Waagschale zu werfen hatte, wie nur irgendein Theater der Welt. Vor allem: Caruso in der Banditen- und Liebhaberrolle, dazu Emmy Destinn als Minnie, Pasquale Amato als Sheriff Jack Rance. Die Kassen waren wochenlang vorher ausverkauft, das Theater mußte ein eigenes System gegen den Schwarzhandel mit Billetten einrichten, um den schlimmsten Mißbräuchen begegnen zu können. Vor die eigentliche Premiere schob man zudem, um dem kolossalen Interesse begegnen zu können, zwei öffentliche Generalproben mit geladenen Gästen. Puccini war tief beeindruckt, wie es alle anderen Amerikafahrer unter Europas großen Komponisten nun seit Jahrzehnten waren. Er schilderte in Briefen und Erzählungen immer wieder den geradezu »märchenhaften« Eindruck, den Aufführung und Publikum auf ihn gemacht haben. Die USA näherten sich dem Gipfel ihrer Weltstellung. Und er pflegte seine Schilderungen mit dem Satz abzuschließen: »Könnt ihr Euch inmitten dieser feenhaften 1001-Nacht-Stimmung den armen Organisten von Lucca vorstellen?« Der arme kleine Musiker aus Lucca – das war vor knappen zwanzig Jahren noch er selbst gewesen. Nun stand er an der Spitze der zeitgenössischen Opernkomponisten, was Aufführungszahlen und Publikumszuneigung betraf. Das bedeutete einen Sieg über die »Fachleute«, die solches nur widerstrebend anerkennen wollten und keine Gelegenheit verpaßten, diese Position dem zweifelhaften Geschmack der Opernfreunde zuzuschreiben.

Triptychon
(Der Mantel – Schwester Angelica – Gianni Schicchi)

I. Der Mantel

Musikalisches Drama in einem Akt. Textbuch, nach einem Stück von Didier Gold, von Giuseppe Adami.
Originaltitel: Il tabarro
Originalsprache: Italienisch
Personen: Michele (bei nicht-italienischen Aufführungen oft Marcel genannt), Besitzer eines Schleppkahnes auf der Seine (Bariton); Giorgetta (Georgette), seine Frau (Sopran); Luigi (Henri), Hafenarbeiter (Tenor); »Il Talpa« (»der Maulwurf«), Hafenarbeiter (Bass), »Tinca« (»Stockfisch«), Hafenarbeiter (Tenor), »La Frugola« (Frettchen), Frau des »Talpa« (Mezzosopran oder Alt), ein Leierkastenmann, ein Straßensänger, ein Liebespaar.
Ort und Zeit: Auf einem Schleppkahn, der auf der Seine in Paris verankert liegt, Beginn des 20. Jahrhunderts.
Handlung: Auf einem Schleppkahn, an dessen Planken Tag und Nacht das trübe Seinewasser unter den Brücken von Paris dahinzieht, wird die tägliche Arbeit beendet. Die Löscher machen Feierabend, und Georgette, die Frau des Besitzers Marcel, bietet ihnen einen Trunk an. Zur Musik einer Drehorgel, die sich am Ufer postiert hat, gibt es sogar einen kleinen Tanz. Der unbeholfene »Stockfisch« wird von dem jungen Henri verdrängt, der Georgette im Kreise dreht und in unbewachten Augenblicken mit ihr flüstert. Und als ein wenig später die Hafenarbeiter heimgehen, verabredet Georgette mit Henri ein Stelldichein: So wie in der vorhergehenden Nacht wolle sie ihm mit dem Licht ein Zeichen geben, wenn ihr Mann eingeschlafen sei. Marcel unterbricht ihre Verabredung; er ahnt seit längerer Zeit, daß seine junge Gattin ihn betrügt. Er liebt sie immer noch wie damals, als er sie heiratete. Wehmütig erinnert er sie an die Abende, an denen sie, nach des Tages Arbeit, noch an Deck saßen, in seinen großen Mantel gehüllt, inmitten der hundert Kähne mit ihren fremden und doch vertrauten Menschen, mit ihren Schicksalen, ihren Träumen und Hoffnungen, ihren Enttäuschungen und ihrem Verzicht. Georgette will nichts von diesen Erinnerungen wissen; sie fühlt sich auf dem Wasser fremd und sehnt sich zurück in die Pariser Vorstadt, aus der sie kam. Ob Marcel Henri weiterhin beschäftigen werde? will sie wissen. Wenn einer der Löscher entlassen werde müsse, dann doch eher »Stockfisch«, der nichts tue als trinken? Wisse sie nicht, warum er trinke? entgegnet Marcel ihr. Um sein Weib nicht umzubringen, die ihn seit eh und je betrüge. Georgette zuckt zusammen. Sie hat keine Lust, an diesem Abend noch an Deck zu sitzen und in Marcels Mantel gehüllt an dessen Seite auf das dunkler werdende Wasser hinauszuschauen. Sie schützt Müdigkeit vor und geht in ihre Kajüte. Marcel

bleibt allein auf dem Deck. Als er sich eine Pfeife ansteckt, schleicht Henri, der das vereinbarte Zeichen zu sehen glaubte, an Bord. Marcel springt auf und erwürgt ihn. Georgette kehrt auf das Deck zurück, nachdem sie vergebens des Liebhabers geharrt und verdächtige Geräusche vernommen hat. Da läßt ihr Mann aus seinem großen Schiffermantel den Leichnam Henris auf die Planken rollen. Dann drückt er ihren Kopf brutal zu dem Toten nieder, bis sie über dessen Körper zusammenbricht. Ruhig ziehen die dunklen Wasser der Seine am Kahn vorbei, an tausend Kähnen vorbei, in denen ähnliche Schicksale wohnen.

Quelle: Der Textdichter Giuseppe Adami berichtet: »Man hatte Puccini von einem Einakter erzählt, der in Paris aufgeführt wurde: ›La Houppelande‹ von Didier Gold. Er fuhr hin, um sich das Stück anzusehen. Die Atmosphäre des Dramas sagte ihm vor allem zu, das Kolorit der Seineufer und des ungebundenen Lebens auf einem Lastkahn, das, wenn es im Sinne eines Librettos herausgearbeitet und entwickelt wurde, auch musikalische Möglichkeiten bieten mußte«.

Textbuch: Adami verfaßte das von Puccini gewünschte und inspirierte Libretto in wenigen Tagen. Es entstand ein typisch veristisches Textbuch rund um die drei Hauptgestalten: den alternden Kahnbesitzer, seine junge, lebenshungrige Frau und deren Geliebten. Die Atmosphäre wurde sehr lebensecht eingefangen: Das Leben auf einem der ruhelosen Lastkähne, eng, voll unsteter, unterdrückter Leidenschaften wurde zum Symbol des proletarischen Daseins schlechthin, das hier »opernfähig« wird, nachdem es in früheren Opern (Puccinis »Bohème«, Charpentiers »Louise« u. a.) gestreift, aber nicht sozial unterstrichen worden war.

Musik: Die feine Stimmungsmalerei, die im »Mädchen aus dem goldnen Westen« schon hervorgehoben wurde, erreicht hier einen neuen Höhepunkt. Das endlose Dahingleiten der dunklen Flußgewässer an den Planken des Bootes erhält seinen musikalischen Ausdruck so plastisch wie das Volksleben, aus dem hier, unter den Brücken der Seine, nur kurze, fast filmische Ausschnitte gezeigt und musikalisch glänzend untermalt werden. Hier ist der »Verist« Puccini in seinem Element: Das verstimmte Schifferklavier oder die armselige Drehorgel, deren schrille Dissonanzen mehr als eine musikalische »Pointe« darstellen, die Polytonalität, die das enge Nebeneinander des Proletariats bei gleichzeitiger Fremdheit und Nichtverstehen malt, sind »moderne« Züge und liegen doch unverkennbar in der Entwicklungslinie Puccinis. Er selbst versteht es wohl so, wenn er an einer charakteristischen Stelle seine eigene »Bohème« zitiert: auch dort Paris, auch dort Lebensbeschränkungen aller Art, auch dort die Sehnsucht, die sich einem bunten Vogel gleich in die Lüfte schwingt. Der geschilderten Atmosphäre zuliebe verzichtet Puccini hier vollends auf Arien und andere »geschlossene« Musiknummern; wie melodisch er trotzdem bleibt, ist bewundernswert. Modern und doch in der Tradition, – wie Altmeister Verdi es als Zeichen des »Echten« stets gewünscht hatte. Puccini verfügt nun über alle erdenklichen Farben auf seiner musikalischen Palette: die Melancholie und Wehmut (die vielleicht seine Grundtönung bilden, selbst dort, wo man es kaum merkt), die Zärtlichkeit, die Leidenschaft, eine feine Ironie, die er lebensweise überall einsetzt, wo es nicht um sein Heiligstes geht – um die Liebe.

Geschichte: Puccini dachte, als er 1913 am »Mantel« arbeitete, an einen Einakterabend. Aber der Weg zur Vollendung des Triptychons sollte noch lang und verworren sein. Giulio Ricordi, der Verleger, Freund und Ratgeber war gestorben. Als Puccini sich für die »Houppelande« begeisterte, war es nicht leicht, einen Librettisten zu finden. Mit jenen des »Mädchens aus dem goldenen Westen« wollte er nicht mehr arbeiten. Er versuchte es mit Adami, der ihn restlos verstand (und später zum »Turandot«-Librettisten werden sollte). Die Komposition ging schnell vonstatten. Aber nach ihrer Beendigung entstand eine längere Pause, bis die weiteren Stücke für das geplante »Trittico« gefunden waren.

II. Schwester Angelica

Oper in einem Akt. Textbuch von Giovachino Forzano.
Originaltitel: Suor Angelica
Originalsprache: Italienisch
Personen: Schwester Angelica (Sopran), die Fürstin (Alt), Die Äbtissin (Mezzosopran), zahlreiche Nonnen des Klosters, Novizen, Almosensucherinnen.
Ort und Zeit: Italienisches Kloster im 17. Jahrhundert.

Handlung: Seit sieben Jahren lebt Angelica in einem Kloster, still und im Gebet versunken wie ihre Mitschwestern, aber mit einer brennenden Unruhe und Sehnsucht im Herzen: Sie hat in der Welt ihr kleines Kind zurücklassen müssen, und man scheint sie vergessen zu haben, denn noch niemals in den langen Jahren hat irgend jemand nach ihr gefragt. Es muß nun wieder Frühling sein, denn die Sonne wirft alljährlich in diesen Tagen einige wärmende Strahlen in den Klostergarten und färbt das Brunnenwasser golden. Doch hier bedeuten die Jahreszeiten nichts; höchstens, daß wieder ein Schritt zur Ewigkeit getan ist, auf das ersehnte Himmelreich zu. Da kommt plötzlich Besuch zu Angelica. Eine Verwandte, eine hoheitsvolle, eiskalte Fürstin. Angelica soll eine Verzichtserklärung unterschreiben, soll ihre weltlichen Güter nun auch rechtlich ihrer Schwester überlassen, die heiraten will. »Und mein Kind?« entringt es sich mühsam den Lippen der Nonne. Es sei vor zwei Jahren gestorben, lautet die mitleidslose Antwort. Angelica bricht zusammen. Dann mischt sie sich, als die Fürstin längst gegangen und mit ihr die letzte Brücke zur Welt für immer abgebrochen scheint, Kräuter zu einem tödlichen Trank. In einer letzten, lichten Vision sieht sie die Himmelskönigin, die ihr liebevoll ein Kind reicht. Selig stirbt sie, während der heilige Gesang ihrer Mitschwestern aus der Kapelle ertönt.

Textbuch: Als einzelne Oper wäre diese »Schwester Angelica« heute wohl kaum noch lebensfähig; als mittleres Stück zwischen einem naturalistischen Drama und einer Renaissancekomödie hingegen erfüllt sie ihre Aufgabe. Zudem kam sie einem mystischen Hang Puccinis entgegen. Giovachino Forzano erfand die Handlung, als »Der Mantel« und »Gianni Schicchi« feststanden und zwischen Guignol und Burleske ein ganz anders geartetes Mittelstück eingeschoben werden sollte.

Musik: Puccinis Meisterhand bewahrte den Stoff vor einem Abgleiten in den Kitsch. Das kleine Werk fesselte ihn wegen der klösterlichen Atmosphäre, in die nur in einem einzigen dramatischen Augenblick die Außenwelt grausam einbricht, aber sicher auch wegen der interessanten Aufgabe, eine Oper nur mit Frauenstimmen zu komponieren. Ein wenig später gibt es Pendant: Britten schuf seinen »Billy Budd« nur für Männerstimmen.

Geschichte: Nach dem »Mantel« vergingen vier Jahre, bis Puccini an dieser Einakterserie weiterarbeiten konnte. Erst 1917 erhielt er von Gioacchino Forzano die beiden noch ausstehenden Textbücher. Auch »Suor Angelica« wurde – wie die beiden anderen Stücke des Triptychon – mit ungewöhnlicher Leichtigkeit und in kürzester Zeit niedergeschrieben. Bevor es noch zu einer öffentlichen Aufführung kam, spielte der Komponist »Suor Angelica« im Kloster vor, in dem seine eigene Schwester als Nonne lebte. Er hat dieses Erlebnis geschildert: wie er mit den kleinen Szenen aus dem Leben des Konvikts begann, wie er zum großen Auftritt mit der herzlosen Verwandten gelangte und den »Fehltritt« Angelicas erzählen mußte, um ihren Eintritt in das Kloster und ihre verzehrende Sehnsucht nach dem Kinde begreiflich zu machen. »Jedenfalls legte ich alles klar, so gut und so schonend wie ich konnte. Ich bemerkte, daß viel feuchte Augen mich ansahen. Und als ich mit dem Gesange ›O Madonna, rette mich, höre einer Mutter Flehen‹ schloß, da riefen die Nonnen mitleidig, aber voller Gewißheit aus: ›Ja, ja, die Ärmste!‹ So sprachen die Schwestern in christlicher Güte einmütig ihre imaginäre Schwester frei«.

III. Gianni Schicchi

Lyrische Komödie in einem Akt. Textbuch von Gioacchino Forzano.
Originaltitel: Gianni Schicchi
Originalsprache: Italienisch
Personen: Gianni Schicchi, 50 Jahre alt (Bariton), Lauretta, seine Tochter von 21 Jahren (Sopran), Zita, genannt »die Alte«, Base des Buoso Donati, 60 Jahre alt (Alt), Rinuccio, ihr 24jähriger Neffe (Tenor), Gherardo, 40jähriger Neffe des Buoso Donati (Tenor), Nella, seine 34jährige Frau (Sopran), Gherardino, ihr 7jähriger Sohn (Sopran), Betto von Signa, der Schwager Buoso Donatis, von unbestimmtem Alter, arm und schlecht gekleidet (Baß), Simon, der Vetter Buosos, 70 Jahre alt (Baß), Marco, sein Sohn, 45jährig (Bariton), seine Frau, 38 Jahre alt (Mezzosopran), Magister Spineloccio, Arzt (Baß), Amantio di Nicolao, Notar (Bariton), Pinellino, Schuster (Baß), Guccio, Färber (Baß). (Die Altersangaben stammen aus der Originalpartitur.)
Ort und Zeit: Florenz, am 1. September 1299.
Handlung: Im Gemach des soeben verstorbenen reichen Buoso Donati haben sich die Verwandten versammelt. Sie beten und weinen zwar

pflichtschuldig, aber sie halten Augen und Ohren weit offen, um einander zu bespitzeln. Jemand teilt flüsternd mit, Buoso habe sein Vermögen der Kirche hinterlassen. In höchstem Alarmzustand sucht die ganze Familie das Testament, damit es nicht in die Hände des Notars falle. Endlich findet Rinuccio das Schriftstück und erbittet von seiner Tante zur Belohnung die Erlaubnis, sich mit Lauretta, der Tochter Gianni Schicchis verheiraten zu dürfen. Aber niemand hat im Augenblick etwas anderes im Kopf als das Testament. So schickt Rinuccio schnell Gherardino aus, um Lauretta und ihren Vater zu holen. Von allen dicht umdrängt, liest »die Alte« das Testament vor: Das Furchtbare ist Wahrheit, das gesamte Vermögen soll der Kirche gehören. Nun sind die Tränen aller Verwandten endlich aufrichtig. Was ist zu tun? Erste Maßnahme: Simon bläst alle Kerzen aus, nun die Gefahr besteht, daß die Familie sie aus eigener Tasche zahlen müsse. Doch damit ist nicht viel geholfen. Rinuccio rät, Gianni Schicchi, den schlauesten Mann in Florenz zu fragen. Seine Tante verbietet ihm, diesen Namen zu nennen und an eine Heirat mit Lauretta zu denken. Trotz des schweren Schlags: ein Donati und die Tochter des armen Schicchi, – nein, unmöglich! Darin ist die ganze Familie einer Meinung. Rinuccio singt das Lob Gianni Schicchis und geht in eine Hymne auf Florenz und die Liebe über, aber niemand hört ihm zu. Alle zermartern sich den Kopf, was zu tun sei, damit das große Vermögen im Familienbesitz bleibe, wobei jeder nur an sich selbst denkt. Gianni Schicchi trifft mit seiner reizenden Tochter ein und erfaßt die Situation sofort. »Die Alte« beleidigt ihn, und er will gehen. Doch Rinuccio möchte ihn zurückhalten, und Lauretta legt sich (mit einer melodiösen Arietta) ins Mittel. ①

Den Bitten seiner Tochter kann Gianni nicht widerstehen. Einige befragen ihn um seine Meinung. Aufmerksam liest er das Testament immer wieder. Dann gibt er sein Urteil ab: nichts zu machen. Die allgemeine Niedergeschlagenheit macht ihm sichtlich Spaß. Plötzlich geht ein Leuchten über sein Schelmengesicht. Alle stürzen sich auf ihn und erhoffen ihre Rettung von dem »armen Teufel«, den sie kurz vorher hinauswerfen wollten. Man müßte den Tod Donatis noch geheimhalten, meint Gianni Schicchi; er werde sich an seiner Stelle ins Bett legen und dem Notar ein neues Testament diktieren. Allgemeiner Jubel. Gianni Schicchi erinnert alle Anwesenden, was sie erwarte, wenn der Schwindel an den Tag käme. In Florenz werde das mit dem Verlust der rechten Hand und mit Verbannung bestraft. Ein Klopfen an der Türe scheucht alle auf. Es ist der Arzt! Blitzschnell wird der tote Donati versteckt, und Gianni Schicchi nimmt dessen Platz ein. Mit schwacher Stimme antwortet er dem Arzt, den die Fülle der Verwandten nicht bis zum Bett gelangen läßt, daß es ihm besser gehe. Stolz auf seine Kunst und unter der geradezu fühlbaren Erleichterung der Familie, zieht sich der Arzt zurück. Neuerlicher Alarm, ein Glöckchen beginnt zu läuten. Doch nein, es ist nicht Buosos wegen. Während nun alle gespannt den Notar erwarten, versucht jeder auf seine Weise Gianni Schicchi zu schmeicheln, zu überreden. Jeder will ein möglichst großes Stück der Erbschaft ergattern und zaudert nicht, die verlockendsten Angebote an den eben noch verachteten Schicchi zu richten. Nun kommt der Notar mit den beiden vom Gesetz vorgeschriebenen Zeugen, dem Schuster und dem Färber. Mit ersterbender Stimme und hinter dichten Vorhängen diktiert Gianni Schicchi das Testament. Die Spannung ist aufs höchste gestiegen. Zuerst vermacht der »Sterbende« fünf Lire der Kirche, was von allen Umstehenden laut und fromm gebilligt wird. Dann verteilt er die kleineren Güter unter die Anwesenden.

Schließlich widmet er den Palast, das Grundstück, den Maulesel und das große Barvermögen ... seinem »guten und treuen Freund Gianni Schicchi«. Die sich vor Wut kaum beherrschenden Verwandten erinnert er in einem »Abschied von Florenz« an das, was sie erwartet, wenn sie etwas ausplaudern würden. Als der Notar endlich gegangen ist, stürzen sich alle auf den Spitzbuben. Doch der hat sich nun in einen großen Herrn verwandelt, der die unliebsamen Besucher aus »seinem« Palais vertreibt, während das junge Paar ein kurzes, aber echt puccinisch süßes Liebesduett anstimmt. Der Schluß ist den Gepflogenheiten der »Commedia dell'arte« nachgebildet. Gianni Schicchi tritt an die Rampe und bittet das Publikum, mit freundlichem Applaus die Strafe zu mildern, die Dante, der ihn schuf, ihm mit der Verbannung in die Hölle auferlegt hat.

Quelle: Gianni Schicchi ist eine Gestalt des italienischen Mittelalters. Möglicherweise hat er wirklich gelebt. Jedenfalls erwähnt oder erschafft ihn der große Dante Alighieri (1265–1321) in seiner »Divina Commedia«, wo er ihm einen Platz im »Inferno«, in der Hölle, zuweist.

Textbuch: Die lustige Gestalt Gianni Schicchis ist mehrfach auf dem Theater zum Leben erweckt worden. Gioacchino Forzano war der richtige Mann, ein geistsprühendes, komisches Libretto zu schaffen, in dem Situationswitz mit zwar boshafter aber lebensechter Psychologie geschickt gepaart erscheint.

Musik: Endlich hatte Puccini das Thema und den rechten Textdichter für eine lebensvolle musikalische Komödie gefunden. Früher als Verdi rang er sich von der erschütternden, ja blutigen Tragödie zum befreienden Humor durch: Gelang Verdi dies erst in seinem letzten Werk (»Falstaff«) und nach mehr als einem halben Jahrhundert Opernkomposition, so war Puccini schon nach der Hälfte dieser Zeit so weit. »Gianni Schicchi« zeigt uns einen gänzlich neuen Puccini. Die lyrische oder sentimentale Melodie taucht nur flüchtig auf, und nur, wo sie textlich wohlbegründet ist; der Rest ist flüssiger Parlandostil, geistvoll, gewandt, völlig einheitlich trotz zahlreicher Einzelheiten, die durchwegs Bedeutung erlangen. Hier ist eine der wenigen komischen Meisteropern gelungen, die die Weltliteratur besitzt. Aber ihre Wiedergabe ist keineswegs leicht; ein restlos aufeinander eingespieltes Ensemble ist hier unerläßliche Vorbedingung. Jeder Sänger muß ein vollendeter Schauspieler im Sinne der »Commedia dell'arte« sein: voll Beweglichkeit, Witz, Laune, nie aussetzender Mimik, ja einem Schuß Akrobatik. In ununterbrochener toller Bewegung muß dieses Stück abrollen. Das Publikum darf aus dem Lächeln und Schmunzeln nicht herauskommen, mit Ausnahme der kurzen lyrischen Episoden, die die Liebe oder Florenz betreffen, und jener, in denen das Lächeln in herzhaftes Lachen übergehen sollte.

Geschichte: Puccinis Wandlungsfähigkeit war außerordentlich. Der Verismus oder Naturalismus lag nun weit hinter ihm. Seine romantische – das heißt gefühlsbetonte – Grundhaltung tritt im »Gianni Schicchi« zugunsten eines echten Buffostils zurück, von dem auch in den Ministerszenen der »Turandot« noch etwas zu spüren sein wird. Nach der Uraufführung der Operette »La rondine« beendete Puccini das »Triptychon«. Die Uraufführung dieses geschlossenen Einakterabends fand am 14. Dezember 1918 in New York statt. Rom folgte vier Wochen später, am 11. Januar 1919. Seitdem haben viele (besonders die deutschsprachigen) Theater »Gianni Schicchi« von seinen Gefährten losgelöst und gemeinsam mit anderen Werken gespielt. Obwohl diese Möglichkeit durchaus besteht, sollte man sie doch nicht als Selbstverständlichkeit nehmen: Das Triptychon bildet eine Einheit und erfüllt, gut aufgeführt, seine Aufgabe restlos. Es widerspricht allerdings der weitverbreiteten Ansicht, daß man bei Puccini nur Melodien und Arien erwarten dürfe und daß man, wo dies nicht so ausgeprägt der Fall ist, von einem Nachlassen seiner Erfindungsgabe reden dürfe. Man sollte eher bewundern, wie dieser Meister sich verinnerlichte, wie er feinste Kleinarbeit leistete, wundervolle Milieu- und Charakterbilder schuf und, um der Atmosphäre willen, auf grobe Effekte verzichtete.

Turandot

Lyrisches Drama in drei Akten (fünf Bildern). Textbuch von Giuseppe Adami und Renato Simoni, nach Werken von Schiller und Gozzi sowie einer alten persischen oder chinesischen Legende.
Originaltitel: Turandot
Originalsprache: Italienisch
Personen: Turandot, eine chinesische Prinzessin

(Sopran), Altoum, Kaiser von China, ihr Vater (Tenor), Kalaf, »der unbekannte Prinz« (Tenor), Timur, sein Vater (Baß), Liu, seine Sklavin (Sopran), Ping, Pang, Pong, drei Minister (Bariton und zwei Tenöre), ein Mandarin, der Prinz von Persien, Scharfrichter, kaiserliche Wachen, Volk.
Ort und Zeit: Peking, in legendären Tagen.
Handlung: Eine aus wenigen Akkorden bestehende Orchestereinleitung führt uns in das chinesische Milieu ein. Puccini verwendet, ähnlich wie in »Madame Butterfly«, doch wesentlich ausgeprägter, Fünftonskalen, die uraltes orientalisches Musikgut sind. Zudem bemerken wir seine harmonischen Fortschritte. Er steht durchaus auf der Höhe seiner Zeit, ist »modern«, ohne allerdings die italienische (will sagen: durchaus sangliche) Melodienlinie zu opfern.

Vor dem kaiserlichen Palast von Peking hört die Menge die ihr schon gewohnte grausame Ankündigung: Die Prinzessin Turandot wird ihre Hand dem Manne gewähren, der drei von ihr gestellte Rätsel lösen kann. Wer es nicht vermag, verfällt dem Tode. Soeben wird der junge Prinz von Persien zur Richtstätte abgeführt. In der Volksbewegung stürzt ein alter Mann zu Boden. Vergebens bemüht sich eine junge Sklavin um ihn. Ein Jüngling kommt hinzu und erkennt den Alten. Es ist sein eigener Vater, Timur, der entthronte König der Tataren, der nun, müde und schwach geworden, durch die Welt wandert. Die Sklavin Liu begleitet ihn, treu und liebevoll, weil einmal, vor langer Zeit, des Königs Sohn, der nun vor ihr steht, ihr zugelächelt hat. Die Menge, die den Prinzen von Persien in den Tod gehen sieht, fleht um Gnade. Im Mondlicht sieht man, auf die Mauer des Palastes gesteckt, die Köpfe der Unglücklichen, die es wagten, Turandots Hand zu begehren. Der unbekannte Prinz, Timurs Sohn, verflucht die grausame Prinzessin. Da erscheint eine Silhouette auf der Terrasse des Palastes. Das Volk sinkt in die Knie, nur der Prinz von Persien und der Unbekannte blicken stehend hinauf zu dem traumhaft schönen Bild Turandots, die da oben stolz, vom Mondlicht übergossen, vorübergeht. Dann zerstreut sich das Volk; Timur, sein Sohn und Liu verweilen. Der unbekannte Prinz ist wie verzaubert von der Erscheinung, die er sah. Er hört weder auf die Worte seines Vaters noch auf das Flehen Lius. ①
Noch weniger vermögen die abschreckenden Worte der drei komischen Minister Ping, Pang und Pong. Sein Entschluß steht fest. Mit kräftigen Schlägen läßt er den riesigen Gong erschallen, der im Palaste die Ankunft eines neuen Freiers ankündigt.

Der zweite Akt beginnt mit einem Gespräch der drei grotesken Minister, die das traurige Los besprechen, das den unbekannten Prinzen erwartet. Sie würden es vorziehen, dem Hofe fern, in ihren Landhäusern zu leben und nicht zu so schauerlichem Geschehen die Hand reichen zu müssen. Das Bild wechselt, und es folgt eine der wahrhaft geschauten und gestalteten Opernszenen. In einem riesigen Saale des Palastes gipfelt eine steil ansteigende Stufenreihe im Thron des Kaisers. Würdenträger, Weise, Schriftgelehrte, Höflinge, Volk strömen herein. Die Musik ist von hoher Feierlichkeit. Der unbekannte Prinz wird zum Fuße der Riesentreppe geleitet. Mit gütiger Stimme versucht der alte Kaiser, ihm sein Vorhaben auszureden. Doch der Jüngling besteht auf der Rätselprobe. Und so werden ihm die Bedingungen noch einmal ins Gedächtnis gerufen: Sieg oder Tod. Strahlend tritt Turandot ein, schön und hochmütig. Voll Haß blickt sie auf den Fremden. In ihrer Auftrittsarie erklärt sie ihre Grausamkeit. Vor langer Zeit wurde einmal eine Prinzessin von China von fremden Invasoren geraubt und entführt. Turandot fühlt sich als Rächerin, als Wiedergeburt ihrer fernen Ahnin. Niemals werde sie einem Manne gehören, aber an vielen den einst begangenen Frevel rächen. »Drei Rätsel ... ein Tod«. Ohne zu zaudern erwidert der unbekannte Prinz: »Nein! Drei Rätsel, ein Leben!« Haßerfüllt blitzen Turandots Augen ihn aus der Höhe an. Dann stellt ihm die Prinzessin das erste Rätsel. Das Orchester setzt aus, nur einzelne Schläge dumpfer Instrumente begleiten die kalte Stimme Turandots. ②

Aufmerksam hört der Fremde die Frage. Und zögert kaum mehr als einen Augenblick, ehe er die Antwort weiß: »Die Hoffnung« ist das Phantom, das jede Nacht neu im Menschen geboren wird und jeden Tag von neuem stirbt. »Die Hoffnung«, wiederholen die Gelehrten, die die Antwort mit den Schriftrollen in ihren Händen vergleichen. Die Prinzessin steigt einige Stufen hinab, als belauere sie ihr Opfer nun näher. Was ist es, das wie eine Flamme lodert und doch kein Feuer ist, das wie ein Fieber rast, aber im Tode erkaltet? Und wiederum antwortet der unbekannte Prinz, ohne zu zaudern: »Das Blut!« Und abermals bestätigen die Weisen, daß die Antwort richtig ist. Wutentbrannt eilt nun Turandot die letzten Stufen hinunter, Auge in Auge steht sie dem verhaßten Fremdling gegenüber. Die dritte Frage wird über der stumm stehenden Menschenmasse laut. Welches ist das Eis, das verbrennen macht, und je mehr es versenge, desto kälter werde? Das Eis, das ihn verbrennen werde? Der Unbekannte braucht nur einen Augenblick des Nachdenkens, bevor er mit sieghafter Stimme ausruft: »Turandot!« Orchester und die Fülle der menschlichen Stimmen auf der Bühne brechen in Jubel aus, als die Gelehrten zum dritten Male bestätigen: »Das Eis ist Turandot«. Die Prinzessin ist zusammengebrochen, in höchster Angst stürzt sie ihrem Vater zu Füßen, fleht, daß man sie nicht dem Fremden überantworten möge. Doch der Kaiser erinnert sie feierlich an sein Versprechen. Da vergißt Turandot ihren Stolz und wendet sich an den Unbekannten: Könnte er sie gegen ihren Willen in seine Arme schließen? Der fremde Prinz ist großmütig. Nur eine einzige Frage soll Turandot beantworten. Findet sie die Lösung, dann ist er zum Tode bereit: die Prinzessin müsse, bevor der Morgen graut, seinen Namen erkunden.

In den kaiserlichen Gärten ruht der unbekannte Prinz in dieser Nacht. Boten Turandots durcheilen ganz Peking, um dem Geheimnis des Fremden auf die Spur zu kommen. Ihr Ruf »Keiner schlafe!« hallt durch die Straßen. Der Unbekannte greift ihn auf und formt daraus eine großartige Arie. ③ Liebe und Hoffnung strahlen in ihr wider. Wenn die Sterne erblassen, wenn der Tag ersteht, wird der Sieg, wird Turandot ihm gehören. ④

Selten haben Stimmen und Orchester so viel Glanz, so viel stolze Kraft gehabt wie hier. Doch noch ist der Sieg nicht errungen. Die drei Minister erscheinen, versuchen, den Prinzen mit Gold und Schätzen abzufinden. Doch um nichts in der Welt verzichtet er auf Turandot. Da erinnert sich einer aus der Menge, den Fremden am Vortag mit einem alten Mann und einem Mädchen gesehen zu haben. Sofort wird die neue Fährte verfolgt, es währt nicht lange, bis man die beiden gefangen hat. Turandot selbst erscheint, befiehlt, den Fremden gewaltsam das Geheimnis zu entreißen. Liu tritt bescheiden vor. Der Alte wisse von nichts, und sie, die den unbekannten Prinzen kenne, werde sein Geheimnis niemals verraten. Die Foltern beginnen, doch Liu erträgt sie mit einem Lächeln auf ihrem lieblichen Gesicht. Stumm steht Turandot dabei: Welche seltsame Kraft belebt diese Sklavin? Liu entreißt einem der Soldaten den Dolch und stößt ihn in ihr eigenes Herz. Während sie niedersinkt, richtet sie an Turandot einen herrlichen Abschiedsgesang (wie schön sterben die Geschöpfe Puccinis doch!): »Du, eisgepanzerte Prinzessin, auch du wirst ihn lieben ... ich schließe meine Augen, damit er ... nochmals ... siege ...« ⑤

Bewegt zieht die Menge sich zurück. Turandot und der Prinz stehen einander gegenüber. Der Unbekannte reißt ihr ungestüm den Schleier vom Gesicht und küßt sie leidenschaftlich. Dann gibt er seinen Namen preis, gibt sich in ihre Hand: Kalaf. Doch über Turandots Wangen rollen Tränen des Glücks und einer nie geahnten, nie gekannten Erschütterung. Über Peking geht der Morgen auf. Bis hierher hatte Puccinis Feder das Werk geschaffen. Nach seinem Tode vervollständigte Franco Alfano, was der Meister anscheinend noch geplant hatte: ein großes Liebesduett vereint Kalaf und Turandot. Ferne Trompeten künden den entscheidenden Augenblick an. Vor dem Kaiser, dem Hof und dem Volk muß die Prinzessin den Namen des Fremden verkünden. Vertrauensvoll steht dieser an ihrer Seite. Und unter unendlichem Jubel ruft Turandot aus: »Hoher Vater, ich kenne den Namen des Fremdlings ... er heißt ... Gemahl!«

Quelle: Eine wahrscheinlich sehr alte Legende, persischen oder chinesischen Ursprungs, erzählt die Geschichte der stolzen Prinzessin Turandot und ihrer tödlichen Rätsel. Nicht wenige Schriftsteller, Dramatiker und Dichter Europas gaben ihr künstlerische Form. Erwähnen wir in erster Linie den Venezianer Carlo Gozzi (1720–1806), dessen Märchenspiel die bekanntesten »Turandot«-Vertonungen (Puccini, Busoni) zum Vorwurf nehmen und den übrigens auch Schiller zum Ausgangspunkt seiner dramatischen Bearbeitung nahm.

Textbuch: Giuseppe Adami und Renato Simoni schufen unter Puccinis aktiver Teilnahme ein glänzendes Libretto. Dramatisches ist mit Lyrischem und Komischem fein verknüpft. Die drei Minister erscheinen wie Modernisierungen der alten Figuren der »commedia dell'arte«, die theatralischen Höhepunkte sind ausgezeichnet gesteigert. Vor allem aber gibt die Charakterzeichnung der drei Hauptrollen – Turandot, Kalaf, Liu – dem Komponisten Gelegenheit zu voller musikalischer Entfaltung.

①

Adagio
Si_gno_re, a_scolta! Ah, signore, a_scolta!
LIÙ
pp

③

Andante sostenuto
Nes_sun dor_ma! Nes_sun dor_ma!
KALAF
pp

②

Andante sostenuto
TURANDOT
Nel-la cu-pa not-te vo-la un fan-tas-ma i-ri-de-scen-te
ff
f

④

Andante sostenuto
poco rit...
Di_legna, o not_te! tramonta_te stel_le! tramonta_te, stelle! Al_l'alba vin_ce_rò! Vin_ce_rò! Vin_ce_rò!
KALAF
p
ff

⑤

Andante mosso
Tu che di gel sei cin-ta da tan-ta fiamma
LIU

Musik: Hier tritt uns Puccini in voller Reife, auf dem Höhepunkt seiner bewundernswerten Meisterschaft entgegen. Die melodische Inspiration hat seit »Manon Lescaut«, seit »Bohème« keineswegs nachgelassen; ja sie hat sich verfeinert, die gesanglichen Bögen sind länger geworden, erblühen, besitzen langverströmenden Atem. Harmonisch gelöst, modern, stets fesselnd, zeigt Puccini den gesunden Übergang von den romantischen Akkorden zu den vielschichtigeren Gebilden des 20. Jahrhunderts. Der Klang und seine Schattierungen sind prachtvoll gemeistert, die Singstimmen in makelloser Schönheit geführt. Es gibt Arien, die zu den herrlichsten der Literatur gehören (Kalafs Gesang im dritten Akt »Nessun dorma«, Lius liebliche, zu Herzen gehende Melodien); dramatische Ballungen wie die Rätselszene, die zu den wuchtigsten Eindrücken der Opernbühne zählen; aber es gibt auch feine parodistische Pinselstriche (wie in der Zeichnung der drei Minister) und imposante Massenszenen (»Warum zögert der Mond«, die grandiose Chorszene des 1. Akts), denen hier ein besonders großer und wichtiger Raum gegeben ist. Seinen Sängern hat Puccini es allerdings nicht leicht gemacht, sowohl für die Titelpartie wie für den »unbekannten Prinzen« müssen Künstler von höchster Qualität eingesetzt werden.

Geschichte: Mehrere Male wurde Puccini durch Theatererlebnisse zu neuen Opern angeregt. Seltsamerweise fanden die Aufführungen stets in fremden Sprachen statt, deren der Komponist nur beschränkt mächtig war. Er sah »Tosca« französisch, »Madame Butterfly« in London, »La Houppelande« (aus der »Der Mantel« wurde) in Paris und »Turandot« bei Reinhardt in Berlin. Aus dem starken Eindruck, den er von den Werken empfing, ohne ihrem Text genau folgen zu können, schloß er, daß sie gute Opernstoffe enthielten, da auch in der Oper die Worte nur beschränkt verständlich seien. Im Jahre 1921 entwarfen Adami und Simoni mit Puccini das Szenarium zu »Turandot«. Gleichzeitig versenkte sich der Komponist liebevoll in das Studium ostasiatischer Musik. Doch die Todeskrankheit gewährte kein Vollenden mehr. Nach seinem Ableben vervollständigte Franco Alfano – seit seiner Oper »Auferstehung« selbst ein namhafter italienischer Komponist – verständnisvoll die Partitur aus den vorhandenen Skizzen. Die Premiere fand unter allen Anzeichen einer Weltsensation am 25. April 1926 in der Mailänder Scala statt. Der Dirigent, Arturo Toscanini, unterbrach nach Lius Todesmusik die Aufführung und wendete sich an das Publikum: Hier endet das Werk des Meisters. Langsam ging der Vorhang nieder, lange noch saß das Publikum wie gebannt, um dann in nicht endende, brausende Ovationen für den dahingegangenen Maestro auszubrechen. Erst am nächsten Abend – und künftig immer – wurde das Werk mit dem von Franco Alfano vervollständigten Schluß gegeben, der so nahtlos angefügt ist, daß kein Hörer (nicht einmal ein Fachmann) ihn von Puccinis Originalhandschrift unterscheiden könnte. »Turandot« eroberte die großen Theater der Welt; kleineren Bühnen ist sie, des gewaltigen Apparates wegen, den sie erfordert, schwer zugänglich.

Henry Purcell

1659–1695

Als hervorragende Persönlichkeit der barocken englischen Tonkunst feiert Purcell in unserer Epoche die längst gerechtfertigte Auferstehung, die ihn als echten Großmeister der internationalen Musikgeschichte ausweist. Er wurde in Westminster (London) entweder gegen Ende des Jahres 1658 oder zu Beginn des darauffolgenden geboren. Er war der Sohn eines Musikers der Königlichen Kapelle, wurde mit 22 Jahren Organist an der Westminster Abbey, kurz darauf an der Chapel Royal, außerdem fungierte er als königlicher Instrumentenverwalter. Zu weiterem Aufstieg ließ das Schicksal ihm keine Zeit; er starb in seinem Geburtsort am 21. November 1695, ungefähr 37jährig. Um so erstaunlicher ist die Fülle seines kompositorischen Lebenswerks, von dem in unserem Jahrhundert eine große Zahl weiterer Stücke wiedergefunden und zur eindrucksvollen Wiederbelebung gebracht wurden. Neben Instrumental- und Vokalwerken (seine »Anthems« auf Bibelworte beeindruckten Händel stark, der gewissermaßen sein Erbe antrat) fesselte ihn vor allem das Theater. Auf diesem Gebiet leistete er weit über 50 Beiträge, von kurzen Schauspieleinlagen bis zur abendfüllenden Oper. Zwei seiner Bühnenstücke sind zu neuem Leben erweckt worden und finden auf heutigen Bühnen starken und verdienten Widerhall.

»Dido und Äneas« dürfte von dem eben dreißigjährigen Komponisten im Auftrag einer vornehmen Mädchenschule in Chelsea geschrieben worden zu sein. Den Text verfaßte der damals hochberühmte Dichter Nahum Tate, der eine Episode aus dem vierten Buch von Vergils »Äneis« benützte, eine tragische Geschichte von Liebe und Tod. Die dreiaktige Handlung spielt nach dem Fall Trojas; von dort wendet Äneas sich nach Karthago, in das Reich der Königin Dido, mit der er eine leidenschaftliche Liebesepisode erlebt. Feindliche Mächte, die ein wenig an die Hexen in Shakespeares »Macbeth« erinnern, widersetzen sich dem Idyll; der zweite Akt bringt einen eindrucksvollen Sturm auf die Bühne, der die von Dido veranstaltete Jagd unterbricht. Äneas muß seiner Berufung folgen, die ihn zu neuen Taten und zur Gründung Roms führt. So enthält der dritte Akt den schweren Abschied der Liebenden: Dido stimmt die schöne Arie »When I am laid in earth« an, die ihren edlen, stimmungsvollen Verzicht bringt und zu einer der prachtvollsten Szenen der frühen Oper wurde, Monteverdis Ariadne-Klage (»Lasciatemi morire«) nicht unwürdig. Das Orchester, das Purcell verwendet, besteht aus Streichern unter Mitwirkung eines Cembalos. Die Oper enthält viele getanzte Szenen, wie der Komponist überhaupt eine starke Neigung zum Ballett gehabt zu haben scheint, sowie ausdrucksvolle Chöre und affektgeladene Arien. Die Uraufführung dürfte in der erwähnten Mädchenschule von Chelsea im Jahre 1689 stattgefunden haben.

Nicht so eindeutig einem bestimmten Genre zuzurechnen ist »The fairy queen«, die 1948 in London wiederaufgeführt und als wahres Prachtwerk entdeckt wurde. Sie gelangte unter dem Titel »Die Feenkönigin« bei den Schwetzinger Festspielen auf die deutsche Bühne, von der sie seitdem nicht wieder verschwunden ist. Hier handelt es sich um eine der vielen Vertonungen von Shakespeares »Sommernachtstraum«, die in der Operngeschichte zu verzeichnen sind. Ob man sie als Oper, Bühnenmusik zu einem Schauspiel, als erweitertes Ballett auffassen soll? W-E. von Lewinski findet die treffendste Bezeichnung: »Eines der schönsten Gesamtkunstwerke, das die Literatur anzubieten hat.« Barocktheater in Reinkultur, Festspiel also, voll Poesie, Witz, Tanz, Gesang und Bühneneffekten. Neubearbeitungen suchen das dreihundert Jahre vor unserer Zeit entstandene Spiel »zeitgerecht« zu machen, diversifizieren manchmal den Orchesterklang – etwa durch die gerechtfertigte Verwendung alter Instrumente –, verlegen den Chor unsichtbar hinter, neben oder vor die Bühne, beweisen aber vor allem, daß echte Kunst an keine Epoche gebunden ist und in gewissen, noch nicht erforschten Zyklen immer wieder sensible Menschen anzusprechen imstande ist.

Maurice Ravel

1875–1937

Der hochbedeutende französische Komponist, Nachfolger Debussys als Erbe des Impressionismus, aber bewußter Neoklassiker, der an Rameau und Couperin anzuknüpfen weiß und trotzdem vollendet zeitgemäß ist, und der mit der gleichen Meisterschaft folkloristische Elemente seiner baskischen Heimat wie moderne Bewegungsrhythmik in der Gestaltung seiner Ballette handhabt, wurde am 7. März 1875 in Ciboure, einem Vorort von Saint-Jean-de-Luz, am nördlichen Pyrenäenhang, nahe der spanischen Grenze, geboren. Mit zwölf Jahren trat er, nachdem sein musikalisches Talent schon früh erkannt worden war, in das Pariser Konservatorium ein, wo der Einfluß von Fauré und Chabrier sich bemerkbar machte. Ravel mußte einen harten Existenzkampf führen, da ihm seine ersten Werke, trotz kaum glaublicher Vollendung, nichts einbrachten. Er gehörte zu jenem Freundeskreis, der vor dem Ersten Weltkrieg Strawinsky, Debussy, Dukas, de Falla und den Ballettpropheten Diaghilew verband. Des letzteren Einfluß bestimmte ihn, sich dem Tanztheater zu widmen, mit dem er die bedeutendsten Erfolge seines Lebens ernten sollte: »Daphnis und Chloë« (1912), »Meine Mutter Gans« (1912), »Der Walzer« (1920), »Bolero« (1928). Zum Operntheater trat er zweimal in Beziehung: mit »Die spanische Stunde« und »Das Kind und der Zauberspuk«. Er war kaum fünfzig Jahre alt, als ein Verkehrsunfall bleibende, wenn auch nicht sofort erkennbare Folgen hinterließ. Eine dadurch ausgelöste oder verschlechterte Hirnverletzung lähmte langsam sein Gedächtnis und seine Sprache. Er starb in Paris am 28. Dezember 1937.

Die spanische Stunde

Musikalische Komödie in einem Akt. Dichtung von Franc Nohain (Pseudonym für Maurice Legrand).
Originaltitel: L'heure espagnole (übersetzt auch unter dem Titel »Eine Stunde Spanien«)
Originalsprache: Französisch
Personen: Torquemada, Uhrmacher (Tenor), Concepción, seine Frau (Sopran), Gonzalvo, ein Dichter (Tenor), Ramiro, ein Hirt (Bariton), Don Iñigo Gómez, Bankier (Baß).
Ort und Zeit: Toledo, im 18. Jahrhundert.
Handlung: Concepción ist ihres Gatten, des städtischen Uhrmachers Torquemada, überdrüssig. Er langweilt sie und erfüllt die Wünsche der temperamentvollen Spanierin in keiner Weise. Sie erinnert ihn, daß der Tag gekommen sei, an dem er alle öffentlichen Uhren aufziehen und überwachen gehen müsse. Dies ist der einzige Tag der »Freiheit« für sie, und Concepción gedenkt ihn gut zu nützen. Sie hat ihren Anbeter, den Dichter Gonzalvo, zu sich in den Uhrenladen bestellt. Doch bevor der Poet erscheint, der mit seiner hochfliegenden Sprache das Herz der ungetreuen Uhrmachersfrau eroberte, tritt unvermutet der Hirt Ramiro auf, der zwar eine kräftige Gestalt sein eigen nennt, aber von Frauen keine Ahnung hat. Er kommt, um von Torquemada seine Uhr reparieren zu lassen. Da der Meister nicht anwesend ist, beschließt er, seine Rückkehr abzuwarten. Concepción weiß nicht, wie sie ihn entfernen soll. Sie bittet ihn, eine der großen Pendeluhren in den ersten Stock hinaufzutragen. Indessen erscheint Gonzalvo, doch die wenigen zur Verfügung stehenden Augenblicke vergehen damit, daß er endlose Verse rezitiert und von künftigen Meisterwerken träumt, die so originelle Situationen zum Ausgangspunkt hätten wie das Rendezvous in einer Uhrenhandlung. Die enttäuschte Concepción, die einen feurigen Liebhaber erwartet hatte, muß den immer noch Deklamierenden schnell in eine Standuhr einschließen, da Ramiros Schritte auf der Treppe vernehmbar werden. Den Hirten bittet sie, diese Standuhr in den ersten Stock zu tragen und die andere, soeben hinaufbeförderte, in den Laden zurückzubringen. Für den bärenstarken Ramiro ist das ein Kinderspiel und ein Vergnügen. Während die Frau ihm noch, ein wenig staunend, nachblickt, treten neue Komplikationen ein. Es kommt der ebenso dicke wie wichtige Bankier Iñigo, um Concepción eine Liebeserklärung zu machen.
Doch als Ramiro neuerlich naht, bleibt nichts anderes übrig, als auch den fetten Herrn Gómez in einer Uhr zu verstecken, aus der er manchmal ein neckisches »Kuckuck« ertönen läßt, um seinen jugendlich gebliebenen Geist zu beweisen. Concepción scheint ernstlich daran zu denken, den ewig Verse aufsagenden Gonzalvo durch Don Iñigo, trotz Glatze und Bauch, zu ersetzen, da der Bankier sie davon zu überzeugen wußte, daß ein älterer diskreter Liebhaber große Vorteile böte. So ersucht sie abermals den Hirten, die Uhr mit dem dicken Iñigo in ihr Schlafzimmer hinaufzutragen, hingegen die vorherige (in der Gonzalvo versteckt ist) in den Laden zu bringen. Ramiro hebt selbst die schwersten Uhren mit erstaunlicher Leichtigkeit, was bei Concepción steigende Bewunderung auslöst. Auch Ramiro ist guter Dinge. Der Umgang mit der reizenden Frau gefällt ihm offensichtlich, und wenn er auch in nichts anderem bestünde, als ihr zuliebe Uhren treppauf und treppab zu tragen. Doch zuletzt wird ihm eine andere, zweifellos bessere Aufgabe zuteil. Concepción nimmt ihn, nachdem sie auch die Uhr mit dem fetten Iñigo wieder in den Laden tragen ließ, in ihr Schlafgemach hinauf, dieses Mal ohne Uhr auf dem kräftigen Rücken. Torquemada kehrt zurück, findet den Dichter und den Bankier. Letzterer kann sich nicht aus dem unfreiwilligen Gefängnis befreien, da er in der Uhr festgeklemmt ist. Concepción und Ramiro kommen die Treppe herab, und abermals erweist sich der Hirt als Retter. Er befreit den Bankier aus seiner unbequemen Situation. Der geschäftstüchtige Torquemada kann sogar noch zwei teure Uhren verkaufen; in einem fröhlichen Finale loben alle, wenn auch aus verschiedenen Gründen, die Kraft und Geschicklichkeit des Hirten.

Textbuch: Von manchem Meisterstück der erotischen Literatur – vor allem wohl von Boccaccio – angeregt, stellt dieses Libretto eine sehr amüsante, »typisch französische« Komödie dar, die sich auch im spanischen Milieu fröhlich und charmant ausnimmt.

Musik: Ravels Vertonung ist geistvoll, witzig, er weiß aus dem ausdrucksvollen Parlando eingängliche musikalische Phrasen zu drechseln. »Mehr sprechen als singen« lautet die Parole, die er selbst im Vorwort ausgibt, wobei er den italienischen Buffo-Stil als Vorbild hinstellt. So gewinnen, selbst bei dem sprühenden Ablauf, alle Gestalten ihr musikalisches Profil: die entzückende Uhrmachersfrau, der einfache aber gar nicht dumme Ramiro, der in seiner Großspurigkeit ergötzende Dichter sowie alle übrigen Beteiligten. Das Orchester setzt bezaubernde Glanzlichter auf, in seiner Beherrschung der instrumentalen Finessen ist Ravel ein unbestrittener Meister. Das Ticken der vielen Uhren (mit der natürlich entstehenden rhythmischen Komplikation), ihr Schlagen, Klingeln, Kuckuckrufen ergibt einen zauberhaften musikalischen Rahmen. Das Werk macht uns lächeln und lachen, wobei Text und Musik eine restlose Einheit ergeben. Wirkliche Opernmusik ist eigentlich erst im Finale enthalten, aber hier ist es sehr fraglich, ob bei ihrer Anwendung Ravel nicht deren Parodierung im Sinne hatte.

Geschichte: Ravel komponierte den 56 Minuten dauernden Einakter von Mai bis September 1907. Die Opéra Comique in Paris nahm das Werk an, zögerte aber die Premiere immer wieder hinaus. Das kränkte Ravel tief, vor allem, weil er sehnlichst gewünscht hatte, daß sein schwerkranker Vater den Tag der Uraufführung noch hätte erleben können. Als das liebenswerte Werk endlich am 19. Mai 1911 aus der Taufe gehoben wurde, war Ravels Vater schon tot.
Bei deutschsprachigen Aufführungen bietet die Titelfrage ein gewisses Problem: »Spanische Stunde«? Oder: »Eine Stunde Spanien«? Sinngemäß wäre »Spanische Komödie«, aber da fehlte das Wort »Stunde«, das mit dem von Uhren handelnden Inhalt in enger Verbindung steht.

Das Kind und der Zauberspuk

Zu dieser entzückenden Märchenoper schrieb die berühmte Colette (Sidonie Gabrielle Gauthier-Villars) den Text. Ihr Originaltitel lautet: »L'enfant et les sortilèges«. Ursprünglich war an ein Ballett gedacht, aber Ravel zog es vor, eine einaktige Oper daraus zu machen. Ihr Inhalt ist einfach und lehrreich.

Das ungezogene Kind wird von allen Dingen und Tieren, die es mißhandelt hat, zur Rechenschaft gezogen. Zuerst zwei Stühle, die ein Duett singen; dann die Uhr, die wirklich zu »schlagen« beginnt, dann die Teetassen, das Feuer. Alle Dinge im Raum werden lebendig, Schäfer und Schäferinnen singen ein trauriges Lied, eine Märchenprinzessin kommt aus einem Buch hervor. Dann naht ein komischer alter Mann an der Spitze einer feindlichen Gruppe. Das Kind entflieht in den Garten, aber dort bestrafen es die Tiere für mancherlei, was es ihnen angetan hat: die Katze, die Fledermaus, die Libelle. Das böse Kind begreift den Schmerz, den es zugefügt hat. Und da lassen alle ab von ihm und rufen gemeinsam nach der Mutter, die nun ein braves Kind in ihre Arme schließt. Ob man diese kleine Komödie als Traum oder als Märchenspiel auffaßt und inszeniert, ist gleichgültig, sie tut in beiden Fällen ihre Wirkung. Die Musik malt alles: das Miauen, das Quaken, das Summen, das Brummen, den erwachenden Hausrat, den Zauberspuk, das verängstigte Kind – seine Reue und Umkehr. Ein kleines Meisterwerk.
(Uraufführung: Monte Carlo, am 21. März 1925).

Aribert Reimann
1936

Als in den sechziger Jahren die Opernproduktion auf einem gefährlichen Tiefpunkt angelangt war und man die neuen Werke, die es zu wirklicher Beachtung, zu anteilnehmender Resonanz im Publikum bringen konnten, an den Fingern der Hände, ja einer Hand abzählen konnte, erschien mit Aribert Reimann ein starkes Talent. Der am 4. März 1936 in Berlin Geborene studierte bei Blacher und machte sich zuerst als feinsinniger Liedbegleiter großer Sänger einen Namen. Jung schon zog ihn das Musiktheater in seinen Bann: die Sujets für zwei Ballette (»Stoffreste«, »Die Vogelscheuchen«) fand er bei Günther Grass, das Libretto seiner ersten Oper (»Ein Traumspiel«, uraufgeführt in Kiel am 20. Juni 1965) schuf ihm Peter Weiss, der erfolgreiche Dramatiker, frei nach dem gleichnamigen Theaterstück von August Strindberg. Am 29. April 1971 erfolgte im Rahmen der Schwetzinger Festspiele die Premiere seiner »Melusine«, und unter allen Anzeichen einer Sensation brachte das Nationaltheater München am 9. Juli 1978 seinen »Lear«. (Siehe auch S. 681)

Melusine

Yvan Goll (1891–1950) war eine der faszinierendsten literarischen und künstlerischen Gestalten unseres Jahrhunderts; er stammte aus Saint-Dié in Elsaß-Lothringen und starb in Paris, wo er sich als Dichter und Dramatiker (in deutscher, französischer und englischer Sprache) einen Namen gemacht hatte. Zu seinen wichtigsten Werken gehört die in den Zwanzigerjahren geschriebene, 1930 uraufgeführte »Melusine«, eine moderne Version des alten romantischen Themas der Undinen, Nixen und anderer Gestalten aus dem »Zwischenreich«, wie sie viele Dichter und Komponisten (E. T. A. Hoffmann, Lortzing, Dvořak) besungen haben. Claus H. Henneberg, Theatermann und Poet von ausgeprägtem Feingefühl, bearbeitete den Gollschen Stoff als Opernlibretto für Reimann, wozu des Dichters achtzigjährige Witwe in bewegten Worten ihre Zustimmung gab. Melusine ist die Gattin des nüchternen Geschäftsmannes Oleander, aber sie führt ihr verträumtes, jungfräuliches Mädchenleben weiter. Ihre Tage und manche Nächte verbringt sie im weiten Park, der voll Zauber ist. Doch eines Tages wird dessen größter Teil, der zum Nachbargrundstück gehört, verkauft. Im Auftrag des neuen Besitzers, des Grafen Lusignan, erscheint ein Geometer, der das Grundstück vermißt. Melusine nähert sich ihm, verspricht ihm zu gehören, wenn er den Park unberührt ließe. In größter Verwirrung stürzt der Geometer von einer Mauer und stirbt. Melusine holt, da sie für ihr Paradies fürchtet, Rat bei der Geisterfürstin Pythia; diese verleiht ihr das Undinenzeichen, einen Fischschwanz, »der feit und heiligt, unwiderstehliche Anziehungskraft auf die Männer verleiht und zugleich Reinheit inmitten aller Ausschweifungen«. Sie warnt Melusine vor der Liebe, denn nur diese kann den Plan durchkreuzen. Ein Maurer, der ein neues Bauwerk errichten soll, wird von Melusine liebestoll und schließlich wahnsinnig gemacht. Immer wieder weiß die nun dem Geisterreich verbundene Melusine die Zerstörung des Parks, den Bau des dort geplanten Schlosses zu verhindern oder doch zu verzögern. Die Arbeiter treten in den Streik, vergebens kämpft der Architekt gegen die teils sichtbaren, teils ungreifbaren Widerstände. Eines Tages hört er vom kleinen See her Hilferufe; er findet Melusine am scheinbaren Ertrinken, rettet sie und verliebt sich in sie. Endlich kann das Schloß doch eingeweiht werden. Pythia und ihr Helfer Oger erscheinen zum Fest. Oger läßt sich vom Grafen als Diener anwerben, um in Melusines Nähe bleiben zu können. Nun sehen einander Melusine und der Graf zum ersten Mal, und zwischen beiden entbrennt, einer Naturgewalt gleich, die Liebe. Schrankenlos drängt es sie zueinander, gehören sie einander an. Pythia zündet aus Rache den Park an, die Flammen ergreifen das Schloß. Der Nachbar Oleander sieht die Flammen, glaubt zuerst an ein Feuerwerk des Grafen. Dann wird klar, daß zwei Menschen im Feuer umgekommen sind. Oleander erkennt seine eigene Gattin. Sie muß in die Flammen gelaufen sein, und mit ihr der Graf, – um sie zu retten?

Um mit ihr zu sterben? Niemand wird dieses Geheimnis lüften können.

Reimanns Musik zu diesem romantischen Stoff in modernem Gewande betont beides: sie ist von absoluter Modernität in der Faktur, kennt alle Techniken der Zeit, aber ihr Grundgefühl ist romantisch. Eine Liebesszene wie die zwischen Melusine und dem Grafen ist in ihrer atmosphärischen Dichte, in ihrer klanglichen Schönheit bewundernswert und eine Seltenheit im Musiktheater der Zeit. Das Orchester umfaßt nur 33 Spieler, kann kammermusikalisch eingesetzt werden, aber auch zauberhafte Schattierungen durch sogenannte »Klangflächen« hervorbringen: lange liegende Klänge, in denen sich nur die Dynamik verschiebt, so daß abwechselnd andere Töne in den Vordergrund treten: gleich einem See mit ruhiger Oberfläche, unter der vielerlei Strömungen ununterbrochen Veränderungen hervorrufen. An einigen Stellen des Werkes glaubten vereinzelte Beurteiler, eine gewisse Ironie, ja vielleicht Satire oder gar Parodie herauslesen zu können: ein romantisches Zauberwesen, wie Melusine, stößt mit der Umwelt des 20. Jahrhunderts zusammen, stemmt sich der Naturverwüstung entgegen und geht unter. Mag sein, daß auch ein solcher Gedanke in dem mehrschichtigen Werk nicht ganz unangebracht sein könnte. Aber bei den stärksten Stellen, vor allem dem erwähnten Liebesduett, sind die Gefühle echt und zeitlos. Die Ansiedlung des Stückes in »Frankreich vor dem 1. Weltkrieg« verliert ihre einschränkende Bedeutung und ist wohl nur auf das Gollsche Original zurückzuführen. Reimann und Henneberg schufen die Oper im Auftrag des Süddeutschen Rundfunks, der sie im Schloßtheater Schwetzingen am 29. April 1971 herausbrachte; dem Werk war eine schnelle Verbreitung beschieden, zahlreiche Bühnen nahmen es innerhalb kurzer Frist und mit starker Publikumswirkung in ihrem Repertoire auf.

Lear

Claus H. Henneberg hat in jahrelanger Arbeit Shakespeares düsteres Drama zu einem Opernlibretto für Reimann umgearbeitet; ein äußerst schwieriges, aber fesselndes Unternehmen, zu dessen musikalischer Bewältigung der Komponist zu noch wesentlich komplexeren Techniken vorstoßen mußte als dies bei »Melusine« der Fall gewesen war. Die in zahlreiche kleine Szenen aufgesplitterte Handlung ist hier nicht – wie etwa bei Boitos Bearbeitung des »Othello« für Verdi – gerafft und auf Grundlinien konzentriert, sondern bietet dem Musiker Gelegenheit zu immer wieder neuen Kombinationen seiner »Grundelemente«, der »Reihen«, die er jeder der (vielen) Personen zuweist. Wie stets in der Reihentechnik (zu der auch der »Zwölfton« gehört, der ein halbes Jahrhundert früher den Ausgangspunkt bildete) besteht die Gefahr einer Musik, die sich auf dem Papier bestechend ausnimmt, dem Hörer aber nicht klar werden kann. Reimann ist aber doch genug Musiker, um dieser Gefahr, so weit als nur möglich, zu entgehen und auf weite Strecken ein echtes dramatisches Klima hervorzurufen, das der illustren Vorlage gerecht wird. Zum Text wäre zu sagen, daß Henneberg sich nicht der zumeist gespielten Schlegel-Tieck-Übersetzung bedient, sondern die ältere (1777) von Johann Joachim Eschenburg heranzieht, die ihm zur Vertonung geeigneter erscheint. An einigen Stellen folgt das Werk dem in jüngerer Opernzeit mehrmals – etwa bei Zimmermanns »Soldaten« – angewendeten Gedanken gleichzeitig abrollender, also »simultaner« oder »synchroner« Szenen. Zur Entstehung des Werkes hat Reimann (bei dessen Einspielung auf Platten) eine Chronologie gegeben: 1968, erster Gedanke an »Lear«, angeregt durch den berühmten Sänger (und hernach erstem Lear-Darsteller) Dietrich Fischer-Dieskau; ab 1972 intensivere Beschäftigung mit dem Stoff, Komposition verschiedener anderer Werke, die zwar Eigenleben bekommen, aber doch »Wege zu Lear« darstellen; 1975 Auftragserteilung durch die Bayerische Staatsoper, Skizzen, Komposition, die am 23. Januar 1978 beendet ist. Die Uraufführung gestaltete sich am 9. Juli 1978 im Nationaltheater München zu einem echten Ereignis, wie es in der zeitgenössischen Oper nicht allzu oft zu verzeichnen ist. Eine musikalische Analyse des Werks würde den Rahmen unseres Buches sprengen; Reimann hat auch hierzu Angaben gemacht, die aber wohl nur Fachleuten verständlich sein können. Dem Publikum wird das tragisch-grausame Geschehen in höchst eindrucksvoller klanglicher Kulisse geboten und dadurch in seiner Wirkung – manchmal bis zur äußersten Grenze der Erträglichkeit – gesteigert, so etwa bei der Blendung Glosters oder in der gewaltigen Sturmszene (»Viertel-, Halb-, Dreiviertel-, Ganz- und

Eineinvierteltöne schichten sich übereinander«). Reimanns Erklärung: »Bei Lears Ausbruch ›Laßt mich vor euch nicht weinen‹ baut sich eine zwei mal 24tönige Reihe über sieben Oktaven aus« macht klar, daß hier das traditionelle Tonsystem aufgesplittert und in Vierteltönen organisiert ist. Das ergibt, nach ersten Augenblicken der »Fremdheit« einen Höreindruck, der der psychologischen Vertiefung von Handlung und Gestalten ungeahnte Möglichkeiten öffnet. Daß gänzlich unvorbereitete, in derartige Musik nicht »eingehörte« Hörer Schwierigkeiten haben müssen, ist klar, der Gedanke an ein »Hörvergnügen« ist von vorneherein ausgeschaltet; aber wer wollte dies bei einer »Lear«-Vertonung rügen, da schon der Stoff und sein Umkreis einen »kulinarischen« Genuß von vorneherein ausschließen.

Handlung: Der alternde König Lear verteilt sein Reich unter seine Töchter, verstößt aber die jüngste, Cordelia, die einzige, die ihn wirklich liebt, dies jedoch am wenigsten zu zeigen fähig ist. So teilen sich Goneril und Regan in die Herrschaft. Genauso unverständig verfährt der Graf von Gloster, der seinen edlen Sohn Edgar zugunsten des schurkischen Stiefsohns Edmund enterbt. Goneril und Regan vertreiben ihren Vater aus seinem Palast, er irrt in geistiger Verwirrung über die Heide und wird schließlich vom Grafen von Kent, der mit Cordelia in die Verbannung ging und inkognito zurückgekehrt ist, sowie von einem »Narren« in eine Hütte gerettet, wo sie Edgar treffen. Durch Gloster wird Lear dann nach Dover gebracht, wo das französische Heer sich anschickt, die Truppen Gonerils und Regans zu bekämpfen. Regan läßt Gloster blenden, und Edmund läßt es ungerührt geschehen. Regan und Goneril schmieden dunkle Pläne, um sich die Alleinherrschaft zu sichern. Edgar führt seinen blinden Vater, ohne von ihm erkannt zu werden, an die steile Küste bei Dover; doch Glosters Sprung in die vermeintliche Tiefe bringt ihm den ersehnten Tod nicht. Lear und Gloster begegnen einander, dann wird Lear zu seiner Tochter Cordelia geführt, die sich nach ihm sehnt und im Lager der französischen Truppen ist. Diese werden in der Schlacht besiegt, Edmund läßt Lear einkerkern und Cordelia ermorden. In den Machtkämpfen, die nun mit aller Heftigkeit ausbrechen, stirbt Regan durch das Gift Gonerils, aber als Edgar im Zweikampf seinen Halbbruder Edmund, der ihn um alles gebracht hat, ersticht, muß auch Goneril ihr tückisches Spiel aufgeben und ersticht sich. Lear stirbt an der Leiche Cordelias, deren wahren Wert er zu spät erkannt hat.

Ottorino Respighi
1879–1936

Respighi, der feinsinnige italienische Impressionist, der in den Konzertsälen der Welt mit den Schilderungen der Ewigen Stadt (»Die Brunnen von Rom«, »Die Pinien von Rom«) fortlebt, ist ein bedeutender Opernkomponist gewesen. Er stammte aus alter Musikerfamilie, wurde in Bologna am 9. Juli 1879 geboren, studierte in Berlin bei Max Bruch und in St. Petersburg bei Rimsky-Korssakoff. Er wurde Kompositionslehrer an der Santa-Cecilia-Akademie in Rom und zehn Jahre später (1923) ihr Direktor. Doch schon 1925 zog er sich zurück, um nur dem eigenen Schaffen zu leben und auf großen Reisen – darunter Nord- und Südamerika – seine Werke bekannt zu machen. Er hatte seinen ersten Opernerfolg mit »Re Enzo« (Bologna, 1905), komponierte dann mehrere, heute vergessene Bühnenstücke (»Semiramis«, »Maria Vittoria«, ein Marionettenspiel über das Dornröschenthema, ein Ballett). Im Jahre 1923 brachte ihm »Belfagor« einen vielbeachteten Erfolg, auf den 1927 die in Hamburg uraufgeführte »Versunkene Glocke« (»La campana sommersa«), nach dem tiefpoetischen Theaterstück Gerhard Hauptmanns, folgte. Nach dem Ballett »Belkis« und dem einaktigen Mysterium »Maria Aigiptiaca« erregte dann 1934 seine »Flamme« (»La fiamma«) Aufsehen. Als Respighi am 18. April 1936 in Rom starb, hinterließ er die Oper »Lucrezia«, zu einem Textbuch von Claudio Guastalla. Auf italienischen Bühnen kehrt sowohl dieses posthume Werk als auch »La fiamma« des öfteren wieder, seltener das schöne Märchenspiel von der »versunkenen Glocke«. Auf deutschsprachigen und internationalen Bühnen konnte keines seiner Werke heimisch werden.

Hermann Reutter
1900–1984

Mit einer stattlichen Reihe von Opernwerken ist der am 17. Juni 1900 in Stuttgart geborene Hermann Reutter hervorgetreten. Er sucht das Heil der Oper in klaren Gesangslinien, in der Vereinfachung der Mittel, in volkstümlicher Dramatik voll Liedern, Tänzen und Balladen. Aber er schreibt auch »episches Theater«, Oratorien-Opern unter starker Verwendung ausdrucksvoller Chöre. Stets vertont er dichterisch bedeutende Vorlagen. Er begann mit den einaktigen Opern »Saul« (nach Alexander von Lernet-Holenia) und »Die Rückkehr des verlorenen Sohnes« (nach André Gide in der deutschen Nachdichtung von Rainer Maria Rilke). Dann erzielte er mit »Dr. Johannes Faust« seinen ersten weithin beachteten Erfolg. Wenn er ihn auch mit den folgenden Werken nicht in gleichem Maße wiederholen konnte, so stellt sein Schaffen doch einen wesentlichen Beitrag zum Musiktheater des 20. Jahrhunderts dar.

»Dr. Johannes Faust« folgt nicht der vor allem von Gounod und Boito vertonten Goetheschen Fassung des Stoffes, sondern geht auf das viel ältere Puppenspiel zurück. Ludwig Andersen (Pseudonym für Dr. Ludwig Strecker) hat einen schönen Operntext daraus gemacht, in dem nicht von Philosophie die Rede ist, sondern eine Fülle handgreiflicher Ereignisse geschildert werden. Das Geschehen verteilt sich auf fünf Bilder. Er beginnt damit, daß sich Faust, der Gelehrsamkeit überdrüssig, zur Magie hinneigt, worin er noch durch drei geheimnisvolle »Krakauer Studenten« bestärkt wird, die ihm ein Zauberbuch übergeben und wieder verschwinden. Der Geist, der Faust zu fesseln versteht, ist Mephisto, mit dem er einen Pakt auf 24 Jahre eingeht, mit der Verpflichtung, sich nicht zu verheiraten. Darauf sagt der Geist dem Gelehrten seine uneingeschränkten Dienste zu; zunächst verspricht er ihm die schönsten Frauen der Welt. Ein Diener wird aufgenommen, der drollige Hans Wurst, der die Zauberei bald selbst erlernt und seinem Herrn, auf dem Rücken eines Fabeltieres fliegend, nach Parma folgt. Dort feiert der Herzog Hochzeit mit der wunderschönen Bianca. Faust wird als berühmter Magier eingeführt. Er zeigt der Hochzeitsgesellschaft auf der Herzogin Wunsch »das schönste Menschenpaar«: Menelaos und Helena. Während alle Gäste gebannt dem Schauspiel folgen, entführt Faust, von Mephisto durch allerlei Zauberspuk gedeckt, die Herzogin. Doch Faust wird an der Seite der blendenden Kurtisane nicht glücklich, er sehnt sich nach der echten Liebe eines einfachen Mädchens. In Mainz, wo Hans Wurst ihn verläßt, um an der Seite eines treuen Weibes Nachtwächter zu werden, glaubt er sein Ideal gefunden zu haben, aber Mephisto zerreißt das eben geknüpfte zarte Band, er darf diesen Bund, der Faust aus dem Höllenkreis befreien könnte, nicht zulassen. Aus dem wüsten Bacchanal, das Mephisto veranstaltet und das dem unschuldvollen Mädchen den Tod bringt, sucht Faust verzweifelt zu entkommen. Er eilt auf den Kirchhof, um das Grab seiner Mutter zu suchen. Spielende Kinder fliehen entsetzt vor ihm. Ein alter Mann tritt auf ihn zu und wird, als er ihn zu ermahnen sucht, von Faust getötet. Wollüstige Bilder verfolgen ihn überall; Mephisto versucht nun, da das Ende des Paktes nahe ist, ihn in seinem Machtbereich zu halten. Faust geht durch die nächtlichen Straßen von Mainz. Er sieht seinen einstigen Famulus Wagner, der nun Rektor geworden ist und von Studenten lärmend heimbegleitet wird. Der Nachtwächter taucht auf und will die Ruhestörer zur Ordnung rufen. Es ist Hans Wurst, der nun von Faust die ausstehende Bezahlung fordert. Die drei Studenten aus Krakau erscheinen und verlangen das Zauberbuch zurück. Geisterstimmen werden vernehmbar, wie in jener schon fernen Stunde in Fausts Studierstube, bevor er den verhängnisvollen Pakt mit Blut unterzeichnete. Es schlägt zwölf, und die Pforten der Hölle öffnen sich unter Sturm und Gewitter. Faust versinkt im Abgrund. Als das Unwetter sich gelegt hat, laufen die Bürger zusammen und besprechen des Zauberers schreckliches Ende. Hans Wurst meint treuherzig: »Hätt' Faust wie ich beizeit ein Weib genommen, wär' sicherlich auch alles anders gekommen.« (Uraufführung: Frankfurt am Main, 26. Mai 1936; in einer Neufassung, Stuttgart, am 8. Juni 1955.)

»Odysseus« gehört in die Gruppe der Oratorien-Opern (wenn wir sie so nennen wollen), in denen die Handlung zwar bildhaft dargestellt wird, aber vor allem von einem beobachtenden Chor geschildert und kommentiert wird, und in denen mit Vorliebe »klassische« Themen in neuer Sicht behandelt werden. (Strawinskys »Oedipus Rex«, Honeggers »Antigone«, Manuel de Fallas »Atlantida«, Milhauds »Christophe Colomb« sind einige markante Beispiele dafür.) Für den »Odysseus« Reutters schrieb Rudolf Bach den Text, der der »Odyssee« Homers folgte und aus einigen ihrer wichtigsten Szenen lyrisch-episch-dramatische Bilder formte. Der Held befindet sich auf der sagenhaften Heimreise aus Troja; er hält sich bei der Zauberin Circe auf, erleidet Schiffbruch bei der Insel der Nymphe Kalypso, findet schließlich den Weg nach Ithaka, wo er seine treu harrende Gattin Penelope nach so vielen Jahren der Trennung in die Arme schließen kann. Das außerordentlich beachtenswerte Werk weist im Dichterischen wie im Musikalischen große Schönheiten auf. (Uraufführung: Frankfurt am Main, 7. Oktober 1942.)

»Don Juan und Faust« ist der faszinierende, wenn auch vielleicht nicht restlos gelungene Versuch, nicht nur einen seltsamen Text Grabbes durch musikalische Erhöhung leuchtkräftiger (und vielleicht zugänglicher) zu machen, sondern auch zwei der fesselndsten Operngestalten gleichzeitig auf die Bühne zu bringen. Die beiden problematischsten Figuren der Weltliteratur stehen einander gegenüber, der »im Genuß nach Begierde schmachtende« Don Juan und der grüblerische, den Geheimnissen der Welt nachspürende Faust, dessen Sehnsucht es ist, einmal zum Augenblicke sagen zu können: »Verweile doch, du bist so schön!« Ludwig Andersen hat aus Christian Dietrich Grabbes Drama ein siebenszeniges Libretto geschaffen. In diesem ringt Reutter bewußt um die Form zeitgenössischen Musiktheaters (und nähert sich gelegentlich Orff ein wenig). Gesprochenes Wort, ariose Melodien, Pantomime, Tanz, alles – außer Chor – wird eingebaut und sehr bewußt miteinander verwoben. (Uraufführung: Stuttgart, 11. Juni 1950.)

»Die Witwe von Ephesus« ist eine Oper in einem Akt. Das Libretto stammt abermals von Ludwig Andersen, der eine Erzählung des römischen Schriftstellers Petronius verwendet. Die schöne Gattin des eben verstorbenen Hippolyt hat sich, zum Zeichen ewiger Treue, in das Grabmal einschließen lassen, wo sie den Tod erwarten will. Eine junge Sklavin begleitet sie. Freunde, ja der Bürgermeister von Ephesus selbst, kommen, um sie von ihrem Vorhaben abzubringen, aber sie bleibt standhaft. In der Nähe ist ein Galgen aufgerichtet; ein junger Soldat muß dort die Leiche eines Hingerichteten bewachen, damit dessen Familie sie nicht beerdigen kann. Der Soldat nähert sich aus Neugier der Gruft und dringt durch einen kleinen Seiteneingang in ihr Inneres. Die Sklavin reizt ihn nicht sonderlich, aber der trauernden Witwe bezeugt er seine Bewunderung. Er erbietet sich, den Frauen Wein zu holen. Inzwischen erfährt die Witwe von ihrer Sklavin, daß der verstorbene Hippolyt ihr nicht treu war. Nun sieht sie den zurückkehrenden Soldaten mit anderen Augen an. Er weiß ihre Liebe zu erwecken und damit ihren Lebenswillen neu zu entfachen. Dieses menschliche Drama schließt mit einem Satyrspiel nach alter Manier. Die Leiche des Hingerichteten ist geraubt worden, während der Soldat bei der Witwe weilt. Nun erwartet ihn die Todesstrafe. Doch die Witwe rettet ihn, indem sie den Leichnam ihres Gatten an die Stelle des Gehenkten bringen läßt. Während die Bevölkerung in tiefer Bewegung Blüten über die Gruft streut, um die über den Tod hinaus während Treue zu feiern, begehen dort die »Witwe von Ephesus« und der Soldat ihr Liebesfest. (Uraufführung: Köln, 9. Juni 1954.)

»Die Brücke von San Luis Rey« vertont einen der interessantesten Romane unserer Zeit, Thornton Wilders gleichnamige Erzählung von den fünf Personen, die beim Einsturz einer Hängebrücke im alten, kolonialen Peru ums Leben kamen. Der Sinn des Werkes liegt darin, zu zeigen, daß alle fünf Personen im Augenblick des Unfalls innerlich an einem Endpunkt ihres Lebens angekommen waren, daß also ihr Tod keineswegs »Zufall«, sondern eine tiefe, den Menschen kaum je erkenntliche Bestimmung gewesen ist. Reutter schrieb diese »Szenen« (wie das Werk untertitelt ist) als Radiooper im Auftrag des Hessischen Rundfunks Frankfurt am Main, der sie am 20. Juni 1954 erstmalig ausstrahlte. Noch im gleichen Jahr fand in Essen die erste bühnenmäßige Aufführung statt. Reutter nähert sich in diesem Werk bewußt dem »epischen« Musiktheater Strawinskys, Honeggers, zum Teil Orffs; ein beobachtender, kommentierender, aber nicht agierender Chor umgibt die Bühne, deren Dramatik viel eher innerlich als in Bewegung darstellbar ist.

Emil Nikolaus von Reznicek
1860–1945

Ein feines, eher liebenswürdiges als dramatisches Talent war dieser österreichische Komponist, der in Wien am 4. Mai 1860 geboren wurde und sich nach einer guten Kapellmeisterlaufbahn (Zürich, Graz, Weimar, Prag, Mannheim, Jena, Bochum) in Berlin als Lehrer und Komponist niederließ und ausgezeichnete, inspirierte, hervorragend gekonnte Musik schrieb – unter der es einiges zu »entdekken« gäbe! In Berlin hatte er mehrere Opernerfolge, und dort starb er auch am 5. August 1945. Von seinen zahlreichen Opern (»Die Jungfrau von Orléans«, 1887, »Satanella«, 1888, »Emmerich Fortunat«, 1889, »Donna Diana«, 1894, »Till Eulenspiegel«, 1901, »Eros und Psyche«, 1917, »Ritter Blaubart«, 1920, »Holofernes«, 1923, »Satuala«, 1927) war vor allem »Donna Diana« ein starker, langanhaltender Erfolg beschieden. Das vom Komponisten selbst verfaßte Textbuch ist kaum mehr als eine nette Gelegenheit zum Musizieren. Die stolze Donna (der Autor zitiert sie stets in der italienischen Form »Donna«, obwohl das Stück in Spanien spielt, was dem Komponisten Gelegenheit zu folkloristischer Tonmalerei und geschickt angewendeten spanischen Rhythmen gibt) wird durch die gut gespielte Kühle des Stierkämpfers Don Cesar schließlich zum Geständnis ihrer Liebe gebracht – das ist alles. Die Musik ist Richard-Straussisch, aber ... vor Richard Strauss! Das Orchester schwelgt in Melodien und glänzt in Tanzweisen, die Ouvertüre ist ein oft gespieltes Konzertstück von bezwingender Grazie, die noch nicht verblaßt ist, wie das meiste andere der deutschen Oper um die Jahrhundertwende. Musikalisch noch reifer sind einige Szenen des dreiaktigen Märchenstücks »Ritter Blaubart«, zu dem Herbert Eulenberg den Text schrieb; doch hat sich dieses Werk nicht auf den Bühnen halten können. »Donna Diana« wurde 1894 in Prag uraufgeführt (eine zweite Fassung 1933 in Wuppertal), »Ritter Blaubart« 1920 in Darmstadt.

Wolfgang Rihm
1952

Sehr selten ist das Auftauchen eines neuen Komponisten des Musiktheaters so einstimmig und geradezu enthusiastisch begrüßt worden, wie das des damals gerade 25jährigen Karlsruhers Wolfgang Rihm. Drei Jahre vorher hatte er bereits sein Orchesterstück »Morphonie« bei den Donaueschinger Musiktagen herausgebracht, der Südwestfunk und die Berliner Philharmonie hatten es nachgespielt; von überall her trafen Aufträge ein, so bestellte das Badische Staatstheater eine Oper. Rihm entschloß sich zu einer Kammeroper und es entstand die am 29. April 1977 in Karlsruhe uraufgeführte Kammeroper No. 1 »Faust und Yorick«. Rihm wählte als Stoff einen Sketch des französischen Dichters Jean Tardieu, in dem ein Gelehrter sein Leben hinter Büchern und Forschungen verbringt ohne zu leben, ohne von seiner jungen Frau, von seinem ersten Kind, dessen Aufwachsen oder irgendeinem anderen Ereignis Kenntnis zu nehmen (wovon die Parallele zu Faust abgeleitet ist, dem allerdings noch eine rechtzeitige Umkehr gelingt, wenn auch durch einen Teufelspakt). Sein Streben geht einzig und allein auf die Entdeckung einer »höheren« Schädelform, in der eines Tages das gesamte Wissen der Menschheit gespeichert sein könnte. (Aus diesem Schädel-Trauma wird die Parallele zu Yorick hergeleitet, dem Hofnarren, über dessen Totenschädel Shakespeare bekanntlich Hamlet nachsinnen läßt, der aber in Rihms Oper nicht vorkommt). Das Libretto wurde nach Tardieu von Manfred Fusten geschrieben und von Frithjof Haas eingerichtet.
Noch stärker schlug am 8. März 1979 in der Hamburgischen Staatsoper die Kammeroper No. 2 »Jakob Lenz« ein. Es ist die Geschichte eines Genies – Lenz (über den Näheres bei Bernd Alois Zimmermann und seiner Oper »Soldaten« nachzulesen steht) – geschrieben von einem anderen Genie: Georg Büchner, dessen einzige (übrigens unvollendete) Prosaarbeit es war. Der jung ver-

storbene Büchner war in Straßburg durch die Tagebücher des verstorbenen Pfarrers Oberlin auf Lenz aufmerksam geworden, »einen Freund Goethes, einen unglücklichen Poeten namens Lenz, der halb verrückt wurde«, wie er seinen Eltern mitteilte. Freund Goethes: das stimmt, bis der »Olympier« sich später von ihm abwendete, da er ihn zu krankhaft fand. Auch »unglücklicher Poet« stimmt wahrhaftig, wie wir heute aus diesem romanhaften Leben leicht erkennen können. Die Frage bleibt nur, ob die Bezeichnung »halb verrückt« seinen Geisteszustand nicht gar zu optimistisch beurteilt. Aus Büchners Text schufen Michael Fröhling und Siegfried Schoenbohm das Libretto für Rihm, in dem – wie Fröhling betont – »nicht dramatische Ereignisse dargestellt werden, sondern das Innere von Lenz während äußerer dramatischer Ereignisse«. Es ist ein Dreipersonenstück geworden, ein Dreimännerstück (Bariton, Baß, Tenor), zu denen einige nicht definierte, aber sehr gezielt eingesetzte »Stimmen« treten: begleitet werden alle von nur elf Musikern: 2 Oboen (auch Englisch-Horn), 1 Klarinette (auch Baßklarinette), 1 Fagott (auch Kontrafagott), 1 Trompete, 1 Posaune, 1 Schlagzeuger mit großer und kleiner Trommel, Tamtam, Bongo, Woodblock (Holz), einem grell klingenden Amboß, 1 Röhrenglocke, einem (zeitweise elektronisch verstärkten) Cembalo und 3 Violoncelli. Also einem Ensemble, in dem helle Klangfarben zugunsten der dunklen deutlich zurücktreten. Das entspricht der »Handlung«, wenn man den Inhalt dieser Oper so bezeichnen kann. Man erlebt den Verfall eines Menschen, grausam, tragisch, unentrinnbar, das Scheitern eines Künstlers an einer harten Umwelt, aber auch die Auflösung seiner Psyche, den Absturz ins Nichts; es gehören sehr starke Nerven dazu, um dieses Drama anhören zu können. Rihm ist noch dazu kein »leiser« Komponist, die Höhepunkte seiner Kammeropern sind gar nicht »kammermusikalisch« fein, sondern von gewaltiger Lautstärke getragene Gefühlsausbrüche. Mitunter kann er aber ganz verinnerlicht, zart und lyrisch, ja fast kantabel werden... wobei aus modernsten Zusammenklängen plötzlich tonale Konsonanzen werden können. Rihm hat sich, ohne sich irgendwo einordnen zu lassen, als Anhänger einer »neuen Einfachheit« bezeichnet. Nachdem seine »Hamletmaschine« diesem Prinzip nicht unbedingt entspricht und kaum zu größerer Bekanntheit vordringen dürfte, könnte er mit »Ödipus« (Berlin 1987) einen wichtigen Schritt zur Fertigung seiner führenden Stellung im deutschen Musiktheater getan haben.

Nikolai Rimsky-Korssakoff
1844–1908

Der jüngste der »Gruppe der Fünf« und der einzige dieses »Mächtigen Häufleins« (wie sie sich ironisch ihrer völligen Ohnmacht wegen selbst nannten), der es bei Lebzeiten zu Weltruhm brachte, Nikolai Rimsky-Korssakoff (oder Korsakoff, Korsakow, Korssakow), wurde am 18. März 1844 in Tichwin (oder Tikhwin) im Gouvernement Nowgorod geboren. Man unterwies das frühreife Kind in Musik, aber im damaligen Rußland bot die Tonkunst als Beruf noch sehr geringe Aussichten. So muß auch Rimsky-Korsakoff, wie seine Kameraden, zu den »Sonntagsmusikern« gezählt werden. Er arbeitete eisern am technischen Rüstzeug, das er bald vorbildlich beherrschte. Sein Beruf als Marineoffizier führte ihn auf weite Reisen rund um die Welt. Als er mit der Ernennung zum Inspektor der Marinekapellen seßhafter wurde, intensivierte er die Komposition wesentlich, wurde zum Mitglied der »Jungrussischen Schule«, zum ersten Russen, von dem eine Sinfonie aufgeführt wurde und zum unermüdlichen Helfer seiner Kameraden, besonders Mussorgskis, mit dem er längere Zeit hindurch die bescheidene Behausung teilte. Auf dem Gebiet der Oper wurde er zum fruchtbarsten und neben Tschaikowsky meistgespielten Autor seines Vaterlandes (bevor der von ihm revidierte und aufführungsreif gemachte »Boris Godunow« seines Freundes Mussorgski entscheidend in den Vordergrund trat.) Seine technische Meisterschaft kam hier voll zur Geltung, seine inspirierten Melodien wurden in Rußland populär, sein Hang zur musikalischen »Exotik« (der auf vielen Weltreisen starke Nahrung erhalten hatte) traf sich mit der damals aufkommenden Vorliebe des Publikums für ferne und fremde Stoffe, seine Vielseitigkeit, die Poetisch-Zartes mit berauschend Phantastischem verband, fesselt den Hörer, auch wenn sein Stil weniger leidenschaftlich als der Mussorgskis, weniger lyrisch schwungvoll als der Tschaikowskys genannt werden muß. Auch als Lehrer machte er sich einen Namen, und zu seinen Schülern gehörte Strawinsky. Rimsky-Korssakoff starb am 21. Juni 1908 in Ljubensk bei Petersburg. Fünfzehn Bühnenwerke gehören in den Rahmen unseres Buches »Das Mädchen von Pskow«, »Mainacht«, »Schneeflöckchen«, »Mlada«, »Weihnacht«, »Sadko«, »Mozart und Salieri«, »Wera Scheloga«, »Die Bojarin«, »Die Zarenbraut«, »Das Märchen vom Zaren Saltan«, »Servilia«, »Der unsterbliche Kaschtschei«, »Der Woiwode«, »Die Legende von der unsichtbaren Stadt Kitesch« und »Das Mädchen Fevronia«, »Der goldene Hahn«. Einige davon sind auch in den Westen gedrungen und sollen hier besprochen werden.

Sadko

Als eines seiner frühesten Werke schuf Rimsky-Korssakoff im Jahre 1867 ein sinfonisches Gedicht mit Namen »Sadko«; er arbeitete es 1869 und 1891 um, was beweist, daß er sich mit dem Thema lange Zeit hindurch befaßte. Nachdem der Komponist schon in den achtziger Jahren daran gedacht hatte, eine Oper über diesen Stoff zu schreiben, taucht dieser Gedanke dann im Jahre 1894 neuerdings auf. Rimsky-Korssakoff begann intensiv altrussische »Balynas« zu studieren, jene Volksepen, an denen das Land so reich ist. Im Sommer 1895 traf er mit W. J. Bielski zusammen, der ein hervorragender Kenner der russischen Geschichte, aber auch der halbvergessenen Sagen und Legenden war. Gemeinsam mit ihm entwarf Rimsky-Korssakoff das Libretto zu »Sadko«. Es ist, wie fast alle Textbücher, die er vertonte, voll von Ereignissen, voll zauberhafter Dinge, Wesen und Landschaften, als wollten seine weiten Reisen um die Welt, sein Aufenthalt in fremden Ländern in seinen Werken Niederschlag finden. Sadko ist ein altrussischer Troubadour, der, von unbändigem Fernweh besessen, in die Welt zieht, nachdem er auf dem Hafenplatz von Nowgorod nichts als Spott geerntet hat. Der König der Meere selbst und seine schöne Tochter, die Nymphe Wolkowa, legen ihm die Schätze des Ozeans zu Füßen, damit seine Träume Wirklichkeit werden können. Als er mit dem aus dem Meere gezogenen Gold eine Flotte ausrüsten kann, läßt er sich von drei anwesenden Kaufherrn die Schönheit ihrer Länder schildern, um zu wählen: Ein Waräger beschreibt die rauhen nordischen Küsten, das ewig brausende Meer; ein Inder singt die weltberühmt gewordene Melodie, die (unter dem zumeist französisch zitierten Titel »Chanson hindoue«) Reichtum und Pracht seiner Heimat und des tropischen Meeres, das sie bespült, schildert und deren Melodie wir bringen: ①. Zuletzt gewinnt die weiche, einschmeichelnde Barkarole eines Venezianers Sadkos Herz. (Rimsky-Korssakoff ist auf diesem Gebiet ein unbestrittener Meister. Wenige verstanden wie er, alle Weltgegenden in Tönen zu malen und festzuhalten.) Sadko verläßt seine Frau, seine Heimat und segelt in die Welt. Jahre vergehen, reich beladen gleiten seine Segler in der Richtung auf Nowgorod. Da überrascht sie eine Flaute, die Sadkos Schiff nicht vom Ort kommen läßt. Man opfert dem Meeresgott, aber der Wind will sich nicht einstellen. Da entsinnt Sadko sich jener fernen, seltsamen Nacht, in der Wolkowa und er einander Liebe gelobt hatten. Er nimmt sein »Gusli«, seine Leier, die ihn immer begleitet, und steigt in die Fluten. Im herrlichen Palast des Königs der Ozeane wird seine Vermählung mit Wolkowa gefeiert. Sadko spielt zum Tanze auf, der schneller und schneller wird, bis die Erscheinung eines alten Priesters alle einhalten läßt.

Er verkündet das Ende des unterirdischen Reiches und legt Sadko die Heimkehr nahe. Und so finden wir den kühnen Seefahrer zuletzt an der Seite seines Weibes in Nowgorod, reich und geehrt. Wolkowa aber wird in den Nowgorodfluß verwandelt, so daß sie dem Geliebten immer nahe sein und seinen Traum von einer Wasserverbindung seiner Stadt mit dem Meere verwirklichen kann. Die Uraufführung von »Sadko« fand am 26. Dezember 1897 (oder, nach unserer Zeitrechnung: 7. Januar 1898) durch eine private Operngesellschaft in Moskau statt und brachte dem Komponisten – trotz angeblich sehr schwacher Darstellung – einen der größten Triumphe seines Lebens.

Vielleicht ist es von Interesse, hier einige Zeilen des Komponisten zu zitieren, die er »anstatt eines Vorworts« der Partitur von »Sadko« vorausgeschickt hat: »1) Der Inhalt der romantischen Oper ›Sadko‹ ist hauptsächlich aus den verschiedenen Varianten der geschichtlichen Legende von ›Sadko, dem reichen Kaufmann‹ sowie dem Märchen vom Meereskönig und der weisen Wassilissa entnommen, einige Einzelheiten aus dem Gedicht vom ›Taubenbuch‹ und aus der Sage ›Tjerentij, der Kaufmann‹. 2) Der Zeit nach ist die Handlung, die im Heldengedicht gewöhnlich ins 11. und 12. Jahrhundert gelegt wird, in der Oper in eine halb märchenhafte, halb geschichtliche Zeit zurückverlegt, in die Epoche etwa, da sich in Nowgorod das Christentum eben auszubreiten anfing und der alte heidnische Glaube noch in voller Geltung war. 3) Die Einzelheiten des phantastischen Teils der Oper sind in der Hauptsache den Werken von Afanassjeff über die poetische Anschauung der Slawen von der Natur entnommen; so z. B. die Auffassung der Flüsse als Töchter des Meereskönigs ... 4) Daß Waräger, indische und venezianische Kaufleute mit ihren Liedern in dieser sagenhaften Zeit in Nowgorod erscheinen, ist natürlich ein Anachronismus; aber die meisten Heldenlieder sind ja voll solcher Anachronismen ...« Zuletzt stehen die für Rimsky-Korssakoffs Auffassung wichtigen Sätze: »Nach meiner Überzeugung darf ein Operntext nur im Zusammenhang mit der Musik betrachtet und beurteilt werden. Von der Musik losgelöst, ist er nur ein Hilfsmittel zur Orientierung über die Handlung der Oper, aber durchaus kein selbständiges literarisches Werk.« Zur Aussprache der russischen Namen in dieser Oper sei noch hinzugefügt, daß Sadko die Betonung auf dem o trägt, und daß das s scharf, das d hingegen sehr weich klingen sollte. Das in der Oper vorkommende Nationalinstrument, das Gusli genannt wird, kann am besten durch eine kleine Harfe ersetzt werden, oder sogar durch eine jener Leiern, die wir (historisch nicht sehr getreu) den Minnesängern in die Hand zu legen pflegen.

Mozart und Salieri

Lange Zeit ging in der Musikwelt – so seltsam uns das heute klingen mag – die Mär um, Antonio Salieri (1750–1825), der italienische Komponist, der es in Wien zu den höchsten Stellungen und bedeutendem Ruhm brachte, habe Mozart vergiftet. Wir kennen heute die Geschichte jener letzten Jahre im Leben Mozarts genau, wir wissen, welche Intrigen Salieris »italienische Partei« gegen alle Nichtdazu-Gehörigen entfesseln konnte, nehmen auch an, daß beim mäßigen Erfolg von Mozarts »Figaro« (1786) nicht wenige »Kabalen« (wie Vater Mozart sie nennt) im Spiel gewesen sein mögen. Aber vergiftet, körperlich vergiftet hat Salieri Mozart sicher nicht. Trotzdem muß dieses Gerücht bald nach Mozarts frühem Tod aufgetaucht sein, vielleicht auf Grund der Aussage seiner Witwe, die behauptet, Mozart habe auf einem ihrer letzten Spaziergänge im Prater geäußert, er fühle sich, »als sei er vergiftet worden«; 34 Jahre später erhielt dieser Verdacht neue Nahrung dadurch, daß Beethoven berichtet wurde, Salieri habe in seiner Todesstunde »den Mord gestanden«. Wie immer es gewesen sein mag, der große russische Dichter Alexander Puschkin (1799–1837) gestaltete aus dieser »Legende« ein Bühnenstück, das er »Mozart und Salieri« nannte und in dem nur die beiden Genannten vorkommen – mit Ausnahme eines blinden Geigers, der nicht spricht, und eines unsichtbaren Chores, der nur für wenige Augenblicke eingesetzt wird. Was Puschkin an diesem Stoff gefesselt hat, war nicht so sehr die Persönlichkeit der beiden Maestri, sondern die Frage, ob ein schöpferisches Genie zum Verbrecher werden könne. Rimsky-Korssakoff vertonte das kurze Stück, und die kleine Oper, immer wieder hervorgeholt (wenn auch nie ins übliche Repertoire gedrungen), fachte die gefährliche Legendenbildung noch weiter an. Bevor das Gift, das Salieri Mozart beim Abendessen in einem Wiener Gasthaus in den Wein schüttet, seine Wirkung tut, setzt Mozart sich ans Klavier und spielt dem vermeintlich freundschaftlichen Kollegen Teile aus seinem eben in Arbeit genommenen »Requiem« vor. Salieri ist vernichtet: Welchen Genius hat er zum Tode verurteilt! Die Musik Rimsky-Korssakoffs ist schön und erweist seine ans Unglaubliche grenzende Fähigkeit, die Töne anderer Zeiten und Länder nachzuahmen. Er fügt klassische Formen ein, so eine »Fughetta«, die als Intermezzo zwischen den beiden Bildern des Werkes gedacht war. Der Komponist zerstörte sie jedoch, so daß die ersten Aufführungen ohne sie stattfanden. Nach seinem Tode fand man eine Kopie des Stücks, das seitdem zumeist eingefügt wird. Die Uraufführung fand im Herbst 1898 in Moskau statt, Schaljapin sang die Baßrolle des Salieri.

Das Märchen vom Zaren Saltan

Oper in einem Prolog und vier Akten. Text, nach einem Märchen von Alexander Puschkin, von W. J. Bielski.
Originaltitel: Skazka o Saltane
Originalsprache: Russisch
Personen: Zar Saltan (Baß), die jüngere, die mittlere, die ältere Schwester (Sopran, Mezzosopran, Sopran), Babarika (Alt), der Zarewitsch Guidon (Tenor), die Schwanenprinzessin (Sopran), ein Alter (Tenor), ein Bote (Bariton), Skomorotsch, Hofnarr (Baß), Matrosen, Geister u. a.
Ort und Zeit: Ein nur in der Phantasie bestehendes Königreich und eine ebenfalls unwirkliche Insel, in märchenhafter Vorzeit.
Handlung: Alle Bilder des Werkes werden durch ein Trompetensignal eingeleitet. Im Vorspiel stricken drei Schwestern in einem Bauernhaus, und ihre Base und Vertraute, eine schwarze Katze auf dem Schoß, spricht mit ihnen. Die Musik besteht hier aus russischen Volksliedern. Die Schwestern überlegen, was sie täten, wenn der Zar eine von ihnen zur Gattin erwählte. Die erste will ein Fest für ungezählte Gäste bereiten; die zweite träumt davon, den Staatsschatz durch kostbare Handarbeiten zu füllen. Die dritte und jüngste möchte nichts anderes als dem Zaren einen Sohn schenken, der ein wahrer Held sein solle. Der Herrscher hat versteckt der Unterhaltung gelauscht. Nun gibt er Befehl, die jüngste der Schwestern sofort als Gattin in seinen Palast zu bringen. Die Schwestern sollen sie begleiten, die älteste als Köchin und Bäckerin, die mittlere als Strickerin. Unseligerweise wird auch die Base mitgenommen, die alte Babarika.

Auf dieses Vorspiel folgt eine orchestrale Ouvertüre, die den ersten Akt einleitet. Ein Marschrhythmus läßt uns an die Feldzüge des Zaren Saltan denken, der mit seinen Truppen in die Ferne aufbrach. Nur drei Wochen lang weilte er an der Seite seiner jungen Frau, die nun mit ihrem Sohn seit Jahren die Heimkehr der Krieger erwartet. Sie hat dem Zaren eine Nachricht geschickt, als der prächtige Zarewitsch geboren wurde, aber Babarika hat diese durch eine andere vertauscht, in der zu lesen stand, der Thronerbe sei eine wahre Mißgeburt. In einem Gemach des Palastes spielt der erste Akt. Wir hören Wiegenlieder für den Prinzen. Ein Bote des Zaren erscheint mit einem seltsamen Befehl: Die Zarin und ihr Sohn sollen in ein Faß eingeschlossen und dann ins Meer geworfen werden. Der Hof weigert sich, hierin dem Zaren zu gehorchen, und auch das Volk stellt sich auf die Seite der Verurteilten.

Doch die Zarin selbst besteht darauf, daß der Befehl ausgeführt werde. Sie richtet ein Gebet zum Himmel – eines der schönsten Stücke der Partitur – und läßt sich mit ihrem Sohn, unter dem Wehklagen des Volkes und der Schadenfreude Babarikas und der beiden Schwestern, in ein Faß eingeschlossen ins Meer werfen.

Ein prachtvolles Vorspiel führt zum zweiten Akt; es schildert die Unendlichkeit des Meeres. Das Faß ist an den Strand einer schönen Insel gespült worden, doch Hunger quält Mutter und Sohn. Geschrei zweier kämpfender Vögel wird laut: ein Habicht hat einen Schwan überfallen. Sofort legt der Zarewitsch Guidon seinen Bogen an und erlegt den Raubvogel. Der gerettete Schwan verwandelt sich in ein schönes junges Mädchen, das Guidon, bevor es wieder in Schwanengestalt aufs Meer hinausschwimmt, Hilfe verspricht, so oft er sie brauche. Es wird Abend, Mutter und Sohn legen sich unter dem weiten Sternenhimmel zur Ruhe. Am nächsten Morgen entdecken sie dort, wo am Tage vorher nur Sand zu sein schien, eine prächtige Stadt. Die großen Tore öffnen sich weit, und unter feierlichem Glockengeläute nahen die Bürger, um Guidon zu ihrem Fürsten zu krönen.

Auch dem dritten Akt geht ein ausdrucksvolles Orchesterpräludium voraus. Guidon steht am Strande, und sein Blick begleitet sehnsüchtig ein Schiff, das in das Reich seines Vaters fährt. Er ruft seinen Schutzengel zu Hilfe, der ihn sofort in eine Hummel verwandelt. Dergestalt fliegt Guidon dem Segler nach, wozu Rimsky-Korssakoff eines seiner bekanntesten Orchesterstücke, den sogenannten »Hummelflug« geschrieben hat. ①

Das folgende Bild spielt im Reiche Saltans. Der Zar sitzt auf seinem Thron, neben ihm Babarika und die beiden Schwestern. Das Schiff kommt an, die Seeleute gehen an Land, aber schneller fliegt eine Hummel und versteckt sich nahe dem Zaren. (Kein einfaches Problem für die Theater: die Hummel, wie vorher der Schwan, müssen zumeist von Tänzern dargestellt werden.) Die Matrosen erzählen von Reisen und Abenteuern, von der schönen Stadt auf der früher wüsten Insel, und übermitteln Grüße des Fürsten Guidon. Saltan verspürt Lust, dieses Reich kennen zu lernen, jedoch die drei Frauen an seiner Seite erfinden die unglaublichsten Lügen, um ihn davon abzuhalten. Eine Hummel sticht sie und läßt sie vor Schmerz aufschreien und verstummen. Der Hof verfolgt erfolglos das Insekt. Der Zar beschließt, am nächsten Tag zu der Insel aufzubrechen.

Das erste Bild des vierten Aktes spielt auf der Insel, wo der zurückgekehrte Guidon sich nach einer Gemahlin sehnt, deren Bild er im Traume so oft gesehen. Wieder erscheint der Schwan, verwandelt sich in eine schöne Frau und erfüllt des Prinzen Wunsch. Ein langes und festliches Zwischenspiel geleitet uns zum Palast Guidons, der erwartungsvoll auf das Meer hinausspäht. Endlich erscheint die Flotte Saltans und wird glänzend empfangen. Als der Zar sein Leben erzählt, wird dem Prinzen klar, daß er seinen Vater vor sich hat. Zu den vielen Wundern dieses Tages, die Saltan auf der Insel bestaunt, tritt nun das größte und schönste: Er findet seine geliebte Gattin wieder und ist überglücklich, in dem prachtvollen Prinzen Guidon seinen nie gesehenen Sohn zu erkennen. Freudig schließt das Märchen, ja selbst die Bösen entgehen der Strafe ...

Quelle: Ein Märchen Puschkins, aus dessen Werken zahlreiche russische Opernstoffe entnommen wurden.

Textbuch: Farbig, exotisch, phantasievoll, mit glänzenden Gelegenheiten für Musik, und besonders für Rimsky-Korssakoffs Musik.

Musik: Rimsky-Korssakoff hat es, wie kaum ein zweiter, verstanden, die orientalische Atmosphäre in europäischer Musik wiederzugeben. Zudem hatte er eine Vorliebe für Märchenstoffe. Beides findet sich hier in einer schönen Partitur vereint, an der besonders die Instrumentation bewundernswert ist, aber auch die Poesie uns gefangennimmt. Der Komponist schickte der Oper ein Vorwort voraus, in dem unter anderem steht: »Ein musikalisches Werk wird nicht zu dem Zweck geschaffen, daß durch willkürliche Striche oder Kürzungen die künstlerische Form oder der dramatische Sinn zerstört würden. Kürzungen, die aus irgendeinem Grunde angebracht werden sollen, bedürfen der Zustimmung des Autors. Auch Transpositionen in der Stimmlage sowie andere Veränderungen in den Gesangspartien sind nicht gestattet. Der Komponist wünscht weder dramatische Schreie noch Sprechgesang oder Flüstern. In den lyrischen Augenblicken der Oper sollen die gerade nicht singenden Künstler sich jeder überflüssigen Bewegung enthalten sowie keinerlei Mienenspiel zeigen, das die Aufmerksamkeit des Hörers ablenken könnte. Die Oper ist in erster Linie ein musikalisches Kunstwerk.«

Geschichte: Im Winter 1898/99 traf Rimsky-Korssakoff häufig mit dem Dichter Bielski zusammen. Sie faßten den Plan, Puschkins geniale Erzählung vom Zaren Saltan zur Oper umzugestalten. Bielski übergab dem Komponisten Szene auf Szene, sobald er sie geschrieben hatte, und Rimsky-Korssakoff vertonte sie mit äußerster Leichtigkeit. Ende 1899 konnte er bereits an die Instrumentation gehen, und im Jahre 1900 fand die Uraufführung an einem Moskauer Privattheater statt.

Der unsterbliche Kaschtschei

Gegen Ende des Jahres 1900 trug sich Rimsky-Korssakoff mit mehreren Opernplänen, darunter auch dem später ausgeführten der »unsichtbaren Stadt Kitesch«, als der bekannte Schriftsteller E. M. Petrowsky ihm die Idee zu einer Kaschtschei-Oper brachte. Kaschtschei ist eine der wichtigsten russischen Sagengestalten, in ihr ist das böse Prinzip verkörpert. (Rimsky-Korssakoff hatte sie bereits in »Mlada« dargestellt, und Strawinsky wies ihr später in seinem »Feuervogel« einen wichtigen Platz an.) Es wurde eine Symboloper, die übrigens inhaltlich wie musikalisch stark unter Wagnerschem Einfluß steht. Auf diesen deuten auch die Leitmotive hin, nicht aber die Kürze: »Der unsterbliche Kaschtschei« hat nur drei knappe, ineinander übergehende Bilder. Der Chor singt – wie in »Mozart und Salieri« – unsichtbar. Im ersten Bild raubt Kaschtschei die Tochter des Zaren und entführt sie in sein unterirdisches Reich. So trennt er sie von ihrem geliebten Ivan, den auch Kaschtscheis Tochter Kaschtscheijewna begehrt. Sie gibt Ivan einen Vergessenstrunk, durch den jeder Gedanke an die Zarentochter ausgelöscht wird. Der Held Buria bringt seinen Freund Ivan durch seinen Gesang wieder zu sich, gemeinsam brechen sie zur Befreiung der Gefangenen auf. In der dritten Szene hat Ivan seine Geliebte wiedergefunden, gemeinsam bereiten sie sich zur Flucht aus Kaschtscheis Reich vor. Doch dessen Tochter entdeckt sie, bevor sie fliehen können. Kaschtscheijewna bietet der Zarentochter die Freiheit an, wenn sie dafür auf Ivan verzichte. Da küßt die Prinzessin die Tochter des Zauberers, und diese bricht in Tränen aus. Eine uralte Bedingung ist erfüllt: Eine Träne könnte Kaschtscheijewna von der ewigen Verdammnis erlösen. Sie wird erlöst und in eine Trauerweide verwandelt. Auch des Zauberers Ende ist gekommen. Buria und Ivan zerstören sein Reich, Symbol alles Bösen, das damit von der Erde verschwindet. Die Uraufführung dieser Oper fand zu Beginn des bewegten Revolutionsjahres 1905 in Petersburg unter der Leitung von Alexander Glazunow statt.

Die Legende von der unsichtbaren Stadt Kitesch

Der Originaltitel ist noch länger, denn er schließt nicht nur die Stadt Kitesch, sondern auch »das Mädchen Fewronia« ein. Der Librettist Bielski hat zwei russische Legenden verarbeitet und miteinander zu einheitlicher Handlung verschmolzen. Ein Prinz traf bei einer Jagd im Walde an einsamer Stelle die nur dem Gebet und der Freundschaft mit den Tieren lebende Fewronia. Einer »Hymne an die Natur« (in zarten Orchesterfarben) folgt ein Liebesduett, das von den eintreffenden Begleitern des Prinzen unterbrochen wird. Fewronia soll die Gattin des Prinzen werden. Doch während der festlichen Vorbereitungen fallen die Tataren in das Land ein. In Panik stiebt alles auseinander, Fewronia wird gefangen genommen, ein gottloser Trunkenbold erbietet sich, den Feind vor die Tore der ahnungslosen Hauptstadt zu führen. Doch während die wilden Horden nahen, geschieht ein Wunder. Die Glocken der Stadt beginnen von selbst zu läuten, während ein immer stärker werdender Nebel Türme, Giebel und Häuser verdeckt und langsam unsichtbar macht. Als die Tataren nahen, ist nichts mehr von Kitesch zu sehen. Sie binden den Trunkenbold, von dem sie sich verraten glauben, an einen Baum, um ihn am nächsten Morgen zu foltern. Doch Fewronia kann seine Fesseln lösen. Sie flieht mit ihm. Als sie zum See vor den Stadttoren kommen, spiegelt sich in ihm das verschwundene Kitesch. Die Tataren, die das Paar verfolgen, fliehen vor dieser Erscheinung. Doch Fewronia findet nicht mehr zurück. In einem Walde fällt sie, von Hunger und Müdigkeit überwältigt, nieder. Sie stirbt, während geheimnisvolle Lichter sich auf den Bäumen entzünden, zwei Paradiesvögel süße Weisen singen und der Prinz in einer himmlischen Vision sie zu einer langen Reise holen kommt. An dieser Oper, die ihrer Wagner-Nähe wegen »der russische Parsifal« genannt wurde, arbeitete der Komponist von 1903 bis 1905; sie stellt sein vielleicht schönstes Bühnenwerk dar. Es ist ein Märchen, in dem der Tod durch die Liebe überwunden wird und die Musik in seltsam mystischen Farben glänzt. Der Annahme, Rimsky-Korssakoff sei ein Mystiker gewesen, tritt einer seiner Biographen (W. W. Jastrebzow) entschieden entgegen, nennt ihn eher einen Realisten, einen Rationalisten, dem nur in seinem Werk eine geheimnisvolle übersinnliche

Komponente zuwuchs. Und wieder wäre ein Vergleich mit Wagner nicht uninteressant, auf den wohl ein sehr ähnliches Urteil zuträfe. Und schließlich verbindet noch ein Zug die beiden räumlich wie musikalisch weit voneinander entfernten Meister: Wie Wagner seinen »Parsifal« ausschließlich seinem Bayreuther Festspielhaus zugedacht hatte, so verfügte Rimsky-Korssakoff, daß seine »Unsichtbare Stadt Kitesch« nur den beiden Hoftheatern in Petersburg und Moskau vorbehalten sein solle. In dem ersteren fand die Uraufführung am 7. (20.) Februar 1907 statt, das zweite spielte die Oper ein Jahr später nach. Doch weder Wagners noch Rimsky-Korssakoffs Wunsch konnte erfüllt werden. In beiden Fällen reichte der Wille des Autors nicht über die gesetzliche Schutzfrist hinaus.

Der goldene Hahn

Gegen Schluß seiner im Jahre 1907 beendeten Memoiren äußerte Rimsky-Korssakoff die Befürchtung, die Zeit, die Feder aus der Hand zu legen, sei gekommen. Doch kurz danach überfällt ihn neuer Schaffensdrang, er greift auf eine Idee Puschkins zurück, die Bielski ihm musikgerecht macht: »Der goldene Hahn«. Doch sein Wunsch, pausenlos an dieser, seiner letzten, Oper zu arbeiten, erfüllt sich nicht. Eine Reise nach Paris, wo er russische Werke dirigieren muß (und Bekanntschaft mit der Musik Debussys und Richard Strauss' schließt, die ihn eher negativ beeindrucken), führt zu einer wochenlangen Pause. Doch dann nimmt er auf seinem gewohnten Sommersitz, wo viele seiner Werke entstanden, die Arbeit wieder auf und beendet sie wenige Monate vor seinem Tode. Gesehen hat er den »Goldenen Hahn« nicht mehr, zumal die zaristische Zensur der Oper über ein Jahr lang Schwierigkeiten in den Weg legte. Dieses letzte Werk Rimsky-Korssakoffs enthält eine gute Dosis Humor und verlangt glänzende Sänger-Schauspieler (so daß die Idee Diaghilews und Fokins, das Werk von Tänzern darstellen zu lassen, während die Sänger im Orchesterraum Platz fänden, keineswegs abwegig ist). Die Handlung des »Goldenen Hahns« klingt nach einem Ammenmärchen; und tatsächlich soll Puschkin hier einer Erzählung dichterische Form verliehen haben, die er von seiner Amme vernahm. Ein König bekommt von seinem Astrologen einen goldenen Hahn geschenkt, der mit seinem eindringlichen Ki-ki-ri-ki (das der Komponist einer hohen Trompete zuteilt) vor allen Gefahren warnt. Beim ersten Hahnenschrei entsendet der König seine beiden Söhne an der Spitze einiger Soldaten, um dem Feinde zu begegnen; beim zweiten zieht er selbst aus. Er trifft eine morgenländische Königin, die ihn so in ihren Bann zieht, daß er beschließt, sie in sein Reich mitzunehmen, wo er einen grotesken Einzug mit ihr hält. Er merkt gar nicht, wie er durch seine zügellose Leidenschaft zur lächerlichen Figur herabgesunken ist. Nur der Astrologe sieht es und verlangt von ihm, in Erfüllung eines früher gegebenen Versprechens, die fremde Königin als Preis für den goldenen Hahn. Der König wird wütend und tötet den Astrologen, aber der goldene Hahn erscheint und ersticht den König mit seinem spitzen Schnabel. Dichte Finsternis bricht über das Land herein. Als es wieder hell wird, sind die Königin und der Hahn verschwunden. Das Volk betrauert den Tod seines Herrschers. Doch dann tritt der Astrologe vor den niedergelassenen Vorhang und erklärt, daß alle Gestalten des Spiels, mit Ausnahme der Königin und seiner selbst, nur Phantasiegeburten gewesen seien. Die Musik zu dieser Oper bringt einige der schönsten Einfälle Rimsky-Korssakoffs, vor allem den großartigen Sonnenchor oder Sonnenhymnus; das orientalische Kolorit, seit jeher eine Stärke dieses Komponisten, tritt hier blendend in Erscheinung. Originell ist die Partie des Hahns, geistvoll manches Detail, großartig die Instrumentation. (Es wird berichtet, daß der Komponist diese Oper, gegen jeden Brauch, sofort in Partitur komponiert habe, was ein weiterer Beweis für seine Meisterschaft in der Orchestrierung wäre.) Uraufführung: Moskau, 11. (24.) September 1909, durch eine private Operngesellschaft.

Gioacchino Rossini
1792–1868

Ein einzigartiger Stern waltet über dem Leben Rossinis, vom seltsamen Geburtsdatum angefangen: 29. Februar 1792. Sein Beiname, »Schwan von Pesaro«, verlieh seiner Geburtsstadt weltweiten Ruhm. Als Kind sang er in Kirchen, dann studierte er in Bologna, schrieb entzückende Orchesterstücke mit zwölf und Opern mit achtzehn Jahren. Die Leichtigkeit, mit der ihm Melodien von der Hand flossen, grenzt ans Unglaubliche. Vierzig Opern komponierte er in zwanzig Jahren, mehrmals waren es vier in einem einzigen, einmal sogar (1812) nicht weniger als sechs. Daß er dabei manchmal zu »Anleihen« bei sich selbst greifen mußte, also eigene Musikstücke ein zweites, ein drittes Mal verwendete, wird ihm niemand übel nehmen. Daß er allerdings die gleiche Ouvertüre einmal einem ernsten, tragischen Opernschauspiel und danach einer urkomischen Lustspieloper voransetzte, stimmt nachdenklich. Besaß die Musik seiner Zeit so wenig tonmalerische Eigenschaften, bevor Beethoven sie einführte?

Sein Ruhm und seine Einnahmen muten selbst in unserer, auch auf diesem Gebiet zur Rekordsucht neigenden Epoche märchenhaft an. Seine Reisen durch Europa glichen Triumphzügen, überall erwarteten ihn jubelnde Massen, Feste, Ehrungen, ein heute für Komponisten unvorstellbares Delirium der Opernfans. So auch 1822 in Wien; sein erster Weg aber führte ihn – zu Beethoven, der armselig und einsam hauste. Ihr Gespräch gestaltete sich aus vielen Gründen schwierig. Der Sprachunterschied und die nahezu völlige Taubheit des Wiener Meisters machten es fast unmöglich. Zudem hielt Beethoven nicht mit seinen Meinungen zurück: Er liebte die italienische Oper nicht. Beim Abschied wollte er, vielleicht ein wenig beschämt, den Gast wieder versöhnen und riet ihm, »möglichst viele ›Barbiere‹ zu schreiben«. Rossini dürfte höflich gelächelt haben, er hatte auch vorher schon dem von ihm Hochverehrten nicht widersprochen. Aber er dachte sicherlich an manches seiner anderen Werke, die ihm mindestens ebenso nahe standen wie der überaus populäre »Barbier von Sevilla« und die Beethoven nicht einmal kannte.

Rossini beschloß seine Laufbahn mit mehreren Uraufführungen in Paris, das zum Mekka des Opernspiels geworden war. Nach dem unbeschreiblichen Erfolg des »Wilhelm Tell« im Jahre 1829 verkündete er, daß er sich gewissermaßen vom Beruf zurückziehe. Wie ein Beamter in den Ruhestand tritt, wenn seine Zeit gekommen ist. Ein unbegreiflicher, unfaßbarer und absolut einmaliger Entschluß, der zu Überlegungen und Gedanken vielerlei Art Anlaß gibt. Kann ein schöpferischer Künstler auf das Schaffen verzichten, so wie ein Kaufmann auf ein Geschäft verzichtet? Fühlte Rossini den Zeitenwandel, empfand er die neue romantische Epoche als seiner »klassischen« Kunst entgegengesetzt? Mit »Wilhelm Tell« hatte er klar bewiesen, daß er auch »romantisch« komponieren konnte. Bedauerte er die fortschreitende Demokratisierung der Kunst, vor allem des Operntheaters, das sich langsam aber sicher aus einer Tafelrunde von Feinschmeckern in ein Volksrestaurant verwandelte (ein Vergleich, der bei dem kulinarischen Genüssen so zugewandten Rossini kaum fehl am Platz ist)? Niemand weiß den wahren Grund; Tatsache aber ist, daß Rossini während der fast vierzig Jahre, die ihm noch verblieben, keine einzige Oper mehr schrieb. Er führte das Dasein eines Grandseigneurs, lud Freunde zu Gast in sein schönes Haus nach Passy, wo er ihnen keine eigene Musik mehr, aber von ihm erfundene Speisen vorsetzte. So kommt es, daß sein Name heute nicht nur in Theatern zuhause ist, sondern auch in Restaurants, wo er nicht mit Arien und Chören verknüpft ist, sondern mit Tournedos und Cannelloni. Er starb in Paris am 13. November 1868. Mit ihm ging eine Zeit dahin, die letzte große Ära des Belcanto, die er gemeinsam mit Donizetti und Bellini repräsentiert hatte. Seine Musik, während längerer Zeit vor allem im »Barbier von Sevilla« lebendig geblieben, bereitet uns heute mit einem guten halben Dutzend Opern Freude. Es steckt Witz und Geist in ihr, wie in kaum einer anderen, vor allem aber echtes Komödiantentum, verblüffende Virtuosität, enormer Kunstverstand, nie erlahmende Einfallsfülle. Er war ein Unsterblicher im Reiche der Töne, dem er lange, lange Zeit hindurch seinen unverkennbaren Stempel aufgedrückt hat. (Siehe auch Nachtrag, S. 681)

La pietra del paragone (Die Liebesprobe)

Eine der frühesten, von der gegenwärtigen Rossini-Renaissance erfaßten Opern des Meisters von Pesaro ist »La pietra del paragone«, die unter dem Namen »Die Liebesprobe« in jüngerer Zeit auf deutschsprachigen Bühnen erschienen ist. Ihre Uraufführung fand im September 1812 an der Mailänder Scala statt; wenige Jahre später ist sie kaum noch auf den Spielplänen der damaligen Theater anzutreffen (wenn auch die Statistiken in jener Zeit lückenhaft und unverläßlich sind). Im Jahre 1952 zog der »Maggio Fiorentino« das reizende Werk wieder ans Tageslicht. Von da aus sprang es auf die Scala, seine Geburtsstätte und auf andere italienische Theater über. Das deutsche Sprachgebiet, mit seinem großen Bedarf an »neuen« Opern (auch wenn sie alt sind), nahm die »Novität« entzückt auf. Bern und Hamburg waren hier die ersten Etappen (1962). Der Inhalt ist einfach und nicht sonderlich originell: das »Verschwinden« des Grafen Asdrubal und sein Wiedererscheinen. Er verkleidet sich, um die Personen, die sein tägliches Leben ausmachen, einmal wirklich kennen zu lernen. Aber es ist ein unerschöpfliches Thema, dem es an tiefer Bedeutung keineswegs mangelt. Täten wir es nicht alle gern einmal? Und wenn wir es könnten, hätten wir nicht doch etwas Angst, vor dem, was wir eventuell zu sehen und zu hören bekämen? Graf Asdrubal ist ein reicher Mann der oberen Gesellschaft. Da er heiraten soll und dafür aus drei Kandidatinnen die Rechte auswählen will, greift er zu diesem Mittel. Er läßt das Gerücht von seinem Ruin ausstreuen und verschwindet. Dann kehrt er, in einer exotischen Verkleidung, zu seinen Freunden, in seine Kreise zurück. Er erlebt Überraschungen ohne Zahl, findet aber die richtige Frau. Eine Buffooper, zu der ein zwanzigjähriges Genie eine sprudelnde, übermütige und hervorragend gekonnte Musik schrieb.

L'Italiana in Algeri (Die Italienerin in Algier)

Vier Opern in einem Jahr! Es ist das Geburtsjahr Wagners und Verdis, 1813. Drei Opern werden heute noch, vor allem in Italien gespielt: »Il signor Bruschino«, »Tancredi«, »L'italiana in Algeri«. Die vierte ist zur Seltenheit geworden: »Aureliano in Palmira«. Das Textbuch zur »Italienerin« schrieb Angelo Anelli, der seine – etwas dünne – Handlung in fünf Bilder oder zwei Akte gliedert. Es ist eine Art umgekehrter »Entführung aus dem Serail«. Mustafa, der Bey von Algier, hält in seinem Lande eine Menge italienischer Gefangener, die er hart arbeiten läßt. Unter diesen befindet sich Lindoro, der sich in Sehnsucht nach seiner Elisabeth verzehrt, ohne zu ahnen, daß diese sich bereits nach Afrika eingeschifft hat, um ihn zu befreien. Der Bey macht ihm einen seltsamen Vorschlag. Da er seiner Gattin Elvira müde ist, bietet er sie Lindoro an, der sie frei gelassen in sein Land mitnehmen soll. Zum Schein geht Lindoro darauf ein, gerade so wie Elisabeth auf die Werbungen des Beys eingeht, der sich sofort nach ihrer Ankunft in sie verliebt. So gewinnt das Liebespaar Zeit, die Flucht sorgfältig vorzubereiten und sie schließlich, unter Befreiung aller italienischen Gefangenen, erfolgreich auszuführen. Rossini übergießt – nur drei Monate nach der tragischen Oper »Tancredi«! – dieses Lustspielsujet nach damaligem Geschmack mit einer hinreißenden Musik, voll Temperament und Melodie, voll Witz und Verspieltheit. Die Hauptrolle dachte er seiner Geliebten und späteren Gattin Isabella Colbran zu, die eine schöne Mezzosopranstimme mit großer Beweglichkeit besessen haben muß. Dieser Typus der »Mezzo-Koloratur« starb dann in den folgenden Jahrzehnten aus. Flugs bemächtigten sich alle Koloratur-Sopranistinnen dieser Rolle, sowie aller weiteren, die Rossini für Isabella Colbran geschaffen hatte: die Rosina im »Barbier von Sevilla«, die »Cenerentola« und andere mehr. So blieb es noch während eines großen Teils unseres Jahrhunderts, bis die neu erstandenen Mezzosopranistinnen mit Koloratur alle die ihnen ursprünglich zugedachten Rollen zurückzuerobern begannen. Die Premiere fand in Venedig am 22. Mai 1813 statt, also genau am Tage der Geburt Richard Wagners. Der große Schriftsteller Stendhal hörte das Werk und schrieb, er sei gemeinsam mit dem rasenden Publikum außer sich vor Begeisterung gewesen. Und: die Cavatine des Lindoro »lasse alle Traurigkeit der Welt vergessen«. Nach Paris gelangte das Werk 1817 und stand dort fast ohne nennenswerte Unterbrechung auf dem Spielplan bis 1866.

Der Barbier von Sevilla

Komische Oper in zwei Akten. Text nach einer Komödie von Beaumarchais von Cesare Sterbini.
Originaltitel: Il barbiere di Siviglia. (Die Uraufführung fand unter dem Titel »Almaviva, ossia l'inutile precauzione«, Almaviva oder die sinnlose Vorsicht, statt)
Originalsprache: Italienisch
Personen: Graf Almaviva (Tenor), Rosine (Mezzosopran, auch Koloratur-Sopran), Dr. Bartolo, deren Vormund, Arzt (Baß), Figaro, Barbier (Bariton), Basilio, Rosines Musiklehrer (Baß), Berta, auch Marzelline genannt, Haushälterin bei Bartolo (Mezzosopran), Fiorillo, Diener Almavivas (Tenor oder Bariton), ein Offizier, Soldaten, Musiker, Diener u. a.
Ort und Zeit: Sevilla, Mitte des 18. Jahrhunderts.
Handlung: Die spritzige Ouvertüre scheint Witz, Geist, Intrigen, aber auch Liebesspiel der Komödie vorwegzunehmen; aber es handelt sich um ein zufälliges Zusammentreffen, denn Rossini hatte das gleiche Orchesterstück bereits zweimal früheren Opern vorausgeschickt, und noch dazu solchen völlig verschiedenen Charakters: »Elisabeth von England«, und »Aureliano in Palmira«. Wir wundern uns über die Austauschbarkeit von Bruchstücken innerhalb verschiedener Opernwerke, doch das 17. und 18. Jahrhundert fanden das ganz natürlich.
An einem frühen Morgen geleitet Fiorillo im Auftrag Almavivas eine Gruppe von Musikanten vor das Haus, in dem der alte Dr. Bartolo mit seinem schönen Mündel Rosine wohnt. Der Graf kommt hinzu und stimmt ein Ständchen an. ①
Es wird Tag, aber die Schöne läßt sich nicht blicken. Der Graf verabschiedet die Musiker mit einer guten Entlohnung und beschließt zu warten. Eine fröhliche Stimme erklingt die Straße entlang, und gleich darauf erscheint, strahlend wie immer, Figaro. Er ist viel mehr als ein gewöhnlicher Barbier. Zum mindesten hält er selbst sich für den Mann, ohne den in Sevilla nichts geschehen kann, da er seine Nase in allem hat: in allen Plänen, Intrigen, Liebesaffairen, Heiratsgeschichten, Erbschaften. Beredt weiß er über seine wichtige Stellung zu berichten, und Rossini stattet seine Arie, das berühmte »Largo al factotum«, mit einem brillanten Feuerwerk zungenfertiger Künste aus. ②

Almaviva bittet Figaro, sein Inkognito zu wahren. Unter einem bürgerlichen Decknamen will er sich dem hübschen Mädchen nähern, das er in diesem Hause entdeckt hat. Figaro versteht; wer anders als er könne Almaviva Hilfe anbieten? Doch möge der Graf vor allem wissen, daß Rosine nicht die Tochter, sondern das Mündel Bartolos ist. Er kenne die Lage genau, da er in diesem Hause Barbier, Friseur, Tierarzt, Ratgeber sei. Während er dem Grafen seine Wichtigkeit auseinandersetzt, erscheint Rosine mit einem Papier in der Hand am Fenster. Mißtrauisch taucht Bartolo hinter ihr auf und fragt, ob das ein Brief sei? O nein, antwortet Rosine unschuldig, es sei der Text einer Arie, den sie für ihre Gesangsstunde auswendig lerne. Doch ein Windstoß entführt das Blatt. Almaviva hebt es auf und liest mit Staunen, daß »die unglückliche Rosine« den Namen und die Absichten des jungen Mannes kennen lernen wolle, sobald ihr Vormund das Haus verlasse. Almaviva strahlt, doch Figaro setzt seiner Begeisterung einen Dämpfer auf. Bartolo sei ein wahrer Teufel, geizig, mißtrauisch; zudem mache er sich Hoffnungen auf eine Heirat mit seinem Mündel, nicht so sehr um deren Schönheit als um ihres reichen Erbes willen. Ein wenig später geht Bartolo aus dem Hause. Der Graf benützt die Gelegenheit und gibt in einer Arie Antwort auf Rosines Fragen: Er heiße Lindoro. Das Mädchen antwortet, beider Liebesworte ergeben ein schönes Duett. Sie wollen zusammenkommen, aber die Sache ist nicht einfach. Figaro findet, durch eine goldgefüllte Börse Almavivas gestärkt, ein Mittel: Der Graf soll als Quartier suchender Soldat in das Haus Bartolos kommen.
Das zweite Bild versetzt uns ins Innere des Hauses. Rosine singt eine inzwischen populär gewordene Arie über ihre junge Liebe, »Una voce poco fa/Frag' ich mein beklommnes Herz«. Zu diesem stimmlichen Bravourstück seien einige Anmerkungen gemacht. Es steht original in E-Dur. In der Zeit, in der die Soprane sich dieser Rolle bemächtigten, wurde es üblich, es nach F-, ja sogar nach G-Dur hinauf zu transponieren, was das Stück in höchste Sopranlagen brachte. Zudem erlaubten die Interpretinnen sich mehr und mehr Freiheiten, legten Koloraturen, Triller, Läufe, Staccati nach Herzenslust ein. Das war schon zu Rossinis Zeiten der Fall und es wird erzählt, er habe einmal, als er zu einer Probe dieses Werkes kam und eine Koloraturdiva soeben die Arie gesungen hatte, recht naiv zu

① *Largo* — Ec-co ridente in cie-lo spun-ta la bel-la au-ro-ra, [CONTE]

② *Allº vivace* — Lar-go al fac-to-tum della ci-tà, lar-go. [FIGARO]

③ *Andante* — U-na vo-ce po-co fa qui nel cor mi ri-suo-nò, [ROSINA]

④ *Allegro* — La ca-lunnia è un ven-ti-cel-lo,... [BASILIO]

dieser gesagt: »Wundervoll! Von wem ist denn das?« ③

Figaro kommt, doch sein Gespräch mit Rosine wird durch die Heimkehr Bartolos unterbrochen. Der befindet sich in einem besorgten Wortwechsel mit Basilio, Musiklehrer und gewiegtem Intriganten, der behauptet, den Grafen Almaviva um das Haus schleichen gesehen zu haben. Bartolo erschrickt. Ein Rivale in der Gunst seines Mündels? Basilio meint, dagegen gäbe es ein glänzendes Mittel: Kenne Bartolo die Wirkung einer Verleumdung nicht? Oh, das sei die stärkste aller Waffen! Wie ein sanftes Lüftchen beginne sie, wachse immer mehr und verwandle sich schließlich in einen Sturm, der alles wegfegt und sein Opfer schonungslos vernichtet. Rossini hat über das scheinbar so unmusikalische Thema der Verleumdung ein geniales Musikstück geschrieben. ④

Figaro hat alles belauscht. Nun ziehen die beiden Alten sich zurück, um den Ehevertrag vorzubereiten. Rosine eilt herbei und in einer entzückenden Szene erklärt der Barbier dem Mädchen, daß »sein Vetter« sterblich in sie verliebt sei. Ob sie nicht vielleicht dem harrenden »Vetter« ein Brieflein schreiben könne. Während Figaro sich noch viel auf seine List einbildet, greift Rosine in den Ausschnitt ihres Kleides: der Brief ist schon geschrieben. Einen Augenblick ist Figaro sprachlos. Die Mädchen sind schlauer als er ... Don Bartolo findet sein Mündel in glänzender Stimmung. Das erscheint ihm verdächtig. Hat sie nicht mit dem Spitzbuben Figaro gesprochen? Hat sie nicht einen Tintenfleck am Finger? Fehlt nicht ein Briefbogen? Einen Doktor seinesgleichen betrügt man nicht! wettert er in einer selbstgefälligen Arie. Doch Rosines Fröhlichkeit weicht nicht. Um das Maß seiner Sorgen voll zu machen, bricht nun ein betrunkener Soldat in sein Haus ein. Er bringt einen Einquartierungsbefehl, den er mühsam zu entziffern sucht. Wütend geht Bartolo in sein Zimmer, um ein Schriftstück zu holen, das ihn von jeder Einquartierung befreit. Schnell entdeckt der »Betrunkene« Rosine sein wahres Wesen. Es ist »Lindoro«. Doch die Freude währt nicht lange. Bartolo hat militärischen Schutz angefordert, eine Gruppe von Soldaten erscheint. »Lindoro« sagt deren Offizier etwas ins Ohr, worauf von einer Verhaftung des Eindringlings höflichst Abstand genommen wird. Bartolo kommt aus dem Staunen nicht heraus. Der Lärm und die Verwirrung nehmen zu, Rossini schreibt ein blendendes Finale, das vor Humor und Witz sprüht und funkelt. Alle reden zu gleicher Zeit, in bewundernswertem Kontrapunkt kreuzen sich die Gesangslinien. Und wenn einmal eine Person nichts zu sagen hat, singt sie trotzdem weiter, wie etwa im Falle Basilios, der seine witzige Gegenmelodie auf die Notensilben »sol, sol, sol, sol ... do, re, mi ...« bringt.

Im zweiten Akt finden wir Dr. Bartolo nachdenklich. Da kommt »Don Alonso«, ein angeblicher Schüler Don Basilios, der erkrankt sei und deshalb zur Lektion Rosines einen verläßlichen Stellvertreter entsende. »Don Alonso« scheint äußerst schüchtern, ja ein wenig geistesschwach; Bartolo will ihn gerade fortschicken, als der junge Mann ihm einen Brief vorweist, den Rosine angeblich an Almaviva geschrieben habe. Außerdem, sagt er, sei er gekommen, um den Grafen vor Rosine zu verleumden. Ah, nun erkennt Bartolo freudig den würdigen Schüler Basilios! Gerne ruft er sein Mündel zur Gesangsstunde; Rosine kann nur mit Mühe einen Freudenschrei unterdrücken, als sie ihren »Lindoro« erkennt. »Don Alonso« setzt sich ans Cembalo, und Rosine singt eine Romanze. (Rossini hat diese komponiert, aber viele Sängerinnen benützen die Gelegenheit, um hier ein Glanzstück nach eigener Wahl einzulegen, das zumeist gar nicht zum Stil der Oper paßt.) Bartolo hört gerührt zu und versucht sich dann selbst in einer lächerlichen Arie, in der er, sich geistreich wähnend, den ursprünglichen Namen durch »Rosina« ersetzt. Figaro unterbricht die Szene. Er ist gekommen, um den Doktor zu barbieren, was einen wichtigen Bestandteil seines Plans bildet. Bartolo weigert sich, da es nicht sein Tag sei, doch Figaro überzeugt ihn mit vielen Worten. Schon scheint die Gelegenheit gekommen, daß die Liebenden einander einige Augenblicke sprechen können, als (o gute alte Komödienherrlichkeit!) ein neues Ereignis eintritt. Basilio taucht auf! Die Verwirrung ist riesig. Alle wollen ihn forthaben, zeigen sich um seine angegriffene Gesundheit besorgt.
Schließlich überzeugt ein Goldstück Almavivas ihn davon, daß er wirklich krank sei. Sein Rückzug ist ungeheuer komisch, obwohl er aus nichts anderem als den immer wiederholten Worten »Buona sera« besteht. Endlich kann die »Gesangstunde«, die »Alonso« Rosine zu deren sichtlicher Zufriedenheit erteilt, ihren Fortgang finden, wozu Figaro Bartolo des öfteren Seife in die Augen spritzen muß. Doch der Doktor schöpft immer mehr Verdacht, springt auf und entdeckt das Liebespaar hinter einem Wandschirm, wo von Musikunterricht keine Rede ist. Almaviva und Figaro müssen sich schleunigst aus dem Staube machen, Bartolo aber schickt nach Basilio, damit er ihm gegen seine Feinde beistehe. Triumphierend zeigt er seinem Mündel den erbeuteten Brief. Niedergeschlagen läßt Rosine sich überzeugen: Figaro und sein »Vetter« Lindoro wollen sie dem Grafen Almaviva in die Hände spielen. Traurig und empört willigt sie ein, sich sofort mit Bartolo zu verheiraten. Sofort, denn für Mitternacht hat sie mit Lindoro die Flucht vereinbart. Nun ist sie es, die Bartolo um Eile bittet.
Es ist Nacht geworden, und ein schweres Unwetter ist aufgezogen. Im Schein einer Laterne dringen Figaro und Almaviva ins Haus ein. Rosine tritt ihnen entgegen, wirft ihnen ihr schändliches Verhalten vor. Keiner der beiden versteht, was sie meint. Wollen sie sie nicht dem

Grafen Almaviva übergeben? forscht Rosine weinend und versteht nun ihrerseits nicht, warum »Lindoro« in so frohes Lachen ausbricht. Endlich kann er es ihr mit einem einzigen Satz erklären: »Ich bin der Graf Almaviva!« Alles wird zur Flucht bereitet. Da tritt Basilio mit einem Notar ein. Es fällt dem Grafen nicht schwer, die Situation für sich auszunützen, zumal Basilio nicht lange zwischen einer großen Belohnung und einer tüchtigen Tracht Prügel schwankt: Er und Figaro sind die Trauzeugen der von dem Notar schleunigst vorgenommenen Heirat Almavivas und Rosines. Die Zeremonie ist gerade zu Ende, als Bartolo mit einigen Soldaten heimkehrt, die er zum Schutz gegen die erwarteten Eindringlinge alarmiert hat. Nach der ersten Verwirrung löst sich alles in Wohlgefallen. Almaviva schenkt Bartolo das gesamte Vermögen Rosines, und in einem fröhlichen Finale gibt es nur glückliche Gesichter.

Quelle: Pierre Augustin Caron de Beaumarchais (1732–99) war eine der fesselndsten Gestalten seiner bewegten Zeit, Abenteurer durch und durch, dazu Theaterautor von stärkstem Talent. Seine in die Vorzeit der großen Revolution fallenden Lustspiele, die herrschenden Zustände mit seltener Offenheit anprangerten, wurden heftig umkämpft. Er faßte die Komödien »Der Barbier von Sevilla«, »Die Hochzeit des Figaro« und »Die schuldige Mutter« (La mère coupable) zu einer Trilogie zusammen, die seinen Weltruhm begründete.

Textbuch: Cesare Sterbini schien nicht viel mehr zu tun zu haben, als Beaumarchais' Komödie zu kürzen; in Wahrheit aber zeigt ein Vergleich der beiden Texte, wie meisterlich er bei dieser Bearbeitung für Rossinis Musik vorging, mit welcher Feinfühligkeit er Arientexte schrieb und in den schnellen Handlungsablauf eingliederte. Seiner Arbeit ist zu verdanken, daß nichts von der Beweglichkeit, vom umwerfenden Humor und den urkomischen Situationen des Originals verloren ging.

Musik: Selten, vielleicht nie, hat Rossini so mit vollen Händen Eingebungen ausgestreut wie hier. Seine Musik ist graziös, melodisch bezwingend, bewegt, geistreich, zudem technisch unüberbietbar gearbeitet. Hier liegt eine der so seltenen musikalischen Komödien in Reinkultur vor. Viele Arien sind Paradenummern im Repertoire der Sänger geworden. Glänzendere Rollen wurden kaum je geschrieben. Mit welcher beginnen? Mit dem übermütig-eingebildeten Figaro, der mit seinem »Largo al factotum« die Zuschauer zum Rasen bringen kann? Mit der lieblichen Rosine, die Anmut und Koketterie mit stimmlicher Bravour verbinden sollte? Mit dem lyrisch singenden und gewinnend spielenden Almaviva? Mit dem lächerlichen Bartolo oder dem intriganten Basilio, die aus ihren Rollen Paradestücke ihrer Gattung machen können?

Geschichte: Mit der geradezu sprichwörtlichen Leichtigkeit, die seine Art des Komponierens auszeichnet, schrieb Rossini diese Oper in weniger als einem Monat, nach dem Zeugnis einiger Zeitgenossen sogar in 14 Tagen. Nicht allgemein bekannt ist es, daß sein Freund, der großartige spanische Sänger Manuel Vicente Garcia, der auch ein guter Komponist war, ihm einige Ratschläge, ja wahrscheinlich sogar das Thema des Ständchens aus dem 1. Akt gab. Der damals hochberühmte Komponist Giovanni Paisiello (1740–1816) hatte einen »Barbier von Sevilla« komponiert, der sehr hoch in der Publikumsgunst stand. Rossini ließ daher seine Oper unter dem Namen »Almaviva oder die sinnlose Vorsicht« uraufführen. Trotzdem kam es am Premierenabend, dem 26. Dezember 1816 in Rom zu einem lärmenden Durchfall. Doch schon am nächsten Abend verwandelte sich Niederlage in Sieg. Von da an flog das Werk sozusagen von Stadt zu Stadt und Land zu Land. Im Jahre 1825 war es bis New York und Buenos Aires gekommen, die mit ihm zum ersten Male eine komplette Oper hörten. Es dürfte kaum lückenlose Statistiken darüber geben, aber es ist anzunehmen, daß keine Oper so oft gegeben wurde wie »Der Barbier von Sevilla«.

La cenerentola / Aschenbrödel

Ein ins Realistische transponiertes Märchen, das nur noch entfernt an der Brüder Grimm volkstümlich gewordenes Vorbild erinnert. Diese Oper Rossinis, die ihm bis ans Lebensende besonders lieb war, wird unter verschiedenen Titeln auf deutschen Bühnen gespielt: »Angelina« (nach dem Namen der Hauptfigur), »Aschenbrödel« (nach dem Charakter Angelinas und in wörtlicher Übersetzung des italienischen Titels), oder auch »Der Triumph der Herzensgüte« (in Übersetzung des italienischen Untertitels »La bontà in trionfo«). Giacomo Ferretti schuf das Textbuch, in dem Angelina im Hause ihres Stiefvaters und ihrer Stiefschwestern schlecht behandelt wird, aber einem vermeintlichen Bettler (der in Wahrheit ein Vertrauter des eine Braut suchenden Prinzen ist) eine milde Gabe liebevoll zusteckt. Bei einem Empfang auf dem Schloß, bei dem der Prinz seine Kleider mit denen des Stallmeisters vertauscht hat, bemühen sich die Stiefschwestern um die Gunst des angeblichen Prinzen, während der echte Prinz nur Augen für Angelina hat, die ihm, dem vermeintlichen Stallmeister, den Vorzug vor dem Prinzen gibt und so ihr gutes, reines Herz verrät. Doch will sie, als die Verkleidung aufgedeckt wird, dem Prinzen nur angehören, wenn er sie trotz ihrer ärmlichen Herkunft nehme. An einem Armband soll er sie wiedererkennen. Der Prinz macht sich auf die Suche nach der schönen Unbekannten und findet sie als »Aschenbrödel« wieder. Als Prinzessin zieht sie in den Palast ein, nachdem sie allen Bösen verziehen hat. Rossini schrieb diese Oper in der fruchtbarsten Periode seines Lebens; nach dem »Barbier von Sevilla« verfaßte er im Zeitraum von vier Jahren (1817–1821) nicht weniger als 13 Bühnenwerke. Zur »Cenerentola« soll er – wie man es von vielen behauptet – nicht mehr als 20 Tage gebraucht haben. Mit ihr eröffnete er seinen Premierenreigen dieses Jahres am 25. Januar 1817 in Rom. Die Hauptrolle sang wiederum seine Gattin; es ist also genau wie die »Italienerin in Algier« und die Rosine des »Barbiers« eine Mezzosopranrolle mit Koloraturfertigkeiten.

Moisè / Moses

Vielleicht ist am bewundernswertesten an Rossini, wie er mit gleicher Vollendung das Komische, ja Groteske, und das Ernste, Tragische, das Innerliche wie das Äußere, das Monumentale wie das Intime, das Lärmende wie das Zarte beherrscht, wie er von einem zum andern ohne Bruch hinüberwechselt, mit jener absoluten Selbstverständlichkeit, die alles in seinem Leben auszeichnet. Im Jahre 1818 schrieb er ein »Mosè in Egitto / Moses in Ägypten« betiteltes Werk, das zwischen Oper und Oratorium steht. Es erklang während der Fastenzeit dieses Jahres zum ersten Mal in Neapel. Bei der in der Bibel beschriebenen Teilung der Wasser des roten Meeres, diesem die aus ägyptischer Gefangenschaft ausbrechenden Israeliten rettenden Wunder, spielte die Technik nicht recht mit, und die erhaben angelegte Szene ging in einem Lachsturm unter. Jahre später kam Rossini, der inzwischen nach Paris gezogen war, auf dieses Werk zurück und schuf nach der ursprünglichen »italienischen Fassung« eine zweite, die als »französische Fassung« bekannt wurde, obwohl auch sie in italienischer Sprache verfaßt ist. Dieses Mal wollte der Komponist sich nicht zu sehr auf die technischen Einrichtungen der Grande Opéra verlassen; er schrieb eine großartige »Preghiera«, ein Gebet des Moses als Zwiegesang des ehrwürdigen Patriarchen mit der Masse. Tatsächlich lenkte das großartige Musikstück die Aufmerksamkeit des Publikums so stark ab, daß eventuelle Pannen (und die gab es bis zum heutigen Tage genügend oft) kaum bemerkt wurden. Das »Gebet« wurde gleich am Premierenabend, dem 26. März 1827, ein großer Erfolg und bald ungeheuer populär. Paganini schrieb, mit untrüglichem Instinkt für Wirkung, »Variationen auf der G-Saite« darüber, und der Arrangements für alle Arten von Orchestern und Instrumenten war kein Ende. Textlich wurde die erste Fassung von Andrea Tottola Leone, die zweite von Dalecchio und Jouy betreut. Beide beruhen natürlich auf dem Alten Testament und schildern die Knechtschaft der Juden in Ägypten, die sieben Plagen und den Auszug. Das Werk ist bis heute kaum verblaßt. Wo es in entsprechender szenischer Aufmachung und mit erstklassigen Sängern gegeben werden kann – vor allem braucht man einen imposanten Baß in der Titelrolle – ist seine Wirkung auch heute noch gesichert. Doch ist die musikalische Substanz so stark, daß auch konzertante Aufführungen tiefen Eindruck hinterlassen können.

Graf Ory

Die letzten Opern seines Lebens komponierte Rossini in Paris, wo er sich endgültig niedergelassen hatte und schnell zum wahren Beherrscher der Grande Opéra aufstieg. Und so schrieb er sowohl den »Comte Ory« wie den »Guillaume Tell« in französischer Sprache. Das Textbuch zum »Graf Ory« stammt vom vielvertonten Eugène Scribe und wurde vom französischen Librettisten Delestre-Poirson für den auf dem Gipfel des Weltruhms stehenden Rossini sehr geschickt zurechtgemacht, wobei nach »Pariser Art« Frivolitäten vorkommen, die in den italienischen Werken jener Jahre (noch) nicht zu finden sind.

417

Der junge Graf Ory sucht sich die Abwesenheit der Kreuzfahrer zunutze zu machen; auch er geht auf Eroberungen aus und belagert die Gräfin Marianne de Formoutiers. Nachdem einige Finten fehlgeschlagen sind, erbittet er mit seinen Begleitern in geistlichem Gewande Aufnahme im Schloß. Doch ein tolles Saufgelage entlarvt die Eindringlinge gerade in dem Augenblick, da die schmetternden Trompeten die Rückkehr des Hausherrn aus dem Morgenlande ankündigen. Ory ist soeben damit beschäftigt, seinem Pagen, der sich als Burgfräulein verkleidet hat, Unterricht in Liebeskünsten zu erteilen. Nun bleibt ihm nichts anderes übrig, als schnell das Feld zu räumen und seine Tätigkeit nach Burgund zu verlegen. Den Pagen aber nimmt die Gräfin in Dienst. Da er sterblich in sie verliebt ist, wird er die Lektionen seines früheren Herrn wohl zu nützen wissen.

Diese »opéra comique« ist eines der vollendetsten Werke Rossinis. Glänzende Ensembles – wie sie seit Mozart niemand mehr zu schreiben wußte – geistvolle Nuancen, aber auch einige lyrische Perlen nobler Melodien sind in der Partitur zu finden. (Uraufführung: Paris, 20. August 1828.)

Wilhelm Tell

Schillers Schweizerdrama bildet die Grundlage dieser letzten Oper des zu unbeschreiblicher Popularität aufgestiegenen Meisters. Der Textdichter Victor Joseph Etienne (der unter dem Namen De Jouy schrieb) hatte Hippolyte Louis Florent Bis als Mitarbeiter herangezogen. Rossini komponierte eine große Ouvertüre, die zu einem der meistgespielten Konzertstücke aller Zeiten wurde. Sie ist mehrteilig gegliedert und betont mit dem Schema langsam-schnell-langsam-schnell ihren geistigen Zusammenhang mit der alten Form. In den langsamen Teilen ist sie von edler Schönheit, ihr abschließender Geschwindmarsch ist zwar mitreißend, aber vielleicht durch zu häufiges Hören ein wenig ins Banale abgesunken, ohne daß er allerdings, gut interpretiert, seine Wirkung eingebüßt hätte. Die erste Szene der Oper bringt ein Frühlingsbild: wir befinden uns an den idyllischen Gestaden des Vierwaldstättersees. Der alte Melchthal soll, altem Brauche folgend, die Brautpaare segnen; doch der atemlos herbeieilende Leuthold unterbricht das liebliche Fest. Er hat einen Soldaten der verhaßten habsburgischen Besatzungsarmee erschlagen, der sich an seiner Tochter vergehen wollte. Nur rasche Flucht über den See kann sein Leben retten. Wilhelm Tell, der sich immer klarer als das geistige Oberhaupt des helvetischen Widerstands erweist, springt mit ihm in einen Kahn, den er trotz des aufziehenden Gewitters wohlbehalten in die Freiheit zu lenken versteht. Die sofort danach heranpreschenden Reiter des Vogts Geßler zerstören in ihrer Wut alles, was sie vorfinden und führen den alten Melchthal ins Gefängnis. Dessen Sohn Arnold ist in leidenschaftlicher Liebe zur Habsburgerprinzessin Mathilde entbrannt. Um sie zu gewinnen, hält er sich von seinen eigenen Landsleuten fern, ja scheint sogar bereit, die Partei der Besatzungsmacht zu ergreifen. Doch die Nachricht, daß die Schergen Geßlers seinen alten Vater ermordeten sowie eine ernste Unterredung mit Tell und Walter Fürst, bringt ihn ins Lager der Patrioten zurück. Die folgende Szene zeigt den Rütlischwur der Gemeinden Uri, Schwyz und Unterwalden, jenen von Schiller in großartiger dramatischer Sicht geschauten Gründungsakt der Eidgenossenschaft. Rossini unterstreicht ihn mit einem feierlichen, ergreifenden Ensemble. Nach einer Szene, in der Arnold und Mathilde sich unter Tränen Lebewohl sagen, da die Habsburgerin die Einstellung ihres Geliebten versteht und würdigt, wohnen wir neuerlich einem der großen dramatischen Akte der Weltliteratur bei. Der grausame Vogt Geßler hat einen Hut als Symbol der Obrigkeit aufrichten lassen und verlangt nun von allen Vorübergehenden dessen ehrerbietigen Gruß. Doch Tell geht stolz vorbei, ohne sich zu verneigen. Er wird als Rebell festgenommen und dazu verurteilt, mit seiner Armbrust einen Apfel vom Kopf seines Kindes zu schießen. Der Schuß gelingt meisterlich, aber Tell wird nicht freigelassen, denn er gesteht auf Befragen freimütig, ein zweiter Pfeil, den er zu sich gesteckt, hätte nach dem Mißlingen des ersten Schusses des Tyrannen Geßlers Herz durchbohrt. Auf Geßlers Schiff soll Tell in die Gefangenschaft gebracht werden, während rundum auf allen Waldstätten und Bergeshöhen zum Kampf gegen die verhaßten Feinde gerufen wird. Während der Fahrt über den von tobendem Sturm gepeitschten See kann Tell sich durch einen kühnen Sprung auf eine vorstehende Felsenplatte retten und zu den Seinen fliehen. Als Geßler an Land geht, wird er in der »Hohlen Gasse« bei Küßnacht von einem Pfeil durchbohrt. Auf den Höhen leuchten Feuer auf, die Eidgenossen zum Kampf gegen die fremde Macht und zur Befreiung des Heimatbodens aufrufend.

Nach Ansicht vieler Kenner hat Rossini mit dem Wilhelm Tell sein Hauptwerk geschaffen. Seine ruhigere Arbeitsweise, die im allgemeinen diese letzte Pariser Schaffensperiode auszeichnet, trägt hier ihre reifsten Früchte. Rossini nimmt sich Zeit, die Partitur bis ins Kleinste auszufeilen, – ahnt oder weiß er gar schon, daß es seine letzte sein würde? Man kann »Wilhelm Tell« eine im besten Sinne übernationale Oper nennen: Italienisch ist die Melodik, französisch die Sprache, schweizerisch das Thema. Die großartigen Naturschilderungen weisen auf deutsche Herkunft: Beethoven hat diesen Weg in seiner Pastoral-Sinfonie gewiesen (die Rossini tief verehrte), Weber und Mendelssohn sind ihm gefolgt. Auch Schillers mitreißende Rhetorik hat Rossinis Musik hier einen gewissen edlen Zug zum Pathos verliehen. Und doch: eher als »deutsch« ist dieses Werk romantisch. Man mag der frühen Romantik viel deutsches Gedankengut nachsagen, aber ihre schnelle Verbreitung über Europa, ja über die ganze westliche Welt bewies, daß sie gewisse Sehnsüchte aller Völker freilegte. Rossini war vom »Klassiker« zum »Romantiker« geworden; ohne es wohl selbst zu spüren, war er der Entwicklung seiner Epoche gefolgt. Die Premiere in der Pariser Oper am 3. August 1829 endete in stürmischen Ovationen, denen die Presse sich allerdings nicht ganz anschloß. Nachdem »Wilhelm Tell« sich während einiger Jahre im Triumph auf den Theatern gehalten hatte, machten zunehmende Besetzungsschwierigkeiten nahezu allen Bühnen zu schaffen. In Paris riß zudem die Gewohnheit ein, einen »Opernabend« mit verschiedenen Bruchstücken oder Akten mehrerer Werke, garniert mit Ballettnummern dem Publikum vorzuführen.

Der zweite Akt des »Guillaume Tell« hielt sich in dieser Fassung noch viele Jahrzehnte, aber der »Rest« verfiel allmählich schmerzlicher Vergessenheit. Rossini allerdings spottete darüber, wie es ihm gegeben war, vieles Unangenehme durch Ironie zu überwinden. Als ihm gegen Ende seines Lebens der Direktor der »Grande Opéra« mitteilte, daß demnächst der zweite Akt des »Tell« an einem solchen Abend zur Aufführung gelangen werde, stellte er die erstaunte Frage: »Was? Der ganze zweite Akt?«

»Wilhelm Tell« gehört zu den bedeutendsten Werken der Operngeschichte; er wird noch manche Generation in Begeisterung versetzen.

Camille Saint-Saëns

1835–1921

Charles Camille Saint-Saëns wurde am 9. Oktober 1835 in Paris geboren. Er begann frühzeitig Musik zu studieren und komponierte mit sieben Jahren kleine Stücke. Mit elf trat er als Pianist vor das Publikum. Nach dem Besuch des Konservatoriums wurde er Organist der Pariser Madeleine-Kirche. 1853 wurde seine erste Sinfonie aufgeführt, auch als Klaviervirtuose schuf er sich schnell einen Namen. Er perfektionierte sein Klavierspiel bei Franz Liszt, durch den er mit dem Gedankengut der »Neudeutschen Schule« in Berührung kam. Er konnte und wollte sich dem Einfluß Wagners nicht entziehen. Im Jahre 1871 gehörte er zu den Gründern der französischen »Société Nationale« der Musiker, zu der u.a. Bizet, Lalo und César Franck gehörten. Saint-Saëns schuf eine Fülle von seinerzeit sehr beliebten und oft gespielten Kompositionen aller Art; wenig hat ihn überlebt, darunter der witzige »Karneval der Tiere«, in dem die lyrische Perle des »Schwans« zu finden ist, vielleicht einige Konzerte, seltener eine seiner sinfonischen Dichtungen und das eine oder andere seiner Orgelstücke. Völlig frisch hingegen wirkt die Schönheit seiner Oper »Samson und Dalila«, der einzigen unter sechzehn, der ein internationales Bühnenleben beschieden ist. Saint-Saëns starb in Algier, wo er im Alter gerne die Winter verbrachte, am 16. Dezember 1921.

Samson und Dalila

Oper in drei Akten (vier Bildern). Textbuch, nach einer Episode der Bibel (»Buch der Richter«), von Ferdinand Lemaire.
Originaltitel: Samson et Dalila
Originalsprache: Französisch
Personen: Samson (Tenor), Dalila (Mezzosopran), Abimelech, Satrap von Gaza (Baß), Oberpriester des Dagon (Bariton), ein alter Jude (Baß), ein Kriegsbote der Philister (Tenor), Philister, Juden, Priester, Krieger, Tänzerinnen.
Ort und Zeit: Gaza in Palästina und seine Umgebung, im 12. vorchristlichen Jahrhundert.
Handlung: In die Klänge des Vorspiels mischen sich, bevor noch der Vorhang aufgeht, die Klagen der Juden, die unter dem Joch der Philister schmachten. Der erste Akt spielt auf einem Platz in Gaza, vor Morgengrauen. Die Hebräer beten in wuchtigen, sehr eindrucksvollen Chören. Unter ihnen befindet sich Samson, der sich aufrichtet und seinen Gefährten Widerstand predigt. Von seinen Wachen umgeben tritt Abimelech, der Satrap, auf. Er heißt die Hebräer schweigen und verspottet ihren Gott, der von Dagon, dem Gott der Philister, besiegt worden sei. Samson tritt ihm entgegen, und seine mutigen Worte begeistern die Gefangenen. Als Abimelech das Schwert zieht, wird er von den Juden überwältigt und getötet. Der Aufstand hat begonnen. Im erwachenden Morgenlicht singen die Hebräer Jubellieder über ihre Befreiung. Die Pforten des Tempels öffnen sich; die schöne Priesterin Dalila tritt mit ihren Gefährtinnen auf den Platz, um Samson zu huldigen. Vergebens warnt ein alter Jude den Führer der Hebräer; der hört nur die Liebesworte der verführerischen Heidin, die ihm inmitten sinnlicher Tänze ihrer Mädchen ein schönes Lied von Liebe und Frühling singt. ①
Samson hat den Warnungen und den eigenen Ahnungen kein Gehör geschenkt. Blind vor Liebe eilt er in die Falle der Feinde. Die schöne Dalila erwartet ihn, geschmückt wie zu einem Fest. Doch ihre Arie spricht nicht von Liebe, sondern von Haß und Rache ②, der die sinnliche Begier des feindlichen Führers ihr den Weg öffnen soll.
Der Oberpriester kommt, um Dalila gegen den Feind aufzurufen. Mit freudiger Genugtuung bemerkt er, daß sie bereits Bundesgenossen sind im unversöhnlichen Kampf der Philister gegen die Hebräer. Der Schönheit Dalilas wird Samson nicht widerstehen können. Der Priester geht, um seine Truppen rund um das Haus zu legen, in dem sie bald den wehrlosen Feind finden sollen. Samson kommt, in heftigem Kampfe mit seinem eigenen Gewissen. Er ist nahe daran zu fliehen, den Verrat an seinem Gott nicht zu begehen; aber Dalilas weit geöffnete Arme lassen ihn erliegen. Wie verzaubert hört er ihre Liebesschwüre (deren Falschheit den Komponisten nicht gehindert hat, eine der melodisch schönsten Arien des Opernrepertoires zu schaffen). ③
Samson läßt sich betören, vergißt seine Sendung und die Gefährten, die er aus der Sklaverei erlösen muß. Er folgt der Verführerin in das Innere des Hauses. Während ein Gewitter am Himmel losbricht, stürzen sich die Philister über Samson und ersticken seinen verzweifelten Ruf: »Verrat!«
Im ersten Bild des dritten Aktes sehen wir den gefangenen Samson, geblendet und von den Philistern dazu gezwungen, in Ketten unaufhörlich eine Mühle zu drehen. Er scheint – nach dem Verlust der Haare, in denen nach Volksglauben seine Kraft lag, und der Augen – nur noch der Schatten des stolzen Helden, der sein Volk aus der Sklaverei führen wollte. Er betet zu Gott, und die Klagegesänge der Hebräer antworten ihm. Sie beleben in ihm die Erinnerung an seinen Verrat und beschuldigen ihn der erneuerten Knechtschaft der Juden. Er sehnt nur noch den Tod herbei, aber die Philister wollen am gedemütigten Feinde ihr Schauspiel haben. So führen sie ihn denn in ihren Tempel, wo sie den Triumph mit einer Orgie zu feiern gedenken.
Dort spielt die letzte Szene. Bitter sind die Worte, die der Oberpriester an Samson richtet, aber schlimmer die Gesänge Dalilas, in die Melodien der Liebesszene verwoben sind. Der einstige Held ist dem Gespött der Feinde preisgegeben. Durch ein Kind lassen sie ihn in die Mitte des Tempels geleiten, wo er nun geschmäht, verlacht und todessehnsüchtig zwischen den gewaltigen Säulen steht. Doch der Gott, den er in dieser Stunde anruft, hat ihn noch nicht verlassen. Noch einmal gibt er ihm die Kraft zurück, die er erfleht. Seine Gestalt scheint sichtbar zu wachsen, er streckt die Arme aus und ergreift die saaltragenden Säulen. Ein letzter Ruf zu Gott: Der Tempel stürzt ein und begräbt die Philister unter seinen Ruinen.
Quelle: Die Bibel erzählt uns die sicher auf hi-

storischer Grundlage beruhende, aber gleich einem Heldenepos ausgeschmückte Geschichte des Richters und Volksführers in Israel, der als Samson oder Simson überliefert ist und von 1155–17 vorchristlicher Zeit gelebt haben dürfte. Seine ungeheure Körperkraft ist sprichwörtlich geworden, er erwürgte Löwen mit der Hand und erschlug mit einem Tierknochen tausend Philister, Feinde seines Volkes. Legendär ist seine Liebe zur schönen Dalila (oder Delila), die möglicherweise Priesterin der heidnischen Philister war und ihren Geliebten zuletzt in eine Falle lockte und wehrlos seinen Todfeinden überlieferte. Er wurde geblendet, zu niedrigen Arbeiten gezwungen und verspottet, konnte seine Kräfte aber noch einmal zusammenraffen und den Tempel der Philister zum Einsturz bringen, der die gesamte Führerschicht dieses Volkes unter seinen Trümmern begrub.

Textbuch: Dieser »dankbare« Stoff, in dem der Haß zweier Völker und die zwiespältige Beziehung zweier ungewöhnlicher Persönlichkeiten zu dramatischen Entladungen drängt, wurde vom Komponisten selbst, unter Hinzuziehung von Ferdinand Lemaire (1832–79) zu einem hervorragenden Opernlibretto gestaltet. Solistische Szenen wechseln sehr wirkungsvoll mit wuchtigen Chorpartien ab, die mit der geballten Handlung unlösbar verknüpft sind.

Musik: Saint-Saëns erweist sich als glänzender Melodiker. Die drei Arien, die er in die Partie der Dalila geschrieben hat, gehören zu den

schönsten und wirkungsvollsten Aufgaben des Mezzosopran-Repertoires. Sie machen aus der Philisterpriesterin eine der begehrenswertesten Partien für tiefere Frauenstimmen. Zu ihrer Bewältigung im Sinne des Werkes bedarf es einer üppigsinnlichen Stimme sowie einer Erscheinung von stärkster erotischer Ausstrahlung. Glänzend sind die Massenszenen gestaltet, die den ersten und dritten Akt beherrschen; die Chöre der Juden wie der Philister erreichen großartige Höhepunkte.
Geschichte: Als Saint-Saëns den Stoff »entdeckte« – er dürfte wenig über dreißig Jahre alt gewesen sein –, dachte er zunächst an ein Oratorium. Doch ein angeheirateter Verwandter, der aus Amerika stammende Schriftsteller Lemaire, überzeugte ihn von der echten Bühnendramatik, die in ihm schlummerte. Doch scheint Saint-Saëns des biblischen Stoffes wegen viel Entmutigung erfahren zu haben. Schließlich war es Franz Liszt, der ihn zur Vollendung des Werkes anspornte. Und Liszt war es auch, der »Samson und Dalila«, nachdem die französischen Theater sich durchwegs gegen eine Aufführung entschieden hatten, an seiner Weimarer Bühne, ins Deutsche übersetzt, am 2. Dezember 1877 zum ersten Erklingen brachte. Trotz des großen Erfolges dauerte es dreizehn Jahre, bis ein französisches Theater (Rouen) sich zum Nachspielen dieses französischen Meisterwerks entschloß, und gar fünfzehn, bis 1892 das Pariser Publikum zum ersten Mal von dieser Oper Notiz nahm, die sehr bald im internationalen Repertoire einen hervorragenden Platz einnehmen konnte.

Aulis Sallinen

1935

Der am 9. April 1935 in Salmi/Finnland geborene Komponist gehört zu den interessantesten nicht nur seines Landes, sondern seiner Generation. Nach einer Periode der Zwölftonmusik und der Auseinandersetzung mit anderen Stilarten der Zeit, die sich in einer Reihe von Orchester-, Kammer- und Vokalmusik niederschlugen, vollzog Sallinen mit der Oper »Der Reitersmann« (auf einen Text von Paavo Haavikko) die Rückkehr zu einer unmittelbaren musikalischen Aussage, die von starkem dramatischen Temperament geprägt ist. Das Werk (Originaltitel: »Ratsumies«) wurde beim Opernwettbewerb aus Anlaß der 500-Jahrfeier der Burg Olavinlinna – dem Ort der bedeutenden finnischen Sommerfestspiele von Savonlinna – preisgekrönt und aufgeführt. Seine nächste Oper, »Der rote Strich«, erlebte ihre Premiere im Jahre 1978 (das noch zwei weitere finnische Opern hervorbrachte: Ilkka Kuusistos »Die Rippe des Mannes« und Jorma Panulas »Jaakko Ilkka«). Hier vertonte Sallinen ein bedeutendes Werk des großen Nationaldichters Ilmari Kianto (1874–1970), der sein langes Leben großenteils im hohen Norden des Landes verbrachte, in der Einsamkeit von Wäldern und Seen, und dessen verschlossene, schwer zugängliche Menschen mit ihren harten, unerbittlichen Lebensbedingungen er geschildert hat. So auch im »Roten Strich«, der hier symbolische Bedeutung besitzt: Es ist das Zeichen, das bei den ersten freien Wahlen im Lande (1907) den grausam um ihr Überleben ringenden Ödlandbewohnern »die Freiheit« bringen sollte, wie ihnen politische Agitatoren versichern und der aufkeimende Sozialismus verspricht. Aber diese Befreiung wird sinnlos und ohnmächtig in einem Dasein, das in stetem Kampf mit der Natur besteht, gegen die Kargheit ihres Bodens und gegen die Überfälle der Bären, gegen die (in dieser Oper) Topi immer wieder kämpfen muß, bis er zuletzt von ihnen getötet wird: Ein roter Strich zieht sich über seinen Körper, aber nun ist es Blut, nicht mehr die Tinte des Wahlzettels, mit dem er, der Analphabet aus den unendlichen Wäldern, dem Sieg der neuen Ideen den Weg bereitet hat. Ein nationales Stück, denn es bringt ein Stück finnischen Lebens auf die Bühne, dort wo es am einsamsten, am weltverlorensten ist (oder war); und ein soziales Stück, da es von dem langen Kampf der Unterdrückten gegen ihre Unterdrücker spricht. Ein Teil der Oper ist diesem letzteren, dem politischen Aspekt gewidmet: Ein »Agitator«, ein Wahlredner, steht der »Kirche« gegenüber, die sich mit den traditionellen Herren verbündet hat. Hier werden, in packendem Theaterstil, aber von der Musik nur sparsam unterstrichen, Szenen damaliger Realität lebendig, mit gesprochenem Wort auf weite Strecken. »Der rote Strich« stellt eine fesselnde Synthese zwischen Schauspiel oder Drama und

Musiktheater dar. Gegenüber diesen »politischen« Szenen sind die rein menschlichen musikalisch, sängerisch und orchestral sehr reich bedacht. Packend, und in großen, gefühlsgeladenen Ausbrüchen großartig gestaltet, sind vor allem die beiden Hauptrollen, der Bariton Topi und seine Frau Riika, in heldenhaftem, verzweifeltem Kampf gegen »den Bären«, Symbol der erbarmungslosen Natur, und den Hunger, der ihre Kinder mordet. (Siehe auch Nachtrag, S. 682)

Johann Schenk
1753–1836

Schenk war Mozarts Zeitgenosse und eine Zeitlang Beethovens Lehrer. Er wurde am 30. Oktober 1753 in Wiener Neustadt geboren und verbrachte sein Leben in Wien. In der Geschichte des deutschen Singspiels gebührt ihm ein ehrenvoller Platz. Eines seiner Werke, »Der Dorfbarbier«, hatte sogar weit über das lokale Musikleben hinaus Erfolg. Der amüsante Einakter taucht heute noch hie und da in unseren Theatern auf. Schenk starb am 29. Dezember 1836 in Wien.

»Der Dorfbarbier« (auf einen Text von Josef Weidmann) erzählt von einem älteren Junggesellen, der sein reiches Mündel heiraten will – ein Thema, das unzählige Male in Komödien und Lustspielopern vorkommt. Der Junggeselle, der zuletzt geprellt wird, ist der besagte Dorfbarbier. Sein Mündel liebt den Pächterssohn, der vom Barbier kunstvoll vom Hause ferngehalten wird. Doch als er erfährt, der junge Mann sei schwerkrank, ja todkrank, und würde im Falle seines Ablebens seiner jungen Gattin sein gesamtes Vermögen vermachen, dringt er darauf, aus dem jungen Mädchen und dem Schwerkranken so schnell wie möglich ein Paar zu machen. Denn so kämen ja dann bald beide Vermögen in seinen Besitz! Aber kaum ist die schleunigst vorbereitete Hochzeit vorüber, da gesundet der »Kranke« so vollständig, daß man ihm ein langes, glückliches Leben an der Seite seiner geliebten Gattin prophezeien kann. Das kleine Werk enthält nur einfache musikalische Formen und gesprochenen Dialog zwischen den Musiknummern. Aber es ist frisch, liebenswürdig und zeigt Erfindungsgabe und Grazie. (Uraufführung: Wien, 30. Oktober 1796.)

Armin Schibler
1920–1986

Der 1920 in Kreuzlingen geborene Schweizer Komponist setzt sich in besonderem Maße mit den sozialen Problemen und der Stellung der Musik in einer neuen Menschheit auseinander. Er ist von größter Gedankenklarheit und doch eine intuitive Schöpfernatur. In klugen Schriften hat er zu den schweren Problemen der Kunst in unserer Zeit hellsichtige Stellung genommen. »Darum geht es: den Orten gemeinschaftlichen oder isolierten Hörens, dem Hören überhaupt einen neuen Stil zu geben. Zwischen dem nostalgischen Traum von Harmonie und dem unerbittlichen Tribut an das Gegenwärtige hat sich die Leistung der Professionellen auf die Suche des Menschen nach Ursprung und Zukunft, nach seiner Identität auszurichten. Musik dieses Sinnes brauchen wir, um im Technoikum zu überleben«, bekennt er. Schibler hat sich, nebst einer wahren Fülle von Werken auf allen Gebieten, mit besonderer Hingabe dem Musiktheater gewidmet; sein Weg ist interessant und bezeichnend für die Erkenntnisse seiner Generation. Er begann mit einer Oper (ein Wort, von dem er immer mehr abrücken wird), »Der spanische Rosenstock« nach einer Novelle von Werner Bergengruen, die 1950 in Bern uraufgeführt wurde. »Der Teufel im Winterpalais« ist ebenfalls Motiven von Bergengruen nachgebildet. Stärkere Aufmerksamkeit zog seine Conrad Ferdinand Meyer-Vertonung »Die späte Sühne« (nach »Die Füße im Feuer«) bei ihrer Zürcher Premiere von 1955 auf sich. Das Werk behandelt die Episode aus den Hugenottenkriegen, in der ein nach langen

Verfolgungen endlich Ruhe findendes Paar den gesuchten grausamen Mörder ihrer Familie im eigenen Haus entdeckt, wo er das Gastrecht angesprochen hat. Der tragische Konflikt – Rache oder Verzeihen, Wiederaufrühren des alten Hasses oder Vergessen um der Zukunft willen – stellte sich dem Komponisten gerade in den Jahren nach dem Zweiten Weltkrieg und der Aufdeckung fürchterlichster Verbrechen mit ganzer Wucht dar. 1956 begann Schibler an einer Jugendoper »Urs und Flurina« zu arbeiten, die er erst 1960 abschloß, da sich ein Auftrag des Zürcher Stadttheaters für die Festwochen 1962 dazwischenschob: »Blackwood & Co«. Am Libretto arbeitete der Komponist gemeinsam mit seinem oft herangezogenen Textdichter Alfred Goldmann. Es entstand ein origineller Vorwurf, der den Reklamelärm unserer Welt wirkungsvoll mit der immer noch vorhandenen Herzensreinheit vieler junger Menschen kontrastiert. Die Handlung bringt zwei alte Freunde zusammen, die das Leben trennte: den Verkaufschef einer Möbelfirma, die ein Jubiläum mit dem Geschenk eines Ehebetts an ein junges Brautpaar begehen und diese »Großmut« propagandistisch ausschlachten möchte, und einen Musiker, der den Auftrag des Freundes, einen Reklameschlager zu schreiben ablehnt, aber menschlich an den Ereignissen, die sich nun abspielen, immer stärkeren Anteil nimmt. Er beobachtet das junge Paar, das in den Rummel gezogen wird, und beschließt, eine Oper daraus zu machen, die er gewissermaßen im Angesicht des Publikums komponiert. Die amüsante und tieferen Sinnes nicht entbehrende Geschichte wird mit Mitteln vertont, die eine völlige Vertrautheit Schiblers mit den Techniken seiner Zeit erweisen: von der Dodekaphonik zum Jazz, mit Songs, Pantomime, Tanz, gesprochenem und gesungenem Text.
Ein junges Paar steht auch im Mittelpunkt der folgenden Oper Schiblers. »Antoine und Carmela« sind die Hauptpersonen eines abendfüllenden »Bühnenstücks mit Musik«, das für Schauspieler, Sänger, Tänzer und kleines Orchester geschrieben ist (1958/64). Mit diesem letzten Versuch, für das traditionelle Musiktheater zu schaffen, löst Schibler sich von den rein theatermäßig zu realisierenden Formen. Er beginnt vom nächsten seiner Werke angefangen die Libretti selbst zu gestalten, so daß sie in dramatischen, epischen und lyrischen Episoden ein bestimmtes Thema umkreisen, wobei die Phantasie des Hörers zur imaginären Szene werden soll. Er wählt den neuen Titel »Hörwerke«, die der materialisierten Szene entraten können, also für Rundfunk und Schallplatte Gültigkeit besitzen, doch jederzeit auch visualisiert werden können. Mit »The point of return« schuf Schibler 1970 ein »Hörwerk« von halbstündiger Dauer, das die ökologisch-ökonomische Überlebensfrage anhand der Traumvisionen eines Menschenpaares umkreist. Verlangt dieses Stück zu den Sprechstimmen der beiden Protagonisten einen Chor und ein Kammerorchester, so kommen die späteren »Hörwerke« mit kleineren Besetzungen aus: »Später als du denkst...«, 1973 als Auftragswerk des Schweizerischen Fernsehens entstanden, setzt eine Rock-Gruppe ein; 1974/75 entstand »Der da geht« (Der Weg des Menschen) für Sprechstimmen und Instrumentalensemble; das Stück wurde beim Wettbewerb von zehn Schweizer Städten mit einem Preis ausgezeichnet und erlebte seine Uraufführung bei den Internationalen Musikfestwochen Luzern 1976. Das für Amnesty International komponierte »Epitaph auf einen Mächtigen« ist für sechzehnstimmigen Chor und zwei Klaviere geschrieben, es wurde 1977 in Zürich uraufgeführt.
Ein szenisch-oratorisches Werk wurde, auf einen Text von A. Goldmann, »Der Tod Enkidus«. Der König Gilgamesch gewinnt am Tod seines Freundes Enkidu die Einsicht, daß er selbst sterben müsse. Die Hauptrollen sind mit je einem Sänger und einem Sprecher doppelt besetzt, auch dem Singchor steht ein Sprechchor gegenüber. Schibler sieht in dieser Formel die Möglichkeit, den gleichen Vorgang reflexiv-betrachtend wie intuitiv-gefühlshaft zur Darstellung zu bringen. (Uraufführung, Radio Basel 1973, Preis des Schweizer Radios.) Das abendfüllende Stück »La folie de Tristan« (uraufgeführt beim Festival de Montreux 1980), präsentiert als »musikalisches Mysterium«, bringt – nach einem Roman von Joseph Bédier – die Verkleidung Tristans als Narr, um noch einmal vor seinem Tode mit Iseut vereint sein zu können. Er wird am Hofe König Marcs als Komödiant begeistert aufgenommen, doch Iseut zögert lange, bis sie ihn erkennt. Die neuerlich aufflammende Liebe zwischen beiden wird zur Apotheose der Liebe schlechthin, die mystische Vereinigung der Geschlechter zum Urgeheimnis der Existenz. Den epischen Text hat Schibler in dramatische Szenen umgewandelt, verbindende Worte hinzugefügt und ihn damit aus literarisch-geschichtlicher Distanz ins Heutige transportiert. In der Musik leistet ihm dabei ein Jazzensemble Gefolgschaft, das die komplexen Mittel der vorangegangenen Werke beträchtlich erweitert.

Mit dem Bühnenspiel »Die Legende von den drei Liebespfändern« hat Schibler ein Werk für zwei Tänzer, Stimme und neun Instrumente geschaffen, das in gewissem Sinne an Strawinskys zwei Generationen früher geschaffene »Histoire du soldat« in moderner Form anknüpft.

Max von Schillings
1868–1933

Der am 19. April 1868 in Düren geborene Komponist spielte im deutschen Opernleben eine wichtige Rolle. Nachdem er seit dem Jahre 1908 zehn Jahre lang Hofkapellmeister in Stuttgart war, wurde er Intendant der Berliner Staatsoper. Er trat 1925 in den Ruhestand, widmete sich der Neubearbeitung einiger seiner früheren Werke und starb in Berlin am 24. Juli 1933. Seine ersten Opern standen klar in der Linie Wagners. Hier sei »Der Pfeifertag« erwähnt (1899, umgearbeitet 1931), ein musikalisches Lustspiel von überlistetem Standesdünkel und mit frischen Volksszenen aus der deutschen Vergangenheit; »Der Moloch« (1906, in zweiter Fassung postum 1934 aufgeführt) konfrontiert gesunden Volksglauben und Götzendienst. Sein größter und noch anhaltender Erfolg »Mona Lisa« aber folgt der veristischen Linie.

»Mona Lisa« ist ein Schauspiel rund um das unsterbliche Bild Leonardo da Vincis, genannt »La Gioconda« oder »Mona Lisa«. Beatrice Dovsky hat eine äußerst dramatische, grausame, oftmals bis an den Rand des Erträglichen gehende Handlung erfunden, die in Schillings Schaffen eine ganz neue Saite aufklingen ließ: rauschende Orchesterorgien à la Richard Strauss, sinnliche Melodien à la Puccini, aber doch stets eigenwertig und persönlich. Eine Rahmenerzählung umgibt das eigentliche Spiel: ein Laienbruder geleitet ein Besucherpaar durch einen der Renaissancepaläste von Florenz; es ist der, in dem sich das Leben von Francesco del Giocondo und seiner jungen Gattin Mona Fiordalisa, genannt Mona Lisa, abgespielt haben soll. Gespannt hören die Fremden zu; er ist ein alternder Mann, mit einem grausam-lüsternen Ausdruck um den Mund, sie eine junge Frau mit einem rätselhaften Lächeln im Gesicht. Der Laienbruder, von den gespannten Gesichtszügen seiner Begleiterin angefeuert, schildert die Tragödie, die sich in diesen Räumen abgespielt haben soll. Und der Zuschauer erlebt diese Erzählung nun als Drama, wobei sich die drei Figuren des Vorspiels in die Hauptgestalten der Handlung verwandeln. Karnevalstreiben auf den Straßen kontrastiert mit der düsteren Stimmung im Palaste, in dem die junge Gattin sich dem alternden Aristokraten verschließt, der vergeblich in ihrem Antlitz das geheimnisvolle Lächeln sucht, das Meister Leonardo auf die Leinwand gebannt hat. Doch die Gäste Francescos erheitern sich bei Gesang und Wein. Draußen erreicht der Trubel seinen Höhepunkt, wird aber durch die gewaltige Mahnerstimme Savonarolas unterbrochen, der Florenz zur Reue und Buße auffordert. Mona Lisa kehrt aus der Kirche heim; sie trägt einen Strauß Blumen. Francesco fragt sie eifersüchtig aus, erfährt aber nichts Verdächtiges. Da wird ein Besuch angemeldet. Es ist der junge Giovanni, der im Auftrage des Papstes kommt, um von dem berühmten Perlenkenner Francesco del Giocondo einige besonders schöne Stücke zu erstehen. Als er Mona Lisa entgegentritt, geht ein Erkennen über beider Gesichtszüge; vor Jahren waren sie einander begegnet, aber das Schicksal trennte sie trotz des Gefallens, das sie aneinander gefunden hatten. Nun zeigt Francesco stolz den Freunden und dem Fremden seine Schätze. Hinter doppelten, schweren Türen und in einem Kästchen, dessen Inhalt von den Fluten des Arno bespült werden kann, hütet er einige wundervolle Perlen. Manchmal holt er sie hervor und zwingt seine Gattin, sie anzulegen. Es wird spät, alle verabschieden sich. Doch in einem unbewachten Augenblick lodert die Liebe zwischen Mona Lisa und Giovanni auf. Sie beschließen, am Morgen gemeinsam zu fliehen. Francesco hat sie beobachtet. Nun tritt er hervor, während Giovanni sich schnell versteckt. Mona Lisa hat das Lächeln auf ihrem Gesicht, das Leonardo gemalt und Francesco ihr niemals abgewinnen konnte. Voller Haß sucht er nach dem Nebenbuhler, der von Winkel zu Winkel flieht und sich schließlich im Perlenschrank versteckt. Hohnlachend schlägt Francesco die Türen zu und schließt sie sorgfältig ab. Der flehenden Gattin verspricht er einen Wunsch zu erfüllen, wenn sie sich ihm endlich hingebe. Doch als diese in höchster Angst den Schlüssel zum Schrank fordert, wirft er ihn in weitem Bogen durch das Fenster in den Fluß. Dann reißt er die halb Ohnmächtige gewaltsam in seine Arme. Am kommenden Morgen des Aschermittwochs findet Francescos kleine Tochter in ihrem Boote einen Schlüssel und bringt ihn der Stiefmutter; der treten nun die Ereignisse der grauenhaften Nacht, die sie für einen Traum hielt, ins Gedächtnis. Mit fliegenden Pulsen schließt sie den Schrank auf, aber ihr Rufen ist vergeblich: Giovanni muß längst tot sein. Da kommt Francesco. Er hat Giovanni in dessen Herberge gesucht, aber nicht angetroffen. Nun wird es ihm immer klarer, daß er ihn getötet hat. Doch als Mona Lisa ihn mit ihrem Lächeln bittet, die schönste Perlenkette aus dem Schrein zu holen und ihm dazu den wiedergefundenen Schlüssel überreicht, öffnet Francesco die schwere Türe. Er betritt die kleine Kammer, wo er auf Giovannis Leiche stößt. Aber auch sein Schicksal ist entschieden. Mona Lisa hat die Tür hinter ihm zugeschlagen. Dann bricht sie zusammen. Hier endet die Chronik, verkündet der Laienbruder dem besuchenden fremden Paar. Langsam erwacht die junge Frau aus ihre Betäubung. Als sie, von ihrem Gatten barsch aufgefordert, den Palast verläßt, entgleiten ihrer Hand die Blumen, die sie getragen. Es sind Iris, wie die, die Mona Lisa von ihrem Kirchgang heimbrachte. Der Laienbruder fühlt, daß sie ihm gelten. Er hebt sie auf, preßt sie an die Lippen und flüstert: »Mona Lisa«. (Uraufführung: Stuttgart, 26. September 1915.)

Franz Schmidt

1874–1939

Von der Jahrhundertwende bis zum Zweiten Weltkrieg hat Franz Schmidt als Violoncellist des Hofopernorchesters und der Philharmoniker, als Pianist, Lehrer, Professor, Rektor der Musikhochschule und Komponist in Wien eine bedeutende Rolle gespielt. In ihm lebt die Spätromantik und ihr glutvolles, sinnliches Musikantentum, in ihm ist der Vielvölkerstaat der Donaumonarchie gegenwärtig, deren ungarische und slowakische Folklore er in viele seiner wichtigsten Werke einbrachte. Es war die Musik seiner Heimat: im damaligen Preßburg (dem späteren Bratislava) wurde er am 22. Dezember 1874 geboren. Er kam jung in die Hauptstadt Wien, erklomm dort bedeutende Positionen, hatte Freunde, Verehrer, auch Gegner und Neider; er stellte in den auch musikalischen Umbruchszeiten so etwas wie einen Fels der Tradition dar, ohne je unzeitgemäß zu sein. Seine höchst fesselnde Harmonik ging bis an die äußerste Grenze der Tonalität und erzielte Wirkungen von stärkster Gefühls- und Aussagekraft. Er war ein starker Sinfoniker – nicht umsonst der beste österreichische Orchesterkomponist seit Bruckner und Mahler genannt –, ein beachtenswerter Schöpfer von Instrumental-, Orgel- und Kammermusik. Einen Rang für sich nimmt sein überwältigendes Oratorium »Das Buch mit sieben Siegeln« ein, das den kühnen Versuch unternimmt, die Offenbarung des Johannes, die Apokalypse mit eindrucksvollem klanglichem Aufgebot zu vertonen. Auf dem Gebiet der Oper gelang ihm mit »Notre Dame« ein großer Wurf, den er mit der späteren »Fredegundis« (Berlin, 1922) nicht mehr erreichen konnte. Er starb in Perchtolsdorf bei Wien, wo er den wichtigsten Teil seines Lebens verbracht hatte, am 11. Februar 1939.

Notre Dame

Romantische Oper in fünf Bildern (zumeist in zwei Akte zusammengefaßt). Text nach dem berühmten Roman von Victor Hugo (1802–85), »Notre Dame de Paris« (1831), von Leopold Wilk (1876–1944). Den ersten Gedanken zu dieser (seiner ersten) Oper könnte Schmidt beim Anblick der Pariser Kathedrale gefaßt haben, vor der er anläßlich eines Gastspiels der Wiener Philharmoniker unter Leitung Gustav Mahlers im Jahre 1900 stand. Gemeinsam mit dem ihm aus einem Geselligkeitsverein bekannten Leopold Wilk ging er an die Dramatisierung

des buntbewegten, überaus gestalten- und ereignisreichen Romans, aus dem die wichtigste Entwicklungslinie für ein Opernlibretto herauszuziehen war. Noch während der Arbeit an diesem Werk dirigierte Ernst von Schuch im Jahre 1903 in einem Wiener Philharmonischen Konzert das später zur bekanntesten Musik Schmidts gewordene »Zwischenspiel«, das im damaligen Programm noch den Zusatz »aus einer unvollendeten romantischen Oper« erhielt.
Ein Jahr später setzte der Komponist den Schlußstrich unter »Notre-Dame«. Möglicherweise aufgrund eines Zerwürfnisses war der Operndirektor Gustav Mahler nicht bereit, das Werk uraufzuführen, und so mußte es bis zum 1. April 1914 auf seine Premiere warten.
Der bald beginnende Erste Weltkrieg stand seiner internationalen Ausstrahlung im Wege, aber die Wiener Musiktheater nehmen es bis heute immer wieder in ihren Spielplan auf. Seine prächtigen Partien haben große Künstler interessiert, und seine Wirkung ist bis heute nicht verblaßt.
Das Zigeunermädchen Esmeralda zieht durch Schönheit, Liebreiz und liebevolle Persönlichkeit viele Männer in ihren Bann. Verfallen ist ihr der junge Gringoire, ein verkommener Student, der sie bei einem Volksauflauf zu retten sucht, aber zu schwach dazu ist; ihr verfallen auch der Offizier Phöbus, dem die Rettung gelingt und der zu Esmeraldas einziger wahrer Liebe wird; verfallen ist ihr der armselige Glöckner von Notre-Dame, der verkrüppelte Quasimodo, der sie auf seine Weise anbetet, da er in ihr seinen Engel zu erkennen glaubt; verfallen ist ihr schließlich, trotz heftigster innerer Gegenwehr, der düstere Archidiakonus, der zwischen verbotener Liebe zu Esmeralda und Haß auf ihre »teuflische« Macht über ihn zerrissen wird. Da Gringoire von den Zigeunern, die seine Rolle beim Tumult um Esmeralda mißverstehen, zum Tode verurteilt wird, rettet das Mädchen ihn dadurch, daß es seine Frau wird; es ist ein Akt der Dankbarkeit, nicht der Liebe. Und Esmeralda fühlt sich so ungebunden wie vorher. Durch ein Amulett, das sie als Kind erhielt, ist sie vor den Wirren und Gefahren der Welt beschützt; aber sie weiß, daß dessen Wirksamkeit ihr nur so lange zuteil wird, als sie unberührt bleibt.
An einem Karnevalsabend wird Quasimodo von einer maskierten, übermütigen und rohen Volksmenge bedrängt, die sich grausame Scherze mit dem überall gemiedenen Krüppel erlauben; sie haben ihn zum Narrenkönig gemacht, eine Rolle, von der er sich nun mit Gewalt zu befreien sucht. Dabei wird er von dem auf dem Platz promenierenden, Esmeralda erwartenden Hauptmann Phöbus leicht verletzt. Esmeralda wirft sich zwischen die Streitenden und gewinnt den sie begehrenden Phöbus zum Verteidiger Quasimodos. Endgültig befreit wird dieser aber erst durch das Eintreffen des Archidiakons, der ihn zur Kirche zurückführt. Phöbus erhält das langersehnte Stelldichein Esmeraldas: noch am gleichen Abend wollen sie sich im verschwiegenen Hause einer alten Kupplerin treffen. Gringoire hat die Unterredung belauscht, doch auch das Zureden des Priesters, dem er sich als seinem alten Lehrer anvertraut, kann ihn nicht davor zurückhalten, in jenes Haus zu schleichen, in dem die sich ihm stets versagende Esmeralda dem jungen schönen Offizier Phöbus angehören will. Er versteckt sich in einem Schrank und wird Zeuge einer Liebesszene, in der die Zigeunerin zwar ihre zärtlichen Gefühle verrät, aber Phöbus bittet, den Zauber ihres Amuletts – ihre Jungfräulichkeit – nicht zu zerstören. Da stürzt Gringoire hervor, bohrt seinen Dolch in den Körper des Offiziers und stürzt sich aus dem Fenster zu Tode. Die herbeieilende Kupplerin hält Esmeralda für die Mörderin und ruft um Hilfe.
Esmeralda ist ergriffen und zum Tode verurteilt worden. Vom Archidiakon, dem sie in der Beichte den wahren Hergang jenes Abends erzählt hat, erfährt sie, daß Phöbus mit dem Leben davonkam. Nun hat sie nur noch den Wunsch zu leben und sich mit dem Geliebten zu vereinen. Der Priester kämpft, von verschiedensten Gefühlen bedrängt, einen schweren Kampf mit sich selbst: soll er das von ihm selbst heiß begehrte schöne Geschöpf freilassen, damit sie einem anderen gehöre? Soll er seiner Priesterpflicht treu bleiben und alle weltlichen Gefühle in sich ersticken? Die Pflicht behält die Oberhand, – oder ist es der Haß, der plötzlich in ihm aufflammt, ist es Eifersucht?
Der Tag ist gekommen, an dem Esmeralda aus dem Kerker zum Richtplatz geführt werden soll. Auf diesem letzten Gang stürzt plötzlich Quasimodo auf die Henker, befreit Esmeralda und entführt sie auf die Türme der Kathedrale, wo sie einem alten Asylrecht gemäß, für gerettet gelten kann, doch der haßerfüllte Priester hat dessen Aufhebung erreicht. Zu spät erkennt Quasimodo die Gefahr und will mit Esmeralda durch einen unterirdischen Gang entfliehen. Die

im Gefolge des Archidiakons eindringenden Soldaten ergreifen das Mädchen und schleppen es ins Freie, wo eine rachedurstige Menge ihrer harrt. Quasimodo und der von ihm früher dankbar verehrte Archidiakonus stehen einander gegenüber. Dieser versucht, in einer letzten Anwandlung von Liebe oder Barmherzigkeit oder Gerechtigkeit das Mädchen zu retten: die rasende Menge auf dem Platz vor der Kathedrale hört ihn nicht. Sie zerreißt den schönen, unberührten Körper Esmeraldas im Augenblick, da Quasimodo im Handgemenge den Priester vom Turm in die Tiefe stürzt. Der Krüppel weiß, daß das auch sein Ende bedeutet. Aber wozu leben? Die beiden Menschen, an die er geglaubt, sind tot.
Über Schmidts Musik soll nur gesagt sein, daß sie sich dem hochdramatischen, farbigen und erregenden Stoff bis in die letzte Einzelheit anzupassen weiß; auch sie ist dramatisch, farbig, erregend, wozu sie mit veristischer Melodik ebenso arbeitet wie mit chromatischen harmonischen Fortschreitungen, deren letzter Urquell in Wagners »Tristan« zu suchen ist, die aber völlig selbständig entwickelt und zu spannendsten Klängen gestaltet sind. Im berühmten »Zwischenspiel« verleugnet Schmidt seine in der Jugend erhaltenen ungarischen Eindrücke keineswegs: allerdings sind diese »östlichen« Klänge hier wohl eher als zigeunerische denn als magyarische Weisen zu verstehen: ein glühendes Bild der Prachtgestalt Esmeraldas, die bei Victor Hugo wie bei Franz Schmidt zu den faszinierendsten der Literatur gehört.

Othmar Schoeck

1886–1957

Auf zwei musikalischen Gebieten ragt das Werk des am 1. September 1886 in Brunnen am Vierwaldstätter See/Schweiz geborenen Othmar Schoeck hervor. Vielleicht gebührt die stärkste Beachtung und Bewunderung seinem Liedschaffen, das in tiefgefühlter, spätromantischer Weise die Linie Schubert-Schumann-Brahms-Hugo Wolf mit prachtvollen Schöpfungen fortführt. Aber auch auf dem Gebiet des Musiktheaters gelangen Schoeck wertvolle Werke: »Erwin und Elmire« (nach Goethe, 1916), »Don Ranudo« (Text nach Holberg von A. Rüeger, 1919), »Venus« (nach Merimée von A. Rüeger, 1922), »Penthesilea« (nach Kleist, 1927), »Vom Fischer un syner Fru« (nach Grimms Märchen von Ph. O. Runge, 1930), »Massimilla Doni« (nach Balzac von A. Rüeger, 1937), »Das Schloß Dürande« (nach Eichendorff von H. Burte, 1943). Schoeck, seit 1917 Dirigent der Sinfoniekonzerte in St. Gallen, erlitt dort im Jahre 1944 einen Herzanfall, der ihn für den Rest seines Lebens sich zu ruhigem Schaffen an seinem Zürcher Wohnsitz zurückziehen ließ. Zu seinem 70. Geburtstag kam es zu herzlichen Ehrungen, dem Doktorat *honoris causa* der Universität Zürich sowie vom ganzen Schweizer Volk getragenen Sympathiekundgebungen. Tatsächlich hat Schoecks Wirken der Kunstmusik seines Heimatlandes internationalen Rang gesichert, zu dem gleichzeitig auch mehrere bedeutende Schöpfer beitrugen: Honegger, Bloch, W. Burkhard und viele andere. Schoeck starb in Zürich am 8. März 1957.

»*Erwin und Elmire*« war sein erster Versuch auf dem Gebiet des Musiktheaters. Er verwandelte Goethes Werk mit Hilfe von 18 Gesängen sowie einer Vor- und Zwischenmusik in ein Singspiel, in dem am dichterischen Werk nichts geändert und die Dialoge in Prosa belassen wurden. (Uraufführung: Zürich, 11. Mai 1916.)

»*Don Ranudo*« fand drei Jahre später starke Beachtung. Ferruccio Busoni hatte den jungen Schweizer Komponisten richtig eingeschätzt, als er ihn auf die Komödie des skandinavischen Dichters Ludwig Holberg »Don Ranudo de Colibrados« aufmerksam machte. Holberg, der von 1684 bis 1754 lebte, war einer der geistreichsten Poeten der Weltliteratur. (Grieg setzte ihm bekanntlich in seiner »Holberg-Suite« oder »Suite aus Holbergs Zeit« ein tönendes Denkmal.) Armin Rüeger richtete den alten Komödienstoff für eine moderne Oper ein. Es wurde »ein toller Tag« daraus (um mit Mozarts »Hochzeit des Figaro« zu sprechen, mit dem Schoecks »Don Ranudo« zweifellos verwandt ist). Ein adelsstolzer Mann, dem außer den unpfändbaren Ahnenbildern nichts geblieben ist, der aber halsstarrig bleibt. Wie nun der schlaue Diener und die muntere Kammerzofe (alte Bekannte aus der Opera buffa) die unstandesgemäße Ehe doch zustandebringen, das ist der Inhalt des vergnüglichen Spiels. Sie bedienen sich dazu sogar des Mittels der Verkleidung, aber dieses uralte Hilfsmittel war ja soeben durch den »Rosenkavalier« von Hofmannsthal-Strauss sozusagen von neuem legitimiert worden. Das Ende ist gut und froh. Bei Schoeck überwiegt die Melodie, man fühlt den Liedkomponisten. Er ist ein Schubert-Nachfahre, ein Wolf-Erbe. Die Situation ist dramaturgisch stets so deutlich, daß es auf die Verständlichkeit jedes Wortes nicht so genau ankommt; die Melodie ist wichtiger und schafft zudem Wärme und Wohlbehagen. Dem Schweizer Meister floß die Arbeit leicht dahin, man merkt es an der überquellenden Natürlichkeit, an der herzhaften Freude, die sie ausstrahlt. Die Uraufführung fand in Zürich am 16. April 1919 statt.

Venus ist wohl Schoecks romantischstes Werk. Armin Rüeger hat, angeregt durch eine Novelle Prosper Mérimées, ein dreiaktiges Libretto verfaßt, das um 1820 auf einem Landschloß im südlichen Frankreich spielt. Die junge, bezaubernde Simone ist die Braut Horaces, und das Hochzeitsfest steht vor der Türe. Der Onkel des Bräutigams, der Baron de Zarandelle, der eine starke Neigung zu Ausgrabungen und Funden aus heidnischer Vorzeit hat, überrascht das Paar mit einem seltenen Geschenk, einer Venusstatue, die im Park des Schlosses aufgestellt wird, wo Horace und Simone leben werden. Schon beim Transport der Statue zu ihrem Bestimmungsort ereignet sich ein seltsames Vorkommnis; während der Baron, von seinem Fund begeistert, eine feierliche Ansprache hält und die Schönheit der Figur sowie der heidnischen Kunst im allgemeinen preist, werden ferne, aber drohende Donner laut. Ein Kinderchor, der zur Einweihungszeremonie, nach einem freundlichen Lied, die Statue mit Blumen bekränzen sollte, erschrickt vor der Figur und flüchtet. Nur Horace blickt der seltsamen Venus unverwandt ins Antlitz, wie gebannt steht er vor ihr. Nur mühsam kann ihn seine Braut wieder an ihre Seite und ins Haus ziehen. Bei der Hochzeitsfeier im zweiten Akt taucht inmitten der frohen Reigen und Lieder eine Unbekannte auf. Nur Horace sieht sie, naht sich ihr, will ihren Schleier lüften, da er darunter eine seltene, übernatürliche Schönheit zu erkennen glaubt. Er bestürmt sie mit immer glühenderen Liebeserklärungen; zuletzt reißt er den Verlobungsring vom Finger und steckt ihn an die Hand der Unbekannten, die ihn, ohne ein einziges Wort gesprochen zu haben, in ihre Arme schließt. Wieder wird drohender Donner vernehmbar. Horace blickt in den Park hinaus und bemerkt schaudernd, daß der Sockel leer und die Statue verschwunden ist. Simone sucht den Geliebten und fällt in Ohnmacht, als sie ihn in der Umarmung mit der Fremden sieht. Das rasch aufziehende Gewitter unterbricht das Fest, die Unbekannte ist verschwunden. Simones durchdringender Schrei »Die Venus!« erschreckt alle, aber deren Standbild steht nun wieder wie vorher im Park. Eine unheimliche Atmosphäre lagert sich über das Schloß. Ein bedeutendes (durch Wind- und Gewittermaschinen verstärktes) Orchesterzwischenspiel malt das Unwetter, das nun unbarmherzig niedergeht. Der dritte Akt spielt noch in der gleichen Nacht. Sturm und Gewitter sind vorübergezogen, zwischen treibenden Wolken wird manchmal der Mond sichtbar. In der Dunkelheit irrt Horace wie verloren durch den Schloßpark. Er sehnt sich nach der geheimnisvollen Unbekannten. Sein Freund Raimond ist ihm nachgeeilt und sucht vergeblich, den jungen Ehemann seiner Verzauberung zu entreißen. Horace ist wie geistesabwesend – nichts Irdisches hält ihn mehr. Immer erregter wird der Streit der beiden Freunde. Als Raimond fühlt, daß Horace an nichts mehr gebunden ist, rät er ihm, Simone sofort Ring und Versprechen zurückzugeben. Doch Horace hat Simones Ring nicht mehr, die Unbekannte nahm ihn mit sich. Es kommt zum Zweikampf der beiden Männer, den Horace, wie von überirdischen Mächten beschützt, für sich entscheidet. Der Lärm lockt den Baron in den Park. Erschaudernd sieht er Horaces Ring am Finger der Statue. Horace ist zu ihr gestürzt. Er erkennt in ihr nun die rätselhafte Unbekannte, die er küßte. Während sein Onkel entsetzt flieht, wirft er sich an die Brust der Venus, die langsam, sehnsüchtig die Arme um ihn schlingt. Horace schreit erstickend auf und sinkt wie zu Asche verbrannt zu Boden. Simone hat seinen Schrei vernommen; angstvoll suchend entdeckt sie seinen leblosen Körper zu Füßen der nun wieder starren Statue. (Uraufführung: Zürich, 10. Mai 1922; zweite Fassung: Zürich 1933.)

Penthesilea

Oper in einem Akt. Textbuch, nach dem Trauerspiel Heinrich von Kleists, von Othmar Schoeck.
Originalsprache: Deutsch
Personen: Penthesilea, Königin der Amazonen (Mezzosopran), Prothoe und Meroe, Fürstinnen der Amazonen (Sopran und Mezzosopran), Achilles (Bariton), Diomedes (Tenor), Priesterinnen, Amazonen, Krieger.
Ort und Zeit: Auf einem Schlachtfeld des Trojanischen Krieges.
Handlung: Das starke Heer der Amazonen wurde von den Griechen unter Führung des Achilles besiegt und in die Flucht geschlagen. Penthesilea, die Königin, ist vom Roß geschlagen worden; der siegreiche Griechenfürst geleitet die aus ihrer Ohnmacht Erwachende in ihr Zelt. Dort beschwören ihre Gefährtinnen sie, zu fliehen, doch sie verweilt an der Seite des nun waffenlosen Achill, ja sie verteidigt ihn sogar gegen ihr eigenes Heer, das zu einem Gegenstoß angesetzt hat. Ein Liebesduett blüht inmitten der rauhen Schlachtmusik auf. Penthesilea will Achilles in ihre Heimat führen und dort seine Gemahlin werden. Aber der junge Grieche besteht darauf, daß die Amazonenkönigin ihm nach Griechenland folge, wo sie seine Gefährtin auf dem uralten Throne seiner Väter sein soll. Die Oberpriesterin der Amazonen verflucht die Königin, da sie aus Liebe zu einem Feinde ihre Pflichten gegenüber dem eigenen Volke vergessen habe. Ein Herold des Achilles läßt Penthesilea den Entschluß seines Herrn wissen. Er schlage einen neuen Zweikampf vor, dessen Sieger den Besiegten in sein Reich mitnehme, so wie das Gesetz der Amazonen es vorschreibt. Penthesilea hält für Demütigung, was nur ein neuer Liebesbeweis ist. Sie ahnt nicht, daß der Griechenfürst ohne Waffen zu kommen gedenkt. Ihre Liebe schlägt in Haß um. Und mit einem Pfeil tötet sie den herannahenden Achilles und läßt seinen Körper von den Hunden zerfleischen. Dann erst erfährt sie von Protoe, der sich Achilles offenbarte, die tragische Wahrheit. In wildem Schmerzensausbruch bricht sie über der Leiche des Geliebten sterbend zusammen.
Quelle: Der Trojanische Krieg hat zu unzähligen Dichtungen und Dramen des Abendlandes Stoff geliefert. So wurde auch die Geschichte der Amazonenkönigin Penthesilea oftmals gestaltet. Sie lautet im Original allerdings wesentlich anders, ja sogar genau umgekehrt als Heinrich von Kleist (1777–1811) sie in seinem Trauerspiel »Penthesilea« formte: Achilles verliebt sich erst in die tote Penthesilea, eine Version allerdings, die kaum einen Opernstoff abgegeben hätte.
Textbuch: Schoeck vertonte (wenngleich in recht statischer Form) die Version Kleists, die er fast wörtlich übernahm. Er dachte dabei wohl an eine konzentrierte, naturalistische Oper nach Art der »Salome« und der »Elektra« von Richard Strauss. Kleists ekstatische Sprache schien der Vertonung entgegenzukommen.
Musik: Aber Schoecks Romantik fand an dem nahezu dauernd von Schlachtenlärm durchtobten Sujet zu wenig Anhaltspunkte zur schwärmerisch-lyrischen Entfaltung, die er so liebte. Schoeck suchte, dem ungewohnten Stoff und der noch ungewohnteren Sprache neue Ausdrucksformen abzugewinnen. Er instrumentiert ohne Streicher, aber mit zehn Klarinetten, mehreren Klavieren und sehr viel Schlagzeug. Das Rauhe, Wilde, Grausame, Düstere der Handlung führte ihn zu neuartigen Klangfarben, die zunächst sehr »modern« anmuteten. Auch in der Behandlung der Stimmen geht er Wege, die damals ungewohnt waren und erst von späteren Komponisten ausgebaut wurden. Er verwendet das Wort gesprochen, manchmal als Schrei, manchmal als Flüstern, oft melodramatisch, also musikalisch untermalt. Schoeck schuf eine dichte Atmosphäre starker Spannungen, wie sie in anderen seiner Werke kaum wiederkehren. Nach der Uraufführung erkannte er die Notwendigkeit größerer Retouchen. Er milderte die Instrumentation, fügte Streichinstrumente hinzu; vor allem aber legte er eine große lyrische Szene ein: das Liebesduett zwischen Penthesilea und Achilles, das zu seinen schönsten Eingebungen gehört. Man kann daher ohne weiteres von einer »zweiten Fassung« dieser Oper sprechen.
Geschichte: Die Uraufführung erfolgte am 8. Januar 1927 in Dresden. Es dauerte geraume Zeit bis zu weiteren Aufführungen, doch wird das fesselnde Werk in den Jahren nach dem Kriege häufig gespielt.

Vom Fischer un syner Fru

Oper in einem Akt (sieben Bildern). Textbuch, nach einem niederdeutschen Märchen (in der Sammlung der Brüder Grimm), von Ph. O. Runge.

Originalsprache: Plattdeutsch
Personen: Der Mann (Tenor), die Frau (Sopran), der Butt (Baß-Stimme aus dem Orchesterraum oder hinter der Bühne).
Ort und Zeit: Des Märchens.
Handlung: Nach einer kurzen Ouvertüre, ① die den Hörer in Märchenstimmung versetzt, geht der Vorhang auf. Fischer und Fischersfrau leben in einer bescheidenen Hütte am Meeresstrand. Der Mann kommt heim. Ob er nichts gefangen habe?, fragt ihn seine Frau. O ja, erwidert er ruhig, einen Butt; aber nachdem der ihm sagte, er sei ein verwunschener Prinz, ließ er ihn wieder frei. Und habe er sich nichts gewünscht? forscht erstaunt die Fischersfrau. Was solle er sich wünschen? Er ist ein ruhiger Mann, mit seinem Schicksal zufrieden. Nicht so sein Weib. Er solle sofort wieder zum Strand zurückgehen und den Butt rufen: Ein Häuschen möge er ihnen schenken, als Preis für sein Leben. Der Mann hat keine rechte Lust, aber mit einer herrischen Geste weist die Frau ihn aus der Tür. Ein »Thema« (das später bei der Wiederholung des gleichen Vorgangs variiert wird) begleitet ihn zum Meer. Er ruft den Butt. »Meine Frau die Ilsebill will nicht so als ich wohl will«, erläutert er dem auftauchenden Butt. Was sie denn wolle? fragt er. »Ein Häuschen!« Und die Bitte wird sofort erfüllt. Erstaunt sieht der heimgekehrte Mann das Häuschen dastehen, und auch die Frau gibt sich im Augenblick zufrieden. Ja, sie tanzt sogar mit ihrem Mann einen Freudentanz um die neue Behausung. Doch während er sich dann geruhsam vor die Türe setzt und seine Netze flickt, gehen der Frau alle möglichen Gedanken im Kopf herum. Wenn der Butt ihnen ein Häuschen herzaubern konnte, warum nicht auch einen Palast? Und der Mann muß wieder hinaus und den Butt rufen und ihm Ilsebills Wunsch vortragen. Und schon steht der Palast da. Doch die anfängliche Zufriedenheit der Frau währt nicht lange. Warum ihr Mann nicht mit des Butts Hilfe König würde? Doch den reizt das gar nicht; da will eben Ilsebill König werden. Wieder ein erzwungener Gang zum Butt, und schon ist sie Königin. Doch auch das ist ihr zu wenig: Kaiser will sie sein! Vergeblich wendet der Mann alles mögliche ein, so, daß es zwar viele Könige gäbe, aber nur einen Kaiser, und darum der Butt auch keinen Kaiser machen könne. Doch eine herrische Geste der Frau genügt, und schon steht der Mann mit seinem Sprüchlein von »Ilsebill, die nicht so will als er wohl will« vor dem auftauchenden Butt. Und die Frau wird Kaiserin, ja wird sogar Papst, als sie diesen Wunsch äußert. Aber selbst das ist ihr zu wenig. Was nun noch? Der liebe Gott möchte sie sein, will Sonne und Mond aufgehen lassen, wie es ihr beliebt. Und noch einmal muß der Fischer zum Wasser gehen. Doch dieses Mal reißt dem Butt die lang bewiesene Geduld: In das Elend müssen Fischer und Fischersfrau zurück, in den »Pißpott«, in dem sie zu Beginn des Stücks gelebt haben. Aber sie finden sich damit ab, und das Stück schließt versöhnlich.
Textbuch: Sehr hübsch und zweckmäßig in seiner Einfachheit. Das Märchen blieb ein Märchen, ein Bilderbogen, anschaulich und naiv und doch voll tieferer Bedeutung.
Musik: Schoeck ist hier ganz in seinem Element. Die Singstimmen sind modern und doch melodiös geführt, das kleine Orchester (mit Klavier) klingt bezaubernd, absolute Formen (Variationen) sind meisterlich in das Stück verwoben.
Geschichte: Die der Philosophischen Fakultät I der Universität Zürich gewidmete Partitur erklang zum ersten Male am 3. Oktober 1930 in Dresden.

Massimilla Doni

Oper in vier Akten (sechs Bildern). Textbuch, nach einer Novelle von Honoré de Balzac, von Armin Rüeger.
Originalsprache: Deutsch
Personen: Herzog Cattaneo (Tenor), Capraja, sein Freund (Bariton), Emilio Memmi (Tenor),

Fürst Vendramin (Bariton), Genovese, Opernsänger (Tenor), Tinti, Opernsängerin (Sopran), Herzogin Massimilla Doni (Sopran), Gäste, Opernpublikum, Gondoliere, Straßenverkäufer usw.

Ort und Zeit: Venedig um 1830.

Handlung: Die Herzogin Massimilla Doni ist dem Herzog Cattaneo verlobt, aber ihr Herz gehört dem jungen Edelmann Emilio Memmi. Der alternde Herzog ist ein Opernfanatiker, der vor Jahren eine junge Sängerin entdeckte und ausbilden ließ. Sein Freund Capraja hingegen schwört auf einen Tenor, dessen Laufbahn er protegiert hat. Nun sollen beide zusammen am folgenden Abend erstmalig im Teatro Fenice zu Venedig auftreten: Genovese und die Tinti. Der Herzog holt seine Verlobte von ihrem Landsitz ab, um sie in die Stadt zu bringen. Das bedeutet das Ende des Idylls mit Emilio, das aber niemals über eine glühende Anbetung und eine keusche beiderseitige Herzensneigung hinaus gediehen ist. Der Herzog und sein Freund haben nur Gedanken für das bevorstehende Schauspiel, und Massimilla fühlt, daß sie an der Seite des alternden Mannes, der nur in der Opernwelt lebt, niemals glücklich werden kann. Bei der Generalprobe im Theater kommt es zu unliebsamen Szenen, als der Tenor Genovese aus seiner Rolle fällt, um der von ihm angebeteten Tinti seine glühende Liebe zu gestehen. Der Herzog hat der Sängerin einen alten, leerstehenden Palast eingerichtet, wo er selbst des öfteren zu Gast zu sein hofft. Der bis dahin arme Edelmann Emilio ist plötzlich durch den Tod eines Verwandten zu Rang, Titel und Vermögen gekommen, und zu seinen neuen Besitztümern gehört der alte venezianische Palast, den nun die Tinti bewohnt. Dort wird er unwillkürlich Zeuge einer seltsamen, zwischen Musik und Zuneigung schwankenden Szene der Sängerin und ihrem Mäzen. Als seine Gegenwart entdeckt wird, zieht der Herzog sich verstört zurück. Die Tinti läßt nun alle ihre Verführungskünste spielen und bestimmt den jungen Idealisten, die Nacht in ihren Armen zu verbringen. Doch sein Herz hört nicht auf, für Massimilla zu schlagen, deren er sich nach der Liebesstunde mit der koketten Sängerin unwürdig fühlt. Und während er zwischen Selbstmord und Selbsterniedrigung durch Rückkehr zur Künstlerin schwankt, findet sein Freund Fürst Vendramin den Ausweg. Er ruft Massimilla in den Palast der Tinti. Und während diese den Herzog empfängt, eilt Massimilla in das dunkle Gemach zum Stelldichein mit Emilio, der glaubt, die Sängerin in den Armen zu halten. Danach gibt es nichts anderes mehr als die Wahrheit: Massimilla löst das Verlöbnis mit dem Herzog und vereint sich für immer mit Emilio. Die Tinti aber, nach einem Anfall von Wut und Schmerz, erhört den Tenor, der auf diese Art seinen Gesang auf der Bühne nicht mehr durch Eifersuchtsszenen verunstalten wird. Der Herzog resigniert: Ihm bleibt die Kunst.

Textbuch: Einigen positiven Zügen dieses Librettos stehen viele negative gegenüber. Positiv zu bewerten wäre vor allem seine Musikalität. Es geht in ihm um Gesang, um Oper. Zwei glänzende Sänger haben wichtige Rollen (was allerdings andererseits eine Gefahr bedeutet). Viele Gespräche drehen sich um Musik, um Kunst. Auch die Schauplätze sind musikalisch günstig gewählt: ein Garten, ein alter Palast in der Lagunenstadt, das hochberühmte Teatro Fenice. Aber die Handlung ist nicht nur unglaubhaft und reichlich konstruiert, auch die Sprache ist gekünstelt und oftmals nur pseudodichterisch.

Musik: Schoeck hatte in der Auswahl seiner Textbücher wenig Glück oder wenig Geschick. Man kann verstehen, daß ihn an Rüegers Dichtung manches anzog. So hat er eine prächtige Musik über ein Libretto ausgegossen, das im zeitgenössischen Operntheater kaum tragbar ist. Es gibt Szenen von herrlicher melodischer Leuchtkraft, denen die blendende Orchesterbehandlung in nichts nachsteht. Ein Kapitel für sich ist die Darstellung zweier Opernsänger, von denen im Text gesagt wird, sie seien in ihrem Fach die vollendetsten ihrer Epoche. Schoeck stattet sie mit glänzenden Partien voll hoher Noten, Koloraturen und stimmlicher Bravour aus. Ob alle Theater, die das Werk spielen wollen, geeignete Vertreter für diese Rollen finden? Schoeck ist auch in dieser Oper wieder ein feinfühliger Schilderer typischer Atmosphäre: Hier ist es Venedig, mit seiner jahrhundertealten Geschichte, die gleichsam unsichtbar alle Dinge und Menschen umhüllt, die italienische Oper mit ihrer gewaltigen Tradition und dem sie umgebenden Kunstfanatismus.

Geschichte: Die Uraufführung von »Massimilla Doni« fand am 2. März 1937 in Dresden statt.

Das Schloß Dürande

Oper in vier Akten. Textbuch, nach einer Novelle von Eichendorff, von Hermann Burte.
Originalsprache: Deutsch
Personen: Der Graf von Dürande (Tenor), Armand, sein Sohn (Tenor), Renald Vomholz, des Grafen Jäger (Bariton), Gabriele, seine Schwester (Sopran), die Priorin des Klosters Himmelpfort (Mezzosopran), die Gräfin Morveille (Sopran), Nicole, der alte Kammerdiener auf Dürande (Baß), Jäger, Wildhüter, Revolutionäre, Nonnen, Winzer, Winzerinnen, Bediente usw.
Ort und Zeit: Auf Schloß Dürande, das in Südfrankreich am Mittelmeer anzunehmen ist, sowie in Paris, im Revolutionsjahr 1789.
Handlung: Armand, der junge Graf von Dürande, liebt Gabriele, die Schwester des Jägers Renald, und wird von ihr innigst wiedergeliebt. Vor der Türe des Försterhauses, wo sie sich zärtlich von einander verabschieden (und Gabriele ein schönes Lied singt, das zu einer Art Leitmotiv ihrer reinen Liebe wird), werden sie von Renald belauscht, der eifersüchtig über der Ehre der Schwester wachen zu müssen glaubt. Während das Mädchen den Namen ihres Liebsten nicht weiß, hat Renald den Grafen sofort erkannt und hält ihn für einen gewissenlosen Verführer. Er legt in der Dunkelheit das Gewehr an, aber Gabriele kann im letzten Augenblick den Geliebten retten, wobei sie selbst leicht am Arm verletzt wird. Renald beschließt, seine Schwester am nächsten Morgen in ein nahes Kloster zu bringen. Doch Gabriele erfährt, daß Armand auf einige Zeit nach Paris soll, und ist bereit, ihm dorthin zu folgen; dazu legt sie die Kleidung des Gärtnerburschen an. In Paris kommt sie in eine Schenke, wo zuerst Revolutionäre umstürzlerische Reden führen, hernach aber Graf Armand mit der Gräfin Morveille erscheint. Die Gräfin sieht in Armand den Mann, der die Monarchie retten könnte, doch Armand denkt nur an sein väterliches Schloß, an Wälder und Felder seiner Heimat und an Gabriele, deren Tüchlein er mitgenommen hat. Natürlich ahnt er nicht, wie nahe sie ihm ist – hinter einem Vorhang versteckt – und kann mit ruhigem Gewissen dem wütend einbrechenden Bruder versichern, er habe Gabriele nicht gesehen. Doch dessen Rachedurst ist unlöschbar, und so schlägt er sich zu den Revolutionären. Im letzten Akt wird Schloß Dürande von diesen belagert. Der alte Graf stirbt, friedlich und mit einer lichten Vision vor den Augen. Armand ist zum Kampfe bereit. Da sieht er auf der Schanze sein eigenes Ebenbild fechten: es ist Gabriele, die auf diese Art die Kugeln auf sich ziehen und den Geliebten retten will. Verwundet stürzt sie in dessen Arme. In einem großen (musikalisch sehr schönen) Liebesduett, in das die volksliedhafte Melodie des Beginns gewirkt ist, stirbt sie. Der hereinstürzende Renald tötet Armand durch einen Schuß. Als er dann vom alten Nicole, dem Kammerdiener des Schlosses die Wahrheit erfährt, bricht er in Verzweiflung über all das Unglück, das er anrichtete, zusammen. Er stürmt in den Schloßturm, um das dort liegende Pulver zur Explosion zu bringen. Von dem Schloß Dürande, das soeben ein Volkskommissar zum »Eigentum der Nation« erklärt, wird nichts als Schutt und Asche bleiben.
Quelle: Die gleichnamige Novelle des deutschen romantischen Dichters Joseph von Eichendorff.
Textbuch: Verdi hätte vielleicht an ihm seine Freude gehabt, denn es enthält vieles, was den italienischen Komponisten in seiner frühen und mittleren Epoche reizte: die menschlichen Leidenschaften vor dem Hintergrund der Revolution, die reine Liebe, die nur mit dem Tode der Betroffenen enden kann. Aber Verdi hätte wohl mehr Charakterzeichnung verlangt, hätte sich gegen derart primitive Schwarzweiß-Malerei gewehrt. Und zudem war Verdi ein geborener Dramatiker, der uns selbst über textliche Schwächen hinwegzureißen versteht. Hundert Jahre später erscheint es unfaßbar, daß Schoeck dieses Textbuch auswählen konnte, bei dem zu den unmöglichen Situationen noch eine geradezu groteske Sprache kommt, die manchmal so gewaltsam reimt, als handle es sich um eine billige Parodie.
Musik: Zu alledem ist Schoeck in erster Linie ein Lyriker. Vieles gelingt ihm schön, ja ergreifend, er steckt voller Musik, voll edler Melodien, die sogar banalste Texte vergolden können. Er trifft auch die revolutionäre Stimmung, verwendet einige Rhythmen und Wendungen (wie das »Ça ira«) der Volksmassen von 1789, aber sein musikalisches Herz schlägt hörbar auf Seiten der Aristokraten, so daß die Szenen der Rebellen blaß bleiben. Am schönsten ist auch hier wieder die Musik, wenn Liedhaftes auftönt. Da fühlt man den großen Meister. Schade, daß er so oft auf Textbücher stieß, die seinen Opernbestrebungen nicht entgegenkamen …

Geschichte: Schoecks letztes Opernwerk, »Das Schloß Dürande« wurde während des Krieges, am 1. April 1943, in Berlin zum ersten Male aufgeführt. Vielleicht sieht es nur heute im Rückblick so aus, aber etwas von der trotzig-tragischen Weltuntergangsstimmung, von der phrasengeschwollenen Äußerlichkeit jenes Augenblicks liegt in diesem Werk oder zumindest in seinem Text, in seinen Figuren. Man müßte daran denken, wie Schoecks Musik vielleicht in anderer textlicher Form gerettet werden könnte, denn viele Szenen von »Schloß Dürande« verdienten es.

Arnold Schoenberg
1874–1951

Von fanatischer Anhänglichkeit bis zu schroffster Ablehnung hat dieser Komponist, der meistzitierte unseres Jahrhunderts, alles in reichem, überreichem Maße erfahren. Seine Lehren sind befolgt und bekämpft, seine Werke mehr studiert als gespielt worden. Er hat den Geist zahlloser Musiker beeinflußt, ja geprägt, geformt, zu seiner Art des Hörens und Musikverstehens geleitet, aber er hat während seines ganzen Lebens eigentlich nie das schlichte Gefühl eines ehrlichen, unvoreingenommenen Publikumserfolgs auskosten dürfen. Alles, was er sagt, wurde zum Kampfruf, auch wenn er es nicht so gemeint hatte; alles, was er schuf, zum Zankapfel. Er war ein stets reger, wacher, kluger Geist, der für seinen Werdegang selbst die einleuchtendsten Erklärungen fand: »Ob rechts, ob links, vorwärts oder rückwärts, bergauf oder bergab, man hat weiterzugehen, ohne zu fragen, was vor oder hinter einem liegt.« Und: Kunst komme nicht, wie oft geäußert, von Können, sondern vom Müssen; auch dieses Wort, wahr und schmerzlich, wird mitunter ihm zugeschrieben. Selbst wenn er es nicht erfand, so hat er es doch wie wenige andere erfüllt. Der am 13. September 1874 in Wien Geborene durchlief eine bewegte Existenz. Angefeindet als »Neutöner«, als musikalischer »Revolutionär«, als Jude mußte er von Stadt zu Stadt, von Land zu Land ziehen: Aus dem sehr konservativen Wien, wo sein und seiner Schüler »Atonalität« Tumulte und Polemiken hervorrief, in das fortschrittlichere Berlin, wo er an der Musikhochschule eine Kompositionsklasse leitete, bei Anbruch der nationalsozialistischen Herrschaft zurück nach Wien, und dann in die endgültige Emigration, nach Kalifornien, wo er am 13. Juli 1951 (in Los Angeles) starb.

Noch wesentlich bewegter verlief sein geistiger Werdegang. Er kam, wie seine ganze Generation, von Wagner her, seine Jugendwerke sind »tristanesk« bis ins Extrem: das Streichsextett »Verklärte Nacht«, das riesige Orchester-Chor-Solisten-Poem »Gurrelieder«. Doch schon während er an diesem spätromantischen, klangsehnsüchtigen, klangberauschten Werk arbeitete, kamen ihm – eigentlich auch in konsequenter Verfolgung der Tristan-Harmonien – ernste Zweifel an der weiteren Gültigkeit der alten Tonalität. Gemeinsam mit Alban Berg, Anton von Webern und anderen, die seine Gedankengänge aufnahmen (und später von der Musikgeschichte zuerst als »Zweite Wiener Schule« und dann, als man feststellte, daß Haydn, Mozart, Beethoven gar keine »Schule« im eigentlichen Sinne gewesen waren, als »Wiener Schule« bezeichnet wurden) leugnete er die ewige Gültigkeit des tonalen Systems, der Tonarten, Tonleitern, Akkorde usw. Es war in der Zeit des Ersten Weltkriegs, die künftige Historiker wohl einmal als Ende einer Epoche bezeichnen werden und als Beginn von gewaltigen Umstürzen, die das Leben der Menschheit umzuformen berufen waren. Es war eine mit Problemen geladene Zeit, die nach Explosionen drängte. Kubismus, Dadaismus, Atonalität: drei Etappen auf einem wirren Weg. Schoenberg selbst war es, der die Gefahr erkannte, das musikalische Chaos, das aus der Atonalität erstehen mußte. Auch das Chaos konnte schöpferisch sein, einige Werke aus der »atonalen« Zeit beweisen es. Aber eine regellose Kunst steht in Gefahr, sich aufzulösen, jedem Nichtskönner und Scharlatan zu Diensten stehen zu müssen. Zu Anfang der Zwanzigerjahre glaubte Schoenberg den Ausweg aus dem Chaos gefunden zu haben: Er erprobte und verkündete die »Theorie der zwölf nur aufeinander bezogenen Töne«, vereinfacht »Dodekaphonik« oder »Zwölftonsystem« genannt. Gleichzeitig mit ihm, und ohne daß sie voneinander wußten, arbeiteten auch andere Musiker an neuen Theorien, mit denen sie die alte »Harmonielehre« Zarlinos und Rameaus (aus dem 16., 17. und 18. Jahrhundert) endgültig ersetzen wollten. Einer von ihnen, der Österreicher Josef Matthias Hauer, konstruierte dabei ein dem Schoenbergs sehr ähnliches Zwölftonsystem, was zu Zusammenkünften beider und zu heftigen Auseinandersetzungen Anlaß bot. Schoenbergs Theorie setzte sich durch, trennte aber die Musikwelt in zwei einander scharf bekämpfende Gruppen. Die Gegner führten an, die Dodekaphonik sei ein rein intellektuelles Prinzip, das der Inspiration so gut wie überhaupt keinen Spielraum böte; daher eher Wissenschaft als Kunst, Verstandesangelegenheit ohne Gefühlsbeteiligung. Hier liegt zudem zum ersten Mal in der Geschichte der Fall eines theoretisch erklügelten Systems vor, dem die Praxis der Komposition folgen sollte. Bei den erwähnten »alten« Musiktheoretikern war es gerade umgekehrt gewesen. Sie faßten in ein System, was in der Praxis schon lange gültig war. Auch andere Einwände tauchten auf: handelt es sich bei der »Tonalität«, dem Tonalitätsempfinden, nicht um ein Naturgesetz, das vom Menschen gar nicht willkürlich beibehalten oder aufgelöst werden kann, vielleicht in diesem Sinne der Schwerkraft vergleichbar? Schoenberg wurde zum Führer einer »Partei«, zahlreiche Komponisten seiner und der folgenden Genrationen bekannten sich zu ihm, viele andere bekämpften es (Melichar: »Musik in der Zwangsjacke«), die Spaltung zwischen Musikschöpfern und dem »Publikum«, die sich seit den Zwanzigerjahren unseres Jahrhunderts aufgetan und zu einer fast unüberbrückbaren Kluft geworden war, ebnete sich nicht nur nicht ein, sie vertiefte sich noch gefährlich. Zwar scheint sich seit den Siebzigerjahren eine »Rückkehr zur Tonalität« abzuzeichnen, aber immer noch spielt die Dodekaphonik und der aus ihr entwickelte »Serialismus« eine nicht zu unterschätzende Rolle. Mag diese auch von späteren Zeiten als vorwiegend negativ erkannt werden, sie ist ein Zeitsymptom, eine Etappe im Ringen um neue Inhalte und neue Formen, in dem der Kunst die Rolle eines feinfühligen Spiegels zukommt.

Schoenberg (er schrieb sich in der ersten Hälfte seines Lebens »Schönberg«, adoptierte aber die von uns hier gebrauchte Schreibweise endgültig während seines Lebens in Amerika) beschäftigte sich mehrmals auch mit dem Musiktheater. Mit zwei frühen Werken, also in seiner Phase von Expressionismus und Atonalität; und mit einem großen Werk, dem die Zwölftontheorie zugrunde liegt.

»Erwartung« ist ein Monodrama, also eine Handlung mit einer einzigen Person: einer Frau, die auf ihren Geliebten wartet, ihn in wachsender Spannung im Walde sucht und schließlich seine Leiche findet. Alles wahre Geschehen ist ins Innere der Frau verlegt: ihr Harren, ihre Eifersucht, ihre ängstlichen, lüsternen, rachsüchtigen Gedanken, ihre Verzweiflung. Das wirkliche Geschehen nimmt nur wenige Sekunden in Anspruch, vielleicht noch weniger, wenn wir es als Traum auffassen wollen. Nach Art der filmischen Zeitlupe werden die Phasen dieses kurzen Prozesses zergliedert, retardiert und dadurch eindringlich gemacht. Den Text schrieb Marie Pappenheim, Schoenbergs Partitur umfaßt 426 Takte und rollt in einer Spieldauer von weniger als einer halben Stunde ab. Das 1909 komponierte Stück mußte fast 20 Jahre lang auf seine Uraufführung warten; diese erfolgte 1928 in Wiesbaden.

Noch konzentrierter ging Schoenberg 1924 bei dem Drama »Die glückliche Hand« zu Werke. Diese Partitur umfaßt nur 255 Takte, von einer opernmäßigen Handlung kann nicht gesprochen werden; eine seltsame Folge von Bildern, Gedanken, Gefühlen, die unklar, verschwommen, traumhaft ausgedrückt werden. Analog dem (allerdings etwas späteren) Begriff des »Anti-Theaters« haben wir es bei diesem vom Komponisten selbst entworfenen Stück am ehesten mit einer »Anti-Oper« zu tun. Einer singenden Person, dem »Mann«, stehen zwei stumme Gestalten gegenüber: »die Frau« und »ein Herr«. Es entwickelt sich ein innerliches Ringen um die Frau, das Schoenberg mit einem eigenartigen »Chor« unterstreicht, der nicht singt, sondern auf festgelegten Tonhöhen rezitiert. Licht- und Farbwirkungen werden durch genaue Vorschriften in der Partitur einbezogen; man wird an surrealistische Bilder gemahnt, die zwar jede Einzelheit mit fast fotografischer Genauigkeit darstellen, aber in die anscheinend unsinnigsten Zusammenhänge verweist, gerade wie im Traum. Ein seltsames, durchaus spannend wiederzugebendes Geschehen, dessen Musik durch expressionistische Objektivität und das Fehlen jeder malenden oder beschreibenden Absicht seltsam »verfremdet« wirkt.

Zwei weitere Arbeiten Schoenbergs seien hier nur der Vollständigkeit halber erwähnt. »Begleitmusik zu einer Lichtspielszene« untermalt, betont unromantisch, »Drohende Gefahr«, »Angst«, »Katastrophe«, drei Grundthemen unseres Jahrhunderts. 1930 wurde in Frankfurt/Main ein Lustspiel, bezeichnet als satirischer Einakter, mit dem Titel »Von heute auf morgen« uraufgeführt. Es handelt sich um eine banale Komödie ohne jede Bedeutung, zumal auch die begleitende Zwölftonmusik hier wie eine Parodie ihrer selbst wirkt.

Moses und Aron

Oper in drei Akten (von denen der letzte nur textlich vorliegt), Textbuch vom Komponisten.
Originalsprache: Deutsch
Personen: Moses (Sprechrolle), Aron, sein Bruder (Tenor), ein junges Mädchen (Sopran), eine Kranke (Alt), Jünglinge, Männer, Priester, Frauen, Bettler, Greise, Älteste, Tänzer usw.
Ort und Zeit: Am Fuße des Berges Sinai, in biblischer Vorzeit.
Handlung: Moses und Aron sind hier als Vertreter zweier entgegengesetzter Prinzipien geschaut: des Geistigen und des Sinnlichen. Moses stellt den reinen Glauben dar, Aron dessen körperliches, sichtbares, sinnfälliges Abbild; Moses den Idealismus, Aron den Materialismus, Moses die konzessionslose Strenge, das Gesetz, die Gerechtigkeit, Aron die anpassungsfähige Schmiegsamkeit, die Opportunität, die Demagogie. Die Handlung folgt im großen und ganzen der Bibelerzählung. Sie setzt im Augenblick ein, da Moses von Gott aus dem brennenden Dornbusch den Auftrag erhält, dem Volke Israel Seine Existenz zu verkünden. Vergeblich sucht Moses sich der schweren Aufgabe zu entziehen: »Meine Zunge ist ungelenk, ich kann denken, aber nicht reden.« Da bestimmt Gott Moses' Bruder Aron zum Verkünder: »Aron will ich erleuchten, er soll dein Mund sein!« Sie sollen also gewissermaßen eins sein, ein Gedanke in zwei Persönlichkeiten. In der folgenden Szene begegnen die Brüder einander in der Wüste. Zwischen dem sprechenden Moses und dem singenden Aron entwickelt sich ein intensives »Duett« (wenn diese Bezeichnung hier erlaubt ist); Aron nimmt die heilige Aufgabe an, versteht sie aber von vorneherein anders als Moses, er muß sich von Gott ein Bild machen, eine Vorstellung, während er für den Bruder reiner Geist und Gedanke bleibt. Gemeinsam ziehen die Brüder nun aus, um die Lehre zu verkünden, als deren politischen Teil Aron auch die Erlösung Israels aus der ägyptischen Gefangenschaft verstehen will. Doch das Volk glaubt bloßen Worten nicht. Es will Bilder, anschauliche Vorstellungen. Mehr: es will Wunder. Denn nur ein wundertätiger Gott kann den mächtigen Pharao besiegen. Aron verwandelt Moses' Stab in eine Schlange; er heilt Aussatz, er verwandelt Wasser in Wein. Nun ist die Masse bereit zu glauben und im Namen des »ewigen Gottes« gegen die Unterdrücker aufzustehen. Moses besteigt den Berg Sinai, wohin Gott ihn zur Besiegelung seines Paktes mit dem Volke Israel berufen hat. Seine Abwesenheit währt lange. Ein Flüsterchor stellt die Stimmen der Zweifler dar, die nicht mehr an seine Rückkehr glauben und das Volk aufzuwiegeln suchen. Immer lauter murrt die Menge. Vierzig Tage und Nächte harrt sie schon am Fuße des geheimnisvoll in Wolken gehüllten Berges. Die Bande der Disziplin lockern sich, schließlich bricht eine offene Rebellion gegen den neuen Gott und gegen seine Verkünder aus. Aron muß weichen: »Euch gemäß sind Götter gegenwärtigen, alltagsnahen Inhalts«, erkennt er schmerzlich und willigt in den Bau eines goldenen Kalbs. In einer Opernszene alten Stils – mit Massenchören, Massenszenen, Massenbewegung – errichtet das Volk ein Standbild seines Götzen und beginnt es in frenetischer Orgie zu umtanzen. Sinnlichkeit, Blutopfer, Todesschreie, Selbstmorde, Verwüstung: das ist das Bild, das Moses vorfindet, der mit den Gesetzestafeln vom Sinai zurückkehrt. Unter seinem strafenden Arm zerfällt das heidnische Symbol. Es kommt zur großen Auseinandersetzung zwischen den Brüdern. Sie sind, beide in Liebe zu ihrem Volk und in Ehrfurcht vor Gott, unendlich weit voneinander entfernt. Moses zertrümmert die Gesetzestafeln, als Aron ihm vorhält, auch sie seien ein Abbild Gottes. Aron vollbringt neue Wunder; im Vertrauen auf eine Feuersäule machen die Kinder Israels sich auf den Weg aus der Knechtschaft. Als es Tag wird, verwandelt die Feuersäule sich in eine Wolkensäule. Aron jubelt: »Gottes Zeichen wie der glühende Dornbusch. Darin zeigt der Ewige nicht sich, aber den Weg zu sich und den Weg ins gelobte Land!« Moses aber verzweifelt: »So war alles Wahnsinn, was ich gedacht habe, und kann und darf nicht gesagt werden! O Wort, du Wort,

das mir fehlt!« Hier endet der zweite Akt und damit der von Schoenberg vertonte Teil. Zu Beginn des dritten Aktes hat Moses den Glauben an seine Sendung und damit die Macht wiedergewonnen. Aron wird gefesselt vor ihn geführt, doch befiehlt er nicht seine Hinrichtung, sondern seine Freilassung. Aber Aron fällt, als ihm die Ketten gelöst werden, tot um. In einer großen Schlußansprache wendet Moses sich an das Volk: »Immer, wenn ihr euch unter die Völker mischt und verwendet eure Gaben, die zu besitzen ihr auserwählt seid, um für den Gottesgedanken zu kämpfen, zu falschen und nichtigen Zwecken, um im Wettbewerb mit fremden Völkern an ihren niedrigen Freuden teilzunehmen, immer wenn ihr die Wunschlosigkeit der Wüste verlaßt und eure Gaben euch zur höchsten Höhe geführt haben, immer werdet ihr wieder heruntergestürzt werden vom Erfolg des Mißbrauches, zurück in die Wüste ... Aber in der Wüste seid ihr unüberwindlich und werdet das Ziel erreichen: vereinigt mit Gott.«

Quelle: Das Alte Testament der Bibel

Textbuch: Man muß dieses Libretto als gedankentiefe, wenn auch nicht immer sprachbeherrschte oder gar -gewandte Dichtung ansprechen. Sie lädt zum Nachdenken ein, kommt aber der Musik kaum entgegen. Vielleicht ist auch hier, wie bei vielen Werken Schoenbergs, die intellektuelle Leistung größer als die künstlerische. Trotzdem ist ein hochbedeutendes Werk entstanden, das Probleme ständiger Aktualität von einer hohen Warte aus behandelt. Die Verkörperung der Extreme im menschlichen Leben durch Moses und Aron ist mit großer geistiger Überlegenheit angepackt.

Musik: Von wirklicher Opernmusik kann nur während der großen Volksszenen bei den Orgien im zweiten Akt gesprochen werden. Die philosophisch wichtigsten Stellen zeigen eine äußerst komplizierte musikalische Struktur, die dem gewöhnlichen Opernbesucher unmöglich klar werden kann. Das gesamte riesige Werk ist aus einer einzigen Zwölftonreihe heraus entwickelt: eine imposante geistige Leistung, die aber unhörbar bleibt. Der äußere Aufwand ist gewaltig: ein sehr großes Orchester, ein ebensolcher Chor, zahlreiche Solopartien, alles von bislang kaum vorstellbarer Schwierigkeit. Nur sehr leistungsfähige Häuser können sich, bei langer intensiver Probenarbeit auf dieses Werk einstellen, das künftigen Generationen wohl als wichtiges Dokument der Musik unseres Jahrhunderts erscheinen wird, aber kaum als lebendiges Musikstück.

Geschichte: Schoenberg arbeitete an »Moses und Aron« von 1930 bis 1932; er konnte zwei Akte vollenden. Obwohl er noch beinahe zwanzig Jahre lebte, ist er nie mehr auf dieses Werk zurückgekommen. Der dritte Akt besteht allein aus Text, es sind keine musikalischen Skizzen bekannt geworden. Diese Tatsache wirft viele Fragen auf. Hielt Schoenberg diese Oper aus irgendeinem Grunde für unaufführbar? Oder fand er in der neuen Umwelt, in Nordamerika, nicht mehr die für »Moses und Aron« notwendige musikalische, philosophische, religiöse Stimmung? Schoenberg hatte, wie viele seiner Generation viel gelitten; die Emigration ist auch für prominente Persönlichkeiten oft kein leichtes Los, ein tragischer Zug haftet dieser Heimatlosigkeit selbst im günstigst gelungenen Falle an. Nur die engsten Freunde scheinen von der Existenz dieses Torsos gewußt zu haben, dessen Aufführung Schoenberg vor seinem Tode ausdrücklich autorisierte: ein wohl einmaliger Fall. So kam es am 12. März 1954 zur ersten konzertanten Aufführung im Norddeutschen Rundfunk Hamburg. Am 6. Juni 1957 wagte Zürichs Theater sich unter der musikalischen Leitung von Hans Rosbaud an die gewaltige Tat einer szenischen Premiere, die weltweites Aufsehen erregte.

Dimitri Schostakowitsch
1906–1975

In zähem Ringen mit sich selbst und mehrmals auch mit den Kulturbehörden seines Landes stieg der am 25. September 1906 in Petersburg geborene Dimitri Schostakowitsch zu einem der drei großen russischen Komponisten seiner Generation auf – Strawinsky und Prokofieff sind die beiden anderen –, zu einem der bedeutendsten, unbestrittenen Meister der Jahrzehnte nach dem Zweiten Weltkrieg. Seine nie erlahmende Inspiration schuf eine fast unglaubliche Zahl von Werken. Er kann Volksweisen schlicht und eindringlich verwerten, aber er kann auch Dissonanzen türmen und weiß mit strenger Polyphonie ebenso umzugehen wie mit Jazz. Seine Orchestertechnik ist brillant, seine Fähigkeit, Steigerungen herauszuarbeiten und zu effektvollsten Höhepunkten zu führen – ein Erbe Tschaikowskys – bemerkenswert. Seine Sinfonien und Konzerte sind ungleich in der Qualität, aber teilweise gehören sie zur besten Musik unseres Jahrhunderts. Schostakowitsch lebte lange Zeit in seiner inzwischen zu »Leningrad« gewordenen Heimatstadt; dort erlebte er den Zweiten Weltkrieg, die Belagerung durch die Deutschen und den heldenhaften Widerstand der Russen. Die daraus erwachsende siebente (»Leningrader«) Sinfonie fand noch während des Krieges auch im Westen stärkste Beachtung, da sie auf abenteuerliche Weise aus der Stadt gebracht und von Arturo Toscanini in New York dirigiert werden konnte. Nach 1958 lebte der Komponist in Moskau, wo er am 9. August 1975 starb. Er hatte alle wichtigen Preise der Sowjetunion errungen, war aber auch mit zahlreichen Ehrungen anderer Länder bedacht worden. Auf dem Gebiet des Musiktheaters schuf er zwei Werke, die zweifellos beide zu den wertvollen Opern der Zeit gehören und weltweite Verbreitung verdienen. (Siehe auch Nachtrag S. 683)

Die Nase

Oper in drei Akten und einem Epilog. Text nach einer Novelle von Nikolai Gogol (1809–1852), bearbeitet vom Komponisten. Am 18. Januar 1930 wurde auf der Bühne des Kleinen Akademischen Theaters von Leningrad die erste Oper eines sehr jungen einheimischen Musikers uraufgeführt, der durch Talent und Kühnheit einiger jugendlicher Werke aufhorchen ließ. Schostakowitsch hatte »Die Nase« 1927/28 komponiert, also mit 21 Jahren begonnen. Was ihn an diesem Stoff gereizt haben mochte, ist kaum auf den ersten Blick zu erkennen. Es handelte sich um eine beißende Satire des großen russischen Schriftstellers Gogol, der die Zustände seiner Epoche – die Novelle entstand 1835 – geißeln wollte, die Spießbürgerlichkeit, die Klatschsucht, die unmotivierte Überheblichkeit einer Oberschicht von Beamten und Offizieren. Er erfand zu diesem Zweck einen absolut grotesken Stoff: die Nase eines Mannes geht auf rätselhafte Weise verloren, macht sich – als Staatsrat! – selbständig, löst eine Reihe von Schwierigkeiten und Problemen, vor allem bürokratischer Natur aus, bevor sie endlich zu ihrem Besitzer zurückkehrt. Eine Satire, ein Scherz, aber mit tieferer Bedeutung. Schostakowitsch vertont das Thema jugendlich, unkonventionell also, frech, lustig, genial, wie erst viel später erkannt wurde. Die sowjetische Regierung verbot das Werk bald, und das gleiche tat der Nationalsozialismus in Deutschland, für den ein Schostakowitsch überhaupt zur »entarteten Kunst« zählte. So dauerte es mehr als dreißig Jahre, bis (1963) »Die Nase« ihre erste deutsche Aufführung in Düsseldorf erlebte.

Katerina Ismailowa

Nur vier Jahre vergehen, bis Schostakowitsch im Jahre 1934 und abermals in Leningrad, eine neue Oper vorlegte: *Lady Macbeth von Mzensk*. So grotesk und komisch die erste gewesen war, so tragisch und von krassem Verismus ist die zweite. Den Vorwurf dazu fand er in der Erzählung »Lady Macbeth des Mzensker Landkreises« von Nikolai Leskow (1831–95), einem Dichter, der stets ein wenig im Schatten stand; Maxim Gorki entdeckte ihn (oder besser, seine

Werke) zu Anfang unseres Jahrhunderts, stellte ihn mit Tolstoi, Gogol, Turgenjew, Gontscharow in die vorderste Reihe der russischen Literatur. In seiner »Lady Macbeth«, die 1854 erschien, schildert er eine in ihrem Ausmaß seltene Tragödie: die zum Leben in liebloser Atmosphäre verdammte Frau, die aus Leidenschaft zu einem vulgären Mann eine Reihe von Morden begeht, zur Verbannung nach Sibirien verurteilt wird und bei der Deportation entdeckt, daß ihr Geliebter sie betrügt, und sich endlich, als sie von ihm auch noch gedemütigt wird, das Leben nimmt. Ein Kriminalfall, der aber psychologisch vertieft ist und damit, sowie durch seinen dramatischen und sozialen Inhalt, Schostakowitsch zu interessieren begann. Er arbeitet einzelne Züge stärker heraus als sie bei Leskow geschildert sind; er macht aus der Mörderin nicht nur eine Ehrgeizige – als die sie schon im Buch den Namen einer Lady Macbeth erhielt – er treibt sie auch durch alle Stadien der Reue und Gewissensbisse. Der Komponist schrieb über seine Arbeit: »Zu meiner Aufgabe gehörte es, Katerina auf jede Weise freizusprechen, damit das Publikum von ihr den Eindruck einer positiven Persönlichkeit erhalten kann ... Ich bemühte mich in allem, Katerina Lwowna als einen positiven Menschen darzustellen, der das Mitgefühl des Zuschauers verdient. Dies zu erreichen war nicht einfach, denn sie begeht ja eine Reihe von Morden ...« In der Oper fragen wir uns, ob es tatsächlich Morde sind oder ob sie vor Gericht als Akte der Notwehr verteidigt werden könnten, denn Katerina wird von ihrer Umwelt aufs grausamste seelisch mißhandelt. Bei Schostakowitsch ist die grausame Umwelt viel stärker gegenwärtig als in Leskows Erzählung. Hier liegt eines der vollendetsten Werke des Komponisten vor. Zumeist wird die Oper nicht mehr in der ersten Fassung aus dem Jahre 1934 gespielt, sondern in einer Neubearbeitung von 1956. Diese erklang, nun »Katerina Ismailowa« betitelt, erstmals im Jahre 1963 im Bolschoi-Theater zu Moskau.

Franz Schreker

1878–1934

War Schrekers Musik wirklich nur Ausdruck einer unruhigen, fieberhaften, zugleich sehnsüchtigen und übersättigten Zeit, einer schwer in Worte zu fassenden Epoche zwischen zwei vernichtenden Menschheitskriegen, dekadent und doch neuer Aufbrüche voll, hoffnungslos und vielversprechend gleichzeitig, zweier Jahrzehnte voll kaum in Kapitel einer Weltgeschichte zu bannenden rasenden Entwicklung, in der die Romantik zerstört, aber nichts Neues, Gültiges an ihre Stelle gesetzt werden kann? Mit anderen Worten: ist Schreker ein Zeitphänomen gewesen oder ein bleibender Wert, der nur vorübergehend widerstrebenden Strömungen zum Opfer fiel? Sein Stern war steil emporgestiegen, als dem damaligen Kompositionslehrer der Wiener Akademie – geboren am 23. März 1878 in Monaco – auf der Frankfurter Opernbühne der aufsehenerregende Erfolg des »Fernen Klangs« (1912) gelang; schwächer fiel »Das Spielwerk und die Prinzessin« aus, aber »Die Gezeichneten« wurden, abermals in Frankfurt, zu einem weiteren Triumph. 1920 wurde Schreker Direktor der Berliner Musikhochschule, im gleichen Jahr stand er mit dem »Schatzgräber«, ebenfalls in Frankfurt/Main, wohl auf dem Gipfel seiner Komponistenlaufbahn. Zu fesselnden Texten, in denen in überzeitlichem, symbolträchtigen Gewande glühende Probleme der Zeit aufgegriffen werden und denen Schreker sich als überaus eindringlicher Literat erwies – Idealismus gegen Materialismus, Sinnlichkeit gegen echte Liebe, wirres Weltgetöse gegen inniges Insichruhen, lockende, verführerisch gleißende Klangfarben gegen schlichte Herzensmelodien – schuf seine üppige Klangphantasie eine neuartige, oft geradezu erotische Musik. Man kann seine Opern als farbentrunken, als geheimnisvoll aufleuchtend, als erregend bezeichnen, ohne ihren ganzen Zauber in Worte fassen zu können. Hier waren die frühen Richard Strauss'schen Klangorgien noch übertroffen, hier war Puccinis Gesangsbogen lebendig, aber auch Märchen- und Legendenstimmung ergreifend eingefangen. Eklektisch schien manches, Impressionistisches, Expressionistisches war herauszufühlen, aber eine eigenschöpferische Leistung lag doch vor, etwas Neues, das in dieser Art ziemlich vereinzelt blieb.

Der Titel von Schrekers erstem Erfolgswerk, »Der ferne Klang« (ein jugendlicher Versuch »Flammen« war vorausgegangen) verblieb gleichsam als Symbol für das gesamte Wirken dieses seltsamen Dichter-Komponisten; es war als bliebe er, wie die Hauptgestalt dieser Oper, ständig auf der Suche nach einem unerreichbaren, geheimnisvollen Klang aus unendlichen Fernen. »Irrelohe« (1924, Köln) und »Der singende Teufel« (1928, Berlin) waren an Durchschlagskraft den drei Erfolgsopern Schrekers nicht mehr gewachsen. »Der Schmied von Gent« (1932, Berlin) bedeutete seine letzte Premiere, bevor der Anbruch des »Dritten Reichs« auch ihn, wie so zahllose andere, verfemte und in einen frühen Tod trieb. War seine Zeit abgelaufen, wäre eine Entwicklung seines Stils vom Sinnlich-Glühenden zur Altersreife denkbar gewesen? Merkwürdig erscheint, daß gerade sein Werk nicht wieder erstand, als nach dem Kriege alles gewaltsam Vertriebene neuerlich zur Diskussion gestellt und in seinen wahren Rang gerückt wurde. Einzelne Aufführungen, zuerst im Rundfunk, dann in den Theatern, die Gründung einer Schreker-Gesellschaft, die sich die Pflege seines Schaffens zur Aufgabe machte: von einer wahren, von vielen erwarteten Renaissance kann bis jetzt nicht gesprochen werden. Sein nachgelassener »Christophorus« kam (in Freiburg/Breisgau) zur Aufführung, aber es lief keine Welle – wie einst – über die deutschen Theater. Trotzdem bleibt Schreker eine bedeutende, eine Schlüsselgestalt des Musiktheaters in unserem Jahrhundert: ein eigenartiger, dichterisch wie musikalisch fein begabter Schöpfer, ein Genie zweifellos, das vielleicht auf der Suche nach einem »fernen Klang« den Pfad unter den Füßen verlor, in Welten abirrte, zu denen die Menge – in heutiger Zeit – keinen Zugang zu finden scheint.

Norbert Schultze

1911

Ein erfolgreicher Schlagerkomponist, ein Filmmusiker und Kabarettist von leichter Hand, ein an geistvollen Einfällen überreicher Musiker ist der am 26. Januar 1911 in Braunschweig geborene Norbert Schultze. Er hat verschiedene Beiträge zum Musiktheater geleistet: Tanzpantomimen (»Der Struwwelpeter«, »Max und Moritz«), Operetten, eine ernste Oper (»Das kalte Herz«). Den stärksten Erfolg erzielte er mit der melodiösen Volksoper »Schwarzer Peter«.
»Schwarzer Peter«, auf einen amüsanten Text von Walter Lieck (1906–1944) komponiert, stellt zwei kartenspielende Könige in den Vordergrund, Klaus und Hans. Klaus ist reich, Hans arm, aber als Hans Vater eines Sohnes, Klaus aber »nur« eines Mädchens wird, erklärt der reiche dem armen König den Krieg und besiegt ihn. Hans wird aus seinem Lande vertrieben und muß mit Frau und Sohn eine neue Heimat suchen. Viele Jahre sind verstrichen. Roderich, König Hans' Sohn, ist zum Jüngling herangewachsen. Da begegnet er, während er Besen bindet, Erika, der zum schönen Mädchen gewordenen Tochter des Königs Klaus. Sie verlieben sich ineinander auf den ersten Blick. Am nächsten Morgen soll am Hofe des Königs Klaus eine Vorstellung der Freier Erikas erfolgen. Roderich geht hin, und Erika wählt ihn überglücklich aus der Schar der Bewerber aus. Doch König Klaus will seine Einwilligung nicht geben, obwohl Roderich Krone und Szepter mitgebracht hat, um sich als würdigen Freier auszuweisen. Es kommt zum heftigen Streit zwischen Vater und Tochter. Erika wird vom Hofe verbannt, darf aber auf Fürsprache des Spielmanns das Liebste mitnehmen, das sie im Schlosse besitzt. Roderich und sie laden den schlafenden König auf einen Wagen; und als dieser in der armen Hütte erwacht, die nun das Heim des Königs Hans darstellt, freut er sich unbändig, seinen alten Freund und Spielpartner wiedergefunden zu haben, den er schon schmerzlich vermißte. Sofort setzen sie sich wieder, wie einst, zum »Schwarzen Peter«. Und der Sterndeuter behält recht, der beiden Königen für dieses Jahr die glückliche Geburt eines Enkelkindes angezeigt hat. (Uraufführung: Hamburg, 6. Dezember 1936.)

Roger Sessions
1896–1984

Der am 28. Dezember 1896 in Brooklyn geborene Nordamerikaner gehört zu den namhaftesten Musikern seiner Generation, der es bestimmt war, seinem Lande die auf fast allen Gebieten seit einem Jahrhundert vorhandene Unabhängigkeit vom »Mutterland Europa« auch auf dem der Musik zu verwirklichen. Hierher gehören Taylor, Virgil Thomson, Blitzstein, Gruenberg, Hanson, Moore und wohl vor allem Gershwin (»Porgy und Bess«). Wenn auch die USA kein »Opernland« im Sinne der Alten Welt werden konnten, so erwacht doch ein bedeutendes Interesse am Musiktheater, das sein wichtigstes Betätigungsfeld in den »workshops« der zahlreichen Universitäten fand, wo Roger Sessions nach Studien in Italien und Deutschland unterrichtete. Unter seinen wichtigsten Werken gibt es auch Opern: so vertonte er 1947 den Brechttext »Das Verhör des Lukullus«, kam aber in Europa erst viele Jahre später zu Wort, als die Deutsche Oper Berlin seinen »Montezuma« aus der Taufe hob (19. April 1964). Der Gedanke zu diesem Werk, dessen Libretto vom italienischen Schriftsteller G. Antonio Borghese in englischer Sprache abgefaßt wurde, trat 1935 an Sessions heran, aber das fertige Textbuch lag erst 1945 vor. Es behandelt in dramatischem Ablauf einen der gewaltigsten Augenblicke des Weltgeschehens: den gnadenlosen, tragischen Zusammenstoß der spanischen Macht, hier durch Hernan Cortez und seine Schar repräsentiert, mit dem Reich der Azteken in Mexiko. Zwei Kulturen, zwei Weltanschauungen stehen einander hier gegenüber; die friedliche Einigung, das Zusammenwirken zum Wohle beider, von dem in dieser Oper vor allem die Indioprinzessin Malinche, Cortez' Geliebte, aber bis zu einem gewissen Grade auch Montezuma, der Aztekenkaiser selbst, und Cortez träumen, muß scheitern an der Unduldsamkeit, der Habgier und Grausamkeit einiger Europäer, die den gerechten Zorn der Azteken herausfordern, um sie dann um so sicherer und gründlicher vernichten und versklaven zu können. Die Berliner Uraufführung fand in deutscher Übersetzung von Leo Haardt statt.

Bedřich Smetana
1824–1884

Der Begründer der tschechischen Oper hatte ein tragisches Leben. Er wurde am 2. März 1824 in Leitomischl geboren, studierte zuerst allein, dann am Prager Konservatorium, bevor er in den Dienst des Fürsten Thun trat. Liszt entdeckte ihn – wie so viele – und verhalf ihm zu einer eigenen Musikschule in Prag. Seine Werke fanden viel Widerstand, da man ihm »wagnerische Einflüsse« vorwarf. Zudem war er den österreichischen Behörden seines starken tschechischen Nationalbewußtseins wegen verdächtig. So ging er 1856 als Dirigent in die schwedische Stadt Göteborg. Als einige Jahre später aus den Beiträgen des ganzen Volkes die tschechische Nationaloper in Prag erstand, berief man Smetana an ihre Spitze. Aber es währte nicht lange, bis ein Gehörleiden, das in Taubheit überging, seinen Rücktritt erzwang. Und, des Unglücks noch nicht genug, folgte auf das Schicksal Beethovens die Tragödie Schumanns. Im Irrenhaus von Prag erlosch dieses Leben am 12. Mai 1884. Smetana hinterließ eine Fülle prachtvoller Werke. Auf dramatischem Gebiet: »Die Brandenburger in Böhmen« (1866), »Die verkaufte Braut« (1866), »Dalibor« (1868), »Zwei Witwen« (1874), »Der Kuß« (1876), »Das Geheimnis« (1878), »Libussa« (1881) und »Die Teufelswand« (1882). Es grenzt ans Unfaßbare, daß die letzten, genialen Werke im Schatten des hereinbrechenden Wahnsinns, unter den grauenhaften Qualen geschrieben werden konnten, die Smetana Musik nur in völlig entstellter, verzerrter Form, mit langen hohen und schrillen Tönen vermischt, vernehmen ließ. Heute erkennt die Welt in Smetana nicht nur den Begründer der tschechischen Nationalmusik, sondern einen der inspiriertesten Schöpfer des 19. Jahrhunderts.

Die verkaufte Braut

Komische Oper in drei Akten. Textbuch von Karel Sabina.
Originaltitel: Prodaná nevěsta
Originalsprache: Tschechisch
Personen: Kruschina, ein Bauer (Bariton), Katinka, seine Frau (Sopran oder Mezzosopran), Marie, beider Tochter (Sopran), Micha, Grundbesitzer (Baß), Agnes, seine 2. Frau (Mezzosopran), Wenzel, beider Sohn (Tenor), Hans, Michas Sohn aus erster Ehe (Tenor), Kezal, Heiratsvermittler (Baß), Springer, Direktor eines Wanderzirkus (Tenor), Esmeralda, Tänzerin (Sopran), Muff, ein als Indianer verkleideter Schauspieler (Tenor), Bauern, Bäuerinnen, Mitglieder des Zirkus u. a.
Ort und Zeit: Größeres Dorf in Böhmen, um die Mitte des 19. Jahrhunderts.
Handlung: Die blendende, mitreißende Ouvertüre ist ein Meisterstück; eine bessere Einführung in eine Lustpieloper ist undenkbar. Inmitten des dahinwirbelnden Streichertumults bettet Smetana ein melodiöses, tänzerisches Volksliedthema. ①
Der erste Akt spielt auf dem Platz eines Dorfes, an einem frühlingshaften Festtage. Chöre und Tänze strahlen Frohsinn aus. Nur Marie ist traurig. Heute soll sie den Bräutigam kennen lernen, den die Eltern ihr bestimmt haben. Mag er sein wie er will, ihr Herz gehört Hans, der sie zu trösten versucht. Schließlich steht das letzte Wort ja bei ihr. Die beiden erneuern ihre Liebesschwüre. Marie besingt ihre tiefen Gefühle in einer Arie von zärtlich-ländlicher Melodie. (Es ist bewundernswert, wie Smetana Arien hohen Stils und reinster Schönheit erfinden kann, ohne den Rahmen der bäuerlichen Komödie zu sprengen.) Hans erzählt ihr aus seiner Jugend: Als seine Mutter starb, hat der Vater sich neuerlich vermählt, aber die Stiefmutter machte ihm das Verbleiben im Hause bald unmöglich. So zog er in die Welt, um sein Glück zu suchen. Er fand es in der Liebe Maries. Das Duett des Paares ist voll schlichter Innigkeit, die Melodie trifft den tschechischen Volkston genau. ②
Kurz danach hält der großsprecherische Heiratsvermittler Kezal seinen Einzug im Dorf. Wenn man seinen Worten glauben will, gibt es weit und breit keinen pfiffigeren Mann. Nun wird er es wieder unter Beweis stellen. Er wird Wenzel, den Sohn des reichen Micha, mit Marie verheiraten. Deren Vater ist bereits einverstanden, nur die Mutter findet immer wieder Einwände. Als Frau denkt sie nicht so sehr an die »glänzenden« materiellen Aspekte der Sache, sie ist vielmehr um Herz und Lebensfreude ihrer Tochter besorgt. Doch Kezal läßt – begreiflicherweise – nicht ab, seinen Schützling in bestem Lichte zu zeigen. Laut seiner Rede ist Wenzel der Ausbund aller Tugenden. Doch Marie antwortet mit einem glatten »Nein«. So leicht ergibt sich Kezal nicht. Er ändert nur die Strategie. Er wird zu erreichen suchen, daß Hans, den Marie offenkundig liebt, auf sie verzichte. Kruschina und Kezal ziehen sich zurück, das junge Volk stürzt sich von neuem in den Tanz.
Der zweite Akt spielt im Inneren der Schenke. Hans ist anwesend. Mit den Bauernsöhnen trinkt er auf die Liebe. Kezal trinkt ebenfalls, aber auf das Geld, dieser einzigen Triebfeder seines Handelns. Die Schenke füllt sich mehr und mehr. Viele Melodien aus der unerschöpflichen tschechischen Folklore, mit der Smetana meisterhaft umgeht, summen durch den Raum. Wenzel tritt ein, er ist geistesschwach und stottert. Marie nähert sich ihm; sie gibt vor, ihn zu bedauern, denn die Braut, die man für ihn erwählt habe, sei ein wahrer Teufel. Sie werde ihn bestimmt quälen und unglücklich machen! Und so viele nette Mädchen schmachten nach ihm! Es fällt Marie nicht schwer, Wenzel von seinen

Heiratsgedanken abzubringen. Während des komischen Duetts der beiden sprechen an einem anderen Tisch Kezal und Hans über die gleiche Angelegenheit. Hans tut, als gehe er in die Falle, und nimmt als Abstandssumme für Marie dreihundert Gulden entgegen. Nur eine kleine Bedingung stellt er, auf die Kezal hocherfreut und ahnungslos eingeht. Nur des Micha Sohn dürfe Maries Mann werden. Das Schriftstück wird unterzeichnet, und bald erfährt das ganze Dorf von dem »Verkauf der Braut«, von Hansens Verrat, auf den die allgemeine Verachtung fällt.

Wieder auf dem Marktplatz des Dorfes spielt der dritte Akt. Ein Zirkus ist angekommen, und der blöde Wenzel hat sich in die Tänzerin Esmeralda verliebt. Diese hat die gute Idee, einen betrunkenen Schauspieler, der in der Abendvorstellung den wilden Bären spielen soll, durch Wenzel zu ersetzen. Rasch bringt sie ihm die hierfür nötigen Schritte bei. Seine Eltern entdecken mit Schrecken seinen Plan und erfahren von seiner Weigerung, Marie zu heiraten. Als diese auftritt, erkennt Wenzel in ihr seine liebenswürdige Ratgeberin wieder. Marie hat nun keine List mehr im Kopf. Todtraurig über den Verrat ihres Geliebten bittet sie, von allen allein gelassen zu werden, um über ihr Schicksal Klarheit zu erlangen. Nach einem prachtvollen Sextett erfüllen ihre und Wenzels Eltern ihren Wunsch. Nun verströmt sie ihren Schmerz in einer wunderbaren Arie. Hans findet sie so. Ihrer Verzweiflung steht seine unerklärliche Fröhlichkeit gegenüber. Doch gibt er ihr keinerlei Erklärung seiner Handlungsweise. Als Kezal vorbeigeht und ihn fragt, ob Marie bereit sei, Michas Sohn zu heiraten, antwortet der Bursche im Namen des Mädchens mit einem frohen »Ja«. Er verspricht, persönlich dafür sorgen zu wollen. Maries Unglück erreicht seinen Höhepunkt, aber plötzlich klärt sich alles auf. Auch Hans ist ein Sohn Michas, Stiefbruder Wenzels also. Voll Freude erkennt ihn der Vater nach vielen Jahren, und die Stiefmutter kann nun nichts mehr gegen ihn tun. Und Michas Sohn wird Marie heiraten, doch nicht Wenzel, wie Kezal angenommen hatte, sondern Hans. Alles endet fröhlich, nur der oberschlaue Kezal verläßt wütend das Dorf seiner Niederlage.

Textbuch: Sehr hübsch, mit guten Milieuschilderungen und treffenden Charakterzeichnungen.

Musik: Eines der – ach, so dünn gesäten! – perfekten musikalischen Lustspiele. Voll prächtiger Musik, glänzender Verwertung der Folklore und überströmenden eigenen Einfälle, gleich gelungen im Komischen wie im Gefühlvollen, im Grotesken wie im Ernsten, in den Soli wie in den Ensembles, in den Gesangspartien wie in den Tänzen. Die Einfachheit der Melodien stimmt mit Text und Handlung überein, und doch: Welche Kunst steckt in dieser Einfachheit! Eine Prachtschöpfung für sich ist die Rolle des Kezal; hier erhält das Fach der komischen Bässe eine seiner saftigsten Figuren (zu Osmin, Leporello, van Bett, Baculus, Barbier von Bagdad, Beckmesser, Falstaff, Ochs von Lerchenau).

Geschichte: Ursprünglich war »Die verkaufte Braut« eine Operette mit gesprochenem Dialog und »Musiknummern«. Vielleicht schuf Smetana sie als Antwort auf den Vorwurf, »Wagnerianer« zu sein. So kam sie am 30. Mai 1866 im Prager »Interimstheater« zur Uraufführung. Sie gefiel dem Publikum, fand aber außerhalb der Hauptstadt kein Echo. Für eine drei Jahre später in Paris geplante (nicht zustandegekommene) Aufführung komponierte Smetana eine Arie Maries sowie zwei Tänze (Polka und Furiant) hinzu. Und abermals zwei Jahre später entstand für die Aufführung in St. Petersburg durch Umwandlung der Dialoge in Rezitative die endgültige Fassung. So hat die Oper sich in verhältnismäßig kurzer Zeit die ganze Welt erobern können und gehört zum festen Bestand aller Opernhäuser.

Dalibor

»Wenn Sie glauben, daß Sie mir eine besondere Freude machen, wenn Sie ›Die verkaufte Braut‹ loben, so sind Sie im Irrtum! Meine Kraft und Freude liegt ganz wo anders!« schrieb Smetana im Jahre 1882. Damals waren »Dalibor« und »Libussa«, diese beiden großen dramatischen Hauptwerke, aber auch »Zwei Witwen«, »Der Kuß« und »Das Geheimnis« schon längst komponiert, aber kaum erkannt. Besonders »Dalibor«, Smetanas Lieblingskind, hatte lange Zeit kein Glück auf den Bühnen. (In Wien wurde dann diese herrliche Oper durch den eben sein neues Amt antretenden Gustav Mahler aufgeführt, und erst damit begann die internationale Beachtung. Der Komponist aber war längst tot.) Smetana griff hier nach seinem bevorzugten Thema: Böhmens Sagen, Legenden und Geschichte. Es ist schwer zu sagen, von welchem dieser Gebiete »Dalibor« die meisten Elemente bezog. Der historische Dalibor von Kozojedy war ein Ritter zur Zeit König Wladislaws II. Um 1500 gab er seinen Bauern die Freiheit, überfiel seine Nachbarn und eignete sich ihre Güter an. Er war der erste, der in den neuerbauten Turm der Prager Burg geworfen wurde (der seitdem den Namen »Daliborka« führt) und starb als Aufrührer unter dem Schwert. Soweit die Geschichte; die Legende hat sie umgestaltet und aus Dalibor den romantischen Ritter und Musiker gemacht, der zur volkstümlichen Figur im Lande wurde. Der deutschböhmische Dichter Josef Wenzig stellte sie in den Mittelpunkt seines Librettos, für das Smetana sich begeisterte: es mußte erst, durch Erwin Spindler, ins Tschechische übersetzt werden, bevor der Komponist an die Vertonung ging. Leider aber ist das Textbuch, trotz des dramatischen Stoffes, eher undramatisch ausgefallen.

Es geht um das Gericht, das der König gegen Dalibor einberufen hat. Als Anklägerin erscheint Milada, Schwester eines von Dalibor erschlagenen Ritters. Aber Milada gerät in den Bann des Helden und wird aus einer Rächerin zu einer Verliebten. Sie tritt, als Dalibor zu lebenslänglichem Kerker verurteilt wird, in die Dienste des Kerkermeisters, um eine Möglichkeit zur Befreiung zu erspähen. So kommt es zu einer Liebesszene im tiefen Verlies, als Milada Dalibor die von ihm ersehnte Geige bringt. Ein Volksaufstand droht, den Gefangenen zu befreien; da ordnet der König seine Hinrichtung an. Milada führt in letzter Stunde ihre Getreuen gegen die Burg, wird aber im Kampf tödlich verwundet. Sie stirbt in Dalibors Armen, der sich nun selbst den Tod gibt, um den herbeistürmenden Wachen nicht in die Hände zu fallen und um mit Milada und dem ermordeten Freund Zdenko, den er an Miladas Bruder rächte, für immer vereinigt zu sein.

Im Frühherbst des Jahres 1866 hatte Smetana den ersten Akt vollendet, im Oktober 1867 den zweiten, und am 29. Dezember des gleichen Jahres schloß er den dritten und damit das Werk ab. Es enthält eine Fülle wunderbarer Musik und bedeutet nicht – wie seine Feinde behaupteten – eine Übertragung des wagnerischen Stils auf die böhmische Musik, sondern die Schaffung eines eigenen heroischen Stils. Smetana verwendet Leitmotive, mit deren Hilfe er ganze Szenen zu einer organischen Einheit gestaltet, aber diese hatten in damaliger Zeit aufgehört, »typisch wagnerisch« zu sein und waren universell geworden; so universell, daß etwa Bizet – Antiwagnerianer par excellence – sie in »Carmen« ebenfalls anwendete. Die Uraufführung des »Dalibor« fand an einem bedeutungsvollen Tage statt. Am 16. Mai 1868 wurde zur Mittagsstunde in Prag der Grundstein zum neuen Nationaltheater gelegt, wobei Smetana die Worte sprach: »In der Musik – der Tschechen Leben.« Am Abend wurde sein neues Werk zum ersten Erklingen gebracht (nebst einer eigens für diesen Anlaß komponierten »Festouvertüre«); man spendete Beifall, weil es ein festlicher Tag war, aber es wurde sofort klar, daß fast niemand die Größe dieses Werkes begriffen hatte. Es verschwand sehr bald auf viele Jahre vom Spielplan.

Libussa

Als »tschechische Festoper« hat Smetana dieses Werk geschaffen, das außerhalb seines Landes – vor allem aus stofflichen Gründen – wenig Verbreitung finden konnte. Der Text (abermals von Josef Wenzig, ins Tschechische übersetzt durch Erwin Spindler) rankt sich um die Volkssage von der Fürstin Libussa, der die Gründung Prags zugeschrieben wird, und um ihre Heirat mit dem Bauernedelmann Přemysl, die nun Ursprung für das älteste Adelsgeschlecht des Landes wurde. Smetana bringt in »Libussa« seinen innigen und festen Glauben an die Zukunft seines Volkes zum Ausdruck; in gewissem Sinne entstand ein Gegenstück zu Wagners »Meistersingern von Nürnberg«, eine Nationaloper volkstümlich-feierlichen Zuschnitts. Das entsprach in jeder Beziehung dem Anlaß, zu dem »Libussa« komponiert wurde: es war die Krönungsoper für Kaiser Franz Josef I., der in Prag böhmischer König werden sollte. Doch die Feier fand nie statt, das Werk Smetanas, pünktlich am 12. November 1872 beendet, wurde erst am 11. Juni 1881 aus der Taufe gehoben. Smetana war anwesend, aber die Taubheit machte es ihm unmöglich, sein eigenes Werk zu vernehmen.

Zwei Witwen

Nach »Dalibor« und »Libussa«, den heroisch-feierlich-festlichen Klängen, begab sich Smetana auf ein anderes Gebiet. Einem französischen

Lustspiel von Jean-Pierre Félicien Mallefille »Zwei Witwen« (oder »Die beiden Witwen«) entnahm Emanuel Züngl Idee und Szenenführung. Es entstand ein Konversationsstück, eine Art Salonoper in ländlich-böhmischem Milieu. Auf einem Gut leben zwei junge Witwen, von denen die eine lebenslustig ist, während die andere bis an ihr Ende Trauer tragen will. Ein Nachbar aber besiegt zuletzt doch den Widerstand dieser letzteren, und auf dem Erntefest wird Hochzeit gefeiert. Wir wollen die »Handlung« nicht richten, da sonst eine gute Anzahl von Lustspielopern aus dem letzten Jahrhundert schlechte Noten erhielten. Sie gab Smetana Gelegenheit zu einer übermütigen, lebensfreudigen, melodieseligen Partitur – im Schatten der Taubheit, des Unverstands seiner Landsleute, dem tragischen Ende seiner Karriere! »Zwei Witwen« wurde am 27. März 1874 – in Prag, wie alle Werke Smetanas – uraufgeführt; es war das letzte von ihm dirigierte eigene Bühnenwerk, und das letzte, das zu hören ihm vergönnt war.

Der Kuß

Dem Motiv der Oper »Der Kuß« war Smetana lange auf der Spur. Mit der Textdichterin Eliška Krásnohorská besprach er schon im Jahre 1871 die Idee, aus der Novelle »Der Kuß« von Karolina Světlá eine Oper zu machen, doch als er »Libussa« beendet hatte und an das neue Werk gehen wollte, verweigerte die Autorin der Novelle ihre Einwilligung. Daraufhin schrieb Smetana »Zwei Witwen«; später erhielt er die Erlaubnis Karolina Světlás, und am 23. Juli 1876 trug er in sein Notizbuch ein: »Ich habe die neue Oper ›Der Kuß‹ beendet.« Die Handlung ist von denkbar größter Einfachheit:
Wendulka und Lukáš, zwei böhmische Bauernkinder lieben einander von Kindheit an. Das Leben trennt sie, als Lukáš auf Wunsch seiner Eltern ein reiches Mädchen heiratet. Doch als er Witwer geworden ist, kommt er zurück und will Wendulka heimführen. Doch diese verweigert ihm zwar nicht ihre Liebe, wohl aber den Verlobungskuß, da nach Volksglauben ein solcher in diesem Falle die verstorbene erste Frau beleidige. Beide, Wendulka und Lukáš, sind Dickschädel, und keiner will nachgeben. Das Mädchen zieht zu einer Tante in den Wald, aber die Reue über den verweigerten Kuß nagt jeden Tag stärker an ihr. Lukáš kommt zur rechten Zeit und mit einem herzhaften Kuß wird ihr Bund nun für immer besiegelt. Smetanas Musik zu diesem Libretto ist hinreißend, sie straht echte Freude aus. Kein Wunder, daß das Werk bei der Premiere am 7. November 1976 jubelnd begrüßt wurde und bis heute, nach der »Verkauften Braut«, Smetanas beliebtestes Bühnenstück bildet. Es war das erste Mal, daß er ein Werk aus seiner Feder nicht mehr selbst dirigieren konnte. In seiner Taubheit trat er nach jedem Akt auf die Bühne, von rasendem Beifall umtobt, dessen Bewegung er sah, ohne seinen Lärm zu hören. »Der Erfolg scheint mir glänzend, ich fürchte, eine etwas oberflächliche Musik geschrieben zu haben, wenn sie sich einer so plötzlichen Beliebtheit beim Publikum erfreut und die Kritik vergeblich nach Fehlern sucht. Ich würde lieber einen langsamen, mit der Zeit wachsenden Erfolg sehen, der dem Werk ein längeres Leben verspricht als ein so plötzlicher Sieg«, schrieb er, bescheiden wie immer.

Ludwig Spohr

1784–1859

Der Frühromantiker Ludwig Spohr, am 5. April 1784 in Braunschweig geboren, war nicht nur ein prominenter Geigenvirtuose seiner Zeit – der Epoche des »Hexenmeisters« Paganini! –, er war auch ein höchst angesehener Komponist, von dessen reichem Lebenswerk zwar nur noch Vereinzeltes am Leben ist, aber uns durch Einfall wie durch Können gleicherweise besticht. Er war Kammermusiker in seiner Geburtsstadt, Geiger in Gotha, Kapellmeister in Wien, Frankfurt und zuletzt in Kassel, wo er am 22. Oktober 1859 starb. Im Musiktheater, zu dem er zehn Opern beitrug, war seine Stellung von hoher Bedeutung. Er vertiefte die Rezitative und weist in der Verwendung der Chromatik bereits auf Wagners »Tristan und Isolde«. In der Frühgeschichte der deutschen Oper muß er neben

Weber, E. T. A. Hoffmann und Marschner ehrenvoll genannt werden. Sein »Faust« gehört zu den frühesten deutschen romantischen Opern; Weber führte ihn 1816 in Prag zum ersten Male auf. Als sein stärkstes Werk gilt »Jessonda«, die in Kassel am 28. Juli 1823 erstmals erklang. Das Textbuch dieser Oper führt uns in die kolonialen Kämpfe zwischen Indern und Portugiesen zu Anfang des 16. Jahrhunderts. Ein hoher einheimischer Würdenträger ist gestorben und nach altem Brauch sollen seine irdischen Güter mit ihm verbrannt werden, darunter seine Witwe Jessonda, die lebend von den Flammen verzehrt werden muß. Der Brahmine Nadori, der ihr dies mitzuteilen übernimmt, beschließt Jessonda und ihre Schwester, die er liebt, zu retten. So bedient er sich des Oberbefehlshabers der portugiesischen Truppen, Tristan, der in Jessonda die einstige Geliebte erkennt. Ein strenger Befehl verwehrt ihm, religiöse Zeremonien der Inder zu stören, aber ein Paktbruch, den diese begehen, ermöglicht ihm im letzten Augenblick das rettende Eingreifen.

Gasparo Spontini
1774–1851

Das muß ein großer Herr gewesen sein, der Maestro Spontini (am 14. November 1774 zu Maiolati in der damals zum Kirchenstaat gehörigen Provinz Ancona geboren), geehrt und verwöhnt, mit Orden geschmückt, die er nicht nur auf seinen Porträts zeigte, mit Auszeichnungen überhäuft, die er von recht verschiedenen Regierungen und Herrschern erhielt. Er wurde 1805 Hofmusiker der französischen Kaiserin Joséphine und errang die Sympathie von deren Gatten Napoleon, der nicht viel von Musik verstand, aber ihre Wirkung zu schätzen wußte; er behielt seine Pariser Stellungen bei, als mit Ludwig XVIII. die Bourbonen wiederkehrten. 1820 berief ihn der Preußenkönig Friedrich Wilhelm III. nach Berlin, das er in den Rang einer musikalischen Weltstadt zu erheben gedachte. Er erhielt den damals neuen Titel eines Generalmusikdirektors, zudem große Mittel und Vollmachten, und dennoch konnte er die sensationellen Erfolge seiner napoleonischen Zeit nicht wiederholen. In jene Ära hatten seine »Vestalin« (1807), vor allem der (antispanische und darum zu jenem Zeitpunkt von Napoleon besonders geförderte) »Fernand Cortez« (1809), und weitere Opern aus seiner produktiven Feder genau gepaßt. Er wies in ihnen den Weg der kommenden »grande opéra«, des gewaltigen Ausstattungsstückes voll Pomp und Glanz, *grandeur* und *gloire*, wie sie später, besonders von Meyerbeer, aber auch vom jungen Wagner angestrebt wurden. Er wußte es und sagte: »Seit ich ›Die Vestalin‹ schrieb, hat niemand mehr eine Note komponiert, die nicht aus jenem Werk gestohlen wäre...« Das war nun unrichtig oder so übertrieben, daß vom Körnchen Wahrheit, das es enthielt, kaum noch etwas zu erkennen war. Denn was nachgeahmt schien, war in Wahrheit nichts anderes als der »Zeitstil«, die Großspurigkeit, die nun einmal in der Epoche lag und zu der sich selbst Rossini in seinem letzten Werk, dem »Guillaume Tell«, unbewußt (wenn auch in durchaus positivem Sinne) zuneigte. Wie immer: Spontini war der typische Vertreter seiner Zeit, stark genug als musikalische Persönlichkeit, begabt genug, um Werke zu schaffen, die ihn ziemlich lange überleben konnten. Die »Vestalin« erwies sich sogar weit in unserem Jahrhundert noch – als eine große Interpretin für diese gewaltige Rolle auftauchte: Maria Callas – als durchaus interessant. Die Berliner Werke Spontinis allerdings erreichten die frühere Höhe nicht mehr: »Olympia« trat, von E. T. A. Hoffmann verdeutscht, mit Webers damals wahrhaft revolutionärem »Freischütz« erfolglos in Konkurrenz, »Lalla Rookh«, »Nurmahal oder Das Rosenfest von Kaschmir«, »Alcidor« gerieten bald in Vergessenheit. Gegen Ende seiner Berliner Tätigkeiten häuften sich unliebsame Begebenheiten, die schließlich 1841 zu seinem Rücktritt führten. Spontinis europäischer Stern war so schnell im Sinken, daß er in die Heimat zurückkehren mußte, um sich nach seinem Geschmack feiern zu lassen. Dort starb er am 14. Januar 1851. »La Vestale« ist Spontinis bedeutendste Oper. Der Librettist Etienne Joy legte ihr eine Erzählung des deutschen Griechenland-Forschers und späten Renaissancemenschen Winckelmann zugrunde. Eine der Hüterinnen des heiligen Feuers, der Vesta-Priesterinnen im Tempel dieser Göttin zu Rom, vergißt über der Liebe zu dem siegreichen

Krieger Licinio die Pflicht. Das Verlöschen des Feuers führt zu ihrer Verurteilung, doch die Götter selbst geben ein Zeichen: Ein Blitzstrahl entzündet die heilige Flamme von neuem. Spontinis Musik zu diesem klassisch einfachen Drama besitzt echte Größe; manches kommt aus der Glucknachfolge, ist geradlinig, klar und edel. Anderes hingegen gerät in die gefährliche Nähe des hohlen Pathos, ist um eine Spur zu strahlend, zu bombastisch, zu äußerlich. Einige Szenen dieser Oper wurden in französischer Sprache in den Tuillerien am 14. Februar 1807 erstmals zu Gehör gebracht; sie erweckten die Begeisterung Joséphines und das starke Interesse ihres Gatten Napoleon, der mit untrüglichem Instinkt fühlte, daß hier die Möglichkeit lag, einen Musiker zur Glorifizierung seines Regimes zu gewinnen. Die erste öffentliche Aufführung fand am 15. Dezember 1807 in der Kaiserlichen Musikakademie zu Paris statt. Seitdem gehört das – stets in seiner italienischen Ursprache gegebene – Werk zu den »Klassikern« des Genres, was bedeutet, daß es öfters zitiert als gespielt wird, aber überzeitliche Werte besitzt, die niemals restlos aus dem Musikleben verschwinden können.

Rudi Stephan
1887–1915

Rudi Stephan war eines der Opfer des Ersten Weltkrieges. Der im Jahre 1887 in Worms Geborene fiel 28jährig bei Tarnopol an der deutschen Ostfront. Er galt als eine der Hoffnungen der jungen Musik, besonders aufgrund einer Oper, die er hinterließ, aber nicht mehr hören konnte.

»Die ersten Menschen« ist das Urdrama der Menscheit. Es spielt sich zwischen Adam, Eva und ihren beiden Söhnen Kain und Abel ab, die im Textbuch von Otto Borngräber Adahm, Chawa, Kajin und Chabel genannt sind und von einem Baß, einer Sopranistin, einem Bariton und einem Tenor dargestellt werden. Die Problemstellungen sind symbolhaft: die Suche nach Gott, der Drang zum anderen Geschlecht. Adahm ist auf der Höhe der Lebensweisheit angelangt, die Sehnsucht nach Erkennung der Wahrheit hat seine Jugendtriebe ersetzt. Chawa ist ihm auf diesem Wege nicht gefolgt, immer noch ist sie das sinnliche Weib, das erotische Gefühl für sie das Wichtigste im Leben, der eigentliche Zweck des Daseins. Kajin quält sich ab und will in die Welt ziehen, um Erfüllung für die Gefühle zu finden, die ihn bedrängen. Sein Bruder Chabel aber glaubt, den Ursprung des Lebens entdeckt zu haben: ein überirdisches Wesen, Gott genannt. Ihm erbauen Adahm, Chawa und Chabel den ersten Tempel, ihm opfern sie das erste Lamm. Aber Kajin begreift den Sinn von Opfer und Anbetung nicht. Des Nachts treffen sich Chawa und Chabel am Opferstein. Chawa, die um Adahms Liebe zu Gott fleht, sieht, wie sehr Chabel dem jungen Adahm gleicht. Und Chabel erzittert, weil er zum ersten Male Chawas Leib und die ihm innewohnende Schönheit entdeckt. Auch Kajin sucht in unbewußtem Liebesdrange Chawas Nähe. Als er den Bruder bei Chawa entdeckt, erschlägt er ihn in einem rasenden Aufwallen seines Zornes. Chawa will die Bluttat an Kajin rächen, aber Adahm hält sie zurück, die Reue sei seine schwerste Strafe. Ruhelos werde er von nun an über die Erde ziehen. Chabels Leiche wird Gott geweiht. Adahm und Chawa schließen einander, gottergeben in die Zukunft blickend, in die Arme. (Uraufführung: Frankfurt am Main 1920.)

Johann Strauß (Sohn)
1825–1899

Der »Walzerkönig« war weit mehr als ein genialer Schöpfer »leichter« Musik. Er war nicht nur das Symbol einer Epoche, deren Lebensfreude er in Musik auszudrücken verstand wie niemand anderer, das Symbol seiner Stadt, die auf dem Höhepunkt ihrer glanzvollen Entwicklung angelangt war; er war ein international bewunderter Komponist und Dirigent, dem selbst die größten Meister seiner Zeit – so weit auseinander ihre Ansichten auch in anderer Beziehung gingen – einmütig huldigten: Berlioz und Schumann, Wagner und Brahms. Johann Strauß, Sohn, wurde am 25. Oktober 1825 in Wien geboren. Gegen den Willen seines berühmten Vaters widmete er sich dem Musikerberuf. Mit 19 Jahren stand er an der Spitze seines eigenen Orchesters, das er später – als er sich ganz der Komposition widmete – den jüngeren (und ebenfalls hochbegabten) Brüdern Joseph und Eduard übergab. Seine Bühnenschöpfungen begannen im Jahre 1871 mit »Indigo«. Es folgten: »Karneval in Rom« (1873), »Die Fledermaus« (1874), »Cagliostro in Wien« (1875), »Prinz Methusalem« (1877), »Blinde Kuh« (1878), »Das Spitzentuch der Königin« (1880), »Der lustige Krieg« (1881), »Eine Nacht in Venedig« (1883), »Der Zigeunerbaron« (1885), »Simplicius« (1887), »Ritter Pazman« (1892), »Fürstin Ninetta« (1893), »Jabuka« (1894), »Waldmeister« (1895), »Die Göttin der Vernunft« (1897). Strauß starb am 3. Juni 1899 in Wien. Die Mehrzahl seiner Werke mögen als Operetten dem Thema unseres Buches ferne stehen; aber einige – vor allem »Die Fledermaus« – sind »komische Opern« und werden der Aufführung in exklusivsten, nur »hoher Kunst« geweihten Theatern (so der Wiener Staatsoper) mit Recht für durchaus würdig gehalten.

Die Fledermaus

Komische Oper in drei Akten. Textbuch von C. Haffner und R. Genée, nach der Komödie »Réveillon« von Meilhac und Halévy.
Originalsprache: Deutsch
Personen: Gabriel von Eisenstein (Tenor), Rosalinde, seine Gattin (Sopran), Frank, Gefängnisdirektor (Bariton), Prinz Orlowsky (Mezzosopran oder Bariton), Alfred, Opernsänger (Tenor), Adele, Stubenmädchen bei Eisenstein (Sopran), Dr. Falke, Notar (Bariton), Dr. Blind, Rechtsanwalt (Bariton), Frosch, Gefängnisdiener (Sprechrolle), Ida, Schwester Adeles (Sprechrolle), Gäste, Dienerschaft.
Ort und Zeit: Wien, im 19. Jahrhundert.
Handlung: Die Ouvertüre ist eine glänzende Orchesterfantasie über einige der besten Einfälle der Partitur. Sie nimmt die Ballatmosphäre, aber auch einige lyrische und groteske Eingebungen voraus und ist brillant instrumentiert. Der erste Akt führt uns ins Haus Herrn von Eisensteins. Adele, das Stubenmädchen, hat von ihrer Schwester Ida, die Ballettänzerin ist, eine Einladung zu einem Ball im Palais als russischen Prinzen Orlowsky erhalten. Sie muß nun Rosalinde gegenüber nicht nur eine kranke Tante vortäuschen, die sie am Abend pflegen müsse, sondern dazu auch noch eine schöne Toilette ihrer Herrin entführen. Überraschenderweise erteilt Rosalinde den erbetenen Urlaub leichter als gedacht. An diesem Abend muß ihr Gemahl, Herr von Eisenstein, sich im Gefängnis einfinden um eine kleine Arreststrafe wegen Amtsbeleidigung abzusitzen. Auf der Straße aber vernimmt man den sieghaften Tenor des Opernsängers Alfred, ihres früheren Verehres, der ihr ein Ständchen bringt. Eisenstein ist ärgerlich darüber, daß die Ungeschicklichkeit seines Advokaten Dr. Blind ihn zum Abbüßen der Strafe zwingt, aber seine Laune bessert sich zusehends, als der Notar Dr. Falke, sein alter Freund und Kumpan vieler Abenteuer, ihn zum Fest Orlowskys einladen kommt. Er wirft sich in Gala, was Rosalinde nicht wenig wundert. Im Frack ins Gefängnis? Zärtlich, wenn auch auffallend zerstreut, verabschiedet Eisenstein sich von seiner Gattin, die wegen Alfreds Gesang von der Straße her auch nicht recht bei der Sache ist. Die Melodie, die Strauß hier erfunden hat (»O je, o je, wie rührt mich dies...«), beleuchtet die Situation vortrefflich. ①
Verdächtig froh geht Eisenstein »ins Gefängnis«. Ohne allerdings zu ahnen, daß er der Ge-

① *Allegro moderato*

O je, o je, wie rührt mich dies, o je, o je, wie rührt mich dies.

ROSALINDE

② *Allegretto*

Glücklich ist, wer vergisst, was doch nicht zu ändern ist.....

ROSALINDE und ALFRED

foppte sein wird, da Falke, den er einmal nach einem Maskenball, als Fledermaus verkleidet, bei hellichtem Tage durch die Straßen heimgehen ließ, einen Racheplan geschmiedet hat. Kaum ist der Hausherr fort, als Alfred eindringt. Der Sänger, der seit so langen Jahren Rosalinde so beharrlich wie vorläufig erfolglos den Hof macht, beginnt es sich, trotz deren – nicht übertrieben heftigen – Proteste in Eisensteins Hausanzug bequem zu machen. Gemütlich trinken sie miteinander zu dem Liede, das in Text und Melodik beinahe sprichwörtlich geworden ist: »Glücklich ist, wer vergißt, was doch nicht zu ändern ist ...« Eine anfechtbare, aber gesunde Lebensphilosophie. ②

Das Idyll wird ein wenig brüsk unterbrochen. Der Gefängnisdirektor Frank kommt in eigener Person, um seinen prominenten »Gast«, Herrn von Eisenstein, hinter Schloß und Riegel zu geleiten. Er findet ihn in zärtlichem Tête-à-tête mit seiner Gattin, denn wer sonst könnte um diese Zeit ...? Alfred schwankt einen Augenblick, aber er kann die Angebetete nicht bloßstellen. Er läßt sich ins Gefängnis abführen, nicht ohne sich mit zärtlichen Küssen von seiner »Gattin« zu verabschieden.

Der zweite Akt bringt das Fest des Prinzen Orlowsky, dessen pseudo-liberale Grundsätze in seinem Couplet »Chacun à son goût« (Jeder nach seinem Geschmack) treffend charakterisiert sind. Alle amüsieren sich glänzend außer er selbst, der trotz seiner Reichtümer oder vielleicht gerade ihretwegen in dauernder Langeweile lebt. Doch für heute abend hat Falke ihm eine vergnügliche Überraschung versprochen. Ein »Marquis Renard« wird eingeführt; es ist niemand anderer als Eisenstein. Er trifft auf eine Schöne, die seinem Stubenmädchen Adele zum Verwechseln ähnlich sieht und noch dazu ein Kleid seiner Gattin zu tragen scheint. Doch er erlebt, als er den Gedanken ausspricht, eine blamable Abfuhr, denn das Mädchen stellt ihn in ihrem neckischen Lied »Mein Herr Marquis, ein Mann wie Sie sollt besser das verstehn!« vor allen Gästen bloß. ③

Des »Marquis« Aufmerksamkeit wird gleich darauf von der vermeintlichen Adele ab und auf eine »ungarische Gräfin« gelenkt, die maskiert und von begeisterten Lobpreisungen Falkes eingeführt erscheint. Sein altes Abenteurerblut beginnt zu kochen. Mit Hilfe einer kleinen Uhr, zu deren Ticken er die Schläge ihres Herzens zählen will, glaubt er sie zu fesseln; aber die »Gräfin« erliegt seinen Verführungskünsten nicht, im Gegenteil: ehe er sich's versieht, ist seine Uhr in ihrer Hand. Nun hebt sie, unter allgemeiner Spannung, zu einem prächtigen Csardas an. Das Fest nähert sich seinem Höhepunkt. Ein neuer Gast, der »Chevalier Chagrin« ist eingetroffen, hinter welchem »nom de guerre« sich der Gefängnisdirektor Frank verbirgt. Seine Begegnung mit dem »Marquis Renard« enthüllt zwar, daß keiner der beiden mehr als fünf Worte französisch spricht, aber dieses kleine Hindernis kann die schnell entstandene Sympathie zwischen beiden nicht trüben. Sie schwingen in frohester Laune das Tanzbein zu einem der herrlichsten Straußwalzer. ④ Ja, sie trinken Brüderschaft, umarmen einander und versprechen, als es zu einem überraschend hastigen Aufbruch kommt – die Uhr schlägt sechs Uhr morgens –, einander bald wiederzusehen. Sie ahnen im Taumel des Festes nicht, wie rasch und unter welchen Umständen das der Fall sein wird.

Der dritte Akt spielt im Gefängnis. Frosch, der Diener, hat in Abwesenheit seines Chefs mehr getrunken, als er vertragen kann. Nun kehrt Frank vom Balle zurück, auch er nicht sehr fest auf den Beinen. Er möchte gerne an seinem Schreibtisch ein wenig schlummern, aber das Gefängnis wird lebendig. Zuerst erscheint Adele, der es schnell gelungen ist, den Herrn zu eruieren, der ihr Förderung in der von ihr erträumten künstlerischen Laufbahn versprochen hat. In einer Arie überzeugt sie Frank von ihrem Talent. Dann erscheint der »Marquis«. Große Begrüßungsszene. Gegenseitige Geständnisse, die dröhnendes Gelächter hervorrufen: Frank sei gar nicht »chevalier«, sondern Gefängnisdirektor? Das kann noch hingehen. Aber: der »Marquis« sei Eisenstein? Nein, das geht doch zu weit! Der neue Freund erfindet doch zu Unglaubliches! Denn Eisenstein sitzt seit gestern abend. Sitzt? Wo? In einer Zelle. Frank hat ihn, bevor er auf das Fest ging, persönlich festgenommen und hierhergebracht. Eisenstein platzt zuerst vor Lachen, doch als er die Begleitumstände erfährt, wird er stutzig. Da kommt auch schon Rosalinde. Sie will sich von einem so leicht für fremde Schönheit entbrennenden Gatten scheiden lassen. Eisenstein protestiert. Doch Rosalinde zieht die kleine Uhr aus der Tasche. Sie war die »ungarische Gräfin«. Große Szene, aber glücklicherweise haben beide Gatten einander etwas zu verzeihen. So endet alles gut, die Rache der »Fledermaus« gab zu einem amüsanten Spiel Anlaß.

Die beiden prominenten französischen Librettisten Meilhac und Halévy (ein Neffe des Komponisten der »Jüdin«) hatten für Offenbach ein geistvolles Textbuch (»Réveillon«) geschrieben, das dieser aber nicht komponierte und das auf allerhand Umwegen nach Wien gelangte.

Textbuch: Haffner und Genée, geistvolle Librettisten – und vielleicht mehr als das – bearbeiteten »Réveillon« vollständig. Sie strichen einiges für mitteleuropäische Verhältnisse Ungewohntes und fügten viel Menschliches hinzu. Es entstand ein ideales Textbuch, das dem »Walzerkönig« aufs glücklichste entgegenkam: stand doch im Mittelpunkt ein großer Ball, also genau das Milieu, in dem er einen guten Teil seines Lebens, Geige spielend, dirigierend und eigene Kompositionen vorführend, verbracht hatte.

Musik: Johann Strauß schuf denn auch mit der »Fledermaus« sein Meisterstück. Jede Musiknummer wurde zum glänzenden Treffer. Der einzige Zweifel, der auftauchen könnte, wäre der des Genres, dem dieses Werk zuzurechnen sei. Am ehesten wohl zur komischen Oper, die sich ja mit Operette und Spieloper in vielen Punkten berührt. Welchem Genre immer man »Die Fledermaus« zurechnen will – sie gilt allgemein als Krone der Operetten. Die Wiener Hofoper und nach ihr viele andere »ernste« Musentempel deklarierten sie als Komische Oper, um sie in ihren Spielplan aufnehmen zu können – gleichviel, sie gehört allemal zu den Spitzenwerken. Sie sprüht vor Witz und Geist, Schwung und Lebensfreude. Die Einfälle folgen pausenlos aufeinander und jeder ist von exquisiter Art. Glänzend sind auch die Rollen, die sich hier den Künstlern bieten; sie stellen hohe Ansprüche und manche ist mit Opernsängern keineswegs zu hoch besetzt. In der Musik der »Fledermaus« drückt sich, wie kaum in einem anderen Werk, der unendliche Zauber einer Stadt und einer Epoche aus, die zwar voll ungelöster Probleme steckten, an Schöpferkraft jedoch überreich waren.

Geschichte: Die Uraufführung der »Fledermaus« fiel auf einen denkbar ungünstigen Moment. Eine schwere Wirtschaftskrise erschütterte Österreich, und wenige Monate vorher war – am »schwarzen Freitag« – die Wiener Börse zusammengebrochen und hatte manches scheinbar solide Vermögen mit sich in den Abgrund gerissen. So herrschte denn am 5. April 1874 im Theater an der Wien eine Art Weltuntergangsstimmung, an der selbst »Die Fledermaus« nichts Entscheidendes ändern konnte. Es folgten nur sechzehn Wiederholungen, eine für den berühmten Johann Strauß geradezu lächerliche Zahl, die einem gefährlichen Mißerfolg ähnlich sah. In anderen Ländern hingegen, die das Werk unmittelbar aufgenommen haben, stellte jener Riesenerfolg sich ein, den »Die Fledermaus« verdient. Sie wurde zu einem der meistgespielten Werke des heiteren, »leichten« Genres, das – ach! – so schwer gut zu spielen ist.

Richard Strauss
1864–1949

Dieser größte moderne deutsche Opernkomponist, dessen Lebensweg von der Wagnerschen Romantik über den krassen Naturalismus in eine milde, lebensweise Neo-Klassik führte, wurde als Sohn eines namhaften Hornisten am 11. Juni 1864 in München geboren. Er war ein Frühvollendeter; seine ersten Orchesterkompositionen (darunter Genieblitze wie »Till Eulenspiegels lustige Streiche«, »Don Juan«, »Tod und Verklärung«) sowie seine überlegene Meisterschaft am Dirigentenpult sicherten ihm schon in den achtziger Jahren eine führende Position. Seit seinem dreißigsten Lebensjahre begann das Musiktheater ihn zu interessieren. Aber weder sein »Guntram« (1894) noch »Feuersnot« (1901), beide noch stark von Wagner beeinflußt, brachten ihm dauernden Erfolg. Der stellte sich dann, in sensationellem Maße, mit »Salome« (1905) ein, als Strauss eine radikale Wendung zum krassen Naturalismus getan hatte. Die Jugend horchte auf: hier kündigte sich Neuland an. Nun erinnerte Strauss sich, daß ihn einige Jahre zuvor ein sehr junger österreichischer Dichter angesprochen und ihm eine Zusammenarbeit für das Musiktheater nahegelegt hatte; er trat mit ihm in Verbindung und von »Elektra« (1909) angefangen zieht sich eine Reihe bedeutendster Werke durch die Musikgeschichte, die ihrer beider Handschrift trägt: Hugo von Hofmannsthal (1874–1929) dürfte eine der bedeutendsten Federn gewesen sein, die sich jemals auf das Gebiet der Oper begeben, den Bühnenlorbeer also – und in oft ungerechter Proportion – mit einem Komponisten geteilt haben dürfte. Ihr Briefwechsel – von Rodaun bei Wien, dem Heim des Dichters, nach Garmisch, das dem Komponisten nach dem Erfolg der »Salome« zur Heimat wurde, und umgekehrt – enthält tausend Mitteilungen, in denen zahllose Einzelheiten über die entstehenden Werke, aber auch prinzipielle Erörterungen über die Opernkunst zu finden sind. Mit »Elektra« schritt Strauss auf dem Wege des ungeheuer realistischen »Verismus« fort, und abermals bereitete ihm die Jugend einen uneingeschränkten Triumph. Er war ihr Wortführer geworden. Ein Schritt noch und die von vielen ersehnte »Befreiung« von der Tonalität war erreicht! Doch während Schoenberg diesen Schritt um jene Zeit bewußt tat, schreckte Strauss vor ihm zurück. Auf die blutrünstige Atridentragödie folgte (1911) eine urwienerische Komödie voll Melodie und weicher Harmonie, voll Melancholie und Nostalgie, ja voll »anachronistischer« Walzer, als hieße ihr Komponist nicht Richard sondern Johann. Das »große« Publikum jubelte, denn es fürchtete die hart in die Ohren klingende »Atonalität« (deren Namen und wahres Wesen noch unbekannt waren und die erst in vereinzelten Versuchen viel Aufsehen und Aufruhr geschaffen hatten). Die Jugend begann von Strauss abzufallen und wendete sich neuen Göttern zu: Strawinsky etwa, dessen »Sacre du printemps« (1913) sie zu neuen Ufern hinriß. Ein böses Wort begann die Runde zu machen: Wenn Richard, dann Wagner, wenn Strauss, dann Johann. Von der abgeklärten Reife und Schönheit, die die nächsten Werke von Hofmannsthal und Richard Strauss verklärten, verstand das breite Publikum und vor allem sein jüngerer Teil wenig: »Ariadne auf Naxos« (1912, 1916), »Die Frau ohne Schatten« (1919), »Die ägyptische Helena« (1928). Erst mit »Arabella« bogen die Autoren noch einmal in das Gebiet der handfesten, musikübergossenen Komödie ein; deren Erfolg erlebte Hofmannsthal nicht mehr. Er starb an Herzschlag im Augenblick, da er sich (am 15. Juli 1929) aufmachen wollte, dem Sarge seines freiwillig aus dem Leben geschiedenen Sohnes zu folgen. In der Suche nach einem neuen Mitarbeiter fand Strauss abermals einen großen Dichter: Stefan Zweig. Die Premiere ihrer »Schweigsamen Frau« (1935) war von häßlichem politischen Gezänk umdüstert. Trotz mehrerer Versuche des Komponisten, die Zusammenarbeit mit Zweig fortzusetzen, erwies sich diese Verbindung mit dem »nichtarischen« Dichter als »untragbar«. Die Alterswerke des Meisters wurden von Joseph Gregor, abermals einem Österreicher, textiert: »Daphne« (1938), »Der Friedenstag« (1938) sowie die erst 1952 uraufgeführte »Liebe der Danae«. Sein letztes Opernwerk, »Capriccio« verfaßte der nunmehr fast achtzigjährige Komponist 1942, also mitten im Kriege, gemeinsam mit seinem Lieblingsdirigenten Clemens Krauß. Längst war er zum »Klassiker« geworden, ein ragendes Monument aus vergangenen Musikzeiten, imposant in Können und Inspiration, allen flüchtigen und schnell wechselnden Strömungen entrückt, denen er zumeist skeptisch gegenüberstand: ein Fels in der wilden Brandung einer umstürzlerischen Epoche, fester Bestandteil des Kulturgutes und Musikrepertoires des Abendlandes. Ein unermüdlicher, systematischer Arbeiter, der auf ein stolzes Lebenswerk zurückblicken konnte, als er zu seinem 85. Geburtstag die Huldigungen der Welt entgegennahm und wenige Wochen später am 8. September 1949, in seinem geliebten Heim am Fuß der oberbayerischen Alpen dem Leben ade sagte.

Guntram

Musikdrama in drei Aufzügen. Dichtung von Richard Strauss.
Personen: Der alte Herzog (Baß), Freihild, seine Tochter (Sopran), Herzog Robert, ihr Gemahl (Bariton), Guntram, Sänger (Tenor), Friedhold, Sänger (Baß), des Herzogs Narr (Tenor), eine alte Frau (Alt), ein alter Mann (Tenor), zwei jüngere Männer (Bässe), ein Bote (Bariton), vier Minnesänger (2 Tenöre, 2 Bässe); Vasallen des Herzogs, Minnesänger, vier Mönche, Knechte und Reisige.
Ort und Zeit: Mittelalterliche Burg, Mitte 13. Jahrhundert.
Richard Strauss begann seine Opernlaufbahn, die ihm bald ungeheure Triumphe bringen sollte, mit einem Mißerfolg. Der Komponist dichtete den Text zum »Guntram« selbst: Eine Rittergemeinschaft entsendet den Sänger Guntram in die Welt, um für das »Gute« zu werben. Dabei kommt er in ein Land, das unter einem Tyrannen schmachtet. Er errettet eine Herzogin vom Freitode, gelangt zum Hofe, wo er die Friedenslehren seines Bundes besingt und in einem entstehenden Streit den Tyrannen erschlägt. Das Volk befreit sich aus den Banden der Gewalt, aber Guntram hat eine entscheidende Unterredung mit einem Abgesandten seines »Bundes«, der ihn wegen des Todes des Tyrannen zur Rechenschaft zieht. Der Einfluß Wagners wird schon aus dieser knappen Inhaltsangabe klar, er zeigt sich in der Musik noch viel deutlicher. Rittergemeinschaft und Bund sind Erben des Grals, dem Lohengrin und Parsifal angehören; der Gedanke der befreienden Tat, die außerhalb menschlicher Gerichtsbarkeit steht, geht sichtbar auf den »Ring« zurück. Musikalisch ist Wagners Tonsprache unverkennbar. Die Uraufführung fand am 12. Mai 1894 in Weimar statt. In späteren Jahren hat Richard Strauss seinen Erstling nicht mehr ernst genommen; er setzte ihm im Garten seiner Villa in Garmisch einen humoristischen Gedenkstein, ein »Marterl«, wie

es auf bayrisch heißt: »Hier ruhet der ehr- und tugendsame Jüngling Guntram, Minnesänger, der vom symphonischen Orchester seines eigenen Vaters grausam erschlagen wurde. Er ruhe sanft!« Bemerken wir noch, daß Strauss selbst den Taktstock bei der Premiere führte und daß die weibliche Hauptrolle durch Pauline de Ahna verkörpert wurde, bald darauf des Meisters Gattin und treue Gefährtin bis an das Ende seiner Tage.

Feuersnot

Ein Singgedicht in einem Akt von Ernst von Wolzogen.
Personen: Schweiker von Gundelfingen, der Burgvogt (Tenor), Ortolf Sendlinger, der Bürgermeister (Baß), Diemut, seine Tochter (Sopran), Elsbeth (Mezzosopran), Wigelis (Alt), Margaret (Sopran), Kunrad, der Ebner (Bariton), Kofel, der Schmied (Baß), Kunz Gilgenstock, der Bäcker und Bräuer (Baß), Ortlieb Tulbeck, der Schäfflermeister (Tenor), Ursula, seine Frau (Alt), Ruger Aspeck, der Hafner (Tenor), Walpurg, seine Frau (Sopran); Bürger, Bürgerinnen, Kinder, herzogliche Knechte.
Ort und Zeit: München am Sonnwendtag zu fabelhafter Urzeit.

»Ein Singgedicht in einem Akt« ist dieses immer noch sehr wagnerische Werk betitelt. Strauss gefiel bei der Lektüre niederländischer Sagen die Geschichte vom »Verloschenen Feuer von Audenaerde«. Er bat Ernst von Wolzogen, den Gründer und Leiter des um die Jahrhundertwende sehr bekannten literarischen Kabaretts »Überbrettl« um ein Libretto aus diesem Stoff. Gemeinsam formten sie die ursprüngliche Idee stark um und verwendeten sie zur Verkündigung künstlerischer Prinzipien. Meistersingeratmosphäre umgibt die »Feuersnot«, und nicht zufällig spielt die Handlung am gleichen, dem Johannistage, an dem auch die Ereignisse in Wagners »Meistersingern von Nürnberg« abrollen. Kunrad hat an diesem Tage, als alles Volk von München auf den Straßen ist, um Holz für die Johannisfeuer zusammenzutragen, die hübsche Diemut geküßt, die sich zu rächen beschließt; sie lädt den Jüngling zum »Fensterln« ein, läßt aber, als er voll glühender Erwartung vor ihr in einem Korb zu ihrem Balkon gezogen zu werden meint, das Gefährt auf halber Höhe stecken, zum Gelächter der ganzen Stadt. Doch da verlöschen plötzlich alle Lichter. Kunrad unterstreicht das seltsame Naturphänomen durch eine große Ansprache, in der er seinen »Meister Reichart« zitiert. Mit Wagners Worten (wonach das Feuer aus »heißjungfräulichem Leibe« kommen müsse) und Wagners Pathos steigert er sich in eine großartige Philippika an alle Spießer, Philister, Kultur- und andere Banausen hinein, geißelt künstlerischen Unverstand und Mißgunst. (Besser hätte Wagner selbst es nicht gekonnt, wenn er gegen seine Widersacher so hätte zu Felde ziehen wollen.) Schließlich schlüpft Kunrat in Diemuts Gemach, und die »Feuersnot« der Stadt wie die der jungen Leute findet ein glückliches Ende. Die Uraufführung des ausgezeichneten Lustspiels (das allerdings vier Jahre später durch »Salome« völlig verdrängt werden wird), fand in Dresden am 21. November 1901 statt. Der Name dieser Stadt taucht damit zum ersten Mal in der Geschichte der Strausschen Opern auf; sie wird zur wichtigsten Uraufführungsstätte seiner Bühnenwerke werden.

Salome

Musikdrama in einem Akt, nach der gleichnamigen Dichtung von Oscar Wilde, in deutscher Fassung von Hedwig Lachmann.
Originalsprache: Deutsch
Personen: Herodes, Tetrarch von Judäa (Tenor), Herodias, seine Gattin (Mezzosopran), Salome, Tochter der Herodias (Sopran), Jochanaan, Prophet (Bariton), Narraboth, Kommandant der syrischen Leibwache (Tenor), ein Page der Herodias (Alt), fünf Juden (vier Tenöre, ein Baß), zwei Nazarener (ein Baß, ein Tenor), ein Kappadozier, ein Sklave, zwei Soldaten, Römer, Juden, Ägypter, Diener u. a.
Ort und Zeit: Der Palast des Herodes in Jerusalem, etwa 30 Jahre nach Christi Geburt.
Handlung: Mit einem kurzen, aufwärtsgerichteten Laut der Klarinette, der in das Thema oder Leitmotiv Salomes mündet, beginnt dieses Werk, das an dramatischer Konzentration kaum ein Vorbild in der Operngeschichte hat. ①
Auf der Terrasse des Palastes hat Narraboth, der junge Offizier der Garde, nur Augen für Salome, die schöne Prinzessin, die er beim Mahle im Saal beobachtet. Es ist eine schwüle Nacht, heißer Wind kommt aus der Wüste; seltsame, sinnlich erregte Stimmung liegt in der Luft (vom Orchester großartig untermalt). Fünf Juden

streiten über Religionsfragen, über die Ankunft des Messias, über die Propheten, die Gott geschaut haben. Narraboth blickt nur auf Salome. Wie schön, wie herrlich sie heute abend ist! Den Soldaten hingegen fällt auf, wie düster der Tetrarch zu Tische sitzt. Plötzlich erhebt sich eine klare Stimme. Es ist Jochanaan, Johannes der Täufer, den Herodes auf Betreiben seiner Gattin gefangennehmen und in der Tiefe der Zisterne verschließen ließ. Der Wandel der Musik in diesem Augenblick ist verblüffend; bisher glitzernde, haltlose Sinnlichkeit, Gelüste, Mondnachtträume, und nun auf einmal Klarheit, Festigkeit, die zu Glaubensstärke, ruhiger Zuversicht wird. ② ③

»Nach mir wird einer kommen, der ist stärker als ich ...«, weissagt der Prophet aus seinem Brunnen, und die Leuchtkraft eines C-Dur-Akkords läßt die Ankunft des Erlösers ahnen. (Kritiker haben Strauss manchmal wegen dieser und anderer Phrasen Jochanaans angegriffen, haben sie weniger inspiriert, ja banal gefunden. Mit Unrecht wohl. Die Gegenüberstellung der beiden Welten, die wenige Augenblicke später tragisch zusammenstoßen werden, könnte nicht großartiger modelliert sein: hier die Nervosität, ja Hysterie, das nackte Triebleben, die Perversität, die Salome von ihrer Mutter Herodias geerbt hat, und auf der anderen Seite die gläubige Schlichtheit, das felsenfeste Vertrauen, das ruhige In-sich-verankert-Sein des Propheten. Hier die Chromatik, die Sinnlichkeit der Instrumentation, der üppigen Spannungsakkorde, auf der anderen Seite die klare melodische Linie, die granitenen Harmonien – könnte ein Schöpfer einen wirksameren Kontrast erfinden und gestalten?) Die Soldaten am Rande des Brunnens streiten über den Gefangenen. Ist er, wie der Tetrarch meint, ein heiliger Mann? Seine Prophezeiungen können sie nicht verstehen: Wen kündet er an? Einen Mann, dem die Schuhriemen zu lösen er nicht wert sei? Bei dessen Kommen die Wüsten blühen, die Augen der Blinden sehend würden? Wer könnte das sein? Narraboth, in höchster Erregung, sieht die Prinzessin die Tafel verlassen und auf die Terrasse kommen. Da steht Salome und läßt sich den Nachtwind um die erhitzte Schläfe streichen. Ihr Stiefvater hat sie mit so begehrlichen Augen angeblickt, erinnert sie sich angeekelt. Jochanaans Stimme fesselt sie. Ob das der Prophet sei, vor dem Herodes Angst habe? Narraboth erklärt, das nicht zu wissen. Er erbietet sich, der Prinzessin eine Sänfte holen zu lassen. Doch Salomes Gedanken kreisen um anderes. Hat dieser Prophet nicht schreckliche Dinge über ihre Mutter gesprochen? Wie mag er aussehen? Ob es ein alter Mann sei? Nein, antwortet einer der Soldaten, er ist ganz jung. Und von neuem ertönt die metallene Stimme. Salome erbebt. Sie will den Mann sehen, will mit ihm reden. Die Soldaten weigern sich, der Tetrarch hat es auf das strengste verboten. Die Prinzessin geht zum Rande des Brunnens, blickt lange hinab. Welch grauenhaftes Dunkel! »Narraboth, du wirst das für mich tun!« wendet sich Salome an den jungen Offizier, dessen sklavische Liebe sie fühlt. Und sie verspricht ihm ein Lächeln, vielleicht mehr. Narraboth, außer sich, verletzt seine Pflicht, gibt den Befehl, den Mann aus dem Brunnen zu holen. Nun beginnt das Orchester Salomes Spannung in einer Weise zu malen, wie Worte es niemals vermöchten: Neugier, Begehren, Haßliebe, Rachegelüste, Sehnsucht nach nie gekannter Reinheit, alles das wogt in den riesigen und weise dosierten Klangmassen. Salome wartet, wartet. Dann wird langsam der bleiche, hagere Leib des Propheten sichtbar. Er steigt aus der Zisterne, im fahlen Mondlicht, unwirklich, erdfern, asketisch, marmorn. Salome beginnt zu zittern. Nie hat sie einen solchen Mann gesehen. Wahnwitzige Gelüste bemächtigen sich ihrer. Alle Männer liegen vor ihr im Staube, verhehlen nur schlecht ihre tierischen Begierden. Dieser blickt sie nicht einmal an. In weite Ferne schaut er, durch Menschen und Dinge hindurch. Er verdammt die Laster, die am Hofe und im Lande herrschen, verurteilt Herodias ihres schamlosen Lebens willen und verkündet, immer aufs neue, die Ankunft des Retters. Salome nähert sich, von brennender Neugier, von erwachender Leidenschaft getrieben. Etwas Neues, ungeheuer Erregendes ist in ihr blutjunges, von Ahnungen geschütteltes Leben getreten. Sie will diesen Mann umarmen, diesen Mund durch Küsse zum Schweigen bringen. Hoheitsvoll weist der Prophet sie zurück. Es ist der gnadenlose Kampf zweier harter Willen. Die Musik gerät, mit Salomes wachsender Ekstase, in immer leidenschaftlichere Ausbrüche. ④

Narraboth sieht geängstigt zu, er ahnt Fürchterliches und ersticht sich. Seine Leiche rollt zu Salomes Füßen, doch die Prinzessin kann nur die ragende Gestalt des Propheten anblicken. Ein einziger Wahn erfüllt sie: diesen Mann zu umarmen, zu besitzen, von ihm besessen zu werden,

①

② Bewegt

③

④ Stark bewegt
Ich will Deinen Mund Küs-sen, Jo-cha-na-an.....
SALOME

dieses Unmenschliche, Überirdische in sich aufzunehmen, zu zerstören, irdisch, menschlich zu machen. Doch Jochanaan, ferner als je, scheint den Erlöser zu schauen. An ihn weist er Salome, an diesen Einzigen, der sie retten kann. Dann geht er langsam in sein Gefängnis zurück. Salome liegt wie vernichtet auf dem Brunnenrand, vergräbt ihre verzweifelten Blicke in der Finsternis. So findet der Tetrarch sie. Er ist nervös, heißt Lichter bringen, erschrickt über den Toten, läßt sich mit Herodias und dem Hofstaat nun auf der Terrasse nieder. Wieder wird Jochanaans Stimme vernehmlich. Herodias bestürmt ihren Gatten, diesen Mann, der sie beschimpft, töten zu lassen. Ein Nazarener nennt ihn den Vorläufer des Messias, doch die Juden schreien, der Heiland sei noch nicht gekommen. Der Tetrarch bittet seine Stieftochter, für ihn zu tanzen. Salome scheint ihm nicht zuzuhören. Er verspricht ihr ungeheure Schätze, ja die Hälfte seines Reiches, kurz, was sie wolle. Nun erwacht sie aus ihren Gedanken, erhebt sich langsam, erinnert Herodes an sein Versprechen und beginnt den Tanz der sieben Schleier. Herodes gerät außer sich. Mit bebender Stimme fragt er hernach, was Salome als Preis für dieses Schauspiel begehre, das ihn so erregte. Die Prinzessin verlangt, mit eiskalter Stimme, auf einer Silberplatte (noch lächelt Herodes lüstern) ... den Kopf des Jochanaan. Entsetzt springt der Tetrarch auf; doch Herodias unterstreicht das Verlangen ihrer Tochter. Hat der Tetrarch einen Eid geschworen? Nichts kann den Entschluß Salomes ändern: Sie will den Kopf des Jochanaan. Kraftlos sinkt Herodes auf seinen Sitz zurück. Der Henker steigt in die Zisterne hinab. An deren Rande kauert Salome sich nieder. Gespenstisches Schweigen senkt sich über die Szene. Der Wind bläst hörbar und hohl aus der Wüste. Wolkenfetzen bedecken den Mond, die Fackeln flackern, drohen zu erlöschen. Salome horcht, in unvorstellbarer Spannung. Wird der Mann schreien, wenn der Henker sich seiner bemächtigt? Nichts regt sich in der Zisterne. Das Orchester malt die grauenhafte Stille, erhöht die kaum erträgliche Spannung. Da hebt sich endlich, wie nach einer Ewigkeit, der Arm des Henkers aus der schwarzen Öffnung. Auf einem Silberteller überreicht er der bebenden Salome den noch blutenden Kopf des Jochanaan. So beginnt die letzte, die fürchterlichste Szene des Werks. Allein mit dem Haupte des Propheten, in einem Winkel der Terrasse, hält Salome Zwiesprache mit den toten Augen. Sie haben sie nicht anblicken wollen ... Der Mund, der sie nicht hat küssen wollen, nun kann sie ihn küssen, so lange, so oft sie es will. Den Beobachtern auf der Terrasse, soweit sie nicht fliehen, läuft es eiskalt über den Rücken. Es ist kein Haß in Salomes Stimme, sondern eine unendliche Traurigkeit, eine zutiefst enttäuschte Sehnsucht, eine ihr selbst unbekannte Wehmut. »Das Geheimnis der Liebe ist größer als das Geheimnis des Todes ...«, singt Salome, längst weltentrückt. Lange küßt sie den kalten Mund. Auf den Lippen liegt ein bitterer Geschmack. Ob es das Blut ist? Oder ob die Liebe bitter schmeckt? Es sind Salomes letzte Gedanken. Der Tetrarch hat sich erhoben. Auf seinen Wink stürzen sich die Soldaten auf Salome und erschlagen sie mit den erhobenen Schilden.

Quelle: Die Bibel (Matthäus, 14. Kapitel, und Markus, 6. Kapitel) erzählt die Hinrichtung Johannes des Täufers durch Herodes, um das Jahr 30.

Textbuch: Aus dieser Episode gestaltete der geniale Irländer Oscar Wilde eines seiner berühmten Dramen. Er drang tief in die Psychologie der handelnden Gestalten ein. Hedwig Lachmann übersetzte mit bewundernswerter Einfühlung das (französisch geschriebene) Original Wildes. Man kann sich kein großartigeres Libretto für den Orchesterstil des jungen Richard Strauss vorstellen: konzentriert, von stärkster Spannung erfüllt, von fesselnden Figuren belebt.

Musik: Die Offenbarung eines Genies. In knapp zwei Stunden rollt ein vollendetes Musikdrama ab, das nicht nur den Text unterstreicht und vertieft, sondern sogar das Unterbewußte der Personen beleuchtet. Nicht umsonst fällt die Entstehungszeit der »Salome« mit den entscheidenden Erkenntnissen Freuds und der Geburt der Psychoanalyse zusammen. Hier kann man fast von einer »psychoanalytischen Musik« sprechen. Die technische Meisterschaft des Musikdramatikers Strauss grenzt ans Unfaßbare. Wie klingt dieses Orchester! In jedem Augenblick anders und immer genau so, wie die Stimmung es erfordert. Die Harmonik ist kühn, die Singstimmen sind mit höchstem Realismus behandelt; trotzdem bleibt Raum für die großen Melodiebögen, die Strauss so liebt und die für seine Musik charakteristisch sind. Die Rolle der Titelfigur haben Textdichter und Komponist zu einer der schwersten der Literatur gestaltet; nicht nur, weil musikalisch und stimmlich Außerordentliches von ihr verlangt wird, sondern vor allem, weil es wenige dramatische Sopranistinnen gibt, die den »Tanz der sieben Schleier« so auszuführen imstande sind, wie das Werk es verlangt. Die ideale Salome muß eine Frau von faszinierender Schönheit, vibrierender Sinnlichkeit, stärkstem dramatischem Ausdruck, gewaltigen und doch wandlungsfähigen Stimmitteln, unfehlbarer Musikalität sein, die zudem über die tänzerische Fähigkeit, die aufpeitschenden Körperbewegungen und den erotischen Zauber verfügt, um den ekstatischen orientalischen Tanz zu meistern, der einen König in Raserei versetzt. Und wenn sie selbst dies alles ihr eigen nennt: Nach einem hinreißenden Tanz muß sie den gewaltigen Schlußgesang meistern, den Strauss ihr gegeben hat. Wieviele Sängerinnen sind dazu fähig? Lange Zeit behalf man sich mit einer Notlösung; der Tanz wurde von einer Tänzerin ausgeführt, aber dieser »Trick« kann nicht recht befriedigen, da nicht nur körperliche Differenzen, sondern auch temperamentale Unterschiede zwischen den »beiden Salomes«, der Sängerin und ihrem Double, unvermeidlich sind.

Geschichte: Bereits im Jahre 1901 dachte Strauss an eine Vertonung des damals äußerst erfolgreichen Bühnendramas von Oscar Wilde. Aber erst zwei Jahre später begann er die Komposition. Er vollendete sie am 20. Juni 1905. Die Uraufführung fand an der Dresdner Hofoper am 9. Dezember 1905 statt. Die Titelrolle sang Marie Wittich, die aber den »Schleiertanz« nicht selbst darstellte. Ein Jahr später führte die Kroatin Fanchette Verhunc zum ersten Male beides – Gesang und Tanz – durch. »Salome« rief gewaltige Skandale hervor, teils durch die »moderne« Musik, mehr aber noch durch Problemstellung und Text. In Wien konnte das Werk nicht in der Hofoper gegeben werden; Felix Weingartner führte es an der Volksoper auf. Überall aber wurde dieser Geniestreich im Musikdrama unseres Jahrhunderts zu einer wahren

Sensation, und seine Ausbreitung über die Welt ging sehr schnell vonstatten. Seine Wirkung hat bis zum heutigen Tage nicht nachgelassen.

Elektra

Tragödie in einem Akt. Textbuch von Hugo v. Hofmannsthal.
Originalsprache: Deutsch
Personen: Klytemnästra, Witwe Agamemnons, Königin von Mykene (Mezzosopran), Elektra und Chrysothemis, ihre Töchter (Soprane), Orest, ihr Sohn (Bariton), Aegisth (Tenor), der Pfleger und Vertraute des Orest (Baß), Diener und Dienerinnen, Vertraute, Schleppenträgerinnen der Klytemnästra u. a.
Ort und Zeit: Der Atridenpalast in Mykene, in mythologischer Vorzeit, nach dem Fall von Troja.
Handlung: Über den Hof des Palastes fallen die Abendschatten. Hier ist Agamemnon bei seiner Heimkehr aus dem Trojanischen Kriege von seiner Gattin Klytemnästra und deren Geliebten, Aegisth, erschlagen worden. Nun herrschen die beiden, vermählt, über Mykene. Elektra, eines der Kinder Agamemnons, findet sich nicht in die Lage. Sie hat sich von jedem gesellschaftlichen Leben zurückgezogen und lebt nur dem Andenken des Vaters und dem Wunsch nach Rache. Scheu und beinahe wild wie ein Tier geht sie Tag um Tag in einem Winkel des Hofes auf und ab, mit wirrem Haar und starrem Blick. Stumm lebt sie so, eine wache Anklage, von der Mutter gefürchtet und gemieden. Die Dienerschaft haßt sie oder macht sich über sie lustig. Sie aber geht auf und nieder, auf und nieder und hütet einen Winkel, von dem nur sie weiß, daß dort das Mordbeil vergraben liegt. Die Musik ist vom ersten Augenblick an von intensivster Dramatik. Rauhe Dissonanzen scheinen Elektras verwüstetes Seelenleben widerzuspiegeln, den Druck, der auf allem liegt, das unterirdische Donnergrollen, das das unvermeidliche Erdbeben ankündigt. Elektras Besessenheit und Klytemnästras Gewissensbisse: Das sind die Triebfedern der Tragödie. Strauss hat sie musikalisch zwingend gestaltet. Das Gesinde gerät über Elektra in Streit; nur eine Magd wagt sie zu verteidigen und muß diese scheue Zuneigung zu der Unglücklichen mit grausamen Schlägen büßen. Die länger werdenden Schatten haben Elektra in ihren Hofwinkel gerufen. Es ist die Stunde, in der sie allabendlich Zwiesprache mit dem toten Vater hält. Ihr furchtbarer Schrei »Agamemnon! Vater!« bäumt sich unter eisernen Schlägen des Orchesters auf. Elektra erleidet Visionen: Sie glaubt der Tat beizuwohnen, sieht das Blut in Strömen fließen. Doch dann breitet sich eine zarte Geigenmelodie über die Wunde, eine der herrlichsten Strauss'schen Eingebungen; innigste Kindesliebe findet hier ergreifenden Ausdruck. ①

Dann unterstreicht das entfesselte Orchester von neuem Elektras Rachegedanken, die sich zur Raserei steigern. Chrysothemis erscheint, bebend. Sie ist jung, gesund, schön und hat nur einen Wunsch: aus diesem Kerker zu entfliehen, einem Mann anzugehören, ihm Kinder zu gebären. Sie fleht die Schwester an, ihre Feindseligkeit abzulegen, die an allem schuld sei. Große, weiche und zarte Melodiebögen zeichnen diese andere Tochter Agamemnons aus. Elektra sieht ihre Schwester wie ein fremdes Wesen an. Nur wenn die Rache erfüllt ist, werden die Tore dieses Gefängnisses sich öffnen. Hinter den Fenstern hastet Klytemnästra mit ihrem Gefolge vorüber zum Tempel, um den Göttern mit immer neuen Opfern den ruhigen Schlaf einer einzigen Nacht abzutrotzen. Sie hat von ihrem Sohne Orest geträumt, der als Kind aus dem Palast entfernt wurde und in der Fremde aufwächst. Ihre Dienerinnen haben sie schreien gehört, als würde sie erwürgt. Sie bemerkt Elektra im Hof und tritt die wenigen Stufen hinab zu ihr. Weiß die Tochter ihr kein Heilmittel? Nichts gegen die Angstträume? Ganz gleich, was, nur schlafen können! Die Tochter zeigt sich, zum ersten Mal seit Jahren, zugänglich. Der Zusammenbruch, die schlotternde Angst der verhaßten Mutter entlocken ihrem Munde einige Worte. Ja, es gibt ein Mittel, ein Opfer ... keines Tieres, auch keines Mädchens. Eine Frau muß es sein, die geopfert werde. Klytemnästra klammert sich wie eine Verzweifelte an diese Worte und erkennt ihren innersten Sinn nicht. Plötzlich fragt Elektra: »Warum läßt du den Bruder nicht heimkommen?« Ein Zittern geht durch den mühsam gestützten Leib der alternden Königin. Da naht sich ihr eine Vertraute und flüstert ihr etwas ins Ohr. Klytemnästra erhebt sich und eilt, mit einem triumphierenden Blick des Hasses auf Elektra, in den Palast. Chrysothemis kommt gelaufen, weinend vertraut sie der Schwester die große Neuigkeit an. Orest ist tot. Es ist der schwerste Schlag, der Elektra treffen konnte. Für den Bruder hat sie das Beil vergraben und gehütet. Nun muß sie selbst die Aufgabe auf sich nehmen, selbst die Rache ausführen. Vor Chrysothemis kniet sie nieder – welch großartiges dichterisches Bild: das elende, vernichtete Lebewesen und die strahlend frauliche Schönheit! – und fleht sie um Hilfe an. Ein neues Leben verheißt sie der Schwester, voll Liebe und Freude. Doch Chrysothemis erschrickt vor dem geplanten Mord und eilt in ihre Gemächer zurück. »Nun denn ... allein!« Mit fieberhaften Bewegungen gräbt Elektra die Erde auf, sucht nach dem Beil. Da fällt ein langer Schatten bis in ihren Winkel. Im Hoftor steht eine hohe Gestalt. Elektra springt auf, geängstigt, starren Blicks. Wer kommt in ihre Einsamkeit, wer unterbricht ihr Werk? Der fremde Mann spricht langsam und feierlich. Er sei gekommen, um Nachricht über den Tod des Orest zu geben. Wie ein verwundetes Tier schreit Elektra auf, so daß der Unbekannte erstaunt nähertritt und ihr zuflüstert: »Orestes lebt!« Elektra stürzt zu seinen Füßen nieder: rette ihn, bevor sie ihn töten! Hart klingt die Stimme des Fremden: »Bei meines Vaters Leichnam ... dazu kam ich her!« Eine der packendsten Szenen der Opernkunst hebt nun an. »Wer bist du?« stammelt Elektra. Weich klingt die Stimme des Unbekannten nun, unendlich gütig und zart: »Die Hunde auf dem Hof erkennen mich, und ... meine Schwester nicht?« Ein neuer Aufschrei Elektras, rasender, tobender Jubel des Orchesters umfängt sie, beruhigt sich nur allmählich, geht in die Liebesmelodie über, zu der Elektra immer wieder flüstert: »Orest ... Orest ... Orest ...« Drei alte Diener kommen aus dem Hause, werfen sich vor Orest nieder und küssen ihm den Saum seines Gewandes. Elektras größte Stunde ist angebrochen: »O laß deine Augen mich sehn, Traumbild, mir geschenktes Traumbild, schöner als alle Träume. Hehres, unbegreifliches, erhabenes Gesicht, o bleib bei mir! Lös' nicht in Luft dich auf, vergeh mir nicht, es sei denn, daß ich jetzt gleich sterben muß und du dich anzeigst und mich holen kommst: dann sterb ich seliger als ich gelebt ...« Es ist die Sprache eines großen Dichters, und von einem großen Musiker unvergeßlich komponiert. Aus dem Orchester ertönen Erinnerungen, Hoffnungen, Glück. Elektra erschließt dem Bruder geheimste Herzkammern, erzählt ihr vernichtetes, erniedrigtes, beschmutztes Weibtum und Leben, schildert den Haß, das einzige, das sie noch an das Dasein bindet. Dann stürzt das Ende unerbittlich herein. Orest dringt in den Palast, und die grauenhaften Schreie Klytemnästras künden, daß die Rache sich erfüllt. Aegisth kommt heim, kreuzt den Hof und wundert sich, daß Elektra selbst ihm mit einer Fackel voran in das Haus leuchtet. Auch er fällt wenig später dem Rächer anheim. Aufruhr im ganzen Palast. Überall flackern Lichter auf, werfen gespenstische Schatten auf Mauerwerk und Fensterhöhlen. Für Elektra ist der größte Augenblick des Lebens gekommen. Eben noch in Angst und Not, weil sie dem Bruder, für die rächende Tat, das Beil nicht mehr rechtzeitig geben konnte, richtet sie sich nun hoch auf: beginnt feierlich zu schreiten, dann zu tanzen, ekstatisch wie sie gelebt, ihren unermeßlichen Triumph hinausschreiend, bis sie tot, aber überirdisch verklärt, zusammenbricht.

Quelle: Das Schicksal der Atridenfamilie ist seit über zweitausend Jahren immer wieder nachgestaltet worden. Aischylos, Sophokles und Euripides beschäftigten sich mit der tragischen Figur der Elektra. Hofmannsthal folgt vor allem der Vorlage des Sophokles, um dieses Kapitel in der Sage des mykenischen Königshauses zu einem grandiosen Operntext zu fassen.

Textbuch: Hofmannsthal befaßte sich mit dem Stoff, bevor er ihn Strauss für die erste gemeinsame Oper vorschlug. Sein Drama ist unendlich düster, eine großartige Charakterschilderung der vier Hauptgestalten Elektra, Chrysothemis, Klytemnästra, Orest, die in geradezu psychoanalytischer Weise seziert erscheinen. Elektras Rachewahn ist um nichts weniger grauenvoll als die Angstzustände ihrer Mutter, die unerfüllte Liebessehnsucht der Schwester so ergreifend wie die kurze Zärtlichkeit der beiden Rächer, Orest und Elektra. Obwohl die Tragödie in äußerster Kürze abrollt, steht in ihren klangvollen Worten das unentrinnbare Schicksal geschrieben, das von weither kommt und nun seiner letzten, furchtbaren Explosion zustrebt: Elektra wurde zu einer der packendsten Theatergestalten aller Zeiten, ihre Wandlung von der behüteten Königstochter zum reißenden Tier, zum gejagten und nun selbst jagenden, allem Irdischen entfremdeten Geschöpf ist von einem echten Dichter geschaut, der die menschliche Seele zutiefst erkennt.

Musik: Strauss' Bedenken, der Stoff der »Elektra« weise Ähnlichkeiten mit dem der »Salome« auf, wurden von Hofmannsthal mit sachlichen Argumenten zerstreut. Hier fand Strauss alles, was er ersehnte, um abermals die Idee »seines« Musikdramas verwirklichen zu können. So begann die Zusammenarbeit zwischen Textdichter und Komponisten, wie sie in ähnlich idealer Form die Operngeschichte kein zweites Mal aufzuweisen hat. Bis zum frühen Tode Hofmannsthals im Jahre 1929 entstanden sechs Meisterwerke, die fast alle lebendig blieben. Strauss konnte sich in »Elektra« wahrhaft ausleben. Das Grauenhafte gelang ihm ebenso wie das Erhabene, die Töne der Liebe geradeso wie die des Hasses. Das riesige Orchester, das er hier verwendet, durchläuft die gesamte menschliche Gefühlsskala, drückt Unaussprechliches aus. Harmonisch Kühnstes steht (wie in »Salome«, ja mehr noch als dort) neben Einfachstem, je nachdem der Ausdruck es erfordert. Um seelische Abgründe und Spannungen zu schildern, greift Strauss zu den schrillsten musikalischen Dissonanzen, aber um Orests Heimkehr zu malen oder Chrysothemis' gesunde Liebessehnsucht zu beschreiben, verwendet er tonale Zusammenklänge voll Wohllaut und weit ausgesungener romantischer Melodie. Wie Salome ist auch Elektra eine Spitzenrolle geworden, die nur wenigen kongenialen Sängerschauspielerinnen vorbehalten ist. Aus dem völligen Verzicht auf jeden äußerlichen Reiz muß schlackenlos ein unendliches Inneres lodern, das pausenlos in Bann hält, Grauen einflößt und doch Bewunderung erzwingt. Mehr als Salome ist Elektra eine Besessene, ja im üblich alltäglichen Sinne »Wahnsinnige«, aber eine Irre von höchstem Format. Ihr steht in Klytemnästra ein anderer pathologischer Typus entgegen, der eines langen Studiums wert ist. Hier hat Strauss eine neue Art von Musik geschaffen, den adäquaten Ausdruck dieser anormalen seelischen Zustände.

Auch andere Gestalten der Opernbühne waren von allen Schauern des Gewissens Gehetzte, von den Erinnyen Verfolgte; aber Strauss hat für diese damals von Freud untersuchten und analysierten Vorgänge in tiefen seelischen Schichten den dem 20. Jahrhundert gemäßen musikalischen Ausdruck geschaffen.

Geschichte: Gegen Ende des Jahres 1906 machte sich Strauss an die Vertonung der »Elektra«. Zwei Jahre später bat er die Berliner Hofoper, an der er als Dirigent wirkte, um einen Sonderurlaub, um das Werk vollenden zu können. Am 25. Januar 1909 fand die Premiere wieder an der Dresdener Hofoper, die zur Strauss-Uraufführungsbühne geworden war, statt. Es gab weniger Skandale als bei »Salome«, aber auch eine etwas weniger schnelle Verbreitung.

Strauss hatte sowohl für »Salome« wie für »Elektra« die Bedingung gestellt, daß sie mit keinem anderen Werk »ergänzt« werden dürften, um eine »normale« Aufführungsdauer zu erzielen. So bilden beide die kürzesten Theaterabende, die es im Repertoire gibt: ihre Spieldauer beträgt nur ca. 1¾ Stunden.

Der Rosenkavalier

Komödie für Musik in drei Aufzügen, von Hugo von Hofmannsthal.
Originalsprache: Deutsch
Personen: Die Feldmarschallin Fürstin Werdenberg (Sopran), der Baron Ochs von Lerchenau (Baß), der Graf Octavian, genannt »Quinquin«, ein junger Herr aus großem Haus (Mezzosopran), Herr von Faninal, ein reicher Neugeadelter (Bariton), Sophie, seine Tochter (Sopran), Jungfer Marianne Leitmetzerin, Haushälterin bei Faninal (Sopran), Valzacchi und Annina, ein italienisches Intrigantenpaar (Tenor und Alt), ein Polizeikommissar (Baß), der Haushofmeister bei Faninal (Tenor), ein Sänger (Tenor), ein Notar (Baß), ein Wirt (Tenor), drei adlige Waisen, eine adlige Witwe, eine Modistin, ein Tierhändler, ein Friseur, Bedienstete, Kellner, eine Reihe stummer Rollen.
Ort und Zeit: Wien um 1750, unter der Herrschaft der Kaiserin Maria Theresia.
Handlung: Eine Orchestereinleitung von blendendem Kolorit schildert (»stürmisch bewegt«) die Liebesnacht, die »Quinquin«, der junge Graf Octavian, in den Armen der Fürstin Werdenberg erlebt. ① In deren Schlafgemach spielt

der erste Akt. Es ist Morgen geworden. Octavian kniet vor dem Bett seiner Geliebten, streichelt und küßt sie. Er ist ganz von seligem Rausche erfüllt, während in der Liebe der Fürstin ein reiferes Gefühl mitschwingt. Sie mag an die fünfzehn, vielleicht zwanzig Jahre älter sein als der siebzehnjährige »Quinquin« und weiß, daß »heut' oder morgen oder den übernächsten Tag« der Augenblick des Abschieds kommen muß, und so liegt in ihrer Zuneigung ein klein wenig Schwermut. Ein Negerjunge bringt das Frühstück; Octavian versteckt sich, läßt aber seinen Degen sichtbar liegen. Es kränkt ihn, daß er noch keine Erfahrung in derartigen Situationen besitzt. Die Fürstin tröstet ihn, die Freude kehrt zurück. Doch plötzlich, als Quinquin den Feldmarschall erwähnt, den Gatten der Fürstin, der eine weit entfernte Garnison belagert, wird diese nachdenklich. Sie hat heute nacht von ihm geträumt. Es war ihr gewesen, als habe sie sein Poltern an der Türe ihrer Gemächer vernommen und... Doch, was ist das? Man vernimmt wirklich Stimmen von ungewöhnlicher Heftigkeit. Der Marschall? Octavian beruhigt sie: Der ist weit fort. Wer also? Endlich, nach längerer heftiger Diskussion im Vorsaal, geht die Tür auf – Octavian hat gerade noch Zeit, sich zu verbergen – und der dicke, joviale, nicht mehr junge Baron Ochs von Lerchenau, ein entfernter Verwandter der Marschallin, tritt ohne weitere Umstände ein, begrüßt seine »Cousine« mit einem etwas provinziellen Handkuß und läßt sich gemütlich nieder. Der Fürstin fällt plötzlich ein Brief ein, den dieser »Vetter« ihr geschrieben hatte und den sie nicht gelesen oder schon vergessen hat. Ja, er habe seiner Verwandten den Besuch angekündigt, um deren wohlmeinenden Rat einzuholen. In Angelegenheit seiner Heirat, da er ein junges Mädchen zu ehelichen gedenke, bürgerlicher Abkunft zwar, aber Tochter eines soeben von Seiner Majestät geadelten Heereslieferanten, der vor allem sehr reich und dessen Gesundheit nicht die beste sei. Zudem sei das Mädchen »für einen Engel schön genug«. Der Baron verschweigt keineswegs, daß seine finanzielle Lage dringendst einer Stützung bedürfe; und so sei er zu dieser Verbindung entschlossen, die beinahe einer Mesalliance gleichkäme. Die Marschallin schwankt zwischen Belustigung über diesen so unfreiwillig komischen Landedelmann und einer aufkeimenden Bitterkeit über den Lauf der Welt. Während des Gesprächs ist Octavian, der irgendwo eine Stubenmädchentracht gefunden hat, sichtbar geworden und will sich, derart verkleidet, in ein Nebengemach flüchten. Doch der Baron Ochs, wenn auch längst in »mittleren Jahren«, ist nicht der Mann, der ein junges Mädchen entschlüpfen ließe. Während er mit der Marschallin plaudert, macht er der vermeintlichen Zofe den Hof, zur heimlichen Belustigung der Fürstin, die nun, da er zum eigentlichen Zweck seines Besuches kommt, ihm als Brautwerber und »Rosenkavalier« nach alter Wiener Sitte den jungen Grafen Octavian Rofrano vorschlägt. Aufs äußerste durch diese vornehme Wahl geehrt, dankt Ochs, ist aber über die Maßen verblüfft, als er das Bild des Grafen betrachtet, das die Marschallin ihm reicht. Die Ähnlichkeit mit dem Stubenmädchen ist auffallend. Die Fürstin lächelt. Was für Sachen in Wien passieren!, meint der Landadlige schmunzelnd und gedenkt, in den nächsten Tagen nicht wenig von dieser vermeintlichen Freizügigkeit der Sitten zu profitieren. Er ersucht seine Base noch um einen guten Notar wegen des Ehevertrags, den er ganz in eigenem Sinne zu redigieren hofft. Der Notar befinde sich gewiß im Vorraum, wie alle Morgen, wenn Angestellte, Bittsteller, Verwandte, Freunde sich beim Lever einfänden. Die breiten Flügeltüren werden nun geöffnet, der Empfang beginnt, während die Marschallin – nach alter, hocharistokratischer Sitte – frisiert und angekleidet wird. Da ist eine Witwe mit drei Waisen, die um Protektion bittet; ein Sänger mit einem Flötisten (die eine schöne Arie in italienischem Stil zum besten geben); ein Hundeverkäufer, der ein Prachtexemplar anpreist; ein Gelehrter, eine Hutmacherin, ein Intrigantenpaar, das für alle Arten von »Auskünften« und »Besorgungen« seine Dienste anbietet; die Dienerschaft Ochs von Lerchenaus, von ziemlich verdächtigem Aussehen; schließlich der Notar, den der Baron sofort beiseite nimmt, um ihm seine Wünsche bezüglich des Ehevertrages mitzuteilen. Die Diskussion der beiden Männer wird immer heftiger, da der Baron rechtlich Unmögliches verlangt. Schließlich brüllt er derart, daß der Sänger erschrocken abbricht und das Lever eine unliebsame Unterbrechung erleidet. Während sich alle zurückziehen, legt Ochs der Marschallin noch die silberne Rose, das Symbol aristokratischer Brautwerbung, in die Hand. Durch ihre Vermittlung solle sie der Graf Octavian dem Fräulein von Faninal überbringen, der Verlobten des Barons. Dann wird es still.

Nachdenklich sitzt die Fürstin vor dem Spiegel. Wie tief verachtet sie diesen groben Vetter, der da ein junges, hübsches Mädchen heiratet, das rein ist und viel zu gut für den alten, lüsternen Lebemann, der sich dazu noch einbildet, er sei es, der sich etwas vergebe! Ihre Gedanken gehen in die Vergangenheit zurück. War sie nicht selbst einmal ein solches unschuldiges Ding, das »frisch aus dem Kloster ist in den heil'gen Ehestand kommandiert worden«? Mit einem Mann verheiratet, den man kaum kennt, der stets fort ist, fern und fremd bleibt? Wo ist ihr eigenes Bild hingekommen! Sie blickt lange in den Spiegel. Die ersten Falten, die wissenden Augen, die viel gesehen und geweint haben: Nein, das junge Ding von einst ist nicht mehr da. Und doch: Ist sie in ihrem Herzen nicht immer die gleiche? Einst die kleine Resi, jetzt die alternde Fürstin ... Wie kann denn das geschehen? Wie macht denn das der liebe Gott? Wenn er einen nur nicht so zuschauen ließe beim Altern ... Der Sinn des Ganzen? Der bleibt geheim. Und man ist dazu da, daß man es ertrage. Und nur in dem »Wie«, da liegt der ganze Unterschied ... Zart, in verhaltener Traurigkeit klingt der wunderbare Monolog der Marschallin aus. Doch da tritt mit dem nun in Reitdreß gekleideten Octavian das frohe Leben neuerlich in ihr Gemach. Er versteht nicht, warum die Geliebte nachdenklich oder verstimmt ist. Aus Schrecken sicherlich, über den fürchterlichen Vetter, oder aus Angst um ihn selbst. Er will sie stürmisch umarmen. Leise wehrt sie ab. »Heut' oder morgen oder den übernächsten Tag«, denkt sie und sagt es auch. Octavian versteht sie nicht: nicht heute, nicht morgen – nie! Leicht will sie es ihm machen, wenn der Augenblick komme, beschließt die Marschallin. Octavian ist verletzt oder spielt den Gekränkten, geht fort. Nun muß ich noch den Buben dafür trösten, daß er über kurz oder lang mich sitzenlassen wird, denkt die Fürstin. Und dann, mit Schrecken: Ich habe ihn zum Abschied nicht einmal geküßt. Sie schickt ihm ihre Lakaien nach, aber er ist zu Roß davon. Da gibt sie mit traurigem Lächeln dem kleinen Neger die Schatulle mit der silbernen Rose: Trag sie zum Grafen Octavian ... er weiß schon Bescheid ... Langsam fällt der Vorhang über einem der melancholischsten Aktschlüsse, die je von einem tiefveranlagten Dichter und einem alle menschlichen Gefühle meisterhaft darstellenden Musiker geschaffen wurden.

Im Palais des neureichen Herrn von Faninal ist alles für den großen Tag bereit. Der Hausherr platzt fast vor Stolz: ein Baron, sein Schwiegersohn! Und ein Graf Rofrano ist der Rosenkavalier! Schon hallt dessen Namen auf den Straßen, durch den seine Kutsche fährt, wider. Schnell noch die letzten Ermahnungen an Sophie, die liebliche Braut, und an die treue Marianne, die Haushälterin. Dann betritt Octavian, in schimmerndes Silber gekleidet, jung und schön, das Palais. Feierlich trägt er die Rose vor sich her, die der Bräutigam der Braut, bevor er selbst deren Haus betrit, zum Zeichen seiner Liebe sendet. Die Musik nimmt hier unbeschreiblichen Glanz an, es leuchtet und glitzert in blendendsten Farben. ②

Die beiden jungen Menschen stehen einander gegenüber: mit einem tiefen Knicks Sophie und mit anmutiger Geste Octavian. Sie stammeln verlegene Worte, während der Graf die Rose überreicht. Sophie führt sie ans Gesicht: Wie himmlische, nicht irdische Rosen duftet sie, und wie weltentrückt klingt die hohe, schwebende Melodie, die Strauss sie dazu singen läßt. ③

Langsam belebt sich die Unterhaltung. Sophie überwindet ihre Schüchternheit und erscheint dem jungen Grafen immer anziehender. Faninal kommt mit dem Bräutigam. Der Kontrast könnte nicht größer sein. Ochs benimmt sich vom ersten Augenblick an »herablassend«, wie er es nennt, in Wirklichkeit wie ein Roßkäufer, der seine Braut von Kopf bis Fuß »inspiziert«. Faninal sonnt sich in seinem Glück. Wenn nur alle neidischen Wiener jetzt in sein Palais schauen könnten! Sophie aber fühlt sich angeekelt von dem groben Wesen, von den anzüglichen Bemerkungen des Barons. Octavians Empörung wird mit jedem Augenblick größer. Nun stimmt Ochs gar noch sein Leiblied an, eine (in seinem Mund derbe) Walzermelodie im Volkston ④, zu der er sehr anzüglich die sinnlichen Liebesfreuden besingt. Glücklicherweise kommt der Notar, als die Spannung aufs höchste gestiegen scheint. Ochs zieht sich mit ihm ins Nebenzimmer zurück. Nun läßt Sophie ihrer Verzweiflung freien Lauf. Nie im Leben wird sie sich mit diesem Grobian verheiraten! Octavian kann ihr nicht beistehen; zuerst muß sie allein handeln. Doch beide wissen, daß sie diese Stunde nicht mehr vergessen können. Sie fallen einander in die Arme. Schon ist das Intrigantenpaar zur Stelle und schlägt Alarm. Der Baron behandelt die Sache »weltmännisch«, da es ja sein »Vetter« ist (Octavian schüttelt sich bei dieser Vertraulichkeit), und er selbst hatte den jungen Grafen gebeten, Sophies Schüchternheit aufzutauen. Doch der leichte Ton hilft nichts mehr. Sophie sagt ihm rundheraus ins Gesicht, daß sie ihn nie und nimmer zu heiraten gedenke. Ochs tut, als verstehe er nicht, will sich weiter »den Geschäften« mit dem Notar widmen. Doch da tritt Octavian vor ihn hin und unterstreicht Sophies Worte. Beide ziehen die Degen, aber der Baron läßt bei der ersten Berührung den seinen fallen und bricht in gellende »Mordrufe« aus. Er wird schnell auf einen Diwan gebettet, der leicht geritzte Arm verbunden. Octavian hat das Haus verlassen, Faninal wütet gegen seine Tochter, der er die Alternative stellt, den Baron zu heiraten oder in ein Kloster zu gehen. Die Szene ist grotesk. Ochs gewinnt bald seinen guten Humor zurück – nach einigen Ausfällen gegen die Jugend und die Großstadt –, besonders dank eines Briefleins, das Annina, die Intrigantin, in seine Hände spielt. Es ist von der jungen »Zofe«, die der Herr Baron am Vortag im Palaste der Marschallin kennenlernte und die ihn nun um ein Stelldichein bittet. Er ist ja doch ein Unwiderstehlicher! Selbstgefällig sonnt er sich in seinem »Lerchenauisch' Glück«, pfeift und singt leise seinen Lieblingswalzer vor sich hin und ist mit dem Lauf der Welt ganz zufrieden.

Der Beginn des dritten Akts biegt das Lustspiel – vielleicht ein wenig zu sehr – in Farce um. Im »Séparé« eines Wiener Restaurants hat Ochs alles für sein Stelldichein mit »Mariandl«, der vermeintlichen Zofe, vorbereiten lassen: dämmerige Beleuchtung, gute Weine, gedämpfte Musik aus dem Nebenraum. Er weiß nicht, daß das alles in die geheimen Pläne der »anderen Seite« einbezogen ist, daß ihm hier eine kräftige Lehre erteilt werden soll, die zu Sophies Befreiung führen muß. Ochs erscheint und führt das vermeintliche »Mariandl« am verbundenen, im Duell des Vortags »verwundeten« Arm; sofort läßt der Baron seine »Verführungskünste« spielen, doch nichts geht nach Wunsch. Das »Mädchen« zeigt sich dumm und weinerlich, in allen Zimmerecken scheint es zu spuken, und zuletzt erscheint gar noch ein Kommissar der kaiserlichen Sittenpolizei. Noch glaubt Ochs, leichtes Spiel zu haben. Er beruft sich auf seine Verwandtschaft mit der Marschallin und gibt das Mädchen als seine Braut, das Fräulein von Faninal aus. Natürlich wehrt er sich gegen eine Nachprüfung seiner Angaben, aber der Kommissar zeigt sich merkwürdig hart. Da erscheint Faninal mit seiner Tochter, empört, zur Nachtzeit in ein verrufenes Gasthaus bestellt zu werden, um seinen künftigen Schwiegersohn aus einer unangenehmen Situation zu befreien. Nun beginnt Ochs Böses zu ahnen, denn er wäre der letzte gewesen, der Faninal verständigt hätte. Auf dem Höhepunkt der Verwirrung legt Octavian rasch Haube und Mädchenkleider ab. Ochs reibt sich die Augen. Doch da kommt, von allen ehrfürchtig begrüßt, die Marschallin. Auf ihren freundlichen Wink verabschiedet sich der Kommissar. Noch einmal will Ochs aufbegehren, glaubt, das Spiel noch retten zu können. Wenn das »Mariandl« Octavian ist ..., dann ... Wenn er ein Kavalier sei, entgegnet ihm die Fürstin, dann werde er eben als solcher handeln; das sei das einzige, was sie noch von ihm erwarte. Und Ochs besinnt sich, versucht Haltung anzunehmen, obwohl er seine Perücke verloren hat und inmitten aller auf ihn eindrängenden Personen und Schwierigkeiten eine jämmerliche Figur macht. Er geht ab, – und die Farce wird zum Drama. Mit Meisterhand gestaltet Hofmannsthal einen erschütternden Schluß. Drei Menschen stehen auf der Bühne: die Marschallin, Octavian, Sophie. Der große Augenblick ist gekommen, den die Fürstin längst vorausgeahnt hat. Und mit unendlicher Hoheit in Gesinnung und Geste macht sie ihr Vorhaben wahr: es dem »Buben« leicht zu machen, auch wenn ihr selbst das Herz blutet. »Hab mir's gelobt, ihn lieb zu haben in der richtigen Weis' ...«, beginnt sie das Terzett der drei Frauenstimmen, das von makelloser, geradezu überirdischer Schönheit ist. ⑤ Dann bietet sie Faninal den Arm, der so ein wenig für die erlittenen Schläge getröstet wird. Sophie und Octavian bleiben allein. Von volkstümlicher, mozartischer Einfachheit und inniger Wärme ist der Schlußgesang, der die beiden jungen Herzen eint: »Ist ein Traum, kann nicht wirklich sein, daß wir zwei beieinander sein, beieinand' für alle Zeit ...« ⑥ Langsam gehen sie, eng umschlungen, aus dem Saal, in dem die Lichter verlöschen. Der kleine Neger kommt hereingetrippelt, hebt ein zu Boden gefallenes Taschentuch auf, trippelt hinaus.

Die Musik ist nun wieder ganz leicht geworden und beschwingt. Als wollte sie die Worte der Marschallin unterstreichen: »Das ganze war halt eine wienerische Maskerad und weiter nichts ...« Weiter nichts?

Textbuch: Dichter und Musiker korrespondierten über die Benennung dieses Spiels. Schließ-

① **Stürmisch bewegt**

② **Ziemlich langsam**

③ **Etwas breit**

wie himm — lische, nicht ir - di-sche wie Rosen vom hoch - heiligen Pa - ra-dies...

SOPHIE

④ **Walzertempo**

⑤ **Mäßig langsam**

Hab' mir's ge - lobt, ihn lieb zu ha - ben in der richtigen Weis'......

MARSCHALLIN

⑥ SOPHIE: Ist ein Traum, kann nicht wirk-lich sein, dass wir zwei
OCTAVIAN: Spür' nur dich, spür nur dich al — lein, und dass wir bei-ei-nan-der sein......

lich fand Hofmannsthal die Lösung: »Komödie für Musik, von Hugo von Hofmannsthal, Musik von Richard Strauss«. Er hatte tatsächlich viel mehr geschaffen, als ein »Libretto«: eine vollgültige Komödie, die auch für sich allein ein glänzendes Theaterleben führen könnte. Nicht alles, was man ihm zuzuschreiben gewohnt ist, stammt von ihm, aber vieles andere, das wie der Historie entnommen wirkt, ist in Wirklichkeit von ihm! Um mit letzterem zu beginnen: die »hochadelige Gepflogenheit«, einen Rosenkavalier in das Haus der Braut zu senden, bevor man es selbst betritt, hat es niemals gegeben, sie verdankt ihre Erfindung der üppigen Phantasie des Dichters, so sehr man heute, da diese Oper in weiteste Kreise gedrungen ist, hier ein Stück echter wienerischer Tradition annehmen möchte. Hingegen hat Hofmannsthal den Textentwurf nicht nur gemeinsam mit dem feinsinnigen Harry Graf Kessler verfertigt (der später unter den Autoren nicht mehr genannt wurde); beide müssen die Tagebücher des kaiserlich österreichischen Oberhofmeisters Johann Joseph Fürst Khevenhüller-Metsch aus den Jahren 1742–49 gekannt haben; in diesen kommen viele Namen vor, die Hofmannsthal in das Textbuch des »Rosenkavalier« verwoben hat: Quinquin, Lerchenau, Werdenberg, Faninal u. a. Der kleine Mohr in der Fürstin Diensten wird ebenso erwähnt, wie einige Figuren im »Lever«. Was allerdings Hofmannsthal aus diesen Altwiener Quellen gemacht hat, ist sein Werk, sein Meisterwerk. Welch herrliche Gestalten, wieviel warme Menschlichkeit! Ochs von Lerchenau: lebensecht, vollsaftig, originell, ein grotesker Landedelmann, der in der Stadt – aus eigenem Verschulden – böse und doch gerechte Erfahrungen macht, dem zuletzt nichts übrig bleibt, als »bonne mine au mauvais jeu« zu machen – gute Miene zum bösen Spiel, wie ihm seine unendlich überlegene Gegenspielerin, die Marschallin, suggeriert, der aber inmitten seines Egoismus, seiner Mitgiftjägerei, seines wahllosen Weiberheldentums doch nicht nur mit negativen Zügen ausgestattet ist, sondern vom Publikum zwar belächelt und manchmal sogar verachtet, keineswegs aber gehaßt wird, sondern sich als besonderer Typus in die Herzen zu spielen vermag. Die Marschallin: eine der ergreifendsten, wundervollsten Gestalten aller Opern- (und Theater-)epochen. Hinter wieviel Noblesse verbirgt sie ihre Enttäuschung, die sie ja als kluge Frau von Welt vorausgesehen hat! Wie unpathetisch ergreifend ist ihre Attitüde, wenn sie vom »Altern« (Monolog 1. Akt) spricht, von ihrer ohnmächtigen und doch tiefmenschlichen Gebärde der in ihrem schicksalhaften Gang aufgehaltenen Uhren! Die »alternde« Frau: es hätte eine Tragödie werden können, aber es bleibt ein feiner Pinselstrich von leiser Wehmut. Sie ist übrigens, nach heutiger Ansicht, eine durchaus junge Frau: Strauss selbst meinte, über diesen Punkt befragt, sie sei »schon über dreißig«, und das galt im Wien um 1750 als nicht mehr jung. Hofmannsthal braucht diese Spanne von Jahren, die Octavians erwachende Männlichkeit von der Reife seiner Geliebten trennt, um die Handlung zu spannen; er hat dieser Marschallin eine solche Fülle ergreifender Züge verliehen, daß sie, mehr noch als die anderen Figuren, die ganze Zuneigung des Publikums mühelos erobert. Sie, die nie das wahre Glück der Liebe kennenlernen durfte, führt ihren jungen Geliebten mit so feinfühliger Zärtlichkeit ins Leben ein, nimmt sich vor, »selbst seine Lieb' zu einer Andern noch lieb zu haben«, daß die Sympathien vom ersten Aufgehen des Vorhangs bis zum Schluß ihr in vollstem Maße zuströmen müssen. Wieviel Adel und menschliche Größe hat Hofmannsthal ihr verliehen, aber auch wieviel Charme, Humor, wieviel frauliche Wärme, wieviel Lebensklugheit! Und wieviel Meisterschaft bekundet Hofmannsthal selbst, der sie, die nie komisch und auch nie »unterhaltend« wird, in eine lächelnde Komödie zu verwirken imstande war! Komödie freilich, in der Wehmut und Tränen und tiefe Melancholie gerade so nahe sind wie Lachen und Fröhlichkeit und Schadenfreude und Situationskomik. Daß Octavian und Sophie für einander geschaffen sind, das fühlt man vom ersten Augenblick an. Hofmannsthal führt sie behutsam zueinander, durch Verwirrungen hindurch, mit überlegener Lebensweisheit. Nein, für diese Komödie ist kein Lobeswort zu stark. Und nun kommt noch hinzu, daß sie sich der Musik in geradezu idealer Form öffnet.

Musik: Strauss vertieft alle menschlichen Gefühle dieses Textes. Seine Melodien sprechen oftmals deutlicher die Gedanken der handelnden Personen aus, als deren Worte. Wo Hofmannsthal ihm Raum für großes Musiktheater geschaffen hat, da stürzt Strauss sich mit voller Begeisterung hinein: so im Lever der Marschallin (mit dem meisterlichen, durcheinandersingenden Ensemble, das sich um die feste – und herrliche – Achse der italienischen Arie rankt) und, un-

überbietbar, in der Rosenkavaliersszene des zweiten Aktes. Da überträgt sich das silberne Flimmern der Rose, ihr Duft nach »persischem Rosenöl«, der glanzvolle Aufzug der Rofranoschen Dienerschaft, die Ergriffenheit Sophies, die junge Würde und Freude Octavians auf das rauschende, leuchtende Orchester (mit Celesta- und Harfenklängen im Vordergrund), klanggewordenes Bild, bildgewordener Klang. »Der Rosenkavalier« bedeutet eine Umkehr im Schaffen des Meisters; blühende Melodien, berauschende Harmonien, seliges Schwelgen im Wohlklang mag den damaligen Jungen oder »Modernen« fast wie Verrat an »Salome« und »Elektra« erschienen sein. Von da an wird er von ihnen als »Konservativer« gebrandmarkt, dessen höchste Meisterschaft man nicht leugnen, dessen Meinung in Bezug auf zeitgenössische Musik man aber nicht mehr in Rechnung zu stellen braucht. Hier trennte Strauss sich von Schönberg, von Strawinsky. Spätere Zeiten werden diese Entwicklungen zu untersuchen haben; uns genügt es, diese Rückkehr zur tonalen Basis, diese Abwendung von den ins immer Uferlosere vorstoßenden Dissonanzen und harmonischen Neugestaltungen festzustellen. »Der Rosenkavalier« ist eine Huldigung an die reine Schönheit, an die Klarheit »klassischer« Zeiten. Dieser »Rückkehr« müssen tiefe innere Motive zugrunde liegen; von einem »Nachlassen der schöpferischen Potenz« zu sprechen, wäre unsinnig angesichts dieser Meisterpartitur höchsten Formats.
Geschichte: Kaum war »Elektra« beendet, da begannen Textdichter und Komponist über eine Komödie zu korrespondieren. Es begann im Mai 1909: Hofmannsthal sandte (aus seiner Villa in Rodaun bei Wien) Szene um Szene an Strauss, der sich sofort begeisterte. Am 26. Januar 1911 fand die Uraufführung an der Dresdner Hofoper statt, wie schon bei »Salome« und »Elektra«, wieder mit Ernst von Schuch als Dirigenten und mit dem jungen Max Reinhardt als Regisseur. Es wurde der größte Erfolg, den eine deutsche Oper in unserem Jahrhundert erzielen konnte. Und an Aufführungsziffern in der ganzen Welt steht »Der Rosenkavalier« an einem der vordersten Plätze.

Ariadne auf Naxos

Oper in einem Vorspiel und einem Aufzug, Dichtung von Hugo von Hofmannsthal.
Originalsprache: Deutsch
Personen: Des Vorspiels: Der Haushofmeister (Sprechrolle), der Musiklehrer (Bariton), der Komponist (Mezzosopran), der Tenor in der Oper: Bacchus (Tenor), der Offizier (Tenor), der Tanzmeister (Tenor), der Perückenmacher (Baß oder Bariton), ein Lakai (Baß), Zerbinetta, Tänzerin einer Komödiantengruppe (Sopran), der weibliche Star der Operntruppe, in der Oper: Ariadne (Sopran), Harlekin (Bariton), Scaramuccio (Tenor), Truffaldin (Baß), Brighella (Tenor). Der Oper: Ariadne (Sopran), Bacchus (Tenor), Najade (Sopran), Dryade (Alt), Echo (Sopran), ferner Zerbinetta, Harlekin, Scaramuccio, Truffaldin, Brighella (wie im Vorspiel).
Ort und Zeit: Das Vorspiel im Hause eines reichen Wiener Bürgers des 18. Jahrhunderts; die Oper auf der griechischen Insel Naxos in mythologischer Vergangenheit.
Handlung: Im Palais eines reichen Wiener Bürgers und Mäzens erwarten zwei recht verschiedene Künstlergruppen den Augenblick ihres Auftritts bei einem Fest: die Operntruppe, die an diesem Abend das Werk eines jungen, unbekannten Komponisten, betitelt »Ariadne auf Naxos« aus der Taufe heben, und ein Quintett von Komikern und Tänzern, das nach dem Brauch der italienischen »commedia dell'arte« das Publikum erheitern soll. Der Abend beginnt mit einem Bankett, und nach den künstlerischen Darbietungen wird ein Feuerwerk den effektvollen Abschluß bilden. Fieberhaft werden die letzten Vorbereitungen getroffen, in den Ankleideräumen der Künstler hört man die üblichen Intrigen und Anzüglichkeiten. Zwischen dem jungen Komponisten und seinem Musiklehrer kommt es zu ernsteren Gesprächen: Der junge Meister, ein von den Stürmen der Welt und des Theaters noch unberührter Idealist, kann es nicht fassen, daß auf sein Drama, die Tragödie der todesbereiten Prinzessin Ariadne, ein groteskes Nachspiel mit Zerbinetta und Harlekin folgen soll. Trotz seiner bitteren Enttäuschung nimmt er noch schnell einige Stellen mit der Primadonna durch, während der Tenor sich mit dem Friseur herumschlägt und Zerbinetta einen Offizier empfängt. Der Lehrer versucht seinem Schüler klar zu machen, daß zwischen

dem künstlerischen Ideal und seiner Verwirklichung stets eine Lücke, ja manchmal ein Abgrund klaffe; doch tröstet er ihn mit den Worten, auf jeden Fall werde die Oper das Ereignis des Abends sein. Genau das gleiche versichert jetzt auch der Tanzmeister der koketten Zerbinetta, in Hinblick auf deren Auftritt in der komischen Szene. Doch kurz hernach schafft das Erscheinen des Haushofmeisters begreifliche Verwirrung. Aus irgendeinem Grunde ist in der Abwicklung des Programms eine Verspätung eingetreten, so daß die beiden Schauspiele, das ernste und das heitere, nicht nacheinander, sondern gleichzeitig gegeben werden sollen. Gleichzeitig! Der Komponist greift sich an den Kopf. In die tieftraurigen Klagegesänge seiner Ariadne soll sich das frivole Tanzspiel der Komödianten mischen! Nein, das kann nicht sein. Er will seine Oper zurückziehen. Lieber hungern, als seine Kunst erniedrigen zu lassen. Sein Lehrer denkt praktischer: Wichtig ist die Aufführung, das Honorar zu bekommen, das den jungen, mittellosen Komponisten viele Monate lang über Wasser halten, zum Schaffen anspornen kann. Und er tritt mit dem Tanzmeister in Verhandlungen. Diesem erscheint die Idee des reichen Mäzens gar nicht so absurd: eine öde Insel, wie sie den Schauplatz der Oper bildet, sei ohnedies kein reizvoller Anblick für ein so anspruchsvolles Publikum. Und die – wie er glaube – endlosen Gesänge der Ariadne durch leichtere Melodien und Tänze ein wenig »aufzulockern«, keine so üble Lösung. Die Zeit drängt. An der ernsten Oper sind Kürzungen vorzunehmen; der Musiklehrer muß seine diplomatischen Künste zeigen, muß der Sopranistin sagen, dem Tenor werde mehr gestrichen als ihr, und diesem, die Rolle der Sopranistin werde auf die Hälfte reduziert – so will es das Theaterleben mit seinen kleinen und großen Eitelkeiten. Inzwischen erklärt der Tanzmeister seinem Star Zerbinetta auf seine (und ihre) Weise den Inhalt der Oper, in der sie nun überraschenderweise »mitwirken« muß: Ariadne ist eine Königstochter und mit einem gewissen Theseus geflüchtet; doch der hat bald genug von ihr und läßt sie auf einer öden Insel sitzen. Oh, das begreift Zerbinetta sehr gut, derlei Dinge kommen im Leben, auch dem ihren, öfter vor, mit Ausnahme vielleicht des Schauplatzes einer öden Insel. Ariadne ist untröstlich und ersehnt in langen Klagen nur noch den Tod. Hier ist Zerbinetta nicht einverstanden: das sage sie vielleicht, diese Prinzessin, aber in Wirklichkeit wolle sie gar nicht sterben, sondern einen neuen Geliebten. Der Komponist hat die letzten Worte gehört, mit heiligem Eifer mischt er sich ins Gespräch: Nein! Ariadne ist die Frau, die im Leben nur einem einzigen Manne gehören kann. Einen derartigen Unsinn hat Zerbinetta noch nie vernommen; aber der junge Komponist gefällt ihr, und so widerspricht sie nicht zu heftig. Ariadne erwarte den Tod, erläutert der Musiker. Doch anstatt des Todes erscheine Bacchus. Habe sie es nicht gleich gewußt?, triumphiert Zerbinetta. Ein neuer Geliebter! Zwei Welten stehen einander hier gegenüber, zwischen denen es keine Brücke gibt. Die Welt Ariadnes und die Welt Zerbinettas – derer, die zur Tragik geboren sind, und derer, die alles leichtnehmen. Um des hübschen jungen Mannes willen tut Zerbinetta so, als begreife sie plötzlich den tieferen Sinn seiner Worte. An die Existenz von Frauen, die nur einmal im Leben lieben können und die, in der Meinung, in die Arme des Todes zu flüchten, einen strahlenden Gott umarmen, nein, an diese Dinge kann sie allerdings nicht glauben. Sie geht zu ihren Gefährten und erklärt ihnen auf ihre eigene Art, die der des Tanzmeisters sehr nahe kommt, was sie zu tun haben. Zwei Welten! Der Komponist ist in Gedanken und seine Träume versunken. Seine Ariadne ist das ideale Geschöpf. Einmal im Leben verschenkt sie ihr Herz, um dann, enttäuscht, nur noch den Tod zu ersehnen. Und der Gott, der am Ende seiner Oper feierlich geschritten kommt, ist für sie der Gott des Todes. Er ist es, der sie zu neuem Leben erlöst. Zerbinetta nähert sich dem Komponisten neuerlich. Ach, gesteht sie ihm, wie schön wäre es, eine solche Liebe zu erleben! Einen Mann zu finden, dem man das ganze Leben angehören könnte! Doch bevor die Unterhaltung weitergehen kann, beginnt die Vorstellung. Mit einem ordinären Pfiff ruft Zerbinetta – eben noch fast ein Engel in des Komponisten Augen – ihre Kameraden herbei. Der Schmerz überfällt den Komponisten wieder, er will sein Werk zurückziehen, sterben, fliehen aus einem so niedrigen, so häßlichen Leben...

Auf dieses Vorspiel folgt die Oper. Der Vorhang hebt sich und wir wohnen, als wären wir des Mäzens geladene Gäste, dem Schauspiel im Palaste bei. Also »Theater auf dem Theater«. Ariadne gibt sich auf einer verlassenen Insel ganz ihrem Schmerz über den verlorenen Geliebten hin. Traurig antworten Najade, Triade

und Echo. Von der Kulisse her beobachten sie die fünf Komödianten, die auf ihren Auftritt warten. Harlekin versucht ein kleines Liedchen, aber Ariadne bleibt untröstlich in tiefste Trauer versunken. Nur der Tod kann sie erlösen. ①
Nach langen – musikalisch herrlichen – Trauergesängen kommt es wie eine Erstarrung über die Prinzessin. Das ist der Augenblick, in dem Zerbinetta mit ihren Begleitern auf die Bühne eilt. Sie singen und tanzen, ohne von Ariadne auch nur eines Blickes gewürdigt zu werden. Dann bringt Zerbinetta eine Arie (eine der schwierigsten übrigens, die je für Koloratursopran geschrieben wurden), in der sie den Vorhang ihres Lebens ein wenig lüftet und ihren Drang nach immer neuen Erlebnissen schildert. ② Es gelingt ihr jedoch nicht, Ariadne zu einer leichtfertigeren Lebensauffassung umzustimmen.
Neue Lieder und Tänze folgen dieser Bravourarie, dann gehen die Komödianten ab. Die Nymphen kündigen die Ankunft eines Fremden an. Ariadne sehnt sich ihm entgegen, glaubt, es sei der Todesgott, der sie von irdischer Qual erlöse. Doch es ist der junge Bacchus, der strahlend des Weges kommt. Er hat soeben sein erstes Abenteuer mit der Zauberin Circe bestanden. Ariadne fleht ihn an, er möge sie in seinen Armen in das Totenreich des ewigen Vergessens führen. Da wird dem jungen Gott zum ersten Male seine wahre Aufgabe klar: Spender des Lebens, der Liebe zu sein. Er nimmt Ariadne in seine Arme, aber er erweckt die Todessehnsüchtige, die innerlich Tote, zu neuem Leben, zu neuer Liebe. Zerbinetta sieht aus der Kulisse den Vorgängen gespannt zu; sie nickt mit dem hübschen Kopf, genau das hat sie soeben in ihrer Arie ausgedrückt: »Als ein Gott kam jeder gegangen.« Sie wird nie erleben oder verstehen, was in einer Frau wie Ariadne in diesem Augenblick vorgeht...

Quelle: Die griechische Mythologie erzählt von Ariadne, die mit Hilfe des legendär gewordenen roten Fadens Theseus aus dem Labyrinth von Kreta befreite und ihn den Minotaurus töten ließ. Als sie von ihm schließlich auf der Insel Naxos verlassen wurde, weinte sie, bis sie sich – nach einer Version – ins Meer stürzte oder – nach einer anderen – von dem jungen Gotte Bacchus (dem Dionysos der Griechen) zu neuem Leben erwecken ließ. In der – von Hofmannsthal recht frei bearbeiteten – Mythologie des Altertums liegt die eine Quelle dieser Oper. Die zweite führt uns in die Epoche Molières (1622–73), der in seinem »Bürger als Edelmann« (Le bourgeois gentilhomme) die Gestalt eines Neureichen schuf, in dessen Palast ein künstlerisches Schauspiel stattfinden soll, was zu allerhand Verwicklungen führt.

Textbuch: Hofmannsthal erfindet eine überaus geistreiche Kombination dieser beiden Vorlagen. In der ersten Fassung der »Ariadne auf Naxos« steht die Oper, die im Hause des reichen Mannes gegeben wird, noch einem gesprochenen ersten Teil gegenüber, der sich eng an Molière hält. In der zweiten, endgültigen Fassung ist dieser erste Teil zu einem Vorspiel opernhaften Charakters umgeschmolzen, in dem von Molière nichts mehr stehen geblieben ist. Hingegen erfand Hofmannsthal eine Spielhandlung, in der die Formen des ernsten und leichten Theaters glänzend kontrastiert sind und die ihren Hauptantrieb aus der Zumutung des Hausherrn empfängt, beide Schaustücke gleichzeitig abrollen zu lassen. Der Neureiche, Hauptperson bei Molière, wird nun nicht mehr auf die Bühne gebracht. Glänzend wird der Gegensatz der beiden Frauengestalten herausgearbeitet: Die in höchstem Sinne treue, tief veranlagte Ariadne steht der völlig treulosen, oberflächlichen Zerbinetta gegenüber. Zwei Menschentypen, zwischen denen es keine Brücke, kein Verständnis gibt. Vor ähnliche Situationen gestellt, reagieren sie entgegengesetzt. Hofmannsthal gestaltet beide lebensecht, bringt sie uns nahe. Wieder erweist er sich als der große, sprachgewaltige Dichter, der mit wenigen Worten Charaktere zeichnen und hervorragende dramatische Szenen gestalten kann. Es ist alles bis ins Feinste durchgearbeitet, geistig wie menschlich. In diesem Libretto steckt mehr Philosophie als in manchem Lehrbuch.
Musik: Strauss gelingt nicht nur ein neues Meisterwerk, sondern ein neuer Stil. »Ariadne auf Naxos« ist eine Kammeroper im vollen Sinne des Wortes. Der in seinen früheren Werken verwendete Orchesterapparat ist hier zu einem Kammerensemble reduziert. (Es ist interessant, daß etwa zur gleichen Zeit auch Schönberg und Strawinsky, so fern von Strauss, zur Idee des Kammertheaters vorstoßen, so daß hier zweifellos eine Entwicklung und eine Abkehr vom Überschwang der Romantik vorliegt.) Die Musik zur »Ariadne auf Naxos« ist kristallklar und durchsichtig, weit vom Klangrausch des »Rosenkavaliers« entfernt. Strauss weiß auch hier Gegensätze musikalisch zu unterstreichen: die Gefühlswelt Ariadnes und des Komponisten auf der einen, die Genußwelt Zerbinettas auf der anderen Seite. Die eigentliche Oper ist in einem strengen, »klassischen«, manchmal an Monteverdi gemahnenden Stil komponiert, mit herben Harmonien und archaisierenden Melodieformeln. Das Vorspiel und die heiteren Szenen der Tänzer hingegen laufen in modernem Konversationsstil ab, mit flüssigem Parlando und spritziger Instrumentation. Vielleicht wurde »Ariadne auf Naxos« keine Publikumsoper im eigentlichen Sinne, aber sie gilt als eines der feinsten Werke zeitgenössischen Musiktheaters: ein Leckerbissen für den wahren Gourmet.
Geschichte: Die Oper war ein Dankesgeschenk für Max Reinhardt, der durch sein (ungenanntes) Einspringen die Premiere des »Rosenkavaliers« gerettet hatte. Molière war einer seiner Lieblinge. Man hatte zur Uraufführung ein intimes Theater gewählt, das Kleine Haus des Stuttgarter Hoftheaters. Am Abend des 24. Oktober 1912 wurde das Werk vor geladenen Gästen gespielt. Die Stimmung blieb kühl. Striche und kleine Änderungen nahmen Komponist und Dichter noch in der gleichen Nacht vor, aber das Premierenpublikum bereitete dem Werk am darauffolgenden Tag, dem 25. Oktober 1912, ebenfalls nur einen Achtungserfolg. So gingen die Autoren an eine völlige Neufassung. Die Trennung zwischen einem gesprochenen Einleitungs- und einem gesungenen Hauptakt wurde eliminiert (die zudem einer Verbreitung des Werkes ernste Schwierigkeiten bereitet hätte, da sie komplette Ensembles für Oper und Schauspiel erforderte), die Oper erhielt in nochmaliger jahrelanger Zusammenarbeit zwischen Hofmannsthal und Strauss eine gänzlich neue Form. In dieser wurde »Ariadne auf Naxos« dann am 4. Oktober 1916 in der Wiener Hofoper uraufgeführt und begann sich nach dem zwei Jahre später beendeten Ersten Weltkrieg über die Welt zu verbreiten.

Die Frau ohne Schatten

Oper in drei Akten. Dichtung von Hugo von Hofmannsthal.
Originalsprache: Deutsch
Personen: Der Kaiser (Tenor), die Kaiserin (Sopran), die Amme (Mezzosopran, auch hochdramatischer Sopran), ein Bote aus dem Geisterreich (Bariton), ein Hüter der Tempelschwelle (Sopran oder Kontratenor, Falsettsänger), die Erscheinung eines Jünglings (Tenor), die Stimme des Falken (Sopran), eine Stimme von oben (Alt), Barak, der Färber (Bariton oder Baß), sein Weib (Sopran), der Einäugige, der Einarmige, der Bucklige, Brüder des Färbers (Baß,

Bariton, Tenor), sechs Kinderstimmen (drei hohe, drei tiefe), die Stimmen der Wächter der Stadt (Bässe oder Baritone), kaiserliche Diener, Kinder, Geister.

Ort und Zeit: In einem märchenhaften (fernöstlichen?) Lande und im Geisterreich, in legendärer Zeit.

Handlung: Während die Amme zur Nacht auf der Terrasse der kaiserlichen Besitzung den Schlaf des Herrscherpaares bewacht, verkündet ihr ein Diener des Geisterkönigs Keikobad dessen zornige Botschaft an seine Tochter, die Kaiserin. Wenn sie nicht innerhalb dreier Tage einen Schatten werfe (Symbol des Menschseins mit all seiner Verstrickung in Verantwortung und Schuld), so werde der Kaiser, ein Irdischer, versteinert, und seine Frau müsse in ihre Heimat, das Geisterreich, zurückkehren. Der Weg zur Menschennatur wäre für die Kaiserin die Mutterschaft. Doch weder sie noch ihr Gemahl ahnen das. Die Amme, ebenfalls dem Geisterreich zugehörig, kennt das Geheimnis, verschweigt es aber aus Haß gegenüber allem Irdischen. Daher triumphiert sie auch, als der Kaiser drei Tage auf die Jagd gehen will, um seinen Lieblingsfalken zu suchen, der ihm vor bald Jahresfrist davonflog, während jener Jagd, in deren Verlauf der Kaiser eine weiße Gazelle verwundete, die sich plötzlich in ein herrliches Weib verwandelte, das er als Gemahlin zu sich nahm. Schon glaubt die Amme ihr Spiel gewonnen, da naht sich jener Falke und warnt die Kaiserin, die nach Geisterart die Sprache der Tiere versteht, vor dem Fluch ihres Vaters. ① Angst erfaßt sie. Sie liebt ihren Gatten und wünscht nichts sehnlicher, als ihm eine wahre Frau zu sein. Daher beschwört sie die Amme, sie in die Welt der Menschen zu führen, um dort, gleichgültig für welchen Preis, einen Schatten zu erhandeln. Nach längerem Widerstand der Amme, welche die Menschenwelt als verächtlich und niedrig hinstellt, erreicht die Kaiserin die Erfüllung ihres Wunsches. Das gespenstische Weib wird sie dorthin führen.

Das zweite Bild spielt in der Hütte des Färbers Barak, eines starken und arbeitsamen Mannes, der seine Frau innig liebt, aber von ihr mit Undank behandelt wird. Sie ist jung und kokett, sie will von Kindern, die der Färber ersehnt, nichts wissen. Ein längeres Zwischenspiel schildert sinfonisch die Reise der Kaiserin zu den Menschen. Strauss bedient sich hier stark differenzierter Klänge: die des Geisterreichs, zu dem auch noch in gewissem Sinne der Kaiserpalast gehört (der weit von den Menschen entfernt und unzugänglich errichtet ist) sind durchsichtig kammermusikalisch behandelt, unendlich fein und zart; die der Menschenwelt hingegen schwer, irdisch, voll Leidenschaft, triebhafter Wärme. Der Färber und sein Weib haben sich wieder einmal zerstritten, der Mann hat die Hütte verlassen. Da treten die Kaiserin und die Amme, ärmlich gekleidet, ein und bieten ihre Dienste als Mägde an. Die Amme verfügt über Zauberkräfte, und so läßt sie die Färbersfrau in einem magischen Spiegel sich selbst, blendend gekleidet, von Luxus umgeben, von Sklavinnen bewirtet und einem schönen jungen Mann verehrt, erblicken. Das alles könne ihr gehören, um einen einzigen Preis: ihren »Schatten«. Die gierige Färbersfrau stimmt zu. Als sie ein wenig später aus der Bratpfanne die seltsam singenden Stimmen der Fische vernimmt und aus ihnen die Klagen der Nichtgeborenen zu vernehmen meint, fühlt sie Reue. Aber es ist zu spät. Die beiden Dienerinnen sind verschwunden und durch Zauberspruch hat sich das Ehebett zweigeteilt. Als Barak heimkehrt, fühlt er sich von seiner Frau verbannt; doch in seiner geduldigen Liebe und Güte nimmt er es hin und hofft, sie mit der Zeit wieder umstimmen zu können. Von den Zinnen der in Nachtruhe sinkenden Stadt erklingen die Stimmen der Wächter, die von ehelicher Liebe singen, von diesem zutiefst mystischen Gefühl, das die nie abreißende Kette der Generationen schmiedet.

Die erste Szene des zweiten Akts versetzt uns abermals in die Hütte Baraks. Die Amme verwirrt die Färbersfrau mit der Illusion eines schönen Geliebten so sehr, daß diese schließlich tatsächlich glaubt, einen Ehebruch begangen zu haben. Mit steigender Sorge sieht die Kaiserin, daß ihr Wunsch, einen »Schatten« zu erlangen, zur Zerstörung eines Heims und zum Unglück eines guten Menschen führt.

Nun folgen die Bilder einander in rascher Folge. Der Kaiser kehrt von der Jagd heim und beobachtet, wie seine Gattin mit der Amme in den Palast tritt. Er fühlt, daß sie aus der Welt der Menschen kommt und möchte sie gerne befragen. Doch scheu wagt er es nicht und flüchtet weinend in den Wald zurück. In Baraks Hütte beobachtet der Färber angstvoll die Veränderung, die mit seiner geliebten Frau vorgeht und sucht vergeblich nach einer Erklärung. Die Kaiserin schläft in ihrem Gemach und wird von düsteren Träumen gepeinigt. Sie sieht ihren Gatten durch unterirdische Gänge und Höhlen irren, die ihn schließlich verschlingen. Sie erwacht und wird von der doppelten Schuld bedrückt, dem Kaiser und Barak gegenüber. In dessen Hütte entlädt sich endlich die unerträglich gewordene Spannung. Die Frau bezichtigt sich des – in Wahrheit nicht begangenen – Ehebruchs. Barak ruft nach Licht, um ihr Gesicht sehen zu können. Als die Brüder Leuchten bringen, sehen alle, daß die Frau keinen Schatten wirft. Sie gesteht, daß sie ihre Fruchtbarkeit der jungen Dienstmagd verkauft habe. Da bricht in dem stillen Barak heiliger Zorn aus. Durch Zauberkraft hält er plötzlich ein Schwert in der Hand und will seine Frau töten, die ihn nun zum ersten Male im Leben wahrhaft liebt. Über die Wirrnis tönt die Stimme der Kaiserin: Sie verzichtet auf den Schatten, den sie nicht mit Menschenunglück erkaufen will. Unter Blitz und Donner öffnet sich die Erde, Baraks Hütte wird von Strömen hinweggeschwemmt, der Färber in den Fluten von seiner Frau getrennt. Die Amme rettet in einem – durch Zauber zur Stelle gebrachten – Kahn die Kaiserin und bringt sie vor einen Tempeleingang inmitten düsterer Landschaft. Die Kaiserin überschreitet furchtlos die Schwelle, über die sie im Traum ihren Gatten gehen sah. Vergebens sucht nun die Amme, der Keikobad eine schwere Strafe angedroht hat, sie zurückzuhalten; sie wird im Kahn von reißenden Wassern hinweggeschwemmt. Furchtbare Blitze erleuchten ihren verzweifelten Weg, aber auch das in finsteren Felsenhöhlen um eine Wiedervereinigung ringende Färberpaar. Die Kaiserin steht im Tempel und sieht auf einem Thronsessel ihren schon halb versteinerten Gemahl. Sie erfleht von ihrem Vater einen Schatten. Eine Stimme weist sie an, von dem dort quellenden Wasser des Lebens zu trinken, durch das der Schatten der Färbersfrau ihr zufalle. Doch sie vernimmt die sehnenden Rufe des einander suchenden irdischen Paares, und so verzichtet sie auf das eigene Glück, das sie nur mit der Zerstörung zweier Menschen erlangen könnte. Der selbstlose Verzicht ist der Augenblick ihres Sieges. Aus der Kuppel des Tempels dringt Licht ein, und die Kaiserin wirft einen Schatten. Der Kaiser erhebt sich geheilt vom Throne und umarmt sie, die nun wahrhaft sein Weib geworden ist. Die Stimmen der Ungeborenen erklingen jubelnd.

Nach einem neuerlichen Zwischenspiel öffnet sich der Vorhang über einer schönen Landschaft. Hoch auf Felsen stehen der Kaiser und die Kaiserin, tiefer unten und durch einen Wasserfall getrennt der Färber und seine Frau, die einander endlich sehen können. Der Schatten der Färberfrau fällt wie eine Brücke über das Wasser und die beiden Gatten umschlingen einander in inniger Liebe. Beide Paare haben sich gefunden und die vier Stimmen vereinigen sich mit den Chören der unsichtbaren, geisterhaften Kinderstimmen, die ihre baldige Geburt ersehnen, zu einem ergreifenden Hymnus an das Leben.

Quelle: Es ist schwer zu sagen, wieviel verschiedenartige Quellen bei Hofmannsthals tief symbolischem Drama mitgewirkt haben mögen. Manches aus dem fernen Orient und seiner Sagenwelt scheint mit eingeflossen zu sein.

Textbuch: Man geht kaum zu weit, wenn man Hofmannsthal Verdienst und Schuld an diesem ethisch und dichterisch hochwertigen, aber theatermäßig dunklen, überladenen und unwirksamen Libretto zuschreibt. Er selbst wollte darin eine Art Parallele zur »Zauberflöte« erblicken; das mag stimmen, wenn man die Größe der Ideen und den Symbolgehalt der Erscheinungen ins Auge faßt, nicht aber in bezug auf die Durchführung. Schikaneder, Mozarts Librettist, war Theatermensch durch und durch, der um einer bühnenmäßigen Wirkung willen manche Ungereimtheit durchgehen ließ; Hofmannsthal hingegen schwebte hier augenscheinlich ein Publikum sensitivster Ästheten vor. Das Ergebnis ist zwiespältig; für sehr Anspruchsvolle stellt das Drama eine Fundgrube von Schönheiten dar, ein »normales« Theaterpublikum wird Mühe haben, dem komplizierten Spiel mit voller Spannung bis zum Ende zu folgen.

Musik: Über die Komposition müßte in ähnlicher Weise geurteilt werden. Vielleicht war Strauss nie so reich, so tief, so erhaben, so von allem Gewöhnlichen entrückt wie hier. Aber auch nie war er so weit vom (legitimen) Theatereffekt entfernt. Eine herrliche Partitur, in der die Welten des »Oben« und »Unten« scharf unterschieden sind. Dort kammermusikalischer Klang, raffinierteste Finesse, ätherische, geisterhafte Töne von edelster Reinheit, hier eine erdverbundene, sexuell triebhafte, aber »gesunde« Musik irdischer Faktur, an der das große Orchester leuchtkräftigen Anteil hat. So stehen einander auch rein musikalisch die Geister- und die Menschenwelt gegenüber, jede mit ihren Leitmotiven, ihrer Instrumentation und ihrem spezifischen Klang.

Geschichte: Nachdem Strauss und Hofmannsthal bereits um 1910 an ein Märchenspiel gedacht hatten, nahm die Idee der – wesentlich gereiften und veränderten – »Frau ohne Schatten« erst während der Kriegsjahre Gestalt an. Die Partitur wurde 1917 vollendet, aber erst nach Kriegsende fand dieses schwierigste Opernwerk der Künstlergemeinschaft Hofmannsthal-Strauss, am 10. Oktober 1919 in der Wiener, nun zur Staatsoper gewordenen früheren Hofoper, seine erste Wiedergabe. Es hat sich aber erst viel später durchgesetzt, seit den Sechzigerjahren bringen hervorragende Aufführungen großer Theater und Festspiele »Die Frau ohne Schatten« einem breiteren Publikum nahe. Einer stärkeren Verbreitung im fremdsprachigen Ausland stehen der philosophische, schwer ergründliche Text, die fast unlösbare Schwierigkeit einer Übersetzung und die szenischen Probleme der Aufführung entgegen. Das Werk bedeutet eine nicht zu unterschätzende Herausforderung an Orchester und Solisten, aber ebenso an Regisseur, Bühnenbildner und Kapellmeister – und wahrlich nicht zuletzt an die Kultur des Publikums.

Intermezzo

Bürgerliche Komödie mit sinfonischen Zwischenspielen in zwei Akten. Textbuch von Richard Strauss.
Originalsprache: Deutsch
Personen: Hofkapellmeister Robert Storch (Bariton), Christine, seine Frau (Sopran), beider kleiner Sohn (Kinderstimme), Anna, Kammerjungfer (Sopran), Baron Lummer (Tenor), Notar (Baß), seine Frau (Sopran), Kapellmeister Stroh (Tenor), Kommerzienrat, Justizrat, Kammersänger, Bedienstete, Feriengäste u. a.
Ort und Zeit: Am Grundlsee (Salzkammergut) und in Wien, zu Beginn des 20. Jahrhunderts.
Handlung: Eine kleine Ehekomödie. Hofkapellmeister Storch und seine Gattin Christine lieben einander innig und sind wahrhaft für einander geschaffen. (Die Parallele zu Strauss und seiner Gattin Pauline ist sonnenklar; die Handlung bringt eine Menge kleiner Züge, die den Hauptpersonen der Komödie geradezu biographische Genauigkeit verleihen). Der Kapellmeister muß aus seiner Sommervilla am Grundlsee nach Wien zu einem Gastspiel reisen. Ein Irrtum der Post läßt ein Telegramm in die Hände der Gattin Storchs fallen. Da wird um Freikarten für die Oper und um ein nachheriges Stelldichein »wie gewöhnlich« gebeten. Christine tobt, was ihr nicht schwer fällt, hier aber völlig begründet erscheint. (Das lebhafte Temperament von Pauline Strauss war in der Musikwelt sprichwörtlich, zumal es mit dem bayrischen Phlegma des Meisters oft drollig zusammenstieß). Sie will sich sofort scheiden lassen. Der gemütlich in Wien beim Skat sitzende Storch (Strauss war bekanntlich ein leidenschaftlicher Kartenspieler und verbrachte ungezählte Stunden geistiger Entspannung im Freundeskreis am grünen Tisch) wird durch diese plötzliche Hiobsbotschaft überrascht. Es stellt sich heraus, daß gar nicht er, sondern sein Kollege Stroh der Empfänger des unseligen Telegramms hätte sein sollen. Nach einigen Zweifeln läßt Frau Christine sich überzeugen. Das Eheglück ist gerettet. (Von einem solchen konnte man bei Strauss wahrlich sprechen; er hat ihm auch in seinen sinfonischen Werken »Ein Heldenleben« und »Sinfonia domestica« warmen Ausdruck gegeben.)
Textbuch: Der nicht allzu ernst zu nehmende Ausflug eines Genies in »bürgerliche« Bezirke. Nach dem antiken Höhenflug der »Ariadne auf Naxos«, nach der höchste menschliche Proble-

me und weltumspannende Mystik darstellenden »Frau ohne Schatten« gönnte Strauss sich diesen kleinen Abstecher, zu dem er Hofmannsthal nicht in Anspruch nehmen konnte und wollte. Darf ein zur Ironie besonders begabter Meister wie Strauss sich nicht – um mit Nestroy zu sprechen – einmal einen Jux machen? Aber dieses »Intermezzo« ist mehr als die kleine Laune eines großen Mannes. Als Strauss 78 Jahre alt war, sagte er rückschauend zu diesem Werk: »Der Sprung ins romantische Märchen und die starke Überreizung der Phantasie durch den schweren Stoff der ›Frau ohne Schatten‹ erregte den Wunsch nach einer modernen, ganz realistischen Oper, den ich schon lange im stillen gehegt, von neuem, und acht Tage Aufenthalt in Dr. Kreckes Sanatorium ließen mich das ›Intermezzo‹ niederschreiben.« Im übrigen sei vermerkt, daß diese »realistische« Komödie – die einzige seiner Laufbahn – genau in der Mitte seines Schaffens steht: Vorher gab es sieben Opern, und nachher wiederum: ein wahres »Intermezzo« also ...

Musik: Hier hat Strauss in erster Linie die Frage einer aus dem Alltagsleben genommenen Oper gereizt, mit ihren besonderen Wort-Ton-Problemen (die er zuletzt im »Capriccio« neuerlich untersuchen wird.) Seine musikalische Ader ist so reich, daß sie selbst Alltägliches vergoldet (darin seinem italienischen Widerpart Puccini vergleichbar).

Geschichte: »Intermezzo« wurde am 23. August 1923 während einer Südamerikatournee in Buenos Aires vollendet. Die Uraufführung fand in Dresden am 4. November 1924 statt. Die Welt war um ein neuerliches Selbstporträt des großen Meisters reicher: eine »moderne« Oper in zeitgenössischem Gewande, eine Ehekomödie voll liebevoller Einzelheiten, aber kaum mehr als das.

Die ägyptische Helena

Oper in zwei Akten von Hugo von Hofmannsthal.
Originalsprache: Deutsch
Personen: Helena (Sopran), Menelas (Tenor), Hermione, beider Kind (Sopran), Aithra, ägyptische Königstochter und Zauberin (Sopran), Altair (Bariton), Da-Ud, sein Sohn (Tenor), Diener, Elfen, die allwissende Muschel, Krieger, Sklaven.

Ort und Zeit: Der erste Akt in Aithras Reich, auf einer Insel vor der Küste Ägyptens; der zweite in einem Palmenhain zu Füßen des Atlasgebirges in Nordafrika. Nach Beendigung des Trojanischen Krieges.

Handlung: Aithra, Königstochter und Zauberin, harrt ihres Geliebten. Da erhält sie von der allwissenden Muschel die Nachricht, auf einem nahen Schiff zücke ein Mann den Dolch gegen eine schlummernde Frau. Aithra entfesselt einen Sturm, der das Schiff an die Gestade ihrer Insel wirft. Menelas, den Dolch noch zwischen den Zähnen, trägt seine Gattin Helena das Ufer hinan und in Aithras Palast. Er hat sie aus den Flammen von Troja gerettet, aber nun verwirrt ihn die Idee, diese »schönste Frau der Welt« müsse ihre Sünden büßen und er sei zum Rächer ausersehen. War sie nicht die Ursache des grauenhaften Krieges gewesen, die Geliebte des Paris und einiger junger Trojaner? Er zermartert sich das Hirn über diese seltsame Situation. Aithra weiß Rat. Sie läßt Kriegsgetöse vortäuschen, und während Menelas fortstürzt, um zu kämpfen, gibt sie Helena einen Vergessenstrank und bettet sie in ein fernes Gemach ihres Schlosses. Dem zurückkehrenden Menelas reicht sie ebenfalls einen Trank, und nun fällt es ihr nicht schwer, die verhängnisvolle Geschichte folgendermaßen abzuändern: Helena, die wahre, die Gattin des Menelas, sei nie geraubt worden, sondern habe im Palaste Aithras lange und keusch die Rückkehr des Gatten aus dem Kriege ersehnt und erwartet.

Die »andere« Helena aber, die »Helena von Troja«, um deretwillen die Männer einander jahrelang blind hingemordet hatten, sei nur ein von den Göttern erfundenes Phantom gewesen. Menelas wird in das Zimmer geführt, wo Helena friedlich schläft. Eine neue, glühende Hochzeitsnacht vereint das Paar. Helena erbittet von der Zauberin einen Mantel, der sie und den Geliebten an einen Ort entführe, wo nie wieder das Schreckgespenst Trojas und der Eifersucht aufsteigen könne. Am Fuße des Atlasgebirges wird Menelas von neuen Zweifeln gepeinigt; er glaubt, in Aithras Palast die wahre Helena getötet zu haben. Da erscheint der Fürst eines Beduinenstammes, Altair, und sowohl er als sein Sohn verfallen, wie einst Paris, dem Reiz Helenas. In rasender Eifersucht ersticht Menelas den jungen Da-Ud. Doch Helena erkennt die Unbeständigkeit der Lüge, in der sie nun lebt; sie möchte Menelas wieder ganz für sich gewinnen, aber in Wahrheit. Er soll wissen, daß sie doch noch die gleiche »Helena von Troja« sei. Trotz Aithras Warnung sagt sie es ihm. Und das strahlende Ende zeigt den überglücklichen Menelas, der die nun für immer wiedergewonnene Gattin heimführt.

Quelle: Das Drama »Helena« des griechischen Dramatikers Euripides.

Textbuch: Hofmannsthal ging mit dem klassischen Original sehr frei um. Und nach seinem Tode erlebte das Libretto noch mehrere wichtige Abänderungen von der Hand des Dirigenten Clemens Krauß und des Regisseurs Lothar Wallerstein. Im Briefwechsel mit Strauss schrieb Hofmannsthal: »In jener Nacht, als die Griechen in das brennende Troja eindrangen, muß Menelas in einem dieser brennenden Paläste seine Frau gefunden und zwischen einstürzenden Mauern hinausgetragen haben, diese Frau, die seine geliebte, ihm gestohlene Gattin, die Ursache dieses Krieges, dieser furchtbaren zehn Jahre, dieser Ebene voller toter Männer und dieses Brandes war, und nebenbei noch die Witwe des Paris und die Freundin von zehn oder zwölf anderen Söhnen des Priamos, die nun alle tot und sterbend dalagen – also auch die Witwe dieser zehn oder zwölf jungen Fürsten! Welche Situation für einen Ehemann! Sie übersteigt die Einbildungskraft – und sie ist vor jedem Dramatiker sicher: Kein Text, auch den ein Shakespeare finden könnte, reicht an sie heran, und ich bin gewiß, daß Menelas schweigend diese Frau, die auch in dieser Situation die schönste der Welt war, zu seinem Schiff hingetragen hat. Was sich dann begab, davon sind wir ohne Nachricht. Aber einige Jahre später bereist der Sohn des Odysseus die griechischen Königreiche, Nachrichten über seinen verschollenen Vater einzuholen. Er kommt auch nach Sparta. Er findet Melenas in seinem Palast ›so schön wie ein Gott‹ und Helena als Hausfrau in diesem Palast, so schön wie je, Königin in dieser friedlichen Landschaft. Man fragt sich unwillkürlich, was war inzwischen geschehen? Was liegt für diese beiden Menschen zwischen jener Nacht damals und dieser behaglichen Situation?« Hofmannsthal hat es unternommen, eine Erklärung für diese Entwicklung zu finden und zu dichten. Seine »Ägyptische Helena« ist eine herrliche Dichtung geworden, ein mystisches Gedicht voll erdentrückter Schönheit. Otto Erhardt, der Regisseur der Uraufführung, nannte es »eine bedeutende Dichtung, ein zwiespältiges Theaterwerk«. Homer hat uns überliefert, daß Helena ihrem Gatten jedesmal, wenn von Troja die Rede war, einen Vergessenstrank kredenzen mußte, damit die Erinnerungen ihn nicht überwältigten (und er Helena nicht umbrachte). Hofmannsthal geht weiter und gestaltet die – Steisichoros zugeschriebene – Fabel von den zwei Helenen, jener die gar nicht nach Troja gelangte, sondern treu ihres Gatten harrte, und der anderen, die nur erträumt, von den Göttern als Trugbild gestaltet, in Troja die zügellose Geliebte zahlreicher Männer war.

Musik: Strauss hat für dieses Werk einen durchwegs ariosen Stil geschaffen, in dem es keine Rezitative, aber auch keine Arien mehr gibt. »Meine Musik bemüht sich einer edlen, griechischen Haltung, etwa in der Art, wie Goethe die Griechen in seiner ›Iphigenie‹ vorgeschwebt sind«, sagte er selbst. Er arbeitete an diesem Werk von 1924 bis 1926. Die Partitur zeigt ihn sinnlichster Farben und glühender Erotik mächtig. Aber sie wirft eine Reihe von Fragen auf: Bedeutet dieses Werk eine »Rückschau«? Hat Strauss seit der »Frau ohne Schatten« wirklich, wie viele Kritiker behaupten, nichts Neues mehr geschaffen, sondern sich immer, wenn auch in abgewandelter, meisterlichster Form wiederholt? Ist die »Ägyptische Helena« eine Variation der »Ariadne auf Naxos«, der in der »Liebe der Danae« und der »Daphne« weitere Abwandlungen folgen werden? Bildet »Arabella« eine Fortsetzung des »Rosenkavalier«? Es ist, als zöge sich Strauss gegen sein sechzigstes Lebensjahr und als berühmtester Komponist seiner Zeit auf die – allerdings sehr weitgesteckten – Gebiete des bisher Erarbeiteten zurück, die er nun immer mehr zu vertiefen trachtete. Sein Stil veredelte sich, wenn er auch vielleicht an ursprünglicher Kraft einbüßte. Interessant mag es auf jeden Fall sein, daß der größte Meister der ersten Hälfte des 20. Jahrhunderts von den wahrlich nicht kleinen Zeitereignissen in seinen Werken keine Notiz genommen hat. Er stand vielleicht darüber (wie Goethe etwa, also »olympisch«); oder daneben, wie mancher seiner Gegner sagte, der ihn für zu »saturiert« hielt, für zu reich und unabhängig, um den schweren Kämpfen seiner Epoche um neue Lebensformen mit wahrer Anteilnahme gegenüberzutreten oder gar an ihnen teilzunehmen. Was ihn zeitlebens fesselte, waren Menschenschicksale, denen seine Textdichtung Gewänder ferner oder sagenhafter Epochen umhängen

mußten: der hellenistischen Welt, des Barock oder Rokoko, des alten Wien oder gar zeit- und ortgelöster Mythen.
Geschichte: Die erste Fassung ging am 6. Juni 1928 in der Dresdner Staatsoper erstmalig über die Bühne. Es wurde ein glanzvolles Theaterereignis, aber die beiden Autoren zeigten sich von ihrem Werk nicht voll befriedigt. Hofmannsthal plante Änderungen, die er nicht mehr ausführen konnte, da der Tod ihn im Jahre 1929 überraschte. Clemens Krauß und der Regisseur Dr. Lothar Wallerstein nahmen Straffungen (besonders im zweiten Akt) vor, und so gelangte »Die ägyptische Helena« in zweiter und endgültiger Fassung am 14. August 1933 bei den Salzburger Festspielen zur Aufführung.

Arabella

Lyrische Komödie in drei Aufzügen. Textbuch von Hugo von Hofmannsthal.
Originalsprache: Deutsch
Personen: Graf Waldner, Rittmeister a. D. (Baß), Adelaide, seine Frau (Mezzosopran), Arabella und Zdenka, ihre Töchter (Soprane), Mandryka (Bariton), Matteo, Jägeroffizier (Tenor), Graf Elemer, Graf Dominik, Graf Lamoral, drei Verehrer Arabellas (Tenor, Bariton, Baß), die »Fiakermilli« (Sopran), eine Kartenaufschlägerin (Sopran), kleinere Sprech- und stumme Rollen, Fiaker, Ballgäste, Hotelgäste u. a.
Ort und Zeit: Wien, um 1860.
Handlung: Ohne Vorspiel geht der Vorhang auf; die Bühne zeigt einen Salon in einem Wiener Stadthotel. Adelaide sitzt erregt einer Kartenaufschlägerin gegenüber, die ihr nicht viel Gutes zu prophezeien weiß. Der Graf wird weiter im Spiel verlieren und zwischen Arabellas ersehnte Heirat mit einem reichen Bewerber schieben sich Schwierigkeiten. Dann allerdings wird ein anderer Freier kommen, von weiter her, aus Wäldern ... Inzwischen pocht es beinahe pausenlos an der Türe, und Zdenka nimmt eine unbezahlte Rechnung nach der anderen in Empfang. Sie trägt die Tracht eines Jünglings, aus Zdenka mußte »Zdenko« werden, der materiell (und ein wenig moralisch) herabgekommene Gutsbesitzer Rittmeister Graf Waldner, der nun noch letzte Reste des Vermögens seiner Gattin im Spiel verliert, besitzt nicht die Mittel, seine beiden Töchter in Wien »standesgemäß« zu präsentieren. Und so geht das Sinnen und Trachten der Familie nur darauf, die ältere, Arabella, rasch und reich zu verheiraten, was in der Hauptstadt leichter möglich sein sollte als auf dem Lande, zumal Arabella bezaubernd schön ist. Die Chancen scheinen gut zu stehen: drei ungarische Magnaten bewerben sich um sie, verwöhnen sie, möchten sie nach diesem Winter heimführen auf ihre Besitzungen. Auch ein Offizier ist da, Matteo, der Arabella aufrichtig zu lieben scheint, aber den das Mädchen kaum beachtet und der schon von der Vermögenslage her für Waldner als Schwiegersohn nicht in Frage kommt. Eben betritt Matteo das »Empfangszimmer« dieses gerade noch »standesgemäßen« Hotels, in dem die Familie sich einquartiert hat. Er bringt Rosen für Arabella, erfährt von der in ihn verliebten Zdenka, daß die Schwester nicht daheim sei; ob sein »bester Freund« Zdenko ihm nicht sagen könne, warum Arabella immer so spröde zu ihm sei? Außer einem einzigen vielversprechenden Brief hat er nie wieder eine Aufmunterung erfahren; und er ahnt gar nicht, daß dessen Schreiberin nicht Arabella war, sondern Zdenka. In dem jungen Mädchen tobt ein Sturm der Gefühle: sie wagt sich dem Offizier nicht zu offenbaren, fürchtet aber mit wachsender Unruhe um seinen Gemütszustand, wenn die Schwester ihn nicht bald erhört. Verzweifelt geht Matteo ab, äußert Selbstmordgedanken, – wie liebt Zdenka ihn, wie möchte sie ihn glücklich sehen! Arabella kehrt zurück, achtlos legt sie Matteos Blumen und die Geschenke der ungarischen Verehrer beiseite. Da überfällt ihre Schwester sie mit Vorwürfen: wie kalt, wie herzlos sie sei! Auf einmal wird Arabella ernst, sehr ernst. Nein, nicht Gleichgültigkeit ist es, die sie so handeln läßt. Wenn eines Tages »der Richtige« käme, dann wäre sie anders, ganz anders. Hier breitet Strauss eine breite, innige Melodie voll Gefühl aus: er entnimmt sie einem südslawischen Volkslied, das Hofmannsthal ergreifend textiert hat ①. Es ist ein (musikalischer) Vorgriff auf die Ereignisse, denn hier ist die geographische Region angesprochen, aus der bald »der Richtige« kommen wird, »wenns einen Richtigen gibt für mich auf dieser Welt«, wie Arabella voll Zärtlichkeit und Sehnsucht singt.
Graf Elemer fährt in seinem eleganten Schlitten vor, um sie zum letzten Faschingsball abzuholen, der heute Abend stattfindet. Er und seine Kameraden haben das Los geworfen, wer Arabel-

① Moderato

a—ber der Rich-ti-ge wenn's ei-nen gibt für mich auf die-ser Welt

ARABELLA

las Kavalier auf diesem Fest sein darf: wird er sie endlich heimführen können als Gattin auf seine reichen Güter in der Puszta? Arabella scheint nicht bei der Sache, verfügt zudem, daß »Zdenko« sie begleiten solle. Sie wirft, wie von magischer Gewalt getrieben, einen Blick durch die Vorhänge auf die dunkelnde Straße: da steht wahrhaftig wieder der seltsame Mann, den sie dort vor Stunden beobachtet und der ihr einen unauslöschlichen Eindruck gemacht hat. Sein Blick gleitet wie suchend über die Fensterreihen des Hotels. Sucht er sie? Der Vater tritt ein, er hat wieder gespielt und verloren, wie jeden Tag. Nun ist er am Ende. Seine letzte Hoffnung ist dahin: auf mehrere Briefe, die er ehemaligen wohlhabenden Regimentskameraden schrieb, hat er keine Antwort erhalten. Besonders auf einen hatte er gehofft: Mandryka! Das war ein »Teifelskerl« gewesen, und sehr reich dazu, Herr über Wälder und Felder und Dörfer, tief in Slawonien drunten. Hatte den nicht einmal Arabellas Bild bewegen können, das Waldner, gewissermaßen so nebenbei als Präsentation seiner Tochter, beigelegt hatte? Keine Antwort kam. Stattdessen türmen sich die unbezahlten, unbezahlbaren Rechnungen zu Bergen, alles Versetzbare ist versetzt. Ein übelgelaunter Diener erscheint – er hat, mit der unfehlbaren Witterung seines Standes, längst die wahre Lage der Grafenfamilie erkannt – und überbringt die Karte eines Besuchers. Waldner wehrt ab, will niemanden sehen, wer sollte ihn sehen wollen, wenn nicht ein ungeduldiger Gläubiger? Da fällt sein Blick auf das kleine Stück Papier: Mandryka! Ein glänzend aussehender junger Mann tritt ein, den Waldner nie gesehen. Es ist der Neffe des alten Kameraden, der nicht mehr lebt. Natürlich, durchfährt es den Grafen blitzschnell, der Kamerad müßte ja heute ein älterer, nein, ein alter Herr sein, ein Mann in seinen eigenen Jahren. Der junge Mandryka hat Waldners Brief mit dem Bild des Mädchens erhalten. Und kaum war er von einer Verletzung genesen, die ihm eine Bärin in seinen Wäldern zugefügt, begab er sich auf die Reise nach Wien. Waldner ist fast sprachlos, das ist mehr als er erwartet hat. Der Junge, ein Prachtkerl wie sein Onkel, ist gewinnend, irgendwie großartig; besonders als er ohne Umschweife seine Brieftasche zieht, da er Waldner in einer »momentanen Schwierigkeit« glaubt und ihm ein paar Tausender geradezu aufdrängt. Und mit welcher Geste! Ganz der alte Mandryka: »Teschek, bedien dich!« wobei er in die Sprache seiner Heimat verfällt. (Teschek sagen die Ungarn bis tief in ihre slawischen Gebiete hinein, wenn sie jemandem etwas anbieten: Bitte, bitte sehr, so nimm doch!) Und Waldner nimmt, er muß ja wohl gleich aus diesem Traum aufwachen, der seine schwierige Lage in weniger als einer Minute ins Gleichgewicht zu bringen verspricht. Teschek, bedien' dich! Dabei sind des jungen Fremden Worte über Arabellas Schönheit so rührend, daß selbst ein gefühlvollerer Vater als Waldner es in diesem Augenblick ist, bewegt sein müßte. Gleich will er Mandryka seine Tochter vorstellen, doch der wehrt bescheiden ab: nein, nicht im Reiseanzug und so gewissermaßen unförmlich; er ahnt, daß das der größte Augenblick seines Lebens sein wird. Waldner lächelt: wie du willst, Freund Mandryka, Neffe meines alten Freundes, leibhaftiges Wunder, das aus slawonischen Wäldern da rätselhaft aufgetaucht ist. An diesem Abend, auf dem Ball! Mandryka verneigt sich tief, umarmt Waldner nach heimatlicher Sitte, geht. Arabella kommt, zum Ball gekleidet, aus ihrem Zimmer und denkt, mit jedem Augenblick unruhiger, an den Fremden, ohne zu ahnen, wie nahe er ihr ist.

Im einem der Säle eines Wiener Ballokals spielt der zweite Akt. Arabella kommt mit ihrer Mutter die breite Treppe herab, an deren Fuß Waldner und der völlig von ihrem Anblick gefangene Mandryka sie erwarten. Dann stehen die beiden jungen Menschen einander gegenüber und Arabella weiß, daß »der Richtige« gekommen ist. Diskret werden sie allein gelassen. Hofmannsthal breitet seine ganze Poesie über diese Szene, und Strauss schwelgt in Melodien. Auf dem Höhepunkt des Duetts, das in eine zauberhafte Stimmung getaucht ist, erklingt abermals ein südslawisches Volkslied, zu dem der Dichter die Worte erfand: »Und du wirst mein Gebieter sein und ich dir untertan, dein Haus wird mein Haus sein, in deinem Grab will ich mit dir begraben sein«, mit Bibelworten die schönste Liebeserklärung, die es gibt. Hofmannsthal hat diesem Mandryka eine ungroßstädtische, elementar wuchtige Kraft der Sprache verliehen, sein Deutsch hat eine leichte, slawische Färbung, die es malerisch, zärtlich und bildkräftig macht. Und Strauss breitet, wie seit dem »Rosenkavalier« nicht mehr, sein volkstümliches Musizieren darüber, voll Innigkeit und Hingabe, voll Natürlichkeit. Man meint den Geruch von Erde und das ganz einfache Menschsein zu spüren. »Wärst du ein Mädchen aus meinen Dörfern...« vertraut Mandryka Arabella an, nachdem er ihr seine Heimat am stillen Lauf der Donau inmitten weiter Felder geschildert hat: sie würde jetzt hinter ihres Vaters Haus zum Brunnen gehn, um Wasser zu schöpfen, und es ihm in einem Glas bringen, zum Zeichen, daß sie ihm gehören, ihn innig lieben wolle für alle Zeit und Ewigkeit. Langsam erwachen beide wie aus einem herrlichen Traum. Arabella geht, sehnlich erwartet, tanzen, »Abschied nehmen von ihrer Mädchenzeit«. Lange blickt Mandryka ihr nach. Matteo kommt, ist tief getroffen, da Arabella ihm keinen Blick gegönnt hat. Zdenka liebt den Traurigen in diesem Augenblick noch mehr als zuvor, ein großer Entschluß keimt in ihr auf. Sie drückt ihm einen Schlüssel in die Hand, geheimnisvoll: es sei Arabellas Zimmerschlüssel, verrät sie ihm. Mandryka, der die leise Unterhaltung gehört hat, durchfährt es wie ein vernichtender Blitz. Verwirrt steht er da, fühlt sich als Bauer, der in der Weltstadt Spielball einer Intrige geworden ist. Noch dazu gelangt gleich darauf ein Schreiben Arabellas in seine Hände, in dem sie ihm »Gute Nacht« sagt: »... ich fahre nach Haus, von morgen an bin ich die Ihre.« Verzweiflung packt ihn. Die Fiakermilli – Wiener Volksfigur aus alten Tagen – kommt in lustiger Gesellschaft, sucht den gutaussehenden Fremden in den Festestrubel hineinzureißen. Mandryka läßt auffahren: Champagner, ein Gelage für alle! Aber er ist innerlich nicht dabei. Als das Ehepaar Waldner auftritt und ihn nach Arabella fragt, entgegnet er mit schneidendem Hohn. Waldner befiehlt sofortigen Aufbruch, um die peinliche Sache aufzuklären. Er fordert Mandryka auf, ihn zu begleiten.

In der Hotelhalle bringt der dritte Akt den Höhepunkt des fast zum Drama ausartenden Konflikts und die Entwirrung. Arabella ist heimgekehrt, voll glücklicher Gedanken. Matteo erscheint, er kommt aus einem Zimmer im Oberstock; betroffen blickt er auf Arabella, ist verwirrt, sie hier, so kühl und beinahe abweisend zu finden. Kommt er nicht soeben von einer seligen Liebesstunde in ihren Armen? Kann sie sich so verstellen? Die Eltern erscheinen mit Mandryka. Entsetzt, in höchster, sprachloser Entrüstung erfährt Arabella von jenem Verdacht, in dem sie steht. Alle Zeichen sprechen gegen sie. Mandryka erlebt die bitterste Stunde seines Lebens, der verwirrte Waldner fordert ihn zum Duell. Da wird Zdenkas schluchzende, fassungslose Stimme hörbar, im Nachtgewand kommt sie die Treppe herab, liegt den Eltern zu Füßen. Sie war es, die Matteo im dunklen Gemach empfangen hat. Tief beschämt steht Mandryka, ersehnt einen verzeihenden Blick der bestürzten Arabella, die liebevoll die Schwester in die Arme nimmt. Mandryka faßt sich. Ist auch seine eigene Hoffnung zunichte gemacht, so bittet er Waldner nun doch um die Hand Zdenkas für Matteo. Die Lichter der Halle verlöschen langsam, es ist spät in der Nacht geworden. Arabella schreitet, ohne für jemanden einen Blick zu haben, die Stufen hinauf. Mandryka steht wie angewurzelt. Und dann öffnet sich Arabellas Gemach noch einmal. Mit einem Glas Wasser in der Hand geht sie ruhig die Stufen abwärts – nur ein großer Dichter konnte dieses Finale ersinnen – und überreicht es dem zutiefst bewegten Mandryka: wie ein Mädchen aus seinen Dörfern, das den geliebten Mann annimmt als Bräutigam und Gemahl auf Lebenszeit.

Textbuch: Viele Jahre zuvor hatte Hofmannsthal eine Novelle »Lucidor« verfaßt, in der mancher Grundzug der »Arabella« vorweggenommen erscheint. Nun, nach der Mystik der »Frau ohne Schatten«, nach der Symbolik der »Ägyptischen Helena« kehren er und Strauss zu einer altwienerischen Komödie zurück, wie sie ihnen einst im »Rosenkavalier« so gut gelungen war.

Sie beschwören eine der Glanzzeiten der Donaumetropole herauf, wenngleich dieses Mal der Dichter das Fadenscheinige, Brüchige mancher damaliger Existenzen nicht verschweigt. Außer der Fiakermilli, die mit ihren Liedern und ihrer Ausgelassenheit eine bekannte Wiener Faschingsfigur der 1860er Jahre war, sind alle Gestalten Hofmannsthals Phantasie entsprungen. Wieder, wie in der Zeremonie des Rosenkavaliers, erfindet er eine bildkräftige, wenn auch hier viel volkstümlichere Szene: die ergreifende »Liebeserklärung der südslawischen Mädchen«, das Glas Wasser, die es ebensowenig gegeben hat wie die Überreichung einer silbernen Rose. Strenge Betrachter haben an diesem Libretto einiges auszusetzen, nennen es in manchem Detail konstruiert, unglaubwürdig, am Rande der Operette. Was tut's? Es entschädigt durch prächtige Gestalten, durch viele Szenen tiefer, echter Poesie, die zudem noch ungemein theaterwirksam sind.

Musik: In manchen Augenblicken erscheint es fast unglaublich, welcher mitreißende Schwung, welche blühende Tonsprache dem siebzigjährigen Strauss noch zur Verfügung standen. Gewiß, es sind ältere Rezepte, auf die er zurückgreift, aber das Gericht, das ihm gelingt, wirkt auf weite Strecken neu und frisch. Walzer sind wieder da, wie im »Rosenkavalier«, aber hier sind sie historisch motiviert. Und eines ist erstmalig (und einmalig) vorhanden: Strauss verarbeitet zwei authentische südslawische Melodien, deren schwere Süße noch den Duft der blühenden Felder atmet. Niemand vor und niemand nach Strauss hat aus dem Orchester so viel Leuchtkraft, so viel Innigkeit hervorgebracht. Arabella und Mandryka: Sie gehören längst zu den anrührendsten Liebespaaren der Opernliteratur.

Geschichte: »Arabella« wurde zum Schwanengesang Hofmannsthals. Knapp nach Vollendung dieser Dichtung starb er am 15. Juli 1929. Strauss vertonte das Libretto, ohne wie bei früheren Werken über jede Szene mit dem Freunde schriftlich oder mündlich Rat halten zu können. Die Uraufführung, am 1. Juli 1933 an der Dresdner Staatsoper, stand unter Leitung von Clemens Krauß, mit Viorica Ursuleac als Arabella und Alfred Jerger als Mandryka. Bald darauf folgten Wien (mit der herrlichen Lotte Lehmann in der Titelrolle), London und sogar Buenos Aires (unter Fritz Busch), im Jahre 1935 Zürich und Amsterdam.

Die wachsende Isolierung Deutschlands und der Zweite Weltkrieg verhinderten die allgemeine Ausbreitung dieser letzten Gemeinschaftsarbeit zwischen Hofmannsthal und Strauss, die erst nach 1945 die Weltbühnen eroberte, vom Publikum begeistert empfangen, von der Fachkritik oft benörgelt und unter Vergröberung ihrer (zweifellos vorhandenen, wenn auch den positiven Werten gegenüber verblassenden und unwichtigen) Schwächen in die zweite Reihe eingestuft.

Die schweigsame Frau

Komische Oper in drei Akten. Textbuch, frei nach Ben Jonson, von Stefan Zweig.
Originalsprache: Deutsch
Personen: Sir Morosus (Baß), seine Haushälterin (Alt), der Barbier (Bariton), Henry Morosus (Tenor), Aminta, dessen Gattin (Sopran), Isotta, Carlotta, Morbio, Vanuzzi, Farfallo, Komödianten.
Ort und Zeit: Das Haus des ehemaligen Kapitäns Morosus in einem Londoner Vorort, um 1760.
Handlung: Sir Morosus haßt nichts auf dieser Welt so sehr wie Lärm. Das Geplauder seiner Haushälterin macht ihn nervös, aber völlig unerträglich wird die Sache, als sein Neffe Henry mit einer Operntruppe in sein Haus kommt. Unter den Künstlern befindet sich auch Henrys Gattin Aminta, die dieser aber nicht wagt, seinem polternden Onkel als solche vorzustellen. Auch ohne das zu wissen ist Sir Morosus wütend genug. Er beschließt, den mißratenen Neffen zu enterben und selbst eine Frau zu nehmen, die ihm vor allem Lärm und Unruhe fernhalten muß. Mit der Brautsuche betraut er seinen Barbier, einen britischen Figaro. Der ist bald von Henry bestochen und die Komödie, die dem alten Seebären eine Lektion erteilen soll, kann beginnen. Unter den Bewerberinnen, die der Barbier seinem Freunde Morosus vorstellen kann, erweckt besonders eine dessen Wohlgefallen: sie ist die schweigsamste von allen. Eine Eheschließung wird vorgetäuscht, bei der Aminta die Braut spielt. Kaum ist Sir Morosus »verheiratet«, da entpuppt seine »Gattin« sich als das genaue Gegenteil der ersehnten Gefährtin: des Keifens, Zeterns, Polterns ist kein Ende. Wie glücklich ist da Morosus, als er sie an den Neffen loswerden kann! Er gibt seinen Segen zu dessen (längst

477

geschlossener) Ehe und setzt das junge Paar zu Erben ein. Dafür hat er neuerlich Ruhe in seinem Haus, wenn auch seine Lärmangst nicht mehr so plagend ist wie früher und er ein wenig Freude an menschlicher Gesellschaft zu finden beginnt.

Quelle: Der englische Dichter Ben Jonson (1573–1635) war ein Zeitgenosse, Freund aber auch Rivale Shakespeares. Sein »Volpone« gehört, in Stephan Zweigs Nachdichtung, zu den »Klassikern« der Sprechbühne. Die Komödie »Epicoëne or The silent woman« stammt aus dem Jahre 1609.

Textbuch: Bei seiner Beschäftigung mit dem Theater zur Zeit Elisabeths I. von England, und besonders Jonsons, stieß Zweig auf das Thema der schweigsamen Frau, die sich, wenn ihr Ziel erreicht ist, als wahrer Teufel entpuppt. Es stellte ein beliebtes Lustspielmotiv dar, aus dem besonders die italienische *Opera buffa* des 17. und 18. Jahrhunderts viel Wirkungen zu holen wußte. Am berühmtesten ist wohl Donizettis bezaubernder »Don Pasquale« geworden, der – 1843 komponiert – bis heute nicht verblaßt ist. Die Enterbung eines Neffen, der anderer Lebensart ist als der schrullige Onkel, die vorgetäuschte Heirat, das Komplott zur »Heilung« eines Sonderlings: das sind Requisiten, die Italiens *Commedia dell'arte* genauso gut kannte, wie die Literatur Englands und Frankreichs. Zweig, der nach Hofmannsthals Tod die Zusammenarbeit mit Strauss aufnahm, schuf ein ausgezeichnetes Libretto. Sollen wir bedauern, daß es sich im Grunde um einen Stoff handelt, der ihm viel weniger nahestand, als die humanistischen oder biographischen, die ihn zu Meisterleistungen der Prosa wie des Theaters inspirierten? Wir können uns nur die – leider müßige – Frage stellen, ob bei längerer Zusammenarbeit mit dem Komponisten Gipfelwerke entstanden wären, wie sie aus dem engen Bund Strauss-Hofmannsthal hervorgingen. Stefan Zweig stattete seine Figuren mit vielen liebevollen Details aus; doch die Derbheit des Themas, die ihm, dem überfeinerten Ästheten innerlich zuwider war, ließ sich nicht ausmerzen, da sie ein Grundzug des Stoffes ist.

Zweig vermenschlichte die Gestalten sichtlich, vor allem Sir Morosus und die »schweigsame« Aminta, die unter der aufgezwungenen Rolle des tobenden Quälgeistes selbst beinahe ebenso leidet wie ihr Opfer. Er bringt viele liebevolle Züge an (wie sein Wesen und Schaffen stets vor allem liebevoll, liebeerfüllt war), kann aber die Derbheit der dramatischen Vorlage nicht glätten. Er verlegte die Handlung aus dem 17. ins 18. Jahrhundert.

Musik: Strauss kennt diese Probleme nicht. Hier kann er übersprudelnd lustig sein, geistvoll komisch, ja bayrisch-derb wie in einigen seiner glücklichsten Ochs-von-Lerchenau-Momenten. Er hat großartige Ensembleszenen eingestreut, die in der neueren Literatur selten geworden sind. Es gibt nach altitalienischer Art Arien und Koloraturen. In der fingierten Trauungszeremonie verwendet er eine originale altenglische Melodie, ebenso in der Notarszene, und es bleibt erstaunlich, wie er die Musik des 17. Jahrhunderts lückenlos mit der seinen verschmilzt. Und da es – nach Art des »Barbier von Sevilla« – eine Gesangslektion gibt, macht es ihm sichtlich Freude, eine schöne Monteverdi-Arie mit eigenen Variationen zu versehen. Die Lärmorgie, die zur Kurierung des alten Brummbären führen soll, entfesselt einen Höllenspektakel, von dem alte Autoren allerdings noch nichts ahnen konnten. Der Schluß ist heiter, weise: »Wie schön ist doch die Musik, – aber wie schön erst, wenn sie vorbei ist! Wie schön ist doch das Leben, – aber wie schön erst, wenn man kein Narr ist und es zu leben weiß«, singt Sir Morosus. So übergießt Strauss das Stück, das in anderen Händen vielleicht eine reine Buffo-Komödie geworden wäre, mit seiner erwärmenden, strahlenden Musik. Wo menschliche Schwächen dargestellt werden, da ist diese Musik am schönsten. Der Spleen des alten Morosus wird lächerlich gemacht, aber der Autor lächelt ihm zu, und keineswegs schadenfroh.

Geschichte: Die Uraufführung fand am 24. Juni 1935 in Dresden statt, umtobt von politischem Kampfe, dem beinahe der Name des »nichtarischen« Librettisten Stefan Zweig zum Opfer gefallen wäre. Strauss wehrte sich energisch dagegen und hielt zu seinem Textdichter, mit dem er noch weitere Werke zu schreiben hoffte.

Doch Zweig erkannte die traurige Realität. 1938 wurde er zur Aufgabe seines schönen Salzburger Heims und zur Flucht ins Exil gezwungen. Er endete vier Jahre später durch Selbstmord im brasilianischen Petropolis. Das gemeinsame Werk wurde in Deutschland, das schon seine Bücher verbrannt hatte, verboten, die wenigen großen Theater in anderen Ländern konnten diesen, auch materiellen, Verlust nicht wettmachen. Erst nach dem Zweiten Weltkrieg kam es zu einer weiteren Verbreitung der »Schweigsamen Frau«.

Der Friedenstag

Oper in einem Aufzug von Joseph Gregor
Personen: Kommandant der belagerten Stadt (Bariton), Maria, sein Weib (Sopran), Wachtmeister (Baß), Schütze (Tenor), Konstabel (Bariton), Musketier (Baß), Hornist (Baß), Offizier (Bariton), Frontoffizier (Bariton), Ein Piemonteser (Tenor), Der Holsteiner (Baß), Bürgermeister (Tenor), Prälat (Bariton), Frau aus dem Volke (Sopran), Soldaten, Stadtobere, Volk.
Ort und Zeit: In der Zitadelle einer belagerten Stadt am 24. Oktober 1648.
Am Rande des Zweiten Weltkrieges schuf Strauss ein Werk, das – zum ersten und einzigen Mal – mit den ihn umgebenden Zeitereignissen in Zusammenhang gebracht werden könnte. »Der Friedenstag« bringt die letzten Augenblicke des Dreißigjährigen Krieges auf die Bühne, die Ereignisse in einer belagerten Stadt am 24. Oktober 1648. Die Anregung zu diesem Stück hatte noch Stefan Zweig gegeben, der neue Mitarbeiter des Komponisten führte sie aus: es war Joseph Gregor, prominenter Wiener Theatermann, versiert und gebildet, wenn auch dichterisch seinen beiden Vorgängern Hofmannsthal und Zweig nicht ebenbürtig.
Handlung: In einer gänzlich vom Feinde umzingelten Stadt beschließt der Kommandant, sich selbst in der Zitadelle in die Luft zu sprengen, um keine Dokumente in gegnerische Hände fallen zu lassen. Vergebens verlangt der Bürgermeister von ihm die kampflose Übergabe der verhungernden Stadt, in der sich tragische Szenen abspielen. Die verelendeten Massen hören einem Italiener zu, der von Liebe und Leben singt, die nach dreißig Kriegsjahren sich niemand mehr vorstellen kann. Die Gattin des Kommandanten erfährt vom Entschluß, den dieser gefaßt hat. Ihr wie allen anderen soll es freistehen, mit dem Anführer in der Zitadelle zu sterben oder in die Gefangenschaft des Feindes zu gehen. Sie beschließt, bei ihrem Gatten auszuharren. Schon ist alles zur zerstörenden Explosion vorbereitet. Da unterbrechen Kanonenschüsse die lastende Stille in der Zitadelle. Ein Angriff, dem zu widerstehen kaum noch möglich sein wird? Doch nein, die Glocken der Stadt erklingen, Jubel dringt herauf: der Krieg ist zu Ende. Der Bürgermeister läßt die Tore weit öffnen, der gegnerische Feldherr naht, von blumengeschmückten Standarten und anderen Friedenszeichen umgeben. Noch schwankt der Kommandant, will zum Schwert greifen. Seine Frau wirft sich dazwischen. Dann fallen die beiden Anführer einander in die Arme. Glocken und Menschen jubeln, eine strahlende Sonne bescheint die glückliche Stunde dieses Friedenstags an dem einstige Gegner zu Brüdern werden.
»Wen wollt ihr denn besiegen? Ich hab' den Feind gesehen ... sind Menschen, so wie wir, sie leiden Not, draußen in ihren Gräben, genau wie wir. Wenn sie getreten, ächzen sie wie wir – und wenn sie beten, flehn auch sie zu Gott!« hatte der Bürgermeister gesagt; eine Frau aus dem Volke hat dem Kommandanten »Mörder!« ins Gesicht geschleudert: das war keine Oper für die Zeitläufe, in denen sie geschrieben wurde. Am 24. Juni 1938 fand zwar in München die vielbejubelte Uraufführung statt, aber ein Jahr später konnte derartige »pazifistische Propaganda« nicht mehr geduldet werden. Nach der »Schweigsamen Frau« verschwand auch der »Friedenstag« aus der Öffentlichkeit. Er ist ein seltsames Werk, das einzige, in dem Strauss auf weite Melodien, auf rauschenden Orchesterklang – um der Idee willen – verzichtet. Rauh und herb ist hier alles, wie die Stimmung, bis sie sich am Schluß in geläuterte Klarheit löst. Strauss selbst hat das Gregor genau vorgezeichnet: »... von dem Moment an, wo sich die beiden Kommandanten in die Arme fallen. In diesem Moment der Stille muß ganz leise von außen der Friedenshymnus des Volkes einsetzen: In diesen Hymnus stimmen allmählich Maria, die beiden Kommandante und alle Anwesenden ein, während langsam *der Turm versinkt*. Als dies vollendet und das ganze Volk sichtbar auf der Bühne versammelt ist, *eine einzige Steigerung* bis zum Schluß: *nur mehr Lyrik*. Nur so kann es werden.« Und so wurde es eines der erhabensten, erhebendsten Strauss'schen Opernfinale.

Daphne

Bukolische Tragödie in einem Aufzug von Joseph Gregor

479

Personen: Peneios (Baß), Gaea (Alt), Daphne (Sopran), Leukippos (Tenor), Apollo (Tenor), Vier Schäfer (Tenor, Bariton, 2 Bässe), zwei Mägde (Soprane), Schäfer, Maskierte des bacchischen Aufzugs.
Ort und Zeit: Arkadien der griechischen Mythenzeit.

Knapp nach dem »Friedenstag« entwarf und vollendet Joseph Gregor die »bukolische Tragödie« rund um eines der ältesten Opernthemen der Welt: die Legende von Apollo und Daphne, der keuschen griechischen Schäferin, wie Ovid sie in seinen »Metamorphosen« erzählt hat. Um sie rankte sich die erste (verlorengegangene) Oper, die von Peri und Caccini vertonte »Daphne« des Dichters Rinuccini, und um sie eine der frühesten deutschen Opern, die »Daphne« von Schütz. Die Handlung, die Gregor und Strauss ersinnen, gipfelt im Erscheinen des Gottes Apollo, der Daphne vom Sonnenwagen aus erblickt, anhält und auf die Erde herabsteigt. Er verliebt sich in die schöne, aber nur in Naturliebe aufgehende Schäferin, tötet seinen Nebenbuhler, bereut aber zuletzt und sühnt: Der tote Leukippos wird als Jünger des Dionysos in den Olymp versetzt, Daphne, ihrem innigsten Wunsch gemäß, in einen Lorbeerbaum verwandelt, so daß sie immer grünen, immer leben kann: »Menschen ... Freunde ... nehmt mich als Zeichen unsterblicher Liebe ...«, singt sie, als die mystische Verwandlung in einen Baum vollzogen ist. Wie tief Strauss und Gregor sich mit dem Sinn der Gestalten beschäftigt haben, möge aus folgender Briefstelle des Komponisten hervorgehen: »Ließe sich Daphne nicht dahin deuten, daß sie die *menschliche Verkörperung der Natur selbst darstellt,* die von den beiden Gottheiten Apollo und Dionysos, den Elementen des Künstlerischen, berührt wird, die sie ahnt, aber nicht begreift und erst durch den Tod zum Symbol des ewigen Kunstwerks, dem *vollkommenen Lorbeer,* wiederauferstehen kann ...? Apollo vergeht sich gegen seine Gottheit, indem er mit dionysischen Gefühlen sich Daphne naht, welche diese *Untreue im Kuß* fühlt ... Er muß also ... auch in sich eine Läuterung vollziehen, die darin ihren Gipfel hat, daß er in Leukippos das dionysische Element *in sich selbst tötet.* Das Symbol für diese eigene Läuterung wäre die Erlösung der Daphne in den Lorbeer!« Strauss kehrt hier völlig zur Melodie, zur breitströmenden, sinnlichen Kantilene zurück, er hat Pantheismus in Musik gesetzt, Naturnähe, bukolische, idyllische und doch tragische Stimmungen und Elemente. Die Uraufführung der »Daphne« erfolgte in Dresden, am 15. Oktober 1938.

Die Liebe der Danae

Heitere Mythologie in 3 Akten, mit Benutzung eines Entwurfes von Hugo von Hofmannsthal von Joseph Gregor.
Personen: Jupiter (Bariton), Merkur (Tenor), Pollux, König von Eos (Tenor), Danae (Sopran), Xanthe (Sopran), Midas (Tenor), Vier Könige (2 Tenöre, 2 Bässe), Semele (Sopran), Europa (Sopran), Alkmene (Mezzosopran), Leda (Alt), vier Wächter (4 Bässe); Chor der Gläubiger, Gefolge und Diener des Pollux, Gefolge und Dienerinnen der Danae, Volk.
Ort und Zeit: Griechenland der mythischen Vorzeit, Palast des Königs Pollux.

Jupiters Liebesabenteuer nehmen in den Mythen einen wichtigen Platz ein. Daß sie die Künstler aller Zeiten, vor allem der Renaissance, stark gereizt haben, ist begreiflich. Der liebesdurstige Gott, der zahllose Verwandlungen vornehmen mußte, um der stets wachen Eifersucht der Gattin zu entgehen (nicht anders als Wotan, wie Wagner ihn in seinem Nibelungenring schildert), der als Stier Europa entführte, als Schwan zu Leda kam, als Wolke sich Semele näherte, Alkmene in der Maske ihres eigenen Gatten zu täuschen wußte und Danae als goldener Regen umfing: Welche Fülle von Themen für Dichter und Maler, aus der je nach Veranlagung des Künstlers Ernst oder Spiel, Tragödie oder Komödie erblühen konnte! Auch in der Operngeschichte hat es Werke rund um diese Stoffe gegeben, doch konnte, von den Danaeopern etwa, keine am Leben bleiben, so daß Richard Strauss' Wunsch, eine solche zu schaffen, nicht gegen frühere Vorbilder ankämpfen mußte. Seine Bindung an die Antike war im Verlaufe seines langen Lebens immer stärker geworden: »Elektra«, »Ariadne«, »Ägyptische Helena«, »Daphne« waren Etappen dieses Weges. Schon im Jahre 1920 wandte er sich an Hofmannsthal mit der Idee, ein »fast operettenhaft leichtes, witziges Libretto aus der Welt der mythologischen Scherzi« zu vertonen. Hofmannsthal entwarf ein Textbuch, das er »Danae oder die Vernunftheirat« nennen wollte, das aber leider nicht zur Ausführung gelangte. Mehr als anderthalb

Jahrzehnte vergingen. Strauss stand vor der Danae des Correggio und sagte zu dem ihn begleitenden Gregor, dem Textdichter seines »Friedenstags« und seiner »Daphne«: »Sehen Sie, diese Leichtigkeit, diese Heiterkeit ist es, was ich suche. Lesen Sie den Entwurf Hofmannsthals...« Und Gregor machte sich an die Arbeit. Das Libretto verbindet in glücklicher Weise den Mythos von Danae mit dem antiken Märchen vom König Midas. Der Mittelpunkt zwischen beiden ist Jupiter, der Danae leidenschaftlich begehrt und dem Eseltreiber Midas die Fähigkeit verleiht, alles, was er berührt, in Gold zu verwandeln, wofür ihm dieser seine menschliche Gestalt leihen soll. Die Handlung ist vielfach verschlungen und enthält zudem eine Reihe nebensächlicher Elemente und Anspielungen. Ihr Kern aber ist, daß Jupiter in diesem seinem letzten Liebesabenteuer scheitert; scheitert an der reinen Liebe der Danae, die das armselige Leben an der Seite eines Eseltreibers dem »Goldregen« vorzieht, den ein ungeliebter Mann ihr zu bieten imstande ist. Um diesen wertvollen, tiefen Kern rankt sich das groteske Rahmenspiel um König Pollux, der völlig verschuldet ist, von seinen Gläubigern verfolgt wird und als letzten Ausweg das Bild seiner Tochter Danae zu dem unermeßlich reichen Midas sendet, der durch einen geheimen Pakt mit Jupiter verbunden ist; und so ist es der Gott, der sich in Danaes Bild verliebt, aber Midas vorausschickt. Erst in der Brautnacht will Jupiter, anstelle des von ihm zum König erhobenen Midas, Danae besitzen. Doch der frühere Eseltreiber hat in Danae echte Liebe zu erwecken gewußt. Und als sie zwischen dem goldstarrenden Glanz und der Liebe in Armut wählen soll, wählt sie bedenkenlos den nun von Jupiter wieder in sein früheres Los zurückgestoßenen Midas. Im letzten Bild naht sich Jupiter noch einmal der begehrten Danae, die in einer kleinen Hütte lebt. Er versucht, den Traum vom Golde nochmals wachzurufen, dem Danae einst beinahe verfallen wäre. Doch er erkennt die Größe ihrer Liebe zu Midas und wäre kein Gott, wenn er nicht im entscheidenden Augenblick den Sinn für wahre Werte aufbrächte: Segnend und zutiefst ergriffen verläßt er Danae und den Mann, dessen Heimkehr von den Feldern sie Abend für Abend glücklich erwartet. »Aber in weiter Ferne zieht der große Ruhelose in den Abschied des Abends; er sieht noch einmal aus scheidender Wolke, die er schuf; die Gärten, die er liebt; die Menschen – und des Gottes Auge leuchte euch milde, leuchte sein Segen, sein Dank!« Gregor und Strauss nannten ihr (letztes) gemeinsames Werk »eine heitere Mythologie«, aber es steckt mehr als Heiterkeit darin, und mehr als Mythologie. Musikalisch ist der letzte Akt am schönsten. Die Liebe Midas' und Danaes findet herrlichen Ausdruck in echt Strauss'schen Kantilenen, in wärmsten Orchesterfarben. Der Komponist besitzt auch die leichte Hand für die heiteren, die grotesken Szenen. Trotzdem liegt ein kleiner Abglanz von Wehmut, vielleicht von Abschied über dem Werk, ergreifender als man ihn früher spürte. Die Partitur wurde am 28. Juni 1940 in der Villa von Garmisch abgeschlossen. Die Vorbereitungen zur Premiere zögerten, der Kriegszeit wegen, dieses Ereignis länger als üblich hinaus. Für den Sommer 1944 war es zu den Salzburger Festspielen geplant, doch wer hätte zu jenem Zeitpunkt in einem zusammenbrechenden, an allen Ecken brennenden Deutschland an ein festliches Theaterereignis gedacht? Immerhin kam es, gewissermaßen zur Feier von Strauss' achtzigstem Geburtstag, zu einer Art geschlossener Generalprobe am 16. August 1944. Dann mußten acht Jahre vergehen – Strauss war inzwischen gestorben – bis das Werk von Salzburg aus am 14. August 1952 der Welt bekanntgemacht wurde.

Capriccio

Ein Konversationsstück für Musik in einem Aufzug. Textbuch von Clemens Krauß.
Originalsprache: Deutsch
Personen: Die Gräfin (Sopran), der Graf, ihr Bruder (Bariton), Flamand, Musiker (Tenor), Olivier, Dichter (Bariton), La Roche, Theaterdirektor (Baß), die Schauspielerin Clairon (Alt), Monsieur Taupe, Souffleur (Tenor), 2 italienische Sänger (Sopran und Tenor), der Haushofmeister, Diener, Musiker u. a.
Ort und Zeit: Ein Schloß in der Nähe von Paris, zur Zeit von Glucks ersten Erfolgen in dieser Stadt, also um 1775.
Handlung: Strauss und sein neuer Textdichter, der ebenfalls ein Musiker war, wollten keine »Oper« in gewöhnlichem Sinne machen, sondern über die Oper philosophieren. Die grundlegende Frage, ob in einem musikalischen Schauspiel der Text oder die Musik den Vorrang habe, sollte gedanklich abgehandelt und büh-

nenmäßig dargestellt werden. Aber es wurde doch eine Oper, natürlich wurde es eine Oper! Eine äußerst kluge Oper, in der die Ideen geistreich personifiziert sind und in der zu den sachlichen Problemen hübsch erfundene persönliche Konflikte kommen. Ein Dichter und ein Musiker streiten nicht nur um die berühmte Frage »Prime le parole, dopo la musica« oder »Prima la musica, dopo le parole«, sondern auch um das Herz der schönen, jungen, verwitweten Schloßherrin. Flamand hat ein hübsches Streichsextett komponiert, dem die Gräfin hingegeben lauscht. Zu ihrem Geburtstag sollen im Schloß eine Reihe künstlerischer Genüsse geboten werden, so auch ein Stück Oliviers, in dem der Bruder der Schloßherrin aufzutreten und der aus Paris gekommenen Schauspielerin Clairon eine glühende Liebeserklärung zu machen hat, wozu er bedeutendes Talent besitzt. Der zünftige Theaterdirektor La Roche entwickelt seine Theorien, die mit den Idealen der schöpferischen Künstler oft in starkem Widerspruch stehen. Olivier benützt einen unbewachten Augenblick, um der Gräfin mit den Versen eines eigenen Sonetts seine Liebe zu gestehen. Flamand tritt hinzu und ist so begeistert, daß er sich im Nebensaal sofort an die Vertonung macht. In wenigen Augenblicken ist das neue Werk geboren, das die Gräfin bezaubernd, der Dichter entstellend findet. Der Theaterdirektor ruft den Dichter zur Probe, und nun erklärt auch der Komponist der Gräfin seine Liebe. Sie verspricht einen Entscheid für den kommenden Tag. Den rund um eine Tasse Schokolade versammelten Gästen erläutert La Roche das von ihm geplante Festspiel. Sein rhetorischer Stil und die eingestreuten ironischen Bemerkungen der Gäste führen die Szene zu einem äußerst lustigen Lachensemble. Doch der Direktor gibt sich nicht so einfach geschlagen; wie ein Triumphator bringt er, trotz immer größer werdender Meinungsverschiedenheiten, seine glühende Ansprache zu Ende und wird gebührend gefeiert. Clairon küßt ihn, die italienische Sängerin weint, und die Gräfin richtet an die beiden »Rivalen« Flamand und Olivier die Aufforderung, gemeinsam ein Werk zu schaffen, eine Oper. Über welches Thema? Über die Ereignisse dieses Tages, und alle anwesenden Personen sollen ihre Figuren sein und mitspielen. Große Begeisterung hat alle erfaßt; man erwartet, da man nun auseinandergeht, große Dinge für den kommenden Tag. Nur die den Salon säubernde Dienerschaft sieht die Sache etwas anders: »Die ganze Welt ist närrisch, alles spielt Theater. Uns machen sie nichts vor, wir sehen hinter die Kulissen. Der Graf sucht ein zärtliches Abenteuer, die Gräfin ist verliebt und weiß nicht, in wen.« Als der Saal sich leert, stolpert ein seltsames Männchen herein; es ist Monsieur Taupe, der Souffleur, der in seinem Kasten eingeschlafen war. Es ist eine beinahe hoffmanneske Gestalt, ein wenig lächerlich, ein wenig gespentisch. Er nennt sich selbst den »unsichtbaren Herrscher der magischen Welt«. Der Haushofmeister nimmt sich dieses recht armseligen »Herrschers« an und läßt ihn nach Paris zurückbringen, wohin Clairon, in Begleitung des Grafen, und auch die anderen schon gefahren sind. Olivier hat der Gräfin ausrichten lassen, er werde morgen um elf Uhr in der Bibliothek ihre Antwort erwarten, »den Schluß der Oper«, in der sie alle mitspielen. Es ist die gleiche Stunde, um die sie auch den Musiker an den gleichen Platz bestellt hat. Welch' Dilemma! Lange steht sie und sieht in den sich verdunkelnden Park hinaus, in den milde aufgehenden Mond, in die Stille, die mit dem Aufruhr ihres Herzens kontrastiert. Sie versucht, sich über ihre Gefühle klar zu werden. Liebt sie den Dichter oder den Musiker mehr? »Sind es die Worte, die mein Herz bewegen oder sind es die Töne, die stärker sprechen?« Unmöglich, sich zu entscheiden. »Wählst du den einen, verlierst du den andern! Verliert man nicht immer, wenn man gewinnt?« Unentschieden endet die Oper, und ohne Entscheidung bleibt nicht nur das persönliche Schicksal der Gräfin, Oliviers und Flamands, sondern auch die Frage nach der Priorität der beiden Schwesterkünste Poesie und Musik im gemeinsamen Werk.

Quelle: Clemens Krauß verlegt die Handlung in die Epoche von Glucks Opernreform, in der das Problem, welcher der Faktoren im musikalischen Bühnenstück wichtiger sei – Dichtung oder Musik – von höchster Aktualität war. Mozart hatte die Dichtung »der Musik gehorsame Dienerin« genannt, aber für Gluck hatten die Rollen sich vertauscht: der Text war die unverrückbare Grundlage, gewissermaßen die Zeichnung des Bildes, der die Musik nur die Farbe hinzufügte.

Textbuch: Aus dieser Frage, die seit dreieinhalb Jahrhunderten – seit Bestehen der Oper – die mit ihr verbundenen Geister bewegte, machte Clemens Krauß ein geistvolles, amüsantes, vergeistigtes Libretto, das den alten Meister Strauss faszinierte. Gut ersonnene Gestalten, die um den Streit des Dichters und des Komponisten eine bewegte Handlung vollführen, ein Blick in die Werkstatt, hinter die Kulissen des Schaffens und des Theaters, Konversationen über Kunstfragen: Alles wird vereinigt, amüsant zubereitet und meisterhaft aufgetischt.

Musik: Wie Verdi verabschiedet sich Strauss von Leben und Kunst mit einem weisen, heiteren, gütigmenschlichen Lächeln; weniger drastisch als der große Italiener, eher im Sinne des Wiener Dichters Arthur Schnitzler: »Wir spielen immer, wer es weiß, ist klug.« Das Grundproblem der Oper – die Gewichtsverteilung zwischen Dichtung und Musik – hat ihn ein Leben lang interessiert. Wie viele Große hat er nach ihrer restlosen Vereinigung auf höchster Ebene gestrebt. Er hat große Dichter und klügste Theaterkenner zur Mitarbeit herangezogen, damit die Musik kein störendes Übergewicht erlange. Und so ist ihm auch hier, da er das Problem selbst darstellt, eine ideale Partitur gelungen, die beides vollgültig miteinander verschmilzt. Das Wort kommt zu seinem Recht, wo es Ausschlaggebendes zu verkünden hat; die Musik, wo die von ihr hervorgezauberte Stimmung das Wichtigste zu sein hat. Der siebenundsiebzigjährige Meister schenkte mit »Capriccio« der Welt eine vollendet schöne Partitur, in der meisterhaftes Können neben menschlicher Reife und feinem Gefühl steht.

Geschichte: Die Hauptarbeit an dieser Oper fällt in das Jahr 1941. »Das ist kein Stück für ein Publikum von 1800 Personen pro Abend. Vielleicht ein Leckerbissen für kulturelle Feinschmecker«, meinte Strauss zu seiner letzten Komödie. Aber der Jubel bei der Uraufführung in München, am 28. Oktober 1942, schien diese Worte zu dementieren. Und ein starkes, anhaltendes Interesse in zahllosen Opernstädten erhält dieses Abschiedswerk eines Großmeisters im lebendigen Repertoire der Musikbühnen.

Igor Strawinsky

1882–1971

Dieser russische Meister, der jahrzehntelang in der westlichen Musik eine führende, richtungweisende Rolle spielte, wurde am 17. Juni 1882 in Oranienbaum, bei St. Petersburg, geboren. Er studierte Jurisprudenz – in Fortsetzung der Tradition, in der keiner der großen russischen Komponisten ursprünglich für die Musik bestimmt war – doch eine Begegnung mit Rimsky-Korssakoff, der sein Lehrer wurde, änderte den Lauf seines Lebens. Im Jahre 1909 kam er mit der Gruppe junger Musiker, vor allem Ravel und de Falla, in Kontakt, die von Paris aus, unter dem geistigen Einfluß Sergei Diaghilews, des Leiters des russischen Balletts, der Musik neue Wege wiesen. Strawinsky, der schon eine Sinfonie und einige kleinere Werke geschaffen hatte, wandte sich dem Theater zu und schrieb drei aufsehenerregende Werke, die Tanzdramen »Der Feuervogel«, »Petruschka« und »Frühlingsweihe«. Besonders dieses letztere (zumeist mit seinem Originaltitel »Le sacre du printemps« zitiert) bedeutet einen der wichtigsten Meilensteine der neueren Musikgeschichte. Dann brach der Erste Weltkrieg aus. Strawinsky ging in die Schweiz; in diesen Jahren komponierte er, auf einen Text von Ramuz, »Die Geschichte vom Soldaten« (1918), ein typisches Dokument der Zeit. Mit ihm verläßt er den durch die originellen, aber weniger revolutionären Opern »Die Nachtigall« (1914), »Renard« oder »Meister Reineke« (1917) und den russischen Ballettszenen »Bauernhochzeit« beschrittenen Weg zugunsten eines kühnen Vorstoßes in musikalisches Neuland, wie er gleichzeitig (und gänzlich unabhängig) auch von Schönberg, Hindemith, Bartók unternommen wurde. Es folgen das Ballett »Polichinelle« (Pulcinella, 1920), die komische Oper »Mawra« (1922), das szenische Oratorium »Oedipus Rex« (1927), das Ballett »Apollo, der Musenkönig« (1928), das Ballett »Der Kuß der Fee« (1928), das Melodrama »Persephone« (1934), die Tanzwerke »Kartenspiel« (1937) und die »Ballettszenen« (1944), die Oper »The Rake's Progress«/Der Wüstling (1951) und zuletzt »The flood«/Die Sintflut (1963). Im Jahre 1934 wurde Strawinsky französischer Staatsbürger, und bei Ausbruch des Zweiten Weltkrieges ließ er sich in den USA nieder. Seinen Stil kurz zu beschreiben ist schwierig, da er Zeit seines Lebens ein Experimentator war, der auf der Suche nach gültigen Formen der »neuen« Musik vielerlei Wege und vielleicht auch manchen Irrweg einschlug. In der Geschichte wird er als eine der stärksten Schöpferpersönlichkeiten des 20. Jahrhunderts, als eines der vitalsten Genies und einer der größten Könner fortleben. Er starb in New York am 6. April 1971, wurde aber nach seinem Wunsch auf dem venezianischen Friedhof San Michele beerdigt.

Die Nachtigall

Im Jahre 1907 begann Strawinsky die Arbeit an seiner ersten Oper »Le rossignol«; aber er unterbrach sie mehrmals, bevor er sie, sieben Jahre später, vollenden konnte. (Während dieser Unterbrechungen entstanden, durch Auftrag, die Ballette, die ihm frühen Weltruhm einbrachten). Als Thema wählte er das bezaubernde und tiefe Märchen Hans Christian Andersens, das er mit S. Mitusoff in ein Libretto verwandelte.

Am Meeresufer lauscht der Fischer dem Sang der Nachtigall. Der Kaiser von China entsendet Höflinge, um die Nachtigall in seinen Palast zu bitten; diese, die nie den Naturlauten gelauscht haben, halten zuerst Rindergebrüll und Froschgequake für den gesuchten Klang, aber ein unscheinbares Küchenmädchen erkennt die Stimme der Nachtigall und trägt die Zutrauliche auf ihrer Hand in den Palast. Dort singt sie vor dem Kaiser und wird aufs höchste geehrt. Doch da kommt als Geschenk des Kaisers von Japan ein goldener Käfig mit einer künstlichen Nachtigall an. Als diese ihr mechanisches Lied ertönen läßt, fliegt die echte Nachtigall unbemerkt fort und wird wegen dieser Eigenmächtigkeit vom Kaiser für immer verbannt. Die künstliche Rivalin aber wird zur offiziellen Sängerin ernannt, die allabendlich den Herrscher in Schlaf singen muß. Der Kaiser erkrankt. Schon steht der Tod hinter ihm, hat ihm Krone und Schwert aus den Händen genommen; da kehrt die Nachtigall zurück. Sie rührt mit ihrem Liede den Tod so sehr, daß er dem Kaiser Macht und Leben zurückgibt. Als der Morgen dämmert, ist der Kaiser gesund. Die Nachtigall soll nun die höchsten Posten im Reiche bekleiden, aber sie will nichts als ihre Freiheit. Doch verspricht sie dem Kaiser, jede Nacht an seinem Fenster zu singen. Diesen urmusikalischen Stoff vertont der junge Strawinsky in einem noch zwischen Romantik und »Moderne« schwebenden Stil. Als Originalsprachen des Werkes müssen Russisch und Französisch gleichermaßen gelten; die Uraufführung erfolgte in Rußland, aber nahezu gleichzeitig – am 26. Mai 1914 – in Paris.

Renard

Auf »Die Nachtigall« folgte eine neue Tieroper, deren Stoff dem Märchen von »Reineke Fuchs« ähnelt. Dem Zuschauer werden die kläglichen Abenteuer des Herrn Hahn gezeigt, der hochmütig, eitel und dumm ist. Zweimal fällt er auf das Schmeicheln seines Todfeindes Fuchs herein und muß im letzten Augenblick Hilfe herbeirufen, die ihm Katze und Ziegenbock gewähren. Der Fuchs wird am Ende, da das Maß seiner Missetaten voll ist und er sich den Haß der gesamten Tierwelt zugezogen hat, aus seinem Bau gezerrt und gründlich zerkratzt und zerbissen. Mit einem lustigen Gesang und Tanz aller Tiere um den zerschundenen Fuchs schließt die vergnügte kleine Geschichte, die Strawinsky »Histoire burlesque chantée et jouée« genannt hat. Sie hat ihren Ursprung in volkstümlichen russischen Märchen und wurde von Charles Ferdinand Ramuz in französischer Sprache entworfen. Die Quellen hatte der Komponist noch aus der alten Heimat mitgebracht; nun entnahm er ihnen in der Emigration viele Anregungen: »Renard«, »Les Noces«, »L'histoire du soldat«/ Die Geschichte vom Soldaten entstanden auf diese Weise. Die kleine Tierkomödie »Renard« wurde für das Kammertheater im Pariser Palast der Fürstin de Polignac komponiert, im Jahre 1916 vollendet und 1917 uraufgeführt.

Die Geschichte vom Soldaten

Während des Ersten Weltkriegs lebte Strawinsky am Schweizer Ufer des Genfersees. Der Broterwerb war schwierig geworden, das Musikleben überall auf ein Minimum beschränkt. Aus dieser Not machte der russische Komponist eine Tugend: Er fühlte zudem mit unfehlbarem Instinkt, daß der rauschhafte Klang riesiger Orchester unzeitgemäß geworden war. Es ist bezeichnend, daß gleichzeitig auch andere Musiker, ohne Kontakt untereinander, den durchsichtigen, kristallklaren Ton des Kammerensembles zu suchen begannen (sogar Richard

① *Marche du soldat*

Strauss, Magier des spätromantischen Orchesters, gehört mit seiner teilweise kammermusikalisch durchsichtigen »Ariadne auf Naxos« hierher.) So wollte Strawinsky ein neuartiges Werk schaffen, das dank einer nur kleinen Zahl von Mitwirkenden auf einer Tournée durch die Schweiz, das einzige neutrale Land im weiten Umkreis, leicht gespielt werden könnte. Die Grundidee entnahm er wieder den russischen Legenden und Märchen, die er aus der Heimat mitgenommen hatte, und abermals fand er in Charles Ferdinand Ramuz (1878–1947), einem bedeutenden Schweizer Dichter und Theatermann, den gesuchten Librettisten. Ein Soldat zieht aus dem Kriege heimwärts. ① (im französischen Original wandert er auf der Straße »zwischen Denges und Denezy«, in der deutschen Fassung hingegen zwischen den schweizerischen Städten Chur und Walenstadt, was möglicherweise als Erinnerung an die Söldnerdienste gedacht ist, die zahlreiche Schweizer in früheren Jahrhunderten leisteten). Er begegnet dem Teufel, dem er seinen einzigen Besitz, eine Geige, im Tausch für ein geheimnisvolles Buch gibt, das ihm zu Reichtum verhelfen soll. Um den Teufel die Violine spielen zu lehren, begleitet der Soldat ihn für einige Tage. Doch als er den Heimweg fortsetzt, erkennt ihn niemand mehr: zu viele Jahre sind vergangen. Das Buch aber tut seine Schuldigkeit, es macht den Soldaten reich und ebenso einsam. Er ersehnt seinen früheren Zustand, trifft den Teufel abermals und entreißt ihm die Geige, die aber keinen Ton mehr von sich gibt. Er vernichtet das Buch und will endlich heimkehren. Da erfährt er von der kranken Prinzessin, die der König demjenigen zur Frau verspricht, der sie heilen kann. Der Soldat entlockt nun der Geige neue Töne, gewinnt die Prinzessin, die gesund wird. Der Teufel aber bleibt in seinem Leben gegenwärtig. Und als der Soldat dessen Warnung, nie seine Heimat zu betreten, in den Wind schlägt und das Dorf seiner Kindheit aufsucht, holt er ihn endgültig und nimmt ihn in die Hölle mit.

Dieses bunte Geschehen, das ans mittelalterliche Theater gemahnt, wurde von Ramuz und Strawinsky zu einem Werk verarbeitet, das schwer einzustufen ist: gesprochenes Wort, Pantomime, Tanz, Instrumente wirken zusammen, als Bühne genügen Andeutungen oder ein bloßes Brettergerüst. Auf diesem nehmen nicht nur die handelnden oder redenden Personen Platz – ein Vorleser, der tanzende Teufel, die tanzende Prinzessin, der sprechende und schauspielernde Soldat – sondern auch das »Orchester«, das aus nur sieben Musikern besteht: einem Klarinettisten, einem Fagottisten, einem Trompeter (Cornet à piston), einem Posaunisten, einem Geiger, einem Kontrabassisten und einem Schlagzeuger mit verschiedenen Instrumenten. Daß der Klang herb sein muß, versteht sich aus dieser Zusammensetzung von selbst; die Dissonanzen sind hart, die Kontrapunkte oft schneidend. Alles ist anti-romantisch, wirkt manchmal wie eine Geräuschkulisse (ein Wort, das damals noch nicht existierte, aber bald aufkam), sachlich, jedem Gefühl abhold. Strawinsky sprach von einer »neuen Ordnung«, deren oberste Gesetze Maß und Klarheit sein sollten. Die Uraufführung des in neue Richtungen weisenden Stückes – das dem Musiktheater zugehört, ohne Oper zu sein – erfolgte am 28. September 1918 in Lausanne. Der bekannte Winterthurer Mäzen Dr. Werner Reinhardt organisierte anschließend eine Tournée durch viele, vor allem Schweizer Städte.

Mawra

Einmal hat sich Strawinsky als Verlobten der italienischen Musik bezeichnet. Zwei seiner Opernwerke, »Mawra« und »Der Wüstling«, sprechen deutlich dafür, daß er in sie zumindest verliebt war. (In seinem instrumentalen Schaffen ließen sich die Beispiele wesentlich vermehren.)

Nach der »Geschichte vom Soldaten« vertiefte sich Strawinsky in die Musik des 18. Jahrhunderts. Es entstand das Ballett »Pulcinella« unter Verwendung von Musik Pergolesis, sowie die Opera buffa »Mawra«. Für diese hatte er sich einen vergnügten, wenn auch nicht bedeutenden Stoff Puschkins zurechtgemacht.

In einer russischen Kleinstadt ist die langjährige Köchin einer gutbürgerlichen Familie gestorben. Die Tochter des Hauses verspricht, für baldigen und vollwertigen Ersatz zu sorgen. Und wirklich, schnell hat sie eine neue Köchin zur Hand, die auch die Zustimmung der Mutter findet, da sie, nach den begeisterten Erzählungen der Tochter, eine wahre Perle zu sein scheint. Doch kaum verläßt die Mutter das Haus, als Tochter und »Köchin Mawra« sich glühend umarmen. Welch herrliche Zeit bricht nun für sie an, da sie ungestört beisammen sein können, so oft sie wollen! Doch die Mutter kehrt unvermutet zurück und entdeckt die angebliche Mawra beim ... Rasieren. Ist sie doch niemand anderer als der geliebte Husar, den die Tochter in dieser Verkleidung ins Haus schmuggeln wollte. Die Mutter fällt in Ohnmacht, der Husar ergreift die Flucht.

Die Premiere dieser Oper fand am 3. Juni 1922 in der Pariser Oper statt. Sie verschwand nach einigen Erfolgen für längere Zeit und wurde erst in den fünfziger Jahren wieder hervorgeholt, als Strawinsky zum berühmtesten Komponisten seiner Generation geworden war und im Zuge einer weltweiten Opernrenaissance das Repertoire sich in ungeahnter Weise erweiterte.

Oedipus Rex

Szenisches Oratorium in zwei Akten. Textbuch, nach der Tragödie des Sophokles, von Jean Cocteau.
Originaltitel: Oedipus Rex
Originalsprache: Latein, mit erzählenden französischen Zwischentexten
Personen: Oedipus (Tenor), Jokaste (Mezzosopran), Kreon (Baß oder Bariton), Teiresias (Baß), ein Hirt (Tenor), ein Bote (Baß oder Bariton), der Erzähler (Sprechrolle), Männerchor (Tenöre und Bässe).
Ort und Zeit: Theben in Griechenland, in mythologischer Vorzeit.
Handlung: Das Schauspiel beginnt mit den Worten des Erzählers, dessen moderne Gewandung (zumeist Frack) seltsam mit den Kostümen des klassischen Griechenland kontrastiert, die ihn umgeben: »Meine Damen und Herren, Sie werden eine lateinische Fassung von Oedipus Rex hören.« Auch in den folgenden Szenen ist der opernhafte Charakter kaum zu erkennen; wir glauben eher Bilder als ein Drama zu sehen. Der Chor singt völlig statisch; ohne sich zu bewegen antwortet König Ödipus, – es erinnert an Oratorium und ist bewußt untheatralisch gehalten; alle Erregung spielt sich im Innern der Personen ab, ohne sich auf äußere Bewegungsabläufe auszuwirken. Kreon tritt auf und im Gegensatz zu dem von allen gesungenen Latein ertönt des Ansagers Stimme in der jeweiligen Landessprache: »Hier kommt Kreon, des Oedipus Schwager«. Kreon hat das Orakel befragt, das die Bestrafung des Mörders fordert, der den früheren König Lajos, den Gatten Jokastes, erschlug. Die Auskunft lautet, der Mörder halte sich in Theben auf und müsse gefunden werden. Oedipus brüstet sich seiner Geschicklichkeit im Entziffern von Rätseln. Er wird den Mörder entdecken. Der Erzähler spricht: »Oedipus befragt die Quelle der Wahrheit, den Seher Teiresias« (der nach der Sage blind war). Doch dieser, der das grausame Spiel, das die Götter mit Oedipus treiben, durchschaut hat, will nicht antworten. Erbost beschuldigt der König ihn und Kreon, nach dem Thron zu streben. Da gibt der Seher einen einzigen Satz preis: »Der Mörder des Königs ist ein König.« Jokaste, des Oedipus Gattin, erscheint und wird vom Volke freudig begrüßt. Hier haben die Autoren das Ende des ersten Aktes verfügt.

Der zweite ist dessen direkte Fortsetzung. Jokaste hat eine große Szene, die musikalisch aus sehr verschiedenen Teilen besteht. Sie mißtraut den Orakeln. Haben diese nicht verkündet, ihr eigener Sohn werde ihren Gatten ermorden? Lajos aber sei an einer Wegkreuzung von Räubern erschlagen worden. Das Wort »Wegkreuzung«, trivium im Lateinischen, wiederholt sich in Jokastes Rede mehrmals; der Chor nimmt es auf und spinnt es in unheimlicher Weise fort. Es fällt wie ein schweres Gewicht in Oedipus Seele (wir denken an die griechische Tragödie und die wichtige Rolle des Chores als Stimme des Gewissens), gräbt sich bei jeder Wiederholung tiefer und tiefer, bis es verschüttete Erinnerungen freilegt. Er hat einmal an einem Kreuzweg einen alten Mann erschlagen. Noch zweifelt er an der Bedeutung jenes Geschehnisses. Doch da verkündet ein Bote den Tod des Königs Polybos von Korinth und die Tatsache, daß Oedipus nicht, wie angenommen wurde, dessen Sohn war. Oedipus' entsetzt gestammelte Worte werden unheimlich von hohlen Paukenschlägen unter-

① *Oe—di—pus, Oe—di—pus, adest pestis, kaedit nos pestis, Oedipus,*

strichen. Noch klammert sich Jokaste verzweifelt an ihre Hoffnung, und die Stimme des Oedipus vereint sich mit der ihren zum einzigen Duett des Werkes.

Die Chöre werden nun immer dramatischer. Entgegen ihrer starren Unbeweglichkeit liegt etwas grauenhaft Drohendes in ihrem Gesang. Tragisch bricht das unabwendbare Ende herein. So wie das Orakel es vor vielen Jahren verkündet hatte, war der aus seinem Vaterhause entfernte Oedipus zum Mörder seines Vaters und zum blutschänderischen Gatten seiner Mutter geworden. Er ist Jokastes und Lajos' Sohn, wie ihm und allen nun schrecklich klar wird. Während man hier den dramatischen Höhepunkt des Werkes erwartet (nach alter Opernart), tritt gerade das Gegenteil ein.

Von dem Ende berichtet nur der Sprecher; Jokaste erhängt sich, Oedipus sticht sich mit einer Spange seiner Gattin-Mutter die Augen aus und wird von seinen Mitbürgern aus der Stadt verwiesen. »Leb wohl, leb wohl, armer Oedipus«, ruft der Sprecher ihm zu, »alle haben dich geliebt ...« Der Chor hat das letzte Wort.

Quelle: Das Thema und die handelnden Personen entstammen der griechischen Mythologie. Sophokles hat sie (im Jahre 429 v. Chr.) in einem seiner berühmtesten Dramen verwendet.

Textbuch: Aus dem unzählige Male behandelten Oedipus-Stoff hat der bedeutende französische Schriftsteller, Dichter, Dramatiker und Filmautor Jean Cocteau (1889–1963) eine durchaus ungewöhnliche, epische, fast anti-theatralische Fassung hergestellt, die ebenso gut als Oratorium wie als Oper gespielt werden kann. Der Text ist bewußt distanziert und objektiviert in einer »toten« Sprache – lateinisch – gehalten; ein das Geschehen mit Kommentaren begleitender Ansager hingegen liest seinen Part in der jeweiligen Landessprache; er tut es zudem in moderner Gesellschaftskleidung, zumeist im Frack, während das Geschehen auf der Bühne in Kostüm und Maske abrollt. Das Wort »Maske« ist sogar in weitestem Sinne zu verstehen: der Chor trägt große Masken vor dem Gesicht, wodurch er völlig zur entpersönlichten Masse wird, zur reinen Idee. Der Grundgedanke beruht auf dem scharfen Kontrast zwischen der durchwegs innerlichen Handlung und dem objektiv, fast teilnahmslos erzählenden Ansager.

Musik: Strawinsky rechtfertigt die Verwendung des Lateinischen mit folgenden Worten: »Es war stets meine Meinung, daß es zum Ausdruck der erhabenen Dinge eine besondere Sprache geben müsse, die mit der des Alltags nichts gemein habe«. Er weiß mit dieser »toten« Sprache äußerst lebendig und packend umzugehen. (Es mag interessant sein, daß um jene Zeit auch andere Komponisten, so vor allem Orff, auf Sprachen der Vergangenheit zurückgreifen). Besonders die Chorpartien sind von größter Wucht und Eindringlichkeit, ohne je schildernd oder gefühlsbetont zu werden. ①
Strawinskys Bedeutung liegt nicht zuletzt – er hat es schon im »Sacre du printemps« überzeugend bewiesen – in einer geradezu revolutionären Belebung des Rhythmus. Wie sehr dies ein Zeichen der Zeit ist, beweist die Tatsache, daß nahezu alle seine Zeitgenossen der »modernen« Musik hier auf ähnlichen Bahnen wandeln, so zum Beispiel Bartók, Hindemith, Milhaud, Weill u. v. a.

Geschichte: »Oedipus Rex« wurde in Konzertfassung zum ersten Male am 30. Mai 1927 in Paris aufgeführt. Die szenische Premiere fand am 27. Februar 1928 unter Otto Klemperers

Leitung in Berlin statt, wo sich in jenem Augenblick die schöpferischsten Kräfte des internationalen Musik- und Theaterlebens konzentriert hatten. Das Werk benötigte nahezu ein Vierteljahrhundert, um seine volle Bedeutung auch dem Laienpublikum zu enthüllen.

Der Wüstling

Oper in drei Akten (neun Bildern). Textbuch, nach einer Serie von Kupferstichen William Hogarths, von Wystan Hugh Auden und Chester Kallman.
Originaltitel: The rake's progress
Originalsprache: Englisch
Personen: Trulove (Baß), Ann, seine Tochter (Sopran), Tom Rakewell (Tenor), Nick Shadow (Bariton), Mutter Goose (Mezzosopran), Baba, genannt »die Türkenbab« (Mezzosopran oder Alt), Sellem, Auktionator (Tenor), Irrenwärter (Baß), Diener, Dirnen, Burschen, Bürger, Irre.
Ort und Zeit: England, im 18. Jahrhundert.
Handlung: Tom Rakewell hat sich mit Ann Trulove verlobt. Beiden scheint eine liebevolle, glückliche Zukunft bevorzustehen. Aber Anns Vater mißtraut dem schwankenden Charakter seines künftigen Schwiegersohnes und möchte ihn in fester, gesicherter Stellung wissen. Doch das ist nicht nach Toms Geschmack, in dessen Unterbewußtsein tausend Wünsche und Gelüste schlummern. Da erscheint eine düstere Persönlichkeit, Nick Shadow, eine von den Librettisten erfundene, nicht bei Hogarth vorkommende mephistophelische Figur, deren Namen (shadow = Schatten) symbolische Bedeutung bekommt. Shadow erklärt, der Diener von Toms Onkel gewesen zu sein, der bei seinem Tode dem Neffen ein riesiges Vermögen vererbt habe; er wolle nun in Toms Dienste treten, wobei der Lohn unwichtig sei und später ausgehandelt werden könne. Shadow führt Tom nach London und es beginnt, wie er zum Publikum gewendet verkündet, »the rake's progress«, der Weg oder die Laufbahn des Wüstlings, in den Tom sich unter Shadows Anleitung wandelt. Hält ihn zuerst noch die Erinnerung an Ann Trulove (auch hier ein Symbol: true love = wahre oder treue Liebe) zurück, so verstrickt ihn das Leben in seinen primitivsten Formen doch immer mehr. Nach dem Freudenhaus kommt die groteske Eheschließung mit einer Jahrmarktsattraktion, der »Türken-Bab«, einem bärtigen, kaum noch als Weib anzusprechenden Monstrum. Zugleich will Tom eine Erfindung ausbeuten, die aus Scherben Brot zu machen imstande sei. In allem ist Shadow die treibende Kraft, und jeder Schritt führt Tom dem Abgrund näher. Der finanzielle Zusammenbruch ist nicht aufzuhalten, die Auktion all seines Gutes wird in einer fast gespenstischen Szene gezeigt. Shadow hält seine Stunde für gekommen. Er führt seinen Herrn, der in Wahrheit sein Opfer ist, auf den nächtlichen Kirchhof und enthüllt ihm angesichts eines offenen Grabes endlich seine Lohnforderung: die Seele Toms. Sie spielen eine entscheidende Kartenpartie, bei der Shadow – durch Anns mystische Intervention – unterliegt und beim zwölften Glockenschlag tot niedersinkt. Aber Tom ist nicht gerettet. Wahnsinn bemächtigt sich seiner, ① im Irrenhaus beschließt er sein Leben. Und doch liegt Verklärung über seinem Ende. Die treuliebende Ann, die ihm mehrmals vergebens beizustehen versucht hatte, erscheint ihm wie ein lichtes Bild. Sie bettet – in der vielleicht schönsten Szene des Werkes – seinen müden Kopf in ihren Schoß und singt ihn, den vom Leben Zerstörten, Zerschlagenen, in Schlaf. ② Zuletzt kehren alle Personen des Stücks auf die Bühne zurück (so wie die alte italienische Oper es liebte und auch Mozart es ähnlich in seinem »Don Giovanni« praktizierte) und ziehen aus den geschilderten Vorgängen ihre Schlüsse. Sie tun dies nun ohne Masken, ohne Perücken und falsche Bärte: zurückgekehrt in unser Jahrhundert gewissermaßen, das sich lediglich einer alten, immer gültigen Fabel und eines Spiels bediente, um den Ernst des Lebens zu zeigen.
Quelle: William Hogarth (1697–1764) war einer der großen Maler und Zeichner Englands; seine Werke errangen Weltruhm. Er war der Schöpfer einer Serie von Kupferstichen, der er den Namen »The rake's progress« (Die Laufbahn eines Wüstlings) gab. In ihr übte er Gesellschafts- und Zeitkritik, die dank der Meisterschaft des Autors und der von ihm ausgewählten Szenen und Typen dauernde Bedeutung behalten hat.
Textbuch: Wystan (oder William) Hugh Auden ist ein englischer Dichter, Chester Kallman ein nordamerikanischer Lyriker und Musikschriftsteller. Sie schufen auf Strawinskys Wunsch das Textbuch zu »Rake's Progress« nach den Kupferstichen von Hogarth, wobei sie den Titel und nahezu alle wichtigen Figuren beibehielten, aber eine – vielleicht die allerwichtigste – hinzuerfan-

① TOM: Pre—pare your—selves, he—ro—ic shades.

② ANNE: Gent—ly, little boat, A—cross the ocean float,
p dolce cantabile

den: die mephistophelische Gestalt Nick Shadows.

Musik: Der sein ganzes Leben lang stets mit Unerwartetem überraschende Strawinsky hat hier eine Oper im Geiste der neapolitanischen Schule des 17. und 18. Jahrhunderts geschaffen: eine Nummernoper mit Cembalo und Koloraturen, ein tonales Werk, als stünde man nicht in der Mitte des 20. Jahrhunderts mit seiner Atonalität, seinen Experimenten und seiner völligen Radikalität. Auch an die Belkantisten wird man gemahnt: einiges erinnert an Rossini, Donizetti, Bellini. Strawinsky hat in seiner langen Laufbahn wohl alle Stile erprobt, alle Epochen imitiert, um manches ihrer Grundelemente mit den Erfordernissen seiner eigenen Zeit in Zusammenklang zu bringen. Möchte er der schwankenden, innerlich so unsicheren Ära Halt verleihen, indem er Unvergängliches nicht in Vergessenheit geraten lassen will? Ist es eine überzeugte Rückkehr zu Melodie und »Wohlklang«, von denen er so oft gesprochen hat? Ist es eine – wie immer bei ihm – glänzend gekonnte Übung in Formen ferner Zeit? Ist er hier, wie an so vielen Stellen seiner Werke, ein Parodist, bei dem man nicht weiß, wo der Ernst aufhört und die Ironie beginnt? Mehr als einmal scheint ein Zwiespalt zwischen der Musik einzelner Szenen und ihrem Gefühlsgehalt zu bestehen; man hat den Eindruck, manche Arien seien nur um der technischen Fertigkeit der Sänger willen geschrieben, als stünden nicht Menschen, sondern Puppen auf der Bühne. Sind bei Strawinsky Hogarths Gestalten als Marionetten behandelt? Trotz allen möglichen Einwänden: ein reifes Meisterwerk.

Geschichte: Die Uraufführung fand am 8. September 1951 im altberühmten Teatro Fenice in Venedig statt. Die Mitwirkenden, die unter Leitung des Komponisten sangen, kamen zum größten Teil von der Mailänder Scala. Strawinskys lebenslanger Traum einer engen Verbindung seiner Musik mit dem musikalischen Mutterland Italien war – spät, aber doch – in Erfüllung gegangen. »The rake's progress« wurde zu seinem meistaufgeführten Bühnenwerk.

Die Sintflut

Der achtzigjährige Strawinsky schrieb für das nordamerikanische Fernsehen »The flood«. In diesem »musical play«, diesem musikalischen Spiel also, wird ein Urthema behandelt: der Untergang der sündigen Menschheit durch eine Naturkatastrophe, die Errettung des »frommen und gottesfürchtigen« Noah in einer selbstgezimmerten Arche, und der Neubeginn des Lebens auf der Erde dank der Söhne Noahs und ihrer Frauen sowie der ebenfalls dem Wassertode entzogenen Tiere, »zweier von jeder Art«. Die Bibel beschreibt das Vorkommnis, und ähnlich wie sie tun dies eine wahre Überfülle heiliger Bücher oder mündlicher Überlieferungen zahlloser Völker unserer Erde. »Für mich ist die Geschichte von Noah gleichnishaft. Ich sehe in Noah eine alttestamentarische Erlösergestalt. Das Thema der Sintflut ist nicht die Geschichte Noahs, sondern die der Sünde. Während etwa die Musik zu ›Petruschka‹ versuchte, Wirklichkeitsnähe zu schaffen, ist die Musik zur ›Sintflut‹ ganz und gar gleichnishaft«, sagt Strawinsky. Den Text schuf Robert Craft, Strawinskys langjähriger musikalischer Mitarbeiter, nach dem Buche Genesis des Alten Testaments und englischen Mysterienspielen des 15. Jahrhunderts. Es treten auf: Luzifer (von Gott als Macht neben sich geschaffen, aber wegen seines eitlen Übermutes aus dem Himmel verbannt und nun auf Rache bedacht), Noah, sein Weib, seine drei Söhne und deren Frauen.

Man vernimmt die Stimme Gottes. Sie tönt – interessanterweise zweistimmig, von zwei Bässen gesungen – klanglich ins Übermenschliche gesteigert, aus dem Lautsprecher. Die Handlung ist nur schematisch angedeutet: Der Bau der Arche und die steigende Flut werden am besten choreographisch ausgedeutet. Ein Chor umrahmt das Geschehen. Er singt zu Beginn und zu Ende ein Loblied Gottes auf lateinisch. Der Regisseur der szenischen Uraufführung (Hamburger Staatsoper, 30. April 1963), Günther Rennert, schrieb: »In Form und Einsatz der Bühnenmittel führt der Weg von der ›Geschichte vom Soldaten‹ (Vorlesung, Schauspiel, Tanz), ›Renard‹ (Gesang, Pantomime) über ›Oedipus Rex‹ (Sprecher, Gesang, Chor) zu einer in der ›Sintflut‹ auf äußerste Knappheit reduzierten Form eines Musiktheaters, das in der Vielfalt der Verwendung von Theaterelementen alle bisherigen Werke weit hinter sich läßt. Solo- und Chorgesang, Pantomime, gesprochenes Wort und Ballett werden zur Darstellung dieses Menschheitsmythos nebeneinander und gegeneinandergestellt«. Hier ist die Entwicklung von einem halben Jahrhundert auf eine knappe Formel gebracht. »Die Sintflut« ist ein Alterswerk: im Sinne von höchster Weisheit, aber auch im Sinne von verminderter Ursprünglichkeit. Es handelt sich um eine Konstruktion, wie Strawinsky selbst betont: »Die Musik ist der einzige Bereich, in dem der Mensch die Gegenwart realisiert. Durch die Unvollkommenheit unserer Natur unterliegen wir dem Ablauf der Zeit, den Kategorien der Zukunft und der Vergangenheit, ohne jemals die Gegenwart ›wirklich‹ machen zu können, also die Zeit stillstehen zu lassen. Das Phänomen der Musik ist uns zu dem einzigen Zweck gegeben, eine Ordnung zwischen den Dingen herzustellen und hierbei vor allem eine Ordnung zu setzen zwischen dem Menschen und der Zeit. Um realisiert zu werden, erfordert diese Ordnung einzig und allein und mit gebieterischer Notwendigkeit eine Konstruktion. Wenn die Konstruktion vorhanden und die Ordnung erreicht ist, ist alles gesagt.« Strawinskys Streben nach einer »neuen Ordnung« im Reiche der Töne hat hier ihren höchsten Ausdruck gefunden, ein halbes Jahrhundert nach seinem damals seltsam anmutenden Wort: »Ich konstruiere ein Musikstück wie ein Ingenieur eine Brücke«. Wer den »Klang« im ursprünglichen, im alten Sinne sucht, wird ihn in »The Flood« vergeblich erwarten. Von der spontanen Melodie des »Feuervogels«, vom mitreißenden Rhythmus der »Frühlingsweihe« ist nichts mehr zu spüren.

Heinrich Sutermeister

1910

Mit Othmar Schoeck, Arthur Honegger und Frank Martin hatte die Schweiz Weltgeltung im musikalischen Schaffen errungen. Die Reihe namhafter Schöpfer reißt nach der Gründergeneration nicht mehr ab; aus der folgenden ragen vor allem Rolf Liebermann und Heinrich Sutermeister hervor, die dem Musiktheater wertvolle Impulse gaben. Sutermeister wurde am 12. August 1910 in Feuerthalen bei Schaffhausen geboren, studierte bei so entgegengesetzten Meistern wie Pfitzner und Orff und begann seine Laufbahn am Berner Stadttheater. Bald aber konnte er, durch internationale Opernerfolge stimuliert, ganz seinem Schaffen leben. Der in Vaux-sur-Morges (Waadtland) niedergelassene Komponist nahm 1963 eine Professur in Hannover an. »Romeo und Julia« brachte dem jungen Musiker einen ersten, weithin ausstrahlenden Bühnenerfolg; er schuf dann danach Oper auf Oper mit stets wertvollen literarischen Textvorlagen und angeborener dramatischer Kraft, der ein restlos gemeistertes technisches Können zur Seite steht. Sutermeister darf – seltener Fall in unserem Jahrhundert – als beinahe problemloser Komponist angesprochen werden, da seiner starken Vitalität und seinem urgesunden Theaterinstinkt theoretische Erwägungen und intellektuelle Überlegungen fern liegen. (Siehe auch Nachtrag S. 684)

Romeo und Julia

Oper in zwei Akten (sechs Bildern), Textbuch, nach Shakespeare, vom Komponisten.
Originalsprache: Deutsch
Personen: Escalus, Fürst von Verona (Bariton), Montague (Sprechrolle), Capulet (Baß), Romeo, Sohn Montagues (Tenor), Julia, Tochter Capulets (Sopran), Gräfin Capulet, Mutter Julias (Mezzosopran), Balthasar, Romeos Diener (Bariton), die Amme (Alt), Graf Paris, ein junger Edelmann (stumme Rolle), Pater Lorenzo (Baß), ein Bedienter, ein Hirtenknabe, Bürger, Hofleute, Stimmen der Nacht, Stimmen der Tiefe, Stimmen aus der Höhe.
Ort und Zeit: Verona, zu Beginn des 14. Jahrhunderts.
Handlung: Mit einer Fechtszene der Capulets und der Montagues beginnt die Oper; als der Streit vom Fürsten beigelegt wird und die Parteien sich trennen, wird irrtümlicherweise dem jungen Romeo Montague eine Einladung zu einem Fest im Palaste der Capulets übergeben. Dort erblickt er Julia zum ersten Male. Beide fühlen, daß sie von nun an einander für immer angehören müssen. Doch die Umwelt steht gegen ihre Liebe. Julia soll einen jungen Edelmann heiraten, den ihre Eltern für sie gewählt haben. Zur Nachtzeit (während ein kleiner Chor ein schönes Madrigal auf einen Shakespearetext mit archaisierender italienischer Renaissancemusik singt) schwingt Romeo sich auf den Balkon der Geliebten. Er hat im gütigen Franziskanerpater Lorenzo einen Bundesgenossen gefunden, der in der Hoffnung, die beiden tödlich verfeindeten Häuser der Montague und Capulets miteinander aussöhnen zu können, das junge Paar heimlich getraut hat. Doch unfähig, ihren Familien die Wahrheit zu gestehen, trennen die Liebenden sich nach einer kurzen Nacht, die ihren Bund für immer besiegelt. Graf Capulet will seine Tochter zu einer Ehe mit dem Grafen Paris zwingen. Julia wendet sich in höchster Verzweiflung an Pater Lorenzo; der gibt ihr ein Fläschchen, dessen Inhalt sie auf viele Stunden scheintot macht. So wird Julia in der düsteren Familiengruft aufgebahrt. Romeo, der von den Vorgängen nichts weiß und nur die Kunde von Julias Tod vernommen hat, stürzt zu der todesbleichen Geliebten und ersticht sich an ihrer Seite. Da erwacht Julia und in Verzweiflung über die Tat Romeos ersehnt sie das Ende ihres Lebens. Shakespeare und Sutermeister schenken ihr – von mystischen Stimmen aus der Höhe und Tiefe geheimnisvoll umfangen – einen verklärten Liebestod. Er ist medizinisch so unerklärlich wie jener Isoldes, aber darum nicht weniger ergreifend und innerlich wahr.
Quelle: Als Shakespeare zu Ende des 16. Jahrhunderts »Romeo und Julia« dichtete, war die Legende von diesem berühmtesten Liebespaar der Renaissancezeit (und vielleicht Europas seit dem Untergang der Antike) bereits etwa ein Vierteljahrtausend alt. Er gab ihr endgültige Theaterform; seine Tragödie wurde zum Thema zahlreicher Opern.
Textbuch: Sutermeister erweist sich in seiner Bearbeitung des Shakespeare-Stückes als ausgezeichneter Dramaturg. Die starken Kürzungen, die für die musikalische Fassung des Stoffes notwendig sind, greifen den Lebensnerv des Dramas nicht an und schaffen Raum für echte Opernlyrik.
Musik: Der Komponist hat sein Werk »eine Melodie- und Belcanto-Oper« genannt, womit ihr Stil treffend gekennzeichnet ist. Lyrik ist ihr hervorstechendstes Merkmal; das unsterbliche Liebespaar von Verona schwelgt in schönen Kantilenen, und der blutrünstige Kampf der beiden alten Adelsgeschlechter bleibt nur düsterer, wenn auch sehr lebendiger Hintergrund. Diese Oper bedeutete eine ungewöhnliche Talentprobe für einen noch nicht dreißigjährigen Musiker; vieles in ihr ist prachtvoll gelungen und wirkt auf

den Hörer mit einer bei zeitgenössischen Opernwerken seltenen Frische. Sutermeister besitzt Opernmelodie im romantischen, im italienischen Sinne, ohne daß seine Musik deswegen als »unmodern« bezeichnet werden darf, wie dies mitunter geschieht.

Geschichte: Das Publikum der Uraufführung, die am 13. April 1940 in Dresden stattfand (als der zweite Weltkrieg noch in seinem Anfangsstadium war), bereitete dem Werk und seinem jungen Schöpfer einen rauschenden Erfolg, der später in zahlreichen Theatern ganz Europas bestätigt wurde.

Die Zauberinsel

Oper in einem Vorspiel und zwei Akten (vier Bildern). Textbuch, nach Shakespeare, vom Komponisten.
Originalsprache: Deutsch
Personen: Prospero, rechtmäßiger König von Neapel (Baß), Alonso, unrechtmäßiger König von Neapel und Bruder Prosperos (Bariton), Ferdinand, sein Sohn (Tenor), Miranda, Tochter Prosperos (Sopran), Ariel, ein Luftgeist (Mezzosopran), Caliban, ein Ungeheuer (Baß), Trinculo, Hofkellermeister (Baß), Stephano, Hofnarr (Tenor), ein Bootsmann, Stimmen des Windes, der Zeit, der Dämmerung, Nymphen, Kobolde, Geister, Höflinge.
Ort und Zeit: Das Vorspiel auf dem Meer, die beiden Akte auf Prosperos Zauberinsel, mutmaßlich im Mittelmeer, in sagenhafter (aber nachchristlicher) Zeit.
Handlung: Alonso, der seinen Bruder Prospero auf unrechtmäßige Weise um den Königsthron von Neapel gebracht hat, befindet sich auf einer Schiffsreise. Er glaubt Prospero ertrunken und wird von Selbstvorwürfen gepeinigt. Plötzlich taucht eine Insel auf, aber die Seeleute erklären, daß es hier niemals eine Insel gegeben habe. Während sie diese seltsame Erscheinung besprechen, erhebt sich ein Sturm, das Schiff scheitert, und seine Insassen werden an die Gestade der rätselhaften Insel gespült. Auf ihr lebt Prospero mit seiner Tochter Miranda. Mit Hilfe eines Buches, das er auf dem öden Eiland fand, hat er die Zauberkunst erlernt und das auf der Insel lebende Ungetüm Caliban zu seinem Diener gemacht. Der Luftgeist Ariel ist ihm hörig geworden, und mit seiner Hilfe übt Prospero weitreichende Macht aus. Shakespeare hat in einer wahren Überfülle von Szenen ein äußerst buntes Schauspiel geschaffen: Prospero läßt gewissermaßen alle an einem großen Spiel teilnehmen, das er mit Hilfe seiner Geister dirigiert. Das Ergebnis, nach vielen teils ernsten, teils märchenhaften, teils komischen Begebenheiten, ist die tätige Reue Alonsos, der seinen Bruder Prospero wieder zum König machen will. Der aber hat ihrer beider Kinder Miranda und Ferdinand in Liebe zusammengeführt; ihnen gehört die glückliche Zukunft und der Thron Neapels. Unter dem Jubel aller wird die Heimreise angetreten. Prospero gibt Ariel und Caliban frei, die Zauberinsel versinkt im Meer.

Quelle: Shakespeare schuf – vermutlich als reines Produkt seiner Phantasie – das Zauberschauspiel »Der Sturm«; immerhin kommen in ihr einige sagenhafte und mythologische Gestalten vor, die die Phantasie des großen englischen Dramatikers mit erdachten Figuren zu einem glänzenden Märchenspiel vereinigte, sicherlich einem der buntesten, abwechslungsreichsten, weisesten der Weltliteratur.
Textbuch: Wie in »Romeo und Julia« bewies Sutermeister auch hier seine geschickte Hand als Dramaturg. Er ging auch dieses Mal mit ziemlicher Freiheit zu Werke.
Musik: Eine Partitur voller Phantasie, wenn auch vielleicht etwas weniger ursprünglich und melodisch als die seines Bühnenerstlings. Sehr schöne Ensembles, stimmungsvolle Chorszenen.
Geschichte: Die Uraufführung fand am 31. Oktober 1942 in Dresden statt. Der ungünstige Zeitpunkt inmitten des Zweiten Weltkrieges verhinderte eine sofortige Ausbreitung. Es sei erwähnt, daß einige Jahre später ein anderer Schweizer Komponist, Frank Martin, den gleichen Stoff zu einer Oper »Der Sturm« verarbeitete.

Raskolnikow oder: Schuld und Sühne

Oper in zwei Akten (sechs Bildern). Textbuch, nach Fjodor M. Dostojewski, von Peter Sutermeister.
Originalsprache: Deutsch (bei der Uraufführung in schwedischer Übersetzung gesungen)
Personen: Raskolnikow, ein armer Student (Tenor), sein anderes Ich (Bariton), seine Mutter (Alt), Rasumichin, sein Freund (Sprechrolle), Marmeladow, ehemaliger Staatsbeamter (Baß), seine Frau (Sopran), Sonja, beider Tochter (So-

pran), Lene und Poletschka, deren Schwestern; ein Bärenführer, eine Wucherin, ein Polizist, ein Kleinbürger, Volk.
Ort und Zeit: St. Petersburg, um die Mitte des 19. Jahrhunderts.
Handlung: In seiner armseligen Mansarde liegt der Student Rodion Raskolnikow im Fieberschlaf. Sein Freund Rasumichin kommt zu Besuch und überbringt einen Brief. Er ruft die Zimmervermieterin, Frau Marmeladow, um für Raskolnikow Essen zu erhalten. Statt ihrer tritt ihr Gatte ein, der heruntergekommene, betrunkene, ehemalige Staatsbeamte, der seine Familie nicht ernähren kann und nun seine Tochter Sonja auf die Straße geschickt hat, damit sie durch Männerbekanntschaften Geld für die Eltern und die kleinen Schwestern auftreibe. Rasumichin sieht, daß von dieser Familie nichts für seinen kranken Freund zu erwarten ist und geht selbst, etwas zu essen zu holen. Raskolnikow erwacht. Er liest den Brief, der von seiner Mutter kommt, die ihren Besuch ankündigt. Düstere Gedanken peinigen ihn. Wie kann er sich in diesem Zustand vor ihr zeigen, die ihre letzten Mittel opferte, um sein Studium zu ermöglichen? Da löst sich aus ihm eine zweite Gestalt los, sein anderes Ich, sein Dämon. Er zeigt ihm den so ersehnten Weg zu Geld, Wohlstand, Glück, Macht; er müsse nur einen Mord begehen. (Hier also, im Gegensatz zu dem psychologisch-subtil begründeten bei Dostojewski, ein theatergerechter Raubmord.) In einer gespenstischen Szene steht Raskolnikoff diesem zweiten Ich gegenüber; sie sind auch stimmlich, nicht nur gestaltlich, voneinander getrennt – Tenor die wahre, Bariton die Spiegelgestalt. Wie rasend stürzt Raskolnikow aus seiner Mansarde fort. Auf einem Jahrmarkt macht er halt. Die Menge folgt belustigt dem Treiben eines Bärenführers und spendet ihm einige Münzen. Nur die Wucherin hält ihr Geld zurück und wird beschimpft. Als die Nacht anbricht, werden die Buden geschlossen; Sonja erscheint und bittet die Wucherin um ein kleines Darlehen, das ihr unter Hohn verweigert wird. Dann tritt Raskolnikow zur Wucherin und bietet ihr seine Uhr an: Sie gibt ihm zwei Rubel dafür und zieht sich in ihr Haus zurück. Raskolnikow blickt zu ihrem erleuchteten Fenster hinauf. Da spaltet sich sein Bewußtsein wieder; der Dämon rät ihm zum Mord an der Wucherin. Eine Axt lehnt an einer der Buden. Als Raskolnikow beobachtet, wie Sonja von einem Manne angesprochen und mitgenommen wird, ergreift Ekel ihn; Haß ist es nun, der ihn mit der Axt in das Haus der Wucherin treibt. Man hört deren Schrei, das Licht verlöscht, bald danach torkelt der Mörder aus dem Hause. Als er wieder in seiner Mansarde angelangt ist, klopft es an deren Tür. Raskolnikow fährt erschrocken zusammen; aber es ist nur ein Nachbar, der den sterbenden Marmeladow bringt. Ein Straßenunfall machte seinem Leben ein Ende. Die Familie versammelt sich um ihn. Letzte Vorwürfe, Verzeihen unter Tränen. Worte über Gott. Gibt es Gott?, fragt sich Raskolnikow. Und er fragt es Sonja. »Was wäre ich ohne Gott?«, antwortet das Straßenmädchen mit tiefer Überzeugung. Dann geht sie fort, ihrem Gewerbe nach, denn ihre Familie muß ja weiterleben. Raskolnikow martert sich in einer großartigen, erschütternden Szene mit der Frage nach Gott. Sie führt ihn bis an den Rand des Wahnsinns. Als seine Mutter eintrifft, findet sie Raskolnikow verstört, unstet. Sie segnet ihn, als er erklärt, weit fortgehen zu müssen. Dann betet sie für ihn. Während der Totenfeier für Marmeladow sitzt Sonja, geächtet, vor der Kirche. Raskolnikow tritt zu ihr, gesteht ihr schließlich in bebenden Worten den Mord. Schwesterlich küßt die Dirne ihn; nun fühlt sie sich ihm verbunden, da auch sie einen Mord – den Mord an sich selbst – durch Prostituierung ihres eigenen Körpers beging. Aber der Mörder weist ihr Mitleid zurück; er will das Kreuz nicht auf sich nehmen, wie sie ihm rät, so wie er das kleine Goldkreuz nicht annehmen will, das sie ihm schenkt. Allein will er seinen Kampf zu Ende führen. In ausbrechendem Wahnsinn irrt er am Newaufer umher, sieht wie in einer Halluzination Frau Marmeladow mit ihren beiden Mädchen vorübergehen, will sich in den Fluß stürzen. Da begegnet er seinem Dämon. In grenzenlosem Schmerze will er ihn umarmen. Doch nun tritt das andere Ich in seinen Körper ein, aus den beiden Gestalten wird eine, der Zwiespalt ist besiegt. Sonja kommt, und Raskolnikow bittet sie um das Kreuz. Hand in Hand gehen sie langsam über die Newabrücke in die nächtliche Stadt zurück. Der Mörder wird sich der Gerechtigkeit stellen. Sonja aber will ihn in die Verbannung begleiten.
Quelle: Fjodor M. Dostojewskis Roman »Schuld und Sühne« (auch »Verbrechen und Strafe« genannt), der 1867 erschien, zählt zu den großartigsten Dokumenten der neueren Literatur. Mit einer bis dahin ungekannten Tiefenpsychologie hat der russische Dichter in die

Abgründe der menschlichen Seele geleuchtet und den langen Entwicklungsgang von der Schwäche zur Tat und endlich zu Reue und Sühne unvergeßlich dargestellt.

Textbuch: Peter Sutermeister, der Bruder des Komponisten, schuf ein restlos gelungenes Libretto. Die Aufspaltung der Hauptperson in zwei einander gegenüberstehende Figuren, den Menschen und seinen Dämonen gewissermaßen, ist eine dramatisch und besonders musikdramatisch äußerst wirkungsvolle Idee, Ausdruck der Schizophrenie, also nicht mit äußerlich ähnlichen »Verdopplungen« in Milhauds »Christophe Colomb« und Kreneks »Karl V.« zu vergleichen.

Musik: Das Werk enthält die reifste und schönste Musik Sutermeisters. Wo der Librettist notwendigerweise die langen seelischen Entwicklungen des Romans kürzen oder weglassen mußte, greift der Komponist mit sinfonischen Zwischenspielen ein. Zu dem in allen Farben schillernden Orchester tritt ein unsichtbar aufgestellter Chor, dem Betrachtungen über die Handlung anvertraut sind. Sutermeister arbeitet mit vielen Mitteln der modernen Oper: Mischung von Gesangs- und Sprechpartien, Hörbarmachung innerer Stimmen des Menschen, fast filmischer Szenenablauf, Verzicht auf Arie und geschlossene Musiknummer.

Geschichte: Das Werk stieß bei der Uraufführung am 14. Oktober 1948 in der Stockholmer Oper – in schwedischer Sprache – auf tiefes Interesse. Die deutsche Erstaufführung fand wenige Monate später, am 30. April 1949, an der Hamburger Staatsoper statt. Seitdem hat diese Oper auf vielen Bühnen erneutes Zeugnis für die ungewöhnliche Begabung ihres Autors abgelegt.

Die schwarze Spinne

Oper in einem Akt. Textbuch, nach Jeremias Gotthelf, von Albert Roesler.
Originalsprache: Deutsch
Personen: Christine (Mezzosopran), Mutter (Sopran), Teufel (Tenor), Pfarrer (Baß), Bauern.
Ort und Zeit: In der Schweizer Ortschaft Sumiswald, im 14. Jahrhundert.
Handlung: Im Hintergrunde des Geschehens steht die Pest, die ein Alpental heimsucht. Ihr kann nur Christine Einhalt gebieten, die, als alle Gebete der Dorfbewohner nichts nützen, den Teufel zu Hilfe ruft. Der Kuß, den er ihr gibt, brennt als Mal auf ihrer Stirne fort. Aber die von grauenhafter Angst befreiten Menschen wissen ihr keinen Dank, ja verstehen den tiefen Sinn der Seuche gar nicht, die ihnen zur Strafe für geheime Laster und niedrige Leidenschaften geschickt wurde. Sie ächten das Mädchen, das sich zuletzt in höchster Verzweiflung nochmals an den Teufel wendet; er verspricht, seinen Fluch von ihr zu nehmen, wenn sie ihm ein neugeborenes, des Sakraments der Taufe noch nicht teilhaftig gewordenes Kind bringe. Beinahe gelingt dieser Plan, da Christine die Wachsamkeit einer jungen Mutter einschläfern konnte; doch im letzten Augenblick vertritt ihr der Pfarrer den Weg und tauft das Neugeborene. Da verwandelt der Teufel Christine in eine schwarze Spinne, die durch das Tal kriechend von neuem Pest und Tod verbreitet. Zuletzt rettet die reine Herzenskraft der Mutter das Dorf vor dem Verderben; sie besiegt die schwarze Spinne und damit den Tod, den der Teufel als Pestseuche ins Tal gebracht hatte.

Quelle: Der großartige Schilderer des Lebens im Emmental (im schweizerischen Kanton Bern), Albert Bitzius, der unter dem Namen Jeremias Gotthelf schrieb und zum Klassiker wurde, erzählt in den »Bildern und Sagen aus der Schweiz« (1842) die Sinnliches mit Übersinnlichem mischende Geschichte von der »schwarzen Spinne«, in die ein Bauernmädchen verwandelt wurde.

Textbuch: Der langjährige Leiter der literarischen Abteilung des Zürcher Rundfunks, Albert Roesler (1910–1971), der schon in der frühen »Tanzhandlung« (mit Chor) »Das Dorf unter dem Gletscher« mit Sutermeister zusammengearbeitet hatte, schuf eine packende Funkoper über den Stoff seines Landsmanns. Als es darum ging, das Werk zu einem Bühnenstück umzuschaffen, ging Roesler nochmals feinsinnig an die nun erweiterten Möglichkeiten.

Musik: Sutermeister schildert hier das Gespenstische besonders echt. Aber auch die Chorszenen sind von Wucht und Stärke, einige kleinere lyrische Stücke halten das Gleichgewicht des Werkes aufrecht, das in seiner ehrlichen Mischung von Modernität und ausdrucksstarker Melodie tiefen Eindruck macht.

Geschichte: Die Bühnenfassung erlebte am 2. März 1949 in St. Gallen ihre Uraufführung. (Etwa gleichzeitig schrieb ein anderer Schweizer

Komponist, Willy Burkhard, eine Oper über das gleiche Thema und mit dem gleichen Titel, wenn auch in wesentlich anderem Stil.) Sutermeisters Einakter hat sich seitdem als Repertoirestück vieler Theater bestens bewährt. Einer allgemeineren Verbreitung steht in erster Linie die Tatsache der Einaktigkeit entgegen, die in unserer Zeit weniger beliebt ist als in früheren.

Der rote Stiefel

Zu diesem Einakter hat Sutermeister den Stoff ebenfalls in einer bekannten literarischen Vorlage gesucht: in Wilhelm Hauffs Märchen »Das kalte Herz«. Wie in der »Schwarzen Spinne« spielt auch hier ein Teufelspakt eine Rolle. Der Kohlenbrenner Peter Munk gibt sein Herz hin, um Reichtum und Macht zu erlangen. Aber zuletzt wird er durch die reine Liebe eines Mädchens erlöst, dem materielle Güter und Gedanken ferne liegen. Das anstelle des Herzens in die Brust gesenkte Uhrwerk ist ein Zeichen unserer Zeit, wie überhaupt dieses Werk trotz Anlehnung an einen romantischen Text deutliche Züge unseres Jahrhunderts zeigt. Dramaturgisch wie musikalisch ist die Oper sehr interessant gestaltet, mit einem gleichzeitigen Spiel auf zwei Ebenen und zwei gegensätzlichen Klangkörpern. (Uraufführung: Stockholm, 1951)

Titus Feuerfuchs

Nach der Romantik von »Romeo und Julia« und dem Verismus von »Raskolnikow« bildete Sutermeisters nächste Textwahl eine Überraschung: das bezaubernde Lustspiel des großen Wiener Volksdichters (und -schauspielers) Johann Nestroy (1801–62) »Der Talisman«, das unter dem Namen der Hauptperson Titus Feuerfuchs und dem Alternativtitel »Liebe, Tücke und Perücke« zur Oper wurde. Hinter Nestroys Humor verbirgt sich viel mehr als die oft tolle Lustigkeit seiner Komödien auf den ersten Blick ahnen läßt: eine Gesellschaftskritik, eine Verspottung menschlicher Absurditäten und Vorurteile, Bösartigkeiten und Falschheiten. So auch hier: was hat der arme Handwerksbursche Titus Feuerfuchs nicht alles seiner roten Haare wegen auszustehen! Und wie schnell steigt er die Glücksleiter empor, als ein durch ihn vor einem schweren Unfall bewahrter Perückenmacher ihm eines seiner Werke, eine schwarze Lockenpracht, zum Geschenk macht! Da verlieben sich alle Frauen des Schlosses, in dem er um Arbeit anklopft, in ihn, fördern, befördern, umschwärmen ihn in der groteskesten Weise. Bis er seine Perücke verliert, wieder rothaarig dasteht und davongejagt wird. Im letzten Augenblick rettet ihn zwar ein reicher Verwandter, aber wahre Liebe findet er nur bei »seinesgleichen«: bei der ebenfalls rothaarigen Gänsehirtin mit dem schönen Namen Salome Pockerl. Wieviel Witz, aber auch scharfe Beobachtungsgabe, wieviel Lehre und Nachdenklichkeit liegt in dieser angeblichen Posse. Menschliche Schwächen werden getroffen und entlarvt, in heitersten Szenen voll von Wortspielen, Situationskomik und tollem Wirbel wird da eine kleine Tragödie erzählt. Sutermeister gestaltete daraus eine musikalische Komödie zur Zweitausendjahrfeier der Stadt Basel; dort fand die Uraufführung am 14. April 1958 statt.

Weitere Werke: Für das *Einsiedler Große Welttheater*, eines der großartigsten geistlichen Festspiele, das in mehrjährigem Rhythmus vor dem prächtigen Stift Einsiedeln/Schweiz auf der Grundlage des altspanischen Textes von Calderón de la Barca (1600–81) aufgeführt wird, schuf Sutermeister 1960 eine eindrucksvolle Bühnenmusik für 3 Chöre, Orgel, Blasorchester und Schlagzeug, die sich mit Joseph von Eichendorffs (1788–1857) schönem deutschen Text nahtlos verbindet. 1961 folgte »Seraphine« oder »Die stumme Apothekerin«, einaktige Buffo-Oper nach dem französischen Satiriker François Rabelais (1494–1553); 1966 die Fernsehoper »Das Gespenst von Canterville« auf den entzückenden Text von Oscar Wilde (1856–1900), und endlich 1967 eine neue Bühnenpremiere (in Zürich) mit »Madame Bovary«, zu der Gustave Flauberts (1821–80) gleichnamiger Roman die literarische Grundlage geboten hatte. Im Auftrag des ZDF komponierte Sutermeister 1970 eigens für das Fernsehen die Oper »Der Flaschenteufel«.

Serge Iwanowitsch Tanejew
1856–1915

Dieser bedeutende russische Komponist, Lieblingsschüler Tschaikowskys – dessen berühmt gewordenes b-Moll-Klavierkonzert er aus der Taufe hob, da der ursprüngliche Widmungsträger Nikolai Rubinstein sich dem Werk anfangs verweigerte – begann seine Laufbahn als Pianist auf ausgedehnten europäischen Tournéen, wurde 1878 Tschaikowskys Nachfolger als Lehrer am Moskauer Konservatorium, von 1885 bis 1890 Direktor dieses Instituts. Zu seinen namhaftesten Schülern zählen Skrjabin, Rachmaninow, Gretschaninow, Glière, Medtner. Unter seinen in Westeuropa viel zu wenig bekannt gewordenen Werken finden sich vier Sinfonien, Kammermusik, Klavierstücke, Chöre, Lieder sowie die dreiteilige – auch als Trilogie bezeichnete – Oper »Oresteia«, deren Abschnitte »Agamemnon«, »Die Choephoren«, »Die Eumeniden« heißen. Von diesem Werk hat Rimsky-Korssakoff gesagt, es »überrascht bei streng durchdachtem Aufbau durch eine Fülle schöner und ausdrucksvoller Musik«. Einer der wenigen westlichen Kenner (Horst Koegler) nennt es »ein Meisterwerk von hohem Ernst, klassischer Schönheit, nobelstem Adel und sehr individuellem Reiz«. Eine Aufführung hat außerhalb Rußlands – wo es zum Repertoirestück mehrerer Bühnen geworden ist – bisher nicht stattgefunden.
Den Text der »Oresteia« schrieb A. A. Wenkstein nach dem Drama des Aischylos. Er setzt mitten im Trojanischen Kriege ein und schließt nach der Rachetat des Orest an seiner Mutter Klytemnästra und deren Geliebten Ägisth, die den aus dem zehnjährigen Kampfe heimkehrenden Vater Agamemnon ermordet hatten. Also ein weiteres dramatisches Panorama, als es die übrigen – zahlreichen – Griechenopern rund um die Tragödie des Atridenhauses entrollen. Am ehesten ließe sich das Werk Tanejews mit Berlioz' »Trojanern« vergleichen, mit dem es auch den Ausgangspunkt, den Trojanischen Krieg, gemein hat, nicht aber den weiteren Verlauf der Handlung, die sich bei Berlioz nach Karthago und schließlich zur Gründung Roms wendet, also das Schicksal des Aeneas schildert, während Tanejews (in dreißig Musiknummern unterteilte) Oper echte griechische Tragödie bleibt und sich textlich teilweise mit der »Elektra« von Richard Strauss deckt, die aber erst etwa 15 Jahre später geschrieben wurde und daher wesentlich »veristischer«, naturalistisch-expressionistischer ist. Tanejew ist ein Spätromantiker, dessen slawischer Grundton uns unverkennbar scheint, der aber seinen Landsleuten – mehr noch als Tschaikowsky – als »westlich« beeinflußt gilt. Die »Oresteia« wurde zu seinen Lebzeiten nur ein einziges Mal aufgeführt: 1895 in Petersburg, wo seinerzeit auch der russisch-französisch-deutsche Klavierauszug erschien, ohne daß dies dem Werk zu außerrussischen Aufführungen verholfen hätte.

Ambroise Thomas
1811–1896

Der am 5. August 1811 in Metz geborene französische Komponist, der 1832 den »Rompreis« des Pariser Konservatoriums gewann, hatte bereits 16 Opernpremieren mit mäßigem oder gar keinem Erfolg hinter sich, als ihm 1866, also mit 55 Jahren der ganz große Wurf gelang: »Mignon«. Und der Triumph hielt auch bei seinem nächsten Werk, »Hamlet« unvermindert an, sank aber bei seinen letzten Opern wieder ab. Doch die beiden genannten Werke standen jahrzehntelang im Repertoire der Theater. Sie enthalten mehrere Musikstücke, die bis heute von großen Sängern gerne gesungen werden. Immer wieder erfolgen Wiederaufnahmen dieser Opern; dies ist ein Beweis dafür, daß sie – besonders »Mignon« – keineswegs nur zu romantischen Zeiten gefallen konnten. Thomas, hochgeehrt und weltberühmt, starb am 12. Februar 1896 in Paris.

Mignon

Oper in drei Akten. Text nach Goethes Roman »Wilhelm Meisters Lehrjahre«, von Michel Carré und Jules Barbier.
Originaltitel: Mignon
Originalsprache: Französisch
Personen: Mignon (Mezzosopran, eventuell Sopran), Philine (Sopran), Wilhelm Meister (Tenor), Lothario (Baß), Laërtes (Tenor), Jarno (Baß), Friedrich (Tenor), der Fürst, der Baron, Antonio, ein Souffleur, Zigeuner, Schauspieler u. a.
Ort und Zeit: Die ersten beiden Akte in Deutschland, der dritte in Italien um 1790.
Handlung: Vor einem deutschen Landgasthof bewegt sich eine bunte Menge. Lothario, ein alter Harfner, kommt des Weges; sein manchmal verwirrter Geist kreist um eine Tochter, die ihm vor Jahren geraubt wurde. Eine Zigeunertruppe führt Tänze vor. Ihr Leiter Jarno will ein junges Mädchen zum Auftritt zwingen, doch ein junger Reisender bewahrt es unter mutigem Einsatz der eigenen Person vor der Brutalität des Zigeuners. Die Szene ist von einer Schauspielertruppe beobachtet worden, die soeben angelangt ist; und die junge Primadonna Philine, kokett und verführerisch schön, beschließt, den zweifellos reichen und dazu höchst sympathischen Fremden in ihre Netze zu locken. Die Bekanntschaft ist rasch gemacht, es handelt sich um Herrn Wilhelm Meister aus Wien, Sohn aus gutem Hause, der durch die Welt reist. Mignon – so heißt das von ihm gerettete Zigeunermädchen – hat ihm scheu und dankbar einen Blumenstrauß geschenkt und sieht mit Trauer, daß Wilhelm ihn jetzt Philine übergibt. Meister beschließt, nach einem Gespräch mit Mignon, das Mädchen von seinem bitteren Los zu befreien und sie dem brutalen Jarno abzukaufen. Mignon weiß nichts über sich selbst, nicht, woher sie stammt, nicht ihr Alter. Nur ein fernes Land lebt undeutlich in ihrer Erinnerung, Land ihrer Sehnsucht, vielleicht Land ihrer Herkunft. Sie singt Wilhelm Meister davon ein berühmt gewordenes Lied. ①
Bei dieser Arie ergibt sich ein interessantes Problem. Goethe dichtete: »Kennst du das Land, wo die Zitronen blühn? Im dunklen Laub die Goldorangen glühn ...?«. Thomas vertonte die – klanglich schöne – französische Übersetzung: »Connais-tu le pays ou fleurit l'oranger?« Für deutsche Aufführungen mußte dieser Text wieder in Goethes Sprache rückübersetzt werden; und da stimmten auf einmal Silbenzahlen und Betonungen nicht mehr. Doch zurück zur Handlung. Immer wieder zerreißt Philines Frivolität die romantische Stimmung, die Mignon umgibt. Die Schauspielertruppe ist auf ein nahes Schloß engagiert und Wilhelm beschließt, ihr zu folgen. Mignon, die mit dem alten Lothario ziehen sollte, möchte sich nur ungern von ihrem Retter trennen.
So beschließt dieser, das Mädchen, als Page verkleidet, mit sich zu nehmen. In einem melodiösen Duett (»Légères hirondelles«, zu deutsch: Ihr Schwalben in den Lüften) nimmt sie von Lothario Abschied.
In Philines Boudoir im Schloß spielt das erste Bild des zweiten Akts. Wilhelm kommt an. Er fühlt sich immer stärker zu der vitalen, aufreizenden und koketten Philine hingezogen. Traurig beobachtet Mignon deren Spiel. Als sie allein im Boudoir gelassen wird, beginnt sie, sich zu schminken und ein Kleid Philines anzuziehen. Friedrich, ein Verehrer Philines, dringt durch das Fenster im gleichen Augenblick ein, da Wilhelm neuerlich das Zimmer betritt. Beide verkünden ihre Liebe zu Philine, ein Duell scheint unvermeidlich. Da stürzt die besorgte Mignon hervor. Friedrich bricht in Lachen aus, Meister steht beschämt und kündigt dem Mädchen an, daß es nicht weiter mit ihm reisen könne. Philine kommt und verspottet Mignon, die schnell wieder ihr Zigeunerkleid anzieht. Betrübt sieht sie, wie Wilhelm Philine seinen Arm reicht, um sie zur Vorstellung zu geleiten.
Mignon ist in den Park geeilt und denkt daran, sich den Tod zu geben. Des alten Lothario Harfentöne bringen sie zu sich. In seinen Armen beweint sie ihr Schicksal. Man hört fernen Applaus, und Philines Name wird ausgerufen. In einer seltsamen Vision glaubt Mignon, das Schloß in Feuer aufgehen zu sehen.
Die Vorstellung ist zu Ende gegangen (laut Libretto wurde Shakespeares »Sommernachtstraum« gespielt, und Philine stellte die Titania dar, worauf sich ihre folgende Arie bezieht), die begeisterten Zuschauer begleiten die Hauptdarsteller in den Park, wo sie Philine um eine Zugabe bitten. Thomas hat hier die brillante Polonaise »Je suis Titania« (in der deutschen Fassung: »Titania ist herabgestiegen«) komponiert, die eines der Glanzstücke für Koloratursopране geworden ist. ② Lothario raunt Mignon zu, er habe Feuer im Schloß gelegt, um ihr Schicksal zu wenden. Im gleichen Augenblick fordert Philine

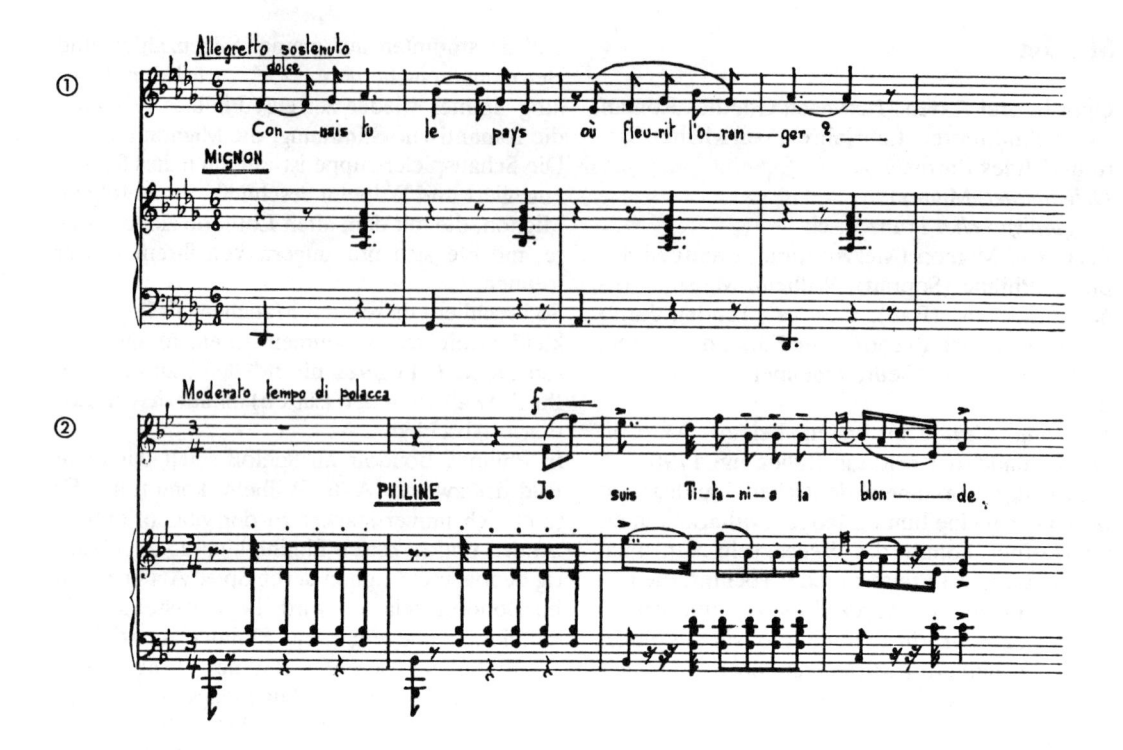

① *Allegretto sostenuto dolce*
Con—nais tu le pays où fleu-rit l'o—ran—ger? —

MIGNON

② *Moderato tempo di polacca*
PHILINE: Je suis Ti-ta-ni-a la blon—de.

das Mädchen auf, ihr einen Blumenstrauß, den sie im Theater vergaß, zu holen. In größter Erregung naht Laërtes und verkündet, das Schloß stehe in Flammen. Wilhelm Meister stürzt Mignon nach und kann sie vor dem sicherscheinenden Tode retten.

Der dritte Akt spielt in Italien, in den hohen Räumen eines alten Palastes. Wilhelm und Lothario haben Mignon hierher gebracht. In dem Mädchen, aber auch in dem alten Harfner gehen seltsame Veränderungen vor. Lothario scheint hier zu geistiger Klarheit zu gelangen, es ist als fielen ihm längst vergangene und verschüttete Ereignisse wieder ein. Wilhelm Meister fühlt sich immer stärker zu dem rätselhaften Zigeunermädchen hingezogen, auch die Erinnerung an Philine – deren Lied leitmotivartig auftaucht – kann ihn nicht mehr wankend machen. Der alte Lothario durchstreift wie nachtwandlerisch den Palast, der ihm mit jedem Schritt vertrauter vorkommt. In einer Kammer, zu der er wie im Traum den Zugang findet, legt er die Gewänder des Herzogs von Ciprani an und weiß plötzlich: er war, er ist dieser Herzog, der vor vielen Jahren auszog, um sein von Zigeunern entführtes Kind zu suchen. Auch Mignon steht vor der Entdeckung des Rätsels, das sie umgab: der Palast war ihre Heimat. Nun ist sie ins Land ihrer Kindheit, das Land der blühenden Zitronenbäume, der Goldorangen heimgekehrt. Und so wie sie's ersehnte: mit dem Geliebten.

Textbuch: Aus einem wort- und bildreichen »Erziehungsroman« haben die bedeutenden französischen Literaten Michel Carré und Jules Barbier einen Operntext machen müssen: kein leichtes Unterfangen, bei dem viel Psychologie und manche wichtige Einzelheit auf der Strecke zu bleiben hatten, um dem Hauptzweck gerecht zu werden, ein sinnfälliges, theaterwirksames, gesangsfähiges Libretto zu schaffen. Sie gewannen dem Stoff alles ab, was möglich war: ein von Zigeunern geraubtes Mädchen, das sich als Erbin eines alten Schlosses und Namens erweist, eine leichtfertige Verführerin mit Koloraturkünsten, ein eleganter Mann auf abenteuerreichen Reisen, der zwischen den beiden Frauen steht; ein romantischer, geistig umnebelter Harfner, der durch wunderbare Ereignisse die Klarheit wiedergewinnt, ein Schloßbrand, eine südliche Traumlandschaft. Literarische Puristen werden an so ziemlich allen Opernbearbeitungen klassischer Texte Gelegenheit zum Nörgeln finden. Sicher nicht zu Unrecht, denn die Dichtungen der Meister sind selbstverständlich immer viel reichhaltiger als ihr »Digest« (wie man es heute amerikanisiert nennen würde) zum Zwecke der

Vertonung. Trotzdem muß gesagt werden, daß gerade Barbier und Carré – die ja auch Goethes »Faust« für Gounods Vertonung bearbeitet hatten – recht verständnisvoll und mit Respekt verfuhren. Es wurde eine das Zeitpublikum ergreifende romantische Oper.
Musik: Thomas war ein großer Könner, aber auch ein inspirierter Melodiker. Manches, was uns heute vielleicht etwas süßlich erscheinen mag, entspricht dem Zeitgeist. Die Singstimmen sind, sowohl im Solo wie in den zahlreichen Ensembleszenen ausgezeichnet geführt, das Orchester klingt abwechslungsreich und oftmals prächtig. »Mignon« ist eine der wenigen romantischen Opern, in denen die Hauptrolle einem Mezzosopran anvertraut ist.

Geschichte: Keines der früheren Werke Thomas', zumeist in der Pariser Opéra Comique uraufgeführt, hatte sich auf dem Spielplan zu halten vermocht. Nach »Le Roman d'Elvire« im Jahre 1860 legte der Komponist nun eine längere Pause ein, um an »Mignon« in Ruhe zu arbeiten. Ihre Uraufführung im gleichen Theater am 17. November 1866 wurde zum vollen Triumph. Bald war »Mignon« Repertoireoper vieler Theater rund um die Erde. Ihren größten Erfolg aber – vielleicht aus dem gleichen Grunde, wie dies beim »Faust« Gounods der Fall ist – erzielte »Mignon« seit jeher im deutschen Sprachgebiet, und dies, obwohl der deutsche Operntext mit den klassischen Worten und Versen Goethes nicht mehr identisch ist.

Michael Tippett

1905

Seit dem Beginn der englischen Opernrenaissance in unserem Jahrhundert hat dieses Land eine bedeutende Zahl echter Talente auf dem Gebiet des Musiktheaters hervorgebracht. Eines der stärksten ist zweifellos Michael Tippett, der am 2. Januar 1905 in Cornish-Stock geboren wurde. Seine »The midsummer marriage«/Mittsommerhochzeit fand im Jahre in Londons Covent-Garden, dem königlichen Opernhaus, für das er in Zukunft alle seine Werke schreiben sollte, starke Beachtung. Er erhielt dann den Auftrag, zur Weihe der wiedererrichteten Kathedrale von Coventry, die im Zweiten Weltkrieg von den deutschen Fliegerbomben zerstört worden war, eine Festoper zu schreiben. So kam es dort im Frühjahr 1962 zur Premiere von »King Priam«/König Priamos. Den Stoff lieferte Homer, der Komponist selbst verfaßte das Textbuch, dem ein hohes humanistisches Ideal eignet. Alle Hauptgestalten des Dramas werden vor schwere Entscheidungen gestellt; es wurde also ein Drama menschlicher Verantwortung. Das Werk führt durch mehrere Stationen der griechischen Geschichte, aber Tippett deutet vieles neu und anders. Zuletzt tritt König Priamos vor Achill und bittet ihn um die Leiche seines getöteten Sohnes Hektor. Achill stimmt nach langem inneren Kampfe zu. Vielleicht ist es dieser Zug zur Versöhnlichkeit, der inmitten all des Grauens und Blutes dem Drama einen tiefen Sinn gibt. Coventry war zum hassenswerten Symbol des »totalen« Krieges geworden; die Einweihung der wiedererstandenen Kathedrale gestaltete sich zu einem völkerverbindenden Ereignis, zu dem auch Benjamin Britten mit seinem bedeutenden »War Requiem« Wertvolles beitrug. Nach dem schwächeren Erfolg von »Knot Garten«/Irrgarten (London 1970) wurde am 7. Juli 1977 »The Ice Break« wiederum zu einem vollen Triumph. Die wörtliche Übersetzung (Der Bruch des Eises) ist symbolisch gemeint und müßte besser »Wenn das Eis bricht« oder gar »Schneeschmelze« lauten. Wieder war Tippett sein eigener Librettist, der dieses Mal ganz aus eigener Phantasie schuf. Er stellt ein Drama aus unseren Tagen dar, in dem viele beunruhigende Symptome der Zeit zusammenfließen, von denen allerdings kaum eines einer opernmäßigen Behandlung zugänglich scheint: Nach zwanzigjähriger Haft und Verbannung ist ein russischer Dissident aus der Sowjetunion nach USA ausgereist, wo seine Frau und sein inzwischen erwachsener Sohn leben; dort erlebt er Rassenkampf, »Helden«-Verehrung als Massenhysterie, Generationskonflikte in einem alltäglichen, seine Familie treffenden Einzelschicksal, das zugleich allgemeingültig ist und die tiefen Krankheiten einer Gesellschaft und einer Zeit aufdeckt: »In meiner Musik dieser Oper«, hat Tippett geäußert, »gibt es zwei Grundstimmungen: die eine bringt das erschrekkende, aber auch zu frohen Erwartungen Anlaß gebende Getöse des im Frühling aufbrechenden Eises der großen Flüsse wieder, die andere stellt die erregenden, aber auch beängstigenden Parolen brüllender Menschenmassen dar, die uns im Triumph auf den Schultern tragen, aber ebenso zu Tode trampeln können.« Der Komponist will alle Darsteller, vor allem aber den Chor (wie Strawinsky in »Oedipus Rex«) von Masken verhüllt wissen, also nicht mehr ihre Einzelerlebnisse darstellend, als Typen zeigen. Schwarz und Weiß, Alt und Jung sind Symbole feindlicher Gruppen, die über Abgründe hinweg einander manchmal doch verstehen oder zu verstehen suchen, »wenn das Eis bricht«. Dementsprechend ist die Musik »objektivierend«; sie hat, ohne schildernd zu werden, verschiedene und sehr charakteristische Klangbilder für »Massenverehrung, Rassenwahn, Rauschgift, psychedelische Verführung, pseudoreligiösen Fanatismus, den Absolutheitsanspruch in heutigen medizinischen Praktiken, die Zerbrechlichkeit persönlichen Glücks in einer unendlich bedrohten Welt« (A. Briner).

Francisco Moreno Torroba
1891–1984

In der langen, von durchschlagendsten volkstümlichen Erfolgen übervollen Geschichte der spanischen Zarzuela – die gerechterweise eher der deutschen Spieloper, der französischen Opéra comique zu vergleichen wäre, als der Operette oder dem Musical – ragt in der (vorläufig) letzten Generation – neben Pablo Luna, Pablo Sorozábal und manchem anderen – Francisco Moreno Torroba, in Madrid am 3. März 1891 geboren, hervor. Aus der langen Liste seiner Bühnenwerke sei hier nur die überaus populär gewordene »Luisa Fernanda« genannt, die seit ihrer Uraufführung im Jahre 1932 im Sturm die spanischsprachige Welt eroberte. Gegen Ende seines Lebens wendete Moreno Torroba sich noch einmal der Oper zu. In Madrid wurde am 20. Juni 1980 »El poeta« (Der Dichter) uraufgeführt, ein nicht nur für einen 89jährigen Komponisten bemerkenswertes Werk.
In »El Poeta« (dessen Uraufführung nicht zuletzt durch die Verkörperung der Titelrolle durch den führenden Tenor Placido Domingo internationales Interesse hervorrief) wird das tragische, kurze Leben des hochbedeutenden spanischen romantischen Dichters José de Espróncedo auf die Bühne gebracht, eine Existenz voll Dramatik, Tragik, großartigem Schaffen und Leidenschaft. Leider wird das Libretto (von José Méndez Herrera) dem Stoff in keiner Weise gerecht, vermittelt ihn weder historisch richtig – Espróncedo lebte von 1808 bis 1842 – noch menschlich ergreifend. Um so bemerkenswerter ist die Musik Moreno Torrobas; sie besitzt Melodie und glänzende Instrumentation, hält sich aber im Duktus an den italienischen Verismus, der mit einigen moderneren Rhythmen (ein wenig an Gershwin erinnernd) aufgelockert erscheint. Ein zwar unzeitgemäßes, aber für die neuerliche Hinwendung Spaniens zum ernsten Musiktheater bezeichnendes und erfreuliches Werk.

Pjotr Iljitsch Tschaikowsky
1840–1893

Tschaikowsky, einer der romantischen Großmeister, gehört im 20. Jahrhundert zu den meistgespielten Komponisten in aller Welt und zu den höchsten musikalischen Idolen seiner in allen anderen Belangen so veränderten Heimat Rußland. Er kam am 7. Mai 1840 im fernen Wotkinsk (Ural) zur Welt, studierte, obwohl er ursprünglich zur Beamtenlaufbahn ausersehen war, in Moskau Musik und wurde bescheidener Lehrer am Konservatorium dieser Stadt. Als er 37 Jahre alt war, trat die Wende in seinem Leben ein, die man kaum anders denn als »wunderbar« bezeichnen kann. Nadjescha von

Meck, eine der reichsten, aber auch musikbegeistertsten Frauen Rußlands, hörte eine seiner Kompositionen und trat mit ihm in schriftliche Verbindung, bat ihn um ein Werk, honorierte es glänzend, interessierte sich immer mehr für sein Schaffen, setzte ihm schließlich eine hohe Lebensrente aus, mit der er leben konnte, wie und wo er wollte, und überhäufte ihn mit Geschenken, feinsinnigen Aufmerksamkeiten und zahllosen Briefen, die, mit Tschaikowskys Gegenbriefen, zum faszinierendsten Epistolarium wurden, das man sich vorstellen kann. Eine – allerdings ungeschriebene – Vereinbarung eliminierte aus dieser Freundschaft (der in vielen Augenblicken eher das Prädikat einer »Liebe« gemäß wäre) jede Möglichkeit einer persönlichen Begegnung – aus recht persönlichen und bei den beiden Partnern völlig verschiedenen Motiven. Tschaikowsky wurde durch diese Verbindung in die Lage versetzt, nach Herzenslust zu komponieren. Sein großes Lebenswerk umfaßt zehn Opern: »Der Woiwode« (1868), »Undine« (1869), »Der Opritschnik« (1874), »Wakula der Schmied« (1876), »Eugen Onegin« (1879), »Die Jungfrau von Orléans« (1881), »Mazeppa« (1884), »Die Zauberin« (1887), »Pique Dame« (1890), »Jolanthe« (1892), sowie die sehr erfolgreichen Ballette »Schwanensee«, »Der Nußknacker« und »Dornröschen«. Tschaikowsky, der in vielen Ländern und Städten Europas lebte und auch eine Tournée durch die USA unternahm, ließ sich in den letzten Jahren in seinem Vaterland nieder. Dort starb er an der Cholera in St. Petersburg, am 6. November 1893, wobei die Umstände einen Selbstmord zumindest nicht ganz ausschließen.

Eugen Onegin

Lyrische Szenen in drei Akten. Textbuch, nach einem Versroman Alexander Puschkins, von K. S. Schilowsky und P. I. Tschaikowsky.
Originaltitel: Jewgeni Onjegin
Originalsprache: Russisch
Personen: Larina, Gutsbesitzerin (Mezzosopran), Tatjana und Olga, ihre Töchter (Sopran und Alt), Filipjewna, Haushälterin (Mezzosopran), Eugen Onegin (Bariton), der Dichter Lenski, sein Freund (Tenor), Fürst Gremin (Baß), Saretzki (Baß), ein Hauptmann (Baß), Triquet (Tenor), Gillot, Onegins Diener (stumme Rolle), Bauern, Ballgäste, Offiziere.
Ort und Zeit: Auf dem Lande bei St. Petersburg und in dieser Stadt selbst, von 1810 bis 1820.
Handlung: Im Garten ihres Landhauses hört Frau Larina, in Gesellschaft der alten Gesellschafterin Filipjewna, dem Gesang ihrer beiden Töchter zu. Sie gedenkt ihrer eigenen Jugend, in der sie einen Offizier liebte, den sie nicht heiraten konnte. Olga und Tatjana kommen herbei, während in der Ferne die Bauernmädchen russische Volksweisen in den sinkenden Abend singen. Olga ist lebensfreudig, sorglos, lebhaft; Tatjana scheuer, in sich gekehrt, schwärmerisch. Aus Büchern hat sie sich eine Traumwelt errichtet, in der sie lebt. Die Ankunft Lenskis wird gemeldet, eines jungen Gutsnachbarn und Dichters, der Olga leidenschaftlich liebt. Er ist nicht allein gekommen, sondern hat einen Freund mitgebracht, Eugen Onegin mit Namen, einen jungen Aristokraten, dem der Ruf eines Mannes von Welt und Frauenlieblings vorauseilt. Die Paare unternehmen einen kleinen Spaziergang durch den Park. Lenski besingt seine Liebe in einer glühenden Arie; Tatjana fühlt sich in einer nie gekannten Weise zu Onegin hingezogen, der höflich, aber völlig kühl neben ihr hergeht.

Im Schlafgemach Tatjanas spielt das zweite (und berühmteste) Bild des Werkes. Das junge Mädchen, aufgewühlt von der Begegnung mit dem fesselnden Manne, kann keinen Schlummer finden. Endlich setzt sie sich an den Tisch und schreibt einen Brief an Onegin. Die lange Szene läßt sie alle Seelenzustände von freudiger Hoffnung bis zu beklemmender Sorge durchlaufen und findet für jeden von ihnen prachtvollen musikalisch-dramatischen Ausdruck. Als der Morgen kommt, bittet Tatjana die alte Amme, ihren Brief Onegin zu überbringen.

Im Park findet der nächste Auftritt statt. Tatjana geht unruhig hin und her. Es ist die Stunde, für die sie in ihrem Brief Onegin zu einer Unterredung gebeten hat. Doch die Begegnung verläuft enttäuschend. Der junge Mann erklärt, sich nicht verheiraten zu wollen, da sein Sinn nach immer neuen Erlebnissen stehe. Ein fröhlicher Mädchenchor auf den Feldern bildet den wirkungsvollen Kontrast zu der immer bitterer werdenden Aussprache. Weinend zieht sich Tatjana zurück.

Im Landhause Frau Larinas wird mit einem Ball Tatjanas Geburtstag gefeiert. Das Orchester spielt einen der mitreißendsten Walzer Tschaikowskys, der sich im wiegenden Dreivierteltakt stets besonders wohlfühlte. ①

Lenski und Onegin befinden sich unter den Gästen. Letzterer verachtet die klatschsüchtige, neugierige Gesellschaft, die ihn umgibt und ihm Böses nachzusagen sucht. Ja, selbst dem Freunde und dessen Eifersucht gegenüber fühlt er in diesem Augenblick so etwas wie verächtliche Abneigung, die vielleicht im Grunde nichts anderes ist als Neid auf dessen problemloses Glück. Er rächt sich, indem er Tanz auf Tanz mit Olga durch den festlichen Saal wirbelt. Schließlich kann Lenski nicht mehr an sich halten, es kommt zum offenen Bruch zwischen den Freunden. Lenski aber geht noch weiter. Er fordert Onegin zum Zweikampf heraus.

Die Duellszene folgt. Ein grauer Morgen geht über einer trostlosen Schneelandschaft auf. Am fernen, vereisten Flußufer sieht man eine Mühle und ein paar einsame Bäume. Lenski, von seinem Sekundanten Saretzki begleitet, erwartet die Ankunft des Gegners. Unter wehmütigen Klängen ② zieht in einer herrlichen Arie noch einmal sein Leben an ihm vorüber, Bilder aus vergangenen, schöneren Tagen.

Er versucht, die trüben Vorahnungen zu verscheuchen, aber sein Gesang kann sich von der traurigen Vorahnung, die ihn erfüllt, nicht befreien. Onegin erscheint; er hat seinen Diener als Sekundanten mitgebracht. Will er damit zeigen, wie wenig wichtig er das Duell nimmt? Die üblichen Phrasen werden ausgetauscht, die Distanz gemessen, die Waffen verteilt. Die Schüsse ertönen, Onegins Kugel durchbohrt Lenskis Brust.

Viele Jahre sind verstrichen. Auf weiten Reisen hat Onegin weder Vergessen noch Glück gefunden. Nun ist er heimgekehrt. Auf einem Ball im Palast des Fürsten Gremin trifft er Tatjana wieder. Sie ist die Gattin des Hausherrn, der ihr zärtlich zugetan ist. In Onegins Seele fällt es wie ein Blitz: Sie war die einzige Frau, die er in Wahrheit hätte lieben können, lieben müssen. Es ist zu spät. Auch Tatjana hat ihn nie vergessen können, aber sie kennt ihre Pflicht, weist mit wundem Herzen die glühenden Erklärungen Onegins zurück. Sie macht sich aus seiner Umarmung frei. Onegin fühlt, wohl zum ersten Male im Leben, die ganze Bitternis der Verzweiflung.

Quelle: Einer der berühmten Versromane des russischen Dichters Alexander Puschkin (1799 bis 1837), der hier gewissermaßen sein eigenes Geschick vorausahnte: er starb jung in einem sinnlosen Duell ...

Textbuch: Tschaikowsky wählte aus Puschkins Werk die Szenen aus, die seiner musikalischen Eingebung am ehesten entsprachen; dann schrieb sein Freund Konstantin Schilowsky das gewünschte Libretto, im Untertitel als »Lyrische Szenen« bezeichnet. Vielleicht ist Tschaikowsky hier zu vorsichtig gewesen, denn der Eindruck des Werkes ist durchaus der eines Dramas, wenngleich jede Szene für sich eine Einheit darstellt. Einige Szenen sind zwar von stark lyrischer Inspiration, aber nicht wenige weisen unmittelbare Theaterwirkung auf.

Musik: Alle guten Eigenschaften Tschaikowskys – und das sind trotz seiner vielen Kritiker nicht wenige – haben sich hier glücklich vereinigt: weitgeschwungene, gefühlsbetonte Melodie, romantische Harmonien, ausdrucksvolle Gesangslinie, blendende Instrumentation. Man müßte, wollte man die Höhepunkte hervorheben, nicht wenige Szenen einzeln aufzählen. Allen voran wohl der große nächtliche Monolog Tatjanas, die aus der beklemmenden Verwirrung ihrer Gefühle endlich den Brief an Onegin schreibt, einer der schönsten, ergreifendsten Augenblicke des Opernrepertoires. Dazu die Arien Lenskis und Gremins, das düstere Kolorit der Duellszene, die folkloristischen Weisen, das letzte erschütternde Duett zwischen Tatjana und Onegin.

Geschichte: Zu Anfang des Jahres 1877 soll die Sängerin Elisabeth Lawrowskaja Tschaikowsky auf den Onegin-Stoff hingewiesen haben. Ob die Parallele zwischen dieser Liebesgeschichte und jener, die der Komponist gleichzeitig erlebte, mehr als bloßer Zufall war, sei dahingestellt: Eine junge Schülerin des Konservatoriums hatte ihm glühende Briefe geschrieben, und Tschaikowsky heiratete sie, aber der Bund – wenn von einem solchen überhaupt die Rede sein konnte – währte nur wenige Tage und endete mit der verzweifelten, überstürzten Flucht des Komponisten. In Clarens, an den milden Ufern des Genfersees, wohin er sich (natürlich mit Hilfe Nadjeschdas) rettete, arbeitete er an »Eugen Onegin«. Und, wie später noch öfter im Leben, war es die Arbeit, die Freude am Gelingen eines Werkes, die ihm neuen Lebensmut gaben. Er schloß die Partitur am 1. Februar 1878 ab, empfand aber starke Bedenken gegen eine Aufführung dieser Oper; er konnte und wollte sich Idealgestalten wie Tatjana und Lenski nicht von »beleibten, älteren Opernsängern« interpretiert vorstellen, wie er an Nadjeschda schrieb: »Wo einen Lenski finden, jung, schwärmerisch, begeistert, wo eine Tatjana, scheu, keusch und doch von Leidenschaft verzehrt?« Ein Zufall brachte die Lösung. Das Moskauer Konservatorium, seine »alte« Anstalt und eigentlich immer noch seine Arbeitsstätte – wenn er auch auf unbestimmte Zeit beurlaubt war – bewarb sich um die Premiere. Mit dessen jungen Kräften erklang das Werk am 29. März 1879 zum ersten Male und riß trotz begreiflicherweise unroutinierter Leistungen das Publikum durch Frische und Natürlichkeit mit. Tschaikowsky, für wenige Tage heimgekehrt, nahm ängstlich und schüchtern, wie es damals noch seine Art war, die begeisterten Huldigungen entgegen.

Mazeppa

Innere und äußere Unruhe im Leben Tschaikowskys kennzeichnet die Entstehungsepoche der Oper »Mazeppa«. Er begann die Arbeit im November 1881, gesteht aber zehn Monate später, am 14. September 1882 in einem Brief an Nadjeschda von Meck: »Noch nie hat eine Oper mich so viel Mühe gekostet. Früher war das Komponieren für mich so natürlich wie das Schwimmen für den Fisch und das Fliegen für den Vogel. Jetzt ist das alles ganz anders geworden. Ich komme mir vor wie ein Mann, der eine schwere Bürde auf sich genommen hat und sie bis zum Ende tragen muß.« Aber entgegen Tschaikowskys Befürchtungen handelte es sich nur um eine vorübergehende Krise in seiner Schaffenskraft, wie er ihrer mehrere zu bestehen hatte, aber durchwegs überwand. Er vollendete wenige Monate nach diesem Schreiben die Partitur von »Mazeppa«, der Puschkins Gedicht über die Schlacht von Poltawa (1709) und das Schicksal des fast legendären Helden Mazeppa zu Grunde liegt. Der Schauspieler V. N. Davydow schrieb ihm das Libretto. (Liszt bearbeitete den gleichen Stoff in einem glänzenden sinfonischen Gedicht.) Der ukrainische Kosakenhauptmann entführt die ihn liebende Maria; ihr Vater bricht zur Rache auf, wird aber gefangen, grausam gefoltert und getötet. Maria verfällt dem Wahnsinn. Der Kosakenhauptmann empört sich gegen den Zaren, wird jedoch in der Schlacht von Poltawa besiegt. Mit letzter Kraft entkommt er und reitet seinen berühmt gewordenen Todesritt in die Steppe. Das Textbuch ist trotz des äußerst dramatischen Stoffes eher lyrisch-bildhaft zu nennen, wobei sicherlich Tschaikowsky selbst seine Wünsche geltend machte, die stets vorzugsweise in diese Richtung gingen. Die Uraufführung fand nahezu gleichzeitig in St. Petersburg und Moskau, im Februar 1884, statt. Das Werk konnte niemals in das Repertoire der westlichen Opernbühnen gelangen, doch zeigten vereinzelte Aufführungen nach dem Zweiten Weltkrieg seine musikalischen Schönheiten auf.

Die Zauberin

Im Jahre 1885 machte des Komponisten Bruder Modest ihn auf das Schauspiel »Die Zauberin« (»Tschardejka«) von Schpaschinski aufmerksam. Tschaikowsky begeisterte sich sofort und begann es mit Hilfe des Autors in eine Oper zu verwandeln. An den Ufern der Wolga steht ein ländliches Gasthaus, in dem sich Männer der hohen Gesellschaftskreise zu geheimen Liebesstunden mit bäuerlichen Mädchen zusammenfinden. (Eine berühmte volkstümliche Melodie schildert das breite Dahinströmen des Flusses.) Der Statthalter selbst, ein Großfürst aus altem Geschlecht, gehört zu den Gästen der Wirtschaft; seine Liebe gilt der Wirtin, die von Dichter und Komponist bezaubernd geschildert wird. Der Sohn des Fürsten macht sich auf, um diese ihm unbekannte Frau zu ermorden, damit seine Mutter ihre Ruhe wiederfände. Aber auch er erliegt den Reizen der »Zauberin«. Er fleht sie an, mit ihm zu fliehen. Doch bevor die beiden jungen Menschen ihren Entschluß ausführen können, wird die Wirtin von der Gattin des Statthalters, der Mutter ihres Geliebten, vergiftet. Darüber bricht ein tragischer Kampf in der Familie aus: Der Vater tötet den Sohn und entleibt sich dann, während eines heftigen Gewitters, in einem Wahnsinnsanfall. Es ist dies wohl das realistischste Libretto, das Tschaikowsky vertonte. Seine im Schlußteil allzusehr an Schauerdramatik gemahnende Handlung schien dem deutschen Opernpublikum fern zu liegen. Daher läßt die bekannteste deutschsprachige Fassung den abschließenden Familienkampf mit Wahnsinn und doppeltem Tod weg; Julius Kapp, der Bearbeiter, beendet das Drama mit einer schönen Waldszene, in der die »Zauberin« vom Gift der eifersüchtigen Gattin und Mutter getötet wird. Sie haucht ihre Seele in den Armen des einzig Geliebten aus, der an ihrer Leiche zusammenbricht. Die Uraufführung der Oper fand in St. Petersburg, am 20. Oktober 1887, statt. Trotz glänzender Ausstattung und Leistungen war die Aufnahme kühl, ja fast feindlich. Die das Theater besuchende Aristokratie empfand das Sujet als kraß und beleidigend: Angehörige ihres eigenen Standes in verzweifelter Liebe zu einer Plebejerin, und Andeutung zu freier Sitten im Verkehr der streng getrennten Klassen, das ging zu weit. Nach nur fünf Aufführungen verschwand »Die Zauberin« vom Spielplan und konnte auch im übrigen, aristokratisch regierten Europa nicht durchdringen. Unsere demokratische Zeit hat das Werk hervorgeholt und seine zahlreichen musikalischen Werte dem Publikum zugänglich gemacht.

Pique Dame

Oper in drei Akten (sieben Bildern). Textbuch nach Alexander Puschkin, von Modest Tschaikowsky.
Originaltitel: Pikowaja Dama
Originalsprache: Russisch
Personen: Hermann (Tenor), Graf Tomsky (Bariton), Fürst Jeletzky (Bariton), Czekalinsky (Tenor), Surin (Baß), Tschaplitzky (Tenor), Narumow (Baß), Die Gräfin (Mezzosopran), Lisa, ihre Enkelin (Sopran), Pauline, deren Freundin (Alt), die Gouvernante (Mezzosopran), Mascha, Kammermädchen (Sopran), Gäste, Masken, Spieler.
Ort und Zeit: St. Petersburg um 1800.
Handlung: Der junge Offizier Hermann hat sich in eine Unbekannte verliebt, die auch ihm Sympathie entgegenzubringen scheint. Von einem Kameraden erfährt er Näheres über sie: sie ist Enkelin und Pflegekind einer seltsamen Gräfin, über deren Leben geheimnisvolle Gerüchte umlaufen. Sie soll in jungen Jahren im fernen Ausland eine unfehlbare Methode des Spielgewinns durch eine Liebesnacht mit einem Abenteurer erkauft haben. Mit großen Reichtümern sei sie später heimgekehrt und nun wolle sie Lisa, ihren Schützling, einem mächtigen Mitglied der einflußreichen alten Familien vermählen. Hermann verzweifelt, denn die militärische Laufbahn, die er eingeschlagen hat, scheint ihm kaum Aussichten auf ein Leben zu bieten, wie die alte Gräfin es für Lisa wünscht. In seinem Kopf erwacht der Gedanke, wenn nötig mit Gewalt in Besitz des Geheimnisses zu gelangen. Es gelingt ihm, mit Lisa zu sprechen: in einer melodisch schönen, gefühlvollen Szene gewinnt er die Gewißheit, daß das junge Mädchen ihn liebt und die Ehe, zu der man sie aus Standes- und Vermögensgründen zwingen will, verabscheut. Als die beiden jungen Leute einander auf einem Maskenball erneut treffen, ① händigt Lisa Hermann den Schlüssel zu ihrem Hause aus. Um in ihr Zimmer zu gelangen, müsse er durch jenes der alten Gräfin gehen. Hermann schlägt diesen Weg ein, aber er verbleibt wie gebannt im Raume, in dem die Gräfin den Erinnerungen ihrer Jugend lebt. Immer klarer wird sein Plan. Diese alte Frau muß ihm das Geheimnis enthüllen, mit dem er in den Besitz des Reichtums und damit Lisas gelangen kann. Er tritt hinter dem Vorhang hervor, vor die Gräfin hin, die höhnisch stumm bleibt. Immer verzweifelter bittet der Offizier,

① Allegro vivace

zieht zuletzt seinen Revolver. Da sinkt die Alte plötzlich tot zu Boden. Angst und Mißtrauen erfassen Lisa, die in das Gemach stürzt. Ist Hermann um des Geheimnisses der Karten willen gekommen oder aus Liebe zu ihr? Ist er der Mörder der Gräfin? In zunehmender Geistesverwirrung taumelt der Offizier aus dem Palast; in der Kaserne brütet er dumpf über das Geschehene. Ein Brief Lisas, die sich in Leid und Not zu ihm bekennt, verblaßt schnell über der gespenstischen Vision der Toten, die ihm drei Karten nennt. Nun gibt es kein Halten mehr für Hermann, es treibt ihn in den Spielsaal, endlich will er zu dem ersehnten Reichtum gelangen.

Auf dem Wege begegnet er Lisa, doch macht er einen gänzlich verstörten Eindruck und findet kein einziges Liebeswort für sie. Da stürzt sich das junge Mädchen in die eisigen Wasser des Flusses. Hermann aber eilt weiter, betritt den Spielsaal, in dem bewegtes Treiben herrscht. In höchster Erregung läßt er sich an einem Tisch nieder, setzt einen großen Betrag auf die erste der Karten, die die tote Gräfin ihm verriet. Er gewinnt wirklich und setzt, immer rasender, auf die zweite; wieder entscheidet das Glück zu seinen Gunsten.

Nun fehlt nur noch eine. Hermann setzt den gesamten Gewinn, alles, was er besitzt; schon glaubt er sich reich, ungeheuer reich, wirre Bilder erstehen vor seinem verstörten Sinn. Niemand im weiten Saal scheint gesonnen zu sein, gegen ihn zu setzen. Da erscheint der Fürst Jeletzky, Lisas Verlobter. Die beiden Rivalen sitzen einander gegenüber, gespannt blickt alles auf den Ausgang des unheimlichen Duelles. Doch Hermann zieht nicht das As, die dritte der versprochenen Karten; als er aufdeckt, ist es die Pique Dame. Er glaubt das höhnische Gesicht der toten Gräfin vor sich zu sehen: war sie doch ihres Geheimnisses wegen oftmals flüsternd die Pique Dame genannt worden; er springt auf, greift zum Dolch und ersticht sich.

Quelle: Alexander Puschkin hatte im Jahre 1834 – drei Jahre vor seinem Duelltode – die Novelle »Pique Dame« veröffentlicht. Tschaikowskys Bruder Modest verarbeitete sie zu einem Operntext, der ursprünglich dem heute vergessenen russischen Komponisten Nikolai Klenowski zugedacht war.

Textbuch: Das Kaiserliche Theater in Petersburg jedoch fand, nicht mit Unrecht, daß dieses Libretto, das in sehr geschickter, bühnenwirksamer Weise Natürliches mit Übernatürlichem, Sinnliches mit Übersinnlichem mischt, gerade das Richtige für eine neue Oper des nun weltberühmten Tschaikowsky sei. Er fand hier das stärkste oder wenigstens eines der stärksten Textbücher seiner Laufbahn.

Musik: Tschaikowsky, auf dem Höhepunkt seiner kompositorischen Tätigkeit (in seiner sinfonischen Musik ist er bei der 5. Sinfonie angelangt) schafft mit seinen sinnlich erblühenden, weitgeschwungenen Melodien, dem vollen romantischen Klang seines strahlenden Orchesters, der ideal den Stimmen angepaßten Gesangslinien eine hervorragende Oper, die »Eugen Onegin« an Dramatik übertrifft.

Geschichte: In unglaublich kurzer Zeit warf Tschaikowsky »Pique Dame« aufs Papier. Er begann mit der Komposition am 31. Januar 1890 in Florenz. In wenig mehr als 40, allerdings völlig vom Schaffen erfüllten Tagen, am 15. März, vollendete er die Skizzen und zwanzig Tage später den Klavierauszug. Wie stets machte ihm die Instrumentierung besondere Freude; er schloß sie in Frolowskoje, seinem russischen Heim, am 5. Juni des gleichen Jahres ab. Am Premierenabend, dem 16. Dezember 1890 wurde Tschaikowsky bei der Premiere vom Petersburger Publikum stürmisch und verehrungsvoll gefeiert. Das Werk reihte sich schnell in das russische und slawische Repertoire ein, stand im Westen an Beliebtheit aber lange Zeit ein wenig hinter »Eugen Onegin« zurück, was vielleicht vor allem seinem überaus romantischen Inhalt zuzuschreiben war, der in unromantischer Zeit als »verstiegen« galt.

Giuseppe Verdi
1813–1901

»Der Bauer von Roncole«, wie Verdi sich selbst gerne nannte, wurde in dem kleinen lombardischen Dorf – übrigens zur Zeit der kurzen Franzosenbesetzung, wodurch sein Taufschein in deren Sprache abgefaßt wurde – am 10. Oktober 1813 geboren; knappe fünf Monate nach Richard Wagner also. Sie, die beiden führenden Komponisten des Musiktheaters ihrer Zeit, sind einander niemals persönlich begegnet. Des Deutschen Leben verläuft ungleich dramatischer, er entfesselt zeit seines Lebens heftigste Kämpfe, wilde Polemiken, entgegengesetzteste Beurteilungen. Verdis Laufbahn hingegen strebt in unaufhaltsamem Anstieg höher und immer höher. An Feinden und Neidern fehlt es natürlich auch ihm nicht, aber die äußeren Ereignisse seines Lebens sind – vor allem im privaten Bereich – ungleich weniger spektakulär. Von seinem 40. Lebensjahr an beherrscht Verdi das Opernleben seines Vaterlands, zehn Jahre später steigt er zum meistgespielten Komponisten des internationalen Musiklebens auf und seine Werke halten diese Führungsposition bis zum heutigen Tage. Sie führen heute die internationale Aufführungsstatistik an, gefolgt von Mozart, Puccini, Rossini, Wagner und Richard Strauss.
Der überwiegende Teil von Verdis Leben spielt sich auf seinem schönen Landgut Sant' Agata ab, das er sich – man kann wirklich sagen: Hektar um Hektar – aus dem steigenden Erlös seiner Opern aufbaut und in dessen Feldern, Wäldern, Ställen er sich ungleich wohler, heimischer fühlt als im Betrieb der großen Bühnen, die er möglichst nur zu den Uraufführungen seiner Werke aufsucht, mit den erforderlichen Tagen der Einstudierung, auf deren Genauigkeit er allerdings höchsten Wert legt. Der weitaus größte Teil seines Lebens spielt sich ab an der Seite der gleichen Frau: Nach dem schweren Verlust, den das Schicksal ihm in jungen Tagen mit dem Tode seiner Gattin und ihrer beiden Kinder bereitete, fand er in der berühmten Sängerin Giuseppina Strepponi eine ideale Gefährtin, die still und bescheiden, aber unendlich verständig und liebevoll seinen Aufstieg und Ruhm begleitete.
Seine musikalischen Vorgänger und Vorbilder waren Donizetti und Bellini, zum Teil auch Rossini, der das Musikleben seiner Zeit beherrscht wie kaum je ein anderer Komponist. Verdi debütierte 26jährig an der Mailänder Scala mit einem erfolgreichen »Oberto«, fiel aber ein Jahr später mit dem Lustspiel »Un giorno di regno« (König für einen Tag) vollständig durch. Dieses Scheitern und die ungefähr gleichzeitigen Schicksalsschläge in seiner durch eine Seuche dahingerafften Familie brachten ihn – zum ersten und einzigen Male im Leben – an den Rand der Verzweiflung und Selbstaufgabe. Mit größter Mühe nur konnte er zu einer neuen Komposition gebracht werden: es entstand »Nabucco«, sein entscheidender Durchbruch, aus dem der Chor der hebräischen Sklaven (»Va pensiero, sull'ali dorate«) zu den populärsten Opernmelodien der Welt zählt. »I Lombardi« brachten einen weiteren Erfolg, nicht zuletzt ebenfalls durch Chöre von volkstümlicher Durchschlagskraft, die zudem noch auf die politische Situation des damaligen Italien umgemünzt werden konnten. Verdi wurde zum Idol der jungen Revolutionäre, die von einem geeinten Königreich anstelle der vielen zerstrittenen und vorwiegend von ausländischen Mächten besetzten Kleinstaaten träumten.
Später hat Verdi diese Zeit seiner intensivsten Opernproduktion immer wieder seine »Galeerenjahre« genannt. Er fand kaum Zeit zu feinerer Ausarbeitung der Partituren. Trotzdem findet sich manches Meisterwerk auch schon in der Fülle der frühen Werke. Die entscheidende Phase seines Schaffens beginnt wahrscheinlich mit »Rigoletto«: Nun haben ihn auch die führenden Bühnen des Auslands entdeckt und spielen ihn in steigendem Maße. Zwar erleidet »La Traviata« zwei Jahre später nochmals einen völligen Mißerfolg, doch dies kann seiner Stellung nichts mehr anhaben, und kurz darauf wird das Urteil bei einer wahrscheinlich sinngemäßeren Aufführung korrigiert. Seine Opern zeigen fortan einen steigenden Grad der Verfeinerung, sowie die immer deutlichere Tendenz zum »Musikdrama«. Diese ganz im Zeitgeist liegende Entwicklung wird damals manchmal – und völlig falsch – einer Hinwendung zu »Germanismus« und »Wagnertum« zugeschrieben, doch ist sie eine völlig internationale Erscheinung, die mit vielen Merkmalen der alten, im 18. Jahrhundert

üblichen Merkmalen der Oper aufräumt: mit den »Nummern«, das heißt mit der Aneinanderreihung abgeschlossener Musikstücke, mit der Vorherrschaft der Arie, mit der Trennung zwischen geschlossenen Musikstücken (Arie, Duett, Terzett, Chor usw.) und dem sprechgesanglich behandelten Rezitativ oder gar den eingeschobenen Prosastellen. Das Musikdrama erfordert gegenüber der Oper auch eine psychologisch vertiefte Charakterzeichnung der Personen sowie höhere Dramatik im Ablauf der Handlung. Daß Verdi diesen Ideen nachstrebte, war selbstverständlich. Er brauchte auf diesem Wege kein Modell. Er bewunderte Wagner, aber ihn »nachzuahmen« wäre ihm nie in den Sinn gekommen. Er wußte zu gut (und sprach es in einem sehr klugen Satz aus), daß »ein ›Tristan‹ nicht unter italienischem Himmel komponiert werden könne«.

Mit dem wachsenden Ruhm steigt seine Abneigung gegen den üblichen Theaterbetrieb. Lange Zeit hindurch übergibt er keines seiner neuen Werke einer Bühne seiner Heimat zur Uraufführung: »Die Macht des Schicksals« wird in St. Petersburg, »Don Carlos« in Paris erstmals gespielt. Und ein gleiches Schicksal erfährt »Aida«, um die sich Kairo lange beworben hat, bevor es endlich dort zur Premiere kam. Damit scheint Verdis Laufbahn glanzvoll beendet, er zeigt nun – mit fast sechzig Jahren – keine Lust mehr zu neuen Werken. Und es bedarf einiger Diplomatie seines Verlegers und Freundes Giulio Ricordi, um Verdi an einer neuen Oper zu interessieren. Aber selbst als er bereits entschlossen ist, hält er den Plan geheim, sogar vor dem Textdichter Arrigo Boito, der ihn mit seiner ungewöhnlich guten Bearbeitung von Shakespeares »Othello« zu begeistern wußte. Mehr als fünfzehn Jahre sind schließlich seit der »Aida« vergangen, als die Scala dieses Musikdrama – hier paßt dieser Begriff in vollem Umfang – uraufführt. Und das »Alterswunder« ereignet sich, als Verdi mit achtzig Jahren den »Falstaff« bekanntgibt, und so gleichzeitig Rossinis (ein halbes Jahrhundert zurückliegende) Prophezeiung widerlegt, er werde kaum je ein gutes Lustspiel schreiben können.

Hochbetagt sind Verdi und Giuseppina gestorben und in einem gemeinsamen Grab innerhalb der Mauern des entstehenden Altersheims für Musiker beigesetzt worden, dem der Meister seinen materiellen Nachlaß gewidmet hat. Kurz vor seinem Tod (27. Januar 1901) hatte er nicht nur den Bau dieser Anstalt verfügt, sondern auch: »Ich bestimme, daß mein Begräbnis ganz bescheiden sein und bei Tagesanbruch oder abends ums Aveläuten erfolgen soll, ohne Gesang oder Musik...« Aber der letzte Punkt konnte nicht eingehalten werden. Eine unabsehbare Menschenmenge, die die Straßen Mailands säumte, brach spontan in die Melodie des »Va pensiero, sull'ali dorate« aus und begleitete so den geliebtesten aller italienischen Maestri zu Grabe.

Nabucco

Oper in vier Akten. Textbuch von Temistocle Solera.
Originaltitel: Nabucco oder Nabuccodonosor
Originalsprache: Italienisch
Personen: Nabucco, König von Babylon (Bariton), Ismael, König von Jerusalem (Tenor), Zacharias, Hohepriester der Juden (Baß), Fenena, Tochter Nabuccos (Mezzosopran), Abigail, von ihm angenommene Tochter (Sopran), Oberpriester des Baal (Baß), Abdallo, Diener Nabuccos (Tenor), Rahel, Schwester des Zacharias (Sopran), Volk.
Ort und Zeit: In Jerusalem und in Babylon, im Jahre 587 v. Chr.
Handlung: Zwei Dinge waren es, die Verdi an diesem Textbuch besonders packten. Das Mitgefühl mit dem unterdrückten Volke der Hebräer, das ihn unwillkürlich zu deren symbolhafter Gleichsetzung mit den unter österreichischer Besetzung lebenden Italienern einiger Landesteile führte, und das starke religiöse Element, das ihm gerade in jener fast atheistischen Zeit seines Daseins neuen Halt verlieh. Da war jener Glaube ausgedrückt, der Berge versetzen konnte, da war der Sieg der Gottesstreiter über den heidnischen Materialismus klar herausgearbeitet.

Die Oper beginnt mit der Belagerung Jerusalems durch das Heer des babylonischen Königs Nabucco – oder mit seinem ganzen Namen: Nabuccodonosor –, den unsere Geschichtsbücher Nebukadnezar nennen. Zacharias mahnt die Verteidiger zum Ausharren, zumal Fenena treu auf ihrer Seite stehe; sie, die Tochter Nabuccos hat einst Israels König Ismael aus einem babylonischen Kerker gerettet. Aus Liebe ist sie ihm in seine Heimat gefolgt. Aber auch Abigail liebt Ismael; sie ist die von Nabucco an Kindesstatt angenommene, grausame und ehrgeizige Frau, die nun den Augenblick für gekommen wähnt, Rache an der glücklicheren Rivalin zu nehmen. Die Stadt wird erstürmt, mit Mühe kann Ismael Fenena vor dem Dolch ihres Vaters retten. Die Juden werden in die Gefangenschaft abgeführt, in das sogenannte »babylonische Exil«, von dem die Bibel und einige der schönsten Psalmen berichten. Während einer Abwesenheit Nabuccos schwingt Abigail sich zur Königin von Babylon auf und schwört Fenena, Ismael, Zacharias und dem gesamten hebräischen Volke den Tod. Nun glaubt sie alle in ihrer Hand zu haben, aber überraschend kehrt Nabucco zurück. Er fordert, daß von nun an beide Völker, sein eigenes und das gefangene, in ihm nicht nur den König, sondern den Gott sähen. Zacharias tritt dieser Anmaßung mutig entgegen, und Fenena bekennt sich, als Gattin Ismaels, zum Judentum. Doch Nabucco besteht auf seinem Wahn. Da schmettert ein Blitzstrahl ihn zu Boden. Rasch legt Abigail die königlichen Zeichen an und spricht das Todesurteil über die gefangenen Hebräer aus. Nabuccos Sinne haben sich verwirrt, aber als er erfährt, daß auch Fenena sterben soll, verweigert er seine Zustimmung. In dem vielleicht schönsten Bild der Oper knien die versklavten Hebräer an den Ufern des Euphrat, »an den Wassern Babylons«, wie der Psalm sagt; ihr inbrünstiges Gebet, ihr Sehnen nach Freiheit, ihre Sehnsucht nach der fernen Heimat verdichten sich in der unvergeßlichen Chorszene des »Va pensiero, sull'ali dorate« (deutsch zumeist: Steig, Gedanke, auf goldenen Flügeln) ①. Nabucco kennt die Gefahr, in der seine Tochter Fenena schwebt; schon schreitet sie mit den anderen Verurteilten zur Richtstätte. Er fleht zu Jehovah, dem Gott der Juden. Eine Erleuchtung kommt über ihn. Während der Baalspriester die Opfer empfängt, tritt der nun wieder ganz seiner mächtige Nabucco unter sein Volk. Das Götzenbild stürzt wie durch ein Wunder in sich zusammen. Abigail wird zu Tode getroffen; im Sterben wendet auch sie sich Jehovah, dem Gotte Israels, zu und bittet den Herrscher, Fenena für immer mit Ismael zu vereinen. Nabucco erkennt die Macht des fremden Gottes. Er entläßt die Israeliten aus der Knechtschaft, auf daß sie, wie geweissagt, heimzögen nach Jerusalem.

Quelle: Die Bibel bildet die Grundlage dieses Dramas. Die Gefangenschaft der Israeliten in Babylon und ihre Befreiung ist in der abendländischen Kunst oft dargestellt worden.

Textbuch: Temistocle Solera (1815–1878) war ein begabter Dichter; Verdi zog ihn zur Mitarbeit an einer Reihe von Opernwerken heran. (Oberto, Nabucco, I Lombardi, Giovanna d'Arco, Attila.) Die Art seiner Dramatik entsprach natürlich der damals herrschenden Oper, aber es gibt in »Nabucco« eine Reihe von Szenen, die ein ungewöhnliches dramatisches Genie offenbaren.

Musik: »Nabucco« war Verdis erster entscheidender Vorstoß. Seine Melodien, Harmonien und Rhythmen knüpfen hier noch deutlich bei Donizetti an, sind einfach in der Struktur, aber von unleugbar starker dramatischer Wirkung. Jeder Note scheint echtes Theaterblut eigen, das unwiderstehlich mitreißt. Das Meisterstück der Partitur ist der Chor »Va, pensiero«, eine getragene, sehnsüchtige Melodie voll tiefster Innigkeit, in der gewaltige Ausbrüche mit zerknirschtem Geflüster großartig abwechseln.

Geschichte: Der deutsche Komponist Otto Nicolai (Schöpfer der »Lustigen Weiber von Windsor«) hatte an der Mailänder Scala vielversprechende Erfolge geerntet. Unter den ihm für weitere Werke vorgelegten Libretti befand sich auch Soleras Entwurf zu »Nabucco«. Aber Nicolai hatte kein Interesse an ihm. Merelli, der Impresario (Direktor oder Intendant, würden wir heute sagen) der Scala, dem beinahe der

Ehrentitel eines Propheten Verdis gebührt, bestand darauf, daß der junge italienische Musiker den Stoff vertone. Er bewies damit ungewöhnliches Vertrauen, denn Verdi hatte zwar mit dem »Oberto« einen guten Erfolg erzielt, war aber mit »Un giorno di regno« vernichtend durchgefallen. Zudem hatten ihn der Tod seiner jungen Frau und ihrer beider Kinder zutiefst getroffen, so daß er in einer schweren seelischen Krise steckte. Merelli drängte dem Komponisten das Textbuch förmlich auf, das sich, als er es daheim auf den Tisch warf – er erzählt die Episode in einer kurzen autobiographischen Skizze – aufblätterte und Verdi die Zeilen lesen ließ: »Va pensiero, sull'ali dorate...« Im gleichen Augenblick fiel ihm die Melodie zu diesen schönen Versen ein. Und dann schrieb er die Oper in einem ununterbrochenen Schaffensrausch. Sie erlebte am 9. März 1842 in der Mailänder Scala eine triumphale Uraufführung. Das Chorlied, das als erstes entstanden war, wurde zum Bitt- und Kampflied aller italienischen Patrioten, die sich mit dem hebräischen Volk in seiner schwersten Stunde identifizierten und die Befreiung von Fremdherrschaft anstrebten. Die gleiche Melodie erklang beim Begräbnis des Maestro, fast sechzig Jahre später, und da war sie bereits zu einem nationalen Lied geworden, als das jedes italienische Kind sie bis heute auswendig weiß.

Die Lombarden

Mit »I Lombardi« oder wie der ganze Titel lautet »I Lombardi alla prima Crociata« (Die Lombarden auf dem ersten Kreuzzug) setzte Verdi die Linie des »Nabucco«, also der großen historischen Oper, in der gewaltige Leidenschaften aufeinanderprallen, erfolgreich fort. Wieder spielen die Chöre eine wichtige Rolle: »O Signore, che dal tetto natio« (in deutscher Übersetzung zumeist: »Hoher Herr, wir sind gläubig gekommen«) brachte es zu ungewöhnlicher Popularität. ① Leider aber sind Temistocle Solera, der auch hier wieder als Librettist fungiert, die Fäden der Handlung höchst verworren durcheinandergeraten, die Häufung von erregenden Szenen hat zu Übertreibungen geführt, die einer weiteren Verbreitung des musikalisch schönen Werkes außerhalb Italiens im Wege stehen. Das Schicksal zweier Brüder steht im Mittelpunkt der Handlung, patriotische Gesänge – der aus Mailand stammenden Kreuzfahrer im Heiligen Land – und der Konflikt zwischen Christen und Mohammedanern füllen die Seiten der Partitur, aber auch Liebesprobleme lassen die Personen des Dramas nicht zur Ruhe kommen. Besonders schön ist ein Terzett, die Taufe des sterbenden Oronte begleitend, der zu den großen dramatischen Tenorpartien im Werk Verdis gehört. Verdi hat »Die Lombarden« später noch einmal bearbeitet und unter dem Titel »Jérusalem« am 26. November 1847 in der Académie Royale de musique zu Paris herausgebracht. Die Uraufführung der »Lombarden« hatte am 11. Februar 1843 an der Mailänder Scala stattgefunden.

Ernani

Oper in vier Akten. Textbuch, nach dem Drama Victor Hugos, von Francesco Maria Piave.
Originaltitel: Ernani. (Im französischen Original des Dramas: Hernani)
Originalsprache: Italienisch
Personen: Der Herzog von Aragon, als Flüchtling unter dem Namen Ernani (Tenor), Don Carlos, König Karl von Spanien, später Kaiser

Karl V. (Bariton), Don Ruiz Gomez de Silva, spanischer Edelmann (Baß), Elvira, seine Nichte (Sopran), Johanna, deren Vertraute (Sopran), Don Ricardo, Jago, ein Anhänger Ernanis, Ritter, Bewaffnete, Volk.
Ort und Zeit: Auf dem Schlosse Silvas in Spanien sowie in Aachen, im Jahre 1519.
Handlung: Zwischen den Habsburgern und den Herzögen von Aragon besteht alte Fehde. Ein Herzog ist getötet worden, aber sein Sohn konnte entkommen, zieht seitdem unter dem Namen Ernani durch das Land und schürt die Stimmung gegen den König Carlos, der sich zum Kaiser (Karl V.) krönen lassen will. Beide – der König und der Rebell – verlieben sich in Elvira, Nichte des Edelmannes Silva, der selbst die Absicht hat, das Mädchen zu heiraten. Aus dieser dreifachen Rivalität erwächst die Handlung des Schauspiels und der Oper. Der König will Elvira entführen, aber Ernani kann die Tat verhindern. Silva, der die beiden Männer im Schlosse überrascht, fordert sie zum Zweikampf heraus. Carlos gibt sich zu erkennen und erklärt, gekommen zu sein, um den Edelmann in der Kaiserwahl um Rat zu fragen. Ernani entfernt sich mit bitteren Rachegedanken. Aber der Augenblick, sich offen dem König entgegenzustellen, ist noch nicht gekommen. Zu dem Haß gegen den alten Feind seines Hauses tritt nun der gegen den mächtigen Rivalen. Bald darauf kommt es zu einer Schlacht der Rebellen gegen die Macht des Königs; Ernanis Mannen unterliegen. Er selbst kann entkommen, aber das Gerücht von seinem Tode dringt in das Schloß Silvas. Elvira, die ihn geliebt hat, trauert um ihn; aber schließlich gibt sie dem Drängen des Oheims nach und erklärt sich bereit, ihn zu heiraten. Bei der Hochzeitsfeier treffen die Rivalen neuerlich zusammen: Ernani naht als Pilger verkleidet und findet Aufnahme im Schloß. Eine große Aussprache mit Elvira überzeugt ihn davon, daß das Mädchen ihn immer noch liebt. Silva belauscht sie, aber das Gastrecht, das er Ernani gewährt hat, ist ihm heilig. Als der König eintrifft, versteckt er sogar den Flüchtling, in dem er seinen glücklicheren Nebenbuhler erkannt hat. Carlos ordnet eine Durchsuchung des Schlosses an; als der Rebell Ernani nicht gefunden wird, läßt der König Elvira entführen. Silva will sich mit Ernani schlagen, aber der Raub Elviras geht nun allem anderen vor. In ritterlicher Weise beschließen die Rivalen, zuerst Elvira zu befreien; hernach soll, auf ein Hornsignal Silvas, Ernani seinem Leben selbst ein Ende bereiten. Der letzte Akt spielt im Dom zu Aachen. Während der Kaiserwahl, die auf Carlos fällt, sind die Verschwörer versammelt, um den neuen Herrscher zu ermorden. Doch sie werden entdeckt und festgenommen. Ernani gibt sich als Herzog von Aragon zu erkennen. Der neue Kaiser läßt Milde walten; er begnadigt Ernani und will ihn für immer mit Elvira vereinigen, im Herzogtum seiner Väter sollen sie in Zukunft glücklich leben. Bei der Hochzeitsfeierlichkeit ertönt plötzlich Silvas Horn und erinnert Ernani an den alten Schwur. Nun gibt es für seine Ritterehre keine Macht der Welt, die ihn von dessen Erfüllung abbringen könnte. Er ersticht sich vor den Augen der Geliebten, die sich unmittelbar nach seinem Hinscheiden das Leben nimmt.
Quelle: Mit »Hernani« feierte Victor Hugo im Jahre 1830 in Paris einen der wichtigsten Erfolge seiner dramatischen Laufbahn. Es handelt sich um ein typisch romantisches Schauspiel, mit großen Gesten, heroischen Attitüden, aufeinanderprallenden Leidenschaften.
Textbuch: Es war durchaus üblich, daß ein starker Theatererfolg die Komponisten zur Vertonung auf den Plan rief. Hugos Drama schien Verdi als idealer Ausgangspunkt für eine Oper: die romantische Grundhaltung – die genau dem Zeitgeschmack entsprach, die Vielfalt der Gestalten, die effektvollen Situationen. Verdi selbst entwarf, wie gewöhnlich, das Szenarium, so wie es seinen musikalischen Anforderungen entsprach. Die Ausführung überließ er einem Librettisten, der in seinem Schaffen dann über Jahre hinweg für den Komponisten von größter Bedeutung werden sollte: Francesco Maria Piave. Um ihn, besonders in »Ernani«, würdigen zu können, müssen wir uns in die Epoche versetzen; uns Heutigen liegt diese Art von Dramatik fern, aber sie forderte Verdi zu einer Glanzleistung heraus.
Musik: Für viele Liebhaber des italienischen Meisters bedeutet »Ernani« einen ganz besonderen Leckerbissen. Das Werk ist geradezu überströmend melodisch. Verdi ist mit ihm zum vollgültigen Nachfolger Bellinis und Donizettis geworden, ein gewaltiges Lob in jenem Augenblick. Es war die erste Oper, die seinen Ruhm über die Grenzen seines Vaterlandes verbreitete. Mehrere Arien ① und andere Stücke wurden äußerst populär. In einer wirklich guten Wiedergabe und mit großen, schönen Stimmen besetzt, reißt uns »Ernani« auch heute noch mit; hier

① *Andantino*

ELVIRA: Er—na—ni! Er—na—ni, in—vo—la—mi al — l'ab-bor-ri—to am—

lebt echtes Theaterblut, so gewaltiger Impuls, daß dramatische oder psychologische Bedenken einfach überwältigt werden. Bald aber wird Verdi weit über diesen Typus der Oper hinauswachsen, der damals seinen innerlichen Höhepunkt überschritten hatte und zum baldigen Absterben verurteilt war.

Geschichte: Victor Hugo erhob heftigen Protest gegen die Vertonung seines Bühnenstücks, ja verlangte, daß bei der Pariser Aufführung der Oper der Titel geändert werde, um sich von ihr zu distanzieren. Aber Verdis Werk wurde auf seinem Gebiet nicht weniger erfolgreich, als es das dramatische Original gewesen war. Das begann bereits bei der Uraufführung, die am 9. März 1844 stattfand, auf den Tag genau zwei Jahre nach »Nabucco«. Sie fand in einem der schönsten und traditionsreichsten Theater Italiens statt, in »La Fenice« zu Venedig, der Stadt, die in Verdis Schaffen noch eine große Rolle spielen sollte; ihr in Silber und Blau gehaltenes Opernhaus sah nicht weniger als fünf Premieren seiner Werke und steht damit neben der Mailänder Scala an erster Stelle. Die deutschen Theater erschlossen sich »Ernani« nur zögernd, während die lateinische Opernwelt stets eine Vorliebe für dieses Drama zeigte. Im Jahre 1934 erschien eine deutsche Bearbeitung des bekannten Opernfachmanns Julius Kapp, wobei der blutrünstige Schluß zu einem »happy end« umgebogen wurde: der endgültigen glücklichen Vereinigung des Liebespaares. Die Absicht war gut, aber in unserer weitestgehend den Originalen verpflichteten Zeit erscheinen derartige Bearbeitungen indiskutabel. Man kann den »hochromantischen« Stil als heute untragbar ablehnen, aber man kann ihn nicht »mäßigen«, »verwässern«, entromantisieren. Verdi hat das Werk so vertont und seine Musik ist genau auf Inhalt und Handlung zugeschnitten. Die große Opernrenaissance der Zeit nach dem Zweiten Weltkriege hat uns gelehrt, Werke aus ihrer Entstehungszeit heraus zu verstehen.

Die beiden Foscari

Die »tragedia lirica«, die auf »Ernani« folgt, »I due Foscari«, ist so recht ein Produkt von Verdis »Galeerenjahren«. Unter dem Zwang, Aufführungstermine einzuhalten, muß er oft in kürzester Frist Werke schaffen, zu deren feinerer Ausarbeitung ihm einfach keine Zeit bleibt. Es ist erstaunlich und bewundernswert, daß trotzdem oftmals Opern entstehen, die sich bis heute dank der Stärke ihrer Inspiration im internationalen Repertoire erhalten und mit ihrer prachtvollen Melodik und ergreifenden Dramatik auch den heutigen Hörer aufwühlen können. »Die beiden Foscari« entstanden in wenigen Monaten des Jahres 1844, zum Teil im Hause Antonio Barezzis, dem Vater von Verdis jungverstorbener Gattin Margherita, der auch weiterhin zu Verdis selbstlosesten und überzeugtesten Mäzenen zählte. In Busseto also, dem kleinen Städtchen, in dem Verdi seine frühesten musikalischen Eindrücke gesammelt hatte, schuf der nun etwas über Dreißigjährige das düstere, textlich wiederum nicht restlos gelungene venezianische Dogendrama, das auf ein Theaterstück Lord Byrons zurückgeht. Verdi schrieb ein Szenarium, wie er es zumeist zu tun pflegte, und übergab die Aufgabe, es in Verse zu setzen, wiederum Francesco Maria Piave. Es entstand ein »romantisches« Libretto, in dem politisches Unglück sich mit menschlichem paart: der Doge Francesco Foscari bleibt seinem Amtseid treu, auch als er gegen seinen eigenen Sohn Jacopo ein Verbannungsurteil fällen muß. Er glaubt zwar an dessen Unschuld, die dieser leidenschaftlich beteuert, aber die gegen ihn sprechenden Indizien in einem Mordfall scheinen eine deutliche Sprache zu sprechen. Als der wahre Schuldige erkannt wird, ist es zu spät. Der völlig gebrochene junge Foscari, dessen Abschied von der Gattin zu den ergreifendsten Szenen des Werkes gehört, ist auf der Galeere gestorben. Zum Schmerz des Vaters tritt noch die bittere Enttäuschung, widerrechtlich seines Dogenamtes von politischen Gegnern beraubt zu werden; er überlebt den doppelten Schlag nicht und stirbt mit dem Namen seines toten Sohnes auf den Lippen. Daß in diesem Werk kein Raum für hellere oder gar freundlichere Szenen war, versteht sich von selbst. Verdi hat lediglich ein frohes Volksfest in den dritten Akt eingebaut, womit der Kontrast zu dem überaus düsteren Geschehen der Deportation besonders kraß herausgearbeitet wird. (Dreizehn Jahre später wird Verdi abermals ein Dogendrama komponieren – das allerdings in Genua, nicht in Venedig beheimatet ist – und auch »Simon Boccanegra« wird zu den tieftragischen, schwärzesten, von düsterem Pessimismus getragenen Werken aus seiner Feder gehören.) Das im Mai 1844 begonnene Drama wurde bereits am 3. November dieses Jahres in Rom uraufgeführt und stürmisch bejubelt. Viele Zeitgenossen, darunter der berühmteste der noch tätigen Komponisten Italiens, Donizetti, sahen gerade in den »Foscari« den eindrücklichsten Beweis für das Genie Verdis.

Die Jungfrau von Orléans

Zwei der größten Weltdramatiker begeisterten Verdi von Jugend an: Shakespeare und Schiller. Dem ersteren nahte er trotzdem nur zögernd, er hielt ihn für schwer vertonbar; »Macbeth«, eine seiner herrlichsten Jugendopern, wird ihm keinen eindeutigen Erfolg bringen. Die Legende weiß von einem »König Lear«, an dem er in den Fünfzigerjahren gearbeitet haben soll, bevor er ihn den Flammen überantwortete. Erst der alte Meister wird, von dem genialen Textdichter Arrigo Boito entscheidend unterstützt, sein Lebenswerk mit Shakespeare abschließen: »Othello« und »Falstaff«. Anders erging es ihm mit Schiller. Diesem großartigen, schwungvoll poetischen deutschen Dramatiker nahte er mehrmals im Verlauf seines Schaffens. Zum ersten Mal 1844, als er die Vertonung von dessen »Jungfrau von Orléans« begann, die er als »Giovanna d'Arco« am 15. Februar 1845 zum ersten Mal dem Publikum der Mailänder Scala – ohne tiefgehenderen Erfolg – vorstellte. Zwei Jahre später (1847) kommt es in London zur Premiere seiner nächsten Schiller-Oper: »I Masnadieri«, deren Stoff er dem Drama »Die Räuber« entnahm. Abermals zwei Jahre später (1849) stellt er in Neapel seine Oper »Luisa Miller« vor (die in unserem Buch näher besprochen wird); es handelt sich hier um die Vertonung von Schillers Trauerspiel »Kabale und Liebe«. »Simon Boccanegra« entspricht zwar stofflich Schillers »Verschwörung des Fiesco zu Genua«, ist aber unabhängig von diesem Drama gestaltet worden. Hingegen bedeutet die Vertonung des »Don Carlos« (1867) Verdis neuerliche (und letzte) Hinwendung zu dem von ihm geliebten deutschen Dramatiker. So bewundernd ist seine Gefolgschaft, daß er die historischen »Ungenauigkeiten« Schillers kritiklos übernimmt (der in seinen Prosaschriften übrigens der genaueste, tatsachen- und datengetreueste Chronist war). Er macht aus dem seelisch, geistig und sogar körperlich schwer belasteten Infanten Don Carlos von Spanien die Idealgestalt eines jugendlichen Helden und Rebellen. Und er läßt die »Jungfrau von Orléans«, das lothringische Dorfmädchen Jeanne aus Domremy nicht, wie es tatsächlich geschah, 1431 auf dem Scheiterhaufen von Rouen sterben, Opfer der kirchlichen Inquisition und der sie eiskalt verurteilenden politischen Feinde, sondern mitten im Schlachtgetümmel und mit dem wunderschönen, echt Schillerschen Vers: »Kurz ist der Schmerz und ewig ist die Freude.« Daß übrigens auch Tschaikowsky (im Jahre 1882) in seiner Oper »Die Jungfrau von Orléans« den gleichen, von Schiller frei erfundenen Schluß beibehält, sei nur nebenbei bemerkt; erst eine weitere, bedeutende Vertonung des Stoffes, die dramatische Legende von Paul Claudel und Arthur Honegger »Jeanne d'Arc au bûcher« (Johanna auf dem Scheiterhaufen) nimmt die wahre Geschichte des Wundermädchens zur Grundlage, ja, sie gestaltet diese Oratorium-Oper von der Todesstunde auf dem Holzstoß angefangen in Rückblende.

Dieses Mal betraute Verdi den Librettisten Temistocle Solera mit der Gestaltung des Textbuches, wobei er ihm zur Auflage machte, sich weitgehend an Schillers Vorwurf zu halten. Solera strich viele Gestalten, die im Original vorkommen, was eine logische Hilfe für die Vertonung darstellt. Warum er hingegen Johannas Liebe zu Lionel in eine durch die Tatsachen nicht zu erhärtende Neigung zum französischen

König ersetzt, ist kaum einzusehen. Sehr schön gestaltet ist die Rolle von Johannas Vater; man kann sie als Vorläufer der bedeutenden Vatergestalten ansehen, deren tragische Situationen bei ihm stets besonders ergreifende Musik hervorrufen: »Rigoletto«, »La Traviata«, »Simon Boccanegra«, »Don Carlos«, »Aida« – neben den früher erwähnten »Due Foscari« –, um nur einige zu erwähnen.

Im Zusammenhang mit »Giovanna d'Arco« seien noch einige Umstände in Verdis Opernschaffen erwähnt, die über den Anlaß hinaus prinzipielle Bedeutung erlangen. Da ist einmal sein jahrzehntelanger Kampf gegen die Zensur, der dann bei »Rigoletto« und »Maskenball« heftigste, aber auch groteske Formen annehmen wird. »Ernani« rief bereits einige, allerdings rasch beigelegte Schwierigkeiten hervor. »Giovanna d'Arco« aber wurde, zwei Jahre nach der Premiere, in Palermo nur zur Aufführung zugelassen, wenn alle Personennamen und die Schauplätze völlig geändert würden; Johanna verwandelte sich in eine »Sappho« und das Werk hieß »Orietta di Lesbo« ... Zwischen Verdi und den Opernbühnen seines Heimatlandes vertieften sich – nicht nur aus diesem Grunde, an dem die Theater unschuldig waren – die Differenzen. Mit Merelli, dem Direktor der Mailänder Scala, überwarf Verdi sich sogar so ernsthaft, daß dieses wichtige Theater lange Zeit keine Uraufführung Verdis mehr bekam. Der Maestro war ein äußerst hartnäckiger Dickkopf, wo es galt, seine künstlerischen Absichten durchzusetzen. Und er stand – sicherlich mit Recht – auf dem Standpunkt, die italienischen Opernhäuser gäben zuviel Geld für die Honorare der Spitzensänger aus und verfügten darum über zu wenig Mittel für Ausstattung, Chöre und für die eventuell notwendige Verstärkung der Orchester.

Attila

Nach der am 12. August 1845 in Neapel zum ersten Male gegebenen Oper »Alzira«, die nach einem Textbuch des prominenten dortigen Dichters Salvatore Cammarano eine Voltairesche Tragödie um den Zusammenstoß zwischen indianischen, bzw. inkaischen Bewohnern Amerikas und den europäischen Eroberern im 16. Jahrhundert bearbeitet und nicht zu Verdis stärksten Opern gehört, machte der Meister sich noch im gleichen Jahre an »Attila«.

Doch seine beiden hier zum Einsatz gekommenen Librettisten, Piave und Solera, sahen weniger die geschichtliche Position Attilas (gestorben 453) als die ihnen opernmäßiger dünkenden Liebes-, Haß- und Racheverwicklungen um dessen Gestalt. Sie machen ihn zum echten Opernhelden: edel, großmütig, faszinierend. Die Fabel, die sie rund um seine Persönlichkeit ersinnen, ist kompliziert: Attilas Einfall in Italien hat Odabella, Tochter des Fürsten von Aquileja in seine Gewalt gebracht. Sie sinnt auf Rache, gerade wie ihr entkommener Verlobter Foresto, der mit den vor der Invasion geretteten Italienern in den Lagunen Venedig gründet. Die vierte Hauptperson ist Ezio, der Attila die »Teilung der Welt« vorschlägt (»Avrai tu l'universo, resti l'Italia a me«, Du sollst das Universum regieren, aber überlasse Italien mir), – ein Gedanke, der seltsamerweise beim Publikum der frühen italienischen Aufführungen Begeisterung hervorrief. Attila aber sieht in ihm einen Verräter und weist ihn zurück. Die zwiespältigen Beziehungen zwischen der stolzen, schönen Odabella und ihrem Gegenspieler Attila bilden den Hauptteil der äußerst bewegten und dramatischen, musikalisch mit vielen zündenden Melodien ausgestatteten Oper. Sie bringt als Höhepunkte Attilas Vision, die ihn vor einem Kampf um Rom warnt sowie seinen Tod durch die rächende Waffe Odabellas, die er selbst ihr geschenkt hat. Verdi hat an dieser Oper im Jahre 1845 gearbeitet, die Uraufführung erfolgte in Venedig am 17. März 1846 unter allen Anzeichen eines starken Erfolges, der dem Werke allerdings nur kurze Zeit zuteil wurde. Erst heute mehren sich die Aufführungen außerhalb Italiens und beweisen die Lebensfähigkeit dieser von Verdi inmitten von Sorge und Krankheit geschaffenen Oper.

Macbeth

Oper in vier Akten. Textbuch, nach Shakespeare, von Francesco Maria Piave.
Originaltitel: Macbeth
Originalsprache: Italienisch
Personen: Duncan, König von Schottland (stumme Rolle), Macbeth und Banquo, seine Feldherren (Bariton und Baß), Lady Macbeth (Sopran oder Mezzosopran), ihre Kammerfrau (Mezzosopran), Macduff, schottischer Edler (Tenor), Malcolm, Duncans Sohn (Tenor), Ban-

quos Sohn, ein Arzt, ein Herold, ein Diener, ein Mörder, Hexen, Edle, Soldaten, Diener.
Ort und Zeit: Schottland, um die Mitte des 11. Jahrhunderts.
Handlung: Am Abend nach einem heißen Kampftage begegnen Macbeth und Banquo den Hexen, die ihnen die Zukunft voraussagen: Macbeths Aufstieg stehe knapp bevor, er werde die Stufenleiter der Macht emporeilen und König werden. Banquo hingegen werde nicht selbst herrschen, wohl aber Vater von Königen sein. Als der nächtliche Spuk verschwunden ist, kommen Abgesandte des Königs Duncan und überbringen Macbeth die Nachricht von seiner ersten Rangerhöhung. In dem Feldherrn erwacht nun der Ehrgeiz, der durch seine dämonische Gattin (eine der großartigsten Schöpfungen Shakespeares) geschürt wird. In Macbeths Schloß spielt der zweite Akt. König Duncan ist zu Gast gekommen. In der Nacht läßt Macbeth ihn, auf Betreiben seiner Gattin, im Schlafe ermorden. Duncans Sohn Malcolm flieht außer Landes. Macbeth reißt die Macht an sich und ist nun König von Schottland. Doch die so leicht errungene Krone wird bald zur schweren Last. Unaufhörlich muß Macbeth an die andere Prophezeiung der Hexen denken: der Thron werde Banquos Geschlecht zufallen. Und so erzeugt jedes Verbrechen ein neues. Gedungene Mörder müssen Banquo beseitigen, während er auf dem Wege zu einem Gastmahl in Macbeths Schlosse ist. An der Tafel bedauert der Mörder in heuchlerischen Worten die Abwesenheit seines Freundes Banquo. Da erscheint dessen Geist im Saale. Riesengroß steht er vor dem Gewissen des Täters. Nur die unheimliche Kraft Lady Macbeths kann ihren wankenden, in Umnachtung verfallenden, von Rachegeistern verfolgten Gemahl stützen und zu immer neuen Taten und Verbrechen treiben. Macbeth wendet sich noch einmal an die Hexen, er will Genaueres über seinen Weg und sein angedrohtes Ende wissen. Die Prophezeiung erscheint dunkel: sein Tod werde durch einen kommen, der nicht auf natürliche Weise geboren sei, und genau zu dem Zeitpunkt, an dem der nahe Wald von Birnam gegen ihn vorrücke. In gespenstischer Weise sieht Macbeth das Bild früherer Könige vor sich. In neuem Rasen begeht er Mord auf Mord. Doch nun bildet auch Lady Macbeth keine Stütze mehr für ihn; ihr Geist hat sich zu verwirren begonnen. Sie durchstreift das düstere Schloß, sucht vergeblich einen eingebildeten Blutfleck von ihrer Hand zu waschen und stirbt schließlich im Wahnsinn. ① Macbeths Feinde schließen sich zusammen und rücken an der Spitze eines Heeres gegen ihn vor. Vom Walde von Birnam aus unternehmen sie den Vorstoß auf Macbeths Schloß, wobei jeder Soldat Zweige vor sich herträgt. Es ist, als habe sich der Wald selbst in Bewegung gesetzt. Macbeth fühlt sein Ende nahen, aber noch kann er dem feindlichen Anführer Macduff mit Siegesaussichten entgegentreten. Doch da erfüllt sich der zweite Teil der tödlichen Prophezeiung: Macduff enthüllt ihm, er sei nicht »auf natürliche Weise« geboren, sondern aus dem Leibe seiner Mutter herausgeschnitten worden. So wie die Hexen es vorausgesagt, fällt Macbeth in diesem Kampf.
Quelle: »Macbeth«, eines der großartigsten Dramen Shakespeares und der Weltliteratur, standen Verdi zur Stoffwahl – neben Schillers »Räubern« (aus denen er dann als nächstes seiner Werke die »Masnadieri« schuf) und Grillparzers »Ahnfrau«. Er entschied sich für »Macbeth« und eröffnete damit die Reihe seiner Shakespeare-Opern, die zuletzt sein Lebenswerk (mit »Othello« und »Falstaff«) krönen sollten und zu denen noch ein versuchter, dann vernichteter – vollendeter oder unvollendeter? – »Re Lear« (König Lear) gehörte.
Textbuch: Verdi entwarf, wie gewöhnlich, selbst

das Szenarium. Also gebührt ihm ebenso wie dem Textdichter Francesco Maria Piave das Verdienst, ein ausgezeichnetes Libretto geschaffen zu haben, in dem vor allem die beiden Hauptgestalten Macbeth und Lady Macbeth stark hervortreten. Daß dieser Operntext trotz seiner Eignung für die Vertonung viele Elemente der großartig gespenstischen Dichtung Shakespeares opfern muß, um einen Opernablauf nach damaligem Brauch sicherzustellen, steht außer Zweifel. Um so erstaunlicher ist es, daß Verdis Musik diese Dämonie dem Werke neuerlich hinzuzufügen imstande ist.

Musik: Ginge es in der Welt der Oper nach Recht und Gerechtigkeit zu, »Macbeth« stünde unter Verdis Schöpfungen in der vordersten Reihe der Publikumsgunst. Hier liegt ein grandioses Werk vor, dessen dramatisch-musikalische Einheit die Mehrzahl der Beobachter erst bei »Othello« erreicht glaubt. Rossini hatte von dem jungen Verdi gesagt, er besitze ein ungewöhnliches Talent für düstere, gespenstische Wirkungen; wie recht hatte der kluge Meister von Pesaro! In den Hexenszenen dieses Werkes, in den Geistererscheinungen sowie in den Wahnsinnsausbrüchen der Lady Macbeth werden Stimmungen erzielt, die dem Hörer Schauer über den Leib jagen. Die Szene der schlafwandelnden Lady Macbeth zeigt einen gänzlich neuen Verdi und beweist, daß Verdi – und nicht nur Wagner – auf dem Wege zum Musikdrama war; daß Verdis Musikdrama anders aussehen mußte als das des deutschen Meisters, ist aus ihrer persönlichen Veranlagung, aus ihrer kunstphilosophischen Einstellung und ihrem nationalen Fühlen heraus selbstverständlich. Interessant ist schon die Wahl zweier dunkler Stimmen für die Hauptrollen: Macbeth ist ein tiefer Bariton von möglichst »schwarzem« Klange; und Lady Macbeth, obwohl sie auch von einer dramatischen Sopranistin gesungen werden kann, darf ebenfalls keine »helle« Stimme haben, sondern ist am besten mit einem düster getönten Mezzosopran zu besetzen. Neu bei Verdi ist die hier zu einer Art Grundstimmung erhobene Dämonie. Die deutsche Oper bezieht das übersinnliche Element in die meisten ihrer romantischen Schöpfungen ein: von Webers »Freischütz« geht über Marschners »Vampyr« und »Hans Heiling« ein direkter Weg zu Wagners »Holländer«, »Tannhäuser« und »Lohengrin«, welche allesamt Zeitgenossen von Verdis »Macbeth« sind, die dieser aber nicht kennen konnte, als er im Winter 1846/47 an diesem arbeitete. Die übersinnlichen Erscheinungen sind in Verdis Werk selten zu finden, und in keiner seiner Opern so stark wie im »Macbeth«. Zu okkulten oder parapsychologischen Phänomenen oder Visionen akustischer oder bildlicher Art findet sich der zwar romantische aber doch erdgebundene »Bauer von Roncole« nur selten bereit: bei Johannas göttlichen Stimmen in »Giovanna d'Arco«, bei der »Stimme vom Himmel« sowie der rätselhaften Mönchsgestalt, Verkörperung des großen Kaisers Karl V. in »Don Carlos«, vielleicht auch bei der Wahrsagerin Ulrica im »Maskenball«: insgesamt eine sehr geringe Ausbeute, verglichen mit Wagners Werk, das nahezu in seiner Gesamtheit (mit Ausnahme des frühen »Rienzi« und der »Meistersinger von Nürnberg«) dem Gespenstischen, Übersinnlichen, Visionären, mit Verstandesmitteln Unerklärlichen verpflichtet ist.

Geschichte: Das Jahr 1846 war insgesamt kein gutes für Verdi. Zwar brachte ihm »Attila« in Venedig einen eindeutigen Triumph, aber seine Gesundheit war schwer angeschlagen und auch psychisch schien der junge Maestro – er war 33 Jahre alt – in einer gefährlichen Krise zu stecken. Er überwand beides, das wohl im Grunde nur Eins war, und bereits 1847 begann seine »Genesung« in so vollständiger Weise, daß er von nun an und für die 54 weiteren Jahre seines Lebens als vorbildlich stark, robust und leistungsfähig angesehen werden konnte. Der Auftrag zu »Macbeth« kam dieses Mal aus Florenz, wo Verdi noch nie geweilt hatte. Der Hauptteil der Komposition erfolgte wohl in den Herbst- und Wintermonaten 1846, die Partitur wurde im Februar 1847 abgeschlossen. Sie trägt die Widmung des Komponisten an Antonio Barezzi, Vater der längst verstorbenen Margherita, die Verdis erste Gattin gewesen war, aber seinen Ruhm nicht erleben durfte. Bei den Proben in Florenz soll Verdi sich als der »Tyrann« erwiesen haben, als der er nun immer mehr in Italien und im Ausland bekannt wurde. Er forderte Sängern und Orchester das Äußerste ab, setzte Proben über Proben an und begnügte sich nie mit einer unzulänglichen Darstellung seiner Werke. Der Erfolg am Premierentermin, dem 14. März 1847, war groß, wenn auch nicht so stürmisch, wie das Meisterwerk es verdient hätte. Zu wahrer Popularität ist es nie gelangt, was den Komponisten kränkte; vielleicht war es das Fehlen einer Liebeshandlung, vielleicht die lastend düstere Stimmung, die über allen Szenen liegt? Bis in unsere Tage gehört »Macbeth« zu den von Kennern höchstgeschätzten, vom breiten Publikum aber nur selten gewürdigten Werken des Musiktheaters. Viele Jahre später unterzog Verdi seinen »Macbeth« einer gründlichen Revision. Die Neufassung wurde am 21. April 1865 am Théâtre Lyrique in Paris erstmalig gegeben. In ihr stirbt Macbeth unsichtbar hinter der Bühne, die Schlachtszene ist musikalisch ausgebaut, ein Flüchtlingschor und eine Art »Hexenballett«, eigens komponiert für die Pariser Aufführung, sind hinzugekommen.

Luise Miller

Oper in drei Akten. Textbuch, nach Friedrich Schiller, von Salvatore Cammarano.
Originaltitel: Luisa Miller
Originalsprache: Italienisch
Personen: Graf Walther (Baß), Rudolf, sein Sohn (Tenor), Amalie, des Grafen Nichte (Alt), Wurm, Sekretär des Grafen (Baß), Miller, ausgedienter Soldat (Bariton), Luise, seine Tochter (Sopran), ein Bauer, ein Bauernmädchen, Hofdamen, Pagen, Dorfbewohner.
Ort und Zeit: Tirol, in der ersten Hälfte des 18. Jahrhunderts.
Handlung: Die Oper folgt dem Schillerschen Original (»Kabale und Liebe«) ziemlich genau, wobei lediglich einige kleine Verschiebungen vorgenommen wurden. Der Vater des an seiner reinen Liebe zugrundegehenden Mädchens ist Militär, nicht Musiker; der Vater ihres Geliebten nicht Präsident, sondern Graf, und der Schuft Wurm (dessen Name im Italienischen beibehalten wurde, obwohl naheliegend gewesen wäre, ihn so abzuändern, daß er auch in dieser Sprache symbolisch das Niedrige, Kriechende zum Ausdruck gebracht hätte) ist Kastellan und Sekretär auf dem Tiroler Schloß des tyrannischen Grafen. Rudolf liebt das Bürgermädchen Luise und wird von ihr wiedergeliebt. Aber auch Wurm begehrt das Mädchen. Er hetzt darum den Grafen Walther auf, Miller gefangenzusetzen; dann tritt er zu Luise und erpreßt ihr, zur Rettung des Vaters, einen völlig erfundenen Brief ab, in dem sie gesteht, Wurms Geliebte zu sein und Rudolf nur seines Titels und Reichtums willen umgarnt zu haben. Dieser »Beweis« treibt Rudolf zur Verzweiflung: Er vergiftet die Geliebte und sich selbst. In der gemeinsamen Todesstunde kommt die Wahrheit zutage. Der Verräter Wurm büßt seine Tat mit dem Leben.
Quelle: Schillers bürgerliches Trauerspiel »Kabale und Liebe«, das 1784 Aufsehen erregt hatte und heute zu den klassischen Werken der deutschen Literatur gehört.
Textbuch: Der politische Hintergrund wurde im Libretto weggelassen, um dem Liebesdrama mehr Raum zu verschaffen. Der Gang der Handlung an sich blieb fast unberührt. Wie stets nahm Verdi regen Anteil an der Arbeit des Textdichters Cammarano, der insgesamt etwa vierzig Opernlibretti verfaßte, davon vier für Verdi.
Musik: Verdi ist nicht auf der Bahn des »Macbeth« fortgeschritten. »Luise Miller« gehört zu den Gesangsopern, in denen er auf den Spuren Rossinis, Donizettis, Bellinis wandelt. Es gibt zahlreiche schöne Melodien in diesem Werk, welche bereits die Meisterhand verraten; ① einen Höhepunkt bietet ein A-cappella-Quartett zweier Männer- und zweier Frauenstimmen, das den strahlenden Höhepunkt des Rigoletto-Quartetts ahnen läßt.
Geschichte: Verdis drittes Schiller-Drama (nach »Giovanna d'Arco« und »I Masnadieri«, 1845 bzw. 1847) »Luisa Miller« wurde am 8. Dezember 1849 in Neapel uraufgeführt. Mit dem folgenden »Stiffelio« gehört es zum Abschluß von Verdis erster Schaffensperiode, der »Galeeren-

jahre« (nach seinem eigenen Ausspruch): In der Zeit von elf Jahren hatte er fünfzehn Opern geschaffen! Und nun ändert sich seine Arbeitsweise: die restlichen elf Werke seines Lebens sind über einen Zeitraum von 43 Jahren verstreut. »Luisa Miller« errang einen überaus starken Erfolg, der sich aber, im Gegensatz zu anderen Werken Verdis, nicht sehr lange hielt. Erst die gegenwärtige Musiktheater-Renaissance hat auch diese Oper hervorgeholt und sie an mehreren bedeutenden Bühnen für einige Zeit im Spielplan zu halten vermocht.

Rigoletto

Oper in drei Akten, Textbuch, nach Victor Hugos »Le roi s'amuse«, von Francesco Maria Piave.
Originaltitel: Rigoletto
Originalsprache: Italienisch
Personen: Der Herzog von Mantua (Tenor), Rigoletto, sein Hofnarr (Bariton), Gilda, dessen Tochter (Sopran), Giovanna, deren Gesellschafterin (Mezzosopran), Sparafucile (Baß), Maddalena, seine Schwester (Mezzosopran), der Graf von Monterone (Baß), der Graf von Ceprano (Bariton oder Baß), seine Gattin (Sopran oder Mezzosopran), Marullo und Borsa, Höflinge (Bariton und Tenor), Gerichtsdiener, Page, Höflinge, Diener.
Ort und Zeit: Mantua, 16. Jahrhundert.
Handlung: Die Oper beginnt mit einer kurzen, düsteren Orchestereinleitung, die auf dem »Motiv des Fluchs« aufgebaut ist ①; auf seinen Klängen beruht die Verwünschung, die der Graf Monterone gegen den Verführer seiner Tochter, den Herzog von Mantua schleudert und die sich einem Alptraum gleich im Bewußtsein Rigolettos festgesetzt hat. (Es ist der »idée fixe« Berlioz' verwandt, also auch dem Wagnerschen »Leitmotiv«.) Festesklänge leiten das erste Bild ein. Im Ballsaal des Palastes erzählt der junge Hausherr, Herzog von Mantua, seinen Höflingen, daß er seit Monaten einem bezaubernden Mädchen nachspüre, das er auf dem Kirchgange beobachtet habe. Während des Tanzes fesselt ihn nun die Gräfin Ceprano. Er lebt nur für die Frauen, sie sind sein Lebenselement: »Freundlich blick ich auf diese und jene ...« ②
Rigoletto, der häßliche, bucklige Narr des Palastes, rät seinem Herrn, wie er sich des Gatten der begehrten Gräfin entledigen könne; durch Einkerkern oder Töten. Ceprano schwört ihm Rache. Marullo hat den Höflingen erzählt, Rigoletto habe eine Geliebte, die er jeden Abend besuchen gehe. Die Festesklänge werden für einen Augenblick unterbrochen. Der Graf Monterone dringt in den Saal ein, in wildem Zorn verlangt er Sühne für die Schmach, die der Herzog seiner Tochter angetan hat. An Stelle des Herrn antwortet der Narr; Rigoletto macht sich über den Schmerz des Vaters lustig. Monterone wird in den Kerker abgeführt, aber mit letzter Kraft verflucht er den Herzog und Rigoletto, der plötzlich zu fühlen scheint, wohin sein Wunsch, dem Herrn sklavisch nach dem Mund zu reden, ihn geführt hat.

Das zweite Bild spielt in der Vorstadt, wo ein einfaches Haus mit Garten an der Straße sichtbar ist. Hier hütet Rigoletto sein Liebstes, sein Einziges auf der Welt: Gilda, seine Tochter. Hierher eilt er jeden Abend, nur hier kommt ein wenig Ruhe, ein stilles Glück in sein liebebedürftiges Herz, das er tagsüber unter der Maske eines Narren verbergen muß. Der Fluch Monterones lastet heute auf ihm, während er dem Hause zustrebt. Ein Mann vertritt ihm den Weg. Kein Räuber, wie er versichert. Ein nützliches Subjekt, das gegen Entgelt Gegner aus dem Wege zu räumen bereit ist. Sparafucile sei sein Name, dem Herrn zu dienen. Rigoletto wendet sich schaudernd ab und doch scheint er zu ahnen, daß er des Mannes Dienste eines Tages benötigen könne. Sparafucile! Der Mann zieht sich zurück, wiederholt den Namen mehrmals. Rigoletto bleibt in Gedanken versunken stehn. Sind sie einander nicht gleich im tiefsten Grunde? Ja, sind nicht sie beide Mörder? Jener tötet mit dem Dolch, er mit der Zunge, dem verleumderischen Wort, dem grausamen Spott. Das ist der ganze Unterschied. Das ganze Elend seines Daseins steht plötzlich riesengroß vor ihm: das unwürdige Hofleben, seine krampfhafte Lustigkeit, um die hohen Herren zu unterhalten, die Geheimhaltung seiner wahren Gefühle. Doch er schüttelt die Sorgen ab. Nur wenige Schritte noch, und Gildas kindliche Liebe wird ihm entgegenstrahlen. Die Tochter ist besorgt, ihn so bekümmert und einsilbig zu sehen. Den ganzen Tag über sei er fort, und sie wisse nichts über sein Leben. Doch Rigoletto will nicht aus sich herausgehen. Nur Gildas Sicherheit geht ihm nahe. Wieder schärft er ihr, wie täglich, ein, nicht aus dem Hause zu gehen. Nur in die Kirche, ja. Er muß an Monterone denken, an die herzlosen

Höflinge, an den gewissenlosen Herzog. Ein großes schönes Duett eint die Stimmen von Vater und Tochter im abendlichen Frieden des Gärtchens. Sie haben nicht bemerkt, daß ein junger Mann – der Herzog – sich eingeschlichen hat und ihren Worten mit Überraschung lauscht. Als Rigoletto gegangen ist, tritt er auf Gilda zu. Es ist der Jüngling, den sie mehrmals auf dem Kirchgang gesehen und der ihr jetzt seine Liebe erklärt. ③

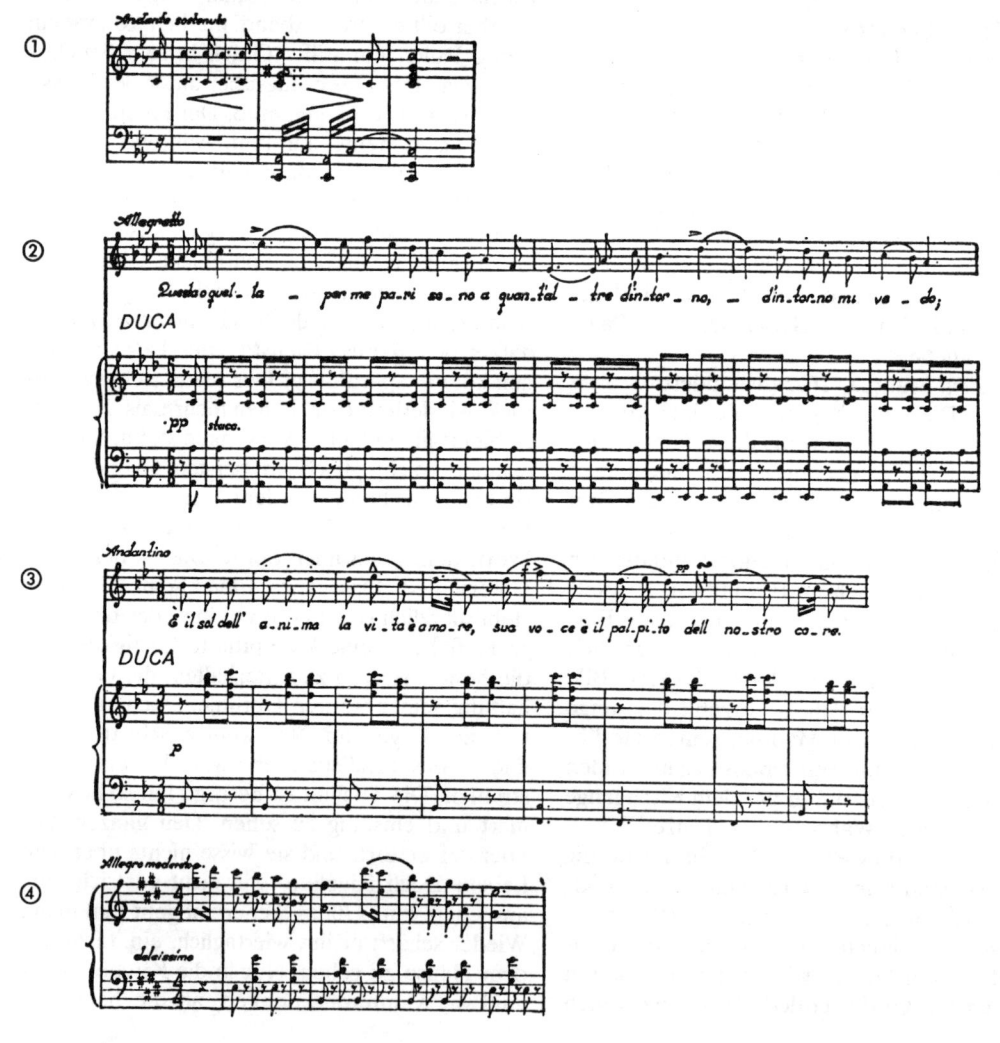

Ein Duett hüllt die beiden jungen Menschen in zärtliche Melodien. Schritte verscheuchen den Eindringling. Er hat nur noch Zeit, auf die Fragen des Mädchens den falschen Namen Gualtier Maldé anzugeben, um den Verdi nun eine der berühmtesten Arien des Opernrepertoires rankt: zwei Flöten nehmen, nach einem ausdrucksvollen Rezitativ, das Hauptmotiv voraus ④, dann setzt Gilda ein: »Caro nome« (Teurer Name). Sie singt von ihrer Liebe, der ersten ihres jungen Lebens, und es ist eine keusche, innige Liebe. Ihre Stimme ergeht sich in melodischen Koloraturen und erklimmt, wie ihre Hoffnung, höchste Höhen. Zwei gefahrdrohende Kontrapunkte mischen sich in die letzten Takte ihrer Arie: der Chor der Höflinge, die auf der nächtlichen Straße daherschleichen und ein kurzes, sich unheimlich im Orchester aufbäumendes Motiv. Rigoletto, von unheilvollen Ahnungen getrieben, kehrt zu seinem Hause zurück und findet die maskierten Höflinge. Die Nacht ist finster, und es fällt diesen nicht schwer, den sichtlich aus ärgster Sorge befreiten Narren davon zu überzeugen, der »Scherz« gelte dem benachbarten Hause des Grafen Ceprano. Und so läßt Rigoletto sich ebenfalls maskieren, doch dergestalt, daß er selbst hinter der dicken Binde nichts wahrzunehmen vermag; in dieser Rolle muß er den Entführern die Leiter halten, über die sie in den Garten steigen. Zu spät entdeckt er, durch Gildas verzweifelte Hilferufe aufgeschreckt, die sich unter den Jubelrufen der Entführer rasch entfernen, daß der Anschlag seinem eigenen Hause, seiner geliebten Tochter gegolten hat. Im Garten findet er ihr Taschentuch, dann bricht er, weinend Monterones Fluch gedenkend, zusammen.

Der zweite Akt (das dritte Bild) beginnt mit einer Arie des Herzogs, der in seinem Palast der Sorge um das Verschwinden des geliebten Mädchens Ausdruck gibt und die Tat streng zu bestrafen verspricht. ⑤ Seine Höflinge betreten den Saal und besprechen die Entführung, die sie vermeintlich an Rigolettos Liebchen begangen haben. Nun wird dem Herzog das Vorgefallene klar: Gilda muß im Palaste sein! Sofort bricht er auf, sie zu suchen, doch da erscheint Rigoletto. In der mühsam aufrechterhaltenen Narrenmaske scheinen seine Blicke alle Winkel zu durchspüren, um sein geliebtes Kind zu entdecken. Ein Page kommt, um dem Herzog eine Nachricht zu überbringen; unklare Andeutungen der Höflinge lassen darauf schließen, daß dieser bei Gilda sei. Nun kann nichts mehr den Schmerz Rigolettos zurückdämmen; mit allen seinen Kräften will er sich Bahn brechen zu seinem Kind, das er in den Händen des Verbrechers wähnt. Einer Mauer gleich stehen ihm die Leiber der Höflinge entgegen, immer wieder prallt sein Ansturm an ihnen ab. Seine großartige Arie (»Cortigiani, vil razza dannata«, »Feile Sklaven, ihr habt sie verhandelt«) donnert, einer gewaltigen, aufwühlenden Anklage gleich, in den Raum. ⑥ Eine Tür geht auf und Gilda stürzt sich, von Schluchzen geschüttelt, in die Arme des Vaters. Nun doch beschämt, ziehen sich die Höflinge, die Zeugen dieser Szene werden, zurück. Mit tränenerstickter Stimme schildert Gilda die Geschichte ihrer jungen Liebe, zuletzt den gewaltsamen Überfall, die verbrecherische Entführung. ⑦ Rigoletto, völlig gebrochen, will fortgehen, weit fort mit seiner Tochter, fort von dieser gefühllosen Hofwelt. Eine Wache führt den Grafen Monterone durch den Saal. Vor dem Bild des Herzogs verweilt er: sein Fluch sei ungehört verhallt, klagt er auf dem Weg zum Kerker. Doch Rigoletto richtet sich auf: Nein, nicht ungehört! Er wird gerächt werden, und mit ihm er selbst. Auf dem Worte »Vendetta« (Rache) baut Verdi ein mitreißendes Duett auf, einen lodernden Haßgesang Rigolettos, der sich trotz der mildernden Einwürfe Gildas bis zur Raserei steigert. ⑧

Der dritte Akt spielt in und vor dem Hause Sparafuciles, das in freier Landschaft nahe einem Flußufer liegt. Es ist eine düstere, von fernen Blitzen unheimlich erhellte Nacht. Rigoletto, nun nicht mehr der Narr seines Herrn, sondern dessen Todfeind, der finster entschlossene Rächer, tritt mit Gilda auf. Er hat einen Pakt mit Sparafucile geschlossen. Mit Hilfe von dessen schöner Schwester Maddalena wird das Opfer heute nacht noch in die Falle gehen. Und den Herzog so, in seiner zügellosen Lebensart, der Tochter vorzuführen, ist Rigolettos Wunsch, denn immer noch hängt Gilda in Liebe an diesem Mann. Doch wer liebt, erkennt die Schwächen des Geliebten nicht, deutet sie anders, wird vom Wunsche beseelt, ihn zu retten, zu erlösen. Auf Gilda wirkt des Herzogs Getändel mit Maddalena nicht abschreckend, seine berühmteste Arie kann sie nicht von seiner Wertlosigkeit überzeugen: es ist »La donna è mobile« (deutsch: O wie so trügerisch) ⑨, die millionenfach gehörte Melodie, über die später noch etwas zu sagen sein wird. Des Librettisten Geschick hat in dieser Szene nicht nur einen glänzenden Schlagertext (im guten Sinne) geschaffen, sondern auch eine dramatische Situation, wie sie in dieser Spannung nur selten zustandekommt: im Innern der Spelunke das Duett zwischen dem Herzog und der schönen Tänzerin, die er als flüchtiges Abenteuer glühend begehrt, draußen beobachtend Rigoletto in tödlichem Haß und dem Vorgefühl des Triumphes, mit

Gilda – Opfer und doch unverändert Liebende; zwei Duette, die Verdis Genie zu einem unvergleichlichen Quartett zusammenzuschließen weiß. Schönste Belcantolinien und meisterliche psychologische Einzelheiten schmücken ein unvergängliches Glanzstück der Opernliteratur ⑩. Victor Hugo, der Schöpfer dieser Figuren, meinte lächelnd, nachdem er jahrelang gegen die Aufführung der Oper gekämpft hatte, angesichts dieser Szene: »Ja, wenn ich vier Personen gleichzeitig sprechen lassen könnte ...« Aber da, gerade da, ist die Oper eben dem Drama weit überlegen. Gildas tiefer Schmerz, des Herzogs immer wieder wirksame Verführungskünste, Rigolettos der Erfüllung entgegenfiebernder Rachedurst, Maddalenas kokettes und doch innerlich leise berührtes Tändeln: Hier haben wir in einmaliger Verdichtung eine Opernszene vor uns, die im musikdramatischen Sinne einen Gipfel der Opernliteratur darstellt. Nun ist keine Zeit mehr zu verlieren. Rigoletto schickt die Tochter nach Hause, um Männerkleider anzulegen für den Ritt nach Verona, wohin er ihr bald folgen will. Nur noch eines muß vorher erledigt sein. Leise bespricht er es mit Sparafucile, der aus dem Hause tritt. Die Hälfte des Preises im voraus; der Rest um Mitternacht, wenn der einstige Narr die Leiche seines Beleidigers holen wird. Das Gewitter ist näher gekommen. Erstes Donnergrollen läuft über den wolkenverhängten Himmel. Mit welch einfachen Mitteln weiß Verdi die drohende Stimmung zu malen: Hohle, unheimlich klingende Akkorde im Orchester, ein unsichtbarer Männerchor, der mit Summstimme chromatische Folgen singt, als sei es der Wind, der durch die alten Pappeln am Ufer streicht. ⑪

Im Hause Sparafuciles verlöschen die Lichter. Des Herzogs frivoles Liedchen ertönt wie aus dem Halbschlummer. Maddalena fühlt Mitleid mit ihm, der in wenigen Augenblicken sterben soll. Im losbrechenden Gewitter gelangt Gilda, als Mann verkleidet, an die Pforte und wird so Zeugin des Gesprächs unter den Geschwistern; Sparafucile besteht auf seiner »Ehrenhaftigkeit«, noch nie habe er einen »Kunden« betrogen. Der Alte bezahle ihn, ihm müsse er sein Wort halten. Maddalena bestürmt ihn um das Leben des jungen Mannes, der ihr gefallen hat. Ein letzter Ausweg taucht auf. Nur wenn zufällig in dieser Nacht noch ein Wanderer des Weges käme und um Obdach ansuche, könne das Objekt des Mordes vertauscht werden. Gildas Ent-

⑧ **Allegro vivo (con impeto)** — RIGOLETTO: Sì, vendetta, tremenda vendetta....

⑨ **Allegretto** — DUCA: La donna è mobile qual piuma al vento....

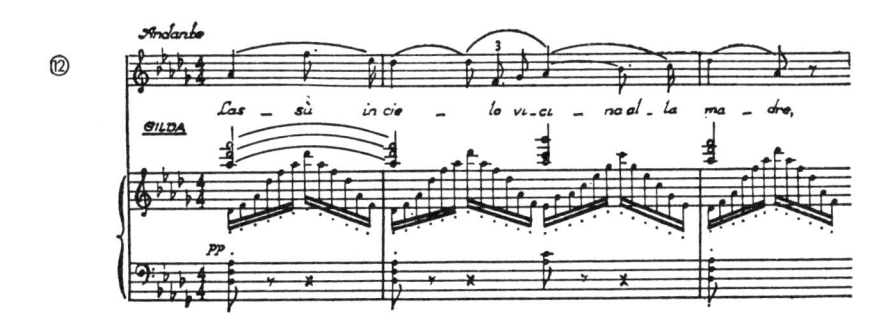

⑩ **Andante** — DUCA: Bella figlia dell'amore schiavo son de'vezzi tuoi....

⑪ **Allegro** (bocca cerrada)

⑫ **Andante** — GILDA: Lassù in cielo vicina alla madre,

schluß steht nun fest. Sie befiehlt ihre Seele Gott und klopft an die Türe, hinter der sie den tödlichen Schlag empfängt. Sturm, Regen und Gewitter brechen nun in ganzer Wildheit los. Eine ferne Glocke schlägt Mitternacht. Rigoletto naht, der Sieger, der Rächer. In der Finsternis übergibt Sparafucile ihm den versprochenen Sack mit einem menschlichen Körper darin. Schon will der Bucklige ihn mühsam zum Flusse tragen. Da ertönt von der Straße her des Herzogs frivoles Lied, im leichten, sorglosen Heimgehen vor sich hingeträllert. Wenn diese Melodie wirklich – von manchem »Puristen«, der sie banal, gewöhnlich nennt, wird dies geradezu verlangt – einer »Rechtfertigung« bedürfte: hier ist sie gegeben, hier wird besser als in hundert Abhandlungen bewiesen, daß Opernmusik ihre eigenen Gesetze besitzt. Gleich einem grellen Blitz mit betäubendem Donnereinschlag fährt die freche, unbekümmerte Melodie in Rigolettos Herz, das in diesem Augenblick von unsäglichen Gefühlen durchtobt wird. Diese Melodie: das ist der Herzog, das ist sein Leichtsinn, sein skrupelloses Leben, seine unbändige Abenteurerlust. Tausend Worte der Charakterschilderung erreichen nicht die Wirkung dieses kleinen Liedes: die »ordinäre«, die »Gassenhauermelodie« ist genau das, was ein Genie an diese Stelle setzen mußte, um den unüberbrückbaren Kontrast zweier Welten mit kräftigstem Pinsel zu malen. In Sekundenfrist ist Rigolettos bitter erkaufter Triumph hoffnungslos in sich zusammengebrochen, das Grauen beschleicht ihn, bebend reißt er den Sack auf. Schaudernd erkennt er im Licht der Blitze sein eigenes Kind. Gilda hat noch einen Hauch Lebens in sich. Verdi läßt seine geliebtesten Gestalten niemals ohne tröstliche Melodie ins Jenseits gehen. Das Drama, soeben noch kraßrealistisch, wird mit einem einzigen Takt ins Romantisch-Irreale entrückt: Verdis Geschöpfe sterben erlöst, entsühnt, befreit, mit wundervollen Melodien auf den erblassenden Lippen. ⑫
Die letzten Worte des Dramas gehören Rigoletto. Sie gelten dem Fluch Monterones, der nun mit ganzer Kraft über ihn hereinbrach. Vernichtet stürzt er sich über Gildas Leiche.
Quelle: Das Drama »Le roi s'amuse« von Victor Hugo bildete 1832 einen der stärksten Theatererfolge seiner Zeit, von Paris strahlte sein und seines Autors Ruhm über die ganze Welt aus. Verdi spürte die Eignung des Stoffes für eine musikalische Deutung und entwarf, wie gewöhnlich mit eigener Hand, ein Opernszenarium und dessen Figuren.
Textbuch: Dann beauftragte er Francesco Maria Piave mit der Ausarbeitung des Librettos. Es gelang eine Szenenfolge von starker Dramatik und sehr gut vertonbaren Situationen: Fest im Palast, kurzes Liebesidyll im abgelegenen Hause, eine (von Verdi so bevorzugten) innigen Vater-Kind-Szene, Verzweiflungsausbruch des vom Hofnarren zum leidenden Menschen werdenden Rigoletto, Gewitternacht, tragische Verwicklung, Zusammenprall unvereinbarer Motive und Charaktere. Es mag für die heutige Zeit schwierig sein, einen Opernstoff von 1850 zu beurteilen, manches mag unklar motiviert erscheinen, manches scheint an der Oberfläche zu bleiben. Doch Verdi schuf zu diesem Textbuch nicht nur sein vielleicht populärstes, sondern eines seiner meisterlichsten Werke; da haben die Einwände zwar nicht zu verstummen, aber doch als unwesentlich erkannt zu werden.
Musik: Hier hat der Komponist einen wichtigen Schritt zu Vollendung und Verfeinerung hin vollbracht, aber es wäre falsch, mit »Rigoletto« einen »neuen« Verdi deklarieren, einen Bruch in seiner Schreibweise erkennen zu wollen. Alle Vorzüge, die seine nun beginnende ununterbrochene Reihe von Meisterwerken auszeichnet, sind in den fünfzehn vorangegangenen Werken schon in Elementen vorhanden; hinzutritt die (in ihrer Bedeutung allerdings gar nicht zu überschätzende) Reife und Erfahrung des schöpferischen Künstlers. »Rigoletto« enthält, neben einigen unleugbaren Effekten gröberer Wirkung, wie sie die damalige Oper auszeichneten, eine Überfülle schönen Materials in fesselnder Verarbeitung. Es wäre unmöglich, alle Höhepunkte der Partitur aufzuzählen. Hingegen sei hervorgehoben, was Verdi hier den Bühnenkünstlern bot. Nicht weniger als drei Spitzenpartien wurden hier geboren: Rigoletto, eine unüberbietbare Aufgabe für einen großen Charakterdarsteller mit mächtiger Stimme, die aber inniger, weicher Töne fähig ist; Gilda, Starrolle für Koloratursopran, obwohl eigentlich lyrische Sängerinnen (mit leichter Höhe) dem seelenvollen Ausdruck der Gestalt zumeist eher gewachsen sind; der Herzog von Mantua, Belcantosänger höchster Klasse, der nicht nur Arien hinauszuschmettern versteht, sondern auch das herrliche Quartett überlegen zu führen wissen muß. In seiner Partie findet sich die berühmte Arie »La donna è mobile« (O wie so trügerisch), um

die sich eine äußerst charakteristische Legende rankt: Verdi wußte, daß diese so einfache und ins Gehör gehende Melodie unmittelbar von jedem Hörer nachgesungen werden würde. Darum verheimlichte er sie bis einige Tage vor der Premiere. Dem ob dieser Verzögerung äußerst nervösen Tenor sang er sie erst ganz zuletzt vor. Ihr Effekt auf das Publikum war der einer wahren Sensation.

Geschichte: Mehrere Jahre lang ging Verdi mit dem Gedanken um, Victor Hugos Drama »Le roi s'amuse« zu vertonen. Ein Auftrag des venezianischen Teatro Fenice (wo 1844 sein »Ernani« so erfolgreich gewesen war) ließ ihn 1850 an diese Arbeit gehen. So leicht sie ihm von der Hand ging, so arg komplizierten die Dinge sich rund um das entstehende Werk. Piave hatte nicht mit den Schwierigkeiten gerechnet, die die österreichische Zensur – Venetien unterstand wie die Lombardei mit ihrer Mailänder Scala der habsburgischen Herrschaft – diesem Stoffe in den Weg legen würden: ein König als Wüstling und überdies ein Mordanschlag gegen ihn! Ein langer Kampf begann, der durch die Halsstarrigkeit des Maestro nicht gerade erleichtert wurde. Schließlich willigte er ein, aus Franz I. von Frankreich einen Herzog von Mantua zu machen (eines Geschlechts also, das längst ausgestorben war und das, nebenbei gesagt, in der Musikgeschichte eine bedeutende Rolle gespielt hatte, als Monteverdi an dessen Hofe seine ersten großartigen Musikdramen schrieb). So wurde aus dem historischen Hofnarren Triboulet ein Rigoletto (dessen Name zugleich das französische Wort »rigolo« beinhaltet, das soviel wie spaßig, komisch bedeutet). Natürlich mußte der Titel geändert werden, denn nun war es kein König mehr, der sich amüsierte; eine Zeitlang hielt Verdi an »La Maledizione« fest, dem Fluch, der tatsächlich eine bedeutende Rolle in der Oper spielt. Doch als die Zensur sogar daran (wie auch an der Leiche im Sack, wie sie im letzten Akt auf die Bühne kommt) unbegreiflichen Anstoß nahm, wählten die vielen mit der Lösung der Streitfragen beauftragten Personen – die allerdings, wie hervorgehoben sei, zum allergrößten Teil begeisterte Verehrer des Maestro waren – den endgültigen Titel »Rigoletto«. So ging das Werk am 11. März 1851 über die Bretter des Teatro Fenice. Von dort aus durchlief das in insgesamt nur vierzig Tagen komponierte (wenn auch längere Zeit durchdachte) Werk die ganze Welt in kurzer Frist.

Der Troubadour

Oper in vier Akten. Textbuch, nach dem Drama »El Trovador« des Antonio García Gutiérrez, von Salvatore Cammarano, nach dessen Tod vollendet durch Leone Emmanuele Bardare.
Originaltitel: Il trovatore
Originalsprache: Italienisch
Personen: Leonora, Gräfin von Sargasto, Palastdame der Prinzessin von Aragón (Sopran), Ines, ihre Vertraute (Sopran), der Graf von Luna (Bariton), Ferrando, sein Schildträger (Baß), Azucena, eine Zigeunerin (Mezzosopran), Manrico (Tenor), Ruiz, sein Freund (Tenor), ein alter Zigeuner, ein Bote, Gefährtinnen Leonores, Soldaten, Nonnen.
Ort und Zeit: In Biscaya (spanisch Vizcaya) und in Aragón, früher selbständigen Königreichen auf heute spanischem Boden, zu Beginn des 15. Jahrhunderts.
Handlung: Nach einer kurzen Orchestereinleitung hebt sich der Vorhang über der Vorhalle eines spanischen Palastes. Es ist Nacht. (Jeder Akt trägt einen eigenen Untertitel: der erste heißt »Das Duell«.) Während Graf Luna unruhig unter den Fenstern der von ihm angebeteten Leonora Wache hält, berichtet Ferrando das tragische Geschick, das dessen Familie betroffen hat. Der alte Graf hatte zwei Söhne, doch einer von ihnen wurde aus der Wiege geraubt und von einer Zigeunerin, deren Mutter kurz vorher verbrannt worden war, dem Feuertod überliefert. Die Zuhörer – Soldaten des Grafen – werden von Entsetzen gepackt und schwören, die Untat zu rächen, wenn die Zigeunerin noch am Leben sein sollte.

Leonora erwartet, sehnsüchtig aus ihrem Fenster spähend, die Ankunft eines geheimnisvollen Fremden, in den sie sich während eines ritterlichen Turniers verliebte und der seit einigen Nächten vor dem Schlosse erscheint, wo er zu ihrer Huldigung Liebeslieder singt. Leonora gibt ihrer Sehnsucht in der milden, blauen Nacht Ausdruck. ①

Schließlich antwortet ihr, unter den alten Bäumen, die schlichte Romanze des Troubadours. ②

Auch Luna vernimmt das Lied. Endlich soll er dem verhaßten Nebenbuhler gegenüberstehen! Leonora eilt die Treppe hinab, doch in der Dunkelheit stürzt sie sich in die Arme des Grafen Luna. Aus dem Schatten tritt der Troubadour hervor. Luna erkennt seinen Todfeind Manrico. Das Terzett – Leonora, Manrico, Luna – ist von äußerster dramatischer Wucht. Über dem Zweikampf der beiden Männer fällt der Vorhang.

Der zweite Akt trägt den Titel »Die Zigeunerin«. Er führt uns in ein Zigeunerlager, dessen Insassen zu einem melodiösen und berühmt gewordenen Chor ihre Schmiedearbeiten verrichten. ③

Neben dem Lagerfeuer sitzt Azucena. Die flackernde Flamme beschwört grausame Erinnerungen: Sie gedenkt des Todes ihrer Mutter. Ihr

Sohn Manrico kauert ihr zu Füßen. Er hat den Grafen im Zweikampf besiegt, ihm aber in einer plötzlichen Aufwallung unerklärlicher Gefühle das Leben geschenkt. Azucena pflegt seine leichte Wunde. Mit steigendem Entsetzen hört er ihrem Gesange zu, der nun eines Kinderraubs zu gedenken scheint. Doch ihre Gedanken verwirren sich mehr und mehr; Azucena erzählt die weit zurückliegende Episode so, als habe sie damals ihr eigenes Kind in die Flammen geworfen. ④ Entsetzt fährt Manrico auf; wenn das so ist – wer ist er dann? Doch die Zigeunerin kehrt langsam zu sich zurück und versichert ihm, er sei ihr Sohn. Möge er nie daran zweifeln und in jedem Augenblick zur Rache an der Familie Luna bereit sein, die seine Großmutter lebend verbrannte! Ein Bote bringt Manrico die Nachricht, Leonora, von seinem Tode überzeugt, wolle ihr Leben dem Kloster weihen. Da verabschiedet sich Manrico von der Mutter und eilt davon.

Im Kreuzgang eines Klosters spielt die nächste Szene. Luna hat ebenfalls von Leonoras Absicht erfahren und steht mit seinen Mannen bereit, sie zu entführen. Auch er hält Manrico für tot. Die Erfüllung seiner Wünsche scheint bevorzustehen. In einer melodiösen (und schwer zu singenden) Arie findet er zarteste Töne für das ersehnte Liebesglück. ⑤

Von heiligen Gesängen geleitet (ein schöner vierstimmiger Frauenchor ohne Begleitung, Musterbeispiel an Einfachheit und Innigkeit), schreitet Leonora dem Altar entgegen. Da unterbricht Graf Luna den Zug und will sich Leonoras bemächtigen. Doch im gleichen Augenblick taucht Manrico an der Spitze seiner Getreuen auf. Das kriegerische Aufeinanderprallen der Rivalen wird – o wundersame Handlungsgliederung der Oper! – durch ein längeres prächtiges Gesangsensemble hinausgeschoben. Erst dann erfolgt der heftige Zusammenstoß; während die Soldaten einander bekämpfen, entflieht Manrico mit der Geliebten.

Der dritte Akt heißt »Der Sohn der Zigeunerin« und beginnt in Lunas Feldlager, der sich zum Sturm gegen die Burg anschickt, in der Leonora und Manrico verschanzt sind. Die Soldaten schleppen eine Zigeunerin herbei, die sie aufgegriffen haben. Trotz ihrer Ausflüchte glaubt Ferrando in ihr das Weib zu erkennen, das seinerzeit des Grafen Bruder geraubt und verbrannt hat. In höchster Not ruft Azucena nach ihrem Sohn: Manrico! Nun hat der haßerfüllte Luna doppelten Grund, sie zu töten.

Die folgende Szene spielt im Schloß. Innige Liebe eint Manrico und Leonora – und wieviel schöne Melodien fielen Verdi ein, um sie auszudrücken! Aber die Nachricht von der Gefangennahme seiner Mutter reißt den Troubadour aus seinen Träumen. Im Nu verwandelt er sich in einen stahlharten Kämpfer, und sein Liebesgesang wird zu dem so populär gewordenen, in seiner Einfachheit großartigen Kampflied. ⑥ Diese sogenannte »stretta« ist ein Prüfstein für Tenöre, ein mitreißender Aktschluß; so mitreißend, daß sie manchmal wiederholt werden muß; unter dem Jubel des Publikums siegt der Geist des Gesangs über die dramatische »Logik«.

»Das Gericht« betitelt sich der letzte Akt. Manrico ist gefangengenommen worden und schmachtet in einer unterirdischen Zelle von Lunas Burg. Seine Mutter ist bei ihm. Leonora tritt den schweren Gang zum Sieger an, um für das Leben des Geliebten zu flehen. Verdi schuf hier das eindrucksvolle »Miserere«, in dem Manricos ferne Stimme, Leonoras schmerzvolle Ausrufe, ein unsichtbarer Chor und das Orchester in düstern Akkorden meisterhaft verbunden sind. Luna tritt auf, er ist entschlossen, die Zigeunerin und ihren Sohn hinzurichten. Um einen einzigen Preis wäre er bereit, Manrico freizugeben: um Leonoras Liebe. Leonora ringt sich zu dem schweren Entschluß durch, aber sie bringt es nicht über sich, ihre Zusage einzuhalten. Heimlich nimmt sie Gift, das sie in ihrem Ringe verborgen bei sich trägt. Da es aber nur langsam wirkt, kann sich der Jubel über die Rettung des Geliebten in ihrer Stimme Bahn brechen. ⑦

Das letzte Bild spielt in der Tiefe des Kerkers. Die beiden Opfer erwarten ihre Hinrichtung. Azucena wird von grausigen Visionen verfolgt (die Melodie, zu der sie im zweiten Akt vom Tode ihrer Mutter und des Kindes erzählte, kehrt gleichsam in Erinnerung wieder), doch Manrico gelingt es, sie zu beruhigen. Eine innige Melodie – eine der schlichtesten und schönsten, die Verdi schrieb – wölbt sich zu einem herrlichen Duett (»Ai nostri monti«, »In unsre Heimat«) ⑧.

Leonora tritt ein. Hastig fleht sie den Geliebten an, den offenen Weg ins Freie zu nutzen. Doch als sie ihm nicht folgen will, glaubt Manrico, daß sie ihn und seine Liebe verraten habe. Das dramatische Duett wird durch Azucenas wie aus fernen Träumen tönende Stimme seltsam unter-

⑤ *Largo*
LUNA: Il balen del suo sorriso d'una stella vince il raggio

⑥ *Allegro*
MANRICO: Di quella pira l'orrendo foco....

⑦ *Allegro brillante*
LEONORA: Vivrà! Contende il giubilo i detti a me, signore.

⑧ *Andantino*
AZUCENA: Ai nostri monti ritorneremo...

malt. Erst als Leonora sterbend zu seinen Füßen niedersinkt, erkennt Manrico die Wahrheit. Der herbeieilende Luna sieht sich betrogen und läßt den Troubadour unverzüglich zur Hinrichtung schleppen. Da erwacht Azucena. Triumphierend zeigt Luna ihr das vollzogene Urteil vor dem Fenster. »Er war dein Bruder«, sind die letzten Worte der Zigeunerin und der Oper.

Quelle: Zweimal stieß Verdi bei der Wahl seiner Stoffe auf den spanischen Dramatiker Antonio García Gutiérrez (1812–1884), der eine Art hispanischer Romantik verkörpert: düster, tragisch, geheimnisreich, heroisch; aus dessen »El Trovador« gewann Verdi seine Oper »Il Trovatore«. Den Stoff zu »Simon Boccanegra« entnahm er später ebenfalls aus dessen Werken, nicht aber aus Schillers den gleichen Vorfall behandelnden »Fiesco«.

Textbuch: Cammarano hielt sich eng an das spanische Drama, verwischt aber historische Bezüge, so daß die Handlung der Oper zeitweise sehr unklar erscheint; daß es sich um historische Machtkämpfe dreht, bei denen die beiden Männergestalten des Dramas, der Graf Luna und Manrico, verschiedenen Parteien angehören, so daß ihre Privatfehde um den Besitz der schönen Edeldame nur ein Zusatz zu einer der zahllosen blutigen mittelalterlichen Kriege wird, ist kaum erkennbar. Cammarano und Verdi hat die menschliche Seite der Tragödie begreiflicherweise stärker interessiert als die politische. Und so wächst Azucena, die Zigeunerin, zur Mittelpunkts-, zur Schlüsselfigur der Handlung empor. Ihr gehören die ergreifendsten, die großen tragischen Szenen. Daß im allgemeinen »Il Trovatore« eine dramatische Szenenfolge eher als ein folgerichtiges Drama wurde, steht außer Zweifel. Zugespitzt ließe sich beinahe behaupten, die entscheidenden Dinge geschähen nicht so sehr auf der Bühne als in den Pausen zwischen den Bildern, die dargestellt werden. Doch wieder muß gesagt werden: was einen Meister zu einem so genialen Werk inspirieren kann, sollte nicht unterschätzt werden. Cammarano starb, während er an diesem Libretto arbeitete; es wurde von – dem ebenfalls aus Neapel stammenden – Leone Emmanuele Bardare vollendet.

Musik: Bände ließen sich füllen mit den Beispielen aus dem »Troubadour«, um Verdis Stil gebührend zu würdigen. Als Musikdramatiker und Melodiker erstrebt er stets Einfachheit und Unmittelbarkeit, die direkte Wirkung und den wahren Ausdruck. Mit der schlichten Melodie und einem ganz einfachen Rhythmus weiß er stärkste Atmosphäre und ergreifendes Seelendrama zu gestalten. Seine schier unversiegliche Quelle der Eingebung, seine der Situation angepaßte, höchst ausdrucksvolle Gesangslinie, seine immer reicher und abwechslungsvoller werdende Instrumentation müssen ebenso hervorgehoben werden wie seine schonungslose Selbstkritik, die ihn gerade bei diesem Werk manches äußerst spontan wirkende Musikstück mehrmals komponieren ließ, bis er sich endlich zu einer – oft der vierten – Fassung entschloß. »Il Trovatore« wurde eine der musikgesättigtesten, musiküberströmtesten Opern Verdis (und darum zu einer seiner volkstümlichsten und beliebtesten, woran auch das schwer verfolgbare Libretto nichts ändern konnte). Unmöglich, in engem Rahmen die vielen Glanzlichter dieser wundervollen Partitur voll zu würdigen. Von der Spannweite des Verdischen Genies mögen nur die beiden kurz aufeinanderfolgenden Szenen zeugen, die, völlig kontrastierend angelegt, gleich bewundernswert an Inspiration wie in der Ausführung sind: das Miserere – Leonora bangend vor den Mauern des Verlieses, Manricos Stimme aus dem Kerkerinneren, der feierlichdüstere Chor, Glockenschlag zu den Akkorden aus dem Orchester, die wie Schicksalsschläge anmuten: dies alles zusammen ergibt ein packendes, erschütterndes Klangbild. Auf der Szene ereignet sich ein Musikdrama von schlichter Größe, aber von gewaltigster Wirkung und Tiefe ... und es setzt sich fort in der Kerkerszene des Schlußaktes: Azucenas zum Ensemble (Terzett) erweiterte, fast volksliedhafte Melodie »Ai nostri monti«, ein von verzehrendem Heimweh durchglühter Gesang, welcher in der allem Leid fast schon Entrückten aufklingt... »Ai nostri monti« (In unsre Heimat kehren wir wieder) begleitet nun auch Leonoras und Manricos Zwiegesang. Die Stimme der Mutter hört sich an wie ein Wiegenlied: ein Tragödienschluß von unerhörter Wucht und Gegensätzlichkeit, wenn urplötzlich, inmitten all der Schrecken des Untergangs und des Todes, Azucenas ebenso herzzerreißende wie tröstliche Melodie erklingt.

Geschichte: Verdi erbat von Cammarano bereits 1850 ein Libretto über das Stück des García Gutiérrez. Nach der Premiere des »Rigoletto« begann er mit der Vertonung, obwohl er gleichzeitig auch an der »Traviata« arbeitete. Mitten in der gemeinsamen Arbeit starb der Textdichter am 17. Juli 1852. Nach den vorhandenen

Skizzen vollendete Leone Emmanuele Bardare die Vorlage. Die Uraufführung, am 19. Januar 1853 im Apollo-Theater in Rom, wurde zu einem vollen Siege. Innerhalb zweier Jahre durchlief »Der Troubadour« alle wichtigen Städte der Welt, sowohl Europas wie Amerikas.

La Traviata

Oper in drei Akten. Textbuch, nach Alexander Dumas' »Kameliendame«, von Francesco Maria Piave.
Originaltitel: La Traviata (Deutsch manchmal »Violetta« genannt)
Originalsprache: Italienisch
Personen: Violetta Valéry (Sopran), Flora Bervoix, ihre Freundin (Mezzosopran), Annina, Violettas Dienerin (Mezzosopran oder Sopran), Alfred Germont (Tenor), Georg Germont, sein Vater (Bariton), Gaston, Vicomte von Létorières (Tenor), der Baron Douphol (Bariton), der Marquis von Obigny (Baß), Dr. Grenvil, Arzt (Baß), Diener Violettas und Floras, ein Kommissär, Damen, Herren.
Ort und Zeit: In und bei Paris, um 1850.
Handlung: Das Vorspiel ist – mit Recht – berühmt geworden. In ihm klingen, mit unendlicher Zartheit (die man damals beinahe noch für »unverdisch« hielt) die Hauptthemen der Oper auf: Liebe und Tod. Der letztere wie ein stummes Erlöschen, wie das Verblühen einer Blume nach kurzem Leuchten. ① Die Liebe hingegen mit einer Melodie voll innerster Bewegung, von mehr Innigkeit als Sinnlichkeit (was eher dem Charakter Verdis als dem Textbuch entsprochen haben mag). ② Dann rauscht Festmusik auf. Im Hause Violettas, einer berühmten Pariser Schönheit und Kurtisane, gibt es Tanz und Gelage. Ein Freund führt den jungen Alfred Germont ein, der, auf Einladung Violettas, das Glas zu einem sehr populär gewordenen Trinklied erhebt. ③
Violetta antwortet mit der gleichen Melodie, aber Alfreds schwärmerischer Verherrlichung der Liebe setzt sie das Lob des Genußlebens entgegen. Der Tanz geht weiter, doch Violetta (»La Traviata«, auf deutsch: »Die vom rechten Wege Abgewichene«) wird plötzlich von einem Hustenanfall überrascht. Alfred bemüht sich um sie und gesteht ihr die tiefe Liebe, die er seit einem Jahr zu ihr fühlt: ④ Mit leichten Worten antwortet Violetta, die das Leben zu sehr kennt, um Alfred sofort zu glauben. Trotzdem berührt dessen Innigkeit sie tief. Sie schenkt ihm eine ihrer Lieblingsblumen, eine Kamelie. Wann er wiederkommen dürfe, fragt Alfred. Wenn die Blume verwelkt sei. Morgen also?! Ja, morgen. Die Lichter verlöschen, und Violetta bleibt allein in ihren leeren Salons zurück. Nun öffnet sie ihr Herz. Verdi hat aus diesem langen Monolog ein musikalisch-psychologisches Meisterstück gemacht. Stockend beginnt die Stimme, als müsse sie sich erst über dem Gehörten sammeln. Dann erblüht eine erste Melodie, immer noch wie zaghaft. ⑤
Doch noch einmal verwirft die Lebedame das echte Gefühl, das in ihr aufkeimt. Mit »Follie, follie!« (Wahnsinn, Unsinn) unterbricht sie ihre Liebesmelodie und stimmt ein Triumphlied auf den weltlichen Glanz und Genuß an ⑥. In ihre immer kühneren, unbeschwerteren Koloraturen mischt sich zweimal, aus der Ferne, Alfreds Stimme mit dem Liebesmotiv, Variation von ②, doch Violettas Frivolität behält noch die Oberhand.
Der zweite Akt spielt auf dem Lande, nahe von Paris. Alfred und Violetta leben dort glücklich miteinander, in tiefer Liebe verbunden. Als Alfred von der Dienerin erfährt, daß Violetta an den Verkauf all ihrer Habe denke, um dem Geliebten nicht zur Last zu fallen, bricht er in die Stadt auf, wo er die nötigen Geldmittel zum Lebensunterhalt zu beschaffen hofft. Ein Besuch läßt sich bei Violetta anmelden. Sie glaubt zuerst, den Käufer vor sich zu haben, an den sie sich gewendet hat. Aber mit kalter, fast verächtlicher Entschlossenheit steht ihr der Vater ihres Geliebten gegenüber. Er ist gekommen, seinen Sohn zu »retten«, ihn aus den Armen der »Unwürdigen« zu befreien. Doch es bedarf nur weniger Augenblicke, um ihn von seinem schweren Irrtum zu überzeugen. Er findet nicht nur eine wahre Dame, sondern noch dazu eine aufrichtig liebende Frau. Das Duett ist lang, melodisch überaus schön und psychologisch untadelhaft. Fast gegen seine eigene Überzeugung muß Vater Germont das Ende des Liebesverhältnisses fordern. Das Glück seiner Tochter steht auf dem Spiel, deren Heiratsabsichten scheitern würden, wenn der Bruder weiterhin mit einer Frau von zweifelhaftem Rufe lebe. Violetta, bereit, ihre Liebe zu verteidigen, wird gegenüber den bürgerlichen Ehrbegriffen, die sie nie gekannt hat, schwach. ⑦
Sie glaubt zuerst nur an eine vorübergehende, ja

①

ppp

②

Adagio
con espr.

③

Allegretto
Li-bia-mo, li-bia-mo ne' lie-ti ca-li-ci..
CHOR
pp

④

Allegro
Andante
Ah sì, da un an-no... Un di fe-li-ce, e-te-re-a....
ALFREDO
p

⑤

Andantino
Ah for-sè lui che l'à-ni-ma solinga ne' tu-mul-ti, solinga ne' tu mul-ti....
VIOLETTA

⑥
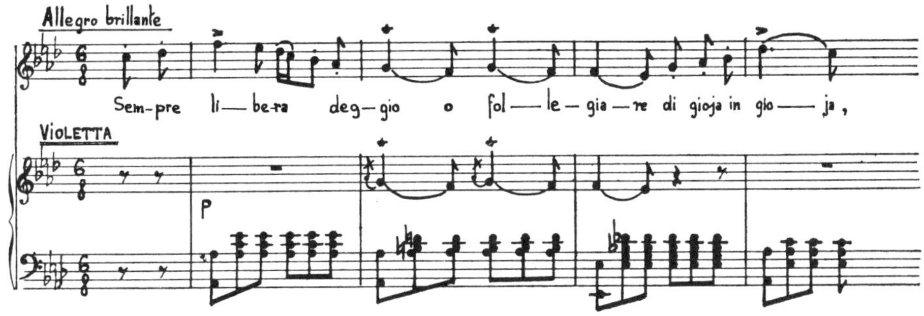
Allegro brillante
Sem-pre li-be-ra deg-gio o fol-le-gia-re di gioja in gio-ja,
VIOLETTA
p

⑦ *Allegro moderato*
GERMONT: Pura siccome un angelo Iddio mi diè una figlia......

⑧ Allegro
VIOLETTA: presso a te sempre, sempre, sempre presso a te

⑨ *Andante*
GERMONT: Di Provenza il mar, il suol chi dal cor ti cancellò?

⑩ *Andante mosso*
VIOLETTA: Addio, del passato bei sogni ridenti....

⑪ *Andante mosso*
ALFREDO: Parigi, o cara, noi lasceremo, la vita uniti trascorreremo.

vielleicht nur eine vorgetäuschte Trennung. Doch der alte Germont fleht sie um Schwereres an, um ein wahres und endgültiges Auseinandergehen. Und nicht nur um das. Das Opfer muß so vollzogen werden, daß Alfred an ein Aufhören von Violettas Liebe, ja an einen Betrug von ihrer Seite denken müsse, um ganz »geheilt« zu werden. Nach schwerstem inneren Kampfe entschließt Violetta sich zu diesem Schritt als dem höchsten Beweis ihrer wahren Liebe. Tief bewegt schließt Vater Germont, der als Feind gekommen, sie in seine Arme, bevor er geht. Schnell schreibt Violetta nun die beiden verlangten Briefe. Ihrer Freundin Flora kündigt sie ihre Ankunft für den Abend an, um an einem großen Fest teilzunehmen, und dem Geliebten, der jeden Augenblick aus Paris zurückkommen muß, erklärt sie, dieses Leben nicht länger ertragen zu können. Die »Kameliendame« ziehe es in das vergnügte Treiben der städtischen Lebewelt zurück. Da steht plötzlich Alfred im Türrahmen. In höchster Erregung springt Violetta auf und wirft sich weinend in seine Arme (zu einem großen Ausbruch der Liebesmelodie im Orchester). ⑧

Dann flüchtet sie. Alfred steht zuerst ratlos. Nie hat er die Geliebte so gesehen. Dann entdeckt er ihren Brief. Doch als er ihr nacheilen will, umfangen ihn die Arme seines Vaters. Dessen herrlicher Arie des Trostes gehören die letzten Augenblicke des aufwühlenden Aktes. ⑨

Der Ball im Hause Floras bildet den Rahmen für das dramatische zweite Finale. Tanz, Luxus, brillante Chorszenen. Am Arm des Barons Douphol tritt Violetta ein. Sie fürchtet sich vor einer Begegnung mit Alfred, den zu lieben sie nie aufgehört hat. Ihre dreimal wiederholte innige Melodie kontrastiert mit dem frivolen Lärm der Kartentische. Alfred ist da und fordert Douphol zu einer Partie heraus. Die Rivalen setzen sich zum Spiele nieder. Alfred gewinnt ohne Unterlaß und gerät in eine immer hitzigere, unberechenbarere Stimmung. Dann stehen die beiden Liebenden einander plötzlich allein gegenüber. Violetta fleht Alfred an, diese Kreise zu meiden. Er wäre dazu bereit, aber nur unter der Bedingung, daß Violetta ihm folge. In ihr kämpfen die widerstrebendsten Gefühle. Das Versprechen, das sie gegeben habe, verbiete es ihr, erklärt sie dem Geliebten. Er glaubt, sie beziehe sich auf Douphol und bricht in Wut aus. Schreiend ruft er die Gäste zusammen, die nun Zeugen einer grausamen Szene werden: Alfred beschimpft die einstige Geliebte und schleudert ihr mit beleidigenden Worten das eben gewonnene Geld ins Gesicht. Violetta bricht in einer Ohnmacht zusammen; in die tiefe Erregung aller Umstehenden bringt die ernste, strenge Stimme Vater Germonts Beruhigung, der seinen Sohn wegen dieser nicht zu rechtfertigenden Beleidung einer Dame zur Rechenschaft zieht.

Der dritte Akt hat ein prachtvolles Orchestervorspiel, in dem die unsägliche, schmerzerfüllte Melodie der Geigen an die Stimmung von Liebe und Tod gemahnen, die in der Einleitung zum ersten Akt das Leitmotiv des ganzen Werkes festgelegt hatte. Violetta liegt in ihrem Hause, todkrank, schwindsüchtig, ein Schatten ihrer selbst. Das nächtliche, ausschweifende Leben hat ihre strahlende Jugend ausgehöhlt, der Kummer um Alfred an ihrer Seele gezehrt. Draußen ziehen Karnevalsklänge vorüber. Der Arzt tritt ein, spricht Violetta Mut zu. Aber sie weiß, daß sie nur sterbend den Geliebten in ihre Arme schließen kann, dessen Ankunft ihr ein Brief Vater Germonts angekündigt hat. Ergreifend hat Verdi diese Szene gestaltet: Violetta liest mit bebender Stimme das Schreiben, während eine flüsternde Geigenmelodie sie an alte Zeiten erinnert. Eine große Arie kristallert sich heraus: Violettas Abschied von der Vergangenheit, vom Leben. ⑩

Alfred reißt die Türe auf, stürzt vor Violetta nieder. Man hört förmlich die rasenden Herzschläge der beiden Liebenden im Orchester klopfen bis zum gewaltigen, jubelnden Ausbruch. Neue Hoffnung, neue Pläne, neue Liebe, neues Leben erfüllt sie, fort von Paris, zurück in die Einsamkeit, in das Glück ... ⑪

Nie gekanntes, seliges Gefühl schwemmt Schmerz und Todesahnung mit sich fort, vergoldet Träume, die nie wahr werden können. Als Vater Germont und der Arzt eintreten, hat Violetta ihre Seele in Alfreds Armen ausgehaucht. Unter den zahlreichen Operntoden ist der der Traviata nicht nur einer der ergreifendsten und schönsten; er war auch, in einer Zeit, in der es auf der Bühne galt, durch Dolch oder Gift zu sterben, eine gewagte Neuerung.

Quelle: Alexander Dumas (Sohn) setzte als junger Schriftsteller seiner Geliebten, der jung verstorbenen Pariser Lebedame Alphonsine Plessis, die unter dem Namen »Kameliendame« stadtbekannt war, ein dichterisches Denkmal, zuerst im Rahmen eines Romans, später als Drama unter dem Titel »La dame aux camélias«. Ihren mit 25 Jahren von der Schwindsucht dahingerafften Körper birgt ein hohes marmornes Grabmal auf dem altehrwürdigen Friedhof Père Lachaise. Sie selbst lebt, idealisiert, im Werk des jungen Dumas – wo sie Marguérite Gautier heißt – und in der Oper »La Traviata« von Verdi, unter dem Namen Violetta Valéry, fort.

Textbuch: Verdi lernte den Roman und das Theaterstück »La dame aux Camélias« 1848 bzw. 1852 kennen und fühlte sich tief berührt, zumal der Stoff ihn ein wenig an die Stellung der geliebten Frau, Giuseppina Strepponi, erinnerte, die nun seit einigen Jahren an seiner Seite lebte und von manchen Gesellschaftskreisen, besonders im kleinstädtischen Busseto, ihrer »Vergangenheit« wegen geschnitten wurde.

Verdi wendete sich an Piave um ein Textbuch, das für beide etwas ganz Neues darstellte: ein Bild aus dem zeitgenössischen Leben, mit Menschen und Gewohnheiten und Szenarien aus der Gegenwart, gegenüber den historischen Stoffen, die bis dahin den Inhalt der meisten Verdi-Opern gebildet hatten. Aber nicht das frivole, – äußeren Genüssen, der Oberflächlichkeit und dem Luxus hingegebene Leben der »Kameliendame« sollte im Vordergrund stehen, sondern ihr Erwachen zu echter, tiefer Liebe. Der Titel »La Traviata« bedeutet wörtlich: die vom Wege Abgekommene, die Verirrte, aber den Inhalt der Oper bildet gerade ihre Rückkehr auf den Weg sinnvolleren Lebens. In Deutschland wird die Oper manchmal auch »Violetta« genannt.

Musik: Hier hat Verdi, in Übereinstimmung mit dem Textbuch, einen neuen Stil gefunden. Seine musikalische Sprache ist intimer, unpathetischer, menschlicher, möchte man sagen, im Sinne von: aus dem Alltag geschöpft. Herrliche musikalische Einfälle sind restlos in einen Konversationsstil eingebaut, die Singstimmen von höchster Natürlichkeit, das Orchester freier und gelöster als je vorher bei Verdi. Violetta ist zu einer der begehrtesten, schönsten Partien geworden. Verdi verlangt viel von ihr, Koloratur im ersten, lyrische Wärme im zweiten, tiefe Dramatik im dritten, erschütterndes Ersterben im letzten Bild. Er hat sie idealisiert: Seinem Charakter lag die Schilderung der hohlen Lebewelt so wenig, daß er selbst aus dieser klassischen Kurtisane eine zärtliche, liebende, zu echten Gefühlen fähige Gestalt machte, ja, mehr noch: seine Violetta wird in ihrem schmerzlichen Verzicht und im einsamen Leiden fast zur Heroine.

Geschichte: Verdi komponierte »La Traviata« mit größter Leichtigkeit und in einem wahren Sturm der Begeisterung. Nachdem er vorher schon einige Skizzen angefertigt hatte, begann er die eigentliche Arbeit sofort nach der Premiere des »Troubadour«; 45 Tage später setzte er den Schlußstrich darunter. Die Uraufführung fand am Teatro Fenice in Venedig, am 6. März 1853, statt und brachte einen der schmerzlichsten Mißerfolge im Leben des Komponisten. Hierfür scheinen in erster Linie zwei Gründe maßgebend gewesen zu sein: einmal die wohlbeleibte, robuste und anscheinend äußerst gesunde Hauptdarstellerin, deren Tod durch Auszehrung stürmische Heiterkeit hervorrief, und zum andern der Fehlgriff in den Kostümen, die die Handlung unbegreiflicherweise in eine aristokratische, vorrevolutionäre Atmosphäre verlegen wollten, anstatt in das zeitgenössische Pariser Bürgertum um 1850 mit seinen Salons, Lebedamen und freien Sitten. Ein Jahr später wurde das Fehlurteil korrigiert, als eine Neueinstudierung am Teatro San Benedetto in Venedig (6. Mai 1854) stürmischen Erfolg hatte. Seit damals besitzt »La Traviata« einen festen Ehrenplatz unter den meistgespielten Opern der Welt.

Die Sizilianische Vesper

Oper in 5 Akten von Eugène Scribe und C. Duveyrier
Originaltitel: Les Vêpres Siciliennes
Originalsprache: Französisch
Personen: Montfort, Gouverneur (Bariton), Béthune und Vaudemont, französische Offiziere (Baß), Arrigo, ein junger Sizilianer (Tenor), Procida, Arzt (Baß), Herzogin Elena (Sopran), Ninetta, ihre Dienerin (Alt), Danieli, Sizilianer (Tenor).
Ort und Zeit: Palermo 1282

Paris war seit etwa 1830 zur führenden Opernstadt der Welt aufgestiegen. Und so bedeutete die Betrauung Verdis mit der Komposition einer Festoper für die 1855 eröffnete Weltausstellung in dieser Stadt eine besondere Ehre und die Anerkennung seines steigenden Ruhmes. Verdi komponierte während des Jahres 1854, das Giuseppina und er auf einem Landgut in Enghien bei Paris verbrachten, zum ersten Male ein französisches Textbuch. Ob der von ihm vorgeschlagene Stoff gerade für eine solche Gelegenheit und einen solchen Uraufführungsort der richtige war, sei hier nicht untersucht: »Les vêpres siciliennes« schildert den historischen Befreiungskampf der Sizilianer gegen die Franzosen, deren Gewaltherrschaft durch einen Aufstand im Jahre 1282 gebrochen wurde und der, da er um die Vesperzeit ausgeführt wurde als »Sizilianische Vesper« in die Geschichte einging. Scribe, der den Text mit seinem Mitarbeiter C. Duveyrier verfaßte, focht um die von Verdi gewünschte Fassung manchen harten Strauß mit dem Komponisten aus. Der italienische Musiker gewöhnte sich – wie wenige Jahre später sein nordischer Widersacher Richard Wagner anläßlich der Pariser Uraufführung seines »Tannhäuser« (1861) – nur schwer an die typisch französischen Opernzustände, die, wohl vor allem durch Meyerbeer zur festen Norm geworden, die oft ziemlich unmotivierte Verwendung von Massenszenen und Balletten forderten. Doch sei gleich hinzugefügt, daß der von Verdi gewählte Stoff sich eher diesen Ansprüchen anpassen ließ als Wagners Minnesängerdrama.

Die Handlung spielt sich unter der französischen Besetzung Siziliens ab. Auf der einen Seite steht der Gouverneur Montfort und seine übermütige Soldateska, auf der anderen die sizilianischen Patrioten Arrigo, Procida und die Herzogin Helene (Elena). Der erste Akt schildert die gespannte Stimmung zwischen den beiden Parteien und die Begegnung des französischen Gouverneurs mit Arrigo, der die angebotene Freundschaft stolz ausschlägt. Der zweite Akt bringt eine der schönsten Melodien Verdis, die von inniger Heimatliebe getragene Arie des aus der Verbannung heimkehrenden Arztes Procida, »O tu Palermo, terra adorata«. ① Mit ihm verbündet sich Elena, deren Bruder von den Franzosen hingerichtet wurde, und auch Arrigo, der Elena seine Liebe gesteht; sie beschließen, Montfort zu ermorden und Sizilien zu befreien. Um das Volk aufzustacheln, veranlassen sie die Besatzungstruppen, bei einer zwölffachen Bauernhochzeit die Bräute zu entführen. Hier stellt Verdi einen glühenden Rachechor der Sizilianer der aus einem vorbeifahrenden Schiff erklingenden Barkarole gegenüber, die von den Mädchenräubern angestimmt wird. Der dritte Akt gipfelt in der Enthüllung, daß Arrigo der natürlich Sohn Montforts sei. Der seelische Konflikt zwischen Liebe zum Vater und Patriotismus erschüttert den jungen Menschen stark. Er hält weiter zu den Freunden, aber vereitelt im letzten Augenblick das Gelingen eines Anschlags gegen Montfort, der während eines Festes ausgeführt werden sollte. So fallen Procida und Elena in die Hände des Gouverneurs, der sie zum Tode verurteilt. Im vierten Akt fleht der von allen als Vaterlandsverräter geächtete Arrigo um Begnadigung seiner Freunde. Um einen einzigen Preis will Montfort sie gewähren: wenn Arrigo ihn Vater nenne. Im Gouverneur ist eine Wandlung vorgegangen; er sehnt sich, vieles gutzumachen, was die rohe Gewalt angerichtet hat. Doch Arrigo kann die Kluft nicht überbrücken, die ihn vom Feinde seines Volkes trennt. Erst als der Henker naht, entringt sich ihm der Schrei: »Vater!« Montfort begnadigt ihn nicht nur, er will Arrigo mit Elena vermählen. Im letzten Akt sinnt Elena verzweifelt darüber nach, wie sie das Leben Arrigos retten könne, dem seine einstigen Genossen den Tod geschworen haben; beim Erklingen der Glocke wollen die Verschworenen den Brautzug überfallen. Elena kämpft mit sich selbst, will auf die Heirat verzichten oder den Gouverneur bitten, die Glocken nicht läuten zu lassen. Doch es ist zu spät. Beim ersten Ton des feierlichen Geläuts schlagen die Aufständischen los. Sie töten Montfort und Arrigo, der sich vor den Vater werfen, ihn beschützen will. Inmitten des allgemeinen Gemetzels, das nun losbricht, ersticht Elena sich selbst.

Verdi hat diese Oper mit einer Reihe prachtvoller Musikstücke ausgestattet. Der Typus der französischen »grande opéra« verlangte gewaltige Massenszenen, glänzende Festakte, »grand spectacle«. Verdi war auch darin meisterlich beschlagen. Trotzdem sind die Szenen innerlichen Geschehens und ergriffener Gefühle stärker und schöner. Hier schlägt Verdis großes, tief menschlich empfindendes Herz. Als Prunkstück der Partitur gilt Procidas, des Bassisten Heimweharie »O tu, Palermo, terra adorata«. Die Premiere in der Pariser Oper am 13. Juni 1855 fand unter allen Anzeichen einer Sensation statt. Das Werk fand auch in Italien, wo es kurz danach in Szene ging, glänzende Aufnahme, aber seine Lebensintensität und -dauer sind vielleicht doch geringer als die anderer Opern aus Verdis reifer Zeit. So blieb es ein nicht sehr häufiger, aber von den Kennern gerne erwarteter Gast auf den Opernbühnen der Welt.

Simon Boccanegra

Oper in einem Vorspiel und drei Akten. Textbuch, nach Antonio García Gutiérrez, von Francesco Maria Piave.
Originaltitel: Simon Boccanegra
Originalsprache: Italienisch
Personen: Simon Boccanegra, Doge von Genua (Bariton), Maria, seine Tochter, unter dem Namen Amelia Grimaldi (Sopran), Jacopo Fiesco, später unter dem Namen Pater Andrea, genuesischer Edelmann (Baß), Gabriele Adorno, genuesischer Edelmann (Tenor), Paolo Albiani (Bariton), Pietro (Baß), ein Hauptmann, eine Magd, Krieger, Seeleute, Höflinge.
Ort und Zeit: Genua, das Vorspiel im Jahre 1339, die drei Akte etwa 20 Jahre später.
Handlung: Auf einem nächtlichen Platz in der Stadtrepublik Genua unterhalten sich zwei Volksführer, Paolo und Pietro, über die bevorstehende Wahl des neuen Dogen. Es würde in ihre Pläne passen, wenn Simon Boccanegra die Wahl annähme. Er ist ein äußerst populärer Korsar, dem es in kühnen Fahrten gelang, die Seeräuber von Genua fernzuhalten und zu besiegen. Sie suchen Simon zu überzeugen. Auch er hat ein Motiv, das Dogenamt anzustreben. Während Paolo und Pietro es zur Erlangung persönlicher Machtstellungen ausnützen wollen, denkt Simon nur an Maria, seine Geliebte, die ihr Vater, Fiesco, ihm aus Adelsstolz nicht zur Gattin geben will. Er hat sie lange nicht mehr gesehen, da der strenge Vater sie im Palaste einschloß. Das kleine Mädchen, das diesem Liebesbunde entsprossen war, ist vor einiger Zeit verschwunden, und Simon kann es, trotz verzweifelten Suchens, nicht finden. Fiesco tritt aus seinem Palast, doch die Unterredung mit Simon bringt keine Milderung der Spannung, die zwischen ihnen herrscht. Simon dringt verzweifelt in das Haus der Geliebten ein. Dort findet er sie, während das Volk in der Stadt ihn als künftigen Dogen proklamiert, tot vor. Sie ist aus Gram gestorben.

Zwanzig Jahre sind vergangen. Im Garten des Familienschlosses der Grimaldi, nahe von Genua am Meer gelegen, erwartet Amelia sehnsüchtig den jungen Gabriele Adorno, den sie liebt. Er gehört als Angehöriger der Oberschicht zu den Feinden Simons, der immer noch Doge von Genua ist. Zu Amelias großer Überraschung wird ihr der Besuch des Dogen gemeldet; er kommt, um ihre Hand für einen seiner Ratgeber, den Emporkömmling Paolo zu erbitten. In der Unterredung, die vom ersten Augenblick an von einer merkwürdigen gegenseitigen Zuneigung gezeichnet ist, stellt sich zur größten Bewegung Beider heraus, daß Amelia niemand anderer ist, als die verschwundene Tochter Simons und Marias, die damals an Stelle eines eben verstorbenen Mädchens von der Familie Grimaldi aufgenommen und wie eine eigene Tochter erzogen wurde. Der Doge steht nun von seinem Vorhaben, seine eigene Tochter Paolo Albiani zur Frau zu geben, ab.

Das nächste Bild spielt vor dem Rat der Stadt Genua und stellt eine jener großartigen Massenszenen voll Spannung und Dramatik dar, in denen Verdi Meister ist. Paolo hat versucht, die ihm nun verlorene Maria mit Hilfe eines Abenteurers, Lorenzo, zu entführen. Doch der Schlag mißlang, Gabriele konnte die Geliebte retten und den gedungenen Entführer töten. Nun verlangt eine wütende Volksmenge Rache für den Plebejer, den sie grundlos von einem Aristokraten ermordet glaubt. Ja, Gabriele klagt sogar den Dogen selbst an, bei der versuchten Entführung seine Hand im Spiel gehabt zu haben. Niemand weiß, daß Maria dessen Tochter ist, hingegen sind Gerüchte aufgetaucht, sie sei seine Geliebte. Amelia wirft sich zwischen die streitenden Parteien, die schon mit den Schwertern aufeinander losgehen wollen. Der Mann, der das Verbrechen plante, muß gefunden werden. Simon bringt schließlich Paolo dazu, die Tat nicht

① *(Largo)* Piango, perché mi parla in te del ciel la voce;

FIESCO

nur einzugestehen, sondern sich selbst zu verfluchen. Fast gespenstisch flüsternd nimmt die Versammlung den Fluch auf. Paolo flieht entsetzt.
Im Arbeitszimmer des Dogen, von dessen Fenstern aus man auf Genua und das weite Meer hinabblickt, träufelt der auf Rache sinnende Paolo in den Becher Simons ein langsam wirkendes Gift. Dann sucht er des Dogen Feinde Gabriele und Fiesco – der nun unter dem Namen Andrea verborgen lebt – zu einem Schlag gegen Simon, ja zu dessen Ermordung zu gewinnen. Doch der alte Aristokrat weist das von sich; der Jüngling ist eher dazu geneigt, da er den Gerüchten, die von ihm geliebte Maria sei des Dogen Mätresse, steigenden Glauben schenkt. Er wird jedoch durch Maria selbst von der Tat abgehalten. Nun erfährt er die Wahrheit, und im gleichen Augenblick beschließt er, sich von den Verschwörern zu trennen. Man hört auf den umliegenden Straßen den Aufstand losbrechen, der aber fehlschlägt. Der Verräter Paolo wird zum Tode verurteilt. Gabriele erhält die Hand Marias. Das Volk huldigt in Liebe seinem gerechten und weisen Dogen.
Vor seinem Tode gesteht Paolo noch seine Schandtaten. Erschüttert hört Fiesco ihm zu. Feierlich wird der Doge hereingebracht. Das Gift hat zu wirken begonnen. In »Andrea« erkennt er nicht nur den einstigen Feind Fiesco, ① sondern auch den Großvater Marias, die eben in der Kapelle des Palastes dem jungen Gabriele angetraut wird. Er enthüllt nun das Geheimnis von Marias Herkunft und stirbt, ausgesöhnt mit seinen Feinden, indem er Gabriele zum neuen Dogen von Genua ausruft.
Quelle: Das Leben des Dogen Simon Boccanegra von Genua ist von Schiller (»Die Verschwörung des Fiesco zu Genua«) dramatisiert worden, doch hat Verdi seinen Stoff nicht von dem deutschen Dichter übernommen, sondern von dem Spanier Gutiérrez, der ihm bereits beim »Troubadour« als Quelle gedient hatte.

Textbuch: Leider gehören die Libretti zu »Troubadour« und »Simon Boccanegra« zu den dunkelsten und verworrensten, die Verdi vertonte. Es fehlt ihnen keineswegs an Größe, Leidenschaft und dramatischen Situationen, aber der Handlung als solcher mangelt es an Fluß, an mitreißendem Atem. Die mannigfaltigen Ereignisse, die sich nicht auf der Bühne, sondern zwischen den Szenen abspielen, machen das Stück schwer verständlich. Dazu kommt noch, daß sich das Geschehen über zwanzig Jahre erstreckt, daß Träger wichtiger Rollen Decknamen anzunehmen gezwungen sind, daß Kenntnisse der genuesischen Geschichte mit ihren Kämpfen zwischen Ghibellinen und Guelfen, zwischen Aristokraten und Plebejern vorausgesetzt, daß zahlreiche Intrigen gesponnen, Pläne geschmiedet, Liebe in Haß und umgekehrt verwandelt werden, und dies alles zu Musik, deren ständiger sinfonischer Fluß weite Textpartien schwer verständlich macht.
Musik: Verdi hat hier eine seiner herrlichsten Opern geschaffen. In edlem Gleichmaß strömt die Melodie von der ersten bis zur letzten Szene; sie zerfällt hier nicht mehr in einzelne »Nummern«, wie dies etwa bei »Rigoletto« und »Troubadour« der Fall ist, sondern bindet jedes Bild zur völligen Einheit. Die Rezitative sind so dramatisch gehalten und so plastisch vom Orchester untermalt, daß sie gegenüber den ariosen Teilen, den Duetten und Ensembles nicht abfallen. Die Behandlung der Singstimmen erfolgt hier nicht mehr nach dem einfachen Belcanto-Prinzip, sondern vertieft sich zu wahrhaft seelischen Schilderungen.
Dem Orchester schließlich ist ein Raum gewährt, wie ihn kein zeitgenössisches italienisches Werk besitzt. »Italienisches Musikdrama«, das wäre am ehesten der rechte Ausdruck für »Simon Boccanegra«; die direkte Fortsetzung und Weiterentwicklung des »Macbeth« also, der Weg zu »Aida« und »Othello«.

Geschichte: Nach dem dreifachen Sieg der Jahre 1851–1853 (»Rigoletto«, »Il Trovatore«, »La Traviata«) hatte Verdi keine Oper mehr in seinem Vaterlande uraufgeführt. Nun wandte sich, im Jahre 1856, das Teatro Fenice in Venedig an ihn, um ein neues Werk zu bekommen. Der Maestro wählte die Geschichte des Genueser Dogen Simon Boccanegra. Er entwarf das Szenarium und erbat dann von Piave, seinem erfolgreichen Mitarbeiter an »Rigoletto«, »La Traviata«, aber auch »Macbeth«, ein Libretto. Die Komposition wurde gegen Schluß des Jahres 1856 beendet. Die Premiere, am 12. März 1857 in Venedig, wurde ein völliger Mißerfolg. Fast ein Vierteljahrhundert lang blieb das Werk so gut wie vergessen.

Doch Verdi liebte gerade diese Oper zu sehr, um sie aufzugeben. Als er Arrigo Boito, den hochbegabten Dichterkomponisten, kennenlernte, regte er ihn – noch vor dem »Othello« – zu einer Neubearbeitung des »Simon Boccanegra« an. Die Veränderungen in Text und Musik sind bedeutend: Die Arien wurden im Sinne des Musikdramas eingeschränkt, das orchesterunterstrichene Rezitativ dramatisch ausgebaut, die leitmotivische Verknüpfung enger gestaltet. In der neuen, endgültigen Fassung (die unserer Besprechung zugrunde liegt) erblickte das Werk, an dem Verdi während des Jahres 1880 arbeitete, am 24. März 1881 erstmalig in der Mailänder Scala das Rampenlicht. Der Abend stand, wie alle Verdipremieren seiner Spätzeit, im Zeichen begeisterter Huldigungen. Aber so recht »populär« ist »Simon Boccanegra« niemals geworden, was nicht gegen das Werk spricht, sondern eher gegen das Publikum. Gleich »Macbeth« ist es eine Oper für wahrhaft Verständige geblieben. Trotzdem erzielt sie in einer hochwertigen Aufführung nicht nur künstlerische sondern auch stärkste emotionelle Wirkung.

Ein Maskenball

Oper in drei Akten, Textbuch von Antonio Somma.
Originaltitel: Un ballo in maschera
Originalsprache: Italienisch
Personen: Richard, Graf von Warwick, Gouverneur von Boston (Tenor), René, Offizier, sein bester Freund (Bariton), Amelia, dessen Gattin (Sopran), Ulrica, Zauberin (Alt), Oscar, Page (Sopran), Silvano, Matrose (Bariton), Samuel und Tom, Verschwörer (Bässe), ein Richter (Bariton), Diener, Wachen, Masken, Volk.
Ort und Zeit: Boston, Beginn des 17. Jahrhunderts.
Handlung: Das Orchestervorspiel nimmt Motive der Oper voraus: die Liebesmelodie des Grafen, den Chor der Verschwörer, das Ensemble der Höflinge. Diese beiden letzteren Themen, in engem Kontrapunkt, leiten die erste Szene ein, die im Saale des Gouverneurs spielt. Würdenträger, Beamte und Offiziere erwarten ihn, unter ihnen auch zwei Verschwörer, Samuel und Tom, mit einigen Männern ihrer Gruppe. Ihre haßerfüllten Worte kontrastieren mit der einschmeichelnden Melodie, zu der des Grafen Freunde seine Gerechtigkeit und Güte besingen. Graf Richard erscheint und beginnt seine Tagesarbeit. Der Page legt ihm eine Liste der Gäste vor, die zum Maskenball im Palaste geladen werden sollen; zu seinem Entzücken entdeckt er darauf auch den Namen Amelias, der Frau seines besten Freundes René, die er heimlich liebt. In einer melodiösen Arie läßt er seinen Gefühlen Lauf. Dann wird ihm vom Richter ein Verbannungsurteil zur Unterschrift vorgelegt; es betrifft die Wahrsagerin Ulrica. Der Page ergreift ihre Partei, der Fall erscheint zweifelhaft. Mit plötzlichem Entschluß lädt Richard die Anwesenden ein, ihn heute Nachmittag verkleidet in die Hütte der Zauberin zu begleiten, um selbst einen Eindruck zu gewinnen. René wird, wie stets, an der Seite des Freundes sein, den er von einem Komplott bedroht weiß.

Die folgende Szene spielt in Ulricas ärmlicher Hütte nahe dem Hafen. In einer geheimnisumwitterten Zeremonie beschwört die Zauberin die Geister ①. Dem jungen Matrosen Silvano verheißt sie Geld und Beförderung. Belustigt verwandelt der unerkannt anwesende Graf die Prophezeiung sofort in Wirklichkeit, indem er einen Beutel mit Goldstücken und ein Offizierspatent in Silvanos Taschen gleiten läßt. Dann fordert Ulrica alle Anwesenden auf, sich zurückzuziehen, da eine vornehme Dame sie allein zu sprechen wünsche. Die Menge entfernt sich, aber Richard gelingt es, sich zu verstecken. Und so wird er Zeuge von Amelias Unterredung mit der Zauberin. Amelia sucht Ruhe für ihr gequältes Herz, das sich in Liebe zum Grafen verzehrt. Ulrica verordnet ihr ein seltenes Kraut, das um Mitternacht auf der Richtstätte vor der Stadt gepflückt werden müsse. Richard beschließt, die Geliebte dorthin zu begleiten. Als Amelia sich zurückgezogen hat und die anderen Besucher zurückkehren, nähert der Graf sich der Wahrsagerin und erbittet ihre Prophezeiung. Erschrocken kündet Ulrica ihm den Tod. Er müsse durch die Hand dessen sterben, der sie ihm als erster entgegenstrecken werde. Übermütig fordert Richard die Umstehenden auf, diesen Spruch Lügen zu strafen, doch niemand wagt es, das Schicksal herauszufordern. Da tritt René ein; er bricht sich Bahn und begrüßt den Freund herzlichst. Nun erscheint der Wahrspruch noch viel unwahrscheinlicher als zuvor. Der Graf begnadigt die Zauberin, und die Menge, die ihn erkannt hat, jubelt ihm in einem großen Ensemble mit Chor zu.

Der zweite Akt spielt in tiefer Nacht vor den Toren der Stadt. Amelia ist unterwegs, um das Kraut zu suchen. Mit Mühe bezwingt sie ihre Angst an der unheimlichen Stätte. Als Richard auftaucht, kann nichts das plötzliche Hervorbrechen ihrer gegenseitigen Liebe verhindern. Wie immer in solchen Augenblicken, überschüttet Verdi auch hier die Liebenden mit einer Flut mitreißender Melodien. Schritte werden vernehmbar, Amelia bedeckt ihr Gesicht mit einem Schleier. Es ist René, der den Freund zu warnen kommt. Die Verschwörer nahen, um ihn zu ermorden. Der Graf bittet ihn, die Dame auf sicherem Wege in die Stadt zurückzubringen, ohne sie erkennen zu wollen. René gelobt es. Kurz darauf tauchen die Verschwörer auf. Wütend darüber, daß der Gouverneur ihnen entkommen ist, versuchen sie, das Inkognito der verschleierten Dame zu enthüllen.

René zieht den Degen, um dem Wunsch des Freundes Respekt zu verschaffen. Schon gehen die Gegner aufeinander los, als Amelia, um das Schlimmste zu verhüten, sich zwischen sie wirft und dabei den Schleier fallen läßt. Der Schlag ist so vernichtend für René wie überraschend und belustigend für die Verschwörer, die mit beißendem Hohn in Spottgesänge ausbrechen ②. Renés hingebungsvolle Freundschaft hat sich in unauslöschlichen Haß gegen Richard verwandelt. Er lädt die Verschwörer für den nächsten Tag in sein Haus, um nun gemeinsam mit ihnen den Sturz und Tod des Grafen zu beschließen.

Der dritte Akt beginnt im Arbeitszimmer Renés. Vergeblich versucht Amelia, die Wahrheit aufzuklären. Ihr Gatte weigert sich, sie anzuhören; nur ihren Sohn darf sie noch einmal sehen. In einer ergreifenden Arie gibt René seinem tiefen Schmerz Ausdruck. ③

Den eintretenden Verschwörern eröffnet er seine Pläne zur Ermordung des Grafen und nimmt das Recht für sich in Anspruch, Ausführer der Tat zu werden. Tom und Samuel bestreiten dieses Vorrecht. Das Los soll entscheiden. Um den Namen aus der Urne zu ziehen, wird Amelia herbeigerufen. Ohne den genauen Sinn der Zeremonie zu verstehen, aber von düsteren Vorahnungen bedrückt, bestimmt sie den Namen des Mörders: René. Der Page des Grafen erscheint und überbringt die Einladung für den Maskenball, der am gleichen Abend im Palaste stattfinden wird. So scheint das Schicksal selbst dem Rächer die günstigste Gelegenheit zur Ausführung seiner Tat zu bieten. Die Verschworenen verabreden ein Losungswort, unter dem sie sich auf dem Balle erkennen wollen; es lautet, »Tod!«. Amelia wird auf Befehl ihres Gatten dem Fest beiwohnen, also Zeugin der Tat werden.

Das letzte Bild zeigt den Maskenball, von dem die Oper ihren Namen erhielt. Richard hat ein Billett bekommen, in dem er dringend davor gewarnt wird, auf dem Ball zu erscheinen. Doch sein Entschluß steht fest: Er ernennt René zum Gesandten in London, auf daß Amelias und sein eigenes Herz Ruhe finden können. Auf dem Ball will er sie noch einmal sehen und Abschied nehmen. Schon fürchtet René, sein Opfer werde nicht erscheinen, da er ihn im Festestrubel nicht erkennt, aber der Page versichert ihm, den er für des Grafen treuesten Freund hält, daß er bereits im Saale sei und beschreibt mit kindlicher Freude seine Maskierung. ④

Amelia und Richard haben einander erkannt. In erregten Worten fleht Amelia, der Graf möge sofort fliehen, um sein Leben in Sicherheit zu bringen (der Kontrast der erregten Worte zu dem untermalenden Menuett ist von starker dramatischer Wirkung). Die Liebenden verabschieden sich für immer. Da stürzt René aus dem Versteck hervor, und sein Dolch durchbohrt den Grafen. Dessen letzte Worte überzeugen den früheren Freund zu spät von der Lauterkeit der Absichten Richards, von der Unschuld Amelias, von ihrer beider Verzicht auf jede verbotene Annäherung, von ihrer Rücksicht gegenüber René. Richard verkündet – mit jener großen Kantilene voll schmerzlichen Wohllauts, die Verdi seinen tragischen Helden, die in Lauterkeit und Güte sterben, seiner Opern stets gewährt – allgemeines Verzeihen. Inmitten der allgemeinen Ergriffenheit stirbt Richard und läßt René in tiefer Reue und Niedergeschlagenheit zurück.

Quelle: Eugène Scribe (1791–1861) war bekanntlich ein ebenso berühmter wie fruchtbarer Dramatiker, dem vor allem die Opernkomponisten seiner Epoche viele und stärkste Erfolge verdanken. (Er verfaßte, neben zahlreichen anderen, die Libretti zur »Weißen Dame« für Boieldieu, zu »Robert der Teufel«, »Der Prophet«, »Die Afrikanerin« für Meyerbeer, zur »Nachtwandlerin« für Bellini, zu »Fra Diavolo« und »Die Stumme von Portici« für Auber, zur

»Jüdin« für Halévy). Für Rossini schrieb er ein Textbuch, das die historische Ermordung des Schwedenkönigs Gustav III. in seinen Mittelpunkt stellte. Doch dann war es nicht Rossini, sondern Auber, der »Gustav III. oder der Maskenball« in Musik setzte. Die Uraufführung dieser Oper fand im Jahre 1833 statt.

Textbuch: Verdi gefiel der Stoff und er beschloß, ihn ebenfalls zu vertonen, zumal seit dem Erscheinen der Oper Aubers mehr als zwanzig Jahre vergangen waren und dieses Werk allmählich in Vergessenheit zu geraten begann. Er erbat von Antonio Somma, der von Beruf Jurist, aber vor allem ein ausgezeichneter Dramatiker war, ein Textbuch und arbeitete, wie gewöhnlich, selbst eifrig daran mit. Es entstand ein für die Epoche typisches Libretto, bei dem man manchmal das Gefühl hat, es sei – wie so viele andere auch – nach feststehenden Rezepten verfaßt. Viel Noblesse auf der einen, kaltes Verrätertum auf der anderen Seite, eine unselige, aber noch rechtzeitig unterdrückte Leidenschaft, eine Wahrsagerin, der man nicht glaubt, die aber zuletzt recht behält; Somma verstand immerhin, aus diesen Bestandteilen viel Wirkung zu holen und Verdi stimmungsvolle Szenen vorzubereiten.

Musik: Es könnte beinahe als verwunderlich bezeichnet werden, daß Verdi nach jedem entschiedenen Vorstoß in der Richtung zum Musikdrama immer wieder zur Belcanto-Oper zurückkehrt. So war es nach »Macbeth« und nun nach »Simon Boccanegra«. »Ein Maskenball« ist eine Nummernoper, mit deutlich abgegrenzten Arien, Duetten, Ensembles und Chören. Es ist kaum anzunehmen, daß er sich, nach der eher kühlen Aufnahme seiner »Musikdramen« nun zu Werken zurücksehnte, bei denen nach jeder Arie, jedem Musikstück mit effektvollem Abschluß Beifallsorkane durch die Theater toben. Aber die Überfülle der melodischen Einfälle, die den »Maskenball« auszeichnen, lassen darauf schließen, daß er fast von selbst zu der Form der Oper gedrängt wurde, die die Unterbringung so reichen Materials ermöglichte. »Der Maskenball« wurde zur Erfolgsoper der »mittleren« Periode seines Schaffens, wie man manchmal die Zeit von »Rigoletto« bis »Don Carlos« und »Aida« bezeichnet, er lebt bis heute mit unverminderter Zustimmung auf den Theatern der Welt. Dazu trägt sicherlich auch bei, daß es in ihm fünf große Glanzpartien gibt, die die besten Vertreter ihres Faches anzuziehen vermögen: ein lyrisch-dramatischer Belcanto-Tenor (Richard), ein Kavaliersbariton (René), eine dramatische Sopranistin (Amelia), eine bedeutende Altistin oder Mezzosopranistin (Ulrica) und ein jugendlicher Koloratursopran (Page).

Geschichte: Verdi, Italiens berühmtester Opernschöpfer seiner Zeit – Rossini zog sich freiwillig 1829 zurück, Bellini starb jung (1835), Donizetti verstummte 1845 im Wahnsinn und starb drei Jahre später – mußte trotz dieser angesehenen Position immer wieder Kämpfe mit der Zensur ausfechten. Beim »Maskenball« wiederholten sich die Schwierigkeiten, die sich bereits acht Jahre früher dem »Rigoletto« entgegengestellt hatten. Das war eigentlich nur logisch, denn auch im »Maskenball« wurde ein gekröntes Haupt in einer zwielichtigen Stellung beleuchtet und dieses Mal sogar tatsächlich umgebracht: es war der historische Königsmord, dem Schwedens kunstfreundlicher und hochkultivierter Herrscher Gustav III. zum Opfer gefallen war. Unlängst hatte ein neuerliches Attentat auf einen Kaiser viel von sich reden gemacht: Napoleon III. war ihm zwar entgangen, aber die Zensurbehörden ganz Europas hatten strengen Auftrag, nichts auf die Bühne zu lassen, was zu ähnlichen Versuchen anreizen könnte. In Neapel, wo das Werk im Laufe des Jahres 1858 uraufgeführt werden sollte, verlangte die Zensur nichts weniger als ein nahezu völlig neues Textbuch. Es kam zu erregten Szenen, wie selbst der sturmgewohnte Verdi sie nur selten erlebt hatte; und er mußte, da er nicht nachzugeben gewillt war, noch froh sein, ohne Festnahme oder Geldstrafe seine Partitur aus der Stadt wieder mit sich fortnehmen zu dürfen. Inzwischen hatte er verschiedene Angebote anderer Städte erhalten und entschied sich für Rom. Aber auch hier mußten Änderungen am Werk vorgenommen werden: die Zensur verlangte – ähnlich wie im Falle »Rigoletto« – die Verwandlung des Königs in eine Persönlichkeit geringerer Bedeutung: man kam auf die Idee, die Handlung nach Amerika zu verlegen und aus Gustav III. von Schweden einen erfundenen Graf von Warwick, Gouverneur des englisch regierten Boston zu machen. Die Verschwörer erhielten die »amerikanischen« Namen Tom und Samuel. Die Gepflogenheit, brisante Opernstoffe nach »fernen« Ländern zu verlegen, in denen niemand, weder Volk noch Regierung, Protest erheben würden (vor allem wohl, weil sie es kaum erführen) wurde wieder einmal erfolgreich angewendet:

nach der »Hochzeit des Figaro«, dem »Fidelio« und manchem anderen, weniger berühmt gewordenen Fall, nun der »Maskenball«; und, um möglichst sicherzugehen, gleich so weit es nur ging: in die USA, die damals für Europa noch in »unendlicher Ferne« lagen. »Un ballo in maschera« ging am 17. Februar 1859 im Apollo-Theater zu Rom erstmals in Szene. Verdi mußte mehr als dreißigmal vor dem Vorhang erscheinen, um den jubelnden Applaus entgegenzunehmen. (Siehe auch S. 684)

Die Macht des Schicksals

Oper in vier Akten, nach einem spanischen Drama, von Francesco Maria Piave.
Originaltitel: La forza del destino
Originalsprache: Italienisch
Personen: Der alte Marquis von Calatrava (Baß), Leonora und Don Carlos de Vargas, seine Kinder (Sopran und Bariton), Don Alvaro (Tenor), Preziosilla, eine junge Zigeunerin (Mezzosopran), der Pater Guardian und Fra Melitone, Mönche (Baß und Bariton), ein Chirurg des Heeres, ein Maultiertreiber, ein Bürgermeister, Leonoras Zofe, Mönche, Soldaten, Volk.
Ort und Zeit: Spanien und Italien, Mitte des 18. Jahrhunderts.
Handlung: Die Ouvertüre enthält potpourriartig (aber doch in dramatischem Aufbau) mehrere der schönsten und wichtigsten Melodien der Oper und wird, ihrer Geschlossenheit wegen, auch als Konzertstück oftmals gespielt.
Im Palaste der adelsstolzen Calatrava entbietet der alte Marquis (dem italienischen Originaltext zufolge zumeist »marchese« tituliert, obwohl dem Ort der Handlung nach das spanische »marqués« richtiger wäre) seiner geliebten Tochter den Gutenachtkuß. Doch Leonora begibt sich nicht zur Ruhe; sie erwartet Alvaro, mit dem sie in dieser Nacht zu fliehen entschlossen ist. Sie weiß nur zu gut, daß ihr Vater, der einer der vornehmsten Familien Spaniens entstammt, niemals seine Einwilligung zu ihrer Hochzeit mit dem aus amerikanischem Kreolengeschlecht – also einer Mischung von spanischem mit indianischem Blut – stammenden Alvaro geben würde. Sie ist zur Flucht bereit und doch bittet sie den Geliebten, der sie holen will, um den Aufschub von einem Tag. Der Vater vernimmt die Stimmen und überrascht die Liebenden. Als er Alvaro durch seine Dienerschaft festnehmen lassen will, wirft dieser seine Waffe von sich, um seinen Respekt vor dem Marquis zu beweisen. Unseligerweise aber geht dabei ein Schuß los und verletzt den Alten tödlich. Mit letzter Kraft verflucht der Marquis seine Tochter.
Alvaro und Leonora sind, getrennt und geängstigt, aus Sevilla geflohen. Leonora hat Männerkleider angelegt, um leichter reisen zu können und wähnt den Geliebten tot. Sie kehrt in einer Dorfschenke ein, wo rund um die Zigeunerin Preziosilla viel buntes Volksgedränge, Tanz und Gesang herrschen. In einem dort eingekehrten, angeblich fahrenden Studenten erkennt sie ihren Bruder Carlos, der ausgezogen ist, um den vermeintlichen Mörder seines Vaters zur blutigen Rechenschaft zu ziehen. Ein Zug von Pilgern kommt vorbei und erweckt in Leonora den tiefen Wunsch nach Frieden, nach der Geborgenheit eines Klosters, wo sie ihre Schuld sühnen könne. Leonora gelangt zur Pforte eines Franziskanerklosters. Unter den Klängen eines Leitmotivs, das sehr plastisch das erregte und ängstliche Pochen ihres Herzens malt, kniet sie vor einem großen Steinkreuz nieder und sendet ein inniges Gebet zum Himmel. ①
Heilige Gesänge aus dem Innern des Klosters scheinen ihr zu antworten. Sie läutet das Glöckchen; Bruder Melitone erscheint und bald danach, von ihm herbeigerufen, der Pater Guardian, dem sie sich anvertraut. Er geleitet sie in die Runde der Mönche, denen er Schweigepflicht auferlegt. Der »unbekannte Bruder« wird in einer einsamen Klause inmitten der Berge leben, wo niemand sein Gebet stören soll. Leonoras Gesang beruhigt sich, gleichsam gestützt auf die Stimmen der Mönche, die ihr Frieden verheißen.
Alvaro, der Leonora tot glaubt, ist nach Italien gegangen, wo Spanier und Italiener gemeinsam kämpfen. Er hat sich, unter einem Decknamen, mehrfach ausgezeichnet und einem Kameraden das Leben gerettet. Als er verwundet wird, vertraut er dem zum Freund gewordenen Kameraden ein Päckchen mit Briefen an und bittet ihn, er möge es verbrennen, falls er nicht mehr genesen sollte. In einem sehr schönen Duett (in der nicht alltäglichen Kombination Tenor-Bariton) geloben sie einander Treue bis zum Tode. ②
Während der Arzt Alvaro operiert, beginnt der Freund zu zweifeln: Erblaßte der Kreole nicht, als er den Namen Calatrava vernahm? Noch kämpft er mit seinem Gewissen, da entfällt ein

① Allegro assai moderato

LEONORA: Deh! non m'abbandonar, pietà, pietà di me, Signore, deh! non m'abbando—

② Andante sostenuto

ALVARO: Solenne in quest'ora giurarmi dovete

Bild dem Päckchen. Es ist Leonora. Nun ist alles klar. Und als Alvaro dem Leben wiedergegeben wird, muß er vernehmen, daß sein Kamerad niemand anderer ist als Carlos, Leonoras Bruder und sein Todfeind. Vergebens sucht er ihm den wahren Sachverhalt zu erklären. Carlos ist unversöhnlich. Auf einem anderen Platze des Schlachtfeldes begegnen sie einander wieder. Alvaro will die Herausforderung nicht annehmen, aber er muß sich gegen den angreifenden Carlos mit der Waffe verteidigen. Als er ihn verwundet oder getötet zu haben glaubt, flieht er, um sein Leben in einem Kloster zu beschließen.

Chöre, Tänze auf dem Marktplatz von Velletri, Jahrmarktsbuden in vollem Betrieb, trotz deutlicher Kriegsspuren. Preziosilla singt eine Tarantella; den Höhepunkt bildet eine urkomische Predigt Melitones, der schließlich unter Hohngelächter davongejagt wird. (In der ersten Fassung des Werkes trafen die beiden Feinde auch in diesem Bild aufeinander).

Der vierte Akt spielt mehrere Jahre später. Unversöhnlich hat Carlos die Fährte Alvaros verfolgt, die zurück nach Spanien führt. Dort lebt der Kreole als ein von allen geachteter und geliebter Bruder in einem Kloster, ohne zu ahnen, wie nahe er der Geliebten ist. Es bedarf des bewaffneten Angriffs Carlos', um Alvaro, der längst allem Irdischen entsagt hat, zum Kampfe zu zwingen. Er verletzt den Gegner schwer und eilt davon, um Hilfe zu suchen.

Vor ihrer Hütte kniet Leonora in innigem Gebet (Verdi hat ihr hierfür die wunderbare »Pace«-Arie geschrieben, ein großartiges dramatisches Bild von tiefer Innerlichkeit und trotzdem glänzender Stimmbehandlung).

Lärm schreckt sie auf. Sie eilt, den Verwundeten zu bergen. In höchster Betroffenheit erkennen beide Männer Leonora. Carlos richtet sich mit seinen letzten Kräften auf und stößt seiner Schwester den Dolch ins Herz. Unter den tröstenden Worten des Pater Guardian erkennen die Liebenden, daß sie erst im Jenseits, aber dann für ewig, vereinigt sein werden...

Quelle: Das in der Romantik auch außerhalb Spaniens vielfach gespielte Drama »Don Alvaro o La fuerza del sino« von Angel Pérez de Saavedra, Herzog von Rivas, der ein bedeutender Politiker, Diplomat, Dramatiker, Historiker war und im Geistesleben Madrids eine angesehene Rolle spielt. Er lebte von 1791 bis 1865.

Textbuch: Die erste Fassung stammt vom alten Freund Francesco Maria Piave. Die Umarbeitung nahm, nachdem Piave 1867 in geistige Umnachtung verfallen war, Antonio Ghislanzoni vor, der wenig später zum Librettisten der »Aida« werden sollte. Beide Textdichter hielten sich ziemlich eng an das spanische Original, das dem Geschmack der Zeit entsprechend Schrekken auf Schrecken, Zweikampf auf Massenschlacht, Verfolgung auf Verfolgung häufte. Zudem zerfällt die Handlung durch die zahlreichen Schauplätze und die übermäßigen Zeiträume, die sie zu bewältigen hat. Doch ist es sinnlos, mit Texten streng ins Gericht zu gehen, die Meisterwerke inspiriert haben und zudem seit weit über hundert Jahren den Opernliebhabern aller Kontinente vertraut und liebgeworden sind.

Musik: Die sehr umfangreiche Partitur (eine lange, auch als Konzertstück erfolgreiche Ouvertüre und 34 Musiknummern) steht noch deutlich in der Nachfolge des »Maskenball«: sie pflegt das Belcanto, jene typisch italienische Gesangskunst alter Tradition, die um die Mitte des 19. Jahrhunderts schon keine Selbstverständlichkeit mehr darstellte. Verdi selbst wird in seinen späten Werken die Dramatik und Wahrhaftigkeit des Ausdrucks an die erste Stelle setzen – was eine der vielen Forderungen des »Musikdramas« ist –, hier aber huldigt er noch jenem Prinzip der stimmlichen Schönheit, das einst Italiens Oper die Begeisterung der Ästheten in aller Welt eingetragen hatte. Das will nicht besagen, daß »La forza del destino« undramatisch ist; im Gegenteil. Der Kontrast der beiden Männer, Carlos' Haß gegen Alvaro, ist von gewaltiger Wirkung; auch die Massenszenen üben starke Wirkung aus. Einige leitmotivische Bildungen treten auf, eine Art »Schicksalsmotiv« durchzieht schon von der Ouvertüre an das Werk; die Musik besitzt einen großen Atem und gelangt zu immer neuen Steigerungen. Besonders ergreifende Töne findet Verdi für den Frieden der Einsiedelei und des Klosterlebens; im Gegensatz dazu gelingt ihm hier eine Szene von großer Komik: die »Kapuzinerpredigt« des Fra Melitone (die übrigens von Piave frei nach Schillers »Wallenstein« gestaltet wurde). Die Szene ist von unglaublicher Wirkung; man bedenke, wie außerordentlich selten ähnliches bei Verdi zu finden ist! »La forza del destino« ist eine große Gesangsoper, die mehreren Sängern von Format lohnende Aufgaben bietet: dem lyrischen Tenor Alvaros, dem Heldenbariton Carlos, der blühenden, weichen lyrischen und doch schmerzlichster Akzente fähigen Sopranstimme Leonoras. Keineswegs zu verachten sind die Partien der zweiten Linie, aus denen Könner Kabinettstücke machen können: der wohlklingende, Ruhe und Sicherheit ausströmende Baß des Pater Guardian, die sinnlich aufreizende, wirkungsvolle Partie der Preziosilla, der urkomische, ja groteske Spielbariton des Fra Melitone. Eine prächtige Aufgabe erwartet die Chöre in diesem Werk.

Geschichte: Verdis Interesse an diesem Stoff scheint auf das Jahr 1859 zurückzugehen; da war das Theaterstück des Herzogs von Rivas bereits 24 Jahre alt. Er bestimmte die neue Oper für das sehr erfolgreiche Italienische Theater in Rußlands Hauptstadt St. Petersburg, das durch Paisiello und Cimarosa eine glanzvolle Tradition besaß und nun gerne den damals berühmtesten Meister, Verdi, bei sich zu Gast sehen wollte, nachdem mehrere seiner Opern hier mit stürmischem Erfolg gegeben worden waren. Verdi nahm die Einladung an, schrieb »La forza del destino« in den kurzen Monaten zwischen Sommer und Herbst 1861 und reiste 1862 in die Metropole des Zarenreiches, um persönlich die Proben zu überwachen. Die Premiere erlitt durch Erkrankungen im Personal eine Verzögerung, die Verdi zur Rückkehr nach Italien und zur Fahrt nach England benützte, wo bei der Weltausstellung seine »Hymne an die Völker« (Inno delle Nazioni) gesungen wurde. Es war seine erste Begegnung mit dem eben zwanzigjährigen Arrigo Boito. Keiner von beiden ahnte, daß sie eines noch fernen Tages gemeinsam an den letzten (und vielleicht größten) Meisterwerken Verdis arbeiten würden. Dann kehrte Verdi nach Rußland zurück, wo in St. Petersburg am 10. November 1862 die äußerst erfolgreiche Premiere der »Macht des Schicksals« stattfand. Ob in dieses Werk, wie oft vermutet wird, Stücke aus Verdis von Legenden umwobener, nie aufgefundener Oper »König Lear« eingeflossen sind, ist schwer zu sagen, aber durchaus möglich. Sechs Jahre später verdichtete sich beim Komponisten ein leises Unbehagen, das er diesem Werke gegenüber stets gehabt hatte. Nachdem sein getreuer Piave nicht mehr zur Verfügung stand, bat Verdi den Librettisten Antonio Ghislanzoni um eine teilweise Umarbeitung der Oper. In der neuen, heute allgemein gespielten Form erklang das Werk erstmalig am 20. Februar 1869 in der Mailänder Scala, und seitdem hat es sich auf der ganzen Welt als fester Bestandteil des Repertoires erwiesen. Weniger glücklich ausgefallen sind die deutschen Übersetzungen; Franz Werfels dichterisch schöne, aber sehr freie Version konnte sich nicht durchsetzen, trug aber in der Zwischenkriegsperiode zur starken Belebung des Interesses an Verdis Opern im deutschsprachigen Bereich bei.

Don Carlos

Oper in ursprünglich fünf, in den meisten späteren Fassungen vier Akten. Textbuch nach Friedrich Schiller. Erste Fassung von Joseph Méry und Camille du Locle. Zweite (italienische) Fassung von A. de Lauzières und A. Zanardini.

Originaltitel: Don Carlos; in der italienischen Fassung: Don Carlo
Originalsprache: der ersten Fassung, französisch; aller weiteren, italienisch
Personen: Philipp II., König von Spanien (Baß), Elisabeth von Valois, seine Gattin (Sopran), Don Carlos, Infant von Spanien (Tenor), Prinzessin Eboli (Mezzosopran), der Graf, später Marquis von Posa, in der italienischen Fassung Rodrigo genannt (Bariton), der Graf von Lerma (Tenor), Tebaldo, Page der Königin (Sopran), der neunzigjährige blinde Großinquisitor (Baß), ein Mönch, in Maske, Gestalt und Stimme an Karl V. erinnernd (Baß oder Bariton), eine Stimme vom Himmel (Sopran), Abgesandte aus Flandern, Herren und Damen des Hofes, Volk.
Ort und Zeit: Um und in Madrid, gegen 1560.
Handlung: Die fünfaktige (erste) Fassung beginnt in Fontainebleau, im Park des Lustschlosses der französischen Könige. Es ist tiefer Winter; eine Gruppe hungernder und frierender Landbewohner lagert dort vorübergehend und beklagt die harten Zeiten und den Krieg, der sie ruiniert. Elisabeth von Valois reitet vorüber, steigt ab und leidet sichtlich unter dem Elend der armen Menschen. Sie schenkt einer Bäuerin ihr goldenes Halsband und verspricht, für Linderung der Not und Beendigung des Kampfes eintreten zu wollen. Ein junger Edelmann hat sie beobachtet und tritt auf sie zu, als die Menge sich entfernt hat. Er gibt sich für ein Mitglied der spanischen Delegation aus, die gegenwärtig in Frankreich weile, für einen Freund des Thronfolgers seines Landes, Don Carlos, dem die Königstochter Elisabeth die Hand zum ehelichen Bunde reichen soll. Doch überwältigt vom Liebreiz der Prinzessin kann der Fremde die Verstellung nicht lange fortsetzen: er selbst ist Don Carlos. Bewegt gestehen die beiden jungen Menschen einander ihre Sympathie, ja ihre Liebe. Da betritt ein französischer Edelmann die Szene, beugt das Knie vor Elisabeth und huldigt ihr als Königin von Spanien. Das freudig überraschte Liebespaar erfährt sehr schnell eine bittere Enttäuschung. Zwar ist der Friede zwischen ihren beiden Ländern unterzeichnet worden, aber als Unterpfand der künftigen engen Beziehungen zwischen Spanien und Frankreich wünscht der verwitwete König Philipp II. selbst die Thronerbin Frankreichs zu ehelichen, anstelle seines Sohnes Carlos.

Dieses sogenannte Fontainebleau-Bild ist in den meisten der späteren Fassungen gestrichen. Wir haben es hierhergesetzt, da es doch immer wieder Aufführungen der fünfaktigen Version gibt, die vom dramatischen Standpunkt als überlegen gelten muß; in ihr wird die Vorgeschichte des Dramas bildhaft erläutert, von der in den kürzeren Fassungen nur unvollkommene Kunde gegeben wird.

Die Aufführungen der vieraktigen Oper spielen durchweg in Spanien. Dort ist nun die französische Königstochter Elisabeth von Valois die Gattin Philipps II. geworden. Es ist eine Vernunftehe, in der die wesentlich jüngere Gattin den Herrscher eines Weltreichs (in dem, wie das berühmte – und wahre – Wort lautet, »die Sonne nicht untergeht«) respektiert, hochschätzt, aber nicht zu lieben imstande ist, da ihr Herz immer noch an ihrem vorherigen Verlobten, Don Carlos, hängt, der nun ihr Stiefsohn geworden ist. Tragisch wird die Situation dadurch, daß nicht nur Carlos ebenfalls seine Liebe zu Elisabeth nicht vergessen kann, sondern daß auch sein Vater, der strenge und düstere Philipp, seiner jungen Frau in wachsendem Maße zärtliche Gefühle entgegenbringt.

In den dunklen Gängen des Klosters San Juste bei Madrid läßt Carlos seinem Schmerz freien Lauf. Die Arie, die Verdi ihn in der Originalfassung noch im ersten Akt oder Bild singen läßt, ist in der vieraktigen Fassung in dieses Klosterbild verlegt. Hier trifft ihn, nahe dem Grabmal seines illustren Großvaters Karl V., sein Jugendfreund, der Malteserritter Graf Posa (in der italienischen Fassung Rodrigo genannt). Er kehrt aus Flandern zurück, wo Spaniens Hand schwer auf dem besetzten Lande lastet. Innig bewegt begrüßen einander die Jugendgefährten, ein Freundschaftsmotiv klingt in Gesang und Orchester auf, das später als eine Art Leitmelodie verwendet werden wird, so oft der Hörer an diesen Freundesbund erinnert werden soll. Carlos schüttet Posa sein Herz aus, gesteht ihm seine ausweglose Liebe zu Elisabeth, einst seine Braut, jetzt die Gattin seines Vaters, von dem er sich seit langem in allen Lebensbereichen unverstanden fühlt. Schiller hat den Infanten als jungen Idealisten gezeichnet, der von Völkerbeglückung träumt, von einer besseren Welt, in der Tugend und Wahrheit regieren: Auffassungen, die der Marquis von Posa nicht nur in einem hohen, wenn auch realistischeren Maße teilt, sondern die in ihm geradezu verkörpert sind; in seiner prächtigen reifen Männlichkeit, seinem Mut, seiner Selbstverleugnung, seinem Weltblick, seiner Lauterkeit hat Schiller den Idealmenschen dargestellt, von dem seine Schwärmerei träumt. Verdi übernimmt dieses Bild des Königssohns und seines Freundes, obwohl er so gut wie der Dichter gewußt haben muß, daß es einen Menschen wie Posa in jener Zeit kaum am Hofe des strengen Absolutismus gegeben haben dürfte, und daß der historische Carlos eine völlig andere Gestalt war, als sie hier auf die Bühne gestellt wird (wovon unter »Quelle« noch nachzulesen sein wird). Posa rät dem Unglücklichen, in einer großen Aufgabe seinen Schmerz zu vergessen: Carlos solle als Gouverneur in die Niederlande gehen, einem edlen, geknechteten Volke Trost und Freiheit bringen, seinem eigenen Problem aber entrückt sein. Carlos nimmt den Vorschlag dankbar auf, wünscht aber vorher noch ein Zwiegespräch unter vier Augen mit Elisabeth, wozu Posa ihm verhelfen soll.

Die Gelegenheit kommt, als Posa der Königin, die sich mit ihren Edeldamen im Garten des Palastes ergeht, seine Aufwartung macht. Hier hat soeben die schöne Prinzessin Eboli eine Romanze gesungen; sie ist nicht nur die Ranghöchste nach der Königin, sie genießt auch eine Ausnahmestellung, da sie als die Favoritin des Königs gilt. Posa weiß, nachdem er sie mit besonderer Achtung begrüßt hat, mit der Königin ein wenig abgesondert zu sprechen und ihr ein Billet des Infanten zu übergeben. Elisabeth, tief erregt, weiß ihre Begleitdamen zu entfernen und empfängt den einstigen Verlobten. Aus dessen Abschiedsworten flammt plötzlich die alte Liebe wieder auf. Nur mit Mühe kann die Königin ihre Haltung bewahren, aber es wird klar, daß auch sie den Infanten noch immer liebt. Mit größter Anstrengung reißen sie sich voneinander los. Der König betritt kurz darauf den Garten, findet seine Gattin – gegen die Etikette und seine Vorschriften – allein und verbannt die Hofdame, die ihren Dienst anscheinend vernachlässigte, aus dem Palast: sie ist wie der größte Teil von Elisabeths Hofstaat aus Frankreich und mit der jungen Königin nach Spanien gekommen. Unter Tränen nimmt sie nun von ihrer Herrin Abschied. Gegen den Willen des Herrschers ist auch die Königin machtlos.

Philipp und Posa stehen einander gegenüber. Der noch jugendliche Malteserritter, Grande von Spanien, macht auf den König einen tiefen Eindruck. Zum ersten Male steht dem mächtigsten Herrscher der Welt kein unterwürfiger Höfling gegenüber, der ihm nach dem Mund redet und keine eigene Meinung hat, keine servile Lakaiennatur, sondern eine kluge, weitgereiste, starke Persönlichkeit mit festgegründeten Ansichten über eine freiere, glücklichere Entfaltung der Menschheit in der Zukunft. Das Gespräch zwischen dem Monarchen und dem Edelmann ist einer der Höhepunkte der dramatischen Literatur und es ist auch einer der Oper geworden. Im entscheidenden Augenblick wagt Posa es, dem König, der die Ansicht vertritt, in seinem Reiche herrsche Ruhe und Frieden, die Antwort ins Gesicht zu schleudern: »Ja, der Frieden der Kirchhöfe!« (»La pace dei sepolcri«, im italienischen Operntext). Die – an sich undenkbare – Situation bewirkt eine echte Erschütterung in Philipp und einen Wendepunkt in seinem Denken. Er zieht den kühnen Menschen nicht zur Rechenschaft, er reicht ihm am Ende der Szene die Hand, die Posa zwar nach Brauch der Zeit küßt, die aber eine Art Freundschaftspakt besiegelt – eine unausgesprochene Zuneigung. Philipp sehnt sich nach einem echten Vertrauten, einem einzigen Menschen, dem er vielleicht sein Herz öffnen könnte, das auf der Höhe der Macht zu vereisen droht; Posa spürt, mit tiefem Mitleid, die grenzenlose Einsamkeit, die den Herrn der westlichen Welt umfangen hat. Trotz des Abgrunds, der sie trennt, findet der König Gefallen an dem feurigen, offenen jungen Menschen, läßt ihn seine geheimsten Gedanken kennen: das Leid um die Frau, die ihn nicht liebt, den lastenden Druck der allgegenwärtigen Inquisition, die Sorge um den Sohn, der sich ihm immer mehr entfremdet. Als Vertrauter, beinahe als Freund, scheidet der Herrscher vom jungen Freigeist, der die Prinzipien seiner Herrschaft in Frage gestellt hat.

In den nächtlichen Gärten des Schlosses erwartet voll Ungeduld Carlos die Absenderin eines Brieflein, das ihn zum Stelldichein bat. Als eine verschleierte Gestalt auftritt, zweifelt er nicht daran, daß es die Königin ist und stürzt ihr mit glühenden Worten zu Füßen. Doch es ist die Prinzessin Eboli, die den Infanten seit langem liebt und die, als sie erkennt, daß die Liebesschwüre nicht ihr gelten, sondern ihrer Herrin, Rache schwört. Posa kommt hinzu und befürchtet Gefahr für seinen Freund. Carlos läßt es nicht zu, daß Posa die Prinzessin tötet, um ihn, den Freund, zu retten, händigt ihm aber, da er von nun an strenge Überwachung fürchtet, wichtige Papiere aus, in denen er sich zur Sache der niederländischen Freiheit gegen Spanien bekennt.

Hierauf folgt ein neuer dramatischer Höhepunkt: die Szene des Autodafé, der von der Inquisition befohlenen Ketzerverbrennung, die zum wahren Volksfest ausgestaltet ist. Der König und die Königin wohnen ihr inmitten des gesamten Hofstaates bei. Die Feierlichkeit wird unliebsam unterbrochen. An der Spitze einer flandrischen Delegation naht Carlos und bittet seinen Vater, den König, um Milde und Gerechtigkeit für das besetzte Land. Hart wehrt Philipp ab: keine Gnade für die Ketzer, die vom rechten Glauben abfielen und sich der Reformation anschlossen! Carlos wird immer kühner in seinen Forderungen, er zückt zuletzt sogar den Degen gegen den König. Der fordert seine Edlen und Höflinge auf, den Infanten zu entwaffnen. Keiner wagt sich an Carlos. Da tritt Posa auf ihn zu und verlangt den Degen. Überrascht und von plötzlichem Schmerz überwältigt, überreicht der Infant dem Freund die Waffe: Posa ein Verräter? Ist es Wahrheit, was alle im Palast flüstern, daß der Malteserritter des Königs neuer und enger Vertrauter sei? Ganz leise, wie eine ferne Erinnerung, erklingt das Freundschaftsmotiv im Orchester, so wie die wehen Gedanken Carlos' Gemüt durchziehen. Posa kniet vor dem König nieder und überreicht ihm seines Sohnes Degen; und Philipp berührt mit der Waffe des Knienden Schultern und ernennt ihn zum Herzog. Carlos aber, nun völlig von des einstigen Freundes Untreue durchdrungen, wird von den Wachen abgeführt. Das Fest nimmt seinen Fortgang. Die Opfer der Inquisition, dem Brauch der Zeit gemäß mit den verschiedenartigsten Kostümen und Kappen angetan, werden gefesselt zum Holzstoß geführt. Priester, die Gebete murmeln, folgen ihnen, das Volk freut sich, wie befohlen: es zweifelt kaum, daß hier Hexen, Zauberer, Ketzer, Zweifler am einzigen heiligen Glauben verbrannt werden. Unbeweglich die Großen: Sie sind nur Gäste, das Schauspiel wird prunkvoll und lautstark von der Kirche inszeniert, mit der es sich auch der Mächtigste im Reiche nicht zu verderben wagt. Dies ist Gottes Staat, in seinem Zeichen, unter dem Kreuz ist die halbe Welt unterworfen worden. Doch Gott selbst scheint den Opfern seiner Kirche einen Trost auf ihren letzten Weg mitgeben zu wollen: eine süße Stimme vom Himmel ertönt und geleitet sie hinein in die grausamen Flammen, die über ihnen zusammenschlagen.

Mit einer ergreifenden Szene beginnt der nächste Akt. Philipp hat an seinem Arbeitstisch die Nacht in schweren Gedanken durchwacht. In jener berühmten Arie drückt er nun, da die ersten Sonnenstrahlen einfallen, ohne noch die Finsternis verscheuchen zu können, seine lastenden Sorgen aus. Die erste gilt der Königin: »Ella giammai m'amò«, Sie hat mich nie geliebt) beginnt (im Rezitativton) das erschütternde Gesangsstück, das dann in immer breiter ausladende Melodiebögen mündet, voll Schmerz und Todesahnung ①. Der Großinquisitor wird gemeldet; die Flügeltüren des Kabinetts öffnen sich und herein tritt, von zwei Mönchen mehr geleitet als gestützt, der neunzigjährige Blinde, hoheitsvoll, unbeugsam, die Macht Gottes repräsentierend, vor der auch der König das Knie beugen muß. Zu fordern ist der Großinquisitor gekommen: er will den Kopf des Rebellen Posa, des einzigen Menschen, dem der Monarch wahrhaft zu vertrauen begonnen hat. Doch gegen die Inquisition gibt es keine Auflehnung, Philipp gibt nach, um so mehr, als er dadurch das Leben seines Sohnes zu retten hofft, der nun als Werkzeug Posas dargestellt werden kann.

Kurz nachdem der König in Gedanken versunken allein geblieben ist, wird die Tür des Kabinetts neuerlich geöffnet, Elisabeth stürzt aufgeregt herein: man hat ihre Schatulle entwendet. Sie staunt, als ihr Gatte diese auf seinem Schreibtisch zeigt. Also kein Diebstahl, eine Intrige. Der König will, daß Elisabeth das Köfferchen vor ihm öffne, doch die Königin weigert sich. Da bricht Philipp die Schatulle selbst auf. Als erstes fällt sein Blick auf ein Porträt seines Sohnes Carlos. Der stets so ruhig gemessene Herrscher braust auf, gerät außer sich, vergißt sich – trotz der durchaus glaubwürdigen Entschuldigung Elisabeths, der Infant sei ja einst ihr Bräutigam gewesen, doch makellos sei ihre Ehre – und schlägt seine Gattin, die ohnmächtig zusammenbricht. Auf die entsetzten Hilferufe des Königs eilen die Prinzessin Eboli und Posa herbei. Die vier Stimmen, von denen jede die eigenen Gedanken ihres Trägers ausdrückt, vereinigen sich zu einem wunderbaren Ensemble

545

① *Andante mosso cantabile*

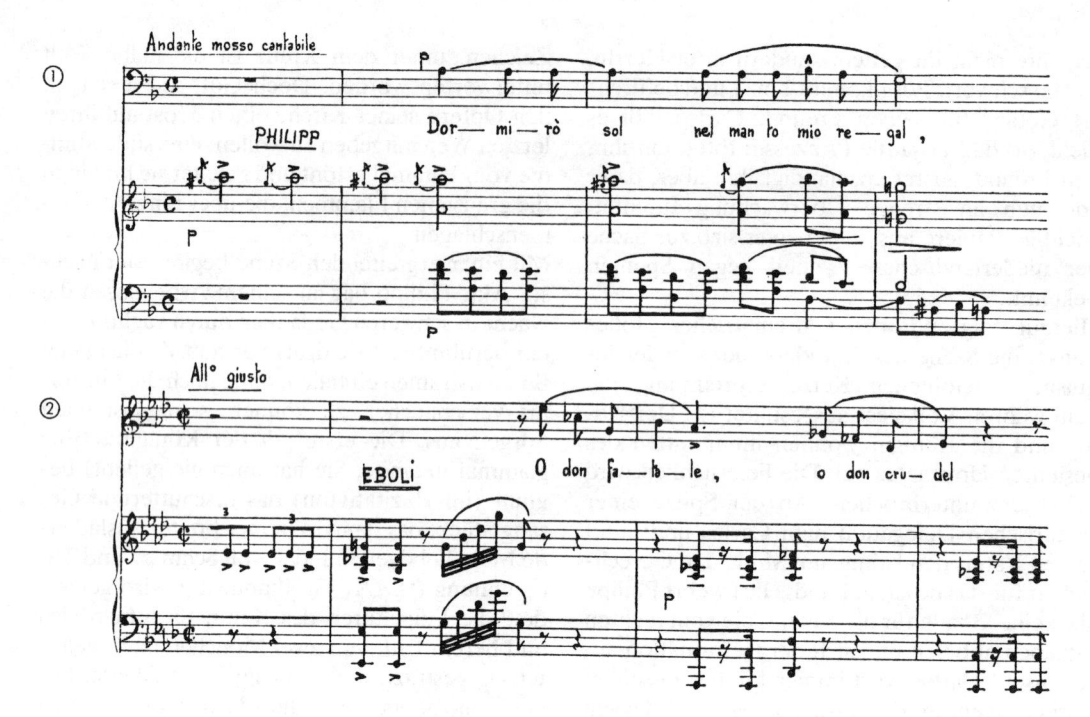

PHILIPP: Dor- mi- rò sol nel man- to mio re- gal,

② *All° giusto*

EBOLI: O don fa- ta- le, o don cru- del

voll Wohlklang und innerer Spannung. Dann bleiben die beiden Frauen allein im Gemach. Die Prinzessin bereut die Intrige, die sie gegen die Königin aus Eifersucht angezettelt hat, fällt ihr weinend zu Füßen. Verdi verwandelt ihre Beichte in eine der glänzendsten Arien seines Opernschaffens: »O don fatale« ②

Der Infant Carlos wird im Gefängnis von schweren Gedanken bedrängt. Seine Verhaftung zeigt ihm seine Machtlosigkeit im Reiche seines Vaters; den einzigen, geliebten Freund wähnt er treulos. Da öffnet sich die Tür des Verlieses und dieser Freund erscheint, herzlich wie immer, offen und vertrauenerweckend. Er hat kompromittierende Papiere des Prinzen als seine eigenen ausgegeben und ahnt, daß nun die Rache der staatlichen oder kirchlichen Gewalt bald auch ihn treffen werde; aber er weiß, daß es ihm damit gelungen ist, den Freund zu retten. Carlos soll nach seiner erwarteten Freilassung in die Niederlande gehen, um dem bedrückten Volke Hoffnung und Freiheit zu bringen. Sein Blick geht noch weiter in die Zukunft: er sieht Carlos eines nicht mehr sehr fernen Tages über das spanische Weltreich herrschen, mit neuzeitlichen Ideen und einem idealeren Konzept menschlicher Glückseligkeit, als sein Vater es verwirklicht hat. Plötzlich ertönen Schüsse; getroffen bricht Posa zusammen. Der König oder die Inquisition haben nicht lange gewartet. In seinem überaus melodiösen Sterbegesang nimmt Posa ergreifenden Abschied, ein weiteres Prunkstück dieser grandiosen Partitur. Posa stirbt edel und groß wie alle lauteren Geschöpfe Verdis. Er legt dem Infanten noch einmal das Schicksal des blutenden Flandern nahe und übergibt ihm als Vermächtnis seinen glühenden Freiheitswillen. Der König naht, er will Carlos den ihm abgenommenen Degen zurückgeben, als Zeichen der Aussöhnung und Wiedereinsetzung in seine Rechte. Aber der Infant schleudert seinem Vater glühende Anklagen wegen des Mordes an Posa ins Gesicht. Unruhe wird rings um das Gefängnis vernehmbar, eine Menge aufgebrachten Volkes dringt ein, um die Befreiung des Infanten zu erzwingen. (In einigen Fassungen tritt hier die Prinzessin Eboli – nicht sehr glaubwürdig – nochmals auf: sei es, um mit Hilfe des Volkes den immer noch Geliebten zu befreien, sei es, um ihm einen Fluchtweg zu weisen). Bevor es noch zur offenen Rebellion gegen den von seinen Granden geschützten König kommen kann, erscheint der Großinquisitor, vor dem alle in die Knie sinken.

Im letzten Bild erwartet Elisabeth erregt – in einem Kreuzgang des Klosters San Juste, nahe dem Grabe Karls V. – ihren einstigen Bräutigam zu einer letzten Aussprache. Eine innige Arie enthüllt noch einmal den tiefen Schmerz der Königin, den sie nur durch den Eintritt in ein

Kloster mildern zu können glaubt. In einem ergreifenden Duett nehmen die Liebenden Abschied. Carlos will nach Flandern gehen, um im Sinne seines ermordeten Freundes dem Volke beizustehen. Der König überrascht sie und übergibt seinen Sohn der Inquisition. Doch bevor Soldaten diesen abführen können, erscheint, offensichtlich aus der Gruft des toten Königs, ein unbekannter Mönch. Ein ehrfürchtiger Schauder erfaßt alle Anwesenden, die eine Vision Karls V. zu erblicken vermeinen. Unter seiner ausgebreiteten Kutte führt der Mönch den Infanten in den Frieden des illustren Grabmals. (In einer anderen Version ist dieses ergreifende, geradezu ideale Opernfinale ersetzt durch den Selbstmord des Infanten, der historisch ebenso falsch ist, aber außerdem Verdi eines der wenigen mystischen Augenblicke in seinem Schaffen beraubt.)

Quelle: Als wichtigste Quelle muß natürlich die Geschichte angegeben werden, denn die Hauptgestalten der Oper sind durchwegs historisch. Karl V. – der allerdings nur noch als Symbol vorkommt – wurde sechzehnjährig im Jahre 1516 spanischer König, 1519 Kaiser, Herrscher des größten abendländischen Reiches (zumindest seit Karl dem Großen), »in dem die Sonne nicht unterging«, da zu den zahlreichen ihm untertanen Ländern Europas noch riesige Gebiete des 1492 entdeckten und nun Schritt für Schritt eroberten Amerika hinzukamen. Er verzichtete 1556 auf den Thron und trat ins Kloster ein, wo er 1558 starb. Sein Sohn Philipp II. (1527–98) übernahm den westlichen Teil des Weltreichs. Er heiratete eine portugiesische Prinzessin, die bei der Geburt des Thronerben Carlos 1545 starb. Dieser selbst wurde nur 23 Jahre alt, sein Tod ist in Geheimnis gehüllt. Durch unglückliche Erbanlagen – er war sowohl väterlicher- wie mütterlicherseits ein Abkomme Johannas »der Wahnsinnigen« – wurde er, wie übereinstimmend berichtet wird, zum körperlichen, geistigen und seelisch Geschädigten, ein Jüngling mit krankhaften, ja perversen Neigungen und unberechenbarem Charakter, vor dessen einstiger Thronbesteigung Europas Hofkanzleien stärkste Besorgnis hegten. Es kam nicht so weit. Der Junge wuchs die ersten Jahre unter der Obhut einer Tante auf; Philipp wollte ihm eine zweite Mutter geben und heiratete 1554 die englische Königin Maria I. Tudor, die aber Spanien nie betrat. Schließlich vermählte sich Philipp aus Staatsraison mit der französischen Prinzessin Elisabeth von Valois, die ursprünglich als Gattin für seinen Sohn Carlos ausersehen war. Als diese nach Spanien reiste, wo die Hochzeit mit größtem Pomp gefeiert werden sollte, sahen die Brautleute einander zum ersten Mal. Philipp soll die neugierig schauende, blutjunge Elisabeth gefragt haben, ob sie seine grauen Haare suche – er war wesentlich älter als sie, aber noch nicht viel über 30. Es wurde, wie alle Zeugen berichten, eine gute, ja seitens des Königs sehr liebevolle Ehe. Von einer Liebe zwischen Carlos und der gleichaltrigen Elisabeth ist hingegen keine Rede. Carlos erlitt einen schweren Unfall, der ihn noch anfälliger, krankhafter und zum Regieren ungeeigneter machte. Schließlich ließ ihn sein Vater in einem Schloß in Haft setzen, vielleicht sogar einmauern. Dort ist er gestorben.

Textbuch: Von diesen historischen Tatsachen weicht sowohl Schillers Drama »Dom Karlos, Infant von Spanien« (1787) wie Verdis Operntext bedeutend, ja grundlegend ab. Schiller machte aus einem armen Kranken, möglicherweise Irren, dessen Leben höchstens vom medizinischen oder psychiatrischen Gesichtspunkt bemerkenswert war, einen jugendlich idealistischen Freiheitskämpfer, einen glühenden Liebhaber, einen hoher Freundschaft fähigen Jüngling voll edler und tiefer Anlagen. Die Librettisten Verdis, Joseph Méry und Camille du Locle änderten an Schillers Text eine beträchtliche Anzahl von Szenen. Sie fügten einen ersten Akt hinzu, der in Frankreich spielt und die Begegnung des jungen Brautpaares Carlos–Elisabeth sowie ihre auflodernde Liebe bringt; ferner das Bild der Ketzerverbrennung, das neben dem spektakulären Aspekt noch den dramatischen Höhepunkt der Konfrontation zwischen Vater und Sohn enthält, schließlich die Rettungsaktion, die von der Prinzessin Eboli zugunsten Carlos' unternommen wird, und einiges mehr. Nachforschungen in unserer Zeit haben überraschenderweise erwiesen, daß die Librettisten neben Schiller eine zweite Quelle heranzogen: das Drama »Philippe II., roi d'Espagne« von Eugène Cormon (Pseudonym für Pierre-Etienne Piestre, den Textdichter von Bizets Oper »Les pêcheurs de perles«). So entstand das zweifellos ausgezeichnete Libretto für Verdi, aus dem er eine seiner schönsten Opern gestaltete. Kein anderes seiner Textbücher hat auch nur annähernd so viele Bearbeitungen erlebt, wie dieses; man zählt insgesamt sieben vom Komponisten autorisierte Bearbeitungen, die einzeln zu behandeln uns zu weit führen würde. Die Mehrzahl umfaßt vier Akte, doch waren das französische Original sowie die siebente Fassung (für Modena, 1886) fünfaktig, schlossen also das in Frankreich spielende erste Bild ein.

Musik: Verdi steht auf dem Höhepunkt seiner Inspiration. Die Fülle prächtiger Melodien ist überwältigend. Kaum in einem anderen seiner Werke sind zudem so viele glänzende Arien und Gesangsstücke zu finden, die alle aufzuzählen zu weit führen müßte. Alle diese Stücke sind zudem dramatisch voll begründet und in einen Zusammenhang gebracht, der einen entscheidenden Schritt zum Musikdrama darstellt. Hier ist Belcanto mit dramatischem Sprechgesang eng verknüpft. Nicht wenige Szenen gehören für immer zum Wertvollsten, was die Opernkunst hervorgebracht hat: so Philipps Arie, das Duett der beiden Bässe (König–Großinquisitor), das Quartett König–Königin–Eboli–Posa, die Arie der Eboli, die Arie der Königin, das Abschiedsduett Königin–Carlos, die Höhepunkte des Autodafé-Akts, Posas Tod, um nur die bedeutendsten Szenen zu nennen. Hervorragend die Intervention der Chöre.

Geschichte: Verdi vollendete »Don Carlos« 1866 teils in Paris, teils im Pyrenäenort Cauterets. Die an der Pariser Oper für Januar 1867 anberaumte Uraufführung verzögerte sich, die dafür vorgesehene Fassung konnte nicht gespielt werden, da sie viel zu lang war. Verdi strich einiges (was teilweise erst viel später wiedergefunden wurde), mußte aber, den Gepflogenheiten der Pariser Oper entsprechend, ein Ballett (»La Pérégrina«) einlegen. So entstand eine »Generalprobenfassung«, die am 24. Februar 1867 erklang, aber nochmals geändert werden mußte. Die Premiere fand endlich am 11. März 1867 statt und wurde zu keinem eindeutigen Erfolg. Für die zweite Aufführung am 13. März strich der Komponist weitere Stücke. Wesentliche Änderungen wurden dann für die Mailänder Aufführung im Jahre 1884 vorgenommen.

Aida

Oper in vier Akten (nach einem Entwurf von Edouard Mariette Bey und einem Szenarium von Camille du Locle) von Antonio Ghislanzoni.
Originaltitel: Aida
Originalsprache: Italienisch

Personen: Der König von Ägypten (Baß), Amneris, seine Tochter (Mezzosopran), Amonasro, König von Äthiopien (Bariton), Aida, seine Tochter, Sklavin am ägyptischen Hofe (Sopran), Radames, ägyptischer Feldherr (Tenor), Ramphis, Oberpriester (Baß), ein Bote (Tenor), eine Tempelsängerin (Mezzosopran), Priester, Priesterinnen, Minister, Offiziere, Soldaten, Sklaven.
Ort und Zeit: Memphis und Theben in Ägypten, zur Zeit der Pharaonen.
Handlung: Eine weiche, von Liebessehnsucht geschwellte Geigenmelodie, die in der Oper zu einer Art Leitmotiv Aidas, aber auch der Liebe wird, ist das erste Thema des Vorspiels. ① Ein zweites Thema, feierlich und von rhythmischer Prägnanz, charakterisiert die ägyptische Priesterwelt. Der aufgehende Vorhang enthüllt einen Saal im Palast der Pharaonen zu Memphis. Ramphis berichtet dem Rate über eine neue kriegerische Gefahr an der äthiopischen Grenze des Reiches. Ägypten muß sofort in Kriegszustand versetzt werden. Der junge Feldherr Radames gibt in einer glänzenden Arie seiner Hoffnung Ausdruck, zum Oberbefehlshaber ernannt zu werden: Nach einem von kriegerischen Trompeten unterstrichenen Rezitativ entwickelt sich eine zärtliche Melodie (»Celeste Aida«, Holde Aida), die zwar zu den Glanzstücken des Tenorrepertoires gehört ②, aber durch ihre Stellung gleich zu Anfang des Werkes – bevor der Sänger noch richtig »eingesungen« sein kann – auch zu den gefürchtetsten Arien gehört. Radames träumt darin von einem glanzvollen Sieg über die Feinde, der ihn in die Lage versetzte, Freiheit und Hand der äthiopischen Sklavin Aida zu begehren. Die Königstochter Amneris unterbricht seine Gedanken. Sie liebt Radames, und seine innere Erregung bleibt ihr nicht verborgen: ist es nur die Ruhmsucht? Oder sollte ein anderes Gefühl im Spiele sein? Doch weder Radames noch die hinzugekommene Aida verraten ihr Geheimnis. Die Sklavin spricht nur von der tiefen Besorgnis, die ihr der neuerliche Kriegsausbruch zwischen ihrem Heimatlande und dem Lande, in dem sie lebt, schafft. Das Terzett ist musikalisch wie psychologisch meisterhaft. In der folgenden Szene berichtet ein Bote aus dem Kriegsgebiet von der Invasion der Äthiopier, die bereits vor den Toren Thebens stehen. Ein tapferer Feldherr führt sie an: Amonasro, ihr König. Niemand hört Aidas erschrockenen Ausruf, als sie den Namen ihres Vaters vernimmt.

Das Orakel der Götter hat Radames zum Oberbefehlshaber der ägyptischen Truppen gemacht. Amneris überreicht ihm feierlich die Standarte, die seinem Range zusteht, und unter mächtigen Chören begeben sich die Priester und Spitzen des Reiches in den Tempel: »Ritorna vincitor!« (Als Sieger kehre heim!) erschallt der Ruf der Königstochter, dem hundertfach die Stimme des Volkes antwortet. Auch Aida hat in diesen Ruf eingestimmt, hingerissen von der Größe des Augenblicks und ihrer Liebe zu Radames. Doch kaum hat Radames, von allen geleitet, sich auf den Weg in den Tempel gemacht, als Aida sich der Bedeutung dieses Ausrufs klar wird. Sie erkennt den furchtbaren Zwiespalt, in den sie gestürzt wird: siegt Radames, so bedeutet es den Untergang ihres Landes, vielleicht den Tod für ihren Vater, ihre Brüder. In einer großen Arie drückt sie die widersprüchlichen Gefühle ihres Herzens aus: In grauenvoller Vision glaubt sie die verwüsteten Städte ihres Landes, die Leichen seiner Krieger zu sehen. ③ Die Liebesmelodie ① verklärt endlich ihren Schmerz, doch kann sie die tiefe Zerrissenheit ihres Inneren kaum lindern. Allein bei den Göttern steht ihre letzte Hoffnung. ④

Die nächste Szene spielt im Tempel. Verdi legt hier eine orientalisierende Melodie voll magischen Zaubers, harfenbegleitet, einer Priesterin in den Mund. ⑤ Auf die Anrufung der Gottheit folgt ein Ritualtanz der Priesterinnen. Ramphis übergibt Radames ein Schwert als Symbol seiner künftigen Macht. Die Chöre, als Handlungsträger stets wichtig in dieser Oper, erreichen hier mitreißende Größe.

Das erste Bild des zweiten Aktes führt uns in die Gemächer der Königstochter. Ihre Sklavinnen erfreuen Amneris mit einer einfachen, lieblichen zweistimmigen Melodie. Dreimal unterbricht die Prinzessin mit einem sehnsüchtig leidenschaftlichen Ausbruch ⑥. Sie wartet auf die Heimkehr Radames', der die ägyptischen Truppen zu einem vollen Sieg geführt hat. Nun soll er sich für immer an sie binden und an ihrer Seite eines Tages über das Land herrschen. Während ihre Gedanken bei diesen schönen Zukunftsplänen weilen, tanzen junge Negersklaven einen froh bewegten Tanz. Da naht Aida, und Amneris gebietet Ruhe. Sie will die Tochter der Besiegten nicht mit zu froher Stimmung kränken, aber angesichts ihrer lieblichen Erscheinung beginnen die Zweifel sie von neuem zu quälen. So beschließt sie, Aida eine Falle zu stellen, um endlich die Wahrheit über deren Stellung zu Radames zu erfahren. Heuchlerisch wendet sie sich an die Sklavin, als teile sie deren Traurigkeit über die Niederlage ihres Volkes. Dabei läßt sie einfließen, daß auch Ägypten keinen Anlaß zu voller Freude habe, da sein Oberbefehlshaber Radames im Kampfe gefallen sei. Aidas verzweifelter Aufschrei bestätigt Amneris' Verdacht. Als sie nun höhnisch ihre Lüge gesteht, legt Aidas Jubelruf die Lage ganz klar. Auge in Auge stehen sie einander gegenüber, die Szene ist von höchster Dramatik. Der Jubel draußen kündet von der Rückkehr des siegreichen Heeres. Hoch richtet Amneris sich auf: dieser Tag wird ihr den ersehnten Triumph bringen, vernichtet im Staube wird Aida bereuen, Nebenbuhlerin einer Pharaonentochter gewesen zu sein.

Die Siegesfeier gehört zu den großartigsten Bildern der Opernliteratur. Eine freudige Menge füllt den mächtigen Platz; der König und die Priester nehmen die Parade des einziehenden Heeres ab. Noch nie hat Verdi (und ganz selten ein anderer Meister) eine so glänzende, strahlende, festliche Musik geschrieben. Im Mittelpunkt steht der berühmt (und volkstümlich) gewordene Triumphmarsch ⑦, den Trompeten auf der Bühne selbst blasen; Verdi hat eigens für diesen Zweck eine neue Art dieses Instruments herstellen lassen, aus deren langem, dünnem und geradem Silberrohr ein fanfarenartiger Klang ertönt und die als »Aida-Trompeten« bekannt wurden.

Radames, vom Volke bejubelt, begrüßt den König und erbittet die Gnade, die Gefangenen vorführen zu dürfen. In traurigem, niedergeschlagenem Zuge schleppen sie sich vorbei, viele zerschunden, manche in Ketten. Plötzlich stürzt Aida aus der Zuschauermenge und klammert sich weinend an einen der Gefangenen. Es ist ihr Vater. Allgemeine Bewegung ergreift die Umstehenden. Der Äthiopier kann seiner Tochter zuflüstern, sie möge seinen wahren Rang nicht verraten. Es ist Amonasro, der König und oberste Heerführer. Er wendet sich an den Pharao und bittet ihn um Gnade und Freiheit für die Gefangenen. ⑧

Während das Volk diesen Wunsch unterstützt, wenden sich die Priester in heftigen Worten gegen seine Erfüllung. Doch der Pharao gewährt den Gefangenen die Freiheit; mögen sie heimkehren und nie wieder die Waffen gegen Ägypten ergreifen. Nur Amonasro soll, gemeinsam

①

Andante
pp

②

Andantino
Ce - le.ste A - i - da, for - ma di - vi - na........
RADAMES
(tremolo)
mf

③

All° Agitato
Ritorna vinci - tor! E dal mio lab - bro u - sci l'em - pia pa - ro - la!
AIDA
ff
pp
f

④

Lento
perdendosi
pie - tà, pie - tà del mio sof - frir....
AIDA
morendo
pp

⑤

Andante con moto
Pos - - - - sen - te, possente Fthà,
CHOR
p (arpa)

⑥ *Con espansione*
AMNERIS: Ah! vie — — ni vieni amor mio, rav_vivami

⑦ *Allegro maestoso*

⑧ *Andante*
AMONASRO: Ma tu, Re, tu signo_re pos_sen_te, a co_sto_ro ti vol_gi cle_men_te……

⑨ *Cantabile*
AIDA: O cieli az_zur_ri, o dol_ci au_re na_ti_ve….

⑩ *Allegro giusto*
AMONASRO: Ri_ve_drai le fo_re_ste imbal_sa_ma_te, le fresche val_li, i nostri templi d'or

mit seiner Tochter, im Lande verbleiben. Neue Jubelausbrüche begleiten die Ankündigung, daß bald die Hochzeit der Königstochter mit dem siegreichen Feldherrn Radames gefeiert werden soll. Unter mitreißenden Massenchören schließt der Akt.

Der dritte Aufzug (auch Nilakt genannt), bildet einen äußerst wirksamen Kontrast zum Triumphakt. Wir befinden uns am einsamen Ufer des Nils. Der irreale Zauber einer Mondnacht findet in einer friedlich-sehnsüchtigen Oboenmelodie und sehr hohen, langen Streichernoten zauberhaften Ausdruck. Aus dem nahen Isistempel hört man Priestergesang. Ramphis und Amneris wenden sich dorthin, nachdem sie aus einem Boote gestiegen sind. Die Königstochter soll in nächtlichem Gebet um Radames' Liebe flehen. Langsam entfernen sich Stimmen und Gesänge. Dann kommt Aida, tief verschleiert. Radames hat sie hierher bestellt. Zum Abschied für immer? Heftig klopft ihr Herz. Ihr Gesang erhebt sich in einer stimmungsvollen Arie zum sternenbesäten Himmel empor. ⑨ Da taucht aus der Dunkelheit Amonasro auf. Er entfacht das Heimweh seiner Tochter, spricht ihr von den Wäldern, den Tälern ihrer Kindheit. Wenn sie nur wolle, alles das könne sie wiedersehen, wiederum glücklich leben im Vaterland, und an der Seite des Mannes, den sie so sehr liebe. ⑩ Das Duett steigert sich bis zu höchster Dramatik. Der König der Äthiopier will seine Tochter dahin bringen, Radames zum Hochverrat zu verleiten. Entsetzt weist Aida den Gedanken zurück. Da schildert ihr der Vater in grauenvoller Vision das verwüstete Vaterland, die vom Blute geröteten Flüsse. Ihr Werk sei dies alles, wenn die Rache nicht gelänge. In furchtbaren Gewissensqualen kämpft Aida mit sich selbst. Amonasro zieht sich zurück, in einem nahen Versteck wird er ihrer Unterredung mit Radames lauschen.

Der Feldherr naht. Voll des Glückes will er in

Aidas Arme eilen, ⑪doch die Äthiopierin weist ihn zurück. Muß sie nicht an seiner Liebe zweifeln, da die Anküdigung seiner bevorstehenden Heirat mit Amneris öffentlich kundgetan wurde? Radames versichert ihr seine Treue: er werde Amneris und dem König die Wahrheit sagen. Doch Aida ahnt, daß dann Amneris' Rache fürchterlich sein werde. Nein, nur einen Weg gebe es zu ihrer beider Glück: die Flucht. Radames steht vor einer schweren Wahl: verzichten auf alles, was er sich geschaffen, Ehre, Ruhm, Stellung, um Aida in ihre Heimat zu folgen, um dort friedlich und von ihrer Zuneigung behütet zu leben. ⑫
Schließlich gewinnt die Liebe die Oberhand. Ja, sie wollen gemeinsam fliehen, in ein neues, seliges Leben. Doch wo könnten sie die im Augenblick scharf bewachte Grenze überschreiten? fragt – ahnungslos – Aida. Und Radames – ebenso nichtsahnend – gibt die verhängnisvolle Antwort: »Durch die Schlucht von Napata...« Amonasro tritt aus dem Schatten hervor; er, der Anführer der Feinde, hat das Kriegsgeheimnis belauscht. Nun wird er fliehen und seine Streitkräfte durch die Schlucht von Napata in Ägypten einfallen lassen! Radames steht vernichtet. Vergeblich versucht Amonasro, ihn mit sich fortzureißen. Die lauten Stimmen haben die Tempelbesucher aufmerksam gemacht: Amneris überblickt die Lage in einem einzigen Augenblick. Während Amonasro flieht und Aida verschwindet, übergibt Radames, völlig gebrochen ob des ungewollten Verrats, sein Schwert Ramphis.
In einer Galerie des Pharaonenpalastes geht die erste Szene des letzten Aktes vor sich. Amneris bereut tief, den Geliebten in die Hand der blutrünstigen Priester gespielt zu haben. Wenn sie ihn doch retten könnte! Sie läßt ihn aus dem Gefängnis holen, fleht ihn an, sich zu verteidigen. Doch für Radames hat das Leben seinen Wert verloren. Vergebens enthüllt Amneris ihm, daß Aida geflohen, vielleicht schon in ihre Heimat gelangt sei. Seine zärtlichsten Gedanken geleiten sie; nie werde er dieser Liebe entsagen können, auch nicht, um sich selbst zu retten. Verzweifelt sieht ihn Amneris wiederum in das Gefängnis hinabsteigen, wo gleich darauf das Tribunal zusammentritt. Wir vernehmen des Priesters Stimme, seine Anklagen, auf die Radames nicht antwortet; und Amneris' immer ängstlichere Verzweiflungsausbrüche übermitteln uns (dramaturgisch großartig) die Gewißheit des nahenden Endes. Radames, des Hochverrats angeklagt, wird zum Tode verurteilt. Den aus dem Gefängnis heraufsteigenden Richtern wirft sich Amneris in den Weg. Doch kalt wird ihr Flehen um Gnade zurückgewiesen.

Das letzte Bild zeigt eine zweigeteilte Bühne. Oben, im Dämmerlicht, der Tempel, in dem Amneris kniet; darunter das steinerne Verlies, in das der zum Tode Verurteilte eingemauert wurde. Traurig, doch gefaßt, entsendet er der einzig Geliebten seinen letzten Gruß. Da antwortet ihm ihre Stimme. Sie hat sein Schicksal vorausgeahnt und sich in diese Gruft geschlichen, um mit ihm zu sterben. Was nun folgt, ist mit Worten nur sehr unzulänglich zu schildern. Ein wahrer »Liebestod«, den Verdi mit überirdischen Melodien verklärt hat. »O terra, addio...«: Leb wohl, o Erde, Tal der Tränen... ⑬

Immer leiser wird der dunkle Kontrapunkt, den die Priesterinnen im Tempel weben. Zwei Seelen schweben himmelwärts, von einer unendlich süßen Violine geleitet. Frieden für alle erfleht die gebrochene Amneris.

Quelle: Im allgemeinen wird angenommen, der französische Ägyptologe Edouard Mariette habe bei seinen Ausgrabungen aus den Tagen der Pharaonen diese Geschichte ersonnen und in Worte gebracht, aus denen dann Camille du Locle ein Textbuch für Verdi schuf. Aber es gibt eine merkwürdige Tatsache: in einem Libretto des hochberühmten Pietro Metastasio (1698–1782), Hofdichter zu Wien und Textautor vieler Hunderter von Opern der Barockzeit, kommt bereits eine ähnliche Geschichte vor, die Liebe eines ägyptischen Feldherrn zu einer fremdländischen Sklavin, während er selbst von einer Pharaonentochter geliebt wird. Das Libretto heißt »Nitetti« und ist mehrmals vertont worden. Zur Zeit Mariettes war es allerdings völlig vergessen. Sollten beide, Metastasio und Mariette, ihre Dichtungen auf eine und dieselbe altägyptische Quelle gestützt haben?

Textbuch: Verdi ließ sich lange bitten, bevor er, nach vielen unangenehmen Erfahrungen, die er mit »Don Carlos« in Paris und vorhergehenden Opern anderwärts, vor allem in Italien gemacht hatte, sich neuerlich zu einem Bühnenwerk bereit fand. Und das geschah erst, als er den Textentwurf Camille du Locles, des Pariser Freundes und Direktors der Opéra Comique, erhielt und darin all das fand, was er sich von einem interessanten Libretto erwarten durfte. So betraute

Verdi den bewährten Antonio Ghislanzoni mit der Ausarbeitung des Textes, wobei er selbst, stärker wohl als je, auf die dramatische und poetische Ausarbeitung Einfluß nahm.

Musik: »Aida« bedeutet einen Höhepunkt der Oper schlechthin. Hier ist die italienische, die romantische, die »große« Oper auf einen Gipfel gelangt, aber wer »Aida« ein Musikdrama nennen wollte, hätte ebenfalls recht. Unrecht hingegen, wer behauptet, Verdi habe von Wagner »gelernt«. Seine Entwicklung geht völlig folgerichtig vor sich; sie ist den gleichen Voraussetzungen unterworfen, denen sich auch der Deutsche nicht entziehen konnte. Die allgemeine Tendenz der Zeit geht zur durchkomponierten, nicht mehr nummernmäßig gegliederten Oper, die zudem psychologisch-dramatisch vertieft wird und in der der Text zu einer neuen Bedeutung, in ein neues Verhältnis zur Musik gelangt. Selbst die von Wagner auf den Höhepunkt geführte Technik des Leitmotivs ist im Prinzip keineswegs von ihm erfunden worden: Berlioz (»idée fixe«) und Liszt haben sie vor ihm angewandt, und wenn Verdi in »Aida« ebenfalls ein »Liebesmotiv« schafft und es stets erklingen läßt, so oft von dem inneren Band Aidas und Radames' die Rede oder auch nur ein Gedanke spürbar ist, dann liegt auch das im Zuge seiner natürlichen Entwicklung. In diesem Drama erreicht Verdi eine Differenzierung der Instrumentation, die der italienischen Oper bis dahin fremd war. Er steht nun, da er fast sechzig Jahre alt ist, auf der Höhe seiner Eingebung und seines Könnens. In »Aida« gibt es keinen einzigen schwachen Augenblick.

Geschichte: In der ägyptischen Hauptstadt Kairo war 1869 eine italienische Oper eröffnet worden, natürlich mit einem Werk Verdis: »Rigoletto«. Der Vizekönig Ismail Pascha, ein Anhänger europäischer Kultur, Freund Frankreichs und Verehrer Verdis, dachte an eine Festoper zur bevorstehenden Eröffnung des Suezkanals, dessen Fertigstellung (durch den Franzosen Lesseps) von epochaler Bedeutung für Europas Wirtschaft war und dadurch auch eine gewichtige politische Rolle zu spielen berufen sein mußte. Doch Verdi, an den er dabei in erster Linie dachte, wollte von einem solchen Projekt lange Zeit hindurch nichts wissen. Erst der Erhalt der Textskizze veranlaßte ihn, diesem Plan näherzutreten. Doch das große Datum ging ohne Festoper vorbei. Verdi arbeitete an ihr, stellte sie im Jahre 1870 fertig. Kulissen und Kostüme waren in den Pariser Werkstätten der Oper in Auftrag gegeben worden; als sie fertig waren, gab es keine Möglichkeit mehr, sie aus der von den Deutschen eingeschlossenen Stadt hinauszubringen. Schon schien es, als würde der Vertrag, der bis Ende 1871 befristet war und Kairo die Uraufführung der »Aida« zusicherte (wofür Verdi das höchste Honorar der Musikgeschichte erhalten hatte: 150 000 Goldfrancs), unerfüllt ablaufen, da erfolgte im September 1871 der Friedensschluß, und Kairo konnte nun fieberhaft an die Vorbereitung der Premiere gehen. Diese fand am 24. Dezember 1871 statt. Verdi war nicht nach Kairo gereist, ihm, dem »Bauer« lagen Seereisen fern. Durch Telegramme erfuhr er noch in der gleichen Nacht vom ungeheuren Triumph seines Werkes. Großen Jubel erweckte der Einzugsmarsch, zu dem der Dirigent Giovanni Bottesini Einheiten der ägyptischen Armee herangezogen hatte, die auch die »Aida-Trompeten« bliesen; doch auch der stille, innige Schluß wurde verstanden, was Verdi tiefe Genugtuung bereitete. Von Genua, wo er den Winter verbrachte, ging der Maestro kurz danach nach Mailand, wo am 7. Februar 1872 die europäische Premiere, ebenfalls unter stürmischem Jubel des Publikums stattfand. Die beiden weiblichen Hauptrollen waren mit Teresa Stolz, Verdis Lieblingssängerin, als Aida, und Maria Waldmann als Amneris besetzt. Das Werk verbreitete sich in unglaublicher Geschwindigkeit rund um den Erdball und gehört seitdem zum festen Bestandteil des Opernspielplans.

Othello

Oper in vier Akten. Textbuch, nach Shakespeare, von Arrigo Boito.
Originaltitel: Otello
Originalsprache: Italienisch
Personen: Othello, Oberbefehlshaber der venezianischen Flotte und Gouverneur von Cypern (Tenor), Desdemona, seine Gattin (Sopran), Jago, Fähnrich (Bariton), Cassio, Hauptmann (Tenor), Rodrigo, venezianischer Adliger (Tenor), Lodovico, Botschafter der Republik Venedig (Baß), Montano, früherer Statthalter von Cypern (Baß), Emilia, Jagos Gattin (Mezzosopran), ein Herold, Soldaten, Matrosen, Damen, Herren, Volk.
Ort und Zeit: eine Hafenstadt auf der Insel Cypern, zu Ende des 15. Jahrhunderts.

Handlung: Eine grandiose Sturmszene auf dem Meer, die das geängstigte Volk vom Hafen aus verfolgt, leitet den ersten Akt ein. Auf dem Platz vor dem Schlosse beobachtet die Menge die unter wilden Böen, Blitzen und Donnern erfolgende Einfahrt der Flotte, die von Othello befehligt wird, dem tapferen Besieger der Türken und gerechten Statthalter der Insel. Langsam beruhigt sich das Gewitter, und unter Dankgebeten verzieht sich das Volk. Nur einige Offiziere verbleiben am Ufer, Jago unter ihnen, der neidische Böse. (Seine von Shakespeare genial gezeichnete Gestalt ist geradezu zum Urbild der menschlichen Schlechtigkeit geworden). Er lädt den ihm in der Rangliste stets vorgezogenen Cassio ein, auf Sieg und Beförderung zu trinken. Bewußt macht er den naiven Kameraden betrunken, der anschließend die Vorwürfe des alten Montano über sich ergehen lassen muß, als dieser ihn an seine Pflicht gemahnt. Jago weiß den Konflikt zwischen beiden so teuflisch zu schüren, daß sie mit Waffen aufeinander losgehen. Montano wird verwundet, während Jago, Alarmrufe ausstoßend, in den Palast eilt. Von dort tritt sofort Othello unter seine Offiziere, läßt Cassio entwaffnen und degradieren, – genau das, was Jago gewollt hat. Bedrückt und besorgt ob des Vorfalls verbleibt Othello auf der Terrasse und blickt auf das Meer hinaus, das sich nun in der klaren Sternennacht zu beruhigen beginnt. Desdemona gesellt sich zu ihm. In inniger Umarmung singen der Mohr von Venedig, der dunkelhäutige Othello, und seine blonde Gattin eines der herrlichsten Liebesduette der Opernliteratur. Es gipfelt in einer Melodie, die einmal – auf die Rundfrage einer Wiener Zeitung – Felix Weingartner als die schönste je geschriebene Liebesmelodie bezeichnet hat. ①

So verklingt in sanftester Zärtlichkeit das Bild, das mit dem erregtesten Sturm begonnen hatte – eine bewundernswerte kompositorische Leistung. Im Palaste spielt der zweite Akt. Jago zeigt sich Cassios Schicksal wegen besorgt und rät ihm, sich um Hilfe an Desdemona zu wenden, die um diese Zeit im Garten spazieren zu gehen pflegt. Sein satanischer Plan beginnt sich hier zu verwirklichen: Am Ende wird die Vernichtung der völlig schuldlosen Opfer stehen. Jago enthüllt seine wahre Natur, als er nun, allein auf der Bühne, sein berühmtes »Credo« anstimmt, das Glaubensbekenntnis des Bösen, die Hymne an den Haß, die Verleugnung jeder Menschlichkeit. ②

Als Othello auftritt, weiß Jago ihm mit vagen Anspielungen den Samen der Eifersucht auf Cassio in die Seele zu pflanzen. Und als Desdemona kurz darauf ihren Gatten um die Begnadigung des Offiziers bittet, der sich an sie gewendet hat, nimmt der völlig haltlose Verdacht Gestalt an. Brüsk lehnt er die harmlose Bitte ab, zeigt sich plötzlich finster und verschlossen. Liebevoll besorgt hält Desdemona ihren Gatten für krank, will ihm ihr Taschentuch auf die Stirne legen, doch wütend wirft der Mohr es zu Boden. Der herbeigeeilten Emilia entwindet es ihr Gatte Jago, da es in seinen diabolischen Plänen noch eine Rolle zu spielen hat. Othello glaubt sich verraten, seine Welt stürzt zusammen, da er die über alles geliebte Desdemona untreu wähnt. In verzweifeltem Ausbruch nimmt er von allem Abschied, was sein Leben erfüllte, die ruhmvolle Vergangenheit sinkt ins Bedeutungslose vor der schrecklichen Enthüllung ③. Jago schürt die Eifersucht seines Herrn immer teuflischer.

Er erzählt, wie er einmal den träumenden Cassio belauscht habe – im gemeinsamen Nachtquartier, wie sich der schmachtende Cassio immer wieder an ihn gedrängt und »Desdemona« geseufzt habe. Verdi begleitet dieses Schurkenstück im Orchester mit einer chromatischen, kriechenden Melodie, so daß man buchstäblich zu sehen glaubt, wie sich die giftige Schlange langsam an ihrem Opfer emporringelt, ehe sie zum tödlichen Biß ansetzt. Othello, dem Wahnsinn nahe, sinkt in die Knie. Den Tod wünscht er herbei, blutige Rache schwört er, und Jago kniet jetzt neben ihm – Freundschaft und Beistand heuchelnd; die Szene (Racheduett) ist von schauriger Großartigkeit: Der geblendete, ins Verderben der infamen Intrige verstrickte Held führt die Melodie, während Jago mit heimtückischer Gegenstimme diese Melodie fest umklammert.

Im dritten Akt ist der Festsaal des Palastes zum Empfang eines Botschafters aus Venedig bereitet. Ein kurzes Duett zwischen Othello und seiner Gattin scheint die Wiederkehr des früheren Glücks anzukündigen. Doch Desdemona bringt, in aller Unschuld, die Rede neuerlich auf Cassio. Sofort ist Othello wie verwandelt, in einem Wutausbruch geht er auf seine Gattin los und beschimpft sie, die sich weinend diese Haltung nicht zu erklären weiß. Nun ist Jagos Augenblick gekommen. Er rät Othello, sich zu verstecken, während er selbst den eintretenden Cassio in ein Gespräch verwickelt; er weiß es so zu führen, daß der Mohr nur Bruchstücke verstehen kann, Bruchstücke, in denen kein Name genannt wird. Und so geschieht es, daß, während Cassio, von Jago aus sich herausgelockt, ein harmloses Abenteuer mit einem Mädchen zum besten gibt, Othello an eine Liebesszene Cassios mit Desdemona glauben muß. Zuletzt zeigt Cassio dem vermeintlichen Freunde Jago ein Taschentuch, das ihm von unbekannter Hand zugesteckt wurde. Wie eine Fahne des Triumphes wendet Jago es hin und her. Er kann sich die Martern ausmalen, die Othello bei seinem An-blick durchleidet, da er ihm vorher schon zugeflüstert hatte, er habe ein Tuch Desdemonas in Cassios Händen gesehen. Bevor die Katastrophe hereinbricht, wird die Ankunft des Botschafters gemeldet. Doch wärend des Staatsaktes schweifen Othellos Gedanken offensichtlich in die Irre, seine seelische Qual wird sichtbar. Als er plötzlich aufspringt und Desdemona in furchtbarem Wutausbruch zu Boden schleudert, stiebt die Festversammlung auseinander. Der alte Botschafter Lodovico, Freund und Bewunderer Othellos, geht fassungslos aus dem Saale, in dem

Othello zusammengebrochen auf dem Boden liegt. Als alle sich zurückgezogen haben, erscheint Jago und setzt dem Bewußtlosen, den eine jubelnde Menge draußen als den »Löwen von Venedig« akklamiert, höhnisch den Fuß auf die Brust.

Der vierte Akt gehört zu den vollendetsten Opernakten, die es gibt. Hier vereinen sich Shakespeares und Verdis Genie zu einem unerhörten dramatischen Bild; und selten dürften Musik und Gesang als so selbstverständlich, so natürlich, ja als zwingend notwendig empfunden werden wie hier, wo das Drama durch die lyrischen musikalischen Einlagen in unvorstellbarer Weise vertieft wird. Daß diese Lyrik voll unendlicher, todestrauriger Ahnung in die Katastrophe münden muß, wird von der ersten Note dieses Aktes an klar. In tiefer Verzweiflung über die unbegreifliche Haltung ihres Gatten hat Desdemona sich in ihr Schlafgemach zurückgezogen. Emilia umsorgt sie treu, bereitet sie zur Nacht. Desdemona entsinnt sich eines Liedes: eine Magd in ihrem venezianischen Elternhause hat es oft gesungen. Es ist eine traurige Liebesweise, eine Melodie voll Sehnsucht und Einsamkeit. Sie ist musikalisch recht eigenartig: stammt sie aus dem Orient? Der »übermäßige« Tonschritt läßt darauf deuten; Venedig, einst Herrin der Meere, hat viel Orientalisches in seine Folklore aufgenommen. Desdemona singt das »Lied vom Weidenbaum« – mit dem immer wiederholten Anruf »Salce, salce, salce« (Weide) – vor sich hin, nur von wenigen solistischen Instrumenten begleitet, mit tiefer Trauer in der Stimme. ④ Dann geht Emilia, doch bevor sie noch die Türe erreichen kann, wirft Desdemona mit einem Aufschrei sich an ihre Brust, als gelte es, Abschied für immer zu nehmen. Nacht umhüllt sie, im müde flackernden Kerzenschein kniet Desdemona vor dem Bild der Gottesmutter: Ave Maria ... Voll Inbrunst betet sie, sicherlich nicht so sehr für sich als für den geliebten Mann, den sie in grauenhafter Verstrickung ahnt. Schweren Herzens begibt sie sich zur Ruhe.

Unruhiges Flackern im Orchester: die Kontrabässe spielen erregte Läufe, unheimlich, gespenstisch. Othello tritt leise durch die Tapetentüre ein. Lange steht er vor dem Engelsbild seiner schlafenden Gattin. Das Orchester erinnert wehmütig an die Liebesmelodie des ersten Akts ①. Desdemona erwacht und hört Othellos einzige Frage: »Hast du zur Nacht gebetet?« Sie bejaht, versteht den Sinn nicht: »Denn nicht in deinen Sünden will ich dich töten.« Vergeblich fleht sie, beschwört, beteuert ihre Unschuld. Von einem Dämon besessen erwürgt Othello die unendlich Geliebte. Heftiges Klopfen an der Türe bringt den Rasenden zu sich. Es ist Emilia, die Jagos entsetzliches Spiel entdeckt hat. Der Verbrecher flieht in der allgemeinen Verwirrung. Desdemona kann noch einige Worte hervorbringen; sie nimmt die Schuld auf sich, erklärt, sich selbst getötet zu haben. Lodovico tritt vor den Mohren, verlangt seinen Degen. Doch Othello, zutiefst erschüttert, entsetzt über sich selbst, stößt ihn sich in die Brust. Unter den Klängen der Liebesmelodie ① bricht er über Desdemonas Leiche tot zusammen.

Quelle: Shakespeares 1604 geschriebenes Drama »Othello« war, wovon man lange Zeit nichts wußte, keine Erfindung des großen Engländers. Das Urbild seines Dramas muß in einer Novelle des längst vergessenen Schriftstellers Giovanni Battista Giraldi Cinzio (1504–1573) aus Ferrara gesucht werden. In seinem Hauptwerk, der »Eccatommiti« genannten Sammlung von 113 Geschichten, erzählt er von einem Hauptmann Cristoforo Moro in Venedig, der von einem Untergebenen zur grundlosen Eifersucht gegen seine Gattin aufgehetzt wird und diese schließlich ermordet. Solcher Erzählungen mag es viele geben, aber die Gattin heißt Disdemona und der Hauptmann heißt nicht nur Moro, sondern ist ein *moro*, ein Mohr, ein Dunkelhäutiger. Shakespeare muß diese Quelle gekannt haben, sonst wären diese Ähnlichkeiten mit seinem Drama kaum zu erklären. Ob Giraldi Cinzio die Geschichte einer wahren Begebenheit nacherzählt oder frei erfunden hat, entzieht sich unserer Kenntnis.

Textbuch: Was Arrigo Boito – dessen »Mefistofele« in unserem Buch ausführlich gewürdigt wird – im Textbuch des »Othello« (und des »Falstaff«) geleistet hat, läßt sich auf knappem Raum kaum gebührend würdigen. Er war mehr als ein Librettist, in ihm waren dichterische und dramatische Fähigkeiten vereint, hohe Kultur, tiefe Musikalität. Er übernahm ein großartiges Schauspiel von Shakespeare, das Urthemen der Menschheit behandelt; unter Beiseitelassung vieler Figuren und Szenen konzentrierte er die Handlung auf ihre Grundelemente, arbeitete die Charaktere so heraus, daß sie noch plastischer wurden und ballte die Handlung in äußerster Konzentration. Zugleich schuf er Raum für die Musik, ja sogar vereinzelte Ansatzpunkte für arienähnliche Gebilde, so sehr Boito und Verdi auch das Musikdrama anstrebten.

Musik: Die Welt hatte »Aida« für einen Höhe-, aber auch Endpunkt im Schaffen des populären Maestro gehalten. Aber Othello bewies, daß beides nicht richtig war. Zwar lebt »Aida« mit Recht als Spitzenwerk der italienischen Oper fort, aber »Othello« bedeutet einen gewichtigen weiteren Schritt zum Musikdrama, auf dem Wege, der von »Macbeth« über »Simon Boccanegra« zu verfolgen ist. Es gibt kaum noch geschlossene »Nummern«: Jagos »Credo« (das man besser ein Anti-Credo nennen sollte), Desdemonas »Lied vom Weidenbaum« und »Ave Maria« sind Ausnahmen und müssen als dramatisch voll gerechtfertigt gelten; sie sind restlos in die Handlung eingebaut. Fast könnte man sagen, Jago sei durch Boitos unheimliche Zuspitzung noch schurkischer, Desdemona noch engelsreiner geworden. Und für Othellos »Außersich-sein« hat Boito die textliche Grundlage geschaffen, auf der Verdi die Furien der Musik loslassen konnte.

Geschichte: Keine Oper Verdis besitzt eine so lange Vorgeschichte wie »Othello«. Des Meisters Verleger und Freund Giulio Ricordi bemühte sich mit allen Kräften, den »prachtvollen Alten von Sant'Agata, der täglich auch bei größter Hitze über die Felder reitet« noch einmal zum Komponieren einer Oper zu bringen. Doch der wollte nach »Aida« nichts mehr von einer solchen Arbeit wissen. Er glaubte, sein Werk sei nach 24 Bühnenstücken getan. Er empfand Abscheu vor dem »Betrieb« und hatte es längst aufgegeben, seine Werke so aufgeführt zu sehen, wie er sie sich vorstellte. Da schickte Ricordi eines Abends, als Verdi in Mailand weilte, den um 30 Jahre jüngeren Boito wie absichtslos zu ihm. Boito, der früher einmal einen Text geschrieben hatte, den Verdi vertonte (»Inno delle nazioni«) wußte den Maestro zu interessieren; in der Verehrung Shakespeares trafen sie sich; Verdi hielt ihn für beinahe unvertonbar, »Macbeth« und ein wahrscheinlich den Flammen geopferter »König Lear« hatten ihn davon überzeugt. Boito hatte »zufällig« einen Operntext für »Othello« fertig, den er Verdi überreichte. Der war sofort gepackt, aber viel zu vorsichtig, um es zu zeigen. Ohne über »Othello« zu sprechen, bearbeiteten sie gemeinsam den »Simon Boccanegra«, der in dieser zweiten Fassung 1881 in Mailand bedeutenden Eindruck machte. Man nimmt an, Verdi sei etwa 1884 ernsthaft an die Arbeit zum »Othello« gegangen, aber es ist durchaus möglich, daß er schon viel früher über dieses neue Werk nachdachte und sich vielleicht Skizzen dazu machte. Fühlte er sich zu alt oder hielt er »Othello« – mit Recht – für etwas so Neues, daß er im Falle des Scheiterns nicht vor der Welt bloßgestellt sein wollte? Am 1. November 1886 lüftet er sein Geheimnis; an diesem Tage vollendet er die Partitur des »Othello« und teilt dies Ricordi mit dreizehn Ausrufungszeichen, aber nur halb so vielen Worten mit. Man hört förmlich den Stein, der ihm vom Herzen gefallen ist. Am 5. Februar 1887 führte die Mailänder Scala das Werk zum ersten Male auf: Francesco Tamagno sang den Othello, Victor Maurel den Jago, Romilda Pantaleoni die Desdemona. Der Abend gestaltete sich zu einer jubelnden Kundgebung für den 74jährigen Maestro. Jetzt erst war man geneigt, sein Lebenswerk für beendet zu halten; doch Verdi hielt die größte aller Überraschungen noch bereit ...

Falstaff

Lyrische Komödie in drei Akten. Textbuch, nach Shakespeare, von Arrigo Boito.
Originaltitel: Falstaff
Originalsprache: Italienisch
Personen: Sir John Falstaff (Baß oder Bariton), Ford (Bariton), Alice, seine Gattin (Sopran), Nannetta oder Ännchen, Tochter von Ford und Alice Ford (Sopran), Fenton (Tenor), Dr. Cajus (Tenor), Bardolf (Tenor), Pistol (Baß), Mrs. Quickly (Mezzosopran oder Alt), Mrs. Meg Page (Mezzosopran oder Alt), ein Wirt, ein Page Falstaffs, ein Page Fords, Bürger und Volk, Masken, Kobolde, Feen.
Ort und Zeit: Windsor, unter der Herrschaft Heinrichs IV. von England (1399–1413).
Handlung: Sir John Falstaff sitzt in einem Gasthof von Windsor. Er ist übermäßig dick, plump, kein Jüngling mehr, von höchst zweifelhafter Moral, aber von seiner Unwiderstehlichkeit bei Frauen fest überzeugt. Er hört sich eben die Klagen des Dr. Cajus gegen seine Bediensteten an. Sie haben ihn am Abend vorher betrunken gemacht und ausgeraubt. Aber was sollte Sir John ohne diese Erzspitzbuben Bardolf und Pistol anfangen, die einzigen, die es bei ihm ausgehalten haben? Und schließlich muß er wieder diese beiden rufen, damit sie den lästigen Klageführer hinauswerfen. Während er geruhsam wei-

tertrinkt – ohne zu bezahlen, wie seit dreißig Jahren – denkt er an zwei hübsche junge Frauen; Alice Ford und Meg Page. Er hat an beide, die mit reichen Bürgern verheiratet sind, gleichlautende Liebesbriefe geschrieben, muß aber nun zu seinem Erstaunen erfahren, daß seine beiden Diener sich weigern, diese Briefe zu bestellen. Unter dem Vorwand der Ehre! (In Wahrheit, da sie sich durch Verrat dieser Briefe an die Ehegatten ein gutes Geschäft versprechen.) Sir John ruft sie zu sich und hält ihnen eine Rede, die man eine regelrechte (urkomische) Moralpredigt nennen könnte, wenn sie auch nur eine Spur von Moral enthielte. Er setzt ihnen seinen persönlichen Standpunkt von »Ehre« auseinander, dann wirft er sie hinaus und übergibt einem Pagen die Brieflein zur Bestellung.

Im Garten Fords spielt die zweite Szene. Dort treffen sich Alice, Meg Page und die ältliche Mrs. Quickly, die jeden Spaß mitmacht, sowie Nanetta, ein liebreizendes junges Mädchen, das in Fenton verliebt, doch von seinem Vater (Ford) dem wenig anziehenden Pedanten Dr. Cajus versprochen ist. Alice und Meg lesen die Briefe, die sie erhalten haben. Aus dem anfänglichen Geschmeicheltsein wird bald Entrüstung, als sie entdecken, daß beide gleichen Wortlauts sind. Sie beschließen, den Absender zu bestrafen, ohne ihren Gatten etwas zu verraten. Mrs. Quickly soll den fremden Kavalier besuchen und in Alices Haus einladen. Doch gleichzeitig verraten Bardolf und Pistol die Pläne ihres früheren Herrn an Ford, der sich mit Cajus und Fenton in einem anderen Teil des nämlichen Gartens ergeht. Er faßt den Entschluß, Falstaff zu besuchen und ihm eine Falle zu stellen.

Der zweite Akt beginnt im Gasthof. Bardolf und Pistol sind zurückgekehrt, reumütig wie es scheint. Die Ankunft einer Dame wird Sir John gemeldet; es ist Mrs. Quickly, die unter Wahrung eines komisch übertriebenen – und natürlich ironisierenden – Zeremoniells eintritt. ①
Sie kommt im Namen Alices. Oh, die Arme! (»Povera donna!«) Sie fiel in die Hände des gefährlichsten Verführers! Je dicker Mrs. Quickly ihre Schmeicheleien aufträgt, desto wohler fühlt sich Sir John. Er sonnt sich in seinem Ruhm. Wie er das nur mache? fragt sie, wie er nur so leicht erobern könne? Oh, wehrt Sir John »bescheiden« ab: ein gewisser persönlicher Charme, weiter nichts. Alice verzehre sich in Sehnsucht, ihn zu sehen. Heute nachmittag von zwei bis drei werde der Gatte nicht daheim sein. Triumphierend wiederholt Falstaff diese Worte, »dalle due alle tre«, als seien sie ein Siegesgesang. Aufs höchste befriedigt, entläßt er die Botin, die kaum noch das Lachen verbeißen kann. Auch der nächste Besuch ist durchaus angenehm. Es handelt sich um einen gewissen Herrn Fontana, der den »berühmten« Sir John kennen zu lernen wünscht. Fontana hat ihm etwas anzuvertrauen: er ist in Alice verliebt, die Gattin eines gewissen Ford, doch die Spröde will nichts von ihm wissen. Wenn da gewissermaßen Sir John, der als Verführer ja unwiderstehlich sei, den Weg bereiten könnte ...? Nichts einfacher als das! Falstaff richtet sich in seiner ganzen Dicke auf: in einer halben Stunde werde er Alice in seinen Armen halten! Ford erbebt, während Falstaff ein Triumphlied anstimmt, das der andere mit äußerlicher Ruhe anhören muß. Dann verlassen sie gemeinsam den Gasthof, Arm in Arm wie Bundesgenossen ...

Im Hause Alices berichtet Mrs. Quickly von der günstigen Erledigung ihres vergnüglichen Auftrags. Kein Zweifel, bald muß Falstaff kommen, es heißt sich gebührend vorzubereiten. Die Freundinnen werden versteckt und schon tritt, so großspurig wie lächerlich, Sir John ein. Alice empfängt ihn überaus freundlich, wenn auch mit der gebotenen Schüchternheit. Der dicke Besucher kommt schnell in Fahrt und beginnt von sich zu erzählen. Nicht immer sei er so stattlich gewesen, berichtet er: einst, als er noch Page beim Herzog von Norfolk war ... ② (Verdi macht aus dieser Schilderung längst vergangener Zeiten ein Kabinettstück voll Ironie und Humor). Dann geht Sir John zum Angriff über, der erste Kuß scheint unvermeidlich. Da kommt die aufgeregte Mrs. Quickly – so wie vereinbart – und kündet die Ankunft Megs an. Doch diese stößt atemlos hervor – und das weicht vom Programm ab –, daß ihr Ford auf dem Fuße folge. Und Mrs. Quickly bestätigt das nach einem Blick auf die Straße und setzt noch hinzu, daß Fenton, Cajus, Bardolf und Pistol ihn begleiten. Schnell hinter einen Wandschirm mit dem Besucher! Schon dringen die Männer in das Haus ein und beginnen die Suche. Sir John wählt einen unbewachten Augenblick, um ein besseres Versteck zu finden: den bereits durchsuchten Korb schmutziger Wäsche, Meg hilft ihm dabei, was der unverbesserliche Verführer zu einer Liebeserklärung benützt. Die wilde Jagd, die das Haus durchtobt, kehrt zurück und hört hinter dem

Wandschirm das verdächtige Geräusch eines Kusses; aber es sind Nannetta und Fenton, was Fords Wut noch steigert. Indessen läßt Alice den Wäschekorb hinaustragen und in die Themse entleeren.

Der Beginn des dritten Akts spielt wiederum im Gasthof. Sir John sitzt bei Tisch und verwünscht die ganze Welt. Doch langsam löscht der Wein die Erinnerung an so viel Wasser, und er gewinnt seine gewöhnliche Herzlichkeit wieder. Mit dem gleichen Zeremoniell wie im vorhergegangenen Akt erscheint neuerlich Mrs. Quickly. Sie weiß Falstaff davon zu überzeugen, daß das Bad in der Themse ein ungewollter Zwischenfall gewesen und daß Alice nach wie vor – und stärker als je – in ihn verliebt sei. Sie lade ihn ein, um Mitternacht in den königlichen Park zu kommen, als jener sagenhafte Jäger Herne verkleidet, der geweihgeschmückt an diesem Orte seinen Spuk treiben soll. Während Sir John, bei dem Niedergeschlagenheit und Wut über das peinliche und lächerliche Mißgeschick recht schnell einem neuerlichen Triumphgefühl zu weichen beginnen, mit der Besucherin weitere Einzelheiten des bevorstehenden Rendezvous bespricht, trifft auch die Gegenseite ihre Vorbereitungen. Ford, der sich – genau wie sein Gegenspieler – bereits als Sieger fühlt, wünscht der nächtlichen Komödie noch eine besondere, ihm am Herzen liegende Pointe hinzuzufügen: er will sein Töchterchen Nannetta inmitten des allgemeinen Mummenschanzes, der geplant ist, mit Dr. Cajus vermählen.

Das turbulente letzte Bild beginnt. Der Schauplatz zeigt einen alten Park, in dem es nach der Überlieferung von Kobolden und Elfen wimmelt, wenn die Sonne untergegangen ist und die Mitternacht näher rückt. Nannetta und Fenton tauchen auf und erkennen einander, trotz aller Verkleidungen, an ihrer zarten (leitmotivartigen) Liebesmelodie. ③ Dann kommen Alice, Meg und Mrs. Quickly; schließlich, in lächerlichem Aufzug, Sir John. Alice eilt ihm entgegen, aber ihr Idyll wird sogleich gestört. Ein Elfenzug naht, die Szene nimmt »sommernachtstraumartige« Züge an. Duftig und zart begleiten hohe Streicher Nannetta zu einem bezaubernden Arioso (der übrigens letzten »Arie«, die Verdi im Leben komponierte), einem Gesangsstück voll zauberhafter Nachtstimmung ④. Doch dann folgt auf den »Elfenreigen« rasch das derbe Satyrspiel. Die unirdischen Wesen treffen einen Menschen in ihrem Zauberreich! Armer Sir John! Er wird gezwickt und verprügelt, bis er eine verdächtige weingerötete Nase hinter einer Maske hervorlugen sieht und sie dem Träger vom Gesicht reißen kann: natürlich, es ist wie vermutet sein einstiger Diener Bardolf. Nun nehmen alle die Masken ab, Sir Johns Gesicht wird immer länger. Endlich bemerkt er einen Freund: aber Alice stellt ihm Mr. Fontana nun unter seinem wahren Namen vor; es ist kein anderer als ihr Gatte Ford. Sir Johns Niederlage ist beschämend und er ist schließlich doch noch Edelmann genug, es einzugestehen. Doch da kommt, mit einer geistvollen Wendung Shakespeare dem Besiegten ein wenig zu Hilfe. Es soll in dieser tollen Nacht noch einen weiteren Blamierten geben: Ford traut, durch Maskierungen irregeleitet, sein Töchterlein nicht mit Cajus, sondern mit Fenton. Nun steht er nicht sehr viel besser da als Sir John. Wer zuletzt lacht ... Sir John ist ein Mann von Welt, er glaubt, daß schließlich alles, von einem höheren Standpunkt aus betrachtet, komisch, unernst, spielerisch wirkt, daß Wichtigtuerei lächerlich ist, ein Sieg von heute zur Niederlage von morgen werden kann und umgekehrt. Vielleicht konveniert es ihm auch nur, so zu tun, als glaube er selbst an diese lächelnde Seite des Lebens. Es hat nicht an Deutungen gefehlt, die der Figur des Falstaff eine andere, ernstere Bedeutung unterlegen. Verdi selbst hat dazu angeregt, als er 1890 in einem Brief schreibt: »Falstaff ist ein böser Geselle, der schlimme Streiche vollführt, wenn auch unter lustiger Form ...« Nun, wie immer man ihn verstehen will, nun stimmt er inmitten eines allgemeinen fröhlichen Reigens die große Schlußfuge an: »Tutto nel mondo è burla ...«, Alles auf der Welt ist Spaß, Spiel, Spott, Fopperei. Freundlich, fast spitzbübisch und mit überaus leichter Hand – wie er sie eigentlich nie besessen und man sie ihm auch kaum zugetraut hätte – beendet der fast achtzigjährige Verdi sein ungeheures Lebenswerk ⑤.

Quelle: Sir John Falstaff, in seiner Jugend Page des Herzogs von Norfolk, war seiner Streiche wegen berühmt. Shakespeare verewigte ihn in seinen »Lustigen Weibern von Windsor«. Aber auch in seinem »Heinrich IV.« spielt die Figur Falstaffs eine Rolle.

Textbuch: Boito entnahm Einzelheiten aus beiden Shakespearestücken. Seine kongeniale Leistung in diesem Libretto besteht vor allem in der Vereinfachung der Handlung und in dem menschlichen Relief, das er Sir John, diesem

① Assai moderato
Re_ve_ren_zo!
QUICKLY

② All° con brio leggeriss.
Quand'e_ro pag_gio del Du_ca di Nor_folck e_ro sot_ti_le, so_ti_le, so_ti_le..
FALSTAFF

③ Allegretto (più lento)
Bocca ba_cia_ta non per_de ven_tu_ra...Anzi rin_no_va come fa la lu_ _ _ _ na
FENTON   NANNETTA

④ Largo
Sul fil d'un sof_fio e_te_si_o
NANNETTA
ppp leggeriss. e stacc.

⑤ All° Brioso   PP legg.
Tutto nel mondo è burla. L'uom.... è na_to burlo_ne, bur_lo_ne, bur_lo_ne..
FALSTAFF

zwar heruntergekommenen, aber doch noch irgendwie aristokratischen Schwerenöter zu geben weiß. (Er ist ein, wenn auch entfernter, Verwandter des Baron Ochs aus dem »Rosenkavalier«.)

Musik: Hier kann, ja muß man von einem wahren Wunder sprechen. Sich auf dieser Höhe des Lebens von einem Schilderer blutiger, grausiger Geschehnisse, lodernder und verzehrender Leidenschaften, höchster pathetischer Dramatik zu einem Lustspielkomponisten überlegenster, feinster Art zu wandeln – dafür gibt es wohl keinen besseren Ausdruck als »Wunder«. Und doch wendet Verdi in dieser Oper den gleichen Stil wie im »Othello« an: die große, durchkomponierte Form, die ariosen Bildungen, die infolge der sich schnell und turbulent entwickelnden Komödie kaum noch Gelegenheit zu Arien finden, das dem Gesang fast ebenbürtig zur Seite tretende Orchester. Verdi hat hier eine Art Parlando-Stil gefunden und zur höchsten Vollkommenheit ausgebildet, der logischerweise in seinen zahlreichen tragischen Opern nicht vorkommen konnte. Die Gestalt Sir John Falstaffs ist liebevoll gezeichnet; er hat von seinem Komponisten so viel natürliche Komik mitbekommen, daß er den Hörer, trotz der ihm innewohnenden Lächerlichkeit, für sich einnehmen muß. Im übrigen beruht dieses Werk auf Ensembles, auf dem flüssigen Zusammenspiel, Zusammensingen aller. In seiner höchsten, letzten Altersweisheit ist Verdi zu einem kristallklaren, beinahe mozartischen Stil vorgestoßen, in dem jede Phrase, jede Melodie, jeder Ton funkelt, glitzert und leuchtet. Dem Kenner bedeutet diese Partitur ein Kleinod, das in Form und Inhalt gleicherweise besticht.

Geschichte: Zweimal schon war der »unglückliche« Sir John über die Bühne gegangen, bevor Verdi sich seiner annahm. Im Jahre 1834 wurde in Mailand »Die Jugend Heinrichs IV.« gegeben, ein Werk des damals prominenten Saverio Mercadante. Fünfzehn Jahre später tauchte des deutschen Komponisten Otto Nicolai reizende Spieloper »Die lustigen Weiber von Windsor« auf. Im Jahre 1879 äußerte Verdi gegenüber Boito den Wunsch, den Entwurf zu einer »Falstaff«-Oper zu erhalten. Aber es vergingen nochmals zehn Jahre, bevor Boito das Libretto skizzierte. 1890 begann die Komposition, die mehrfach unterbrochen wurde. Der nun bald achtzigjährige Maestro beendete sie im September 1892. Es war sein erstes Lustpiel seit 52 Jahren, seit dem damals völlig gescheiterten »Giorno di regno« (Mailand, 1840). Die Uraufführung des »Falstaff« fand am 9. Februar 1893 in der Mailänder Scala statt, eigentlich ganz gegen den stillen Wunsch des Komponisten, dieses sein zweifellos letztes Werk für sich zu behalten und vielleicht nur in engstem Freundeskreis aufzuführen. Es geriet genau ins Gegenteil: zu einer überwältigenden Volkshuldigung für den geliebten Maestro, der minutenlang unter den donnernden Hochrufen und dem niederprasselnden Applaus eines aufs höchste erregten und immer wieder in Begeisterungswellen ausbrechenden Publikums stand. Die Aufführung mit Victor Maurel, dem ersten Jago seines »Othello« in der Titelrolle, muß ausgezeichnet gewesen sein; Verdi hatte seine Interpreten gewarnt: »Das Werk ist viel schwieriger, als es beim Lesen der Partitur scheint und die Schwierigkeiten wachsen mit jeder Probe ...« Tatsächlich gehört »Falstaff« zu den Werken Verdis, die am schwersten zu einer vollendeten Wiedergabe zu bringen sind; der Komponist ist hier – eigentlich unfaßbar bei einem Manne seines Alters – in Neuland vorgestoßen, hat ein arioses Parlando entwickelt, in dem es von Witz und Geist nur so funkelt, eine Oper, die auf die großen dramatischen Szenen von einst verzichtet und an ihre Stelle einen Konversationsstil setzt, der in stets melodiöser Bewegung wie eine Transposition Rossinis und Donizettis in neuere Zeiten anmutet. Ob Verdi sich noch jenes Ausspruchs Rossinis entsann, der ein halbes Jahrhundert zuvor ihm zu ernsten Opern geraten, vor heiteren aber gewarnt hatte? Nun hatte er diese Prophezeiung, er werde nie ein gutes musikalisches Lustspiel schreiben können, wahrhaft gründlich widerlegt. Die Mitwelt verstand es sofort: Im Parkett des 9. Februar 1893 saßen Mascagni, dessen »Cavalleria rusticana« die Welt zu erobern begonnen hatte, und Puccini, der soeben mit »Manon Lescaut« einen entscheidenden Erfolg erzielen konnte. Sie, die neue Generation, neigte sich vor dem unbestrittenen Altmeister, ja sie bewunderte seinen jungen Geist, der am Ende einer Laufbahn zu gänzlich Neuem aufgelegt war und das Neue durchzuführen imstande war. Auch die Nachwelt ließ am Wert des »Falstaff« keinen Zweifel aufkommen. Richard Strauss äußerte, Nicolais Oper »Die lustigen Weiber von Windsor« sei ein entzückendes Lustspiel, »Falstaff« aber – über dasselbe Thema komponiert – ein unsterbliches Meisterwerk.

Das mag ein wenig kraß formuliert sein, denn die deutsche Oper stellt ein ausgezeichnetes, durchaus liebenswertes Stück dar, trifft aber doch den Kern der Sache: »Falstaff« ist ein Geniestreich durch und durch. Wagner hatte, zehn Jahre früher, mit religiöser Mystik von der Welt Abschied genommen. Verdi tut es mit Humor und unendlich feiner Ironie, mit der Überlegenheit eines wahrhaft weise gewordenen und trotzdem jung gebliebenen, stets gütigen Herzens.

Richard Wagner
1813–1883

Das Leben Wagners, tausende Male beschrieben, ist von hoher Dramatik erfüllt und eines der ereignisreichsten der Musikgeschichte. In seiner Jugend schwankte der am 22. Mai 1813 in Leipzig Geborene zwischen Literatur und Tonkunst. Sein Lebenswerk sollte eine Verbindung von beidem darstellen, die wohl restloseste und vollständigste »Wort-Ton-Verschmelzung«, die wir kennen. Seine frühesten Inspirationen verdankt er dem Märchenerzähler Gozzi (»Die Feen«) sowie Shakespeare (»Das Liebesverbot«). Seine beginnende Kapellmeisterlaufbahn führte ihn nach Magdeburg, Königsberg und Riga. Von dort flüchtete er, aus drückenden Schulden und sich der Enge seiner künstlerischen Verhältnisse bewußt, nach Westen; er bestieg mit seiner Gattin Minna Planer – einer namhaften Schauspielerin – und mit seinem Hund heimlich ein Segelschiff, das die Ostsee durchquerte, von einem Sturm an die norwegische Küste getrieben wurde und schließlich in England landete. Während dieser bewegten Fahrt vertiefte Wagner sich in die Lektüre von Heines Fassung der Sage vom Fliegenden Holländer. Nach kurzem Aufenthalt in England setzte er nach Frankreich über, lernte den damals hochberühmten Komponisten Giacomo Meyerbeer kennen und ließ sich in Paris nieder, wo eine schwere, bittere Zeit für ihn begann. Er mußte untergeordnete musikalische Arbeiten ausführen und fand keinen rechten Zugang zu den künstlerischen Kreisen der Stadt. Er mußte es schon als Erfolg buchen, daß sein Entwurf zu einer Oper über den Stoff des Fliegenden Holländers von der Oper angekauft wurde; von dem Gedanken, ihn selbst zu vertonen, wollte das Institut aber nichts wissen und so gelangte eine derartige Oper, von einem heute längst vergessenen französischen Komponisten gestaltet, auf die Bühne. Durch die Fürsprache Meyerbeers eröffnete sich für Wagner die Möglichkeit, seine soeben beendete Oper »Rienzi« (nach dem Roman von Bulwer) in Deutschland aufzuführen. Deren Erfolg in Dresden (am 20. Oktober 1842) gab Wagners Leben eine neue Wendung. Nach der (weniger erfolgreichen) Uraufführung des »Fliegenden Holländers« wird er zum Hofkapellmeister der Dresdener Oper ernannt, erreicht also zum ersten Mal im Leben eine hochangesehene Stellung an einem führenden Theater Deutschlands. Doch seine innere Unrast läßt ihn, trotz der Fürbitten seiner Gattin, die neue Lage nicht genießen. Der »Fliegende Holländer« wies auf den Rebellen Wagner hin, den alles auf die neue Bahn des Musikdramas drängt, immer weiter weg vom »Rienzi«, der noch dem Typus der »grande opéra« Meyerbeers angehört hatte und infolgedessen vom Publikum viel leichter verstanden und herzlicher gefeiert worden war. Nachdem Wagner 1845 an seinem Theater »Tannhäuser« uraufgeführt und begonnen hatte, sich mit »Lohengrin« zu beschäftigen, führten ihn seine politischen Ideen in den Kreis der Anarchisten um Bakunin; und die 1848/49 in fast ganz Europa ausbrechende Revolution zwang ihn zu neuerlicher Flucht. Er begibt sich nach Weimar zu Franz Liszt, dem hoffnungspendenden Leuchtturm aller Musiker, und erhält von ihm einen falschen Paß, mit dessen Hilfe er der ihn verfolgenden Polizei entfliehen kann, sowie Geldmittel, um in die Schweiz gelangen zu können. Dort kommt er am 28. Mai 1849 an und läßt sich in Zürich nieder – ein Exil, das acht Jahre dauern sollte. Er verwendet es zuerst zu Prosaarbeiten, bald darauf zur Niederschrift des »Ring der Nibelungen«, der in umgekehrter Reihenfolge entsteht: Dem Drama »Siegfrieds Tod« – der heutigen »Götterdämmerung« – stellte er den »Jungen Siegfried« voran – heute nur »Siegfried« genannt –, fand es dann für notwendig, in dessen Vorgeschichte »Die Walküre« zu dichten und schließlich als große Exposition der Weltenereignisse, von denen das Werk handelte, »Das Rheingold« zu entwerfen. Er las diesen gewaltigen dichterischen Entwurf einem erlesenen Freundeskreis in Zürich vor und schritt, durch die positive Aufnahme ermuntert, an die Komposition, die in der späteren Reihenfolge vor sich ging und bis etwa zur Mitte des »Siegfried« gedieh. Inzwischen waren Wagner und seine Gattin von dem deutschen Großkaufmann Otto Wesendonk und dessen junger Frau Mathilde eingeladen worden, in eine auf deren schönem Grund stehende Villa zu ziehen. Die aufkommende Liebe Wagners zu Mathilde führte zur Unterbrechung der Ring-Komposition und der intensiven Beschäftigung mit dem Stoff des Dramas »Tristan und Isolde«. Da trat, wegen eines aufgefangenen Briefes, der Bruch ein: Minna schlug Skandal, Wagner mußte – wieder einmal – flüchten. In Venedig arbeitete er am 2. Akt des »Tristan«, in Luzern vollendete er 1859 das gesamte Werk. Dann beginnt Wagners schlimmste Zeit, die sich gelegentlich zu völliger Hoffnungslosigkeit steigert. Die Theater, die ihm Aufführungen des gewaltigen Liebesdramas in Aussicht stellen, verzichten darauf, als sie die ungeheuren und ungeahnten Schwierigkeiten erkennen, die dieses Werk bietet. Von allen anderen seiner Werke ist eigentlich nur »Lohengrin« am Leben, den Liszt am 28. August 1850 in Weimar uraufgeführt und der seit damals so viel Verbreitung gefunden hatte, daß Wagner ironisch behaupten durfte, er sei der einzige Deutsche, der ihn nicht gesehen habe. Denn seiner Rückkehr nach Deutschland stand immer noch jener ominöse Steckbrief entgegen, den die Dresdner Polizei ihm seinerzeit nachgeschickt hatte. Als nach über einem Dutzend von Jahren die Amnestie ausgesprochen wurde und Wagner mit einem schweren Koffer, in dem sehr wenig an persönlichen Gütern, hingegen die umfangreichen Partituren von »Rheingold«, »Walküre« und »Tristan« lagen, Deutschland wieder betrat, fühlte er sich sehr fremd, sehr unbekannt, sehr hoffnungslos. Doch wie immer, wenn sein Leben an ein Ende gelangt schien öffnete sich ihm eine neue, unerwartete Hoffnung, mochte sie Meyerbeer, Liszt oder Wesendonk heißen. Dieses Mal nahm sie die Erscheinungsform eines wahren Wunders an und hieß Ludwig II. von Bayern. An die Türe Wagners in einem Stuttgarter Hotel klopfte nicht der erwartete Gastwirt mit der unbezahlbaren Rechnung sondern ein eleganter Aristokrat, der den »Meister« einen Ring und die Einladung seines Souveräns, des 18jährigen Bayernkönigs überbrachte, nach München zu eilen, um dort für den Rest seines Lebens aller Sorgen enthoben und aller künstlerischen Erfüllungen gewärtig zu sein. Am nächsten Tag, dem 4. Mai 1864 stehen die beiden Männer einander in der Münchener Residenz zum ersten Male gegenüber. Noch sind Wagners Irrfahrten nicht zu Ende – dazu ist sein Temperament zu heftig, sein Charakter zu vielseitig – aber alle künftigen werden unter dem zuletzt stets wirksamen Schutz Ludwigs II. stehen, ohne den Wagners plötzlicher Triumph (der größte, der einem Musiker wohl je beschieden war) unvorstellbar wäre. Das Münchener Hoftheater bringt am 10. Juni 1865 die Uraufführung von »Tristan und Isolde«, eines der bedeutendsten Ereignisse der Musikgeschichte. Das bayerische Volk beginnt zu murren, des Königs »ausländischer« Freund – Wagner ist Sachse – wird zu kostspielig, zu absorbierend, zu einflußreich. Das Kabinett übernimmt die Klagen, nach heftigstem, schmerzlichstem Kampf muß Ludwig nachgeben und Wagner neuerlich ins Exil flüchten. Er siedelt sich in Tribschen am schweizerischen Vierwaldstätter See an, wo der König ihm eine prächtige Villa unterhält und ihn des öfteren inkognito besucht. Dort schafft Wagner seine »Meistersinger von Nürnberg«, die in München am 21. Juni 1868 mit stürmischem Erfolg uraufgeführt werden. In Tribschen ist – nach Minnas fernem, einsamen Tod – Cosima endgültig zu Wagner gestoßen; die Liszttochter hat ihren Gatten Hans von Bülow, den Dirigenten der »Tristan«-Premiere, verlassen und weiht nun ihr zukünftiges Leben Wagner, für den sie eine kaum zu überschätzende Bedeutung gewinnt. Langsam ist in diesen Jahren sein Lieblingsplan herangereift: ausschließlich für sein eigenes Werk ein Festspielhaus zu bauen. Er findet den ihm geeignet scheinenden Platz dafür im fränkischen Städtchen Bayreuth. Als sein Aufruf zu einer »nationalen Spende« auf kein nennenswertes Echo trifft, ist es abermals Ludwig II., der die fehlenden Summen spendet. Das Festspielhaus erwächst auf dem »grünen Hügel« dazu Wagners prächtige Villa Wahnfried der »Ring des Nibelungen«, das umfangreichste wohl je von einem Meister komponierte Musikwerk wird abgeschlossen und Bayreuths Eröffnung für den Sommer 1876 in Aussicht genommen. Ein Ereignis von nie dagewesener Bedeutung steht bevor, Kaiser und Könige, Fürsten und Politiker, Künstler und Gelehrte vieler Länder melden ihre Ankunft an. Ludwig II., menschenscheu und einsam, weilt bei den letzten Proben und reist dann ab. Wagner erlebt den Triumph seines Lebens: Am 13. August 1876 erklingt »Das Rheingold«, am 14. »Die Walküre«, am 16. »Siegfried«, am 17. »Götterdämmerung«. Erst dann stellt sich das schwere Defizit heraus, das diese Festspiele gebracht haben und weitere unmöglich zu machen scheinen. Tatsächlich vergehen sechs Jahre, bis Wagner wieder auf den Grünen Hügel laden kann. Er hat »Parsifal« vollendet, ein »Bühnenweihfestspiel«, das er nur seinem eigenen Theater vorbehalten wollte. Hier erklingt es am 26. Juli 1882 zum ersten Male. Wagner, seit längerem leidend, ergreift in der sechzehnten und letzten Aufführung dieses Sommers noch einmal den Stab und leitet das – in Bayreuth verdeckte – Orchester während eines langen Stückes im dritten Akt. Wenige Wochen später bricht er mit seiner Familie nach Italien auf, wo er nun im Alter gern die Winter verbringt. Am 13. Februar 1883 ist er in Venedig, in den Armen Cosimas gestorben. Die Heimschaffung seiner Leiche glich dem Totenzug eines mächtigen Herrschers. Ludwig überlebte den angebeteten Freund. Er starb eines nie geklärten Todes in den Fluten des Starnberger Sees, gemeinsam mit seinem Leibarzt. Längst entthront, seiner »Verschwendungssucht« wegen, die sich bei den heute so berühmten Königsschlössern und bei Wagner »erwies«, entmündigt, für verrückt erklärt, endlich auf Schloß Berg verbannt und festgehalten bis zum Ende, gebühren diesem Idealisten auf dem Thron die Dankbarkeit aller »Wagnerianer«, die uneingeschränkte Achtung, ja Liebe aller Musikfreunde.

Die Feen

Eine »romantische Oper« in drei Akten nennt Wagner seinen Bühnenerstling, an dem er in Würzburg als Zwanzigjähriger arbeitete. Ein noch früheres Opernfragment, »Die Hochzeit«, kann nur als Versuch angesprochen werden, zumal es nicht vollständig erhalten blieb. Interessant an den »Feen« ist nicht nur, daß bereits hier Wagner sein eigener Librettist ist, sondern auch, daß ihn schon verschiedene Ideen fesseln, die in späteren Werken ähnlich, nur gereift, wiederkehren werden. In bezug auf die Musik hat Wagner selbst von den Einflüssen Beethovens, Webers und Marschners gesprochen, die hier zu spüren seien. Textlich folgte er, in sehr freier Weise, der Komödie »La donna serpente« von Carlo Gozzi.

König Arindal hat sich in die Fee Ada verliebt; diese legt ihm Prüfungen auf, ohne deren Bestehen sie ihm nicht angehören kann. Zu diesen gehört auch das unbedingte Vertrauen, das er ihr schenken muß; er darf (um mit Lohengrin zu sprechen, wo dieses gleiche Motiv dann den Kern des Dramas bilden wird) nicht nach »Nam' und Art« von ihr forschen. Aber so wie Elsa später, so versagt hier König Arindal. Die Fee wird in Stein verwandelt. Doch König Arindal läßt nicht ab, um sie zu werben. In seiner Liebe will er schwerste Opfer auf sich nehmen. Mit Hilfe eines Zauberers kann er schließlich Ada erlösen und mit ihr im Feenreiche leben (Uraufführung: München, 1833).

Das Liebesverbot

Nach Shakespeares »Maß für Maß« verfertigte Wagner einen Operntext, dessen Schauplatz Sizilien ist. Dort verbietet der deutsche Statthalter Friedrich nicht nur jede Lustbarkeit (so auch den Karneval), sondern sogar jede Annäherung der Geschlechter. Der junge Edelmann Claudio soll als erster wegen eines Verstoßes gegen das Liebesverbot hingerichtet werden, doch seine Schwester Isabella, eine hübsche Klosternovizin, begibt sich zum Statthalter, um die Begnadigung zu erreichen. Für eine Liebesstunde soll diese gewährt werden. Die Sizilianerin geht zum Schein darauf ein. Sie berichtet Friedrichs Gattin Mariana das Vorgefallene; die beiden Frauen beschließen, daß sich anstelle Isabellas Mariana zum vereinbarten Stelldichein einfinde. Dieses fällt mit dem Karneval zusammen, den das Volk trotz des Verbotes zu feiern entschlossen ist. Friedrich wird entlarvt, er hat gegen sein eigenes Gesetz verstoßen und muß Claudios Freilassung verkünden. Als er schließlich die Verwechslung der beiden Frauen entdeckt, entschließt er sich, an Mariannes Seite den Karnevalszug anzuführen und für immer auf »Liebesverbote« zu verzichten. Daß dieses Textbuch Wagners Eigenart wenig entgegenkam, fühlt jeder heutige Kenner seiner Werke; es ist der hochbegabte Versuch eines jungen Dichters und Musikers, der erst im Laufe der nächsten Jahre auf seinen wahren Weg gelangen sollte. Immerhin: ein recht amüsantes, musikalisch gut gemachtes Stück Theater, Wagners einziger Versuch der Vertonung eines Lustspiels, neben der Genietat der »Meistersinger von Nürnberg«, 32 Jahre später. (Uraufführung: Magdeburg, 29. März 1836)

Rienzi

Große tragische Oper in fünf Aufzügen, Text vom Komponisten
Personen: Cola Rienzi, päpstlicher Notar (Tenor), Irene, seine Schwester (Sopran), Stefano Colonna (Baß), Adriano, sein Sohn (Mezzosopran), Paolo Orsini (Baß), Raimondo, päpstlicher Legat (Baß), Baronelli (Tenor) und Cecco del Vecchio (Baß), römische Bürger; ein Friedensbote (Sopran), Herold (Tenor).
Ort und Zeit: Rom, Mitte des 14. Jahrhunderts

Den »letzten der Tribunen« nannten die Geschichte und der englische Staatsmann und Romancier Edward Lytton Bulwer den römischen Volksführer Cola de Rienzi, und Wagner hat dies als Untertitel für seine erste vollgültige Oper verwendet. Sie wurde durch seine späteren Werke in den Schatten gedrängt, aber unsere Zeit erinnert sich ihrer gelegentlich. In ihr wird die künstlerische Abstammung Wagners von der Oper Spontinis, Meyerbeers, aber auch von denen der ersten deutschen Romantiker klar. Das ist durchaus verständlich; überraschend bleibt nur, wie schnell Wagner sich von diesen Vorbildern loslösen und zu seinem eigenen, unverkennbaren Stil vorstoßen konnte. Auf »Rienzi« folgte, in knappstem Abstand, »Der fliegende Holländer« und in ihm ist plötzlich alles, Atmosphäre, Themen- und Symbolkreis, Dichtung, Musik »echt wagnerisch« – rückschauend betrachtet. Die Arbeit am »Rienzi« füllte Wagners letzte beiden Kapellmeisterjahre in Riga (1837–1839) aus; zuerst entstand das vollständige Textbuch, dann weitgehende Skizzen zur Musik der ersten beiden Akte. Danach erfolgte die »Flucht« über die Ostsee nach England und Paris. Hier vollendete Wagner das Werk im Jahre 1840.

Das Textbuch schildert des Volkstribunen Rienzi Kampf um den Sieg des Rechts und der Ordnung im Rom des 14. Jahrhunderts. Nach einer glänzenden Ouvertüre (die in Konzerten oft zu hören ist und in der, nach damaligem Opernbrauch, eine Reihe der wichtigsten Melodien des Werks verarbeitet sind: Rienzis Gebet, ① ein Triumphmarsch ② sowie die äußerst prunkvolle Kriegshymne »Santo spirito«), öffnet sich der Vorhang über der nächtlichen Szene, in der die aristokratische Gruppe der Orsini die Schwester Rienzis, Irene, entführen will. Die gegnerische Gruppe der Colonna kommt zurecht, um das Opfer zu befreien. Die Empörung des Volkes über die täglich größere Willkür der »Nobili«, der aristokratischen Gruppen, wächst, und Rienzi, der Tribun, wird beschworen, ihrem Treiben endlich Einhalt zu gebieten. Vergeblich sucht der päpstliche Legat Raimondo, Frieden zu stiften. Das Volk hört nur auf seinen Führer Rienzi, dem sich der Sohn Colonnas, Adriano, begeistert anschließt, obwohl er dadurch in einen schweren Gewissenszwiespalt gerät. Er verlobt sich mit Irene. Der zweite Akt zeigt das Fest im Capitol, mit dem Rienzi den Sieg über die Nobili, noch mehr aber den wiederhergestellten Frieden feiert. Auch die einstigen Feinde Orsini, Colonna und ihre Anhänger sind geladen. Scheinheilig nahen sie, aber in Wahrheit suchen sie nichts anderes als den Augenblick der Rache an Rienzi, dem Plebejer, der ihre Macht brach. Vergeblich sucht Adriano seinen Vater umzustimmen, ihn vom Werte Rienzis zu überzeugen. Rienzi empfängt Gesandte aus ganz Europa, denen gegenüber er stolz das Recht Roms betont, bei der deutschen Kaiserwahl ein entscheidendes Wort zu reden. Dann führt er seinen Gästen eine Pantomime vor: den Selbstmord Lukretias – im alten Rom – nach der Schändung durch Tarquinius, der gewissermaßen zum Signal für die Befreiung Roms vom Tyrannenjoch wurde. Während der Darbietung schleicht Orsini an Rienzi heran, doch sein Dolch kann dessen Panzer nicht durchdringen. Gleichzeitig scheitert eine Revolte seiner Anhänger, die das Capitol stürmen wollen. Die Verschwörer werden zum Tode verurteilt, doch läßt sich Rienzi durch das Flehen Irenes und Adrianos nochmals bestimmen, Gnade zu üben. Rienzi fühlt sich stark genug, um großmütig zu sein. Er ist in Wahrheit ein »Volkstribun«, der einzige Titel, den er führen will, nachdem er die ihm angebotene Königskrone ausgeschlagen hat. Der dritte Akt – sicherlich der großartigste des Werkes – bringt Rienzis flammenden Aufruf zum Kampf gegen die Nobili, die sich außerhalb Roms versammeln: »Santo spirito«, eine kraftvolle Melodie, die von den Volkschören übernommen und zu mitreißenden Höhepunkten geführt wird. Es folgt die Schlachtenszene, in der Wagner – ganz in Meyerbeerscher Manier – alle verfügbaren

① *Molto sostenuto e maestoso*

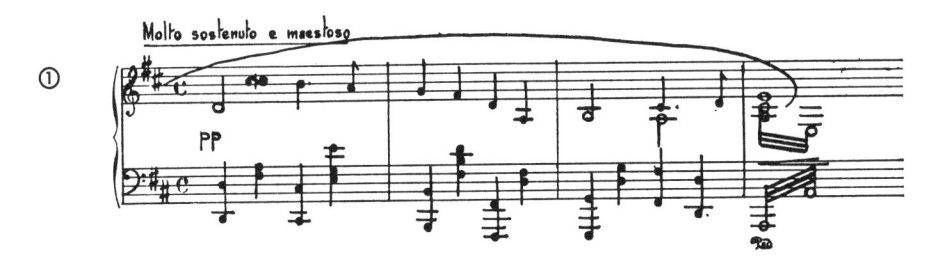

② *Allegro energico*

Massen und Klangmittel aufbietet, um den Kriegszug der Römer gegen die Aristokraten zu schildern. Adriano erlebt mit zerrissenen Gefühlen die ferne tobende Schlacht. Die Frauen Roms liegen auf den Knien und flehn um guten Ausgang des Kampfes. Ein kriegerischer Sang klingt auf, nähert sich, wächst unaufhaltsam, verkündet den Sieg Rienzis. Verwundete, Tote werden gebracht, unter den letzteren: Colonna. Adriano wendet sich bitter von seinem Idol ab, doch der Jubel der Massen übertönt seinen Fluch und die Schmerzenslaute der Besiegten. Aber Rienzis Höhepunkt ist überschritten; die letzten Akte bringen seinen Abstieg. Der Papst wendet sich von dem Volkstribunen ab; Adriano bezichtigt ihn eigensüchtiger Motive. Als Rienzi die Laterankirche zu einem Te Deum betreten will, schleudert der päpstliche Legat Raimondo den Bannfluch gegen ihn. Alles stiebt vor dem einstigen Volksliebling auseinander, nur Irene hält treu zu ihm. Noch einmal richtet sich der Tribun ungebeugt auf: »Es gibt noch ein Rom!« Der fünfte Akt beginnt mit Rienzis berühmt gewordenem Gebet, einer feierlichen Melodie, die schon »Lohengrin«-Stimmung vorauszunehmen scheint. Doch die Massen haben sich endgültig von ihm abgewendet. Sie stecken das Kapitol in Brand. Adriano stürzt sich in die Flammen, um Irene zu retten. Aber das zusammenbrechende Gebäude erschlägt Rienzi und, mit ihm, das junge Paar.
Die Uraufführung des »Rienzi«, am 20. Oktober 1842 in Dresden (auf Empfehlung Meyerbeers), wurde zu Wagners erstem Triumph. Ein neues Leben öffnete sich vor ihm nach den bitteren Pariser Jahren: das sechsjährige Intermezzo als erster Kapellmeister und gefeierter Komponist an der Dresdner Oper.

Der fliegende Holländer

Romantische Oper in drei Aufzügen. Textbuch von Richard Wagner.
Originalsprache: Deutsch
Personen: Daland, ein norwegischer Seefahrer (Baß), Senta, seine Tochter (Sopran), Erik, ein Jäger (Tenor), Mary, Sentas Amme (Mezzosopran oder Alt), der Steuermann auf Dalands Schiff (Tenor), der Holländer (Bariton), Seeleute, Mädchen des Dorfes, die Stimmen der Mannschaft des Gespensterschiffes.
Ort und Zeit: An der norwegischen Küste, in unbestimmter Zeit.
Handlung: Die Ouvertüre, in ihrer Form noch konventionell, gleicht einem sinfonischen Gedicht. Thema: das unendliche Meer und sein sagenhafter Bewohner, der »Fliegende Holländer«, wie er in den Erzählungen vieler seefahrender Völker lebt. Inmitten eines dichten Tremolos der erregten Geigen steigt ein trotziges Motiv auf. ① Es ist das, was Berlioz »l'idée fixe« genannt hat und Wagner zum Leitmotiv ausbauen wird: ein kurzes, knappes, prägnantes Thema, das deutlich in Gehör und Gedächtnis

haften bleibt und bei jedem Auftauchen an die Person, die Idee, den Gegenstand gemahnt, die es symbolisiert. Hier arbeitet Wagner noch mit wenigen Motiven. Nach dem eben erwähnten, das dem geheimnisvollen »Holländer« und seinem Geisterschiff zugehört, bringt er ein zweites, weicheres, innigeres. Es stellt zweifellos die Liebe dar, Sentas reine Liebe und darüber hinaus Wagners Lieblingsthema, die Erlösung durch die Liebe. ②

Aus diesen beiden Grundelementen besteht die Ouvertüre und die Opernhandlung. Gewitter und Sturm auf dem Meere heißt die eine Komponente, erlösende Liebe die andere. Bewundernswert ist Wagners Orchestertechnik bereits in diesem Jugendwerk. Seine Kraft der Schilderung geht schon in diesem Drama über sein unmittelbares Vorbild Weber hinaus. Auch Rossinis und Meyerbeers Opernstürme (so glänzend sie gemacht sind) verblassen ein wenig neben diesem Elementarereignis, dessen Zeuge Wagner uns werden läßt.

Der Vorhang hebt sich über dem immer noch stürmisch bewegten Orchester. In einer felsigen Bucht der norwegischen Küste hat Dalands kleiner Kutter Schutz vor dem Unwetter gesucht. Die Mannschaft geht zur Ruhe, nur der Steuermann hält Wache und sendet dabei ein Lied an sein Mädchen, das heute abend noch in seine Arme zu schließen das Gewitter ihm nicht erlaubt hat. ③

Schließlich schläft auch der Steuermann, von Müdigkeit überwältigt, ein. Plötzlich zucken gespenstische Lichter über das Meer hin, es rauscht wie von mächtigen Flügeln. Und über die Wasser jagt, ja fliegt beinahe ein gewaltiges Schiff mit schwarzen Masten und tiefroten Segeln. Es fährt in die Bucht ein und wirft nahe bei Dalands Kutter Anker. Dem Geisterschiff entsteigt ein einsamer Mann. Mit düsterem Antlitz und langsamem Schritt steigt er den Strand aufwärts. Es ist der »Schrecken aller Meere« (wie er sich später selbst bezeichnen wird), es ist der ausgestoßene, verworfene, zu ewiger Verdammnis verurteilte »Fliegende Holländer«. (Wagner hat diese unheimliche und zutiefst tragische Gestalt in Heines dichterischer Fassung kennengelernt und ihr selbst noch eine Reihe von Zügen hinzugefügt.) Alle sieben Jahre darf der Verdammte an Land gehen und seine Rettung in der Liebe einer Frau suchen, die ihn, den Verdammten, unverbrüchlich liebt. Alle früheren Versuche waren vergeblich gewesen. Immer wieder muß der Holländer, vom Himmel zu ruhelosem Umherjagen auf den Meeren verurteilt, sein Schiff besteigen und davonfahren. Der Monolog des Holländers würde genügen, um Wagners musikdramatisches Genie zu erkennen. In langem rezitativartigem Gesang (Wagner nähert sich dem Sprechgesang, mit dem er in künftigen Werken die klassische Opernmelodie ersetzen wird) schildert der düstere Seemann seine Qual, seine Sehnsucht, sein Todesverlangen. Ein Geisterchor, der aus seinem Schiffe zu kommen scheint, unterstreicht schaurig seine Worte, seinen Wunsch nach Aufgehen ins Nichts, nach Weltuntergang, der seine und seiner Mannschaft Rettung zu sein scheint. Daland ist erwacht. Verdutzt reibt er sich die Augen, weckt den Steuermann. Wo kommt dieses große fremde Schiff her? Nach Seemannsbrauch rufen sie es an: Name? Flagge? Doch aus dem schwarzen Riesenleib erklingt keine Antwort. Da erblickt Daland den Mann auf dem Strand und zieht ihn ins Gespräch. Wenn er auch nicht alles versteht, was der Fremde sagt, so leuchtet seinem etwas primitiven Verstand doch ein, daß es sich um einen steinreichen Kapitän zu handeln scheint, der ihm wahre Reichtümer für das Obdach einer einzigen Nacht bietet. Und wenn er, wie er sagt, seine Tochter kennenlernen, ja heiraten wolle, so hätte der habgierige Daland nichts einzuwenden; seine Senta sei ein gutes, schönes und tugendsames Mädchen, erklärt er dem Fremden. Der Wind hat sich gedreht. Dalands Schiff kann die Anker lichten und den Weg in das heimatliche Dorf nehmen. Des Holländers Schiff wird ihm folgen. Daland möge unbesorgt sein: Es ist schnell und wird den kleinen Kutter leicht einholen. Der seltsame Fremde bleibt noch einen Augenblick auf dem Strand zurück, fast wie im Gebet. Wird dieses Mädchen, dem er begegnen soll, seine Retterin werden?

Das Vorspiel zum zweiten Akt folgt dem Wege des Holländers von der Meeresstimmung zur freundlichen Häuslichkeit Dalands. In der großen Stube sind die Mädchen des Dorfes an den Spinnrädern beschäftigt. Fröhlich und unbeschwert steigt ihr Gesang melodiös über das Raunen der Räder empor. ④

Nur Senta beteiligt sich nicht am froh unbesorgten Treiben ihrer Freundinnen. Immer wieder fallen ihre Blicke auf ein eigenartiges Männerbild, das groß über der Türe hängt. Es stellt den »Fliegenden Holländer« dar, so wie er in der

①

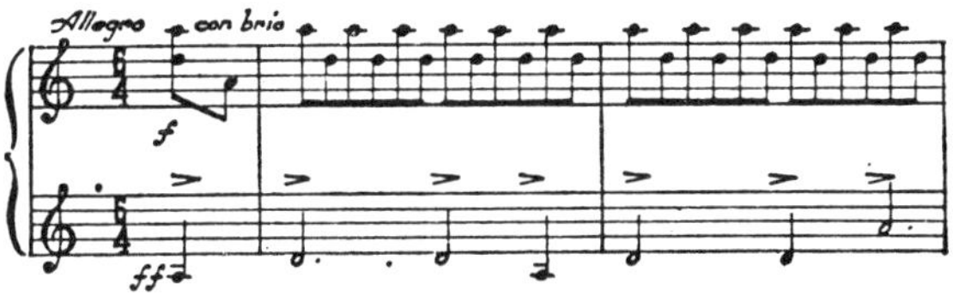
Allegro con brio
f
ff

②

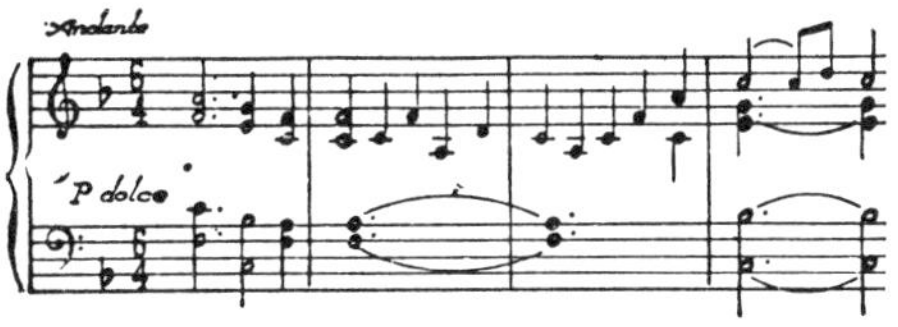
Andante
p dolce

③

Andante vivo
Mit Ge – witter und Sturm aus. fer – nem Meer, mein Mä – del bin Dir nah'!
p

④

Allegro moderato
Summ' und brumm' du gu – tes Räd – – – chen.....
pp

⑤

Allegro ma non troppo
pp
Jo – ho-hoe! Jo – ho-ho-hoe! Ho – ho-hoe! Jo – hoe! Traft ihr das Schiff im Mee – re an,
SENTA
p

⑥

Animato
Steu-er-mann, lass die Wacht! Steu-er-mann, her zu uns!
ff

Phantasie der Küstenbewohner lebt. Die Mädchen verspotten Senta wegen ihrer romantischen Träumereien. Schließlich fordern sie sie auf, ihr Lieblingslied zum besten zu geben. Mit dem schicksalsschweren Motiv des verdammten Seemanns im Orchester beginnt die großartige Ballade. Senta greift den Ruf auf, das wie das »Ahoi« der Seeleute über die sturmgepeitschten Wogen dringt ⑤. Ruhig zuerst, doch dann von Augenblick zu Augenblick gesteigert, als erlebe sie selbst das grauenvolle Geschick des Mannes, von dem sie singt, gerät Senta in eine zunehmende Entrückung. Sie singt von den Stürmen des Meeres, von der ewigen Verdammnis; dann wird ihre Stimme weicher, flehender, die Liebesmelodie breitet Trost über die Hoffnungslosigkeit. Mit tiefem Erschrecken fühlen es die Gefährtinnen, daß Sentas Geist in weiter Ferne weilt, in der unbekannten, gespenstischen Welt des Geisterschiffes. Mit Entsetzen vernehmen sie Sentas letzte Worte: der Himmel möge sie dazu ausersehen, zur Erlöserin des unbekannten Seemanns zu werden. Erschüttert steht Erik, der leise in den Saal getreten ist und die Verzauberung des Mädchens fühlt, das er seit langem liebt und heiraten will.

Von draußen werden frohe Stimmen laut. Die Seefahrer kehren heim, schon ist ihr Schiff hinter den Klippen sichtbar geworden. Frauen und Mädchen eilen zum Strand. Erik hält Senta zurück, beschwört sie, fleht sie an. Es ist, als erwache sie. Unbewußt habe sie die Ballade gesungen, vertraut sie, selbst verwundert, dem Freund. Erik erzählt einen Traum. Er habe Senta dem Vater entgegeneilen sehen, an dessen Seite ein fremder, schwarzer, trauriger Mann gekommen sei. Senta erbebt vor dieser Bestätigung ihrer eigenen Ahnungen. Erik fährt fort: Senta habe sich dem Fremden zu Füßen gestürzt und gemeinsam mit ihm sei sie aufs Meer hinaus geflohen. Sentas Augen leuchten auf. Nun weiß sie es mit Bestimmtheit, der Holländer wird kommen. Und während Erik tief getroffen davongeht, singt Senta nochmals das Motiv der Erlösung durch die Liebe. Ehe sie noch zu Ende ist, geht die Tür auf. Unter seinem eigenen Bilde steht der geheimnisumwitterte Seemann. Hinter ihm taucht Daland auf und begrüßt lärmend seine Tochter. Doch Senta steht wie gebannt. Keinen Schritt kann sie tun, kein Wort aussprechen. Daland besorgt die »Vorstellung«; seine leichte, triviale Melodie läßt klar erkennen, daß er die tiefe Beziehung dieser beiden Menschen nicht einmal ahnt, die einander – von Anbeginn der Zeiten – zugehören. Endlich zieht sich Daland zurück, offenkundig befriedigt, einen so guten Bewerber für sein Kind gefunden zu haben. Stumm stehen Senta und der Holländer einander immer noch gegenüber. Nur ihre Seelen scheinen Zwiesprache zu halten. Wieviel Poesie in diesem Schweigen, nach Dalands Prosa! Endlich findet der Holländer die ersten Worte. Senta bestätigt das Versprechen des Vaters: sie werde sein Weib sein, treu bis in den Tod. Der Seemann steht erschüttert: Ahnt dieses Mädchen, wer er ist? Ihre Worte scheinen darauf zu deuten. Jedes der beiden drückt seine tiefsten Gedanken in einem Monolog aus, der trotz der Gleichzeitigkeit nicht zum Dialog, nicht zum Duett im herkömmlichen Sinne wird. Daland unterbricht sie, kündet an, daß die glückliche Heimkehr mit einem Fest gefeiert werden solle.

Der dritte Aufzug bringt das Volksfest auf die Bühne. Im erleuchteten Hafen liegen zwei Schiffe. Näher zum Ufer das kleine Dalands, dessen Matrosen unter markanten Chören an Land gehen. ⑥ Weiter entfernt ist das Gespensterschiff des Holländers verankert. Kein Licht ist auf ihm zu sehen, und als einige Dorfbewohner hinüberrufen, um die Besatzung zum Tanze zu laden, ertönt keine Antwort. Fragen tauchen auf: Was für seltsame Männer sind das wohl? Alte? Oder gar ... Tote? Oder ist es vielleicht das Geisterschiff, von dem uralte Erzählungen umgehen? Da leuchtet auf dem Deck dieses Schiffes ein seltsames Feuer auf, springt wie ein Irrlicht umher, wärend das ganze Schiff wie vom Sturm geschüttelt scheint. Dabei liegen Hafen und Bucht völlig ruhig. Ein grauenhafter Gesang fliegt auf und läßt alle am Ufer erbleichen. Sie nehmen ihren Mut zusammen und versuchen, das schaurige Lied mit ihren eigenen Weisen zu übertönen. Als sie sich bekreuzigen, ist ihnen, als hörten sie höhnisches Gelächter auf dem fernen Segler, der nun wieder in Stille und Finsternis versinkt. Aus dem väterlichen Hause treten Senta und Erik. Vergeblich bittet der junge Jäger das Mädchen, den dem Holländer geleisteten Schwur zurückzuziehen. Senta, die ihre wahre Aufgabe erkannt hat, bleibt fest. Nochmals bittet der Jäger sie, des Versprechens zu gedenken, das sie ihm einmal gegeben und das er als Jawort aufgefaßt hat. Der Holländer wird zum ungewollten Zeugen dieser Worte. Er glaubt sich verraten, wie schon so oft im Leben, und stürzt auf die Brücke, die zu seinem Schiffe führt. Doch Senta vertritt ihm den Weg. Sie versichert aufs neue, ihm bis in den Tod treu bleiben zu wollen. Aber der gequälte Seemann will nichts mehr hören. Noch könne Senta gerettet werden, da ihr Versprechen noch nicht vor dem Altar erfolgte; wäre dies der Fall, dann könne nichts sie vor dem Tode schützen. Doch Senta sucht keine Rettung. Weder der Vater noch Erik oder die Freunde sollen sie in ihrem Entschluß wankend machen. Mit höchster Kraft ruft sie dem Holländer die entscheidenden Worte nach: »Wohl kenn ich dich! Wohl kenn ich dein Geschick; ich kannte dich, als ich zuerst dich sah! Das Ende deiner Qual ist da! Ich bin's, durch deren Treu dein Heil du finden sollst!« Wie vom Fluch gehetzt ist der Holländer an Bord seines Schiffes gelangt, das sofort davonjagt. Niemand kann Senta zurückhalten, die auf einen Felsen gestiegen ist und sich von dort ins Meer stürzt. Die Menge ist auf die Knie gesunken. Am Horizont, der sich im Osten schon morgendlich färbt, wird eine seltsame Vision sichtbar: Zwei Gestalten – Senta und der Holländer – entschweben umschlungen, erlöst, dem lichter werdenden Himmel zu, während auf dem Meere das Geisterschiff für immer untergeht.

Quelle: Seit Menschen die Meere befahren, kehren in ihren Mythen, Sagen und Abenteurergeschichten Erzählungen von geheimnisvollen Schiffen, Gespensterschiffen auf (die es tatsächlich gibt: aufgegebene, von ihrer Mannschaft aus irgendeinem Grunde verlassene Schiffe oder solche, deren Mannschaft durch Seuchen, Mord oder Hunger starben). Menschliche Phantasie erdichtet Schicksale von Seefahrern, die verdammt sind, ruhelos über die Ozeane zu jagen, sowie Möglichkeiten ihrer Erlösung durch den Tod. Der deutsche romantische Dichter Heinrich Heine griff das Thema auf und baute es in seine »Memoiren des Herren von Schnabelewopski« ein.

Textbuch: Wagner dürfte dieses Buch schon in Riga, etwa im Jahre 1838 gelesen haben. Seine abenteuerliche Seereise durch Ost- und Nordsee ließ ihn dann dessen Inhalt entweder nachlesen oder nachempfinden, und so entstand der erste Entwurf zur Oper »Der fliegende Holländer«. Wagner führte ihn gleich nach seiner Ankunft in Paris (1839) im Detail aus, verkaufte ihn aber dann in höchster Geldnot der dortigen Opéra, die mit der Komposition des Wagnerschen Textes den französischen Komponisten Pierre Louis Philippe Dietsch beauftragte. Wagner erhielt 500 Francs für seinen Entwurf, behielt sich aber das Recht zur Komposition vor. Tatsächlich kam er bald darauf zurück und schrieb ein glänzendes Textbuch, in dem er der uralten Sage neue Züge abgewann. Bewundernswert ist schon die Naturschilderung, die viel Raum für die Musik bietet. Großartig die Herausarbeitung der Holländer-Gestalt, die sich ungeheuer plastisch sowohl von Daland wie von Erik abhebt: hier steht ein Mensch des von der Romantik so geliebten Zwischenreiches vor uns, voll tragischer Größe, die jeden irdischen Rahmen sprengt. Wagners Lieblingsidee der Erlösung durch die Liebe findet hier ihre erste Verkörperung: Senta wird zur ersten großen Frauengestalt Wagners. Erstaunlich ist die dichterische Kraft Wagners in jenen jugendlichen Jahren, seine Sprache ist plastisch, sehr eigen, bildkräftig. Der »Fliegende Holländer« reicht in Wagners Charakterisierung an die großen Gestalten der Weltliteratur heran.

Musik: Hier vollzieht sich sehr deutlich der Übergang von der Oper zum Musikdrama. Die Partitur enthält noch einzelne Musiknummern, aber sie sind nicht mehr streng gegeneinander abgegrenzt, wie bei Weber, Marschner oder in Wagners »Rienzi«. Der Zug zu immer größeren Zusammenfassungen wird klar. Ebenso deutlich wird die Umwandlung der bei früheren Komponisten vorherrschenden »Melodien an sich« in dramatisch-rezitativischen Sprechgesang. Im übrigen ist gerade dieses Werk, aufs engste mit der deutschen Romantik verbunden, musikalisch interessant, da Wagner hier verschiedene Tonsprachen verwendet für die zwei grundverschiedenen Menschentypen, die hier zusammenstoßen: auf der einen Seite die völlig »Irdischen«, Daland, Erik, Mary, die norwegischen Matrosen mit dem Steuermann, die Dorfmädchen; auf der anderen der Holländer und die ihm seelenverwandte, sich immer deutlicher in seine Sphäre begebende Senta. Natürlich gibt es in diesem Frühwerk – Wagner schrieb es mit weniger als 30 Jahren – noch Einflüsse zu konstatieren: Weber ist gegenwärtig, auch Marschner, zweifellos auch noch Meyerbeer, um den damals schwer oder kaum herumzukommen war. Schon im »Fliegenden Holländer« erweist sich, daß Wagners stärkste musikalische Eigenschaft die Harmonik sein wird. Melodik und Rhythmik sind, obwohl sie hier bereits eine bedeutende Höhe erreichen, noch nicht von entscheidender Eigenständigkeit. Im Dramatischen aber übertrifft Wagner schon hier seine Vorbilder; alle Einfälle erringen Gültigkeit nur durch ihre Unterordnung unter eine dramatische Grundidee. Wagner ist, dichterisch wie musikalisch, der geborene Dramatiker.

Geschichte: Auf der Seereise von Pillau – wo Wagner sich nach der Flucht aus Riga einschifft – nach London erlebt Wagner in schweren Stürmen gewissermaßen die Gültigkeit von Sagen und Legenden, wie er sie z. B. aus Heines Buch »Die Memoiren des Herren von Schnabelewopski« entnommen hatte. Im Frühjahr 1840 schreibt er den ersten Prosaentwurf zum »Fliegenden Holländer«, den er wenige Monate später der Pariser Oper verkauft. Weniger als ein Jahr später, im Frühling 1841, beginnt er mit der Ausarbeitung. Am 21. Oktober ist die Partitur vollendet, mit Ausnahme der Ouvertüre, die am 19. November abgeschlossen wird. Der durchschlagende Erfolg, den »Rienzi« in Dresden erringt, veranlaßt dieses Hoftheater, Wagner zum Kapellmeister zu ernennen und am 2. Januar 1943 den »Fliegenden Holländer« unter seiner Leitung erstmals aufzuführen. Der Erfolg ist weniger stark als bei »Rienzi«, der wegen seines »Grande opéra-Stils« dem Publikum mehr entgegenkommt. Heute gehört »Der fliegende Holländer« zu Wagners meistgespielten Werken, die moderne Bühnentechnik erlaubt mit der Möglichkeit von Projektionen atemberaubende Darstellungen des Gespensterschiffes; zudem liegt die tiefe Psychologie der beiden Hauptfiguren, des Holländers und Sentas, unserer charakterologisch anspruchsvolleren Ausdeutung näher als dem Verständnis früherer Zeiten. Ob dies allerdings auch auf die romantische Komponente des Werkes zutrifft, mag dahingestellt bleiben.

Tannhäuser

Handlung (oder: Romantische Oper) in drei Aufzügen. Textbuch von Richard Wagner.
Originaltitel: Tannhäuser und der Sängerkrieg auf der Wartburg
Originalsprache: Deutsch
Personen: Hermann, Landgraf von Thüringen (Baß), Elisabeth, seine Nichte (Sopran), die Liebesgöttin Venus (Sopran), Tannhäuser, Ritter und Minnesänger (Tenor), Wolfram von Eschenbach (Bariton), Walther von der Vogelweide (Tenor), Biterolf (Baß), Heinrich der Schreiber (Tenor), Reinmar von Zweter (Baß), Venus (Sopran), ein junger Hirt (Sopran), Edelknaben, thüringische Grafen, Ritter, Edelleute, Pilger, Sirenen, Najaden und andere phantastische Bewohner des Reiches der Venus.
Ort und Zeit: In und um die Wartburg in Thüringen sowie im sagenhaften Hörselberge, wohin mittelalterlicher Aberglaube das sagenhafte Reich der Liebesgöttin Venus verlegte. Zu Beginn des 13. Jahrhunderts.
Handlung: Die großartige, oft auch im Konzertsaal gespielte Ouvertüre hebt mit dem einfachen, aber innigen Thema des Pilgerchors an. ①
In die frommen Klänge mischen sich bald berückende hohe Geigentöne, ein Flimmern und Glitzern beginnt, das in wollüstig erregte Harmonien übergeht. Sie gehören dem Reiche der Venus an. So exponiert das Vorspiel bereits die beiden Welten Tannhäusers, die in der Oper dramatisch zusammenstoßen werden; die keusche, innige Liebe Elisabeths und das wollüstige Reich der Venus. (Diese Gegenüberstellung ist musikalisch besonders plastisch erkennbar in der zweiten, der sogenannten Pariser Fassung, auf der wohl heute alle Aufführungen beruhen.)
Im unterirdischen, unirdisch geheimnisvoll beleuchteten Zauberreich der Liebesgöttin Venus spielt das erste Bild. Mittelalterliche Legenden haben sich um seine physische Existenz gerankt, manche deutsche Fassung ortet es im thüringischen Hörselberg. Wagner folgt diesem Volksglauben, zumal er ihm die dramatische Verknüpfung zwischen Liebesgarten und Ritterburg, in unmittelbarer Nachbarschaft gelegen, leicht macht. Im Reiche der Venus lebt Tannhäuser, ritterlicher Minnesänger und Geliebter der Göttin, der nach vielem Schweifen durch die Welt den geheimen Zugang zum Zauberland der ewigen Liebe entdeckte. In Venus' Armen steht die Zeit still, Altern und Tod sind unbekannt. Und doch zieht es Tannhäuser zu den Menschen zurück, der Sterbliche ist dem zeitlosen Leben und Genießen nicht gewachsen. Verwundert lauscht Venus seinen sehnsüchtigen Klagen, seiner Bitte um Heimkehr. Nymphenreigen umschweben ihn, traumhafte Klänge dringen aus feenhaft erleuchteten Grotten; und er will auf die Erde zurückkehren, zu den kalten Menschen, ihrem Streit und Neid? Er, dessen männ-

lich-kühne Lieder ihm die Gunst der Liebesgöttin selbst gewann? Tannhäuser wiederholt seine Bitte, er sehnt sich nach des Himmels Gestirnen, nach dem Frühling, nach dem Klang der Kirchenglocken. Noch einmal rafft er seinen hymnischen Schwung zu einem begeisterten Loblied auf Venus zusammen ②; nie wolle er ihre Zärtlichkeit vergessen, den unsagbaren Rausch ihrer Liebe, aber es ziehe ihn heim, zu den Menschen. Mit steigendem Unmut hört Venus ihm zu. Dann entläßt sie ihn aus ihrem Reich, nicht ohne ihm vorauszusagen, daß er sich eines Tages zu ihr zurücksehnen werde, verstoßen von den Menschen. Tannhäuser verneint diese Möglichkeit: »Mein Heil ruht in Maria!« Und bei Nennung dieses Namens versinkt der Zaubergarten (so wie, viel später, Klingsors Zaubergarten versinken wird unter dem Kreuz, den des Grals heiliger Speer in Parsifals Hand in die Luft zeichnen wird).

Tannhäuser steht plötzlich mitten in einer frühlingshaft lieblichen Landschaft. Von ferne leuchten die Zinnen der Wartburg im Sonnenschein. Wann ist er von hier aufgebrochen? Vor Monaten? Vor Jahren? Unendliche Zeit scheint ihm vergangen zu sein. Ein Hirt singt irgendwo,

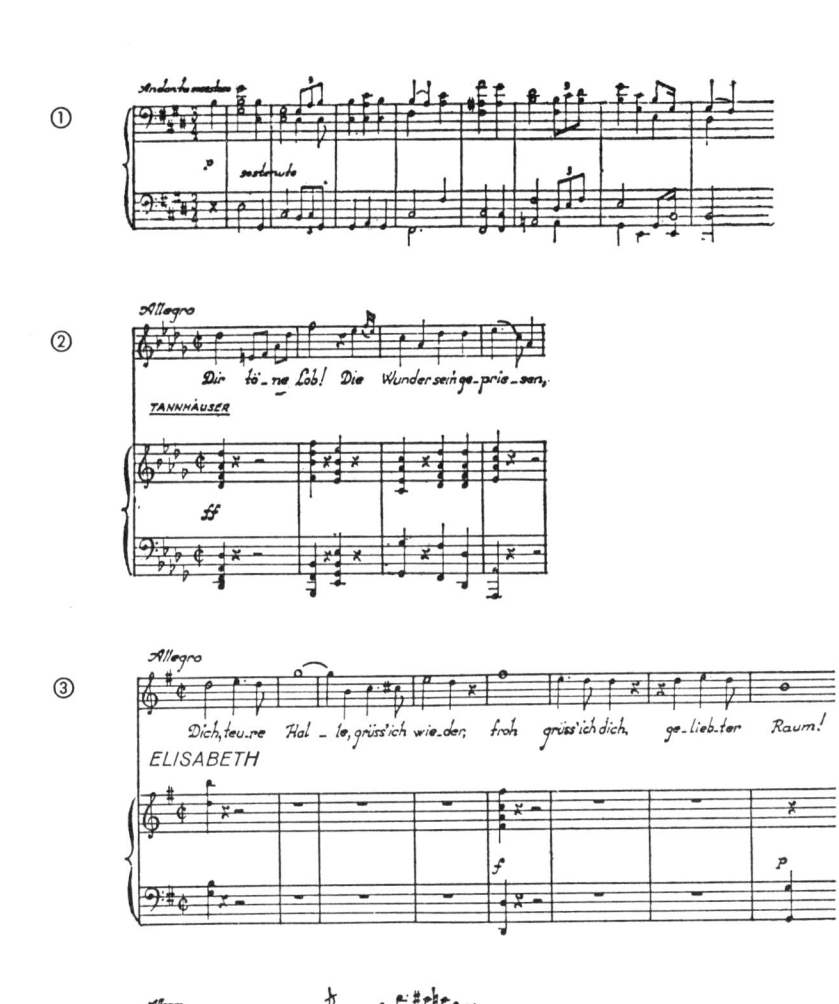

Pilger ziehen mit inbrünstigen Gesängen an ihm vorbei. Mit seinem Jagdgefolge kommt der Landgraf des Weges. Erstaunt und froh erkennen alle den einstigen Kameraden, der so lange Zeit verschollen war. Der Landgraf lädt Tannhäuser auf die Burg, doch der noch verwirrte Sänger entschließt sich erst, als Wolfram von Eschenbach den Namen Elisabeth ausspricht. Nun glaubt er plötzlich zu wissen, was ihn aus dem unterirdischen Zauberreich so machtvoll auf die Erde zurückgezogen hat. Freudig setzt der Zug sich in Richtung auf die Wartburg in Bewegung.

In deren großem Festsaal spielt der zweite Aufzug. Die stürmisch bewegte Orchestereinleitung schildert Elisabeths freudig gespannte Erregung, die sodann in ihrer sogenannten »Hallenarie« jubelnden Ausdruck findet. ③

Der Geliebte, der so lange geheimnisvoll Vermißte, ist zurückgekehrt. Elisabeths Herz klopft vor kaum zurückgedämmter Erwartung, und als Tannhäuser eintritt und sich ihr zu Füßen wirft, bedarf es ihrer ganzen Kraft, um dem Verlorengeglaubten nichts von ihrer tiefen Liebe zu verraten. Der Landgraf betritt den Saal; froh bewegt begrüßt er die Anwesenheit seiner Nichte, die während der langen Zeit von Tannhäusers Abwesenheit keinem Feste beiwohnen wollte. Nun soll, dem Heimgekehrten zu Ehren, ein glanzvoller Sängerwettstreit stattfinden. Schon treffen die Gäste ein. ④

Unter den feierlichen Klängen dieses Einzugsmarsches schreiten die Damen und Ritter auf ihre Plätze. Die Minnesänger werden von Pagen zu ihren Sitzen geleitet. Der Landgraf begrüßt alle und verkündet das Thema des Wettstreits: die Liebe. Das Los bestimmt den ersten Sänger: Wolfram von Eschenbach. Er vergleicht die Liebe mit einem kristallklaren Brunnen, der die Herzen erquickt. Ihn anzubeten, nicht ihn zu berühren, sei die Losung. Beifall lohnt seine edle Ansprache. Tannhäuser erhebt sich zur Erwiderung: Auch er kenne den Wunderquell, von dem Wolfram sprach, doch lege er getrost die Lippen daran, denn so unerschöpflich wie das Brennen des Durstes seien die Wonnen, mit denen der Quell ihn stille. Schweigen empfängt Tannhäusers Worte, nur Elisabeth will ein schüchternes Zeichen des Einverständnisses geben, das aber schnell erstickt. Walther von der Vogelweide ist aufgestanden. Die Musik, die zu Tannhäusers Sätzen in stärkere Bewegung geraten war, erstirbt nun zu kühlen Akkorden. Auch er kenne den Brunnen, versichert er, doch wolle man ihn – wie Tannhäuser meine – zum Stillen der Leidenschaft benützen, so würde er entweiht, zerstört; denn sein wahres Wesen sei die Tugend. Neuerlich brechen die Anwesenden in starke Zustimmung aus, doch eine ungestüme Geste Tannhäusers bringt sie schnell zum Schweigen. Kurz taucht im Orchester das Motiv der Venus auf, so wie im gleichen Augenblick die Erinnerung an sie durch Tannhäusers Gedächtnis geistert. Trotzdem beginnt er ruhig, gefaßt, doch von Satz zu Satz steigert er sich in immer größere Erregung hinein: wie könne es Liebe geben ohne Genuß? Unruhe bemächtigt sich der Zuhörer. Biterolf springt auf, greift an sein Schwert und nennt Tannhäusers Worte eine Herausforderung; für Frauenehre und hohe Tugend sei er als Ritter bereit, mit der Waffe zu kämpfen, was aber Tannhäusers Genußsucht erstrebenswert erscheine, sei keines Streiches wert. Starker Beifall lohnt seine energischen Worte. Doch nun fährt Tannhäuser mit hitziger Gebärde auf. Er verlacht Biterolf, der nie Liebe genossen oder erfahren habe. Die Ritter erheben sich, man sieht Schwerter blinken, wilde Rufe übertönen Tannhäusers Worte. Mühsam trennt der Landgraf die Streitenden. Mit schmerzlicher Gebärde tritt der allgemein geachtete Wolfram mitten unter die Männer, die sich langsam wieder auf ihre Plätze zurückziehen. Er nimmt alle Inbrunst zusammen, um in einem feierlichen Sang die Liebe als überirdische Erscheinung, als Gottgesandte aus holder Ferne zu preisen. Doch wie besessen stürzt Tannhäuser ihm nun entgegen; er scheint die Umwelt vergessen zu haben, aus seinem Munde ertönt, in sinnlich zitternder Begeisterung, das Triumphlied der Venus. Entsetzen bemächtigt sich aller Anwesenden, ungeheure Erregung durchbebt den weiten Saal. Die Frauen stürzen davon, nur Elisabeth klammert sich mit letzter Kraft an eine Säule. Tannhäuser steht noch wie in entrückter Verzückung, während die Männer sich zu einem Haufen zusammengeballt haben, der langsam und drohend näherrückt. Schon dringen sie mit ihren Schwertern auf ihn ein, da wirft sich Elisabeth dazwischen. Sie, die durch die Enthüllung seines Verbrechens am tiefsten getroffen wurde, bittet nun für sein Leben, sein Seelenheil. Erschüttert weichen die Männer zurück. Der Landgraf weist dem Sünder einen letzten Weg: nach Rom, um den Papst um Vergebung anzuflehen.

Die Orchestereinleitung zum dritten Aufzug

schildert Tannhäusers Pilgerfahrt. Düstere, tragische Töne überwiegen, langsam und wie gequält schleicht ein chromatisches Motiv sich in den tiefen Streichern dahin. Der Vorhang geht über einer Waldlandschaft auf. Es ist Herbst geworden. Ein früher Abend beleuchtet mit fahlem Licht die ferne Wartburg. Vor einem Marienbilde am Kreuzweg kniet Elisabeth. Wolfram kommt den Waldpfad herabgestiegen und lauscht. Die Stimmen der aus Rom heimkehrenden letzten Pilger erfüllen die Luft mit dem nun dankbar innigen Chor des Glaubens. Sie kommen näher, ziehen vorüber. Tannhäuser ist nicht unter ihnen. Kehrt er nie mehr zurück? Mit verzehrender Inbrunst erhebt Elisabeth ihr Gebet zum Himmel. ⑤

Es dunkelt. Wolfram bietet Elisabeth sein Geleit an. Doch stumm lehnt sie es ab. Lange verharrt der Ritter in der Betrachtung des herbstlichen Landes, über dem der Abendstern am Himmel aufgeht. ⑥

Aus dem nun nächtlich dunkelnden Walde taucht eine Gestalt auf, schleppt sich mit zerrissenem Gewande mühsam am Wanderstabe dahin. Entsetzt erkennt Wolfram den Verlorenen: Tannhäuser! Kehrt er ohne die Verzeihung des Papstes heim? Höhnisch beruhigt der Geächtete ihn: er suche die Burg nicht, nicht die einstigen Freunde. Nur noch eines will er: abermals den Weg finden, der ihn einst zum Venusberg führte. Voll Grauen fährt Wolfram zurück. Doch tiefes Mitleid rührt ihn an. Auf seine Bitten berichtet Tannhäuser seine Romfahrt. ⑦

Er erzählt von den unsagbaren Leiden und Entbehrungen, die er reumütig auf sich genommen, von seiner tiefen Zerknirschung, seinem heißen Sehnen nach Erlösung, und berichtet, wie der Papst, der allen anderen Verzeihung gewährte, ihn auf immer verdammt habe. So wie der Stab in seiner Hand nie wieder sich mit frischem Grün schmücken könne, so gäbe es keine Erlösung für den, der im Venusberg geweilt. Verstehe Wolfram nun, warum es nur noch ein einziges Ziel für ihn gebe? Zurück zu Venus! Die Musik deutet ihr Zauberreich an, flimmernde, sinnlich erregte Klänge unterstreichen den gespenstischen Schimmer, der aus der Tiefe des Waldes zu strahlen scheint. Wolfram ringt vergeblich mit Tannhäuser, sucht den Rasenden zurückzuhalten, der sich mit letzter Kraft in den verführerischen Glanz stürzen will. Die Musik glitzert, funkelt, lockt, bricht mit der noch fernen Stimme der Venus in sinnliche Melodie aus. Da hält Wolfram ihr mit verzweifelter Kraft einen Namen entgegen: Elisabeth! Tannhäuser, der sich schon losgerissen hatte, bleibt wie an den Boden gebannt stehen. Der zauberische Schein erlischt. Näherkommende Stimmen werden laut. Bald naht der Trauerzug, von Fackeln feierlich durch die Nacht geleitet: Elisabeths Sarg bildet seinen Mittelpunkt. Sterbend bricht Tannhäuser über ihrer Leiche zusammen. Aus seinem Wanderstabe brechen frische, grüne Blätter hervor. Gott hat das heiße Flehen Elisabeths erfüllt, gemeinsam empfängt er beider Seelen in seinem ewigen Reich.

Quellen: Wagner hat sein Tannhäuserdrama aus verschiedenen Quellen zusammengestellt. Eine davon ist das historische (oder pseudohistorische) Sängertreffen auf der Wartburg, das 1207 stattgefunden haben soll. (In deren Festsaal ist das Ereignis in einem großen romantischen Gemälde Moritz von Schwinds – Schuberts innigem Freunde – festgehalten.) Der Sage gemäß sollen dort tatsächlich viele der seinerzeit berühmtesten Minnesänger geweilt haben, darunter Wolfram von Eschenbach und Walther von der Vogelweide. (Dem ersteren ist die dichterische Bewahrung so mancher mittelalterlicher Legende zu verdanken, die Richard Wagner in seinen Werken verarbeitet hat.) Die historische Gestalt Tannhäusers ist von mancherlei Rätseln umgeben. Seine Gedichte waren sinnlich, von scharfer Ironie, sehr persönlich. Es heißt, daß er wegen eines Lobliedes auf Venus vom Papst exkommuniziert wurde. Heine faßte die Legenden um Tannhäuser dichterisch in der Art zusammen, daß er den Minnesänger als Geliebten der Liebesgöttin erscheinen läßt. Aus allen diesen Elementen – zuzüglich der rein historischen – hat Wagner sein Drama aufgebaut.

Textbuch: Wenn es wahr ist, daß Wagners Werke auch ohne Musik stärkste dramatische Wirkung üben müßten, so steht »Tannhäuser« bestimmt nicht an letzter Stelle. Hier ist der krasseste Gegensatz herausgearbeitet, den man sich nur vorstellen kann: die erotische, sinnliche Atmosphäre um die Liebesgöttin Venus gegen die keusche, tugendhafte aber in ihrer Art nicht weniger liebeerfüllte Welt Elisabeths; der weltliche Glanz des mittelalterlichen Fürstenhofes gegen die Einsamkeit des mit blutendem Herzen nach Rom pilgernden Sünders; die Zeitlosigkeit eines unirdischen Zaubergartens gegen die erblühenden Bäume eines irdischen Frühlingstags voll Vogelgezwitscher und Sonnenschein. Wieder, wie im »Fliegenden Holländer« steht die Erlösung eines Mannes durch die uneigennützige Liebe einer Frau im Vordergrund, ja, im Mittelpunkt. In beiden Fällen scheint ihr tiefstes Anliegen vergeblich. Der Papst selbst, höchste, unanfechtbare Autorität der mittelalterlichen Welt, hat Tannhäusers Erlösung für unmöglich gehalten. Doch Wagner gestaltet mit dichterischer Freiheit die wunderbare These, daß Gott größer sei als sein irdischer Stellvertreter. Auch sonst formt Wagner eine Reihe eigener Ideen, die in keiner einzigen seiner Vorlagen zu finden ist: darin besteht ein guter Teil seiner literarischen Bedeutung.

Musik: Die verschiedenen Ebenen, von denen wir sprachen, sind auch musikalisch äußerst klar gegeneinander abgegrenzt, besonders in der zweiten, der sogenannten »Pariser Fassung«. Besonders klar ist der Gegensatz zwischen der klaren Atmosphäre der Elisabeth-Welt und den chromatischen, sinnlichen Klängen des Reiches der Venus. Selbst im »Parsifal«, in dem eine ganz ähnliche Problemstellung nochmals in Wagners Schaffen auftauchen wird, mag deren Lösung zwar vielleicht künstlerisch reifer, aber kaum dramatisch wirksamer sein. Formal ist Wagner wieder um ein beträchtliches Stück seinem Ziel, dem Musikdrama nähergekommen. In »Tannhäuser« sind vereinzelt noch abgeschlossene Musikstücke zu finden: Tannhäusers Lied an Venus, das beinahe Leitmotivcharakter erhält, wenn es bei den erregten Szenen des Sängerkriegs wiederkehrt; Elisabeths »Hallenarie«, ihr Gebet, Wolfram von Eschenbachs »Lied an den Abendstern« u. a. Ob diese »Musiknummern« Konzessionen an das Publikum darstellen, das diesem Typus der Oper näherstand als dem Musikdrama, kann schwer beantwortet werden; auf jeden Fall war es zu Wagners Zeiten noch üblich, ja selbstverständlich, daß nach jedem wirkungsvollen Stück der Partitur Applaus gespendet wurde. (Wagner erwähnt in einem Brief an den Wiener Kritiker Eduard Hanslick anläßlich seines Besuchs in Dresden bei einer Aufführung des »Tannhäuser«, daß das Publikum nach jedem einzelnen der Gesänge des Wettkampfes im zweiten Akt Beifall gespendet habe.) Wie weit Wagner auf dem Wege zum Musikdrama vorgeschritten war, zeigt gerade der dramatische Wechselgesang dieser Szene, sowie die äußerst realistische »Romerzählung« Tannhäusers im dritten Akt, in der der Aricncharakter zugunsten einer reszitativischen, an wichtigen Stellen ins Ariose überhöhten Gesangs aufgegeben ist. Immer klarer wird auch Wagners Ziel, den Schwerpunkt der künstlerischen Gestaltung nicht mehr in die Singstimmen zu verlegen, sondern ins Orchester, das zu hoher Differenzierung und Ausdruckskraft herangewachsen ist.

Geschichte: Am 22. Juni 1842 schreibt Wagner auf dem Schreckenstein bei Aussig (damals Nordböhmen) den Prosaentwurf des »Tannhäusers« nieder, den er »Der Venusberg« nennt. Die Dichtung vollendete er an seinem dreißigsten Geburtstag (22. Mai 1843), nach anderer Version sechs Wochen vorher. Am 13. April 1845 liegt die Partitur fertig vor, am 19. Oktober dieses Jahres erfolgt unter der Leitung des Komponisten die Uraufführung an der Hofoper zu Dresden. Der Erfolg war nicht einhellig, so daß Wagner das Werk kleinen Änderungen unterzog; vor allem straffte er die Dramatik des Schlusses stärker, indem er Venus nochmals erscheinen ließ, bevor ihre Zauberkräfte endgültig vor der Totenbahre Elisabeths versagen. Tiefergreifend waren die Änderungen, die Wagner für die Pariser Aufführung vom 13. März 1861 vornahm; da nach der Gepflogenheit der dortigen Grande Opéra jedes Opernwerk ein Ballett enthalten mußte, so bequemte Wagner sich, für die ihm außerordentlich wichtige »Eroberung« der von ihm als feindlich empfundenen Stadt Paris ein solches einzulegen. Er tat es durch Ausbau des Venusbildes, wo nun, in der »Pariser Fassung« zu neukomponierter Musik längere Tanzszenen vorkommen, die dramatisch wie stimmungsmäßig voll in die Handlung integriert erscheinen. Trotzdem endete auch dieser Kontakt mit der französischen Hauptstadt negativ. Napoleon III. hatte auf Betreiben der Fürstin Pauline Metternich Mitte März 1860 den Befehl zur Aufnahme des Wagnerwerkes in den Spielplan seines repräsentativen Theaters gegeben. Es verging ein Jahr bis zur Premiere, die in einem Meer von Protesten, Pfiffen, Schreien unterging. Der »Jockeyclub« hatte, aus welchen Gründen immer, ein beträchtliches Maß an Schuld bei diesem Vorfall. Wagner zog sein Werk nach der dritten Aufführung am 25. März 1861 zurück. Ansonsten aber gehört gerade »Tannhäuser« zu den volkstümlicheren, rasch verbreiteten Werken des Dichter-Komponisten.

Lohengrin

Große romantische Oper in drei Aufzügen. Dichtung von Richard Wagner.
Originalsprache: Deutsch
Personen: Heinrich der Vogler, deutscher König (Baß), Lohengrin (Tenor), Elsa von Brabant (Sopran), Herzog Gottfried, ihr jüngerer Bruder (stumme Rolle), Friedrich von Telramund, Graf von Brabant (Bariton), Ortrud, seine Gattin (Mezzosopran), der Heerrufer (Baß oder Bariton), Edle, Kriegsleute, Frauen.
Ort und Zeit: In Antwerpen und an dem der Stadt benachbarten Ufer der Schelde; erste Hälfte des 10. Jahrhunderts.
Handlung: Das herrliche Vorspiel führt uns mit seinen ätherischen, überirdisch-lichten Streicherklängen in die geheimnisvolle Welt des Grals. ①
Über die Bedeutung dieses Wortes möge der Leser bei »Parsifal« nachschlagen. Hier genüge der Hinweis, daß es nach mittelalterlichem Glauben eine nie genau geortete Ordensburg (oder mehrere?) gab, wo eine Ritterrunde sich um die heilige Schale, den Gral, sammelte, in der Jesus den Wein beim letzten Abendmahle kredenzte und in die sein Blut vom Kreuz geflossen sein soll. Ein solcher Gralsritter, ja sogar sein König soll Parsifal gewesen sein; sein Sohn Lohengrin wird von Wagner zum Helden der hier zu besprechenden Oper gemacht. Ihre Aufgabe – bei deren Erfüllung sie von überirdischen Kräften unbesiegbar gemacht wurden – bestand in der Verteidigung des Rechts und der Bekämpfung alles Bösen auf der Welt.
Beim Aufgehen des Vorhangs befinden wir uns am Ufer der Schelde. Die Edlen und das Volk von Brabant haben sich zusammengefunden; Heinrich, der deutsche König, ist gekommen,

die Stämme zum Kampfe gegen die Ungarn aufzubieten. Mit Schmerz sieht er, wie Bruderzwist die Brabanter trennt. Friedrich von Telramund klagt die Thronerbin Elsa des Brudermordes an. Er sagt aus, man habe sie mit ihrem jüngeren Bruder in den Wald gehen und allein zurückkehren sehen. Seit damals sei Gottfried verschwunden. Der König hört die Klage an und schickt nach der Beklagten. Elsa erscheint. Verwundert blickt die Menge auf sie: es ist, als weile ihr Geist ferne. Und auf die furchtbare Anklage hat sie keine andere Antwort als die Erzählung eines wundersamen Traumes ②.

Telramund ist bereit, die von ihm erhobene Anklage mit dem Schwert zu vertreten. Wer will Elsas Verteidigung übernehmen? Im weiten Rund hebt sich keine Hand: Telramunds Redlichkeit, aber auch seine Stärke sind bewährt. So muß nach altem Brauch der Ruf zum »Gotteskampf« in alle Himmelsrichtungen ergehen. Elsa ist niedergekniet; vertrauensvoll harrt sie im Gebet des Ritters, den der Traum ihr gezeigt hat. Dem Gottgesandten bietet sie ihr Erbe, die Krone und ihre Hand. Die Trompeten erschallen, der Herold ruft nach einem Verteidiger Elsas. Während die Menge in höchster Spannung verharrt, werden Rufe am Ufer laut. Auf dem Flusse naht, von einem Schwan gezogen, in kleinem Boote ein Ritter in strahlender Silberrüstung. Alles ist so, wie Elsa es in ihrem Traum erschaut hatte. Langsam nähert sich die seltsame Erscheinung dem Ufer. Der Ritter betritt das Land, verabschiedet zärtlich den Schwan. Dann verneigt er sich ehrerbietig vor dem König und tritt auf Elsa zu mit der Frage, ob sie ihm ihre Verteidigung im Gottesurteil, im Zweikampf mit Telramund anvertrauen wolle. Eine einzige Bedingung stellt der Fremde: »Nie sollst du

mich befragen, noch Wissens Sorge tragen, woher ich kam der Fahrt, noch wie mein Nam' und Art!« ③
(Dieses Leitmotiv des Frageverbots wird im weiteren Verlauf des Dramas eine entscheidende Rolle spielen.) Der Kampfplatz wird abgesteckt, als Elsa ihre Zustimmung gegeben hat. Der König entsendet eine feierliche Bitte um Gerechtigkeit zum Himmel. ④
Erregte Spannung der Menge folgt dem Kampf. Der fremde Ritter besiegt Telramund, doch schenkt er ihm, gegen den Brauch der Zeit, das Leben. In den begeisterten Jubel des Volkes, über den sich die nun vereinten Stimmen des Fremden und Elsas strahlend erheben, mischt sich der dunkle, Unheil verheißende Kontrapunkt Telramunds und seiner in Zauberkünsten erfahrenen Gattin Ortrud. Im Triumphzug werden der Ritter und seine künftige Gattin Elsa von Brabant zum Palaste geleitet.
Im Burginneren spielt, zur Nachtzeit, der zweite Akt. Auf den Stufen der Freitreppe liegen Ortrud und Telramund, geächtet und verstoßen. Doch während der Graf seinen tiefen Fall aufrichtig beweint, läßt seine Gattin nicht ab, auf Rache zu sinnen. Sie, die Erbin eines alten Fürstengeschlechts, hat den ehrgeizigen Wunsch, einst über Brabant zu herrschen, nie aufgegeben. Ihr Werk war Telramunds Klage gegen die unschuldige Elsa. Sie rüttelt ihren gebrochenen Gatten auf: sei er wirklich so sicher, von einem Gottgesandten besiegt worden zu sein? Sei es nicht viel eher ein Zauberer? Hätte Telramund ihm nur einen Finger verletzt, so wäre der Zauber dahin gewesen! Mit steigendem Interesse hört der Graf zu, die Macht Ortruds über ihn ist außerordentlich. Schließlich erreicht das ehrgeizige Weib, daß Telramund den Kampf noch nicht verloren gibt. Im Palaste wird ein Fenster geöffnet, Elsa, versunken in den Anblick des Sternenhimmels, dankt Gott für die wunderbare Rettung. Ortrud unterbricht ihre glücklichen Gedanken. Sie stellt sich unterwürfig, gedemütigt, vernichtet. Elsa eilt hinab, um ihr die Türe zu öffen. Ortruds Racheschwur steigt drohend auf. Doch Elsa gegenüber verwandelt sie sich neuerdings in die flehende Bittstellerin, ja in die besorgte Freundin. Vielleicht könnten ihre magischen Künste Elsa einmal nützlich sein? Wisse sie denn, wessen Gattin sie werden solle? Elsa weist jeden Verdacht weit von sich. Rein ist ihr Herz, rein ihre vertrauensvolle Liebe zu dem Manne, den Gott ihr gesandt hat. Nur Mitleid fühlt sie mit Ortrud, die so Hohes nie gefühlt habe: »Laß zu dem Glauben dich bekehren: es gibt ein Glück, das ohne Reu' ...« Langsam dämmert der Morgen. Helle Trompeten rufen zum Tagwerk. Der Herold verkündet das Urteil des Königs: Telramunds Verbannung, das Verbot, ihm Obdach zu gewähren. Der fremde Ritter weist den ihm gebotenen Titel eines Herzogs von Brabant zurück, nur »Beschützer« will er genannt werden. Heute werde er seine Hochzeit mit Elsa halten, am nächsten Tage aber bereit sein, das Heer gegen die Ungarn zu führen. Der Hochzeitszug ordnet sich im großen Hofe des Palastes, während Telramund mit verdecktem Antlitz einige Edelleute zu überzeugen sucht, daß der Fremde ein Zauberer sei und im Gottesurteil zu Unrecht gesiegt habe. Als der feierliche Zug ans Kirchenportal gelangt, stellt Ortrud sich ihm mit herrischer Gebärde entgegen. Mit heftigen Worten greift sie den Fremden an, dessen Ursprung, dessen Namen niemand erfahren dürfe. Stolz antwortet der Ritter: nicht einmal dem König würde er sein Geheimnis enthüllen. Nur Elsa hätte das Recht, ihn zu fragen. (Das Orchester erinnert Elsa mit dem »Leitmotiv des Verbots« daran, daß sie diese Frage nicht stellen soll.) Sie vertraut ihrem Ritter – trotz eines kleinen Zweifels, den Ortrud doch in ihr Herz zu säen verstand – und Hand in Hand mit ihm setzt sie den Zug in die Kirche fort, von den Edlen gefolgt. Nur Ortruds Blicke und das dumpfe Rumoren des Verbotsmotivs im Orchester deuten an, daß das Glück des jungen Paares bedroht werden könnte.
Der dritte Aufzug hat ein freudiges, festliches Vorspiel, das den Jubel des Volks und das feste Vertrauen im Herzen des neuen Paares schildert. Unter den Klängen des so berühmt gewordenen Hochzeitsmarsches geleitet der Brautzug Elsa und den fremden, gottgesandten Ritter in das eheliche Schlafgemach ⑤. Langsam verlöschen die Lichter und die Stimmen verstummen im Palast. Das Paar ist allein, »zum ersten Mal allein, seit wir uns sah'n«. Ein inniges Liebesduett erblüht, voll Wohlklang und romantischer Melodie, die über weite Strecken einen fast italienischen Belcantoschmelz annimmt ⑥. Es ist, genau genommen, Wagners erstes großes Liebesduett: noch fern von der Liebestod-Mystik Tristans und Isoldes, weit weg vom verheerenden Liebesrasen der Wälsungenkinder Siegmund und Sieglinde (»Die Walküre«). Es ist die innige Herzenszuneigung zweier Menschen, die,

Feierlich

④ Mein Herr und Gott, nun ruf' ich dich!

KÖNIG

Mäßig bewegt

⑤

Sehr ruhig

⑥ Das süsse Lied verhallt; wir sind allein. Zum ersten Mal allein, seit wir uns sah'n

LOHENGRIN

Noch etwas langsamer

⑦ Fühl' ich zu dir so süss mein Herz entbrennen, ath'me ich Wonnen, die nur Gott verleiht;

ELSA

Langsam

⑧ In fernem Land, unnahbar euren Schritten liegt eine Burg, die Monsalvat genannt,

LOHENGRIN

füreinander bestimmt, vom Schicksal zusammengeführt wurden ⑦.

Doch Ortruds abgründiger Haß hat in Elsas unschuldiger Seele einen Stachel hinterlassen. Immer angstvoller befassen die Gedanken der jungen Frau sich mit der geheimnisumwitterten Herkunft ihres Gatten. Verschweigt er ein entsetzliches Geheimnis? Wäre es so, sie trüge es treu mit ihm bis zum Tode. Oder ist sein Rang nicht hoch, nicht edel genug, so daß er ihn verbergen müsse? Ihre Gedanken bohren und bohren, ihr Mund sucht sie schonungsvoll auszusprechen, voll Vertrauen und unerschütterlicher Zuneigung. Der Fremde beruhigt sie, nichts von alledem träfe bei ihm zu: »Denn nicht komm ich aus Nacht und Leiden, aus Glanz und Wonne komm ich her!« bekennt er. Doch diese Gewißheit beruhigt sie nicht. Im Gegenteil: werde er sich dann nicht, ihrer überdrüssig, eines Tages zurücksehnen nach jenem Glanz, jenen Wonnen, die sie ihm vielleicht nicht würde geben können? Und immer enger, wie unter grausamem Zwang, kreisen nun Elsas Gedanken um das unverständliche Gebot. Bilder bedrängen sie wie im Fieberwahn, – bis sie endlich die verhängnisvolle Frage stellt. Doch ehe der Ritter antworten kann, wird Lärm vernehmbar. Telramund dringt mit vier Bewaffneten ein, um den Fremden zu töten. Von Lohengrins Schwert getroffen, stürzt Telramund tot zu Boden, die anderen fliehen. Tiefe Stille breitet sich von neuem über das Gemach. Aber es ist nicht mehr die Stille des Glücks. Im Orchester wogen noch Erinnerungen des Liebesduetts, aber sie sind wie zerbrochen, verzerrt, ihrer Süße beraubt. Der Ritter hat sich erhoben. Nicht vor Elsa allein, vor dem König und dem Volke wird er die Frage beantworten, die ihr Glück auf immer zerstörte. Fahles Morgenlicht fällt durch die Fenster.

Das letzte Bild spielt wie im ersten Akt am Flußufer. Im Morgengrauen werden kriegerische Märsche laut. Das Volk in Waffen erwartet seinen Anführer. Doch der Jubel verstummt, als der fremde Ritter so ernst und anklagend in die Mitte tritt. Die erste Klage lautet gegen Telramund, der ihn zur Nachtzeit überfiel. Niemand zweifelt am Recht der Notwehr, das der Ritter geübt. Die zweite Klage ist schwerer: Elsa hat die verbotene Frage gestellt. Sie zu beantworten sei er nun hier. Und stumm vor Staunen vernimmt die Menge die »Gralserzählung«. ⑧

»Im fernen Land, unnahbar Euren Schritten, liegt eine Burg, die Montsalvat genannt; ein lichter Tempel stehet dort inmitten, so kostbar, als auf Erden nichts bekannt; drin ein Gefäß von wundertät'gem Segen wird dort als höchstes Heiligtum bewacht: es ward, daß sein der Menschen reinste pflegen, herab von einer Engelschar gebracht; alljährlich naht vom Himmel eine Taube, um neu zu stärken seine Wunderkraft. Es heißt der Gral, und selig reinster Glaube erteilt durch ihn sich seiner Ritterschaft. Wer nun dem Gral zu dienen ist erkoren, den rüstet er mit überird'scher Macht, an dem ist jedes Bösen Trug verloren, wenn er ihn sieht, weicht dem des Todes Nacht. Selbst wer von ihm in ferne Land' entsendet, zum Streiter für der Tugend Recht ernannt, dem wird nicht seine heil'ge Kraft entwendet, bleibt als sein Ritter dort er unerkannt. So hehrer Art doch ist des Grales Segen, enthüllt – muß er des Laien Auge fliehn; des Ritters drum sollt Zweifel ihr nicht hegen, erkennt ihr ihn, so muß er von euch ziehn. Nun hört, wie ich verbot'ner Frage lohne: Vom Gral ward ich zu euch daher gesandt. Mein Vater Parzival trägt seine Krone, sein Ritter ich – bin Lohengrin genannt.«

Tiefe Bewegung bemächtigt sich der auf dem weiten Platz Versammelten, während Lohengrin, wie entrückt, seine Erzählung endet. Das Orchester strahlt und glänzt in A-Dur, der – wie oft behauptet wird – »hellsten«, »himmlischesten« aller Tonarten, so als male es in Tönen den fernen, wunderbaren Tempel des Grals. Dann nimmt Lohengrin traurigen Abschied von Elsa, die ihn vergeblich zurückzuhalten sucht: kein Gralsritter darf dessen Gebote übertreten. Auf dem Fluß kommt still der Schwan gezogen. Doch nicht schutzlos will Lohengrin Elsa zurücklassen. Er kniet nieder und bittet Gott um ein Wunder. Da naht eine Taube (das Symbol des Heiligen Geistes) und ersetzt den Schwan vor dem Nachen. An dessen Stelle aber steigt der junge Gottfried, Elsas verschwundener Bruder, ans Ufer. Er hat seine Ausbildungszeit in der Gralsburg vollendet, nun wird er herrschen über Brabant, gütig und gerecht. Lohengrin besteigt den Kahn, der, von der Taube gezogen, langsam den Blicken der erschütterten Menge entschwindet. Elsa stürzt tot in die Arme ihres Bruders.

Quellen: Die Sage vom heiligen Gral – der Schale, aus der beim letzten Abendmahl Jesus den Wein trank und in die sein Blut bei der Kreuzigung floß – ist im Mittelalter oft und in verschiedenster Form bearbeitet worden. Wagner dürfte vor allem die Fassung Wolfram von Eschenbachs gekannt haben. Die Brüder Grimm gaben im Jahre 1816 eine Konrad von Würzburg zugeschriebene und »Der Schwanenritter« benannte Version heraus. Aber der Wagnerschen Dichtung am ähnlichsten ist der sogenannte »Bayerische Lohengrin«, ein mittelalterliches Manuskript, das 1813 von dem Philologen Görres herausgegeben wurde. Aus ihm scheint Wagner die Namen genommen zu haben; dort kommt Elsa vor, Herrscherin von Brabant und Limburg, der Ritter heißt Loheraugin, ist Sohn Percevals (was auf den französischen Ursprung dieser Fassung deuten könnte) und Ritter der »Table ronde«, des Gralsordens. Auch Friedrich von Telramund und der deutsche König Heinrich der Vogler erscheinen in dieser mittelalterlichen Sage.

Textbuch: Wagner fand oftmals nahezu das gesamte Material seiner Werke in mittelalterlichen Quellen vor; aber seine dichterische Kraft ist darum nicht weniger bewundernswert. Ja, gerade in der Umdeutung der oftmals primitiven Sagen und Legenden, in ihrer dramatischen Verknüpfung und Ausbeutung liegt seine Stärke. Vielfach sind alle äußeren Begebenheiten in alten mittelhochdeutschen Chroniken aufgezeichnet, aber Wagner unterlegt manchen erst die Idee, die sie zum überzeitlichen Drama werden läßt. Lohengrins großer Gegenspieler ist nicht Telramund, sondern Ortrud, die von ihrer Zauberkraft wahrhaft Besessene, die Erbin uralter Runenweisheiten; dadurch wird das Drama in der Sicht Wagners beinahe zu einer Konfrontation zwischen Heiden- und Christentum. »Lohengrin« ist eine grosse Dichtung Wagners; es gibt keine Szene, die nicht voll Poesie und dramatischem Leben wäre, die Sprache ist edel und schön. Wieder ist Wagner ein Meister der Kontraste: der Welt des Glaubens steht die des Unglaubens, Aberglaubens gegenüber, dem hellen Gral (der hier noch nicht die oft dunkle Mystik der »Parsifal«-Welt besitzt) das abgründige Mißtrauen, der Zauberspuk, die Zerstörungssucht. Zum echten Diener wird Wagner auch dort, wo er die Unverletzbarkeit dessen hervorhebt, der mit tiefem Glauben, mit voller Überzeugung kämpft, und dort, wo er das Vertrauen als das festeste Band schildert, das Menschen einen und verbinden kann.

Musik: »Lohengrin« ist eine romantische Oper, ja vielleicht der Höhepunkt der deutschen romantischen Oper überhaupt. Aber er ist zugleich ein Musikdrama. Wie im »Tannhäuser« gelingt es Wagner auch hier, zwei gegensätzliche Welten musikalisch abzugrenzen: die lichte Reinheit des Gralsritters und die dunkle Zauberwelt Ortruds. Die Gestalt Lohengrins ist von mystischen Klängen umflossen, die den Abgesandten überirdischer Mächte prachtvoll charakterisieren; ihre Eigenart liegt vor allem in der Instrumentation. Wagner verwendet hier mehrfach geteilte, sehr hoch liegende Geigenakkorde. Oftmals haben Hörer behauptet, bei diesen Klängen einen hellblauen, himmelblauen Eindruck gehabt zu haben. Wir wollen hier dem Problem des »Farbenhörens« nicht nachgehen, aber daß die Lohengrin-Klänge – vielleicht in ihrer Verbindung höchster Geigentöne mit der »hellen« Tonart A-Dur – den Eindruck strahlenden Lichts, aber auch geheimnisvoller, erdentrückter Ferne (des Grals!) hervorrufen, steht wohl außer Zweifel. Die Idee des Leitmotivs hat in dieser Oper neuerliche Fortschritte gemacht. Das Thema des Frageverbots ist hier bereits so verwendet wie die Leitmotive im »Ring des Nibelungen«. Es ist beim leisesten Zweifel Elsas gegenwärtig und wird dramatisch gesteigert bis zum tragischen Augenblick, in dem die Frage ausgesprochen wird; hier zerbricht es folgerichtig, und nur noch die Erinnerung daran wird, wie gespenstisch, aus dem Orchester auftauchen. In der Führung der Massenszenen zeigt Wagner, daß er der »grande opéra« alles abgelauscht hat, was ihm geeignet schien; das Leben, das er ihnen einhaucht, ist aber stets sein eigenes.

Geschichte: Fast alle Wagnerschen Stoffe reifen langsam, oft in vielen Jahren der Entwicklung im Bewußtsein und Unterbewußtsein des Meisters. So auch »Lohengrin«. Um das Jahr 1841 lernt er in Paris die Schrift von C.T.L. Lucas »Über den Krieg von Wartburg« kennen, in der auch die Lohengrin-Sage erwähnt wird. 1845 liest er in Marienbad, wo auch die ersten Gedanken zu den »Meistersingern von Nürnberg« in seinem Kopf auftauchten, die von dem bedeutenden Philologen J. Görres herausgegebene, kommentierte Fassung dieser Sage. Noch im gleichen Jahr entsteht der Prosaentwurf, der allen seinen Dichtungen vorausgeht, und im Herbst die Dichtung selbst. Die Komposition gilt am 30. Juli 1846 in der Skizze als vollendet. 1847 erfolgt die musikalische Arbeit, die Partitur wird am 1. Januar 1848 begonnen und schon vier Monate später, am 28. April, beendet.

Über den Zeitpunkt, zu dem der Komponist dem Freunde Liszt das vollendete Werk in die Hand legte, gehen die Meinungen auseinander; wahrscheinlich aber geschah dies, bevor Wagner auf der Flucht vor der Polizei im Mai 1849 zu Liszt nach Weimar kam. In dieser Stadt, wo er Leiter des herzoglichen Musiklebens war, dirigierte Liszt »Lohengrin« bei einer Feier zu Goethes Geburtstag erstmals am 28. April 1850. Wagner, der zu jenem Zeitpunkt politisches Asyl in der Schweiz gefunden hatte, reiste von seinem Wohnsitz Zürich mit seiner Gattin Minna nach Luzern und verfolgte in Gedanken von der Terrasse des Gasthauses »Zum Schwan« (worin er ein Symbol von besonderer Bedeutung sah) die Geschehnisse im fernen Weimar. Erst viel später stellte sich heraus, daß er sich über die zeitliche Ausdehnung der Akte und Musikstücke seines Werkes völlig falsche Vorstellungen gemacht hatte – oder daß Liszt alle Tempi viel zu langsam nahm. Schneller als irgendein anderes seiner Werke verbreitete »Lohengrin« sich über Deutschland und bald auch, manchmal in Übersetzungen, in andere Länder. Wagner selbst hörte den »Lohengrin« erstmals am 11. Mai 1861 in der Wiener Hofoper, fast elf Jahre nach der Uraufführung. Er ahnte dabei noch nicht, daß ungefähr zur gleichen Zeit der Thronerbe Bayerns dieses Werk in München erlebte und tief beeindruckt war; und schon gar nicht, daß diese wahre Verzauberung des Jünglings Ludwig zu unvorstellbaren Veränderungen, ja beinahe ungeahnten Triumphen im Leben Wagners führen sollte.

Tristan und Isolde

Das Werk trägt keinerlei Untertitel, lediglich den Zusatz: »In drei Aufzügen«.
Originalsprache: Deutsch
Personen: Tristan (Tenor), König Marke, sein Oheim (Baß), Isolde (Sopran), Kurwenal, Tristans Schildträger (Bariton), Melot, Höfling Markes (Tenor), Brangäne, Dienerin und Vertraute Isoldes (Mezzosopran oder Sopran), ein Hirt (Tenor), ein Steuermann (Bariton), die Stimme eines jungen Seemanns (Tenor), Seeleute, Ritter, Frauen.
Ort und Zeit: Der erste Akt auf einem Schiff während der Überfahrt von Irland nach Kornwall, der zweite im Park von Markes Königsschloß in Kornwall, der dritte auf Tristans verlassener Burg in Kareol (Bretagne), in einem legendären, sehr frühen Mittelalter.
Handlung: Das Vorspiel ist musikgewordene Sehnsucht, klangerfüllte Liebesleidenschaft. Bücher sind über dieses Vorspiel, ja über seinen ersten Akkord geschrieben worden, über dessen Symbolkraft, über seine mehrdeutige harmonische Stellung, über seine innere Spannung, über seinen dichterischen Gehalt. Zweifellos ist »Tristan und Isolde« die sinnlichste, aufwühlendste, von stärkster Erregung durchglühte Liebesmusik, die bis dahin – oder vielleicht jemals – geschrieben wurde. Sie mußte, um ihren ungeheuren Inhalt ausdrücken zu können, gewaltige harmonische Neuerungen einführen, ja selbst eine gänzlich neue melodische Idee schaffen. Die Chromatik, die Wagner hier verwendete, öffnete der Musik vollkommen neue Gefilde und ungeahnte Ausdrucksmöglichkeiten, aber sie bedeutete einen gewaltigen Schritt hin zur Auflösung der Harmonie, der Tonalität und ihrer Beziehungen. Wagner benutzt die Chromatik in erster Linie zur Darstellung der unerfüllten, ewig unerfüllbaren Liebessehnsucht; er drückt die Seelen-, aber auch die körperliche Qual des »Sich-Sehnens und Sterbens« aus. Die Wagnerforschung hat jedem der hier vorkommenden Motive Namen gegeben, aber es wäre falsch, sie nun gewissermaßen als starre Bausteine zu betrachten. Ihre Bedeutung fließt ebenso wie ihre musikalische Verwendung, mit äußerster Geschmeidigkeit – so wie im menschlichen Fühlen, Wissen und Handeln nichts starr bleibt, sondern unaufhörlichen Verschiebungen und Wechselwirkungen unterworfen ist. Wagner arbeitet mit diesen Motiven (die nach seinem Tode den Namen »Leitmotive« erhielten) wie ein Sinfoniker mit den Themen: er verbindet sie, löst sie, läßt sie zusammenstoßen, sich vermählen oder trennen. Wie symbolhaft die Motive hier verwendet werden, möge an einem einzigen Beispiel aufgezeigt werden: In »Tristan und Isolde« bilden Liebe, Nacht und Tod einen einzigen Komplex, es sind drei Aspekte der gleichen Idee. Und so ist auch ihre musikalische Welt die gleiche.
Das Vorspiel beginnt mit dem Motiv, das die ganze Liebesqual in sich zu schließen scheint, ein Sehnsuchtsmotiv von vieldeutigem harmonischem Aufbau. ① Mit den letzten Noten formt Wagner ein neues Motiv, kaum weniger sehnsüchtig als das erste. ② Er verbindet dieses mit einem dritten, das später in dem langen, stummen Einander-in-die-Augen-blicken des Paares

seine stärkste Verwendung findet (und darum oft als »Blick-Motiv« bezeichnet wird). ③ Dieses Vorspiel ist eine sinfonische Dichtung. Jedes Motiv, jede Phrase hat eigenes Leben, eigene Bedeutung. Es erreicht einen gewaltigen Höhepunkt, als brause ein Sturmwind der Leidenschaft über uns hinweg. Dann ebbt es langsam wieder ab, mündet in die sehnsüchtige Stimmung des Beginns und endet in einer dunklen Phrase der Bässe und Celli.

Der Vorhang geht auf. Auf dem Deck eines Schiffes reist in einem prunkvollen Gemach die irische Prinzessin Isolde nach Kornwall, wo sie dem alternden König Marke angetraut werden soll. Sie ist schön und jung, von strahlender, hoheitsvoller Fraulichkeit. Doch düstere Schatten scheinen ihre Seele zu umschweben, unruhig fühlt sie die Stunden fliehen, das fremde Land näherrücken. Verzweiflung bemächtigt sich ihrer (das Orchester schildert ihre Qual stärker als Worte dies vermöchten); vergebens bemüht sich ihre treue Begleiterin Brangäne, den Grund zu erfassen. Ein junger Seemann singt, auf irgendeinem unsichtbaren Mast, ein Lied an ein irisches Mädchen. Isolde fährt auf: Gilt es ihr? Höhnt man sie? Brangäne sucht sie zu beruhigen. Doch Isolde scheint immer stärker gegen ein quälendes Gefühl anzukämpfen. Auf ihre Frage, wo sich das Schiff jetzt befinde, kündet ihr Brangäne, daß sich von ferne schon Kornwalls Küste zeige. Nein! Nein!! Niemals! Mögen die Elemente sich diesem verhaßten Ziel entgegenstemmen! Verzweifelt befragt die Vertraute ihre Herrin nach dem Grund ihrer Unruhe. Doch diese blickt mit einem seltsamen Ausdruck durch einen Spalt des Vorhangs zu dem Mann auf der Brücke, der ruhig und sicher das Steuer führt: Der Dienerin unverständlich singt sie eine düstere Vorahnung. ④

»Mir erkoren, mir verloren, – hehr und heil, kühn und feig! Todgeweihtes Haupt! Todgeweihtes Herz!« Den Brangäne für einen unvergleichlichen Helden hält, den bezichtigt Isolde nun, ängstlich ihrem Blicke auszuweichen. Und doch: sie will, daß er zu ihr komme, seine künftige Königin grüße. Mit dieser Botschaft eilt Brangäne zu Tristan. Der weicht mit höflichen Worten aus, er könne das Steuer nicht im Stich lassen, doch diene er in jedem Augenblick seiner Herrin Isolde. Es ist offenkundig ein Vorwand, denn das Meer liegt ruhig und glatt. Und Tristan fügt, verwirrend für die Dienerin, hinzu, Isolde sei »der Frauen höchste Ehr«: warum erfüllt er deren Wunsch dann nicht, zu ihr gehen? durch Brangänes Kopf schwirren in diesem Augenblick wohl vielerlei Gedanken, sie verbindet Tristans Ausflüchte mit Isoldes dunklen Worten, die Vorgänge aus der Vergangenheit beschwören. Doch sie muß ihren Auftrag erfüllen, und so übermittelt sie wörtlich Isoldes Auftrag: »Befehlen ließ dem Eigenholde Furcht der Herrin sie, Isolde.« Das ist verwegen, denn Tristans Stellung im Reiche König Markes ist wahrlich nicht die eines Vasallen, eines Untergebenen. Bevor er selbst antworten kann, ist Kurwenal aufgesprungen, sein Schildträger und treuer Gefährte: »Darf ich die Antwort sagen?« »Was wohl erwidertest du?« fragt Tristan ihn sehr ruhig. Und Kurwenal nimmt kein Blatt vor den Mund: »... Wer Kornwalls Kron und Englands Erb an Irlands Maid vermacht, der kann der Magd nicht eigen sein, die selbst dem Ohm er schenkt ...« Tristan will diesen Worten wehren, doch Kurwenal bricht in das Spottlied aus, in das alle Männer an Bord wild begeistert einfallen: »Herr Morold zog zu Meere her, in Kornwall Zins zu haben; ein Eiland schwimmt auf ödem Meer, da liegt er nun begraben! Sein Haupt doch hängt im Irenland, als Zins gezahlt von Engeland ...« Im Gemach hat Isolde sich mit verzweifelter Gebärde abgewendet: die alte Wunde bricht wieder auf, ihr Verlobter Morold, der gegen die Engländer in den Kampf zog und von Tristan erschlagen wurde ... Brangäne taumelt ihr zu Füssen. Da öffnet Irlands Prinzessin die geheimsten Kammern ihres Herzens und schildert der getreuen Dienerin die Ursache ihres tiefen Schmerzes. Es sind längst vergangene, vergessen geglaubte Ereignisse, die ans Licht kommen: der Tod des Verlobten, dessen abgeschlagenes Haupt ihr überbracht wurde. Aber, und fast schlimmer noch, wie nach dem Kriege ein erschöpfter, verwundeter Mann in kleinem Boot nach Irland kam; wie Isolde ihn, trotz seiner Verstellung und des angenommenen Namens »Tantris« erkannte. Wie sie ihn, den Feind ihres Landes, den Mörder ihres Verlobten, gesund pflegte. Wie sie eines Tages, um das Geschehene zu rächen, mit dem Schwerte vor seinem Lager stand, aber wie Tantris-Tristan nicht auf das Schwert, sondern lange in ihre Augen blickte, bis die Waffe ihr entfiel. Wie Jahre später der gleiche Fremde zurückkehrte, um ihre Hand für seinen Oheim, den König Marke zu erbitten. Immer noch versteht Brangäne den aufgewühlten Schmerz der Herrin nicht. Sie

①

Langsam und schmachtend

②

③

④

Tod-ge-weih-tes Haupt!
ISOLDE

⑤

Langsam

⑥

Sehr lebhaft

⑦

Mäßig langsam
O sink' her-nie-der, Nacht der Lie- be....
TRISTAN

⑧

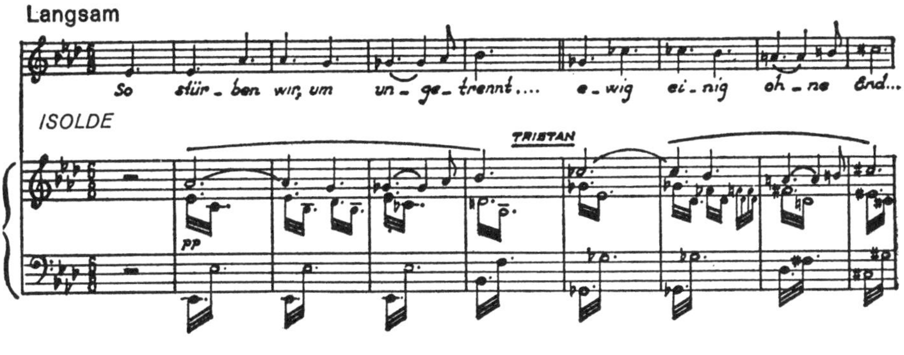
Langsam
So stür-ben wir, um un-ge-trennt.... e-wig ei-nig oh-ne End...
ISOLDE
TRISTAN

sieht keinerlei Erniedrigung ihrer Herrin in Tristans Benehmen. Ist Marke kein großer und edler Herrscher? (Das Orchester drückt hier, wie stets bei Wagner, mehr als die Worte aus. Es schildert Isoldes Liebessehnsucht, während ihr Mund sie noch verschweigt; es malt die Dramatik des Blicks und seine tiefe Bedeutung, wo Isolde nur die Tatsache erwähnt.) Doch starr vor sich hinblickend, spricht Isolde die Worte: »Ungeminnt den hehrsten Mann stets mir nah' zu sehen ...« Langsam ahnt Brangäne ihrer Herrin Leid. Sie erinnert Isolde an die Zaubertränke, die die Mutter ihr ins ferne Land mitgegeben habe; zudem – wo lebe ein Mann, der Isolde sähe und sie nicht liebe? Kurwenal unterbricht das Gespräch: das Land sei nahe, Isolde solle sich bereitmachen. Doch die Prinzessin weigert sich. Zuerst solle Tristan vor ihr erscheinen. Eine alte Schuld gälte es zu begleichen. Als der Schildträger gegangen ist, bemächtigt sich Isoldes ungeheure Erregung. Sie läßt Brangäne den Schrein mit den Zaubertränken bringen. Welchen? fragt die Dienerin bebend. Isolde bezeichnet den Trank, den sie erwählt hat: den Todestrank. Hoheitsvoll erinnert Isolde die erschütterte Dienerin an deren eigene, kurz vorher gesprochenen Worte: »Kennst du der Mutter Künste nicht? Wähnst du, die alles klug erwägt, ohne Rat in fremdes Land hätt' sie mit dir mich entsandt? Für Weh und Wunden gab sie Balsam, für böse Gifte Gegengift. Für tiefstes Weh, für höchstes Leid gab sie den Todestrank ...« Tristan naht, tritt in das Zelt. Lange, in höchster Spannung und ohne ein Wort zu sprechen, stehen Tristan und Isolde einander gegenüber. Das Orchester aber wogt und ist wie zum Zerreißen mit Erregung geladen. ⑤

Endlich nimmt Isolde das Wort: Ob Tristan noch des Todes Morolds gedenke, fragt sie. Wurde nicht Friede geschlossen hernach? entgegnet Tristan. Doch Isolde wehrt ab, erinnert Tristan an seine Tantris-Verstellung, an das gezogene Schwert, mit dem sie vor seinem Krankenlager stand. Tristan zieht sein Schwert, überreicht es Isolde, erwartet den Schlag. Doch Isolde hat andere Sühne vorbereitet. Auf ihren Wink bringt Brangäne den Pokal. Und mit einem dunklen Trinkspruch voll Todesahnung setzt Tristan ihn an die Lippen, leert ihn fast bis zum Grunde. Doch Isolde entreißt ihm den Becher, trinkt den Rest. Stumm blicken sie einander an und erwarten den Tod. Doch der Trotz in ihren Augen weicht steigender Liebesglut, sie fassen sich wie im Krampfe ans Herz, suchen einander mit dem immer feuriger werdenden Blick. Dann stürzen sie einander in die Arme, weltvergessen, weltverloren für immer. Rufe ringsumher verkünden Markes Nähe, die bevorstehende Landung, doch Tristan und Isolde können sich nicht fassen, sind wie betäubt: »Welcher Trank?« fragt die bebende Isolde ihre Dienerin. Verzweiflungsvoll gesteht ihr diese den Irrtum, der doch im tiefsten Sinne keiner ist: »Der Liebestrank!«

Dem zweiten Aufzug – dem tiefsten Liebesgedicht, das je geschrieben und in Musik gesetzt wurde – geht ein bewegtes Vorspiel voraus, das Isoldes Ungeduld nach dem Geliebten wiedergibt und in ihrem Winken von der Schloßterrasse aus – nach Aufgehen des Vorhangs – plastischen Ausdruck findet. ⑥

Der Schloßpark mit seinen alten Bäumen; auf einer Seite der Bau, mit Stufen, die zum Garten hinabführen. Eine laue, klare Sommernacht. Auf der Terrasse brennt eine Fackel. Jagdhörner verlieren sich ferne und immer ferner. Brangäne hält Wache. Vergebens warnt sie Isolde, die die Flamme löschen und so dem im Parke harrenden Geliebten das ersehnte Zeichen geben will. Brangäne fürchtet Verrat, mißtraut Melot, den Isolde für einen treuen Freund hält. (Das Licht hat hier einen tiefen Symbolgehalt. Es bedeutet in einem Epos der Nacht und des Todes den feindlichen Gegenpol, den Tag, der Gefühle und Geheimnisse verrät, das sichtbare, äußerliche Leben und alles, was mit ihm zusammenhängt, die Hast, die Unruhe, die Lüge auch. Ihm steht die Nacht gegenüber, die Stunde der ewigen, ewig wandernden Sterne ohne Hast und Unruhe, das milde Dunkel der liebenden Seelen, die sich innig umschlungen in die Seele des Weltalls ergießen. Der Tag schmerzt, die Nacht heilt, das Licht brennt und versengt, das Dunkel tröstet und geht in den Schlaf über, in das letzte Erleben und Vergessen, in den Traum, in den Tod. Der zweite Akt von »Tristan und Isolde« ist das Poem der Nacht, und Wagner hält es auf weite Strecken in der nächtigsten, ruhigsten, seelenvollsten Tonart, im samtenen, sternenübersäten, kosmosverbundenen As-Dur). Endlich löscht Isolde die Fackel, bannt damit Licht und Tag und Schein. Mit ihrem weißen Tuche winkt sie – im Rhythmus der Musik – in den Park hinaus. Brangäne zieht sich in ein Turmgemach zurück, um über die Liebesnacht ihrer Herrin zu wachen. Eine Gebärde des Entzük-

kens läßt erkennen, daß Isolde den Geliebten erspäht hat. Bald darauf stürzen sie einander jubelnd, unter atemlos gestammelten Ausrufen an die Brust. Das lange Duett beginnt – das längste, das wahrscheinlich in irgendeiner Oper vorkommt. Von seiner Poesie können Worte nur unzulängliche Begriffe geben. Tristan geleitet Isolde sanft zu einer unter hohen Bäumen stehenden blumenumblühten Bank. Als tropfe Tau von den Sternen, als sänge die schlafende und doch liebevoll bewegte Natur, breitet sich der nächtliche Friede um das Paar, die Welt versinkt um sie, als gäbe es sie nicht mehr, als würde es nie wieder »einen Tag« geben. In traumhaftem As-Dur breitet das zarteste Orchester seinen Teppich unter eine wie aus Urzeiten kommende Melodie: »O sink hernieder, Nacht der Liebe ...« ⑦
Wagner, der von Beginn seiner Laufbahn an immer konsequenter daran gegangen war, das gleichzeitige Singen zweier Stimmen als unnatürlich zu verbannen, greift hier darauf zurück; es ist sein höchster Ausdruck für das innere Eins-Sein, für die restlose Verschmelzung der Liebenden. In die hier sanft und innig melodisch geführten Stimmen mischt sich der ferne Ruf Brangänes, die den ersten Morgenschimmer über den Horizont gleiten sieht. Doch weltvergessen leben Tristan und Isolde ihrer Liebe, deren letzter Ausdruck, deren vollkommenste Erfüllung der Tod ist: Zum ersten Male taucht die Melodie auf, die später Isoldes Liebestod begleiten wird. Hier ist sie noch Sehnsucht, Wunsch, Ahnung der einzig möglichen Erfüllung und Lösung. ⑧
»So, stürben wir, um ungetrennt, ewig einig ohne End', ohn' Erwachen, ohn' Erbangen, namenlos in Lieb' umfangen, ganz uns selbst gegeben, der Liebe nur zu leben!« Dann bricht, grausam, rauh, schonungslos der Tag ein, die Wirklichkeit. Ein Schrei Brangänes, Schwerterklirren, Kurwenal, der sich schützend vor seinen Herrn wirft. Dann der Ritter Melot, der König. Brangäne stützt die wankende Isolde, Tristan breitet seinen Mantel um sie, als wolle er sie vor den neugierigen Blicken schützen. Man glaubt die Kälte des Morgens zu fühlen. Langes Schweigen. Melot hat seine Anklage gerechtfertigt. Aber Marke antwortet ihm nicht. In tiefstem Herzen getroffen wendet er sich an Tristan. Kein hartes Wort, kein Vorwurf kommt über seine Lippen; nur eine Erklärung des unfaßbaren Vorfalls sucht er. Tristan, den er wie einen Sohn liebt; Tristan, Ritter höchster Tugenden – Tristan untreu? Doch Tristan kann es nicht erklären. Niemand kann es mit Worten beschreiben. (Nur das Orchester enthüllt es: dort klingen die unendlich sehnsüchtigen Takte des Vorspiels auf, die herzzerreißenden chromatischen Akkorde.) Langsam beginnt Tristan zu sprechen. Doch nicht an den König wendet er sich, er spricht zu Isolde, als wären sie noch allein unter dem blauen Mantel der Nacht. Fort müsse er, doch wohin er nun gehe: wolle Isolde ihm folgen? Und Isolde antwortet: sie sei gefolgt, als er kam, sie in ein fremdes Land zu holen; solle sie nun zögern, da er sie in seine Heimat führen werde? Es ist das Reich der Liebe und des Todes, das sie erwartet. Beide wissen es. Sanft neigt Tristan sich nieder und küßt Isolde auf die Stirne. Wütend entblößt Melot das Schwert. Verwundet sinkt Tristan in Kurwenals Arme.
Das Vorspiel zum dritten Akt drückt die grauenhafte Einsamkeit Tristans aus, die ungestillte Sehnsucht nach der nun fernen Isolde, die Qual der Erinnerung. ⑨
Ein ödes Gelände nahe dem Meer. Eine verfallene Burg: Kareol, Heimat, lang schon verlassene Heimat Tristans. In diesen Mauern war er ein Kind, jung, bevor er zu Taten hinauszog in die Fremde. Verwundet, bewußtlos ist er nun heimgekehrt, die breiten Schultern des getreuen Kurwenal haben ihn hierher gebracht, an diesen einzigen Ort, an dem er ruhig genesen oder in Frieden sterben kann. Hier liegt er seit langem, immer noch ohne zu erwachen, wie tot. Kurwenal läßt seinen besorgten Blick auf ihm ruhen. Die Melancholie des Vorspiels, die Trauer der ersten Szene setzen sich nun in der Melodie fort, die ein Hirt auf seiner Schalmei bläst (ein Englischhorn im Orchester gibt ihr ergreifenden Ausdruck). ⑩
Der Hirt tritt näher, fragt nach Tristans Befinden. Kurwenal schüttelt den Kopf. Kein Schiff auf dem Meere? Keines. Alles grau und öd. Traurig geht der Hirt wieder, verspricht eine fröhliche Melodie, wenn er das ersehnte Schiff am Horizont auftauchen sehe. Tristan erwacht und versucht, sich zu entsinnen. Kurwenal muß ihm alles Vorgefallene erzählen. Er muß ihm begreiflich machen, daß er daheim sei, im Schloß seiner Väter, aus dem er vor langen Jahren ausgezogen war. Hier soll er wieder gesund und froh werden. Langsam kehrt Tristans Geist aus dem dunkeln, milden Reiche der Nacht zurück. Der Tag, der grelle Tag umfängt ihn von neuem.

Für immer glaubte er sich geborgen im Schoße der wundertätigen Nacht (die dem Tode gleichbedeutend ist). Kurwenal versteht ihn nicht, fühlt aber sein Leid. Tristan fällt in Fieberwahn, er glaubt die Fackel zu sehen, deren Licht – immer das grelle Licht! – ihn von der Geliebten fernhält. Der Diener beruhigt ihn, er hat nach Isolde geschickt, damit sie wie einst vor langer Zeit seine Wunde heile. Tristan will vom Lager springen: Isolde kommt! Ist dort nicht das Schiff, fährt es nicht um das Vorgebirge? Doch grau, weit und öde liegt das Meer. Und traurig ertönt die Melodie des Hirten. Tristan fällt in wirre Gedanken zurück, zwischen Leben und Tod, zwischen Klarheit und Wahnsinn; Kindheitserinnerungen steigen auf. Und immer, immer wieder Isolde. Erinnerungen ziehen wie Blitze durch sein Hirn. Die Fahrt nach Irland, seine Heilung durch Isolde, das Schwert, das nicht auf ihn niederfiel, der Zaubertrank. Oh, der Trank! Bilder bedrängen ihn fieberhaft, kraftlos sinkt er zurück. Kurwenal schluchzt, glaubt ihn tot. Doch Tristan kommt zu sich, fragt nach dem Schiff. Während der treue Freund ihn beruhigen will, schlägt die Melodie um. Das Schiff! Kurwenal ersteigt eine kleine Anhöhe. In ungeheurer Erregung verfolgt Tristan ihn mit dem Blick. Er erhebt sich mit Anstrengung, reißt sich die Binde von den Wunden. Isoldes Stimme ruft ihn voll Angst. Mit letzter Kraft wankt er ihr entgegen, sinkt sterbend, mit ihrem Namen auf den Lippen, zu ihren Füßen nieder. Ein zweites Schiff naht dem Ufer. Es bringt den König, der von Brangäne die

Zusammenhänge erfahren hat und zu verzeihen, für immer zu vereinigen kommt. Doch Kurwenal glaubt, er käme als Feind, rüstet zur Verteidigung. Niemand wird hier eindringen, solange er lebt. Und er kämpft, bis er tot neben seinem Herrn liegt. Vergebens versucht Brangäne ihrer Herrin alles zu erklären. Keine menschliche Stimme erreicht Isoldes Seele. Das Gesicht zur verlöschenden Sonne gewendet, die über dem endlosen Meer untergeht, steht Isolde hochaufgerichtet, allem Irdischen weit entrückt. Ihr Antlitz verklärt sich, der Schmerz weicht einem überirdischen Frieden. Von ihren Lippen ertönt ein Gesang, der aus einer fernen Welt zu kommen scheint. Langsam neigt sie sich über Tristans Leiche, und ihre Seele verläßt die Erde in einem völlig überirdischen »Liebestod«, einer Verklärung ohnegleichen, die Andacht, Inbrunst und Ekstase zugleich ist. ⑪

Quellen: Eines der Lieblingsthemen der Minnesänger und Troubadours war die Legende von Tristan und Isolde. Wo mochte sie herstammen? Vielleicht ist sie keltischen Ursprungs: Isolde heißt in den frühen Texten Essylt oder Isot oder Isolt, woraus in altem Französisch Iseut, Iseult wurde, im Spanischen Iseo, im Portugiesischen Iseu, im Deutschen (und in frühen provenzalischen Fassungen) Isolde oder Isalde. Man nimmt an, daß um das Jahr 1150 Chrestien von Troyes (der Autor eines frühen »Parzival«) einen – verloren gegangenen – »Tristan« dichtete. Einige Fragmente sind aus einem »Tristan« von Béroul vorhanden, und aus dem Jahre 1170 stammt, aus der Feder Thomas' von Bretagne, ein ebenso betiteltes Poem; es ist zwar nicht gänzlich in seiner Originalsprache (»langue d'oïl«) erhalten, wohl aber in einer Übersetzung ins Norwegische, die aus dem Jahre 1226 stammen dürfte. Möglicherweise hat dieses Poem Gottfried von Straßburg zu seiner, etwa 1210 entstandenen, berühmten Tristandichtung angeregt, die unvollendet blieb und durch Ulrich von Turrheim und Heinrich von Freiberg ergänzt wurde. Von Gottfrieds Tristan führt eine direkte Linie zu Wagner.

Textbuch: Das poetische Genie Richard Wagners gestaltete die ritterlich-mittelalterliche Fassung Gottfrieds von Straßburg auf ureigenste Weise. Dem Liebestrank wird eine neue, gänzlich andere Bedeutung unterlegt: Er schafft nicht die Leidenschaft zwischen Tristan und Isolde, er macht sie lediglich frei, bringt sie zum unwiderstehlichen, alle Gebote der Sitte niederreißenden Ausbruch. Bei Wagner ist es auch nicht mehr König Marke, der im Zorn über den Betrug Tristan tötet; hier sucht Marke zu verstehen, was auf den ersten Anblick unfaßbar scheint und was doch – wie er selbst erkennt – zutiefst vielleicht von ihm selbst mitverschuldet ist. Oftmals hat man in Wagners »Tristan und Isolde« ein philosophisches, ein metaphysisches Werk sehen wollen; selbst Nietzsche war dieser Auffassung. Man hat den Tod der beiden Liebenden mit Schopenhauerschen Ideen in Verbindung gebracht, unter deren Einfluß Wagner während langer Jahre stand. Aber es genügt wohl, wenn man in »Tristan und Isolde« nichts anderes als das Hohelied der Liebe erblickt; der Liebe, die so gewaltig wird, daß keine Macht der Erde die Vereinigung der Liebenden verhindern kann. Einer Liebe aber auch, deren höchste Erfüllung nur im Tode, im »Nichts« liegen kann, die also in ihrem tiefsten Wesen zur Auflösung strebt und letzte irdische Bande abzustreifen bereit ist. Es wäre müßig, in wenigen Zeilen eine Analyse dieser Dichtung zu versuchen, über die viele gelehrte Bände geschrieben wurden. Erwähnen müssen wir hingegen, daß Wagner sich hier einer durchaus eigenen Sprache bedient, deren wahre Bedeutung erst nach eingehendem Studium klar wird. Es ist eine symbolgetränkte, bildkräftige Sprache, die zudem ungeheuer klangvoll ist. Wenn wir zu Beginn unserer Besprechung des »Tristan« seine Originalsprache mit »Deutsch« angegeben haben, so ist das eigentlich nur sehr bedingt richtig. »Wagnerisch« wäre treffender gewesen. Neuerlich unterstrichen werden soll die elementare dichterische Begabung Wagners; man kann das Textbuch von »Tristan und Isolde« (wie auch der »Meistersinger von Nürnberg«) mit großem Genuß lesen, ja man könnte sich diese Werke auch ohne Musik theatralisch dargestellt denken. Wagner war auch ein geborener Dramatiker, der aus jeder Situation das Maximum an Wirkung zu holen wußte. In »Tristan und Isolde« gelingt ihm das Schwierigste, was ein Dramatiker sich vornehmen kann: ein Zweipersonenstück. Ohne die Bedeutung der Nebenfiguren Marke, Kurwenal und Brangäne zu schmälern, muß doch gesagt werden, daß das Drama ausschließlich auf den beiden Hauptgestalten beruht. Sie sind so eng miteinander verknüpft, daß selbst dort, wo nur eine von ihnen auf der Bühne ist (wie im langen Beginn des dritten Aktes), die Gegenwart der anderen gespürt werden muß. Vielleicht könnte man das Schicksal noch als überragende Figur des Dramas anerkennen. Wagner gibt ihm die Form des Liebestranks und macht Brangäne zu seinem willenlosen Werkzeug. Tristan und Isolde erfüllen ihr Schicksal in seiner ganzen Größe: einander so zu lieben, daß nichts Irdisches mehr an sie heranzukommen, ihre Erhöhung ins Übermenschliche, ins Nichts zu hemmen vermag. Nahezu das gesamte Geschehen in »Tristan und Isolde« ist innerlich; daß trotzdem seine Spannkraft über so lange Zeit erhalten werden kann (es dürfte das erste, über vier Stunden dauernde Werk der neueren Operngeschichte gewesen sein), muß als Beweis für Wagners dramatische Fähigkeit angesehen werden.

Musik: Wenn einmal, nach Ende unseres Jahrhunderts vielleicht, die Geschichte der heute »modernen« Musik geschrieben wird, dürfte »Tristan und Isolde« zu ihrem Ausgangspunkt erkoren werden. Hier hat ein Genie, auf der Suche nach Ausdruck für nie dargestellte seelische Vorgänge, kühn alle Konventionen durchbrochen. Es hat mit Hilfe einer aufs höchste gesteigerten Chromatik das Fundament der alten tonartlichen Beziehungen unterminiert und ins Wanken gebracht. So wie Tristans und Isoldes Seelen keine Ruhe mehr finden (mit Ausnahme des Völlig-in-einander-Aufgehens im zweiten Akt und dem endgültigen Eingehen ins Nichts zu Ende des Werkes), so hat auch das harmonische Gerüst des Werkes keinen ruhigen Punkt mehr (mit Ausnahme eben der beiden erwähnten Stellen). Ununterbrochene Modulationen, mehrdeutige Harmonien, ja Polytonalität führen zu einer Auflösung aller früheren Regeln. Ein Schritt weiter, und die »Atonalität« wäre erreicht, die Loslösung von jeder tonartlichen Bindung. (Für Wagner handelte es sich um kein musikalisches Problem, sondern um ein psychologisches, dramatisches; nur in »Tristan und Isolde« geht er bis an den Rand der Tonalität, weil es gilt, unaussprechbare innere Stimmungen darzustellen, das stetige Fließen seelischer Ströme zu malen. In seinen folgenden Werken kehrt er gewissermaßen auf den festen Boden der romantischen Harmonik zurück. Das Thema also war es, das ihn musikalisches Neuland suchen hieß.) Die Wirkung der Tristanmusik auf die Zeitgenossen muß ungeheuer, fast unvorstellbar gewesen sein. Sie löste (ähnlich wie Goethes »Werther«) eine Selbstmordepidemie aus, die sicher ebensosehr auf die Musik wie auf den Text zurückzuführen ist. Hier stößt der Klang zutiefst ins Seelische vor, wühlt auf, läßt Triebe, Träume, Sehnsüchte aufleben, zeigt die Nichtigkeit des sogenannten »realen« Lebens, des hellen Scheines, gegenüber dem verschleierten, unbewußten, nächtlichen Dasein der Seele. Die Schwierigkeiten dieser Partitur dürften in ihrer Entstehungszeit tatsächlich etwas Erschreckendes gehabt haben. Theaterleiter, Dirigenten und Sänger mußten doppelte Angst empfinden: einmal vor der Unmöglichkeit einer adäquaten Aufführung, zum anderen vor der seelischen Schockwirkung. Heute erkennen wir das Werk in seiner ganzen Bedeutung. Hier ist der Höhepunkt einer Epoche erreicht, ein ewig gültiges Meisterwerk geschaffen, dem nur weniges von Menschengeist Geformtes an die Seite gestellt werden darf.

Geschichte: In einem Brief an Liszt schreibt Wagner am 16. Dezember 1854 aus Zürich: »Da ich nun aber doch im Leben nie das eigentliche Glück der Liebe genossen habe, so will ich diesem schönsten aller Träume noch ein Denkmal setzen, in dem von Anfang bis zum Ende diese Liebe sich noch einmal so recht sättigen soll: Ich habe im Kopf einen ›Tristan und Isolde‹ entworfen ...« In den nächsten Jahren nimmt der Plan immer festere Formen an. Am 27. Juni 1857 unterbricht Wagner die Arbeit an der riesigen Nibelungen-Tetralogie (sie ist etwa bis zur Mitte des »Siegfried« gediehen), und beginnt, sich mit dem »Tristan« auseinanderzusetzen. Zu diesem Zeitpunkt ist Wagners Aussage, er habe »nie das eigentliche Glück der Liebe genossen«, nicht mehr gültig; Mathilde Wesendonck ist in sein Leben getreten und erfüllt es nun eine Zeitlang ganz. Sie ist zur eigentlichen Anregerin von »Tristan und Isolde« geworden, zur Muse, die Wagner tiefer versteht und mehr auf ihn einzugehen weiß, als je eine andere Frau vorher. Aber noch ein anderer Faktor sollte nicht außer acht gelassen werden: Um jene Zeit war ein seltsamer Brief in Wagners Haus geflattert, der ungeahnte Perspektiven eröffnete. Dom Pedro II., Brasiliens höchst kultivierter und kunstliebender Kaiser, hatte sich durch seinen Dresdner Konsul an Wagner gewendet. Er lud ihn in seine Residenzstadt Rio de Janeiro ein, wo er ihm alles zur Verfügung zu stellen gedachte, was eines Komponisten Herz begehre: ein schönes Heim, ein Theater für seine Werke, eine wundervolle Umwelt, die Freundschaft eines Monarchen. In Wagners Geist, der den Gedanken an eine so ferne Stadt zwar instinktiv ablehnte, aber sich mit einer solchen Möglichkeit doch gründlicher befaßte, als seine Selbstbiographie Jahre später und die meisten seiner Biographen bis heute zugeben, fühlte sich besonders von einem Punkt des kaiserlichen Angebots berührt: dem Wunsch, er möge eine Oper schreiben, die allen Völkern der Erde gleichermaßen verständlich sei und deren Aufführung den Bühnen keine allzu großen Schwierigkeiten böte. Zuerst mochte Wagner wirklich der Meinung sein, das neue Drama, um dessentwillen er den »Ring des Nibelungen« zurückstellte und in das er sich, inspiriert von seiner Liebe zu Mathilde geradezu stürzte, entspräche diesen Anforderungen. Der Stoff – die Liebe zweier Menschen – müßte jedem Volk verständlich, zugänglich, wünschenswert sein. Was Wagner aber am Ende aus ihm machte, dünkt uns heute fast wie eine Ironie der Ausgangssituation: »Tristan und Isolde« wurde wahrlich keine einfache Liebesgeschichte, sondern ein metaphysisches Poem, transzendental und nur dem restlos Aufgeschlossenen – nämlich tief Empfindungsfähigen – zugänglich; und seine Musik stellt an Schwierigkeit alle vorangegangene in den Schatten. Dom Pedro II. nahm Wagners Absage übrigens nicht übel; er blieb sein überzeugter Anhänger und wohnte der Eröffnung des Bayreuther Festspielhauses im Sommer 1876 bei, wobei er Wagner auch einen persönlichen Besuch in dessen Villa »Wahnfried« abstattete. Sein Angebot aber wurde in seltsam ähnlicher Form sieben Jahre später von einem europäischen Herrscher wiederholt. Und dann wird Wagner begeistert die Einladung König Ludwigs II. von Bayern annehmen und eine Zeitlang neben ihm in München residieren. Doch kehren wir zur Entstehung der Oper zurück. Das Vorspiel und der erste Akt entstanden noch im Jahre 1857. Zugleich vollendete Wagner das Textbuch. Am 17. August 1858 ging das Mathilde-Idyll zu Ende, Wagner floh nach Venedig, wo er am zweiten Akt arbeitete. Am 18. September dieses Jahres schrieb er an die Zürcher Freundin, mit der er immer noch in enger Verbindung und in regem geistigen Austausch stand: »Heut' vorm Jahr vollendete ich die Dichtung des ›Tristans‹ und brachte Dir den letzten Akt. Du geleitetest mich nach dem Stuhl vor dem Sofa, umarmtest mich und sagtest: ›Nun habe ich keinen Wunsch mehr‹. An diesem Tage, zu dieser Stunde wurde ich neu geboren...« Und wenige Wochen nach der am 9. März 1859 erfolgten Vollendung der Partitur des zweiten Aktes lesen wir in einem anderen Brief an Mathilde: »Kind! Dieser ›Tristan‹ wird was Furchtbares! Dieser letzte Akt!!! Ich fürchte, die Oper wird verboten – falls durch schlechte Aufführung nicht das Ganze parodiert wird: nur mittelmäßige Aufführungen können mich retten! Vollständig gute müssen die Leute verrückt machen...« Der dritte Akt entsteht zum großen Teil in Luzern, wohin Wagner sich, Venedig hinter sich lassend, begibt. Am 6. August beendet er dort das gewaltige Werk. Von diesem Tag des Jahres 1859 findet sich eine Eintragung im Gästebuch des »Hotel Schweizerhof«, wo Wagner logierte; in einem – ein klein wenig krampfhaft – witzigen Gedicht gibt er von der Vollendung Kunde; es ist, als entspanne sich sein Geist von der übermenschlichen Anstrengung sublimster Verse und erschütternder Musik durch Worte, die ihn der auf die Erde zurückbringen müßten. Am nächsten Morgen sendet er den letzten Rest des Werkes zum Stich. Dann aber beginnt der Leidenspfad dieser Oper und ihres Autors. Straßburg, Karlsruhe, Paris, Dresden, Weimar planen die Aufführung, sagen diese aber immer wieder ab: Die Wiener Hofoper gibt nach 70 Proben die Partitur als »unausführbar« zurück. Wenn man hinter mancher dieser Entscheidungen auch eine gewisse Dosis böser Absicht vermuten muß, so genügt diese zur Erklärung keineswegs. »Tristan und Isolde« war tatsächlich ein völlig revolutionäres Werk, für dessen Aufführung gewissermaßen alle Vorbedingungen fehlten: Es überstieg die Technik fast aller Orchester sowie die Musikalität und Ausdauer der meisten Sänger. Schon sah es so aus, als würde dieses Lieblingskind Wagners niemals das Rampenlicht erblicken. Da änderte sich mit der Einladung König Ludwigs II. nach München plötzlich des Dichter-Komponisten ganzes Leben und Schicksal. Der Monarch befahl, und die Aufführung wurde möglich. Hans von Bülow dirigierte sie im Nationaltheater am denkwürdigen 10. Juni 1865. Die beiden Titelrollen waren dem Sängerehepaar Schnorr von Carolsfeld anvertraut. Der Tenor muß sich dabei so überanstrengt haben, daß eine Erkältung ihn wenige Wochen später in voller Jugend dahinraffte. Was Wagner im zitierten Brief an Mathilde vorausgeahnt hatte, traf ein: »Tristan und Isolde« rief – wie fast ein Jahrhundert früher Goethes »Werther« – eine Selbstmordwelle hervor, das Werk erschütterte seine Hörer fast bis zum Wahnsinn. Neun Jahre lang wagte sich kein anderes Theater an diese Oper. Weimar 1874, Berlin 1876, Königsberg 1881, Leipzig, London, Hamburg 1882, Wien und Bremen 1883, Dresden und Karlsruhe 1884: So geht »Tristan und Isoldes« Weg alsbald weiter. Im Jahre 1886 erklang diese Oper, drei Jahre nach des Meisters Tod, zum ersten Male in Bayreuth.

Die Meistersinger von Nürnberg

Originalsprache: Deutsch
Personen: Hans Sachs, Schuhmacher (Bariton oder Baß), Veit Pogner, Goldschmied (Baß), Kunz Vogelsang, Kürschner (Tenor), Konrad Nachtigall, Spengler (Baß), Sixtus Beckmesser, Stadtschreiber (Bariton oder Baß), Fritz Kothner, Bäcker (Baß), Balthasar Zorn, Zinngießer (Tenor), Ulrich Eisslinger, Gewürzkrämer (Tenor), Hermann Ortel, Seifensieder (Baß), Hans Schwarz, Strumpfwirker (Baß), Hans Foltz, Kupferschmied (Baß), Walther von Stolzing, ein junger Ritter aus Franken (Tenor), David, Lehrbube Hans Sachs' (Tenor), Eva, Pogners Tochter (Sopran), Magdalena, ihre Betreuerin (Mezzosopran), ein Nachtwächter (Baß), Bürger und Frauen, Gesellen, Lehrbuben, Volk.
Ort und Zeit: Nürnberg, Mitte des 16. Jahrhunderts.
Handlung: Das Vorspiel, ein äußerst beliebtes und brillantes Konzertstück, nimmt einige der wichtigsten Themen oder Motive der Oper voraus und ist in sehr freier, erweiterter Sonatenform gebaut. Es beginnt mit dem feierlichen Motiv der Meistersinger in strahlendem C-Dur. ①
Das zweite Thema ist lyrischeren Charakters und antizipiert Gedanken über Liebe und Kunst. ② Das dritte Thema gehört wieder zu den Meistersingern. Zu seinem Klang wird ihre Zunft mit Fahne und Wappen, wie alle anderen auch, am Johannistag auf die Festwiese ziehen. ③ Viel später taucht ein Liebesthema auf. Es wird im Verlauf des Werkes zur Koda des »Preislieds« umgestaltet werden. ④
Weitere Motive kommen hinzu, »Leitmotive«, die später in der Handlung eine Rolle spielen. Wagner arbeitet mit ihnen ähnlich wie der sinfonische Komponist mit seinen Themen: er entwickelt sie, verbindet sie, lagert sie – dem polyphonen Jahrhundert gemäß, das in der Oper geschildert wird – in Kontrapunkten übereinander. Aber das Ergebnis hat nichts von Schwere an sich; alles bleibt froh, hell, strahlt Freude aus, ist menschlich, gütig, verständnisvoll, innig.
Das Vorspiel geht (ohne Schlußkadenz, die nur hinzugefügt wird, wenn es sich um Konzertaufführungen handelt) in die Bühnenhandlung über. In der Katharinenkirche zu Nürnberg singt die andächtige Menge am Sonntagmorgen im Gottesdienst einen Choral. In den Bankreihen gewahrt man Eva und Magdalena; vom nahen Eingang her beobachtet sie der Ritter Walther von Stolzing. Als die Menge aus der Kirche strömt, nähert er sich Eva, die bei seinem Anblick einen kaum unterdrückten Ausdruck der Freude zeigt. Sie schickt ihre Begleiterin in die Kirche zurück, wo sie etwas liegen ließ. Doch kehrt Magdalena zu früh zurück, der Ritter hat aus Erregung über das Wiedersehen kaum zu sprechen angefangen. Nochmals muß Magdalena in die Bankreihen zurück. Dann will sie Eva schnell mit sich fortziehen. Zum Glück hat sie nun selbst etwas in der Kirche liegen lassen. Endlich rafft sich der Ritter zu der entscheidenden Frage an Eva auf: ob sie schon verlobt sei? An Evas Stelle antwortet Magdalena: gewiß, Evchen Pogner sei Braut. Schlagfertig setzt Eva hinzu, daß aber noch niemand den Bräutigam kenne. Stolzing erfährt, daß die Hand dieses Mädchens, in das er sich am Vortag bei seiner Ankunft in Nürnberg verliebte, dem Sieger in einem Meistersinger-Wettbewerb zugesagt sei. Sein Entschluß steht fest. Er muß an diesem Singen teilnehmen. Doch wie, da er nicht zur Zunft gehört? Da wisse wohl David Rat, meint Magdalena zärtlich, die inzwischen liebevolle Worte mit dem Lehrjungen des berühmten Meistersingers Hans Sachs ausgetauscht hat. David ist mit den anderen Lehrbuben daran gegangen, den an die Kirche angrenzenden Saal zu einer Sitzung der Meistersinger vorzubereiten. Die Gelegenheit scheint also günstig. Mit innigen Blicken verabschiedet Eva sich von dem Ritter, der nun von David Näheres über die Meistersingerzunft erfahren möchte. Bald sinkt seine Hoffnung, als David ihm die Dutzende von Regeln aufzählt, die gelernt und angewendet werden müßten, bevor ein Bewerber die Stufenleiter vom »Lehrling« bis zum »Meister« emporklimmen könne. Stolzing wird angst und bange vor den vielfältigen Namen der Versmaße, der Reime, der Melodien. Er erfährt vom »Merker«, der hinter einem Verschlag die Fehler der Prüflinge ankreide und schon gar manchen »versingen« ließ. Langsam treten die ersten Meister ein. Die Jungen

haben die Aufstellung der Stühle und des »Gemerks« für den »Merker« beendet und ziehen sich in den Hintergrund zurück. Pogner und der Stadtschreiber Sixtus Beckmesser unterhalten sich über den geplanten Wettbewerb. Der Schreiber zeigt sich darüber beunruhigt, daß die letzte Entscheidung Eva selbst vorbehalten sein soll. Ein Mädchenherz und Meisterkunst seien, wie er meint, zu verschiedene Dinge. Es wird klar, daß er selbst am Wettsingen teilzunehmen gedenkt; er ist, wenn auch keineswegs mehr jung, einer der wenigen Junggesellen unter den Meistern. Stolzing tritt auf Pogner zu, in dessen Hause er, eben von seinen fränkischen Gütern angekommen, gastfreundlich aufgenommen worden war. Dieser ist hocherfreut, als der Ritter seine Liebe zur Kunst als den Hauptgrund seines Nürnberger Besuches darstellt. Nur Beckmesser mißtraut ihm sofort. Doch die übrigen Meister, die nach und nach eintreffen, sind mit einer Bewerbung Walthers um Aufnahme in die Zunft durchaus einverstanden. Die Sitzung beginnt. Pogner eröffnet sie mit einer feierlichen Ansprache, in der er seinen Plan entwickelt. ⑤
Am nächsten Tage werde das Johannisfest gefeiert. Ein froher Tag für die Nürnberger, die sich bei Gesang und Tanz auf einer Wiese vor der Stadt ergehen. Dieses Mal aber sollte das Fest besonders schön gestaltet werden. Auf weiten Reisen durch Deutschland habe es Pogner stets verdrossen, daß man den Bürgerstand wenig achte, kleinlich und geldgierig nenne. So solle denn Nürnberg ein Beispiel geben, und er selbst wolle den offenen, großzügigen Geist des Bürgertums beweisen. Seine Tochter Eva, jung, schön und Erbin eines stattlichen Vermögens, sei von ihm zum Preis für den im Wettbewerb siegreichen Meistersinger bestimmt worden. Der Vorschlag ruft recht gegensätzliche Reaktionen hervor; nach der ersten begeisterten Zustimmung werden Bedenken laut. Besonders die von Pogner gestellte Bedingung, daß für diesen Fall auch Eva selbst ihre Zustimmung geben müsse, dünkt manchem Meister untragbar. Hans Sachs, der Bedächtigste, meint, daß »ein Mädchenherz und Meisterkunst« nicht leicht in Übereinstimmung zu bringen seien. Beckmesser äußert sich bissig, wie stets; wozu überhaupt Meistergesang und Wettbewerb? Man lasse einfach das Mädchen wählen! Die Erregung wächst noch gewaltig, als Hans Sachs eine weitere Neuerung vorschlägt; man möge an diesem einen Tag im Jahr der Meisterprivilegien entsagen und dem Volke das Recht einräumen, bei der Siegerwahl mitzusprechen. Einige Meister – Kothner, Vogelgesang, Nachtigall und natürlich Beckmesser – protestieren lautstark, doch Sachs verteidigt seine Idee mit klugen Argumenten: »...einmal im Jahre fänd' ich's weise, daß man die Regeln selbst probier', ob in der Gewohnheit trägen G'leise ihr' Kraft und Leben nicht sich verlier'!« Hier rührt Sachs (in dem Wagner sich trefflicher porträtiert hat als in irgendeiner anderen seiner Figuren) an Grundprobleme der Kunst. Als die freie, ungebundene Sangesweise der Minnesinger sich in den Städten zum Meistergesang umgestaltete, wurden ihre Regeln genau in »Tabulaturen« festgelegt. Und so fährt Sachs nun fort: »Und ob ihr der Natur noch seid auf der rechten Spur, das sagt euch nur, wer nichts weiß von der Tabulatur!« Seine Ansicht führt zu hitzigen Reden und Gegenreden. Keiner der Meister steht dieses Mal zu dem von allen so hochgeehrten Sachs, ja Beckmesser läßt sich sogar zu einer boshaften Bemerkung über dessen »Gassenhauer« hinreißen. Nach kurzem Wortgefecht zwischen beiden – wobei Sachs vor allem feststellt, daß er sich nicht am Wettbewerb zu beteiligen gedenke (obwohl er als Witwer dazu berechtigt wäre), da der Freier Evas jünger sein müsse als er und Beckmesser – geht man zum nächsten Punkt über: eine »Freiung« liegt vor. Pogner übernimmt die Vorstellung des Aufnahmesuchenden: Ritter Walther von Stolzing aus Frankenland. Die üblichen Fragen werden gestellt, zum größten Teil aber von Pogner, der sich zum Bürgen macht, beantwortet. (Die Abneigung der bürgerlichen Meister gegen den Adligen ist nicht offen erkennbar, aber zweifellos vorhanden und ein Zug der Zeit.) Auf die Frage »wes' Meisters er Gesell gewesen«, antwortet Walther mit einem Lied. ⑥
Ein altes Buch, aus dem Besitz der Ahnen, sei die Quelle seines Singens geworden, erklärt Walther. »Herr Walther von der Vogelweid, der ist mein Meister gewesen!« beschließt er seine Worte. »Ein guter Meister«, läßt sich Sachs vernehmen, doch Beckmessers Bosheit setzt sofort hinzu: »Doch schon lange tot – wie lehrt ihn der wohl der Regeln Gebot?« Die nächste Frage ist darum deutlicher: In welcher Schule der Ritter das Singen erlernt? Wieder antwortet Stolzing mit einem Liede: Was er an kalten Wintertagen aus dem Buche des berühmten Minnesängers erfahren, das habe er im Frühling in Hain und Flur

① **Sehr mäßig bewegt**

② *p espressivo*

③ *f*

④ **Mäßig**

⑤ **Mäßig**
Das schöne Fest, Johannistag ihr wisst, begehn wir mor___gen.....
POGNER

⑥ **Mäßig**
Am stil_len Herd, in Win_terszeit, wann Burg und Hof mir ein_ge_schneit.....
WALTHER

mit den Vögeln um die Wette gesungen. Die Mehrzahl der Meister will den sonderbaren Kandidaten sofort zurückweisen. Doch Sachs meint, beim Probesingen werde sich ja zeigen, ob der Ritter die Kunst beherrsche. So geschieht es. Beckmesser, der »Merker« geht mit verächtlichem Lächeln in seinen Verschlag. Stolzing muß sich, obwohl er lieber frei stehend sänge, in den »Singestuhl« setzen, »wie's Brauch der Schul'«, also Regel der Meistersingerzunft. Die Prüfung kann beginnen, nachdem Kothner aus den Satzungen gelesen und der Merker sein »Fanget an!« in den Saal gerufen hat. Und mit »Fanget an!« beginnt Walther sein Lied; es ist frei gestaltet und romantisch, ein Minnesinger-Stück, aber kein den Meistersinger-Regeln entsprechendes Werk. Während des Gesanges werden aus dem Verschlag des Merkers immer heftigere Kreidestriche vernehmbar; schließlich stürzt Beckmesser wütend hinter dem Vorhang hervor und weist auf seine Tafel, die von wahrgenommenen Fehlern gegen die Regeln voll ist. Nur Sachs widersetzt sich Beckmessers geifernden Anklagen, verlangt, daß man den Junker bis zum Ende seines Liedes anhören müsse. Doch sein weiteres Singen geht im steigenden Lärm unter. Stolzing verläßt den Stuhl, die Meister rufen ihr »Versungen und vertan!« in vollem Aufbruch, die Lehrbuben vollführen einen ausgelassenen Tanz. Nur Sachs verweilt noch lange nachdenklich im Saal.

An einem lauen Juniabend spielt der zweite Aufzug. Milde Sommerluft liegt auf den Gassen Nürnbergs, in die langsam die Schatten fallen. Auf der einen Seite der Bühne steht Pogners stattliches Haus mit einer breiten Linde davor. Ihm gegenüber Haus und Werkstatt von Hans Sachs, mit einem blühenden Fliederbusch vor der Türe. Magdalena nähert sich David, um ihn nach dem Schicksal des Junkers zu fragen. Als sie hört, daß dieser »versungen und ganz vertan« habe, entzieht sie dem naschhaften David schnell den Korb mit den Süßigkeiten, den sie ihm mitgebracht hatte. Die übrigen Lehrbuben lachen ihn weidlich aus, verschwinden aber, als Sachs kommt und mit David in seine Werkstatt tritt. Von einem abendlichen Spaziergang kehren Pogner und Eva heim und lassen sich noch ein wenig auf der Bank vor dem Hause nieder. Aus Andeutungen des Vaters und Zuflüsterungen Magdalenas entnimmt Eva entsetzt, wie schlecht es dem Ritter ergangen ist. Angstvoll beschließt sie, wenn erst der Vater zur Ruhe gegangen sei, zu ihrem alten Freunde Sachs um Rat zu gehen. Der hat inzwischen seinen Lehrbuben schlafen geschickt und seinen Arbeitstisch vor die Türe gerückt. Er will einen Schuh ergreifen, legt ihn aber wieder fort. Tief in Gedanken, vom linden Frühlingsduft des blühenden Flieders umgeben, singt er einen ergreifenden Monolog (den man eine Arie nennen könnte, wenn dieses Wort besser zu Wagner paßte, und den man darum unter dem Namen »Fliedermonolog« kennt). ⑦ Der berauschende Duft des lauen Vorsommerabends umfängt Sachsens Sinne und läßt seine Gedanken weit von der Arbeit abschweifen, die er sich vorgenommen hat. Wäre es nicht besser, alle Träume, alle Poeterei zu lassen? Das Orchester schlägt einen Arbeitsrhythmus an, ein Schusterlied drängt sich in seine Gedanken. (Im Mittelalter besaßen alle Zünfte eigene Lieder, die zumeist aus dem Rhythmus ihres Arbeitsvorgangs gewonnen waren) ⑧. Aber es will nicht gehen. Immer wieder zieht die milde Luft sein Sinnen auf andere Wege. Ein zartes, sehnsüchtiges Liebesmotiv taucht auf ⑨ Und schon sind seine Erinnerungen beim Gesang des Junkers, bei der beschämenden Szene des Vormittags. »Keine Regel wollte da passen, und doch war kein Fehler drin ... Es klang so alt und war doch so neu, wie Vogelsang im süßen Mai ... Wer ihn hört' und wahnbetört sänge dem Vogel nach, dem bracht' es Spott und Schmach ...« In einer innigen Melodie gipfelt der Fliedermonolog: »Dem Vogel der heut' sang, dem war der Schnabel hold gewachsen; macht er den Meistern bang, gar wohl gefiel er doch Hans Sachsen!« ⑩

Eva nähert sich. Sie findet Sachs nachdenklich, fast zerstreut. Die Angst, am nächsten Tage von Beckmesser »ersungen« zu werden, läßt sie Anspielungen auf eine mögliche Beteiligung Sachsens am Wettbewerb machen. Doch der wehrt zart ab. Endlich kommt Eva auf den Grund ihres späten Besuchs zu sprechen. Sachs berichtet vom Singen des Junkers. »Mein Kind, für den ist alles verloren, und Meister wird der in keinem Land, denn wer als Meister geboren, der hat unter Meistern den schwersten Stand!« (Man glaubt Wagner selbst zu hören, der sich seiner schweren Anfangsjahre bitter entsinnt.) Magdalena kommt, um Eva zu holen, der Vater verlange nach ihr, und zudem habe Beckmesser Botschaft gesandt, er werde heute Nacht vor dem Fenster Evas das Lied singen, mit dem er sie morgen zu erringen hoffe. Wütend verläßt Eva

595

Sachs und eilt heim. Betroffen steht der Schuster und weiß nur eines, daß er ihr, daß er dem jungen Paar helfen muß. Ehe Eva noch ins Haus geht, kommt Walther die Straße herauf. Sie stürzt ihm entgegen: er macht seinem Groll gegen die Meister Luft und meint, daß es keine Rettung mehr gibt ... außer der Flucht. Der Nachtwächter unterbricht ihr Gespräch, aber Eva scheint entschlossen, dem Freund in die Welt hinaus zu folgen. Sachs hat ihr Gespräch angehört. Die Flucht muß vereitelt werden, so sehr er auch die Vereinigung des jungen Paares wünscht; sie wäre ein Hohn auf die Meistersingerzunft, ein zu schwerer Schlag für Pogner am Vorabend seines großen Tages. Eva hat sich schnell in Magdalenas Kleider geworfen und kommt wieder, um mit Stolzing zu fliehen. Sachs aber rückt seinen Tisch so weit vor, daß seine

Arbeitslampe ein Vorbeihuschen unmöglich macht. Noch beraten die Liebenden, auf welchem Wege sie entweichen könnten, da wird Lautengeklimper vernehmbar, Beckmesser naht. Walther will sich auf ihn stürzen, ihm das am Vormittag erlittene Ungemach heimzahlen, doch Eva hält ihn zurück. Beckmesser nähert sich dem geöffneten Fenster, hinter dem Magdalena in Evas Kleidern auf das angekündigte Ständchen zu warten scheint. Da beginnt Sachs zu einer groben Schusterweise mit seiner Arbeit. Der Stadtschreiber zuckt zusammen, doch hofft er, mit Geduld und Freundlichkeit den ungelegenen Störenfried zum Schweigen bringen zu können. Verwundert beobachten Eva und Walther aus ihrem Versteck die seltsame Szene: wem gilt der Streich? Sachsens Lied bezieht sich auf eine Eva und scheint voll Anspielungen, doch der unmittelbar Betroffene ist Beckmesser, dem der Schuster sein nächtliches Vorhaben gründlich zu versalzen droht. Da ändert Beckmesser seine Taktik: er sei, ehrlich gestanden, gekommen, um Eva das Lied hören zu lassen, mit dem er sie am kommenden Tage zu ersingen hoffe. Ob Sachs, den er als Kunstverständigen über alles schätze, ihn nicht anhören und nachher seine Meinung sagen wolle? Der Meister erinnert ihn an die bösen Worte des Vormittags. Beckmesser gerät immer mehr in Wut, klimpert wie besessen auf seiner Laute, beschuldigt Sachs, ihm den Merkerrang zu neiden. Doch was hilft's? Die Zeit verrinnt, bald würde sich Eva vom Fenster zurückziehen. Schließlich kommen sie überein: Beckmesser wird sein Lied singen, Sachs den Merker spielen und bei jedem Fehler einen Hammerschlag auf die Schuhsohlen tun. Nun beginnt eine köstliche Szene. Beckmesser singt mit wachsender Verzweiflung und darum immer regelwidriger, Sachs schlägt immer wütender und lauter auf die Schuhe. Langsam schwillt der Lärm an, David blickt verdutzt zu den Fensterläden hinauf, erkennt Magdalena am Fenster, immer mehr Nachbarn werden aus dem Schlaf gerissen, Beckmesser sucht sein Ständchen mit höchster Stimmkraft wirkungsvoll zu beenden. Da packt David ihn am Kragen, von überall strömen Nachbarn und Lehrbuben herbei, und im Nu ist eine Prügelei im Gange, bei der jeder gegen jeden zu kämpfen scheint, ganz übel aber wird dem unbeliebten Stadtschreiber mitgespielt. Hundert Stimmen und das Orchester in lustig erregtem Staccato ⑪ vollführen ein mit Worten nicht zu beschreibendes Crescendo, das plötzlich vom Horn des Nachtwächters übertönt wird. Alles stiebt auseinander. Sachs stößt Eva in ihr Haus, reißt David von Beckmesser fort und zieht blitzschnell den Junker Stolzing in seine Werkstatt. Als der Nachtwächter verschlafen die Straße einherkommt, reibt er sich verdutzt die Augen: er muß wohl Gespenster gehört haben. Der Vollmond tritt hervor und zauberisch leise klingt der so bedeutungsvolle Sommernachtsspuk aus.

Der dritte Aufzug ist in zwei Bilder geteilt. Das erste spielt in Sachsens Schusterstube. Ein langes, schönes Vorspiel bringt vielerlei Motive in zarter Verflechtung. Es sind die Gedanken, die Sachs bewegen, während er in einem großen Folianten blättert. David schlüpft herein, beobachtet den lesenden Meister lange und ängstigt sich, weil dieser kein Wort an ihn richtet. Mit einem Wortschwall versucht er ihn um Verzeihung für die Vorgänge der vergangenen Nacht zu bitten. Doch Sachs hört ihn nicht an. Endlich wendet er sich ihm zu und fordert ihn gütig auf, ihn heute auf die Festwiese zu begleiten. Als David glücklich in die Kammer abgegangen ist, setzt Sachs seine Gedanken fort: »Wahn! Wahn! Überall Wahn!« Fast noch bedeutsamer als der »Flieder«- erklingt nun der großartige »Wahnmonolog«, über den Unfrieden unter den Menschen über deren Blindheit, Torheit, Verblendung, über Neid und Mißgunst, die an Stelle der Liebe die Welt regieren. ⑫

Aus dem Schlafgemach tritt Walther, froh begrüßt von Sachs. Dieser fragt ihn, wie er die kurzen Stunden in seinem Hause geruht habe. Der Junker berichtet ihm von einem schönen Traum, den er gehabt, und auf Sachsens Geheiß faßt er ihn in dichterische Liedform. Er selbst leitet ihn dabei, und so entsteht das »Preislied«, das seine volle Bedeutung im letzten Bild enthüllen wird. ⑬

Sachs schreibt Walthers Worte, während dieser singt, auf. Dann geleitet er ihn in die Kammer, wo beide sich zum Feste ankleiden wollen. Noch kennt der Junker des Schusters Absicht nicht, aber er fühlt seine ehrliche Freundschaft. In die leere Stube tritt nun Beckmesser: ein Bild des Jammers, trotz seiner hocheleganten Kleidung. Er hinkt, greift sich fortwährend an verschiedene Körperstellen, die ihn von den Prügeln der vergangenen Nacht schmerzen und fährt auf, sobald er sich setzen will. Die ärgerlichsten Erinnerungen verfolgen ihn sichtlich (und hörbar, da das Orchester sie drastisch andeutet). Endlich, nach langem Umherhinken, bleibt er vor dem Tische stehen, seine Augen werden weit: ein Gedicht, von Sachsens Hand geschrieben! Die Tinte noch naß! Nun wird ihm alles klar. Mit triumphierender Geste steckt er das Blatt zu sich. Unbefangen betritt gleich darauf Sachs den Raum. Der Stadtschreiber kann sich nicht beherrschen, er überhäuft den Schuster mit wütenden Reden und Vorwürfen, zuletzt mit prahlerischer Anmaßung: trotz seines bejammernswerten Zustands – an dem offenkundig Sachs die Schuld trage – werde er ihn im Wettsingen besiegen. Endlich kommt der Meister zu Wort. Lächelnd und ruhig erwidert er, daß er an keinerlei Beteiligung am Wettsingen denke. Beckmesser trumpft auf. Er wisse es besser, dank des Blattes, das er gefunden und das ohne Zweifel ein für den Wettbewerb gedichtetes Lied Sachsens enthalte. Doch zu des Merkers größter Überraschung schenkt dieser ihm das Lied, ja gibt ihm Erlaubnis, es nach Gutdünken zu singen. Sein Gemütsumschwung ist grotesk: ein Gedicht von Sachs, von Nürnbergs größtem Poeten! Doch immer wieder wandeln ihn Zweifel an: Vielleicht hat der es schon auswendig gelernt? Dann fällt er wieder in seine Überheblichkeit: wer käme ihm in der Stadt in Melodieeinfällen gleich? Wenn also zu einem Gedicht von Sachs nun eine Melodie von ihm, Beckmesser, käme... Er sieht sich schon als Sieger, außer sich vor Freude. Doch noch eines: Sachs werde doch nie sagen, daß der Text von ihm sei? Schmunzelnd gelobt der Meister dies: nie werde er derartiges behaupten. Übermütig vor Freude und nur gelegentlich bei zu heftigen Bewegungen an seinen zerschlagenen Körper gemahnt, stürzt Beckmesser davon. Gedankenvoll lächelnd schaut Sachs ihm nach; diese Wendung der Dinge kommt ihm nicht ungelegen, wenn auch sein Plan noch keineswegs feststeht. Eva, zum Gang auf die Festwiese geschmückt, aber ein wenig blaß und besorgt, tritt in die Schusterstube. Sie tut so, als störe sie etwas an den Schuhen, aber der wahre Grund ihres Kommens ist, Walthers Verbleiben zu ergründen. Der erscheint soeben unter dem Rahmen der Kammertür; die beiden Jungen blicken einander lange und innig an. Sachs tut, als glaube er an Evchens Vorwand. Er hat ihren Fuß auf einen Schemel gestellt und untersucht, als sähe er nichts anderes, den Schuh. Er fordert sodann Walther auf, die noch zu seinem Liede fehlende dritte Strophe zu dichten, und als sie, im Feuer der Begeisterung, überaus schön gerät, ruft Sachs feierlich Magdalena und David hinzu, wie zu einer Zeremonie. Und eine solche wird daraus: Sachs tauft, im Beisein und unter Mitwirkung der »Zeugen« das neue Lied. Ein wundervolles Quintett rankt sich beseligt und beseligend um die »Morgentraum-Deutweise«.

Dann nimmt die Musik festlicheren Charakter an und die Szenerie verwandelt sich; aus der Schusterstube wird die weite, freie, frohe Festwiese vor den Toren der Stadt Nürnberg. Die Zünfte ziehen unter Gesängen ein, lassen Standarten und Bänder im milden Sommerwinde wehen. Die Lehrbuben tollen umher, empfangen die lieblich geschmückten Mädchen, und bald ist ein übermütiger altdeutscher Tanz im Gang. ⑭

Feierliche Klänge künden dem immer dichter versammelten Volke die Ankunft der Meistersinger. Die Lehrbuben stellen sich zum Empfang auf, und unter dem nun in vollstem Glanze strahlenden Thema, das die Oper einleitet, betreten die Meister mit Kothner an der Spitze die Wiese. Ein prächtiger Choral steigt aus allen Kehlen zum blauen Himmel empor: Wagner hat hier einen schönen Text von Hans Sachs vertont (»Wach auf! Es nahet gen den Tag!«) und ihn in Melodie und Harmonie völlig aus dem Geist der Meistersingerzeit und ihrer kunstvollen Mehrstimmigkeit heraus gestaltet. ⑮ Und gleichsam als Huldigung für den populären »Schuhmacher und Poeten« von Nürnberg erklingt das volltönende hymnische Lied auf der sonnigen Festwiese. Sachs tritt vor, weist bescheiden die Ehrungen zurück und hält, wie ihm aufgetragen, die Begrüßungsansprache; sie setzt Pogners großzügiges Angebot auseinander, das starke Bewegung unter dem Volks hervorruft. Gerührt dankt Pogner ihm. Ein wenig abseits steht Beckmesser, blickt verzweifelt in das bewußte Blatt, murmelt einige Worte daraus, sucht sich seiner Melodie zu entsinnen, schwitzt und ist sichtlich dem Zusammenbruch nahe. Mit leiser Ironie rät Sachs ihm sein Vorhaben aufzugeben. Nein, nie und nimmer! Wenn nur Sachs nicht doch noch am Wettkampf teilnähme? Mit den anderen denkt der Stadtschreiber leicht fertig zu werden. Der Augenblick naht. Kothner ruft Beckmesser auf. Die Lehrbuben lachen, das Volk fragt sich verwundert, ob dieser ältere Herr tatsächlich als Werber um der jungen Eva Pogner Hand antreten wolle. Als die Menge der Aufforderung zur Ruhe Gehör gibt, beginnt Beckmesser sein Lied: eine greuliche Entstellung von Walthers Text zu einer absurden Melodie gesungen. Alsbald bemächtigt sich sowohl des Volkes wie der Meister steigende Unruhe. Der Unsinn in Beckmessers Worten, seine Unsicherheit werden immer offenbarer. Dann kommt der Augenblick, in dem er wutschnaubend den Grashügel verläßt, auf Sachs zustürzt und diesen bezichtigt, der Autor des Liedes zu sein. Sachs nimmt sehr ruhig das Blatt, das Beckmesser ihm vor die Füße geworfen, auf. Ungeheure Spannung umgibt den Liebling von Nürnberg. Wie wäre es möglich, daß Sachs etwas derartiges geschrieben habe? Fast feierlich weist dieser Beckmessers Worte zurück: niemals würde er es wagen, sich der Urheberschaft eines so schönen Gedichts zu rühmen. Ratlos stehen alle. Scherzt der Meister? Schön, dieses Gedicht? Doch Sachs fährt fort: wie man auf den ersten Blick sehe, habe Herr

Beckmesser dieses schöne Gedicht völlig entstellt. Da er ihn aber angeklagt, stehe ihm das Recht der Verteidigung zu. Er wolle es in Anspruch nehmen. Wenn aus dem weiten Rund jemand hervorträte und dieses Lied so sänge, wie es zu singen sei, so bewiese er damit, daß er der Verfasser sei. Gespannt blickt die Menge ringsum, als Sachs seinen »Zeugen« aufruft. Walther löst sich aus dem Gedränge und tritt auf den Rasenplatz. Mit der prächtigen Wiedergabe seines »Preisliedes« ersingt er sich den Jubel des Volkes, die staunende Achtung der Meister und die Hand Evas. Hier könnte die Oper schließen und alle Zuhörer froh entlassen. Doch Wagner hat sich noch eine Schlußapotheose aufgespart, deren tiefer Sinn nicht zu übersehen ist. Nicht nur Beckmesser, der stets neidische, eifersüchtige Kritiker, ist in der Oper schlecht davongekommen, sondern in gewissem Sinne die ganze Meistersingerzunft. Ihr engstirniges Festhalten an vielleicht längst überholten Regeln, ihr Höherbewerten der Theorie – hier mittelalterlich »Tabulatur« genannt – über die lebendig fortschreitende Kunst, hat sie in wenig günstigem Lichte erscheinen lassen. Nun, als Pogner dem jungen Ritter nicht nur die Hand Evas, sondern auch mit goldner Kette die Mitgliedschaft der Meistersingerzunft übergeben will, weist Walther diese heftig zurück. Da tritt Sachs vor, und in seiner großartigen Schlußansprache gipfelt das Werk mit einem glühenden Bekenntnis zur Kunst, einem Treuegelöbnis für die Meister, die in lauterster Absicht und tiefem Glauben einem Ideal ihr Leben weihen. »Verachtet mir die Meister nicht und ehrt mir ihre Kunst!« ruft er Walther und dem Volke zu. Mögen sie auch manchmal irren oder im Dunkel tappen: ihr Wille zur Kunst, ihre ehrliche Hingabe an die große Aufgabe, ihre Verbundenheit mit der Tradition, die eine unendliche Kette aus ferner Vergangenheit in ferne Zukunft darstellt, ist ihr unauslöschliches Verdienst. Mit dem stolzen (aber keineswegs im nationalistischen Sinne mißzuverstehenden) Ausruf: »Ehrt eure deutschen Meister!« erreicht die Oper eine leuchtende Apotheose des Geistes, zu der Fahnen, Bänder, Wappen, Kostüme, Sonnenschein über dem altehrwürdigen Nürnberg einen unübertrefflichen Rahmen abgeben und ein Riesenorchester in strahlendem C-Dur unvergeßliche Klänge schmettert.

Quellen: Hans Sachs ist eine historische Gestalt. Der »Schuhmacher und Poet dazu« (wie er sich selbst nannte) lebte in Nürnberg von 1494 bis 1576, um 1555 wird er als Präsident der dortigen Meistersingerzunft genannt. Von seinen überaus zahlreichen Werken sind Gedichte, Fastnachtsschwänke, Bühnenspiele erhalten und beweisen hohe dichterische und dramatische Fähigkeiten. Auch Beckmesser hat gelebt, wenn auch nicht so, wie Wagner ihn zur Zielscheibe seines Spotts (und Zorns über die Kritiker) dargestellt hat. Die Meistersinger waren die bürgerlichen, städtischen Nachfahren des ritterlichen Minnesängertums; der Unterschied zwischen beiden ist so groß wie der der Epochen, die sie repräsentieren: das feudale, aristokratische, individualistische Zeitalter und die bürgerliche, streng geregelte (wenn auch von hohen Idealen belebte), kollektivistischere Aera. Alles, was Wagner über Tabulatur, poetische und gesangliche Regeln der Meistersinger angibt, ist historisch. Das im dritten Akt verwendete Gedicht »Wach auf, es nahet gen den Tag« ist ein Hymnus, den Sachs auf Martin Luther dichtete; Wagner gestaltete ihn, mit gleichen Worten, zu einer Huldigung der Nürnberger für Sachs um. Die gesamte Handlung aber ist völlig Wagners Phantasie entsprungen; nichts von dem hier Geschilderten hat sich je zugetragen.

Dichtung: Unter den Werken seiner Reifezeit stellen »Die Meistersinger von Nürnberg« das einzige Lustspiel dar, sowie das einzige, das ohne jede Zutat übersinnlicher oder legendärer Elemente auf rein menschlichem Grunde beruht. Was hat Wagner aus einer nur am Rande geschichtlichen Vorlage zu machen gewußt! Er hat nicht nur völlig frei erfundenes blutvolles Leben geschaffen, mit Liebe, Leidenschaft, Neid, Mißgunst, hat nicht nur Charaktertypen auf die Opernbühne gestellt, die unauslöschlich im Gedächtnis haften und eine Handlung ersonnen, bei der sie alle ihre Eigenschaften und Eigenheiten voll ausleben können: weit darüber hinaus hat er ein Zeitbild geschaffen, das in seiner Plastik geradezu als Lehrstück für die Erkenntnis der mittelalterlichen Städte und ihres Gegensatzes zu der vorangegangenen Zeit des Feudalismus dienen kann. Das Werk stellt in seinem Gegensatz zwischen dem Minnesänger Walther und den Meistersingern ein wahres Schulbeispiel für die mittelalterliche Musikgeschichte dar. In Hans Sachs hat Wagner eine seiner prächtigsten Bühnenfiguren geschaffen: klug, weise, witzig, gefühlvoll, edel, uneigennützig, hilfsbereit. Man kann in Sachs vielleicht sogar ein Porträt Wagners sehen: hier hat er zweifellos ein Stück Autobiographie auf die Bühne gebracht. Dem objektiven Beobachter mag dieses Selbstbildnis ziemlich idealisiert erscheinen, aber das ändert nichts an der Vermutung, daß Wagner sich selbst wohl so gesehen hat, wie er Sachs beschreibt. Seine dichterische Kraft ist bewundernswert, jede Szene strotzt von Leben, jeder Dialog weist glänzende Pointen auf, jedes Bild zwingt zum Mitleben, zur Anteilnahme, aber auch zum Nachdenken, zum Nachfühlen: das Kircheninnere mit dem für die Meistersingerversammlungen bestimmten Raum, das nächtliche Straßenbild mit den Giebelhäusern und Butzenscheiben, die Schusterwerkstatt, die Festwiese. Auch ohne Musik wären Wagners »Meistersinger von Nürnberg« ein äußerst bühnenwirksames, schönes Theaterstück voll Humor und Geist, erfüllt von »Scherz, Satire, Ironie und tieferer Bedeutung« (um mit Grabbe zu sprechen).

Musik: Aber die Musik existiert und erhebt das Lustspiel der Worte zu einer einmaligen Genietat im musikdramatischen Sinne. »Die Meistersinger von Nürnberg« sind Wagners einzige Komödie (vom »Liebesverbot« abgesehen, das aber so wenig eine Rolle spielt, wie »Un giorno di regno« im Leben Verdis). Sie sind auch eine der längsten Partituren der Opernbühne, da ihre Aufführung (wie die von »Tristan und Isolde«, »Götterdämmerung« und »Parsifal«) die Fünfstundengrenze überschreitet. Aber in diesem ganzen langen Ablauf ist kein einziger schwacher Takt, keine Naht- oder Bruchstelle zu entdecken. Der Stilunterschied zu »Tristan und Isolde« ist vollständig; herrschte dort die Chromatik vor, so sind die Harmonien der »Meistersinger von Nürnberg« diatonisch gebaut. Drückten dort dunkle Klänge, sehnsüchtige Akkorde, »unendliche« Melodien Nacht und Tod aus, so strahlt hier alles von hellstem Lichte wider: leuchtende Klänge, klare Akkorde, irdische Melodien. Trotzdem zitiert in den »Meistersingern von Nürnberg« Wagner einmal seinen »Tristan«; Hans Sachs singt zu Eva gewendet die Worte: »Mein Kind, von Tristan und Isolde kenn ich ein traurig Stück; Hans Sachs war klug und wollte nichts von Herren Markes Glück ...«, wozu Singstimme und Orchester Klänge aus »Tristan und Isolde« heraufbeschwören. Der Wunsch weiter Kreise, Wagners Werke nach »Leitmotiven« zu durchsuchen, hat deren mehr als dreißig in den »Meistersingern von Nürnberg« ergeben; sie könnten alle aufgezeigt und sogar mit (von den Erklärern erfundenen) Namen belegt werden. Aber ob dem wahren Wagnerverständnis damit viel geholfen wäre? Denn das Bewundernswerte sind gerade die großen Linien, das Zusammenfassen verschiedenster Elemente zu einem gewaltigen, weit- und kühngeschwungenen Bogen, der über sehr lange Szenen, ja über einen ganzen Akt hin reichen kann. Die Kenntnis der Bedeutung einzelner Motive erleichtert das Verständnis der Handlung, gibt über Gedanken und Gefühle der handelnden Personen Aufschluß; aber ein zu analytisches Vorgehen trägt die Gefahr in sich, Wagners Synthesen zu übersehen. Die musikalische Charakterzeichnung erreicht hier einen neuen Höhepunkt. Am liebevollsten ist begreiflicherweise Hans Sachs ausgestattet; hier hat Wagner sich selbst dargestellt, und die Musik öffnet uns den Zugang zu dieser Gestalt ebenso wie die Dichtung. Tiefes Menschenverständnis, gütige, reife Liebe zur Allgemeinheit, kluges Bescheiden, aber auch tatkräftiges Lenken liegen in jedem Wort, in jeder Melodie. Ein idealisierter Wagner, wie er sein wollte. Jedenfalls eine herrliche, unendlich liebenswerte Bühnengestalt. Seinen Widerpart Beckmesser hat er mit höchster Ironie gezeichnet; und doch liegt – ähnlich wie bei Verdis Falstaff – etwas menschlich Rührendes in dieser verspotteten, grotesken Figur. Ein Sonderlob gebührt hier den Ensembles (dem herrlichen Quintett vor allem) und den Chören, die voll Leben an der Handlung teilhaben und im »Wach auf!« einen der stimmungsvollsten Höhepunkte heraufzuführen haben.

Geschichte: Wagner faßte die Idee zu den »Meistersingern von Nürnberg« bereits im Jahre 1845 in Marienbad. Viel anderes trat dazwischen: »Lohengrin«, ein guter Teil des »Ring des Nibelungen«, »Tristan und Isolde«. Trotzdem erwähnt Wagner den Plan, als er im Jahre 1851 von Zürich aus »Eine Mitteilung an meine Freunde« hinausgehen läßt. In dieser Stadt hatte er auch die Vision des Festwiesenbildes: beim Volksfest des »Sechseläutens« spielen die Aufzüge der Zünfte eine wichtige Rolle. Wagner hat sie zur Grundlage der letzten Szene werden lassen. Dann Stille bis 1861. Im Dezember dieses Jahres und im Januar 1862 wurde die Dichtung abgeschlossen. Die Komposition erfolgte an verschiedenen Orten und über mehrere Jahre verteilt: in Biebrich am Rhein, in Wien, in Luzern.

Die letzte Partiturseite trägt den Vermerk: »Ende der Meistersinger. Tribschen, 24. Oktober 1867, um 8 Uhr abends. R. W.« In den verflossenen mehr als zwanzig Jahren hatte das Werk im Geiste seines Schöpfers manche Metamorphose durchgemacht. (Unter vielen anderen sei die oft zitierte, an sich nicht einmal wichtige Tatsache erwähnt, daß die Figur des lächerlichen Merkers anfänglich nicht den neutralen Namen Sixtus Beckmesser führen, sondern in klarer Anspielung auf den »Erzfeind«, den bedeutenden Wiener Kritiker Hanslick »Hans Lick« oder »Hanslich« heißen sollte.)

Die Uraufführung fand auf Geheiß König Ludwig II. im Münchner Hoftheater am 21. Juni 1868, unter der Leitung von Hans von Bülows, statt. Das festliche Haus bereitete Wagner die wohl größte Ovation seines Lebens. Die zum Teil unverständigen, zum Teil feindlichen Kritiken konnten der Ausbreitung des Werkes nicht im Wege stehen: 1869 wurde es in Dresden, Karlsruhe, Dessau, Mannheim und Weimar gegeben, 1870 in Hannover, Wien und Berlin (wo gepfiffen wurde). In wenigen Jahren eroberten die »Meistersinger von Nürnberg« die Bühnen von Prag, Riga, Kopenhagen, Rotterdam, Amsterdam, London (in englischer Sprache), Budapest (in ungarischer Übersetzung). Nach Paris – der »antiwagnerischesten« Stadt seiner Zeit – gelangten sie erst 1897, aber vorher wurden sie in französischer Sprache bereits in Lyon und Brüssel (1885) gespielt. Noch vor Ende des Jahrhunderts waren sie in Italien, Nord- und Südamerika zu hören (in letzterem in italienischer Sprache).

Der Ring des Nibelungen
Ein Bühnenfestspiel für drei Tage und einen Vorabend, von Richard Wagner

Das Rheingold
(Vorabend)

Originalsprache: Deutsch
Personen: Götter: Wotan (Baß oder Bariton), Donner (Baß oder Bariton), Froh (Tenor), Loge (Tenor), Fricka (Mezzosopran oder Sopran), Freia (Sopran), Erda (Alt); Nibelungen: Alberich (Bariton), Mime (Tenor); Riesen: Fasolt (Baß), Fafner (Baß); Rheintöchter: Woglinde (Sopran), Wellgunde (Sopran), Floßhilde (Alt).

Ort und Zeit: Die erste Szene in der Tiefe des Rheins; die zweite und vierte in freier Gegend auf Bergeshöhen, nahe dem Rhein; die dritte in den unterirdischen Klüften Nibelheims, des Reiches der von Wagner »Nibelungen« genannten Zwerge. Graue Vorzeit.

Handlung: Im »Rheingold« tritt kein menschliches Wesen auf. Auf den Bergeshöhen wohnen die Götter, auf der Erde die Riesen, in unterirdischen Gefilden die zwerghaften Nibelungen. Sie alle sehnen sich nach Liebe, erstreben Macht und bekämpfen einander um die Herrschaft der Welt. In diesem großartigen Prolog, den Wagner seinem größten Opus (und einem der umfangreichsten je geschaffenen Musikwerke) vorausschickt, wird die nordische Mythologie lebendig, von Wagner dichterisch gesehen und künstlerisch gestaltet.

Die orchestrale Einleitung ist von plastischer Anschaulichkeit: das ruhige Ziehen des Rheins, in dessen Tiefe, von matten Lichtstrahlen erhellt, unbekannte Schätze liegen und die Rheinnixen sich tummeln. ①

(Als musikalisches Kuriosum sei erwähnt, daß dieses Vorspiel nicht weniger als 136 Takte lang an der Grundtonart Es-Dur festhält, deren Akkord in weichen Brechungen das langsame Fließen des Stromes in seiner Tiefe nachahmt.) Der aufgehende Vorhang läßt den Grund des Flusses, mit den sich darüber türmenden Wassern, sichtbar werden. Drei Nixen oder »Rheintöchter« – wie Wagner sie nennt – spielen fröhlich in den Fluten, rund um den sagenhaften Schatz, dessen Schutz ihnen anvertraut ist. Eine alte Prophezeiung versichert, daß, wer das Rheingold besäße, aus ihm einen Ring schmieden könne, in dem die Macht der Welt beschlossen liege. Doch die Nymphen tummeln sich ruhig. Wer sollte den Schatz wohl rauben, da der Dieb, um ihn zu erlangen, auf die Liebe verzichten muß? (Hier hat Wagner einer seiner Grundideen der revolutionären Epoche Ausdruck verliehen: Liebe und Gold, Liebe und Macht schließen einander aus.) Während des lieblichen Spiels der Rheintöchter taucht eine seltsame Gestalt zwischen den Felsen auf. Es ist Alberich, der Nibelunge. Neugierig, dann immer begehrlicher betrachtet er die drei Nixen. Er ruft sie, und sie schwimmen näher heran. Doch lachen sie ihn aus, als er ihnen von Liebe spricht. Alberich verfolgt sie, doch die gewandten Mädchen mit den Fischleibern entschlüpfen immer wieder dem Zugriff des ungeschickten Zwerges. Plötzlich bemerkt Alberich den goldenen Glanz, der zwischen den Felsen hervorleuchtet. Unbesorgt vertrauen ihm die Nymphen das Geheimnis an, denn sie wissen ihn verliebt, also ungefährlich für das Rheingold. Doch Alberich faßt den großen Entschluß; da er sich in seinen Liebesgefühlen verhöhnt fühlt, tut er den Schwur des Verzichts. ②

Für immer entsagt er der Liebe, und mit gierigen Händen entreißt er dem Riff das Gold. Unter dem Wehgeschrei der Rheintöchter erlischt der Glanz, entschwindet der Räuber. Nebel decken den Schauplatz zu. Das Schicksal hat seinen Lauf genommen. Viel muß geschehen, bis der aus dem Rheingold geschmiedete Ring in die stillen Tiefen des Flusses zurückkehren wird.

Wagner entwarf »Das Rheingold« als fortlaufende Handlung, und auch die Musik läßt keine Unterbrechung zu. Nach dem Motiv, das den »Liebesverzicht« ausdrückt (unser voriges Beispiel) steigt aus dem Orchester in immer klarerer Form ein anderes empor, das »Ringmotiv«. ③

Sein Auftauchen bedeutet, daß Alberich in der Tiefe seines unterirdischen Wohnsitzes Nibelheim daran geht, aus dem geraubten Gold einen Ring zu schmieden, dessen Besitz ihm die Herrschaft der Welt geben soll. Während das Orchester diese Zusammenklänge erklärt, steigen aus dem Nebel, der über der Rheinebene lagert, allmählich die Umrisse einer freien Berglandschaft. Im Hintergrund, in die Wolken vorstoßend, erhebt sich eine Burg, majestätisch auf unzugänglichen Felsen gebaut, Walhall, Schloß und Festung der Götter. Diesem soeben von den Riesen fertiggestellten großartigen Bau hat Wagner ein feierliches Motiv zugeteilt, das an den vier Abenden eine bedeutende Rolle zu spielen haben wird. ④

Auf dem Rasenplatz ruhen Wotan, der oberste Gott, und seine Gattin Fricka. Beim Erwachen fallen ihre Blicke mit Stolz auf Walhall, das im Morgenschein aus den Nebeln zu tauchen scheint. Endlich ist das große Werk vollendet! Wotan hat es ersehnt, als Symbol seiner Macht. Mehr noch vielleicht hat Fricka es gewünscht, denn durch den Bau mit seinen Zinnen, Türmen und Sälen hofft sie den wanderlustigen Gatten seßhafter zu machen, dessen zahllose Abenteuer ihr viel Kränkung und Sorge bereiten. Freudig blicken sie auf den Göttersitz, auf die hochragende Burg. Doch Fricka entsinnt sich kummervoll des Preises, den Wotan den Riesen für den Bau zugesagt hat, ihre eigene Schwester, die Göttin Freia. Wotan ist unbeschwert, obwohl das Orchester ihm eindringlich die Bedeutung und Heiligkeit der Pakte ins Bewußtsein ruft. ⑤

Er vertraut darauf, die tölpelhaften Riesen mit anderer Münze abfinden zu können. Loge, der schlaue Halbgott, hat ihm seine Hilfe zugesagt. (Loge ist Gott des Feuers, und sein Name wird oft von Lohe hergeleitet; aber er kommt auch von Lüge, und Wagner wird beide Bedeutungen sinngemäß verwenden.) Freias Hilferufe werden laut, geängstigt eilt sie herbei. Auf dem Fuße folgen ihr Fasolt und Fafner, die Riesen. ⑥

Sie kommen, den bedungenen Preis zu verlangen. Wotan stellt sich, als kenne er ihn nicht. Sie erinnern ihn an sein Versprechen der Göttin Freia. Der Gott (niemals weniger göttlich als hier) tut verwundert; niemals habe er das im Ernst gemeint. (Das »Paktmotiv« erklingt im Orchester häßlich verzerrt.) Wenn nur Loge käme, der sicher wieder eine List zur Hand hat! Indessen sagt Fasolt dem obersten Gotte bittere Wahrheiten. Sein Bruder Fafner hat ein gewichtiges Motiv, nicht vom Pakt Abstand zu nehmen. Freia ist die Hüterin der Äpfel, deren Genuß den Göttern ewige Jugend gewährt. Ginge sie mit den Riesen, dann verwelkten wohl die Bäume und mit ihnen das Geschlecht der Götter. (Hier ist eine Anspielung auf den pausenlosen Machtkampf, der auch in dieser mythologischen Welt alle – Götter, Riesen, Zwerge, zuletzt auch Menschen – in Bann hält.) Die Riesen wollen die liebliche Freia so bald wie möglich mit sich nehmen. (Im Orchester hört man das zartlyrische Motiv, das die Göttin stets begleitet.) ⑦

Froh und Donner vertreten den Riesen den Weg, als diese Freia mit Gewalt entführen wollen. Da tritt Loge auf. Zuerst lobt er, beinahe überschwänglich, die herrliche Burg. Der vereinbarte Preis erscheint ihm durchaus gerechtfertigt. Wer werde auf die Liebe verzichten? Nein, dazu sei gewiß niemand bereit. Die Götter hören ihm sprachlos zu, die Riesen fassen neues Vertrauen. Und doch – setzt Loge, wie nebenbei, fort –, habe einer der Liebe abgeschworen, von Macht- und Habgier überwältigt: Alberich, der Nibelunge, der soeben das Rheingold geraubt. Die Nixen hätten sich an ihn gewandt, setzt Loge hinzu, damit er den Fall Wotan vortrage. Der oberste Gott ärgert sich nicht wenig über Loges Erzählung, die ihm im Augenblick gänzlich sinnlos erscheint. Doch Fasolt, der aufmerksam zugehört hat, macht seinen Bruder auf die Gefahr aufmerksam, die das Gold in der Hand ihrer schlimmsten Feinde, der Nibelungen, bedeute. Wie von ungefähr fährt Loge fort: Das Gold, in der Tiefe des Rheins, sei bloßes, wertloses Metall; aber der Ring, den man daraus schmieden könne, gewähre die Herrschaft der Welt. Jetzt erst scheinen alle Umstehenden den Ernst der Lage zu begreifen. Es sei zu spät, meint Loge: Alberich habe auf die Liebe verzichtet und den Ring geschmiedet, seine Macht werde grenzenlos sein. Unruhe ergreift die Götter. Sie müssen den Ring in ihre Gewalt bringen. Nicht um ihn den Rheintöchtern zurückzugeben, wie Loge scheinheilig vorschlägt. Er weiß genau, daß seine Halbbrüder und -schwestern, die Götter, ganz andere und jeder seine eigenen Pläne mit dem Ringe haben. Auch die Riesen beraten untereinander, verkünden dann ihren Beschluß. Sie seien bereit, auf Freia zu verzichten, wenn sie das Gold bekämen. Wotan fährt wütend auf: Wie könne er etwas vergeben oder auch nur versprechen, was nicht ihm gehört, was außerhalb seines Besitz- und Machtbereichs liegt? Doch die Riesen drohen; bis zum Abend geben sie den Göttern Frist. Als Geisel führen sie jetzt schon Freia mit sich fort. Im gleichen Augenblick wird die Wirkung spürbar: ein grauer Nebel scheint sich auf die eben noch helle Landschaft zu legen; welk und alt erscheinen plötzlich die Gesichter der Götter, deren sich tiefe Niedergeschlagenheit bemächtigt. Wotan rafft sich auf: »Nach Nibelheim!« befiehlt er. Loge muß ihm den Weg in das unterirdische Reich der Nibelungen weisen.

Wieder findet – laut Wagners Regieangaben – der Szenenwechsel während eines langen und äußerst plastisch gestalteten Zwischenspiels des Orchesters statt, wobei das Tageslicht langsam schwindet, Abgründe sich auftun, als begleiteten wir Wotans und Loges Reise in die Unterwelt; allmählich wird Feuerschein sichtbar, unterirdische Gänge und Höhlen tauchen auf, man hört helles Hammerklingen, mit dem das Zwergvolk der Nibelungen seine intensive Arbeit begleitet. Das Orchester macht sich diesen Rhythmus zu eigen und gestaltet aus ihm das »Nibelungenmotiv«. ⑧

In Nibelheim herrscht nun Alberich unumschränkt, seit er das Gold geraubt und den Ring geschmiedet. Er hat sein eigenes Volk versklavt und mißhandelt seinen Bruder Mime, der ihm eine Tarnkappe herstellen muß, mit deren Hilfe er jede gewünschte Gestalt annehmen oder sich unsichtbar machen kann. Die Götter finden Mime in elendem Zustand vor; bald taucht auch Alberich auf, der unablässig über die Arbeit seiner Sklaven wacht. Er erkennt die Götter und mißtraut zuerst diesem Besuch. Doch dann siegt die Eitelkeit, zumal die Gäste ihm schmeicheln, daß die Kunde von seiner neuen Macht bereits bis Walhall gelangt sei. Doch, argumentiert der schlaue Loge, wozu so viel Macht, da er doch an das düstere und traurige Nibelheim gefesselt sei? Das sei keineswegs seine Absicht, lächelt Alberich stolz; die ganze Welt werde ihm gehören, auf freien Höhen werde er leben wie jetzt die Götter. Loge scheint zu staunen. Doch wie werde er die Macht behalten können, die doch nur von einem kleinen Ringe abhinge? Habe er keine Angst, daß man ihm diesen rauben könne, im Schlafe etwa? Alberich bricht in Lachen aus. So schlau wie Loge sei er sicherlich, an alles habe er gedacht. Wollten die Götter eine Probe machen? Die Tarnkappe erlaube ihm, unsichtbar zu werden oder jede gewünschte Gestalt anzunehmen. Alberich stülpt den Helm über, und mit einer Zauberformel verwandelt er sich in eine riesige Schlange. Loge spielt den Erschreckten, und befriedigt nimmt der Zwerg wieder seine natürliche Gestalt an. Doch der Gott meint, Gefahren entginge man leichter, wenn man sich klein machen und unauffindbar verstecken könne; das aber sei gewiß zu schwer. Alberich spottet über die vermeintliche Schwierigkeit und verwandelt sich sofort in eine Kröte. Das ist der Augenblick, den Loge erwartet hat. Mit Hilfe Wotans packt er die Kröte, bindet sie, so daß Alberich, als Loge ihm den Helm entreißt, sich nicht mehr rühren kann. Den Gefesselten schleppen die Götter nun durch steinige Pfade und Kamine aufwärts zur Erde.

Ein neues, bedeutendes Orchesterzwischenspiel begleitet die Rückkehr Wotans und Loges mit ihrem jammernden Gefangenen. Dann taucht die Berglandschaft wieder auf, doch über der Burg liegen nun undurchdringliche Wolkenschleier. Wenn er sein Leben retten wolle, müsse er das Gold ausliefern, bedeuten die Götter dem Nibelungen. Es bleibt ihm nichts anderes übrig, als seinen Untergebenen den Befehl zu geben, die Schätze aus Nibelheim heraufzutragen. Noch hofft er, den Ring behalten zu können, aber Wotan selbst entreißt ihm dieses Symbol der Macht. Wie ein wildgewordenes Tier wehrt sich der Zwerg und mit letzter Kraft verflucht er das Kleinod. Möge sein Besitz den Tod bringen, sein Leuchten niemals einen Glücklichen erfreuen, die Sorge den verzehren, der ihn besitze, und der Neid den, der ihn nicht habe. Möge des Ringes Herr in Wahrheit sein Knecht werden ... Gebrochen kehrt Alberich nach Nibelheim zurück, ein armer Zwerg wie einst, bevor er das Gold raubte. Wotan steht noch im Anblick des Ringes versunken, als die Riesen mit Freia zurückkehren. Fasolt verlangt, daß das Gold, das sie zur Lösung Freias zu nehmen bereit sind, deren ganze Gestalt bedecke. Der Schatz wird um die Göttin aufgehäuft, aber durch einen Spalt sieht Fafner noch das Haar Freias glänzen. Mit dem Tarnhelm muß die Lücke verstopft werden. Doch immer noch ist das Auge der Göttin sichtbar. Die Riesen fordern den Ring, aber Wotan verteidigt ihn mit der gleichen Entschlossenheit wie kurz vorher Alberich. Da leuchtet im Gestein ein bläulicher Glanz auf. Eine seltsame Gestalt wird sichtbar. Es ist Erda, »Urmutter« der Welt, die majestätisch ihre Hand gegen Wotan erhebt: »Weiche, Wotan, weiche! Flieh des Ringes Fluch!« Das musikalische Motiv Erdas weist einen auffallenden Zusammenhang – den der »Umkehrung« – mit dem des Weltunterganges, der »Götterdämmerung« auf, die sie seherisch ankündigt. ⑨ ⑩

Die kurze Szene ist geheimnisumwittert. Erda ist allwissend, als einziger ist ihr – nicht Wotan!

605

– Urbeginn so kund wie fernste Zukunft. Sie ist die »Urmutter«, der Wagner nicht ohne Bedacht den eng mit »Erde« zusammenhängenden Namen gegeben hat. Sie rät Wotan, den Ring auszuliefern; sie kennt den Fluch, der auf dem Kleinod liegt, sieht das Ende der Götter voraus. Ihre Worte sind dunkel. Bevor Wotan aus ihnen Klarheit gewinnen kann, versinkt sie wieder. Langsam nimmt der oberste Gott den Ring vom Finger und reicht ihn den Riesen, die Freia nun losgeben. Zwischen Fafner und Fasolt entsteht ein Streit über die Verteilung des Reichtums und mit einem Hammerschlag tötet Fafner den Bruder. Entsetzt sehen die Götter die erste Wirkung des Fluchs. Wotan erschauert. Dank Erda hat er sich retten können, doch – für wie lange? Donner vertreibt die Wolken, die vor der Burg liegen, und Walhalla beginnt in überirdischem Glanze zu erstrahlen. Ein leuchtender Regenbogen wölbt sich von den Felsen, auf denen die Götter stehen, hinüber zur stolzen Festung. Wotan grüßt sie feierlich, nimmt Fricka an der Hand und schreitet, von den anderen Göttern gefolgt, in das Schloß, das ihnen in Zukunft als Sitz dienen wird. Loge schließt sich nachdenklich dem Zuge an, er ahnt, daß schwere Gefahren das Götterreich bedrohen. Aus dem Orchester steigt strahlend das Motiv auf, das bald – im ersten Akt der »Walküre« – höchste Bedeutung erlangen wird: das des Schwertes. Es bedeutet, daß Wotan, während er von seiner Burg Besitz ergreift, daran denkt, eine ihm treue Heldenrasse in die Welt zu setzen, die ihn vor dem drohenden Untergang retten könne. Aus den Tiefen des Rheins vernimmt man das Wehklagen der Nixen. Wotan hat dem Räuber das Gold entrissen, aber nicht, um es dem Rhein zurückzugeben, sondern um seine eigene Schuld zu bezahlen. Der Gedanke an die »Götterdämmerung« wird ihn nun nicht mehr verlassen.

Die Walküre
(Der erste Tag)

Originalsprache: Deutsch
Personen: Siegmund (Tenor), Hunding (Baß), Wotan (Baß oder Bariton), Sieglinde (Sopran), Brünnhilde (Sopran), Fricka, Wotans Gattin (Sopran oder Mezzosopran), die Walküren – Schwestern Brünnhildes – Gerhilde, Ortlinde, Waltraute, Schwertleite, Helwige, Siegrune, Grimgerde, Roßweiße (Sopran und Alt).

Orte und Zeit: Der erste Aufzug in der Hütte Hundings, irgendwo im germanischen Walde, der zweite auf den Höhen eines wilden Felsengebirges, der dritte auf dem Gipfel eines Berges, »Brünnhildenstein« genannt, Legende, Mythologie.
Handlung: Die stürmische Orchestereinleitung ist eine stimmungsgemäße Vorbereitung des ersten Aufzugs. Sie schildert Gewitter und Sturm sowie die Flucht eines Menschen. Der Vorhang hebt sich, und bei abnehmender Wut der Elemente sehen wir das Innere eines germanischen Hauses, dessen Saal rund um den breiten Stamm einer Esche gebaut ist. Ein Mann stößt die Türe auf, wankt herein und fällt erschöpft nahe dem Feuer nieder. Aus dem Nebenraum tritt Sieglinde, die ihren Gatten Hunding heimgekehrt wähnt. Erstaunt steht sie vor dem Fremden, den sie mit einem Trunk labt und der langsam zu sich kommt. Lange blicken die beiden einander an, während im Orchester eine sehnsüchtig-zärtliche Melodie aufkeimt, die man oftmals als »Liebesmotiv« verzeichnet findet. (Die Verwendung dieser Tonfolge könnte ein gutes Beispiel für Wagners Motivtechnik bieten: mit ihrer Hilfe wird weit mehr ausgedrückt als ein einziger, klar umrissener Begriff. Das Motiv kann einen ganzen weit gespannten Komplex bedeuten. Hier bezeichnet die schöne Melodie nicht nur die Liebe Siegmunds und Sieglindes, sondern auch die Qual, den Tod, die aus dieser Liebe stammen). ①
Der Mann erholt sich, fragt seine Wohltäterin, wer sie sei. »Dies Haus und dies Weib sind Hundings eigen«, gibt sie zur Antwort, und es ist, als wäre in diesen Worten ihr Drama beschlossen. Sie bereitet dem Fremden einen Stärkungstrunk, während dieser von seinem unglücklichen Kampfe erzählt. Neuerlich steigt im Orchester das Liebesmotiv auf, während ihre Blicke mehrmals wie gebannt aufeinander gerichtet bleiben. Doch der Krieger erhebt sich, will fortgehen, damit das Leid, das auf ihm laste, sich nicht auf die Frau und auf das Haus, in dem er Gastfreundschaft fand, übertrage. Doch Sieglinde ruft ihm erschüttert nach: »So bleibe hier! Nicht bringst du Unheil dahin, wo Unheil im Hause wohnt!« Während sie sich nun stumm und wie von einem starken Zauber ergriffen anblicken, drückt das Orchester die Flut von Gefühlen aus, die in ihren Herzen toben. Hörner werden von ferne hörbar; mit einem wuchtigen, sehr irdischen, ja brutalen Motiv tritt Hunding ins Haus. ②

Er legt die Waffen ab, bietet dem Fremden Gastfreundschaft und läßt Sieglinde das Mahl rüsten. Dabei beobachtet er mit steigendem Erstaunen die Ähnlichkeit des Unbekannten mit Sieglinde. Er befragt ihn, woher er komme, und der Fremdling erzählt seine Geschichte. Von Wolfe, dem Vater, von der Mutter und einer Zwillingsschwester, die mit ihm im Walde aufwuchs, doch eines Tages geraubt wurde, während er mit dem Vater zum Jagen ausgezogen war, berichtet er. Dann entsinnt er sich der Jahre, in denen er mit dem Vater durch die Wälder strich und ihn schließlich in einer Schlacht gegen feindliche Übermacht verlor. Nur ein leeres Wolfsfell fand er im Forst, den Vater sah er nie wieder. Hundings und Sieglindes fragende Blicke lösen dem »Wölfing« die Zunge. Er erzählt, wie er vom Unglück verfolgt, von den Menschen mißverstanden wurde, wie sein Liebessehnen stets nur in Schmerz endete. »Wehwalt« müsse er sich darum nennen, schließt er die Erzählung aus der Vergangenheit. Doch Sieglinde will noch mehr wissen. Welch Unheil sei ihm heute geschehen? Zu Hilfe ward er gerufen – berichtet der Gast – von einem Mädchen, das gegen seinen Willen einem ungeliebten Mann angetraut werden sollte. Ein Kampf entfesselte sich bei der Hochzeit, viele Menschen starben, zuletzt das Mädchen. Er floh, nachdem Schwert und Schild ihm zerschlagen wurden. »Nun weißt du, fragende Frau, warum ich Friedmund nicht heiße...«, so beendet er traurig seinen Bericht zu einer schmerzlichen Phrase des Orchesters. ③
Hunding ist aufgestanden; er hat in dem Fremdling den Feind erkannt, den er den ganzen Tag über verfolgt hatte. Doch Haus und Herd sind heilig. Bis zum Morgen darf der Gast ruhen und seine Wunden pflegen. In der Frühe werde Hunding ihm mit der Waffe gegenüberstehen. Er weist Sieglinde barsch aus dem Saal und läßt den Fremden allein. Hundings Motiv verlöscht langsam im Orchester, erklingt zuletzt nur noch im Rhythmus der Pauken. Ein neues Motiv ist aufgetaucht, fällt deutlich mit den letzten Blicken zusammen, die Sieglinde bedeutungsvoll dem Fremden zuwirft und mit denen sie ihm etwas Wichtiges, Dringendes zu sagen scheint. ④ Doch der Fremde versteht nicht. Sehnsüchtig nur blickt er der Frau nach, hinter der Hunding den Riegel des Gemachs vorschiebt. Es ist völlig Nacht geworden, der Saal ist nur noch von einem letzten Feuerschein vom Herde her erhellt. Der Gast läßt sich unruhig nieder, Gedanken, Erinnerungen gehen durch seinen Kopf, formen sich zu einem ergreifenden Monolog. ⑤. Ein Schwert hatte ihm einst, vor langer Zeit, der Vater verheißen, in höchster Not sollte er es finden. Nun weilt er waffenlos im Hause seines Todfeindes. Besäße er nun dieses Schwert zu seinem Schutze, zur Verteidigung der Frau, die er sah und die dieser Mann wie eine Gefangene hält! Das Feuer erlischt, ein letzter Schein fällt auf eine Stelle des Eschenstammes. Er glänzt geheimnisvoll, doch den Fremden gemahnt der Lichtstrahl an die Augen Sieglindes. Schließlich erlischt der Schimmer, Nacht breitet sich aus. Da öffnet sich die Türe des Gemachs leise. Sieglinde schleicht zu dem Gast. Eine Waffe will sie ihm zeigen, damit er am Morgen nicht schutzlos dem Feinde gegenüberstehe. Und sie berichtet ihm eine seltsame Begebenheit. Am Tage ihrer Hochzeit, als sie traurig und ohne Liebe Hunding vermählt wurde, trat ein Unbekannter in die Hütte: ein Greis in grauem Gewand, ein Auge vom mächtigen Schlapphut zugedeckt. (Kennte der Hörer nicht diese Verkleidung Wotans, das Orchester, das weich und wie in Erinnerung das Walhallmotiv mehrmals wiederholt, ließe ihn wissen, wer der geheimnisvolle Besucher auf Sieglindes Hochzeit war.) Der Unbekannte zog ein Schwert, stieß es in den Stamm der Esche und forderte die versammelten Männer auf, ihre Kraft an ihm zu erweisen; doch so sehr sie sich mühten, es gelang keinem, das Schwert auch nur einen Finger breit aus dem Stamm zu ziehen. Dem stärksten Helden habe er es bestimmt, verkündete der Alte geheimnisvoll und verschwand. Heute noch, wie damals harrt die Waffe ihres wahren Besitzers, ergänzt Sieglinde; wäre doch der Gast der versprochene Held! Sieglindes Wünsche fliegen wie vom Fieber getrieben. Fände sie heute den Rächer ihrer jahrelangen Schmach? Der Gast ist aufgesprungen, mit unwiderstehlicher Gewalt treibt es die beiden jungen Menschen zueinander. Die Musik wird immer berauschender, berauschter, ein Sturmwind fegt durch Orchester und Stimmen, entfacht die Klänge zu einer bis dahin kaum je vernommenen Glut der Ekstase. Von geheimnisvoller Gewalt aufgesprengt, öffnet sich das weite Tor im Hintergrund des Hauses. Das Gewitter ist abgezogen, Vollmond strahlt hell über dem frühlingshaft keimenden Wald, erleuchtet die Landschaft magisch mit silbernem Schein. Und von den Lippen des Mannes ertönt Wagners stürmischester Liebesgesang: »Winterstür-

607

①

②

③ Nun weisst du fragende Frau, warum ich Friedmund nicht heisse!
SIEGMUND

④

⑤ Ein Schwert verhiess mir der Vater, ich fand' es in höchster Noth.
SIEGMUND

Mäßig bewegt

⑥ Winterstürme wichen dem Wonnemond,
SIEGMUND

me wichen dem Wonnemond«. ⑥ In den jubelnd gesungen Worten »Vereint sind Liebe und Lenz« gipfelt das hingerissene Lied, doch das Rasen und Wogen der Musik hält nicht mehr inne, es kommt aus tiefster Brust der beiden jungen Menschen. Heißt der Fremde Wehwalt, wie er sich nannte? Nicht länger wolle er es sein, nun, da die Frau ihn liebt. Nannte er Wolfe seinen Vater? Das war nur einer seiner Namen, denn ein Wolf war er feigen Füchsen, in Wahrheit hieß er Wälse, so wie der Gast ihn in seinem großen Monolog angerufen hatte. Immer erregter geht die Frau der Spur ihrer Erinnerungen nach, und bald ist alles klar: der Fremde ist Geliebter und Zwillingsbruder zugleich. Siegmund, so nennt sie ihn. Und Siegmund tritt an die Esche und zieht mit einem einzigen gewaltigen Ruck das Schwert aus dem Stamm, das der Vater ihm bestimmt hat. Der Vater? Noch nennt er ihn Wälse, aber das ist nur einer der vielen Namen, unter denen Wotan bei den Menschen weilt. Das Orchester weiß es und teilt es unmißverständlich dem Hörer mit: Walhalls Motiv ertönt, verschlungen in die Themen von Liebesglut und Frühling. Siegmund reißt Sieglinde in seine starken Arme, und beide stürzen davon, in den mondglänzenden Wald, fort aus dem Zwang, der Sieglinde band, in die Freiheit, in die jauchzende, über ihnen zusammenschlagende Leidenschaft.

Der zweite Aufzug spielt in einer rauhen Felsengegend. Das heftige Orchestervorspiel mengt viele Motive, es ist glühend wie die Liebe des Geschwisterpaars, aber bringt auch deren angstvolle, gehetzte Flucht zum Ausdruck. Wotan steht kriegerisch gewaffnet auf einer Bergspitze, Brünnhilde, sein Lieblingskind unter den Walküren, vor ihm. Für Siegmund zu fechten, gegen den ihm verhaßten Hunding, fordert er von ihr. Freudig ertönt der Walküre Jubelruf von den Berghängen wider. ⑦

Doch Fricka, Wotans Gattin, naht. Sie wirft ihm Schweres vor. Mit dem Schutz, den er Siegmund angedeihen lasse, verletze er die Heiligkeit der Ehe, ja erlaube er Blutschande. Unheilig achte er den Eid, der Nichtliebende eint, erwidert Wotan. Doch Fricka beweist in höchster Empörung, daß Wotan derart die Grundgesetze der Menschheit untergrabe, zerstöre. Es ist ein langer, heftiger Kampf, der da zwischen den Ehegatten tobt; zwischen Wotan, dessen Liebe bei Siegmund und Sieglinde ist, bei den freien Helden, die durch keinen Zwang gebunden des Gottes eigene Sehnsüchte erfüllen dürfen, und Fricka, der immer wieder betrogenen, ja verhöhnten Gattin, der Wotan ungezählte Male zu irdischen oder göttlichen Frauen entkommt. Wotans Stellung in diesem Kampf wird zusehends schwächer. Schon ist er einverstanden, daß die Walküre die Kämpfer sich selbst überlasse. Doch Fricka gibt sich damit nicht zufrieden: Siegmund besitzt Wotans unbesiegliches Schwert. Und schließlich muß der Gott, von den Gründen überwältigt, nachgeben. Es ist ihm sehr schwer ums Herz, als er Fricka nachblickt und dann in langem, innigem Zwiegespräch mit Brünnhilde den früheren Befehl in sein Gegenteil verkehren muß. Er vertraut ihr die Geschichte vieler Jahre an. Brünnhilde hat sich zu seinen Füßen gelagert und hört mit wachsender Traurigkeit zu. Niemals hat sie ihren Vater so gesehen, so hoffnungslos, so niedergeschlagen. Von Erda erzählt er, der weisesten Frau der Welt, die ihm neun Töchter, die Walküren – Brünnhilde unter ihnen – geboren habe; von Alberichs heranwachsendem Sohn, der dessen Haß geerbt habe und eines Tages den Ring für die Nibelungen zurückerobern wolle; von dem Heldengeschlecht, das Wotan selbst in die Welt gesetzt habe, um mit seiner Hilfe dem Zusammenbruch seiner Macht, der von Erda geweissagten »Götterdämmerung« zu entgehen. Nun aber müsse er seinen Sohn Siegmund im Stiche lassen. Die Walküre fährt auf: was verlangt Wotan von ihr? Siegmunds Tod? Das kann nie und nimmer sein wahrer Wille sein! Doch Wotan beharrt auf dieser Forderung, bevor er davonschreitet. Niedergeschlagen bleibt Brünnhilde zurück. Das Orchester malt den schmerzlichen Sturm in ihrem Herzen. Sie gewahrt, in die Schlucht hinabblickend, Siegmund und Sieglinde, die sich müde und gehetzt des Weges daherschleppen. Auf der Höhe angelangt, bettet Siegmund die Geliebte zur Ruhe. Angsterfüllte Gedanken martern Sieglinde, die Erinnerung an die qualvollen Jahre an Hundings Seite verfolgt sie mit Schuldgefühlen, die sie ihrem Retter Siegmund gegenüber empfindet. Ohne Rast will sie weiter, fort von allem. Siegmund sucht sie zu beruhigen, ihre Wahngedanken zu verscheuchen, in denen sie von grauenhaften Bildern geplagt wird. Dann fällt sie in tiefen, ohnmachtähnlichen Schlaf. Im Orchester wandelt sich das Liebesmotiv in ein anderes, das dem unerbittlichen Schicksal zuzugehören scheint, und schließlich in das der Todverkündigung. ⑧

609

Auf der Anhöhe ist feierlich und ernst die Walküre erschienen. Sie, die »nur Todgeweihten« sichtbar wird, kündet Siegmund an, daß er ihr bald nach Walhall folgen müsse, in den Kreis der im Kampfe gefallenen Helden. Siegmund fragt, wen er in Walhall sehen werde? Den Vater? Die Walküre nickt. Die Geliebte? Nein, Erdenluft müsse sie noch atmen. Siegmund neigt sich über Sieglinde, die in unruhigen Träumen zu leiden scheint, küßt sie sanft auf die Stirne und wendet sich wieder der Walküre zu. Er erklärt, nicht mit ihr gehen zu wollen, denn sein Platz sei an Sieglindes Seite. Vergebens verkündet Brünnhilde ihm, daß sein Tod beschlossen sei. Siegmund glaubt, Hunding sicher im Kampfe zu töten. Wäre es aber nicht so, dann wolle er nicht nach Walhall, denn dann habe ihn der Schöpfer des Schwertes betrogen. Und ehe er sterbe, wolle er Sieglinde töten, um sie nicht allein in der Welt zurückzulassen. Mit wachsender Ergriffenheit hört Brünnhilde ihm zu. Und nach heftigem innerem Kampfe beschließt sie, Wotan ungehorsam zu sein: »Sieglinde lebe, und Siegmund lebe mit ihr!« Nebel steigen aus den Tiefen auf, man hört fernes Hundegebell; Hunding naht, während Sieglindes Schlummer immer unruhiger wird. Siegmund stürzt fort, dem Feinde entgegen. Die Bühne ist nun ganz von Wolken verhängt. Steigender Lärm kündet, daß die Gegner aufeinander getroffen sind. Ein Blitz zeigt die Walküre an Siegmunds Seite. Doch im Augenblick, da dieser zum entscheidenden Schlag gegen Hunding ausholt, teilt sich der Nebel: Wotan tritt mit dem gefällten Speer hervor und Siegmunds Waffe zerschellt an ihm. Hunding tötet den Waffenlosen. Brünnhilde rafft in rasender Eile die Stücke des Schwertes auf, reißt die widerstrebende Sieglinde auf ihr Roß und jagt davon. Vor Wotans verächtlichem Wink stürzt Hunding tot nieder. Nun bricht des Gottes Zorn aus: Brünnhilde hat ihm zu trotzen gewagt! Unter Donner und Sturm jagt er ihr nach, um sie zu bestrafen.

Das Vorspiel zum dritten Aufzug – eines der eindrucksvollsten und berühmtesten Wagners – besteht aus dem »Walkürenritt« ⑨, einem Tongemälde von ungemein plastischer Eindringlichkeit. Das gewaltige Sturmlied der durch die Wolken rasenden Wotanstöchter setzt sich bei aufgehendem Vorhang fort. Nach wildem Ritt sammeln die Walküren sich auf einem von düsteren Wolkenfetzen gepeitschten Felsenvorsprung, noch gepanzert, wie sie in den Schlachten zu kämpfen pflegen, in die Wotan sie entsendet, um dem von ihm bestimmten Schicksal Geltung zu verschaffen. Nur Brünnhilde fehlt noch im Kreise der Schwestern, die einander stürmisch begrüßen. Da naht aus fliegender Wolke auch das Lieblingskind Wotans. Atemlos stürzt sie herbei, wie gehetzt bittet sie um Schutz. Die Walküren verstehen sie nicht: vor wem flieht sie? Vor Wotan, gesteht Brünnhilde. Schauer erfaßt die Schwestern, nie sind sie dem Befehl des väterlichen Gottes untreu geworden. Schutz für sich und für das arme Weib, das sie im Fluge durch die Wolken gerettet hat, erfleht Brünnhilde von neuem. Schon kündet Brausen in den Wolken die Ankunft Wotans. Höchste Erregung bemächtigt sich aller. Keine bietet Brünnhilde Schutz. Müde klagt Sieglinde; sterben will sie, da sie Siegmund tot weiß. In tiefstem Mitgefühl blickt Brünnhilde auf die Lebensmüde; doch darf sie in ihrem Rettungsplan nicht ermüden. Konnte sie den Vater nicht gegen Wotans eigene Lanze verteidigen, so muß sie nun das Kind retten: »den hehrsten Helden der Welt trägst du, o Weib, im schirmenden Schoß!« ruft sie Sieglinde zu und diese Worte beleben den Mut der Verzweifelten: ein Kind von Siegmund, sein letztes Liebespfand! ⑩ Und nun ist sie es, die zur Eile drängt, der Todesgefahr, die ihr droht, entfliehen will um des Kindes willen, das nicht nur ihr, sondern ebenso dem toten Siegmund gehört. (Bei Brünnhildes in die Zukunft weisenden Worten erklingt in Orchester und Singstimme das unter dem Namen »Siegfriedmotiv« bekannte Thema. Noch fehlen Monate bis zu seiner Geburt, viele Jahre bis er unter diesem Namen in die Welt stürmen wird, aber der aufmerksame Hörer weiß hier schon, daß das Kind, das Sieglinde gebären soll, Siegfried sein wird; ein typischer Fall für Wagners Leitmotiv-Technik: den Hörer mehr wissen zu lassen, als die Personen auf der Bühne). Brünnhilde sattelt in fliegender Hast nochmals ihr eigenes Roß Grane und schickt mit ihm Sieglinde auf die Flucht vor Wotan in die weiten Wälder, wo Fafner lebt, wo sie Mühen und Not erleben, aber ihrem Kinde das Leben geben wird. Noch eines rettet Brünnhilde. Sie gibt Sieglinde auf ihre Flucht die Stücke des von Wotan zerschlagenen Schwertes Nothung, und dieses Schwert wird im weiteren Verlauf des Dramas noch eine große Rolle spielen. Brünnhilde selbst bleibt auf dem Felsen zurück, um sich dem strafenden Gott zu stellen. Wotan erscheint in höchstem

⑦ **Heftig**

ho-jo-to-ho! ho-jo-to-ho! ho-jo-to-ho! ho-jo-to-ho!

BRÜNNHILDE

⑧ **Sehr feierlich**

⑨

⑩ **Sehr lebhaft**

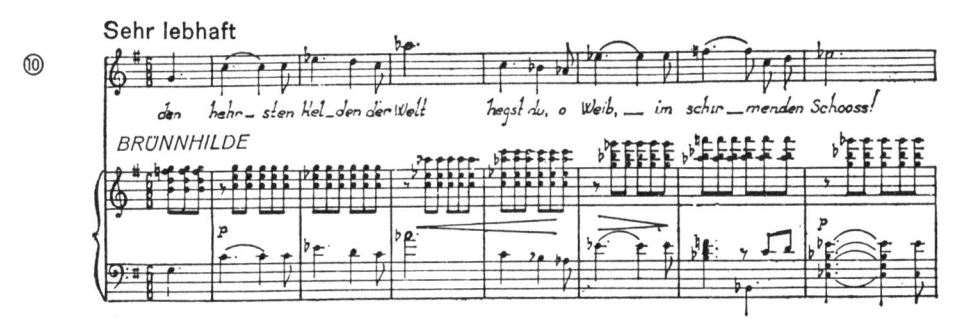

den hehr-sten Hel-den der Welt hegst du, o Weib, — im schir-menden Schooss!

BRÜNNHILDE

⑪  Leb' wohl, du küh-nes, herr—liches Kind!

WOTAN

⑫

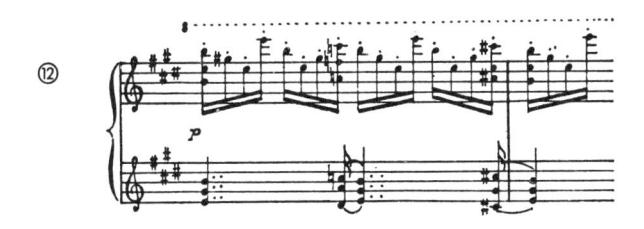

Zorn. Bebend vernehmen ihn die Schwestern. Hinter ihren Reihen tritt die Schuldige hervor, und die Strafe fällt auf ihr Haupt: ausgestoßen für immer aus Walhall, beraubt ihres Walkürentums, in Schlaf gebannt am Wege, wo der erste vorbeikommende Mann sie finden und mit sich nehmen könne. Entsetzt kehren die Schwestern sich ab, werden von Wotan nach Walhall gewiesen. Allein bleibt er mit ihr, die sein Lieblingskind war. Sein Zorn weicht unter den Worten, die Brünnhilde zu ihm spricht. War es so schimpflich, was sie tat? War es nicht Wotans tiefster Wille? Wohl weiß der Gott, daß dieses Kind ihm treuer war, als er selbst es sein konnte. In seinen eigenen Gesetzen ist er gefangen, ihnen muß er Geltung verschaffen. Nur eine Gnade gewährt er Brünnhilde: Kein gewöhnlicher Mann, kein Feigling soll sie besitzen. Rund um ihre Schlafstätte entbrenne ein Feuer, nur ein Held werde die Flammen durchschreiten, um Brünnhilde zu wecken. (Im Orchester ertönt das Siegfriedmotiv.) Gerührt und traurigen Herzens nimmt Wotan von seiner Tochter ergreifenden Abschied: »Leb wohl, du kühnes, herrliches Kind!« ⑪
Eine wahre Sinfonie von Leitmotiven begleitet diese erschütternde Trennung: Das Rechtfertigungsmotiv (das Brünnhildes Verteidigung begleitete) wächst nun zu großem Glanz, das Motiv des Schlafs oder Traums (der Brünnhilde erwartet), das Motiv des Feuers oder »Feuerzaubers«. ⑫
Wotan hat Loge herbeigerufen. In Gestalt eines gewaltigen Feuerrings erscheint er, umzingelt die Felsenplatte, auf der Wotan sein Kind zur Ruhe gebettet. Liebevoll bedeckt er Brünnhildes Gestalt mit dem Walkürenschild, den sie nun nie mehr im Kampfe führen wird. Noch einmal erhebt seine Stimme sich mächtig: »Wer meines Speeres Spitze fürchtet, durchschreite das Feuer nie!« (In Wotans Speeresspitze sind die menschlichen Pakte und Gesetze gegraben. Nur wer sich frei über sie erheben kann, stark genug, um sein eigenes Leben leben, nur der wird Brünnhilde zum Leben und zum Weibtum erwecken.) Die Blechbläser schmettern Siegfrieds Motiv durch den glitzernden Feuerzauber der Streicher. Weiß Wotan schon, wer eines Tages diese Braut erwecken wird? Der Hörer weiß es. Langsam schreitet Wotan dahin, während Loge einen immer höheren, undruchdringlicheren Feuerwall rund um die in Schlaf sinkende Brünnhilde aufrichtet.

Siegfried
(Der zweite Tag)

Originalsprache: Deutsch
Personen: Siegfried (Tenor), der Wanderer, eine Verkörperung Wotans (Baß oder Bariton), Mime und Alberich, Nibelungen (Tenor und Baß), Fafner, der in einen Drachen verwandelte Riese (Baß), Erda (Alt), Brünnhilde (Sopran), die Stimme des Waldvögleins (Sopran).
Orte und Zeit: In einem dichten Walde; das letzte Bild auf dem Walkürenfelsen (wie zu Ende der »Walküre«), Legende, Mythologie.
Handlung: Düster, lastend, schwer ist die Orchestereinleitung zu diesem Drama. Zwei Akkorde, dem Ringmotiv entnommen, erklingen in verschiedenen Lagen über einem lang ausgehaltenen »Orgelpunkt« (einer festgehaltenen Grundharmonie) ①; sie scheinen Mimes Kopfzerbrechen zu symbolisieren, der sich des Ringes bemächtigen will. Aber auch Alberich, sein Bruder, sinnt auf das gleiche, und besessener noch, war er doch einst, während kurzer Frist, Herr des Rings. Das Schmiedemotiv taucht auf (das im »Rheingold« die Arbeit der Nibelungen in ihrem unterirdischen Reich begleitete), aber zerstückelt, als deute es Mimes Unvermögen an, die von Sieglinde geretteten Stücke des Schwertes Siegmunds zusammenzufügen, ohne das – Mime ahnt es – der Drache Fafner nicht getötet werden kann, der in einer Höhle des Waldes den Nibelungenschatz hütet. So sehen wir bei Aufgehen des Vorhangs in einem dichten, menschenfernen Wald Mime verzweifelt an der Arbeit des Schweißens. Doch das stolze Schwert Nothung verhöhnt seine schwachen Kräfte. Mime verfolgt dabei einen klugen Plan: Er hat den kleinen Siegfried, dessen Mutter Sieglinde bei der Geburt im Walde starb, gefunden und aufgezogen. Mit seiner Hilfe denkt er, da er des Kindes Wotan-Abstammung kennt und ihn so stark heranwachsen sieht, eines Tages den Drachen zu töten und das Rheingold in seinen Besitz zu bringen. Darum hütet er den Knaben und spielt sich als sein Vater auf. Eben kommt Siegfried aus dem Walde zur Hütte und treibt einen jungen Bären vor sich her. Mime erschrickt, und Siegfried verlacht ihn. Obwohl der häßliche Zwerg das einzige menschenähnliche Wesen ist, das er jemals sah, fühlt er ihm gegenüber eine unüberwindliche Fremdheit, ja Verachtung. Immer wieder stellt er Fragen nach seiner wahren Herkunft. Mime beteuert, ihm

① **Mäßig bewegt**

② MIME: Als zul-len-des Kind zog ich dich auf......

③ **Lebhaft**
SIEGFRIED: Aus dem Wald fort in die Welt ziehn: nimmer kehr' ich zu-rück!

Vater und Mutter zu sein: Er singt das Lied, das Siegfried wohl schon oft gehört haben muß, aber trotzdem nicht zu glauben gewillt ist. ②
Wütend geht er auf den Zwerg los und unter dem Druck seiner Fäuste kann er endlich ein wenig mehr über seine Herkunft erfahren; er fühlt den ersten Schmerz seines jungen Lebens, als er erfährt, daß seine Mutter an seiner Geburt gestorben sei. Der Zwerg zählt neuerlich auf, was er alles für den Jungen getan habe. Doch Siegfried unterbricht ihn: warum nenne er ihn Siegfried? So habe es die Mutter getan. Und wie hieß seine Mutter? Sieglinde, glaubt der Zwerg. Und sein Vater? Mime weiß es nicht; Sieglinde habe nur gesagt, daß er tot sei. Siegfried mißtraut dem Nibelungen. Da weist dieser zum Beweis auf die Stücke des Schwertes, die Sieglinde ihm übergeben. Vor Siegfried öffnet sich die Welt; er wird ein Schwert besitzen und endlich aus dem Wald hinauskommen, der sich wie ein Gefängnis um seine Kindheit schloß. ③
Während er froh davonläuft und Mime ihm nachblickt, erscheint ein Fremder. Es ist Wotan, als Wanderer verkleidet, auf einem seiner langen Streifzüge durch die Welt. Unter feierlichen Akkorden tritt er vor den Zwerg hin, dem er drei Fragen zu beantworten sich erbietet. ④
Mime sucht auszuweichen, doch die Neugier bestimmt ihn schließlich, dem Wanderer die Fragen zu stellen. Wer lebt im Innern der Erde? Die Nibelungen, antwortet Wotan und fügt die Geschichte des geraubten Rheingolds hinzu. Und auf der Erde? Die Riesen; Fafner erschlug den Bruder Fasolt im Kampf um das Gold. Und in den Wolken? Die Götter, mit Wotan an der Spitze, dessen heiliger Speer das Symbol aller Gesetze sei. Und der Wanderer stößt seine Lanze auf den Boden, der in geheimnisvollem Donner ertönt. Nun zweifelt Mime nicht mehr daran, wer sein Gast ist. Nun fragt Wotan ihn. Welches ist das Geschlecht, das Wotans Zorn erregte und das er doch über alles liebe? Die Wälsungen – weiß der Zwerg –, Siegmund und Sieglinde, und nun ihr starker Sohn Siegfried. Welches ist die Waffe, die Siegfried gegen Fafner führen solle, wenn der schlaue Nibelunge ihn dorthin führe?

Nothung ist es, stottert der Zwerg, dessen Stücke er bewahre. Wer aber werde Nothung schmieden? Mime weiß es nicht. Ein Held, der die Furcht nicht kenne, unterweist ihn Wotan. Angst befällt Mime. Wotan kündet ihm, daß sein Leben in der Hand dessen enden werde, der die Furcht nicht kenne. Dann geht er seines Weges. Siegfried kehrt heim, und in jugendlicher Kraft schweißt er die Stücke Nothungs zusammen und schwingt sein neugewonnenes Schwert in der Luft. Nun muß Mime alles tun, um Siegfried das Fürchten zu lehren; Fafner werde das schon besorgen, droht er ihm, als alle Versuche fehlschlagen. Fafner? Wo wohnt er? In einer Höhle, nahe der Welt? Siegfried will sofort dorthin aufbrechen. Mime soll ihn begleiten, um ihm diese seltsame Sache – die Furcht – beizubringen. Mit einem einzigen übermütigen Schlag spaltet Siegfried den Amboß. Dann stürmt er davon, von unaufhaltsamem Drang in die Welt getrieben.

Der zweite Aufzug spielt ebenfalls im tiefen Walde, vor der Höhle des Drachen Fafner. (Hier hat Wagner einer seiner Lieblingsideen szenischen Ausdruck verliehen: daß, wer nur dem Besitz, dem Golde lebt, sich in ein Ungeheuer verwandle, in einen jeder menschlichen Gestalt baren »Drachen«). Auch musikalisch ist die Stelle interessant; das wuchtige Motiv, das im »Rheingold« die Riesen begleitete, ist zu einem kriechenden Drachenmotiv geworden, das Selbstsucht und Niedrigkeit ausdrückt, da Fafner um des Goldes willen den Bruder Fasolt erschlug und sich in eine Waldeshöhle zurückzog, um den so für sich allein eroberten Schatz zu hüten. Alberich umschleicht die Höhle. Tag und Nacht sinnt er nur darauf, wie er den Ring wiedergewinnen könne, den Wotan ihm einst so ungöttlich entriß; offen wagt er sich nicht an Fafner, aber seine Gedanken kreisen nur noch um dieses einzige Ziel, das ihm erstrebenswert erscheint. Ein blaues Licht erleuchtet geheimnisvoll den Wald, wütend erkennt der Zwerg den herankommenden Wotan. Kommt er des Ringes wegen? Der Gott beruhigt ihn; ein ganz anderer begehre den Ring und sei mit einem jungen Helden auf dem Wege zu ihm. Neid und Haß lodern in dem Zwerg auf. Überraschenderweise bietet Wotan ihm seine Hilfe an. Sie wecken Fafner, und Wotan fordert ihn auf, Alberich den Ring herauszugeben, doch der Drache weigert sich. (Wotan muß zwischen zwei Übeln wählen, das schlimmere wäre für ihn, wenn der Ring mit seinem Fluch von Bitternis und Tod in die Hände des von ihm geliebten Siegfried fiele.) Unverrichteter Dinge entfernt sich Wotan. Bald darauf nahen Mime und Siegfried. Der Zwerg zeigt dem Jungen die gefährliche Höhle; dann zieht er sich vorsichtig zurück. Während er auf das Ungetüm wartet, hat Siegfried sich auf das Moos hingestreckt. Er lauscht den Stimmen des Waldes. Vielerlei Gedanken gehen ihm durch den Kopf. Wie mögen seine Eltern gewesen sein? Sterben alle Frauen bei der Geburt ihrer Kinder? Langsam wird es Tag, in den Zweigen beginnen die Vögel zu singen. Wie gerne möchte er sie verstehen! Zuerst ahmt er ihren Ruf nach, dann nimmt er sein Horn zu Hilfe und bläst ein frohes Motiv darauf. ⑤ Endlich schleppt sich das Ungeheuer vor seine Höhle. Siegfried erschrickt nicht, er fordert Fafner zum Kampf heraus und tötet ihn. Als er das Schwert aus dem Herzen des Drachen zieht, brennt dessen Blut ihm auf den Fingern. Schnell führt er sie zum Munde, um sie zu kühlen. Im gleichen Augenblick beginnt er den Gesang der Vögel zu verstehen. (Wagner läßt nun die gleiche Melodie, die zuvor ein Orchesterinstrument angestimmt hatte, von einer hohen Sopranstimme singen; dadurch bekommt diese Weise einen Text, den Siegfried versteht, während das vorherige Zwitschern des »Waldvögleins« ihm unverständlich bleiben mußte). »Hei! Siegfried gehört nun der Niblungen Hort! O, fänd in der Höhle den Hort er jetzt! Wollt er den Tarnhelm gewinnen, der taugt ihm zu wonniger Tat, doch wollt er den Ring sich erraten, der macht ihn zum Walter der Welt«, singt es aus den Zweigen. ⑥ Und Siegfried folgt dem Rat gern, er geht in die Höhle. Alberich und Mime wagen sich aus ihrem Versteck hervor, und offen bricht ihr Haß gegeneinander los, jeder will Siegfrieds Beute für sich allein gewinnen. Dieser tritt mit Tarnhelm und Ring aus der Höhle. Rasch verschwindet Alberich im Wald, Mime nähert sich unter der Maske größter Freundlichkeit. Da singt der Waldvogel wieder und warnt Siegfried vor dem falschen Freund. Als Mimes Reden sich immer mehr verwirren und seine wahre Absicht, Siegfried zu ermorden, verraten, tötet dieser ihn mit einem einzigen Streich. Dann streckt der junge Recke sich noch einmal aus auf dem weichen Waldboden und beginnt mit dem Vogel zu plaudern. Einsam fühle er sich und sehne sich nach Menschen, gesteht er. Und die liebliche Stimme weist ihn auf den Weg: auf einem hohen Fels,

④ [Etwas feierlich]

⑤

⑥ DIE STIMME DES WALDVOGELS
Hei! Siegfried gehört nun der Niblungen Hort!

⑦ [Sehr langsam]

von einem Feuerwall umloht, schlafe die herrlichste Frau; könnte er sie erwecken, werde Brünnhilde sein Eigen sein. Siegfried springt auf und eilt dem Waldvogel nach, der ihm den Weg weist.

Mit einer mystischen Szene beginnt der dritte Aufzug. In einer Gewitternacht ruft Wotan die »Urmutter« Erda aus ihrer Grotte. Sie fragt den Gott nach ihrer beider Tochter: Brünnhilde. Ist es möglich, daß er sie bestrafte, ausstieß aus dem Kreise der Seligen? Er, der den Trotz lehrte, das freie Heldentum, er strafe nun die Tat? Wotan ist müde geworden. Das Ende der Götter schreckt ihn nicht mehr, er ersehnt es beinahe. Er hat einen Nachfolger erwählt, dem die Welt gehören soll: Siegfried. Frei von jeder Furcht, sorglos um die Zukunft: So wird die Erde ihm gehören. Erda weiß, daß Wotans Wunsch, seine Zukunftsvision nicht in Erfüllung gehen kann. Doch noch ist es nicht Zeit, ihm die Wahrheit zu enthüllen. Langsam, feierlich kehrt sie in den Schatten ihrer Höhle zurück. Wotan steht lange in Gedanken versunken, während das Gewitter nachläßt und Siegfried, vom Waldvöglein geleitet, froh des Weges daherkommt. Wotan hält ihn auf, er will den jungen Helden aushorchen.

Was er suche? Einen Felsen, von Feuer umlodert, und darauf eine Frau. Wer ihm das gesagt habe? Ein Vöglein. Und wie habe er dessen Sprache verstanden? Das Drachenblut, das er an den Mund geführt, habe das bewirkt. Warum habe er das Ungeheuer getötet? Weil Mime ihn das Fürchten lehren wollte. Wer habe ihm das Schwert geschmiedet? Er selbst, sagt Siegfried, da Mime dazu unfähig war. Wer aber habe das Schwert gemacht, dessen Stücke Siegfried zusammengeschweißt? Das wisse er nicht; aber wenig hätten ihm die Stücke genützt, wenn er sie nicht wieder zusammengesetzt hätte. Wotan lächelt. Siegfried glaubt sich verhöhnt. Wenn der Alte ihm den Weg zeigen könne, so soll er es tun; wenn nicht, dann solle er aufhören zu fragen. Wotan ermahnt ihn, Achtung vor dem Alter zu haben. Doch Siegfried erinnert sich Mimes, des tückischen Alten, der ihm ebenfalls den Weg zu versperren schien, bis er ihn tötete. Wenn der Fremde ihm den Weg nicht freigebe, erwarte ihn das gleiche Los. Wotan wird nachdenklich: er sieht in dem Jungen sich selbst, vor langen, langen Zeiten. Er sieht in ihm seinen Enkel und Erben, dem er doch sein Geheimnis nicht verraten darf. Nichts von alledem ahnt

Siegfried. Zum letzten Male fragt er ihn, ob er, da das Waldvöglein nun entflohen sei, ihm den Weg zu dem feuerumlohten Felsen weisen könne. Wotan richtet sich auf, erhebt die Lanze. Die Luft verdunkelt sich. Der Herr der Welt steht vor Siegfried. Doch der sieht nur einen Alten, der ihn nicht zu seinem Ziel gelangen läßt. Noch einmal versucht Wotan, Siegfried von diesem Ziele abzulenken. Doch er vermag es nicht. Dann möge Siegfried sich vor dem Speer hüten! Schon einmal habe er das Schwert, das Siegfried führt, in Stücke geschlagen. Wild fährt Siegfried auf: Steht der Mörder seines Vaters vor ihm? Unter einem einzigen wütenden Schlag Nothungs zerbricht Wotans heiliger Speer. Es ist einer der entscheidenden Wendepunkte des Riesenwerks: die »Götterdämmerung« kündet sich an. Wotan hebt müde die Stücke der Waffe, die Symbol seiner Macht und Unterpfand von Recht und Gesetz der Welt war, vom Boden auf, während Siegfried weiterstürmt, dorthin, wo er einen Feuerschein lodern sieht. Der Weg ist frei. Ohne Furcht ersteigt er den Felsen und durchschreitet die Flammen.

Das letzte Bild ist eines der zutiefst poetischen und schönsten der Opernbühne. Das Flammenmeer liegt hinter Siegfried, der Himmel ist nun wieder klar geworden. Blau sind die Bergeshöhen bis in weite Fernen. Auf einer Felsplatte schläft Brünnhilde, wie Wotan sie – vor vielen Jahren – in Schlummer versenkt hat. Siegfried naht, verwundert erblickt er die menschliche Gestalt, vom Schilde fast bedeckt. Er nimmt der Schlafenden den Helm ab, das lange, frauenhafte Haar fällt Brünnhilde über Schultern und Brust. Verwirrt blickt Siegfried auf sie und löst ihr dann die Rüstung. Brünnhilde liegt in einem einfachen, weiblichen Gewand vor ihm. Zum ersten Male im Leben sieht Siegfried eine Frau. Bis ins tiefste verwirrt, beginnt er zu zittern, kann nur ein einziges Wort stammeln: »Mutter.« Zum ersten, zum einzigen Male im Leben überfällt ihn das Gefühl, das die Menschen Furcht nennen und das er nie gekannt. Nicht das Drohen der Feinde, nicht der Kampf mit dem Ungeheuer, nicht die Begegnung mit einem Gott haben ihn das Fürchten gelehrt; nun erbebt er, da er dem ewigen Mysterium des Geschlechts gegenübersteht, da er ein übermächtiges, unbekanntes Gefühl in sich entbrennen spürt, von einer schwindelerregenden Wonne überwältigt wird. Lange betrachtet er die Schlummernde, dann neigt er sich über sie und küßt sie auf den Mund. Brünnhilde erwacht – wie oft ist dieses Erwachen unter einem Kuß in den Märchen der Welt geschildert worden, aber wie einzigartig stark wirkt es hier in dieser mystischen, weltenfernen Szenerie! – und ihr Augenaufschlag wird vom Orchester durch langsame, feierliche Akkorde begleitet ⑦. Sie grüßt Himmel, Erde, Sonne, die ihr einst als Halbgöttin schwesterlich vertraut waren; nun ist sie eine irdische Frau, die unter dem ersten Kuß eines Mannes erbebt. Die Liebe entbrennt zwischen Brünnhilde und Siegfried, wie sie – kurz und verhängnisvoll – zwischen Siegmund und Sieglinde entbrannt war. Doch Brünnhilde ist mehr als ein irdisches Weib, Urwissen lebt in ihr, von der Mutter Erda, vom Vater Wotan her. Und Siegfried ist eine neue, höhere, freiere Inkarnation Siegmunds. Das ungeheure kosmische Drama, das Wagner in vier großen Theaterabenden gestaltet, gipfelt in der Liebe dieses menschlichen, übermenschlichen Paares.

Götterdämmerung
(Der dritte Tag)

Originalsprache: Deutsch
Personen: Siegfried (Tenor), Gunther, König der Gibichungen (Bariton oder Baß), Alberich, Nibelunge, Vater Hagens (Bariton), Brünnhilde (Sopran), Gutrune (Sopran), Waltraute, eine Walküre (Mezzosopran), Woglinde, Wellgunde, Floßhilde, drei Rheintöchter (Sopran, Mezzosopran, Alt), drei Nornen, Töchter Erdas (Alt, Mezzosopran, Sopran), Männer an Gunthers Hof.
Orte und Zeit: Der Walkürenfels, Gunthers Schloß am Rhein, abermals Walkürenfels, zuletzt Rheinufer inmitten der Wälder um Gunthers Schloß, graue germanische Vorzeit.
Handlung: Das letzte Drama der Tetralogie setzt dort an, wo das vorletzte (»Siegfried«) geschlossen hatte, auf dem Walkürenfels. Es ist tiefe Nacht. Während Siegfried und Brünnhilde im Innern der Höhle den Schlaf der Liebe schlafen, weben die Nornen den goldenen Schicksalsfaden. Das Gespräch der Nornen ist dunkel. Sie berichten, Wotan habe die große Weltesche fällen lassen, auf der, nach uralter nordischer Weltdeutung die Erde ruht; ihr Holz liege aufgeschichtet rund um Walhall, das verbrennen solle, wenn das Ende der Götter herannahe. Der Faden reißt, die Nornen verschwinden in der

Nacht. Im Osten beginnt es zu tagen. Aus dem Orchester steigen die leidenschaftlichen Töne der Liebe. Brünnhilde und Siegfried treten auf den Felsen heraus, zum Abschied. Der Held will in die Welt eilen. Kämpfe und Abenteuer bestehen. Brünnhilde wird hier seine Rückkehr erwarten. Zum Pfand seiner Liebe gibt er ihr den Ring – des Nibelungen Ring, Fafners Ring –, dessen wahre Bedeutung er nicht kennt.

Das Zwischenspiel des Orchesters stellt beinahe eine sinfonische Dichtung dar, der man den Namen »Siegfrieds Rheinfahrt« gegeben hat. Sie schildert die frohe Fahrt des jungen Helden, erste glücklich bestandene Kämpfe und seine Ankunft im Gibichungenschloß am Rhein, wo eben König Gunther und seine Schwester Gutrune Hagens Erzählung von Siegfried lauschen. Hagen ist des Nibelungen Alberich Sohn und hat von seinem Vater den Haß auf die Menschen und die unstillbare Habgier nach dem Ring geerbt. Nun erzählt er dem König, in dessen Dienst er steht, von Brünnhilde, die er Gunther zur Frau wünscht. Wohlweislich verschweigt er ihm das Band, das Siegfried und die einstige Walküre eint. Er rät ihm lediglich, sich Siegfrieds zu bedienen, um Brünnhilde zu erobern, denn kein anderer könne das Feuer durchschreiten, das ihren Felsen umlodert. Um Siegfrieds Freundschaft zu gewinnen, möge er ihn mit seiner schönen Schwester Gutrune verheiraten; diese solle ihm einen Vergessenstrank überreichen, sobald er an Land steige. Bald ertönt Siegfrieds frohes Horn vom Wasser her. Hagen ruft ihn an, lädt ihn in Gunthers Namen in das Schloß. Der König empfängt den Gast, dessen Ruhm ihm vorausgeeilt ist. Hagen fragt ihn nach dem Schatz. Nur zwei Dinge habe er ihm entnommen, erzählt Siegfried: die Tarnkappe, die er am Gürtel trage, und einen Ring, den er einer Frau geschenkt. Unter der Türe erscheint Gutrune und bietet Siegfried den Willkommenstrunk. Sie weiß nicht, daß Hagen Zauberkräuter hineingemischt hat. Kaum hat Siegfried getrunken, erlischt die Vergangenheit in seinem Geist. Wohlgefällig ruhen seine Blicke auf Gutrune, und er bittet Gunther um die Hand seiner Schwester. Dafür wolle er selbst ihm behilflich sein, die Frau zu freien, die der König begehre. Auf Felsen wohne sie, Feuer schütze sie, antwortet Gunther. Siegfried durchzuckt es, mit heftigster Anstrengung sucht er ein entschwindendes Bild festzuhalten, versucht, sich zu erinnern. Doch der Trank ist stärker. Als Gunther den Namen Brünnhilde ausspricht, ist es, als habe Siegfried ihn nie gehört. Er schließt mit Gunther Blutsbrüderschaft, dann begeben sie sich auf die Fahrt, um Brünnhilde für Gunther zu erobern. Hagen setzt sich vor die Königshalle, ans Ufer des Flusses. Bald werde der Sieg ihm den Ring in die Hände spielen, die Herrschaft der Welt; ihm, des dunklen Nibelungen Sohn.

Der Vorhang ist gefallen, aber die Musik setzt nicht aus. Sie schildert nun die Fahrt der beiden Männer, die Wirrnis, die der Trank in Siegfrieds Kopf angerichtet, Brünnhildes Warten, ihre Liebe, ihre Sehnsucht. Die neue Szene spielt auf dem Felsen. Die einstige Walküre blickt in das Land hinab und erwartet die Heimkehr Siegfrieds. Doch unter Wetterleuchten naht ein Gast: Waltraute, eine der Schwestern. Froh wendet Brünnhilde sich ihr zu: wie habe sie es gewagt, Wotans Befehlen zu trotzen und zu ihr, der Ausgestoßenen zu kommen? Oder wolle sie gar ihr Glück sehen, das höchste, das ihr je zuteil geworden: Siegfrieds Gattin zu sein? Waltraute ist verstört, Wirres und Böses nur berichtet sie aus Walhall: Seit er Brünnhilde gestraft, irrt Wotan als Wanderer durch die Welt; von dort brachte er kürzlich seines zerschlagenen Speeres Stücke heim. Seitdem sitzt er stumm in Walhall, des Endes gewärtig. Nur eine Erlösung gäbe es für alle: den Rheintöchtern den Ring zurückzugeben. Den Ring, Siegfrieds Ring? Brünnhilde ist aufgefahren. Das nie, niemals! Er ist ihr heiligstes Gut, das Pfand ihrer beider unendlichen Liebe. Nie! Verzweifelt nimmt die Schwester Abschied. Es wird Abend, und der Feuerschein, der den Felsen umloht, wird stärker sichtbar. Brünnhilde blickt sinnend in die dunkelnde Landschaft hinaus. Das Feuer flackert immer unruhiger, schon glaubt Brünnhilde Siegfrieds Horn aus der Ferne zu vernehmen und stürzt ihm freudig entgegen. Da steht ein fremder Mann vor ihr. Es ist Siegfried, der mit Hilfe des Tarnhelms Gunthers Gestalt angenommen hat. Entsetzt fährt Brünnhilde zurück, bricht in Verzweiflung aus. Nun glaubt sie den grausamen Sinn von Wotans Strafe zu verstehen. Noch meint sie, der Ring könne sie schützen, doch Siegfried entreißt ihn ihr mit Gewalt. Gebrochen, gänzlich vernichtet muß Brünnhilde dem vermeintlichen fremden Mann folgen, dem unerkannten eigenen Geliebten, muß des vorgetäuschten Siegers Gunther Gattin werden. Doch Siegfried, des Treueides eingedenk, den die

Blutsbrüderschaft ihm auferlegte, legt in dieser Nacht auf der Felsenhöhe sein Schwert Nothung zwischen sich und die Braut, die er für den Freund eroberte. Und ahnt nicht – tragische Folge des Tranks –, daß er neben seiner eigenen, heiligen Geliebten ruht, die er unschuldig auf das grausamste verriet.

Der zweite Aufzug spielt zur Nachtzeit vor der Gibichungenburg. Hagen sitzt am Ufer des Rheins. Aus der Dunkelheit kommt Alberich und ermahnt seinen Sohn, im Haß gegen Götter und Menschen nicht zu erlahmen. Schon sei Wotan von seinem eigenen Nachkommen besiegt worden, bald werde die Zeit kommen, den Ring wieder zu erobern. Wenn er nur von der weisen Brünnhilde nicht den Rheintöchtern zurückgegeben werde, denn dann sei er den Nibelungen auf ewig verloren. Nun gelte es, wachsam zu sein. Der Morgen geht über dem Flusse auf, als Alberich verschwindet. Siegfried, der in seinem schnellen Boot vorausgeeilt ist aus Sehnsucht nach Gutrune, berichtet, was geschehen. So habe er sie zur Frau gewonnen, erklärt er froh der Gibichstochter, bald solle glückliche Doppelhochzeit gefeiert werden. Als auf dem Rhein Gunthers Schiff sichtbar wird, besteigt Hagen eine kleine Höhe und ruft mit einem Stierhorn weit ins Land: Zum Hochzeitsfest ihres Fürsten lädt er die Männer und Frauen. Gunther und Brünnhilde, die an Land gehen, wird ein jubelnder Empfang bereitet. Doch als Brünnhilde Siegfried erblickt, droht sie zusammenzubrechen. Erregung bemächtigt sich der Umstehenden und steigert sich bis zum gewaltigen Höhepunkt der Szene. An Siegfrieds Hand sieht Brünnhilde den Ring, den ihr Bezwinger ihr entriß. Und nun tritt sie als Anklägerin auf, verkündet, Siegfrieds Gemahlin zu sein, nicht Gunthers. Siegfried betrachtet den Ring an seiner Hand: dem Drachen habe er ihn einst genommen, den er im Walde getötet. Sein Leben mit Brünnhilde aber bleibt weiter in ihm ausgelöscht. Er ist zum Eide bereit, nie Brünnhildes Gemahl gewesen zu sein. In höchster Erregung weist Brünnhilde seine Worte zurück. Hagen bietet seine Lanze, damit jeder der Streitenden nach altgermanischem Brauch auf ihre Spitze schwöre. Siegfried tut es: schwört, daß er Gunthers Ehre nicht betrog, daß sein Schwert in der letzten Nacht zwischen ihm und Brünnhilde das Lager geteilt habe. Doch Brünnhilde reißt seine Hand vom Speer, legt ihre eigene darauf: Meineid hat Siegfried geschworen! Sein Weib sei sie gewesen, bevor sie Gunther zum ersten Male sah. Aussage steht gegen Aussage. Mühsam gelingt es, die Gemüter zu beruhigen; die Männer gehen, das Hochzeitsmahl zu bereiten, Siegfried zieht Gutrune in den Palast. Gebrochen bleiben Gunther und Brünnhilde zurück. Und auf Hagens Rat beschließen sie Siegfrieds Tod. Doch wie den unbesiegbaren Helden ermorden? Fast ohne es zu wollen, verrät Brünnhilde sein Geheimnis. Nur im Rücken sei er verwundbar. Auf einer Jagd sterbe Siegfried, von der Lanze getötet, auf die er Meineid schwur.

Der dritte Aufzug führt uns in eine liebliche Landschaft am Ufer des Rheins. Die drei Nixen erinnern sich der Zeiten, da sie den Schatz hüteten. Siegfried tritt an den Rand des Wassers, er ist von den Jagdgefährten versprengt worden. Die Rheintöchter bitten ihn um den Ring, den er am Finger trägt. Siegfried scherzt mit ihnen, überlegt ... Schon ist er bereit, ihnen das Kleinod zu schenken, als sie ihm von dem Fluch erzählen, der an dem Ring haftet. Noch am gleichen Tage werde er sterben. Siegfried glaubt, sie wollten ihm den Reif durch Drohungen ablisten und steckt ihn wieder an den Finger. Sie schwimmen davon. Hagen naht mit mehreren Männern, die Jagdbeute wird aufgeschichtet. Was er erjagte?, wird Siegfried gefragt. Nur drei Wassertiere seien ihm begegnet, erwidert er lachend, und die hätten ihm den Tod prophezeit. Die Männer lagern sich im Grase. Hagen mischt in Siegfrieds Trank ein Pulver, das langsam die Vergangenheit in ihm wieder lebendig macht. Froh erzählt er aus früheren Tagen: von Mime, der ihn aufzog, damit er Fafner, den Drachen, für ihn erschlage; von dessen heißem Blute, das er an die Lippen führte, worauf er sofort den Gesang der Vögel verstand. Nun taucht aus dem Nebel der Vergessenheit Erinnerung um Erinnerung auf: die Stimme des Waldvögleins, der Tarnhelm und der Ring, der Tod Mimes, der Weg zum feuerumloderten Felsen ... Zuletzt: Brünnhildes Liebe. In Verzückung springt Siegfried auf, weit der Gegenwart entrückt. Da erhebt sich Hagen, weist Siegfried zwei Raben, die aus dem Busch davonfliegen; ob er auch deren Warnung verstehe? Und während der Held ihnen erstaunt nachblickt, stößt er ihm den Speer in den Rücken. Sterbend bricht Siegfried zusammen. Das Orchester aber unterbricht den Fluß seiner wiederkehrenden Erinnerungen nicht: der hohe Fels, die schlafende Frau, der Kuß, Brünnhildes Umarmung, ihre Liebe, ihre unendliche Liebe. Siegfrieds Auge bricht. Er stirbt. Hagen ist stumm in den anbrechenden Abend davongegangen. Während das Orchester den großartigen Trauermarsch beginnt (eine wahre sinfonische Dichtung, in der, Motiv an Motiv, Siegfrieds ganzes Leben noch einmal vorüberzieht) erheben die Männer Siegfrieds Leiche auf die Schilde und tragen sie langsam und feierlich durch den dunkelnden Wald zum Palaste hin. Der Mond tritt aus den Wolken und beleuchtet den Zug, der nach langem stummen Schreiten hinter den aus dem Fluß steigenden Nebeln verschwindet.

Im Gibichungenpalast irrt Gutrune schlaflos umher. Ein schwerer Traum hat sie geängstigt, nun sucht sie Brünnhilde, doch deren Gemach ist leer. War sie es gewesen, deren feierliches Schreiten zum Ufer Gutrune beobachtet hat? Hagen betritt die Halle, kündet Gutrune ihres Gatten Heimkehr, aber seine düsteren Worte lassen in ihr keine Freude aufkommen. Dann naht der Leichenzug; in tiefem Schmerz bricht Gutrune über Siegfrieds Körper zusammen. Sie klagt ihren Bruder dieses Mordes an, doch Gunther bezeichnet Hagen als den Schuldigen. Stolz tritt dieser vor: Ja, er habe Siegfried getötet, er habe dessen Meineid gerächt. Beuterecht habe er sich erworben, drum fordere er jetzt Siegfrieds Ring. Doch Gunther macht ihm den Ring streitig. In kurzem Zweikampf fällt Gunther. Schon streckt Hagen seine Hand nach dem Ring aus, da hebt Siegfrieds Rechte sich wie drohend empor. Hagen weicht zurück. Aus dem Hintergrunde schreitet nun Brünnhilde langsam nach vorne, zu Siegfrieds Leiche. Es ist, als habe dessen Tod sie wieder in die Walküre von einst, in die hoheitsvolle Halbgöttin verwandelt. Ihr gehört Siegfried, im Tode, wie er im Leben ihr gehört hatte, allein ihr. Zu spät erkennt dies alles Gutrune, die ihn mit Hilfe von Hagens Vergessenstrank an sich gebunden hatte. Auch Brünnhilde ist nun wissend geworden. Sie vergießt keine Träne: bald wird sie für immer Siegfried vermählt sein. Hohe Scheite läßt sie am Ufer des Rheins aufschichten. Sie nimmt den Reif von Siegfrieds Finger und betrachtet ihn lange. Dann wirft sie ihn in die Fluten des Rheins zurück. Der Fluch ist gelöscht. Sie entreißt einem der Männer die Fackel und entzündet den Holzstoß, auf dem Siegfrieds Leiche ruht. Als das Feuer hoch auflodert, sprengt sie mit ihrem Roß hinein, in den Tod, der sie für immer dem Geliebten vereinen wird. Die Flammen verzehren das Schloß, erleuchten den nächtlichen Himmel. Die Wasser des Rheins treten über die Ufer, ergreifen Hagen, der dem Ring nachjagt. Die Elemente rasen, zerstören die Erde, ergreifen Walhall, das einen Augenblick lang in der Höhe sichtbar wird. Himmel und Erde stürzen ein, das Ende der Götterwelt ist da, in einem wogenden Meer von Klang geht alles Geschaffene unter. Aber es ist nicht nur ein Ende. Es ist in höchstem Sinne auch eine Erlösung.

Quellen: Wagner hat das ungeheure Material für seine »Nibelungen«-Tetralogie aus den verschiedensten Quellen geschöpft. Es bedürfte eines ausführlichen Kapitels, um sie auch nur annähernd aufzuzählen, und ein ganzes Buch, um ihre Verarbeitung bei Wagner zu untersuchen. Die ältesten nordischen Sagen gehen vielleicht auf zehn vorchristliche Jahrhunderte zurück. Ein isländischer Mönch des 11. Jahrhunderts, Saegmund Sigfusson mit Namen, hat vieles von ihnen in der frühen »Edda« zusammengefaßt. Hier taucht manches aus der Mythologie auf, die Wagner verwendet, von den vielerlei Göttern und Halbgöttern, von ihren Kämpfen gegen Riesen und Zwerge um die Herrschaft der Welt. Die späteren Versionen – darunter das »Nibelungenlied« – haben ebenfalls Züge zu Wagners Drama beigesteuert, aber dessen Auffassung der »Nibelungen« geht auf die frühen Überlieferungen zurück: Nibelungen sind nur die Angehörigen des unter der Erde lebenden Zwergvolkes (während im »Nibelungenlied« eine Heldenrasse, mit Siegfried an der Spitze, so genannt wird). Die Walküren Wagners entstammen der »Voelsungasaga«; sie sind dort Kinder Odins, des obersten Gottes (Wotan) und führen seine geheimsten Wünsche aus. Eine von ihnen beschützt einmal, gegen Odins Willen, einen Helden und wird zur Strafe in Schlaf gebannt und von einem Feuer umgeben, das erst Sigurd (Siegfried), der tapferste aller Helden, durchschreitet. In der Voelsungasaga finden wir auch die Legende des Schwertes, das ein Unbekannter (Odin) in den Baumstamm stößt und das erst ein starker Held herausziehen kann. Dieser Held verbindet sich dann, ohne sie zu erkennen, seiner Zwillingsschwester, und diesem Bund entspringt der stärkste aller Helden. (Es wäre interessant, dieses Problem der Geschwisterehen ein wenig zu untersuchen. Im Reiche der Inkas hören wir davon, daß der Herrscher sich nur mit seiner Schwester verehelichen durfte, da keine andere Frau ihm, dem von den Göttern Stammenden, ebenbürtig war; und das gleiche wird aus gewissen Zeiten des Pharaonenreiches berichtet.) Der Kampf Siegfrieds mit dem Drachen kommt aus der alten nordischen Mythologie. Von seinem Bade im Drachenblute stammt seine Unverwundbarkeit (die Wagner anders motiviert), von seinem Trinken des Drachenblutes sein Verständnis der Vogelsprache (das Wagner übernimmt). Die Vögel sind es, die dem Helden nun den Weg weisen und Ratschläge geben (wie im »Siegfried« Wagners). Auch die »Götterdämmerung«, der Untergang der Welt und des Himmels, ist in den »Sagas« vorhanden sowie – wenn auch in viel komplizierterer Form – die Geschichte des Goldes und des allmächtigen Ringes, der von Besitzer zu Besitzer gelangt und allen Tod und Unheil bringt.

Dichtung: Aus hundert Elementen hat Wagners dichterisches Genie ein ungeheures Werk geschaffen, das ihm und nur ihm gehört. Die Verbindung so verschiedener Welten, so zahlreicher Gestalten, so widersprechender Gefühle in einem einzigen Drama ist eine Meisterleistung. Und Wagner hat erreicht, daß wir die Gefühle aller dieser Figuren mitleben, daß sie in mythologischer Einkleidung zeitlos, ewig sind. Kaum ein anderes Bühnenwerk ist so oft und auf so gegensätzliche Weise Gegenstand von Erklärungen und Interpretationen gewesen. Am fesselndsten sind vielleicht die Deutungen, die der Okkultismus (dem Wagner zweifellos nahestand) vom »Ring des Nibelungen« gegeben hat; sie weisen die tiefe Bedeutung jeder Geste, jedes Wortes, jedes Symbols nach. Doch auch auf andere Art können wir die Größe der Tetralogie erfassen. Viel Philosophie liegt in ihr, aber Wagner hat richtig erkannt, daß Philosophie und Drama (und besonders Musikdrama), niemals eine glückliche Verbindung eingehen können. So bleibt die Philosophie im »Ring des Nibelungen« dem Suchenden, Studierenden vorbehalten, während die Bühnenereignisse auch den naiven Zuschauer völlig gefangennehmen. Es hat jedoch nicht an Kritiken gefehlt (ja kaum ein schöpferischer Künstler dürfte so massiv und hart angegriffen worden sein wie Wagner), die die Überdimensioniertheit des Werkes, einige vermeintliche Schwächen in seiner Logik, seine angeblich bombastische Sprache und anderes bemängeln. Und doch hat dieses gigantische Werk in seinen hundert Lebensjahren seine Kraft und Gültigkeit voll bewiesen; sie beruht gleicherweise auf Musik und Dichtung, wie stets bei Wagner. Die Grundideen sind heute von ebensolcher Aktualität wie zu Wagners Zeiten: Machttrieb und Liebe schließen einander aus, niemand kann beiden zugleich huldigen. Besitz und Reichtum macht träg und böse, tötet die besten Eigenschaften des Menschen; nur wer Furcht und materielle Bindungen nicht kennt, kann zur wahren Freiheit gelangen, kann das Gold verachten und nur der Liebe leben. Bernhard Shaw hat in seiner immer noch lesenswerten Schrift »Der perfekte Wagnerianer« (1899) dem Werk eine politische Deutung gegeben, die in der Entstehungsgeschichte des Werkes Stützpunkte findet. Wagner gehörte bekanntlich der Gruppe der Sozialrevolutionäre an, die 1848/49 Stürme in fast ganz Europa entfesselten. Shaw sieht in den Riesen das geduldige Proletariat, in den Nibelungen die kapitalistischen Unternehmer voll Habgier und Schlichen, in den Göttern die Intellektuellen, denen die Führung von Staat und Kirche anvertraut ist. Nur einer kann ihre mühsam aufrechterhaltene Ordnung zerstören, der »freie Held«, der Anarchist; darum weicht der in seinem eigenen Betrug gefangene Wotan dem aller menschlichen Bindungen und Gesetze unkundigen Siegfried.

Doch kehren wir zum rein dichterischen Gehalt zurück. Die Zeichnung der Figuren ist vollendet, jede ist zugleich ein Typus und ein ergreifendes Einzelschicksal. Es gibt Lichtgestalten und Vertreter der Finsternis, aber Wagner ist Psychologe genug, um beide Gruppen glaubhaft und gleichmäßig fesselnd zu gestalten. Vielleicht ist Wotan zur erschütterndsten Gestalt des Werkes geworden; Wagner hat ihm manch autobiographischen Zug geliehen. Seine ewige Sehnsucht zieht ihn ins Verderben; was er als Liebeswerk plant, wird oft zur bitteren Qual, zur Zerstörung. Tragik und echte Größe liegt über Brünnhilde, der edelsten Figur des Dramas. Großartig ist der Gegensatz zwischen Siegfried und Hagen gestaltet. Das Liebespaar Siegmund und Sieglinde erlebt einen kurzen, aber verzehrenden Ausbruch menschlicher Leidenschaft, glühender dürfte ein »Liebesrausch« kaum je in Musik gesetzt worden sein. Fein ist die Psychologie der Nibelungen gezeichnet, der im Finstern lebenden Zwergmenschen; ihr Neid, ihr Streben, ihr Haß sind zutiefst motiviert und werden so zur Triebkraft der Tragödie. Die Götter sind – der Mythologie entsprechend – keine Gottheiten in unserem modernen (oder biblischen) Sinne; es sind lediglich Menschen, die sich durch besondere Kraft oder Klugheit vor langen Zeiten über ihre Brüder emporgeschwungen haben und nun – noch stark mit menschlichen Eigenschaften und Unvollkommenheiten behaftet – die Welt regieren. Nicht auf ewig, wie der Gott, an den die heutigen Weltreligionen glauben; nur auf eine gewisse Zeit, bis zur »Götterdämmerung«, zum Untergang, zur Revolution, die neue Gottheiten ans Ruder bringt. Trotz der vielerlei Ebenen, auf denen »Der Ring des Nibelungen« spielt, trotz Göttern, Riesen, Zwergen, Nixen, Walküren, Nornen, ist dieses Drama ein zutiefst menschliches. Eine Fülle herrlicher dichterischer Einfälle erhebt es in den Rang eines bleibenden Kunstwerks. Die von den Riesen in die Wolken gebaute Burg Walhall, in die die Götter über einen Regenbogen feierlichen Einzug halten; die Frühlingsnacht, die die schwere gefängnishafte Türe von Hundings Haus wie durch Zauber aufspringen läßt und das junge Paar, das sich in höchster Not gefunden, zur Liebe und zur Freiheit ruft; der Abschied Wotans von einem ungehorsamen Lieblingskind, das doch nur seinen geheimsten Wunsch erfüllte und dem zu Ehren er nun einen Feuerwall entbrennen läßt, der sie für den Helden Siegfried bestimmt; das Erwachen Brünnhildes in den Armen Siegfrieds; die Begegnung Siegfrieds mit Wotan, wobei das neugeschmiedete Schwert die uralte Lanze in Stücke schlägt, weil es nun von der Hand eines im wahrsten Sinne »schuldfreien« Menschen geführt wird, gegen den von der Last der Sorgen beschwerten göttlichen Speer; die Apotheose Brünnhildes nach Siegfrieds Tod, der Zusammenbruch von Erde und Himmel beim Untergang des »freien« Menschen: das sind einige Einfälle, die nur ein eigenständiger Dichter und geborener Dramatiker haben konnte. Die Szenenführung schafft Visionen von phantastischer Kraft, die Tiefe des Rheins, die über Wolken sich erhebende Götterburg, der gespenstische Walkürenritt durch die Lüfte, der »Feuerzauber« um Brünnhildes Schlafstätte, der furchtbare Drache im tiefen Walde, die Erscheinung der schwimmenden Nixen, der lange, durch mondbeschienenen Wald führende Trauerzug Siegfrieds, der Zusammenbruch des Gibichungenschlosses in Feuer und Wasser, die »Götterdämmerung«. All das sind großartige Visionen eines Theaterschöpfers, die zu realisieren selbst modernster Bühnentechnik keineswegs leicht fällt.

Musik: Die musikalische Spannung über eine Spieldauer von mehr als 15 Stunden aufrechtzuerhalten erscheint als eine übermenschliche Aufgabe. Wagner hat sie gelöst. Seine Grundlage bildet ein gewaltiges Orchester, dessen Nuancenreichtum immer wieder erstaunlich ist. Er arbeitet mit einer Fülle von Motiven – die Nachwelt (Ernst von Wolzogen) hat sie als »Leitmotive« bezeichnet –, aus denen die Struktur der Musik gewonnen wird. Alles Wesentliche – Personen, Ideen, Gedanken, Gefühle, Gegenstände wie der Tarnhelm, der Ring (der allerdings zum Symbol wird), Wotans Lanze und Siegfrieds Schwert, die Götterburg Walhall – hat seine eigene musikalische Formel; sie wird in engstem Zusammenhang mit dem Drama eingesetzt, aber in rein musikalischer Weise verwertet. Mit Hilfe dieser Motive unterstreicht Wagner die Bühnenvorgänge, macht seelische Entwicklungen klar, erläutert auf der Bühne nicht wiedergegebene Handlung (wie etwa Siegfrieds Rheinfahrt), verrät dem Hörer sogar Geheimnisse, die die Personen auf der Bühne nicht oder noch nicht wissen, faßt rückblickend einen Lebenslauf zusammen (wie im Trauermarsch nach Siegfrieds Tod). Doch Wagners musikalisches Genie beschränkt sich nicht auf eine mosaikartige Arbeit; es findet seinen stärksten Ausdruck in der Synthese dieser Elemente, die durch einen gewaltigen dramatischen Atem zusammengehalten, verschmolzen, zu kaum je anderswo erzielter Einheit von Wort, Bild, Idee und Musik aufgetürmt werden. Bewundernswert ist auch die Stilgleichheit aller Stücke des gigantischen Werkes, wenn man in Betracht zieht, daß sich ihre Entstehungsgeschichte über einen äußerst langen Zeitraum, über einen langwierigen und komplizierten seelischen Entwicklungsprozeß hinweg zieht. Die musikalische Fülle von Stimmungen zu schildern, die »Der Ring des Nibelungen« im einzelnen enthält, wäre auf dem zur Verfügung stehenden Raum undenkbar. Es sei nur angedeutet, daß diese von der Naturschilderung bis zum tiefsten seelischen Vorgang, von der elementaren Leidenschaft bis zum metaphysischen Problem reichen. Hinzugesetzt sei auch, daß hier eine restlose Verschmelzung von Singstimme und Orchester erreicht ist. Wo es auf den Text ankommt (und dies ist überwiegend der Fall), schafft Wagner die Möglichkeit einer sinngemäßen und doch melodiösen Deklamation; die lyrischen Höhepunkte hingegen gewähren der Singstimme nicht geringere Ausdrucksmöglichkeiten, als dies bei den früheren »Opern« der Fall war. Das vollgültige Musikdrama ist hier geboren; es besteht aus Elementen des Monteverdischen Ur-Melodramas und aus solchen der Opern-Hochblüte. In ihrer Dosierung, in ihrer Verschmelzung liegt Wagners Größe.

Geschichte: »Der Ring des Nibelungen« nimmt – vom ersten Auftauchen des Gedankens bis zur Fertigstellung – im Leben Wagners einen Zeitraum von mehr als einem Vierteljahrhundert ein, von 1848 (ja vielleicht von 1846) an, bis 1874. Er war wenig mehr als dreißig Jahre alt, als er den Plan zu einem Siegfried-Drama faßte, und einundsechzig, als er die »Tetralogie« beendete. Welche tiefen, inneren Wandlungen hatte er in dieser Zeit durchgemacht! Der vom jungen Wagner ersonnene Siegfried wäre am besten mit Nietzsches Idealbild des »Übermenschen« zu erklären; der Untergang Walhalls, die »Götterdämmerung«, die der alternde Meister an den Schluß des Werkes setzte, ist zutiefst von Schopenhauers pessimistischer Weltauffassung beeinflußt. Knapp nach Vollendung des »Lohengrin« (oder möglicherweise schon während dessen Komposition) erstand im Geiste Wagners eine »heroische Oper«, die er »Siegfrieds Tod« benennen wollte. Sie war nicht zuletzt von seiner damaligen politischen Einstellung beeinflußt, die ihn in Siegfried den Idealmenschen einer neuen Ära sehen ließ und in dessen Kampf gegen eine stürzende, vom Golde beherrschte Welt die revolutionären Bestrebungen von Sozialisten und Anarchisten. Im Zürcher Asyl Wagners erweiterte sich der Plan durch Voranstellung eines zweiten Dramas, das »Siegfrieds Jugend« oder »Der junge Siegfried« getauft werden sollte. Das Werk entstand also in umgekehrter Reihenfolge, vom Ende zum Anfang: in schneller Folge dichtete Wagner in Zürich »Die Götterdämmerung« (vorher: »Siegfrieds Tod«), »Siegfried« (vorher: »Der junge Siegfried«), »Die Walküre« und »Das Rheingold«. Der Zyklus stand 1852 als dichterische Einheit fest und wurde in Zürichs Hotel »Baur au Lac« einem Freundeskreis vorgelesen. Im Februar 1853 erschien das Drama als Privatdruck (in dem das letzte Werk noch »Siegfrieds Tod« heißt; es erhielt den Namen »Götterdämmerung« erst 1856, wobei auch der große Schlußgesang Brünnhildes einer starken Umdichtung unterworfen wurde). Vom ursprünglichen Entwurf bis zur Vollendung des »Ring des Nibelungen« ergaben sich wesentliche Gewichtsverschiebungen und Umdeutungen. Der Wagner des Jahres 1848 wandelte sich im Laufe der folgenden Jahre und Jahrzehnte beträchtlich. War ursprünglich die Heldengestalt Siegfrieds als die eines antikapitalistischen Kämpfers um eine bessere sozialistische Zukunft im Gedankengang Wagners aufgetaucht, so geriet während des Schaffens die vielschichtige und wesentlich interessantere Figur Wotans – fast autobiographisch – in den Vordergrund. Die Komposition erfüllte einen Teil der Zürcher Exiljahre: »Das Rheingold« entstand 1853 und zu Anfang des Jahres 1854; »Die Walküre« von Juli bis Dezember 1854. Die Instrumentationsarbeit an diesen Dramen füllte das ganze Jahr 1855 und einen Großteil des folgenden aus. Ende 1856 begann Wagner an der Musik des »Siegfried« zu schreiben. Im Juni 1857 unterbrach er sie, wie im Kapitel »Tristan und Isolde« nachzulesen ist, da er sich diesem Werk zuwandte. Erst 1865 kehrten seine Gedanken wieder intensiv zum »Ring des Nibelungen« zurück. Im Jahr 1869 nahm er die Komposition wieder auf. In diesem Jahr vollendete er in Tribschen am Vierwaldstätter-See das dritte Teilstück: »Siegfried«. Und am 21. November 1874 setzte er in Bayreuth den Schlußpunkt unter »Götterdämmerung«. Gegen Wagners ausdrücklichen Wunsch hatte der Bayernkönig Ludwig II., von Begeisterung getrieben, »Das Rheingold« und »Die Walküre« in seinem Münchener Hoftheater aufführen lassen, was eine starke, allerdings vorübergehende Spannung zwischen ihm und dem Schöpfer der Werke hervorrief, der den »Ring des Nibelungen« als Einheit und zyklisch gespielt wissen wollte. So geschah es dann erstmals bei der feierlichen Eröffnung des Bayreuther Festspielhauses, zu der er ohne Ludwigs tatkräftige Hilfe vielleicht nie gekommen wäre. Am 13. August 1876 erklang »Das Rheingold«, am 14. »Die Walküre«, am 16. »Siegfried«, am 17. »Götterdämmerung«. Es war der Höhepunkt in Wagners Leben. Kaiser, Könige, Fürsten, Künstler aus aller Welt waren zusammengeströmt, um der »Tetralogie« zu lauschen und ihrem Schöpfer zu huldigen. (Die Bezeichnungen des Gesamtwerks schwanken übrigens: man kann es als »Tetralogie« bezeichnen, also als Zusammenfassung vieler Werke ansehen; auch »Trilogie mit Vorspiel« wäre denkbar, da »Das Rheingold« eine solche »Einleitungs«-Rolle zweifellos spielt, so daß man getrost von drei Hauptwerken und einem

Vorspiel sprechen darf. Zweifellos dachte Wagner an etwas derartiges, als er sich schließlich zu diesem Untertitel entschloß: Ein Bühnenfestspiel in drei Tagen und einem Vorabend). Bei der Uraufführung stand Hans Richter am Pult. Franz Betz war der erste Wotan, Amalia Materna die erste Brünnhilde, Albert Niemann und Georg Unger sangen Siegmund und Siegfried. Bald folgten andere Theater: München, Leipzig, Wien, Berlin, Hamburg waren die nächsten. Im Jahre 1882 organisierte Angelo Neumann eine aus besten Sängern bestehende Truppe, die zum ausschließlichen Zweck der Wiedergabe des »Ring des Nibelungen« jahrelang Deutschland, Belgien, Holland und Italien bereiste. Mit der Zeit wurde das riesig dimensionierte Werk, im Zuge des gewöhnlichen Theaterbetriebs, in seine Bestandteile zerlegt; es zeigte sich, daß »Die Walküre« sich unter den vier Dramen der größten Beliebtheit erfreute. Heute kehrt der »Ring« nicht nur regelmäßig an der Wagnerstätte Bayreuth wieder, wo er den Mittelpunkt der Festspiele bildet, er steht auch im Repertoire nahezu aller großen Bühnen der Welt.

Parsifal

Ein Bühnenweihfestspiel
Originalsprache: Deutsch
Personen: Titurel (Baß), Amfortas, sein Sohn, Oberhaupt der Gralsritter (Bariton), Gurnemanz, sein alter Schildträger (Baß), Parsifal (Tenor), Klingsor (Bariton), Kundry (Sopran oder Mezzosopran), Gralsritter, Knappen, Blumenmädchen.
Ort und Zeit: Auf dem Gebiet der Gralsburg und in ihrem Tempel; der zweite Akt in einem tropisch üppigen Garten beim Zauberschloß Klingsors. Im 9. Jahrhundert unserer Zeitrechnung.
Handlung: In dem mystisch-feierlichen Vorspiel nimmt Wagner eine Reihe von Motiven vorweg, die später eine tragende Rolle spielen werden; das des Abendmahls ① weicht dem des Grals. ② Nun setzt eine Melodie ein, die mitunter als »Glaubensmotiv« bezeichnet wird, eine unverbindliche Bezeichnung wohlgemerkt, denn Wagner selbst hat keine Erklärung seiner Motive gegeben, und die vielerlei bestehenden »Leitmotivtabellen« stammen aus dem Kreis jener, die Wagners Motivkomplex zu interpretieren versuchten. ③

Wie die Vorspiele zu »Tristan und Isolde« und zu den »Meistersingern« ist auch das Parsifal-Vorspiel eine stimmungsvolle musikalische Einleitung, die getragen ist vom Geist der Weihe, des Glaubenswunders, der Andacht und seelischen Erhebung. Der über dem ersten Bild aufgehende Vorhang gibt den Blick auf einen hohen Wald frei, in dessen Hintergrund ein See angedeutet ist. Ein Weg führt zur Gralsburg, in der sich eine auserwählte Ritterschaft um die heilige Schale versammelt, in der Jesus den Wein beim letzten Abendmahle getrunken haben und in die sein Blut bei der Kreuzigung geflossen sein soll. (Lohengrin war Gralsritter, wie man im Kapitel über diese Oper nachlesen kann.) Gurnemanz, der alte Kampfgefährte des Königs Titurel und Begleiter von dessen Sohn Amfortas in vielen Schlachten, weist die Knappen an, das Bad für den leidenden Amfortas zu bereiten, der jeden Morgen im See Linderung von den unerträglichen Schmerzen einer jahrealten Verwundung sucht.
Zwei Ritter treffen ein und bringen schlechte Nachrichten. Auch die jüngst aus fernen Ländern herbeigeholten Heilmittel haben Amfortas' Wunde nicht schließen können. Betrübt stehen die Männer, während der König von Knappen zum See gebracht wird. Nur eine seltsame Prophezeiung läßt Gurnemanz noch an eine Heilung denken: ein »reiner Tor«, »durch Mitleid wissend« werde Amfortas Rettung bringen. Plötzlich taucht Kundry auf, geheimnisvoll wie immer: ein rätselhaftes Weib, von der niemand zu sagen weiß, wer sie sei und woher sie komme. Auf Zeiten ihrer Anwesenheit folgen unerklärliche Wochen und Monate des Verschwindens. Nun bringt sie aus Arabien ein neues Heilmittel für Amfortas. Dann sinkt sie erschöpft und unter unzusammenhängenden Worten in einem sie schützenden Gebüsch nieder.
Während der Zug mit dem König vorüberzieht, erinnert sich Gurnemanz traurig des verhängisvollen Tages, an dem Amfortas die Wunde erhielt, die sich nicht schließen will. Titurel hatte auf wunderbare Weise den heiligen Gral empfangen sowie die Lanze, mit der Jesus am Kreuz verletzt wurde. Er gründete die Gralsburg und darin die Gemeinschaft der Ritter, die sich zu höchsten Idealen verschworen hatten. Doch einer von ihnen, Klingsor, mußte aus der Runde ausgestoßen werden, da er den Zielen der Tugend entgegenarbeitete. Er schwor, sich zu rächen, und baute an der Grenze des Gralsgebietes

623

① Sehr langsam

② Langsam

③ Langsam

④ Langsam
durch Mit - leid wissend, der rei - ne Tor......
GURNEMANZ

⑤ Sehr ruhig

eine Zauberburg, in die er mit Hilfe einer herrlich schönen Frau und ihrer als Blumenmädchen verkleideten Helferinnen manchen Gralsritter zu locken verstand. Titurel sandte, um Klingsor zu bekämpfen, seinen Sohn Amfortas aus. Als dieser in den Zaubergarten eindrang, sah er sich einer geheimnisvollen, überaus schönen Frau gegenüber, deren Verführung er erlag. Zwar konnte er entkommen, aber Klingsor entwand ihm die heilige Lanze und schlug ihm eine Wunde, die seitdem nicht heilen will. Unter furchtbaren Schmerzen muß Amfortas, da Titurel sich in hohem Alter zurückzog, seines heiligen Amtes als weltlicher und geistlicher Führer der Gralsgemeinschaft walten. Bedrückt berichtet Gurnemanz dies alles den Knappen und Rittern. Klingsor, im Besitz der Lanze, wähnt sich als künftigen Herrscher des Grals. Nur eine Hoffnung bleibt noch: die Erlösung durch den »reinen Toren«. ④

Vom See her werden Stimmen laut. Man bringt einen jungen Menschen, der mit dem Pfeil einen Schwan getötet hat. Weiß er nicht, daß im Gralsgebiet selbst die Tiere heilig und unverletzbar sind? Kennt er denn nicht die Schwere der Tat, die er begangen? Der Junge scheint zu erschrecken und zerbricht seinen Bogen. Er behauptet, nicht zu wissen, woher er komme. Gurnemanz fragt ihn weiter aus, erfährt aber nur, daß des Jungen Mutter Herzeleide hieß und daß sie ihn in einem Walde erzog. Kundry ist aufgewacht und kann nähere Auskünfte geben: Gamuret sei sein Vater gewesen und in einem Kampfe gefallen. Da habe Herzeleide den Jungen fort in einen fast unzugänglichen Wald gebracht, damit er nicht das Schicksal seines Vaters teile, ein Ritter zu werden und im Kampfe zu fallen. Im Walde sei er also aufgewachsen, bis eines Tages drei prächtige Ritter vorübergezogen und er ihnen nacheilte. Lange sei er so umhergeirrt, im Kampfe gegen Tiere und Menschen. Kundry wirft ein, seine Mutter sei gestorben. Wütend will Parsifal sich auf sie stürzen, doch Gurnemanz tritt dazwischen. Und wieder weicht des Jungen Trotz einer tiefen Reue. Eigenartige Gedanken gehen durch Gurnemanz' Kopf: Sollte das der verheißne Retter sein? Kundry hat Wasser aus einer Quelle gebracht und labt den übermüdeten Jüngling. Dann zieht sie sich zurück; Gurnemanz beobachtet, wie eine unbekannte Kraft sie überkommt und sie allem Irdischen entrückt. Er hat es oft beobachtet und sich nie erklären können. Kundry sucht, wie ein müdes Tier, einen versteckten Platz und fällt in tiefen Schlaf. Aber es ist kein gewöhnlicher Schlaf: Ihr Sein tritt in die zweite, in die andere Existenz ein, die jener einer treuen Gralsdienerin gerade entgegengesetzt ist. Der König wird aus dem Bade zurückgetragen in die Burg, Gurnemanz nimmt den Jungen, der staunend alles beobachtet, beim Arm und beschreitet mit ihm den Weg zur Gralsburg.

Dabei verwandelt sich die Szenerie. Aus der Ferne werden die Glocken des Gralstempels vernehmbar, der Wald tritt zurück, auf einer Höhe liegt das Heiligtum. Der Alte und der Junge treten ein. Mystisches Dunkel herrscht im Raume, nur aus der Kuppel fällt mattes Licht. Unter frommen Gesängen nahen feierlich die Gralsritter. Aus unsichtbarer Höhe erklingen, von Kinderstimmen gesungen, die Motive des Grals und des Glaubens. Die Zeremonie beginnt, doch der leidende Amfortas will die Erfüllung seines heiligen Amtes verweigern. Gewissensbisse steigern seine Schmerzen ins Unerträgliche. Nur auf Titurels Ermahnung enthüllt er die Schale des Grals, die geheimnisvoll aufleuchtet, während die Ritter andächtig in die Knie gesunken sind. Langsam verlischt das Licht, der Tempel leert sich, Amfortas wird hinausgetragen. Gurnemanz wendet sich an Parsifal, der an seiner Seite der Zeremonie beiwohnte. Dieser hat stumm und wie unbeteiligt zugesehen, nur einmal, beim Anblick des leidenden Amfortas, seine Hand an die Brust geführt. Mißmutig und enttäuscht weist Gurnemanz ihn aus dem Heiligtum. Aus unsichtbarer Höhe wiederholt eine ferne Stimme die Prophezeiung von der Erlösung des Grals durch einen reinen Toren.

Der zweite Akt spielt in Klingsors Zauberschloß. Vor einem magischen Spiegel steht der aus der Gralsrunde Verstoßene und späht nach neuen Opfern. Er sieht einen Ritter seiner Festung nahen und bereitet alles zum Kampf vor: Er ruft die Blumenmädchen und zwingt durch geheimnisvolle Formeln Kundry zum Erscheinen. Widerstrebend erscheint das rätselhafte Weib, nun in strahlender Schönheit. Vergebens sucht sie dem Zauberer ihre Dienste zu verweigern. Er erinnert sie an ihre ewige Verdammnis, an ihre zahllosen Opfer, an Amfortas. Heute gilt es, einen nicht weniger starken Feind zu stellen. Auf einen Wink Klingsors verschwindet das Schloß, und ein tropisch üppiger Garten blüht auf an seiner Stelle. Der nahende Ritter, der die Wachen mit Leichtigkeit besiegt hat, tritt ein und sieht sich von den Blumenmädchen umringt. Lächelnd schaut er zuerst ihren Spielen zu, hört ihren berückenden Gesang. Immer enger schließen sie den Reigen um ihn, fordern ihn zum Bleiben, zur Liebe auf. Sanft zuerst, dann immer bestimmter weist er sie zurück. Da ertönt eine Stimme: »Parsifal!« Der junge Ritter bleibt wie gebannt stehen. Seit er seine Mutter verließ, hat er diesen Namen nicht mehr vernommen. Es ist Kundry, die sich ihm nun nähert. Die anderen ziehen sich zurück, überlassen das Feld ihrer Meisterin, der »Urteufelin« Kundry. Mit weicher Stimme erzählt sie Parsifal die Geschichte seiner Eltern, ihrer Liebe, ihres Todes. Herzeleide starb aus Trauer über den Verlust ihres Sohnes. Tief erschüttert lauscht Parsifal zu Kundrys Füßen. Wie um ihn zu trösten, küßt Kundry ihn lange auf den Mund. Da geht in Parsifal die entscheidende Wandlung, die Erkenntnis vor sich. Heftig weist er das schöne Weib ab, ein deutliches Bild ist in seiner Seele aufgestiegen: Amfortas! Die Wunde! Es ist ihm, als fühle er sie plötzlich in seinem eigenen Körper brennen. Er kniet nieder und bittet Gott um Erleuchtung, um Rettung. Kundry steht wie gebannt, sie fühlt in Parsifal eine überirdische Kraft, der ihre sinnliche Macht nicht gewachsen ist. Ihre von Klingsor geleiteten Verführungskünste verwandeln sich in Bewunderung, in Liebe. Nun will sie sich Parsifal nähern, ihn umarmen, weil ein mächtiges Gefühl sie zu ihm treibt und sie in seiner Stärke Erlösung zu finden hofft. Doch Parsifal ist jetzt von seiner Sendung restlos erfüllt. Er erkennt wie in einer Erleuchtung seine Aufgabe. Nun weiß er es: in diesen verführerischen Armen ist Amfortas dem Gral untreu geworden, hier an dieser gleichen Stelle hat er die Wunde empfangen, die zu schließen ihm, dem hellsichtig Gewordenen, bestimmt ist. Kundry ahnt, was in Parsifal vorgeht. Verzweiflung erfaßt sie. Stand sie nicht schon mehrmals, in verschiedenen Wiedergeburten, vor der gleichen Situation und versagte? Verlachte sie Jesus nicht, verführte sie nicht Amfortas? Kundry sehnt sich nach Schutz vor dem Abgrund, der sie immer wieder magisch hinabzieht, sie sieht ihr Heil in Parsifals Reinheit und Stärke. Sie sucht die Hilfe auf dem einzigen Wege, den sie in dieser Inkarnation kennt: den des Fleisches. Doch Parsifal weist sie zurück, die unbeugsame Kraft des Glaubens strahlt von ihm aus. In höchster Erregung, von widerstrebenden Gefühlen zerrissen ruft Kundry nach Klingsor. Der Zauberer erscheint und schleudert den Speer nach Parsifal. Doch die Waffe bleibt über dessen Haupte in der Luft stehen, sie kann dem Auserwählten nichts zuleide tun. Parsifal ergreift sie und zeichnet feierlich ein Kreuz über den Zaubergarten. Der Spuk versinkt, Wüste breitet sich ringsum aus. Der zusammengebrochenen Kundry weist Parsifal den Weg zur Erlösung: »Du weißt, wo du mich wiederfinden kannst!« Und seiner Aufgabe voll bewußt, schreitet er langsam, den heiligen Speer andächtig vor sich her tragend, zur Gralsburg.

Das Bild des dritten Aktes, in dem Parsifals Rückkehr zum Gral Wirklichkeit wird, stellt eine der lieblichsten Visionen des Operntheaters dar. Ein Frühlingstag sendet sein mildes Licht über eine von ersten Blumen bedeckte Aue. Aus seiner Hütte tritt der sehr alt gewordene Gurnemanz; er hat Seufzer vernommen und findet in einer Ackerfurche die aus geheimnisvollem Schlaf erwachende Kundry. Wie immer nach ihren rätselhaften Abwesenheiten ist sie mit tiefster Unterwürfigkeit bereit, dem Gral zu dienen. Von ferne wird ein Ritter sichtbar. Verwundert sieht Gurnemanz ihm entgegen: Es kann keiner der Gralsbrüder sein, denn er trägt trotz des Karfreitags eine schwarze Rüstung mit herabgelassenem Visier und eine Lanze in der Hand. Langsam kommt der Fremde näher, und Gurnemanz empfängt ihn mit vorwurfsvollen Worten ob dieser Entweihung des heiligen Tages. Ohne zu antworten, legt Parsifal die Rüstung ab und stößt die Lanze in den Boden. Dann läßt er sich nieder, um zu beten. Mit starker innerer Bewegung erkennt der alte Gralshüter den bogenschießenden Jüngling von einst, der den Schwan getötet hat und bei dem Anblick von Amfortas' Leiden stumm geblieben war. Und erkennt voll Ehrfurcht die heilige Lanze: Nun weiß er, daß er sich damals nicht geirrt hatte. Auch Kundry blickt den schwarzen Ritter wie verklärt an. Die folgende Szene scheint dem Neuen Testament entstiegen: Kundry wäscht dem Ritter die Füße im nahen Quell, Gurnemanz netzt das Haupt des künftigen Königs. Titurel ist tot, erfährt Parsifal, und Amfortas weigert sich seit langem, den Gral zu enthüllen. Die Gemeinschaft siecht dahin wie ihr König, wird täglich schwächer und mutloser. Doch nun endlich ist der langersehnte Tag gekommen und der Erlöser erschienen. Sanftes Mittagslicht liegt auf der Au, und Wagner begleitet diese innige Naturszene mit der verklärtesten Musik, die er je geschrieben, dem »Karfreitagszauber«. Es ist der Glaube an den Frühling nach langem starrem Winterschlaf, an die Auferstehung, an die Erlösung. ⑤

Die Glocken der Gralsburg beginnen zu läuten. Und wie im ersten Akt schreiten Parsifal und Gurnemanz den Weg aufwärts. Doch nun ist Parsifal nicht mehr der unwissende Knabe, er ist »durch Mitleid wissend« geworden, wie die Prophezeiung es voraussagte; und stark in den Kämpfen des Lebens, in der Überwindung irdischer Leidenschaften. Der Tempel öffnet sich wiederum vor ihnen, doch nun erscheint alles viel düsterer, bedrückter, hoffnungsloser. In langsamen Zuge betreten die Ritter den Tempel, ziehen vorbei an Titurels Sarg; sie grüßen den schwerkranken Amfortas, der sich auch jetzt weigert, den Gral zu enthüllen, dessen Reinheit er als Sündiger nicht würdig ist. Amfortas bittet die Ritterschaft, ihn endlich mit einem Schwerthieb von seinen Leiden zu erlösen. Unter feierlicher Bewegung betritt Parsifal den Raum. Er bringt den heiligen Speer: Entzückt blicken alle zu seiner lichten Spitze auf. Mit ihr berührt Parsifal die Wunde des Königs Amfortas, der mit beseligter Miene dem neuen Gralsherrscher Platz macht. Parsifal ergreift die heilige Schale und hebt sie langsam und feierlich in die Höhe. Starkes, erlösendes Licht strahlt herab auf das weite Tempelrund. Kundry ist eingetreten und sinkt entseelt, aber berührt vom Licht der Gnade, erlöst zu Boden. Ehrfürchtig grüßen Amfortas und Gurnemanz den neuen König, von dessen gottgesandter Erscheinung alle in die Knie gesunken sind und über dessen Haupt eine Taube schwebt – Symbol des heiligen Geistes.

Quellen: Wagner dürfte sich wohl in erster Linie auf Wolfram von Eschenbach stützen, der einer seiner Lieblingsdichter war und den er in seinem »Tannhäuser« als dessen Gegenspieler einführte. Wolfram hat das Leben Parsifals aufgezeichnet, den wir als historische Persönlichkeit annehmen dürfen. Allerdings hat Wolfram (ca. 1165–1220) ungefähr 350 Jahre nach Parsifal gelebt (den wir hier eigentlich Perceval nennen oder Parzival schreiben müßten); doch wissen wir, daß er die Lebensdaten seines Helden von einem zeitgenössischen Chronisten übernahm, dessen Leben und Schaffen unbekannter und dunkler ist: Willehalm oder Kyot, ein Provenzale, wobei durch neuere Forschungen erwiesen scheint, daß es sich bei diesen beiden Namen um die gleiche Person handelt. Von dieser dürfte es, in altfranzösicher Sprache, Chré(s)tien de Troyes übernommen haben, und von diesem gelangten Sage, Legende und Kenntnis zu Wolfram, der dem Stoff dichterische Form gab. Zur Chronologie Parsifals wäre anzugeben, daß sein Vater Gamuret aus Spanien um 826 auszog, nach Colmar im Elsaß gelangte, dort Herzeloyde heiratete und hernach in den Orient zog, wo er umkam. Indessen gebar Herzeloyde einen Sohn, den sie Parsifal nannte. Als dessen Geburtsdatum könnte man 827 annehmen. Er lief seiner Mutter (841?) davon und gelangte an den Hof des Königs Artus (Nantes ?). Zum Ritter geschlagen, bestand er vielerlei Kämpfe, von denen oft in Einzelheiten berichtet wird. Wolfram will wissen, daß er vom Artushof vertrieben wurde und nach vielen Abenteuern am Karfreitag des Jahres 848 zur Gralsburg gelangte und deren König wurde. Die Geschichte des Grals – über die schon bei »Lohengrin« nachzulesen ist, da dieser zur Ritterschaft des Gralstempels gehört und sich sogar »Sohn Parsifals« nennt – gehört zu den geheimnisvollsten Überlieferungen des damals jungen Europa. Zur Reinerhaltung der Lehre und zur Verkündung der Heilsbotschaft in der Welt, erfüllten die Gralsritter zahlreiche Missionen, im Kampfe für das Recht und zur Verteidigung verfolgter Unschuld. Ihre Gralsburg wurde zum Ausgangspunkt verschiedenster Legenden, von denen einige bei der Gründung von Geheimorden (Rosenkreuzer) und in okkultistischen Zirkeln eine Rolle spielten und spielen. Es werden Verbindungen zu vorchristlichen Weissagungen hergestellt, auch zum kosmischen Johannes-Christentum, das dieser in der »Apokalypse« verkündete, zu antiken Kulturen und deren Mystik. Es heißt, daß der genannte Willehalm, Parsifals Zeitgenosse, in arabische Gefangenschaft geriet und dort Spuren einer Gralslehre fand. Es steht fest, daß die offizielle christliche Kirche im 9. Jahrhundert den Zusammenhang mit dem alten Wissen und den alten Kulturen weitgehend verloren hatte, daß aber eine Elite sich um so fester heimlich um den Gralsglauben scharte. Also errichtete sie wahrscheinlich Ordensburgen an abgelegenen, schwer zugänglichen Plätzen. Lange Zeit nahm man an, die Gralsburg habe auf dem Berge Montserrat bei Barcelona gestanden. Heute glauben wir eher, daß es über Europa verstreut verschiedene solcher Gralsburgen gab. Ob der Nachweis, den der Historiker Greub zugunsten des schweizerischen Arlesheim bei Basel führt, stichhaltig ist oder nicht, kann hier nicht untersucht werden; doch sei dazu angemerkt, daß alle Distanz- und Stundenangaben Wolframs genau stimmen, wenn wir Parsifals Gralsburg hier suchen. Es ist jedoch unmöglich, hier allen Quellen nachzugehen, die zu Wagners Werk führen. Tatsache ist, daß in zahlreichen mittelalterlichen Legenden und Sagen von Reliquien gesprochen wird, die mit Christus in Verbindung gebracht werden und deren Rettung und Aufbewahrung zur Bildung von Gemeinschaften, getragen von edlen, manchmal heldischen Zielen wurden: Lanze und Gefäß, die den Namen »Gral« erhielten. Ob dieses Wort von »sangue réal« (königliches Blut) kommt oder ganz anderen Ursprungs ist, bleibe dahingestellt. Ferner kann hier die wichtige Frage nicht näher untersucht werden, ob diese – besonders von Troubadouren und Minnesängern gepflegten – Erzählungen vollinhaltlich als »christlich« angesprochen werden können oder zumindest teilweise auf älteren Überlieferungen beruhen.

Dichtung: Die vieldeutige Herkunft des Stoffes wirft die Frage auf, welche Quelle Wagner gekannt und verwendet haben kann. Und damit streifen wir ein Gebiet, das schwer zu klären ist: Wagners Beziehung zu »Geheimlehren« aller Art – Wagner zumindest im Grenzfeld des Okkultismus, als Dichter des Übersinnlichen, als Symbolist, als »Eingeweihter«. Wie alle großen Dichtungen Wagners läßt »Parsifal« viele Deutungen zu. Einmal eine christliche, was dem Werk zumeist einen Platz im Osterspielplan der Theater zuzuweisen scheint: die Parallele zwischen Christus und Parsifal ist zu auffallend, um von der Hand gewiesen zu werden. Die Erlösungsidee kommt in diesem Werk in christlichem Sinne zum Ausdruck. Trotzdem gibt es eine Reihe von Zügen in der Parsifal-Gestalt, die auf einen starken Eigenbeitrag Wagners deuten: vor allem muß hierzu wohl der Gedanke des »Werdeganges«, der Entwicklung und Vollendung genannt werden, die Parsifal kennzeichnen. Er ist »der reine Tor«, der »durch Mitleid wissend« wird. Es genügt also bei Wagner nicht, zum Erlöser geboren oder vorbestimmt zu sein, (wie Jesus es als Gottessohn und durch eine ungewöhnliche – jungfräuliche – Geburt es war); Wagner verlangt eine aktive, wenn auch vielleicht unbewußte Beteiligung, einen Läuterungsprozeß. Manche Einzelheit seines Dramas ist in bewußte Beziehung zur christlichen Heilsgeschichte gebracht: die Salbung und Fußwaschung, die Erkenntnis des Erlösercharakters bei der triumphalen Rückkehr Parsifals zum Gral, die fast eine Heimkehr ist, so wie Jesus durch seine Auferstehung in den »Himmel« heimkehrt. Allerdings gibt es auch hier wieder wesentliche Unterschiede: Parsifal wird lebend zum Erlöser, Christus tot. Parsifal ist also nicht unbedingt Christus, sondern dessen Stellvertreter auf Erden. Ein Prophet? Wir wissen nicht, wie Wagner ihn im tiefsten empfunden hat. Viel rätselvoller aber wird seine Absicht bei der fesselndsten und vieldeutigsten Gestalt seiner Dichtung, bei Kundry. Er übernimmt sie, wie er die Parsifals-Gestalt selbst übernimmt – wobei er ihr das fürstliche Geblüt nimmt und von der Abstammung ihres Elternpaares Gamuret und Herzeloyde (die er in Herzeleide umformt) aus höchstem Geschlecht nichts erwähnt – denn Kundry kommt in alten Quellen vor und wird »Zauberin« genannt. Sogar von einer Doppelexistenz ist die Rede: Verführerin und Büßerin, Dienerin. Wagner legt ihr die äußerst wichtige Dimension der »Re-Inkarnierten«, der »Wiedergeborenen« zu, und sprengt damit den »christlichen« Rahmen des Dramas. Wozu allerdings zu bemerken wäre, daß es gar nicht so unmöglich ist, im Urchristentum derartiges zu vermuten oder vielleicht sogar zu finden. Hier ist ein gewaltiges Thema angeschnitten, dessen Tiefen mit rationalen Mitteln nicht auszuloten sind, wir können lediglich feststellen, daß Wagners dichterische Leistung wiederum Heterogenstes, weit Auseinanderliegendes zusammenbringt, verschmilzt, zur völligen Einheit gestaltet; daß seine dramatische Vision fesselnd und packend, seine Sprache sehr eigen, aber bildkräftig, aussagestark und klangschön ist. Leicht verständlich aber ist »Parsifal« nicht geraten; mag den oberflächlichen Beschauer und Hörer das »Christliche« dieses Werks erfüllen, so entdeckt der tiefer Blickende Urwelten und Abgründe, von denen jener nichts ahnt. »Parsifal« ist kein Aufguß des »Lohengrin«, keine Wiederholung des »Tannhäuser«, wie manchmal behauptet wird. Er stellt etwas völlig Neues dar, nicht nur im Schaffen Wagners. Parsifal wird nicht durch Belehrung »wissend«, nicht durch Erfahrung, sondern einzig und allein »durch Mitleid«. Begegnete er nicht Kundry, er irrte wohl bis an sein Lebensende durch die Welt; doch im Augenblick ihres Kusses – dem Amfortas erlag – bricht aus ihm nicht die sinnliche Leidenschaft hervor, die Kundry erwartet, sondern innere Hellsichtigkeit. »Amfortas! Die Wunde!« Ihren Sinn hat er in diesem Augenblick erkannt. Und so vergeht vom Versinken des Zaubergartens bis zum Karfreitagsmorgen, da Parsifal plötzlich auf Gralsgebiet gelangt, das er wahrscheinlich vorher lange, lange vergeblich gesucht hat, keine Zeit im landläufigen Sinne. Denn nun ist das echte Mitleid in sein Herz gelangt, er hat in diesem einen bedeutsamen Augenblick Leid und Schicksal des Amfortas verstanden. Und der Gral offenbart sich nicht dem Suchenden, nicht dem Irrenden, nicht dem Kämpfenden, ja nicht einmal dem Gläubigen, sondern nur dem Mitleidenden. Wir müssen unseren Begriff »Mitleid« erweitern, unendlich erweitern, wenn wir »Parsifal« verstehen wollen: es ist ein sehr großes Wort, denn es schließt die Liebe ein. Die erwähnte »Zeitlosigkeit«, die Wagner in gewissen Szenen herstellt, kommt in einem der schönsten dichterischen Momente des Werks auch zu literarischem Ausdruck. Gurnemanz und Parsifal beschreiten den Weg zum Gral. Der junge Ritter spricht verwundert: »Ich schreite kaum, doch wähn ich mich schon weit«, worauf der Erfahrene, Alte antwortet: »Du siehst, mein Sohn, zum Raum wird hier die Zeit.« Ein Wort, das hundertmal gedeutet wurde, das aber schier unerschöpfliche Möglichkeiten zum Nachdenken gibt. Wagner hat »Parsifal« mit einem einzigartigen Namen vorgestellt: ein Bühnenweihfestspiel. Da sind die Begriffe Bühne, Weihe, Fest und Spiel vereinigt, untrennbar vereinigt. Wagner hat etwas Neues gefunden und geschaffen. Parsifal ist nicht identisch mit Siegfried (weil beiden die Unkenntnis der Welt gemeinsam ist, beide also im vollen Begriff des Wortes

»Toren« sind), er ist kein Tannhäuser (weil er zwischen sinnlicher und geläuterter Liebe, zwischen entgegengesetzten Reichen des Eros zu wählen hat). Amfortas trägt zwar Züge des Fliegenden Holländers, aber der tiefere Grund seines Leidens ist völlig verschieden vom Schicksal des Seemannes. Und für Kundry gibt es kein Vorbild, weder bei Wagner noch in irgendeiner anderen künstlerisch geformten Gestalt, wie es scheint. Also scheinen die vielen Angriffe, die gegen »Parsifal« gerichtet wurden, unbegründet, und die Meinung ist durchaus vertretbar, daß, zumindest auf dichterisch-dramatischem Gebiet, ein Höhepunkt in Wagners Schaffen erreicht ist.

Musik: Ist das auch musikalisch der Fall? Auch hier gehen die Ansichten merkwürdig weit auseinander. Man könnte feststellen, daß »Parsifal« die abgeklärteste Musik Wagners darstellt – die reifste, die reinste vielleicht, doch bedeuten diese Worte an sich nicht viel. War Wagners Inspiration im »Tristan« und in den »Meistersingern« stärker? Waren die Stürme seiner Leidenschaft in der »Walküre« und im »Tristan« höher zu bewerten als die wundervolle, zugleich irdische und erdentrückte Karfreitagsmusik, wie sie im dritten Akt des »Parsifal« erklingt? Müßige und zugleich unbeantwortbare Fragen. In »Parsifal« scheint der sinfonische Fluß eine zuvor kaum gekannte Kontinuität und Ausbildung zu erfahren; die leitmotivische, also mosaikartige Arbeit, wie sie vor allem den »Ring des Nibelungen« auszeichnete, ist ein klein wenig in den Hintergrund getreten, ohne aufgegeben worden zu sein: auch hier finden sich noch eine große Zahl solcher Themen, die dem Hörer Zusammenhänge klarmachen sollen und ihn Dinge erahnen lassen, die im Text nicht ausgesprochen sind. In »Parsifal« sind zudem die Motive nicht mehr so bündig und konzentriert wie in früheren Werken, sie neigen eher zu einer melodischen Entwicklung, die ihren schlagwortartigen Einsatz zugunsten längerer Entwicklungen zurückdrängt. Einige Gesangspartien dieses Werks gehören zu den schwierigsten der Literatur: da ist vor allem Kundry zu nennen, von der in dramatischer wie musikalischer und nicht zuletzt stimmlicher Hinsicht Unerhörtes verlangt wird. Gurnemanz dürfte zu den schon von ihrem Umfang her anspruchsvollsten Baßrollen gehören, Amfortas zu den ausdrucksstärksten Baritonpartien. Dagegen – und das wird manchen verwundern – zählt die Titelrolle zu den kürzesten, die man kennt; sänge Parsifal nämlich alle seine Einsätze hintereinander, die Dauer seiner Partie bliebe unter einer Viertelstunde. Das bedeutet aber keineswegs, daß sie »leicht« ist! Es gehört zum Schwierigsten, einen Auserwählten, einen Erleuchteten, einen Propheten oder gar einen Heiland darzustellen, dementsprechend sollte auch im Gesang kein Makel zu finden sein ...

Geschichte: Wagner las im Marienbader Sommer des Jahres 1845, der ihm so viele Ideen und Inspirationen schenken sollte, das »Parzival«-Epos des Wolfram von Eschenbach. Zwölf Jahre später, am Karfreitag des Zürcher Frühlings 1857, nahm der Gedanke einer dichterisch-musikalischen Bearbeitung dieses Stoffe schlagartig Gestalt an. Er hatte die Vision, die er alsbald zum Bild der blühenden Aue im dritten Akt ausbauen konnte. Zuerst jedoch denkt er an eine andere Verwertung der ihn fesselnden Parsifal-Figur: er will sie in den dritten Akt von »Tristan und Isolde« einbauen, doch verwirft er diesen Plan sogleich. Weitere acht Jahre vergehen. Bei einem Zusammensein mit Ludwig II. Ende August 1865 interessiert der Monarch sich für das anscheinend von Wagner erwähnte Thema des »Parzival« (der damals – und bis 1877 – immer in dieser Schreibweise auftritt). Unmittelbar darauf schreibt Wagner den Entwurf des Dramas nieder. Abermals vergehen Jahre, dieses Mal sogar fast zwölf. Bayreuth war eingeweiht worden, der große Festesrummel war vorbei. Im Februar des darauffolgenden Jahres 1877 beginnt Wagner mit der kontinuierlichen Arbeit an seinem letzten Werk. Das ganze Jahr 1878 wird ihr gewidmet. Am 25. Dezember dirigiert Wagner in seiner Bayreuther Villa das Vorspiel, wozu er das Meininger Hoforchester in sein Haus gebeten hatte. Die Vollendung des Werkes erfolgt am 13. Januar 1882, die Uraufführung bei den zweiten Bayreuther Festspielen am 26. Juli 1882. Es dirigiert Hermann Levi, Hermann Winkelmann singt den Parsifal, Amalia Materna die Kundry, Emil Scaria den Gurnemanz, Theodor Reichmann den Amfortas; das Werk wird in diesem Sommer sechzehnmal gegeben. Beim letzten Mal steigt Wagner bei der Verwandlungsmusik des dritten Akts in den verdeckten Orchesterraum, nimmt Levi den Stab aus der Hand und dirigiert selbst noch einmal einen Teil seines letzten Werkes. Nach seinem testamentarisch geäußerten Willen sollte »Parsifal« dem Bayreuther Festspielhaus exklusiv vorbehalten bleiben. Doch das Gesetz ist stärker als der menschliche Wille: eine derartige Verfügung ist nur befristet gültig. Da diese sogenannte »Schutzfrist« damals dreißig Jahre betrug (und übrigens erst in einem kleinen Teil der Welt gültig war), wurde »Parsifal« im Jahre 1913 »frei« – dreißig Jahre nach Wagners Tod. Durch ein Kuriosum der Gesetzgebungen erfolgte dieser Ablauf nicht überall gleichzeitig: in einigen Ländern am 30. Todestag (13. Februar 1913), in anderen mit Ende des Kalenderjahres 1913. Es begann ein wahres Wettrennen der großen Theater um die erste Aufführung des »Parsifal« außerhalb Bayreuths. Die New Yorker Metropolitan Opera wandte sich an alle wichtigen Institute mit dem Vorschlag, auf das Werk im Sinne Wagners zu verzichten und es Bayreuth zu überlassen. Aber das Publikumsinteresse war so groß, daß die Bühnen nichts von einem Verzicht wissen wollten. »Parsifal« wurde zum »Zugstück«. Es sei nur am Rande erwähnt, daß etwa das Zürcher Theater, das sich unter den ersten befand, die ihn spielten, innerhalb der Jahre 1913 und 1914 nicht weniger als 34 ausverkaufte Häuser mit »Parsifal« erzielte. Bei diesem Bühnenweihfestspiel bildete sich die keineswegs vom Autor angeregte oder gar geforderte Gewohnheit, von lautem Applaus abzusehen. Dadurch rückt »Parsifal« noch weiter in den Bereich sakraler Kunst, in den gewisse Strömungen ihn lenken wollen. Es kann hier nicht untersucht werden, wie weit eine Berechtigung dazu besteht. Jedenfalls handelt es sich um das wohl einzige Werk des Musiktheaters, das vom christlichen wie vom okkultistischen Standpunkt aus eine gleich tiefe Befriedigung zu gewähren vermag.

Siegfried Wagner

1869–1930

Selten ist der schwere Druck eines großen Erbes so deutlich, so tragisch fühlbar geworden wie im Falle Siegfried Wagners. Das ihm ununterbrochen ins Bewußtsein tretende Gefühl, Sohn eines Genies zu sein, lastete schwer auf ihm und ließ ihn kein »Eigener« werden, wozu er alle Anlagen besaß. Seine starke musikalisch-dramatische Begabung war stets der Gefahr ausgesetzt, Epigone des Vaters zu werden, ohne ihn je erreichen zu können; ein Ausbrechen aus dieser Linie aber schien noch viel weniger möglich. Hätte der am 6. Juni 1869 in Tribschen bei Luzern Geborene und von seinem Vater mit dem »Siegfried-Idyll« Begrüßte fern von Bayreuth unter anderem Namen leben und schaffen können, seine nicht zu unterschätzende Schöpferkraft hätte sich freier entfaltet. Er wollte Architekt werden, aber Dichtung und Musik umgaben ihn so mächtig, daß er doch den Weg des Vaters einschlug. Er kam zu Engelbert Humperdinck in die Lehre, dem »Hänsel und Gretel«-Komponisten, der ein überzeugter Wagnerianer war. Siegfried komponierte und dichtete zwölf Bühnenstücke, von denen das erste, »Der Bärenhäuter«, den stärksten Erfolg errang. Im Jahre 1909 übernahm er das Erbe seines Vaters und wurde an der Seite seiner Mutter Cosima Leiter der Bayreuther Festspiele. Er starb am 4. August 1930, nur wenige Wochen nach ihr und wie sie in Bayreuth. Sein Stil bewegt sich zwischen der Volksoper deutscher Prägung und dem symbolgetränkten Pathos seines Vaters.
»Der Bärenhäuter« erzählt die Geschichte eines jungen Soldaten namens Hans Kraft, der nach mehreren Kriegsjahren in seine Heimat zurückkehrt; er findet niemanden mehr von seiner Familie vor. Allein und traurig verdingt er sich dem Teufel, dessen Höllenkessel er ein Jahr lang heizen soll. In einem Kartenspiel verliert er die in der Hölle schmachtenden verdammten Seelen an einen Fremden. Zur Strafe muß er auf die Erde zurück, aber nun in der schmutzigen und verachteten Gestalt eines Bärenhäuters. Er soll erst erlöst sein, wenn ein Mädchen ihm drei Jahre lang, in seiner Abwesenheit, die Treue hält. Immerhin war der Teufel großzügig und hat ihn mit einem unerschöpflichen Sack voll Gold ausgestattet. Mit dem macht er sich in einem Dorfe Wirt und Bürgermeister zu Freunden; letzterer bietet ihm eine seiner Töchter zur Ehe. Die beiden älteren wollen davon nichts wissen, nur die jüngste erbarmt sich seiner und bleibt ihm auch treu, als er weiterwandert. Nach drei

Jahren kehrt er zurück, wird aber in die Belagerung einer Festung verwickelt. Durch seinen Mut rettet er die Insassen und wird vom ganzen Volke gefeiert. Seine Luise erkennt ihn und schließt ihn liebend in die Arme. (Uraufführung: München, 22. Januar 1899).

Rudolf Wagner Régeny
1903–1969

Dieser am 28. August 1903 in Szászrégen (Sächsisch-Regen in Siebenbürgen/Ungarn) geborene deutsche Komponist (der seinen Namen durch den Ursprungsort zu Wagner-Régeny ergänzte, hatte in jungen Jahren beträchtliche Opernerfolge aufzuweisen. Sein Stil ist der Kompositionsweise Kurt Weills verwandt. Er suchte auf dem Theater weniger Einzelschicksale darzustellen, als soziale Probleme aufzuzeigen. Mit den Jahren verstrickte er sich immer mehr in einen kalten Konstruktivismus, seine Musik wurde immer blutleerer, gekünstelter, nachdem einige Frühwerke eine durchaus ansprechende Synthese alter und neuer Stile (Neoklassik und Jazz) gebracht hatten. Nach der Kammeroper »Sganarelle« (1929) folgten »Der Günstling« (1935), »Die Bürger von Calais« (1939), Johanna Balk« (1941), »Das Bergwerk zu Falun« (bei den Salzburger Festspielen 1961, auf einen Text Hugo von Hofmannsthals), um nur die wichtigeren Werke zu nennen. Wagner-Régeny starb in Berlin am 18. September 1969.

»Der Günstling« ist Wagner-Régenys stärkster Erfolg gewesen. Sein Textbuch – das im Untertitel »Die letzten Tage des großen Herrn Fabiano« heißt – fußt auf Victor Hugos »Maria Tudor«, beziehungsweise auf deren deutscher Fassung von Georg Büchner, und wurde von Caspar Neher, der sich durch seine Zusammenarbeit mit Weill einen bedeutenden, wenn auch umstrittenen Namen gemacht hatte, geschrieben. Die Handlung schildert Macht und Sturz eines skrupellosen Günstlings, der um 1550 der Geliebte der Königin Maria Tudor wird, das Land aussaugt, Frauen verführt und Unbequeme mit dem Dolch aus dem Wege räumt. Die Musik ist seltsam aus entgegengesetzten Elementen gemischt: Barockes steht neben Song und Jazz. (Uraufführung: Dresden, 2. Februar 1935).

»Die Bürger von Calais«, Text von Caspar Neher, bringt die Übergabe der belagerten Stadt Calais (im Jahre 1347) an die Engländer und einige Einzelschicksale, die mit diesem historischen Ereignis verknüpft sind. Das Geschehen auf der Bühne ist auf ein Minimum reduziert, ja, selbst der entscheidende Schluß – die Begnadigung der Bürger, die den Stadtschlüssel überbringen, durch den König – geschieht nicht sichtbar, sondern wird nur beobachtet; die Oper nähert sich hier ganz eindeutig dem epischen Musiktheater oder sogar dem Oratorium. (Uraufführung: Berlin, 28. Januar 1939.)

Carl Maria von Weber
1786–1826

Weber, der einer der Pioniere der deutschen und romantischen Oper genannt zu werden verdient, wurde am 18. November 1786 in Eutin (Oldenburg) geboren. Er war Kind einer Künstlerfamilie, und das Theater war ihm von Jugend an vertraut. Er begann seine musikalische Laufbahn als Pianist, alsbald wurde er am württembergischen Hofe angestellt, wo er sein erstes dramatisches Werk (»Silvana«, 1810) komponierte. Ein Jahr später entstand die hübsche Lustspieloper »Abu Hassan«. Im Jahre 1813 erfolgte die Berufung Webers als Dirigent an das Theater in Prag, wo er bedeutende Arbeit für die deutsche Oper leistete. Vier Jahre später verpflichtete ihn der sächsische König nach Dresden, um sein Theater zu einer Pflegestätte dieses Genres zu machen, das damals noch in den Kinderschuhen steckte und neben der italienischen Oper eine äußerst bescheidene Existenz führte. Im Jahre 1820 erfolgte in Kopenhagen die Uraufführung des Schauspiels »Preziosa«, zu dem Weber die Bühnenmusik schrieb. Bis dahin war Weber ein zwar geschätzter, aber kein berühmter Mann. Das änderte sich mit einem Schlage, als am 18. Juni 1821 in Berlin sein »Freischütz« aufgeführt wurde. Man könnte dieses Datum – trotz Mozarts »Zauberflöte« und Beethovens »Fidelio«, die klassische Vorläufer gewesen waren – die Geburtsstunde der romantischen deutschen Oper nennen. Zwei Jahre darauf dirigierte Weber in Wien »Euryanthe«, doch war der Erfolg – eines schwachen Textbuches wegen – wesentlich geringer. Um diese Zeit machten sich die Symptome seiner Lungenkrankheit immer quälender bemerkbar. Trotzdem begab er sich im Jahre 1826 nach London, für dessen Theater er seine Oper »Oberon« geschrieben hatte. Er erlebte in Englands Hauptstadt große Triumphe; aber sein Leiden schritt so schnell fort, daß er nicht mehr heimkehren konnte. In London ist er am 5. Juni 1826, noch nicht vierzig Jahre alt, gestorben. Unter den Klängen des Mozartrequiems wurde er dort beerdigt, doch seine Reste wurden bereits 1844 auf Betreiben Wagners, seines glühendsten Verehrers, nach Dresden überführt. Der junge Gustav Mahler befaßte sich ebenfalls begeistert mit Weber und vollendete dessen unbeendet gebliebene Oper »Die drei Pintos«. Wenn sich auch nur »Der Freischütz« einen festen Platz im Opernrepertoire erobern konnte, so ist doch Webers Gestalt – nicht zuletzt als Vorläufer und Vorbild Wagners – in der Geschichte der deutschen Musikbühne von größter Wichtigkeit. Seine volkstümlichen Eingebungen, die schlichte, aufrichtige Schreibweise, die innigen Melodien, die gesunde Romantik die ihn auszeichnen, haben ihm, gemeinsam mit der technischen Meisterschaft, die sich vor allem in der Instrumentation zeigt, einen festen Platz unter den Großen der Musikgeschichte gesichert.

Abu Hassan

Personen: Der Kalif (Sprechrolle), Zobeide, seine Gemahlin (Sprechrolle, Abu Hassan, Liebling des Kalifen (Tenor), Fatime, seine Gemahlin (Sopran), Mesrur, Vertrauter des Kalifen (Sprechrolle, Zemrud, Zofe der Zobeide (Sprechrolle), Omar, ein Wechsler (Spielbaß).
Ort und Zeit: Bagdad, Märchenzeit.
Dieses reizende Singspiel gehört in die Linie der Umlauf, Dittersdorf, Weigl, Hiller, Schenk, aber auch Mozarts »Entführung aus dem Serail« hat Pate gestanden. Ein interessanter Mann, Franz Carl Hiemer, regte Weber dazu an, und bearbeitete für den 25jährigen Komponisten einen Stoff, der aus »1001 Nacht« stammen könnte.
Abu Hassan, Liebling des Kalifen von Bagdad, befindet sich mit seiner Gattin in dauernden Geldschwierigkeiten – ein Zustand, den Weber recht gut kannte, aber im Leben vielleicht nicht ganz so vergnüglich fand wie in einem Singspieltext – und ersinnt deshalb einen findigen Ausweg. Er will sich die Gepflogenheit der Trauergabe zunutze machen und läßt deshalb dem Kalifen seinen und seiner Gattin Tod vermelden. Als der Herrscher, nachdem seine Boten keine genauen Einzelheiten in Erfahrung bringen können, selbst in das »Trauerhaus« geht und die beiden »Toten« ihm ein wenig verdächtig erscheinen, setzt er eine hohe Prämie für jenen aus, der ihm sagen könne, welcher der beiden Verstorbenen zuerst das Zeitliche gesegnet habe. Eine solche Gelegenheit kann Abu Hassan sich nicht entgehen lassen. Flugs wird er wieder lebendig, um zu bezeugen, er sei zuerst gestorben; doch das gleiche behauptet von sich seine Gattin Fatime, die ebenfalls aus dem »Totenreich« zurückkehrt. Der Kalif lächelt und zahlt den Preis. Das vergnügliche Spiel aus Märchenzeiten ging am 4. Juni 1811 in München erstmalig über die Bretter.

Der Freischütz

Romantische Oper in drei Aufzügen. Text von Johann Friedrich Kind.
Originalsprache: Deutsch
Personen: Ottokar, Fürst von Böhmen (Bariton), Kuno, fürstlicher Erbförster (Baß), Agathe, seine Tochter (Sopran), Ännchen, eine junge Verwandte (Sopran), Kaspar, erster Jägerbursche (Baß), Max, zweiter Jägerbursche (Tenor), Samiel, »der schwarze Jäger« (Sprechrolle), ein Eremit (Baß), Kilian, ein reicher Bauer (Tenor oder Bariton), Jäger und Gefolge, Brautjungfern, Landleute, Musikanten, Geistererscheinungen.

Ort und Zeit: Im Waldgebiet der Sudeten, um 1650.

Handlung: Die äußerst populär gewordene Ouvertüre nimmt einige Melodien der Oper vorweg. Sie malt das milde Halbdunkel des deutschen Waldes, durch dessen Blätterdach die Sonnenstrahlen fallen, die gespenstischen Geheimnisse der Wolfsschlucht, das frohe Volksleben und schließlich die jubelnde Siegesstimmung der Liebe. Eine fröhliche Menge begeht in einer Waldschenke das Schützenfest. Kilian wird als Schützenkönig gefeiert. Er hat Max besiegt, den Jägerburschen des Erbförsters Kuno und Bräutigam von dessen Tochter Agathe. Als die Bauern sich über ihn lustig machen, gerät Max in Wut, doch kommt der Förster gerade noch zurecht, einen drohenden handgreiflichen Streit zu schlichten. In seinem Gefolge befindet sich Kaspar, der das andauernde Schützenpech Maxens als die Folge einer Verhexung ausgibt. Der gütige Förster heißt ihn schweigen, wendet sich aber besorgt Max zu, den er wie ein Vater liebt. Er erinnert ihn daran, daß er am nächsten Tage den sogenannten Probeschuß werde abgeben müssen, von dem seine Zukunft abhänge: die Försterei, die er eines Tages erben soll, und die Hand der Geliebten. Allerlei Sagen und Legenden ranken sich um diesen traditionellen Probeschuß; man munkelt im Volk von »Freikugeln«, die der Teufel dem gewährt, der ihm seine Seele verkauft; sechs von ihnen kann der Schütze in das von ihm gewählte Ziel jagen, so fern und schwer erreichbar es auch sein möge, die siebente aber lenkt der Teufel. Wie es heißt, soll schon mancher Jägerbursch diesem satanischen Brauch zum Opfer gefallen sein. Die frohe Menge aber denkt nicht an derartigen Teufelsspuk, der Tag ist schön, das Fest soll in einem Tanz enden; Weber stimmt einen Walzer an (wie wohl er sich in dieser damals neuen Form fühlte, beweist seine zwei Jahre früher – 1819 – erschienene »Aufforderung zum Tanz«), der, um der Umwelt angepaßt zu sein, ein wenig bäuerlich, ländlich klingt. ①

Nur Max bleibt allein zurück, als alle sich in das Innere der Schenke begeben. Es dunkelt. In heftiger innerer Erregung gedenkt er der Zeiten, da er froh Wälder und Auen durchstreifte und keine seiner Kugeln fehlging. ②

Die weitgeschwungene, zuversichtliche Melodie wird unterbrochen, ein Akkord klingt auf, der in dieser Oper stets die Gegenwart einer übernatürlichen, gespenstischen Macht andeutet. ③ Es ist, als tauche in der stark eingefallenen Dämmerung eine teuflische Gestalt, von Max unbeachtet, zwischen den Gebüschen hervor. Ein schwerer Druck, dessen er sich kaum zu erwehren weiß, liegt auf dem braven Jägerburschen. Da kehrt Kaspar zu ihm zurück. Obwohl Max dem stets geheimnisvollen Gefährten in tiefster Seele mißtraut, läßt er sich nun doch immer mehr umstricken. Max kennt das Gerücht von den Freikugeln; er hat davon gehört, daß ungetreue Jäger dem Teufel ihre Seele verschrieben und dafür sieben Kugeln erhielten. Sechs, die unfehlbar nach des Jägers Wunsche träfen; aber die siebente lenke der Böse. Es wird ihm angst, als Kaspar immer geschickter das Gespräch auf den morgigen Probeschuß bringt. Er will heim, doch Kaspar weiß ihn zurückzuhalten. Was würde Agathe, die ein gutes Vorzeichen für morgigen Tag erwarte, sagen, wenn er so beutelos käme? Er zeigt hoch in den fast dunklen Himmel hinauf; ein Raubvogel kreist dort. Max weist das Ansinnen zurück, weit über dem Bereiche jeder Büchse fliegt der Adler. Doch Kaspar drängt ihm sein Gewehr auf, und fast unwillkürlich drückt Max ab. Der riesige Vogel stürzt tot zu seinen Füßen nieder. Nun hat Kaspar den um seine und Agathes Zukunft besorgten Max völlig in der Hand. Er bestellt ihn zur Mitternacht in die Wolfsschlucht. Mit einem Triumphlied des dem Bösen verschworenen Kaspar schließt der Akt.

Der zweite spielt im Försterhause, am gleichen Abend. Das Bild des Stammvaters ist von der Wand gefallen und hat Agathe leicht an der Stirn verletzt. Sie sieht darin ein böses Vorzeichen (ohne zu wissen, daß im gleichen Augenblick Max den Adler mit einer Freikugel Kaspars aus den Lüften holte), doch das liebliche Ännchen stimmt das frohe Lied »Kommt ein schlanker Bursch gegangen« an, dessen volkstümliche Poesie und Musik so viel zum Wert dieser Oper beitragen. Dann läßt sie die ruhigere, ernstere Agathe allein, die sehnsüchtig, aber von unerklärlicher Sorge bedrückt den Geliebten erwartet. Sie stimmt ihre große Arie an, die zum Schönsten gehört, das die romantische deutsche Oper hervorgebracht hat: Nach einem kurzen Rezitativ folgt ein inniges Gebet: »Leise, leise, fromme Weise« ④. Doch in Agathes Herz will keine Ruhe einziehen. Ängstlich lauscht sie in die Nacht hinaus, bis sie endlich Schritte vernimmt, und die Arie gipfelt in der jubelnden Melodie, die schon die Ouvertüre krönte ⑤.

Max tritt ein, sichtlich unruhig. Hastig zeigt er der Braut den geschossenen Adler. Sie ängstigt der Gedanke, daß der Geliebte sofort wieder fortmüsse, angeblich um einen erlegten Hirsch in der Wolfsschlucht zu bergen. Gewitter scheinen im Anzug, doch vergeblich suchen die beiden Mädchen den Jäger zurückzuhalten.

Das folgende Bild bringt die nächtliche Wolfsschlucht und gehört zu den großartigsten Szenen der romantischen Oper. Es zeigt eine unheimliche Landschaft: vom Blitz zerschmetterte Baumstämme, von Eulen belebter Wald, in dem es immer wieder geheimnisvoll aufleuchtet, während Wasserfälle mit Tosen in die Tiefe sausen. Bleich tritt der Mond manchmal aus den Gewitterwolken hervor. Unsichtbare Chöre unterstreichen das Unheimliche der Szenerie. Kaspar ist mit Zauberzeremonien beschäftigt; er legt einen Kreis von Steinen rund um einen Totenkopf. Samiel, der Teufel in Gestalt des »schwarzen Jägers« erscheint. Die Frist Kaspars ist abgelaufen. Nur wenn er ein neues Opfer bringen könne, werde sein Leben noch einmal verlängert. Er bietet Maxens Seele. Der Teufel akzeptiert. Max erscheint, schreckt zuerst zurück, doch bald setzt er sich in höchster Seelenqual zu Kaspar, der die Zauberverrichtungen handhabt. Weber und sein Textdichter haben diese Wolfsschluchtszene mit allem Aufgebot romantischen Gruselns umgeben, genau die Erscheinungen vorgeschrieben, die auftauchen sollen und sie mit entsprechender Musik versehen. Sturm und Gewitter brechen los, während die Kugeln gegossen werden, mit denen Max am nächsten Tage die Försterei und die Braut zu erlangen hofft. Auf dem Höhepunkt des Zaubers erscheint der Teufel. Da schlägt es Eins, der Spuk erlischt, die Natur beruhigt sich, Max richtet sich mühsam auf.

Der dritte Akt spielt wieder im Försterhaus Kunos. Nach der Gewitternacht ist der Morgen angebrochen, an dem Agathe ihr Geschick dem Maxens verbinden soll, wenn der junge Jäger den Probeschuß glücklich besteht. Eine innige Cavatine drückt die reinen Gefühle der Braut aus. ⑥ Ännchen betritt das Gemach. Agathe vertraut ihr ihre Sorgen an: Sie hat beklemmende Träume gehabt. Wieder ist es Ännchen, deren sonniger Humor die Falten von Agathes Stirn zu vertreiben sucht, dieses Mal mit einer komischen Traumerzählung, auf die ein frohes Lied folgt. Schon nahen die Brautjungfern; ihre Melodie hat weitgehende Volkstümlichkeit erlangt. ⑦

Die bösen Vorzeichen hören nicht auf, Agathe zu ängstigen: Das Bild des alten Kuno ist in der Sturmnacht wiederum von der Wand gefallen, und als Ännchen den Brautkranz aus der Schachtel nehmen will, sieht sie mit Schaudern, daß es eine Totenkrone ist. Schnell windet sie der Freundin aus den weißen Rosen, die ein frommer Eremit ihr geschenkt, einen bräutlichen Haarschmuck; und die Mädchen stimmen neuerlich das Lied vom Jungfernkranze an.

Das letzte Bild zeigt eine schöne Waldlandschaft. In fürstlichen Jagdzelten sind vornehme Gäste versammelt. Ein frischer Männerchor begrüßt Ottokar und sein Gefolge, die zum Probeschuß gekommen sind. Der Fürst zeigt auf eine weiße Taube, die auf einem nahen Baume sitzt:

④ 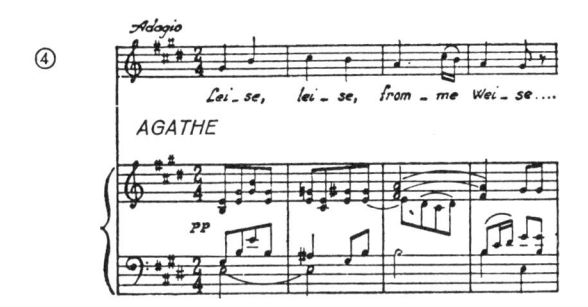 Adagio
AGATHE: Lei_se, lei_se, from_me Wei_se....

⑤  Vivace con fuoco
AGATHE: Him_mel, nimm des Dan_kes Zäh_ren....

⑥  Adagio
AGATHE: Und ob die Wol_ke sie ver_hül_le, die Sonne bleibt am Him_mels_zelt.....

⑦  Andante
FRAUENCHOR: Wir win_den Dir den Jung_fern_Kranz mit veilchen_blau_er Sei_de....

Sie soll das Ziel von Maxens Schuß sein. Wenig vorher hat der Bursche erstaunliche Beweise seiner Treffsicherheit abgelegt. Das Ziel scheint ein leichtes zu sein. Doch als er abdrückt, ertönen zwei Schreie: Agathe, die eben den Waldplatz betritt, und Kaspar, der hinter dem Baume verborgen war, stürzen zu Boden. Grauen ergreift alle Umstehenden. Max ist vor Agathe niedergekniet, die bald zu sich kommt, Kaspar hingegen wälzt sich in seinem Blute; unter Verwünschungen gegen den Himmel und gegen Samiel, der ihn betrog, stirbt er. Max gesteht seine Verfehlung, und Ottokar spricht die lebenslängliche Landesverweisung über ihn aus. Da tritt der von allen als Heiliger verehrte Eremit aus dem Wald hervor. Er wendet sich gegen den Probeschuß, der einen redlichen Burschen in die Arme des Teufels getrieben und das Glück zweier junger Menschen zerstört hat. Max hat aus Liebe gesündigt. Der Fürst möge ihm eine Bewährungsfrist setzen. Bestünde er sie in Ehren, dann sollten Försterei und Braut ihm gehören. Der Fürst neigt sich vor dem weisen Alten. So sei es, und nie mehr solle es eines Probeschusses bedürfen, um den Wert eines Mannes zu erkunden.

Quelle: Die junge deutsche Romantik liebte Geister- und Gespenstergeschichten. Das Vorhandensein übersinnlicher Kräfte in der Natur wurde in unzähligen Geschichten, Novellen und Theaterstücken zum Vorwurf genommen. Weber kannte natürlich viel von dieser Literatur, und vor allem eine Erzählung, die von einer beinahe durch Zauberspuk verhinderten Heirat handelte. Er war es, der seinem Librettisten die Idee zum »Freischütz« gab.

Dichtung: Auch an der Ausarbeitung des Textbuches nahm Weber selbst Anteil, wie wir aus seinen Briefen wissen. Er war ein tief religiöser Mensch, und vielleicht gehen wir nicht fehl, wenn wir annehmen, er sei es gewesen, der die Geschichte aus Apels »Gespensterbuch« im christlichen Sinne umformte. Im »Freischütz« steht der gute Mensch – hier Agathes Reinheit – im Schutze des Himmels; die Macht des Bösen (die bei Apel triumphiert) zerbricht an der Festung des Glaubens. Der Librettist Kind war kein großer Dichter, aber er besaß eine natürliche, volkstümliche Ader, mit deren Hilfe er dem Werk das überaus Gewinnende gab, das es berühmt und beliebt machte. Natur und Landschaft sind mehr als Kulisse, auf ihrem Grunde erblüht die Handlung, gewinnen die Charaktere Leben. Vor allem ist es der deutsche Wald, der hier – erstmals in einem musikalischen Meisterwerk – seine romantische Verklärung findet. Er ist Heimstätte des inneren Friedens, Ort der Besinnung und Besinnlichkeit, der ungestörten Träume, der edlen Empfindungen, eines geheimen, vom Alltag abgesonderten Lebens, aber er ist auch Tummelplatz der Geister, des Spuks, des nächtlichen Gespenstertreibens: eine Welt für sich, in der die frühe Romantik ihre Sehnsüchte ausleben konnte. Demgegenüber ist die Charakterzeichnung eher ein wenig simpel und naiv geraten, doch hat sie Typen geschaffen, die auf den einfacheren Teil des Publikums starken Eindruck machten und die auch heute noch überzeugen, ja, sie haben kaum etwas von ihrer Popularität eingebüßt.

Musik: Der anspruchsvollere Teil des Publikums hält sich an die Musik. Hier kommen alle Tugenden Webers zum schönsten Ausdruck, die zugleich die Tugenden der Romantik sind: die schwungvolle, mitreißende, die innige, liebeerfüllte, die charaktervolle, edle Melodie; die mit Spannungen angereicherte Harmonik, die sich auf dem Wege von Mozart über Beethoven hin zum sich schon ankündenden Wagner führt. Noch kennt das deutsche Musiktheater keine andere Form als das Singspiel: durch viel Prosatext verbundene Gesangsnummern. Aber Weber strebt bereits längere musikalische Zusammenfassungen an, wie etwa in der »Wolfsschlucht-Szene« deutlich wird (die ihrerseits in der Sprecher-Szene der »Zauberflöte« Mozarts bereits einen vollgültigen Vorläufer besitzt). Weber besaß – und das ist vielleicht unter seinen vielen Vorzügen der stärkste – die Gabe, Melodien zu finden, die kurz nach ihrem Erscheinen sich ins Ohr des Hörers und von dort in dessen Herz zu singen imstande waren. Aus wenigen Opern sind so viele Stücke wahrhaft populär geworden, wie aus dem »Freischütz«, sie aufzuzählen erscheint unnötig, da sie auch heute noch so volkstümlich sind wie zu ihrer Entstehungszeit. Ein Wort gebührt Webers Instrumentationskunst. Als glänzender Kapellmeister wußte er dem Orchester neue Klangnuancen abzugewinnen. Auch auf diesem Gebiet wäre Wagner ohne ihn schwer denkbar. Doch hieße es Weber unterschätzen, betrachtete man ihn nur als Bindeglied zwischen den ganz Großen: Mozart, Beethoven und Wagner. Weber ist eigenständig genug, um einen Platz in der Musikgeschichte dicht neben diesen Meistern einzunehmen. Die

Partien, die er im »Freischütz« schuf, gehören zu den grundlegenden jedes deutschsprachigen Sängers; die innige Lyrik der »jugendlich-dramatischen« Agathe, die Spiel- und Stimmbeweglichkeit der »Soubrette« Ännchen, der ausdrucksvolle, zum »Heldischen« tendierende Tenor des Max, der Prototyp des Bösewichts Kaspar. Geradezu ein Lehrstück also: für die jungen Sänger wie für das junge Publikum.

Geschichte: Im Frühling des Jahres 1810 weilte Weber auf Schloß Neuburg bei Heidelberg; dort las er das soeben erschienene »Gespensterbuch« von August Apel und Friedrich Laun. Der Gedanke, aus der Erzählung »Der Freischütz« eine Oper zu machen, dürfte unmittelbar darauf in ihm aufgekeimt sein. Er entwarf ein Szenarium zu diesem Stoff, der angeblich auf eine böhmische Gerichtsverhandlung des Jahres 1710 zurückging. Doch dann ruhte der Plan sieben Jahre lang. Erst im Februar 1817 sprach er sich darüber mit dem ehemaligen Rechtsanwalt Johann Friedrich Kind aus, der zum Dichterberuf übergegangen war. Aus einem Brief vom 19. Februar des gleichen Jahres geht hervor, daß Kind die Arbeit sofort in Angriff nahm; in gemeinsamem Einverständnis sollte die Oper »Der Probeschuß« heißen. Am 3. März erfahren wir von dem freudig erregten Weber, das Libretto sei bereits fertig und in »Die Jägersbraut« umgetauft worden. Mit der Niederschrift der Musik begann der Komponist am 2. Juli 1817, doch dürften zu diesem Zeitpunkt schon einige Melodien fertig in seinem Kopf gelebt haben. Fast drei Jahre lang währte die Arbeit, kein anderes Werk des Komponisten hatte so viel Zeit beansprucht; am 13. Mai 1820 wurde die Partitur abgeschlossen. Die Uraufführung am Berliner Königlichen Schauspielhaus, am 18. Juni 1821, bedeutete nicht nur Webers einhelligsten Sieg, sondern auch eines der wichtigsten Daten der deutschen Operngeschichte. Die Begeisterung für das neue Werk schlug hohe Wellen und beruhte auf vielerlei Gefühlen: dem musikalischen und nicht zuletzt dem nationalen. Es war die Zeit eines hochgehenden deutschen Volksbewußtseins, das sich im Kampf gegen Napoleon kristallisiert hatte und nun immer deutlicher zur politischen Einigung des Reiches hinstrebte. Mit ihm ging auch ein starkes soziales Streben Hand in Hand: die besten Kräfte des Bürgertums begannen, ihren Stand neben die geschwächte Aristokratie zu stellen. So wurde »Der Freischütz«, der viel von alledem enthält, zum idealen Ausdruck des jungen nationalen Bürgertums, und er steht hoch über jener nicht geringen Zahl romantischer Opern seiner Zeit (E. T. A. Hoffmanns »Undine« 1816, Spohrs »Faust« im gleichen Jahr), weil sein Erscheinen genau den Zeitgeist traf. Trotz des »deutschen« Stils überschritt dieses Werk sehr schnell die Grenzen. Es wird berichtet, es sei 1824 in London in nicht weniger als neun Theatern gleichzeitig gespielt worden, was heute nahezu unglaublich klingt. Im Jahre 1825 war »Der Freischütz« sogar schon bis New York gedrungen. Heute ist seine Verbreitung völlig international.

Die drei Pintos

Komische Oper (in drei oder vier Akten, je nach der Bearbeitung). Libretto von Theodor Hell (Carl Winkler) nach der Novelle »Der Brautkampf« von C. Seidel (Dresden, 1819). Musik von Weber unvollendet hinterlassen, zu Ende komponiert und nahezu gänzlich instrumentiert von Gustav Mahler.

Noch vor der Vollendung des »Freischütz« besprach Weber mit dem Dresdener Dichter Theodor Hell einen neuen Opernstoff. Geplant wurde eine »scherzhafte Oper in drei Akten« rund um ein »spanisches« Sujet, wie sie damals in Mode standen, die verwechslungsreiche Komödie um die vom reichen, aus kleinsten Verhältnissen aufgestiegenen Bauern, jetzt Gutsherren Pantaleon geplante Heirat seiner Tochter Clarissa mit dem ihr unbekannten herabgekommenen Aristokraten Don Pinto de Fonseca, aus der natürlich nichts wird, da das Mädchen längst verliebt ist und sich mit der tatkräftigen Hilfe ihrer Freundin Laura aus allen möglichen Verwicklungen in die Arme des heimlich Verlobten zu retten weiß. Dabei erhält auch Laura ihre Belohnung in Form eines reizenden jungen Mannes, der sich als angeblicher »Don Pinto« ebenfalls um Clarissa zu bemühen gedachte, aber von diesem Plan durch die Begegnung mit der als Mann verkleideten entzückenden Laura gründlich abgehalten wird. Der völlig verwirrte Pantaleon segnet die Doppelhochzeit, noch bevor der richtige Don Pinto den Gutshof erreichen kann und nun von allen Beteiligten hinausgeworfen wird.

Weber kam aus mehreren Gründen nicht dazu, die am 27. Mai 1820 begonnene Oper zu fördern, geschweige denn gar zu vollenden. Was er

637

davon schaffen konnte, entstand im Jahre 1821, das ihm den gewaltigen »Freischütz«-Triumph brachte. Dann hielt ihn zuerst der Berliner Kompositionsauftrag zur »Preziosa«-Bühnenmusik, sodann eine Konzertreise davon ab, an den »Drei Pintos« zu arbeiten, hinzu kamen die Bestellungen neuer Opern, kurzum, das Fragment blieb liegen. Nach des Komponisten frühem Tod versuchte Webers Witwe, namhafte Meister zu dessen Vollendung zu gewinnen, so Meyerbeer, der Webers Studiengenosse und Freund gewesen war. Aber erst sechzig Jahre später kam es zur Beendigung des Werkes: Gustav Mahler war als junger Kapellmeister seit 1886 am Leipziger Stadttheater engagiert. Webers Enkel, Carl von Weber, Hauptmann der sächsischen Armee, zeigte ihm die Skizzen des Großvaters, und Mahler erkannte sofort deren Bedeutung. Er machte sich an die Arbeit und leistete sie so glänzend, daß kein Unterschied zwischen den von Weber fertiggestellten Stükken und den von Mahler neukomponierten zu spüren ist. Am 20. Januar 1888 fand unter Mahlers Leitung die Uraufführung in Leipzig statt. Der Erfolg war so stark, daß das Werk sich auf vielen deutschen Bühnen einige Jahrzehnte lang hielt. Seiner in unserer Zeit mehrfach versuchten Wiederentdeckung steht eigentlich nichts im Wege.

Euryanthe

Heroisch-romantische Oper in drei Akten. Textbuch, unter Verwendung einer altfranzösischen Vorlage, von Wilhelmine von Chézy.
Personen: König Ludwig VI. (Baß), Adolar, Graf von Nevers (Tenor), Euryanthe von Savoyen, Adolars Braut (Sopran), Rudolf, ein Ritter (Tenor), Lysiart, Graf von Forest (Bariton), Eglantine von Puiset (Mezzosopran), Bertha, ein Landmädchen (Sopran), Ritter, Edeldamen, Herolde, Landleute, Soldaten und Jäger.
Ort und Zeit: Schloß zu Préméry und Burg Nevers, im Jahre 1110.

Nach dem überwältigenden Erfolg des »Freischütz« hätte Weber die freudige Mitarbeit jedes deutschen Dichters gefunden. Daß er gerade an Wilhelmine Christine von Chézy geriet, ist nicht so sehr einer eigenen literarischen Urteilslosigkeit zuzuschreiben (auch Schubert schuf seine »Rosamunde« auf einen – nicht minder schwachen – Text von ihr), als dem Zeitgeist, der solche heroisch-romantische Rittergeschichten bevorzugte. Der Stoff wurde einer altfranzösischen »Histoire de Gérard de Nevers et de la belle et vertueuse Euryanthe, son amie«, entliehen und mit allerlei Zutaten versehen. Weber nahm das Libretto übrigens keineswegs bedenkenlos an, er ließ es fast ein dutzendmal umarbeiten, – viel besser dürfte es dadurch nicht geworden sein.

Der Ritter Adolar, Graf von Nevers, besingt am Hofe Ludwigs VI. von Frankreich die Treue seiner Braut Euryanthe. Lysiart, Graf von Forest, bietet ihm eine Wette an (die fatal an jene in Mozarts »Cosi fan tutte« erinnert): er werde die Treue Euryanthes ins Wanken bringen.

Im Burggarten des Ahnenschlosses Adolars zu Nevers entlockt die bösartige Eglantine Euryanthe ein Geheimnis, das ihr Verlobter ihr unter dem Siegel höchster Verschwiegenheit anvertraut hat, die Geschichte des Selbstmords von Emma, Adolars Schwester, die aus dem Ringe ihres in der Schlacht getöteten Bräutigams Gift getrunken habe und im Grabe keine Ruhe finde. Eglantine beschließt, dieses Geheimnis zum Verderb Euryanthes auszunützen, der sie die Liebe Adolars neidet. Die Gelegenheit scheint gekommen, als Lysiart sich nähert und Euryanthe zu erobern sucht, die in unwandelbarer Treue des fernen Adolars gedenkt. ①

Eglantine entwendet den Ring aus der Totengruft und übergibt ihn dem erfolglosen Verführer, der ihn – als Beweis für Euryanthes Liebe – Adolar vorweist. Vergebens beteuert Euryanthe ihre Unschuld, sie kann nicht leugnen, das Geheimnis verletzt zu haben; beschämt verläßt Adolar mit ihr den Königshof um sie in einer Felsenschlucht zu töten. Eine Schlange bedroht das einsam wandernde Paar, mit mutigem Entschluß wirft Euryanthe sich vor den bedrohten Geliebten, der das Reptil erschlagen kann, aber trotz ihrer Tat Euryanthe allein in der Wildnis zurückläßt. Da naht der König, und Euryanthe vertraut sich in höchster Herzensnot ihm an und erlangt das Versprechen, alle Mißverständnisse beseitigen zu wollen.

Die Hochzeit Lysiarts und Eglantines wird eben gefeiert, als die Braut sich in irren Worten anzuklagen beginnt. Adolar vernimmt so, was ihm bisher fremd war. Er fordert Lysiart zum Zweikampf heraus, doch bevor dieser noch stattfinden kann, kommt die Nachricht vom Tode Euryanthes. Jubelnd frohlockt Eglantine, wird aber von Lysiart niedergestochen. Während Adolar sich des Mordes an Euryanthe anklagt, erwacht diese aus ihrer langen Ohnmacht. In übermächtigem Glück sinken die Liebenden einander in die Arme.

Spätere Bearbeitungen, an denen es nicht gefehlt hat, versuchten mit größeren oder kleineren Änderungen den Text zu retten. (Einige von ihnen änderten sogar die Namen der Hauptpersonen.) Um der schönen Musik willen, die Weber auf dem Gipfel seines Schaffens über dieses Werk ausgegossen hat, rechtfertigen sich diese Versuche.

»Euryanthe« ist auch historisch bedeutungsvoll: Nach dem noch stark von gesprochenen Dialogen durchsetzten »Freischütz« geht der Komponist hier ganz bewußt an die große Aufgabe, ein deutsches Musikdrama zu schaffen, in dem die Dialoge zu bewegten, ariosen, orchesterbegleiteten Rezitativen ausgebaut sind. Die Ouvertüre ist ein Prachtstück der Konzertliteratur geworden, voll heldischer, romantischer Themen und weitgeschwungenen Melodien. Sie wurde übrigens zuletzt komponiert. Weber vollendete sie am 19. Oktober 1823 in Wien, nachdem er vom 15. Dezember 1821 bis 29. August 1823 an der Oper, teils in Wien, vor allem aber in Hosterwitz bei Dresden, wo er sein Heim gefunden hatte, arbeitete. Die Premiere, trotz des gleichzeitigen Rossinitaumels mit größtem Interesse erwartet, fand am 25. Oktober 1823 am Kärntnerthor-Theater in Wien statt. Der Erfolg war kaum mehr als freundlich, nach 20 Aufführungen verschwand das Werk vom Spielplan. Zwei Jahre später erklang es, mit einer von Weber nachkomponierten Balletteinlage, in Berlin. »Euryanthe« hat sich nie auf den Theatern halten können, so sehr einzelne Stücke daraus den Kennern ans Herz gewachsen sein mögen.

Oberon

Romantische Oper in drei Aufzügen. Textbuch, nach einer altfranzösischen Versenzählung und frei nach Wieland und Shakespeare, von James Robinson Planché.
Personen: Oberon, Elfenkönig (Tenor), Titania, Elfenkönigin (stumme Rolle), Puck (Alt), Droll (Sprechrolle), Ritter Hüon (Tenor), Scherasmin, sein Knappe (Bariton), Kaiser Karl der Große und Harun al Raschid (Sprechrollen), Rezia, des Kalifen Tochter (Sopran), Fatime, ihre Sklavin (Mezzosopran), Prinz Babekan, Emir Almansor von Tunis, Roschana, dessen Gemahlin, Abdallah, Seeräuber (Sprechrollen).
Ort und Zeit: Feenreich, Frankenreich, Bagdad, Tunis im Jahre 806

Nachdem Weber bereits im Jahre 1822 einen Opernauftrag aus London erhalten hatte (dem er der »Euryanthe« wegen nicht nachkommen konnte), wandte sich der Direktor des Covent Garden-Theaters zwei Jahre später nochmals an ihn und bot ihm einen Faust- und einen Oberon-Stoff an. Weber griff zu letzterem – aus Rücksicht auf Spohr, wie man annimmt, der »Faust« 1816 komponiert und erfolgreich uraufgeführt hatte – und erhielt nun vom Librettisten Planché aktweise den Operntext übersandt; er vertonte ihn in englischer Sprache und immer wieder durch Schwächeanfälle unterbrochen, die seinen gefährlichen Zustand anzeigten. Trotzdem bestieg er am 16. Februar 1826 die Postkutsche in Dresden, kam am 25. in Paris, am 4. März in Dover, am 6. endlich in London an. Dort vollendete er die Partitur – teilweise nach den Wünschen der Hauptdarsteller, wie damals üblich – und komponierte die so berühmt gewordene Ouvertüre am 9. April, drei Tage vor der Premiere (Covent Garden, 12. April 1826), die Weber einen begeisterten Erfolg brachte. Es war der letzte seines Lebens – mit Ausnahme der Konzerte und »Freischütz«-Aufführungen, die

① Presto con fuoco

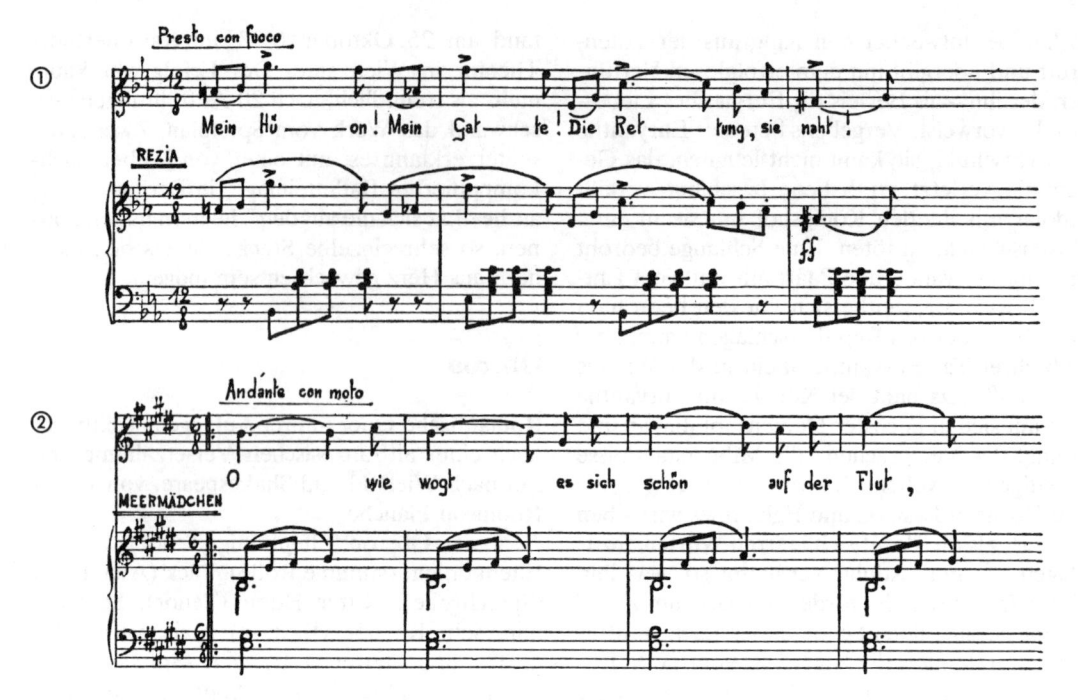

REZIA: Mein Hü——on! Mein Gat——te! Die Ret——tung, sie naht!

② Andante con moto

MEERMÄDCHEN: O wie wogt es sich schön auf der Flut,

er noch in London leitete – denn einen Tag vor der geplanten Heimreise, am 5. Juni 1826, starb er, jung noch, an der Schwindsucht.

Das Libretto Planchés geht auf die Verserzählung »Huon de Bordeaux« zurück, die im 13. Jahrhundert entstand und von englischen und deutschen – aber sicherlich auch anderen – Dichtern verschiedener Epochen nachgestaltet wurde; Chaucer, Shakespeare, Wieland haben verschiedene Elemente dieses Ritterepos verwertet. Planché übernahm von ihnen allen etwas und fügte selber noch die Idee der Meergeister hinzu. Was herauskam war kein Drama, sondern eine beinahe lose Bilderfolge mit großen theatertechnischen Ausstattungsmöglichkeiten und viel Stimmungselementen für die Vertonung. So nimmt es nicht wunder, daß viele Musiker und Theaterleute der letzten hundert Jahre an textliche und dramatische Neufassungen gingen, so auch Gustav Mahler, dem Webers Musik besonders nahestand. (Er stellte aus verschiedenen unbekannten Kompositionen die Musik zu einer begonnenen Weberoper, »Die drei Pintos«, zusammen).

Die Ouvertüre ist ein Prachtstück romantischer Stimmung: sie beginnt mit dem aus weiter Ferne erklingenden Ruf des Zauberhorns, das hernach in der Oper eine wichtige Rolle spielen wird; es folgen zart und duftig dahinhuschende Klänge, die das Elfenreich symbolisieren, und sie gipfelt in der jubelnden Melodie, die in der Oper Rezias »Ozeanarie« krönt, eine der schwungvollsten, edelsten Eingebungen der deutschen Oper. Der erste Akt spielt – wie im »Sommernachtstraum« – im Zauberwald, wo Elfenkönig Oberon und seine Gattin Titania über die Frage der menschlichen Treue in Streit geraten. Ein liebendes Paar soll auf die schwere Probe gestellt werden. Hüon scheint dafür gerade der Rechte zu sein, da Karl der Große ihm ohnedies zur Sühne einer Notwehrtat eine Prüfung auferlegt hat. Er soll an den Hof des Kalifen von Bagdad reisen, dort dessen Tochter Rezia entführen und deren Bräutigam töten. Oberon zitiert Hüon und dessen Knappen Scherasmin herbei. Dem Ritter zeigt er im Schlaf ein Bild der schönen Rezia und stattet ihn mit Zauberdingen – vor allem einem Horn, das ihm in jeder Gefahr helfe – aus. Dann versetzt er die beiden Männer nach Bagdad, das im Abendschimmer vor ihnen liegt. Dort beklagt sich Rezia soeben, einem ungeliebten Manne versprochen zu sein; sie sehnt sich nach einem europäischen Ritter, den sie im Traum erschaut. Ihre Zofe Fatime tritt in das Frauengemach und verkündet ihr, daß ein fremder Ritter soeben in Bagdad angekommen sei. Der zweite Akt führt uns in den Festsaal des Kalifen. Hüon erfüllt seine Aufgabe, küßt Rezia und streckt ihren Bräutigam mit dem Schwert nieder. Das Horn schützt ihn sowie

Rezia, Fatime und Scherasmin vor den regungslos verharrenden Feinden. Die Flüchtenden gelangen auf ihr Schiff, das aber von Puck und den Meergeistern an einen einsamen Strand geworfen wird. Während Hüon nach Rettung Ausschau hält, hat Rezia die großartige Vision eines nahenden Schiffes und gibt ihr in einer glanzvollen Arie (»Ozeanarie«) ① Ausdruck. Doch es sind Seeräuber, die nahen. Sie überwältigen Hüon, der das Zauberhorn beim Schiffbruch verlor, und entführen Rezia sowie das Dienerpaar. Zu dem bewußtlos am Strand liegenden Hüon kommt der Elfenkönig. Er gebietet seinem Untergebenen Puck, den Ritter, nach einem stärkenden Schlaf, in die Gärten des Emirs von Tunis zu tragen, wo er Rezia und seine Diener wiederfinden werde. Dort ist indessen Rezia allen Werbungen des Emirs gegenüber standhaft geblieben. Hüon trifft ein und muß sich seinerseits den Verführungen Roschanas, der Gemahlin des Emirs, widersetzen. Der Emir überrascht ihn in den Frauengemächern und verurteilt ihn zum Tode; als er erfährt, daß die sich ihm verweigernde Rezia Hüons Gattin sei, bestimmt er auch sie zum Sterben. Die Hinrichtung wird vorbereitet. Im letzten Moment findet Scherasmin auf wunderbare Weise das Zauberhorn wieder. Seine Klänge locken Oberon selbst herbei. Dem glücklichen Ende steht nichts mehr im Wege. Kaiser Karl der Große nimmt Hüon und seine Gattin Rezia huldreich an seinem Hofe auf; natürlich werden auch Scherasmin und Fatime ein Paar. Der Elfenkönig Oberon und seine Gattin Titania zeigen sich tief befriedigt über die hochgesinnte Liebe und Treue, die unter diesen Menschenkindern herrscht.

Die Partitur enthält Perlen wunderbarster Inspiration; daß sie ungleichmäßig geriet, kann bei dem schwachen Textbuch nicht wundernehmen. Für die Elfenszenen findet Weber wahre Zauberklänge; sie beruhen vor allem auf neuen Orchestertechniken, die etwa zur gleichen Zeit von Berlioz (»Scherzo der Feenkönigin« aus »Romeo und Julia«) und Mendelssohn (Bühnenmusik zu Shakespeares »Sommernachtstraum«) angewendet werden, wobei jedes neue Werk auf den Errungenschaften des Vorgängers aufbaut, um schließlich zur »romantischen Instrumentation« zu gelangen, die dem wachsenden Klangkörper ungeahnte Farben abgewinnt. Das Toben der Elemente, wie Weber es in diesem Werke schildert, führt uns in Wagnersche Bereiche: die grandiose Meeressinfonie des »Fliegenden Holländer« wäre ohne »Oberon« kaum denkbar. Der wiegende »Gesang der Meermädchen« schließlich ist nicht nur zu einer der beliebtesten Melodien der Romantik geworden, er darf auch als Urbild zahlloser »Barkarolen« gelten – allen voran Mendelssohns »Lieder ohne Worte« und Offenbachs »Hoffmanns Erzählungen«. ②

Kurt Weill

1900–1950

»Man komme mir nicht mit der Nachwelt, heute schreibe ich für heute«, soll Kurt Weill gesagt haben. Eine für viele Künstler selbstverständliche Aussage – Mozart, Rossini, Verdi hätten sie ohne weiteres unterschrieben – und doch charakteristisch für die »zeitnahe« Kunst Kurt Weills. Er wollte in den »roaring twenties«, den »brüllenden, tobenden wilden« Zwanzigerjahren eine »Musik für Alle« schaffen. Im Zusammenbruch einer Welt, die über viele Generationen hinweg festzustehen schien, im »Untergang des Abendlandes« (wie Spengler es formulierte und damit schärfste Polemiken heraufbeschwor) wurde nach dem Ersten Weltkrieg das unterste zuoberst gespült, Unterbewußtes entfesselt, es wurden Tabus niedergerissen, Hemmungen abgebaut, Ideale zertrampelt, um Raum für »Neues« zu schaffen, das wie ein Sturzbach hereinbrach, ohne Grund zu gewinnen und dabei ein Gefühl von Leere hinterließ, von der die Menschen noch unsicherer und hoffnungsloser wurden. Die Kunst der Zwanzigerjahre, eine Epoche ohne Richtung aber voll von Begabungen, kann hier nicht einmal annähernd untersucht werden; vieles Dazugehörige findet der Leser in verschiedenen Kapiteln unseres Buches verstreut: bei Schoenberg und Strawinsky, Bartók und Hindemith, Krenek, Milhaud und anderen. Die Folgen jenes Jahrzehnts sind noch ein weiteres halbes Jahrhundert spürbar geblieben. Zu den typischen Vertretern dieser verworrenen, aber inter-

essanten, zerstörenden, aber nicht wert- und wertelosen Epoche gehört – und zwar in vorderster Linie – Kurt Weill. Während sich seine Altersgenossen in immer dichteres Gestrüpp von Komplikationen und Schwierigkeiten begeben, schwierige Theorien aufstellen und sich immer weiter von der Auffassungsfähigkeit der Musikliebhaber, des »Publikums« entfernen, geht Weill den entgegengesetzten Weg: selten ist Musik – abseits der »Unterhaltungsmusik« – so vereinfacht worden, kaum jemals dürfte auf der Opernbühne so direkte, banale, oft vulgäre Musik zu ebensolchen Texten erklungen sein, wie bei ihm. Aber man muß es dieser Musik lassen: sie steckt voller Einfälle, hat einen unheimlichen Instinkt für Massenwirkung. Sie versetzte die Hörer in Raserei, wurde auf den Straßen der Welt nachgepfiffen. Das sagt nichts über ihre Qualität aus, die schwer zu beurteilen ist, aber beweist viel für einen Mut zur Gewöhnlichkeit, einen Hang zum Verständlichen, den gerade damals nur Wenige aufbrachten. Weills Einfälle waren zwingend, wenn auch nicht immer hochwertig, waren originell und faszinierend; sein Hämmern einfacher Melodien, primitiver Rhythmen ebnete ihm Wege zu breiten Massen, die für seine Zeitgenossen immer unansprechbarer wurden. Dazu bediente er sich in seiner Erfolgszeit politisch vibrierender Stoffe, brisanter Themen. Er betrieb Sozialkritik mit Hilfe einer aufpeitschenden Musik und hob damit Probleme ernsthafter Natur in eine emotionell geladene Atmosphäre. Oder sollte man eher sagen: er erniedrigte sie? Wie auch immer, seine Wirkung war stark und wurde von keinem seiner ihm Wesensverwandten erreicht. Weills Leben und Schaffen zerfällt in zwei deutlich voneinander getrennte Abschnitte. Man könnte sie »Europa« und »Amerika« überschreiben. Der am 2. März 1900 in Dessau geborene Komponist studierte bei Humperdinck, erhielt von Busoni entscheidende Anregungen, wurde Kapellmeister und erzielte als 26jähriger seinen ersten Erfolg. Die Uraufführung seiner Oper »Der Protagonist« fand in Berlin am 27. März 1926 statt. Das Libretto steuerte Georg Kaiser, der namhaft Expressionist bei; es erinnert ein wenig an Leoncavallos »Bajazzo«: Theater auf dem Theater, mit blutigem Ausgang. Diesem Einakter folgte ein seltsames Werk, »Der neue Orpheus«, auf einen Entwurf des französischen Schriftstellers Iwan Goll, eine szenische Kantate mit kabarettistischem Einschlag. Hierauf »Royal Palace« (1927), eine Art Revue, in der eine Selbstmörderin, angeekelt vom Leben, letzte Stationen durchläuft, wobei – wahrscheinlich zum ersten Male in der Geschichte, drei Jahre vor Milhauds »Christophe Colomb« – der Film ins Bühnengeschehen eingebaut wird. Abermals ein Jahr später: »Der Zar läßt sich photographieren«, ein »Lustspiel auf alte Art«, aber gleichzeitig eine Parodie auf diese Lustspiele. In einem Pariser Photoatelier wird der Besuch des in der Stadt weilenden Zars von Rußland angekündigt: die Überraschung ist groß, denn die hübsche Atelierbesitzerin hat um diese Ehre nicht einmal angesucht. Doch schnell klärt sich die Sache auf: eine Verschwörergruppe bemächtigt sich des Studios, in das sie den Zaren locken will, setzt das Personal gefangen und bereitet ein Attentat auf das Leben des Herrschers vor. Der tödliche Schuß soll aus der Kamera erfolgen; wohl noch nie haben Mörder so ruhig und genau zu zielen vermocht. Doch alles kommt natürlich ganz anders: dem Zaren gefällt die vorgeschobene Doppelgängerin der Photographin so gut, daß er die Rollen vertauschen und ein Porträt von ihr knipsen will, wogegen sie sich aus begreiflichen Gründen mit Händen und Füßen wehrt. Schließlich kommt die Polizei, die den Spuren des Zaren folgte, um ihn vor einer Verschwörung zu warnen. Die Attentäter flüchten, und der Zar läßt sich nun von der echten Photographin aufnehmen, ohne Revolver in der Kamera. Der amüsante Text stammt wieder von Georg Kaiser; Weill treibt allerlei musikalische Späße, verwendet die – damals zwar nicht mehr ganz neue, aber krächzende – Dreiminuten-Schallplatte zu einem Tanz des Zaren mit der vermeintlichen Photographin und zeigt schon deutliche Ansätze zu seinem bald vollwirksamen Songstil mit Jazzbegleitung.
Danach trat er bewußt in die Reihe der klassenkämpferischen Künstler. Ohne selbst politisch engagiert zu sein, verbündete er sich mit Bertolt Brecht, dem wohl ersten konsequent marxistischen Dramatiker, dessen Genie wir eine neuartige Variante des Dramas, das sogenannte »epische Theater« verdanken. Weill gelangte mit Brecht zu Erfolgen, wie sie einem jungen Musiker äußerst selten zuteil werden: »Die Dreigroschenoper«, »Mahagonny«. Doch die Zeit für derartige Werke war kurz bemessen. Die »Ära Hitler«, beginnend mit dem Januar 1933, machte dieser musikalischen Epoche ein Ende und trieb die meisten ihrer Vertreter ins Exil. Weill emigrierte in die USA und trat in eine völlig neue Phase seines Lebens und Schaffens, nachdem eine letzte Gemeinschaftsarbeit mit Brecht noch auf europäischen Boden, in Paris, wo beide sich in der Emigration vorübergehend trafen, 1933

abgeschlossen worden war: »Die sieben Todsünden des Kleinbürgers« (1933). Die deutsche Erstaufführung erfolgte erst 27 Jahre später, am 6. April 1960 in Frankfurt/Main und hinterließ starken Eindruck; obwohl die Musik inzwischen starke Wandlungen durchgemacht hatte, wurden Weills originelle Begabung und sein Können deutlich fühlbar. Das Stück schildert – mit starker Sozialkritik und krasser Beurteilung des »american way of life« – die Sehnsucht einer »typischen« Familie aus der US-Provinz, die alles im Leben dem Traum vom eigenen Häuschen in Louisiana unterordnet. Die Tochter Anna wird in die Stadt geschickt, um als Tänzerin in zweifelhaften Lokalen Geld zu verdienen. Als Hintergrund zu Annas wechselnden Erlebnissen die Familienszenen: Vater, Mutter, zwei Brüder, die zynisch und ahnungslos ihre Urteile über Anna danach abstufen, ob diese mehr oder weniger Geld für den Kauf des Häuschens nach Hause sendet. So wächst dieser »Traum am Ufer des Mississippi« langsam heran, in dessen Frondienst Anna das Leben kennen und erleiden lernen muß.

In Amerika angekommen, ersteht sozusagen ein »neuer« Weill. Neben einigen Schauspielmusiken – für »The eternal road«, »Jonny Johnson« – komponiert er nun vor allem für die noch ziemlich neue Gattung des »Musicals«: »One touch of Venus«, »Down in the valley« (mit sehr schöner Verwendung der nordamerikanischen Folklore) sind einige Titel der mit wechselndem Erfolg aufgenommenen musikalischen Komödien, die viel sangbare Melodien enthalten und deren mangelnde internationale Verbreitung nicht ganz erklärlich ist. Man darf nur nicht an den Weill der Zwanzigerjahre denken. Die letzte Partitur vor dem frühen Tode gehört wieder einem Opernwerk zu: »Lost in the stars«; hier wird das brennende Rassenproblem am Beispiel Südafrikas auf der Bühne gezeigt, wie der bedeutende dortige Schriftsteller Alan Paton es in seinem Roman »Denn sie sollen getröstet werden« (Cry, the beloved country) dargestellt hat. Weills Leistungen auf anderen musikalischen Gebieten – etwa seine Sinfonien – gehören nicht in dieses Buch, seien aber ausdrücklich als äußerst bemerkenswert und viel zu wenig erkannt hier erwähnt.

Kurt Weill starb am 3. April 1950 in New York. Nicht lange darauf geschah etwas kaum Glaubliches: seine »Dreigroschenoper« erschien in einem der großen Theater am Broadway und erlebte eine Aufführungsserie von 2611 Abenden, womit die Rekorde aller Musicals geschlagen waren. Das unrevolutionärste Publikum der Welt bejubelte ein Werk, das ein Vierteljahrhundert zuvor als Aufruf zur Revolution gegolten hatte. War wirklich nur die bittere Ironie des Stückes übrig geblieben, waren es die eingängigen Songs, die diesen ungeheuren Erfolg ermöglichten?

Die Dreigroschenoper

Ein Stück mit Musik in einem Vorspiel und acht Bildern, nach der »Bettleroper« des John Gay, von Bertolt Brecht.
Originaltitel: Die Dreigroschenoper (John Gays Stück hieß »The beggar's opera«)
Originalsprache: Deutsch (»Die Bettleroper« war englisch geschrieben.)
Personen: Jonathan Jeremiah Peachum, Haupt einer Bettlerorganisation (Baß oder Bariton), seine Frau (Mezzosopran), Polly, beider Tochter (Sopran), Macheath, genannt Mackie Messer, Anführer einer Verbrecherbande (Tenor oder Bariton), Brown, Chef der Londoner Polizei (Bariton), Lucy, seine Tochter (Sopran), ein Leierkastenmann (Bariton), einige Bandenmitglieder Mackies, Freudenmädchen, ein Polizist, Bettler, Volk. Alle hier angeführten Stimmlagen sind lediglich als ungefähr zu verstehen: es handelt sich bei allen Personen um eine Art Sprechgesang, der von Schauspielern ausgeführt werden kann und weder großen Stimmumfang noch bestimmte Klangfarbe verlangt, aber doch wesentlich zur Charakterisierung der Figur beitragen soll.
Ort und Zeit: London, zu Beginn des 18. Jahrhunderts.
Handlung: In einem Armenviertel dreht ein Straßensänger seinen Leierkasten. Die Melodie, die er singt, ist eine der einprägsamsten des Werkes geworden. Man nennt sie »die Moritat«, und ihre vielen Strophen, die Mackies Verbrecherlaufbahn schildern, beginnt mit den Worten: »Und der Haifisch, der hat Zähne und die trägt er im Gesicht, und Macheath, der hat ein Messer, doch das Messer sieht man nicht...« ①
Schon erscheint der »Held« selbst. Er ist elegant gekleidet und trägt Glacéhandschuhe. Er beobachtet das Straßenleben und sinnt auf neue Ta-

ten. Dann lernen wir seinen Gegenspieler kennen, den »Bettlerkönig« Peachum. Sein »Choral« vom »verrotteten Christen« ist nicht sehr ernst zu nehmen, denn während er mit ihm seinen Tagesablauf beginnt, schmiedet er Pläne, wie er sein nicht unbeträchtliches Vermögen sichern und ausbauen könne. Bettler kommen und gehen, bekommen ihre »Ausstattung« für einen neuen Arbeitstag: Krücken, Augenbinden und ähnliches. Sie sind genau nach Zonen über die Stadt verteilt und bezahlen ihr Scherflein (bis zur Hälfte der Tageseinnahmen) an Peachum, der für Ordnung unter ihnen sorgt. Seine Frau erzählt ihm von einem Kavalier, der sich um ihre Tochter bemühe. Aus ihrer Schilderung erkennt er entsetzt Mackie Messer. Doch es ist zu spät. Polly ist Mackie bereits gefolgt, und sie feiern ihre Hochzeit in einer aufgebrochenen Scheune, aber keineswegs armselig. Mackies Bande hat die unglaublichsten Dinge zusammengestohlen, Möbel, eine Standuhr, ein Ehebett. Trotzdem runzelt der »Chef« die Stirne: so wenig Stilgefühl haben sie bewiesen! Doch sie versuchen, Mackie und seiner entzückenden Frau ihre Ergebenheit auszudrücken; ihr Chorgesang ist etwas falsch, aber mühsam einstudiert, wodurch die nach jedem Satz anzubringenden Hoch-Rufe ein wenig ausdruckslos klingen. Auch höhere Persönlichkeiten sind anwesend, vor allem ein richtiger Priester, der zwischen Angst und unbändigem Appetit schwankt. Der Ehrengast läßt auch nicht lange auf sich warten: es ist Jimmy Brown persönlich, der Polizeichef von London. Er trägt mit Mackie in Erinnerung an ihre gemeinsamen Kriegstaten in Indien den mitreißenden »Kanonensong« ② vor. Bewundernd hört die Bande zu. Dann soll Polly etwas zur Verschönerung des Festes tun und singt die »Ballade von der Seeräuberjenny«, ein glänzendes Stimmungsstück aus der Welt der Piraten (die im damaligen englischen Bewußtsein eine bedeutende Rolle spielten). ③① Zuletzt zieht sich die Gesellschaft zurück, die Brautleute begeben sich zur Ruhe. Und – zur größten Überraschung des Hörers – singen sie miteinander ein echtes, geradezu romantisches Liebeslied, dessen Text allerdings stark milieubedingt ist: »Und gibt es kein Schriftstück vom Standesamt und keine Blumen auf dem Altar, und weißt du auch nicht, woher dein Brautkleid stammt... die Liebe dauert oder dauert nicht, an dem oder jenem Ort...« Und Mackie zieht unter den weißlichen Strahlen des »Mondes von Soho«, auf den sie beide hinausblicken, Polly in seine Arme. Als Papa Peachum von diesem Seitensprung seiner Tochter – seines »Kapitals« – erfährt, tobt er und schwört dem Banditen Makkie Rache. Hierzu muß er die Mitarbeit des Polizeichefs gewinnen: denn was nützte es, den Aufenthaltsort Mackies zu verraten, wenn die Polizei ihn nicht finden will? Um einen Druck auf Brown auszuüben, stehen Peachum beachtliche Mittel zur Verfügung: er wählt das stärkste. Er wird am bevorstehenden festlichen Krönungstage seine gesamte, in die Tausende gehende Bettlerschar dem Krönungszug entgegenstellen; keineswegs feindlich, ganz im Gegenteil, auch diese »Ärmsten der Armen« wollen ihrem Herrscher huldigen. Der Anblick wird allerdings herzzerreißend und gar nicht festlich sein. Schweren Herzens muß Brown diesem Druck nachgeben und Beamte nach Mackie ausschicken. Der hat längst Wind von der Sache bekommen, verabschiedet sich zärtlich von Polly – der er in seiner Abwesenheit die Führung der Bande anvertraut, die sie sofort äußerst energisch in die Hand nimmt – und sucht ein Versteck. Aber nicht im Moor, wie er wollte, sondern in dem viel bequemeren Freudenhaus, zudem er alte freundschaftliche Beziehungen unterhält. Dort entdeckt ihn die Polizei und führt ihn ins Gefängnis. Auf rechtlichem Wege gibt es keine Hoffnung für ihn, da ihm zu viele schwere Verbrechen zur Last gelegt werden. Die Verurteilung zum Tode wird ausgesprochen, aber in einem grotesken Schluß erscheint »des Königs reitender Bote«, gerade als Mackie zum bereits vorbereiteten Galgen geführt wird. Die hier einsetzende Parodie der alten Götter- und Heldenoper bringt nicht nur Mackies Begnadigung, sondern seine Erhebung in den erblichen Adelsstand und die Verleihung einer lebenslänglichen Rente. Mit einem großen Schlußchor endet das Werk.

Quelle: Im Jahre 1728 tauchte auf einer Londoner Bühne ein seltsames Werk auf. Es war »Die Bettleroper« von Johann Pepusch und John Gay; sie war deutlich als Parodie und Kampfstück gegen die damals in Hochblüte stehende Barockoper – vor allem der Händels – gedacht, die mit ihren feierlichen Götter- und Heldengestalten dem Volke höchst langweilig war. Der Erfolg war durchschlagend und ruinierte in kurzer Frist Händels nahegelegenes Opernteater.

Textbuch: Bertolt Brecht modernisierte das Libretto und gestaltete es teilweise um. Es gelangen ihm Formulierungen, die über Nacht beinahe sprichwörtlich wurden: »Nur wer im Wohlstand lebt, lebt angenehm«, »Erst kommt das Fressen, dann kommt die Moral«, »Nur davon lebt der Mensch, daß er es gründlich vergessen kann, daß er ein Mensch doch ist« und manches andere. Um sie noch einprägender zu machen, läßt er sie nicht nur singen, sondern zumeist auch in Spruchbändern über oder neben der Bühne erscheinen.

Musik: Weill komponierte Songs mit Jazzbegleitung, eingängig, oft frech, aggressiv, mit starkem Sinn für Wirkung, mit Rhythmen, die unwiderstehlich mitreißen, aber auch mit unleugbarer melodischer Begabung. »Moritat«, »Choral«, »Kanonensong« ②, »Seeräuberlied«, »Barbarasong«, »Zuhälterlied«, »Ballade vom angenehmen Leben«: durchwegs Treffer in ihrer Kombination von Wort und Musik und Atmosphäre. Stellen sie »absolute« musikalische Werte dar? Eine müßige Frage, die bei Bühnenmusik zu stellen manches Meisterwerk in Verlegenheit brächte. Weills Musik ist mit Brechts Text unlösbar verschmolzen und zum Dokument jener Zeit geworden. Man kann die »Amoralität« dieses Werkes bekämpfen, kann seinen Nihilismus angreifen, kann sich am Milieu der Bettler, Verbrecher, Freudenmädchen stoßen, das hier die Bühne beherrscht; aber man kann der Musik nicht versagen, daß sie genial ist. Weill benutzt Schauspieler, nicht Sänger. Seine Songs sind für kleinen Stimmumfang geschrieben, so daß stets der Ausdruck das Wesentliche bleiben kann. Das verwendete Jazzorchester von neun Musikern »deckt« die Stimmen niemals und erlaubt subtile Pointierung. Wirkliche Gesangsleistun-

gen werden nicht erwartet, auch nicht verlangt, ja sie würden sogar deplaciert wirken – mit Ausnahme des Schlusses, der zur Opernparodie umschlägt. Man darf das Werk nicht als Oper betrachten; der Titel ist zweifellos ironisch gemeint, wie schon aus der Hinzufügung von »drei Groschen« hervorgeht. Aber es ist ein Werk des Musiktheaters – und eines der wichtigsten seiner Zeit – und darum fand es in unserem Buch Aufnahme. In einer Mischform aus Volksstück, Kabarett, Operette, Musical, Oper, Schauspiel gelang es zwei genialen Schöpfern, einen neuen Typus von Bühnenwerk zu schaffen.
Geschichte: Das Werk von Pepusch und Gay, »Die Bettleroper« schlug im London von 1728 wie eine Bombe ein; »das Volk« lief, um sie zu sehen und unterhielt sich hervorragend darüber, daß da einmal Leute von Fleisch und Blut, Menschen aus den untersten Schichten der Gesellschaft auf der Bühne standen und sogar sangen, als wären es die hochtrabenden Gestalten der großen Opern. Sie sprachen wie die Leute im Theater, ja, sie sagten öffentlich Dinge, die sonst nicht von der Bühne her erklangen. Die Musik nahm denen zwar etwas von ihrer Schärfe – wie ja Musik dies stets tut –, aber erhöhte andererseits den Spaß wiederum, weil man mit ihrer Hilfe diese Sprüche gewissermaßen hinnehmen und sich und anderen vorsingen konnte. Genau das gleiche geschah zwei Jahrhunderte später mit der »Dreigroschenoper«. Es war »aktuelles« Zeittheater, spiegelte soziale und moralische Zustände nach dem Ersten Weltkriege, ging gegen unverständlich gewordene, dem Volke fremde »hohe« Kunst vor, verspottete alles. Es war ein Dokument. Die Uraufführung, am 30. April 1928 in Berlin, war eine der sensationellsten Premieren jener Zeit. Die Songs sprangen unmittelbar ins Publikum und auf die Straße über. Es gab zahllose Aufführungen an vielen Orten; sie verliefen nicht immer ungestört, denn verschiedenartigste Kreise fühlten sich durch Handlung und Text verletzt. Es kam zu mehreren Verfilmungen, zu Schallplattenaufnahmen, zu Übersetzungen in ungezählte Sprachen, wobei die Bagatellisierung des Wertes dieser »Oper«, von den Autoren so gewünscht, verschiedene Grade, je nach dem Volksgebrauch verschiedener Länder annimmt: »Opéra de quatre sous« in Frankreich, »Opera de dos centavos« in Spanien und Lateinamerika. Weill fand viele Nachahmer, ebenso wie Brecht, aber beider Kunst war zu originell, um erfolgreich Schule machen zu können. Vom weltweiten Erfolg dieser »Oper« ist auch am Ende der Weill-Biographie nachzulesen.

Aufstieg und Fall der Stadt Mahagonny

Oper in drei Akten. Textbuch von Bertolt Brecht.
Originalsprache: Deutsch
Personen: Leokadja Begbick (Mezzosopran oder Alt), Willy, der »Prokurist« (Tenor), Dreieinigkeitsmoses (Bariton), Jenny (Sopran), Johann Ackermann (Tenor), Jakob Schmidt (Tenor), Sparbüchsenheinrich (Bariton), Josef Lettner, genannt Alaskawolf (Baß), Tobby Higgins (Tenor), Mädchen und Männer von Mahagonny.
Ort und Zeit: Die Phantasiestadt Mahagonny in Kalifornien, zu Beginn des 20. Jahrhunderts.
Handlung: In einer weltabgeschiedenen Wüste haben drei gescheiterte Existenzen – Leokadja, Willy und Dreieinigkeitsmoses – die Stadt Mahagonny gegründet. Sie wird zum Tummelplatz übler Elemente, besonders seit sich Jenny mit sechs anderen Mädchen dort zum Männerfang niedergelassen hat. Hin und wieder kommen anständige Männer in die neue Stadt, vor allem Holzfäller aus Alaska. So Johann Ackermann, der angewidert wieder gehen will, aber von Jenny nicht mehr loskommt. Ein drohender Tornado sprengt die letzten Fesseln menschlicher Moral. Obwohl er im letzten Augenblick die Stadt verschont, bleibt zügelloser Genuß, ohne jede Rücksicht, deren oberstes Gesetz. Johann, der zum Anführer dieses neuen Kults geworden ist, bewirtet freigebig alle Männer mit einem überladenen Bankett, kann aber zuletzt die Zeche nicht bezahlen. Und so richtet die Justiz von Mahogonny das einzige Verbrechen, das dort bekannt ist: kein Geld zu haben. Ackermann wird zum Tode verurteilt und zum elektrischen Stuhl geführt. Mahagonny aber wird immer mehr zum Zerrbild menschlicher Gemeinschaft, sein Sturz ist nicht mehr aufzuhalten und steht unmittelbar bevor.
Textbuch: Die menschlichen Typen sind von denen der »Dreigroschenoper« nicht allzu verschieden: die unterste Klasse, teilweise der Abschaum. Es ist seltsam, daß der größte sozialistische Dramatiker des Jahrhunderts nicht Proletariertypen zeichnet (wie etwa Gerhart Hauptmann es getan hat), sondern mit Vorliebe die

① **Blues-Tempo**

Oh! JENNY — moon — of A-la-ba-ma,

Parias und Ausgestoßenen der bürgerlichen Gesellschaft, die außerhalb des Gesetzes Stehenden, die Nutznießer der menschlichen Schwächen und der Lückenhaftigkeit der Ordnung. So ist auch dieses Textbuch mehr ein Zerrbild als eine Schilderung: keine flammende Anklage, sondern ein gespenstisches Phantasiestück. Im tiefsten Grunde aber natürlich eine Verdammung der Zeit, des Lebensstils einer ausgehöhlten Gesellschaft.

Musik: Weill will sich in diesem Werk der Oper nähern; es wird wirklich gesungen, der gesprochene Text ist ausgeschaltet, es kommen richtige Ensembles vor, die Begleitung ist einem kompletten Sinfonieorchester anvertraut. Trotzdem bildet auch hier, wie in der »Dreigroschenoper«, der Song die musikalische Grundlage. Er ist wiederum einfallsreich, ausdrucksstark, schmissig, schwungvoll (wie besonders im Lied »Und wie man sich bettet, so liegt man«), aber auch sentimental, wo der Text es verlangt. ①

Geschichte: Der Keim zu dieser Oper entstand schon 1927 unter dem Titel »Mahagonny«; es war ein Einakter Brechts mit einigen eingelegten Songs von Kurt Weill. Er wurde in Baden-Baden bei den Tagungen zeitgenössischer Musik aufgeführt. Dann arbeiteten die Autoren das Werk um und machten eine abendfüllende dreiaktige Oper daraus, die in Leipzig, am 9. März 1930, nun unter dem endgültigen Titel »Aufstieg und Fall der Stadt Mahagonny« gespielt wurde und fast ebenso stark einschlug wie die »Dreigroschenoper«. Nach dem Zweiten Weltkrieg wurde sie, nach zwölfjähriger Verfemung durch das nationalsozialistische Regime (das aber mit der haßerfüllten antiamerikanischen Tendenz insgeheim recht einverstanden war) wieder hervorgeholt und wird viel gespielt.

Die Bürgschaft

Oper in drei Akten. Textbuch von Caspar Neher. Um dieses, vielleicht Weills ernstestes und bestes Opernwerk, verstehen zu können, sei die Parabel Gottfried Herders, »Der afrikanische Richtspruch«, hier wiedergegeben, die dem Textbuch von Caspar Neher zugrundegelegt wurde:

Alexander von Mazedonien kam einst in eine entlegene goldreiche Provinz Afrikas. Die Einwohner gingen ihm entgegen und brachten ihm Schalen dar voll goldener Früchte. »Ich bin nicht gekommen, eure Reichtümer zu sehen, sondern von euren Sitten zu lernen«, sprach Alexander. Da führten sie ihn auf den Markt, wo ihr König Gericht hielt. Eben trat ein Bürger vor und sprach: »Ich kaufte, o König, von diesem Mann einen Sack voll Spreu und habe einen ansehnlichen Schatz in ihm gefunden. Die Spreu ist mein, aber nicht das Gold; und dieser Mann will es nicht wieder nehmen. Sprich ihm zu, o König, denn es ist das Seine.« Und sein Gegner, auch ein Bürger des Ortes, antwortete: »Du fürchtest dich, etwas Unrechtes zu behalten; und ich sollte mich nicht fürchten, ein solches von dir zu nehmen? Ich habe dir den Sack verkauft nebst allem, was darinnen ist. Behalte das Deine. Sprich ihm zu, o König!« Der König fragte den ersten, ob er einen Sohn habe. Er antwortete: »Ja.« Er fragte den anderen, ob er eine Tochter habe, und bekam »ja« zur Antwort. »Wohlan«, sprach der König, »ihr seid beide rechtschaffene Leute; verheiratet eure Kinder untereinander und gebt ihnen den gefundenen Schatz zur Hochzeitsgabe – das ist meine Entscheidung«. Alexander erstaunte, da er diesen Ausspruch hörte. »Habe ich unrecht gerichtet«, sprach der König, »daß du also erstaunst?« »Mitnichten«, antwortete Alexander, »aber in unserem Lande würde man anders richten«. »Und wie denn?« fragte der afrikanische König. »Beide Streitende«, sprach Alexander, »verlören die Häupter, und der Schatz käme in die Hand des Königs.« Da schlug der König die Hände zusammen und sprach: »Scheint denn bei euch auch die Sonne und läßt der Himmel noch auf euch regnen?« Alexander antwortete: »Ja.« »So muß es«, fuhr der König fort, »der unschuldigen Tiere wegen sein, die in eurem Lande leben; denn über solche Menschen sollte keine Sonne scheinen, kein Himmel regnen!«

Johann Mattes und David Orth leben freund-nachbarlich in einem guten Lande namens Urb. Sie gehen ihren kleinen Geschäften nach und sind redlich. Als einmal Mattes gepfändet werden soll, leistet Orth Bürgschaft für ihn, und Mattes bezahlt so schnell wie möglich seine Schuld zurück. Einige Jahre später kommt Mattes zu Orth, um Spreu zu kaufen. Aber es sind nur noch zwei Säcke da, und in einem von ihnen hat Orth seine Ersparnisse unter der Spreu versteckt. Trotzdem gibt er sie seinem Nachbarn mit, der nicht mit leeren Händen abziehen will. Er weiß bestimmt, daß Mattes ihm das Geld, so bald er es fände, zurückbringen werde. Doch Mattes wird von Räubern angehalten, die ihm die wenigen Münzen, die er bei sich trägt, wegnehmen. Als er den Schatz findet, überlegt er lange, ob er ihn zurücktragen oder einen Acker kaufen soll. Erst als Erpresser kommen und er Angst hat, Orth könne über seinen Fund unterrichtet werden, eilt er zu ihm; er muß den Strom durchschwimmen, im Wettlauf mit den Erpressern, die seinen Kahn gestohlen haben, um schneller zu Orth zu kommen. Doch Orth nimmt das Geld nicht an; sie beschließen, den Fall dem Richter in der Stadt vorzutragen. Nach langem Nachdenken entscheidet dieser so wie der afrikanische König der Parabel. Doch nun tritt der große Wechsel ein. Eine fremde Macht übernimmt die Regierung in Urb, und mit ihr ein neues Gesetz. Ein »Kommissär der großen Mächte« wird eingesetzt und bestimmt über Leben und Tod. Der Prozeß Mattes' und Orths wird noch einmal aufgerollt und beide verhaftet, als Diebe gebrandmarkt. Drei Häscher gehen umher, dem Kommissär für schmutzige Interessen dienstbar (es sind bezeichnenderweise die gleichen Männer, die zu Beginn Straßenräuber und hernach Erpresser waren). Orth und Mattes erhalten Bewährungsfrist gegen »Hinterlegung« der fraglichen Summe. Erschüttert sieht der Richter diese neue »Rechtsprechung«, so wie der afrikanische König die Worte Alexanders entgegennahm. Recht ist nun nicht mehr Recht; es ist, was dem Staate und seinen Mächtigen nützt. Die Bürger leben nicht mehr ruhig und vertrauensvoll wie einst. Nur einige wenige passen sich der Lage an. Sie haben erkannt, daß »Gesetze die Welt regieren, daß die Macht die Gesetze schafft, das Geld aber die Macht«. Eine schrankenlose Geld- und Gewaltherrschaft ist angebrochen. Mattes und Orth schwimmen nun mit dem Strom; sie können nicht anders, denn da sie den Mächtigen verdächtig sind, müssen sie alles Böse mitmachen. Keiner bürgt mehr für den anderen. Zuletzt wird Mattes von der wütenden Volksmenge erschlagen. Orths letzte Worte an der Leiche sind: »Wem du auch begegnest und hast mit ihm zu tun, was er dir auch sagt und was du ihm auch antwortest: es ist nicht seine Rede und ist nicht deine Antwort; denn Rede und Antwort, Tun und Lassen, Versprechen und Halten, Freundschaft und Verrat, alles vollzieht sich nach einem Gesetz, dem Gesetz des Geldes, dem Gesetz der Macht.«

Wenn man bedenkt, daß dieses seltsame Werk vor Anbruch des Dritten Reiches geschrieben wurde, so erscheint seine Prophetie geradezu unheimlich. In dichterischer Schau ist hier vorausgesehen, was ein wenig später hereinbrach: die innere Umformung des Menschen unter der Angst und dem Zwange. Die Verdrehung des Rechts, die Willkür der Gewalt, die Herrschaft der Habgier, alles ist hier in symbolischer Rede und mit legendären Bildern vorausgesagt. Der Verrat des Menschen am Mitmenschen, der Untergang von Treu und Glauben, die schrankenlose Herrschaft des Unmoralischen ist aber mehr als eine politische Voraussage. Dieser merkwürdigen Oper kommt eine besondere Bedeutung zu, auch musikalisch; hier liegt eine neue Entwicklung der Chormöglichkeiten im Musiktheater vor. Daß dieses Werk weitgehend unbekannt blieb, hat nichts mit seinem Wert zu tun. »Die Bürgschaft« entstand im Jahre 1931, die Berliner Uraufführung des Jahres 1932 ging im politischen Tumult unter.

Jaromir Weinberger
1896–1967

In einer Zeit intellektueller Musikexperimente, theoretischer und praktischer Untergrabung der Tradition, provozierender Neuerungen und materieller Mißerfolge des zeitgenössischen Schaffens konnte Jaromir Weinberger mit seinem »Schwanda, der Dudelsackpfeifer« eine echte Volksoper schreiben, auf die keine dieser Eigenschaften zutraf: sie stellt kein Experiment dar, sondern eine ursprüngliche Leistung, sie liegt in der Linie gesunder, ständig modernisierter Tradition, weckt Freude statt Polemik und brachte dem Autor sowie den Theatern, die sie spielen, erfreuliche Einnahmen. Weinberger wurde am 8. Januar 1896 in Prag geboren, studierte in seiner Heimatstadt sowie in Leipzig bei Reger. Schon 1922 wurde er Professor für Komposition in Ithaka/USA, kehrte 1936 nochmals in die Heimat zurück, aus der ihn die deutsche Invasion drei Jahre später endgültig vertrieb. Zwei weitere Opern, »Die geliebte Stimme« (1931) und »Wallenstein« (1937) konnten den Erfolg des »Schwanda« nicht wiederholen. In Nordamerika, wo er sich nach der Auswanderung niederließ, schuf er u. a. eine »Lincoln-Sinfonie« sowie mehrere Musicals. Er starb am 9. August 1967 in St. Petersburg/NY, USA.

Schwanda, der Dudelsackpfeifer

Volksoper in zwei Akten (fünf Bildern). Textbuch von Miloš Kareš.
Originaltitel: Švanda dudák
Originalsprache: Tschechisch
Personen: Schwanda (Bariton), Dorota, seine Frau (Sopran), Babinsky (Tenor), die Königin (Mezzosopran), der Magier (Baß), der Richter (Tenor), der Scharfrichter (Tenor), der Teufel (Baß), der Famulus des Teufels (Tenor), der Höllenhauptmann (Tenor), zwei Landsknechte, Gefährtinnen der Königin, Volk.
Ort und Zeit: Schwandas Bauernhof im tschechischen Dorf Strakonice, das für seine Dudelsackspieler berühmt und sprichwörtlich war; der Hof der Königin zur Märchenzeit, d. h. zur Zeit des legendären Volkshelden Babinsky.
Handlung: Die Ouvertüre ist ein brillantes Orchesterstück, lebhaft, fröhlich, eine rechte Einleitung zur Phantasieoper, die folgt. Der Vorhang hebt sich über einem böhmischen Bauernhause, in dem Schwanda, der lustige Dudelsackspieler, mit seiner Frau Dorota lebt. Zwei Landsknechte erscheinen und fragen die allein anwesende Dorota, ob sie nicht einen Fremden gesehen habe, den zu verhaften sie ausgeschickt wurden. Als die Frau verneint, eilen sie weiter. Da springt ein Mann elegant aus der Baumkrone auf die Erde nieder und beginnt ein liebenswürdig galantes Gespräch mit Dorota, die vor Verlegenheit kaum weiß, wie sie ihn behandeln soll. Schwanda kommt von seinen Feldern heim, und der Fremde weiß sofort sein Interesse zu erregen. Er gibt ein Lied über den berühmten Räuber Babinsky zum besten, der vom ganzen Volke mehr geliebt als gefürchtet wird, da er die Reichen plündert, um die Armen zu beschenken. Der Fremde erzählt, daß Babinsky stets, wohin er komme, eine ausgefranste Manschette als Kennzeichen zurücklasse. Ja, wer solch ein Leben führen könne, frei, in der weiten Welt! Schwandas Wunsch, andere Gegenden und Menschen kennen zu lernen, wird immer größer. Vergebens sucht Dorota ihn mit einer herzlichen Melodie (die zu einer Art Leitmotiv des friedlichen Lebens auf dem Bauernhof wird) zurückzuhalten. ①
Und als Schwanda hört, daß eine Königin in Melancholie verfallen sei, aus der sein Dudelsack sie erlösen könne, hat er seinen Entschluß gefaßt. Während Dorota in die Küche geht, um das Mahl zu bereiten, schleichen die beiden Männer davon. Der Fremde läßt eine zerrissene Manschette auf dem Tisch zurück. Als Dorota sie findet, zögert sie keinen Augenblick. Sie eilt ihrem Schwanda nach, um ihn wieder für sich zu gewinnen.
Das zweite Bild spielt am Hof der Königin, die, nachdem sie von einem Zauberer viel Schmuck, aber auch ein Herz aus Eis statt ihres eigenen erhalten hat, melancholisch geworden ist. Plötzlich hallt der Palast von einer Polka wider, die lustig auf einem Dudelsack geblasen wird. ②

Wer mag der Eindringling sein, der den seit langem erstarrten Hofstaat aufweckt? Willkommen sei er! Der Fremde naht und antwortet mit einer echt tschechischen Melodie: »Ich bin der Schwanda!« ③
Natürlich will die Königin trotz ihres Eisherzens den Retter heiraten. Schwanda sieht sich bereits als König, doch im Augenblick, da er seiner künftigen Gattin den ersten Kuß geben will, erscheint Dorota. Große Verwirrung am Hof. Die Königin will Dorota töten lassen, doch Schwanda versucht, sie zu schützen. Beide werden festgenommen, während der Magier den Dudelsack verschwinden läßt. Sein Triumph scheint nun sicher, die Königin befindet sich neuerlich in seiner Gewalt. Die mächtige Waffe seines Feindes ist in den tiefen Keller gesperrt.

Der nächste Auftritt zeigt den Platz vor der

Stadt, auf dem Schwanda hingerichtet werden soll. Als letzte Gnade erbittet er seinen Dudelsack. Während das Instrument gesucht wird, singt Schwanda mit Dorota ein schönes Lied des Heimwehs. Unverrichteter Dinge kehren die Diener zurück, der Dudelsack ist verschwunden. Die Königin ordnet die Hinrichtung an. Der Henker will das Beil auf Schwandas Hals fallen lassen, aber ein Lachsturm folgt seinem Versuch: statt des Beils ist eine ausgefranste Manschette herabgefallen. Und sogleich ist auch Babinsky da und reicht Schwanda seinen Dudelsack. Mit voller Kraft legt der Musikant los, Hof und Volk beginnen immer toller zu tanzen. Babinsky macht sich mit Dorota und Schwanda schnell aus dem Staube; der Räuber verschließt das Stadttor von außen und hängt eine Manschette daran. Inzwischen macht Dorota ihrem Gatten Vorwürfe über seine Untreue. Babinsky unterstützt sie darin, denn er hat schon längst ein Auge auf die hübsche Bäuerin geworfen. Schwanda schwört, er habe die Königin nicht geküßt, ja nicht die Hälfte eines Kusses habe er ihr gegeben, nicht einmal ein Viertel ... und wenn es nicht wahr sei, so möge ihn der Teufel holen! Kaum gesagt, ist Schwanda schon unter Flammen und Rauch versunken: der Teufel hat ihn wirklich geholt. Dorota ist untröstlich, und Babinsky, dem edlen Räuber, bleibt nichts anderes übrig, als Schwanda aus der Hölle zu befreien.

Dort spielt der zweite Akt. Inmitten seiner Untergebenen sitzt der Teufel, mißgelaunt und gelangweilt, weil niemand mit ihm Karten spielen will. Vergeblich sucht er Schwanda dazu zu bringen, mit seinem Dudelsack die düstere Höllenatmosphäre aufzuheitern. Der sehnt sich nur nach Dorota. ④ Schließlich zaubert der Teufel ihm das Bild der Geliebten vor Augen und verspricht ihm, sie neuerlich zusammenzuführen, wenn er ihm ein Schriftstück unterzeichne. Schwanda tut es, ohne viel auf seinen Inhalt zu achten. Nun hat der Teufel seine Seele im Besitz und kann ihn auch zwingen, Dudelsack zu spielen. Als Schwanda sich immer noch weigert, werden die Marterwerkzeuge für ihn bereitet. Da, große Überraschung in der Hölle: der berühmte Räuber Babinsky kommt persönlich zu Besuch! Man bereitet ihm einen würdigen Empfang. Der Ort scheint dem Gast zu gefallen. Er schlägt dem Teufel eine Kartenpartie vor. Begeistert nimmt dieser an. Was setze Babinsky? Der zieht Juwelen aus der Tasche, die auf ein Haar jenen gleichen, die der Teufel in seinem eisernen Schrank aufbewahrt. Oder besser gesagt: aufbewahrt hatte, denn für Babinsky gibt es keine eisernen Schränke. Was setze der Teufel gegen diese herrlichen Juwelen? Die Hälfte der Hölle! Zu wenig, meint Babinsky und verlangt außerdem noch Schwandas Seele. Satan versucht zu handeln, findet sich aber schließlich bereit, da er ja seines Sieges gewiß ist. Alles scheint auch nach seinem Wunsch zu gehen. Das Glück und seine meisterhaften Schwindeleien helfen ihm sichtlich. Bis zum entscheidenden Augenblick, denn da zeigt sich, daß Babinsky noch viel besser schwindelt als der Teufel. Er zieht genau die notwendige Karte aus seinem Stiefel und gewinnt. Großer Jammer bricht in der Hölle aus, am meisten weint der Teufel, der nun wirklich ein armer Teufel geworden ist. Doch Babinsky ist vor allem ein Grandseigneur. Er schenkt dem besiegten Gegner alles, was er ihm abgewann, mit Ausnahme der Seele Schwandas. Dieser beginnt überglücklich auf seinem Dudelsack zu spielen, und die ganze Hölle tanzt nach einer meisterhaften Fuge blendender Instrumentation. Der Räuber nimmt rührenden Abschied von seinem neuen Freunde, dem Teufel, und bald ist er mit Schwanda wieder auf der Erde angelangt; vergeblich versucht Babinsky noch einmal, Schwanda zu weiteren Abenteuern in der Welt zu verführen. Dorota sei häßlich und alt geworden, erzählt er ihm. Aber Schwanda will nur noch heim auf seinen Hof.

Und dort wartet, jung und schön die treue Dorota, umgeben von den Gänsen, den Äckern, dem Bach, beschienen von warmem Sonnenschein. Ein Chor von Bauern und Mädchen unterstreicht den innigen Schlußgesang, der eine Hymne auf Heimat und Liebe ist und das Leitmotiv der ganzen Oper, die volkstümlich schön harmonisierte Melodie: »Auf unserem Hofe daheim hört man die Gänse schrein ...«

Quellen: Slawische, namentlich tschechische Märchen und Legenden bilden den Grundstock des Werkes. In ihnen wird oftmals vom edlen Räuber Babinsky erzählt, dem kühne Taten und Schelmenstreiche aller Art zugeschrieben werden, der den Reichen nahm und es unter die Armen verteilte. In anderen Versionen ist von einem Dudelsackpfeifer Schwanda die Rede, der im Städtchen Strakonitz oder Strakonice gelebt haben soll und nicht nur ein guter Musikant, sondern ein mindestens ebenso großer Aufschneider war.

Musik: So wie die Stärke des Textbuches in der reizenden Verarbeitung von Volkssagen liegt, zieht auch die Musik ihre größten Wirkungen aus einer glänzenden Verwendung der unerschöpflichen slawischen Folklore. Weinberger gibt aber zahlreiche eigene Ideen hinzu und zeigt sich in der Verarbeitung als ausgezeichneter Musiker, einfallsreich in Harmonie und Orchestrierung, melodiös in der Führung der Singstimmen.

Geschichte: Der erste, der die legendäre Gestalt des Dudelsackpfeifers Schwanda auf die Bühne brachte, scheint der bedeutende tschechische Dichter Josef Kajetán Tyl (1808–1856) gewesen zu sein. Im Jahre 1896 wurde in Pilsen eine Oper über dieses Thema gegeben, deren Musik von dem heute nur noch in Büchern genannten Adalbert Hrimaly (1842–1908) stammt. Weinbergers Vertonung wurde am 27. April 1927 am tschechischen Nationaltheater in Prag uraufgeführt und hatte stürmischen Erfolg, der dem Werk auch bei den ersten deutschen Aufführungen (Breslau, Wien), in der Übersetzung von Max Brod, treu blieb. »Schwanda« wurde zu einer der ganz wenigen Opern des zeitgenössischen Musiktheaters, die sich problemlos durchsetzen konnten.

Textbuch: Der tschechische Dichter Miloš Kareš empfing die Grundidee und eine Reihe von Skizzen, die zum Teil diese Legenden, zum Teil eigene Ideen enthielten, von Weinberger und schuf daraus ein bezauberndes Libretto. Sowohl in den Situationen, als auch in der Charakterzeichnung liegt hier ein geradezu idealer Lustspielentwurf vor.

Felix Weingartner

(1863–1942)

Wenn die Geschichte der Dirigentenkunst geschrieben wird, steht der Name Weingartners an einem ihrer strahlendsten Höhepunkte. Der am 2. Juni 1863 in Zara (Dalmatien) geborene Österreicher, war eine bedeutende geistige Erscheinung sowie eine starke schöpferische Persönlichkeit. In seiner fast sechzigjährigen Laufbahn, die nahezu alle wichtigen Musikstätten seiner Zeit einschließt und ihn zweimal zum Direktor der Wiener Oper machte, rückte er seine eigenen Werke niemals in den Vordergrund. Im Alter stellte er seine weltweite Erfahrung dem Musikleben Basels zur Verfügung; dort leitete er wenige Wochen vor seinem Tode die Oper »Schneewittchen«, deren Musik er zu einem Text von Otto Maag in ebenso respektvoller wie sachkundiger Weise aus Opernmelodien seines Lieblingskomponisten Schubert zusammengestellt hatte. Er starb am 7. Mai 1942 in Winterthur/Schweiz.

Die Zahl der Bühnenwerke Weingartners ist groß. Er debütierte als Bühnenkomponist in Weimar mit »Sakuntala« (1884), einem Werk, das ihn stoffmäßig sein Leben lang beschäftigte und von dem er Jahrzehnte später eine völlig neue Fassung herstellte. In München folgte (1886) »Malawika« und 1892 in Berlin »Genesius«. Nach diesen Jugendarbeiten erklang in Leipzig (1902) die große Trilogie »Orestes« und in Darmstadt (1914) die biblische Tragödie »Kain und Abel«. Bis hierher könnte man Weingartners Stil spätromantisch nennen, mit der (seiner Generation angeborenen) Einwirkung Wagners, keineswegs aber epigonenhaft; etwas von seiner machtvollen, zugleich kultivierten und edlen Persönlichkeit lag stets in seiner Musik. Das folgende Werk zeigt ihn völlig selbständig.

»Dame Kobold« ist eine altspanische »klassische« Komödie Calderons. In ihr (deren Original »La dama duende« heißt) wird von einer jungen Witwe Angela erzählt, die froh ist, den ungeliebten, ihr aufgezwungenen Gatten losgeworden zu sein. Aber ihre beiden Brüder, Don Luis und Don Juan, hüten sie nach strenger spanischer Sitte und sehen vor allem darauf, daß die hübsche, lebenslustige Angela während des Trauerjahres nicht aus dem Hause gehe. Aber einmal entwischt sie doch. Alles scheint gut zu gehen, zumal sie hinter ihrer Verschleierung niemand erkennt. Erst bei der Rückkehr und schon nahe ihrem Hause wird sie von einem stürmischen Bewunderer verfolgt. Das wäre an sich nicht so schlimm, aber es ist ihr eigener Bruder Don Luis. Sie erbittet Hilfe von einem zufällig des Weges kommenden Edelmanne, der den Bewerber mit dem Degen in der Hand aufhält. Den

Zweikampf verhindert der herbeieilende Don Juan, der in dem Fremden den längst erwarteten Freund Don Manuel erkennt, den er in seinem Hause bewirten will. So wird Angela Zimmernachbarin ihres »Retters«. Und mit diesen beiden Zimmern hat es eine besondere Bewandtnis: Ein breiter Schrank ist drehbar, wodurch eine unsichtbare Verbindungstüre geöffnet werden kann. Isabel, die Zofe, weiß das (wie stets in alten Komödien Zofen in Liebesdingen allwissend sind), und verrät es ihrer Herrin. Nun beginnt ein tolles Spiel: Angela schmuggelt einen Brief in Manuels Zimmer, ohne daß dieser eine Person eintreten sieht. Genau ebenso wird seine Antwort »abgeholt«. Die »Erscheinungen« mehren sich, zuletzt glaubt der schon völlig verwirrte Edelmann eine schöne junge Frau in seinem Zimmer stehen zu sehen. Zauberspuk, ohne Zweifel, meinen er und sein Diener. In Wahrheit aber nur eine »Dame Kobold«: Angela, die sich zuletzt natürlich – nach einer Fülle unterhaltsamer Einzelheiten – mit Don Manuel verlobt. Weingartners Musik ist hier elegant, witzig, leicht, meisterhaft gestaltet, graziös und wertvoll. (Uraufführung: Darmstadt, 1916).

»Die Dorfschule« und »Meister Andrea« hat Weingartner zu einem Theaterabend verbunden. Erstere ist tragischen Inhalts und entwickelt in einem einzigen Akt den Konflikt zwischen Vaterliebe und Treue zum Herrscherhause. Die Handlung ist nach Japan verlegt, wo der neue Kaiser den rechtmäßigen Thronerben, Sohn des verstorbenen Mikado, töten lassen will. Der ist auf einem Dorfe versteckt worden, wohin der Kaiser einen alten Vasallen aussendet, mit dem Auftrag, den Mikadosohn zu morden. Aber dieser Würdenträger, Matsuo, sowie der Dorfschullehrer Genzo, die einzigen, die den Kaisersohn kennen, sind bereit, dessen Opferung zu verhindern. Und so stirbt, in einer Verkettung dramatischer Umstände, ein anderer Jüngling, der Sohn Matsuos. »Meister Andrea« besteht aus zwei Akten und ist nach Emanuel Geibels Lustspiel verfaßt. Es beruht auf der Vergeßlichkeit des in Florenz hochangesehenen Bildschnitzers; der hat Freunde in sein Haus geladen, vergißt diese Tatsache aber in einer Taverne. Die Freunde beschließen, sich einen Scherz mit dem Meister zu machen. Soeben reiste der Musiker Matteo aus der Stadt ab, nur seine Nichte Malgherita ist dageblieben, die der Onkel zu heiraten gedenkt. Die Freunde reden Andrea nun ein, er sei gar nicht Andrea, sondern Matteo. Lange Zeit wehrt sich der Meister gegen diese Vertauschung, aber einer der Freunde, der behauptet, Andrea zu sein, sowie Matteos Bruder, der bei der Komödie mitspielt, überzeugen ihn langsam doch. Er wird in Matteos Haus geführt und in dessen Bett gelegt. Am Morgen hat er seinen Rausch ausgeschlafen, aber die Verwirrungen sind noch nicht zu Ende. Die Freunde haben einen Mönch geholt, der dem angeblichen Matteo den Dämon austreiben solle, der ihn glauben mache, er sei Andrea. Kleinlaut geht Andrea darauf ein, in Zukunft Matteo sein zu wollen. Er setzt dies auch gleich ins Werk, als er sieht, daß Malgherita heimlich einen jungen Mann empfängt; aus Rache tut er die beiden jungen Leute zusammen und läßt sie sofort trauen. Daran kann auch der zurückkehrende echte Matteo nichts mehr ändern, obwohl sich nun die Wahrheit herausstellt. Aber er tröstet sich für den Verlust von Malgheritas Mitgift durch seine soeben erfolgte Ernennung zum Hofmusiker. (Uraufführung der beiden Werke: Wien, 1920).

Julius Weismann
1879–1950

Ein stilles Leben, abseits der großen Erfolgsstraße. Ein feiner Musikant, ein wenig Humperdinck, ein wenig Hugo Wolf, ein wenig Joseph Haas, ein melodienreicher Spätromantiker, ein Könner und Wisser, über den die Zeit dahinrollte. Er lebte zumeist in seiner engeren Heimat – geboren am 26. Dezember 1879 in Freiburg/Breisgau und gestorben am 22. Dezember 1950 in Singen – und schuf Kammermusik, Orchesterstücke, Chöre. Von seinen Opern seien drei Strindberg-Vertonungen erwähnt: »Schwanenweiß« (1923), »Traumspiel« (1925), »Gespenstersonate« (1930). Büchners Stück »Leonce und Lena« wurde von ihm zu einem feinsinnigen musikalischen Lustspiel gestaltet (1925). Komischer geht es in der »Pfiffigen Magd« zu, die nach einem Lustspiel Ludwig Holbergs komponiert ist und 1939 ihre Uraufführung erlebte. Hier ersteht die alte Buffooper aufs neue, mit Rezitativen, Verkleidungsszenen und dem schwankhaften Treiben einer glücklicheren Epoche. Hie und da greift eine deutsche Bühne auf eines dieser Stücke zurück, und es ist mehr als Pflichterfüllung. Man sollte einmal die Geschichte dieser vergessenen, dieser abseits liegengebliebenen Komponisten schreiben. Ist Göttin Fortuna im Reiche der Kunst gerecht? Hat Erfolg stets mit Qualität zu tun? Wem leuchtet der Triumph, dieser lockende Magnet, wer erlebt den Augenblick, nach dem so viele sich sehnen: einen Abend – und sei es auch nicht mehr als einen einzigen Abend – im Lichterglanz des Ruhmes zu stehen und sich zu verneigen vor begeisterten Mengen? Wie wenige erleben es! Sind es die rechten?

Gerhard Wimberger
1923

Der am 30. August 1923 in Wien geborene Komponist lebt als Professor am Mozarteum, ist Mitarbeiter der Festspiele und Lehrer der Internationalen Sommerakademie in Salzburg. Neben Werken auf instrumentalem Gebiet, Liedern und einer Kantate fällt vor allem seine starke Begabung für das Musiktheater auf und da wieder sein Hang zum Grotesken und Buffonesken. In »Schaubudengeschichte« (Mannheim 1954) fand dieses Talent erstmalig reiche Anerkennung. Hierauf folgte Wimbergers bisher stärkste Talentprobe, »La Battaglia«.
La Battaglia oder »Der rote Federbusch« ist ein urkomisches Spiel, zu dem Eric Spieß ein äußerst gelungenes Libretto geschrieben hat. »Opernkomödie in acht Bildern« lautet der Untertitel. Die köstlich erfundene Handlung, die Wimberger mit völlig zeitgemäßer, geistreicher und den Buffostil glänzend treffender Musik illustriert hat, setzt mit dem Gastspiel einer wandernden Komödiantentruppe in Vicina ein, einem Phantasieherzogtum in Italien, »in längst vergangener Zeit«. Dort sieht Lucetta einen roten Federbusch am Helm des »Generalfeldzeugmeisters«, und um sie zu erobern, stiehlt Fanfarino, als die Komödianten in das benachbarte Castiglio aufbrechen, dieses Prachtstück während einer Sitzung in der »Casa militare«. Er flüchtet schnell, kommt kurz nach seinen Kameraden atemlos in Castiglio an und schlägt in höchster Angst das Stadttor hinter sich zu, um die Verfolger auszusperren. Er wird vernommen, und die »Heerführer« Castiglios wittern einen bevorstehenden Angriff Vicinas. Die Herzogin selbst empfängt Fanfarino, und im Nu avanciert er zum Retter des Herzogtums, der mit letzter Kraft die Stadt vor einem Überfall bewahrt hat. Als die Reiter Vicinas vor dem Tore ankommen und den Dieb verfolgen wollen, werden sie mit Schüssen empfangen. Fanfarino rückt zum ordengeschmückten Favoriten der schönen Herzogin auf. Er möchte so gerne das Mißverständnis aufklären, das immer weitere Kreise zieht, ja er würde sogar seinen Diebstahl eingestehen, aber niemand hört ihm zu, alles feiert ihn nur. Das Heer Vicinas wird mobilisiert, als die Reiter berichten, wie sie am geschlossenen Stadttor der Nachbarstadt empfangen wurden. Kriegsgetöse auf beiden Seiten. Die »Würdenträger« in lächerlichsten Posen, die Farçe immer toller. Endlich kommt es zur »Battaglia«, zur Schlacht, in der Castiglio unterliegt. Der Herzog von Vicina rückt ein und wird im Schlafgemach der »feindlichen« Herzogin die Friedensbedingungen diktieren. Inzwischen suchen die Komödianten, die ganz gegen ihren Willen in »weltpolitische« Verwicklungen hineingezogen wurden, das Weite. Lucetta erklärt Fanfarino ihre Liebe; nie wieder wird sie von ihm so gefährliche Dinge verlangen wie den roten Federbusch einer Staatsperson, auf daß nicht wieder ein Krieg ausbräche und eine »Battaglia« geschlagen werden müßte, die hier allerdings glücklicherweise – infolge gänzlicher Unfähigkeit beider Heere – keine Opfer gekostet hat. (Uraufführung: Im Rahmen der Schwetzinger Festspiele, am 12. Mai 1960, als Gastspiel der Deutschen Oper am Rhein.)

Hugo Wolf
1860–1903

Am 13. März 1860 begann Hugo Wolfs kurzes und tragisches Leben in Windischgrätz, in der Untersteiermark (Österreich), einem Städtchen, das heute unter dem Namen Slowenjgradec zu Jugoslawien gehört. Sein Dasein, mit Kämpfen und Enttäuschungen erfüllt, zeigt in ungleichmäßiger Abwechslung Epochen intensivsten Schaffens und andere, die man als geistige Lähmung bezeichnen muß. Im Jahre 1897 setzte zunehmende geistige Umnachtung aller Bewußtheit ein Ende, und am 22. Februar 1903 erlöste der Tod den genialen Liedschöpfer in der Irrenanstalt zu Wien. In unserem Buch findet Hugo Wolf dank seines »Corregidor« Aufnahme, den man fast eher als ein Liederspiel denn als Oper bezeichnen könnte, der nie sonderlich erfolgreich war, aber nicht nur mit Recht immer wieder auf deutschen Theatern aufgeführt, sondern von Kennern aufs höchste geschätzt, von vielen Menschen geliebt wird. Wolf, der ein glühender Wagnerianer war, aber unendlich viel lyrischer veranlagt war als sein Bayreuther Vorbild, begann noch eine zweite Oper, wieder auf ein spanisches Thema: »Manuel Venegas«; sie blieb unvollendet, als die Katastrophe über ihn hereinbrach.

Der Corregidor

Oper in vier Akten. Dichtung (nach einem Roman von Pedro Antonio de Alarcón) von Rosa Mayreder-Obermayer.
Originalsprache: Deutsch, (Aussprache: Korrechidor, mit Betonung auf der letzten Silbe)
Personen: Don Eugenio de Zuniga, Corregidor (Tenor), Juan Lopez, Bürgermeister (Baß), Pedro, sein Sekretär (Tenor), Tonuelo, Gerichtsbote (Baß), Repela, Diener des Corregidor (Baß), Tio Lukas, Müller (Bariton), Doña Mercedes, die Gattin des Corregidors (Sopran), Duenna, in ihrem Dienste (Alt), Frasquita, die Gattin des Müllers (Mezzosopran oder Sopran), Manuela, Magd bei Juan Lopez (Mezzosopran oder Alt), ein Nachbar (Tenor), ein Bischof und sein Gefolge, Musiker, Volk: (Aussprache der spanischen Namen: E-u-chenio de Tzuniga mit Betonung auf dem u; Chuan Lopes, wobei im ersten Wort u-a als einzige Silbe gesprochen und das a betont wird, im zweiten der Ton auf o liegt; Tio heißt Onkel; Fraskita).
Ort und Zeit: Andalusien, im Jahre 1804.
Handlung: In einer Weinlaube vor der Mühle pflückt Tio Lukas Trauben. Als er den blöden Repela als Vorboten des in seine Frau verliebten Corregidors kommen sieht, schlägt er Frasquita vor, er wolle sich verstecken, um so Don Eugenios Geständnisse belauschen zu können. So geschieht es auch – hier hat Hugo Wolf eines seiner bezauberndsten Lieder eingestreut: »In dem Schatten meiner Locken schlief mir mein Geliebter ein« – und die Müllerin reizt den Besucher durch Koketterie fast bis zum Wahnsinn. Als er sie schon zu küssen wähnt – entschlüpft sie ihm, so daß er auf den Boden fällt. Tio Lukas kommt mit argloser Miene aus dem Versteck hervor und bietet dem »hohen« (und nun wutschnaubenden) Gast Trauben an. Der Corregidor beschließt, sich zu rächen. Während er sich zurückzieht, naht der Bischof, vom Müllerpaar ehrerbietig empfangen, als Gast der Mühle.
In der Mühle sitzen Frasquita und Lukas beim Abendessen. In einem innigen Duett singen sie von ihrer Liebe. Der Gerichtsdiener unterbricht die Szene, er bringt dem Müller den Befehl des Alkalden (Bürgermeisters), sich sofort in dessen Büro einzufinden. Obwohl der Müller Böses ahnt, macht er sich auf den Weg. Frasquita sucht sich das Alleinsein durch Singen zu verkürzen. Da hört sie von draußen Hilferufe. Der Corregidor ist, als er zu der Müllerin schleichen wollte, in den Bach gefallen und steht nun triefend vor ihr. Frasquita will ihm, da sie sein Spiel durchschaut, empört den Rücken drehen. Doch der Corregidor hat ihr die Ernennung ihres Neffen zum Schreiber mitgebracht. Was tun? Wenn der Corregidor nun in ihrem Hause an Lungenentzündung stürbe? Sie ruft Repela, seinen Diener, zu Hilfe. Während sie selbst davonläuft, um Lukas in die Stadt nachzueilen, bringt Repela seinen Herrn zu Bett: in das Bett Frasquitas.
Mit einem musikalisch feinen und ausdrucksvol-

655

len Zwischenspiel wird die Verbindung zum nächsten Bilde hergestellt. Es zeigt das Bürgermeisteramt. Lukas kommt an, findet die Herren ratlos und beginnt zu ahnen, daß man ihn nur von Frasquita fortlocken wollte. So macht er in einer lustigen Szene die Anwesenden betrunken und eilt zurück nach Hause. (Vorher gibt es einen reizenden Doppelkanon.)

Der dritte Akt spielt kurz danach. In einem Hügelland sieht man, matt von den Sternen erleuchtet, zwei Wege. Frasquita kommt auf dem einen gelaufen. Repela, des Corregidors Diener, holt sie ein, versucht sie vergeblich in die Mühle zurückzubringen. Sie eilt weiter. Ein wenig später kommt Lukas in umgekehrter Richtung auf dem anderen Wege vorbei. Er gelangt in seine Mühle, deren Türe er offen findet. Und beim Eintreten werden seine schlimmsten Befürchtungen wahr. Im Bett Frasquitas findet er schlafend den Corregidor. Nach einem großen Schmerzausbruch faßt er sich und sinnt auf Rache. Schnell zieht er die Kleider des Corregidors an, stülpt dessen Dreispitz auf den Kopf und geht davon. Als Don Eugenio erwacht und noch vor Morgengrauen davongehen will, findet er seine Kleider nicht; es bleibt ihm nichts übrig, als schnell die des Müllers anzuziehen. Da wird Lärm vernehmbar, der Alkalde kommt mit seinem Sekretär und der empörten Frasquita. Als die Amtspersonen den vermeintlichen Müller zu sehen meinen, stürzen sie sich über ihn, um ihn für sein Entweichen zu strafen. Unter ihren Schlägen, die Frasquita vergeblich abzuwehren sucht, gibt der Corregidor sich mühsam zu erkennen. Große Verwirrung. Doch nun ahnt Don Eugenio Böses: Wohin könnte Tio Lukas geeilt sein? Schnell hetzt er alle Beamten auf die Fährte des Flüchtigen.

Der vierte Akt bringt den Höhepunkt der Verwirrung: Der Corregidor steht vor seiner Türe, wird aber von seiner Gattin nicht eingelassen, die behauptet, er sei seit über einer Stunde zu Hause und im Ehebett. Kein Toben hilft ihm, ja er wird zum zweiten Male in dieser Nacht verprügelt, als seine eigenen Diener aus dem Hause stürzen und ihn für den Müller halten, der sich anmaßt, Corregidor zu sein. Dann erfolgt die Aufklärung aller Mißverständnisse. Im Grunde ist so gut wie nichts geschehen. Zuletzt muß auch der Corregidor gute Miene zum Spiel machen. Lächelnd wünschen alle Beteiligten einander einen »Guten Morgen«!

Quelle: Unter den Werken von Pedro Antonio de Alarcón (1833–1891), des äußerst erfolgreichen spanischen Schriftstellers, errang besonders sein »Dreispitz« (El sombrero de tres picos) weite Verbreitung. (Manuel de Falla gestaltete danach sein berühmtes gleichnamiges Ballett.)

Textbuch: Rosa Mayreder hat nach Alarcóns Prosatext ein sehr hübsches Libretto verfaßt, in dem komische und ernste Elemente einander die Waage halten. Man hat ihm nur vorgeworfen, es sei nicht genügend dramatisch und versucht, diesem Übelstand mit allen möglichen Bearbeitungen abzuhelfen.

Musik: »Auch kleine Dinge können uns entzükken«, singt Hugo Wolf einmal, und seine kleinen Lieder gehören zu den vollendetsten der Gattung. Aber auch viele kleine Kostbarkeiten ergeben keine Oper und noch weniger ein Musikdrama in der Art der »Meistersinger«, wie es Wolf vorschwebte. Vielleicht fehlt der große Zug, die langanhaltende, gesteigerte Spannung, die spannende Steigerung. Was übrig bleibt, ist immer noch liebenswert genug, um Aufführungen zu rechtfertigen. Melodiengesegnet und nie banal, fein, nobel und einfallsreich, das wären etwa die Merkmale dieser Partitur, der nur eines fehlt (und vielleicht das Entscheidende): Theaterblut.

Geschichte: Nachdem Hugo Wolf seit langem den Wunsch hegte, eine Oper zu komponieren und dabei auch den Entwurf Rosa Mayreders zu einem musikalischen Lustspiel nach Pedro de Alarcóns »Dreispitz« geprüft, aber verworfen hatte, kehrte er um die Wende zum Jahre 1895 nochmals zu dieser Idee zurück. Nun fand er das Libretto großartig (wie er in einem Brief vom 18. Januar 1895 mitteilt) und begann, nachdem er am 1. April dieses Jahres in sein geliebtes Perchtoldsdorf, einen südlichen Wiener Vorort gezogen war, »wie ein Rasender« daran zu arbeiten. Eine Freundesgruppe hatte ihm für die Dauer dieser Komposition eine Rente ausgesetzt, die ihm ein ruhiges Schaffen gestattete. Das Jahr 1895 wurde, laut Hugo Wolf, zum glücklichsten seines Lebens, es brachte ihm die Komposition seiner einzigen vollendeten Oper, über deren Zukunft er in seiner Begeisterung keine Sorgen hatte. Aber die Wiener Oper, mit der er fest gerechnet hatte, konnte sich nicht entschließen, und so kam es nach einer schwierigen und mit unangenehmen Szenen durchsetzten Probenzeit sowie mehrfacher Verschiebung zur Premiere im Mannheimer Nationaltheater am 7. Juni 1896. Ein Jahr später übernahm Gustav Mahler, Studienkollege Wolfs, die Direktion der Wiener Hofoper, aber als er sich entschloß, den »Corregidor« zu spielen, war Wolf bereits tot: es geschah am 18. Februar 1904, mit einigen nicht unwichtigen Retouchen Mahlers. Wahres Glück hat diese Oper aber, trotz vieler Versuche in vielen Städten, nie gehabt.

Ermanno Wolf-Ferrari
1876–1948

Busoni und Wolf-Ferrari, zwei schöpferische Zeitgenossen, in deren Adern das musikalisch so gegensätzliche Blut Italiens und Deutschlands zur wohltätigen Einheit verschmolz: War bei Busoni die Mutter germanischer Abstammung und der Vater italienischer Musiker, so war Wolf-Ferrari Sohn eines deutschen Malers und einer venezianischen Mutter. Venedig wurde am 12. Januar 1876 zu seiner Geburtsstadt und blieb seine stetige Inspiration. Der venezianischste aller Dichter, der überschäumend witzige und temperamentvolle Carlo Goldoni, boshafter und doch liebevoller Beobachter seiner Landsleute, stand bei seinen wichtigsten Opernwerken – über zwei Jahrhunderte hinweg – Pate. Wolf-Ferrari war einer jener Künstler, für die es den Zwiespalt zwischen Modernismus und Akademismus nicht gab. Seine Musik floß so selbstverständlich dahin, daß zu theoretischen Auseinandersetzungen weder Gelegenheit noch Notwendigkeit bestand. Sie blieb stets irgendwie der Tradition verbunden, ja griff auf die alte italienische Buffo-Oper zurück und war doch neu. Sie ist vielleicht etwas zu still in lauter Zeit, und so ist es doppelt erfreulich festzustellen, daß sie trotzdem bis heute ein dankbares Publikum findet: nicht das der zeitgenössischen Musiktagungen, der polemischen Erörterungen, sondern das »normale«, das Abend für Abend die Theater deutschsprachiger Städte füllt. (In seinem Heimatlande waren die Aufführungsziffern Wolf-Ferraris nie so hoch wie im deutschen Sprachgebiet.) Mit einer Märchenoper begann er seine Laufbahn. Dann wendete er sich der Opera buffa zu, der komischen Oper, wie sie Jahrhunderte früher in seiner Heimatstadt geblüht hatte. Mit »Die neugierigen Frauen« erlebte Wolf-Ferrari in München, im Jahre 1903, einen entscheidenden Erfolg. Die folgenden Werke bestätigten, ja verstärkten ihn noch. »Der Schmuck der Madonna« versuchte sich in einem anderen Genre: der veristischen Oper, aber es lag dem Komponisten offenkundig weniger als das Lustspiel. Erst »Sly« konnte wieder größere Beachtung erringen, und der wahre Erfolg stellte sich mit »Il campiello« noch einmal ein. Wolf-Ferrari verbrachte die meiste Zeit seines Lebens in Deutschland, vor allem in München; er war auch Professor des Salzburger Mozarteums. Nach dem Zweiten Weltkriege kehrte er in seine Heimatstadt zurück, die er so oft besungen hatte. Dort starb er am 21. Januar 1948. Als seine Leiche in goldener Gondel zur Toteninsel San Michele gebracht wurde, sang ein Chor die Abschiedsworte aus dem »Campiello«: »Bon di caro campiel, bon di Venezia mia!« Die Nachwelt hält ihm einen ehrenvollen Platz bereit. Er hat nicht nur komponiert (und gemalt), er hat auch viele schöne und kluge Dinge gesagt und geschrieben: »Zwischen dem, der schafft, und dem, der zuhört, gibt es eine Liebesbeziehung, die mit wunderbarem Reflex beide begnadet« und »Es ist leicht, unverständlich zu schreiben. Sehr schwer hingegen, leicht zu schreiben, ohne Dummheiten zu sagen! Den Jungen würde ich raten, so zu schreiben, wie man ein Telegramm aufsetzt: kurz, weil die Worte teuer sind, und klar, weil man verstanden sein will!« und »Wenn ich lehre, kümmere ich mich zuerst um die seelische Harmonie der Schüler und dann erst um ihre geschriebenen Akkorde. Eine Seele, die sich von der Bosheit beherrschen läßt, kann nicht singen« und »Alle genialen Künstler waren zugleich Menschen guten Willens«. Doch der schönste Satz, den wir bei Wolf-Ferrari finden können, steht am Schluß seiner Oper »Il campiello«: »Schön ist nicht, was gefällt, nur was man lieb hat ...« Und setzen wir noch zwei zeitgenössische Zeugnisse dazu, die seine Wertschätzung beweisen. Pfitzner – der nicht leicht zufrieden zu stellen war – sagte, daß niemand mehr seit Lortzing solche Lustspielopern komponiert habe. Und Clemens Krauß huldigte ihm mit diesen Worten: »Dem genialen Theaterkomponisten, der uns heute die venezianische Kultur des 18. Jahrhundrts erschauen läßt, meine begeisterte Zuneigung! Dem Natürlichen und Echten seines Einfalls, der Reinheit seiner Kunstauffassung meine Bewunderung! Seinem menschlichen Wesen und seinem Werk meine aufrichtige Liebe!«

Die neugierigen Frauen

Das Libretto dieser »musikalischen Komödie in drei Aufzügen« wurde, nach Goldoni (1707–1793), von Luigi Sugana sehr hübsch geformt (Le donne curiose). Seine Handlung ist ein charmantes Nichts, eine jener lebhaft bewegten Komödien, in denen Goldoni seine Figuren – Colombinen, Harlekins, Pantalones, schlaue Witwen, alte Freier, angebliche Frauenhasser, Mitgiftjäger, Verkleidete und Verwechselte aller Arten – meisterhaft durcheinanderschüttelt, toll herumwirbelt, keinen Augenblick zur Ruhe kommen läßt, sie mit witzigen Schwächen ausstattet, um zuletzt alles, verblüffend einfach, ins rechte Geleise zu bringen. Die »neugierigen Frauen« kommen fast um vor Neugier, da die Männer sich mit geheimnisvollen Mienen zu einer Art verschwiegenem Bunde zusammengetan haben. Was mag bei diesen rätselhaften Sitzungen vor sich gehen? Alles muß herhalten, um dahinter zu kommen: Intrigen, Nachschlüssel, kokette Umgarnung. Endlich gelingt es: sie belauschen eine der Zusammenkünfte. Sie besteht in einem gemütlichen Abendessen und zwangloser Unterhaltung. Nichts von tollem Glücksspiel (wie eine der Gattinnen munkelt), keine anderen Frauen (wie eine eifersüchtige Verlobte vermutet), keine alchimistischen Versuche, um den Stein der Weisen oder einen Goldschatz zu gewinnen. Ein schlichtes Abendessen, weiter nichts. Aber eben zwanglos und gemütlich, wie es in Gesellschaft der Frauen unmöglich wäre. Diese sind die Düpierten – wenn auch glücklich, nichts Schlimmeres entdeckt zu haben – und müssen zuletzt sogar noch um Verzeihung bitten, da sie im wahrsten Sinne des Wortes »mit der Türe ins Haus fallen«, als nämlich Harlekin sie in einem Nebenraum versteckt und sie in ihrer maßlosen Neugier zu stark auf die Verbindungstüre drücken. Man lacht, man lächelt, man geht froh aus dem Theater, wie stets bei Goldoni und Stücken aus jener alten, wundersam heiteren Zeit. Wolf-Ferrari hat an dieser Oper während des Jahres 1902 gearbeitet und die Komödie sehr fein in Musik gesetzt, so daß alle Pointen leuchten und das Orchester mozartisch strahlend zu Herzen gehende Melodien erklingen läßt. Die Uraufführung fand am 27. November 1903 in München in deutscher Sprache statt und brachte dem Autor einen durchschlagenden Triumph, den bald seine folgenden Werke an gleicher Stelle bestätigen sollten.

Die vier Grobiane

Musikalisches Lustspiel in drei Aufzügen. Textbuch, nach Carlo Goldoni, von Giuseppe Pizzolato.
Originaltitel: I quattro rusteghi
Originalsprache: Italienisch
Personen: Lunardo, Antiquitätenhändler (Baß), Margarita, seine zweite Frau (Alt oder Mezzosopran), Lucieta, Lunardos Tochter (Sopran), Maurizio, Kaufmann (Bariton oder Baß), Filipeto (Tenor), Marina, Filipetos Tante (Sopran), Simon, Kaufmann, deren Mann (Baß oder Bariton), Cancian, reicher Bürger (Baß), Felice, seine Frau (Sopran), Conte Riccardo, ein Edelmann (Tenor), eine junge Magd (Mezzosopran).
Ort und Zeit: Venedig, im 18. Jahrhundert.
Handlung: »Vier Bürger der Stadt Venedig«, sagt Goldoni, »von gleichem Beruf, von gleichem Vermögen und alle vier von gleichem Charakter: schwierige, ungeschliffene Kerle, halten sich an Sitten und Bräuche der guten alten Zeit und verabscheuen Moden, Lustbarkeiten und Gesellschaften ihrer Zeitgenossen. Vier ›Grobiane‹ also, die, obgleich sie wohlhabende Kaufleute sind, ihren Gattinnen und Familienmitgliedern grob und unverständig gegenüberstehen und sie dementsprechend behandeln. Die Moral dieses Stückes ist heute nicht eben ›selbstverständlich‹, denn es gibt kaum noch solche Anhänger der alten, schlichten Sitten. Doch es gibt Männer, die sich zu Hause schwieriger gebärden und überall sonst den Liebens-

würdigen spielen«, setzte der Lustspieldichter vor zwei Jahrhunderten hin. Die Voraussetzungen des Stücks sind heute wohl kaum zeitgemäß: Die Väter zweier junger Leute, eines Mädchens und eines Burschen, beschließen deren Heirat, ohne den Betroffenen Gelegenheit zu geben, einander kennenzulernen. Aber das tut nichts; wir lieben gerade heute wieder »altes« Theater. Und der Text ist charmant. Das Geschick greift ein, das heißt, die Frauen. Sie verwirren eine an sich einfache Sache derart, daß am Ende das Richtige herauskommt. Wie, das wissen sie sicherlich selbst nicht einmal. Die beiden jungen Menschen verlieben sich auf den ersten Blick. Viel Lärm, sehr viel Lärm sogar... um nichts. Die Frauen triumphieren über die »Grobiane«, das verliebte Paar ist zufällig gleichzeitig das von den »Grobianen« erwählte Brautpaar. Alles endet vergnügt, nach zahllosen Komplikationen, die nur ein Meister wie Goldoni erfinden und ganz nach Gutdünken lenken konnte.

Quelle: Carlo Goldonis »I quattro rusteghi« schien dem soeben mit »Le donne curiose« äußerst erfolgreichen Wolf-Ferrari als das ideale Sujet, um seine Karriere in der gleichen Bahn fortzusetzen.

Textbuch: Wieder war es Luigi Sugana, der das Szenarium entwarf, wie bei den »Neugierigen Frauen«, aber er konnte das Libretto nicht mehr vollenden. Nach seinem Tode tat dies Giuseppe Pizzolato. Er bewahrte Witz, Geist, groteske Laune, Bewegung sowie die »gags« (wie man heute beim Film sagt) des Originals. Schade, daß in der deutschen Übersetzung viele sprachliche »Feinheiten« (die eigentlich oftmals eher das Gegenteil davon, aber stets charmant ausgedrückt sind) nicht voll zur Geltung kommen können. Ein Nachahmen des (an sich unnachahmlichen) Venezianer Dialekts und seine Übertragung in den irgendeiner deutschsprachigen Region (sei es nun Wien, Berlin oder Schweiz) ist so gut wie unmöglich. Und im Hochdeutschen klingt vieles, was den Reiz dieses Spiels erhöht, viel zu trocken und unwahr.

Musik: »Die vier Grobiane« sind, schon in Anpassung an den Text, robuster in Musik gesetzt als »Die neugierigen Frauen«. Man glaubt hier eher einen neugefundenen Rossini, Donizetti oder Auber zu vernehmen denn einen Haydn, Cimarosa oder Mozart, nach deren Vorbildern das vorhergegangene Stück geschaffen schien. Und doch ist die Musik zeitgemäß, sie besitzt bewegliche Harmonien, die, ohne den Boden der Tonalität zu verlassen, kühn und abwechslungsvoll modulieren. Besonders erfindungsreich ist Wolf-Ferrari im Melodischen.

Geschichte: Nachdem die geistige Verbindung zu Goldoni – fast möchte man sagen: die Seelenverwandtschaft – offenkundig geworden war, sollte sie nicht mehr abreißen. Wolf-Ferrari begann sofort nach dem Erscheinen seiner »Neugierigen Frauen« die Arbeit an den »Vier Grobianen« und vollendete sie im Jahre 1905. Die Uraufführung fand wiederum in München, in deutscher Übersetzung statt. Dieser Abend des 19. März 1906 brachte dem Komponisten seinen vielleicht stärksten Erfolg, der mit zahlreichen Aufführungen – vor allem in Deutschland – die beiden Weltkriege überdauert hat.

Susannes Geheimnis

Intermezzo in einem Akt. Textbuch von Enrico Golisciani.
Originaltitel: Il segreto di Susanna
Originalsprache: Italienisch
Personen: Graf Gil, 30 Jahre alt (Bariton), Susanna, seine Gattin, 20 Jahre alt (Sopran), Sante, Diener, 50 Jahre alt (stumme Rolle).
Ort und Zeit: Norditalien, um 1900
Handlung: Nur zwei singende und eine stumme Person kommen in diesem Ehe-Intermezzo vor, ganz wie zu Zeiten von »Serva padrona« und »Bastien und Bastienne«. Und gerade wie in den alten Opern-Intermezzi muß dieses »Geheimnis« launig und mit echter Spielfreude dargeboten werden. Ein junger Ehemann glaubt Grund zur Eifersucht zu haben, da er seine entzückende Gattin bei überraschender Heimkehr stets ein wenig verwirrt antrifft und Zigarettengeruch in der Luft seines Nichtraucherheimes verspürt. Nach allen möglichen Szenen – zärtlichen, bittenden, drohenden, wütenden – kommt er endlich hinter das Geheimnis, das Susanna, mit Hilfe ihres Dieners, zu vertuschen sucht. Es besteht in ihrer neuen Leidenschaft für das Zigarettenrauchen, dem sie in seiner Gegenwart nicht zu frönen wagt. Der Graf, überglücklich, kein anderes Motiv zur Eifersucht zu haben, beginnt selbst zu rauchen und das Ende hüllt alle drei – auch der Diener steckt sich, nachdem er die Scherben des Krachs aufgelesen hat, beim Abgehen eine Zigarette an – in dichte Tabakswolken.

Quelle: Ein französisches Vaudeville.
Textbuch: Ein hübsches, gut geführtes, überaus harmloses Libretto.
Musik: Eine vom Geist der Opera buffa durchwehte kleine Komödie voll Charme und Witz. Viel Geist steckt sowohl in den beiden Gesangsrollen wie in dem entzückend lebendig klingenden Orchester.
Geschichte: Nach zwei Komödien Goldonis griff Wolf-Ferrari zu einer französischen Vorlage, die aber geistig auf ähnlicher Ebene liegt. Die Handlung wurde nach Piemont um das Jahr 1900 verlegt, und man sollte sie dort und damals belassen, wenn das reizende Lustspielchen heute aufgeführt wird. Eine Aktualisierung hätte wenig Sinn. Welche Gattin versteckt heute eine Zigarette mit so viel Standhaftigkeit und Furcht vor ihrem Gatten? Die Münchner Premiere, am 4. Dezember 1909, brachte Wolf-Ferrari einen neuerlichen Publikums- und Presseerfolg. Seitdem ist das Ehe-Intermezzo zahllose Male über die Bühne gegangen.

Sly

Fast zwei Jahrzehnte liegen zwischen »Susannes Geheimnis« und dieser »Legende vom wiedererweckten Schläfer«; eine Zeitspanne, in der Wolf-Ferraris Stern durch einige weniger geglückte Werke keinen neuen Glanz erhielt. Erst »Sly« wurde wieder zum Internationalen Erfolg, wenn auch in geringerem Maße als die Lustspielopern, als deren Spezialist der Komponist galt. »Sly« ist eine ernste, ja tragische Oper. Gioacchino Forzano hatte den Text geschrieben (der Librettist Puccinis in »Schwester Angelica« und »Gianni Schicchi«) und ihn, nachdem Puccini ihn zugunsten der »Turandot« abgelehnt hatte, Wolf-Ferrari angeboten. Die Grundidee kommt in vielen Literaturperioden vor, von Shakespeare bis Gerhart Hauptmann. Bei Forzano und Wolf-Ferrari erhält die Hauptperson, der betrunkene Dichter Sly, eine erschütternde Ähnlichkeit mit einer der seltsamsten Gestalten, die je Verse schrieb, mit François Villon (1431–1463), dem genialen Vagabunden, der vielleicht als erster tiefe Seelenlyrik mit ungebundener Lebensfreude zu verknüpfen wußte, der dem ihn grausam verfolgenden Schicksal kraftstrotzend die Stirne bot und sich in glühendem Rausche jung verzehrte. In dieser Oper stoßen zwei Lebenskreise aufeinander: der des Grafen – eine hohle, äußerliche Scheinwelt voll zynischen Zeitvertreibs – und der des dauernd am Rande der Trunkenheit torkelnden, von Schulden verfolgten, aber tief empfindenden Dichters Sly. Des Grafen Geliebte stellt das Verbindungsglied dar; des sinnlosen Schloßlebens müde, gelangt sie in die Taverne, wo sie Sly sieht und hört. Der Graf hat eine Idee. Er läßt den bewußtlos betrunkenen Dichter aufs Schloß schaffen, wo ihm beim Erwachen eingeredet wird, er habe die armselige Poetenexistenz während einer zehnjährigen Geistesabwesenheit nur geträumt. Man führt ihm Dolly zu, die Geliebte des Grafen, die die Rolle seiner besorgten Gattin spielen soll; doch sie muß nicht spielen, denn echte Gefühle zu diesem vom Leben geschlagenen, wertvollen Menschen erwachen in ihr. Der »Spaß« des Grafen scheint voll gelungen, nun kann er beendet werden. Plötzlich sieht Sly sich einer lärmenden, Beifall klatschenden Runde von Aristokraten gegenüber. Er wird in den Keller geworfen, wo der Traum völlig zerreißt. Zerlumpt und vernichtet liegt er dort, und doch mit einer neuen Sehnsucht im Herzen: Dolly. Er verzweifelt daran, sie je erringen zu können; mit den Scherben einer Weinflasche öffnet er sich die Pulsadern. Doch Dolly, von der gleichen Sehnsucht getrieben, steigt zu ihm hinab, um für immer mit ihm vereint zu bleiben. Schluchzend wirft sie sich über den Sterbenden. Hier steht ein neuer, ganz anderer Wolf-Ferrari vor uns; war er im »Schmuck der Madonna« ein – nicht besonders glücklicher – Verist, so ist er in »Sly« ein mehrere Stilgattungen vollendet verbindender Komponist: Stimmungsmaler in der Dichtertaverne, leidenschaftlicher Melodiker bei Slys Liebessehnsucht, historisierender Barockmeister bei der Schilderung der Tanzszenen auf dem Schloß, grotesker Komödienkomponist bei Slys Erwachen, Verist bei der Demaskierung und dem tragischen Ende. (Uraufführung: 30. Dezember 1927 in Mailand.)

Die schalkhafte Witwe

Zurück zu Goldoni! Mario Ghisalberti bearbeitet einen der charakteristischsten Texte des großen Venezianers (von dem Goethe in seiner »Italienischen Reise« schrieb: »Großes Lob verdient der Verfasser, der aus nichts den angenehmsten Zeitvertreib gebildet hat«), »La vedova scaltra«. Wie eine schöne, junge venezianische Witwe aus Bewerbern der verschiedensten Nationen den »besten« auswählt, ist mit unvergänglichem Charme erzählt, wobei der Franzose, der Engländer und der Spanier eine Fülle von Spott über ihre nationalen Eigentümlichkeiten zu ertragen haben. Ein Venezianer siegt in dem Wettrennen um die reizende Hand, was an sich nicht aufregend, doch dem Lokalpatriotismus Goldonis (und Wolf-Ferraris) angepaßt ist; das Wesentliche hingegen ist, daß bis zu dieser Pointe zwei sehr vergnügte Stunden vergehen. Der Komponist ist reifer geworden, seit er vor über einem Vierteljahrhundert zum ersten Male Goldoni vertonte; weniger übersprudelnd vielleicht, aber dafür technisch noch vollendeter. Besonders die Ensembles glitzern und funkeln, wie man es in der zeitgenössischen Oper gar nicht gewöhnt ist. Die Uraufführung fand am 15. März 1931 in Rom statt, am 20. Oktober des gleichen Jahres folgten die ersten deutschen Städte, Berlin und Köln.

Il Campiello

»Im wirren Netz der engen venezianischen Gäßchen bilden sich plötzlich winzige Plätzchen, wie sie sonst nirgends vorkommen. Wegen ihrer Kleinheit werden sie nicht ›piazza‹ genannt, sondern in der venezianischen Mundart ›campiello‹. In seiner Abgeschlossenheit stellt solch ein Campiello eine kleine Welt für sich dar. Alle, die dort wohnen, kennen sich, um so mehr, da das Leben sich vielfach im Freien abspielt. Die Enge hat zur Folge: Scherz, Liebe, Streit, Versöhnung. Das bunte Leben eines solchen Campiello wollte Goldoni darstellen und nicht einzelne Ereignisse. Es passiert eine Menge und doch eigentlich gar nichts. Der Campiello selbst ist die Hauptperson des Lustspiels. Das wollte Goldoni durch die Wahl des Titels ausdrücken«, schreibt Wolf-Ferrari. Die deutschen Theater respektieren Goldonis und Wolf-Ferraris Wunsch und bleiben bei dem italienischen, nein, venezianischen Titel: »Il campiello«, höchstens »Der Campiello« (wobei letzteres ein klein wenig anfechtbar sein dürfte). Wie denn sollte man sagen? »Der kleine Platz«, »Das Plätzchen«? Man könnte dann an eine andere Stadt denken, und das wäre von vornherein falsch; dieses Lustspiel, diese Lustspieloper kann und darf nur in Venedig spielen, nahe den romantischen Kanälen, den Palästen, den großen Herren, und doch mitten im Kleinbürgertum, unter schwatzhaftem Volk – seine Typen boshaft, schrullig, verliebt, neidisch, habgierig, eifersüchtig – kurz, menschlich wie überall und doch manchmal hier vom Hauch der »grandezza« angeweht, den die wundersamste aller Städte ihnen – unwillkürlich – verleiht. Goldoni selbst hat sich zum »Campiello« wie folgt ausgelassen: »Ich schrieb ... eine venezianische Komödie in freien Versen mit dem Titel ›Il campiello‹. Es ist eines jener Stücke, die die Römer ›Tabernariae‹ nennen – wir würden sagen: Volksstück. Der kleine Platz, der unveränderte Ort der Handlung, ist von kleinen Häusern umstanden. Darin wohnen Leute aus dem Volke. Auf dem Platz wird gespielt, getanzt, gelärmt. Bald ist er das Stelldichein für Frohsinn und Heiterkeit, bald Schauplatz für Händel und Zänkereien ... Der ›Campiello‹ hat allergrößte Freude erregt. Alles war aus den niederen Volksschichten geschöpft, alles war echt und lebenswahr ...« Das gleiche können wir von Wolf-Ferraris Oper sagen. Alles echt und lebenswahr, alles singend und klingend und herzerfreuend. Es wurde sein letzter, einmütiger Erfolg. (Uraufführung am 12. Februar 1936 in Mailand, deutsche Erstaufführung am 27. Dezember 1936 in München.)

La dama boba

Nachdem er so oft Glück mit Texten Goldonis gehabt hatte, versuchte Wolf-Ferrari es nun einmal mit einem altspanischen Klassiker, der in vielem dem venezianischen Meister recht ähnlich ist: Lope de Vega. Es wäre interessant zu untersuchen, warum sich die Musiker unserer Zeit zu den großen Dramatikern fernliegender Jahrhunderte hingezogen fühlen. Die Spanier Pedro de Alarcón, Cervantes, Calderón und Lope de Vega, die Engländer Shakespeare und Ben Jonson, der Skandinavier Holberg, der Franzose Molière, der Italiener Goldoni, bilden eine unerschöpfliche Fundgrube von Stoffen und Themen. »La dama boba« ist ein schwer zu übersetzender Titel; nicht etwa, daß seine rein grammatikalische Verdeutschung Schwierigkeiten berite: »dama« ist die Dame, und »boba« heißt dumm, töricht. Natürlich ist die Dame dieser Komödie alles andere als dumm; sie tut nur so, wenn es ihr paßt. Deutsche Bühnen wählen häufig den Titel »Die kluge Närrin« für Lope de Vegas Komödie, und der gleiche Titel wird auch oft von den Opernhäusern für Wolf-Ferraris Werk verwendet. Es behandelt den Sieg der Liebe über Torheiten und Habsucht, über Verwechslungen und Mißverständnisse hinweg. Seine Gestalten sind echt spanisch, Madrid des 17. Jahrhunderts; aber die Gefühle sind die ewigen, die überall zu Hause sind. (Uraufführung: Mailand, 1939.)

Der Kuckuck von Theben

Wolf-Ferraris letztes Opernwerk, das auf einen deutschen Text, den Ludwig Andersen (Dr. Ludwig Strecker) gemeinsam mit dem Italiener M. Ghisalberti gestaltete, komponiert wurde, beruht auf der Amphitryon-Sage. Zeus, der nach neuen Abenteuern schmachtet, hat ein Auge auf Alkmene geworfen, die Gattin des thebanischen Feldherrn Amphitryon, der seit langem im Felde steht. In dieser Nacht will der Gott die Erde besuchen und Alkmene in ihres Mannes Gestalt betören. Doch Hera, die Gattin des Zeus, erfährt von dem Plan und will ihn vereiteln. Zuerst bittet sie die Nacht, ihrem ungetreuen Gemahl den Schutz ihrer Finsternis zu entziehen; aber dieser Wunsch wird ihr abgeschlagen. So bleibt ihr nichts anderes übrig, als selbst auf die Erde zu eilen, um Alkmene zu beschützen. Sie erscheint der Bedrohten, die sehnlichst die Heimkehr ihres Gatten aus dem Kriege erfleht, und verkündet ihr, daß Amphitryon schon in der Nähe von Theben sei; aber sie befiehlt ihr, sich in dieser ersten Nacht ihm ferne zu halten und im Tempel zu beten. Erst beim Kuckucksruf – der den Anbruch des Tages verkündet und allen verzauberten Wesen ihre wahre Gestalt wiedergibt – dürfe sie ihren Gemahl umarmen. Trotz aller Drohungen und aller Listen des Zeus gelangt dieser nicht an das ersehnte Ziel. Zuletzt muß Hera selbst zu einer Verkleidung Zuflucht nehmen. Dem heimkehrenden Amphitryon erscheint sie als Alkmene, während diese im Tempel betet und so dem neben ihr knienden Zeus unerreichbar bleibt. Der erlösende Kuckucksruf ertönt, Zeus und Hera entschweben in ihren Göttergestalten empor zum Olymp, während Amphitryon endlich selig seine Gattin Alkmene in die Arme schließen kann. Die Uraufführung dieses Werkes fand in düsteren Kriegstagen statt: Hannover 1943. Wolf-Ferraris Musik ist überzeitlich. Nach einem eigenen Ausspruch fand er die Idee der Oper – und der Musik überhaupt – nicht darin, die Probleme der Zeit zu vermehren, sondern sie im Gegenteil zu glätten, zu mildern, zu lösen.

Franz Alfons Wolpert
1917-1979

Franz Alfons Wolpert war ein viel zu spät erkannter, ausgezeichneter Komponist, der neben zahlreichen Werken auf dem Gebiete der Instrumental-, Kammer-, Chor- und sinfonischen Musik (seine »Urworte, orphisch« errangen 1959 den Robert-Schumann-Preis der Stadt Düsseldorf) auch auf dem Gebiet des Musiktheaters tätig war. Er war Sängerknabe bei den Regensburger »Domspatzen«, besuchte die Kirchenmusikschule, dann das Salzburger Mozarteum, wo der große Ermanno Wolf-Ferrari sich seiner besonders annahm. Nach kurzer Theaterlaufbahn nahm er, um ruhig schaffen zu können, den Posten eines musikalischen Leiters der bedeutenden Salem-Schule am Bodensee an. Hier entstand seine höchst beachtenswerte »Neue Harmonik«, ein wertvoller Versuch, Klarheit in das Chaos der Musik seiner Zeit zu bringen. Für das Theater schuf er die reizende Märchenoper »Der goldene Schuh«, aus der eine Ballettsuite nicht selten gespielt wird, sowie die ernste Oper »Hero und Leander«. An die breitere Öffentlichkeit gelangte »Der eingebildete Kranke«, eine Lustspieloper nach Molières berühmter Komödie; Wolpert arbeitete an ihr während der Jahre 1962 und 1963.

Wolpert war stets sein eigener – hochbegabter – Textdichter. Auch den Stoff seines »Eingebildeten Kranken« übernahm er keineswegs unverändert, schuf also keine »Literaturoper«, wie sie zu dieser Zeit in Mode stand. Jean Baptiste Poquelin, der sich Molière nannte und 1622 geboren war, starb während der Darstellung seiner Komödie »Le Malade Imaginaire«, in der er die Rolle des »Eingebildeten Kranken« selbst übernommen hatte, an einem Blutsturz auf der Bühne am 17. Februar 1673. Sein Stück gehört zu den meistgespielten der »Klassik« und Goethe bezog sich nicht zuletzt auf dieses Meisterwerk, als er den Satz prägte: »Molière züchtigte die Menschen, indem er sie in ihrer Wahrheit zeichnete.« Wie hier ein Monsieur Argan von hundert eingebildeten Leiden durch die gesunde Lebenseinstellung seiner Dienerin Toinette geheilt wird, und wie dabei zugleich eine Reihe anderer »Probleme« gelöst wird, bildet bekanntlich den vergnüglichen Inhalt des Stückes. Wolperts Oper ist melodisch wie harmonisch und rhythmisch mit der Tradition verbunden, wirkt aber dennoch völlig »zeitgemäß«. Ein flüssiger Parlandostil sowie die Fähigkeit, die Bühnenhandlung musikalisch zu untermalen, schaffen einen Lustspielcharakter, der an beste Vorbilder anknüpft und für den das Wort »gestisches Musiktheater« nicht des Sinnes entbehrt. In den Partien der wenigen, jedoch feingezeichneten Charaktere finden sich Phrasen, ja Melodien von starker Ausdruckskraft. Wir erleben, rein aus der Musik, die Säuerlichkeit, Rechthaberei, willkürliche Launenhaftigkeit Argans; Bélines Falschheit und ihr niederträchtiges Komplizentum mit dem Notar Loyal findet adäquate musikalische Behandlung, wie sie stellenweise derber nicht gedacht werden kann. Angéliques echte Schwärmerei und Innigkeit, Cléantes Leidenschaft rufen entsprechende Klänge in Singstimmen und Orchester hervor. Die lächerlichen Ärzte, Vater und Sohn, sind mit grimmiger Bosheit musikalisch abkonterfeit. Die reichste musikalische Ausstattung hat begreiflicherweise Toinette erhalten. Nicht nur, weil sie in drei Rollen erscheint – als sie selbst, als Schäfer in der improvisierten Maskerade und als angeblicher Arzt, – sondern vor allem, weil in ihr eine Fülle ansprechender menschlicher Züge vereint ist und durch ihren Mund manche Lebensweisheit ausgesprochen wird.

Isang Yun
1917

Der am 17. September 1917 in der südkoreanischen Hafenstadt Tong Yong (heute Chungmu) geborene Komponist ist wahrscheinlich der erste, dem eine Synthese zwischen der Musik seiner fernöstlichen Heimat und dem Abendlande gelang. Er wuchs zur Zeit der japanischen Besetzung auf, studierte in Osaka und Tokio, wurde Musiklehrer an der Universität in Seoul, erhielt einen Kunstpreis, der ihm eine Europareise ermöglichte, lebte 1956 in Paris, 1957–59 in Berlin, wo er von Boris Blacher entscheidende Anregungen erhielt. Er ging später nach Krefeld, Freiburg/Breisgau und Köln, bis er 1964 Kompositionsprofessor an der Berliner Hochschule wurde, wo er sich niederließ. Dort fand er in dem Theaterwissenschaftler, Schriftsteller und Verleger Dr. Harald Kunz einen verständnisvollen Mitarbeiter, der ihn auf den Weg des Musiktheaters wies, das ihm durch sorgfältig gewählte Sujets völlig neue Bereiche erschloß. »Der Traum des Liu Tung« wurde 1965 in Berlin zum Aufmerksamkeit erregenden Erfolg. Aber schon 1968 wurde Isang Yun vom Geheimdienst seines Landes zur Rückkehr gezwungen, der Spionage zugunsten Nordkoreas angeklagt und zu lebenslänglichem Kerker verurteilt. Nicht so sehr die Haltlosigkeit der Beschuldigungen als ein weltweiter Protest vermochte ihn 1969 aus der Haft zu befreien. Seitdem lebt Isang Yun als freischaffender Künstler wiederum in Berlin. Mit der »Witwe des Schmetterlings« ergänzte er nun seine erste, einaktige Oper zu einem vollständigen Theaterabend. »Geisterliebe« war das nächste gemeinsame Werk mit Harald Kunz, und dann erhielten die beiden Autoren den ehrenvollen Auftrag, die Festoper für die Münchener Olympiade 1972 zu schaffen, die sehr bewußt kulturelle und künstlerische Leistungen in das große Sportereignis einbauen wollte; so entstand »Sim Tjong«.

Der Traum des Liu-Tung

Harald Kunz wies dem Komponisten einen chinesischen Stoff aus dem 14. Jahrhundert, den Isang Yun im Auftrag der Berliner Festwochen zu einer Kurzoper verarbeitete. Damals bildete die Möglichkeit einer Verbindung östlicher und westlicher Musik noch ein kaum ernsthaft angerührtes Problem: beide besitzen völlig verschiedene Ausdrucksformen, Ideale und Ziele. »Beim Komponieren hatte ich das Bedürfnis, eine innere Dramatik zu finden, die Musik möglichst leise, aber trotzdem dramatisch, intensiv und kantabel zu gestalten. Die Kantilene ist in unserer alten, traditionellen Musik völlig neu, wobei einzelne Töne den Ausdruck sehr stark prägen. Die vielen dynamischen Änderungen und Umspielungen, die wir kennen, wollte ich trotz meiner neuen (europäischen) musikalischen Sprache als wesentliches Element in die Komposition verarbeiten«, erklärte der Komponist nach der Uraufführung in Berlin am 25. September 1965. Die Handlung dieser chinesischen Erzählung zerfällt in eine Rahmenhandlung – in der ein weiser Eremit den göttlichen Auftrag erhält, den Studenten Liu-Tung in die Weisheitslehre des Tao einzuführen – und in vier Traumbilder, die Liu-Tung im hypnotischen Schlaf erlebt, in den sein Lehrer ihn versetzen muß, da im Wachen sein Widerstand zu groß ist. In diesem Zustand durchläuft er Leidenschaften, Verrat, Liebe, Haß, Verurteilung zum Tode, Flucht und schließlich den Tod durch Mörderhand. Als er aufwacht und erkennt, daß er 18 Jahre seines Lebens nur geträumt hat, bittet er den Eremiten, ihn den Weg des Tao zu führen.

Geisterliebe

Wieder ist Harald Kunz, der sich erstaunlich in die östliche Gedanken- und Gefühlswelt einleben kann, der Textdichter. Er bearbeitet dieses Mal die Novelle »Wiedergeburt« aus der Sammlung chinesischer Geschichten, die der bedeutende Dichter Pu Sung-Lin (17. Jahrhundert) in literarische Form gefaßt und die Martin Buber mit tiefstem Verständnis erstmalig in deutscher Sprache veröffentlicht hatte. »Der Kern der Handlung ist der Gedanke der Wandlung: ›Geborenwerden heißt Sterben, und Sterben heißt Geborenwerden. Erst aus der Verbindung von reinem Intellekt und reinem Trieb, zweier im Nirgendland angesiedelten Utopien, bildet sich volles Leben.‹ Dieses Leben aber ist seiner Natur nach endlich, todgerichtet, dem Wandel unterworfen«, erläutert Harald Kunz die alte Parabel von den Füchsinnen, die sich nach einem Leben in Menschengestalt sehnen. Die Fuchsgeister Ostasiens sind eng mit Religion und Magie verbunden. Sie gehören zu den heiligen Tieren, denen in China bis vor kurzem noch Tempel und Altäre geweiht wurden, und sie spielen eine Vermittlerrolle zwischen dem Menschen und den himmlischen Mächten. In der Oper erlebt ein junger Gelehrter, der an einer Schrift arbeitet, in der Irrlehren bekämpft und Aberglauben widerlegt werden soll, gerade das Phänomen, dessen Nichtexistenz er beweisen will: die Existenz von Dämonen und ihre Liebe. Er findet sich schließlich bereit, die Füchsinnen in Frauen verwandeln zu lassen, denn »Menschenliebe bringt Leben den Geistern«. Aber er selbst geht zugrunde, denn »Geisterliebe bringt Tod dem Mann«. (Uraufführung: Kiel, 20. Juni 1971).

Sim Tjong

Dieses Libretto ist einer tiefsinnigen koreanischen Legende entnommen und von Harald Kunz auf hohem dichterischem Niveau zur Bühnenhandlung gestaltet. Nach taoistisch-buddhistischem Glauben lenken die Himmlischen mit größter Aufmerksamkeit das irdische Geschick. Nach langen Jahren der Ehe schicken sie einer ihrer Engel dem blinden Gelehrten Sim, dessen Gattin bei der Geburt stirbt. Die Tochter, Sim Tjong, wird zur liebevollen Begleiterin ihres Vaters, den sie niemals verläßt. Sie schlägt jede weltliche Liebe aus, um bei ihm bleiben zu können. Als Sim eines Tages, aus einer Gefahr gerettet, Buddha ein Opfer bringen will, redet man ihm ein, er könne sein Augenlicht wiedergewinnen, wenn seine Spende groß genug sei. Er verspricht 300 Säcke Reis und überlegt zu spät, daß er sie nicht besitzt und nicht bezahlen kann. Sim Tjong aber erlaubt nicht, daß ihr Vater einer solchen Möglichkeit entsage, noch daß er »sein Gesicht verliere«, wenn er das Versprechen zurückziehe. Sie verkauft sich um den gleichen Preis an Seeleute, die eine reine Jungfrau als Opfer für den Drachenkönig suchen, der ihre Schiffe beschützen soll. Auf hoher See springt Sim Tjong in den Ozean und wird, wie alle

Bräute des Drachenkönigs, in eine Pflanze auf dem Meeresgrund verwandelt. Doch bedeutet dies kein Sterben für sie, der die Götter eine höhere Aufgabe vorbehalten haben. Sie wird, eingehüllt in die Blätter einer Lotosblüte aus der Tiefe des Meeres gezogen und dem Kaiser als Geschenk gebracht. Dieser betet die wundervolle Blüte an. Sim Tjong entsteigt ihr und wird Kaiserin. Sie sucht ihren Vater, der in den Palast gebracht wird. Er hat inzwischen viel Böses erlebt, glaubt vor Gericht zu stehen und fordert sein Todesurteil. Da öffnen sich ihm die Augen, er erkennt seine Tochter und segnet das Paar. Dann geht er davon, der unendlichen Ferne entgegen, wo seine längst verstorbene Gattin seiner harrt und ihn ruft. Yuns Musik ist farbig und stimmungsreich, das große Orchester wird nun selten eingesetzt, zumeist wird das Geschehen durch kammermusikalische Klänge mit asiatischen Instrumenten angereichert, unterstrichen. (Uraufführung: Staatsoper München, 1. August 1972, anläßlich der Olympischen Spiele.)

Alexander von Zemlinsky
1872–1942

Ein von den unerbittlichen Rädern der Zeit erbarmungslos Zermalmter, einer der wahrhaften Urmusikanten seiner Zeit, ein äußerst feinsinniger Dirigent, der seine Position niemals zur Propagierung seiner eigenen Musik ausnützte: das war Alexander von Zemlinsky, der Lehrer, Schwager und Freund Schönbergs wurde, ohne dessen Weg in die Atonalität und den »Zwölfton« mitzumachen. Er blieb ein Spätromantiker, Nach-Wagnerianer, Brahms-Verehrer, Mahler-Verwandter. Als solcher begann er seine Kapellmeister- und Komponistenlaufbahn; erstere führte ihn an die Wiener Hofoper (in der Mahler-Ära), als Chef an die Deutsche Oper in Prag (»Wenn Sie einen schönen ›Don Giovanni‹ hören wollen, müssen Sie zu Zemlinsky nach Prag gehen«, Igor Strawinsky), zuletzt an die Berliner Krolloper, wo er in einer unglaublich positiven Ära zum Mitarbeiter Klemperers wurde. Dann vernichtete der Nationalsozialismus diese Blüte, trieb Zemlinsky in seine Heimatstadt Wien zurück und zwang ihn bald auch dort zur Emigration in die USA, wo er (in Larchmont, New York) starb. Seine Opern, kaum zum Leben erweckt, verschwanden. Schönbergs Prophezeiung: »Möglicherweise wird seine Zeit früher kommen als man denkt«, erfüllte sich nicht. Vereinzelte Versuche, Zemlinskys wertvolles Bühnenschaffen neu zu beleben, fand Interesse, führten aber erst um 1980 zu intensiverer Wiederentdeckung. (Siehe Nachtrag S. 685)
»Kleider machen Leute« stellt Zemlinskys drittes Bühnenwerk (nach »Sarema«, 1897, und »Es war einmal«, 1900) dar, und seinen ersten durchschlagenden Erfolg, wenn dieser auch erst beim zweiten Anlauf eintrat: der Uraufführung im Wiener Kaiser-Jubiläums-Stadttheater (der späteren Volksoper) im Jahre 1910 folgte eine durchgreifende Umarbeitung mit nachfolgender Erstaufführung am 20. April 1922 im Deutschen Theater Prag. Der Librettist Leo Feld nahm die bekannte Novelle Gottfried Kellers aus dem Zyklus »Die Leute von Seldwyla« zur Grundlage seines Spiels, das im wesentlichen eine liebevolle Kleinstadtidylle – mit ironischen Ausfällen gegen das Spießbürgertum – genannt werden kann. Ein Schneider ist mit zwei seiner Gefährten nach der Lehrzeit in Seldwyla in »die Welt« aufgebrochen, sie verabschieden sich voneinander an der Stadtgrenze, keiner besitzt mehr als seinen Fingerhut. Wenzel sitzt trübselig auf einem Meilenstein, als ein herrschaftlicher Wagen mit Grafenkrone am Schlag stehen bleibt: er ist leer, nur der Kutscher fragt nach dem Weg nach Goldach und nimmt Wenzel, der ebenfalls dorthin möchte, mit. So fährt Wenzel, dem das harmlos aussehende Abenteuer gefällt, vor dem Goldacher Gasthof vor, wird »gebührend« empfangen und steht plötzlich im Mittelpunkt ungeahnter »Ereignisse«, unter denen ihm besonders die freundlichen Blicke Nettchens, der Tochter des Amtsrats zusagen; die hat soeben dem Prokuristen Böhni einer Goldacher Firma eine Absage auf seinen Heiratsantrag erteilt, da sie »höhere« Pläne als die Ehe mit einem Büromenschen hege. Doch Böhnis Eifersucht ist geweckt, als er das beginnende Idyll Nettchens mit dem »Grafen« entdeckt, dessen Benehmen und von Nähnadeln zerstochene Finger seinen Argwohn erwecken. Rasch geht er dessen Fährte nach, findet die Leute

665

von Seldwyla, die Wenzel gut kennen, bereit, diesem einen Streich zu spielen; dazu bietet sich eine glänzende Gelegenheit, als der überglückliche Amtsrat von Goldach die Verlobung seiner Tochter mit dem »Grafen« bei einem Fest bekanntgeben will: Wenzel, entlarvt aber von schwerem Druck befreit, will Abschied von dem völlig ungewollten und ungesuchten Abenteuer nehmen, – doch Nettchen läßt ihn nicht mehr fort ... Zemlinskys Musik überraschte seine Hörer gewaltig: dem überaus feinsinnigen Interpreten großer romantischer Werke hätte man den volkstümlichen Ton, die versponnene Lyrik, den klugen, nie aufdringlichen Humor in so konzentrierter Form kaum zugetraut; nun stellte er sich mit einem Werk vor, das ohne Bedenken zu den besten – nicht nur deutschen – Spielopern gerechnet werden muß. Seine musikalische Technik ist geradezu verblüffend. Es dürfte wenige solcher »Könner« gegeben haben, denen noch dazu etwas einfiel. Es gibt noch Leitmotive bei ihm, aber sie kehren nicht, wie gelegentlich bei Wagner, unverändert wieder, sondern unterliegen dauernder Entwicklung, werden geistreich variiert und bleiben doch eingängig. Das Orchester klingt berückend: Zemlinsky basiert stets auf einer gesunden Symphonik, die aber den Singstimmen doch ihr Eigenrecht läßt. Ein Liebesduett atmet geradezu den Charakter eines Volkslieds, das Lied »Lehn' deine Wang' an meine Wang'« (zu dem hier sinnvoll eingelegten Heineschen Gedicht) singt sich ins Herz, und daß Musik humorvoll sein kann, wird an vielen Stellen dieses Werkes klar, dem eine echte Verbreitung zu wünschen wäre.

»Eine florentinische Tragödie« (uraufgeführt 1917 in Stuttgart) stellt einen dramatischen Einakter dar, der in die Stilrichtung des Verismus gehört: zu seinen geistigen Vätern gehört Schillings' »Mona Lisa«, Korngolds »Violanta«, in gewissem Sinne aber auch Richard Strauss' grandiose »Salome«, die, so wie Zemlinskys Werk, auf einen Text Oscar Wildes komponiert wurde. Die blutrünstige Handlung ist in das Florenz der Renaissance verlegt: Simone, ein reicher Kaufmann, kehrt von einer Reise heim und findet den jungen Prinzen Guido Bardi bei seiner schönen Gattin Bianca. Die Situation scheint unverfänglich, aber Simones wachgerufene Eifersucht enthüllt ihm bald die Intimität jener Beziehung. Noch spielt er den aufmerksamen Gastgeber, bewirtet den Rivalen, zeigt ihm Kunstschätze. Beim Betrachten einiger prachtvoller Degen geht das Spiel in Ernst über, aus den Anspielungen wird Anklage. Die Männer stehen einander im Zweikampf gegenüber. Bald tauschen sie die Degen gegen Dolche, zu deren Aufblitzen Bianca die Fackel halten muß. Zuletzt verwirft Simone auch diese Waffe, zur Weißglut gebracht durch die aufreizenden Worte, die sein Weib dem Prinzen zuflüstert, krallt er endlich seine bloßen Hände in dessen Hals. Über dem tot zusammensinkenden Ehebrecher aber geschieht das fast Unglaubliche: Bianca erglüht in Bewunderung für ihren Gatten: »Warum hast du mir nicht gesagt, daß du so stark?«. Und seine Erwiderung: »Warum hast du mir nicht gesagt, daß du so schön?« Zemlinsky zeigt sich hier von einer gänzlich anderen Seite als in »Kleider machen Leute«: dramatisch, sinnlich, von gewaltigen Rhythmen gepeitscht, von glutvoller Leidenschaft mitgerissen.

»Der Zwerg«, uraufgeführt 1922 in Köln, ein »Tragisches Märchen in einem Akt«; das Textbuch schrieb Georg Klaren nach Oscar Wildes berühmter Novelle »Der Geburtstag der Infantin« (die übrigens Franz Schreker einige Jahre zuvor zu einer Pantomime gestaltet hatte und die auch von anderen Komponisten – so dem Frankfurter Bernard Sekles – vertont wurde). Das spanische Kolorit ist durch die Musik Zemlinskys diskret, aber deutlich festgelegt, doch die Handlung könnte an jedem feudalen Hof der Vergangenheit spielen. Die Prinzessin bekommt zu ihrem 18. Geburtstag eine Fülle von Geschenken, darunter auch ein lebendes: einen Zwerg, der noch dazu abschreckend häßlich ist. Er ahnt nichts von seiner erzwungenen Außenseiterrolle, hält sich für einen strahlenden Prinzen und versteigt sich, als die Infantin ihn in grausamem Spiel eine Gefährtin unter ihrem Hofstaat suchen läßt, zur Wahl ihrer selbst. Hohnlachend wird er zurückgewiesen, doch eine Gespielin, von der Prinzessin damit beauftragt, dem Unglücklichen doch einen Spiegel vorhalten zu wollen, bringt dies nicht übers Herz. In einer neuen Laune schenkt die Infantin dem Zwerg eine weiße Rose. Noch einmal wähnt er sich geliebt, aber hinter einem stürzenden Vorhang erblickt er plötzlich sein eigenes Bild im Spiegel: er bricht zusammen, drückt im Sterben noch die Rose ans Herz, aber vernimmt die Ballmusik nicht mehr, zu der die grausame, herzlose Prinzessin weitertanzt. Wieder kann man von einem Bühnenwerk Zemlinskys nur mit Ausdrücken hoher Bewunderung sprechen: Können und Einfälle sind vollendet miteinander verbunden. Es ist unbegreiflich, wie solche Werke jahrzehntelang von den Bühnen übersehen oder vernachlässigt werden konnten, zumal sie bei ihren ersten und frühen Aufführungen stets von echtem, begeistertem Erfolg begleitet waren.

»Der Kreidekreis« (uraufgeführt in Zürich am 14. Oktober 1933) vertont ein Theaterstück des Dichters Klabund, das, von seinem Erscheinungsjahre 1925 angefangen, die Bühnen der gesamten Welt eroberte. Es schildert, im chinesischen Milieu des Originals den Kampf um das »Höchste«: die Gerechtigkeit. Das junge, gute und unschuldige Mädchen Haitang, Tochter eines vom Steuerpächter Ma in den Selbstmord getriebenen Mannes, muß sich, um ihre Familie zu erhalten, an ein Teehaus verkaufen. Dort lernt der kaiserliche Prinz Pao sie kennen und lieben, kann aber ihren Kaufpreis nicht erlegen, da der böse Ma Haitang um eine viel größere Summe in seine Gewalt bringt. Haitang gebiert einen Knaben. Die »Hauptfrau« Mas, die stolze Yü-Pei, beschließt aus Eifersucht, sie zu beseitigen: sie vergiftet ihren Gatten und bezichtigt Haitang dieser Tat und des Kindesraubs. Sie besticht die Richter und schon scheint ihr Plan zu gelingen. Da stirbt der Kaiser und Pao besteigt den Thron. Er ordnet ein neues, gerechtes Verfahren an. Das Kind soll in einen Kreidekreis – der in China vielerlei symbolisiert – gelegt und von den beiden Frauen, die Anspruch auf den Knaben erheben, in entgegengesetzte Richtungen gezerrt werden: so müsse sich zeigen, wer die wahre Mutter sei. Es zeigt sich auch wirklich, aber anders als vorgesehen: kaum hat der grausame »Kampf« begonnen, läßt Haitang erschrocken los, um ihrem Kinde nicht wehe zu tun. Sie wird des Kaisers Gemahlin, über die Verbrecher wird das Urteil gesprochen: »Gerechtigkeit, sie sei dein höchstes Ziel, denn also lehrts des Kreidekreises Spiel«. Zemlinsky zeigt sich in dieser Oper »mehr als Lyriker denn als kräftig zupackender Dramatiker, mag diesem erfahrenen Opernmenschen auch keine Ausdrucksregion verschlossen sein. Er ist ein ungemein feiner, aparter Kolorist... ein Könner von höchsten Graden, der nie zum Routinier herabsinkt...« (W. Schuh).

»Der Traumgörge« müßte seiner Ursprungszeit nach an den Anfang unserer Besprechung der Bühnenwerke Zemlinskys gehören; aber das Schicksal wollte, daß dieses zu Ende seiner Direktionszeit noch von Gustav Mahler für die Wiener Hofoper geplante, von seinen Nachfolgern dann verworfene und vergessene Stück erst fast ein Dreivierteljahrhundert später – in Nürnberg am 11. Oktober 1980 – das Rampenlicht erblickte. Der Text stammt – wie bei »Kleider machen Leute« – von Leo Feld und darf kaum als starker Träger für Zemlinskys Musik gelten: Ein lebensfremder Träumer verläßt das Heimatdorf und die ihm dort zugedachte Braut. Er läuft einem Traum, einer Vision nach, die ihn fern von seiner Heimat führen, zum Vagabunden machen und in seltsame Abenteuer verstricken; er gerät unter Aufrührer, rettet eine der Hexerei beschuldigte Frau vor der Lynchjustiz der Menge, flieht mit ihr, begründet mit ihr ein neues Leben. Dann aber kehrt er mit ihr in sein Dorf zurück, wo er eine Erbschaft gemacht hat und zu einer geehrten Persönlichkeit mit bürgerlicher Familie und trautem Heim wird, – ist es eine Parodie, ist es die ironische Feststellung, daß Revolutionäre mit zunehmendem Alter in der Bürgerlichkeit zu enden pflegen? Die Uraufführung fand, inmitten einer ansonsten lebhaft begrüßten Zemlinsky-Renaissance nur ein sehr geteiltes Echo, obwohl auch in diesem Werk die vielen Werte seiner Musik bereits klar erkennbar werden: »Der Traumgörge« wurde von dem damals schon erfolgreichen Dirigenten mit etwa dreißig Jahren komponiert. Es fehlte ihm nicht an Einfällen und glänzender Technik zur bedeutenden Komposition, sondern vielleicht nur am unerläßlichen Kriterium dem Libretto gegenüber.

Winfried Zillig
1905–1963

Der 1905 in Würzburg geborene Winfried Zillig ist durch zahlreiche Werke zu einer angesehenen Stellung innerhalb der »neutönerischen« Komponisten unserer Zeit gelangt. Er gehört zu den Dodekaphonikern, die die Reihentechnik nicht orthodox, sondern nach der jeweiligen künstlerischen Notwendigkeit anwenden. Er war Kapellmeister an verschiedenen deutschen Theatern, bevor er zum Hessischen Rundfunk Frankfurt am Main und im Jahre 1959 als Leiter der Hauptabteilung Musik zum Norddeutschen Rundfunk Hamburg kam.
Er hat eine Reihe von Opern geschrieben, die viel beachtete Premieren erlebten, aber für das Publikum zu schwierig waren, um dauernden Erfolg zu haben. Nennen wir »Die Rosse« (Düsseldorf, 1933) auf den großartigen Text des österreichischen Dramatikers Richard Billinger: die Tragödie eines Knechtes, der die Pferde des Gutshofes tief und innig liebt, und ihretwegen zum Mörder wird. Erwähnt sei auch »Das Opfer« (Hamburg, 1937), eine Art Oratorienoper, die die Selbstaufopferung eines Expeditionärs auf Scotts Südpolfahrt darstellt. »Die Windsbraut« (1941) bringt ein mystisches Undinethema, zu dem wiederum Richard Billinger den Text schuf. Hier geht es um die Erlösung eines unirdischen Wesens durch die Liebe. Die aus dem Geisterreich stammende »Windsbraut« wird auf einen Bauernhof gebannt, wo die Hexenkünsten zugetane Frau einen Halt für ihren vagabundierenden Sohn sucht. Die innige Zuneigung macht den Bauernsohn seßhaft und lebensfroh und die Windsbraut zu einer irdischen Frau. »Troilus und Cressida« (Düsseldorf, 1951) bezieht seinen Stoff, wenn auch in freier Bearbeitung, von Shakespeare. (Er wurde etwa gleichzeitig von dem Engländer William Walton, wenn auch in ganz anderem Stile, komponiert.) »Die Verlobung in Santo Domingo« entstand als Funkoper (Norddeutscher Rundfunk Hamburg, 1958) und wurde vom Komponisten später (Bielefeld, 1961) zum Bühnenstück umgearbeitet. (Zwei Jahre danach kam Werner Egks Oper über den gleichen Stoff heraus). Dem einaktigen Werk liegt eine starke Dichtung Kleists zugrunde, die den Negeraufstand auf der Antilleninsel schildert, wo heute Haiti und die Dominikanische Republik liegen. In dessen Verlauf kommt es zu einem Gemetzel unter den Weißen, die jahrhundertelang die Schwarzen unterdrückt hatten. Es ist ein soziales Drama, aber fast mehr noch die Tragödie des blinden Rassenwahns, der sich hier unerbittlich abspielt. Über den Abgrund des Hasses hinweg lieben sich ein französischer Offizier und eine Mestizin; wenn sie auch in den Geschehnissen zugrunde gehen müssen, liegt ihre Zuneigung doch tröstlich über dem grausamen Geschehen.

Bernd Alois Zimmermann
1918–1970

Am 15. Februar 1965 ging in Köln/Rhein – fast über Nacht – der Stern eines neuen Opernkomponisten auf, der zwar eines der kompliziertesten, aber wahrscheinlich auch der bedeutendsten Werke des Musiktheaters geschaffen hat. Der Mann, der sich nur fünf Jahre später das Leben nahm, heißt Bernd Alois Zimmermann. Er stammte aus der Nähe von Köln, er starb in Köln. »Die Soldaten« blieben sein einziger Beitrag zur problematischen Gattung der Oper des 20. Jahrhunderts, die er um etwas absolut Neues, im wahrsten Sinne »Unerhörtes« bereicherte. Dazu bediente er sich eines »klassischen« Stückes gleichen Namens, das allerdings alles eher als »klassisch« war, als es 1775 erschien. Der Autor, Jakob Michael Reinhold Lenz (1751–92), den Goethe »ein seltsamstes und indefinibelstes Individuum« nannte, war eine haltlose, verkrachte Existenz, die »mit der Theologie begann, später Hofmeister, also Reisebegleiter und Dolmetscher wurde, dann als Hauslehrer von der Hand in den Mund lebte und schließlich nach Wahnsinnsanfällen und fruchtlosen Reisen im

Elend starb« (H.J. Herbort), als Dichter zu den »Stürmen und Drängen« gezählt werden muß, die die Vorhut der Romantik bildeten. Was Lenz in den »Soldaten« beschreibt, diese ungeheuerliche Verkommenheit des Offiziersstandes seiner Zeit, die unüberbietbare Gewissenlosigkeit ihrer Mitglieder in den »Liebes«-Affären mit bürgerlichen Mädchen hat Lenz in vielen Städten mit eigenen Augen gesehen. Sein Drama, das den tragischen Abstieg eines Liller Bürgermädchens schildert, die eines adligen Offiziers Geliebte und alsbald von Stufe zu Stufe abwärts gestoßen wird, bis sie in der Gosse endet, vergewaltigt und verachtet, so daß ihr eigener Vater an ihr vorbeigeht ohne sie zu erkennen, – dieses Sittenbild des 18. Jahrhunderts ist mit Feueratem geschrieben, kümmert sich nicht um dramatische Regeln und nimmt, wie Lenz selbst schrieb, »sein halbes Dasein mit«. Er setzt im Brief an Herder, dem er es schickt, hinzu: »Es ist wahr und wird bleiben, mögen auch Jahrhunderte über meinen armen Schädel verachtungsvoll fortschreiten. Amen.« Immer wieder von den Theatern hervorgeholt, haben die »Soldaten« ihre Wirkung nie verloren, Grauen verbreitet und Scham über den hier so realistisch gemalten Zynismus. Im Jahre 1957 machte der damalige Oberspielleiter des Kölner Opernhauses, Erich Bromann, den noch nicht vierzigjährigen Zimmermann auf Stoff und Werk aufmerksam. Für den Komponisten bedeutete das »eine jener Findungen, wie sie (gelegentlich) nach langen Jahren des Suchens zuteil werden«; er entdeckte, »daß hier ästhetische Prinzipien aufgestellt und raumzeitliche Anschauungen entwickelt waren, die weitgehend seinen musikalisch-zeitlichen Vorstellungen entsprächen« (H.J. Herbort). Das Drama war ein ungeheuer kühnes Experiment im Jahre 1775: es warf Vergangenheit, Gegenwart und Zukunft wild und doch in logischer Verkettung und dramatischer Hochspannung durcheinander. Genau das erstrebte auch Zimmermann mit seiner Vertonung. Noch im gleichen Jahr erteilte die Oper, 1958 bestätigte die Stadt Köln den Auftrag an Zimmermann. Die Arbeit nahm ungefähr zwei Jahre in Anspruch, schon war die Uraufführung für Juni 1960 angesetzt. Da hatte ein neuer Intendant, Oscar Fritz Schuh, den vorherigen Herbert Maisch abgelöst, und hielt, in Übereinstimmung mit dem Opernchef, diese Partitur für unaufführbar. Der Disput – von beiden Seiten her völlig verständlich und begründbar – währte lang. Dann verstand Zimmermann sich zu einer »praktischen Aufführungsversion«, immer noch immens schwierig, aber mit größtem Einsatz aller Beteiligten lösbar. Nur wenige Theater konnten der Kölner Oper »Die Soldaten« nachspielen, und es sieht auch nicht so aus, als könnten sie jemals Repertoirestück werden. Aber das ändert nichts an ihrer musikhistorischen, theaterhistorischen Bedeutung.

Das Original, das 35 Szenen umspannt, ist auf 15 gekürzt, diese verteilen sich auf vier Akte. Wesentlich ist, daß »keine Geschichte mehr erzählt, sondern eine Situation dargestellt wird; nicht die Fabel spielt eine Rolle, sondern der Befund, das Ergebnis einer Diagnose; es wird ein Bericht über eine Situation vorgelegt und in die Ebene musikalischer Autonomie transponiert. Das Entscheidende an dieser Situation: sie enthält weder ein Individualschicksal, noch ist sie an eine bestimmte Zeit gebunden...« (H.J. Herbort). Zimmermanns Vorgehen ist nicht leicht zu erklären. Seine musikalische Technik ist von Schönbergs Zwölftontheorie hergeleitet, ja, das ganze Werk ist auf einer einzigen »Reihe« aufgebaut. Doch nicht dieses technische Detail ist das Entscheidende: das Publikum bemerkt es überhaupt nicht. Das Wesentliche ist, daß ungeheure dramatische Spannungen entstehen, in denen eine »Melodie« nach alter Weise fehl am Platze wäre. Besonders fesselnd sind die zeitlichen Überlagerungen, die Synchron-Szenen, die Gleichzeitigkeit von Gegenwart und Vergangenheit, die musikalisch erkennbar wird, während der gewaltige szenische Apparat sie vor Augen führt. Ein »Gesamtkunstwerk« moderner Prägung, unter Ausnützung aller technischen Möglichkeiten unserer Zeit von einem schöpferischen Geist des 20. Jahrhunderts in seltsamer Kommunikation mit einem Genie des 18. geschaffen.

Nachtrag

Franco Alfano

Mehr als ein halbes Jahrhundert lang schien die Ergänzung von Puccinis *Turandot* durch Franco Alfano eine als erledigt zur Kenntnis genommene Tatsache zu sein. Ihm wurde die Partitur übergeben, als der Großmeister des italienischen Verismus in Brüssel nach einer Krebsoperation starb; sie war bis zum Tod der liebenden Sklavin Liu gediehen, und der treue Freund und Schüler ergänzte aus vorhandenen Skizzen das Werk so nahtlos, daß selbst einige zu plötzliche dramatische Entwicklungen kaum auffielen. Nun aber, in den achtziger Jahren, stellt sich aufgrund der Originalarbeit Alfanos, die im Archiv der Mailänder Scala gefunden wurde, heraus, daß hier eine wesentlich längere und gründlichere Fassung unterdrückt worden war: Toscanini, der Dirigent der legendären Uraufführung, hatte sich geweigert, diese Ergänzung anzuerkennen. Er reduzierte sie auf die wenigen Takte, die ihm notwendig erschienen, um das Werk seines Freundes Puccini würdig zu beenden. Heute aber mehren sich die gewichtigen Stimmen, die Alfanos vollständige Arbeit für wertvoller halten, da sie dramatisch den Umschwung in Herz und Seele Turandots von der kalt abweisenden zur liebenden Frau wesentlich glaubhafter zu machen weiß. Den vielen Theatern, die *Turandot* spielen, wird sich in Zukunft die Frage stellen, ob sie es in der nun schon traditionellen (und gedruckten) Fassung tun oder ob sie der nun aufgefundenen Version den Vorzug geben wollen.

Sándor Balassa

Trotz der räumlichen Nähe Ungarns zum Westen ist seine in der zweiten Nachkriegszeit stark aufgeblühte Opernproduktion hier so gut wie unbekannt; nur wenige Theater (vor allem Skandinaviens und der Bundesrepublik) haben einiges daraus vorgestellt. Hier wäre, und wahrlich nicht zuletzt, *Draußen vor der Tür* von Sándor Balassa zu nennen. Der zutiefst erschütternde Aufschrei des deutschen Dichters Wolfgang Borchert, die Tragödie des Heimkehrers, der kein Heim, keinen Menschen, kein Vaterland mehr vorfindet, ist nicht »veropert«, sondern durch eine überaus eindringliche, fast balladenhafte Musik um eine neue Dimension bereichert worden. »Nicht ich habe das Stück, das Stück hat mich gewählt«, sagt Balassa, und: »Der Weg der Oper ist im 20. Jahrhundert schwerer geworden, einerseits wegen der Verschiebung des Dramas in eine intellektuelle Richtung, andererseits, weil die Musik instrumentaler wurde. Doch der Mensch und das Leben wünschen sich auf die Bühne zurück, und auch das ›Singen‹ verstärkt sich wieder in der Musik. Meine Generation arbeitet schon daran...« Das 1978 in Budapest uraufgeführte Werk erklang 1983 bei den Ruhrfestspielen Recklinghausen, präsentiert vom »Musiktheater im Revier«, Gelsenkirchen.

Vincenzo Bellini

Kaum ein anderer der großen Komponisten ist so stark von der Renaissance des Opernspiels erfaßt und begünstigt worden wie Vincenzo Bellini. Konnte die erste Auflage dieses Buches sich mit zweien seiner Werke begnügen (*Norma* und *La Sonnambula*), so stehen heute ihrer vier im Weltrepertoire: Die lange vernachlässigten *Capuleti e Montecchi* sowie *I Puritani* sind wiederentdeckt und mit Begeisterung begrüßt worden. Das wirft ein interessantes Licht auf die Änderung im Geschmack der Opernliebhaber, die gegen Ende des 20. Jahrhunderts zum Verständnis und der Freude am Belcanto zurückzukehren scheinen, wie er zu Beginn des 19. Jahrhunderts das Musiktheater beherrschte. Der große Melodiker Bellini erregt wieder Beifallsstürme, die durch eine auffallend primitive Harmonik und die ebenfalls nur schwach entwickelte Rhythmik nicht geschmälert werden. Diese Renaissance, die sich auch auf Donizetti und Rossini übertragen hat (siehe auch unter diesen Namen im Ergänzungsteil dieses Buches) erfordert selbstverständlich die Existenz glänzender und belcantofähiger Stimmen. Die berühmte Frage, ob es zuerst das Ei oder die Henne gegeben habe, trifft auch hier zu: Erschienen diese Sänger erneut auf der Bildfläche, und wurden ihnen zuliebe die Belcantoopern wieder ins Weltrepertoire geholt, oder erwachte zuerst die Sehnsucht nach diesen und ermöglichte die Wiederkehr der geeigneten Sänger? Wie es auch sei: Hier gilt es, die beiden (für unsere Generation) »neuen« Opern des genialen, so tragisch früh verstorbenen Sizilianers näher zu beleuchten.

I Capuletti ed i Montecchi ist natürlich ein Romeo-und-Julia-Drama. Denn der legendäre Jüngling war ein Mitglied, ja der Anführer der Veroneser Adelsfamilie der Montecchi, Julia hingegen gehörte zu den rivalisierenden Capulettis, was eine friedliche, glückliche Vereinigung der beiden so berühmt gewordenen Liebenden von vornherein ausschloß. Die bekannteste Bearbeitung dieses klassischen Stoffes stammt ohne Zweifel von Shakespeare, dessen »Romeo und Julia« um 1595 entstand. Bellinis Textdichter aber, der sehr prominente Felice Romani (1788–1865), ging nicht von diesem Stück aus, sondern dokumentierte sich in der 1525 erschienenen, »unlängst wiedergefundenen Geschichte zweier Liebender aus vornehmem Hause« von Luigi da Porto und der 1594 gedruckten »Veroneser Chronik« von Girolamo della Corte. Dementsprechend ist auch die Handlung bei Romani wesentlich anders geführt als bei Shakespeare; sie schafft Freiräume für Arien und Duette, denen Bellinis Musik höchsten Belcantoglanz, aber auch innigsten Ausdruck verleiht. Die Oper beginnt nicht, wie in Shakespeares Drama, mit der ersten Begegnung der beiden jungen Menschen, sondern auf dem Höhepunkt ihrer Liebe und im Augenblick, da Julia einem ungeliebten Mann ihre Hand reichen soll. Und anders als im englischen Schauspiel führt sie die beiden Liebenden in einem ergreifenden letzten Duett zusammen, bevor der Tod sie über alle Schranken hinweg vereint. Einem Brauch der Zeit folgend (und bis heute zumeist beibehalten) ist die Rolle des Romeo einer mittleren Frauenstimme vorbehalten, einem möglichst dunkel timbrierten Mezzosopran, der zum hellen Sopran der Julia einen fühlbaren, schönen Kontrast bilden soll. Die Uraufführung erfolgte am 11. März 1830 im Teatro La Fenice in Venedig, der Erfolg war durchschlagend. Niemand stieß sich daran, daß Bellini Teile seiner vorangegangenen Oper *Zaira* (nach Voltaire), die bei der Premiere im Jahre 1829 nicht gefallen hatte, in das neue Werk übernahm, wie es damals durchaus üblich war.

I Capuletti war Bellinis fünfte Oper: *Adelson e Salvini* erregte als Schülerarbeit im napolitanischen Konservatorium Aufsehen, *Bianca e Fernando* erklang 1826 in Neapel, *Il Pirata* 1827 in Mailand, *La straniera* 1829 ebenfalls an der Scala. Auf das Romeo-und-Julia-Drama folgten 1831 *La sonnambula* und *Norma*, 1833 *Beatrice di Tenda*.

Anfang des Jahres 1834 begann Bellini, damals schon auf Einladung seines Landsmannes Rossini in Paris niedergelassen, die Komposition der *Puritaner*, die seine letzte Oper werden sollten. Carlo Graf Pepoli schrieb den Text (nach einem längst vergessenen Theaterstück »Têtes rondes et cavaliers« von Joseph-Xavier Boniface, der unter einem Pseudonym schrieb. Es gibt zwei Versionen des Werkes, eine »Pariser« und eine höchstwahrscheinlich für Neapel hergestellte, die nicht unwesentlich voneinander abweichen. Die Liebesgeschichte eines durch politische Umstände auseinandergerissenen Paares ist in die Umwelt der Puritanerkämpfe zwischen den Anhängern Oliver Cromwells und den regierenden Stuarts in das England um 1645 verlegt. Einer Opernmode folgend verfällt auch in dieser Oper die weibliche Hauptgestalt, Elvira, in Wahnsinn, von dem sie aber durch eine starke Emotion geheilt wird. Erinnern wir uns, daß Donizettis Lucia eine großartige Wahnsinnsszene hat und Bellinis »Nachtwandlerin« an einer anderen Anomalität leidet – ganz zu schweigen von vielen anderen Opernheldinnen jener Epoche. Das Werk ist dramatisch äußerst schwach, Pepoli ist ein ungleich geringerer Poet als Romani, mit dem Bellini sich überworfen hatte. Aber Bellinis melodische Ader erreicht nun ihre strahlendste Höhe (»Credease, misera« gehört zu seinen schönsten Eingebungen, das Duett »Quando la tromba« zum mitreißendsten aus seiner Feder), und in keinem anderen Werk hat der Komponist soviel Mühe und Inspiration auf eine so klingende wie variable Partitur gelegt.

Die Anforderungen an die Sänger sind extrem: Vom Tenor werden mehrere Spitzentöne über – zum Teil weit über – dem hohen C verlangt. Mit der Uraufführung im Théâtre des Italiens in Paris am 25. Januar 1835 erklomm der harte Konkurrenzkampf der beiden Freunde Bellini und Donizetti (Rossini war seit 1829 verstummt) einen neuen Gipfel; als Donizetti mit *Lucia di Lammermoor* am 26. September 1835 auf diese Herausforderung antwortete, war Bellini zwei Tage zuvor gestorben...

Leonard Bernstein

Leonard Bernstein gelang der Aufstieg zu einem der meistgenannten, ja berühmtesten Musiker seiner Zeit. Sein Ruf als faszinierender Dirigent ist unumstritten, mehrere seiner Kompositionen stehen immer wieder auf den internationalen Spielplänen. Als stärkstes seiner Werke gilt die meisterhafte *West Side Story* (1957), Meilenstein in der Geschichte des damals noch ziemlich jungen Musicals (und als solches auch nicht in diesem Buch besprochen, obwohl eine Aufnahme als einer anderen Gesetzen gehorchenden »amerikanischen Oper« nicht abwegig wäre). Wie immer: ein Meisterwerk, zu dem der Weg über *Trouble in Tahiti* (1951), *Wonderful Town* (1953) und *Candide* (1956) führte, ohne daß diese dessen Tiefe, Milieuschilderung und Erschütterung erreichten. Ob man »Mass«, ein an sich interessantes Experiment mit teilweise hervorragender Musik, zum Musiktheater rechnen will, bleibt unentschieden; immerhin ist es für Sänger, Spieler und Tänzer konzipiert und lebt von einer Mystik, die bühnenmäßig umsetzbar erscheint (1971). 1974 folgte das Ballett *Dybbuk* (für den genialen Tänzer und Choreographen Jerome Robbins), 1976 das (restlos durchgefallene) Musical »1600 Pennsylvania Avenue«. Mit Spannung erwartete die Musikwelt 1983 Bernsteins neue Oper *A Quiet Place* (Ein ruhiger Ort), die eine Art Weiterentwicklung des Musicals *Trouble in Tahiti* darstellt, eine recht unergiebige Familiengeschichte im amerikanisch-jüdischen Großstadtmilieu und vom Textdichter Stephen Wadsworth mit langweiligen psychologischen Überspitztheiten hoffnungslos überladen, so daß selbst Bernsteins stets vitale Temperamentsmusik sich kaum entfalten kann. Der von der Houston Grand Opera in Gemeinschaft mit dem Kennedy Center in Washington durchgeführten Uraufführung folgten Präsentationen in Wien und Mailand, die nur den Mißerfolg bestätigen konnten.

Harrison Birtwistle

Daß Englands von Britten nach dem Zweiten Weltkrieg neubegründete Operntradition nicht abreißt, dafür sorgen – nach Brittens eigener, starker Generation der im Hauptteil unseres Buches erwähnten Walton, Tippett usw. – Peter Maxwell Davies und Harrison Birtwistle, der am 15. Juli 1934 in Accrington (Lancashire) geboren wurde. Sein Durchbruch zu internationalem Erfolg geschah in den achtziger Jahren, nachdem er bereits eine Reihe höchst beachtenswerter Opern in seinem Heimatland zur Aufführung gebracht hatte: *Monodrama* (1967), *Punch and Judy* (1968), *Down by the greenwood side* (1969), *Orpheus* (1977), *Yan Tan Tethera* (1986), *The mask of Orpheus* (1986) u.a.

Hans-Jürgen von Bose

Hans-Jürgen von Bose, 1953 in München geboren, ist möglicherweise auf dem Wege zum namhaften Opernkomponisten des Jahrhundertendes. Nach kleineren Bühnenstücken *Blutbund*, 1974, *Das Diplom*, 1976, *Chimäre* nach F. García Lorca, 1986, die Talent und Persönlichkeit ankündigten, erfolgte, von der Hamburgischen Staatsoper in Schwetzingen 1987 aufgeführt, die Premiere von *Die Leiden des jungen Werthers*, die Vertonung des heute wieder erstaunlich beachteten Goethetextes, den der Komponist in Zusammenarbeit mit Filippo Sanjust in ein durch Gedichte von Goethe, Jakob Lenz, Hölderlin, Karoline von Günderode und Hans Assmann angereichertes Libretto verwandelt hatte. Trotz vieler avantgardistischer Zutaten ist eine gesunde musikalische Grundlage und dramatisches Gespür unverkennbar – vielleicht eine Hoffnung für die so sehr im Argen liegende zeitgenössische Oper, die zwar zahllose neue Werke gebiert, von denen aber kann eine den Durchbruch zum breiten Publikum schafft.

Emanuel Chabrier

Emanuel Chabrier (1841–1894) ist dem Musikpublikum der ganzen Welt kein Unbekannter, seine Orchesterrhapsodie *Espagne* erreicht nach wie vor beachtliche Aufführungsziffern. Zu Unrecht vergessen hingegen ist seine Opernproduktion; sie umfaßt *L'étoile* (Der Stern), *Gwendoline*, *Le roi malgré lui* sowie einiges kürzere. Lyon holte 1984 den mehr als hundertjährigen »Stern« höchst erfolgreich hervor; er steht der Oper – in ihrer Spielart der »Comique« – wie der Operette gleich nahe, steckt voller bezaubernder musikalischer Einfälle, die zwar weniger parodistisch sind als die Offenbachs, aber nicht minder lyrisch und melodisch, nicht gänzlich unbeeinflußt vom hochverehrten Wagner und zugleich mit kleinen Vorahnungen des bald heraufdämmernden Impressionismus.

Jan Cikker

Jan Cikker, der slowakische Komponist, der 1962 in Prag (und hernach in zahlreichen Städten des Ostens wie des Westens) starken Erfolg hatte, fügte der im Hauptteil aufgeführten Reihe seiner Werke 1980 die Oper *Das Urteil* nach einem Text von Heinrich Kleist hinzu, auf die 1985 *Die Belagerung von Bystrica* folgte. Beiden Werken war aber bisher keine wesentliche internationale Verbreitung beschieden.

Peter Maxwell Davies

Peter Maxwell Davies, der britische Komponist, der seinen Wohnsitz hoch im Norden auf den Orkneyinseln aufgeschlagen hat, ist seit dem Erscheinen der letzten Ausgabe unseres Buches so überaus erfolgreich auf seiner Bahn vorangeschritten, daß eine nähere Beschäftigung mit seinem reichen Werk sich nunmehr geradezu aufdrängt. Nach Studien in Manchester und in Rom bei Petrassi bildete der am 8. 9. 1934 in Manchester Geborene mit Birtwistle die später *Fires of London* genannte Musikgruppe zur Pflege zeitgenössischer Musik. Er selbst trat mit einer heute schon langen Reihe von Opern an die Öffentlichkeit: *8 Gesänge für einen verrückten König, Miss Dornithorns Grille, Bus No. 11, The two violinists, Vesalii Icones, Der Spielmann von Notre-Dame, Taverner* (1972), *Das Martyrium des hl. Magnus*. Für einige dieser Werke verfaßte der Komponist auch die Texte selbst.

Claude Debussy

Claude Debussy plante – wahrscheinlich 1908, also sechs Jahre nach der Vollendung und sensationellen Pariser Uraufführung von *Pelléas et Mélisande* – eine zweite Oper: sie beschäftigte ihn bis zu seinem Tode (1918), ist aber nie vollendet worden, ja sie existiert nur in Skizzen und einigen Bruchstücken, so daß lange niemand an eine Realisierung auf der Bühne dachte. 1976 begann der Musikwissenschaftler Juan Allende-Blin sich mit diesem Torso zu befassen und förderte eine Reihe von Quellen ans Licht, die der Debussyforschung bis dahin weitgehend unbekannt waren. *La chute de la maison Usher* (Der Fall des Hauses Usher) ist eine der großartigen Meistererzählungen des amerikanischen Dichters Edgar Allan Poe (1809–1849), der als Schöpfer unheimlicher, gespenstischer, übersinnlicher Geschichten eine hervorragende Stellung in der Literatur einnimmt. Debussy schrieb, anders als beim *Pelléas*, selbst das Libretto, das vollendet vorliegt. Musikalisch konnten 400 Takte sichergestellt werden, ein längeres Teilstück zu Beginn, mehrere kurze im zweiten und letzten Teil. Vieles davon ist ungewöhnlich stark und stimmungsvoll, besonders in den reinen Orchesterstücken, die wohl als Übergänge zwischen einzelnen Szenen gedacht waren (und durchaus einen Platz im Konzertwesen finden könnten). 1978 kam das Opernfragment im Hessischen Rundfunk zum ersten Erklingen, 1979 erfolgte die szenische Uraufführung in der Deutschen Oper Westberlins. Ein ungewöhnlich fesselndes Experiment –, mehr wohl nicht. An einen Platz im Musiktheater-Repertoire ist für *La chute de la maison Usher* kaum zu denken, vor allem natürlich, weil dazu die vollendeten Teile nicht ausreichen; vielleicht aber auch, weil Debussys Eignung zur »handfesten« Oper keineswegs erwiesen ist. *Pelléas et Mélisande* bleibt ein einmaliges, unwiederholbares Ausnahmewerk, das nirgends »einzureihen« ist, ein Geniestreich außerhalb jeder Regel.

Gion Antoni Derungs

Am 30. Mai 1986 eroberte die Kunstgattung Oper eine neue Sprache: In Chur, der Hauptstadt des teilweise rätoromanischsprachigen Schweizer Kantons Graubünden, fand die Uraufführung eines Werkes in dieser Sprache statt –, des ersten, soweit bekannt ist. Der Komponist Gion Antoni Derungs, ein Rätoromane, vertonte das Drama *Il cerchel magic* (Der magische Kreis) seines Landsmannes Lothar Desplazes: Hier geht es um eine alte Legende, die teils im Mittelalter, teils im 17. Jahrhundert spielt und das heute so brennende Verhältnis des Menschen zur Umwelt behandelt. Es ist eine Oper geworden, die sich völlig im Geiste der

Tradition bewegt, ein wenig nach dem (so nahen) Italien klingt, vor allem aber die Gültigkeit der rätoromanischen Sprache für die Kunstgattung voll erweist. Ob ihr weitere folgen werden, muß vorläufig (wegen der relativ geringen Zahl rätoromanisch sprechender Menschen und ihrer überwiegend ländlichen Verteilung) in Frage gestellt werden.

Gaetano Donizetti

Gleich seinem Freunde Bellini ist auch Gaetano Donizetti von der Welle der Opernrenaissance und der neubelebten Begeisterung für den Belcantostil auf einen führenden Rang im Weltrepertoire getragen worden. In der letzten Ausgabe dieses Buches war die Besprechung Donizettis bereits wesentlich verbreitert worden: Neben den vier ausführlich besprochenen Werken (*L'elisir d'amore, Lucia di Lammermoor, La fille du régiment, Don Pasquale*) waren weitere sechs Bühnenwerke erwähnt worden, die kürzlich auf die Bühnen zurückgekehrt waren. Eine insgesamt immerhin immer noch bescheidene Auswahl – zehn von 70. Ob weitere Opern Donizettis der Vergangenheit entrissen werden, läßt sich nicht voraussehen; mehrere kämen dafür durchaus in Frage, so etwa *Roberto Devereux* und *Lucrezia Borgia*, vielleicht *Marino Faliero, Catarina Cornaro, Gabriella di Vergy* – die Auswahl ist groß.

Auf jeden Fall aber erscheint uns notwendig, die bisher nur mit ihrem Titel erwähnten *Anna Bolena* und *Maria Stuarda* ein wenig näher zu beleuchten, da sie inzwischen feste Plätze im Weltrepertoire erobert haben. Was vielleicht zuerst auffällt, ist Donizettis Neigung zu englischen Themen, besonders erfolgreich in seiner *Lucia di Lammermoor*, zu der noch die – allerdings vergessenen – *Il castello di Kenilworth, Rosmonda d'Inghilterra*, der erwähnte *Roberto Devereux* u.a. kämen. Eine Zeitlang suchte man dies mit einer möglichen Abstammung seiner Ahnen im nordischen Inselreich zu erklären, aber diese Hypothese ist fallengelassen worden.

Anna Bolena ist die Tragödie der wohl meistgenannten unter den sechs Gattinnen König Heinrichs VIII. von England, die unschuldig hingerichtet wurde, als Heinrich sie einer anderen wegen – ihrer eigenen Gesellschafterin Joan Seymour – verlassen wollte. Felice Romani, der prominenteste italienische Librettist seiner Generation, Mitarbeiter u.a. von Bellini, Mayr, Meyerbeer, Verdi, gestaltete den tragischen Stoff sehr frei und ganz nach dem (frühromantischen) Geschmack seiner Zeit, so z.B. mit zeitweiser geistiger Umnachtung der Königin und der krassen Gegenüberstellung der festlichen Stimmung um die neue Königshochzeit und der Agonie Annas. Die Musik zeigt zum ersten Mal die vollendete Meisterschaft Donizettis, hier gelang ihm eine Belcantooper großen Stils. Der Erfolg des Werkes bei der Uraufführung am 26. Dezember 1830 im Teatro Carcano in Mailand überstieg jede Vorstellung, wie man nicht nur Donizettis eigener Darstellung in einem Brief an seine Gattin entnehmen kann: »... es war, als ob das Publikum verrückt geworden wäre; alle meinten, sich an einen ähnlichen Triumph nicht erinnern zu können...«

Maria Stuarda beruht auf Schillers Trauerspiel »Maria Stuart« aus dem Jahr 1800 in einer noch im gleichen Jahr vorgenommenen italienischen Übersetzung durch (den späteren Verdi-Freund) Andrea Maffei. Da Felice Romani nicht zur Verfügung stand, übernahm der sehr unerfahrene Jurist Giuseppe Bardari die Arbeit am Textbuch, das mit den in jeder Oper notwendigen Kürzungen dem Original des deutschen Dichters folgt, auch in der von diesem erfundenen Begegnung der beiden Königinnen. Das Werk stand lange unter einem unglücklichen Stern: Die Zensur griff mehrfach mit Verbot oder Verstümmelung ein. Um überhaupt eine Aufführung zu ermöglichen, mußte das Libretto gänzlich umgeschrieben werden, woraus sich ein Renaissancedrama der italienischen Parteienkämpfe ergab, das »Buondelmonte« genannt wurde. Der Erfolg war dementsprechend äußerst schwach, Donizetti empört und niedergeschlagen. Ein Jahr später, am 30. Dezember 1835, kam es schließlich im Teatro San Carlo Neapel zur eigentlichen Premiere, in einer sozusagen dritten Fassung. Doch da die nunmehrige Interpretin der Titelrolle, die legendäre Maria Malibran, einen durch schwere Indisposition völlig verdorbenen Abend hatte, erreichte *Maria Stuarda* zu Lebzeiten ihres Komponisten keine dauernde Stellung im Repertoire. Trotzdem wurde sie immer wieder aufgeführt und bejubelt, wenn große Sänger am Werk waren. Der tragische Machtkampf der englischen mit der schottischen Königin, Elisabeths mit Maria, der mit der Hinrichtung der letzteren endet – wobei über den Grad ihrer »Schuld« die verschiedensten Fassungen und Auffassungen auf die Bühne gebracht wurden –, hat unter den vielen Vertonungen bis in die Gegenwart kaum ein schöneres Musikwerk hervorgebracht als dasjenige Donizettis.

Gottfried von Einem

Gottfried von Einem hat sich durch den steigenden Erfolg einiger seiner Opern in die vorderste Reihe der zeitgenössischen Komponisten vorgearbeitet. Immer wieder tauchen *Dantons Tod* und *Der Besuch der alten Dame* auf den Spielplänen auf. Neu hinzugekommen ist *Jesu Hochzeit*, uraufgeführt bei den Wiener Festwochen 1980, aber – vor allem durch eine völlig verfehlte Regie – nicht zum Erfolg geworden, obwohl der Text von Lotte Ingrisch und die Musik manche Schönheit enthalten.

Fritz Geissler

Vielleicht muß Fritz Geissler, der 1921 bei Leipzig geborene und 1984 verstorbene DDR-Komponist (der dort als führender Sinfoniker seiner Generation gilt) auch in der Opernchronik unserer Zeit eine bemerkenswerte Stellung eingeräumt werden, so wenig seine Werke auch nach Westen ausstrahlen konnten. *Der verrückte Jourdain* (1973), *Der Schatten* (1977) konnten an Wirksamkeit zwar seinen *Zerbrochenen Krug* (1971) nicht mehr ganz erreichen, diese Kleist-Vertonung aber – 1986 in Münster auf die Bühne gebracht – verdient hohe Beachtung im Panorama des neuzeitlichen Musiktheaters.

Manfred Gurlitt

Die jüngsten Jahre brachten eine geradezu aufsehenerregende Rehabilitierung von Manfred Gurlitt (1890–1972), dessen *Wozzeck* 1926, also nur ein Jahr nach der gleichnamigen Oper Alban Bergs, uraufgeführt wurde. Durch das starke Aufsehen, das jene hervorrief, ungerechterweise ins Hintertreffen gedrängt, ist sie an verschiedenen Stellen wiederaufgenommen worden und hat sich als wahrhaft starkes, bedeutendes Werk erwiesen. Wie Berg bearbeitete Gurlitt Büchners geniales, visionär soziales Drama sehr geschickt (und in einigen wichtigen Punkten anders als Berg), er behält die gewollte Aufsplitterung auf kleine Szenen (18 gegenüber 15 bei Berg) bei, aber er ist in der musikalischen Gestaltung freier als der Wiener, der sich streng an die Schönberg-Schule hält. Es gibt ja von nicht wenigen Stoffen mehrere Vertonungen (Faust, Don Juan, Othello, Romeo und Julia, Manon Lescant usw.), und so wäre es durchaus denkbar, wenn in Zukunft die beiden *Wozzeck*-Opern Bergs und Gurlitts gleichmäßiger von den Musiktheatern bedacht würden.

Wilfried Hiller

Wilfried Hiller, der schon jung durch die völlig unkonventionelle Art seiner Opern aufgefallen war, ist auf seinem Weg unermüdlich fortgeschritten. In dem großen Dichter und Schriftsteller Michael Ende (»Die unendliche Geschichte«) hat er einen geradezu idealen Partner gefunden; man muß bedeutende Beispiele heranziehen, um den Wert dieses Zusammenhangs zu ermessen. Der gemeinsamen Arbeit entsprangen vier »musikalische Fabeln für Kinder«, ein bisher im internationalen Musiktheaterbetrieb viel zu wenig beachtetes und aus vielen Gesichtspunkten äußerst wichtiges Genre: *Der Lindwurm und der Schmetterling; Tranquilla Trampeltreu, die beharrliche Schildkröte; Norbert Nackendick, das nackte Nashorn; Filemon Faltenreich oder die Fußballweltmeisterschaft der Fliegen*: bezaubernd naiv und doch wahrlich nicht ohne Tiefgang, musikalisch eingängig, ja bewußt einfach – wobei einzelne Instrumente, vor allem aus dem Bläser- und Schlagzeugbereich, ganz neuartige, witzige und glänzend gekonnte Bedeutung erlangen – und von Herzen vergnüglich.

Daneben entstanden *Liebestreu und Grausamkeit* nach einem (recht überraschend aufgetaucht) Libretto von Wilhelm Busch und *Niobe*, genannt »Ritual für Sänger, Schauspieler, Tänzer und Instrumentalisten« nach Fragmenten des gleichnamigen Werkes von Aischylos. Wie weit Hiller hier vom üblichen Begriff Oper entfernt, wie weit er aber andererseits auf der unermüdlichen Suche nach einem neuen Musiktheater vorgedrungen ist (das keineswegs im publikumsfernen Experiment steckenbleibt, sondern stets ungewöhnlich intensives Miterleben auslöst), mag aus den folgenden Worten des Komponisten hervorgehen: »(Das Werk) schildert die Verzweiflung Niobes am Grabe ihrer vierzehn Kinder und ihre stolze Auflehnung gegen den Gott, der sie in dieses Unglück gestürzt hat. Von der Handlung des Aischylos-Dramas war außer dem Hinweis auf das lange Schweigen Niobes nur das Auftreten ihres Vaters Tantalos und die Anwesenheit eines Chores bekannt. Eine Rekonstruktion des Stückes war also unmöglich... Ich wollte den Text nicht wissenschaftlich ergänzen, sondern alles Fragmentarische mit Musik ausdrücken. So verwandelte sich beispielsweise ein Buchstabenrest in den Klageschrei Niobes, Wortfetzen, deren Bedeutung nicht mehr zu rekonstruieren ist, wurden zu ihrem verzweifelten Stammeln, und einzelne Buchstaben formten sich zu unartikulierten Klagelauten während ihrer Versteinerung...« Das für Hillers äußerst sparsame Instrumentation eher große Orchester besteht aus 3 Flöten, 3 Trompeten, Schlagzeug mit »Gralsglocke«, Äolsharfe und abgestimmten Steinen, 2 Klavieren, Orgel und einer Streichergruppe – man erkennt den Schüler Orffs. »Dem universalen Thema des Stoffes entsprechend verarbeitete ich Elemente tibetanischer und ägyptischer Totenklagen, Fragmente aus dem gregorianischen Requiem und Modi, in denen der Überlieferung nach bei der Hochzeit Niobes mit Amphion gesungen wurde... Zum Schluß erklingt – wie Musik aus einer anderen Welt – ein Zitat aus der Schlußarie der ›Niobe‹ von Agostino Steffani, das plötzlich abreißt: Niobe ist zu Stein erstarrt«.

Besonders fesselnd ist Endes und Hillers *Trödelmarkt der Träume*, ein Puppenspiel originellster Faktur, träumerisch und handfest zugleich, voll unzähliger Überraschungen, Illusionen, Märchengestalten aus dem Leben von uns allen. Besonderen Erfolg fand *Der Goggolori*, die Wiedererweckung einer unheimlich-volkstümlichen Sagengestalt aus dem 17. Jahrhundert rund um den Ammersee, ein urbayerisches Stück (wieder ist an Lehrmeister Orff zu denken), das dennoch auch Menschen anderer Regionen nicht gleichgültig lassen kann und selbst vom Bildschirm her noch stärkste Wirkung ausstrahlt. Als jüngste Gemeinschaftsarbeit zwischen Hiller und Michael Ende ersteht *Die Jagd nach dem Schlarg* (nach dem Nonsens-Gedicht »The hunting of the snark« von Lewis Carroll).

Franz Hummel

Ob Franz Hummel jemals zu den namhaften Opernkomponisten des 20. Jahrhunderts gezählt werden wird, ist noch ungewiß. Es fehlt ihm weder an Einfällen noch an technischem Rüstzeug dazu. Aber er schreibt für das Musiktheater, obwohl er dem Genre zutiefst mißtraut; in seinen bisher vorgelegten Werken (*König Ubu*, *Blaubart*) agieren nur seelisch völlig zerrüttete, von schwersten Komplexen beladene Menschen, herrschen Zerfall und Morbidität vor –, und um diese für die »Oper« (welches immer ihre Form sein mag) zu gewinnen, müßte man ein Mussorgski oder Janáček sein. Immerhin wäre es denkbar, daß von Hummel noch einmal ein brauchbares Werk käme... wenn er darauf verzichtete, die Gattung »Oper« ad absurdum führen zu wollen.

Leoš Janáček

Neuentdeckungen von Meisterwerken großer Komponisten sind nichts Alltägliches. Als Leoš Janáčeks geniales Musiktheater spät, aber dann entscheidend für die Bühnen entdeckt wurde, übersah man vor allem drei seiner Stücke: *Šárka* (1888 komponiert, also ein Jugendwerk, mehrmals – zuletzt 1918 – umgearbeitet), *Der Beginn eines Romans*, einaktig, 1891, und *Ossud* (Schicksal), dem verstärkte Beachtung angemessen wäre. Hier zeigt Janáček sich als hervorragender Theatermusiker – kein Wunder, denn dieses bereits vierte seiner Bühnenstücke entstand 1904, unmittelbar im Anschluß an die heute längst zum Klassiker avancierte *Jenufa*. Den (leider nicht sehr starken) Text schrieb der Komponist in Gemeinschaft mit Fedora Bartošová; er schildert das Drama eines Komponisten, der an einer autobiographischen Oper arbeitet. Das Werk läuft ohne Pause in anderthalb Stunden zumeist großartiger Musik ab.

Niccolò Jommelli

Unter den zahlreichen Opern aus Barock und Klassik, die in unseren Tagen (oft selbst für den Kenner überraschend) wiederentdeckt werden, gibt es nicht nur Namen, die aus der Musikgeschichte solid überliefert sind, sondern auch solche, die seit Generationen aus dem Bewußtsein verschwunden sind. Stuttgart erinnerte sich im Jahre 1986, daß hier von 1753–1769 der gefeierte Meister Niccolò Jommelli diesem Hoftheater europaweiten Glanz verliehen hatte. Jommelli (1714–1774), ein Zeitgenosse Glucks, ist einer der bedeutenden Vertreter der italienischen Opernschule und gehörte zu jenen Komponisten, denen Opern nach dem Wiener Hofdichter Pietro Metastasio am Herzen lagen. *Fetonte* (der italienisierte Name des Gottessohnes Phaeton, der beim rasenden Lenken des Sonnenwagens abstürzte) erwies sich als überaus publikumswirksam und ist ein musikalisches Meisterwerk. Seine Neuaufführung rückt eine Epoche ins Licht, die ungerechterweise hinter den Spätbelkantisten um Rossini, Donizetti, Bellini aus unserer Sicht stets im Schatten stand.

Scott Joplin

Muß die Operngeschichte der USA – der es, wie man oft klagen hört, zwar nicht an einem vielseitigen Repertoire, wohl aber an Meisterwerken darin fehlt – umgeschrieben werden? Beginnt sie nicht bei Gershwins »Porgy and Bess« im Jahre 1935? Mit auffallender Beharrlichkeit hat sich, mehr als ein halbes Jahrhundert nach seiner Entstehung, ein ganz anderes Werk in das Bewußtsein der Kenner geschoben: *Treemonisha* von Scott Joplin (1868–1917), den man einst »the King of Ragtime« nannte und dessen gequältes, selbstquälerisches, trotz aller Erfolge unglückliches Leben selbst einen Opernstoff abgeben müßte. Einen besseren sogar als den, auf den er in dieser Geschichte eines schwarzen Mädchens gestoßen war. Joplin schrieb um 1911 an diesem Stück, das nach der Art alter Nummernopern komponiert ist und Spirituals, Gospelsongs, Ragtimes und vieles andere, zum Teil der Volksmusik Angehörige enthält. Es erklang 1915 in der von ihm hergestellten Klavierfassung. 1975 nahm sich der namhafte US-Komponist Gunther Schuller seiner an und instrumentierte es, vielleicht nicht ganz im Geiste Joplins, aber mit der modernen Technik, die heutige Bühnen verlangen. Beginnt damit ein neues, das wahre Leben für *Treemonisha*, wird die Operngeschichte des Landes um 20 Jahre zurückdatiert?

Rudolf Kelterborn

Rudolf Kelterborn, inzwischen Direktor der Musikhochschule seiner Vaterstadt Basel geworden, erlebte die Uraufführung seiner Oper *Der Kirschgarten* bei der Wiedereröffnung des Zürcher Opernhauses am 4. Dezember 1984. Die Novität fand starkes Interesse und wurde auch als Gastspiel der Zürcher in die Semperoper nach Dresden mitgeführt. Sie beruht auf einem der schönsten russischen Theaterstücke der Romantik, der überaus feinsinnigen Tragikomödie gleichen Namens von Anton Tschechow. Eine Vertonung aus ähnlichem Geist hätte sich aufgedrängt, aber Kelterborn ist kein Romantiker, und so geht der Zauber, fast könnte man sagen, der Duft des Kirschgartens verloren: »Die Argumente, die im Theaterstück gegen das Abholzen des Kirschgartens vorgebracht werden, sind von einer resignierten, hilflosen Nostalgie bestimmt. In meiner Oper dagegen verkörpert dieser Kirschgarten den heute tödlich bedrohten vegetativen Lebensraum und damit auch eine innere Dimension der Lebensqualität...« (Kelterborn). Ob sich ein so intellektuelles Anliegen in Musik übersetzen läßt, stellt eine gewichtige Frage dar, die der Komponist nicht beantwortete. Noch intellektueller gibt sich Kelterborns von der Deutschen Oper Berlin am 2. Mai 1984 im Schloßtheater Schwetzingen uraufgeführte Oper *Ophelia*. Den Text, eine Paraphrase auf Shakespeares Hamlet-Gestalt aus der Sicht der Frau, schrieb Herbert Meier – ein schwerverständliches, gedanklich überfrachtetes Stück, zu dem auch dem Komponisten nichts Rettendes eingefallen ist.

Joseph Martin Kraus

Bei Joseph Martin Kraus (1756–1792) handelt es sich um eine Wieder-, ja in weitesten Opernkreisen um eine Neuentdeckung. Der in Miltenberg am Main in Mozarts Geburtsjahre geborene »Mozart des Nordens« wurde 1781, nach Studien beim Abt Vogler in Mannheim, Hofkapellmeister in Stockholm, das damals eines der blühendsten europäischen Musikzentren war. König Gustav III. sandte ihn auf lange »Informationsreisen«, um stets auf der Höhe der musikalischen Entwicklung zu bleiben. Einem Zigeunerorchester an der Wirkungsstätte Haydns hörte Kraus »exotische« Nuancen ab, die er in seinem Ballett *Die Fischer* verwendete, in Wien fand eine sehr fruchtbare Begegnung mit Gluck statt. Bekannt wurden damals seine Opern *Proserpina* (1781), *Soliman II.* (1789), *Aeneas in Carthago* (1790), die den Stil im Übergang von Rokoko zur Romantik zeigen. Kraus starb nur ein Jahr nach Mozart: 1792, also mit 36 Jahren, wenige Monate nach seinem ermordeten König, dem er in mehreren sinfonischen Werken ein tönendes Denkmal setzte.

Marcel Landowski

Marcel Landowski (1915) hat im französischen Musikleben hohe Posten bekleidet: Konservatoriumsdirektor in Boulogne-sur-Seine, Musikdirektor der Comédie Française, Generalinspektor der Musikerziehung, Ministerialdirektor für kulturelle Angelegenheiten, Mitbegründer des »Orchestre de Paris«. Seine Opern fanden aber kaum mehr als lokale Beachtung; vielleicht waren sie zu wenig »modern«, um die internationale Presse und damit die Opernhäuser anderer Länder zu interessieren. *Le fou* (1956), *Les adieux* (1960), *L'opéra de poussière* (1962) seien genannt. Am bedeutendsten ist vielleicht der am 1. Februar 1985 in Toulouse uraufgeführte *Montségur*, der die Tragödie der streng religiösen Katharer erzählt, die von Rom abtrünnig den Kampf wagen, sich in der Festung Montségur verschanzen und nach deren Einnahme auf dem Scheiterhaufen sterben, eine Episode aus den Religionskämpfen in Südfrankreich. Es ist nicht undenkbar, daß Landowski auch auf internationalen Bühnen späte oder postume Anerkennung finden könnte, vielleicht auch für *Le rire de Nils Halérius*, ein 1984 in Straßburgs Rheinoper uraufgeführtes, ebenfalls durchaus interessantes und publikumswirksames Werk.

Rolf Liebermann

Immer stiller ist es um Rolf Liebermanns Opern geworden. Zu neuen Werken fand der im Mittelpunkt zeitgenössischen Opernspiels Stehende fast 30 Jahre lang keine Zeit. Auf würdige Weise verabschiedete er sich von der Pariser Oper, der er ein wenig von ihrem alten Glanz zurückzugeben vermocht hatte. Ganz überraschend war inzwischen sein altes Stammhaus in Hamburg notleidend geworden und bat den Vielerfahrenen, ihm wenigstens provisorisch noch einmal beizustehen. Doch wieder einmal erwies sich die Wahrheit des alten Wortes, nach dem solche Fälle von Rückkehr selten glücklich verlaufen. Trotzdem fand Liebermann noch Muße, an ein neues Opernwerk zu gehen. Die weltweit beachtete Uraufführung von *La forêt* (Der Wald) fand in Genf am 8. April 1987 statt. Den Stoff lieferte das gleichnamige Drama von Alexander Ostrowski, das von Hélène Vida geschickt bearbeitet wurde. Es entstand ein gut, wenn auch schwer singbares, von einstigen Theorien weit abgerücktes Musikwerk, das den immer latenten Zwiespalt zwischen Künstler und »Welt« in »eher wehmütig-resignative als tragische Züge« (Imre Fabian) faßt und die allenthalben spürbare Rückkehr zur Tonalität zu unterstreichen scheint. Kein epochales Werk, aber doch eine beachtenswerte zeitgenössische Oper.

Franz Liszt

Daß es eine verschollene Oper des jungen Franz Liszt gebe, steht in den einschlägigen Werken zu lesen. Sie wurde in einer Abschrift wiederentdeckt und stammt vom 13jährigen Wunderkind, das damals bereits ein glänzender Klaviervirtuose war und sich in Paris beim namhaften Ferdinando Paër zum vollausgebildeten Musiker entwickelte. *Don Sanche ou Le château d'amour* ist ein in jeder Beziehung harmloses Frühwerk, das sich begreiflicherweise an die damaligen großen Vorbilder anlehnt: Gluck, Mozart, Rossini. Im Jahr von Liszts 100. Todestag (1986) gruben eine Weimarer Studentengruppe und die Teilnehmer des Bayreuther Internationalen Jugendfestspieltreffens das hübsche Spiel – unabhängig voneinander – aus und brachten es zur Aufführung. Im Repertoire wird es sich wohl nie halten können und durfte, zumindest bis zum nächsten Gedenktag, wieder in der Vergessenheit weiterschlummern.

Simon (Giovanni Simone) Mayr

Unter den Hauptkapiteln unseres Buches fehlt eines über (Johannes) Simon oder Giovanni Simone Mayr. Niemand hat es vermißt, wie angenommen werden darf. Aber unter den zahllosen guten bis ausgezeichneten Werken der Vergangenheit, die durch die Opernrenaissance der letzten zwanzig Jahre auf einmal wieder ins Rampenlicht getreten sind, finden sich solche des hochbegabten Bayern (1763 in Mendorf bei Kelheim geboren, 1845 in Bergamo gestorben), dessen Rolle als bedeutender Anreger sowie als Lehrer Donizettis zu würdigen wäre. Als dieser von seiner Heimatstadt Bergamo mit einem Triumphzug geehrt wurde, ließ er den Wagen zuerst beim Haus seines alten Meisters vorfahren, setzte Mayr neben sich und ließ ihn an den Huldigungen teilnehmen. Die waren auch in seinem Falle hochverdient: Viele seiner 61 Opern, komponiert zwischen 1794 und 1823, waren seinerzeit vor allem in Italien erfolgreich und populär. Constanze Mozart wollte ihren Sohn beim »Alten von Bergamo« studieren lassen, Goethe forschte nach seinen Werken, über die er viel Rühmliches gehört hatte, gefeierte Primadonnen gaben Arien bei ihm in Auftrag. Die Wiederbelebungsversuche unserer Zeit stoßen an die Schwäche der von Mayr vertonten Textbücher. Was in Belcantotagen großzügig übersehen wurde (und auch bei Rossini, Donizetti, Bellini und anderen immer wieder zu spüren ist), bildet für das intellektuelle 20. Jahrhundert ein schwer überwindliches Hindernis. So brachte man (von den Schwetzinger Festspielen ausgehend, hernach an mehreren anderen Theatern) ein Lustspiel, *I comedianti*, das es unter Mayrs Werken gar nicht gibt: Man hatte seine *Virtuosi* neu textiert – ein durchaus denkbares Verfahren zur möglichen Rettung weiterer Werke jenes seltsamen Bayern, der zum »echten« italienischen Opernkomponisten voll Melodie und Belcantotechnik geworden war. Seine Werke wurden auf den berühmtesten Bühnen Italiens uraufgeführt (Scala, Fenice, San Carlo Neapel, Regio Turin, Argentina Rom usw.), sein *Ercole in Lidia* am Kärntnertor-Theater in Wien. Heitere *(buffe)* – ja viele Farcen *(farse)* wechselten mit ernsten *(serie)* ab, wie damals üblich, bis Mayr sich im Alter ausschließlich den letzteren zuwandte.

Richard Meale

Australische Oper? Opernspiel: längst, und in jüngster Zeit – wohl auch durch Joan Sutherland, die große Primadonna des Landes, tatkräftig gefördert – steil aufsteigend zu beachtenswertem Weltrang. Doch eigenständige Komposition ist neu. Da wäre vielleicht zuerst Mark Foster zu nennen, der aber nur der Herkunft nach Australier ist (seine Laufbahn vollzog sich in Europa) und dessen *La grotte d'Ali* (Alis Grotte) nichts Australisches an sich hat: Es handelt sich um eine Kammeroper (mit 15 Musikern) rund um das Thema von »Ali Baba und die 40 Räuber«, das aber weitgehend verfremdet ist. Daß der Räuberhauptmann als Countertenor konzipiert ist, dürfte als komischer Effekt gedacht sein, der sich bei der Uraufführung 1986 in Lyon auch einstellte. Von wesentlich anderem Format aber ist *Voss* des Australiers Richard Meale, 1986 beim Adelaide Festival mit allen Anzeichen einer zumindest nationalen Sensation uraufgeführt. Der Textdichter David Malouf, in Brisbane geboren, lange Jahre Universitätsdozent in Sydney, erhielt den Auftrag zu diesem Werk von der Australian Opera, die mit der Komposition den 1932 in Sydney geborenen Richard Meale betraute, der äußerst vielseitig in Australiens Musikwesen, vor allem wohl im Rundfunk tätig war und eine Zeitlang sich intensiv mit asiatischer Klangwelt befaßt hatte, mit Japans alter Hofmusik, mit indonesischen Gamelans u.a. Mehrere seiner Kompositionen sind international bekannt geworden, von Peter Maxwell Davies in London, von Paul Sacher in der Schweiz dirigiert. *Voss* ist seine erste Oper. Sie evoziert das tragische, visionäre Leben des deutschen Forschers dieses Namens, der es 1845 als erster unternimmt, den weiten, unbekannten Erdteil Australien zu durchqueren, bei diesem abenteuerlichen Unternehmen umkommt, aber nicht nur in die Geschichte eingeht, sondern wohl vor allem in das Herz einer liebenden Frau, Laura Trevelyan, welcher die letzten ergreifenden Worte des Werkes in den Mund gelegt werden. Auf die Frage eines Reporters: »A country with a future. But when does that future become the present?« antwortet sie: »Now. Now. Every moment that we live, and breathe, and love and suffer. Now. Now... Voss, Johann Ulrich, my love. You are there still, there in the country, your legend will be written in the air, in the sand, in thorns, in stones, by those who are troubled by it. And what we do not know the air will tell us, the air will tell us...« *Voss* könnte, über die bedeutungsvoll aufgenommene Uraufführung (1. 3. 1986) hinaus vielleicht den Rang einer Art »Nationaloper« erlangen.

Gian-Carlo Menotti

Unermüdlich schafft Gian-Carlo Menotti Oper auf Oper, die textlich wie musikalisch sein starkes Bühnentalent erweisen, stets unmittelbar den Hörer ansprechen, ja oft genug ihn geradezu anspringen. Daß gerade dies ein Grund für Fachpresse und Kritik ist, ihn nicht ernstzunehmen, steht auf einem anderen Blatt: Vielleicht ist er einfach zu erfolgreich. Unserem Hauptkapitel wären noch hinzuzufügen: *Juana la Loca* (Johanna die Wahnsinnige), 1979 in San Diego/Kalifornien uraufgeführt, und *Goya* (Washington 1986).

Krzysztof Meyer

Krzysztof Meyer, 1943 in Krakau geboren, gehört zu den meistgespielten polnischen Komponisten seiner Generation. Von seiner Bearbeitung der fragmentarisch hinterlassenen Schostakowitsch-Oper *Die Spieler* wird bei dem Nachtrag (S. 683) über diesen Komponisten berichtet. Hier ist von seiner viel früher (1973) komponierten, aber erst 1986 in Wuppertal uraufgeführten Oper *Kyberiade* zu berichten. In Paris, wo Meyer damals bei Nadia Boulanger – der großartigen Lehrerin zweier Generationen – studierte, stieß er auf den Stoff: »Die Geschichte von den drei geschichtenerzählenden Maschinen des Königs Genius« und »Der Freund des Automatthias« von Stanislaw Łem: eine überaus reizvolle Parodie auf Automaten und Kybernetik. Der »automatus sapiens« wird eines Tages weitgehend den »homo sapiens« ersetzt haben, ein Erfinder hat bereits für eine sagenhafte Königin die märchenerzählende Maschine erfunden. Daß die Märchen engste Bezüge zur Menschenwelt aufweisen, versteht sich von selbst. Meyer ist höchst witzig und geistvoll – wie selten diese Eigenschaften bei den Opernkonstrukteuren unserer Zeit!

Krzysztof Penderecki

Mit *Paradise Lost* war des schnell zu Weltruhm aufgestiegenen Krzysztof Penderecki Stellung ein wenig ins Wanken gekommen. Die (wievielte?) Vertonung des klassischen Milton-Stoffes schien ein deutliches Nachlassen der schöpferischen Kräfte anzudeuten (Chicago, 1978). Der starke äußere Erfolg seiner nächsten Oper *Die schwarze Maske* bei den Salzburger Festspielen (als deren Auftragswerk) am 15. August 1986 schien das verlorene Terrain wiedergutzumachen. Der dramatisch äußerst spannende Vorwurf stammt aus einem nahezu vergessenen Drama Gerhard Hauptmanns, das seit der Uraufführung am Wiener Burgtheater im Jahre 1929 nicht wieder hervorgeholt worden war. Vielleicht, weil man vom Meister des naturalistischen Dramas keinen solchen Ausflug in gespenstische, übersinnliche, eher dem Werk E. A. Poes entsprechende Regionen erwartete. Für Penderecki, den Meister der *Teufel von Loudun* hingegen, scheint hier der ideale Stoff gefunden worden zu sein. Sein Bühneninstinkt entzündet sich an dieser skurrilen Geschichte aus dem Jahre 1662, einer makabren Zusammenkunft seltsamer Gestalten im Hause des wohlhabenden Bürgermeisters Schuller und seiner unter schwersten Erinnerungen lebenden Gattin Benigna. Psychische Komplexe, sexuelle Wahnvorstellungen, Vergangenheitsenthüllungen, Angstträume, unerklärliche Vorkommnisse: Das Arsenal »moderner« Dramatik ist vollzählig, vom Komponisten selbst fast als Kriminalthriller gerafft. Die Vorgänge lenken beinahe von der Musik ab, durch die sie allerdings zu äußerster Wirkung gebracht werden. Penderecki beherrscht das zeitgenössische Instrumentarium und seine raffinierte Anwendung so meisterhaft, daß die Frage nach der Inspiration nahezu verstummt – wenn sie bei der Musik in der zweiten Hälfte des 20. Jahrhunderts überhaupt noch gestellt werden kann. Das Orchester klingt hervorragend, ob es die Wortdeutlichkeit nicht oft zunichte macht, ist eine andere Frage.

Wilhelm Peterson-Berger

Eines halbvergessenen skandinavischen Komponisten wäre zu gedenken: Wilhelm Peterson-Berger (1867–1942) spielte im Opernleben Schwedens eine führende Rolle: jahrzehntelang wurde sein Musikdrama *Arnljot* immer wieder gespielt und zu einer Art Nationaloper; es spielt um das Jahr 1000, als das vordringende Christentum in heftige Kämpfe mit den alten heidnischen Religionen verwickelt war. Die Musik ist wagnerisch beeinflußt, enthält viele starke und vor allem gesanglich schöne Szenen und wurde außer in Stockholm auch allsommerlich auf einer Freiluftbühne in Frösön, dem Wohnsitz des Komponisten gespielt.

Aribert Reimann

Im Hauptteil unseres Buches wurde die hohe Bedeutung Aribert Reimanns für die zeitgenössische Oper hervorgehoben. Nach dem *Lear*-Triumph folgte eine Kammeroper, das Psychodrama *Gespenstersonate* (nach Strindberg) und (am 7. Juli 1986, abermals in München) die Uraufführung der eindrucksvollen, wenn auch nicht unumstrittenen *Troades*. Der antike Text (nach den »Troerinnen« des Euripides in der Nachdichtung und Bearbeitung von Franz Werfel) wurde für Reimann vom Dirigenten Gerd Albrecht gestaltet, der auch das Werk aus der Taufe hob. Der Stoff hat Größe, Wucht, Gewalt: Es geht um die Sinnlosigkeit und Grausamkeit jedes Krieges, es geht um das unter allen Umständen tragische Schicksal – Tod oder Verschleppung – der Frauen Trojas nach dem Fall und der Zerstörung dieser Stadt. Besonders die Gestalt der Hekabe, den Abend mit Erschütterung ausfüllend – in der Premiere die unübertreffliche Helga Dernesch, so wie im *Lear* Dietrich Fischer-Dieskau überwältigend im Mittelpunkt gestanden war –, gewinnt statuarische Größe, archaisches Pathos. Es ist ein Frauenstück, die kurzen Männerrollen fallen dagegen eher ab; ein Opernwerk für die Geschichte, kaum für den Alltag der Musiktheater.

Peter Ronnefeld

Mit Nachdruck sei auf den jungverstorbenen Komponisten Peter Ronnefeld (1935–1965) hingewiesen, der Blacher- und Messiaenschüler war, 1958 Assistent Herbert von Karajans an der Wiener Staatsoper wurde und 1961 Generalmusikdirektor in Kiel. Erwähnt seien hier die am 21. Oktober 1961 in Düsseldorf uraufgeführte Oper *Die Ameise* (auf einen surrealistischen, schwer zu dramatisierenden Text von Richard Bletschacher und Ronnefeld selbst), und die sketchartige *Nachtausgabe*, die 1956 unvollständig in Salzburg, dann erst 1987 im Studio der Wiener Staatsoper zur eigentlichen Uraufführung gelangte.

Gioacchino Rossini

In den früheren Fassungen dieses Buches waren 7 Opern Gioacchino Rossinis enthalten, eine ansehnliche Zahl, wenn auch nur ein knappes Fünftel seines Gesamtwerkes. Gegenüber der Zwischenkriegszeit bedeutete das schon einen ungewöhnlichen Fortschritt, war doch lange Zeit, vor allem auf deutschsprachigen Bühnen, kaum mehr als *Der Barbier von Sevilla* am Leben geblieben. In Italien allerdings tauchten immer wieder verschiedene andere Werke des »Schwans von Pesaro« auf. Mit der allgemeinen Opernrenaissance unserer zweiten Jahrhunderthälfte ging nicht zuletzt eine gewaltige Aufwertung dieses genialen Meisters vor sich, deren Ende selbst heute noch nicht abzusehen ist. Und so sollen in die Neuauflage wiederum einige seiner Werke aufgenommen werden, die dem Opernliebhaber heute (oder vielleicht morgen) durchaus in einem Musiktheater oder auf dem Fernsehschirm beggnen können.

Il turco in Italia (Der Türke in Italien) stammt aus dem (frühen) Jahre 1814, das Rossini »nur« eine Oper bescherte, während 1812 nicht weniger als 6, 1813 vier (darunter so wichtige wie *Tancredi* und *Die Italienerin in Algier*) erschienen waren. Den Text zu dieser Lustspieloper (*opera buffa*) in 2 Akten schrieb Felice Romani, der eine wahre Unzahl von Libretti verfaßte und oft die Grundlage zu bedeutenden Werken schuf. Ob dies beim »Türken in Italien« der Fall ist, bleibt Ansichtssache. Es ist eine der damals üblichen Verwechslungsgeschichten: Das einzige moderne Element auf der Bühne bildet die Anwesenheit eines »Dichters«, der Inspiration sucht und stets präsent ist; er erlebt komplizierte Liebesintrigen, die zuletzt natürlich gut ausgehen. Rossini »plünderte« diese Partitur, als sie ihm nur ungenügend erfolgreich schien, wobei er, nach dem Brauch der Zeit, viele der besten Stücke daraus 1817 in die »Diebische Elster« (*La gazza ladra*) übernahm.

Ob Rossinis *Otello* aus dem Jahre 1816 eine Renaissance erleben wird, bleibt fraglich; zu sehr ist seine Dramatik verwässert, seine Musik nur auf Belcanto, auf »Schöngesang« eingestellt, um gegen den 71 Jahre späteren *Otello* Verdis bestehen zu können, der dem heutigen Hörer dramatisch, psychologisch, vor allem aber musikalisch doch ungleich näher steht.

Hingegen scheint ein Wiedererstehen der »Frau vom See« (*La donna del lago*) nicht undenkbar.

Der Textdichter Leone Andrea Tottola nahm den Stoff aus Walter Scotts Dichtungen, die auf der Suche nach Operntexten von der Romantik eifrig verwendet wurden *(Lucia di Lammermoor)*. Hier (ein wenig wie in Flotows *Martha*) spielt ein Ring die Rolle eines Retters aus der Not: Der König selbst hat ihn unerkannt einst einem Mädchen gegeben, das ihm Unterkunft gewährte, und der nun dessen Geliebten befreit und die Liebenden aus verzweifelter Lage zusammenführt. Es wurde trotz der bei Rossini üblichen kurzen Entstehungszeit eine höchst bemerkenswerte und sogar mit Neuerungen bedachte Partitur: Eine gefühlsstarke Lyrik weist bereits auf hochromantische Nachfolger. Die Uraufführung der *Donna del Lago* erfolgte im Teatro San Carlo von Neapel am 24. November 1819.

Ob *Tancredi* – ein »heroisches Melodrama« aus dem Syracus des 9. Jahrhundert, in dem der bei Voltaire tragische Schluß zu einem glücklichen Ausgang umgestaltet ist (Uraufführung in Venedigs Teatro Fenice am 6. Februar 1813) –, ob *Semiramide*, ebenfalls eine ernste Oper nach Voltaire, mit Libretto von Gaetano Rossi im gleichen Theater am 3. Februar 1823 uraufgeführt (mit Rossinis Gattin, der berühmten Mezzosopranistin Isabella Colbran, in der Titelrolle) – oder ob eine der einaktigen Buffo-Opern sich nach langer Abwesenheit in die Gunst des heutigen Publikums zurückspielen wird – vielleicht *L'occasione fa il ladro* (Gelegenheit macht Diebe), *La scala di seta* (Die seidene Leiter) oder *Il signor Bruschino* – ist unmöglich vorauszusagen.

Das aber hat *Il viaggio a Reims* (Die Reise nach Reims) bereits entscheidend getan. Warum dieses wahre Schmuckstück einer großen Opernzeit mehr als anderthalb Jahrhunderte völlig verschwand, gehört zu den Rätseln der Musikgeschichte. Oder doch nicht? Rossini selbst soll das Werk nach wenigen (Pariser) Aufführungen zurückgezogen haben, auf jeden Fall hat er viele seiner besten Stücke in den ein wenig späteren *Comte Ory* übernommen. Hat er gemeint, diese *Reise nach Reims* (die nicht stattfindet) sei ein Gelegenheitsstück (zur in Reims stattfindenden Krönung des französischen Königs Karls X. im Jahre 1825) und entbehre einer echten Handlung? Nun, das wäre aus heutiger Sicht der modernen Oper kein Hindernis. Zudem ist dieses Werk so voll Charme, Witz und musikalischer Bedeutung, daß eventuelle textliche Schwächen in Kauf genommen werden könnten. Reisende aus ganz Europa finden sich im »Gasthof zur goldenen Lilie« zusammen, von wo aus sie die gemeinsame Weiterfahrt zum großen Fest antreten wollen. Da aber keine Pferde aufzutreiben sind, bleibt nichts anderes übrig, als das Fest an Ort und Stelle im Gasthof zu feiern. Dabei überbringt jeder musikalische Grüße aus seinem Land, umwerfend komisch und musikalisch überaus geistvoll: Ein Tiroler Jodlerduett, eine russische Hymne, eine Polonaise, italienische Koloraturen und spanische Klänge, eine englische Paraphrase auf »God save the king« folgen aufeinander, vermischen sich bezaubernd witzig, private Intrigen und Leidenschaften spielen mit; gut inszeniert und musiziert ergibt sich ein Abend, wie er amüsanter, aber auch geistreicher kaum zu denken ist. Rossinis Geburtsstadt Pesaro erprobte es mit stürmischem Erfolg beim Festspiel im Jahre 1984, nachdem die Uraufführung am 19. Juni 1825 längst und völlig vergessen war.

Aulis Sallinen

Aulis Sallinen hat mit mehreren Opern – vor allem mit dem *Reitersmann* sowie dem *Roten Strich* – Finnlands hohe Bedeutung auf dem Feld des modernen Musiktheaters bestätigt, mit *Der König geht nach Frankreich* (beim Opernfestspiel in Savonlinna am 7. Juli 1984 uraufgeführt) schuf er wiederum ein Werk, das internationaler Verbreitung würdig und fähig scheint. Und dies, obwohl das Textbuch des finnischen Dichters Paavo Haavikko keineswegs leicht verständlich ist; es gehört zu jener typischen Dramatik der zweiten Jahrhunderthälfte, bei der wesentliche Teile der Interpretation dem Hörer überlassen bleiben, bei der es keine »Lösung« gibt und eher Symbole als Menschen auf der Bühne stehen, trotz allem vermeintlichen Realismus. Sallinens starke Musik, seine spontane Erfindungsgabe stimmen mit diesem Text nicht unbedingt überein, sie müßten sich in einem echten Verismus noch kräftiger ausleben können. Dennoch ist hier ein Stück glänzenden Musiktheaters geschaffen worden, für das, in die jeweiligen Landessprachen übertragen, zahlreiche Bühnen Interesse zeigen sollten.

Dimitri Schostakowitsch

Eine unbekannte Oper des russischen Großmeisters Dimitri Schostakowitsch wird mit einiger Sicherheit nicht mehr entdeckt werden. (Das breite Publikum kennt seine beiden Musiktheaterbeiträge *Die Nase* und *Katerina Ismailowna, Lady Macbeth von Mzensk* viel zu wenig). Aber ein Fragment wurde in seinen nachgelassenen Papieren entdeckt, das, wäre es nicht unvollendet geblieben, eine Oper *Die Spieler* ergeben hätte. An ihm arbeitete Schostakowitsch im dramatischen Jahr 1942, in dem seine Stadt Leningrad von den Deutschen belagert und bombardiert wurde. Es mag verwunderlich sein, daß dieser Opernentwurf, buffonesk und spielerisch, zynisch und unterhaltsam, in so tragischer Zeit entstand, verwunderlich aber auch, daß er unvollendet liegengelassen und nie mehr wiederaufgenommen wurde.

Einer der besten polnischen Komponisten der nächsten Generation, Krzysztof Meyer (über den in unserem Band »Sinfonie der Welt« nachzulesen steht), selbst Autor der Oper »Kyberiade« (1973), unternahm den kühnen Versuch, das Fragment seines Lieblingskomponisten, dem er eine auch deutsch erschienene Biographie widmete, zu ergänzen, wozu er größtenteils auf Eigenes zurückgreifen mußte. Schostakowitsch hatte in einem Brief das vorhandene Material als »ungefähr ein Siebtel der Oper« bezeichnet; es nimmt 30 Minuten in Anspruch, was nicht nur nach seiner eigenen Meinung »zu lang« schien. Meyer, der sich schon mehrmals als geradezu phänomenaler Stil-Imitator erwiesen hatte (er narrte einmal die Welt einschließlich Fachleute mit einer »aufgefundenen Mozart-Sinfonie«), versetzte sich so vollendet in die Musikwelt seines Idols, daß die Oper ein völlig einheitliches und hochinteressantes Werk wurde. Der Stoff – ein Falschspieler, der von mehreren noch betrügerischeren Spielenden ausgeplündert wird – geht auf eine Kriminalkomödie von Gogol zurück, erhielt aber wesentliche, gelungene Erweiterungen. Das Werk zweier glänzender Musiker, am 12. Juni 1983 in Wuppertal uraufgeführt, könnte eine echte Bereicherung des Repertoires darstellen.

Noch von einer weiteren »neuen« Oper Schostakowitschs ist zu berichten, auch sie ist eine »Ausgrabung« und trägt nur sehr bedingt die Züge ihres Meisters. Von 1933–35 schrieb Schostakowitsch die Musik zu einem Trickfilm nach einem Märchen Puschkins: »Das Märchen vom Popen und seinem Knecht Balda«. Die Musik ging während der obenerwähnten Belagerung der Stadt Leningrad verloren; sie wurde später mit Einwilligung des Komponisten von der Musikwissenschaftlerin Sofja Chentowa rekonstruiert und für die Bühne eingerichtet – ganz entzückend übrigens. Die Staatsoper Ostberlins spielte das Kammerwerk erstmals am 7. Juni 1986.

Minao Shibata

Japan, das – nach dem Ersten Weltkrieg beginnend, nach dem Zweiten beschleunigend – ein verblüffendes Verständnis der abendländischen Musik demonstriert, versucht in jüngster Zeit auch, auf das Gebiet der Oper vorzudringen. Zumindest seit 1969, dem Gründungsjahr einer »westlichen« Kammeroper in Tokio, sind intensive Bestrebungen im Gange, das klassische Opernrepertoire zu erarbeiten und aus dieser Tätigkeit heraus die Entwicklung japanischer Opern zu fördern, die an die interessante Aufgabe herangehen, durch Rückblicke zum traditionellen japanischen Theater (Nô, Gagaku) eine typisch japanische Opernkunst zu schaffen. Möglicherweise ist *Der Sieg des Orpheus* von Minao Shibata ein gewichtiger Schritt auf diesem Wege. Das Werk stammt aus dem Jahre 1984 und baut auf dem alten spanischen Mysterienspiel *El divino Orfeo* (Der göttliche Orpheus) auf. Es schafft bezeichnende Verbindungen zu frühesten Opernbestrebungen in Europas Renaissance und Barock: Der antike Mythos von Orpheus, dem durch die Musik Macht über Menschen und Natur, ja sogar über die Götter gegeben ist, die er zu rühren und umzustimmen weiß, ist ein Urthema der Musik, sozusagen der ideale Opernstoff. Daß er auch an der Wiege eines japanischen Musiktheaters zu finden ist, schafft Bezüge, über die nachzudenken wäre.

Karlheinz Stockhausen

Nach wie vor ist es so gut wie unmöglich, Karlheinz Stockhausen (1928 bei Köln geboren) musikalisch oder gar musikdramatisch zu orten, einzuordnen, ja auch nur zu begreifen. Sein Charakterbild schwankt wahrhaftig, um ein

Dichterwort zu zitieren, »von der Parteien Haß und Gunst verzerrt« zwischen unvorstellbaren Extremen. Ein Seher, fast ein Prophet, ein Mystiker von hoher Berufung für die einen, ein Bluffer für die anderen. Seine Wirkung auf gewisse unorthodoxe Publikumsschichten, vor allem auf ein Ideal suchende Jugendliche ist stark, und dies nicht nur in Europa, sondern u. a. auch in Japan, im eigens für ihn erbauten Deutschen Pavillon bei der Weltausstellung in Osaka. Vollends kontrovers ist sein Einstieg ins Musiktheater: Hier realisiert er einen wahren Monumentalzyklus, eine Art »Welttheater«, das selbst Wagners Nibelungen-Ring noch übertreffen zu wollen scheint, dem es aber (für den Normalhörer) völlig an dramatischer, wie auch an musikdramatischer Substanz mangelt. Mailand spielte 1981 *Donnerstag*, 1984 *Samstag aus Licht*, als drittes Werk steht *Montag* in Aussicht. Verschieben wir eine nicht zu subjektiv getrübte Besprechung auf eine spätere Auflage, hier sei lediglich registriert, daß es im tausendfältigen Panorama der zeitgenössischen Musik auch die Extremhaltung Stockhausens gibt, die alles aufzuheben sucht, was früheren Generationen als sinnvoller Klang erschien.

Heinrich Sutermeister

Nach längerer Pause trat Heinrich Sutermeister bei den Opernfestspielen in München 1985 mit einem neuen Werk hervor: *Le roi Bérenger* nach Eugène Ionescus *Le roi se meurt*, das bei seinem Erscheinen in Paris 1963 Aufsehen hervorgerufen hatte. Sutermeister selbst hat das Libretto geschaffen und sowohl mit diesem wie mit der Musik wiederum eine starke Probe seiner ursprünglichen Begabung für das Musiktheater geliefert. Allerdings unterscheidet sich dieses Spätwerk wesentlich von den Erfolgsopern der Vierzigerjahre: Es ist eine Art Kammeroper mit kleinem Orchester (Streicher, Celesta, Harfe, Schlagzeug und elektrische Gitarren), intimer auch in der Tonsprache, die dem schwierigen Text äußerst feinfühlig nachspürt.

Sándor Szokolay

Unter Ungarns Komponisten der Neuzeit ist Sándor Szokolay wohl der international erfolgreichste, wenn auch seine Aufführungen sich im Westen in ziemlich engen Grenzen halten. Zu den im Hauptteil genannten *Bluthochzeit* (nach F. García Lorca) und *Samson* trat inzwischen *Ecce homo* (Budapest, 1986), eine Vertonung von Katzanzakis' berühmtem Drama »Griechische Passion«, die schon Martinů als Stoff für eine schöne Oper gedient hatte.

John Tavener

John Tavener (1944 in London geboren) studierte bei Lennox Berkeley, ist Absolvent der Royal Academy of Music und ein glänzender Organist. Als Komponist zeigt er sich als stark mystisch beeinflußt, eine tiefreligiöse Atmosphäre durchzieht viele seiner Werke. Er selbst trat vom Anglikanismus zur orthodoxen Kirchen über. Seine dramatische Kantate *Kain und Abel* wurde 1965 in Monaco preisgekrönt, 1977 wurde seine Dostojewski-Vertonung *The Gentle Spirit* uraufgeführt, 1979 als Auftragswerk der Covent Garden Opera in London *Thérèse*, zu welcher der englische Dichter Gerard McLarnon den Text schrieb. Auch dieser konvertierte zur russisch-orthodoxen Kirche, und sein Libretto behandelt einen tiefreligiösen christlichen Stoff: die Geschichte der Juwelierstochter Thérèse Martin aus der Normandie, die von 1873 bis 1897 lebte und 1925 heiliggesprochen wurde. Ein seltsames Opernwerk mit starker Wirkung auf gläubige Gemüter.

Giuseppe Verdi

Erwähnenswert in diesem Nachtrag ist wohl die »Umdichtung« von Verdis *Maskenball (Un ballo in maschera)*. Es häufen sich in der Gegenwart die Aufführungen, welche dieses Meisterwerk nicht mehr in der von der Zensur im Jahre 1859 auferlegten, nach Amerika versetzten Form spielen, sondern als jenes Drama, das ihm historisch zugrunde liegt: die Ermordung des schwedischen Königs Gustav III. während eines Maskenballs in seinem Schloß. Damit verwandeln sich die Personen des Stückes (Riccardo, Renato usw.) zurück in den König, in Ankarström u. a. Das mag reizvoll erscheinen und verleitet manchen Theaterleiter und Regisseur – aber es stimmt dann in der Handlung nicht: Jener Königsmord von 1792 hatte nichts mit irgendeiner Frauenaffäre zu schaffen.

Lars Johan Werle

In Lars Johan Werle (1926 geboren) erstand dem reichen Musik- und Opernleben Schwedens ein über die Grenzen Skandinaviens hinaus beachteter Komponist. Zum ersten Erfolg wurde *Thérèse – ein Traum* (1964 in Stockholm uraufgeführt, auch in deutschsprachigen Ländern nachgespielt). Noch stärker schlug *Animalen* ein (Göteborg, 1982), das neben den menschlichen (in Tierform präsentierten) Aspekten auch eine geistvolle politische Komponente besitzt und vom Komponisten als Mittel zwischen Oper und Musical betrachtet wird. Ebenfalls in Göteborg erklangen 1986 die Kurzopern *Kvinnogräl* (Frauengezänk) und *Gudars Skyming* (Götterdämmerung).

Riccardo Zandonai

Riccardo Zandonai (1883–1944), Mascagni-Schüler und letzter Verist Italiens hätte möglicherweise einen ehrenvollen Platz im Hauptteil unseres Buches einnehmen müssen. Seine Werke aber – ein Dutzend Opern neben manchem anderen – schienen vergessen, wie so viele andere. Doch vor allem *Francesca da Rimini* (uraufgeführt in Turin 1914) taucht mit nicht unverständlicher Beharrlichkeit immer wieder auf (San Francisco 1956, New York konzertant 1973, New York, Metropolitan Opera 1984 mit Renata Scotto, Placido Domingo, Cornell MacNeil). Die Stärke des von Dante überlieferten (auch von Boccaccio bearbeiteten) tragischen Stoffes trägt wohl dazu bei. Es läßt sich nicht feststellen, wie oft er vertont wurde: 30 Opern – sowie Tschaikowskys sinfonisches Gedicht – sind bekannt. Doch auch andere Werke Zandonais, der in den letzten Jahren seines Lebens Direktor des Liceo Musicale Rossini in Pesaro war, könnten mit Aussicht auf Erfolg wiederbelebt werden, am ehesten wohl *Giulietta e Romeo* (1922) nach Shakespeare und *I cavalieri di Ekebù* (1925) nach Selma Lagerlöf.

Alexander von Zemlinsky

Als unser Buch das Werk Alexander von Zemlinskys mit gebührendem Nachdruck behandelte, stand die Renaissance dieses bedeutenden Meisters erst bevor. Sie ist inzwischen mit aller Kraft eingetreten, zahlreiche Bühnen haben sich zu Aufführungen seiner besten Werke entschlossen und starke Erfolge sowohl bei den Fachleuten wie beim Publikum mit ihnen erzielt. *Kleider machen Leute, Eine florentinische Tragödie* und *Der Zwerg* haben sich als besonders wirksam erwiesen, so daß mit ihrer definitiven Aufnahme in das Weltrepertoire wohl zu rechnen sein dürfte.

Udo Zimmermann

In wenigen Jahren hat der mitten im Kriege am 6. Oktober 1943 in Dresden geborene DDR-Komponist Udo Zimmermann die deutschsprachigen Theater in ganz Mitteleuropa erobert. Während eine erste Fassung der *Weißen Rose* sowie die Oper *Die zweite Entscheidung* (1967 bzw. 1970) noch innerhalb der DDR verblieben, erregte *Levins Mühle* (1973) Aufsehen, und die Märchenoper *Der Schuhu und die fliegende Prinzessin* (1977) fand einige Verbreitung. 1982 ging Zimmermann an den mehrfach vertonten Text García Lorcas *Die wundersame Schustersfrau*, erlebte den wahren Durchbruch aber erst mit der endgültigen Fassung der *Weißen Rose* im Jahre 1986, die von zahlreichen Bühnen in der Bundesrepublik, der Schweiz und Österreich mit stärkster Wirkung gespielt wurde. Hierzu dürfte in erster Linie der Stoff beigetragen haben: die erschütternde Geschichte der Geschwister Scholl, die in München versuchten, eine Widerstandsgruppe gegen das nationalsozialistische Regime aufzubauen, und dafür hingerichtet wurden. Auch die einfache Aufführbarkeit des Werkes dürfte dabei mitspielen: »15 Instrumente, 2 Sänger, wenig szenarischer Aufwand, 2 Scheinwerfer«, wie der Komponist selbst es ausgedrückt hat. Seine Musik erreicht hier eine fast gespenstische Aussagekraft, eine atemberaubende Dichte, die in beklemmender Form die sehr schönen Worte von Wolfgang Willaschek ausfüllt, erhöht und ergreifend sichtbar macht. Bonn bringt in der Spielzeit 1987/88 *Die Sündflut* nach Ernst Barlach mit dem Text von Claus H. Henneberg. Die nächsten abendfüllenden Werke (*Die weiße Rose* muß als Kurzoper gelten) werden erweisen, ob in Udo Zimmermann eine echte Hoffnung für das Überleben der Oper des 20. Jahrhunderts heranwächst: Die entschiedene ethische Haltung dieses Tondichters läßt es erhoffen.

Komponistenverzeichnis

Die fettgedruckten Seitenzahlen verweisen auf Artikel im Hauptteil dieses Buches, die Jahreszahl hinter den Opernnamen beziehen sich auf die Uraufführung.

Abdrajew
Das junge Herz (1953)

Acevedo Raposo, Remigio (1896–1951)
Caupolicán
El corvo (1946)

Adam, Charles-Adolphe (1803–1856) **26**
Le postillon de Lonjumeau (1836)
Le roi d'Yvetot (1842)
Richard en Palestine (1844)
La poupée de Nuremberg (1852)
Si j'étais roi (1852)

Aksiuk
Das Lied vom Kaufmann (1940)
Foma Gordijew (1942)

Albeniz, Isaac (1860–1909)
Pepita Jiménez (1896)
Le roi Arthur (1906)

d'Albert, Eugen (1864–1932) **28**
Tiefland (1903)
Flauto solo (1905)
Die toten Augen (1916)
Der Golem (1926)
Die schwarze Orchidee (1928)
Mister Wu (1932)

Albertini
Der polnische Kapellmeister (um 1805)

Alessandrow
Rusalka (1913)

d'Aleyrac, Nicolas (1753–1809)
Sargines (1788)
Les deux petits savoyards (1789)
Vert-vert (1790)
Camille (1791)
Maison à vendre (1800)

Alfano, Franco (1876–1954) **30, 670**
Resurrezione (1904)
Sakuntala (1924/1944)
Madonna Imperia (1927)
Cyrano de Bergerac (1936)

d'Almeida, Francisco Antonio (gest. 1755)
Der büßende David (1722)
Die Geduld des Sokrates (1733)

Amend, Erwin
Kalif Storch (1979)

Amirow, Fikret M. (1922)
Sewil (1953)

André, Johann (1741–1799)
Der Töpfer (1773)
Belmonte und Konstanze (1781)
Erwin und Elmire

Andres, Daniel
Die Nachtigall der 1000 Geschichten (1983)

Andriessen, Hendrik (1892–1981)
Philomela (1962)

Anfosi, Pasquale (1727–1797)
La finta giardiniera (1774)

Antoniou, Theodore
Periander (1983)

Antheil, George (1900–1959)
Transatlantic (1986)

Aperghis, George
L'echarpe rouge
Liebestod, une opéra (1982)

Argento, Dominick (1927)
A Waterbird Talk (1977)
Postkarte aus Marokko (1979)
Miss Havisham's Fire (1979)

Arieta, Emilio (1823–1894)
Marina (1855)

Arrigo, Girolamo (1930)
Il ritorno di Casanova (1985)

Arroyo, Joao Marcellino (1861–1930)
Liebe und Verderben (1907)

Ascona, Vicente (1897)
Paraná Guazú (1930)

Atterberg, Kurt (1887–1974)
Bäckahästen (1925)
Der Sturm (1948)

Auber, François (1782–1871) **30**
Julie (1805)
Le testament (1819)
Emma (1821)
Leicester (1823)
La muette de Portici (1828)
Fra Diavolo (1830)
Gustave III (1833)
Le domino noir (1837)
Le lac des fées (1839)
l'enfant prodigue (1850)
Zerline (1851)
Manon Lescaut (1856)
Rêves d'amour (1869)

Aubert, Louis (1877–1968)
Sonja (1913)
Naila (1927)

d'Auvergne, Antoine (1713–1797)
Les troqueurs (1753)
La coquette trompée (1753)

Awietisow
Der Flüchtling (1943)

Bach, Johann Christian (1735–1782)
20 Opern, u.a.:
Orfeo ed Euridice (1770)
Lucio Silla (1772)

Badia, Carlo Agostino (1672–1738)
La constanza d'Ulisse (1700)

Badings, Henk (1907)
Die Nachtwache (1943)
Liebes Ränke und Tücken (1948)
Orestes (1954)

Baird, Tadeusz (1928)
Jutro (1966)
Morgen (1972)

Balassa, Sandor (1935), **670**
Draußen vor der Tür (1978)

Balfe, Michael William (1808–1870)
Manon Lescaut (1836)
Falstaff (1838)
The Bohemian Girl (1843)

Balmer, Luc (1898)
Die drei geopferten Ehemänner (1969)

Bonfield, Raffaello (1922)
Lord Byron's Love Letters

Bantock, Sir Granville (1868–1946)
The Seal-woman (1925)

Barber, Samuel (1910–1981)
Vanessa (1958)
Anthony and Cleopatra (1966)

Barbieri, Francisco (1823–1894)
Pan y toros (1864)
El barberillo de Lavapés (1874)

Barker, Paul
Wall (1984)
The Marriages Between Zones 3, 4 and 5 (1985)

Barnes, Edward
Feathertop (1980)

Bartók, Béla (1881–1945) **34**
Herzog Blaubarts Burg (1918)

Baussnern, Waldemar von (1866–1931)
Dichter und Welt (1897)
Dürer in Venedig (1901)
Herbort und Hilde (1902)
Der Bundschuh (1904)
Satyros (1923)

Becaud, Gilbert
L'opéra d'Aran (1981)

Beeson, Jack (1921)
Lizzie Borden (1965)

Beethoven, Ludwig van (1770–1827) **35**
Fidelio (1805)

Belamarić, Miro
Don Perlimplin (García Lorca)

Bellini, Vincenzo (1801–1835) **40, 670**
Adelson e Salvoni
Bianca e Fernando (1826)
Il pirata (1827)

La straniera (1829)
I Capuleti e i Montecchi (1830)
La sonnambula (1831)
Norma (1831)
Beatrice di Tenda (1833)
I puritani (1835)

Benda, Georg (1722–1795)
14 Bühnenwerke, u.a.:
Der Dorfjahrmarkt (1766)
Pygmalion (1772)
Medea (1775)
Ariadne auf Naxos (1775)
Romeo und Julia (1776)
Orpheus (1787)

Bennett, Rodney (1936) **44**
The Ledge (1961)
A Penny for a Song (1967)

Benoit, Peter (1834–1901)
Het dorp in 't gebergte (1856)
Isa (1857)
Le Roi des Aulnes (1859)
Charlotte Corday (1876)
L'amour mendiant

Bentoiu, Pascal (1927)
Hamlet (1974)

Bentzon, Jörgen (1897–1951)
Saturnalia (1944)

Bentzon, Niels Viggo (1919)
Faust III (1964)
Automaten (1974)

Berenguel, Xavier
Spleen (1980)

Berg, Alban (1885–1935) **44**
Wozzeck (1925)
Lulu (1937)

Berio, Luciano (1925)
Passaggio (1963)
La vera storia (1982)
Un ré in ascolto (1984)

Berkeley, Lennox (1903)
Nelson (1954)
A Dinner Engagement (1954)

Berlioz, Hector (1803–1869) **50**
Benvenuto Cellini (1838)
La damnation de Faust (1846)
Béatrice et Bénédict (1862)
Les troyens à Carthage (1862)
Les troyens (La prise de Troie, 1899)

Bernstein, Leonard (1918) **672**
Trouble in Tahiti (1951)
Wonderful Town (1953)
Candide (1956)
West Side Story (1957)
1600 Pennsylvania Avenue (1976)
A Quiet Place (1983)

Bersa, Vladimir
Mozarts Tod (1975)

Bertali, Antonio (1605–1669)
L'inganno d'amore (1653)
La contessa dell'aria e dell'acqua (1667)

Berutti, Arturo (1862–1938)
Yupanki (1899)

Bialas, Günter (1907) **52**
Hero und Leander (1966)
Die Geschichte von Aucassin und Nicolette (1969)
Der gestiefelte Kater (1975)

Bibalo, Antonio (1922)
Das Lächeln am Fuße der Leiter (1965)
Das Messer
Fräulein Julie (1976)
Gespenster (Ibsen) (1981)

Birtwistle, Harrison (1934) **672**
Monodrama (1967)
Punch and Judy (1968)
Down by the Greenwood Side (1969)
Orpheus (1977)
Yan Tan Tethera (1986)
The Mask of Orpheus (1986)

Bisquertt, Prospero (1881–1959)
Sayeda

Bittner, Julius (1874–1939) **53**
Die rote Gret (1907)
Der Musikant (1911)
Der Bergsee (1911)
Der Abenteurer (1912)
Das höllisch Gold (1916)
Die Kohlhaymerin (1921)
Der liebe Augustin (1921)
Das Rosengärtlein (1923)
Die Mondnacht (1928)
Das Veilchen (1934)

Bizet, Georges (1838–1875) **53**
Le docteur Miracle (1857)
Les pêcheurs de perles (1863)
Iwan le terrible (1865)
La jolie fille de Perth (1867)
Djamileh (1872)
Carmen (1875)

Blacher, Boris (1903–1975) **62**
Fürstin Tarakanowa (1941)
Die Flut (1946)
Der Großinquisitor (1947)
Die Nachtschwalbe (1947)
Romeo und Julia (1950)
Preußisches Märchen (1952)
Abstrakte Oper Nr. 1 (1953)
Rosamunde Floris (1960)
Zwischenfälle bei einer Notlandung (1966)
200000 Taler (1969)
Yvonne, Prinzessin von Burgund (1973/1974)
Habemejaja (1987)

Blackford, Richard
The Pig Organ (1980)
Sir Gawain and the Black Knight

Blake, David (1936)
Toussaint (1977)

Blech, Leo (1871–1958) **64**
Alpenkönig und Menschenfeind (1903)
Aschenbrödel (1905)

Versiegelt (1908)
Rappelkopf (1918)

Blitzstein, Marc (1905)
Parabola and Circula (1929)
The Condemned (1933)
The Cradle Will Rock (1936)
I've Got the Tune (1937)

Blockx, Jan (1851–1912)
Jets vergeten (1871)
Maître Martin (1892)
Herbergsprincess (1986)
Tijl Uilenspiegel (1900)
De Bruid der Zee (1901)
Blandie (1908)

Blomdahl, Karl-Birger (1916–1968) **64**
Aniara (1958)
Der Herr von Hancken (1965)
Spiel für 8 (1968)

Bodart, Eugen (1905)
Der abtrünnige Zar (1935)
Der leichtsinnige Herr Bandolin
Hirtenlegende (1936)
Spanische Nacht (1937)
Kleiner Irrtum (1949)
Mara (1951)

Boehmer, Konrad
Dr. Faustus (1985)

Boero, Felipe (1884–1958) **65**
Tucaman (1918)
El Matrero (1929)
Siripo (1937)
Zincali (1954)

Boesmans, Philippe
La passion de Gilles (1983)

Boguslawski, Edward (1940)
Belzebub-Sonate (1977)

Boieldieu, François (1775–1834) **66**
Le calife de Bagdad (1800)
Aline, reine de Colconde (1804)
Télémaque (1806)
Jean de Paris (1812)
Angela (1814)
Charles de France (1816)
Le petit chaperon rouge (1818)
La dame blanche (1825)
Les deux nuits (1829)

Boito, Arrigo (1842–1918) **67**
Mefistofele (1868)
Nerone (1924)

Bononcini, Antonio Maria (1677–1726)
Polifemo (1703)
Griselda

Bontempi, Giovanni Andrea (1624–1705)
Paride (1662)
Dafne (1672)

Borck, Edmund von (1906–1944)
Napoleon (1942)

Borkevec, Pavel (1884–1972)
Ritter Palaček

687

Borodin, Alexander (1833–1887) **70**
Fürst Igor (1890)

Bose, Hans Jürgen von (1953) **672**
Das Diplom (1976)
Blutbund (1986)
Chimäre (1986)
Die Leiden des jungen Werthers (1987)

Bossi, Marco Enrico (1861–1925)
Il viandante (1896)

Boudeville, Emmanuel
L'école des maris (1935)

Bozay, Attila (1939)
Csongor und Tünde (1985)

Braga, Francisco (1868–1945)
Jupira (1900)
Anita Garibaldi

Brand, Max (1896)
Maschinist Hopkins (1929)

Brandmüller, Theo
Der Roman mit dem Kontrabaß (1976)

Brandts-Buys, Jan (1868–1933) **72**
Das Veilchenfest (1909)
Glockenspiel (1913)
Die Schneider von Schönau (1916)
Der Eroberer (1918)
Aschermittwoch (1919)
Der Mann im Mond (1922)
Traumland (1927)
Ulysses (1937, Nachlaß)

Braunfels, Walter (1882–1954) **72**
Prinzessin Brambilla (1909)
Die Vögel (1920)
Don Gil von den grünen Hosen (1924)
Verkündigung (1948)
Der Traum ein Leben (1950)
Der Zauberlehrling (1953)
Galathea

Brehme, Hans (1904–1957)
Der Uhrmacher von Straßburg (1941)
Der versiegelte Bürgermeister (1950)

Bresgen, Cesar (1913) **73**
Dornröschen (1942)
Das Urteil des Paris (1943)
Paracelsus
Der Igel als Bräutigam (1951)
Brüderlein Hund (1953)
Der ewige Arzt (1956)
Ercole (1956)
Der Mann im Mond (1960)
Alte Lokomotive (1960)
Der Wolkensteiner (Visiones amantis, 1964/1971)
Urständ Christi
Der Engel von Prag (1978)
Nino fliegt mit Nina
Das Spiel vom Menschen (1982)
Krabat (1984)

Bretón, Tomás (1850–1923)
Los amantes de Teruel (1889)
La verbena de la paloma (1893)
La Dolores (1895)

Britten, Benjamin (1913–1976) **74**
Paul Bunyan (1941/1976)
Peter Grimes (1945)
The Rape of Lucretia (1946)
Albert Herring (1947)
Let's Make an Opera (1949)
Billy Budd (1951)
Gloriana (1953)
The Turn of the Screw (1954)
A Midsummernight's Dream (1960)
The Burning Fiery Furnace (1966)
Arche Noah (1972)
The Curlew River (1973)
The Death in Venice (1973)

Bruch, Max (1838–1920)
Scherz, List und Rache (1858)
Loreley (1863)

Brüll, Ignaz (1846–1907)
Das goldene Kreuz (1875)
Gringoire (1892)

Bruneau, Alfred (1857–1934)
Kérim (1897)
Messidor (1897)
La faute de l'abbée Mouret (1907)

Buchardo, Carlos Lopez (1881–1948)
El sueño de Alma (1914)

Burkhard, Paul (1911) **82**
Casanova in der Schweiz (1944)
Die Tingeltangel-Oper (1951)
Die kleine Niederdorfoper (1954)
Ein Stern geht auf aus Jakob (1970)

Burkhard, Willy (1900–1955) **83**
Die schwarze Spinne (1949)

Burt, Francis (1926) **84**
Volpone (1960)
Barnstable (1969)

Busoni, Feruccio (1866–1924) **84**
Sigune oder Das versunkene Dorf (1888)
Die Brautwahl (1912)
Arlecchino oder Die Fenster (1917)
Turandot (1917)
Doktor Faust (1925)

Bussotti, Sylvano (1931)
Passion selon Sade (1965)
Apology (1969)
La Racine (1980)

Caccini, Giulio (um 1550–1618)
Il rapimento di Cefalo (1600)
Euridice (1600)

Caldera, Antonio (1670–1736)
Ifigenia in Aulide (1718)
Ifigenia in Tauride (1718)

Cambert, Robert (1628–1677)
La muette ingrate (1658)
La Pastorale (1659)
Ariane (1661)
Pomone (1671)
Les peines et les plaisirs d'amour (1672)

Campra, André (1660–1744)
L'Europe galante (1697)
Tancrède (1702)
Iphigénie en Tauride (1704)
Hippodamie (1708)
Les fêtes venétiennes (1710)
Idomenée (1712)

Carnicer, Ramón (1789–1855)
Don Giovanni Tenorio (1882)

Casella, Alfredo (1883–1947)
La favola d'Orfeo (1923)
La donna serpente (1930)

Castelnuovo-Tedesco, Mario (1895–1968)
La mandragora (1926)

Castro, Juan José (1895–1968) **86**
La zapatera prodigiosa (1949)
Proserpina y el extranjero (1952)
Bodas de sangre (1956)

Catalani, Alfredo (1854–1893) **87**
Loreley (1890)
Geierwally

Catel, Charles-Simon (1773–1830)
Les bayadères (1810)

Cavalli, Francesco (1602–1676)
Didone (1642)
Giasone (1649)
Ercole amante (1662)
Coriolano (1669)

Cerha, Friedrich (1926)
Baal (1981)
Netzwerk (1981)

Cesti, Pietro Antonio (1623–1669)
La Dori (1661)
Il pomo d'oro (1667)

Chabrier, Emanuel (1841–1894) **672**
L'étoile (1877/1984)
Gwendoline (1886)
Le roi malgré lui (1887)
Les amants de Corinthe (1899)

Chailly, Luciano (1920)
Il libro dei reclami (1975)
La cantatrice calva (1986)

Chapi, Ruperto (1851–1909)
La revoltosa (1897)
Circe (1900)
Margarita la tornera (1909)

Charpentier, Gustave (1860–1956) **88**
Louise (1900)
Julien (1913)

Chausson, Ernest (1855–1899)
Le roi Arthus (1895)

Chaynes, Charles
Erszébet (1983)

Cherubini, Luigi (1760–1842) **90**
Opern in it. Sprache:
Il quinto Fabbio (1780)
Armida abbandonata (1782)
Adriano in Siria (1782)
Messenzio (1782)

Lo sposo di tre e marito di nessuna (1783)
L'Idalide (1784)
Alessandro nell'India (1784)
La finta principessa (1785)
Artaserse (1785)
Il Giulio Sabino (1786)
Ifigenia in Aulide (1788)
Pimmalione (1809)
Opern in franz. Sprache:
Démophoon (1788)
Lodoiska (1791)
Elisa (1794)
Médée (1797)
L'hôtellerie portugaise (1798)
La punition (1799)
La prisonnière (1799)
Les deux journées (1800)
Epicure (1800)
Anacréon (1803)
Le crescendo (1810)
Les Abencérages
Blanche de Provence (1821)
Ali Baba (1833)

Chueca, Federico (1846–1908)
La gran via (1886)

Cikker, Jan (1911) **92, 673**
Juro Janoschik (1953)
Beg Bajazid (1957)
Auferstehung (1962)
Abend, Nacht und Morgen (1963)
Ein Spiel von Liebe und Tod (1969)
Coriolanus (1974)
Das Erdbeben in Chile (1980)
Die Belagerung von Bystrica (1985)

Cilèa, Francesco (1866–1950) **94**
L'Arlesiana (1897)
Adriana Lecouvreur (1902)
Gloria (1907)

Cimarosa, Domenico (1749–1801) **95**
Il matrimonio segreto (1792)
L'astuzie femminili (1794)
L'amante disperato (1795)
Penelope (1795)
Artemisa (1801)

Conti, Francesco Bartolo (1682–1732)
Don Chisciotte in Sierra Morena (1719)

Converse, Shepherd (1871–1940)
The Pipe of the Desire (1906)

Copland, Aaron (1900)
The Second Hurricane (1937)
The Tender Land (1954)

Cornelius, Peter (1824–1874) **97**
Der Barbier von Bagdad (1858)
Der Cid (1865)
Gunlöd (Fragment)

Cornell, Klaus (1932)
Peter Schlemihl (1966)

Cortinas, César (1892–1918)
La última gavota

Cowie, Edward
Commedia (1979)

Crosse, Gordon (1937)
Purgatory
The Grace of Todd
The story of Vasco (1973)

Dallapiccola, Luigi (1904–1975) **99**
Volo di notte (1940)
Il prigioniero (1949)
Hiob (1950)
Odysseus (1968)

Damrosch, Leopold (1832–1885)
The Scarlet Letter (1896)
The Dove of Peace (1912)
Cyrano de Bergerac (1913)
The Opera Cloak (1942)

Danblon, Paul
Cyrano de Bergerac (1980)

Dargomischski, Alexander (1813–1869)
Rusalka (1855)
Der steinerne Gast (1872)

David, Thomas Christian
Der Weg nach Emmaus (1982)

Davies, Anthony
X – The Life and Times of Malcolm X (1986)

Davies, Peter Maxwell (1934) **270, 673**
8 Gesänge für einen verrückten König
Miss Dornithorns Grille
Bus Nr. 11
The Two Violonists
Taverner (1972)
Vesalii Icones
Der Spielmann von Notre-Dame
Aschenbrödel (1980)
The Lighthouse (1980)

Debussy, Claude (1862–1918) **100, 673**
Pelléas et Mélisande (1902)
L'enfant prodigue (1910)
Le martyre de Saint Sébastien (1911)
La chute de la Maison Usher (Fragment, 1979)

Delannoy, Marcel (1898–1962)
Le poirier de Misère (1927)
Le fou de la dame (1929)
La paix (1932)
Puck (1949)

Delibes, Léo (1836–1891) **105**
Le roi l'a dit (1873)
Lakmé (1883)

Delius, Frederick (1862–1934) **106**
Koanga (1904)
A Village Romeo and Juliet (1907)
Fennimore and Gerda (1912)
The Magic Fountain
Irmelin

Dellinger, Rudolf (1857–1910)
Kapitän Fracassa (1889)
Jadwiga (1901)

Dello Joio, Norman (1913)
Blood Moon (1961)

Derungs, Gion Antoni **673**
Il cerchel magic (1986)

Dessau, Paul (1894–1979) **107**
Das Verhör des Lukullus (1952)
Puntila (1966)
Lanzelot (1969)
Einstein (1974)
Leonce und Lena (1979)

Destouches, André (1672–1749)
Issé (1697)
Omphale (1701)

Dinescu, Violeta
Hunger und Durst (1986)
Der 35. Mai (Kästner, 1986)

Dittersdorf, Karl Ditters von (1739–1799) **109**
44 Opern, u.a.:
Betrug und Aberglauben (1786)
Doktor und Apotheker (1786)
Die Liebe im Narrenhaus (1787)
Hieronymus Knicker (1787)
Die lustigen Weiber von Windsor (1797)
Der Mädchen-Markt (1797)

Dohnanyi, Ernst von (1877–1960)
Tante Simona (1912)
Der Turm des Woiwoden (1922)
Der Tenor (1929)

Donatoni, Franco (1927)
Atem (1985)

Donizetti, Gaetano (1797–1848) **109, 674**
Viva la mamma (1827–1833)
Anna Bolena (1831)
L'elisir d'amore (1832)
Lucrezia Borgia (1834)
Maria Stuarda (1834)
Lucia di Lammermoor (1835)
Il campanello (1836)
La fille du régiment (1840)
La favorita (1840)
Linda di Chamounix (1842)
Don Pasquale (1843)
Caterina Cornaro (1844)
Rita (1860)
Marino Falliero
Gabriella di Vergy

Draeseke, Felix (1835–1913)
Gudrun (1884)
Dietrich von Bern (1892)
Merlin (1913)

Draghi, Antonio (1635–1700)
La lira d'Orfeo (1683)
Alceste (1699)

Dragoiu, Sabin (1894–1968)
Napasta (1928)

Drei, Guidi Claudio
Medea (1973)

Dresden, Sem (1881–1957)
François Villon (1958)

Ducasse, Roger (1873–1954)
Orphée (1914)
Cantegril (1931)

Dukas, Paul (1865–1935) **118**
Ariane et Barbe-bleue (1907)

Duni, Egidio Romualdo (1709–1775)
Le peintre amoureux de son modèle (1757)
La fille mal gardée (1759)
Les moissonneurs (1768)

Dünki, Jean-Jacques
Prokrustes (1982)

Dupuis, Sylvain (1857–1931)
L'Idylle (1896)
Bilitis (1899)
Jean Michel (1903)
Martylle (1905)
Fidelaine (1910)
La chateson d'Halewyn (1913)
Le château de la Bretèche (1914)
La passion (1916)
La délivrance (1920)
La barrière (1920)
Le sacrifice (1921)
La victoire (1921)

Durkó, Zsolt
Moses (1977)

Dvořák, Antonin (1841–1904) **119**
König und Köhler (1874)
Wanda (1875)
Der Bauer ein Schelm (1877)
Die Dickschädel (1881)
Demetrius (1882)
Der Jakobiner (1888)
Katinka und der Teufel (1899)
Rusalka (1901)
Armida (1904)

Dzerschinsky, Iwan (1909–1978) **123**
Der stille Don (1935)
Das Blut des Volkes (1942)
Die Hoffnung (1943)
Fern von Moskau (1954)

Eaton, John (1935) **124**
Danton and Robbespierre (1978)
The Cry of Clytaemnestra (1980)
The Tempest (1985)

Eder, Helmut (1916) **125**
Oedipus (1960)
Der Kardinal (1965)
Die weiße Frau
Der Aufstand (1976)
Georges Dandin (1979)
Konjugationen 3 (1979)

Egk, Werner (1901–1983) **125**
Die Zaubergeige (1935)
Peer Gynt (1938)
Columbus (1942)
Circe (1948)
Irische Legende (1955)
Der Revisor (1957)
Die Verlobung in San Domingo (1963)
17 Tage und 4 Minuten (1966), Neufassung der »Circe«

Einem, Gottfried von (1918) **134, 675**
Dantons Tod (1947)
Der Prozeß (1953)

Der Zerrissene (1964)
Der Besuch der alten Dame (1971)
Kabale und Liebe (1976)
Jesu Hochzeit (1980)

Elling, Catharinus (1858–1942)
Kosakkerne (1897)

Enescu, George (1881– 1955) **136**
Oedipus (1936)

Engelmann, Ulrich (1921)
Magog (1957)
Dr. Fausts Höllenfahrt (1963)
Die Mauer (1983)

Enna, August (1859–1939)
Heksen (1891)
Kleopatra (1894)
Aucassin und Nicolette (1895)
Die Prinzessin auf der Erbse (1897)
Das Mädchen mit den Schwefelhölzern (1897)

Erbse, Heimo (1924)
Fabel in C (1952)
Julietta (1959)

Erkel, Franz (1810–1893)
Hunyadi Laszlo (1844)
Bank Ban (1861)
Namenlose Helden (1880)

Erlanger, Camille (1864–1935)
Aphrodite (1906)
La sorcière (1912)

Eröd, Ivan
Orpheus ex machina (1978)

Espoile, Raúl (1889–1958)
La ciudad roja (1936)

d'Esposito, Michele (1855–1929)
Lin-Calel (1941)

Eyser, Eberhard
Der Sohn des Kalifen (1976)

Fall, Leo (1873–1924)
Der goldene Vogel (1920)

de Falla, Manuel (1876–1946) **137**
La vida breve (1905)
El amor brujo (1915)
El retablo del Maese Pedro (1923)
Atlantida (1962)

Fauré, Gabriel (1845–1924)
Pénélope (1913)

Febel, Reinhard
Euridice (1983)

Fenigstein, Victor
Die heilige Johanna der Schlachthöfe (1986)

Feo, Francesco (1685–1761)
Siface (1723)
Ipermnestra (1725)
Arianna (1728)

Fernandez Caballero, Manuel (1835–1906)
El duo de la Africane (1893)

Fernandez, Oscar-Lorenzo (1887–1959)
Malazarte (1933)

Ferrero, Lorenzo
Marilyn (1980)

Ferroud, Pierre-Octave (1900–1936)
Chirurgie (1927)

Fibich, Zdeněk (1850–1900)
Bukowin (1874)
Blanik (1881)
Die Braut von Messina (1884)
Hippodamia (1890)
Der Sturm (1895)
Hedy (1897)
Sarka (1898)
Der Fall von Arcona (1900)

Fioravant, Valentino (1764–1837)
La cantatrice villane (1803)

Fischer, Jan F.
Kopernikus (1984)

Fleischmann, Benjamin
Rothschilds Geige (1986)

Fliflet Braein, Edvard
Anne Pedersdotter (1971)
Den Stundeslose (1975)

Flotow, Friedrich von (1812–1883) **140**
Alessandro Stradella (1844)
Martha (1847)
Die Großfürstin Sophia Katharina (1850)
Indra (1853)
Fatme (1866)
L'ombre (1870)

Floyd, Carlisle (1926)
Susannah (1956)
Wuthering Heights (1958)
The Passion of Jonathan Wade (1962)
Of mice and men (1970)

Foerster, Joseph Bohuslav (1859–1951)
Deborah (1893)
Eva (1899)
Jessica (1905)
Die Unbesieglichen (1919)

Fortner, Wolfgang (1907) **143**
Der Wald (1953)
Bluthochzeit (1957)
Corinna (1958)
In seinem Garten liebt Don Perlimplin Belisa (1962)
Elisabeth Tudor (1972)
That Time (1977)
Damals (Beckett, 1977)

Foss, Lukas (1922)
The Jumping Frog (1949)
Griffelkin

Foster, Mark
Alis Grotte/La grotte d'Ali (1986)

Françaix, Jean René (1912)
La main de gloire (1950)
Le diable boiteux (1952)

Les demoiselles de la nuit (1961)
La princesse de Clèves (1965)

Franchetti, Baron Alberto
(1860–1942)
Cristoforo Colombo (1892)

Franck, Johann
Die drei Töchter Cecrops (1886)

Franck, Cesar (1822–1890)
Hulda (1895)
Ghisèle (1896)

Franckenstein, Clemens Freiherr von
(1875–1942)
Fortunatus (1909)
Rahab (1911)
Li Tai Pe (1920)

Furrer, Walter (1902–1978) **144**
Der Faun (1947)
Zwerg Nase
Quatembernacht

Gaglione, Marco (1520–1591)
Dafne (1608)
Il Medoro (1619)
Giuditta (1621)
La flora (1628)

Gaito, Constantino (1878–1945)
Ollantay (1926)
La sangre de las guitarras (1932)

Gal, Hans (1890)
Der Arzt der Sobeide (1919)
Die heilige Ente (1923)
Das Lied der Nacht (1926)
Der Zauberspiegel (1930)

Galuppi, Baldassare (1706–1785)
Arianna e Teseo (1763)

Garcia, Manuel Vincente
(1805–1860)
Aschenbrödel (1826)

Gaßmann, Florian Leopold
(1729–1774)
22 Opern u.a.:
La Contessina (1771)

Gattermeyer, Friedrich
Kirbisch

Gatty, Nicholas Comyn (1874–1946)
The Tempest
Macbeth

Gaveaux, Pierre (1761–1825)
Le Paria (1792)
Le petit matelot (1795)
Léonore (1798)
Le retour (1802)
L'enfant prodigue (1811)
Une nuit au bois (1818)

Gazzinaga, Giuseppe (1743–1818)
Il finto cieco (1770)
L'isola di Alcina (1772)
La donna Soldato (1774)
Perseo e Andromaca (1775)
La finta folletto (1779)
Il serraglio di Osmanno (1784)
Don Giovanni Tenorio ossia Il Convitato di pietra (1787)

Geißler, Fritz (1921) **675**
Der zerbrochene Krug (1971/1986)
Der verrückte Jourdain (1973)
Der Schatten (1977)

Gefors, Hans
Christina (1986)

Gerber, René
Ein Sommernachtstraum (1984)

Gershwin, George (1898–1937) **146**
Porgy and Bess (1935)

Gerster, Ottmar (1897–1969) 48
Madame Liselotte (1933)
Enoch Arden (1936)
Die Hexe von Passau (1941)
Das verzauberte Ich (1949)
Der fröhliche Sünder (1963)

Gevaert, François-Auguste
(1828–1908)
Hughues de Zomerghem (1848)
La comédie à la ville (1848)
Georgette (1853)
Le billet de Marguerite (1853)
Les lavandières de Santarem (1855)
La poularde de Caux (1856)
Quentin Durward (1858)
Le diable au moulin (1859)
Le château Trompette (1860)
Le capitain Henriot (1864)

Giannini, Vittorio (1903–1966)
The Taming of the Shrew (1953)

Gilardi, Gilardo (1889–1963)
La leyenda del urutaú (1934)

Gillmann, Kurt (1889–1975)
Die Frauen des Aretino (1941)
Überlistete Eifersucht (1942)
Dr. Eisenbart
Lucrezia Borgia

Gilse, Jan van
Thijl (1980)

Gilson, Paul (1865–1942)
Alvar (1895)
Gens de Mer (1902/04)
Princess Zonneschijn (1903)
Rooversliefde (1906)

Ginastera, Alberto (1916) **149**
Don Rodrigo (1964)
Bomarzo (1967)
Beatrice Cenci (1972)

Giordano, Umberto (1867–1948) **150**
Malavita (1892)
Regina Diaz (1894)
Andrea Chénier (1896)
Fedora (1898)
Siberia (1903)
Madame Sans-Gêne (1915)
Das Mahl der Spötter (1924)
Der König (1929)

Glass, Philip (1937)
Einstein on the Beach
Echnaton
Satyagraha

Glière, Reinhold Moritzowitsch
(1874–1956)

Himmel und Erde (1900)
Der Schah Sieniem (1927)
Rahel (1947)

Glinka, Michail (1804–1857) **152**
Das Leben für den Zaren (1836)
Ruslan und Ludmilla (1842)

Gluck, Christoph Willibald Ritter von
(1714–1787) **154**
Artaserse (1741)
Le nozze d'Ercole e d'Ebbe (1747)
La clemenza di Tito (1752)
Le cinesi (1754)
La danza (1755)
Il rè pastore (1756)
L'ile de Merlin (1758)
L'arbre enchanté ou Le tuteur dupé
(1759)
Cythère assiégée (1759)
L'ivrogne corrigé ou Le mariage du
diable (1760)
Le cadi dupé (1761)
Orfeo ed Euridice (1762)
La rencontre imprévue (Die Pilger
von Mekka, 1764)
Telemacco (1765)
Alceste (1767)
Paride ed Helena (1770)
Iphigénie en Aulide (1774)
Armide (1777)
Iphigénie en Tauride (1779)
Echo et Narcisse (1779)

Goehr, Alexander (1932)
Arden muß sterben (1967)
Die Wiedertäufer (1985)

Goetz, Hermann (1840–1876) **162**
Der Widerspenstigen Zähmung (1874)
Francesca da Rimini (1877)

Goldmann, Friedrich
Hot (1977)

Goldmark, Karl (1830–1915)
Die Königin von Saba (1875)
Das Heimchen am Herd (1896)
Briseis (1899)
Götz von Berlichingen (1902)
Wintermärchen (1908)

Gomes, Antonio Carlos (1836–1896)
164
A noite de castello (1861)
Joana de Flanders (1863)
Se sa minga (1867)
Il Guarani (1870)
Fosca (1873)
Salvador Rosa (1876)
Maria Tudor (1879)
O Scravo (1889)

Goossens, Sir Eugene (1893–1962)
Judith (1925)

Gotovač, Jakov (1895–1982) **165**
Dubravka (1928)
Ero der Schelm (1935)
Morana (1936)
Oraci (1940)
Kamenik (1946)
Mila Gojsalica (1952)
Gjerdan (1955)

691

Stanac (1959)
Dalmaro (1964)

Gounod, Charles (1818–1893) **165**
Sappho (1851)
La nonne sanglante (1854)
Le médecin malgré lui (1858)
Faust (1859)
Philémon et Baucis (1860)
La reine de Saba (1862)
Mireille (1864)
Roméo et Juliette (1867)
Cinq-Mars (1867)
Polyeucte (1878)
Le tribut de Zamora (1881)

Grabner, Hermann (1886–1969)
Die Richterin (1930)

Grimm, Hans (1886–1965)
Germelshausen (1923)
Nikodemus (1927)
Der Tag im Licht (1930)
Blondin im Glück (1934)
Der goldene Becher (1939)
Signor Fornica (1943)

Graener, Paul (1872–1944) **170**
Don Juans letztes Abenteuer (1914)
Theophano (1918)
Schirin und Gertraude (1920)
Hanneles Himmelfahrt (1927)
Friedemann Bach (1931)
Der Prinz von Homburg (1935)
Schwanhild (1941)

Granados, Enrique (1867–1916) **170**
Goyescas (1916)

Granville-Hicks, Peggy
Die vertauschten Köpfe (1958)

Graun, Carl Heinrich (1703–1759)
Iphigenia in Aulis (1729)
Rodelinda (1741)
Cesare e Cleopatra (1742)
Iphigenia in Aulide (1749)
L'Orfeo (1752)
Montezuma (1755)
Ezio (1755)
Merope (1756)

Grétry, André-Ernest Modest (1741–1813)
Le huron (1768)
Lucile (1769)
Sylvain (1770)
Zémire et Azor (1771)
Le jugement de Midas (1778)
L'amant jaloux (1778)
Emilie (1781)
Richard Cœur de Lion (1784)
La caravane de Caire (1783)
Amphitryon (1788)
Pierre le Grand (1790)
La rosière républicaine (1794)
Denis le tyran (1794)
Le ménage (1803)

Gretschaninow, Alexandr (1864–1956)
Dobrinja Nikitsch (1903)
Suor Neatrice (1912)

Gribaldi
Parisina (1878)

Gruber, Heinz-Karl
Frankenstein (1983)

Gruenberg, Louis (1884–1964)
Emperor Jones (1932)

Grünauer, Ingomar
Die Schöpfungsgeschichte des Adolf Wölfli (1982)
Amleth und Fengo (1983)

Gurlitt, Manfred (1890–1972) **675**
Die Heilige (1920)
Wozzeck (1926)
Die Soldaten (1930)
Nana (1933)

Haarklou, Johannes (1847–1925)
Fra gamle dage (1894)

Haas, Joseph (1879–1960) **172**
Tobias Wunderlich (1937)
Die Hochzeit des Jobs (1944)

Hadjiev, Parashkev
Maria Dessislava (1977)
Paradoxe (1982)

Halévy, Jacques-François [Fromental Elias] (1799–1862)
La juive (1835)
L'éclair (1835)
La reine de Cypre (1841)
Les mousquetaires de la reine (1846)

Halffter, Ernesto (1905)
Carmens Tod (1926)

Hallberg, Björn Wilho
Josef (1979)

Hallén, Andreas (1846–1925)
Harald der Wiking (1881)
Waldemar (1899)

Hallström, Ivar (1826–1901)
Die Braut des Bergkönigs (1874)
Den Bergtagna (Entführung in die Berge, 1874)

Hamel, Peter Michael
Ein Menschheitstraum (1981)

Hamerik, Asger (1843–1923)
Die Rache (1870)
Oper ohne Worte (1883)

Hamerik, Ebbe (1898–1951)
Stepan (1924)
Leonardo da Vinci (1939)
Reisekameraden (1946)

Hamilton, Jan (1922)
Agamemnon (1969)
Pharsalia (1969)
Die Verschwörung des Catilina (1974)
The Royal Hunt of the Sun (1977)
The Catiline conspiracy (1979)
Anna Karenina (1981)

Händel, Georg Friedrich (1685–1759) **175**
Almira (1705)
Rodrigo (1707)
Daphne (1708)
Agrippina (1709)
Rinaldo (1711)
Teseo (1712)
Il pastor fido (1712)
Amadigi (1715)
Radamisto (1720)
Floridante (1721)
Ottone (1723)
Flavio (1724)
Giulio Cesare (1724)
Tamerlano (1724)
Rodelinda (1725)
Scipio (1726)
Alexander (1726)
Admeto (1727)
Riccardo Primo (1727)
Siroe (1728)
Tolomeo (1728)
Parthenope (1730)
Poro (1731)
Ezio (1732)
Acis und Galathea (1732)
Orlando (1733)
Arianna (1733)
Ariodante (1734)
Terpsichore (1734)
Alcina (1735)
Arminio (1736)
Berenice (1737)
Xerxes (1738)
Deidamia (1741)

Hanson, Howard (1896)
Merry Mount (1934)

Hargreaves, Francisco (1849–1900)
La gata blanca (1877)

Harper, Edward
Fanny Robin (1978)
Hedda Gabler (Ibsen, 1985)

Hartmann, Johan Peter Emilius (1805–1900)
Korsarerne (1835)
Liden Kirsten (1846)

Hartmann, Karl Amadeus (1905–1963) **183**
Des Simplicius Simplicissimus Jugend (1948, Neufassg. 1955)

Hartmann, Thomas A. von
Der gelbe Klang (Kandinsky, 1975)

Hasse, Johann Adolf (um 1699–1783)
80 Opern, u.a.:
Sesostrato (1726)
Attalo (1728)
Dido (1742)
Arminius (1745)
Zenobia (1761)
Il trionfo de Clelia (1762)

Haubenstock-Ramati, Roman (1916)
Amerika (1966)
Spiel (Beckett, 1984)

Hauer, Josef Matthias (1883–1959)
Die schwarze Spinne (1966)
Salammbo

Haug, Hans (1900–1967)
Tartüffe (1934)
Les Fous
Madrisa

Haupt, Walter (1936)
Marat (Peter Weiss, 1984)
Pier Paolo (1987)

Haydn, Joseph (1732–1809) **184**
24 Opern, u.a.:
Der krumme Teufel (1751)
Der neue krumme Teufel (1758)
Acide e Galatea (1762)
La Canterina (1767)
Lo speziale (1768)
Le pescatrici (1770)
L'infedeltà delusa (1773)
Philemon und Baucis (1773)
L'incontro improviso (1775)
Il mondo della luna (1777)
La vera costanza (1779)
L'isola disabitata (1779)
La fedeltà premiata (1780)
Orlando Paladino (1782)
Armida (1783)
L'anima del filosofo (1791)

Heger, Robert (1886–1978) **187**
Ein Fest auf Haderslev (1919)
Bettler Namenlos (1932)
Der verlorene Sohn (1936)
Lady Hamilton (1951)

Heise, Peter Arnold (1830–1879)
Paschaens Datter (1869)
Drot og Marsk (1878)

Henneberg, Albert (1901)
Der Inka (1937)
Es gärt in Smaland (1939)

Henze, Hans Werner (1926)
Ein Landarzt (1951)
Boulevard Solitude (1952)
König Hirsch (1956)
Der Prinz von Homburg (1960)
Das Wundertheater (1964, Neufassung 1980)
Das Ende einer Welt (1964)
Elegie für junge Liebende (1961)
Der junge Lord (1965)
Die Bassariden (1964)
Moralitäten (1967)
Das Floß der Medusa (1968)
La Cubana (1972)
We come to the river (Wir erreichen den Fluß, 1976)
Pollicino
Die englische Katze

Herbert, Victor (1859–1924)
Natomah (1914)
Madelaine (1914)

Hérold, Louis-Joseph-Ferdinand (1791–1833)
Les rosières (1817)
La clochette (1817)
Marie (1826)
Zampa (1831)
Le pré aux clercs (1832)

Herrmann, Hugo (1896–1937)
Gazellenhorn (1929)
Vasantasena (1930)
Paracelsus (1943)

Hespos, Hans Joachim (1938)
Spot (1980)
Itzo-hux (1983)

Heuberger, Richard (1850–1914)
Manuel Venegas (1889)

Hidalgo, Juan (um 1631–1685)
Celos, aun del aire, matan (1660)
Ni amor te libra de amor (1662)
Los cielos hacen estrellas (1662)

Hiller, Johann Adam (1728–1804)
Der Teufel ist los (1766)
Lisuart und Dariolette (1766)
Die Muse (1767)
Lottchen am Hofe (1767)
Die Jagd (1770)
Der Dorfbarbier (1770)
Die Liebe auf dem Lande (1770)
Der Ärndtekranz (1771)
Der Krieg (1772)
Die Jubelhochzeit (1773)
Das Grab des Mufti (1777)
Das gerettete Troja (1777)

Hiller, Wilfried (1941) **191, 675**
Niobe (1977)
An diesem heutigen Tage (1979)
Die zerstreute Brillenschlange/Der Lindwurm und der Schmetterling/ Liebestreu und Grausamkeit (3 Einakter, 1981)
Ballade (1986)
Der Goggolori (1986)
Die Jagd nach dem Schlarg (1987)

Hindemith, Paul (1895–1963) **192**
Mörder, Hoffnung der Frauen (1921)
Das Nusch-Nuschi (1921)
Sancta Susanna (1922)
Tuttifäntchen (1922)
Cardillac (1926/1952)
Hin und zurück (1927)
Neues vom Tage (1929)
Mathis der Maler (1938)
Die Harmonie der Welt (1957)
Das lange Weihnachtsmahl (1961)

Hoddinott, Alun (1929)
The Trumpet Mayor (1981)

Höffer, Paul (1895–1949)
Der falsche Waldemar (1934)

Hoffmann, E.T.A. (1776–1822)
Die Maske (1799)
Scherz, List und Rache (1801)
Liebe und Eifersucht (1807)
Trank der Unsterblichkeit (1808)
Aurora (1811)
Undine (1816)

Holliger, Heinz (1939)
Der magische Tänzer
Kommen und Gehen (1979)
Not I (Nicht ich, 1980)

Holst, Gustav (1874–1934)
Sita (1906)
The Perfect Fool (1923)

Holzbauer, Ignaz Jakob (1711–1783)
Günther von Schwarzburg (1776)
Le nozze d'Ariana e di Bacco (1780)

Honegger, Arthur (1892–1955) **200**
Le roi David (1921)
Judith (1926)
Antigone (1927)
Les aventures du roi Pausole (1930)
Jeanne d'Arc au bûcher (1936)
L'aiglon (1937, mit J. Ibert)

Horwath, Michael
Der kleine Prinz (1985)
Prinzessin Brambilla (1985)

Hrimaly, Adalbert (1842–1908)
Schwanda der Dudelsackpfeifer (1896)

Hubay, Jenö (1858–1934)
Der Geigenmacher von Cremona (1894)
Der Dorflump (1896)
Moosröschen (1903)
Anna Karenina (1923)
Die Maske (1931)
Die Venus von Milo

Huber, Klaus
Im Paradies oder Der Alte vom Berge (1975)

Hummel, Franz, **676**
Blaubart (1984)
König Ubu (1984)

Humperdinck, Engelbert (1854–1921) **205**
Hänsel und Gretel (1893)
Die sieben Geißlein (1895)
Dornröschen (1902)
Heirat wider Willen (1905)
Die Königskinder (1910)
Die Marketenderin (1914)
Gaudeamus (1919)

Ibert, Jacques (1890–1962) **208**
Angélique (1927)
Persée et Andromède (1929)
Le roi d'Yvetot (1930)
L'aiglon (1937, gemeinsam mit Honegger)
Perseus et Andromeda (1963)

Imbire, Andrew (1921)
Angle of Repose (1976)

d'Indy, Vincent (1851–1931)
Attendez-moi sous l'orme (1882)
Le chant de la cloche (1886)
Fervaal (1897)
L'étranger (1903)
La légende de Saint Christophe (1920)
Le rêve de Cinyras (1927)

Ingelbrecht, Desiré-Emile (1880–1965)
La métamorphose d'Eve (1925)
La légende du grand Saint Nicolas (1925)

Ippolitow-Iwanow, Mikhail (1859–1935)
Die letzte Barrikade (1933)

Isouard, Niccolò (1775–1818)
Il barbiere de Seviglia (1797)
Michel Ange (1802)
Cendrillon (1810)
Le billet de loterie (1810)
Joconde (1814)
Jeannot de Collin (1814)

Jacobs, Werner
Tempus Dei – des Menschen Zeit (1979)

Janáček, Leoš (1854–1928) **209, 676**
Šarká (1888/1918)
Der Beginn eines Romans (1891)
Jenufa (1904)
Ossud (1904)
Die Ausflüge des Herrn Boruček (1920)
Katja Kabanowa (1921)
Das schlaue Füchslein (1924)
Die Sache Makropulos (1926)
Aus einem Totenhaus (1930)

Jarno, Georg (1868–1920)
Der Richter von Zalamea (1899)
Der zerbrochene Krug (1903)

Jenko, Davorin (1835–1914)
Die Hexe

Jirásek, Ivo
Magister Hieronymus (1984)

Jolivet, André (1905)
Dolores

Jommelli, Niccoló (1714–1774) **676**
L'errore amoroso (1737)
Odoardo (1738)
Eumene (1742)
Fetonte (1769)
Armida (1770)
Ifigenia in Tauride (1771)

Jones, Sidney (1861–1946)
The Geisha (1896)
The King of Cadonia (1908)
The Persian Princess (1909)
The Happy Day (1911)

Joplin, Scott (1868–1917) **677**
A Guest of Honour
Treemonisha (1915/1972)

Josephs, Wilfred (1927)
Rebecca (1983)

Jossifov, Alexander
Khan Krum

Kabalewski, Dimitri (1904–1987)
Colas Breugnon (1938)
Im Feuer (1943)
Die Unzähmbaren (1950)
Nikita Vierschinin (1955)

Kagel, Mauricio (1932)
Staatstheater (1971)
Mare nostrum (1975)

Ex-Positionen (1978)
Die Erschöpfung der Welt (1980)

Kaiser, Alfred (1872–1917)
Stella maris (1910)
Theodor Körner (1912)
Der Harlekin
Die schwarze Nina

Kalevi, Aho
Der Geburtstag (1979)

Kalomiris, Manolis (1883–1963)
Der Ring der Mutter (1917)

Kaminski, Heinrich (1886–1946)
Jürg Jenatsch (1929)
Das Spiel vom König Aphelius (1948)

Kaufmann, Leo Justinus (1901–1944) **214**
Die Geschichte vom schönen Annerl (1942)
Das Perlenhemd (1944)

Katzer, Georg
Das Land Bum-Bum (1978)

Kaun, Hugo (1863–1932)
Oliver Braun (1895)
Sappho (1917)
Der Fremde (1920)
Menandra (1925)

Keil, Alfredo (1850–1930)
Dona Branca (1888)
Irene (1893)
Serrana (1899)

Keiser, Reinhard (1664–1739)
Basilius (1692)
Imene (1699)
Die verwandelte Leyer des Orpheus (1699)
Die wunderbar errettete Iphigenia (1699)
Stoertebecker und Goedje Michel (1701)
Die römische Unruhe
oder Die edelmütige Oktavia (1705)
Julius Caesar (1710)
Ariadne (1722)
Der lächerliche Prinz Jodelet (1726)
Der hochmütige, gestürzte und wieder erhabene Croesus (1730)

Kelemen, Milko (1924)
Der Belagerungszustand (1970)
Narrenoper (1970/71)

Keller, Holm
Letzten Endes (1986)

Kellgren, Johan Henrik
Gustav Wasa (1782)

Kelterborn, Rudolf (1931) **215, 677**
Kaiser Jovian
Die Errettung Thebens
Ein Engel kommt nach Babylon (1977)
Ophelia (1984)
Der Kirschgarten (1984)

Kempff, Wilhelm (1895)
König Midas (1931)

Familie Gozzi (1934)
Die Fastnacht von Rottweil (1937)

Ketting, Otto
Ithaka (1986)

Kienzl, Wilhelm (1857–1941) **217**
Urvasi (1886)
Der Evangelimann (1895)
Don Quixote (1898)
Der Kuhreigen (1911)
Das Testament (1916)
Hassan der Schwärmer (1925)

Kiesewetter, Peter
Genesis (1983)

Killmayer, Wilhelm (1927) **218**
La Buffonata (1961)
Tragedia di Orfeo (1961)
Die französische Stunde (1966)
Yolimba (1970)

Kirchner, Volker David (1942) **219**
Die Trauung (1975)
Die fünf Minuten des Isaak Babel (1980)
Das kalte Herz (1981)

Klebe, Giselher (1925) **220**
Die Räuber (1957)
Die tödlichen Wünsche (1959)
Die Ermordung Cäsars (1959)
Figaro läßt sich scheiden (1963)
Jakobowsky und der Oberst (1965)
Alkmene (1961)
Das Märchen von der schönen Lilie (1969)
Ein wahrer Held (1975)
Das Mädchen aus Domremy (1976)
Rendezvous (1977)
Der jüngste Tag (Horvath, 1980)
Fasnachtsbeichte (1983)

Klenau, Paul (1883–1946)
Sulamith (1913)
Klein Idas Blumen (1916)
Kjartan und Gudrun (1918)
Die Lästerschule (1927)
Michael Kohlhaas (1933)
Rembrandt von Rijin (1937)
Elisabeth von England [›Die Königin‹] (1939/40)

Klose, Friedrich (1862–1942) **222**
Ilsebill (1903)

Knussen, Oliver
Where the wild Things are (1984)

Kodály, Zoltán (1882–1967) **222**
Háry János (1926)
Die Spinnstube (1931)

Koerppen, Alfred (1926)
Ein Abenteuer auf dem Friedhof (1980)

Kokkonen, Joonas (1921) **223**
Die letzten Versuchungen (1975)

Kont, Paul (1920)
Peter und Susanne (1959)
Traumleben (1963)
Inzwischen (1967)
Plutos (1977)

Korn, Peter Jona (1922)
Das fremde Haus (1978)

Korngold, Erich (1897–1957) **224**
Der Ring des Polykrates (1916)
Violanta (1916)
Die tote Stadt (1920)
Das Wunder der Heliane (1927)
Die Kathrin (1939)

Kounadis, Arghyris (1924)
Der Gummisarg (1963)
Die verhexten Notenständer (1971)
Der Ausbruch (Text: Walter Jens, 1975)
Theiresias (1975)
Die Baßgeige (1979)
Lysistrata (1983)

Kovarovič, Karel (1862–1920)
Die Hundsköpfe (1898)
Auf der alten Bleiche (1901)

Kox, Hans
Dorian Gray (1974)

Kraus, Joseph Martin
(1756–1792) **677**
Proserpina (1781)
Soliman II (1789)
Aeneas in Carthago (1790)

Krauze, Zygmunt
Die Kleider (1982)

Krenek, Ernst (1900) **225**
Die Zwingburg (1922)
Der Sprung über den Schatten (1924)
Orpheus und Eurydike (1926)
Jonny spielt auf (1927)
Schwergewicht (1928)
Der Diktator (1928)
Das geheime Königreich (1928)
Das Leben des Orest (1930)
Cefalo e Procri (1934)
Karl V. (1938)
Tarquin (1950)
Dunkle Wasser (1950)
Pallas Athene weint (1955)
Der Glockenturm (1958)
Ausgerechnet und verspielt (1962)
Der goldene Bock (1964)
Vertrauenssache
Der Zauberspiegel

Kretschmer, Edmund (1830–1908)
Die Folkunger (1874)
Heinrich der Löwe (1877)
Der Flüchtling (1881)

Kreutzer, Konradin (1780–1849) **227**
Libussa (1822)
Das Nachtlager von Granada (1834)

Kricha, Jaroslav (1882–1969)
Spuk im Schloß (1929)

Krohn, Imari (1867–1960)
Sintflut (1919)

Kuljeric, Igor
Die Macht der Tugend (1977)

Kunad, Rainer (1936)
Sabellicus (1974)
Litauische Klaviere (1976)

Vincent (1979)
Der Meister und Margarita (1986)
Maître Pathelin oder Die Hammelkomödie
Amphitryon

Künneke, Eduard (1885–1953)
Robins Ende (1909)
Cœur As (1913)
Nadja (1931)
Walter von der Vogelweide

Kurka, Robert (1921–1957) **228**
The Good Soldier Schweik (1958)

Kusser, Johann Sigismund
(1660–1727)
Julia (1690)
Kleopatra (1691)
Erindo (1693)
Aridne (1699)

Kusterer, Arthur (1898–1968)
Casanova (1921)
Der kleine Klaus (1927)
Was ihr wollt (1932)
Diener zweier Herren (1936)
Katarina (1939)

Lachner, Franz (1803–1890)
Die Bürgschaft (1828)
Alidia (1839)
Catharina Cornaro (1841)
Bevenuto Cellini (1849)

Lalo, Edouard (1832–1892) **228**
Fiesque
Le roi d'Ys (1888)

Landi, Stefano (1590–um 1655) **678**
La morte d'Orfeo (1619)
Sant' Alessio (1632)

Landowski, Marcel (1915) **678**
Le fou (1956)
Les adieux (1960)
L'opéra de poussière (1962)
Le rire de Nils Hélérius (1984)
Montségur (1985)

Lang, Max
Der Alchemist (1983)

Laporte, André
Das Schloß (1986)

Lauermann, Herbert
Simon (1985)
Das Ehepaar (1987)

Launis, Armas (1884–1952)
Die Sieben vom Jochenhof (1910)
Kullervo (1917)

Lecocq, Charles (1832–1918)
Fleur de thé (1868)
La fille de Madame Angot (1873)
Giroflé-Girofla (1874)
Le petit duc

Lehár, Franz (1870–1948)
Rodrigo (1893)
Kukuschka (1896)

Lehner, Franz Xaver (1904) **229**
Die schlaue Susanne (1952)

Das geliebte Gespenst (1954)
Die kleine Stadt (1957)
Die Bajuwaren (1958)
Die Liebeskette (1962)

Leichentritt, Hugo (1864–1951)
Der Sizilianer (1920)

Leighton, Kenneth (1929)
Columba (1986)

Leinert, Michael und Friedrich
A.H. – Bilder aus einem Führerleben (1974)

Lendvay, Kamillo
La P... respectueuse (1983)

Leoncavallo, Ruggiero (1858–1919)
230
I pagliacci (1892)
I Medici (1893)
Chatterton (1896)
La Bohème (1897)
Zazá (1900)
Der Roland von Berlin (1904)
Maia (1910)
Edipo Re (1920)

Levy, David Marvin (1932)
Mourning becomes Electra (1967)

Lhotka, Ivo (1913)
Matja Gubec (1948)
Analfabeta (1955)

Liberda, Bruno
Das Ende des Kreises (1981)

Liebermann, Rolf (1910) **233, 678**
Leonore 40/45 (1952)
Penelope (1954)
Die Schule der Frauen (1955)
La Forêt (1987)

Ligeti, György (1923)
Aventures et nouvelles aventures (1966)
Rondeau (1977)
Le Grand Macabre (1978)

Lindberg, Oskar F. (1887–1955)
Friedlos (1943)

Lisinsky, Vatroslav (1819–1854)
Kabale und Liebe (1846)

Liszt, Franz (1811–1886) **678**
Don Sanche où le château d'amour (1824/1986)

Lloyd Webber, Andrew
The Phantom of the Opera (1986)

Logroscino, Nicola (1698–1765)
Il governatore (1735)
Il vecchio marito (1735)
Tanto bene che male (1740)

Lortzing, Albert (1801–1851) **238**
Ali Pascha von Janina (1828)
Die Schatzkammer des Inka (1836)
Die beiden Schützen (1837)
Zar und Zimmermann (1837)
Caramo (1839)
Hans Sachs (1840)
Casanova (1841)

695

Der Wildschütz (1842)
Undine (1845)
Der Waffenschmied (1846)
Zum Großadmiral (1847)
Die Rolandsknappen (1849)
Die Opernprobe (1851)
Regina (Nachlaß, 1899)

Lothar, Mark (1902) **248**
Tyll (1928)
Lord Spleen (1930)
Münchhausen (1933)
Schneider Wibbel (1938)
Rappelkopf (1958)
Der Glücksfischer (1962)
Der widerspenstige Heilige (1968)
Momo und die Zeitdiebe (1978)

Lualdi, Adriano (1885–1971)
La figlia del re (1922)
Le furie d'Arlecchino (1924)

Lully, Jean Baptiste (1632–1687)
Les fêtes de l'amour et de Bacchus (1672)
Alceste (1674)
Thésé (1675)
Isis (1677)
Bellérophon (1679)
Proserpine (1680)
Roland (1685)
Armide (1686)
Acis et Galathée (1686)
Armide et Renaud (1686)

Luzzati, Arturo (1875–1938)
Salomón (1942)

Machado, A.
Laureana (1883)
I Doria (1887)

Mackenzie, Alexander (1847–1935)
Colomba (1883)
The Troubadour (1886)

Maderna, Bruno (1920–1973)
Hyperion (1964)
Satyricon (1973/76)

Madetoja, Leevi (1887–1947)
Pohjalaisia (1924)

Maillard, Aimé (1817–1871)
Les dragons de Villars (1856)

Malipiero, Gian Francesco (1882–1973)
L'Orfeide (1925)
Il finto Arlecchino (1928)
Merlino mastro d'organo (1928)
Torneo notturno (1931)
I corvi di San Marco (1932)
La favola del figlio cambiato (1934)
Giulio Cesare (1936)
Il festino (1937)
Antonio e Cleopatra (1938)
Hecuba (1938)
I capricci di Callot (1942)
La vita è sogno (1940)
L'allegra brigata (1950)
Donna Urraca (1955)
Der verlorene Sohn (1955)
Die gefangene Venus (1957)

Il capitan Spavento (1963)
Don Giovanni (1963)

Malipiero, Riccardo (1914)
Minnie la Candida (1942)
La donna è mobile (1957)
Battano alla porta (1962)

Mancinelli, Luigi (1848–1921)
Isora di Provenza (1888)
Ero e Leanro (1896)
Giuliano Apostata (1920)

Manelli, Francesco (1595–1667)
Andromeda (1637)

Manzoni, Giacomo (1932)
Robbespierre (1975)

Marazzoli, Marco (1619–1662)
Chi soffre speri (1639)
Dal mal il bene (1654)
La vita humana (1656)

Marinuzzi, Gino (1882–1945)
Barbarina (1903)
Jacquerie (1918)

Marschner, Heinrich (1795–1861) **249**
Der Holzdieb (1825)
Der Vampyr (1828)
Der Templer und die Jüdin (1829)
Des Falkners Braut (1832)
Hans Heiling (1833)
Adolf von Nassau (1845)
Jjarne (1863)

Martin, Frank (1890–1974) **250**
Le vin herbé (1948)
Der Sturm (1956)
Das Mysterium von der Geburt des Herrn (1959)
Monsieur Pourceaugnac (1963)

Martin y Solar, Vincenzo (1754–1806)
Ifigenia in Aulide (1781)
La capricciosa correta (1785)
Una cosa rara (1786)

Martinů, Bohuslav (1890–1959) **256**
Julietta (1938)
Der Soldat und die Tänzerin (1928)
Komödie auf der Brücke (1937)
Die Heirat (1954)
Mirandolina (1956)
Ariadne (1961)
Griechische Passion (1962)
Zweimal Alexander (1964)

Mascagni, Pietro (1863–1945) **259**
Cavalleria rusticana (1890)
L'amico Fritz (1891)
Iris (1898)
Isabeau (1911)
Lodoletta (1917)
Der kleine Marat (1922)
Nerone (1935)

Massa, Juan Battista (1885–1938)
Magdalena (1929)

Massenet, Jules (1842–1912) **262**
Le roi de Lahore (1877)
Hérodiade (1881)
Manon (1884)

Le Cid (1885)
Werther (1892)
Thaïs (1894)
Le jongleur de Notre Dame (1902)
Don Quijote (1910)

Mathias, William (1934)
The Servants (1980)

Matthus, Siegfried (1934)
Der letzte Schuß (1967)
Omphale
Judith (1985)
Die Weise von Liebe und Tod des Cornets Christoph Rilke (1985)

Mattheson, Johann (1681–1764)
Boris Goudunow (1710)

Maw, Nicholas (1935)
Der Mond geht auf über Irland (1970)

Mayr, Simon (1763–1845) **678**
Saffo (1794)
Ifigenia in Aulide (1806)
I commedianti
Medea in Corinth
Ercole in Lydia

Mayuzumi, Toshiro (1929)
Kinkakuji (1976)

Meale, Richard (1932) **679**
Voss (1986)

Méhul, Etienne (1763–1817)
Alonzo et Cora (1791)
Doria (1797)
Ariodant (1799)
L'irato (1801)
Hélène (1803)
Joseph en Egypte (1807)

Meier, Jost
Sennentunschi (1983)
Der Drache (1985)

Melani, Alessandro
L'empio punito (1669)

Melani, Giacopo (1623–1676)
Tancia (1657)
Il pazzo per forza (1658)
Il vecchio burlato (1659)
La serva nobile (1660)
Girello (1670)
Tacere ed amare (1673)

Melartin, Erkki (1875–1937)
Aino (1907)

Melcer Szcawinski, Henryk (1869–1928)
Protesilaos und Laodamia

Mendelssohn Bartholdy, Felix (1809–1847)
Die Hochzeit des Camacho (1827)
Heimkehr aus der Fremde (1829)
Die Loreley (Fragment)

Menotti, Gian-Carlo (1911) **270, 680**
Amelia Goes to the Ball (1937)
The Old Maid and the Thief (1941)
The Island God (1942)
The Medium (1946)

The Telephone (1947)
The Consul (1950)
Amahl and the Night Visitors (1952)
The Saint of the Bleecker Street (1954)
Maria Golovin (1958)
The Last Superman (1960)
Das Einhorn, die Gorgone und das Fabeltier (1956)
The Last Savage (1963)
Juana la Loca (1970)
The Most Important Man (1973)
The Hero (1976)
Hilfe, Hilfe, die Globolinks (1980)
Goya (1986)

Mercadante, Saverio (1795–1870)
Elisa e Claudio (1821)
I briganti (1836)
Il Bravo (1839)
Virginia (1866)

Merikanto, Oskar (1868–1924)
Die Jungfrau von Pohjola (1899)
Der Tod Elinas

Messager, André (1853–1929)
Béatrice (1914)
Monsieur Beaucaire (1919)

Messiaen, Olivier (1908)
Saint François d'Assise

Metcalfe, John
The Journey (1981)

Meyer, Krzysztof (1943) **680**
Die Spieler (nach Schostakowitsch, 1983)
Kyberiade (1986)

Meyerbeer, Giacomo (1791–1864) **277**
Romilda e Costanza (1818)
Emma di Resburgo (1819)
Semiramis (1819)
Margherita d'Angiù (1820)
Il crociatto in Egitto (1824)
Robert le diable (1831)
Les huguénots (1836)
Das Feldlager in Schlesien (1844)
Le Prophète (1849)
L'étoile du Nord (1854)
Dinorah (1859)
L'africaine (1865)

Meyerowitz, Jan [Hans-Hermann] (1913)
The Barrier
Esther

Mignone, Francisco (1897)
O contratador dos diamantes
L'innocente

Mihalovici, Marcel (1898) **283**
Der unerbittliche Pluto (1938)
Orpheus (1938)
Phädra (1951)
Die Heimkehr (1954)
Krapp oder Das Letzte Band (1961)
Die Zwillinge (1963)

Milhaud, Darius (1892–1974) **283**
Le bœuf sur le toit (1919)
Les malheurs d'Orphée (1924)
Le pauvre matelot (1927)
L'abandon d'Ariane (1928)
La délivrance de Thésée (1928)
L'enlèvement d'Europe (1928)
Christophe Colomb (1930)
Juarez et Maximilian (1932)
Esther de Carpentras (1938)
Medée (1940)
Bolivar (1950)
David (1954)
Moses (1957)
Orestie (1963)
La mère coupable (1966)

Minoru Miki
Des Schauspielers Rache (1979)
Yukinojo Henge
Joruri (1985)

Mohaupt, Richard (1904–1957) **287**
Die Wirtin von Pinsk (1938)
Die Bremer Stadtmusikanten (1949)
Der grüne Kakadu (1958)
Alkmene (1961)
Der Sohn des Cherubim (1963)

Moniuszko, Stanislaw (1819–1872) **288**
Das Nachtlager in den Appeninen (1840)
Halka (1851)
Flis (1858)
Die Gräfin (1860)
Das Gespensterschloß (1863)
Paria (1868)

Monsigny, Pierre-Alexandre (1729–1817)
Les aveux indiscrets (1759)
On ne s'avise jamais de tout (1761)
Le cadi dupé (1761)
Rose et Colas (1764)
Le déserteur (1769)
La belle Arsène (1773)

Montemezzi, Italo (1875–1952) **289**
L'amore die tre re (1913)

Monteverdi, Claudio (1567–1643) **289**
Orfeo (1607)
Arianna (1608)
L'Idropica (1608)
Tirsi e Clori (1615)
Peleo e Tetide (1616)
La Maddalena (1617)
Amori di Diana e d'Endimione (1618)
Andromeda (1620)
Il combattimento di Tancredi e Clorinda (1624)
La finta pazza liccori (1627)
Proserpina rapita (1630)
L'Adone (1639)
La vittoria d'amore (1641)
Il ritorno d'Ulisse in patria (1641)
Le nozze d'Enea con Lavinia (1641)
L'incoronazione di Poppea (1642)

Moore, Douglas (1893–1969)
The Ballad of Baby Doe (1956)

Moreno-Torroba, Francisco (1891–1984) **500**
Luisa Fernanda (1932)
El poeta (1980)

Mors, Rudolf
Der Kreidekreis (Klabund, 1983)

de la Motte, Dieter
So oder so (1975)

Mottl, Felix (1856–1911)
Agnes Bernauer (1880)

Motz, Wolfgang
In den Spuren einer neuen Erde (1984)

Mozart, Wolfgang Amadeus (1756–1791) **295**
Die Schuldigkeit des ersten Gebots (1767)
Apollo und Hyazinth (1767)
Bastien und Bastienne (1768)
La finta semplice (1769)
Mitridate, re di Ponto (1770)
Ascanio in Alba (1771)
Il sogno di Scipione (1772)
Lucio Silla (1772)
La finta giardiniera (1775)
Il re pastore (1781)
Idomeneo (1781)
Zaide (1781)
Die Entführung aus dem Serail (1782)
L'oca del Cairo (1783)
Der Schauspieldirektor (1786)
Le nozze di Figaro (1786)
Don Giovanni (1787)
Cosi fan tutte (1790)
La clemenza di Tito (1791)
Die Zauberflöte (1791)

Mracek, Joseph Gustav (1878–1944)
Der gläserne Pantoffel (1902)
Der Traum (1909)
Die Insel Aebelö (1915)
Der Liebesrat (1916)
Ikdar (1921)
Herrn Dürers Bild (Madonna am Wiesensaum, 1927)

Müller Siemens, Detlev
Genoveva oder Die weiße Hirschkuh (1980)

Müller, Wenzel (1797–1835)
Kaspar der Fagottist oder Die Zauberzither (1791)
Die Schwestern von Prag (1794)
Die travestierte Zauberflöte (1818)

Musgrave, Thea (1928)
The Decision (1967)
The Voice of Ariadne (1974)
Mary, Queen of Scots (1977)
A Christmas Carol (1981)

Mussorgski, Modest (1839–1881) **328**
Boris Godunow (1874)
Chowantschina (1885)
Der Jahrmarkt von Sorotschintzi (1917)

Mysliveček, Josef (1737–1781)
Der große Tamerlan (1771)

697

Nabokov, Nicolas (1903)
Rasputins Tod (1959)
Love's Labour's Lost (1973)

Naumann, Johann Gottlieb
(1741–1802)
La clemenza di Tito (1769)
Solimano (1773)
Le nozze disturbate (1773)
Proserpina (1782)
Orpheus (1785)
Gustav Wasa (1786)
Medea (1788)
Galatea ed Acide (1801)

Neefe, Christian Gottlob (1748–1798)
Amors Guckkasten
Adelheid von Veltheim (1781)

Neikrug, Marc
Through Roses (1984)

Nepomuceno, Alberto (1864–1920)
Artemis
Abul

Neßler, Victor (1841–1890)
Der Rattenfänger von Hameln (1879)
Der Trompeter von Säckingen (1884)

Nevin, Arthur (1871–1943)
Pia (1910)
A Daughter of the Forest (1918)

Nicolai, Otto (1810–1849) **335**
Rosmondo d'Inghilterra (auch »Enrico«, 1839)
Il templario (auch »Theodosia«, 1840)
Odoardo e Gildippe (1840)
Il proscritto (auch »Mariana«, 1841)
Die lustigen Weiber von Windsor (1849)

Niehaus, Manfred
Tartarin aus Tarascon (1979)

Nielsen, Carl August (1865–1931)
Maskerade (1905)
Aladdin und die Wunderlampe (1923)

Nono, Luigi (1924) **337**
Intolleranza (1961)
Il manto rosso (1962)
Al gran sole carico d'amore (1975)
Prometeo, tragedia dell'ascolto (1984)

Nørgård, Per (1932)
Siddharta (1983)

Novák, Vitèzslav (1870–1949)
Der Burgkobold (1914)
Karlstein (1916)
Die Laterne (1923)
Des Großvaters Vermächtnis (1926)
Juno der Geiger (1926)

Nyström, Gösta (1890–1966)
Arnes peningar (1961)

Oberleithner, Max von (1868–1935)
Aphrodite (1912)
Die eiserne Hand (1917)
Cäcilie (1919)

Oboussier, Robert (1900–1957)
Amphitryon (1949)

Offenbach, Jacques (1819–1880) **338**
Les deux aveugles (1855)
Le mariage aux lanternes (1857)
Orphée aux enfers (1858)
La chanson de Fortunio (1861)
La belle Hélène (1864)
La vie parisienne (1866)
Barbe-bleue (1866)
La grande-duchesse de Gérolstein (1867)
La Périchole (1868)
L'ile Tulipatan (1869)
Fantasio (1872)
Madame Favart (1878)
Les contes d'Hoffmann (1881)

Ohana, Maurice (1914)
Trois contes de l'honorable fleur (1983)

Oliver, Stephen (1952)
The Duchess of Malfi (1972/78)
Tom Jones (1974)
The Beauty and the Beast (1984)

Orff, Carl (1895–1982) **343**
Carmina Burana (1937)
Der Mond (1939)
Die Kluge (1943)
Catulli Carmina (1943)
Die Bernauerin (1947)
Antigonae (1949)
Trionfo di Afrodite (1953)
Astutuli (1953)
Comoedia de Christi Resurrectione (1957)
Oedipus der Tyrann (1959)
Ludus de nato Infante mirificus (1961)
Prometheus (1968)
De temporum fine comoedia (1973)

Ortiz de Zárate, Domingo (1650–1699)
La florista de Lugano

Osborne, Nigel
Hell's Angels (1986)

Ostendorf, Jens-Peter
William Ratcliff (1982)
Murieta (1984)

Ostrčil, Otakar (1879–1935)
Vlastas Tod (1904)
Die Augen Kunalas (1908)
Die Knospe (1911)
Die Legende von Erinu (1923)

Paër, Ferdinando (1771–1839)
Camilla (1801)
Eleonora (1804)
Agnèse (1811)
Le maître de chapelle (1821)

Pahissa, Jaime (1880–1969)
La presa de Lleida (1905)
Gala Placidia (1913)
La morisca (1914)
Marianela (1923)
La princessa Margerita (1924)

Paisiello, Giovanni (1740–1816) **352**
L'idolo cinese (1767)
Il barbiere di Siviglia (1782)
Il re Teodoro (1784)
La Molinara (1788)
Nina (1789)

Panizza, Ettore (1875–1959)
Medioevo latino (1901)
Aurora (1903)
Bizancio (1939)

Panni, Marcello (und **Perlini**, Memé)
La partenza dell'Argonauta (1976)

Panula, Jorma
Jokio Oppera (Flußoper, 1978)
Die Flußoper (1983)

Parker, Horatio William (1863–1919)
Mona (1912)

Pasatieri, Thomas (1945)
The Woman (1965)
La Divina (1966)
The Penitents (1971)
The Sea Gull (1974)

Pasztory, Casimir (1886–1966)
Die drei gerechten Kammacher (1932)
Tilman Riemenschneider (1959)

Pauer, Jiři (1919)
Susanna Vojirova (1959)

Paulus, Stephen
The Village Singers (1979)
The Postman Always Rings Twice (1982)
The Woodlanders (1985)

Pedrell, Felipe (1841–1922)
Los Pirineas (1902)
La Celestina (1904)

Pembaur, Joseph sen. (1830–1915)
Zigeunerliebe (1898)

Penderecki, Krzysztof (1933) **353, 680**
Die Teufel von Loudon (1969)
Paradise lost (1970/78)
Die schwarze Maske (1986)

Pepush, Johann Christoph (1667–1752)
The Beggar's Opera (1728)
Polly (1729)

Peragallo, Mario (1910)
La gita in campagna (1954)
La Collina
Lo standardo di San Giorgio

Perez, Davide (1711–1778)
Adriano in Siria (1722)
Olympiade (1754)
Julius Caesar (1762)
Die Heimkehr des Odysseus (1778)

Pergolesi, Giovanni (1710–1736) **354**
Il maestro di musica (1731)
Il prigioniero superbo (1732)
La serva padrona (1733)
Olimpiade (1735)
Il geloso schernito

Peri, Jacopo (1561–1633) **356**
Dafne (1594)
Euridice (1600)

Perlini, Mémé (und **Panni**, Marcello)
La partenza dell'Argonauta

Petersen-Berger, Wilhelm
(1867–1942) **680**
Arnljot

Petrassi, Goffredo (1904)
Alcassino e Nicoletta (1935)
Il cordovano (1949)
La morte dell'aria (1950)

Petyrek, Felix (1892–1951)
Die arme Mutter und der Tod (1926)
Der Garten des Paradieses (1943)

Pfitzner, Hans (1869–1949) **356**
Der arme Heinrich (1895)
Die Rose vom Liebesgarten (1901)
Palestrina (1917)
Das Christelflein (1906/1917)
Das Herz (1931)

Philidor, François-André (1726–1795)
Le soldat magicien (1760)
Le maréchal ferrant (1761)
Ernelinde, princesse de Norvège
(1767)
Persée (1780)
Thémistocle (1786)
La belle esclave (1787)

Piazzola, Astor (1921)
Maria de Buenos Aires (1967)

Piccini, Nicola (1728–1800)
La Cecchina (1760)
I viaggatori (1776)
Roland (1778)
Iphigénie en Tauride (1781)
Didon (1783)

Pick-Mangiagalli, Riccardo
(1882–1949)
Basi e bote (1927)
L'ospito inatteso (1931)

Piechler, Arthur (1886)
Der weiße Pfau (1930)
Pedro Crespo (1947)

Pizzetti, Ildebrando (1880–1968) **362**
Fedra (1915)
Lo straniero (1930)
Orseolo (1935)
La figlia di Joria (1954)
Assassino nella cattedrale (1958)
Il calzare d'argento (1961)
Clitennestra (1965)

Planquette, Robert (1848–1907)
Les Cloches de Corneville (1877)

Ponchielli, Amilcare (1834–1886) **362**
La Gioconda (1876)
Marion Delorme (1885)

Porpora, Nicola Antonio (1686–1768)
Arianna e Teseo (1714)
Berenice (1719)
Arianna in Nasso (1733)

Ifigenia in Aulide (1735)
Le nozze di Ercole e Tebe (1744)

Portugal, Marcos Antonio
(1762–1830)
Die eheliche Liebe (1785)
I due gobbi (1793)
Il poeta in campagna
Le nozze di Figaro (1797)
Il ritorno di Serse (1797)
Alceste (1798)
La morte di Semiramide (1801)
Sofonisba (1803)
La morte di Mitridate (1806)

Poulenc, Francis (1899–1963) **365**
Les mamelles de Tirésias (1947)
Les dialogues des carmélites (1957)
La voix humaine (1959)

Pound, Ezra (1885–1972)
Le testament de Villon (1926)

Pousseur, Henri (1929)
Votre Faust (1969)

Prey, Claude (1935)
Les liaisons dangereuses (1980)

Prodromides, Jean
H. H. Ulysse (1984)

Prokofiew, Sergei (1891–1953) **367**
Der Spieler (1917)
Die Liebe zu den drei Orangen (1921)
Der feurige Engel (1955)
Die Verlobung im Kloster (1946)
Krieg und Frieden (1946)
Die Geschichte eines wahren Menschen (1948)
Magdalena (1981)

Provenzale, Francesco (1627–1704)
Ciro (1653)
Serse (1655)

Puccini, Giacomo (1858–1924) **370**
Le villi (1884)
Edgar (1889)
Manon Lescaut (1893)
La Bohème (1896)
Tosca (1900)
Madame Butterfly (1904)
La fanciulla del West (1910)
La rondine (1917)
Il tabarro – Suor Angelica – Gianni
  Schicchi (1918)
Turandot (1926)

Purcell, Henry (1659–1695) **394**
Dido and Aeneas (1689)
Dioclesian or The Propheteers (1690)
King Arthur (1691)
The Fairy Queen (1692)
The Indian Queen (1693)
Timon von Athen

Rabaud, Henri (1873–1949)
Marouf (1914)
Martine (1947)

Rachmaninow, Sergej (1873–1943)
Aleko (1893)

Der geizige Ritter (1905)
Francesca da Rimini (1906)

Radeke, Winfried
Die Vögel (1981)

Raitio, Pentti (1930)
Zwei Königinnen (1945)

Rameau, Jean Philippe (1683–1764)
Hippolyte et Aricie (1733)
Les Indes galantes (1735)
Castor et Pollux (1737)
Les fêtes d'Hebe (1739)
Dardanus (1739)
Les fêtes de Polhymnie (1745)
La princesse de Navarre (1745)
Le temple de la gloire (1745)
Les fêtes de Ramire (1745)
Pygmalion (1748)
Zoroastre (1749)
Les surprises de l'amour (1757)
Anacréon (1757)
Les Sybarites (1757)

Rangström, Ture (1884–1947)
Die Kronbraut (1919)
Aus dem Mittelalter (1921)

Ranky, György
Des Königs neue Kleider (1986)

Rautavaara, Einojuhani
Marjetta – Runo 42 – Thomas (Trilogie, 1985)

Ravel, Maurice (1875–1937) **395**
L'heure espagnole (1911)
L'enfant et les sortilèges (1925)

Refice, Licinio (1885–1954)
Margherita di Cortona (1938)
Il magico (1947)

Reichardt, Johann Friedrich
(1752–1814)
Tamerlan (1786)
Claudine von Villabella (1788)
Erwin und Elmire (1790)
Jery und Bätely (1801)

Reimann, Aribert (1936) **398, 681**
Ein Traumspiel (1965)
Melusine (1971)
König Lear (1978)
Gespenstersonate (1984)
Troades (1986)

Reiter, Josef (1862–1939)
Der Bundschuh (1897)
Der Totentanz (1905)
Der Tell (1917)

Respighi, Ottorino (1879–1936) **406**
Belfagor (1923)
La campana sommersa (1927)
Maria Aigiptiaca (1932)
La fiamma (1934)
Lucrezia (1937)

Reutter, Hermann (1900) **401**
Die Rückkehr des verlorenen Sohnes
(1929)
Die Prinzessin und der Schweinehirt
(1930)

Doktor Johannes Faust (1936)
Odysseus (1942)
Der Weg nach Freudenstadt (1948)
Lübecker Totentanz (1948)
Don Juan und Faust (1950)
Die Witwe von Ephesus (1954)
Die Brücke von San Louis Rey (1954)
Der Tod des Empedokles (1966)
Nausikaa (1967)
Bauernhochzeit (1967)
Hamlet (1980)

Reznicek, Emil Nikolaus von (1860–1945) **403**
Die Jungfrau von Orléans (1887)
Satanella (1888)
Emmerich Fortunat (1889)
Donna Diana (1894)
Till Eulenspiegel (1901)
Ritter Blaubart (1920)
Holofernes (1923)
Satuala (1927)
Spiel oder Ernst (1930)
Der Gondoliere des Dogen (1931)

Ribeiro, Léon (1854–1931)
Liropeya (1881)

Richter Herfs, Franz
Odysseus (1979)

Rihm, Wolfgang (1952) **403**
Faust und Yorick (1977)
Jakob Lenz (1979)
Die Hamletmaschine (1987)
Oedipus (1987)

Rimsky-Korssakoff, Nikolaus (1844–1908) **404**
Das Mädchen von Pskow (1873)
Mainacht (1880)
Schneeflöckchen (1882)
Mlada (1892)
Sadko (1897)
Mozart und Salieri (1898)
Das Märchen vom Zaren Saltan (1900)
Servilia (1902)
Der unsterbliche Kaschtschei (1902)
Der Woiwode (1904)
Die Legende von der unsichtbaren Stadt Kitesch (1907)
Der goldene Hahn (1908)

Rocca, Lodovico (1895)
La corona del re Gaulo (1923)
Il dibuk (1934)
In terra di leggenda (1936)
La morte di Frine (1937)

Rochberg, George (1918)
The Confidence Man (1982)

Rocycki, Ludomir (1883–1953)
Eros und Psyche (1917)
Casanova (1923)

Rodriguez Socas, Ramón (1886–1957)
Urunday

Roe, Betty
Gaslight (1983)

de Rogatis, Pascual
Huemac (1916)
La novia del hereie (1935)

Rogowski, Michael (1881–1954)
Tamara

Röhr, Hugo (1866–1937)
Frauenlist (1917)
Cœur Dame (1927)

Roland-Manuel, Alexis (1891–1966)
Le diable amoureux (1924)

Ronnefeld, Peter (1935–1965) **681**
Nachtausgabe (1956/1987)
Die Ameise (1961)

Ropartz, Guy (1864–1935)
Le pays (1908)

Rosenberg, Gerhard
Der Mantel (1978)

Rosendorfer, Herbert
Lola (1986)

Rosenfeld, Gerhard
Spiel von Liebe und Zufall (1980)

Rosenthal, Moritz (1862–1946)
La poule noire

Rossellini, Renzo (1908)
La Guerra (1956)
Le Campane (1959)
Il vortice (1958)
Il linguaccio dei fiori (1963)
Un sguardo del ponte (1962)
La leggenda del ritorno (1966)

Rossi, Salomone (um 1570–1628)
Il palazzo d'Atlante (1642)
Orfeo (1647)

Rossini, Gioacchino (1792–1868) **411, 681**
La cambiale di matrimonio (1810)
L'equivoco stravagante (1811)
Demetrio e Polibio (1812)
L'inganno felice (1812)
La scala di seta (1812)
Ciro in Babilonia (1812)
La pietra del paragone (1812)
L'occasione fa il ladro (1812)
Tancredi (1813)
L'Italiana in Algeri (1813)
Il signor Bruschino (1813)
Aureliano in Palmira (1813)
Il Turco in Italia (1814)
Sigismondo (1814)
Elisabetta, regina d'Inghilterra (1815)
Torvaldo e Dorliska (1815)
Il barbiere di Seviglia (1816)
Otello (1816)
Armida (1817)
La gazzetta (1816)
La cenerentola (1817)
La gazza ladra (1817)
Adelaide di Borgogna (1817)
Ricciardo e Zoraide (1818)
Mosè in Egitto (1818)
Ermione (1819)
Edoardo e Christina (1819)
La donna del lago (1819)
Bianca e Falliero (1819)
Maometto II (1820)
Matilde di Shabran (1821)
Zelmira (1822)
Semiramide (1823)
Il viaggio à Reims (1825)
Adina (1826)
Le siège de Corinthe (1826)
Moisè (1827)
Le comte Ory (1828)
Guillaume Tell (1829)

Rot, Michael
Die Propheten (1982)

Rota, Nino (1911–1979)
Il capello di paglia di Firenze (1955)

Rousseau, Jean-Jacques (1712–1778)
Le devin du village (1752)
Le muses galantes (1747)

Roussel, Albert (1869–1937)
Padmavati (1923)
La naissance de la Lyre (1925)

Rubinstein, Anton von (1829–1894)
Die sibirischen Jäger (1854)
Die Kinder der Heide (1861)
Der Turmbau zu Babel (1870)
Die Makkabäer (1875)
Der Dämon (1875)
Nero (1879)
Sulamith (1883)
Christus (1888)
Moses (1894)

Rudzinski, Zbigniew
Mannequins

Rzewski, Frederic (1938)
Die Perser (Aischylos, 1985)

Sacchini, Antonio (1730–1786)
Rinaldo e Armida (1772)
Il gran Cid (1783)
Oedipe e Colone (1786)

Saguer, Louis
Chasse et pêche (1983)

Saint-Saëns, Camille (1835–1921) **419**
Samson und Dalila (1877)

Salieri, Antonio (1750–1825)
Armida abbandonata (1777)
Semiramide (1784)
Les Danaides (1784)
Tarare (1787)
Falstaff (1798)

Sallinen, Aulis (1925) **422, 682**
Der Reitersmann (1975)
Der rote Strich (1978)
Der König geht nach Frankreich (1984)

Salmhofer, Franz (1900–1975)
Dame im Traum (1935)
Iwan Sergejewitsch Tarassenko (1938)
Das Werbekleid (1943)
Dreikönig (1974)

Salomon, Karel (1897–1974)
David und Goliath

Samara, Spiro (1861–1917)
Flora mirabilis (1886)
Natalia (1894)
Storia d'amore (1903)

Sambucetti, Luis (1860–1926)
San Francisco de Asis (1910)

Sandberger, Adolf (1864–1951)
Ludwig der Springer (1895)

Sanford, Skilton
Kalopin

Sarti, Giuseppe (1729–1802)
I pretendenti delusi (1768)
Ifigenia in Aulide (1777)
Giulio Sabino (1781)

Sartorio, Antonio (um 1620–1681)
Orfeo ed Euridice (1672)

Satie, Eric (1876–1925)
Socrate (1918)
Paul et Virginie (1925)

Scarlatti, Alessandro (1659–1725)
L'amore non vuol inganni (1681)
La psiche (1683)
La rosaura (1690)
Il trionfo del'onore (1718)
Griselda (1721)
Il Tigrane

Schat, Peter (1935)
Das Labyrinth (1966)
Houdini (1979)
Affe besiegt den Dämon (1980)

Schedl, Gerhard
Der Kontrabaß (1984)

Schenk, Johann (1753–1836) **423**
zahlreiche Singspiele u.a.:
Der Dorfbarbier (1796)

Schenker, Friedrich
Büchner (1987)

Schibler, Armin (1920–1986) **423**
Der spanische Rosenstock (1950)
Die Füße im Feuer, auch u.d. Titel:
  Die späte Sühne (1955)
Blackwood & Co. (1962)
Antoine und Carmela (1967)
Der Teufel im Winterpalais
Der Tod Enkidus (1973)
Die Legende von den drei Liebespfändern
The Point of Return
Urs und Flurina
Der da geht, auch u.d. Titel: Der Weg
  des Menschen (1976)
La folie de Tristan (1980)

Schillings, Max von (1868–1933) **425**
Gernot (1897)
Ingwelde (1897)
Der Pfeifertag (1899)
Der Moloch (1906)
Mona Lisa (1915)

Schiuma, Alfredo (1885–1963)
Tabaré (1925)

Schjelderup, Gerhard (1859–1933)
Sonntagmorgen (1893)
Norwegische Hochzeit (1900)
Frühlingsnacht (1908)
Sturmvögel (1926)

Schmidt, Franz (1874–1939) **426**
Notre Dame (1914)
Fredegundis (1922)

Schoeck, Othmar (1886–1957) **429**
Erwin und Elmire (1916)
Don Ranudo (1919)
Das Wandbild (1921)
Venus (1922)
Penthesilea (1927)
Vom Fischer un syner Fru (1930)
Massimilla Doni (1937)
Das Schloß Durande (1943)

Schönbach, Dieter (1931)
Wenn die Kälte in die Hütte tritt...
  (1968)
Come Santo Francesco (1979)
Die göttliche Komödie (1983)

Schönberg, Arnold (1874–1951) **434**
Erwartung (1909)
Die glückliche Hand (1914)
Von heute auf morgen (1930)
Moses und Aron (1957)

Schostakowitsch, Dimitri (1906–1975)
438, 683
Die Nase (1930)
Lady Macbeth von Mzensk (1934)
Katerina Ismailowa (Neufassg. 1963)
Die Spieler (Fragment, bearb. Krzysztof Meyer, 1983)

Schreker, Franz (1878–1934) **439**
Der ferne Klang (1912)
Das Spielwerk und die Prinzessin
  (1913)
Die Gezeichneten (1918)
Der Schatzgräber (1920)
Irrelohe (1924)
Der singende Teufel (1928)
Der Schmied von Gent (1932)
Christophorus (Nachlaß, 1978)

Schröd, Karlheinz
Die Tür (1984)

Schubert, Franz (1797–1828)
Der vierjährige Posten (1815)
Fernando (1815)
Die beiden Freunde von Salamanca
  (1820)
Die Zwillingsbrüder (1820)
Alfonso und Estrella (1821)
Fierrabras (1823)
Die Verschworenen (auch: Der häusliche Krieg, 1823)
Die Wunderinsel

Schuller, Gunther (1925)
The visitation (1966)

Schultze, Norbert (1911) **440**
Der Teufel ist los (1933)
Schwarzer Peter (1936)
Der Struwwelpeter (1937)
Max und Moritz (1938)

Das kalte Herz (1943)
Peter III. (1974)

Schumann, Robert (1810–1856)
Der Korsar (Fragment, 1844)
Genoveva (1850)
Manfred (1852)

Schütz, Heinrich (1585–1672)
Daphne (1627)

Schweitzer, Anton (1735–1787)
Pygmalion (1772)
Alceste (1773)
Rosamunde (1780)

Schwertsik, Kurt
Fanferlieschen Schönefüßchen (1983)

Sciamarello, Valdo (1924)
Marianita Limeña

Sciarrino, Salvatore
Aspern (1978)

Scott, Cyril Meir (1879–1970)
The Alchemist (1925)

Searle, Humphrey (1915)
The Diary of a Mad Man (1958)
The Great Peacock (1961)
Das Photo des Colonel (1964)

Seiber, Mátyás (1905–1960)
Ulisses (1962)

Sekles, Bernhard (1872–1934)
Scheherazade (1917)
Die Hochzeit des Fuan (1921)
Die zehn Küsse (1926)

Serow, Alexander (1820–1871)
Judith (1863)
Rogneda (1866)

Sessions, Roger (1896–1984) **441**
Das Verhör des Lukullus (1947)
Montezuma (1964)

Shibata, Minao **683**
Der Sieg des Orpheus (1986)

Siebert, Wilhelm Dieter
Der Untergang der Titanic (1979)
Liebe, Tod und Tango (1986)

Silhanek, Ferdinand
Jagdszenen aus Niederbayern (1979)

da Silva, Antonio José
Das Leben des großen Don Quijote
  und des dicken Sancho Pansa
  (1733)
Die Reise der Medea
Amphitryon
Das Labyrinth von Kreta

da Silva, Cordeiro (2. Hälfte d.
  18. Jh.)
La Megara tebana (1788)

da Silva, Oscar (1870–1958)
Dona Macia (1901)

Sinding, Christian (1856–1941)
Der heilige Berg (1914)

Sinopoli, Giuseppe (1946)
Lou Salomé (1981)

Skroup, Frantisek (1801–1862)
Der Drahtbinder (1826)

Smetana, Bedrich (1824–1884) **441**
Die Brandenburger in Böhmen (1866)
Die verkaufte Braut (1866)
Dalibor (1868)
Zwei Witwen (1874)
Der Kuß (1876)
Das Geheimnis (1878)
Libussa (1881)
Die Teufelswand (1882)

Smith, Ethel (1858–1944)
The Wood (1901)
Fantasio (1908)
The Wreckers (1909)
The Boatswain's Mate (1917)

Soler, Josep
Ödip und Jokaste (1986)

Somers, Harry (1925)
Louis Riel (1975)

Sousa Carvalho, J. de (1745–1798)
Amor industrioso (1769)
Alcione
Numa Pompilio

Spinelli, Nicola (1865–1909)
A basso porto (1895)

Spohr, Louis (1784–1859) **445**
Faust (1816)
Zemire und Azor (1819)
Jessonda (1823)
Der Berggeist (1825)
Pietro von Abano (1828)

Spoliansky, Mischa (1898)
Katharina Knie (1956)
Wie lernt man Liebe (1967)

Spontini, Gasparo Luigi (1774–1851) **446**
La vestale (1807)
Fernand Cortez (1809)
Olympie (1819)
Lalla Rookh (1821)
Alcidor (1825)
Agnes von Hohenstaufen (1829)

Staden, Sigmund Theophil (1607–1655)
Seelewig (1644)

Standfuß, Johann Georg (gest. 1756)
Der Teufel ist los (1747)

Stanford, Sir Charles Villiers (1852–1924)
Shamus O'Brien (1896)

Starer, Robert (1924)
Der Fremde (1955)
The Intruder (1956)
Pantagleize (1970)

Statkowski, Roman (1860–1926)
Philaenis (1904)
Maria (1906)

Steffani, Agostino (1654–1728)
Marco Aurelio (1680)
Niobe (1688)
Solone (1685)
Audacia e Rispetto (1685)
Servio Tullio (1686)
Alarico (1687)
Henrico Leone (1689)
Il trionfo del fato (1695)
Amor vien dal destino (1709)

Steffens, Walter (1934)
Eli (1966)
Unter dem Milchwald (1968)
Grabbes Leben (1986)

Stenhammer, Wilhelm (1871–1927)
Trifing (1898)
Das Fest auf Solhaug (1899)

Stephan, Rudi (1887–1915) **447**
Die ersten Menschen (1920)

Stieber, Hans (1886–1969)
Der Sonnenstürmer (1921)
Heiligland (1925)
Die singende Quelle (1933)
Eulenspiegel (1936)
Der Mumanz (1940)
Der Dombaumeister (1942)
Rübezahls Brautfahrt (1944)

Stockhausen, Karl Heinz (1928) **683**
Aus den sieben Tagen (1968)
Spiral (1978)
Donnerstag (1980)
Samstag aus Licht (1984)

Storm, Ricardo (1930)
El retorno (1958)

Strauß, Johann (1825–1899) **448**
Die Fledermaus (1874)
Ritter Pázmán (1892)

Strauss, Richard (1864–1949) **451**
Guntram (1894)
Feuersnot (1901)
Salome (1905)
Elektra (1909)
Der Rosenkavalier (1911)
Ariadne auf Naxos (1912/1916)
Die Frau ohne Schatten (1919)
Intermezzo (1924)
Die ägyptische Helena (1928)
Arabella (1933)
Die schweigsame Frau (1935)
Daphne (1938)
Friedenstag (1938)
Capriccio (1942)
Die Liebe der Danae (1952)

Strawinsky, Igor (1882–1971) **483**
Die Nachtigall (1914)
Meister Reineke (Renard, 1917)
Die Geschichte vom Soldaten (1918)
Mawra (1922)
Oedipus Rex (1927)
Persephone (1934)
Der Wüstling (1951)
Die Sintflut (1963)

Streul, Eberhard
Die Sternstunde des Josef Bieder (1985)

Strungk, Nicolaus Adam (1640–1700)
Alceste (1680)
Esther (1683)
Floretto (1683)

Stschedrin, Rodion (1932)
Tote Seelen

Suchoň, Eugen (1908)
Krútnava (1949)
Der Wirbelsturm (1958)

Suder, Joseph
Kleider machen Leute (1964)

Sullivan, Sir Arthur Seymour (1842–1900)
H.M.S. Pianoforte (1878)
The Mikado (1885)
Ivanhoe (1891)

Sulzer, Balduin
In seinem Garten... (García Lorca, 1984)

Sutermeister, Heinrich (1910) **490, 684**
Romeo und Julia (1940)
Die Zauberinsel (1942)
Niobe (1945)
Raskolnikow (1948)
Die schwarze Spinne (1949)
Der rote Stiefel (1951)
Titus Feuerfuchs (1958)
Das Gespenst von Canterville (1966)
Madame Bovary (1967)
Der Flaschenteufel (1970)
Le roi Bérenger (1985)

Swayn, Giles
Le nozze di Cherubino/
 Cherubinos Hochzeit (1985)

Szokolay, Sandor (1921)
Die Bluthochzeit (1964)
Samson (1973)
Ecce homo (Kazantzakis, 1986)

Szymanowski, Karol (1882–1937)
Hagith (1922)
König Roger (1926)

Tal, Josef (1910)
Saul (1956)
Ashmedai (1976)
Die Versuchung (1976)
Ammon und Tamar

Tanejew, Sergei (1856–1915) **496**
Die Oresteia (1895)

Tansman, Alexandre (1897)
Der Schwur (1955/62)

Tavener, John (1944) **684**
The Gentle Spirit (1977)
Thérèse (1979)
Flucht (1980)

Taylor, Deems (1885–1966)
The King's Henchman (1926)
Peter Ibbetson (1930)
Ramuntcho (1937)

Telemann, Georg Friedrich (1681–1767)
40 Opern, u.a.:

Der geduldige Sokrates (1721)
Pimpinone oder Die ungleiche Heirat (1725)

Testi, Flavio
Richard III. (1987)

Thomas, Ambroise (1811–1896) **496**
Le caid (1849)
Le songe d'une nuit d'été (1850)
Le carnaval de Venise (1857)
Le Roman d'Elvire (1860)
Mignon (1866)
Hamlet (1868)
Francesca da Rimini (1882)

Thomson, Virgil (1896)
Four Saints in Three Acts (1928)
The Mother of Us All (1947)

Thuille, Ludwig (1861–1907)
Theuerdank (1893)
Lobetanz (1898)
Gugeline (1901)
Der Heiligenschein (Fragment)

Tippett, Michael (1905) **499**
The Midsummer Marriage (1954)
King Priam (1962)
Knot Garden (1970)
Das Eis bricht (1977)
Sommernachtstraum (1974)

Tjeknavorian, Loris (1937)
Pardis und Parisa (1975)

Toch, Ernst (1887–1964)
Wegwende (1925)
Die Prinzessin auf der Erbse (1927)
Egon und Emilie (1928)
Der Fächer (1930)
Das letzte Märchen

Tomasi, Henri (1901–1971)
Atlantida (1954)
Don Juan de Mañara (1956)
Ulysse et le beau Périple (1965)

Tossatti, Vieri (1920)
Il sistema della dolcezza (1951)
Una partita a pugni (1953)
Il giudizio universale (1955)
L'isola de tesoro (1958)
La fiera delle meraviglie (1963)

Traetta, Tommaso (1727–1779)
Ifigenia in Tauride (1758)
Olimpiade (1758)
Semiramide (1765)
Siroe (1967)

Trantow, Herbert (1903)
Odysseus bei Circe (1938)
Antje (1942)

Tschaikowski, Peter J. (1840–1893) **500**
Der Woiwode (1868)
Undine (1869)
Der Opritschnik (1874)
Wakula der Schmied (1876)
Eugen Onegin (1879)
Die Jungfrau von Orléans (1881)
Mazeppa (1884)
Die Zauberin (1887)

Pique Dame (1890)
Jolanthe (1892)

Tscherepnin, Alexandr (1899–1977)
Ol-Ol (1928)

Twardowski, Romuald (1930)
Lord Jim (1976)

Uhl, Alfred (1909)
Der mysteriöse Herr X (1966)

Ullmann, Victor (1898)
Der Kaiser von Atlantis (1973)

Umlauf, Ignaz (1746–1796)
Die Bergknappen (1778)
Die Apotheke (1778)
Das Irrlicht (1782)
Die schöne Schusterin (1795)

Unger, Hermann Gustav (1886–1958)
Der Zauberhandschuh (1926)
Richmondis von Aducht (1928)
Drei Geschichten vom Weihnachtsbaum (1943)

Valdambrini, Francesco
Der gestiefelte Kater (1975)
Pentheus

Vaughan Williams, Ralph (1872–1958)
Hug the Drover (1924)
Sir John in Love (1930)
The Poisoned Kiss (1936)
Riders to the Sea (1937)
The Pilgrim's Progress (1951)

Verdi, Giuseppe (1813–1901) **506, 684**
Oberto (1839)
Il finto Stanislao (1840)
Un giorno di regno (1840)
Nabucco (1842)
I lombardi (1843)
I due Foscari (1844)
Ernani (1844)
Alzira (1845)
Giovanna d'Arco (1845)
Attila (1846)
I masnadieri (1847)
Jerusalem (Bearb. d. Lombarden, 1847)
Macbeth (1847)
Il corsaro (1848)
Luisa Miller (1849)
La battaglia di Legnano (1849)
Stiffelio (Bearb. d. Aroldo, 1850)
Rigoletto (1851)
Il trovatore (1853)
La traviata (1853)
Les Vêpres siciliennes (1855)
Simon Boccanegra (1857)
Un ballo in maschera (1859)
La forza del destino (1862)
Don Carlos (1867)
Aida (1871)
Otello (1887)
Falstaff (1893)

Villa Lobos, Heitor (1887–1959)
Malzarte
Zoe

Jesus
Isath
Aglaia

da Vinci, Leonardo (1690–1730)
Le zite'n galera (1722)
Ifigenia in Tauride (1725)
Ermelinda (1726)
La Semiramide (1727)
Artaserse (1730)

Vives, Amadeus (1871–1932)
Maruxa (1913)
Doña Francisquita (1923)

Vollerthun, Georg (1876–1945)
Veeda (1916)
Islandsaga (1925)
Der Freikorporal (1931)
Das königliche Opfer (1942)
Des Königs Page

Wagenaar, Johan (1862–1941)
Der Doge von Venedig (1901)
Der Cid (1914)
Jupiter amans (1925)

Wagner, Richard (1813–1883) **563**
Die Hochzeit (1832)
Die Feen (1833)
Das Liebesverbot (1836)
Rienzi (1842)
Der fliegende Holländer (1843)
Tannhäuser (1845)
Lohengrin (1850)
Tristan und Isolde (1865)
Die Meistersinger von Nürnberg (1868)
Der Ring des Nibelungen:
Rheingold (1869)
Die Walküre (1870)
Siegfried (1876)
Götterdämmerung (1876)
Parsifal (1882)

Wagner, Siegfried (1869–1930) **630**
Der Bärenhäuter (1899)
Herzog Wildfang (1901)
Der Kobold (1904)
Bruder Lustig (1905)
Sternengebot (1908)
Banadietrich (1910)
An allem ist Hütchen schuld (1917)
Sonnenflammen (1918)
Schwarzschwanenreich (1918)
Rainulf und Adelasia (1922)
Der Schmied von Marienburg (1923)
Der Friedensengel (1926)

Wagner Régeny, Rudolf (1903–1969) **631**
Sganarelle (1929)
Der Günstling (1935)
Die Bürger von Calais (1939)
Johanna Balk (1941)
Das Bergwerk zu Falun (1961)

Wahren, Heinz (1933)
Fettklößchen (1976)

Wallace, Vincent (1814–1865)
Maritana (1845)
Loreley (1860)

Walter, Fried (1901)
Königin Elisabeth (1939)
Andreas Wulfius (1940)
Dorfmusik (1943)

Waltershausen, Hermann Freiherr
  von (1882–1954)
Else Klapperzehen (1909)
Oberst Chabert (1912)
Richardis (1915)
Die Rauensteiner Hochzeit (1919)
Die Gräfin von Tolosa (1934)

Walton, Sir William (1902)
Troilus and Cressida (1954)

Ward, Robert (1917)
He Who Gets Slapped (1959)
The Cruciable (1964)

Weber, Carl Maria von (1786–1826) **631**
Peter Schmoll (1803)
Rübezahl (Fragment, 1804)
Silvana (1810)
Abu Hassan (1811)
Die drei Pintos (Fragment, ergänzt
  von G. Mahler 1888)
Der Freischütz (1821)
Euryanthe (1823)
Oberon (1826)

Weigl, Joseph (1766–1846)
Die Schweitzerfamilie (1809)
Die Jugend Peters des Großen (1814)
Das Waisenhaus (1818)

Weill, Kurt (1900–1950) **641**
Der Protagonist (1926)
Na und? (1926)
Royal Palace (1927)
Aufstieg und Fall der Stadt Mahagonny (1927)
Der Zar läßt sich photographieren (1928)
Die Dreigroschenoper (1928)
Happy end (1929)
Der Jasager (1930)
Die Bürgschaft (1932)
Der Silbersee (1933)
Knickerbocker Holiday (1938)
Down in the Valley (1948)
Street Scene (1949)
Lost in the Stars (1949)
Die sieben Todsünden des Kleinbürgers (1960)
One Touch of Venus
Der neue Orpheus

Weinberger, Jaromir (1896–1967) **649**
Schwanda der Dudelsackpfeifer (1927)
Die geliebte Stimme (1931)
Die Leute von der Poker-Flat (1932)
Wallenstein (1937)

Weingartner, Felix Paul von
  (1863–1942) **652**
Sakuntala (1884)
Malavika (1886)
Genesius (1892)
Orestes-Trilogie (1902)
Kain und Abel (1914)

Dame Kobold (1916)
Die Dorfschule (1920)
Meister Andrea (1920)
Schneewittchen

Weishappel, Rudolf (1921)
Elga (1967)
Lederköpfe (1970)

Weismann, Julius (1879–1950) **653**
Schwanenweiß (1923)
Ein Traumspiel (1925)
Leonce und Lena (1925)
Regina del Lago (1928)
Die Gespenstersonate (1930)
Die pfiffige Magd (1939)

Werle, Lars J. (1926) **685**
Thérèse, ein Traum (1964)
Die Reise (1969)
Animalen (1979/82)
Kvinnogräl (Frauenzezänk, 1986)
Gudars Skyming (Götterdämmerung, 1986)

Werzlau, Joachim (1913)
Roland und Regine (1964)
Meister Röckle (1976)

Wimberger, Gerhard (1923) **654**
Schaubudengeschichte (1954)
La Battaglia (1960)
Dame Kobold (1964)
Das Opfer Helena (1968)
Lebensregeln (1972)
Fürst von Salzburg – Wolf Dietrich (1987)

Winter, Peter von (1754–1825)
Scherz, List und Rache (1790)
Jery und Bätely (1790)
Ariana e Teseo (1794)
Das unterbrochene Opferfest (1796)
Babylons Pyramiden (1797)
Das Labyrinth (1798)

Wolf, Hugo (1860–1903) **655**
Corregidor (1896)

Wolf-Ferrari, Ermanno (1876–1948) **657**
Cenerentola (1900)
Le donne curiose (1906)
I quattro rusthegi (1906)
Il segreto di Susanna (1909)
I gioielli della Madonna (1911)
L'amore medico (1913)
Gli amanti sposi (1925)
La veste del cielo (1927)
Sly (1927)
La vedova scaltra (1931)
Il Campiello (1936)
La dama boba (1939)
Gli dei a Tebe (1943)

Wolfurt, Kurt (1880–1957)
Dame Kobold (1940)
Porzia (1955)
Vannina Vannini (1956)

Wolpert, Fritz Alfons (1917–1978) **662**
Der eingebildete Kranke (1963)
Hero und Leander
Der goldene Schuh

Wranitzky, Paul (1756–1808)
zahlreiche Opern u. Singspiele u.a.:
Oberon (1790)

Xynades, Spiro (1814–1896)
Der Bewerber (1857)

Yun, Ysang (1917) **663**
Der Traum des Liu-Tung (1965)
Die Witwe des Schmetterlings
Geisterliebe (1971)
Sim Tjong (1972)

Zador, Jenö (1894–1977)
Die Toteninsel (1927)
Xmal Rembrandt (1930)
Der Revisor (1935)
Columbus (1940)
The Magic Chair (1966)
The Scarlet Mill (1968)

Zandonai, Riccardo (1883–1944) **685**
Conchita (1911)
Francesca da Rimini (1914/1984)
Giulietta e Romeo (1922)
I cavalieri di Ekebù (1925)

Zemlinsky, Alexander von
  (1872–1942) **665, 685**
Sarema (1897)
Es war einmal (1900)
Kleider machen Leute (1910)
Eine florentinische Tragödie (1917)
Der Zwerg (1922)
Der Kreidekreis (1933)
Der Traumgörge (1980)

Zender, Hans
Stephen Climax (1986)

Zilcher, Hermann (1881–1948)
Fitzebutze (1903)
Doktor Eisenbart (1933)

Zillig, Winfried (1905–1963) **668**
Der Roßknecht/auch: Die Rosse (1933)
Das Opfer (1937)
Die Windsbraut (1941)
Troilus und Cressida (1951)
Die Verlobung in St. Domingo (1958/61)
Das Verlöbnis (1963)

Zimmermann, Bernd Alois
  (1918–1970) **669**
Die Soldaten (1965)

Zimmermann, Udo (1943) **685**
Die zweite Entscheidung (1967/1970)
Levins Mühle (1973)
Schuhu und die fliegende Prinzessin (1977)
Die wundersame Schustersfrau (García Lorca, 1982)
Amphitryon (1981)
Die weiße Rose (1986)
Die Sündflut (1987)

Zimmermann, Walter
Die Blinden (1986)

Zlatev-Cerkin, Georgi
Aufstandslied (1981)

Zöllner, Heinrich (1854–1941)
Faust (1887)
Der Überfall (1895)
Das hölzerne Schwert (1897)
Die versunkene Glocke (1899)
Der Schützenkönig (1903)
Matteo Falcone (1908)

Zumsteg, Johann R. (1760–1802)
Lottchen am Hofe (1779)
Das tatarische Gesetz (1780)
Armida (1785)
Tamira (1788)

Zykan, Otto (1935)
Kunst kommt von Gönnen (1980)
Auszählreim (1987)

Opernverzeichnis

Die fettgedruckten Seitenzahlen verweisen auf ausführliche Besprechungen im Hauptteil dieses Buches, die normalen auf Erwähnungen im Text.

L'Abandon d'Ariane 284
Les Abencérages 689
Abend, Nacht und Morgen 92
Ein Abenteuer auf dem Friedhof 695
Der Abenteurer 53
Das abgebrannte Haus 184
Die Abreise 28
Abstrakte Oper Nr. 1 63
Der abtrünnige Zar 687
Abu Hassan **632**
Abul 698
Acht Gesänge für einen verrückten König 673
Acide e Galatea 185
Acis et Galathée 696
Acis und Galathea 181
Adelaide di Borgogna 700
Adelheid von Veltheim 698
Adelson e Salvoni 671
Les adieux 678
Adina 700
Admeto 180
Adolf von Nassau 696
L'Adone 697
Adone 356
Adriana Lecouvreur 94
Adriano in Siria (Cherubini) 689
Adriano in Siria (Perez) 699
Aenas in Carthago 678
Affe besiegt den Dämon 701
L'africaine **281–282**
Agamemnon 692
Aglaia 703
Agnes Bernauer 697
Agnes von Hohenstaufen 702
Agnèse 698
Agrippina 177
Die ägyptische Helena **472–474**
A.H. – Bilder aus einem Führerleben 695
Aida **548–554**
L'aiglon (Honegger)
L'aiglon (Ibert) 214
Aino 697
Al gran sole carico d'amore 698
Aladdin und die Wunderlampe 698
Alarico 702
Albert Herring **78**
Alcassino e Nicoletta 699
Alceste (Draghi) 690
Alceste (Gluck) **157–158**
Alceste (Lully) 696
Alceste (Portugal) 699
Alceste (Schweitzer) 701
Alceste (Strungk) 702
Der Alchemist (Lang) 695
The Alchemist (Searle) 702
Alcidor 446
Alcina 182
Alcione 702
Aleko 699
Alessandro 179

Alessandro nell'India 689
Alessandro Stradella 141
Alfonso und Estrella 701
Ali Baba 689
Ali Pascha von Janina 696
Alidia 695
Aline, reine de Colconde 687
Alis Grotte 679
Alkmene (Klebe) 220
Alkmene (Mohaupt) 697
L'allegra brigata 696
Almira 175
Alonzo et Cora 697
Alpenkönig und Menschenfeind 687
Die alte Jungfer und der Dieb **271**
Alte Lokomotive 688
Alvar 691
Alzira 703
Amadigi 692
Amahl and the Night Visitors **275–276**
L'amant jaloux 692
L'amante disperato 689
Los amantes de Teruel 688
Gli amanti sposi 704
Les amants de Corinth 688
Die Ameise 681
Amelia Goes to the Ball **271**
Amerika 693
L'amico Fritz 259
Amleth und Fengo 692
Ammon und Tamar 703
El amor brujo 137
Amor industrioso 702
Amor vien dal destino 702
L'amore di tre re 289
L'amore medico 704
L'amore non vuol inganni 701
Amori di Diana e d'Endimione 697
Amors Guckkasten 698
L'amour mendiant 687
Amphitryon (Grann) 692
Amphitryon (Kunad) 695
Amphitryon (Oboussier) 698
Amphitryon (da Silva) 702
Amphitryon (Zimmermann) 705
An allem ist Hütchen schuld 704
An diesem heutigen Tag 191
Anacréon (Cherubini) 90
Anacréon (Rameau) 700
Analfabeta 695
Andrea Chénier **150–151**
Andreas Wulfius 704
Andromeda und Perseus 214
Andromeda (Monteverdi) 697
Andromeda (Manelli) 696
Angela 687
Angélique **214**
Angle of Repose 694
Aniara 64
L'anima del filosofo 693
Animalen 704

Anita Garibaldi 688
Anna Bolena 117, **674**
Anna Karenina (Hamilton) 692
Anna Karenina (Hubay) 693
Anne Pederstotter 690
Anthony and Cleopatra 33
Antigona 161
Antigonae 344, **350**
Antigone 201
Antje 703
Antoine und Carmela 424
Antonio e Cleopatra 696
Aphrodite (Erlanger) 690
Aphrodite (Oberleithner) 698
Apollo und Hyazinth 295
Apology 688
Die Apotheke 703
Der Apotheker 185
Arabella **474–477**
L'arbre enchanté ou Le tuteur dupé 691
Arche Noah 688
Arden muß sterben 691
Ariadne (Keiser) 694
Ariadne (Marlinù) 696
Ariadne auf Naxos 687
Ariadne auf Naxos **465–468**
Ariane 688
Ariane et Barbe-bleue **118–119**
Arianna 692
Arianna (Feo) 690
Arianna **292**
Arianna 356
Arianna e Teseo (Galuppi) 691
Arianna e Teseo (Porpora) 699
Arianna e Teseo (Winter) 704
Arianna in Nasso 689
Aridne 695
Ariodant 697
Ariodante 182
Arlecchino oder Die Fenster 688
L'Arlesiana 689
L'Arlésienne 54
Der arme Heinrich **357**
Die arme Mutter und der Tod 699
Armida (Dvořák) 690
Armida (Gluck) **159–160**
Armida (Haydn) 693
Armida (Jommelli) 694
Armida (Rossini) 700
Armida (Zumsteg) 704
Armida abbandonata 689
Armide 696
Armide et Renaud 159
Arminio 692
Arminius 693
Der Ärndtekranz 693
Arnes peningar 698
Arnljot 680
Artaserse (Cherubini) 689
Artaserse (Gluck) 691
Artaserse (da Vinci) 704

Artemis 698
Artemisa 689
Der Arzt der Sobeide 691
Ascanio in Alba 295
Aschenbrödel **416–417**
Aschenbrödel (Blake) 687
Aschenbrödel (Davies) 689
Aschenbrödel (Garcia) 691
Aschermittwoch 688
Ashmedai 703
Aspern 702
Assassinio nella cattedrale 362
Astutuli 349–350
L'astuzie femminili 689
Atem 689
La Atlántida (de Falla) **139–140**
Atlantida (Tomasi) 703
Atlantis **139–140**
Attalo 693
Attendez-moi sous l'orme 694
Attila 513
Aucassin und Nicolette 690
Audacia e Rispetto 702
Auf der alten Bleiche 695
Auferstehung **93–94**
Der Aufstand 125
Aufstandslied 705
Aufstieg und Fall der Stadt Mahagonny **646–647**
Die Augen Kunalas 698
Aureliano in Palmira 700
Aurora (Hoffmann) 693
Aurora (Panizza) 698
Aus dem Mittelalter 700
Aus den sieben Tagen 702
Aus einem Totenhaus 213
Der Ausbruch 695
Die Ausflüge des Herrn Broucek **210–211**
Ausgerechnet und verspielt 227
Auszählreim 705
Automaten 687
Les aventures du roi Pausole 201
Aventures et nouvelles aventures 696
Les aveux indiscrets 697

Baal 688
Babylons Pyramiden 704
Bäckahästen 686
Der Bajazzo **230–233**
Die Bajuwaren 229
Ballade 693
The Ballad of Baby Doe 697
Un ballo in maschera **536–540**, 684
Banadietrich 704
Bank Ban 690
Barbarina 696
Barbe-bleu 339
El barberillo de Lavapés 686
Der Barbier von Bagdad **97-98**
Der Barbier von Sevilla 353
Il barbiere de Seviglia 694
Il barbiere di Seviglia 353
Il barbiere di Seviglia **413–416**
Der Bärenhäuter 630
Barnstable 688
La barrière 690
The Barrier 697
Basilius 694

Die Bassariden 190
Die Bassgeige 695
A basso porto 702
Bastian der Faulpelz 73
Bastien und Bastienne **296**
La Battaglia 654
La battaglia di Legnano 703
Battano alla porta 696
Der Bauer ein Schelm 690
Bauernhochzeit 700
Les bayadères 688
Béatrice 697
Beatrice Cenci 150
Beatrice di Tenda 671
Béatrice et Bénédict 51
The Beauty and the Beast 698
Beg Bajazid 92
The Beggar's Opera 699
Der Beginn eines Romans 676
Die beharrliche Schildkröte 675
Die beiden Freunde von Salamanca 701
Die beiden Schützen **239**
Der bekehrte Trunkenbold 162
Die Belagerung von Bystrica 673
Der Belagerungszustand 694
Belfagor 400
La belle Arsène 697
La belle esclave 699
La belle Hélène 698
Bellérophon 696
Belmonte und Konstanze 686
Belsazar 183
Belzebub-Sonate 687
Benvenuto Cellini (Berlioz) 51
Benvenuto Cellini (Lachner) 695
Berenice (Händel) 692
Berenice (Porpora) 699
Der Berggeist 702
Die Bergknappen 703
Der Bergsee 53
Das Bergwerk zu Falun 631
Die Bernauerin 344, **348**
Die bestrafte Rachgier 184
Der Besuch der alten Dame **135–136**, 675
Betrug und Aberglauben 689
Bettler Namenlos 187
Die Bettleroper **78**
Der Bewerber 705
Bianca e Falliero 700
Bianca e Fernando 671
Bilitis 690
Le billet de loterie 694
Le billet de Marguerite 691
Billy Budd **79**
Bizancio 698
Blackwood & Co. 424
Blanche de Provence 689
Blandie 687
Blanik 690
Blaubart 339, 676
Blinde Kuh 448
Die Blinden 705
Blondin im Glück 692
Blood Moon 689
Das Blut des Volkes 123
Blutbund 688
Bluthochzeit (Fortner) 143

Bluthochzeit (Szokolay) 684
The Boatswain's Mate 702
Bodas de sangre 86
Le bœuf sur le toit 284
La Bohème 230
La Bohème **373–377**
The Bohemian Girl 686
Die Bojarin 405
Bolivar 284
Bomarzo 150
Boris Godunow (Mattheson) 696
Boris Godunow (Mussorgsky) **329–332**
Boulevard Solitude 188
Die Brandenburger in Böhmen 441
Die Braut des Bergkönigs 692
Die Braut von Messina 690
Die Brautwahl 84
Der brave Soldat Schweik 228
Il Bravo 697
Die Bremer Stadtmusikanten 287
I briganti 697
Briseis 692
Die Brücke von San Luis Rey 402
Bruder Lustig 704
Brüderlein Hund 73
Büchner 701
La Buffonata 218
Bukowin 690
Bunbury 82
Der Bundschuh (Baussnern) 686
Der Bundschuh (Reiter) 700
Die Bürger von Calais 631
Der Burgkobold 695
Die Bürgschaft (Lachner) 695
Die Bürgschaft (Weill) **647–648**
The Burning Fiery Furnace 688
Bus No. 11 673
Der büssende David 686
Byzanz 170

Cäcilie 698
Le cadi dupé (Gluck) 162
Le cadi dupé (Montigny) 697
Cagliostro in Wien 448
Le caid 703
Le calife de Bagdad 66
Il calzare d'argento 699
La cambiale di matrimonio 700
Camilla 698
Camille 686
La campana sommersa 400
La Campane 700
Il campanello 117
Il Campiello **661**
Candide 672
La cantatrice villane 690
Cantegril 690
La Canterina 185
Il capello di paglia di Firenze 700
Le capitain Henriot 691
Il capitan Spavento 696
I capricci di Callot 696
Capriccio **481–483**
La cappriciosa corretta 696
I Capuleti e i Montecchi **671**
Caramo 696
La caravane de Caire 692
Cardillac **192–194**

707

Carmen **55–62**
Carmens Tod 692
Carmina Burana 343–344, **345–346**
Le carneval de Venise
Casanova (Kusterer) 695
Casanova (Lortzing) 696
Casanova (Rocycki) 700
Casanova in der Schweiz 82
Cäsar in Ägypten 178
Il castello die Kenilworth 674
Castor et Pollux 699
Caterina Cornaro (Donizetti) 674
Catherina Cornaro (Lachner) 695
The Catiline conspiracy 692
Catulli Carmina 344 **346–347**
Caupolicán 686
I cavalieri di Ekibù 685
Cavalleria rusticana **259–262**
La Cecchina 699
Cefalo e Procri 695
La Celestina 699
Celos, aun del aire, matan 693
Los cielos hacen estrellas 693
Cendrillon 694
Cenerentola 704
La cenerentola **416–417**
Il cerchel magic 673
Cesare e Cleopatra 692
La chanson de Fortunio 339
Le chant de la cloche 694
Charles de France 687
Charlotte Corday 687
Chasse et pêche 701
Le château de la Bretèche 690
Le château Trompette 691
La chateson d'Halewyn 690
Chatterton 695
Cherubinos Hochzeit 703
Chi soffre speri 696
Chimäre 672
Chirurgie 690
Chowantschina **332–333**
Das Christelflein **358**
Christina 691
A Christmas Carol 698
Christophe Colomb 284, 286
Christophorus 440
Christus 701
La chute de la maison Usher **673**
Der Cid (Wagenaar) 704
Le Cid 262
Le Cinesi 691
Cinq-Mars 692
Circe (Chapi) 688
Circe (Egk) **130–131**
Ciro 699
Ciro in Babilonia 700
La ciudad roja 690
Claudine von Villabelle 700
La clemenza di Tito (Gluck) 161
La clemenza di Tito (Mozart) **319–320**
La clemenza di Tito (Naumann) 698
Clitennestra 699
Les Cloches de Corneville 699
La clochette 693
Cœur As 695
Cœur Dame 700
Colas Breugnon 694

La Collina 699
Colomba (Leighton) 695
Columba (Mackenzie) 696
Columbus (Egk) **129–130**
Columbus (Zador) 705
Il combattimento de Tancredi e Clorinda **292**
Come Santo Francesco 701
La comédie à la ville 691
I commedianti 696
Comoedia di Cristi Resurrectione 698
Le comte Ory **417–418**
Conchita 705
The Condemned 687
The Confidence Man 700
La constanza d'Ulisse 686
The Consul **273–275**
Les contes d'Hoffmann **339–343**
La contessa dell'aria e dell'acqua 687
La Contessina 691
Convenienze ed inconvenienze teatrali 117
La coquette trompée 686
Il cordovano 699
Corinna 691
Coriolano 688
Coriolanus 692
La corona del re Gaulo 700
Corregidor **655–657**
Il corsaro 703
I corvi di San Marco 696
El corvo 686
Una cosa rara 696
Cosi fan tutte **316–319**
The Cradle Will Rock 687
Le crescendo 689
Cristoforo Colombo 691
Il crociatto in Egitto 697
The Cruciable 704
The Cry of Clytaemnestra 124
Csongor und Tünde 688
La Cubana 693
The Curlew River 688
Cyrano de Bergerac (Alfano) 30
Cyrano de Bergerac (Damrosch) 689
Cyrano de Bergerac (Danblon) 689
Cythère assiégée 691
Czinka panna 222

Der da geht 424
Dafne (Bontempi) 688
Dafne (Gaglione) 691
Dafne 356
Dal mal il bene 696
Dalibor **443–444**
Dalmaro 692
La dama boba **661–662**
Damals 691
La dame blanche **66**
Dame im Traum 701
Dame Kobold (Weingartner) 652
Dame Kobold (Wimberger) 704
Die Dame mit der Brille 82
La damnation de Faust 687
Der Dämon 701
Les Danaides 701
Danton and Robespierre 124
Dantons Tod 134, 675
La Danza 691

Daphne (Händel) 692
Daphne (Schütz) 701
Daphne (Strauß) **479–480**
Dardanus 699
A Daughter of the Forest 698
David 284, 286
David und Goliath 701
De Bruid der Zee 687
Derbora e Jaele 362
De temporum fine comoedia **352**
The Death in Venice **81–82**
Deborah 690
The Decision 698
Deidamia 182
La délivrance 690
La délivrance de Thésée 284
Demetrio e Polibio 700
Demetrius **120**
Les demoiselles de la nuit 691
Démophoon 689
Den Bergtagna (Entführung in die Berge) 692
Den Stundeslose 690
Denis le tyran 692
Le déserteur 697
Les deux aveugles 698
Les deux journées **91–92**
Les deux nuits 687
Les deux petits savoyards 686
Le devin du village 701
Le diable amoureux 700
Le diable au moulin 691
Le diable boiteux 691
Dialog der Karmeliterinnen **365–366**
Les diagolues des Carmélites **365–366**
The Diary of a Mad Man 702
Il dibuk 700
Dichter und Welt 686
Die Dickschäde 690
Dido 693
Dido and Aeneas 395
Didone 688
Diener zweier Herren 695
Dietrich von Bern 689
Der Diktator 695
A Dinner Engagement 687
Dinorah **280–281**
Dioclesian or The Propheteers 699
Das Diplom 672
La Divina 699
Djamileh **55**
Dobrinja Nikitsch 692
Le docteur Miracle 687
Der Doge von Venedig 704
Doktor Eisenbart 705
Doktor Faust 85
Doktor Johannes Faust 401
Doktor und Apotheker 109
Dolores 694
La Dolores 688
Der Dombaumeister 702
Le domino noir 31
Don Carlos **543–548**
Don Chisciotte in Sierra Morena 689
Don Gil von den grünen Hosen 72
Don Giovanni (Malipiero) 696
Don Giovanni (Mozart) **311–316**
Don Giovanni Tenorio (Carnicer) 688
Don Giovanni Tenorio ossia Il Convitato die pietra (Gazzinaga) 691

Don Juan und Faust 402
Don Juan de Mañara 703
Don Juans letztes Abenteuer 170
Don Pasquale **115–116**
Don Perlimplin (Belamarić) 686
Don Perlimplin (Fortner) 144
Don Quijote 269
Don Quixote 694
Don Ranudo 428
Don Rodrigo 150
Don Sancho ou Le château d'amour 696
Dona Branca 694
Doña Francisquita 704
Dona Macia 702
La donna del lago 682
Donna Diana 403
La donna è mobile 696
La donna serpente 688
La donna Soldato 691
Donna Urraca 696
Le donne curiose **658**
Donnerstag 684
Der Dorfbarbier 693
Der Dorfbarbier 423
Der Dorfjahrmarkt 687
Der Dorflump 693
Dorfmusik 704
Die Dorfschule 653
La Dori 688
Doria 697
I Doria 696
Dorian Gray 695
Dornröschen 693
Dornröschen 73
The Dove of Peace 689
Down by the Greenwood Side 672
Down in the Valley 643
Dr. Eisenbart 691
Dr. Fausts Höllenfahrt 690
Dr. Faustus 687
Draußen vor der Tür 670
Die drei gerechten Kammacher 699
Drei Geschichten vom Weihnachtsbaum 702
Die drei Pintos **637–638**
Die drei Töchter Cecrops 691
Die Dreigroschenoper **643–646**
Dreikönig 701
Dreimal Georges 82
Drot og Marsk 693
Dubravka 165
The Duchess of Malfi 698
I due foscari **511–512**
I due gobbi 699
Dunkle Wasser 695
El duo de la Africane 690
Dürer in Venedig 686

Ecce homo 684
L'echarpe rouge 686
Echnaton 691
Echo et Narcisse 671
L'éclair 692
L'école des maris 688
Edgar 370
Edipo Re 695
Edoardo e Christina 700
Egon und Emilie 703

Die eheliche Liebe 699
Das Ehepaar 695
Der eingebildete Kranke 662–663
Das Einhorn, die Gorgone und das Fabeltier 697
Einstein 108
Einstein on the Beach 691
Die eiserne Hand 698
Elegie für junge Liebende 189
Elektra **457–459**
Eleonora 698
Elga 704
Eli 702
Elisa 689
Elisa e Claudio 697
Elisabeth Tudor 144
Elisabeth von England [›Die Königin‹] 695
Elisabetta, regina d'Inghilterra 700
L'elisir d'amore **110–111**
Else Klapperzehen 704
Emilie 692
Emma 686
Emma di Resburgo 697
Emmerich Fortunat 403
Emperor Jones 692
L'empio punito 697
Das Ende einer Welt 188
Das Ende des Kreises 696
L'enfant et les sortilèges **397**
L'enfant prodigue (Auber) 686
L'enfant prodigue (Debussy) 101
L'enfant prodigue (Gaveaux) 691
Ein Engel kommt nach Babylon 216
Der Engel von Prag 74
Die englische Katze 191
L'enlèvement d'Europe 284
Enoch Arden 148–149
Enrico 698
Die Entführung aus dem Serail **300–303**
Epicure 689
L'equivoco stravagante 700
Ercole 688
Ercole amante 688
Ercole in Lydia 696
Das Erdbeben in Chile 94
Erindo 695
Die Erlösung 185
Ermelinda 704
Ermione 700
Die Ermordung Cäsars 220
Ernani **509–511**
Ernelinde, princesse de Norvège 699
Ero der Schelm 165
Ero e Leandro 696
Der Eroberer 72
Eros und Psyche 403
Eros und Psyche (Rocycki) 700
Die Errettung Thebens 215
L'errore amoroso 694
Die Erschöpfung der Welt 694
Die ersten Menschen 447
Erszébet 689
Erwartung 435
Erwin und Elmire (André) 686
Erwin und Elmire (Reichardt) 700
Erwin und Elmire (Schoeck) 428
Es war einmal 665

Esclarmonde 262
Esther (Strungk) 702
Esther (Meyerowitz) 697
Esther de Carpentras 285
L'étoile 672
L'étoile du Nord 277
L'étranger 694
Eugen Onegin **501–503**
Eulenspiegel 702
Eumene 694
Euridice (Caccini) 688
Euridice (Febel) 690
L'Europe galante 688
Euryanthe **638–639**
Eva 690
Der Evangelimann **217**
Der ewige Arzt 73
Ex-Positionen 694
Ezio 692
Ezio 181

Fabel in C 690
Der Fächer 703
The Fairy Queen 395
Des Falkners Braut 696
Der Fall von Arcona 690
Der falsche Waldemar 693
Falstaff 686
Falstaff (Salieri) 701
Falstaff (Verdi) **558–563**
Familie Gozzi 694
La fanciulla del West **384–386**
Fanferlieschen Schönefüßchen 702
Fanny Robin 692
Fantasio (Smith) 702
Fantasio (Offenbach) 698
Fasnachtsbeichte 695
Die Fastnacht von Rottweil
Fatme 690
Der Faun 145
Faust (Gounod) **166–169**
Faust (Spohr) 446
Faust (Zöllner) 705
Faust III 687
Faust und Yorick 403
La faute de l'abbée Mouret 688
La favola d'Orfeo 688
La favola del figlio cambiato 696
La favorita 110, 116–117
Die Favoritin 110, 116–117
Feathertop 686
La fedeltà premiata 693
Fedora 149
Fedra 362
Die Feen **565**
Die Feenkönigin 395
Das Feldlager in Schlesien 277
Fennimore and Gerda 106
Fern von Moskau 690
Fernand Cortez 446
Fernando 701
Der ferne Klang 439
Fervaal 694
Das Fest auf Solhaug 702
Ein Fest auf Haderslev 187
Il festino 696
Le fêtes d'Hebe 699
Les fêtes de l'amour et de Bacchus 696

709

Les fêtes de Polhymnie 699
Les fêtes de Ramire 699
Les fêtes venétiennes 698
Fetonte 677
Fettklößchen 704
Die Feuersbrunst 187
Feuersnot **453**
Das Feuerwerk 82
Der feurige Engel 367
La fiamma 400
Fidelaine 690
Fidelio **35–40**
La fiera delle meraviglie 703
Fierrabras 701
Fiesque 695
Figaro läßt sich scheiden 694
La figlia del re 696
La figlia di Iorio 362
Filemon Faltenreich 675
La fille de Madame Angot 695
La fille du régiment **114–115**
La fille mal gardée 690
La finta folletto 691
La finta giardiniera (Anfosi) 686
La finta giardiniera (Mozart) **297–298**
La finta pazza liccori 697
La finta principessa 689
La finta semplice **296–297**
Il finto Arlecchino 696
Il finto cieco 691
Il finto Stanislao 703
Fitzebutze 705
Flauto solo 28
Flavio 692
Die Fledermaus **448–451**
Fleur de thé 695
Der fliegende Holländer **567–572**
Flis 697
The Flood 483, 489–490
Das Floß der Medusa 190
La flora 691
Flora 356
Flora mirabilis 701
Eine florentinische Tragödie 666
Floretto 702
Floridante 692
La florista de Lugano 698
Die Flußoper 698
Flucht 703
Der Flüchtling (Awietisow) 686
Der Flüchtling (Kretschmer) 695
Die Flut 62
La folie de Tristan 424
Die Folkunger 695
Foma Gordijew 686
La Forêt 678
Fortunatus 691
La forza del destino **540–542**
Fosca 164
Le fou 678
Le fou de la dame 689
Four Saints in Three Acts 703
Les Fous 693
Fra Diavolo **32**, 686
Fra gamle dage 692
Fra Gherardo 362
Francesca da Rimini (Goetz) 162
Francesca da Rimini (Rachmaninow)

Francesca da Rimini (Thomas) 703
Francesca da Rimini (Zandonai) 705
François Villon 690
Frankenstein 692
Die französische Stunde 694
Die Frau ohne Schatten **468–471**
Die Frauen des Aretino 691
Frauenlist 700
Fräulein Julie 687
Fredegundis 426
Der Freikorporal 704
Der Freischütz **632–637**
Der Fremde (Kaun) 694
Der Fremde (Starer) 702
Das fremde Haus 695
Friedemann Bach 170
Der Friedensengel 704
Friedenstag **479**
Friedlos 696
Der fröhliche Sünder 148
Frühlingsnacht 701
Die Füße im Feuer 423
Die fünf Minuten des Isaak Babel **219–220**
Der 35. Mai 689
Le furie d'Arlecchino 696
Fürst Igor **70–71**
Fürst Osero 123
Fürstin Ninetta 448
Fürstin Tarakanowa 63
Fürst von Salzburg – Wolf Dietrich 704

Gabriella di Vergy 674
Gala Placidia 698
Galatea ed Acide 698
Galathea 688
Der Garten des Paradieses 699
Die Gärtnerin aus Liebe 297
Gaslight 700
La gata blanca 692
Gaudeamus 694
Gazellenhorn 693
La gazza ladra 700
La gazzetta 700
Der Geburtstag 694
Die Geduld des Sokrates 686
Der geduldige Sokrates 703
Der Gefangene 99
Die gefangene Venus 696
Das geheime Königreich 695
Das Geheimnis 441
Geierwally 688
Der Geigenmacher von Cremona 693
The Geisha 694
Geisterliebe **664**
Der geizige Ritter 699
Der gelbe Klang 693
Das geliebte Gespenst 229
Die geliebte Stimme 649
Il geloso schernito 355
Genesis 694
Genesius 652
Genoveva 701
Genoveva oder Die weiße Hirschkuh 698
Gens de Mer 691
The Gentle Spirit 684
Georges Dandin 125

Georgette 691
Das gerettete Troja 693
Germelshausen 692
Gernot 701
Die Geschichte eines wahren Menschen 367
Die Geschichte vom Soldaten **484–485**
Die Geschichte vom schönen Annerl 214
Die Geschichte von Aucassin und Nicolette 52, 687
Das Gesicht Jesajas 83
Das Gespenst von Canterville
Gespenster 687
Das Gespensterschloß 288
Gespenstersonate (Reimann) 700
Gespenstersonate (Weismann) 653
Der gestiefelte Kater (Bialas) 52
Der gestiefelte Kater (Valdambrini) 703
Die Gezeichneten 439
Ghisèle 691
Giasone 688
La Gioconda **363–364**
Un giorno di regno 506
Giovanna d'Arco **512–513**
Girello 697
Giroflé-Girofla 695
La gita in campagna 699
Giuditta 699
Il giudizio universale 703
Giuliano Apostata 696
Giulietta e Romeo 685
Giulio Cesare (Händel) 178
Giulio Cesare (Malipiero) 696
Giulio Sabino 701
Gjerdan 165
Der gläserne Pantoffel 698
Glockenspiel 72
Der Glockenturm 695
Gloria 689
Gloriana 75
Die glückliche Hand 435
Der Glücksfischer 248
Der Goggolori 676
Der goldene Becher 692
Der goldene Bock 227
Der goldene Hahn **410**
Das goldene Kreuz 688
Der goldene Schuh 662
Der goldene Vogel 690
Der Golem 28, 686
Golem 89
Der Gondoliere des Dogen 700
The Good Soldier Schweik 228
Götterdämmerung **616–623**
Die Göttin der Vernunft 448
Die göttliche Komödie 701
Götz von Berlichingen 692
Goya 697
Goyescas **171–172**
Das Grab des Mufti 693
Grabbes Leben 702
The Grace of Todd 689
Die Gräfin 288
Die Gräfin von Tolosa 704
Il gran Cid 701

710

La gran via 689
Le Grand Macabre 696
La grande-duchesse de Gérolstein 339
The Great Peacock 702
Griechische Passion **257–259**
Griffelkin 691
Gringoire 688
Griselda (Bononcini) 687
Griselda (Scarlatti) 701
Der große Tamerlan 698
Die Großfürstin Sophia Katharina 690
Der Großinquisitor 687
Des Großvaters Vermächtnis 698
La grotte d'Ali 679
Der grüne Kakadu **287–288**
Il Guarani 164
Gudars Skyming (Götterdämmerung) 685
Gudrun 689
La guerra 700
La guerra d'amore 356
A Guest of Honour 694
Gugeline 703
Guillaume Tell **418–419**
Der Gummisarg 695
Gunlöd 689
Der Günstling 631
Günther von Schwarzburg 693
Guntram **452–453**
Gustav Wasa (Kellgren) 694
Gustav Wasa (Naumann) 698
Gustave III. 31
Gwendoline 672

H. H. Ulysse 699
H.M.S. Pianoforte 703
Habemejaja 687
Hagith 703
Halka 288
Hamlet (Bentoiu) 687
Hamlet (Reutter) 700
Hamlet (Thomas) 496
Die Hamletmaschine 404
Hanneles Himmelfahrt 170
Hans Heiling **250**
Hans Sachs 696
Hänsel und Gretel **205–206**
The Happy Day 694
Happy End 704
Harald der Wiking 692
Der Harlekin 694
Die Harmonie der Welt **197–200**
Háry János **222–223**
Hassan der Schwärmer 694
Der häusliche Krieg 701
He Who Gets Slapped 704
Hecuba 696
Hedda Gabler 692
Hedy 690
Die Heilige 692
Der heilige Berg 702
Die heilige Ente 691
Die heilige Johanna der Schlachthöfe 690
Der Heiligenschein 703
Heiligland 702
Das Heimchen am Herd 692
Die Heimkehr 283

Heimkehr aus der Fremde 697
Die Heimkehr des Odysseus 699
Die heimliche Ehe **95–97**
Heinrich der Löwe 695
Die Heirat 256
Heirat wider Willen 694
Heksen 690
Hélène 697
Hell's Angels 698
Henrico Leone 702
Herbergsprincess 687
Herbort und Hilde 686
Der Herr von Hancken 687
Herrn Dürers Bild (Madonna am Wiesensaum) 698
Das Herz **361**
Herzog Blaubarts Burg **34**
Herzog Wildfang 704
Het dorp in 't gebergte 687
L'heure espagnole **396–397**
Die Hexe 694
Die Hexe von Passau 148–149
Hieronymus Knicker 689
Hilfe, Hilfe, die Globolinks 697
Himmel und Erde 691
Hin und zurück 192
Hiob 100
Hippodamia (Fibich) 690
Hippodamie (Campara) 688
Hippolyte et Aricie 699
Hirtenlegende 687
Der hochmütige, gestürzte und wieder erhabene Croesus 694
Die Hochzeit 704
Die Hochzeit des Camacho 697
Die Hochzeit des Fuan 702
Die Hochzeit des Jobs **173–174**
Hoffmanns Erzählungen **339–343**
Die Hoffnung 690
Höllisch Gold 53
Holofernes 403
Der Holzdieb 696
Das hölzerne Schwert 705
Hopsa 82
Hot 691
L'hôtellerie portugaise 90
Houdini 701
Huemac 700
Hug the Drover 703
Les huguénots **278–279**
Hyperion 696

I've Got the Tune 687
The Ice Break 499
Der Idiot 367
L'idolo cinese 698
Idomenée 698
Idomeneo **298–300**
L'Idropica 697
Ifigenia 362
Ifigenia in Aulide (Caldera) 688
Ifigenia in Aulide (Cherubini) 689
Ifigenia in Aulide (Graun) 692
Ifigenia in Aulide (Porpora) 699
Ifigenia in Aulide (Mayr) 696

Ifigenia in Aulide (Martin y Solar) 696
Ifigenia in Aulide (Sarti) 701
Ifigenia in Tauride (Caldera) 688
Ifigenia in Tauride (Campra) 688
Ifigenia in Tauride (Jommelli) 694
Ifigenia in Tauride (Traetta) 703
Ifigenia in Tauride (da Vinci) 704
Der Igel als Bräutigam 73
Ikdar 698
L'Ile de Merlin 691
L'Ile Tulipatan 339
Ilsebill 222
Im Feuer 694
Im Paradies oder Der Alte vom Berge 693
Imene 694
In den Spuren einer neuen Erde 697
In seinem Garten liebt Don Perlimplin Belisa 143–144
In terra di leggenda 700
L'incontro improvisio 693
L'incoronazione di Poppea **294**
Les Indes galantes 699
The Indian Queen 699
Indigo 448
Indra 690
L'infedeltà delusa 693
L'inganno d'amore 687
L'inganno felice 700
Ingwelde 701
Der Inka 693
L'innocente 697
Die Insel Aebelö 698
Intermezzo **471–472**
Intolleranza 337
The Intruder 702
Inzwischen 695
Ipermnestra 690
Iphigénie en Tauride 699
Iphigenie in Aulis (Gluck) **158–159**
Iphigenie in Tauris (Gluck) **160–161**
L'irato 697
Irene 694
Iris 259
Irische Legende **131**
Irmelin 689
Irrelohe 440
Das Irrlicht 703
Isa 687
Isabeau 259
Isath 703
Isis 696
The Island God 697
Islandsaga 704
L'isola de tesoro 703
L'Isola di Alcina 691
L'isola disabitata 693
Isora di Provenza 696
Issé 689
L'Italiana in Algeri **412**
Ithaka 694
Ivanhoe 703
L'ivrogne corrigé 162
L'ivrogne corrigé ou Le mariage du diable 162
Iwan der Schreckliche 54
Iwan le terrible 54
Iwan Sergejewitsch Tarassenko 701
Iwan Sussanin 152–153

Jabuka 448
Jacquerie 696
Jadwiga 689
Die Jagd 693
Die Jagd nach dem Schlarg 676
Jagdszenen aus Niederbayern 702
Der Jahrmarkt von Sorotschintzi **333–334**
Jakob Lenz 403–404
Der Jakobiner **120**
Jakobowsky und der Oberst 221
Der Jasager 704
Jean de Paris 66
Jean Michel 690
Jeanne d'Arc au bûcher **202–204**
Jeannot de Collin 694
Jenufa **209**, 676
Jerusalem 703
Jery und Bätely (Reichhardt) 700
Jery und Bätely (Winter) 704
Jessica 690
Jessonda 446
Jesu Hochzeit 134
Jesus 703
Jets vergeten 687
Jjarne 696
Joana de Flanders 692
Joconde 694
Johann von Paris 66
Johanna Balk 631
Jokio Oppera 698
Jolanthe 501
La jolie fille de Perth 53
Le jongleur de Notre Dame **268–269**
Le jongleur de Notre-Dame
Jonny spielt auf 225
Joruri 697
Josef 692
Joseph en Egypte 697
The Journey 697
Juana la Loca 680
Juarez et Maximilian 696
Die Jubelhochzeit 693
Judith (Goossens) 692
Judith (Honegger) 201
Judith (Matthus) 696
Judith (Serow) 702
Le jugement de Midas 692
Die Jugend Peters des Großen 704
La juive 174
Julia 695
Julie 686
Julien 688
Julietta 256
Julius Caesar (Händel) 178
Julius Caesar (Perez) 699
The Jumping Frog 691
Das junge Herz 686
Der junge Lord 189–190
Die Jungfrau von Orléans (Reznicek) 403
Die Jungfrau von Orléans (Tschaikowsky) 501
Die Jungfrau von Orleans (Verdi) **512–513**
Die Jungfrau von Pohjola 697
Der jüngste Tag 695
Juno der Geiger 698
Jupira 688

Jupiter amans 704
Jürg Jenatsch 694
Juro Janoschik 92
Jutro 686

Kabale und Liebe (Einem) 690
Kabale und Liebe (Lisinski) 696
Kain und Abel 652
Kaiser Jovian 694
Der Kaiser von Atlantis 703
Kalif Storch 686
Der Kalif von Bagdad 66
Kalopin 701
Das kalte Herz (Kirchner) 694
Das kalte Herz (Schultze) 440
Kamenik 165
Kapitän Fracassa 689
Der Kardinal 125
Karl V. 226
Karlstein 698
Karneval in Rom 448
Kaspar der Fagottist oder Die Zauberzither 698
Katarina 695
Katerina Ismailowa **428–439**
Katharina Knie 702
Die Kathrin 695
Katinka und der Teufel **121**
Katja Kabanowa **211**
Katja und der Teufel **121**
Kérim 688
Khan Krum 694
Khowantschina **332–333**
Die Kinder der Heide 701
King Arthur 699
The King of Cadonia 694
King Priam 499
The King's Henchman 703
Kinkakuji 696
Kirbisch 691
Der Kirschgarten 677
Kjartan und Gudrun 695
Die Kleider 695
Kleider machen Leute (Suder) 702
Kleider machen Leute (Zemlinski) 665, 685
Klein Idas Blumen 695
Der kleine Klaus 695
Der kleine Marat 259
Die kleine Niederdorfoper 82
Der kleine Prinz 693
Die kleine Stadt 229
Kleiner Irrtum 687
Kleopatra (Enna) 690
Kleopatra (Kusser) 695
Die Kluge 344, **348**
Knickerbocker Holiday 704
Die Knospe 698
Knot Garden 499
Koanga 689
Der Kobold 704
Die Kohlhaymerin 53
Kommen und Gehen 693
Das kommt davon oder wenn Sarkadi auf Reisen geht 227
Komödie auf der Brücke 256
Der Kondor 164
Der König 691
König für einen Tag **27**

König Hirsch 188–189
König Lear **399–400**
König Midas 694
Der König geht nach Frankreich 682
König Roger 703
König Ubu 676
König und Köhler 690
Königin Elisabeth 704
Die Königin von Saba 166
Das königliche Opfer 704
Des Königs neue Kleider 700
Des Königs Page 704
Die Königskinder **207–208**
Konjugationen 3, 690
Der Kontrabaß 701
Kopernikus 690
Der Korsar 701
Korsarerne 693
Kosakkerne 690
Krabat 74
Krapp oder Das letzte Band 283
Der Kreidekreis (Mors) 697
Der Kreidekreis (Zemlinski) 667
Der Krieg 693
Krieg und Frieden 367, **369**
Die Kronbraut 700
Der krumme Teufel 693
Krútnava 702
Der Kuß **445**
Der Kuckuck von Theben **662**
Der Kuhreigen 694
Kukuschka 695
Kullervo 695
Kunst kommt von Gönnen 704
Das kurze Leben **137–138**
Kvinnogräl (Frauengezänk) 704
Kyberiade 697

Das Labyrinth (Schat)
Das Labyrinth (Winter) 704
Das Labyrinth von Kreta 702
Le lac des fées 686
Das Lächeln am Fuße der Leiter 687
Der lächerliche Prinz Jodelet 694
Lady Hamilton 187
Lady Macbeth von Mzensk 438
Lakmé 105–106
Lalla Rookh 446
Das Land Bum-Bum 694
Ein Landarzt 188
Das lange Weihnachtsmahl **200**
Lanzelot 108
The Last Savage 697
The Last Superman 697
Die Lästerschule 695
Die Laterne 689
Laureana 696
Les lavandières de Santarem 691
Lear 681
Das Leben des Orest 226
Das Leben des großen Don Quijote und des dicken Sancho Pansa 702
Das Leben für den Zaren 153
Lebensregel 704
Lederköpfe 704
The Ledge 687
La légende de Saint Christophe 694
La légende du grand Saint Nicolas 694

Die Legende von der unsichtbaren Stadt Kitesch **409–410**
Die Legende von den drei Liebespfändern 424
Die Legende von Erinu 698
La leggenda del ritorno 700
Leicester 686
Der leichtsinnige Herr Bandolin 687
Die Leiden des jungen Werthers 672
Leonardo da Vinci 692
Leonce und Lena (Dessau) 108
Leonce und Lena (Weismann) 653
Léonore (Gaveau) 691
Leonore 40/45 (Liebermann) **234–235**
Let's make an Opera **79**
Die letzte Barrikade 694
Das letzte Märchen 703
Der letzte Schuß 696
Letzten Endes 694
Die letzten Versuchungen 695
Der Leuchtturm 270
Die Leute von der Poker-Flat 704
Levins Mühle 685
La leyenda del urutaú 691
Li Tai Pe 691
Les liaisons dangereuses 699
Il libro dei reclami 688
Libussa (Kreutzer) 695
Libussa (Smetana) **444**
Liden Kirsten 693
Die Liebe auf dem Lande 693
Der liebe Augustin 687
Die Liebe der Danae **480–481**
Die Liebe im Narrenhaus 689
Liebe, Tod und Tango 702
Liebe und Eifersucht 693
Liebe und Verderben 686
Die Liebe zu den drei Orangen **367–370**
Die Liebeskette 229
Die Liebesprobe **412**
Liebes-Ränke und Tücken 686
Der Liebesrat 698
Liebestod, une opéra 686
Der Liebestrank **110–111**
Liebestreu und Grausamkeit 675
Das Liebesverbot **565–566**
Das Lied der Nacht 691
Das Lied vom Kaufmann 686
The Lighthouse 270
Lin-Calel 690
Linda di Chamounix 689
Der Lindwurm und der Schmetterling 675
Il linguaccio dei fiori 700
La lira d'Orfeo 690
Liropeya 700
List und Liebe 186
Lisuart und Dariolette 693
Litauische Klaviere 695
Lizzie Borden 686
Lobetanz 703
Lodoiska 689
Lodoletta 696
Lohengrin **577–583**
Lola 700
I lombardi **509**
Lord Byron's Love Letters 686
Lord Jim 703

Lord Spleen 248
Loreley (Bruch) 688
Loreley (Catalani) 86
Loreley (Mendelssohn) 697
Loreley (Wallace) 704
Lost in the Stars 643
Lottchen am Hofe 705
Lou Salomé 702
Louis Riel 702
Louise **88–89**
Love's Labour's Lost 698
Lübecker Totentanz 700
Lucia di Lammermoor 110, **111–114**
Lucile 692
Lucio Silla 295
Lucrezia 400
Lucrezia Borgia (Donizetti) 674
Lucrezia Borgia (Gillman) 691
Ludus de nato Infante mirificius 698
Ludwig der Springer 701
Luisa Fernanda 500
Luisa Miller **516–517**
Lulu **48–50**
Der lustige Krieg 448
Die lustigen Weiber von Windsor (Dittersdorf)
Die lustigen Weiber von Windsor (Nicolai) **335–337**

Macbeth (Gatty) 691
Macbeth (Verdi) **513–516**
Die Macht der Tugend 695
Die Macht des Schicksals 507
Madame Butterfly **381–384**
Madame Favart 698
Madame Liselotte 148
Madame Sans-Gêne 149
Das Mädchen aus dem goldenen Westen **384–386**
Das Mädchen aus Domremy 221
Das Mädchen Fevronia 405
Das Mädchen mit den Schwefelhölzern 690
Das Mädchen von Pskow 405
Der Mädchen-Markt 689
La Maddalena 697
Madelaine 693
Madonna Imperia 30
Madrisa 693
Il maestro di musica 699
Magdalena (Massa) 696
Magdalena (Prokofiew) 367
The Magic Chair 705
The Magic Fountain 689
Il magico 700
Der magische Tänzer 693
Magister Hieronymus 694
Magog 690
Das Mahl der Spötter 149
Maia 695
La main de gloire 691
Mainacht 405
Mainzer Umzug 192
Maison à vendre 686
Le maître de chapelle 698
Maître Martin 687
Maître Pathelin oder Die Hammelkomödie 695
Die Makkabäer 700

Malavika 652
Malavita 691
Malazarte (Fernandez) 690
Malazarte (Villa-Lobos) 703
Les malheurs d'Orphée **284–285**
Les mamelles de Tirésias 365
La mandragora 688
Manfred 701
Der Mann im Mond (Brandts-Buys) 72
Der Mann im Mond (Bresgen) 73
Mannequins 701
Manon **262–265**
Manon Lescaut (Auber) 686
Manon Lescaut (Puccini) **371–373**
Der Mantel (Rosenberg) 700
Der Mantel – Schwester Angelica – Gianni Schicchi **386–390**
Il manto rosso 698
Manuel Venegas 693
Maometto II. 700
Mara 687
Marat 693
Das Märchen vom Popen und seinem Knecht Balda 683
Das Märchen vom Zaren Saltan **407–408**
Das Märchen von der schönen Lilie 695
Marco Aurelio 702
Mare nostrum 698
Le maréchal ferrant 699
Margerita la tornera 688
Margherita d'Angiù 697
Margherita di Cortona 700
Maria 702
Maria Aigiptiaca 400
Maria de Buenos Aires 699
Maria Dessislava 692
Maria Golovin 697
Maria Stuarda 117, **674**
Maria Tudor 164
Maria Vittoria 400
La mariage aux lanternes 698
Mariana 698
Marianela 698
Marianita Limeña 702
Marie 693
Marilyn 690
Marina 686
Marino Falliero 674
Marion Delorme 699
Maritana 704
Marjetta – Runo 42 – Thomas 700
Die Marketenderin 694
Marouf 699
The Marriages between Zones 3, 4 and 5 686
Martha, oder der Markt zu Richmond **141–144**
Martine 699
Martylle 690
Le martyre de Saint Sébastian 101
Das Martyrium des Hl. Magnus 673
Maschinist Hopkins 688
The Mask of Orpheus 672
Die Maske (Hoffmann) 693
Die Maske (Hubay) 693
Der Maskenball 31

Maskerade 698
I masnadieri 516
Massimilla Doni **431**–**432**
Mathis der Maler **194**–**197**
Matilde di Shabran 700
Matja Gubec 695
El Matrero 65
Il matrimonio segreto **95**–**97**
Matteo Falcone 705
Die Mauer 690
Mawra **485**–**486**
Max und Moritz 440
Maximilian 284
Mazeppa **503**
Medea (Cherubini) **90**–**91**
Medea (Drei) 690
Medea (Naumann) 698
Medea in Corinth 696
Medée 284
Le médecin malgré lui 165
Medioevo latino 698
The Medium **272**
Il Medoro 691
Mefistofele **76**–**70**
La Megara tebana 702
Meister Andrea 653
Meister Pedros Puppenspiel **137**–**138**
Meister Röckle 704
Der Meister und Margarita 695
Die Meistersinger von Nürnberg **592**–**602**
Melusine **398**–**399**
Le ménage 692
Menandra 694
Ein Menschheitstraum 692
Mephistopheles **67**–**70**
La mère coupable 284
Merlin 689
Merlino mastro d'organo 696
Merope 692
Merry Mount 692
Messenzio 689
Das Messer 687
Messidor 688
La métamorphose d'Eve 694
Mi carême 72
Michael Kohlhaas 695
Michel Ange 694
The Midsummer Marriage 499
A Midsummernight's Dream **80**–**81**
Mignon **497**–**499**
The Mikado 703
Mila Gojsalica 165
Minnie la Candida 696
Mirandolina 256
Mireille **169**
Miss Dornithorns Grille 673
Miss Havisham's Fire 686
Mister Wu 28
Mitridate 295
Mlada 405
Moisè **417**
Les moissonneurs 690
La Molinara 353
Der Moloch 425
Momo und die Zeitdiebe 696
Mona 698
Mona Lisa **425**–**426**
Der Mönch von Salzburg 73

Der Mond 344, **347**
Der Mond geht auf über Irland 696
Die Mondnacht 53
Il mondo della luna 186
Monodrama 672
Monsieur Beaucaire 697
Monsieur Pourceaugnac **255**
Montag 684
Montezuma (Graun) 692
Montezuma (Sessions) 441
Montségur 678
Moosröschen 693
Moralitäten 693
Morana 165
Mörder, Hoffnung der Frauen 192
Morgen 686
La morisca 698
La morte d'Orfeo 695
La morte dell'aria 699
La morte di Frine 700
La morte di Mitridate 699
La morte di Semiramide 699
Mosè in Egitto **417**
Moses (Durkó) 690
Moses (Rubinstein) 701
Moses (Milhaud) 697
Moses und Aron **436**–**437**
The Most Important Man 697
The Mother of Us All 703
Mourning Becomes Electra 695
Les mousquetaires de la reine 692
Mozart und Salieri **406**–**407**
Mozarts Tod 687
La muette de Portici **31**
La muette ingrate 688
Der Mumanz 702
Münchhausen 248
Murieta 698
Die Muse 693
Le muses galantes 700
Der Musikant 53
Der mysteriöse Herr X 703
Das Mysterium von der Geburt des Herrn **255**

Na und? 704
Nabucco **507**–**509**
Der Nachmittag eines Fauns 101
Eine Nacht in Venedig 448
Nachtausgabe 681
Nachtflug 99
Die Nachtglocke 117
Die Nachtigall **484**
Die Nachtigall der 1000 Geschichten 686
Das Nachtlager in den Appeninen 697
Das Nachtlager von Granada 227
Die Nachtschwalbe 62
Die Nachtwache 686
Die Nachtwandlerin **41**
Das nackte Nashorn 675
Nadja 695
Nadjeshda Swetlowa 123
Naila 686
La naissance de la Lyre 700
Namenlose Helden 690
Nana 692
Napasta 690

Napoleon 688
Napoleon kommt 44
Narrenoper 694
Die Nase **438**
Natalia 701
Natomah 693
Nausikaa 700
Nelson 687
Nero (Händel) 175
Nero (Rubinstein) 701
Nerone (Boito) 67
Nerone (Mascagni) 259
Netzwerk 688
Der neue krumme Teufel 693
Der neue Orpheus 642
Neues vom Tage 192
Neuland 123
Ni amor te libra de amor 693
Nicht Ich 693
Nikita Vierschinin 694
Nikodemus 692
Nina 353
Nino fliegt mit Nina 73
Niobe (Hiller) **675**–**676**
Niobe (Steffani) 702
Niobe (Sutermeister) 703
A noite de castello 692
La nonne sanglante 165
Norma **41**–**44**
Norwegische Hochzeit 701
Not I 693
Notre Dame **426**–**428**
La novia del hereie 700
Le nozze d'Ariana e di Bacco 693
Le nozze d'Enea con Lavinia 697
La nozze d'Ercole e d'Ebbe 699
Le nozze di Cherubino 703
Le nozze di Ercole e Tebe
Le nozze di Figaro (Mozart) **304**–**311**
Le nozze di Figaro (Portugal) 699
Le nozze disturbate 698
Numa Pompilio 702
Nurmahal oder Das Rosenfest von Kaschmir 446
Das Nusch-Nuschi 192

O contratador dos diamantes 697
O Scravo 164
Oberon(Weber) **639**–**641**
Oberon (Wranitzky) 705
Oberst Chabert 704
Oberto 506
L'oca del Cairo 697
L'occasione fa il ladro 682
Ödip und Jokaste 702
Odoardo 894
Odoardo e Gildippe 698
Odysseus (Dallapiccola) 100, 689
Odysseus (Reutter) 401–402
Odysseus (Richter-Herfs) 700
Odysseus bei Circe 703
Oedipe e Colone 701
Oedipus (Eder) 125
Oedipus (Enescu) 136–137, 690
Oedipus 404
Oedipus der Tyrann **350**–**351**
Oedipus Rex **486**–**488**
Of Mice and Men 690
The Old Maid and the Thief **271**

Olimpiade (Pergolesi) 703
Olimpiade (Traetta) 699
Oliver Braun 694
Ollantay 691
Ol-Ol 703
Olympia 446
L'ombra di Don Giovanni 30
L'ombre 690
Omphale (Destouches) 689
Omphale (Matthus) 696
On ne s'avise jamais de tout 697
One Touch of Venus 643
Oper für große und kleine Leute 73
Oper ohne Worte 692
The Opera Cloak 689
L'opéra d'Aran 686
L'opéra de poussière 678
Die Opernprobe **247–248**
Das Opfer 668
Das Opfer Helena 704
Ophelia 677
Der Opritschnik 501
Oraci 692
Oresteia 496
Orestes 686
Orestes-Trilogie 652
Orestie 283
Die Orestie des Aischylos 284
L'Orfeide 696
L'Orfeo 692
Orfeo (Rossi) 700
Orfeo (Monteverdi) **291**
Orfeo ed Euridice (Gluck) **155–157**
Orfeo ed Euridice (Sartorio) 701
Orlando 181–182
Orlando Paladino 693
L'oro 362
Orphée 690
Orphée aux enfers 339
Orpheus (Benda) 687
Orpheus (Birtwistle) 687
Orpheus (Mikalovici) 283
Orpheus (Naumann) 698
Orpheus ex machina
Orpheus in der Unterwelt 339
Orpheus und Euridice **155–157**
Orpheus und Eurydike (Krenek) 225
Orsolo 362
L'ospito inatteso 699
Ossud 676
Otello (Rossini) 700
Otello **554–558**
Otto und Theophano 177
Ottone 177

P... respectueuse 695
Padmavati 701
I pagliacci **230–233**
La paix 689
Il palazzo d'Atlante 700
Palestrina **358–361**
Pallas Athene weint 226
Pan y toros 686
Pantagleize 702
Parabola und Circula 687
Paracelsus (Bresgen) 73
Paracelsus (Herrmann) 693
Das Paradies der Frauen 82
Paradise lost 354

Paradoxe 692
Paraná Guazú 686
Pardis und Parisa 703
Le Paria 691
Paria 288
Paride 688
Paris und Helena 161
Pariserleben 339
Parisina 692
Parsifal **623–630**
La partenza dell'Argonauta 698, 699
Parthenope 692
Una partita a pugni 703
Paschaens Datter 693
Passaggio 687
La passion 690
La passion de Gilles 687
Passion selon Sade 688
Il pastor fido 692
La Pastorale 688
Paul Bunyan 688
Paul et Virginie 701
Le pauvre matelot 284–286
Le pays 700
La pazza per amore 353
Il pazzo per forza 697
Les pêcheurs de perles **54–55**
Pedro Crespo 699
Peer Gynt **127–129**
Les peines et les plaisirs d'amour 688
Le peintre amoureux de son modèle 690
Peleo e Tetide 697
Pelléas et Mélisande **101–105**, 673
Pénélope (Cimarosa) 689
Pénélope (Fauré) 690
Penelope (Liebermann) **235–236**
The Penitents 699
A Penny for a Song 44
Penthesilea **430**
Pentheus 703
Pepita Jiménez 686
The Perfect Fool 693
Periander 686
La Périchole 339
Die Perlenfischer **54–55**
Das Perlenhemd 214
Persée 699
Persée et Andromède 214
Perseo ed Andromaca 691
Persephone 483
Die Perser 701
Perseus et Andromeda 214
The Persian Princess 694
Le pescatrici 693
Peter Grimes **75–77**
Peter Ibbetson 703
Peter III 701
Peter Schlemihl 689
Peter Schmoll 704
Peter und Susanne 695
Le petit chaperon rouge 687
Le petit duc 695
Le petit matelot 691
Der Pfeifertag 425
Die pfiffige Magd 653
Phädra 283
The Phantom of the Opera 696
Pharsalia 692

Philaenis 702
Philémon et Baucis 165
Philemon und Baucis 184
Philomela 686
Das Photo des Colonel 702
Pia 698
Pier Paolo 693
Pierre Le Grand 692
La pietra del paragone **412**
Pietro von Abano 702
The Pig Organ 687
Die Pilger von Mekka 162
The Pilgrim's Progress 703
Pimmalione 689
Pimpinone oder Die ungleiche Heirat 703
The Pipe of Desire 689
Pique Dame **504–505**
Il pirata 671
Los Pirineas 699
Plutos 695
El poeta 500
Pohjalaisia 696
The Point of Return 424
Le poirier de Misère 689
The Poisoned Kiss 703
Polifemo 687
Pollicino 191
Polly 699
Der polnische Kapellmeister 686
Polyeucte 166
Il pomo d'oro 688
Pomone 688
Porgy and Bess **145–148**
Poro 181
Porzia 704
Le postillon de Lonjumeau **26**
Postkarte aus Marokko 686
The Postman Always Rings Twice 699
La poularde de Caux 691
La poule noire 700
La poupée de Nuremberg 26
Le pré aux clercs 693
La presa de Lleida 698
I pretendenti delusi 701
Preußisches Märchen 63
Preziosa 632
Il prigioniero 99
Il prigioniero superbo 355
Princess Zonneschijn 691
La princessa Margerita 698
La princesse de Clève 691
La princesse de Navarre 699
Prinz Methusalem 448
Der Prinz von Homburg (Graener) 170
Der Prinz von Homburg (Henze) 189
Die Prinzessin auf der Erbse (Enna) 690
Die Prinzessin auf der Erbse (Toch) 703
Prinzessin Brambilla (Horwath) 693
Prinzessin Brambilla (Braunfels) 72
Die Prinzessin und der Schweinehirt 700
La prisonnière 689
Prokrustes 690
Prometeo, tragedia dell'ascolto 698
Prometheus **351–352**

Le Prophète **279–280**
Die Propheten 700
Il proscritto 698
Proserpina (Lully) 696
Proserpina (Naumann) 698
Proserpina in der Fremde 85
Proserpina repita 697
Proserpina y el extranjero 85
Der Protagonist 642
Protesilaos und Laodamia 697
Der Prozeß 134, 135
La psiche 701
Puck 689
Punch and Judy 687
La punition 689
Puntila 108
Purgatory 689
I puritani 41
Pygmalion (Benda) 687
Pygmalion (Rameau) 699
Pygmalion (Schweitzer) 701

Quatembernacht 145
Il quattro rusthegi **658–659**
Quentin Durward 691
A Quiet Place 687
Il quinto Fabbio 689

Die **R**ache 692
La Racine 688
Radamisto 177
Rahab 691
Rahel 691
Rainulf und Adelasia 704
The Rake's Progress 483, **488–489**
Ramuntcho 703
The Rape of Lucretia 78
Il rapimento di Cefalo 688
Rappelkopf (Blech) 687
Rappelkopf (Lothar) 248
Raskolnikow **492–494**
Rasputins Tod 698
Ratsumies 422
Der Rattenfänger von Hameln 698
Der Raub der Lucretia 78
Die Räuber 220
Die Rauensteiner Hochzeit 704
Re Enzo 400
Un re in ascolto 687
Il re pastore (Gluck) 691
Il re pastore (Mozart) **298**
Il re Teodoro 353
Rebecca 694
Die Regimentstochter **114–115**
Regina 696
Regina del Lago 704
Regina Diaz 691
La reine de Cypre 692
La reine de Saba 692
Reineke Fuchs **484**
Die Reise der Ceres 185
Die Reise der Medea 702
Die Reise nach Reims 682
Reisekameraden 692
Der Reitersmann 422
Rembrandt van Rijn 695
Renard **484**
La rencontre imprévue 691
Rendezvous 694

Resurrezione 30
El retablo del Maese Pedro **137–138**
El retorno 702
Le retour 691
Le rêve de Cinyras 694
Rêves d'amour 686
Der Revisor (Egk) **131–133**
Der Revisor (Zador) 705
La revoltosa 688
Rheingold **602–606**
Die Rheinnixen 339
Ricciardo e Zoraïde 700
Riccardo Primo 692
Richard Cœur de Lion 692
Richard en Paléstine 686
Richard III. 703
Richardis 704
Richmondis von Aducht 703
Der Richter von Zalamea 694
Die Richterin 692
Riders to the Sea 703
Rienzi **566–567**
Rigoletto **517–523**
Rinaldo 177
Rinaldo e Armida 701
Der Ring der Nibelungen **602–623**
Der Ring der Mutter 694
Der Ring des Polykrates 224
Le rire de Nils Hélérius 678
Rita 117
Il ritorno d'Ulisse in patria **292–293**
Il ritorno di Casanova 686
Il ritorno di Serse 699
Ritter Blaubart 403
Ritter Palacek 688
Ritter Pazman 448
Robespierre 701
Robert le diable 277
Roberto Devereux 674
Robins Ende 695
Roccardo Primo 181
Rodelinda 179
Rodrigo (Händel) 692
Rodrigo 695
Rogneda 702
Le roi Arthur 686
Le roi Arthus 689
Le roi Bérenger 684
Le roi d'Ys **228–229**
Le roi d'Yvetot (Adam) 26
Le roi d'Yvetot (Ibert) 214
Le roi David 201
Le roi de Lahore 262
Le roi des Aulnes 687
Le roi l'a dit 105
Le roi malgré lui 672
Roland (Lully) 696
Roland (Piccini) 699
Roland und Regine
Der Roland von Berlin 230
Die Rolandsknappen 696
Le Roman d'Elvire 703
Der Roman mit dem Kontrabaß 688
Roméo et Juliette **169**
Romeo und Julia (Benda) 687
Romeo und Julia (Blacher) 62
Romeo und Julia (Gounod) 169
Romeo und Julia (Sutermeister) **491–492**

Romeo und Julia auf dem Dorfe **106–107**
Romilda e Costanza 697
Die römische Unruhe oder Die edelmütige Oktavia 694
Rondeau 696
La rondine 371
Rooversliefde 691
Rosamonda d'inghilterra 674
Rosamunde 702
Rosamunde Floris 63
La rosaura 701
Rose et Colas 697
Die Rose vom Liebesgarten **357–358**
Das Rosengärtlein 687
Der Rosenkavalier **459–465**
La rosière républicaine 692
Les rosières 693
Rosmondo d'Inghilterra 698
Die Rosse 668
Der rote Federbusch 654
Die rote Gret 53
Der rote Stiefel **495**
Der rote Strich 422
Rothschilds Geige 690
The Royal Hunt of the Sun 692
Royal Palace 642
Rübezahl 704
Rübezahls Brautfahrt 702
Die Rückkehr des verlorenen Sohnes 401
Rusalka (Alessandrow) 686
Rusalka (Dargomischki) 689
Rusalka (Dvořák) **122–123**
Ruslan und Ludmilla 153

Sabellicus 695
Die Sache Makropulos 694
Le sacrifice 690
Sadko **405–406**
Saffo 696
Saint François d'Assise 697
The Saint of the Bleecker Street **276**
Sakuntala (Alfano) 30
Sakuntala (Weingartner) 652
Salammbo 693
Salome **453–457**
Salomón 696
Salvador Rosa 692
Samson 684
Samson und Dalila 419, **420–422**
Samstag aus Licht 684
San Francisco de Asis 701
Sancta Susanna 192
La sangre de las guitarras 691
Sant' Alessio 695
Sappho (Gounod) 692
Sappho (Kaun) 694
Sarema 665
Sargines 686
Šarká 676
Satanella 403
Satuala 403
Saturnalia 687
Satyagraha 691
Satyricon 696
Satyros 686
Saul 703
Sayeda 687

La scala di seta 682
The Scarlet Letter 689
The Scarlet Mill 705
Der Schah Sieniem 691
Die schalkhafte Witwe **660–661**
Der Schatten 675
Die Schattendiebe 73
Der Schatzgräber 439
Die Schatzkammer des Inka 696
Schaubudengeschichte 654
Der Schauspieldirektor **303–304**
Des Schauspielers Rache 697
Scheherazade 702
Scherz, List und Rache 688
Schirin und Gertraude 170
Das schlaue Füchslein **212–213**
Die schlaue Susanne 229
Das Schloß 695
Das Schloß Durande **433–434**
Der Schmid von Gent 440
Der Schmied von Marienburg 704
Schneeflöckchen 405
Schneewittchen 652
Die Schneider von Schönau 72
Schneider Wibbel 248–249
Die schöne Helena 339
Die schöne Schusterin 703
Die Schöpfungsgeschichte des Adolf Wölfli 692
Schuhu und die fliegende Prinzessin 685
Die Schuldigkeit des ersten Gebots 697
Die Schule der Frauen **236–238**
Schwanda der Dudelsackpfeifer **649–652**
Schwanenweiß 653
Schwanhild 92
Der schwarze Domino 31
Die schwarze Maske 680
Die schwarze Nina 694
Die schwarze Orchidee 28
Die schwarze Spinne (Burkhard) 83
Die schwarze Spinne (Hauer) 693
Die schwarze Spinne (Sutermeister) **494–495**
Schwarzer Peter 440
Schwarzschwanenreich 704
Die schweigsame Frau **477–479**
Die Schweizerfamilie 704
Schwergewicht 695
Die Schwestern von Prag 698
Der Schwur 703
Scipione 179
O scravo 692
The Sea Gull 699
The Seal-Woman 686
The Second Hurricane 689
Seelewig 702
Il segreto di Susanna **659–660**
La Semiramide 704
Semiramide (Rossini) 682
Semiramide (Salieri) 701
Semiramide (Traetta) 703
Semiramis 400
Semjon Kotko 367
Sennentunschi 697
Il serraglio di Osmanno 691
Serrana 694

Serse (Provenzale) 699
Serse (Xerxes/Händel) 182
La serva nobile 697
La serva padrona **355**
The Servants 696
Servilia 405
Servio Tullio 702
Sesostrato 693
Sewil 686
Sganarelle 631
Un sguardo del ponte 700
Shamus O'Brien 702
Si j'étais roi **27**
Siberia 149
Die sibirischen Jäger 700
Siddharta 698
Die sieben Geißlein 693
Die sieben Todsünden des Kleinbürgers 643
Die Sieben vom Jochenhof 695
17 Tage und 4 Minuten (Neufassung der Circe) **130–131**
Der Sieg des Orpheus 683
Le siège de Corinthe 700
Siegfried **612–616**
Siface 690
Sigismondo 700
Il signor Bruschino 682
Signor Fornica 692
Sigune oder Das versunkene Dorf 688
Der Silbersee 704
Silvana 631
Sim Tjong **664–665**
Simon 695
Simon Boccanegra **534–536**
Simplicius 448
Des Simplicius Simplicissimus Jugend 183
Die singende Quelle 702
Der singende Teufel 440
Singspiel für die Jugend 73
Sintflut 695
Die Sintflut **489–490**
Sir Gawain and the Black Knight 687
Sir John in Love 703
Siripo 65
Siroe (Händel) 181
Siroe (Traetta) 703
Il sistema della dolcezza 703
Sita 693
1600 Pennsylvania Avenue
Der Sizilianer 695
Sly **660**
So oder so 697
Socrate 701
Sofonisba 699
Il sogno di Scipione 295
Der Sohn des Cherubim 697
Der Sohn des Kalifen 690
Le soldat magicien 699
Der Soldat und die Tänzerin 696
Die Soldaten (Gurlitt) 692
Die Soldaten (Zimmermann) **668–669**
Soliman II 678
Solimano 698
Solone 702
El sombrero de tres picos 137
Ein Sommernachtstraum (Britten) **80–81**

Ein Sommernachtstraum (Tippett) 703
Le songe d'une nuit d'été 703
Sonja 686
La sonnambula **41**, 671
Sonnenflammen 704
Der Sonnenstürmer 702
Sonntagmorgen 701
La sorcière 690
Spanische Nacht 687
Der spanische Rosenstock 423
Die späte Sühne 423
Später als du denkst... 424
Lo Speziale 185
Spiel 693
Spiel für 8 687
Spiel oder Ernst 700
Das Spiel vom König Aphelius 694
Das Spiel vom Menschen 688
Ein Spiel von Liebe und Tod 94
Spiel von Liebe und Zufall 700
Der Spielmann von Notre-Dame 673
Der Spieler (Prokofiew) 367
Die Spieler (Schostakowitsch/Meyer) 683
Das Spielwerk und die Prinzessin 439
Die Spinnstube 222
Spiral 702
Das Spitzentuch der Königin 448
Spleen 687
Lo spose di tre e marito di nessuna 689
Spot 693
Der Sprung über den Schatten 225
Spuk im Schloß 695
Staatstheater 694
Die Stadthüpfer 73
Stanac 692
Lo standardo di San Giorgio 699
Der steinerne Gast 689
Stella maris 694
Stepan 692
Stephen Climax 705
Ein Stern geht auf aus Jakob 82
Sternengebot 704
Die Sternstunde des Josef Bieder 702
Stiffelio 516
Der stille Don 123
Stoertebecker und Goedje Michel 694
Storia d'amore 701
The Story of Vasco 689
La straniera 671
Lo straniero 362
Street Scene 704
Der Struwelpeter 440
Die Stumme von Portici **31**
Der Sturm (Atterberg) 686
Der Sturm (Fibich) 690
Der Sturm (Martin) **253–255**
Sturmvögel 701
El sueño de Alma 688
Sulamith (Klenau) 695
Sulamith (Rubinstein) 701
Die sündigen Engel **79**
Die Sündflut 705
Suor Neatrice 692
Les surprises de l'amour 700
Surrexit Dominus 73
Susanna Vojirova 699

717

Susannah 690
Les Sybarites 700
Sylvain 692

Tabaré 701
Il tabarro – Suor Angelica – Gianni Schicchi **386–390**
Tacere ed amare 697
Der Tag im Licht 692
Tamara 700
Tamerlan 700
Tamerlano 179
The Taming of the Shrew 691
Tamira 705
Tancia 697
Tancrède 688
Tancredi 682
Tannhäuser **572–577**
Tante Simona 689
Tanto bene che male 696
Tarare 701
Tarquin 226
Tartarin aus Tarascon 698
Tartüffe 693
Das tatarische Gesetz 705
Taverner 673
Telemacco 691
Télémaque 687
The Telephone **272–273**
Der Tell 700
The Tempest (Eaton) 690
The Tempest (Gatty) 691
Il templario 698
Le temple de la gloire 699
Der Templer und die Jüdin 696
Tempus Dei – des Menschen Zeit 694
The Tender Land 689
Der Tenor 689
Terpsichore 692
Teseo 692
Das Testament 694
Le testament 686
Le testament de Villon 699
Tetide 356
Der Teufel im Winterpalais 422
Der Teufel ist los (Hiller) 693
Der Teufel ist los (Schultze) 701
Der Teufel ist los (Standfuß) 702
Die Teufel von Loudon **353–354**
Die Teufelskäthe **121**
Die Teufelswand 441
Thais **268**
That Time 144
Theiresias 695
Thémistocle 699
Theodosia 698
Theodor Körner 694
Theophano 170
Thérèse 703
Thérèse, ein Traum 704
Thésé 696
Theuerdank 703
Thijl 691
Through Roses 698
Tic-Tac 82
Tiefland **28**
Il Tigrane 701
Tijl Uilenspiegel 687
Till Eulenspiegel 403

Tilman Riemenschneider 699
Timon von Athen 699
Die Tingeltangel-Oper 82
Tirsi e Clori 697
Titus **319–320**
Titus Feuerfuchs **495**
Tobias Wunderlich **172–173**
Der Tod des Empedokles 700
Der Tod Elinas 697
Der Tod Enkidus 424
Die tödlichen Wünsche 220
Tolomeo 181
Tom Jones 698
Der Töpfer 686
Torneo notturno 696
Torvaldo e Dorliska 700
Tosca **377–381**
Tote Seelen 702
Die tote Stadt 224
Die toten Augen **29**
Die Toteninsel 705
Der Totentanz 700
Toussaint 687
Tragedia di Orfeo 219
Trank der Unsterblichkeit 693
Tranquilla Trampeltreu 675
Transatlantic 686
Der Traum 698
Der Traum des Liu-Tung **664**
Der Traum ein Leben 72
Der Traumgörge 667
Traumland 72
Traumleben 695
Ein Traumspiel (Reimann) 398
Ein Traumspiel (Weismann) 653
Die Trauung 219
Die travestierte Zauberflöte 698
La traviata **528–532**
Treemonisha 677
Le tribut de Zamora 166
Trifing 702
Il trionfo de Clelia 693
Il trionfo del fato 702
Il trionfo del'onore 701
Trionfo di Afrodite 344, **347**
Tristan und Isolde **583–592**
Troades 681
Trödlermarkt der Träume 676
Troilus and Cressida (Walton) 704
Troilus und Cressida (Zillig) 668
Trois contes de l'honorable fleur 698
Der Trompeter von Säckingen 698
Les troqueurs 686
The Troubadour 696
Trouble in Tahiti 672
Il trovatore **523–528**
Les troyens (La prise de Troie) 51
Les troyens à Carthage 51
The Trumpet Mayor 693
Tucaman 65
Die Tür 701
Turandot (Busoni) 84
Turandot (Puccini) 30, **390–394**, 670
Il Turco in Italia 700
Der Turm des Woiwoden 689
Der Turmbau zu Babel 701
The Turn of the Screw **79**
Tuttifäntchen 693
The Two Violinists 673
Tyll 248

Der Überfall 705
Überlistete Eifersucht 691
Der Uhrmacher von Straßburg 688
Ulisse 100
Ulisses 702
La última gavota 689
Ulysse et le beau Périple 703
Ulysses 688
Die Unbesieglichen 690
Undine (Hoffmann) 693
Undine (Lotzing) **244–245**
Undine (Tschaikowsky) 501
Der unerbittliche Pluto 697
Die unerwartete Begegnung 162
Der unsterbliche Kaschtschei **409**
Unter dem Milchwald 702
Das unterbrochene Hochzeitsfest 704
Der Untergang der Titanic 702
Die Unzähmbaren 694
Urständ Christi 73
Das Urteil 673
Das Urteil des Paris 73
Urunday 700
Urvasi 694

Der Vampyr **249–250**
Vanessa 33
Vanna Lupa 362
Vannina Vannini 704
Vasantasena 693
Il vecchio burlato 697
Il vecchio marito 696
Das Veilchen 53
Das Veilchenfest 72
Venus 428
Die Venus von Milo
Les Vêpres sicilienne **532–534**
La vera costanza 186
La vera storia 687
La verbena de la paloma 688
Verbum nobile 288
Die verhexten Notenständer 695
Das Verhör des Lukullus (Dessau) 107
Das Verhör des Lukullus (Sessions) 441
Die verkaufte Braut **442–443**
Verkündigung 72
Das Verlöbnis 705
Die Verlobung im Kloster 367
Die Verlobung in San Domingo (Egk)**133–134**
Die Verlobung in St. Domingo (Zillig) 668
Der verlorene Sohn (Heger) 187
Der verlorene Sohn (Malipiero) 696
Das verlorene Paradies **354**
Der verrückte Jourdain 675
Die Verschworenen 701
Die Verschwörung des Catilina 692
Versiegelt 64
Der versiegelte Bürgermeister 688
Die verstellte Einfalt 269
Die Versuchung 703
Die versunkene Glocke (Respighi) 400
Die versunkene Glocke (Zöllner) 705
Die vertauschten Köpfe 692
Vertrauenssache 695

Vert-vert 686
Die Verurteilung des Lukullus **107–108**
Die verwandelte Leyer des Orpheus 694
Das verzauberte Ich 148
Vesalii Icones 673
La vestale 446
Die Vestalin 446
La veste del cielo 704
I viaggatori 699
Il viaggio à Reims 682
Il viandante 688
La victoire 690
La vida breve **137–138**
La vie parisienne 339
Die vier Grobiane **658–659**
Der vierjährige Posten 701
A Village Romeo and Juliet **106–107**
The Village Singers 699
Le villi 370
Le vin herbé **251**
Vincent 695
Violanta 224
Virginia 697
Virtuosi 679
Die Visionen des Mönch von Salzburg 73
Visiones amantis 73
The Visitation 701
La vita è sogno 696
La vita humana 696
La vittoria d'amore 697
Viva la mamma 117
Vlastas Tod 698
Die Vögel (Braunfels) 72
Die Vögel (Radeke) 699
The Voice of Ariadne 698
Voix humaine 365
Volo in notte 99
Volpone 89
Vom Fischer un syner Fru **430–431**
Von heute auf morgen 436
Il vortice 700
Voss 679
Votre Faust 699

Der **W**affenschmied **245–247**
Ein wahrer Held 221
Das Waisenhaus 704
Wakula der Schmied 501
Der Wald 691
Waldemar 692
Waldmeister 448
Die Walküre **606–612**
Wall 686
Wallenstein 649
La Wally 86
Walter von der Vogelweide 695
Wanda 690

Das Wandbild 701
Was ihr wollt 695
Die Wasserträger **91–92**
A Waterbird Talk 686
We come to the river 190–191
Der Weg des Menschen 424
Der Weg nach Emmaus 689
Der Weg nach Freudenstadt 700
Wegwende 703
Die weiße Dame **66**
Die weiße Frau 125
Der weiße Pfau 699
Die weiße Rose 685
Weihnacht 405
Die Weise von Liebe und Tod des Cornets Christoph Rilke 696
Die Welt auf dem Monde 186
Wenn die Kälte in die Hütte tritt... 701
Wenn ich König wär... 27
Wera Scheloga 405
Das Werbekleid 701
Werther **266–268**
West Side Story 672
Where the Wild Things Are 695
Der widerspenstige Heilige 248
Der Widerspenstigen Zähmung **163**
Wie lernt man Liebe 702
Die Wiedertäufer 691
Der Wildschütz **241–244**
Wilhelm Tell 411, **418–419**
William Ratcliff 698
Die Windsbraut 668
Wintermärchen 692
Wir erreichen den Fluß 190–191
Wir machen eine Oper **79**
Der Wirbelsturm 702
Die Wirtin von Pinsk 287
Die Witwe des Schmetterlings 663
Die Witwe von Ephesus 402
Der Woiwode (Rimsky-Korsakow) 405
Der Woiwode (Tschaikowsky) 501
Der Wolkensteiner 73
The Woman 699
Wonderful Town 672
The Wood 702
The Woodlanders 699
Wovon die Menschen leben 256
Wozzeck (Berg) **45–48**
Wozzeck (Gurlitt) 675
The Wreckers 702
Das Wunder der Heliane 224
Die wunderbar errettete Iphigenia 694
Die Wunderinsel 701
Die wundersame Schustersfrau 685
Das Wundertheater 188
Der Wüstling **488–489**
Wuthering Heights 690

X – The Life and Times of Malcolm X 689
Xerxes 182
X-mal Rembrandt 705

Yan Tan Tethera 672
Yolimba
Yolimba 219
Yukinojo Henge 697
Yupanki 687
Yvonne, Prinzessin von Burgund 63

Zaide 698
Zaira 671
Zampa 693
La zapatera prodigiosa 688
Der Zar läßt sich photographieren 642
Zar und Zimmermann **240–241**
Zarenbraut 405
Die Zauberflöte **320–327**
Die Zaubergeige **126–127**
Der Zauberhandschuh 703
Die Zauberin **503–504**
Die Zauberinsel 492
Der Zauberlehrling 688
Der Zauberspiegel (Gal) 691
Der Zauberspiegel (Krenek) 695
Der Zaubertrank 251
Zazá 695
Die zehn Küsse 702
Zelmira 700
Zémire et Azor (Grétry) 692
Zemire und Azor (Spohr) 702
Zenobia 693
Der zerbrochene Krug (Geißler) 675
Der zerbrochene Krug (Janáček) 694
Der Zerrissene 134
Zerline 686
Die zerstreute Brillenschlange 693
Der Zigeunerbaron 448
Zigeunerliebe 699
Zincali 65
Le zite'n galera 704
Zoe 703
Zoroastre 699
Zum Großadmiral 696
Zwei Königinnen 699
Zwei Witwen **444–445**
Zweimal Alexander 696
200000 Taler 63
Die zweite Entscheidung 685
Der Zwerg 666, 685
Zwerg Nase 145
Die Zwillinge 283
Die Zwillingsbrüder 701
Die Zwingburg 225
Zwischenfälle bei einer Notlandung 63

Kleine Bildgeschichte der Oper

Claudio Monteverdi, der Urvater der Oper 721
Vorgeschichte der Oper 724
Erste Opern 724
Oper als fürstliche Repräsentation 725
Oper und Bürger 730
Die großen Sänger 731
Opernhäuser einst und jetzt 734
Mozart 741
Beethovens Fidelio 752
Die Epoche des Belcanto 757
Französische, deutsche und tschechische Nationaloper
  im 19. Jahrhundert 758
Richard Wagner 764
Giuseppe Verdi 777
Oper und Impressionismus 786
Puccini und der Verismus 788
Richard Strauss 792
Die Moderne 798

Verzeichnis der Bildquellen

Baden Verlag, Baden (aus «Der Bühnenbildner Toni Businger) 68, 143, 144
Bayerische Staatsoper, München (Schlichtherrler) 200
Bayreuther Festspielhaus, Pressebüro 99, 103, 104, 107, 108
Rudolf Betz, München 63, 86, 90, 121, 169, 196, 199
Foto Bisazza, Verona
Bregenzer Festspiele, Pressebüro (Foto Scherbaum, Lindau) 98
Ilse Buhs, Berlin 149
Clarin Revista, Fecha 42
Covent Garden Opera, Press Office, London 157
Deutsche Oper Berlin, Pressebüro (H. Croner) 85, 197
Foto Egger 43, 45, 46, 47
Gebrüder Fayer, Wien 69, 73, 92, 120, 179, 182
Sammlung Fornari, Mailand 49
Gretl Geiger, Wien 198
Elisabeth Hausmann, Wien 160, 187, 190
Franz Hausmann, Wien 194
Historisches Bildarchiv L. Handke 9, 10, 11
Historisches Museum der Stadt Wien 41
Hannes Kilian 82
Anne Kirchbach, Söcking-Starnberg 137, 138, 188
Helmut Koller, Wien 80
Siegfried Lauterwasser, Lindau 36
Foto Linares, Wien 93
Colette Masson, Boulogne 131, 152, 165
Metropolitan Opera, New York, Press Office 127, 128
Österreichische Nationalbibliothek, Wien 8, 17, 18, 19, 20, 22, 52, 53–57, 59, 60, 74–79
Sammlung Kurt Pahlen, Männedorf 24, 26, 27, 29, 30, 32–35, 37–40, 100, 101, 102, 105, 106, 116, 117
Foto Peyer, Hamburg 67, 91, 96, 97, 142, 145–148, 178, 183, 184

Photo Pic, Paris 89
PSF (Salzburg) 192
PSF/Steinmetz (Salzburg) 174, 175
Sammlung Christopher Raeburn 25
H. Ramme, Zürich 1–3, 50, 70, 71, 94, 95, 185, 186
Salzburger Festspiele, Pressebüro (Rabanus) 58, 64, 65, 66, 81, 87, 164, 167, 170
Salzburger Festspiele, Pressebüro (Lauterwasser) 111–115, 154–156, 158
Scala, Milano 28, 31, 83, 119, 129, 130, 141
Werner Schloske, Stuttgart (Württemberg. Staatsoper) 88, 153
G. Schneider-Siemssen (Foto Siegfried Lauterwasser) 122–126
Serdafoto, Zürich 166
Elisabeth Speidel, Hamburg 150, 161
Foto Speiser, Basel 16
A. Stäger, Wien-Mödling 84
Süddeutscher Verlag, Bilderdienst, München 15, 23
Theater-Museum, München 14, 172, 173
Foto Toepfer, München 140, 151, 168, 171, 189, 193, 195
Ullstein Bilderdienst, Berlin 21, 61, 62
Zürcher Opernhaus 191

Vorderer Vorsatz:
«Aida» von Verdi: Triumphszene auf der Bühne von Verona.

Hinterer Vorsatz:
«Die Meistersinger von Nürnberg» von Wagner: Notenschrift der Festwiesenszene (Archiv Atlantis Musikbuchverlag).

Monteverdi gilt als der erste «Klassiker» der Oper. Seine Werke wirkten bahnbrechend und stilbildend. Leider sind nur drei davon zur Gänze erhalten. Das Opernhaus Zürich hat sie in den Siebzigerjahren gezeigt und damit einen Welterfolg errungen.

1 – Auf unserem Bild: «Il ritorno d'Ulisse in patria» (1641).

2 – «Orfeo» war Monteverdis erstes Bühnenwerk (1607). Oper war damals noch Zeitvertreib und Kulturtat der Paläste.

3 – In den folgenden Jahrzehnten gingen sie aber in die neuentstehenden Operntheater über; dort wurde auch Monteverdis letztes Bühnenwerk, «L'incoronazione di Poppea», 1642 uraufgeführt.

4 – Monteverdi, «Urvater» der Oper, auf diesem zeitgenössischen Druck mit dem damals üblicheren «Monteverde» beschriftet.
5 – Das Titelblatt der Oper «Orfeo», gedruckt 1609 in Venedig und Monteverdis Brotherrn, dem Herzog von Mantua, gewidmet.
6 – Seine eigenhändige Notenschrift (Manuskript der «Incoronazione di Poppea»).
7 – Der Prolog zum «Orfeo».

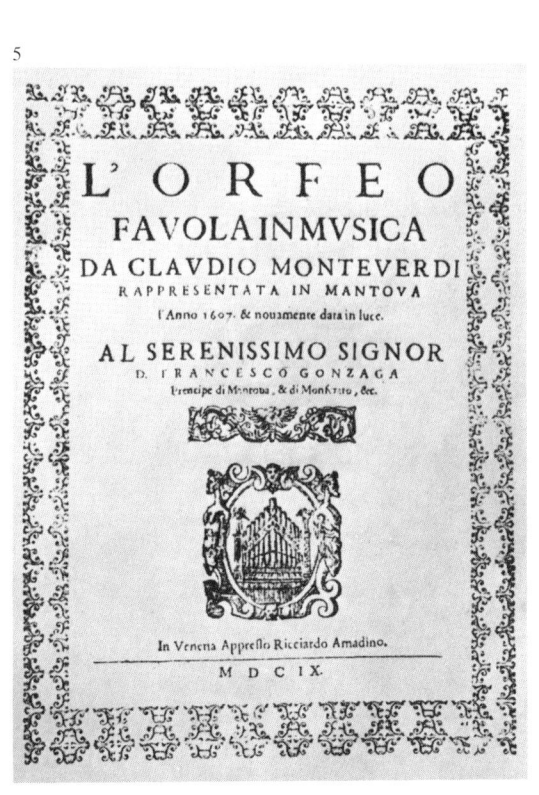

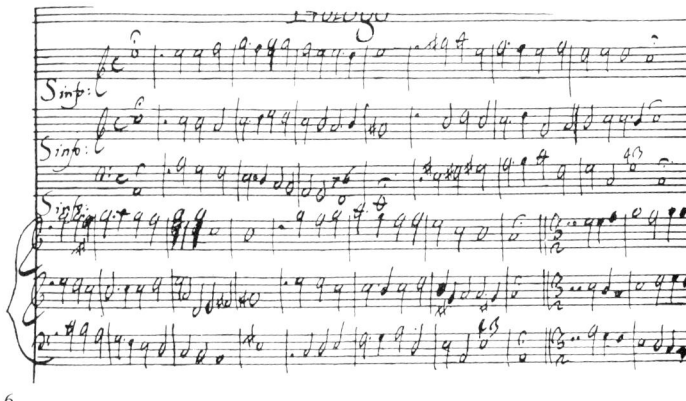

In der Vorgeschichte der Oper finden sich vielerlei theatralische Darbietungen mit musikalischer Begleitung:

8 – Gladiatorenkämpfe im alten Rom.
9 – Mittelalterliche Liederspiele in Venedig.

Zwei Werke stehen am Anfang der Operngeschichte:

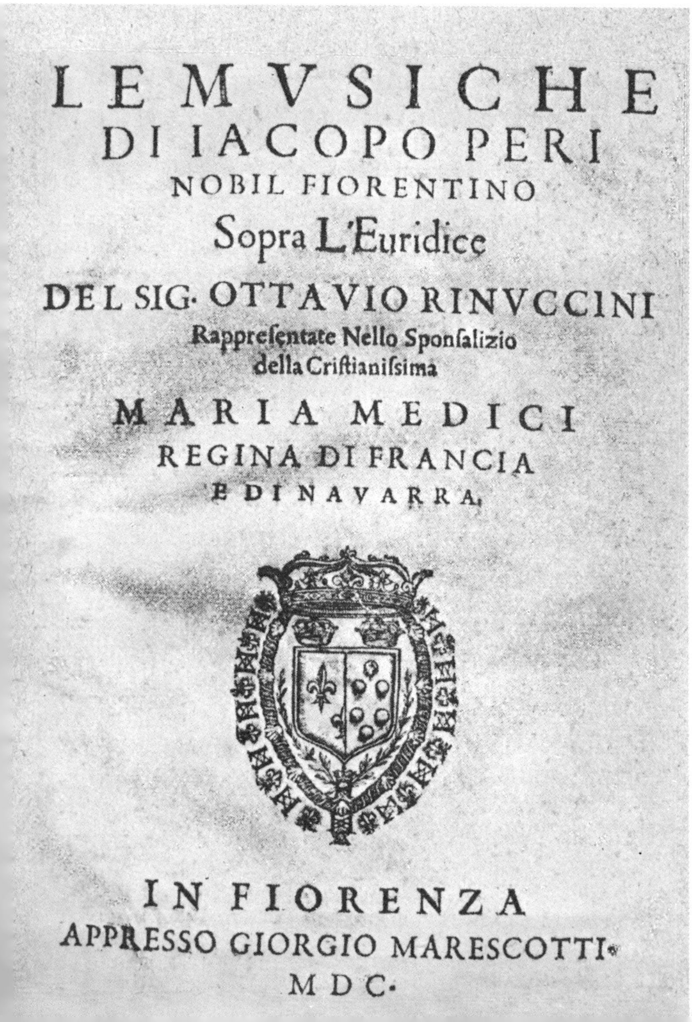

10 – Die verschollene «Daphne» vom Ende des 16. Jahrhunderts und
11 – die erhalten gebliebene «Euridice», beide von Jacopo Peri. Mit «Euridice» beginnt das 17. Jahrhundert, das Zeitalter der neuen Kunstform, die damals noch nicht Oper genannt wird.

12 – Als die neue Kunstform «Oper» erstmals die Alpen überschritt, gab es im Norden noch keine geeigneten Theater. 1617 improvisierte man in Hellbrunn bei Salzburg eine Naturbühne, das heute noch bespielte «Steintheater».

13 – Der Prunk der ersten Opern: Ferdinand Bibiena entwarf für Parma die (vermutlich erste) Bühnendekoration im Jahre 1620. Der Zuschauerraum weist noch keine feststehenden Sitzgelegenheiten auf.

14 – Das schnell wachsende Publikumsinteresse zwingt zum Bau immer größerer Theaterräume für die Oper: Ferrara besitzt um 1660 schon mehrere Galerien, aber das Parkett ist immer noch leer.

15 – Für das Opernspiel im Freien wurden reizvolle Anlagen geschaffen. Hier die 1674 angelegte Spielfläche in den Herrenhausener Königsgärten bei Hannover.

16 – Oper als fürstliche Repräsentation: Lullys «Alceste» im Hofe des Versailler Schlosses (1674).

17 – Eine der prunkvollsten Opernszenerien zu Anfang des 18. Jahrhunderts, gebaut von den berühmtesten Bühnenbildnern der Zeit, der Familie Galli-Bibiena.

18 – Der Erfindungsgabe königlicher Opernschöpfer war kaum eine Grenze gesetzt: Schlösser, Gärten, Seen. Künstliche Inseln wurden in die Szenerie einbezogen. Hier eine Vorstellung für den Sonnenkönig, Ludwig XIV., am 6. Mai 1664 in Versailles.

19 – Fürstenhochzeiten waren besonders günstige Gelegenheiten zur Aufführung von (zumeist eigens dafür komponierten) Opern, da sie eine Fülle illustrer Gäste aus vielen Ländern zu vereinen pflegten. Hier ist der Dresdener Palast in eine Opernbühne umgestaltet, ein Werk des Giuseppe Galli-Bibiena (1696–1756) – Barocktheater von höchstem Prunk.

20 – Die Fürst-Erzbischöfe von Salzburg – bald Mozarts Brotherren – schufen in den Mirabellgärten eine Freiluftbühne, auf der in der ersten Hälfte des 18. Jahrhunderts sommerlich Oper gespielt wurde.

21 – Galavorstellung 1750 in Neapel. Prunk auf der Bühne und Prunk im Zuschauerraum, wo rund um das Königspaar der Hofstaat dem Zeremoniell entsprechend gruppiert ist.

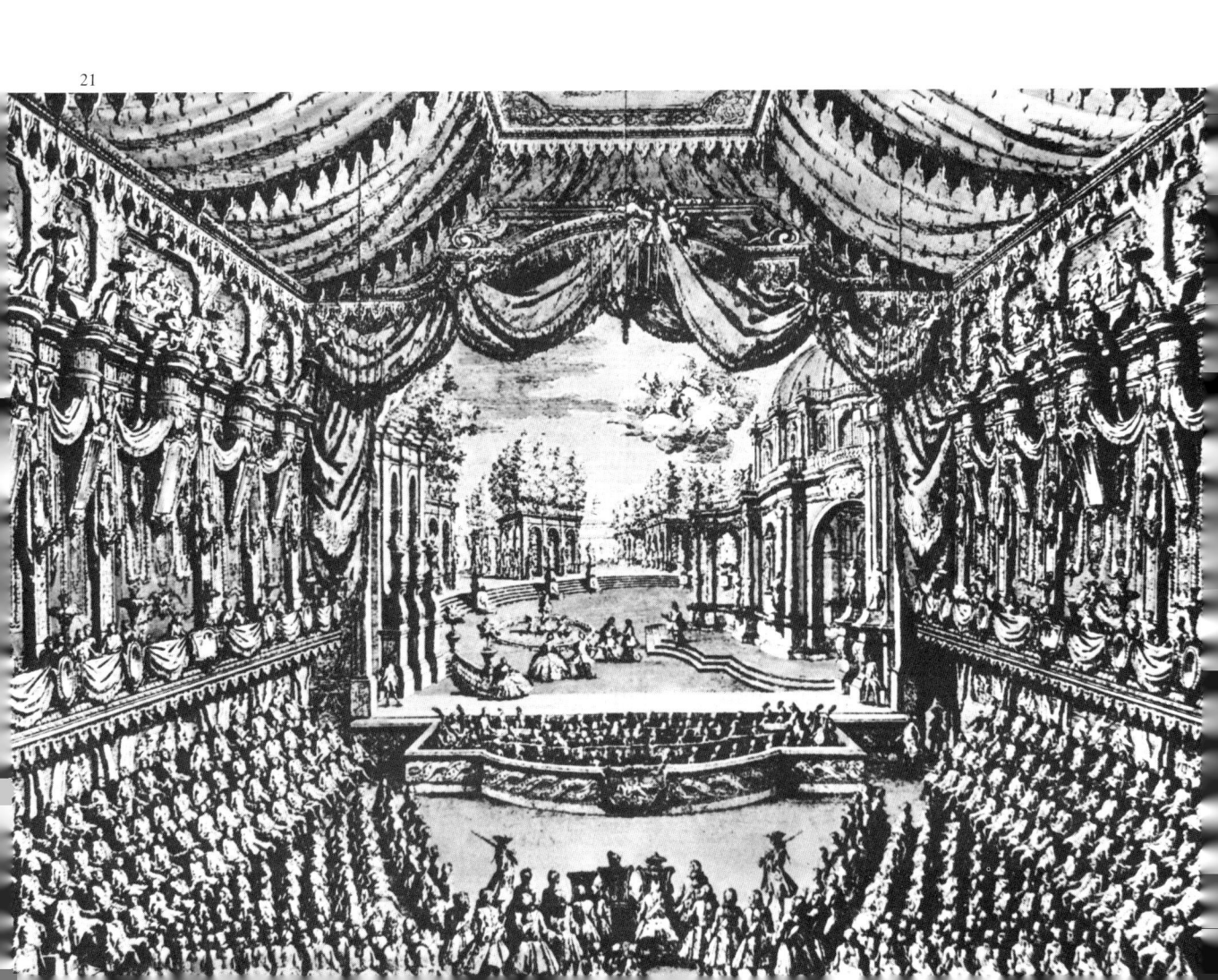

22

23

22 – Die «Bettler-Oper», Text von John Gay, Musik von Johann Pepusch. Sie wurde am 29. Januar 1728 in London uraufgeführt und ist durch die musikalische Bearbeitung Benjamin Brittens wieder bekannt geworden. Sie diente auch Bert Brecht und Kurt Weill als Vorwurf für die «Dreigroschen-Oper» (Kupferstich von Hogarth, um 1730).

23 – Als die alte Gewohnheit aufgehoben wurde, das Publikum nach der Hälfte der Aufführung zum halben Preis eintreten zu lassen, kam es am 24. Februar 1763 in der Covent-Garden-Oper London zu Tumult-Szenen (Darstellung aus dem Museum dieses Opernhauses).

Zur Oper gehört, und vielleicht in vorderster Linie, der große Sänger. Bis zum 18. Jahrhundert, ja noch darüber hinaus und auch heute noch hie und da, wurden Opern nach den Wünschen und entsprechend dem Können der Sänger komponiert. Ihr Wirken, ihre Geschichte, ist oftmals Legende geworden, und seit es Schallplatten und Tonfilm gibt, kann ihre Stimme nicht mehr vergehen ...

24 – Wilhelmine Schroeder-Devrient (1804–1860) war Beethovens bester Fidelio und Wagners verehrteste Sängerin der frühen Jahre.
25 – Maria Malibran (1806–1836), ideale Bellini-Sängerin, nach einem Reitunfall jung, aber weltberühmt gestorben.
26 – Adelina Patti (1843–1919), Primadonna der letzten Jahrhundertwende, 1914 zum letzten Mal aufgetreten.
27 – Nellie Melba (1861–1931), Adelina Pattis größte Konkurrentin, ebenso weltberühmt wie diese.

28 – Kirsten Flagstad (1895–1962), Norwegerin. Eine der größten hochdramatischen (Wagner-)Soprane aller Zeiten.
29 – Gemma Bellincioni (1864–1950), Sopran. Erste Santuzza in «Cavalleria rusticana».
30 – Adolphe Nourrit (1802–1839), Star der Pariser Oper, durch Selbstmord geendet.
31 – Maria Callas, die (vorläufig) letzte «primadonna assolutissima». Bühnengestalt von fast unheimlicher Intensität und genialster Gestaltungskraft (1923–1977).
32 – Enrico Caruso (1873–1921). Synonym für erschütterndsten Operngesang, Vorbild aller Tenöre späterer Zeiten.

33

33 – Richard Tauber (1892–1948), der vielleicht vielseitigste Tenor unseres Jahrhunderts, Stimmkünstler ersten Ranges.
34 – Fedor Schaljapin (1873–1938), der berühmteste Baßist neuerer Zeiten. Legendärer Boris Godunoff (Mussorgski) und Don Quichotte (Massenet).
35 – Beniamino Gigli (1890–1957), einer der bedeutendsten Caruso-Nachfolger, vollendeter Belcanto-Sänger.
36 – Fritz Wunderlich (1930–1966), jungverstorbener deutscher Tenor von besonders schöner Stimmkultur.
37 – Wolfgang Windgassen (1914–1974), Wagner-Tenor von ungewöhnlicher Ausstrahlung.

34

35 36 37

Eine besondere Rolle im Musikleben des 19. Jahrhunderts spielte die Pariser Oper, das «Palais Garnier» (nach seinem Erbauer genannt). Dies kommt schon in den Proportionen des Gebäudes zum Ausdruck. Bei allen anderen Theatern nimmt der eigentliche Theatersaal mit der Bühne und den zugehörigen technischen Einrichtungen den weitaus größten Teil des Hauses ein. In Paris hingegen sind die Repräsentationsräume – Treppenaufgänge, Foyers – von nicht zu übersehender Bedeutung: Der Prunk des Zweiten Kaiserreichs drückt sich hier aus. Die Fertigstellung erfolgte zwar erst nach dessen Sturz, aber der Baubeginn fällt in das Jahr 1862. Künstlerisch hat das Haus neben Höhepunkten auch Krisenzeiten erlebt. In jüngster Zeit wußte Rolf Liebermann dem Theater neuerlich einen Rang unter den führenden Bühnen der Welt zu geben.

38 – Eine Aufführung von Meyerbeers «Hugenotten».
39 – Ein gesellschaftliches Ereignis in der Pariser Oper.

40 – Barock mit Rokoko-Einschlag in einem der ältesten und entzückendsten Opernthater: Drottningholm bei Stockholm, von Gustav III. gefördert, der die Künste liebte. Er wurde bei einem Maskenball ermordet, was das Thema mehrerer Opern bildet, am bekanntesten wurde Verdis «Maskenball», bei dem allerdings die Zensur auf einer Verlegung des Schauplatzes nach Amerika und einer Umbenennung der Hauptgestalten bestand.

41 – Eine bedeutende Rolle in der Musik- und Operngeschichte nimmt das (heute noch verwendete) Theater an der Wien ein. Hier erklang u.a. Beethovens «Fidelio» zum ersten Mal. (Der Stich entstammt dem ersten Drittel des 19. Jahrhunderts.)

42 – Ein Blick in den Innenraum der Mailänder Scala, die nicht nur zu den besten und traditionsreichsten, sondern auch zu den größten Opernhäusern der Welt gehört.

43 – Die Wiener Staatsoper (einst Hofoper), seinerzeit Nachfolgerin von Kärntnertor- und Burgtheater, wurde an der eben rund um Wiens Innenstadt gezogenen prunkvollen Ring-Straße 1861–1869 erbaut. Die beiden Architekten Siccardsburg und von der Nüll endeten im Glauben, ein akustisch mangelhaftes Haus geschaffen zu haben, tragisch. Das Repräsentationstheater der alten Donaumonarchie erlebte Glanzzeiten, die es zu einem Mittelpunkt des Opernspiels machten, so die Direktionszeit Gustav Mahlers (1897–1907). Nach der vollständigen Zerstörung im Zweiten Weltkrieg erstand das Haus, außen völlig dem alten Gebäude gleich, innen ein wenig modernisiert, von neuem im Jahre 1955.

44 – Auf der Prachtstraße seiner Hauptstadt Berlin, «Unter den Linden», ließ Friedrich II. 1742 durch den berühmten Architekten Knobelsdorff ein Opernhaus herrichten, das durch viele Stürme hindurch – zuletzt die Zerstörung im Zweiten Weltkrieg – einen hohen Rang im europäischen Musikleben behauptete, besonders auch in den heute legendären Zwanzigerjahren unseres Jahrhunderts, als Berlin drei wichtige, allabendlich spielende Opernhäuser besaß.

45 – Werden wichtige Operntheater genannt, dann darf Dresden nicht fehlen. Seine Fürsten gehörten zu den begeisterten Förderern des Musiktheaters.
1667 begann hier die Opernpflege, der im Laufe der Jahrhunderte mehrere Gebäude dienten. Besonders berühmt wurden die Bauten Gottfried Sempers. Hier wurden die ersten drei wichtigen Werke Wagners uraufgeführt («Rienzi» 1842, «Der fliegende Holländer» 1843, «Tannhäuser» 1845); im 20. Jahrhundert gewann Dresdens Oper neuen Glanz als wichtigste Uraufführungsstätte der Werke von Richard Strauss.

46

Das Opernspiel in der Neuen Welt beruht seit weit über einem Jahrhundert auf zwei Ausstrahlungspunkten: Buenos Aires und New York. In beiden Städten erklang 1825 erstmals eine Oper. Beide besitzen prächtige Theater, die trotz ihres gewaltigen Fassungsraumes die Zahl der Musikbegeisterten allabendlich nicht fassen können:

46 – Das Teatro Colón in Argentiniens Hauptstadt, 1908 an Stelle eines alten Opernhauses errichtet, das 1857 seine Tätigkeit aufgenommen hatte, zählt zu den bedeutendsten Theatern der Welt. Sein herrlicher Innenraum, seine glänzende Akustik, seine Tradition, in der kaum ein Künstler von Rang fehlt, sein Orchester, Chor und Ballett haben es dazu gemacht.

47 – Die Metropolitan Opera in New York hat (im Lincoln Center, dem großzügigsten Theaterkomplex der Welt) 1962 eine neue Heimstätte gefunden, nachdem die «alte Met» jahrzehntelang Mittelpunkt glanzvollsten Opernspiels und höchster Gesangskultur war. Sie war, um nur ein einziges Beispiel zu nennen, das «Stammhaus» Carusos.

47

48 – Das Kärntnertor-Theater, die alte Wiener Hofbühne, mit dem Leben der Wiener Klassiker (vor allem Glucks und Mozarts) wie auch mit der Operngeschichte eng verknüpft (Unsignierter farbiger Stich um 1825).

49 – Zu den ältesten und ruhmreichsten Opernstätten, die auch heute noch Mittelpunkt des Musiktheaters sind, gehört die Mailänder Scala. Das bestehende Gebäude wurde (nach dem Brand des vorangegangenen, in dem Mozart dirigiert hatte) 1778 erbaut, auf dem Platz, den Kaiserin Maria Theresia von Österreich «ihren» Lombarden geschenkt hatte.

50 – Ein Blick vom Zuschauerraum auf die Bühne der Zürcher Oper: «klassischer» Theaterbau zu einem «barocken» Bühnenbild («Orfeo» von Monteverdi). Eine interessante Frage könnte auftauchen: die Vereinbarkeit der Stile im Opernspiel; Impressionismus zu sachlicher Moderne, Rokoko zu Romantik usw. Aber man kann schließlich nicht ein eigenes Opernhaus für jede Stilepoche haben...

51 – Der Theaterzettel der Uraufführung von Mozarts «Zauberflöte»: im Wiener Theater auf der Wieden am 20. September 1791. Dem Brauch der Zeit nach ist der Name des Textdichters – Schikaneders, der in diesem Falle auch Direktor des Theaters und Darsteller des Papageno war – groß, der des Komponisten Mozart viel kleiner und an unwichtigerer Stelle gedruckt.

52 – Alter Stich des nicht mehr bestehenden «Freihaustheaters» oder «Theater auf der Wieden», in dem «Die Zauberflöte» erstmals erklang. Es wurde einige Jahre nach Mozarts Tod abgerissen. Schikaneder erbaute das Theater an der Wien, dessen Portal er mit Figuren aus der «Zauberflöte» schmückte und das bis heute «Papageno-Tor» heißt.

53 – Mozarts eigenhändige Niederschrift der «Bildnis-Arie» Taminos aus der «Zauberflöte».

Bilder aus der Uraufführung von Mozarts «Zauberflöte».

54 – Die drei Damen haben Tamino vor der Schlange gerettet, rechts Papageno.
55 – Sarastro zieht hoch auf dem löwengezogenen Wagen ein. Im Hintergrund die drei Tempel seines Reiches: Vernunft, Weisheit, Natur.

Drei Darstellungen des Papageno:

56 – Als Idealgestalt, in der Wiener Zeitschrift «Orphea» 1826.
57 – Im Entwurf für die Uraufführung 1791.
58 – Christian Boesch bei den Salzburger Festspielen 1979.

Zwei frühe Inszenierungen der «Zauberflöte»:

59 – Goethe als Opernregisseur: seine Zeichnung zur Aufführung in Weimar, dessen Theaterdirektor er war, zeigt die Szene der «nächtlichen Königin».
60 – So entwarf Josef Quaglio den Auftritt der Königin der Nacht 1793 für München.

Berühmt wurden die Bühnenbilder, die der große Architekt und Maler Karl Friedrich Schinkel für die Berliner Aufführung der «Zauberflöte» im Jahre 1825 entwarf:

61 – Die Tempelstadt Sarastros.
62 – Das erste Erscheinen der Königin der Nacht.

63 – «Die Zauberflöte», Lieblingsoper des 20. Jahrhunderts: Kaum ein Theater rund um die Erde, das Mozarts Meisterwerk nicht gespielt hätte. Hier ein Ausschnitt aus einer Aufführung der Münchner Staatsoper, Inszenierung Rudolf Hartmann, Bühnenbild Herbert Kern: Sarastro, «der göttliche Weise», Herr des siebenfachen Sonnenkreises, ein Freimaurersymbol, wie so vieles in dieser Oper.

64 – Die Erscheinung der Königin der Nacht in der Salzburger Festspielaufführung 1979, Inszenierung und Ausstattung Jean-Pierre Ponnelle.

Die Mozartpflege in seiner Geburtsstadt Salzburg:

65 – Der dritte Akt (Gerichtsszene) aus «Figaros Hochzeit» (1972).
66 – «Titus» bei den Festspielen 1979.

67 – Papageno – die volkstümlichste Gestalt der deutschen Oper – in der Inszenierung durch Peter Ustinov (Hamburgische Staatsoper).

Mozarts «Zauberflöte», ein unerschöpfliches Feld für die Phantasie der Regisseure und Bühnengestalter:

68 – Ein prächtiges Bühnenbild von Toni Businger (für die Oper von San Francisco).
69 – Eine Inszenierung von Leopold Lindtberg in der Wiener Volksoper (1980), voll echter Märchenatmosphäre und trotzdem tieferer Bedeutung.

70 – Die «Entführung» in der anmutigen Inszenierung des Opernhauses Zürich (1969) durch Leopold Lindtberg. (Ausstattung: Toni Businger).

71 – Werner Hollweg in der Titelpartie von «Idomeneo», der bedeutendsten Seria-Oper Mozarts, mit der er weit in musikalisches Neuland vorstieß (Inszenierung von Jean-Pierre Ponnelle in den Kostümen von Pet Halmen, Zürich 1979).

72 – Im Theater an der Wien ging Beethovens «Fidelio» erstmals über die Bühne. Es bedurfte dreier Anläufe, um den wahren Wert des Werkes erkenntlich zu machen und ihm einen Platz im Weltrepertoire der Oper zu sichern.

73 – Es ist begreiflich, daß Beethovens Oper gerade in Wien eine besonders liebevolle Pflege findet: Dort verbrachte sein Autor den größten und wichtigsten Teil seines Lebens, dort schrieb er dieses (sein einziges) Bühnenwerk und dort wurde es uraufgeführt. (Unser Bild: Eine besonders «volksnahe» Inszenierung gelang der Wiener Volksoper im Jahre 1977).

Drei Dokumente zu «Fidelio»:

74 – Beethovens Wohnung an der Mölkerbastei (vierter Stock), wo er an diesem Werk arbeitete.
75 – Eine Manuskript-Seite aus dieser Oper.
76 – Theaterzettel der Uraufführung am 20. November 1805.

Weitere drei Dokumente zu «Fidelio»:

77 – Im «Wiener Hof-Theater-Taschenbuch» des Jahres 1815 findet sich ein Szenenbild aus «Fidelio», das die Kerkerszene zeigt.
78 – Erst bei der letzten Umarbeitung, der dritten «Premiere», also 1815, fand die Rolle des Fidelio in Wilhelmine Schroeder-Devrient, einer der ersten «singenden Schauspielerinnen», eine vollgültige Interpretin.
79 – Die für diese Aufführung ausgeschiedene Ouvertüre wurde dann als eigenes Musikwerk gedruckt und später gelegentlich wieder in die Oper eingelegt: die Welt kennt sie als «Leonoren-Ouvertüre No. 3».

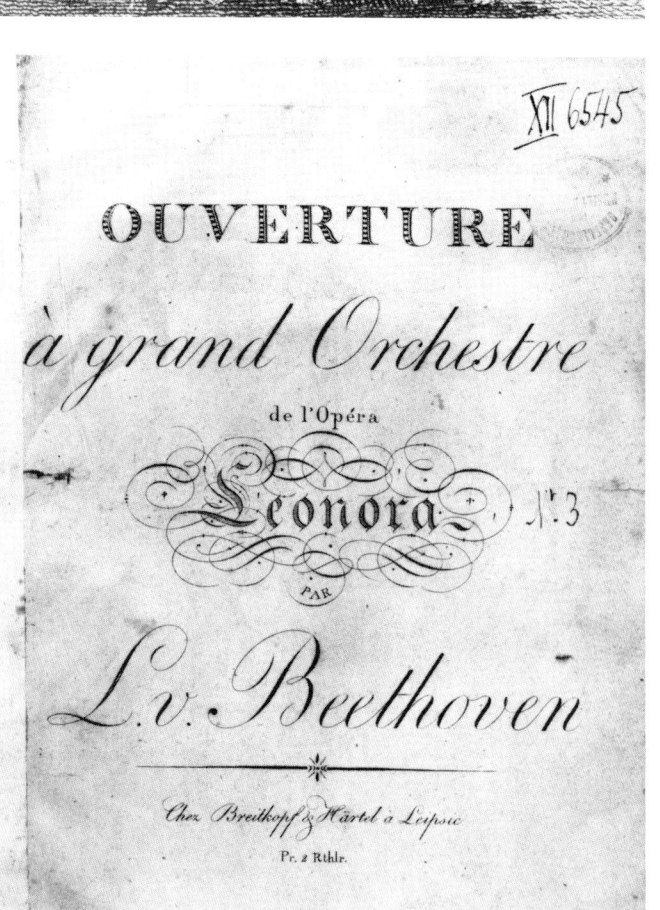

80 – Fidelio als gewaltigstes Beispiel für die einst beliebte Gattung der «Rettungsoper». Leonore (Gundula Janowitz) schützt ihren Gatten Florestan (René Kollo) mit vorgehaltener Pistole vor dem mörderischen Angriff Pizarros.

81 – Zu den berühmtesten Szenen des «Fidelio» gehört der Gefangenenchor: Hier drückt sich Beethovens Mitgefühl mit den sozial und politisch Verfolgten am stärksten aus. So bildet diese Szene auch in den Inszenierungen älterer und vor allem neuerer Zeit einen gewichtigen Schwerpunkt. So sieht Herbert von Karajan sie (Osterfestspiele Salzburg 1971).

82 – Florestan, die zum Symbol gewordene Operngestalt, die an grausame Unterdrückung und Verfolgung Andersdenkender gemahnt, wird von den Regisseuren immer wieder anders gezeigt. Hier eine Inszenierung der Kerkerszene in der Staatsoper Stuttgart.

83 – Kaum eine andere der vergessenen oder vernachlässigten Opernepochen hat in unserer Zeit eine solche geradezu stürmische Renaissance erlebt wie die italienische Belcantoepoche von etwa 1815 bis 1845. Heute stehen ungleich mehr Rossini-Opern im Repertoire als von einem halben Jahrhundert, so auch die entzückende «Italienerin in Algier» (auf unserem Bild in der Mailänder Scala, in der Regie Jean-Pierre Ponnelles, mit Marilyn Horne in der Titelrolle).

84 – Auch Donizetti, wie sein Rivale Bellini wieder stark in den Vordergrund getreten, bedeutet eine lohnende Herausforderung für die glänzende Sängergarde von heute («Der Liebestrank» in einer Aufführung der Bregenzer Festspiele).

Als eine der wirksamsten Opern erwiesen sich – nicht erst, aber vor allem seit dem Offenbach-Gedenkjahr 1980 – seine phantastischen «Hoffmanns Erzählungen».

85 – In Berlin wurde das Werk mit Erika Köth als Antonia aufgeführt (Regie: Václav Kašlík).
87 – Szene in Spalanzanis Zauberkabinett, in der Inszenierung Jean-Pierre Ponnelles bei den Salzburger Festspielen 1980. Als Olympia, wie auch in den anderen Frauenrollen des Werkes, Edda Moser.

86 – Nicht ganz gelungen ist bis heute die Wiedererweckung der Opern Webers. Nur sein «Freischütz» hält sich als unbestrittenes Meisterwerk auf dem Weltrepertoire. Und gelegentlich sind seine anderen Werke zu sehen: die reizenden «Drei Pintos» (vollendet durch Gustav Mahler), «Euryanthe» und der musikalisch prächtige «Oberon» (auf unserem Bild die Inszenierung Rudolf Hartmanns mit Bühnenbild von Josef Svoboda an der Münchener Staatsoper).

88 – Das sehr reichhaltige tschechisch-slowakische Opernschaffen dringt im verstärktem Maße – mit Smetana, Dvořák, Janáček – nach Westen. Von echt volkstümlicher Wirkung zeigt sich weltweit immer wieder Smetanas «Verkaufte Braut» (Aufnahme aus der Württembergischen Staatsoper Stuttgart, Regie Günther Rennert).

89/90 – Der rauschende Aufzug der Toreros inmitten jubelnder, festlicher Volksmassen (in Bizets «Carmen», letzter Akt) läßt nicht ahnen, in welcher grauenvollen menschlichen Einsamkeit die Szene wenig später zum tragischen Ende gedeihen wird (Aufnahmen aus der Pariser und der Münchener Oper).

91 – «Carmen» von Georges Bizet, 4. Akt: Carmen erwartet Don José, der sie aus Eifersucht ermorden wird (Inszenierung der Hamburgischen Staatsoper. Als Carmen: Alicia Nafé).

92 – Smetanas «Die verkaufte Braut» in einer farbenfrohen Aufführung der Wiener Volksoper.

93 – Lortzing bildet mit einigen seiner musikalischen Lustspiele («Der Wildschütz», «Zar und Zimmermann», «Der Waffenschmied») einen festen Stützpunkt des Repertoires der mittleren und kleineren deutschen Musikbühnen. Sie sind volkstümlich im besten Sinne des Wortes, doch reicht diese Popularität merkwürdigerweise nicht über die Sprachgrenzen hinaus. Und ebenso merkwürdig: der «ernste» Lortzing, z.B. in «Undine», ist viel unbekannter geblieben (Unser Bild: «Zar und Zimmermann» in der Wiener Volksoper. Foto Linares).

94 – Vincenzo Bellinis «Norma» ist ein Meisterwerk, das seinen Glanz bis in unsere Zeit bewahren konnte, und zugleich größter Prüfstein für höchste Stimmkultur und Belcantokunst. Auf unserem Bild Margaret Price als Norma bei ihrem großen Auftritt im ersten Bild. Inszenierung des Zürcher Opernhauses durch Claus-Helmut Drese, in der Ausstattung von Pet Halmen.

95 – Wo immer Rossinis Belcanto-Opern auf den Spielplänen erscheinen, bilden sie das Entzücken des Publikums, vorausgesetzt, die schwierigen Hauptrollen sind mit hervorragenden Sängern besetzt wie in der Aufführung des Opernhauses Zürich: Agnes Baltsa als Aschenbrödel in «La Cenerentola». Inszenierung durch Grischa Asagaroff nach Plänen von Jean-Pierre Ponnelle, der auch die Ausstattung besorgte.

Zwei Wagner-Inszenierungen der Hamburgischen Staatsoper:

96 – Parsifal, Szene der Blumenmädchen, 2. Akt.
97 – Lohengrin, 3. Akt.

98

99

98 – Die weite Wasserfläche bietet sich ideal für eine Freiluft-Aufführung von Wagners «Fliegendem Holländer» an: das Gespensterschiff vor dem dunkelnden Abend, bei dem Bregenzer «Spiel auf dem See».

Zwei höchst unterschiedliche Darstellungen einer Szene (Brautgemach) in Wagners «Lohengrin»:
99 – Inszenierung der Bayreuther Festspiele; Regisseur war der verstorbene Wagner-Enkel Wieland.
100 – Idealisiertes Gemälde (von Th. Piris) aus dem 19. Jahrhundert.

100

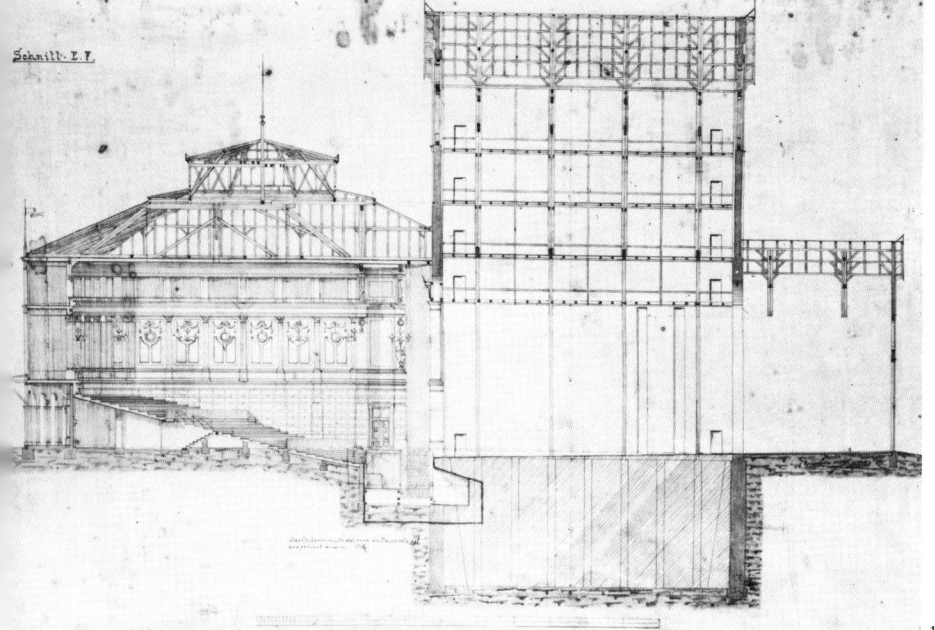

Stationen im Leben Richard Wagners:

101 – Das Wohnhaus in Riga, aus dem Wagner nach Paris flüchtete.
102 – Das alte Theater (Aktientheater) in Zürich, in dem Wagner während seines politischen Exils oftmals dirigierte.
103 – Der Plan des Bayreuther Festspielhauses.
104 – Das Festspielhaus in heutiger Gestalt.

Aus Wagners Leben:

105 – König Ludwig II. von Bayern, Retter in höchster Not und treuester, selbstlosester Freund bis zum Tode.
106 – Der Theaterzettel zur Uraufführung des «Lohengrin» in Weimar, am 28. August 1850 (Goethes Geburtstag). Es dirigierte, vom Programm nicht erwähnt, Franz Liszt.
107 – Am Eröffnungstage der ersten Festspiele in seinem Bayreuther Theater (13. August 1876) schlug Wagner diese «letzte Bitte» an alle Mitwirkenden an: «Deutlichkeit!» und den «letzten Wunsch»: «Bleibt mir gut, Ihr Lieben!»
108 – Nicht gut blieb oder wurde ihm die Presse; kaum ein Künstler ist sein Leben lang so beschimpft und verhöhnt worden wie Wagner. Nach dem ersten Festspiel (1876) brachte ein Wiener «Witzblatt» diese Karikatur: Wagner schreitet aus dem Festspielhaus über einen Regenbogen (wie die Götter im «Rheingold»!) allerdings nicht nach Walhall, sondern ins Irrenhaus...

Zwei Dokumente zur Münchener Uraufführung von «Tristan und Isolde» am 10. Juni 1865:

109 – Bühnenentwurf für den 1. Akt (auf dem Segelschiff) von Angelo II. Quaglio.
110 – Der Theaterzettel, auf dem traditionsgemäß der Dirigent (Hans von Bülow) nicht genannt ist.

Zwei Szenen aus der Aufführung dieses Werkes bei den Salzburger Osterfestspielen 1972:

111 – 2. Akt: Isolde und Tristan, bei Tagesanbruch von König Marke und seinem Gefolge überrascht.
112 – 3. Akt: Tristan liegt, vom treuen Kurwenal behütet, auf seinem Totenbett.

«Parsifal» bei den Osterfestspielen Salzburg 1980, Regie Herbert von Karajan, Bühnenbild Günter Schneider-Siemssen:

113 – Waldlichtung, im Hintergrund ein See. Gralskönig Amfortas, an einer unheilbaren Wunde leidend, wird ins Bad getragen (1. Akt).

114 – Unter den Blumenmädchen ist die «Urteufelin» Kundry aufgetaucht und ruft Parsifal bei seinem von ihm längst vergessenen Namen (2. Akt).

115 – Nach langen Irrfahrten kehrt Parsifal auf Gralsgebiet zurück; es breitet sich eine blühende Wiese um ihn (Karfreitagszauber), und er empfängt den Segen des Gurnemanz (3. Akt).

Zwei historische Bilder von der Uraufführung des «Ring des Nibelungen» in Bayreuth 1876:

116 – «Die Walküre», 2. Akt. Szene der «Todesverkündigung» Brünnhildes an Siegfried.

117 – «Siegfried», 3. Akt. Siegfried hat den feuerumbrannten Felsen erstiegen und erweckt mit einem Kuß die in jahrelangen Schlaf gebannte Brünnhilde.

118 – Notenskizze zu «Siegfried».

119 – Während Wagners Jahrzehnte dauernder Beschäftigung mit dem «Ring» rückte der Gott Wotan immer mehr ins Zentrum der Handlung. Auf unserem Bild Hans Hotter als Wotan in der «Walküre» (2. Akt).

«Die Meistersinger von Nürnberg» ist das einzige Lustspiel Wagners. Hier die Festwiesen-Szene in einer Inszenierung in Wien (120) und in München (Hans Sachs: Hans Hotter, Eva: Claire Watson, Walther von Stolzing: Jess Thomas, Regie: Rudolf Hartmann) (121).

«Die Meistersinger von Nürnberg». Salzburger Aufführung in Bühnenbildern von Günter Schneider-Siemssen:

122 – Der 1. Akt: In der Katharinen-Kirche.
123 – Die anbrechende Johannisnacht in den Straßen Alt-Nürnbergs (Regie: Herbert von Karajan).

124/125 – Günter Schneider-Siemssen schuf eindrucksvolle, dem breiten Bühnenraum in Salzburg angepaßte Bilder zur vollständigen Aufführung von Wagners «Ring des Nibelungen» bei den Osterfestspielen unter der Leitung Herbert von Karajans. Unsere Bilder zeigen: den sonnigen Waldplatz, auf dem Siegfried sich zur nachdenklichen Ruhe streckt («Waldweben») sowie die düstere Szene nach Siegfrieds Ermordung («Trauermarsch»), das erste aus «Siegfried», das zweite aus «Götterdämmerung».

126

Zwei Visionen des Bühnenbildners Günter Schneider-Siemssen für den 1. Akt von «Tristan und Isolde»:

126 – Salzburger Osterfestspiele 1972.
127 – Metropolitan Opera New York.

127

128 – «Tristan und Isolde» an der Metropolitan Opera: das Liebespaar, verloren in der blauen Sommernacht ihrer Liebe, fern der Welt und dem «öden Tag»...

129 – Renata Tebaldi war eine der ergreifendsten Leonoren in der «Macht des Schicksals» von Giuseppe Verdi, eine der vollendetsten Sängerinnen ihrer Generation.
130 – Zu Cesare Siepis großartigsten Darstellungen gehörte der Simon Boccanegra in der gleichnamigen Oper Verdis, erschütternde Charakterstudie des zum legalen, demokratischen Volksführer gewordenen ehemaligen Freibeuters, der ein Friedenswerk hinterläßt.
131 – Die Schlüsselfigur aus Verdis «Troubadour» ist nicht Manrico, nicht Graf Luna, schon gar nicht Leonore: Es ist die alte Zigeunerin Azucena, die auf unserem Bild von Fiorenza Cossotto unvergeßlich verkörpert wird (Bilder aus der Mailänder Scala sowie der Arena von Verona).

132

133

134

Die Uraufführung von Verdis «Rigoletto» (dessen Personen und Schauplatz auf Betreiben der Zensur geändert werden mußten) fand im Teatro Fenice zu Venedig am 11. März 1851 statt (Programmzettel der Uraufführung) (133). Die Gilda sang die Sopranistin Teresina Brambilla (132), den Herzog der Tenor Raffaele Mirate (135).

134 – Drei Jahre später spielte die Münchener Hofoper das Werk erstmals in deutscher Sprache. Unser Bild zeigt den Bühnenentwurf des letzten Aktes von Angelo II. Quaglio.

136 – Verdi gestaltete seinen «Rigoletto» nach Victor Hugos Schauspiel «Le roi s'amuse» (1832), auf dessen gedrucktem Titelblatt die Schlußzene zu sehen ist: Rigoletto bricht über der Leiche seiner Tochter Gilda in Verzweiflung aus.

135

136

«Rigoletto» in einer Inszenierung des (Film-)Regisseurs Roman Polanski in der Bayerischen Staatsoper, München:

137 – 1. Bild: Herzog, Rigoletto und der Hofstaat.
138 – 4. Bild: das «Quartett», eine der großartigsten Opernszenen überhaupt, mit dem Herzog und Maddalena im Hause sowie Gilda und Rigoletto von außen spähend.

Eine der großen Rollen des Operntheaters: Im Leben hieß sie Rosa Alphonsine Duplessis und war eine berühmte Kurtisane des Pariser Zweiten Kaiserreichs. Alexandre Dumas machte sie zur Bühnenfigur und nannte sie Marguerite Gautier oder «die Kameliendame». Bei Verdi wird sie zu Violetta Valéry, zur vom «rechten Weg Abgewichenen» (traviata):

139 – Gemälde nach dem Leben der Jungverstorbenen.
140 – Teresa Strattas als Violetta Valéry in der Staatsoper München.
141 – Maria Callas in einem der Augenblicke stärkster innerer Erregung («La Traviata» in der Mailänder Scala).

142 – «La Traviata» im Bühnenbild Toni Busingers in der Staatsoper Hamburg, 1975 (Leitung: Nello Santi, Inszenierung: Folke Abenius).

143

144

Aus der Arbeit des Bühnenbildners; Skizzen des Malers Toni Businger zu Bühnenwerken Verdis:

143 – «La Traviata» (Oper von San Francisco, 1965).
144 – «Rigoletto» (Stadttheater Freiburg/Breisgau, 1963).

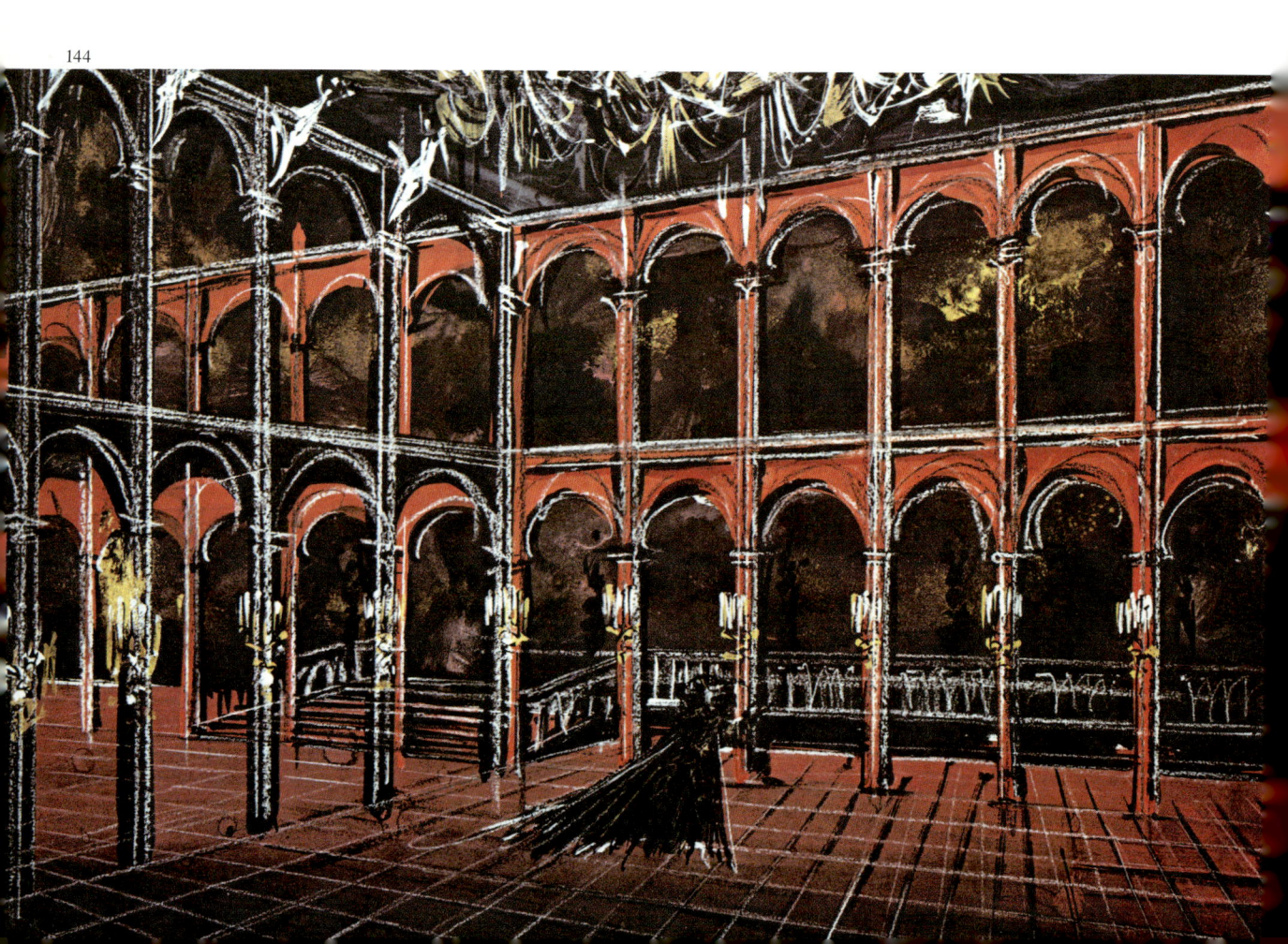

145 – Eine der eindrucksvollsten und beklemmendsten Szenen Verdis ist das große Autodafé in «Don Carlos» (Bild der Hamburgischen Staatsoper).

146 – «Otello», das letzte tragische Opernwerk des Maestro. Auf unserem Bild eine Szene des 3. Aktes in einer Aufführung der Hamburgischen Staatsoper.

Zwei Szenen aus Verdis genialem Alterswerk «Falstaff»:

147 – Sir John, der Säufer.
148 – Sir John, der (verhinderte) Verführer (beide Bilder von Aufführungen der Hamburgischen Staatsoper).

Unter dem Dutzend Opern Tschaikowskys hat vor allem eine die Gunst des Publikums aller Länder zu erobern gewußt: «Eugen Onegin»:

Die freundliche Vorstellung, mit der der Dichter Lenski den weltmännischen Onegin bei der Familie seiner Braut einführt (Hamburgische Staatsoper, Bild 150) und die tragische Szene, in der die beiden Freunde einander im Duell gegenüberstehen: Horst Laubenthal und Bernd Weikl in der Deutschen Oper Berlin (Bild 149).

151 – «Pelléas et Mélisande» ist mehr als ein Opernwerk: das einzige vollblütige Dokument eines impressionistischen Musiktheaters, voll unwirklichen, weltfernen Zaubers, voll von Symbolen, die dem Jugendstil nicht ferne stehen (Inszenierung von Jean-Pierre Ponnelle für die Münchener Staatsoper).

152 – Jules Massenet hatte sich vor allem dank seiner zärtlichen, liebevollen Frauenschilderungen zu einem der meistgespielten Opernkomponisten seiner (spätromantischen) Zeit aufgeschwungen. Da überraschte er mit seinem letzten Werk die Welt durch eine großartige männliche Charakterdarstellung: «Don Quichotte», für den berühmten Schaljapin geschrieben und von diesem in Monte Carlo uraufgeführt (Bild von einer Aufführung in der Pariser Oper mit Nicolai Ghiaurov und Viorica Cortez).

153 – Ravels «Spanische Stunde» ist eines der wenigen heiteren Opernwerke unseres Jahrhunderts, die sich auf den Bühnen durchgesetzt haben. Es ist der vielleicht letzte Ausläufer der französischen Spieloper des 19. Jahrhunderts (Inszenierung der Württembergischen Staatsoper Stuttgart. Regie: Günther Rennert, mit Ruth Margret Pütz und Thomas Tipton).

154

155

Der traditionelle Zweikampf zwischen der italienischen und der deutschen Oper, der die Musikwelt des 19. Jahrhunderts durch die Symbolgestalten Verdi und Wagner beinahe zerriß, setzt sich im 20. Jahrhundert, gemildert, im Antagonismus Puccini – Richard Strauss fort. Puccinis «Bohème» bedeutet 1896 die ideale Verschmelzung von Spätromantik mit Verismus.

Zu den schönsten Aufführungen dieser Oper gehörte sicherlich die Inszenierung Franco Zeffirellis, die unter der musikalischen Leitung Herbert von Karajans aus der Mailänder Scala in Salzburgs Festspielhaus übernommen wurde:

154 – Erstes Bild. Die Mansarde hoch über den Dächern des Pariser Quartier Latin.
155 – Zweites Bild. Froher, turbulenter Weihnachtsabend im Café Momus und den umliegenden Straßen.
156 – Die trostlose Öde der schneeberieselten Winternacht im dritten Bild.

156

157 – Das Weihnachtsbild der Oper «La Bohème» in einer Inszenierung der Covent Garden Opera London, mit Katia Ricciarelli (Mimi), Placido Domingo (Rodolfo), Peter Glossop (Marcello). Darüber Wendy Fine als Musetta bei ihrem berühmten Walzer.
158 – Mirella Freni als Mimi und Luciano Pavarotti als Rodolfo in der Salzburger «Bohème»: ein kaum zu übertreffendes Belcanto-Paar.
159 – Der dritte Akt auf der Riesenbühne der Arena von Verona.

160 – Die «abenteuerlichste» Oper Puccinis und seine einzige komische: «La fanciulla del West» (Das Mädchen aus dem goldenen Westen) wurde im Auftrag der New Yorker Metropolitan Opera geschaffen, der Puccini eben ein «echt amerikanisches» Sujet liefern wollte. Aber es wurde eine Oper daraus, deren rein menschliches Interesse das des «Wilden Westens» überstrahlt. Unsere Szene (aus der Staatsoper Wien) zeigt einen typischen «Western-Saloon» aus den heute schon legendären Goldgräberzeiten.

161 – Zu den gelungensten Lustspielopern aller Zeiten gehört Puccinis Geschichte vom florentinischen Spitzbuben «Gianni Schicchi», der eine erbwütige Familie so schlau wie verdient übertölpelt und schließlich aus «seinem» Hause jagt (das ihm erst seit fünf Minuten gehört). Unser Bild aus der Hamburgischen Staatsoper zeigt die urkomische Szene, in der das richtige Testament zum Entsetzen der Familie verlesen wird –, bevor Gianni Schicchi auf allgemeinen Wunsch zu dessen Fälschung schreitet, die dann zu seinen eigenen Gunsten ausfällt...

162 – Ponchiellis «Gioconda» ist eine in südlichen Breiten nie verblaßte, wirkungsvolle veristisch-romantische Belcanto-Oper. Sie übt besonders auf der Bühne der Arena von Verona ihren ganzen Zauber, mit Volksmassen zwischen den aufgebauten Palästen Venedigs und unter einem echten Mond ...

163 – Auch Mussorgskis Volksoper «Boris Godunoff» kommt auf der gigantischen Bühne der Arena zu überwältigender Wirkung, denn Moskau läßt sich hier so großartig errichten wie Venedig.

Das reiche Schaffen von Richard Strauss ist auf der Opernbühne wie im Konzertsaal unserer Zeit hervorragend vertreten. Ein weiter Weg führt von der naturalistischen «Salome» zum neoklassischen «Capriccio» ... Die beiden Durchbruchsopern, die den Meister auf dem Wege des krassesten Verismus zeigen, sind «Salome» und «Elektra».

164 – «Salome» in der Inszenierung Herbert von Karajans bei den Salzburger Festspielen im Bühnenbild Günter Schneider-Siemssens. Als Salome: Hildegard Behrens.

165 – «Elektra» wurde in der Ära Liebermann zu einem der stärksten Erfolge der Pariser Oper. Es sangen Birgit Nilsson die Elektra (auf dem Boden liegend) und Leonie Rysanek die Chrisothemis.

166 – Weit über 20 Jahre später (1933) tauchten Hofmannsthal, der Librettist von «Elektra», «Ariadne» und «Rosenkavalier», und Strauss in die Atmosphäre des «alten Wien» und damit in die Romantik: Es entstand «Arabella». Unser Bild zeigt eine legendäre Darstellerin der Titelpartie: Lisa della Casa.

167 – Auf Strauss' naturalistische Werke «Salome» und «Elektra» folgte sehr unvermittelt ein stilisierter Rokoko: «Der Rosenkavalier» (1911). Die berühmte Szene der Überreichung der silbernen Rose, hier mit Yvonne Minton (Octavian) und Lucia Popp (Sophie) bei den Salzburger Festspielen in der Inszenierung Günther Rennerts und unter der musikalischen Leitung von Christoph von Dohnanyi.

168 – Und zu Ende seines Lebens sehnte Strauss sich noch weiter in die musikalische Vergangenheit zurück. Aus diesem Wunsch nach «Klassik» und Rokoko erstand, zum geistvollen Text des Dirigenten Clemens Krauss, «Capriccio». Hier das Bild aus einer Aufführung der Münchener Staatsoper mit Claire Watson, Donald Grobe und Barry McDaniel.

«Ariadne auf Naxos» nahm seit jeher im Schaffen von Richard Strauss, aber auch in der Operngeschichte, einen ganz eigenen Platz ein. Hier waren Komödie und Musik aufs feinsinnigste miteinander verknüpft, zuerst (1912) in Form zweier verschiedenartiger Schauspiele, 1916 dann umgegossen in ein einheitliches Werk, das seitdem das Entzücken der Kenner bildet. Unsere Bilder zeigen: Tatjana Troyanos in der Hosenrolle des Komponisten (169) im Vorspiel, Edita Gruberová als Zerbinetta (Salzburg 1979) (170) sowie die Szene der Komödianten (Inszenierung: Günther Rennert, Bühnenbild: Rudolf Heinrich, musikalische Leitung: Wolfgang Sawallisch) in der Staatsoper München (171).

Die für das berühmte Theater von Max Reinhart in Stuttgart geschriebene erste Fassung der «Ariadne» (1912): Bühnenentwürfe für die Uraufführung von Ernst Stern:

172 – Die wüste Insel.
173 – Der Baldachin von Ariadne und Bacchus.

Die beiden «Welten» in der «Frau ohne Schatten» (dem letzten Werk, das der Zusammenarbeit von Hofmannsthal und Strauss entstammt):
174 – Die untere, irdische, menschliche Welt der Färbershütte, mit Christa Ludwig und Walter Berry.
175 Die höhere Welt der Herrschenden (Kaiser und Kaiserin) in der Aufführung der Salzburger Festspiele 1975 im Bühnenbild von Günter Schneider-Siemssen.

176

«Die Frau ohne Schatten» ist zweifellos die farbigste Schöpfung von Strauss. Nur eine wahrhaft «farbige» Aufführung vermag ihr gerecht zu werden. Und so bedeutete in mancher Hinsicht die der Salzburger Festspiele der Siebzigerjahre im Bühnenbild von Günter Schneider-Siemssen den wahren Durchbruch der bereits über ein halbes Jahrhundert alten Oper, die bis dahin von den Musikern bewundert, aber selten gespielt wurde.

Zwei weitere Szenen daraus: den Jagdpavillon des Kaisers, hoch über und außerhalb der «Welt» (176) und die Schlußapotheose mit den beiden endlich glücklich vereinten Paaren: Kaiser und Kaiserin, Färber und Färbersfrau. Darüber eine gigantische, symbolische Sonne: Die Anspielung auf Mozarts «Zauberflöten»-Mystik ist perfekt – und sicher im Sinne der Autoren Hugo von Hofmannsthal und Richard Strauss (177).

177

«Wozzeck» gehört zu den meistgespielten Opern des 20. Jahrhunderts. Mit dieser Büchner-Vertonung erlebte Alban Berg Mitte der Zwanzigerjahre den entscheidenden Durchbruch zu einem der Wortführer der damaligen «Moderne»; die Berliner Uraufführung gestaltete sich zu einem der stärksten Erfolge, die der Schönberg-Schule jemals beschieden waren.

178 – Immer wieder versuchen tiefschürfende Regisseure, aus «Problem»-Opern neue Aspekte zu beleuchten. So tut es Luc Bondy bei der stark beachteten «Wozzeck»-Inszenierung der Hamburgischen Staatsoper. Auf dem Bild die Szene des Tanzlokals, in das Wozzeck eilt, nachdem er Marie umgebracht hat, und wo rote Farbflecken (Bühnenbild: Rolf Glitterberg) ihn immer wieder an die Tat erinnern.

179 – Mit der Szenenfolge «Aus einem Totenhaus» nach Dostojewski verabschiedete sich der hochbetagte Leoš Janáček 1928 von der Welt. Er schuf damit ein Werk, das keine «Hauptrollen» kennt, wenn auch einzelnen Sänger-Darstellern Raum zu kraftvoller Entfaltung gegeben wird: Es ist ein Werk des «Kollektivs»; im Vordergrund stehen kaum Individuen, sondern die Gruppe der Strafgefangenen in einem Lager. Ein Thema von erschütternder Aktualität gerade in unserem Jahrhundert. Und so besteht der tiefste Sinn einer Inszenierung dieser Oper darin, jene «Erniedrigten und Beleidigten», jene Opfer eines seelen- und mitleidlosen Staatsapparates in ihrer ganzen Einsamkeit und Verlassenheit als dumpfe Masse zu zeigen (Aufführung der Wiener Volksoper, Regie: Wolfgang Weber).

180/181 – Carl Orff, keiner der modernen «Schulen» zuzurechnen, aber von unmittelbarer, starker Wirkung auf jedes Publikum, beendete sein reiches Lebenswerk – das gänzlich dem Musiktheater (Oper und Ballett) gewidmet ist – mit einem Mysterienspiel «vom Ende der Zeiten». Das Werk erlebte bei den Salzburger Festspielen, unter Leitung von Herbert von Karajan, der Regie von August Everding und in den berückend schönen Bühnenbildern Günter Schneider-Siemssens, seine Uraufführung. Bild 180 zeigt die Schlußapotheose des Werks.

182 – Der Italo-Amerikaner Gian-Carlo Menotti ist eine der vielseitigsten Persönlichkeiten im Musikleben unserer Zeit: Textdichter (gelegentlich auch für andere Komponisten), Komponist zahlreicher Opern, Organisator und Leiter des Spoleto-Festivals «zweier Welten». Er weiß es, aktuelle Stoffe, ja brennende Themen aufzugreifen, leistet also einen wertvollen Beitrag zum Theater als Ausdrucksmittel in sozialen und politischen Fragen. Eines seiner menschlich ergreifendsten Stücke ist «Amahl und die nächtlichen Besucher», in dem ein behindertes Kind die Weihnachtsgeschichte in ihrer ganzen Poesie erlebt (Aufführung der Volksoper Wien).

183 – Arnold Schönberg (oder Schoenberg, wie er sich in Amerika schrieb) starb in seinem Exil, ohne sein größtes Werk, die Oper «Moses und Aron», vollendet zu haben. Trotzdem mehrten sich in den jüngsten Jahren die Aufführungen dieses Werkes, das an Sänger, Schauspieler, Dirigent, Chöre und Orchester gewaltige Anforderungen stellt (Bild Hamburgische Staatsoper).

184 – Nachdem Krzysztof Penderecki längst im Konzertsaal zu den meistgespielten Komponisten der Zeit aufgestiegen war, wagte er sich erstmals an eine Oper; als Sujet verwendete er einen historisch-mystischen Stoff aus dem Mittelalter. Es entstand «Die Teufel von Loudun», eine dramatisch packende Bühnenhandlung, die seitdem von vielen Bühnen nachvollzogen wurde (Bild von der Hamburgischen Staatsoper).

Spät erst ging der Ruhm eines der bedeutendsten Tonschöpfer seiner Epoche auf: des Mähren Leoš Janáček. Er war sechzig Jahre alt, als die Welt (anläßlich seiner «Jenufa» bei den entscheidenden Aufführungen in Prag und Wien) seinen Namen erfuhr. Und erst Jahrzehnte nach seinem Tode (1928) waren seine hochdramatischen Opernwerke im internationalen Repertoire fest verankert. Unsere Bilder zeigen Szenen aus der Aufführung der «Katia Kabanowa» im Zürcher Opernhaus:

185 – Die beschämende Erniedrigung Tychons (Jon Buzea) durch seine herrische Mutter (Astrid Varnay) vor der fassungslosen Katia (Antigone Sgourda).
186 – Die Befreiungstat Katias: ihr Selbstmord in den Fluten der Wolga.

801

187 – Hans Pfitzner, der Spätromantiker, schuf auf dem Höhepunkt seiner Laufbahn eine prachtvolle Oper rund um die Gestalt des großen römischen Kirchenkomponisten Giovanni Pierluigi da Palestrina: ein tragisches Seelengemälde und eine überaus bunte und klangschöne Darstellung des Trienter Konzils, das die entscheidende Wende im Leben des längst von der Welt zurückgezogenen Musikers brachte (Aufführung der Staatsoper Wien, mit Gerhard Unger als Bischof).

188 – In den Notzeiten des Ersten Weltkrieges paßte Strawinsky sich den bescheiden gewordenen Gegebenheiten an: Seine «Geschichte vom Soldaten», für eine Tournée entworfen, verwendet nur beschränkte Mittel, konnte aber gerade in diesem neuartigen Stil der «Kammeroper» – die damit seit weit länger als einem Jahrhundert wieder als Ausdrucksmittel verwendet wurde – sofort Maßstäbe setzen (Szenenbild aus dem Cuvilliés-Theater, München).

189 – Einen ganz anderen Strawinsky hingegen offenbarte, Jahrzehnte später, «The Rake's Progress», bei dem man unwillkürlich an des Komponisten Selbsteinschätzung als «Bräutigam der italienischen Oper» erinnert wird. Das Werk, das Strawinskys Annäherung an den Belcanto-Stil zeigt (und somit eine der vielen Richtungen kennzeichnet, die er in seinem langen Leben durchschritt), ist eine der meistgespielten Opern der Zeit geworden (Szenenbild aus der Bayerischen Staatsoper München, mit Original-Stichen Hogarths, die die Anregung zu diesem Werk gaben).

190 – Zu wenig Beachtung finden in Mitteleuropa die Bühnenwerke des russischen Komponisten Dimitri Schostakowitsch. «Katerina Ismailowa» gehört zu den stärksten Opern unserer Zeit (Szenenbild aus der Wiener Staatsoper, Titelrolle: Ludmilla Dvořáková).

191 – «Lulu», Bergs zweite Oper, wurde unvollendet hinterlassen, wobei allerdings Skizzen auch für die fehlenden Teile des dritten Aktes vorhanden waren. Im Jahre 1980 kam es zur ersten Aufführung der (durch den Wiener Komponisten Friedrich Cerha hergestellten) vervollständigten Fassung in Paris, der bald danach das Opernhaus Zürich (unser Bild: Ursula Reinhardt-Kiss in der Titelrolle und Glenys Linos als Geschwitz) und andere Bühnen folgten.

192 – Und noch einmal «Wozzeck» von Alban Berg: Szene am Teich, in einer Aufführung der Salzburger Festspiele 1971. Es sangen Geraint Evans die Titelrolle und Anja Silia die Marie.

193 – Kurt Weill gehörte (mit der «Dreigroschenoper» und «Aufstieg und Fall der Stadt Mahagonny») zu den meistgespielten Opernkomponisten der Zwischenkriegszeit. Seine angriffigen Songs, seine schneidenden Rhythmen wurden oft als politische Manifestationen aufgefaßt, bevor man ihren rein musikalischen Wert erkannte. Erst viel später kam sein «Mahagonny-Songspiel» zur Uraufführung (Staatsoper München, Bühnenbild von Ruodi Barth).

194 – Francis Poulenc, einem der vielseitigsten Musiker unseres Jahrhunderts, gelang mit der Oper «Dialog der Karmeliterinnen» der große Wurf: eine erschütternde Oper vom Zusammenprall der Französischen Revolution mit der Glaubensstärke einiger Nonnen. Eine unter ihnen, ängstliches und verzogenes Kind der Aristokratie, wird durch ein großes Beispiel befähigt, freiwillig den Gang zum Schaffott anzutreten (Bild Wiener Staatsoper).

195 – Carl Orffs Durchbruch gestaltete sich sensationell: Der bis dahin Unbekannte wurde 1937 mit seinen «Carmina burana» berühmt. Oratorium, Oper, Ballett mit Chor? Gleichgültig, die Wirkung dieses Werkes von elementarster Wucht stellte sich in jeder Form ein. Unser Bild zeigt eine Aufführung der Staatsoper München, bei der auch das theatralische Moment zu seinem vollen Recht kommt.

196 – Neben Carl Orff gehörte Werner Egk zu den meistgespielten Opernkomponisten deutscher Zunge der Nach-Strauss-Generation. Besonders sein Erstling «Die Zaubergeige» brachte es durch das märchenhafte Sujet und die ungezwungen eingängige Musik zu echter Volkstümlichkeit (Szenenbild aus der Bayerischen Staatsoper München).

197 – Hans Werner Henze schwang sich schon früh, seit seinem «Boulevard Solitude», zum anerkannten Opernkomponisten der Zeit auf. Ihrer Klangpracht wegen hat man viele seiner Frühwerke mit dem seinerzeitigen Auftauchen von Richard Strauss verglichen. Doch ging Henze später den Weg in gänzlich andere Richtungen. Unser Bild zeigt die Aufführung seiner vielgespielten Oper «Der junge Lord» in der Deutschen Oper Berlin.

198 – Mit einem sensationellen Erfolg – Ferenc Fricsay sprang bei den Salzburger Festspielen 1947 kurzfristig in der Leitung dieses Werkes ein und erzwang höchste Beachtung – stellte Gottfried von Einem sich erstmalig einem internationalen Forum vor: «Dantons Tod», nach dem Drama Büchners (Szenenbild aus der Wiener Staatsoper. In der Titelrolle Paul Schöffler).

199 – Bernd-Alois Zimmermann errang mit einem einzigen, allerdings sehr groß dimensionierten und bedeutenden Bühnenwerk Nachruhm über seinen tragischen Freitod hinaus: «Die Soldaten». Hier werden sowohl szenisch wie musikalisch alle nur erdenklichen Möglichkeiten des modernen Musiktheaters ausgeschöpft.

200 – Aribert Reimanns «Lear» gehört zu den komplexesten musikalischen Schöpfungen aller Zeiten. Doch diese Struktur höchster Kunstfertigkeit wandelt sich in der Realisation zu lebendigem, oft ergreifendem, stets fesselndem Klang. Unser Bild will dem Leser, der in derartige Partituren kaum je Einblick gewinnen kann, den graphischen Eindruck vermitteln; den klanglichen kann nur das Hörerlebnis geben...

*) von Allen mitzusingen, schliesslich auch vo

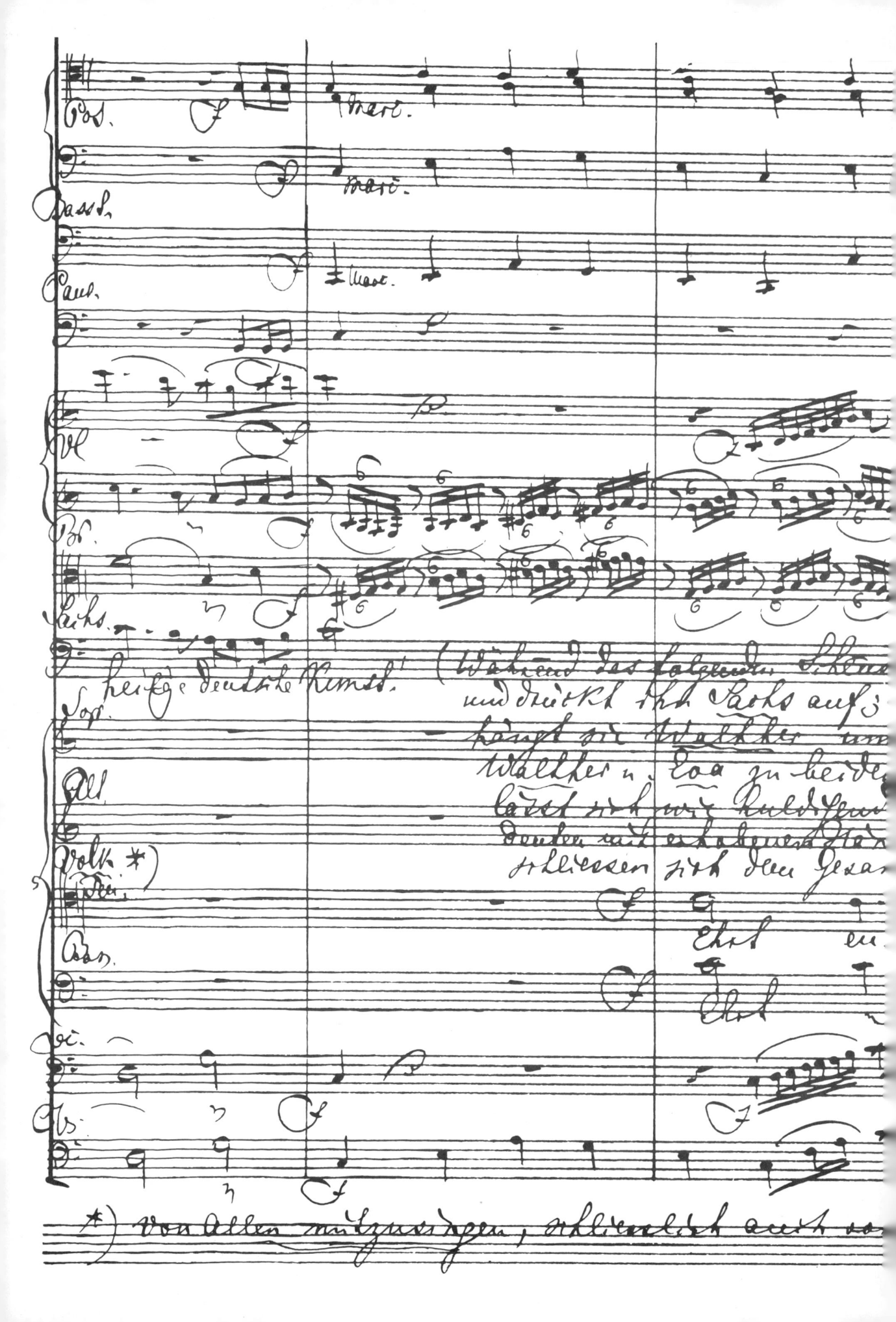